2025

3rd Editon

백점으로 통하는 기출문제집

통합기출

백광훈
형법

백광훈 편저

메가 공무원 × 경단기

박영사

2025년 시험 대비 백광훈 통합 기출문제집 형법

2024년 대비 이전 판에 대한 독자 여러분들의 많은 호응에 힘입어 1년 만에 2025년 시험 대비 개정판을 출간하게 되었다.

본서의 특징을 요약하자면 아래와 같다.

첫째, 2024년에 시행된 주요 시험들에서 본서의 기존 내용과 되도록 겹치지 않는 문제들을 엄선하여 추가하였다. 개정판에 새로 추가된 시험들을 알기 쉽게 도표로 정리하면 아래와 같다.

국가공무원	• 2024 국가9급 형법 | 2024 국가9급 형법총론 • 2024 국가7급 형법 - QR
경찰공무원	2024 경찰채용 1차 형사법 | 2024 경찰채용 2차 형사법
경찰간부후보생	2024 경찰간부 형사법
경찰승진	2024 경찰승진 형법
경찰대학 편입학	2024 경찰대학 편입학 형사법
법원공무원	2024 법원9급 형법
군무원	2024 군무원9급 형법
변호사	2024 변호사시험 형사법

둘째, 기출문제집을 학습하면서 기본서와의 연계학습이 가능하도록 목차의 편제를 동일하게 구성하였음은 이전 판과 같다. 개정판의 각 편별 문항수와 총문항수를 간단히 정리해 보면 아래와 같다.

형법 총론	제1편 형법의 일반이론	$1+28+22+2=53(+2)$
	제2편 범죄론	$24+53+60+51+45+90+56+54=433(+5)$
	제3편 형벌론	$24+15+8+14+2+2=65(+3)$
형법 각론	제1편 개인적 법익에 대한 죄	$24+38+37+11+202=312(+9)$
	제2편 사회적 법익에 대한 죄	$15+47+1+5=68(-4)$
	제3편 국가적 법익에 대한 죄	$3+93=96(=)$

※ 괄호 안은 개정판에서 증가되거나 감소된 문항수
※ 총 1,027문항: 대표유형 235여 문항 \| 유사유형 790여 문항

셋째, 형법의 친족상도례 중 형면제 조항(제328조 제1항)에 대한 헌법재판소의 헌법불합치결정(헌법재판소 2024.6.27, 2020헌마468 전원재판부)을 비롯한 대법원과 헌법재판소의 최신판례와 개정법령들을 반영하였다.

넷째, 그동안 발견된 오탈자를 바로잡았고, 이외에는 이전 판의 집필원칙을 그대로 따랐다.

끝으로 본서의 편집, 교정 및 제작에 헌신적인 노고를 해 주신 도서출판 박영사의 임직원들에게 깊은 감사를 드린다.

2024년 11월

백광훈

학습문의 | http://cafe.daum.net/jplpexam (백광훈형사법수험연구소)

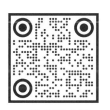

▲ 국가7급 형법
기출해설

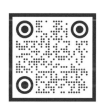

▲ 과년도 문제은행

개정과정에서 뺀 오래된 기출문제들을 한데 모아 편집하였으니 학습에 참고하시기 바랍니다.

2024년 시험 대비 백광훈 통합 기출문제집 형법

지난 1년간 독자들의 많은 호응에 힘입어 올해도 본서의 개정판을 출간하게 되었다. 이번 2024년 시험 대비 개정판은 장기간의 대대적인 개정작업을 통하여 준비하였다.

본서의 특징은 아래와 같이 간추릴 수 있다.

첫째, 더욱 다양한 시험들에서 보다 신선한 문제유형들을 추가·수록하고자 하였다. 다만, 책의 기존 내용과 중복되지 않는 문제들을 위주로 엄선하여 추가함으로써 책의 분량이 불필요하게 증가되지 않도록 하였다. 개정판에 새로 추가된 시험들을 알기 쉽게 도표로 정리하면 아래와 같다.

국가공무원	• 2022 국가7급 형법 ∣ 2023 국가7급 형법 • 2023 국가9급 형법 ∣ 2023 국가9급 형법총론
경찰공무원	• 2022 경찰특공대 형법 ∣ 2023 경찰경채 형법 • 2023 경찰채용 1차 형사법 ∣ 2023 경찰채용 2차 형사법
경찰간부후보생	2023 경찰간부 형사법
경찰승진	2023 경찰승진 형법
해양경찰공무원	2022 해경채용 2차 형사법 ∣ 2023 해경채용 2차 형사법
해양경찰승진	2023 해경승진(경위) 형법
법원공무원	2023 법원9급 형법
군무원	2021·2022·2023 군무원9급 형법
변호사	2023 변호사시험 형사법

둘째, 기출문제집을 학습하면서 기본서와의 연계학습이 가능하도록 목차의 편제를 동일하게 구성하였음은 이전판과 같다. 개정판의 각 편별 문항수와 총문항수를 간단히 정리해 보면 아래와 같다.

형법 총론	제1편 형법의 일반이론	26+23+2=51(+8)
	제2편 범죄론	25+51+60+48+50+89+56+49=428(+46)
	제3편 형벌론	21+13+8+16+2+2=62(+5)
형법 각론	제1편 개인적 법익에 대한 죄	24+38+38+9+194=303(+22)
	제2편 사회적 법익에 대한 죄	16+48+1+7=72(+8)
	제3편 국가적 법익에 대한 죄	4+92=96(+9)

※ 괄호 안은 개정판에서 추가된 문항수
※ 총 1,012문항: 대표유형 272 문항 ∣ 유사유형 740 문항

셋째, 필자의 기출문제집의 가장 뚜렷한 특징은 '설명하는 기출문제집'이라는 점이다. 즉 본서는 '자세한 해설'을 통하여 문제풀이의 올바른 해법을 전달함은 물론이고, 나아가 '조문·이론·판례·기출의 종합적인 학습'을 통하여 독자들의 고득점 획득을 가능케 한다는 것에 분명한 목표를 둔 책이다. 각 지문에 상응하는 법조문을 바로 읽을 수 있도록 배치하고, 각 지문의 논점과 풀이방법을 정확하고 소상하게 설명하는 이유도 바로 여기에 있다. 따라서 독자들은 문제를 맞히는 것에 목표를 두지 말고, 해설을 읽고 이해하며 정리하는 것에 목표를 두어야 할 것이다.

넷째, 최근의 법령의 변화와 판례들을 반영하였다. 즉 사형에 관한 형의 시효를 폐지하고 영아살해죄와 영아유기죄를 폐지하는 2023년 개정 「형법」 등 최근의 개정법령을 반영하였고, 형법 제1조 제2항의 법률의 변경에 관한 2022년 12월 대법원 전원합의체 판례(소위 동기설 폐지 판례)나 형법 제298조의 강제추행죄의 유형 중 소위 폭행·협박 선행형 강제추행의 폭행·협박의 정도에 관한 2023년 9월 대법원 전원합의체 판례 등 최근 판례를 반영하였다.

다섯째, 그동안 발견된 오탈자를 바로잡았고, 이외에는 이전 판의 집필원칙을 그대로 따랐다.

아무쪼록 본 기출문제집이 묵묵히 정진하는 독자들의 고득점 합격에 이바지하길 바라는 마음뿐이다. 끝으로 필자의 까다로운 요청을 기꺼이 수용해 주시고, 늘 최고의 교재들을 제작해 주시는 도서출판 박영사의 임직원들에게 심심한 감사의 마음을 전한다.

2023년 10월

백광훈

학습문의 | http://cafe.daum.net/jplpexam (백광훈형사법수험연구소)

2023년 시험 대비 백광훈 통합 기출문제집 형법

본서는 형법의 전 범위 기출문제 학습을 위하여 만들어진 본격 수험서로, 국가공무원부터 경찰공무원, 법원공무원 등의 채용시험과 경찰승진시험 및 변호사시험을 준비하는 독자들을 위한 기출문제집이다.

본래 이전까지 필자가 기출문제 총정리 강의교재로 삼고 있던 책은 '통합 대표유형 기출문제집'이었고, 이 책은 독자들의 과분한 사랑을 받아 매년 개정판을 출간할 수 있었다. 그런데 2022년 7월부터 필자는 다시 경찰공무원 시험을 준비하는 분들을 지도하게 됨에 따라, 그동안 교재로 삼았던 위 기출문제집에 경찰 관련 기출문제들을 더욱 보강하여 『백광훈 통합 기출문제집 형법』을 펴내게 되었다.

본서의 특징은 아래와 같이 간추릴 수 있다.

첫째, '최소한의 분량'에 최대한의 기출문제들을 대표유형과 유사유형으로 분류·수록하였다. 필자가 늘 신경 쓰는 부분은 분량이다. 즉, 시험에 나왔다고 하여 무조건 수록하는 것이 아니라, 기존 문제와 다른 학습할 필요가 있는 문제들만을 엄선하여 수록하고자 하였다. 이토록 본서의 분량에 신경 쓰는 이유는 독자들의 '회독 수 증가'를 위함이다. 결국 중압감이 밀려드는 시험장에서 제한된 시간 안에 본 실력을 제대로 발휘하려면 보다 확실한 직관적·기계적 해결능력이 요구된다는 점에서, 기출문제집이라는 교재는 무엇보다 독자들의 '고반복'이 가능하여야 하기 때문이다.

> 새롭게 펴낸 본서에 추가한 문제들은 다음과 같다.
>
> 2019년 경찰채용 2·3차, 2022년 경찰간부 형사법, 경찰승진 형법, 경찰채용 1·2차 형사법, 국가9급 형법 및 형법총론, 법원9급 형법, 변호사시험(이상 직렬 및 시험명은 가나다순) 등이 그것이다. 특히 경찰채용시험의 형법 문제들은 이미 수록되어 있는 것이 많아 중복되지 않는 선에서 추가하였다.
>
> 그 결과 본서는 각 목차별 대표유형(245여 문항), 유사유형(665여 문항)이 수록된 총 910여 문항을 가지게 되었다.

둘째, 백광훈 형법총론 및 형법각론 기본서의 목차순서와 동기화한 문제구성으로써 독자들의 '쉬운 발췌독'을 돕고자 하였다. 기출문제들을 보다 보면 순서가 뒤죽박죽 나열되어 있어 기본서에서 해당 내용을 찾기 어려운 경우가 허다하다. 이에 본서는 기본서의 목차와 동일한 목차로 구성하고(총론 제1편 형법의 일반이론: 43문항, 제2편 범죄론: 382문항, 제3편 형벌론: 57문항, 각론 제1편 개인적 법익에 대한 죄: 281문항, 제2편 사회적 법익에 대한 죄: 64문항, 제3편 국가적 법익에 대한 죄: 87문항), 그 목차의 내용흐름까지도 가능한 한 기본서와 상응하도록 배치함으로써 기본서와 쉽게 연결하여 학습할 수 있도록 하였다.

셋째, '자세한 문제해설'로 문제풀이의 올바른 해법을 전달하기 위하여 정성을 들였다. 기출문제는 정답만이 아닌 지문도 중요하다는 점에서 지문 하나하나를 '상세하되 알기 쉽게' 해설하는 데 초점을 두었고, 각 지문의 논점과 풀이방법을 정확하게 설명함으로써 독자들의 문제풀이 능력을 급속히 향상시킬 수 있도록 노력하였다.

넷째, 난이도 표시에 의한 자기실력 확인의 기회를 제공하고자 하였다. 즉, 각 기출문제의 난이도를 꼼꼼하게 파악하여 표기함으로써 독자들로 하여금 자기의 실력을 확인하고, 보다 현장감 있는 기출문제 학습이 가능하도록 한 것이다.

다섯째, 최근까지의 개정법령 및 판례의 변경에 따라 기존 해설과 정답에 수정이 필요한 부분을 반영하였고, 그동안 발견된 오탈자 또한 바로잡았다. 이외에는 이전 책의 집필원칙을 그대로 따랐다.

아무쪼록 새롭게 펴낸 본서, 『백광훈 통합 기출문제집 형법』이 열심히 정진하는 독자들의 성공에 작은 도움이라도 되길 바라는 마음뿐이다. 끝으로 늘 최고의 기술력으로 필자의 책들을 제작해 주시는 도서출판 박영사의 임직원들에게 깊은 감사의 마음을 전한다.

2022년 10월
백광훈

학습문의 | http://cafe.daum.net/jplpexam (백광훈형사법수험연구소)

OVERVIEW
구성과 특징

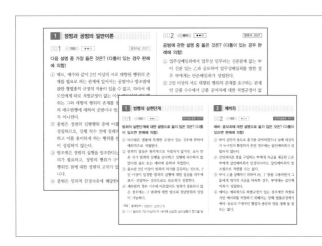

1 기출문제의 유형 분류(대표유형 · 유사유형)

경찰 · 국가 · 법원직 기출문제 및 변호사시험 기출문제들을 유형별로 분류하여 최소한의 분량으로 효율적인 기출문제 정리가 가능하도록 하였습니다. 1회독 시 대표유형 풀이, 2회독 시 유사유형 풀이, 3회독 시 모든 문제풀이를 단계적으로 학습한다면, 효율적인 학습이 가능합니다.

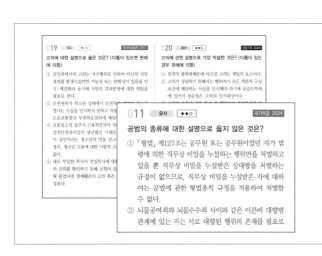

2 각종 시험의 기출문제 수록(2024년 최신 기출문제 포함)

국가직, 법원직, 법원행시, 변호사시험, 경찰채용 1 · 2차, 경찰간부, 경찰승진, 군무원, 해양경찰, 해양경찰승진 등의 형법기출문제들을 수록하였습니다. 형법 기출문제집은 이 한 권으로 충분합니다.

3 백광훈 형법 기본서의 목차순서와 동기화한 문제구성

기본서의 목차순서와 동기화한 문제구성으로써 독자들의 쉬운 발췌독을 돕고자 하였습니다. 기본서 학습과 기출문제 풀이를 병행할 수 있도록 구성하여 학습효과를 극대화하였습니다.

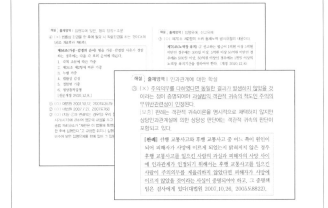

4 정확하고 풍부한 해설

자세한 해설을 통한 문제풀이의 올바른 해법 전달에 정성을 들였습니다. 각 지문을 '상세하되 알기 쉽게' 해설하는 데 초점을 두었고, 각 지문의 논점과 풀이방법을 정확하게 설명함으로써 문제풀이 능력을 급속히 향상시킬 수 있도록 노력하였습니다.

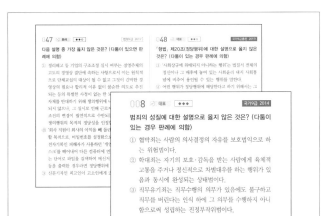

5 기출문제의 난이도 표시

난이도 표시에 의한 자기실력 확인의 기회를 제공하고자 하였습니다. 각 기출문제의 난이도를 꼼꼼하게 파악하여 표기함으로써 독자들로 하여금 자기의 실력을 확인하고, 보다 효과적인 기출문제 학습이 가능하도록 하였습니다.

② (○) 제70조 제1항 참조.

제70조(노역장 유치) ① 벌금이나 과료를 선고할 때에는 이를 납입하지 아니하는 경우의 노역장 유치기간을 정하여 동시에 선고하여야 한다. 〈개정 2020.12.8〉

③ (○) 제69조 제2항 참조.

제69조(벌금과 과료) ② 벌금을 납입하지 아니한 자는 1일 이상 3년 이하, 과료를 납입하지 아니한 자는 1일 이상 30일 미만의 기간 노역장에 유치하여 작업에 복무하게 한다.

6 최신 개정법령 및 판례 반영

최신 개정법령 및 판례를 반영하였습니다. 기존 기출문제의 해설에 개정법령과 판례변경의 내용을 반영하여 수정함으로써 내용적 정확성을 담보하였습니다.

최근 7개년 출제경향 분석

[형법총론]

PART 01 형법의 일반이론

구 분	경찰							국가7급							국가9급							법원9급							변호사						
	18	19	20	21	22	23	24	18	19	20	21	22	23	24	18	19	20	21	22	23	24	18	19	20	21	22	23	24	18	19	20	21	22	23	24
제1장 형법의 기본개념						1																													
제2장 죄형법정주의	1	1	1	1	1	2	2	1		1	1			1	1		1	1	1		1			1			1	1	1			2			
제3장 형법의 적용범위	2	2	1	1	1	1	2		1	1			1		1	1	1					1				1					1			1	1
제4장 형법이론																																			
출제율	20/206(9.7%)							8/155(5.1%)							8/140(5.7%)							4/175(2.2%)							6/140(4.2%)						

PART 02 범죄론

CHAPTER 01 범죄론의 일반이론

구 분	경찰							국가7급							국가9급							법원9급							변호사						
	18	19	20	21	22	23	24	18	19	20	21	22	23	24	18	19	20	21	22	23	24	18	19	20	21	22	23	24	18	19	20	21	22	23	24
제1절 범죄론의 기초		2				1			1								1	2	1					1					1	1	1				
제2절 행위론																																			
제3절 행위의 주체와 객체	1							1		1			1		1																		1		
출제율	4/206(1.9%)							4/155(2.6%)							5/140(3.6%)							1/175(0.6%)							4/140(2.9%)						

CHAPTER 02 구성요건론

구 분	경찰							국가7급							국가9급							법원9급							변호사						
	18	19	20	21	22	23	24	18	19	20	21	22	23	24	18	19	20	21	22	23	24	18	19	20	21	22	23	24	18	19	20	21	22	23	24
제1절 구성요건이론											1																								
제2절 결과반가치와 행위반가치										1																									
제3절 인과관계와 객관적 귀속	1	1				1		1			1	1		1			1	1			1					1				1				1	1
제4절 고의				1	1		1		1				1	1	1		1			1	1								1	2	1			1	1
제5절 구성요건적 착오	2	1		2	1		2		1	1	1	1	1	1	1	2				1						1				1					1
출제율	14/206(6.6%)							15/155(9.6%)							11/140(7.8%)							2/175(1.1%)							11/140(7.8%)						

CHAPTER 03 위법성론

구 분	경찰							국가7급							국가9급							법원9급							변호사						
	18	19	20	21	22	23	24	18	19	20	21	22	23	24	18	19	20	21	22	23	24	18	19	20	21	22	23	24	18	19	20	21	22	23	24
제1절 위법성의 일반이론	2		3	1				1	2		2				2	2				1	1	1								1					
제2절 정당방위				1					1	1					1									1		1					1		1		
제3절 긴급피난	1																																		
제4절 자구행위				1														1		1															
제5절 피해자의 승낙			1				1			1			1	1	1	1	1										1					1			
제6절 정당행위		1		1	1	2	2					1	2	1	1	1				1	1			1	2	1								1	
출제율	18/206(8.7%)							14/155(9.0%)							16/140(11.4%)							8/175(4.5%)							5/140(3.5%)						

CHAPTER 04 책임론

구 분	경찰							국가7급							국가9급							법원9급							변호사						
	18	19	20	21	22	23	24	18	19	20	21	22	23	24	18	19	20	21	22	23	24	18	19	20	21	22	23	24	18	19	20	21	22	23	24
제1절 책임이론								1																						1		1			
제2절 책임능력	1	2	1	1		2	1	1	1		1					1	1	1				1	1	1						1	1		1		
제3절 위법성의 인식																	1														1				
제4절 법률의 착오		1	1		1	1	2	1		1			1	1			1			1					1		1								1
제5절 책임조각사유: 기대불가능성			1		1	1				1		1	1			1				1															
출제율	17/206(8.2%)							10/155(6.4%)							9/140(6.4%)							5/175(2.8%)							7/140(5.0%)						

CHAPTER 05 미수론

구 분	경찰							국가7급							국가9급							법원9급							변호사						
	18	19	20	21	22	23	24	18	19	20	21	22	23	24	18	19	20	21	22	23	24	18	19	20	21	22	23	24	18	19	20	21	22	23	24
제1절 범행의 실현단계	1						1			1	1				1	1								1											
제2절 예비죄		1			1			1		1														1											1
제3절 미수범의 일반이론	1				1	1				1											1														
제4절 장애미수	2			1														1																	
제5절 중지미수				1										1									1			1	1							1	
제6절 불능미수		1	2					1										1																	
출제율	14/206(6.7%)							7/155(4.5%)							5/140(3.5%)							5/175(2.8%)							2/140(1.4%)						

CHAPTER 06 정범과 공범론

구 분	경찰							국가7급							국가9급							법원9급							변호사						
	18	19	20	21	22	23	24	18	19	20	21	22	23	24	18	19	20	21	22	23	24	18	19	20	21	22	23	24	18	19	20	21	22	23	24
제1절 정범과 공범의 일반이론		1		2		1		1				1							1		1	1													
제2절 간접정범	1	1				1			1					1		1															1		1		
제3절 공동정범	2		2	1	1	1	3			1			1	1	2	1	2		1	1	1			1			1		1		2	1			1
제4절 교사범	1					1			1		2	1								1					1	1		1							
제5절 종범				1	1	1											1							1	1									1	1
제6절 공범과 신분			1	1	1		1			1				1	1									1			1						1		
출제율	26/206(12.6%)							13/155(8.3%)							15/140(10.7%)							9/175(5.1%)							10/140(7.1%)						

CHAPTER 07 범죄의 특수한 출현형태론

구 분	경찰							국가7급							국가9급							법원9급							변호사						
	18	19	20	21	22	23	24	18	19	20	21	22	23	24	18	19	20	21	22	23	24	18	19	20	21	22	23	24	18	19	20	21	22	23	24
제1절 과실범과 결과적 가중범	1	1	3	1		1	2	1		1		1					1	1		1							1		1			1	1	1	1
제2절 부작위범	1	2		2	1		1		1		1		1	1	1			1	1		1						1	1	1	1		1		1	1
출제율	16/206(7.7%)							7/155(4.5%)							7/140(5.0%)							2/175(1.1%)							10/140(7.1%)						

CHAPTER 08 죄수론

구 분	경찰							국가7급							국가9급							법원9급							변호사						
	18	19	20	21	22	23	24	18	19	20	21	22	23	24	18	19	20	21	22	23	24	18	19	20	21	22	23	24	18	19	20	21	22	23	24
제1절 죄수론의 일반이론	2	1	1					1																											
제2절 일죄										1	1			1			1				1	1	1	1	1				1	1					
제3절 수죄		1	1	1	1	2	2			1			1			1		1					1		1	1	1	1	1	1	1	2			2
출제율	12/206(5.8%)							6/155(3.8%)							4/140(2.8%)							9/175(5.1%)							9/140(6.4%)						

PART 03 형벌론

구 분	경찰							국가7급							국가9급							법원9급							변호사						
	18	19	20	21	22	23	24	18	19	20	21	22	23	24	18	19	20	21	22	23	24	18	19	20	21	22	23	24	18	19	20	21	22	23	24
제1장 형벌의 의의와 종류	1						2				1	1	1		1		1	1		1		1			1	1	1	1	1					1	1
제2장 형의 경중																																			
제3장 형의 양정			1	1				1	1			1				1	1			1		1	1		1	1								1	
제4장 누범									1													1					1								
제5장 집행유예 · 선고유예 · 가석방	1	1				1						1		1			1	1			1			1		1	1	1			1				
제6장 형의 시효 · 소멸 · 기간																																			
제7장 보안처분																			1																
출제율	8/206(3.8%)							9/155(5.8%)							11/140(7.8%)							15/175(8.5%)							5/140(3.5%)						

[형법각론]

PART 01 개인적 법익에 대한 죄

CHAPTER 01 생명과 신체에 대한 죄

구분	경찰							국가7급							국가9급							법원9급							변호사						
	18	19	20	21	22	23	24	18	19	20	21	22	23	24	18	19	20	21	22	23	24	18	19	20	21	22	23	24	18	19	20	21	22	23	24
제1절 살인의 죄	1					1		1							1							1									1				
제2절 상해와 폭행의 죄	1	1	2	2	1	1	1					1			1				1							1		1						1	
제3절 과실치사상의 죄						1																		1											
제4절 낙태의 죄																																			
제5절 유기와 학대의 죄																		1	1																
출제율	12/206(5.8%)							2/155(1.2%)							5/140(3.5%)							4/175(2.2%)							2/140(1.4%)						

CHAPTER 02 자유에 대한 죄

구분	경찰							국가7급							국가9급							법원9급							변호사						
	18	19	20	21	22	23	24	18	19	20	21	22	23	24	18	19	20	21	22	23	24	18	19	20	21	22	23	24	18	19	20	21	22	23	24
제1절 협박과 강요의 죄	1	1	1			1				1				1						1				1		1							1		
제2절 체포와 감금의 죄	1					1													1														1		
제3절 약취, 유인 및 인신매매의 죄	1		1																		1			1	1										
제4절 강간과 추행의 죄	2	1	1	2	2	1	3	1		1	1		1	1		2		1				1	1	1	1		1			1		1		1	1
출제율	18/206(8.7%)							7/155(4.5%)							6/140(4.2%)							9/175(5.1%)							6/140(4.2%)						

CHAPTER 03 명예와 신용에 대한 죄

구분	경찰							국가7급							국가9급							법원9급							변호사						
	18	19	20	21	22	23	24	18	19	20	21	22	23	24	18	19	20	21	22	23	24	18	19	20	21	22	23	24	18	19	20	21	22	23	24
제1절 명예에 관한 죄	2	2	2	2	1	1	2	1					1	1					1			1	2	1	1	1	2	1						1	1
제2절 신용·업무와 경매에 관한 죄	1		1	1									1	1								1	1		1	1	1	1	2		1			1	1
출제율	16/206(7.7%)							5/155(3.2%)							1/140(0.7%)							15/175(8.5%)							8/140(5.7%)						

CHAPTER 04 사생활의 평온에 대한 죄

구 분	경찰							국가7급							국가9급							법원9급							변호사						
	18	19	20	21	22	23	24	18	19	20	21	22	23	24	18	19	20	21	22	23	24	18	19	20	21	22	23	24	18	19	20	21	22	23	24
제1절 비밀침해의 죄		1				1																													1
제2절 주거침입의 죄	1	1	1	1		1	1					1		1						1			1					1					1		
출제율	8/206(3.8%)							2/155(1.2%)							1/140(0.7%)							2/175(1.1%)							2/140(1.4%)						

CHAPTER 05 재산에 대한 죄

구 분	경찰							국가7급							국가9급							법원9급							변호사						
	18	19	20	21	22	23	24	18	19	20	21	22	23	24	18	19	20	21	22	23	24	18	19	20	21	22	23	24	18	19	20	21	22	23	24
제1절 재산죄의 일반이론	1	1	2	1		1	1					1			1	1	1			1		1		1	1		1		1		1				
제2절 절도의 죄	1	1	1		2	2	1	1	1	1					1									1		1		1	1	1	1	1			
제3절 강도의 죄	1			2	1		1	1									1												2	1					1
제4절 사기의 죄	2	1	1	1		2	2		1	1		1	1	1	1	1			1	1		2	1	2	1	1	1	1	1		2	1	2	1	1
제5절 공갈의 죄							1														1		1		1				1						1
제6절 횡령의 죄	3		2	1			2	1	1		2		1	1	1			1	1			1	2		2	1	1	1		2				1	2
제7절 배임의 죄	2	2	1	2	1	2		1									1					1	2	1	1	1	1		1	1	1	1		1	
제8절 장물의 죄		3					1			1		1		1						1	1			1		1								1	
제9절 손괴의 죄				1						1							1			1	1			1		1									
제10절 권리행사를 방해하는 죄			1			1	1														1	1	1	1		1	1	1			1		1		
출제율	56/206(27.2%)							21/155(13.5%)							21/140(15%)							47/175(26.9%)							28/140(20.0%)						

PART 02 사회적 법익에 대한 죄

CHAPTER 01 공공의 안전과 평온에 대한 죄

구 분	경찰							국가7급							국가9급							법원9급							변호사						
	18	19	20	21	22	23	24	18	19	20	21	22	23	24	18	19	20	21	22	23	24	18	19	20	21	22	23	24	18	19	20	21	22	23	24
제1절 공안을 해하는 죄			1									1													1										
제2절 폭발물에 관한 죄																																			
제3절 방화와 실화의 죄			1			1	1			1			1	1	1			1															1		
제4절 일수와 수리에 관한 죄																																			
제5절 교통방해의 죄																	1		1																
출제율	4/206(1.9%)							4/155(2.6%)							4/140(2.9%)							1/175(0.6%)							1/140(2.1%)						

CHAPTER 02 공공의 신용에 대한 죄

구 분	경찰							국가7급							국가9급							법원9급							변호사						
	18	19	20	21	22	23	24	18	19	20	21	22	23	24	18	19	20	21	22	23	24	18	19	20	21	22	23	24	18	19	20	21	22	23	24
제1절 통화에 관한 죄						1																													
제2절 유가증권, 우표와 인지에 관한 죄	2																							1											
제3절 문서에 관한 죄	2		1	2	3	2	2	1				1	1	1	1		1	1		1	1	2	1	1	1	2	2	1	1	1	1	2		1	
제4절 인장에 관한 죄																																			
출제율	15/206(7.0%)							4/155(2.5%)							5/140(3.5%)							11/175(6.3%)							6/140(4.3%)						

CHAPTER 03 공중의 건강에 대한 죄

구 분	경찰							국가7급							국가9급							법원9급							변호사						
	18	19	20	21	22	23	24	18	19	20	21	22	23	24	18	19	20	21	22	23	24	18	19	20	21	22	23	24	18	19	20	21	22	23	24
제1절 먹는 물에 관한 죄																																			
제2절 아편에 관한 죄																																			
출제율	0/206(0.0%)							0/155(0.0%)							0/140(0.0%)							0/175(0.0%)							0/140(0.0%)						

CHAPTER 04 사회의 도덕에 대한 죄

구 분	경찰							국가7급							국가9급							법원9급							변호사						
	18	19	20	21	22	23	24	18	19	20	21	22	23	24	18	19	20	21	22	23	24	18	19	20	21	22	23	24	18	19	20	21	22	23	24
제1절 성풍속에 관한 죄																																			
제2절 도박과 복표에 관한 죄																																			
제3절 신앙에 관한 죄	1																																		
출제율	1/206(0.5%)							0/155(0.0%)							0/140(0.0%)							0/175(0.0%)							0/140(0.0%)						

PART 03 국가적 법익에 대한 죄

CHAPTER 01 국가의 존립과 권위에 대한 죄

구 분	경찰							국가7급							국가9급							법원9급							변호사						
	18	19	20	21	22	23	24	18	19	20	21	22	23	24	18	19	20	21	22	23	24	18	19	20	21	22	23	24	18	19	20	21	22	23	24
제1절 내란의 죄																																			
제2절 외환의 죄																																			
제3절 국기에 관한 죄																																			
제4절 국교에 관한 죄																																			
출세율	0/206(0.0%)							0/155(0.0%)							0/140(0.0%)							0/175(0.0%)							0/140(0.0%)						

CHAPTER 02 국가의 기능에 대한 죄

구 분	경찰							국가7급							국가9급							법원9급							변호사						
	18	19	20	21	22	23	24	18	19	20	21	22	23	24	18	19	20	21	22	23	24	18	19	20	21	22	23	24	18	19	20	21	22	23	24
제1절 공무원의 직무에 관한 죄	3	1	1	3		2	3	3		1		1	2	1	1	1				1		1	2	2	2	1	2	1	1	1	1		2	1	1
제2절 공무방해에 관한 죄	3	1		1		2	2	1				1					1					1	1			1									
제3절 도주와 범인은닉의 죄		1	1		1			1						1								1													
제4절 위증과 증거인멸의 죄	2	1				2	1	1	1		1						1					1	1	1			2	1	1	1					1
제5절 무고의 죄	1				1	1	2																		1	1	1		1			1	1		
출제율	36/206(17.5%)							16/155(10.3%)							6/140(4.3%)							25/175(14.2%)							12/140(10.0%)						

CONTENTS
차례

형법각론

백광훈

통합 기출문제집

[형법]

형법총론

백광훈

통합 기출문제집

[형법]

PART

01

형법의 일반이론

CHAPTER 01 형법의 기본개념

001 ✓ 대표 ◆◇◇　　　　　　　　　경찰승진 2023

「형법」의 기본개념에 관한 설명 중 가장 적절하지 않은 것은?

① 형법은 형벌이라는 수단을 통하여 주로 '법익을 보호하는 기능'을 하며, '법익'이란 법률을 통해 보호할 가치 있는 이익을 의미한다.

② 형법은 법규범으로 법공동체의 평화를 유지하기 위하여 부과된 것으로서 강제력이 수반되기 때문에 신중하게 규정되어야 한다.

③ 형법은 일반 국민에게 일정한 행위를 금지하거나 일정한 행위를 명령함으로써 행위의 준칙을 제시하는 행위규범이며, 법관을 수명자로 하여 법관에게 형벌권 행사의 한계를 설정함으로써 사법(司法)작용을 규제하는 재판규범이기도 하다.

④ 형법은 보호적 기능과 보장적 기능을 모두 가지며, 어느 한 기능을 강조하면 다른 한 기능도 함께 강화되는 상호 비례 관계에 있다.

[해설] 출제영역 | 형법의 성격, 형법의 기능

④ (×) 형법의 보호적 기능과 보장적 기능은 <u>상호 긴장 내지 반비례 관계</u>에 있다.
　[보충] 법학은 이렇게 상반되는 이념 내지 가치들의 균형을 추구하는 것을 그 사명으로 한다.

① (○) 법익이라 함은 사람이 생활을 함에 있어서 보호해야 할 이익 중에서도 특히 법률이 보호하는 이익을 말한다. 형법은 바로 이러한 생명, 신체, 재산, 명예, 공공의 안전 등의 법익을 보호하는 기능을 한다.
　[보충] 형법의 보호적 기능에는 법익보호의 기능만 있는 것은 아니고, 사회윤리적 행위가치의 보호 기능도 있다.

② (○) 형법은 그 법적 효과로써 형벌을 규정하고 있으므로 최후의 수단으로써만 기능해야 하고, 이를 형법의 보충성 원칙이라 한다. 형법의 보충성은 형법의 법익보호 기능과 관련된 원칙이다.

③ (○) 형법은 행위규범인 동시에 재판규범이므로, 일반인들의 행위의 기준이자, 법관으로 하여금 자의적 판결을 내리지 못하게 하는 등 재판의 기준으로 사용된다.

[정답] ④

001 ✓ 대표 ◆◆◆ 국가9급/총론 2021

죄형법정주의에 대한 설명으로 옳은 것만을 모두 고르면?
(다툼이 있는 경우 판례에 의함)

> ㄱ. 형법상 내란선동죄에서 '선동'은 단지 언어적인 표현행위일 뿐이므로 그 행위에 대한 평가 여하에 따라서는 적용범위가 무한히 확장될 가능성이 있어 죄형법정주의 원칙에 반한다.
>
> ㄴ. 형사처벌에 관련된 모든 법규를 예외 없이 형식적 의미의 법률에 의하여 규정한다는 것은 사실상 불가능할 뿐만 아니라 실제에 적합하지도 않다.
>
> ㄷ. 위임명령에 규정될 내용 및 범위의 기본사항은 구체적이고 분명하게 규정되어 있어야 하므로, 법률이나 상위명령으로부터 위임명령에 규정될 내용의 대강만을 예측할 수 있는 경우에는 죄형법정주의 원칙에 반한다.
>
> ㄹ. 형벌법규의 의미를 피고인에게 불리한 방향으로 지나치게 확장해석하거나 유추해석하는 것은 죄형법정주의 원칙에 반한다.

① ㄱ, ㄴ ② ㄱ, ㄷ
③ ㄴ, ㄹ ④ ㄷ, ㄹ

해설 **출제영역 |** 죄형법정주의

ㄱ. (×) 판례는 내란선동이 주로 표현행위의 단계에서 문제되는 것이므로 죄형법정주의의 기본정신에 따라 엄격하게 해석하여야 한다는 입장이지, 내란선동죄가 죄형법정주의에 반한다는 입장은 아니다. "내란선동이란 내란이 실행되는 것을 목표로 하여 피선동자들에게 내란행위를 결의, 실행하도록 충동하고 격려하는 일체의 행위를 말한다. 내란선동은 주로 언동, 문서, 도화 등에 의한 표현행위의 단계에서 문제되는 것이므로 내란선동죄의 구성요건을 해석함에 있어서는 국민의 기본권인 표현의 자유가 위축되거나 본질이 침해되지 아니하도록 죄형법정주의 기본정신에 따라 엄격하게 해석하여야 한다. 따라서 내란을 실행시킬 목표를 가지고 있다 하여도 단순히 특정한 정치적 사상이나 추상적인 원리를 옹호하거나 교시하는 것만으로는 내란선동이 될 수 없고, 그 내용이 내란에 이를 수 있을 정도의 폭력적인 행위를 선동하는 것이어야 하고, 나아가 피선동자의 구성 및 성향, 선동자와 피선동자의 관계 등에 비추어 피선동자에게 내란 결의를 유발하거나 증대시킬 위험성이 인정되어야만 내란선동으로 볼 수 있다. 언어적 표현행위는 매우 추상적이고 다의적일 수 있으므로 그 표현행위가 위와 같은 내란선동에 해당하는지를 가림에 있어서는 선동행위 당시의 객관적 상황, 발언 등의 장소와 기회, 표현 방식과 전체적인 맥락 등을 종합하여 신중하게 판단하여야 한다(대법원 2015.1.22, 2014도10978 전원합의체)."

ㄴ. (○) 판례는 일정한 요건을 갖추었다면 위임입법을 인정하는 입장이다. "사회현상의 복잡다기화와 국회의 전문적·기술적 능력의 한계 및 시간적 적응능력의 한계로 인하여 형사처벌에 관련된 모든 법규를 예외 없이 형식적 의미의 법률에 의하여 규정한다는 것은 사실상 불가능할 뿐만 아니라 실제에 적합하지도 아니하기 때문에, 특히 긴급한 필요가 있거나 미리 법률로써 자세히 정할 수 없는 부득이한 사정이 있는 경우에 한하여 수권법률(위임법률)이 구성요건의 점에서는 처벌대상인 행위가 어떠한 것인지 이를 예측할 수 있을 정도로 구체적으로 정하고, 형벌의 점에서는 형벌의 종류 및 그 상한과 폭을 명확히 규정하는 것을 전제로 위임입법이 허용되며, 이러한 위임입법은 죄형법정주의에 반하지 않는다(대법원 2002.11.26, 2002도2998)."

ㄷ. (×) 법률이나 상위명령으로부터 위임명령에 규정될 내용의 대강을 예측할 수 있다면 죄형법정주의에 반하지 아니한다. "위임명령은 법률이나 상위명령에서 구체적으로 범위를 정한 개별적인 위임이 있을 때에 가능하고, 여기에서 구체적인 위임의 범위는 규제하고자 하는 대상의 종류와 성격에 따라 달라지는 것이어서 일률적 기준을 정할 수는 없지만, 적어도 위임명령에 규정될 내용 및 범위의 기본사항이 구체적으로 규정되어 있어서 누구라도 당해 법률이나 상위명령으로부터 위임명령에 규정될 내용의 대강을 예측할 수 있어야 하나, 이 경우 그 예측가능성의 유무는 당해 위임조항 하나만을 가지고 판단할 것이 아니라 그 위임조항이 속한 법률이나 상위명령의 전반적인 체계와 취지·목적, 당해 위임조항의 규정형식과 내용 및 관련 법규를 유기적·체계적으로 종합 판단하여야 하고, 나아가 각 규제 대상의 성질에 따라 구체적·개별적으로 검토함을 요한다(대법원 2004.1.29, 2003두10701)."

ㄹ. (○) 대법원 2004.2.27, 2003도6535

정답 ③

002 ✓ 유사 ◆◆◇ 변호사 2017

죄형법정주의에 관한 설명 중 옳지 않은 것은? (다툼이 있는 경우 판례에 의함)

① 블로그등 사적 인터넷 게시공간의 운영자가 게시공간에 게시된 이적표현물인 타인의 글을 삭제할 권한이 있는데도 이를 삭제하지 않고 그대로 둔 경우, 그 운영자의 행위를 「국가보안법」 제7조 제5항의 '소지'로 보는 것은 유추해석금지원칙에 반한다.

② 구 「특정 범죄자에 대한 위치추적 전자장치 부착 등에 관한 법률」 제5조 제1항 제3호에서 부착명령청구 요건으로 정한 '성폭력범죄를 2회 이상 범하여(유죄의 확정판결을 받은 경우를 포함한다)'에 「소년법」에 의한 보호처분을 받은 전력'이 포함된다고 보는 것은 유추해석금지원칙에 반하지 않는다.

③ 「가정폭력범죄의 처벌 등에 관한 특례법」이 정한 사회봉사명령은 형사처벌 대신 부과되는 것으로서 가정폭력범죄를 범한 자에게 의무적 노동을 부과하고 여가시간을 박탈하여 실질적으로 신체적 자유를 제한하게 되므로, 이에 대해서는 형벌불소급원칙이 적용된다.

④ 구 「청소년의 성보호에 관한 법률」 제16조의 반의사불벌죄의 경우 성범죄의 피해자인 청소년에게 의사능력이 있는 이상, 그 청소년의 처벌희망 의사표시의 철회에 법정대리인의 동의가 필요하다고 보는 것은 유추해석금지원칙에 반한다.

⑤ 「도로교통법」 제154조 제2호의 '원동기장치자전거면허를 받지 아니하고'라는 법률문언의 통상적인 의미에는 '운전면허를 받았으나 그 후 운전면허의 효력이 정지된 경우'가 포함된다고 해석할 수 없다.

해설 | 출제영역 | 죄형법정주의

② (✕) [다수의견] (가) 죄형법정주의 원칙상 형벌법규는 문언에 따라 엄격하게 해석·적용하여야 하고 피고인에게 불리한 방향으로 지나치게 확장해석하거나 유추해석 하여서는 안 되는 것이 원칙이고, 이는 특정 범죄자에 대한 위치추적 전자장치 부착명령의 요건을 해석할 때에도 마찬가지이다.
(나) '특정 범죄자에 대한 위치추적 전자장치 부착 등에 관한 법률'(이하 '전자장치부착법'이라 한다) 제5조 제1항 제3호는 검사가 전자장치 부착명령을 법원에 청구할 수 있는 경우 중의 하나로 '성폭력범죄를 2회 이상 범하여(유죄의 확정판결을 받은 경우를 포함한다) 그 습벽이 인정된 때'라고 규정하고 있는데, 이 규정 전단은 문언상 '유죄의 확정판결을 받은 전과사실을 포함하여 성폭력범죄를 2회 이상 범한 경우'를 의미한다고 해석된다. 따라서 피부착명령청구자가 <u>소년법에 의한 보호처분(이하 '소년보호처분'이라고 한다)</u>을 받은 전력이 있다고 하더라도, 이는 유죄의 확정판결을 받은 경우에 해당하지 아니함이 명백하므로, 피부착명령청구자가 2회 이상 성폭력범죄를 범하였는지를 판단할 때 소년보호처분을 받은 전력을 고려할 것이 아니다(대법원 2012.3.22, 2011도15057 전원합의체).

① (○) 대법원 2012.1.27, 2010도8336

③ (○) <u>가정폭력범죄의 처벌 등에 관한 특례법이 정한 보호처분 중의 하나인 사회봉사명령</u>은 가정폭력범죄를 범한 자에 대하여 환경의 조정과 성행의 교정을 목적으로 하는 것으로서 형벌 그 자체가 아니라 보안처분의 성격을 가지는 것이 사실이다. 그러나 한편으로 이는 가정폭력범죄행위에 대하여 형사처벌 대신 부과되는 것으로서, 가정폭력범죄를 범한 자에게 의무적 노동을 부과하고 여가시간을 박탈하여 실질적으로는 신체적 자유를 제한하게 되므로, 이에 대하여는 원칙적으로 <u>형벌불소급의 원칙에 따라 행위시법을 적용함이 상당하다</u>(대법원 2008.7.24, 2008어4).

④ (○) 만약 반의사불벌죄에 있어서 피해자에게 의사능력이 있음에도 불구하고 그 처벌을 희망하지 않는다는 의사표시 또는 처벌희망 의사표시의 철회에 법정대리인의 동의가 있어야 하는 것으로 본다면, 이는 피고인 또는 피의자에 대한 처벌희망 여부를 결정할 수 있는 권한을 명문의 근거 없이 새롭게 창설하여 법정대리인에게 부여하는 셈이 되어 부당하며, 형사소송법 또는 청소년성보호법(현 아청법)의 해석론을 넘어서는 입론이라고 할 것이다. 뿐만 아니라, 처벌을 희망하지 않는다는 의사표시 또는 처벌희망 의사표시의 철회는 이른바 소극적 소송조건에 해당하고, <u>소송조건에는 죄형법정주의의 파생원칙인 유추해석금지의 원칙이 적용된다고 할 것인데, 명문의 근거 없이 그 의사표시에 법정대리인의 동의가 필요하다고 보는 것은 유추해석에 의하여 소극적 소송조건의 요건을 제한하고 피고인 또는 피의자에 대한 처벌가능성의 범위를 확대하는 결과가 되어 죄형법정주의 내지 거기에서 파생된 유추해석금지의 원칙에도 반한다</u>(대법원 2009.11.19, 2009도6058 전원합의체).

⑤ (○) 대법원 2011.8.25, 2011도7725

정답 ②

003 ✓ 유사 ◆◇◇ 국가9급 2018

죄형법정주의에 대한 설명으로 옳지 않은 것은? (다툼이 있는 경우 판례에 의함)

① 법률의 시행령이 형사처벌에 관한 사항을 규정하면서 법률의 명시적인 위임 범위를 벗어나 그 처벌 대상을 확장하는 것은 죄형법정주의의 원칙에 어긋난다.

② 구 가정폭력범죄의 처벌 등에 관한 특례법 의 사회봉사명령은 그 성질이 보안처분이지만 소급효금지의 원칙이 적용된다.

③ 반의사불벌죄에서 처벌을 희망하지 않는다는 의사표시 또는 처벌희망 의사표시의 철회는 이른바 소극적 소송조건에 해당하고, 소송조건에는 유추해석금지의 원칙이 적용되지 않는다.

④ 성폭력범죄의 처벌 등에 관한 특례법 제13조의 통신매체이용음란죄에서 통신매체를 이용하지 아니한 채 '직접' 상대방에게 물건 등을 도달하게 하는 행위까지 포함하여 위 규정으로 처벌할 수 있다고 보는 것은 유추해석금지의 원칙에 위반된다.

해설 | 출제영역 | 죄형법정주의

③ (✕) 처벌을 희망하지 않는다는 의사표시 또는 처벌희망 의사표시의 철회는 이른바 소극적 소송조건에 해당하고, <u>소송조건에는 죄형법정주의의 파생원칙인 유추해석금지의 원칙이 적용된다</u>(대법원 2009.11.19, 2009도6058 전원합의체).

① (○) 법률의 시행령이 형사처벌에 관한 사항을 규정하면서 법률의 명시적인 위임 범위를 벗어나 그 처벌의 대상을 확장하는 것은 죄형법정주의의 원칙에도 어긋나므로, 그러한 시행령은 위임입법의 한계를 벗어난 것으로서 무효이다(대법원 2017.2.21, 2015도14966).

② (○) 가정폭력범죄의 처벌 등에 관한 특례법이 정한 보호처분 중의 하나인 사회봉사명령에 대하여는 원칙적으로 형벌불소급의 원칙에 따라 행위시법을 적용함이 상당하다(대법원 2008.7.24, 2008어4).

④ (○) 통신매체를 이용하지 아니한 채 '직접' 상대방에게 말, 글, 물건 등을 도달하게 하는 행위까지 포함하여 위 규정으로 처벌할 수 있다고 보는 것은 법문의 가능한 의미의 범위를 벗어난 해석으로서 실정법 이상으로 처벌 범위를 확대하는 것이다(대법원 2016.3.10, 2015도17847).

[정답] ③

---

004 ☑ 유사 ◆◆◇ 　　　　国家7급 2016

죄형법정주의에 대한 설명으로 옳지 않은 것은? (다툼이 있는 경우 판례에 의함)

① 범죄와 형벌은 국회가 제정한 법률에 의해 정해져야 하나, 위임입법이 불가피한 경우 구성요건의 점에서는 처벌대상인 행위가 어떠한 것인지를 예측할 수 있을 정도로 구체적으로 정하고, 형벌의 점에서는 형벌의 종류 및 그 상한과 폭을 명확히 규정하는 것을 전제로 위임입법이 허용된다.

② 구 전기통신사업법 제53조 제2항에서 "제1항의 규정에 의한 공공의 안녕질서 또는 미풍양속을 해하는 것으로 인정되는 통신의 대상 등은 대통령령으로 정한다."라고 규정한 것은 포괄위임입법금지원칙에 위배된다.

③ 범죄 후 재판확정 전 법률의 변경에 의하여 형이 구법보다 경하게 된 경우 그 법률 변경의 동기가 구법에서 정한 과형이 과중하였다는 반성적 고려에 따라 이루어졌다면 형법 제1조 제2항이 적용된다.

④ 국가보안법 제7조 제5항에서 규정하고 있는 '소지'에 블로그, 미니 홈페이지, 카페 등의 이름으로 개설된 사적 인터넷 게시공간의 운영자가 사적 인터넷 게시공간에 게시된 타인의 글을 삭제할 권한이 있는데도 이를 삭제하지 아니하고 그대로 둔 경우를 포함하여 위 규정으로 처벌할 수 있다고 보는 것은 죄형법정주의 원칙상 금지되는 확장해석이나 유추해석이라고 할 수 없다.

[해설] 출제영역 | 죄형법정주의－포괄위임입법금지의 원칙, 유추적용금지의 원칙

③ (×) 범죄의 성립과 처벌에 관하여 규정한 형벌법규 자체 또는 그로부터 수권 내지 위임을 받은 법령의 변경에 따라 범죄를 구성하지 아니하게 되거나 형이 가벼워진 경우에는, 종전 법령이 범죄로 정하여 처벌한 것이 부당하였다거나 과형이 과중하였다는 반성적 고려에 따라 변경된 것인지 여부를 따지지 않고 원칙적으로 형법 제1조 제2항과 형사소송법 제326조 제4호가 적용

된다(대법원 2022.12.22, 2020도16420).

④ (×) 죄형법정주의로부터 파생된 유추해석금지 원칙과 국가보안법 제1조 제2항, 제7조 제1항, 제5항에 비추어 볼 때, '블로그', '미니 홈페이지', '카페' 등의 이름으로 개설된 사적(私的) 인터넷 게시공간의 운영자가 사적 인터넷 게시공간에 게시된 타인의 글을 삭제할 권한이 있는데도 이를 삭제하지 아니하고 그대로 두었다는 사정만으로 사적 인터넷 게시공간의 운영자가 타인의 글을 국가보안법 제7조 제5항에서 규정하는 바와 같이 '소지'하였다고 볼 수는 없다(대법원 2012.1.27, 2010도8336).

① (○) 대법원 2002.11.26, 2002도2998
② (○) 헌법재판소 2002.6.27, 99헌마480

[정답] ③, ④

---

005 ☑ 유사 ◆◆◇ 　　　　国家7급 2018

죄형법정주의에 대한 설명으로 옳은 것만을 모두 고르면? (다툼이 있는 경우 판례에 의함)

> ㄱ. 죄를 지어 외국에서 형의 전부 또는 일부가 집행된 사람에 대해서는 그 집행된 형의 전부 또는 일부를 선고하는 형에 산입한다.
>
> ㄴ. 법률의 시행령이 형사처벌에 관한 사항을 규정하면서 법률의 명시적인 위임 범위를 벗어나 처벌의 대상을 확장하는 것은 죄형법정주의의 원칙에도 어긋나는 것이므로, 그러한 시행령은 위임입법의 한계를 벗어난 것으로서 무효이다.
>
> ㄷ. 재판 확정 후 법률의 변경에 의하여 그 행위가 범죄를 구성하지 아니하는 때에는 형의 선고를 무효로 한다.
>
> ㄹ. 내국 법인의 대표자인 외국인이 내국 법인에 의하여 외국에 설립된 특수목적법인에 위탁해둔 자금을 외국에서 정해진 목적과 용도 외에 임의로 사용한 경우 그 행위가 행위지의 법률에 의하여 범죄를 구성하지 아니하거나 소추 또는 형의 집행을 면제할 경우가 아니라면 그 외국인에 대해서도 우리 「형법」 제6조가 적용되므로 우리 법원에 재판권이 있다.

① ㄱ, ㄴ
② ㄷ, ㄹ
③ ㄱ, ㄴ, ㄹ
④ ㄱ, ㄴ, ㄷ, ㄹ

[해설] 출제영역 | 죄형법정주의의 내용

ㄱ. (○) 제7조
ㄴ. (○) 법률주의 중 포괄위임입법금지원칙에 관한 내용이다. 대법원 2017.2.16, 2015도16014 전원합의체 등 참조.
ㄷ. (×) 형의 집행을 면제한다. 제1조 제3항 참조.

> **제1조(범죄의 성립과 처벌)** ③ 재판이 확정된 후 법률이 변경되어 그 행위가 범죄를 구성하지 아니하게 된 경우에는 형의 집행을 면제한다. 〈개정 2020.12.8.〉

ㄹ. (○) 내국 법인의 대표자인 외국인이 내국 법인이 외국에 설립한 특수목적법인에 위탁해 둔 자금을 정해진 목적과 용도 외에 임의로 사용한 데 따른 횡령죄의 피해자는 당해 금전을 위탁한 내국 법인이다. 따라서 그 행위가 외국에서 이루어진 경우에도 행위지의 법률에 의하여 범죄를 구성하지 아니하거나 소추 또는 형의 집행을 면제할 경우가 아니라면 그 외국인에 대해서도 우리 형법이 적용되어(형법 제6조), 우리 법원에 재판권이 있다(대법원 2017.3.22, 2016도17465).

정답 ③

---

006 ✓유사 ◆◇◇ 경찰1차 2022

죄형법정주의에 관한 설명으로 옳지 않은 것을 모두 고른 것은? (다툼이 있는 경우 판례에 의함)

⊙ 법규범의 문언은 어느 정도 가치개념을 포함한 일반적 규범적 개념을 사용하지 않을 수 없는 것이기 때문에 기본적으로 최소한이 아닌 최대한의 명확성을 요구한다.

ⓛ 유추해석금지의 원칙은 형벌법규의 구성요건과 가벌성에 관한 규정에 준용되므로 형벌법규의 적용대상이 행정법규가 규정한 사항을 내용으로 하고 있는 경우에 그 행정법규의 규정을 해석하는 데에도 마찬가지로 적용된다.

ⓒ 대법원 양형위원회가 설정한 '양형기준'이 발효하기 전에 공소가 제기된 범죄에 대하여 위 '양형기준'을 참고하여 형을 양정한 경우, 소급효금지의 원칙에 위반된다.

ⓡ 알 수 없는 경위로 가상자산을 이체받은 자가 가상자산을 사용·처분한 경우 이를 형사처벌하는 명문의 규정이 없다고 하더라도 착오송금 시 횡령죄 성립을 긍정한 판례를 유추하여 신의칙을 근거로 배임죄로 처벌하는 것은 죄형법정주의에 반하지 않는다.

ⓜ 「형법」 제258조의2 특수상해죄의 신설로 「형법」 제262조, 제261조의 특수폭행치상죄에 대하여 그 문언상 특수상해죄의 예에 의하여 처벌하는 것이 가능하게 되었다는 이유만으로 「형법」 제258조의2 제1항의 예에 따라 처벌할 수 있다고 하는 것은 죄형법정주의에 반한다.

① ⊙ⓛⓒ ② ⊙ⓒⓡ
③ ⊙ⓒⓜ ④ ⓛⓡⓜ

해설 출제영역 | 죄형법주의의 내용

② ⊙ⓒⓡ

⊙ (×) 명확성의 원칙은 법치국가원리의 한 표현으로서 기본권을 제한하는 법규범의 내용은 명확하여야 한다는 헌법상의 원칙이며, 그 근거는 법규범의 의미내용이 불확실하면 법적안정성과 예측가능성을 확보할 수 없고, 법집행 당국의 자의적인 법해석과 집행을 가능하게 할 것이기 때문이다. 그러나 법규범의 문언은 어느 정도 가치개념을 포함한 일반적, 규범적 개념을 사용하지

않을 수 없는 것이기 때문에 명확성의 원칙이란 기본적으로 최대한이 아닌 최소한의 명확성을 요구하는 것으로서, 법문언이 법관의 보충적인 가치판단을 통해서 그 의미내용을 확인할 수 있고, 그러한 보충적 해석이 해석자의 개인적인 취향에 따라 좌우될 가능성이 없다면 명확성의 원칙에 반한다고 할 수 없다(헌법재판소 1998.4.30, 95헌가16).

ⓛ (○) 행정형법도 형법에 적용되는 원칙의 통제를 받아야 한다. 죄형법정주의도 이에 포함됨은 물론이다(대법원 2017.3.15, 2016도17691).

ⓒ (×) 대법원 양형위원회가 설정한 '양형기준'이 발효하기 전에 공소가 제기된 범죄에 대하여 위 '양형기준'을 참고하여 형을 양정한 사안에서, 피고인에게 불리한 법률을 소급하여 적용한 위법이 있다고 할 수 없다(대법원 2009.12.10, 2009도11448).

ⓡ (×) 원인불명으로 재산상 이익인 가상자산을 이체받은 자가 가상자산을 사용·처분한 경우 이를 형사처벌하는 명문의 규정이 없는 현재의 상황에서 착오송금 시 횡령죄 성립을 긍정한 판례를 유추하여 신의칙을 근거로 피고인을 배임죄로 처벌하는 것은 죄형법정주의에 반한다(대법원 2021.12.16, 2020도9789).
[보충] 착오송금 시 계좌명의인의 인출행위는 횡령죄가 성립하나, 착오 가상자산 이체 시 계좌명의인의 인출행위는 배임죄가 성립하지 않는다.

ⓜ (○) 특수상해죄가 신설되었지만, 특수폭행으로 상해에 이르게 한 폭행치상의 경우 여전히 상해죄의 형으로 처벌하는 것이 타당하다(대법원 2018.7.24, 2018도3443).

정답 ②

007 ✓ 대표 ◆◇◇ 법원행시 2020

형벌법규의 해석 등에 관한 다음 설명 중 가장 옳지 않은 것은? (다툼이 있는 경우 판례에 의하고, 전원합의체 판결의 경우 다수의견에 의함)

① 위법성 및 책임의 조각사유나 소추조건 또는 처벌조각사유인 형면제 사유에 관하여도 그 범위를 제한적으로 유추적용하는 것은 죄형법정주의의 파생원칙인 유추해석금지의 원칙에 위반하여 허용될 수 없다.

② 형벌법규의 해석은 엄격하여야 하고, 명문의 형벌법규의 의미를 피고인에게 불리한 방향으로 지나치게 확장해석하거나 유추해석하는 것은 죄형법정주의의 원칙에 어긋나는 것으로서 허용되지 아니하나, 형벌법규의 해석에서도 법률문언의 통상적인 의미를 벗어나지 않는 한 그 법률의 입법취지와 목적, 입법연혁 등을 고려한 목적론적 해석이 배제되는 것은 아니다.

③ 도로교통법 제2조 제26호가 '술이 취한 상태에서의 운전' 등 일정한 경우에 한하여 예외적으로 도로 외의 곳에서 운전한 경우를 운전에 포함한다고 명시하고 있는 반면, 무면허운전에 관해서는 이러한 예외를 명시하고 있지 않지만, 무면허운전을 처벌하는 입법취지와 목적, 입법연혁 등을 고려하면, 도로가 아닌 곳에서 운전면허 없이 운전한 경우에도 무면허운전으로 처벌하는 것은 허용되는 목적론적 해석이다.

④ 형벌법규의 해석에서도 문언의 가능한 의미 안에서 입법 취지와 목적 등을 고려한 법률 규정의 체계적 연관성에 따라 문언의 논리적 의미를 분명히 밝히는 체계적·논리적 해석방법은 규정의 본질적 내용에 가장 접근한 해석을 위한 것으로서 죄형법정주의의 원칙에 부합한다.

⑤ 구 성폭력범죄의 처벌 및 피해자보호 등에 관한 법률(1997.8.22. 법률 제5343호로 개정되기 전의 것) 제8조는, 신체장애로 항거불능인 상태에 있음을 이용하여 여자를 간음하거나 사람에 대하여 추행한 자는 형법 제297조(강간) 또는 제298조(강제추행)에 정한 형으로 처벌한다고 규정하고 있는바, 관련 법률의 장애인에 관한 규정과 형법상의 유추해석금지의 원칙에 비추어 볼 때, 이 규정에서 말하는 '신체장애'에 정신박약 등으로 인한 정신장애도 포함된다고 보아 그러한 정신장애로 인하여 항거불능 상태에 있는 여자를 간음한 경우에도 이 규정에 해당한다고 해석하기는 어렵다.

해설 | 출제영역 | 죄형법정주의, 유추해석금지원칙

③ (×) 도로교통법 제2조 제26호가 '술이 취한 상태에서의 운전' 등 일정한 경우에 한하여 예외적으로 도로 외의 곳에서 운전한 경우를 운전에 포함한다고 명시하고 있는 반면, 무면허운전에 관해서는 이러한 예외를 정하고 있지 않다. 따라서 도로교통법 제152조, 제43조를 위반한 무면허운전이 성립하기 위해서는 운전면허를 받지 않고 자동차 등을 운전한 곳이 도로교통법 제2조 제1호에서 정한 도로, 즉 '도로법에 따른 도로', '유료도로법에 따른 유료도로', '농어촌도로 정비법에 따른 농어촌도로', '그 밖에 현실적으로 불특정 다수의 사람 또는 차마가 통행할 수 있도록 공개된 장소로서 안전하고 원활한 교통을 확보할 필요가 있는 장소' 중 하나에 해당해야 한다. 위에서 본 도로가 아닌 곳에서 운전면허 없이 운전한 경우에는 무면허운전에 해당하지 않는다. 도로에서 운전하지 않았는데도 무면허운전으로 처벌하는 것은 유추해석이나 확장해석에 해당하여 죄형법정주의에 비추어 허용되지 않는다(대법원 2017.12.28, 2017도17762).

① (○) 대법원 2010.9.30, 2008도4762
② (○) 대법원 2018.7.24, 2018도3443
④ (○) 대법원 2018.10.25, 2016도11429
⑤ (○) 대법원 1998.4.10, 97도3392

정답 ③

008 ✓ 대표 ◆◆◇ 변호사 2021

다음 설명 중 옳은 것은? (다툼이 있는 경우 판례에 의함)

① 「가정폭력범죄의 처벌 등에 관한 특례법」에서 규정하고 있는 사회봉사명령은 보안처분이므로 이 명령에 형벌불소급의 원칙이 적용되지 않는다.

② 종전보다 가벼운 형으로 형벌법규를 개정하면서, 개정된 법 시행 전의 범죄에 대해서 종전의 형벌법규를 적용하도록 그 부칙에 규정하는 것은 형벌불소급의 원칙에 반한다.

③ 행위 시에 없던 보호관찰규정이 재판 시에 신설되어 이를 근거로 보호관찰을 명할 경우, 형벌불소급의 원칙 또는 죄형법정주의에 위배된다.

④ 1억 원 이상의 벌금형을 선고하는 경우 노역상유치기간의 하한을 중하게 정한 개정 「형법」 제70조 제2항을 시행일 이후 최초로 공소제기되는 경우부터 적용하도록 한 개정 「형법」 부칙 제2조 제1항은 형벌불소급의 원칙에 위반된다.

⑤ 「디엔에이신원확인정보의 이용 및 보호에 관한 법률」이 시행 당시 디엔에이감식시료 채취 대상 범죄로 이미 징역이나 금고 이상의 실형을 선고받아 그 형이 확정되어 수용 중인 사람에게도 적용될 수 있도록 한 위 법률 부칙 제2조 제1항은 소급입법금지원칙에 위배된다.

해설 | 출제영역 | 죄형법정주의, 소급효금지원칙

④ (○) 헌법재판소 2017.10.26, 2015헌바239

① (×) 가정폭력범죄의 처벌 등에 관한 특례법이 정한 보호처분 중의 하나인 사회봉사명령은 가정폭력범죄를 범한 자에 대하여 환경의 조정과 성행의 교정을 목적으로 하는 것으로서 형벌 그 자체가 아니라 보안처분의 성격을 가지는 것이 사실이다. 그러나 한편으로 이는 가정폭력범죄행위에 대하여 형사처벌 대신 부과되는 것으로서, 가정폭력범죄를 범한 자에게 의무적 노동을 부과하고 여가시간을 박탈하여 실질적으로는 신체적 자유를 제한하게 되므로, 이에 대하여는 원칙적으로 형벌불소급의 원칙에 따라 행위시법을 적용함이 상당하다(대법원 2008.7.24, 2008어4).

② (×) 형을 종전보다 가볍게 형벌법규를 개정하면서 그 부칙으로 개정 전의 범죄에 대하여는 종전의 형벌법규를 추급하여 적용하도록 규정한다 하여 죄형법정주의에 반하거나 범죄 후 형의 변경이 있는 경우라 할 수 없으므로 형법 제1조 제2항 소정의 신법우선주의가 적용될 여지가 없다(대법원 1995.1.24, 94도2787).

③ (×) 개정 형법 제62조의2 제1항에 의하면 형의 집행을 유예를 하는 경우에는 보호관찰을 받을 것을 명할 수 있고, 같은 조 제2항에 의하면 제1항의 규정에 의한 보호관찰의 기간은 집행을 유예한 기간으로 하고, 다만 법원은 유예기간의 범위 내에서 보호관찰의 기간을 정할 수 있다고 규정되어 있는바, 위 조항에서 말하는 보호관찰은 형벌이 아니라 보안처분의 성격을 갖는 것으로서, 과거의 불법에 대한 책임에 기초하고 있는 제재가 아니라 장래의 위험성으로부터 행위자를 보호하고 사회를 방위하기 위한 합목적적인 조치이므로, 그에 관하여 반드시 행위 이전에 규정되어 있어야 하는 것은 아니며, 재판시의 규정에 의하여 보호관찰을 받을 것을 명할 수 있다고 보아야 할 것이고, 이와 같은 해석이 형벌불소급의 원칙 내지 죄형법정주의에 위배되는 것이라고 볼 수 없다(대법원 1997.6.13, 97도703).

⑤ (×) 디엔에이신원확인정보의 수집·이용은 수형인등에게 심리적 압박으로 인한 범죄예방효과를 가진다는 점에서 보안처분의 성격을 지니지만, 처벌적인 효과가 없는 비형벌적 보안처분으로서 소급입법금지원칙이 적용되지 않는다. 이 사건 법률의 소급적용으로 인한 공익적 목적이 당사자의 손실보다 더 크므로, 이 사건 부칙조항이 법률 시행 당시 디엔에이감식시료 채취 대상범죄로 실형이 확정되어 수용 중인 사람들까지 이 사건 법률을 적용한다고 하여 소급입법금지원칙에 위배되는 것은 아니다(헌법재판소 2014.8.28, 2011헌마28).

정답 ④

죄형법정주의에 대한 설명으로 옳은 것만을 모두 고른 것은? (다툼이 있는 경우 판례에 의함)

> ㄱ. 항공보안법 제42조의 '항로'를 '항공기가 통행하는 공로'보다 넓게 해석하여 '항공기가 지상에서 이동하는 경로'도 '항로'에 포함하는 것은 문언의 가능한 의미를 벗어난다.
> ㄴ. 피고인에게 불리한 유추해석금지의 원칙은 그 형벌법규의 적용대상이 행정법규가 규정한 사항을 내용으로 하고 있는 경우에 그 행정법규의 규정을 해석하는 데에도 마찬가지로 적용된다.
> ㄷ. 국가형벌권의 자의적인 행사로부터 개인의 자유와 권리를 보호하기 위하여 원칙적으로 법률로 범죄와 형벌을 정하여야 한다.
> ㄹ. 행위 당시의 판례에 의하면 처벌대상이 되지 아니하는 것으로 해석되었던 행위를 판례의 변경에 따라 확인된 내용의 형법 조항에 근거하여 처벌한다고 하여 형벌불소급의 원칙에 반한다고 할 수 없다.

① ㄱ, ㄴ
② ㄱ, ㄷ, ㄹ
③ ㄴ, ㄷ, ㄹ
④ ㄱ, ㄴ, ㄷ, ㄹ

해설 출제영역 | 죄형법정주의

ㄱ. (○) 대법원 2017.12.21, 2015도8335 전원합의체

ㄴ. (○) 형벌법규의 해석은 엄격하여야 하고 명문규정의 의미를 피고인에게 불리한 방향으로 지나치게 확장해석하거나 유추해석하는 것은 죄형법정주의의 원칙에 어긋나는 것으로서 허용되지 않으며, 이러한 법해석의 원리는 그 형벌법규의 적용대상이 행정법규가 규정한 사항을 내용으로 하고 있는 경우에 그 행정법규의 규정을 해석하는 데에도 마찬가지로 적용된다(대법원 2007.6.29, 2006도4582).

ㄷ. (○) 헌법 제12조 제1항이 규정하고 있는 죄형법정주의 원칙은, 범죄와 형벌을 입법부가 제정한 형식적 의미의 법률로 규정하는 것을 그 핵심적 내용으로 하고, 나아가 형식적 의미의 법률로 규정하더라도 그 법률조항이 처벌하고자 하는 행위가 무엇이며 그에 대한 형벌이 어떠한 것인지를 누구나 예견할 수 있고 그에 따라 자신의 행위를 결정할 수 있도록 구성요건을 명확하게 규정할 것을 요구한다(대법원 2003.11.14, 2003도3600).

ㄹ. (○) 형사처벌의 근거가 되는 것은 법률이지 판례가 아니고, 형법 조항에 관한 판례의 변경은 그 법률조항의 내용을 확인하는 것에 지나지 아니하여 이로써 그 법률조항 자체가 변경된 것이라고 볼 수는 없으므로, 행위 당시의 판례에 의하면 처벌대상이 되지 아니하는 것으로 해석되었던 행위를 판례의 변경에 따라 확인된 내용의 형법 조항에 근거하여 처벌한다고 하여 그것이 헌법상 평등의 원칙과 형벌불소급의 원칙에 반한다고 할 수는 없다(대법원 1999.9.17, 97도3349).

정답 ④

010 ✓ 유사 ◆◆◇ 〔국가7급 2021〕

죄형법정주의와 형법의 적용범위에 대한 설명으로 옳은 것만을 모두 고르면? (다툼이 있는 경우 판례에 의함)

ㄱ. 구 「의료법」 제87조 제1항 제2호, 제27조 제1항 은 대한민국 영역 외에서 의료행위를 하려는 사 람에게까지 보건복지부장관의 면허를 받을 의무 를 부과하고 나아가 이를 위반한 자를 처벌하는 규정이라고 보기 어려우므로 내국인이 대한민국 영역 외에서 의료행위를 하는 경우에는 구 「의료 법」 제87조 제1항 제2호, 제27조 제1항의 구성 요건 해당성이 없다.

ㄴ. 「형법」 제125조의 구성요건 중 '그 직무를 행함 에 당하여'라 함을 '경찰 등이 그 직무를 행하는 기회'라는 뜻으로 해석한다면, 이런 해석은 다소 포괄적이며 불명확하여 처벌범위를 자의적으로 확장시킨다고 볼 여지가 있어 죄형법정주의의 명 확성 원칙에 위반된다.

ㄷ. 「한국환경공단법」 등이 한국환경공단 임직원을 「형법」 제129조(수뢰·사전수뢰) 내지 제132조 (알선수뢰)의 적용에 있어 공무원으로 본다고 규 정하고 있으므로 그들 또는 그들이 직무를 행하 는 한국환경공단을 「형법」 제227조의2(공전자기 록위작·변작)에 정한 공무원 또는 공무소에 해당 한다고 보는 것은 죄형법정주의의 원칙에 반하지 않는다.

ㄹ. 「의료법」 제41조가 "환자의 진료 등에 필요한 당 직 의료인을 두어야 한다."라고 규정하고 있을 뿐 인데도, 이 사건 시행령 조항은 그 당직의료인의 수와 자격 등 배치기준을 규정하고 이를 위반하 면 「의료법」 제90조에 의한 처벌의 대상이 되도 록 함으로써 법률의 명시적인 위임 범위를 벗어 나 처벌의 대상을 확장했으므로 죄형법정주의의 원칙에 어긋난다.

① ㄱ, ㄴ
② ㄱ, ㄹ
③ ㄴ, ㄷ
④ ㄱ, ㄷ, ㄹ

〔해설〕 출제영역 | 죄형법정주의와 형법의 적용범위

ㄱ. (○) 대법원 2020.4.29, 2019도19130
ㄴ. (×) '그 직무를 행함에 당하여'라 함은 '경찰 등이 그 직무를 행 하는 기회'라는 뜻으로 해석되는바, 이런 해석이 다소 포괄적이 라도 경찰 등의 직무와 폭행 사이에 객관적 관련성을 요구하는 것으로 해석되므로 그 내용이 불명확하여 처벌범위를 자의적으 로 확장시킨다고 볼 수도 없다. … 따라서 이 사건 법률조항은 죄형법정주의의 명확성원칙에 위반되지 않는다(헌법재판소 2015. 3.26, 2013헌바140).
ㄷ. (×) 한국환경공단법 등이 한국환경공단 임직원을 형법 제129조 내지 제132조의 적용에 있어 공무원으로 본다고 규정한다고 하 여 그들 또는 그들이 직무를 행하는 한국환경공단을 형법 제227

조의2에 정한 공무원 또는 공무소에 해당한다고 보는 것은 형벌 법규를 피고인에게 불리하게 확장해석하거나 유추해석하는 것 이어서 죄형법정주의의 원칙에 반한다(대법원 2020.3.12, 2016 도19170).
ㄹ. (○) 대법원 2017.2.16, 2015도16014 전원합의체

〔정답〕 ②

011 ✓ 유사 ◆◆◇ 〔경찰2차 2019〕

죄형법정주의에 관한 설명으로 가장 적절하지 않은 것 은? (다툼이 있는 경우 판례에 의함)

① 「의료법」 제41조가 "환자의 진료 등에 필요한 당직의 료인을 두어야 한다."라고 규정하고 있을 뿐인데도 「의료법 시행령」 제18조 제1항이 당직의료인의 수와 자격 등 배치기준을 규정하고 이를 위반하면 「의료법」 제90조에 의한 처벌의 대상이 되도록 함으로써 형사 처벌의 대상을 신설 또는 확장한 경우, 본 시행령 조항 은 위임입법의 한계를 벗어나 무효이다.

② 과거에 이미 행한 범죄에 대하여 공소시효를 정지시키 는 법률이라 하더라도 그 사유만으로 형벌불소급의 원 칙에 언제나 위배되는 것은 아니다.

③ 「청소년보호법」 제30조 제8호 소정의 "풍기를 문란하 게 하는 영업행위를 하거나 그를 목적으로 장소를 제 공하는 행위"라는 문구는 "청소년에 대하여 이성혼숙 을 하게 하거나 그를 목적으로 장소를 제공하는 행위" 등이라고 볼 수 있으므로 명확성원칙에 반하지 않는다.

④ 「도로교통법」상 도로가 아닌 곳에서 운전면허 없이 운 전한 행위를 무면허운전으로 처벌하는 것은 유추해석 금지원칙에 반하지 않는다.

〔해설〕 출제영역 | 죄형법정주의

④ (×) 도로교통법상 도로에서 운전하지 않았는데도(일반교통경찰 권이 미치는 공공성이 있는 장소가 아니라 특정인이나 그와 관련 된 용건이 있는 사람만 사용할 수 있고 자체적으로 관리되는 곳 이라면 도로교통법에서 정한 '도로에서 운전한 것이 아니므로) 무면허운전으로 처벌하는 것은 유추해석이나 확장해석에 해당하 여 죄형법정주의에 비추어 허용되지 않는다(대법원 2017.12.28, 2017도17762).
① (○) 의료법 제41조가 각종 병원에 두어야 하는 당직의료인의 수 와 자격에 아무런 제한을 두고 있지 않음에도, '병원에 두어야 하 는 당직의료인의 수는 입원환자 200명까지는 의사 등의 경우 1명, 간호사의 경우 2명을 두되, 입원환자 200명을 초과하는 200명 마다 의사 등의 경우 1명, 간호사의 경우 2명을 추가한 인원수로 한다'라는 의료법 시행령 제18조 제1항 규정은 위임입법의 한계를 벗어난 것이다(대법원 2017.2.16, 2015도16014 전원합의체).
② (○) 공소시효가 아직 완성되지 않은 경우 진행 중인 공소시효를 연장하는 법률은, 공익이 개인의 신뢰보호이익에 우선하는 경우 에는 헌법상 정당화될 수 있다. 공소시효가 이미 완성된 경우 그 공소시효를 연장하는 법률은, 공익적 필요는 심히 중대한 반면에 개인의 신뢰를 보호하여야 할 필요가 상대적으로 적어 개인의 신 뢰이익을 관철하는 것이 객관적으로 정당화될 수 없는 경우에는

예외적으로 허용될 수 있다(헌법재판소 1996.2.16, 96헌가2).

③ (○) 대법원 2003.12.26, 2003도5980

정답 ④

---

012 ✓유사 ◆◆◇ 경찰1차 2023

죄형법정주의에 관한 설명 중 가장 적절하지 않은 것은? (다툼이 있는 경우 판례에 의함)

① 구 「정보통신망 이용촉진 및 정보보호 등에 관한 법률」에서 규정하는 '불안감'은 평가적·정서적 판단을 요하는 규범적 구성요건요소이고, '불안감'이란 개념이 사전적으로 '마음이 편하지 아니하고 조마조마한 느낌'이라고 풀이되고 있어 이를 불명확하다고 볼 수는 없으므로, 위 규정 자체가 죄형법정주의에 반한다고 볼 수 없다.

② 형벌법규의 위임은 특히 긴급한 필요가 있거나 미리 법률로써 자세히 정할 수 없는 부득이한 사정이 있는 경우로 한정되어야 하며, 이러한 경우에도 위임법률에서 범죄의 구성요건은 처벌대상행위가 어떠한 것일 것이라고 예측할 수 있을 정도로 구체적으로 정하여야 하며, 형벌의 종류 및 그 상한과 폭을 명백히 규정하여야 한다.

③ 구 「근로기준법」에서 임금·퇴직금 청산기일의 연장합의의 한도에 관하여 아무런 제한을 두고 있지 아니함에도 불구하고, 같은 법 시행령에서 기일연장을 3월 이내로 제한한 것은 죄형법정주의의 원칙에 위배된다.

④ 「게임산업진흥에 관한 법률」 제32조 제1항 제7호의 '환전'의 의미를 '게임결과물을 수령하고 돈을 교부하는 행위'뿐만 아니라 '게임결과물을 교부하고 돈을 수령하는 행위'도 포함되는 것으로 해석하는 것은 죄형법정주의에 위배된다.

해설 | 출제영역 | 죄형법정주의

④ (×) '게임산업진흥에 관한 법률' 제32조 제1항 제7호는 "누구든지 게임물의 이용을 통하여 획득한 유·무형의 결과물(점수, 경품, 게임 내에서 사용되는 가상의 화폐로서 대통령령이 정하는 게임머니 및 대통령령이 정하는 이와 유사한 것을 말한다)을 환전 또는 환전알선하거나 재매입을 업으로 하는 행위를 하여서는 아니된다"고 정하고 있다. 여러 사정을 종합하여 보면, <u>위 조항이 정한 '환전'에는 '게임결과물을 수령하고 돈을 교부하는 행위'뿐만 아니라 '게임결과물을 교부하고 돈을 수령하는 행위'도 포함되는 것으로 해석함이 상당하고, 이를 지나친 확장해석이나 유추해석이라고 할 수 없다</u>(대법원 2012.12.13, 2012도11505).

① (○) 구 정보통신망 이용촉진 및 정보보호 등에 관한 법률(2007. 1. 26. 법률 제8289호로 개정되기 전의 것) 제65조 제1항 제3호에서 규정하는 "불안감"은 평가적·정서적 판단을 요하는 규범적 구성요건요소이고, "불안감"이란 개념이 사전적으로 "마음이 편하지 아니하고 조마조마한 느낌"이라고 풀이되고 있어 이를 불명확하다고 볼 수는 없으므로, 위 규정 자체가 죄형법정주의 및 여

기에서 파생된 명확성의 원칙에 반한다고 볼 수 없다(대법원 2008.12.24, 2008도9581).

② (○) 위임입법에 관한 헌법 제75조는 처벌법규에도 적용되는 것이지만 처벌법규의 위임은 특히 긴급한 필요가 있거나 미리 법률로써 자세히 정할 수 없는 부득이한 사정이 있는 경우에 한정되어야 하고 이 경우에도 법률에서 범죄의 구성요건은 처벌대상인 행위가 어떠한 것일 것이라고 이를 예측할 수 있을 정도로 구체적으로 정하고 형벌의 종류 및 그 상한과 폭을 명백히 규정하여야 한다(헌법재판소 1991.7.8, 91헌가4 전원합의체).

> **헌법 제75조** 대통령은 법률에서 구체적으로 범위를 정하여 위임받은 사항과 법률을 집행하기 위하여 필요한 사항에 관하여 대통령령을 발할 수 있다.

③ (○) 구 근로기준법 제30조 단서에서 임금·퇴직금 청산기일의 연장합의의 한도에 관하여 아무런 제한을 두고 있지 아니함에도 불구하고, 같은법시행령 제12조에 의하여 같은 법 제30조 단서에 따른 기일연장을 3월 이내로 제한한 것은 같은법시행령 제12조가 같은 법 제30조 단서의 내용을 변경하고 같은 법 제109조와 결합하여 형사처벌의 대상을 확장하는 결과가 된다 할 것인바, 이와 같이 법률이 정한 형사처벌의 대상을 확장하는 내용의 법규는 법률이나 법률의 구체적 위임에 의한 명령 등에 의하지 않으면 아니 된다고 할 것이므로, 결국 모법의 위임에 의하지 아니한 같은법시행령 제12조는 죄형법정주의의 원칙에 위배되고 위임입법의 한계를 벗어난 것으로서 무효이다(대법원 1998.10.15, 98도1759 전원합의체).

정답 ④

013 ✔ 유사 ◆◆◇　　　국가9급/총론 2023

죄형법정주의와 관련하여 위임입법에 대한 설명으로 옳은 것은?

① 조례의 제정권자인 지방의회는 선거를 통해서 그 지역적인 민주적 정당성을 지니고 있는 주민의 대표기관이므로 지방의회가 조례로써 주민의 권리 또는 의무에 관한 사항이나 벌칙을 정할 때에 법률의 위임을 받지 않아도 된다.

② 지방자치법에 따르면, 지방자치단체는 조례를 위반한 행위에 대하여 조례로써 1천만 원 이하의 벌금을 정하여 부과할 수 있다.

③ 구 결혼중개업의 관리에 관한 법률 이 형사처벌의 대상인 신상정보 제공의무와 관련하여 단지 "신상정보의 제공 시기 및 절차, 입증방법 등에 필요한 사항은 대통령령으로 정한다."라고만 규정하고 있는데, 동법 시행령이 '이용자와 상대방의 만남 이전'에 신상정보를 제공할 의무를 부과하고 있다면 이는 위임입법의 한계를 일탈한 것이다.

④ 구 전기통신사업법 이 형사처벌대상인 금지의 대상을 '공공의 안녕질서 또는 미풍양속을 해하는 내용의 통신'으로 규정하면서 "공공의 안녕질서 또는 미풍양속을 해하는 것으로 인정되는 통신의 대상은 대통령령으로 정한다."라고 규정한 것은 포괄위임입법금지원칙에 위배된다.

〔해설〕 출제영역 | 위임입법

④ (○) 전기통신사업법 제53조 제2항은 "제1항의 규정에 의한 공공의 안녕질서 또는 미풍양속을 해하는 것으로 인정되는 통신의 대상 등은 대통령령으로 정한다"고 규정하고 있는바 이는 포괄위임입법금지원칙에 위배된다(헌법재판소 2002.6.27, 99헌마480 전원합의체).

① (×) 주민의 권리제한 또는 의무부과에 관한 사항이나 벌칙에 해당하는 조례를 제정할 경우에는 그 조례의 성질을 묻지 아니하고 법률의 위임이 있어야 하고 그러한 위임 없이 제정된 조례는 효력이 없다(대법원 2007.12.13, 2006추52).

② (×) 지방자치법에 따르면, 지방자치단체는 조례를 위반한 행위에 대하여 조례로써 1천만 원 이하의 과태료를 정하여 부과할 수 있다.

> **지방자치법 제34조(조례 위반에 대한 과태료)** ① 지방자치단체는 조례를 위반한 행위에 대하여 조례로써 1천만 원 이하의 과태료를 정할 수 있다.

③ (×) 결혼중개업법과 같은 법 시행령의 규정 내용과 체계에다가 국제결혼중개업자를 통한 국제결혼의 특수성과 실태 등을 관련 법리에 비추어 살펴보면, 결혼중개업법 제10조의2 제4항에 의하여 대통령령에 규정하도록 위임된 '신상정보의 제공 시기'는 적어도 이용자와 상대방의 만남 이전이 될 것임을 충분히 예측할 수 있으므로, 결혼중개업법 시행령 제3조의2 제3항이 결혼중개업법 제10조의2 제4항에서 위임한 범위를 일탈하여 위임입법의 한계를 벗어났다고 볼 수 없다(대법원 2019.7.25, 2018도7989).

〔정답〕 ④

014 ✔ 유사 ◆◆◇　　　경찰간부 2023

위임입법에 관한 설명으로 옳은 것은 모두 몇 개인가? (다툼이 있는 경우 판례에 의함)

> 가. 헌법은 법률에서 구체적으로 범위를 정하여 위임받은 사항에 관하여 하위법령에 규정하는 것을 허용한다.
> 나. 법률의 시행령이나 시행규칙의 내용이 모법의 입법 취지와 관련 조항 전체를 유기적·체계적으로 살펴보아 모법의 해석상 가능한 것을 명시한 것에 지나지 아니하거나 모법 조항의 취지에 근거하여 이를 구체화하기 위한 것인 때에는 모법에 이에 관하여 직접 위임하는 규정을 두지 아니하였다고 하더라도 이를 무효라고 볼 수는 없다.
> 다. 법률의 시행령이 형사처벌에 관한 사항을 규정하면서 법률의 명시적인 위임 범위를 벗어나 그 처벌의 대상을 확장하는 것은 죄형법정주의의 원칙에도 어긋나는 것이므 로, 그러한 시행령은 위임입법의 한계를 벗어난 것으로서 무효이다.
> 라. 형벌법규의 위임은 특히 긴급한 필요가 있거나 미리 법률로써 자세히 정할 수 없는 부득이한 사정이 있는 경우로 한정되어야 하며, 이러한 경우에도 법률에서 범죄의 구성요건은 처벌대상행위가 어떠한 것일 것이라고 예측할 수 있을 정도로 구체적으로 정하여야 한다.

① 1개　　　　　　② 2개
③ 3개　　　　　　④ 4개

〔해설〕 출제영역 | 위임입법

④ 4개

가. (○) 개별적·구체적 위임입법은 허용된다. 헌법 제75조 참조.

> **헌법 제75조** 대통령은 법률에서 구체적으로 범위를 정하여 위임받은 사항과 법률을 집행하기 위하여 필요한 사항에 관하여 대통령령을 발할 수 있다.

나. (○) 법률의 시행령이나 시행규칙은 법률에 의한 위임이 없으면 개인의 권리·의무에 관한 내용을 변경·보충하거나 법률이 규정하지 아니한 새로운 내용을 정할 수는 없지만, 법률의 시행령이나 시행규칙의 내용이 모법의 입법 취지와 관련 조항 전체를 유기적·체계적으로 살펴보아 모법의 해석상 가능한 것을 명시한 것에 지나지 아니하거나 모법 조항의 취지에 근거하여 이를 구체화하기 위한 것인 때에는 모법의 규율 범위를 벗어난 것으로 볼 수 없으므로, 모법에 이에 관하여 직접 위임하는 규정을 두지 아니하였다고 하더라도 이를 무효라고 볼 수는 없다(대법원 2014. 8.20, 2012두19526).

다. (○) 법률의 시행령이 형사처벌에 관한 사항을 규정하면서 법률의 명시적인 위임 범위를 벗어나 그 처벌의 대상을 확장하는 것은 죄형법정주의의 원칙에도 어긋나므로, 그러한 시행령은 위임입법의 한계를 벗어난 것으로서 무효이다(대법원 2017.2.21, 2015도14966).

라. (○) 처벌법규의 위임은 특히 긴급한 필요가 있거나 미리 법률로써 자세히 정할 수 없는 부득이한 사정이 있는 경우에 한정되어야 하며 이러한 경우라도 법률에서 범죄의 구성요건은 처벌대상행위가 어떠한 것일 것이라고 예측할 수 있을 정도로 구체적으로

정하고 형벌의 종류 및 그 상한과 폭을 명백히 규정하여야 한다(헌법재판소 1991.7.8, 91헌가4).

정답 ④

015 ✓ 유사 ◆◆◆

위임입법에 관한 설명으로 가장 적절하지 않은 것은? (다툼이 있는 경우 판례에 의함)

① 형사처벌에 관련된 모든 법규를 예외 없이 형식적 의미의 법률에 의하여 규정한다는 것은 사실상 불가능할 뿐만 아니라 실제에 적합하지도 않으므로 구성요건의 실질적 내용을 단체협약에 모두 위임하는 것도 허용된다.

② 법률의 시행령은 모법인 법률의 위임 없이 법률이 규정한 개인의 권리·의무에 관한 내용을 변경·보충하거나 법률에서 규정하지 아니한 새로운 내용을 규정할 수 없고, 특히 법률의 시행령이 형사처벌에 관한 사항을 규정하면서 법률의 명시적인 위임 범위를 벗어나 처벌의 대상을 확장하는 것은 위임입법의 한계를 벗어난 것으로서 무효이다.

③ 일반적으로 법률의 위임에 의하여 효력을 갖는 법규명령의 경우, 구법에 위임의 근거가 없어 무효였더라도 사후에 법개정으로 위임의 근거가 부여되면 그 때부터는 유효한 법규명령이 된다.

④ 처벌법규의 구성요건 부분에 관한 기본사항에서 보다 구체적인 기준이나 범위를 정함이 없이 또는 그 대강이 확정되지 않은 상태에서 그 내용인 규범의 실질을 모두 하위법령에 포괄적으로 위임하는 것은 죄형법정주의 원칙에 반한다.

해설 | 출제영역 | 위임입법

① (×) 구 노동조합법(1986. 12. 31. 법률 제3925호로 최종 개정되었다가 1996. 12. 31. 법률 제5244호로 공포된 노동조합 및 노동관계조정법의 시행으로 폐지된 것) 제46조의3은 그 구성요건을 "단체협약에 … 위반한 자"라고만 규정함으로써 범죄구성요건의 외피(外皮)만 설정하였을 뿐 구성요건의 실질적 내용을 직접 규정하지 아니하고 모두 단체협약에 위임하고 있어 죄형법정주의의 기본적 요청인 "법률"주의에 위배되고, 그 구성요건도 지나치게 애매하고 광범위하여 죄형법정주의의 명확성의 원칙에 위배된다(헌법재판소 1998.3.26, 96헌가20).

② (○) 법률의 시행령은 모법인 법률의 위임 없이 법률이 규정한 개인의 권리·의무에 관한 내용을 변경·보충하거나 법률에서 규정하지 아니한 새로운 내용을 규정할 수 없고, 특히 법률의 시행령이 형사처벌에 관한 사항을 규정하면서 법률의 명시적인 위임 범위를 벗어나 처벌의 대상을 확장하는 것은 죄형법정주의의 원칙에도 어긋나는 것이므로, 그러한 시행령은 위임입법의 한계를 벗어난 것으로서 무효이다(대법원 2017.2.16, 2015도16014 전원합의체).

③ (○) 일반적으로 법률의 위임에 의하여 효력을 갖는 법규명령의

경우, 구법에 위임의 근거가 없어 무효였더라도 사후에 법개정으로 위임의 근거가 부여되면 그때부터는 유효한 법규명령이 되나, 반대로 구법의 위임에 의한 유효한 법규명령이 법개정으로 위임의 근거가 없어지게 되면 그때부터 무효인 법규명령이 되므로, 어떤 법령의 위임 근거 유무에 따른 유효 여부를 심사하려면 법개정의 전·후에 걸쳐 모두 심사하여야만 그 법규명령의 시기에 따른 유효·무효를 판단할 수 있다(대법원 1995.6.30, 93추83).

④ (○) 이 사건 법률조항은 '약국관리에 필요한 사항'이라는 처벌법규의 구성요건 부분에 관한 기본사항에 관하여 보다 구체적인 기준이나 범위를 정함이 없이 그 내용을 모두 하위법령인 보건복지부령에 포괄적으로 위임함으로써, 약사로 하여금 광범위한 개념인 '약국관리'와 관련하여 준수하여야 할 사항의 내용이나 범위를 구체적으로 예측할 수 없게 하고, 나아가 헌법이 예방하고자 하는 행정부의 자의적인 행정입법을 초래할 여지가 있으므로, 헌법상 포괄위임입법금지 원칙 및 죄형법정주의의 명확성 원칙에 위반된다(헌법재판소 2000.7.20, 99헌가15).

정답 ①

016 ✓ 유사 ◆◆◇

형벌법규의 해석에 대한 설명으로 옳지 않은 것은? (다툼이 있는 경우 판례에 의함)

① 정보통신망에 의하여 처리·보관 또는 전송되는 타인의 정보를 훼손하거나 타인의 비밀을 침해·도용 또는 누설하는 행위를 처벌하는 「정보통신망 이용촉진 및 정보보호 등에 관한 법률」 제71조 제1항 제11호의 '타인'에는 이미 사망한 자도 포함된다.

② '주간에' 사람의 주거 등에 침입하여 '야간에' 타인의 재물을 절취한 경우에는 야간주거침입절도죄(「형법」 제330조)로 처벌할 수 없다.

③ 형벌법규의 해석에서도 법률문언의 통상적인 의미를 벗어나지 않는 한 그 법률의 입법취지와 목적, 입법연혁 등을 고려한 목적론적 해석이 배제되는 것은 아니다.

④ 상관모욕죄(「군형법」 제64조 제1항)에서 '상관'에는 명령복종 관계가 없는 상위 계급자와 상위 서열자는 포함되지 않으며, 상관은 직무수행 중일 것을 요한다.

해설 | 출제영역 | 형벌법규의 해석

④ (×) 이들 죄에서의 상관에는 명령복종 관계가 없는 경우의 상위 계급자와 상위 서열자도 포함되고, 상관이 반드시 직무수행 중일 것을 요하지 아니한다고 봄이 타당하다(대법원 2015.9.24, 2015도11286).

① (○) 대법원 2007.6.14, 2007도2162

② (○) 대법원 2011.4.14, 2011도300,2011감도5

③ (○) 대법원 2003.1.10, 2002도2363 등

정답 ④

017 ✅ 유사 ◆◆◇

소급효 금지의 원칙에 관한 다음 설명 중 판례의 태도와 일치하는 것은?

① 보호관찰은 과거의 불법에 대한 책임에 기초하고 있는 제재가 아니라 장래의 위험성으로부터 행위자를 보호하고 사회를 방위하기 위한 합목적적인 조치이므로, 소급효 금지의 원칙이 적용되지 아니한다.

② 행위 당시의 판례에 의하면 처벌대상이 아니었던 행위를 판례의 변경에 따라 처벌하는 것은 평등의 원칙과 형벌 불소급의 원칙에 반한다.

③ 가정폭력범죄의 처벌 등에 관한 특례법이 정한 보호처분 중의 하나인 사회봉사명령은 가정폭력범죄를 범한 자에 대하여 환경의 조정과 성행의 교정을 목적으로 하는 것이므로 원칙적으로 형벌불소급의 원칙이 적용되지 아니한다.

④ 대법원 양형위원회의 양형기준은 법관이 합리적인 양형을 정하는 데 참고할 수 있는 구체적이고 객관적인 기준으로 마련된 것으로 법적 구속력을 가지지 아니하나, 법관의 양형에 있어서 그 존중이 요구되는 것이므로, 대법원 양형위원회가 설정한 '양형기준'이 발효하기 전에 공소가 제기된 범죄에 대하여 위 '양형기준'을 참고하여 형을 양정함으로써 결과적으로 형이 더 무거워졌다면 피고인에게 불리한 법률을 소급하여 적용한 위법이 있다고 할 수 있다.

해설 | 출제영역 | 소급효금지의 원칙

① (○) 대법원 1997.6.13, 97도703

② (×) 형사처벌의 근거가 되는 것은 법률이지 판례가 아니고, 형법조항에 관한 판례의 변경은 그 법률조항의 내용을 확인하는 것에 지나지 아니하여 이로써 그 법률조항 자체가 변경된 것이라고 볼 수는 없으므로, <u>행위 당시의 판례에 의하면 처벌대상이 되지 아니하는 것으로 해석되었던 행위를 판례의 변경에 따라 확인된 내용의 형법 조항에 근거하여 처벌한다고 하여 그것이 헌법상 평등의 원칙과 형벌불소급의 원칙에 반한다고 할 수는 없다</u>(대법원 1997.9.17, 97도3349).

③ (×) 가정폭력범죄의 처벌 등에 관한 특례법이 정한 보호처분 중의 하나인 <u>사회봉사명령</u>은 가정폭력범죄를 범한 자에 대하여 환경의 조정과 성행의 교정을 목적으로 하는 것으로서 형벌 그 자체가 아니라 보안처분의 성격을 가지는 것이 사실이다. 그러나 한편으로 이는 <u>가정폭력범죄행위에 대하여 형사처벌 대신 부과되는 것으로서, 가정폭력범죄를 범한 자에게 의무적 노동을 부과하고 여가시간을 박탈하여 실질적으로는 신체적 자유를 제한하게 되므로, 이에 대하여는 원칙적으로 형벌불소급의 원칙에 따라 행위시법을 적용함이 상당하다</u>(대법원 2008.7.24, 2008어4).

④ (×) 대법원 양형위원회가 설정한 '양형기준'이 발효하기 전에 공소가 제기된 범죄에 대하여 위 '양형기준'을 참고하여 형을 양정한 사안에서, 피고인에게 불리한 법률을 소급하여 적용한 위법이 있다고 할 수 없다(대법원 2009.12.10, 2009도11448).

정답 ①

018 ✅ 유사 ◆◆◇

죄형법정주의에 관한 설명으로 가장 적절하지 않은 것은? (다툼이 있는 경우 판례에 의함)

① 한의사가 진단용 의료기기를 사용하는 것이 한의사의 '면허된 것 이외의 의료행위'에 해당하는지에 관한 새로운 판단기준에 따르면, 한의사가 초음파 진단기기를 사용하여 환자의 신체 내부를 촬영하여 화면에 나타난 모습을 보고 이를 한의학적 진단의 보조수단으로 사용하는 것은 한의사의 '면허된 것 이외의 의료행위'에 해당하지 않는다.

② 환자가 사망한 경우 사망진단 전에 이루어지는 사망징후관찰은 구 「의료법」 제2조 제2항 제5호에서 간호사의 임무로 정한 '상병자 등의 요양을 위한 간호 또는 진료보조'에 해당한다고 할 수 있다. 그리고 사망의 진단은 의사 등이 환자의 사망 당시 또는 사후에라도 현장에 입회해서 직접 환자를 대면하여 수행해야 하는 의료행위이지만, 간호사는 의사 등의 개별적 지도·감독이 있으면 사망의 진단을 할 수 있다.

③ 법률을 해석할 때 입법취지와 목적, 제·개정 연혁, 법질서 전체와의 조화, 다른 법령과의 관계 등을 고려하는 체계적·논리적 해석방법을 사용할 수 있으나, 문언 자체가 비교적 명확한 개념으로 구성되어 있다면 원칙적으로 이러한 해석방법은 활용할 필요가 없거나 제한되어야 한다.

④ 「군형법」 제92조의6은 "제1조 제1항부터 제3항까지에 규정된 사람(이하 '군인 등'이라 한다)에 대하여 항문성교나 그 밖의 추행을 한 사람은 2년 이하의 징역에 처한다."고 규정하고 있는데, 전체 법질서의 변화를 종합적으로 고려하면 위 규정은 동성인 군인 사이의 항문성교나 그 밖에 이와 유사한 행위가 사적 공간에서 자발적 의사합치에 따라 이루어지는 등 군이라는 공동사회의 건전한 생활과 군기를 직접적, 구체적으로 침해한 것으로 보기 어려운 경우에는 적용되지 않는다.

해설 | 출제영역 | 명확성원칙, 유추해석금지의 원칙

② (×) 환자가 사망한 경우 사망 진단 전에 이루어지는 사망징후관찰은 구 의료법 제2조 제2항 제5호에서 간호사의 임무로 정한 '상병자 등의 요양을 위한 간호 또는 진료보조'에 해당한다고 할 수 있다. 그러나 사망의 진단은 의사 등이 환자의 사망 당시 또는 <u>사후에라도 현장에 입회해서 직접 환자를 대면하여 수행하여야 하는 의료행위이고, 간호사는 의사 등의 개별적 지도·감독이 있더라도 사망의 진단을 할 수 없다.</u> 사망의 진단은 사망사실과 그 원인 등을 의학적·법률적으로 판정하는 의료행위로서 구 의료법 제17조 제1항이 사망의 진단결과에 관한 판단을 표시하는 사망진단서의 작성·교부 주체를 의사 등으로 한정하고 있고, 사망 여부와 사망원인 등을 확인·판정하는 사망의 진단은 사람의 생명 자체와 연결된 중요한 의학적 행위이며, 그 수행에 의학적 전문지식이 필요하기 때문이다(대법원 2022.12.29, 2017도10007).

① (○) 대법원 2022.12.22, 2016도21314

③ (○) 대법원 2022.12.16, 2022도10629

④ (○) 대법원 2022.4.21, 2019도3047

정답 ②

---

019 ✓ 이론 ◆◆◇

국가9급/총론 2020 해경승진(경위) 2023 유사

죄형법정주의에 대한 설명으로 옳지 않은 것은? (다툼이 있는 경우 판례에 의함)

① 위임입법은 수권법률이 처벌대상 행위가 어떠한 것인지를 예측할 수 있을 정도로 구체적으로 정하고, 형벌의 종류 및 그 상한과 폭을 명확히 규정하는 것을 전제로 한다.

② 법규범의 문언은 어느 정도 가치개념을 포함할 수밖에 없지만 가급적 일반적·규범적 개념을 사용하지 않는 것이 바람직하다는 의미에서, 명확성의 원칙이란 기본적으로 최대한의 명확성을 요구하는 것으로 볼 수 있다.

③ 법관의 보충적인 해석을 필요로 하더라도 통상의 해석방법에 의하여 당해 처벌법규의 보호법익과 금지된 행위 및 처벌의 종류와 정도를 알 수 있다면 명확성의 요구에 배치된다고 보기 어렵다.

④ 법률의 시행령이 형사처벌에 관한 사항을 규정하면서 법률의 명시적인 위임 범위를 벗어나 그 처벌의 대상을 확장하는 것은 죄형법정주의의 원칙에 어긋난다.

해설 출제영역 | 죄형법정주의

② (×) 명확성의 원칙은 법치국가원리의 한 표현으로서 기본권을 제한하는 법규범의 내용은 명확하여야 한다는 헌법상의 원칙이며, 그 근거는 법규범의 의미내용이 불확실하면 법적 안정성과 예측가능성을 확보할 수 없고, 법집행당국의 자의적인 법해석과 집행을 가능하게 할 것이기 때문이다. 그러나 법규범의 문언은 어느 정도 가치개념을 포함한 일반적, 규범적 개념을 사용하지 않을 수 없는 것이기 때문에 '명확성의 원칙이란 기본적으로 최대한이 아닌 최소한의 명확성을 요구하는 것'으로서, 그 문언이 법관의 보충적인 가치판단을 통해서 그 의미내용을 확인할 수 있고, 그러한 보충적 해석이 해석자의 개인적인 취향에 따라 좌우될 가능성이 없다면 명확성의 원칙에 반한다고 할 수 없다(헌법재판소 2005.12.22, 2004헌바45; 대법원 2008.10.23, 2008초기264).

① (○) 수권법률(위임법률)이 구성요건의 점에서는 처벌대상인 행위가 어떠한 것인지 이를 예측할 수 있을 정도로 구체적으로 정하고, 형벌의 점에서는 형벌의 종류 및 그 상한과 폭을 명확히 규정하는 것을 전제로 위임입법이 허용된다(대법원 2000.10.27, 2000도1007).

③ (○) 다소 광범위하여 법관의 보충적인 해석을 필요로 하는 개념을 사용하였다고 하더라도 통상의 해석방법에 의하여 당해 처벌법규의 보호법익과 금지된 행위 및 처벌의 종류와 정도를 알 수 있다면 그 적용단계에서 다의적으로 해석될 우려가 없다고 할 것이므로 헌법이 요구하는 명확성의 요구에 배치된다고 보기 어렵다고 할 것이다(대법원 2008.5.29, 2008도1857).

④ (○) 대법원 2017.2.16, 2015도16014 전원합의체

정답 ②

---

020 ✓ 이론 ◆◆◆

죄형법정주의에 관한 다음 설명 중 가장 옳지 않은 것을 모두 고른 것은? (다툼이 있으면 판례에 의함)

ㄱ. 원인불명으로 재산상 이익인 가상자산을 이체 받은 자가 가상자산을 사용·처분한 경우 이를 형사처벌하는 명문의 규정이 없더라도 착오송금 시 횡령죄 성립을 긍정한 판례를 유추하여 신의칙을 근거로 피고인을 배임죄로 처벌하는 것은 죄형법정주의에 반한다.

ㄴ. 행위자가 거주자의 승낙을 받아 주거에 들어갔더라도 범죄 등을 목적으로 한 출입이거나 거주자가 행위자의 실제 출입 목적을 알았더라면 출입을 승낙하지 않았을 것이라는 사정이 인정되는 경우라면 주거침입죄가 성립한다.

ㄷ. 문신시술은, 치료목적 행위가 아닌 점에서 여타의 무면허의료행위와 구분되고, 최근 문신시술에 대한 사회적 인식의 변화로 그 수요가 증가하여, 선례와 달리 새로운 관점에서 판단할 필요가 있으므로 비의료인이 위생적이고 안정한 방식으로 시술하는 한 의료법위반에 해당하지 않는다.

ㄹ. 동성인 군인 사이의 항문성교나 그 밖에 이와 유사한 행위가 사적 공간에서 자발적 의사 합치에 따라 이루어지더라도 군이라는 공동사회의 건전한 생활과 군기를 직접적, 구체적으로 침해한 것이므로 군형법 제92조의6(추행)에 위반한 것이다.

① ㄱ, ㄴ   ② ㄴ, ㄷ, ㄹ
③ ㄴ, ㄹ   ④ ㄷ, ㄹ

해설 출제영역 | 명확성원칙, 유추해석금지의 원칙

ㄱ. (○) 가상자산에 대해서는 현재까지 관련 법률에 따라 법정화폐에 준하는 규제가 이루어지지 않는 등 법정화폐와 동일하게 취급되고 있지 않고 그 거래에 위험이 수반되므로, 형법을 적용하면서 법정화폐와 동일하게 보호해야 하는 것은 아니다. 원인불명으로 재산상 이익인 가상자산을 이체 받은 자가 가상자산을 사용·처분한 경우 이를 형사처벌하는 명문의 규정이 없는 현재의 상황에서 착오송금 시 횡령죄 성립을 긍정한 판례를 유추하여 신의칙을 근거로 피고인을 배임죄로 처벌하는 것은 죄형법정주의에 반한다(대법원 2021.12.16, 2020도9789).

ㄴ. (×) 일반인의 출입이 허용된 음식점에 영업주의 승낙을 받아 통상적인 출입방법으로 들어갔다면 특별한 사정이 없는 한 주거침입죄에서 규정하는 침입행위에 해당하지 않는다. 설령 행위자가 범죄 등을 목적으로 음식점에 출입하였거나 영업주가 행위자의 실제 출입 목적을 알았더라면 출입을 승낙하지 않았을 것이라는 사정이 인정되더라도 그러한 사정만으로는 출입 당시 객관적·외형적으로 드러난 행위 태양에 비추어 사실상의 평온상태를 해치는 방법으로 음식점에 들어갔다고 평가할 수 없으므로 침입행위에 해당하지 않는다(대법원 2022.3.24, 2017도18272 전원합의체).

ㄷ. (×) 문신시술은, 바늘을 이용하여 피부의 완전성을 침해하는 방식으로 색소를 주입하는 것으로, 감염과 염료 주입으로 인한 부작용 등 위험을 수반한다. 이러한 시술 방식으로 인한 잠재적 위험성은 피시술자뿐 아니라 공중위생에 영향을 미칠 우려가 있고,

---

18 형법총론 PART 01 형법의 일반이론

문신시술을 이용한 반영구화장의 경우라고 하여 반드시 감소된 다고 볼 수도 없다. 심판대상조항은 의료인만이 문신시술을 할 수 있도록 하여 그 안전성을 담보하고 있다. 즉 문신시술을 비의 료인이 했다면 의료법위반에 해당하며 심판대상조항은 명확성원 칙에 위반되지 않으며 과잉금지원칙에도 위반되지 않아 청구인들 의 직업선택의 자유를 침해한다고 보기 어렵다(헌법재판소 2022. 3.31, 2017헌마1343).

ㄹ. (×) 군인인 피고인 갑은 자신의 독신자 숙소에서 군인 을과 서 로 키스, 구강성교나 항문성교를 하는 방법으로 6회에 걸쳐 추행 하고, 군인인 피고인 병은 자신의 독신자 숙소에서 동일한 방법 으로 피고인 갑과 2회에 걸쳐 추행하였다고 하여 군형법 위반으 로 기소된 사안에서, 피고인들과 을은 모두 남성 군인으로 동성 애 채팅 애플리케이션을 통해 만났고 같은 부대 소속이 아니었는 데, 당시 피고인들의 독신자 숙소에서 휴일 또는 근무시간 이후 에 자유로운 의사를 기초로 한 합의에 따라 항문성교나 그 밖의 성행위를 하였고, 그 과정에 폭행·협박, 위계·위력은 없었으며 의사에 반하는 행위인지 여부가 문제 된 사정도 전혀 없는 점, 피고인들의 행위가 군이라는 공동체 내의 공적, 업무적 영역 또 는 이에 준하는 상황에서 이루어져 군이라는 공동체의 건전한 생 활과 군기를 직접적이고 구체적으로 침해한 경우에 해당한다는 사정은 증명되지 않은 점에 비추어 피고인들의 행위는 군형법 제 92조의6에서 처벌대상으로 규정한 '항문성교나 그 밖의 추행'에 해당하지 않는다는 이유로, 이와 달리 보아 피고인들에게 유죄를 인정한 원심판단에 법리오해의 잘못이 있다(대법원 2022.4.21, 2019도3047 전원합의체).

정답 ②

021 이론 ◆◇◇ 국가9급/총론 2017

죄형법정주의에 대한 설명으로 옳은 것은? (다툼이 있 으면 판례에 의함)

① 형벌법규를 하위법령에 위임할 때 처벌법규의 기본사 항에 관하여 구체적 기준이나 범위를 정함이 없이 포 괄적으로 하위법령에 위임하였다면 명확성의 원칙에 위배되어 죄형법정주의에 반한다.

② 구성요건에 대한 확장적 유추해석은 금지되지만 위법 성 및 책임의 조각사유나 소추조건 또는 처벌조각사유 인 형 면제 사유에 관하여 그 범위를 제한적으로 유추 해석하는 것은 허용된다.

③ 죄형법정주의의 핵심적 내용의 하나인 소급처벌금지 의 원칙은 대법원 양형위원회가 설정한 양형기준에도 적용되므로, 그 양형기준이 발효하기 전에 이미 공소 가 제기된 범죄에 대하여는 그 양형기준을 참고하여 형을 양정할 수 없다.

④ 보안처분 중 신상정보공개명령, 위치추적전자장치부 착명령에는 소급처벌금지의 원칙이 적용된다.

해설 출제영역 | 법률주의원칙

① (○) 형벌법규의 위임에서는 죄형법정주의에 따라 위임법률에 범죄의 구성요건과 형벌의 예측 가능한 구체적 내용을 규정하고 있어야 하며, 헌법이 죄형법정주의를 정하고 있는 취지를 고려하

여 위임입법이 허용되는 요건과 범위를 보다 엄격하고 제한적으 로 적용하여야 한다(헌법재판소 2016.3.31, 2014헌바382).

② (×) 형벌법규의 해석에서 법규성 문언의 가능한 의미를 벗어나 는 경우에는 유추해석으로서 죄형법정주의에 위반하게 되고, 이 러한 유추해석금지의 원칙은 모든 형벌법규의 구성요건과 가벌 성에 관한 규정에 준용되는데, 위법성 및 책임의 조각사유나 소 추조건 또는 처벌조각사유인 형 면제 사유에 관하여도 그 범위를 제한적으로 유추적용하게 되면 행위자의 가벌성의 범위는 확대 되어 행위자에게 불리하게 되는바, 이는 가능한 문언의 의미를 넘어 범죄구성요건을 유추적용하는 것과 같은 결과가 초래되므 로 죄형법정주의의 파생원칙인 유추해석금지의 원칙에 위반하여 허용될 수 없다(대법원 2010.9.30, 2008도4762).

③ (×) 법관이 형을 양정함에 있어서 참고할 수 있는 자료에 달리 제 한이 있는 것도 아닌 터에 법원이 양형기준이 발효하기 전에 공소 가 제기된 범죄에 관하여 형을 양정함에 있어서 양형기준을 참고자 료로 삼았다고 하여 피고인에게 불리한 법률을 소급하여 적용한 위 법이 있다고 할 수 없다(대법원 2009.12.10, 2009도11448).

④ (×)
[1] 신상정보 공개·고지명령은 형벌과는 구분되는 비형벌적 보 안처분으로서 어떠한 형벌적 효과나 신체의 자유를 박탈하는 효과를 가져 오지 아니하므로 소급처벌금지원칙이 적용되지 아니한다(헌법재판소 2016.12.29, 2015헌바196).
[2] 전자장치부착명령은 전통적 의미의 형벌이 아닐 뿐 아니라 의무적 노동의 부과나 여가시간의 박탈을 내용으로 하지 않 고 전자장치의 부착을 통해서 피부착자의 행동 자체를 통제 하는 것도 아니라는 점에서 처벌적인 효과를 나타낸다고 보 기 어려워 부착명령은 형벌과 구별되는 비형벌적 보안처분으 로서 소급효금지원칙이 적용되지 아니한다(헌법재판소 2012. 12.27, 2010헌가82).

정답 ①

022 ✓유사 ◆◆◇ 경찰승진 2022

유추해석금지의 원칙에 대한 설명으로 가장 적절한 것은? (다툼이 있는 경우 판례에 의함)

① 형법 제232조의2(사전자기록위작·변작)에서 정한 '위작'에 권한 있는 사람이 그 권한을 남용하여 허위의 정보를 입력함으로써 전자기록을 생성하는 행위까지도 포함하여 해석하는 것은 유추해석금지의 원칙에 반한다.

② 법정소동죄 등을 규정한 형법 제138조에서의 '법원의 재판'에 '헌법재판소의 심판'을 포함시켜 해석하는 것은 유추해석금지의 원칙에 반한다.

③ 유추해석금지의 원칙은 모든 형벌법규의 구성요건과 가벌성에 관한 규정에 준용되나, 위법성 및 책임의 조각사유나 소추조건, 또는 처벌조각사유인 형면제 사유에 관하여 그 범위를 제한적으로 적용하여 가벌성의 범위가 확대되더라도 유추해석금지의 원칙에 반하지 아니한다.

④ 법률에 특별한 규정이 없음에도 형법 제227조의2(공전자기록위작·변작)의 행위주체에 공무원, 공무소와 계약 등에 의하여 공무와 관련되는 업무를 일부 대행하는 경우까지 포함된다고 해석하는 것은 죄형법정주의 원칙에 반한다.

해설 | 출제영역 | 유추해석금지의 원칙

④ (○) 대법원 2020.3.12, 2016도19170

① (×) 형법 제232조의2에서 정한 '위작'의 포섭 범위에 권한 있는 사람이 그 권한을 남용하여 허위의 정보를 입력함으로써 시스템 설치·운영 주체의 의사에 반하는 전자기록을 생성하는 행위를 포함하는 것으로 보더라도, 이러한 해석이 '위작'이란 낱말이 가지는 문언의 가능한 의미를 벗어났다거나, 피고인에게 불리한 유추해석 또는 확장해석을 한 것이라고 볼 수 없다(대법원 2020. 8.27, 2019도11294 전원합의체).

② (×) 법정소동죄 등을 규정한 형법 제138조(법원의 재판 또는 국회의 심의를 방해 또는 위협할 목적으로 법정이나 국회회의장 또는 그 부근에서 모욕 또는 소동한 자는 3년 이하의 징역 또는 700만 원 이하의 벌금에 처한다)에서의 '법원의 재판'에 '헌법재판소의 심판'을 포함시키는 해석은 피고인에게 불리한 확장해석이나 유추해석에 해당하지 않는다(대법원 2021.8.26, 2020도12017).

③ (×) 형벌법규의 해석에서 법규정 문언의 가능한 의미를 벗어나는 경우에는 유추해석으로서 죄형법정주의에 위반하게 되고, 이러한 유추해석금지의 원칙은 모든 형벌법규의 구성요건과 가벌성에 관한 규정에 준용되는데, 위법성 및 책임의 조각사유나 소추조건 또는 처벌조각사유인 형면제 사유에 관하여도 그 범위를 제한적으로 유추적용하게 되면 행위자의 가벌성의 범위는 확대되어 행위자에게 불리하게 되는바, 이는 가능한 문언의 의미를 넘어 범죄구성요건을 유추적용하는 것과 같은 결과가 초래되므로 죄형법정주의의 파생원칙인 유추해석금지의 원칙에 위반하여 허용될 수 없다(대법원 2010.9.30, 2008도4762).

정답 ④

023 ✓유사 ◆◆◇ 군무원9급 2024

다음 중 형벌규정의 적용에 대한 설명으로 가장 옳지 않은 것은? (다툼이 있는 경우 판례에 의함)

① 범죄의 성립과 처벌에 관하여 규정한 형벌 법규 자체의 변경에 따라 범죄를 구성하지 아니하게 되거나 형이 가벼워진 경우에는, 종전 법령이 범죄로 정하여 처벌한 것이 부당하였다거나 과형이 과중하였다는 반성적 고려에 따라 변경된 것인지 여부를 따지지 않고 원칙적으로 형법 제1조 제2항과 형사소송법 제326조 제4호가 적용된다.

② 공직선거법 제262조(자수자에 대한 특례)의 자수의 의미를 '범행발각 전의 자진출두'로 제한적으로 해석하는 것은 목적론적 축소해석에 불과하므로 죄형법정주의의 파생원칙인 유추해석금지의 원칙에 위반되지 아니한다.

③ 도로교통법 위반(무면허운전)죄는 도로교통법 제43조를 위반하여 운전면허를 받지 아니하고 자동차를 운전하는 경우에 성립하는 범죄로, 유효한 운전면허가 없음을 알면서도 자동차를 운전하는 경우에만 성립하는 고의범이다.

④ 구체적인 일자나 기간을 특정하여 효력의 상실을 예정하고 있던 법령이 그 유효기간을 경과함으로서 효력을 상실하게 된 경우는 형법 제1조 제2항에서 말하는 법령의 변경에 해당하지 않는다.

해설 | 출제영역 | 죄형법정주의의 내용

② (×) 이는 단순한 목적론적 축소해석에 그치는 것이 아니라, 형면제 사유에 대한 제한적 유추를 통하여 처벌범위를 실정법 이상으로 확대한 것으로서 죄형법정주의의 파생원칙인 유추해석금지의 원칙에 위반된다(대법원 1997.3.20, 96도1167 전원합의체).

① (○) 대법원 2022.12.22, 2020도16420 전원합의체; 2023.2.2, 2022도6643

③ (○) 대법원 2023.6.29, 2021도17733

④ (○) 대법원 2022.12.22, 2020도16420 전원합의체

정답 ②

024 ✅ 유사 ◆◆◇ 　　　　　경찰1차 2024

스토킹범죄에 관한 설명으로 가장 적절한 것은? (다툼이 있는 경우 판례에 의함)

① 빌라 아래층에 살던 사람이 주변의 생활소음에 대한 불만으로 이웃을 괴롭히기 위해 불상의 도구로 수개월에 걸쳐 늦은 밤부터 새벽 사이에 반복하여 벽 또는 천장을 두드려 '쿵쿵' 소리를 내어 이를 위층에 살던 피해자의 의사에 반하여 피해자에게 도달하게 한 경우, 이는 객관적·일반적으로 상대방에게 불안감 내지 공포심을 일으키기에 충분한 행위라 볼 수 없어 스토킹범죄를 구성하지 않는다.

② 전화를 걸어 상대방의 휴대전화에 벨소리가 울리게 하거나 부재중 전화 문구 등이 표시되도록 하여 상대방에게 불안감이나 공포심을 일으키는 행위는 실제 전화통화가 이루어졌는지와 상관없이 구 「스토킹범죄의 처벌 등에 관한 법률」 제2조 제1호 (다)목에서 정한 스토킹행위에 해당한다.

③ 피해자와의 전화통화 당시 아무런 말을 하지 않은 경우, 이는 피해자가 전화를 수신하기 전에 전화 벨소리를 울리게 하거나 발신자 전화번호를 표시되도록 한 것까지 포함하여 피해자에게 불안감이나 공포심을 일으킨 것으로 평가되더라도 '음향, 글 등을 도달하게 하는 행위'로 볼 수 없어 스토킹행위에 해당하지 않는다.

④ 구 「스토킹범죄의 처벌 등에 관한 법률」 제2조 제1호 각 목의 행위가 객관적·일반적으로 볼 때 이를 인식한 상대방으로 하여금 불안감 또는 공포심을 일으키기에 충분한 정도라고 평가되는 경우라도 상대방이 현실적으로 불안감 내지 공포심을 갖게 되어야 스토킹행위에 해당한다.

해설 ┃ 출제영역 ┃ 유추해석금지의 원칙

② (○) 피고인이 전화를 걸어 피해자의 휴대진화에 벨소리가 울리게 하거나 부재중 전화 문구 등이 표시되도록 하여 상대방에게 불안감이나 공포심을 일으키는 행위는 실제 전화통화가 이루어졌는지와 상관없이 스토킹처벌법 제2조 제1호 (다)목에서 정한 스토킹행위에 해당한다(대법원 2023.5.18, 2022도12037).

① (×) ㉠ 이웃 간 소음 등으로 인한 분쟁과정에서 위와 같은 행위가 발생하였다고 하여 곧바로 정당한 이유 없이 객관적·일반적으로 불안감 또는 공포심을 일으키는 '스토킹행위'에 해당한다고 단정할 수는 없으나, ㉡ 피고인이 층간소음 기타 주변의 생활소음에 불만을 표시하며 수개월에 걸쳐 이웃들이 잠드는 시각인 늦은 밤부터 새벽 사이에 반복하여 도구로 벽을 치거나 음향기기를 트는 등으로 피해자를 비롯한 주변 이웃들에게 큰 소리가 전달되게 하였고, 피고인의 반복되는 행위로 다수의 이웃들은 수개월 내에 이사를 갈 수밖에 없었으며, 피고인은 이웃의 112 신고에 의하여 출동한 경찰관으로부터 주거지 문을 열어 줄 것을 요청받고도 대화 및 출입을 거부하였을 뿐만 아니라 주변 이웃들의 대화 시도를 거부하고 오히려 대화를 시도한 이웃을 스토킹혐의로 고소하는 등 이웃 간의 분쟁을 합리적으로 해결하려 하기보다 이웃을 괴롭힐 의도로 위 행위를 한 것으로 보이는 점 등 … 여러

사정들에 비추어 보면, 피고인의 위 행위는 층간소음의 원인 확인이나 해결방안 모색 등을 위한 사회통념상 합리적 범위 내의 정당한 이유 있는 행위라고 볼 수 없고, 객관적·일반적으로 상대방에게 불안감 내지 공포심을 일으키기에 충분하다(대법원 2023.12.14, 2023도10313).

③ (×) 피고인이 피해자와의 전화통화 당시 아무런 말을 하지 않아 '말을 도달하게 하는 행위'에 해당하지 않더라도 피해자의 수신 전 전화 벨소리가 울리게 하거나 발신자 전화번호가 표시되도록 한 것까지 포함하여 피해자에게 불안감이나 공포심을 일으킨 것으로 평가된다면 '음향, 글 등을 도달하게 하는 행위'에 해당하므로 마찬가지로 위 조항 스토킹행위에 해당한다(대법원 2023.5.18, 2022도12037).

④ (×) 구 스토킹처벌법 제2조 제1호 각 목의 행위가 객관적·일반적으로 볼 때 이를 인식한 상대방에게 불안감 또는 공포심을 일으키기에 충분한 정도라고 평가될 수 있다면 현실적으로 상대방이 불안감 내지 공포심을 갖게 되었는지와 관계없이 '스토킹행위'에 해당하고, 나아가 그와 같은 일련의 스토킹행위가 지속되거나 반복되면 '스토킹범죄'가 성립한다(대법원 2023.12.14, 2023도10313).

정답 ②

025 ✅ 이론 ◆◇◇ 　　　　　국가7급 2017

죄형법정주의에 대한 설명으로 옳은 것만을 모두 고른 것은? (다툼이 있는 경우 판례에 의함)

ㄱ. 위치추적 전자장치의 부착명령은 보안처분적 성격을 가지므로 구 「특정 범죄자에 대한 위치추적 전자장치 부착 등에 관한 법률」을 개정하여 부착명령 기간을 연장하면서 개정법 시행 전에 저지른 범죄에 대하여도 적용하도록 한 것은 소급입법금지의 원칙에 위반되지 아니한다.

ㄴ. 「공공기관의 운영에 관한 법률」 제53조가 공공기관의 임직원으로서 공무원이 아닌 사람은 「형법」 제129조의 적용에서는 이를 공무원으로 본다고 규정하고, 동법 제4소 제1항에서 구체적인 공공기관은 기획재정부장관이 지정할 수 있도록 규정한 것은 죄형법정주의에 위반되지 아니한다.

ㄷ. 「국가공무원법」 제66조(집단 행위의 금지) 제1항에서 '공무 외의 일을 위한 집단행위'로 포괄적이고 광범위하게 규정하고 있는 것은 명확성의 원칙에 반한다.

ㄹ. 「형법」이나 「국가보안법」의 '자수'에는 범행이 발각되고 지명수배된 후의 자진출두도 포함되는 것으로 해석하고 있으므로 「공직선거법」의 '자수'를 '범행발각 전에 자수한 경우'로 한정하는 해석은 유추해석금지의 원칙에 위반된다.

① ㄱ, ㄹ
② ㄴ, ㄷ
③ ㄱ, ㄴ, ㄹ
④ ㄱ, ㄴ, ㄷ, ㄹ

해설 ┃ 출제영역 ┃ 죄형법정주의

ㄱ. (○) '특정 범죄자에 대한 위치추적 전자장치 부착 등에 관한 법

률'이 개정되어 부착명령 기간을 연장하도록 규정한 것이 소급입법금지의 원칙에 반하는지 여부(소극)(대법원 2010.12.23, 2010도11996)

(판결이유 중) ··· 특정 범죄자에 대한 위치추적 전자장치 부착 등에 관한 법률에 의한 전자감시제도는 ··· 일종의 보안처분이다. ··· 전자감시제도는 ··· 형벌과 구별되어 그 본질을 달리하는 것으로서 형벌에 관한 소급입법금지의 원칙이 그대로 적용되지 않으므로 ···

ㄴ. (○) 공공기관의 운영에 관한 법률(이하 '법'이라고 한다) 제4조, 제5조 제1항, 제2항, 제3항 제1호 (가)목, 제53조, 공공기관의 운영에 관한 법률 시행령(이하 '시행령'이라고 한다) 제7조의 취지와 내용에 더하여 법의 입법 목적과 경제상황이나 정책상 목적에 따라 공공기관의 사업 내용이나 범위 등이 계속적으로 변동할 수밖에 없는 현실, 국회가 공공기관의 재정 상태와 직원 수의 변동, 수입액 등을 예측하기 어렵고 그러한 변화에 대응하여 그때마다 법률을 개정하는 것도 용이하지 아니한 점 등을 감안할 때 공무원 의제규정의 적용을 받는 공기업 등의 정의규정을 법률이 아닌 시행령이나 고시 등 그 하위규범에서 정하는 것에 부득이한 측면이 있고, 법 및 시행령상 '시장형 공기업'의 경우 자산규모가 2조 원 이상으로 직원 정원이 50인 이상인 공공기관으로서 총수입액 중 자체수입액이 85% 이상인 기업을 의미하는 것으로 명시적으로 규정되어 있어서 법령에서 비교적 구체적으로 요건과 범위를 정하여 공공기관 유형의 지정 권한을 기획재정부장관에게 위임하고 있는 것으로 볼 수 있으며, 특히 종래 '기타공공기관'으로 지정되어 있다가 기획재정부장관 고시에 의하여 '시장형 공기업'으로 지정된 기관의 임직원은 고시를 통하여 그 기관이 '시장형 공기업'으로 지정되었는지 여부를 확인할 수 있고, 시장형 공기업의 임직원이라는 의미가 불명확하다고 볼 수도 없는 점 등에 비추어 보면, 법 제53조가 공기업의 임직원으로서 공무원이 아닌 사람은 형법 제129조의 적용에 있어서는 이를 공무원으로 본다고 규정하고 있을 뿐 구체적인 공기업의 지정에 관하여는 그 하위규범인 기획재정부장관의 고시에 의하도록 규정하였다 하더라도 죄형법정주의에 위배되거나 위임입법의 한계를 일탈한 것으로 볼 수 없다(대법원 2013.6.13, 2013도1685).

ㄷ. (×) 구 국가공무원법 제66조 제1항이 금지하는 '공무 외의 일을 위한 집단행위'의 의미 및 위 규정이 명확성의 원칙과 과잉금지의 원칙에 반하는지 여부(소극)(대법원 2017.4.13, 2014두8469)

ㄹ. (○) 범행발각이나 지명수배 여부와 관계없이 체포 전에만 자수하면 공직선거및선거부정방지법 제262조의 자수에 해당하는지 여부(적극)(대법원 1997.3.20, 96도1167 전원합의체)

(판결이유 중) ··· 형법 제52조나 국가보안법 제16조 제1호의 "자수"에는 범행이 발각되고 지명수배된 후의 자진출두도 포함되는 것으로 판례가 해석하고 있으므로 ··· 공직선거법 제262조의 "자수"를 '범행발각 전에 자수한 경우'로 한정하는 풀이는 ··· 죄형법정주의의 파생원칙인 유추해석금지의 원칙에 위반된다.

정답 ③

---

026 ✓ 이론 ◆◇◇

죄형법정주의 등에 관한 다음 설명 중 가장 옳지 않은 것은?

① 형 면제 사유의 범위를 제한적으로 유추하는 것은 행위자에 대한 가벌성의 범위가 확대되는 결과를 초래하므로 유추해석금지의 원칙에 위반되어 허용될 수 없다.

② 가정폭력범죄의 처벌 등에 관한 특례법이 정한 보호처분 중의 하나인 사회봉사명령은 형벌 그 자체가 아니라 보안처분의 성격을 가지나, 실질적으로 신체의 자유를 제한하게 되므로 이에 대하여는 형벌불소급의 원칙에 따라 행위시법을 적용함이 상당하다.

③ 특정 범죄자에 대한 보호관찰 및 위치추적 전자장치부착 등에 관한 법률 제5조 제1항 제3호는 검사가 전자장치 부착명령을 법원에 청구할 수 있는 경우 중의 하나로 '성폭력범죄를 2회 이상 범하여(유죄의 확정판결을 받은 경우를 포함한다) 그 습벽이 인정된 때'라고 규정하고 있는데, 피부착명령 청구자가 2회 이상 성폭력범죄를 범하였는지를 판단할 때 소년법에 의한 보호처분을 받은 전력을 고려하는 것은 죄형법정주의에 위반되므로 허용되지 아니한다.

④ 대법원 양형위원회가 설정한 '양형기준'이 발효하기 전에 공소가 제기된 범죄에 대하여 위 '양형기준'을 참고하여 형을 양정하였다면, 이는 피고인에게 불리한 법률을 소급하여 적용한 위법이 있다.

해설 출제영역 | 소급효/유추해석금지의 원칙

④ (×) 대법원 양형위원회의 양형기준은 법관이 합리적인 양형을 정하는 데 참고할 수 있는 구체적이고 객관적인 기준으로서, 법관은 형의 종류를 선택하고 형량을 정함에 있어서 양형기준을 존중하여야 하나, 그렇다고 양형기준이 법적 구속력을 갖는 것은 아니다(대법원 2009.12.10, 2009도11448).

① (○) 유추해석금지의 원칙은 모든 형벌법규의 구성요건과 가벌성에 관한 규정에 준용되는데, 위법성 및 책임의 조각사유나 소추조건, 또는 처벌조각사유인 형 면제 사유에 관하여 그 범위를 제한적으로 유추적용하게 되면 행위자의 가벌성의 범위는 확대되어 행위자에게 불리하게 되는바, 이는 가능한 문언의 의미를 넘어 범죄구성요건을 유추적용 하는 것과 같은 결과가 초래되므로 죄형법정주의의 파생원칙인 유추해석금지의 원칙에 위반하여 허용될 수 없다(대법원 1997.3.20, 96도1167 전원합의체).

② (○) 가정폭력범죄의 처벌 등에 관한 특례법이 정한 보호처분 중의 하나인 사회봉사명령은 가정폭력범죄를 범한 자에 대하여 환경의 조정과 성행의 교정을 목적으로 하는 것으로서 형벌 그 자체가 아니라 보안처분의 성격을 가지는 것이 사실이다. 그러나 한편으로 이는 가정폭력범죄행위에 대하여 형사처벌 대신 부과되는 것으로서, 가정폭력범죄를 범한 자에게 의무적 노동을 부과하고 여가시간을 박탈하여 실질적으로는 신체적 자유를 제한하게 되므로, 이에 대하여는 원칙적으로 형벌불소급의 원칙에 따라 행위시법을 적용함이 상당하다(대법원 2008.7.24, 2008어4).

③ (○) '특정 범죄자에 대한 위치추적 전자장치 부착 등에 관한 법률'(이하 '전자장치부착법'이라 한다) 제5조 제1항 제3호는 검사가 전자장치 부착명령을 법원에 청구할 수 있는 경우 중의 하나로 '성폭력범죄를 2회 이상 범하여(유죄의 확정판결을 받은 경우

를 포함한다) 그 습벽이 인정된 때'라고 규정하고 있는데, 이 규정 전단은 문언상 '유죄의 확정판결을 받은 전과사실을 포함하여 성폭력범죄를 2회 이상 범한 경우'를 의미한다고 해석된다. 따라서 피부착명령 청구자가 소년법에 의한 보호처분(이하 '소년보호처분'이라고 한다)을 받은 전력이 있다고 하더라도, 이는 유죄의 확정판결을 받은 경우에 해당하지 아니함이 명백하므로, 피부착명령 청구자가 2회 이상 성폭력범죄를 범하였는지를 판단할 때 소년보호처분을 받은 전력을 고려할 것이 아니다(대법원 2012.3.22, 2011도15057 전원합의체).

정답 ④

027 ☑ 이론 ◆◆◇ 군무원9급 2023

다음 설명 중 가장 옳지 않은 것은? (다툼이 있는 경우 판례에 의함)

① 유추해석금지의 원칙은 모든 형벌법규의 구성요건과 가벌성에 관한 규정에 준용되기 때문에 위법성 및 책임의 조각사유, 소추 조건, 처벌조각사유인 형면제 사유에 관하여도 적용된다.

② 죄형법정주의 원칙 중 유추해석금지의 원칙은 특정 범죄자에 대한 위치추적 전자장치 부착 명령의 요건을 해석할 때에도 적용된다.

③ 특정강력범죄로 형을 선고받아 그 집행을 종료하거나 면제받은 후 비교적 짧은 기간이라 할 수 있는 3년 이내에 다시 특정강력범죄를 범한 경우 그 죄에 정한 형의 장기뿐 아니라 단기의 2배까지 가중하여 처벌하도록 규정한 특례법이 적정성의 원칙에 위반하는 것은 아니다.

④ 법률이 다양한 동기와 행위태양의 범죄를 동일하게 평가하여 사형만을 유일한 법정형으로 규정하고 있더라도 군대 내 명령체계유지 및 국가방위의 이유로 인하여 형벌체계상 정당성을 상실한 것은 아니다.

해설 출제영역 | 유추해석금지원칙, 적정성의 원칙

④ (×) 법정형의 종류와 범위를 정하는 것이 기본적으로 입법자의 권한에 속하는 것이라고 하더라도, 형벌은 죄질과 책임에 상응하도록 적절한 비례성이 지켜져야 하는바, 군대 내 명령체계유지 및 국가방위라는 이유만으로 가해자와 상관 사이에 명령복종관계가 있는지 여부를 불문하고 전시와 평시를 구분하지 아니한 채 다양한 동기와 행위태양의 범죄를 동일하게 평가하여 사형만을 유일한 법정형으로 규정하고 있는 이 사건 법률조항(상관을 살해한 경우 사형만을 유일한 법정형으로 규정하고 있는 군형법 제53조 제1항)은, 범죄의 중대성 정도에 비하여 심각하게 불균형적인 과중한 형벌을 규정함으로써 죄질과 그에 따른 행위자의 책임사이에 비례관계가 준수되지 않아 인간의 존엄과 가치를 존중하고 보호하려는 실질적 법치국가의 이념에 어긋나고, 형벌체계상 정당성을 상실한 것이다(헌법재판소 2007.11.29, 2006헌가13).

① (○) 유추해석금지의 원칙은 모든 형벌법규의 구성요건과 가벌성에 관한 규정에 준용되는데, 위법성 및 책임의 조각사유나 소추조건, 또는 처벌조각사유인 형면제 사유에 관하여 그 범위를 제한적으로 유추적용하게 되면 행위자의 가벌성의 범위는 확대

되어 행위자에게 불리하게 되는바, 이는 가능한 문언의 의미를 넘어 범죄구성요건을 유추적용하는 것과 같은 결과가 초래되므로 죄형법정주의의 파생원칙인 유추해석금지의 원칙에 위반하여 허용될 수 없다(대법원 1997.3.20, 96도1167 전원합의체).

② (○) 죄형법정주의 원칙상 형벌법규는 문언에 따라 엄격하게 해석·적용하여야 하고 피고인에게 불리한 방향으로 지나치게 확장해석하거나 유추해석하여서는 안 되는 것이 원칙이고, 이는 특정 범죄자에 대한 위치추적 전자장치 부착명령의 요건을 해석할 때에도 마찬가지이다(대법원 2012.3.22, 2011도15057, 2011전도249 전원합의체).

[보충] '특정 범죄자에 대한 위치추적 전자장치 부착 등에 관한 법률'(이하 '전자장치부착법'이라 한다) 제5조 제1항 제3호는 검사가 전자장치 부착명령을 법원에 청구할 수 있는 경우 중의 하나로 '성폭력범죄를 2회 이상 범하여(유죄의 확정판결을 받은 경우를 포함한다) 그 습벽이 인정된 때'라고 규정하고 있는데, 이 규정 전단은 문언상 '유죄의 확정판결을 받은 전과사실을 포함하여 성폭력범죄를 2회 이상 범한 경우'를 의미한다고 해석된다. 따라서 피부착명령청구자가 소년법에 의한 보호처분(이하 '소년보호처분'이라고 한다)을 받은 전력이 있다고 하더라도, 이는 유죄의 확정판결을 받은 경우에 해당하지 아니함이 명백하므로, 피부착명령청구자가 2회 이상 성폭력범죄를 범하였는지를 판단할 때 소년보호처분을 받은 전력을 고려할 것이 아니다(위 판례).

③ (○) 이전 판결의 경고기능에 비추어 누범에 대한 비난가능성이 큰 점, 특강법의 입법목적, 특가법상 상습특수강도죄를 범한 누범자의 반사회성과 위험성, 재범예방이라는 형사정책의 측면 등을 종합적으로 고려하여 보면, 심판대상조항이 특강법에서 정한 특정강력범죄로 형을 선고받고 그 집행이 끝나거나 면제된 후 비교적 짧은 기간이라 할 수 있는 3년 이내에 다시 특정강력범죄인 특가법상 상습특수강도죄를 범한 경우에 그 죄에 정한 형의 장기뿐만 아니라, 단기의 2배까지 가중하여 처벌하도록 한 것은, 책임에 비해 지나치게 가혹한 형벌을 규정하여 책임과 형벌 간의 비례성을 갖추지 못하였다고 볼 수 없다(헌법재판소 2015.4.30, 2013헌바103).

정답 ④

법 제54조 제4항 제1호를 적용하거나 유추적용할 수 없다(대법원 2022.12.1, 2021도6860).

④

---

028 ✓ 유사 ◆◆◇ 경찰1차 2024

죄형법정주의에 관한 설명으로 가장 적절하지 않은 것은? (다툼이 있는 경우 판례에 의함)

① '여러 사람의 눈에 뜨이는 곳에서 공공연하게 알몸을 지나치게 내놓거나 가려야 할 곳을 내놓아 다른 사람에게 부끄러운 느낌이나 불쾌감을 준 사람'을 처벌하는 구 「경범죄 처벌법」 제3조 제1항 제33호는 죄형법정주의에 위배된다.

② 「아동·청소년의 성보호에 관한 법률」상 공개명령제도에 대해서는 소급입법금지의 원칙이 적용되지 않는다.

③ 어린이집 대표자를 변경하였음에도 변경인가를 받지 않은 채 어린이집을 운영한 행위에 대해 설치인가를 받지 않고 사실상 어린이집의 형태로 운영하는 행위 등을 처벌하는 규정인 「영유아 보육법」 제54조 제4항 제1호를 적용하는 것은 죄형법정주의에 위배된다.

④ 구 「공공기관의 운영에 관한 법률」 제53조가 공기업의 임직원으로서 공무원이 아닌 사람을 「형법」 제129조의 적용에서는 공무원으로 본다고 규정하면서도, 구체적인 공기업 지정과 관련하여 하위규범인 기획재정부장관의 고시에 의하도록 규정한 것은 죄형법정주의에 위배된다.

해설 | 출제영역 | 죄형법정주의의 내용

④ (×) 공공기관의 운영에 관한 법률 제53조가 공기업의 임직원으로서 공무원이 아닌 사람은 형법 제129조의 적용에서는 이를 공무원으로 본다고 규정하고 있을 뿐 구체적인 공기업의 지정에 관하여는 하위규범인 기획재정부장관의 고시에 의하도록 규정한 것이 죄형법정주의에 위배되거나 위임입법의 한계를 일탈한 것이 아니다(대법원 2013.6.13, 2013도1685).

① (○) '여러 사람의 눈에 뜨이는 곳에서 공공연하게 알몸을 지나치게 내놓거나 가려야 할 곳을 내놓아 다른 사람에게 부끄러운 느낌이나 불쾌감을 준 사람'을 처벌하는 경범죄 처벌법 제3조 제1항 제33호가 죄형법정주의의 명확성원칙에 위배된다(헌법재판소 2016.11.24, 2016헌가3 전원합의체).

② (○) 아동·청소년의 성보호에 관한 법률에 정한 공개명령제도는, 아동·청소년 대상 성범죄자의 성명, 나이, 주소 및 실제거주지(읍·면·동까지로 한다), 신체정보(키와 몸무게), 사진 및 아동·청소년 대상 성범죄 요지(이하 '공개정보'라 한다)를 일정기간 정보통신망을 이용하여 공개하도록 하는 조치를 취하여 성인인증 및 본인 확인을 거친 사람은 누구든지 인터넷을 통해 공개명령 대상자의 공개정보를 열람할 수 있도록 함으로써 아동·청소년 대상 성범죄를 효과적으로 예방하고 성범죄로부터 아동·청소년을 보호함을 목적으로 하는 일종의 보안처분이다. 이러한 공개명령제도의 목적과 성격, 그 운영에 관한 위 법률의 규정 내용 및 취지 등을 종합해 보면, 공개명령제도는 범죄행위를 한 자에 대한 응보 등을 목적으로 그 책임을 추궁하는 사후적 처분인 형벌과 구별되어 그 본질을 달리하는 것으로서 형벌에 관한 소급입법금지의 원칙이 그대로 적용되지 않는다(대법원 2011.3.24, 2010도14393, 2010전도120).

③ (○) 어린이집 대표자를 변경하고도 변경인가를 받지 않은 채 어린이집을 운영한 행위에 대하여 설치인가를 받지 않고 사실상 어린이집의 형태로 운영한 행위 등을 처벌하는 규정인 영유아보육

형법총론 PART 01 형법의 일반이론

001 ✓ 대표 ◆◇◇ 　　　　　국가9급총론 2020

형벌규정의 적용에 대한 설명으로 옳지 않은 것은? (다툼이 있는 경우 판례에 의함)

① '1개의 죄가 본법 시행 전후에 걸쳐서 행하여진 때에는 본법 시행 전에 범한 것으로 간주'하는 「형법」 부칙 제4조 제1항은 신·구 형법 사이의 관계가 아닌 다른 법률 사이의 관계에 그대로 적용하거나 유추적용할 것이 아니다.

② 범죄 후 법률의 변경으로 형이 구법보다 경하게 된 때에는 신법에 의하여야 하지만, 신법에 경과규정을 두어 신법의 적용을 배제하는 것도 허용된다.

③ 포괄일죄로 되는 개개의 범죄행위가 법률 개정의 전후에 걸쳐서 행하여진 때는 범죄실행 종료 시의 법인 신법을 적용하여 포괄일죄로 처단하여야 한다.

④ 범죄 후 법률의 개정으로 법정형이 가벼워진 경우에도 개정 전 구법의 법정형이 공소시효기간의 기준이 된다.

해설 | 출제영역 | 형법의 시간적 적용범위

④ (×) 범죄 후 법률의 개정에 의하여 법정형이 가벼워진 경우에는 형법 제1조 제2항에 의하여 당해 범죄사실에 적용될 가벼운 법정형(신법의 법정형)이 공소시효기간의 기준이 된다(대법원 2008.12.11, 2008도4376).

① (○) 대법원 1986.7.22, 86도1012 전원합의체

② (○) 범죄 후 피고인에게 유리하게 법령이 변경된 경우라도 입법자는 경과규정을 둠으로써 재판시법의 적용을 배제하고 행위시법을 적용하도록 할 수 있다. 피고인에게 유리하게 형벌법규를 개정하면서 부칙에서 신법 시행 전의 범죄에 대하여는 종전 형벌법규를 적용하도록 규정한다고 하여 헌법상의 형벌불소급의 원칙이나 신법우선주의에 반한다고 할 수 없다(대법원 2022.12.22, 2020도16420).

③ (○) 포괄일죄로 되는 개개의 범죄행위가 법 개정의 전후에 걸쳐서 행하여진 경우에는 신·구법의 법정형에 대한 경중을 비교하여 볼 필요도 없이 범죄실행 종료 시의 법이라고 할 수 있는 신법을 적용하여 포괄일죄로 처단하여야 한다(대법원 2009.4.9, 2009도321).

정답 ④

002 ✓ 대표 ◆◆◇ 　　　　　국가9급/총론 2023

형법 제1조 제2항에 대한 설명으로 옳지 않은 것은?

① 범죄 후 법률의 변경이 있더라도 형의 변경이 없는 경우에는 형법 제1조 제1항에 따라 행위시법을 적용해야 한다.

② 형의 경중의 비교는 원칙적으로 법정형을 표준으로 하고, 처단형이나 선고형에 의할 것은 아니다.

③ 범죄 후 형벌법규의 위임을 받은 법령의 변경에 따라 범죄를 구성하지 아니하게 된 경우, 종전 법령이 범죄로 정하여 처벌한 것이 부당하였다는 반성적 고려에 따라 변경된 경우에 한하여 형법 제1조 제2항이 적용된다.

④ 행위 시 양벌규정에는 법인에 대한 면책규정이 없었으나 법률 개정으로 면책규정이 추가된 경우, 법원은 형법 제1조 제2항에 따라 피고인에게 개정된 양벌규정을 적용해야 한다.

해설 | 출제영역 | 형법의 시간적 적용범위

③ (×) 범죄의 성립과 처벌에 관하여 규정한 형벌법규 자체 또는 그로부터 수권 내지 위임을 받은 법령의 변경에 따라 범죄를 구성하지 아니하게 되거나 형이 가벼워진 경우에는, 종전 법령이 범죄로 정하여 처벌한 것이 부당하였다거나 과형이 과중하였다는 반성적 고려에 따라 변경된 것인지 여부를 따지지 않고 원칙적으로 형법 제1조 제2항과 형사소송법 제326조 제4호가 적용된다(대법원 2022.12.22, 2020도16420).

① (○) 범죄 후 법률의 변경이 있더라도 형이 중하게 변경되는 경우나 형의 변경이 없는 경우에는 형법 제1조 제1항에 따라 행위시법을 적용하여야 할 것이다(대법원 2020.11.12, 2016도8627).

② (○) 형의 경중의 비교는 원칙적으로 법정형을 표준으로 할 것이고 처단형이나 선고 형에 의할 것이 아니며, 법정형의 경중을 비교함에 있어서 법정형 중 병과형 또는 선택형이 있을 때에는 이 중 가장 중한 형을 기준으로 하여 다른 형과 경중을 정하는 것이 원칙이다(대법원 1992.11.13, 92도2194).

④ (○) 한편 구 정보통신망 이용촉진 및 정보보호 등에 관한 법률(2007. 1. 26. 법률 제8289호로 개정되어 2007. 7. 27. 시행되기 전의 것) 제66조의 양벌규정은 법인에 대한 면책규정을 두지 아니하였는데, 같은 법률이 2007. 12. 21. 법률 제8778호로 개정되면서 위 양벌규정이 제75조로 대체된 후 다시 2010. 3. 17. 법률 제10138호로 개정되면서 같은 조 단서에 법인이 그 대리인, 사용인, 그 밖의 종업원의 위반행위를 방지하기 위하여 해당 업무에 관하여 상당한 주의와 감독을 게을리하지 아니한 경우에는 법인을 처벌하지 아니하도록 하는 면책규정이 추가되었는바, 이는 범죄 후 법률의 변경에 의하여 그 행위가 범죄를 구성하지 아니하거나 형이 구법보다 경한 경우에 해당한다고 할 것이어서 형법 제1조 제2항에 따라 피고인에게는 위와 같이 개정된 정보통신망 이용촉진 및 정보보호 등에 관한 법률의 양벌규정이 적용되어야 할 것이다(대법원 2012.5.9, 2011도11264).

정답 ③

003 ✓ 대표 ◆◆◇ 변호사시험 2023

형법의 시간적 적용 범위에 관한 설명 중 옳은 것은? (다툼이 있는 경우 판례에 의함)

① 「형법」 제1조 제1항 "범죄의 성립과 처벌은 행위 시의 법률에 따른다."라고 할 때의 '행위 시'라 함은 범죄행위 종료 시를 의미하므로 구법 시행 시 행위가 종료하였으나 결과는 신법 시행 시에 발생한 경우에는 신법이 적용된다.

② 상습강제추행죄가 시행되기 이전에 범해진 강제추행행위는 습벽에 의한 것이라도 상습강제추행죄로 처벌할 수 없고 강제추행죄로 처벌할 수 있을 뿐이다.

③ 범죄 후 법률의 변경이 있더라도 형이 중하게 변경되는 경우나 형의 변경이 없는 경우에는 행위시법을 적용하여서는 안 된다.

④ 헌법재판소가 형벌법규에 대해 위헌결정을 한 경우, 당해 법조를 적용하여 기소한 피고 사건은 범죄 후의 법령개폐로 형이 폐지되었을 때에 해당하므로 면소의 선고를 하여야 한다.

⑤ 형을 종전보다 가볍게 형벌법규를 개정하면서 그 부칙으로 개정된 법의 시행 전의 범죄에 대하여 종전의 형벌법규를 적용하도록 개정하는 경우 신법우선주의에 반한다.

해설 출제영역 | 형법의 시간적 적용범위

② (○) 포괄일죄에 관한 기존 처벌법규에 대하여 그 표현이나 형량과 관련한 개정을 하는 경우가 아니라 애초에 죄가 되지 아니하던 행위를 구성요건의 신설로 포괄일죄의 처벌대상으로 삼는 경우에는 신설된 포괄일죄 처벌법규가 시행되기 이전의 행위에 대하여는 신설된 법규를 적용하여 처벌할 수 없다(형법 제1조 제1항). 이는 신설된 처벌법규가 상습범을 처벌하는 구성요건인 경우에도 마찬가지라고 할 것이므로, <u>구성요건이 신설된 상습강제추행죄가 시행되기 이전의 범행은 상습강제추행죄로는 처벌할 수 없고 행위시법에 기초하여 강제추행죄로 처벌할 수 있을 뿐</u>이며, 이 경우 그 소추요건도 상습강제추행죄에 관한 것이 아니라 강제추행죄에 관한 것이 구비되어야 한다(대법원 2016.1.28, 2015도15669).

① (×) 「형법」 제1조 제1항 "범죄의 성립과 처벌은 행위 시의 법률에 따른다."라고 할 때의 '행위 시'라 함은 범죄행위 종료 시를 말하며, 결과범에서도 결과발생 시가 아니라 행위종료 시를 말한다. 따라서 위 지문에서는 행위시법인 구법이 적용된다.
[보충] 만일 신법이 구법보다 경하다면 신법이 적용된다(형법 제1조 제2항).

③ (×) 범죄 후 법률의 변경이 있더라도 형이 중하게 변경되는 경우나 형의 변경이 없는 경우에는 형법 제1조 제1항에 따라 행위시법을 적용하여야 할 것이다(대법원 2020.11.12, 2016도8627).

④ (×) 헌법재판소가 형벌법규에 대해 위헌결정을 한 경우, 당해 법조를 적용하여 기소한 피고 사건은 <u>무죄판결</u>을 내려야 한다.

[판례] 위헌결정으로 인하여 형벌에 관한 법률 또는 법률조항이 소급하여 그 효력을 상실한 경우에는 당해 법조를 적용하여 기소한 피고사건이 범죄로 되지 아니한 때에 해당한다고 할 것이고, 범죄 후의 법령의 개폐로 형이 폐지 되었을때

에 해당한다거나, 혹은 공소장에 기재된 사실이 진실하다 하더라도 범죄가 될 만한 사실이 포함되지 아니하는 때에 해당한다고는 할 수 없다(대법원 1992.5.8, 91도2825).

⑤ (×) 범죄 후 피고인에게 유리하게 법령이 변경된 경우라도 입법자는 경과규정을 둠으로써 재판시법의 적용을 배제하고 행위시법을 적용하도록 할 수 있다. 피고인에게 유리하게 형벌법규를 개정하면서 <u>부칙에서 신법 시행 전의 범죄에 대하여는 종전 형벌법규를 적용하도록 규정한다고 하여 헌법상의 형벌불소급의 원칙이나 신법우선주의에 반한다고 할 수 없다</u>(대법원 2022.12.22, 2020도16420).

정답 ②

004 ✓ 대표 ◆◆◆ 경찰간부 2023

「형법」의 시간적 적용범위에 관한 설명으로 가장 적절하지 않은 것은? (다툼이 있는 경우 판례에 의함)

① 범죄의 성립과 처벌에 관하여 규정한 형벌법규 자체 또는 그로부터 수권 내지 위임을 받은 법령의 변경에 따라 범죄를 구성하지 아니하게 되거나 형이 가벼워진 경우에는 종전 법령이 범죄로 정하여 처벌한 것이 부당하였다거나 과형이 과중하였다는 반성적 고려에 따라 변경된 것인지 여부를 따지지 않고 원칙적으로 「형법」 제1조 제2항이 적용된다.

② 형벌법규가 대통령령, 총리령, 부령과 같은 법규명령이 아닌 고시 등 행정규칙·행정명령, 조례 등에 구성요건의 일부를 수권 내지 위임한 경우에도 이러한 고시 등 규정이 위임입법의 한계를 벗어나지 않는 한 형벌법규와 결합하여 법령을 보충하는 기능을 하는 것이므로, 그 변경에 따라 범죄를 구성하지 아니하게 되거나 형이 가벼워졌다면 「형법」 제1조 제2항이 적용된다.

③ 형벌법규 자체 또는 그로부터 수권 내지 위임을 받은 법령이 아닌 다른 법령이 변경된 경우 「형법」 제1조 제2항을 적용하려면, 해당 형벌법규에 따른 범죄의 성립 및 처벌과 직접적으로 관련된 형사법적 관점의 변화를 주된 근거로 하는 법령의 변경에 해당하여야 한다.

④ 법령이 개정 내지 폐지된 경우가 아니라, 스스로 유효기간을 구체적인 일자나 기간으로 특정하여 효력의 상실을 예정하고 있던 법령이 그 유효기간을 경과함으로써 더 이상 효력을 갖지 않게 된 경우도 「형법」 제1조 제2항에서 말하는 법령의 변경에 해당한다.

해설 출제영역 | 형법의 시간적 적용범위

④ (×) 법령이 개정 내지 폐지된 경우가 아니라, <u>스스로 유효기간을 구체적인 일자나 기간으로 특정하여 효력의 상실을 예정하고 있던 법령이 그 유효기간을 경과함으로써 더 이상 효력을 갖지 않게 된 경우도 형법 제1조 제2항과 형사소송법 제326조 제4호에서 말하는 법령의 변경에 해당한다고 볼 수 없다</u>(대법원 2022.12.22, 2020도16420).

26 형법총론 PART 01 형법의 일반이론

① (○) 범죄의 성립과 처벌에 관하여 규정한 형벌법규 자체 또는 그로부터 수권 내지 위임을 받은 법령의 변경에 따라 범죄를 구성하지 아니하게 되거나 형이 가벼워진 경우에는, 종전 법령이 범죄로 정하여 처벌한 것이 부당하였다거나 과형이 과중하였다는 반성적 고려에 따라 변경된 것인지 여부를 따지지 않고 원칙적으로 형법 제1조 제2항과 형사소송법 제326조 제4호가 적용된다(대법원 2022.12.22, 2020도16420).

② (○) 형벌법규가 대통령령, 총리령, 부령과 같은 법규명령이 아닌 고시 등 행정규칙·행정명령, 조례 등(이하 '고시 등 규정')에 구성요건의 일부를 수권 내지 위임한 경우에도 이러한 고시 등 규정이 위임입법의 한계를 벗어나지 않는 한 형벌법규와 결합하여 법령을 보충하는 기능을 하는 것이므로, 그 변경에 따라 범죄를 구성하지 아니하게 되거나 형이 가벼워졌다면 마찬가지로 형법 제1조 제2항과 형사소송법 제326조 제4호가 적용된다(대법원 2022.12.22, 2020도16420).

③ (○) 해당 형벌법규 자체 또는 그로부터 수권 내지 위임을 받은 법령이 아닌 다른 법령이 변경된 경우 형법 제1조 제2항과 형사소송법 제326조 제4호를 적용하려면, 해당 형벌법규에 따른 범죄의 성립 및 처벌과 직접적으로 관련된 형사법적 관점의 변화를 주된 근거로 하는 법령의 변경에 해당하여야 하므로, 이와 관련이 없는 법령의 변경으로 인하여 해당 형벌법규의 가벌성에 영향을 미치게 되는 경우에는 형법 제1조 제2항과 형사소송법 제326조 제4호가 적용되지 않는다(대법원 2022.12.22, 2020도16420).

정답 ④

---

005 ✓ 유사 ◆◆◇　　　　　경찰간부 2024

다음 사례에 대한 설명으로 옳지 않은 것은? (다툼이 있는 경우 판례에 의함)

> 한국인 유학생 甲은 일본 지하철에서 일본인 여성의 치마 속 신체를 휴대전화로 몰래 촬영하여 보관하고 있던 중 「성폭력 범죄의 처벌 등에 관한 특례법」이 개정되었다. 개정된 법률은 구법보다 법정형이 가벼워진 대신 신상정보 공개명령과 공소시효를 10년으로 연장하는 특례조항이 신설되었고, 부칙에서는 법 시행 전 행위에 대해서도 신법을 적용하도록 하였다.

① 甲에 대해서는 「형법」 제3조에 의하여 우리 형법이 적용된다.

② 법정형과 관련하여 구법이 반성적 고려에 따라 법정형이 변경되었다면 甲에게는 개정 후 법정형이 적용되지만, 반성적 고려에 따라 변경된 것이 아니라면 개정 전 법정형이 적용된다.

③ 甲의 범죄행위에 대한 공소시효가 완료되지 않은 상태에서 신법이 시행된 경우 甲에게 신법을 적용하더라도 죄형법정주의에 위반되지 않는다.

④ 신상정보 공개명령제도는 일종의 보안처분이기 때문에 甲에게 개정된 법률을 소급적용하더라도 소급효금지의 원칙에 반하지 않는다.

해설 출제영역 | 형법의 시간적 적용범위

② (✕) 범지이 성립과 처벌에 관하여 규정한 형벌법규 자체 또는 그로부터 수권 내지 위임을 받은 법령의 변경에 따라 범죄를 구성하지 아니하게 되거나 형이 가벼워진 경우에는, 종전 법령이 범죄로 정하여 처벌한 것이 부당하였다거나 과형이 과중하였다는 반성적 고려에 따라 변경된 것인지 여부를 따지지 않고 원칙적으로 형법 제1조 제2항과 형사소송법 제326조 제4호가 적용된다(대법원 2022.12.22, 2020도16420 전원합의체).

① (○) 속인주의가 적용된다. 제3조 참조.

> **제3조(내국인의 국외범)** 본법은 대한민국영역외에서 죄를 범한 내국인에게 적용한다.

③ (○) 소송법 규정의 변경에 대해서는 소급효금지원칙이 적용되지 않는다(소송법 규정의 소급효 허용).
[보충] 공소시효의 사후적 연장의 부진정소급효 허용 여부에 대해서는 보편타당한 일반원칙은 없고 경우에 따라 허용된다는 것이 판례이다.

> **[판례]** 아동학대처벌법은 제34조 제1항의 소급적용에 관하여 명시적인 경과규정을 두고 있지는 않다. 그러나 이 규정의 문언과 취지, 아동학대처벌법의 입법 목적, 공소시효를 정지하는 특례조항의 신설·소급에 관한 법리에 비추어 보면, 이 규정은 완성되지 않은 공소시효의 진행을 일정한 요건에서 장래를 향하여 정지시키는 것으로서, 그 시행일인 2014. 9. 29. 당시 범죄행위가 종료되었으나 아직 공소시효가 완성되지 않은 아동학대범죄에 대해서도 적용된다고 봄이 타당하다(대법원 2021.2.25, 2020도3694).

④ (○) 공개명령제도는 범죄행위를 한 자에 대한 응보 등을 목적으로 그 책임을 추궁하는 사후적 처분인 형벌과 구별되어 그 본질을 달리하는 것으로서 형벌에 관한 소급입법금지의 원칙이 그대로 적용되지 않으므로, 공개명령제도가 시행된 2010. 1. 1. 이전에 범한 범죄에도 공개명령제도를 적용하도록 아동·청소년의 성보호에 관한 법률이 2010. 7. 23. 법률 제10391호로 개정되었다고 하더라도 그것이 소급입법금지의 원칙에 반한다고 볼 수 없다(대법원 2011.3.24, 2010도14393, 2010전도120).

정답 ②

006 ✓ 유사 ◆◆◇ 경찰대편입 2023

형법의 시간적 적용범위에 대한 설명으로 옳지 않은 것은? (다툼이 있는 경우 판례에 의함)

① 형법 제1조 제2항의 해석과 관련하여, 해당 형벌법규 자체 또는 그로부터 수권 내지 위임을 받은 법령이 아닌 다른 법령이 변경된 경우, 이는 해당 형벌법규에 따른 범죄의 성립 및 처벌과 직접적으로 관련된 형사법적 관점의 변화를 주된 근거로 하는 법령의 변경에 해당하여야 하므로, 이와 관련이 없는 법령의 변경으로 인하여 해당 형벌법규의 가벌성에 영향을 미치게 되는 경우에는 형법 제1조 제2항이 적용되지 않는다.

② 범죄 후 법률의 변경이 있더라도 법정형이 동일한 경우에는 구법을 적용하여야 하나, 신법을 적용하는 법령적용의 잘못이 있더라도 판결 결과에는 아무런 영향이 없다.

③ 범죄 후 법률의 변경으로 형이 구법보다 가벼워진 경우인지를 판단할 때, 형은 법정형을 의미하고, 형의 경중은 형법 제50조에 의거하되 주형이 동일한 경우에만 몰수와 같은 부가형까지도 비교하여 판단하여야 한다.

④ 상습강제추행죄가 신설되어 시행되기 이전의 범행은 행위시 법에 의하여 상습강제추행죄가 아닌 기존의 강제추행죄로 처벌할 수 있을 뿐이나, 그 소추요건은 절차법적 요건이므로 상습강제추행죄에 관한 것이 구비되어야 한다.

⑤ 스스로 유효기간을 구체적인 일자나 기간으로 특정하여 효력의 상실을 예정하고 있던 법령이 그 유효기간을 경과함으로써 더 이상 효력을 갖지 않게 된 경우에는 형법 제1조 제2항에서 말하는 법령의 변경에 해당한다고 볼 수 없다.

> [해설] 출제영역 | 형법의 시간적 적용범위
>
> ④ (×) 포괄일죄에 관한 기존 처벌법규에 대하여 그 표현이나 형량과 관련한 개정을 하는 경우가 아니라 애초에 죄가 되지 아니하던 행위를 구성요건의 신설로 포괄일죄의 처벌대상으로 삼는 경우에는 신설된 포괄일죄 처벌법규가 시행되기 이전의 행위에 대하여는 신설된 법규를 적용하여 처벌할 수 없다(형법 제1조 제1항). 이는 신설된 처벌법규가 상습범을 처벌하는 구성요건인 경우에도 마찬가지라고 할 것이므로, <u>구성요건이 신설된 상습강제추행죄가 시행되기 이전의 범행은 상습강제추행죄로는 처벌할 수 없고 행위시법에 기초하여 강제추행죄로 처벌할 수 있을 뿐이며, 이 경우 그 소추요건도 상습강제추행죄에 관한 것이 아니라 강제추행죄에 관한 것이 구비되어야 한다</u>(대법원 2016.1.28, 2015도15669).
>
> ① (○) 해당 형벌법규 자체 또는 그로부터 수권 내지 위임을 받은 법령이 아닌 다른 법령이 변경된 경우 형법 제1조 제2항과 형사소송법 제326조 제4호를 적용하려면, 해당 형벌법규에 따른 범죄의 성립 및 처벌과 직접적으로 관련된 형사법적 관점의 변화를 주된 근거로 하는 법령의 변경에 해당하여야 하므로, 이와 관련이 없는 법령의 변경으로 인하여 해당 형벌법규의 가벌성에 영향을 미치게

되는 경우에는 형법 제1조 제2항과 형사소송법 제326조 제4호가 적용되지 않는다(대법원 2023.2.23, 2022도6434).

② (○) 구법과 신법의 법정형이 동일한 경우에는 형법 제1조 제1항에 의하여 구법을 적용하는 것이 맞다(대법원 2002.4.12, 2000도3350). 다만 신법을 적용하는 잘못이 있더라도 판결결과에는 영향이 없다.

③ (○) 신법의 형이 구법의 형보다 경하게 된 것인가에 관련한 형의 경중은 형법 제50조에 따라 결정하며, 제1조 제2항의 형(刑)은 법정형을 의미한다. 법정형 중 병과형 또는 선택형이 있을 때에는 가장 무거운 형을 기준으로 형의 경중을 정하고(대법원 1983.11.8, 83도2499) 가장 무거운 형이 같을 때에는 벌금형·부가형도 비교해야 한다.

⑤ (○) 법령이 개정 내지 폐지된 경우가 아니라, <u>스스로 유효기간을 구체적인 일자나 기간으로 특정하여 효력의 상실을 예정하고 있던 법령이 그 유효기간을 경과함으로써 더 이상 효력을 갖지 않게 된 경우도 형법 제1조 제2항과 형사소송법 제326조 제4호에서 말하는 법령의 변경에 해당한다고 볼 수 없다</u>(대법원 2022.12.22, 2020도16420 전원합의체).

> [정답] ④

007 ✓ 대표 ◆◆◆ 경찰채용 2023

「형법」의 적용범위에 관한 설명으로 가장 적절하지 않은 것은? (다툼이 있는 경우 판례에 의함)

① 범죄의 성립과 처벌에 관하여 규정한 형벌법규 자체 또는 그로부터 수권 내지 위임을 받은 법령의 변경에 따라 형이 가벼워진 경우에는, 종전 법령의 과형이 과중하였다는 반성적 고려에 따라 변경된 것인지 여부를 따지지 않고 원칙적으로 「형법」 제1조 제2항이 적용된다.

② 형벌법규가 고시 등 행정규칙·행정명령, 조례 등(이하 '고시 등 규정'이라 한다)에 구성요건의 일부를 수권 내지 위임한 경우에 이러한 고시 등 규정이 위임입법의 한계를 벗어나지 않는 한 형벌법규와 결합하여 법령을 보충하는 기능을 하는 것이므로, 그 변경에 따라 형이 가벼워졌다면 「형법」 제1조 제2항이 적용된다.

③ 스스로 유효기간을 구체적인 일자나 기간으로 특정하여 효력의 상실을 예정하고 있던 법령이 그 유효기간을 경과함으로써 더 이상 효력을 갖지 않게 된 경우는 「형법」 제1조 제2항과 「형사소송법」 제326조 제4호에서 말하는 법령의 변경에 해당한다고 볼 수 없다.

④ 법무사인 甲이 개인파산·회생사건 관련 법률사무를 위임받아 취급하여 비변호사의 법률사무취급을 금지하는 「변호사법」 제109조 제1호 위반으로 기소되었는데 범행 이후에 개정된 「법무사법」 제2조 제1항 제6호에 의하여 '개인의 파산사건 및 개인회생사건 신청의 대리'가 법무사의 업무로 추가되었다면, 위 「법무사법」 개정은 형사법적 관점의 변화를 주된 근거로 하는 법령의 변경에 해당하므로 「형법」 제1조 제2항이 적용된다.

해설 | 출제영역 | 형법의 시간적 적용범위

④ (×) 법무사인 피고인이 개인파산·회생사건 관련 법률사무를 위임받아 취급하여 변호사법 제109조 제1호 위반으로 기소되었는데, 범행 이후인 2020.2.4. 법률 제16911호로 개정된 법무사법 제2조 제1항 제6호에 의하여 '개인의 파산사건 및 개인회생사건 신청의 대리'가 법무사의 업무로 추가된 경우, 위 법무사법 개정은 범죄사실의 해당 형벌법규 자체인 변호사법 제109조 제1호 또는 그로부터 수권 내지 위임을 받은 법령이 아닌 별개의 다른 법령의 개정에 불과하고, 변호사법 제109조 제1호 위반죄의 성립 요건과 구조를 살펴보더라도 법무사법 제2조의 규정이 보충규범으로서 기능하고 있다고 보기 어려운 점, 법무사법 제2조는 법무사의 업무범위에 관한 규정으로서 기본적으로 형사법과 무관한 행정적 규율에 관한 내용이므로, 그 변경은 문제된 형벌법규의 가벌성에 간접적인 영향을 미치는 경우에 해당할 뿐인 점, 법무사법 제2조가 변호사법 제109조 제1호 위반죄와 불가분적으로 결합되어 보호목적과 입법 취지 등을 같이한다고 볼 만한 특별한 사정도 없는 점 등을 종합하면, 위 법무사법 개정은 형사법적 관점의 변화를 주된 근거로 하는 법령의 변경에 해당하지 않는다는 이유로, 원심이 형법 제1조 제2항과 형사소송법 제326조 제4호를 적용하지 아니하고 변호사법 제109조 제1호 위반의 유죄를 인정한 것은 정당하다(대법원 2023.2.23. 2022도4610).

① (○), ② (○), ③ (○) 범죄의 성립과 처벌에 관하여 규정한 형벌법규 자체 또는 그로부터 수권 내지 위임을 받은 법령의 변경에 따라 범죄를 구성하지 아니하게 되거나 형이 가벼워진 경우에는, 종전 법령이 범죄로 정하여 처벌한 것이 부당하였다거나 과형이 과중하였다는 반성적 고려에 따라 변경된 것인지 여부를 따지지 않고 원칙적으로 형법 제1조 제2항과 형사소송법 제326조 제4호가 적용된다. 형벌법규가 대통령령, 총리령, 부령과 같은 법규명령이 아닌 고시 등 행정규칙·행정명령, 조례 등(이하 '고시 등 규정'이라고 한다)에 구성요건의 일부를 수권 내지 위임한 경우에도 이러한 고시 등 규정이 위임입법의 한계를 벗어나지 않는 한 형벌법규와 결합하여 법령을 보충하는 기능을 하는 것이므로, 그 변경에 따라 범죄를 구성하지 아니하게 되거나 형이 가벼워졌다면 마찬가지로 형법 제1조 제2항과 형사소송법 제326조 제4호가 적용된다. … 한편 법령이 개정 내지 폐지된 경우가 아니라, 스스로 유효기간을 구체적인 일자나 기간으로 특정하여 효력의 상실을 예정하고 있던 법령이 그 유효기간을 경과함으로써 더 이상 효력을 갖지 않게 된 경우도 형법 제1조 제2항과 형사소송법 제326조 제4호에서 말하는 법령의 변경에 해당한다고 볼 수 없다(대법원 2022.12.22. 2020도16420).

정답 | ④

---

008 ✓ 대표 ◆◇◇   변호사 2021

형법의 적용범위에 관한 설명 중 옳은 것은? (다툼이 있는 경우 판례에 의함)

① 북한에서 행하여진 범죄에 대해서는 대한민국 형법이 적용되지 않는다.

② 도박죄를 처벌하지 않는 외국 카지노에서 대한민국 국민이 도박을 한 경우, 대한민국 형법이 적용되지 않는다.

③ 「형법」 제6조 본문에서 정한 '대한민국 또는 대한민국 국민에 대하여 죄를 범한 때'란 대한민국 또는 대한민국 국민의 법익이 직접적으로 침해되는 결과를 야기하는 죄를 범한 경우를 의미한다.

④ 우리 형법은 외국에서 형의 전부 또는 일부의 집행을 받은 자에 대하여 임의적으로 형의 산입 여부를 정할 수 있도록 하고 있다.

⑤ 중국인이 중국에 소재하고 있는 대한민국 영사관 내에서 여권발급신청서 1장을 위조하여 제출한 경우, 대한민국 형법이 적용된다.

해설 | 출제영역 | 형법의 장소적 적용범위

③ (○) 대법원 2011.8.25. 2011도6507

① (×) 속지주의 원칙을 규정한 형법 제2조의 대한민국 영역이란 영토·영해·영공을 말하기 때문에 북한에서 발생한 범죄에도 대한민국 형법이 적용된다.

② (×) 형법 제3조는 "본법은 대한민국 영역 외에서 죄를 범한 내국인에게 적용한다."고 하여 형법의 적용 범위에 관한 속인주의를 규정하고 있고, 또한 국가 정책적 견지에서 도박죄의 보호법익보다 좀 더 높은 국가이익을 위하여 예외적으로 내국인의 출입을 허용하는 폐광지역개발지원에 관한 특별법 등에 따라 카지노에 출입하는 것은 법령에 의한 행위로 위법성이 조각된다고 할 것이나, 도박죄를 처벌하지 않는 외국 카지노에서의 도박이라는 사정만으로 그 위법성이 조각된다고 할 수 없다(대법원 2004.4.23. 2002도2518).

④ (×) 죄를 지어 외국에서 형의 전부 또는 일부가 집행된 사람에 대해서는 그 집행된 형의 전부 또는 일부를 선고하는 형에 산입한다(제7조).

⑤ (×) 형법의 적용에 관하여 같은 법 제2조는 대한민국 영역 내에서 죄를 범한 내국인과 외국인에게 적용한다고 규정하고 있으며, 같은 법 제6조 본문은 대한민국 영역 외에서 대한민국 또는 대한민국 국민에 대하여 같은 법 제5조에 기재한 이외의 죄를 범한 외국인에게 적용한다고 규정하고 있는바, 중국 북경시에 소재한 대한민국 영사관 내부는 여전히 중국의 영토에 속할 뿐 이를 대한민국의 영토로서 그 영역에 해당한다고 볼 수 없을 뿐 아니라, 사문서위조죄가 형법 제6조의 대한민국 또는 대한민국 국민에 대하여 범한 죄에 해당하지 아니함은 명백하다(대법원 2006.9.22. 2006도5010).

정답 | ③

009 ✓ 유사 ◆◇◇　국가9급총론 2017

형법의 시간적 적용범위에 대한 설명으로 옳지 않은 것은? (다툼이 있으면 판례에 의함)

① 범죄 후 법률이 개정되었으나 개정 전후를 통하여 형의 경중에 차이가 없는 경우에는 신법우선의 원칙에 따라 법원은 개정 후 법률을 적용하여야 한다.

② 형을 종전보다 가볍게 형벌법규를 개정하면서 그 부칙으로 개정된 법의 시행 전의 범죄에 대하여 종전의 형벌법규를 적용하도록 규정하여도 형벌불소급의 원칙이나 신법우선의 원칙에 반한다고 할 수 없다.

③ 누설한 군사기밀사항이 누설행위 이후 군사기밀에서 해제되었다고 하더라도 이를 법률의 변경으로 볼 수 없으므로 재판시법 적용 여부가 문제될 여지는 없다.

④ 공소시효가 완성된 범죄를 소급하여 처벌하기 위한 진정소급 입법은 원칙적으로 헌법에 위배된다.

해설 │ 출제영역 │ 형법의 시간적 적용범위
① (×) 범죄 후 법률의 변경이 있더라도 형이 중하게 변경되는 경우나 형의 변경이 없는 경우에는 형법 제1조 제1항에 따라 행위시법을 적용하여야 한다(대법원 2015.10.29, 2015도5355).
② (○) 대법원 2022.12.22, 2020도16420
③ (○) 대법원 2000.1.28, 99도4022
④ (○) 헌법재판소 1996.2.16, 96헌가2

정답 ①

010 ✓ 대표 ◆◇◇　경찰1차 2019 유사　국가7급 2020

「형법」의 적용범위에 대한 설명으로 옳은 것은? (다툼이 있는 경우 판례에 의함)

① 형사사건으로 외국 법원에 기소되었다가 무죄판결을 받은 사람이 무죄판결을 받기까지 일정 기간 미결구금되었던 경우, 그 미결구금기간에 대하여는 외국에서 집행된 형의 산입 규정인 「형법」 제7조가 적용되어야 한다.

② 대한민국 영역 외에서 「형법」상 공문서에 관한 죄를 범한 외국인에게는 대한민국 「형법」을 적용한다. 다만, 행위지의 법률에 의하여 범죄를 구성하지 아니하거나 소추 또는 형의 집행을 면제할 경우에는 예외로 한다.

③ 애초에 죄가 되지 아니하던 행위를 구성요건을 신설하여 포괄일죄의 처벌대상으로 삼는 경우, 신설된 포괄일죄처벌법규가 시행되기 이전의 행위에 대하여는 신설된 법규를 적용하여 처벌할 수 없다.

④ 형벌에 관한 법률조항에 대하여 헌법불합치결정이 선고된 경우, 당해 조항을 적용하여 공소가 제기된 피고사건에 대하여 법원은 공소기각판결을 선고하여야 한다.

해설 │ 출제영역 │ 형법의 시간적 적용범위
③ (○) 대법원 2016.1.28, 2015도15669
① (×) 형사사건으로 외국 법원에 기소되었다가 무죄판결을 받은 사람은, 설령 그가 무죄판결을 받기까지 상당 기간 미결구금되었더라도 이를 유죄판결에 의하여 형이 실제로 집행된 것으로 볼 수는 없으므로, '외국에서 형의 전부 또는 일부가 집행된 사람'에 해당한다고 볼 수 없고, 그 미결구금 기간은 형법 제7조에 의한 산입의 대상이 될 수 없다(대법원 2017.8.24, 2017도5977 전원합의체).
② (×) 대한민국 영역 외에서 형법상 공문서에 관한 죄를 범한 외국인에게는 우리 형법이 적용된다(형법 제5조 제6호). 따라서 이에 대해서는 형법 제6조의 적용을 검토할 필요가 없다.
[정리] 대한민국 영역 외에서 형법상 공문서에 관한 죄를 범한 외국인에게는 그 행위지의 법률에 의하여 범죄를 구성하지 아니하거나 소추 또는 형의 집행을 면제할 경우에도 우리 형법을 적용한다.
④ (×) 헌법재판소의 헌법불합치결정은 헌법과 헌법재판소법이 규정하고 있지 않은 변형된 형태이지만 법률조항에 대한 위헌결정에 해당한다. … 헌법재판소법 제47조 제3항 본문은 형벌에 관한 법률조항에 대하여 위헌결정이 선고된 경우 그 조항이 소급하여 효력을 상실한다고 규정하고 있으므로, 형벌에 관한 법률조항이 소급하여 효력을 상실한 경우에 당해 조항을 적용하여 공소가 제기된 피고사건은 범죄로 되지 않은 때에 해당한다. 따라서 법원은 그 피고사건에 대하여 형사소송법 제325조 전단에 따라 무죄를 선고하여야 한다(대법원 2018.10.25, 2015도17936).

정답 ③

011 ✓ 대표 ◆◆◇ 경찰2차 2018 유사 법원행시 2018

다음 설명 중 가장 옳지 않은 것은?

① 형법 제239조 제1항의 사인위조죄는 형법 제6조의 대한민국 또는 대한민국국민에 대하여 범한 죄에 해당하지 않으므로 중국 국적자가 중국에서 대한민국 국적 주식회사의 인장을 위조한 경우에는 외국인의 국외범으로서 그에 대하여 재판권이 없다.

② 형법 제2조(국내범)를 적용함에 있어서 공모공동정범의 경우 공모지도 범죄지로 보아야 한다.

③ 형법 제7조의 문언상 외국에서 유죄판결에 의하여 형의 전부 또는 일부가 집행된 사람이 아니라 단순히 미결구금 되었다가 무죄판결을 받은 사람에 대하여 위 법조를 직접 적용할 수 없지만, 유추적용을 통하여 그 미결구금일수의 전부 또는 일부를 국내에서 선고하는 형에 산입하여야 한다.

④ 내국 법인의 대표자인 외국인이 그 내국 법인이 외국에 설립한 특수목적법인에 위탁해 둔 자금을 정해진 목적과 용도 외에 임의로 사용한 데 따른 횡령죄의 피해자는 당해 금전을 위탁한 내국 법인이라고 보아야 한다. 따라서 그 행위가 외국에서 이루어진 경우에도 행위지의 법률에 의하여 범죄를 구성하지 아니하거나 소추 또는 형의 집행을 면제할 경우가 아니라면 그 외국인에 대해서도 우리 형법이 적용되어(형법 제6조), 우리 법원에 재판권이 있다.

⑤ 형법은 대한민국 영역 외에서 국기에 관한 죄, 통화에 관한 죄를 범한 외국인에게도 적용된다.

해설 출제영역 | 형법의 적용범위 – 속지주의, 속인주의, 보호주의

③ (×) 미결구금이 자유 박탈이라는 효과 면에서 형의 집행과 일부 유사하다는 점만을 근거로, 외국에서 형이 집행된 것이 아니라 단지 미결구금되었다가 무죄판결을 받은 사람의 미결구금일수를 형법 제7조의 유추적용에 의하여 그가 국내에서 같은 행위로 인하여 선고받는 형에 산입하여야 한다는 것은 허용되기 어렵다(대법원 2017.8.24, 2017도5977 전원합의체).

① (○) 대법원 2002.11.26, 2002도4929

② (○) 대법원 1998.11.27, 98도2734

④ (○) 법인 소유의 자금에 대한 사실상 또는 법률상 지배·처분 권한을 가지고 있는 대표자 등은 법인에 대한 관계에서 자금의 보관자 지위에 있으므로, 법인이 특정 사업의 명목상의 주체로 특수목적법인을 설립하여 그 명의로 자금 집행 등 사업진행을 하면서도 자금의 관리·처분에 관하여는 실질적 사업주체인 법인이 의사결정권한을 행사하면서 특수목적법인 명의로 보유한 자금에 대하여 현실적 지배를 하고 있는 경우에는, 사업주체인 법인의 대표자 등이 특수목적법인의 보유 자금을 정해진 목적과 용도 외에 임의로 사용하면 위탁자인 법인에 대하여 횡령죄가 성립할 수 있다. 이는 법인의 대표자 등이 외국인인 경우에도 마찬가지이므로, 내국 법인의 대표자인 외국인이 내국 법인이 외국에 설립한 특수목적법인에 위탁해 둔 자금을 정해진 목적과 용도 외에 임의로 사용한 데 따른 횡령죄의 피해자는 당해 금전을 위탁한 내국 법인이다. 따라서 그 행위가 외국에서 이루어진 경우에도 행위지의 법률에 의하여 범죄를 구성하지 아니하거나 소추 또는 형의

집행을 면제할 경우가 아니라면 그 외국인에 대해서도 우리 형법이 적용되어(형법 제6조), 우리 법원에 재판권이 있다(대법원 2017.3.22, 2016도17465).

⑤ (○) 대법원 2013.9.27, 2013도8385

> **제5조(외국인의 국외범)** 본법은 대한민국영역 외에서 다음에 기재한 죄를 범한 외국인에게 적용한다.
> 3. 국기에 관한 죄
> 4. 통화에 관한 죄

정답 ③

012 ✓ 유사 ◆◆◇ 변호사 2019

「형법」의 적용범위에 관한 설명 중 옳지 않은 것은? (다툼이 있는 경우 판례에 의함)

① 외국인이 대한민국 공무원에게 그 공무원이 취급하는 사무에 관하여 알선한다는 명목으로 금품을 수수하는 행위가 대한민국 영역 내에서 이루어졌다 하더라도, 금품수수의 명목이 된 알선행위를 하는 장소가 대한민국 영역 외인 경우라면 대한민국의 형벌법규인 「변호사법」을 적용할 수 없다.

② 죄를 지어 외국에서 형의 전부 또는 일부가 집행된 사람에 대해서는 그 집행된 형의 전부 또는 일부를 선고하는 형에 산입한다.

③ 미국인 甲이 일본에서 중국 국적의 미성년자 A를 영리 목적으로 매매한 경우 甲에게 대한민국의 「형법」을 적용할 수 있다.

④ 포괄일죄에 관한 기존 처벌법규에 대하여 그 표현이나 형량과 관련한 개정을 하는 경우가 아니라 애초에 죄가 되지 아니하던 행위를 구성요건의 신설로 포괄일죄의 처벌대상으로 삼는 경우에는 신설된 포괄일죄 처벌법규가 시행되기 이전의 행위에 대하여는 신설된 법규를 적용하여 처벌할 수 없다.

⑤ 법률이념의 변경에 의한 것이 아닌 다른 사정의 변천에 따라 그때그때의 특수한 필요에 대처하기 위하여 법령을 개폐하는 경우에는 「형법」 제1조 제2항의 규정을 적용할 수 없다.

해설 출제영역 | 형법의 시간적·장소적 적용범위

① (×) 외국인이 대한민국 공무원에게 알선한다는 명목으로 금품을 수수하는 행위가 대한민국 영역 내에서 이루어진 이상, 비록 금품수수의 명목이 된 알선행위를 하는 장소가 대한민국 영역 외라 하더라도 대한민국 영역 내에서 죄를 범한 것이라고 하여야 할 것이므로, 형법 제2조에 의하여 대한민국의 형벌법규인 구 변호사법(2000.1.28. 법률 제6207호로 전문 개정되기 전의 것) 제90조 제1호가 적용되어야 한다(대법원 2000.4.21, 99도3403).

⑤ (×) 범죄의 성립과 처벌에 관하여 규정한 형벌법규 자체 또는 그로부터 수권 내지 위임을 받은 법령의 변경에 따라 범죄를 구성하지 아니하게 되거나 형이 가벼워진 경우에는, 종전 법령이 범죄로 정하여 처벌한 것이 부당하였다거나 과형이 과중하였다

는 반성적 고려에 따라 변경된 것인지 여부를 따지지 않고 원칙적으로 형법 제1조 제2항과 형사소송법 제326조 제4호가 적용된다(대법원 2022.12.22, 2020도16420).
② (○) 죄를 지어 외국에서 형의 전부 또는 일부가 집행된 사람에 대해서는 그 집행된 형의 전부 또는 일부를 선고하는 형에 산입한다(제7조).
③ (○) 제288조(영리 목적 약취, 유인 등)는 대한민국 영역 밖에서 죄를 범한 외국인에게도 적용한다(제296조의2).
④ (○) 포괄일죄에 관한 기존 처벌법규에 대하여 그 표현이나 형량과 관련한 개정을 하는 경우가 아니라 애초에 죄가 되지 아니하던 행위를 구성요건의 신설로 포괄일죄의 처벌대상으로 삼는 경우에는 신설된 포괄일죄 처벌법규가 시행되기 이전의 행위에 대하여는 신설된 법규를 적용하여 처벌할 수 없다(대법원 2016.1.28, 2015도15669).

정답 ①, ⑤

---

013 ✓ 이론 ◆◇◇ 경찰간부 2022

「형법」의 적용범위에 대한 설명으로 옳지 않은 것은? (다툼이 있는 경우 판례에 의함)

① 「형법」은 범인의 국적과 범죄지 여하를 불문하고 우리나라 형벌법규를 적용하는 세계주의에 관한 조항을 두고 있다.
② 백지형법의 보충규범인 고시가 변경된 경우 변경의 동기를 따져 '애당초 잘못된 것이었다'는 법이념상의 반성적 고려에 의한 것이 아닌 한, 그 고시가 변경되기 이전에 범하여진 위반행위에 대한 가벌성이 소멸되는 것은 아니다.
③ 범죄행위시와 재판시 사이에 여러차례 법령이 개정되어 형의 변경이 있는 경우에는 「형법」 제1조 제2항에 의하여 신법을 적용한다.
④ 외국에서 집행된 형은 그것이 형의 전부집행이든 형의 일부집행이든 우리나라 법원이 선고하는 형에 반드시 산입하여야 한다.

해설 출제영역 | 형법의 시간적 적용범위

② (×) 보충규범이 한시법의 성격을 가진 경우라면 특별한 사정이 없는 한 그 유효기간 경과 전의 법령위반행위는 유효기간 경과 후에도 그대로 처벌된다는 것이 판례의 입장이다.
③ (×) 범죄행위 시와 재판 시 사이에 여러 차례 법령이 개정되어 형의 변경이 있는 경우에는 이 점에 관한 당사자의 주장이 없더라도 형법 제1조 제2항에 의하여 직권으로 그 전부의 법령을 비교하여 그 중 가장 형이 가벼운 법령을 적용하여야 한다(대법원 2012.9.13, 2012도7760).
① (○) 형법 제296조의2는 세계주의라는 표제 하에 "제287조부터 제292조까지 및 제294조는 대한민국 영역 밖에서 죄를 범한 외국인에게도 적용한다."는 규정을 두고 있다.
④ (○) 제7조 참조.

> **제7조(외국에서 집행된 형의 산입)** 죄를 지어 외국에서 형의 전부 또는 일부가 집행된 사람에 대해서는 그 집행된 형의 전부 또는 일부를 선고하는 형에 산입한다.

정답 ②, ③

---

014 ✓ 유사 ◆◆◇ 국가9급총론 2019

다음 설명 중 옳지 않은 것은? (다툼이 있는 경우 판례에 의함)

① 신분관계로 인하여 형의 경중이 있는 경우에 신분이 있는 자가 신분이 없는 자를 교사하여 죄를 범하게 한 때에는 「형법」 제33조 단서가 「형법」 제31조 제1항에 우선하여 적용됨으로써 신분이 있는 교사범이 신분이 없는 정범보다 중하게 처벌된다.
② 공동정범 중 1인이 자기만의 범의를 철회·포기하여도 다른 공범의 범행을 중지하게 하지 아니한 이상 중지미수로 인정되지 아니한다.
③ 뇌물공여죄와 뇌물수수죄 같이 대향범 관계에 있는 필요적 공범은 서로 대향된 행위의 존재를 필요로 할 뿐 각자 자신의 구성요건을 실현하고 별도의 형벌규정에 따라 처벌된다.
④ 2016.1.6. 「형법」 개정으로 특수상해죄가 「형법」 제258조의2로 신설되어 「형법」 제262조의 '제257조 내지 제259조의 예에 의한다'는 규정에 「형법」 제258조의2가 포함되었으므로 특수폭행치상의 경우에는 특수상해인 「형법」 제258조의2 제1항의 예에 의하여 처벌되어야 한다.

해설 출제영역 | 공동정범 일반

④ (×) 특수폭행치상죄의 해당규정인 형법 제262조, 제261조는 형법 제정 당시부터 존재하였는데, 형법 제258조의2 특수상해죄의 신설 이전에는 형법 제262조의 "전 2조의 죄를 범하여 사람을 사상에 이르게 한 때에는 제257조 내지 제259조의 예에 의한다."라는 규정 중 '제257조 내지 제259조의 예에 의한다'의 의미는 형법 제260조(폭행, 존속폭행) 또는 제261조(특수폭행)의 죄를 범하여 상해, 중상해, 사망의 결과가 발생한 경우, 그 결과에 따라 상해의 경우에는 형법 제257조, 중상해의 경우에는 형법 제258조, 사망의 경우에는 형법 제259조의 예에 준하여 처벌하는 것으로 해석·적용되어 왔고, 따라서 특수폭행치상죄의 경우 법정형은 형법 제257조 제1항에 의하여 '7년 이하의 징역, 10년 이하의 자격정지 또는 1천만 원 이하의 벌금'이었다. 그런데 2016.1.6. 형법 개정으로 특수상해죄가 형법 제258조의2로 신설됨에 따라 문언상으로 형법 제262조의 '제257조 내지 제259조의 예에 의한다'는 규정에 형법 제258조의2가 포함되어 특수폭행치상의 경우 특수상해인 형법 제258조의2 제1항의 예에 의하여 처벌하여야 하는 것으로 해석될 여지가 생기게 되었다. 이러한 해석을 따를 경우 특수폭행치상죄의 법정형이 형법 제258조의2 제1항이 정한 '1년 이상 10년 이하의 징역'이 되어 종래와 같이 형법 제257조 제1항의 예에 의하는 것보다 상향되는 결과가 발생하게 된다. 그러나 형벌규정 해석에 관한 법리와 폭력행위 등 처벌에 관한 법률의 개정 경과 및 형법 제258조의2의 신설 경위와 내용, 그 목적, 형법 제262조의 연혁, 문언과 체계 등을 고려할 때, 특수폭행치상의 경우 형법 제258조의2의 신설에도 불구하고 종전과 같이 형법 제257조 제1항의 예에 의하여 처벌하는 것으로 해석함이 타당하다(대법원 2018.7.24, 2018도3443).
① (○) 대법원 1994.12.23, 93도1002
[보충] 2020.12.8. 개정 제33조 단서는 "신분 때문에 형의 경중이 달라지는 경우"라고 규정하고 있다.
② (○) 대법원 1969.2.25, 68도1676

③ (○) 뇌물공여죄와 뇌물수수죄 사이와 같은 이른바 대향범 관계에 있는 자는 강학상으로는 필요적 공범이라고 불리고 있으나, 서로 대향된 행위의 존재를 필요로 할 뿐 각자 자신의 구성요건을 실현하고 별도의 형벌규정에 따라 처벌되는 것이어서, 2인 이상이 가공하여 공동의 구성요건을 실현하는 공범관계에 있는 자와는 본질적으로 다르며, 대향범 관계에 있는 자 사이에서는 각자 상대방의 범행에 대하여 형법 총칙의 공범규정이 적용되지 아니한다(대법원 2014.1.16, 2013도6969).

정답 ④

---

015 ✔이론대표 ◆◆◆ 　　　　법원9급 2014

다음 중 외국인이 대한민국 영역 외에서 범한 경우 우리 형법을 적용할 수 없는 범죄는?

① 외교상기밀누설죄　　② 전시군수계약불이행죄
③ 국기비방죄　　　　　④ 소인말소죄

해설 | 출제영역 | 형법의 장소적 적용범위 – 보호주의
제5조는 국가보호주의를 다음과 같이 규정하고 있다.

> **제5조(외국인의 국외범)** 본법은 대한민국 영역 외에서 다음에 기재한 죄를 범한 외국인에게 적용한다.
> 1. 내란의 죄
> 2. 외환의 죄
> 3. 국기에 관한 죄
> 4. 통화에 관한 죄
> 5. 유가증권, 우표와 인지에 관한 죄
> 6. 문서에 관한 죄 중 제225조 내지 제230조
> 7. 인장에 관한 죄 중 제238조.

① (×) 외교상 기밀누설죄는 제4장 국교에 관한 죄 중 제113조이며, 이러한 국교에 관한 죄는 국가보호수의의 대상이 아니나.
② (○) 제2장 외환의 죄 중 제103조
③ (○) 제3장 국기에 관한 죄 중 제106조
④ (○) 제19장 유가증권, 우표와 인지에 관한 죄 중 제221조

정답 ①

---

016 ✔이론 ◆◇◇ 　　　　국가9급 2018

형법의 적용범위에 대한 설명으로 옳지 않은 것은? (다툼이 있는 경우 판례에 의함)

① 공모공동정범의 경우 공모지도 범죄지로 보아야 한다.
② 외국인 甲이 외국에서 대한민국 국적 주식회사의 인장을 위조한 경우 대한민국의 재판권이 없다.
③ 외국인 甲이 외국에서 장기적출을 목적으로 외국인 A를 매매한 경우 대한민국 형법이 적용될 수 있다.
④ 한국인 甲이 외국에서 미결구금 되었다가 무죄판결을 받은 경우 그 미결구금일수는 국내에서 동일한 행위로 인하여 선고받은 형에 산입하여야 한다.

해설 | 출제영역 | 형법의 장소적 적용범위
④ (×) 대법원 2017.8.24, 2017도5977 전원합의체

> **제7조(외국에서 집행된 형의 산입)** 죄를 지어 외국에서 형의 전부 또는 일부가 집행된 사람에 대해서는 그 집행된 형의 전부 또는 일부를 선고하는 형에 산입한다.

① (○) 공모공동정범에 있어서의 공모지도 범죄지에 해당하기 때문에 공모한 지역이 대한민국 영역 내이면 속지주의를 적용한다(대법원 1998.11.27, 98도2734).
② (○) 중국 국민이 중국에서 대한민국 국적 주식회사의 인장을 위조한 경우, 사인위조죄(제239조 제1항)는 본조의 '대한민국 또는 대한민국 국민에 대하여 범한 죄'에 해당하지 아니하므로 우리나라에 재판권이 없다(대법원 2002.11.26, 2002도4929).
③ (○) 제289조 제3항, 제296조의2 참조.

> **제289조** ③ 노동력 착취, 성매매와 성적 착취, 장기적출을 목적으로 사람을 매매한 사람은 2년 이상 15년 이하의 징역에 처한다.
> **제296조의2** 제287조부터 제292조까지 및 제294조는 대한민국 영역 밖에서 죄를 범한 외국인에게도 적용한다.

정답 ④

017 ✓ 유사 ◆◆◇　　　　　　　　　변호사시험 2024

「형법」의 장소적 적용범위에 관한 설명 중 옳은 것을 모두 고른 것은? (다툼이 있는 경우 판례에 의함)

> ㄱ. 영국인이 미국 영해에서 운항 중인 대한민국 국적의 선박에서 미국인을 살해한 경우에는 우리나라 「형법」이 적용된다.
> ㄴ. 일본인이 행사할 목적으로 중국에서 미화 100달러 지폐를 위조한 경우에는 우리나라 「형법」이 적용된다.
> ㄷ. 우리나라 「형법」상 약취·유인 및 인신매매의 죄는 그 예비·음모를 제외하고 우리나라 영역 밖에서 죄를 범한 외국인에게도 적용된다.
> ㄹ. 중국인이 우리나라로 입국하기 위하여 중국에 소재한 우리나라 영사관에서 그곳에 비치된 여권발급신청서를 위조한 경우 보호주의에 의하여 우리나라 「형법」이 적용된다.
> ㅁ. 범죄에 의하여 외국에서 형의 전부 또는 일부의 집행을 받은 자에 대하여는 그 형을 감경 또는 면제할 수 있다.

① ㄱ, ㄴ, ㄷ　　　　　　② ㄱ, ㄴ, ㄹ
③ ㄱ, ㄷ, ㅁ　　　　　　④ ㄴ, ㄹ, ㅁ
⑤ ㄷ, ㄹ, ㅁ

[해설] 출제영역 | 형법의 장소적 적용범위

① ㄱ, ㄴ, ㄷ
ㄱ. (○) 형법 제4조(기국주의)에 의하여 우리 형법이 적용된다.

> **제4조(국외에 있는 내국선박 등에서 외국인이 범한 죄)** 본법은 대한민국영역 외에 있는 대한민국의 선박 또는 항공기내에서 죄를 범한 외국인에게 적용한다.

ㄴ. (○) 외국통화위조죄(형법 제207조 제2항, 제3항)도 우리 형법상 통화에 관한 죄에 포함되어 있으므로, 형법 제5조 제4호에 의하여 우리 형법이 적용된다.

> **제5조(외국인의 국외범)** 본법은 대한민국영역 외에서 다음에 기재한 죄를 범한 외국인에게 적용한다.
> 4. 통화에 관한 죄

ㄷ. (○) 예비·음모죄까지는 세계주의가 적용되지 않는다.

> **제296조의2(세계주의)** 제287조부터 제292조까지 및 제294조는 대한민국 영역 밖에서 죄를 범한 외국인에게도 적용한다.
> **제296조(예비, 음모)** 제287조부터 제289조까지, 제290조 제1항, 제291조 제1항과 제292조 제1항의 죄를 범할 목적으로 예비 또는 음모한 사람은 3년 이하의 징역에 처한다.

ㄹ. (×) 형법의 적용에 관하여 같은 법 제2조는 대한민국 영역 내에서 죄를 범한 내국인과 외국인에게 적용한다고 규정하고 있으며, 같은 법 제6조 본문은 대한민국 영역 외에서 대한민국 또는 대한민국 국민에 대하여 같은 법 제5조에 기재한 이외의 죄를 범한 외국인에게 적용한다고 규정하고 있는바, 중국 북경시에 소재한 대한민국 영사관 내부는 여전히 중국의 영토에 속할 뿐 이를 대한민국의 영토로서 그 영역에 해당한다고 볼 수 없을 뿐 아니라,

사문서위조죄가 형법 제6조의 대한민국 또는 대한민국 국민에 대하여 범한 죄에 해당하지 아니함은 명백하다(대법원 2006.9.22, 2006도5010).

ㅁ. (×) 제7조 참조.

> **제7조(외국에서 집행된 형의 산입)** 죄를 지어 외국에서 형의 전부 또는 일부가 집행된 사람에 대해서는 그 집행된 형의 전부 또는 일부를 선고하는 형에 산입한다.

정답 ①

018 ✓ 이론 ◆◇◇　　　　　　　　　국가9급 2015

형법의 적용범위에 대한 설명으로 옳은 것만을 모두 고른 것은? (다툼이 있으면 판례에 의함)

> ㉠ 속지주의 원칙에서 범죄지의 결정기준은 범죄 결과 발생지뿐만 아니라 구성요건적 실행행위가 이루어진 곳도 포함된다.
> ㉡ 외국인이 독일에서 북한의 지령을 받아 베를린 주재 북한이익대표부를 방문하여 북한공작원을 만나 반국가단체를 이롭게 한 행위에 대하여 우리나라 형법이 적용된다.
> ㉢ 한반도의 평시상태에서 미군의 군속 중 '통상적으로 대한민국에 거주하고 있는 자'는 '대한민국과 아메리카합중국 간의 상호방위조약 제4조에 의한 시설과 구역 및 대한민국에서의 합중국 군대의 지위에 관한 협정'(SOFA)이 적용되는 군속의 개념에서 배제되므로 우리나라 법원에 재판권이 있다.
> ㉣ 대한민국 영역 외에서 형법 제289조 제1항의 구성요건인 사람을 매매한 행위를 한 외국인에 대해서는 우리나라 형법이 적용된다.

① ㉠, ㉢　　　　　　　② ㉡, ㉢
③ ㉠, ㉡, ㉣　　　　　④ ㉠, ㉢, ㉣

[해설] 출제영역 | 형법의 적용범위 - 속지주의, 속인주의, 세계주의

㉠ (○) 속지주의는 실행행위·결과발생 중 어느 것이라도 발생하였으면 범죄지로 본다.
㉡ (×) 독일인이 독일 내에서 북한의 지령을 받아 베를린 주재 북한이익대표부를 방문하고 그곳에서 북한공작원을 만났다면 각 구성요건상 범죄지는 모두 독일이므로 이는 외국인의 국외범에 해당하여, 형법 제5조와 제6조에서 정한 요건에 해당하지 않는 이상 국가보안법 제6조 제2항, 제8조 제1항을 적용하여 처벌할 수 없다. 독일 국적을 취득함에 따라 대한민국 국적을 상실한 피고인이 독일 내에서 북한의 지령을 받아 베를린 주재 북한이익대표부를 방문하고 그곳에서 북한공작원을 만난 행위는 외국인의 국외범에 해당한다는 이유로 무죄를 선고한 원심은 정당하다(대법원 2008.4.17, 2004도4899 전원합의체).
㉢ (○) 한반도의 평시상태에서 미합중국 군 당국은 미합중국 군대의 군속에 대하여 형사재판권을 가지지 않으므로, 미합중국 군대의 군속이 범한 범죄에 대하여 대한민국의 형사재판권과 미합중국 군 당국의 형사재판권이 경합하는 문제는 발생할 여지가 없

고, 대한민국은 대한민국과 아메리카합중국 간의 상호방위조약 제4조에 의한 시설과 구역 및 대한민국에서의 합중국 군대의 지위에 관한 협정(1967.2.9. 조약 제232호로 발효되고, 2001.3.29. 조약 제553호로 최종 개정된 것) 제22조 제1항 (나)에 따라 미합중국 군대의 군속이 대한민국 영역 안에서 저지른 범죄로서 대한민국 법령에 의하여 처벌할 수 있는 범죄에 대한 형사재판권을 바로 행사할 수 있다(대법원 2006.5.11, 2005도798).

② (○) 제296조의2

정답 ④

---

019 ✓이론 ◆◆◇

법원9급 2018   해경승진(경위) 2023 유사

다음 설명 중 가장 옳지 않은 것은? (다툼이 있는 경우 판례에 의하고, 전원합의체 판결의 경우 다수의견에 의함)

① 범죄가 성립하는지 여부는 행위가 종료되었을 때의 법률에 의한다.

② 포괄일죄 범행이 계속되는 사이 법률이 개정된 경우 행위가 종료된 때의 신법을 적용해야 하나, 신법 부칙에서 '이 법 시행 전의 행위에 대한 벌칙의 적용에 있어서는 종전의 규정에 따른다.'는 규정을 두었다면 구법을 적용해야 한다.

③ 범죄행위 시와 재판 시 사이 여러 번 법이 개정되어 형이 변경된 경우, 그 중 가장 형이 가벼운 법을 적용해야 한다.

④ 헌법재판소의 헌법불합치결정은 위헌결정에 해당하므로, 그 대상인 형벌조항을 적용하여 기소된 사건은 범죄로 되지 않는 때에 해당하여 법원이 무죄를 선고해야 한다. 이는 헌법재판소가 헌법불합치결정에서 시한을 두고 그때까지 개선입법이 이루어지지 않는 경우 그 다음 날부터 효력을 상실하도록 하였더라도 달리 해석할 수 없다.

해설 출제영역 | 형법의 시간적 적용범위

② (×) 개정법 시행 전 행위에 대해서는 개정 전 법을, 그 이후의 행위에 대해서는 개정된 법을 각각 적용하여야 한다(대법원 2001. 9.25, 2001도3990).

① (○) 범죄의 성립과 처벌은 행위 시의 법률에 의한다(형법 제1조 제1항)고 할 때의 "행위 시"라 함은 범죄행위의 종료 시를 의미한다 할 것이다(대법원 1994.5.10, 94도563).

③ (○) 범죄행위 시와 재판 시 사이에 여러 차례 법령이 개정되어 형의 변경이 있는 경우에는 이 점에 관한 당사자의 주장이 없더라도 형법 제1조 제2항에 의하여 직권으로 그 전부의 법령을 비교하여 그 중 가장 형이 가벼운 법령을 적용하여야 한다(대법원 2012.9.13, 2012도7760).

④ (○) 피고인이 야간옥외집회를 주최하였다는 취지의 공소사실에 대하여 원심이 집회 및 시위에 관한 법률(2007.5.11. 법률 제8424호로 전부 개정된 것) 제23조 제1호, 제10조 본문을 적용하여 유죄를 인정하였는데, 원심판결 선고 후 헌법재판소가 위 법률조항에 대해 헌법불합치결정을 선고하면서 개정시한을 정하여

입법개선을 촉구하였는데도 위 시한까지 법률 개정이 이루어지지 않은 사안에서, 위 법률조항은 소급하여 효력을 상실하므로 이를 적용하여 공소가 제기된 위 피고사건에 대하여 형사소송법 제325조 전단에 따라 무죄를 선고하여야 한다(대법원 2011.6.23, 2008도7562).

정답 ②

---

020 ✓이론 ◆◇◇

국가9급총론 2022

「형법」의 적용범위에 대한 설명으로 옳은 것은? (다툼이 있는 경우 판례에 의함)

① 재판이 확정된 후 법률이 변경되어 형이 구법보다 가벼워진 경우에는 형의 집행을 면제한다.

② 인신매매죄는 대한민국 영역 밖에서 죄를 범한 외국인에게도 적용된다.

③ 외국인이 대한민국 영역 외에서 대한민국 국민 명의의 사문서를 위조한 때에는 대한민국 「형법」을 적용한다.

④ 죄를 지어 외국에서 형의 전부 또는 일부가 집행된 사람에 대하여 법관은 재량으로 그 집행된 형의 전부 또는 일부를 선고하는 형에 산입하지 않을 수 있다.

해설 출제영역 | 형법의 적용범위

② (○) 약취·유인 및 인신매매의 죄에 대해서는 세계주의 규정이 적용된다.

> 제296조의2(세계주의) 제287조부터 제292조까지 및 제294조는 대한민국 영역 밖에서 죄를 범한 외국인에게도 적용한다.

① (×) 재판이 확정된 후에는 법률이 변경되어 '그 행위가 범죄를 구성하지 아니하게 된 경우'에 형의 집행을 면제한다(제1조 제3항). 위 지문처럼 형이 구법보다 가벼워진 경우에는 이를 고려함이 없이 구법의 형을 그대로 집행한다.

③ (×) 형법의 적용에 관하여 같은 법 제2조는 대한민국 영역 내에서 죄를 범한 내국인과 외국인에게 적용한다고 규정하고 있으며, 같은 법 제6조 본문은 대한민국 영역 외에서 대한민국 또는 대한민국 국민에 대하여 같은 법 제5조에 기재한 이외의 죄를 범한 외국인에게 적용한다고 규정하고 있는바, 중국 북경시에 소재한 대한민국 영사관 내부는 여전히 중국의 영토에 속할 뿐 이를 대한민국의 영토로서 그 영역에 해당한다고 볼 수 없을 뿐 아니라, 사문서위조죄가 형법 제6조의 대한민국 또는 대한민국 국민에 대하여 범한 죄에 해당하지 아니함은 명백하다(대법원 2006.9. 22, 2006도5010).

④ (×) 죄를 지어 외국에서 형의 전부 또는 일부가 집행된 사람에 대해서는 그 집행된 형의 전부 또는 일부를 선고하는 형에 산입한다(제7조). 이는 형집행에 있어서 필요적 감면의 의미를 가진다.

정답 ②

021 ✓유사 ◆◆◇

형법의 적용범위에 관한 설명으로 가장 적절한 것은?
(다툼이 있는 경우 판례에 의함)

① 범죄에 의하여 외국에서 형의 전부 또는 일부의 집행을 받은 자에 대하여는 형을 감경 또는 면제할 수 있다.
② 법령제정 당시부터 또는 폐지 이전에 스스로 유효기간을 구체적인 일자나 기간으로 특정하여 효력의 상실을 예정하고 있던 법령이 그 유효기간을 경과함으로써 더 이상 효력을 갖지 않게 된 경우, 그 유효기간 경과 전에 행해진 법령 위반행위의 가벌성은 소멸하므로 더 이상 행위자를 처벌할 수 없게 된다.
③ 재판이 확정된 후 법률이 변경되어 그 행위가 범죄를 구성하지 아니하게 되거나 형이 구법보다 가벼워진 경우, 형의 집행을 면제한다.
④ 캐나다 시민권자인 甲이 투자금을 교부받더라도 선물시장에 투자하여 운용할 의사나 능력이 없음에도 캐나다에서 그곳에 거주하는 대한민국 국민 A를 기망하여 직접 투자금을 수령한 경우, 甲의 행위가 캐나다 법률에 의해 범죄를 구성하고 그에 대한 소추나 형의 집행이 면제되지 않는 경우에만 우리 형법이 적용된다.

해설 | 출제영역 | 형법의 적용범위

④ (○) 캐나다 시민권자인 피고인이 투자금을 교부받더라도 선물시장에 투자하여 운용할 의사나 능력이 없음에도, 피해자들을 기망하여 투자금 명목의 돈을 편취하였다는 내용으로 기소된 사안에서, 공소사실 중 '피고인이 캐나다에 거주하는 대한민국 국민을 기망하여 캐나다에서 직접 또는 현지 은행계좌로 투자금을 수령한 부분'은 외국인이 대한민국 영역 외에서 대한민국 국민에 대하여 범죄를 저지른 경우에 해당하므로, 이 부분이 행위지인 캐나다 법률에 의하여 범죄를 구성하는지 및 소추 또는 형의 집행이 면제되는지를 심리하여 해당 부분이 행위지 법률에 의하여 범죄를 구성하고 그에 대한 소추나 형의 집행이 면제되지 않는 경우에 한하여 우리 형법을 적용한다(대법원 2011.08.25, 2011도6507).

① (×) 제7조 참조.

> **제7조(외국에서 집행된 형의 산입)** 죄를 지어 외국에서 형의 전부 또는 일부가 집행된 사람에 대해서는 그 집행된 형의 전부 또는 일부를 선고하는 형에 산입한다.

② (×) 형법 제1조 제2항과 형사소송법 제326조 제4호에서 말하는 '법령의 변경'은 해당 형벌법규의 가벌성에 관한 형사법적 관점의 변화를 전제로 한 법령의 변경을 의미하는 것이고, 해당 형벌법규 자체 또는 그로부터 수권 내지 위임을 받은 법령이 아닌 다른 법령이 변경된 경우는 여기서 말하는 법령의 변경에 해당하는 경우와 그렇지 않은 경우가 있다. 법령 제정 당시부터 또는 폐지 이전에 스스로 유효기간을 구체적인 일자나 기간으로 특정하여 효력의 상실을 예정한 법령이 그 유효기간을 경과함으로써 더 이상 효력을 갖지 않게 된 경우는 여기서 말하는 법령의 변경에 해당하지 않는다(대법원 2022.12.22, 2020도16420 전원합의체).

③ (×) 형법 제1조 제3항에서는 그 행위가 범죄를 구성하지 아니하게 된 경우만 규정하고 있고, 형이 구법보다 가벼워진 경우는 규정하고 있지 않다. 따라서 구법에 의하여 형선고판결이 확정된

후 법률이 변경되어 그 형이 구법의 형보다 가벼워진 경우라 하더라도 이러한 사정이 따로 고려됨이 없이 구법에 의하여 확정된 형을 그대로 집행한다.

> **제1조(범죄의 성립과 처벌)** ③ 재판이 확정된 후 법률이 변경되어 그 행위가 범죄를 구성하지 아니하게 된 경우에는 형의 집행을 면제한다.

정답 ④

---

022 ✓유사 ◆◆◇

외국인이 범한 다음 행위 중 우리나라 「형법」이 적용될 수 있는 것은? (다툼이 있는 경우 판례에 의함)

① 캐나다에서 대한민국 국민에 대하여 위조사문서를 행사한 경우
② 행사할 목적으로 중국에서 대한민국 국적 주식회사의 인장을 위조한 경우
③ 행사할 목적으로 중국 북경시에 소재한 대한민국 영사관 내에서 타인 명의의 여권발급신청서를 위조한 경우
④ 행사할 목적으로 중국에서 대한민국의 통화를 위조한 경우

해설 | 출제영역 | 형법의 장소적 적용범위

④ (○) 통화에 관한 죄는 외국인의 국외범도 처벌한다(보호주의, 형법 제5조 제4호).

> **제5조(외국인의 국외범)** 본법은 대한민국영역외에서 다음에 기재한 죄를 범한 외국인에게 적용한다.
> 4. 통화에 관한 죄

① (×) 형법 제5조, 제6조의 각 규정에 의하면, 외국인이 외국에서 죄를 범한 경우에는 형법 제5조 제1호 내지 제7호에 열거된 죄를 범한 때와 형법 제5조 제1호 내지 제7호에 열거된 죄 이외에 대한민국 또는 대한민국 국민에 대하여 죄를 범한 때에만 대한민국 형법이 적용되어 우리나라에 재판권이 있게 되고, 여기서 '대한민국 또는 대한민국 국민에 대하여 죄를 범한 때'란 대한민국 또는 대한민국 국민의 법익이 직접적으로 침해되는 결과를 야기하는 죄를 범한 경우를 의미한다. 캐나다 시민권자인 피고인이 캐나다에서 위조사문서를 행사하였다는 내용으로 기소된 경우, 형법 제234조의 위조사문서행사죄는 형법 제5조 제1호 내지 제7호에 열거된 죄에 해당하지 않고, 위조사문서행사를 형법 제6조의 대한민국 또는 대한민국 국민의 법익을 직접적으로 침해하는 행위라고 볼 수도 없으므로 피고인의 행위에 대하여는 우리나라에 재판권이 없다(대법원 2011.8.25, 2011도6507).

② (×) 형법 제239조 제1항의 사인위조죄는 형법 제6조의 대한민국 또는 대한민국국민에 대하여 범한 죄에 해당하지 아니하므로 중국 국적자가 중국에서 대한민국 국적 주식회사의 인장을 위조한 경우에는 외국인의 국외범으로서 그에 대하여 재판권이 없다(대법원 2002.11.26, 2002도4929).

③ (×) 형법의 적용에 관하여 같은 법 제2조는 대한민국 영역 내에서 죄를 범한 내국인과 외국인에게 적용한다고 규정하고 있으며, 같은 법 제6조 본문은 대한민국 영역 외에서 대한민국 또는 대한민국 국민에 대하여 같은 법 제5조에 기재한 이외의 죄를 범한 외국인에게 적용한다고 규정하고 있는바, 중국 북경시에 소재한

대한민국 영사관 내부는 여전히 중국의 영토에 속할 뿐 이를 대
한민국의 영토로서 그 영역에 해당한다고 볼 수 없을 뿐 아니라,
사문서위조죄가 형법 제6조의 대한민국 또는 대한민국 국민에 대
하여 범한 죄에 해당하지 아니함은 명백하다(대법원 2006.9.22,
2006도5010).

정답 ④

001 ✓ 이론대표 ◆◆◇ 　　　　　[국가9급 2014]

형벌이론에 대한 설명으로 옳지 않은 것은?

① 형벌론은 국가형벌권이 어떻게 정당화될 수 있으며 그 목적이 어디에 있는지를 찾는 이론이다.

② 장래의 범죄를 예방하는 데 형벌의 목적이 있다고 이해하는 일반예방주의는 심리강제설의 영향을 받고 있다.

③ 형벌을 과거의 범죄행위에 대한 책임의 상쇄로 이해하는 응보형주의는 인간의 자기결정능력을 신뢰하는 자유주의 사상의 산물로서 국가형벌권 행사를 확대하는 데 기여하고 있다.

④ 선고유예제도, 집행유예제도, 가석방제도, 보호관찰제도 등은 특별예방주의의 산물로 볼 수 있다.

해설 │ 출제영역 │ 형법이론 – 형벌이론

③ (×) 응보형주의는 형벌의 본질은 범죄에 대한 응보에 있다고 보는 구파의 주장으로서 형벌의 목적은 오직 응보적 해악으로서의 형벌 그 자체가 목적이라고 한다. 이러한 응보형주의는 오늘날 책임주의의 의미로 이해됨으로써, 범죄에 대한 책임 이상으로 부과되어야 할 어떤 이유도 없으므로 범죄인의 부당한 인권침해를 방지할 수 있다는 장점이 있다.
[참고] 범죄자의 개인적 관점에서 출발함으로써 형벌의 사회적·국가적 측면을 간과할 수밖에 없으므로 형사정책적으로는 무력해지는 단점이 있다.

① (○) 형벌론은 왜 범죄에 대하여 형벌을 부과하느냐의 형벌의 본질과 목적에 대한 것으로서, 형벌권의 정당성이론과 관련이 있다. 그 본질에 대한 근거의 견해에 따라 응보형주의와 목적형주의로 나뉘어지고, 목적형주의는 범죄예방의 대상을 사회일반인에게 두느냐, 범죄를 저지른 특정인에게 두느냐에 따라 일반예방주의와 특별예방주의로 나뉘어진다.

② (○) 일반예방주의는 범죄예방의 대상을 사회 일반인에게 두고, 형벌에 의하여 일반인에게 경계함으로써 범죄예방의 효과를 얻으려는 사상으로, 일반인은 잠재적으로 범죄를 저지르고 싶어 하지만 형벌로 인한 고통을 강조함으로써 인간의 심리가 강제된다고 보기 때문에 자연스럽게 심리강제설의 영향을 받게 된다.

④ (○) 특별예방주의는 범죄를 저지른 특정한 구체적인 범죄자 개인의 재범방지(사회복귀)를 목표로 삼고 이를 위해 형벌 내지 보안처분을 과함으로써 범죄자의 정상적인 사회인으로의 재사회화를 도모하는데 형벌의 목적이 있다는 입장이다. 선고유예제도, 집행유예제도, 가석방제도, 보호관찰제도 모두 범죄자의 재사회화를 목적으로 하는 치료적 기능을 중시하는 제도이기 때문에 옳은 설명이다.

정답 ③

002 ✓ 이론 ◆◆◆ 　　　　　[경찰2차 2022]

범죄의 본질에 관한 甲과 乙의 이론에 대한 설명 중 옳은 것은 모두 몇 개인가?

> 甲: 형법적 평가의 중심은 외부적인 행위와 현실적으로 발생한 결과에 두고 책임과 형벌을 결정해야 한다.
> 乙: 그렇지 않다. 외부적 행위와 현실적으로 발생한 결과가 아니라, 이를 발생시킨 행위자의 반사회적 성격에 두고 책임과 형벌을 결정해야 한다.

> ㉠ 甲은 미수범의 처벌근거를 구성요건적 결과 실현에 근접한 위험에 있다고 주장하고, 乙은 행위자의 법적대적(法敵對的) 의사에 있다고 주장한다.
> ㉡ 甲은 공동정범의 본질을 행위 속에 표현된 의식적인 공동작용이라고 주장하고, 乙은 공동정범이 각자 최소한 하나의 객관적 구성요건 실현에 스스로 참여한 것이라고 주장한다.
> ㉢ 甲은 책임의 근거를 행위자의 반사회적 성격에 기인해 행위자가 사회방위처분을 받아야 하는 지위가 책임이라 주장하고, 乙은 행위자가 적법행위를 할 수 있었음에도 불구하고 위법행위를 했기 때문에 가해지는 도의적 비난이라 주장한다.
> ㉣ 甲은 공범의 종속성에 대해 타인으로 하여금 죄를 범하게 하려는 의사 자체가 외부로 표명되는 이상 정범의 실행행위와 상관없이 독자적으로 가벌성이 인정된다고 주장하고, 乙은 정범의 실행행위가 있어야 그 정범의 실행행위에 종속해서만 공범이 성립할 수 있다고 주장한다.

① 1개　　　　　② 2개
③ 3개　　　　　④ 4개

해설 │ 출제영역 │ 범죄이론 – 객관주의, 주관주의

① ㉠ 1개의 설명이 옳다. 범죄이론에 관하여, 甲은 객관주의, 乙은 주관주의의 입장이다.

㉠ (○) 미수범의 처벌근거에 관하여, 객관주의는 법익침해에 대한 위험에, 주관주의는 행위자의 기수의 고의 등과 같은 법적대적 의사에 있다고 본다.

㉡ (×) 서로 뒤바뀌어 있다. 공동정범의 본질에 관하여, 객관주의는 각자 최소한 하나의 객관적 구성요건 실현에 스스로 참여한 것으로(범죄공동설), 주관주의는 행위 속에 표현된 의식(반사회적 성격)적인 공동작용으로 본다(행위공동설).

㉢ (×) 서로 뒤바뀌어 있다. 책임의 근거에 관하여, 객관주의는 도의적 책임론을, 주관주의는 사회적 책임론을 취한다.

㉣ (×) 서로 뒤바뀌어 있다. 공범의 종속성 여부에 관하여, 객관주의는 정범의 객관적·외부적 실행행위가 있어야 여기에 종속하여

공범이 성립한다는 공범종속성설을, 주관주의는 정범의 실행행위가 없다고 하더라도 공범의 교사행위나 방조행위 자체에 나타난 반사회적 성격과 위험성만 있어도 독자적으로 공범이 성립한다는 공범독립성설을 취한다.

[보충] 범죄이론에 관한 고전학파와 근대학파 정리

범죄이론 정리

구 분		고전학파	근대학파
사상적 배경		계몽주의에 입각한 개인주의·자유주의에 따른 법치국가사상	범죄로부터 사회를 방위하려는 사회적 국가관
시 기		18세기~19세기 초	19세기 후반~현대
학 자		Feuerbach, Kant, Hegel, Beccaria, Binding, Birkmeyer, Merkel	Lombroso, Garofalo, Ferri, Liszt, Liepmann, Lanza, Saldana
기본적 범죄관		범죄란 자유의사에 의한 선택의 결과	인간의 자유의사 부정
범죄성립요건		외부에 나타난 행위·결과 중시	행위자의 반사회적 성격 중시
인간상		의사자유론 → 비결정론	의사결정론
범죄론	원 칙	객관주의	주관주의
	구성요건적 착오	구체적 부합설, 법정적 부합설	추상적 부합설
책임론	책임의 근거	도의적 책임론	사회적 책임론
	책임능력의 본질	범죄능력	형벌(적응)능력
	책임판단의 대상	행위책임	성격책임
미수론	미수범의 처벌근거	법익침해의 위험	법적대적 의사
	미수와 기수	구별	불구별
	실행의 착수시기	객관설	주관설
	불능범과 불능미수의 구별	객관설, 구체적 위험설	주관설 → 불능범 부정
공범론	공동정범의 본질	범죄공동설	행위공동설
	공범의 종속성	공범종속성설 → 간접정범 인정	공범독립성설 → 간접정범 부정
죄수론	죄수결정의 기준	행위 / 법익 / 구성요건표준설	의사표준설

형벌론	목 적	응보형주의	목적형주의
	부정기형	부정	긍정
	기 능	일반예방주의	특별예방주의
형벌과 보안처분		이원론	일원론

➡ 공동정범의 본질에 관하여, 객관주의 범죄이론은, 범죄란 수인의 행위가 하나의 구성요건(특정한 하나의 범죄)을 공동으로 실행하는 구성요건 실현행위의 공동에 있다(범죄공동설)고 보는 데 비하여, 주관주의 범죄이론은 수인의 자연적 의미의 행위의 공동(행위공동설)에 의하여 나타나는 반회적 성격의 징표에 있다고 본다.

➡ 객관주의와 주관주의는 전반적으로 대립하고 있으나, 고의·목적과 같은 순수한 주관적 요소나 인과관계와 같은 순수한 객관적 요소에 있어서는 그러한 대립이 일어나지 않는다.

➡ 객관주의에 대해서는 형법의 사회방위적 기능이나 효과적인 범죄 대응이 약화될 수 있다는 비판이 있고, 주관주의에 대해서는 책임주의가 무시됨으로써 개인의 자유와 권리가 위협받을 수 있다는 비판이 있다. 이에 현대의 형법학은 객관주의와 주관주의의 목표를 모두 존중하고 이를 통합하는 경향이 통설이 되었고, 여기에 새로운 분야의 연구성과를 도입하는 흐름이 이어지고 있다.

정답 ①

백광훈

통합 기출문제집

[형법]

PART

02

범죄론

1 범죄론의 기초

001 ✓ 대표 ◆◇◇ 국가9급총론 2021

범죄의 처벌조건과 소추조건에 대한 설명으로 옳지 않은 것은?

① 사전수뢰죄(제129조 제2항)에 있어서 '공무원 또는 중재인이 된 사실'은 객관적 처벌조건에 해당한다.

② 처벌조건이 결여되어 벌할 수 없는 행위라도 이에 대한 정당방위는 가능하다.

③ 폭행죄, 협박죄 등 반의사불벌죄에 있어서 피해자의 처벌불원 의사는 인적 처벌조각사유에 해당한다.

④ 조세범 처벌법이나 관세법 등 일부 특별법의 경우 해당 기관장의 고발이 소추조건이 되는 경우도 있다.

해설 | 출제영역 | 범죄론 일반

③ (×) 인적 처벌조각사유란 이미 성립한 범죄에 대해 행위 당시 존재하는 행위자의 특별한 신분관계로 인해 처벌만 되지 않는 경우를 말한다. 반의사불벌죄의 피해자의 처벌불원 의사는 여기에 해당하지 않고 범죄의 소추조건으로 소극적 소송조건에 해당한다.

① (○) 범죄의 성립과는 별도로 형벌권 발생의 조건이 되는 객관적 사유에 해당한다.

② (○) 처벌조건이 결여되어 벌할 수 없는 행위라 하더라도 위법한 행위라면 이에 대한 정당방위는 가능하다.

④ (○) 즉시고발사건에서는 관계공무원의 고발이 있어야 검사가 공소제기를 할 수 있다.

정답 ③

002 ✓ 대표 ◆◆◇ 경찰특공대 2022

범죄의 소추조건 중 성격이 다른 것은? (다툼이 있는 경우 판례에 의함)

① 피고인이 자신의 인터넷 블로그에 '듣보잡', '함량미달', '싼 맛에 갖다 쓰는 거죠' 등을 올려 피해자의 사회적 평가를 저하시킨 경우

② 직접 피해자의 신체에 접촉하지 않고 근접하여 욕설을 하면서 때릴 듯이 손발이나 물건을 휘두르거나 던지는 행위를 한 경우

③ 피해자가 동성애자가 아님에도 불구하고 피고인은 인터넷 사이트 싸이월드에 7회에 걸쳐 피해자가 동성애자라는 내용의 글을 게시한 경우

④ 골프경기 중 골프공을 쳐서 아무도 예상하지 못한 자신의 등 뒤편으로 보내어 등 뒤에 있던 경기보조원(캐디)에게 상해를 입힌 경우

해설 | 출제영역 | 범죄의 소추조건

① [친고죄] 모욕죄의 경우 친고죄로 공소제기를 위해서 피해자 기타 고소권자의 고소가 있을 것을 요한다. "진보신당 인터넷 게시판에 게시한 글과 2009. 6. 21. 자신의 인터넷 블로그에 게시한 글의 내용과 문맥, 그 표현의 통상적 의미와 용법 등에 비추어 보면, 피고인이 게시한 글들 중 '듣보잡', '함량미달', '함량이 모자라도 창피한 줄 모를 정도로 멍청하게 충성할 사람', '싼 맛에 갖다 쓰는 거죠', '비욘 드보르잡', '개집' 등이라고 한 부분은 피해자를 비하하여 사회적 평가를 저하시킬 만한 추상적 판단이나 경멸적 감정을 표현한 것으로서 모욕적인 언사에 해당한다고 판단하고, 나아가 이는 피고인이 피해자의 구체적인 행태를 논리적·객관적인 근거를 들어 비판하는 것이 아니라 피고인이 주장하는 바와 관계가 없거나 굳이 기재할 필요가 없는 모멸적인 표현들을 계속하여 사용하면서 피해자에 대하여 인신공격을 가한 경우에 해당하여 피고인의 행위를 사회상규에 위배되지 아니하는 것으로 볼 수 없다(대법원 2011.12.22, 2010도10130)."

② [반의사불벌죄] 폭행죄는 반의사불벌죄로 피해자의 명시한 의사에 반하여 공소를 제기할 수 없다. "폭행죄에 있어서의 폭행이라 함은 사람의 신체에 대하여 물리적 유형력을 행사함을 뜻하는 것으로서 반드시 피해자의 신체에 접촉함을 필요로 하는 것은 아니므로 피해자에게 근접하여 욕설을 하면서 때릴 듯이 손발이나 물건을 휘두르거나 던지는 행위를 한 경우에 직접 피해자의 신체에 접촉하지 않았다고 하여도 피해자에 대한 불법한 유형력의 행사로서 폭행에 해당한다(대법원 1990.2.13, 89도1406)."

③ [반의사불벌죄] 명예훼손죄는 반의사불벌죄로 피해자의 명시한 의사에 반하여 공소를 제기할 수 없다. "피해자가 동성애자가 아님에도 불구하고 피고인은 인터넷사이트 싸이월드에 7회에 걸쳐 피해자가 동성애자라는 내용의 글을 게재한 사실을 인정한 다음, 현재 우리사회에서 자신이 스스로 동성애자라고 공개적으로 밝히는 경우 사회적으로 상당한 주목을 받는 점, 피고인이 피해자를 괴롭히기 위하여 이 사건 글을 게재한 점 등 그 판시의 사정에 비추어 볼 때, 피고인이 위와 같은 글을 게시한 행위는 피해자의 명예를 훼손한 행위에 해당한다(대법원 2007.10.25, 2007도5077)."

④ [반의사불벌죄] 과실치상죄는 반의사불벌죄로 피해자의 명시한 의사에 반하여 공소를 제기할 수 없다. "골프경기를 하던 중 골프공을 쳐서 아무도 예상하지 못한 자신의 등 뒤편으로 보내어 등 뒤에 있던 경기보조원(캐디)에게 상해를 입힌 경우에는 주의의무를 현저히 위반하여 사회적 상당성의 범위를 벗어난 행위로서 과실치상죄가 성립한다(대법원 2008.10.23, 2008도6940)."

정답 ①

003 ✓ 유사 ◆◇◇ 국가9급총론 2020

친고죄에 대한 설명으로 옳지 않은 것은? (다툼이 있는 경우 판례에 의함)

① 「형법」 제317조의 업무상비밀누설죄는 친고죄이다.
② 친고죄의 고소는 절차법적 개념인 소추조건에 해당한다.
③ 양벌규정이 적용되는 친고죄의 공소제기에는 직접행위자 외에 양벌규정으로 처벌받는 자에 대한 별도의 고소를 요한다.
④ 사기죄의 행위자와 피해자가 사돈지간인 경우, 공소제기에 피해자의 고소를 요하지 않는다.

해설 | 출제영역 | 범죄론의 일반이론

③ (×) 고소는 범죄의 피해자 또는 그와 일정한 관계가 있는 고소권자가 수사기관에 대하여 범죄사실을 신고하여 범인의 처벌을 구하는 의사표시이므로, 고소인은 범죄사실을 특정하여 신고하면 족하고 범인이 누구인지 나아가 범인 중 처벌을 구하는 자가 누구인지를 적시할 필요도 없는바, 저작권법 제103조의 양벌규정은 직접 위법행위를 한 자 이외에 아무런 조건이나 면책조항 없이 그 업무의 주체 등을 당연하게 처벌하도록 되어 있는 규정으로서 당해 위법행위와 별개의 범죄를 규정한 것이라고는 할 수 없으므로, 친고죄의 경우에 있어서도 행위자의 범죄에 대한 고소가 있으면 족하고, 나아가 양벌규정에 의하여 처벌받는 자에 대하여 별도의 고소를 요한다고 할 수는 없다(대법원 1996.3.12, 94도2423).
① (○) 형법 제318조에 따르면 형법 제317조의 업무상비밀누설죄는 고소가 있어야 공소를 제기할 수 있는 친고죄에 해당한다.
② (○) 고소란 범죄의 피해자 또는 그와 일정한 관계에 있는 자가 수사기관에 대하여 범죄사실을 신고하여 범인의 처벌을 구하는 의사표시를 말한다. 친고죄에 있어 고소는 소송조건인데 비하여, 비친고죄에 있어 고소는 수사의 단서에 해당된다(헌법재판소 2011.2.24, 2008헌바56).
④ (○) 친족상도례가 적용되지 않는다(대법원 2011.4.28, 2011도2170).

정답 ③

004 ✓ 이론 ◆◆◇ 경찰2차 2019

범죄형태에 관한 설명 중 옳지 않은 것은? (다툼이 있는 경우 판례에 의함)

① 「형법」의 중손괴죄는 구성요건의 충족을 위해 구체적 위험의 발생을 요구하는 범죄이다.
② 「형법」의 중감금죄는 구성요건의 충족을 위해 구체적 위험의 발생을 요구하는 범죄이다.
③ 「형법」의 체포죄는 계속범으로서 체포행위에 시간적 계속이 있어야 한다.
④ 「형법」의 일반교통방해죄는 계속범의 성질을 갖는다.

해설 | 출제영역 | 범죄의 종류

② (×) 중체포·중감금죄는 사람을 체포·감금하고 다시 그에게 가혹한 행위를 가함으로써 성립하는 범죄로서(제277조), 구체적 위험범은 아니다.

① (○) 중손괴죄는 사람의 생명 또는 신체에 대한 위험을 발생하게 함으로써 성립하는 범죄로서(제368조) 법익침해의 현실적 위험의 발생을 구성요건해당성의 요건으로 하는 구체적 위험범이다.
③ (○) 체포죄는 계속범으로서 체포의 행위에 확실히 사람의 신체의 자유를 구속한다고 인정할 수 있을 정도의 시간적 계속이 있어야 한다(대법원 2018.2.28, 2017도21249).
④ (○) 일반교통방해죄에서 교통방해 행위는 계속범의 성질을 가지는 것이어서 교통방해의 상태가 계속되는 한 위법상태는 계속 존재한다(대법원 2018.5.11, 2017도9146).

정답 ②

005 ✓ 대표 ◆◆◇ 국가9급/총론 2021

「형법」상 범죄와 그 범죄의 유형을 바르게 연결한 것은? (다툼이 있는 경우 판례에 의함)

① 배임죄 − 침해범
② 범인도피죄 − 즉시범
③ 모해위증죄 − 부진정 신분범
④ 일반교통방해죄 − 구체적 위험범

해설 | 출제영역 | 범죄의 종류

③ (○) 판례는 모해위증죄를 모해할 목적에 의하여 형이 가중되는 부진정신분범으로 본다. "형법 제152조 제1항과 제2항은 위증을 한 범인이 형사사건의 피고인 등을 '모해할 목적'을 가지고 있었는가 아니면 그러한 목적이 없었는가 하는 범인의 특수한 상태의 차이에 따라 범인에게 과할 형의 경중을 구별하고 있으므로, 이는 바로 형법 제33조 단서 소정의 "신분관계로 인하여 형의 경중이 있는 경우"에 해당한다고 봄이 상당하다(대법원 1994.12.23, 93도1002)."
① (×) 판례는 배임죄를 위험범으로 본다(구체적 위험범설). "배임죄에서 '본인에게 손해를 가한 때'라 함은 재산적 가치의 감소를 뜻하는 것으로서 이는 재산적 실해를 가한 경우뿐만 아니라 실해 발생의 위험을 초래한 경우도 포함하는 것이고, 손해액이 구체적으로 명백하게 확정되지 않았다고 하더라도 배임죄의 성립에는 영향이 없다(대법원 1973.11.13, 72도1366; 1980.9.9, 79도2637; 1987.7.21, 87노546; 1990.10.16, 90노1702; 1997.5.30, 95도531 등). 또한 재산상 손해의 유무는 본인의 전 재산상태와의 관계에서 법률적 판단에 의하지 않고 경제적 관점에서 파악하여야 하므로, 법률적 판단에 의하여 배임행위가 무효라 하더라도 경제적 관점에서 파악하여 배임행위로 인하여 본인에게 현실적인 손해를 가하였거나 재산상 실해 발생의 위험을 초래한 경우에는 재산상의 손해를 가한 때에 해당된다. 다만 재산상 실해 발생의 위험은 경제적 관점에서 재산상 손해가 발생한 것과 사실상 같다고 평가될 정도에 이르렀다고 볼 수 있을 만큼 구체적·현실적인 위험이 야기된 경우를 의미하고 단지 막연한 가능성이 있다는 정도로는 부족하므로, 배임행위가 법률상 무효이기 때문에 본인의 재산 상태가 사실상으로도 악화된 바가 없다면 현실적인 손해가 없음은 물론이고 실해가 발생할 위험도 없는 것이므로 본인에게 재산상의 손해를 가한 것이라고 볼 수 없다(대법원 1987.11.10, 87도993; 1992.5.26, 91도2963; 1995.11.21, 94도1375; 2000.11.28, 2000도142; 2008.6.19, 2006도4876 전원합의체; 2014.2.3, 2011도16763; 2015.9.10, 2015도6745; 2017.7.20, 2014도1104 전원합의체)."
② (×) 판례는 범인도피죄를 즉시범이 아니라 계속범으로 본다.

"범인도피죄는 범인을 도피하게 함으로써 기수에 이르지만, 범인 도피행위가 계속되는 동안에는 범죄행위도 계속되고 행위가 끝날 때 비로소 범죄행위가 종료된다(대법원 1995.9.5, 95도577; 2012.8.30, 2012도6027; 2017.3.15, 2015도1456)."

④ (×) 판례는 일반교통방해죄를 (계속범으로 보는 한편) 구체적 위험범이 아니라 추상적 위험범으로 본다. "일반교통방해죄는 이른바 추상적 위험범으로서 교통이 불가능하거나 또는 현저히 곤란한 상태가 발생하면 바로 기수가 되고 교통방해의 결과가 현실적으로 발생하여야 하는 것은 아니다(대법원 2018.1.24, 2017도11408)."

정답 ③

---

006 ✓ 유사 ◆◇◇ 변호사 2020

범죄의 종류에 관한 설명 중 옳지 않은 것은? (다툼이 있는 경우 판례에 의함)

① 직무유기죄는 작위의무를 수행하지 아니함으로써 구성요건에 해당하는 사실이 있고 그 후에도 계속하여 그 작위의무를 수행하지 아니하는 위법한 부작위상태가 계속되는 한 가벌적 위법상태는 계속 존재한다고 할 것이므로 즉시범이라고 할 수 없다.

② 협박죄는 사람의 의사결정의 자유를 보호법익으로 하는 위험범이고, 해악의 고지가 상대방에게 도달은 하였으나 상대방이 이를 지각하지 못하였거나 고지된 해악의 의미를 인식하지 못한 경우에도 협박죄는 기수에 이르렀다고 해야 한다.

③ 학대죄는 자기의 보호 또는 감독을 받는 사람에게 육체적으로 고통을 주거나 정신적으로 차별대우를 하는 행위가 있음과 동시에 범죄가 완성되는 상태범 또는 즉시범이다.

④ 도주죄는 즉시범으로서 범인이 간수자의 실력적 지배를 이탈한 상태에 이르렀을 때에 기수가 되어 도주행위가 종료하고, 도주죄의 범인이 도주행위를 하여 기수에 이른 이후에 범인의 도피를 도와주는 행위는 범인도피죄에 해당할 수 있을 뿐 도주원조죄에는 해당하지 아니한다.

⑤ 범인도피죄는 위험범으로서 현실적으로 형사사법의 작용을 방해하는 결과를 초래할 것을 요하지 아니하나, 도피하게 하는 행위는 은닉행위에 비견될 정도로 수사기관의 발견·체포를 곤란하게 하는 행위, 즉 직접 범인을 도피시키는 행위 또는 도피를 직접적으로 용이하게 하는 행위에 한정된다.

해설 출제영역 | 범죄의 종류

② (×) 협박죄는 사람의 의사결정의 자유를 보호법익으로 하는 위험범이라 봄이 상당하고, 협박죄의 미수범 처벌조항은 해악의 고지가 현실적으로 상대방에게 도달하지 아니한 경우나, 도달은 하였으나 상대방이 이를 지각하지 못하였거나 고지된 해악의 의미

를 인식하지 못한 경우 등에 적용될 뿐이다(대법원 2007.9.28, 2007도606 전원합의체).

① (○) 대법원 1997.8.29, 97도675
③ (○) 대법원 1986.7.8, 84도2922
④ (○) 대법원 1991.10.11, 91도1656
⑤ (○) 대법원 2011.4.28, 2009도3642

정답 ②

---

007 ✓ 유사 ◆◆◇ 국가7급 2019

계속범에 대한 설명으로 옳지 않은 것은? (다툼이 있는 경우 판례에 의함)

① 체포죄는 계속범으로서 체포의 행위에 확실히 사람의 신체의 자유를 구속한다고 인정할 수 있을 정도의 시간적 계속이 있어야 한다.

② 구 「폭력행위 등 처벌에 관한 법률」 제4조 소정의 단체 등의 조직죄는 같은 법에 규정된 범죄를 목적으로 하는 단체 또는 집단을 구성함으로써 즉시 성립하고 그와 동시에 완성되는 즉시범이지 계속범이 아니다.

③ 일반교통방해죄는 계속범이 아니므로 교통방해를 유발한 집회에 참가할 당시 이미 다른 참가자들에 의해 교통의 흐름이 차단된 상태였다면 교통방해를 유발한 다른 참가자들과 함께 교통방해의 위법상태를 지속시켰다고 하더라도 일반교통방해죄로 처벌할 수는 없다.

④ 범인도피죄는 범인도피행위가 계속되는 동안에는 범죄행위도 계속되므로, 타인의 범인도피행위 도중에 그 범행을 인식하면서 그와 공동의 범의를 가지고 기왕의 범인도피상태를 이용하여 범인도피행위를 계속한 경우에는 범인도피죄의 공동정범이 성립한다.

해설 출제영역 | 범죄론의 일반이론 – 범죄의 종류 – 계속범

③ (×) 일반교통방해죄에서 교통방해 행위는 계속범의 성질을 가지는 것이어서 교통방해의 상태가 계속되는 한 위법상태는 계속 존재한다. 따라서 교통방해를 유발한 집회에 참가한 경우 참가 당시 이미 다른 참가자들에 의해 교통의 흐름이 차단된 상태였더라도 교통방해를 유발한 다른 참가자들과 암묵적·순차적으로 공모하여 교통방해의 위법상태를 지속시켰다고 평가할 수 있다면 일반교통방해죄가 성립한다(대법원 2018.5.11, 2017도9146).

① (○) 대법원 2018.2.28, 2017도21249
② (○) 대법원 2005.9.9, 2005도3857 등
④ (○) 대법원 1995.9.5, 95도577

정답 ③

008 ✓ 대표 ◆◆◆ 국가9급 2014

범죄의 성질에 대한 설명으로 옳지 않은 것은? (다툼이 있는 경우 판례에 의함)

① 협박죄는 사람의 의사결정의 자유를 보호법익으로 하는 위험범이다.

② 학대죄는 자기의 보호·감독을 받는 사람에게 육체적 고통을 주거나 정신적으로 차별대우를 하는 행위가 있음과 동시에 완성되는 상태범이다.

③ 직무유기죄는 직무수행의 의무가 있음에도 불구하고 직무를 버린다는 인식 하에 그 의무를 수행하지 아니함으로써 성립하는 진정부작위범이다.

④ 내란죄는 국토참절 또는 국헌문란의 목적으로 다수인이 한 지방의 평온을 해할 정도의 폭행·협박행위를 하였을 때 기수가 되는 상태범이다.

해설 출제영역 | 범죄론의 일반이론 – 범죄의 종류

③ (×) 직무유기죄는 이른바 부진정부작위범으로서 구체적으로 그 직무를 수행하여야 할 작위의무가 있는데도 불구하고 이러한 직무를 버린다는 인식하에 그 작위의무를 수행하지 아니함으로써 성립하는 것이다(대법원 1972.9.12, 72도1175; 1975.11.25, 75도306; 1983.3.22, 82도3065). 진정부작위범은 다중불해산죄(제116조), 퇴거불응죄(제319조), 전시군수계약불이행죄(제103조 제1항), 전시공수계약불이행죄(제117조 제1항), 집합명령위반죄(제145조 제2항) 등과 같이 법률상 어떠한 행위를 할 것으로 기대되는 자가 그것을 하지 않는 것 즉, 부작위에 의해 실현되는 범죄 중 구성요건상 처음부터 부작위의 형식으로 정하여져 있는 경우와 행위의 형식으로 규정되어 있는 구성요건을 부작위에 의해 실현하는 경우를 말한다.

① (○) 판례는 협박죄의 보호법익의 정도와 관련하여 고지된 해악의 내용이 일반적으로 사람으로 하여금 공포심을 일으키게 하기에 충분한 것이어야 하지만, 상대방이 그 의미를 인식한 이상, 상대방이 현실적으로 공포심을 일으켰는지 여부와 관계없이 그로써 구성요건은 충족되어 협박죄의 기수에 이르는 것으로 해석하여야 한다고 보아 협박죄는 사람의 의사결정의 자유를 보호법익으로 하는 위험범이라 봄이 상당하다는 입장을 취하고 있다(대법원 2007.9.28, 2007도606 전원합의체).

② (○) 학대죄는 자기의 보호 또는 감독을 받는 사람에게 육체적으로 고통을 주거나 정신적으로 차별대우를 하는 행위가 있음과 동시에 범죄가 완성되는 상태범 또는 즉시범이라 할 것이다(대법원 1986.7.8, 84도2922).

④ (○) 대법원 1997.4.17, 96도3376 전원합의체

정답 ③

009 ✓ 유사 ◆◆◆ 국가7급 2017

이른바 '부진정' 범죄에 대한 설명으로 옳지 않은 것은? (다툼이 있는 경우 판례에 의함)

① 부진정신분범은 신분이 없어도 범할 수 있지만 신분이 있으면 형이 가중 또는 감경되는 범죄를 말하는데, 「형법」상 존속살해죄는 보통살인죄와 비교하여 형이 가중되는 부진정신분범이다.

② 부진정목적범은 목적이 없어도 범할 수 있지만 목적이 있으면 형이 가중 또는 감경되는 범죄를 말하는데, 「형법」상 결혼목적약취유인죄는 미성년자약취유인죄와 비교하여 형이 감경되는 부진정목적범이다.

③ 부진정부작위범의 경우에는 보호법익의 주체가 법익에 대한 침해위협에 대처할 보호능력이 없고, 부작위행위자에게 침해위협으로부터 법익을 보호해 주어야 할 법적 작위의무가 있을 뿐 아니라, 부작위행위자가 그러한 보호적 지위에서 법익침해를 일으키는 사태를 지배하고 있어 작위의무의 이행으로 결과발생을 쉽게 방지할 수 있어야 부작위로 인한 법익침해가 작위에 의한 법익침해와 동등한 형법적 가치가 있는 것으로서 범죄의 실행행위로 평가될 수 있다.

④ 부진정결과적 가중범에 있어서 고의로 중한 결과를 발생하게 한 행위가 별도의 구성요건에 해당하고 그 고의범에 대하여 결과적 가중범에 정한 형보다 더 무겁게 처벌하는 규정이 있는 경우에는 그 고의범과 결과적 가중범의 상상적 경합이 인정된다.

해설 출제영역 | 범죄론의 일반이론 – 범죄의 종류 – 목적범

② (×) 제287조(미성년자의 약취, 유인) 미성년자를 약취 또는 유인한 사람은 10년 이하의 징역에 처한다.
제288조(추행 등 목적 약취, 유인 등) ① 추행, 간음, 결혼 또는 영리의 목적으로 사람을 약취 또는 유인한 사람은 1년 이상 10년 이하의 징역에 처한다.

① (○) 제250조(살인, 존속살해) ① 사람을 살해한 자는 사형, 무기 또는 5년 이상의 징역에 처한다.
② 자기 또는 배우자의 직계존속을 살해한 자는 사형, 무기 또는 7년 이상의 징역에 처한다.
보충 부진정신분범은 신분이 있으면 형이 가중 또는 감경되는 범죄로서 신분이 없어도 범할 수 있다는 점에서 진정신분범과 구별된다.

③ (○) 살인죄와 같이 일반적으로 작위를 내용으로 하는 범죄를 부작위에 의하여 범하는 이른바 부진정부작위범의 경우에는 보호법익의 주체가 법익에 대한 침해위협에 대처할 보호능력이 없고, 부작위행위자에게 침해위협으로부터 법익을 보호해 주어야 할 법적 작위의무가 있을 뿐 아니라, 부작위행위자가 그러한 보호적 지위에서 법익침해를 일으키는 사태를 지배하고 있어 작위의무의 이행으로 결과발생을 쉽게 방지할 수 있어야 부작위로 인한 법익침해가 작위에 의한 법익침해와 동등한 형법적 가치가 있는 것으로서 범죄의 실행행위로 평가될 수 있다(대법원 2015.11.12, 2015도6809 전원합의체).

④ (○) 기본범죄를 통하여 고의로 중한 결과를 발생하게 한 경우에 가중 처벌하는 부진정결과적가중범에서, 고의로 중한 결과를 발생하게 한 행위가 별도의 구성요건에 해당하고 그 고의범에 대하

CHAPTER 01 범죄론의 일반이론 45

여 결과적가중범에 정한 형보다 더 무겁게 처벌하는 규정이 있는 경우에는 그 고의범과 결과적가중범이 상상적 경합관계에 있지 만, 위와 같이 고의범에 대하여 더 무겁게 처벌하는 규정이 없는 경우에는 결과적가중범이 고의범에 대하여 특별관계에 있으므로 결과적가중범만 성립하고 이와 법조경합의 관계에 있는 고의범 에 대하여는 별도로 죄를 구성하지 않는다(대법원 2008.11.27, 2008도7311).

정답 ②

---

010 ✅유사 ◆◆◇ 변호사 2019

범죄의 종류에 관한 설명 중 옳은 것(O)과 옳지 않은 것 (×)을 올바르게 조합한 것은? (다툼이 있는 경우 판례 에 의함)

ㄱ. 도주죄는 계속범이므로 도주죄의 범인이 도주행위 를 하여 기수에 이른 이후에 그 범인의 도피를 도와 주는 행위는 도주원조죄에 해당한다.

ㄴ. 「폭력행위 등 처벌에 관한 법률」제4조 제1항 소정 의 단체 등의 구성죄는 같은 법에 규정된 범죄를 목 적으로 한 단체 또는 집단을 구성함으로써 즉시 성 립하고 그와 동시에 완성되는 즉시범이라 할 것이므 로, 피고인이 범죄단체를 구성하기만 하면 위 범죄 가 성립하고 그와 동시에 공소시효도 진행된다.

ㄷ. 「형법」제136조에서 정한 공무집행방해죄는 직무를 집행하는 공무원에 대하여 폭행 또는 협박한 경우에 성립하고, 추상적 위험범으로서 구체적으로 직무집 행의 방해라는 결과발생을 요하지 아니한다.

ㄹ. 일반교통방해죄에서 교통방해 행위는 계속범의 성 질을 가지는 것이어서 교통방해의 상태가 계속되는 한 위법상태는 계속 존재하므로, 교통방해를 유발 한 집회에 피고인이 참가한 경우 참가 당시 이미 다 른 참가자들에 의해 교통의 흐름이 차단된 상태였다 고 하더라도 교통방해를 유발한 다른 참가자들과 암 묵적·순차적으로 공모하여 교통방해의 위법상태를 지속시켰다고 평가할 수 있다면 피고인에게 일반교 통방해죄가 성립한다.

ㅁ. 내란죄는 다수인이 결합하여 국토를 참절하거나 국 헌을 문란할 목적으로 한 지방의 평온을 해할 정도 의 폭행·협박행위를 하면 기수에 이르지만, 그 목 적 달성 여부와 관계없이 한 지방의 평온을 해할 정 도의 폭행·협박행위를 하는 한 가벌적인 위법행위 가 계속 반복되고 있는 계속범이라고 보아야 한다.

① ㄱ(O), ㄴ(O), ㄷ(O), ㄹ(×), ㅁ(O)
② ㄱ(O), ㄴ(×), ㄷ(O), ㄹ(×), ㅁ(×)
③ ㄱ(O), ㄴ(×), ㄷ(O), ㄹ(O), ㅁ(×)
④ ㄱ(×), ㄴ(O), ㄷ(O), ㄹ(O), ㅁ(×)
⑤ ㄱ(×), ㄴ(O), ㄷ(×), ㄹ(O), ㅁ(O)

해설 출제영역 | 범죄의 종류

④ ㄱ(×), ㄴ(O), ㄷ(O), ㄹ(O), ㅁ(×)

ㄱ. (×) 도주죄는 즉시범으로서 범인이 간수자의 실력적 지배를 이 탈한 상태에 이르렀을 때에 기수가 되어 도주행위가 종료하는 것 이고, 도주원조죄는 도주죄에 있어서의 범인의 도주 행위를 야기 시키거나 이를 용이하게 하는 등 그와 공범관계에 있는 행위를 독립한 구성요건으로 하는 범죄이므로, 도주죄의 범인이 도주행 위를 하여 기수에 이른 이후에 범인의 도피를 도와주는 행위는 범인도피죄에 해당할 수 있을 뿐 도주원조죄에는 해당하지 아니 한다(대법원 1991.10.11, 91도1656).

ㄴ. (O) 구 폭력행위 등 처벌에 관한 법률(1990.12.31. 법률 제 4294호로서 개정되기 전의 것) 제4조 소정의 단체 등의 조직죄 는 같은 법에 규정된 범죄를 목적으로 한 단체 또는 집단을 구성 함으로써 즉시 성립하고 그와 동시에 완성되는 즉시범이다(대법 원 1993.6.8, 93도999).

ㄷ. (O) 형법 제136조에서 정한 공무집행방해죄는 직무를 집행하는 공무원에 대하여 폭행 또는 협박한 경우에 성립하는 범죄로서 여 기서의 폭행은 사람에 대한 유형력의 행사로 족하고 반드시 그 신체에 대한 것임을 요하지 아니하며, 또한 추상적 위험범으로서 구체적으로 직무집행의 방해라는 결과발생을 요하지도 아니한다 (대법원 2018.3.29, 2017도21537).

ㄹ. (O) 일반교통방해죄에서 교통방해 행위는 계속범의 성질을 가 지는 것이어서 교통방해의 상태가 계속되는 한 가벌적인 위법상 태는 계속 존재한다. 따라서 신고 범위를 현저히 벗어나거나 집 회 및 시위에 관한 법률 제12조에 따른 조건을 중대하게 위반함 으로써 교통방해를 유발한 집회에 참가한 경우, 참가 당시 이미 다른 참가자들에 의해 교통의 흐름이 차단된 상태였더라도 교통 방해를 유발한 다른 참가자들과 암묵적·순차적으로 공모하여 교 통방해의 위법상태를 지속시켰다고 평가할 수 있다면 일반교통 방해죄가 성립한다(대법원 2018.1.24, 2017도11408).

ㅁ. (×) 내란죄는 국토를 참절하거나 국헌을 문란할 목적으로 폭동 한 행위로서, 다수인이 결합하여 위와 같은 목적으로 한 지방의 평온을 해할 정도의 폭행·협박행위를 하면 기수가 되고, 그 목적 의 달성 여부는 이와 무관한 것으로 해석되므로, 다수인이 한 지 방의 평온을 해할 정도의 폭동을 하였을 때 이미 내란의 구성요 건은 완전히 충족된다고 할 것이어서 상태범으로 봄이 상당하다 (대법원 1997.4.17, 96도3376 전원합의체).

정답 ④

---

011 ✓ 이론 ◆◆◇ 국가9급/총론 2020

범죄유형에 대한 설명으로 옳지 않은 것은? (다툼이 있는 경우 판례에 의함)

① 내란죄는 다수인이 한 지방의 평온을 해할 정도의 폭동을 하였을 때 이미 그 구성요건이 완전히 충족된다고 할 것이어서 상태범으로 봄이 상당하다.

② 「폭력행위 등 처벌에 관한 법률」 제4조 소정의 '단체 등의 조직'죄는 같은 법에 규정된 범죄를 목적으로 한 단체 또는 집단을 구성함으로써 즉시 성립하고 그와 동시에 완성되는 즉시범이지 계속범이 아니다.

③ 직무유기죄는 직무를 수행하지 아니하는 위법한 부작위상태가 계속되는 한 가벌적 위법상태가 계속 존재한다고 할 것이므로 즉시범이라고 할 수 없다.

④ 「군형법」 제79조에 규정된 무단이탈죄는 허가 없이 근무 장소 또는 지정장소를 일시 이탈한 기간 동안 행위가 지속된다는 점에서 계속범에 해당한다.

〔해설〕 **출제영역 |** 범죄론의 일반이론 – 범죄의 종류

④ (×) 군형법 제79조에 규정된 무단이탈죄는 즉시범으로서 허가 없이 근무장소 또는 지정장소를 일시 이탈함과 동시에 완성되고 그 후의 사정인 이탈 기간의 장단 등은 무단이탈죄의 성립에 아무런 영향이 없다(대법원 1983.11.8, 83도2450).

[비교] 공익근무요원의 복무이탈죄는 계속범으로 본 판례도 있다(대법원 2007.3.29, 2005도7032).

① (○) 대법원 1997.4.17, 96도3376 전원합의체
② (○) 대법원 1992.11.24, 92도1931
③ (○) 대법원 1997.8.29, 97도675

〔정답〕 ④

012 ✓ 이론 ◆◆◇ 국가9급총론 2019

범죄의 성격에 대한 설명으로 옳은 것만을 모두 고르면? (다툼이 있는 경우 판례에 의함)

> ㄱ. 일반교통방해죄는 침해범으로서 교통방해의 결과가 현실적으로 발생할 것을 요한다.
> ㄴ. 공무집행방해죄는 추상적 위험범으로서 구체적으로 직무집행의 방해라는 결과발생을 요하지 아니한다.
> ㄷ. 체포죄는 계속범으로서 체포행위에 확실히 사람의 신체의 자유를 구속한다고 인정할 수 있을 정도의 시간적 계속을 요한다.
> ㄹ. 범인도피죄는 범인을 도피하게 함으로써 기수에 이름과 동시에 범죄행위도 종료되는 즉시범이다.

① ㄱ, ㄴ　　　　　② ㄱ, ㄹ
③ ㄴ, ㄷ　　　　　④ ㄷ, ㄹ

〔해설〕 **출제영역 |** 범죄론의 일반이론 – 범죄의 종류

ㄱ. (×) 일반교통방해죄는 이른바 추상적 위험범으로서 교통이 불

가능하거나 또는 현저히 곤란한 상태가 발생하면 바로 기수가 되고 교통방해의 결과가 현실적으로 발생하여야 하는 것은 아니다. 또한 일반교통방해죄에서 교통방해 행위는 계속범의 성질을 가지는 것이어서 교통방해의 상태가 계속되는 한 가벌적인 위법상태는 계속 존재한다(대법원 2018.1.24, 2017도11408).

ㄴ. (○) 형법 제136조에서 정한 공무집행방해죄는 직무를 집행하는 공무원에 대하여 폭행 또는 협박한 경우에 성립하는 범죄로서 여기서의 폭행은 사람에 대한 유형력의 행사로 족하고 반드시 그 신체에 대한 것임을 요하지 아니하며, 또한 추상적 위험범으로서 구체적으로 직무집행의 방해라는 결과발생을 요하지도 아니한다(대법원 2005.10.28, 2005도6725 등).

ㄷ. (○) 체포죄는 계속범으로서 체포의 행위에 확실히 사람의 신체의 자유를 구속한다고 인정할 수 있을 정도의 시간적 계속이 있어야 하나, 체포의 고의로써 타인의 신체적 활동의 자유를 현실적으로 침해하는 행위를 개시한 때 체포죄의 실행에 착수하였다고 볼 것이다(대법원 2018.2.28, 2017도21249).

ㄹ. (×) 범인도피죄는 범인을 도피하게 함으로써 기수에 이르지만, 범인도피행위가 계속되는 동안에는 범죄행위도 계속되고 행위가 끝날 때 비로소 범죄행위가 종료된다(대법원 2012.8.30, 2012도6027).

〔정답〕 ③

013 ✓ 이론 ◆◆◇ 경찰승진 2023

범죄의 종류에 대한 설명 중 가장 적절한 것은? (다툼이 있는 경우 판례에 의함)

① 명예훼손죄의 구성요건이 결과 발생을 요구하는 침해범의 형태로 규정되어 있기 때문에 적시된 사실로 인하여 특정인의 사회적 평가를 침해할 위험만으로는 부족하고 침해의 결과 발생이 필요하다.

② 일반교통방해죄는 구체적 위험범이므로 교통방해의 결과가 현실적으로 발생하여야 하며, 교통방해행위로 인하여 교통이 현저히 곤란한 상태가 발생하면 미수가 된다.

③ 구 「국가공무원법」 제84조, 제65조 제1항에서 규정하는 공무원이 정당 그 밖의 정치단체에 가입한 죄는 공무원이 정당 등에 가입함으로써 즉시 성립하고 그와 동시에 완성되는 즉시범이므로 그 범죄성립과 동시에 공소시효가 진행한다.

④ 체포죄는 즉시범으로서 반드시 체포의 행위에 확실히 사람의 신체의 자유를 구속한다고 인정할 수 있을 정도의 시간적 계속성이 있을 필요는 없다.

〔해설〕 **출제영역 |** 범죄론의 일반이론 – 범죄의 종류

③ (○) 구 국가공무원법 제84조, 제65조 제1항에서 규정하는 국가공무원이 정당 그 밖의 정치단체에 가입한 죄는 국가공무원이나 사립학교 교원 등이 정당 등에 가입함으로써 즉시 성립하고 그와 동시에 완성되는 즉시범이므로 그 범죄성립과 동시에 공소시효가 진행한다(대법원 2014.5.16, 2013도929).

① (×) 추상적 위험범으로서 명예훼손죄는 개인의 명예에 대한 사회적 평가를 진위에 관계없이 보호함을 목적으로 하고, 적시된

사실이 특정인의 사회적 평가를 침해할 가능성이 있을 정도로 구체성을 띠어야 하나, 위와 같이 침해할 위험이 발생한 것으로 족하고 침해의 결과를 요구하지 않으므로, 다수의 사람에게 사실을 적시한 경우뿐만 아니라 소수의 사람에게 발언하였다고 하더라도 그로 인해 불특정 또는 다수인이 인식할 수 있는 상태를 초래한 경우에도 공연히 발언한 것으로 해석할 수 있다(대법원 2020.11.19, 2020도5813 전원합의체).

② (×) 일반교통방해죄는 이른바 추상적 위험범으로서 교통이 불가능하거나 또는 현저히 곤란한 상태가 발생하면 바로 기수가 되고 교통방해의 결과가 현실적으로 발생하여야 하는 것은 아니다(대법원 2018.5.11, 2017도9146).

④ (×) 체포죄는 계속범으로서 체포의 행위에 확실히 사람의 신체의 자유를 구속한다고 인정할 수 있을 정도의 시간적 계속이 있어야 기수에 이르고, 신체의 자유에 대한 구속이 그와 같은 정도에 이르지 못하고 일시적인 것으로 그친 경우에는 체포죄의 미수범이 성립할 뿐이다(대법원 2020.3.27, 2016도18713).

정답 ③

---

014 ✓ 유사 ◆◇◇

다음 중 계속범에 대한 설명으로 가장 타당하지 않은 것은? (다툼이 있으면 다수설에 의함)

① 기수 이후에도 정당방위 성립이 가능하다.
② 기수 시부터 공소시효가 진행된다.
③ 기수 이후에도 공범 가담이 가능하다.
④ 체포·감금죄(형법 제276조), 주거침입·퇴거불응죄(형법 제319조) 등이 대표적인 예에 속한다.

해설 │ 출제영역 │ 형법이론 – 형벌이론

② (×) 계속범이라 함은 구성요건적 실행행위에 의하여 기수(구성요건 충족상태)가 된 이후에도 위법한 상태가 계속 유지되다가 별도의 종료시점에 종료되는 범죄(기수시점≠종료시점)로, 공소시효의 기산점은 기수 시가 아닌 종료 시이다.

[참고] 상태범은 구성요건적 실행행위에 의하여 법익의 침해가 발생함으로써 기수가 되어 종료되나(기수＝종료, 이 점에서는 즉시범＝상태범), 기수 이후에도 위법상태가 계속되는 범죄로, 기수·종료의 시기, 공소시효의 기산점, 공범의 성립시기 및 정당방위의 가능시기에 있어 계속범과 차이가 있다.

① (○) 계속범은 기수 이후 종료 이전에도 피해자의 정당방위가 가능하다.

③ (○) 계속범은 승계적 방조와 같이 기수 이후에도 공범의 성립이 인정된다.

④ (○) 계속범에는 체포·감금, 주거침입·퇴거불응(등 진정부작위범), 약취·유인, 직무유기, 교통방해(대법원 2018.1.24, 2017도11408; 2018.5.11, 2017도9146), 범인은닉죄, 청소년보호법상 청소년유해업소고용죄(대법원 2011.1.13, 2010도10029), 공유수면관리법상 무허가공유수면점용·사용죄(대법원 2010.9.30, 2008도7678) 등이 있다.

계속범과 상태범의 구별실익

구 분	계속범	상태범(즉시범)
기수·종료의 시기	불일치	일치

공소시효의 기산점	종료 시	기수 시
공범의 성립시기	종료 시까지 가능	기수 시까지 가능 cf. 다만 기수 이후에도 정당방위 가능할 수 있음
정당방위의 가능시기		

정답 ②

---

015 ✓ 이론 ◆◇◇

(가)와 (나)에 관한 다음 설명 중 옳고 그름의 표시(○, ×)가 바르게 된 것은? (다툼이 있는 경우 판례에 의함)

(가) 구성요건적 실행행위에 의해 법익의 침해가 발생하여 범죄가 기수에 이르고 범죄행위도 종료되지만 법익침해 상태는 기수 이후에도 존속되는 범죄
(나) 범죄가 기수에 이른 후에도 범죄행위와 법익침해 상태가 범행 종료시까지 계속되는 범죄

㉠ (가)의 경우 기수 이후 법익침해 상태가 계속되는 시점에도 공범성립이 가능하다.
㉡ (나)의 공소시효는 기수시부터가 아니라 범죄종료시로부터 진행하므로 범죄가 종료한 때로부터 공소시효가 진행된다.
㉢ (가)와 (나)의 경우 정당방위는 기수시까지 가능하다.
㉣ (가)는 범죄의 기수시기와 종료시기가 일치하지만, (나)는 범죄의 기수시기와 종료시기가 일치하지 않고 분리된다.

① ㉠(○) ㉡(×) ㉢(○) ㉣(○)
② ㉠(○) ㉡(×) ㉢(○) ㉣(×)
③ ㉠(×) ㉡(○) ㉢(×) ㉣(○)
④ ㉠(×) ㉡(○) ㉢(×) ㉣(×)

해설 │ 출제영역 │ 범죄론의 일반이론 – 범죄의 종류

③ ㉠(×) ㉡(○) ㉢(×) ㉣(○)
(가)는 상태범, (나)는 계속범이다.
[보충] 상태범은 즉시범에 속한다.

㉠ (×) 상태범의 경우에는 기수 시까지 공범이 성립가능하다.
㉡ (○) 계속범의 경우에는 범죄종료 시가 공소시효의 기산점이다.
㉢ (×) 계속범의 경우에는 기수 이후에도 종료 시까지는 정당방위가 가능하다. 또한 상태범의 경우에도 원칙적으로 기수 시까지 정당방위가 가능하나, 기수 이후에도 침해상황이 종료되기 전이라면 정당방위가 가능하다.

[판례] 형법 제21조 제1항은 "현재의 부당한 침해로부터 자기 또는 타인의 법익을 방위하기 위하여 한 행위는 상당한 이유가 있는 경우에는 벌하지 아니한다."라고 규정하여 정당방위를 위법성조각사유로 인정하고 있다. 이때 '침해의 현재성'이란 침해행위가 형식적으로 기수에 이르렀는지에 따라

결정되는 것이 아니라 자기 또는 타인의 법익에 대한 침해상
황이 종료되기 전까지를 의미하는 것이므로, 일련의 연속되
는 행위로 인해 침해상황이 중단되지 아니하거나 일시 중단
되더라도 추가 침해가 곧바로 발생할 객관적인 사유가 있는
경우에는 그중 일부 행위가 범죄의 기수에 이르렀더라도 전
체적으로 침해상황이 종료되지 않은 것으로 볼 수 있다(대법
원 2023.4.27, 2020도6874).

ㄹ (○) 상태범의 경우에는 기수와 종료의 시기가 일치하지만, 계속
범의 경우에는 기수와 종료의 시기가 불일치한다.

[정답] ③

---

016 ✓ 이론 ◆◇◇ 〔경찰간부 2023〕

위험범에 관한 설명으로 옳지 않은 것을 모두 고른 것
은? (다툼이 있는 경우 판례에 의함)

> 가. 「형법」제230조의 공문서부정행사죄는 공무원 또
> 는 공무소의 문서 또는 도화를 부정행사함으로써 성
> 립하는 죄로 추상적 위험범에 해당한다.
> 나. 「형법」제185조의 일반교통방해죄는 육로, 수로 또
> 는 교량을 손괴 또는 불통하게 하거나 기타 방법으
> 로 교통을 방해함으로써 성립하는 죄로 구체적 위험
> 범에 해당한다.
> 다. 「형법」제158조의 장례식방해죄는 장례식을 방해함
> 으로써 성립하는 죄로 구체적 위험범에 해당한다.
> 라. 「형법」제307조의 명예훼손죄는 공연히 사실 또는
> 허위의 사실을 적시하여 사람의 명예를 훼손함으로
> 써 성립하는 죄로 추상적 위험범에 해당한다.

① 가, 나　　　　② 가, 라
③ 나, 다　　　　④ 다, 라

[해설] 출제영역 | 범죄론의 일반이론 – 범죄의 종류

③ 나, 다
가. (○) 형법 제230조의 공문서부정행사죄는 공문서의 사용에 대
한 공공의 신용을 보호법익으로 하는 범죄로서 추상적 위험범이
다(대법원 2022.9.29, 2021도14514).
나. (×) 일반교통방해죄는 이른바 추상적 위험범으로서 교통이 불
가능하거나 또는 현저히 곤란한 상태가 발생하면 바로 기수가 되
고 교통방해의 결과가 현실적으로 발생하여야 하는 것은 아니다
(대법원 2019.4.23, 2017도1056).
다. (×) 장례식방해죄는 장례식의 평온과 공중의 추모감정을 보호
법익으로 하는 이른바 추상적 위험범으로서 범인의 행위로 인하
여 장례식이 현실적으로 저지 내지 방해되었다고 하는 결과의 발
생까지 요하지 않고 방해행위의 수단과 방법에도 아무런 제한이
없으며 일시적인 행위라 하더라도 무방하나, 적어도 객관적으로
보아 장례식의 평온한 수행에 지장을 줄 만한 행위를 함으로써
장례식의 절차와 평온을 저해할 위험이 초래될 수 있는 정도는
되어야 비로소 방해행위가 있다고 보아 장례식방해죄가 성립한
다(대법원 2013.2.14, 2010도13450).
라. (○) 명예훼손죄는 추상적 위험범으로 불특정 또는 다수인이 적
시된 사실을 실제 인식하지 못하였다고 하더라도 인식할 수 있는

상태에 놓인 것으로도 명예가 훼손된 것으로 보아야 한다(대법원
2020.12.30, 2015도15619).

[정답] ③

2　행위론

3　행위의 주체와 객체

017 ✓ 대표 ◆◇◇ 〔국가9급총론 2018·2022〕

법인의 처벌에 대한 설명으로 옳지 않은 것은? (다툼이
있는 경우 판례에 의함)

① 흡수합병으로 인하여 소멸한 법인이 종업원 등의 위법
행위에 대하여 양벌규정에 따라 부담하던 형사책임은
합병으로 존속하는 법인에 승계되지 않는다.
② 지방자치단체는 국가 위임사무는 물론 고유자치사무를
처리하는 경우에도 국가기관의 일부이므로 양벌규정
에 따라 처벌대상이 되는 법인에 해당하지 아니한다.
③ 법인은 사법상의 의무주체가 될 뿐 범죄능력이 없으므
로 자연인인 대표기관이 범죄의 주체가 된다.
④ 양벌규정에 법인만을 명시한 경우 죄형법정주의 원칙상
법인격 없는 사단은 그 양벌규정으로 처벌할 수 없다.

[해설] 출제영역 | 법인의 형사책임 – 양벌규정

② (×) 국가가 본래 그의 사무의 일부를 지방자치단체의 장에게 위
임하여 처리하게 하는 기관위임사무의 경우 지방자치단체는 국
가기관의 일부로 볼 수 있고, 지방자치단체가 그 고유의 자치사
무를 처리하는 경우 지방자치단체는 국가기관의 일부가 아니라 국
가기관과는 별도의 독립한 공법인으로서 양벌규정에 의한 처벌대
상이 되는 법인에 해당한다(대법원 2009.6.11, 2008도6530).
① (○) 합병으로 인하여 소멸한 법인이 그 종업원 등의 위법행위에
대해 양벌규정에 따라 부담하던 형사책임은 그 성질상 이전을 허
용하지 않는 것으로서 합병으로 인하여 존속하는 법인에 승계되
지 않는다(대법원 2007.8.23, 2005도4471).
③ (○) 배임죄에 있어서 타인의 사무를 처리할 의무의 주체가 법인
이 되는 경우라도 법인은 다만 사법상의 의무주체가 될 뿐 범죄
능력이 없는 것이며, 그 타인의 사무는 법인을 대표하는 자연인
인 대표기관의 의사결정에 따른 대표행위에 의하여 실현될 수밖
에 없어 그 대표기관은 마땅히 법인이 타인에 대하여 부담하고
있는 의무내용 대로 사무를 처리할 임무가 있다 할 것이므로 법
인이 처리할 의무를 지는 타인의 사무에 관하여는 법인이 배임죄
의 주체가 될 수 없고 그 법인을 대표하여 사무를 처리하는 자연
인인 대표기관이 바로 타인의 사무를 처리하는 자 즉 배임죄의
주체가 된다(대법원 1984.10.10, 82도2595 전원합의체).
④ (○) 자동차운수사업법 제72조 제5호는 같은 법 제58조의 규정
에 의한 허가를 받지 아니하고 자가용자동차를 유상으로 운송용
에 제공하거나 임대한 자를 처벌한다고 규정하고, 같은 법 제74
조는 이른바 양벌규정으로서 "법인의 대표자나 법인 또는 개인의
대리인, 사용인 기타의 종업원이 그 법인 또는 개인의 업무와 관
련하여 같은 법 제72조의 위반행위를 한 때에는 행위자를 벌하는
외에 그 법인 또는 개인에 대하여도 각 해당 조항의 벌금형에 처
한다"고 규정하고 있을 뿐이고 법인격 없는 사단에 대하여서도
위 양벌규정을 적용할 것인가에 관하여는 아무런 명문의 규정을
두고 있지 아니하므로, 죄형법정주의의 원칙상 법인격 없는 사단

에 대하여는 같은 법 제74조에 의하여 처벌할 수 없다(대법원 1995.7.28, 94도3325).

정답 ②

018 ✓ 유사 ◆◆◇ 변호사 2021

법인의 형사책임 또는 양벌규정에 관한 설명 중 옳지 않은 것은? (다툼이 있는 경우 판례에 의함)

① 양벌규정의 '법인의 대표자'는 그 명칭 여하를 불문하고 당해 법인을 실질적으로 경영하면서 사실상 대표하고 있는 자를 포함한다.

② '법인의 대표자나 법인 또는 개인의 대리인·사용인 기타의 종업원이 그 법인 또는 개인의 업무에 관하여 제○○조의 규정에 의한 위반행위를 한 때에는 행위자를 벌하는 외에 그 법인 또는 개인에 대하여도 해당 조문의 벌금형을 과한다'는 내용의 양벌규정은 법치국가의 원리 및 죄형법정주의로부터 도출되는 책임주의원칙에 반한다.

③ 법인 대표자의 법규위반행위에 대한 법인의 책임은 법인 자신의 법규위반행위로 평가될 수 있는 행위에 대한 법인의 직접책임으로서, 대표자의 고의에 의한 위반행위에 대하여는 법인 자신의 고의에 의한 책임을, 대표자의 과실에 의한 위반행위에 대하여는 법인 자신의 과실에 의한 책임을 부담한다.

④ 법률의 벌칙규정의 적용대상자가 일정한 '업무주'로 한정되어 있는 경우, 업무주가 아니면서 그 업무를 실제로 집행하는 자가 그 벌칙규정의 위반행위를 하였다면, 그 집행하는 자는 그 벌칙규정을 적용대상으로 하고 있는 '양벌규정'에 의해 처벌될 수 있다.

⑤ 회사 대표자의 위반행위에 대하여 징역형의 형량을 작량감경하고 병과하는 벌금형에 대하여 선고유예를 한 이상 양벌규정에 따라 그 회사를 처단함에 있어서도 같은 조치를 취하여야 한다.

해설 출제영역 | 범죄론의 일반이론, 법인의 형사책임

⑤ (×) 회사 대표자의 위반행위에 대하여 징역형의 형량을 작량감경하고 병과하는 벌금형에 대하여 선고유예를 한 이상 양벌규정에 따라 그 회사를 처단함에 있어서도 같은 조치를 취하여야 한다는 논지는 독자적인 견해에 지나지 아니하여 받아들일 수 없다(대법원 1995.12.12, 95도1893).

① (○) 대법원 1997.6.13, 96도1703
② (○) 헌법재판소 2009.7.30, 2008헌가16
③ (○) 헌법재판소 2011.10.25, 2010헌바307
④ (○) 대법원 1999.7.15, 95도2870 전원합의체

정답 ⑤

019 ✓ 유사 ◆◆◇ 국가9급 2019

다음 설명 중 옳지 않은 것은? (다툼이 있는 경우 판례에 의함)

① 법인격 없는 사단과 같은 단체는 법인과 마찬가지로 사법상의 권리의무의 주체가 될 수 있음은 별론으로 하더라도 법률에 명문의 규정이 없는 한 범죄능력은 없다.

② 특별한 근거규정이 없는 한 법인이 설립되기 이전에 자연인이 한 행위에 대해서는 양벌규정을 적용하여 법인을 처벌할 수 없다.

③ 합병으로 인하여 소멸한 법인이 그 종업원 등의 위법행위에 대해 양벌규정에 따라 부담하던 형사책임은 합병으로 인하여 존속하는 법인에 승계되지 않는다.

④ 지방자치단체가 국가로부터 위임받은 사무를 처리하는 경우에도 지방자치단체는 국가기관과는 별도의 독립한 공법인이므로 양벌규정에 의한 처벌대상이 되는 법인에 해당한다.

해설 출제영역 | 행위의 주체와 객체 - 법인의 범죄능력, 양벌규정

④ (×) 대법원 2009.6.11, 2008도6530
① (○) 대법원 1997.1.24, 96도524
② (○) 법인이 설립되기 이전에 어떤 자연인이 한 행위의 효과가 설립 후의 법인에게 당연히 귀속된다고 보기 어려울 뿐만 아니라, 양벌규정에 의하여 사용인인 법인을 처벌하는 것은 형벌의 자기책임원칙에 비추어 위반행위가 발생한 그 업무와 관련하여 사용인인 법인이 상당한 주의 또는 관리감독 의무를 게을리 한 선임감독상의 과실을 이유로 하는 것인데(대법원 1987.11.10, 87도1213; 2011.7.14, 2009도4975 등), 법인이 설립되기 이전의 행위에 대하여는 법인에게 어떠한 선임감독상의 과실이 있다고 할 수 없으므로, 특별한 근거규정이 없는 한 법인이 설립되기 이전에 자연인이 한 행위에 대하여 양벌규정을 적용하여 법인을 처벌할 수는 없다고 봄이 타당하다(대법원 2018.8.1, 2015도10388).
③ (○) 대법원 2009.12.24, 2008도7012 등

정답 ④

020 ✓ 유사 ◆◆◇ 법원행시 2019

양벌규정에 관한 다음 설명 중 가장 옳지 않은 것은?

① 甲법인의 직원인 乙의 행위로 인하여 甲법인이 양벌규정에 따라 부담하던 형사책임은 甲법인이 丙법인으로 합병되어 소멸되는 경우 丙법인으로 승계되지 않는다.

② 甲법인의 직원인 乙이 구성요건상 자격이 없어 처벌받지 않는다고 하더라도 甲법인은 乙의 처벌과 무관하게 독립하여 乙의 행위에 관한 양벌규정으로 처벌받을 수 있다.

③ 甲법인의 직원인 乙이 甲법인이 설립되기 이전에 법위반행위를 한 경우에는 특별한 근거규정이 없는 한 乙의 행위에 대하여 양벌규정을 적용하여 甲법인을 처벌할 수 없다.

④ 甲법인의 직원인 乙과 丙법인의 직원인 丁이 범죄행위를 공모하였다고 하더라도 乙은 실행행위에 직접 가담하지 않고 丁만 실행행위를 분담하였다면 甲법인까지 양벌규정에 따른 공동정범의 죄책을 지는 것은 아니다.

⑤ 甲법인의 직원인 乙의 범죄행위에 대하여 乙에게 부과되는 징역형의 형량을 작량감경하고 병과하는 벌금형에 대하여 선고유예를 하였더라도 양벌규정에 따라 처벌되는 甲법인에 대해서는 그와 같은 조치를 취하지 않아도 무방하다.

해설 ┃ 출제영역 ┃ 행위의 주체와 객체 – 법인의 범죄능력, 양벌규정

④ (×) 양벌규정에 의하여 법인이 처벌받는 경우에 법인의 사용인들이 범죄행위를 공모한 후 일방법인의 사용인이 그 실행행위에 직접 가담하지 아니하고 다른 공모자인 타법인의 사용인만이 분담실행한 경우에도 그 법인은 공동정범의 죄책을 면할 수 없다. "공동정범에 있어서는 범죄행위를 공모한 후 그 실행행위에 직접 가담하지 아니하더라도 다른 공범자의 분담실행한 행위에 대하여 공동정범의 죄책을 면할 수 없다고 할 것인바(대법원 1971.4.30, 71도496), 피고인(법인)의 사용인 공소외 1과 다른 피고인(법인)의 사용인 또는 대표자와의 사이에 정당한 절차를 거치지 아니하고 물품을 수입하기로 공모하고, 공소외 1은 물품매도확인서를 발행한 것에 불과하고 그 후에 제반수입절차에 하등 관여한 바가 없다 하더라도 다른 공모자가 분담실행한 정당한 절차를 거치지 아니하고 한 수입행위에 대하여 공동정범으로서의 죄책을 면할 수 없다(대법원 1983.3.22, 81도2545)."

① (○) 대법원 2009.12.24, 2008도7012 등

② (○) 양벌규정에 의한 영업주의 처벌은 금지위반행위자인 종업원의 처벌에 종속하는 것이 아니라 독립하여 그 자신의 종업원에 대한 선임감독상의 과실로 인하여 처벌되는 것이므로 영업주의 위 과실책임을 묻는 경우 금지위반행위자인 종업원에게 구성요건상의 자격이 없다고 하더라도 영업주의 범죄성립에는 아무런 지장이 없다(대법원 1987.11.10, 87도1213).

[보충] 영업주 스스로 고용한 자가 아니고 타인의 고용인으로서 타인으로부터 보수를 받고 있다 하더라도 객관적 외형상으로 영업주의 업무를 처리하고 영업주의 종업원을 통하여 간접적으로 감독통제를 받는 자라면 위 종업원에 포함된다.

③ (○) 특별한 근거규정이 없는 한 법인이 설립되기 이전에 자연인이 한 행위에 대하여 양벌규정을 적용하여 법인을 처벌할 수는 없다(대법원 2018.8.1, 2015도10388).

⑤ (○) 양벌규정이 있는 경우 회사를 처단함에 있어 회사 대표자의 위반행위에 대한 형 선고와 같은 조치를 취하여야 하는 것은 아니다(대법원 1995.12.12, 95노1893).

정답 ④

021 ✓ 유사 ◆◇◇ 국가7급 2023

양벌규정에 대한 설명으로 옳지 않은 것은?

① 양벌규정 중 법인 대표자의 법규위반행위에 대한 법인의 책임은 법인 자신의 법규위반행위로 평가될 수 있는 행위에 대한 법인의 직접책임이지만, 대표자의 고의·과실에 의한 위반행위에 대하여는 법인도 고의·과실책임을 부담하므로 법인의 처벌은 그 대표자의 처벌을 요건으로 한다.

② 양벌규정에서 법인처벌의 요건으로 규정된 '법인의 업무에 관하여' 행한 것으로 보기 위해서는 객관적으로 법인의 업무를 위하여 하는 것으로 인정할 수 있는 행위가 있어야 하고, 주관적으로는 피용자 등이 법인의 업무를 위하여 한다는 의사를 가지고 행위하여야 한다.

③ 구 건축법(1991.5.31. 법률 제4381호로 개정되어 1992.6.1. 시행되기 전의 것) 제54조 내지 제56조의 벌칙규정과 같이 법률의 벌칙규정에서 그 적용대상자를 일정한 업무주로 한정한 경우에 업무주가 아니면서 그 업무를 실제로 집행하는 자가 그 벌칙규정의 위반행위를 하였다면, 실제로 업무를 집행하는 자는 그 벌칙규정을 적용대상으로 하고 있는 양벌규정에 의해 처벌된다.

④ 지방자치단체가 그 고유의 자치사무를 처리하는 경우, 지방자치단체는 국가기관의 일부가 아니라 국가기관과는 별도의 독립한 공법인으로서 양벌규정에 의한 처벌대상이 되는 법인에 해당한다.

해설 ┃ 출제영역 ┃ 법인의 형사책임 – 양벌규정

① (×) 양벌규정을 따로 둔 취지는, 법인은 기관을 통하여 행위하므로 법인의 대표자의 행위로 인한 법률효과와 이익은 법인에 귀속되어야 하고, 법인 대표자의 범죄행위에 대하여는 법인 자신이 책임을 져야 하는바, 법인 대표자의 법규위반행위에 대한 법인의 책임은 법인 자신의 법규위반행위로 평가될 수 있는 행위에 대한 법인의 직접책임이기 때문이다. 따라서 대표자의 고의에 의한 위반행위에 대하여는 법인 자신의 고의에 의한 책임을, 대표자의 과실에 의한 위반행위에 대하여는 법인 자신의 과실에 의한 책임을 져야 한다. 이처럼 양벌규정 중 법인의 대표자 관련 부분은 대표자의 책임을 요건으로 하여 법인을 처벌하는 것이지 그 대표자의 처벌까지 전제조건이 되는 것은 아니다(대법원 2022.11.17, 2021도701).

② (○) 신용정보의 이용 및 보호에 관한 법률 제34조에 법인을 처벌하기 위한 요건으로서 규정한 '법인의 업무에 관하여' 행한 것으로 보기 위해서는 객관적으로 법인의 업무를 위하여 하는 것으로 인정할 수 있는 행위가 있어야 하고, 주관적으로는 피용자 등

이 법인의 업무를 위하여 한다는 의사를 가지고 행위함을 요한다(대법원 2006.6.15, 2004도1639).

③ (○) 대법원 1999.7.15, 95도2870 전원합의체

④ (○) 헌법 제117조, 지방자치법 제3조 제1항, 제9조, 제93조, 도로법 제54조, 제83조, 제86조의 각 규정을 종합하여 보면, 국가가 본래 그의 사무의 일부를 지방자치단체의 장에게 위임하여 그 사무를 처리하게 하는 기관위임사무의 경우에는 지방자치단체는 국가기관의 일부로 볼 수 있는 것이지만, 지방자치단체가 그 고유의 자치사무를 처리하는 경우에는 지방자치단체는 국가기관의 일부가 아니라 국가기관과는 별도의 독립한 공법인이므로, 지방자치단체 소속 공무원이 지방자치단체 고유의 자치사무를 수행하던 중 도로법 제81조 내지 제85조의 규정에 의한 위반행위를 한 경우에는 지방자치단체는 도로법 제86조의 양벌규정에 따라 처벌대상이 되는 법인에 해당한다(대법원 2005.11.10, 2004도2657).

정답 ①

022 ✓유사 ◆◆◇ 경찰승진 2022

법인의 처벌에 대한 설명으로 가장 적절한 것은? (다툼이 있는 경우 판례에 의함)

① 지방자치단체 소속 공무원이 압축트럭 청소차를 운전하여 고속도로를 운행하던 중 제한축중을 초과 적재 운행함으로써 도로 관리청의 차량운행제한을 위반한 경우, 해당 지방자치단체는 구 도로법 제86조의 양벌규정에 따른 처벌대상이 아니다.

② 특별한 근거규정이 없는 한 법인 설립 이전의 자연인의 행위를 이유로 양벌규정을 적용하여 법인을 처벌할 수는 없다.

③ 양벌규정에 법인격 없는 사단이나 재단이 명시되어 있지 않더라도 그 양벌규정을 근거로 법인격 없는 사단이나 재단을 처벌할 수 있다.

④ 합병으로 인하여 소멸한 법인이 그 종업원 등의 위법행위에 대해 양벌규정에 따라 부담하던 형사책임은 합병으로 인하여 존속하는 법인에 승계된다.

해설 출제영역 | 법인의 형사책임

② (○) 대법원 2018.8.1, 2015도10388

① (×) 지방자치단체 소속 공무원이 압축트럭 청소차를 운전하여 고속도로를 운행하던 중 제한축중을 초과 적재 운행함으로써 도로관리청의 차량운행제한을 위반한 경우, 해당 지방자치단체는 도로법 제86조의 양벌규정에 따른 처벌대상인 공법인에 해당한다(대법원 2005.11.10, 2004도2657).

③ (×) 자동차운수사업법 제72조 제5호는 같은 법 제58조의 규정에 의한 허가를 받지 아니하고 자가용자동차를 유상으로 운송용에 제공하거나 임대한 자를 처벌한다고 규정하고, 같은 법 제74조는 이른바 양벌규정으로서 "법인의 대표자나 법인 또는 개인의 대리인, 사용인 기타의 종업원이 그 법인 또는 개인의 업무와 관련하여 같은 법 제72조의 위반행위를 한 때에는 행위자를 벌하는 외에 그 법인 또는 개인에 대하여도 각 해당 조항의 벌금형에 처한다"고 규정하고 있을 뿐이고 법인격 없는 사단에 대하여서도 위 양벌규정을 적용할 것인가에 관하여는 아무런 명문의 규정을

두고 있지 아니하므로, 죄형법정주의의 원칙상 법인격 없는 사단에 대하여는 같은 법 제74조에 의하여 처벌할 수 없고, 나아가 법인격 없는 사단에 고용된 사람이 유상운송행위를 하였다 하여 법인격 없는 사단의 구성원 개개인이 위 법 제74조 소정의 "개인"의 지위에 있다하여 처벌할 수도 없다(대법원 1995.7.28, 94도3325).

④ (×) 회사합병이 있는 경우 피합병회사의 권리·의무는 사법상의 관계나 공법상의 관계를 불문하고 모두 합병으로 인하여 존속하는 회사에 승계되는 것이 원칙이지만, 그 성질상 이전을 허용하지 않는 것은 승계의 대상에서 제외되어야 할 것인바, 양벌규정에 의한 법인의 처벌은 어디까지나 형벌의 일종으로서 행정적 제재처분이나 민사상 불법행위책임과는 성격을 달리하는 점, 형사소송법 제328조가 '피고인인 법인이 존속하지 아니하게 되었을 때'를 공소기각결정의 사유로 규정하고 있는 것은 형사책임이 승계되지 않음을 전제로 한 것이라고 볼 수 있는 점 등에 비추어 보면, 합병으로 인하여 소멸한 법인이 그 종업원 등의 위법행위에 대해 양벌규정에 따라 부담하던 형사책임은 그 성질상 이전을 허용하지 않는 것으로서 합병으로 인하여 존속하는 법인에 승계되지 않는다(대법원 2007.8.23, 2005도4471).

정답 ②

023 ✓유사 ◆◇◇ 경찰2차 2022

법인의 형사책임에 관한 설명 중 가장 적절하지 않은 것은? (다툼이 있는 경우 판례에 의함)

① 법인격 없는 사단과 같은 단체는 법인과 마찬가지로 사법상의 권리의무의 주체가 될 수 있음은 별론으로 하더라도 법률에 명문의 규정이 없는 한 그 범죄능력은 없다.

② 양벌규정에 의해 법인이 처벌되는 경우, 공모한 수인의 사용인 가운데 A, B법인의 사용인은 직접 실행행위에 가담하지 않고 C법인의 사용인만 실행행위를 분담한 경우에도 A, B법인은 C법인과 공동정범이 될 수 있다.

③ 양벌규정에 따라 사용자인 법인 또는 개인을 처벌하기 위해서는 형벌의 자기책임 원칙에 비추어 위반행위가 발생한 그 업무와 관련하여 사용자인 법인 또는 개인이 상당한 주의 또는 감독의무를 게을리한 과실이 있어야 한다.

④ 판례는 양벌규정의 적용대상자를 업무주가 아니면서 당해 업무를 실제 집행하는 자에게까지 확장하고 있어, 법인격 없는 공공기관도 「개인정보보호법」상 양벌규정에 의해 처벌될 수 있고, 해당 업무를 실제로 담당하는 소속 공무원도 양벌규정에 의해 처벌받을 수 있다.

해설 출제영역 | 법인의 형사책임

④ (×) 개인정보 보호법은 제2조 제5호, 제6호에서 공공기관 중 법인격이 없는 '중앙행정기관 및 그 소속 기관' 등을 개인정보처리자 중 하나로 규정하고 있으면서도, 양벌규정에 의하여 처벌되는 개인정보처리자로는 같은 법 제74조 제2항에서 '법인 또는 개인'

만을 규정하고 있을 뿐이고, 법인격 없는 공공기관에 대하여도 위 양벌규정을 적용할 것인지 여부에 대하여는 명문의 규정을 두고 있지 않으므로, 죄형법정주의의 원칙상 '법인격 없는 공공기관을 위 양벌규정에 의하여 처벌할 수 없고, 그 경우 행위자 역시 위 양벌규정으로 처벌할 수 없다고 봄이 타당하다(대법원 2021. 10.28, 2020도1942).

① (○) 법인격 없는 사단과 같은 단체는 법인과 마찬가지로 사법상의 권리의무의 주체가 될 수 있음은 별론으로 하더라도 법률에 명문의 규정이 없는 한 그 범죄능력은 없고 그 단체의 업무는 단체를 대표하는 자연인인 대표기관의 의사결정에 따른 대표행위에 의하여 실현될 수밖에 없다(대법원 1997.1.24, 96도524).

② (○) 양벌규정에 의하여 법인이 처벌받는 경우에 법인의 사용인들이 범죄행위를 공모한 후 일방법인의 사용인이 그 실행행위에 직접 가담하지 아니하고 다른 공모자인 타법인의 사용인만이 분담실행한 경우에도 그 법인은 공동정범의 죄책을 면할 수 없다(대법원 1983.3.22, 81도2545).

③ (○) 대법원 2011.7.28, 2009도6303

정답 ④

---

024 ⊘이론대표 ◆◆◇ 국가7급 2018

법인의 범죄능력에 대한 설명으로 옳지 않은 것은? (다툼이 있는 경우 판례에 의함)

① 행위 후 법인에 대한 양벌규정에 면책규정이 신설된 것은 범죄 후 법률의 변경에 의하여 그 행위가 범죄를 구성하지 않거나 형이 구법보다 경한 경우에 해당하므로 신법이 적용된다.

② 양벌규정에 의해 자연인과 법인을 함께 처벌하는 경우 행위자에 대하여 부과하는 형량을 작량감경하더라도 법인을 저벌함에 있어서는 삭량삼경을 하시 않아노 된다.

③ 지방자치단체 소속 공무원이 지정항만순찰 등 기관위임사무의 수행을 위해 관할 관청의 승인 없이 개조한 승합차를 운행함으로써 구「자동차관리법」을 위반한 경우 해당 지방자치단체는 구「자동차관리법」제83조의 양벌규정에 따른 처벌대상이 되지 않는다.

④ 양벌규정에 의해서 법인 또는 영업주를 처벌하는 경우 그 처벌은 직접 법률을 위반한 행위자에 대한 처벌에 종속하므로 행위자에 대한 처벌은 법인 또는 개인에 대한 처벌의 전제조건이 된다.

해설 출제영역 | 행위의 주체와 객체 – 양벌규정

④ (×) 양벌규정에 의한 영업주 처벌은 금지위반행위자인 종업원의 처벌에 종속하는 것이 아니라 독립하여 그 자신의 종업원에 대한 선임감독상의 과실로 인하여 처벌되는 것이므로 종업원의 범죄성립이나 처벌이 영업주 처벌의 전제조건이 될 필요는 없다(대법원 1987.11.10, 87도1213).

① (○) 대법원 2012.5.9, 2011도11264

② (○) 회사 대표자의 위반행위에 대하여 징역형의 형량을 작량감경하고 병과하는 벌금형에 대하여 선고유예를 한 이상 양벌규정에 따라 그 회사를 처단함에 있어서도 같은 조치를 취하여야 한

다는 논지는 독자적인 견해에 지나지 아니하여 받아들일 수 없다(대법원 1995.12.12, 95도1893).

③ (○) 위 항만순찰 등의 업무는 지방자치단체의 장이 국가로부터 위임받은 기관위임사무에 해당하므로, 해당 지방자치단체는 구자동차관리법 제83조의 양벌규정에 따른 처벌대상이 될 수 없다(대법원 2009.6.11, 2008도6530).

정답 ④

1 구성요건이론

2 결과반가치와 행위반가치

3 인과관계와 객관적 귀속

001 ☑ 대표 ◆◇◇ 국가9급 2018

다음 설명 중 옳지 않은 것은? (다툼이 있는 경우 판례에 의함)

① 甲이 의도적으로 A를 술에 취하도록 유도하고 수차례 강간한 후 의식불명에 빠진 A를 비닐창고로 옮겨 놓아 A가 저체온증으로 사망한 경우 甲에게는 강간치사죄가 성립한다.

② 교제를 거절한다는 이유로 甲이 A의 배를 발로 차고 얼굴을 주먹으로 때리자 A가 계속되는 甲의 상해행위를 피하려고 도로를 건너 도주하다가 차량에 치여 사망한 경우 甲에게는 상해치사죄가 성립한다.

③ 甲이 살인의 고의로 A의 하복부에 칼로 심한 자상을 입힌 것이 A를 사망하게 한 직접적 원인이 아니었다면, 이로부터 발생된 다른 간접적 원인이 결합되어 사망의 결과가 발생하였더라도 甲에게는 살인죄가 성립하지 않는다.

④ 甲이 4일가량 물조차 제대로 마시지 못하고 잠도 자지 아니하여 거의 탈진 상태에 이른 A의 손과 발을 17시간 이상 묶어 두고 좁은 차량 속에서 움직이지 못하게 감금하자 혈전이 형성되고 그 혈전이 폐동맥을 막아 사망의 결과가 발생한 경우 甲에게는 감금치사죄가 성립한다.

해설 │ **출제영역** | 인과관계 – 상당인과관계설

③ (×) 피고인의 행위가 피해자를 사망하게 한 직접적 원인은 아니었다 하더라도 이로부터 발생된 다른 간접적 원인이 결합되어 사망의 결과를 발생하게 한 경우 그 행위와 사망 사이에는 인과관계가 있다고 할 것이다(대법원 1982.12.28, 82도2525).

① (○) 피고인들이 의도적으로 피해자를 술에 취하도록 유도하고 수차례 강간한 후 의식불명 상태에 빠진 피해자를 비닐창고로 옮겨 놓아 피해자가 저체온증으로 사망한 사안에서, 위 피해자의 사망과 피고인들의 강간 및 그 수반행위와의 인과관계 그리고 피해자의 사망에 대한 피고인들의 예견가능성이 인정되므로, 위 비닐창고에서 피해자를 재차 강제추행, 강간하고 하의를 벗겨 놓은 채 귀가한 피고인이 있다 하더라도 피고인들은 피해자의 사망에 대한 책임을 면한다고 볼 수 없어 강간치사죄가 인정된다(대법원 2008.2.29, 2007도10120).

② (○) 상해행위를 피하려고 하다가 차량에 치어 사망한 경우 상해행위와 피해자의 사망 사이에 상당인과관계가 있다고 하여 상해

치사죄로 처단하였다(대법원 1996.5.10, 96도529).

④ (○) 대법원 2002.10.11, 2002도4315

정답 ③

002 ☑ 대표 ◆◇◇ 법원9급 2015

인과관계 등에 관한 다음 설명 중 가장 옳지 않은 것은?

① 피고인이 피해자를 유인하여 호텔 객실에 감금한 후 강간하려 하자 피해자가 완강히 반항하던 중 예약된 대실시간이 끝나감에 따라 피고인이 대실시간 연장을 위하여 프론트에 전화를 하는 사이 피해자가 객실창문을 통해 탈출하려다가 지상에 추락하여 사망한 경우, 피고인의 강간미수행위와 피해자의 사망 사이에 상당인과관계가 인정된다.

② 피고인이 공모자 甲과 빈 가게로 알고 있던 범행장소에서의 절도를 공모한 다음, 甲이 가게에 침입하여 물건을 절취하는 동안 피고인이 밖에서 망을 보던 중 예기치 않았던 인기척 소리가 나서 도주해 버린 이후 甲이 피해자에게 붙들리자 체포를 면탈할 목적으로 폭행을 가하여 상해를 입힌 경우, 피고인에 대하여 준강도상해죄의 공동책임을 지을 수 없다.

③ 피고인이 좌회전 금지구역에서 좌회전하는데 50미터 후방에서 따라오던 후행차량이 중앙선을 넘어 피고인 운전차량의 좌측으로 돌진하여 사고가 발생한 경우, 피고인이 좌회전 금지구역에서 좌회전한 행위와 사고발생 사이에 상당인과관계가 인정된다.

④ 선행 교통사고와 후행 교통사고 중 어느 쪽이 원인이 되어 피해자가 사망에 이르게 되었는지 밝혀지지 않은 경우, 후행 교통사고를 일으킨 사람의 과실과 피해자의 사망 사이에 인과관계가 인정되기 위해서는 후행 교통사고를 일으킨 사람이 주의의무를 게을리 하지 않았다면 피해자가 사망에 이르지 않았을 것이라는 사실이 증명되어야 한다.

해설 │ **출제영역** | 상당인과관계설

③ (×) 피고인이 좌회전 금지구역에서 좌회전한 것은 잘못이나 이러한 경우에도 피고인으로서는 50여 미터 후방에서 따라오던 후행차량이 중앙선을 넘어 피고인 운전차량의 좌측으로 돌진하는 등 극히 비정상적인 방법으로 진행할 것까지를 예상하여 사고발생 방지조치를 취하여야 할 업무상 주의의무가 있다고 할 수는 없고, 따라서 좌회전 금지구역에서 좌회전한 행위와 사고발생 사이에 상당인과관계가 인정되지 아니한다는 이유로 피고인의 과

실로 사고가 발생하였음을 전제로 하는 특정범죄 가중처벌 등에 관한 법률 위반(도주차량)의 점에 관하여 무죄를 선고하였다(대법원 1996.5.28, 95도1200).

① (○) 피고인이 자신이 경영하는 속셈학원의 강사로 피해자를 채용하고 학습교재를 설명하겠다는 구실로 유인하여 호텔 객실에 감금한 후 강간하려 하자, 피해자가 완강히 반항하던 중 피고인이 대실시간 연장을 위해 전화하는 사이에 객실 창문을 통해 탈출하려다가 지상에 추락하여 사망한 경우, 피고인의 강간미수행위와 피해자의 사망과의 사이에 상당인과관계가 있다(강간치사죄 성립, 대법원 1995.5.12, 95도425).

② (○) 절도를 공모한 피고인이 다른 공모자 甲의 폭행행위에 대하여 사전양해나 의사의 연락이 전혀 없었고, 범행장소가 빈 가게로 알고 있었고, 위 甲이 담배창구를 통하여 가게에 들어가 물건을 절취하고 피고인은 밖에서 망을 보던 중 예기치 않았던 인기척 소리가 나므로 도주해버린 이후에 위 甲이 창구에 몸이 걸려 빠져 나오지 못하게 되어 피해자에게 붙들리자 체포를 면탈할 목적으로 피해자에게 폭행을 가하여 상해를 입힌 것이고, 피고인은 그동안 상당한 거리를 도주하였을 것으로 추정되는 상황 하에서는 피고인이 위 甲의 폭행행위를 전연 예기할 수 없었다고 보이므로 피고인에게 준강도상해의 공동책임을 지울 수 없다(대법원 1984.2.28, 83도3321).

④ (○) 선행 교통사고와 후행 교통사고 중 어느 쪽이 원인이 되어 피해자가 사망에 이르게 되었는지 밝혀지지 않은 경우 후행 교통사고를 일으킨 사람의 과실과 피해자의 사망 사이에 인과관계가 인정되기 위해서는 후행 교통사고를 일으킨 사람이 주의의무를 게을리 하지 않았다면 피해자가 사망에 이르지 않았을 것이라는 사실이 증명되어야 하고, 그 증명책임은 검사에게 있다(대법원 2007.10.26, 2005도8822).

정답 ③

---

003 ✓ 유사 ◆◇◇   국가9급총론 2021

다음 설명 중 옳은 것은? (다툼이 있는 경우 판례에 의함)

① 살인의 실행행위와 피해자의 사망과의 사이에 다른 사실이 개재된 경우 그 개재된 사실이 치사의 직접적인 원인이 되었더라도 그와 같은 사실이 통상 예견할 수 있었다면, 살인의 실행행위와 사망과의 사이에 인과관계가 있는 것으로 보아야 한다.

② 강요된 자가 강요된 상태를 자신의 책임 있는 사유로 자초하였고 그 강제상태를 예견하였더라도 형법 제12조의 강요된 행위에 해당한다.

③ 미필적 고의가 인정되려면 결과발생의 가능성에 대한 인식이 있으면 족하고 결과발생을 용인하는 내심의 의사가 있을 것까지 요하는 것은 아니다.

④ 이시(異時)의 독립행위가 경합한 경우에 그 결과발생의 원인된 행위가 판명되지 아니한 때에는 동시의 독립행위가 경합한 경우와 달리 각 행위를 기수범으로 처벌한다.

해설 출제영역 | 구성요건론 종합

① (○) 대법원 1994.3.22, 93도3612

② (×) 강요된 자가 이상의 상태를 자초하였거나 예기하였다면 당

연히 강요된 행위라고 할 수 없다(대법원 1973.1.30, 72도2588).

③ (×) 미필적 고의라 함은 결과의 발생이 불확실한 경우 즉 행위자에 있어서 그 결과발생에 대한 확실한 예견은 없으나 그 가능성은 인정하는 것으로, 이러한 미필적 고의가 있었다고 하려면 결과발생의 가능성에 대한 인식이 있음은 물론 나아가 결과발생을 용인하는 내심의 의사가 있음을 요한다(대법원 1987.2.10, 86도2338).

[보충] 이는 다수설인 인용설의 입장이기도 하다. 다만 판례의 입장 중에는 가능성설로 보이는 판시도 있어 일관된 표현이 사용되는 것은 아니다.

④ (×) 동시 또는 이시의 독립행위가 경합한 경우에 그 결과발생의 원인된 행위가 판명되지 아니한 때에는 각 행위를 미수범으로 처벌한다(제19조).

정답 ①

---

004 ✓ 대표 ◆◆◇   경찰2차 2022 유사   국가7급 2016

인과관계가 인정되는 것만을 모두 고른 것은? (다툼이 있는 경우 판례에 의함)

ㄱ. 초지조성공사를 도급받은 수급인이 불경운작업(산불작업)을 하도급 준 이후 계속하여 감독하지 않은 과실과 산림실화의 사이

ㄴ. 전매사실을 숨기고 지주명의로 위장하여 대지에 관한 매매계약을 체결하였으나, 그 이행에 아무런 영향이 없는 경우에 기망행위와 처분행위 사이

ㄷ. 'ㅏ'자형 삼거리의 교차로를 녹색신호에 따라 과속으로 통과할 무렵 중앙선을 침범하여 좌회전하는 차와 충돌한 경우 과속한 과실과 교통사고의 발생 사이

ㄹ. 피고인의 자상행위가 사망의 유일한 원인이거나 직접적 원인은 아니지만 이로부터 발생한 다른 간접적 원인이 결합되어 사망결과가 발생한 경우 피고인의 행위와 피해자의 사망 사이

ㅁ. 피고인이 야간에 오토바이를 운전하다가 도로를 무단횡단하는 피해자를 충격하여 도로상에 전도케 하고, 그로부터 약 40~60초 후에 다른 사람이 운전하던 트럭이 도로 위에 전도되어 있던 피해자를 역과하여 사망케 한 경우 피고인의 과실과 피해자의 사망 사이

① ㄱ, ㄴ　　　　　　② ㄴ, ㄷ
③ ㄷ, ㄹ　　　　　　④ ㄹ, ㅁ

해설 출제영역 | 인과관계와 객관적 귀속 – 상당인과관계설

ㄱ. (×) 초지조성공사를 도급받은 수급인이 불경운작업(산불작업)을 하도급을 준 이후에 계속하여 그 작업을 감독하지 아니한 잘못이 있다 하더라도 이는 도급자에 대한 도급계약상의 책임이지 위 하수급인의 과실로 인하여 발생한 산림실화에 상당인과관계가 있는 과실이라고는 할 수 없다(대법원 1987.4.28, 87도297).

ㄴ. (×) 매매계약과 그 이행에 아무런 영향이 없었다면 위 학교법인은 피고인들의 위와 같은 방법에 의한 전매사실을 알았다하여 그

들과 그 매매계약을 체결하지 아니하였으리라고는 인정되지 아니하니 피고인들의 위 기망행위와 위 법인의 처분행위 사이에 인과관계가 없다(대법원 1985.5.14, 84도2751).

ㄷ. (×) 신호등에 의하여 교통정리가 행하여지고 있는 ㅏ자형 삼거리의 교차로를 녹색등화에 따라 직진하는 차량의 운전자는 특별한 사정이 없는 한 다른 차량들도 교통법규를 준수하고 충돌을 피하기 위하여 적절한 조치를 취할 것으로 믿고 운전하면 족하고, 대향차선 위의 다른 차량이 신호를 위반하고 직진하는 자기 차량의 앞을 가로질러 좌회전할 경우까지 예상하여 그에 따른 사고발생을 미리 방지하기 위한 특별한 조치까지 강구하여야 할 업무상의 주의의무는 없고, 위 직진차량 운전자가 사고지점을 통과할 무렵 제한속도를 위반하여 과속 운전한 잘못이 있었다 하더라도 그러한 잘못과 교통사고의 발생과의 사이에 상당인과관계가 있다고 볼 수 없다(대법원 1993.1.15, 92도2579).

ㄹ. (○) 피고인의 자상행위가 피해자를 사망하게 한 직접적 원인은 아니었다 하더라도 이로부터 발생된 <u>다른 간접적 원인이 결합되어 사망의 결과를 발생하게 한 경우라도 그 행위와 사망 간에는 인과관계가 있다고 할 것인바</u>, 이 사건 진단서에는 직접사인 심장마비, 호흡부전, 중간선행사인 패혈증, 급성심부전증, 선행사인 자상, 장골정맥파열로 되어 있으며, 피해자가 부상한 후 1개월이 지난 후에 위 패혈증 등으로 사망하였다 하더라도 그 패혈증이 위 자창으로 인한 과다한 출혈과 상처의 감염 등에 연유한 것인 이상 자상행위와 사망과의 사이에 인과관계의 존재를 부정할 수 없다(대법원 1982.12.28, 82도2525).

ㅁ. (○) 피고인이 야간에 오토바이를 운전하다가 도로를 무단횡단하던 피해자를 충격하여 피해자로 하여금 위 도로상에 전도케 하고, 그로부터 약 40초 내지 60초 후에 다른 사람이 운전하던 타이탄트럭이 도로위에 전도되어 있던 피해자를 역과하여 사망케 한 경우, 피고인이 전방좌우의 주시를 게을리한 과실로 피해자를 충격하였고 나아가 이 사건 사고지점 부근 도로의 상황에 비추어 야간에 피해자를 충격하여 위 도로에 넘어지게 한 후 40초 내지 60초 동안 그대로 있게 한다면 후속차량의 운전사들이 조금만 전방주시를 태만히 하여도 피해자를 역과할 수 있음이 당연히 예상되었던 경우라면 피고인의 과실행위는 피해자의 사망에 대한 직접적 원인을 이루는 것이어서 양자 간에는 상당인과관계가 있다(대법원 1990.5.22, 90도580).

정답 ④

005 ✓ 유사 ◆◆◇ 변호사 2018

인과관계에 관한 설명 중 옳지 않은 것은? (다툼이 있는 경우 판례에 의함)

① 공동정범 관계에 있는 여러 사람의 행위가 경합하여 하나의 결과가 발생되었으나 그 결과발생의 원인행위가 밝혀지지 아니한 경우에는 각 행위자를 미수범으로 처벌해야 한다.

② 사기죄가 성립하려면 행위자의 기망행위, 피기망자의 착오와 그에 따른 처분행위 그리고 행위자 등의 재물이나 재산상 이익의 취득이 있고, 그 사이에 순차적인 인과관계가 존재하여야 한다.

③ 살인의 실행행위와 피해자의 사망과의 사이에 다른 사실이 개재되어 그 사실이 치사의 직접적인 원인이 되었다고 하더라도 그와 같은 사실이 통상 예견할 수 있는 것에 지나지 않는다면 살인의 실행행위와 피해자의 사망과의 사이에 인과관계가 인정된다.

④ 부작위에 의한 살인에 있어서 작위의무를 이행하였다면 사망의 결과가 발생하지 않았을 것이라는 관계가 인정될 경우, 부작위와 사망의 결과 사이에 인과관계가 인정된다.

⑤ 전문적으로 대출을 취급하면서 차용인에 대한 체계적인 신용조사를 행하는 금융기관이 금원을 대출한 경우에는, 비록 대출 신청 당시 차용인에게 변제기 안에 대출금을 변제할 능력이 없었고, 자체 신용조사 결과에는 관계없이 '변제기 안에 대출금을 변제하겠다'는 취지의 차용인 말만을 그대로 믿고 대출하였다고 하더라도, 차용인의 이러한 기망행위와 금융기관의 대출행위 사이에 인과관계를 인정할 수는 없다.

해설 | 출제영역 | 인과관계 – 상당인과관계설

① (×) 공동정범은 공동정범 전원의 행위와 결과 사이에 인과관계만 있으면 개별적인 행위자의 행위와 결과 사이에 인과관계가 판명되지 않더라도 모두를 기수로 처벌한다.

② (○) 사기죄가 성립하려면 행위자의 기망행위, 피기망자의 착오와 그에 따른 처분행위, 그리고 행위자 등의 재물이나 재산상 이익의 취득이 있고, 그 사이에 순차적인 인과관계가 존재하여야 한다(대법원 2017.9.26, 2017도8449).

③ (○) 살인의 실행행위와 피해자의 사망과의 사이에 다른 사실이 개재되어 그 사실이 치사의 직접적인 원인이 되었다고 하더라도 그와 같은 사실이 통상 예견할 수 있는 것에 지나지 않는다면 살인의 실행행위와 피해자의 사망과의 사이에 인과관계가 있는 것으로 보아야 한다(대법원 1994.3.22, 93도3612).

④ (○) 작위의무를 이행하였다면 그 결과가 발생하지 않았을 것이라는 관계가 인정될 경우에는 그 작위를 하지 않은 부작위와 사망의 결과 사이에 인과관계가 있는 것으로 보아야 할 것이다(대법원 2015.11.12, 2015도6809 전원합의체).

⑤ (○) 전문적으로 대출을 취급하면서 차용인에 대한 체계적인 신용조사를 행하는 금융기관이 금원을 대출한 경우에는, 비록 대출 신청 당시 차용인에게 변제기 안에 대출금을 변제할 능력이 없었고, 금융기관으로서 자체 신용조사 결과에는 관계없이 '변제기

안에 대출금을 변제하겠다'는 취지의 차용인 말만을 그대로 믿고 대출하였다고 하더라도, 차용인의 이러한 기망행위와 금융기관의 대출행위 사이에 인과관계를 인정할 수는 없다(대법원 2000.6.27, 2000도1155).

정답 ①

---

006 ☑ 유사 ◆◆◇ 경찰2차 2018

인과관계에 대한 설명 중 옳지 않은 것을 모두 고른 것은? (다툼이 있는 경우 판례에 의함)

㉠ 甲은 선단 책임선의 선장으로서 종선의 선장에게 조업상의 지시만 할 수 있을 뿐 선박의 안전관리는 각 선박의 선장이 책임지도록 되어 있었던 경우, 甲이 풍랑 중에 종선에 조업지시를 한 것과 종선의 풍랑으로 인한 매몰사고와의 사이에 인과관계를 인정할 수 있다.

㉡ 전문적으로 대출을 취급하면서 차용인에 대한 체계적인 신용조사를 행하는 금융기관이 금원을 대출한 경우에는, 비록 대출 신청 당시 차용인에게 변제기 안에 대출금을 변제할 능력이 없었고, 차용인에게 대출을 하게 되면 부실채권으로 될 것임이 예상됨에도, 자체 신용조사 결과에는 관계없이 '변제기 안에 대출금을 변제하겠다.'는 취지의 차용인의 말만을 그대로 믿고 대출하였다고 하더라도, 차용인의 이러한 기망행위와 금융기관의 대출행위 사이에 인과관계를 인정할 수는 없다.

㉢ 甲은 부동산 대지에 대한 전매사실을 숨기고 지주명의로 위장하여 乙과 대지에 관한 매매계약을 체결하였으나 그 이행에 아무런 영향이 없었던 경우, 乙이 전매사실을 알았더라면 매매계약을 맺지 않았으리라는 등 특별한 사정이 없는 한 甲의 위 기망행위와 위 乙의 처분행위 사이에는 인과관계를 인정할 수 없다.

㉣ 초지조성공사를 도급받은 수급인 甲이 불경운작업(산불작업)의 하도급을 乙에게 준 이후에 계속하여 그 작업을 감독하지 아니하였는데 乙이 산림실화를 낸 경우, 수급인 甲이 감독하지 아니한 과실과 산림실화 사이에는 인과관계가 인정된다.

㉤ 살인의 실행행위가 피해자의 사망이라는 결과를 발생하게 한 유일한 원인이어야 하는 것은 아니나 직접적인 원인일 것을 요하므로 살인의 실행행위와 피해자의 사망과의 사이에 통상 예견할 수 있는 다른 사실이 개재되어 그 사실이 치사의 직접적인 원인이 되었다면 살인의 실행행위와 피해자의 사망과의 사이에 인과관계가 있는 것으로 볼 수 없다.

① ㉠㉡㉣   ② ㉠㉣㉤
③ ㉡㉢㉣   ④ ㉡㉢㉤

해설 출제영역 | 인과관계 - 상당인과관계설

② ㉠㉣㉤

㉠ (×) 피고인이 선단의 책임선인 제1봉림호의 선장으로 조업중이었다 하더라도 피고인으로서는 종선의 선장에게 조업상의 지시만 할 수 있을 뿐 선박의 안전관리는 각 선박의 선장이 책임지도록 되어 있었다면 그 같은 상황하에서 피고인이 풍랑중에 종선에 조업지시를 하였다는 것만으로는 종선의 풍랑으로 인한 매몰사고와의 사이에 인과관계가 성립할 수 없다고 한 원심의 판단은 타당하다(대법원 1989.9.12, 89도1084).

㉡ (○) 일반 사인이나 회사가 금원을 대여한 경우와는 달리 전문적으로 대출을 취급하면서 차용인에 대한 체계적인 신용조사를 행하는 금융기관이 금원을 대출한 경우에는, 비록 대출 신청 당시 차용인에게 변제기 안에 대출금을 변제할 능력이 없었고, 금융기관으로서 자체 신용조사 결과에는 관계없이 '변제기 안에 대출금을 변제하겠다'는 취지의 차용인 말만을 그대로 믿고 대출하였다고 하더라도, 차용인의 이러한 기망행위와 금융기관의 대출행위 사이에 인과관계를 인정할 수는 없다 할 것이다(대법원 2000.6.27, 2000도1155).

㉢ (○) 전매사실을 숨기고 지주명의로 위장하여 대지에 관한 매매계약을 체결하였으나 그 이행에 아무런 영향이 없었다면 사기죄의 성립이 부정된다(대법원 1985.5.14, 84도2751).

㉣ (×) 초지조성공사를 도급받은 수급인이 불경운작업(산불작업)을 하도급을 준 이후에 계속하여 그 작업을 감독하지 아니한 잘못이 있다 하더라도 이는 도급자에 대한 도급계약상의 책임이지 위 하수급인의 과실로 인하여 발생한 산림실화에 상당인과관계가 있는 과실이라고는 할 수 없다(대법원 1987.4.28, 87도297).

㉤ (×) 살인의 실행행위가 피해자의 사망이라는 결과를 발생하게 한 유일한 원인이거나 직접적인 원인이어야만 되는 것은 아니므로, 살인의 실행행위와 피해자의 사망과의 사이에 다른 사실이 개재되어 그 사실이 치사의 직접적인 원인이 되었다고 하더라도 그와 같은 사실이 통상 예견할 수 있는 것에 지나지 않는다면 살인의 실행행위와 피해자의 사망과의 사이에 인과관계가 있는 것으로 보아야 한다(대법원 1994.3.22, 93도3612).

정답 ②

인과관계에 대한 설명으로 옳은 것은? (다툼이 있으면 판례에 의함)

① 甲이 고속도로 2차로를 따라 자동차를 운전하다가 1차로를 진행하던 乙의 차량 앞에 급하게 끼어든 후 곧바로 정차하여 乙의 차량은 급정차하였고 그 뒤를 따라오던 丙의 차량이 乙의 차량과 추돌하여 丙이 사망한 경우, 丙에게 안전거리 미확보의 과실이 인정된다면 甲의 정차행위와 丙의 사망 사이에는 인과관계가 없다.

② 한의사인 甲이 乙에게 문진하여 과거 봉침을 맞고도 별다른 이상반응이 없었다는 답변을 듣고 부작용에 대한 충분한 사전 설명 없이 환부에 봉침시술을 하였는데 乙이 위 시술 직후 쇼크반응을 나타내는 등 상해를 입은 경우, 설명의무를 다하였다 하더라도 乙이 반드시 봉침시술을 거부하였을 것이라고 볼 수 없다면 甲의 설명의무 위반과 乙의 상해 사이에 상당인과관계를 인정하기는 어렵다.

③ 甲이 乙의 뺨을 때리고 오른손으로 목을 쳐 乙이 뒤로 넘어지면서 머리를 땅바닥에 부딪쳐 상해를 입었고 결국 乙은 병원치료를 받다가 합병증으로 사망에 이르게 되었으나 乙이 원래 앓고 있던 간경화 등의 질환이 그 합병증의 유발에 영향을 미친 경우, 甲의 乙에 대한 폭행행위와 乙의 사망 사이에는 인과관계가 없다.

④ 살인의 실행행위와 피해자의 사망과의 사이에 다른 사실이 개재되어 그 사실이 치사의 직접적인 원인이 되었다면 살인의 실행행위와 피해자의 사망과의 사이에 인과관계를 인정할 수 없다.

해설 | 출제영역 | 인과관계와 객관적 귀속 – 상당인과관계설

② (○) 대법원 2011.4.14, 2010도10104

① (×) 편도 2차로의 고속도로 1차로 한가운데에 정차한 피고인은 고속도로를 주행하는 다른 차량 운전자들이 제한속도 준수나 안전거리 확보 등의 주의의무를 완전하게 다하지 않을 수도 있다는 점을 알았거나 충분히 알 수 있었으므로, 피고인의 정차 행위와 사상의 결과 발생 사이에 상당인과관계가 있고, 사상의 결과 발생에 대한 예견가능성도 인정되므로 교통방해치사상죄가 성립한다(대법원 2014.7.24, 2014도6206).

③ (×) 피고인이 甲의 뺨을 1회 때리고 오른손으로 목을 쳐 甲으로 하여금 뒤로 넘어지면서 머리를 땅바닥에 부딪치게 하여 상해를 가하고 그로 인해 사망에 이르게 하였다는 내용으로 기소된 사안에서, 甲이 두부 손상을 입은 후 병원에서 입원치료를 받다가 합병증으로 사망에 이르게 되어 피고인의 범행과 甲의 사망 사이에 인과관계를 부정할 수 없고, 사망 결과에 대한 예견가능성이 있었다고 보아야 한다(대법원 2012.3.15, 2011도17648).

④ (×) 살인의 실행행위가 피해자의 사망이라는 결과를 발생하게 한 유일한 원인이거나 직접적인 원인이어야만 되는 것은 아니므로 살인의 실행행위와 피해자의 사망과의 사이에 다른 사실이 개재되어 그 사실이 치사의 직접적인 원인이 되었다고 하더라도 그와 같은 사실이 통상 예견할 수 있는 것에 지나지 않는다면 살인

의 실행행위와 피해자의 사망과의 사이에 인과관계가 있는 것으로 보아야 한다(대법원 1994.3.22, 93도3612).

정답 ②

인과관계에 관한 설명으로 가장 적절하지 않은 것은? (다툼이 있는 경우 판례에 의함)

① 조건설은 인과관계 판단의 출발점을 제시한다는 의의가 있으나, 인과관계의 범위가 무한히 확장될 우려가 있다는 비판을 받고 있다.

② 공장에서 동료 사이에 말다툼을 하던 중 피고인이 피해자에게 상당한 힘을 가하여 넘어뜨린 것이 아니라, 피고인의 삿대질을 피하려고 뒷걸음치던 피해자가 장애물에 걸려 넘어져 두개골절로 사망한 경우 피고인에게 폭행치사죄의 책임을 물을 수 없다.

③ 자동차가 횡단보도에 먼저 진입한 경우로서 그대로 진행하더라도 보행자의 횡단을 방해하거나 통행에 아무런 위험을 초래하지 아니할 상황이라면 보행자 신호가 녹색으로 바뀐 경우라도 그대로 진행할 수 있다고 보아야 하므로, 피고인이 운전하는 차량이 이미 횡단보도에 먼저 진입한 뒤에 보행자 신호가 녹색으로 바뀌었고, 바뀐 신호만을 보고 횡단보도에 진입한 피해자를 피고인이 그대로 충격하여 피해자에게 상해를 입힌 경우에는 피고인의 과실과 피해자가 입은 상해 사이에는 상당인과관계가 인정되지 않는다.

④ 피고인이 고속도로 2차로를 따라 자동차를 운전하다가 1차로를 진행하던 甲의 차량 앞에 급하게 끼어든 후 곧바로 정차하여, 甲의 차량 및 이를 뒤따르던 차량 두 대는 연이어 급제동하여 정차하였으나, 그 뒤를 따라오던 乙의 차량이 앞의 차량들을 연쇄적으로 추돌케 하여 乙이 사망하고 나머지 차량 운전자 등 피해자들이 상해를 입은 경우, 피고인의 정차 행위와 사상의 결과 발생 사이에 상당인과관계가 인정된다.

해설 | 출제영역 | 인과관계에 대한 학설

③ (×) 모든 차의 운전자는 신호기의 지시에 따라 횡단보도를 횡단하는 보행자가 있을 때에는 횡단보도에의 진입 선후를 불문하고 일시정지하는 등의 조치를 취함으로써 보행자의 통행이 방해되지 아니하도록 하여야 한다. 다만 자동차가 횡단보도에 먼저 진입한 경우로서 그대로 진행하더라도 보행자의 횡단을 방해하거나 통행에 아무런 위험을 초래하지 아니할 상황이라면 그대로 진행할 수 있다. 피고인은 횡단보도의 보행자 신호가 녹색 등화로 바뀌었음에도 횡단보도 위에서 일시정지를 하지 아니한 업무상과실로 피해자를 충격하여 피해자에게 상해를 입혔고, 위와 같은 피고인의 과실과 피해자가 입은 상해 사이에 상당인과관계도 인정된다(대법원 2017.3.15, 2016도17442).

① (○) 조건설은 절대적 제약공식을 적용하여 행위와 결과 사이에

그 행위가 없었다면 결과가 발생하지 않았다고 볼 수 있는 관계가 있으면 인과관계가 인정된다고 보는 견해로, 인과관계 판단의 출발점을 제시한다는 의의가 있으나, 인과관계의 범위가 무한히 확장될 우려가 있다는 비판을 받고 있다.

② (○) 동료 사이에 말다툼을 하던 중 피고인이 삿대질하는 것을 피하고자 피해자 자신이 두어걸음 뒷걸음치다가 회전 중이던 십자형 스빙기계 철받침대에 걸려 넘어진 정도라면, 당시 바닥에 위와 같은 장애물이 있어서 뒷걸음치면 장애물에 걸려 넘어질 수 있다는 것까지는 예견할 수 있었다고 하더라도 그 정도로 넘어지면서 머리를 바닥에 부딪쳐 두개골절로 사망한다는 것은 이례적인 일이어서 통상적으로 일반인이 예견하기 어려운 결과라고 하지 않을 수 없으므로 피고인에게 폭행치사죄의 책임을 물을 수 없다(대법원 1990.9.25, 90도1596)

④ (○) 대법원 2014.7.24, 2014도6206

정답 ③

---

009 ✓ 이론 ◆◆◇ 경찰간부 2024

인과관계와 객관적 귀속에 관한 설명으로 옳지 않은 것은? (다툼이 있는 경우 판례에 의함)

① 합법칙적 조건설은 인과관계와는 다른 별도의 기준인 객관적 귀속이론에 의해 사실적 인과관계의 확정과 법적·규범적 확정을 구별하여 인과관계와 객관적 귀속을 판단한다.

② 상당인과관계설에 의하면 사실적 측면과 규범적 측면을 모두 고려하여 '상당성'을 판단하며 상당성은 행위와 결과 사이의 개연성 관계를 의미한다.

③ 과실범에 있어서 행위자에게 주의의무위반이 존재하면 주의의무를 다하였다면 같은 결과가 발생하지 않았을 것이라는 점을 입증하지 않았다 하더라도 주의의무위반과 발생한 결과 사이에 객관적 귀속이 인정된다.

④ 자동차가 보행자를 직접 충격한 것이 아니고 보행자가 자동차의 급정거에 놀라 도로에 넘어져 상해를 입은 경우라고 할지라도 주의의무 위반이 교통사고 발생의 직접적인 원인이 되었다면 업무상 주의의무 위반과 교통사고 발생 사이에 상당인과관계를 인정할 수 있다.

해설 출제영역 | 인과관계에 대한 학설

③ (×) 주의의무를 다하였다면 동일한 결과가 발생하지 않았을 것이라는 점이 증명되어야 과실범의 객관적 귀속의 척도인 주의의무위반관련성이 인정된다.
[보충] 판례는 객관적 귀속이론을 명시적으로 채택하지 않지만 상당인과관계설에 의한 상당성 판단에는 객관적 귀속의 판단이 포함되고 있다.

[판례] 선행 교통사고와 후행 교통사고 중 어느 쪽이 원인이 되어 피해자가 사망에 이르게 되었는지 밝혀지지 않은 경우 후행 교통사고를 일으킨 사람의 과실과 피해자의 사망 사이에 인과관계가 인정되기 위해서는 후행 교통사고를 일으킨 사람이 주의의무를 게을리하지 않았다면 피해자가 사망에 이르지 않았을 것이라는 사실이 증명되어야 하고, 그 증명책임은 검사에게 있다(대법원 2007.10.26, 2005도8822).

---

① (○) 합법칙적 조건설은 자연적·사실적인 인과관계가 있는 경우에 한하여 법적·규범적 문제인 객관적 귀속을 판단하는 입장으로서, 이에 의하면 인과관계 판단은 객관적 귀속을 위한 전제라는 의미를 가진다.

② (○) 상당인과관계설이란 사회생활상의 일반적인 생활경험 내지 경험법칙에 비추어 그러한 행위로부터 그러한 결과가 발생하는 것이 상당하다고 인정될 때(상당성) 그 행위와 결과 사이의 인과관계를 인정하는 견해로서, 여기서 상당성에는 인과관계라는 사실적 측면과 결과를 행위의 탓으로 귀속시킬 만한 개연성이 있다는 의미가 포함된다.

④ (○) 자동차의 운전자가 통상 예견되는 상황에 대비하여 결과를 회피할 수 있는 정도의 주의의무를 다하지 못한 것이 교통사고 발생의 직접적인 원인이 되었다면, 비록 자동차가 보행자를 직접 충격한 것이 아니고 보행자가 자동차의 급정거에 놀라 도로에 넘어져 상해를 입은 경우라고 할지라도, 업무상 주의의무 위반과 교통사고 발생 사이에 상당인과관계를 인정할 수 있다(대법원 2022.6.16, 2022도1401).

정답 ③

---

010 ✓ 이론 ◆◆◇ 국가7급 2018

인과관계에 대한 설명으로 옳지 않은 것은? (다툼이 있는 경우 판례에 의함)

① 의사가 설명의무를 위반한 채 의료행위를 하였다가 환자에게 사상의 결과가 발생한 경우 업무상 과실치사상죄를 인정하기 위해서는 의사의 설명의무 위반과 환자의 사상의 결과 사이가 아니라, 의료행위와 사상의 결과 사이에 상당인과관계가 존재하여야 한다.

② 사기죄가 성립하려면 행위자의 기망행위, 피기망자의 착오와 그에 따른 처분행위, 그리고 행위자 등의 재물이나 재산상 이익의 취득이 있고, 그 사이에 순차적인 인과관계가 존재하여야 한다.

③ 결과적 가중범인 교통방해에 의한 치사상죄가 성립하려면 교통방해 행위와 사상의 결과 사이에 상당인과관계가 있어야 하고 행위 시에 결과의 발생을 예견할 수 있어야 한다.

④ 부진정부작위범의 경우 작위의무를 이행하였다면 결과가 발생하지 않았을 것이라는 관계가 인정될 경우 작위를 하지 않은 부작위와 발생된 결과 사이에 인과관계가 인정된다.

해설 출제영역 | 인과관계와 객관적 귀속 – 상당인과관계설

① (×) 과실범의 구성요건에 해당하려면 구성요건적 과실, 즉 객관적 주의의무 위반행위와 구성요건적 결과 발생 사이에 인과관계 및 객관적 귀속(판례는 상당인과관계)이 존재함이 인정되어야 한다. "의사가 설명의무를 위반한 채 의료행위를 하였다가 환자에게 상해 또는 사망의 결과가 발생한 경우 의사에게 업무상 과실로 인한 형사책임을 지우기 위해서는 의사의 설명의무 위반과 환자의 상해 또는 사망 사이에 상당인과관계가 존재하여야 한다(대법원 2011.4.14, 2010도10104 등)."

② (○) 대법원 1989.7.11, 89도346; 2000.6.27, 2000도1155 등
③ (○) 결과적 가중범의 구성요건에 해당하며, 맞는 지문이다(대법원 2014.7.24, 2014도6206).
④ (○) 작위의무를 이행하였다면 결과가 발생하지 않았을 것이라는 관계가 인정될 경우에는 작위를 하지 않은 부작위와 사망의 결과 사이에 인과관계가 있다(대법원 2015.11.12, 2015도6809 전원합의체).

정답 ①

---

011 ✓ 이론 ◆◆◇ 경찰간부 2023

인과관계에 관한 설명으로 가장 적절하지 않은 것은? (다툼이 있는 경우 판례에 의함)

① 甲은 주식회사를 운영하면서 발주처로부터 공사완성의 대가로 공사대금을 지급받았으나, 법인 인수 과정에서 법인 등록요건 중 인력요건을 외형상 갖추기 위해 관련 자격증 소지자들로부터 자격증을 대여받은 사실을 발주처에 숨기는 행위를 하였다면, 그 기망행위와 공사대금 지급 사이에 상당인과관계가 인정된다.

② 자동차의 운전자가 통상 예견되는 상황에 대비하여 결과를 회피할 수 있는 정도의 주의의무를 다하지 못한 것이 교통사고 발생의 직접적인 원인이 되었다면, 비록 자동차가 보행자를 직접 충격한 것이 아니고 보행자가 자동차의 급정거에 놀라 도로에 넘어져 상해를 입은 경우라고 할지라도, 업무상 주의의무 위반과 교통사고 발생 사이에 상당인과관계를 인정할 수 있다.

③ 살인의 실행행위가 피해자의 사망이라는 결과를 발생하게 한 유일한 원인이거나 직접적인 원인이어야만 되는 것은 아니므로, 살인의 실행행위와 피해자의 사망과의 사이에 다른 사실이 개재되어 그 사실이 치사의 직접적인 원인이 되었다고 하더라도 그와 같은 사실이 통상 예견할 수 있는 것에 지나지 않는다면 살인의 실행행위와 피해자의 사망과의 사이에 인과관계가 인정된다.

④ 의사가 설명의무를 위반한 채 의료행위를 하였다가 환자에게 사망의 결과가 발생한 경우, 의사에게 업무상 과실로 인한 형사책임을 지우기 위해서는 의사의 설명의무 위반과 환자의 사망 사이에 상당인과관계가 존재하여야 한다.

해설 출제영역 | 인과관계 – 상당인과관계설

① (✕) 산림사업법인 설립 또는 법인 인수 과정에서 자격증 대여가 있었다는 사정만으로는 피고인에게 병해충 방제 또는 숲가꾸기 공사를 완성할 의사나 능력이 없었다고 단정하기 어렵다. 또한 피고인이 운영하는 한국임업은 이러한 공사 완성의 대가로 발주처로부터 공사대금을 지급받은 것이므로, 설령 피고인이 발주처에 대하여 기술자격증 대여 사실을 숨기는 등의 행위를 하였다고 하더라도 그 행위와 공사대금 지급 사이에 상당인과관계를 인정

하기도 어렵다(대법원 2022.7.14, 2017도20911).

② (○) 자동차의 운전자가 통상 예견되는 상황에 대비하여 결과를 회피할 수 있는 정도의 주의의무를 다하지 못한 것이 교통사고 발생의 직접적인 원인이 되었다면, 비록 자동차가 보행자를 직접 충격한 것이 아니고 보행자가 자동차의 급정거에 놀라 도로에 넘어져 상해를 입은 경우라고 할지라도, 업무상 주의의무 위반과 교통사고 발생 사이에 상당인과관계를 인정할 수 있다(대법원 2022.6.16, 2022도1401).

[유사] 자동차의 운전자가 그 운전상의 주의의무를 게을리하여 열차건널목을 그대로 건너는 바람에 그 자동차가 열차좌측 모서리와 충돌하여 20여미터쯤 열차 진행방향으로 끌려가면서 튕겨나갔고 피해자는 타고가던 자전거에서 내려 위 자동차 왼쪽에서 열차가 지나가기를 기다리고 있다가 위 충돌사고로 놀라 넘어져 상처를 입었다면 비록 위 자동차와 피해자가 직접 충돌하지는 아니하였더라도 자동차운전자의 위 과실과 피해자가 입은 상처 사이에는 상당한 인과관계가 있다(사고차량에 직접 충돌되지 않은 피해자의 부상에 대해 운전자의 과실을 인정한 사례, 대법원 1989.9.12, 89도866).

③ (○) 살인의 실행행위가 피해자의 사망이라는 결과를 발생하게 한 유일한 원인이거나 직접적인 원인이어야만 되는 것은 아니므로, 살인의 실행행위와 피해자의 사망과의 사이에 다른 사실이 개재되어 그 사실이 치사의 직접적인 원인이 되었다고 하더라도 그와 같은 사실이 통상 예견할 수 있는 것에 지나지 않는다면 살인의 실행행위와 피해자의 사망과의 사이에 인과관계가 있는 것으로 보아야 한다(대법원 1994.3.22, 93도3612).

④ (○) 의사가 설명의무를 위반한 채 의료행위를 하였다가 환자에게 상해 또는 사망의 결과가 발생한 경우 의사에게 업무상 과실로 인한 형사책임을 지우기 위해서는 의사의 설명의무 위반과 환자의 상해 또는 사망 사이에 상당인과관계가 존재하여야 한다(대법원 2015.6.24, 2014도11315).

정답 ①

---

012 ✓ 이론 ◆◆◇ 군무원9급 2023

다음 중 판례가 피고인의 행위와 결과발생 사이의 인과관계를 인정하지 않은 경우는?

① 피고인이 자동차를 운전하다 횡단보도를 걷던 보행자 甲을 들이받아 그 충격으로 횡단보도 밖에서 甲과 동행하던 乙이 밀려 넘어져 상해를 입은 경우

② 피고인이 발동을 끄고 시동열쇠는 꽂아둔 채 하차한 동안에 조수가 이를 운전하다 다른 사람에게 상해사고를 낸 경우

③ 피해자가 부상한 후 1개월이 지난 후에 피고인에 의한 자창으로 인해 과다출혈과 상처의 감염 등에 연유한 패혈증 등으로 사망한 경우

④ 임차인이 자신의 비용으로 설치·사용하던 가스설비의 휴즈콕크를 아무런 조치없이 제거하고 이사를 간 후, 가스공급을 개별적으로 차단할 수 있는 주밸브가 열려져 가스가 유입되어 폭발사고가 발생한 경우

해설 출제영역 | 인과관계 – 상당인과관계설

② (✕) 운전사가 발동을 끄고 시동열쇠는 꽂아 둔 채로 하차한 동

안에 조수가 이를 운전하다가 사고를 낸 경우에 시동열쇠를 그대로 꽂아 둔 행위와 본건 상해의 결과발생 사이에는 특별한 사정이 없는 한 인과관계가 없다(대법원 1971.9.28, 71도1082).

① (○) 피고인이 자동차를 운전하다 횡단보도를 걷던 보행자 甲을 들이받아 그 충격으로 횡단보도 밖에서 甲과 동행하던 피해자 乙이 밀려 넘어져 상해를 입은 경우, 위 사고는, 피고인이 횡단보도 보행자 甲에 대하여 구 도로교통법(2009.12.29. 법률 제9845호로 개정되기 전의 것) 제27조 제1항에 따른 주의의무를 위반하여 운전한 업무상 과실로 야기되었고, 乙의 상해는 이를 직접적인 원인으로 하여 발생하였다고 볼 수 있어, 피고인의 행위가 구 교통사고처리 특례법 제3조 제2항 단서 제6호에서 정한 횡단보도 보행자 보호의무의 위반행위에 해당한다(대법원 2011.4.28, 2009도12671).

③ (○) 피고인의 자상행위가 피해자를 사망하게 한 직접적 원인은 아니었다 하더라도 이로부터 발생된 다른 간접적 원인이 결합되어 사망의 결과를 발생하게 한 경우라도 그 행위와 사망간에는 인과관계가 있다고 할 것인바, 이 사건 진단서에는 직접사인 심장마비, 호흡부전, 중간선행사인 패혈증, 급성심부전증, 선행사인 자상, 장골정맥파열로 되어 있으며, 피해자가 부상한 후 1개월이 지난 후에 위 패혈증 등으로 사망하였다 하더라도 그 패혈증이 위 자창으로 인한 과다한 출혈과 상처의 감염 등에 연유한 것인 이상 자상행위와 사망과의 사이에 인과관계의 존재를 부정할 수 없다(대법원 1982.12.28, 82도2525).

④ (○) 대법원 2001.6.1, 99도5086

정답 ②

013 ☑ 유사 ◆◆◇ 경찰2차 2024

인과관계에 관한 설명으로 가장 적절하지 않은 것은? (다툼이 있는 경우 판례에 의함)

① "ㅏ"자형 삼거리에서 제한 속도를 위반하여 과속운전을 한 직진 차량 운전자가 대향차선에서 신호를 위반하여 좌회전을 하는 차량과 교차로 통과시 서로 충돌하여 사고가 발생하였다면, 다른 특별한 사정이 없는 한 제한 속도를 위반하여 과속운전한 운전자의 잘못과 교통사고의 발생 사이에 상당인과관계가 있다고 볼 수 없다.

② 한국철도공사의 야간 업무에 사용되는 조명탑을 노동조합원 甲이 위법하게 점거하여 위력에 의한 업무방해죄가 성립하였고, 다른 노동조합원 乙 등이 그 조명탑 아래에서 지지 발언을 하며 음식물을 제공하는 행위를 하였지만, 乙 등의 행위가 표현의 자유·일반적 행동의 자유나 단결권의 보호 영역을 벗어났다고 볼 수 없다면 乙 등의 조력행위와 甲의 업무방해죄의 실현 사이에 인과관계를 인정하기 어려우므로 乙 등에게 업무방해방조죄가 성립하지 않는다.

③ 의료과오사건에서 수술을 마친 후 의사가 복막염에 대한 진단과 처치를 지연하는 등의 과실로 환자가 제때 필요한 조치를 받지 못해 사망하였다고 할지라도 환자가 의사의 입원 지시 및 금식 지시를 무시하고 귀가한 사정이 있다면 의사의 과실과 환자 사망 사이의 인과관계는 단절된다.

④ 거동범에 해당하는 진정부작위범과는 달리 부진정부작위범은 결과범에 해당하므로, 사회적으로 기대되는 작위의무를 다하였으면 결과가 발생하지 않았을 것이라는 관계가 인정될 때 그 부작위와 결과 사이에 인과관계가 인정된다.

해설 | 출제영역 | 인과관계 - 상당인과관계설

③ (×) 피고인의 수술 후 복막염에 대한 진단과 처치 지연 등의 과실로 피해자가 제때 필요한 조치를 받지 못하였다면 피해자의 사망과 피고인의 과실 사이에는 인과관계가 인정된다. 비록 피해자가 피고인의 지시를 일부 따르지 않거나 퇴원한 적이 있더라도, 그러한 사정만으로는 피고인의 과실과 피해자의 사망 사이에 인과관계가 단절된다고 볼 수 없다(대법원 2018.5.11, 2018도2844).

① (○) 신호등에 의하여 교통정리가 행하여지고 있는 ㅏ자형 삼거리의 교차로를 녹색등화에 따라 직진하는 차량의 운전자는 특별한 사정이 없는 한 다른 차량들도 교통법규를 준수하고 충돌을 피하기 위하여 적절한 조치를 취할 것으로 믿고 운전하면 족하고, 대향차선 위의 다른 차량이 신호를 위반하고 직진하는 자기 차량의 앞을 가로질러 좌회전할 경우까지 예상하여 그에 따른 사고발생을 미리 방지하기 위한 특별한 조치까지 강구하여야 할 업무상의 주의의무는 없고, 위 직진차량 운전자가 사고지점을 통과할 무렵 제한속도를 위반하여 과속운전한 잘못이 있었다 하더라도 그러한 잘못과 교통사고의 발생과의 사이에 상당인과관계가 있다고 볼 수 없다(대법원 1993.1.15, 92도2579).

② (○) 피고인들의 행위가 전체적으로 보아 조명탑 점거에 일부 도

움이 된 측면이 있었다고 하더라도, 조명탑 본연의 기능을 사용할 수 없게 함으로써 야간 입환 업무를 방해한다는 정범들의 범죄에 대한 지원행위 또는 그 법익침해를 강화·증대시키는 행위로서 정범들의 범죄 실현과 밀접한 관련이 있는 행위에 해당한다고 단정하기 어렵다. 따라서 피고인들의 행위는 방조범의 성립을 인정할 정도로 업무방해 행위와 인과관계가 있다고 볼 수 없다 (대법원 2023.6.29, 2017도9835).

④ (○) 진정부작위범은 거동범으로 결과의 발생을 요하지 않지만, 부진정부작위범은 (대체로) 결과범으로 부작위와 결과의 발생 사이에 인과관계가 요구된다.

[보충] 부진정부작위범을 결과범으로 한정한 내용은 이론적으로 옳지 못하나, 출제의 의도를 고려하여 해설한다.

정답 ③

---

014 ✔이론 ◆◆◇ 변호사 2023

인과관계에 관한 설명 중 옳지 않은 것은? (다툼이 있는 경우 판례에 의함)

① 의사가 시술의 위험성에 관하여 설명을 하였더라면 환자가 시술을 거부하였을 것이라는 점이 합리적 의심의 여지가 없이 증명되지 못한 경우에는 의사의 설명의무 위반과 환자의 상해 또는 사망 사이에 상당인과관계를 인정할 수 없다.

② 고의의 결과범에서 실행행위와 결과발생 간에 인과관계가 없는 경우 행위자를 기수범으로 처벌할 수 없다.

③ 「아동·청소년의 성보호에 관한 법률」 제7조 제5항 위반의 위계에 의한 간음죄에서 행위자가 간음의 목적으로 피해자에게 오인, 착각, 부지를 일으키고 피해자의 그러한 심적 상태를 이용하여 간음의 목적을 달성하였다면 위계와 간음행위 사이의 인과관계를 인정할 수 있다.

④ 피해자 법인의 대표가 기망행위자와 동일인이거나 기망행위자와 공모하는 등 기망행위임을 알고 있었던 경우에는 기망행위로 인한 착오가 있다고 볼 수 없고, 재물 교부 등의 처분행위가 있었더라도 기망행위와 인과관계가 있다고 보기 어렵다.

⑤ 살인의 실행행위와 피해자의 사망 사이에 다른 사실이 개재되어 그 사실이 사망의 직접적인 원인이 되었다면, 그 사실이 통상 예견할 수 있는 것이라 하더라도 살인의 실행행위와 피해자의 사망 사이에 인과관계가 없는 것으로 보아야 한다.

해설 출제영역 | 인과관계 – 상당인과관계설

⑤ (×) 살인의 실행행위가 피해자의 사망이라는 결과를 발생하게 한 유일한 원인이거나 직접적인 원인이어야만 되는 것은 아니므로, 살인의 실행행위와 피해자의 사망과의 사이에 다른 사실이 개재되어 그 사실이 치사의 직접적인 원인이 되었다고 하더라도 그와 같은 사실이 통상 예견할 수 있는 것에 지나지 않는다면 살인의 실행행위와 피해자의 사망과의 사이에 인과관계가 있는 것으로 보아야 한다(대법원 1994.3.22, 93도3612).

---

① (○) 의사가 설명의무를 위반한 채 의료행위를 하였다가 환자에게 상해 또는 사망의 결과가 발생한 경우 의사에게 업무상 과실로 인한 형사책임을 지우기 위해서는 의사의 설명의무 위반과 환자의 상해 또는 사망 사이에 상당인과관계가 존재하여야 한다(대법원 2011.4.14, 2010도10104 등). … 피해자는 피고인이 수술의 위험성에 관하여 설명하였는지 여부에 관계없이 간경변증을 앓고 있는 피해자에게 이 사건 수술이 위험할 수 있다는 점을 이미 충분히 인식하고 있었던 것으로 보인다. 그렇다면 피고인이 피해자에게 수술의 위험성에 관하여 설명하였다고 하더라도 피해자가 수술을 거부하였을 것이라고 단정하기 어렵다. (따라서) 피고인의 설명의무 위반과 피해자의 사망 사이에 상당인과관계가 있다는 사실이 합리적 의심의 여지가 없이 증명되었다고 보기 어렵다(업무상 과실치사죄 불성립, 대법원 2015.6.24, 2014도11315).

② (○) 결과범의 경우 행위와 결과 사이에 인과관계가 있어야 기수범이 성립할 수 있다.

[보충] 고의의 결과범에서 인과관계가 없으면 기수범이 아니라 미수범이 성립한다.

③ (○) 행위자가 간음의 목적으로 피해자에게 오인, 착각, 부지를 일으키고 피해자의 그러한 심적 상태를 이용하여 간음의 목적을 달성하였다면 위계와 간음행위 사이의 인과관계를 인정할 수 있다(대법원 2020.8.27, 2015도9436 전원합의체).

④ (○) 피해자 법인이나 단체의 대표자 또는 실질적으로 의사결정을 하는 최종결재권자 등이 기망행위자와 동일인이거나 기망행위자와 공모하는 등 기망행위임을 알고 있었던 경우에는 기망행위로 인한 착오가 있다고 볼 수 없고, 재물 교부 등의 처분행위가 있었더라도 기망행위와 인과관계가 있다고 보기 어렵다. 이러한 경우에는 사안에 따라 업무상횡령죄 또는 업무상배임죄 등이 성립하는 것은 별론으로 하고 사기죄가 성립한다고 볼 수 없다(대법원 2017.9.26, 2017도8449).

정답 ⑤

015 ✓ 이론 ◆◆◆

인과관계에 대한 설명 중 옳은 것만을 모두 고른 것은? (다툼이 있는 경우 판례에 의함)

> 가. 과실범의 독립행위가 경합하여 결과발생의 원인된 행위가 판명되지 아니한 때에는 각 행위자를 미수범 으로 처벌한다.
>
> 나. '그러한 행위가 없었더라면 그러한 결과도 발생하지 않았을 것'이라는 자연과학적 인과관계를 판단의 척 도로 삼는 조건설은 각 조건들을 결과에 대한 동등 한 원인으로 간주하여 인과관계의 범위가 지나치게 확장된다는 비판을 받는다.
>
> 다. 어느 행위로부터 어느 결과가 발생하는 것이 경험칙 상 상당하다고 판단될 때 인과관계가 인정되는 상당 인과관계설은 인과관계를 일상적인 생활경험으로 제한하여 형사처벌의 확장을 방지하는 장점이 있으 나 '상당성'의 판단이 모호하여 법적 안정성을 해칠 우려가 있다는 비판을 받는다.
>
> 라. 甲에 의한 선행 교통사고와 乙에 의한 후행 교통사 고로 A가 사망하였으나 사망의 원인된 행위가 밝혀 지지 않은 경우, 乙의 과실과 A의 사망 간에 인과관 계가 인정되기 위해서는 乙이 주의의무를 게을리 하 지 않았다면 A가 사망하지 않았을 것이라는 사실이 증명되어야 하고, 그 증명책임은 乙에게 있다.

① 가
② 나, 다
③ 가, 나, 다
④ 나, 다, 라

해설 | 출제영역 | 인과관계에 대한 학설

② 나, 다의 지문이 옳다.

가. (×) 형법 제19조에 의하여 각 행위는 미수범이 되나 과실범의 미수는 처벌되지 않으므로 모두 무죄가 된다.

나. (○) 조건설에 의하면, 만일 행위(조건)가 없었더라면 그러한 결 과도 없었으리라고 생각되는 경우에 그러한 모든 조건을 결과발 생의 원인으로 본다. 이를 절대적 제약관계라 한다. 조건설은 절 대적 제약관계에 해당하는 한, 조건의 중요성 여부를 묻지 않으 므로 이를 등가설이라고도 한다. 이는 자연과학에서 쓰이는 인과 관계의 개념과 거의 유사한 것으로서, 조건설에 의하면 인과관계 의 인정범위를 상당히 폭넓게 보게 된다.

다. (○) 상당인과관계설이란 사회생활상의 일반적인 생활경험 내지 경험법칙에 비추어 그러한 행위로부터 그러한 결과가 발생하는 것이 상당하다고 인정될 때 그 행위와 결과 사이의 인과관계를 인정하는 견해로 상당성의 개념 자체가 모호하다는 비판이 있다.

라. (×) 선행 교통사고와 후행 교통사고 중 어느 쪽이 원인이 되어 피해자가 사망에 이르게 되었는지 밝혀지지 않은 경우 후행 교통 사고를 일으킨 사람의 과실과 피해자의 사망 사이에 인과관계가 인정되기 위해서는 후행 교통사고를 일으킨 사람이 주의의무를 게을리하지 않았다면 피해자가 사망에 이르지 않았을 것이라는 사실이 증명되어야 하고, 그 증명책임은 검사에게 있다(대법원 2007.10.26, 2005도8822).

정답 ②

016 ✓ 이론 ◆◆◆

인과관계에 관한 견해 〈보기 1〉과 그 내용 〈보기 2〉 및 이에 대한 비판 〈보기 3〉이 바르게 연결된 것은?

┤보기 1├

> 가. 행위와 결과 사이에 그 행위가 없었더라면 결과가 발생하지 않았다고 볼 수 있는 모든 조건에 대하여 인과관계가 인정된다는 견해
>
> 나. 행위가 시간적으로 뒤따르는 외계의 변화에 연결되 고, 외계변화가 행위와 합법칙적으로 결합되어 구 성요건적 결과로 실현되었을 때에 인과관계가 인정 된다는 견해
>
> 다. 결과발생을 위해 경험칙상 상당한 조건만이 원인이 되고 이 경우 인과관계가 인정된다는 견해

┤보기 2├

> A. 사실적 측면과 규범적 측면을 모두 고려하여 행위와 결과 사이의 높은 가능성이라는 개연성 관계를 판단 한다.
>
> B. 행위와 결과 간의 전개과정이 이미 확립되어 있는 자연과학적 인과법칙에 부합하는가를 심사하여 인 과관계를 판단한다.
>
> C. 중요한 원인과 중요하지 않은 원인을 구별하지 않고 모든 조건을 동일한 원인으로 파악한다.

┤보기 3├

> a. 당대의 지식수준에서 알려진 법칙적 관계의 내용이 명확하게 제시되어 있지 않고, 인과관계를 인정하는 범위가 너무 넓어 결과책임을 제한하려는 형법의 목 적을 실현하는 데에 문제가 있다.
>
> b. 단독으로 동일한 결과를 발생시킬 수 있는 수개의 조 건이 결합하여 결과가 발생한 경우에 행위자의 책임 을 인정해야 함에도 인과관계를 부인하게 되는 불합 리한 결과가 발생한다.
>
> c. 인과관계와 결과귀속을 혼동한 잘못이 있을 뿐 아니 라 인과관계의 판단척도가 모호하여 법적안정성을 해칠 우려가 있다.

① 가-A-b, 나-B-a, 다-C-c
② 가-B-b, 나-C-a, 다-A-c
③ 가-C-b, 나-A-a, 다-B-c
④ 가-C-b, 나-B-a, 다-A-c
⑤ 가-C-c, 나-B-b, 다-A-a

해설 | 출제영역 | 인과관계에 대한 학설

④ 가-C-b, 나-B-a, 다-A-c

〈보기 1〉 가. 조건설(등가설), 나. 합법칙적 조건설, 다. 상당인과관 계설이다.

〈보기 2〉 A. 상당인과관계설, B. 합법칙적 조건설, C. 조건설의 내 용이다.

<보기 3> a. 합법칙적 조건설에 대한 비판, b. 조건설에 대한 비판
　　　　(보충 참조), c. 상당인과관계설에 대한 비판이다.

[보충] 조건설에 대한 비판

예컨대, 甲과 乙이 독립하여 丙이 먹는 음식에 각각 치사량의 독약을
넣어 丙을 살해한 경우, 특히 乙의 독약이 조금 더 먼저 작용하여 丙
의 사망의 원인이 되었음이 재판에서 입증되었다고 할 때 乙의 행위
와 丙의 사망 간의 인과관계를 택일적 인과관계 또는 이중적 인과관
계라고 한다.

그런데 조건설(등가설)에 의하면 모든 조건은 동등하므로 乙의 행위
가 없다 하더라도 丙의 사망은 일어나게 되어 있으므로 결국 절대적
제약관계의 공식(conditio sine qua non)을 만족시킬 수 없어 乙
의 행위와 丙의 사망 간에 인과관계가 부정되는 불합리한 결론에 이
르게 된다. 이는 타당하지 못한 결론이다.

이에 비해, 가정적 대치원인인 甲의 행위를 제외하여 실제 발생한 결
과와 관련된 원인행위(乙)만을 조건으로 보아야 한다는 합법칙적 조
건설의 입장에 의할 경우에는 인과관계가 인정된다.

정답 ④

4 고의

017 ✓ 대표 ◆◇◇ 국가9급 2018

다음 중 고의의 인식대상에 해당하지 않는 것은?

① 형법 제347조 사기죄에서의 기망행위
② 형법 제262조 폭행치사죄에서의 사망의 결과
③ 형법 제245조 공연음란죄에서의 공연성
④ 형법 제129조 제1항 수뢰죄에서의 공무원 또는 중재
　 인이라는 신분

해설 ❘ 출제영역 ❘ 고의 – 고의의 인식대상

② (×) 폭행치사죄는 결과적 가중범으로서 폭행과 사망의 결과 사
이에 인과관계가 있는 외에 사망의 결과에 대한 예견가능성 즉
과실이 있어야 한다(대법원 1990.9.25, 90도1596). 폭행치사
죄에서의 사망의 결과는 고의의 인식대상이 아니고, 사망이라는
결과에 대하여 예견가능성이 요구될 뿐이다.
① (○), ③ (○), ④ (○) 객관적 구성요건으로, 고의의 인식대상
에 해당한다.

정답 ②

018 ✓ 대표 ◆◇◇ 국가9급 2014

고의에 대한 설명으로 옳은 것만을 모두 고르면? (다툼
이 있는 경우 판례에 의함)

> ㄱ. 피고인이 고의를 부인하는 경우에는 그 내심과 상당
> 한 관련이 있는 간접사실을 증명하는 방법에 의하여
> 이를 입증할 수 있다.
> ㄴ. 강도가 베개로 피해자의 머리 부분을 약 3분간 누르
> 던 중, 피해자가 저항을 멈추고 사지가 늘어졌음에도
> 계속하여 눌렀다면 살인의 미필적 고의가 인정된다.
> ㄷ. 살인죄의 범의는 자기의 행위로 인하여 피해자가 사
> 망할 수도 있다는 사실을 인식·예견하는 것으로는
> 부족하고, 피해자의 사망을 희망하거나 목적하여야
> 한다.
> ㄹ. 자신이 성인이라는 청소년의 말을 믿고 그 청소년이
> 제시한 타인의 건강진단 결과서만을 확인한 채 청소
> 년을 청소년유해업소에 고용한 업주에게는 청소년
> 고용에 관한 미필적 고의가 인정된다.

① ㄱ, ㄴ, ㄷ　　　　② ㄱ, ㄴ, ㄹ
③ ㄴ, ㄷ, ㄹ　　　　④ ㄱ, ㄷ, ㄹ

해설 ❘ 출제영역 ❘ 구성요건론 – 고의 – 미필적 고의

ㄱ. (○) 피고인이 범의를 부인하고 있는 경우에는 사물의 성질상 고
의와 상당한 관련성이 있는 간접 사실을 증명하는 방법에 의하여
입증할 수밖에 없고, 무엇이 상당한 관련성이 있는 간접사실에
해당할 것인가는 정상적인 경험칙에 바탕을 두고 치밀한 관찰력
이나 분석력에 의하여 사실의 연결 상태를 합리적으로 판단하는
방법에 의하여야 한다(대법원 2002.8.23, 2000도329).
ㄴ. (○) 대법원 2002.2.8, 2001도6425
ㄷ. (×) 살인죄에 있어서의 범의는 반드시 살해의 목적이나 계획적
인 살해의 의도가 있어야 인정되는 것은 아니고, 자기의 행위로
인하여 타인의 사망의 결과를 발생시킬 만한 가능 또는 위험이
있음을 인식하거나 예견하면 족한 것이고 그 인식이나 예견은
확정적인 것은 물론 불확정적인 것이라도 소위 미필적 고의로도
인정되는 것이다(대법원 2008.3.27, 2008도507; 2000.8.18,
2000도2231; 2001.9.28, 2001도3997).
ㄹ. (○) 대법원 2007.11.16, 2007도7770; 2004.4.23, 2003도
8039

정답 ②

019 ✓ 대표 ◆◇◇ **국가9급총론 2017**

고의에 대한 설명으로 옳은 것은? (다툼이 있으면 판례에 의함)

① 살인죄에서의 고의는 자기행위로 인하여 타인의 사망 결과를 발생시킬만한 가능성 또는 위험성이 있음을 인식·예견함과 동시에 사망의 결과발생에 대한 희망을 필요로 한다.

② 운전면허가 취소된 상태에서 운전자가 면허가 취소되었다는 사실을 인식하지 못하고 자동차를 운전한 경우 도로교통법상 무면허운전죄에 해당하지 않는다.

③ 유흥업소의 업주가 고용희망자의 것이 아닌 타인의 건강진단결과서상의 생년월일 기재만을 확인하고 자신이 성인이라는 청소년의 말을 믿고 청소년을 고용한 경우, 청소년 고용에 대한 미필적 고의가 있다고 볼 수 없다.

④ 새로 부임한 목사가 전임목사에 대한 좋지 않은 소문의 진위를 확인하기 위해 교회의 집사들에게 이에 대해 물었다면 명예훼손의 고의 혹은 미필적 고의가 인정된다.

해설 출제영역 | 구성요건론 – 고의의 인식대상

② (○) 운전자가 <u>면허가 취소되었다는 사실을 인식하지 못했으므로 고의범인 도로교통법상 무면허운전죄는 성립하지 않는다</u>(대법원 2004.12.10, 2004도6480).

① (×) 살인죄의 범의는 자기의 행위로 인하여 피해자가 사망할 수도 있다는 사실을 인식, 예견하는 것으로 족하지 피해자의 사망을 희망하거나 목적으로 할 필요는 없고, 확정적인 고의가 아닌 미필적 고의로도 족하다(대법원 2002.10.25, 2002도4089).

③ (×) 피고인이 A가 제시하는 성년인 B 명의의 건강진단 결과서만을 확인한 채 고용대상자인 A 및 소개인들의 거짓말에 터잡아 그녀가 성인이라고 가볍게 믿고 당일로 A와 고용계약을 체결한 후 일을 시킨 경우, 피고인에게는 A가 청소년임에도 그녀를 고용한다는 점에 관하여 적어도 미필적 고의가 있었다고 볼 것이다(대법원 2002.6.28, 2002도2425).

④ (×) 새로 목사로서 부임한 피고인이 전임목사에 관한 교회내의 불미스러운 소문의 진위를 확인하기 위하여 이를 교회집사들에게 물어보았다면 이는 명예훼손의 고의없는 단순한 확인에 지나지 아니하여 사실의 적시라고 할 수 없다 할 것이므로 이 점에서 피고인에게 명예훼손의 고의 또는 미필적 고의가 있을 수 없다고 할 수 밖에 없다(대법원 1985.5.28, 85도588).

정답 ②

020 ✓ 유사 ◆◆◇ **경찰1차 2024**

고의에 관한 설명으로 가장 적절한 것은? (다툼이 있는 경우 판례에 의함)

① 목적적 범죄체계론에 따르면 고의는 책임의 요소이다.

② 고의가 성립하기 위해서는 행위자가 모든 객관적 구성요건에 해당하는 사실을 인식해야 하기에 상습도박죄에 있어서 상습성은 고의의 인식대상이다.

③ 고의의 본질에 관한 학설 중 행위자가 결과발생의 가능성을 인식하기만 하면 고의가 성립한다고 보는 견해에 따르면 인식 있는 과실도 고의로 인정될 수 있다.

④ 방조범은 정범의 실행을 방조한다는 방조의 고의와 정범의 행위가 구성요건에 해당하는 행위인 점에 대한 정범의 고의가 있어야 하고, 방조범에 있어서 정범의 고의는 정범에 의하여 실현되는 범죄의 구체적 내용까지 인식할 것을 요한다.

해설 출제영역 | 고의의 체계적 지위, 본질

③ (○) 고의는 구성요건에 해당하는 객관적 사실에 대한 심리적 인식만 있으면 성립하고, 구성요건적 결과발생을 희망·의욕할 필요가 없다는 견해는 고의의 본질에 관한 인식설의 입장을 말한다. 인식설에 따르면 인식 있는 과실도 고의에 포함된다. 이에 인식설에 대해서는 고의의 범위가 너무 넓어진다는 비판이 있다.

① (×) 목적적 범죄체계론은 고의를 비롯한 모든 주관적 불법요소들을 구성요건요소로 파악한다.
[정리] 범죄체계론에 따른 고의의 체계적 지위 ⇨ ⊙ 고전적 범죄체계와 신고전적 범죄체계: 책임요소, ⓒ 목적적 범죄체계: 구성요건요소, ⓒ 합일태적 범죄체계: 구성요건요소이자 책임요소(이중적 지위 내지 이중적 기능)

② (×) 상습성은 객관적 구성요건요소가 아니라 책임가중적 요소로서 특별한 책임표지에 해당하므로 구성요건적 고의의 인식대상이 아니다. 따라서 행위자가 상습성을 인식하지 못한 경우에도 상습범의 성립에는 영향이 없다.

④ (×) 방조범은 정범의 실행을 방조한다는 이른바 <u>방조의 고의와 정범의 행위가 구성요건에 해당하는 행위인 점에 대한 정범의 고의가 있어야 하나, … 방조범에 있어서 정범의 고의는 정범에 의하여 실현되는 범죄의 구체적 내용을 인식할 것을 요하는 것은 아니고 미필적 인식 또는 예견으로 충분하다</u>(대법원 2011.12.8, 2010도9500).

정답 ③

021 ✓ 유사 ◆◇◇ 　　　　국가9급총론 2021

판례의 태도에 대한 설명으로 옳지 않은 것은?

① 목적범의 성립에 필요한 목적에 대한 인식의 정도는 확정적 인식임을 요한다.

② 존속살해죄가 성립하기 위해서는 존속을 살해한다는 인식이 있어야 한다.

③ 정당방위·과잉방위나 긴급피난·과잉피난이 성립하기 위해서는 방위의사나 피난의사가 있어야 한다.

④ 구체적 사실에 대한 착오 중 방법(타격)의 착오가 발생한 경우 발생 사실에 대한 고의가 인정된다.

[해설] 출제영역 | 범죄론 종합

① (×) 국가보안법 제7조 제5항 위반의 죄는 그 제1항 내지 제4항의 행위를 할 목적으로 문서 등 이적표현물을 취득, 소지, 제작, 반포 등의 행위를 하는 것으로서 이른바 목적범이기는 하나 그 목적은 그 행위에 대한 적극적 의욕이나 확정적 인식까지는 필요 없고 미필적 인식으로 족한 것이다(대법원 1992.7.14, 91도41).

② (○) 가중적 구성요건요소도 구성요건적 고의의 인식대상에 속한다(제15조 제1항).

③ (○) 판례는 주관적 정당화요소 필요설의 입장이다(대법원 2000.4.25, 98도2389).

④ (○) 판례는 법정적 부합설에 의하여 고의를 인정한다(대법원 1984.1.24, 83도2813; 1987.10.26, 87도1745).

[정답] ①

022 ✓ 유사 ◆◇◇ 　　　　국가9급 2017

주관적 구성요건요소에 대한 설명으로 옳지 않은 것은? (다툼이 있으면 판례에 의함)

① 행정상의 단속을 주안으로 하는 법규라 하더라도 명문규정이 있거나 해석상 과실범도 벌할 뜻이 명확한 경우를 제외하고는 고의가 있어야 벌할 수 있다.

② 목적범에서의 목적은 목적내용에 대한 적극적 의욕이나 확정적 인식까지는 요하지 않고 미필적 인식으로도 족하다.

③ 공연음란죄는 행위의 음란성에 대한 의미의 인식 이외에 주관적으로 성욕의 흥분 또는 만족 등의 성적인 목적이 있어야 성립한다.

④ 부진정부작위범의 고의는 법익침해의 결과발생을 방지할 법적 작위의무를 가지고 있는 사람이 의무를 이행함으로써 결과발생을 쉽게 방지할 수 있었음을 예견하고도 결과발생을 용인하고 이를 방관한 채 의무를 이행하지 아니한다는 인식을 하면 족하며, 이러한 작위의무자의 예견 또는 인식 등이 불확정적인 경우이더라도 미필적 고의로 인정될 수 있다.

[해설] 출제영역 | 구성요건론 – 구성요건요소 – 주관적 구성요건요소

③ (×) 형법 제245조 소정의 '음란한 행위'라 함은 일반 보통인의

성욕을 자극하여 성적 흥분을 유발하고 정상적인 성적 수치심을 해하여 성적 도의관념에 반하는 것을 가리킨다고 할 것이고, 위 죄는 주관적으로 성욕의 흥분, 만족 등의 성적인 목적이 있어야 성립하는 것은 아니고 그 행위의 음란성에 대한 의미의 인식이 있으면 족하다(대법원 2004.3.12, 2003도6514).

① (○) 대법원 2010.2.11, 2009도9807

② (○) 대법원 2015.8.19, 2015도5789

④ (○) 대법원 2015.11.12, 2015도6809 전원합의체

[정답] ③

023 ✓ 대표 ◆◆◇ 　　　　변호사 2018

고의에 관한 설명 중 옳지 않은 것은? (다툼이 있는 경우 판례에 의함)

① 자신이 흉기를 휴대한 사실을 알지 못하고 타인의 집에 들어가 절도한 경우, 흉기휴대의 고의가 인정되지 않으므로 특수(흉기휴대)절도로 처벌할 수 없다.

② 미필적 고의가 인정되기 위해서는 결과발생의 가능성에 대한 인식이 있음은 물론 나아가 결과발생을 용인하는 내심의 의사가 있음을 요한다.

③ 건장한 체격의 군인이 왜소한 체격의 사람을 폭행하고 특히 급소인 목을 설골이 부러질 정도로 세게 졸라 사망하게 한 경우에는 살인의 고의가 인정된다.

④ 예리한 식도로 타인의 하복부를 찔러 직경 5센티미터, 깊이 15센티미터 이상의 자상을 입힌 결과 그 타인이 내장파열 및 다량의 출혈뿐만 아니라 자창의 감염으로 인해 사망에 이른 경우에는 행위자에게 고의에 의한 살인의 죄책을 물을 수 없다.

⑤ 부작위에 의한 살인의 경우에는 생명의 침해를 방지할 법적 작위의무를 가지고 있는 자가 의무를 이행함으로써 생명의 침해를 쉽게 방지할 수 있었음을 예견하고도 생명의 침해를 용인하고 이를 방관한 채 의무를 이행하지 아니한다는 인식이 있었다면 살인의 고의가 인정된다.

[해설] 출제영역 | 구성요건론 – 고의, 미필적 고의

④ (×) 피고인이 예리한 식도로 피해자의 하복부를 찔러 직경 5센티, 길이 15센티미터 이상의 자상을 입힌 결과 사망하였다면 일반적으로 내장파열 및 다량의 출혈과 자창의 감염으로 사망의 결과를 발생하게 하리라는 점을 경험상 예견할 수 있는 것이므로 피고인에게 살인의 결과에 대한 확정적 고의는 없다 치더라도 미필적 인식은 있었다고 볼 것이다(대법원 1982.12.28, 82도2525).

① (○) 흉기휴대의 고의가 없어 특수(흉기휴대)절도로 처벌할 수 없다.

② (○) 미필적 고의가 있었다고 하려면 범죄사실의 발생 가능성에 대한 인식이 있음은 물론 나아가 범죄사실이 발생할 위험을 용인하는 내심의 의사가 있어야 한다(대법원 2004.5.14, 2004도74).

③ (○) 대법원 2001.3.9, 2000도5590

⑤ (○) 부진정부작위범의 고의는 반드시 구성요건적 결과발생에 대한 목적이나 계획적인 범행 의도가 있어야 하는 것은 아니고

법익침해의 결과발생을 방지할 법적 작위의무를 가지고 있는 사람이 의무를 이행함으로써 결과발생을 쉽게 방지할 수 있었음을 예견하고도 결과발생을 용인하고 이를 방관한 채 의무를 이행하지 아니한다는 인식을 하면 족하며, 이러한 작위의무자의 예견 또는 인식 등은 확정적인 경우는 물론 불확정적인 경우이더라도 미필적 고의로 인정될 수 있다(대법원 2015.11.12, 2015도6809 전원합의체).

정답 ④

---

024 ✅ 대표 ◆◆◇　　　　　　　　국가9급/총론 2020

괄호 안에 기재된 범죄에 대한 미필적 고의가 인정되지 않는 것은? (다툼이 있는 경우 판례에 의함)

① 피고인이 만 12세의 피해자를 강간할 당시 피해자가 자신을 중학교 1학년이라 14세라고 하였고, 피해자는 키와 체중이 동급생보다 큰 편이었으며, 이들이 모텔에 들어갈 때 특별한 제지도 받지 아니하였다. (성폭력범죄의 처벌 등에 관한 특례법 위반 – 13세 미만 미성년자 강간 등)

② 피고인이 피해자의 머리나 가슴 등 치명적인 부위가 아닌 허벅지와 종아리 부위 등을 20여 회 힘껏 찔러 피해자가 과다실혈로 사망하였다. (살인)

③ 피고인이 청소년으로 의심되는 피해자에게 단지 나이만 묻고 신분증 등으로 정확히 연령을 확인하지 않은 채 청소년인 피해자를 성매매 알선을 위한 종업원으로 고용하여 성매매알선행위를 업으로 하였다. (아동·청소년의 성보호에 관한 법률 위반 – 알선영업행위 등)

④ 피고인이 이미 도산이 불가피한 상황으로 대금지급이 불가능하게 될 가능성을 충분히 인식하면서도 이러한 사정을 숨기고 피해자로부터 생산자재용 물품을 납품받았다. (사기)

해설 | 출제영역 | 구성요건론 – 고의 – 미필적 고의

① (×) 형사재판에서 공소가 제기된 범죄의 구성요건을 이루는 사실은 그것이 주관적 요건이든 객관적 요건이든 그 입증책임이 검사에게 있으므로, 구 성폭력범죄의 처벌 및 피해자보호 등에 관한 법률(2010.4.15. 법률 제10258호 성폭력범죄의 피해자보호 등에 관한 법률로 개정되기 전의 것, 이하 '구 성폭법') 제8조의2 제1항에서 정하는 범죄의 성립이 인정되려면, <u>피고인이 피해자가 13세 미만의 여자임을 알면서 그를 강간하였다는 사실이 검사에 의하여 입증되어야 한다.</u> 피고인이 13세 미만 미성년자인 피해자(여, 12세)를 강간하였다고 하여 구 성폭법 위반으로 기소된 경우, 13세 미만의 여자에 대한 강간죄에서 피해자가 13세 미만이라고 하더라도 피고인이 피해자가 13세 미만인 사실을 몰랐다고 범의를 부인하는 경우에는 다른 범죄와 마찬가지로 상당한 관련성이 있는 간접사실 또는 정황사실에 의하여 증명 여부가 판단되어야 하는데, 제반 사정에 비추어 <u>피고인이 범행 당시 이를 미필적으로라도 인식하고 있었다는 것이 합리적 의심의 여지없이 증명되었다고 단정할 수 없는데도,</u> "피해자가 13세 미만의 여자인 이상 그 당시의 객관적인 정황에 비추어 피고인이 피해자가 13세 미만의 여자라는 사실을 인식하였더라면 강간행위로 나아가지

아니하였으리라고 인정할 만한 합리적인 근거를 찾을 수 없다면" 같은 법 제8조의2 제1항에서 정하는 강간죄에 관한 미필적 고의가 인정될 수 있다는 법리에 따라 유죄를 인정한 원심판결에 형사재판의 증명책임에 관한 법리를 오해하는 등의 위법이 있다(대법원 2012.8.30, 2012도7377).

[보충] (판결이유 중) "피해자가 13세 미만의 여자인 이상 그 당시의 객관적인 정황에 비추어 피고인이 피해자가 13세 미만의 여자라는 사실을 인식하였더라면 강간행위로 나아가지 아니하였으리라고 인정할 만한 합리적인 근거를 찾을 수 없다면" 이 사건 법조항에서 정하는 강간죄에 관한 미필적 고의가 인정될 수 있다고 하는 법리는 범죄의 주관적 구성요건사실 역시 객관적 구성요건사실과 마찬가지로 검사에 의하여 입증되어야 한다는 형사소송법상의 중요한 원칙을 정당한 이유 없이 광범위한 범위에서 훼손하는 것으로서 쉽사리 용납될 수 없다.

② (○) 살인죄의 범의는 자기의 행위로 인하여 피해자가 사망할 수도 있다는 사실을 인식, 예견하는 것으로 족하지 피해자의 사망을 희망하거나 목적으로 할 필요는 없고, 확정적인 고의가 아닌 미필적 고의로도 족하다. 피해자에 대한 가해행위를 직접 실행한 피고인 3, 4이 피해자의 머리나 가슴 등 치명적인 부위가 아닌 허벅지나 종아리 부위 등을 주로 찔렀다고 하더라도 칼로 피해자를 20여 회나 힘껏 찔러 그로 인하여 피해자가 과다실혈로 사망하게 된 이상 피고인 3, 4이 자기들의 가해행위로 인하여 피해자가 사망할 수도 있다는 사실을 인식하지 못하였다고는 볼 수 없고, 오히려 살인의 미필적 고의가 있었다고 볼 수 있다(대법원 2002.10.25, 2002도4089).

③ (○) 성을 사는 행위를 알선하는 행위를 업으로 하는 자가 성매매알선을 위한 종업원을 고용하면서 고용대상자에 대하여 아동·청소년의 보호를 위한 위와 같은 연령확인의무의 이행을 다하지 아니한 채 아동·청소년을 고용하였다면, 특별한 사정이 없는 한 적어도 아동·청소년의 성을 사는 행위의 알선에 관한 미필적 고의는 인정된다고 봄이 타당하다(대법원 2014.7.10, 2014도5173).

④ (○) 피고인이 경영하던 기업이 과다한 금융채무부담, 덤핑판매로 인한 재무구조악화 등으로 특별한 금융혜택을 받지 않는 한 도산이 불가피한 상황에 이르렀는데 피고인이 특별한 금융혜택을 받을 수 없음에도 위 상황을 숨기고 대금지급이 불가능하게 될 가능성을 충분히 인식하면서 피해자로부터 생산자재용 물품을 납품받았다면 편취의 미필적 범의가 인정된다(대법원 1983.5.10, 83도340 전원합의체).

정답 ①

025 ✓유사 ◆◆◇ 　국가7급 2017

고의에 대한 설명으로 옳지 않은 것은? (다툼이 있는 경우 판례에 의함)

① 살인예비죄가 성립하기 위해서는 살인죄를 범할 목적 외에도 살인의 준비에 관한 고의가 있어야 한다.

② 채권자가 채무자의 신용상태를 인식하고 있어 장래의 변제지체 또는 변제불능에 대한 위험을 예상하고 있거나 예상할 수 있었다면, 채무자가 구체적인 변제의사·변제능력·거래조건 등 거래 여부를 결정할 수 있는 중요한 사항을 허위로 말하였다는 등의 사정이 없는 한, 채무자가 그 후 제대로 변제하지 못하였다는 사실만 가지고 사기죄의 고의가 있었다고 단정할 수 없다.

③ 상해죄의 성립에는 상해의 원인인 폭행에 관한 인식이 있는 것으로 충분하지 않고 상해를 가할 의사의 존재가 필요하다.

④ 허위사실 적시에 의한 명예훼손죄 및 사자명예훼손죄는 미필적 고의에 의해서도 성립하므로 허위사실에 대한 인식은 확정적일 필요가 없다.

〔해설〕 출제영역 | 구성요건론 – 고의의 인식대상

③ (×) 상해죄의 성립에는 상해의 원인인 폭행에 대한 인식이 있으면 충분하고 상해를 가할 의사의 존재까지는 필요하지 않다(대법원 2000.7.4, 99도4341).

① (○) 형법 제255조, 제250조의 살인예비죄가 성립하기 위하여는 형법 제255조에서 명문으로 요구하는 살인죄를 범할 목적 외에도 살인의 준비에 관한 고의가 있어야 하며, 나아가 실행의 착수까지에는 이르지 아니하는 살인죄의 실현을 위한 준비행위가 있어야 한다(대법원 2009.10.29, 2009도7150).

② (○) 소비대차 거래에서, 대주와 차주 사이의 친척·친지와 같은 인적 관계 및 계속적인 거래 관계 등에 의하여 대주가 차주의 신용 상태를 인식하고 있어 장래의 변제 지체 또는 변제불능에 대한 위험을 예상하고 있었거나 충분히 예상할 수 있는 경우에는, 차주가 차용 당시 구체적인 변제의사, 변제능력, 차용 조건 등과 관련하여 소비대차 여부를 결정지을 수 있는 중요한 사항에 관하여 허위 사실을 말하였다는 등의 다른 사정이 없다면, 차주가 그 후 제대로 변제하지 못하였다는 사실만을 가지고 변제능력에 관하여 대주를 기망하였다거나 차주에게 편취의 범의가 있었다고 단정할 수 없다(대법원 2016.4.28, 2012도14516).

④ (○) 형법 제307조 제2항의 허위사실 적시에 의한 명예훼손죄에서 적시된 사실이 허위인지 여부를 판단함에 있어서는 적시된 사실의 내용 전체의 취지를 살펴볼 때 세부적인 내용에서 진실과 약간 차이가 나거나 다소 과장된 표현이 있는 정도에 불과하다면 이를 허위라고 볼 수 없으나, 중요한 부분이 객관적 사실과 합치하지 않는다면 이를 허위라고 보아야 한다. 나아가 행위자가 그 사항이 허위라는 것을 인식하였는지 여부는 성질상 외부에서 이를 알거나 증명하기 어려우므로, 공표된 사실의 내용과 구체성, 소명자료의 존재 및 내용, 피고인이 밝히는 사실의 출처 및 인지 경위 등을 토대로 피고인의 학력, 경력, 사회적 지위, 공표 경위, 시점 및 그로 말미암아 예상되는 파급효과 등의 여러 객관적 사정을 종합하여 판단할 수밖에 없으며, 범죄의 고의는 확정적 고의뿐만 아니라 결과 발생에 대한 인식이 있고 그를 용인하는 의사인 이른바 미필적 고의도 포함하므로 허위사실 적시에 의한 명예훼손죄 역시 미필적 고의에 의하여도 성립하고, 위와 같은 법리는 형법 제308조의 사자명예훼손죄의 판단에서도 마찬가지로 적용된다(대법원 2014.3.13, 2013도12430).

〔정답〕 ③

026 ✓이론 ◆◆◇ 　법원행시 2018

다음 설명 중 가장 옳지 않은 것은? (다툼이 있는 경우 판례에 의하고, 전원합의체 판결의 경우 다수의견에 의함. 이하 같음)

① 고의범에서 고의는 미필적 인식으로 충분하며, 목적범에서 목적 또한 확정적 인식을 요하지 않고 미필적 인식이 있으면 충분하다.

② 절도죄의 구성요건에서 재물의 타인성에 관하여 착오를 일으킨 경우, 이는 행위의 법질서에 대한 관련성에 관한 착오로서 법률의 착오에 해당하여 그 오인에 정당한 이유가 있는 때 벌하지 아니한다.

③ 방조범은 정범의 실행을 방조한다는 방조의 고의와 정범의 행위가 구성요건에 해당하는 행위인 점에 대한 정범의 고의가 있어야 하며, 정범의 고의는 정범에 의하여 실현되는 범죄의 구체적 내용을 인식할 것을 요하는 것은 아니고 미필적 인식 또는 예견으로 충분하다.

④ 구 건축법에서 정한 단열재시공 등에 대한 중간검사를 받아야 할 건물을 신축함에 있어서, 그러한 중간검사를 받아야 한다는 건축법 규정을 알지 못하였다고 하더라도, 이는 법률의 부지에 불과하여 범죄의 성립에 영향을 미칠 수 없다.

⑤ 청소년유해업소에 종업원을 고용하면서 주민등록증 제출을 요구하여 확인하였는데 주민등록상 사진과 실물이 다소 달라 보인다고 여겼다고 하더라도, 청소년 보호법위반죄의 미필적 고의가 인정된다.

〔해설〕 출제영역 | 미필적 고의

② (×) 절도죄에 있어서 재물의 타인성을 오신하여 그 재물이 자기에게 취득(빌린 것)할 것이 허용된 동일한 물건으로 오인하고 가져온 경우에는 범죄사실에 대한 인식이 있다고 할 수 없으므로 범의가 조각되어 절도죄가 성립하지 아니한다(대법원 1983.9.13, 83도1762, 83감도315).

① (○) 국헌문란의 목적은 범죄 성립을 위하여 고의 외에 요구되는 초과주관적 위법요소로서 엄격한 증명사항에 속하나, 확정적 인식임을 요하지 아니하며, 다만 미필적 인식이 있으면 족하다(대법원 1997.4.17, 96도3376 전원합의체).

③ (○) 대법원 2012.6.28, 2012도2628

④ (○) 대법원 1994.4.15, 94도365

⑤ (○) 대법원 2013.9.27, 2013도8385

〔정답〕 ②

027 ✓ 이론 ◆◆◇ 국가9급/총론 2023

미필적 고의에 대한 설명으로 옳은 것만을 모두 고르면?

> ㄱ. "결과가 발생할지도 몰라. 하지만 그래도 할 수 없지."라고 생각했으면 미필적 고의가 인정되지만, "결과가 발생할지도 몰라. 그러나 괜찮을 거야."라고 생각한 경우는 인식 없는 과실에 해당한다.
>
> ㄴ. 경찰관이 차량 약 30cm 전방에 서서 교통차단의 이유를 설명하고 있는데 운전자가 신경질적으로 갑자기 좌회전하여 우측 앞 범퍼 부분으로 해당 경찰관의 무릎을 들이받은 경우, 이는 경찰관을 충격한다는 결과의 발생을 용인하는 내심의 의사가 있었다고 봄이 경험칙상 당연하다.
>
> ㄷ. 대구지하철 화재 사고 현장을 수습하기 위한 청소작업이 한참 진행되고 있는 시간 중에 실종자 유족들로부터 이의제기가 있었음에도 즉각 청소작업을 중단하도록 지시하지 않고 수사기관과 협의하거나 확인하지 않은 경우, 그러한 청소작업으로 인한 증거인멸의 결과가 발생할 가능성을 용인하는 내심의 의사가 있었다고 단정하기는 어렵다.
>
> ㄹ. 행위자가 범죄사실이 발생할 가능성을 용인하고 있었는지는 행위자의 진술에 의존하지 않고 외부에 나타난 행위의 형태와 행위의 상황 등 구체적인 사정을 기초로 일반인이라면 범죄사실이 발생할 가능성을 어떻게 평가할 것인지를 고려하면서 객관적 제3자의 입장에서 그 심리상태를 추인하여야 한다.

① ㄱ, ㄴ   ② ㄱ, ㄹ
③ ㄴ, ㄷ   ④ ㄴ, ㄹ

해설 | 출제영역 | 미필적 고의

③ ㄴ, ㄷ

ㄱ. (×) 고의와 과실을 구분하는 기준으로 다수설과 판례는 인용설(= 용인설)의 입장을 취한다. 인용설이란 고의가 성립하기 위해 구성요건적 결과에 대한 인식이 필요하지만 결과발생을 확정적으로 의욕할 필요까지는 없고, 그에 대한 죄소한의 인식, 인용 내지 감수만 있으면 미필적 고의에 해당한다고 본다. "결과가 발생할지도 몰라. 하지만 그래도 할 수 없지."라고 생각했으면 미필적 고의가 인정되지만, "결과가 발생할지도 몰라. 그러나 괜찮을 거야."라고 생각한 경우는 <u>인식 있는</u> 과실에 해당한다.

ㄴ. (○) 택시의 회전반경 등 자동차의 운전에 대하여 충분한 지식과 경험을 가졌다고 볼 수 있는 운전자에게는, 사고 당시 최소한 택시를 일단 후진하였다가 안전하게 진행하거나 의무경찰로 하여금 안전하게 비켜서도록 한 다음 진행하지 아니하고 그대로 좌회전하는 경우 그로부터 불과 30㎝ 앞에서 서 있던 의무경찰을 충격하리라는 사실을 쉽게 알고도 <u>이러한 결과발생을 용인하는 내심의 의사, 즉 미필적 고의가 있었다고 봄이 경험칙상 당연하다</u>(특수공무방해치상은 인정되지 아니하나 공무집행방해의 고의는 인정, 대법원 1995.1.24, 94도1949).

ㄷ. (○) <u>청소 작업으로 인하여 증거인멸의 결과가 발생할 가능성을 용인하는 내심의 의사까지 있었다고 단정하기는 어렵다</u>(대법원 2004.5.14, 2004도74).

ㄹ. (×) 범죄구성요건의 주관적 요소로서 미필적 고의라 함은 범죄사실의 발생가능성을 불확실한 것으로 표상하면서 이를 용인하

고 있는 경우를 말하고, 미필적 고의가 있었다고 하려면 범죄사실의 발생가능성에 대한 인식이 있음은 물론, 나아가 범죄사실이 발생할 위험을 용인하는 내심의 의사가 있어야 한다. 그 <u>행위자가 범죄사실이 발생할 가능성을 용인하고 있었는지는 행위자의 진술에 의존하지 아니하고, 외부에 나타난 행위의 형태와 행위의 상황 등 구체적인 사정을 기초로 하여 일반인이라면 당해 범죄사실이 발생할 가능성을 어떻게 평가할 것인가를 고려하면서 행위자의 입장에서 그 심리상태를 추인하여야 한다</u>(대법원 2016.4.28, 2015도4264).

정답 ③

028 ✓ 이론 ◆◆◇ 변호사 2017

고의에 관한 설명 중 옳지 않은 것을 모두 고른 것은? (다툼이 있는 경우 판례에 의함)

> ㄱ. 부진정부작위범의 고의는 결과발생을 쉽게 방지할 수 있었음을 예견하고도 결과발생을 용인하고 이를 방관하는 미필적 고의만으로는 족하지 않다.
>
> ㄴ. 부진정 결과적가중범의 경우 중한 결과에 대한 고의가 있어도 결과적가중범이 성립한다.
>
> ㄷ. 일반물건방화죄의 경우 '공공의 위험 발생'은 고의의 내용이므로 행위자는 이를 인식할 필요가 있다.
>
> ㄹ. 친족상도례가 적용되기 위하여는 친족관계가 객관적으로 존재하고, 행위자가 이를 인식하여야 한다.
>
> ㅁ. 「형법」 제331조 제2항(흉기휴대절도)의 특수절도죄에서 행위자는 흉기를 휴대하고 있다는 사실을 인식할 필요가 없다.

① ㄱ, ㄴ   ② ㄴ, ㄷ
③ ㄱ, ㄷ, ㅁ   ④ ㄱ, ㄹ, ㅁ
⑤ ㄷ, ㄹ, ㅁ

해설 | 출제영역 | 고의 - 고의의 인식대상

ㄱ. (×) 부진정부작위범의 고의는 반드시 구성요건적 결과발생에 대한 목적이나 계획적인 범행 의도가 있어야 하는 것은 아니고 법익침해의 결과발생을 방지할 법적 작위의무를 가지고 있는 자가 그 의무를 이행함으로써 그 결과발생을 쉽게 방지할 수 있었음을 예견하고도 결과발생을 용인하고 이를 방관한 채 그 의무를 이행하지 아니한다는 인식을 하면 족하며, 이러한 작위의무자의 예견 또는 인식 등은 확정적인 경우는 물론 불확정적인 경우이더라도 미필적 고의로 인정될 수 있다(대법원 2015.11.12, 2015도6809 전원합의체).

ㄴ. (○) 대법원 2008.11.27, 2008도7311

ㄷ. (○) 일반물건방화죄에 있어 공공의 위험 발생은 객관적 구성요건요소로서 고의의 인식대상이 된다. 따라서 행위자가 이를 인식해야 범죄가 성립한다.

ㄹ. (×) 처벌조건인 친족관계의 존부는 고의의 인식 대상이 아니므로 이에 대한 인식 여부는 친족상도례의 적용과 무관하다.

ㅁ. (×) 제331조 제2항(흉기휴대절도)의 특수절도죄에서 흉기의 휴대는 객관적 구성요건요소로서 고의의 인식대상이 되므로 특수절도죄가 성립하기 위해서는 행위자의 인식이 필요하다.

정답 ④

고의에 대한 설명으로 옳지 않은 것은? (다툼이 있는 경우 판례에의함)

① 범행의 미수에 그치고자 하는 내심의 상태를 가지고 행위를 한 경우, 고의가 인정될 수 있다.

② 성적 수치심 또는 혐오감의 유발 여부는 일반적이고 평균적인 사람들을 기준으로 하여 판단함이 타당하고, 특히 성적 수치심의 경우 피해자와 같은 성별과 연령대의 일반적이고 평균적인 사람들을 기준으로 하여 그 유발 여부를 판단하여야 한다.

③ 고의는 행위 당시에 존재해야 하므로 사후고의는 「형법」의 고의에 속하지 않는다.

④ 살인죄에 있어서 고의는 반드시 살해의 목적이나 계획적인 살해의 의도가 있어야만 인정되는 것은 아니고, 자기의 폭행 등 행위로 인하여 타인의 사망이라는 결과를 발생시킬 만한 가능성 또는 위험이 있음을 인식하거나 예견하였다면 족한 것이다.

해설 출제영역 | 고의의 종류

① (×) 고의는 객관적 구성요건요소에 관한 인식과 구성요건실현을 위한 의사로서 범행의 기수에 이르게 하겠다는 소위 기수의 고의를 의미한다. 따라서 범행의 미수에 그치고자 하는 내심의 상태인 소위 미수의 고의는 형법상 고의로서 인정되지 않는다.

② (○) '성적 수치심이나 혐오감을 일으키는 것'은 피해자에게 단순한 부끄러움이나 불쾌감을 넘어 인격적 존재로서의 수치심이나 모욕감을 느끼게 하거나 싫어하고 미워하는 감정을 느끼게 하는 것으로서 사회 평균인의 성적 도의관념에 반하는 것을 의미한다. 이와 같은 성적 수치심 또는 혐오감의 유발 여부는 일반적이고 평균적인 사람들을 기준으로 하여 판단함이 타당하고, 특히 성적 수치심의 경우 피해자와 같은 성별과 연령대의 일반적이고 평균적인 사람들을 기준으로 하여 그 유발 여부를 판단하여야 한다(대법원 2017.6.8, 2016도21389).

③ (○) 사후고의 구성요건적 결과가 발생한 이후에 행위자가 비로소 사실에 대한 인식을 갖게 된 경우이며, 고의는 언제나 구성요건요소에 대한 행위 당시의 인식을 전제로 하기 때문에 사후고의는 형법적인 의미를 갖는 고의가 아니다.

④ (○) 살인죄에 있어서의 범의는 반드시 살해의 목적이나 계획적인 살해의 의도가 있어야 하는 것은 아니고 자기의 행위로 인하여 타인의 사망의 결과를 발생시킬 만한 가능 또는 위험이 있음을 인식하거나 예견하면 족한 것이고 그 인식 또는 예견은 확정적인 것은 물론 불확정적인 것이라도 소위 미필적 고의로 인정된다(대법원 1988.2.9, 87도2564).

정답 ①

범죄의 주관적 요소에 관한 설명 중 가장 적절하지 않은 것은? (다툼이 있는 경우 판례에 의함)

① 고의의 본질에 관한 용인설(인용설)에 따르면 구성요건적 결과를 용인하는 의사만으로도 고의가 인정되어 미필적 고의는 고의에 포함되나, 인식 있는 과실은 고의에 포함되지 않는다.

② 회사의 노동조합 홍보이사가 노조 사무실에서 '새벽 6호'라는 책자를 집에 가져와 보관하고 있다가 「국가보안법」 제7조 제5항의 이적표현물소지죄로 체포된 경우, 그 홍보이사에게 목적범인 이적표현물소지죄가 성립하기 위해서는 이적행위를 하려는 목적의 확정적 인식이 있어야 한다.

③ 살인예비죄가 성립하기 위해서는 살인죄를 범할 목적 외에도 살인준비에 관한 고의가 있어야 한다.

④ 피고인이 범죄구성요건의 주관적 요소인 고의를 부인하는 경우, 그 범의 자체를 객관적으로 증명할 수 없으므로 사물의 성질상 범의와 상당한 관련성 있는 간접사실 또는 정황사실을 증명하는 방법으로 이를 입증할 수밖에 없다.

해설 출제영역 | 고의의 종류

② (×) 판례는 목적의 의미에 관하여 확정적 인식이 아니라 미필적 인식으로 족하다는 입장이다.

> **[판례]** 같은 법 제7조 제5항 위반의 죄는, 그 법문이 표현하고 있는 바와 같이 제1항 내지 제4항의 행위를 할 목적으로 문서 등 이적표현물을 취득·소지·제작·반포 등의 행위를 하는 것으로서 이른바 목적범임이 명백하므로 고의 외에 별도로 초과주관적 위법요소인 목적이 요구되는 것이고, 행위자가 표현물에 대한 이적성을 인식하고 위와 같은 행위를 하였다고 하더라도 같은 조 제1항 내지 제4항의 이적행위를 할 목적이 인정되지 아니하면 그 구성요건은 충족되지 않는 것이다. "나"항의 목적은 같은 법 제1항 내지 제4항의 행위에 대한 적극적 의욕이나 확정적 인식까지는 필요없고 미필적 인식으로 족한 것이므로 표현물의 내용이 객관적으로 보아 반국가단체인 북한의 대남선전, 선동 등의 활동에 동조하는 등의 이적성을 담고 있는 것임을 인식하고, 나아가 그와 같은 이적행위가 될지도 모른다는 미필적 인식이 있으면 위 조항의 구성요건은 충족된다(대법원 1992.3.31, 90도2033 전원합의체).

① (○) 인용설이라 함은, 미필적 고의와 인식 있는 과실이 구성요건적 결과발생의 가능성을 인식하였다는 점에서는 일치하지만, 고의의 의욕적 측면에서는 차이가 있다고 보는 입장이다. 즉, 결과발생의 가능성을 인식하고 동시에 결과발생을 내심으로 받아들이거나 수긍하는 용인 혹은 승낙이 있을 경우에는 미필적 고의가 인정되지만, 이것이 없을 경우에는 과실에 불과하므로 인식있는 과실은 고의로 인정되지 못하고 과실에 불과하게 된다.

③ (○) 예비죄의 주관적 성립요건으로서는 기본범죄에 대한 고의와 기본범죄에 대한 목적이 필요하다.

> **[판례]** 형법 제255조, 제250조의 살인예비죄가 성립하기 위하여는 형법 제255조에서 명문으로 요구하는 살인죄를 범

할 목적 외에도 살인의 준비에 관한 고의가 있어야 한다(대법원 2009.10.29, 2009두7150).

④ (○) 피고인이 일정한 사정의 인식 여부와 같은 내심의 사실에 관하여 이를 부인하는 경우에는 이러한 주관적 요소로 되는 사실은 사물의 성질상 그 내심과 상당한 관련이 있는 간접사실 또는 정황사실을 증명하는 방법에 의하여 이를 입증할 수밖에 없고, 이 때 무엇이 상당한 관련성이 있는 간접사실에 해당할 것인가는 정상적인 경험칙에 바탕을 두고 사실의 연결상태를 합리적으로 분석·판단하는 방법에 의하여야 한다(대법원 2012.8.30, 2012도7377).

정답 ②

---

031 ✔ 이론 ◆◇◇   경찰1차 2022

고의에 관한 설명으로 옳지 않은 것을 모두 고른 것은? (다툼이 있는 경우 판례에 의함)

ㄱ 행정상의 단속을 주안으로 하는 법규라 하더라도 명문규정이 있거나 해석상 과실범도 벌할 뜻이 명확한 경우를 제외하고는 형법의 원칙에 따라 고의가 있어야 벌할 수 있다.

ㄴ 「형법」 제167조 제1항의 일반물건방화죄에서 '공공의 위험발생'은 고의의 인식 대상이 아니다.

ㄷ 「형법」 제136조 제1항의 공무집행방해죄에 있어서의 범의는 상대방이 직무를 집행하는 공무원이라는 사실과 이에 대하여 폭행 또는 협박을 한다는 인식, 그리고 그 직무집행을 방해할 의사를 내용으로 한다.

ㄹ 방조범은 2중의 고의를 필요로 하므로 정범이 정하는 범죄의 일시, 장소, 객체 등을 구체적으로 인식하여야 하며, 나아가 정범이 누구인지 확정적으로 인식해야 한다.

ㅁ 친족상도례가 적용되기 위하여는 친족관계가 객관적으로 존재하여야 하나, 행위자가 이를 인식할 필요는 없다.

① ㄱㄴㄷ   ② ㄱㄹㅁ
③ ㄴㄷㄹ   ④ ㄷㄹㅁ

해설 | 출제영역 | 고의의 대상

③ ㄴㄷㄹ

ㄱ (○) 행정상의 단속을 주안으로 하는 법규라 하더라도 '명문규정이 있거나 해석상 과실범도 벌할 뜻이 명확한 경우'를 제외하고는 형법의 원칙에 따라 '고의'가 있어야 벌할 수 있다(대법원 2010.2.11, 2009도9807).

ㄴ (×) 구체적 위험범에서의 위험 발생은 객관적 구성요건으로서 고의의 인식대상이다. 따라서 구체적 위험범인 일반물건방화죄에서 '공공의 위험'은 고의의 인식대상이다.

ㄷ (×) 공무집행방해죄에 있어서의 범의는 상대방이 직무를 집행하는 공무원이라는 사실, 그리고 이에 대하여 폭행 또는 협박을 한다는 사실을 인식하는 것을 그 내용으로 하고, 그 인식은 불확정적인 것이라도 소위 미필적 고의가 있다고 보아야 하며, 그 직

무집행을 방해할 의사를 필요로 하지 아니한다(대법원 1995.1.24, 94도1949).

ㄹ (×) 방조범에 있어서 정범의 고의는 정범에 의하여 실현되는 범죄의 구체적 내용을 인식할 것을 요하는 것은 아니고 미필적 인식 또는 예견으로 충분하다(대법원 2011.12.8, 2010도9500).

ㅁ (○) 친족상도례에서의 친족관계는 처벌조건 내지 소추조건에 불과하므로 구성요건적 고의의 인식대상이 아니다. 따라서 이는 행위시에 객관적으로 존재하면 되고, 범인이 그에 대하여 인식하였는지 여부는 문제되지 않는다.

정답 ③

---

032 ✔ 이론 ◆◆◆   경찰승진 2022

다음 사례에 대한 설명으로 적절한 것을 모두 고른 것은?

사례

甲은 A를 살해하기 위하여 돌멩이로 A의 머리를 내리쳐서(제1행위) A가 정신을 잃고 쓰러지자 그가 사망한 것으로 오인하고 증거를 인멸할 목적으로 A를 그곳에서 150m 떨어진 개울가로 끌고 가 웅덩이를 파고 A를 매장하였는데(제2행위), A는 제1행위가 아닌 제2행위로 인하여 질식사하였다.

ㄱ 판례는 전과정을 개괄적으로 보면 피해자의 살해라는 처음에 예견된 사실이 결국은 실현된 것으로 본다.

ㄴ 甲이 증거를 인멸할 목적으로 A를 매장하였더라도 증거인멸죄는 성립하지 않는다.

ㄷ 판례는 각 행위의 독립적 성격을 강조하여 살인미수죄와 과실치사죄의 실체적 경합범을 인정한다.

ㄹ 위와 유사한 사례에서 판례는 상해의 고의로 구타하여 피해자가 정신을 잃고 빈사상태에 빠지자(제1행위) 사망한 것으로 오인하고 자신의 행위를 은폐하기 위하여 피해자를 베란다 아래로 떨어뜨려 사망하게 한 경우(제2행위), 그 행위들을 포괄하여 단일의 살인죄에 해당한다고 본다.

① ㄱ, ㄴ   ② ㄱ, ㄴ, ㄷ
③ ㄱ, ㄴ, ㄹ   ④ ㄴ, ㄷ, ㄹ

해설 | 출제영역 | 개괄적 고의

① ㄱ, ㄴ

ㄱ (○) 대법원 1988.6.28, 88도650

ㄴ (○) 증거인멸죄는 타인의 형사사건 등에 관한 증거를 대상으로 하므로(제155조 제1항), 자기의 사건에 관한 증거를 인멸한 甲의 행위는 증거인멸죄의 구성요건에 해당하지 아니한다.

ㄷ (×) 행위자가 처음에 의도했던 결과가 개괄적으로 보면 실현된 것이므로 발생결과에 대한 고의기수를 인정한다는 것이 판례의 입장이다(대법원 1988.6.28, 88도650). 즉, A에 대한 살인기수죄가 성립한다.

[보충] 지문의 내용은 판례가 아니라 미수범설(소수설)의 입장이다.

ㄹ (×) 피고인이 피해자에게 우측 흉골골절 및 늑골골절상과 이로 인한 우측 심장벽좌상과 심낭내출혈 등의 상해를 가함으로써, 피

해자가 바닥에 쓰러진 채 정신을 잃고 빈사상태에 빠지자, 피해자가 사망한 것으로 오인하고, 피고인의 행위를 은폐하고 피해자가 자살한 것처럼 가장하기 위하여 피해자를 베란다로 옮긴 후 베란다 밑 약 13m 아래의 바닥으로 떨어뜨려 피해자로 하여금 현장에서 좌측 측두부 분쇄함몰골절에 의한 뇌손상 및 뇌출혈 등으로 사망에 이르게 하였다면, 피고인의 행위는 포괄하여 단일의 상해치사죄에 해당한다(대법원 1994.11.4, 94도2361).

정답 ①

033 ✔ 이론 ◆◆◇ 국가9급총론 2019

甲은 乙에게 A를 상해하라고 교사하고 乙은 이를 승낙하였으나, 그 후 생각이 바뀌어 乙에게 단념하라고 했다. 그 말을 듣고 乙은 범행을 포기했으나 얼마 후 자신을 무시하는 A를 살해하기로 마음먹고, 건물 옥상에서 우연히 A가 B와 함께 걸어가는 것을 보고 누가 죽더라도 상관없다고 생각하면서 아래로 벽돌을 던졌다. A는 놀라 넘어져 경상을 입었고, B는 머리에 벽돌을 맞아 중상을 입고 병원에 후송되었는데 수술지연 등 의사의 과실이 공동원인이 되어 B는 사망하였다. 甲과 乙의 죄책에 대한 설명으로 옳은 것은? (다툼이 있는 경우 판례에 의함)

① 甲은 乙에게 단념하라고 말했고 乙이 범행을 포기했다고 하더라도 乙이 A를 상해한 이상 甲은 A에 대한 상해교사의 죄책을 진다.
② 乙이 옥상에서 벽돌을 던져 A에게 경상을 입힌 점에 대해서는 살인미수의 죄책을 진다.
③ 乙이 옥상에서 던진 벽돌이 B의 머리에 맞은 것은 방법의 착오에 해당하며, 법정적 부합설에 따르면 B에 대한 살인의 고의가 인정되지 아니한다.
④ 수술지연 등 의사의 과실이 공동원인이 된 이상 乙의 행위와 B의 사망 사이에는 인과관계가 인정되지 않는다.

해설 출제영역 | 택일적 고의
② (○) 乙에게는 A와 B에 대한 살인의 택일적 고의가 인정된다. 따라서 A에게 경상을 입힌 부분에 대해서는 살인미수의 죄책을 진다.
① (×) 교사범이 그 공범관계로부터 이탈하기 위해서는 피교사자가 범죄의 실행행위에 나아가기 전에 교사범에 의하여 형성된 피교사자의 범죄 실행의 결의를 해소하는 것이 필요하고, 이때 교사범이 피교사자에게 교사행위를 철회한다는 의사를 표시하고 이에 피교사자도 그 의사에 따르기로 하거나 또는 교사범이 명시적으로 교사행위를 철회함과 아울러 피교사자의 범죄 실행을 방지하기 위한 진지한 노력을 다하여 당초 피교사자가 범죄를 결의하게 된 사정을 제거하는 등 제반 사정에 비추어 객관적·실질적으로 보아 교사범에게 교사의 고의가 계속 존재한다고 보기 어렵고 당초의 교사행위에 의하여 형성된 피교사자의 범죄 실행의 결의가 더 이상 유지되지 않는 것으로 평가할 수 있다면, 설사 그 후 피교사자가 범죄를 저지르더라도 이는 당초의 교사행위에 의한 것이 아니라 새로운 범죄 실행의 결의에 따른 것이므로 교사자는 형법 제31조 제2항에 의한 죄책을 부담함은 별론으로 하고 형법 제31조 제1항에 의한 교사범으로서의 죄책을 부담하지는 않는다고 할 수 있다(대법원 2012.11.15, 2012도7407). 위 문제

에서 甲의 단념하라는 말에 乙이 범행을 포기하였고, 이후 乙이 범죄를 저지른 것은 당초의 교사행위에 의한 것이 아니라 새로운 범죄실행의 결의에 따른 것이다. 따라서 甲은 A와 B의 상해와 사망의 결과에 대한 교사범의 죄책을 지지 아니한다. 또한 상해죄는 예비·음모를 벌하지 않으므로 결국 甲은 무죄가 된다.
③ (×) 방법의 착오라 함은 A만을 인식하였는데 그 벽돌이 빗나가 乙이 인식하지 못한 B를 맞힌 경우를 말하는데, 위 문제의 경우 乙에게는 A와 B에 대한 살인의 택일적 고의가 인정되고 있다. 乙 자신이 의도한대로 벽돌을 B의 머리에 맞힌 것은 방법의 착오에 해당하지 않는다.
④ (×) 피고인이 주먹으로 피해자의 복부를 1회 강타하여 장 파열로 인한 복막염으로 사망케 하였다면, 비록 의사의 수술지연 등 과실이 피해자의 사망의 공동원인이 되었다 하더라도 피고인의 행위가 사망의 결과에 대한 유력한 원인이 된 이상 그 폭력행위와 치사의 결과 간에는 인과관계가 있다 할 것이어서 피고인은 피해자의 사망의 결과에 대해 폭행치사의 죄책을 면할 수 없다(대법원 1984.6.26, 84도831, 84감도129).

정답 ②

034 ✔ 이론 ◆◇◇ 경찰1차 2019

고의와 과실 및 착오에 관한 설명 중 옳지 않은 것은? (다툼이 있는 경우 판례에 의함)

① 위법성을 조각하는 피해자의 승낙과 구성요건해당성을 조각하는 양해를 구별하는 입장에 따르면, 양해가 없음에도 불구하고 있다고 생각하고 행위한 경우 불능미수가 성립한다.
② 「형법」 제13조에 따르면 죄의 성립요소인 사실을 인식하지 못한 행위는 벌하지 아니하지만, 법률에 특별한 규정이 있는 경우에는 예외로 한다.
③ 골프경기를 하던 중 골프공을 쳐서 아무도 예상하지 못한 자신의 등 뒤편으로 보내어 경기보조원에게 상해를 입힌 행위는 주의의무를 현저히 위반하여 사회적 상당성의 범위를 벗어난 행위로서 과실치상죄가 성립한다.
④ 위법성은 구성요건해당성의 소극적 요소라고 보는 소극적 구성요건요소이론에 따르면, 위법성조각사유의 전제사실의 착오의 경우 고의가 부정된다.

해설 출제영역 | 고의의 의의, 고의의 체계적 지위
① (×) 양해는 구성요건해당성조각사유이므로, 양해가 없는데(구성요건에 해당함) 있다고 오인(구성요건에 해당하지 않는다고 오인)한 경우에는 구성요건요소에 대한 인식이 없으므로 구성요건적 고의가 조각되는 경우이다.
[보충] 이를 넓은 의미의 구성요건적 착오로 볼 수 있다. 불능미수는 이러한 구성요건적 착오가 뒤집혀진 형태 즉, 반전된 구성요건적 착오에 해당한다.
② (○) 제13조
③ (○) 골프와 같은 개인 운동경기에 참가하는 자는 자신의 행동으로 인해 다른 사람이 다칠 수도 있으므로, 경기 규칙을 준수하고 주위를 살펴 상해의 결과가 발생하는 것을 미연에 방지해야 할

주의의무가 있고, 이러한 주의의무는 경기보조원에 대하여도 마찬가지이다. 다만, 운동경기에 참가하는 자가 경기규칙을 준수하는 중에 또는 그 경기의 성격상 당연히 예상되는 정도의 경미한 규칙위반 속에 상해의 결과를 발생시킨 것으로서 사회적 상당성의 범위를 벗어나지 아니하는 행위라면 과실치상죄가 성립하지 않는다고 할 것이지만, 골프경기를 하던 중 골프공을 쳐서 아무도 예상하지 못한 자신의 등 뒤편으로 보내어 등 뒤에 있던 경기보조원(캐디)에게 상해를 입힌 경우에는 <u>주의의무를 현저히 위반한 사회적 상당성의 범위를 벗어난 행위로서 과실치상죄가 성립</u>한다(대법원 2008.10.23, 2008도6940).

④ (○) 소극적 구성요건표지이론은 범죄론체계를 구성요건해당성과 책임의 2단계로 짜고, 위법성단계를 구성요건해당성의 소극적 요소 즉, 소극적 구성요건요소로 파악한다(위법성조각사유가 부존재하여야 구성요건에 해당된다는 2단계 범죄체계론). 따라서 위법성조각사유에 관한 착오는 −위법성조각사유의 전제사실의 착오를 포함하여− 구성요건적 착오로 파악함으로써 구성요건적 고의 자체가 부정된다고 본다.

정답 ①

---

5 구성요건적 착오

사실의 착오에 대한 사례 중 구체적 부합설과 법정적 부합설의 결론이 다른 것만을 모두 고르면?

> ㄱ. 甲은 A를 B로 오인하여 살해 의사로 총을 쏘았고, A가 이를 맞고 사망하였다.
> ㄴ. 甲은 A를 살해하려고 총을 쏘았으나, 총알이 빗나가 옆에 있던 B가 이를 맞고 사망하였다.
> ㄷ. 甲은 A의 도자기를 깨뜨리기 위하여 총을 쏘았으나, 총알이 빗나가 B의 거울을 깨뜨렸다.
> ㄹ. 甲은 A를 상해하려고 돌을 던졌는데, 돌이 빗나가 A의 개가 이를 맞고 다쳤다.

① ㄴ
② ㄱ, ㄷ
③ ㄴ, ㄷ
④ ㄴ, ㄷ, ㄹ

해설 출제영역 | 구성요건적 착오

사실의 착오 사례 중 구체적 부합설과 법정적 부합설의 결론이 다른 것은 구체적 사실의 착오 중 방법의 착오의 경우이다.
ㄱ. 구체적 사실의 착오 중 객체의 착오의 경우로서, 구체적 부합설과 법정적 부합설에 의할 경우 모두 A에 대한 살인죄가 성립한다.
ㄴ. 구체적 사실의 착오 중 방법의 착오의 경우로서, 구체적 부합설은 A에 대한 살인미수죄와 B에 대한 과실치사죄의 상상적 경합범으로 처리하지만 법정적 부합설은 B에 대한 살인기수죄로 처리한다.
ㄷ. 구체적 사실의 착오 중 방법의 착오의 경우로서, 구체적 부합설에 의할 경우 도자기에 대한 (특수)손괴미수죄가 성립하나 법정적 부합설에 의할 경우 거울에 대한 (특수)손괴기수죄가 성립한다.
ㄹ. 추상적 사실의 착오 중 방법의 착오의 경우로서, 구체적 부합설과 법정적 부합설 모두 A에 대한 상해미수죄가 성립한다.

정답 ③

사실의 착오에 대한 설명으로 옳지 않은 것은?

① 甲은 A를 살해하려고 기다리다가 그와 닮은 B를 A로 오인하여 살해한 경우 구체적 부합설에 따르면 B에 대한 살인죄가 성립한다.
② 甲은 형 A를 살해하려고 기다리다가 아버지 B를 A로 오인하여 살해한 경우 법정적 부합설에 따르면 보통살인죄의 미수와 존속살해죄의 상상적 경합이 된다.
③ 甲이 A를 살해하려고 총을 쏘았으나 빗나가 옆에 있던 B가 맞아 사망한 경우 구체적 부합설에 따르면 A에 대한 살인미수죄와 B에 대한 과실치사죄의 상상적 경합이 된다.
④ 甲이 A라고 생각하고 전화를 하여 협박하였는데 사실은 A가 아닌 B가 그 협박전화를 받은 경우 법정적 부합설에 따르면 B에 대한 협박죄가 성립한다.

해설 출제영역 | 구성요건적 착오

② (×) 법정적 부합설에 따르더라도 형법 제15조 제1항이 적용되어 보통살인죄가 성립한다.
① (○) 구체적 사실의 착오 중 객체의 착오 사례이다. 구체적 부합설은 고의의 전용을 인정하여 B에 대한 살인죄가 성립한다.
③ (○) 구체적 사실의 착오 중 방법의 착오 사례이다. 구체적 부합설은 A에 대한 살인미수죄와 B에 대한 과실치사죄의 상상적 경합이 성립한다.
④ (○) 구체적 사실의 착오 중 객체의 착오 사례이다. 법정적 부합설은 고의의 전용이 인정되어 B에 대한 협박죄가 성립한다.

정답 ②

다음 중 〈사례〉에 대한 설명으로 옳게 짝지어진 것은?
(다툼이 있는 경우 판례에 의함)

─┤ 사례 ├─

甲은 정신지체자인 자신의 여동생 乙을 丙이 놀리면서 성적인 희롱을 하자 순간적으로 살인의 고의를 가지고 丙의 머리를 각목으로 후려쳤다(제1행위). 丙이 정신을 잃고 쓰러지자, 甲은 丙이 죽은 것으로 오인하고 시체를 없애 증거를 인멸할 목적으로 야간에 인적이 드문 방파제에서 丙을 바다로 던졌다(제2행위). 그 결과 丙은 익사하였다.

ⓐ 개괄적 고의설에 의하면 甲의 행위는 살인의 고의가 인정되고 제2행위에 대하여도 제1행위의 고의가 개괄적으로 미치는 단일행위이기 때문에 살인기수이다.
ⓑ 미수범설에 의하면 고의의 행위시 존재원칙에 따라 제1행위에 대한 살인미수와 제2행위에 대한 과실치사가 성립되고 양자는 실체적 경합범이 될 수 있다.
ⓒ 甲이 증거를 인멸할 목적으로 丙을 바다로 던졌더라도 증거인멸죄는 성립하지 않는다.
ⓓ 위와 유사한 사례에서 판례는 상해의 고의로 구타하여 피해자가 정신을 잃고 빈사상태에 빠지자(제1행위) 사망한 것으로 오인하고 자신의 행위를 은폐하기 위하여 피해자를 베란다 아래로 떨어뜨려 사망하게 한 경우(제2행위), 그 행위들을 포괄하여 단일의 살인죄에 해당한다고 보았다.

① ⓐ, ⓑ, ⓒ　　　　　　② ⓐ, ⓑ, ⓓ
③ ⓐ, ⓒ, ⓓ　　　　　　④ ⓑ, ⓒ, ⓓ

해설 | **출제영역 | 구성요건론 – 고의의 종류 – 개괄적 고의**

ⓐ (○) 개괄적 고의는 제1의 행위와 제2의 행위의 전 과정이 일원적인 범죄의사의 연속으로 인정되는 경우 제2행위 부분에 대해서도 제1행위의 고의가 개괄적으로 미치는 단일행위로 보기 때문에 <u>하나의 고의기수범</u>으로 처리된다.

ⓑ (○) 미수범설은 고의는 행위시에 존재해야 하므로 제1행위에 대해서는 고의는 인정되나 결과발생에 대한 인과관계가 인정되지 아니하므로 살인미수가 성립하고, 직접 결과발생을 야기한 제2행위에 대해서는 더 이상 고의가 존재하지 아니하므로 <u>과실치사죄가 성립</u>하고 양자는 실체적 경합관계가 될 수 있다.

ⓒ (○) 증거인멸 부분은 자기사건에 관한 증거인멸에 해당하여 <u>증거인멸죄가 성립하지 않는다.</u>

ⓓ (✕) 피고인의 구타행위로 상해를 입은 피해자가 정신을 잃고 빈사상태에 빠지자 사망한 것으로 오인하고, 자신의 행위를 은폐하고 피해자가 자살한 것처럼 가장하기 위하여 피해자를 베란다 아래의 바닥으로 떨어뜨려 사망케 하였다면, 피고인의 행위는 포괄하여 <u>단일의 상해치사죄에 해당한다</u>(대법원 1994.11.4, 94도2361).

정답 | ①

사례에 대한 학설 및 판례의 설명으로 옳은 것만을 모두 고르면? (시체은닉의 점은 논하지 않음)

甲은 A를 살해하기로 마음먹고 돌로 A의 머리를 내리쳤다. 甲은 A가 정신을 잃고 축 늘어지자 그가 죽은 것으로 오인하고 증거를 없앨 생각으로 A를 개울가로 끌고 가 웅덩이에 매장하였다. 그런데 A의 사망원인은 매장으로 인한 질식사로 밝혀졌다.

ㄱ. 개괄적 고의 이론에 따르면, 甲이 A를 돌로 내려친 행위에 대한 살인의 고의가 매장행위에도 미치기 때문에 甲에게는 하나의 고의기수범이 성립한다.
ㄴ. 인과과정의 착오 이론에 따르면, 사례의 경우 인과과정의 불일치를 본질적으로 보는 한 甲에게는 발생결과에 대한 고의기수범이 성립한다.
ㄷ. 미수범과 과실범의 경합설에 따르면, 甲의 범행계획이 미실현된 것으로 평가되면 살인미수죄와 과실치사죄의 경합범이 성립하지만, 사례의 경우 甲의 범행계획이 실현되었으므로 甲에게는 살인의 고의기수범이 성립한다.
ㄹ. 판례에 따르면, A의 살해라는 처음에 예견된 사실이 결국은 실현된 것으로서 甲에게는 살인의 고의기수범이 성립한다.

① ㄱ, ㄹ　　　　　　② ㄴ, ㄷ
③ ㄱ, ㄴ, ㄹ　　　　④ ㄱ, ㄷ, ㄹ

해설 | **출제영역 | 구성요건론 – 고의의 종류 – 개괄적 고의**

① ㄱ, ㄹ

ㄱ. (○) 개괄적 고의 이론에 따르면, 중요하지 않은 인과과정상의 차이는 최초의 고의에 포함된다고 보아, 甲이 A를 돌로 내려친 행위에 대한 살인의 고의가 매장행위에도 미치기 때문에 甲에게는 하나의 고의기수범이 성립한다.

ㄴ. (✕) 인과과정의 착오 이론에 따르면, 사례의 경우 인과과정의 불일치를 <u>비본질적</u>으로 보는 경우 甲에게는 발생결과에 대한 고의기수범이 성립한다.

ㄷ. (✕) 미수범과 과실범의 경합설에 따르면, 고의는 어디까지나 특정한 행위시에 있는 것만 인정되므로, '제1행위의 미수와 제2행위의 과실범의 실체적 경합'만 인정될 뿐이므로, '<u>살인미수와 과실치사의 실체적 경합</u>'이 인정된다.

ㄹ. (○) 피해자가 피고인들이 살해의 의도로 행한 구타 행위에 의하여 직접 사망한 것이 아니라 죄적을 인멸할 목적으로 행한 매장행위에 의하여 사망하게 되었다 하더라도 전과정을 개괄적으로 보면 <u>피해자의 살해라는 처음에 예견된 사실이 결국은 실현된 것으로서 피고인은 살인죄의 죄책</u>을 면할 수 없다(대법원 1988.6.28, 88도650).

정답 | ①

039 ✓유사 ◆◆◆

해경승진(경위) 2023 유사 | 변호사 2019

착오에 관한 설명 중 옳지 않은 것을 모두 고른 것은? (다툼이 있는 경우 판례에 의함)

> ㄱ. 객관적으로는 존재하지도 않는 구성요건적 사실을 행위자가 적극적으로 존재한다고 생각한 '반전된 구성요건적 착오'는 「형법」상 불가벌이다.
> ㄴ. 甲이 절취한 물건이 자신의 아버지 소유인 줄 오신했다 하더라도 그 오신은 형 면제사유에 관한 것으로서 절도죄의 성립이나 처벌에 아무런 영향을 미치지 않는다.
> ㄷ. 절도죄에 있어서 재물의 타인성을 오신하여 그 재물이 자기에게 취득할 것이 허용된 동일한 물건으로 오인하고 가져온 경우에는 범죄사실에 대한 인식이 있다고 할 수 없으므로 범의가 조각되어 절도죄가 성립하지 아니한다.
> ㄹ. 甲이 상해의 고의로 A에게 상해를 가함으로써 A가 바닥에 쓰러진 채 정신을 잃고 빈사상태에 빠지자, A가 사망한 것으로 오인하고 자신의 행위를 은폐하고 A가 자살한 것처럼 가장하기 위하여 A를 절벽 아래로 떨어뜨려 A로 하여금 현장에서 사망에 이르게 하였다면, 甲의 상해행위는 A에 대한 살인에 흡수되어 단일의 살인죄만 성립한다.
> ㅁ. 甲이 A를 살해하기 위해 A를 향하여 총을 쏘았으나 총알이 빗나가 A의 옆에 있던 B에게 맞아 B가 즉사한 경우, 구성요건적 착오에 관한 구체적 부합설에 의하면 甲에게는 B에 대한 살인죄의 죄책이 인정되지 않는다.

① ㄱ, ㄷ
② ㄱ, ㄹ
③ ㄴ, ㄷ, ㄹ
④ ㄴ, ㄹ, ㅁ
⑤ ㄷ, ㄹ, ㅁ

해설 | 출제영역 | 구성요건론 – 구성요건적 착오와 고의의 성부

ㄱ. (×) 객관적으로는 존재하지도 않는 구성요건적 사실을 행위자가 적극적으로 존재한다고 생각한 '반전된 구성요건적 착오'는 결과의 발생이 불가능하더라도 위험성이 있는 때에는 불능미수범으로 처벌한다(제27조).

ㄴ. (○) 형 면제 사유는 고의의 인식대상이 아니므로 절취한 물건이 자신의 아버지 소유인 줄 오신했다 하더라도 그 오신은 형 면제 사유에 관한 것으로서 절도죄의 성립이나 처벌에 아무런 영향을 미치지 않는다.

ㄷ. (○) 절도죄에 있어서 재물의 타인성을 오신하여 그 재물이 자기에게 취득(빌린 것)할 것이 허용된 동일한 물건으로 오인하고 가져온 경우에는 범죄사실에 대한 인식이 있다고 할 수 없으므로 범의가 조각되어 절도죄가 성립하지 아니한다(대법원 1983.9.13, 83도1762).

ㄹ. (×) 피고인이 피해자에게 우측 흉골 골절 및 늑골골절상과 이로 인한 우측 심장벽좌상과 심낭내출혈 등의 상해를 가함으로써, 피해자가 바닥에 쓰러진 채 정신을 잃고 빈사상태에 빠지자, 피해자가 사망한 것으로 오인하고, 피고인의 행위를 은폐하고 피해자가 자살한 것처럼 가장하기 위하여 피해자를 베란다로 옮긴 후

베란다 밑 약 13m 아래의 바닥으로 떨어뜨려 피해자로 하여금 현장에서 좌측 측두부 분쇄함몰골절에 의한 뇌손상 및 뇌출혈 등으로 사망에 이르게 하였다면, 피고인의 행위는 포괄하여 단일의 상해치사죄에 해당한다(대법원 1994.11.4, 94도2361).

ㅁ. (○) 구체적 부합설에 의할 경우 甲에게는 A에 대한 살인미수죄, B에 대한 과실치사죄가 인정된다.

정답 ②

040 ✓유사 ◆◆◇

경찰간부 2022

착오에 대한 설명으로 옳지 않은 것은? (다툼이 있는 경우 판례에 의함)

① 甲이 A를 살해하고자 골프채로 A의 머리를 내리쳐 A가 실신하자 사망한 것으로 오인하여 범행을 은폐하기 위해 A를 자동차에 싣고 근처 바닷가 절벽으로 가 던졌는데 실제로는 익사로 판명된 경우, 甲에게는 살인기수의 죄책이 인정된다.

② 甲이 상해의 고의로 A의 머리를 벽돌로 내리쳐 A가 바닥에 쓰러진 채 실신하자 A가 사망한 것으로 오인하여 범행을 은폐하고 A가 자살한 것처럼 위장하기 위하여 A를 절벽 아래로 떨어뜨려 사망에 이르게 하였다면, 甲의 상해행위는 A에 대한 살인에 흡수되어 단일의 살인죄만 인정된다.

③ 甲은 옆집 개가 평소 시끄럽게 짖어 그 개에게 손괴의 고의로 돌을 던졌으나 마침 개가 있는 쪽으로 뛰어나온 어린아이를 맞춰 전치 2주의 상해를 입힌 경우, 구체적 부합설에 의하면 손괴죄의 미수범과 과실치상죄의 상상적 경합이 성립한다.

④ 甲이 乙에게 A에 대한 상해를 교사하여 乙이 이를 승낙하고 실행을 하였으나 A가 그 상해로 인해 사망한 경우, 甲에게 A의 사망에 대한 예견가능성이 인정된다면 상해치사죄의 교사범이 성립한다.

해설 | 출제영역 | 구성요건적 착오, 개괄적 고의

② (×) 甲의 상해행위는 포괄하여 단일의 상해치사죄에 해당한다. "피고인이 피해자에게 우측 흉골골절 및 늑골골절상이 이로 인한 우측 심장벽좌상과 심낭내출혈 등의 상해를 가함으로써, 피해자가 바닥에 쓰러진 채 정신을 잃고 빈사상태에 빠지자, 피해자가 사망한 것으로 오인하고, 피고인의 행위를 은폐하고 피해자가 자살한 것처럼 가장하기 위하여 피해자를 베란다로 옮긴 후 베란다 밑 약 13m 아래의 바닥으로 떨어뜨려 피해자로 하여금 현장에서 좌측 측두부 분쇄함몰골절에 의한 뇌손상 및 뇌출혈 등으로 사망에 이르게 하였다면, 피고인의 행위는 포괄하여 단일의 상해치사죄에 해당한다(대법원 1994.11.4, 94도2361)."

① (○) 판례는 개괄적 고의설의 입장으로 2개의 행위를 결국 하나의 단일한 행위로 보아 그 행위 전체에 하나의 개괄적 고의가 미친다는 것으로 보는 입장이다. "(피고인 측은 제1행위 부분은 살인미수이고 제2행위는 사체은닉의 불능미수와 과실치사의 상상적 경합에 해당한다고 주장하나) 사실관계가 위와 같이 피해자가 피고인들이 살해의 의도로 행한 구타행위에 의하여 직접 사망한

것이 아니라 죄적을 인멸할 목적으로 행한 매장행위에 의하여 사망하게 되었다 하더라도 전과정을 개괄적으로 보면 피해자의 살해라는 처음에 예견된 사실이 결국은 실현된 것으로서 피고인들은 살인죄의 죄책을 면할 수 없다 할 것이므로 … 원심은 정당하다(대법원 1988.6.28, 88도650)."

③ (○) 구체적 부합설에 의하면 추상적 사실의 착오 중 방법의 착오는 인식사실에 대한 미수와 발생사실에 대한 과실의 상상적 경합이 성립한다.
　[보충] 법정적 부합설도 이에 대해서는 같은 입장이다.
④ (○) 교사자에게 무거운 결과에 대하여 예견가능성이 있다면 결과적 가중범의 교사범이 성립할 수 있다는 것이 판례의 태도이다.

정답 ②

---

041 ✓ 이론대표 ◆◆◇　　　　　　　경찰1차 2021

구성요건적 착오에 대한 설명으로 가장 적절한 것은? (다툼이 있는 경우 판례에 의함)

① 甲이 친구 A를 살해하려고 독약을 놓아두었으나 친구 B가 이를 마시게 되어 사망한 경우, 구체적 부합설과 법정적 부합설 모두 B에 대한 살인죄를 인정한다.
② 甲이 친구 A를 친구 B로 착각하여 살해한 경우, 구체적 부합설의 입장에서는 B에 대한 살인미수와 A에 대한 과실치사죄의 상상적 경합이 된다고 본다.
③ 甲이 친구 A를 살해하려고 하였으나 주위가 어두워 자신의 장모 B를 A로 오인하여 살해한 경우, 판례는 보통살인죄의 형으로 처단하여야 한다고 본다.
④ 甲이 살인의 고의로 친구 A의 머리를 내리쳐 A가 실신하자(제1행위), 그가 죽은 것으로 오인하여 웅덩이에 파묻었는데(제2행위) 실제로는 질식사한 것으로 밝혀진 경우, 판례는 제1행위에 의한 살인미수와 제2행위에 의한 과실치사죄의 실체적 경합을 인정한다.

해설 | 출제영역 | 구성요건적 착오

③ (○) 대법원 1960.10.31, 4293형상494
① (×) 구체적 사실의 착오 중 방법의 착오 사례로 법정적 부합설에 따르면 발생사실에 대한 고의기수가 인정되어 B에 대한 살인죄가 성립하나 구체적 부합설에 따르면 인식사실의 미수와 발생사실의 과실이 인정되어 A에 대한 살인미수와 B에 대한 과실치사의 상상적 경합이 성립한다.
② (×) 구체적 사실의 착오 중 객체의 착오 사례로 구체적 부합설의 입장에 따르면 A에 대한 살인기수가 성립한다.
④ (×) 살인의 고의가 처음부터 행위 끝까지 이어지는 개괄적 고의로서 판례에 따르면 甲은 살인죄의 죄책을 면할 수 없다(대법원 1988.6.28, 88도650).

정답 ③

---

042 ✓ 이론 ◆◆◇　　　　　　　경찰1차 2023

구성요건적 착오에 관한 다음 설명 중 옳고 그름의 표시 (○, ×)가 바르게 된 것은?

> ㉠ 甲이 자신의 아버지 A를 친구 B로 오인하고 B를 살해할 의사로 총을 발포하여 A가 사망한 경우 - 「형법」 제15조 제1항에 따라 보통살인죄가 성립한다.
> ㉡ 甲이 살해 의사를 가지고 친구 A에게 총을 발포하였으나 빗나가 옆에 있던 친구 B에게 명중하여 사망한 경우 - 법정적 부합설에 의하면 B에 대한 살인죄가 성립한다.
> ㉢ 사냥을 나온 甲이 어둠 속에서 움직이는 물체를 동료 A로 알고 A를 살해하기 위해 총을 발포하였으나 사실은 A의 사냥개였던 경우 - 구체적 부합설과 법정적 부합설 중 어느 학설에 의하더라도 결론은 같다.
> ㉣ 甲이 이웃 A를 상해할 의사로 A를 향해 돌을 던졌으나 빗나가서 옆에 있던 A의 개가 맞아 다친 경우 - 구체적 부합설과 법정적 부합설 모두 A에 대한 상해미수죄가 성립한다.

① ㉠(○) ㉡(○) ㉢(○) ㉣(○)
② ㉠(○) ㉡(×) ㉢(○) ㉣(×)
③ ㉠(×) ㉡(○) ㉢(×) ㉣(○)
④ ㉠(×) ㉡(×) ㉢(×) ㉣(×)

해설 | 출제영역 | 구성요건적 착오

① ㉠(○) ㉡(○) ㉢(○) ㉣(○)
㉠ (○) 직계존속임을 인식하지 못하고 살인을 한 경우 특별히 무거운 죄가 되는 사실을 인식하지 못한 경우로서 甲은 「형법」 제15조 제1항에 의하여 보통살인죄에 해당한다.
㉡ (○) 구체적 사실의 착오 중 방법의 착오에 관한 문제로 법정적 부합설에 의하면 발생사실에 대한 고의기수범이 성립하므로, 甲에게는 B에 대한 살인죄가 성립하다.
㉢ (○) 추상적 사실의 착오 중 객체의 착오에 관한 문제로 구체적 부합설과 법정적 부합설 모두 인식사실에 대한 '미수'와 발생사실에 대한 '과실'의 상상적 경합을 인정하므로, 甲은 A에 대한 살인미수(A의 사냥개에 대한 과실손괴는 불가벌)가 성립한다.
㉣ (○) 추상적 사실의 착오 중 방법의 착오에 관한 문제로 구체적 부합설과 법정적 부합설 모두 인식사실에 대한 '미수'와 발생사실에 대한 '과실'의 상상적 경합을 인정하므로, 甲은 A에 대한 상해미수(A의 개에 대한 과실손괴는 불가벌)가 성립한다.

정답 ①

043 ✔이론대표 ◆◆◇

경찰2차 2019 해경승진(경위) 2023 유사

사실의 착오(구성요건적 착오)에 관한 설명으로 옳은 것을 모두 고른 것은?

> ㉠ 형법에는 사실의 착오에 관한 규정이 없어, 사실의 착오 문제를 해결하는 것은 오롯이 학설에 위임되어 있다.
>
> ㉡ 乙을 살해할 의사로 乙을 향해 총을 쐈으나 빗나가 옆에 있던 丙에게 명중하여 丙이 사망한 경우 구체적 부합설과 법정적 부합설의 결론이 다르다.
>
> ㉢ 판례의 입장에 따르면 ㉡의 사례에서 乙에 대한 살인죄의 미수와 丙에 대한 과실치사죄의 상상적 경합이 성립한다.
>
> ㉣ 추상적 부합설에 따르면 ㉡의 사례에서 살인죄의 고의기수가 성립한다.
>
> ㉤ 법정적 부합설은 사람을 살해할 의사로 사람을 살해했음에도 불구하고 살인미수라고 하는 것은 일반인의 법감정에 반한다는 비판을 받는다.

① ㉠, ㉡   ② ㉡, ㉣
③ ㉠, ㉢   ④ ㉢, ㉤

해설 | 출제영역 | 구성요건적 착오

㉠ (×) 사실의 착오는 제15조 제1항에 규정되어 있으므로, 제15조 제1항이 우선적으로 적용되어야 하고 제15조 제1항이 적용되지 않을 경우 학설에 위임되어 있다.
[참고] 캄캄한 밤중에 자신의 장모를 다른 사람으로 알고 살해한 경우에 형법 제15조 제1항 소정의 특히 중한 죄가 되는 사실을 인식하지 못한 행위에 해당한다(대법원 1960.10.31, 4293형상494).

㉡ (○) 사례는 구체적 사실의 착오 중 방법의 착오에 해당한다. 구체적 부합설에 의하면 乙에 대한 살인미수죄와 丙에 대한 과실치사죄의 상상적 경합이 성립하지만, 법정적 부합설에 의하면 丙에 대한 살인죄(기수)가 성립한다.

㉢ (×) 판례는 법정적 부합설을 따르므로, 丙에 대한 살인죄가 성립한다(대법원 1968.8.23, 68도884).

㉣ (○) 추상적 부합설에 의하면 병(丙)에 대한 살인죄 기수가 된다.

㉤ (×) 이는 구체적 부합설에 대한 비판이다.

정답 ②

044 ✔이론 ◆◆◇

국가9급 2018

사실의 착오에 대한 설명으로 옳은 것은?

① 甲은 A를 살해할 의사로 A의 물병에 독약을 탔으나 A의 개가 이 물을 마시고 죽은 경우 구체적 부합설에 따르면 살인미수죄와 손괴죄의 상상적 경합이 성립한다.

② 甲은 절취의 의사로 A의 지갑을 몰래 가지고 왔으나 알고 보니 그 지갑이 B의 지갑이었던 경우 법정적 부합설에 따르면 A에 대한 절도미수죄가 성립한다.

③ 甲은 A를 살해할 의사로 돌로 내려쳐 정신을 잃고 늘어지자 A가 죽었다고 생각하고 A를 웅덩이에 묻었으나 사실은 A가 매장으로 인하여 질식사한 경우 판례에 따르면 A에 대한 살인미수죄와 과실치사죄의 상상적 경합이 성립한다.

④ 甲은 A를 상해할 의사로 깨진 유리를 A에게 휘둘렀으나 甲을 말리려던 B가 끼어들며 유리에 찔려 부상을 입은 경우 구체적부합설에 따르면 A에 대한 상해미수죄와 B에 대한 과실치상죄의 상상적 경합이 성립한다.

해설 | 출제영역 | 구성요건론 – 구성요건적 착오와 고의의 성부 + 판례

④ (○) 구체적 부합설에 따른 올바른 해결이다.

① (×) 손괴의 고의가 없어 손괴기수죄는 성립하지 않는다.

② (×) 법정적 부합설에 의하면 고의가 전용되어 B에 대한 절도죄 기수가 인정된다.

③ (×) 피해자가 피고인들의 살해의 의도로 행한 구타행위에 의하여 직접 사망한 것이 아니라 죄적을 인멸할 목적으로 행한 매장행위에 의하여 사망하게 되었다 하더라도 전 과정을 개괄적으로 보면 피해자의 살해라는 처음에 예견된 사실이 결국은 실현된 것으로서 피고인들은 살인죄의 죄책을 면할 수 없다(대법원 1988.6.28, 88노650).

정답 ④

다음의 두 〈사례〉에 관하여 옳은 것만을 모두 고른 것은?

─ 사례 1 ─

甲은 자기의 처를 희롱하는 乙을 살해하기 위해 돌멩이로 乙의 가슴과 머리를 여러 차례 내리쳤다(제1행위). 乙이 정신을 잃고 축 늘어지자 乙이 사망한 것으로 오인한 甲은 그 사체를 몰래 파묻어 증거를 인멸할 목적으로 乙을 그곳에서 150m 떨어진 개울가로 끌고 가서 삽으로 웅덩이를 파고 乙을 매장하였다(제2행위). 그런데 실제로 乙은 제1행위인 돌멩이에 맞아 죽은 것이 아니라 제2행위로 인해 웅덩이에서 질식사한 것으로 밝혀졌다.

─ 사례 2 ─

丙은 피해자를 구타하여 상해를 입은 피해자가 정신을 잃고 빈사상태에 빠지자(제1행위) 사망한 것으로 오인하고, 자신의 행위를 은폐하고 피해자가 자살한 것처럼 가장하기 위하여 피해자를 베란다 아래의 바닥으로 떨어뜨려(제2행위) 사망케 하였다.

ㄱ. 〈사례 1〉의 경우 제1행위와 제2행위를 각각 분리하여 판단하면, 제1행위는 살인미수죄가 되고 제2행위는 증거인멸죄가 되며, 양자는 실체적 경합이 된다.

ㄴ. 〈사례 1〉의 경우 판례에 의하면, 피해자가 제1행위에 의하여 직접 사망한 것이 아니라 제2행위에 의하여 사망하게 되었다고 하더라도 전 과정을 개괄적으로 보면 피해자의 살해라는 처음에 예견된 사실이 결국 실현된 것으로서 살인죄 고의기수범이 성립한다.

ㄷ. 〈사례 1〉의 경우는 구성요건 착오 중 객체의 착오에 해당하며 이에 관한 법정적 부합설에 따르면 甲이 인식한 객체와 결과가 발생한 객체가 일치하므로 언제나 살인죄 고의기수범이 성립한다.

ㄹ. 〈사례 2〉의 경우 제1행위와 제2행위를 각각 분리하여 판단하면, 제1행위는 상해죄가 되고 제2행위는 상해치사죄가 되며, 양자는 실체적 경합이 된다.

ㅁ. 〈사례 2〉의 경우 丙의 제1행위와 제2행위를 포괄하여 판단하는 판례에 의하면, 丙에게는 단일의 상해치사죄만이 성립한다.

① ㄱ, ㄴ　　　　　② ㄴ, ㅁ
③ ㄱ, ㄷ, ㄹ　　　　④ ㄴ, ㄷ, ㅁ
⑤ ㄱ, ㄷ, ㄹ, ㅁ

해설 | 출제영역 | 개괄적 고의

② ㄴ, ㅁ

ㄱ. (×) 〈사례 1〉의 경우 제1행위와 제2행위를 각각 분리하여 판단하면, 제1행위는 살인미수죄가 되고 제2행위는 (시체유기죄의 불능미수와) 과실치사죄(의 상상적 경합)가 되며, 양자는 실체적 경합이 된다.

ㄴ. (○) 피해자가 피고인들이 살해의 의도로 행한 구타 행위에 의하여 직접 사망한 것이 아니라 죄적을 인멸할 목적으로 행한 매장

행위에 의하여 사망하게 되었다 하더라도 전과정을 개괄적으로 보면 피해자의 살해라는 처음에 예견된 사실이 결국은 실현된 것으로서 피고인은 살인죄의 죄책을 면할 수 없다 할 것이므로 같은 취지에서 피고인들을 살인죄로 의율한 제1심판결을 유지한 원심의 조치는 정당하고 거기에 아무런 잘못도 없다(대법원 1988. 6.28, 88도650).

ㄷ. (×) 〈사례 1〉의 경우는 구성요건착오 중 객체의 착오가 아니라 인과관계의 착오의 문제이고, 판례는 개괄적 고의설에 의하여 이를 해결하고 있다.

ㄹ. (×) 〈사례 2〉의 경우 제1행위와 제2행위를 각각 분리하여 판단하면, 제1행위는 상해죄가 되고 제2행위는 과실치사죄가 되며, 양자는 실체적 경합이 된다.

ㅁ. (○) 피고인이 피해자에게 우측 흉골골절 및 늑골골절상과 이로 인한 우측 심장벽좌상과 심낭내출혈 등의 상해를 가함으로써, 피해자가 바닥에 쓰러진 채 정신을 잃고 빈사상태에 빠지자, 피해자가 사망한 것으로 오인하고, 피고인의 행위를 은폐하고 피해자가 자살한 것처럼 가장하기 위하여 피해자를 베란다로 옮긴 후 베란다 밑 약 13m 아래의 바닥으로 떨어뜨려 피해자로 하여금 현장에서 좌측 측두부 분쇄함몰골절에 의한 뇌손상 및 뇌출혈 등으로 사망에 이르게 하였다면, 피고인의 행위는 포괄하여 단일의 상해치사죄에 해당한다(대법원 1994.11.4, 94도2361).

정답 ②

착오에 대한 설명으로 옳지 않은 것은? (다툼이 있는 경우 판례에 의함)

① 甲이 한밤중에 좁은 골목길을 지나가던 A를 강도범으로 오인하여 방위의 의사로 아령이 든 가방으로 쳐서 A에게 전치 3주의 상해를 입힌 경우, 위법성 인식의 체계적 지위에 관한 고의설에 의하면 상해죄의 고의범으로 처벌할 수 없다.

② 甲이 살인의 고의로 형수 A를 향하여 골프채를 휘둘렀으나 A의 등에 업혀 있던 조카 B가 머리를 맞고 그 자리에서 사망한 경우, 甲에게는 B에 대한 살인죄가 성립한다.

③ 의사 甲이 고질적인 만성질환으로 평소 안락사를 요청하던 A로부터 "부탁한다"라는 말과 함께 봉투를 건네받자 이를 유서와 안락사비용으로 오인하여 촉탁살인의 고의로 독극물을 주입하여 A를 살해한 경우, 공판과정에서 A의 촉탁이 없었음이 판명되었다면 「형법」 제15조 제1항에 의하면 甲에게는 보통살인죄가 성립한다.

④ 甲이 상해의 고의로 주차장에 서 있던 乙에게 돌을 던졌으나 빗나가서 의도치 않게 그 옆에 주차되어 있던 乙의 자동차가 파손되었다면, 甲에게는 상해미수죄가 성립한다.

해설 | 출제영역 | 구성요건적 착오

③ (×) 인식한 구성요건은 촉탁살인이요, 발생한 구성요건은 보통살인의 경우로서, 형법 제15조 제1항에 의해 촉탁살인죄가 성립한다.

① (○) 오상방위의 경우이다. 고의설(출제의 의도상 엄격고의설로 보임)에 의하면, 위법성의 인식이 없는 경우 고의가 조각된다. 만일 과실범 처벌규정이 존재하고 그 착오에 과실이 있으면 과실범이 성립하게 된다.

② (○) 구성요건적 착오의 해결에 관하여 법정적 부합설을 취하는 판례에 의하면, 타격의 착오가 있는 경우라 할지라도 행위자의 살인의 범의 성립에 방해가 되지 아니한다(대법원 1984.1.24, 83도2813).

④ (○) 추상적 사실의 착오 중 방법의 착오의 경우로서, 법정적 부합설을 따르는 판례에 의하면, 乙에 대한 상해미수죄(자동차 손괴 부분은 과실손괴를 벌하지 않으므로 무죄)가 성립한다. 이는 구체적 부합설에 의하더라도 같다.

정답 ③

---

047 ✅ 이론 ◆◆◇ 국가9급 2019

다음 설명 중 옳은 것은? (다툼이 있는 경우 판례에 의함)

① 존재하지 않는 형벌법규를 존재하는 것으로 오인하고 행위한 때에도 그 행위에 위험성이 있으면 불능미수로 처벌할 수 있다.

② 형이 면제되는 친족관계가 있다고 오인하고 절도하였더라도 절도죄의 성립은 물론이고 처벌에도 아무런 영향이 없다.

③ 피교사자의 객체의 착오는 교사자에게 방법의 착오가 된다는 견해가 방법의 착오에 관한 구체적 부합설을 취하면, 甲이 乙에게 A를 살해할 것을 교사하였으나 乙이 B를 A로 오인하여 B를 살해한 경우 甲은 B에 대한 살인교사의 죄책을 진다.

④ 甲이 상해의 고의로 A를 구타하여 A가 정신을 잃자 사망한 것으로 오인하고, A가 자살한 것처럼 가장하기 위하여 A를 베란다 아래로 떨어뜨려 사망하게 한 경우에는 포괄하여 하나의 살인죄가 성립한다.

해설 출제영역 | 구성요건적 착오

② (○) 처벌조건은 고의의 인식대상이 아니므로, 처벌조건에 대한 착오는 범죄의 성립이나 처벌에 영향이 없다. 대법원 1966.6.28, 66도104 참조.

① (×) 존재하지 않는 형벌법규를 존재하는 것으로 오인하고 행위한 경우 환상범(환각범, 반전된 금지착오)에 해당하여 불가벌이다.

③ (×) 구체적 부합설에 의할 경우 A에 대한 살인교사미수죄와 B에 대한 과실치사죄의 상상적 경합이 인정된다. 지문의 결론은 법정적 부합설의 결론이다.

④ (×) 소위 낙산비치호텔사건으로, 피고인의 행위는 포괄하여 단일의 상해치사죄에 해당한다는 것이 판례이다(대법원 1994.11.4, 94도2361).

정답 ②

---

048 ✅ 이론 ◆◆◆ 경찰2차 2023

착오에 관한 설명으로 가장 적절한 것은? (다툼이 있는 경우 판례에 의함)

① 「형법」 제15조 제1항에 따르면 특별히 무거운 죄가 되는 사실을 인식하지 못한 행위는 그 오인에 정당한 이유가 있는 때에 한하여 벌하지 아니한다.

② 甲은 자신의 아버지인 A의 지갑을 훔친다고 생각하고 지갑을 훔쳤으나, 사실 그 지갑은 아버지 친구인 B의 것이라면 甲의 행위는 과실 행위이므로 절도죄로 처벌되지 않는다.

③ 법률의 착오에 있어서 위법성의 인식에 필요한 노력의 정도는 구체적인 행위정황과 행위자 개인의 인식능력 그리고 행위자가 속한 사회집단에 따라 달리 평가되어야 한다.

④ 甲이 지나가던 행인 3명과 싸우다가 힘이 달리자 식칼을 가지고 이들 3명을 상대로 휘두르다가 이를 말리면서 식칼을 뺏으려던 A에게 상해를 입혔다면 甲에게 A에 대한 상해의 범의를 인정할 수 없어 과실치상죄가 성립할 수 있을 뿐이다.

해설 출제영역 | 구성요건적 착오, 법률의 착오

③ (○) 대법원 2006.3.24, 2005도3717

① (×) 제15조 제1항에 따르면 특별히 무거운 죄가 되는 사실을 인식하지 못한 행위는 무거운 죄로 벌하지 아니한다.
[보충] 위 지문의 술어 부분은 제16조의 법률의 착오에 대한 것이다.

> 제15조(사실의 착오) ① 특별히 무거운 죄가 되는 사실을 인식하지 못한 행위는 무거운 죄로 벌하지 아니한다.

② (×) 구성요건적 고의의 인식대상은 객관적 구성요건요소에 한하므로 친족상도례와 같은 인적처벌조각사유 내지 소추조건에 관한 착오는 범죄의 성립에 영향을 주지 못한다. 甲이 아버지 친구인 B의 지갑을 훔쳤고 타인의 재물을 절취한다는 인식이 있는 이상 절도죄가 성립하고 그 형으로 처벌받는다. "피고인이 본가의 소유물로 오신하여 이를 절취하였나 하너나노 그 오신은 형의 면제사유에 관한 것으로서 이에 범죄의 구성요건 사실에 관한 형법 제15조 제1항은 적용되지 않는 것이므로 그 오신은 범죄의 성립이나 처벌에 아무런 영향도 미치지 아니한다(대법원 1966.6.28, 66도104)."

④ (×) 甲이 乙 등 3명과 싸우다가 힘이 달리자 식칼을 가지고 이들 3명을 상대로 휘두르다가 이를 말리면서 식칼을 뺏으려던 피해자 丙에게 상해를 입혔다면 甲에게 상해의 범의가 인정되며 상해를 입은 사람이 목적한 사람이 아닌 다른 사람이라 하여 과실상해죄에 해당한다고 할 수 없다(대법원 1987.10.26, 87도1745).

정답 ③

구성요건요소에 대한 착오사례가 아닌 것은?

① 甲이 성명불상자 3명과 싸우다가 힘이 달리자 옆 차에서 식칼을 가지고 나와 이들 3명을 상대로 휘두르다가 이를 말리던 A에게 상해를 입힌 경우

② 甲이 6층 호텔방에서 상해의 의사로 A를 구타하여 A가 정신을 잃고 쓰러지자 사망한 것으로 착각하고, A가 자살한 것으로 위장하기 위해 6층 아래로 떨어뜨려 사망케 한 경우

③ 甲이 저작권 침해물 링크사이트를 운영하던 중 그러한 링크행위가 범죄에 해당하지 않는다는 대법원 판결이 선고되자 자신의 행위는 죄가 되지 않는다고 생각하고 계속 운영한 경우

④ 甲이 살해의도로 피해자 A를 몽둥이로 내리쳤으나 A의 등에 업힌 피해자 B가 맞아 현장에서 두개골절 및 뇌좌상으로 사망한 경우

해설 │ 출제영역 | 구성요건적 착오, 위법성의 착오

③ (×) 위법성의 착오의 문제이다.

> [판례] 법률 위반 행위 중간에 일시적으로 판례에 따라 그 행위가 처벌대상이 되지 않는 것으로 해석되었던 적이 있었다고 하더라도 그것만으로 자신의 행위가 처벌되지 않는 것으로 믿은 데에 정당한 이유가 있다고 할 수 없다(대법원 2021. 11.25, 2021도10903).

① (○) 구체적 사실에 대한 방법의 착오의 문제이다.

> [판례] 갑이 을 등 3명과 싸우다가 힘이 달리자 식칼을 가지고 이들 3명을 상대로 휘두르다가 이를 말리면서 식칼을 뺏으려던 피해자 병에게 상해를 입혔다면 갑에게 상해의 범의가 인정되며 상해를 입은 사람이 목적한 사람이 아닌 다른 사람이라 하여 과실상해죄에 해당한다고 할 수 없다(대법원 1987.10.26, 87도1745).

② (○) 인과관계의 착오의 문제이다.

> [판례] 피고인이 피해자에게 우측 흉골골절 및 늑골골절상과 이로 인한 우측 심장벽좌상과 심낭내출혈 등의 상해를 가함으로써, 피해자가 바닥에 쓰러진 채 정신을 잃고 빈사상태에 빠지자, 피해자가 사망한 것으로 오인하고, 피고인의 행위를 은폐하고 피해자가 자살한 것처럼 가장하기 위하여 피해자를 베란다로 옮긴 후 베란다 밑 약 13m 아래의 바닥으로 떨어뜨려 피해자로 하여금 현장에서 좌측 측두부 분쇄함몰골절에 의한 뇌손상 및 뇌출혈 등으로 사망에 이르게 하였다면, 피고인의 행위는 포괄하여 단일의 상해치사죄에 해당한다(대법원 1994.11.4, 94도2361).

④ (○) 구체적 사실에 대한 방법의 착오의 문제이다.

> [판례] 피고인이 먼저 피해자 1을 향하여 살의를 갖고 소나무 몽둥이(증 제1호, 길이 85센티미터 직경 9센티미터)를 양손에 집어들고 힘껏 후려친 가격으로 피를 흘리며 마당에 고꾸라진 동녀와 동녀의 등에 업힌 피해자 2의 머리부분을 위 몽둥이로 내리쳐 피해자 2를 현장에서 두개골절 및 뇌좌상

으로 사망케 한 소위를 살인죄로 의율한 원심조처는 정당하다(대법원 1984.1.24, 83도2813).

정답 ③

다음 사례에 대한 설명으로 옳은 것은?

> (가) 甲이 주차된 자동차를 A의 소유인 줄 알고 손괴하였는데, 알고 보니 B의 소유인 경우
> (나) 유흥접객업소의 업주 乙이 청소년의 출입을 금지하는 관련 규정의 존재를 몰라 청소년을 자신의 유흥접객업소에 출입시킨 경우
> (다) 丙이 C의 자동차를 맞히려고 돌을 던졌으나 빗나가 C가 돌에 맞아 다친 경우

① (가)는 주관적 정당화요소를 결한 사례이며, 판례에 따르면 甲은 재물손괴죄의 불능미수에 해당한다.

② (가)는 구체적 사실의 착오 중 객체의 착오 사례이며, 판례에 따르면 甲에게는 A의 자동차에 대한 손괴미수죄와 B의 자동차에 대한 과실손괴죄의 상상적 경합이 성립하지만, 과실손괴죄의 처벌규정이 없어 손괴미수죄만 인정된다.

③ (나)는 법률의 착오 사례이며, 판례에 의하면 乙은 그 오인에 정당한 이유가 있어 책임이 조각된다.

④ (다)는 추상적 사실의 착오 중 방법의 착오로서 추상적 부합설에 의하면 丙에게는 손괴기수죄와 과실치상죄의 상상적 경합이 성립한다.

해설 │ 출제영역 | 구성요건적 착오, 법률의 착오

④ (○) (다)는 추상적 사실의 착오 중 방법의 착오로서 경한 인식으로 중한 결과가 발생한 경우로 인식사실의 고의·기수와 발생사실의 과실의 상상적 경합이 성립하므로, 丙에게는 손괴기수죄와 과실치상죄의 상상적 경합이 성립한다.

①, ② (×) (가)는 구체적 사실의 착오 중 객체의 착오 사례이며, 법정적 부합설을 취하는 판례에 따르면 甲에게는 B의 자동차에 대한 손괴죄가 성립한다.

③ (×) (나)는 단순한 법률의 부지이며, 판례에 의하면 업주 乙은 청소년보호법 위반죄로 처벌된다.

정답 ④

051 ✓ 이론 ◆◇◇

甲은 乙에게 A를 살해하라고 교사하였다. 甲의 청부를 받아들인 乙은 A라고 생각되는 사람이 골목길에 들어서는 것을 보고 그가 집에 들어가려는 순간을 기다려 총을 쏘았다. 사망을 확인하기 위하여 다가가서 보니 죽은 사람은 A가 아니라 A와 꼭 닮은 동생 B였다. 이 사례에 관한 설명으로 옳은 것은? (다툼이 있는 경우 판례에 의함)

① 乙의 착오를 객체의 착오로 보고 구체적 부합설을 따르는 견해에 의하면 乙에게는 살인미수죄와 과실치사죄의 상상적 경합이 인정된다.

② 만일 乙이 A가 오는 것을 보고 총을 쏘았으나 빗나가서 그 옆에 있던 C 소유의 자전거에 맞고 자전거의 일부가 손괴된 경우, 乙의 행위는 발생사실인 과실재물손괴죄로 처벌된다.

③ 乙의 착오를 객체의 착오로 보고 이에 기반을 둔 甲의 착오도 객체의 착오로 보는 경우, 구체적 부합설을 따르는 견해에 의하면 甲에게는 살인미수죄와 과실치사죄의 상상적 경합이 인정된다.

④ 乙의 착오를 객체의 착오로 보고 이에 기반을 둔 甲의 착오를 방법의 착오로 보는 경우, 법정적 부합설을 따르는 견해에 의하면 甲은 살인죄의 교사범으로 처벌된다.

해설 출제영역 | 구성요건적 착오

④ (○) 피교사자의 구체적 사실에 대한 객체의 착오가 교사자에게도 구체적 사실의 방법의 착오가 된다는 견해(다수설)에 의하고, 이를 법정적 부합설에 의하여 해결한다면 발생사실에 대한 고의·기수의 교사범이 된다. 따라서 甲은 살인기수의 교사범이 된다.

① (×) 구체적 부합설에 의하면 乙은 살인기수의 책임을 진다.

② (×) 판례(법정적 부합설)에 따르면 A에 대한 살인미수로 처벌된다. 과실손괴죄는 처벌규정이 없으므로 별도로 성립하지 않는다.

③ (×) 피교사자의 구체적 사실에 대한 객체의 착오가 교사자에게도 동일한 객체의 착오가 된다고 보는 입장에 의한다면, 구체적 사실의 착오 중 객체의 착오의 해결에 대해서는 학설의 대립이 없으므로, 구체적 부합설에 의하더라도 甲은 살인기수의 교사범이 인정된다.

정답 ④

052 ✓ 이론 ◆◆◇

낮에 직장상사에게 엄청난 꾸중을 들은 A는 퇴근 후 밤늦은 시간에, 그 분풀이로 자신의 친구 B와 함께 길 가는 사람을 살해하기로 계획하고 지나가던 행인을 살해하였다. 다음 날 신문에 난 기사를 보고 자신이 살해한 사람이 자신의 아버지 C인 것을 알았다. 이때 A와 B의 죄책에 관한 설명 중 옳은 것은? (다툼이 있는 경우 판례에 의함)

① A와 B 모두 존속살해죄로 처벌된다.

② A와 B 모두 보통살인죄가 성립하고 보통살인죄로 처벌된다.

③ A는 존속살해죄, B는 보통살인죄가 성립하지만, A와 B 모두 자신들이 살해한 C가 A의 아버지라는 사실을 몰랐기 때문에 보통살인죄로 처벌된다.

④ B는 A와 함께 존속살해죄의 구성요건을 실현하였으나, 보통살인죄로 처벌된다.

해설 출제영역 | 구성요건적 착오

① (×), ② (○) A는 C가 자신의 아버지인 것을 인식하지 못하였으므로 형법 제15조 제1항에 의하여 보통살인죄가 성립하고 B도 이에 대한 공동정범이 성립한다.

③ (×), ④ (×) A에게는 존속살해죄가 성립하지 않는다.

정답 ②

사실의 착오에 관한 설명으로 가장 적절한 것은?

> ㉠ 甲은 창문에 비친 사람을 친구 A라 생각하고 살해하기 위해 총을 발사했는데, 실제로는 A의 집에 놀러온 친구 B였고 그로 인해 B가 사망하였다.
>
> ㉡ 甲이 A가 기르던 애완견을 죽이려고 총을 발사했는데, 총알이 빗나가서 옆에 있던 A가 사망하였다.
>
> ㉢ 甲은 乙에게 A를 살해하라고 교사하였다. 이를 승낙한 乙은 甲으로부터 A에 대한 인상착의를 설명받고, A를 향해 총을 발사했다. 사망을 확인하기 위하여 다가가서 보니 죽은 사람은 A가 아니라 A의 쌍둥이 동생 B였다.

① ㉠에서 B의 사망에 대한 甲의 죄책과 관련하여 구체적 부합설에 의하면 살인미수죄이고, 법정적 부합설에 의하면 무죄이다.

② ㉡에서 A의 사망에 대한 甲의 죄책과 관련하여 구체적 부합설과 법정적 부합설에 의하면 결론이 다르다.

③ ㉢에서 B의 사망에 대한 甲의 죄책과 관련하여 乙의 착오를 객체의 착오로 보고 이에 기반을 둔 甲의 착오도 객체의 착오로 보는 경우, 구체적 부합설에 의하면 甲에게는 살인미수죄와 과실치사죄의 상상적 경합범이 인정된다.

④ ㉢에서 B의 사망에 대한 甲의 죄책과 관련하여 乙의 착오를 객체의 착오로 보고 이에 기반을 둔 甲의 착오를 방법의 착오로 보는 경우, 법정적 부합설에 의하면 甲에게는 살인죄의 교사범이 성립한다.

해설 | 출제영역 | 구성요건적 착오

④ (○) ㉢에서 B의 사망에 대한 甲의 죄책과 관련하여 乙의 착오를 객체의 착오로 보고 이에 기반을 둔 甲의 착오를 방법의 착오로 보는 경우, 법정적 부합설에 의하면 乙에게는 살인기수죄가 성립하고(사실의 착오 중 객체의 착오는 법정적 부합설에 의하면 발생사실의 고의기수를 인정), 乙을 교사한 甲의 착오를 방법의 착오로 보는 경우 법정적 부합설에 의하면 甲에게는 살인죄의 교사범이 성립(교사의 착오 중 교사자의 방법의 착오는 법정적 부합설에 의하면 발생사실의 고의기수에 대한 교사를 인정)한다.

① (×) ㉠의 경우 구체적 사실의 착오 중 객체의 착오 사례이다. 구체적 부합설과 법정적 부합설 모두 구체적 사실의 착오 중 객체의 착오는 발생사실에 대한 기수범이 성립한다고 보므로 B에 대한 살인죄가 성립한다.

② (×) ㉡의 경우 추상적 사실의 착오 중 방법의 착오 사례이다. 구체적 부합설과 법정적 부합설 모두 인식사실에 대한 미수범과 발생사실에 대한 과실범이 성립한다고 보므로 사안의 경우에는 두 견해 모두 손괴미수와 과실치사의 상상적 경합범이 성립한다.

③ (×) ㉢의 경우 B의 사망에 대한 甲의 죄책과 관련하여 乙의 착오를 객체의 착오로 보고 이에 기반을 둔 甲의 착오도 객체의 착오로 보는 경우, 구체적 부합설에 의하면 乙은 살인기수죄가 성립하고(구체적 부합설에 의하면 사실의 착오 중 객체의 착오는 발생사실의 고의기수를 인정), 甲에게는 살인기수죄의 교사범이 성립(교사의 착오 중 교사자의 객체의 착오는 구체적 부합설

의할 때 발생사실의 고의기수에 대한 교사를 인정)한다.

정답 ④

다음 각각의 사례에 대해 甲과 乙이 취하고 있는 학설에 대한 설명으로 옳은 것은?

> 甲: A가 B에게 불만을 품고 B를 살해하려고 몽둥이를 후려쳤으나, 몽둥이가 빗나가서 B가 안고 있던 B의 자녀 C가 맞고 그 자리에서 사망한 경우 A에게는 B에 대한 살인미수와 C에 대한 과실치사죄의 상상적 경합이 성립한다.
>
> 乙: A가 B를 살해하기 위해 총을 발사하여 사람이 사망하였다면, 객체의 착오든 방법의 착오든 발생한 결과에 대한 살인죄가 성립한다.

① 판례는 甲과 동일한 입장에서 A에게 살인미수와 과실치사죄의 상상적 경합을 인정하고 있다.

② 乙은 구체적 부합설의 입장이며, 인식한 사실과 발생한 사실이 구체적으로 부합하면 발생한 사실에 대한 고의·기수가 인정된다.

③ D인 줄 알고 살해할 생각으로 총을 발사하였는데 다가가서 확인해보니 D가 아니라 사람 모양의 마네킹인 경우, 죄책에 대한 甲과 乙의 결론은 동일하다.

④ D인 줄 알고 살해할 생각으로 총을 발사하였는데 다가가서 확인해보니 D가 아니라 D와 닮은 E가 사망한 경우, 甲의 입장에서는 E에 대한 살인의 고의가 인정될 수 없고, 살인미수와 과실치사죄의 상상적 경합이 성립한다.

해설 | 출제영역 | 구성요건적 착오

甲은 구체적 사실의 착오 중 방법의 착오에 대하여 인식사실에 대한 미수와 발생한 사실에 대한 과실범의 상상적 경합을 인정하므로 구체적 부합설의 입장이다. 乙은 구체적 사실의 착오 중 방법의 착오와 객체의 착오에 대하여 모두 발생사실에 대한 고의·기수범을 인정하므로 법정적 부합설 내지 추상적 부합설이다.

③ (○) D인 줄 알고 살해할 생각으로 총을 발사하였는데 다가가서 확인해보니 D가 아니라 사람 모양의 마네킹인 경우에는 추상적 사실에 대한 착오 중 객체의 착오에 해당한다. 추상적 사실에 대한 착오 중 객체의 착오에 대하여 구체적 부합설(甲)과 법정적 부합설(乙 중 일부)은 인식사실에 대한 미수와 발생사실에 대한 과실범의 상상적 경합을 인정하고(살인미수와 과실손괴나 과실손괴는 처벌규정이 없으므로 살인미수죄만 성립), 추상적 부합설(乙 중 일부)은 인식한 범죄와 발생한 범죄 중 중한 죄의 미수와 경한 죄의 기수의 상상적 경합을 인정한다(살인미수가 성립하면 손괴기수는 이에 흡수되므로 결국 살인미수죄만 성립). 따라서 구체적 부합설, 법정적 부합설, 추상적 부합설 모두 결론적으로는 살인미수죄만 성립하게 되어 그 결론이 동일하다.

① (×) 판례는 구체적 부합설이 아니라 법정적 부합설을 취한다.

② (×) 乙은 법정적 부합설 내지 추상적 부합설의 입장이다.

④ (×) 구체적 사실의 착오 중 객체의 착오에 해당하므로 어느 견해에 의하든 발생사실에 대한 고의·기수가 인정된다(모두 E에 대한 살인기수죄 성립).

정답 ③

1 위법성의 일반이론

001 ✓ 유사 ◆◆◇   경찰1차 2020

범죄의 성립요건 중 조각되는 사유가 다른 것은? (다툼이 있는 경우 판례에 의함)

① 피고인이 동거 중인 피해자의 지갑에서 현금을 꺼내가는 것을 피해자가 현장에서 목격하고도 만류하지 아니한 경우(「형법」상 절도죄)

② 중대장의 지시에 따라 관사를 지키고 있던 당번병인 피고인이 중대장의 처가 마중 나오라는 지시를 정당한 명령으로 오인하고 관사를 무단이탈하였는데 당번병으로서의 그 임무범위 내에 속하는 일로 오인하고, 그 오인에 정당한 이유가 있는 경우(「군형법」상 무단이탈죄)

③ 병역법 제88조 제1항은 국방의 의무를 실현하기 위하여 현역입영 또는 소집통지서를 받고도 정당한 사유 없이 이에 응하지 않은 사람을 처벌하는데, 피고인에게 정당한 사유가 있는 경우(「병역법」상 입영 등 기피죄)

④ 사용자의 직장폐쇄가 정당한 쟁의행위로 인정되지 아니하고 다른 특별한 사정이 없어 근로자가 평소 출입이 허용되는 사업장 안에 들어가는 경우(「형법」상 주거침입죄)

[해설] 출제영역 | 정당행위

② [위법성 조각] 소속 중대장의 당번병이 근무시간 중은 물론 근무시간 후에도 밤늦게까지 수시로 영외에 있는 중대장의 관사에 머물면서 집안일을 도와주고 그 자녀들을 보살피며 중대장 또는 그 처의 심부름을 관사를 떠나서까지 시키는 일을 해오던 중 사건당일 중대장의 지시에 따라 관사를 지키고 있던 중 중대장과 함께 외출나간 그 처로부터 24:00경 비가 오고 밤이 늦어 혼자 귀가할 수 없으니 관사로부터 1.5킬로미터 가량 떨어진 지점까지 우산을 들고 마중을 나오라는 연락을 받고 당번병으로서 당연히 해야 할 일로 생각하고 그 지점까지 나가 동인을 마중하여 그 다음날 01:00경 귀가하였다면 위와 같은 당번병의 관사이탈 행위는 중대장의 직접적인 허가를 받지 아니 하였다 하더라도 당번병으로서의 그 임무범위 내에 속하는 일로 오인하고 한 행위로서 그 오인에 정당한 이유가 있어 위법성이 없다고 볼 것이다(대법원 1986.10.28, 86도1406).

① [구성요건해당성 조각] 피고인이 동거중인 피해자의 지갑에서 현금을 꺼내가는 것을 피해자가 현장에서 목격하고도 만류하지 아니하였다면 피해자가 이를 허용하는 묵시적 의사가 있었다고 봄이 상당하여 이는 절도죄를 구성하지 않는다(대법원 1985.11.26, 85도1487).

③ [구성요건해당성 조각] 병역법 제88조 제1항은 국방의 의무를 실현하기 위하여 현역입영 또는 소집통지서를 받고도 정당한 사유 없이 이에 응하지 않은 사람을 처벌함으로써 입영기피를 억제하고 병력구성을 확보하기 위한 규정이다. 위 조항에 따르면 정당한 사유가 있는 경우에는 피고인을 벌할 수 없는데, 여기에서

정당한 사유는 구성요건해당성을 조각하는 사유이다. 이는 형법상 위법성조각사유인 정당행위나 책임조각사유인 기대불가능성과는 구별된다(대법원 2018.11.1, 2016도10912 전원합의체).

④ [구성요건해당성 조각] 사용자의 직장폐쇄가 정당한 쟁의행위로 인정되지 아니하는 때에는 다른 특별한 사정이 없는 한 근로자가 평소 출입이 허용되는 사업장 안에 들어가는 행위가 주거침입죄를 구성하지 아니한다(대법원 2002.9.24, 2002도2243).

[정답] ②

002 ✓ 이론 ◆◇◇   국가9급/총론 2023

위법성조각사유의 주관적 정당화요소에 대한 설명으로 옳은 것만을 모두 고르면?

> ㄱ. 위법성조각을 위해 주관적 정당화요소가 필요하다고 보는 견해에 의하면, 형법 제21조 제1항에서 '방위하기 위하여 한'은 정당방위의 주관적 정당화요소를 규정한 것으로 해석된다.
> ㄴ. 판례는 위법성조각을 위해 방위의사나 피난의사와 같은 주관적 정당화요소가 요구된다고 본다.
> ㄷ. 위법성조각을 위해 주관적 정당화요소가 필요 없다고 보는 견해에 의하면, 행위자가 행위 당시 존재하는 객관적 정당화사정을 인식하지 못한 채 범죄의 고의만으로 행위를 한 경우 고의기수범이 성립한다.
> ㄹ. 위법성 판단에 행위반가치와 결과반가치가 모두 요구된다고 보는 이원적·인적 불법론의 입장에서는 주관적 정당화요소가 결여된 경우 행위반가치가 부정되므로 불능미수가 된다고 본다.

① ㄱ, ㄴ   ② ㄱ, ㄷ
③ ㄴ, ㄹ   ④ ㄷ, ㄹ

[해설] 출제영역 | 위법성의 일반이론 – 주관적 정당화요소

ㄱ. (○) 주관적 정당화요소라 함은 객관적 정당화상황이 존재한다는 것과 이에 근거하여 행위한다는 행위자의 인식을 말하며, 정당방위의 '방위하기 위한' 방위의사가 주관적 정당화요소의 예이다.

ㄴ. (○) 판례도 주관적 정당화요소의 필요성을 긍정한다.

> [판례] 정당행위를 인정하려면 첫째 그 행위의 동기나 목적의 정당성, 둘째 행위의 수단이나 방법의 상당성, 셋째 보호이익과 침해이익과의 법익균형성, 넷째 긴급성, 다섯째 그 행위 외에 다른 수단이나 방법이 없다는 보충성 등의 요건을 갖추어야 한다(대법원 2000.4.25, 98도2389).

ㄷ. (×) 위법성조각을 위해 주관적 정당화요소가 필요 없다고 보는 견해에 의하면, 행위자가 행위 당시 존재하는 객관적 정당화사정을 인식하지 못한 채 범죄의 고의만으로 행위를 한 경우 위법성

이 조각된다.
ㄹ. (×) 위법성 판단에 행위반가치와 결과반가치가 모두 요구된다고 보는 이원적·인적 불법론의 입장에서는 주관적 정당화요소가 결여된 경우 (주관적 정당화요소가 없으므로) 행위반가치는 있으나 (객관적 정당화상황은 존재하므로) 결과반가치가 없는 경우이기 때문에 불능미수 규정을 유추적용한다.
[보충] 원래 이원적·인적 불법론에 의하여 주관적 정당화요소가 결여된 경우에는 위 지문처럼 불능미수로 보는 입장이 있고, 결과가 발생한 이상 결과반가치가 인정된다고 보아 기수범이 된다는 입장이 있다. 여기서는 출제의 의도를 고려하여 해설한 것이다.

정답 ①

---

003 ✓ 이론 대표 ◆◆◆ 국가7급 2020

다음 사례에 대한 설명으로 옳지 않은 것은?

甲은 A를 골탕 먹일 생각으로 A의 집 창문을 향해 돌을 던져 창문을 깨뜨렸다. 하지만 마침 연탄가스에 중독되어 위험한 상태였던 A는 甲이 창문을 깨뜨리는 바람에 생명을 구할 수 있었다.

① 위법성조각사유를 검토함에 있어 주관적 정당화요소가 필요하지 않다는 입장에 따르면 甲의 행위는 불가벌이다.
② 고의범의 위법성조각사유에는 주관적 정당화요소가 필요하다는 입장은 구성요건 해당 행위의 결과반가치와 행위반가치 모두가 상쇄되어야 위법성이 조각될 수 있다는 점을 근거로 한다.
③ 행위반가치는 인정되나 객관적 정당화상황의 존재로 인해 결과반가치가 인정되지 않으므로 甲에게 불능미수 규정을 유추적용하자는 견해에 따르는 경우, 甲의 행위는 불가벌이다.
④ 구성요건적 결과가 발생한 이상 결과반가치가 인정되므로 甲에게 재물손괴죄의 기수를 인정해야 한다는 입장에 대하여는, 객관적 정당화상황이 존재함에도 존재하지 않는 경우와 동일하게 평가하는 것은 문제라는 비판이 있다.

해설 출제영역 | 주관적 정당화요소, 우연적 피난
우연적 피난의 경우를 출제한 것이다.
③ (×) 행위반가치는 인정되고 결과반가치는 인정되지 않는 경우, 甲에게 불능미수 규정을 유추적용하자는 견해(이원적·인적 불법론 내 불능미수범설, 多)에 의하면 甲은 손괴죄의 불능미수로 처벌될 수 있다.
① (○) 주관적 정당화요소 불요설(위법성조각설, 순수한 결과반가치론)에 의하면 긴급피난이 인정되어 甲의 행위는 불가벌이다.
② (○) 이원적·인적 불법론에 대한 내용으로 옳은 설명이다.
④ (○) 이원적·인적 불법론 내에서 주장되는 기수범설의 내용인데, 이에 비판으로 옳은 설명이다.

정답 ③

---

004 ✓ 이론 ◆◆◇ 국가9급총론 2017

다음 사례에 대한 설명으로 옳은 것은?

사례

甲은 자기 집 2층에서 아래를 내려다보던 중 乙이 자신의 집 정원에서 어슬렁거리는 것을 보았다. 甲은 乙과 원수지간으로 그렇지 않아도 乙을 살해할 생각을 가지고 있던 터라 옆에 있던 사냥용 엽총으로 정조준하여 乙을 향해 발사하여 즉사케 하였다. 그런데 나중에 알고 보니 乙도 甲을 살해하기 위해 甲의 집에 폭탄을 설치하고 폭발시키려던 순간이었다.

① 정당방위의 성립요건 중 방위의사 필요설에 따르면 甲에게는 방위의사가 없었으므로 정당방위가 성립하지 않고 과실치사죄가 성립한다.
② 정당방위의 성립요건 중 현재성을 갖추고 있지 못하므로 甲은 살인죄로 처벌된다.
③ 정당방위의 성립요건 중 방위의사 불요설에 따르면 甲에게는 방위의사가 없었더라도 정당방위는 성립하여 위법성이 조각된다.
④ 이 사례의 구조를 불능미수와 유사하다고 보는 입장에서는 甲의 행위는 위험성이 없는 것으로 보아 불가벌로 취급한다.

해설 출제영역 | 정당방위의 성립요건
③ (○) 방위의사 불요설에 따르면 甲에게 방위의사가 없었더라도 정당방위에 해당하여 위법성이 조각된다.
① (×) 방위의사 필요설에 따르면 甲에게는 방위의사가 없었으므로 정당방위가 성립하지 않고, 학설에 따라 살인죄(기수설) 또는 살인불능미수죄(불능미수범설)가 성립한다.
② (×) 甲에게 방위의사가 없었다고 하더라도 설문의 경우 폭탄을 설치하고 폭발시키려는 순간이었으므로 현재성을 갖추고 있다고 보아야 한다.
④ (×) 불능미수범설에 의할 때 결과반가치는 배제되나 행위반가치는 그대로 존재하므로 甲은 살인미수죄로 처벌된다.

정답 ③

005 ✓ 이론 ◆◆◇ 국가9급 2019

甲은 평소 미워하던 乙과 우연히 마주치자 상해의 의사로 乙의 얼굴을 주먹으로 강타하여 코피가 나게 하였는데, 마침 그때 乙은 甲을 살해하려고 칼로 甲을 공격하려던 순간이었음이 밝혀졌다. 이에 대한 설명으로 옳은 것만을 모두 고르면?

> ㄱ. 위법성조각사유에 있어서는 주관적 정당화요소가 요구되지 않는다는 견해에 따르면, 甲의 행위는 정당방위로서 위법성이 조각될 수 있다.
> ㄴ. 판례에 따르면 정당방위가 성립하기 위하여는 행위자에게 방위의사가 있어야 하고 그 방위행위가 상당성이 있어야 하므로, 甲의 행위는 정당방위가 될 수 없다.
> ㄷ. 위법성조각사유에 있어서는 주관적 정당화요소가 요구되지만 위 사례에서는 결과반가치가 부정된다는 견해에 따르면, 甲은 상해죄의 불능미수로 처벌될 수 있다.

① ㄱ, ㄴ ② ㄱ, ㄷ
③ ㄴ, ㄷ ④ ㄱ, ㄴ, ㄷ

해설 출제영역 | 정당방위의 성립요건

ㄱ. (○) 주관적 정당화요소가 요구되지 않는다는 견해(주관적 정당화요소 불요설, 순수한 결과반가치론)에 따르면, 객관적 정당화상황이 존재하므로 甲의 행위는 정당방위로서 위법성이 조각될 수 있다.
ㄴ. (○) 위법성조각의 요건으로 통설·판례는 주관적 정당화요소가 필요하다는 입장이다. "정당방위가 성립하기 위하여는 현재의 부당한 침해를 방위하기 위한 행위이어야" 할 것이다(대법원 1997.4.17, 96도3376 전원합의체). 판례의 태도에 따르면 甲은 방위의사가 없으므로 정당방위가 될 수 없다.
ㄷ. (○) 우연적 방위의 해결에 관한 불능미수범설(다수설)의 내용이다. 불능미수범설에 따르면, 우연방위는 방위의사가 없으므로 행위반가치는 존재하나, 객관적 정당화상황은 존재하므로 결과반가치는 현저히 약화된다고 보아 (불능)미수범 정도로 처리한다.

정답 ④

006 ✓ 이론 ◆◆◆ 국가7급 2019

다음 사례에 대한 설명으로 옳지 않은 것은?

> 경찰관 甲은 격렬하게 저항하는 강도범 乙을 제압하기 위하여 경고사격을 하려다가 그만 실수로 근처에 서 있던 丙에게 상해를 입혔다. 그런데 丙은 乙의 공범으로, 丙이 상해를 입은 시점은 각목으로 甲을 가격하려던 순간이었다.

① 甲의 행위가 위법성이 조각되기 위해서는 행위반가치를 상쇄시키는 주관적 정당화요소가 필요하다는 견해가 있다.
② 甲의 행위는 객관적 정당화상황의 존재에 의하여 결과반가치가 탈락되고 과실범의 미수가 되지만, 과실범의 미수는 불가벌이므로 행위반가치를 상쇄시키는 주관적 정당화요소가 불필요하다는 견해가 있다.
③ 주관적 정당화요소가 필요하다는 견해에 의하더라도 甲의 행위는 행위반가치가 없으므로 위법성이 조각된다.
④ 주관적 정당화요소가 불필요하다는 견해에 의하면 甲의 행위는 과실치상죄가 성립하지 않는다.

해설 출제영역 | 과실에 의한 우연방위, 주관적 정당화 요소의 필요 여부

근본적으로 경고사격에 불과하므로 甲에게 상해의 고의는 없었던 행위로 판단된다. 그렇다면 위 설문은 (업무상)과실치상죄의 성립이 문제되는 경우이며, 쟁점은 우연적 방위와 같이 주관적 정당화요소가 결여된 경우 과실범의 위법성이 조각되는가의 문제이다.
③ (×) 주관적 정당화요소 필요설에 의하면 우연적 방위행위의 위법성이 조각되지 않는다.
  [보충] 다만, 과실범의 경우 과실범의 불능미수를 처벌할 수 없기 때문에 결국 구성요건해당성이 조각되어 무죄가 된다. 한편, 이 경우 과실범이 인정된다는 견해도 있다(김일수/서보학).
① (○) 주관적 정당화요소 필요설(통설·판례)의 내용이다.
② (○) (출제가 엄밀하지 않아 보인다) 정당방위의 객관적 정당화상황이 존재하여 결과반가치가 결여된다고 하더라도 주관적 정당화요소가 없으면 행위반가치가 존재하므로 과실범의 불능미수가 된다는 것은, 엄밀히는 과실범의 위법성조각에 관한 주관적 정당화요소 필요설의 내용이다. 다만, 과실범의 미수를 벌하지 않기 때문에 처벌되지 않는 것에 불과하다는 것이다. 그럼에도 불구하고, 출제의 의도를 고려할 때 맞는 지문으로 처리한다.
  [보충] 원래 주관적 정당화요소 불요설은 과실범의 특성상 객관적 정당화상황이 존재하면 그대로 위법성이 조각된다는 내용이다.
④ (○) 주관적 정당화요소가 불필요하다는 견해에 의하면 甲의 행위는 무죄이다(②번 해설 참조).

정답 ③

007 ✔ 이론 ◆◆◆ 변호사 2015

늦은 밤 어두운 골목길을 걸어 귀가하던 甲은 10여 분간 뒤따라오던 乙 때문에 짜증이 나자 갑자기 뒤돌아서서 상해의 고의로 乙을 주먹과 발로 구타하여 4주간의 치료가 필요한 상해를 가하였다. 乙은 평소 원한관계에 있던 甲을 발견하고는 기습적으로 공격하려고 주머니에 칼을 숨긴 채 기회를 엿보며 뒤따라가고 있었고, 甲이 공격하던 그 순간 칼을 꺼내 甲을 찌르려고 하던 중이었다. 객관적 정당화요소만 충족되면 위법성이 조각된다는 입장이나 주관적 정당화요소까지 충족되어야 위법성이 조각된다는 입장에 의할 때 아래의 보기 중 甲에게 해당할 수 없는 것을 모두 고른 것은?

ㄱ. 무죄	ㄴ. 과실치상죄
ㄷ. 상해죄	ㄹ. 상해죄의 불능미수
ㅁ. 상해죄의 예비	

① ㄱ, ㄷ   ② ㄱ, ㄹ
③ ㄴ, ㄷ   ④ ㄴ, ㅁ
⑤ ㄴ, ㄹ, ㅁ

해설 │ 출제영역 │ 우연방위, 주관적 정당화 요소의 필요 여부

사안은 상해죄의 구성요건에는 해당하나 위법성과 관련하여 객관적 정당화사정은 존재하지만 주관적 정당화요소가 결여된 우연방위가 문제되는 사안이다. 주관적 정당화요소를 결한 우연방위의 경우에 ① 객관적 정당화요소만 충족되면 위법성이 조각된다는 입장인 결과반가치론에 의하면 위법성이 조각되어 무죄[ㄱ. (○)]가 되는 반면, ② 주관적 정당화요소까지 충족되어야 위법성이 조각된다고 보는 견해인 이원적 인적 불법론은 다시 결과를 포함한 구성요건은 실현되었지만 그 결과는 객관적으로 존재하는 정당화상황으로 인해 법질서에 의하여 부정되는 것은 아니므로 기수범의 결과반가치가 부정되지만 주관적 정당화 요소가 존재하지 않아 행위반가치는 그대로 유지되므로 불능미수규정을 유추적용하여 상해죄의 불능미수라는 견해[ㄹ. (○)]와 구성요건적 결과가 발생한 이상 위법성은 조각되지 않아 상해기수[ㄷ. (○)]라는 견해의 대립이 있다. 따라서 'ㄴ. 과실치상죄' 및 'ㅁ. 상해죄의 예비'는 甲의 죄책과 무관하다.

정답 ④

008 ✔ 이론 ◆◆◆ 국가7급 2018

다음 사례에 대한 설명으로 옳은 것은?

> (가) 甲은 늦게 귀가하는 아들에게 화가 나 있던 중 오전 2시경 누군가가 현관문을 열고 들어오는 소리를 듣고 그를 아들이라고 생각하고 폭행의 고의로 거실에 있던 나무장식품을 던졌다. 나무장식품에 맞아 기절한 사람은 아들이 아니라 절도하려고 침입한 괴한이었다.
> (나) 乙이 A를 살해하기 위하여 돌로 머리를 가격하여 A가 쓰러지자 죽은 것으로 오인하고 사체를 유기할 고의로 웅덩이에 매장하였으나 사실 A는 가격행위로 사망한 것이 아니라 매장행위로 질식사하였다.

① (가)에서 결과반가치론에 따르면 甲에게 방위의사가 없으므로 위법성이 조각되지 않는다.
② (가)에서 주관적 정당화 요소 필요설 중 불능미수범설은 행위반가치는 존재하지만 결과반가치가 없는 점을 이론적 근거로 한다.
③ (나)사례를 인과과정의 착오로 보는 견해에 따르면 본질적 인과과정의 착오에 해당하므로 乙에게 살인죄의 미수범이 성립한다.
④ (나)에서 판례에 따르면 乙의 가격행위는 살인죄의 미수이고, 웅덩이에 매장한 행위는 사체은닉죄의 불능미수와 과실치사죄의 상상적 경합이 된다.

해설 │ 출제영역 │ 우연방위, 개괄적 고의

② (○) 불능미수범설에 따르면 옳은 설명이다.
① (×) 결과반가치론(주관적 정당화요소 불요설)에 따르면 방위의사가 없어도 위법성이 조각된다.
③ (×) 인과관계착오설에 따르면 본질적 착오라고 볼 수 없다.
④ (×) 판례("전 과정을 개괄적으로 보면 피해자의 살해라는 처음에 예견된 사실이 결국은 실현된 것으로서 피고인들은 살인죄의 죄책을 면할 수 없다")에 따르면 살인죄 기수가 된다(개괄적 고의설, 대법원 1988.6.28, 88도650).

정답 ②

甲은 층간소음문제로 다툼이 있던 다세대주택 위층에 보복의 목적으로 돌을 던져 유리창을 깨뜨렸다. 그런데 위층에 살던 A는 빚 독촉에 시달려 고민 중 자살하기 위해 창문을 닫은 채 연탄불을 피워 연탄가스에 질식 중이었다. 甲이 유리창을 깨뜨린 결과 A의 목숨은 구조되었다. 이때 甲이 무죄라는 견해에 관한 설명 중 옳은 것을 모두 고른 것은?

> ㄱ. 범죄성립에 있어서 행위불법만을 고려하는 입장에 상응한다.
> ㄴ. 범죄성립에 있어서 결과불법만을 고려하는 입장에 상응한다.
> ㄷ. 행위불법과 결과불법이 모두 상쇄되어야 위법성이 조각된다는 입장에 상응한다.
> ㄹ. 이 견해에 대해서는 주관적 정당화사정이 있는 경우와 없는 경우를 똑같이 취급한다는 비판이 제기된다.
> ㅁ. 이 견해에 대해서는 미수범 처벌규정이 없는 경우에는 처벌의 흠결이 발생할 수 있다는 비판이 제기된다.
> ㅂ. 이 견해에 대해서는 객관적 정당화사정이 행위자에게 유리하게 작용하지 못한다는 비판이 제기된다.

① ㄱ, ㄹ   ② ㄱ, ㅂ
③ ㄴ, ㄹ   ④ ㄴ, ㅂ
⑤ ㄷ, ㅁ

해설 **출제영역 | 위법성론 – 주관적 정당화요소의 요부**
주관적 정당화요소가 결여된 경우인 우연피난
ㄱ. (×), ㄴ. (○), ㄷ. (×) 주관적 정당화요소를 결한 우연피난 등의 경우에 ⓐ 결과반가치론(ㄴ)에 의하면 위법성이 조각되어 무죄가 되는 반면 ⓑ 행위반가치론(ㄱ)에서는 기수가 되며, ⓒ 행위반가치·결과반가치이원론(ㄷ)에서는 불능미수가 된다.
ㄹ. (○) 결과반가치론에 대한 비판이다.
ㅁ. (×) 행위반가치·결과반가치 이원론에 대한 비판이다.
ㅂ. (×) 행위반가치론은 객관적 정당화 사정이 존재하더라도 주관적 정당화요소가 결여될 경우 객관적 정당화 사정이 존재하지 않는 경우와 동일하게 기수로 처리하므로 객관적 정당화 사정이 행위자에게 유리하게 작용하지 않게 된다는 비판을 받는다.

정답 ③

다음 사례에 관한 설명으로 가장 적절한 것은?

> 甲은 남편 A가 매일 술을 마시고 들어와서 행패를 부리는 등 A와의 불화로 갈등을 겪는 중이었다. 이에 甲은 새벽에 문이 열리는 소리가 들리고 누군가 집안으로 들어오자, A에 대한 상해의 고의로 컵을 집어 던졌다. 그러자 사람이 '어이쿠'하며 쓰러지는 소리가 나서 불을 켜 보니, A가 아니라 칼을 든 B가 컵에 머리를 맞고 쓰러져 있었다. B는 강도를 하기위하여 甲의 집으로 들어오던 중이었다.

① 위 사례는 구체적 사실의 착오 중 객체의 착오에 해당하는 사례로 구체적 부합설에 따를 경우, 甲의 행위는 A에 대한 상해미수와 B에 대한 과실치상의 죄가 성립하고 양 죄는 상상적 경합관계에 있다.
② 위 사례는 주관적 정당화요소가 결여된 사례로 이러한 때에는 행위반가치는 존재하지만 결과반가치는 존재하지 않아 불능미수범 규정을 유추적용하자는 견해에 따를 경우, 甲의 행위는 상해죄의 불능미수가 된다.
③ 위 사례는 우연방위에 해당하는 사례로 위법성조각사유에 주관적 정당화요소가 필요하지 않다는 판례에 따를 경우, 甲의 행위는 상해죄의 기수가 된다.
④ 위 사례는 오상방위에 해당하는 사례로 엄격책임설에 따를 경우, 甲이 B를 A로 오인함에 있어서 정당한 이유가 있다면 책임이 조각되어 甲의 행위는 무죄가 된다.

해설 **출제영역 | 구체적 사실의 착오, 우연방위**
② (○) 우연방위에 있어서 불능미수범설은 주관적 정당화요소가 없으므로 행위반가치는 있으나 객관적 정당화상황은 존재하므로 결과반가치가 없는 경우이기 때문에 불능미수 규정을 유추적용하는 입장으로서, 이에 의하면 甲의 행위는 상해죄의 불능미수가 성립한다.
① (×) 위 사례는 구체적 사실의 착오 중 객체의 착오에 해당하는 사례로 구체적 부합설에 따를 경우(법정적 부합설 및 추상적 부합설에 의하여도 마찬가지), 구성요건단계에서 甲에게는 B에 대한 상해의 구성요건적 고의가 인정된다.
③ (×) 주관적 정당화요소 불요설에 관한 설명으로서, 이에 의하면 결과반가치만 있으면 불법이 충족된다고 이해하므로 결과불법만 조각되어도 불법이 부정된다는 점에서, 객관적으로 존재하는 정당화상황을 행위자가 인식하지 못하고 행위한 우연적 방위의 경우에도 위법성이 조각되어 무죄로 본다.
④ (×) 위 사례는 우연방위에 해당하는 사례이다.

정답 ②

2 정당방위

011 ✓ 대표 ◆◆◇ 경찰1차 2024

위법성조각사유에 관한 설명으로 가장 적절한 것은?
(다툼이 있는 경우 판례에 의함)

① 일련의 연속되는 행위로 인해 침해상황이 중단되지 아니하거나 일시 중단되더라도 추가 침해가 곧바로 발생할 객관적인 사유가 있는 경우, 그중 일부 행위가 범죄의 기수에 이르렀을지라도 정당방위의 요건 중 침해의 현재성이 인정된다.

② 甲이 A를 살해하기 위해 총을 쏴 A가 사망하였는데, 알고 보니 A도 甲을 살해하기 위해 甲에게 총을 조준하고 있었던 경우, 위법성이 조각되기 위해서는 주관적 정당화요소가 필요하다는 견해에 따르면 甲의 행위는 위법성이 조각된다.

③ 위난을 피하지 못할 책임 있는 자에게는 긴급피난이 허용되지 않기에 이들이 감수해야 할 범위를 넘는 위난에 처한 때에도 긴급피난은 허용되지 않는다.

④ 무고죄는 국가의 형사사법권의 적정한 행사뿐만 아니라 개인이 부당하게 처벌받지 아니할 이익을 부수적으로 보호하는 죄이기에, 피무고자의 승낙이 있는 경우에는 위법성이 조각된다.

해설 │ 출제영역 | 위법성조각사유

① (○) '침해의 현재성'이란 침해행위가 형식적으로 기수에 이르렀는지에 따라 결정되는 것이 아니라 자기 또는 타인의 법익에 대한 침해상황이 종료되기 전까지를 의미하는 것이므로, 일련의 연속되는 행위로 인해 침해상황이 중단되지 아니하거나 일시 중단되더라도 추가 침해가 곧바로 발생할 객관적인 사유가 있는 경우에는 그중 일부 행위가 범죄의 기수에 이르렀더라도 전체적으로 침해상황이 종료되지 않은 것으로 볼 수 있다(대법원 2023.4.27, 2020도6874).

② (×) 우연적 방위의 경우인데, 위법성이 조각되기 위해서는 주관적 정당화요소가 필요하다는 견해(주관적 정당화요소 필요설)에 따르면 방위의사가 결여된 甲의 행위는 정당방위가 될 수 없어 위법성이 조각되지 못한다.
[보충] 우연적 방위의 해결: ㉠ 주관적 정당화요소 필요설에 의할 때 불능미수범설, 이원적·인적 불법론에 의한 기수범설, 순수한 행위반가치론에 의한 기수범설, ㉡ 주관적 정당화요소 불요설에 의하면 무죄설(위법성조각설, 순수한 결과반가치론)

③ (×) 위난을 피하지 못할 책임 있는 자에게는 긴급피난이 제한된다(형법 제22조 제2항). 다만, 형법 제22조 제2항의 긴급피난의 제한의 특칙의 취지는 긴급피난의 절대적 금지에 있지 않으므로, 위험사무 종사자들이 감수해야 할 범위를 넘는 위난에 처한 때에는 긴급피난이 허용된다.

④ (×) 무고죄는 국가의 형사사법권 또는 징계권의 적정한 행사를 주된 보호법익으로 하고 다만, 개인의 부당하게 처벌 또는 징계받지 아니할 이익을 부수적으로 보호하는 죄이므로, 설사 무고에 있어서 피무고자의 승낙이 있었다고 하더라도 무고죄의 성립에는 영향을 미치지 못한다(대법원 2005.9.30, 2005도2712).
[보충] 피해자의 승낙(형법 제24조)에 의하여 위법성이 조각되는 법익 침해행위의 법익은 개인적 법익 중에서 처분할 수 있는 것으로 제한된다.

정답 ①

012 ✓ 대표 ◆◆◇ 변호사 2019

위법성조각사유에 관한 다음 설명 중 옳지 않은 것은?
(다툼이 있는 경우 판례에 의함)

① 피고인이 한의사 자격이나 이에 관한 면허도 없이 영리를 목적으로 환부에 부항침으로 10회 정도 찌르고 다시 부항을 뜨는 방법으로 치료행위를 하면서 부항침과 부항을 이용하여 체내의 혈액을 밖으로 배출되도록 한 것이라면 이러한 피고인의 시술행위는 사회상규에 위배되지 아니하는 행위로 볼 수 없다.

② 아파트 입주자대표회의 회장이 일부 입주민이 가입한 케이블TV방송의 시험방송 송출로 인하여 위성방송의 수신이 불가능하게 되었다는 다수 입주민들의 민원을 접수한 후 케이블TV방송에 시험방송 송출을 중단해 달라는 요청도 해 보지 아니한 채 시험방송이 송출된 지 약 1시간 30여 분 만에 곧바로 케이블TV방송의 방송안테나를 절단하도록 지시한 행위는 긴급피난에 해당하지 않는다.

③ 타인 명의의 사문서를 작성·수정할 당시 명의자의 현실적인 승낙은 없었지만, 그 승낙을 얻는 것이 불가능하였고 그 당시의 모든 객관적 사정을 종합하여 명의자가 행위 당시 그 사실을 알았다면 당연히 승낙했을 것이라고 추정되는 경우 사문서의 위·변조죄가 성립하지 않는다.

④ 「형법」제20조의 '사회상규에 위배되지 아니하는 행위'라 함은 국가질서의 존중이라는 인식을 바탕으로 한 국민일반의 건전한 도의적 감정에 반하지 아니한 행위로서 초법규적인 기준에 의하여 이를 평가해야 한다.

⑤ 이혼소송 중인 남편 A가 찾아와 아내 甲의 목에 가위를 겨누면서 이혼하면 죽여 버리겠다고 협박하고 변태적 성행위를 강요하는 데에 격분하여 甲이 사전에 침대 밑에 숨겨 놓았던 칼로 A의 복부를 찔러 그 자리에서 사망에 이르게 한 경우, 甲의 행위는 과잉방위에 해당한다.

해설 │ 출제영역 | 위법성조각사유

⑤ (×) 이혼소송중인 남편이 찾아와 가위로 폭행하고 변태적 성행위를 강요하는 데에 격분하여 처가 칼로 남편의 복부를 찔러 사망에 이르게 한 경우, 그 행위는 방위행위로서의 한도를 넘어선 것으로 사회통념상 용인될 수 없다는 이유로 정당방위나 과잉방위에 해당하지 않는다(대법원 2001.5.15, 2001도1089).

① (○) 피고인이 행한 부항 시술행위가 보건위생상 위해가 발행할 우려가 전혀 없다고 볼 수 없는데다가, 피고인이 한의사 자격이나 이에 관한 어떠한 면허도 없이 영리를 목적으로 위와 같은 치료행위를 한 것이고, 단순히 수지침 정도의 수준에 그치지 아니하고 부항침과 부항을 이용하여 체내의 혈액을 밖으로 배출되도록 한 것이므로, 이러한 피고인의 시술행위는 의료법을 포함한 법질서 전체의 정신이나 사회통념에 비추어 용인될 수 있는 행위에 해당한다고 볼 수는 없고, 따라서 사회상규에 위배되지 아니하는 행위로서 위법성이 조각되는 경우에 해당한다고 할 수 없다(대법원 2004.10.28, 2004도3405).

② (○) 아파트 입주자대표회의 회장이 다수 입주민들의 민원에 따라 위성방송 수신을 방해하는 케이블TV방송의 시험방송 송출을 중단시키기 위하여 위 케이블TV방송의 방송안테나를 절단하도록 지시한 행위를 긴급피난 내지는 정당행위에 해당한다고 볼 수 없다(대법원 2006.4.1, 2005도9396).

③ (○) 행위 당시 명의자의 현실적인 승낙은 없었지만 행위 당시의 모든 객관적 사정을 종합하여 명의자가 행위 당시 그 사실을 알았다면 당연히 승낙했을 것이라고 추정되는 경우 역시 사문서의 위·변조죄가 성립하지 않는다(대법원 2011.9.29, 2010도14587).

④ (○) 소위 사회상규에 반하지 아니한 행위라 함은 국가질서의 존중이라는 인식을 바탕으로 한 국민일반의 건전한 도의적 감정에 반하지 아니한 행위로서 초법규적인 기준에 의하여 이를 평가해야 한다(대법원 1983.11.22, 83도2224).

정답 ⑤

하기 위한 상당한 행위라 할 것이고, 피고인이 피해자의 몸 위에 타고 앉아 그의 목을 계속하여 졸라 누름으로써 결국 피해자로 하여금 질식하여 사망에 이르게 한 행위는 극히 짧은 시간 내에 계속하여 행하여진 피고인의 위와 같은 일련의 행위는 이를 전체로서 하나의 행위로 보아야 할 것이므로, 방위의사에서 비롯된 피고인의 위와 같이 연속된 전후행위는 하나로서 형법 제21조 제2항 소정의 과잉방위에 해당한다 할 것이고, 당시 야간에 흉포한 성격에 술까지 취한 피해자가 식칼을 들고 피고인을 포함한 가족들의 생명, 신체를 위협하는 불의의 행패와 폭행을 하여 온 불안스러운 상태하에서 공포, 경악, 흥분 또는 당황 등으로 말미암아 저질러진 것이라고 보아야 할 것이다(과잉방위이나 형법 제21조 제3항에 의하여 무죄, 대법원 1986.11.11, 86도1862).

④ (○) 대법원 2010.2.11, 2009도12958

정답 ③

013 ✓ 유사 ◆◆◇ 국가7급 2021

정당방위에 대한 설명으로 옳지 않은 것은? (다툼이 있는 경우 판례에 의함)

① 정당방위는 자기 또는 타인의 법익에 대한 현재의 부당한 침해를 방어하기 위한 것으로서, 위법하지 않은 정당한 침해에 대한 정당방위는 인정되지 않는다.

② 제1방위행위는 상당성이 인정되는 방위행위이고 제2방위행위는 상당성을 결여한 방위행위인 경우, 제1행위와 제2행위가 극히 짧은 시간 내에 계속하여 행하여지면 이를 전체로서 하나의 행위로 보아야 한다.

③ 경찰관 甲과 乙이 'A가 사람을 칼로 위협한다'는 신고를 받고 출동한 상황에서, A가 乙을 지속적으로 폭행하며 그의 총기를 빼앗으려하자, 甲은 A가 칼로 자신과 乙을 공격할 수 있다고 생각하고 乙을 구출하기 위하여 A에게 실탄을 발사하여 흉부관통상으로 A를 사망케 한 경우 정당방위의 상당성이 인정될 수 없다.

④ 불륜관계를 의심받아 집단폭행을 당하게 된 甲이 이를 벗어나기 위해 손을 휘저으며 발버둥치는 과정에서 A에게 약 14일간의 치료를 요하는 뇌진탕의 상해를 가한 경우 사회적 상당성이 인정되는 방어행위라고 할 수 있다.

해설 출제영역 | 정당방위의 성립요건

③ (×) 피고인의 권총 사용이, 경찰관직무집행법 제10조의4 제1항의 허용범위를 벗어난 위법한 행위라거나 피고인에게 업무상과실치사의 죄책을 지울만한 행위라고 선뜻 단정할 수는 없다(대법원 2004.3.25, 2003도3842).

① (○) 대법원 2003.11.13, 2003도3606

② (○) 평소 정신이상자처럼 행동하며 가족들에게 심하게 행패를 부려오던 피고인의 오빠가 피고인들을 모두 죽여버리겠다면서 어머니에 칼을 들이대다가 남동생의 목을 조르고 있는 위급한 상황에서, 피고인(여동생)이 순간적으로 남동생을 구하기 위하여 피해자에게 달려들어 그의 목을 조르면서 뒤로 넘어뜨린 행위는 어머니와 남동생의 생명, 신체에 대한 현재의 부당한 침해를 방위

014 ✓ 유사 ◆◇◇ 경찰2차 2018

정당방위에 대한 설명으로 가장 적절한 것은?(다툼이 있는 경우 판례에 의함)

① 가해자의 행위가 피해자의 부당한 공격을 방위하기 위한 것이라기보다는 서로 공격할 의사로 싸우다가 먼저 공격을 받고 이에 대항하여 가해하게 된 것인 경우에는 「형법」 제21조 제2항의 과잉방위가 성립한다.

② 피고인이 피해자로부터 먼저 폭행·협박을 당하다가 이를 피하기 위하여 피해자를 칼로 찔러 즉사케 한 경우, 그 행위가 피해자의 폭행·협박의 정도에 비추어 방위행위로서의 한도를 넘어선 것으로서 사회통념상 용인될 수 없다고 판단될 때에는 「형법」 제21조 제2항의 과잉방위가 성립한다.

③ 생명·신체에 대한 현재의 부당한 침해를 방위하기 위한 상당한 행위가 있고, 이어서 정당방위의 요건인 상당성을 결여한 행위가 연속적으로 이루어진 경우 극히 짧은 시간 내에 계속하여 행하여진 가해자의 이와 같은 일련의 행위는 이를 전체로서 하나의 행위라고 보아 「형법」 제21조 제2항의 과잉방위가 성립한다고 볼 여지가 있다.

④ 경찰관이 적법절차를 준수하지 않은 채 실력으로 현행범인을 연행하려 한 경우 이에 저항하는 과정에서 경찰관에게 상해를 입힌 행위는 그것이 자신의 신체에 대한 현재의 부당한 침해를 방위하기 위한 행위로서 상당한 이유가 있는 것이었다 하더라도 정당방위가 되지 못한다.

해설 출제영역 | 정당방위의 성립요건

③ (○) 평소 정신이상자처럼 행동하며 가족들에게 심하게 행패를 부려오던 피고인의 오빠가 피고인들을 모두 죽여버리겠다면서 어머니에 칼을 들이대다가 남동생의 목을 조르고 있는 위급한 상황에서, 피고인(여동생)이 순간적으로 남동생을 구하기 위하여 피해자에게 달려들어 그의 목을 조르면서 뒤로 넘어뜨린 행위는

어머니와 남동생의 생명, 신체에 대한 현재의 부당한 침해를 방위하기 위한 상당한 행위라 할 것이고, 피고인이 피해자의 몸 위에 타고 앉아 그의 목을 계속하여 졸라 누름으로써 결국 피해자로 하여금 질식하여 사망에 이르게 한 행위는 극히 짧은 시간내에 계속하여 행하여진 피고인의 위와 같은 일련의 행위는 이를 전체로서 하나의 행위로 보아야 할 것이므로, 방위의사에서 비롯된 피고인의 위와 같이 연속된 전후행위는 하나로서 형법 제21조 제2항 소정의 과잉방위에 해당한다 할 것이고, 당시 야간에 흉포한 성격에 술까지 취한 피해자가 식칼을 들고 피고인을 포함한 가족들의 생명, 신체를 위협하는 불의의 행패와 폭행을 하여 온 불안스러운 상태 하에서 공포, 경악, 흥분 또는 당황 등으로 말미암아 저질러진 것이라고 보아야 할 것이다(과잉방위이나 형법 제21조 제3항에 의하여 무죄, 대법원 1986.11.11, 86도1862).

① (×) 가해자의 행위가 피해자의 부당한 공격을 방위하기 위한 것이라기보다는 서로 공격할 의사로 싸우다가 먼저 공격을 받고 이에 대항하여 가해하게 된 것이라고 봄이 상당한 경우, 그 가해행위는 방어행위인 동시에 공격행위의 성격을 가지므로 정당방위 또는 과잉방위행위라고 볼 수 없다(대법원 2000.3.28, 2000도228).

② (×) 이혼소송중인 남편이 찾아와 가위로 폭행하고 변태적 성행위를 강요하는 데에 격분하여 처가 칼로 남편의 복부를 찔러 사망에 이르게 한 경우, 그 행위는 방위행위로서의 한도를 넘어선 것으로 사회통념상 용인될 수 없어 정당방위나 과잉방위에 해당하지 않는다(대법원 2001.5.15, 2001도1089).

④ (×) 경찰관의 행위가 적법한 공무집행을 벗어나 불법하게 체포한 것으로 볼 수밖에 없다면, 그 체포를 면하려고 반항하는 과정에서 경찰관에게 상해를 가한 것은 불법 체포로 인한 신체에 대한 현재의 부당한 침해에서 벗어나기 위한 행위로서 정당방위에 해당한다(대법원 2000.7.4, 99도4341).

정답 ③

---

015 ✅ 유사 ◆◆◇

정당방위에 관한 설명으로 옳은 것은 모두 몇 개인가? (다툼이 있는 경우 판례에 의함)

> 가. 정당방위에서 '침해의 현재성'이란 침해행위가 형식적으로 기수에 이르렀는지에 따라 결정되는 것이 아니라 자기 또는 타인의 법익에 대한 침해상황이 종료되기 전까지를 의미한다.
> 나. 정당방위 상황을 이용할 목적으로 처음부터 공격자의 공격행위를 유발하는 의도적 도발의 경우라 하더라도 그 공격행위에 대해서는 방위행위를 인정할 수 있어 정당방위가 성립한다.
> 다. 피해자의 침해행위에 대하여 자기의 권리를 방위하기 위한 부득이한 행위가 아니고, 그 침해행위에서 벗어난 후 분을 풀려는 목적에서 나온 공격행위는 정당방위에 해당한다고 할 수 없다.
> 라. 정당방위의 성립요건으로서 방어행위는 순수한 수비적 방어뿐만 아니라 적극적 반격을 포함하는 반격방어의 형태도 포함되나, 그 방어행위는 자기 또는 타인의 법익침해를 방위하기 위한 행위로서 상당한 이유가 있어야 한다.

① 1개   ② 2개
③ 3개   ④ 4개

해설 **출제영역 | 정당방위의 성립요건**

③ 3개

가. (○) '침해의 현재성'이란 침해행위가 형식적으로 기수에 이르렀는지에 따라 결정되는 것이 아니라 자기 또는 타인의 법익에 대한 침해상황이 종료되기 전까지를 의미하는 것이므로 일련의 연속되는 행위로 인해 침해상황이 중단되지 아니하거나 일시 중단되더라도 추가 침해가 곧바로 발생할 객관적인 사유가 있는 경우에는 그중 일부 행위가 범죄의 기수에 이르렀더라도 전체적으로 침해상황이 종료되지 않은 것으로 볼 수 있다(대법원 2023.4.27, 2020도6874).

나. (×) 상대방을 해치기 위해 의도적으로 도발하고 상대방의 반격을 유발하고 이에 대응하는 것처럼 행한 침해행위는 정당방위로 인정될 수 없다.
[정리] 의도적 도발행위의 경우 정당방위가 금지되고, 유책한 도발행위의 경우 정당방위가 제한된다.

> **[판례]** 피고인이 피해자를 살해하려고 먼저 가격한 이상 피해자의 반격이 있었더라도 피해자를 살해한 소위가 정당방위에 해당한다고 볼 수 없다(대법원 1983.9.13, 83도1467).

다. (○) 피해자의 침해행위에 대하여 자기의 권리를 방위하기 위한 부득이한 행위가 아니고, 그 침해행위에서 벗어난 후 분을 풀려는 목적에서 나온 공격행위는 정당방위에 해당한다고 할 수 없다(대법원 1996.4.9, 96도241).

라. (○) 정당방위의 성립요건으로서의 방어행위에는 순수한 수비적 방어뿐 아니라 적극적 반격을 포함하는 반격방어의 형태도 포함되나, 그 방어행위는 자기 또는 타인의 법익침해를 방위하기 위한 행위로서 상당한 이유가 있어야 한다(대법원 1992.12.22, 92도2540).

정답 ③

다음 중 정당방위가 인정되기 어려운 경우는 어느 것인가? (다툼이 있는 경우 판례에 의함)

① 정당방위에 대한 방어행위
② 과잉방위에 대한 방어행위
③ 과실행위나 책임무능력자의 침해에 대한 방어행위
④ 사람에 의해 사주된 동물의 침해에 대한 방어행위

해설 　출제영역 ┃ 정당방위의 성립요건

① (×) 정당방위는 부정 대 정의 관계이어야 한다. 따라서 정당방위와 같이 적법한 침해행위에 대하여는 정당방위가 성립하지 않는다.
② (○) 과잉방위는 위법하지만 책임이 감소·소멸되는 행위로 이에 대하여는 정당방위가 성립한다.
③ (○) 과실에 의한 침해행위나 책임무능력자의 침해행위(위법하지만 책임이 소멸되는 경우)에 대하여도 정당방위가 가능하다.
④ (○) 동물의 공격이나 자연현상에 의한 침해에 대해서는 정당방위가 불가능하나, 동물은 이용·사주한 사람의 침해에 대해서는 정당방위가 가능하다.

정답 ①

다음의 설명 중 甲의 행위가 정당방위에 해당하는 것을 모두 모아 놓은 것은? (다툼이 있는 경우 판례에 의함)

ㄱ. 현행범인으로서의 요건을 갖추고 있지 않은 甲에 대해 경찰관들이 강제로 연행하려고 하자 반항하는 과정에서 甲이 경찰관에게 상해를 가한 경우
ㄴ. 甲이 A와 말다툼을 하다가 건초더미에 있던 낫을 들고 반항하는 A로부터 낫을 빼앗아 그 낫으로 A의 가슴, 배, 등, 뒤통수, 목, 왼쪽 허벅지 부위 등을 10여 차례 찔러 A로 하여금 다발성 자상에 의한 기흉 등으로 사망하게 한 경우
ㄷ. 검사가 참고인 조사를 받는 줄 알고 검찰청에 자진 출석한 변호사사무실 사무장 甲을 합리적 근거 없이 긴급체포하자 甲이 이를 제지하는 과정에서 검사에 폭행을 가한 경우
ㄹ. 甲이 A와 다툼을 벌이는 과정에서 A를 폭행한 후 자리를 피하려고 하자 A가 '도망가지 말라'는 말을 하면서 여러 차례 甲을 붙잡았고, 실랑이 하는 과정에서 甲이 A의 손을 힘껏 뿌리치는 바람에 A가 뒤로 넘어져 상해를 입은 경우

① ㄱ, ㄴ　　　　　　② ㄱ, ㄴ, ㄹ
③ ㄱ, ㄷ　　　　　　④ ㄴ, ㄷ

해설 　출제영역 ┃ 정당방위의 성립요건

③ ㄱ, ㄷ

ㄱ. (○) 경찰관이 현행범인 체포 요건을 갖추지 못하였는데도 실력으로 현행범인을 체포하려고 하였다면 적법한 공무집행이라고 할 수 없고, 현행범인 체포행위가 적법한 공무집행을 벗어나 불법인 것으로 볼 수밖에 없다면, 현행범이 체포를 면하려고 반항하는 과정에서 경찰관에게 상해를 가한 것은 불법체포로 인한 신체에 대한 현재의 부당한 침해에서 벗어나기 위한 행위로서 정당방위에 해당하여 위법성이 조각된다(대법원 2011.5.26, 2011도3682).

ㄴ. (×) 피고인이 피해자와 말다툼을 하다가 건초더미에 있던 낫을 들고 반항하는 피해자로부터 낫을 빼앗아 그 낫으로 피해자의 가슴, 배, 등, 뒤통수, 목, 왼쪽 허벅지 부위 등을 10여 차례 찔러 피해자로 하여금 다발성 자상에 의한 기흉 등으로 사망하게 한 경우, 피고인의 이 사건 범행행위가 피해자의 피고인에 대한 현재의 부당한 침해를 방위하거나 그러한 침해를 예방하기 위한 행위로 상당한 이유가 있는 경우에 해당한다고 볼 수 없다(대법원 2007.4.26, 2007도1794).

ㄷ. (○) 정당방위에 해당한다(대법원 2006.9.8, 2006도148).

ㄹ. (×) 가해자의 행위가 피해자의 부당한 공격을 방위하기 위한 것이라기보다는 서로 공격할 의사로 싸우다가 먼저 공격을 받고 이에 대항하여 가해를 한 경우 가해행위는 방어행위인 동시에 공격행위의 성격을 가지므로 정당방위 또는 과잉방위행위라고 볼 수 없다(대법원 2000.3.28, 2000도228 등). 이 사건 상해 행위가 있기 직전 피고인은 피해자의 모자챙을 쳐 모자를 벗기거나 뒷목을 잡아당기거나 멱살을 잡아 벽에 밀치는 등 상당 시간 동안 다툼을 벌이며 피해자를 폭행하였다. 위와 같이 다툼이 있은 후 피해자는 자리를 피하려는 피고인 일행을 따라가 '도망가지 말라.'는 말을 하며 계단에서 여러 차례 피고인을 붙잡았고, 실랑이 과정에서 피고인이 피해자를 거세게 뿌리치는 바람에 피해자가 넘어졌다. 피해자가 피고인을 붙잡으면서 밑으로 끌어내리기 위해 무게 중심을 잡고 있었던 것으로 보이는데, 당시 피고인으로서는 자신이 피해자의 손을 힘껏 뿌리칠 경우 피해자가 뒤로 넘어질 수도 있다는 것을 충분히 인식할 수 있었다. 피고인이 미필적으로나마 상해의 고의를 가지고 피해자를 뿌리쳐 상해를 입혔고, 그러한 행위는 피해자의 부당한 공격을 방위하기 위한 것이라기보다는 싸움 과정에서 일어난 공격행위로서 정당방위나 과잉방위에 해당하지 않는다(대법원 2021.5.7, 2020도15812).

정답 ③

018 ✓유사 ◆◆◆ 변호사 2020

다음 사례에 관한 설명 중 옳은 것은? (다툼이 있는 경우 판례에 의함)

> 甲은 21:25경 자신의 약혼자를 승용차에 태우고 도로를 진행하고 있었는데, 술에 취하여 인도에서 택시를 기다리고 있던 乙이 甲의 차를 乙의 회사 직원이 타고 가는 차로 오인하고 차도로 나와 甲의 차를 세워 타려고 하였다. 이에 甲이 항의하자 乙은 甲의 바지춤을 잡고 끌어당겨 甲의 바지를 찢어지게 한 다음 甲을 잡아끌고 가려다가 甲과 함께 넘어졌다. 甲은 약혼자의 신고로 출동한 경찰관이 현장에 도착할 때까지 약 3분 가량 乙의 양손을 잡아 누르고 있었다.

① 위 사례에서는 공격행위와 방어행위가 연달아 행하여지고 甲의 방어행위가 동시에 공격행위인 양면적 성격을 띠므로 甲의 행위만을 가려내어 정당방위에 해당한다고 보기 어렵다.

② 甲의 행위는 乙로부터 부당한 침해를 방위하기 위한 것이기는 하나 사회통념상 허용될 만한 정도의 상당성이 있는 것으로 보이지 아니하므로 과잉방위에 해당한다.

③ 위 사례는 乙이 일방적으로 불법한 공격을 가하고 甲은 불법한 공격으로부터 자신을 보호하기 위한 저항수단으로 유형력을 행사한 경우이나 그 행위가 소극적인 방어의 한도를 벗어나 적극적 반격에 이르렀으므로 甲의 행위는 정당행위로서 위법성이 조각된다고 할 수 없다.

④ 甲의 행위가 정당방위 또는 정당행위에 해당한다는 점은 甲이 입증하여야 하나, 그 증명은 법관으로 하여금 의심할 여지가 없을 정도의 확신을 가지게 하는 증명력을 가진 엄격한 증거에 의하여야 하는 것은 아니다.

⑤ 乙이 폭행죄로 기소되어 공판절차에서 범행 당시 술에 만취하였기 때문에 전혀 기억이 없다고 범의를 부인함과 동시에 심신상실 상태에 있었다고 주장한다면, 법원이 乙에 대해 유죄판결을 함에 있어서는 그에 대한 판단을 명시하여야 한다.

해설 | 출제영역 | 정당방위

⑤ (○) 법률상 범죄의 성립을 조각하는 이유 또는 형의 가중, 감면의 이유되는 사실의 진술이 있는 때에는 이에 대한 판단을 명시하여야 한다(형사소송법 제323조 제2항).
[참고] 피고인의 감당하기 어려울 정도로 만취되어 거의 의식불명의 상태에서 본건 범행을 저지른 것이라는 주장은 피고인이 범행당시 심신장애의 상태에 있었음을 내세우는 취지로서 형사소송법 제323조 제2항에 규정된 범죄의 성립을 조각하거나 형의 감면의 이유가 되는 사실의 진술에 해당한다고 하겠으므로 원심으로서는 이에 대한 판단을 명시하였어야 할 것이다(대법원 1984.9.11, 84도1387).
① (×), ② (×), ③ (×) 피해자가 야간에 술에 취하여, 피고인 운전의 차량 앞에 뛰어 들어 함부로 타려고 하였고, 이에 항의하는

피고인의 바지춤을 잡아 끌어당겨 바지가 찢어지기까지 하였고, 이에 반하여 피고인이 피고인을 잡아끌고 가려다가 넘어진 위 피해자의 양 손목을 잡아 누르고 있었던 것에 불과한 것이라면, 피고인의 행위는 위 피해자에 대항하여 폭행을 가한 것이라기보다는 그의 계속되는 부당한 공격으로부터 벗어나거나 이를 방어하기 위하여 한 것으로 보는 것이 상당하고, 그 행위에 이르게 된 경위, 목적, 수단, 의사 등과 피고인의 방어행위로 인하여 입은 위 공소외 2의 피해가 극히 미미하다는 점 등의 제반 사정에 비추어 볼 때, 피고인의 행위는 사회통념상 허용될 만한 정도의 상당성이 있는 것으로서 위법성이 결여된 행위라고 보아야 할 것이다(대법원 1999.6.11, 99도943).

④ (×) 구성요건해당성이 인정되면 위법성은 사실상 추정되지만, 사실상의 추정은 피고인이 이를 다투면 깨어지므로, 위법성조각사유의 부존재에 대해서 검사가 엄격한 증명을 해야 유죄의 판결을 구할 수 있다는 것이 통설의 입장이다.

정답 ⑤

019 ✓유사 ◆◆◇ 국가7급 2022

위법성조각사유에 대한 설명으로 옳지 않은 것은? (다툼이 있는 경우 판례에 의함)

① 「형법」 제20조가 정한 '사회상규에 위배되지 아니하는 행위'는 행위의 수단이나 방법의 상당성뿐만 아니라 그 행위의 동기나 목적의 정당성도 필요로 한다.

② 의붓아버지로부터 강간을 당한 후 계속해서 성관계를 강요받아 온 甲이 乙과 사전에 공모하여 범행을 준비하고 의붓아버지가 제대로 반항할 수 없는 상태에서 식칼로 심장을 찔러 살해한 행위는 「형법」 제21조 소정의 과잉방위에 해당한다.

③ 「형법」 제22조의 긴급피난에서 '상당한 이유'가 있다고 하기 위해서는, 피난행위가 위난에 처한 법익을 보호하기 위한 유일한 수단이어야 할뿐더러 피난행위에 의하여 보전되는 이익이 이로 인하여 침해되는 이익보다 우월해야 한다.

④ 현재의 부당한 침해로부터 타인의 법익을 방위하기 위하여 한 행위도 상당한 이유가 있으면 「형법」 제21조의 정당방위에 해당한다.

해설 | 출제영역 | 위법성조각사유 종합

② (×) 피고인 D가 약 12살 때부터 <u>의붓아버지인 피해자의 강간행위에 의하여 정조를 유린당한 후 계속적으로 이 사건 범행무렵까지 피해자와의 성관계를 강요받아 왔고</u>, 그 밖에 피해자로부터 행동의 자유를 간섭받아 왔으며, 또한 그러한 침해행위가 그 후에도 반복하여 계속될 염려가 있었다면, 피고인들의 이 사건 범행 당시 피고인 D의 신체나 자유등에 대한 현재의 부당한 침해상태가 있었다고 볼 여지가 없는 것은 아니나, 그렇다고 하여도 판시와 같은 경위로 이루어진 피고인들의 이 사건 살인행위가 형법 제21조 소정의 정당방위나 과잉방위에 해당한다고 하기는 어렵다(대법원 1992.12.22, 92도2540).

① (○) 어떠한 행위가 위법성 조각사유로서의 정당행위가 되는지의 여부는 구체적인 경우에 따라 합목적적, 합리적으로 가려져야

할 것인바, 정당행위를 인정하려면 첫째 그 행위의 동기나 목적의 정당성, 둘째 행위의 수단이나 방법의 상당성, 셋째 보호법익과 침해법익의 균형성, 넷째 긴급성, 다섯째 그 행위 이외의 다른 수단이나 방법이 없다는 보충성의 요건을 모두 갖추어야 할 것이다(대법원 1999.1.26, 98도3029).

③ (○) 형법 제22조 제1항의 긴급피난이란 자기 또는 타인의 법익에 대한 현재의 위난을 피하기 위한 상당한 이유 있는 행위를 말하고, 여기서 '상당한 이유 있는 행위'에 해당하려면, 첫째 피난행위는 위난에 처한 법익을 보호하기 위한 유일한 수단이어야 하고, 둘째 피해자에게 가장 경미한 손해를 주는 방법을 택하여야 하며, 셋째 피난행위에 의하여 보전되는 이익은 이로 인하여 침해되는 이익보다 우월해야 하고, 넷째 피난행위는 그 자체가 사회윤리나 법질서 전체의 정신에 비추어 적합한 수단일 것을 요하는 등의 요건을 갖추어야 한다(대법원 2006.4.13, 2005도9396).

④ (○) 타인의 법익을 방위하기 위한 행위도 정당방위가 될 수 있다.

> [판례1] 자기의 법익뿐 아니라 타인의 법익에 대한 현재의 부당한 침해를 방위하기 위한 행위도 상당한 이유가 있으면 형법 제21조의 정당방위에 해당하여 위법성이 조각된다. 전투경찰대원들이 조합원들을 체포하는 과정에서 체포의 이유 등을 제대로 고지하지 않다가 30~40분이 지난 후 피고인 등의 항의를 받고 나서야 비로소 체포의 이유 등을 고지한 것은 형사소송법상 현행범인 체포의 적법한 절차를 준수한 것이 아니므로 적법한 공무집행이라고 볼 수 없다. 따라서 피고인이 위와 같은 위법한 공무집행에 항의하면서 공소사실과 같이 전투경찰대원들의 방패를 손으로 잡아당기거나 전투경찰대원들을 발로 차고 몸으로 밀었다고 하더라도 공무집행방해죄가 성립할 수 없다(구성요건해당성 조각). 또한 피고인은 전투경찰대원들의 위와 같은 유형력 행사에 저항하여 전투경찰대원인 공소외 2와 공소외 3이 들고 있던 방패를 당기고 밀어 공소외 2와 공소외 3에게 상해를 입혔다. 비록 공소외 3이 입은 상해의 정도가 가볍지는 않지만, 피고인이 공소외 2와 공소외 3에게 행사한 유형력은 전투경찰대원들의 불법 체포 행위로 위 조합원들의 신체의 자유가 침해되는 것을 방위하기 위한 수단으로 그 정도가 전투경찰대원들의 피고인에 대한 유형력의 정도에 비해 크다고 보이지 않고 피고인이 유형력을 행사한 경위와 동기, 상해가 발생하게 된 경위, 상해를 입은 부위 등을 비롯하여 여러 사정에 비추어 피고인의 행위는 정당방위에 해당한다(위법성조각)(대법원 2017.3.15, 2013도2168).
>
> [판례2] 노사갈등 중인 A회사 대표이사인 乙은 피고인을 포함한 직원들의 항의를 무시하고 사무실 밖으로 빠져나가려 하는 과정에서 乙이 직원 2 등을 피해 사무실 출입구로 걸어가면서 출입구 앞에 앉아 있던 직원 1의 옆구리를 1회 걷어차고, 오른쪽 허벅지를 1회 밟은 뒤, 직원 2의 어깨를 손으로 밀었고 그 과정에서 직원 2가 넘어지고 乙도 뒤엉켜 뒤로 넘어지면서 직원 2를 깔고 앉게 되었으며 피고인을 비롯한 다수의 근로자들이 그 주변으로 몰려들었고 직원 2는 고통을 호소하며 비명을 질렀다. 그 직후 乙이 그 자리에서 바로 일어나지 못하고 '내 몸에 손대지 마'라고 소리를 지르는 상황에서, 피고인은 직원 2를 깔고 앉아 있는 乙의 어깨 쪽 옷을 잡았고 다른 남성 근로자가 乙을 일으켜 세우자 힘을 주어 乙의 옷을 잡고 흔들었다. … 정당방위에서 방위행위의 상당성은 침해행위에 의해 침해되는 법익의 종류와 정도, 침해의 방법, 침해행위의 완급, 방위행위에 의해 침해될 법익의 종류와 정도 등 일체의 구체적 사정을 참작하여 종합적으로 판단하여야 한다. … 이때 '침해의 현재성'이란 침해행위가

형식적으로 기수에 이르렀는지에 따라 결정되는 것이 아니라 자기 또는 타인의 법익에 대한 침해상황이 종료되기 전까지를 의미하는 것이므로 일련의 연속되는 행위로 인해 침해상황이 중단되지 아니하거나 일시 중단되더라도 추가 침해가 곧바로 발생할 객관적인 사유가 있는 경우에는 그중 일부 행위가 범죄의 기수에 이르렀더라도 전체적으로 침해상황이 종료되지 않은 것으로 볼 수 있다. 피고인은 좁은 공간으로 사람들이 몰려드는 어수선한 상황에서 바닥에 깔려 있는 직원 2를 구하기 위해 乙을 일으켜 세울 필요가 있어 '내 몸에 손대지 마'라고 소리를 지르며 신체 접촉에 강하게 거부감을 보이는 乙을 직접 일으켜 세우는 대신 손이 닿는 대로 어깨 쪽 옷을 잡아 올림으로써 무게를 덜고 乙이 일어서도록 한 것으로 볼 여지가 있다(대법원 2023.4.27, 2020도6874).

> 제21조(정당방위) ① 현재의 부당한 침해로부터 자기 또는 타인의 법익(法益)을 방위하기 위하여 한 행위는 상당한 이유가 있는 경우에는 벌하지 아니한다.

정답 ②

3 긴급피난

020 ✅이론대표 ◆◆◇ 경찰1차 2019

범죄성립을 조각하는 사유에 관한 설명 중 옳은 것은? (다툼이 있는 경우 판례에 의함)

① 긴급피난의 본질을 위법성조각사유라고 볼 경우, 긴급피난행위에 대해서 정당방위는 인정되지 아니하나 긴급피난은 인정된다.

② '정당한 사유' 없이 입영에 불응하는 사람을 처벌하는 「병역법」 제88조의 범죄에서 '정당한 사유'는 위법성조각사유이다.

③ 자구행위가 야간이나 기타 불안스러운 상태하에서 공포, 경악, 흥분 또는 당황으로 인한 때에는 벌하지 아니한다.

④ 처분할 수 있는 자의 승낙에 의하여 그 법익을 훼손한 행위는 법률에 특별한 규정이 있는 경우에만 벌하지 아니한다.

해설 출제영역 | 위법성조각사유

① (○) 피난행위로 인하여 보호받는 이익과 침해된 이익을 형량하여 보호받는 이익의 우월성이 인정되는 경우에는 당해 피난행위는 위법성이 조각된다는 위법성조각사유설에 의할 때 긴급피난은 위법성이 조각되므로 부정 대 정의 구조를 가지는 정당방위는 이에 대해 인정되지 않지만, 정 대 정(혹은 부정 대 정)의 구조를 가지는 긴급피난은 이에 대해 인정된다. 요컨대, 긴급피난을 위법성조각사유로 보면, 긴급피난에 대한 정당방위는 불가하고, 긴급피난에 대한 긴급피난은 가능하다.

② (×) 병역법 제88조 제1항은 국방의 의무를 실현하기 위하여 현역입영 또는 소집통지서를 받고도 정당한 사유 없이 이에 응하지 않은 사람을 처벌함으로써 입영기피를 억제하고 병력구성을 확보하기 위한 규정이다. 위 조항에 따르면 정당한 사유가 있는 경우

에는 피고인을 벌할 수 없는데, 여기에서 정당한 사유는 구성요건 해당성을 조각하는 사유이다(대법원 2018.11.1, 2016도10912 전원합의체).
③ (×) 자구행위는 긴급피난과 달리 제21조(정당방위) 제3항(야간이나 그 밖의 불안한 상태에서 공포를 느끼거나 경악(驚愕)하거나 흥분하거나 당황하였기 때문에 그 행위를 하였을 때에는 벌하지 아니한다)이 준용되지 않는다.
④ (×) 법률에 특별한 규정이 없는 한 벌하지 아니한다(제24조). 즉, 피해자의 승낙에 의한 행위는 원칙적으로 처벌하지 않는다.

> **제24조(피해자의 승낙)** 처분할 수 있는 자의 승낙에 의하여 그 법익을 훼손한 행위는 법률에 특별한 규정이 없는 한 벌하지 아니한다.

정답 ①

---

021 ☑ 유사 ◆◇◇ 국가9급총론 2020

위법성조각사유에 대한 설명으로 옳지 않은 것은? (다툼이 있는 경우 판례에 의함)

① 위법성조각사유로서의 피해자의 승낙은 언제든지 자유롭게 철회할 수 있고, 그 철회의 방법에는 아무런 제한이 없다.
② 피고인들이 태풍에 대비하여 미리 선박을 이동하여 놓아야 할 책임을 다하지 아니한 상태에서 태풍을 만나게 되자 선원의 안전을 위하여 부득이 닻줄을 풀어 인근 피조개양식장에 피해를 야기하였다면, 긴급피난을 인정할 수 없다.
③ 행위 당시 승낙을 얻을 수 없었던 상황에서, 모든 객관적 사정을 종합하여 볼 때 명의자가 당연히 그 작성을 승낙했을 것으로 추정되는 경우 사문서의 위·변조죄가 성립하지 않는다.
④ 연립주택 아래층의 乙이 위층 甲의 집으로 통하는 상수도관 밸브를 잠가 수돗물이 나오지 않자, 이로 인해 고통을 겪던 甲이 이를 확인하고 밸브를 열기 위하여 乙의 집에 들어간 행위는 '사회상규에 위배되지 않는 행위'에 해당한다.

해설 **출제영역 |** 긴급피난, 피해자의 승낙
② (×) 선박의 이동에도 새로운 공유수면점용허가가 있어야 하고 휴지선을 이동하는 데는 예인선이 따로 필요한 관계로 비용이 많이 들어 다른 해상으로 이동을 하지 못하고 있는 사이에 태풍을 만나게 되고 그와 같은 위급한 상황에서 선박과 선원들의 안전을 위하여 사회통념상 가장 적절하고 필요불가결하다고 인정되는 조치를 취하였다면 형법상 긴급피난으로서 위법성이 없어서 범죄가 성립되지 아니한다고 보아야 하고 미리 선박을 이동시켜 놓아야 할 책임을 다하지 아니함으로써 위와 같은 긴급한 위난을 당하였다는 점만으로는 긴급피난을 인정하는 데 아무런 방해가 되지 아니한다(대법원 1987.1.20, 85도221).
① (○) 대법원 2011.5.13, 2010도9962
③ (○) 대법원 2011.9.29, 2010도14587

④ (○) 대법원 2004.2.13, 2003도7393

정답 ②

---

022 ☑ 유사 ◆◆◇ 법원9급 2024

위법성조각사유에 관한 다음 설명 중 가장 옳은 것은?

① 싸움을 하는 경우 가해행위는 방어행위인 동시에 공격행위의 성격을 가진다. 따라서 싸움을 하는 경우에는 어느 경우에도 정당방위가 인정될 수 없다.
② 사회상규에 의한 정당행위를 인정하려면, 첫째 그 행위의 동기나 목적의 정당성, 둘째 행위의 수단이나 방법의 상당성, 셋째 보호이익과 침해이익과의 법익균형성, 넷째 긴급성, 다섯째로 그 행위 외에 다른 수단이나 방법이 없다는 보충성 등의 요건을 갖추어야 한다. 그중 행위의 긴급성과 보충성은 수단의 상당성을 판단할 때 고려요소의 하나로 참작하여야 하고 이를 넘어 독립적인 요건으로 요구할 것은 아니다. 그리고 그 내용은 '일체의 법률적인 적법한 수단이 존재하지 않을 것'을 의미한다.
③ 위난을 스스로 초래한 '자초위난'의 경우에는 원칙적으로 긴급피난이 허용되지 않는다.
④ 형법 제20조에서 업무로 인한 행위는 벌하지 아니한다고 규정하므로, 성직자가 범인의 은신처를 마련하거나 도피자금을 제공하는 등의 행위를 한 경우 범인은닉·도피죄로 처벌할 수 없다.

해설 **출제영역 |** 위법성조각사유
③ (○) 피고인이 스스로 야기한 강간범행의 와중에서 피해자가 피고인의 손가락을 깨물며 반항하자 물린 손가락을 비틀며 잡아 뽑다가 피해자에게 치아결손의 상해를 입힌 소위를 가리켜 법에 의하여 용인되는 피난행위라 할 수 없다(대법원 1995.1.12, 94도2781).
① (×) 싸움을 함에 있어서 격투를 하는 자 중의 한 사람의 공격이 그 격투에서 당연히 예상할 수 있는 정도를 초과하여 살인의 흉기 등을 사용하여온 경우에는 이를 '부당한 침해'라고 아니할 수 없으므로 이에 대하여는 정당방위를 허용하여야 한다(대법원 1968.5.7, 68도370).
② (×) 형법 제20조는 '사회상규에 위배되지 아니하는 행위'를 정당행위로서 위법성이 조각되는 사유로 규정하고 있다. 위 규정에 따라 사회상규에 의한 정당행위를 인정하려면, 첫째 그 행위의 동기나 목적의 정당성, 둘째 행위의 수단이나 방법의 상당성, 셋째 보호이익과 침해이익과의 법익균형성, 넷째 긴급성, 다섯째로 그 행위 외에 다른 수단이나 방법이 없다는 보충성 등의 요건을 갖추어야 하는데, 위 '목적·동기', '수단', '법익균형', '긴급성', '보충성'은 불가분적으로 연관되어 하나의 행위를 이루는 요소들로 종합적으로 평가되어야 한다. … 행위의 긴급성과 보충성은 수단의 상당성을 판단할 때 고려요소의 하나로 참작하여야 하고 이를 넘어 독립적인 요건으로 요구할 것은 아니다. 또한 그 내용 역시 다른 실효성 있는 적법한 수단이 없는 경우를 의미하고 '일체의 법률적인 적법한 수단이 존재하지 않을 것'을 의미하는 것은 아니라고 보아야 한다(대법원 2023.5.18, 2017도2760).

④ (×) 성직자라 하여 초법규적인 존재일 수는 없으며 성직자의 직무상 행위가 사회상규에 반하지 아니한다 하여 그에 적법성이 부여되는 것은 그것이 성직자의 행위이기 때문이 아니라 그 직무로 인한 행위에 정당, 적법성을 인정하기 때문인 바, <u>사제가 죄지은 자를 능동적으로 고발하지 않는 것에 그치지 아니하고 은신처마련, 도피자금 제공 등 범인을 적극적으로 인닉·도피케 하는 행위는 사제의 정당한 직무에 속하는 것이라고 할 수 없다</u>(대법원 1983.3.8, 82도3248).

정답 ③

023 ✓ 대표 ◆◇◇ 변호사 2018

다음과 같은 근거로 벌하지 아니하는 경우는? (다툼이 있는 경우 판례에 의함)

> 자기 또는 타인의 법익에 대한 현재의 위난을 피하기 위한 행위는 상당한 이유가 있는 때에는 벌하지 아니한다.

① 정당 당직자가 국회 외교통상 상임위원회 회의장 앞 복도에서 출입이 봉쇄된 회의장 출입구를 뚫을 목적으로 회의장 출입문 및 그 안쪽에 쌓여있던 집기를 손상하거나 국회 심의를 방해할 목적으로 회의장 내에 물을 분사한 경우
② 자신의 진돗개를 물어뜯는 공격을 하였다는 이유로 소지하고 있던 기계톱으로 타인의 개를 내리쳐 등 부분을 절개하여 죽인 경우
③ 아파트 입주자대표회의 회장이 다수 입주민들의 민원에 따라 위성방송 수신을 방해하는 케이블TV방송의 시험방송 송출을 중단시키기 위하여 위 케이블TV방송의 방송안테나를 절단하도록 지시한 경우
④ 운전자가 경찰관의 불심검문을 받아 운전면허증을 교부한 후 경찰관에게 큰 소리로 욕설을 하였는데, 경찰관이 자신을 모욕죄의 현행범으로 체포하려고 하자 반항하면서 경찰관에게 가벼운 상해를 입힌 경우
⑤ 선장이 피조개양식장에 피해를 주지 않기 위해 양식장까지의 거리가 약 30미터가 되도록 선박의 닻줄을 7샤클(175미터)에서 5샤클(125미터)로 감아놓았는데, 태풍을 갑자기 만나게 되면서 선박의 안전을 위하여 어쩔 수 없이 선박의 닻줄을 7샤클로 늘여 놓았다가 피조개양식장을 침범하여 물적 피해를 야기한 경우

해설 출제영역 | 긴급피난의 성립요건

⑤ (○) 선박의 이동에도 새로운 공유수면점용허가가 있어야 하고 휴지선을 이동하는데는 예인선이 따로 필요한 관계로 비용이 많이 들어 다른 해상으로 이동을 하지 못하고 있는 사이에 태풍을 만나게 되고 그와 같은 위급한 상황에서 선박과 선원들의 안전을 위하여 <u>사회통념상 가장 적절하고 필요불가결하다고 인정되는 조치를 취하였다면 형법상 긴급피난으로서 위법성이 없어서 범죄가 성립되지 아니한다고 보아야</u> 하고 미리 선박을 이동시켜 놓

아야 할 책임을 다하지 아니함으로써 위와 같은 긴급한 위난을 당하였다는 점만으로는 긴급피난을 인정하는데 아무런 방해가 되지 아니한다(대법원 1987.1.20, 85도221).

① (×) 甲 정당 당직자인 피고인들 등이 국회 외교통상 상임위원회 회의장 앞 복도에서 출입이 봉쇄된 회의장 출입구를 뚫을 목적으로 회의장 출입문 및 그 안쪽에 쌓여있던 책상, 탁자 등 집기를 손상하거나, 국회의 심의를 방해할 목적으로 소방호스를 이용하여 회의장 내에 물을 분사한 사안에서, 피고인들의 위와 같은 행위는 공용물건손상죄 및 국회회의장소동죄의 구성요건에 해당하고, 국민의 대의기관인 국회에서 서로의 의견을 경청하고 진지한 토론과 양보를 통하여 더욱 바람직한 결론을 도출하는 합법적 절차를 외면한 채 곧바로 폭력적 행동으로 나아가 방법이나 수단에 있어서도 상당성의 요건을 갖추지 못하여 이를 위법성이 조각되는 정당행위나 긴급피난의 요건을 갖춘 행위로 평가하기 어렵다(공용물건손상죄 및 국회회의 장소동죄 성립, 대법원 2013.6.13, 2010도13609).

② (×) 당시 피고인이 피해견으로부터 직접적인 공격은 받지 아니하여 피고인으로서는 진돗개의 목줄을 풀어 다른 곳으로 피하거나 주위에 있는 몽둥이나 기계톱 등을 휘둘러 피해견을 쫓아버릴 수도 있었음에도 불구하고 그 자체로 매우 위험한 물건인 기계톱의 엑셀을 잡아당겨 작동시킨 후 이를 이용하여 피해견의 척추를 포함한 등 부분에서부터 배 부분까지 절단함으로써 내장이 밖으로 다 튀어나올 정도로 죽인 사실을 알 수 있는바, 위와 같이 피해견을 죽이게 된 경우, 피해견을 죽이는 데 사용한 도구 및 방법, 행위 태양 및 그 결과를 앞서 본 법리에 비추어 보면, 위와 같은 피고인의 행위는 동물보호법 제8조 제1항 제1호에 의하여 금지되는 '목을 매다는 등의 잔인한 방법으로 죽이는 행위'에 해당한다고 봄이 상당할 뿐 아니라, 나아가 피고인의 행위에 위법성조각사유 또는 책임조각사유가 있다고 보기도 어렵다(대법원 2016.1.28, 2014도2477).

③ (×) 긴급피난 내지는 정당행위에 해당한다고 볼 수 없다(대법원 2006.4.13, 2005도9396).

④ (×) 피고인은 경찰관의 불심검문에 응하여 이미 운전면허증을 교부한 상태이고, 경찰관뿐 아니라 인근 주민도 욕설을 직접 들었으므로, 피고인이 도망하거나 증거를 인멸할 염려가 있다고 보기는 어렵고, 피고인의 모욕 범행은 불심검문에 항의하는 과정에서 저지른 일시적, 우발적인 행위로서 사안 자체가 경미할 뿐 아니라, 피해자인 경찰관이 범행현장에서 즉시 범인을 체포할 급박한 사정이 있다고 보기도 어려우므로, 경찰관이 피고인을 체포한 행위는 적법한 공무집행이라고 볼 수 없고, 피고인이 체포를 면하려고 반항하는 과정에서 상해를 가한 것은 불법체포로 인한 신체에 대한 현재의 부당한 침해에서 벗어나기 위한 행위로서 정당방위에 해당한다(대법원 2011.5.26, 2011도3682).

정답 ⑤

024 ☑ 유사 ◆◆◇   변호사 2017·2022 유사

다음 설명 중 甲의 행위가 위법성이 조각되는 경우를 모두 고른 것은? (다툼이 있는 경우 판례에 의함)

> ㄱ. 甲이 군무기피의 목적이 있었으나 국군보안사령부의 민간인에 대한 정치사찰을 폭로한다는 명목으로 군무를 이탈한 경우
>
> ㄴ. 甲이 乙과 말다툼을 하던 중 乙이 건초더미에 있던 낫을 들고 반항하자 乙로부터 낫을 빼앗아 그 낫으로 乙의 가슴, 배, 왼쪽 허벅지 부위 등을 수차례 찔러 乙이 사망한 경우
>
> ㄷ. 甲은 자신의 아파트로 찾아와 소란을 피우는 친구 乙에게 출입문을 열어주었으나, 乙이 신발을 신은 채 거실로 들어와 함께 온 아들과 합세하여 남편과의 불륜관계를 추궁하며 자신을 구타하자, 그로부터 벗어나기 위해 손을 휘저으며 발버둥을 치는 과정에서 乙에게 상해를 가한 경우
>
> ㄹ. 변호사 甲은 참고인 조사를 받는 줄 알고 검찰청에 자진출석한 자신의 사무장 乙을 합리적 근거 없이 검사가 긴급체포하자 이를 제지하는 과정에서 검사에게 상해를 가한 경우
>
> ㅁ. 甲이 乙의 개가 자신의 애완견을 물어뜯는 공격을 하자 소지하고 있던 기계톱으로 乙의 개를 절개하여 죽인 경우

① ㄱ, ㄴ
② ㄴ, ㅁ
③ ㄷ, ㄹ
④ ㄱ, ㄷ, ㄹ
⑤ ㄷ, ㄹ, ㅁ

해설 출제영역 | 정당방위·긴급피난

③ ㄷ, ㄹ이 위법성이 조각되는 경우이다.

ㄱ. [조각 ×] 서면화된 인사발령 없이 국군보안사령부 서빙고분실로 배치되어 이른바 혁노맹사건 수사에 협력하게 된 사정만으로 군무이탈행위에 군무기피목적이 없었다고 할 수 없고, 국군보안사령부의 민간인에 대한 정치사찰을 폭로한다는 명목으로 군무를 이탈한 행위는 정당방위나 정당행위에 해당하지 아니한다(대법원 1993.6.8, 93도766).

ㄴ. [조각 ×] 피고인의 범행행위가 피해자의 피고인에 대한 현재의 부당한 침해를 방위하거나 그러한 침해를 예방하기 위한 행위로 상당한 이유가 있는 경우에 해당한다고 볼 수 없다(대법원 2007.4.26, 2007도1794).

ㄷ. [조각 ○] 대법원 2010.2.11, 2009도12958

ㄹ. [조각 ○] 대법원 2006.9.8, 2006도148

ㅁ. [조각 ×] 피고인으로서는 자신의 진돗개를 보호하기 위하여 몽둥이나 기계톱 등을 휘둘러 피해자의 개들을 쫓아버리는 방법으로 자신의 재물을 보호할 수 있었을 것이므로 피해견을 기계톱으로 내리쳐 등 부분을 절개한 것은 피난행위의 상당성을 넘은 행위로서 긴급피난의 요건을 갖춘 행위로 보기 어렵다(대법원 2016.1.28, 2014도2477).

정답 ③

025 ☑ 이론 ◆◆◇   국가7급 2017

긴급피난의 본질에 대한 설명으로 옳지 않은 것은?

① 이분설에서는 「형법」 제22조 제1항을 정당화적(위법조각적) 긴급피난의 근거로 파악하고 있다.

② 위법성조각설에서는 생명과 생명의 법익이 충돌하는 경우와 같이 이익형량이 불가능한 경우의 불처벌 근거를 적법행위에 대한 기대불가능성에서 찾는다.

③ 위법성조각설에 대하여는 "자기에게 닥친, 불법하지 아니한 위난을 타인에게 전가시켜 같은 가치의 법익을 침해하는 행위는 사회윤리적 규범에 반하는 것이므로 위법하다고 해야 한다."는 비판이 있다.

④ 책임조각설은 '자신을 위한 긴급피난'의 경우에 비하여 '타인을 위한 긴급피난'의 경우의 불처벌 근거를 설명하는 데 보다 적합하다.

해설 출제영역 | 긴급피난의 본질(법적 성질)

긴급피난의 법적성질		내용
단일설	위법성 조각설	긴급피난은 이익형량에 의해 우월한 이익을 보호하기 위해 낮은 이익을 희생시키는 것을 정당화시키는 위법성조각사유라고 본다. 우리나라 통설이다. 이에 대해 ③ 자기에게 닥친 위난을 타인에게 전가시키는 것은 사회윤리규범에 반하고, 생명·신체 등과 같이 이익교량이 어려운 법익이 충돌한 경우 이익교량이 어려운 경우가 많다는 비판이 있다.
	책임 조각설	긴급피난은 잘못 없는 제3자의 법익을 침해하기 때문에 위법하지만, ④ 자기유지본능으로서 피난행위를 한 자에게 그 위난을 피하지 말라고 기대할 수 없기 때문에 책임이 조각된다고 본다.
이분설		긴급피난을 위법성조각사유인 긴급피난과 책임조각사유인 긴급피난으로 나누는 견해이다. 구체적으로 사물에 대한 긴급피난과 사람의 생명, 신체에 대한 긴급피난 구별하여 전자는 위법성조각사유, 후자는 책임조각사유라는 견해가 있다. 그리고 우월한 이익을 위한 긴급피난과 같거나 낮은 이익을 위한 긴급피난을 구별하여 전자는 위법성조각사유, 후자는 책임조각사유라는 견해가 있다. 이에 대해 긴급피난을 위법성조각사유로 규정하고 있는 형법의 태도에 반하며, 면책적 긴급피난도 형법 제22조를 적용하게 되면 상당한 이유가 기대불가능성과 같은 개념이 된다는 비판을 받는다.

④ (×) 책임조각설은 자기유지본능에 기초하여 책임을 조각하므로, '자신을 위한 긴급피난'의 경우에 불처벌의 근거를 설명하는 데 더 적합하다.

① (○) 이분설에 따르면 긴급피난의 근거인 형법 제22조는 위법성조각사유와 책임조각사유를 모두 규정한 것이므로 옳은 지문이다.

② (○) 위법성조각설에서는 책임이 조각되는 긴급피난은 초법규적 책임조각사유에 해당하는 것으로 본다. 따라서 생명과 생명의 법

익이 충돌하는 경우와 같이 이익형량이 불가능한 경우 적법행위에 대한 기대가능성이 없어 처벌할 수 없다고 한다.

③ (○) 위법성조각설에 대한 비판으로 옳은 지문이다.

정답 ④

026 ✓ 이론 ◆◆◇ 국가7급 2019

정당화사유에 대한 설명으로 옳은 것만을 모두 고르면? (다툼이 있는 경우 판례에 의함)

> ㄱ. 어떠한 행위가 위법성조각사유로서 정당행위나 정당방위가 되는지 여부는 구체적인 경우에 따라 합목적적·합리적으로 가려야 하고 행위의 적법 여부는 국가질서를 벗어나서 이를 가릴 수 없는 것이다.
>
> ㄴ. 경찰관의 체포행위를 적법한 공무집행으로 볼 수 없는 경우라면 피의자가 그 체포를 면하려고 반항하는 과정에서 경찰관에게 상당한 방법으로 상해를 가한 것은 불법체포로 인한 신체에 대한 현재의 부당한 침해에서 벗어나기 위한 행위로서 정당방위에 해당하여 위법성이 조각된다.
>
> ㄷ. 「병역법」 제88조 제1항은 국방의 의무를 실현하기 위하여 현역입영 또는 소집통지서를 받고도 정당한 사유 없이 이에 응하지 않은 사람을 처벌함으로써 입영기피를 억제하고 병력구성을 확보하기 위한 규정이다. 이 조항에 따르면 정당한 사유가 있는 경우에는 피고인을 벌할 수 없는데, 여기에서 정당한 사유는 구성요건해당성을 조각하는 사유이다.
>
> ㄹ. 긴급피난이란 자기 또는 타인의 법익에 대한 현재의 위난을 피하기 위한 상당한 이유 있는 행위를 말하고, 여기서 '상당한 이유 있는 행위'에 해당하기 위해 피난행위가 위난에 처한 법익을 보호하기 위한 유일한 수단이어야 하는 것은 아니다.

① ㄱ, ㄴ, ㄷ
② ㄱ, ㄴ, ㄹ
③ ㄱ, ㄷ, ㄹ
④ ㄴ, ㄷ, ㄹ

해설 출제영역 | 위법성 종합

ㄱ. (○) 대법원 2018.12.27, 2017도15226.

ㄴ. (○) 대법원 2006.9.8, 2006도148; 2006.11.23, 2006도2732

ㄷ. (○) 병역법 제88조 제1항은 국방의 의무를 실현하기 위하여 현역입영 또는 소집통지서를 받고도 정당한 사유 없이 이에 응하지 않은 사람을 처벌함으로써 입영기피를 억제하고 병력구성을 확보하기 위한 규정이다. 위 조항에 따르면 정당한 사유가 있는 경우에는 피고인을 벌할 수 없는데, 여기에서 정당한 사유는 구성요건해당성을 조각하는 사유이다. 이는 형법상 위법성조각사유인 정당행위나 책임조각사유인 기대불가능성과는 구별된다(대법원 2018.11.1, 2016도10912 전원합의체).

ㄹ. (×) 형법 제22조 제1항의 긴급피난의 상당한 이유 있는 행위에 해당하려면 피난행위의 보충성(최후수단성)을 요한다. "여기서 '상당한 이유 있는 행위'에 해당하려면, 첫째 피난행위는 위난에

처한 법익을 보호하기 위한 유일한 수단이어야 하고, 둘째 피해자에게 가장 경미한 손해를 주는 방법을 택하여야 하며, 셋째 피난행위에 의하여 보전되는 이익은 이로 인하여 침해되는 이익보다 우월해야 하고, 넷째 피난행위는 그 자체가 사회윤리나 법질서 전체의 정신에 비추어 적합한 수단일 것을 요하는 등의 요건을 갖추어야 한다(대법원 2006.4.13, 2005도9396 등).

정답 ①

027 ✓ 유사 ◆◆◇ 경찰간부 2024

다음 사례에서 甲, 乙, 丙의 죄책에 대한 설명으로 옳은 것은? (다툼이 있는 경우 판례에 의함)

> 가. 甲은 이혼소송 중인 남편이 찾아와 가위로 폭행하고 변태적인 성행위를 강요하는데 격분하여 칼로 남편의 복부를 찔러 사망에 이르게 하였다.
>
> 나. 乙은 A에게 복수하기 위해 A의 방 유리창에 돌을 던져 유리창이 깨졌는데 마침 A가 방에서 연탄가스에 중독되어 사경을 헤매고 있었고, 깨진 유리창으로 산소가 유입되어 A는 생명을 구할 수 있었다.
>
> 다. 丙과 B는 서로 밧줄로 연결된 채 암벽 등반을 하던 중 추락하였으나 丙이 암벽에 설치된 고정핀을 손으로 붙잡아 계곡으로 떨어지지는 않았다. 그러나 점점 힘이 빠지고 있어 둘 다 추락사할 수 있는 상황이었다. 丙은 B와 연결된 밧줄을 끊어버리면 B는 추락사할 수 있으나, 자신은 암벽을 올라가서 살 수 있으리라 생각하고 B와 연결된 밧줄을 끊어버렸다.

① 甲의 행위는 정당방위에는 해당하지 않으나 과잉방위에 해당한다.

② 乙의 손괴행위는 행위반가치가 존재하지 않지만 결과반가치는 여전히 존재하는 경우로서 위법성이 조각되지 않는다.

③ B가 추락하여 사망하였다 하더라도 丙의 행위는 현재의 위난을 피하기 위한 행위로서 긴급피난이 성립한다.

④ B는 밧줄을 끊으려는 丙의 행위에 대해 정당방위가 가능하다.

해설 출제영역 | 위법성조각사유

④ (○) 丙의 행위는 (정당화적) 긴급피난에 해당하지 않아 위법하므로 B는 이에 대하여 정당방위가 가능하다.

① (×) 이혼소송 중인 남편이 찾아와 가위로 폭행하고 변태적 성행위를 강요하는 데에 격분하여 처가 칼로 남편의 복부를 찔러 사망에 이르게 한 경우, 그 행위는 방위행위로서의 한도를 넘어선 것으로 사회통념상 용인될 수 없다는 이유로 정당방위나 과잉방위에 해당하지 않는다(상해치사죄, 대법원 2001.5.15, 2001도1089).

② (×) 乙의 손괴행위는 우연적 피난에 해당하며, 이는 주관적 정당화요소가 없어서 행위반가치가 존재하지만 객관적 정당화상황이 있어서 결과반가치는 존재하지 않는 경우로 보는 입장이 있다(다수설, 불능미수범설). 다른 견해로 행위반가치와 결과반가치

가 모두 인정된다는 입장(기수범설), 행위반가치가 있고 이로써 불법이 충족되어 기수가 된다는 입장(기수범설), 그리고 결과반가치가 조각되어 위법성이 조각된다는 입상(수관석 정당화요소 불요설, 무죄설)이 있다. 따라서 우연적 피난의 문제를 행위반가치가 없는데 결과반가치가 존재한다고 보는 입장은 없다.

③ (×) 생명은 교량할 수 있는 법익이 아니므로 아무리 자신의 생명을 보호하려 했다 하여도 긴급피난에 의하여 사람을 살해하는 것은 우월한 이익을 보호한 것으로 볼 수 없으므로 (정당화적) 긴급피난이 인정되지 않아 위법성이 조각되지 않는다.

[보충] 위법성은 인정되나 책임조각의 문제로 검토될 수는 있다. 긴급피난의 본질에 관한 위법성조각사유설에 의하면 이는 초법규적 책임조각사유로, 이원설에 의하면 면책적 긴급피난으로 설명된다. 여하튼 丙의 행위는 위법하다.

정답 ④

---

4 자구행위

028 ✓ 대표 ◆◇◇   경찰1차 2023

자구행위에 관한 설명 중 가장 적절하지 않은 것은?

① 자구행위란 법률에서 정한 절차에 따라서는 청구권을 보전(保全)할 수 없는 경우에 그 청구권의 실행이 불가능해지거나 현저히 곤란해지는 상황을 피하기 위한 상당한 이유가 있는 행위를 말한다.

② 자구행위의 경우에도 야간이나 그 밖의 불안한 상태에서 공포를 느끼거나 경악하거나 흥분하거나 당황하였기 때문에 그 행위를 하였을 때 벌하지 아니하는 「형법」 제21조 제3항의 규정이 준용된다.

③ 자구행위는 사후적 긴급행위이므로 과거의 침해에 대해서만 가능하다.

④ 자구행위에서 청구권 보전의 불가능이란 시간적·장소적 관계로 국가기관의 구제를 기다릴 여유가 없거나 후일 공적 수단에 의한다면 그 실효를 거두지 못할 긴급한 사정이 있는 경우를 말한다.

해설 | 출제영역 | 자구행위

② (×) 자구행위의 경우에는 제21조 제3항이 준용되지 아니한다.
① (○) 제23조 제1항 참조.

> **제23조(자구행위)** ① 법률에서 정한 절차에 따라서는 청구권을 보전(保全)할 수 없는 경우에 그 청구권의 실행이 불가능해지거나 현저히 곤란해지는 상황을 피하기 위하여 한 행위는 상당한 이유가 있는 때에는 벌하지 아니한다.

③ (○) 자구행위는 과거의 청구권 침해에 대한 '사후적 보전행위'라는 점에서 현재의 침해나 현재의 위난에 대한 정당방위·긴급피난과는 다르다.

④ (○) 자구행위에서 청구권 보전의 불가능이란 법정절차에 따른 권리구제가 불가능하고, 나중에 공적 구제 수단에 의하더라도 그 실효성을 거둘 수 없는 긴급한 사정이 있는 경우를 말한다.

정답 ②

---

029 ✓ 대표 ◆◆◆   경찰2차 2023

위법성조각사유에 관한 설명으로 가장 적절하지 않은 것은? (다툼이 있는 경우 판례에 의함)

① 방위행위, 피난행위, 자구행위가 그 정도를 초과한 경우에는 정황(情況)에 따라 그 형을 감경하거나 면제한다.

② 가해자의 행위가 피해자의 부당한 공격을 방위하기 위한 것이라기보다는 서로 공격할 의사로 싸우다가 먼저 공격을 받고 이에 대항하여 가해하게 된 것이라고 봄이 상당한 경우, 그 가해행위는 방어행위인 동시에 공격행위의 성격을 가지므로 정당방위 또는 과잉방위행위라고 볼 수 없다.

③ 정당방위, 긴급피난, 자구행위의 성립요건으로 '상당한 이유가 있을 것'이 요구된다.

④ 피해자의 승낙은 해석상 개인적 법익을 훼손하는 경우에 법률상 이를 처분할 수 있는 사람의 승낙을 말할 뿐만 아니라 그 승낙이 윤리적, 도덕적으로 사회상규에 반하는 것이 아니어야 한다.

해설 | 출제영역 | 위법성조각사유 종합

① (×) 방위행위, 피난행위, 자구행위가 그 정도를 초과한 경우에는 정황(情況)에 따라 그 형을 감경하거나 면제할 수 있다.

[정리] 과잉방위·과잉피난·과잉자구행위는 임의적 감면사유

> **제21조(정당방위)** ② 방위행위가 그 정도를 초과한 경우에는 정황(情況)에 따라 그 형을 감경하거나 면제할 수 있다.
> **제22조(긴급피난)** ③ 전조 제2항과 제3항의 규정은 본조에 준용한다.
> **제23조(자구행위)** ② 제1항의 행위가 그 정도를 초과한 경우에는 정황에 따라 그 형을 감경하거나 면제할 수 있다.

② (○) 가해자의 행위가 피해자의 부당한 공격을 방위하기 위한 것이라기 보다는 서로 공격할 의사로 싸우다가 먼저 공격을 받고 이에 대항하여 가해하게 된 것이라고 봄이 상당한 경우, 그 가해행위는 방어행위인 동시에 공격행위의 성격을 가지므로 정당방위 또는 과잉방위행위라고 볼 수 없다(싸움의 경우에는 정당방위·과잉방위 ×, 대법원 2000.3.28, 2000도228).

③ (○) 제21조 제1항, 제22조 제1항, 제23조 제1항 참조.

[비교] 피해자의 승낙은 '상당한 이유가 있을 것'이 명문의 요건은 아니다(제24조). 다만 통설·판례는 피해자의 승낙에 의한 행위가 위법성이 조각되기 위해서는 사회상규에 어긋나지 않을 것을 필요로 한다는 입장이다.

> **제21조(정당방위)** ① 현재의 부당한 침해로부터 자기 또는 타인의 법익(法益)을 방위하기 위하여 한 행위는 상당한 이유가 있는 경우에는 벌하지 아니한다.
> **제22조(긴급피난)** ① 자기 또는 타인의 법익에 대한 현재의 위난을 피하기 위한 행위는 상당한 이유가 있는 때에는 벌하지 아니한다.
> **제23조(자구행위)** ① 법률에서 정한 절차에 따라서는 청구권을 보전(保全)할 수 없는 경우에 그 청구권의 실행이 불가능해지거나 현저히 곤란해지는 상황을 피하기 위하여 한 행위는 상당한 이유가 있는 때에는 벌하지 아니한다.
> [비교] 제24조(피해자의 승낙) 처분할 수 있는 자의 승낙에

의하여 그 법익을 훼손한 행위는 법률에 특별한 규정이 없는 한 벌하지 아니한다.

④ (○) 형법 제24조의 규정에 의하여 위법성이 조각되는 피해자의 승낙은 개인적 법익을 훼손하는 경우에 법률상 이를 처분할 수 있는 사람의 승낙을 말할 뿐만 아니라 그 승낙이 윤리적, 도덕적으로 사회상규에 반하는 것이 아니어야 한다(대법원 1985.12.10, 85도1892).

정답 ①

---

5 피해자의 승낙

030 ✓ 대표 ◆◇◇ `국가9급/총론 2021`

피해자의 승낙 또는 추정적 승낙에 대한 설명으로 옳지 않은 것은? (다툼이 있는 경우 판례에 의함)

① 회사의 임원이 임무위배행위로 재산상 이익을 취득하여 회사에 손해를 가한 경우, 그 임무위배행위에 대하여 사실상 대주주의 양해를 얻었다고 하더라도 업무상 배임죄가 성립한다.

② 명의자 이외의 자의 의뢰로 사문서를 작성하는 경우에 명의자의 명시적인 승낙이 없다는 것을 알았지만 명의자가 사문서 작성 사실을 알았다면 승낙하였을 것이라고 작성자가 기대하거나 예측한 것만으로도 승낙은 추정된다.

③ 피해자의 승낙은 개인적 법익을 훼손하는 경우에 법률상 이를 처분할 수 있는 사람의 승낙을 말할 뿐만 아니라 그 승낙이 윤리적, 도덕적으로 사회상규에 반하는 것이 아니어야 한다.

④ 피해자의 승낙이 객관적으로 존재하지 않음에도 불구하고 행위자는 그것이 존재한다고 오신한 때에는 위법성조각사유의 전제사실에 대한 착오의 문제가 된다.

해설 출제영역 | 피해자의 승낙

② (×) 명의자의 명시적인 승낙이나 동의가 없다는 것을 알고 있으면서도 명의자 이외의 자의 의뢰로 문서를 작성하는 경우 명의자가 문서작성 사실을 알았다면 승낙하였을 것이라고 기대하거나 예측한 것만으로는 그 승낙이 추정된다고 단정할 수 없다(대법원 2008.4.10, 2007도9987).

① (○) 대법원 1985.10.22, 85도1503

③ (○) 대법원 2008.12.11, 2008도9606

④ (○) (피해자의 승낙이 있으면 위법성이 조각되는 경우를 전제하고 출제한 지문이다. 원래는 이를 정확히 밝혀야 올바른 출제이다) 승낙이 객관적으로 존재하지 않음에도 불구하고 행위자가 그것이 존재한다고 오신한 때에는 위법성조각사유 전제사실에 대한 착오가 된다.

[보충] 객관적으로 승낙이 존재하는데도 불구하고 행위자가 그것을 알지 못한 때에는 주관적 정당화요소가 결여된 경우가 된다.

정답 ②

---

031 ✓ 유사 ◆◇◇ `국가9급총론 2020`

피해자의 승낙에 관한 설명 중 옳지 않은 것은? (다툼이 있는 경우에는 판례에 의함)

① 사문서를 작성·수정할 당시 명의자의 현실적인 승낙은 없었지만 행위 당시의 모든 객관적 사정을 종합하여 명의자가 행위 당시 그 사실을 알았다면 당연히 승낙했을 것이라고 추정되는 경우 사문서위·변조죄가 성립하지 않는다.

② 피고인이 피해자가 사용 중인 공중화장실의 용변칸에 노크하여 남편으로 오인한 피해자가 용변칸 문을 열자 강간할 의도로 용변칸에 들어간 경우 주거침입죄가 성립하고 피해자의 명시적 또는 묵시적 승낙을 인정할 수 없다.

③ 의사의 진단상의 과오가 없었으면 당연히 설명받았을 내용을 설명받지 못한 피해자로부터 의사가 수술승낙을 받았다면 위 승낙은 부정확 또는 불충분한 설명을 근거로 이루어진 것으로서 수술의 위법성을 조각할 유효한 승낙이라고 볼 수 없다.

④ 사자 명의로 된 약속어음을 작성함에 있어 사망자의 처로부터 사망자의 인장을 교부받아 생존 당시 작성한 것처럼 약속어음의 발행일자를 그 명의자의 생존 중의 일자로 소급하여 작성한 때에는 발행명의인의 추정적 승낙이 있었다고 볼 수 없다.

⑤ 피고인이 피해자와 공모하여 교통사고를 가장하여 보험금을 편취할 목적으로 피해자에게 상해를 가하였다 하더라도 피해자의 명시적 승낙이 있었던 이상 피고인의 행위는 피해자의 승낙에 의하여 위법성이 조각된다.

해설 출제영역 | 피해자의 승낙의 성립요건 – 승낙의 유효성

⑤ (×) 피고인이 피해자와 공모하여 교통사고를 가장하여 보험금을 편취할 목적으로 피해자에게 상해를 가하였다면 피해자의 승낙이 있었다고 하더라도 이는 위법한 목적에 이용하기 위한 것이므로 피고인의 행위가 피해자의 승낙에 의하여 위법성이 조각된다고 할 수 없다(대법원 2008.12.11, 2008도9606).

① (○) 사문서의 위·변조죄는 작성권한 없는 자가 타인 명의를 모용하여 문서를 작성하는 것을 말하는 것이므로 사문서를 작성·수정함에 있어 그 명의자의 명시적이거나 묵시적인 승낙이 있었다면 사문서의 위·변조죄에 해당하지 않고, 한편 행위 당시 명의자의 현실적인 승낙은 없었지만 행위 당시의 모든 객관적 사정을 종합하여 명의자가 행위 당시 그 사실을 알았다면 당연히 승낙했을 것이라고 추정되는 경우 역시 사문서의 위·변조죄가 성립하지 않는다(대법원 2003.5.30, 2002도235).

② (○) 사용 중인 공중화장실의 용변 칸에 노크하여 남편으로 오인한 피해자가 용변 칸 문을 열어주자 강간할 의도로 용변칸에 들어간 것이라면 피해자가 명시적·묵시적으로 이를 승낙하였다고 볼 수 없어 주거침입죄에 해당한다고 보고 있다(대법원 2003.5.30, 2003도1256).

③ (○) 진단상의 과오가 없었으면 당연히 설명받았을 자궁 외 임신에 관한 내용을 설명받지 못한 피해자로부터 수술승낙을 받았다면, 위 승낙은 부정확 또는 불충분한 설명을 근거로 이루어진 것으로서 수술의 위법성을 조각할 유효한 승낙이라고 볼 수 없다

(대법원 1993.7.27, 92도2345).
④ (○) 사자 명의로 된 약속어음을 작성함에 있어 사망자의 처로부터 사망자의 인장을 교부받아 생존 당시 작성한 것처럼 약속어음의 발행일자를 그 명의자의 생존 중의 일자로 소급하여 작성한 때에는 발행명의인의 추정적 승낙이 있었다고 볼 수 없다(대법원 1983.10.25, 83도1520; 2009.10.29, 2009도2658; 2011.7.14, 2010도1025).

정답 ⑤

---

032 ✓ 유사 ◆◇◇   국가9급 2018

위법성조각사유에 대한 설명으로 옳지 않은 것은? (다툼이 있는 경우 판례에 의함)

① 甲이 경찰관의 불법한 체포를 면하려고 소극적으로 반항하는 과정에서 경찰관에게 경미한 상해를 가한 행위는 정당방위로 인정된다.
② 여자 화장실 내에서 주저앉아 있는 여자 甲이 자신의 가방을 빼앗으려고 다가오는 남자의 어깨를 순간적으로 밀친 행위는 정당행위로 인정된다.
③ 한의사 면허나 자격이 없는 甲이 한약재 달인 물을 처방하는 등 소위 통합의학에 기초하여 환자를 진찰하여 처방하는 행위는 정당행위로 인정되지 않는다.
④ 甲이 피해자 A와 공모하여 교통사고를 가장하여 보험금을 편취할 목적으로 피해자 A에게 상해를 가한 행위는 A의 승낙에 의하여 위법성이 조각된다.

해설 출제영역 | 위법성 종합

④ (×) 피고인이 피해자와 공모하여 교통사고를 가장하여 보험금을 편취할 목적으로 피해자에게 상해를 가하였다면 피해자의 승낙이 있었다고 하더라도 이는 위법한 목적에 이용하기 위한 것이므로 피고인의 행위가 피해자의 승낙에 의하여 위법성이 조각된다고 할 수 없다(대법원 2008.12.11, 2008도9606).
① (○) 경찰관이 임의동행을 요구하며 손목을 잡고 뒤로 꺾어 올리는 등으로 제압하자 거기에서 벗어나려고 몸싸움을 하는 과정에서 경찰관에게 경미한 상해를 입힌 경우, 위법성이 결여된 행위이다(대법원 1999.12.28, 98도138).
② (○) 남자인 피해자가 비좁은 여자 화장실 내에 주저앉아 있는 피고인으로부터 무리하게 쇼핑백을 빼앗으려고 다가오는 것을 저지하기 위하여 피해자의 어깨를 순간적으로 밀친 것은 피해자의 불법적인 공격으로부터 벗어나기 위한 본능적인 소극적 방어행위에 지나지 아니 하므로 이는 사회통념상 허용될 수 있는 행위로서 그 위법성을 인정할 수 없다(대법원 1992.3.27, 91도2831).
③ (○) 피고인의 진찰 및 처방은 의료법을 포함한 법질서 전체의 정신이나 사회통념에 비추어 용인될 수 있는 행위에 해당한다고 볼 수 없으므로 위법성이 조각되지 아니한다(대법원 2009.10.15, 2006도6870).

정답 ④

---

033 ✓ 유사 ◆◇◇   국가9급 2018

위법성조각사유에 대한 설명으로 옳지 않은 것은? (다툼이 있는 경우 판례에 의함)

① 甲이 주민들이 농기계 등으로 그 주변의 농경지나 임야에 통행하기 위해 이용하는 자신 소유의 도로에 깊이 1m 정도의 구덩이를 판 경우 자구행위나 정당행위에 해당하지 않는다.
② 甲이 자신의 아버지 A에게서 A 소유 부동산의 매매에 관한 권한 일체를 위임받아 이를 매도하였는데, 그 후 A가 갑자기 사망하자 부동산 소유권 이전에 사용할 목적으로 A가 甲에게 인감증명서 발급을 위임한다는 취지의 인감증명 위임장을 작성한 후 주민센터 담당직원에게 제출한 경우 사망한 명의자 A의 승낙이 추정되므로 위법성이 조각된다.
③ 甲이 스스로 야기한 강간범행의 와중에서 피해자 A가 甲의 손가락을 깨물며 반항하자 물린 손가락을 비틀며 잡아 뽑다가 A에게 치아결손의 상해를 입힌 경우 긴급피난에 해당하지 않는다.
④ 甲이 경찰관의 불심검문을 받아 운전면허증을 교부한 후 인근 주민들이 있는 가운데 경찰관에게 큰 소리로 욕설을 하였는데, 이를 이유로 경찰관이 모욕죄의 현행범으로 체포하려고 하자 반항하면서 경찰관에게 상해를 가한 경우 정당방위에 해당한다.

해설 출제영역 | 위법성 종합

② (×) 피고인이 명의자 乙이 승낙하였을 것이라고 기대하거나 예측한 것만으로는 사망한 乙의 승낙이 추정된다고 단정할 수 없다 (대법원 2011.9.29, 2011도6223).
① (○) 주민들이 농기계 등으로 그 주변의 농경지나 임야에 통행하기 위해 이용하는 자신 소유의 도로에 깊이 1m 정도의 구덩이를 판 행위가 일반교통방해죄에 해당하고 자구행위나 정당행위에 해당하지 않는다(대법원 2007.3.15, 2006도9418).
③ (○) 스스로 야기한 강간범행의 와중에서 피해자가 피고인의 손가락을 깨물며 반항하자, 물린 손가락을 비틀며 잡아 뽑다가 피해자에게 치아결손의 상해를 입힌 경우를 가리켜 법에 의하여 용인되는 피난행위라 할 수 없다(대법원 1995.1.12, 94도2781).
④ (○) 피고인은 경찰관의 불심검문에 응하여 이미 운전면허증을 교부한 상태이고, 경찰관뿐 아니라 인근 주민도 욕설을 직접 들었으므로, 피고인이 도망하거나 증거를 인멸할 염려가 있다고 보기는 어렵고, 피고인의 모욕 범행은 불심검문에 항의하는 과정에서 저지른 일시적, 우발적인 행위로서 사안 자체가 경미할 뿐 아니라, 피해자인 경찰관이 범행현장에서 즉시 범인을 체포할 급박한 사정이 있다고 보기도 어려우므로, 경찰관이 피고인을 체포한 행위는 적법한 공무집행이라고 볼 수 없고, 피고인이 체포를 면하려고 반항하는 과정에서 상해를 가한 것은 불법체포로 인한 신체에 대한 현재의 부당한 침해에서 벗어나기 위한 행위로서 정당방위에 해당한다는 이유로, 피고인에 대한 상해 및 공무집행방해의 공소사실을 무죄로 인정하였다(대법원 2011.5.26, 2011도3682).

정답 ②

추정적 승낙에 대한 설명 중 옳은 것(○)과 옳지 않은 것(×)을 바르게 연결한 것은? (다툼이 있는 경우 판례에 의함)

> ㄱ. 승낙의 추정은 행위 시에 있어야 하며, 사후승낙은 인정되지 않는다.
> ㄴ. 문서명의인이 이미 사망하였는데 그가 생존하고 있음을 전제로 하는 문서를 권한 없는 자가 작성하였다면, 그러한 내용의 문서에 관하여 사망한 명의자의 승낙이 추정된다는 이유로 사문서위조죄의 성립을 부정할 수는 없다.
> ㄷ. 어떠한 물건을 점유자의 의사에 반하여 취거하는 행위가 결과적으로 소유자의 이익으로 된다는 사정 또는 소유자의 추정적 승낙이 있다고 볼 만한 사정이 있는 경우, 불법영득의 의사가 부정된다.
> ㄹ. 사문서 명의자의 명시적인 승낙이나 동의가 없다는 것을 알고 있으면서 명의자 이외의 자의 의뢰로 문서를 작성하는 경우라 하더라도, 명의자가 문서작성 사실을 알았다면 승낙하였을 것이라고 기대하거나 예측하였다면 그 승낙이 추정된다.

	ㄱ	ㄴ	ㄷ	ㄹ
①	○	○	×	×
②	○	○	○	×
③	×	○	×	○
④	○	×	○	○

해설 | 출제영역 | 추정적 승낙

ㄱ. (○) (양해, 피해자의 승낙과 마찬가지로) 추정적 승낙의 요건인 <u>승낙의 추정도 행위 시에 존재</u>해야 한다. 따라서 사후승낙이 있다고 행위 시 승낙이 추정된다고 할 수는 없다.

ㄴ. (○) 사망한 사람 명의의 사문서에 대하여도 문서에 대한 공공의 신용을 보호할 필요가 있다는 점을 고려하면, 문서명의인이 이미 사망하였는데 <u>문서명의인이 생존하고 있다는 점이 문서의 중요한 내용을 이루거나 그 점을 전제로 문서가 작성되었다면</u> 이미 문서에 관한 공공의 신용을 해할 위험이 발생하였다 할 것이므로, 그러한 내용의 문서에 관하여 사망한 명의자의 승낙이 추정된다는 이유로 사문서위조죄의 성립을 부정할 수는 없다(대법원 2011.9.29, 2011도6223).

ㄷ. (×) 어떠한 물건을 점유자의 의사에 반하여 취거하는 행위가 결과적으로 소유자의 이익으로 된다는 사정 또는 소유자의 추정적 승낙이 있다고 볼 만한 사정이 있다고 하더라도, 다른 특별한 사정이 없는 한 그러한 사유만으로 불법영득의 의사가 없다고 할 수는 없다(대법원 2014.2.21, 2013도14139).

ㄹ. (×) 명의자의 명시적인 승낙이나 동의가 없다는 것을 알고 있으면서도 명의자 이외의 자의 의뢰로 문서를 작성하는 경우 명의자가 문서작성 사실을 알았다면 승낙하였을 것이라고 기대하거나 예측한 것만으로는 그 승낙이 추정된다고 단정할 수 없다(대법원 2008.4.10, 2007도9987).

정답 ①

다음 설명 중 옳지 않은 것은 모두 몇 개인가?

> 가. 공문서의 기안문서를 작성하고 이를 작성권한 있는 자에게 결재를 요청하였으나 작성권한자가 서명을 거부하며 자기의 서명을 흉내 내어 대신 서명하게 하였다면, 작성권한자의 지시 내지 승낙이 있다고 볼 수 없다.
> 나. 사자명의로 된 문서를 작성함에 있어 사망자의 처로부터 사망자의 인장을 교부받아 생존당시 작성한 것처럼 문서의 작성일자를 그 명의자의 생존 중의 일자로 소급하여 작성하였다면 작성명의인의 추정적 승낙이 있다고 볼 수 있다.
> 다. 피해자의 병명을 오진하고 이에 근거하여 피해자에게 수술의 불가피성만을 강조하였을 뿐 진단상의 과오가 없었으면 당연히 설명 받았을 내용을 설명 받지 못한 채로 수술 승낙을 받았다면 피해자의 승낙이 있다고 볼 수 없다.
> 라. 관련 민사소송에서 쟁점이 된 제3자로부터 급여를 받은 사실을 숨기기 위해 통장의 입금자 부분을 화이트테이프로 지우고 복사하였을 뿐 입금자를 다른 제3자로 변경하지 않았다면, 통장 명의자인 은행의 추정적 승낙이 있다고 볼 수 있다.
> 마. 피해자가 사용 중인 공중화장실의 용변칸에 노크하여 피해자가 남편으로 오인하고 용변칸 문을 열자 강간할 의도로 용변칸에 들어갔다면, 피해자가 명시적 또는 묵시적으로 승낙하였다고 볼 수 없다.

① 0개   ② 1개
③ 2개   ④ 3개
⑤ 4개

해설 | 출제영역 | 피해자의 승낙, 추정적 승낙

④ 가, 나, 라. 3개의 지문이 옳지 않다.

가. (×) 공문서의 위조라 함은 행사할 목적으로 공무원 또는 공무소의 문서를 정당한 작성권한 없는 자가 작성권한 있는 자의 명의로 작성하는 것을 말하므로, 공문서인 기안문서의 작성권한자가 직접 이에 서명하지 않고 피고인에게 지시하여 자기의 서명을 흉내 내어 기안문서의 결재란에 대신 서명케 한 경우라면 피고인의 기안문서 작성행위는 작성권자의 지시 또는 승낙에 의한 것으로서 공문서위조죄의 구성요건해당성이 조각된다(대법원 1983.5.24, 82도1426).

나. (×) 약속어음과 같이 유통성을 가진 유가증권의 위조는 일반거래의 신용을 해하게 될 위험성이 매우 크다는 점에서 적어도 행사할 목적으로 <u>외형상 일반인으로 하여금 진정하게 작성된 유가증권이라고 오신케 할 수 있을 정도로 작성된 것이라면 그 발행명의인이 가령 실재하지 않은 사자 또는 허무인이라 하더라도 그 위조죄가 성립한다</u>고 해석함이 상당하다(대법원 1971.7.27, 71도905). 그리고 사자 명의로 된 약속어음을 작성함에 있어 사망자의 처로부터 사망자의 인장을 교부받아 생존 당시 작성한 것처럼 약속어음의 발행일자를 그 명의자의 생존 중의 일자로 소급하여 작성한 때에는 발행명의인의 승낙이 있었다고 볼 수 없다(대법원 1983.10.25, 83도1520; 2009.10.29, 2009도4658 등).

다. (○) 대법원 1993.7.27, 92도2345
라. (×) 피고인이 행사할 목적으로 권한 없이 甲 은행 발행의 피고인명의 예금통장 기장내용 중 특정 일자에 乙 주식회사로부터 지급받은 월급여의 입금자 부분을 화이트테이프로 지우고 복사하여 통장 1매를 변조한 후 그 통장사본을 법원에 증거로 제출하여 행사하였다는 내용으로 기소된 경우, 관련 민사소송에서 피고인이 언제부터 乙 회사에서 급여를 받았는지가 중요한 사항이었는데 2006.4.25.자 입금자 명의를 가리고 복사하여 이를 증거로 제출함으로써 2006.5.25.부터 乙 회사에서 급여를 수령하였다는 새로운 증명력이 작출되었으므로 공공적 신용을 해할 위험성이 있었다고 볼 수 있고, 제반 사정을 종합할 때 통장 명의자인 甲 은행장이 행위 당시 그러한 사실을 알았다면 이를 당연히 승낙했을 것으로 추정된다고 볼 수 없으며, 피고인이 쟁점이 되는 부분을 가리고 복사함으로써 문서내용에 변경을 가하고 증거자료로 제출한 이상 사문서변조 및 동행사죄의 고의가 없었다고 할 수 없다(사문서변조 및 동행사죄 성립)(대법원 2011.9.29, 2010도14587).
마. (○) 대법원 2003.5.30, 2003도1256

정답 ④

---

036 ⊘ 유사 ◆◆◇   국가7급 2016

다음 설명 중 옳은 것만을 모두 고른 것은? (다툼이 있으면 판례에 의함)

ㄱ 甲은 동거녀가 자기의 지갑에서 현금을 꺼내가는 것을 보고도 아무런 만류를 하지 않았다면 이를 허용하는 묵시적 의사가 있다고 볼 수 있다.
ㄴ 甲은 부도를 내고 도피한 피해자 상점의 물건들을 다른 채권자들이 취거해 갈 수 있다고 생각하고 자신의 청구권을 우선적으로 확보할 생각으로 무단 침입하여 피해자의 가나틀 들고 나온 경우 정당한 자구행위로 볼 수 없다.
ㄷ 방송사 기자인 甲이 구 국가안전기획부 정보수집팀이 타인간의 사적 대화를 불법 녹음하여 생성한 도청자료인 녹음테이프와 녹취보고서를 입수한 후 이를 자사의 방송프로그램을 통하여 공개한 경우, 형법 제20조의 정당행위에 해당하지 않는다.
ㄹ 작성권한이 없는 甲이 사문서를 작성·수정함에 있어 그 명의자의 현실적 승낙은 없지만 행위 당시의 모든 객관적 사정을 종합하여 명의자가 행위 당시 그 사실을 알았더라면 당연히 승낙했을 것이라고 추정되는 경우에는 사문서위·변조죄가 성립하지 않는다.

① ㄱ, ㄹ
② ㄱ, ㄴ, ㄷ
③ ㄴ, ㄷ, ㄹ
④ ㄱ, ㄴ, ㄷ, ㄹ

해설 출제영역 | 피해자의 승낙의 성립요건 – 승낙의 표시방법
ㄱ (○) 대법원 1985.11.26, 85도1487
ㄴ (○) 대법원 2006.3.24, 2005도8081
ㄷ (○) 대법원 2011.3.17, 2006도8839 전원합의체
ㄹ (○) 대법원 2011.9.29, 2010도14587

정답 ④

---

037 ⊘ 유사 ◆◆◇   국가7급 2016

피해자의 승낙에 대한 설명으로 옳지 않은 것은? (다툼이 있는 경우 판례에 의함)

① 무고죄는 부수적으로 부당하게 처벌 또는 징계 받지 아니할 개인의 이익을 보호하는 죄이므로 피무고인이 무고사실에 대하여 승낙한 경우 무고인을 처벌할 수 없다.
② 피고인이 피해자가 사용 중인 공중화장실의 용변 칸에 노크하여 남편으로 오인한 피해자가 용변 칸 문을 열자 강간할 의도로 용변 칸에 들어간 것이라면 피해자가 명시적 또는 묵시적으로 승낙하였다고 볼 수 없다.
③ 문서명의인이 이미 사망하였는데도 문서명의인이 생존하고 있다는 점이 문서의 중요한 내용을 이루거나 그 점을 전제로 문서가 작성되었다면 이미 그 문서에 관한 공공의 신용을 해할 위험이 발생하였다 할 것이므로, 그러한 내용의 문서에 관하여 사망한 명의자의 승낙이 추정된다는 이유로 사문서 위조죄의 성립을 부정할 수는 없다.
④ 13세 미만 미성년자에 대한 간음죄는 폭행이나 협박의 방법에 의하지 않고 피해자인 미성년자의 승낙이 있었다고 하더라도 성립한다.

해설 출제영역 | 피해자의 승낙의 성립요건 – 승낙의 표시방법
① (×) 무고죄는 국가의 형사사법권 또는 징계권의 적정한 행사를 주된 보호법익으로 하고 다만, 개인의 부당하게 처벌 또는 징계 받지 아니할 이익을 부수적으로 보호하는 죄이므로, 설사 무고에 있어서 피무고자의 승낙이 있었다고 하더라도 무고죄의 성립에는 영향을 미치지 못한다(대법원 2005.9.30, 2005도2712).
② (○) 대법원 2003.5.30, 2003도1256
③ (○) 대법원 2011.9.29, 2011도6223
④ (○) 대법원 1975.5.13, 75도855

정답 ①

피해자의 승낙에 관한 설명 중 옳은 것을 모두 고른 것은? (다툼이 있는 경우 판례에 의함)

> ㄱ. 피해자의 승낙이 객관적으로 존재하는데도 불구하고 행위자가 이를 알지 못하고 행위한 경우에는 위법성조각사유의 전제사실의 착오가 되어 위법성이 조각되지 않는다.
>
> ㄴ. 개인적 법익을 훼손하는 경우에 「형법」 제24조의 피해자의 승낙에 의해 위법성이 조각되려면 그 승낙이 법률상 이를 처분할 수 있는 사람의 승낙이어야 할 뿐 아니라 윤리적, 도덕적으로 사회상규에 반하지 않아야 할 것이라는 요건도 충족되어야 한다.
>
> ㄷ. 의사의 진단상 과오로 인해 당연히 설명받았을 내용을 설명받지 못한 경우라도 피해자로부터 수술 승낙을 받은 이상 그 승낙은 수술의 위법성을 조각할 유효한 승낙이라고 볼 수 있다.
>
> ㄹ. 묵시적 승낙이 있는 경우에도 피해자의 승낙에 의해 위법성이 조각될 수 있다.

① ㄱ, ㄴ   ② ㄱ, ㄷ
③ ㄴ, ㄷ   ④ ㄴ, ㄹ
⑤ ㄴ, ㄷ, ㄹ

해설 **출제영역 |** 위법성론, 피해자의 승낙

ㄱ. (×) 객관적으로 승낙이 있는데 이를 알지 못하고 행위한 경우는 <u>위법성조각사유의 전제사실의 착오가 아니라 주관적 정당화요소를 결한 경우이다.</u> 따라서 우연적 승낙행위의 경우로서 통설에 의할 때 위법성이 조각되지 않는다.

ㄴ. (○) 대법원 1985.12.10, 85도1892

ㄷ. (×) 대법원 1993.7.27, 92도2345

ㄹ. (○) 대법원 1985.2.8, 84도2917

정답 ④

피해자의 승낙에 대한 설명으로 옳지 않은 것은? (다툼이 있는 경우 판례에 의함)

① 甲이 교통사고를 가장한 보험사기를 공모한 乙의 승낙하에 乙을 상해한 경우라도 상해죄가 성립한다.

② 피해자의 승낙은 법익침해 이전에 표시되어야 하며 승낙은 언제나 자유로이 철회할 수 있고 그 철회의 방법에 아무런 제한이 없다.

③ 피해자 乙이 살인을 승낙하지 않았음에도 불구하고 승낙이 있다고 오인하고 甲이 그를 살해한 경우 위법성조각사유의 전제사실에 대한 착오가 문제된다.

④ 작성권한 없는 甲이 乙의 명의를 모용하여 사문서를 작성·수정하였으나 행위 당시 이에 대한 명의자 乙의 명시적이거나 묵시적인 승낙이 있었다면 사문서의 위·변조죄가 성립하지 않는다.

해설 **출제영역 |** 피해자의 승낙의 성립요건 – 승낙의 표시방법

③ (×) 살인죄는 피해자의 승낙으로 위법성이 조각되지 않는다. 즉 살인에 대한 피해자의 승낙은 보통살인죄(제250조 제1항)에서 승낙살인죄(제252조 제1항)의 감경적 효과만이 인정된다. 즉, 이는 위법성조각사유의 전제사실에 대한 착오의 문제가 아니라 구성요건적 착오에 해당하므로, 제15조 제1항에 의한 문제이다.

① (○) 피해자의 승낙에서 승낙의 대상은 상해와 관련된 신체에 대한 처분권 행사 및 사회상규나 윤리적 기준을 벗어난다면 이는 위법성이 조각될 수 없다.

② (○) 대법원 2006.4.27, 2005도8074

④ (○) 명의인의 포괄적 위임 내지 사전승낙에 의한 문서작성의 경우에 명의를 모용했다 할 수 없으므로 위조라고 할 수 없다.

정답 ③

040 ☑ 이론 ◆◆◇ 변호사 2016

피해자의 승낙(「형법」제24조)에 관한 설명 중 옳은 것 (○)과 옳지 않은 것(×)을 올바르게 조합한 것은? (다툼이 있는 경우 판례에 의함)

> ㄱ. 피해자의 승낙은 형사불법의 귀속에 관하여 피해자에게 처분권을 부여해 주는 규정으로서, 형법이론적으로 피해자 고려, 형법의 보충성 실현, 형법의 민사화 등의 의미를 갖는다.
>
> ㄴ. 13세 미만의 소녀가 자신에 대한 간음에 동의하였더라도 간음행위의 위법성이 조각되지 않는다.
>
> ㄷ. 피해자의 승낙에 의한 행위가 사회상규에 위배된 때에는 위법하다는 이른바 피해자의 승낙에 대한 '사회상규적·윤리적 한계에 의한 제약'은 판례에 의할 때 상해죄에 대하여만 인정된다.
>
> ㄹ. 의사의 불충분한 설명을 근거로 환자가 수술에 동의하였더라도 피해자 승낙으로 수술의 위법성이 조각되지 않는다.
>
> ㅁ. 승낙은 법익침해 후에 하여도 유효하며, 승낙한 이후에는 자유롭게 철회할 수 없다.

① ㄱ(○), ㄴ(○), ㄷ(×), ㄹ(×), ㅁ(○)
② ㄱ(○), ㄴ(×), ㄷ(○), ㄹ(○), ㅁ(×)
③ ㄱ(×), ㄴ(○), ㄷ(○), ㄹ(○), ㅁ(×)
④ ㄱ(○), ㄴ(○), ㄷ(×), ㄹ(○), ㅁ(×)
⑤ ㄱ(○), ㄴ(×), ㄷ(○), ㄹ(×), ㅁ(○)

해설 │ 출제영역 │ 피해자의 승낙의 성립요건 – 승낙의 유효성

ㄱ. (○)

ㄴ. (○) 형법 제305조에 규정된 13세미만 부녀에 대한 의제강간, 추행죄는 그 성립에 있어 위계 또는 위력이나 폭행 또는 협박의 방법에 의함을 요하지 아니하며 피해자의 동의가 있었다고 하여도 성립하는 것이다(대법원 1982.10.12, 82도2183).

ㄷ. (×) 형법 '제24조의 규정에 의하여 위법성이 조각'되는 피해자의 승낙은 개인적 법익을 훼손하는 경우에 법률상 이를 처분할 수 있는 사람의 승낙을 말할 뿐만 아니라 윤리적·도덕적으로 사회상규에 반하는 것이 아니어야 한다(대법원 2008.12.11, 2008도9606).

ㄹ. (○) 대법원 1993.7.27, 92도2345

ㅁ. (×) 사후승낙은 인정되지 않으며, 승낙은 자유로이 철회할 수 있다.

정답 ④

---

6 정당행위

041 ☑ 대표 ◆◆◇ 경찰2차 2019

정당행위에 해당하여 위법성이 조각되는 것만을 모두 고른 것은? (다툼이 있는 경우 판례에 의함)

> ㉠ 의사가 모발이식시술을 하면서 이에 관하여 어느 정도 지식을 가지고 있는 간호조무사로 하여금 환자의 머리부위 진피층까지 찔러 넣는 방법으로 수여부에 모발을 삽입하는 행위 자체 중 일정 부분을 직접 하도록 맡겨둔 채 별반 관여하지 않은 경우
>
> ㉡ 공사업자가 이전 공사대금의 잔금을 지급받지 못하자 추가로 자동문의 번호키 설치공사를 도급받아 시공하면서 자동문이 수동으로만 여닫히게 설정하여 일시적으로 자동잠금장치로서 역할을 할 수 없게 한 경우
>
> ㉢ 신문기자인 피고인이 고소인에게 2회에 걸쳐 증여세 포탈에 대한 취재를 요구하면서 이에 응하지 않으면 자신이 취재한 내용대로 보도하겠다고 말하여 협박한 경우
>
> ㉣ 실내 어린이 놀이터에서 자신의 딸(4세)에게 피해자가 다가와 딸이 가지고 놀고 있는 블록을 발로 차고 손으로 집어 들면서 쌓아놓은 블록을 무너뜨리고, 이에 딸이 울자 피고인이 피해자에게 "하지 마, 그러면 안 되는 거야"라고 말하면서 몇 차례 피해자를 제지하자 피해자가 갑자기 딸의 눈 쪽을 향해 오른손을 뻗었고 이를 본 피고인이 왼손을 내밀어 피해자의 행동을 제지하여 피해자가 바닥에 넘어져 충격방지용 고무매트가 깔린 바닥에 엉덩방아를 찧게끔 한 경우
>
> ㉤ 건설업체 노조원들이 '임·단협 성실교섭 촉구 결의대회'를 개최하면서 신고하지 아니하고 700여 명이 이동하는 중에 앞선 100여 명이 30분간에 걸쳐 편도 2차로를 모두 차지하고 삼보일배 행진을 하여 차량의 통행을 다소간 방해한 경우

① ㉠, ㉡, ㉢   ② ㉡, ㉣, ㉤
③ ㉢, ㉣, ㉤   ④ ㉠, ㉢, ㉤

해설 │ 출제영역 │ 정당행위

㉠ [위법성 조각 ×] 의사가 모발이식시술을 하면서 이에 관하여 어느 정도 지식을 가지고 있는 간호조무사로 하여금 모발이식시술 행위 중 일정 부분을 직접 하도록 맡겨둔 채 별반 관여하지 않은 것은 정당행위에 해당하지 않는다(대법원 2007.6.28, 2005도8317).

㉡ [위법성 조각 ×] 자동문을 자동으로 작동하지 않고 수동으로만 개폐가 가능하게 하여 자동잠금장치로서 역할을 할 수 없도록 한 경우, 재물손괴죄가 성립한다(대법원 2016.11.25, 2016도9219).

㉢ [위법성 조각 ○] 신문기자의 일상적 업무 범위에 속하여 사회상규에 반하지 아니하는 행위라고 보는 것이 타당하다(대법원 2011.7.14, 2011도639).

㉣ [위법성 조각 ○] 피고인의 이러한 행위는 피해자의 갑작스런 행동에 놀라서 자신의 어린 딸이 다시 얼굴에 상처를 입지 않도록 보호하기 위한 것으로 딸에 대한 피해자의 돌발적인 공격을 막기

위한 본능적이고 소극적인 방어행위라고 평가할 수 있고, 따라서 이를 사회상규에 위배되는 행위라고 보기는 어렵다(대법원 2014. 3.27, 2012도11204).

ⓜ [위법성 조각 ○] 사회상규에 위배되지 않는 정당행위에 해당한다 (대법원 2009.7.23, 2009도840).

정답 ③

甲의 행위가 정당행위에 해당하는 것만을 모두 고른 것은? (다툼이 있으면 판례에 의함)

> ㉠ 甲은 자신의 승용차를 손괴하고 도망하려는 A를 도망하지 못하게 멱살을 잡고 흔들어 A에게 전치 14일의 흉부찰과상을 입게 하였다.
> ㉡ 시장번영회 회장 甲은 1년 이상 관리비를 체납한 고액체납자의 점포에 대하여 이사회의 결의와 시장번영회의 관리규정에 따라서 단전조치를 실시하였다.
> ㉢ 甲은 A를 상대로 한 목재대금청구소송의 계속 중, A가 양도소득세를 포탈한 사실을 발견하고 이를 이용하여 위 목재대금을 받아내기로 마음먹고 A에게 위와 같은 비위사실을 관계기관에 진정하겠다고 말하여 이에 겁을 먹은 A로부터 목재대금을 지급하겠다는 약속을 받아냈다.
> ㉣ X회사의 정기주주총회에 적법하게 참석한 주주 甲은 X회사 측이 X회사를 부실하게 운영하여 소수주주들에게 손해를 입혔다는 점을 주장하면서 강제로 X회사의 사무실을 뒤져 회계장부를 찾아냈다.

① ㉠, ㉡ ② ㉠, ㉢
③ ㉡, ㉣ ④ ㉢, ㉣

해설 출제영역 | 정당행위 – 기타 사회상규에 위배되지 아니하는 행위

㉠ (○) 甲이 A를 체포함에 있어서 멱살을 잡은 행위는 적정한 한계를 벗어나는 행위라고 볼 수 없을 뿐만 아니라 甲이 도망하려는 A를 체포함에 있어서 멱살을 잡고 흔들어 A가 결과적으로 상처를 입게 된 사실이 인정된다고 하더라도 사회통념상 허용될 수 없는 행위라고 보기는 어렵다(대법원 1999.1.26, 98도3029).

㉡ (○) 시장번영회 회장 甲이 이사회의 결의와 시장번영회의 관리규정에 따라서 관리비 체납자의 점포에 대하여 실시한 단전조치는 정당행위로서 업무방해죄를 구성하지 아니한다(대법원 2004. 8.20, 2003도4732).

㉢ (×) 피고인이 피해자를 상대로 한 목재대금청구소송이 계속 중, 피해자가 양도소득세를 포탈한 사실이 있다는 약점을 발견하고 이를 이용하여 목재대금을 받아내기로 마음먹고 피해자에게 위와 같은 비위사실을 말하는 외에 관계기관에 진정을 하여 일을 벌이려 한다고 말하여 이에 겁을 먹은 피해자로부터 목재대금을 지급하겠다는 약속을 받아낸 행위가 사회상규에 어긋나지 않는다고 할 수 없다(대법원 1990.11.23, 90도1864).

㉣ (×) 회사의 정기주주총회에 적법하게 참석한 주주라고 할지라도 회사 측의 의사에 반하여 회사의 회계장부를 강제로 찾아 열람할 수는 없다고 할 것이며, 설사 회사 측이 회사 운영을 부실하게

하여 소수주주들에게 손해를 입게 하였다고 하더라도 위와 같은 사정만으로 주주가 강제로 사무실을 뒤져 회계장부를 찾아내는 것이 사회통념상 용인되는 정당행위로 되는 것은 아니다(대법원 2001.9.7, 2001도2917).

정답 ①

정당행위에 관한 설명 중 옳은 것만을 모두 고른 것은? (다툼이 있는 경우 판례에 의함)

> ㉠ 甲은 ○○수지요법학회의 지회를 운영하면서 일반인에게 수지침을 보급하고 무료의료봉사활동을 하는 사람으로서 A에게 수지침 시술을 부탁받고 아무런 대가 없이 수지침 시술을 해 준 경우, 甲이 침술 면허가 없다고 해도 해당 행위는 사회상규에 위배되지 아니하는 행위로서 위법성이 조각될 수 있다.
> ㉡ A 노동조합의 조합원 甲 등이 관계 법령에서 정하는 서면신고 의무에 따라 쟁의행위의 일시, 장소, 참가인원 및 그 방법에 관한 서면신고를 하지 않고 쟁의행위를 한 경우, 세부적·형식적 절차를 미준수한 것으로서 쟁의행위의 정당성이 부정된다.
> ㉢ A 아파트 입주자대표회의 회장인 甲이 자신의 승인 없이 동대표들이 관리소장과 함께 게시한 입주자대표회의의 소집공고문을 뜯어내 제거한 경우, 해당 공고문을 손괴한 조치가 그에 선행하는 위법한 공고문 작성 및 게시에 따른 위법상태의 구체적 실현이 임박한 상황 하에서 그 위법성을 바로잡기 위한 것이라면 사회통념상 허용되는 범위를 크게 넘어서지 않는 것으로 볼 수 있다.
> ㉣ 甲이 「가정폭력범죄의 처벌 등에 관한 특례법」상의 임시보호명령을 위반하여 피해자인 A의 주거지에 접근하고 문자메시지를 보낸 경우, 이에 대하여 A의 양해 내지 승낙이 있었다면 甲의 행위가 사회상규에 위배되는 행위로 볼 것은 아니다.

① ㉠㉡ ② ㉠㉢
③ ㉠㉡㉣ ④ ㉠㉢㉣

해설 출제영역 | 정당행위

② ㉠㉢

㉠ (○) 일반적으로 면허 또는 자격 없이 침술행위를 하는 것은 의료법 제25조의 무면허 의료행위(한방의료행위)에 해당되어 같은 법 제66조에 의하여 처벌되어야 하고, 수지침 시술행위도 위와 같은 침술행위의 일종으로서 의료법에서 금지하고 있는 의료행위에 해당하며, 이러한 수지침 시술행위가 <u>광범위하고 보편화된 민간요법이고, 그 시술로 인한 위험성이 적다는 사정만으로 그것이 바로 사회상규에 위배되지 아니하는 행위에 해당한다고 보기는 어렵다</u>고 할 것이나, 수지침은 시술부위나 시술방법 등에 있어서 예로부터 동양의학으로 전래되어 내려오는 체침의 경우와 현저한 차이가 있고, 일반인들의 인식도 이에 대한 관용의 입장

에 기울어져 있으므로, 이러한 사정과 함께 시술자의 시술의 동기, 목적, 방법, 횟수, 시술에 대한 지식수준, 시술경력, 피시술자의 나이, 체질, 건강상태, 시술행위로 인한 부작용 내지 위험발생 가능성 등을 종합적으로 고려하여 구체적인 경우에 있어서 개별적으로 보아 법질서 전체의 정신이나 그 배후에 놓여 있는 사회윤리 내지 사회통념에 비추어 용인될 수 있는 행위에 해당한다고 인정되는 경우에는 형법 제20조 소정의 사회상규에 위배되지 아니하는 행위로서 위법성이 조각된다고 할 것이다(대법원 2000. 4.25, 98도2389).

ⓒ (×) 노동조합 및 노동관계조정법 시행령 제17조에서 규정하고 있는 쟁의행위의 일시·장소·참가인원 및 그 방법에 관한 서면신고의무는 쟁의행위를 함에 있어 그 세부적·형식적 절차를 규정한 것으로서 쟁의행위에 적법성을 부여하기 위하여 필요한 본질적인 요소는 아니므로, 신고절차의 미준수만을 이유로 쟁의행위의 정당성을 부정할 수는 없다(대법원 2007.12.28, 2007도5204).

ⓒ (○) 甲 아파트 입주자대표회의 회장인 피고인이 자신의 승인 없이 동대표들이 관리소장과 함께 게시한 입주자대표회의 소집공고문을 뜯어내 제거함으로써 그 효용을 해하였다고 하여 재물손괴로 기소된 경우, 피고인이 위 공고문을 손괴한 조치는 그에 선행하는 위법한 공고문 작성 및 게시에 따른 위법상태의 구체적 실현이 임박한 상황하에서 그 위법성을 바로잡기 위한 것으로 사회통념상 허용되는 범위를 크게 넘어서지 않는 행위로 볼 수 있다(대법원 2021.12.30, 2021도9680).

ⓔ (×) ⓐ 「가정폭력범죄의 처벌 등에 관한 특례법」(이하 '가정폭력처벌법') 제55조의4에 따른 임시보호명령은 피해자의 양해 여부와 관계없이 행위자에게 접근금지, 문언송신금지 등을 명하는 점, ⓑ 피해자의 양해만으로 임시보호명령 위반으로 인한 가정폭력처벌법 위반죄의 구성요건해당성이 조각된다면 개인의 의사로써 법원의 임시보호명령을 사실상 무효화하는 결과가 되어 법적 안정성을 훼손할 우려도 있는 점 등의 사정을 들어, 설령 피고인의 주장과 같이 이 사건 임시보호명령을 위반한 주거지 접근이나 문자메시지 송신을 피해자가 양해 내지 승낙했다고 할지라도 가정폭력처벌법 위반죄의 구성요건에 해당할뿐더러, ⓓ 피고인이 이 사건 임시보호명령의 발령사실을 알면서도 피해자에게 먼저 연락하였고 이에 피해자가 대응한 것으로 보이는 점, ⓑ 피해자가 피고인과 문자메시지를 주고받던 중 수회에 걸쳐 '더 이상 연락하지 말라'는 문자메시지를 보내기도 한 점 등에 비추어 보면, 피고인이 이 사건 임시보호명령을 위반하여 피해자의 주거지에 접근하거나 문자메시지를 보낸 것을 형법 제20조의 정당행위로 볼 수도 없다(대법원 2022.1.4, 2021도14015).

[참조조문] 가정폭력범죄의 처벌 등에 관한 특례법(약칭: 가정폭력처벌법) 제55조의4(임시보호명령) ① 판사는 제55조의2 제1항에 따른 피해자보호명령의 청구가 있는 경우에 피해자의 보호를 위하여 필요하다고 인정하는 경우에는 결정으로 제55조의2 제1항 각 호의 어느 하나에 해당하는 임시보호명령을 할 수 있다.
② 임시보호명령의 기간은 피해자보호명령의 결정 시까지로 한다. 다만, 판사는 필요하다고 인정하는 경우에 그 기간을 제한할 수 있다.
제55조의2(피해자보호명령 등) ① 판사는 피해자의 보호를 위하여 필요하다고 인정하는 때에는 피해자, 그 법정대리인 또는 검사의 청구에 따라 결정으로 가정폭력행위자에게 다음 각 호의 어느 하나에 해당하는 피해자보호명령을 할 수 있다.
1. 피해자 또는 가정구성원의 주거 또는 점유하는 방실로부터의 퇴거 등 격리

2. 피해자 또는 가정구성원이나 그 주거·직장 등에서 100미터 이내의 접근금지
3. 피해자 또는 가정구성원에 대한 「전기통신사업법」 제2조 제1호의 전기통신을 이용한 접근금지
4. 친권자인 가정폭력행위자의 피해자에 대한 친권행사의 제한
5. 가정폭력행위자의 피해자에 대한 면접교섭권행사의 제한

정답 ②

044 ✓ 대표 ◆◇◇ 〔법원9급 2016〕

다음 설명 중 가장 옳지 않은 것은? (다툼이 있는 경우 판례에 의함)

① 피해자가 양손으로 피고인의 넥타이를 잡고 늘어져 후경부피하출혈상을 입을 정도로 목이 졸리게 된 피고인이 피해자를 떼어놓기 위하여 자신의 목 부근 넥타이를 잡은 상태에서 오른손으로 피해자의 손을 잡아 비틀면서 서로 밀고 당기고 하였다면, 피고인의 그와 같은 행위는 목이 졸린 상태에서 벗어나기 위한 소극적인 저항행위에 불과하여 정당행위에 해당하여 죄가 되지 아니한다.
② 남편을 상대로 한 제소행위에 대하여 응소하는 행위가 처의 일상가사대리권에 속한다고 할 수 있으므로, 행방불명된 남편에 대하여 불리한 민사판결이 선고되어 처가 남편 명의의 항소장을 작성하여 법원에 제출한 행위는 사회통념상 용인되는 극히 정상적인 생활형태의 하나로서 위법성이 있다 할 수 없다.
③ 분쟁이 있던 옆집 사람이 야간에 술에 만취된 채 시비를 하며 거실로 들어오려 하므로 이를 제지하며 밀어내는 과정에서 2주 상해를 입힌 피고인의 행위는 정당행위로 무죄이다.
④ 회사 측이 회사 운영을 부실하게 하여 소수주주들에게 손해를 입게 하였다고 하더라도 위와 같은 사정만으로 주주총회에 참석한 주주가 강제로 사무실을 뒤져 회계장부를 찾아내는 것이 사회통념상 용인되는 정당행위로 되는 것은 아니다.

해설 | 출제영역 | 위법성조각사유 – 정당행위

② (×) 남편을 상대로 한 제소행위에 대하여 응소하는 행위가 처의 일상가사대리권에 속한다고 할 수 없음은 물론이고, 행방불명된 남편에 대하여 불리한 민사판결이 선고되었다 하더라도 그러한 사정만으로써는 적법한 다른 방법을 강구하지 아니하고 남편 명의의 항소장을 임의로 작성하여 법원에 제출한 행위가 사회통념상 용인되는 극히 정상적인 생활형태의 하나로서 위법성이 없다 할 수 없다(대법원 1994.11.8, 94도1657).
① (○) 대법원 1996.5.28, 96도979
③ (○) 대법원 1995.2.28, 94도2746
④ (○) 대법원 2001.9.7, 2001도2917

정답 ②

045 ✓ 대표 ◆◇◇   경찰1차 2020

위법성조각사유에 관한 설명으로 적절한 것을 모두 고른 것은? (다툼이 있는 경우 판례에 의함)

> ㉠ 재건축조합의 조합장이 조합탈퇴의 의사표시를 한 자를 상대로 '사업시행구역 안에 있는 그 소유의 건물을 명도하고 이를 재건축사업에 제공하여 행하는 업무를 방해하여서는 아니된다'는 가처분의 판결을 받아 위 건물을 철거한 행위는 「형법」 제20조에 정한 업무로 인한 정당행위에 해당한다.
> ㉡ 인근 상가의 통행로로 이용되고 있는 토지의 사실상 지배권자가 위 토지에 철주와 철망을 설치하고 포장된 아스팔트를 걷어냄으로써 통행로로 이용하지 못하게 한 것은 자구행위로 위법성이 조각된다.
> ㉢ 피해자의 승낙에서의 사전적 승낙이 있었다 하더라도 행위 이전에 피해자는 언제든지 자유롭게 승낙을 철회할 수 있으며, 승낙을 철회한 경우에는 승낙은 더 이상 존재하지 않게 된다.
> ㉣ 사회상규에 반하지 않는 행위는 국가질서의 존중이라는 인식을 바탕으로 한 국민일반의 건전한 도의적 감정에 반하지 아니하는 행위를 가리키는 것으로, 초법규적인 기준에 의해 평가되어서는 안 된다.

① ㉠, ㉡   ② ㉠, ㉢
③ ㉡, ㉢   ④ ㉡, ㉣

해설 | 출제영역 | 정당행위

㉠ (○) 대법원 1998.2.13, 97도2877
㉡ (×) 인근 상가의 통행로로 이용되고 있는 토지의 사실상 지배권자가 위 토지에 철주와 철망을 설치하고 포장된 아스팔트를 걷어냄으로써 통행로로 이용하지 못하게 한 경우, 이는 일반교통방해죄를 구성하고 자구행위에 해당하지 않는다(대법원 2007.12.28, 2007도7717).
[보충] 건물의 건축허가 또는 토지상의 가설건축물 허가 여부에 관한 관할관청의 행정행위에 하자가 존재한다고 가정하더라도, 그러한 사정만으로 이 사건에 있어서 피고인이 이 사건 토지의 소유자를 대위 또는 대리하여 법정절차에 의하여 이 사건 토지의 소유권을 방해하는 사람들에 대한 방해배제 등 청구권을 보전하는 것이 불가능하였거나 현저하게 곤란하였다고 볼 수 없을 뿐만 아니라, 피고인의 이 사건 행위가 그 청구권의 실행불능 또는 현저한 실행곤란을 피하기 위한(2020.12.8. 개정: 청구권의 실행이 불가능해지거나 현저히 곤란해지는 상황을 피하기 위하여 한) 상당한 행위라고 볼 수 없다고 하였다.
㉢ (○) 대법원 2011.5.13, 2010도9962
㉣ (×) 사회상규에 반하지 않는 행위라 함은 국가질서의 존중이라는 인식을 바탕으로 한 국민일반의 건전한 도의적 감정에 반하지 아니한 행위로서 초법규적인 기준에 의하여 이를 평가할 것이다(대법원 1983.11.22, 83도2224).

정답 ②

046 ✓ 유사 ◆◇◇   경찰1차 2022

다음은 위법성조각사유에 관한 어떤 규정을 설명한 것이다. 위 규정을 적용할 때 甲을 벌하지 아니하는 경우에 해당하는 것은? (다툼이 있는 경우 판례에 의함)

> 이 규정은 사회상규라는 초법규적 위법성조각사유를 일반적·포괄적 위법성조각사유로 명문화해 놓은 것으로서, 다른 위법성조각사유에 대한 일반적·보충적 성격을 지니고 있는 것으로 볼 수 있다.

① A가 칼을 들고 찌르자 甲이 그 칼을 뺏어 반격을 가한 결과 A에게 상해를 입힌 경우
② 甲이 자신의 차를 가로막고 서서 통행을 방해하는 A를 향해 차를 조금씩 전진시키고 A가 뒤로 물러나면 다시 차를 전진시키는 방식의 운행을 반복한 경우
③ 甲과 A가 공모하여 교통사고를 가장해 보험금을 편취할 목적으로 A에게 상해를 입힌 경우
④ 甲이 방송국 시사프로그램을 시청한 후 방송국 홈페이지의 시청자 의견란에 "그렇게 소중한 자식을 범법행위의 변명의 방패로 쓰시다니 정말 대단하십니다."는 등의 표현이 담긴 글을 게시한 경우

해설 | 출제영역 | 위법성조각사유

④ (○) 형법 제20조의 정당행위 중 사회상규에 위배되지 아니하는 행위에 관한 설명이다. "그렇게 소중한 자식을 범법행위의 변명의 방패로 쓰시다니 정말 대단하십니다."라는 표현은 상당히 모욕적인 언사이기는 하나 … 피해자에게 자신의 의견에 대한 반박이나 반론을 구하면서, 자신의 판단과 의견의 타당함을 강조하는 과정에서, 부분적으로 그와 같은 표현을 사용한 것으로서, 공소사실에 기재된 행위는 사회상규에 위배되지 않는다고 봄이 상당하다(대법원 2003.11.28, 2003도3972).
① (×) 가해행위는 방어행위인 동시에 공격행위의 성격을 가지므로 정당방위가 성립된다고 볼 수 없다(대법원 2000.3.28, 2000도228).
② (×) 피고인이 자신의 차를 가로막고 서 있는 피해자를 향해 차를 조금씩 전진시키고 피해자가 뒤로 물러나면 다시 차를 전진시키는 방식의 운행을 반복하였는데, 이는 그 자체로 피해자에 대한 유형력의 행사에 해당하고, 차 앞에 서 있는 사람을 향해 차를 전진시킨 행위는 정당방위나 정당행위에 해당하지 않는다(대법원 2016.10.27, 2016도9302).
③ (×) 피고인이 피해자와 공모하여 교통사고를 가장하여 보험금을 편취할 목적으로 피해자에게 상해를 가하였다면 피해자의 승낙이 있었다고 하더라도 이는 위법한 목적에 이용하기 위한 것이므로 피고인의 행위가 피해자의 승낙에 의하여 위법성이 조각된다고 할 수 없다(대법원 2008.12.11, 2008도9606).

정답 ④

047 ✓ 유사 ◆◆◇   법원9급 2017

다음 설명 중 가장 옳지 않은 것은? (다툼이 있으면 판례에 의함)

① 정리해고 등 기업의 구조조정 실시 여부는 경영주체의 고도의 경영상 결단에 속하는 사항으로서 이는 원칙적으로 단체교섭의 대상이 될 수 없고 그것이 긴박한 경영상의 필요나 합리적 이유 없이 불순한 의도로 추진되는 등의 특별한 사정이 없는 한 노동조합이 그 실시 자체를 반대하기 위해 쟁의행위에 나아가는 것은 허용되지 않으나, 그 실시로 인해 근로자들의 지위나 근로조건의 변경이 필연적으로 수반되는 경우에 한해 그 쟁의행위의 목적의 정당성을 인정할 수 있다.

② '회사 직원이 회사의 이익을 빼 돌린다'는 소문을 확인할 목적으로, 비밀번호를 설정함으로써 비밀장치를 한 전자기록인 피해자가 사용하던 '개인용 컴퓨터 하드디스크'를 떼어내어 다른 컴퓨터에 연결한 다음 의심 드는 단어로 파일을 검색하여 메신저 대화내용, 이메일 등을 출력한 경우라면 정당행위에 해당한다.

③ 신문기자인 피고인이 고소인에게 2회에 걸쳐 증여세 포탈에 대한 취재를 요구하면서 이에 응하지 않으면 자신이 취재한 내용대로 보도하겠다고 말하여 협박한 경우 이는 정당행위에 해당한다.

④ 수지침 한 봉지를 사 가지고 수지침 전문가인 피고인을 찾아와 수지침 시술을 부탁하므로 피고인이 아무런 대가 없이 시술행위를 해준 경우 사회통념상 허용될 만한 정도의 상당성이 있는 것으로 정당행위에 해당한다.

해설 | 출제영역 | 정당행위

① (×) 정리해고나 사업조직의 통폐합 등 기업의 구조조정 실시 여부는 경영주체의 고도의 경영상 결단에 속하는 사항으로서 원칙적으로 단체교섭의 대상이 될 수 없어, 그것이 긴박한 경영상의 필요나 합리적 이유 없이 불순한 의도로 추진된다는 등의 특별한 사정이 없음에도 노동조합이 실질적으로 그 실시 자체를 반대하기 위하여 쟁의행위로 나아간다면, 비록 그러한 구조조정의 실시가 근로자들의 지위나 근로조건의 변경을 필연적으로 수반한다 하더라도 그 쟁의행위는 목적의 정당성을 인정할 수 없다(대법원 2014.11.13, 2011도393).

② (○) 대법원 2009.12.24, 2007도6243
③ (○) 대법원 2011.7.14, 2011도639
④ (○) 대법원 2000.4.25, 98도2389

정답 ①

048 ✓ 대표 ◆◆◇   국가9급총론 2019

「형법」 제20조(정당행위)에 대한 설명으로 옳지 않은 것은? (다툼이 있는 경우 판례에 의함)

① '사회상규에 위배되지 아니하는 행위'는 법질서 전체의 정신이나 그 배후에 놓여 있는 사회윤리 내지 사회통념에 비추어 용인될 수 있는 행위를 말한다.

② 어떤 행위가 정당행위에 해당한다고 하기 위해서는 그 행위의 동기나 목적의 정당성, 행위의 수단이나 방법의 상당성, 보호이익과 침해이익의 법익 균형성, 긴급성, 다른 수단이나 방법이 없다는 보충성 등의 요건을 갖추어야 한다.

③ 현역입영 통지서를 받고도 정당한 사유 없이 이에 응하지 않은 사람을 처벌하는 「병역법」 제88조 제1항의 정당한 사유는 구성요건해당성을 조각하는 사유가 아니라 위법성조각사유인 정당행위로 보아야 한다.

④ 어떤 행위가 사회상규에 위배되지 아니하는 정당한 행위로서 위법성이 조각되는 것인지는 구체적인 사정 아래 합목적적, 합리적으로 고찰하여 개별적으로 판단되어야 한다.

해설 | 출제영역 | 정당행위

③ (×) 병역법 제88조 제1항은 이러한 국방의 의무를 실현하기 위하여 현역입영 또는 소집통지서를 받고도 정당한 사유 없이 이에 응하지 않은 사람을 처벌함으로써 입영기피를 억제하고 병력구성을 확보하기 위한 규정이다. 위 조항에 따르면 정당한 사유가 있는 경우에는 피고인을 벌할 수 없는데, 여기에서 정당한 사유는 구성요건해당성을 조각하는 사유이다(대법원 2004.7.15, 2004도2965 전원합의체 등). 이는 형법상 위법성조각사유인 정당행위나 책임조각사유인 기대불가능성과는 구별된다. … 정당한 사유는 구체적인 사안에서 법관이 개별적으로 판단해야 하는 불확정개념으로서, 실정법의 엄격한 적용으로 생길 수 있는 불합리한 결과를 막고 구체적 타당성을 실현하기 위한 것이다. 위 조항에서 정한 정당한 사유가 있는지를 판단할 때에는 병역법의 목적과 기능, 병역의무의 이행이 헌법을 비롯한 전체 법질서에서 가지는 위치, 사회적 현실과 시대적 상황의 변화 등은 물론 피고인이 처한 구체적이고 개별적인 사정도 고려해야 한다. … 여호와의 증인 신도인 피고인이 지방병무청장 명의의 현역병입영통지서를 받고도 입영일부터 3일이 지나도록 종교적 양심을 이유로 입영하지 않고 병역을 거부하여 병역법 위반으로 기소된 경우, 제반 사정에 비추어 피고인의 입영거부 행위는 진정한 양심에 따른 것으로서 구 병역법 제88조 제1항에서 정한 '정당한 사유'에 해당할 여지가 있는데도, 피고인이 주장하는 양심이 위 조항의 정당한 사유에 해당하는지 심리하지 아니한 채 양심적 병역거부가 정당한 사유에 해당하지 않는다고 보아 유죄를 인정한 원심판결에는 법리오해의 잘못이 있다(대법원 2018.11.1, 2016도10912 전원합의체).

① (○), ② (○), ④ (○) 형법 제20조가 정한 '사회상규에 위배되지 아니하는 행위'란 법질서 전체의 정신이나 그 배후에 놓여 있는 사회윤리나 사회통념에 비추어 용인될 수 있는 행위를 말한다. 어떠한 행위가 사회상규에 위배되지 아니하는 정당한 행위로서 위법성이 조각되는 것인지는 구체적인 사정 아래에서 합목적적, 합리적으로 고찰하여 개별적으로 판단되어야 한다. 이와 같은 정당행위를 인정하려면 첫째 그 행위의 동기나 목적의 정당

성, 둘째 행위의 수단이나 방법의 상당성, 셋째 보호이익과 침해이익의 법익균형성, 넷째 긴급성, 다섯째 그 행위 외에 다른 수단이나 방법이 없다는 보충성 등의 요건을 갖추어야 한다(대법원 2002. 12.26, 2002도5077; 2014.9.4, 2014도7302 등).

정답 ③

049 ✓ 유사 ◆◆◇
국가9급/총론 2020 해경승진(경위) 2023 유사

쟁의행위에 대한 설명으로 옳은 것은? (다툼이 있는 경우 판례에 의함)

① 쟁의행위가 추구하는 목적 중 일부가 정당하지 못한 경우에는 주된 목적 내지 진정한 목적을 기준으로 그 정당성 여부를 판단하여야 한다.

② 기업 구조조정의 실시로 근로자들의 지위나 근로조건의 변경이 필연적으로 수반되는 경우, 특별한 사정이 없더라도 이를 반대하는 쟁의행위의 정당성을 인정할 수 있다.

③ 조합원의 민주적 의사결정이 실질적으로 확보된 때에는 쟁의행위의 개시에 앞서 「노동조합 및 노동관계조정법」 제41조 제1항에 의한 투표절차를 거치지 아니한 경우에도 쟁의행위의 정당성은 상실되지 않는다.

④ 쟁의행위로서의 직장 또는 사업장시설 점거는 그 범위가 직장 또는 사업장시설 일부분에 그치고 사용자 측의 출입이나 관리지배를 배제하지 않는 병존적인 경우라도 이미 정당성의 한계를 벗어난 것이다.

해설 | 출제영역 | 정당행위 – 쟁의행위

① (○) 대법원 2014.11.13, 2011도393

② (×) 정리해고나 사업조직의 통폐합 등 기업의 구조조정 실시 여부는 경영주체의 고도의 경영상 결단에 속하는 사항으로서 원칙적으로 단체교섭의 대상이 될 수 없어, 그것이 긴박한 경영상의 필요나 합리적 이유 없이 불순한 의도로 추진된다는 등의 특별한 사정이 없음에도 노동조합이 실질적으로 그 실시 자체를 반대하기 위하여 쟁의행위로 나아간다면, 비록 그러한 구조조정의 실시가 근로자들의 지위나 근로조건의 변경을 필연적으로 수반한다 하더라도, 그 쟁의행위는 목적의 정당성을 인정할 수 없다(대법원 2014.11.13, 2011도393).

③ (×) 쟁의행위의 개시에 앞서 노동조합 및 노동관계조정법 제41조 제1항에 의한 투표절차를 거치지 아니한 경우에도 조합원의 민주적 의사결정이 실질적으로 확보된 때에는 단지 노동조합 내부의 의사형성 과정에 결함이 있는 정도에 불과하다고 하여 쟁의행위의 정당성이 상실되지 않는 것으로 해석한다면 위임에 의한 대리투표, 공개결의나 사후결의, 사실상의 찬성간주 등의 방법이 용인되는 결과, 그와 같은 견해는 위의 관계 규정과 대법원의 판례취지에 반하는 것이 된다(대법원 2001.10.25, 99도4837 전원합의체). 즉, 투표절차는 적법한 쟁의행위의 핵심적 요건에 해당한다.

④ (×) 직장 또는 사업장시설의 점거는 적극적인 쟁의행위의 한 형태로서 그 점거의 범위가 직장 또는 사업장시설의 일부분이고 사용자 측의 출입이나 관리지배를 배제하지 않는 병존적인 점거에

지나지 않을 때에는 정당한 쟁의행위로 볼 수 있으나, 이와 달리 직장 또는 사업장시설을 전면적, 배타적으로 점거하여 조합원 이외의 자의 출입을 저지하거나 사용자 측의 관리지배를 배제하여 업무의 중단 또는 혼란을 야기케 하는 것과 같은 행위는 이미 정당성의 한계를 벗어난 것이라고 볼 수밖에 없다(대법원 1991.6.11, 91도383).

정답 ①

050 ✓ 유사 ◆◆◇
국가7급 2016

甲의 행위에 대하여 위법성이 조각되는 경우만을 모두 고른 것은? (다툼이 있는 경우 판례에 의함)

ㄱ. 甲이 피해자와 공모하여 교통사고를 가장하여 보험금을 편취할 목적으로 피해자에게 동의를 받아 상해를 가한 경우

ㄴ. 한의사 자격이나 이에 관한 어떠한 면허도 없는 甲이 찜질방에서 찾아오는 사람들을 대상으로 약간의 돈을 받고 아픈 부위의 혈을 주물러 근육을 풀어주고 그 부위에 부항을 뜬 후 그 곳을 부항 침으로 찌르는 등, 단순히 수지침 정도의 수준에 그치지 아니하고 부항 침과 부항을 이용하여 체내의 혈액을 밖으로 배출되도록 한 경우

ㄷ. 甲이 골프클럽 경기보조원들의 구직편의를 위해 제작된 인터넷 사이트 내 회원 게시판에 특정 골프클럽의 운영상 불합리성을 비난하는 글을 게시하면서 위 클럽 담당자에 대하여 한심하고 불쌍한 인간이라는 등 경멸적 표현을 한 경우

ㄹ. 검문 중이던 경찰관이 자전거를 이용한 날치기 사건 범인과 흡사한 인상착의로 자전거를 타고 다가오는 甲을 발견하고 그에게 성명과 신분 및 사유를 고지하며 정지를 요구하자 불응하였고, 이에 따라가서 재차 앞을 막고 검문에 응하라고 요구하자 甲이 경찰관의 멱살을 잡아 밀치는 등의 항의를 한 경우

ㅁ. 아파트 입주자대표회의 회장 甲이 다수 입주민들의 민원에 따라 위성방송 수신을 방해하는 케이블TV 방송의 시험방송 송출을 중단시키기 위하여 소수 입주민이 이용하고 있는 케이블TV 방송의 방송안테나를 절단하도록 지시한 경우

① ㄷ

② ㄴ, ㄹ

③ ㄱ, ㄷ, ㅁ

④ ㄷ, ㄹ, ㅁ

해설 | 출제영역 | 정당행위 – 기타 사회상규에 위배되지 아니하는 행위

ㄱ. (×) 甲이 乙과 공모하여 보험사기를 목적으로 乙에게 상해를 가한 사안에서, 피해자의 승낙으로 위법성이 조각되지 아니한다(대법원 2008.12.11, 2008도9606).

ㄴ. (×) 피고인이 행한 부항 시술행위가 보건위생상 위해가 발행할 우려가 전혀 없다고 볼 수 없는 데다가, 피고인이 한의사 자격이나 이에 관한 어떠한 면허도 없이 영리를 목적으로 위와 같은 치

료행위를 한 것이고, 단순히 수지침 정도의 수준에 그치지 아니하고 부항침과 부항을 이용하여 체내의 혈액을 밖으로 배출되도록 한 것이므로, 이러한 피고인의 시술행위는 의료법을 포함한 법질서 전체의 정신이나 사회통념에 비추어 용인될 수 있는 행위에 해당한다고 볼 수는 없고, 따라서 사회상규에 위배되지 아니하는 행위로서 위법성이 조각되는 경우에 해당한다고 할 수 없다(대법원 2004.10.28, 2004도3405).

ㄷ. (○) 골프클럽 경기보조원들의 구직편의를 위해 제작된 인터넷 사이트 내 회원 게시판에 특정 골프클럽의 운영상 불합리성을 비난하는 글을 게시하면서 위 클럽담당자에 대하여 한심하고 불쌍한 인간이라는 등 경멸적 표현을 한 사안에서, 게시의 동기와 경위, 모욕적 표현의 정도와 비중 등에 비추어 사회상규에 위배되지 않는다(대법원 2008. 7.10, 2008도1433).

ㄹ. (×) 경찰관들이 피고인을 발견하고 앞을 가로막으며 진행을 제지한 행위는 사회통념상 용인될 수 있는 상당한 방법으로 경찰관 직무집행법 제3조 제1항에 규정된 자에 대하여 의심되는 사항에 관한 질문하기 위하여 정지시킨 것으로서 적법한 불심검문의 방법에 해당하므로, (원심이 정당방위에 해당하여 무죄라고 판단한) 상해 및 모욕 부분은 공무집행이 적법하다는 전제에서는 더 이상 유지될 수 없으므로 전부 파기될 수밖에 없다(대법원 2012. 9.13, 2010도6203).

ㅁ. (×) 아파트 입주자대표회의 회장이 다수 입주민들의 민원에 따라 위성방송 수신을 방해하는 케이블TV방송의 시험방송 송출을 중단시키기 위하여 위 케이블TV방송의 방송안테나를 절단하도록 지시한 행위를 긴급피난 내지는 정당행위에 해당한다고 볼 수 없다(대법원 2006.4.13, 2005도9396).

정답 ①

---

051 ✓ 유사 ◆◆◇ 　국가7급 2017

위법성조각사유에 대한 설명으로 옳지 않은 것은? (다툼이 있는 경우 판례에 의함)

① 운전자가 자신의 차를 가로막고 서서 통행을 방해하는 피해자를 향해 차를 조금씩 전진시키고 피해자가 뒤로 물러나면 다시 차를 전진시키는 방식의 운행을 반복한 경우, 정당방위에 해당하여 폭행죄가 성립하지 아니한다.

② 공사업자가 이전 공사대금의 잔금을 지급받지 못하자 추가로 자동문의 번호키 설치공사를 도급받아 시공하면서 자동문이 수동으로만 여닫히게 설정하여 자동잠금장치로서 역할을 할 수 없게 한 경우, 정당행위에 해당하지 않으므로 재물손괴죄가 성립한다.

③ 소유자를 대신하여 인근 상가의 통행로로 이용되고 있는 토지를 관리하는 자가 그 토지에 철주와 철망을 설치하고 포장된 아스팔트를 걷어냄으로써 통행로로 이용하지 못하게 한 경우, 상가건물의 일부가 불법건축물이라고 하더라도 자구행위에 해당하지 않으므로 일반교통방해죄가 성립한다.

④ 타인의 인장을 조각할 당시에 명의자로부터 명시적이거나 묵시적인 승낙 내지 위임을 받은 경우, 인장위조죄가 성립하지 아니한다.

해설 출제영역 | 정당방위, 정당행위

① (×) 자신의 차를 가로막는 피해자를 부딪칠 듯이 차를 조금씩 전진시키는 것을 반복하는 행위는 '폭행'에 해당하고, 피고인이 자신의 차를 가로막고 서 있는 피해자를 향해 차를 조금씩 전진시키고 피해자가 뒤로 물러나면 다시 차를 전진시키는 방식의 운행을 반복한 행위는 정당방위나 정당행위에 해당하지 않는다(대법원 2016.10.27, 2016도9302).

② (○) 자동문을 자동으로 작동하지 않고 수동으로만 개폐가 가능하게 하여 자동잠금장치로서 역할을 할 수 없도록 한 경우, 재물손괴죄가 성립한다(대법원 2016.11.25, 2016도9219).

③ (○) 일반교통방해죄를 구성하고 자구행위에 해당하지 않는다(대법원 2007.12.28, 2007도7717).

④ (○) 대법원 2014.9.26, 2014도9213

정답 ①

---

052 ✓ 유사 ◆◆◇ 　국가7급 2023

위법성조각사유에 대한 설명으로 옳은 것은?

① 형법 제310조(위법성의 조각)에서 '공공의 이익'이라 함은 널리 국가·사회 기타 일반 다수인의 이익에 관한 것만을 의미하며, 특정한 사회집단이나 그 구성원의 관심과 이익에 관한 것은 포함되지 않는다.

② 甲이 스스로 야기한 강간범행의 와중에서 피해자가 甲의 손가락을 깨물며 반항하자 물린 손가락을 비틀며 잡아 뽑다가 피해자에게 치아결손의 상해를 입힌 행위는 긴급피난에 해당한다.

③ 수급인 소속 근로자의 쟁의행위가 도급인의 사업장에서 일어나 도급인의 형법상 보호되는 법익을 침해한 경우, 사용자인 수급인에 대한 관계에서 쟁의행위의 정당성을 갖추었다 하더라도 그 사정만으로 사용자가 아닌 도급인에 대한 관계에서까지도 법령에 의한 정당한 행위로서 법익 침해의 위법성이 조각되는 것은 아니다.

④ 경찰관의 체포행위가 적법한 공무집행을 벗어나 불법하게 체포한 것으로 볼 수밖에 없다면, 피의자가 그 체포를 면하려고 반항하는 과정에서 경찰관을 폭행한 것은 불법체포로 인한 신체에 대한 현재의 부당한 침해에서 벗어나기 위한 행위이므로, 그 피의자의 공무집행방해는 정당방위로서 위법성이 조각된다.

해설 출제영역 | 위법성조각사유 종합

③ (○) 도급인은 원칙적으로 수급인 소속 근로자의 사용자가 아니므로, 수급인 소속 근로자의 쟁의행위가 도급인의 사업장에서 일어나 도급인의 형법상 보호되는 법익을 침해한 경우에는 사용자인 수급인에 대한 관계에서 쟁의행위의 정당성을 갖추었다는 사정만으로 사용자가 아닌 도급인에 대한 관계에서까지 법령에 의한 정당한 행위로서 법익 침해의 위법성이 조각된다고 볼 수는 없다(대법원 2020.9.3, 2015도1927).

[보충] 그러나 수급인 소속 근로자들이 집결하여 함께 근로를 제공하는 장소로서 도급인의 사업장은 수급인 소속 근로자들의 삶

의 터전이 되는 곳이고, 쟁의행위의 주요 수단 중 하나인 파업이나 태업은 도급인의 사업장에서 이루어질 수밖에 없다. 또한 도급인은 비록 수급인 소속 근로자와 직접적인 근로계약관계를 맺고 있지는 않지만, 수급인 소속 근로자가 제공하는 근로에 의하여 일정한 이익을 누리고, 그러한 이익을 향수하기 위하여 수급인 소속 근로자에게 사업장을 근로의 장소로 제공하였으므로 그 사업장에서 발생하는 쟁의행위로 인하여 일정 부분 법익이 침해되더라도 사회통념상 이를 용인하여야 하는 경우가 있을 수 있다. 따라서 <u>사용자인 수급인에 대한 정당성을 갖춘 쟁의행위가 도급인의 사업장에서 이루어져 형법상 보호되는 도급인의 법익을 침해한 경우, 그것이 항상 위법하다고 볼 것은 아니고, 법질서 전체의 정신이나 그 배후에 놓여있는 사회윤리 내지 사회통념에 비추어 용인될 수 있는 행위에 해당하는 경우에는 형법 제20조의 '사회상규에 위배되지 아니하는 행위'로서 위법성이 조각된다</u>(위 판례).

① (×) 형법 제310조에서 '오로지 공공의 이익에 관한 때'라 함은 적시된 사실이 객관적으로 볼 때 공공의 이익에 관한 것으로서 행위자도 주관적으로 공공의 이익을 위하여 그 사실을 적시한 것이어야 하는 것인데, 여기의 공공의 이익에 관한 것에는 널리 <u>국가·사회 기타 일반 다수인의 이익에 관한 것뿐만 아니라 특정한 사회집단이나 그 구성원 전체의 관심과 이익에 관한 것도 포함하는 것이다</u>(대법원 1998.10.9, 97도158).

② (×) 피고인이 <u>스스로 야기한 강간범행의 와중에서 피해자가 피고인의 손가락을 깨물며 반항하자 물린 손가락을 비틀며 잡아 뽑다가 피해자에게 치아결손의 상해를 입힌 소위를 가리켜 법에 의하여 용인되는 피난행위라 할 수 없다</u>(대법원 1995.1.12, 94도2781).

④ (×) 다수설에 의하면, 직무집행이 적법해야만 이에 대한 폭행·협박이 공무집행방해죄의 구성요건에 해당할 수 있으므로 불법한 체포를 면하려고 반항하는 과정에서 경찰관을 폭행한 것은 <u>공무집행방해죄의 구성요건해당성을 조각한다.</u>

정답 ③

위법성조각사유에 관한 설명 중 가장 적절하지 않은 것은? (다툼이 있는 경우 판례에 의함)

① A가 甲의 고소로 조사받는 것을 따지기 위하여 야간에 甲의 집에 침입한 상태에서 문을 닫으려는 甲과 열려는 A 사이의 실랑이가 계속되는 과정에서 문짝이 떨어져 그 앞에 있던 A가 넘어져 2주간의 치료를 요하는 타박상을 입게 된 경우, 甲의 행위는 사회통념에 비추어 용인할 수 있는 정도의 것이라고 보기 어렵다.

② 현역군인이 국군보안사령부의 민간인에 대한 정치사찰을 폭로한다는 명목으로 군무를 이탈한 행위는 정당방위나 정당행위에 해당하지 아니한다.

③ 노동조합이 주도한 쟁의행위 자체의 정당성과 이를 구성하거나 여기에 부수되는 개개 행위의 정당성은 구별하여야 하므로, 일부 소수의 근로자가 폭력행위 등의 위법행위를 하였더라도, 전체로서의 쟁의행위마저 당연히 위법하게 되는 것은 아니다.

④ 구 「공직선거및선거부정방지법」상 선거비용지출죄는 회계책임자가 아닌 자가 선거비용을 지출한 경우에 성립되는 죄인바, 후보자가 그와 같은 행위가 죄가 되는지 몰랐다고 하더라도 회계책임자가 아닌 후보자가 선거비용을 지출한 이상 회계책임자가 후에 후보자의 선거비용 지출을 추인하였다 하더라도 그 위법성이 조각되지 않는다.

해설 **출제영역 |** 위법성조각사유 종합

① (×) 피해자가 피고인의 고소로 조사받는 것을 따지기 위하여 야간에 피고인의 집에 침입한 상태에서 <u>문을 닫으려는 피고인과 열려는 피해자 사이의 실랑이가 계속되는 과정에서 문짝이 떨어져 그 앞에 있던 피해자가 넘어져 2주간의 치료를 요하는 요추부염좌 및 우측 제4수지 타박상의 각 상해를 입게 된 경우, 사회통념상 허용될 만한 정도를 넘어서는 위법성이 있는 행위라고 보기는 어려우므로 정당행위에 해당한다</u> (대법원 2000.3.10, 99도4273).

② (○) 국군보안사령부의 민간인에 대한 정치사찰을 폭로한다는 명목으로 <u>군무를 이탈한 행위가 정당방위나 정당행위에 해당하지 아니한다</u>(대법원 1993.6.8, 93도766).

③ (○) <u>당해 쟁의행위 자체의 정당성과 이를 구성하거나 부수되는 개개의 행위의 정당성은 구별되어야 하므로 일부 소수의 근로자가 폭력행위 등의 위법행위를 하였다고 하더라도 전체로서의 쟁의행위가 위법하게 되는 것은 아니다</u>(대법원 2003.12.26, 2003두8906).

④ (○) 공직선거및선거부정방지법 제258조 제2항 제1호, 제127조 제3항 소정의 선거비용지출죄는 회계책임자가 아닌 자가 선거비용을 지출한 경우에 성립되는 죄인바, <u>후보자가 그와 같은 행위가 죄가 되는지 몰랐다고 하더라도 회계책임자가 아닌 후보자가 선거비용을 지출한 이상 그 죄의 성립에 영향이 없고, 회계책임자가 후에 후보자의 선거비용지출을 추인하였다 하더라도 그 위법성이 조각되는 것도 아니다</u>(대법원 1999.10.12, 99도3335).

정답 ①

---

054 ✓유사 ◆◆◇   변호사 2023

위법성에 관한 설명 중 옳지 않은 것을 모두 고른 것은?
(다툼이 있는 경우 판례에 의함)

> ㄱ. 甲과 乙이 교통사고를 가장하여 보험금을 편취할 것을 공모한 후 乙의 승낙을 받은 甲이 乙에게 상해를 가한 경우, 乙의 승낙이 위법한 목적에 이용하기 위한 것이었다고 할지라도 甲의 행위는 상해죄의 위법성이 조각된다.
>
> ㄴ. 사채업자 甲이 채무자 A에게 채무를 변제하지 않으면 A가 숨기고 싶어하는 과거 행적과 사채를 쓴 사실 등을 남편과 시댁에 알리겠다는 등의 문자메시지를 발송한 경우, 甲의 행위는 사회통념상 용인되는 범위를 넘지 않는 것이어서 협박죄가 성립하지 않는다.
>
> ㄷ. A와 B가 차량 통행 문제로 다투던 중에 A가 차를 몰고 대문 안으로 운전해 들어가려 하자 B가 양팔을 벌리고 제지하였음에도 A가 차를 약 3미터 가량 B의 앞쪽으로 급진시키자, 이때 그 차 운전석 옆에 서 있던 B의 아들 甲이 B를 구하려고 차를 정지시키기 위하여 운전석 옆 창문을 통해 A의 머리카락을 잡아당겨 A의 흉부가 차의 창문틀에 부딪혀 약간의 상처를 입게 하였다면, 甲의 행위는 정당방위에 해당한다.
>
> ㄹ. 임대인의 승낙 없이 건물을 전차한 전차인은 비록 불법 침탈 등의 방법에 의하여 건물의 점유를 개시한 것이 아니고 그동안 평온하게 음식점 영업을 하면서 점유를 계속하여 왔더라도 그 전대차로써 임대인에게 대항할 수 없기 때문에, 임대인이 그 건물의 열쇠를 새로 만들어 잠근 행위는 업무방해죄의 위법성을 조각하는 자구행위에 해당한다.
>
> ㅁ. 싸움의 상황에서 상대방의 공격을 피하기 위하여 소극적으로 방어를 하던 도중 그 상대방을 상해 또는 사망에 이르게 한 경우라 하더라도, 이는 사회통념상 허용될 만한 상당성이 있는 정당행위라고 할 수 없다.

① ㄱ, ㄴ, ㄷ 　　② ㄴ, ㄷ, ㅁ
③ ㄷ, ㄹ, ㅁ 　　④ ㄱ, ㄴ, ㄹ, ㅁ
⑤ ㄱ, ㄷ, ㄹ, ㅁ

[해설] **출제영역 | 위법성조각사유 종합**

④ ㄱ, ㄴ, ㄹ, ㅁ

ㄱ. (×) 형법 제24조의 규정에 의하여 위법성이 조각되는 피해자의 승낙은 개인적 법익을 훼손하는 경우에 법률상 이를 처분할 수 있는 사람의 승낙이어야 할 뿐만 아니라 그 승낙이 윤리적·도덕적으로 사회상규에 반하는 것이 아니어야 한다. <u>피고인이 피해자와 공모하여 교통사고를 가장하여 보험금을 편취할 목적으로 피해자에게 상해를 가하였다면 피해자의 승낙이 있었다고 하더라도 이는 위법한 목적에 이용하기 위한 것이므로 피고인의 행위가 피해자의 승낙에 의하여 위법성이 조각된다고 할 수 없다</u>(대법원

2008.12.11, 2008도9606).

ㄴ. (×) 사채업자인 피고인이 채무자 甲에게, 채무를 변제하지 않으면 甲이 숨기고 싶어하는 과거 행적과 사채를 쓴 사실 등을 남편과 시댁에 알리겠다는 등의 문자메시지를 발송한 경우 피고인에게 협박죄가 성립하고 이는 정당행위에 해당하지 아니한다(대법원 2011.5.26, 2011도2412).

ㄷ. (○) 차량통행문제를 둘러싸고 피고인의 부와 다툼이 있던 피해자가 그 소유의 차량에 올라타 문안으로 운전해 들어가려 하자 피고인의 부가 양팔을 벌리고 이를 제지하였으나 위 피해자가 이에 불응하고 그대로 그 차를 피고인의 부 앞쪽으로 약 3미터 가량 전진시키자 위 차의 운전석 부근 옆에 서 있던 피고인이 부가 위 차에 다치겠으므로 이에 당황하여 위 차를 정지시키기 위하여 운전석 옆 창문을 통하여 피해자의 머리털을 잡아당겨 그의 흉부가 위 차의 창문틀에 부딪혀 약간의 상처를 입게 한 행위는 <u>부의 생명, 신체에 대한 현재의 부당한 침해를 방위하기 위한 행위로서 정당방위에 해당한다</u>(대법원 1986.10.14, 86도1091).

ㄹ. (×) 건물의 전차인이 임대인의 승낙 없이 전차하였다고 하더라도 전차인이 불법침탈 등의 방법에 의하여 위 건물의 점유를 개시한 것이 아니고 그동안 평온하게 음식점등 영업을 하면서 점유를 계속하여 온 이상 위 <u>전차인의 업무를 업무방해죄에 의하여 보호받지 못하는 권리라고 단정할 수 없다. … 피고인으로서는 마땅히 정당한 소송절차에 의하여 점유를 회복하여야 하고 위력으로 그 권리를 행사할 수 없다</u>(대법원 1986.12.23, 86도1372).

ㅁ. (×) 외관상 서로 격투를 하는 것처럼 보이는 경우라 할지라도 실지로는 한쪽 당사자가 일방적으로 불법한 공격을 가하고 상대방은 이러한 불법한 공격으로부터 자신을 보호하고 이를 벗어나기 위한 저항수단으로 유형력을 행사한 경우라면 그 행위가 적극적인 반격이 아니라 <u>소극적인 방어의 한도를 벗어나지 않는 한 그 행위에 이르게 된 경위와 그 목적·수단 및 행위자의 의사 등 제반사정에 비추어 볼 때, 사회통념상 허용될만한 상당성이 있는 행위로서 위법성이 조각된다고 하겠다</u>(대법원 1984.9.11, 84도1440).
[보충] 피해자가 술에 취한 상태에서 별다른 이유 없이 함께 술을 마시던 피고인의 뒤통수를 때리므로 피고인도 순간적으로 이에 대항하여 손으로 피해자의 얼굴을 1회 때리고 피해자가 주먹으로 피고인의 눈을 강하게 때리므로 더 이상 때리는 것을 제지하려고 피해자를 붙잡은 정도의 행위의 결과로 인하여 피해자가 원발성 쇼크로 사망하였다 하더라도 피고인의 위 폭행행위는 소극적 방어행위에 지나지 않아 사회통념상 허용될 수 있는 상당성이 있어 <u>위법성이 없다</u>(술에 취한 피해자의 돌연한 공격을 소극적으로 방어한 행위를 정당행위로 본 사례, 대법원 1991.1.15, 89도2239).

[정답] ④

055 ☑️ 유사 ◆◆◇   〔법원행시 2018〕

다음 설명 중 옳지 않은 것은 모두 몇 개인가?

가. 쟁의행위로 사용자의 사무실 40평 중 임원회의 등에 사용되던 15평가량의 공간을 점거함으로써 사용자로 하여금 임원회의를 음식점 등에서 개최하게 하였다면, 정당행위에 해당하지 않는다.

나. 소유권의 귀속에 관한 분쟁이 있어 민사소송이 계속 중인 건조물의 자물쇠를 쇠톱으로 절단하고 그 안에 들어갔다면, 자구행위에 해당하지 않는다.

다. 경찰관의 현행범 체포행위가 적법한 공무집행을 벗어나 불법하게 체포한 것으로 볼 수밖에 없다면, 현행범인이 그 체포를 면하려고 반항하는 과정에서 경찰관에게 상해를 가한 것은 정당방위에 해당하나, 현행범인을 불법하게 체포하는 것에 항의하면서 제3자가 경찰관에게 상해를 가하였다면, 정당방위에 해당하지 않는다.

라. 외국에서 침구사자격을 취득하였더라도 국내에서 침술행위를 할 수 있는 면허나 자격을 취득하지 못한 상태에서 단순히 수지침 정도의 수준에 그치지 아니하고 체침을 시술하였다면, 그 침술행위가 광범위하고 보편화된 민간요법이고 그 시술로 인한 위험성이 적다고 하더라도 정당행위에 해당하지 않는다.

마. 토지에 대하여 사실상 지배권을 가지고 소유자를 대신하여 실질적으로 관리하고 있던 자가 소유권에 대한 방해를 배제하기 위하여 토지에 철주를 세우고 철망을 설치하고 포장된 아스팔트를 걷어내는 방법으로 그 토지를 그에 인접한 상가건물의 통행로로 이용하지 못하게 하였다면, 자구행위에 해당하지 않는다.

① 0개   ② 1개
③ 2개   ④ 3개
⑤ 4개

〔해설〕 **출제영역 | 위법성 종합**

가. (×) 쟁의행위의 본질상 사용자의 정상업무가 일부 저해되는 경우가 있음은 부득이한 것으로서 이 사건의 경우 이 사건 회의실 점거행위로 인하여 위와 같이 1달에 1, 2회 정도 개최되는 임원회의를 이 사건 회의실이 아닌 음식점 등에서 개최하게 된 사정 정도는 사용자가 이를 수인하여야 할 범위 내라고 봄이 상당하고, 그 외에는 실질적으로 협회의 업무의 중단 또는 혼란을 초래한 바도 없어, 협회의 업무가 실제로 방해되었거나 또는 적어도 그 업무방해의 결과를 초래할 위험성이 발생하였다고 보이지도 아니한다(대법원 2007.12.28, 2007도5204).

나. (○) 대법원 1985.7.9, 85도707

다. (×) 피고인은 전투경찰대원들의 위와 같은 유형력 행사에 저항하여 전투경찰대원인 공소외 2와 공소외 3이 들고 있던 방패를 당기고 밀어 공소외 2와 공소외 3에게 상해를 입혔다. 비록 공소외 3이 입은 상해의 정도가 가볍지는 않지만, 피고인이 공소외 2와 공소외 3에게 행사한 유형력은 전투경찰대원들의 불법 체포행위로 위 조합원들의 신체의 자유가 침해되는 것을 방위하기 위한 수단으로 그 정도가 전투경찰대원들의 피고인에 대한 유형력의 정도에 비해 크다고 보이지 않는다. 피고인의 행위는 정당방

위에 해당한다(대법원 2017.3.15, 2013도2168).

라. (○) 일반적으로 면허 또는 자격 없이 침술행위를 하는 것은 의료법 제25조의 무면허 의료행위(한방의료행위)에 해당되어 같은 법 제66조에 의하여 처벌되어야 하는 것이며, 그 침술행위가 광범위하고 보편화된 민간요법이고 그 시술로 인한 위험성이 적다는 사정만으로 그것이 바로 사회상규에 위배되지 아니하는 행위에 해당한다고 보기는 어렵다 할 것이고, 다만 개별적인 경우에 그 침술행위의 위험성의 정도, 일반인들의 시각, 시술자의 시술의 동기, 목적, 방법, 횟수, 시술에 대한 지식수준, 시술경력, 피시술자의 나이, 체질, 건강상태, 시술행위로 인한 부작용 내지 위험발생 가능성 등을 종합적으로 고려하여 법질서 전체의 정신이나 그 배후에 놓여 있는 사회윤리 내지 사회통념에 비추어 용인될 수 있는 행위에 해당한다고 인정되는 경우에만 사회상규에 위배되지 아니하는 행위로서 위법성이 조각된다고 할 것이다(대법원 2000.4.25, 98도2389).

마. (○) 대법원 2007.12.28, 2007도7717

〔정답〕 ③

056 ☑️ 유사 ◆◇◇   〔법원9급 2022〕

다음 설명 중 가장 옳지 않은 것은? (다툼이 있는 경우 판례에 의하고, 전원합의체 판결의 경우 다수의견에 의함)

① 사용자가 적법한 직장폐쇄 기간 중임에도 불구하고 일방적으로 업무에 복귀하겠다고 하면서 자신의 퇴거요구에 불응한 채 계속하여 사업장 내로 진입을 시도하는 해고 근로자를 폭행, 협박하였다면 이는 사업장 내의 평온과 노동조합의 업무방해행위를 방지하기 위한 정당방위 내지 정당행위에 해당한다.

② 피해자가 불특정·다수인의 통행로로 이용되어 오던 기존통로의 일부 소유자인 피고인으로부터 사용승낙을 받지 아니한 채 통로를 활용하여 공사차량을 통행하게 함으로써 피고인의 영업에 다소 피해가 발생하자 피고인이 공사차량을 통행하지 못하도록 자신 소유의 승용차를 통로에 주차시켜 놓은 행위가 사회상규에 위배되지 않는 정당행위에 해당한다고 할 수 없다.

③ 아파트 입주자대표회의 회장이 다수 입주민들의 민원에 따라 위성방송 수신을 방해하는 케이블TV방송의 시험방송 송출을 중단시키기 위하여 위 케이블TV방송의 방송안테나를 절단하도록 지시한 행위를 긴급피난 내지는 정당행위에 해당한다고 볼 수 없다.

④ 아파트 입주자대표회의의 임원 또는 아파트관리회사의 직원들인 피고인들이 기존 관리회사의 직원들로부터 계속 업무집행을 제지받던 중 저수조 청소를 위하여 출입문에 설치된 자물쇠를 손괴하고 중앙공급실에 침입한 행위는 정당행위에 해당하지 않지만, 관리비 고지서를 빼앗거나 사무실의 집기 등을 들어낸 것에 불과한 행위는 정당행위에 해당하여 위법성이 조각된다.

해설 | 출제영역 | 정당행위

④ (×) 아파트 입주자대표회의의 임원 또는 아파트관리회사의 직원들인 피고인들이 기존 관리회사의 직원들로부터 계속 업무집행을 제지받던 중 저수조 청소를 위하여 출입문에 설치된 자물쇠를 손괴하고 중앙공급실에 침입한 행위는 정당행위에 해당하나, 관리비 고지서를 빼앗거나 사무실의 집기 등을 들어낸 행위는 정당행위에 해당하지 않는다(대법원 2006.4.13, 2003도3902).

① (○) 사용자가, 적법한 직장폐쇄 기간 중 일방적으로 업무에 복귀하겠다고 하면서 자신의 퇴거요구에 불응한 채 계속하여 사업장 내로 진입을 시도하는 해고 근로자를 폭행, 협박한 것이 사업장 내의 평온과 노동조합의 업무방해행위를 방지하기 위한 정당방위 내지 정당행위에 해당한다(대법원 2005.6.9, 2004도7218).

② (○) 대법원 2005.9.30, 2005도4688

③ (○) 대법원 2006.4.13, 2005도9396

정답 ④

---

057 ✓ 유사 ◆◆◇ 경찰간부 2022

「형법」제20조(정당행위)에 대한 설명으로 옳지 않은 것은? (다툼이 있는 경우 판례에 의함)

① 구성요건에 해당하는 행위가 「형법」 제20조에 따라 위법성이 조각되려면, 첫째 그 행위의 동기나 목적의 정당성, 둘째 행위의 수단이나 방법의 상당성, 셋째 보호법익과 침해법익의 균형성, 넷째 긴급성, 다섯째 그 행위 이외의 다른 수단이나 방법이 없다는 보충성의 요건을 모두 갖추어야 한다.

② 「형법」 제20조에서 '사회상규에 위배되지 아니하는 행위'라 함은 국가질서의 존중이라는 인식을 바탕으로 한 국민일반의 건전한 도의적 감정에 반하지 아니한 행위로서 초법규적인 기준에 의하여 이를 평가하여야 한다.

③ 집행관이 조합 소유 아파트에서 유치권을 주장하는 甲을 상대로 부동산인도집행을 실시하여 조합이 그 아파트를 인도받고 출입문의 잠금장치를 교체하는 능으로 그 점유가 확립된 이후에 甲이 아파트 출입문과 잠금장치를 훼손하며 강제로 개방하고 아파트에 들어간 경우, 甲의 행위는 민법상 자력구제에 해당하므로 「형법」 제20조에 따라 위법성이 조각된다.

④ 「민사소송법」 제335조에 따른 법원의 감정인 지정결정 또는 같은 법 제341조 제1항에 따라 법원의 감정촉탁을 받은 사람이 감정평가업자가 아니었음에도 그 감정사항에 포함된 토지 등의 감정평가를 한 행위는 법령에 근거한 법원의 적법한 결정이나 촉탁에 따른 것으로 「형법」 제20조에 따라 위법성이 조각된다.

해설 | 출제영역 | 위법성조각사유 - 정당행위, 자구행위

③ (×) 집행관이 집행채권자 조합 소유 아파트에서 유치권을 주장하는 피고인을 상대로 부동산인도집행을 실시하자, 피고인이 이에 불만을 갖고 아파트 출입문과 잠금 장치를 훼손하며 강제로 개방하고 아파트에 들어갔다고 하여 재물손괴 및 건조물침입으로 기소된 사안에서, 피고인이 아파트에 들어갈 당시에는 이미 조합이 집행관으로부터 아파트를 인도받은 후 출입분의 잠금 상치를 교체하는 등으로 그 점유가 확립된 상태여서 점유권 침해의 현장성 내지 추적가능성이 있다고 보기 어려워 점유를 실력에 의하여 탈환한 피고인의 행위가 민법상 자력구제에 해당하지 않는다(대법원 2017.9.7, 2017도9999).

① (○) 대법원 2004.3.26, 2003도7878

② (○) 대법원 1983.11.22, 83도2224

④ (○) 민사소송법 제335조에 따른 법원의 감정인 지정결정 또는 같은 법 제341조 제1항에 따른 법원의 감정촉탁을 받은 경우에는 감정평가업자가 아닌 사람이더라도 그 감정사항에 포함된 토지 등의 감정평가를 할 수 있고, 이러한 행위는 법령에 근거한 법원의 적법한 결정이나 촉탁에 따른 것으로 형법 제20조의 정당행위에 해당하여 위법성이 조각된다고 보아야 한다(대법원 2021.10.14, 2017도10634).

정답 ③

---

058 ✓ 이론대표 ◆◆◇ 국가7급 2018

위법성조각사유에 대한 설명으로 옳지 않은 것은? (다툼이 있는 경우 판례에 의함)

① 정당행위를 인정하려면 그 행위의 동기나 목적의 정당성, 행위의 수단이나 방법의 상당성, 법익균형성, 긴급성의 요건을 갖추어야 하며, 이러한 요건이 갖추어진 경우 그 행위의 보충성은 요구되지 않음이 원칙이다.

② 게시된 음란물이 음란성에 관한 학술적, 사상적 표현과 결합하여 표현된 결합표현물인 경우 음란 표현의 해악이 상당한 방법으로 해소되거나 다양한 의견과 사상의 경쟁메커니즘에 의해 해소될 수 있는 정도라는 등의 특별한 사정이 있다면 결합표현물에 의한 표현행위는 사회상규에 위배되지 아니한다.

③ 국가정보원의 사이버팀 직원들이 상부에서 하달된 지시에 따라 정치적인 복적을 가지고 인터넷 게시글과 댓글 작성, 찬반클릭 행위, 트윗과 리트윗 활동을 한 경우 구 「국가정보원법」에 따른 직무범위 내의 정당한 행위로 볼 수 없다.

④ 경찰관이 현행범인 체포의 요건을 갖추지 못하였음에도 실력으로 현행범인을 체포하려고 한 경우 현행범이 그 체포를 면하려고 반항하는 과정에서 경찰관에게 상해를 가한 행위는 위법성이 조각된다.

해설 | 출제영역 | 정당방위, 정당행위

① (×) 판례는 사회상규에 위배되지 않는 행위의 요건으로서 보충성을 요한다는 입장이다. "형법 제20조가 정한 '사회상규에 위배되지 아니하는 행위' … 와 같은 정당행위를 인정하려면 첫째 그 행위의 동기나 목적의 정당성, 둘째 행위의 수단이나 방법의 상당성, 셋째 보호이익과 침해이익의 법익균형성, 넷째 긴급성, 다섯째 그 행위 외에 다른 수단이나 방법이 없다는 보충성 등의 요건을 갖추어야 한다(대법원 2002.12.26, 2002도5077; 2014.

9.4, 2014도7302 등).
② (○) 대법원 2017.10.26, 2012도13352
③ (○) 대법원 2018.4.19, 2017도14322 전원합의체
④ (○) 대법원 2011.5.26, 2011도3682

정답 ①

---

059 ✓ 이론 ◆◆◆　　　　　　　　경찰1차 2021

위법성조각사유에 대한 아래 ㉠부터 ㉣까지의 설명 중 옳고 그름의 표시(O, X)가 모두 바르게 된 것은? (다툼이 있는 경우 판례에 의함)

> ㉠ 정당방위 상황은 존재하지만 방위의사 없이 행위한 경우, 위법성조각사유의 요건에 있어 주관적 정당화요소가 필요 없다고 보는 견해에서는 여전히 행위반가치는 존재하므로 이를 불능미수범으로 취급하여야 한다고 본다.
> ㉡ 위법하지 않은 정당한 침해에 대한 정당방위는 인정되지 않는다.
> ㉢ 수급인 소속 근로자의 쟁의행위가 도급인의 사업장에서 일어나 도급인의 형법상 보호되는 법익을 침해한 경우, 사용자인 수급인에 대한 관계에서 쟁의행위의 정당성을 갖추었다면 사용자가 아닌 도급인에 대한 관계에서도 법령에 의한 정당한 행위로서 위법성이 조각된다.
> ㉣ 사용자가 당해 사업과 관계없는 자를 쟁의행위로 중단된 업무의 수행을 위하여 채용 또는 대체하는 경우, 쟁의행위에 참가한 근로자들이 위법한 대체근로를 저지하기 위하여 상당한 정도의 실력을 행사하는 것은 정당행위로서 위법성이 조각된다.

① ㉠(×) ㉡(○) ㉢(×) ㉣(○)
② ㉠(○) ㉡(×) ㉢(○) ㉣(×)
③ ㉠(×) ㉡(○) ㉢(○) ㉣(○)
④ ㉠(○) ㉡(○) ㉢(×) ㉣(×)

해설 출제영역 | 주관적 정당화요소, 위법성 종합

㉠ (×) 객관적 정당화 상황만 존재하면 위법성이 조각된다는 주관적 정당화요소 불요설(순수한 결과반가치론)에 따르면 우연방위의 경우도 정당방위가 되어 위법성이 조각된다.
㉡ (○) 대법원 2017.3.15, 2013도2168
㉢ (×) 도급인은 원칙적으로 수급인 소속 근로자의 사용자가 아니므로, 수급인 소속 근로자의 쟁의행위가 도급인의 사업장에서 일어나 도급인의 형법상 보호되는 법익을 침해한 경우에는 사용자인 수급인에 대한 관계에서 쟁의행위의 정당성을 갖추었다는 사정만으로 사용자가 아닌 도급인에 대한 관계에서까지 법령에 의한 정당한 행위로서 법익 침해의 위법성이 조각된다고 볼 수는 없다(대법원 2020.9.3, 2015도1927).
㉣ (○) 대법원 2020.9.3, 2015도1927

정답 ①

---

060 ✓ 유사 ◆◇◇　　　　　　　　경찰2차 2024

정당행위에 관한 설명으로 가장 적절하지 않은 것은? (다툼이 있는 경우 판례에 의함)

① 정당행위의 요건인 긴급성과 보충성은 수단의 상당성을 판단할 때 고려요소의 하나로 참작하여야 하며, 다른 실효성 있는 적법한 수단이 없는 경우를 의미하는 것이지 일체의 법률적인 적법한 수단이 존재하지 않을 것을 의미하는 것은 아니라고 보아야 한다.

② 구 「군인사법」에 따른 얼차려의 결정권자가 아닌 상사 계급의 甲이 경계근무 태만이나 청소 불량 등을 이유로 부대원들에게 속칭 원산폭격을 시키거나 양손을 깍지 낀 상태에서 팔굽혀펴기를 50~60회 정도 하게 하는 등 얼차려 지침상 허용되지 않는 얼차려를 지시하는 행위는 정당행위로 볼 수 없다.

③ CCTV 설치·운영에 근로자들의 동의 절차나 노사협의회의 협의를 거치지 않았다는 이유로 노동조합원 甲 등이 회사에서 설치하여 작동 중인 CCTV 카메라 51대 중 근로자들의 작업 모습이 찍히는 12대를 골라 검정색 비닐봉지를 씌워 임시적으로 촬영을 방해한 경우 정당행위의 성립요건 중 수단과 방법의 상당성을 인정할 수 없다.

④ 아파트 입주자대표회의 회장이자 회의 소집권자인 甲이 자신이 소집하지 않은 입주자대표회의 소집공고문을 공휴일 야간에 발견하였고 공고문에서 정한 입주자대표회의 개최일이 다음 날이어서 시기적으로 다른 적절한 방법을 찾기 어려웠다면 위 공고문을 뜯어내 제거한 행위는 정당행위에 해당한다고 볼 수 있다.

해설 출제영역 | 정당행위

③ (×) 이 사건 회사가 근로자 대부분의 반대에도 불구하고 CCTV의 정식 가동을 강행함으로써 피고인들의 의사에 반하여 근로 행위나 출퇴근 장면 등 개인정보가 위법하게 수집되는 상황이 현실화되고 있었던 점, 개인정보자기결정권은 일반적 인격권 및 사생활의 비밀과 자유에서 도출된 헌법상 기본권으로 일단 그에 대한 침해가 발생하면 사후적으로 이를 전보하거나 원상회복을 하는 것이 쉽지 않은 점 등을 고려하면, 피고인들이 다른 구제수단을 강구하기 전에 임시조치로서 검정색 비닐봉지를 씌워 촬영을 막은 것은 행위의 동기나 목적, 수단이나 방법 및 법익의 균형성 등에 비추어 그 긴급성과 보충성의 요건도 갖추었다고 볼 여지가 있다(대법원 2023.6.29, 2018도1917).

> **[위 판례의 이외의 논점]** ① 이 사건 회사는 시설물 보안 및 화재 감시라는 정당한 이익을 위하여 이 사건 CCTV를 설치한 것으로 볼 수 있으므로, 비록 그 설치 과정에서 근로자들의 동의 절차나 노사협의회의 협의를 거치지 아니하였다 하더라도 그 업무가 법률상 보호할 가치가 없다고 평가할 수 없다. 따라서 이 사건 CCTV의 설치 및 운영을 통한 시설물 관리 업무는 업무방해죄의 보호대상에 해당한다. 피고인들의 공소사실 기재 각 행위는 이 사건 CCTV 카메라의 촬영을 불가능하게 하는 물적 상태를 만든 것으로 위력에 해당하고, 시설물 관리 업무를 방해할 위험성도 인정되므로, 구성

요건해당성이 인정된다(대법원 2023.6.29, 2018도1917).
② 회사가 CCTV를 작동시키지 않았거나 시험가동만 한 상태였으므로 근로자들의 권리가 실질적으로 침해되고 있었다고 단정하기 어려운 점, 피고인들이 공장부지의 외곽 울타리를 따라 설치되어 실질적으로 근로자를 감시하는 효과를 가진다고 보기 어려운 32대의 카메라를 포함하여 전체 CCTV의 설치 및 운영을 중단하라는 무리한 요구를 하고, 위 32대의 카메라에까지 검정색 비닐봉지를 씌웠던 점 등에 비추어 볼 때, 위 행위는 정당행위에 해당하지 않는다(대법원 2023.6.29, 2018도1917).

① (○) 형법 제20조는 '사회상규에 위배되지 아니하는 행위'를 정당행위로서 위법성이 조각되는 사유로 규정하고 있다. 위 규정에 따라 사회상규에 의한 정당행위를 인정하려면, 첫째 그 행위의 동기나 목적의 정당성, 둘째 행위의 수단이나 방법의 상당성, 셋째 보호이익과 침해이익과의 법익균형성, 넷째 긴급성, 다섯째로 그 행위 외에 다른 수단이나 방법이 없다는 보충성 등의 요건을 갖추어야 하는데, 위 '목적·동기', '수단', '법익균형', '긴급성', '보충성'은 불가분적으로 연관되어 하나의 행위를 이루는 요소들로 종합적으로 평가되어야 한다. '목적의 정당성'과 '수단의 상당성' 요건은 행위의 측면에서 사회상규의 판단 기준이 된다. 사회상규에 위배되지 아니하는 행위로 평가되려면 행위의 동기와 목적을 고려하여 그것이 법질서의 정신이나 사회윤리에 비추어 용인될 수 있어야 한다. 수단의 상당성·적합성도 고려되어야 한다. 또한 보호이익과 침해이익 사이의 법익균형은 결과의 측면에서 사회상규에 위배되는지를 판단하기 위한 기준이다. 이에 비하여 행위의 긴급성과 보충성은 수단의 상당성을 판단할 때 고려요소의 하나로 참작하여야 하고 이를 넘어 독립적인 요건으로 요구할 것은 아니다. 또한 그 내용 역시 다른 실효성 있는 적법한 수단이 없는 경우를 의미하고 '일체의 법률적인 적법한 수단이 존재하지 않을 것'을 의미하는 것은 아니라고 보아야 한다(대법원 2023.5.18, 2017도2760).

② (○) 위법성이 조각되지 않아 강요죄가 성립한다는 사례이다(대법원 2006.4.27, 2003도4151).

④ (○) 아파트 입주자대표회의 회장인 피고인이 자신의 승인 없이 동대표들이 관리소장과 함께 게시한 입주자대표회의 소집공고문을 뜯어내 제거함으로써 그 효용을 해하였다고 하여 재물손괴로 기소된 경우, 아파트의 관리규약에 따르면 입주자대표회의는 회장이 소집하도록 규정되어 있으므로 입주자대표회의 소집공고문 역시 입주자대표회의 회장 명의로 게시되어야 하는 점, 위 공고문이 계속 게시되고 방치될 경우 적법한 소집권자가 작성한 진정한 공고문으로 오인될 가능성이 매우 높고, 이를 신뢰한 동대표들이 해당 일시의 입주자대표회의에 참석할 것으로 충분히 예상되는 상황이었던 점, 게시판의 관리주체인 관리소장이 위 공고문을 게시하였더라도 소집절차의 하자가 치유되지 않는 점, 피고인이 위 공고문을 발견한 날은 공휴일 야간이었고 그 다음 날이 위 공고문에서 정한 입주자대표회의가 개최되는 당일이어서 시기적으로 달리 적절한 방안을 찾기 어려웠던 점 등을 종합하면, 피고인이 위 공고문을 손괴한 조치는, 그에 선행하는 위법한 공고문 작성 및 게시에 따른 위법상태의 구체적 실현이 임박한 상황하에서 그 위법성을 바로잡기 위한 것으로 사회통념상 허용되는 범위를 크게 넘어서지 않는 행위로 볼 수 있다(대법원 2021.12.30, 2021도9680).

정답 ③

1 책임이론

001 ✓이론대표 ◆◇◇ 변호사 2019

책임에 관한 설명 중 옳지 않은 것은? (다툼이 있는 경우 판례에 의함)

① 도의적 책임론은 행위자가 과거에 잘못된 성격을 형성한 성격책임에서 책임의 근거를 찾고 있다.

② 충동조절장애와 같은 성격적 결함이라 할지라도 그것이 매우 심각하여 원래의 의미의 정신병을 가진 사람과 동등하다고 평가할 수 있는 경우에는 그로 인한 범행은 심신장애로 인한 범행으로 보아야 한다.

③ 甲이 음주운전을 할 의사를 가지고 음주만취한 후 운전을 결행하여 부주의로 보행자 A를 충격하여 A를 그 현장에서 즉사시키고 도주하였다면, 이는 음주시에 교통사고를 일으킬 위험성을 예견하였는데도 자의로 심신장애를 야기한 경우에 해당하므로 甲에 대한 형사처벌이 가능하다.

④ 법률의 착오와 관련하여, 위법성의 인식에 필요한 노력의 정도는 구체적인 행위정황과 행위자 개인의 인식능력 그리고 행위자가 속한 사회집단에 따라 달리 평가되어야 한다.

⑤ 사용자가 모든 성의와 노력을 다했어도 임금이나 퇴직금의 체불이나 미불을 방지할 수 없었다는 것이 사회통념상 긍정할 정도가 되어 사용자에게 더 이상의 적법행위를 기대할 수 없거나 불가피한 사정이었음이 인정되는 경우에는 그러한 사유는 「근로기준법」이나 「근로자퇴직급여 보장법」에서 정하는 임금 및 퇴직금 등의 기일 내 지급의무 위반죄의 책임조각사유로 된다.

[해설] 출제영역 | 책임론 종합

① (×) 행위자가 과거에 잘못된 성격을 형성한 성격책임에서 책임의 근거를 찾는 견해는 사회적 책임론이다. 도의적 책임론은 책임의 근거를 자유의사에서 찾고 있다.

② (○) 도벽의 원인이 충동조절장애와 같은 성격적 결함이라 할지라도 그것이 매우 심각하여 원래의 의미의 정신병을 가진 사람과 동등하다고 평가할 수 있는 경우에는 그로 인한 절도 범행은 심신장애로 인한 범행으로 보아야 한다(대법원 1999.4.27, 99도693).

③ (○) 대법원 1992.7.28, 92도299

④ (○) 대법원 2006.3.24, 2005도3717

⑤ (○) 대법원 2015.2.12, 2014도12753

[정답] ①

002 ✓이론 ◆◇◇ 경찰간부 2023

책임의 근거와 본질에 관한 학설의 설명으로 옳고 그름의 표시(○, ×)가 바르게 된 것은?

> 가. 책임은 자유의사를 가진 자가 그 의사에 의하여 적법한 행위를 할 수 있었음에도 불구하고 위법한 행위를 선택하였으므로 이에 대해 윤리적 비난을 가하는 것이다. ─심리적 책임론
> 나. 인간의 행위는 자유의사가 아니라 환경과 소질에 의해 결정되는 것으로 책임의 근거가 행위자의 반사회적 성격에 있다. ─규범적 책임론
> 다. 책임은 행위 당시 행위자가 가지고 있었던 고의·과실이라는 심리적 관계로 이해하여 심리적인 사실인 고의·과실이 있으면 책임이 있고, 그것이 없으면 책임도 없다. ─도의적 책임론
> 라. 책임을 심리적 사실관계로 보지 않고 규범적 평가관계로 이해하여 행위자가 적법행위를 할 수 있었음에도 위법행위를 한 것에 대한 규범적 비난이 책임이다. ─사회적 책임론

① 가(○), 나(○), 다(○), 라(○)

② 가(○), 나(×), 다(○), 라(×)

③ 가(×), 나(○), 다(×), 라(○)

④ 가(×), 나(×), 다(×), 라(×)

[해설] 출제영역 | 책임론 종합

④ 가(×), 나(×), 다(×), 라(×)

가. (×) 자유의사를 가진 자가 그 의사에 의하여 적법한 행위를 할 수 있었음에도 불구하고 위법한 행위를 선택하였으므로 이에 대해 윤리적 비난을 가하는 것이라는 견해는 도의적 책임론이다. [보충] 심리적 책임론은 책임의 본질을 고의·과실과 같은 심리적 요소의 존재에서 찾는 입장이다.

나. (×) 인간의 행위는 자유의사가 아니라 환경과 소질에 의해 결정되는 것으로 책임의 근거가 행위자의 반사회적 성격에 있다고 보는 견해는 사회적 책임론이다. [보충] 규범적 책임론은 책임의 본질을 타행위 가능성이 있음에도 위법행위를 했다는 점에 대한 비난가능성에서 찾는 입장이다.

다. (×) 책임을 행위 당시 행위자가 가지고 있었던 고의·과실이라는 심리적 관계로 이해하여 심리적인 사실인 고의·과실이 있으면 책임이 있고, 그것이 없으면 책임도 없다고 보는 견해는 심리적 책임론이다.

라. (×) 책임을 심리적 사실관계로 보지 않고 규범적 평가 관계로 이해하여 행위자가 적법행위를 할 수 있었음에도 위법행위를 한 것에 대한 규범적 비난이 책임이라고 보는 입장은 규범적 책임론이다.

[정답] ④

2 책임능력

003 ☑ 대표 ◆◇◇

책임능력에 대한 설명으로 옳지 않은 것은? (다툼이 있는 경우 판례에 의함)

① 형사미성년자는 책임능력의 결여로 인하여 형사처벌의 대상이 되지는 않지만, 그 연령에 따라 「소년법」상 보호처분의 대상이 될 수 있다.

② 정신적 장애가 있는 자라도 범행 당시 정상적인 사물변별능력이나 행위통제능력이 있었다면 심신장애로 볼 수 없다.

③ 심신장애의 유무 및 정도의 판단은 법률적 판단으로서 반드시 전문감정인의 의견에 기속되어야 하는 것은 아니므로, 정신분열증의 경우에도 법원은 여러 사정을 종합하여 심신장애의 유무 및 정도를 독자적으로 판단할 수 있다.

④ 농아자(개정: 듣거나 말하는 데 모두 장애가 있는 사람)라도 행위 당시 사물을 변별하고 이에 따라 행위를 통제할 능력이 있는 경우에는 형을 감경하지 않는다.

해설 **출제영역 |** 책임능력 – 심신장애인 등

④ (×) 듣거나 말하는 데 모두 장애가 있는 사람(청각 및 언어 장애인)의 행위에 대해서는 형을 감경한다(제11조). 〈개정 2020.12.8.〉

① (○) 형사미성년자가 만 14세 미만인 경우에는 형법에 따른 형사처벌을 받지 않지만(형법 제9조), 만 10세 이상이라면 소년법에 따른 보호사건으로서 보호처분 등을 받을 수 있다.

② (○) 형법 제10조에 규정된 심신장애는 생물학적 요소로서 정신병 또는 비정상적 정신상태와 같은 정신적 장애가 있는 외에 심리학적 요소로서 이와 같은 정신적 장애로 말미암아 사물에 대한 변별능력과 그에 따른 행위통제능력이 결여되거나 감소되었음을 요하므로, 정신적 장애가 있는 자라고 하여도 범행 당시 정상적인 사물변별능력이나 행위통제능력이 있었다면 심신장애로 볼 수 없다(대법원 2007.2.8, 2006도7900).

③ (○) 형법 제10조 제1항, 제2항에 규정된 <u>심신장애의 유무 및 정노의 판단은 법률적 판단으로서 반드시 진문감징인의 의견에 기속되어야</u> 하는 것은 아니고, 정신분열증의 종류와 정도, 범행의 동기, 경위, 수단과 태양, 범행 전후의 피고인의 행동, 반성의 정도 등 여러 사정을 종합하여 법원이 독자적으로 판단할 수 있다(대법원 1999.1.26, 98도3812).

정답 ④

004 ☑ 대표 ◆◇◇

책임에 대한 설명으로 옳지 않은 것은? (다툼이 있는 경우 판례에 의함)

① 형법 제10조 제3항은 고의에 의한 원인에 있어서의 자유로운 행위만이 아니라 과실에 의한 원인에 있어서의 자유로운 행위까지도 포함한다.

② 형법 제12조의 강요된 행위란 저항할 수 없는 폭력이나 생명, 신체에 위해를 가하겠다는 협박 등 다른 사람의 강요에 의하여 이루어진 행위를 의미한다.

③ 적법행위의 기대가능성의 경우 행위 당시의 구체적인 상황하에 행위자 대신 사회적 평균인을 두고 이 평균인의 관점에서 그 기대가능성 유무를 판단하여야 한다.

④ 소아기호증의 정신적 장애가 있는 자라면 범행 당시 정상적인 사물변별능력이나 행위통제능력이 있었더라도 형법 제10조의 심신장애로 볼 수 있다.

해설 **출제영역 |** 책임능력 – 심신상실자, 심신미약자

④ (×) 소아기호증은 성적인 측면에서의 성격적 결함으로 인하여 나타나는 것으로서, 소아기호증과 같은 질환이 있다는 사정은 그 자체만으로는 형의 감면사유인 심신장애에 해당하지 아니한다고 봄이 상당하고, 다만 그 증상이 매우 심각하여 원래의 의미의 정신병이 있는 사람과 동등하다고 평가할 수 있거나, 다른 심신장애사유와 경합된 경우 등에는 심신장애를 인정할 여지가 있다(대법원 2007.2.8, 2006도7900).

① (○) 고의에 의한 원인에 있어서의 자유로운 행위만이 아니라 과실에 의한 원인에 있어서의 자유로운 행위까지도 포함하는 것으로서 위험의 발생을 예견할 수 있었는데도 자의로 심신장애를 야기한 경우도 그 적용 대상이 된다(대법원 1992.7.28, 92도999).

② (○) 대법원 1997.7.10, 98도1309; 2004.12.10, 2003도5124; 2007.6.29, 2007도3306 등

③ (○) 대법원 2004.7.15, 2004도2965 전원합의체

정답 ④

005 ✓ 대표 ◆◆◇

책임능력에 관한 다음 설명 중 가장 옳지 않은 것은?
(다툼이 있는 경우 판례에 의하고, 전원합의체 판결의
경우 다수의견에 의함)

① 심신장애로 인하여 사물을 변별할 능력이나 의사를 결정할 능력이 미약한 자가 2019.12.1. 절도죄를 저지른 경우 반드시 형을 감경하여야 한다.

② 심신장애의 유무 및 정도의 판단은 법률적 판단으로서 반드시 전문감정인의 의견에 기속되어야 하는 것은 아니다.

③ 2005.3.3.에 출생한 자가 2019.1.1.에 절도죄를 저지른 경우 그 행위에 대하여 형벌을 과할 수 없다.

④ 농아자(개정: 듣거나 말하는 데 모두 장애가 있는 사람)가 2019.12.1. 절도죄를 저지른 경우 반드시 형을 감경하여야 한다.

해설 **출제영역 |** 심신장애, 책임조각 사유

① (×) 심신장애로 인하여 사물을 변별할 능력이 없거나 의사를 결정할 능력이 미약한 자의 행위는 형을 감경할 수 있다(제10조 제2항). 이는 2018.12.18. 개정·시행된 법률이다.

② (○) 형법 제10조에 규정된 심신장애의 유무 및 정도의 판단은 법률적 판단으로서 반드시 전문감정인의 의견에 기속되어야 하는 것은 아니고, 정신질환의 종류와 정도, 범행의 동기, 경위, 수단과 태양, 범행 전후의 피고인의 행동, 반성의 정도 등 여러 사정을 종합하여 법원이 독자적으로 판단할 수 있다(대법원 1999. 8.24, 99도1194).

③ (○) 14세가 되지 아니한 자의 행위는 벌하지 아니한다(제9조). 이때 14세 미만의 기준은 만 14세 미만을 말한다.

④ (○) 듣거나 말하는 데 모두 장애가 있는 사람(청각 및 언어 장애인)의 행위에 대해서는 형을 감경한다(제11조). 이는 2018.12. 18. 제10조 제2항의 개정에도 불구하고 개정되지 않은 부분이다.

정답 ①

006 ✓ 유사 ◆◆◇

책임능력, 의사능력에 관한 다음 설명 중 가장 옳지 않은 것은? (다툼이 있으면 판례에 의함)

① 14세 되지 아니한 자의 행위는 형사미성년자로 벌하지 아니하고, 농아자(개정: 듣거나 말하는 데 모두 장애가 있는 사람)의 행위는 형을 감경한다.

② 음주운전과 관련한 도로교통법 위반죄의 범죄수사를 위하여 미성년자의 혈액채취가 필요한 경우 미성년자에게 의사능력이 없다면 법정대리인이 피의자를 대리하여 동의할 수 있다.

③ 정신적 장애가 있는 자라고 하여도 범행 당시 정상적인 사물변별능력이나 행위통제능력이 있었다면 심신장애로 볼 수 없다.

④ 절도의 충동을 억제하지 못하는 성격적 결함은 원칙적으로 형의 감면사유인 심신장애에 해당하지 아니한다.

해설 **출제영역 |** 책임능력, 형사미성년자

② (×) 음주운전과 관련한 도로교통법 위반죄의 범죄수사를 위하여 미성년자인 피의자의 혈액채취가 필요한 경우에도 피의자에게 의사능력이 있다면 피의자 본인만이 혈액채취에 관한 유효한 동의를 할 수 있고, 피의자에게 의사능력이 없는 경우에도 명문의 규정이 없는 이상 법정대리인이 피의자를 대리하여 동의할 수는 없다(대법원 2014.11.13, 2013도1228).

① (○) 제9조, 제11조

③ (○) 대법원 2007.6.14, 2007도2360

④ (○) 대법원 1999.4.27, 99도693

정답 ②

007 ✓ 유사 ◆◆◆ 　경찰1차 2019 유사 | 변호사 2020

책임에 관한 설명 중 옳지 않은 것은? (다툼이 있는 경우 판례에 의함)

① 「형법」 제10조에 규정된 심신장애는 정신병 또는 비정상적 정신 상태와 같은 정신적 장애가 있는 외에 정신적 장애로 말미암아 사물에 대한 변별능력과 그에 따른 행위통제능력이 결여되거나 감소되었음을 요하므로, 정신적 장애가 있는 자라고 하여도 범행 당시 정상적인 사물변별능력이나 행위통제능력이 있었다면 심신장애로 볼 수 없다.

② 이미 유죄의 확정판결을 받은 자는 공범의 형사사건에서 그 범행에 대한 증언을 거부할 수 없을 뿐만 아니라 사실대로 증언하여야 하고, 설사 자신의 형사사건에서 그 범행을 부인하였다 하더라도 이를 이유로 사실대로 진술할 것을 기대할 가능성이 없다고 볼 수는 없다.

③ 심신장애의 유무는 사실문제로서 그 판단에 전문감정인의 정신감정결과가 중요한 참고자료가 되기는 하나, 법원이 반드시 그 의견에 구속되는 것은 아니다.

④ 성주물성애증이 있다는 사정만으로는 심신장애에 해당한다고 볼 수 없으나, 그 증상이 매우 심각하여 원래 의미의 정신병이 있는 사람과 동등하다고 평가할 수 있거나 다른 심신장애사유와 경합된 경우 등에는 심신장애를 인정할 여지가 있다.

⑤ 사회통념상 모든 성의와 노력을 다했어도 임금이나 퇴직금의 체불이나 미불을 방지할 수 없었다는 것을 인정할 정도가 되어 사용자에게 더 이상의 적법행위를 기대할 수 없거나 불가피한 사정이었음이 인정되는 경우에는 「근로기준법」이나 「근로자퇴직급여 보장법」에서 정하는 임금 및 퇴직금 등의 기일 내 지급의무 위반죄의 책임이 조각된다.

[해설] **출제영역 |** 심신장애, 책임조각 사유

③ (×) 형법 제10조 소정의 심신장애의 유무는 법원이 형벌제도의 목적 등에 비추어 판단하여야 할 '법률문제'로서, 그 판단에 있어서는 전문감정인의 정신감정결과가 중요한 참고자료가 되기는 하나, 법원으로서는 반드시 그 의견에 기속을 받는 것은 아니고, 그러한 감정 결과뿐만 아니라 범행의 경위, 수단, 범행 전후의 피고인의 행동 등 기록에 나타난 제반 자료 등을 종합하여 독자적으로 심신장애의 유무를 판단하여야 한다(대법원 1996.5.10, 96도638).

① (○) 대법원 2007.2.8, 2006도7900
② (○) 대법원 2008.10.23, 2005도10101
④ (○) 대법원 2013.1.24, 2012도12689
⑤ (○) 대법원 2008.10.9, 2008도5984

[정답] ③

008 ✓ 이론대표 ◆◆◇ 　경찰1차 2021

책임능력에 대한 다음 설명 중 적절한 것만을 고른 것은 모두 몇 개인가? (다툼이 있는 경우 판례에 의함)

> ㉠ 심신장애로 인하여 사물을 변별할 능력 또는 의사를 결정할 능력이 미약한 자의 행위는 형을 감경한다.
> ㉡ 심신장애의 유무 및 정도에 관한 판단은 전문감정인의 의견에 구속되며, 법원이 독자적으로 이를 판단하여서는 안 된다는 것이 판례의 태도이다.
> ㉢ 원인에 있어서 자유로운 행위의 가벌성의 근거를 원인설정 행위에서 찾아 원인행위시를 실행의 착수시기로 파악하는 견해에 대해서는, 책임능력과 행위의 동시 존재의 원칙이 인정될 수 없다는 비판이 제기되고 있다.
> ㉣ 원인에 있어서 자유로운 행위의 가벌성의 근거를 원인행위와 실행행위의 불가분적 연관에서 찾아 실행행위를 심신장애 상태하에서의 행위로 파악하는 견해에 대해서는, 실행행위의 정형성을 무시하여 예비행위와의 구별이 곤란하다는 비판이 제기되고 있다.

① 1개　　　　② 2개
③ 3개　　　　④ 없음

[해설] **출제영역 |** 책임능력, 원인에 있어서 자유로운 행위

모두 틀린 설명이다.

㉠ (×) 심신장애로 인하여 사물을 변별할 능력이 없거나 의사를 결정할 능력이 미약한 자의 행위는 형을 감경할 수 있다(제10조 제2항).

㉡ (×) 형법 제10조 제1항 및 제2항 소정의 심신장애의 유무 및 정도의 판단은 법률적 판단으로서 반드시 전문감정인의 의견에 기속되어야 하는 것은 아니고, 정시부열병의 종류 및 정도, 범행의 동기 및 원인, 범행의 경위 및 수단과 태양, 범행 전후의 피고인의 행동, 증거인멸 공작의 유무, 범행 및 그 전후의 상황에 관한 기억의 유무 및 정도, 반성의 빛 유무, 수사 및 공판정에서의 방어 및 변소의 방법과 태도, 정신병 발병 전의 피고인의 성격과 그 범죄와의 관련성 유무 및 정도 등을 종합하여 법원이 독자적으로 판단할 수 있다(대법원 1994.5.13, 94도581).

㉢ (×) 원인에 있어서 자유로운 행위의 가벌성의 근거를 원인설정 행위에서 찾아 원인행위시를 실행의 착수시기로 파악하는 견해는 일치설(원인행위시설)로, 이에 따르면 행위와 책임의 동시 존재의 원칙은 관철될 수 있으나, 구성요건의 정형성이 없는 원인설정행위를 실행행위로 보아 오히려 가벌성을 확장시킬 위험이 있으며 죄형법정주의의 원칙에 반하게 된다는 비판이 있다. 책임능력과 행위의 동시존재의 원칙이 인정될 수 없다는 것은 예외설(실행행위시설)에 대한 비판이다.

㉣ (×) 원인에 있어서 자유로운 행위의 가벌성의 근거를 원인행위와 실행행위의 불가분적 연관에서 찾아 실행행위를 심신장애 상태하에서의 행위로 파악하는 견해는 예외설의 입장이고, 실행행위의 정형성을 무시하여 예비행위와의 구별이 곤란하다는 비판은 일치설에 대한 비판이다.

[정답] ④

다음 사례에 대한 설명으로 옳지 않은 것은? (다툼이 있는 경우 판례에 의함)

> 甲은 A를 살해하고자 용기를 얻기 위해 대마초를 피운 후, A를 야산으로 끌고 가 심신미약 상태에서 칼로 A의 복부를 찔렀다. A가 살려 달라고 애원하자 甲은 살해행위를 그만두었으나 A의 가방이 탐이 나서 가지고 왔다. 그 후 A는 행인에게 발견되어 병원으로 옮겨져 생명을 구하였다.

① 甲의 행위가 실행미수에 해당하는 경우에는 甲에게 중지미수가 성립하지 않는다.
② 甲이 A의 가방을 가져간 행위는 원인에 있어서 자유로운 행위에 해당하지 않으므로 형을 감경해야 한다.
③ 甲이 A를 살해하려고 한 행위는 심신미약 상태에서의 행위라도 형이 감경되지 않는다.
④ 甲이 A의 복부를 칼로 찔러 많은 피가 흘러나오자 겁을 먹고 그만둔 경우에는 자의성을 인정할 수 없다.

해설 | **출제영역 |** 원인에 있어서 자유로운 행위, 중지미수, 장애미수

② (×) 甲이 위험의 발생을 예견한 부분은 A에 대한 살인행위 부분이었고, 심신미약 상태에서 A의 가방을 가져간 절도행위 부분은 위험의 발생을 예견하였거나 예견할 수 있었던 부분이 아니다. 따라서 절도 부분은 원인에 있어서 자유로운 행위(형법 제10조 제3항)에 해당하지 않으므로 심신미약 조항(형법 제10조 제2항)이 적용되어 그 형을 감경할 수 있다. 지문에서 틀린 부분은 '형을 감경해야 한다'는 부분이다.

① (○) 실행미수의 중지미수가 인정되기 위해서는 결과발생 방지를 위한 행위자의 작위에 의한 진지한 노력이 필요하다. 사례에서 甲은 결과방지를 위하여 적극적이고 상당한 행위를 하지 않았으므로 중지미수를 인정할 수 없다.

③ (○) 甲이 A를 살해하려고 한 행위는 살인죄의 장애미수에 해당하고(칼로 A의 복부를 찔렀으므로 원인행위시설과 실행행위시설 모두 다 실행의 착수 인정), 심신미약 상태에서의 행위라도 원인에 있어서 자유로운 행위에 해당하므로 심신미약 조항이 적용되지 않아 그 형이 감경되지 않는다.

④ (○) 많은 피가 흘러나오는 것에 놀라거나 두려움을 느끼는 것은 일반 사회통념상 범죄를 완수함에 장애가 되는 사정에 해당한다고 보아야 할 것으로, 이를 자의에 의한 중지미수라고 볼 수 없다(대법원 1999.4.13, 99도640).

정답 ②

다음 사례에 관한 설명 중 옳은 것을 모두 고른 것은? (다툼이 있는 경우 판례에 의함)

> ┤ 사례 1 ├
> 甲은 유치원생인 여자아이 앞에서 공연음란행위를 하였다.

> ┤ 사례 2 ├
> 甲은 타인의 집에 들어가 여자의 속옷을 절취하였다.

ㄱ. [사례 1]에서 甲에게 소아기호증과 같은 질환이 있었던 경우, 그 자체만으로는 형의 감면사유인 심신장애에 해당하지 아니하지만, 그 증상이 매우 심각하여 원래 의미의 정신병이 있는 사람과 동등하다고 평가할 수 있는 경우에는 심신장애를 인정할 여지가 있다.
ㄴ. [사례 2]에서 甲에게 무생물인 옷 등을 성적 각성과 희열의 자극제로 믿고 이를 성적 흥분을 고취시키는 데 쓰는 성주물성애증이라는 정신질환이 있었던 경우, 그러한 사정만으로는 심신장애에 해당한다고 볼 수 없지만, 다른 심신장애사유와 경합된 경우에는 심신장애를 인정할 여지가 있다.
ㄷ. [사례 1], [사례 2]에서 甲에게 생물학적으로 보아 정신병, 정신박약 등과 같은 심신장애가 있는 경우, 또는 심리학적으로 보아 사물에 대한 판별능력과 그에 따른 행위통제능력이 결여되거나 감소된 경우 중에서 어느 하나에 해당하면 「형법」 제10조(심신장애자) 제1항 내지 제2항이 적용된다.

① ㄱ   ② ㄱ, ㄴ
③ ㄱ, ㄷ   ④ ㄴ, ㄷ
⑤ ㄱ, ㄴ, ㄷ

해설 | **출제영역 |** 책임능력

ㄱ. (○) 특단의 사정이 없는 한 성격적 결함을 가진 자에 대하여 자신의 충동을 억제하고 법을 준수하도록 요구하는 것이 기대할 수 없는 행위를 요구하는 것이라고는 할 수 없으므로, 사춘기 이전의 소아들을 상대로 한 성행위를 중심으로 성적 흥분을 강하게 일으키는 공상, 성적 충동, 성적 행동이 반복되어 나타나는 소아기호증은 성적인 측면에서의 성격적 결함으로 인하여 나타나는 것으로서, 소아기호증과 같은 질환이 있다는 사정은 그 자체만으로는 형의 감면사유인 심신장애에 해당하지 아니한다고 봄이 상당하고, 다만 그 증상이 매우 심각하여 원래의 의미의 정신병이 있는 사람과 동등하다고 평가할 수 있거나, 다른 심신장애사유와 경합된 경우 등에는 심신장애를 인정할 여지가 있으며, 이 경우 심신장애의 인정 여부는 소아기호증의 정도, 범행의 동기 및 원인, 범행의 경위 및 수단과 태양, 범행 전후의 피고인의 행동, 증거인멸 공작의 유무, 범행 및 그 전후의 상황에 관한 기억의 유무 및 정도, 반성의 빛의 유무, 수사 및 공판정에서의 방어 및 변소의 방법과 태도, 소아기호증 발병 전의 피고인의 성격과 그 범죄와의 관련성 유무 및 정도 등을 종합하여 법원이 독자적으로 판

단할 수 있다(대법원 2007.2.8, 2006도7900).
ㄴ. (○) 대법원 2013.1.24, 2012도12689
ㄷ. (×) 형법 제10조 제1항 또는 제2항의 심신상실자 또는 심신미약자가 되기 위해서는 '심신장애'라는 생물학적 요소와 이로 인한 '사물을 변별할 능력 또는 의사를 결정할 능력의 결여 또는 미약'이라는 심리적 요소가 동시에 존재해야 한다. 따라서 양 요소 중 어느 하나만으로는 심신상실 또는 심신미약이 될 수 없다(대법원 1992.8.18, 92도1425).

정답 ②

011 ✓ 이론 ◆◆◇ 경찰2차 2023

책임에 관한 설명으로 가장 적절하지 않은 것은? (다툼이 있는 경우 판례에 의함)

① 「형법」 제10조 제2항에 따르면 심신장애로 인하여 사물을 변별할 능력이나 의사를 결정할 능력이 미약한 사람의 행위는 형을 감경할 수 있다.
② 「형법」 제10조에 규정된 심신장애는 생물학적 요소로서 정신병 또는 비정상적 정신상태와 같은 정신적 장애가 있는 외에 심리학적 요소로서 이와 같은 정신적 장애로 말미암아 사물에 대한 변별능력과 그에 따른 행위통제능력이 결여되거나 감소되었음을 요하므로, 정신적 장애가 있는 자라고 하여도 범행 당시 정상적인 사물변별능력이나 행위통제능력이 있었다면 심신장애로 볼 수 없다.
③ 「형법」 제10조 제1항 및 동조 제2항에 규정된 심신장애의 유무 및 정도의 판단은 법률적 판단으로서 반드시 전문감정인의 의견에 기속되어야 하는 것은 아니고, 정신분열증의 종류와 정도, 범행의 동기, 경위, 수단과 태양, 범행 전후의 피고인의 행동, 반성의 정도 등 여러 사정을 종합하여 법원이 독자적으로 판단할 수 있다.
④ 원인에 있어서 자유로운 행위에 관한 「형법」 제10조 제3항은 원인행위 시 심신장애 상태에서 위법행위로 나아갈 예견가능성이 없었던 경우에도 적용된다.

해설 출제영역 | 책임능력 – 심신상실자, 원인에 있어서 자유로운 행위
④ (×) 원인에 있어서 자유로운 행위가 인정되기 위해서는 자의로 심신장애를 야기하는 원인행위를 함에 있어서 그 위험의 발생을 예견하거나 최소한 위험의 발생을 예견할 수 있어야 한다. 따라서 원인행위를 함에 있어 위법행위로 나아갈 것을 예견할 수 없는 경우(위 ④의 지문의 예견가능성이 없었던 경우)에는 위험의 발생에 대한 과실조차 인정되지 않으므로 원인에 있어서 자유로운 행위 규정이 적용될 수 없다. "형법 제10조 제3항은 "위험의 발생을 예견하고 자의로 심신장애를 야기한 자의 행위에는 전2항의 규정을 적용하지 아니한다"고 규정하고 있는 바, 이 규정은 고의에 의한 원인에 있어서의 자유로운 행위만이 아니라 과실에 의한 원인에 있어서의 자유로운 행위까지도 포함하는 것으로서 위험의 발생을 예견할 수 있었는데도 자의로 심신장애를 야기한

경우도 그 적용 대상이 된다(대법원 1992.7.28, 92도999)."
[보충] 원인에 있어서 자유로운 행위라 함은 행위자가 고의(위험의 발생을 예견한 경우) 또는 과실(위험의 발생을 예견할 수 있는 경우)에 의하여 자신을 심신장애 상태에 빠지게 한 후 이러한 상태를 이용하여 범죄를 실행하는 것을 말한다.
① (○) 심신미약은 임의적 감경사유이다(제10조 제2항).

> 제10조(심신장애인) ① 심신장애로 인하여 사물을 변별할 능력이 없거나 의사를 결정할 능력이 없는 자의 행위는 벌하지 아니한다.
> ② 심신장애로 인하여 전항의 능력이 미약한 자의 행위는 형을 감경할 수 있다.

② (○) 형법 제10조에 규정된 심신장애는 생물학적 요소로서 정신병 또는 비정상적 정신상태와 같은 정신적 장애가 있는 외에 심리학적 요소로서 이와 같은 정신적 장애로 말미암아 사물에 대한 변별능력과 그에 따른 행위통제능력이 결여되거나 감소되었음을 요하므로, 정신적 장애가 있는 자라고 하여도 범행 당시 정상적인 사물변별능력이나 행위통제능력이 있었다면 심신장애로 볼 수 없다(대법원 2007.2.8, 2006도7900).
③ (○) 형법 제10조 제1항, 제2항에 규정된 심신장애의 유무 및 정도의 판단은 법률적 판단으로서 반드시 전문감정인의 의견에 기속되어야 하는 것은 아니고, 정신분열증의 종류와 정도, 범행의 동기, 경위, 수단과 태양, 범행 전후의 피고인의 행동, 반성의 정도 등 여러 사정을 종합하여 법원이 독자적으로 판단할 수 있다(대법원 1999.1.26, 98도3812).

정답 ④

012 ✓ 이론 ◆◆◇ 국가9급 2017

원인에 있어서 자유로운 행위의 가벌성 근거를 원인설정행위 자체에서 찾는 견해가 있다. 이 견해에 대한 설명 또는 비판으로 옳은 것은?

① 책임능력 결함상태에서 구성요건 해당행위를 시작한 때에 실행의 착수가 있는 것으로 본다.
② 실행의 착수에 구성요건적 행위정형성이 결여되어 죄형법정주의에 반할 위험이 있다.
③ 행위와 책임의 동시존재 원칙의 예외를 인정하는 결과가 되어 책임주의에 반할 위험이 있다.
④ 이 견해에 의하면 살인의 의사로 음주하여 만취하였으나 살해행위로 나아가지 않았다면 살인미수는 인정되지 않는다.

해설 출제영역 | 책임능력 – 원인에 있어서 자유로운 행위
② (○) 구성요건 모델에 관한 설명이다. 이 견해는 행위와 책임의 동시존재의 원칙을 유지하지만, 실행의 착수시기가 앞당겨짐으로써 미수범의 처벌범위가 대폭 확장된다는 문제가 있다.
① (×), ③ (×) 책임모델(또는 예외설)에 관한 설명 또는 비판이다.
④ (×) 책임모델은 실행행위는 심신장애상태 하의 행위라고 보므로 음주한 것만으로는 실행행위성이 인정되지 않는다.

정답 ②

013 ✅ 이론 ◆◆◆ 변호사 2014

원인에 있어서 자유로운 행위의 가벌성 근거에 관한 견해 〈보기 1〉과 그 내용 〈보기 2〉 및 이에 대한 비판 〈보기 3〉이 바르게 연결된 것은?

┤ 보기 1 ├

가. 가벌성의 근거를 원인설정행위 자체에서 찾는 견해
나. 가벌성의 근거를 원인설정행위와 실행행위의 불가분적 관련에서 찾는 견해
다. 가벌성의 근거를 책임능력 결함상태에서의 실행행위에서 찾는 견해

┤ 보기 2 ├

A. 책임능력 결함상태에서 구성요건 해당행위를 시작한 때에 실행의 착수가 있는 것으로 본다.
B. 일종의 '반무의식상태'에서 실행행위가 이루어지는 한 그 주관적 요소를 인정할 수 있다.
C. 원인에 있어서 자유로운 행위를 자신을 책임능력 없는 도구로 이용하는 간접정범으로 이해한다.

┤ 보기 3 ├

a. 행위와 책임의 동시존재 원칙의 예외를 인정하는 결과가 되어 책임주의에 반할 위험이 있다.
b. 실행의 착수에 구성요건적 행위경험성이 결여되어 죄형법정주의에 반할 위험이 있다.
c. 대부분의 경우에 행위자의 책임능력이 인정되어 법적 안전성을 해하는 결과를 초래한다.

① 가-A-a, 나-B-b, 다-C-c
② 가-B-b, 나-A-c, 다-C-a
③ 가-B-c, 나-A-c, 다-C-b
④ 가-C-b, 나-A-a, 다-B-c
⑤ 가-C-a, 나-A-b, 다-B-c

해설 │ 출제영역 | 책임능력 – 원인에 있어서 자유로운 행위

④ [가-C-b] 일치설 (간접정범유사설, 구성요건모델) 원인이 자유로운 행위의 가벌성의 근거를 간접정범과의 구조적 유사성에 근거하여 원인행위에서 찾는 견해는 논리적으로 간접정범에서 이용행위시에 실행의 착수가 인정되듯이 원인이 자유로운 행위에서도 원인행위시에 실행의 착수가 있다고 본다. 이러한 입장은 실행행위와 책임능력의 동시존재의 원칙과는 일치하지만 구성요건적 정형성을 깨뜨릴 수 있다는 점에서 비판의 대상이 된다.
[나-A-a] 예외설 (불가분적 관련성설, 책임모델) 이 견해는 원인이 자유로운 상태에서 결과를 예견 하였음에도 불구하고 책임능력이 결여되는 심신장애의 상태를 초래하는 원인설정행위를 하였다는 점에 그 처벌의 근거가 있다는 입장이다. 이는 구성요건적 정형성을 준수하여 죄형법정주의의 보장적 기능을 충실히 하기 위한 입장이다.
[다-B-c] 가벌성의 근거를 범죄실행행위에서 찾는 견해로 무의식상태에서 행한 실행행위에 가벌성의 근거를 인정하는 입장이다. 반무의식상태 하에서의 행위라는 개념을 인정하면 대부분의 경우에 책임능력이 인정되어 법적 안정성을 해하는 결과를

초래할 수 있다는 비판을 받고 있다.

정답 ④

014 ✅ 이론 ◆◆◇ 국가7급 2018

원인에서 자유로운 행위에 대한 설명으로 옳지 않은 것은? (다툼이 있는 경우 판례에 의함)

① 피고인들이 피해자들을 살해할 의사를 가지고 범행을 공모한 후에 대마초를 흡연하고, 위 각 범행에 이른 것이라면 「형법」 제10조 제3항에 의하여 심신장애로 인한 감경 등을 할 수 없다.
② 피고인이 음주할 때 교통사고를 일으킬 수 있다는 위험의 발생을 예견하지 못한 경우 이를 예견할 수 있었다고 하더라도 제10조 제3항을 적용할 수 없다.
③ 「형법」 제10조 제3항을 행위와 책임의 동시존재원칙에 대한 예외로 보는 견해에 따르면 실행착수 시점을 심신장애상태에서 실행행위를 개시하는 때로 본다.
④ 원인에서 자유로운 행위의 가벌성의 근거를 책임능력 상태 하에서 심신장애상태에 빠뜨리는 원인설정행위에 있다고 보는 견해에 대하여는 구성요건의 정형성을 무시했다는 비판이 가능하다.

해설 │ 출제영역 | 책임능력 – 원인에 있어서 자유로운 행위

② (×) 형법 제10조 제3항은 "위험의 발생을 예견하고 자의로 심신장애를 야기한 자의 행위에는 전2항의 규정을 적용하지 아니한다"고 규정하고 있는 바, 이 규정은 고의에 의한 원인에 있어서의 자유로운 행위만이 아니라 과실에 의한 원인에 있어서의 자유로운 행위까지도 포함하는 것으로서 위험의 발생을 예견할 수 있었는데도 자의로 심신장애를 야기한 경우도 그 적용 대상이 된다고 할 것이어서, 피고인이 음주운전을 할 의사를 가지고 음주만취한 후 운전을 결행하여 교통사고를 일으켰다면 피고인은 음주시에 교통사고를 일으킬 위험성을 예견하였는데도 자의로 심신장애를 야기한 경우에 해당하므로 위 법조항에 의하여 심신장애로 인한 감경 등을 할 수 없다(대법원 1992.7.28, 92도999).
① (○) 대마초 흡연시에 이미 범행을 예견하고도 자의로 위와 같은 심신장애를 야기한 경우에 해당하므로, 형법 제10조 제3항에 의하여 심신장애로 인한 감경 등을 할 수 없다(대법원 1996.6.11, 96도857).
③ (○) 예외설(불가분적 관련성설)에 대한 설명으로 옳은 지문이다.
④ (○) 일치설(간접정범유사설)에 대한 설명으로 옳은 지문이다.

정답 ②

015 ✓ 이론 ◆◆◇

다음 사례에 관한 설명으로 가장 적절한 것은? (다툼이 있는 경우 판례에 의함)

┤ 사례 1 ├
甲은 A를 살해하기로 마음먹었고 용기를 내기 위해 술을 마신 후 심신미약 상태에서 A를 살해하였다.

┤ 사례 2 ├
乙은 음주시 교통사고의 위험성을 예견하였음에도 자의로 음주 후, 음주만취한 상태에서 운전하여 교통사고를 일으켰다.

┤ 사례 3 ├
丙은 자신이 저지른 살해 행위에 대한 재판 도중, 범행 당시 심신장애로 인하여 사물을 변별할 능력 또는 의사를 결정할 능력이 미약하였음을 주장하고 있다.

① [사례 1]에서 실행의 착수시기를 심신미약상태에서의 살해행위로 본다는 견해는 책임능력과 행위의 동시존재 원칙을 고수한다는 장점이 있다.
② [사례 1]에서 실행의 착수시기를 원인행위시로 보는 견해에 대해서는 구성요건의 정형성을 무시한다는 비판이 제기된다.
③ [사례 2]는 [사례 1]과 달리 「형법」 제10조 제3항의 적용이 배제되어 심신장애로 인한 감경 등을 할 수 있다.
④ [사례 3]에서 전문감정인이 丙의 범행 당시에 심신미약상태임을 인정하는 소견서를 제출하였다면, 법원은 전문감정인의 의견에 구속되어 「형법」 제10조 제2항을 적용하여야 한다.

해설 | 출제영역 | 책임능력 – 원인에 있어서 자유로운 행위

② (○) [사례 1]에서 실행의 착수시기를 원인행위시로 보는 견해는 구성요건모델설의 입장으로 실행행위와 책임능력의 동시존재의 원칙과는 일치하나, 구성요건적 정형성을 깨뜨릴 수 있다는 점에서 비판의 대상이 된다.
① (×) [사례 1]에서 실행의 착수시기를 심신미약상태에서의 살해행위로 본다는 견해는 불가분적 관련성설의 입장으로 구성요건적 정형성을 준수하여 죄형법정주의의 보장적 기능을 충실히 한다는 입장이 있다.
③ (×) 「형법」 제10조 제3항은 고의로 심신장애를 야기한 경우뿐만 아니라 과실에 의하여 심신장애를 야기한 경우에도 적용된다.

[판례] 형법 제10조 제3항은 "위험의 발생을 예견하고 자의로 심신장애를 야기한 자의 행위에는 전2항의 규정을 적용하지 아니한다"고 규정하고 있는 바, 이 규정은 고의에 의한 원인에 있어서의 자유로운 행위만이 아니라 과실에 의한 원인에 있어서의 자유로운 행위까지도 포함하는 것으로서 위험의 발생을 예견할 수 있었는데도 자의로 심신장애를 야기한 경우도 그 적용 대상이 된다고 할 것이어서, 피고인이 음주운전을 할 의사를 가지고 음주만취한 후 운전을 결정하여 교통사고를 일으켰다면 피고인은 음주 시에 교통사고를 일

으킬 위험성을 예견하였는데도 자의로 심신장애를 야기한 경우에 해당하므로 위 법조항에 의하여 심신장애로 인한 감경 등을 할 수 없다(대법원 1992.7.28, 92도999).

④ (×) 형법 제10조 소정의 심신장애의 유무는 법원이 형벌제도의 목적 등에 비추어 판단하여야 할 법률문제로서, 그 판단에 있어서는 전문감정인의 정신감정결과가 중요한 참고자료가 되기는 하나, 법원으로서는 반드시 그 의견에 기속을 받는 것은 아니고, 그러한 감정 결과뿐만 아니라 범행의 경위, 수단, 범행 전후의 피고인의 행동 등 기록에 나타난 제반 자료 등을 종합하여 독자적으로 심신장애의 유무를 판단하여야 한다(대법원 1996.5.10, 96도638).

정답 ②

016 ✓ 이론 ◆◆◆

책임에 관한 설명 중 옳지 않은 것은? (다툼이 있는 경우 판례에 의함)

① 정신적 장애가 있는 자라고 하여도 범행 당시 정상적인 사물변별능력이나 행위통제능력이 있었다면 심신장애자로 볼 수 없다.
② 심신상실을 이유로 처벌받지 아니하거나 심신미약을 이유로 형벌이 감경될 수 있는 자 할지라도 금고 이상의 형에 해당하는 죄를 지은 자에 대해서는 치료감호시설에서 치료를 받을 필요가 있고 재범의 위험성이 있는 경우 치료감호의 대상이 된다.
③ 소년법 제60조 제2항은 '소년의 특성에 비추어 상당하다고 인정되는 때에는 그 형을 감경할 수 있다'고 규정하고 있는데 여기에서의 '소년'에 해당하는지 여부의 판단은 원칙직으로 범죄행위시가 아니라 사실심 판결 선고시를 기준으로 한다.
④ 원인에 있어서 자유로운 행위의 가벌성 근거와 관련하여 예외모델은 원인설정행위를 실행행위라고 이해하므로 실행행위의 정형성에 반한다는 비판을 받는다.
⑤ 형법 제12조의 강요된 행위에서 '저항할 수 없는 폭력'이란 심리적 의미에 있어서 육체적으로 어떤 행위를 절대적으로 하지 아니할 수 없게 하는 경우와 윤리적 의미에 있어서 강압된 경우를 말한다.

해설 | 출제영역 | 책임조각사유 종합

④ (×) 예외모델은 불가분적 관련성설의 입장으로서 원인설정행위와의 불가분적 관련성에서 그 가벌성의 근거를 찾고(책임모델) 실행의 착수시기는 실행행위시에서 찾는다. 따라서 예외모델은 행위와 책임의 동시존재원칙과 일치하지 않으므로 책임주의에 반한다는 비판이 제기된다.
[보충] 원인설정행위를 실행행위라고 이해하므로 실행행위의 정형성에 반한다는 비판을 받는 것은 구성요건모델, 즉 일치설(간접정범유사설)에 대한 설명이다.
① (○) 형법 제10조에 규정된 심신장애는 생물학적 요소로서 정신병 또는 비정상적 정신상태와 같은 정신적 장애가 있는 외에 심리학적 요소로서 이와 같은 정신적 장애로 말미암아 사물에 대한 변별능력과 그에 따른 행위통제능력이 결여되거나 감소되었음을

요하므로, 정신적 장애가 있는 자라고 하여도 범행 당시 정상적인 사물변별능력이나 행위통제능력이 있었다면 심신장애로 볼 수 없다(대법원 2021.9.9, 2021도8657, 2021보도21).

② (○) 치료감호법 제2조 제1항 제1호 참조.

> **치료감호법 제2조(치료감호대상자)** ① 이 법에서 "치료감호 대상자"란 다음 각 호의 어느 하나에 해당하는 자로서 치료 감호시설에서 치료를 받을 필요가 있고 재범의 위험성이 있는 자를 말한다.
> 1. 「형법」 제10조 제1항에 따라 벌하지 아니하거나 같은 조 제2항에 따라 형을 감경할 수 있는 심신장애인으로서 금 고 이상의 형에 해당하는 죄를 지은 자

③ (○) 소년법 제60조 제2항(소년의 특성에 비추어 상당하다고 인 정되는 때에는 그 형을 감경할 수 있다)에서 소년이라 함은 특별 한 정함이 없는 한 소년법 제2조에서 말하는 소년을 의미한다고 할 것이고, 소년법 제2조에서의 소년이라 함은 20세 미만자(현 19세 미만)로서 그것이 심판의 조건이므로 범행시뿐만 아니라 심 판시까지 계속되어야 하는바, … 소년법 제60조 제2항도 이러한 취지에서 나왔다고 볼 것이지, 소년법 제60조 제2항을 소년법 제59조, 형법 제9조와 같이 형사책임의 문제로서 파악하여야 하 는 것은 아니다. 따라서 소년법 제60조 제2항의 소년인지 여부 의 판단은 원칙으로 심판시 즉 사실심 판결 선고시를 기준으로 한다(대법원 1997.2.14, 96도1241).

⑤ (○) 형법 제12조 소정의 저항할 수 없는 폭력은, 심리적인 의미 에 있어서 육체적으로 어떤 행위를 절대적으로 하지 아니할 수 없게 하는 경우와 윤리적 의미에 있어서 강압된 경우를 말하고, 협박이란 자기 또는 친족의 생명, 신체에 대한 위해를 달리 막을 방법이 없는 협박을 말하며, 강요라 함은 피강요자의 자유스런 의사결정을 하지 못하게 하면서 특정한 행위를 하게 하는 것을 말한다(대법원 1983.12.13, 83도2276).

정답 ④

---

3   위법성의 인식

017 ✓ 대표 ◆◆◆   국가9급 2024

위법성의 인식에 대한 설명으로 옳지 않은 것은?

① 고의설은 위법성 인식을 고의의 한 요소로 보지만, 책 임설은 위법성 인식을 고의의 요소 아닌 별개의 책임 요소로 본다.

② 제한고의설은 위법성 인식의 가능성만으로 고의 성립 을 인정하기도 하지만, 엄격고의설은 고의 성립에 현 실적인 위법성 인식이 필요하다고 본다.

③ 엄격책임설은 위법성조각사유 전제사실 착오도 위법 성 착오의 일종으로 취급하면 족하다고 보지만, 제한 책임설은 위법성조각사유 전제사실 착오는 일반적인 위법성 착오와는 달리 취급하여야 한다고 본다.

④ 소극적 구성요건표지이론과 제한책임설은 모두 위법 성조각사유 전제사실 착오가 있으면 구성요건적 고의 가 조각된다고 본다.

해설 | 출제영역 | 위법성의 인식에 관한 학설

④ (×) 소극적 구성요건표지이론에 의하면 위법성조각사유의 전제

사실에 관한 착오의 경우 구성요건적 고의가 조각된다고 보는 것 은 맞다. 다만 제한적 책임설에는 구성요건착오 유추적용설과 법 효과제한적 책임설의 입장이 있다. 전자의 유추적용설에 의하면 구성요건적 고의가 조각된다고 보는데 비하여, 후자의 법효과제 한적 책임설에 의하면 구성요건적 고의는 인정하되 책임고의가 조각된다고 본다. 따라서 이 부분이 틀렸다.

① (○) 고의설에 의하면 위법성의 인식이 없으면 고의가 조각되며, 책임설은 위법성의 인식 및 인식의 가능성은 고의와는 독립된 책 임요소로 이해하는 입장이다.

② (○) 제한적 고의설은 고의가 성립하기 위해서는 구성요건에 해 당하는 객관적 사실의 인식 이외에 위법성의 인식가능성만 있으 면 충분하고 현실적인 위법성 인식이 불필요하다는 입장이다. 반 면 엄격고의설은 고의가 성립하기 위해서는 구성요건에 해당하 는 객관적 사실의 인식 이외에 현실적인 위법성의 인식이 필요하 다는 입장이다.

③ (○) 엄격책임설은 위법성에 관한 모든 착오를 법률의 착오라고 하는 견해이다. 따라서 오상방위와 같은 위법성조각사유의 전제 사실에 대한 착오도 금지착오라고 보아 그 착오의 정당한 사유의 존부에 의하여 책임조각만을 판단한다. 반면 제한적 책임설은 위 법성조각사유에 관한 착오 중에서 위법성조각사유의 존재 내지 한계에 관한 착오는 금지착오로 보지만, 위법성조각사유의 전제 사실에 관한 착오는 사실의 착오의 성질을 가진다는 점을 중시하 여 고의범의 성립을 부정한다는 이론구성을 취한다.

정답 ④

---

018 ✓ 유사 ◆◆◇   경찰대편입 2023

책임에 대한 설명으로 옳은 것은?

① 도의적 책임론은 인간에게 자유의사가 있다는 의사결 정론을 전제로 하여, 책임이란 자유의사를 가진 자가 위법한 행위로 의사결정을 한 점에 대한 도의적 비난 을 가하는 것이라고 본다.

② 사회적 책임론은 개인의 유전적 소질과 사회적 환경에 의하여 결정된 반사회적 성격에 책임의 근거를 두고, 보 안처분과 형벌의 목적을 달리 보는 이원론을 취한다.

③ 목적적 범죄론체계는 위법성인식을 고의와 분리된 독 자적인 책임요소로 본다는 점에 그 특징이 있다.

④ 위법성조각사유의 전제사실에 관한 착오를 해결하기 위한 소극적 구성요건표지론은 해당 착오는 총체적 불 법구성요건의 소극적 표지에 관한 것이므로 구성요건 착오에 관한 법리를 유추하여 적용한다.

⑤ 책임조각요건인 심신상실을 판단하기 위해서는 사물 변별능력 결여 또는 의사결정능력 결여라는 심리적 요 소와 심신장애라는 생물학적 요소 중에 어느 하나만 인정되면 족하다.

해설 | 출제영역 | 책임론, 위법성조각사유의 전제사실에 관한 착오

③ (○) 목적적 범죄론체계는 고의는 인적 불법의 핵심요소로서 구 성요건요소로 보고, 종래 고의의 한 요소이었던 위법성의 인식을 고의와는 무관한 독자적인 책임의 요소로 보았다(위법성의 인식 의 체계적 지위에 관한 책임설).

① (×) 도의적 책임론은 인간에게 자유의사가 있다는 의사'비결정론'

을 전제로 하여, 책임이란 자유의사를 가진 자가 위법한 행위로 의사결정을 한 점에 대한 도의적 비난을 가하는 것이라고 본다.

② (×) 사회적 책임론은 범죄는 소질과 환경에 의해서 필연적으로 결정된 행위자의 성격의 소산이므로 책임의 근거를 사회적으로 위험한 행위자의 반사회적 성격에 있다고 보므로, 형벌과 보안처분은 모두 행위자의 반사회적 위험성에 대한 사회방위처분이라는 점에서 그 본질이 동일하다는 일원론을 취한다.

④ (×) 소극적 구성요건표지론은 위법성조각사유에 해당하지 않아야 한다는 것이 소극적 구성요건요소로서 총체적 불법구성요건을 이루는다고 보기 때문에, 위법성조각사유의 전제사실에 관한 착오는 곧 구성요건착오로 보고 구성요건적 고의가 조각된다고 본다. 따라서 구성요건착오의 법리를 유추적용하는 것(이는 제한적 책임설 중 유추적용설의 내용)이 아니라 구성요건착오 그 자체로 보는 것이다.

⑤ (×) 책임조각요건인 심신상실을 판단하기 위해서는 심신장애라는 생물학적 기초가 존재하여야 하고 이와 같은 생물학적 기초로 인하여 사물변별능력이나 의사결정능력이 없다는 심리적·규범적 요소까지 인정되어야 한다. 이를 혼합적 판단방법이라 한다.

정답 ③

4 법률의 착오

019 ✓ 대표 ◆◆◇ 국가7급 2018

「형법」 제16조의 법률의 착오에 대한 설명으로 옳은 것은? (다툼이 있는 경우 판례에 의함)

① 십전대보초를 제조·판매하다가 검거되어 검찰의 혐의 없음 결정을 받은 적이 있는 자가 다시 전과 동일한 방법으로 한약 가지 수에만 차이가 있는 가감삼십전대보초를 허가 없이 제조·판매한 경우 그 오인에 정당한 이유가 없다.

② 법률의 착오에 정당한 이유가 있는지 여부는 행위자가 위법한 행위를 하지 않으려는 진지한 노력을 했음에도 위법성을 인식하지 못한 것인지 여부를 기준으로 판단해야 하며, 위법성 인식에 필요한 노력의 정도는 행위자 개인의 인식능력 및 행위자가 속한 사회집단에 따라 달리 평가되어서는 안 된다.

③ 구 「건설폐기물의 재활용촉진에 관한 법률」 제16조 제1항의 위반행위를 하면서 이를 판단하는데 직접적인 자료가 되지 않는 환경부의 질의회신을 받은 경우 그 오인에 정당한 이유가 있다.

④ 변호사 자격을 가진 국회의원 甲이 선거에 영향을 미칠 수 있는 내용이 포함된 의정보고서를 발간하는 과정에서 보좌관을 통해 선거관리위원회 직원에게 구두로 문의하여 답변을 받은 결과 그 의정보고서 발간이 선거법규에 저촉되지 않는다고 오인한 경우 그 오인에 정당한 이유가 없다.

해설 출제영역 | 법률의 착오 – 형법 제16조의 해석

④ (○) 대법원 2006.3.24, 2005도3717
① (×) 대법원 1995.8.25, 95도717

② (×) 위법성의 인식에 필요한 노력의 정도는 구체적인 행위정황과 행위자 개인의 인식능력 그리고 행위자가 속한 사회집단에 따라 달리 평가되어야 한다(대법원 2006.3.24, 2005도3717 등).

③ (×) 대법원 2009.1.30, 2008도8607

정답 ④

020 ✓ 대표 ◆◇◇ 변호사 2016 변형

법률의 착오(금지착오)에 관한 설명 중 옳지 않은 것을 모두 고른 것은? (다툼이 있는 경우 판례에 의함)

> ㄱ. 행위자가 금지규범의 존재를 아예 인식하지 못한 '법률의 부지'는 행정형법의 영역에서 많이 발생하며 법률의 착오의 전형적인 사례로 인정된다.
>
> ㄴ. 법률의 착오에 있어 정당한 이유가 있는지 여부는 행위자에게 자기 행위의 위법의 가능성에 대해 심사 숙고하거나 조회할 수 있는 계기가 있어 자신의 지적능력을 다하여 이를 회피하기 위한 진지한 노력을 다하였더라면 스스로의 행위에 대하여 위법성을 인식할 수 있는 가능성이 있었음에도 이를 다하지 못한 결과 자기 행위의 위법성을 인식하지 못한 것인지 여부에 따라 판단하여야 한다.
>
> ㄷ. 법원의 무죄판결을 신뢰하여 행위한 경우에는 법률의 착오에 정당한 이유가 있는 것으로 인정될 수 있으나, 검사의 혐의 없음 불기소처분을 믿고 행위한 경우에는 검사의 불기소처분에는 확정력이 없으므로 법률의 착오에 정당한 이유가 있는 것으로 인정될 수 없다.

① ㄱ, ㄴ　　　　　　② ㄱ, ㄴ
③ ㄴ, ㄷ　　　　　　④ ㄱ, ㄴ, ㄷ

해설 출제영역 | 법률의 착오 – 형법 제16조의 해석 – 정당한 이유

ㄱ. (×) 형법 제16조에서 "자기가 행한 행위가 법령에 의하여 죄가 되지 아니한 것으로 오인한 행위는 그 오인에 정당한 이유가 있는 때에 한하여 벌하지 아니한다."라고 규정하고 있는 것은 단순한 법률의 부지를 말하는 것이 아니고 일반적으로 범죄가 되는 경우이지만 자기의 특수한 경우에는 법령에 의하여 허용된 행위로서 죄가 되지 아니한다고 그릇 인식하고 그와 같이 그릇 인식함에 정당한 이유가 있는 경우에는 벌하지 않는다는 취지이다 (대법원 2005.9.29, 2005도4592).

ㄴ. (○) 고의설에 의하면 금지착오의 경우 고의의 성립에 필요한 위법성의 인식이 없으므로 고의가 조각되고 과실범의 성립이 문제된다. 대법원 2006.3.24, 2005도3717 참조.

ㄷ. (×) 가감삼십전대보초와 한약 가지 수에만 차이가 있는 십전대보초를 제조하고 그 효능에 관하여 광고를 한 사실에 대하여 이전에 검찰의 혐의없음 결정을 받은 적이 있다면, 피고인이 비록 한의사 약사 한약업사 면허나 의약품판매업 허가가 없이 의약품인 가감삼십전대보초를 판매하였다고 하더라도 자기의 행위가 법령에 의하여 죄가 되지 않는 것으로 믿을 수밖에 없었고, 또 그렇게 오인함에 있어서 정당한 이유가 있는 경우에 해당한다 (대법원 1995.8.25, 95도717).

정답 ②

위법성의 인식과 법률의 착오에 대한 설명으로 옳지 않은 것은? (다툼이 있는 경우 판례에 의함)

① 범죄의 성립에 있어서 위법의 인식은 그 범죄사실이 사회정의와 조리에 어긋난다는 것을 인식하는 것으로서 족하고 구체적인 해당 법조문까지 인식할 필요는 없다.

② 형법 제16조의 법률의 착오는 행위자가 법률을 부지한 경우뿐만 아니라, 일반적으로 범죄가 되는 경우이지만 자기의 특수한 경우에는 법령에 의하여 허용된 행위로서 죄가 되지 아니한다고 그릇 인식하고, 그와 같이 그릇 인식함에 정당한 이유가 있는 경우에는 벌하지 않는다는 취지이다.

③ 형법 제16조의 정당한 이유가 있는지 여부는 행위자에게 자기 행위의 위법의 가능성에 대해 심사숙고하거나 조회할 수 있는 계기가 있어 자신의 지적능력을 다하여 이를 회피하기 위한 진지한 노력을 다하였더라면 스스로의 행위에 대하여 위법성을 인식할 수 있는 가능성이 있었음에도 이를 다하지 못한 결과 자기 행위의 위법성을 인식하지 못한 것인지 여부에 따라 판단하여야 한다.

④ 위법성의 인식에 필요한 노력의 정도는 구체적인 행위정황과 행위자 개인의 인식능력, 그리고 행위자가 속한 사회집단에 따라 달리 평가되어야 한다.

해설 | 출제영역 | 위법성의 인식 – 법률의 착오

② (×) 형법 제16조에 자기의 행위가 법령에 의하여 죄가 되지 아니한 것으로 오인한 행위는 그 오인에 정당한 이유가 있는 때에 한하여 벌하지 아니한다고 규정하고 있는 것은 단순한 법률의 부지의 경우를 말하는 것이 아니고 일반적으로 범죄가 되는 행위이지만 자기의 특수한 경우에는 법령에 의하여 허용된 행위로서 죄가 되지 아니한다고 그릇 인식하고 그와 같이 그릇 인식함에 있어 정당한 이유가 있는 경우에는 벌하지 아니한다는 취지이다(대법원 1985.4.9, 85도25).

① (○) 위법성의 인식이란 해당 범죄사실이 '사회정의와 조리'에 어긋난다는 것을 인식하는 것으로 족하고 해당 법조문의 내용까지 인식할 것을 요하지 않는다(대법원 1987.3.24, 86도2673).

③ (○) 형법 제16조의 정당한 이유가 있는지 여부는 행위자에게 자기 행위의 위법의 가능성에 대해 심사숙고하거나 조회할 수 있는 계기가 있어 자신의 지적능력을 다하여 이를 회피하기 위한 진지한 노력을 다하였더라면 스스로의 행위에 대하여 위법성을 인식할 수 있는 가능성이 있었음에도 이를 다하지 못한 결과 자기 행위의 위법성을 인식하지 못한 것인지 여부에 따라 판단하여야 할 것이고, 이러한 위법성의 인식에 필요한 노력의 정도는 구체적인 행위정황과 행위자 개인의 인식능력 그리고 행위자가 속한 사회집단에 따라 달리 평가되어야 한다(대법원 2006.3.24, 2005도3717).

④ (○) 정당한 이유가 있는지 여부는 행위자에게 자기 행위의 위법의 가능성에 대해 심사숙고하거나 조회할 수 있는 계기가 있어 자신의 지적능력을 다하여 이를 회피하기 위한 진지한 노력을 다하였더라면 스스로의 행위에 대하여 위법성을 인식할 수 있는 가능성이 있었음에도 이를 다하지 못한 결과 자기 행위의 위법성을 인식하지 못한 것인지 여부에 따라 판단하여야 할 것이고, 이러한 위법성의 인식에 필요한 노력의 정도는 구체적인 행위정황과 행위자 개인의 인식능력 그리고 행위자가 속한 사회집단에 따라 달리 평가되어야 한다(대법원 2006.3.24, 2005도3717).

정답 ②

법률의 착오에 대한 설명으로 옳지 않은 것은? (다툼이 있는 경우 판례에 의함)

① 법률의 착오에 정당한 이유가 있는지 여부를 판단함에 있어서는 구체적 행위정황과 행위자 개인의 인식능력이 고려되어야 한다.

② 「형법」 제16조가 '자기의 행위가 법령에 의하여 죄가 되지 아니하는 것으로 오인한 행위는 그 오인에 정당한 이유가 있는 때에 한하여 벌하지 아니한다'라고 규정하고 있는 것은 단순한 법률의 부지의 경우를 말하는 것이 아니다.

③ 대법원 판례에 비추어 자신의 행위가 무허가 의약품의 제조·판매행위에 해당하지 아니하는 것으로 오인하였다고 하더라도, 사안을 달리하는 사건에 관한 대법원 판례의 취지를 오해하였던 것에 불과한 경우에는 그와 같은 사정만으로는 그 오인에 정당한 사유가 있다고 볼 수 없다.

④ 부동산중개업자가 중개수수료 산정에 관한 지방자치단체의 조례를 잘못 해석하여 법에서 허용하는 금액을 초과한 중개수수료를 수수한 경우는 자신의 행위가 법령에 저촉되지 않는 것으로 오인함에 정당한 사유가 있는 경우에 해당한다.

해설 | 출제영역 | 법률의 착오 – 일반, 정당한 이유

④ (×) 부동산중개업자가 아파트 분양권의 매매를 중개하면서 중개수수료 산정에 관한 지방자치단체의 조례를 잘못 해석하여 법에서 허용하는 금액을 초과한 중개수수료를 수수한 행위는 법률의 착오에 해당하지 않는다(대법원 2005.5.27, 2004도62).

① (○), ② (○) 대법원 2015.2.12, 2014도11501

③ (○) 대법원 1995.7.28, 95도1081

정답 ④

023 ✓ 유사 ◆◇◇ 국가9급 2016

형법 제16조의 '그 오인에 정당한 이유'가 있다고 인정되는 경우는? (다툼이 있으면 판례에 의함)

① 지방자치단체장이 관행적으로 간담회를 열어 업무추진비 지출 형식으로 참석자들에게 음식물을 제공하는 것이 허용되는 행위라고 오인한 경우
② 광역시의회 의원이 선거구민들에게 의정보고서를 배부하기에 앞서 미리 관할 선거관리위원회 소속 공무원들에게 자문을 구하고 그들의 지적에 따라 수정한 의정보고서를 배부한 경우
③ 일본 영주권을 가진 재일교포가 관세물품을 영리목적으로 구입한 것이 아니기 때문에 입국 시 관세신고를 하지 않아도 되는 것으로 오인한 경우
④ 부동산중개업자가 부동산중개업협회의 자문을 통하여 인원수의 제한 없이 중개보조원을 채용하는 것이 허용되는 것으로 믿고서 제한인원을 초과하여 중개보조원을 채용한 경우

해설 출제영역 | 법률의 착오 – 형법 제16조의 해석 – 정당한 이유

② (○) 피고인으로서는 의정보고서 배부가 선거관리위원회의 공식적인 지도에 맞추어 행한 것으로 공직선거법에 위반되지 않는다고 믿을 수밖에 없었고, 또 그렇게 오인함에 있어서 정당한 이유가 있는 경우에 해당한다(대법원 2005.6.10, 2005도835).
① (×) 비록 여러 지방자치단체장들이 관행적으로 그와 같은 간담회 개최 및 음식물 제공을 하여 왔고 행정자치부에서 이를 금지하는 구체적인 지침이 없으며, 그 비용을 행정자치부에서 마련한 업무추진비 집행기준을 준수하여 적법한 절차에 따라 업무추진비에서 지출하여 옴으로써, 피고인이 자신의 그와 같은 행위가 공직선거법 제112조 제2항 제4호 (가)목 또는 (나)목에서 정한 [illegible] 또는 소내에 의한 음품제공행위 내지는 같은 항 제4호 [illegible] 목에서 정한 직무상의 행위와 동등하게 평가할 수 있는 행위에 해당하여 법령에 의하여 허용되는 행위라고 오인하였다고 하더라도 그러한 오인에 정당한 이유가 있다고 볼 수 없다(대법원 2007.11.16, 2007도7205).
③ (×) 피고인이 일본 영주권을 가진 재일교포로서 영리를 목적으로 이 사건 관세물품을 구입한 것이 아니라거나 국내 입국시 관세신고를 하지 않아도 되는 것으로 착오하였다는 등의 사정만으로는 위에서 말한 형법 제16조의 법률의 착오에 해당한다고 할 수 없다(대법원 2007.5.11, 2006도1993).
④ (×) 부동산중개업자가 부동산중개업협회의 자문을 통하여 인원수의 제한 없이 중개보조원을 채용하는 것이 허용되는 것으로 믿고서 제한인원을 초과하여 중개보조원을 채용함으로써 부동산중개업법 위반행위에 이르게 되었다고 하더라도 그러한 사정만으로 자신의 행위가 법령에 저촉되지 않는 것으로 오인함에 정당한 이유가 있는 경우에 해당한다거나 범의가 없었다고 볼 수는 없다(대법원 2000.8.18, 2000도2943).

정답 ②

024 ✓ 대표 ◆◆◇ 국가7급 2016

법률의 착오에 정당한 이유가 있는 것만을 모두 고른 것은? (다툼이 있는 경우 판례에 의함)

ㄱ. 지방자치단체장 甲이 법령에 의하여 허용되는 행위라고 오인하고 관행적으로 간담회를 열어 업무추진비 형식으로 참석자들에게 음식물을 제공한 경우
ㄴ. 甲이 허가를 담당하는 공무원이 허가를 요하지 않는다고 잘못 알려 준 것을 믿고 임야상에 토석을 쌓아 둠으로써 산림법 위반행위를 한 경우
ㄷ. 비디오물감상실업자 甲이 개정된 청소년보호법이 시행된 이후 구청 문화관광과에서 실시한 교육과정에서 '만 18세 미만의 연소자' 출입금지표시를 업소출입구에 부착하라는 행정지도를 믿고 비디오물감상실에 18세 이상 19세 미만의 청소년을 출입시킨 경우
ㄹ. 甲이 한국간행물윤리위원회나 정보통신윤리위원회가 이 사건 만화를 청소년유해매체물로 판정하였을 뿐 음란물로 관계기관에 형사처벌 또는 행정처분을 요청하지 않았기 때문에 만화를 음란하지 않다고 믿고 구 전기통신기본법 위반행위를 방조한 경우
ㅁ. 부동산중개업자 甲이 부동산중개업협회의 자문을 통하여 인원수의 제한 없이 중개보조원을 채용하는 것이 허용되는 것으로 믿고 제한인원을 초과하여 중개보조인을 채용함으로써 구 부동산중개업법을 위반한 경우

① ㄱ, ㄴ   ② ㄴ, ㄷ
③ ㄷ, ㄹ   ④ ㄹ, ㅁ

해설 출제영역 | 법률의 착오 – 형법 제16조의 해석 – 정당한 이유

ㄱ. (×) 지방자치단체장이 관행적으로 간담회를 열어 업무추진비 지출 형식으로 참석자들에게 음식물을 제공해 오면서 법령에 의하여 허용되는 행위라고 오인하였다 하더라도, 그 오인에 정당한 이유가 없어 법률의 착오에 해당하지 않는다(대법원 2007.11.16, 2007도7205).
ㄴ. (○) 행정청의 허가가 있어야 함에도 불구하고, 허가를 받지 아니하여 처벌대상의 행위를 한 경우라도 허가를 담당하는 공무원이 허가를 요하지 않는 것으로 잘못 알려 주어 이를 믿었기 때문에 허가를 받지 아니한 것이라면 허가를 받지 않더라도 죄가 되지 않는 것으로 착오를 일으킨 데 대하여 정당한 이유가 있는 경우에 해당하여 처벌할 수 없다(대법원 2005.8.19, 2005도1697).
ㄷ. (○) 비디오물감상실업자가 자신의 비디오물감상실에 18세 이상 19세 미만의 청소년을 출입시킨 행위가 관련 법률에 의하여 허용된다고 믿었고, 그렇게 믿었던 것에 대하여 정당한 이유가 있는 경우에 해당한다(대법원 2002.5.17, 2001도4077).
ㄹ. (×) 인터넷 포털 사이트 내 오락채널 총괄팀장과 위 오락채널 내 만화사업의 운영 직원인 피고인들에게, 콘텐츠제공업체들이 게재하는 음란만화의 삭제를 요구할 조리상의 의무가 있다고 하여, 구 전기통신기본법 제48조의2 위반 방조죄의 성립을 긍정하였다(대법원 2006.4.28, 2003도4128).
ㅁ. (×) 부동산중개업자가 부동산중개업협회의 자문을 통하여 인원수의 제한 없이 중개보조원을 채용하는 것이 허용되는 것으로 믿고서 제한인원을 초과하여 중개보조원을 채용함으로써 부동산중개업법 위반행위에 이르게 되었다고 하더라도 그러한 사정만

으로 자신의 행위가 법령에 저촉되지 않는 것으로 오인함에 정당한 이유가 있는 경우에 해당한다거나 범의가 없었다고 볼 수는 없다(대법원 2000.8.18, 2000도2943).

정답 ②

---

025 ✓ 유사 ◆◇◇

형법 제16조 법률의 착오에 관한 다음 설명 중 가장 옳지 않은 것은? (다툼이 있는 경우 판례에 의하고, 전원합의체 판결의 경우 다수의견에 의함)

① 형법 제16조에서 자기가 행한 행위가 법령에 의하여 죄가 되지 아니한 것으로 오인한 행위는 그 오인에 정당한 이유가 있는 때에 한하여 벌하지 아니한다고 규정하고 있는 것은 단순히 법률의 부지를 말하는 것이 아니다.

② 형법 제16조는 일반적으로 범죄가 되는 경우이지만 자기의 특수한 경우에는 법령에 의하여 허용된 행위로서 죄가 되지 아니한다고 그릇 인식하고 그와 같이 그릇 인식함에 정당한 이유가 있는 경우에는 벌하지 않는다는 취지이다.

③ 법률 위반 행위 중간에 판례에 따라 그 행위가 처벌대상이 되지 않는 것으로 해석되었던 적이 있었던 경우에는 자신의 행위가 처벌되지 않는 것으로 믿은 데에 정당한 이유가 있다고 할 수 있다.

④ 부동산중개업자가 부동산중개업협회의 자문을 통하여 인원수의 제한 없이 중개보조원을 채용하는 것이 허용되는 것으로 믿고서 제한인원을 초과하여 중개보조원을 채용함으로써 부동산중개업법 위반행위에 이르게 되었다고 하더라도 그러한 사정만으로 자신의 행위가 법령에 저촉되지 않는 것으로 오인함에 정당한 이유가 있는 경우에 해당한다거나 범의가 없었다고 볼 수는 없다.

해설 출제영역 | 법률의 착오 – 형법 제16조의 해석 – 정당한 이유
③ (×) 법률 위반 행위 중간에 일시적으로 판례에 따라 그 행위가 처벌대상이 되지 않는 것으로 해석되었던 적이 있었다고 하더라도 그것만으로 자신의 행위가 처벌되지 않는 것으로 믿은 데에 정당한 이유가 있다고 할 수 없다(대법원 2021.11.25, 2021도10903).
[보충] 저작권법상 공중송신권침해죄의 방조범이 된다는 사건 피고인들이 이 사건 사이트를 운영하던 도중에 대법원 2015.3.12, 2012도13748 판결이 선고되었지만, 이 판결은 대법원 2021.9.9, 2017도19025 전원합의체 판결로 변경되었다. 법률 위반 행위 중간에 일시적으로 판례에 따라 그 행위가 처벌대상이 되지 않는 것으로 해석되었던 적이 있었다고 하더라도 그것만으로 자신의 행위가 처벌되지 않는 것으로 믿은 데에 정당한 이유가 있다고 할 수 없다(대법원 2002. 10.22, 2002도4260; 2021.11.25, 2021도10903).
① (○), ② (○) 대법원 1985.4.9, 85도25 등
④ (○) 대법원 2000.8.18, 2000도2943

정답 ③

---

026 ✓ 유사 ◆◆◇

「형법」 제16조(법률의 착오)에 관한 설명으로 가장 적절한 것은? (다툼이 있는 경우 판례에 의함)

① 자기의 행위가 법령에 의하여 죄가 되지 아니하는 것으로 오인한 행위는 그 오인에 정당한 이유가 있는 때에 한하여 형을 감경 또는 면제할 수 있다.

② 사인 甲이 현행범을 체포하면서 자신의 집 창고에 24시간 이상 감금하여도 「형사소송법」상 허용된다고 위법성조각사유의 허용한계를 오인하는 행위는 금지착오의 유형에 해당하지 않는다.

③ 오인에 정당한 이유가 있는지 여부를 판단하는 과정에서 위법성 인식에 필요한 노력의 정도는 행위 당시의 구체적 상황에 행위자 대신에 법률가나 관련 분야의 전문가가 아닌 사회 평균인을 두고 이 평균인의 관점에서 판단해야 하며, 행위자가 속한 사회집단에 따라 달리 평가되면 안 된다.

④ 甲이 니코틴 용액 제조의 경우에도 담배제조업 허가를 받아야 하는지를 담배 담당 주무부서에 문의하여 답변을 받아 허가사항임을 충분히 인식하였고, 자신이 제조한 것과 같은 니코틴 용액을 제조한 A 주식회사의 무허가 담배제조로 인한 담배사업법위반죄에 관하여 검사의 불기소결정이 「담배사업법」 개정 이전에 있었던 경우, 「담배사업법」이 금지하는 무허가 담배제조행위의 위법성을 인식하지 못한 데 정당한 사유가 있다고 보기 어렵다.

해설 출제영역 | 법률의 착오
④ (○) 피고인 1은 담배 담당 주무부인 기획재정부에 2014. 1. 21. 이 사건 니코틴 용액 제조의 경우에도 담배사업법 개정 이후 담배제조업 허가를 받아야 하는지 문의한 적이 있는데, 기획재정부의 일관된 입장은 니코틴 용액을 수입한 후 국내에서 혼합, 희석하는 행위는 담배의 제조행위에 해당하며, 담배제조업을 하려는 자는 담배제조업의 허가를 받아야 한다는 것이었다. 피고인 1은 이 사건 니코틴 용액을 제조, 판매함으로써 수십억 원의 매출을 올린 반면, 자신의 행위에 대한 위법성 여부를 확인하기 위하여 충분한 조치를 다하지 않았다. 피고인 1이 제조한 것과 같은 니코틴 용액을 제조한 공소외 주식회사에 대한 무허가 담배제조로 인한 담배사업법 위반죄에 관하여 검사의 불기소결정이 있었으나 이는 위 담배사업법 개정 이전에 이루어진 것이고, 피고인 1에 대한 것도 아니므로, 이를 들어 피고인에게 위법성을 인식하지 못한 데 정당한 사유가 있었다고 볼 수 없다(대법원 2018.9.28, 2018도9828).
① (×) 형을 감경 또는 면제할 수 있는 것이 아니라 벌하지 아니한다(형법 제16조).

> 제16조(법률의 착오) 자기의 행위가 법령에 의하여 죄가 되지 아니하는 것으로 오인한 행위는 그 오인에 정당한 이유가 있는 때에 한하여 벌하지 아니한다.

② (×) 위법성조각사유의 한계에 관한 착오로서 금지착오의 유형에 해당한다.
③ (×) 정당한 이유는 행위자에게 자기 행위의 위법 가능성에 대해 심사숙고하거나 조회할 수 있는 계기가 있어 자신의 지적 능력을

다하여 이를 회피하기 위한 진지한 노력을 다하였더라면 스스로의 행위에 대하여 위법성을 인식할 수 있는 가능성이 있었는데도 이를 다하지 못한 결과 자기 행위의 위법성을 인식하지 못한 것인지 여부에 따라 판단해야 한다. 이러한 위법성의 인식에 필요한 노력의 정도는 구체적인 행위정황과 행위자 개인의 인식능력 그리고 행위자가 속한 사회집단에 따라 달리 평가하여야 한다(대법원 2021.11.25, 2021도10903).

정답 ④

---

027 ⊘ 유사 ◆◆◆ 국가7급 2017

「형법」 제16조(법률의 착오)에서 규정하는 '정당한 이유'가 있다고 인정되는 것은? (다툼이 있는 경우 판례에 의함)

① 가처분결정으로 직무집행정지 중에 있던 종단대표자가 변호사의 조언에 따라 종단소유의 보관금을 인출하여 소송비용으로 사용한 경우
② 무선설비기기 수입업자가 무선설비의 납품처 직원으로부터 형식등록이 필요 없다는 취지의 답변을 듣고, 이미 무선설비의 형식승인을 받은 다른 수입업자가 있음을 이용하여 동일한 제품을 법에서 정한 형식승인 없이 수입·판매한 경우
③ 직업소개업자가 관할관청에 외국인 근로자의 국내 입국절차를 대행하여 주는 허가절차에 관하여 문의하였으나, 담당공무원이 아직 허가 관련 법규가 제정되지 아니하여 허가를 받지 않아도 되는 것으로 잘못 알려주어 법에서 정한 허가를 받지 않고 외국인 근로자를 국내업체에 취업 알선한 경우
④ 부동산중개업자가 아파트 분양권의 매매를 중개하면서 중개수수료 산정에 관한 지방자치단체의 조례를 잘못 해석하여 법에서 허용하는 금액을 초과한 중개수수료를 수수한 경우

해설 출제영역 | 법률의 착오 – 형법 제16조의 해석 – 정당한 이유

③ (○) 행정청의 허가가 있어야 함에도 불구하고 허가를 받지 아니하여 처벌대상 행위를 한 경우, 허가를 담당하는 공무원이 허가를 요하지 않는 것으로 잘못 알려 주어 이를 믿었기 때문에 허가를 받지 아니하였다면, 허가를 받지 않더라도 죄가 되지 않는 것으로 착오를 일으킨 데 대하여 정당한 이유가 있는 경우에 해당하여 처벌할 수 없다(대법원 1995.7.11, 94도1814).
(판결이유 중) … 피고인들은 관할관청에 … 외국인들에 대하여 … 입국절차를 대행하여 주는 허가절차에 관하여 문의하였으나 … 아직 허가 관련 법규가 제정되지 아니하여 허가를 받지 않아도 되는 것으로 잘못 알려 주어 그 허가를 받지 않았다면 죄가 되지 않는 것으로 착오를 일으킨 데 대하여 정당한 이유가 있는 경우라고 할 것이므로 …
① (×) 가처분결정으로 직무집행정지 중에 있던 종단대표자가 종단소유의 보관금을 소송비용으로 사용함에 있어 변호사의 조언이 있었다는 것만으로 보관금인출 사용행위가 법률의 착오에 의한 것이라 할 수 없다(대법원 1990.10.16, 90도1604).
② (×) 이미 무선설비의 형식승인을 받은 다른 수입업자가 있음을

이용하여 동일한 제품을 형식승인 없이 수입·판매한 행위는 무선설비에 대한 관계 법령의 취지 및 내용에 비추어 볼 때 전파법 위반죄에 해당하고, 무선설비의 납품처 직원으로부터 형식등록이 필요 없다는 취지의 답변을 들었다는 사정만으로는 형법 제16조의 법률의 착오에 해당하지 않는다(대법원 2009.6.11, 2008도10373).
④ (×) 부동산중개업자가 아파트 분양권의 매매를 중개하면서 중개수수료 산정에 관한 지방자치단체의 조례를 잘못 해석하여 법에서 허용하는 금액을 초과한 중개수수료를 수수한 경우가 법률의 착오에 해당하지 않는다(대법원 2005.5.27, 2004도62).

정답 ③

---

028 ⊘ 유사 ◆◆◆ 경찰승진 2022

아래 ㉠부터 ㉣까지의 설명 중 옳고 그름의 표시(○, ×)가 바르게 된 것은? (다툼이 있는 경우 판례에 의함)

㉠ 甲이 A를 살해하려는 고의로 어둠 속에서 B를 A로 오인하여 총을 쏘아 살해하였다면, 甲의 죄책에 대하여 구체적 부합설과 법정적 부합설의 결론은 서로 다르다.
㉡ 甲이 A 등 3명과 싸우다가 힘이 달리자 식칼을 가지고 이들 3명을 상대로 휘두르다가 이를 말리면서 식칼을 뺏으려던 피해자 B에게 상해를 입혔다면, 상해를 입은 사람이 목적한 사람이 아닌 다른 사람이므로 B에 대한 과실치상죄가 성립한다.
㉢ 甲이 가감삼십전대보초와 한약 가지 수에만 차이가 있는 십전대보초를 제조하고 그 효능에 관해 광고를 한 사실에 대하여 이전에 검찰의 혐의 없음 결정을 받은 적이 있었다고 하더라도, 한의사, 약사, 한약업사 면허나 의약품판매업 허가 없이 의약품인 가감삼십전대보초를 판매한 자신의 행위가 죄가 되지 않는 것으로 믿을 수밖에 없었다거나 그렇게 오인함에 있어서 정당한 이유기 있는 경우에 해당한다고 할 수는 없다.
㉣ 외국인학교 경영자인 甲이 학교의 교비회계에 속하는 자금을 다른 외국인학교에 대여함으로써 사립학교법을 위반한 경우, 甲이 외국인으로서 국어에 능숙하지 못하였고 학교운영 위원회에서 자금 대여 안건을 보고한 사실이 있었다면, 비록 그와 같은 대여행위가 적법한지에 관하여 관할 도교육청의 담당공무원에게 정확한 정보를 제공하고 회신을 받거나 법률전문가에게 자문을 구하는 등의 조치를 취하지 않았더라도 형법 제16조에 따라 처벌되지 않는다.

① ㉠(×) ㉡(○) ㉢(○) ㉣(×)
② ㉠(×) ㉡(×) ㉢(×) ㉣(○)
③ ㉠(○) ㉡(○) ㉢(×) ㉣(○)
④ ㉠(×) ㉡(×) ㉢(×) ㉣(×)

㉠ (×) 甲이 A를 살해하려는 고의로 어둠 속에서 B를 A로 오인하여 총을 쏘아 살해하였다면, 甲의 죄책에 대하여 구체적 부합설과 법정적 부합설의 결론은 서로 같다.

㉡ (×) 甲이 乙 등 3명과 싸우다가 힘이 달리자 식칼을 가지고 이들 3명을 상대로 휘두르다가 이를 말리면서 식칼을 뺏으려던 피해자 丙에게 상해를 입혔다면 甲에게 상해의 범의가 인정되며 상해를 입은 사람이 목적한 사람이 아닌 다른 사람이라 하여 과실상해죄에 해당한다고 할 수 없다(대법원 1987.10.26, 87도1745).

㉢ (×) 가감삼십전대보초와 한약 가지 수에만 차이가 있는 십전대보초를 제조하고 그 효능에 관하여 광고를 한 사실에 대하여 이전에 검찰의 혐의 없음 결정을 받은 적이 있다면, 피고인이 비록 한의사 약사 한약업사 면허나 의약품판매업 허가가 없이 의약품인 가감삼십전대보초를 '나'항과 같이 판매하였다고 하더라도 자기의 행위가 법령에 의하여 죄가 되지 않는 것으로 믿을 수밖에 없었고, 또 그렇게 오인함에 있어서 정당한 이유가 있는 경우에 해당한다(대법원 1995.8.25, 95도717).

㉣ (×) 사립학교인 甲 외국인학교 경영자인 피고인이 甲 학교의 교비회계에 속하는 수입을 수회에 걸쳐 乙 외국인학교에 대여하였다고 하여 사립학교법 위반으로 기소된 경우, 甲 학교와 乙 학교는 각각 설립인가를 받은 별개의 학교이므로 甲 학교의 교비회계에 속하는 수입을 乙 학교에 대여하는 것은 구 사립학교법 제29조 제6항에 따라 금지되며, 한편 피고인은 위와 같은 대여행위가 적법한지에 관하여 관할 도교육청의 담당공무원에게 정확한 정보를 제공하고 회신을 받거나 법률전문가에게 자문을 구하는 등의 조치를 취하지 않았고, 피고인이 외국인으로서 국어에 능숙하지 못하였다거나 甲 학교 설립·운영협약의 당사자에 불과한 관할청의 소속 공무원들이 참석한 甲 학교 학교운영위원회에서 乙 학교에 대한 자금 대여 안건을 보고하였다는 것만으로는 피고인이 자신의 지적 능력을 다하여 행위의 위법 가능성을 회피하기 위한 진지한 노력을 다하였다고 볼 수 없으므로, 피고인이 위와 같은 대여행위가 법률상 허용되는 것으로서 죄가 되지 않는다고 그릇 인식하고 있었더라도 그와 같이 그릇된 인식에 정당한 이유가 없다(대법원 2017.3.15, 2014도12773).

정답 ④

---

029 ✅ 유사 ◆◇◇ 경찰1차 2022

범죄의 성립에 관한 설명으로 가장 적절한 것은? (다툼이 있는 경우 판례에 의함)

① 성장교육과정을 통하여 형성된 내재적인 관념 내지 확신으로 인하여 행위자 스스로의 의사결정이 사실상 강제된 상태에서 행한 행위도 「형법」 제12조에 정한 강요된 행위에 해당한다.

② 자신의 행위가 위법함을 인식하지 못한 이유가 단순한 법률의 부지로 인한 경우라 하더라도 그 오인에 정당한 이유가 있는 경우에 한하여 책임이 조각된다.

③ 음주운전을 할 의사를 가지고 음주만취한 후 운전을 결행하여 교통사고를 일으킨 경우는 음주시에 교통사고를 일으킬 위험성을 예견하였는데도 자의로 심신장애를 야기한 경우에 해당하므로 과실에 의한 원인에 있어서 자유로운 행위에 해당한다.

④ 법률의 착오와 관련하여 위법성의 인식에 필요한 노력의 정도는 행위자 개인의 인식능력이 기준이 되는 것이므로, 행위자가 어떤 사회집단에 소속되어 있는가는 고려할 필요가 없다.

해설 ┃ 출제영역 ┃ 책임조각사유 종합

③ (○) 교통사고를 일으킬 의사로 음주한 것은 아니고 교통사고에 대한 예견가능성이 있음에도 음주를 하여 심신장애를 야기한 경우이므로 과실에 의한 원인에 있어서 자유로운 행위에 해당한다(업무상과실치사상죄, 대법원 2007.7.27, 2007도4484).

① (×) 형법 제12조에서 말하는 강요된 행위는 저항할 수 없는 폭력이나 생명, 신체에 위해를 가하겠다는 협박 등 다른 사람의 강요행위에 의하여 이루어진 행위를 의미하는 것이지 어떤 사람의 성장교육과정을 통하여 형성된 내재적인 관념 내지 확신으로 인하여 행위자 스스로의 의사결정이 사실상 강제되는 결과를 낳게 하는 경우까지 의미한다고 볼 수 없다(대법원 1990.3.27, 89도1670).

② (×) 형법 제16조에 자기의 행위가 법령에 의하여 죄가 되지 아니하는 것으로 오인한 행위는 그 오인에 정당한 이유가 있는 때에 한하여 벌하지 아니한다고 규정하고 있는 것은 단순한 법률의 부지의 경우를 말하는 것이 아니고 일반적으로 범죄가 되는 경우이지만 자기의 특수한 경우에는 법령에 의하여 허용된 행위로서 죄가 되지 아니한다고 그릇 인식하고 그와 같이 그릇 인식함에 정당한 이유가 있는 경우에는 벌하지 아니한다는 취지이다(대법원 1994.4.15, 94도365).

④ (×) 형법 제16조에서 정당한 이유가 있는지 여부는 행위자에게 자기 행위의 위법의 가능성에 대해 심사숙고하거나 조회할 수 있는 계기가 있어 자신의 지적능력을 다하여 이를 회피하기 위한 진지한 노력을 다하였더라면 스스로의 행위에 대하여 위법성을 인식할 수 있는 가능성이 있었음에도 이를 다하지 못한 결과 자기 행위의 위법성을 인식하지 못한 것인지 여부에 따라 판단하여야 할 것이고, 이러한 위법성의 인식에 필요한 노력의 정도는 구체적인 행위정황과 행위자 개인의 인식능력 그리고 행위자가 속한 사회집단에 따라 달리 평가되어야 한다(대법원 2006.3.24, 2005도3717).

정답 ③

030 ✓이론대표 ◆◆◆   국가9급/총론 2021

위법성 인식과 법률의 착오에 대한 설명으로 옳은 것은? (다툼이 있는 경우 판례에 의함)

① 위법성 인식의 체계적 지위에 관한 학설 중 고의설에 따르면 법률의 착오와 사실의 착오 모두 고의가 조각된다.
② 위법성 인식에 필요한 노력의 정도는 행위자 개인의 인식능력의 문제이므로 행위자가 속한 사회집단에 따라 달리 평가되어서는 안 된다.
③ 형법 제16조의 법률의 착오는 처벌규정의 존재를 인식하지 못한 법률의 부지뿐만 아니라 일반적으로 범죄가 되는 행위이지만 자기의 특수한 경우에는 법령에 의하여 허용되는 행위로 오인한 경우를 말한다.
④ 형법 제16조에 따르면 법률의 착오에 있어서 오인에 정당한 이유가 있으면 벌하지 않으며 정당한 이유가 없는 경우에는 형을 감경할 수 있다.

해설 │ 출제영역 │ 위법성의 인식과 법률의 착오
① (○) 고의설에 의하면 위법성의 인식이 없는 법률의 착오의 경우 고의가 조각된다고 보게 되어, 고의가 조각되는 효과를 가지는 사실의 착오와 차이가 없게 된다.
② (×) 법률의 착오에 정당한 이유가 있는가는 행위자 개인의 지적 인식능력을 기준으로 판단하기는 하지만, <u>위법성의 인식에 필요한 노력의 정도는 구체적인 행위정황과 행위자 개인의 인식능력, 그리고 행위자가 속한 사회집단에 따라 달리 평가되어야 한다</u>(대법원 2008.10.23, 2008도5526).
③ (×) 판례는 형법 제16조의 법률의 착오에는 단순히 법률의 부지가 포함되지 않는다는 입장이다(대법원 2002.1.25, 2000도1696 등).
④ (×) 자기의 행위가 법령에 의하여 죄가 되지 아니하는 것으로 오인한 행위는 그 오인에 정당한 이유가 있는 때에 한하여 벌하지 아니한다(제16조). 즉, 정당한 이유가 없는 경우에는 그대로 처벌하는 것이며, 임의적 감경의 규정은 존재하지 않는다.

정답 ①

031 ✓이론대표 ◆◆◆   국가9급 2016

'현재의 부당한 침해'라는 정당방위 상황이 객관적으로 존재하지 않음에도 불구하고 행위자는 존재하는 것으로 잘못 알고 방위행위를 한 경우, 이를 법률의 착오로 보고 '오인에 정당한 이유'가 있으면 책임이 조각된다는 견해는?

① 엄격책임설
② 제한적 책임설
③ 소극적 구성요건표지이론
④ 고의설

해설 │ 출제영역 │ 위법성의 인식에 관한 학설
① (○) 설문은 '위법성조각사유의 전제사실의 착오'에 대한 것이다. 이에 대해 법률의 착오로 보아, 그 착오에 정당한 이유가 있으면

책임이 조각된다고 보는 견해는 엄격책임설이다.
② (×) 위법성조각사유의 전제사실의 착오가 있는 경우 제한적 책임설(법효과제한적 책임설)에 의할 때 구성요건적 고의는 인정되지만 심정반가치를 의미하는 책임고의가 조각되고, 그 착오에 과실이 있으면 과실범 처벌 규정이 존재하는 경우 과실범으로 처벌한다.
③ (×) 위법성조각사유의 전제사실의 착오가 있는 경우 소극적 구성요건표지이론에 의할 때 구성요건적 고의가 조각되고, 그 착오에 과실이 있으면 과실범 처벌 규정이 존재하는 경우 과실범으로 처벌한다.
④ (×) 위법성의 인식을 고의의 요소로 파악하는 고의설에 의할 때 위법성조각사유의 전제사실의 착오가 있는 경우 구성요건적 고의가 조각되고, 그 착오에 과실이 있으면 과실범 처벌 규정이 존재하는 경우 과실범으로 처벌한다.

정답 ①

032 ✓이론 ◆◆◇   국가9급 2022

법률의 착오에 대한 설명으로 옳지 않은 것은? (다툼이 있는 경우 판례에 의함)

① 제한책임설은 위법성조각사유의 전제사실에 관한 착오를 법률의 착오로 보는 것이다.
② 변호사자격을 가진 국회의원이 의정보고서를 발간하는 과정에서 선거관리위원회에 정식으로 질의를 하여 공식적인 답변을 받지 않고 보좌관을 통하여 선거관리위원회 직원에게 문의하여 답변을 들은 것만으로 선거법규에 저촉되지 않는다고 오인한 경우, 그 오인에 정당한 이유가 있다고 하기 어렵다.
③ 가처분결정으로 직무집행정지 중에 있던 종단대표자가 종단소유의 보관금을 소송비용으로 사용함에 있어 변호사의 조언이 있었다는 것만으로 보관금인출사용행위가 법률의 착오에 의한 것이라 할 수 없다.
④ 자신의 행위가 「건축법」상의 허가대상인 줄을 몰랐다는 사정은 단순한 법률의 부지에 불과하고 법률의 착오에 기인한 행위라고는 할 수 없다.

해설 │ 출제영역 │ 법률의 착오
① (×) 제한책임설은 사실의 착오로 보아 고의가 조각된다는 입장이다(제한책임설 중 유추적용설은 구성요건적 고의 조각, 법효과제한책임설은 책임고의 조각).
[보충] 위법성조각사유의 전제사실에 관한 착오를 법률의 착오로 보는 입장은 엄격책임설이다.
② (○) 대법원 2006.3.24, 2005도3717
③ (○) 판례가 자세한 설명을 하고 있지 않지만, 법률의 부지로 보아 법률의 착오에 해당하지 않는 것으로 이해될 수 있다. 대법원 1990.10.16, 90도1604 참조.
④ (○) 대법원 2011.10.13, 2010도15260

정답 ①

형법 제16조의 법률의 착오에 대한 설명으로 옳지 않은 것은? (다툼이 있으면 판례에 의함)

① 엄격고의설에 따르면 법률의 착오와 사실의 착오의 구별이 없어지고 양자를 같은 기준에 의하여 처리하게 된다.

② 제한고의설에 따르면 법률의 착오의 법적 효과는 착오의 회피가능성에 의하여 좌우된다.

③ 엄격책임설에 따르면 위법성 인식이 없는 경우에는 고의가 조각되는 것이 아니라 책임이 조각된다.

④ '정당한 이유'의 유무는 행위자가 자신의 지적능력을 다하여 위법을 회피하기 위한 진지한 노력을 다하였더라면 자기행위에 대하여 위법성을 인식할 수 있었는지 여부에 따라 판단하여야 한다.

해설 │ 출제영역 │ 책임론－위법성 인식의 체계적 지위와 법률의 착오

② (×) 제한고의설도 고의설의 일종으로 위법성의 인식을 고의의 내용으로 보는 견해이다. 법률의 착오의 법적 효과가 착오의 회피가능성에 의하여 좌우되는 것은 책임설에 해당하는 설명이다.

① (○) 엄격고의설은 위법성의 인식을 고의의 내용이므로 금지착오의 경우 고의가 조각되고, 과실이 있으면 과실범으로 처벌된다. 금지착오의 경우에도 고의가 조각된다는 점에서 사실의 착오와 법적 효과가 같다.

③ (○) 엄격책임설은 책임설의 일종으로 위법성의 인식을 책임의 구성요소로 본다. 따라서 위법성 인식이 없는 경우 고의가 조각되는 것이 아니라 책임이 조각된다.

④ (○) 대법원 2015.10.29, 2015도9010

정답 ②

새벽에 귀가 중인 甲에게 노숙자 A가 구걸을 하려고 접근하였다. 그러나 甲은 이전에 소위 '퍽치기' 강도를 당한 경험 때문에, A를 '퍽치기' 강도로 오인하였다. 이때 현장에 온 택시기사 乙이 A가 노숙자이고 구걸을 하려는 것을 알면서도, 甲에게 "A가 당신을 공격하려 한다."라고 말하였다. 이에 甲은 그 말을 믿고 A를 폭행하였다. 甲과 乙의 형사책임에 관한 설명 중 옳지 않은 것은?

① 소극적 구성요건요소이론에 의하면 甲의 착오는 사실의 착오(구성요건적 착오)에 해당하며 폭행죄의 고의가 부정된다.

② 엄격책임설에 의하면 甲의 착오는 법률의 착오에 해당하여 오인함에 정당한 이유가 없는 경우 폭행죄가 성립한다.

③ 구성요건적 착오규정을 유추적용하는 견해에 의하면 甲의 고의가 부정되어 폭행죄가 성립하지 않는다.

④ 법효과제한적 책임설에 의하면 甲에게 고의불법은 인정되지만 고의책임이 배제되어 폭행죄가 성립하지 않는다.

⑤ 소극적 구성요건요소이론과 법효과제한적 책임설에 따르면 제한적 종속형식에 의할 때 乙은 甲의 행위에 대하여 폭행죄의 교사범이 된다.

해설 │ 출제영역 │ 책임론, 위법성조각사유의 전제사실의 착오

⑤ (×) 법효과제한적 책임설에 의하면 甲의 행위는 폭행죄의 구성요건에 해당하며 위법하고 다만 고의책임이 부정될 뿐이므로 甲의 행위에 가담한 乙에게는 공범인 교사범이 성립할 수 있다. 그러나 소극적 구성요건요소이론에 의하면 甲에게는 폭행죄의 구성요건고의가 인정되지 않으므로 乙에게는 甲의 행위에 대한 교사범이 성립하지 않는다.

① (○), ② (○), ③ (○), ④ (○)

정답 ⑤

035 ✅이론대표 ◆◆◇ 경찰간부 2024

다음 사례에 관한 설명으로 옳은 것은?

> 甲은 헤어진 내연남 A가 계속하여 집에 찾아와 다시 만나줄 것을 간청하자, A와 집 앞에서 실랑이를 하는 중에 A를 혼내줄 생각으로 옆집에 사는 乙이 집 앞으로 지나가는 것을 보고 "성폭행범이다. 살려주세요"라고 소리를 쳤다. 甲이 의도한 대로 乙은 甲을 구하기 위해 A를 밀어 넘어뜨려 A에게 전치 2주의 상해를 입혔다.

① 유추적용설에 의하면 乙의 착오에 정당한 이유가 존재하지 않는다면 乙의 행위는 상해죄가 성립한다.
② 엄격책임설에 의하면 乙의 행위는 과실 유무에 따라 과실치상죄가 성립될 수 있다.
③ 법효과제한적 책임설에 의할 때 乙의 상해행위는 구성요건적 고의는 인정되지만 책임고의가 조각되므로 상해죄가 성립하지 않는다.
④ 엄격책임설과 법효과제한적 책임설에 의하면 甲에게 상해죄의 교사범이 성립될 여지는 없다.

[해설] **출제영역 |** 위법성조각사유의 전제사실에 관한 착오

사안은 위법성조각사유의 전제사실에 대한 착오의 문제이다.
③ (○) 법효과제한적 책임설은 구성요건적 고의는 인정하되 책임고의를 부정하는 입장이다. 이에 의하면 乙에게는 상해죄가 성립하지 않고 그 과실 여하에 따라 과실치상죄의 성부만 문제된다.
① (×) 유추적용설의 또 다른 이름은 구성요건적 착오 유추적용설이다. 이에 의하면 위법성조각사유의 전제사실에 대한 착오는 구성요건적 착오가 유추적용되므로 乙의 경우 구성요건적 고의가 조각되고 과실범이 성립한다.
② (×) 엄격책임설에 의하면 위법성에 관한 착오는 모두 금지착오, 즉 법률의 착오로 규율된다. 따라서 그 오인에 정당한 이유가 있다면 책임이 조각되어 무죄로 되나(따라서 과실범 여부도 문제삼지 않는다), 정당한 이유가 없는 경우에는 책임이 인정되어 고의범이 성립한다(정당한 이유가 없지만 책임이 감경되는 경우도 있으나 이 경우에도 고의범 성립은 동일). 따라서 엄격책임설에 의하면 乙의 행위는 그 착오에 정당한 이유 유무에 따라 무죄 혹은 상해죄가 되는 것이지, 과실치상죄가 성립되는 것은 아니다.
④ (×) 통설인 제한적 종속형식에 의할 때 피교사자의 행위가 고의범의 구성요건해당성과 위법성을 갖추고 있으면 교사범이 성립될 수 있다. 엄격책임설과 법효과제한적 책임설은 모두 구성요건적 고의를 인정한다는 공통점이 있으므로, 이에 의하면 甲은 교사범이 성립될 수 있다.

[정답] ③

036 ✅이론대표 ◆◆◆ 국가7급 2020

오상방위에 대한 설명으로 옳지 않은 것은?

① 엄격고의설은 오상방위의 경우 행위자에게 위법성의 현실적 인식이 없어 고의가 조각되고, 해당 행위에 대해 과실범 규정이 있는 경우 과실범으로 처벌할 수 있을 뿐이라고 한다.
② 엄격책임설은 오상방위를 금지착오로 해석하나, 이에 대해서는 착오에 이르게 된 상황의 특수성을 무시하였다는 비판이 가해진다.
③ 소극적 구성요건요소이론은 사실의 착오 규정이 직접 적용되어 구성요건적 고의가 조각된다고 보나, 이에 대해서는 구성요건 해당성과 위법성의 차이를 인정하지 않는다는 비판이 가해진다.
④ 법효과제한적책임설은 고의의 이중적 기능을 전제로 오상방위의 경우 책임고의가 조각된다고 보나, 책임고의가 조각되면 제한적 종속형식에 의할 경우 이에 대한 공범성립이 불가능하여 처벌의 흠결이 있다는 비판이 가해진다.

[해설] **출제영역 |** 법률의 착오, 위법성조각사유의 전제사실에 관한 착오

④ (×) 법효과제한적 책임설은 위법성조각사유의 전제사실에 관한 착오로 인하여 행위자의 심정반가치를 인정할 수 없으므로 책임고의가 조각된다고 보게 되므로 위 지문은 전단은 맞는 내용이다. 그러나 오상방위의 경우 고의범의 구성요건해당성과 위법성은 모두 인정되므로 이에 가담한 자에 대한 공범의 성립도 가능하다는 것이 법효과제한적 책임설의 특징이자 장점이다. 따라서 위 지문은 틀렸다.
① (○) 엄격고의설에 따르면 오상방위의 경우 행위자에게 현실적인 위법성의 인식이 없으므로 고의가 조각되고 단지 과실범의 성부가 문제가 된다고 보는데 행위자에게 과실이 있으면 과실범, 과실이 없으면 무죄가 된다.
② (○) 엄격책임설은 오상방위를 위법성을 인식하지 못한 경우로 금지착오(위법성의 착오, 법률의 착오)로 해석하나, 이에 대해서는 오상방위는 위법성이 인식을 따지기 이전에 이미 그 위법성조각사유의 전제사실을 착오한 경우이므로 위법성의 착오와는 그 본질이 다르다는 비판이 있다.
③ (○) 소극적 구성요건요소이론은 2단계 범죄체계를 취하여 구성요건해당성과 책임을 갖추면 범죄가 성립된다는 입장의 구성요건이론으로서, 이에 의하면 위법성조각사유는 소극적 구성요건에 불과하므로 위법성조각사유의 전제사실의 착오인 오상방위의 경우 구성요건적 착오가 되어 구성요건적 고의가 조각된다고 보게 된다. 이에 대해서는 위법성조각사유의 독자적 기능을 무시하였다는 등의 비판이 있는바 위 지문은 이를 출제한 것이다.

[정답] ④

다음 사례와 학설에 관한 설명으로 가장 적절한 것은?

┤ 사례 ├

甲이 야간에 자신의 방에 들어오는 룸메이트를 강도로 오인하고 상해의 고의는 없이 방어할 의사로 그를 폭행하였는데 강도로 오인한 과실이 회피 가능하였을 경우

┤ 학설 ├

(가) 범죄를 불법과 책임의 두 단계로 나누어, 위법성조각사유의 요건을 소극적 구성요건요소로 이해하는 이론으로서, 위 사례는 구성요건적 착오의 문제로 이해하는 견해

(나) 위법성의 인식을 고의의 요소가 아닌 독자적인 책임요소로 파악하는 이론으로서, 위 사례는 금지착오의 문제로 이해하는 견해

(다) 위법성조각사유의 전제사실은 구성요건적 사실과 유사하다는 점을 전제로 하여, 위 사례는 구성요건적 착오 규정을 유추적용해야 하는 것으로 이해하는 견해

(라) 고의의 이중적 지위를 전제로 하여, 위 사례는 구성요건적 고의는 인정되나 책임고의가 탈락되어 결국 구성요건적 착오와 법효과적으로 동일한 것으로 이해하는 견해

① (가)와 (다)에 따르면 甲에게는 폭행죄가 성립한다.
② (나)와 (라)에 따르면 甲에게는 상해죄가 성립한다.
③ (나)와 (다)에 따르면 甲에게는 과실치상죄가 성립한다.
④ (가)와 (라)에 따르면 甲은 처벌되지 않는다.

해설 **출제영역 ┃ 법률의 착오 – 위법성조각사유의 객관적 전제사실에 대한 착오**

사안은 오상방위에 관한 문제로서 (가)는 소극적 구성요건표지이론, (나)는 엄격책임설, (다)는 구성요건착오 유추적용설, (라)는 법효과제한적 책임설이다.

④ (○) (가)와 (라)에 따르면 甲은 처벌되지 않는다.
① (×) (가)와 (다)에 따르면 甲은 <u>구성요건적 고의가 조각되어 과실폭행에 해당하나 과실폭행은 처벌규정이 없으므로 처벌되지 않는다.</u>
② (×) (나)에 따르면 <u>법률의 착오로 파악되고 위 문제는 회피가능성이 있음을 전제로 하므로 그 착오에 정당한 이유가 없어 甲은 폭행죄로 처벌되며,</u> (라)에 따르면 <u>폭행죄의 구성요건적 고의는 인정되나 책임고의가 인정되지 않아 역시 과실폭행에 불과하게 되고 과실폭행은 처벌규정이 없으므로 甲은 처벌되지 않는다.</u>
③ (×) (나)에 따르면 甲은 폭행죄로 처벌되며, (다)에 따르면 甲은 처벌되지 않는다.

정답 ④

(가)~(라)는 甲이 밤에 연락 없이 자신의 집을 방문한 이웃을 강도로 오인하여 상해를 입힌 사례와 관련한 견해이다. 이에 대한 설명으로 옳지 않은 것은?

(가): "위법성의 인식은 고의와 구별되는 책임의 독자적인 요소인데, 이 사례는 행위자가 구성요건 사실은 인식하였지만 자기 행위의 위법성을 인식하지 못한 경우에 해당한다."

(나): "이 사례와 관련하여 甲이 위법성조각사유의 전제사실의 부존재를 인식하는 것 역시 구성요건에 해당한다."

(다): "이 사례는 구성요건 착오는 아니지만 구성요건 착오와 유사한 경우이니, 구성요건 착오 규정을 적용하여 행위자에게 고의책임을 인정하지 않아야 한다."

(라): "이 사례의 경우 구성요건 고의는 인정되지만, 책임 고의가 부정된다."

① (가)견해에 의하면, 甲의 오인에 정당한 이유가 없다면 甲은 상해의 고의범으로 처벌된다.
② (나)견해에 의하면, 甲은 구성요건 착오에 해당하여 상해의 고의가 조각된다.
③ (다)견해에 의하면, 甲에 대해 상해의 과실범의 성립을 검토할 수 있다.
④ (라)견해에 의하면, 甲은 상해의 고의범으로 처벌되지만 그 책임이 감경된다.

해설 **출제영역 ┃ 법률의 착오 – 위법성조각사유의 객관적 전제사실에 대한 착오**

사안은 위법성조각사유의 전제사실의 착오(오상방위)에 관한 문제로 (가)는 엄격책임설, (나)는 소극적 구성요건표지이론, (다)는 구성요건착오 유추적용설, (라)는 법효과제한적 책임설이다.

④ (×) 법효과제한적 책임설에 의하면, 甲은 <u>책임고의가 부정되므로 고의범으로 처벌되지 않는다.</u>
① (○) 엄격책임설에 의하면 위법성에 관한 착오는 모두 금지착오, 즉 법률의 착오로 규율된다. 따라서 그 오인에 정당한 이유가 있다면 책임이 조각되어 무죄로 되나, 정당한 이유가 없다면 책임이 인정되어 고의범이 성립하게 된다.
② (○) 소극적 구성요건표지이론에 의하면, 위법성조각사유는 소극적 구성요건요소이므로 위법성조각사유에 대한 착오는 곧 구성요건의 착오가 되므로 구성요건적 고의가 조각된다.
③ (○) 구성요건착오 유추적용설에 의하면, 위법성전제사실의 착오 문제에 사실의 착오 규정을 유추적용하여 구성요건적 고의가 조각된다.

정답 ④

039 ✓ 이론 ◆◆◆

다음 사례에 대한 〈보기〉의 설명으로 옳지 않은 것만을 모두 고르면?

> 조직폭력단 두목 甲은 그에게 깜짝 이벤트를 해주기 위하여 한밤중에 甲의 집에 몰래 들어온 여자친구 A를 암살범으로 오인하고 자신의 생명을 보호하기 위하여 골프채로 머리를 힘껏 가격하였다. 이로 인하여 A는 두개골 골절상으로 사망하였다.

─ 보기 ─

ㄱ. 판례에 의하면 객관적 정당화요소가 없으므로 甲에게 위법성이 조각될 여지는 없다.

ㄴ. 고의의 성립에 위법성에 대한 현실적인 인식이 필요하다는 입장에 의하면, 甲에게 살인의 고의가 인정되지 않는다.

ㄷ. 고의의 이중적 기능을 인정하는 입장에 의하면, 甲의 경우 책임고의가 조각되지만, 구성요건적 고의는 인정된다.

ㄹ. 위법성 인식을 책임요소로 보면서도 사례의 경우는 사실의 착오와 같이 해결되어야 한다는 입장에 의하면, 甲에게 고의가 조각되며 과실치사죄가 성립할 가능성이 있다.

ㅁ. 위법성 인식을 예외 없이 독자적 책임요소로 보는 입장에 의하면, 甲에게 항상 책임이 조각되므로 제한적 종속형식에 따르면 악의의 공범이 성립할 수 있다.

① ㄱ, ㄴ ② ㄱ, ㅁ
③ ㄱ, ㄷ, ㅁ ④ ㄴ, ㄹ, ㅁ

해설 | 출제영역 | 위법성조각사유의 전제사실에 관한 착오

ㄱ. (×) 위법성조각사유의 전제사실의 착오를 어떻게 해결하는가에 관한 판례의 입장은 명확하지 않다. 다만, 판례는 ⓐ 일부 판례에서는 오상방위에 대하여 그 오인에 정당한 사유가 존재한다고 보아 살인죄가 성립하지 않는다고 하여 엄격책임설을 취하기도 하고(소위 빈 칼빈 소총 사건, 대법원 1968.5.7, 68도370), ⓑ 일부 판례에서는 허위의 사실을 진실한 사실로 오인하고 공공의 이익을 적시한 경우 그 오인에 상당한 이유가 있다면 위법성이 조각된다고 보는 위법성조각설의 입장을 보여주기도 한다(형법 제310조 위법성조각사유 적용, 대법원 1993.6.22, 92도3160; 2007.12.14, 2006도2074)(이를 허용된 위험의 법리를 적용한 것이라 평하는 견해도 있음). 위 지문의 출제의도는 후자의 판례를 고려한 것으로 보인다.

ㄴ. (○) 엄격고의설에 의하면 고의가 조각되고 과실범 성립 여부가 문제될 것이다.

ㄷ. (○) 법효과제한적 책임설의 입장이다.

ㄹ. (○) 위법성의 인식이 고의와는 다른 독자적인 책임의 요소라고 보는 것은 책임설이다. 책임설 중에서도 위법성조각사유의 전제사실의 착오를 사실의 착오처럼 해결해야 한다는 것은 제한적 책임설이다. 제한적 책임설에 의하면 구성요건적 고의가 조각되든(유추적용설) 책임고의가 조각되든(법효과제한적 책임설) 고의범이 성립하지 않고 과실치사죄가 성립할 수 있게 된다.

ㅁ. (×) 책임설에는 엄격책임설과 제한적 책임설이 있고 제한적 책임설 내에는 구성요건착오 유추적용설과 법효과제한적 책임설의 입장이 있는데, 엄격책임설에 의하면 책임조각, 법효과제한적 책임설에 의하면 책임고의 조각이 되나 구성요건착오 유추적용설에 따르면 구성요건고의가 조각되어 공범 성립이 인정되지 아니한다.

정답 ②

040 ✓ 이론 ◆◆◆

다음 사례에 대한 설명으로 가장 적절하지 않은 것은? (재물손괴죄는 논외로 함)

> 경찰관 甲은 가정폭력이 있다는 112 신고를 받고 현장에 출동하였다. 甲은 해당 주소를 확인하고 초인종을 수차례 눌렀으나 아무런 반응이 없었고, 집안에서 '살려 달라'는 비명소리가 크게 들렸으며 신고자와의 통화도 연결되지 않았다. 사태의 급박함을 감지한 甲은 피해자를 구조하기 위하여 「경찰관 직무집행법」 제7조 제1항 및 「가정폭력범죄의 처벌 등에 관한 특례법」 제5조에 따라 해당 주소의 집 출입문을 강제로 개방하고 집안으로 진입하였다. 그런데 비명소리는 평소 귀가 어둡던 A가 즐겨보는 드라마에서 나오던 것으로 실제 가정폭력은 없었던 것으로 확인되었다.

① 甲에게 위법성의 인식이 없어 고의가 조각된다고 보는 견해에 따르면, 甲의 행위는 불가벌이다.

② 위의 사안을 법률의 착오(금지착오)의 문제로 파악하는 견해에 따르면, 甲의 오인에 정당한 이유가 있으면 벌하지 아니한다.

③ 고의의 이중적 지위를 인정하는 견해에 따르면, 甲에게 심정반가치적 요소가 없어 책임고의는 탈락되지만 구성요건적 고의는 인정되므로 주거침입죄가 성립한다고 본다.

④ 판례는 甲이 위와 같은 착오를 일으킨 경우, 그 오인에 정당한 이유가 있다면 위법성이 조각된다는 입장을 취하고 있다.

해설 | 출제영역 | 위법성조각사유의 전제사실에 관한 착오

위법성조각사유(정당방위)의 전제사실에 관한 착오의 경우이다.

③ (×) 고의의 이중적 지위를 인정하는 견해(법효과제한적 책임설)에 따르면, 위법성조각사유의 객관적 전제사실에 관한 착오의 경우 그 불법내용에 있어서 구성요건적 고의는 그대로 존속하지만, 착오로 인하여 행위자의 심정반가치는 인정할 수 없으므로 책임고의는 조각되어 그 '법효과'에 있어서만 고의범이 성립하지 않고 과실범으로 처벌하자는 입장이다. 그러나 주거침입죄의 경우 과실범처벌규정이 따로 없으므로 이 경우 무죄가 된다.

① (○) 고의설은 위법성 인식을 고의의 성립요소로 보는 입장으로, 위법성의 인식이 현실적으로 결여된 경우에 고의의 성립이 부정되며, 그 착오에 과실이 존재하면 과실범이 성립한다고 본다. 과실주거침입은 벌하지 않으므로 결국 불가벌이 된다.

② (○) 위법성조각사유의 전제사실에 관한 착오를 법률의 착오의 문제로 파악하는 엄격책임설에 따르면 착오에 정당한 이유가 없으면 고의범으로 처벌되고, 정당한 이유가 있으면 책임이 조각되어 처벌받지 않는다.

④ (○) 위법성조각사유의 전제사실에 관한 착오의 경우 판례가 위법성조각설을 취한 예가 있는데 (이는 위 사안의 경우는 아니고) 명예훼손죄의 위법성조각사유인 형법 제310조에 관한 착오의 경우이다. "형법 제310조의 규정은 인격권으로서의 개인의 명예의 보호와 헌법 제21조에 의한 정당한 표현의 자유의 보장이라는 상충되는 두 법익의 조화를 꾀한 것이라고 보아야 할 것이므로, 두 법익간의 조화와 균형을 고려한다면 적시된 사실이 진실한 것이라는 증명이 없더라도 행위자가 진실한 것으로 믿었고 또 그렇게 믿을 만한 상당한 이유가 있는 경우에는 위법성이 없다(대법원 1993.6.22, 92도3160)." 출제자는 위 판례를 고려하여 출제한 것으로 생각되므로, 위 지문은 일단 맞는 것으로 처리한다.

[보충] 다만, 위법성조각사유의 전제사실에 관한 착오의 경우에 판례가 일관된 입장을 보이고 있지는 않다. 예컨대 빈 칼빈소총 사건(대법원 1968.5.7, 68도370)에서는 그 오인에 정당한 사유를 검토함으로써 엄격책임설의 입장을 보인 판시도 존재한다.

[정답] ③

---

041 ✓ 이론 ◆◆◇ 국가9급 2018

다음 사례에서 甲의 죄책에 대한 설명으로 옳은 것은?

> A는 하산하다가 야생 멧돼지에게 쫓겨 급히 도망치며 달리던 중 마침 甲의 전원주택을 발견하고 그 집으로 뛰어 들어가 몸을 숨겨 위기를 모면하였다. 집주인 甲은 A를 도둑으로 오인하여, 그를 쫓아내려는 의도로 "도둑이야!"라고 외쳤다. A가 자초지종을 설명하려고 다가가자 甲은 자신을 공격하려는 것으로 오인하여 그의 가슴을 힘껏 밀어 넘어뜨렸다.

① 법률의 착오 중 포섭의 착오에 해당하는 사례로서 판례에 따르면 오인에 정당한 이유가 있는 경우 책임이 조각된다.

② 우연방위의 사례로서 甲에게는 주관적 정당화 요소가 결여되었으므로 불능미수유추설에 따르면 폭행죄가 성립하지 않으므로 미수범으로 처벌된다.

③ 허용구성요건의 착오에 해당하는 사례로서 법효과제한적책임설에 따르면 甲에게 폭행의 구성요건적 고의가 인정되나 책임고의가 부정되어 폭행죄가 성립하지 않는다.

④ 오상방위의 사례로서 판례에 따르면 오인에 정당한 이유가 있는 경우 책임이 조각된다.

[해설] 출제영역 | 법률의 착오 – 위법성조각사유의 객관적 전제사실에 대한 착오

③ (○) 법효과제한적책임설에 따른 올바른 결론이다.
① (×) 위법성조각사유의 전제사실에 관한 착오에 해당한다.
② (×) '우연방위'가 아니라 '오상방위'에 관한 사례이다.

④ (×) 판례는 명시적인 입장이 없다.

[정답] ③

---

042 ✓ 이론 ◆◆◆ 국가9급 2019

甲은 乙의 애인 A를 자신의 애인 B로 오인하여 놀라게 할 생각으로 뒤에서 그녀의 어깨를 껴안는데, 乙은 甲을 성폭행범으로 오인하고 甲을 주먹으로 때려 전치 4주의 타박상을 입혔다. 이에 대한 설명으로 옳은 것은? (다툼이 있는 경우 판례에 의함)

① 甲이 A를 B로 오인하였다고 하더라도 강제추행의 고의는 부정되지 않으므로 甲은 A에 대한 강제추행의 죄책을 진다.

② 乙이 甲을 성폭행범으로 오인하였다고 하더라도 乙이 의도적으로 甲을 때려 상해를 입힌 이상, 법효과제한적 책임설에 따르면 乙은 상해의 죄책을 진다.

③ 엄격책임설에 따르면 乙이 甲을 성폭행범으로 오인하는데 정당한 이유가 인정된다면 상해죄의 구성요건해당성은 인정되나 책임이 부정되어 상해죄는 성립하지 않는다.

④ 만약 甲이 추행의 의사로 A를 뒤에서 팔을 벌려 껴안으려 했다면 A가 뒤돌아보면서 소리치는 바람에 A를 껴안지 못하였더라도 甲은 A에 대한 강제추행 기수의 죄책을 진다.

[해설] 출제영역 | 위법성조각사유의 전제사실에 대한 착오의 해결

③ (○) 엄격책임설에 의하면 법률의 착오에 해당하여, 그 착오에 정당한 이유가 인정되지 않는다면 책임이 조각되지 않아 상해죄가 성립하고, 정당한 이유가 인정된다면 책임이 부정되어 상해죄가 성립하지 않는다.

① (×) 강제추행의 고의가 인정되지 않으므로 강제추행죄의 죄책을 지지 않는다.

② (×) 오상방위의 경우로서, 법효과제한적 책임설에 의하면 구성요건적 고의는 인정되나 책임고의가 조각되어, 착오에 과실이 있으면 과실치상죄가 성립하고, 과실이 없다면 무죄이다.

④ (×) 이른바 '기습추행' 행위로 볼 수 있으므로, 피고인의 팔이 甲의 몸에 닿지 않았더라도 양팔을 높이 들어 갑자기 뒤에서 껴안으려는 행위는 甲의 의사에 반하는 유형력의 행사로서 폭행행위에 해당하며, 그때 '기습추행'에 관한 실행의 착수가 있는데, 마침 甲이 뒤돌아보면서 소리치는 바람에 몸을 껴안는 추행의 결과에 이르지 못하고 미수에 그쳤으므로, 피고인의 행위는 아동·청소년에 대한 강제추행미수죄에 해당한다(대법원 2015.9.10, 2015도6980).

[정답] ③

043 ✓ 이론 ◆◆◆ 　경찰1차 2024

다음 사례에 대하여 위법성 인식의 체계적 지위에 관한 학설의 설명으로 가장 적절한 것은?

> A는 관장 B가 운영하는 복싱클럽에 회원등록을 한 후 등록을 취소하는 문제로 B로부터 질책을 들은 다음 약 1시간이 지나 다시 복싱클럽을 찾아와 B에게 항의를 하였다. 그 과정에서 A와 B가 서로 멱살을 잡아당기거나 뒤엉켜 몸싸움을 벌였다. 이를 지켜보던 코치 甲은 A가 왼손을 주머니에 넣어 특정한 물건을 꺼내 움켜쥐자, 조금만 주의를 기울였으면 흉기가 아니라는 것을 알 수 있었음에도 불구하고 B를 찌르기 위해 흉기를 꺼낸다고 오인하여 A를 다치게 해서라도 이를 막고자 A의 왼손을 때려 손가락 골절상을 입혔다. 그러나 A가 움켜쥔 물건은 휴대용 녹음기로 밝혀졌다.

① 엄격고의설에 따르면 甲에게는 A에 대한 상해죄의 고의가 인정된다.
② 제한고의설에 따르면 甲이 현실적으로 자신의 행위가 위법하다고 인식하지 못했지만 위법성을 인식할 가능성이 있었기에 甲에게는 A에 대한 과실치상죄가 성립한다.
③ 엄격책임설에 따르면 甲에게는 A에 대한 상해죄의 고의가 조각된다.
④ 법효과제한책임설에 따르면 甲에게는 A에 대한 과실치상죄가 성립한다.

[해설] **출제영역 | 위법성조각사유의 객관적 전제사실에 대한 착오**

사안은 위법성조각사유의 객관적 전제사실에 대한 착오의 문제이다. 관련판례는 해설 끝 부분에 제시한 참조판례이다. 다만 위 사례는 '甲이 조금만 주의를 기울였으면 흉기가 아니라는 것을 알 수 있었음'이라는 조건을 제시함으로써 아래의 참조판례와는 다른 내용으로 출제된 것이다.

④ (○) 법효과제한책임설에 의하면 위법성조각사유의 전제사실의 착오는 행위자에게 구성요건적 고의는 인정하되 책임요소로서의 고의인 법적대적 심리적 태도가 인정되지 않아 고의범이 성립하지 않고 과실범이 성립할 수 있다. 이에 따르면 甲에게는 상해죄의 책임고의가 조각되므로 과실치상죄가 성립한다.

> **[참조판례]** 甲은 관장 乙이 운영하는 복싱클럽에 회원등록을 하였던 자로서 등록을 취소하는 문제로 乙로부터 질책을 들은 다음 약 1시간이 지난 후 다시 복싱클럽을 찾아와 乙에게 항의하는 과정에서 乙이 甲의 멱살을 잡아당기거나 바닥에 넘어뜨린 후 목을 조르는 등 乙과 甲이 뒤엉켜 몸싸움을 벌였는데, 코치인 피고인이 이를 지켜보던 중 甲이 왼손을 주머니에 넣어 불상의 물건을 꺼내 움켜쥐자 甲의 왼손 주먹을 강제로 펴게 함으로써 甲에게 약 4주간의 치료가 필요한 손가락 골절상을 입혔다(상해의 공소사실로 기소됨). ① 乙과 甲은 외형상 신체적 차이가 크지 않고, 당시 甲은 제압된 상태였더라도 상당한 정도의 물리력을 행사할 수 있는 능력이 있었을 뿐더러 그 직전까지도 乙과 몸싸움을 하는 등 급박한 상황이 계속되고 있었으며, 몸싸움은 일시적·우발적으로 발

생한 것이라기보다는 甲이 乙에 대한 항의 내지 보복의 감정을 가진 상태에서 계획적·의도적으로 다시 찾아옴에 따라 발생하였고, 더구나 코치로서 관장과 회원 사이의 시비를 말리거나 더 커지는 것을 막아야 하는 위치에 있던 피고인의 입장에서, 둘 사이의 몸싸움이 격화되는 과정에서 甲이 왼손을 주머니에 넣어 특정한 물건을 움켜쥔 채 꺼내는 것을 목격하자, 이를 甲이 상대방의 생명·신체에 위해를 가하려는 것으로 충분히 오인할 만한 객관적인 정황이 있었던 점, ② 피고인은 일관하여 '甲이 호신용 작은 칼 같은 흉기를 꺼내는 것으로 오인하여 이를 확인하려고 하였다.'는 취지로 진술하였고, 甲 역시 수사과정에서 '피고인에게 상해의 의도가 있었다기보다는 손에 쥐고 있던 물건이 무엇인지 확인하기 위해서였다고 생각한다.'라고 같은 취지로 진술하였으며, 甲이 가지고 있던 '휴대용 녹음기'와 피고인이 착각하였다고 주장하는 '호신용 작은 칼'은 크기·길이 등 외형상 큰 차이가 없어 이를 쥔 상태의 주먹이나 손 모양만으로는 양자를 구별하는 것이 쉽지 않았으므로, 당시 피고인은 甲의 주먹이나 손 모양만으로 그가 움켜쥔 물건이 무엇인지조차 알기 어려웠던 점, ③ 甲은 당시 왼손으로 휴대용 녹음기를 움켜쥔 상태에서 이를 활용함에 별다른 장애가 없었으므로, 만일 몸싸움을 하느라 신체적으로 뒤엉킨 상황에서 甲이 실제로 위험한 물건을 꺼내어 움켜쥐고 있었다면 그 자체로 乙의 생명·신체에 관한 급박한 침해나 위험이 초래될 우려가 매우 높은 상황이었던 점, ④ 형법 제20조의 사회상규에 의한 정당행위를 인정하기 위한 요건들 중 행위의 '긴급성'과 '보충성'은 다른 실효성 있는 적법한 수단이 없는 경우를 의미하지 '일체의 법률적인 적법한 수단이 존재하지 않을 것'을 의미하지는 않는다는 판례 법리에 비추어, 피고인의 행위는 적어도 주관적으로는 그 정당성에 대한 인식하에 이루어진 것이라고 보기에 충분한 점 등을 종합하면, 피고인이 당시 죄가 되지 않는 것으로 오인한 것에 대해 '정당한 이유'를 부정하여 공소사실을 유죄로 인정한 원심판결에는 위법성조각사유의 전제사실에 관한 착오, 정당한 이유의 존부에 관한 법리오해의 잘못이 있다(대법원 2023.11.2, 2023도10768).

① (×) 엄격고의설에 의하면 위법성 인식에 대하여 현실적인 인식이 인정되어야 고의가 조각된다. 사례에서 甲에게는 위법성의 인식이 인정되지 않아 상해죄의 고의가 인정되지 않으므로 과실치상죄가 성립한다.

② (×) 제한적 고의설에 의하면 행위자에게 착오에 대한 위법성 인식 가능성이 있으면(과실이 있으면) 고의가 인정되고 위법성 인식 가능성이 없으면 고의가 부정되어 과실범이 성립된다. 사례에서 甲이 조금만 주의를 기울였으면 흉기가 아니라는 것을 알 수 있었다는 점에서 甲에게는 위법성 인식 가능성이 있으므로 상해죄의 고의가 인정되어 상해죄가 성립하게 된다.

③ (×) 엄격책임설에 의하면 위법성에 관한 착오는 모두 금지착오, 즉 법률의 착오로 규율된다. 따라서 위법성조각사유의 전제사실에 관한 착오도 행위자에게 고의는 인정하되 그 위법성의 인식이 없는 법률의 착오로 파악된다. 따라서 행위자의 오인에 정당한 이유가 있다면 책임이 조각되어 무죄로, 정당한 이유가 없다면 책임이 조각되지 않아 고의범이 된다. 사례에서 甲이 조금만 주의를 기울였으면 흉기가 아니라는 것을 알 수 있었다는 점에서 甲의 오인에 정당한 이유가 인정되지 않으므로 책임이 조각되지 않아 상해죄가 성립한다.

[정답] ④

044 ✓유사 ◆◆◇ 변호사 2024

甲은 자신을 계속 뒤따라오다 손을 갑자기 내뻗는 A를 강제추행범으로 오인하고 이를 막고자 공격을 통해 A를 상해하였는데 실제로 A는 甲의 친구로서 장난을 치기 위해 위와 같은 행동을 한 것이었다. 이 사례의 해결 방식과 설명에 대한 〈보기1〉과 〈보기2〉가 바르게 연결된 것은?

┤ 보기 1 ├

가. 甲이 정당방위상황으로 잘못 판단한 데에 정당한 이유가 있으면 책임을 조각하려는 견해

나. 甲 행위의 구성요건적 고의를 인정하면서 고의범으로서의 법효과만을 제한하려는 견해

다. 사실의 착오 근거규정을 유추적용하려는 견해

라. 구성요건적 고의의 인식 대상이 되는 사실과 위법성조각사유의 전제되는 사실을 구별하지 아니하는 견해

┤ 보기 2 ├

Ⓐ '불법'과 '책임'의 두 단계로 범죄체계를 구성한다면 「형법」상 위법성조각사유는 소극적 구성요건표지이론이다.

Ⓑ 甲은 행위상황에서 필요한 주의의무를 다하지 않았을 뿐이고 그에게 책임고의가 존재하는 것은 아니다.

Ⓒ 甲에게는 위법성의 인식이 없었으므로, '자기의 행위가 법령에 의하여 죄가 되지 아니하는 것으로 오인한' 때에 해당한다.

Ⓓ A를 강제추행범으로 오인하여 반격하였다면 이는 고의의 인식대상을 착오한 것과 유사하다.

① 가-Ⓐ, 나-Ⓑ, 다-Ⓒ, 라-Ⓓ
② 가-Ⓑ, 나-Ⓒ, 다-Ⓓ, 라-Ⓐ
③ 가-Ⓒ, 나-Ⓓ, 다-Ⓐ, 라-Ⓑ
④ 가-Ⓒ, 나-Ⓑ, 다-Ⓓ, 라-Ⓐ
⑤ 가-Ⓓ, 나-Ⓒ, 다-Ⓐ, 라-Ⓑ

해설 | 출제영역 | 위법성조각사유의 객관적 전제사실에 대한 착오

④ 가-Ⓒ, 나-Ⓑ, 다-Ⓓ, 라-Ⓐ

가-Ⓒ 甲이 정당방위상황으로 잘못 판단한 데에 정당한 이유가 있으면 책임을 조각하려는 견해는 엄격책임설의 입장이다. 이에 의하면 甲에게는 위법성의 인식이 없었으므로, '자기의 행위가 법령에 의하여 죄가 되지 아니하는 것으로 오인한' 때에 해당한다.

나-Ⓑ 甲 행위의 구성요건적 고의를 인정하면서 고의범으로서의 법효과만을 제한하려는 견해는 법효과제한적 책임설의 입장이다. 이에 의하면 구성요건적 고의는 인정하되 책임고의가 조각된다고 본다. 甲은 행위상황에서 필요한 주의의무를 다 하지 않았을 뿐이고 심정적으로 법적대적 의사는 없으므로 책임고의가 존재하는 것은 아니다.

다-Ⓓ 사실의 착오 근거규정을 유추적용하려는 견해는 제한적 책임설 중 구성요건착오 유추적용설의 입장이다. 이에 의하면 A를 강제추행범으로 오인하여 반격하였다면 이는 고의의 인식의 대상을 착오한 것과 유사하므로 구성요건적 고의가 조각된다.

라-Ⓐ 구성요건적 고의의 인식 대상이 되는 사실과 위법성조각사유의 전제되는 사실을 구별하지 아니하는 견해는 소극적 구성요건표지이론이다. 이에 의하면 '불법'과 '책임'의 두 단계로 범죄체계를 구성하므로 「형법」상 위법성조각사유는 소극적 구성요건표지이다.

정답 ④

---

5 책임조각사유: 기대불가능성

045 ✓대표 ◆◇◇ 변호사 2018 변형

기대가능성에 관한 설명 중 옳지 않은 것은? (다툼이 있는 경우 판례에 의함)

① 적법행위를 기대할 가능성이 있는지는 행위 당시의 구체적 상황 하에 행위자 대신에 사회적 평균인을 두고 이 평균인의 관점에서 판단하여야 한다.

② 자신의 강도상해 범행을 일관되게 부인하였으나 유죄판결이 확정된 자가, 별건으로 기소된 공범의 형사사건에서 자신의 범행사실을 부인하는 증언을 한 경우에는 사실대로 진술할 기대가능성이 있다고 할 수 없다.

③ 직장 상사의 범법행위에 가담한 부하에 대하여 직무상 지휘·복종관계에 있다는 이유만으로 범법행위에 가담하지 않을 기대가능성이 없다고는 할 수 없다.

④ 「형법」제12조(강요된 행위)에서 말하는 저항할 수 없는 폭력은 심리적 의미에 있어서 육체적으로 어떤 행위를 절대적으로 하지 아니할 수 없게 하는 경우와 윤리적 의미에 있어서 강압된 경우를 말한다.

⑤ 친족의 신체에 대한 위해를 방어할 방법이 없는 협박에 의하여 강요된 행위는 벌하지 아니한다.

해설 | 출제영역 | 책임조각사유

② (×) 자신의 강도상해 범행을 일관되게 부인하였으나 유죄판결이 확정된 피고인이 별건으로 기소된 공범의 형사사건에서 자신의 범행사실을 부인하는 증언을 한 경우, 피고인에게 사실대로 진술할 기대가능성이 있으므로 위증죄가 성립한다(대법원 2008. 10.23, 2005도10101).

① (○) 대법원 2008.10.23, 2005도10101

③ (○) 직장의 상사가 범법행위를 하는데 가담한 부하에게 직무상 지휘복종관계에 있다 하여 범법행위에 가담하지 않을 기대가능성이 없다고 할 수 없다(대법원 1986.5.27, 86도614; 2005.7. 29, 2004도5685; 2007.5.11, 2007도1373).

④ (○) 형법 제12조 소정의 저항할 수 없는 폭력은, 심리적인 의미에 있어서 육체적으로 어떤 행위를 절대적으로 하지 아니할 수 없게 하는 경우와 윤리적 의미에 있어서 강압된 경우를 말한다(대법원 1983.12.13, 83도2276).

⑤ (○) 저항할 수 없는 폭력이나 자기 또는 친족의 생명, 신체에 대한 위해를 방어할 방법이 없는 협박에 의하여 강요된 행위는 벌하지 아니한다(제12조).

정답 ②

046 ✓ 유사 ◆◇◇ 경찰2차 2022

기대가능성에 관한 설명 중 가장 적절하지 않은 것은?
(다툼이 있는 경우 판례에 의함)

① 기대가능성의 판단기준을 국가에 두면 국가는 국민의 적법행위를 기대하므로 기대가능성이 없다는 이유로 책임이 조각되는 경우가 축소될 수 있다.

② 甲이 담배제조업 허가 없이 전자장치를 이용해 흡입할 수 있는 니코틴이 포함된 용액을 제조한 경우, 궐련담배제조업의 허가기준은 존재하나 전자담배제조업에 관한 허가기준이 없는 이상 甲에게 담배제조업 관련 법령의 허가기준을 준수하거나 허가기준이 새롭게 마련될 때까지 법 준수를 요구하는 것을 기대할 수 없다.

③ 「형법」 제12조의 '저항할 수 없는 폭력'은 심리적 의미에 있어서 육체적으로 어떤 행위를 절대적으로 할 수밖에 없게 하는 경우와 윤리적 의미에서 강압된 경우를 의미한다.

④ 영업정지처분에 대한 집행정지 신청이 잠정적으로 받아들여졌다는 사정만으로는 구 음반 비디오물 및 게임물에 관한 법률 위반으로 기소된 피고인에게 적법행위의 기대가능성이 없다고 볼 수 없다.

해설 | 출제영역 | 책임조각사유 – 기대가능성

② (×) 피고인들이 공모하여, 고농도 니코틴 용액에 프로필렌글리콜(Propylene Glycol)과 식물성 글리세린(Vegetable Glycerin)과 같은 희석액, 소비자의 기호에 맞는 향료를 일정한 비율로 첨가하여 전자장치를 이용해 흡입할 수 있는 '니코틴이 포함된 용액'을 만드는 방법으로 담배제조업 허가 없이 담배를 제조하였다고 하여 담배사업법 위반으로 기소된 경우, 담배사업법의 위임을 받은 기획재정부가 <u>전자담배제조업에 관한 허가기준을 마련하지 않고 있으나, 궐련담배제조업에 관한 허가기준은 이미 마련되어 있는 상황에서 담배제조업 관련 법령의 허가기준을 준수하거나 허가기준이 새롭게 마련될 때까지 법 준수를 요구하는 것이 죄형법정주의 원칙에 위반된다거나 기대가능성이 없는 행위를 처벌하는 것이어서 위법하다고 보기 어렵다</u>(대법원 2018.9.28, 2018도9828).

① (○) 기대가능성에 관한 국가표준설의 입장이다.
[참고] 기대가능성의 판단기준에 관한 다수설·판례는 평균인(일반인)표준설의 입장이다.

③ (○) 형법 제12조 소정의 저항할 수 없는 폭력은, <u>심리적인 의미</u>에 있어서 육체적으로 어떤 행위를 절대적으로 하지 아니할 수 없게 하는 경우와 <u>윤리적 의미</u>에 있어서 강압된 경우를 말하고, 협박이란 자기 또는 친족의 생명, 신체에 대한 위해를 달리 막을 방법이 없는 협박을 말하며, 강요라 함은 피강요자의 자유스런 의사결정을 하지 못하게 하면서 특정한 행위를 하게 하는 것을 말한다(대법원 1983.12.13, 83도2276).

④ (○) 대법원 2010.11.11, 2007도8645

정답 ②

047 ✓ 대표 ◆◇◇ 국가7급 2020

기대가능성에 대한 설명 중 옳은 것만을 모두 고르면?
(다툼이 있는 경우 판례에 의함)

ㄱ. 영업정지처분에 대한 집행정지 신청이 잠정적으로 받아들여졌다는 사정만으로는, 구 음반·비디오물 및 게임물에 관한 법률 위반으로 기소된 피고인에게 적법행위의 기대가능성이 없다고 볼 수 없다.

ㄴ. 자신의 강도상해 범행을 일관되게 부인하였으나 유죄판결이 확정된 피고인의 경우, 별건으로 기소된 공범의 형사사건에서 자신이 유죄판결을 받은 사실관계에 대해 사실대로 진술할 것에 대한 기대가능성이 없다.

ㄷ. 사용자가 퇴직금 지급을 위하여 최선의 노력을 다하였으나 경영부진으로 인한 자금사정 등으로 도저히 지급기일 내에 퇴직금을 지급할 수 없었던 경우, 퇴직금의 기일 내 지급의무 이행에 대한 기대가능성이 없다.

ㄹ. 불법 건축물이라는 이유로 일반음식점 영업신고의 접수가 거부되었고 이전에 무신고 영업행위로 형사처벌까지 받았음에도 계속하여 일반음식점 영업행위를 한 피고인의 행위는 「식품위생법」상 무신고 영업행위로서 적법행위에 대한 기대가능성이 없는 경우에 해당하지 아니한다.

ㅁ. 직장의 상사가 범법행위를 하는 데 부하직원이 가담한 경우, 범법행위에 가담하지 않을 기대가능성이 있다고 할 수 없다.

① ㄱ, ㄴ, ㅁ
② ㄱ, ㄷ, ㄹ
③ ㄱ, ㄷ, ㅁ
④ ㄴ, ㄷ, ㄹ

해설 | 출제영역 | 책임조각사유

② ㄱ, ㄷ, ㄹ

ㄱ. (○) 대법원 2010.11.11, 2007도8645

ㄴ. (×) 자신의 강도상해 범행을 일관되게 부인하였으나 유죄판결이 확정된 피고인이 별건으로 기소된 공범의 형사사건에서 자신의 범행사실을 부인하는 증언을 한 사안에서, 피고인에게 사실대로 진술할 기대가능성이 있으므로 위증죄가 성립한다(대법원 2008.10.23, 2005도10101).

ㄷ. (○) 대법원 2001.2.23, 2001도204

ㄹ. (○) 대법원 2009.4.23, 2008도6829

ㅁ. (×) 직장의 상사가 범법행위를 하는 데 가담한 부하에게 직무상 지휘·복종관계에 있다 하여 범법행위에 가담하지 않을 기대가능성이 없다고 할 수 없다(대법원 1999.7.23, 99도1911).

정답 ②

다음 설명 중 옳지 않은 것을 모두 고른 것은?

ㄱ. 사용자가 퇴직금 지급을 위하여 최선의 노력을 다하였으나 경영부진으로 인한 자금사정 등으로 지급기일 내에 퇴직금을 지급할 수 없었다는 등의 사정이 인정되는 경우 위법성이 조각된다.

ㄴ. 친족의 명예에 대한 위해를 내용으로 하는 협박 때문에 자유로운 의사결정을 하지 못한 경우라면 강요된 행위에 해당한다.

ㄷ. 검사가 피고인의 행위에 대하여 무혐의 처분을 하였다가 곧바로 고소인의 항고를 받아들여 재기수사명령에 의한 재수사 결과 기소에 이른 경우, 무혐의 처분일 이후에 이루어진 행위에 대하여 피고인이 자신의 행위가 죄가 되지 않는다고 그릇 인식하는 데 정당한 이유가 있었다고 할 수 없다.

ㄹ. 피고인이 일본 영주권을 가진 재일교포로서 국내법을 잘 몰라 국내에 입국하면서 관세신고를 하지 않아도 되는 것으로 착오하였다는 등의 사정은 법률의 착오에 해당하지 않는다.

ㅁ. 법률의 착오에 관한 형법 제16조는 단순한 법률의 부지뿐 아니라 일반적으로 범죄가 되는 경우이지만 자기의 특수한 경우에는 법령에 의하여 허용된 행위로 그릇 인식한 경우에도 적용된다.

① ㄴ, ㅁ　　　　　　② ㄱ, ㄴ, ㅁ
③ ㄴ, ㄹ, ㅁ　　　　④ ㄱ, ㄴ
⑤ ㄱ, ㄴ, ㄹ, ㅁ

해설 출제영역 ┃ 위법성조각사유, 강요된 행위, 법률의 착오

② ㄱ, ㄴ, ㅁ

ㄱ. (×) 대법원 2006.2.9, 2005도9230 등

ㄴ. (×) 제12조의 강요된 행위에는 '명예'가 규정되어 있지 않다.

> **제12조(강요된 행위)** 저항할 수 없는 폭력이나 자기 또는 친족의 생명, 신체에 대한 위해를 방어할 방법이 없는 협박에 의하여 강요된 행위는 벌하지 아니한다.

ㄷ. (○) 검사가 피고인들의 행위에 대하여 범죄혐의가 없다고 무혐의 처리하였다가 고소인의 항고를 받아들여 재기수사명령에 의한 재수사 결과 기소에 이른 경우, 피고인들의 행위가 불기소처분 이전부터 저질러졌다면 그 무혐의 처분결정을 믿고 이에 근거하여 이루어진 것이 아님이 명백하고, 무혐의 처분일 이후에 이루어진 행위에 대하여도 그 무혐의 처분에 대하여 곧바로 고소인의 항고가 받아들여져 재기수사명령에 따라 재수사되어 기소에 이르게 된 이상, 피고인들이 자신들의 행위가 죄가 되지 않는다고 그릇 인식하는 데 정당한 이유가 있었다고 할 수 없다(대법원 1995.6.16, 94도1793).

ㄹ. (○) 대법원 2007.5.11, 2006도1993

ㅁ. (×) 판례는 법률의 부지는 법률의 착오에 해당하지 않는다는 입장이다(대법원 2001.6.29, 99도5026 등).

정답 ②

다음 설명 중 가장 옳지 않은 것은? (다툼이 있는 경우 판례에 의하고, 전원합의체 판결의 경우 다수의견에 의함)

① 정당방위의 성립요건으로서의 방어행위에는 순수한 수비적 방어뿐만 아니라 적극적 반격을 포함하는 반격방어의 형태도 포함되나, 그 방어행위는 자기 또는 타인의 법익침해를 방위하기 위한 행위로서 상당한 이유가 있어야 한다.

② 서로 격투를 하는 자 상호간에는 공격행위와 방어행위가 연속적으로 교차되고 방어행위는 동시에 공격행위가 되는 양면적 성격을 띠는 것이므로 어느 한쪽 당사자의 행위만을 가려내어 방어를 위한 정당행위라거나 정당방위에 해당한다고 보기 어려운 것이 보통이다.

③ 겉으로는 서로 싸움을 하는 것처럼 보이더라도 실제로는 한쪽 당사자가 일방적으로 위법한 공격을 가하고 상대방은 이러한 공격으로부터 자신을 보호하고 이를 벗어나기 위한 저항수단으로서 유형력을 행사한 경우에는, 그 행위가 새로운 적극적 공격이라고 평가되지 아니하는 한, 이는 사회관념상 허용될 수 있는 상당성이 있는 것으로서 위법성이 조각된다.

④ 형사소송법 제148조의 증언거부권은 헌법 제12조 제2항에 의한 불이익 진술의 강요금지 원칙을 구체화한 자기부죄거부특권에 관한 것이다. 따라서 자신에 대해 유죄판결이 이미 확정된 증인이라 하더라도 공범에 대한 사건에서는 증언을 거부할 수 있고, 특히 증인이 자신에 대한 형사사건에서 시종일관 범행을 부인하였다면 증인이 진실대로 진술할 것을 기대할 가능성이 없는 경우에 해당한다.

해설 출제영역 ┃ 책임조각사유 – 기대불가능성

④ (×) 형사소송법 제148조의 증언거부권은 헌법 제12조 제2항에 정한 불이익 진술의 강요금지 원칙을 구체화한 자기부죄거부특권에 관한 것인데, 이미 유죄의 확정판결을 받은 경우에는 헌법 제13조 제1항에 정한 일사부재리의 원칙에 의해 다시 처벌받지 아니하므로 자신에 대한 유죄판결이 확정된 증인은 공범에 대한 사건에서 증언을 거부할 수 없고, 설령 증인이 자신에 대한 형사사건에서 시종일관 범행을 부인하였더라도 그러한 사정만으로 증인이 진실대로 진술할 것을 기대할 수 있는 가능성이 없는 경우에 해당한다고 할 수 없으므로 허위의 진술에 대하여 위증죄 성립을 부정할 수 없다(대법원 2011.11.24, 2011도11994).

① (○) 대법원 1992.12.22, 92도2540
② (○) 대법원 1999.10.12, 99도3377
③ (○) 대법원 2010.2.11, 2009도12958

정답 ④

050 ✅ 유사 ◆◆◆◇

책임에 관한 설명 중 옳은 것을 모두 고른 것은? (다툼이 있는 경우 판례에 의함)

> ㄱ. 충동조절장애와 같은 성격적 결함은 정신병이 아니기 때문에 그 정도에 상관없이 심신장애에 해당하지 않는다.
>
> ㄴ. 「형법」제12조(강요된 행위)의 '저항할 수 없는 폭력'이란 윤리적 의미에서 강압된 경우가 아니라 심리적 의미에서 육체적으로 어떤 행위를 절대적으로 하지 아니할 수 없게 하는 경우를 말한다.
>
> ㄷ. 「형법」제10조에 규정된 심신장애의 유무 및 정도의 판단은 법률적 판단으로서 반드시 전문감정인의 의견에 기속되어야 하는 것은 아니고, 여러 사정을 종합하여 법원이 독자적으로 판단할 수 있다.
>
> ㄹ. 자신의 강도상해 범행을 일관되게 부인하였으나 유죄판결이 확정된 자는, 별건으로 기소된 공범의 형사사건에서 자신의 범행사실을 사실대로 진술할 기대가능성이 있기 때문에 자신의 범행을 부인하는 허위의 증언을 한 경우 위증죄가 성립한다.

① ㄱ, ㄴ   ② ㄱ, ㄹ
③ ㄴ, ㄷ   ④ ㄷ, ㄹ
⑤ ㄴ, ㄷ, ㄹ

해설 | 출제영역 | 심신장애, 책임조각사유

④ ㄷ, ㄹ

ㄱ. (×) 원칙적으로 충동조절장애와 같은 성격적 결함은 형의 감면사유인 심신장애에 해당하지 아니한다고 봄이 상당하지만, 충동조절장애와 같은 성격적 결함이라 할지라도 그것이 매우 심각하여 원래의 의미의 정신병을 가진 사람과 동등하다고 평가할 수 있는 경우에는 그로 인한 범행은 심신장애로 인한 범행으로 보아야 한다(대법원 2011.2.10, 2010도14512).

ㄴ. (×) 형법 제12조에 규정된 '저항할 수 없는 폭력'은 심리적 의미에 있어서 육체적으로 어떤 행위를 절대적으로 하지 아니할 수 없게 하는 경우와 윤리적 의미에 있어서 강압된 경우를 말하고, '협박'이란 자기 또는 친족의 생명, 신체에 대한 위해를 달리 막을 방법이 없는 협박을 말하며, '강요'라 함은 피강요자의 자유스런 의사결정을 하지 못하게 하면서 특정한 행위를 하게 하는 것을 말한다(대법원 2009.6.11, 2008도11784).

ㄷ. (○) 대법원 2007.11.29, 2007도8333

ㄹ. (○) 대법원 2008.10.23, 2005도10101

정답 ④

051 ✅ 이론 ◆◆◇

적법행위에 대한 기대가능성 법리의 구체화로 볼 수 없는 것은? (다툼이 있으면 판례에 의함)

① 위조통화취득 후 지정행사죄의 법정형이 위조통화행사죄보다 현저히 낮은 것

② 야간 기타 불안스러운 상태 하에서 공포, 경악, 흥분 또는 당황으로 인한 과잉방위를 벌하지 아니하는 것 (개정: 야간이나 그 밖의 불안한 상태에서 공포를 느끼거나 경악하거나 흥분하거나 당황하였기 때문에 그 행위를 하였을 때에는 벌하지 아니하는 것)

③ 도주죄의 법정형이 도주원조죄보다 현저히 낮은 것

④ 사회통념상 허용될 만한 소극적 저항행위를 처벌하지 않는 것

해설 | 출제영역 | 책임조각사유

④ (×) 소극적 저항행위를 처벌하지 않는 것은 위법성조각사유에 관한 형법 제20조의 정당행위와 관련된 것이다. 피해자가 양손으로 피고인의 넥타이를 잡고 늘어져 후경부피하출혈상을 입을 정도로 목이 졸리게 된 피고인이 피해자를 떼어놓기 위하여 왼손으로 자신의 목 부근 넥타이를 잡은 상태에서 오른손으로 피해자의 손을 잡아 비틀면서 서로 밀고 당기고 하였다면, 피고인의 그와 같은 행위는 목이 졸린 상태에서 벗어나기 위한 소극적인 저항행위에 불과하여 형법 제20조 소정의 정당행위에 해당하여 죄가 되지 아니한다(대법원 1996.5.28, 96도979).

① (○), ② (○), ③ (○) 통설에 의하면 기대가능성이 없어 책임이 조각되거나 경하게 처벌되는 경우이다.

정답 ④

1 범행의 실현단계

001 ✓ 대표 ◆◆◇ 국가9급/총론 2017

범죄의 실현단계에 대한 설명으로 옳지 않은 것은? (다툼이 있으면 판례에 의함)

① 미수범은 법률에 특별한 규정이 있는 경우에 한하여 예외적으로 처벌된다.

② 범죄의 결심은 원칙적으로 처벌하지 않지만, 교사 받은 자가 범죄의 실행을 승낙하고 실행에 착수하지 않았다면 음모 또는 예비에 준하여 처벌한다.

③ 음모란 2인 이상이 범죄의 의사를 공유하는 것으로, 2인 이상이 일정한 범죄의 실행에 대한 결심을 외부에 표시·전달하는 것만으로도 음모죄가 성립한다.

④ 계속범의 경우 기수에 이르렀어도 범죄가 종료되지 않은 경우에는 그 범죄에 대한 방조와 정당방위의 성립이 가능하다.

해설 출제영역 | 범행의 실현단계

③ (×) 음모란 2인 이상의 자 사이에 성립한 범죄실행의 합의를 말하는 것으로, 범죄실행의 합의가 있다고 하기 위하여는 단순히 범죄결심을 외부에 표시·전달하는 것만으로는 부족하고, 객관적으로 보아 특정한 범죄의 실행을 위한 준비행위라는 것이 명백히 인식되고, 그 합의에 실질적인 위험성이 인정될 때에 비로소 음모죄가 성립한다(대법원 1999.11.12, 99도3801).

① (○) 제29조

② (○) 제31조 제2항

④ (○) 범인도피죄는 범인을 도피하게 함으로써 기수에 이르지만, 범인도피행위가 계속되는 동안에는 범죄행위도 계속되고 행위가 끝날 때 비로소 범죄행위가 종료된다. 따라서 공범자의 범인도피행위 도중에 그 범행을 인식하면서 그와 공동의 범의를 가지고 기왕의 범인도피상태를 이용하여 스스로 범인도피행위를 계속한 경우에는 범인도피죄의 공동정범이 성립하고, 이는 공범자의 범행을 방조한 종범의 경우도 마찬가지이다(대법원 2012.8.30, 2012도6027).

정답 ③

2 예비죄

002 ✓ 대표 ◆◇◇ 국가9급총론 2017

예비·음모죄에 대한 설명으로 옳지 않은 것은? (다툼이 있으면 판례에 의함)

① 甲이 살인의 용도로 흉기를 준비하였으나 살해 대상자가 누구인지 확정되지 못한 경우에는 살인예비죄가 성립하지 않는다.

② 살인의사로 총을 구입하는 甲에게 자금을 제공한 乙은 甲에게 살인예비죄가 인정되더라도 살인예비죄의 방조범으로 처벌될 수는 없다.

③ 甲이 乙을 살해하기 위하여 丙, 丁 등을 고용하면서 그들에게 대가의 지급을 약속한 경우, 甲에게는 살인예비죄가 성립한다.

④ 예비는 예외적으로 특별규정이 있는 경우에만 처벌되지만 예비죄를 처벌하기 위해서는 당해 법률규정에서 예비·음모의 구체적인 형벌의 종류와 양을 정해 둘 필요는 없다.

해설 출제영역 | 미수론 – 예비죄의 성립과 공범

④ (×) 부정선거관련자처벌법 제5조 제4항에 의하면 '동조 제1항에 예비, 음모와 미수는 처벌한다'고 규정하고 있으나 동 예비·음모의 형에 관하여 아무런 규정이 없으며, 이를 본범이나 미수범에 준하여 처벌함은 죄형법정주의 원칙상 허용할 수 없으니 결국 위 소위는 처벌할 수 없다(대법원 1979.12.26, 78도957).

① (○) 대법원 1959.9.1, 59도387

② (○) 대법원 1976.5.25, 75도1549

③ (○) 대법원 2009.10.29, 2009도7150

정답 ④

003 ✓ 대표 ◆◇◇ 　　　　　　　　국가7급 2020

예비죄에 대한 설명으로 옳은 것은? (다툼이 있는 경우 판례에 의함)

① 甲이 절도 범행이 발각되었을 경우 체포를 면탈하는 데 도움이 될 수 있을 것이라는 정도의 생각에서 등산용 칼을 휴대하고 있던 중에 붙잡힌 경우, 甲에게 강도예비죄가 성립한다.

② 甲은 강도를 하려고 흉기를 구하던 乙에게 자신이 가지고 있던 전자충격기를 건네주었는데 乙이 실행행위로 나아가지 않은 경우, 甲에게 乙의 강도예비죄에 대한 방조범이 성립한다.

③ 甲이 자신을 배신한 A를 살해하려고 사냥용 총을 구입한 직후 스스로 후회하고 총을 폐기한 경우, 甲에게 살인죄의 중지미수규정이 준용될 수 있다.

④ 甲이 A를 살해하기 위하여 乙, 丙 등을 고용하면서 그들에게 대가의 지급을 약속한 경우, 甲에게는 살인예비죄가 성립한다.

해설 │ 출제영역 | 예비죄, 판례

④ (○) 대법원 2009.10.29, 2009도7150

① (×) 피고인이 휴대 중이던 등산용 칼을 그 주장하는 바와 같이 뜻하지 않게 절도 범행이 발각되었을 경우 체포를 면탈하는데 도움이 될 수 있을 것이라는 정도의 생각에서 더 나아가, 타인으로부터 물건을 강취하는 데 사용하겠다는 생각으로 준비하였다고 단정하기는 어렵고, 이와 같이 피고인에게 준강도할 목적이 인정되는 정도에 그치는 이상 피고인에게 강도할 목적이 있었다고 볼 수 없으므로 강도예비죄의 죄책을 인정할 수는 없다 할 것이다 (대법원 2006.9.14, 2004도6432).

② (×) 형법 32조 1항 소정 타인의 범죄란 정범이 범죄의 실현에 착수한 경우를 말하는 것이므로 종범이 처벌되기 위하여는 정범의 실행의 착수가 있는 경우에만 가능하고 형법 전체의 정신에 비추어 정범이 실행의 착수에 이르지 아니한 예비의 단계에 그친 경우에는 이에 가공하는 행위가 예비의 공동정범이 되는 경우를 제외하고는 종범의 성립을 부정하고 있다고 보는 것이 타당하다 (대법원 1976.5.25, 75도1549).

③ (×) 중지범은 범죄의 실행에 착수한 후 자의로 그 행위를 중지한 때를 말하는 것이고, 실행의 착수가 있기 전인 예비음모의 행위를 처벌하는 경우에 있어서는 중지범의 관념은 이를 인정할 수 없다(대법원 1991.6.25, 91도436).

정답 ④

004 ✓ 유사 ◆◆◇ 　　　　　　　경찰대편입 2023

범죄의 실현단계에 대한 설명으로 옳은 것은?

① 타인예비를 부정하는 견해에 의하면 타인예비는 정범이 실행에 착수하기 전에는 예비·음모죄에 불과하나, 정범이 실행의 착수에 이른 경우 비로소 공범이 성립한다.

② 판례에 의하면 정범이 실행의 착수에 이르지 아니한 예비의 단계에 그친 경우에는 이에 가공하는 행위가 예비의 공동정범이 될 수 없음은 물론이고 종범도 될 수 없다.

③ 단일의 고의로 예비·음모로부터 실행의 착수로 나아가는 일련의 행위에 있어서, 미수는 실행의 착수 전인 예비·음모에 대하여 법조경합 중 특별관계에 있다.

④ 범죄의 기수와 종료를 구별하는 실익은 공소시효의 기산점은 범죄의 종료시점이고, 기수 이후에도 종료시점까지는 공범의 성립이 가능하며, 행위시법의 판단은 행위의 종료시점을 기준으로 한다는 점에 있다.

⑤ 판례는 실행의 착수가 있기 전인 예비 음모의 행위를 처벌하는 경우에도, 이로 인해 처벌의 불균형이 발생하는 경우에는 형법 제26조의 중지미수 규정을 예비의 중지에도 적용하여야 한다고 본다.

해설 │ 출제영역 | 예비죄

④ (○) 계속범의 특징에 대한 설명으로서 옳다.

① (×) 타인예비를 부정하는 견해에 의하면 타인예비는 타인의 범죄수행의 예비단계를 방조한 것에 불과하므로 정범이 실행에 착수하기 전에는 불가벌로 파악하므로 이를 예비·음모죄로 볼 수 없고, 정범이 실행의 착수에 이른 경우 비로소 공범이 성립한다.

② (×) 판례에 의하면 예비죄의 공동정범은 인정하지만, 예비죄에 대한 종범을 인정하지 않는다.

③ (×) 단일의 고의로 예비·음모로부터 실행의 착수로 나아가는 일련의 행위에 있어서, 실행의 착수 전인 예비·음모는 실행의 착수 이후인 미수에 해당하게 되면 별도로 성립하지 않는다. 이는 법조경합 중 특별관계가 아니라 묵시적 보충관계에 해당한다.

⑤ (×) 판례에 의하면 중지미수는 실행의 착수 이후의 개념이기 때문에 실행의 착수 이전인 예비단계에서 예비의 중지에 대해서는 준용할 수 없다는 견해이다(대법원 1966.4.21, 66도152).

정답 ④

005 ✓ 유사 ◆◆◆

「형법」상 예비죄에 대한 설명 중 옳지 않은 것만을 모두 고른 것은? (다툼이 있는 경우 판례에 의함)

> 가. 형법각칙의 예비죄를 처단하는 규정을 바로 독립된 구성요건 개념에 포함시킬 수는 없다고 하는 것이 죄형법정주의에 부합한다.
>
> 나. 예비와 미수는 각각 형법각칙에 처벌규정이 있는 경우에만 처벌할 수 있지만 구체적인 법정형까지 규정될 필요는 없다.
>
> 다. 예비죄를 처벌하는 범죄의 예비단계에서 자의로 중지를 하였다면, 예비죄의 중지미수가 성립한다.
>
> 라. 살인예비죄가 성립하기 위하여는 살인죄를 범할 목적이 있어야 할 뿐만 아니라 살인의 준비에 관한 고의도 있어야 한다.
>
> 마. 정범의 실행 착수 전에 장래의 실행행위를 예상하고 이를 용이하게 하는 행위를 하여 방조한 경우, 정범이 실행의 착수에 이르지 못했다면 방조자는 종범이 성립되지 않지만 정범이 그 실행행위로 나아갔다면 종범이 성립한다.

① 가, 나 　　② 나, 다
③ 가, 다, 마 　　④ 다, 라, 마

해설 출제영역 | 예비죄 – 예비죄의 성립요건

② 나, 다의 설명이 옳지 않다.

가. (○) 예비죄와 기본범죄의 관계에 관해서 예비죄의 법적 성격은 독립범죄가 아닌 수정적 구성요건형태인 발현형태로 보는 것이 다수설·판례이다. "범죄의 구성요건 개념상 예비죄의 실행행위는 무정형 무한정한 행위이고 종범의 행위도 무정형 무한정한 것이고 형법 제28조에 의하면 범죄의 음모 또는 예비행위가 실행의 착수에 이르지 아니한 때에는 법률에 특별한 규정이 없는 한 벌하지 아니한다고 규정하여 예비죄의 처벌이 가져올 범죄의 구성요건을 부당하게 유추 내지 확장해석하는 것을 금지하고 있기 때문에 형법각칙의 예비죄를 처단하는 규정을 바로 독립된 구성요건 개념에 포함시킬 수는 없다고 하는 것이 죄형법정주의의 원칙에도 합당하는 해석이라 할 것이기 때문이다. 따라서 형법전체의 정신에 비추어 예비의 단계에 있어서는 그 종범의 성립을 부정하고 있다고 보는 것이 타당한 해석이라고 할 것이다(대법원 1976.5.25, 75도1549)."

나. (×) 미수는 형법총칙에서 임의적 감경 등으로 처리하는 규정이 있지만, 예비·음모에 대해서는 총칙에 이러한 규정을 두고 있지 않으므로 예비·음모를 처벌함에는 죄뿐만 아니라 형도 규정되어 있어야 한다. "형법 제28조에 의하면 범죄의 예비 또는 음모는 특별한 죄형규정이 있을 때에 한하여 처벌할 수 있도록 되어 있는데 부정선거관련자처벌법 제5조 제4항에 의하면 동조 제1항에 예비, 음모와 미수는 처벌한다고 규정하고 있으나 동 예비, 음모의 형에 관하여 아무런 규정이 없으며, 이를 본범이나 미수범에 준하여 처벌함은 죄형법정주의 원칙상 허용할 수 없으니 결국 위 소위는 처벌할 수 없다(대법원 1979.12.26, 78도957)."

다. (×) 예비의 중지에 관해서 판례는 부정설의 입장이다. "중지범은 범죄의 실행에 착수한 후 자의로 그 행위를 중지한 때를 말하는 것이고 실행의 착수가 있기 전인 예비음모의 행위를 처벌하는 경우에 있어서 중지범의 관념은 이를 인정할 수 없다(대법원 1999.4.9, 99도424)."

라. (○) 예비죄의 주관적 구성요건요소로서는 기본범죄에 대한 고의와 기본범죄를 범할 목적이 모두 요구된다. "형법 제255조, 제250조의 살인예비가 성립하기 위하여는 형법 제255조에서 명문으로 요구하는 살인죄를 범할 목적 외에도 살인의 준비에 관한 고의가 있어야 하며, 나아가 실행의 착수까지는 이르지 아니하는 살인죄의 실현을 위한 준비행위가 있어야 한다(대법원 2009.10.29, 2009도7150)."

마. (○) 방조는 피방조자의 행위가 예비단계에 그치면 소위 예비의 방조에 불과하게 되어 처벌되지 아니한다. 다만 피방조자의 행위가 실행의 착수에 이르면 방조자는 피방조자의 범행에 대한 방조범의 죄책을 지어야 한다. "종범은 정범의 실행행위 중에 이를 방조하는 경우뿐만 아니라, 실행 착수 전에 장래의 실행행위를 예상하고 이를 용이하게 하는 행위를 하여 방조한 경우에도 정범이 실행행위를 한 경우에 성립한다(대법원 1996.9.6, 95도2551)."

정답 ②

---

006 ✓ 유사 ◆◆◇

예비죄에 관한 설명 중 옳은 것은? (다툼이 있는 경우 판례에 의함)

① 정범의 범죄를 방조하려는 자가 예비단계에서의 방조에 그친 경우, 정범이 실행에 착수하였더라도 방조자를 처벌할 수 없다.

② 정범이 예비죄로 처벌되는 경우에는 예비죄의 방조가 성립될 수 있다.

③ 자신을 죽여달라는 친구의 부탁을 받고 독약을 준비하였다가 이를 버린 경우 촉탁살인죄의 예비죄로 처벌할 수 있다.

④ 정범이 실행에 착수하지 아니하는 한 예비의 공동정범은 성립할 수 없다.

⑤ 절도를 준비하면서 뜻하지 않게 절도 범행이 발각될 경우에 대비하여 체포를 면탈할 목적으로 칼을 휴대하고 있었더라도 강도예비죄가 성립하지 않는다.

해설 출제영역 | 미수론 – 예비죄의 성립

⑤ (○) 대법원 2006.9.14, 2004도6432

① (×) 종범은 정범이 실행행위에 착수하여 범행을 하는 과정에서 이를 방조한 경우뿐 아니라 정범의 실행의 착수 이전에 장래의 실행행위를 미필적으로나마 예상하고 이를 용이하게 하기 위하여 방조한 경우에도 그 후 정범이 실행행위에 나아갔다면 성립할 수 있다(대법원 2013.11.14, 2013도7494).

② (×) 정범이 예비죄로 처벌되는 경우 예비의 방조는 성립할 수 없다.

③ (×) 촉탁살인죄는 예비죄 처벌규정이 존재하지 않는다. 따라서 촉탁살인죄의 예비죄로 처벌할 수 없다.

④ (×) 정범이 실행의 착수에 이르지 아니한 예비의 단계에 그친 경우에는 이에 가공하는 행위가 예비의 공동정범이 되는 경우를 제외하고는 이를 종범으로 처벌할 수 없다(대법원 1976.5.25, 75도1549).

정답 ⑤

007 ☑ 유사 ◆◇◇

경찰경력채용 2023

예비에 관한 설명으로 옳은 것만을 모두 고른 것은? (다툼이 있는 경우 판례에 의함)

> ㉠ 예비죄는 형법상 독립된 구성요건에 해당하는 범죄가 아니라 기본범죄 실행행위의 전 단계의 행위, 즉 발현행위를 처벌하고 있는 것이다.
> ㉡ 예비행위와 미수행위를 처벌하는 범죄에 있어서 예비행위를 마친 후 자의적으로 실행의 착수를 하지 아니한 예비죄의 중지에 대해서도 중지미수의 효과를 그대로 인정한다.
> ㉢ 2인 이상이 합동하여 강제추행을 준비하였지만 실행의 착수에 이르지 않은 경우에는 「성폭력범죄의 처벌 등에 관한 특례법」상 특수강제추행죄의 예비·음모죄가 성립하지 않는다.
> ㉣ 정범이 실행의 착수에 이르지 아니한 예비의 단계에 그친 경우에는 이에 가공한다 하더라도 예비의 공동정범이 되는 때를 제외하고는, 종범(방조범)으로 처벌할 수 없다.

① ㉠㉣ ② ㉡㉢
③ ㉢㉣ ④ ㉠㉢㉣

해설 | 출제영역 | 예비죄

㉠ (○) 발현형태설의 내용으로서 판례의 입장도 같다.

> [판례] 범죄의 구성요건 개념상 예비죄의 실행행위는 무정형 무한정한 행위이고 종범의 행위도 무정형 무한정한 것이고 형법 제28조에 의하면 범죄의 음모 또는 예비행위가 실행의 착수에 이르지 아니한 때에는 법률에 특별한 규정이 없는 한 벌하지 아니한다고 규정하여 예비죄의 처벌이 가져올 범죄의 구성요건을 부당하게 유추 내지 확장해석하는 것을 금지하고 있기 때문에 형법각칙의 예비죄를 처단하는 규정을 바로 독립된 구성요건 개념에 포함시킬 수는 없다고 하는 것이 죄형법정주의의 원칙에도 합당하는 해석이라 할 것이기 때문이다. 따라서 형법 전체의 정신에 비추어 예비의 단계에 있어서는 그 종범의 성립을 부정하고 있다고 보는 것이 타당한 해석이라고 할 것이다(대법원 1976.5.25, 75도1549).

㉡ (×) 예비의 중지에 관해서 판례는 부정설을 취한다.

> [판례] 중지범은 범죄의 실행에 착수한 후 자의로 그 행위를 중지한 때를 말하는 것이고, 실행의 착수가 있기 전인 예비 음모의 행위를 처벌하는 경우에 있어서는 중지범의 관념은 이를 인정할 수 없다(대법원 1991.6.25, 91도436).

㉢ (×) 성폭력처벌법상 특수강제추행죄는 예비·음모를 처벌한다(동 제4조, 제15조의2).

> **성폭력처벌법 제4조(특수강간 등)** ① 흉기나 그 밖의 위험한 물건을 지닌 채 또는 2명 이상이 합동하여 「형법」 제297조(강간)의 죄를 범한 사람은 무기징역 또는 7년 이상의 징역에 처한다.
> ② 제1항의 방법으로 「형법」 제298조(강제추행)의 죄를 범한 사람은 5년 이상의 유기징역에 처한다.

> ③ 제1항의 방법으로 「형법」 제299조(준강간, 준강제추행)의 죄를 범한 사람은 제1항 또는 제2항의 예에 따라 처벌한다.
> **제15조의2(예비, 음모)** 제3조부터 제7조까지의 죄를 범할 목적으로 예비 또는 음모한 사람은 3년 이하의 징역에 처한다.

[보충] 위와 같이 성폭력처벌법상 특수강도강간 등, 특수강간 등, 친족강간, 장애인강간·강제추행 등, 13세 미만의 미성년자에 대한 강간·강제추행 등 죄는 예비·음모를 처벌한다.

㉣ (○) 대법원 1979.5.22, 79도552

정답 ①

008 ☑ 유사 ◆◇◇

국가9급총론 2022

범죄의 예비에 대한 설명으로 옳은 것은? (다툼이 있는 경우 판례에 의함)

① 「형법」의 규정에 따르면 범죄의 예비행위가 실행의 착수에 이르지 아니할 때에도 원칙적으로 처벌의 대상이 된다.
② 예비죄를 처벌하는 규정을 독립된 구성요건 개념에 포함시킬 수는 없다고 보는 것은 죄형법정주의의 원칙에 합치하지 않는다.
③ 살인예비죄가 성립하기 위하여는 살인죄를 범할 목적이 있어야 하지만 살인의 준비에 관한 고의까지 요하는 것은 아니다.
④ 범죄의 예비는 이를 처벌한다는 취지와 그 형을 함께 규정하고 있을 때에만 처벌할 수 있다.

해설 | 출제영역 | 예비죄 – 예비죄의 성립요건

④ (○) 형법상 미수는 임의적 감경 등으로 그 과형에 관하여 총칙에서 명문의 규정을 두고 있으나, 예비·음모는 법률에 특별한 규정이 없는 한 벌하지 아니한다고만 규정하고 있을 뿐이서 예비·음모를 처벌하려면 그 죄와 형을 별도로 규정하여야 한다. "형법 제28조에 의하면 범죄의 음모 또는 예비행위가 실행의 착수에 이르지 아니한 때에는 법률에 특별한 규정이 없는 한 처벌하지 아니한다고 규정하고 있어 범죄의 음모 또는 예비는 원칙으로 벌하지 아니하되 예외적으로 법률에 특별한 규정이 있을 때, 다시 말하면 음모 또는 예비를 처벌한다는 취지와 그 형을 함께 규정하고 있을 때에 한하여 이를 처벌할 수 있다(대법원 1977.6.28, 77도251)."

① (×) 형법 제28조에 의하면, 범죄의 음모 또는 예비행위가 실행의 착수에 이르지 아니한 때에는 '법률에 특별한 규정이 없는 한 벌하지 아니한다.' 따라서 형법상 예비·음모는 원칙적으로 벌하지 아니한다.

② (×) 예비죄는 독립범죄가 아니라 기본범죄의 발현형태인 수정적 구성요건에 불과하다는 것이 다수설·판례이다(발현형태설). "형법 제28조에 의하면 범죄의 음모 또는 예비행위가 실행의 착수에 이르지 아니한 때에는 법률에 특별한 규정이 없는 한 벌하지 아니한다고 규정하여 예비죄의 처벌이 가져올 범죄의 구성요건을 부당하게 유추 내지 확장해석하는 것을 금지하고 있기 때문에 형법각칙의 예비죄를 처단하는 규정을 바로 독립된 구성요건 개념에 포함시킬 수는 없다고 하는 것이 죄형법정주의의 원칙에도 합당하는 해석이다(대법원 1976.5.25, 75도1549)."

③ (×) 예비죄의 성립요건으로서 기본범죄에 대한 고의와 기본범죄를 범할 목적이 요구된다. "형법 제255조, 제250조의 살인예비죄가 성립하기 위하여는 형법 제255조에서 명문으로 요구하는 살인죄를 범할 목적 외에도 살인의 준비에 관한 고의가 있어야 하며, 나아가 실행의 착수까지에는 이르지 아니하는 살인죄의 실현을 위한 준비행위가 있어야 한다(대법원 2009.10.29, 2009도7150)."

정답 ④

---

009 ✓ 유사 ◆◇◇ 　　法院9급 2020

다음 설명 중 가장 옳지 않은 것은?

① 살해의 용도에 공하기 위한 흉기를 준비하였다 하더라도 그 흉기로 살해할 대상자가 확정되지 아니한 경우에는 살인예비죄로 처벌할 수 없다.

② 준강도죄에 관한 형법 제335조는 "절도가 재물의 탈환을 항거하거나 체포를 면탈하거나 죄적을 인멸할 목적으로 폭행 또는 협박을 가한 때에는 전 2조의 예에 의한다."라고 규정하면서 준강도를 강도죄와 같이 취급하도록 규정하고 있다. 따라서 강도 예비·음모죄가 성립하기 위해서는 예비·음모행위자에게 미필적으로라도 '준강도'를 할 목적이 있음이 인정되어야 하고 만일 이에 이르지 않고 단순히 '특수절도'할 목적이 있음에 그치는 경우는 강도예비·음모죄로 처벌할 수 없다.

③ 종범은 정범의 실행행위 중에 이를 방조하는 경우뿐만 아니라, 실행 착수 전에 장래의 실행행위를 예상하고 이를 용이하게 하는 것을 말한다. 따라서 정범의 범죄종료후의 이른바 사후방조를 종범이라고 볼 수는 없다.

④ 정범이 실행의 착수에 이르지 아니하고 예비단계에 그친 경우에는, 이에 가공한다 하더라도 예비의 공동정범이 되는 때를 제외하고는 종범으로 처벌할 수 없다.

해설 | 출제영역 | 예비죄

② (×) 강도예비·음모죄가 성립하기 위해서는 예비·음모 행위자에게 미필적으로라도 '강도'를 할 목적이 있음이 인정되어야 하고 그에 이르지 않고 단순히 '준강도'할 목적이 있음에 그치는 경우에는 강도예비·음모죄로 처벌할 수 없다(대법원 2006.9.14, 2004도6432).

① (○) 살해의 용도에 공하기 위한 흉기를 준비하였다 하더라도 그 흉기로서 살해할 대상자가 확정되지 않은 경우, 살인예비죄로 다스릴 수 없다(대법원 1959.9.1, 4292형상387).

③ (○) 종범은 정범의 실행행위 전이나 실행행위 중에 정범을 방조하여 그 실행행위를 용이하게 하는 것을 말하므로 정범의 범죄종료후의 이른바 사후방조를 종범이라고 볼 수 없다(대법원 1982. 4.27, 82도122).

④ (○) 타인의 범죄란 정범이 범죄의 실현에 착수한 경우를 말하는 것이므로 종범이 처벌되기 위하여는 정범의 실행의 착수가 있는 경우에만 가능하고 형법 전체의 정신에 비추어 정범이 실행의 착수에 이르지 아니한 예비의 단계에 그친 경우에는 이에 가공하는 행위가 예비의 공동정범이 되는 경우를 제외하고는 종범의 성립

을 부정하고 있다고 보는 것이 타당하다(대법원 1976.5.25, 75도1549).

정답 ②

---

010 ✓ 유사 ◆◆◇ 　　국가7급 2018

예비죄에 대한 설명으로 옳지 않은 것은? (다툼이 있는 경우 판례에 의함)

① 「형법」은 예비죄의 처벌이 가져올 범죄의 구성요건을 부당하게 유추 내지 확장 해석하는 것을 금지하고 있기 때문에 「형법」 각칙의 예비죄를 처단하는 규정을 바로 독립된 구성요건 개념에 포함시킬 수는 없다고 하는 것이 죄형법정주의의 원칙에 합당한 해석이다.

② 「폭력행위 등 처벌에 관한 법률」 제7조는 "정당한 이유 없이 이 법에 규정된 범죄에 공용될 우려가 있는 흉기나 그 밖의 위험한 물건을 휴대하거나 제공 또는 알선한 사람은 3년 이하의 징역 또는 300만 원 이하의 벌금에 처한다."라고 정하고 있는데, 이러한 폭력행위처벌법위반(우범자)죄는 대상범죄인 '이 법에 규정된 범죄'의 예비죄로서의 성격을 지니고 있다.

③ 중지범은 범죄의 실행에 착수한 후 자의로 그 행위를 중지한 때를 말하는 것이고 실행의 착수가 있기 전인 예비·음모의 행위를 처벌하는 경우에 있어서 중지범의 관념은 이를 인정할 수 없다.

④ 보험사기를 준비하기 위한 타인의 보험계약 체결 과정에서 甲이 피보험자를 가장하는 등으로 이를 도운 행위는 그 사기 범행을 위한 예비행위에 대한 방조의 여지가 있을 뿐이라 할 것이고, 甲의 행위는 그 후 정범이 실행행위에 나아갔다고 하여도 정범에 대한 방조가 되는 것은 아니다.

해설 | 출제영역 | 미수론 – 예비죄

④ (×) 타인의 사망을 보험사고로 하는 생명보험계약을 체결함에 있어 제3자가 피보험자인 것처럼 가장하여 체결하는 등으로 그 유효요건이 갖추어지지 못한 경우에도, 그 보험계약 체결 당시에 이미 보험사고가 발생하였음에도 이를 숨겼다거나 보험사고의 구체적 발생 가능성을 예견할 만한 사정을 인식하고 있었던 경우 또는 고의로 보험사고를 일으키려는 의도를 가지고 보험계약을 체결한 경우와 같이 보험사고의 우연성과 같은 보험의 본질을 해칠 정도라고 볼 수 있는 특별한 사정이 없는 한, 그와 같이 하자 있는 보험계약을 체결한 행위만으로는 미필적으로라도 보험금을 편취하려는 의사에 의한 기망행위의 실행에 착수한 것으로 볼 것은 아니다(대법원 2012.11.15, 2010도6910). 그러므로 그와 같이 기망행위의 실행의 착수로 인정할 수 없는 경우에 피보험자 본인임을 가장하는 등으로 보험계약을 체결한 행위는 단지 장차의 보험금 편취를 위한 예비행위에 지나지 않는다 할 것이다. 다만, 종범은 정범이 실행행위에 착수하여 범행을 하는 과정에서 이를 방조한 경우뿐 아니라 정범의 실행의 착수 이전에 장래의 실행행위를 미필적으로나마 예상하고 이를 용이하게 하기 위하여 방조한 경우에도 그 후 정범이 실행행위에 나아갔다면 성립할

수 있다(대법원 1983.3.8, 82도2873; 1996.9.6, 95도2551; 2013.11.14, 2013도7494).
① (○) 대법원 1976.5.25, 75도1549
② (○) 폭력행위처벌법 제7조는 "정당한 이유 없이 이 법에 규정된 범죄에 공용될 우려가 있는 흉기나 그 밖의 위험한 물건을 휴대하거나 제공 또는 알선한 사람은 3년 이하의 징역 또는 300만 원 이하의 벌금에 처한다."라고 규정하고 있는데, 위 조항은 집단 또는 상습 및 특수폭력범죄 등을 저지를 우려가 있는 사람을 처벌함으로써 공공의 안녕과 질서를 유지하기 위한 규정으로 법률 제정 시부터 현재까지 실질적인 내용의 변경 없이 그대로 유지되어 왔고, 이러한 폭력행위처벌법위반(우범자)죄는 대상범죄인 '이 법에 규정된 범죄'의 예비죄로서의 성격을 지니고 있다(대법원 2017.9.21, 2017도7687).
③ (○) 대법원 1991.6.25, 91도436

정답 ④

011 ✓ 유사 ◆◆◇

다음 설명 중 옳지 않은 것을 모두 고른 것은? (다툼이 있는 경우 판례에 의함)

> ㉠ 甲은 乙이 A를 살해할 것을 예상하고 이를 도와주기 위해 칼을 빌려주었지만, 乙이 실행의 착수에 나아가지 않은 경우 甲은 살인예비죄의 방조범이 성립한다.
> ㉡ 甲이 타인의 사망을 보험사고로 하는 생명보험계약을 체결함에 있어 제3자가 피보험자인 것처럼 가장하여 체결하는 과정에서 고의로 보험사고를 일으키려는 의도를 가지고 보험계약을 체결하는 경우 甲의 행위는 보험사기의 예비행위에 해당한다.
> ㉢ 甲이 A(23세)를 강제추행할 목적으로 범행 장소를 답사하는 등 예비행위를 한 경우 강제추행의 예비죄로 처벌된다.
> ㉣ 甲이 A를 살해하기 위하여 치사량에 필요한 독극물 100g을 모으던 중 양심의 가책을 느껴 자의로 중지한 경우 甲은 살인예비죄의 중지미수가 성립한다.

① ㉠㉡
② ㉠㉢㉣
③ ㉡㉢㉣
④ ㉠㉡㉢㉣

해설 출제영역 | 예비죄

④ ㉠㉡㉢㉣
㉠ (×) 형법 제32조 제1항 소정 타인의 범죄란 정범이 범죄의 실현에 착수한 경우를 말하는 것이므로 종범이 처벌되기 위하여는 정범의 실행의 착수가 있는 경우에만 가능하고 형법 전체의 정신에 비추어 정범이 실행의 착수에 이르지 아니한 예비의 단계에 그친 경우에는 이에 가공하는 행위가 예비의 공동정범이 되는 경우를 제외하고는 종범의 성립을 부정하고 있다고 보는 것이 타당하다(대법원 1976.5.25, 75도1549).
㉡ (×) 甲이 타인의 사망을 보험사고로 하는 생명보험계약을 체결함에 있어 제3자가 피보험자인 것처럼 가장하여 체결하는 과정에서 고의로 보험사고를 일으키려는 의도를 가지고 보험계약을 체결하는 경우 甲의 행위는 보험사기의 예비행위를 넘어 기망행위의 실행에 착수한 것으로 볼 수 있다.

> [판례] 타인의 사망을 보험사고로 하는 생명보험계약을 체결함에 있어 제3자가 피보험자인 것처럼 가장하여 체결하는 등으로 그 유효요건이 갖추어지지 못한 경우에도, 보험계약 체결 당시에 이미 보험사고가 발생하였음에도 이를 숨겼다거나 보험사고의 구체적 발생 가능성을 예견할 만한 사정을 인식하고 있었던 경우 또는 고의로 보험사고를 일으키려는 의도를 가지고 보험계약을 체결한 경우와 같이 보험사고의 우연성과 같은 보험의 본질을 해칠 정도라고 볼 수 있는 특별한 사정이 없는 한, 그와 같이 하자 있는 보험계약을 체결한 행위만으로는 미필적으로라도 보험금을 편취하려는 의사에 의한 기망행위의 실행에 착수한 것으로 볼 것은 아니다. 그러므로 그와 같이 기망행위의 실행의 착수로 인정할 수 없는 경우에 피보험자 본인임을 가장하는 등으로 보험계약을 체결한 행위는 단지 장차의 보험금 편취를 위한 예비행위에 지나지 않는다(대법원 2013.11.14, 2013도7494).

㉢ (×) 강제추행죄는 예비·음모를 처벌하지 않는다. 제305조의3 참조.

> 제305조의3(예비, 음모) 제297조, 제297조의2, 제299조(준강간죄에 한정한다), 제301조(강간 등 상해죄에 한정한다) 및 제305조의 죄를 범할 목적으로 예비 또는 음모한 사람은 3년 이하의 징역에 처한다.

[보충] 13세 미만의 사람에 대한 강제추행은 예비·음모를 처벌한다(성폭력처벌법 제15조의2, 제7조 제3항).
㉣ (×) 예비의 중지에 대해서 판례는 부정설을 취하므로 판례에 의하면 甲은 살인예비죄의 중지미수가 아니라 그냥 살인예비죄가 성립한다.

> [참고판례] 중지범은 범죄의 실행에 착수한 후 자의로 그 행위를 중지한 때를 말하는 것이고, 실행의 착수가 있기 전인 예비·음모의 행위를 처벌하는 경우에 있어서는 중지범의 관념은 이를 인정할 수 없다(대법원 1991.6.25, 91도436).

정답 ④

3 미수범의 일반이론

012 ✓ 대표 ◆◇◇ 법원행시 2020 변형

다음 형법상의 범죄 중 미수범을 벌하는 규정을 둔 것은 모두 몇 개인가?

> ㉠ 제136조(공무집행방해) ㉡ 제225조(공문서위조)
> ㉢ 제257조(상해) ㉣ 제283조(협박)
> ㉤ 제319조(퇴거불응) ㉥ 제366조(재물손괴)
> ㉦ 제289조(인신매매) ㉧ 제292조(약취목적 모집)

① 3개
② 4개
③ 5개
④ 6개

해설 출제영역 | 미수범의 일반이론 – 미수범의 처벌

㉠ 제136조(공무집행방해)와 ㉧ 제292조(약취목적모집)는 미수범 처벌규정이 없다.

정답 ④

013 ☑ 이론 ◆◇◇

미수범에 대한 설명으로 옳지 않은 것은? (다툼이 있는 경우 판례에 의함)

① 장애미수범(「형법」 제25조)에 해당하기 위하여는 물론이고 중지미수범(「형법」 제26조)에 해당하기 위하여도 실행의 착수가 있어야 한다.

② 중지미수범은 임의적 형감면사유에 해당하지만, 불능미수범(「형법」 제27조)은 필요적 형감면사유에 해당한다.

③ 상대방을 살해할 목적으로 낫을 들고 상대방에게 다가섰지만 제3자가 이를 제지하는 사이에 상대방이 도망함으로써 그 목적을 이루지 못한 경우는 살인죄의 미수범에 해당한다.

④ 불능미수범에서 말하는 '실행의 수단 또는 대상의 착오'는 행위자가 시도한 행위방법 또는 행위객체로는 결과의 발생이 처음부터 불가능하다는 것을 의미한다.

[해설] **출제영역**ㅣ 미수범의 처벌근거 – 처벌규정

② (×) 중지미수는 필요적 감면(제26조), 불능미수는 임의적 감면사유에 해당한다(제27조).

① (○) 미수범이라 함은 고의범이 범죄의 실행에 착수하여 행위를 종료하지 못하였거나, 종료했더라도 결과가 발생하지 아니한 경우를 말한다. 장애미수, 중지미수, 불능미수는 모두 미수범에 해당하므로 기수의 고의 등의 주관적 구성요건요소와 실행의 착수 등의 객관적 구성요건요소를 갖추어야 한다.

③ (○) 대법원 1986.2.25, 85도2773

④ (○) 제27조

[정답] ②

014 ☑ 이론 ◆◇◇

예비와 미수에 관한 설명으로 옳은 것은 모두 몇 개인가? (다툼이 있는 경우 판례에 의함)

> ㉠ 미수범이란 행위를 종료했더라도 결과가 발생하지 아니한 경우를 말하는 것이므로 결과가 발생한 경우에는 미수범이 성립할 여지가 없다.
>
> ㉡ 강도치상죄와는 달리 강도상해죄는 강도가 미수에 그쳤다면 상해가 발생하였어도 강도상해죄의 미수에 해당한다.
>
> ㉢ 대법원은 예비죄의 실행행위성을 긍정하는 입장에 서 있으므로 예비죄의 공동정범뿐만 아니라 예비죄에 대한 종범의 성립도 긍정한다.
>
> ㉣ 저작권 침해 게시물을 인터넷 웹사이트 서버 등에 업로드하여 공중의 구성원이 개별적으로 선택한 시간과 장소에서 접근할 수 있도록 이용에 제공하였더라도 공중에게 침해 게시물을 실제로 송신하지 않았다면 저작권법상 공중송신권 침해는 기수에 이르지 않는다.
>
> ㉤ 교사를 받은 자가 범죄의 실행 자체를 승낙하지 아니하거나 실행을 승낙하고 실행의 착수에 이르지 않은 경우, 교사자는 예비·음모에 준하여 처벌된다.

① 1개　　　　② 2개
③ 3개　　　　④ 4개

[해설] **출제영역**ㅣ 예비죄의 공범, 미수범의 성립 여부

① ㉤ 1개의 설명이 옳다.

㉠ (×) 결과가 발생한 경우이더라도 행위와 결과 사이에 인과관계 내지 객관적 귀속을 인정할 수 없다면 미수범이 성립할 수 있다.

㉡ (×) 강도가 기수이든 미수이든 강도의 기회에 사람을 상해하여 그 결과를 발생시켰다면 강도상해죄의 기수에 해당한다. "형법 제337조의 강도상해, 치상죄는 재물강취의 기수와 미수를 불문하고 범인이 강도범행의 기회에 사람을 상해하거나 치상하게 되면 성립하는 것이다(대법원 1986.9.23, 86도1526)."

㉢ (×) 예비죄의 실행행위성 여부에 대해서는 학설이 대립하나(긍정설이 다수설) 판례는 명시적인 입장이 없다. 다만 판례는 예비죄의 공동정범의 성립에 대해서는 긍정설, 예비죄의 종범의 성립에 관해서는 부정설의 입장을 취한다. "형법 32조 1항 소정 타인의 범죄란 정범이 범죄의 실현에 착수한 경우를 말하는 것이므로 종범이 처벌되기 위하여는 정범의 실행의 착수가 있는 경우에만 가능하고 형법 전체의 정신에 비추어 정범이 실행의 착수에 이르지 아니한 예비의 단계에 그친 경우에는 이에 가공하는 행위가 예비의 공동정범이 되는 경우를 제외하고는 종범의 성립을 부정하고 있다고 보는 것이 타당하다(대법원 1976.5.25, 75도1549)."

㉣ (×) 침해 게시물을 인터넷 웹사이트 서버 등에 업로드하여 공중의 구성원이 개별적으로 선택한 시간과 장소에서 접근할 수 있도록 이용에 제공하면, 공중에게 침해 게시물을 실제로 송신하지 않더라도 공중송신권 침해는 기수에 이른다(대법원 2021.9.9, 2017도19025 전원합의체).

[보충] 위 행위가 공중송신권 침해의 정범에 해당하므로, 위 침해 게시물에 연결되는 링크를 저작권 침해물 링크 사이트에서 영리적·계속적으로 제공하는 행위는 공중송신권 침해의 방조범에 해당할 수 있다. "저작권 침해물 링크 사이트에서 침해 게시물에 연

결되는 링크를 제공하는 경우 등과 같이, 링크 행위자가 정범이 공중송신권을 침해한다는 사실을 충분히 인식하면서 그러한 침해 게시물 등에 연결되는 링크를 인터넷 사이트에 영리적·계속적으로 게시하는 등으로 공중의 구성원이 개별적으로 선택한 시간과 장소에서 침해 게시물에 쉽게 접근할 수 있도록 하는 정도의 링크 행위를 한 경우에는 침해 게시물을 공중의 이용에 제공하는 정범의 범죄를 용이하게 하므로 공중송신권 침해의 방조범이 성립한다. 이러한 링크 행위는 정범의 범죄행위가 종료되기 전 단계에서 침해 게시물을 공중의 이용에 제공하는 정범의 범죄 실현과 밀접한 관련이 있고 그 구성요건적 결과 발생의 기회를 현실적으로 증대함으로써 정범의 실행행위를 용이하게 하고 공중송신권이라는 법익의 침해를 강화·증대하였다고 평가할 수 있다. 링크 행위자에게 방조의 고의와 정범의 고의도 인정할 수 있다(대법원 2021.9.9, 2017도19025 전원합의체)."

ㅁ (○) 제31조 제2항·제3항

정답 ①

4 장애미수

015 ✓ 대표 ◆◇◇ 　　　　　 국가9급총론 2020

미수범의 성립에 대한 설명으로 옳은 것은? (다툼이 있는 경우 판례에 의함)

① 일반적으로 사람으로 하여금 공포심을 일으키게 하기에 충분한 해악을 고지하여 상대방이 그 의미를 인식하였지만 현실적으로 공포심을 일으키지 않은 경우－협박죄의 미수범
② 신체의 일부만 주거 안으로 들어갔지만 사실상의 주거의 평온을 해할 수 있는 정도에 이른 경우－주거침입죄의 미수범
③ 법원을 기망하여 유리한 판결을 얻어 내고 이에 터잡아 상대방으로부터 재물이나 재산상 이익을 취득하려고 소송을 제기하였지만 패소판결이 확정되는 등 유리한 판결을 받지 못하고 소송이 종료된 경우－사기죄의 미수범
④ 노상에 세워져 있는 자동차 안의 물건을 훔칠 생각으로 자동차의 유리창을 통하여 그 내부를 손전등으로 비추어 본 경우－절도죄의 미수범

해설 | 출제영역 | 미수론－미수범의 성립 여부

③ (○) 대법원 2000.2.11, 99도4459
① (×) 협박죄가 성립하려면 고지된 해악의 내용이 행위자와 상대방의 성향, 고지 당시의 주변 상황, 행위자와 상대방 사이의 친숙의 정도 및 지위 등의 상호관계, 제3자에 의한 해악을 고지한 경우에는 그에 포함되거나 암시된 제3자와 행위자 사이의 관계 등 행위 전후의 여러 사정을 종합하여 볼 때에 일반적으로 사람으로 하여금 공포심을 일으키게 하기에 충분한 것이어야 하지만, <u>상대방이 그에 의하여 현실적으로 공포심을 일으킬 것까지 요구하는 것은 아니며, 그와 같은 정도의 해악을 고지함으로써 상대방이 그 의미를 인식한 이상, 상대방이 현실적으로 공포심을 일으켰는지 여부와 관계없이 그로써 구성요건은 충족되어 협박죄의 기수</u>에 이르는 것으로 해석하여야 한다(대법원 2007.9.28, 2007도606 전원합의체).

② (×) 주거침입죄는 사실상의 주거의 평온을 보호법익으로 하는 것이므로, 반드시 행위자의 신체의 전부가 범행의 목적인 타인의 주거 안으로 들어가야만 성립하는 것이 아니라 신체의 일부만 타인의 주거 안으로 들어갔다고 하더라도 거주자가 누리는 사실상의 주거의 평온을 해할 수 있는 정도에 이르렀다면 범죄구성요건을 충족하는 것이라고 보아야 하고, 따라서 주거침입죄의 범의는 반드시 신체의 전부가 타인의 주거 안으로 들어간다는 인식이 있어야만 하는 것이 아니라 신체의 일부라도 타인의 주거 안으로 들어간다는 인식이 있으면 족하다(대법원 1995.9.15, 94도2561).
④ (×) 노상에 세워 놓은 자동차 안에 있는 물건을 훔칠 생각으로 자동차의 유리창을 통하여 그 내부를 손전등으로 비추어 본 것에 불과하다면 비록 유리창을 따기 위해 면장갑을 끼고 있었고 칼을 소지하고 있었다 하더라도 절도의 예비행위로 볼 수는 있겠으나 타인의 재물에 대한 지배를 침해하는데 밀접한 행위를 한 것이라고는 볼 수 없어 절취행위의 착수에 이른 것이었다고 볼 수 없다(대법원 1985.4.23, 85도464).

정답 ③

016 ✓ 유사 ◆◇◇ 　　　　　 경찰간부 2023

실행의 착수시기에 관한 학설의 설명으로 옳은 것은 모두 몇 개인가?

가. 형식적 객관설은 행위자가 구성요건에 해당하는 행위 또는 그 행위의 일부가 시작되었을 때 실행의 착수가 있다는 견해로 실행의 착수시기를 인정하는 시점이 너무 늦어져 미수의 범위가 좁아진다는 비판이 있다.

나. 실질적 객관설은 구성요건의 보호법익을 기준으로 하여 법익에 대한 직접적 위험을 발생시킨 객관적 행위시점에서 실행의 착수가 있다는 견해로 법익침해의 '직접적 위험'이라는 기준이 모호하다는 비판이 있다.

다. 주관설은 범죄란 범죄적 의사의 표현이므로 범죄의사를 명백하게 인정할 수 있는 외부적 행위가 있을 때 또는 범의의 비약적 표동이 있을 때 실행의 착수가 있다는 견해로 가벌적 미수의 범위가 지나치게 확대될 수 있다.

라. 주관적(개별적) 객관설은 행위자의 전체적 범행계획에 비추어 구성요건실현에 대한 직접적 행위가 있을 때 실행의 착수가 있다는 견해로 실행의 착수에 관한 객관설과 주관설의 단점을 제거하고 양설을 타협하기 위해 제시된 절충적인 견해이다.

① 1개 　　　　　 ② 2개
③ 3개 　　　　　 ④ 4개

해설 | 출제영역 | 실행의 착수

④ 4개
가. (○) 형식적 객관설의 내용과 그에 대한 비판이다.
나. (○) 이외에도 실질적 객관설은 밀접행위설이라고 하는데 밀접한 행위라는 개념이 모호하다는 비판도 받는다.

다. (○) 이외에도 주관설은 예비와 미수를 구별하기 어렵다는 비판도 받는다.

라. (○) 주관적 객관설 내지 개별적 객관설은 행위자의 관념(표상)과 행위(공격)의 직접성을 동시에 중시하는 견해로서, 행위자의 주관적인 범죄계획에 비추어 범죄의사의 분명한 표명이라고 볼 수 있는 행위가 보호법익에 대한 직접적 위험을 발생시킨 때 실행의 착수가 있다는 입장이다(통설).

정답 ④

017 ✓ 유사 ◆◆◇   경찰1차 2023

실행의 착수에 관한 설명 중 가장 적절하지 않은 것은? (다툼이 있는 경우 판례에 의함)

① 소유권이전등기청구권에 대한 압류는 강제집행절차를 위한 일련의 시작행위라고 할 수 있으므로, 허위 채권에 기한 공정증서를 집행권원으로 하여 채무자의 소유권이전등기청구권에 대하여 압류신청을 한 시점에 소송사기의 실행에 착수하였다고 볼 수 있다.

② 배임죄는 임무에 위배하는 행위를 한다는 점과 이로 인하여 자기 또는 제3자가 이익을 취득하여 본인에게 손해를 가한다는 점에 대한 인식이나 의사를 가지고 임무에 위배한 행위를 개시한 때 실행에 착수하였다고 볼 수 있다.

③ 업무상 배임죄에서 부작위를 실행의 착수로 볼 수 있기 위해서는 작위의무가 이행되지 않으면 사무처리의 임무를 부여한 사람이 재산권을 행사할 수 없으리라고 객관적으로 예견되는 등으로 구성요건적 결과 발생의 위험이 구체화한 상황에서 부작위가 이루어져야 하고, 행위자는 부작위 당시 자신에게 주어진 임무를 위반한다는 점과 그 부작위로 인해 손해가 발생할 위험이 있다는 점을 인식하였어야 한다.

④ 甲이 乙로부터 국제우편을 통해 향정신성의약품을 수입하는 경우, 필로폰을 받을 국내 주소를 알려주었으나 乙이 필로폰이 들어 있는 우편물을 발신국의 우체국에 제출하지 않았다고 하더라도 甲의 이러한 행위는 향정신성의약품 수입행위의 실행에 착수하였다고 볼 수 있다.

해설 | 출제영역 | 실행의 착수

④ (×) 국제우편 등을 통하여 향정신성의약품을 수입하는 경우에는 국내에 거주하는 사람을 수신인으로 명시하여 발신국의 우체국 등에 향정신성의약품이 들어있는 우편물을 제출한 때에 범죄의 실행에 착수하였다고 볼 수 있다(대법원 2019.9.10, 2019도8034).

① (○) 소유권이전등기청구권에 대한 압류는 당해 부동산에 대한 경매의 실시를 위한 사전 단계로서의 의미를 가지나, 전체로서의 강제집행절차를 위한 일련의 시작행위라고 할 수 있으므로, 허위 채권에 기한 공정증서를 집행권원으로 하여 채무자의 소유권이전등기청구권에 대하여 압류신청을 한 시점에 소송사기의 실행

에 착수하였다고 볼 것이다(대법원 2015.2.12, 2014도10086).

② (○) 타인의 사무를 처리하는 자가 배임의 범의로, 즉 임무에 위배하는 행위를 한다는 점과 이로 인하여 자기 또는 제3자가 이익을 취득하여 본인에게 손해를 가한다는 점에 대한 인식이나 의사를 가지고 임무에 위배한 행위를 개시한 때 배임죄의 실행에 착수한 것이고, 이러한 행위로 인하여 자기 또는 제3자가 이익을 취득하여 본인에게 손해를 가한 때 배임죄는 기수가 된다(대법원 2017.9.21, 2014도9960).

③ (○) 업무상배임죄는 타인과의 신뢰관계에서 일정한 임무에 따라 사무를 처리할 법적 의무가 있는 자가 그 상황에서 당연히 할 것이 법적으로 요구되는 행위를 하지 않는 부작위에 의해서도 성립할 수 있다. 그러한 부작위를 실행의 착수로 볼 수 있기 위해서는 작위의무가 이행되지 않으면 사무처리의 임무를 부여한 사람이 재산권을 행사할 수 없으리라고 객관적으로 예견되는 등으로 구성요건적 결과 발생의 위험이 구체화한 상황에서 부작위가 이루어져야 한다. 그리고 행위자는 부작위 당시 자신에게 주어진 임무를 위반한다는 점과 그 부작위로 인해 손해가 발생할 위험이 있다는 점을 인식하였어야 한다(대법원 2021.5.27. 2020도15529).

정답 ④

018 ✓ 대표 ◆◇◇   국가9급총론 2020

실행의 착수에 대한 설명으로 옳지 않은 것은? (다툼이 있으면 판례에 의함)

① 야간에 아파트에 침입하여 물건을 훔칠 의도하에 아파트의 베란다 철제난간까지 올라가 유리 창문을 열려고 시도하였다면 야간주거침입절도죄의 실행에 착수한 것으로 보아야 한다.

② 사기죄는 편취의 의사로 기망행위를 개시한 때에 실행에 착수한 것으로 보아야 하므로, 사기도박에서도 사기적인 방법으로 도금을 편취하려고 하는 자가 상대방에게 도박에 참가할 것을 권유하는 등 기망행위를 개시한 때에 실행의 착수가 있는 것으로 보아야 한다.

③ 제1차 매수인으로부터 계약금 및 중도금 명목의 금원을 교부받은 후 제2차 매수인에게 부동산을 매도하기로 하고 계약금만을 지급받은 뒤 더 이상의 계약 이행에 나아가지 않았다면 배임죄의 실행의 착수가 있었다고 볼 수 없다.

④ 양팔을 높이 들어 갑자기 뒤에서 껴안으려는 행위를 하는 경우 행위자의 팔이 피해자의 몸에 닿지 않으면 강제추행죄의 실행의 착수를 인정할 수 없다.

해설 | 출제영역 | 장애미수 − 객관적 요건 − 실행의 착수

④ (×) 피고인이 혼자 걸어가는 피해자(女, 17세)를 발견하고 마스크를 착용한 채 200m 정도 뒤따라 간 후, 인적이 없고 외진 곳에 이르러 피해자에게 약 1m 간격으로 접근하여 양팔을 높이 들어 피해자를 껴안으려고 하였으나 피해자가 뒤돌아보면서 '왜 이러세요?'라고 소리치자, 그 상태로 몇 초 동안 피해자를 쳐다보다가 다시 오던 길로 되돌아 온 경우, 양팔을 높이 들어 뒤에서 피해자를 껴안으려는 행위는 피해자의 의사에 반하는 유형력의 행사로서 폭행행위에 해당하고, 그 때에 이른바 '기습추행'에 관한 실행

의 착수가 있다고 볼 수 있으므로 아동·청소년에 대한 강제추행
미수죄에 해당한다(대법원 2015.9.10, 2015도6980).
① (○) 대법원 2003.10.24, 2003도4417
② (○) 대법원 2015.10.29, 2015도10948
③ (○) 대법원 2010.4.29, 2009도14427

정답 ④

---

019 ✓ 유사 ◆◇◇ 경찰2차 2018 유사 국가7급 2016

실행의 착수에 대한 설명으로 옳지 않은 것은? (다툼이 있는 경우 판례에 의함)

① 침입 대상인 아파트에 사람이 있는지를 확인하기 위해 그 집의 초인종을 누른 행위만으로는 주거침입죄의 실행의 착수가 인정되지 않는다.
② 법원을 기망하여 자기에게 유리한 판결을 얻고자 소송을 제기한 자가 상대방의 주소를 허위로 기재하여 소송을 제기함으로써 그 허위주소로 소송서류가 송달되어 그로 인하여 상대방 아닌 다른 사람이 그 서류를 받아 소송을 진행한 경우 소송사기죄의 실행의 착수가 인정되지 않는다.
③ 야간에 손전등과 박스 포장용 노끈을 이용하여 도로에 주차된 차량의 문을 열고 현금 등을 훔치기로 마음먹고 차량의 문이 잠겨 있는지 확인하기 위해 양손으로 운전석 문의 손잡이를 잡고 열려고 하던 중 경찰관에게 발각된 경우 절도죄의 실행의 착수가 인정된다.
④ 종량제 쓰레기봉투에 인쇄할 시장 명의의 문안이 새겨진 필름을 제조하는 행위에 그친 경우 시장 명의이 공문서인 종량제 쓰레기봉투를 위조하는 공문서위조죄의 실행의 착수에 이르지 아니한 준비행위에 불과하다.

해설 출제영역 | 장애미수 – 객관적 요건 – 실행의 착수
② (×) 소송사기는 법원을 기망하여 자기에게 유리한 판결을 얻고 이에 터잡아 상대방으로부터 재물의 교부를 받거나 재산상 이익을 취득하는 것을 말하는 것으로서 소송에서 주장하는 권리가 존재하지 않는 사실을 알고 있으면서도 법원을 기망한다는 인식을 가지고 소를 제기하면 이로써 실행의 착수가 있었다고 할 것이고 (대법원 1974.3.26, 74도196; 1993.9.14, 93도915 등) 소장의 유효한 송달을 요하지 아니한다고 할 것인바, 이러한 법리는 제소자가 상대방의 주소를 허위로 기재함으로써 그 허위주소로 소송서류가 송달되어 그로 인하여 상대방 아닌 다른 사람이 그 서류를 받아 소송이 진행된 경우에도 마찬가지로 적용된다고 할 것이다(대법원 2006.11.10, 2006도5811).
① (○) 대법원 2008.4.10, 2008도1464
③ (○) 대법원 2009.9.24, 2009도5595
④ (○) 대법원 2007.2.23, 2005도7430

정답 ②

---

020 ✓ 유사 ◆◆◇ 국가9급 2017

실행의 착수에 관한 다음 설명 중 가장 옳지 않은 것은? (다툼이 있으면 판례에 의함)

① 피고인이 피해자 소유 자동차 안에 들어있는 밍크코트를 발견하고 이를 절취할 생각으로 다른 사람이 망을 보고 있는 상태에서 차량 앞문 손잡이를 당기다가 피해자에게 발각된 경우 절도의 실행에 착수하였다고 볼 수 있다.
② 사기죄는 편취의 의사로 기망행위를 개시한 때에 실행에 착수한 것으로 보아야 하므로 사기도박에 있어 도금을 편취하려는 자가 상대방에게 참가할 것을 권유한 것만으로도 원칙적으로 사기죄의 실행에 착수한 것으로 볼 수 있다.
③ 야간에 아파트에 침입하여 물건을 훔칠 의도로 아파트 베란다 철제난간까지 올라가 유리창문을 열려고 시도하였다면 야간주거침입절도죄의 실행에 착수한 것으로 보아야 한다.
④ 제3자가 피보험자 본인인 것처럼 가장하여 타인의 사망을 보험사고로 하는 생명보험계약을 체결한 행위는 원칙적으로 사기죄의 실행에 착수한 것으로 볼 수 있다.

해설 출제영역 | 실행의 착수
④ (×) 하자 있는 보험계약을 체결한 행위만으로는 미필적으로라도 보험금을 편취하려는 의사에 의한 기망행위의 실행에 착수한 것으로 볼 것은 아니다. 그러므로 기망행위의 실행의 착수로 인정할 수 없는 경우에 피보험자 본인임을 가장하는 등으로 보험계약을 체결한 행위는 단지 장차의 보험금 편취를 위한 예비행위에 지나지 않는다(대법원 2013.11.14, 2013도7494).
① (○) 대법원 1986.12.23, 86도2256
② (○) 대법원 2011.1.13, 2010도9330
③ (○) 대법원 2003.10.24, 2003도4417

정답 ④

021 ✓ 유사 ◆◆◇

실행의 착수에 대한 설명으로 가장 적절한 것은? (다툼이 있는 경우 판례에 의함)

① 업무상 배임죄에서 부작위를 실행의 착수로 볼 수 있기 위해서는 작위의무가 이행되지 않으면 사무처리의 임무를 부여한 사람이 재산권을 행사할 수 없으리라고 객관적으로 예견되는 등으로 구성요건적 결과 발생의 위험이 구체화한 상황에서 부작위가 이루어져야 한다.

② 구 외국환거래법에서 규정하는 신고를 하지 아니하거나 허위로 신고하고 지급수단·귀금속 또는 증권을 수출하는 행위는 지급 수단 등을 국외로 반출하기 위한 행위에 근접 밀착하는 행위가 행하여진 때에 그 실행의 착수가 있으므로, 공항 내에서 보안 검색대에 나아가지 않은 채 휴대용 가방 안에 해당 물건을 가지고 탑승을 기다리던 중에 발각되었다면 이미 실행의 착수가 있는 것으로 볼 수 있다.

③ 타인의 사망을 보험사고로 하는 생명보험계약을 체결함에 있어 제3자가 피보험자인 것처럼 가장하여 체결하는 등으로 그 유효 요건이 갖추어지지 못한 경우, 보험사고의 우연성과 같은 보험의 본질을 해칠 정도라고 볼 수 있는 특별한 사정이 없더라도, 그와 같이 하자 있는 보험계약을 체결한 행위는 보험금을 편취하려는 의사에 의한 기망행위의 실행에 착수한 것으로 볼 수 있다.

④ 정범의 실행의 착수 전에 장래의 실행행위를 예상하고 이를 용이하게 하는 행위를 하여 방조한 경우에도 정범이 그 실행행위에 나아갔다면 종범이 성립하지만, 정범이 실행의 착수에 이르지 못한 경우 방조자는 예비죄의 종범으로 처벌된다.

해설 | 출제영역 | 실행의 착수

① (○) 대법원 2021.5.27, 2020도15529
[보충] 공소사실 기재와 같이 피고인에게 2011년 실시계획의 인가에 따른 후속 조치를 할 작위의무가 인정된다고 하더라도, 피해자 조합이 이 사건 환지예정지의 가치상승을 청산절차에 반영하지 못할 위험이 구체화한 상황에서 피고인이 그러한 작위의무를 위반하였다고 보기는 어려우므로, 피고인이 부작위로써 업무상배임죄의 실행에 착수하였다고 볼 수 없다(위 판례).

② (×) 외국환거래법 제28조 제1항 제3호에서 규정하는, 신고를 하지 아니하거나 허위로 신고하고 지급수단·귀금속 또는 증권을 수출하는 행위는 지급수단 등을 국외로 반출하기 위한 행위에 근접·밀착하는 행위가 행하여진 때에 그 실행의 착수가 있다고 할 것인데, 피고인이 일화 500만 ￥은 기탁화물로 부치고 일화 400만 ￥은 휴대용 가방에 넣어 국외로 반출하려고 하는 경우에, 500만 ￥에 대하여는 기탁화물로 부칠 때 이미 국외로 반출하기 위한 행위에 근접·밀착한 행위가 이루어졌다고 보아 실행의 착수가 있었다고 할 것이지만, 휴대용 가방에 넣어 비행기에 탑승하려고 한 나머지 400만 ￥에 대하여는 그 휴대용 가방을 보안검색대에 올려놓거나 이를 휴대하고 통과하는 때에 비로소 실행의 착수가 있다고 볼 것이고, 피고인이 휴대용 가방을 가지

고 보안검색대에 나아가지 않은 채 공항 내에서 탑승을 기다리고 있던 중에 체포되었다면 일화 400만 ￥에 대하여는 실행의 착수가 있다고 볼 수 없다(대법원 2001.7.27, 2000도4298).

③ (×) 타인의 사망을 보험사고로 하는 생명보험계약을 체결함에 있어 제3자가 피보험자인 것처럼 가장하여 체결하는 등으로 그 유효요건이 갖추어지지 못한 경우에도, 보험계약 체결 당시에 이미 보험사고가 발생하였음에도 이를 숨겼다거나 보험사고의 구체적 발생 가능성을 예견할 만한 사정을 인식하고 있었던 경우 또는 고의로 보험사고를 일으키려는 의도를 가지고 보험계약을 체결한 경우와 같이 보험사고의 우연성과 같은 보험의 본질을 해칠 정도라고 볼 수 있는 특별한 사정이 없는 한, 그와 같이 하자 있는 보험계약을 체결한 행위만으로는 미필적으로라도 보험금을 편취하려는 의사에 의한 기망행위의 실행에 착수한 것으로 볼 것은 아니다(대법원 2013.11.14, 2013도7494).

④ (×) 종범은 정범의 실행행위 중에 이를 방조하는 경우뿐만 아니라, 실행 착수 전에 장래의 실행행위를 예상하고 이를 용이하게 하는 행위를 하여 방조한 경우에도 정범이 실행행위를 한 경우에 성립한다(대법원 1996.9.6, 95도2551). 다만, 정범이 실행의 착수에 이르지 못한 경우에는 방조자는 처벌되지 않는다. "형법 32조 1항 소정 타인의 범죄란 정범이 범죄의 실현에 착수한 경우를 말하는 것이므로 종범이 처벌되기 위하여는 정범의 실행의 착수가 있는 경우에만 가능하고 형법 전체의 정신에 비추어 정범이 실행의 착수에 이르지 아니한 예비의 단계에 그친 경우에는 이에 가공하는 행위가 예비의 공동정범이 되는 경우를 제외하고는 종범의 성립을 부정하고 있다고 보는 것이 타당하다(대법원 1976.5.25, 75도1549)."

정답 ①

022 ✓ 유사 ◆◇◇

甲의 행위가 미수범에 해당하는 것을 모두 고른 것은? (다툼이 있는 경우 판례에 의함)

ㄱ. 甲이 노상에 세워 놓은 자동차 안에 있는 물건을 훔칠 생각으로 면장갑을 끼고 칼을 소지한 채 자동차의 유리창을 통하여 그 내부를 손전등으로 비추어 본 경우

ㄴ. 甲이 A의 재물을 절취하려고 준비한 가방에 A의 재물을 담던 중 A에게 발각되자 체포를 면탈할 목적으로 A를 폭행하고 가방을 그대로 둔 채 도망간 경우

ㄷ. A주식회사의 대표이사인 甲이 대표권을 남용하는 등 그 임무에 위배하여 A회사 명의의 약속어음을 발행하고 그 정을 모르는 자에게 이를 교부하였으나 아직 어음채무가 실제로 이행되기 전인 경우

① ㄱ   ② ㄴ
③ ㄷ   ④ ㄱ, ㄴ
⑤ ㄴ, ㄷ

해설 | 출제영역 | 실행의 착수

ㄱ. (×) 노상에 세워 놓은 자동차 안에 있는 물건을 훔칠 생각으로 자동차의 유리창을 통하여 그 내부를 손전등으로 비추어 본 것에 불과하다면 비록 유리창을 따기 위해 면장갑을 끼고 있었고 칼을

소지하고 있었다 하더라도 절도의 예비행위로 볼 수는 있겠으나 타인의 재물에 대한 지배를 침해하는 데 밀접한 행위를 한 것이라고는 볼 수 없어 절취행위의 착수에 이른 것이었다고 볼 수 없다(대법원 1985.4.23, 85도464).

ㄴ. (○) 대법원 2004.11.18, 2004도5074 전원합의체

ㄷ. (×) 주식회사의 대표이사가 대표권을 남용하는 등 그 임무에 위배하여 회사 명의로 의무를 부담하는 행위를 하더라도 일단 회사의 행위로서 유효하고, 다만 상대방이 대표이사의 진의를 알았거나 알 수 있었을 때에는 회사에 대하여 무효가 된다. 따라서 상대방이 대표권남용 사실을 알았거나 알 수 있었던 경우 그 의무부담행위는 원칙적으로 회사에 대하여 효력이 없고, 경제적 관점에서 보아도 이러한 사실만으로는 회사에 현실적인 손해가 발생하였다거나 실해 발생의 위험이 초래되었다고 평가하기 어려우므로, 달리 그 의무부담행위로 인하여 실제로 채무의 이행이 이루어졌다거나 회사가 민법상 불법행위책임을 부담하게 되었다는 등의 사정이 없는 이상 배임죄의 기수에 이른 것은 아니다. 그러나 이 경우에도 대표이사로서는 배임의 범의로 임무위배행위를 함으로써 실행에 착수한 것이므로 배임죄의 미수범이 된다. 그리고 상대방이 대표권남용 사실을 알지 못하였다는 등의 사정이 있어 그 의무부담행위가 회사에 대하여 유효한 경우에는 회사의 채무가 발생하고 회사는 그 채무를 이행할 의무를 부담하므로, 이러한 채무의 발생은 그 자체로 현실적인 손해 또는 재산상 실해 발생의 위험이라고 할 것이어서 그 채무가 현실적으로 이행되기 전이라도 배임죄의 기수에 이르렀다고 보아야 한다(대법원 2017. 7.20, 2014도1104 전원합의체).

정답 ②

---

023 ✅ 이론 ◆◆◇　　　변호사 2018

미수범에 관한 설명 중 옳지 않은 것은? (다툼이 있는 경우 판례에 의함)

① 특수강간이 미수에 그쳤다 하더라도 그로 인하여 피해자가 상해를 입었으면 특수강간치상죄가 성립하고, 특수강간의 죄를 범한 자가 피해자에 대하여 상해의 고의를 가지고 피해자에게 상해를 입히려다가 미수에 그친 경우에는 특수강간상해죄의 미수범으로 처벌된다.

② 목적과 같은 초과주관적 요소가 필요한 범죄에 있어서는 그 미수범의 성립에 있어서도 초과주관적 요소가 구비되어야 한다.

③ 대금을 결제하기 위하여, 절취한 타인의 신용카드를 제시하고 신용카드회사의 승인까지 받았으나 매출전표에 서명한 사실이 없고 도난카드임이 밝혀져 최종적으로 매출취소로 거래가 종결되었다면 「여신전문금융업법」상 신용카드부정사용죄의 미수범으로 처벌된다.

④ 실행미수가 중지범으로 인정되기 위해서는 단순히 행위의 계속을 포기하는 것으로 족하지 않고 행위자가 자의에 의하여 결과의 발생을 방지할 것이 요구된다.

⑤ 미수범 처벌근거에 대한 학설 중 주관설에 의할 경우 미수와 기수는 동일하게 처벌되어야 한다.

해설 | 출제영역 | 미수범의 처벌근거 – 처벌규정

③ (×) 미수행위에 불과하고 미수 처벌규정이 없어 무죄. "단순히 신용카드를 제시하는 행위만으로는 신용카드부정사용죄의 실행에 착수한 것이라고 할 수는 있을지언정 그 사용행위를 완성한 것으로 볼 수 없고, 신용카드를 제시한 거래에 대하여 카드회사의 승인을 받았다고 하더라도 마찬가지라 할 것이다(대법원 2008.2.14, 2007도8767).

① (○) 성폭력범죄의 처벌 및 피해자보호 등에 관한 법률 제9조 제1항에 의하면 같은 법 제6조 제1항에서 규정하는 특수강간의 죄를 범한 자뿐만 아니라, 특수강간이 미수에 그쳤다고 하더라도 그로 인하여 피해자가 상해를 입었으면 특수강간치상죄가 성립하는 것이고, 같은 법 제12조에서 규정한 위 제9조 제1항에 대한 미수범 처벌규정은 제9조 제1항에서 특수강간치상죄와 함께 규정된 특수강간상해죄의 미수에 그친 경우, 즉 특수강간의 죄를 범하거나 미수에 그친 자가 피해자에 대하여 상해의 고의를 가지고 피해자에게 상해를 입히려다가 미수에 그친 경우 등에 적용된다(대법원 2008.4.24, 2007도10058).

② (○) 초과주관적 구성요건요소가 필요한 범죄의 경우 미수범의 성립에 초과주관적 요소가 요구된다.

④ (○) 착수미수의 중지는 실행행위를 중지하는 것으로 족하지만, 실행미수의 중지는 결과발생을 적극적으로 방지하여야 한다.

⑤ (○) 주관설에 의하면 기수와 미수는 법적대적 의사가 동일하므로 미수도 기수와 동일하게 처벌한다.

정답 ③

---

024 ✅ 유사 ◆◇◇　　　국가9급총론 2018

미수범에 대한 설명으로 옳지 않은 것은? (다툼이 있는 경우 판례에 의함)

① 다가구용 단독주택인 빌라의 잠기지 않은 대문을 몰래 열고 들어가 공용 계단으로 빌라 3층까지 올라갔다가 1층으로 내려온 경우 주거침입죄의 미수이다.

② 일정량 이상을 먹으면 사람이 죽을 수도 있는 '초우뿌리' 달인 물을 피해자에게 마시게 하여 살해하려다 미수에 그친 경우 살인죄의 불능범이 아닌 살인죄의 미수이다.

③ 피해자를 강간하려다가 피해자가 다음번에 만나 친해지면 응해 주겠다는 취지로 간곡히 부탁하자 그 목적을 이루지 못하고 피해자를 집에까지 데려다 준 경우 강간죄의 중지미수이다.

④ 다른 공범의 범행을 중지하게 하지 아니한 이상 자기만의 범의를 철회, 포기하여도 중지미수로는 인정될 수 없다.

해설 | 출제영역 | 장애미수 – 객관적 요건 – 실행의 착수

① (×) 다가구용 단독주택인 빌라의 잠기지 않은 대문을 열고 들어가 공용 계단으로 빌라 3층까지 올라갔다가 1층으로 내려온 사안에서, 주거인 공용 계단에 들어간 행위가 거주자의 의사에 반한 것이라면 주거에 침입한 것이라고 보아야 한다(대법원 2009.8. 20, 2009도3452).

② (○) 일정량 이상을 먹으면 사람이 죽을 수도 있는 '초우뿌리'나

'부자' 달인 물을 마시게 하여 피해자를 살해하려다 미수에 그친 행위가 불능범이 아닌 살인미수죄에 해당한다(대법원 2007.7.26, 2007도3687).

③ (○) 피고인이 피해자를 강간하려다가 피해자의 다음번에 만나 친해지면 응해 주겠다는 취지의 간곡한 부탁으로 인하여 그 목적을 이루지 못한 후 피해자를 자신의 차에 태워 집에까지 데려다 주었다면 피고인은 자의로 피해자에 대한 강간행위를 중지한 것이고 피해자의 다음에 만나 친해지면 응해 주겠다는 취지의 간곡한 부탁은 사회통념상 범죄실행에 대한 장애라고 여겨지지는 아니하므로 피고인의 행위는 중지미수에 해당한다(대법원 1993. 10.12, 93도1851).

④ (○) 다른 공범의 범행을 중지하게 하지 아니한 이상 자기만의 범의를 철회, 포기하여도 중지미수로는 인정될 수 없는 것이다(대법원 1969.2.25, 68도1676).

정답 ①

---

025 ✓유사 ◆◇◇ 국가9급총론 2018

실행의 착수에 대한 설명으로 옳은 것은? (다툼이 있는 경우 판례에 의함)

① 예비·음모 후 실행의 착수로 나아가기를 자의로 포기한 경우 중지범규정을 유추적용할 수 있다.

② 격분하여 사람을 살해하려고 밖으로 나가 낫을 들고 피해자에게 다가서려고 하였으나 제3자가 제지하자 그 틈을 타서 피해자가 도망간 경우 살인죄의 실행에 착수하지 않은 것이다.

③ 야간에 절도의 목적으로 타인의 주거에 침입한 후 물색행위를 하기 전에 발각된 경우 야간주거침입절도죄의 실행의 착수가 있었던 것으로 인정된다.

④ 2인 이상이 합동하여 주간에 피해자의 아파트 출입문 시정장치를 손괴하다가 발각되어 도주한 경우 형법 제331조 제2항 특수절도죄의 실행의 착수가 인정된다.

해설 | 출제영역 | 장애미수 – 객관적 요건 – 실행의 착수

③ (○) 야간에 타인의 재물을 절취할 목적으로 사람의 주거에 침입한 경우에는 주거에 침입한 단계에서 이미 형법 제330조에서 규정한 야간주거침입절도죄라는 범죄행위의 실행에 착수한 것이라고 보아야 한다(대법원 2006.9.14, 2006도2824).

① (×) 예비의 중지에 관하여 판례는 부정설이다(대법원 1999.4.9, 99도424).

② (×) 피고인이 격분하여 피해자를 살해할 것을 마음먹고 밖으로 나가 낫을 들고 피해자에게 다가서려고 하였으나 제3자 이를 제지하여 그 틈을 타서 피해자가 도망함으로써 살인의 목적을 이루지 못한 경우, 피고인이 낫을 들고 피해자에게 접근함으로써 살인의 실행행위에 착수하였다고 할 것이므로 이는 살인미수에 해당한다(대법원 1986.2.25, 85도2773).

④ (×) '주간에' 아파트 출입문 시정장치를 손괴하다가 발각되어 도주한 피고인들이 특수절도미수로 기소된 사안에서, '실행의 착수'가 없었다는 이유로 형법 제331조 제2항의 특수절도죄의 점에 대해 무죄를 선고한 원심판단을 수긍한 사례이다(대법원 2009. 12.24, 2009도9667).

정답 ③

---

026 ✓유사 ◆◇◇ 국가9급 2018

다음 설명 중 가장 옳지 않은 것은? (다툼이 있는 경우 판례에 의하고, 전원합의체 판결의 경우 다수의견에 의함)

① 신체의 일부만 타인의 집 안에 들어간다는 인식하에 타인의 집의 창문을 열고 집 안으로 얼굴을 들이미는 등의 행위를 한 경우에도 주거침입죄의 실행착수가 인정될 수 있다.

② 2인 이상이 합동하여 주간에 절도의 목적으로 타인의 주거에 침입한 경우 절취할 물건의 물색행위를 시작하기 전이라면 형법 제331조 제2항의 특수절도 미수죄가 성립하지 않는다.

③ 강간할 목적으로 피해자의 집에 침입하였다 하더라도 안방에 들어가 누워 자고 있는 피해자의 가슴과 엉덩이를 만지면서 간음을 기도하였다는 사실만으로는 강간미수죄로 처벌할 수 없다.

④ 절도미수범이 체포를 면탈하기 위하여 폭행을 가한 경우에는 절도행위가 기수에 이르지 않았더라도 준강도죄의 기수가 성립한다.

해설 | 출제영역 | 실행의 착수, 준강도

④ (×) 형법 제335조에서 절도가 재물의 탈환을 항거하거나 체포를 면탈하거나 죄적을 인멸할(2020.12.8. 개정: 범죄의 흔적을 인멸할) 목적으로 폭행 또는 협박을 가한 때에 준강도로서 강도죄의 예에 따라 처벌하는 취지는, 강도죄와 준강도죄의 구성요건인 재물탈취와 폭행·협박 사이에 시간적 순서상 전후의 차이가 있을 뿐 실질적으로 위법성이 같다고 보기 때문인바, 이와 같은 준강도죄의 입법 취지, 강도죄와의 균형 등을 종합적으로 고려해 보면, 준강도죄의 기수 여부는 절도행위의 기수 여부를 기준으로 하여 판단하여야 한다(대법원 2004.11.18, 2004도5074 전원합의체).

① (○) 주거침입죄는 사실상의 주거의 평온을 보호법익으로 하는 것이므로, 반드시 행위자의 신체의 전부가 범행의 목적인 타인의 주거 안으로 들어가야만 성립하는 것이 아니라 신체의 일부만 타인의 주거 안으로 들어갔다고 하더라도 거주자가 누리는 사실상의 주거의 평온을 해할 수 있는 정도에 이르렀다면 범죄구성요건을 충족하는 것이라고 보아야 하고, 따라서 주거침입죄의 범의는 반드시 신체의 전부가 타인의 주거 안으로 들어간다는 인식이 있어야만 하는 것이 아니라 신체의 일부라도 타인의 주거 안으로 들어간다는 인식이 있으면 족하다(대법원 1995.9.15, 94도2561).

② (○) 형법 제331조 제2항의 특수절도에 있어서 주거침입은 그 구성요건이 아니므로, 절도 범인이 그 범행수단으로 주거침입을 한 경우에 그 주거침입행위는 절도죄에 흡수되지 아니하고 별개로 주거침입죄를 구성하여 절도죄와는 실체적 경합의 관계에 있게 되고, 2인 이상이 합동하여 야간이 아닌 주간에 절도의 목적으로 타인의 주거에 침입하였다 하여도 아직 절취할 물건의 물색행위를 시작하기 전이라면 특수절도죄의 실행에는 착수한 것으로 볼 수 없는 것이어서 그 미수죄가 성립하지 않는다(대법원 2009. 12.24, 2009도9667).

③ (○) 강간죄의 실행의 착수가 있었다고 하려면 강간의 수단으로서 폭행이나 협박을 한 사실이 있어야 할 터인데 피고인이 강간할 목적으로 피해자의 집에 침입하였다 하더라도 안방에 들어가 누워 자고 있는 피해자의 가슴과 엉덩이를 만지면서 간음을 기도하였다는 사실만으로는 강간의 수단으로 피해자에게 폭행이나 협박을 개시하였다고 하기는 어렵다(대법원 1990.5.25, 90도607).

정답 ④

027 ✓ 유사 ◆◆◇ 법원9급 2020

실행의 착수시기에 관한 다음 설명 중 가장 옳지 않은 것은? (다툼이 있는 경우 판례에 의함)

① 부동산 이중양도에 있어서 매도인이 제2차 매수인으로부터 계약금만을 지급받고 중도금을 수령한 바 없다면 배임죄의 실행의 착수가 있었다고 볼 수 없다.

② 피고인들이 낮에 아파트 출입문 시정장치를 손괴하다가 발각되어 도주한 경우, 형법 제331조 제2항의 특수절도의 실행의 착수가 있었다고 볼 수 없다.

③ 출입문이 열려 있으면 안으로 들어가겠다는 의사 아래 출입문을 당겨보는 행위만으로는 주거침입의 실행의 착수가 있었다고 볼 수 없다.

④ 강간을 목적으로 피해자의 집에 침입하여 안방에서 자고 있는 피해자의 가슴과 엉덩이를 만지면서 간음을 기도하였다는 사실만으로는 강간죄의 실행의 착수가 있었다고 볼 수 없다.

해설 출제영역 | 성립요건 – 실행의 착수

③ (×) 주거의 사실상의 평온을 침해할 객관적인 위험성을 포함하는 것으로 볼 수 있어 그것으로 주거침입의 실행에 착수한 것으로 보아야 한다(대법원 2006.9.14, 2006도2824).

① (○) 대법원 1983.10.11, 83도2057

② (○) 형법 제331조 제2항의 특수절도에 있어서 주거침입은 그 구성요건이 아니므로, 절도범인이 그 범행수단으로 주거침입을 한 경우에 그 주거침입행위는 절도죄에 흡수되지 아니하고 별개로 주거침입죄를 구성하여 절도죄와는 실체적 경합의 관계에 있게 되고, 2인 이상이 합동하여 야간이 아닌 주간에 절도의 목적으로 타인의 주거에 침입하였다 하여도 아직 절취할 물건의 물색행위를 시작하기 전이라면 특수절도의 실행에는 착수한 것이라고 볼 수 없는 것이어서 그 미수죄가 성립하지 않는다(대법원 2009.12.24, 2009도9667).

④ (○) 대법원 1990.5.25, 90도607

정답 ③

028 ✓ 대표 ◆◆◇ 국가7급 2020

괄호 안의 범죄의 미수범이 성립하는 것만을 모두 고르면? (다툼이 있는 경우 판례에 의함)

ㄱ. 야간에 아무도 없는 카페 내실에 침입하여 장식장 안에 들어 있던 정기적금통장 등을 꺼내 들고 카페로 나오던 중 발각되어 돌려준 경우(야간주거침입절도죄)

ㄴ. 야간에 타인의 재물을 절취할 목적으로 타인의 주거에 침입하였다가 발각된 경우(야간주거침입절도죄)

ㄷ. 야간에 절도의 목적으로 출입문에 장치된 자물통 고리를 절단하고 출입문을 손괴한 뒤 집안으로 침입하려다가 발각된 경우(특수절도죄)

ㄹ. 노상에 세워 놓은 자동차 안에 있는 물건을 훔칠 생각으로 자동차의 유리창을 통하여 그 내부를 손전등으로 비추어 보다가 체포된 경우(절도죄)

ㅁ. 주점에 침입하여 양주를 바구니에 담고 있던 중 종업원이 들어오는 소리를 듣고서 양주를 그대로 둔 채 출입문을 열고 나오다가 체포를 면탈할 목적으로 종업원의 오른손을 깨무는 등 폭행한 경우(준강도죄)

① ㄱ, ㅁ
② ㄱ, ㄷ, ㅁ
③ ㄴ, ㄷ, ㄹ
④ ㄴ, ㄷ, ㅁ

해설 출제영역 | 미수론, 실행의 착수

ㄱ. (×) 피고인이 피해자 경영의 카페에서 야간에 아무도 없는 그곳 내실에 침입하여 장식장 안에 들어 있던 정기적금통장 등을 꺼내 들고 카페로 나오던 중 발각되어 돌려 준 경우 피고인은 피해자의 재물에 대한 소지(점유)를 침해하고, 일단 피고인 자신의 지배 내에 옮겼다고 볼 수 있으니 절도의 미수에 그친 것이 아니라 야간주거침입절도의 기수라고 할 것이다(대법원 1991.4.23, 91도476).

ㄴ. (○) 야간에 타인의 재물을 절취할 목적으로 사람의 주거에 침입한 경우에는 주거에 침입한 행위의 단계에서 이미 형법 제330조에서 규정한 야간주거침입절도죄라는 범죄행위의 실행에 착수한 것이라고 볼 것이다(대법원 1984.12.26, 84도2433).

ㄷ. (○) 야간에 절도의 목적으로 출입문에 장치된 자물통 고리를 절단하고 출입문을 손괴한 뒤 집안으로 침입하려다가 발각된 것이라면 이는 특수절도죄의 실행에 착수한 것이다(대법원 1986.9.9, 86도1273).

ㄹ. (×) 노상에 세워 놓은 자동차 안에 있는 물건을 훔칠 생각으로 자동차의 유리창을 통하여 그 내부를 손전등으로 비추어 본 것에 불과하다면 비록 유리창을 따기 위해 면장갑을 끼고 있었고 칼을 소지하고 있었다 하더라도 절도의 예비행위로 볼 수는 있겠으나 타인의 재물에 대한 지배를 침해하는데 밀접한 행위를 한 것이라고는 볼 수 없어 절취행위의 착수에 이른 것이었다고 볼 수 없다(대법원 1985.4.23, 85도464).

ㅁ. (○) 준강도죄의 기수 여부는 절도행위의 기수 여부를 기준으로 하여 판단하여야 하므로, 절도의 미수 상태에서 폭행이 이루어졌으므로 준강도미수가 성립한다(대법원 2004.11.18, 2004도5074 전원합의체).

정답 ④

029 ⊘ 대표 ◆◇◇   국가9급총론 2021

다음 설명 중 옳은 것만을 모두 고르면? (다툼이 있는 경우 판례에 의함)

> ㄱ. 장애미수와 중지미수는 범죄실행에 착수할 당시 실행 행위를 놓고 판단하였을 때 행위자가 의도한 범죄의 기수가 성립할 가능성이 있었으므로, 처음부터 기수가 될 가능성이 객관적으로 배제되는 불능미수와 구별된다.
> ㄴ. 예비행위를 자의로 중지한 경우 예비의 형이 중지미수의 형보다 무거운 때에는 중지미수의 규정을 준용할 수 있다.
> ㄷ. 사람을 약취·유인한 자가 인질을 안전한 장소로 풀어준 때와 같이 예외적인 경우에는 범죄가 기수에 이른 후에도 형법 총칙상 중지미수의 규정을 준용한다.
> ㄹ. 범죄의 실행에 착수하였으나 피해자의 간곡한 부탁으로 인하여 그 목적을 이루지 못하고 자기의 자유로운 의사에 따라 범죄의 실행을 중지한 경우에는 중지미수에 해당한다.

① ㄱ, ㄴ   ② ㄱ, ㄹ
③ ㄴ, ㄷ   ④ ㄷ, ㄹ

해설 │ 출제영역 | 중지미수의 성립요건

ㄱ. (○) 대법원 2019.3.28, 2018도16002 전원합의체
ㄴ. (×) 중지범은 범죄의 실행에 착수한 후 자의로 그 행위를 중지한 때를 말하는 것이고, 실행의 착수가 있기 전인 예비음모의 행위를 처벌하는 경우에 있어서는 중지범의 관념은 이를 인정할 수 없다(대법원 1991.6.25, 91도436).
ㄷ. (×) 사람을 약취·유인한 자가 인질을 안전한 장소로 풀어준 때와 같이 예외적인 경우에는 형법 제295조의2에 따라 그 형을 감경할 수 있을 뿐, 중지미수의 규정을 준용하는 것은 아니다.
ㄹ. (○) 대법원 1993.10.12, 93도1851

정답 ②

030 ⊘ 대표 ◆◇◇   국가9급 2016

중지미수에 있어서 자의성이 인정되는 경우는? (다툼이 있으면 판례에 의함)

① 甲은 강간의 실행에 착수하였으나 A가 다음에 만나서 친해지면 응해주겠다는 취지로 간곡하게 부탁을 하자 실행을 중지한 경우
② 甲은 강간의 실행에 착수하였으나 A가 시장에 간 남편이 곧 돌아올 것이고 자신이 현재 임신 중이라고 말하자 실행을 중지한 경우
③ 甲은 A를 살해하려고 A의 목과 왼쪽 가슴을 칼로 수회 찔렀으나 A의 가슴에서 피가 많이 흘러나오는 것을 보고 겁이 나서 실행을 중지한 경우
④ 甲은 A의 주택을 불태우려고 주택 안의 장롱에 있던 의류에 불을 놓았으나 불길이 치솟는 것을 보고 겁이 나서 물을 부어 불을 끈 경우

해설 │ 출제영역 | 중지미수의 주관적 요건 – 자의성

① (○) 피고인은 자의로 피해자에 대한 강간행위를 중지한 것이고 피해자의 다음에 만나 친해지면 응해 주겠다는 취지의 간곡한 부탁은 사회통념상 범죄실행에 대한 장애라고 여겨지는 아니하므로 피고인의 행위는 중지미수에 해당한다(대법원 1993.10.12, 93도1851).
② (×) 강도가 강간하려고 하였으나 잠자던 피해자의 어린 딸이 잠에서 깨어 우는 바람에 도주하였고 또 피해자가 시장에 간 남편이 곧 돌아온다고 하면서 임신중이라고 말하자 도주한 경우에는 자의로 강간행위를 중지하였다고 볼 수 없다(대법원 1993.4.13, 93도347).
③ (×) 피고인이 피해자를 살해하려고 그의 목 부위와 왼쪽 가슴 부위를 칼로 수 회 찔렀으나 피해자의 가슴 부위에서 많은 피가 흘러나오는 것을 발견하고 겁을 먹고 그만 두는 바람에 미수에 그친 것이라면, 위와 같은 경우 많은 피가 흘러나오는 것에 놀라거나 두려움을 느끼는 것은 일반 사회통념상 범죄를 완수함에 장애가 되는 사정에 해당한다고 보아야 할 것이므로 이를 자의에 의한 중지미수라고 볼 수 없다(대법원 1999.4.13, 99도640).
④ (×) 피고인이 장롱 안에 있는 옷가지에 불을 놓아 건물을 소훼하려 하였으나 불길이 치솟는 것을 보고 겁이 나서 물을 부어 불을 끈 것이라면, 위와 같은 경우 치솟는 불길에 놀라거나 자신의 신체안전에 대한 위해 또는 범행 발각시의 처벌 등에 두려움을 느끼는 것은 일반 사회통념상 범죄를 완수함에 장애가 되는 사정에 해당한다고 보아야 할 것이므로 이를 자의에 의한 중지미수라고는 볼 수 없다(대법원 1997.6.13, 97도957).

정답 ①

정답 ③

031 ✓유사 ◆◆◇ 법원9급 2020

다음 설명 중 가장 옳은 것은? (다툼이 있는 경우 판례에 의하고, 전원합의체 판결의 경우 다수의견에 의함)

① 태풍 피해복구보조금 지원절차가 행정당국에 의한 실사를 거쳐 피해자로 확인된 경우에 한하여 보조금 지원신청을 할 수 있도록 되어 있는 경우, 허위의 피해신고만으로도 사기죄의 실행의 착수가 있다고 볼 수 있다.

② 절취의 목적으로 자동차내부를 손전등으로 비추어 본 것은 절도의 실행에 착수한 것으로 볼 수 있다.

③ 강간의 실행에 착수하였으나 피해자가 수술한지 얼마 안 되어 배가 아프다면서 애원하여 간음을 중단한 경우에는 자의로 실행을 중지한 경우로 볼 수 없다.

④ 피고인이 피해자가 심신상실 또는 항거불능의 상태에 있다고 인식하고 그러한 상태를 이용하여 간음할 의사로 피해자를 간음하였으나 피해자가 실제로는 심신상실 또는 항거불능의 상태에 있지 않은 경우, 준강간죄의 불능미수가 성립하지 아니한다.

해설 **출제영역 | 실행의 착수**

③ (O) 피고인 甲, 乙, 丙이 강도행위를 하던 중 피고인 甲, 乙은 피해자를 강간하려고 작은 방으로 끌고 가 팬티를 강제로 벗기고 음부를 만지던 중 피해자가 수술한 지 얼마 안 되어 배가 아프다면서 애원하는 바람에 그 뜻을 이루지 못하였다면, 강도행위의 계속 중 이미 공포상태에 빠진 피해자를 강간하려고 한 이상 강간의 실행에 착수한 것이고, 피고인들이 간음행위를 중단한 것은 피해자를 불쌍히 여겨서가 아니라 피해자의 신체조건상 강간을 하기에 지장이 있다고 본 데에 기인한 것이므로, 이는 일반의 경험상 강간행위를 수행함에 장애가 되는 외부적 사정에 의하여 범행을 중지한 것에 지나지 않는 것으로서 중지범의 요건인 자의성을 결여하였다(대법원 1992.7.28, 92도917).

① (×) 태풍 피해복구보조금 지원절차가 행정당국에 의한 실사를 거쳐 피해자로 확인된 경우에 한하여 보조금 지원신청을 할 수 있도록 되어 있는 경우, 피해신고는 국가가 보조금의 지원 여부 및 정도를 결정함에 있어 그 직권조사를 개시하기 위한 참고자료에 불과하다는 이유로 허위의 피해신고만으로는 위 보조금 편취 범행의 실행에 착수한 것이라고 몰 수 없다(대법원 1999.3.12, 98도3443).

② (×) 노상에 세워 놓은 자동차 안에 있는 물건을 훔칠 생각으로 자동차의 유리창을 통하여 그 내부를 손전등으로 비추어 본 것에 불과하다면 비록 유리창을 따기 위해 면장갑을 끼고 있었고 칼을 소지하고 있었다 하더라도 절도의 예비행위로 볼 수는 있겠으나 타인의 재물에 대한 지배를 침해하는데 밀접한 행위를 한 것이라고는 볼 수 없어 절취행위의 착수에 이른 것이었다고 볼 수 없다(대법원 1985.4.23, 85도464).

④ (×) 피고인이 피해자가 심신상실 또는 항거불능의 상태에 있다고 인식하고 그러한 상태를 이용하여 간음할 의사로 피해자를 간음하였으나 피해자가 실제로는 심신상실 또는 항거불능의 상태에 있지 않은 경우에는, 실행의 수단 또는 대상의 착오로 인하여 준강간죄에서 규정하고 있는 구성요건적 결과의 발생이 처음부터 불가능하였고 실제로 그러한 결과가 발생하였다고 할 수 없다. 피고인이 준강간의 실행에 착수하였으나 범죄가 기수에 이르지 못하였으므로 준강간죄의 미수범이 성립한다. 피고인이 행위 당시에 인식한 사정을 놓고 일반인이 객관적으로 판단하여 보았을 때 준강간의 결과가 발생할 위험성이 있었으므로 준강간죄의 불능미

032 ✓이론 ◆◆◆ 국가9급 2014

중지미수에 대한 설명으로 옳지 않은 것은? (다툼이 있는 경우 판례에 의함)

① 중지미수의 법적 성격에 대한 책임감소·소멸설은 형의 면제 효과를 설명하기 어렵다는 비판을 받는다.

② 중지미수의 자의성에 대한 주관설은 자의성의 개념을 지나치게 확대한다는 비판을 받는다.

③ 공동정범의 경우 다른 공동정범 전원의 실행을 중지시키거나 모든 결과의 발생을 방지하지 않는 한 중지미수가 인정되지 않는다.

④ 범죄의 예비·음모 단계에서는 자의로 예비·음모행위를 중지한 경우에도 중지미수를 인정할 수 없다.

해설 **출제영역 | 중지미수 – 성립요건 – 주관적 요건**

② (×) 주관설(심리설)은 윤리적 동기 여부를 기준으로 하는 주관설과 Frank의 공식으로 나눠져 전자는 후회·동정·연민, 양심의 가책 등 윤리적 동기에 의하여 중지한 경우만 중지미수로 보고, 후자는 결과를 발생시킬 수 있지만 원하지 않아서 행위를 중단할 경우에만 자의성을 인정하여 중지미수로 인정하는 학설이다. 특히 윤리적 주관설에 의하면 후회·동정·연민 등에 의한 중지가 중지미수인 것은 분명하지만 그 이외 합리적·계산적으로 판단하여 자율적으로 중지한 경우에는 –중지미수의 자의성은 인정되어야 함에도– 자의성을 인정하지 않음으로써 중지미수의 인정범위가 지나치게 협소해진다는 비판을 받는다.

① (O) 책임감소·소멸설(법률설)은 범행의 중지 및 결과의 방지로 인하여 위법성이 감소 내지 소멸되거나 책임이 감소 내지 소멸된다고 설명하는 입장이다. 이는 범행의 중지를 책임감소사유로 이해하는 부분은 타당하나, 형법이 중지범의 형을 일단 유죄로 인정하고 형의 감경 내지 면제를 인정하고 있다는 점에서 무죄판결을 전제하는 위법성소멸설·책임소멸설은 타당하지 않다는 비판을 받고 있다(위법성이 소멸하고 책임이 소멸한다는 것은 무죄이나, 중지미수는 감경사유가 되더라도 분명 유죄).

③ (O) 중지미수는 중지로 인하여 결과가 발생하지 않아야 인정되는 것이기 때문에, 공범자 중 1인의 중지미수가 성립하려면 그 자신의 범의를 중지함으로써 되는 것이 아니라 다른 공범자의 실행을 중지케 하여야만 중지미수가 성립된다(대법원 1969.2.25, 68도1676). 즉, 다른 공범의 범행을 중지하게 하지 아니한 이상 자기만의 범의를 철회·포기하여도 중지미수로는 인정될 수 없다.

④ (O) 중지범은 범죄의 실행에 착수한 후 자의로 그 행위를 중지한 때를 말하는 것이므로 실행의 착수가 있기 전인 예비·음모의 행위를 처벌하는 경우에 있어서는 중지범의 관념을 인정할 수 없다(대법원 1966.4.21, 66도152).

정답 ②

033 ✓이론 ◆◆◇ 〔변호사 2016〕

미수에 관한 설명 중 옳지 않은 것은? (다툼이 있는 경우 판례에 의함)

① 미수범이 성립하기 위해서는 확정적으로 행위의사가 있어야 하나 행위의사가 확정적이면 그 실행이 일정한 조건의 발생에 좌우되는 때에도 고의는 인정된다.

② 甲이 A에게 위조한 주식인수계약서와 통장사본을 보여주면서 50억 원의 투자를 받았다고 거짓말하며 자금 대여를 요청한 후 A와 함께 50억 원의 입금 여부를 확인하기 위해 은행에 가던 중 범행이 발각될 것이 두려워 은행 입구에서 차용을 포기하고 돌아간 행위는 사기죄의 중지미수에 해당하지 않는다.

③ 일반적으로 공범이 자신의 행위를 중지한 것만으로는 중지미수가 성립하지 않지만, 다른 공범 또는 정범의 행위를 중단시키거나 결과발생을 저지하기 위한 진지한 노력이 있었을 경우에는 비록 결과가 발생하였다 할지라도 그 공범에게는 예외적으로 중지미수가 성립될 수 있다.

④ 중지미수에 있어서 자의성 판단기준에 관한 학설 중 Frank의 공식은 행위자가 할 수 있었음에도 불구하고 하기를 원하지 않아서 범죄행위를 중지한 경우는 중지미수에 해당하지만 행위자가 범죄행위를 하려고 하였지만 할 수가 없어서 중지한 경우는 장애미수라고 하여 양자를 구별하고 있다.

⑤ 甲과 乙이 공동으로 A를 살해하려고 칼로 찔렀으나 A가 상처만 입고 죽지 않자 乙은 그대로 가버리고 甲만이 A를 살리려고 노력하여 A가 사망하지 않은 경우 甲에게만 중지미수에 의한 형의 감면이 인정된다.

〔해설〕 출제영역 | 공범과 중지미수

③ (×) 다른 공범의 범행을 중지하게 하지 아니한 이상 자기만의 범의를 철회, 포기하여도 중지미수로는 인정될 수 없다(대법원 2005.2.25, 2004도8259).

① (○) 미수의 행위의사가 일정한 조건의 발행에 좌우되는때에도 그 고의성을 인정할 수 있다.

② (○) 대법원 2011.11.10, 2011도10539

④ (○) 주관설 중 frank의 공식은 결과를 발생시킬 수 있지만 원하지 않아서 행위를 중단한 경우에는 자의성이 인정되나, 결과발생을 원하지만 이를 달성할 수 없어서 중단한 경우에는 자의성이 부인된다는 입장이다.

⑤ (○) 중지미수의 효과는 일신전속적 성격을 가지므로 중지미수의 효과는 자의로 중지한 자에게만 미치고, 다른 공범들은 장애미수가 된다.

〔정답〕 ③

034 ✓이론 ◆◆◇ 〔변호사 2015〕

예비와 미수에 관한 설명 중 옳은 것을 모두 고른 것은? (다툼이 있는 경우 판례에 의함)

> ㄱ. 미수범은 구성요건의 객관적 요소가 하나라도 충족되지 아니한 때에 성립하는 것으로, 현행법상 고의범은 물론이고 과실범에 대해서도 성립될 수 있다.
> ㄴ. 공동정범 중 1인이 자의로 범행을 중지하였다 하더라도 다른 공범자들의 실행행위를 중지시키지 아니하거나 결과발생을 방지하지 아니한 이상 중지범을 인정할 수 없다.
> ㄷ. 중지범은 범죄 실행의 착수 이후의 개념이므로 예비·음모죄에 대하여는 중지범을 인정할 수 없다.
> ㄹ. 길가에 세워져 있는 자동차 안의 금품을 절취하기 위하여 준비한 손전등으로 유리창을 통해 자동차의 내부를 비추어 보다가 발각되었다면, 절도죄의 실행의 착수를 인정하기 어려워 절도미수죄로 처벌할 수 없으나 절도예비죄로는 처벌할 수 있다.

① ㄱ, ㄴ   ② ㄴ, ㄷ
③ ㄷ, ㄹ   ④ ㄱ, ㄴ, ㄹ
⑤ ㄴ, ㄷ, ㄹ

〔해설〕 출제영역 | 미수론 – 예비죄

ㄱ. (×) 형법상 과실범의 미수를 처벌하는 규정은 없다.

ㄴ. (○) 대법원 2005.2.25, 2004도8259

ㄷ. (○) 대법원 1999.4.9, 99도424

ㄹ. (×) 노상에 세워 놓은 자동차안에 있는 물건을 훔칠 생각으로 자동차의 유리창을 통하여 그 내부를 손전등으로 비추어 본 것에 불과하다면 비록 유리창을 따기 위해 면장갑을 끼고 있었고 칼을 소지하고 있었다 하더라도 절도의 예비행위로 볼 수는 있겠으나 타인의 재물에 대한 지배를 침해하는데 밀접한 행위를 한 것이라고는 볼 수 없어 절취행위의 착수에 이른 것이었다고 볼 수 없다(대법원 1985.4.23, 85도464). 따라서 절도미수죄로 처벌할 수 없고, 예비죄 역시 처벌하는 규정이 없으므로 결국 불가벌이 된다.

〔정답〕 ②

6 불능미수

035 ✓ 유사 ◆◆◇ · 변호사 2021

미수 및 예비죄에 관한 설명 중 옳지 않은 것을 모두 고른 것은? (다툼이 있는 경우 판례에 의함)

> ㄱ. 중지범은 범죄의 실행에 착수한 후 자의로 그 행위를 중지한 때를 말하는 것이므로 실행의 착수가 있기 전인 예비의 중지범은 인정할 수 없다.
> ㄴ. 공동정범 중 1인의 자의에 의한 실행중지만으로는 그의 중지미수를 인정할 수 없으며, 공동정범 전원의 실행행위를 중지시키거나 모든 결과발생을 완전히 방지한 때 공동정범 전체의 중지미수가 인정된다.
> ㄷ. 정범이 예비단계에 그친 경우, 이를 방조한 자도 예비죄의 종범으로 처벌된다.
> ㄹ. 살인예비죄가 성립하기 위하여 살인죄를 범할 목적 이외에 살인의 준비에 관한 고의가 있어야 하는 것은 아니다.
> ㅁ. 가벌적 불능미수와 불가벌적 불능범의 구별 기준인 '위험성'은 행위 당시에 행위자가 인식한 사정 및 일반인이 인식할 수 있었던 사정을 기초로 일반적 경험법칙에 따라 사후 판단한다.

① ㄱ, ㄴ, ㄷ ② ㄱ, ㄷ, ㄹ
③ ㄴ, ㄷ, ㄹ ④ ㄴ, ㄹ, ㅁ
⑤ ㄴ, ㄷ, ㄹ, ㅁ

해설 ┃ 출제영역 ┃ 미수론, 불능미수

ㄱ. (○) 대법원 1999.4.9, 99도424

ㄴ. (×) 공동정범 중 1인이 자의에 의해 공동정범 전원의 실행행위를 중지시키거나 모든 결과발생을 완전히 방지한 경우라면 이러한 행위자는 중지미수가 되지만, 타의로 결과의 실현에 이르지 못하게 된 다른 공동정범은 장애미수가 될 뿐이다.

ㄷ. (×) 형법 제32조 제1항 소정 타인의 범죄란 정범이 범죄의 실현에 착수한 경우를 말하는 것이므로 종범이 처벌되기 위하여는 정범의 실행의 착수가 있는 경우에만 가능하고 형법 전체의 정신에 비추어 정범이 실행의 착수에 이르지 아니한 예비의 단계에 그친 경우에는 이에 가공하는 행위가 예비의 공동정범이 되는 경우를 제외하고는 종범의 성립을 부정하고 있다고 보는 것이 타당하다 (대법원 1976.5.25, 75도1549).

ㄹ. (×) 형법 제255조, 제250조의 살인예비죄가 성립하기 위하여는 형법 제255조에서 명문으로 요구하는 살인죄를 범할 목적 외에도 살인의 준비에 관한 고의가 있어야 하며, 나아가 실행의 착수까지에는 이르지 아니하는 살인죄의 실현을 위한 준비행위가 있어야 한다. 여기서의 준비행위는 물적인 것에 한정되지 아니하며 특별한 정형이 있는 것도 아니지만, 단순히 범행의 의사 또는 계획만으로는 그것이 있다고 할 수 없고 객관적으로 보아서 살인죄의 실현에 실질적으로 기여할 수 있는 외적 행위를 필요로 한다(대법원 2009.10.29, 2009도7150).

ㅁ. (×) 이 지문은 구체적 위험설의 내용이다. 판례는 이와 달리 추상적 위험설을 취한다. "불능범과 구별되는 불능미수의 성립요건인 '위험성'은 피고인이 행위 당시에 인식한 사정을 놓고 일반인이 객관적으로 판단하여 결과 발생의 가능성이 있는지 여부를 따져야 한다(대법원 2019.3.28, 2018도16002 전원합의체)."

정답 ⑤

036 ✓ 유사 ◆◇◇ · 국가9급 2016

다음 설명 중 가장 옳지 않은 것은? (다툼이 있는 경우 판례에 의함)

① 권총에 탄알을 장전하여 발사하였으나 탄알이 불량이어서 불발된 경우에도 이러한 행위는 결과발생을 초래할 위험이 내포되어 있었다 할 것이므로 이를 불능범이라 할 수 없다.

② 임차인이 임차건물에 거주하기는 하였으나 그의 처만이 전입신고를 마친 후에 경매절차에서 배당을 받기 위하여 임대차계약서상의 임차인 명의를 처로 변경하여 경매법원에 배당요구를 한 경우, 임차인 명의를 처의 명의로 변경하지 아니하였다 하더라도 소액임대차보증금에 대한 우선변제권 행사로서 배당금을 수령할 권리가 있다 할 것이어서, 재물의 편취라는 결과의 발생은 불가능하다 할 것이고, 이러한 임차인의 행위를 객관적으로 결과발생의 가능성이 있는 행위라고 볼 수도 없다.

③ 타인의 재물을 공유하는 자가 공유자의 승낙을 받지 않고 공유대지를 담보로 가등기를 경료하고 그 후 가등기를 말소하였다면 중지미수에 해당한다.

④ 범행 당일 미리 제보를 받은 세관직원들이 범행 장소 주변에 잠복근무를 하고 있어 그들이 왔다 갔다 하는 것을 본 피고인이 범행의 발각을 두려워한 나머지 자신이 분담하기로 한 실행행위에 이르지 못한 경우, 이는 피고인의 자의에 의한 범행의 중지가 아니어서 중지범에 해당한다고 볼 수 없다.

해설 ┃ 출제영역 ┃ 중지미수, 불능미수 – 성립요건

③ (×) 타인의 재물을 공유하는 자가 공유자의 승낙을 받지 않고 공유대지를 담보로 제공하고 가등기를 경료한 경우, 횡령행위는 기수에 이르고 그 후 가등기를 말소했다고 하여 중지미수에 해당하는 것이 아니며 가등기말소 후에 다시 새로운 영득의사의 실현행위가 있을 때에는 그 누개의 횡령행위는 경합범 관계에 있다(대법원 1978.11.28, 78도2175).

① (○) 대법원 1954.1.30, 4268형상103

② (○) 대법원 2002.2.8, 2001도6669

④ (○) 대법원 1986.1.21, 85도2339

정답 ③

미수에 관한 설명 중 옳지 않은 것은? (다툼이 있는 경우 판례에 의함)

① 중지미수는 범죄의 실행행위에 착수하고 그 범죄가 완수되기 전에 자기의 자유로운 의사에 따라 범죄의 실행행위를 중지하는 것으로서 장애미수와 대칭되는 개념이다.

② 중지미수와 장애미수는 범죄의 미수가 자의에 의한 중지이냐 또는 어떤 장애에 의한 미수이냐에 따라 구분하여야 하고, 특히 자의에 의한 중지 중에서도 사회통념상 장애에 의한 미수로 보이는 경우를 제외하고는 중지미수라고 보는 것이 일반이다.

③ 장애미수 또는 중지미수는 범죄의 실행에 착수할 당시 실행행위를 놓고 판단하였을 때 행위자가 의도한 범죄의 기수가 성립할 가능성이 있었으므로 처음부터 기수가 될 가능성이 객관적으로 배제되는 불능미수와 구별된다.

④ 불능미수는 행위자가 실제로 존재하지 않는 사실을 존재한다고 오인하였다는 측면에서 존재하는 사실을 인식하지 못한 사실의 착오와 다르다.

⑤ 불능범과 구별되는 불능미수의 성립요건인 위험성은 행위 당시에 피고인이 인식한 사정과 일반인이 인식할 수 있었던 사정을 놓고 일반인이 객관적으로 판단하여 결과 발생의 가능성이 있는지 여부를 따져야 한다.

해설 | 출제영역 | 중지미수, 불능미수

⑤ (×) 불능범과 구별되는 불능미수의 성립요건인 '위험성'은 피고인이 행위 당시에 인식한 사정을 놓고 일반인이 객관적으로 판단하여 결과 발생의 가능성이 있는지 여부를 따져야 한다(대법원 2019.3.28, 2018도16002 전원합의체).

① (○), ② (○) 대법원 1985.11.12, 85도2002

③ (○), ④ (○) 대법원 2019.3.28, 2018도16002 전원합의체

정답 ⑤

불능미수에 관한 설명으로 가장 적절하지 않은 것은? (다툼이 있는 경우 판례에 의함)

① 불능미수는 행위자가 실제로 존재하지 않는 사실을 존재한다고 오인하였다는 측면에서 존재하는 사실을 인식하지 못한 사실의 착오와 다르다.

② 장애미수 또는 중지미수는 범죄의 실행에 착수할 당시 실행행위를 놓고 판단하였을 때 행위자가 의도한 범죄의 기수가 성립할 가능성이 있었으므로 처음부터 기수가 될 가능성이 객관적으로 배제되는 불능미수와 구별된다.

③ 불능미수의 요건인 '결과 발생의 불가능'은 실행의 수단 또는 대상의 원시적 불가능성으로 인하여 범죄가 기수에 이를 수 없는 것을 의미한다.

④ 준강간죄가 성립하기 위해서는 피해자의 '심신상실 또는 항거불능의 상태를 현실적으로 이용'할 필요는 없고, 피해자가 사실상 심신상실 또는 항거불능 상태에 있기만 하면 족하며 피고인이 이를 알고 있을 필요도 없다.

해설 | 출제영역 | 불능미수의 성립요건 – 결과발생의 불가능, 고의

④ (×) 형법은 폭행 또는 협박의 방법이 아닌 심신상실 또는 항거불능의 상태를 이용하여 간음한 행위를 강간죄에 준하여 처벌하고 있으므로, 준강간의 고의는 피해자가 심신상실 또는 항거불능의 상태에 있다는 것과 그러한 상태를 이용하여 간음한다는 구성요건적 결과 발생의 가능성을 인식하고 그러한 위험을 용인하는 내심의 의사를 말한다(대법원 2019.3.28, 2018도16002 전원합의체).

① (○), ② (○), ③ (○) 대법원 2019.3.28, 2018도16002 전원합의체

정답 ④

039 ✓ 대표　◆◆◇

국가9급총론 2017　해경승진(경위) 2023 유사

불능미수에 대한 설명으로 옳은 것만을 모두 고른 것은? (다툼이 있으면 판례에 의함)

> ㉠ 형법은 실행의 주체, 수단 또는 대상의 착오로 인하여 결과의 발생이 불가능하더라도 위험성이 있는 경우에는 처벌이 가능하도록 규정하며, 처벌의 수준에 있어서는 형의 임의적 감면을 규정하고 있다.
>
> ㉡ 대법원은 불능미수의 판단 기준으로서 일관하여 위험성 판단은 피고인이 행위 당시에 인식한 사정을 놓고 이것이 객관적으로 일반인의 판단으로 보아 결과 발생의 가능성이 있느냐를 따져야 한다는 입장을 취하고 있다.
>
> ㉢ 甲이 소송비용을 편취할 의사로 소송비용의 지급을 구하는 손해배상청구의 소를 제기하였다고 하더라도 결과 발생의 가능성이 없어 위험성이 인정되지 않는다.
>
> ㉣ 향정신성의약품인 메스암페타민 속칭 '히로뽕' 제조를 시도하였으나 '약품배합 미숙'으로 그 완제품을 제조하지 못하였더라도 위 소위는 그 성질상 결과발생의 위험성이 있다.

① ㉠, ㉡　　　　　② ㉠, ㉢

③ ㉡, ㉣　　　　　④ ㉢, ㉣

해설 │ 출제영역 │ 불능미수의 성립요건

㉠ (×) 실행의 수단 또는 대상의 착오로 인하여 결과의 발생이 불가능하더라도 위험성이 있는 때에는 처벌한다. 단, 형을 감경 또는 면제할 수 있다(제27조). '주체의 착오'는 규정하고 있지 않다.

㉡ (×) 판례는 불능미수의 위험성에 대하여 불능범은 범죄행위의 성질상 결과발생의 위험이 절대로 불능한 경우를 말한다(대법원 2007.7.26, 2007도3687)고 하여 구객관설을 취한 경우도 있고, 불능범의 판단 기준으로서 위험성 판단은 피고인이 행위 당시에 인식한 사정을 놓고 이것이 객관적으로 일반인의 판단으로 보아 결과 발생의 가능성이 있느냐를 따져야 한다(대법원 2005.12.8, 2005도8105)고 하여 추상적 위험설을 취한 경우도 있다.

㉢ (○) 대법원 2005.12.8, 2005도8105

㉣ (○) 대법원 1985.3.26, 85도206

정답 ④

---

040 ✓ 유사　◆◆◇

경찰대편입 2023

불능미수에 대한 설명으로 옳지 않은 것은? (다툼이 있는 경우 판례에 의함)

① 불능범과 구별되는 불능미수의 성립요건인 '위험성'은 피고인이 행위 당시에 인식한 사정을 놓고 일반인이 객관적으로 판단하여 결과 발생의 가능성이 있는지 여부를 따져야 한다.

② 불능미수는 행위자가 실제로 존재하지 않는 사실을 존재한다고 오인하였다는 측면에서, 존재하는 사실을 인식하지 못한 사실의 착오와 다르다.

③ 甲이 행한 제소가 살아있는 자로 오인하여 사망한 자를 상대로 한 것이라면 이와 같은 사망한 자에 대한 판결은 그 내용에 따른 효력이 생기지 아니하여 상속인에게 그 효력이 미치지 아니하고 따라서 사망한 자를 생존자로 오인한 대상의 착오로 인하여 사기죄의 불능미수가 성립한다.

④ '결과 발생의 불가능'은 실행의 수단 또는 대상의 원시적 불가능성으로 인하여 어떠한 경우에도 구성요건의 실현이 불가능하여 범죄가 기수에 이를 수 없는 것을 의미한다고 보아야 한다.

⑤ 어느 범죄의 실행의 착수라고 볼 수 있는 행위에 이르지 못했다고 보는 이상, 소위 불능미수도 성립할 수 없다.

해설 │ 출제영역 │ 불능미수

③ (×) 소송사기에 있어서 피기망자인 법원의 재판은 피해자의 처분행위에 갈음하는 내용과 효력이 있는 것이어야 하고, 그렇지 아니하는 경우에는 착오에 의한 재물의 교부행위가 있다고 할 수 없어서 사기죄는 성립되지 아니한다고 할 것이므로, 피고인의 제소가 사망한 자를 상대로 한 것이라면 이와 같은 사망한 자에 대한 판결은 그 내용에 따른 효력이 생기지 아니하여 상속인에게 그 효력이 미치지 아니하고 따라서 사기죄를 구성한다고 할 수 없다(불능범으로서 무죄, 대법원 2002.1.11, 2000도1881).

① (○) 판례는 추상적 위험설의 입장에서 행위자가 인식한 사정을 기초로 하여 행위지가 생각한 대로의 사정이 존재하였으면 일반인(어느 정도 전문적 지식을 가진 자)의 판단에서 결과발생의 위험성이 있는 경우에는 불능미수이고, 위험성이 없는 경우에는 불능범으로 본다.

② (○) 불능미수는 행위자가 실제로 존재하지 않는 사실을 존재한다고 오인하였다는 측면에서 존재하는 사실을 인식하지 못한 사실의 착오와 다르다(대법원 2019.3.28, 2018도16002 전원합의체).

④ (○) 불능미수는 이렇게 결과의 발생이 객관적으로 불가능하여야 한다.

⑤ (○) 불능미수도 미수에 해당하므로 일반적·객관적 요건으로서 실행의 착수가 있어야 한다.

정답 ③

미수범에 관한 설명 중 옳은 것을 모두 고른 것은? (다툼이 있는 경우 판례에 의함)

> ㄱ. 야간에 다세대주택 2층에 침입해서 물건을 절취하기 위하여 그 다세대주택 외벽 가스배관을 타고 오르다가 순찰 중이던 경찰관에게 발각되어 그냥 뛰어내린 경우 야간주거침입절도죄의 실행의 착수에 이르지 못한 것이다.
> ㄴ. 甲이 A의 사망에 대한 미필적 고의를 가지고 A가 주거로 사용하는 건조물을 소훼하였으나 이를 후회하고 진지한 노력으로 A를 구조함으로써 A가 사망하지 않은 경우에는 현주건조물방화치사죄의 중지미수범으로 처벌된다.
> ㄷ. 주체의 착오로 인해 결과발생이 불가능한 경우에도 불능미수가 성립될 수 있는지에 대해서는 「형법」상 명문의 규정이 없다.
> ㄹ. 행위자가 처음부터 결과발생이 불가능하다는 것을 알면서 실행에 착수하여 결과는 발생하지 않았지만 위험성이 있는 경우에는 불능미수가 성립된다.

① ㄱ, ㄷ ② ㄱ, ㄹ
③ ㄴ, ㄹ ④ ㄷ, ㄹ
⑤ ㄱ, ㄴ, ㄷ

해설 출제영역 | 미수범 종합

ㄱ. (○) 야간에 다세대주택 2층에 침입해서 물건을 절취하기 위하여 그 다세대주택 외벽 가스배관을 타고 오르다가 순찰 중이던 경찰관에게 발각되어 그냥 뛰어내린 경우 야간주거침입절도죄의 실행의 착수에 이르지 못한 것이다(대법원 2008.3.27, 2008도917).

ㄴ. (×) 현주건조물방화치사죄는 미수범 처벌규정이 없으므로(형법 제174조) 현주건조물치사죄의 중지미수범으로 처벌할 수 없고, 현주건조물방화기수죄와 살인죄의 중지미수(의 상상적 경합)로 처벌해야 한다.

ㄷ. (○) 제27조에는 실행의 수단 또는 대상의 착오만 규정하고 있으나, 주체의 착오는 규정하고 있지 않다.

ㄹ. (×) 행위자가 처음부터 결과발생이 불가능하다는 것을 알면서 실행에 착수한 경우에는 기수의 고의가 없기 때문에 불능미수가 성립하지 않는다.

정답 ①

미수에 대한 설명으로 가장 적절한 것은? (다툼이 있는 경우 판례에 의함)

① 불능미수의 성립요건인 '위험성'은 피고인이 행위 당시에 인식한 사정과 일반인이 인식할 수 있었던 사정을 놓고 일반인이 객관적으로 판단하여 결과 발생의 가능성이 있는지 여부를 따져야 한다.

② 불능미수에서 '결과의 발생이 불가능'하다는 것은 범죄행위의 성질상 그 어떠한 경우에도 구성요건의 실현이 불가능하다는 것을 의미한다.

③ 예비·음모의 행위를 한 후 실행의 착수로 나아가기 전에 자의로 중지한 경우에는 예비·음모죄의 중지미수를 인정할 수 있다.

④ 타인의 재물을 공유하는 자가 공유자의 승낙을 받지 않고 공유 대지를 담보에 제공하고 가등기를 경료한 후 자의로 가등기를 말소하였다면 이는 횡령죄의 중지미수에 해당한다.

해설 출제영역 | 미수범 종합

② (○) 대법원 2019.5.16, 2019도97
[보충] 형법 제27조에서 정한 '실행의 수단 또는 대상의 착오'는 행위자가 시도한 행위방법 또는 행위객체로는 결과의 발생이 처음부터 불가능하다는 것을 의미한다. 그리고 '결과 발생의 불가능'은 실행의 수단 또는 대상의 원시적 불가능성으로 인하여 범죄가 기수에 이를 수 없는 것을 의미한다고 보아야 한다(대법원 2019.3.28, 2018도16002 전원합의체).

① (×) 불능범과 구별되는 불능미수의 성립요건인 '위험성'은 피고인이 행위 당시에 인식한 사정을 놓고 일반인이 객관적으로 판단하여 결과 발생의 가능성이 있는지 여부를 따져야 한다(대법원 2019.3.28, 2018도16002 전원합의체).

③ (×) 중지범은 범죄의 실행에 착수한 후 자의로 그 행위를 중지한 때를 말하는 것이고, 실행의 착수가 있기 전인 예비음모의 행위를 처벌하는 경우에 있어서는 중지범의 관념은 이를 인정할 수 없다(대법원 1991.6.25, 91도436).

④ (×) 타인의 재물을 공유하는 자가 공유자의 승낙을 받지 않고 공유대지를 담보에 제공하고 가등기를 경료한 경우 횡령행위는 기수에 이르고 그 후 가등기를 말소했다고 하여 중지미수에 해당하는 것이 아니며 가등기말소 후에 다시 새로운 영득의사의 실현행위가 있을 때에는 그 두개의 횡령행위는 경합범 관계에 있다(대법원 1978.11.28, 78도2175).

정답 ②

043 ☑ 이론 ◆◇◇ 경찰1차 2020

다음 사례에서 불능미수의 학설에 관한 설명으로 가장 적절하지 않은 것은?

> 甲은 평소 맘에 들지 않던 乙이 동네 벤치에 누워있는 것을 발견하고 살해하기 위해 총을 발사하였다. 그러나 乙은 甲이 총을 발사하기 전에 이미 심장마비로 사망한 상태였다.

① 구객관설(절대적 불능 상대적 불능 구별설)에 의하면 결과발생이 어떠한 경우에도 개념적으로 불가능하여 위험성이 인정되지 않는다.
② 구체적 위험설에 의하면 일반인이 乙을 살아 있는 것으로 오인한 경우뿐만 아니라 乙을 사망한 것으로 인식한 경우에도 행위자 甲의 인식이 우선시되므로 위험성이 인정된다.
③ 추상적 위험설에 의하면 甲은 乙을 살아 있는 사람으로 인식하고 있었으므로 위험성이 인정된다.
④ 주관설에 의하면 위 사례의 경우 위험성이 인정된다.

해설 | 출제영역 | 불능미수의 성립요건 – 위험성

② (×) 구체적 위험설은 행위자가 인식한 사정 및 일반인이 인식할 수 있었던 사정을 판단기초로 하여, 일반인의 인식을 기준으로 위험성을 판단한다. 행위자가 인식한 사정과 일반인이 인식할 수 있었던 사정이 일치하지 않는 경우에는 일반인이 인식할 수 있었던 사정을 판단기초로 하므로, 일반인이 乙을 사망한 것으로 인식한 경우에는 일반인의 인식이 우선되어 위험성이 부정된다.
① (○) 구객관설은 ① 결과발생이 개념적으로 어떠한 경우에도 불가능한 절대적 불능과 ⓒ 일반적으로는 가능하지만 구체적·특수한 경우에만 불가능한 상대적 불능으로 구별하여, 절대적 불능은 위험성이 없어 불가벌의 불능범이고, 상대적 불능은 위험성이 있는 불능미수라고 한다. 乙은 이미 사망한 상태로, 甲의 행위로 사망이라는 결과발생이 언제나 불가능한 절대적 불능이다.
③ (○) 추상적 위험설은 행위자가 인식한 사정을 판단기초로 하여, 일반인의 인식을 기준으로 위험성을 판단한다. 따라서 행위자 甲이 인식한 사성(乙이 살아 있는 상태)을 기초로 일반인의 기준에서 판단하면 위험성이 인정된다.
④ (○) 주관설은 객관적인 결과발생의 위험성 유무를 불문하고 범죄실현의사를 표현하는 행위가 있으면 불능미수라고 한다. 따라서 살해하기 위해 총을 발사한 행위로 자체로 위험성이 인정된다.

정답 ②

044 ☑ 유사 ◆◇◇ 변호사시험 2023

甲은 A와 재혼하여 함께 생활하다가 A가 외도를 하는 것을 목격하고 A를 살해하기로 마음먹었다. 甲은 전처소생의 아들 乙에게 자신의 재산 중 일부를 증여하기로 약속하고 A를 살해할 것을 부탁하였다. ① 이를 승낙한 乙은 A를 살해하기 위하여 일정량 이상을 먹으면 사람이 죽을 수도 있는 초우뿌리를 달인 물을 마시게 하였으나 A가 이를 토해버려 사망하지 않았다. ⓒ 그러자 甲은 乙에게 칼을 주며 "이번에는 A를 반드시 죽여 달라"라고 당부하였다. 이에 乙은 甲의 당부대로 A의 집으로 향하였으나, 갑자기 마음이 바뀐 甲은 乙이 실행의 착수에 이르기 전 전화로 "그만 두자"라고 乙을 만류하였다. 그러나 乙은 A를 칼로 찔러 살해하였다. 옷에 피가 묻은 채로 범행현장을 떠나려던 乙은 마침 지나가던 사법경찰관에 의해 현행범으로 체포되었고 乙은 그 현장에서 자신은 단지 시키는 대로 했을 뿐이라며 자발적으로 휴대전화를 임의제출하였다. 이에 사법경찰관은 「형사소송법」 제218조에 따라 휴대전화를 압수한 후 경찰서에서 乙의 휴대전화의 정보를 탐색하여 甲이 범행에 가담한 사실을 알고 甲을 긴급체포하였다. 이에 관한 설명 중 옳은 것은? (다툼이 있는 경우 판례에 의함)

① ①의 사실관계에서 乙이 A를 살해하기 위해 초우뿌리를 달인 물을 마시게 하였으나 A가 이를 토해버려 사망하지 않아 乙에게 살인미수죄가 성립한다.
② ⓒ의 사실관계에서 법정적 부합설에 따를 경우, 만일 乙이 A의 집 앞에서 기다리고 있다가 B를 A로 착각하여 칼로 찔러 살해했다면 乙에게는 A에 대한 살인미수죄와 B에 대한 과실치사죄가 성립하고 양 죄는 상상적 경합 관계이다.
③ ⓒ의 사실관계에서 甲은 乙에게 A를 살해할 것을 교사한 후 乙이 실행의 착수에 이르기 전에 범행을 만류하였으므로, 살인교사의 죄책을 지지 않는다.
④ 사법경찰관이 乙을 현행범으로 체포하는 현장에서 乙로부터 휴대전화를 임의제출받아 적법하게 압수하였다고 하더라도 그 압수를 계속할 필요가 있는 때에는 지체 없이 압수·수색영장을 신청해야 한다.
⑤ 乙로부터 휴대전화를 임의제출받은 이상 사법경찰관이 경찰서에서 휴대전화의 정보를 탐색함에 있어서는 乙 또는 그의 변호인의 참여를 요하지 아니한다.

해설 | 출제영역 | 불능미수, 사실의 착오, 교사범

① (○) 기록에 의하면 '초우뿌리'나 '부자'는 만성관절염 등에 효능이 있으나 유독성 물질을 함유하고 있어 과거 사약(사약)으로 사용된 약초로서 그 독성을 낮추지 않고 다른 약제를 혼합하지 않은 채 달인 물을 복용하면 용량 및 체질에 따라 다르나 부작용으로 사망의 결과가 발생할 가능성을 배제할 수 없는 사실을 알 수 있는바, 원심이 그 설시 증거를 종합하여 피고인이 원심 공동피고인 공소외 1과 공모하여 일정량 이상을 먹으면 사람이 사망에

이를 수도 있는 '초우뿌리' 또는 '부자' 달인 물을 피해자(공소외 1의 남편)에게 마시게 하여 피해자를 살해하려고 하였으나 피해자가 이를 토해버림으로써 미수에 그친 행위를 불능범이 아닌 살인미수죄로 본 제1심의 판단을 유지한 것은 정당하고 거기에 앞서 본 불능범에 관한 법리오해 또는 채증법칙 위배 등의 위법이 없다(대법원 2007.7.26, 2007도3687).

② (×) 법정적 부합설에 따를 경우, 만일 乙이 A의 집 앞에서 기다리고 있다가 B를 A로 착각하여 칼로 찔러 살해했다면 乙에게는 B에 대한 살인죄가 성립한다.

[보충] 구체적 사실의 착오 중 객체의 착오에 속하므로 이러한 결론에는 학설의 대립이 없다.

③ (×) 교사한 후 범행을 만류한 것으로는 살인죄의 교사범의 관계에서 이탈할 수 없다.

> [판례] 교사범이 그 공범관계로부터 이탈하기 위해서는 피교사자가 범죄의 실행행위에 나아가기 전에 교사범에 의하여 형성된 피교사자의 범죄 실행의 결의를 해소하는 것이 필요하고, 이때 교사범이 피교사자에게 교사행위를 철회한다는 의사를 표시하고 이에 피교사자도 그 의사에 따르기로 하거나 또는 교사범이 명시적으로 교사행위를 철회함과 아울러 피교사자의 범죄 실행을 방지하기 위한 진지한 노력을 다하여 당초 피교사자가 범죄를 결의하게 된 사정을 제거하는 등 제반 사정에 비추어 객관적·실질적으로 보아 교사범에게 교사의 고의가 계속 존재한다고 보기 어렵고 당초의 교사행위에 의하여 형성된 피교사자의 범죄 실행의 결의가 더 이상 유지되지 않는 것으로 평가할 수 있다면, 설사 그 후 피교사자가 범죄를 저지르더라도 이는 당초의 교사행위에 의한 것이 아니라 새로운 범죄 실행의 결의에 따른 것이므로 교사자는 형법 제31조 제2항에 의한 죄책을 부담함은 별론으로 하고 형법 제31조 제1항에 의한 교사범으로서의 죄책을 부담하지는 않는다고 할 수 있다. 한편 교사범이 성립하기 위해 교사범의 교사가 정범의 범행에 대한 유일한 조건일 필요는 없으므로, 교사행위에 의하여 피교사자가 범죄 실행을 결의하게 된 이상 피교사자에게 다른 원인이 있어 범죄를 실행한 경우에도 교사범의 성립에는 영향이 없다(대법원 1991.5.14, 91도542; 2012.11.15, 2012도7407).

④ (×) 형사소송법 제218조에 의하면 검사 또는 사법경찰관은 피의자 등이 유류한 물건이나 소유자·소지자 또는 보관자가 임의로 제출한 물건은 영장 없이 압수할 수 있으므로, 현행범 체포현장이나 범죄 장소에서도 소지자 등이 임의로 제출하는 물건은 위 조항에 의하여 영장 없이 압수할 수 있고, 이 경우에는 검사나 사법경찰관이 사후에 영장을 받을 필요가 없다(대법원 2016.2.18, 2015도13726).

⑤ (×) 피의자 스스로 임의제출한 경우에도 유관정보와 무관정보가 혼재되어 있는 위 휴대전화를 탐색함에 있어서는 피의자 또는 그의 변호인의 참여권은 보장되어야 한다((대법원 2015.7.16, 2011모1839 전원합의체; 2021.11.18, 2016도348 전원합의체).

정답 ①

045 ✓ 이론 ◆◇◇ 경찰1차 2019

불능범과 예비죄에 관한 설명 중 옳지 않은 것은?(다툼이 있는 경우 판례에 의함)

① 불능범은 범죄행위의 성질상 결과발생 또는 법익침해의 가능성이 절대로 있을 수 없는 경우를 말한다.

② 불능범의 판단 기준으로서 위험성 판단은 피고인이 행위 당시에 인식한 사정을 놓고 이것이 객관적으로 일반인의 판단으로 보아 결과 발생의 가능성이 있느냐를 따지는 것이다.

③ 예비죄에 대해서는 방조범을 인정할 수 없으므로 예비죄의 공동정범도 성립할 수 없다.

④ 중지범은 범죄의 실행에 착수한 후 자의로 그 행위를 중지한 때를 말하는 것이므로 예비죄에 대해서는 중지범의 관념을 인정할 수 없다.

해설 출제영역 | 미수범 종합

③ (×) 판례는 예비죄의 공동정범의 성립에 관하여 긍정설의 입장이다. "종범이 처벌되기 위하여는 정범의 실행의 착수가 있는 경우에만 가능하고 정범이 실행의 착수에 이르지 아니한 예비의 단계에 그친 경우에는 이에 가공하는 행위가 예비의 공동정범이 되는 경우를 제외하고는 이를 종범으로 처벌할 수 없다고 할 것이다(대법원 1976.5.25, 75도1549)."

① (○) 불능범은 범죄행위의 성질상 결과발생 또는 법익침해의 가능성이 절대로 있을 수 없는 경우를 말한다(대법원 2007.7.26, 2007도3687).

② (○) 대법원 2005.12.8, 2005도8105

④ (○) 중지범은 범죄의 실행에 착수한 후 자의로 그 행위를 중지한 때를 말하는 것이고, 실행의 착수가 있기 전인 예비음모의 행위를 처벌하는 경우에 있어서는 중지범의 관념은 이를 인정할 수 없다(대법원 1991.6.25, 91도436).

정답 ③

CHAPTER 06 정범과 공범론

1 정범과 공범의 일반이론

001 ✓ 대표 ◆◆◇ 법원9급 2021

다음 설명 중 가장 옳은 것은? (다툼이 있는 경우 판례에 의함)

① 매도, 매수와 같이 2인 이상의 서로 대향된 행위의 존재를 필요로 하는 관계에 있어서는 공범이나 방조범에 관한 형법총칙 규정의 적용이 있을 수 없고, 따라서 매도인에게 따로 처벌규정이 없는 이상 매도인의 매도행위는 그와 대향적 행위의 존재를 필요로 하는 상대방의 매수범행에 대하여 공범이나 방조범관계가 성립되지 아니한다.

② 종범은 정범의 실행행위 중에 이를 방조하는 경우에 성립하므로, 실행 착수 전에 장래의 실행행위를 예상하고 이를 용이하게 하는 행위를 한 경우에는 방조범이 성립하지 않는다.

③ 방조범은 정범의 실행을 방조한다는 이른바 방조의 고의가 필요하고, 정범의 행위가 구성요건에 해당하는 행위인 점에 대한 정범의 고의가 있어야 하는 것은 아니다.

④ 종범은 임의적 감경사유에 해당한다.

해설 | 출제영역 | 공범론, 필요적 공범

① (○) 대법원 2001.12.28, 2001도5158
② (×) 종범은 정범의 실행행위 중에 이를 방조하는 경우뿐만 아니라, <u>실행 착수 전에 장래의 실행행위를 예상하고 이를 용이하게 하는 행위를 하여 방조한 경우에도 성립한다</u>(대법원 2009.6.11, 2009도1518).
③ (×) 형법상 방조행위는 정범이 범행을 한다는 정을 알면서 그 실행행위를 용이하게 하는 직접·간접의 행위를 말하므로, 방조범은 정범의 실행을 방조한다는 이른바 방조의 고의와 <u>정범의 행위가 구성요건에 해당하는 행위인 점에 대한 정범의 고의가 있어야 한다</u>(대법원 2005.4.29, 2003도6056).
④ (×) 종범은 필요적 감경사유에 해당한다.

정답 ①

002 ✓ 유사 ◆◆◇ 변호사 2021

공범에 관한 설명 중 옳은 것은? (다툼이 있는 경우 판례에 의함)

① 업무상배임죄에서 업무상 임무라는 신분관계 없는 甲이 신분 있는 乙과 공모하여 업무상배임죄를 범한 경우 甲에게는 단순배임죄가 성립한다.

② 2인 이상의 서로 대향된 행위의 존재를 요구하는 관계인 금품 수수에서 금품 공여자에 대한 처벌규정이 없다면, 금품 공여자의 행위에만 관여하여 그 공여 행위를 교사·방조한 자는 금품 수수자의 범행에 대하여 공범이 되지 않는다.

③ 치과의사 甲이 치과의사면허가 없는 치과기공사 乙에게 치과진료행위를 하도록 교사한 경우 甲은 소극적 신분을 이유로 처벌되지 않는다.

④ 방조범이 성립하기 위하여 방조범과 정범 사이의 의사연락을 요하지는 않지만, 정범이 누구인지와 범행 일시, 장소, 객체 등에 대한 구체적 인식과 이러한 정범의 실행을 방조한다는 인식이 필요하다.

⑤ 甲이 범죄를 교사하였고 피교사자 乙이 실행을 승낙하고도 이후 실행의 착수를 하지 않은 경우 교사자인 甲만 예비·음모에 준하여 처벌된다.

해설 | 출제영역 | 공범론, 공범과 신분

② (○) 대법원 2014.1.16, 2013도6969
① (×) 판례에 의하면, 업무상 임무라는 신분관계가 없는 피고인에 대하여는 형법 제33조 본문에 따라 일단 신분범인 업무상배임죄가 성립된다. 다만 과형에서는 형법 제33조 단서에 따라 단순배임죄의 형으로 처벌된다.
③ (×) 소극적 신분이 있는 자도 소극적 신분이 없는 자의 범행에 가공하였다면 공범이 성립한다. "치과의사가 환자의 대량유치를 위해 치과기공사들에게 내원환자들에게 진료행위를 하도록 지시하여 동인들이 각 단독으로 진료행위를 하였다면 무면허의료행위의 교사범에 해당한다(대법원 1986.7.8, 86도749)."
④ (×) 정범이 범행을 한다는 점을 알면서 그 실행행위를 용이하게 한 이상 그 행위가 간접적이거나 직접적이거나를 가리지 않으며 이 경우 정범이 누구에 의하여 실행되어지는가를 확지할 필요는 <u>없다</u>(대법원 1977.9.28, 76도4133). 또한 방조범에 있어서 정범의 고의는 정범에 의하여 실현되는 범죄의 구체적 내용을 인식할 것을 요하는 것은 아니고 미필적 인식 또는 예견으로 족하다(대법원 2005.4.29, 2003도6056).
⑤ (×) 교사를 받은 자가 범죄의 실행을 승낙하고 실행의 착수에 이르지 아니한 때에는 교사자와 피교사자를 음모 또는 예비에 준하여 처벌한다(제31조 제2항).

정답 ②

다음 설명 중 옳지 않은 것은? (다툼이 있는 경우 판례에 의함)

① 변호사 아닌 자에게 고용되어 법률사무소의 개설·운영에 관여한 변호사의 행위가 일반적인 형법 총칙상의 공모, 교사 또는 방조에 해당된다고 하더라도 변호사를 변호사 아닌 자의 공범으로 처벌할 수는 없다.

② 「의료법」의 무면허의료행위죄란 면허 없이 의료행위를 하는 경우에 성립하는 범죄로, 면허 있는 의료인이 면허 없는 자의 의료행위에 공모하여 가공한 경우 무면허의료행위죄의 공동정범으로 처벌된다.

③ 「농업협동조합법」 제50조 제2항 소정의 호별방문죄는 '임원이 되고자 하는 자'라는 신분자가 스스로 호별방문을 한 경우만을 처벌하는 것으로 보아야 하고, 비록 신분자가 비신분자와 통모하였거나 신분자가 비신분자를 시켜 방문케 하였다고 하더라도 비신분자만이 호별방문을 한 경우에는 신분자는 물론 비신분자도 같은 죄로 의율하여 처벌할 수는 없다.

④ 「세무사법」의 직무상 비밀누설죄는 세무사 등이 직무상 비밀을 타인에게 누설하는 경우에 성립하는 범죄로, 세무사와 공모하여 세무사로부터 직무상 비밀을 전달받은 세무사 등이 아닌 자는 해당 세무사법위반죄의 공동정범으로 처벌된다.

해설 │ 출제영역 │ 필요적 공범, 공범과 신분

④ (×) 2인 이상의 서로 대향된 행위의 존재를 필요로 하는 대향범에 대하여는 공범에 관한 형법총칙 규정을 적용할 수 없는바, 세무사법은 제22조 제1항 제2호, 제11조에서 세무사와 세무사였던 자 또는 그 사무직원과 사무직원이었던 자가 그 직무상 지득한 비밀을 누설하는 행위를 처벌하고 있을 뿐 비밀을 누설 받는 상대방을 처벌하는 규정이 없고, 세무사의 사무직원이 직무상 지득한 비밀을 누설한 행위와 그로부터 그 비밀을 누설 받은 행위는 대향범 관계에 있으므로 이에 공범에 관한 형법총칙 규정을 적용할 수 없다(대법원 2007.10.25, 2007도6712).

① (○) 대법원 2004.10.28, 2004도3994
② (○) 대법원 1986.2.11, 85도448
③ (○) 대법원 2003.6.13, 2003도889

정답 ④

㉠부터 ㉢까지는 정범과 공범의 구별에 관한 학설에 대한 설명이다. 옳고 그름의 표시(○, ×)가 바르게 된 것은?

㉠ '구성요건상의 실행행위의 전부 또는 일부를 스스로 하는 자'를 정범, '구성요건적 행위 이외의 행위로써 구성요건실현에 기여하는 자'를 공범으로 보는 형식적 객관설에 따르면, 간접정범을 정범으로 인정하기 어렵다.

㉡ '스스로 구성요건상의 정형적 행위를 한 자'만을 정범으로 이해하는 제한적 정범개념에 따르면, 형법 제31조, 제32조는 형벌확장사유로서 정범 이외에 특별히 공범의 처벌을 인정하는 규정이다.

㉢ '정범자의 의사로 행위한 자'는 정범, '공범자의 의사로 행위한 자'는 공범이라는 의사설에 따르면, 청부살인업자는 구성요건적 행위를 스스로 모두 수행하기에 항상 정범이 된다.

㉣ '자기 자신의 이익을 위한 목적으로 행위한 자'는 정범, '타인의 이익을 위한 목적으로 행위한 자'는 공범이라는 이익설에 따르면, 제3자를 위하여 강도행위를 한 자는 공범이 된다.

㉤ 행위지배설에 따르면, 이용자가 자신의 우월한 지위에 의하여 피이용자를 수중에 두고 도구처럼 그의 의사를 조종(지배)하여 그로 하여금 범죄를 행하게 하면 행위지배가 인정되어 정범이 된다.

① ㉠(×) ㉡(○) ㉢(×) ㉣(○) ㉤(×)
② ㉠(○) ㉡(×) ㉢(○) ㉣(○) ㉤(○)
③ ㉠(○) ㉡(○) ㉢(×) ㉣(○) ㉤(○)
④ ㉠(○) ㉡(○) ㉢(×) ㉣(×) ㉤(○)

해설 │ 출제영역 │ 공범론, 일반이론, 정범과 공범의 구분

㉠ (○) 형식적 객관설에 의하면 간접정범은 공범에 불과하다고 보게 되어 간접정범의 정범성을 인정할 수 없게 된다.

㉡ (○) 제한적 정범개념에 의하면 교사범·종범에 대한 처벌규정을 둔 것은 형벌확장사유로 보게 된다.

㉢ (×) '정범자의 의사로 행위한 자'는 정범, '공범자의 의사로 행위한 자'는 공범이라는 의사설(주관설)에 따르면, 청부살인업자는 공범자의 의사로 행위한 자이므로 정범이 아닌 공범이 된다.

㉣ (○) 주관설 중 이익설에 의하면 타인의 재산상 이익을 위해 강도나 사기를 한 자를 공범에 불과하다고 보게 된다.
[보충] 이렇게 이익설은 형법 제333조의 제3자로 하여금 이익을 취득하게 한 강도나 제347조 제2항의 제3자로 하여금 재물 또는 이익을 취득하게 한 사기의 정범성을 설명할 수 없다는 단점이 있다.

㉤ (○) 행위지배 중 의사지배에 대한 설명으로서 간접정범의 정범성의 표지에 해당한다.

정답 ③

005 ✓ 유사 ◆◆◇　　　경찰1차 2023

공범의 종속성에 관한 설명 중 가장 적절하지 않은 것은?

① 공범종속성설에 의하면 공범은 정범의 실행행위에 종속해서만 성립할 수 있고, 정범이 적어도 실행의 착수에 이르러야 공범이 성립할 수 있다.

② 공범종속성설 중 극단적 종속형식에 의하면 정범의 행위가 구성요건에 해당하고 위법하며 유책할 뿐만 아니라 가벌성의 조건(처벌조건)까지 모두 갖추어야 공범이 성립할 수 있다.

③ 공범독립성설에 의하면 공범은 독립된 범죄로서 교사·방조행위가 있으면 정범의 실행행위가 없더라도 공범이 성립할 수 있다.

④ 공범종속성설 중 제한적 종속형식에 의하면 정범의 실행행위가 구성요건에 해당하고 위법하면 공범이 성립할 수 있고 유책할 것을 요하지 않는다는 것으로, 책임무능력자의 위법행위를 교사·방조한 경우에도 공범이 성립할 수 있다.

[해설] 출제영역 | 정범과 공범의 일반이론 – 공범의 종속성

② (×) 극단적 종속형식은 정범의 행위가 구성요건해당성, 위법성, 책임까지 갖추면 공범이 성립할 수 있다는 입장이다.
[보충] 정범의 행위가 구성요건에 해당하고 위법하며 유책할 뿐만 아니라 가벌성의 조건(처벌조건)까지 모두 갖추어야 공범이 성립할 수 있다는 것은 초극단적 종속형식이다.

① (○) 공범종속성설은 정범의 성립은 교사범·종범과 같은 협의의 공범의 구성요건의 일부를 형성하고, 교사범·종범이 성립하려면 먼저 정범의 범죄행위가 인정되는 것이 그 전제조건이 된다고 보아야 한다는 입장으로서, 통설과 판례의 입장이다.

③ (○) 공범독립성설에 의하면 공범은 피교사자·피방조자의 범죄실행과는 상관없이 스스로의 교사행위·방조행위만으로도 공범이 성립한다는 입장이다.

④ (○) 제한적 종속형식은 공범이 성립하기 위해서는 정범의 행위가 구성요건에 해당하고 위법할 것을 요하나 유책함은 요하지 않는다는 입장이므로, 비록 정범이 책임무능력자이어서 그 책임이 조각된다 하더라도 공범이 성립할 수 있다고 보게 된다.

[정답] ②

006 ✓ 유사 ◆◆◇　　　국가7급 2022

甲의 죄책에 관한 설명으로 옳은 것은? (다툼이 있는 경우 판례에 의함)

① 乙의 행위가 범죄구성요건에 해당하지만 위법하지 않은 경우, 甲이 乙의 행위를 방조하였더라도 공범의 종속성에 관해 제한종속형식을 취하는 때에는 종범(「형법」 제32조 제1항)이 성립하지 않는다.

② 甲의 행위가 범죄구성요건에 해당하고 위법하더라도 甲이 듣거나 말하는 데 모두 장애가 있는 사람이라면 甲의 행위에 대해서는 형을 면제한다.

③ 甲의 행위가 범죄구성요건에 해당하고 위법하더라도 甲이 심신상실자(「형법」 제10조 제1항)라면 甲에게 보안처분을 과할 수 없다.

④ 乙의 행위가 범죄구성요건에 해당하지만 위법하지 않은 경우, 乙의 행위를 교사한 甲을 간접정범(「형법」 제34조 제1항)으로는 처벌할 수 없다.

[해설] 출제영역 | 정범과 공범의 일반이론 – 공범의 종속성, 책임능력, 간접정범

① (○) 제한종속형식(제한적 종속형식)이란 공범이 성립하기 위해서는 정범의 행위가 구성요건에 해당하고 위법할 것을 요한다는 공범종속의 형식이므로, 乙의 행위가 범죄구성요건에 해당하지만 위법하지 않은 경우에는 甲에게는 종범이 성립하지 않는다.

② (×) 듣거나 말하는데 모두 장애가 있는 사람은 청각 및 언어장애인(구형법상 농아자)에 해당되어 형을 감경한다(필요적 감경, 형법 제11조).

> **제11조(청각 및 언어 장애인)** 듣거나 말하는 데 모두 장애가 있는 사람의 행위에 대해서는 형을 감경한다.

③ (×) 구성요건에 해당하고 위법한 행위를 한 행위자가 심신상실로 책임이 조각되는 경우에는 보안처분에 해당하는 치료감호 대상자에 해당할 수 있다(치료감호법 제2조 제1항 제1호).

> **치료감호법 제2조(치료감호대상자)** ① 이 법에서 "치료감호대상자"란 다음 각 호의 어느 하나에 해당하는 자로서 치료감호시설에서 치료를 받을 필요가 있고 재범의 위험성이 있는 자를 말한다.
> 1. 「형법」 제10조 제1항에 따라 벌하지 아니하거나 같은 조 제2항에 따라 형을 감경할 수 있는 심신장애인으로서 금고 이상의 형에 해당하는 죄를 지은 자

④ (×) 乙의 행위가 구성요건에 해당하지만 위법하지 않은 경우는 형법 제34조 제1항의 '어느 행위로 인하여 처벌되지 아니하는 자'에 해당하므로 乙을 교사한 경우에는 간접정범이 성립한다.

> **제34조(간접정범, 특수한 교사, 방조에 대한 형의 가중)** ① 어느 행위로 인하여 처벌되지 아니하는 자 또는 과실범으로 처벌되는 자를 교사 또는 방조하여 범죄행위의 결과를 발생하게 한 자는 교사 또는 방조의 예에 의하여 처벌한다.

[정답] ①

007 ✓ 이론 ◆◆◆

국가9급 2014

공범에 대한 설명 중 옳은 것(○)과 옳지 않은 것(×)을 순서대로 바르게 나열한 것은?

> ㄱ. 단일정범개념에 대해서는 가벌성의 확대를 초래한다는 비판이 있다.
> ㄴ. 제한적 정범개념에 의하면 공범규정은 형벌제한사유가 된다.
> ㄷ. 공범종속성설은 유력한 근거로 이른바 '기도된 교사'를 규정한 형법 제31조 제2항과 제3항을 든다.
> ㄹ. 책임가담설에 대해서는 책임의 연대성을 인정하므로 개인책임의 원칙에 반한다는 비판이 있다.
> ㅁ. 극단적 종속형식에 의하면, 공범의 성립을 위해서는 정범의 행위가 구성요건에 해당하고 위법하면 족하며 유책할 필요는 없다.

	ㄱ	ㄴ	ㄷ	ㄹ	ㅁ
①	○	×	×	○	×
②	×	×	×	○	×
③	○	×	○	○	○
④	×	○	○	×	○

해설 **출제영역** | 정범과 공범의 일반이론 – 공범의 종속성, 공범의 처벌근거

ㄱ. (○) 단일정범체계란 인과적으로 기여한 자를 모두 정범으로 간주하여 처벌한다는 것으로, 정범과 공범을 구별하는 것은 조건설에 따라 양형의 단계에서 구별하게 된다. 이는 교사의 미수, 방조의 미수에도 조건관계가 있으면 정범으로 처벌하기 때문에 가벌성의 범위가 부당하게 확대되고, 비신분자의 신분자의 정범이 될 수 있으며, 범죄관여의 질적·양적 차이를 무시한다는 비판을 받는다.

ㄴ. (×) 제한적 정범개념이론은 직접행위를 한 사람만을 범죄자로 보기 때문에 구성요건에 해당하는 행위를 스스로 행한 사람만이 정범이고, 구성요건적 행위 이외의 다른 행위에 의하여 결과야기에 가공한 자는 정범이 될 수 없다고 본다. 이 입장은 교사범·종범에 대한 처벌규정을 둔 것을 형벌확장사유로 이해한다.

ㄷ. (×) 공범종속성설은 정범의 범죄가 객관적으로 있어야 공범도 성립하기 때문에 정범의 행위가 가벌미수로 된 때에만 공범의 미수를 인정하게 된다. 그렇기 때문에 기도된 교사(제31조 제2항·제3항)에 대해서는 교사자의 특유한 불법에 근거한 특별규정으로 보게 되고, 이에 따라 예비죄에 대한 공범 성립을 부정하게 된다.

ㄹ. (○) 책임가담설 또는 책임가담설로서의 타락설은 공범의 처벌근거를 공범자가 정범자를 유혹하여 유책한 범행으로 이끌어서 타락 내지 부패시켰다는 점에서 찾는 입장으로, 공범은 정범의 유책화에 책임을 져야 한다는 입장이다. 이 입장에 의하면 공범 처벌의 전제가 되는 정범의 행위는 구성요건에 해당하고, 위법하며 나아가 유책한 행위여야 하므로 극단적 종속형식과 논리적으로 결부된다. 이는 현재의 통설 및 판례인 제한적 종속형식의 입장 및 책임개별화의 원칙과 조화될 수 없다는 비판을 받는다.

ㅁ. (×) 극단적 종속형식은 공범이 성립하기 위해서는 정범의 행위가 구성요건에 해당하고 위법하며 유책함을 요한다는 요건이다. 따라서 이러한 요소 중 어느 하나라도 결여하게 되면 공범이 성

립하지 않게 된다. 제시된 지문은 제한적 종속형식으로, 공범이 성립하기 위해서는 정범의 행위가 구성요건에 해당하고 위법할 것을 요한다는 형식이다.

정답 ①

008 ✓ 이론 ◆◆◆ 국가7급 2014

甲은 乙에게 A의 도자기를 강취해 올 것을 교사하였다. 乙은 이를 승낙하였으나 실행의 착수를 하지 않고 차일피일 미루고 있었다. 이에 甲은 A의 도자기를 관리·보관하고 있던 丙에게 사례금을 주면서 A의 도자기를 자신에게 넘기라고 교사하자, 이를 승낙한 丙은 A의 도자기를 甲에게 가져다주었다. 이 사례에 대한 설명으로 옳은 것은? (다툼이 있는 경우 판례에 의함)

① 甲이 乙을 교사한 행위에 대하여 처벌하는 것은 공범종속성설의 논리적 결과이다.
② 공범독립성설에 의하면, 甲이 乙을 교사한 행위는 강도죄의 미수범으로 처벌된다.
③ 丙이 업무상 횡령죄로 처벌된다면, 甲도 업무상 횡령죄의 교사범으로 처벌된다.
④ 丙에게서 도자기를 넘겨받은 甲에게 장물취득죄는 성립하지 않는다.

해설 **출제영역** | 정범과 공범의 일반이론 – 공범의 종속성

② (○) 공범독립성설에 의하면 정범의 실행행위가 없는 경우에도 공범의 미수를 인정한다. 즉, 교사나 방조행위 그 자체만으로 공범이 성립한다고 보므로(더불어 실행의 착수도 인정되므로) 甲이 乙을 교사한 행위를 강도죄의 미수범(강도미수죄의 교사범)으로 처벌하게 된다.

① (×) 甲이 乙을 교사한 행위(효과 없는 교사)에 대하여 처벌하는 규정(제31조 제2항)에 대하여 공범종속성설은 특별규정·예외규정으로 보고 공범독립성설은 당연규정·예시규정으로 보아 공범독립성설의 근거로 파악한다.

③ (×) 업무상횡령죄의 경우 신분으로 형이 가중되는 부진정신분범이다. 판례는 형법 제33조 본문을 부진정신분범의 성립의 근거, 단서를 부진정신분범의 과형의 근거로 보고 있으므로 甲은 업무상 횡령죄가 성립하지만 단순횡령죄의 교사범으로 처벌되게 된다.

④ (×) 甲에게는 업무상 횡령죄의 교사범이 성립함과 별도로 장물취득죄가 성립하고 양죄는 실체적 경합관계에 있다.

정답 ②

009 ✓이론 ◆◆◇ 경찰1차 2020

다음 사례에 관한 설명으로 가장 적절하지 않은 것은? (다툼이 있는 경우 판례에 의함)

> 변호사가 아닌 甲은 변호사를 고용하여 법률사무소를 개설·운영하기 위해 평소 친분이 있는 회사원 丙을 찾아가 변호사를 소개해 달라고 부탁하였다. 이에 丙은 변호사 乙을 추천해 주었고, 변호사 乙은 甲의 제안을 승낙한 후 甲에게 고용되어 법률사무소를 개설하여 운영하는 데 참여하였다.

① 「변호사법」 제109조 제2호, 제34조 제4항은 변호사 아닌 자가 변호사를 고용하여 법률사무소를 개설·운영하는 행위를 처벌하도록 규정하고 있다.

② 甲이 변호사 乙을 고용하여 법률사무소를 개설·운영하는 행위에 있어서는 甲은 변호사 乙을 고용하고 乙은 甲에게 고용된다는 서로 대향적인 행위의 존재가 반드시 필요하다.

③ 甲에게 고용되어 법률사무소의 개설·운영에 관여한 변호사 乙의 행위가 일반적인 「형법」 총칙상의 공범에 해당된다고 하더라도 乙을 甲의 변호사법위반죄의 공범으로 처벌할 수는 없다.

④ 丙이 변호사 아닌 甲을 교사·방조한 경우에도 丙은 「형법」 총칙상의 공범규정이 적용될 여지가 없다.

[해설] 출제영역 | 정범과 공범의 일반이론 – 필요적 공범

④ (×) 필요적 공범인 대향범에서 처벌되는 내부참가자에게 가공한 외부가담자에게는 형법 총칙상의 공범규정이 적용되어, 丙에게는 변호사법 위반죄의 교사범 또는 방조범이 성립한다.

① (○) 변호사법 제109조 제2호, 제34조 제4항 참조.

> **변호사법 제34조(변호사가 아닌 자와의 동업 금지 등)** ④ 변호사가 아닌 자는 변호사를 고용하여 법률사무소를 개설·운영하여서는 아니 된다.
> **제109조(벌칙)** 다음 각 호의 어느 하나에 해당하는 자는 7년 이하의 징역 또는 5천만 원 이하의 벌금에 처한다. 이 경우 벌금과 징역은 병과(倂科)할 수 있다.
> 　2. 제33조 또는 제34조(제57조, 제58조의16 또는 제58조의30에 따라 준용되는 경우를 포함한다)를 위반한 자

② (○) 대법원 2004.10.28, 2004도3994

③ (○) 변호사가 변호사 아닌 자에게 고용되어 법률사무소의 개설·운영에 관여하는 행위는 위 범죄가 성립하는 데 당연히 예상될 뿐만 아니라 범죄의 성립에 없어서는 아니 되는 것인데도 이를 처벌하는 규정이 없는 이상, 그 입법 취지에 비추어 볼 때 변호사 아닌 자에게 고용되어 법률사무소의 개설·운영에 관여한 변호사의 행위가 일반적인 형법 총칙상의 공모, 교사 또는 방조에 해당한다고 하더라도 변호사를 변호사 아닌 자의 공범으로서 처벌할 수는 없다(대법원 2004.10.28, 2004도3994).

[정답] ④

010 ✓이론 ◆◆◇ 법원9급 2017

다음 설명 중 옳은 것을 모두 고른 것은? (다툼이 있는 경우 판례에 의함)

> ㄱ. 공모공동정범의 경우 제반 상황에 비추어 공모자들이 범행도중에 부수적인 다른 범죄가 파생되리라고 예상하거나 충분히 예상할 수 있는데도 이를 방지하기 위한 합리적인 조치를 취하지 아니하여 예상되던 범행들이 발생하였다면, 그 파생적인 범행에 대하여 개별적인 의사의 연락이 없었다고 하더라도 당초의 공모자들 사이에 그 범행 전부에 대하여 암묵적인 공모는 물론 그에 대한 기능적 행위지배가 인정된다.
>
> ㄴ. 공모공동정범에서 공모관계로부터의 이탈은 공모자가 공모에 의하여 담당한 기능적 행위지배를 해소하는 것이 필요하므로, 공모자가 공모에 주도적으로 참여하여 다른 공모자의 실행에 영향을 미친 때에는 범행을 저지하기 위하여 적극적으로 노력하는 등 실행에 미친 영향력을 제거하지 않는 한 공모관계로부터 이탈하였다고 할 수 없다.
>
> ㄷ. 대향범은 2인 이상의 대향적 협력에 의하여 성립하는 범죄로서 대향자 쌍방의 불법내용이 같으므로 「형법」상 쌍방을 처벌하는 경우 전부 쌍방의 법정형이 같은데, 다만 대향자 일방만을 처벌하는 경우가 있다.
>
> ㄹ. 변호사 사무실 직원 甲이 법원공무원 乙에게 부탁하여 수사 중인 사건의 체포영장 발부자 명단을 누설받은 경우, 乙이 직무상 비밀을 누설한 행위와 甲이 이를 누설받은 행위는 대향범 관계에 있으므로 甲의 행위를 공무상 비밀누설 교사죄로 처벌할 수 없다.

① ㄱ, ㄴ　　　　② ㄱ, ㄹ
③ ㄱ, ㄴ, ㄹ　　④ ㄴ, ㄷ, ㄹ
⑤ ㄱ, ㄴ, ㄷ, ㄹ

[해설] 출제영역 | 필요적 공범

③ ㄱ, ㄴ, ㄹ

ㄱ. (○) 대법원 2013.9.12, 2013도6570 등

ㄴ. (○) 대법원 2008.4.10, 2008도1274

ㄷ. (×) 대향범이란 2인 이상의 참여자가 서로 다른 방향에서 동일한 목표를 실현하는 범죄를 말하며, 대향자의 법정형을 기준으로 ⓐ 대향자 쌍방의 법정형이 같은 경우(도박죄, 부녀매매죄, 자기낙태죄와 동의낙태죄, 국외이송목적매매죄), ⓑ 쌍방의 법정형이 다른 경우(수뢰죄와 증뢰죄, 배임수재죄와 배임증재죄, 자기낙태죄와 업무상동의낙태죄, 단순도주죄와 도주원조죄) 및 ⓒ 일방만 처벌되는 경우(음화판매죄, 범인은닉·도피죄, 촉탁·승낙살인죄, 음행매개죄, 자살교사·방조죄) 등으로 분류할 수 있다.

ㄹ. (○) 대법원 2011.4.28, 2009도3642

[정답] ③

011 ✓ 유사 ◆◆◇　　　　　　国家9급 2024

공범의 종류에 대한 설명으로 옳지 않은 것은?

① 「형법」 제127조는 공무원 또는 공무원이었던 자가 법령에 의한 직무상 비밀을 누설하는 행위만을 처벌하고 있을 뿐 직무상 비밀을 누설받은 상대방을 처벌하는 규정이 없으므로, 직무상 비밀을 누설받은 자에 대하여는 공범에 관한 형법총칙 규정을 적용하여 처벌할 수 없다.

② 뇌물공여죄와 뇌물수수죄 사이와 같은 이른바 대향범 관계에 있는 자는 서로 대향된 행위의 존재를 필요로 할 뿐 각자 자신의 구성요건을 실현하고 별도의 형벌규정에 따라 처벌되는 것이어서, 2인 이상이 가공하여 공동의 구성요건을 실현하는 공범관계에 있는 자와는 본질적으로 다르다.

③ 구 「정치자금법」 제45조 제1항의 정치자금을 기부한 자와 기부받은 자는 이른바 대향범인 필요적 공범관계에 있으므로, 정치자금을 기부하는 자의 범죄가 성립하지 않더라도 정치자금을 기부받는 자가 구 「정치자금법」이 정하지 않은 방법으로 정치자금을 제공받는다는 의사를 가지고 받으면 정치자금부정수수죄가 성립한다.

④ 쟁의행위 기간 중 그 쟁의행위로 중단된 업무의 수행을 위하여 당해 사업과 관계없는 자를 채용 또는 대체하는 사용자를 처벌하는 「노동조합 및 노동관계조정법」 제91조, 제43조 제1항을 사용자에게 채용 또는 대체되는 자의 행위에 대하여 일반적인 형법총칙상의 공범 규정을 적용하여 동법 위반죄의 공동정범, 교사범 또는 방조범으로 처벌할 수 있다.

해설 ▎출제영역 ┃ 정범과 공범의 일반이론 — 필요적 공범

④ (×) 노동조합법 제91조, 제43조 제1항은 사용자의 위와 같은 행위를 처벌하도록 규정하고 있으므로, 사용자에게 채용 또는 대체되는 자에 대하여 위 법조항을 바로 적용하여 처벌할 수 없음은 문언상 분명하다. 나아가 <u>채용 또는 대체하는 행위와 채용 또는 대체되는 행위는 2인 이상의 서로 대향된 행위의 존재를 필요로 하는 관계에 있음에도 채용 또는 대체되는 자를 따로 처벌하지 않는 노동조합법 문언의 내용과 체계, 법 제정과 개정 경위 등을 통해 알 수 있는 입법 취지에 비추어 보면, 쟁의행위 기간 중 그 쟁의행위로 중단된 업무의 수행을 위하여 당해 사업과 관계없는 자를 채용 또는 대체하는 사용자에게 채용 또는 대체되는 자의 행위에 대하여는 일반적인 형법 총칙상의 공범 규정을 적용하여 공동정범, 교사범 또는 방조범으로 처벌할 수 없다고 판단된다</u>(대법원 2020.6.11, 2016도3048).

① (○) 2인 이상의 서로 대향된 행위의 존재를 필요로 하는 대향범에 대하여는 공범에 관한 형법총칙 규정이 적용될 수 없다. 형법 제127조는 공무원 또는 공무원이었던 자가 법령에 의한 직무상 비밀을 누설하는 행위만을 처벌하고 있을 뿐 직무상 비밀을 누설받은 상대방을 처벌하는 규정이 없는 점에 비추어, 직무상 비밀을 누설받은 자에 대하여는 공범에 관한 형법총칙 규정이 적용될 수 없다(대법원 2017.6.19, 2017도4240).

② (○) 뇌물공여죄와 뇌물수수죄 사이와 같은 이른바 대향범 관계에 있는 자는 강학상으로는 필요적 공범이라고 불리고 있으나,

서로 대향된 행위의 존재를 필요로 할 뿐 각자 자신의 구성요건을 실현하고 별도의 형벌규정에 따라 처벌되는 것이어서, <u>2인 이상이 가공하여 공동의 구성요건을 실현하는 공범관계에 있는 자와는 본질적으로 다르며, 대향범 관계에 있는 자 사이에서는 각자 상대방의 범행에 대하여 형법 총칙의 공범규정이 적용되지 아니한다</u>(대법원 2015.2.12, 2012도4842).

③ (○) 구 <u>정치자금법 제45조 제1항의 정치자금을 기부한 자와 기부받은 자는 이른바 대향범(대향범)인 필요적 공범관계에 있다. 이러한 공범관계는 행위자들이 서로 대향적 행위를 하는 것을 전제로 하는데, 각자의 행위가 범죄구성요건에 해당하면 그에 따른 처벌을 받을 뿐이고 반드시 협력자 전부에게 범죄가 성립해야 하는 것은 아니다. 정치자금을 기부하는 자의 범죄가 성립하지 않더라도 정치자금을 기부받는 자가 정치자금법이 정하지 않은 방법으로 정치자금을 제공받는다는 의사를 가지고 받으면 정치자금부정수수죄가 성립한다</u>(대법원 2017.11.14, 2017도3449).

정답 ④

012 ✓ 유사 ◆◆◇　　　　　　변호사 2024

공범에 관한 설명 중 옳지 않은 것은? (다툼이 있는 경우 판례에 의함)

① 방조범에게 요구되는 정범 등의 고의는 정범에 의하여 실현되는 범죄의 구체적 내용을 인식해야 하는 것은 아니고 미필적 인식이나 예견으로 충분하지만, 이는 정범의 범행 등의 불법성에 대한 인식이 필요하다는 점과 모순되지 않는다.

② 대향범에 대하여 공범에 관한 형법 총칙 규정이 적용될 수 없다는 법리는 필요적 공범인 대향범뿐만 아니라 구성요건상으로는 단독으로 실행할 수 있는 형식으로 되어 있는데 단지 구성요건이 대향범의 형태로 실행되는 경우에도 적용된다.

③ 업무라는 신분관계가 없는 자가 그러한 신분관계 있는 자와 공모하여 업무상배임죄를 저질렀다면, 그러한 신분관계가 없는 공범에 대하여는 「형법」 제33조 단서에 따라 단순배임죄에서 정한 형으로 처단하여야 한다.

④ 공동정범의 성립을 위한 공동가공의 의사는 타인의 범행을 인식하면서도 이를 제지하지 아니하고 용인하는 것만으로는 부족하고, 공동의 의사로 특정한 범죄행위를 하기 위해 일체가 되어 서로 다른 사람의 행위를 이용하여 자기 의사를 실행에 옮기는 것을 내용으로 하는 것이어야 한다.

⑤ 방조범이 성립하려면 방조행위가 정범의 범죄 실현과 밀접한 관련이 있어야 하므로, 정범의 범죄 실현과 밀접한 관련이 없는 행위를 도와준 데 지나지 않는 경우에는 방조범이 성립하지 않는다.

해설 ▎출제영역 ┃ 정범과 공범의 일반이론 — 필요적 공범

② (×) <u>2인 이상의 서로 대향된 행위의 존재를 필요로 하는 대향범에 대하여 공범에 관한 형법 총칙 규정이 적용될 수 없다. 이러한</u>

법리는 해당 처벌규정의 구성요건 자체에서 2인 이상의 서로 대향적 행위의 존재를 필요로 하는 필요적 공범인 대향범을 전제로 한다. 구성요건상으로는 단독으로 실행할 수 있는 형식으로 되어 있는데 단지 구성요건이 대향범의 형태로 실행되는 경우에도 대향범에 관한 법리가 적용된다고 볼 수는 없다(대법원 2022.6.30, 2020도7866).

> [판례] 마약거래방지법 제7조 제1항은 '마약류범죄의 발견 또는 불법수익 등의 출처에 관한 수사를 방해하거나 불법수익 등의 몰수를 회피할 목적으로 불법수익 등의 성질, 소재, 출처 또는 귀속관계를 숨기거나 가장한 자'를 불법수익 등의 은닉 및 가장죄로 형사처벌하고 있다. 그중 '불법수익 등의 출처 또는 귀속관계를 숨기거나 가장'하는 행위는 불법수익 등을 정당하게 취득한 것처럼 취득 원인에 관한 사실을 숨기거나 가장하는 행위 또는 불법수익 등이 귀속되지 않은 것처럼 귀속에 관한 사실을 숨기거나 가장하는 행위를 뜻한다(대법원 2014.9.4, 2014도4408). 따라서 마약거래방지법 제7조 제1항에서 정한 '불법수익 등의 출처 또는 귀속관계를 숨기거나 가장하는 행위'는 처벌규정의 구성요건 자체에서 2인 이상의 서로 대향된 행위의 존재를 필요로 하지 않으므로 정범의 이러한 행위에 가담하는 행위에는 형법 총칙의 공범 규정이 적용된다. … 정범의 마약거래방지법상 '불법수익 등의 은닉 및 가장' 범행의 방조범 성립에 요구되는 방조의 고의와 정범의 고의에 관하여 보면, 예컨대 마약매수인이 정범인 마약매도인으로부터 마약을 매수하면서 마약매도인의 요구로 차명계좌에 제3자 명의로 마약 매매대금을 입금하면서 그 행위가 정범의 범행 실행을 방조하는 것으로 불법성이 있다는 것을 인식해야 한다는 것을 뜻한다. 원심은 피고인의 행위가 정범인 공소외인의 마약거래방지법 제7조 제1항에서 정한 '불법수익 등의 출처 또는 귀속관계를 숨기거나 가장'하는 행위로 인한 마약거래방지법 위반 범행을 방조하는 행위에 해당하는지, 피고인에게 방조의 고의가 인정되는지에 관하여 심리했어야 한다. 그런데도 원심은 대마를 매수하면서 매매대금을 대포통장으로 무통장 입금을 한 피고인에게 형법 총칙의 공범 규정이 적용되지 않는다고 보아 무죄로 판단하였다. 원심판결에는 불법수익 등의 은닉 및 가장행위로 인한 마약거래방지법 위반죄 방조범의 성립 등에 관한 법리를 오해하고 필요한 심리를 다하지 않아 판결에 영향을 미친 잘못이 있고, 이를 지적하는 상고이유 주장은 정당하다(대법원 2022.6.30, 2020도7866).

① (○) 방조범에서 요구되는 정범 등의 고의는 정범에 의하여 실현되는 범죄의 구체적 내용을 인식해야 하는 것은 아니고 미필적 인식이나 예견으로 충분하지만, 이는 정범의 범행 등의 불법성에 대한 인식이 필요하다는 점과 모순되지 않는다(대법원 2022.6.30, 2020도7866).

③ (○) 업무상의 임무라는 신분관계가 없는 자가 그러한 신분관계 있는 자와 공모하여 업무상배임죄를 저질렀다면, 그러한 신분관계가 없는 공범에 대하여는 형법 제33조 단서에 따라 단순배임죄에서 정한 형으로 처단하여야 한다. 이 경우에는 신분관계 없는 공범에게도 같은 조 본문에 따라 일단 신분범인 업무상배임죄가 성립하고 다만 과형에서만 무거운 형이 아닌 단순배임죄의 법정형이 적용된다(대법원 1986.10.28, 86도1517; 2010.9.9, 2010도6507).

④ (○) 공동정범이 성립하기 위하여는 주관적 요건으로서 공동가공의 의사와 객관적 요건으로서 공동의사에 의한 기능적 행위지배를 통한 범죄의 실행사실이 필요한바, 위 주관적 요건으로서 공동가공의 의사는 타인의 범행을 인식하면서도 이를 저지하지 아니하고 용인하는 것만으로는 부족하고 공동의 의사로 특정한

범죄행위를 하기 위하여 일체가 되어 서로 다른 사람의 행위를 이용하여 자기의 의사를 실행에 옮기는 것을 내용으로 하는 것이어야 한다(대법원 1996.1.26, 95도2461).

⑤ (○) 방조범이 성립하려면 방조행위가 정범의 범죄 실현과 밀접한 관련이 있고 정범으로 하여금 구체적 위험을 실현시키거나 범죄 결과를 발생시킬 기회를 높이는 등으로 정범의 범죄 실현에 현실적인 기여를 하였다고 평가할 수 있어야 한다. 정범의 범죄 실현과 밀접한 관련이 없는 행위를 도와준 데 지나지 않는 경우에는 방조범이 성립하지 않는다(대법원 2023.10.18, 2022도15537).

정답 ②

2 간접정범

013 ☑ 대표 ◆◆◇ 국가9급 2019

간접정범에 대한 설명으로 옳지 않은 것은? (다툼이 있는 경우 판례에 의함)

① 처벌되지 아니하는 타인의 행위를 적극적으로 유발하고 이를 이용하여 자신의 범죄를 실현한 자는 간접정범의 죄책을 지고, 그 과정에서 타인의 의사를 부당하게 억압하여야 하는 것은 아니다.

② 강제추행죄는 처벌되지 아니하는 타인을 도구로 삼아 피해자를 강제로 추행하는 간접정범의 형태로도 범할 수 있으나, 이때 피해자는 그 타인에 포함되지 않는다.

③ 공문서의 작성권한이 있는 공무원(A)의 직무를 보좌하는 공무원이 행사할 목적으로 그 직위를 이용하여 허위의 내용이 기재된 문서 초안을 그 정을 모르는 A에게 제출하여 결재하도록 한 경우에는 허위공문서작성죄의 간접정범이 성립한다.

④ 자기에게 유리한 판결을 얻기 위해 증거가 조작되어 있다는 점을 알지 못하는 제3자를 이용하여 그를 소송의 당사자가 되게 하고 법원을 기망하여 소송 상대방의 재물을 취득하였다면 간접정범 형태의 소송사기죄가 성립한다.

해설 | 출제영역 | 간접정범의 성립요건

② (×) 소위 자기신체 추행을 강제에 의하여 행하게 한 행위가 강제추행죄의 간접정범이 된다는 것이 판례이다. "강제추행죄는 사람의 성적 자유 내지 성적 자기결정의 자유를 보호하기 위한 죄로서 정범 자신이 직접 범죄를 실행하여야 성립하는 자수범이라고 볼 수 없으므로, 처벌되지 아니하는 타인을 도구로 삼아 피해자를 강제로 추행하는 간접정범의 형태로도 범할 수 있다. 여기서 강제추행에 관한 간접정범의 의사를 실현하는 도구로서의 타인에는 피해자도 포함될 수 있다고 봄이 타당하므로, 피해자를 도구로 삼아 피해자의 신체를 이용하여 추행행위를 한 경우에도 강제추행죄의 간접정범에 해당할 수 있다(대법원 2018.2.8, 2016도17733)."

① (○) 대법원 2008.9.11, 2007도7204
③ (○) 대법원 1992.1.17, 91도2837; 2010.1.14, 2009도9963
④ (○) 대법원 2007.9.6, 2006도3591

정답 ②

간접정범에 관한 다음 설명 중 옳지 않은 것은 모두 고른 것은? (다툼이 있는 경우에는 판례에 의함)

> ㉠ 출판물에 의한 명예훼손죄는 간접정범에 의하여 범하여질 수가 없기에, 타인을 비방할 목적으로 허위의 기사자료를 그 정을 모르는 기자에게 제공하여 신문 등에 보도되게 한 경우에는 출판물에 의한 명예훼손죄의 간접정범이 성립하지 않는다.
>
> ㉡ 공무원이 아닌 甲이 관공서에 허위내용의 증명원을 제출하여 그 내용이 허위인 정은 모르지만 그 문서의 기재사항을 인식한 담당공무원으로부터 그 증명원 내용과 같은 증명서를 발급받은 경우에는 공문서위조죄의 간접정범이 성립한다.
>
> ㉢ 정유회사의 경영자가 회사 소재지 지역구 국회의원에게 그 지역구 지방자치단체장과의 사이에 정유공장의 지역구 유치와 관련한 간담회 주선을 청탁하고, 자세한 내막을 알지 못하는 정유회사 소속 직원들로 하여금 그 청탁과 관련하여 위 국회의원이 사실상 지배·장악하고 있던 후원회에 후원금을 기부하게 하였더라도, 그 경영자에게는 정치자금법위반죄의 간접정범이 성립하지 않는다.
>
> ㉣ 부동산소유권 이전등기 등에 관한 특별조치법 제13조 제1항 제3호에 정한 허위보증서작성죄의 주체는 작성명의인인 보증인에 한정되기 때문에, 보증인이 아닌 자는 허위보증서 작성의 고의 없는 보증인들을 이용하여 간접정범의 형태로 허위보증서 작성의 범행을 범할 수 없다.
>
> ㉤ 甲이 존재하지 않는 약정이자에 관한 내용을 부가하여 위조한 乙명의 차용증을 바탕으로 乙에 대한 차용금채권을 丙에게 양도하고, 이러한 사정을 모르는 丙으로 하여금 乙을 상대로 양수금 청구소송을 제기하게 한 사안에서, 甲의 행위는 丙을 도구로 이용한 간접정범 형태의 소송사기죄를 구성한다.
>
> ㉥ 간접정범으로 공소가 제기된 공소사실에 대하여 이를 유죄로 인정하면서도 그 법령의 적용에 있어서 이를 공동정범에 해당한다고 보아 이에 해당하는 형법 제30조를 적용한 경우, 그 판결에는 판결 결과에 영향을 미친 위법이 없다.

① ㉠, ㉡, ㉢, ㉣
② ㉡, ㉢, ㉣, ㉤
③ ㉢, ㉣, ㉤, ㉥
④ ㉠, ㉡, ㉣, ㉤

해설 출제영역 | 간접정범 – 성립요건

① ㉠, ㉡, ㉢, ㉣의 지문이 옳지 않다.

㉠ (×) 대법원 2002.6.28, 2000도3045

㉡ (×) 대법원 2001.3.9, 2000도938

㉢ (×) 공무원이 담당·처리하는 사무에 관하여 청탁 또는 알선하는 일과 관련하여서는 정치자금을 기부하거나 기부 받을 수 없으므로 그와 관련하여 정치자금을 기부하거나 기부 받은 이상 정치자금법 제32조 제3호 위반죄가 성립한다. … 비록 형식적으로는

위 후원금이 후원회에 기부된 것이라고 하더라도 실질적으로는 후원회의 회계를 사실상 지배·장악하고 있던 피고인 1(국회의원) 본인이 바로 후원금을 기부 받은 것으로 볼 수 있어 정치자금법 제32조 제3호에 위반하여 정치자금을 수수한 것이라 할 것이고, 피고인2(정유회사 경영자)는 자세한 내막을 알지 못하여 정치자금법 위반죄를 구성하지 않는 직원들(고의 없는 도구)의 기부행위를 유발하고 이를 이용하여 자신의 범죄를 실현한 것이어서 간접정범으로서의 죄책을 면할 수 없다 할 것이다(대법원 2008.9.11, 2007도7204).

㉣ (×) 보증인이 아닌 자가 허위보증서 작성의 고의 없는 보증인들을 이용하여 허위의 보증서를 작성하게 한 경우, 부동산소유권 이전등기 등에 관한 특별조치법에 정한 '허위보증서작성죄'의 간접정범이 성립한다(대법원 1997.7.11, 97도1180).

㉤ (○) 자기에게 유리한 판결을 얻기 위하여 소송상의 주장이 사실과 다름이 객관적으로 명백하거나 증거가 조작되어 있다는 정을 인식하지 못하는 제3자를 이용하여 그로 하여금 소송의 당사자가 되게 하고 법원을 기망하여 소송 상대방의 재물 또는 재산상 이익을 취득하려 하였다면 간접정범의 형태에 의한 소송사기죄가 성립하게 된다(대법원 2007.9.6, 2006도3591).

㉥ (○) 간접정범으로 공소가 제기된 공소사실에 대하여 이를 유죄로 인정하면서도 그 법령의 적용에 있어서 이를 공동정범에 해당한다고 보아 이에 해당하는 형법 제30조를 적용한 경우, 범행을 주도한 간접정범에 대하여는 어차피 형법 제34조 제1항, 제31조 제1항에 의하여 죄를 실행한 자와 동일한 형으로 처벌하는 것이어서 결국 그 판결에는 판결 결과에 영향을 미친 위법이 있다고 할 수 없다(대법원 1997.7.11, 97도1180).

정답 ①

범죄관여(가담)형태에 관한 설명으로 가장 적절한 것은? (다툼이 있는 경우 판례에 의함)

① 극단적 종속형식에 따르면 정범의 행위가 구성요건에 해당하고 위법하면 유책하지 않은 때에도 공범은 성립할 수 있다.

② 사기의 공모공동정범은 순차적·암묵적으로 상통하여 그 의사의 결합이 이루어지면 공모관계가 성립하지만, 이러한 공모가 이루어졌다 하더라도 실행행위에 직접 관여하지 아니하여 기망방법을 구체적으로 몰랐다면 공모관계는 부정된다.

③ 업무상의 임무라는 신분관계가 없는 자가 신분관계 있는 자와 공모하여 업무상배임죄를 범한 경우, 신분관계가 없는 공범도 업무상배임죄에 정한 형으로 처벌한다.

④ 강제추행에 관한 간접정범의 의사를 실현하는 도구로서의 타인에는 피해자도 포함될 수 있으므로 피해자를 도구로 삼아 피해자의 신체를 이용하여 추행행위를 한 경우에도 강제추행죄의 간접정범이 성립할 수 있다.

해설 출제영역 | 간접정범, 공모공동정범, 공범과 신분

④ (○) 강제추행죄는 사람의 성적 자유 내지 성적 자기결정의 자유를 보호하기 위한 죄로서 정범 자신이 직접 범죄를 실행하여야 성립하는 자수범이라고 볼 수 없으므로, 처벌되지 아니하는 타인

을 도구로 삼아 피해자를 강제로 추행하는 간접정범의 형태로도 범할 수 있다. 여기서 강제추행에 관한 간접정범의 의사를 실현하는 도구로서의 타인에는 피해자도 포함될 수 있으므로, 피해자를 도구로 삼아 피해자의 신체를 이용하여 추행행위를 한 경우에도 강제추행죄의 간접정범에 해당할 수 있다(대법원 2018.2.8, 2016도17733).

① (×) 극단적 종속형식에 의하면, 공범(교사범 및 종범)이 성립하기 위해서는 정범의 행위가 구성요건에 해당하고 위법하며 책임까지 갖춰야 한다. 따라서 정범의 행위가 구성요건에 해당하고 위법하더라도 유책하지 않으면 공범은 성립할 수 없고, 다만 경우에 따라 간접정범이 성립할 뿐이다.

② (×) 공모가 이루어진 이상 실행행위에 직접 관여하지 아니한 사람이라도 다른 공범자의 행위에 대하여 공동정범으로서의 형사책임을 진다(이른바 '딱지어음 발행 사건', 대법원 2013.8.23, 2013도5080).

③ (×) 업무상 배임죄가 성립하나 제33조 단서에 의하여 단순배임죄의 형으로 처벌된다(대법원 1986.10.28, 86도1517).

정답 ④

---

016 ✓ 대표 ◆◆◇ 국가7급 2016

간접정범에 대한 설명으로 옳지 않은 것은? (다툼이 있는 경우 판례에 의함)

① 작성권한 있는 공무원의 직무를 보좌하여 공문서를 기안 또는 초안하는 직권이 있는 공무원 甲이 허위인 정을 모르는 작성권자를 기망하여 허위의 공문서를 작성하도록 한 경우 甲은 허위공문서작성죄의 간접정범이 되지 않는다.

② 경찰관 甲은 피의자를 구속하기 위해 허위의 진술조서 등에 기초해 구속영장을 신청하였고, 이러한 사정을 모르는 검사와 영장전담판사에 의해 구속영장이 발부되어 피의자가 구속된 경우 甲은 형법 제124조 제1항의 직권남용감금죄의 간접정범이 된다.

③ 甲이 존재하지 않는 약정이자에 관한 내용을 부가하여 위조한 乙명의 차용증을 바탕으로 乙에 대한 차용금채권을 丙에게 양도하고, 이러한 사정을 모르는 丙으로 하여금 乙을 상대로 양수금 청구소송을 제기하게 한 경우 甲은 소송사기죄의 간접정범이 된다.

④ 음주운전 적발업무 담당경찰관 甲은 A의 음주운전을 눈감아 주기 위해 그에 대한 음주운전자 적발보고서를 찢어버리고, 부하로 하여금 B에 대한 가짜 음주운전 적발보고서를 작성하게 하고, 이러한 사실을 모르는 담당경찰관으로 하여금 주취운전자 음주측정처리부에 B의 음주운전사실을 기재하도록 한 경우 甲은 허위공문서작성죄 및 동 행사죄의 간접정범이 된다.

해설 | 출제영역 | 간접정범의 성립요건

① (×) 공문서의 작성권한이 있는 공무원의 직무를 보좌하는 사람이 그 직위를 이용하여 행사할 목적으로 허위의 내용이 기재된 문서 초안을 그 정을 모르는 상사에게 제출하여 결재하도록 하는

등의 방법으로 작성권한이 있는 공무원으로 하여금 허위의 공문서를 작성하게 한 경우에는 허위공문서작성죄의 간접정범이 성립한다(대법원 2011.5.13, 2011도1415).

② (○) 대법원 2006.5.25, 2003도3945
③ (○) 대법원 2007.9.6, 2006도3591
④ (○) 대법원 1996.10.10, 95도1706

정답 ①

---

017 ✓ 유사 ◆◆◇ 국가7급 2019

공범에 대한 설명으로 옳은 것은? (다툼이 있는 경우 판례에 의함)

① 피고인 甲이 A를 모해할 목적으로 乙에게 위증을 교사하였더라도, 정범인 乙에게 모해의 목적이 없었다면 甲을 모해위증교사죄로 처단할 수는 없다.

② 甲이 존재하지 않는 약정이자에 관한 내용을 부가하여 위조한 乙명의 차용증을 바탕으로 乙에 대한 차용금채권을 丙에게 양도하고, 이러한 사정을 모르는 丙으로 하여금 乙을 상대로 양수금 청구소송을 제기하게 한 경우, 甲의 행위는 간접정범 형태의 소송사기죄를 구성한다.

③ 甲은 乙에게 전화하여 피해자를 공갈할 것을 교사하였으나, 그 후 甲은 乙에게 여러 차례 전화하여 공갈범행에 나아가는 것을 만류하였음에도 乙은 甲의 제안을 거절한 후 피해자에게 겁을 주어 피해자로부터 현금 500만 원을 교부받은 경우, 甲은 공갈죄의 공범관계에서 이탈한 것으로 볼 수 있다.

④ 건설회사의 대표 甲은 회사 대표의 지위에서 장기간에 걸쳐 건설공사 현장소장들의 뇌물공여행위를 보고받고 이를 확인·결재하는 등의 방법으로 뇌물공여행위에 관여하였지만, 사전에 구체적인 대상 및 액수를 정하여 뇌물공여를 지시하지 아니하였으므로 甲에게는 공모공동정범의 죄책을 인정할 수 없다.

해설 | 출제영역 | 공범 일반

② (○) 민사소송의 원고를 고의 없는 도구로 이용한 간접정범 형태의 소송사기죄를 구성한다(대법원 2007.9.6, 2006도3591).

① (×) 형법 제33조 단서의 규정에 의하여 피고인을 모해위증교사죄로 처단할 수 있다(대법원 1994.12.23, 93도1002).

③ (×) 피고인의 교사행위와 공소외인의 공갈행위 사이에는 상당인과관계가 인정된다 할 것이고, 피고인의 만류행위가 있었지만 공소외인이 이를 명시적으로 거절하고 당초와 같은 범죄 실행의 결의를 그대로 유지한 것으로 보이는 이상, 피고인이 공범관계에서 이탈한 것으로 볼 수도 없다(대법원 2012.11.15, 2012도7407).

④ (×) 뇌물공여의 핵심적 경과를 계획적으로 조종하거나 촉진하는 등으로 현장소장들의 뇌물공여행위에 본질적 기여를 함으로써 기능적 행위지배를 하였다고 봄이 상당하다고 할 것이다(대법원 2010.7.15, 2010도3544).

정답 ②

정범 및 공범에 관한 설명 중 옳지 않은 것은? (다툼이 있는 경우 판례에 의함)

① 「형법」 제127조는 공무원 또는 공무원이었던 자가 법령에 의한 직무상 비밀을 누설하는 행위만을 처벌하고 있을 뿐 직무상 비밀을 누설 받은 상대방을 처벌하는 규정이 없으므로, 직무상 비밀을 누설 받은 자에 대하여는 공범에 관한 형법총칙 규정이 적용될 수 없다.

② 甲이 뇌물공여의사 없이 오로지 공무원 乙을 함정에 빠뜨릴 의사로 직무와 관련되었다는 형식을 빌려 乙에게 금품을 공여한 경우에도 乙이 그 금품을 직무와 관련하여 수수한다는 의사를 가지고 받아들이면 甲에게 뇌물공여죄가 성립하지 않는 경우라도 乙에게 뇌물수수죄가 성립한다.

③ 「폭력행위 등 처벌에 관한 법률」 제2조 제2항에서 '2명 이상이 공동하여' 죄를 범한 때라 함은 수인이 동일한 장소에서 동일한 기회에 상호 다른 사람의 범행을 인식하고 이를 이용하여 범행을 한 경우를 뜻하는 것으로서, 폭행 등의 실행범과의 공모사실은 인정되나 그와 공동하여 범행에 가담하였거나 범행장소에 있었다고 인정되지 아니하는 경우에는 공동하여 죄를 범한 때에 해당하지 아니한다.

④ 합동범은 주관적 요건으로서 공모 외에 객관적 요건으로서 현장에서의 실행행위의 분담을 요하나, 이 실행행위의 분담은 반드시 동시에 동일 장소에서 실행행위를 특정하여 분담하는 것만을 뜻하는 것이 아니라 시간적으로나 장소적으로 서로 협동관계에 있다고 볼 수 있으면 충분하다.

⑤ 간접정범이 성립하기 위해서는 처벌되지 아니하는 타인의 행위를 적극적으로 유발하고 이를 이용하여 자신의 범죄를 실현하여야 하며, 그 과정에서 타인의 의사를 부당하게 억압하여야 한다.

[해설] 출제영역 | 정범과 공범

⑤ (×) 처벌되지 아니하는 타인의 행위를 적극적으로 유발하고 이를 이용하여 자신의 범죄를 실현한 자는 형법 제34조 제1항이 정하는 간접정범의 죄책을 지게 되고, 그 과정에서 타인의 의사를 부당하게 억압하여야만 간접정범에 해당하는 것은 아니다(대법원 2008.9.11, 2007도7204).

① (○) 2인 이상의 서로 대향된 행위의 존재를 필요로 하는 대향범에 대하여는 공범에 관한 형법총칙 규정이 적용될 수 없다(대법원 2007.10.25, 2007도6712). 원심이 인정한 사실에 의하면 공무원인 피고인 1이 직무상 비밀을 누설한 행위와 피고인 2가 그로부터 그 비밀을 누설 받은 행위는 대향범 관계에 있다고 할 것인데, 형법 제127조는 공무원 또는 공무원이었던 자가 법령에 의한 직무상 비밀을 누설하는 행위만을 처벌하고 있을 뿐 직무상 비밀을 누설 받은 상대방을 처벌하는 규정이 없는 점에 비추어, 직무상 비밀을 누설 받은 자에 대하여는 공범에 관한 형법총칙 규정이 적용될 수 없다고 봄이 상당하다(대법원 2009.6.23, 2009도544).

② (○) 뇌물공여죄와 뇌물수수죄는 필요적 공범관계에 있다고 할 것이나, 필요적 공범이라는 것은 법률상범죄의 실행이 다수인의 협력을 필요로 하는 것을 가리키는 것으로서 이러한 범죄의 성립에는 행위의 공동을 필요로 하는 것에 불과하고 반드시 협력자 전부가 책임이 있음을 필요로 하는 것은 아니므로, 오로지 공무원을 함정에 빠뜨릴 의사로 직무와 관련되었다는 형식을 빌려 그 공무원에게 금품을 공여한 경우에도 공무원이 그 금품을 직무와 관련하여 수수한다는 의사를 가지고 받아들이면 뇌물수수죄가 성립한다(대법원 2008.3.13, 2007도10804).

③ (○) 폭력행위등처벌에관한법률 제2조 제2항의 "2인 이상이 공동하여 전항 게기의 죄를 범한 때"라고 함은 그 수인 간에 소위 공범관계가 존재하는 것을 요건으로 하는 것이고 수인이 동일 장소에서 동일 기회에 상호 다른 자의 범행을 인식하고 이를 이용하여 범행을 한 경우임을 요한다고 할 것이므로 폭행의 실행범과의 공모사실은 인정되나 그와 공동하여 범행에 가담하였거나 범행장소에 있었다고 인정되지 아니하는 경우에는 "공동하여" 죄를 범한 때에 해당하지 아니한다(대법원 1990.10.30, 90도2022).

④ (○) 합동범은 주관적 요건으로서 공모 외에 객관적 요건으로서 현장에서의 실행행위의 분담을 요하나 이 실행행위의 분담은 반드시 동시에 동일장소에서 실행행위를 특정하여 분담하는 것만을 뜻하는 것이 아니라 시간적으로나 장소적으로 서로 협동관계에 있다고 볼 수 있으면 충분하다(대법원 1992.7.28, 92도917).

[정답] ⑤

공범에 관한 설명 중 옳지 않은 것은? (다툼이 있는 경우 판례에 의함)

① 의사가 직접 환자를 진찰하지 않고 처방전을 작성하여 교부한 경우, 그 행위와 대향범 관계에 있는 '처방전을 교부받은 행위'를 한 자가 의사에게 진찰 없는 처방전 교부를 교사한 사실이 인정되더라도 그에게 「형법」 총칙상 교사범 규정을 적용할 수 없다.

② 교사를 받은 자가 범죄의 실행을 승낙하고 실행의 착수에 이르지 아니한 때에는 교사자와 피교사자를 예비 또는 음모에 준하여 처벌한다.

③ 수표의 발행인이 아닌 자는 「부정수표 단속법」 제4조가 정한 허위신고죄의 주체가 될 수 없으나, 허위신고의 고의 없는 발행인을 이용하여 간접정범의 형태로 허위신고죄를 범할 수 있다.

④ 공동정범은 공동의사에 의한 기능적 행위지배가 있음에 반하여 종범은 그 행위지배가 없는 점에서 양자가 구별된다.

⑤ 「형법」상 과실범으로 처벌되는 자를 방조하여 범죄행위의 결과를 발생하게 한 자는 방조의 예에 의하여 처벌된다.

[해설] 출제영역 | 간접정범, 공동정범, 교사범

③ (×) 부정수표단속법 제4조가 '수표금액의 지급 또는 거래정지처분을 면할 목적'을 요건으로 하고, 수표금액의 지급책임을 부담하는 자 또는 거래정지처분을 당하는 자는 발행인에 국한되는 점

에 비추어 볼 때 그와 같은 발행인이 아닌 자는 부정수표단속법 제4조가 정한 허위신고죄의 주체가 될 수 없고, 발행인이 아닌 자는 허위신고의 고의 없는 발행인을 이용하여 간접정범의 형태로 허위신고죄를 범할 수도 없다 할 것이다(대법원 2007.3.15, 2006도7318).

① (○) 2인 이상의 서로 대향된 행위의 존재를 필요로 하는 대향범에 대하여는 공범에 관한 형법총칙 규정이 적용될 수 없는데, 구 의료법(2007.7.27. 법률 제8559호로 개정되기 전의 것) 제17조 제1항 본문은 의료업에 종사하고 직접 진찰한 의사가 아니면 처방전을 작성하여 환자 등에게 교부하지 못한다고 규정하면서 제89조에서는 위 조항 본문을 위반한 자를 처벌하고 있을 뿐, 위와 같이 작성된 처방전을 교부받은 상대방을 처벌하는 규정이 따로 없는 점에 비추어, 위와 같이 작성된 처방전을 교부받은 자에 대하여는 공범에 관한 형법총칙 규정이 적용될 수 없다고 보아야 한다(대법원 2011.10.13, 2011도6287).

② (○) 교사를 받은 자가 범죄의 실행을 승낙하고 실행의 착수에 이르지 아니한 때에는 교사자와 피교사자를 음모 또는 예비에 준하여 처벌한다(제31조 제2항).

④ (○) 정범과 공범의 구별에 관해서는 록신(Roxin)의 행위지배설이 통설·판례이다.

⑤ (○) 어느 행위로 인하여 처벌되지 아니하는 자 또는 과실범으로 처벌되는 자를 교사 또는 방조하여 범죄행위의 결과를 발생하게 한 자는 교사 또는 방조의 예에 의하여 처벌한다(제34조 제1항). 즉, 간접정범이 성립하는 경우로서 맞는 지문이다.

정답 ③

---

3   공동정범

020 ✓ 대표 ◆◇◇   국가9급총론 2021

공동정범에 대한 설명으로 옳은 것은? (다툼이 있는 경우 판례에 의함)

① 다른 공모자가 실행에 착수한 이후에 그 공범관계에서 이탈한 공모자는 자신이 관여하지 않은 부분에 대하여 공동정범으로서 죄책을 부담하지 않는다.

② 공동정범은 범행에서의 역할이나 개별적 양형참작사유에도 불구하고 각자를 정범으로서 동일한 선고형으로 벌한다.

③ 공동실행의 의사는 범죄행위 시에 존재하면 족하고 반드시 사전에 공모함을 요하지 아니한다.

④ 공동정범 가운데 1인이 공모한 내용과 질적으로 다른 내용의 결과발생을 야기한 경우 다른 공동정범은 그 범행에 대한 과실범의 책임을 진다.

해설 출제영역 | 공동정범의 성립요건

③ (○) 대법원 1970.1.27, 69도2225

① (×) 피고인이 포괄일죄의 관계에 있는 범행의 일부를 실행한 후 공범관계에서 이탈하였으나 다른 공범자에 의하여 나머지 범행이 이루어진 경우, 피고인이 관여하지 않은 부분에 대하여도 죄책을 부담한다(대법원 2011.1.13, 2010도9927).

② (×) 형법에서는 "2인 이상이 공동하여 죄를 범한 때에는 각자를 그 죄의 정범으로 처벌한다(제30조)."고 규정하고 있으나, 이는 법정형이 동일한 것을 말하는 것에 불과하고 각자의 처단형이나 선고형은 다를 수 있다.

---

④ (×) 공동정범의 착오 중 질적 초과 부분에 대해서는 다른 공동정범은 책임을 지지 않는다.

[보충] 실행의 양적 초과 부분에 대해서 판례는 예견가능성이 인정되는 경우 결과적 가중범의 공동정범이 성립함을 인정하고 있을 뿐이다.

정답 ③

---

021 ✓ 대표 ◆◆◇   경찰2차 2021

공동정범에 대한 설명으로 가장 적절하지 않은 것은? (다툼이 있는 경우 판례에 의함)

① 甲이 A를 살해하고자 A의 음료수 잔에 치사량의 독약을 넣고 사라진 후 그 사실을 알고 있는 乙이 독자적으로 A를 확실히 살해하고자 한번 더 치사량의 독약을 넣어 A가 이를 마시고 사망한 경우, 甲과 乙은 상호 간에 의사의 연락이 없어 공동정범이 성립되지 아니한다.

② 甲이 강도살인의 의사로 먼저 A를 살해한 직후 마침 그곳을 지나가던 乙이 이를 보고 甲의 양해 하에 절취의 의사로 참가하여 甲은 A의 지갑과 현금을, 乙은 A의 시계와 금반지를 가져간 경우, 승계적 공동정범을 인정하더라도 乙은 살인에 대한 책임은 지지 아니한다.

③ 행동대원 甲, 乙, 丙은 조직의 두목으로부터 지시를 받고 상대 조직 행동대장 A를 살해하기로 공모하였으나, 甲은 쇠파이프 등을 들고 차량에 탑승하던 중 사태의 심각성을 실감하고 범행에 휘말리기 싫어서 조용히 혼자 빠져나와 택시를 타고 집으로 갔다. 이후 乙과 丙이 공모한 대로 A의 사무실로 가서 A를 살해한 경우, 甲에게는 살인죄의 공동정범이 성립한다.

④ 조직의 보스 甲은 부하인 乙과 반대조직의 보스 A를 살해하기로 공모하고, 甲은 자신의 사무실에서 진행 상황을 실시간으로 보고 받고 乙이 A의 사무실로 가서 A를 살해한 경우, 공모공동정범을 인정하는 견해에 따르면 甲에게는 살인죄의 공동정범이 성립한다.

해설 출제영역 | 공범론, 공동정범, 공모관계로부터의 이탈

③ (×) 甲에게는 공모관계로부터의 이탈이 인정되어 공동정범이 성립하지 않는다. "가사 피고인에게도 그 범행에 가담하려는 의사가 있어 공모 관계가 인정된다 하더라도 다른 조직원들이 각이 사건 범행에 이르기 전에 그 공모 관계에서 이탈한 것이라 할 것이므로 피고인은 위 공모 관계에서 이탈한 이후의 행위에 대하여는 공동정범으로의 책임을 지지 않는다고 할 것이다(시라소니파 사건, 대법원 1996.1.26, 94도2654)."

① (○) 甲과 乙은 A를 공동으로 살해한다는 의사의 연락이 없어 공동정범이 성립하지 않고 동시범에 해당한다.

② (○) 甲은 강도의 고의로 살해하고 A의 지갑과 현금을 취득한 것이니 강도살인죄가 성립하고, 乙은 절도의 의사로 참가한 것에 불과하니 절도죄의 죄책만 져야 한다. 승계적 공동정범의 경우에도 가담한 이후의 죄책을 지는 것에 불과하다.

④ (○) 판례는 공모만 하였다 하더라도 기능적 행위지배가 인정된다면 공모공동정범의 성립을 인정하는 입장이다.

정답 ③

022 대표 ◆◆◇ 변호사 2021

공동정범에 관한 설명 중 옳은 것을 모두 고른 것은?
(다툼이 있는 경우 판례에 의함)

> ㄱ. 상명하복 관계에 있는 자들이 범행에 공동가공한 경우, 특수교사·방조범(「형법」 제34조 제2항)이 성립할 수 있으나 공동정범은 인정될 수 없다.
>
> ㄴ. 공모자에게 범죄에 대한 본질적 기여를 통한 기능적 행위지배가 인정된다면 공모공동정범으로서의 죄책을 물을 수 있다.
>
> ㄷ. 공모자들이 그 공모한 범행을 수행하거나 목적 달성을 위해 나아가는 도중에 부수적인 다른 범죄가 파생되리라고 예상하거나 충분히 예상할 수 있는데도 그 가능성을 외면한 채 이를 방지하기에 족한 합리적 조치를 취하지 않고 공모한 범행에 나아갔다가 결국 그와 같이 예상된 범행들이 발생한 경우, 그 파생적인 범행 하나하나에 대하여 개별적 의사연락이 없었다면 그 범행 전부에 대한 기능적 행위지배가 존재한다고 볼 수 없다.
>
> ㄹ. 공범관계에 있어서 공모는 법률상 어떤 정형을 요구하는 것이 아니므로, 이러한 공모관계를 인정하기 위하여 엄격한 증명이 요구되지는 않는다.
>
> ㅁ. 공동정범이 성립하기 위하여 반드시 공범자 간 사전모의가 있어야 하는 것은 아니며, 우연히 만난 자리에서 서로 협력하여 공동의 범의를 실현하려는 의사가 암묵적으로 상통하여 범행에 공동가공하더라도 공동정범은 성립된다.

① ㄱ, ㄴ   ② ㄴ, ㄹ
③ ㄴ, ㅁ   ④ ㄷ, ㄹ, ㅁ
⑤ ㄱ, ㄴ, ㄷ, ㅁ

해설 출제영역 | 공범론, 공동정범

ㄱ. (✕) 상명하복 관계에 있는 자들 사이에 있어서도 범행에 공동가공한 이상 공동정범이 성립하는 데 아무런 지장이 없는 것이다(대법원 1995.6.16, 94도1793; 2012.1.27, 2010도10739).
[참고] 국가정보원의 엄격한 상명하복 관계에서 그 수장인 피고인 1이 가지는 조직 장악력 등을 종합하면, 피고인 1이 비록 개별적 범행을 지시하지 않았더라도, 사이버팀의 활동 내역을 보고받으면서 활동을 승인하고 나아가 사이버팀 조직을 관리·확대하면서 사이버 활동의 구체적 내용에까지 막대한 영향을 미친 이상, 피고인 1은 범행의 핵심적 경과를 계획적으로 조종하거나 촉진하는 등으로 기능적 행위지배를 하였다고 인정할 수 있다. 한 피고인 1과 사이버팀 직원들 사이에 직접적인 접촉이나 모의가 없더라도, 심리전단장인 피고인 3과 실행행위자인 사이버팀 직원들의 직접적인 공모관계가 있었고 피고인 1이 지휘 계통에 따라 피고

인 2를 거쳐 피고인 3과 지시·보고를 통하여 순차 공모한 이상, 피고인 1에 대해서도 사이버팀 직원들의 범행에 대한 공모관계를 인정할 수 있다(대법원 2018.4.19, 2017도14322 전원합의체).

ㄴ. (○) 대법원 2010.7.15, 2010도3544

ㄷ. (✕) 범죄의 수단과 태양, 가담하는 인원과 그 성향, 범행 시간과 장소의 특성, 범행과정에서 타인과의 접촉가능성과 예상되는 반응 등 제반 상황에 비추어, 공모자들이 그 공모한 범행을 수행하거나 목적 달성을 위해 나아가는 도중에 부수적인 다른 범죄가 파생되리라고 예상하거나 충분히 예상할 수 있는데도 그러한 가능성을 외면한 채 이를 방지하기에 족한 합리적인 조치를 취하지 아니하고 공모한 범행에 나아갔다가 결국 그와 같이 예상되던 범행들이 발생하였다면, 비록 그 파생적인 범행 하나하나에 대하여 개별적인 의사의 연락이 없었다고 하더라도 당초의 공모자들 사이에 그 범행 전부에 대하여 암묵적인 공모는 물론 그에 대한 기능적 행위지배가 존재한다고 보아야 할 것이다(대법원 2011.1.27, 2010도11030).

ㄹ. (✕) 공모공동정범에 있어서의 공모나 모의는 범죄사실을 구성하는 것으로서 이를 인정하기 위하여는 엄격한 증명이 요구된다(대법원 1998.11.24, 98도2654).

ㅁ. (○) 대법원 1984.12.26, 82도1373

정답 ③

023 유사 ◆◆◇ 경찰2차 2021

다음 사례에 대한 설명으로 가장 적절하지 않은 것은?
(다툼이 있는 경우 판례에 의함)

> 甲은 상해의 의사로, 乙은 폭행의 의사로 상호의사 연락 없이 같은 날, 같은 장소에서 30분 간격으로 A를 때렸고, 이로 인해 A에게 상해의 결과가 발생하였다. 그러나 A의 상해의 결과가 甲의 행위로 인한 것인지, 乙의 행위로 인한 것인지가 밝혀지지 않았다.

① 이는 동시범의 문제로 「형법」 제19조가 아닌 「형법」 제263조가 적용되어야 한다.
② 만약 A의 상해가 甲의 행위가 아닌 乙의 폭행으로 인해 발생한 것으로 밝혀졌다면, 甲은 상해미수죄로 처벌된다.
③ 만약 乙이 폭행을 했다는 것 자체가 불분명하다면, 「형법」 제263조가 적용되지 아니한다.
④ 만약 A에게 甲과 乙의 행위로 상해가 아닌 사망의 결과가 발생하였다면, 「형법」 제263조가 적용되지 아니한다.

해설 출제영역 | 공범론, 공동정범, 동시범

④ (✕) 판례는 폭행치사뿐만 아니라 상해치사의 경우에도 동시범 특례규정이 적용된다고 본다. 즉, A에게 甲과 乙의 행위로 상해가 아닌 사망의 결과가 발생하였다면, 상해죄의 동시범의 특례로서 제263조가 적용된다.

① (○) 상해행위를 한 행위자와 폭행행위를 한 행위자 상호간의 의사연락이 없는 경우로서 상해와 폭행의 죄에 관하여 상해의 결과가 발생한 경우를 규정한 제263조가 적용되는 경우이다.

② (○) 이 경우 乙은 폭행치상죄가 되고, 甲은 상해죄의 미수범에

불과하게 된다.

③ (○) 제263조는 각자 상해 내지 폭행행위를 하였고 상해의 결과도 발생하였는데 그 결과가 누구의 행위로 인한 것인지 판명되지 아니한 때 적용되는 조문이고, 각자의 상해 내지 폭행행위 자체가 과연 있었는지가 문제되는 경우라면 적용되지 않는 것이다. 이 경우에는 각자의 행위의 존재에 대한 증명책임은 여전히 검사가 부담해야 한다. "상해죄에 있어서의 동시범은 두 사람 이상이 가해행위를 하여 상해의 결과를 가져올 경우에 그 상해가 어느 사람의 가해행위로 인한 것인지가 분명치 않다면 가해자 모두를 공동정범으로 본다는 것이므로 가해행위를 한 것 자체가 분명치 않은 사람에 대하여는 동시범으로 다스릴 수 없다(대법원 1984. 5.15, 84도488)."

정답 ④

---

024 ✓유사 ◆◆◇ 군무원9급 2023

다음 설명 중 가장 옳은 것은? (다툼이 있는 경우 판례에 의함)

① 공동정범이 성립하기 위한 공동가공의 의사는 타인의 범행을 인식하면서도 이를 제지하지 아니하고 용인하는 것만으로는 부족하고, 공동의 의사로 특정한 범죄행위를 하기 위하여 일체가 되어 서로 다른 사람의 행위를 이용하여 자기의 의사를 실행에 옮기는 것을 내용으로 하여야 한다.

② 공동가공의 의사는 공범자 각자가 공범자들 사이에 구성요건을 이루거나 구성요건에 본질적으로 관련된 행위를 분담한다는 상호이해가 있어야 하기 때문에 공범자들 사이에 사전에 치밀하게 범행계획을 공모할 것을 필요로 한다.

③ 공동정범에서 공모는 2인 이상이 공모하여 어느 범죄에 공동 가공하여 그 범죄를 실현하려는 의사의 결합이기 때문에 수인 사이에 순차적으로 의사의 결합이 이루어지더라도 전체의 모의과정이 없었다면 공모관계는 성립하지 않는다.

④ 오토바이를 절취하여 오면 그 물건을 사주겠다고 한 것은 절도죄에 있어 공동정범의 성립을 인정하기 위하여 필요한 공동가공의 의사에 해당한다.

해설 │ 출제영역 │ 공동정범의 성립요건

① (○) 공동정범이 성립하기 위하여는 주관적 요건으로서 공동가공의 의사와 객관적 요건으로서 공동의사에 의한 기능적 행위지배를 통한 범죄의 실행사실이 필요한바, 위 주관적 요건으로서 공동가공의 의사는 타인의 범행을 인식하면서도 이를 저지하지 아니하고 용인하는 것만으로는 부족하고 공동의 의사로 특정한 범죄행위를 하기 위하여 일체가 되어 서로 다른 사람의 행위를 이용하여 자기의 의사를 실행에 옮기는 것을 내용으로 하는 것이어야 한다(대법원 1996.1.26, 95도2461).

② (×) 공동가공의 의사는 타인의 범행을 인식하면서도 이를 제지하지 아니하고 용인하는 것만으로는 부족하나, 반드시 사전에 치밀한 범행계획의 공모에까지 이를 필요는 없으며 공범자 각자가

공범자들 사이에 구성요건을 이루거나 구성요건에 본질적으로 관련된 행위를 분담한다는 상호이해가 있으면 충분하다 할 것이다(대법원 2008.9.11, 2007도6706).

③ (×) 전체의 모의과정이 없었다고 하더라도 수인 사이에 순차적으로 또는 암묵적으로 상통하여 그 의사의 결합이 이루어지면 공모관계가 성립한다 할 것이고, 이러한 공모가 이루어진 이상 실행행위에 직접 관여하지 아니한 자라도 다른 공범자의 행위에 대하여 공동정범으로서의 형사책임을 지는 것이다(대법원 1994.9. 9, 94도1831).

④ (×) 오토바이를 절취하여 오면 그 물건을 사 주겠다고 한 것이 절도죄에 있어 공동정범의 성립을 인정하기 위하여 필요한 공동가공의 의사가 있었다고 보기 어렵다(대법원 1997.9.30, 97도1940).

정답 ①

---

025 ✓유사 ◆◇◇ 국가9급 2018

공범에 대한 설명으로 옳지 않은 것은? (다툼이 있는 경우 판례에 의함)

① 공동정범은 공동가공의 의사와 그 공동의사에 의한 기능적 행위지배를 통한 범죄실행이라는 주관적·객관적 요건을 충족함으로써 성립하므로, 공모자 중 구성요건행위를 직접 분담하여 실행하지 아니한 사람도 위 요건을 충족하면 공모공동정범으로서의 죄책을 진다.

② 시간적 차이가 있는 독립된 폭행행위가 경합하여 사망의 결과가 일어나고, 그 사망의 원인된 행위가 판명되지 않는 경우 공동정범의 예에 의하여 처벌한다.

③ 순차적 또는 암묵적으로 상통할 뿐 전체의 모의과정이 없었다면 공모관계가 성립하지 않으므로 공동정범으로 처벌할 수 없다.

④ 합동범이 성립하기 위하여는 주관적 요건으로서의 공모와 객관적 요건으로서의 실행행위의 분담이 있어야 하고 그 실행행위에 있어서는 시간적으로나 장소적으로 협동관계에 있어야 한다.

해설 │ 출제영역 │ 공동정범의 성립요건

③ (×) 범죄에 공동가공하여 그 범죄를 실현하려는 의사의 결합만 있으면 되는 것으로서, 비록 전체의 모의과정이 없었다고 하더라도 수인 사이에 순차적으로 또는 암묵적으로 상통하여 그 의사의 결합이 이루어지면 공모관계가 성립한다(대법원 2003.1.24, 2002도6103).

① (○) 형법 제30조의 공동정범은 2인 이상이 공동하여 죄를 범하는 것으로서, 공동정범이 성립하기 위해서는 주관적 요건으로서 공동가공의 의사와 객관적 요건으로서 공동의사에 기한 기능적 행위지배를 통한 범죄의 실행사실이 필요하고, 공동가공의 의사는 공동의 의사로 특정한 범죄행위를 하기 위하여 일체가 되어 서로 다른 사람의 행위를 이용하여 자기의 의사를 실행에 옮기는 것을 내용으로 하는 것이어야 한다. 공모자 중 구성요건에 해당하는 행위 일부를 직접 분담하여 실행하지 않은 사람도 전체 범죄에서 그가 차지하는 지위, 역할이나 범죄 경과에 대한 지배나 장악력 등을 종합해 볼 때, 단순한 공모자에 그치는 것이 아니라

범죄에 대한 본질적 기여를 통한 기능적 행위지배가 존재하는 것으로 인정되는 경우 이른바 공모공동정범으로서의 죄책을 질 수 있다(대법원 2017.1.12, 2016도15470).

② (○) 시간적 차이가 있는 독립된 상해행위나 폭행행위가 경합하여 사망의 결과가 일어나고 그 사망의 원인된 행위가 판명되지 않은 경우에는 공동정범의 예에 의하여 처벌할 것이다(대법원 2000.7.28, 2000도2466).

④ (○) 3인 이상의 범인이 합동절도의 범행을 공모한 후 적어도 2인 이상의 범인이 범행 현장에서 시간적, 장소적으로 협동관계를 이루어 절도의 실행행위를 분담하여 절도 범행을 한 경우에는 공동정범의 일반 이론에 비추어 그 공모에는 참여하였으나 현장에서 절도의 실행행위를 직접 분담하지 아니한 다른 범인에 대하여도 그가 현장에서 절도 범행을 실행한 위 2인 이상의 범인의 행위를 자기 의사의 수단으로 하여 합동절도의 범행을 하였다고 평가할 수 있는 정범성의 표지를 갖추고 있다고 보여지는 한 그 다른 범인에 대하여 합동절도의 공동정범의 성립을 부정할 이유가 없다(대법원 1998.5.21, 98도321 전원합의체).

정답 ③

---

026 ⊘ 유사 ◆◇◇ 국가9급총론 2020

공범에 대한 설명으로 옳지 않은 것은? (다툼이 있는 경우 판례에 의함)

① 우연히 만난 자리에서 서로 협력하여 공동의 범의를 실현하려는 의사가 암묵적으로 상통하여 범행에 공동 가공하더라도 공동정범은 성립된다.

② 2인 이상이 공동하여 죄를 범한 때에는 각자를 그 죄의 정범으로 처벌하지만, 반드시 같은 형으로 처벌할 필요는 없다.

③ 구성요건행위 일부를 직접 분담하여 실행하지 않은 공모자에게 공모공동정범으로서의 죄책을 물을 수 있으려면 전체 범죄에서 그가 차지하는 지위나 역할 등에 비추어 범죄에 대한 본질적 기여를 통한 기능적 행위지배가 존재하여야 한다.

④ 의료인은 무면허의료행위의 주체가 될 수 없으므로 의료인 아닌 자의 무면허의료행위에 공모하여 가공하더라도 무면허의료행위의 공동정범은 될 수 없고 방조범이 될 수 있을 뿐이다.

해설 출제영역 | 공동정범의 성립요건

④ (×) 의료인일지라도 의료인 아닌 자의 의료행위에 공모하여 가공하면 의료법 제25조 제1항이 규정하는 무면허의료행위의 공동정범으로서의 책임을 진다(대법원 1986.2.11, 85도448).

① (○) 공동정범이 성립하기 위하여는 반드시 공범자 간에 사전에 모의가 있어야 하는 것은 아니며, 우연히 만난 자리에서 서로 협력하여 공동의 범의를 실현하려는 의사가 암묵적으로 상통하여 범행에 공동가공하더라도 공동정범은 성립된다(대법원 1984.12.26, 82도1373).

② (○) 제30조, 제51조

③ (○) 대법원 2010.7.15, 2010도3544

정답 ④

---

027 ⊘ 유사 ◆◆◇ 경찰2차 2018 유사 경찰승진 2022

공동정범에 대한 설명으로 옳은 것은? (다툼이 있는 경우 판례에 의함)

① 판례는 범죄공동설의 입장에서 공동정범의 주관적 요건 대신 객관적 요건만으로 과실범의 공동정범을 인정하고 있다.

② 다른 공모자들과 강도 모의를 주도한 피고인이, 다른 공모자들이 피해자를 뒤쫓아 가자 단지 "어?"라고만 하고 더 이상 만류하지 아니하여 공모자들이 강도상해의 범행을 한 경우 피고인은 그 공모관계에서 이탈하였다고 인정된다.

③ 피고인이 포괄일죄의 일부에 공동정범으로 가담한 경우 그가 그때에 이미 이루어진 종전의 범행을 알았다면 그 가담 이후의 범행에 대해서만이 아니라 전체에 대한 공동정범으로서 책임을 지며, 이러한 법리는 결합범인 단순일죄의 일부에 공동정범으로 가담한 경우에도 동일하게 적용된다.

④ 구성요건행위를 직접 분담하여 실행하지 아니한 공모자가 공모공동정범으로 인정되기 위하여는 전체 범죄에 있어서 그가 차지하는 지위·역할이나 범죄경과에 대한 지배 내지 장악력 등을 종합하여 그에게 범죄에 대한 본질적 기여를 통한 기능적 행위지배가 존재하여야 한다.

해설 출제영역 | 공동정범 – 공모공동정범

④ (○) 구성요건행위를 직접 분담하여 실행하지 아니한 공모자가 공모공동정범으로 인정되기 위하여는 전체 범죄에 있어서 그가 차지하는 지위·역할이나 범죄경과에 대한 지배 내지 장악력 등을 종합하여 그에게 범죄에 대한 본질적 기여를 통한 기능적 행위지배가 존재하여야 한다(대법원 2010.7.15, 2010도3544).

① (×) 판례는 행위공동설의 입장에서 과실범의 공동정범을 인정하고 있다.

② (×) 피고인에게 공동가공의 의사와 공동의사에 기한 기능적 행위지배를 통한 범죄의 실행사실이 인정되므로 그 공모관계에서 이탈하였다고 볼 수 없고 강도상해죄의 공동정범으로서의 죄책을 진다(대법원 2008.4.10, 2008도1274).

③ (×) 소위 승계적 공동정범 문제에 있어서 선행자의 행위 도중 가담한 후행자의 귀책범위는 가담 이후의 부분으로 제한된다. 판례도 같은 입장이다. "계속된 배임적 거래행위 도중에 공동정범으로 범행에 가담한 자는 비록 그가 그 범행에 가담할 때에 이미 이루어진 종전의 범행을 알았다 하더라도 그 가담 이후의 범행에 대하여만 공동정범으로 책임을 진다고 할 것이므로, 거래행위 전체가 포괄하여 하나의 죄가 된다 할지라도 그 가담 이전의 거래행위에 대하여서까지 유죄로 인정할 수는 없다(대법원 1997.6.2, 97도163)."

정답 ④

028 ✓ 유사 ◆◆◇

028 ✓ 유사 ◆◆◇ 국가9급 2016

공동정범에 대한 설명으로 옳은 것은? (다툼이 있는 경우 판례에 의함)

① 편면적 방조범이 인정되는 것과 같이 편면적 공동정범도 인정된다.

② 가담자 상호간에 암묵적인 방법에 의한 의사의 연락은 그 연락 방법이 명시적이지 않기 때문에 공동정범에 있어서 공동가공의 의사로 볼 수 없다.

③ 공모공동정범에 있어서 공모자 중 1인이 다른 공모자가 실행행위에 이르기 전에 그 공모관계에서 이탈한 경우 주도적 공모자는 범행을 저지하기 위하여 적극적으로 노력하는 등 실행에 미친 영향력을 제거하지 아니하는 한 공모관계에서 이탈되지 않는다.

④ 포괄일죄의 범행 도중에 공동정범으로 가담한 자는 그 범행에 가담할 때에 이미 이루어진 종전의 범행을 알았다면 가담 이전의 행위를 포함한 범행 전체에 대하여 공동정범으로 책임을 진다.

해설 | 출제영역 | 공동정범 – 공모공동정범

③ (○) 대법원 2015.2.16, 2014도14843

① (×) 공동정범은 행위자 상호간에 범죄행위를 공동으로 한다는 공동가공의 의사를 가지고 범죄를 공동실행하는 경우에 성립하는 것으로서, 여기에서의 공동가공의 의사는 공동행위자 상호간에 있어야 하며 행위자 일방의 가공의사만으로는 공동정범관계가 성립할 수 없다(대법원 1985.5.14, 84도2118).

② (×) 형법 제30조 소정의 공동정범은 2인 이상이 공동하여 죄를 범하는 것으로서 행위자의 공동가공의 의사를 그 주관적 요건으로 하는 것이나, 그 공동가공의 의사는 상호간에 특정한 범죄행위를 하기 위하여 일체가 되어 자기의 의사를 실행에 옮기려는 공동가공의 인식이 있으면 되는 것이고, 암묵리에 서로 의사가 상통하여도 되는 것이며, 사전에 반드시 어떠한 모의과정이 있어야 하는 것은 아니다(대법원 2004.10.28, 2004도4437).

④ (×) 포괄일죄의 범행 도중에 공동정범으로 범행에 가담한 자는 비록 그가 그 범행에 가담할 때에 이미 이루어진 종전의 범행을 알았다 하더라도 그 가담 이후의 범행에 대하여만 공동정범으로 책임을 진다(대법원 2007.11.15, 2007도6336).

정답 ③

---

029 ✓ 유사 ◆◆◇ 국가9급총론 2019

공동정범에 대한 설명으로 옳지 않은 것은? (다툼이 있는 경우 판례에 의함)

① 특수강도의 범행을 모의하였더라도 범행의 실행에 가담하지 아니하고 공모자들이 뺏어온 장물의 처분을 알선만 하였다면 장물알선죄로 의율할 수 있을 뿐 특수강도의 공동정범으로는 처벌할 수 없다.

② 여러 사람이 공동하여 상해의 고의로 범행 중 한 사람이 중한 상해를 가하여 피해자가 사망에 이른 경우, 나머지 사람들은 사망의 결과를 예견할 수 없는 때가 아닌 한 상해치사의 죄책을 면할 수 없다.

③ 자동차 명의수탁자가 제3자에게 자동차를 몰래 가져가 매도할 것을 허락하고 제3자가 피해자인 명의신탁자 몰래 자동차를 가져간 경우, 제3자와 명의수탁자는 절도죄의 공동정범의 죄책을 진다.

④ 교통방해를 유발한 집회에 참가한 경우 참가 당시 이미 다른 참가자들에 의해 교통의 흐름이 차단된 상태였더라도 그들과 암묵적·순차적으로 공모하여 교통방해의 위법상태를 지속시켰다고 평가할 수 있다면 일반교통방해죄가 성립한다.

해설 | 출제영역 | 공동정범 일반

① (×) 특수강도의 범행을 모의한 이상 범행의 실행에 가담하지 아니하고, 공모자들이 강취해 온 장물의 처분을 알선만 하였다 하더라도, 특수강도의 공동정범이 된다 할 것이므로 장물알선죄로 의율할 것이 아니다(대법원 1983.2.22, 82도3103,82감도666).

② (○) 대법원 2000.5.12, 2000도745 등

③ (○) 대법원 2007.1.11, 2006도4498

④ (○) 일반교통방해죄에서 교통방해 행위는 계속범의 성질을 가지는 것이어서 교통방해의 상태가 계속되는 한 위법상태는 계속 존재한다. 따라서 교통방해를 유발한 집회에 참가한 경우 참가 당시 이미 다른 참가자들에 의해 교통의 흐름이 차단된 상태였다고 하더라도 교통방해를 유발한 다른 참가자들과 암묵적·순차적으로 공모하여 교통방해의 위법상태를 지속시켰다고 평가할 수 있다면 일반교통방해죄가 성립한다(대법원 2018.1.24, 2017도11408 등).

정답 ①

공동정범에 관한 설명으로 가장 적절한 것은? (다툼이 있는 경우 판례에 의함)

① 상명하복 관계에 있는 자들이 범행에 공동 가공한 경우 특수교사·방조범(「형법」 제34조 제2항)이 성립할 수 있으나 공동정범은 인정될 수 없다.

② 사기죄의 실행행위에 직접 관여하지 아니한 사람도 공모관계가 인정되면 공모공동정범이 성립할 수 있지만, 공모자 중 사기의 기망방법을 구체적으로 몰랐던 자는 공모관계가 부정된다.

③ 처(妻) 乙이 구속된 남편 甲을 대행하여 甲의 지시를 받아 회사를 운영하면서 「조세범 처벌법」상 조세포탈 행위를 하다가 협의이혼한 후, 乙 혼자 회사를 경영하였더라도 이혼 전 甲의 영향력이 제거되지 않아 조세포탈행위가 계속되었다면, 甲은 협의이혼 후에도 여전히 乙의 조세범처벌법위반죄에 대하여 공동정범으로서 책임을 진다.

④ 甲은 乙, 丙과 함께 택시강도를 하기로 모의하였는데, 甲은 乙과 丙이 피해자 A에 대해 폭행에 착수하기도 전에 겁을 먹고 미리 현장에서 도주해 버렸고 그 후 乙과 丙은 폭행에 저항하는 A를 격분하여 살해하고 택시에 있던 현금 8만 원을 강취하였다면, 甲은 특수강도의 합동범, 乙과 丙은 강도살인죄의 공동정범이 성립한다.

해설 ┃ 출제영역 ┃ 공동정범의 성립요건

③ (○) 공동정범의 성립에 있어서는 사전에 공범자 사이에 모의가 있는 때뿐만 아니라 암묵리에 서로 협력하여 공동의 범의를 실행하려는 의사가 상통하면 족하고, 어느 공범자가 그 실행행위에 직접 가담하지 않았다고 하더라도 다른 공범자의 분담 실행한 행위에 대하여 공동정범으로서의 죄책을 진다(대법원 1987.12.22, 87도84; 2003.1.24, 2002도6103 등). 또한, 피고인이 범행의 일부를 실행한 후 공범관계에서 이탈하였으나 다른 공범자에 의하여 나머지 범행이 이루어진 경우, 피고인이 관여하지 않은 부분에 대하여도 죄책을 부담한다(대법원 1984.1.31, 83도2941; 2002.8.27, 2001도513; 2005.4.15, 2005도630; 2007.5.31, 2007도1041 등).

> [판례] 처가 구속된 남편을 대행하여 그의 지시를 받아 회사를 운영하면서 조세포탈행위를 하다가 협의이혼하고 스스로 회사를 경영한 경우, 남편은 처와 조세포탈의 공범관계에 있으며 협의이혼 후 조세포탈에 관하여도 마찬가지이다(대법원 2008.7.24, 2007도4310).

① (×) 상명하복 관계에 있는 자들 사이에 있어서도 범행에 공동가공한 이상 공동정범이 성립하는 데 아무런 지장이 없다(대법원 1995.6.16, 94도1793).

② (×) 이른바 딱지어음을 발행하여 매매한 이상 사기의 실행행위에 직접 관여하지 아니하였다고 하더라도 공동정범으로서의 책임을 면하지 못하고, 딱지어음의 전전유통경로나 중간 소지인들 및 그 기망방법을 구체적으로 몰랐다고 하더라도 공모관계를 부정할 수는 없다(대법원 1997.9.12, 97도1706).

④ (×) 형법 제334조 제2항에 규정된 합동범은 주관적 요건으로서 공모가 있어야 하고 객관적 요건으로서 현장에서의 실행행위의 분담이라는 협동관계가 있어야 하는 것이므로 피고인이 다른 피고인들과 택시강도를 하기로 모의한 일이 있다고 하여도 다른 피고인들이 피해자에 대한 폭행에 착수하기 전에 겁을 먹고 미리 현장에서 도주해 버렸다면 다른 피고인들과의 사이에 강도의 실행행위를 분담한 협동관계가 있었다고 보기는 어려우므로 피고인을 특수강도의 합동범으로 다스릴 수는 없다(대법원 1985.3.26, 84도2956).

정답 ③

「형법」 제263조(동시범)에 대한 설명으로 옳지 않은 것은? (다툼이 있는 경우 판례에 의함)

① 시간적 차이가 있는 독립된 상해행위나 폭행행위가 경합하여 사망의 결과가 일어나고 그 사망의 원인된 행위가 판명되지 아니한 경우에는 공동정범의 예에 의하여 처벌한다.

② 처음에는 甲이, 그 다음에는 甲의 연락을 받고 온 乙과 丙이 함께 잡귀를 물리친다면서 피해자의 팔과 다리를 붙잡고 배와 가슴을 손과 무릎으로 힘껏 누르고 밟아 피해자가 복강내출혈로 사망에 이르렀으나 원인행위가 판명되지 아니한 경우에는 동시범의 문제가 발생하지 않는다.

③ 피고인은 자신의 행위와 상해의 결과 사이에 개별 인과관계가 존재하지 않음을 입증하더라도 상해의 결과에 대한 책임에서 벗어날 수 없다.

④ 「형법」 제263조는 상해와 폭행죄에 관한 특별규정으로서 그 보호법익을 달리하는 강간치상죄에는 적용할 수 없다.

해설 ┃ 출제영역 ┃ 공동정범 – 동시범 – 동시범의 특례

③ (×) 형법 제263조의 법적 성격에 대해서는 거증책임전환규정으로 보는 것이 다수설·판례이다. 이에 따르면 행위자가 자신의 행위와 상해의 결과 사이의 인과관계가 없음을 증명한다면 상해기수죄의 죄책을 지지 않게 되는 것이다. "심판대상조항을 적용하기 위하여 검사는 실제로 발생한 상해를 야기할 수 있는 구체적인 위험성을 가진 가해행위의 존재를 입증하여야 하므로 이를 통하여 상해의 결과에 대하여 아무런 책임이 없는 피고인이 심판대상조항으로 처벌되는 것을 막을 수 있고, 피고인도 자신의 행위와 상해의 결과 사이에 개별 인과관계가 존재하지 않음을 입증하여 상해의 결과에 대한 책임에서 벗어날 수 있다(헌법재판소 2018.3.29, 2017헌가10).

① (○) 형법 제263조가 적용된다는 것이 판례의 입장이다. 대법원 1985.5.14, 84도2118 등 참조.

② (○) 2인 이상의 사람이 상호의사의 연락 없이 동시(서로 접촉된 전후관계도 포함된다)에 범죄구성요건에 해당하는 행위를 하였을 때에는 원칙적으로 각인에 대하여 그 죄를 논하여야 하나 그 결과발생의 원인이 된 행위가 분명하지 아니한 때에는 각 행위자를 미수범으로 처벌하고(독립행위의 경합) 이 독립행위가 경합하

여 특히 상해의 결과를 발생하게 하고 그 결과 발생의 원인이 된 행위가 밝혀지지 아니한 경우에는 공동정범의 예에 따라 처단(동시범)하는 것이므로 공범관계에 있어 공동가공의 의사가 있었다면 이에는 동시범 등의 문제는 제기될 수 없는 것이다(대법원 1985.12.10, 85도1892).

④ (○) 대법원 1984.4.24, 84도372

정답 ③

---

032 ✅ 유사 ◆◆◇   법원9급 2016

공범에 관한 다음 설명 중 가장 옳지 않은 것은? (다툼이 있는 경우 판례에 의함)

① 2인 이상이 범죄에 공동 가공하는 공범관계에서 공모는 법률상 어떤 정형을 요구하는 것이 아니고 2인 이상이 공모하여 어느 범죄에 공동 가공하여 그 범죄를 실현하려는 의사의 결합만 있으면 되는 것으로서, 비록 전체의 모의과정이 없었다고 하더라도 수인 사이에 순차적으로 또는 암묵적으로 상통하여 그 의사의 결합이 이루어지면 공모관계가 성립한다.

② 공모관계에서의 이탈은 공모자가 공모에 의하여 담당한 기능적 행위지배를 해소하는 것이 필요하므로, 공모자가 공모에 주도적으로 참여하여 다른 공모자의 실행에 영향을 미친 때에는 범행을 저지하기 위하여 적극적으로 노력하는 등 실행에 미친 영향력을 제거하지 아니하는 한 공모관계에서 이탈되었다고 할 수 없다.

③ 피고인이 포괄일죄의 관계에 있는 범행의 일부를 실행한 후 공범관계에서 이탈하였으나 다른 공범자에 의하여 나머지 범행이 이루어진 경우, 피고인이 관여하지 않은 부분에 대하여도 죄책을 부담한다.

④ 포괄일죄의 범행 도중에 공동정범으로 범행에 가담한 자는 그가 그 범행에 가담할 때 이미 이루어진 종전의 범행을 알고 이를 용인한 것이므로 전체 범행에 대하여 공동정범으로 책임을 진다.

해설 **출제영역 | 공동정범 – 성립요건**

④ (×) 포괄일죄의 범행 도중에 공동정범으로 범행에 가담한 자는 비록 그가 그 범행에 가담할 때에 이미 이루어진 종전의 범행을 알았다 하더라도 그 가담 이후의 범행에 대하여만 공동정범으로 책임을 진다(대법원 1997.6.27, 97도163).

① (○) 대법원 2006.5.11, 2003도4320

② (○) 대법원 2008.4.10, 2008도1274

③ (○) 대법원 2011.1.13, 2010도9927

정답 ④

---

033 ✅ 유사 ◆◆◇   변호사 2014

033 ✅ 유사 ◆◆◇   변호사 2014

甲은 乙, 丙과 함께 지나가는 행인을 대상으로 강도를 하기로 모의한 뒤(甲은 모의과정에서 모의를 주도하였다), 함께 범행 대상을 물색하다가 乙, 丙이 행인 A를 강도 대상으로 지목하고 뒤쫓아 가자 甲은 단지 "어?"라고만 하고 비대한 체격 때문에 뒤따라가지 못한 채 범행 현장에서 200m 정도 떨어진 곳에 앉아 있었다. 乙, 丙은 A를 쫓아가 A를 폭행하고 지갑과 현금 30만 원을 빼앗았다. 이에 관한 설명 중 옳지 않은 것은? (다툼이 있는 경우에는 판례에 의함)

① 乙과 丙은 2인 이상이 합동하여 범행한 경우로서 특수강도죄의 죄책을 진다.

② 甲은 강도죄의 공모관계에서 이탈하였다고 볼 수 없으므로 특수강도죄의 공동정범의 죄책을 진다.

③ 만일 甲, 乙, 丙이 위의 범죄사실로 기소되었을 경우, 甲에 대한 변론을 분리한 후라면 甲을 乙, 丙사건에 대한 증인으로 신문할 수 있다.

④ 만일 乙, 丙이 강취과정에서 A를 고의로 살해하였더라도 甲이 이를 예견할 수 없었다면, 甲은 강도치사죄의 죄책을 지지 않는다.

⑤ 만일 甲이 먼저 붙잡혀 공판과정에서 일관되게 범행을 부인 하였지만 유죄판결이 확정되고, 그 후 별건으로 기소된 乙, 丙의 형사사건에서 자신의 범행을 부인하는 증언을 하였더라도 사실대로 진술할 기대가능성이 없어 위증죄는 성립하지 않는다.

해설 **출제영역 | 공동정범의 성립요건 – 객관적 요건**

⑤ (×) 이미 유죄의 확정판결을 받은 경우에는 일사부재리의 원칙에 의해 다시 처벌되지 아니하므로 증언을 거부할 수 없는바, 이는 사실대로의 진술 즉 자신의 범행을 시인하는 진술을 기대할 수 있기 때문이다. 이러한 점 등에 비추어 보면, 이미 유죄의 확정판결을 받은 피고인은 공범의 형사사건에서 그 범행에 대한 증언을 거부할 수 없을 뿐만 아니라 나아가 사실대로 증언하여야 하고, 설사 피고인이 자신의 형사사건에서 시종일관 그 범행을 부인하였다 하더라도 이러한 사정은 위증죄에 관한 양형참작사유로 볼 수 있음은 별론으로 하고 이를 이유로 피고인에게 사실대로 진술할 것을 기대할 가능성이 없다고 볼 수는 없다(대법원 2008.10.23, 2005도10101).

① (○) 乙과 丙은 강도를 모의하고 직접 폭행하여 강취하였기 때문에 합동범으로서 특수강도죄에 해당한다.

② (○) 피고인에게 공동가공의 의사와 공동의사에 기한 기능적 행위지배를 통한 범죄의 실행사실이 인정되므로 강도상해죄의 공모관계에 있고, 다른 공모자가 강도상해죄의 실행에 착수하기까지 범행을 만류하는 등으로 그 공모관계에서 이탈하였다고 볼 수 없으므로 강도상해죄의 공동정범으로서의 죄책을 진다(대법원 2008.4.10, 2008도1274).

③ (○) 공범인 공동피고인은 당해 소송절차에서는 피고인의 지위에 있으므로 다른 공동피고인에 대한 공소사실에 관하여 증인이 될 수 없으나, 소송절차가 분리되어 피고인의 지위에서 벗어나게 되면 다른 공동피고인에 대한 공소사실에 관하여 증인이 될 수 있다(대법원 2008.6.26, 2008도3300).

④ (○) 결과적 가중범인 상해치사죄의 공동정범은 폭행 기타의 신

체침해 행위를 공동으로 할 의사가 있으면 성립되고 결과를 공동으로 할 의사는 필요 없으며, 여러 사람이 상해의 범의로 범행 중 한 사람이 중한 상해를 가하여 피해자가 사망에 이르게 된 경우 나머지 사람들은 사망의 결과를 예견할 수 없는 때가 아닌 한 상해치사의 죄책을 면할 수 없다(대법원 2000.5.12, 2000도745). 따라서 예견가능성이 없다면 강도치사죄는 인정되지 않는다.

정답 ⑤

034 ✓ 대표 ◆◆◇

공모관계 이탈 및 공범관계 이탈에 대한 설명으로 옳지 않은 것은? (다툼이 있는 경우 판례에 의함)

① 공모자가 공모에 주도적으로 참여하여 다른 공모자의 실행에 영향을 미친 때에는 범행을 저지하기 위하여 적극적으로 노력하는 등 실행에 미친 영향력을 제거하지 아니하는 한 공모관계에서 이탈하였다고 할 수 없다.

② 단순공모자 중의 어떤 사람이 다른 공모자가 실행행위에 이르기 전에 그 공모관계에서 이탈한 때에는 그 이후의 다른 공모자의 행위에 관하여 공동정범으로서의 책임은 지지 않는다고 할 것이고, 그 이탈의 표시는 반드시 명시적임을 요하지 않는다.

③ 피고인이 공범과 함께 가출청소년에게 성매매를 하도록 한 후 피고인이 별건으로 구속된 상태에서 공범들이 그 청소년에게 계속 성매매를 하게 한 경우, 구속 이후 범행에 대하여는 피고인의 실질적인 행위지배가 인정되지 않으므로 피고인에게는 공동정범의 죄책이 인정되지 않는다.

④ 피고인이 공범들과 주식시세조종의 목적으로 허위매수주문, 통정매매행위 등을 반복적으로 행하다가 회사를 퇴사하는 등의 사정으로 공범관계에서 이탈하였으나 다른 공범에 의하여 포괄일죄 관계에 있는 나머지 범행이 이루어진 경우, 피고인은 자신이 관여하지 않은 부분에 대하여도 죄책을 부담한다.

해설 출제영역 | 공동정범

③ (×) 甲이 乙과 공모하여 가출 청소년 丙(여, 16세)에게 낙태수술비를 벌도록 해 주겠다고 유인하였고, 乙로 하여금 丙의 성매매 홍보용 나체사진을 찍도록 하였으며, 丙이 중도에 약속을 어길 경우 민형사상 책임을 진다는 각서를 작성하도록 한 후, 자신이 별건으로 체포되어 구치소에 수감 중인 동안 丙이 乙의 관리 아래 12회에 걸쳐 불특정 다수 남성의 성매수 행위의 상대방이 된 대가로 받은 돈을 丙, 乙 및 甲의 처 등이 나누어 사용한 사안에서, 丙의 성매매 기간 동안 甲이 수감되어 있었다 하더라도 위 甲은 乙과 함께 미성년자유인죄, 구 청소년의 성보호에 관한 법률 위반죄의 책임을 진다(대법원 2010.9.9, 2010도6924)

① (○) 대법원 2008.4.10, 2008도1274

② (○) 대법원 1986.1.21, 85도2371

④ (○) 피고인이 포괄일죄의 관계에 있는 범행의 일부를 실행한 후 공범관계에서 이탈하였으나 다른 공범자에 의하여 나머지 범행이 이루어진 경우, 피고인이 관여하지 않은 부분에 대하여도 죄책을 부담한다(대법원 2011.1.13, 2010도9927).

정답 ③

035 ✓ 유사 ◆◆◇

다음 설명 중 가장 옳은 것은? (다툼이 있으면 판례에 의함)

① 피고인들이 1시간의 시간적 간격을 두고 피해자를 각 폭행하여 피해자가 사망에 이르게 되었으나, 피고인들 중 누구의 폭행 행위로 피해자가 사망하였는지가 밝혀지지 않았더라도 피고인들을 모두 폭행치사죄로 처벌할 수 있다.

② 피고인이 의약품을 판매할 수 없는 甲이 판매 목적으로 의약품을 취득한다는 정을 알면서 甲에게 의약품을 공급해 준 경우 피고인을 甲의 판매목적 의약품 취득이라는 약사법위반의 공범으로 처벌할 수 있다.

③ 변호사 사무실 직원인 甲이 공무원인 乙에게 부탁을 하여 수사 중인 사건의 체포영장 발부자 명단을 누설 받은 경우 甲을 공무상비밀누설교사죄로 처벌할 수 있다.

④ 변호사 아닌 甲이 변호사인 乙을 고용하여 법률사무소를 개설한 변호사법 위반죄를 저지른 경우 乙을 甲의 범죄행위에 대한 공범으로 처벌할 수 있다.

해설 출제영역 | 필요적 공범, 동시범

① (○) 시간적 차이가 있는 독립된 상해행위나 폭행행위가 경합하여 사망의 결과가 일어나고 그 사망의 원인된 행위가 판명되지 않은 경우에는 공동정범의 예에 의하여 처벌할 것이다(대법원 2000.7.28, 2000도2466).

② (×) 의약품을 판매할 수 없는 甲이 판매의 목적으로 의약품을 취득한 범행과 대향범 관계에 있는 피고인의 甲에 대한 의약품 판매행위에 대하여는 형법 총칙상 공범이나 방조범 규정의 적용이 있을 수 없으므로 피고인을 甲의 범행에 대한 방조범으로 처벌할 수 없다(대법원 2001.12.28, 2001도5158).

③ (×) 형법 제127조는 공무원 또는 공무원이었던 자가 법령에 의한 직무상 비밀을 누설하는 행위만을 처벌하고 있을 뿐 직무상 비밀을 누설 받은 상대방을 처벌하는 규정이 없는 점에 비추어, 직무상비밀을 누설 받은 甲에 대하여는 공범에 관한 형법총칙 규정이 적용될 수 없다(대법원 2011.4.28, 2009도3642).

④ (×) 변호사가 변호사 아닌 자에게 고용되어 법률사무소의 개설·운영에 관여하는 변호사법위반죄가 성립하는 데 당연히 예상될 뿐만 아니라 범죄의 성립에 없어서는 아니 되는 것인데도 변호사를 처벌하는 규정이 없는 이상, 변호사 아닌 甲에게 고용되어 법률사무소의 개설·운영에 관여한 변호사 乙의 행위가 일반적인 형법 총칙상의 공모, 교사 또는 방조에 해당된다고 하더라도 변호사 乙을 변호사 아닌 甲의 공범으로서 처벌할 수는 없다(대법원 2004.10.28, 2004도3994).

정답 ①

036 ✓유사 ◆◆◇ 경찰1차 2022 유사 국가9급총론 2020

공동정범에 관한 다음 설명 중 옳지 않은 것은 모두 몇 개인가? (다툼이 있는 경우 판례에 의함)

- ㉠ 3인 이상의 범인이 합동절도의 범행을 공모한 후 적어도 2인 이상의 범인이 범행 현장에서 시간적, 장소적으로 협동관계를 이루어 절도의 실행행위를 분담하여 절도 범행을 한 경우에, 그 공모에는 참여하였으나 현장에서 절도의 실행행위를 직접 분담하지 아니한 다른 범인에 대하여도 그가 현장에서 절도 범행을 실행한 위 2인 이상의 범인의 행위를 자기 의사의 수단으로 하여 합동절도의 범행을 하였다고 평가할 수 있는 정범성의 표지를 갖추고 있는 한 공동정범의 일반 이론에 비추어 그 다른 범인에 대하여 합동절도의 공동정범으로 인정할 수 있다.

- ㉡ 공모공동정범에 있어서 공모자 중의 1인이 다른 공모자가 실행행위에 이르기 전에 그 공모관계에서 이탈한 때에는 그 이후의 다른 공모자의 행위에 관하여는 공동정범으로서의 책임은 지지 않는다 할 것이나, 공모관계에서의 이탈은 공모자가 공모에 의하여 담당한 기능적 행위지배를 해소하는 것이 필요하므로 공모자가 공모에 주도적으로 참여하여 다른 공모자의 실행에 영향을 미친 때에는 범행을 저지하기 위하여 적극적으로 노력하는 등 실행에 미친 영향력을 제거하지 아니하는 한 공모관계에서 이탈하였다고 할 수 없다.

- ㉢ 甲이 A를 강간하고 있을 때, 乙 스스로 강간행위에 가담할 의사로 甲이 모르는 사이에 망을 보아 준 경우, 乙은 강간죄의 공동정범이 된다.

- ㉣ 甲과 乙이 공동하여 강도하기로 공모하고 함께 협박에 사용할 등산용 칼을 구입하였으나 실행의 착수에 이르지 못한 경우, 강도예비죄의 공동정범이 된다.

- ㉤ 甲이 주도하여 乙, 丙과 절도를 하기로 공모한 후, 甲과 乙이 실행행위에 이르기 전에 망을 보기로 한 丙이 공모관계에서 이탈한 경우, 그 이후의 甲과 乙의 절취행위에 대하여 丙은 공동정범으로서의 책임을 지지 아니하고 그 이탈의 표시는 명시적일 필요는 없다.

- ㉥ 甲이 A회사의 직원으로서 경쟁업체에 유출하기 위해 회사의 영업비밀을 무단으로 반출함으로써 업무상배임죄의 기수에 이르렀다면, 그 이후 乙이 甲과 접촉하여 그 영업비밀을 취득하더라도 乙에 대해서 업무상배임죄의 공동정범은 성립하지 않는다.

- ㉦ 甲과 乙이 칼을 들고 강도하기로 공모한 경우, 乙이 피해자의 거소에 들어가 피해자를 향하여 칼을 휘둘러 상해를 가하였다면 대문 밖에서 망을 본 甲은 상해의 결과에 대하여도 공동정범으로서의 책임을 면할 수 없다.

① 1개 ② 2개
③ 3개 ④ 4개

해설 출제영역 | 공동정범의 성립요건 – 공동가공의 의사

- ㉠ (○) 3인 이상의 범인이 합동절도의 범행을 공모한 후 적어도 2인 이상의 범인이 범행 현장에서 시간적, 장소적으로 협동관계를 이루어 절도의 실행행위를 분담하여 절도 범행을 한 경우에는 공동정범의 일반 이론에 비추어 그 공모에는 참여하였으나 현장에서 절도의 실행행위를 직접 분담하지 아니한 다른 범인에 대하여도 그가 현장에서 절도 범행을 실행한 위 2인 이상의 범인의 행위를 자기 의사의 수단으로 하여 합동절도의 범행을 하였다고 평가할 수 있는 정범성의 표지를 갖추고 있다고 보여지는 한 그 다른 범인에 대하여 합동절도의 공동정범의 성립을 부정할 이유가 없다(대법원 1998.5.21, 98도321 전원합의체).

- ㉡ (○) 대법원 2008.4.10, 2008도1274

- ㉢ (×) 공동정범은 행위자 상호간에 범죄행위를 공동으로 한다는 공동가공의 의사를 가지고 범죄를 공동실행하는 경우에 성립하는 것으로서, 여기에서의 공동가공의 의사는 공동행위자 상호간에 있어야 하며 행위자 일방의 가공의사만으로는 공동정범관계가 성립할 수 없으므로, 의사의 상호이해 없이 공동행위자 중의 한사람만 범행의사를 가진 편면적 공동정범은 공동정범이 성립하지 않고 동시범(단독정범의 경합) 또는 종범(편면적 종범)이 성립할 뿐이다(대법원 1999.9.17, 99도2889; 1985.5.14, 84도2118).

- ㉣ (○) 2인 이상의 자가 공동하여 범죄를 실현하고자 하였으나 실행의 착수에 이르지 아니한 가벌적 예비단계에 그친 경우, 그 범죄실행의 준비행위가 공동형태로 이루어질 수 있다면 예비죄의 공동정범의 성립이 가능하다(대법원 1976.5.25, 75도1549).

- ㉤ (○) 공모공동정범에 있어서 그 공모자 중의 1인이 다른 공모자가 실행행위에 이르기 전에 그 공모관계에서 이탈한 때에는 그 이후의 다른 공모자의 행위에 관하여 공동정범으로서의 책임은 지지 않는다고 할 것이고 그 이탈의 표시는 반드시 명시적임을 요하지 않는다(대법원 1986.1.21, 85도2371).

- ㉥ (○) 업무상배임죄의 실행으로 인하여 이익을 얻게 되는 수익자 또는 그와 밀접한 관련이 있는 제3자를 배임의 실행행위자와 공동정범으로 인정하기 위하여는 실행행위자의 행위가 피해자 본인에 대한 배임행위에 해당한다는 것을 알면서도 소극적으로 그 배임행위에 편승하여 이익을 취득한 것만으로는 부족하고, 실행행위자의 배임행위를 교사하거나 또는 배임행위의 전 과정에 관여하는 등으로 배임행위에 적극 가담할 것을 필요로 한다(대법원 2003.10.30, 2003도4382).

- ㉦ (○) 공동피고인이 피고인과 공모한대로 과도를 들고 강도를 하기 위하여 피해자의 거소를 들어가 피해자를 향하여 칼을 휘두른 이상 이미 강도의 실행행위에 착수한 것임이 명백하고, 공동피고인이 피해자들을 과도로 찔러 상해를 가하였다면 피고인이 공동피고인과 구체적으로 상해를 가할 것까지 공모하지 않았다 하더라도 피고인은 상해의 결과에 대하여도 공범으로서의 책임을 면할 수 없다(대법원 1998.4.14, 98도356).

정답 ①

공동정범에 대한 판례의 태도를 설명한 것으로 옳지 않은 것은?

① 판례는 최근에 "공모자가 공모공동정범으로 인정되기 위해서는 그가 단순히 공모자에 그치는 것이 아니라 범죄에 대한 본질적 기여를 통한 기능적 행위지배가 존재하여야 한다"고 하여 공모공동정범의 성립범위를 제한하는 경향을 보이고 있다.

② 이른바 '승계적 공동정범'의 경우 비록 그 범행에 가담할 때에 이미 종전의 범행을 알았다 하더라도 자신이 가담하기 이전에 타인이 행한 부분에는 죄책을 지지 않는다.

③ 공범자 중의 한 사람이 실행의 착수 이전에 공모관계에서 이탈하였더라도 그 이후 다른 공모자에 의하여 범행이 이루어졌다면 그 이탈자는 공동정범의 죄책을 진다.

④ 실행행위가 종료함과 동시에 범죄가 기수에 이르는 이른바 '즉시범'에서는 범죄가 기수에 이르기 이전에 가담하는 경우에만 공동정범이 성립하고 범죄가 기수에 이른 이후에는 공동정범이 성립될 수 없다.

해설 | 출제영역 | 공동정범의 성립요건

③ (×) 공모공동정범에 있어서 공모자 중의 1인이 다른 공모자가 실행행위에 이르기 전에 그 공모관계에서 이탈한 때에는 그 이후의 다른 공모자의 행위에 관하여는 공동정범으로서의 책임은 지지 않는다(대법원 1995.7.11, 95도955).

① (○) 형법 제30조의 공동정범은 2인 이상이 공동하여 죄를 범하는 것으로서, 공동정범이 성립하기 위해서는 주관적 요건으로서 공동가공의 의사와 객관적 요건으로서 공동의사에 기한 기능적 행위지배를 통한 범죄의 실행사실이 필요하고, 공동가공의 의사는 공동의 의사로 특정한 범죄행위를 하기 위하여 일체가 되어 서로 다른 사람의 행위를 이용하여 자기의 의사를 실행에 옮기는 것을 내용으로 하는 것이어야 한다. 공모자 중 구성요건에 해당하는 행위 일부를 직접 분담하여 실행하지 않은 사람도 전체 범죄에서 그가 차지하는 지위, 역할이나 범죄 경과에 대한 지배나 장악력 등을 종합해 볼 때, 단순한 공모자에 그치는 것이 아니라 범죄에 대한 본질적 기여를 통한 기능적 행위지배가 존재하는 것으로 인정되는 경우 이른바 공모공동정범으로서의 죄책을 질 수 있다(대법원 2017.1.12, 2016도15470).

② (○) 대법원 2007.11.15, 2007도6336

④ (○) 회사직원이 영업비밀을 경쟁업체에 유출하거나 스스로의 이익을 위하여 이용할 목적으로 무단으로 반출한 때 업무상배임죄의 기수에 이르렀다고 할 것이고, 그 이후에 위 직원과 접촉하여 영업비밀을 취득하려고 한 자는 업무상배임죄의 공동정범이 될 수 없다(대법원 2003.10.30, 2003도4382).

정답 ③

공범에 대한 설명으로 옳지 않은 것은? (다툼이 있는 경우 판례에 의함)

① 처벌되지 아니하는 타인의 행위를 적극적으로 유발하고 이를 이용하여 자신의 범죄를 실현한 자는 간접정범의 죄책을 지게 되고, 그 과정에서 타인의 의사를 부당하게 억압하여야만 간접정범에 해당하는 것은 아니다.

② 공무원이 아닌 자는 「형법」 제228조(공정증서원본등의 부실기재)의 경우를 제외하고는 허위공문서작성죄의 간접정범으로 처벌할 수 없으나, 공무원과 공동하여 허위공문서작성죄를 범한 때에는 허위공문서작성죄의 공동정범의 죄책을 진다.

③ 범인이 자신을 위하여 친족으로 하여금 허위의 자백을 하게 하여 범인도피죄를 범하게 하는 행위는 범인도피교사죄에 해당한다.

④ 직무수행 중에 있는 다른 공무원이 직무수행을 거부하여 직무유기죄가 성립하는 경우, 병가 중인 공무원은 직무유기죄의 주체가 될 수 없으므로 이에 가담하더라도 직무유기죄의 공동정범의 죄책을 지지 아니한다.

해설 | 출제영역 | 공범의 성립요건

④ (×) 노동조합의 승인 없이 또는 지시에 반하여 일부 조합원의 집단에 의하여 이루어진 쟁의행위가 그 경위와 목적, 태양 등에 비추어 정당행위에 해당하지 아니하고, 그 쟁의행위에 참가한 일부 조합원이 병가 중이어서 직무유기죄의 주체로 될 수는 없다 하더라도 직무유기죄의 주체가 되는 다른 조합원들과의 공범관계가 인정된다는 이유로, 그 쟁의행위에 참가한 조합원들 모두 직무유기죄로 처단되어야 한다(대법원 1997.4.22, 95도748).

① (○) 처벌되지 아니하는 타인의 행위를 적극적으로 유발하고 이를 이용하여 자신의 범죄를 실현한 자는 형법 제34조 제1항이 정하는 간접정범의 죄책을 지게 되고, 그 과정에서 타인의 의사를 부당하게 억압하여야만 간접정범에 해당하는 것은 아니다(대법원 2008.9.11, 2007도7204).

② (○) 공무원이 아닌 자는 형법 제228조의 경우를 제외하고는 허위공문서작성죄의 간접정범으로 처벌할 수 없으나, 공무원이 아닌 자가 공무원과 공동하여 허위공문서작성죄를 범한 때에는 공무원이 아닌 자도 형법 제33조, 제30조에 의하여 허위공문서작성죄의 공동정범이 된다(대법원 2006.5.11, 2006도1663).

③ (○) 범인이 자신을 위하여 타인으로 하여금 허위의 자백을 하게 하여 범인도피죄를 범하게 하는 행위는 방어권의 남용으로 범인도피교사죄에 해당하는바, 이 경우 그 타인이 형법 제151조 제2항에 의하여 처벌을 받지 아니하는 친족, 호주 또는 동거 가족에 해당한다 하여 달리 볼 것은 아니다(대법원 2006.12.7, 2005도3707).

정답 ④

039 ✓유사 ◆◆◆   경찰2차 2022

공동정범에 관한 설명 중 가장 적절하지 않은 것은? (다툼이 있는 경우 판례에 의함)

① 甲이 A투자금융회사에 입사하여 다른 공범들과 특정 회사 주식을 허위매수 주문 등의 방법으로 시세조종 주문을 내기로 공모하고 시세조종 행위의 일부를 실행한 후 A회사로부터 해고를 당하여 공범관계에서 이탈한 경우, 甲이 다른 공범들의 범죄실행을 저지하지 않은 이상 그 이후 공범들이 행한 나머지 시세조종 행위에 대해서도 공동정범이 성립한다.

② 예인선 정기용선자의 현장소장 甲은 사고의 위험성이 높은 시점에 출항을 강행할 것을 지시하였고, 예인선 선장 乙은 甲의 지시에 따라 사고의 위험성이 높은 시점에 출항하는 등 무리하게 예인선을 운항한 결과 예인되던 선박에 적재된 물건이 해상에 추락하여 선박교통을 방해한 경우, 甲과 乙은 업무상 과실일반교통방해죄의 공동정범이 성립한다.

③ 甲·乙·丙주식회사가 A주식회사의 주식 총수의 5/100 이상을 보유하여 자본시장과 금융투자업에 관한 법률 상 주식 등 변경보고의무를 공동으로 부담하게 되었고, 동법은 이러한 보고의무를 이행하지 않는 자를 처벌하는 진정부작위범인 주식 등 변경 보고의무 위반죄를 규정하고 있음에도 불구하고 甲과 乙 주식회사만이 공모하여 보고의무를 이행하지 않은 경우, 보고의무가 있는 甲주식회사, 乙주식회사, 丙주식회사에게 주식 등 변경 보고의무 위반죄의 공동정범이 성립한다.

④ 강도를 모의한 甲, 乙, 丙이 A에게 칼을 들이댄 후 전화선으로 A의 손발을 묶고 폭행하여 반항을 억압한 후 甲이 다른 방에서 물건을 찾는 사이 乙과 丙이 공동으로 A를 강간하고 다같이 도주한 경우, 甲에게는 강도강간죄의 공동정범이 성립하지 않는다.

해설 | **출제영역** | 공동정범의 성립요건

③ (×) 진정부작위범인 주식 등 변경 보고의무 위반으로 인한 자본시장법 위반죄의 공동정범은 그 의무가 수인에게 공통으로 부여되어 있는데도 수인이 공모하여 전원이 그 의무를 이행하지 않았을 때 성립할 수 있다(대법원 2022.1.13, 2021도11110).

① (○) 피고인이 포괄일죄의 관계에 있는 범행의 일부를 실행한 후 공범관계에서 이탈하였으나 다른 공범자에 의하여 나머지 범행이 이루어진 경우, 피고인이 관여하지 않은 부분에 대하여도 죄책을 부담한다(대법원 2011.1.13, 2010도9927).

② (○) 대법원 2009.6.11, 2008도11784

④ (○) 공동정범의 착오 중 질적 초과의 경우로서, 甲은 乙과 丙의 강간행위에 대하여 공모·가공한 바 없으므로 강도강간죄의 공동정범이 성립하지 않는다(대법원 1988.9.13, 88도1114).

정답 ③

040 ✓유사 ◆◆◇   경찰간부 2024

다음 사례 중 甲에게 괄호 범죄의 공동정범이 성립하는 것은 모두 몇 개인가? (다툼이 있는 경우 판례에 의함)

가. 甲은 피해자들을 한 사람씩 나누어 강간하자는 乙과 丙의 제의에 아무런 대답도 하지 않고 따라다니다가 자신의 강간 상대방으로 남겨진 A에게 일체의 신체적 접촉도 시도하지 않은 채 乙과 丙이 인근 숲속에서 강간을 마칠 때까지 A와 이야기만 나누었다. (특수강간죄)

나. 甲과 乙, 丙은 A를 납치한 후 팔다리를 묶어 저수지에 던져 살해하기로 공모하였으나, 甲은 A를 납치하기로 한 날 약속된 장소에 나가지 않았다. 乙과 丙은 甲을 기다리다가 시간이 지체되자 계획한 대로 A를 납치하여 팔다리를 묶은 후, 저수지에 던져 살해하였다. (살인죄)

다. 甲은 乙, 丙과 강도상해를 모의하면서 그 모의를 주도하였고, 범행 대상을 물색하다가 다른 공모자들이 강도의 대상을 지목하고 뒤쫓아 가자 "어?"라고만 하고, 비대한 체격 때문에 따라가지 못한 채 범행 현장에서 200m 정도 떨어진 곳에 앉아 있는 동안 乙과 丙은 강도상해의 범행을 하였다. (강도상해죄)

라. 트럭 운전사 乙은 甲과 함께 트럭에 짐을 싣고 운전을 하던 중 경찰관 A의 검문을 위한 정차 신호에 따라 정차하던 중에 甲이 검문을 피할 목적으로 "그대로 가자"라고 말하였고, 乙이 그대로 달려 A를 치어 사망에 이르게 하였다. (업무상 과실치사죄)

① 1개   ② 2개
③ 3개   ④ 4개

해설 | **출제영역** | 공동정범의 성립요건

② 2개

가. (×) 甲에게 다른 일행의 강간 범행에 공동으로 가공할 의사가 있었다고 볼 수 없다(대법원 2003.3.28, 2002도7477).

나. (×) 소위 공모공동정범에 있어서는 범죄행위를 공모한 이상 그 후 그 실행행위에 직접 가담하지 아니하더라도 다른 특별한 사정이 없는 한 다른 공모자의 분담실행행위에 대하여 공동정범의 죄책을 면할 수 없다함은 소론과 같다. 그러나 공모자 중의 어떤 사람이 다른 공모자가 실행행위에 이르기 전에 그 공모관계에서 이탈한 때에는 그 이후의 다른 공모자의 행위에 관하여 공동정범으로서의 책임은 지지 않는다고 할 것이고 그 이탈의 표시는 반드시 명시임을 요하지 않는다고 할 것이다. 구체적인 살해방법이 확정되어 피고인을 제외한 나머지 공범들이 피해자의 팔, 다리를 묶어 저수지 안으로 던지는 순간에 피해자에 대한 살인행위의 실행의 착수가 있다 할 것이고 따라서 피고인은 살해모의에는 가담하였으나 다른 공모자들이 실행행위에 이르기 전에 그 공모관계에서 이탈하였다 할 것이고 그렇다면 피고인이 위 공모관계에서 이탈한 이후의 다른 공모자의 행위에 관하여는 공동정범으로서의 책임을 지지 않는다(대법원 1986.1.21, 85도2371, 85감도347).

다. (○) 공모공동정범에 있어서 공모자 중의 1인이 다른 공모자가 실행행위에 이르기 전에 그 공모관계에서 이탈한 때에는 그 이후의 다른 공모자의 행위에 관하여는 공동정범으로서의 책임은 지지 않는다 할 것이나, 공모관계에서의 이탈은 공모자가 공모에 의하여 담당한 기능적 행위지배를 해소하는 것이 필요하므로 공모자가 공모에 주도적으로 참여하여 다른 공모자의 실행에 영향을 미친 때에는 범행을 저지하기 위하여 적극적으로 노력하는 등 실행에 미친 영향력을 제거하지 아니하는 한 공모관계에서 이탈하였다고 할 수 없다. … 피고인에게 공동가공의 의사와 공동의 사에 기한 기능적 행위지배를 통한 범죄의 실행사실이 인정되므로 강도상해죄의 공모관계에 있고, 다른 공모자가 강도상해죄의 실행에 착수하기까지 범행을 만류하는 등으로 그 공모관계에서 이탈하였다고 볼 수 없으므로 강도상해죄의 공동정범으로서의 죄책을 진다(대법원 2008.4.10, 2008도1274).

라. (○) 2인 이상이 어떠한 과실행위를 서로의 의사연락 아래 하여 범죄되는 결과를 발생케 한 경우에는 과실범의 공동정범이 성립된다(대법원 1962.3.29, 4294형상598).

[정답] ②

---

041 ✔이론 ◆◆◆　변호사 2020

동시범의 특례(「형법」 제263조)에 관한 설명 중 옳지 않은 것을 모두 고른 것은? (다툼이 있는 경우 판례에 의함)

ㄱ. A가 甲으로부터 폭행을 당하고 얼마 후 함께 A를 폭행하자는 甲의 연락을 받고 달려 온 乙로부터 다시 폭행을 당하고 사망하였으나 사망의 원인행위가 판명되지 않았다면, 「형법」 제263조가 적용되어 甲과 乙은 폭행치사죄의 공동정범의 예에 의해 처벌된다.

ㄴ. A가 행인 甲으로부터 상해를 입은 후 얼마 지나지 않아 다시 다른 행인 乙로부터 상해를 입고 사망하였으나 사망의 원인행위가 판명되지 않았다면, 「형법」 제263조가 적용되어 甲과 乙은 상해치사죄의 공동정범의 예에 의해 처벌된다.

ㄷ. A가 甲으로부터 폭행을 당하고 얼마 후 乙이 甲과 의사연락 없이 A를 폭행하자 A가 乙의 계속되는 폭행을 피하여 도로를 무단횡단하다 지나가던 차량에 치어 사망하였다면, 「형법」 제263조가 적용되어 甲과 乙은 폭행치사죄의 공동정범의 예에 의해 처벌된다.

ㄹ. A가 甲이 운전하는 차량에 의해 교통사고를 당한 후 얼마 지나지 않아 다시 乙이 운전하는 차량에 의해 교통사고를 당하고 사망하였으나 사망의 원인행위가 판명되지 않았다면, 「형법」 제263조가 적용되어 甲과 乙은 교통사고처리특례법위반(치사)죄의 공동정범의 예에 의해 처벌된다.

① ㄱ, ㄷ
② ㄴ, ㄹ
③ ㄱ, ㄴ, ㄷ
④ ㄱ, ㄷ, ㄹ
⑤ ㄴ, ㄷ, ㄹ

해설 | 출제영역 | 공동정범 – 동시범 – 동시범의 특례 + 판례

ㄱ. (×) 공범관계에 있어 공동가공의 의사가 있었다면 이에는 동시범 등의 문제는 제기될 여지가 없다(대법원 1985.12.10, 85도1892).

ㄴ. (○) 시간적 차이가 있는 독립된 상해행위나 폭행행위가 경합하여 사망의 결과가 일어나고 그 사망의 원인된 행위가 판명되지 않은 경우에는 공동정범의 예에 의하여 처벌할 것이다(대법원 2000.7.28, 2000도2466).

ㄷ. (×) 사망의 결과에 대하여 원인된 행위가 판명된 경우이므로 제263조가 적용되지 않는다. 甲은 폭행죄, 乙은 폭행치사죄로 처벌될 것이다.

[참고] 상해행위를 피하려고 하다가 차량에 치어 사망한 경우 상해행위와 피해자의 사망 사이에 상당인과관계가 있다(대법원 1996.5.10, 96도529).

ㄹ. (×) 이 사건은 업무상 과실치사죄의 성부가 문제되는 경우로서 통설·판례에 의하면 제263조가 적용되지 않는다. 따라서 이때에는 각자 인과관계를 따져야 하나, 선행 교통사고와 후행 교통사고 중 어떤 교통사고가 사망의 원인이 되었는지 판명되지 않은 경우이므로 제19조의 법리가 적용되어 (각자 인과관계가 부정) 무죄가 된다.

[참고] 선행 교통사고와 후행 교통사고 중 어느 쪽이 원인이 되어 피해자가 사망에 이르게 되었는지 밝혀지지 않은 경우 후행 교통사고를 일으킨 사람의 과실과 피해자의 사망 사이에 인과관계가 인정되기 위해서는 후행 교통사고를 일으킨 사람이 주의의무를 게을리하지 않았다면 피해자가 사망에 이르지 않았을 것이라는 사실이 증명되어야 하고, 그 증명책임은 검사에게 있다(대법원 2007.10.26, 2005도8822).

[정답] ④

---

042 ✔이론 ◆◇◇　경찰1차 2022

동시범에 관한 설명으로 옳은 것은 모두 몇 개인가? (다툼이 있는 경우 판례에 의함)

㉠ 시간적 차이가 있는 독립행위가 경합한 경우, 그 결과발생의 원인된 행위가 판명되지 아니한 때에 「형법」 제263조가 적용되는 경우를 제외하고는 「형법」 제19조가 적용된다.

㉡ 독립행위가 경합하여 상해의 결과를 발생하게 한 경우에 있어서 원인된 행위가 판명되지 아니한 때에는 각 행위자를 미수범으로 처벌한다.

㉢ 「형법」 제263조의 동시범은 강간치상죄에는 적용할 수 없다.

㉣ A가 甲으로부터 폭행을 당하고 얼마 후 함께 A를 폭행하자는 甲의 연락을 받고 달려 온 乙로부터 다시 폭행을 당하고 사망하였으나 사망의 원인행위가 판명되지 않았다면, 「형법」 제263조가 적용되어 甲과 乙은 폭행치사죄의 공동정범의 예에 의하여 처벌된다.

① 1개
② 2개
③ 3개
④ 4개

해설 | 출제영역 | 동시범의 특례

② ㉠, ㉢ 2개의 설명이 옳다.

㉠ (○) 제19조, 제263조

㉡ (×) 독립행위가 경합하여 상해의 결과를 발생하게 한 경우에 있어서 원인된 행위가 판명되지 아니한 때에는 공동정범의 예에 의

한다(제263조).
© (○) 형법 제263조의 동시범은 상해와 폭행죄에 관한 특별규정
으로서 동규정은 그 보호법익을 달리하는 강간치상죄에는 적용
할 수 없다(대법원 1984.4.24, 84도372).
② (×) 공동가공의 의사가 인정되어 공동정범으로 처벌되므로 동
시범의 특례는 적용되지 않는다.

정답 ②

043 ☑ 유사 ◆◆◇   변호사시험 2023

유흥주점의 지배인 甲은 피해자 A로부터 신용카드를
강취하고 신용카드 비밀번호를 알아냈다. 甲은 위 주점
직원 乙, 丙과 모의하면서, 자신은 주점에서 A를 붙잡
아 두면서 감시하고, 乙과 丙은 위 신용카드를 이용하여
인근 편의점에 있는 현금자동지급기에서 300만 원의
예금을 인출하기로 하였다. 그에 따라 甲이 A를 감시하
는 동안 乙과 丙은 위 편의점에 있는 현금자동지급기에
신용카드를 넣고 비밀번호를 입력하여 300만 원의 예
금을 인출하였고, 이를 甲, 乙, 丙 각자 100만 원씩 분
배하였다. 결국 甲, 乙, 丙은 특수(합동)절도죄로 공소
제기되었는데, 甲은 법정에서 범행을 부인하였으나, 甲
의 공동피고인 乙과 丙은 법정에서 범행을 자백하였다.
이에 관한 설명 중 옳은 것을 모두 고른 것은? (다툼이
있는 경우 판례에 의함)

ㄱ. 甲이 합동절도의 범행 공모에는 참여하였으나 현장
에서 절도의 실행행위를 직접 분담하지 않았더라도,
그가 현장에서 절도 범행을 실행한 乙과 丙의 행위
를 자기 의사의 수단으로 하여 합동절도의 범행을
하였다고 평가할 수 있는 정범성의 표지를 갖추고
있다면, 甲에 대하여도 합동절도의 공동정범이 성
립될 수 있다.

ㄴ. 만약 위 주점 지배인 甲이 종업원 乙, 丙과 함께 단
골손님 A로부터 신용카드를 갈취해 현금을 인출하
기로 모의하였고, 甲의 지시를 받은 乙과 丙은 늦은
저녁 한적한 골목길에서 A로부터 신용카드를 갈취
하고 비밀번호를 알아내 甲이 일러준 편의점 현금자
동지급기에서 300만 원의 예금을 인출하였으며, 이
를 甲, 乙, 丙 각자 100만 원씩 분배하였다면, 범죄
장소에 가지 않은 甲에게 폭력행위등처벌등에관한
법률위반(공동공갈)의 공동정범은 인정될 여지가
없다.

ㄷ. 공범인 공동피고인 乙, 丙의 법정에서의 자백은 소
송절차를 분리하여 증인신문하는 절차를 거치지 않
았더라도 甲에 대하여 증거능력이 인정된다.

ㄹ. 만약 위 사례에서 甲이 범행을 자백하였고, 甲이 범
행을 자인하는 것을 들었다는 피고인 아닌 제3자의
진술이 있다면, 이는 「형사소송법」 제310조의 피고
인 자백에는 포함되지 아니하므로 甲의 자백에 대한
보강증거가 될 수 있다.

---

① ㄱ, ㄷ   ② ㄱ, ㄹ
③ ㄴ, ㄹ   ④ ㄱ, ㄷ, ㄹ
⑤ ㄴ, ㄷ, ㄹ

해설 출제영역 | 공모공동정범, 합동범

① ㄱ, ㄷ
ㄱ. (○) 3인 이상의 범인이 합동절도의 범행을 공모한 후 적어도
2인 이상의 범인이 범행 현장에서 시간적, 장소적으로 협동관계

를 이루어 절도의 실행행위를 분담하여 절도 범행을 한 경우에는 공동정범의 일반 이론에 비추어 <u>그 공모에는 참여하였으나 현장에서 절도의 실행행위를 직접 분담하지 아니한 다른 범인에 대하여도 그가 현장에서 절도 범행을 실행한 위 2인 이상의 범인의 행위를 자기 의사의 수단으로 하여 합동절도의 범행을 하였다고 평가할 수 있는 정범성의 표지를 갖추고 있다고 보여지는 한 그 다른 범인에 대하여 합동절도의 공동정범의 성립을 부정할 이유가 없다</u>(대법원 1998.5.21, 98도321 전원합의체).

ㄴ. (×) 甲이 범죄장소에 가지 않았더라도 공모공동정범의 요건을 갖춘 것이므로 폭력행위등처벌등에관한법률위반(공동공갈)의 공동정범이 성립될 수 있다.

> **[판례]** ① 폭력행위 등 처벌에 관한 법률 제2조 제2항의 '2인 이상이 공동하여 제1항 각 호에 열거된 죄를 범한 때'라고 함은 그 수인 간에 소위 공범관계가 존재하는 것을 요건으로 하고, 수인이 <u>동일 장소에서 동일 기회에 상호 다른 자의 범행을 인식하고 이를 이용하여 범행을 한 경우임을 요하는 것</u>이며(대법원 2000.2.25, 99도4305 등), ② 또한 여러 사람이 폭력행위 등 처벌에 관한 법률 제2조 제1항에 열거된 죄를 범하기로 공모한 다음 그 중 2인 이상이 범행장소에서 범죄를 실행한 경우에는 <u>범행장소에 가지 아니한 자도 같은 법 제2조 제2항에 규정된 죄의 공모공동정범으로 처벌할 수 있다</u>(대법원 1996.12.10, 96도2529; 2007.6.28, 2007도2590 등).

ㄷ. (○) 공범자인 공동피고인의 공판정에서의 자백은 이에 대한 피고인의 반대신문권이 보장되어 있어 증인으로 신문한 경우와 다를 바 없으므로 독립한 증거능력이 있다(대법원 1985.6.25, 85도691).

ㄹ. (×) 피고인이 범행을 자인하는 것을 들었다는 피고인 아닌 자의 진술내용은 형사소송법 제310조의 피고인의 자백에는 포함되지 아니하나 이는 피고인의 자백의 보강증거로 될 수 없다(대법원 2008.2.14, 2007도10937).

[정답] ①

---

4 교사범

044 ☑ 대표 ◆◇◇ 국가9급총론 2021

교사범에 대한 설명으로 옳지 않은 것은? (다툼이 있는 경우 판례에 의함)

① 피교사자가 이미 교사한 범죄와 동일한 범죄의 결의를 가지고 있을 때에는 교사범이 성립할 여지가 없다.

② 甲이 乙에게 A를 살해할 것을 교사하고 乙이 이를 승낙하고도 실행의 착수에 이르지 아니하였다면 甲은 처벌되지 아니한다.

③ 甲이 乙에게 乙의 어머니 물건을 훔치도록 교사한 경우 정범인 乙이 처벌되지 아니하더라도 甲은 절도죄의 교사범으로 처벌된다.

④ 자기의 지휘·감독을 받는 자를 교사하여 범죄행위의 결과를 발생하게 한 때에는 정범에 정한 형의 장기 또는 다액의 2분의 1까지 가중한다.

[해설] 출제영역 | 교사범의 성립요건

② (×) 교사를 받은 자가 범죄의 실행을 승낙하고 실행의 착수에 이르지 아니한 때에는 교사자와 피교사자를 음모 또는 예비에 준하여 처벌한다(제31조 제2항).

① (○) 대법원 1991.5.14, 91도542

③ (○) 피교사자의 행위가 구성요건에 해당하고 위법하면 교사자에게는 교사범의 죄책이 성립할 수 있다(제한적 종속형식). 위 지문의 乙의 행위는 구성요건에 해당하고 위법하고 나아가 책임까지 인정된다. 따라서 甲에게 절도교사죄가 성립하는 데 아무 문제가 없다.

④ (○) 특수교사의 경우이다(제34조 제2항).

[정답] ②

---

045 ☑ 유사 ◆◆◇ 해경채용2차 2023

교사범에 관한 설명 중 옳은 것은? (다툼이 있는 경우 판례에 의함)

① 정범의 실행행위가 없더라도 교사범이 성립할 수 있다.

② 과실에 의한 교사도 가능하다.

③ 범죄현장을 목격하지 못한 선서무능력자에게 범죄현장을 목격한 것처럼 법정에서 허위의 증언을 하도록 부탁하여, 선서무능력자가 실제로 그렇게 증언한 경우 위증죄의 교사죄가 성립한다.

④ 교사범이 피교사자에게 자신의 교사행위를 철회한다는 명시적인 의사표시를 하는 것만으로는 교사의 책임이 면제되지 않는다.

[해설] 출제영역 | 교사범의 성립요건

④ (○) 교사범이란 정범인 피교사자로 하여금 범죄를 결의하게 하여 그 죄를 범하게 한 때에 성립하는 것이고, 교사범을 처벌하는 이유는 이와 같이 교사범이 피교사자로 하여금 범죄 실행을 결의하게 하였다는 데에 있다. 따라서 교사범이 그 공범관계로부터 이탈하기 위해서는 피교사자가 범죄의 실행행위에 나아가기 전에 교사범에 의하여 형성된 피교사자의 범죄 실행의 결의를 해소하는 것이 필요하고, 이때 <u>교사범이 피교사자에게 교사행위를 철회한다는 의사를 표시하고 이에 피교사자도 그 의사에 따르기로 하거나 또는 교사범이 명시적으로 교사행위를 철회함과 아울러 피교사자의 범죄 실행을 방지하기 위한 진지한 노력을 다하여 당초 피교사자가 범죄를 결의하게 된 사정을 제거하는 등 제반 사정에 비추어 객관적·실질적으로 보아 교사범에게 교사의 고의가 계속 존재한다고 보기 어렵고 당초의 교사행위에 의하여 형성된 피교사자의 범죄 실행의 결의가 더 이상 유지되지 않는 것으로 평가할 수 있다면, 설사 그 후 피교사자가 범죄를 저지르더라도 이는 당초의 교사행위에 의한 것이 아니라 새로운 범죄 실행의 결의에 따른 것이므로 교사자는 형법 제31조 제2항에 의한 죄책을 부담함은 별론으로 하고 형법 제31조 제1항에 의한 교사범으로서의 죄책을 부담하지는 않는다고 할 수 있다</u>(대법원 2012.11.15, 2012도7407).

① (×) 교사범이 성립하기 위해서는 교사자의 교사행위와 정범의 실행행위가 있어야 하는 것이므로, <u>정범의 성립은 교사범의 구성요건의 일부를 형성하고 교사범이 성립함에는 정범의 범죄행위가 인정되는 것이 그 전제요건이 된다</u>(대법원 2000.2.25, 99도1252).

② (×) 교사자는 피교사자에게 (특정범죄에 대한) 범죄실행의 결의

를 갖게 한다는 사실을 인식하여야 한다. 따라서 과실에 의한 교사는 부정된다.

③ (×) 형법 제155조 제1항에서 타인의 형사사건에 관하여 증거를 위조한다 함은 증거 자체를 위조함을 말하는 것으로서, 선서무능력자로서 범죄 현장을 목격하지도 못한 사람으로 하여금 형사법정에서 범죄 현장을 목격한 양 허위의 증언을 하도록 하는 것은 위조항이 규정하는 증거위조죄를 구성하지 아니한다(대법원 1998. 2.10, 97도2961).

정답 ④

---

046 ☑ 대표 ◆◇◇   법원9급 2021

다음 설명 중 가장 옳은 것은? (다툼이 있는 경우 판례에 의함)

① 교사범이란 정범인 피교사자로 하여금 범죄를 결의하게 하여 그 죄를 범하게 한 때에 성립하므로, 교사자의 교사행위에도 불구하고 피교사자가 범행을 승낙하지 아니하거나 피교사자의 범행결의가 교사자의 교사행위에 의하여 생긴 것으로 보기 어려운 경우에는 이른바 실패한 교사로서 형법 제31조 제3항에 의하여 교사자를 음모 또는 예비에 준하여 처벌할 수 있을 뿐이다.

② 교사자가 피교사자에게 피해자를 "정신 차릴 정도로 때려주라"고 교사하였다는 사정만으로는 상해에 대한 교사로 보기까지는 어렵다.

③ 막연히 "범죄를 하라"거나 "절도를 하라"고 하는 등의 행위만으로는 교사행위가 되기에 부족하므로, 교사범이 성립하기 위해서는 범행의 일시, 장소, 방법 등의 사항을 특정하여 교사하여야 한다.

④ 대리응시자들의 시험장 입장이 시험관리자의 승낙 또는 그 추정된 의사에 반한 불법침입이라 하더라도, 이와 같은 침입을 교사한 사람에게 주거침입교사죄가 성립된다고 볼 수는 없다.

해설 출제영역 | 공범론, 교사범

① (○) 대법원 2013.9.12, 2012도2744
② (×) 교사자가 피교사자에게 피해자를 "정신 차릴 정도로 때려주라"고 교사하였다면 이는 상해에 대한 교사로 봄이 상당하다(대법원 1997.6.24, 97도1075).
③ (×) 막연히 "범죄를 하라"거나 "절도를 하라"고 하는 등의 행위만으로는 교사행위가 되기에 부족하다 하겠으나, 타인으로 하여금 일정한 범죄를 실행할 결의를 생기게 하는 행위를 하면 되는 것으로서 교사의 수단방법에 제한이 없다 할 것이므로, 교사범이 성립하기 위하여는 범행의 일시, 장소, 방법 등의 세부적인 사항까지를 특정하여 교사할 필요는 없는 것이고, 정범으로 하여금 일정한 범죄의 실행을 결의할 정도에 이르게 하면 교사범이 성립된다(대법원 1991.5.14, 91도542).
④ (×) 대리응시자들의 시험장의 입장은 시험관리자의 승낙 또는 그 추정된 의사에 반한 불법침입이라 아니할 수 없고 이와 같은 침입을 교사한 이상 주거침입교사죄가 성립된다(대법원 1967. 12.19, 67도1281).

정답 ①

---

047 ☑ 대표 ◆◆◇   국가7급 2019

다음 〈사례〉를 읽고, 甲의 죄책에 대한 〈보기〉의 설명으로 옳은 것만을 모두 고르면?

┤ 사례 ├

甲은 상속을 빨리 받기 위하여 乙을 찾아가 자신의 父인 A의 살해를 교사하였으나, 乙은 이를 거절하였다. 그때 乙과 함께 있던 乙의 친구가 甲에게 살인청부업자인 丙의 전화번호를 알려주면서 한번 찾아가 보라고 하였다. 이에 따라 甲은 丙을 찾아가 A를 살해하라고 교사하였고, 丙은 1억 원의 사례금을 받고 이를 승낙한 후 자취를 감추어 버렸다.

┤ 보기 ├

ㄱ. 甲의 乙에 대한 행위는 효과 없는 교사(「형법」 제31조 제2항)에 해당한다.
ㄴ. 甲의 丙에 대한 행위는 실패한 교사(「형법」 제31조 제3항)에 해당한다.
ㄷ. 甲의 乙에 대한 행위는 존속살해예비죄로도 처벌할 수 없다.
ㄹ. 甲의 丙에 대한 행위는 존속살해예비죄로 처벌된다.

① ㄹ
② ㄱ, ㄴ
③ ㄷ, ㄹ
④ ㄱ, ㄴ, ㄷ, ㄹ

해설 출제영역 | 교사범 – 교사의 미수

ㄱ. (×) 실패한 교사이다(제31조 제3항).
ㄴ. (×) 효과없는 교사이다(제31조 제2항).
ㄷ. (×), ㄹ. (○) 존속살해예비죄로 처벌된다.

정답 ①

교사의 착오에 관한 설명으로 가장 적절하지 않은 것은? (다툼이 있는 경우 판례에 의함)

① 甲이 乙에게 강도를 교사하였는데 乙이 절도를 실행한 경우, 甲은 강도의 예비·음모죄와 절도죄의 교사범이 성립하는데, 양죄는 상상적 경합관계에 있으므로 甲은 형이 더 무거운 강도예비·음모죄로 처벌된다.

② 甲이 乙에게 절도를 교사하였는데 乙이 강간을 실행한 경우, 甲은 절도죄의 예비·음모에 준하여 처벌될 수 있는데, 절도죄의 예비·음모는 처벌규정이 없으므로 무죄가 된다.

③ 甲이 乙에게 사기를 교사하였는데 乙이 공갈을 실행한 경우, 교사내용과 실행행위의 질적 차이가 본질적이지 않으므로 甲은 교사한 범죄에 대한 교사범의 책임을 지지 않는다.

④ 甲이 乙에게 상해를 교사하였는데 乙이 살인을 실행한 경우, 甲에게 사망이라는 결과에 대하여 예견가능성이 있다면 甲을 상해치사죄의 교사범으로 처벌할 수 있다.

[해설] **출제영역 | 교사의 착오**

③ (×) (출제가 다소 모호하나, 출제의 의도를 고려하여 해설함) 甲이 乙에게 사기를 교사하였는데 乙이 '기망을 근거로' 공갈을 실행한 경우, 교사내용과 실행행위의 질적 차이가 본질적이지 않으므로 甲은 교사한 범죄에 대한 교사범의 책임을 져야 한다. (따라서 위 지문이 틀림) 예컨대, 사기를 교사하였으나 피교사자가 기망을 하면서 협박을 하여 외포심에 기하여 처분행위를 하게 함으로써 재물을 편취한 경우라면 그 질적 초과가 본질적이지 않아 사기죄의 교사범이 성립한다.
[보충1] 비슷한 경우로서, 공갈을 교사하였는데 강도를 실행한 경우 질적 차이가 본질적이지 않으므로 공갈죄의 교사범이 성립한다.
[보충2] 위 지문에서 사기를 교사하였는데 피교사자가 공갈을 실행하였다고만 출제되었는데, 이는 엄밀히는 교사의 질적 착오로서 그 착오가 본질적이므로 교사범이 성립하지 않는다고 볼 수도 있다. 다만 이렇게 보아도 '질적 차이가 본질적이지 않으므로'라고 출제된 부분은 틀렸다. 따라서 정답은 변함이 없다.
[정리] 사기를 교사하였으나 공갈을 실행한 경우로 출제되면 (출제의 의도를 고려하여) 사기죄의 교사범이 성립하는 것으로 정리할 것.

① (○) 강도를 교사했으나, 절도를 실행한 경우에는 절도의 교사범과 형법 제31조 제2항에 의한 강도예비·음모의 상상적 경합이며, 형이 무거운 강도예비·음모로 처벌된다.

② (○) 피교사자의 실행된 범죄가 교사된 범죄와 질적으로 전혀 다른 범죄인 경우, 실행된 범죄에 대한 교사범이 성립되지 않는다. 단, 교사한 범죄의 예비·음모의 처벌규정이 있는 경우에는 예비·음모로 처벌될 수 있다.

④ (○) 피교사자가 결과적 가중범을 실현한 경우에는 교사자에게 무거운 결과에 대한 과실이 있는 경우에 한하여 결과적 가중범의 교사범이 성립할 수 있다.

[정답] ③

공범의 착오에 대한 설명으로 옳은 것은? (다툼이 있는 경우 판례에 의함)

① 방조자의 인식과 정범의 실행 간에 착오가 있고 양자의 구성요건을 달리한 경우, 그 구성요건이 중첩되는 부분뿐만 아니라 정범의 초과부분에 대해서도 방조자의 죄책을 인정하여야 한다.

② 공범종속성설에 의하면 공범의 가벌성은 교사자 자신의 행위에 의해 결정되기 때문에 교사자의 교사행위가 있는 이상 피교사자의 범죄실행이 없어도 교사한 범죄의 미수범으로 처벌받게 된다.

③ 甲과 乙이 A를 강도하기로 공모하였음에도 불구하고 乙이 공모한 내용과 전혀 다른 강도강간을 한 경우, 직접 실행행위에 관여하지 않았더라도 甲은 강도강간죄의 죄책을 진다.

④ 피교사자가 교사자의 교사내용과 전혀 다른 범죄를 실현한 경우 교사범이 성립하지 않는다는 견해에 따르면, 甲이 乙에게 A에 대한 강간을 교사하였는데 乙이 강도를 한 경우 甲은 강간의 예비·음모에 준하여 처벌된다.

[해설] **출제영역 | 공범론, 교사범**

④ (○) 질적 초과의 경우에 교사범이 성립하지 않게 되므로, 이 경우 형법 제31조 제2항 또는 제3항에 의하여 교사자는 강간죄의 예비·음모에 준하여 처벌될 따름이다.
[보충] 2020.5.19. 개정 제305조의3에 의하여 강간죄 등의 예비·음모 처벌규정이 신설되었다.

① (×) 방조자의 인식과 정범의 실행간에 착오가 있고 양자의 구성요건을 달리한 경우에는 원칙적으로 방조자의 고의는 저각되는 것이나 그 구성요건이 중첩되는 부분이 있는 경우에는 그 중복되는 한도 내에서는 방조자의 죄책을 인정하여야 할 것이다.(대법원 1985.2.26, 84도2987).
[보충] 관세법위반의 고의를 가지고 방조한 자에게 정범이 범한 특가법위반에 대한 방조를 인정할 수는 없고 관세법위반의 방조의 죄책만 인정하여야 한다는 판례이다.

② (×) 공범종속성설에 의하면 공범의 가벌성은 정범의 행위에 의하여 결정되기 때문에 교사자의 교사행위가 있더라도 피교사자의 범죄실행이 없으면 원칙적으로 처벌되지 아니한다.
[보충] 다만 현행형법에 의하면 기도된 교사의 경우 예외적으로 예비·음모죄로의 가벌성만 인정되고 있을 뿐이다(제31조 제2항·제3항).

③ (×) 甲에게는 강도죄의 공동정범의 죄책만 인정될 뿐이다. "피고인은 원심공동피고인 의 강간사실을 알게 된 것은 이미 실행의 착수가 이루어지고 난 다음이었음이 명백하고 강간사실을 알고 나서도 암묵리에 그것을 용인하여 그로 하여금 강간하도록 할 의사로 강간의 실행범인 원심공동피고인 1과 강간 피해자의 머리 등을 잡아준 원심공동피고인 2와 함께 일체가 되어 원심공동피고인들의 행위를 통하여 자기의 의사를 실행하였다고는 볼 수 없다 할 것이고 따라서 결국 강도강간의 공모사실을 인정할 증거가 없다고 하지 않을 수 없다(대법원 1988.9.13, 88도1114)."

[정답] ④

050 ✓ 유사 ◆◇◇ 국가7급 2021

다음 설명 중 옳지 않은 것은? (다툼이 있는 경우 판례에 의함)

① 병원 원장인 甲은 A가 정상적으로 입원한 것으로 작성된 허위의 입·퇴원확인서를 작성한 후 A에게 교부하여 A가 보험회사에 보험금을 청구하여 보험금을 받도록 방조하였더라도, A에 대한 공소장에 있어서 검사가 제출한 증거만으로는 A가 보험금을 부당하게 편취하였다고 인정하기 어려운 경우라면, 甲은 사기죄의 방조범이 성립하지 않는다.

② 甲이 乙에게 평소 사용하는 칼로 A의 다리를 못 쓰게 하라고 교사하여 乙이 칼로 A의 허벅지 등을 20여 회 힘껏 찔러 과다출혈로 사망에 이른 경우, 甲은 상해치사죄의 교사범이 성립한다.

③ 甲이 상해의 고의로 A를 폭행하여 A가 길에서 쓰러지게 되었고, 2시간쯤 지나 평소 A와 사이가 좋지 않았던 乙이 때마침 지나가던 길에 A를 발견하여 폭행의 고의로 A를 발로 구타하였고, 이후 A는 사망하게 되었으나 누구의 행위로 사망하게 된 것인지 밝혀지지 않았다면 甲은 상해치사죄가 성립하고, 乙은 폭행치사죄가 성립한다.

④ 甲이 친구 乙을 교사하여 乙의 부모님의 지갑을 가져오게 한 경우, 乙은 절도죄로 처벌되지 않으므로 甲도 절도죄의 교사범이 성립되지 않는다.

해설 | 출제영역 | 공범론, 교사범

④ (×) 乙에게는 절도죄의 죄책이 인정되며 다만 친족상도례에 의하여 그 형만 면제되는 것이다. 따라서 甲에게 절도죄의 교사범이 성립하지 못할 이유가 없다.

① (○) 정범의 범죄가 성립되지 않는 이상 방조범에 불과한 피고인 甲 등의 범죄도 성립될 수 없다(대법원 2017.5.31, 2016도12865).

② (○) 대법원 2002.10.25, 2002도4089

③ (○) 시간적 차이가 있는 독립된 상해행위나 폭행행위가 경합하여 사망의 결과가 일어나고 그 사망의 원인된 행위가 판명되지 않은 경우에는 공동정범의 예에 의하여 처벌할 것이다(대법원 2000.7.28, 2000도2466).

정답 ④

051 ✓ 유사 ◆◆◇ 변호사 2017

甲의 죄책에 관한 설명 중 옳지 않은 것은? (다툼이 있는 경우 판례에 의함)

① 甲이 자기의 형사사건에 관하여 乙을 교사하여 위증죄를 범하게 한 경우, 위증죄의 교사범이 성립한다.

② 甲이 乙을 교사하여 甲 자신이 형사처분을 받을 목적으로 수사기관에 대하여 乙이 甲에 대한 허위의 사실을 신고하도록 한 경우, 무고죄의 교사범이 성립한다.

③ 甲이 乙을 교사하여 자기의 형사사건에 관한 증거를 변조하도록 하였더라도, 乙이 甲과 공범관계에 있는 형사사건에 관한 증거를 변조한 것에 해당하여 乙이 증거변조죄로 처벌되지 않는 경우, 증거변조죄의 간접정범은 물론 교사범도 성립하지 않는다.

④ 공무원이 아닌 甲이 관공서에 허위 내용의 증명원을 제출하여 그 내용이 허위인 정을 모르는 담당 공무원 乙로부터 그 증명원 내용과 같은 증명서를 발급받은 경우, 공문서위조죄의 간접정범이 성립하지 않는다.

⑤ 무면허로 운전하다가 교통사고를 낸 甲이 동거하고 있는 동생 乙을 경찰서에 대신 출석시켜 자신을 위하여 허위의 자백을 하게 하여 범인도피죄를 범하게 한 경우, 범인도피죄의 교사범이 성립하지 않는다.

해설 | 출제영역 | 교사범의 성립요건

⑤ (×) 무면허 상태로 교통사고를 낸 피고인 甲이 동생 乙에게 "네가 대신 교통사고를 내었다고 조사를 받아 달라"고 부탁하여, 이를 승낙한 乙이 경찰서에서 "내가 승용차를 운전하고 가다가 교통사고를 낸 사람이다"라고 허위 진술한 경우, 甲에 대하여 범인도피교사죄가 성립한다(대법원 2006.12.7, 2005도3707).

① (○) 대법원 2004.1.27, 2003도5114

② (○) 대법원 2008.10.23, 2008도4852

③ (○) 대법원 2011.7.14, 2009도13151

④ (○) 대법원 2001.3.9, 2000도938

정답 ⑤

052 ✓유사 ◆◇◇ 경찰1차 2018 유사 국가9급총론 2020

교사범에 대한 설명으로 옳지 않은 것은? (다툼이 있는 경우 판례에 의함)

① 정범의 성립은 교사범의 구성요건의 일부를 형성하고 교사범이 성립함에는 정범의 범죄행위가 인정되는 것이 그 전제요건이 된다.

② A가 B에게 범죄를 저지르도록 요청한다는 것을 알고 있는 甲이 A의 부탁을 받고 A의 요청을 B에게 전달하여 B로 하여금 범의를 야기케 하는 것은 교사에 해당되지 않는다.

③ 중상해를 교사하였으나 피교사자가 살인을 실행한 경우, 교사자가 피해자의 사망이라는 결과를 예견할 수 있었던 때에는 교사자에게 상해치사죄의 교사범으로서의 죄책을 지울 수 있다.

④ 교사를 받은 자가 범죄의 실행을 승낙하지 아니하였더라도 교사한 범죄의 예비·음모를 처벌하는 규정이 있다면 교사자를 예비 또는 음모에 준하여 처벌한다.

해설 │ 출제영역 │ 교사범의 성립요건 – 간접교사, 교사의 미수, 교사의 착오

② (×) 甲이 乙에게 범죄를 저지르도록 요청한다 함을 알면서 甲의 부탁을 받고 甲의 요청을 乙에게 전달하여 乙로 하여금 범의를 야기케 하는 것은 교사에 해당한다(대법원 1974.1.29, 73도3104).

① (○) 대법원 1998.2.24, 97도183

③ (○) 대법원 1993.10.8, 93도1873

④ (○) 교사를 받은 자가 범죄의 실행을 승낙하지 아니한 때에도 교사자에 대하여는 음모 또는 예비에 준하여 처벌한다(제31조 제3항).

정답 ②

053 ✓유사 ◆◇◇ 국가9급 2018

교사범에 대한 설명으로 옳지 않은 것은? (다툼이 있는 경우 판례에 의함)

① 교사를 받은 자가 범죄의 실행을 승낙하고 실행의 착수에 이르지 아니한 때 교사자의 경우 음모 또는 예비에 준하여 처벌한다.

② 교사범이 그 공범관계로부터 이탈하기 위해서는 피교사자가 범죄의 실행행위에 나아가기 전에 교사범에 의하여 형성된 피교사자의 범죄 실행의 결의를 해소하는 것이 필요하다.

③ 교사를 받은 자가 범죄의 실행을 승낙하지 아니한 경우 피교사자는 음모 또는 예비에 준하여 처벌한다.

④ 피교사자가 이미 범죄의 결의를 가지고 있을 때에는 교사범이 성립할 여지가 없다.

해설 │ 출제영역 │ 교사범의 성립요건

① (○), ③ (×) 교사자는 음모 또는 예비에 준하여 처벌한다.

> 제31조(교사범) ① 타인을 교사하여 죄를 범하게 한 자는 죄를 실행한 자와 동일한 형으로 처벌한다.
> ② 교사를 받은 자가 범죄의 실행을 승낙하고 실행의 착수에 이르지 아니한 때에는 교사자와 피교사자를 음모 또는 예비에 준하여 처벌한다.
> ③ 교사를 받은 자가 범죄의 실행을 승낙하지 아니한 때에도 교사자에 대하여는 전항과 같다.

② (○) 대법원 2012.11.15, 2012도7407

④ (○) 교사범은 성립할 수 없고(대법원 1991.5.14, 91도542), 경우에 따라 방조범이 성립할 뿐이다.

정답 ③

054 ✓유사 ◆◇◇ 국가7급 2016

공범에 대한 설명으로 옳은 것은? (다툼이 있으면 판례에 의함)

① 2인이 범행을 공모하여 실행에 착수한 후 그 중 한사람이 자의로 중지한 경우 전체범죄가 기수에 이르렀다고 하여도 중지한 자에게는 미수가 성립한다.

② '효과 없는 교사'의 경우 교사자와 피교사자를 예비·음모에 준하여 처벌하고, '실패한 교사'의 경우 교사자만 예비·음모에 준하여 처벌한다.

③ 甲이 乙에게 강도를 교사하였는데 乙이 절도를 범한 경우 甲은 절도죄의 교사범으로 처벌된다.

④ 자기의 지휘, 감독을 받는 자를 방조하여 범죄의 결과를 발생하게 한 자는 정범에 정한 형의 장기 또는 다액에 그 2분의 1까지 가중한 형으로 처벌한다.

해설 │ 출제영역 │ 교사범의 성립요건 – 피교사자의 실행행위

② (○) 제31조 제2항·제3항

① (×) 다른 공범의 범행을 중지하게 하지 아니한 이상 자기만의 범의를 철회, 포기하여도 중지미수로는 인정될 수 없다(대법원 2005.2.25, 2004도8259).

③ (×) 甲이 乙에게 강도를 교사하였으나 乙이 절도를 한 경우, 甲은 강도예비음모와 절도교사의 상상적 경합범의 죄책을 지므로 결국 형이 중한 강도예비음모로 처벌된다(제40조, 제343조).

④ (×) 자기의 지휘, 감독을 받는 자를 방조하여 범죄행위의 결과를 발생하게 한 자는 정범의 형으로 처벌한다(제34조 제2항).

정답 ②

055 ✅ 유사 ◆◆◆ | 변호사 2014

교사범에 관한 설명으로 옳은 것(○)과 옳지 않은 것 (×)을 올바르게 조합한 것은? (다툼이 있는 경우에는 판례에 의함)

> ㄱ. 甲이 乙에게 A의 자동차를 강취할 것을 교사하였으나 乙이 A의 자동차를 절취한 경우 甲은 절도죄의 교사범으로 처벌된다.
>
> ㄴ. 甲이 乙에게 A의 주거에 침입할 것을 교사했는데 乙이 A의 승낙을 얻어 정당하게 주거에 들어간 경우 공범종속성설 중 제한적 종속형식에 의하면 甲은 주거침입죄의 교사범이 성립하지 않는다.
>
> ㄷ. 甲은 乙에게 A를 살해하라고 교사했는데 乙은 A가 귀가하는 것을 기다리다가 A로 생각되는 사람을 권총으로 살해하였다. 그러나 乙의 총에 사망한 사람은 B였다. 법정적 부합설에 의하면 甲은 살인죄의 교사범으로 처벌된다.
>
> ㄹ. 甲이 남자친구인 乙에게 甲의 부(父)인 A를 살해하도록 교사한 경우 甲에게 형법 제33조 단서가 형법 제31조 제1항에 우선하여 적용되어 甲이 乙보다 중하게 처벌된다.

① ㄱ(×), ㄴ(○), ㄷ(○), ㄹ(○)
② ㄱ(×), ㄴ(○), ㄷ(×), ㄹ(×)
③ ㄱ(×), ㄴ(×), ㄷ(×), ㄹ(○)
④ ㄱ(○), ㄴ(○), ㄷ(×), ㄹ(×)
⑤ ㄱ(○), ㄴ(×), ㄷ(○), ㄹ(○)

해설 | 출제영역 | 교사범, 공범과 신분

① ㄱ (×), ㄴ (○), ㄷ (○), ㄹ (○)

ㄱ. (×) 교사내용보다 적게 실행한 경우 원칙적으로 교사자는 공범종속성원칙에 의해 피교사자가 실행한 범위 내에서만 책임을 지지만 예외적으로 교사한 범죄가 중죄로서 예비·음모가 처벌되는 범죄인 경우에는 상상적 경합이 된다. 따라서 사안의 경우 절도죄의 교사범과 제31조 제2항에 의한 강도예비·음모의 상상적 경합이 성립하고, 다만 형이 중한 강도의 예비·음모로 처벌된다.

ㄴ. (○) 교사범의 종속성에 관하여 제한적 종속형식에 의하면 정범의 실행행위는 구성요건에 해당하고 위법해야 하나 유책할 필요는 없다. 따라서 사안의 경우처럼 주거침입을 교사하였으나 乙이 피해자 A의 승낙을 얻어 주거에 들어간 경우에는 주거침입죄의 구성요건 해당성이 조각된다. 따라서 교사자인 甲에게 주거침입죄의 교사범이 성립하지 않는다.

ㄷ. (○) 법정적 부합설에 의하면 구체적 사실의 착오가 객체의 착오이든 방법의 착오이든 발생사실에 대한 고의기수범이 성립하기 때문에 甲에게는 B에 대한 살인죄의 교사범이 성립한다.

ㄹ. (○) 형법 제31조 제1항은 협의의 공범의 일종인 교사범이 그 성립과 처벌에 있어서 정범에 종속한다는 일반적인 원칙을 선언한 것에 불과하고, 신분관계로 인하여 형의 경중이 있는 경우에 신분이 있는 자가 신분이 없는 자를 교사하여 죄를 범하게 한 때에는 형법 제33조 단서가 형법 제31조 제1항에 우선하여 적용됨으로써 신분이 있는 교사범이 신분이 없는 정범보다 중하게 처벌된다(대법원 1994.12.23, 93도1002).

정답 ①

056 ✅ 이론 ◆◇◇ | 법원9급 2018·2022 유사

교사범에 대한 다음 설명 중 가장 옳은 것은? (다툼이 있는 경우 판례에 의하고, 전원합의체 판결의 경우 다수의견에 의함)

① 자신의 형사사건에 관한 증거은닉 행위는 피고인의 방어권을 인정하는 취지와 상충하여 처벌의 대상이 되지 아니하므로 자신의 형사사건에 관한 증거은닉을 위하여 타인에게 도움을 요청하는 행위는 언제나 증거은닉교사죄로 처벌되지 아니한다.

② 피교사자의 범행결의가 교사자의 교사행위에 의하여 생긴 것으로 보기 어려운 경우에는 실패한 교사로서 교사자를 음모 또는 예비에 준하여 처벌할 수 있을 뿐이다.

③ 교사범의 교사가 정범이 죄를 범한 유일한 조건일 필요는 없으나, 정범에게 범죄의 습벽이 있어 그 습벽과 함께 교사행위가 원인이 되어 정범이 범죄를 실행한 경우에도 교사행위와 정범의 범죄 실행 사이에 인과관계가 단절되어 교사범이 성립할 여지가 없다.

④ 변호사 사무실 직원인 피고인 甲이 법원공무원인 피고인 乙에게 부탁하여, 공무상 비밀에 해당하는 수사 중인 사건의 체포영장 발부자 명단을 누설 받았다면, 피고인 甲의 행위는 공무상비밀누설교사죄에 해당한다.

해설 | 출제영역 | 교사범의 성립요건

② (○) 교사범이란 정범인 피교사자로 하여금 범죄를 결의하게 하여 그 죄를 범하게 한 때에 성립하므로, 교사자의 교사행위에도 불구하고 피교사자가 범행을 승낙하지 아니하거나 피교사자의 범행결의가 교사자의 교사행위에 의하여 생긴 것으로 보기 어려운 경우에는 이른바 실패한 교사로서 형법 제31조 제3항에 의하여 교사자를 음모 또는 예비에 준하여 처벌할 수 있을 뿐이다(대법원 2013.9.12, 2012도2744).

① (×) 자신의 형사사건에 관한 증거은닉을 위하여 타인에게 도움을 요청하는 행위 역시 원칙적으로 처벌되지 아니하나, 다만 그것이 방어권의 남용이라고 볼 수 있을 때는 증거은닉교사죄로 처벌할 수 있다. 방어권 남용이라고 볼 수 있는지 여부는, 증거를 은닉하게 하는 것이라고 지목된 행위의 태양과 내용, 범인과 행위자의 관계, 행위 당시의 구체적인 상황, 형사사법작용에 영향을 미칠 수 있는 위험성의 정도 등을 종합하여 판단하여야 한다(대법원 2014.4.10, 2013도12079).

③ (×) 교사범의 교사가 정범이 죄를 범한 유일한 조건일 필요는 없으므로, 교사행위에 의하여 정범이 실행을 결의하게 된 이상 비록 정범에게 범죄의 습벽이 있어 그 습벽과 함께 교사행위가 원인이 되어 정범이 범죄를 실행한 경우에도 교사범의 성립에 영향이 없다(대법원 1991.5.14, 91도542)

④ (×) 변호사 사무실 직원인 피고인 甲이 법원공무원인 피고인 乙에게 부탁하여, 수사 중인 사건의 체포영장 발부자 53명의 명단을 누설 받은 사안에서, 피고인 乙이 직무상 비밀을 누설한 행위와 피고인 甲이 이를 누설 받은 행위는 대향범 관계에 있으므로 공범에 관한 형법총칙 규정이 적용될 수 없는데도, 피고인 甲의 행위가 공무상비밀누설교사죄에 해당한다고 본 원심판단에 법리오해의 위법이 있다(대법원 2011.4.28, 2009도3642).

정답 ②

교사범에 관한 설명으로 옳지 않은 것은 몇 개인가? (다툼이 있는 경우 판례에 의함)

> (a) 간접교사도 판례상 긍정된다.
> (b) 피교사자가 이미 범죄의 결의를 가지고 있을 때에는 교사범이 성립할 여지가 없다.
> (c) 정범에게 범죄의 습벽이 있어 그 습벽과 함께 교사행위가 원인이 되어 정범이 범죄를 실행한 경우 교사행위와 정범의 범죄 실행 사이에 인과관계가 단절되어 교사범이 성립될 여지가 없다.
> (d) 경찰관이 취객을 상대로 한 이른바 부축빼기 절도범을 단속하기 위하여, 공원 인도에 쓰러져 있는 취객 근처에서 감시하고 있다가, 마침 피고인이 나타나 취객을 부축하여 10m 정도를 끌고 가 지갑을 뒤지자 현장에서 체포하여 기소한 경우, 위법한 함정수사가 아니다.
> (e) 공범종속성의 원칙상 교사범의 선고형이 정범의 선고형보다 더 무거울 수는 없다.

① 1개   ② 2개
③ 3개   ④ 4개

해설 | 출제영역 | 교사범의 성립요건
② (c), (e) 2개 지문이 판례의 입장과 일치하지 않는다.
(a) (○) 간접교사나 연쇄교사와 같은 교사의 교사도 인과관계가 있는 이상 교사범에 해당한다. "甲이 乙에게 범죄를 저지르도록 요청한다 함을 알면서 甲의 부탁을 받고 甲의 요청을 乙에게 전달하여 乙로 하여금 범의를 야기케 하는 것은 교사에 해당한다(대법원 1974.1.29, 73도3104)."
(b) (○) 교사범은 성립할 수 없고(대법원 1991.5.14, 91도542), 경우에 따라 방조범이 성립할 뿐이다.
(c) (×) 교사범의 교사가 정범이 죄를 범한 유일한 조건일 필요는 없으므로, 교사행위에 의하여 정범이 실행을 결의하게 된 이상 비록 정범에게 범죄의 습벽이 있어 그 습벽과 함께 교사행위가 원인이 되어 정범이 범죄를 실행한 경우에도 교사범의 성립에 영향이 없다(대법원 1991.5.14, 91도542).
(d) (○) 기회제공형 함정수사는 함정수사가 아니다. 대법원 2007. 5.31, 2007도1903 참조.
(e) (×) 판례는 공범종속성설을 취하고 있으나, 이는 범죄 성립의 종속성이지 처벌의 종속을 의미하는 것은 아니다. 또한 통설이 따르는 제한적 종속형식에 의할 때 책임개별화원칙에 의해, 가령 정범이 책임 단계에서 감면사유가 있을 경우 형이 필요적·임의적으로 감면될 수 있기 때문에 교사범이 책임감면사유가 없는 경우 교사범의 선고형이 정범의 선고형보다 더 무거울 수도 있다. 또한 예컨대 甲이 乙을 교사하여 甲의 父를 살해케 한 경우도 생각해보길 바란다.

정답 ②

교사범에 대한 설명으로 옳은 것(○)과 옳지 않은 것(×)을 순서대로 바르게 나열한 것은? (다툼이 있는 경우 판례에 의함)

> ㄱ. 미수의 교사는 기수의 고의가 없으므로 교사자의 가벌성은 부인된다.
> ㄴ. 교사자가 중상해를 교사하였는데 피교사자가 살인을 실행한 경우 교사자에게 사망의 예견가능성이 있었다면 살인죄의 교사범이 성립한다.
> ㄷ. 교사자가 강도를 교사하였는데 피교사자가 강간을 실행한 경우 교사자는 불가벌이 된다.
> ㄹ. 교사자가 강간을 교사하였는데 피교사자가 강도를 실행한 경우 교사자는 강간예비죄가 된다.

	ㄱ	ㄴ	ㄷ	ㄹ
①	○	○	○	×
②	×	○	○	○
③	○	×	×	○
④	○	×	○	×

해설 | 출제영역 | 교사범의 성립요건
ㄱ. (○) 기수의 고의가 없어 불가벌이다.
ㄴ. (×) 교사자가 피교사자에 대하여 상해 또는 중상해를 교사하였는데 피교사자가 이를 넘어 살인을 실행한 경우 일반적으로 교사자는 상해죄 또는 중상해죄의 교사범이 되지만 이 경우 교사자에게 피해자의 사망이라는 결과에 대하여 과실 내지 예견가능성이 있는 때에는 상해치사죄의 교사범으로서의 죄책을 지울 수 있다(대법원 1993.10.8, 93도1873).
ㄷ. (×) 강도의 예비·음모로 처벌가능하다(제343조).
ㄹ. (○) 2020.5.19. 개정 제305조의3에 의하여 강간죄 등의 예비·음모 처벌규정이 신설되었다.

정답 ③

059 ✓ 이론 ◆◆◇   국가9급 2014

甲이 乙에게 A를 살해하라고 교사하자 乙은 이를 승낙했다. 이틀 후 乙은 마음이 바뀌어 甲이 예상한 바와 전혀 달리 A의 자동차만 야구방망이로 부수고 돌아왔다. 甲과 乙의 형사책임은?

① 甲 – 불가벌
　 乙 – 손괴죄
② 甲 – 살인죄의 예비·음모
　 乙 – 손괴죄
③ 甲 – 살인죄의 예비·음모
　 乙 – 살인죄의 예비·음모와 손괴죄의 실체적 경합
④ 甲 – 살인죄의 예비·음모와 손괴죄 교사범의 실체적 경합
　 乙 – 살인죄의 예비·음모와 손괴죄의 실체적 경합

해설 | 출제영역 | 교사범 – 교사의 미수

③ (○) 甲의 교사행위를 乙이 승낙하였지만, 甲이 교사한 살인행위를 하지 않은 것은 피교사자가 범죄의 실행을 승낙하였으나, 실행의 착수에 나아가지 않은 효과 없는 교사의 경우로, 형법 제31조 제2항에 의해 교사자와 피교사자를 둘 다 예비·음모에 준하여 처벌한다. 그렇기 때문에 甲과 乙 모두 살인죄에 대해 예비·음모의 죄책을 지게 된다, 乙이 실행한 자동차 손괴 부분은 甲이 교사한 살해와 질적으로 전혀 다른 범죄로, 교사의 착오에서 추상적 사실의 착오 중 질적 착오에 해당하게 된다. 때문에 甲은 乙의 손괴행위에 대한 예견가능성조차 없기 때문에 乙의 손괴행위는 책임을 지지 않고, 乙의 경우에는 손괴행위에 대한 고의·기수의 책임을 지는 것이고, 이는 살인예비·음모죄와 실체적 경합의 관계에 있게 된다.

정답 ③

060 ✓ 이론 ◆◆◇   경찰1차 2022

정범 및 공범에 관한 설명으로 가장 적절하지 않은 것은?(다툼이 있는 경우 판례에 의함)

① 공모공동정범에 있어서 공모자가 공모에 주도적으로 참여하여 다른 공모자의 실행에 영향을 미친 때에는 범행을 저지하기 위하여 적극적으로 노력하는 등 실행에 미친 영향력을 제거하지 아니하는 한 공모관계에서 이탈하였다고 할 수 없다.
② 피교사자가 교사자의 교사행위 당시에는 일응 범행을 승낙하지 아니한 것으로 보인다 하더라도 이후 그 교사행위에 의하여 범행을 결의한 것으로 인정되는 이상 교사범의 성립에는 영향이 없다.
③ 甲이 책임무능력자를 이용하여 범행한 사례에 있어서 공범의 종속 정도와 관련하여 제한종속형식설을 취하는 경우, 공범의 우위성에 따라 甲에게는 교사범이 성립하므로 간접정범이 성립할 여지가 없다.
④ 어느 행위로 인하여 과실범으로 처벌되는 자를 교사 또는 방조하여 범죄행위의 결과를 발생하게 한 자는 교사 또는 방조의 예에 의하여 처벌한다.

해설 | 출제영역 | 교사범의 성립요건

③ (×) 제한적 종속형식에 의하면 정범이 책임무능력자라도 교사범이 성립할 수 있는 것은 사실이다. 다만, 정범이 책임무능력자인 경우에는 어느 행위로 인하여 처벌되지 아니하는 자에 속하므로 간접정범의 성립도 가능하다. 이 경우에는 공범의 우위성이 아니라 '정범개념의 우위성'에 따라 의사지배가 인정되는 경우에는 간접정범이, 의사지배가 인정되지 않는 경우에는 교사범이 성립한다.

① (○) 공모공동정범에 있어서 공모자 중의 1인이 다른 공모자가 실행행위에 이르기 전에 그 공모관계에서 이탈한 때에는 그 이후의 다른 공모자의 행위에 관하여는 공동정범으로서의 책임은 지지 않는다 할 것이나, 공모관계에서의 이탈은 공모자가 공모에 의하여 담당한 기능적 행위지배를 해소하는 것이 필요하므로 공모자가 공모에 주도적으로 참여하여 다른 공모자의 실행에 영향을 미친 때에는 범행을 저지하기 위하여 적극적으로 노력하는 등 실행에 미친 영향력을 제거하지 아니하는 한 공모자가 구속되었다는 등의 사유만으로 공모관계에서 이탈하였다고 할 수 없다(대법원 2010.9.9, 2010도6924).

② (○) 피교사자가 교사자의 교사행위 당시에는 일응 범행을 승낙하지 아니한 것으로 보여진다 하더라도 이후 그 교사행위에 의하여 범행을 결의한 것으로 인정되는 이상 교사범의 성립에는 영향이 없다(대법원 2013.9.12, 2012도2744).

④ (○) 제34조 제1항

정답 ③

061 ✓유사 ◆◆◇ 　　　　변호사시험 2023

공범에 관한 설명 중 옳은 것은? (다툼이 있는 경우 판례에 의함)

① 공무원이 아닌 사람이 공무원과 공동가공의 의사와 이를 기초로 한 기능적 행위지배를 통하여 공무원의 직무에 관하여 뇌물을 수수하는 범죄를 실행하였다 하더라도 공무원이 아닌 사람은 뇌물수수죄의 공동정범이 될 수 없다.

② 모해의 목적을 가진 甲이 모해의 목적이 없는 乙에게 위증을 교사하여 乙이 위증죄를 범한 경우, 공범종속성에 따라 甲에게는 모해위증교사죄가 성립할 수 없다.

③ 공문서 작성권자의 직무를 보조하는 공무원이 그 직위를 이용하여 행사할 목적으로 허위내용의 공문서의 초안을 작성한 후 문서에 기재된 내용의 허위사실을 모르는 작성권자에게 제출하여 결재하도록 하는 방법으로 작성권자로 하여금 허위의 공문서를 작성하게 한 경우, 그 보조공무원에게는 허위공문서작성죄의 간접정범이 성립하지 않는다.

④ 비신분자가 업무상 타인의 사무를 처리하는 자의 배임행위를 교사한 경우, 그 비신분자는 타인의 사무처리자에 해당하지 않으므로 업무상배임죄의 교사범이 성립하지 않는다.

⑤ 벌금 이상의 형에 해당하는 죄를 범한 甲이 자신의 동거가족 乙에게 자신을 도피시켜 달라고 교사한 경우, 乙이 甲과의 신분관계로 인해 범인도피죄로 처벌될 수 없다 하더라도 甲에게는 범인도피죄의 교사범이 성립한다.

해설 출제영역 | 공범론 종합

⑤ (○) 범인이 자신을 위하여 타인으로 하여금 허위의 자백을 하게 하여 범인도피죄를 범하게 하는 행위는 방어권의 남용으로 <u>범인도피교사죄에 해당하는바, 이 경우 그 타인이 형법 제151조 제2항에 의하여 처벌을 받지 아니하는 친족 또는 동거 가족에 해당한다 하여 달리 볼 것은 아니다</u>(대법원 2006.12.7, 2005도3707).

① (×) <u>공무원이 아닌 사람이</u> 공무원과 공동가공의 의사와 이를 기초로 한 기능적 행위지배를 통하여 공무원의 직무에 관하여 뇌물을 수수하는 범죄를 실행하였다면 공무원이 직접 뇌물을 받은 것과 동일하게 평가할 수 있으므로 공무원과 비공무원에게 형법 제129조 제1항에서 정한 <u>뇌물수수죄의 공동정범이 성립한다</u>(대법원 2019.8.29, 2018도13792 전원합의체).

② (×) 甲에게는 형법 제33조 단서가 적용되어 <u>모해위증교사죄가 성립한다</u>는 것이 판례의 입장이다. "피고인이 甲을 모해할 목적으로 乙에게 위증을 교사한 이상, 가사 정범인 乙에게 모해의 목적이 없었다고 하더라도, <u>형법 제33조 단서의 규정에 의하여 피고인을 모해위증교사죄로 처단할 수 있다</u>(대법원 1994.12.23, 93도1002)."

③ (×) 공문서의 작성권한이 있는 공무원의 직무를 보조하는 자가 그 직위를 이용하여 행사할 목적으로 허위의 내용이 기재된 문서 초안을 그 정을 모르는 상사에게 제출하여 결재하도록 하는 등의 방법으로 작성권한이 있는 공무원으로 하여금 허위의 공문서를

작성하게 한 경우에는 <u>간접정범이 성립한다</u>(대법원 1992.1.17, 91도2837).

④ (×) 비신분자가 업무상 타인의 사무를 처리하는 자의 배임행위를 교사한 경우, 그 비신분자는 <u>업무상배임죄의 교사범이 성립하고 형법 제33조 단서에 의하여 단순배임죄에 정한 형으로 처단한다.</u>

> **[판례]** 업무상배임죄는 업무상 타인의 사무를 처리하는 지위에 있는 사람이 그 임무에 위배하는 행위로써 재산상의 이익을 취득하거나 제3자로 하여금 이를 취득하게 하여 본인에게 손해를 가한 때에 성립하는 것으로서, 이는 타인의 사무를 처리하는 지위라는 점에서 보면 신분관계로 인하여 성립될 범죄이고, 업무상 타인의 사무를 처리하는 지위라는 점에서 보면 단순배임죄에 대한 가중규정으로서 신분관계로 인하여 형의 경중이 있는 경우라고 할 것이므로, 그와 같은 신분관계가 없는 자가 그러한 신분관계가 있는 자와 공모하여 업무상배임죄를 저질렀다면 그러한 신분관계가 없는 자에 대하여는 형법 제33조 단서에 의하여 단순배임죄에 정한 형으로 처단하여야 할 것이다(대법원 1999.4.27, 99도883).

정답 ⑤

062 ✓유사 ◆◆◇ 　　　　경찰간부 2024

교사범과 종범에 관한 설명으로 옳지 않은 것은? (다툼이 있는 경우 판례에 의함)

① 교사자의 고의는 기수의 고의여야 하며, 피교사자의 행위가 미수에 그칠 것을 예견하고 교사한 경우에는 교사범이 성립하지 않는다.

② 피교사자에게 폭행을 교사하였는데 피해자가 그 폭행으로 인하여 사망한 경우에 교사자에게 사망이라는 결과에 대하여 과실 내지 예견가능성이 있다 하더라도 책임주의 원칙상 초과부분에 대해서는 책임을 지지 않는다.

③ 은행 지점장이 정범인 부하직원들의 배임행위를 인식하였으나 그대로 방치한 경우 부작위에 의한 방조가 성립할 수 있다.

④ 종범이 성립하기 위해서는 정범의 행위가 기수에 이르렀거나 적어도 처벌되는 미수단계에 이르러야 하며, 효과 없는 방조와 실패한 방조는 교사범의 경우와 달리 처벌 규정이 없어 불가벌이다.

해설 출제영역 | 교사범의 성립요건

① (○) 교사자가 피교사자의 행위가 미수에 그친다는 것을 인식하고 있는 경우를 <u>미수의 교사</u>라 하는데, 교사범이 성립하기 위해서는 교사범이 가지는 정범의 고의는 기수에 이를 것을 인식·인용하는 기수의 고의이어야 한다. 따라서 <u>미수의 교사는 교사범이 성립하지 않는다.</u>

② (×) 실행된 범죄가 교사된 범죄와 죄질을 같이하나 그 정도를 초과한 경우, 실행된 범죄의 초과부분에 대해서는 책임이 없고, 교사한 범죄의 교사범으로 처벌될 뿐이다. 다만, 교사자에게 무거운 결과에 대하여 과실(예견가능성)이 있는 경우에는 결과적

가중범의 교사범이 성립한다는 것이 판례이다.

> [판례] 교사자가 피교사자에 대하여 상해를 교사하였는데 피교사자가 이를 넘어 살인을 실행한 경우, 일반적으로 교사자는 상해죄에 대한 교사범이 되는 것이고, 다만 이 경우 교사자에게 피해자의 사망이라는 결과에 대하여 과실 내지 예견가능성이 있는 때에는 상해치사죄의 교사범으로서의 죄책을 질 수 있다(대법원 1997.6.24, 97도1075).

③ (○) 형법상 방조는 작위에 의하여 정범의 실행행위를 용이하게 하는 경우는 물론, 직무상의 의무가 있는 자가 정범의 범죄행위를 인식하면서도 그것을 방지하여야 할 제반조치를 취하지 아니하는 부작위로 인하여 정범의 실행행위를 용이하게 하는 경우에도 성립된다 할 것이므로 은행지점장이 정범인 부하직원들의 범행을 인식하면서도 그들의 은행에 대한 배임행위를 방치하였다면 배임죄의 방조범이 성립된다(대법원 1984.11.27, 84도1906).

④ (○) 형법은 효과 없는 교사(제31조 제2항)와 실패한 교사(제31조 제3항)와는 달리 효과 없는 방조와 실패한 방조에 대하여 처벌규정을 두고 있지 않다(기도된 방조는 불벌).

정답 ②

---

063 ✓이론 ◆◆◆ 변호사 2017

착오에 관한 설명 중 옳은 것은? (다툼이 있는 경우 판례에 의함)

① 아내 甲이 밤늦게 담을 넘어 오던 남편 A를 도둑으로 착각하고 상해를 가한 경우, 엄격책임설은 「형법」 제16조를 적용하여 착오에 과실이 있으면(즉, 정당한 이유가 없으면) 甲에게 과실치상죄의 성립을 인정한다.

② 소매치기 甲녀가 도주 중 행인 乙에게 강간범이 쫓아온다고 거짓말하여 이를 믿은 乙로 하여금 甲 자신을 추격해오던 피해자에게 상해를 가하게 한 경우, 소극적구성요건표지이론 및 구성요건착오유추적용설에 따르면 甲에게 상해죄의 교사범이 성립한다(단, 乙에 대한 甲의 우월적 의사지배는 부정되고, 제한종속형식에 따름).

③ 甲은 乙에게 A를 살해하라고 교사하였으나 乙이 B를 A로 착각하여 B를 살해한 경우, 甲에게 객체의 착오를 인정하는 견해에 따르면 甲에게는 B에 대한 살인죄의 교사범이 성립한다.

④ 甲은 살해의 고의로 A의 머리를 둔기로 가격한 후 A가 실신하자 죽었다고 생각하고 죄적인멸을 위해 A를 매장했으나 A는 매장으로 질식사한 경우, 甲에게 살인미수죄와 과실치사죄의 상상적 경합이 인정된다.

⑤ 甲은 乙에게 A에 대한 강도를 교사하였으나 乙이 강간을 한 경우, 甲에게는 강간죄의 교사범이 아니라 강도죄의 교사범이 성립한다.

해설 출제영역 │ 착오론 - 교사의 착오

③ (○) 피교사자의 객체의 착오를 교사자의 객체의 착오로 인정하는 견해에 의하면, 구체적 사실에 대한 객체의 착오가 되므로 B에 대한 살인죄의 교사범을 인정할 수 있다.

[참고] 다수설은 피교사자의 객체의 착오는 교사자에게는 방법의 착오가 된다고 본다. 이때 구체적 부합설과 법정적 부합설의 대립이 있게 된다.

① (×) 위법성조각사유의 전제사실의 착오에 대해 엄격책임설은 이를 금지착오로 보고, 착오에 정당한 이유가 없으면 고의범의 성립을 인정하고, 정당한 이유가 있으면 책임이 조각된다. 따라서 과실범은 성립할 수 없다.

② (×) 위법성조각사유의 전제사실의 착오에 대해 소극적 구성요건 표지이론은 구성요건적 착오로 보아 불법고의가 조각되고, 구성요건착오유추적용설도 구성요건적 착오에 관한 규정을 유추적용하여 구성요건적 고의가 조각된다. 제한적 종속형식에 의하면 정범이 위법성까지는 인정되어야 공범이 성립하므로, 두 학설 모두 교사범이 성립할 수 없게 된다.

④ (×) 개괄적 고의에 대한 사례로, 판례는 살인죄의 기수를 인정한다. 피고인이 자신의 부인을 희롱하는 피해자에 대한 분노가 폭발하여 살해하기로 마음먹고 돌로 수차례 내리쳐 피해자가 뇌진탕으로 실신하자 죽은 것으로 오인하고 시체를 몰래 파묻어 증거를 없애기 위해 150m 정도 떨어진 개울가로 끌고 가 모래웅덩이에 묻었다면 피해자가 피고인의 구타행위로 인해 직접 사망한 것이 아니라 죄적을 인멸할 목적으로 행한 매장행위에 의해 사망하게 되었더라도 전과정을 개괄적으로 보면 피해자의 살해라는 애초의 예견사실이 결국 실현된 것이기 때문에 살인죄의 죄책을 면할 수 없다(대법원 1988.6.28, 88도650).

⑤ (×) 교사의 착오가 질적으로 초과한 경우로, 교사범은 성립하지 않고, 교사한 범죄의 예비·음모 처벌규정이 있는 경우 교사한 범죄의 예비·음모로 처벌되므로(제31조 제2항·제3항), 강도죄의 예비·음모로 처벌된다.

정답 ③

---

5 종범

064 ✓대표 ◆◇◇ 국가9급/총론 2021

방조범에 대한 설명으로 옳지 않은 것은? (다툼이 있는 경우 판례에 의함)

① 甲이 사기 범행에 이용되리라는 사정을 알고서도 A에게 자신의 명의로 된 은행 예금계좌의 접근매체를 양도함으로써 A가 B를 속여 B로 하여금 현금을 위 계좌로 송금하게 한 경우, 甲은 사기죄의 방조범이 된다.

② 은행지점장 甲이 정범인 부하직원들의 은행에 대한 배임행위를 인식하면서도 이를 방치한 경우 업무상 배임죄의 방조범이 성립한다.

③ 방조죄는 정범의 범죄에 종속하여 성립하는 것으로서, 방조의 대상이 되는 정범의 실행행위의 착수가 없으면 방조죄만 독립하여 성립할 수 없다.

④ 정범의 실행행위 전이나 실행행위 중에 정범을 방조하여 그 실행행위를 용이하게 하는 것뿐만 아니라 정범의 범죄종료 후의 이른바 사후방조도 방조범으로 볼 수 있다.

해설 출제영역 │ 공범론, 필요적 공범

④ (×) 종범은 정범의 실행행위 전이나 실행행위 중에 정범을 방조하여 그 실행행위를 용이하게 하는 것을 말하므로 정범의 범죄종료

후의 이른바 사후방조를 종범이라고 볼 수 없다(대법원 1982.4.27, 82도122).
① (○) 대법원 2017.5.31, 2017도3045
② (○) 대법원 1984.11.27, 84도1906
③ (○) 대법원 1979.2.27, 78도3113

정답 ④

065 ✓ 대표 ◆◆◇　　　국가9급/총론 2020·2022

종범에 대한 설명으로 옳지 않은 것은? (다툼이 있는 경우 판례에 의함)

① 작위는 물론이고 부작위에 의한 종범도 성립할 수 있지만, 정범이 작위범인 경우에는 부작위에 의한 방조자에게 보증인적 지위가 인정되지 않으면 부작위에 의한 종범이 성립하지 않는다.
② 종범이 성립하기 위해서는 방조자에게 자신이 피방조자의 범죄실행을 방조한다는 점에 대한 고의와 피방조자의 행위가 구성요건적 결과를 실현한다는 점에 대한 고의가 둘 다 있어야 한다.
③ 정범이 강도의 예비행위를 할 때 방조행위가 행해졌고 그 후에 정범이 강도의 실행에 착수하지 못했다면 방조자는 강도예비죄의 종범으로 처벌된다.
④ 간호보조원의 무면허 진료행위 후에 이를 의사가 진료부에 기재하는 행위는 무면허 의료행위의 방조에 해당한다.

해설 출제영역 | 종범의 성립요건, 예비죄의 종범
③ (×) 형법 제32조 제1항의 타인의 범죄를 방조한 자는 종범으로 처벌한다는 규정의 타인의 범죄란 정범이 범죄를 실현하기 위하여 착수한 경우를 말하는 것이라고 할 것이므로 종범이 처벌되기 위하여는 정범의 실행의 착수가 있는 경우에만 가능하고 정범이 실행의 착수에 이르지 아니한 예비의 단계에 그친 경우에는 이에 가공하는 행위가 예비의 공동정범이 되는 경우를 제외하고는 이를 종범으로 처벌할 수 없다(대법원 1976.5.25, 75도1549).
① (○) 형법상 방조행위는 정범의 실행을 용이하게 하는 직접, 간접의 모든 행위를 가리키는 것으로서 작위에 의한 경우뿐만 아니라 부작위에 의하여도 성립되는 것이다(대법원 2006.4.28, 2003도4128). 즉, 부작위에 의한 방조도 가능하나, 다만 방조자에게 보증인적 지위가 있어야 한다.
② (○) 형법상 방조행위는 정범이 범행을 한다는 정을 알면서 그 실행행위를 용이하게 하는 직접·간접의 행위를 말하므로, 방조범은 정범의 실행을 방조한다는 이른바 방조의 고의와 정범의 행위가 구성요건에 해당하는 행위인 점에 대한 정범의 고의가 있어야 한다(대법원 2018.9.13, 2018도7658).
④ (○) 대법원 1982.4.27, 82도122

정답 ③

066 ✓ 유사 ◆◇◇　　　국가9급총론 2017

방조범에 대한 설명으로 옳지 않은 것은? (다툼이 있으면 판례에 의함)

① 정범이 누구인지에 대하여 확정적으로 인식하지 않은 경우에도 방조범이 성립할 수 있다.
② 정범의 행위에 대한 방조범의 고의는 정범에 의하여 실현되는 범죄의 구체적 내용을 인식할 것을 요하며 미필적 인식으로는 부족하다.
③ 부작위에 의하여도 형법상 방조행위가 성립될 수 있다.
④ 형법상 방조행위는 정범의 실행행위 착수 전에 장래의 실행행위를 예상하고 이를 용이하게 하는 행위를 한 경우에도 성립할 수 있다.

해설 출제영역 | 종범 – 종범의 성립요건
② (×) 방조범에 있어서 정범의 고의는 정범에 의하여 실현되는 범죄의 구체적 내용을 인식할 것을 요하는 것은 아니고 미필적 인식 또는 예견으로 충분하다(대법원 2011.12.8, 2010도9500).
① (○) 대법원 1977.9.28, 76도4133
③ (○) 대법원 2006.4.28, 2003도4128
④ (○) 대법원 2013.11.14, 2013도7494

정답 ②

067 ✓ 유사 ◆◆◇　　　국가7급 2022

교사범과 종범에 대한 설명으로 옳지 않은 것은? (다툼이 있는 경우 판례에 의함)

① 교사자의 교사행위는 정범의 범죄를 결의하게 할 수 있는 것이면 그 수단에는 제한이 없으며, 명시적이고 직접적인 방법에 의할 것을 필요로 하지 않는다.
② 교사범이 성립함에는 정범의 범죄행위가 인정되는 것이 그 전제요건이 되는데, 이는 공범의 종속성에 연유하는 것은 아니다.
③ 방조행위가 정범의 실행에 대하여 간접적인 경우에도 그 실행행위를 용이하게 하였다면 종범이 될 수 있고, 간접적으로 정범을 방조하는 경우 방조자는 정범이 범행한다는 점을 알고 있어야 하지만 정범이 누구인지를 확실히 알 필요는 없다.
④ 종범에 대한 선고형이 정범보다 가볍지 않다고 하더라도 그것만으로는 위법이라고 할 수 없다.

해설 출제영역 | 공범론 종합
① (○) 대법원 2000.2.25, 99도1252
② (×) 정범의 성립은 교사범, 방조범의 구성요건의 일부를 형성하고 교사범, 방조범이 성립함에는 먼저 정범의 범죄행위가 인정되는 것이 그 전제요건이 되는 것은 공범의 종속성에 연유하는 당연한 귀결이다(대법원 1981.11.24, 81도2422).
③ (○) 대법원 1977.9.28, 76도4133
④ (○) 형법 제32조 제2항은 "종범의 형은 정범의 형보다 감경한

다."라고 규정하고 있다. 여기서 감경한다는 것은 법정형을 정범보다 감경한다는 것이지 선고형을 감경한다는 것이 아니므로, 종범에 대한 선고형이 정범보다 가볍지 않다 하더라도 위법이라 할 수 없다(대법원 2015.8.27. 2015도8408).

정답 ②

---

068 ✓ 유사 ◆◆◇ 국가7급 2018

수인이 범행에 가담한 형태에 대한 설명으로 옳은 것은?
(다툼이 있는 경우 판례에 의함)

① 甲이 乙과 공동으로 A의 권리행사를 방해한 혐의로 기소되었으나 물건의 소유자인 乙에게 고의가 없는 등으로 범죄가 성립하지 않는 경우라도, 甲에게는 권리행사방해죄의 공동정범이 성립될 수 있다.

② 乙이 위조된 부동산임대차계약서를 담보로 제공하고 A로부터 돈을 빌려 편취할 것을 계획하면서 甲에게 미리 전화를 하여 임대인 행세를 하여달라고 부탁하였고, 甲은 그 사정을 잘 알면서도 임대인인 것처럼 행세하여 전세금액 등을 확인한 경우 甲에게 위조사문서행사죄의 방조범이 성립한다.

③ 乙의 포괄일죄의 범행 도중에 공동정범으로 범행에 가담한 甲이 그 범행에 가담할 때에 이미 이루어진 종전의 범행을 알았던 경우 甲은 가담 이전의 범행에 대하여도 공동정범으로 책임을 진다.

④ 피해자 A가 승용차를 구입하고 다만 장애인에 대한 면세 혜택 등의 적용을 받기 위해 甲의 어머니인 乙의 명의를 빌려 등록하였는데, 甲이 乙로부터 승용차를 가져가 매도할 것을 허락받고 乙의 인감증명 등을 교부받은 뒤 甲이 승용차를 피해자 A 몰래 가져간 경우 甲과 乙에게는 절도죄의 공모공동정범이 성립한다.

해설 | 출제영역 | 공동정범과 방조범
④ (○) 자동차 명의신탁관계에서 제3자가 명의수탁자로부터 승용차를 가져가 매도할 것을 허락받고 인감증명 등을 교부받아 위 승용차를 명의신탁자 몰래 가져간 경우, 위 제3자와 명의수탁자의 공모·가공에 의한 절도죄의 공모공동정범이 성립한다(대법원 2007.1.11. 2006도4498).
① (×) 자기의 물건이 아니라면 권리행사방해죄(형법 제323조)가 성립할 수 없다. 물건의 소유자가 아닌 사람은 형법 제33조 본문에 따라 소유자의 권리행사방해 범행에 가담한 경우에 한하여 그의 공범이 될 수 있을 뿐이다. 그러나 권리행사방해죄의 공범으로 기소된 물건의 소유자에게 고의가 없는 등으로 범죄가 성립하지 않는다면 공동정범이 성립할 여지가 없다(대법원 2017.5.30. 2017도4578).
② (×) 피고인의 위와 같은 행위는 위조사문서행사에 있어서 기능적 행위지배의 공동정범요건을 갖추었다고 할 것이다(대법원 2010.1.28. 2009도10139).
③ (×) 대법원 1997.6.27. 97도163 등

정답 ④

---

069 ✓ 유사 ◆◆◇ 법원9급 2020

다음 설명 중 가장 옳지 않은 것은? (다툼이 있는 경우 판례에 의하고, 전원합의체 판결의 경우 다수의견에 의함)

① 간호보조원의 무면허 진료행위가 있은 후 의사가 진료부에다가 위 진료행위에 대해 기재하는 행위는 정범의 실행행위종료 후의 단순한 사후행위에 불과한 것으로 볼 수 있으므로, 의사에 대해서는 무면허 의료행위의 방조죄가 성립하지 않는다.

② 변호사가 아닌 자에게 고용되어 법률사무소의 개설·운영에 관여한 변호사의 행위는 일반적인 형법 총칙상의 공모, 교사 또는 방조에 해당된다 하더라도 그 변호사를 변호사 아닌 자의 공범으로는 처벌할 수 없다.

③ 의료인이 의료인의 자격이 없는 일반인의 의료기관 개설행위에 공모하여 가공하면 구 의료법 제87조 제1항 제2호, 제33조 제2항 위반죄의 공동정범에 해당한다.

④ 형법 제31조 제1항은 협의의 공범의 일종인 교사범이 그 성립과 처벌에 있어서 정범에 종속한다는 일반적인 원칙을 선언한 것에 불과하다. 신분관계로 인하여 형의 경중이 있는 경우에 신분이 있는 자가 신분이 없는 자를 교사하여 죄를 범하게 한 때에는 형법 제33조 단서가 형법 제31조 제1항에 우선하여 적용됨으로써 신분이 있는 교사범이 신분이 없는 정범보다 중하게 처벌된다.

해설 | 출제영역 | 정범과 공범의 일반이론, 공동정범
① (×) 진료부는 환자의 계속적인 진료에 참고로 공하여지는 진료상황부이므로 간호보조원의 무면허 진료행위가 있은 후에 이를 의사가 진료부에다 기재하는 행위는 전범의 실행행위 종료 후의 단순한 사후행위에 불과하다고 볼 수 없고 무면허 의료행위의 방조에 해당한다(대법원 1982.4.27. 82도122).
② (○) 변호사가 변호사 아닌 자에게 고용되어 법률사무소의 개설·운영에 관여하는 행위는 위 범죄가 성립하는 데 당연히 예상될 뿐만 아니라 범죄의 성립에 없어서는 아니 되는 것인데도 이를 처벌하는 규정이 없는 이상, 그 입법 취지에 비추어 볼 때 변호사 아닌 자에게 고용되어 법률사무소의 개설·운영에 관여한 변호사의 행위가 일반적인 형법 총칙상의 공모, 교사 또는 방조에 해당된다고 하더라도 변호사를 변호사 아닌 자의 공범으로서 처벌할 수는 없다(대법원 2004.10.28. 2004도3994).
③ (○) 의료인이 의료인의 자격이 없는 일반인의 의료기관 개설행위에 공모하여 가공하면 구 의료법(2011.4.7. 법률 제10565호로 개정되기 전의 것) 제87조 제1항 제2호, 제33조 제2항 위반죄의 공동정범에 해당한다(대법원 2017.4.7. 2017도378).
④ (○) 대법원 1994.12.23. 93도1002

정답 ①

070 ✓ 유사 ◆◆◆　　　　　　　

대법원 판례가 인정하고 있지 않는 것만을 모두 고르면?

> ㄱ. 예비죄의 중지범
> ㄴ. 진정결과적가중범의 공동정범
> ㄷ. 부작위범 사이의 공동정범
> ㄹ. 사후방조로서의 종범
> ㅁ. 편면적 종범
> ㅂ. 예비죄의 공동정범

① ㄱ, ㄹ
② ㄱ, ㄴ, ㅂ
③ ㄱ, ㄹ, ㅂ
④ ㄴ, ㄷ, ㅁ

해설 | **출제영역** | 정범과 공범론-종합

① ㄱ, ㄹ

ㄱ. [인정 ×] 중지범은 범죄의 실행에 착수한 후 자의로 그 행위를 중지한 때를 말하는 것이고 실행의 착수가 있기 전인 예비음모의 행위를 처벌하는 경우에 있어서 중지범의 관념은 이를 인정할 수 없다(대법원 1999.4.9, 99도424). 즉, 대법원 판례는 예비죄의 중지범을 인정하지 않는다.

ㄴ. [인정 ○] 결과적 가중범의 공동정범은 기본행위를 공동으로 할 의사가 있으면 성립하고, 결과를 공동으로 할 의사는 필요 없으며, 그 결과의 발생을 예견할 수 있으면 족한 것이다(대법원 2005.5.26, 2005도945).

ㄷ. [인정 ○] 부작위범 사이의 공동정범은 다수의 부작위범에게 공통된 의무가 부여되어 있고 그 의무를 공통으로 이행할 수 있을 때에만 성립한다(대법원 2008.3.27, 2008도89). 즉, 대법원 판례는 부작위범 사이의 공동정범을 인정한다.

ㄹ. [인정 ×] 종범은 정범의 실행행위 전이나 실행행위 중에 정범을 방조하여 그 실행행위를 용이하게 하는 것을 말하므로 정범의 범죄종료 후의 이른바 사후방조를 종범이라고 볼 수 없다(대법원 1982.4.27, 82도122). 즉, 대법원 판례는 사후방조로서의 종범을 인정하지 않는다.

ㅁ. [인정 ○] 피방조자가 방조행위의 존재를 모르는 편면적 종범은 성립할 수 있다.
　[보충] 다만 이 경우에도 정범의 범죄행위 없이 방조범만이 성립될 수 없다(대법원 1974.5.28, 74도509).

ㅂ. [인정 ○] 형법 제32조 제1항 소정 타인의 범죄란 정범이 범죄의 실현에 착수한 경우를 말하는 것이므로 종범이 처벌되기 위하여는 정범의 실행의 착수가 있는 경우에만 가능하고 형법 전체의 정신에 비추어 정범이 실행의 착수에 이르지 아니한 예비의 단계에 그친 경우에는 이에 가공하는 행위가 예비의 공동정범이 되는 경우를 제외하고는 종범의 성립을 부정하고 있다고 보는 것이 타당하다(대법원 1976.5.25, 75도1549).

정답 ①

---

071 ✓ 유사 ◆◆◇　　　　　　　

다음 설명 중 옳지 않은 것만을 모두 고른 것은? (다툼이 있는 경우 판례에 의함)

> ㄱ. 甲이 7세, 3세 남짓 된 어린 자식들에게 함께 죽자고 권유하여 물속에 따라 들어오게 하여 결국 익사하게 한 경우 甲에게는 위계에 의한 살인죄가 성립한다.
> ㄴ. 변호사 사무실 직원 甲이 법원공무원에게 부탁하여 수사 중인 사건의 체포영장 발부자 명단을 누설 받은 경우 甲에게는 공무상비밀누설교사죄가 성립한다.
> ㄷ. 방조범은 정범의 실행을 방조한다는 이른바 방조의 고의와 정범의 행위가 구성요건에 해당하는 행위인 점에 대한 정범의 고의가 있어야 한다.
> ㄹ. 상호 의사의 연락 하에 상해하여 사망의 결과가 발생하였는데 누구의 행위에 의한 것인지가 불분명한 경우 독립행위의 경합 문제가 발생한다.

① ㄱ, ㄷ
② ㄴ, ㄹ
③ ㄱ, ㄴ, ㄷ
④ ㄱ, ㄴ, ㄹ

해설 | **출제영역** | 필요적 공범, 동시범, 방조범의 성립요건

ㄱ. (×) 피고인이 7세, 3세 남짓된 어린 자식들에 대하여 함께 죽자고 권유하여 물속에 따라 들어오게 하여 결국 익사하게 하였다면 비록 피해자들을 물속에 직접 밀어서 빠뜨리지는 않았다고 하더라도 자살의 의미를 이해할 능력이 없고 피고인의 말이라면 무엇이나 복종하는 어린 자식들을 권유하여 익사하게 한 이상 살인죄의 범의는 있었음이 분명하다(대법원 1987.1.20, 86도2395).

ㄴ. (×) 피고인 乙이 직무상 비밀을 누설한 행위와 피고인 甲이 이를 누설 받은 행위는 대향범 관계에 있다고 할 것인데, 형법 제127조는 공무원 또는 공무원이었던 자가 법령에 의한 직무상 비밀을 누설하는 행위만을 처벌하고 있을 뿐 직무상 비밀을 누설받은 상대방을 처벌하는 규정이 없는 점에 비추어, 직무상 비밀을 누설 받은 자에 대하여는 공범에 관한 형법총칙규정이 적용될 수 없다. 따라서 피고인 甲의 행위는 공무상비밀누설교사죄에 해당하지 않는다(대법원 2009.6.23, 2009도544).

ㄷ. (○) 방조범은 정범의 실행을 방조한다는 이른바 방조의 고의와 정범의 행위가 구성요건에 해당하는 행위인 점에 대한 정범의 고의가 있어야 하며, 또한 방조범에 있어서 정범의 고의는 정범에 의하여 실현되는 범죄의 구체적 내용을 인식할 것을 요하는 것은 아니고 미필적 인식 또는 예견으로 족하다(대법원 2005.4.29, 2003도6056).

ㄹ. (×) 독립행위의 경합은 의사연락이 없는 행위를 전제로 하므로 공동가공의 의사가 있었다면 동시범의 문제는 발생할 여지가 없다.

정답 ④

072 ✓이론대표 ◆◆◇   국가9급/총론 2018·2022

다음 중 판례가 긍정하는 것만을 모두 고른 것은?

> ㄱ. 편면적 방조에 있어서 공범종속성
> ㄴ. 예비단계에 있어서 방조범 성립
> ㄷ. 합동절도의 공동정범 성립
> ㄹ. 허위공문서작성죄의 간접정범 성립
> ㅁ. 강간치상죄의 동시범특례규정 적용

① ㄱ, ㄷ, ㄹ   ② ㄱ, ㄷ, ㅁ
③ ㄴ, ㄷ, ㄹ   ④ ㄴ, ㄹ, ㅁ

해설 | 출제영역 | 공범론 종합

ㄱ. (○) 편면적 종범에서도 정범의 범죄행위 없이 방조범만이 성립될 수 없다(대법원 1974.5.28, 74도509).

ㄴ. (×) 형법 제32조 제1항 소정 타인의 범죄란 정범이 범죄의 실현에 착수한 경우를 말하는 것이므로 종범이 처벌되기 위하여는 정범의 실행의 착수가 있는 경우에만 가능하고 형법 전체의 정신에 비추어 정범이 실행의 착수에 이르지 아니한 예비의 단계에 그친 경우에는 이에 가공하는 행위가 예비의 공동정범이 되는 경우를 제외하고는 종범의 성립을 부정하고 있다고 보는 것이 타당하다(대법원 1976.5.25, 75도1549).

ㄷ. (○) 3인 이상의 범인이 합동절도의 범행을 공모한 후 적어도 2인 이상의 범인이 범행 현장에서 시간적, 장소적으로 협동관계를 이루어 절도의 실행행위를 분담하여 절도 범행을 한 경우에, 그 공모에는 참여하였으나 현장에서 절도의 실행행위를 직접 분담하지 아니한 다른 범인에 대하여도 그가 현장에서 절도 범행을 실행한 위 2인 이상의 범인의 행위를 자기 의사의 수단으로 하여 합동절도의 범행을 하였다고 평가할 수 있는 정범성의 표지를 갖추고 있는 한 공동정범의 일반 이론에 비추어 그 다른 범인에 대하여 합동절도의 공동정범으로 인정할 수 있다(대법원 2011.5.13, 2011도2021).

ㄹ. (○) 공무원이 아닌 자가 공무원과 공모하여 허위공문서작성죄를 범한 때에는 공무원이 아닌 자도 형법 제33조, 제30조에 의하여 허위공문서작성죄의 공동정범이 된다(대법원 2006.5.11, 2006도1663). 또한 공문서의 작성권한이 있는 공무원의 직무를 보좌하는 자가 그 직위를 이용하여 행사할 목적으로 허위의 내용이 기입된 문서초안을 그 정을 모르는 상사에게 제출하여 결재하도록 함으로써 허위공문서를 작성케 하는 경우에는 허위공문서작성죄의 간접정범이 성립되고 이와 공모한 자 역시 위 죄책(간접정범의 공범)을 면할 수 없다(대법원 1977.12.13, 74도1900; 1986.8.19, 85도2728)

ㅁ. (×) 형법 제263조의 동시범은 상해와 폭행죄에 관한 특별규정으로서 동 규정은 그 보호법익을 달리하는 강간치상죄에는 적용할 수 없다(대법원 1984.4.24, 84도372).

정답 ①

073 ✓이론 ◆◆◆   경찰1차 2021

정범과 공범에 대한 아래 ㉠부터 ㉤까지의 설명 중 옳고 그름의 표시(O, X)가 모두 바르게 된 것은? (다툼이 있는 경우 판례에 의함)

> ㉠ 제한적 종속형식의 입장을 취하게 되면, 정범의 책임이 조각되는 경우 공범이 성립할 수 없다는 결론에 이른다.
> ㉡ 교사자가 피교사자에 대하여 상해 또는 중상해를 교사하였는데 피교사자가 이를 넘어 살인을 한 경우, 교사자에게 피해자의 사망이라는 결과에 대하여 고의가 없더라도 살인죄의 교사범이 된다.
> ㉢ 공범관계에 있어 공모는 공범자 상호 간에 직접 또는 간접으로 범죄의 공동실행에 관한 암묵적인 의사의 연락이 있으면 족하고, 비록 전체의 모의과정이 없었다고 하더라도 수인 사이에 의사의 연락이 있으면 공동정범이 성립될 수 있다.
> ㉣ 실행의 착수 전에 장래의 실행행위를 예상하고 이를 용이하게 하는 행위를 하여 방조한 경우, 정범이 그 실행행위에 나아갔다면 종범이 성립할 수 있다.
> ㉤ 목적범에 있어서 목적 없는 고의 있는 도구를 이용한 경우, 피이용자에 대한 의사지배가 인정되지 않으므로 간접정범이 성립할 수 없다.

① ㉠(○) ㉡(×) ㉢(×) ㉣(×) ㉤(×)
② ㉠(×) ㉡(○) ㉢(○) ㉣(○) ㉤(×)
③ ㉠(×) ㉡(×) ㉢(○) ㉣(○) ㉤(×)
④ ㉠(×) ㉡(×) ㉢(○) ㉣(○) ㉤(○)

해설 | 출제영역 | 공범론 종합

㉠ (×) 제한적 종속형식의 입장에 따르면 정범의 행위가 구성요건에 해당하고, 위법성이 조각되지 않으면 공범이 성립할 수 있다. 즉, 정범의 책임이 조각되더라도 공범이 성립할 수 있다.

㉡ (×) 살인죄에 대한 교사의 고의와 정범의 고의가 존재하지 않는 이상 살인죄의 교사범이 될 수 없다.
[보충] 원래 이는 상해치사죄의 교사범에 관한 판례이다. "교사자가 피교사자에 대하여 상해 또는 중상해를 교사하였는데 피교사자가 이를 넘어 살인을 실행한 경우 일반적으로 교사자는 상해죄 또는 중상해죄의 교사범이 되지만 이 경우 교사자에게 피해자의 사망이라는 결과에 대하여 과실 내지 예견가능성이 있는 때에는 상해치사죄의 교사범으로서의 죄책을 지울 수 있다(대법원 1993.10.8, 93도1873)."

㉢ (○) 대법원 1993.7.13, 92도2832

㉣ (○) 대법원 2013.11.14, 2013도7494

㉤ (×) 목적범에 있어서 목적 없는 고의 있는 도구를 이용한 경우 당해 목적범의 간접정범이 성립할 수 있다는 것이 다수설·판례이다.

정답 ③

방조범에 대한 설명으로 옳지 않은 것은? (다툼이 있는 경우 판례에 의함)

① 간호조무사의 무면허 진료행위가 있은 후에 이를 의사가 진료부에 기재한 행위는 무면허 의료행위의 방조에 해당한다.

② 자신들이 개설한 인터넷 사이트를 통해 회원들로 하여금 음란한 동영상을 게시하도록 하고 다른 회원들로 하여금 이를 다운받을 수 있도록 하는 방법으로 정보통신망을 통한 음란한 영상의 배포·전시를 방조한 행위가 단일하고 계속된 범의 아래 일정기간 계속하여 이루어졌고 피해법익도 동일한 경우, 방조행위는 포괄일죄의 관계에 있다.

③ 방조행위와 정범의 실행행위 사이에 인과관계가 필요하지 않다는 견해에 따르면, 공범종속성설에 따라 기도된 방조의 가벌성을 인정하기 때문에 방조범의 처벌범위가 부당하게 확대된다는 비판이 있다.

④ 방조행위와 정범의 실행행위 사이에 인과관계가 필요하다는 견해는 공범의 처벌근거가 타인의 불법을 야기·촉진시키는 데 있으므로 방조행위가 피방조자의 실행에 아무런 영향을 끼치지 못한 경우에는 처벌근거가 상실된다는 점을 논거로 한다.

[해설] 출제영역 | 종범 – 종범의 성립요건

③ (×) 기도된 방조의 가벌성을 인정하는 것은 공범종속성설에 따른 것이 아니라 그와 배치되는 것이다. 실제로 인과관계가 필요하다는 견해로부터 공범의 종속성과 배치된다는 비판을 받는다.

① (○) 진료부는 환자의 계속적인 진료에 참고로 공하여지는 진료상황부이므로 간호보조원의 무면허 진료행위가 있은 후에 이를 의사가 진료부에다 기재하는 행위는 정범의 실행행위종료 후의 단순한 사후행위에 불과하다고 볼 수 없고 무면허 의료행위의 방조에 해당한다(대법원 1982.4.27, 82도122).

② (○) 피고인들이, 자신들이 개설한 인터넷 사이트를 통해 회원들로 하여금 음란한 동영상을 게시하도록 하고, 다른 회원들로 하여금 이를 다운받을 수 있도록 하는 방법으로 정보통신망을 통한 음란한 영상의 배포, 전시를 방조한 행위가 단일하고 계속된 범의 아래 일정기간 계속하여 이루어졌고 피해법익도 동일한 경우, 포괄일죄의 관계에 있다(대법원 2010.11.25, 2010도1588).

④ (○) 인과관계가 필요하다는 견해는 적어도 방조행위가 범죄실행의 방법이나 수단에 영향을 미쳤을 것을 요한다고 한다. 공범의 처벌근거가 타인의 불법을 야기·촉진시키는 데 있기 때문이며, 따라서 방조행위가 피방조자의 실행에 아무런 영향을 끼치지 못한 경우에는 처벌근거가 상실된다고 본다.

[정답] ③

아래 사례의 해결에 대한 설명으로 가장 옳지 않은 것은? (다툼이 있으면 판례에 의함)

> X와 Y는 2014년 4월부터 1년 8개월에 걸쳐 성명불상자들이 동영상 공유 플랫폼 사이트에 저작권자의 허락 없이 업로드한 총 460건의 영상저작물와 연결되는 링크를 게시하고 해당 링크를 클릭하면 팝업창이 열리면서 바로 재생되도록 게시하여, 각종 저작물이 링크를 클릭할 때마다 개별송신이 이루어지게 하였다.

① 정범의 범죄실현에 도움이 되는 일체의 행위가 방조가 되는 것이 아니라 정범의 범죄 실현과 밀접한 관련이 있어야 한다.

② 정범으로 하여금 구체적 위험을 실현시키거나 범죄 결과를 발생시킬 기회를 높이는 등으로 정범의 범죄 실현에 현실적인 기여를 하였다고 평가할 수 있어야 한다.

③ 일반인이 개별적으로 선택한 시간과 장소에서 침해 게시물에 쉽게 접근할 수 있도록 하는 정도의 링크 행위를 한 경우에는 공중송신권 침해의 방조범이 성립한다.

④ 링크행위만으로 방조에 해당하지 않는다는 판례가 위법행위 중간에 있었다면 자신의 행위가 처벌되지 않는 것으로 믿은 데 정당한 이유가 있다고 할 수 있어 법률의 착오에 해당한다.

[해설] 출제영역 | 종범의 성립요건, 법률의 착오

④ (×) 법률 위반 행위 중간에 일시적으로 판례에 따라 그 행위가 처벌대상이 되지 않는 것으로 해석되었던 적이 있었다고 하더라도 그것만으로 자신의 행위가 처벌되지 않는 것으로 믿은 데에 정당한 이유가 있다고 할 수 없다(대법원 2021.11.25, 2021도10903).

> [판례] (저작권법상 공중송신권침해죄의 방조범이 된다는 사건) 피고인들이 이 사건 사이트를 운영하던 도중에 대법원 2015.3.12, 2012도13748 판결이 선고되었지만, 이 판결은 대법원 2021.9.9, 2017도19025 전원합의체 판결로 변경되었다. 법률 위반 행위 중간에 일시적으로 판례에 따라 그 행위가 처벌대상이 되지 않는 것으로 해석되었던 적이 있었다고 하더라도 그것만으로 자신의 행위가 처벌되지 않는 것으로 믿은 데에 정당한 이유가 있다고 할 수 없다(대법원 2002.10.22, 2002도4260; 2021.11.25, 2021도10903).

> [참고판례] 형사처벌의 근거가 되는 것은 법률이지 판례가 아니다. 형법 조항에 관한 판례의 변경은 법률조항의 내용을 확인하는 것에 지나지 않아 이로써 법률조항 자체가 변경된 것이 아니다. 행위 당시의 판례에 따르면 처벌대상이 되지 않는 것으로 해석되었던 행위를 판례의 변경에 따라 확인된 내용의 형법 조항에 근거하여 처벌한다고 해서 그것이 헌법상 평등의 원칙과 형벌불소급의 원칙에 반한다고 할 수는 없다(대법원 2021.9.9, 2017도19025 전원합의체).

①②③ (○) 저작권 침해물 링크 사이트에서 침해 게시물에 연결되는 링크를 제공하는 경우 등과 같이, 링크 행위자가 정범이 공중

송신권을 침해한다는 사실을 충분히 인식하면서 그러한 침해 게시물 등에 연결되는 링크를 인터넷 사이트에 영리적·계속적으로 게시하는 등으로 공중의 구성원이 개별적으로 선택한 시간과 장소에서 침해 게시물에 쉽게 접근할 수 있도록 하는 정도의 링크 행위를 한 경우에는 침해 게시물을 공중의 이용에 제공하는 정범의 범죄를 용이하게 하므로 공중송신권 침해의 방조범이 성립한다(③). 이러한 링크 행위는 정범의 범죄행위가 종료되기 전 단계에서 침해 게시물을 공중의 이용에 제공하는 정범의 범죄 실현과 밀접한 관련이 있고(①) 그 구성요건적 결과 발생의 기회를 현실적으로 증대함으로써 정범의 실행행위를 용이하게 하고 공중송신권이라는 법익의 침해를 강화·증대하였다고 평가할 수 있다. 링크 행위자에게 방조의 고의와 정범의 고의도 인정할 수 있다(②)(대법원 2021.9.9, 2017도19025 전원합의체).

정답 ④

---

076 ✓ 유사 ◆◆◇

다음 사례에서 甲의 죄책에 관한 설명으로 가장 적절 하지 않은 것은? (다툼이 있는 경우 판례에 의함)

> 甲은 2022. 12. 21. 경부터 보이스피싱 사기범행에 사용된다는 사정을 알면서도 유령법인 설립, 그 법인명의 계좌개설 후 그 접근매체를 채팅 애플리케이션을 통해 대화명 A에게 전달 유통하는 행위를 계속하였다. 그 후 2023. 1. 15. 경 보이스피싱조직원의 제안에 따라 이른바 '전달책' 역할을 승낙하고, 2023. 1. 28.부터 '전달책'에 해당하는 실행행위를 하였다.

① 형법상 방조행위는 정범이 범행을 한다는 정을 알면서 그 실행행위를 용이하게 하는 직·간접의 모든 행위를 가리킨다.
② 甲의 이러한 접근매체 전달·유통행위는 보이스피싱 사기범행에 사용된다는 정을 알면서도 정범이 실행에 착수하기 이전부터 장래의 실행행위를 예상하고서 이를 용이하게 하는유형적·물질적 방조행위이다.
③ 甲이 '전달책' 역할까지 승낙한 행위 역시 정범의 범행 결의를 강화시키는 무형적·정신적 방조행위이다.
④ 甲이 '전달책'으로서의 행위를 한 때부터 비로소 피해자들에 대한 사기죄의 종범에 해당한다.

해설 | 출제영역 | 종범의 성립요건
④ (×) 피고인은, ㉠ 2020. 12. 21.경부터 보이스피싱 사기 범행에 사용된다는 사정을 알면서도 유령법인 설립, 그 법인 명의 계좌개설 후 그 접근매체를 텔레그램 대화명 'E'에게 전달·유통하는 등의 행위를 계속하였고, ㉡ 2021. 1. 중순경 보이스피싱 조직원의 제안에 따라 이른바 '전달책' 역할을 승낙하였으며, ㉢ 이에 따라 피고인의 지시를 받은 C은 2021. 1. 20.경부터, 피고인은 2021. 1. 28.부터 모두 '전달책'에 해당하는 실행행위를 한 사실이 인정된다. 위와 같은 인정사실에 앞서 본 법리를 종합하여 보면, 피고인의 이러한 접근매체 전달·유통행위는 보이스피싱 사기 범행에 사용된다는 정을 알면서도 정범이 실행에 착수하기 이

전부터 장래의 실행행위를 예상하고서 이를 용이하게 하는 유형적·물질적 방조행위이고, 이러한 상태에서 '전달책' 역할까지 승낙한 행위 역시 정범의 범행 결의를 강화시키는 무형적·정신적 방조행위이므로, 피고인은 '전달책'으로서 실행행위를 한 시기에 관계없이 피해자들에 대한 사기죄의 종범에 해당한다(대법원 2022.4.14, 2022도649).
① (○) 대법원 2022.4.14, 2022도649
② (○) 피고인의 이러한 접근매체 전달·유통행위는 보이스피싱 사기 범행에 사용된다는 정을 알면서도 정범이 실행에 착수하기 이전부터 장래의 실행행위를 예상하고서 이를 용이하게 하는 유형적·물질적 방조행위이고, 이러한 상태에서 '전달책' 역할까지 승낙한 행위 역시 정범의 범행 결의를 강화시키는 무형적·정신적 방조행위이므로, 피고인은 '전달책'으로서 실행행위를 한 시기에 관계없이 피해자들에 대한 사기죄의 종범에 해당한다(대법원 2022.4.14, 2022도649).
③ (○) '전달책' 역할까지 승낙한 행위 역시 정범의 범행 결의를 강화시키는 무형적·정신적 방조행위이므로, 피고인은 '전달책'으로서 실행행위를 한 시기에 관계없이 피해자들에 대한 사기죄의 종범에 해당한다(대법원 2022.4.14, 2022도649).

정답 ④

6 공범과 신분

077 ☑ 대표 ◆◆◇ **경찰1차 2018 유사** **법원9급 2020**

형법 제33조는 "신분관계로 인하여 성립될 범죄에 가공한 행위는 신분관계가 없는 자에게도 전3조(공동정범, 교사범, 종범)의 규정을 적용한다. 단, 신분관계로 인하여 형의 경중이 있는 경우에는 중한 형으로 벌하지 아니한다."고 규정하고 있다. 이러한 공범과 신분에 관한 다음 설명 중 가장 옳지 않은 것은? (다툼이 있는 경우 판례에 의하고, 전원합의체 판결의 경우 다수의견에 의함)

① 공무원이 아닌 자가 공무원과 공동하여 허위공문서작성죄를 범한 때에는 공무원이 아닌 자도 허위공문서작성죄의 공동정범이 된다.

② '업무상의 임무'라는 신분관계가 없는 자가 그러한 신분관계 있는 자와 공모하여 업무상배임죄를 저질렀다면, 그러한 신분관계가 없는 공범에게도 형법 제33조 본문에 따라 일단 신분범인 업무상배임죄가 성립하되, 다만 과형에서는 같은 조 단서에 따라 단순배임죄의 법정형이 적용된다.

③ 모해할 목적이 있는 甲이 그 목적이 없는 乙을 교사하여 위증죄를 범하게 한 경우, 甲에게는 "타인을 교사하여 죄를 범하게 한 자는 죄를 실행한 자와 동일한 형으로 처벌한다."라고 규정한 형법 제31조 제1항에 우선하여 형법 제33조 단서가 적용되어 乙보다 중하게 처벌된다.

④ 의료인인 甲이 의료인이나 의료법인 아닌 乙의 의료기관 개설행위에 공모하여 가공하면 의료법위반죄의 공동정범에 해당하나, 甲이 乙을 교사하여 진료행위를 하도록 지시하면 무면허의료행위의 교사범에 해당하지 않는다.

[해설] 출제영역 | 공범과 신분

우선 2020.12.8. 개정 제33조는 "신분이 있어야 성립되는 범죄에 신분 없는 사람이 가담한 경우에는 그 신분 없는 사람에게도 제30조부터 제32조까지의 규정을 적용한다. 다만, 신분 때문에 형의 경중이 달라지는 경우에 신분이 없는 사람은 무거운 형으로 벌하지 아니한다."라고 규정하고 있다.

④ (×) 치과의사가 환자의 대량유치를 위해 치과기공사들에게 내원환자들에게 진료행위를 하도록 지시하여 동인들이 각 단독으로 전항과 같은 진료행위를 하였다면 무면허의료행위의 교사범에 해당한다(대법원 1986.7.8, 86도749). 즉, 의료인인 甲이 의료인이나 의료법인 아닌 乙의 의료기관 개설행위에 공모하여 가공하면 의료법위반죄의 공동정범에 해당하고(대법원 2001.11.30, 2001도2015), 甲이 乙을 교사하여 진료행위를 하도록 지시하면 무면허의료행위의 교사범에 해당한다.

① (○) 공무원이 아닌 자는 형법 제228조의 경우를 제외하고는 허위공문서작성죄의 간접정범으로 처벌할 수 없으나, 공무원이 아닌 자가 공무원과 공동하여 허위공문서작성죄를 범한 때에는 공무원이 아닌 자도 형법 제33조, 제30조에 의하여 허위공문서작성죄의 공동정범이 된다(대법원 2006.5.11, 2006도1663).

② (○) 그와 같은 업무상의 임무라는 신분관계가 없는 자가 그러한

신분관계 있는 자와 공모하여 업무상배임죄를 저질렀다면, 그러한 신분관계가 없는 공범에 대하여는 형법 제33조 단서에 따라 단순배임죄에서 정한 형으로 처단하여야 한다. 이 경우에는 신분관계 없는 공범에게도 같은 조 본문에 따라 일단 신분범인 업무상배임죄가 성립하고 다만 과형에서만 무거운 형이 아닌 단순배임죄의 법정형이 적용된다(대법원 2018.8.30, 2018도10047).

③ (○) 형법 제31조 제1항은 협의의 공범의 일종인 교사범이 그 성립과 처벌에 있어서 정범에 종속한다는 일반적인 원칙을 선언한 것에 불과하고, 신분관계로 인하여 형의 경중이 있는 경우에 신분이 있는 자가 신분이 없는 자를 교사하여 죄를 범하게 한 때에는 형법 제33조 단서가 형법 제31조 제1항에 우선하여 적용됨으로써 신분이 있는 교사범이 신분이 없는 정범보다 중하게 처벌된다(대법원 1994.12.23, 93도1002).

[정답] ④

---

078 ☑ 유사 ◆◆◇ **변호사 2020**

공범에 관한 설명 중 옳은 것(○)과 옳지 않은 것(×)을 올바르게 조합한 것은? (다툼이 있는 경우 판례에 의함)

ㄱ. 공무원이 부정한 청탁을 받고 제3자에게 뇌물을 제공하게 하고 제3자가 그러한 공무원의 범죄행위를 알면서 방조한 경우, 그에 대한 별도의 처벌규정이 없더라도 제3자에게는 방조범에 관한 형법총칙의 규정이 적용되어 제3자뇌물수수방조죄가 인정될 수 있다.

ㄴ. 물건의 소유자가 아닌 사람이 소유자의 권리행사방해범행에 가담한 경우에는 「형법」 제33조 본문에 따라 권리행사방해죄의 공범이 될 수 있으며, 공범으로 기소된 물건의 소유자에게 고의가 없어 범죄가 성립하지 않더라도 권리행사방해범행을 공동으로 하였음이 인정되는 한 공동정범의 죄책을 진다.

ㄷ. 공범 중 1인이 그 범행에 관한 수사절차에서 참고인 또는 피의자로 조사받으면서 자기의 범행을 구성하는 사실관계에 관하여 허위로 진술하고 허위 자료를 제출하는 것이 다른 공범을 도피하게 하는 결과가 된다고 하더라도 범인도피죄로 처벌되지 않으나, 공범이 이러한 행위를 교사하였다면 범인도피교사의 죄책을 면할 수 없다.

ㄹ. 신분관계가 없는 사람이 신분관계로 인하여 성립될 범죄에 가공한 경우, 신분관계가 없는 사람에게 공동가공의 의사와 이에 기초한 기능적 행위지배를 통한 범죄의 실행이라는 주관적·객관적 요건이 충족되면 공동정범으로 처벌된다.

① ㄱ(×), ㄴ(×), ㄷ(×), ㄹ(○)
② ㄱ(○), ㄴ(×), ㄷ(○), ㄹ(×)
③ ㄱ(○), ㄴ(×), ㄷ(×), ㄹ(○)
④ ㄱ(×), ㄴ(○), ㄷ(○), ㄹ(×)
⑤ ㄱ(×), ㄴ(○), ㄷ(×), ㄹ(○)

해설 출제영역 | 공범과 신분

ㄱ. (○) 대법원 2017.3.15, 2016도19659

ㄴ. (×) 물건의 소유자가 아닌 사람은 형법 제33조 본문에 따라 소유자의 권리행사방해 범행에 가담한 경우에 한하여 그의 공범이 될 수 있을 뿐이다. 그러나 권리행사방해죄의 공범으로 기소된 물건의 소유자에게 고의가 없는 등으로 범죄가 성립하지 않는다면 공동정범이 성립할 여지가 없다(대법원 2017.5.30, 2017도4578).

ㄷ. (×) 공범 중 1인이 그 범행에 관한 수사절차에서 참고인 또는 피의자로 조사받으면서 자기의 범행을 구성하는 사실관계에 관하여 허위로 진술하고 허위 자료를 제출하는 것은 자신의 범행에 대한 방어권 행사의 범위를 벗어난 것으로 볼 수 없다. 이러한 행위가 다른 공범을 도피하게 하는 결과가 된다고 하더라도 범인도피죄로 처벌할 수 없다. 이때 공범이 이러한 행위를 교사하였더라도 범죄가 될 수 없는 행위를 교사한 것에 불과하여 범인도피교사죄가 성립하지 않는다(대법원 2018.8.1, 2015도20396).

ㄹ. (○) 대법원 2019.8.29, 2018도13792 전원합의체

정답 ③

---

079 ✓ 유사 ◆◇◇ 　　　　　국가9급 2018

공범과 신분에 대한 설명으로 옳지 않은 것은? (다툼이 있는 경우 판례에 의함)

① 도박의 습벽이 있는 甲이 도박의 습벽이 없는 A의 도박행위를 방조한 경우 甲에게는 상습도박죄의 방조범이 성립한다.

② 비신분자인 甲이 신분자인 A의 업무상횡령 행위를 교사하여 A로 하여금 업무상횡령을 하게 한 경우 甲에게는 단순횡령죄의 교사범이 성립하지만 업무상횡령죄의 교사범의 형으로 처벌된다.

③ 의료인 甲이 의료인 아닌 A의 무면허의료행위에 공모하여 가공한 경우 甲은 의료법 위반(무면허의료행위)죄의 공동정범이 성립한다.

④ 범인 甲이 도피하기 위하여 타인으로 하여금 허위의 자백을 하게 하는 등으로 범인도피죄를 범하게 하는 경우 그것이 방어권의 남용으로 볼 수 있을 때에는 범인도피교사죄에 해당할 수 있다.

해설 출제영역 | 공범과 신분

② (×) 부진정신분범(가중적 신분범)에 가공한 비신분자에게도 형법 제33조 본문이 적용되어 해당 범죄의 공범이 성립하고, 다만 그 과형에 있어서 동조 단서에 의하여 보통 범죄의 공범의 형으로 처벌된다는 것이 소수설 및 판례의 입장이다(대법원 1999.4.27, 99도883 등).

① (○) 상습도박의 죄나 상습도박방조의 죄에 있어서의 상습성은 행위의 속성이 아니라 행위자의 속성으로서 도박을 반복해서 거듭하는 습벽을 말하는 것인 바, 도박의 습벽이 있는 자가 타인의 도박을 방조하면 상습도박방조의 죄에 해당하는 것이며, 도박의 습벽이 있는 자가 도박을 하고 또 도박방조를 하였을 경우 상습도박방조의 죄는 무거운 상습도박의 죄에 포괄시켜 1죄로서 처단하여야 한다(대법원 1984.4.24, 84도195).

---

③ (○) 의료인일지라도 의료인 아닌 자의 의료행위에 공모하여 가공하면 의료법 제25조 제1항이 규정하는 무면허의료 행위의 공동정범으로서의 책임을 진다(대법원 1986.2.11, 85도448).

④ (○) 범인이 자신을 위하여 타인으로 하여금 허위의 자백을 하게 하여 범인도피죄를 범하게 하는 행위는 방어권의 남용으로 범인도피교사죄에 해당하는바, 이 경우 그 타인이 형법 제151조 제2항에 의하여 처벌을 받지 아니하는 친족, 호주 또는 동거 가족에 해당한다 하여 달리 볼 것은 아니다(대법원 2006.12.7, 2005도3707).

정답 ②

---

080 ✓ 유사 ◆◇◇ 　　　　　국가9급/총론 2023

공범과 신분에 대한 설명으로 옳지 않은 것은?

① 물건의 소유자가 아닌 사람이 소유자의 권리행사방해 범행에 가담한 경우에는 절도죄가 성립할 뿐, 권리행사방해죄의 공범이 성립할 여지가 없다.

② 업무자라는 신분관계가 없는 자가 그러한 신분관계 있는 자와 공모하여 업무상배임죄를 저질렀다면, 그러한 신분관계가 없는 공범에 대하여는 단순배임죄에서 정한 형으로 처단하여야 한다.

③ 간호사가 주도적으로 실시한 무면허의료행위에 의사가 간호사와 함께 공모하여 그 공동의사에 의한 기능적 행위지배가 있었다면, 의사도 무면허의료행위의 공동정범으로서의 죄책을 진다.

④ 형법 제33조 소정의 신분이라 함은 남녀의 성별, 내·외국인의 구별, 친족관계, 공무원인 자격과 같은 관계뿐만 아니라 널리 일정한 범죄행위에 관련된 범인의 인적관계인 특수한 지위 또는 상태를 지칭한다.

해설 출제영역 | 공범과 신분

① (×) 물건의 소유자가 아닌 사람은 형법 제33조 본문에 따라 소유자의 권리행사방해 범행에 가담한 경우에 한하여 그의 공범이 될 수 있을 뿐이다(대법원 2017.5.30, 2017도4578).

② (○) 대법원 2018.8.30, 2018도10047

③ (○) 의사도 무면허의료행위의 공동정범으로서의 죄책을 진다(대법원 2012.5.10, 2010도5964).

④ (○) 대법원 1994.12.23, 93도1002

정답 ①

공범과 신분에 대한 설명으로 옳은 것만을 모두 고른 것은? (다툼이 있으면 판례에 의함)

> ㉠ 신분관계로 인하여 형이 중한 경우에 신분이 있는 자가 신분이 없는 자를 교사하여 죄를 범하게 한 때에는 형법 제31조 제1항이 적용됨으로써 신분이 있는 교사범이 신분이 없는 정범과 동일하게 처벌된다.
> ㉡ 형법 제33조의 '신분관계'는 남녀의 성별, 내·외국인의 구별, 친족관계, 공무원인 자격과 같은 관계 및 널리 일정한 범죄행위에 관련된 범인의 인적관계인 특수한 지위 또는 상태를 포함한다.
> ㉢ 타인의 재물을 업무상 보관하는 신분관계가 없는 자가 신분관계가 있는 자와 공모하여 업무상횡령죄를 저질렀다면 신분관계가 없는 자에 대하여는 형법 제33조 단서에 의하여 단순횡령죄에 정한 형으로 처단하여야 한다.
> ㉣ 피고인을 모해할 목적으로 증인에게 위증을 교사하였다면 증인에게는 모해의 목적이 없었다고 하더라도, 교사자를 모해위증교사죄로 처단할 수 있다.

① ㉠, ㉡
② ㉡, ㉣
③ ㉠, ㉡, ㉢
④ ㉡, ㉢, ㉣

해설 | 출제영역 | 공범과 신분 – 형법 제33조 본문, 단서

㉠ (×) 신분관계로 인하여 형의 경중이 있는 경우(2020.12.8. 개정: 신분 때문에 형의 경중이 달라지는 경우)에 신분이 있는 자가 신분이 없는 자를 교사하여 죄를 범하게 한 때에는 형법 제33조 단서가 제31조 제1항에 우선하여 적용됨으로써 신분이 있는 교사범이 신분이 없는 정범보다 중하게 처벌된다(대법원 1994.12.23, 93도1002).

㉡ (○), ㉣ (○) 대법원 1994.12.23, 93도1002

㉢ (○) 대법원 2015.2.26, 2014도15182

정답 ④

다음 설명 중 옳지 않은 것을 모두 고른 것은? (다툼이 있는 경우 판례에 의함)

> ㄱ. 의사인 甲이 모발이식시술을 하기 위해서 환자 A의 뒷머리부분에서 모낭을 채취한 후 간호조무사인 乙로 하여금 식모기(植毛機)를 이용하여 A의 앞머리 부위 진피층까지 찔러 넣는 방법으로 모낭삽입시술을 하도록 한 경우, 乙의 행위는 진료보조행위의 범위를 벗어나 의료행위에 해당하므로 甲은 무면허의료행위의 공범으로서의 죄책을 진다.
> ㄴ. 비의료인인 丙이 실질적으로 운영하는 A의원의 원장이자 유일한 의사인 甲이, A의원의 간호조무사인 乙이 丙의 지시에 따라 환자들에 대해 미용성형수술의 재수술을 맡아 하고 있다는 사실을 알면서 월 1,000만 원의 급여를 안정적으로 지급받으며 원장으로 계속 근무한 경우, 乙, 丙의 무면허의료행위에 가담하였다고 보기는 어려우므로 甲에게는 무면허의료행위에 대한 공동정범으로서의 죄책이 없다.
> ㄷ. 의사인 甲이 자신이 운영하는 병원의 모든 시술에서 특별한 제한 없이 전신마취제인 프로포폴을 투여하여 준다는 소문을 듣고 찾아온 사람들에게 환자에 대한 진료 및 간호사와 간호조무사에 대한 구체적인 지시·감독 없이 간호사와 간호조무사로 하여금 프로포폴을 제한 없이 투약하게 한 경우, 甲은 무면허의료행위의 공동정범으로서의 죄책을 진다.
> ㄹ. 뇌수술을 받고 중환자실에 입원해 있던 환자 A의 처 乙은 치료비에 상당한 부담을 느낀 나머지 A의 치료를 중단시킬 의도로 퇴원을 요구하였고, 주치의 甲이 이런 의도를 알면서도 치료중단 및 퇴원을 허용하는 조치를 취하여 A가 사망에 이른 경우, 甲에게 환자의 사망이라는 결과 발생에 대한 정범의 고의는 인정되나 A의 사망에 이르는 사태의 핵심적 경과를 계획적으로 조종하거나 저지·촉진하는 등으로 지배하고 있었다고 보기는 어려우므로 공동정범의 객관적 요건인 기능적 행위지배가 흠결되어 살인죄의 공동정범으로서의 죄책이 없다.

① ㄱ
② ㄴ
③ ㄱ, ㄷ
④ ㄴ, ㄹ
⑤ ㄷ, ㄹ

해설 | 출제영역 | 공범과 신분 – 무면허의료행위의 공동정범과 공범

ㄱ. (○) 대법원 2007.6.28, 2005도8317

ㄴ. (×) A의원의 원장이자 유일한 의사인 피고인 甲이, 의사면허 없는 원심 공동피고인 중 乙이 자신이 수술한 환자들에 대해 재수술을 맡아 하고 있다는 사실을 알면서도 월 1,000만 원이라는 급여를 안정적으로 지급받으며 원장으로 계속 근무함으로써 위 원심 공동피고인 중 乙의 무면허의료행위가 가능하도록 한 이상, 위 의원을 실질적으로 운영한 피고인 丙과 원심 공동피고인 중 丁 및 위 원심 공동피고인 중 乙과 적어도 묵시적인 의사

연결 아래 그 무면허의료행위에 가담하였다고 보아 피고인 甲에게 위 무면허의료행위에 대한 공동정범으로서의 죄책이 있다(대법원 2007.5.31, 2007도1977).

ㄷ. (○) 의사가 간호사에게 의료행위의 실시를 개별적으로 지시하거나 위임한 적이 없음에도 간호사가 주도하여 전반적인 의료행위의 실시 여부를 결정하고 간호사에 의한 의료행위의 실시과정에 의사가 지시·관여하지 아니한 경우라면, 이는 의료법 제27조 제1항이 금지하는 무면허의료행위에 해당한다고 보아야 한다. 그리고 의사가 이러한 방식으로 의료행위가 실시되는 데 간호사와 함께 공모하여 그 공동의사에 의한 기능적 행위지배가 있었다면, 의사도 무면허의료행위의 공동정범으로서의 죄책을 진다(대법원 2014.9.4, 2012도16119).

ㄹ. (○) 대법원 2004.6.24, 2002도995

정답 ②

---

083 ✓ 대표 ◆◇◇

공범과 신분에 대한 설명으로 가장 적절하지 않은 것은? (다툼이 있는 경우 판례에 의함)

① 비공무원이 공무원과 공동가공의 의사와 이를 기초로 한 기능적 행위지배를 통하여 공무원의 직무에 관하여 뇌물을 수수한 경우, 공무원과 비공무원에게 뇌물수수죄의 공동정범이 성립한다.

② 업무상 배임죄에서의 업무상의 임무라는 신분관계가 없는 자가 신분관계 있는 자와 공모한 경우, 신분관계가 없는 공범에 대하여는 「형법」 제33조 단서에 따라 단순배임죄에서 정한 형으로 처단하여야 한다.

③ 의사가 의사면허 없는 일반인의 무면허의료행위에 공모하여 가공하는 등 기능적 행위지배가 인정된다면, 의사도 「의료법」상 무면허의료행위의 공동정범으로서의 죄책을 진다.

④ 도박의 습벽이 있는 자가 타인의 도박을 방조하면 상습도박방조의 죄에 해당하는 것이며, 도박의 습벽이 있는 자가 도박을 하고 또 도박방조를 하였을 경우, 상습도박죄와는 별도로 상습도박방조의 죄가 성립하고 양자는 실체적 경합관계에 있다.

해설 출제영역 | 공범과 신분

④ (×) 상습도박의 죄나 상습도박방조의 죄에 있어서의 상습성은 행위의 속성이 아니라 행위자의 속성으로서 도박을 반복해서 거듭하는 습벽을 말하는 것인 바, 도박의 습벽이 있는 자가 타인의 도박을 방조하면 상습도박방조의 죄에 해당하는 것이며, 도박의 습벽이 있는 자가 도박을 하고 또 도박방조를 하였을 경우 상습도박방조의 죄는 무거운 상습도박의 죄에 포괄시켜 1죄로서 처단하여야 한다(대법원 1984.4.24, 84도195).

① (○) 대법원 2019.8.29, 2018도2738 전원합의체
② (○) 대법원 2018.8.30, 2018도10047
③ (○) 대법원 1986.2.11, 85도448

정답 ④

---

084 ✓ 유사 ◆◆◇

공범에 관한 설명 중 옳지 않은 것은? (다툼이 있는 경우 판례에 의함)

① 신분관계로 인하여 형의 경중이 있는 경우에 신분이 있는 자가 신분이 없는 자를 교사하여 죄를 범하게 한 때에는 「형법」 제33조 단서가 「형법」 제31조 제1항에 우선하여 적용된다.

② 업무상 타인의 사무를 처리하는 자가 그러한 신분관계가 없는 자와 공모하여 업무상배임죄를 저질렀다면 그러한 신분관계가 없는 자에 대하여는 「형법」 제33조 단서에 의하여 단순배임죄가 성립한다.

③ 도박의 습벽이 있는 자가 습벽이 없는 타인의 도박을 방조하면 상습도박방조죄에 해당한다.

④ 「형법」 제152조 제1항과 제2항은 위증을 한 범인이 형사사건의 피고인 등을 '모해할 목적'을 가지고 있었는가 아니면 그러한 목적이 없었는가 하는 범인의 특수한 상태의 차이에 따라 범인에게 과할 형의 경중을 구별하고 있으므로, 이는 「형법」 제33조 단서 소정의 '신분관계로 인하여 형의 경중이 있는 경우'에 해당한다.

⑤ 변호사가 변호사 아닌 자에게 고용되어 법률사무소의 개설·운영에 관여하는 행위는 변호사법위반죄의 방조범으로 처벌할 수 없다.

해설 출제영역 | 공범과 신분 − 형법 제33조 본문, 단서

② (×) 업무상배임죄는 타인의 사무를 처리하는 지위라는 점에서 보면 신분관계로 인하여 성립될 범죄이고, 업무상 타인의 사무를 처리하는 지위라는 점에서 보면 단순배임죄에 대한 가중규정으로서 신분관계로 인하여 형의 경중이 있는 경우(2020.12.8, 개정: 신분 때문에 형의 경중이 달라지는 경우)라고 할 것이므로, 그와 같은 신분관계가 없는 자가 그러한 신분관계가 있는 자와 공모하여 업무상배임죄를 저질렀다면 그러한 신분관계가 없는 자에 대하여는 형법 제33조 단서에 의하여 단순배임죄에 정한 형으로 처단하여야 할 것이다(대법원 1999.4.27, 99도883).

① (○) 대법원 1994.12.23, 93도1002
[보충] 2020.12.8. 개정 제33조 단서는 "신분 때문에 형의 경중이 달라지는 경우"라고 규정하고 있다.

③ (○) 대법원 1984.4.24, 84도195
④ (○) 대법원 1994.12.23, 93도1002
⑤ (○) 대법원 2004.10.28, 2004도3994

정답 ②

085 ☑ 유사 ◆◆◇ 경찰간부 2024

다음은 공범과 신분에 관한 사례이다. 옳지 않은 것은? (다툼이 있는 경우 판례에 의함)

> (가) 전업주부인 甲은 공무원인 남편 乙과 공모하여 A로부터 뇌물을 받았다.
> (나) 甲은 친구 乙과 공모하여 甲의 직계존속인 아버지 A를 살해하였다.
> (다) 공무원인 甲은 전업주부인 乙을 교사하여 A로부터 뇌물을 받았다.
> (라) 甲은 친구 乙로 하여금 甲의 직계존속인 아버지 A를 살해하도록 교사하였다.

① (가)사안에서 甲에게는 「형법」 제33조 본문이 적용되어 수뢰죄의 공동정범이 성립하고 수뢰죄의 법정형에 따라 처벌된다.
② (나)사안에서 乙은 「형법」 제33조 본문에 따라 존속살해죄가 성립하지만, 과형은 제33조 단서가 적용되어 보통살인죄의 형으로 처벌된다.
③ (다)사안에서 甲은 수뢰죄의 교사범이 성립하고 乙은 「형법」 제33조 본문이 적용되어 수뢰죄로 처벌된다.
④ (라)사안에서 甲과 乙에게는 「형법」 제33조 단서가 적용되어 각각 존속살해죄의 교사범과 보통살인죄가 성립한다.

〔해설〕 출제영역 | 공범과 신분

형법 제33조 본문과 단서의 해석에 관한 문제이다.

> 제33조(공범과 신분) 신분이 있어야 성립되는 범죄에 신분 없는 사람이 가담한 경우에는 그 신분 없는 사람에게도 제30조부터 제32조까지의 규정을 적용한다. 다만, 신분 때문에 형의 경중이 달라지는 경우에 신분이 없는 사람은 무거운 형으로 벌하지 아니한다.

③ (×) 진정신분범에 있어 신분자가 비신분자를 교사한 경우에는 비신분자에게 신분범의 정범이 성립하지 않으므로 형법 제33조 본문이 적용되지 아니한다(다만 신분자의 의사지배 여부에 따라 신분 없는 도구를 이용한 경우에 해당한다면 간접정범 성립).
[보충] 형법 제33조 본문은 정범인 신분범의 범행에 가담한 비신분자에게도 신분범의 공범이 성립한다는 것이다. 그런데 乙은 전업주부이므로 수뢰죄의 행위주체에 해당하지 않는다. 따라서 乙에게 수뢰죄의 정범이 성립하지 않으므로 공무원 甲에게 형법 제33조 본문이 적용되지 않아 수뢰죄의 공범이 성립할 수 없다.
① (○) 공무원이 아닌 사람이 공무원과 공동가공의 의사와 이를 기초로 한 기능적 행위지배를 통하여 공무원의 직무에 관하여 뇌물을 수수하는 범죄를 실행하였다면 공무원이 직접 뇌물을 받은 것과 동일하게 평가할 수 있으므로 공무원과 비공무원에게 형법 제129조 제1항에서 정한 뇌물수수죄의 공동정범이 성립한다(대법원 2019.8.29, 2018도2738 전원합의체).
② (○) 乙은 부진정신분범의 공범이 성립하지만 형법 제33조 단서에 의하여 그 과형에 있어서는 무거운 형으로 벌하지 않는다.
④ (○) 신분관계로 인하여 형의 경중이 있는 경우에 신분이 있는 자가 신분이 없는 자를 교사하여 죄를 범하게 한 때에는 형법 제33조 단서가 형법 제31조 제1항에 우선하여 적용됨으로써 신분

이 있는 교사범이 신분이 없는 정범보다 중하게 처벌된다(대법원 1994.12.23, 93도1002).

〔정답〕 ③

086 ☑ 유사 ◆◆◇ 법원행시 2018

다음 설명 중 가장 옳은 것은?

① 신분관계로 인하여 형의 경중이 있는 경우에 신분이 있는 자가 신분이 없는 자를 교사하여 죄를 범하게 한 때에는 형법 제33조 단서가 형법 제31조 제1항에 우선하여 적용된다.
② 의료인이 의료인 자격이 없는 일반인의 의료기관 개설행위에 공모하여 가담하였더라도, 비의료인의 의료기관 개설행위에 의한 의료법위반죄의 공동정범이 성립할 수 없다.
③ 뇌물공여죄가 성립하기 위해서는 뇌물을 공여하는 일방의 행위와 그 뇌물을 받아들이는 상대방의 행위가 필요하고 나아가 상대방에게 뇌물수수죄가 성립해야 한다.
④ 종업원 소유 화물차를 자신의 가스배달업무에 제공하는 대가로 임금을 포함하여 매월 일정 금원을 지급하였다면, 자가용화물자동차를 유상으로 화물운송에 제공하는 행위를 처벌하는 구 화물자동차운수사업법위반죄의 공동정범이 성립한다.
⑤ 업무상 타인의 사무를 처리하는 자가 그러한 신분관계가 없는 자와 공모하여 업무상배임죄를 저질렀다면, 그러한 신분관계가 없는 자에 대하여는 형법 제33조 단서에 의하여 단순배임죄가 성립한다.

〔해설〕 출제영역 | 필요적 공범, 공범과 신분

① (○) 구체적인 범죄사실에 적용하여야 할 실체법규 이외의 법규에 관하여는 판결문상 그 규정을 적용한 취지가 인정되면 되고 특히 그 법규를 법률적용란에서 표시하지 아니하였다 하여 위법이라고 할 수 없으므로, 모해의 목적으로 그 목적이 없는 자를 교사하여 위증죄를 범한 경우 그 목적을 가진 자는 모해위증교사죄로, 그 목적이 없는 자는 위증죄로 처벌할 수 있다고 설시한 다음 피고인을 모해위증교사죄로 처단함으로써 사실상 형법 제33조 단서를 적용한 취의로 해석되는 이상, 법률적용에서 위 단서 조항을 빠뜨려 명시하지 않았다고 하더라도 이로써 판결에 영향을 미친 위법이 있다고 할 수 없는 것이다(대법원 1994.12.23, 93도1002).
[보충] 2020.12.8. 개정 제33조 단서는 "신분 때문에 형의 경중이 달라지는 경우"라고 규정하고 있다.
② (×) 의료인이 비의료인의 의료기관 개설행위에 공모하여 가공하면 의료법 제87조 제1항 제2호, 제33조 제2항 위반죄의 공동정범에 해당한다(대법원 2001.11.30, 2001도2015; 2017.4.7, 2017도378).
③ (×) 뇌물공여죄가 성립하기 위하여는 뇌물을 공여하는 행위와 상대방 측에서 금전적으로 가치가 있는 그 물품 등을 받아들이는 행위가 필요할 뿐 반드시 상대방 측에서 뇌물수수죄가 성립하여

야 하는 것은 아니다(대법원 2006.2.24, 2005도4737).

④ (×) 구 화물자동차 운수사업법(2002.8.26. 법률 제6731호로 개정되기 전의 것) 제48조 제4호, 제39조에 의하여 처벌되는 행위인, 자가용화물자동차의 소유자가 유상으로 화물을 운송하는 행위를 함에 있어서는, 자가용화물자동차의 소유자에게 대가를 지급하고 화물의 운송이라는 용역을 제공받는 상대방의 행위의 존재가 반드시 필요하고, 따라서 자가용화물자동차의 소유자에게 대가를 지급하고 의뢰하여 화물의 운송이라는 용역을 제공받는 상대방의 행위가 있을 것으로 당연히 예상되는바, 이와 같이 자가용화물자동차 소유자의 유상운송이라는 범죄가 성립하는 데 당연히 예상될 뿐만 아니라 위와 같은 범죄의 성립에 없어서는 아니 되는 상대방의 행위를 따로 처벌하는 규정이 없는 이상, 그 입법 취지에 비추어 볼 때, 자가용화물자동차의 소유자에게 대가를 지급하고 운송을 의뢰하여 화물운송이라는 용역을 제공받은 상대방의 행위가, 자가용화물자동차 소유자와의 관계에서, 일반적인 형법 총칙상의 공모, 교사 또는 방조에 해당된다고 하더라도 자가용화물자동차 소유자의 유상운송행위의 상대방을 자가용화물자동차 소유자의 유상운송행위의 공범으로 처벌할 수 없다(대법원 2005.11.25, 2004도8819).

⑤ (×) 업무상배임죄는 업무상 타인의 사무를 처리하는 지위에 있는 사람이 그 임무에 위배되는 행위로써 재산상의 이익을 취득하거나 제3자로 하여금 이를 취득하게 하여 본인에게 손해를 가한 때에 성립하는 것으로서, 이는 타인의 사무를 처리하는 지위라는 점에서 보면 신분관계로 인하여 성립될 범죄이고, 업무상 타인의 사무를 처리하는 지위라는 점에서 보면 단순배임죄에 대한 가중규정으로서 신분관계로 인하여 형의 경중이 있는 경우(2020. 12.8. 개정: 신분 때문에 형의 경중이 달라지는 경우)라고 할 것이다. 그러므로 그와 같은 신분관계가 없는 자가 그러한 신분관계가 있는 자와 공모하여 업무상배임죄를 저질렀다면, 그러한 신분관계가 없는 자에 대하여는 형법 제33조 단서에 의하여 단순배임죄에 정한 형으로 처단하여야 할 것이다(대법원 1986.10.28, 86도1517; 1999.4.27, 99도883).

정답 ①

---

087 ✓ 이론 ◆◆◇ 변호사 2017

공범에 관한 설명 중 옳은 것을 모두 고른 것은? (다툼이 있는 경우 판례에 의함)

ㄱ. 제한종속형식에 의할 경우 위법성이 조각되는 행위를 교사·방조한 경우에는 공범이 성립될 가능성이 없다.

ㄴ. 진정부작위범의 공동정범은 부작위자들에게 공통된 작위의무가 부여되어 있지 않아도 성립할 수 있다.

ㄷ. 「형법」 제31조 제1항은 교사범이 그 성립과 처벌에 있어서 정범에 종속한다는 일반적인 원칙을 선언한 것에 불과한 것으로, 신분관계로 인하여 형의 경중이 있는 경우에 신분이 있는 자가 신분이 없는 자를 교사하여 죄를 범하게 한 때에는 「형법」 제33조 단서가 「형법」 제31조 제1항에 우선하여 적용된다.

ㄹ. 매도, 매수와 같이 2인 이상의 서로 대향된 행위의 존재를 필요로 하는 관계에 있어서는 매도인에게 따로 처벌규정이 없는 이상 매도인의 매도행위는 그와 대향적 행위의 존재를 필요로 하는 상대방의 매수범행에 대하여 공범이나 방조범관계가 성립되지 아니한다.

① ㄱ, ㄴ   ② ㄱ, ㄹ
③ ㄴ, ㄷ   ④ ㄷ, ㄹ
⑤ ㄱ, ㄷ, ㄹ

해설 출제영역 | 공범론 종합

ㄱ. (○) 제한종속형식에 따르면 위법성이 조각되는 행위를 교사·방조한 경우에는 공범이 성립될 수 없다.

ㄴ. (×) 부작위범 사이의 공동정범은 다수의 부작위범에게 공통된 의무가 부여되어 있고 그 의무를 공통으로 이행할 수 있을 때에만 성립한다(대법원 2009.2.12, 2008도9476).

ㄷ. (○) 대법원 1994.12.23, 93도1002
[보충] 2020.12.8. 개정 제33조 단서는 "신분 때문에 형의 경중이 달라지는 경우"라고 규정하고 있다.

ㄹ. (○) 대법원 2001.12.28, 2001도5158

정답 ⑤

공범과 신분에 대한 설명 중 옳은 것만을 모두 고른 것은? (다툼이 있는 경우 판례에 의함)

> 가. 비신분자가 신분관계로 인하여 성립될 범죄에 가공한 경우 비신분자에게 공동가공의 의사와 이에 기초한 기능적 행위지배를 통한 범죄의 실행이라는 주관적·객관적 요건이 충족되면 신분자와 공동정범이 성립한다.
>
> 나. 甲이 친구 乙과 공모하여 자신의 아버지를 살해한 경우, 乙은 존속살해죄의 공동정범이 성립하나 보통살인죄에 정한 형으로 처단된다.
>
> 다. 도박의 습벽이 있는 甲이 도박을 하고 또한 도박의 습벽이 없는 A의 도박을 방조한 경우, 甲은 상습도박죄와 도박방조죄가 성립하고 양죄는 실체적 경합관계에 있다.
>
> 라. 甲이 공무원인 자신의 남편 A에게 채무변제로 받는 돈이라고 속여 A로 하여금 뇌물을 받게 한 경우, 甲은 「형법」 제33조에 의해 수뢰죄의 간접정범으로 처벌된다.

① 가, 나
② 나, 라
③ 다, 라
④ 가, 나, 라

해설 | 출제영역 | 공범과 신분

① 가, 나가 옳은 지문이다.

가. (○) 신분관계가 없는 사람이 신분관계로 인하여 성립될 범죄에 가공한 경우에는 신분관계가 있는 사람과 공범이 성립한다(형법 제33조 본문 참조). <u>이 경우 신분관계가 없는 사람에게 공동가공의 의사와 이에 기초한 기능적 행위지배를 통한 범죄의 실행이라는 주관적·객관적 요건이 충족되면 공동정범으로 처벌한다</u>(대법원 2019.8.29, 2018도2738 전원합의체).

나. (○) 판례는 부진정신분범에 가담한 비신분자에게 형법 제33조 본문에 의하여 그 부진정신분범의 공범의 성립을 긍정하고, 다만 그 과형에 있어서는 동조 단서에 따라 처리하는 입장이다.

다. (×) 상습도박의 죄나 상습도박방조의 죄에 있어서의 상습성은 행위의 속성이 아니라 행위자의 속성으로서 도박을 반복해서 거듭하는 습벽을 말하는 것인 바, 도박의 습벽이 있는 자가 타인의 도박을 방조하면 상습도박방조의 죄에 해당하는 것이며, 도박의 습벽이 있는 자가 도박을 하고 또 도박방조를 하였을 경우 <u>상습도박방조의 죄는 무거운 상습도박의 죄에 포괄시켜 1죄로서 처단</u>하여야 한다(대법원 1984.4.24, 84도195).

라. (×) 진정신분범인 수뢰죄의 간접정범이 되기 위해서는 공무원·중재인의 신분이 있어야 한다.

정답 ①

甲은 A의 아들이다. 술만 마시면 폭행을 하는 버릇이 있고 성격까지 포악한 A는 자신의 부인인 乙(甲의 모)과 甲을 지속적으로 학대하고 폭행하여 왔다. 甲은 A의 행패를 더 이상 참지 못하고 A를 살해하기로 마음먹었다. 어느 날 A가 술에 취하여 행패를 부리다가 잠이 든 사이에 甲은 A의 목을 졸랐다. A가 의식을 잃자 甲은 A가 죽은 것으로 생각하고 A를 차에 싣고 가서 무거운 돌을 매달아 한강에 빠뜨렸다. 乙은 甲이 A를 살해하는 줄 알고 있으면서도 A가 죽어도 좋다고 생각하여 그냥 자는 척했다. 나중에 A는 목 졸려 숨진 것이 아니라 익사한 것으로 밝혀졌다. 이상의 사례에서 甲과 乙의 죄책과 관련한 형법이론상의 논점과 관련이 없는 것은?

① 부진정부작위범의 보증인적 지위
② 정당화적 긴급피난이나 면책적 긴급피난
③ 개괄적 고의 또는 인과관계의 착오
④ 공범의 종속정도
⑤ 원인에 있어서 자유로운 행위

해설 | 출제영역 | 종합사례

Ⅰ. 甲의 존속살해죄의 성부가 문제되는데, (1) 구성요건해당성과 관련해서는 소위 개괄적 고의에 대한 형법적 취급이 문제된다. 다수설은 개괄적 고의의 경우 인과관계의 착오의 한 유형으로 보고 있다[③ (○)]. (2) 위법성 단계에서는 계속적 위험에 대한 정당방위 또는 긴급피난 가능 여부 등이 검토되어야 한다. 이 경우 통설에 따르면 위법성 단계에서 긴급피난의 성부를 검토하게 되고 이를 부정할 경우 책임단계에서 과잉피난이 성립하는 지가 문제되지만 이분설에 따르면 긴급피난을 둘로 나누어 위법성 단계에서는 정당화적 긴급피난의 성부를 검토하고 다시 책임단계에서 면책적 긴급피난의 성부를 검토하게 된다[② (○)].

Ⅱ. 乙의 죄책과 관련하여서는 이른바 부진정부작위범의 성부가 문제되는데 이와 관련해서는 (1) 부작위범의 성부와 관련하여 乙의 보증인적 지위 여부가 문제되고[① (○)], (2) 乙 이 정범인지 공범인지와 관련해서는 공범과 신분, 공범의 종속정도 등을 검토하여야 한다[④ (○)].

Ⅲ. 결론적으로 甲은 존속살해죄, 판례에 의하면 乙은 형법 제33조 본문에 의해 존속살해방조죄가 성립하지만 동조 단서에 의해 단순살인방조죄의 형으로 처벌받는다. 따라서 원인에 있어서 자유로운 행위는 본 사안과 전혀 무관하다[⑤ (×)].

정답 ⑤

090 ✓ 이론 ◆◆◇　　　　　　　　　　경찰대편입 2023

다음 〈사례〉에 관한 설명으로 옳지 않은 것만을 모두 고른 것은?

─┤ 사례 ├─

甲과 乙은 함께 투자한 사업에 실패하여 빈털터리가 되자, 부동산을 많이 보유하고 있는 乙의 아버지 丙을 사고로 위장하여 살해하고 상속금으로 동업을 하기로 공모하였다. 이에 따라 乙은 2023년 11월 10일 밤에 안방에 사람이 있는 것을 확인하고 몰래 집 내부의 가스배관에 흠집을 내어 마치 가스유출사고인 것처럼 위장하여 丙을 살해하기로 마음먹고 실행에 옮겼다.

ㄱ. 만일 ⑤ 사망한 자가 丙이 아니라 丙의 친구였던 경우, 乙은 구성요건 착오 중에서 객체의 착오 중 추상적 사실에 관한 착오를 일으킨 것이므로, 형법 제15조 제1항의 사실의 착오 규정을 적용하여야 한다.

ㄴ. 위 ⑤의 경우에, 법정적 부합설 중 죄질부합설에 따르면 乙에게는 형법 제250조 제1항의 보통살인죄가 성립한다.

ㄷ. 만일 ⑥ 평소에 술만 마시면 고성방가를 서슴치 않는 丙으로 인해 고통을 받던 이웃집 丁이 단순히 화가 나서 유리창을 깨는 바람에 집 안에 있던 자가 가스유출사고로 인한 사망의 결과를 면하게 된 경우, 주관적 정당화요소 불요설에 의하면 丁에게는 긴급피난이 성립한다.

ㄹ. 위 ⑥의 경우에, 불능미수범설에 의하면 위법성조각사유의 객관적 정황으로서 정당화상황이 존재하여 결과반가치가 평가되지 않으므로 재물손괴죄의 기수기 될 수 없다.

ㅁ. 만일 ⑦ 사망한 자가 丙인 경우, 판례에 따르면 甲은 형법 제250조 제2항의 존속살해죄의 공동정범이 된다.

ㅂ. 위 ⑦의 경우에, 판례에 따르면 甲에게는 乙과 동일한 법정형이 적용된다.

① ㄱ, ㅂ
② ㄴ, ㄹ
③ ㄱ, ㄷ, ㅂ
④ ㄱ, ㄹ, ㅁ
⑤ ㄴ, ㄷ, ㅁ

해설 │ 출제영역 │ 종합사례

① ㄱ, ㅂ

ㄱ. (✕) 乙은 丙의 친구를 아버지 丙으로 오인하고 살해한 것이므로 인식한 구성요건은 존속살해, 발생한 구성요건은 보통살인의 경우로서 추상적 사실의 착오 중 객체의 착오에 해당하고 이는 제15조 제1항이 적용되는 것이 아니라 소위 '반전된 제15조 제1항의 착오'에 해당하는 경우이다.

[보충] 학설에서는 존속살해미수와 보통살인기수의 상상적 경합으로 보는 입장과 보통살인기수로 보는 입장이 대립한다.

ㄴ. (○) 법정적 부합설 중 죄질부합설은 상이한 구성요건 사이에서도 양자 사이에 구성요건이 동일한 경우에는 물론이고 심지어 죄질이 동일한 경우에도 고의의 성립을 인정하는 견해이다. 이에

의하면 ⑤의 경우 乙에게는 형법 제250조 제1항의 보통살인죄가 성립한다.

[보충] 한편 존속살해미수와 보통살인기수의 상상적 경합으로 보는 입장은 구체적 부합설과 법정적 부합설 중 구성요건부합설이다.

ㄷ. (○) 우연적 피난 문제에서 주관적 정당화요소 불요설에 의하면 丁이 피난의사 없이 유리창을 깨어도 객관적으로 긴급피난 상황이라면 위법성이 조각된다.

ㄹ. (○) 우연적 피난 문제에서 불능미수범설에 의하면 주관적 정당화요소가 없으므로 행위반가치는 있으나 객관적 정당화상황은 존재하므로 결과반가치가 없기 때문에 불능미수 규정을 유추적용한다. 따라서 丁을 재물손괴죄의 기수로 처벌할 수 없다.

ㅁ. (○), ㅂ. (✕) 판례에 따르면 甲은 형법 제33조 본문에 의하여 제250조 제2항의 존속살해죄의 공동정범의 죄책이 성립하고, 다만 형법 제33조 단서가 적용되어 보통살인죄의 공동정범의 형으로 처벌한다.

정답 ①

1 과실범과 결과적 가중범

001 ✓ 대표 ◆◆◇ 경찰2차 2023

과실범에 관한 설명으로 가장 적절한 것은? (다툼이 있는 경우 판례에 의함)

① 「형법」 제14조에 따르면 정상적으로 기울여야 할 주의(注意)를 게을리 하여 죄의 성립요소인 사실을 인식하지 못한 행위는 정당한 이유가 있는 때에 한하여 벌하지 아니한다.

② 의료과오사건에 있어서 의사의 과실을 인정하려면 결과발생을 예견할 수 있고 또 회피할 수 있었음에도 이를 하지 못한 점을 인정할 수 있어야 하며, 위 과실의 유무를 판단함에는 사회적 평균인의 주의 정도를 표준으로 하여야 하며, 이때 사고 당시의 일반적인 의학의 수준과 의료환경 및 조건, 의료행위의 특수성 등을 고려하여야 한다.

③ 과실범의 주의의무는 반드시 개별적인 법령에서 일일이 그 근거나 내용이 명시되어 있어야만 하는 것이 아니며, 결과발생에 즈음한 구체적인 상황에서 이와 관련된 제반 사정들을 종합적으로 평가하여 결과 발생에 대한 예견 및 회피 가능성을 기준으로 삼아 그 결과 발생을 방지하여야 할 주의의무를 인정할 수 있는 것이다.

④ 「형법」 제364조에 따른 업무상과실장물취득죄는 업무상과실에 의하여 「형법」 제362조 제1항에 따른 단순과실장물취득죄보다 형이 가중되는 가중적 구성요건이다.

[해설] 출제영역 | 과실범의 성립요건

③ (○) 결과 발생을 예견할 수 있고 또 그것을 회피할 수 있음에도 불구하고 정상의 주의의무를 태만히 함으로써 결과 발생을 야기하였다면 과실범의 죄책을 면할 수 없고, 위와 같은 주의의무는 반드시 개별적인 법령에서 일일이 그 근거나 내용이 명시되어 있어야만 하는 것이 아니며, 결과 발생에 즈음한 구체적인 상황에서 이와 관련된 제반 사정들을 종합적으로 평가하여 결과 발생에 대한 예견 및 회피 가능성을 기준으로 삼아 그 결과 발생을 방지하여야 할 주의의무를 인정할 수 있는 것이다(대법원 2009.4. 23, 2008도11921).
[보충] 과실범을 처벌하려면 그 처벌규정이 있어야 하나, 과실범의 주의의무의 근거나 내용은 개별 법령에서 일일이 명시되어 있어야 하는 것은 아니다.

① (×) 제14조에 따르면 정상적으로 기울여야 할 주의(注意)를 게을리하여 죄의 성립요소인 사실을 인식하지 못한 행위는 법률에 특별한 규정이 있는 경우에만 처벌한다.
[보충] 위 지문의 술어 부분은 형법 제16조의 법률의 착오에 대한 것이다.

> 제14조(과실) 정상적으로 기울여야 할 주의(注意)를 게을리 하여 죄의 성립요소인 사실을 인식하지 못한 행위는 법률에 특별한 규정이 있는 경우에만 처벌한다.

② (×) 의료과오사건에 있어서 의사의 과실을 인정하려면 결과 발생을 예견할 수 있고 또 회피할 수 있었음에도 하지 못한 점을 인정할 수 있어야 하고, 위 과실의 유무를 판단함에는 같은 업무와 직무에 종사하는 일반적 보통인의 주의 정도를 표준으로 하여야 하며, 이때 사고 당시의 일반적인 의학의 수준과 의료환경 및 조건, 의료행위의 특수성 등을 고려하여야 한다(대법원 2017.5. 31, 2015도8512).

④ (×) 업무상 과실장물취득죄는 보통과실장물취득죄가 없다는 점을 고려할 때, 본죄의 업무는 형을 가중시키는 신분이 아니라 범죄를 구성하는 신분이다.

[정답] ③

002 ✓ 대표 ◆◆◇ 국가9급 2015

과실범에 대한 설명으로 옳지 않은 것은? (다툼이 있는 경우 판례에 의함)

① 의사가 업무상 과실로 인한 형사책임을 지기 위해서는 피해자의 상해와 의사의 설명의무위반 사이에 상당인과관계가 존재하여야 한다.

② 의료사고에서 의사에게 과실이 있다고 하기 위해서는 결과발생을 예견할 수 있고 또 회피할 수 있었는데도 이를 예견하지 못하거나 회피하지 못하였음이 인정되어야 한다.

③ 행위자의 주의의무위반행위가 결과발생에 유일하거나 직접적인 원인일 필요는 없으며, 설령 피해자의 주의의무위반이 개입되어 있더라도 인과관계는 단절되지 않는다.

④ 안전배려 내지 안전관리 사무에 계속적으로 종사하여 사회생활면에서 하나의 지위로서의 계속성을 가지지는 않았지만 건물의 소유자로서 건물을 비정기적으로 수리하거나 건물의 일부분을 임대한 경우라면 업무상과실치상죄에 있어서의 '업무'가 인정된다.

[해설] 출제영역 | 과실범 – 과실범의 성립요건

④ (×) 업무상과실치상죄에 있어서의 '업무'로 보기 어렵다(대법원 2009.5.28, 2009도1040).

① (○) 대법원 2011.4.14, 2011도10104
② (○) 대법원 2007.9.20, 2006도294; 2008.8.11, 2008도3090
③ (○) 대법원 1982.12.28, 82도2525; 1991.2.12, 90도2547; 1996.9.24, 95도245

[정답] ④

003 ✓유사 ◆◆◇　　　　경찰대편입 2023

과실범에 대한 설명으로 옳은 것은? (다툼이 있는 경우 판례에 의함)

① 과실범은 주의의무의 존재를 전제로 한 과실행위를 의미하므로, 교통사고 사망사고를 낸 자가 신호준수의무라는 주의규정을 고의로 위반하였다면 사망의 결과에 대하여 과실범은 성립할 수 없다.

② 의료행위와 환자에게 발생한 상해 사망 등 결과 사이에 인과관계가 인정되는 경우에는, 업무상 과실로 평가할 수 있는 행위의 존재 또는 그 업무상 과실의 내용을 구체적으로 증명할 필요 없이 개연성만으로 족하다.

③ 수인이 각자 분리수거장 방향으로 담배꽁초를 던져 버리고 현장을 떠남으로써 공동의 과실이 경합되어 화재가 발생한 경우, 적어도 각 과실이 화재의 발생에 대하여 하나의 조건이 된 이상은 그 공동적 원인을 제공한 사람들은 실화죄의 공동정범의 책임을 면할 수 없다.

④ 과실범에 있어서의 비난가능성의 지적 요소란 결과발생의 가능성에 대한 인식으로서, 인식 있는 과실은 이와 같은 인식이 있고, 인식 없는 과실은 이에 대한 인식 자체도 없는 경우이나, 인식 없는 과실도 규범적 실재로서의 과실책임이 있음은 인식 있는 과실과 같다.

⑤ 과실에 의한 간접정범이 성립할 수 없음은 물론이며, 과실범에 대한 간접정범도 성립할 수 없다.

해설 ▏출제영역 ▏ 과실범의 성립요건

④ (○) 인식 없는 과실에 대하여 그 규범적 실재로서의 책임이 인정되므로, 지적·인식적 요소를 가진 인식 있는 과실의 경우 그 책임이 인정되는 것은 당연하다.

[보충] 인식 없는 과실과 인식 있는 과실은 불법이나 책임(비난가능성)의 내용에 있어서 차이가 없으므로 범죄의 성립과 관련하여 양자를 구별하는 것은 의미가 없다.

> [판례] 소위 과실범에 있어서의 비난가능성의 지적 요소란 결과발생의 가능성에 대한 인식으로서 인식있는 과실에는 이와 같은 인식이 있고, 인식없는 과실에는 이에 대한 인식 자체도 없는 경우이나, 전자에 있어서 책임이 발생함은 물론, 후자에 있어서도 그 결과발생을 인식하지 못하였다는 데에 대한 부주의 즉 규범적 실재로서의 과실책임이 있다고 할 것이다(대법원 1984.2.28, 83도3007).

① (×) 고의가 인정되려면 죄의 성립요소인 사실을 인식해야 하므로(형법 제13조) 살인죄가 성립하려면 사람을 살해한다는 구성요건적 사실에 대한 인식과 의사 즉, 구성요건적 고의가 있어야 한다. 신호준수의무라는 주의규정을 고의로 위반하였다고 하더라도 사람을 살해한다는 구성요건적 고의가 인정되는 것은 아니므로 고의범이 성립하지 않고 과실범이 성립한다.

② (×) 의사에게 의료행위로 인한 업무상 과실치사상죄를 인정하기 위해서는, 의료행위 과정에서 공소사실에 기재된 업무상 과실의 존재는 물론 그러한 업무상 과실로 인하여 환자에게 상해·사망 등 결과가 발생한 점에 대하여도 엄격한 증거에 따라 합리적 의심의 여지가 없을 정도로 증명이 이루어져야 한다. 설령, 의료행위와 환자에게 발생한 상해·사망 등 결과 사이에 인과관계가 인정되는 경우에도, 검사가 공소사실에 기재한 바와 같은 업무상 과실로 평가할 수 있는 행위의 존재 또는 그 업무상 과실의 내용을 구체적으로 증명하지 못하였다면, 의료행위로 인하여 환자에게 상해·사망 등 결과가 발생하였다는 사정만으로 의사의 업무상 과실을 추정하거나 단순한 가능성·개연성 등 막연한 사정을 근거로 함부로 이를 인정할 수는 없다(대법원 2023.1.12, 2022도11163).

③ (×) (출제의 의도를 고려하여 해설함) 실화죄에 있어서 공동의 과실이 경합되어 화재가 발생한 경우 적어도 각 과실이 화재의 발생에 대하여 하나의 조건이 된 이상은 그 공동적 원인을 제공한 사람들은 각자 실화죄의 책임을 면할 수 없다(대법원 2023.3.9, 2022도16120). 또한 판례에 의하면, 과실범의 공동정범이 성립하기 위해서는 자연적·사실적·전법률적 행위에 대한 의사의 연락(예컨대, 성수대교를 함께 건설한다는 의사의 연락)과 행위의 공동이 필요하다. 피고인들은 각자 분리수거장 방향으로 담배꽁초를 던져 버리고 현장을 떠난 것이므로 각자에게 실화죄의 죄책이 있는 것이고 실화죄의 공동정범이 되는 것은 아니다.

> [판례] 피고인들이 분리수거장 방향으로 담배꽁초를 던져 버리고 현장을 떠난 후 화재가 발생하여 각각 실화죄로 기소된 경우, 피고인들 각자 본인 및 상대방이 버린 담배꽁초 불씨가 살아 있는지를 확인하고 이를 완전히 제거하는 등 화재를 미리 방지할 주의의무가 있음에도 이를 게을리한 채 만연히 현장을 떠난 과실이 인정되고 이러한 피고인들 각자의 과실이 경합하여 위 화재를 일으켰다고 볼 수 있어 피고인들 각자에게 실화죄의 책임이 인정된다(대법원 2023.3.9, 2022도16120).

⑤ (×) 과실에 의한 간접정범은 의사지배의 요소가 결여되어 있으므로 간접정범이 성립하지 않는다. 반면, 이용자에게 피이용자인 과실범에 대한 의사지배의 요소가 있다면 과실범에 대한 간접정범은 성립될 수 있다.

정답 ④

004 ✓유사 ◆◇◇　　　　경찰간부 2024

고의와 과실에 관한 설명으로 옳지 않은 것은? (다툼이 있는 경우 판례에 의함)

① 절도죄에서 타인의 물건을 자기에게 취득할 것이 허용된 동일한 물건으로 오인하고 가져온 경우에는 범죄사실에 대한 인식이 있다고 할 수 없으므로 범죄가 성립하지 않는다.

② 미필적 고의가 있었다고 하려면 결과 발생의 가능성에 대한 인식이 있음은 물론 나아가 결과 발생을 용인하는 내심의 의사가 있음을 요한다.

③ 주의의무 위반 여부를 판단함에는 행위자 본인의 주의능력을 표준으로 하여 주의의무 위반을 결정해야 한다.

④ 허용된 위험이론과 신뢰의 원칙은 과실범에 있어서 주의의무의 범위를 한정하는 원리로 작동하고 있다.

해설 ▏출제영역 ▏ 고의와 과실

③ (×) 과실범의 구성요건적 과실인 주의의무 위반 여부를 판단함에 있어서 통설·판례는 객관설을 취한다. 위 지문은 주관설의 표

현이다.

> **[판례]** 과실의 유무를 판단함에는 같은 업무와 직무에 종사하는 일반적 보통인의 주의정도를 표준으로 하여야 하며, 이에는 사고 당시의 일반적인 의학의 수준과 의료환경 및 조건, 의료행위의 특수성 등이 고려되어야 한다(대법원 1996. 11.8, 95도2710).

① (○) 타인 소유의 재물임을 인식하지 못한 경우에는 절도죄의 구성요건적 고의가 조각된다.

> **[판례]** 절도죄에 있어서 재물의 타인성을 오신하여 그 재물이 자기에게 취득(빌린 것)할 것이 허용된 동일한 물건으로 오인하고 가져온 경우에는 범죄사실에 대한 인식이 있다고 할 수 없으므로 범의가 조각되어 절도죄가 성립하지 아니한다(대법원 1983.9.13, 83도1762, 83감도315).

② (○) 미필적 고의와 인식 있는 과실에 구별에 관하여 다수설·판례는 인용설을 취한다.

> **[판례]** 미필적 고의라 함은 결과의 발생이 불확실한 경우 즉 행위자에 있어서 그 결과발생에 대한 확실한 예견은 없으나 그 가능성은 인정하는 것으로 미필적 고의가 있었다고 하려면 결과발생에 대한 인식이 있음은 물론 나아가 이러한 결과 발생을 용인하는 내심의 의사가 있음을 요한다(대법원 1985. 6.25, 85도660).

④ (○) 허용된 위험과 신뢰의 원칙은 과실범의 구성요건적 과실인 객관적 주의의무의 범위를 한정(제한)하는 원리로 기능한다.

정답 ③

---

005 ✓ 대표 ◆◇◇ 　国가9급/총론 2017

과실범에서 신뢰의 원칙에 대한 설명으로 옳지 않은 것은? (다툼이 있으면 판례에 의함)

① 중앙선 표시가 있는 직선도로에서 특별한 사정이 없는 한 그 대향차선상의 차량이 중앙선을 넘어 반대차선에 진입하지 않으리라고 믿는 것이 우리의 경험칙에 합당하다.
② 약사가 의약품을 판매하거나 조제함에 있어서 특별한 사정이 없는 한 그 약의 포장상의 표시를 신뢰하고 이를 사용한 경우에는 과실이 없다.
③ 의사가 환자에 대하여 다른 의사와 의료행위를 분담하는 경우에 다른 의사의 전공과목에 전적으로 속하는 사항에 대하여는 다른 의사가 하는 의료행위의 내용이 적절한 것인지의 여부를 확인하고 감독하여야 할 업무상 주의의무가 없다.
④ 횡단보도의 보행자 신호등이 적색으로 표시된 경우에도 운전자는 보행자가 적색신호를 무시하고 갑자기 뛰어나올 가능성에 대비하여 운전하여야 할 업무상의 주의의무가 있다.

해설 출제영역 | 과실범 – 객관적주의의무의 제한원리 – 신뢰의 원칙

④ (×) 교통이 빈번한 간선도로에서 횡단보도의 보행자 신호등이 적색으로 표시된 경우 자동차운전자에게 보행자가 적색신호를 무시하고 갑자기 뛰어 나오리라는 것까지 미리 예견하여 운전하여야 할 업무상 주의의무는 없다(대법원 1985.11.12, 85도1893).
① (○) 대법원 1995.7.11, 95도382
② (○) 대법원 1976.2.10, 74도2046
③ (○) 대법원 2007.2.22, 2005도9229

정답 ④

---

006 ✓ 유사 ◆◆◇ 　군무원9급 2024

다음 중 과실 및 과실범에 대한 설명으로 가장 옳은 것은? (다툼이 있는 경우 판례에 의함)

① 인식 있는 과실은 인식 없는 과실보다 법률상 중하게 처벌된다.
② 주의의무의 판단기준에 관한 주관설에 따르면, 행위자가 평균인 이하의 능력을 가졌기 때문에 결과의 발생을 예견할 가능성이 없더라도 주의의무 위반에 따른 결과가 발생한 이상 과실범의 불법은 긍정된다.
③ 행정상의 단속을 주안으로 하는 법규라 하더라도 명문 규정이 있거나 해석상 과실범도 벌할 뜻이 명확한 경우를 제외하고는 형법의 원칙에 따라 고의가 있어야 벌할 수 있다.
④ 자동차의 운전자는 횡단보행자용 신호기가 설치되지 않은 횡단보도를 횡단하는 보행자가 있어 그대로 진행하더라도 보행자의 횡단을 방해하지 않거나 통행에 위험을 초래하지 않을 경우라고 하더라도 횡단보도에 먼저 진입하였는지와 관계없이 차를 일시정지하는 등의 조치를 취함으로써 보행자의 통행이 방해되지 않도록 할 의무가 있다.

해설 출제영역 | 과실범의 성립요건

③ (○) 대법원 1986.7.22, 85도108
① (×) 인식 있는 과실과 인식 없는 과실은 불법이나 책임(비난가능성)의 내용에 있어서 차이가 없다.
② (×) 주의의무의 판단기준에 있어서 주관설(행위자표준설)에 따르면, 구성요건 단계에서는 행위자 개인의 주관적 주의의무위반과 주관적 예견가능성만을 심사해야 한다고 하여, 행위자 본인의 주의능력을 표준으로 주의의무 위반을 결정하는 견해이다. 이에 따르면 행위자가 평균인 이하의 능력을 가졌기 때문에 결과의 발생을 예견할 가능성이 없다면 주의의무 위반에 따른 결과가 발생하더라도 과실범의 불법을 인정할 수 없다.
④ (×) 자동차의 운전자는 횡단보행자용 신호기의 지시에 따라 횡단보도를 횡단하는 보행자가 있을 때에는 횡단보도에의 진입 선후를 불문하고 일시정지하는 등의 조치를 취함으로써 보행자의 통행이 방해되지 않도록 하여야 하고, 다만 자동차가 횡단보도에 먼저 진입한 경우로서 그대로 진행하더라도 보행자의 횡단을 방해하지 않거나 통행에 위험을 초래하지 않을 상황이라면 그대로 진행할 수 있는 것으로 해석되고, 이러한 법리는 그 보호의 정도를 달리 볼 이유가 없는 횡단보행자용 신호기가 설치되지 않은 횡단보도를 횡단하는 보행자에 대하여도 마찬가지로 적용된다.

따라서 모든 차의 운전자는 보행자보다 먼저 횡단보행자용 신호기가 설치되지 않은 횡단보도에 진입한 경우에도, 보행자의 횡단을 방해하지 않거나 통행에 위험을 초래하지 않을 상황이 아니고서는, 차를 일시정지하는 등으로 보행자의 통행이 방해되지 않도록 할 의무가 있다(대법원 2022.4.14, 2020도17724).

정답 ③

---

007 ✓ 유사 ◆◆◇ 경찰경력채용 2023

신뢰의 원칙에 관한 설명으로 가장 적절하지 않은 것은? (다툼이 있는 경우 판례에 의함)

① 오늘날 신뢰의 원칙은 도로교통위반사례 이외에 기업이나 의료행위와 같이 다수인이 일정한 목적을 달성하기 위하여 분업관계가 확립되어 있는 영역 등으로 그 범위가 확대되고 있다.

② 수련병원의 전문의와 전공의 등의 관계처럼 의료기관 내의 직책상 주된 의사의 지위에서 지휘·감독 관계에 있는 다른 의사에게 특정 의료행위를 위임하는 수직적 분업의 경우에, 그 다른 의사에게 전적으로 위임된 것이 아닌 이상 주된 의사는 자신이 주로 담당하는 환자에 대하여 다른 의사가 하는 의료행위의 내용이 적절한 것인지 여부를 확인하고 감독하여야 할 업무상 주의의무가 있고, 만약 의사가 이와 같은 업무상 주의의무를 소홀히 하여 환자에게 위해가 발생하였다면 주된 의사는 그에 대한 과실 책임을 면할 수 없다.

③ 수련병원의 전문의와 전공의 등의 관계처럼 의료기관 내의 직책상 주된 의사의 지위에서 지휘·감독 관계에 있는 다른 의사에게 특정 의료행위를 위임하는 수직적 분업의 경우에, 그 의료행위가 위임을 통해 분담 가능한 내용의 것이고 실제로도 그에 관한 위임이 있었다면, 그 위임 당시 구체적인 상황하에서 위임의 합리성을 인정하기 어려운 사정이 존재하고 이를 인식하였거나 인식할 수 있었다고 볼 만한 다른 사정에 대한 증명이 없는 한, 위임한 의사는 위임받은 의사의 과실로 환자에게 발생한 결과에 대한 책임이 있다고 할 수 없다.

④ 의약품을 판매하거나 조제함에 있어서 약사는 의약품이 그 표시포장상에 있어서 「약사법」소정의 검인, 합격품이고 또한 부패 변질 변색되지 아니하고 유효기간이 경과되지 아니함을 확인하고 조제·판매한 경우에는 특별한 사정이 없는 한 관능시험 및 기기시험까지 하여야 할 주의의무가 있으므로, 그 의약품 표시포장상의 표시만을 신뢰하여 이를 사용한 경우에는 과실이 인정된다.

해설 | 출제영역 | 과실범 – 객관적주의의무의 제한원리 – 신뢰의 원칙

④ (×) 약사가 의약품을 판매하거나 조제함에 있어서 약사로서는 그 의약품이 그 표시포장상에 있어서 약사법 소정의 검인, 합격품이고 또한 부패 변질 변색되지 아니하고 유효기간이 경과되지

아니함을 확인하고 조제판매한 경우에는 우연히 그 내용에 불순물 또는 표시된 의약품과는 다른 성분의 약품이 포함되어 있어 이를 사용하는 등 사고가 발생하였다면 특히 그 제품에 불순물 또는 다른 약품이 포함된 것을 간단한 주의를 하면 인식할 수 있고 또는 이미 제품에 의한 사고가 발생된 것이 널리 알려져 그 의약품의 사용을 피할 수 있었던 특별한 사정이 없는 한 관능시험 및 기기시험까지 하여야 할 주의의무가 있다 할 수 없고 따라서 그 표시를 신뢰하고 그 약을 사용한 점에 과실이 있었다고는 볼 수 없다고 할 것이다(대법원 1976.2.10, 74도2046).

① (○) 신뢰의 원칙은 의료행위나 공장에서의 작업 등 수평적·분업적 공동작업이 필요한 모든 경우에 적용된다는 견해가 보편화되고 있다.

② (○), ③ (○) 대법원 2022.12.1, 2022도1499

정답 ④

---

008 ✓ 유사 ◆◆◇ 경찰2차 2023

과실치사상의 죄에 관한 설명으로 가장 적절하지 않은 것은? (다툼이 있는 경우 판례에 의함)

① 4층 건물의 2층 내부 벽면에 설치된 분전반을 통해 3층과 4층으로 가설된 전선이 합선으로 단락되어 화재가 나 상해가 발생한 사안에서, 단지 4층 건물의 소유자로서 위 건물 2층을 임대하였다는 사정만으로는 업무상 과실치상죄에 있어서의 '업무'로 보기 어렵다.

② 고속도로를 무단횡단하는 보행자를 충격하여 사고를 발생시킨 경우라도 운전자가 상당한 거리에서 보행자의 무단횡단을 미리 예상할 수 있는 사정이 있었고, 그에 따라 즉시 감속하거나 급제동하는 등의 조치를 취하였다면 보행지와의 충돌을 피할 수 있었다는 등의 특별한 사정이 인정되는 경우에는 자동차 운전자의 과실을 인정할 수 있다.

③ 야간 당직간호사가 담당 환자의 심근경색 증상을 당직의사에게 제대로 보고하지 않음으로써 당직의사가 필요한 조치를 취하지 못한 채 환자가 사망하였다면 병원의 야간당직 운영체계상 당직의사에게도 업무상 과실이 있다.

④ 의사가 환자에 대하여 주된 의사의 지위에서 진료하는 경우라도, 자신은 환자의 수술이나 시술에 전념하고 마취과 의사로 하여금 마취와 환자 감시 등을 담당토록 하는 경우처럼 서로 대등한 지위에서 각자의 의료영역을 나누어 환자 진료의 일부를 분담하였다면, 진료를 분담받은 다른 의사의 전적인 과실로 환자에게 발생한 결과에 대하여는 주된 의사의 책임을 인정할 수 없다.

해설 | 출제영역 | 과실범의 성립요건

③ (×) 야간 당직간호사가 담당 환자의 심근경색 증상을 당직의사에게 제대로 보고하지 않음으로써 당직의사가 필요한 조치를 취하지 못한 채 환자가 사망한 경우, 병원의 야간당직 운영체계상 당직간호사에게 환자의 사망을 예견하거나 회피하지 못한 업무

상 과실이 있고, 당직의사에게는 업무상 과실을 인정하기 어렵다 (대법원 2007.9.20, 2006도294).
① (○) 업무상 과실치상죄에 있어서의 '업무'란 사람의 사회생활면에서 하나의 지위로서 계속적으로 종사하는 사무를 말하고, 여기에는 수행하는 직무 자체가 위험성을 갖기 때문에 안전배려를 의무의 내용으로 하는 경우는 물론 사람의 생명·신체의 위험을 방지하는 것을 의무내용으로 하는 업무도 포함되는데, 안전배려 내지 안전관리 사무에 계속적으로 종사하여 위와 같은 지위로서의 계속성을 가지지 아니한 채 단지 건물의 소유자로서 건물을 비정기적으로 수리하거나 건물의 일부분을 임대하였다는 사정만으로는 업무상 과실치상죄에 있어서의 '업무'로 보기 어렵다(대법원 2009.5.28, 2009도1040).
② (○) 고속도로를 운행하는 자동차의 운전자로서는 일반적인 경우에 고속도로를 횡단하는 보행자가 있을 것까지 예견하여 보행자와의 충돌사고를 예방하기 위하여 급정차 등의 조치를 취할 수 있도록 대비하면서 운전할 주의의무가 없고, 다만 고속도로를 무단횡단하는 보행자를 충격하여 사고를 발생시킨 경우라도 운전자가 상당한 거리에서 보행자의 무단횡단을 미리 예상할 수 있는 사정이 있었고, 그에 따라 즉시 감속하거나 급제동하는 등의 조치를 취하였다면 보행자와의 충돌을 피할 수 있었다는 등의 특별한 사정이 인정되는 경우에만 자동차 운전자의 과실이 인정될 수 있다(대법원 2000.9.5, 2000도2671).
④ (○) 주된 의사와 마취과 의사 간에도 수평적 분업관계에 의하여 신뢰의 원칙이 적용될 수 있다(대법원 2022.12.1, 2022도1499).

정답 ③

---

009 ☑ 대표 ◆◆◇ 변호사 2015

다음 설명 중 옳지 않은 것은? (다툼이 있는 경우 판례에 의함)

① 결과적 가중범은 중한 결과가 발생하여야 성립되는 범죄이므로 「형법」에는 결과적 가중범의 미수를 처벌하는 규정을 두고 있지 않다.
② 부진정결과적 가중범에서 고의로 중한 결과를 발생하게 한 행위가 별도의 구성요건에 해당하고 그 고의범의 법정형이 결과적 가중범의 법정형보다 더 무거운 경우에는 고의범과 결과적 가중범이 상상적 경합관계에 있지만, 고의범의 법정형이 더 무겁지 않은 경우에는 결과적 가중범만 성립한다.
③ 여러 사람이 공동하여 상해의 범의로 범행 중 그중 한 사람이 중한 상해를 가하여 피해자가 사망에 이르게 된 경우 나머지 사람들도 사망의 결과를 예견할 수 있는 때에는 상해치사의 죄책을 진다.
④ 결과적 가중범의 기본범죄가 미수에 그친 경우에도 중한 결과가 발생하면 결과적 가중범의 기수가 성립한다.
⑤ 「형법」 제30조의 '공동하여 죄를 범한 때'의 '죄'는 고의범이건 과실범이건 불문한다고 해석하여야 할 것이므로, 2인 이상이 서로의 의사연락 아래 어떠한 과실행위를 하여 범죄결과가 발생한 경우 과실범의 공동정범이 성립한다.

해설 | 출제영역 | 결과적 가중범의 미수, 결과적 가중범의 죄수

① (×) 형법은 진정결과적 가중범인 (해상)강도치사상죄(제337조, 제338조, 제340조 제2항·제3항 및 제342조)와 인질치사상죄(제324조의2, 4, 5)뿐만 아니라 부진정결과적 가중범인 현주건조물일수치사상죄(제177조, 제182조)에 형식상 미수범을 처벌하는 규정을 두고 있다.
② (○) 기본범죄를 통하여 고의로 중한 결과를 발생하게 한 경우에 가중 처벌하는 부진정결과적가중범에서, 고의로 중한 결과를 발생하게 한 행위가 별도의 구성요건에 해당하고 그 고의범에 대하여 결과적가중범에 정한 형보다 더 무겁게 처벌하는 규정이 있는 경우에는 그 고의범과 결과적가중범이 상상적 경합관계에 있지만, 위와 같이 고의범에 대하여 더 무겁게 처벌하는 규정이 없는 경우에는 결과적가중범이 고의범에 대하여 특별관계에 있으므로 결과적가중범만 성립하고 이와 법조경합의 관계에 있는 고의범에 대하여는 별도로 죄를 구성하지 않는다(대법원 2008.11.27, 2008도7311).
③ (○) 대법원 2000.5.12, 2000도745
④ (○) 기본범죄가 미수에 그치고 중한 결과가 발생의 취급에 대해 중한 결과가 발생한 이상 기본범죄가 미수에 그쳤더라도 결과적가중범은 기수가 된다는 것이 통설이다. 판례도 "강간이 미수에 그친 경우라도 그 수단이 된 폭행에 의하여 피해자가 상해를 입었으면 강간치상죄가 성립"하고(대법원 1988.11.8, 88도1628), "강도치상죄는 재물강취의 기수·미수를 불문하고 범인이 강도범행의 기회에 사람을 치상하면 성립한다."고 한다(대법원 1986.9.23, 86도1526).
⑤ (○) 대법원 1962.3.29, 61도598

정답 ①

---

010 ☑ 대표 ◆◇◇ 국가9급총론 2017

결과적 가중범에 대한 설명으로 옳지 않은 것은? (다툼이 있으면 판례에 의함)

① 부진정결과적 가중범에서 고의로 중한 결과를 발생하게 한 행위가 별도의 구성요건에 해당하고 그 고의범에 대하여 결과적 가중범에 정한 형보다 더 무겁게 처벌하는 규정이 있는 경우에는 그 고의범과 결과적 가중범이 상상적 경합관계에 있다.
② 사람을 살해할 목적으로 현주건조물에 방화하여 피해자를 사망에 이르게 한 경우에는 현주건조물방화치사죄와 살인죄의 상상적 경합으로 의율하여야 한다.
③ 공무집행을 방해하는 집단행위의 과정에서 일부 집단원이 고의로 살상을 가한 경우에도 다른 집단원에게 그 사상의 결과가 예견 가능한 것이었다면 다른 집단원도 그 결과에 대하여 특수공무방해치사상의 책임을 면할 수 없다.
④ 결과적 가중범의 공동정범은 기본행위를 공동으로 할 의사가 있으면 성립하고 결과를 공동으로 할 의사는 필요 없다.

해설 | 출제영역 | 결과적 가중범 - 구성요건

② (×) 사람을 살해할 목적으로 현주건조물에 방화하여 사망에 이르게 한 경우에는 현주건조물방화치사죄로 의율하여야 하고 이

와 더불어 살인죄와의 상상적 경합범으로 의율할 것은 아니다(대법원 1996.4.26, 96도485).
① (○) 대법원 2008.11.27, 2008도7311
③ (○) 대법원 1990.6.26, 90도765
④ (○) 대법원 2005.5.26, 2005도945

정답 ②

---

011 ☑ 유사 ◆◆◇ 　　　　　　　　　　　변호사 2021

다음 설명 중 옳은 것을 모두 고른 것은? (다툼이 있는 경우 판례에 의함)

ㄱ. 선행 교통사고와 후행 교통사고 중 어느 쪽이 원인이 되어 피해자가 사망에 이르게 되었는지 밝혀지지 않은 경우, 후행 교통사고를 일으킨 사람의 과실과 피해자의 사망 사이에 인과관계가 인정되기 위해서는 후행 교통사고를 일으킨 사람이 주의의무를 게을리하지 않았다면 피해자가 사망에 이르지 않았을 것이라는 사실이 증명되어야 한다.
ㄴ. 결과적 가중범의 미수범 규정이 있는 경우, 기본범죄가 미수에 그친 때에는 결과적 가중범의 미수범이 성립된다.
ㄷ. 결과적 가중범의 공동정범이 성립하기 위해서는 고의의 기본범죄를 공동으로 할 의사와 함께 과실에 의한 중한 결과를 공동으로 할 의사가 필요하다.
ㄹ. 절도를 교사하였는데 피교사자가 강간을 실행한 경우, 교사자에게 피교사자의 강간행위에 대한 예견가능성이 있는 때에는 강간죄의 교사범으로서의 죄책을 지울 수 있다.
ㅁ. 부진정결과적 가중범은 기본범죄가 고의범인 경우에는 물론이고 과실범인 경우에도 인정되는 개념이다.

① ㄱ
② ㄱ, ㄴ
③ ㄱ, ㅁ
④ ㄷ, ㄹ, ㅁ
⑤ ㄴ, ㄷ, ㄹ, ㅁ

해설 출제영역 | 범죄의 특수한 출현형태론, 결과적 가중범
ㄱ. (○) 대법원 2007.10.26, 2005도8822
ㄴ. (×) 결과적 가중범에서 중한 결과가 발생하였다면 기본범죄가 미수에 그쳤더라도 결과적 가중범의 기수범이 성립한다(다수설·판례, 대법원 1972.7.25, 72도1294, 미수범 처벌규정은 결과적 가중범에 대한 것이 아니라는 판례는 대법원 2008.4.24, 2007도10058).
ㄷ. (×) 결과적 가중범에 있어서의 공동정범은 행위를 공동으로 할 의사가 있으면 성립하고 결과를 공동으로 할 의사는 필요없다(대법원 1990.6.26, 90도765).
ㄹ. (×) 절도를 교사한 행위자에게 강간의 실행 부분은 질적 초과의 경우로서 교사자는 이에 대한 죄책을 부담하지 않는다. 이 경우 교사한 범죄의 예비·음모의 처벌규정이 있다면 그에 따라 처벌될 수 있을 뿐이나(제31조 제2항·제3항), 절도는 예비·음모를 벌하지 않으므로 결국 무죄가 된다.
ㅁ. (×) 부진정결과적 가중범에 있어서도 <u>기본범죄는 고의범이어야</u>

한다.
[보충] 부진정결과적 가중범은 중한 결과에 대하여 과실뿐만 아니라 고의가 있을 경우에도 성립하는 개념이다.

정답 ①

---

012 ☑ 유사 ◆◇◇ 　　　　　　　　　　　국가9급 2016

과실범에 대한 설명으로 옳은 것은? (다툼이 있으면 판례에 의함)

① 공사현장감독인이 공사의 발주자에 의하여 현장감독에 임명된 것이 아니고, 건설업법상 요구되는 현장건설기술자의 자격도 없다면 업무상 과실 책임을 물을 수 없다.
② 의사 甲이 수술 전에 피해자에 대한 혈청에 의한 간기능검사를 하였더라면 피해자가 사망하지 않았을 것임이 입증되지 않더라도 간기능검사를 시행하지 않은 甲의 과실과 피해자의 사망 사이에는 인과관계가 있다.
③ 환자의 주치의 겸 정형외과 전공의 甲이 같은 과 수련의 乙의 처방에 대한 감독의무를 소홀히 한 나머지, 환자가 乙의 잘못된 처방으로 인하여 상해를 입게 된 경우, 甲은 업무상 과실치상죄가 성립한다.
④ 과실범의 주의의무위반은 정상의 주의를 태만히 하는 것을 의미하고, 그 과실의 유무를 판단함에는 행위 당시의 행위자 자신이 기울일 수 있었던 주의 정도를 기준으로 판단한다.

해설 출제영역 | 과실범 – 과실범의 성립요건
③ (○) 피고인 甲이 피해자의 주치의 겸 병원 정형외과의 전공의로서, 같은 과의 수련의인 乙이 피고인 甲의 담당 환자인 피해자에 대하여 한 처방이 적절한 것인지의 여부를 확인하고 감독하여야 할 업무상 주의의무가 있음에도 불구하고, 위 의무를 소홀히 한 나머지 피해자가 乙의 잘못된 처방으로 인하여 상해를 입게 되었다면, 피고인 甲은 업무상 과실치상죄의 죄책을 져야 한다(대법원 2007.2.22, 2005도9229).
① (×) 피고인이 사업 당시 공사현장감독인인 이상 그 공사의 원래의 발주자의 직원이 아니고 또 발주자에 의하여 현장감독에 임명된 것도 아니며, 건설업법상 요구되는 현장건설기술자의 자격도 없다는 등의 사유는 업무상 과실책임을 물음에 아무런 <u>영향도 미칠 수 없다</u>(대법원 1983.6.14, 82도2713).
② (×) 종합병원 마취담당의사 甲이 난소종양절제를 위해 전신마취에 의한 개복수술을 함에 있어서 개복 전 종합적인 간기능 검사가 필수적임에도 소변에 의한 간검사 결과만을 믿고 수술한 결과 수술 후 22일 만에 환자가 급성 간염으로 사망한 경우, 甲에게 업무상 과실이 인정되나 종합적인 간기능 검사를 하였더라면 간기능에 이상이 있었다는 검사결과가 나왔으리라는 점이 증명되지 않는 한 甲의 과실과 환자의 사망 사이에 인과관계가 있다고 볼 수 없다(대법원 1990.12.11, 90도694).
④ (×) 과실의 유무를 판단함에 있어서는 행위자 자신이 아니라 <u>사회일반인의 주의 정도를 기준으로 한다</u>는 것이 통설과 판례의 입장이다(대법원 2014.5.29, 2013도14079).

정답 ③

013 ✓유사 ◆◇◇ 〔국가7급 2016〕

甲의 행위를 과실범으로 처벌할 수 있는 경우만을 모두 고른 것은? (다툼이 있는 경우 판례에 의함)

> ㄱ. 산부인과 의사 甲이 제왕절개수술을 시행 중 태반조기박리를 발견하고도 피해자의 출혈 여부 관찰을 간호사에게 지시하였다가 대량출혈 증상을 조기에 발견하지 못하고 수술 후 약 45분이 지나 대량출혈을 확인하고 전원 조치하였으나 전원을 지체하여 피해자로 하여금 신속한 수혈 등의 조치를 받지 못하게 하여 피해자가 사망한 경우
>
> ㄴ. 산후조리원에 입소한 신생아가 계속하여 잦은 설사 등의 이상증세를 보임에도 불구하고, 산후조리원의 신생아 집단관리를 맡은 책임자인 甲이 의사 등의 진찰을 받도록 하지 않아 신생아가 사망한 경우
>
> ㄷ. 의사들의 주의의무 위반과 처방체계상의 문제점으로 인하여 수술 후 회복과정에 있는 환자에게 인공호흡 준비를 갖추지 않은 상태에서는 사용할 수 없는 약제가 잘못 처방되었음에도 불구하고, 종합병원의 간호사 甲이 환자에 대한 투약 과정 및 그 이후의 경과 관찰 등의 직무 수행을 위하여 처방 약제의 기본적인 약효나 부작용 및 주사 투약에 따르는 주의사항 등을 미리 확인·숙지하였다면 과실로 처방된 것임을 알 수 있었음에도 그대로 주사하여 환자가 의식불명 상태에 이르게 된 경우
>
> ㄹ. 병원 인턴 甲이 응급실로 이송되어 온 익수환자를 담당의사의 지시에 따라 구급차에 태워 다른 병원으로 이송하던 중 산소통의 산소잔량을 체크하지 않아 산소공급이 중단된 결과 환자를 폐부종 등으로 사망에 이르게 한 경우

① ㄱ, ㄹ   ② ㄴ, ㄷ
③ ㄱ, ㄴ, ㄷ   ④ ㄱ, ㄴ, ㄷ, ㄹ

〔해설〕 **출제영역 |** 과실범의 성립요건 – 과실범의 구성요건

ㄱ. (○) 피고인이 제왕절개수술을 시행 중 태반조기박리를 발견하고도 피해자의 출혈 여부 관찰을 간호사에게 지시하였다가 수술 후 약 45분이 지나 대량출혈을 확인하고 전원(轉院) 조치하였으나 그 후 피해자가 사망한 사안에서, 피고인에게 대량출혈 증상을 조기에 발견하지 못하고, 전원을 지체하여 피해자로 하여금 신속한 수혈 등의 조치를 받지 못하게 한 과실이 있다(대법원 2010.4.29, 2009도7070).

ㄴ. (○) 산후조리원에 입소한 신생아가 계속하여 잦은 설사 등의 이상증세를 보임에도 불구하고, 산후조리원의 신생아 집단관리를 맡은 책임자가 의사 등의 진찰을 받도록 하지 않아 신생아가 사망한 사안에서, 위 집단관리 책임자에게 업무상 과실치사의 죄책이 인정된다(대법원 2007.11.16, 2005도1796).

ㄷ. (○) 의사들의 주의의무 위반과 처방체계상의 문제점으로 인하여 수술 후 회복과정에 있는 환자에게 인공호흡 준비를 갖추지 않은 상태에서는 사용할 수 없는 약제가 잘못 처방되었고, 종합병원의 간호사로서 환자에 대한 투약 과정 및 그 이후의 경과 관찰 등의 직무 수행을 위하여 처방 약제의 기본적인 약효나 부작용 및 주사 투약에 따르는 주의사항 등을 미리 확인·숙지하였다면

과실로 처방된 것임을 알 수 있었음에도 그대로 주사하여 환자가 의식불명 상태에 이르게 된 사안에서, 간호사에게 업무상 과실치상의 형사책임이 인정된다(대법원 2009.12.24, 2005도8980).

ㄹ. (×) 병원 인턴인 피고인이, 응급실로 이송되어 온 익수(溺水)환자 甲을 담당의사의 지시에 따라 구급차에 태워 다른 병원으로 이송하던 중 산소통의 산소잔량을 체크하지 않은 과실로 산소 공급이 중단된 결과 甲을 폐부종 등으로 사망에 이르게 하였다는 내용으로 기소된 사안에서, 피고인에게 업무상 과실치사죄를 인정한 원심판단에 법리오해 또는 심리미진의 위법이 있다(대법원 2011.9.8, 2009도13959).

〔정답〕 ③

014 ✓유사 ◆◆◇ 〔법원행시 2018〕 〔변호사 2022 유사〕

다음 설명 중 옳지 않은 것은 모두 몇 개인가?

> 가. 공장에서 동료 사이에 말다툼을 하던 중 피고인의 삿대질을 피하려고 뒷걸음치던 피해자가 장애물인 철받침대에 걸려 넘어져 두개골절로 사망하였다면, 폭행치사죄가 성립하지 않는다.
>
> 나. 상해를 교사하였는데 피교사자가 이를 넘어 살인을 실행한 경우, 교사자에게 피해자의 사망이라는 결과에 대하여 과실 내지 예견가능성이 있는 때에는 상해치사죄의 교사범이 성립한다.
>
> 다. 친구를 살해할 의도로 친구가 살고 있는 집을 방화하여 그를 사망하게 하였다면, 현주건조물방화치사죄와 살인죄가 성립하고 상상적 경합 관계에 있다.
>
> 라. 상해 후 피해자가 졸도하자 죽은 것으로 오인하고 자살로 위장하기 위해서 베란다 아래로 떨어뜨림으로써 사망의 결과를 발생하게 한 경우 상해죄와 과실치사죄의 경합범이 성립한다.
>
> 마. 배우자가 경영하는 미장원에 고용된 부녀에게 성교 요구에 불응하면 해고한다고 위협하여 간음하고 이로 인하여 피해자의 처녀막이 파열되었다면, 업무상 위력에 의한 간음치상죄가 성립한다.

① 0개   ② 1개
③ 2개   ④ 3개
⑤ 4개

〔해설〕 **출제영역 |** 결과적 가중범과 공범, 죄수

④ 다, 라, 마. 3개의 지문이 옳지 않다.

가. (○) 대법원 1990.9.25, 90도1596

나. (○) 대법원 1997.6.24, 97도1075

다. (×) 형법 제164조 후단이 규정하는 현주건조물방화치사상죄는 그 전단이 규정하는 죄에 대한 일종의 가중처벌 규정으로서 과실이 있는 경우뿐만 아니라 고의가 있는 경우에도 포함된다고 볼 것이므로 사람을 살해할 목적으로 현주건조물에 방화하여 사망에 이르게 한 경우에는 현주건조물방화치사죄로 의율 하여야 하고 이와 더불어 살인죄와의 상상적 경합범으로 의율할 것은 아니며, 다만 존속살인죄와 현주건조물방화치사죄는 상상적 경합범 관계에 있으므로, 법정형이 중한 존속살인죄로 의율함이 타당하다

(대법원 1996.4.26, 96도485).
라. (×) 대법원 1994.11.4, 94도2361
마. (×) '업무상 위력에 의한 간음치상죄'는 형법에 규정이 없다.

정답 ④

015 ✓ 유사 ◆◇◇   경찰승진 2020

결과적 가중범에 대한 설명 중 가장 적절한 것은? (다툼이 있는 경우 판례에 의함)

① 결과적 가중범에 있어서 기본범죄는 고의·과실, 기수·미수를 불문한다.

② 진정결과적 가중범이란 고의에 의한 기본범죄에 의하여 중한 결과가 과실뿐만 아니라 고의에 의하여도 발생할 수 있는 것을 말한다.

③ 부진정결과적 가중범에서 고의로 중한 결과를 발생하게 한 행위가 별도의 구성요건에 해당하고 그 고의범에 대하여 결과적 가중범에 정한 형보다 더 무겁게 처벌하는 규정이 없는 경우에는 그 고의범과 결과적 가중범이 상상적 경합관계에 있다.

④ 여러 사람이 상해의 범의로 범행 중 한 사람이 중한 상해를 가하여 피해자가 사망에 이르게 된 경우 나머지 사람들은 사망의 결과를 예견할 수 없는 때가 아닌 한 상해치사의 죄책을 면할 수 없다.

해설 | 출제영역 | 결과적 가중범 – 구성요건, 죄수

④ (○) 결과적 가중범인 상해치사죄의 공동정범은 폭행 기타의 신체침해 행위를 공동으로 할 의사가 있으면 성립되고 결과를 공동으로 할 의사는 필요 없으며, 여러 사람이 상해의 범의로 범행 중 한 사람이 중한 상해를 가하여 피해자가 사망에 이르게 된 경우 나머지 사람들은 사망의 결과를 예견할 수 없는 때가 아닌 한 상해치사의 죄책을 면할 수 없다(대법원 2000.5.12, 2000도745).

① (×) 결과적 가중범의 기본범죄는 고의범이어야 하며, 기본범죄가 과실범인 경우에는 결과적 가중범이 인정되지 않는다.

② (×) 진정결과적 가중범은 고의에 의한 기본범죄에 의하여 중한 결과가 과실에 의하여 발생한 경우에 성립하는 결과적 가중범이고, 부진정결과적 가중범은 고의에 의한 기본범죄에 의하여 중한 결과가 과실뿐만 아니라 고의에 의하여도 발생한 경우에 성립하는 결과적 가중범이다.

③ (×) 기본범죄를 통하여 고의로 중한 결과를 발생하게 한 경우에 가중처벌하는 부진정결과적 가중범에서, 고의로 중한 결과를 발생하게 한 행위가 별도의 구성요건에 해당하고 고의범에 대하여 더 무겁게 처벌하는 규정이 없는 경우에는 결과적 가중범이 고의범에 대하여 특별관계에 있으므로 결과적 가중범만 성립하고 이와 법조경합의 관계에 있는 고의범에 대하여는 별도로 죄를 구성하지 않는다(대법원 2008.11.27, 2008도7311).

정답 ④

016 ✓ 유사 ◆◆◇   국가7급 2018

결과적 가중범에 대한 설명으로 옳지 않은 것은? (다툼이 있는 경우 판례에 의함)

① 결과적 가중범인 상해치사죄의 공동정범은 폭행 기타의 신체침해 행위를 공동으로 할 의사가 있으면 성립되고 결과를 공동으로 할 의사는 필요 없다.

② 甲이 A를 살해할 목적으로 현주건조물에 방화하여 사망에 이르게 한 경우 현주건조물방화치사죄만 성립하지만, 甲이 A의 재물을 강취한 후 그를 살해할 목적으로 현주건조물에 방화하여 사망에 이르게 한 경우 강도살인죄와 현주건조물방화치사죄의 상상적 경합이 된다.

③ 위험한 물건인 전자충격기를 사용하여 강간을 시도하다가 미수에 그치고, 피해자에게 약 2주간의 치료를 요하는 안면부 좌상 등의 상해를 입힌 경우 구 「성폭력범죄의 처벌 및 피해자보호 등에 관한 법률」에 의한 특수강간치상죄의 미수가 성립한다.

④ 甲이 A를 강제로 승용차에 태워 그의 하차 요구를 무시한 채 빠른 속도로 진행하여 A를 차량에서 내리지 못하게 하자, A가 감금상태를 벗어날 목적으로 차량을 빠져나오려다가 길바닥에 떨어져 상해를 입고 사망한 경우 감금치사죄가 성립한다.

해설 | 출제영역 | 결과적 가중범 – 구성요건

③ (×) (진정)결과적 가중범의 미수의 성부에 관하여 판례는 부정설의 입장이다. "성폭력범죄의 처벌 및 피해자보호 등에 관한 법률 제9조 제1항에 의하면 같은 법 제6조 제1항에서 규정하는 특수강간의 죄를 범한 자뿐만 아니라 특수강간이 미수에 그쳤다고 하더라도 그로 인하여 피해자가 상해를 입었으면 특수강간치상죄가 성립하는 것이고, 같은 법 제12조에서 규정한 위 제9조 제1항에 대한 미수범처벌규정은 제9조 제1항에서 특수강간치상죄와 함께 규정된 특수강간상해죄의 미수에 그친 경우, 즉 특수강간의 죄를 범하거나 미수에 그친 자가 피해자에 대하여 상해의 고의를 가지고 피해자에게 상해를 입히려다가 미수에 그친 경우 등에 직용된다(대법원 2008.4.24, 2007도10058)."

① (○) 대법원 2013.4.26, 2013도1222

② (○) 대법원 1996.4.26, 96도485

④ (○) 대법원 2000.2.11, 99도5286

정답 ③

017 ✓ 유사 ◆◆◇

다음 중 결과적 가중범에 대한 설명으로 가장 옳은 것은? (다툼이 있는 경우 판례에 의함)

① 「형법」 제177조 제2항의 현주건조물일수치사죄의 법정형은 사형, 무기 또는 7년 이상의 징역이다.

② 기본범죄를 통하여 고의로 중한 결과를 발생하게 한 경우에 가중 처벌하는 부진정 결과적가중범에서, 고의로 중한 결과를 발생하게 한 행위가 별도의 구성요건에 해당하고 그 고의범에 대하여 결과적 가중범에 정한 형보다 더 무겁게 처벌하는 규정이 있는 경우에는 그 고의범과 결과적 가중범이 상상적 경합관계에 있다.

③ 「형법」 제15조 제2항 결과적 가중범은 기본범죄와 중한 결과 사이의 인과관계에 대해서만 규정하고 있을 뿐, 예견가능성을 명시적으로 요구하고 있지는 않다.

④ 해상강도치사상죄, 자기소유일반물건방화죄, 강도치사상죄, 인질치사상죄 모두 형법상 미수범 처벌규정이 있다.

해설 출제영역 | 결과적 가중범의 성립요건

② (○) 대법원 2008.11.27, 2008도7311

① (×) 제177조 제2항 참조.
[보충] 현주건조물방화치사죄와는 달리 현주건조물일수치사죄는 부진정결과적 가중범이 아니다. 살인죄보다 그 형이 낮기 때문이다.

> **제177조(현주건조물등에의 일수)** ① 물을 넘겨 사람이 주거에 사용하거나 사람이 현존하는 건조물, 기차, 전차, 자동차, 선박, 항공기 또는 광갱을 침해한 자는 무기 또는 3년 이상의 징역에 처한다.
> ② 제1항의 죄를 범하여 사람을 상해에 이르게 한 때에는 무기 또는 5년 이상의 징역에 처한다. 사망에 이르게 한 때에는 무기 또는 7년 이상의 징역에 처한다.

③ (×) 결과 때문에 형이 무거워지는 죄의 경우에 그 결과의 발생을 예견할 수 없었을 때에는 무거운 죄로 벌하지 아니한다(형법 제15조 제2항). 따라서 형법 제15조 제2항이 규정하고 있는 이른바 결과적 가중범은 행위자가 행위 시에 그 결과의 발생을 예견할 수 없을 때에는 비록 그 행위와 결과 사이에 인과관계가 있다 하더라도 중한 죄로 벌할 수 없다(대법원 1988.4.12, 88도178).

④ (×) 자기소유일반물건방화죄는 미수를 벌하지 않는다(제167조, 제174조). 한편, 해상강도치사상죄(제342조), 강도치사상죄(제342조), 인질치사상죄(제324조의5)은 형법상 미수범 처벌규정이 있다.
[보충] 결과적 가중범은 거의 미수범 처벌규정이 없다. 다만, 인질치사상, 강도치사상, 해상강도치사상, 현주건조물일수치사상죄는 미수범 처벌규정이 있다.

정답 ②

018 ✓ 유사 ◆◆◇

甲은 원한관계에 있는 A를 살해하기로 마음먹고 한밤중에 A의 집으로 가서 A와 A의 딸 B가 잠을 자고 있는 것을 확인한 후 A의 집 주변에 휘발유를 뿌리고 A의 집을 방화하였다. 이로 인해 A는 질식사하였고 B는 잠에서 깨어 현관문을 열고 밖으로 나오려고 하였으나 甲이 밖에서 현관문을 막고 서는 바람에 B도 질식사하였다. 甲의 죄책에 관한 설명 중 옳지 않은 것은? (다툼이 있는 경우 판례에 의함)

① 현주건조물방화치사죄는 사망의 결과에 대하여 과실이 있는 경우뿐만 아니라 고의가 있는 경우에도 성립하는 부진정 결과적 가중범이다.

② A를 사망하게 한 점에 대해서는 현주건조물방화치사의 죄책을 진다.

③ B를 사망하게 한 점에 대해서는 현주건조물방화죄와 살인죄가 성립하고 두 죄는 실체적 경합 관계에 있다.

④ 만약 甲이 A가 혼자 있는 집에 들어가 A를 폭행하여 재물을 강취하고 A를 살해할 목적으로 A의 집을 방화하여 A를 사망에 이르게 하였다면 강도살인죄와 현주건조물방화치사죄가 성립하고 두 죄는 상상적 경합 관계에 있다.

⑤ 만약 甲이 A의 집 주변에 휘발유를 뿌린 다음 라이터로 불을 붙였으나 잠을 자고 있던 A가 집 밖으로 뛰어나와 불을 끄는 바람에 A의 집에는 불이 옮겨 붙지 않았지만 그로 인해 A가 화상을 입고 사망하였다면 현주건조물방화치사죄의 미수범으로 처벌된다.

해설 출제영역 | 결과적 가중범, 죄수

⑤ (×) 원래 결과적 가중범의 미수에 관한 논의는 기본범죄는 미수인데 중한 결과가 발생한 경우 결과적 가중범에 미수범의 임의적 감경규정을 적용할 수 있는가의 문제이다. 그런데 형법 제174조의 미수범 처벌규정에는 현주건조물방화치사상죄(제164조 제2항)가 포함되어 있지 않다. 따라서 형법상 현주건조물방화치사상죄의 미수는 존재하지 않는다. 사안의 경우, 현주건조물방화미수라 하더라도 그로 인하여 사망의 결과가 발생하였다면 현주건조물방화치사죄가 성립할 뿐이다.

① (○), ② (○) 형법 제164조 후단이 규정하는 현주건조물방화치사상죄는 그 전단이 규정하는 죄에 대한 일종의 가중처벌 규정으로서 과실이 있는 경우뿐만 아니라, 고의가 있는 경우에도 포함된다고 볼 것이므로 사람을 살해할 목적으로 현주건조물에 방화하여 사망에 이르게 한 경우에는 현주건조물방화치사죄로 의율하여야 하고 이와 더불어 살인죄와의 상상적 경합범으로 의율할 것은 아니며, 다만 존속살인죄와 현주건조물방화치사죄는 상상적 경합범 관계에 있으므로, 법정형이 중한 존속살인죄로 의율함이 타당하다(대법원 1996.4.26, 96도485).

③ (○) 불을 놓은 집에서 빠져 나오려는 피해자들을 막아 소사케한 행위는 1개의 행위가 수개의 죄명에 해당하는 경우라고 볼 수 없고, 위 방화행위와 살인행위는 법률상 별개의 범의에 의하여 별개의 법익을 해하는 별개의 행위라고 할 것이니, 현주건조물방화죄와 살인죄는 실체적 경합관계에 있다(대법원 1983.1.18, 82도2341).

④ (○) 피고인들이 피해자들의 재물을 강취한 후 그들을 살해할 목적으로 현주건조물에 방화하여 사망에 이르게 한 경우, 피고인들의

행위는 강도살인죄와 현주건조물방화치사죄에 모두 해당하고 그 두 죄는 상상적 경합범관계에 있다(대법원 1998.12.8, 98도3416).

정답 ⑤

---

019 ✓ 유사 ◆◆◇ 국가7급 2023

甲의 죄책에 대한 설명으로 옳은 것은?

> 甲은 방화의 고의로 A가 주거로 사용하는 집에 불을 놓았고, 이로 인해 A가 사망하였다.

① A가 사망하였더라도 甲의 방화가 미수에 그쳤다면, 甲은 현주건조물방화치사죄 미수범의 죄책을 진다.

② 甲이 A에 대한 살인의 고의로 방화한 것이라면 甲에게는 현주건조물방화치사죄 외에 고의범인 살인죄가 별도로 성립하고 양죄는 상상적 경합관계에 있다.

③ 만약 甲이 A를 살해할 고의로 방화를 하였으나 A가 사망하지 않았다면, 甲에게는 현주건조물방화치사죄의 미수범이 성립한다.

④ 만약 A가 甲의 부친(父親)이고 그 사망에 대해 甲에게 고의가 인정된다면, 甲에게는 현주건조물방화치사죄와 존속살해죄가 성립하고 양죄는 상상적 경합관계에 있다.

해설 출제영역 | 부진정결과적가중범

④ (○) 대법원 1996.4.26, 96도485

① (×) A가 사망하였다면 甲의 방화가 미수에 그쳤더라도, 甲은 현주건조물방화치사죄 기수범의 죄책을 진다.

② (×) 甲이 A에 대한 살인의 고의로 방화한 것이라면 甲에게는 부진정결과적가중범인 현주건조물방화치사죄가 성립한다.

> [판례] 기본범죄를 통하여 고의로 중한 결과를 발생하게 한 경우에 가중 처벌하는 부진정결과적가중범에서, 고의로 중한 결과를 발생하게 한 행위가 별도의 구성요건에 해당하고 그 고의범에 대하여 결과적가중범에 정한 형보다 더 무겁게 처벌하는 규정이 있는 경우에는 그 고의범과 결과적가중범이 상상적 경합관계에 있지만, 위와 같이 고의범에 대하여 더 무겁게 처벌하는 규정이 없는 경우에는 결과적가중범이 고의범에 대하여 특별관계에 있으므로 결과적가중범만 성립하고 이와 법조경합의 관계에 있는 고의범에 대하여는 별도로 죄를 구성하지 않는다(대법원 2008.11.27, 2008도7311).

③ (×) 현주건조물방화치사상죄(제164조 제2항)는 미수를 벌하지 않는다(제174조).
[보충] 따라서 만약 甲이 A를 살해할 고의로 방화를 하였으나 A가 사망하지 않았다면, 甲에게는 현주건조물방화죄와 살인미수죄의 상상적 경합범이 성립한다.

정답 ④

---

020 ✓ 대표 ◆◆◇ 경찰1차 2021

과실범에 대한 설명으로 가장 적절한 것은? (다툼이 있는 경우 판례에 의함)

① 의사가 설명의무를 위반한 채 의료행위를 하였다가 환자에게 사망의 결과가 발생한 경우, 의사에게 업무상 과실로 인한 형사책임을 지우기 위해서는 의사의 설명의무 위반과 환자의 사망 사이에 상당인과관계가 존재할 필요는 없다.

② 농배양을 하지 않은 의사의 과실과 피해자의 사망 사이에 인과관계를 인정하려면, 농배양을 하였더라면 피고인이 투약해 온 항생제와 다른 어떤 항생제를 사용하게 되었을 것이라거나 어떤 다른 조치를 취할 수 있었을 것이고, 따라서 피해자가 사망하지 않았을 것이라는 점이 인정되어야 한다.

③ 과실이 있는 경우, 결과가 발생하지 않거나 과실과 결과 사이에 인과관계가 부정될 때에는 과실미수범으로 처벌된다.

④ 의사들의 주의의무 위반과 처방체계상의 문제점으로 인하여 수술 후 회복과정에 있는 환자에게 인공호흡 준비를 갖추지 않은 상태에서는 사용할 수 없는 약제가 잘못 처방되었고, 종합병원의 간호사로서 환자에 대한 투약 과정 및 그 이후의 경과 관찰 등의 직무 수행을 위하여 처방 약제의 기본적인 약효나 부작용 및 주사 투약에 따르는 주의사항 등을 미리 확인·숙지하였다면 과실로 처방된 것임을 알 수 있었음에도 그대로 주사하여 환자가 의식불명 상태에 이르게 된 사안에서, 간호사에게는 업무상 과실치상의 형사책임은 인정되지 않는다.

해설 출제영역 | 과실범의 성립요건

② (○) 대법원 1996.11.8, 95도2710

① (×) 의사가 설명의무를 위반한 채 의료행위를 하였다가 환자에게 상해 또는 사망의 결과가 발생한 경우 의사에게 업무상 과실로 인한 형사책임을 지우기 위해서는 의사의 설명의무 위반과 환자의 상해 또는 사망 사이에 상당인과관계가 존재하여야 한다(대법원 2015.6.24, 2014도11315).

③ (×) 과실범의 미수는 처벌되지 않는다.

④ (×) 간호사에게 업무상 과실치상의 형사책임이 인정된다(대법원 2009.12.24, 2005도8980).

정답 ②

결과적 가중범에 대한 설명으로 옳지 않은 것은? (다툼이 있는 경우 판례에 의함)

① 부진정결과적 가중범에서 고의로 중한 결과를 발생하게 한 행위가 별도의 구성요건에 해당하고 그 고의범에 대하여 결과적 가중범에 정한 형보다 더 무겁게 처벌하는 규정이 있는 경우, 결과적 가중범이 고의범에 대하여 특별관계에 있으므로 결과적 가중범만 성립한다.

② 피고인이 위험한 물건인 전자충격기를 사용하여 강간을 시도하다가 미수에 그치고 피해자에게 약 2주간의 치료를 요하는 안면부 좌상 등의 상해를 입힌 경우, 「성폭력범죄의 처벌 등에 관한 특례법」에 의한 특수강간치상죄의 기수가 성립한다.

③ 피고인이 편도 2차로의 고속도로 1차로를 진행하던 A의 차량 앞에 급하게 끼어든 후 곧바로 정차하여 A의 차량 및 이를 뒤따르던 차량 두 대는 급정차하였으나, 그 뒤를 따라오던 B의 차량은 앞의 차량들을 연쇄추돌하여 B가 사망에 이른 경우, 피고인에게는 일반교통방해치사죄가 성립한다.

④ 「형법」 제188조에 규정된 교통방해에 의한 치사상죄는 결과적 가중범이므로 교통방해 행위와 사상의 결과 사이에 상당인과관계가 있어야 하고, 그 행위와 결과 사이에 피해자나 제3자의 과실 등 다른 사실이 개재된 때에도 그와 같은 사실이 통상 예견될 수 있는 것이라면 상당인과관계를 인정할 수 있다.

해설 | 출제영역 | 부진정결과적 가중범

① (×) 기본범죄를 통하여 고의로 중한 결과를 발생하게 한 경우에 가중 처벌하는 부진정결과적 가중범에서, 고의로 중한 결과를 발생하게 한 행위가 별도의 구성요건에 해당하고 고의범에 대하여 결과적 가중범에 정한 형보다 더 무겁게 처벌하는 규정이 있는 경우에는 그 고의범과 결과적 가중범이 상상적 경합관계에 있지만, 위와 같이 고의범에 대하여 더 무겁게 처벌하는 규정이 없는 경우에는 결과적 가중범만 성립하고 이와 법조경합의 관계에 있는 고의범에 대하여는 별도로 죄를 구성하지 않는다(대법원 2008.11.27, 2008도7311).

② (○) 결과적 가중범의 미수는 성립할 수 없으므로 이 경우 특수강간치상의 미수가 아니라 특수강간치상의 기수가 된다(대법원 2008.4.24, 2007도10058).

③ (○), ④ (○) 대법원 2014.7.24, 2014도6206

정답 ①

의료행위에 있어서 과실 여부에 대한 설명으로 옳은 것은? (다툼이 있는 경우 판례에 의함)

① 의사가 자신의 환자에 대하여 다른 의사를 지휘·감독하는 지위에 있다면, 그 의료영역이 다른 의사에게 전적으로 위임된 경우라도 다른 의사의 의료행위 내용이 적절한 것인지를 확인하고 감독하여야 할 업무상 주의의무가 있다.

② 내과의사가 신경과 전문의와의 협의진료 결과를 신뢰하여 뇌혈관계통 질환의 가능성을 배제하고 피해자의 증세 호전에 따라 퇴원 조치한 경우, 피해자의 지주막하출혈을 발견하지 못한 데 대한 업무상 과실이 인정된다.

③ 의료인의 과실 유무를 판단함에는 같은 업무와 직무에 종사하는 일반적 보통인의 주의 정도를 표준으로 하여야 하며, 사고 당시의 일반적 의학수준과 의료환경 등이 고려되어야 한다.

④ 의사는 적절한 진료방법을 선택할 상당한 범위의 재량을 갖는 것이어서, 어떤 진료방법을 선택하였더라도 진료 결과를 놓고 어느 하나만이 정당하고 이와 다른 조치를 취한 것에 과실이 있다고 할 수 없다.

해설 | 출제영역 | 과실범 – 의료과실

③ (○) 대법원 2018.5.15, 2016도13089

① (×) 의사가 다른 의사와 의료행위를 분담하는 경우에도 자신이 환자에 대하여 주된 의사의 지위에 있거나 다른 의사를 사실상 지휘 감독하는 지위에 있다면, 그 의료행위의 영역이 자신의 전공과목이 아니라 다른 의사의 전공과목에 전적으로 속하거나 다른 의사에게 전적으로 위임된 것이 아닌 이상, 의사는 자신이 주로 담당하는 환자에 대하여 다른 의사가 하는 의료행위의 내용이 적절한 것인지의 여부를 확인하고 감독하여야 할 업무상 주의의무가 있다(대법원 2007.2.22, 2005도9229). 즉, 그 의료영역이 다른 의사에게 전적으로 위임된 경우라면 다른 의사의 의료행위 내용이 적절한 것인지를 확인하고 감독하여야 할 업무상 주의의무가 있다고 볼 수 없다.

② (×) 내과의사가 신경과 전문의에 대한 협의진료 결과 피해자의 증세와 관련하여 신경과 영역에서 이상이 없다는 회신을 받았고, 그 회신 전후의 진료 경과에 비추어 그 회신 내용에 의문을 품을 만한 사정이 있다고 보이지 않자 그 회신을 신뢰하여 뇌혈관계통 질환의 가능성을 염두에 두지 않고 내과 영역의 진료 행위를 계속하다가 피해자의 증세가 호전되기에 이르자 퇴원하도록 조치한 경우, 피해자의 지주막하출혈을 발견하지 못한 데 대하여 내과의사의 업무상 과실을 부정하였다(대법원 2003.1.10, 2001도3292).

④ (×) 의료과오사건에 있어서 의사의 과실을 인정하려면 결과 발생을 예견·회피할 수 있었는데도 이를 하지 못한 점을 인정할 수 있어야 하고, 과실의 유무는 같은 업무에 종사하는 일반적인 의사의 주의 정도를 표준으로 판단하여야 하며, 이때 사고 당시의 의학의 수준, 의료환경과 조건, 의료행위의 특수성 등을 고려하여야 한다. 또한 의사에게는 환자의 상황, 당시의 의료수준, 자신의 지식·경험 등에 따라 적절하다고 판단되는 진료방법을 선택할 폭넓은 재량권이 있으므로, 의사가 특정 진료방법을 선택하여 진료를 하였다면 '해당 진료방법 선택과정에 합리성이 결여되어 있다고 볼 만한 사정이 없는 이상' 진료의 결과만을 근거로 하여 그 중 어느 진료방법만이 적절하고 다른 진료방법을 선택한 것은

과실에 해당한다고 말할 수 없다(대법원 2008.8.11, 2008도3090; 2015.6.24, 2014도11315 등). 따라서 진료방법 선택과정에 합리성이 결여된 부분이 있다면 의사의 업무상 과실이 인정될 수 있다.

정답 ③

023 ✓유사 ◆◆◇ 국가7급 2017

다음 사례에서 甲에게 중과실이 인정되는 것만을 모두 고른 것은? (다툼이 있는 경우 판례에 의함)

ㄱ. 甲이 성냥불로 담배를 붙인 다음 불이 꺼진 것을 확인하지 아니한 채 그 성냥불을 휴지가 들어 있는 플라스틱 휴지통에 던져 화재가 발생한 경우
ㄴ. 총기의 위험성을 잘 알고 있는 경찰관 甲, 乙, 丙이 함께 술을 마셔 모두 만취된 상태에서 乙과 丙이 갑자기 총을 들어 자신들의 머리에 대고 쏘는, 소위 '러시안 룰렛 게임'을 하기에 甲이 "장난치지 말라"며 말로 만류하던 중 순식간에 乙이 자신이 쏜 총에 맞아 사망한 경우
ㄷ. 甲이 평상시와 마찬가지로 연탄아궁이에 불을 피워놓고 연탄아궁이로부터 80cm 떨어진 곳에 스폰지요·솜 등을 쌓아놓고 퇴근하였는데, 스폰지요·솜 등이 연탄아궁이 쪽으로 넘어지면서 훈소현상에 의하여 점포를 떠난 지 4시간 이상이 지난 뒤 화재가 발생한 경우
ㄹ. 목사 甲이 안수기도를 한다면서 84세의 노인과 11세의 여자아이를 바닥에 눕혀놓고 "마귀야 물러가라", "왜 안 나가느냐" 등 소리를 치면서 손으로 배와 가슴 부분을 세게 때리고 누르는 등의 행위를 20~30분간 반복하여 이들을 사망케 한 경우

① ㄱ, ㄷ
② ㄱ, ㄹ
③ ㄴ, ㄷ
④ ㄴ, ㄹ

해설 출제영역 | 과실범 – 과실의 종류 – 중과실
ㄱ. (○) 성냥불이 꺼진 것을 확인하지 아니한 채 플라스틱 휴지통에 던진 것이 중대한 과실에 해당한다(대법원 1993.7.27, 93도135).
ㄴ. (×) 경찰관인 피고인들은 동료 경찰관인 甲 및 피해자 乙과 함께 술을 많이 마셔 취하여 있던 중 갑자기 위 甲이 총을 꺼내 乙과 같이 총을 번갈아 자기의 머리에 대고 쏘는 소위 "러시안 룰렛" 게임을 하다가 乙이 자신이 쏜 총에 맞아 사망한 경우 피고인들은 위 甲과 乙이 "러시안 룰렛"게임을 함에 있어 甲과 어떠한 의사의 연락이 있었다거나 어떠한 원인행위를 공동으로 한 바가 없고, 다만 위 게임을 제지하지 못하였을 뿐인데 보통사람의 상식으로서는 함께 수차에 걸쳐서 흥겹게 술을 마시고 놀았던 일행이 갑자기 자살행위와 다름없는 위 게임을 하리라고는 쉽게 예상할 수 없는 것이고(신뢰의 원칙), 게다가 이 사건 사고는 피고인들이 "장난치지 말라"며 말로 위 甲을 만류하던 중에 순식간에 일어난 사고여서 음주만취하여 주의능력이 상당히 저하된 상태에 있던 피고인들로서는 미처 물리력으로 이를 제지할 여유도 없었던 것이므로, 경찰관이라는 신분상의 조건을 고려하더라도 위

와 같은 상황에서 피고인들이 이 사건 "러시안 룰렛"게임을 즉시 물리력으로 제지하지 못하였다 한들 그것만으로는 위 甲의 과실과 더불어 중과실치사죄의 형사상 책임을 지울 만한 위법한 주의의무위반이 있었다고 평가할 수 없다(대법원 1992.3.10, 91도3172).
ㄷ. (×) 연탄아궁이로부터 80센티미터 떨어진 곳에 쌓아둔 스폰지요, 솜 등이 연탄아궁이 쪽으로 넘어지면서 화재현장에 의한 화재가 발생한 경우라고 하더라도 그 스폰지요, 솜 등을 쌓아두는 방법이나 상태 등에 관하여 아주 작은 주의만 기울였더라면 스폰지요나 솜 등이 넘어지고 또 그로 인하여 화재가 발생할 것을 예견하여 회피할 수 있었음에도 불구하고 부주의로 이를 예견하지 못하고 스폰지와 솜 등을 쉽게 넘어질 수 있는 상태로 쌓아둔 채 방치하였기 때문에 화재가 발생한 것으로 판단되어야만, "중대한 과실"로 인하여 화재가 발생한 것으로 볼 수 있다(대법원 1989.1.17, 88도643).
(판결이유 중) … 피고인은 평상시에도 화재가 발생한 날의 경우와 마찬가지로 연탄아궁이에 불을 피워놓은 채 스폰지요, 솜들을 쌓아두고 귀가한 것으로 보이는 바, 이와 같은 점포의 관리상황과 피고인이 점포를 떠난 지 4시간 이상이 지난 뒤에 화재가 발생한 점 등에 비추어 보면, 화재의 발생에 관하여 피고인에게 과실이 있었다고 하더라도 이를 중대한 과실로 평가하기는 어렵다.
ㄹ. (○) 피고인이 84세 여자 노인과 11세의 여자 아이를 상대로 안수기도를 함에 있어서 그들을 바닥에 반듯이 눕혀 놓고 기도를 한 후 "마귀야 물러가라", "왜 안 나가느냐"는 등 큰 소리를 치면서 한 손 또는 두 손으로 그들의 배와 가슴 부분을 세게 때리고 누르는 등의 행위를 여자 노인에게는 약 20분간, 여자아이에게는 약 30분간 반복하여 그들을 사망케 한 사안에서, 고령의 여자 노인이나 나이 어린 연약한 여자아이들은 약간의 물리력을 가하더라도 골절이나 타박상을 당하기 쉽고, 더욱이 배나 가슴 등에 그와 같은 상처가 생기면 치명적 결과가 올 수 있다는 것은 피고인 정도의 연령이나 경험 지식을 가진 사람으로서는 약간의 주의만 하더라도 쉽게 예견할 수 있음에도 그러한 결과에 대하여 주의를 다하지 않아 사람을 죽음으로까지 이르게 한 행위는 중대한 과실이다(대법원 1997.4.22, 97도538).

정답 ②

024 ☑ 유사 ◆◆◇ 법원9급 2020 유사 변호사 2017

과실범에 관한 설명 중 옳은 것은? (다툼이 있는 경우 판례에 의함)

① 의사 甲이 고령의 간경변증 환자 A에게 수술과정에서 출혈 등으로 신부전이 발생하여 생명이 위험할 수 있다는 점에 대하여 설명하지 아니하고 수술하던 도중 출혈 등으로 A가 사망한 경우, A가 당해 수술의 위험성을 충분히 인식하고 있어 甲이 설명의무를 다하였더라도 A가 수술을 거부하지 않았을 것으로 인정된다면 甲의 설명의무위반과 A의 사망 사이에 인과관계가 부정된다.

② 도급인이 수급인에게 공사의 시공이나 개별 작업에 관하여 구체적으로 지시·감독하였더라도, 법령에 의하여 도급인에게 구체적인 관리·감독의무가 부여되어 있지 않다면 도급인에게는 수급인의 업무와 관련하여 사고방지에 필요한 안전조치를 해야 할 주의의무가 없다.

③ 안전배려 내지 안전관리사무에 계속적으로 종사하지 않았더라도 건물의 소유자로서 건물을 비정기적으로 수리하거나 건물의 일부분을 임대한 자는 건물에 화재가 발생하는 것을 미리 막아야 할 업무상 주의의무를 부담한다.

④ 의료사고에서 의사의 과실을 인정하기 위한 요건과 판단기준은 한의사의 그것과 다르다.

⑤ 행정상의 단속을 주안으로 하는 법규의 위반행위는 과실범 처벌규정은 없으나 해석상 과실범도 벌할 뜻이 명확한 경우에도 형법의 원칙에 따라 고의가 있어야 벌할 수 있다.

해설 출제영역 | 과실범의 성립요건

① (○) 의사가 설명의무를 위반한 채 의료행위를 하였다가 환자에게 상해 또는 사망의 결과가 발생한 경우 의사에게 업무상 과실로 인한 형사책임을 지우기 위해서는 의사의 설명의무 위반과 환자의 상해 또는 사망 사이에 상당인과관계가 존재하여야 한다(대법원 2011.4.14, 2010도10104 등). 원심은 피고인이 고령의 간경변증 환자인 피해자 공소외 1에게 화상 치료를 위한 가피절제술과 피부이식수술(이하 통틀어 '이 사건 수술'이라고 한다)을 실시하기 전에 출혈과 혈액량 감소로 신부전이 발생하여 생명이 위험할 수 있다는 점에 대해 피해자와 피해자의 보호자에게 설명을 하지 아니한 채 수술을 실시한 과실로 인하여 피해자로 하여금 신부전으로 사망에 이르게 하였다는 공소사실에 대하여 유죄로 판단하였다. 그러나 기록에 의하면, 피해자의 남편 공소외 2는 피해자가 화상을 입기 전 다른 의사로부터 피해자가 간경변증을 앓고 있기 때문에 어떠한 수술이라도 받으면 사망할 수 있다는 말을 들었고, 이러한 이유로 피해자와 공소외 2는 피고인의 거듭된 수술 권유에도 불구하고 계속 수술을 받기를 거부하였던 사실을 알 수 있다. 이로 보건대, 피해자와 공소외 2는 피고인이 수술의 위험성에 관하여 설명하였는지 여부에 관계없이 간경변증을 앓고 있는 피해자에게 이 사건 수술이 위험할 수 있다는 점을 이미 충분히 인식하고 있었던 것으로 보인다. 그렇다면 피고인이 피해자나 공소외 2에게 공소사실 기재와 같은 내용으로 수술의 위험성에 관하여 설명하였다고 하더라도 피해자나 공소외 2가

수술을 거부하였을 것이라고 단정하기 어렵다. 원심이 유지한 제1심이 적법하게 채택한 증거를 종합하여 보더라도 피고인의 설명의무 위반과 피해자의 사망 사이에 상당인과관계가 있다는 사실이 합리적 의심의 여지가 없이 증명되었다고 보기 어렵다(대법원 2015.6.24, 2014도11315).

② (×) 대법원 2016.3.24, 2015도8621

③ (×) 안전배려 내지 안전관리 사무에 계속적으로 종사하여 사회생활면에서 하나의 지위로서의 계속성을 가지지 아니한 채 단지 건물의 소유자로서 건물을 비정기적으로 수리하거나 건물의 일부분을 임대하였다는 사정만으로는 업무상 과실치상죄에 있어서의 업무로 보기 어렵다(대법원 2009.5.28, 2009도1040).

④ (×) 의료사고에 있어서 의사의 과실을 인정하기 위해서는 의사가 결과발생을 예견할 수 있었음에도 불구하고 그 결과발생을 예견하지 못하였고 그 결과발생을 회피할 수 있었음에도 불구하고 그 결과발생을 회피하지 못한 과실이 검토되어야 하고, 그 과실의 유무를 판단함에는 같은 업무와 직무에 종사하는 보통인의 주의정도를 표준으로 하여야 하며, 이에는 사고 당시의 일반적인 의학의 수준과 의료환경 및 조건, 의료행위의 특수성 등이 고려되어야 하고, 이러한 법리는 한의사의 경우에도 마찬가지이다(대법원 2011.4.14, 2010도10104).

⑤ (×) 행정상의 단속을 주안으로 하는 법규라 하더라도 명문규정이 있거나 해석상 과실범도 벌할 뜻이 명확한 경우를 제외하고는 형법의 원칙에 따라 고의가 있어야 벌할 수 있다(대법원 2010. 2.11, 2009도9807).

정답 ①

025 ✓유사 ◆◆◆ 변호사 2018

과실범의 주의의무에 관한 설명 중 옳은 것(○)과 옳지 않은 것(×)을 올바르게 조합한 것은? (다툼이 있는 경우 판례에 의함)

> ㄱ. 의사가 특정 진료방법을 선택하여 진료를 하였다면 해당 진료방법 선택과정에 합리성이 결여되어 있다고 볼 만한 사정이 없는 이상, 진료의 결과만을 근거로 하여 그 진료방법을 선택한 것이 과실에 해당한다고 말할 수 없다.
>
> ㄴ. 소유자가 건물을 임대한 경우, 그 건물의 전기배선이 벽 내부에 매립·설치되어 건물 구조의 일부를 이루고 있다면 그에 관한 관리책임은 통상적으로 건물을 직접 사용하는 임차인이 아닌 소유자에게 있어, 특별한 사정이 없는 한 소유자가 전기배선의 하자로 인한 화재를 예방할 주의의무를 부담한다.
>
> ㄷ. 공사도급계약의 경우 원칙적으로 도급인에게는 수급인의 업무와 관련하여 사고방지에 필요한 안전조치를 취할 주의의무가 없으므로, 도급인이 수급인의 공사시공 및 개별작업에 구체적인 지시를 하는 등의 관여를 하였더라도, 수급인의 업무와 관련하여 사고방지에 필요한 안전조치를 취할 주의의무를 부담하지 않는다.
>
> ㄹ. 금은방을 운영하는 자는 전당물을 취득함에 있어 좀 더 세심한 주의를 기울였다면 그 물건이 장물임을 알 수 있는 특별한 사정이 있다면, 신원확인절차를 거치는 이외에 매수물품의 성질과 종류 및 매도자의 신원 등에 더 세심한 주의를 기울여 전당물인 귀금속이 장물인지의 여부를 확인할 주의의무를 부담한다.
>
> ㅁ. 甲이 함께 술을 마신 乙과 도로 중앙선에 잠시 서 있다가 지나가는 차량의 유무를 확인하지 아니하고, 고개를 숙인 채 서 있는 乙의 팔을 갑자기 끌어당겨 도로를 무단횡단하던 도중에 지나가던 차량에 乙이 충격당하여 사망한 경우, 甲이 만취하여 사리분별능력이 떨어진 상태라면 甲에게 차량의 통행여부 및 횡단 가능여부를 확인할 주의의무가 있다고 볼 수 없다.

① ㄱ(○), ㄴ(×), ㄷ(×), ㄹ(×), ㅁ(○)
② ㄱ(×), ㄴ(×), ㄷ(○), ㄹ(×), ㅁ(○)
③ ㄱ(○), ㄴ(○), ㄷ(×), ㄹ(○), ㅁ(×)
④ ㄱ(×), ㄴ(○), ㄷ(○), ㄹ(○), ㅁ(×)
⑤ ㄱ(○), ㄴ(○), ㄷ(×), ㄹ(○), ㅁ(○)

해설 | 출제영역 | 과실범의 성립요건

ㄱ. (○) 의료과오사건에 있어서 의사의 과실을 인정하려면 결과 발생을 예견·회피할 수 있었는데도 이를 하지 못한 점을 인정할 수 있어야 하고, 과실의 유무는 같은 업무에 종사하는 일반적인 의사의 주의 정도를 표준으로 판단하여야 하며, 이때 사고 당시의 의학의 수준, 의료환경과 조건, 의료행위의 특수성 등을 고려하여야 한다. 또한 의사에게는 환자의 상황, 당시의 의료수준, 자신의 지식·경험 등에 따라 적절하다고 판단되는 진료방법을 선택

할 폭넓은 재량권이 있으므로, 의사가 특정 진료방법을 선택하여 진료를 하였다면 해당 진료방법 선택과정에 합리성이 결여되어 있다고 볼 만한 사정이 없는 이상 진료의 결과만을 근거로 하여 그 중 어느 진료방법만이 적절하고 다른 진료방법을 선택한 것은 과실에 해당한다고 말할 수 없다(대법원 2015.6.24, 2014도11315).

ㄴ. (○) 전기배선을 임차인이 직접 하였으며 그 이상을 미리 알았거나 알 수 있었다는 등의 특별한 사정이 없는 한 소유자가 전기배선의 하자로 인한 화재를 예방할 주의의무를 부담한다. "전기배선이 벽 내부에 매립 설치되어 건물 구조의 일부를 이루고 있다면 그에 관한 관리책임은 일반적으로 소유자에게 있다고 보아야 할 것이고, 다만 그 전기배선을 임차인이 직접 하였으며 그 이상을 미리 알았거나 알 수 있었다는 등의 특별한 사정이 있는 때에는 임차인에게도 그 부분의 하자로 인한 화재를 예방할 주의의무가 인정될 수 있다(대법원 2009.5.28, 2009도1040)."

ㄷ. (×) 원칙적으로 도급인에게는 수급인의 업무와 관련하여 사고방지에 필요한 안전조치를 취할 주의의무가 없으나, 법령에 의하여 도급인에게 수급인의 업무에 관하여 구체적인 관리·감독의무 등이 부여되어 있거나 도급인이 공사의 시공이나 개별 작업에 관하여 구체적으로 지시·감독하였다는 등의 특별한 사정이 있는 경우에는 도급인에게도 수급인의 업무와 관련하여 사고방지에 필요한 안전조치를 취할 주의의무가 있다(대법원 2009.5.28, 2008도7030).

ㄹ. (○) 금은방을 운영하는 자가 귀금속류를 매수함에 있어 매도자의 신원확인절차를 거쳤다고 하여도 장물인지의 여부를 의심할 만한 특별한 사정이 있거나, 매수물품의 성질과 종류 및 매도자의 신원 등에 좀 더 세심한 주의를 기울였다면 그 물건이 장물임을 알 수 있었음에도 불구하고 이를 게을리 하여 장물인 정을 모르고 매수하여 취득한 경우에는 업무상 과실장물취득죄가 성립한다고 할 것이고(대법원 1984.11.27, 84도1413; 1985.2.26, 84도2732,84감도429; 1987.6.9, 87도915 등), 물건이 장물인지의 여부를 의심할 만한 특별한 사정이 있는지 여부나 그 물건이 장물임을 알 수 있었는지 여부는 매도자의 인적사항과 신분, 물건의 성질과 종류 및 가격, 매도자와 그 물건의 객관적 관련성, 매도지의 언동 등 일체의 사정을 참작하여 판단하여야 할 것이다(대법원 2003.4.25, 2003도348).

ㅁ. (×) 중앙선에 서서 도로횡단을 중단한 피해자의 팔을 갑자기 잡아끌고 피해자로 하여금 도로를 횡단하게 만든 피고인으로서는 위와 같이 무단횡단을 하는 도중에 지나가는 차량에 충격당하여 피해자가 사망하는 교통사고가 발생할 가능성이 있으므로, 이러한 경우에는 피고인이 피해자의 안전을 위하여 차량의 통행 여부 및 횡단 가능 여부를 확인하여야 할 주의의무가 있다 할 것이고, 비록 당시 피고인이 술에 취해 있었다 할지라도 심신상실이나 심신미약을 이유로 책임이 조각되거나 감경되는 것은 별론으로 하고(기록에 의하면, 피고인이 당시 심신상실이나 심신미약의 상태에 있었다고 보여지지도 아니한다), 위와 같은 주의의무가 없어지는 것은 아니라 할 것이며, 또 피고인 역시 위 차량에 충격당하였다 하여 피고인이 무단횡단에 앞서서 차량이 진행하여 오는 것을 확인하거나 그 횡단 가능 여부를 판단할 수 있는 기대가능성이 없었다고 할 수도 없으므로, 피고인으로서는 위와 같은 주의의무를 다하지 않은 이상 이 사건 교통사고와 그로 인한 피해자의 사망에 대하여 과실책임을 면할 수 없다(대법원 2002.8.23, 2002도2800).

정답 ③

026 ✓ 유사 ◆◆◇

다음 설명 중 옳은 것은 모두 몇 개인가?

> 가. 빗물로 노면이 미끄러운 고속도로에서 진행전방의 차량이 빗길에 미끄러져 비정상적으로 움직이고 있다면 앞으로의 진로를 예상할 수 없는 것이므로 그 후방에서 진행하고 있던 차량의 운전자로서는 교통사고 등에 대비하여 속도를 줄이고 안전거리를 확보해야 할 주의의무가 있다.
>
> 나. 교통이 빈번한 간선도로에서 횡단보도의 보행자 신호등이 적색으로 표시된 경우, 자동차운전자에게 보행자가 적색신호를 무시하고 갑자기 뛰어나오리라는 것까지 미리 예견하여 운전하여야 할 업무상의 주의의무까지는 없다.
>
> 다. 간호사가 의사의 처방에 의한 정맥주사를 의사의 입회 없이 간호실습생에게 실시하도록 하여 의료사고가 발생하였다면, 의사가 간호사의 진료보조행위에 대하여 현장에서 입회하여 지도감독해야 할 업무상 주의의무를 위반한 과실이 있다.
>
> 라. 도로교통법규정을 위반하여 앞지르기를 하였더라도, 반대방향에서 과속으로 오던 택시가 정차하고 있는 차량을 피하기 위해 급좌회전하여 제동조치 등을 취하지 못하고 사고가 발생하였다면, 앞지르기에 의한 위반행위가 사고의 발생원인이 되었다고 볼 수 없다.
>
> 마. 호텔을 경영하는 회사에 대표이사가 따로 있고 담당업무에 대한 실무자 및 소방법상 방화관리자까지 선정되어 있다면, 회사의 업무에 전혀 관여하지 않는 소위 회장에게는 종업원의 부주의와 호텔구조상 결함으로 발생, 확대된 화재에 대한 구체적·직접적 주의의무가 없다.

① 0개   ② 1개
③ 2개   ④ 3개
⑤ 4개

해설 | 출제영역 | 과실범의 성립요건 – 객관적 주의의무위반

가. (○) 대법원 1990.2.27, 89도777
나. (○) 대법원 1985.11.12, 85도1893
다. (×) 피고인의 처방과 지시에 따라 수술 직후부터 계속하여 항생제, 진통소염제 등의 주사액이 간호사들에 의하여 피해자의 대퇴부 정맥에 연결된 튜브를 통하여 투여되어 왔으므로 사고 당일 주사행위 자체에 특별한 위험성이 있었다고 볼 수 없고 피고인이 입회하지 않더라도 간호사가 주사의 부위 및 방법에 관하여 착오를 일으킬 만한 사정도 없었던 점, 신체에 직접 주사하여 주사액을 주입하는 것이 아니라 대퇴부정맥에 연결된 튜브를 통하여 주사액을 주입하는 행위는 투약행위에 가깝다는 점, 원심 공동피고인 1의 경력과 그가 취한 행동에 비추어 볼 때 피해자에 대한 주사의 부위 및 방법에 관하여 정확히 이해하고 있었고 그의 자질에 문제가 없었던 것으로 보이는 점, 피해자는 주사로 인한 부작용 발생 여부에 대한 검사가 끝난 상태이고 수술 뒤 상태가 다소 호전되었을 뿐만 아니라 이 사건 사고 전까지 주사로 인한 부작

용이 발생하지 아니하였던 점, 피고인으로서는 자신의 지시를 받은 간호사가 자신의 기대와는 달리 간호실습생에게 단독으로 주사하게 하리라는 사정을 예견할 수도 없었다는 점 등을 종합하여 보면, 피고인으로 하여금 그 스스로 직접 주사를 하거나 또는 직접 주사하지 않더라도 현장에 입회하여 간호사의 주사행위를 직접 감독할 업무상 주의의무가 있다고 보기 어렵다(대법원 2003. 8.19, 2001도3667).
라. (○) 신뢰의 원칙이 적용되어 옳은 지문이다.
마. (○) 비록 같은 피고인이 위 회사의 회장으로 취임 중이었다고 하더라도 같은 피고인에게는 위 회사의 직원들에 대한 일반적, 추상적 지휘감독의 책임은 있을지언정, 더 나아가 원심이 판시하고 있는 바와 같은 이 사건 화재에 대한 구체적이고도 직접적인 주의의무는 없다고 할 수 밖에 없다(대법원 1986.7.22, 85도108).

정답 ⑤

027 ✓ 유사 ◆◇◇

과실범에 대한 설명으로 가장 적절한 것은? (다툼이 있는 경우 판례에 의함)

① 甲이 사업 당시 공사현장감독자이기는 하였으나 해당 공사의 발주자에 의하여 현장감독에 임명된 것이 아니고 구 건설업법상 요구되는 현장건설기술자의 자격도 없었다면, 비록 그의 현장감독부주의로 인하여 근로자가 다쳤다고 하더라도 甲에게 업무상 과실책임을 물을 수 없다.
② 의사가 설명의무를 위반한 채 의료행위를 하였다가 환자에게 사망의 결과가 발생한 경우, 의사에게 업무상 과실로 인한 형사책임을 지우기 위하여 의사의 설명의무 위반과 환자의 사망 사이에 상당인과관계가 존재할 필요는 없다.
③ 의료사고에서 의사의 과실을 인정하기 위해서는 의사가 결과발생을 예견할 수 있었음에도 이를 예견하지 못하였고 결과발생을 회피할 수 있었음에도 이를 회피하지 못한 과실이 검토되어야 하고, 과실의 유무를 판단할 때에는 같은 업무와 직무에 종사하는 보통인의 주의정도를 표준으로 하여야 한다.
④ 법인 대표자의 법규위반행위에 대한 법인의 책임은 법인 자신의 법규위반행위로 평가될 수 있는 행위에 대한 법인의 직접책임으로서의 성격을 가지지만, 대표자의 과실에 의한 위반행위에 대하여는 법인 자신의 과실에 의한 책임이라고 할 수 없다.

해설 | 출제영역 | 과실범의 성립요건

③ (○) 대법원 2011.4.14, 2010도10104
① (×) 피고인이 사업당시 공사현장감독인인 이상 그 공사의 원래의 발주자의 직원이 아니고 또 동 발주자에 의하여 현장감독에 임명된 것도 아니며, 건설업법상 요구되는 현장건설기술자의 자격도 없다는 등의 사유는 업무상 과실책임을 물음에 아무런 영향도 미칠 수 없다(대법원 1983.6.14, 82도2713).

② (×) 의사가 설명의무를 위반한 채 의료행위를 하여 피해자에게 상해가 발생하였다고 하더라도, 업무상 과실로 인한 형사책임을 지기 위해서는 피해자의 상해와 의사의 설명의무 위반 내지 승낙 취득 과정의 잘못 사이에 상당인과관계가 존재하여야 하고, 이는 한의사의 경우에도 마찬가지이다(대법원 2011.4.14, 2010도10104).

④ (×) 법인은 기관을 통하여 행위하므로 법인이 대표자를 선임한 이상 그의 행위로 인한 법률효과는 법인에게 귀속되어야 하고 법인 대표자의 범죄행위에 대하여는 법인 자신이 자신의 행위에 대한 책임을 부담하여야 하는바, 법인 대표자의 법규위반행위에 대한 법인의 책임은 법인 자신의 법규위반행위로 평가될 수 있는 행위에 대한 법인의 직접책임으로서, 대표자의 고의에 의한 위반행위에 대하여는 법인 자신의 고의에 의한 책임을, 대표자의 과실에 의한 위반행위에 대하여는 법인 자신의 과실에 의한 책임을 부담하는 것이다(2011.10.25, 2010헌바307).

정답 ③

028 ☑ 유사 ◆◆◇◇   경찰2차 2022

다음 사례 중 甲에게 업무상 과실이 인정되는 것은 모두 몇 개인가? (다툼이 있는 경우 판례에 의함)

㉠ 지하철 공사구간 현장안전업무 담당자 甲은 공사현장에 인접한 기존의 횡단보도 표시선 안쪽으로 돌출된 강철빔 주위에 라바콘 3개를 설치하고 신호수 1명을 배치하였는데, A가 그 횡단보도를 건너면서 강철빔에 부딪혀 상해를 입은 경우

㉡ 병원 인턴 甲은 응급실로 이송되어 온 익수환자 A를 담당의사 乙의 지시(이송 도중 A에 대한 앰부 배깅과 진정제투여 업무만을 지시)에 따라 구급차에 태워 다른 병원으로 이송하던 중 산소통의 산소잔량을 체크하지 않아 산소공급이 중단되어 A가 폐부종 등으로 사망한 경우

㉢ 골프장의 경기보조원 甲은 골프 카트에 A를 태우면서 출발에 앞서 안전 손잡이를 잡도록 고지하지 않고, 이를 잡았는지 확인하지도 않은 채 출발 후 각도 70°가 넘는 우로 굽은 길에서 속도를 줄이지 않고 급하게 우회전하여 A가 골프카트에서 떨어져 상해를 입은 경우

㉣ 담당 의사가 췌장 종양 제거수술 직후의 환자 A에 대하여 1시간 간격으로 4회 활력징후를 측정하라고 지시하였는데, 일반병실에 근무하는 간호사 甲이 중환자실이 아닌 일반병실에서는 그러할 필요가 없다고 생각하여 2회만 측정한 채 3회차 이후 이를 측정하지 않았고, 甲과 근무를 교대한 간호사 乙역시 자신의 근무시간 내 4회차 측정시각까지 이를 측정하지 아니하여, A는 그 시각으로부터 약 10분 후 심폐성시 상태에 빠졌다가 이후 약 3시간이 지나 과다출혈로 사망한 경우

㉤ 건축자재인 철판 수백 장의 운반을 의뢰한 생산자 甲이 절단면이 날카롭고 무거운 철판을 묶기에 매우 부적합한 폴리에스터 끈을 사용하여 철판 묶음 작업을 한 탓에 철판쏠림 현상이 발생하였고, 이로 인하여 철판을 차에서 내리는 과정에서 철판이 쏟아져 내려 화물차 운전자 A가 사망한 경우

① 1개   ② 2개
③ 3개   ④ 4개

해설 | 출제영역 | 과실범의 성립요건

③ ㉢, ㉣, ㉤ 3개의 사례가 甲에게 업무상 과실이 인정된다.

㉠ (×) 지하철 공사구간 현장안전업무 담당자인 피고인이 공사현장에 인접한 기존의 횡단보도 표시선 안쪽으로 돌출된 강철빔 주위에 라바콘 3개를 설치하고 신호수 1명을 배치하였는데, 피해자가 위 횡단보도를 건너면서 강철빔에 부딪혀 상해를 입은 경우, 제반 사정에 비추어 피고인이 안전조치를 취하여야 할 업무상 주의의무를 위반하였다고 보기 어렵다(대법원 2014.4.10, 2012도11361).

㉡ (×) 병원 인턴인 피고인이, 응급실로 이송되어 온 익수(익수)환자 甲을 담당의사 乙의 지시에 따라 구급차에 태워 다른 병원으

로 이송하던 중 산소통의 산소잔량을 체크하지 않은 과실로 산소공급이 중단된 결과 甲을 폐부종 등으로 사망에 이르게 하였다는 내용으로 기소된 경우, 乙에게서 이송 도중 甲에 대한 앰부 배깅(ambu bagging)과 진정제 투여 업무만을 지시받은 피고인에게 일반적으로 구급차 탑승 전 또는 이송 도중 구급차에 비치되어 있는 산소통의 산소잔량을 확인할 주의의무가 있다고 보기는 어렵다(대법원 2011.9.8, 2009도13959).

ⓒ (○) 대법원 2010.7.22, 2010도1911

ⓔ (○) 담당 의사가 췌장 종양 제거수술 직후의 환자에 대하여 1시간 간격으로 4회 활력징후를 측정하라고 지시를 하였는데, 일반병실에 근무하는 간호사 甲이 중환자실이 아닌 일반병실에서는 그러할 필요가 없다고 생각하여 2회만 측정한 채 3회차 이후 활력징후를 측정하지 않았고, 甲과 근무교대한 간호사 乙 역시 자신의 근무시간 내 4회차 측정시각까지 활력징후를 측정하지 아니하였으며, 위 환자는 그 시각으로부터 약 10분 후 심폐정지상태에 빠졌다가 이후 약 3시간이 지나 과다출혈로 사망한 경우, 1시간 간격으로 활력징후를 측정하였더라면 출혈을 조기에 발견하여 수혈, 수술 등 치료를 받고 환자가 사망하지 않았을 가능성이 충분하다고 보일 뿐 아니라, 甲과 乙은 의사의 위 지시를 수행할 의무가 있음에도 3회차 측정시각 이후 4회차 측정시각까지 활력징후를 측정하지 아니한 업무상 과실이 있다(대법원 2010. 10.28, 2008도8606).

ⓜ (○) 건축자재인 철판 수백 장의 운반을 의뢰한 자가 절단면이 날카롭고 무거운 철판을 묶기에 매우 부적합한 폴리에스터 끈을 사용하여 철판 묶음 작업을 하는 등의 과실로 철판 쏠림 현상이 발생하였고, 이로 인하여 철판을 차에서 내리는 과정에서 철판이 쏟아져 내려 화물차 운전자가 사망한 경우 업무상 과실치사의 죄책이 인정된다(대법원 2009.7.23, 2009도3219).

정답 ③

---

029 ✓ 유사 ◆◆◇ 변호사 2014

甲은 A의 재물을 강취한 후 A를 살해할 목적으로 A가 살고 있는 집에 방화하여 A는 사망하였다. 그 후 수사망을 피해 도피 중이던 甲은 자신의 누나 丁에게 도피자금을 부탁하였고, 丁은 甲에게 도피자금을 송금하였다. 한편 사법경찰관 丙은 丁의 동의를 얻은 후 강도살인과 방화와 관련된 甲과 丁 사이의 통화내용을 녹음하여 녹음테이프를 검사에게 증거로 제출하였다. 이에 관한 설명 중 옳은 것을 모두 고른 것은? (다툼이 있는 경우에는 판례에 의함)

> ㄱ. 甲이 A의 재물을 강취한 뒤, A의 집에 방화하여 A를 살해한 행위는 강도살인죄와 현주건조물방화치사죄의 상상적 경합에 해당한다.
> ㄴ. 甲이 자신을 위하여 丁으로 하여금 도피자금을 송금하도록 하는 행위는 방어권의 남용으로 범인도피교사죄에 해당한다.
> ㄷ. 丙이 증거로 제출한 녹음테이프에 대해서는 丙이 공판정에서 성립의 진정을 인정하더라도 증거능력이 인정되지 않는다.
> ㄹ. 甲의 재판에 증인으로 출석한 丁은 증언거부권을 행사할 수 있다.

① ㄱ, ㄴ   ② ㄱ, ㄹ
③ ㄴ, ㄷ   ④ ㄴ, ㄷ, ㄹ
⑤ ㄱ, ㄴ, ㄷ, ㄹ

해설 출제영역 | 결과적 가중범, 죄수

ㄱ. (○) 피고인들이 피해자들의 재물을 강취한 후 그들을 살해할 목적으로 현주건조물에 방화하여 사망에 이르게 한 경우, 그 고의범에 대하여 결과적 가중범에 정한 형보다 더 무겁게 처벌하는 규정이 존재하기 때문에(부진정결과적가중범 < 고의범) 피고인들의 행위는 강도살인죄와 현주건조물방화치사죄에 모두 해당하고 그 두 죄는 상상적 경합범관계에 있다(대법원 1998.12.8, 98도3416).

ㄴ. (○) 범인이 자신을 위하여 타인으로 하여금 허위의 자백을 하게 하여 범인도피죄를 범하게 하는 행위는 방어권의 남용으로 범인도피교사죄에 해당한다(대법원 2000.3.24, 2000도20). 판례의 입장에 따르면 범인이 제3자를 교사하여 자기를 도피하게 한 경우 교사범이 성립한다.

ㄷ. (○) 제3자의 경우는 설령 전화통화 당사자 일방의 동의를 받고 그 통화내용을 녹음하였다 하더라도 그 상대방의 동의가 없었던 이상, 사생활 및 통신의 불가침을 국민의 기본권의 하나로 선언하고 있는 헌법규정과 통신비밀의 보호와 통신의 자유신장을 목적으로 제정된 통신비밀보호법의 취지에 비추어 이는 동법 제3조 제1항 위반이 된다고 해석하여야 할 것이다(대법원 2002.10.8, 2002도123). 수사기관에 의한 비밀녹음은 대화당사자 일방의 동의가 있는 경우라도 증거능력이 부정된다. 설령 제3자에 의한 녹음일 지라도 일방의 동의가 있어도 증거능력은 부정된다.

ㄹ. (○) 형사소송법 제148조(근친자의 형사책임과 증언 거부) 누구든지 자기나 다음 각 호의 어느 하나에 해당하는 자가 형사소추(刑事訴追) 또는 공소제기를 당하거나 유죄판결을 받을 사실이 드러날 염려가 있는 증언을 거부할 수 있다. 1. 친족이거나 친족

이었던 사람 2. 법정대리인, 후견감독인 〈개정 2020.12.8〉

정답 ⑤

030 ✓ 이론 ◆◆◇ 변호사 2019

다음 설명 중 옳은 것을 모두 고른 것은? (다툼이 있는 경우 판례에 의함)

ㄱ. 업무상 과실장물죄에서 업무자의 신분은 부진정신분범 요소이다.
ㄴ. 「형법」 제10조 제3항은 고의에 의한 원인에 있어서의 자유로운 행위에만 적용되고 과실에 의한 원인에 있어서의 자유로운 행위까지는 포함하지 않는다.
ㄷ. 방조범은 정범의 실행을 방조한다는 방조의 고의와 정범의 행위가 구성요건에 해당한다는 점에 대한 정범의 고의가 있어야 한다.
ㄹ. 과실에 의한 공동정범은 물론 과실에 의한 위험범의 성립도 가능하다.

① ㄱ, ㄴ ② ㄱ, ㄷ
③ ㄴ, ㄷ ④ ㄴ, ㄹ
⑤ ㄷ, ㄹ

해설 출제영역 | 신분, 원인에 있어서 자유로운 행위, 방조범의 고의, 과실범

ㄱ. (×) 과실장물죄라는 범죄는 존재하지 않으므로 업무상 과실장물죄에서 업무자의 신분은 진정신분범의 요소이다.
ㄴ. (×) 형법 제10조 제3항은 고의에 의한 원인에 있어서의 자유로운 행위만이 아니라 과실에 의한 원인에 있어서의 자유로운 행위까지도 포함한다(대법원 1992.7.28, 92도999).
ㄷ. (○) 형법상 방조행위는 정범이 범행을 한다는 정을 알면서 그 실행행위를 용이하게 하는 직접·간접의 행위를 말하므로, 방조범은 정범의 실행을 방조한다는 이른바 방조의 고의와 정범의 행위가 구성요건에 해당하는 행위인 점에 대한 정범의 고의가 있어야 한다(대법원 2005.4.29, 2003도6056).
ㄹ. (○) 형법 제30조에 "공동하여 죄를 범한 때"의 "죄"라 함은 고의범이고 과실범이고를 불문하므로 두 사람 이상이 어떠한 과실행위를 서로의 의사연락 하에 이룩하여 범죄가 되는 결과를 발생케 한 것이라면 과실범의 공동정범이 성립된다(대법원 1979.8.21, 79도1249). 또한 과실에 의한 침해범뿐만 아니라 구체적 위험범(자기소유일반건조물실화죄 등), 추상적 위험범(현주건조물실화죄 등)의 성립도 가능하다.

정답 ⑤

031 ✓ 이론 ◆◆◇ 경찰1차 2020

결과적 가중범에 관한 설명으로 가장 적절하지 않은 것은? (다툼이 있는 경우 판례에 의함)

① 부진정결과적 가중범이란 고의에 의한 기본범죄에 기하여 중한 결과를 과실뿐만 아니라 고의로 발생케 한 경우에도 성립하는 결과적 가중범을 말한다.
② 진정결과적 가중범만 인정하면 과실로 중한 결과를 발생시킨 경우가 고의로 중한 결과를 발생시킨 경우보다 형이 높아지는 경우가 있으므로 형량을 확보하여 형의 불균형을 시정하기 위해서 부진정결과적 가중범을 인정하고 있다.
③ 만약 부진정결과적 가중범의 개념을 인정하지 않는다면 현주건조물에 방화하여 사람을 살해할 고의가 있었던 경우 현주건조물방화죄와 살인죄의 상상적 경합범이 된다.
④ 자기의 존속을 살해할 목적으로 존속이 현존하는 건조물에 방화하여 사망에 이르게 한 경우는 현주건조물방화치사죄만 성립하고 고의범에 대하여는 별도로 죄를 구성하지 않는다.

해설 출제영역 | 결과적 가중범, 죄수

④ (×) 사람을 살해할 목적으로 현주건조물에 방화하여 사망에 이르게 한 경우에는 현주건조물방화치사죄로 의율하여야 하고 이와 더불어 살인죄와의 상상적경합범으로 의율할 것은 아니며, 다만 존속살인죄와 현주건조물방화치사죄는 상상적경합범 관계에 있으므로, 법정형이 중한 존속살인죄로 의율함이 타당하다(대법원 1996.4.26, 96도485).
① (○) 대법원 1996.4.26, 96도485
②③ (○), ③ (○) 예컨대 현주건조물방화치사죄(제164조 제2항)를 진정결과적 가중범이라고 해석할 때에는, 사망의 결과에 대하여 '고의'가 있는 경우 현주건조물방화치사죄가 아니라 현주건조물방화죄와 살인죄의 상상적 경합이 되므로 형법 제40조에 의해 살인죄의 형인 "사형, 무기 또는 5년 이상의 유기징역"으로 처하게 되는데, 이는 사망의 결과에 대하여 '과실'이 있을 때 성립하는 현주건조물상화치사죄의 "사형, 무기 또는 7년 이상의 유기징역"의 형량보다 낮아 형의 균형이 유지될 수 없다. 따라서 현주건조물방화치사죄는 중한 결과에 대하여 과실 있는 경우뿐만 아니라 고의가 있는 때에도 성립한다고 인정해줌으로써 형의 불균형을 최소화할 필요가 있는 것이다.

정답 ④

032 ✓ 이론 ◆◇◇　　　　　　　　　　　경찰1차 2019

결과적 가중범에 관한 설명 중 옳은 것은? (다툼이 있는 경우 판례에 의함)

① 친구를 살해할 의도로 그 친구가 살고 있는 집을 방화하여 그를 사망에 이르게 한 경우, 현주건조물방화치사죄만 성립한다.

② 부진정 결과적 가중범은 중한 결과를 야기한 기본범죄가 고의범인 경우뿐만 아니라 과실범인 경우에도 인정되는 개념이다.

③ 기본범죄와 중한 결과 사이에 인과관계가 인정된다면, 중한 결과에 대한 예견 가능성이 없는 경우라도 결과적 가중범으로 처벌할 수 있다.

④ 「형법」제177조 제2항의 현주건조물일수치사죄의 법정형은 사형, 무기 또는 7년 이상의 징역이다.

해설 | 출제영역 | 부진정결과적 가중범, 죄수

① (○) 형법 제164조 후단이 규정하는 현주건조물 방화치사상죄는 그 전단에 규정하는 죄에 대한 일종의 가중처벌규정으로서 불을 놓아 사람의 주거에 사용하거나 사람이 현존하는 건조물을 소훼함으로 인하여 사람을 사상에 이르게 한 때에 성립되며 동 조항이 사형, 무기 또는 7년 이상의 징역의 무거운 법정형을 정하고 있는 취의에 비추어 보면 과실이 있는 경우뿐만 아니라 고의가 있는 경우도 포함된다고 볼 것이므로, 현주건조물내에 있는 사람을 강타하여 실신케 한 후 동건조물에 방화하여 소사케 한 피고인을 현주건조물에의 방화죄와 살인죄의 상상적 경합으로 의율할 것은 아니다(대법원 1983.1.18, 82도2341).

② (×) 진정 결과적 가중범은 고의에 의한 기본범죄로 과실의 무거운 결과를 발생하게 한 경우이다. 또한 부진정 결과적 가중범도 기본범죄는 고의범이어야 하고 다만 결과의 발생이 과실에 의한 경우뿐만 아니라 고의에 의한 경우까지를 포함하는 형태를 의미한다. 즉, 결과적 가중범은 진정 결과적 가중범이든 부진정 결과적 가중범이든 기본범죄는 고의범이어야 한다(통설).

[보충] 다만, 특별형법(행정형법)에는 기본범죄가 과실범인 결과적 가중범도 존재한다. 그러나 형법에서는 기본범죄가 과실범인 결과적 가중범은 존재하지 않는다. 즉, 형법상 결과적 가중범은 고의에 의한 결과적 가중범만 존재하고 과실에 의한 결과적 가중범은 존재하지 않는다.

③ (×) 형법 제15조 제2항이 규정하고 있는 이른바 결과적 가중범은 행위자가 행위시에 그 결과의 발생을 예견할 수 없을 때에는 비록 그 행위와 결과 사이에 인과관계가 있다 하더라도 중한 죄로 벌할 수 없다(대법원 1988.4.12, 88도178).

④ (×) 현주건조물일수치사죄(제177조 제2항)는 현주건조물방화치사죄(제164조 제2항)과는 달리 살인죄의 법정형보다 형이 가벼운 진정결과적 가중범이다.

> **제177조** ① 물을 넘겨 사람이 주거에 사용하거나 사람이 현존하는 건조물, 기차, 전차, 자동차, 선박, 항공기 또는 광갱을 침해한 자는 무기 또는 3년 이상의 징역에 처한다.
> ② 제1항의 죄를 범하여 사람을 상해에 이르게 한 때에는 무기 또는 5년 이상의 징역에 처한다. 사망에 이르게 한 때에는 무기 또는 7년 이상의 징역에 처한다.

정답 ①

---

033 ✓ 유사 ◆◆◇　　　　　　　　　　　변호사 2017

다음 설명 중 옳지 않은 것은? (다툼이 있는 경우 판례에 의함)

① 부작위에 의한 현주건조물방화치사죄가 성립하기 위하여는, 부작위자에게 법률상의 소화의무가 인정되는 외에 소화의 가능성 및 용이성이 있어야 한다.

② 자기가 점유하는 타인의 재물을 그 타인을 기망하여 횡령한 경우, 횡령죄만 성립한다.

③ 전자충격기를 사용하여 피해자에게 강간을 시도하다가 미수에 그치고 약 2주간의 치료를 요하는 상해에 이르게 한 경우, 「성폭력범죄의 처벌 등에 관한 특례법」상의 특수강간치상죄가 성립한다.

④ 교통방해치사상죄가 성립하려면 교통방해행위가 피해자의 사상이라는 결과를 발생하게 한 유일하거나 직접적인 원인이 될 필요가 없고, 그 행위와 결과 사이에 피해자나 제3자의 과실 등 다른 사실이 개재된 경우라도 그와 같은 사실이 통상 예견될 수 있는 것이라면 상당인과관계를 인정할 수 있다.

⑤ 피해자의 재물을 강취한 후 그를 살해할 목적으로 현주건조물에 방화하여 사망에 이르게 한 경우, 강도살인죄는 현주건조물방화치사죄에 대하여 특별관계에 있다.

해설 | 출제영역 | 결과적 가중범, 부작위범, 일죄 – 법조경합

⑤ (×) 피고인들이 피해자들의 재물을 강취한 후 그들을 살해할 목적으로 현주건조물에 방화하여 사망에 이르게 한 경우, 피고인들의 행위는 강도살인죄와 현주건조물방화치사죄에 모두 해당하고 두 죄는 상상적 경합범관계에 있다(대법원 1998.12.8, 98도3416).

① (○) 대법원 2010.1.14, 2009도12109

② (○) 대법원 1980.12.9, 80도1177

③ (○) 대법원 2008.4.24, 2007도10058

④ (○) 대법원 2014.7.24, 2014도6206

정답 ⑤

034 ✓ 이론 ◆◆◇ 변호사 2016

결과적 가중범에 관한 설명 중 옳지 않은 것을 모두 고른 것은? (다툼이 있는 경우 판례에 의함)

> ㄱ. 부진정결과적 가중범에 있어서, 중한 결과에 대한 고의범의 법정형이 결과적 가중범의 법정형보다 중한 경우에는 양자가 상상적 경합관계에 있지만 그렇지 않은 경우에는 결과적 가중범이 고의범에 대하여 특별관계에 있으므로 결과적 가중범만 성립한다.
> ㄴ. 부진정결과적 가중범의 예로는 현주건조물방화치사상죄, 현주건조물일수치사상죄, 중체포·감금죄 등이 있다.
> ㄷ. 甲이 고속도로 2차로를 따라 자동차를 운전하다가 1차로를 진행하던 A의 차량 앞에 급하게 끼어든 후 곧바로 정차하여, A의 차량 및 이를 뒤따르던 차량 2대는 연이어 급제동하여 정차하였으나 그 뒤를 따라오던 B의 차량이 앞의 차량들을 연쇄적으로 추돌케 하여 B를 사망에 이르게 한 경우, B에게 주의의무를 위반한 과실이 있다면 甲에게는 일반교통방해치사죄가 성립하지 않는다.
> ㄹ. 강도의 공범자 중 1인이 강도의 기회에 피해자에게 폭행 또는 상해를 가하여 살해한 경우에 다른 공범자는 강도의 수단으로 폭행 또는 상해가 가해지리라는 점에 대하여 상호 인식이 있었다면 살해에 대하여 공모한 바가 없다고 하여도 강도치사죄의 죄책을 진다.
> ㅁ. 교사자가 피교사자에 대하여 상해를 교사하였는데 피교사자가 이를 넘어 살인을 실행한 경우, 교사자에게 피해자의 사망이라는 결과에 대하여 과실 내지 예견가능성이 있는 때에는 상해치사죄의 교사범으로서의 죄책을 진다.

① ㄱ, ㄹ
② ㄴ, ㄷ
③ ㄴ, ㅁ
④ ㄱ, ㄷ, ㄹ
⑤ ㄴ, ㄷ, ㄹ

[해설] **출제영역 |** 결과적 가중범의 죄수, 결과적 가중범의 공범, 부진정결과적 가중범

ㄱ. (○) 대법원 2008.11.27, 2008도7311

ㄴ. (×) 현주건조물일수치사죄는 진정결과적 가중범이고, 중체포감금죄는 사람을 체포·감금하여 가혹한 행위를 함으로써 성립하는 범죄이다.

ㄷ. (×) 피고인이 고속도로 2차로를 따라 자동차를 운전하다가 1차로를 진행하던 甲의 차량 앞에 급하게 끼어든 후 곧바로 정차하여, 甲의 차량 및 이를 뒤따르던 차량 두 대는 연이어 급제동하여 정차하였으나, 그 뒤를 따라오던 乙의 차량이 앞의 차량들을 연쇄적으로 추돌케 하여 乙을 사망에 이르게 하고 나머지 차량 운전자 등 피해자들에게 상해를 입힌 사안에서, 편도 2차로의 고속도로 1차로 한가운데에 정차한 피고인은 현장의 교통상황이나 일반인의 운전 습관·행태 등에 비추어 고속도로를 주행하는 다른 차량 운전자들이 제한속도 준수나 안전거리 확보 등의 주의의무를 완전하게 다하지 않을 수도 있다는 점을 알았거나 충분히 알 수 있었으므로, 피고인의 정차 행위와 사상의 결과 발생 사이에 상당인과관계가 있고, 사상의 결과 발생에 대한 예견가능성도 인

정되므로, 일반교통방해치사상죄가 성립한다(대법원 2014.7.24, 2014도6206).

ㄹ. (○) 대법원 2000.12.8, 2000도4459

ㅁ. (○) 대법원 1997.6.24, 97도1075

[정답] ②

035 ✓ 이론 ◆◆◇ 경찰간부 2022

결과적 가중범에 대한 설명으로 옳지 않은 것은? (다툼이 있는 경우 판례에 의함)

① 교통방해치사죄의 경우 결과발생에 대한 예견가능성은 일반인을 기준으로 객관적으로 판단해야 하므로 일반인의 관점에서 결과발생을 예견할 수 있었다면, 설령 행위자가 결과발생을 구체적으로 예견하지는 못하였다고 하더라도 실제로 발생한 사망의 결과에 대하여 교통방해치사죄가 성립한다.

② 결과적 가중범에서 공동정범이 성립하려면 행위를 공동으로 할 의사가 있으면 족하고 결과를 공동으로 할 의사는 필요하지 않다.

③ 부진정결과적 가중범에서 고의로 중한 결과를 발생하게 한 행위가 별도의 구성요건에 해당하고 그 고의범의 법정형이 결과적 가중범의 법정형보다 더 무겁게 처벌하는 규정이 없는 경우, 결과적 가중범이 고의범에 대하여 특별관계에 있으므로 결과적 가중범만 성립한다.

④ 甲이 A를 강간하려고 폭행하던 중 양심의 가책이 들어 강간행위를 중지하였으나 그 강간행위로 인해 A에게 상해의 결과가 발생한 경우, 강간죄의 중지미수와 과실치상죄의 상상적 경합이 성립한다.

[해설] **출제영역 |** 결과적 가중범의 죄수, 결과적 가중범의 공범, 부진정결과적 가중범

④ (×) 결과적 가중범의 성립에 있어서 고의의 기본범죄는 기수이든 미수이든 상관없다. "강간이 미수에 그친 경우라도 그 수단이 된 폭행에 의하여 피해자가 상해를 입었으면 강간치상죄가 성립하는 것이며, 미수에 그친 것이 피고인이 자의로 실행에 착수한 행위를 중지한 경우이든 실행에 착수하여 행위를 종료하지 못한 경우이든 가리지 않는다(대법원 1988.11.8, 88도1628)." 따라서 강간의 중지미수와 과실치상의 상상적 경합이 성립하는 것이 아니라 강간치상죄가 성립한다.

① (○) 결과적 가중범의 구성요건요소로서의 예견가능성은 이렇듯 객관적 예견가능성을 말한다. 대법원 2014.7.24, 2014도6206 참조.

② (○) 결과적가중범에 있어서의 공동정범은 행위를 공동으로 할 의사가 있으면 성립하고 결과를 공동으로 할 의사는 필요없다(대법원 1990.6.26, 90도765).

③ (○) 기본범죄를 통하여 고의로 중한 결과를 발생하게 한 경우에 가중 처벌하는 부진정결과적가중범에서, 고의로 중한 결과를 발생하게 한 행위가 별도의 구성요건에 해당하고 그 고의범에 대하여 결과적가중범에 정한 형보다 더 무겁게 처벌하는 규정이 있는

경우에는 그 고의범과 결과적가중범이 상상적 경합관계에 있지만, 위와 같이 고의범에 대하여 더 무겁게 처벌하는 규정이 없는 경우에는 결과적가중범이 고의범에 대하여 특별관계에 있으므로 결과적가중범만 성립하고 이와 법조경합의 관계에 있는 고의범에 대하여는 별도로 죄를 구성하지 않는다(대법원 2008.11.27, 2008도7311).

정답 ④

2 부작위범

036 ✓ 대표 ◆◇◇

부작위범에 대한 설명으로 옳지 않은 것은? (다툼이 있는 경우 판례에 의함)

① 「형법」제18조에서 말하는 부작위는 법적 기대라는 규범적 가치판단 요소에 의하여 사회적 중요성을 가지는 사람의 행태가 되어 법적 의미에서 작위와 함께 행위의 기본 형태를 이루게 된다.

② 「형법」제18조 부작위범의 성립을 위한 작위의무의 발생근거와 「형법」제271조 유기죄의 성립을 위한 보호의무의 발생근거는 그 범위가 동일하다.

③ 수사관이 검사로부터 범인을 검거하라는 지시를 받고서도 그 직무상의 의무에 따른 적절한 조치를 취하지 아니하고 오히려 범인에게 전화로 도피하라고 권유하여 범인을 도피케 한 경우, 작위범인 범인도피죄만이 성립하고 부작위범인 직무유기죄는 따로 성립하지 아니한다.

④ 부작위에 의한 기망은 법률상 고지의무 있는 자가 일정한 사실에 관하여 상대방이 착오에 빠져 있음을 알면서도 이를 고지하지 아니하는 것으로서, 거래의 경험칙상 상대방이 그 사실을 알았다라면 당해 법률행위를 하지 않았을 것이 명백한 경우에는 신의칙에 비추어 그 사실을 고지할 법률상 의무가 인정된다.

해설 출제영역 | 부작위범의 성립요건

② (×) 유추해석금지원칙상 유기죄의 보호의무의 발생근거(법률, 계약)는 부진정부작위범의 작위의무의 발생근거(법령, 계약 등 법률행위, 조리, 선행행위)보다 좁게 파악된다.

① (○) 범죄는 보통 적극적인 행위에 의하여 실행되지만 때로는 결과의 발생을 방지하지 아니한 부작위에 의하여도 실현될 수 있다. 형법 제18조는 "위험의 발생을 방지할 의무가 있거나 자기의 행위로 인하여 위험발생의 원인을 야기한 자가 그 위험발생을 방지하지 아니한 때에는 그 발생된 결과에 의하여 처벌한다."라고 하여 부작위범의 성립 요건을 별도로 규정하고 있다. 자연적 의미에서의 부작위는 거동성이 있는 작위와 본질적으로 구별되는 무(無)에 지나지 아니하지만, 위 규정에서 말하는 부작위는 법적 기대라는 규범적 가치판단 요소에 의하여 사회적 중요성을 가지는 사람의 행태가 되어 법적 의미에서 작위와 함께 행위의 기본 형태를 이루게 되므로, 특정한 행위를 하지 아니하는 부작위가 형법적으로 부작위로서의 의미를 가지기 위해서는, 보호법익의 주체에게 해당 구성요건적 결과 발생의 위험이 있는 상황에서 행

위자가 구성요건의 실현을 회피하기 위하여 요구되는 행위를 현실적·물리적으로 행할 수 있었음에도 하지 아니하였다고 평가될 수 있어야 한다(대법원 2015.11.12, 2015도6809 전원합의체).

③ (○) 대법원 1996.5.10, 96도91

④ (○) 대법원 1998.12.8, 98도3263

정답 ②

037 ✓ 대표 ◆◇◇

부작위범에 대한 설명으로 옳은 것은? (다툼이 있으면 판례에 의함)

① 보호자의 간청에 따라 치료를 요하는 환자에 대하여 치료중단 및 퇴원을 허용하는 조치를 취함으로써 환자를 사망에 이르게 한 담당 전문의와 주치의에게는 부작위에 의한 살인죄의 공동정범이 성립한다.

② 부작위범의 작위의무에는 법적인 의무뿐만 아니라 도덕상 의무와 종교상 의무도 포함된다.

③ 인터넷 포털사이트 내 오락채널 총괄팀장과 오락채널 내 만화사업의 운영 직원은 콘텐츠제공업체들이 게재하는 음란만화의 삭제를 요구할 조리상의 의무가 있다.

④ 토지에 대하여 도시계획이 입안되어 있어 장차 협의매수되거나 수용될 것이라는 사정을 매수인에게 고지하지 아니하고 토지를 매도한 매도인에게는 신의칙상 고지의무가 없으므로 부작위에 의한 사기죄가 성립하지 않는다.

해설 출제영역 | 부작위범의 성립

③ (○) 대법원 2006.4.28, 2003도4128

① (×) 환자의 보호자가 치료위탁계약을 해지하고 환자를 퇴원시켜 달라고 요구하여 이에 응하기 위하여 담당의사가 인공호흡 장치를 제거한 결과 환자가 호흡곤란으로 사망하게 된 경우, 당해 의사는 작위에 의한 살인방조의 죄책을 진다(대법원 2004.6.24, 2002도995).

② (×) 부작위범에 있어 작위의무는 법적인 의무이어야 하므로 단순한 도덕상 또는 종교상의 의무는 포함되지 않으나 작위의무가 법적인 의무인 한 성문법이건 불문법이건 상관이 없고 또 공법이건 사법이건 불문하므로 법령, 법률행위, 선행행위로 인한 경우는 물론이고 기타 신의성실의 원칙이나 사회상규 혹은 조리상 작위의무가 기대되는 경우에도 법적인 작위의무는 있다(대법원 1996.9.6, 95도2551).

④ (×) 피고인이 토지에 대하여 도시계획이 입안되어 있어 장차 토지가 정주시(井州市)에 의하여 협의매수되거나 수용될 것이라는 점을 알고 있었으므로 이러한 사정을 모르고 토지를 매수하려는 피해자에게 위와 같은 사정을 고지할 신의칙상 의무가 있고, 따라서 이러한 사정을 고지하지 아니한 피고인의 행위는 부작위에 의한 사기죄를 구성한다(대법원 1993.7.13, 93도14).

정답 ③

038 ✓ 이론 ◆◆◇ 경찰1차 2022

(가)와 (나)에 관한 설명으로 가장 적절하지 않은 것은? (다툼이 있는 경우 판례에 의함)

> (가) 일정한 기간 내에 잘못된 상태를 바로 잡으라는 행정청의 지시를 이행하지 않았다는 것을 구성요건으로 하는 범죄
> (나) 「형법」 제250조 제1항의 살인죄와 같이 그 규정 형식으로 보아 작위를 내용으로 하는 범죄를 부작위에 의하여 범하는 범죄

① (가)와 (나)의 구별에 있어 형식설에 의할 경우, 「형법」 제103조 제1항의 전시군수계약불이행죄와 「형법」 제116조의 다중불해산죄는 (가)의 경우에 해당한다.
② 유기죄에서의 보호의무를 법률상·계약상 보호의무로 국한하는 입장에 따르면 (나)에서의 보호의무는 유기죄의 보호의무보다 넓게 된다.
③ (나)는 고의에 의해서는 물론 과실범 처벌규정이 있는 한 과실에 의해서도 성립가능하다.
④ (나)의 요건으로 행위정형의 동가치성을 요구하는 것은 형사처벌을 확장하는 기능을 한다.

해설 출제영역 | 부작위범의 종류, 부작위범과 과실범

④ (×) 부진정부작위범은 원래 작위범의 구성요건이므로 부작위가 그 작위와 같다는 평가를 받을 수 있어야 구성요건에 해당하고, 이를 행위정형의 동가치성이라 한다. 부진정부작위범에서 보증인적 지위, 보증인적 의무 외에도 추가로 행위정형의 동가치성을 요구하는 것(이상을 모두 동치성이라 함)은 결국 부진정부작위범의 성립을 제약하는 것이므로 형사처벌을 축소하는 기능을 한다.
① (○) 형식설에 의하면 (가)는 법조문이 형태가 부작위범으로 되어 있는 것으로 진정부작위범이고, (나)는 작위범으로 되어 있는 것을 부작위로 범하는 것으로 부진정부작위범이다.
② (○) 부진정부작위범의 보호의무는 법령, 법률행위, 선행행위로 인한 경우는 물론, 기타 신의성실의 원칙이나 사회상규 혹은 조리상 작위의무가 기대되는 경우에도 인정된다 할 것이다(대법원 1992.2.11, 91도2951).
③ (○) 과실범 처벌규정이 있는 경우 과실범의 부진정부작위범은 성립할 수 있다.

정답 ④

039 ✓ 대표 ◆◆◇ 국가7급 2019

부작위범에 대한 설명으로 옳은 것은? (다툼이 있는 경우 판례에 의함)

① 부작위범 사이의 공동정범은 다수의 부작위범에게 공통된 의무가 부여되어 있고 그 의무를 공통으로 이행할 수 있을 때에만 성립한다.
② 어떠한 범죄가 작위에 의하여 이루어질 수 있음은 물론 결과의 발생을 방지하지 아니하는 부작위에 의하여도 실현될 수 있는 경우, 행위자가 자신의 신체적 활동이나 물리적·화학적 작용을 통하여 적극적으로 타인의 법익 상황을 악화시킴으로써 결국 그 타인의 법익을 침해하기에 이르렀다면 이는 작위에 의한 범죄로 봄이 원칙이나, 악화되기 이전의 법익상황이 그 행위자가 과거에 행한 또 다른 작위의 결과에 의하여 유지되고 있었다면 부작위로 보아야 한다.
③ 피고인이 모텔 방에 투숙하여 담뱃불이 완전히 꺼졌는지 여부를 확인하지 않은 채 불이 붙기 쉬운 휴지를 재떨이에 버리고 잠을 잔 과실로 화재가 발생하였으나 모텔 주인이나 다른 투숙객들에게 알리지 않아 다른 사람들을 사망케 한 경우, 위 화재가 피고인의 중대한 과실 있는 선행행위로 발생한 이상 피고인에게는 화재를 소화할 법률상 의무가 있다 할 것이어서 화재발생 사실을 알리지 않은 부작위만으로도 현주건조물방화치사죄가 성립한다.
④ 압류된 골프장시설을 보관하는 회사의 대표이사가 해당 압류시설의 사용 및 봉인의 훼손을 방지할 수 있는 적절한 조치 없이 골프장을 개장하게 하여 봉인이 훼손되게 한 경우, 그러한 행위를 부작위에 의한 공무상표시무효죄로 볼 것은 아니다.

해설 출제영역 | 부작위범 일반

① (○) 대법원 2008.3.27, 2008도89.
② (×) 작위범이 성립하면 부작위범이 성립하지 않는다는 부작위범의 보충성을 판시한 내용이다(대법원 2004.6.24, 2002도995).
③ (×) 화재를 용이하게 소화할 수 있었다고 보기 어렵다(개별적 행위가능성이 없다)는 이유로, 부작위에 의한 현주건조물방화치사상죄의 공소사실에 대해 무죄를 선고한 원심의 판단을 수긍한 사례이다(대법원 2010.1.14, 2009도12109).
④ (×) 피고인이 적절한 조치 없이 위 개장 및 압류시설 작동을 의도적으로 묵인 내지 방치함으로써 예견된 결과를 유발한 경우에는 부작위에 의한 공무상표시무효죄의 성립을 인정할 수 있다고 보아야 할 것이다(대법원 2005.7.22, 2005도3034).

정답 ①

부작위범에 관한 설명으로 옳은 것을 모두 고른 것은? (다툼이 있는 경우 판례에 의함)

> ㉠ 형법은 부작위범의 성립요건을 별도로 규정하고 있다.
> ㉡ 진정부작위범은 그 속성상 미수가 불가능하며, 형법도 진정부작위범의 미수에 대한 처벌규정을 두고 있지 않다.
> ㉢ 부진정부작위범의 구성요건인 보증인적 지위(작위의무)는 신의칙이나 조리에 의해서도 발생한다.
> ㉣ 부진정부작위범을 작위범과 동일하게 평가하기 위해서는 보증인적 지위 외에 부작위와 작위의 동가치성(상응성)을 요하며, 이는 형법이 명문으로 규정하고 있다.
> ㉤ 부작위범의 공동정범은 성립할 수 있으나, 부작위에 의한 교사범은 성립할 수 없다.

① ㉠, ㉡, ㉣ ② ㉠, ㉢, ㉤
③ ㉡, ㉢, ㉣ ④ ㉢, ㉣, ㉤

해설 출제영역 | 부작위범의 성립요건·미수

㉠ (○) 위험의 발생을 방지할 의무가 있거나 자기의 행위로 인하여 위험발생의 원인을 야기한 자가 그 위험발생을 방지하지 아니한 때에는 그 발생된 결과에 의하여 처벌한다(제18조).

㉡ (×) 집합명령위반죄나 퇴거불응죄는 진정부작위범이지만 미수범 처벌규정을 두고 있다(제149조, 제322조).

㉢ (○) 형법상 부작위범이 인정되기 위한 작위의무는 법적인 의무이어야 하므로 단순한 도덕상 또는 종교상의 의무는 포함되지 않으나, 작위의무가 법적인 의무인 한 성문법이건 불문법이건 상관이 없고 또 공법이건 사법이건 불문하므로, 법령, 법률행위, 선행행위로 인한 경우는 물론이고 기타 신의성실의 원칙이나 사회상규 혹은 조리상 작위의무가 기대되는 경우에도 법적인 작위의무는 있다(대법원 1996.9.6, 95도2551).

㉣ (×) 부작위와 작위의 행위정형의 동가치성은 그 부작위가 작위에 의한 법익 침해와 동등한 형법적 가치가 있는 것이어서 그 범죄의 실행행위로 평가될 만한 것이라면 작위에 의한 실행행위와 동일하게 부작위범으로 처벌할 수 있다는 부진정부작위범의 특유의 구성요건이다. 이는 명문에 규정되어 있지 않지만, 통설과 판례는 인정하고 있다.

㉤ (○)
[1] 부작위범 사이의 공동정범은 다수의 부작위범에게 공통된 의무가 부여되어 있고 그 의무를 공통으로 이행할 수 있을 때에만 성립한다.
[2] 부작위에 의해서는 피교사자에 대해서 현실적으로 아무런 심리적 영향을 주지 못하기 때문에 부작위에 의한 교사는 인정되지 않는다(대법원 2008.3.27, 2008도89).

정답 ②

다음 '부진정' ○○범에 대한 설명으로 옳지 않은 것만을 모두 고른 것은? (다툼이 있는 경우 판례에 의함)

> ㄱ. 甲이 乙의 재물을 강취한 후 乙을 살해할 목적으로 현주건조물에 방화하여 사망에 이르게 한 경우, 甲은 강도죄와 현주건조물방화치사죄에 모두 해당하고 두 죄는 상상적 경합범 관계에 있다.
> ㄴ. 부진정결과적 가중범에서, 고의로 중한 결과를 발생하게 한 행위가 별도의 구성요건에 해당하고 그 고의범에 대하여 결과적 가중범에 정한 형보다 더 무겁게 처벌하는 규정이 없는 경우에는, 결과적 가중범이 고의범에 대하여 특별관계에 있으므로 결과적 가중범만 성립하고 이와 법조경합의 관계에 있는 고의범에 대하여는 별도로 죄를 구성하지 않는다.
> ㄷ. 중한 결과에 대해 과실이 있는 경우뿐만 아니라 고의가 있는 경우에도 성립하는 부진정결과적 가중범 중 '치사죄'에 해당하는 경우로는 현행 형법상 제164조 제2항의 현주건조물방화치사죄가 유일하다.
> ㄹ. 신분관계로 인하여 형의 가중이 있는 부진정 신분범의 경우에 신분이 있는 자가 신분이 없는 자를 교사하여 죄를 범하게 한 때에는 형법 제33조 단서가 형법 제31조 제1항에 우선하여 적용됨으로써 신분이 있는 교사범이 신분이 없는 정범과 동일하게 처벌된다.
> ㅁ. 부진정부작위범의 보증인적 지위와 의무를 구성요건요소라고 보는 견해에 의하면, 보증인 지위자만이 행할 수 있으므로 부진정부작위범은 모두 진정신분범에 해당한다.
> ㅂ. 부진정부작위범의 경우에는 보호법익의 주체가 법익에 대한 침해위협에 대처할 보호능력이 없고, 부작위행위자에게 침해위협으로부터 법익을 보호해 주어야 할 법적 작위 의무가 있을 것을 요하나, 부작위행위자가 그러한 보호적 지위에서 법익침해를 일으키는 사태를 반드시 지배하고 있을 필요는 없다.

① ㄱ, ㄷ, ㄹ ② ㄱ, ㄹ, ㅂ
③ ㄴ, ㄷ, ㅁ ④ ㄴ, ㄹ, ㅁ
⑤ ㄷ, ㄹ, ㅂ

해설 출제영역 | 부진정 부작위범, 부진정결과적 가중범

② ㄱ, ㄹ, ㅂ

ㄱ. (×) 피고인들이 피해자들의 재물을 강취한 후 그들을 살해할 목적으로 현주건조물에 방화하여 사망에 이르게 한 경우, 피고인들의 행위는 강도살인죄와 현주건조물방화치사죄에 모두 해당하고 그 두 죄는 상상적 경합범관계에 있다(대법원 1998.12.8, 98도3416).

ㄴ. (○) 기본범죄를 통하여 고의로 중한 결과를 발생하게 한 경우에 가중 처벌하는 부진정결과적 가중범에서, 고의로 중한 결과를 발생하게 한 행위가 별도의 구성요건에 해당하고 그 고의범에 대하여 결과적 가중범에 정한 형보다 더 무겁게 처벌하는 규정이 있

는 경우에는 그 고의범과 결과적 가중범이 상상적 경합관계에 있
지만, 위와 같이 고의범에 대하여 더 무겁게 처벌하는 규정이 없
는 경우에는 결과적 가중범이 고의범에 대하여 특별관계에 있으므
로 결과적 가중범만 성립하고 이와 법조경합의 관계에 있는 고의
범에 대하여는 별도로 죄를 구성하지 않는다(대법원 2008.11.27,
2008도7311).

ㄷ. (○) 부진정결과적 가중범이란 고의에 의한 기본범죄에 기하여
중한 결과를 과실뿐만 아니라 고의로 발생케 한 경우를 말한다.
예로는 현주건조물방화치사상죄, 특수공무집행방해치상죄, 교통
방해치상죄 등이 있으며, '치사죄'에 해당하는 경우로는 현행 형
법상 제164조 제2항의 현주건조물방화치사죄가 유일하다.

ㄹ. (×) 형법 제31조 제1항은 협의의 공범의 일종인 교사범이 그 성
립과 처벌에 있어서 정범에 종속한다는 일반적인 원칙을 선언한
것에 불과하고, 신분관계로 인하여 형의 경중이 있는 경우에 신
분이 있는 자가 신분이 없는 자를 교사하여 죄를 범하게 한 때에
는 형법 제33조 단서가 형법 제31조 제1항에 우선하여 적용됨으
로써 신분이 있는 교사범이 신분이 없는 정범보다 중하게 처벌된
다(대법원 1994.12.23, 93도1002).

ㅁ. (○) 부진정부작위범의 보증인적 지위와 의무를 구성요건요소라
고 보는 견해(구성요건요소설, 보증인설)에 의하면 보증인적 지
위와 보증인적 의무를 모두 구성요건요소로 이해하는 견해로서
부진정부작위범은 모두 진정신분범으로 본다.
[보충] 이분설(보증인적 지위는 구성요건요소, 보증인적 의무는
위법성요소)에 의하더라도 부진정부작위범은 진정신분범의 성격
을 가진다.

ㅂ. (×) 살인죄와 같이 일반적으로 작위를 내용으로 하는 범죄를 부
작위에 의하여 범하는 이른바 부진정부작위범의 경우에는 보호
법익의 주체가 그 법익에 대한 침해위협에 대처할 보호능력이 없
고, 부작위행위자에게 그 침해위협으로부터 법익을 보호해 주어
야 할 법적 작위의무가 있을 뿐 아니라, 부작위행위자가 그러한
보호적 지위에서 법익침해를 일으키는 사태를 지배하고 있어 그
작위의무의 이행으로 결과발생을 쉽게 방지할 수 있어야 그 부작
위로 인한 법익침해가 작위에 의한 법익침해와 동등한 형법적 가
치가 있는 것으로서 범죄의 실행행위로 평가될 수 있다. 다만 여
기서의 작위의무는 법령, 법률행위, 선행행위로 인한 경우는 물
론, 신의성실의 원칙이나 사회상규 혹은 조리상 작위의무가 기대
되는 경우에도 인정된다고 할 것이다(대법원 1992.2.11, 91도
2951).

정답 ②

042 ✓ 유사 ◆◆◇ 법원행시 2017

**부작위범에 관한 다음 설명 중 가장 옳지 않은 것은?
(다툼이 있으면 판례에 의함)**

① 범죄는 보통 적극적인 행위에 의하여 실행되지만 때로
는 결과의 발생을 방지하지 아니한 부작위에 의하여도
실현될 수 있다.

② 부작위가 형법적으로 부작위로서의 의미를 가지기 위
해서는 보호법익의 주체에게 해당 구성요건적 결과발
생의 위험이 있는 상황에서 행위자가 구성요건의 실현
을 회피하기 위하여 요구되는 행위를 현실적·물리적
으로 행할 수 있었음에도 하지 아니하였다고 평가될
수 있어야 한다.

③ 살인죄는 일반적으로는 작위를 내용으로 하는 범죄
이다.

④ 이른바 부진정부작위범을 인정하기 위하여는 부작위
행위자에게 그 침해위협으로부터 법익을 보호해 주어
야 할 작위의무가 있어야 하는데, 여기서의 작위의무
는 법령, 법률행위, 선행행위로 인한 것임이 원칙이고
신의성실의 원칙에 기하여 인정될 수 없다.

해설 | 출제영역 | 부작위범의 성립요건

④ (×) 살인죄와 같이 일반적으로 작위를 내용으로 하는 범죄를 부
작위에 의하여 범하는 이른바 부진정부작위범의 경우에는 보호
법익의 주체가 그 법익에 대한 침해위협에 대처할 보호능력이 없
고, 부작위행위자에게 그 침해위협으로부터 법익을 보호해 주어
야 할 법적 작위의무가 있을 뿐 아니라, 부작위행위자가 그러한
보호적 지위에서 법익침해를 일으키는 사태를 지배하고 있어 그
작위의무의 이행으로 결과발생을 쉽게 방지할 수 있어야 그 부작
위로 인한 법익침해가 작위에 의한 법익침해와 동등한 형법적 가
치가 있는 것으로서 범죄의 실행행위로 평가될 수 있다. 다만 여
기서의 작위의무는 법령, 법률행위, 선행행위로 인한 경우는 물
론, 신의성실의 원칙이나 사회상규 혹은 조리 상 작위의무가 기
대되는 경우에도 인정된다(대법원 2015.11.12, 2015도6809 전
원합의체).

① (○), ② (○), ③ (○) 대법원 2015.11.12, 2015도6809 선원
합의체

정답 ④

043 ✓유사 ◆◆◆ 경찰간부 2023

부작위범에 관한 설명으로 옳고 그름의 표시(○, ×)가 바르게 된 것은? (다툼이 있는 경우 다수설과 판례에 의함)

> 가. 어떠한 범죄가 적극적 작위에 의하여 이루어질 수 있음은 물론 결과의 발생을 방지하지 아니하는 소극적 부작위에 의하여도 실현될 수 있는 경우에, 행위자가 자신의 신체적 활동이나 물리적·화학적 작용을 통하여 적극적으로 타인의 법익 상황을 악화시킴으로써 결국 그 타인의 법익을 침해하기에 이르렀다면, 이는 작위에 의한 범죄로 봄이 원칙이다.
>
> 나. 업무상배임죄는 부작위에 의해서도 성립할 수 있는데, 그러한 부작위를 실행의 착수로 볼 수 있기 위해서는 작위의무가 이행되지 않으면 사무처리의 임무를 부여한 사람이 재산권을 행사할 수 없으리라고 객관적으로 예견되는 등으로 구성요건적 결과 발생의 위험이 구체화한 상황에서 부작위가 이루어져야 한다.
>
> 다. 부작위에 의한 교사는 교사자가 정범에게 부작위에 의하여 범죄의 결의를 일으키게 할 수 없기 때문에 불가능하지만, 부작위에 의한 방조는 방조범에게 보증인의무가 인정된다면 가능하다.
>
> 라. 부작위범에 대한 교사는 교사자가 정범에게 부작위에 나가도록 결의하게 함으로써 가능하고, 부작위범에 대한 방조는 부작위하겠다는 부작위범의 결의를 강화하는 형태의 방조도 가능하다.

① 가(○), 나(○), 다(○), 라(○)
② 가(○), 나(×), 다(○), 라(×)
③ 가(×), 나(○), 다(×), 라(○)
④ 가(×), 나(×), 다(×), 라(×)

해설 | 출제영역 | 부작위범 일반

① 가(○), 나(○), 다(○), 라(○)

가. (○) 어떠한 범죄가 적극적 작위에 의하여 이루어질 수 있음은 물론 결과의 발생을 방지하지 아니하는 소극적 부작위에 의하여도 실현될 수 있는 경우에, 행위자가 자신의 신체적 활동이나 물리적·화학적 작용을 통하여 적극적으로 타인의 법익 상황을 악화시킴으로써 결국 그 타인의 법익을 침해하기에 이르렀다면, 이는 <u>작위에 의한 범죄로 봄이 원칙</u>이고, 작위에 의하여 악화된 법익 상황을 다시 되돌이키지 아니한 점에 주목하여 이를 부작위범으로 볼 것은 아니며, 나아가 악화되기 이전의 법익 상황이, 그 행위자가 과거에 행한 또 다른 작위의 결과에 의하여 유지되고 있었다 하여 이와 달리 볼 이유가 없다(대법원 2004.6.24, 2002도995).

나. (○) 업무상배임죄는 타인과의 신뢰관계에서 일정한 임무에 따라 사무를 처리할 법적 의무가 있는 자가 그 상황에서 당연히 할 것이 법적으로 요구되는 행위를 하지 않는 부작위에 의해서도 성립할 수 있다. 그러한 <u>부작위를 실행의 착수로 볼 수 있기 위해서는 작위의무가 이행되지 않으면 사무처리의 임무를 부여한 사람이 재산권을 행사할 수 없으리라고 객관적으로 예견되는 등으로 구성요건적 결과 발생의 위험이 구체화한 상황에서 부작위가 이루어져야 한다.</u> 그리고 행위자는 부작위 당시 자신에게 주어진 임무를 위반한다는 점과 그 부작위로 인해 손해가 발생할 위험이 있다

는 점을 인식하였어야 한다(대법원 2021.5.27, 2020도15529).

다. (○) 부작위에 의해서는 범행결의 형성이 불가능하므로 <u>부작위에 의한 교사는 불가능</u>하지만, 방조자에게 일정한 작위의무 내지 결과발생방지의무가 있음에도 결과발생을 방치한 경우 방조범이 성립할 수 있으므로 <u>부작위에 의한 방조범은 가능</u>하다.

라. (○) 부작위범에 대한 교사와 방조는 모두 인정된다. 부작위를 하라고 작위에 의하여 교사하는 경우이므로 교사범이 성립하며, 마찬가지로 역시 방조범 성립이 인정된다. 대법원은 처(妻)의 남편에 대한 부작위에 의한 살인범행을 담당의사가 퇴원허용조치행위라는 작위에 의하여 방조하였다고 판시한 바 있다(부작위에 대한 작위에 의한 방조 ○, 대법원 2004.6.24, 2002도995).

정답 ①

044 ✓유사 ◆◆◆ 변호사 2018

부작위에 관한 설명 중 옳지 않은 것은? (다툼이 있는 경우판례에 의함)

① 甲은 할부금융회사로부터 금융을 얻어 자동차를 매수한 후 乙에게 그 자동차를 매도하였는데, 계약체결 당시 자동차에 대하여 저당권이 설정되거나 가압류된 사실이 없고 甲과 乙 사이의 계약조건에 할부금채무의 승계에 대한 내용도 없다면, 甲이 할부금채무의 존재를 乙에게 고지하지 않았더라도 사기죄가 성립하지 않는다.

② 신장결핵을 앓고 있는 甲이 乙보험회사가 정한 약관에 신장결핵을 포함한 질병에 대한 고지의무를 규정하고 있음을 알면서도 이를 고지하지 아니한 채 그 사실을 모르는 乙보험회사와 그 질병을 담보하는 보험계약을 체결한 후 신장결핵의 발병을 사유로 하여 보험금을 청구하여 수령한 경우, 甲에게는 사기죄가 성립한다.

③ 경찰서 형사과장인 甲이 압수물을 범죄 혐의의 입증에 사용하도록 하는 등의 적절한 조치를 취하지 아니하고 피압수자에게 돌려준 경우, 甲에게는 작위범인 증거인멸죄만이 성립하고 부작위범인 직무유기죄는 따로 성립하지 아니한다.

④ 임대인 甲이 자신 소유의 여관건물에 대하여 임차인 乙과 임대차계약을 체결하면서 乙에게 당시 임대목적물에 관하여 법원의 경매개시결정에 따른 경매절차가 진행 중인 사실을 알리지 아니하였더라도, 乙이 등기부를 확인 또는 열람하는 것이 가능하였다면 기망행위가 있었다고 볼 수 없어, 甲에게는 사기죄가 성립하지 아니한다.

⑤ 토지 소유자인 甲이 그 소유 토지에 대하여 여객정류장시설을 설치하는 도시계획이 입안되어 있어 장차 위 토지가 수용될 것이라는 점을 알고 있었음에도, 이러한 사정을 모르는 매수인 乙에게 이러한 사실을 고지하지 않고 토지를 매도하고 매매대금을 수령하였다면, 甲에게는 사기죄가 성립한다.

해설 출제영역 | 부작위범, 죄수

④ (×) 피해자가 이 사건 임대차계약 당시 임차할 여관건물에 관하여 법원의 경매개시결정에 따른 경매절차가 이미 진행 중인 사실을 알았더라면 그 건물에 관한 임대차계약을 체결하지 않았을 것임이 명백한 이상, 피고인은 신의칙상 피해자에게 이를 고지할 의무가 있다 할 것이고, 피해자 스스로 그 건물에 관한 등기부를 확인 또는 열람하는 것이 가능하다고 하여 결론을 달리할 것은 아니다(대법원 1998.12.8, 98도3263).

① (○) 승용차 자체에 대하여 저당권이 설정되어 있었다거나, 가압류집행이 되어 있었다는 등의 사정은 없었던 것으로 보인다. 또한 기록상 자동차 매매계약에 따라 할부금 채무가 당연히 매수인에게 승계되는 것이라고 볼 근거도 없다. 사정이 이와 같다면 할부금 채무가 있다는 사정에 대하여 고지를 받았더라면 그 각 자동차를 매수하지 아니하였을 것임이 경험칙상 명백하다고 할 수 없고, 따라서 피고인들에게 그에 관한 고지의무가 있다고 볼 수도 없으며 피고인들의 그와 같은 부작위가 기망행위에 해당한다고 볼 수도 없다(대법원 1998.4.14, 98도231).

② (○) 특정 질병을 앓고 있는 사람이 보험회사가 정한 약관에 그 질병에 대한 고지의무를 규정하고 있음을 알면서도 이를 고지하지 아니한 채 그 사실을 모르는 보험회사와 그 질병을 담보하는 보험계약을 체결한 다음 바로 그 질병의 발병을 사유로 하여 보험금을 청구하였다면 특별한 사정이 없는 한 사기죄에 있어서의 기망행위 내지 편취의 범의를 인정할 수 있고, 보험회사가 그 사실을 알지 못한 데에 과실이 있다거나 고지의무위반을 이유로 보험계약을 해제할 수 있다고 하여 사기죄의 성립에 영향이 생기는 것은 아니다(대법원 2007.4.12, 2007도967).

③ (○) 경찰서 방범과장이 부하직원으로부터 음반·비디오물 및 게임물에 관한 법률 위반 혐의로 오락실을 단속하여 증거물로 오락기의 변조 기판을 압수하여 사무실에 보관 중임을 보고받아 알고 있었음에도 그 직무상의 의무에 따라 위 압수물을 수사계에 인계하고 검찰에 송치하여 범죄 혐의의 입증에 사용하도록 하는 등의 적절한 조치를 취하지 않고, 오히려 부하직원에게 위와 같이 압수한 변조 기판을 돌려주라고 지시하여 오락실 업주에게 이를 돌려준 경우, 작위범인 증거인멸죄만이 성립하고 부작위범인 직무유기(거부)죄는 따로 성립하지 아니한다(대법원 2006.10.19, 2005도3909 전원합의체).

⑤ (○) 대법원 1993.7.13, 93도14

정답 ④

---

045 ☑ 유사 ◆◇◇

부작위범에 관한 설명으로 가장 적절하지 않은 것은? (다툼이 있는 경우 판례에 의함)

① 보험계약 체결 당시 이미 발생한 교통사고 등으로 생긴 '요추, 경추, 사지' 부분의 질환과 관련하여 입·통원치료를 받고 있었을 뿐 아니라 그러한 기왕증으로 인해 유사한 상해나 질병으로 보통의 경우보다 입원치료를 더 받게 될 개연성이 농후하다는 사정을 인식하고 있었음에도 자신의 과거 병력과 치료이력을 모두 묵비한 채 보험계약을 체결하였다면 부작위에 의한 기망에 해당한다.

② 경찰공무원이 지명수배 중인 범인을 발견하고도 직무상 의무에 따른 적절한 조치를 취하지 아니하고 오히려 범인을 도피하게 하는 행위를 하였다면, 그 직무위배의 위법상태는 범인도피행위 속에 포함되어 있다고 보아야 할 것이므로, 이와 같은 경우에는 작위범인 범인도피죄만이 성립하고 부작위범인 직무유기죄는 따로 성립하지 아니한다.

③ 甲이 휴대폰 녹음기능을 작동시킨 상태로 A의 휴대폰에 전화를 걸어 약 8분간의 전화통화를 마친 후 바로 전화를 끊지 않고 A가 먼저 전화 끊기를 기다리던 중 B의 목소리가 들려오자 A가 실수로 통화종료 버튼을 누르지 아니한 상태를 이용하여 A와 B가 나누는 대화를 몰래 청취·녹음하였다면 甲의 행위는 부작위에 의한 통신비밀보호법위반죄에 해당한다.

④ 공사업자 甲이 A의 토지 위에 자신의 공사를 위해 쌓아 두었던 건축자재를 공사 완료 후 단순히 치우지 않은 것에 불과하다면, 이러한 행위가 A의 추가 공사 업무에 대한 적극적인 방해행위와 동등한 형법적 가치를 가진다고 볼 수 없다.

해설 출제영역 | 부작위범의 성립요건

③ (×) 甲은 이 사건 대화에 원래부터 참여하지 아니한 제3자이므로, 통화연결상태에 있는 휴대폰을 이용하여 이 사건 대화를 청취·녹음하는 행위는 <u>작위에 의한 구 통신비밀보호법 제3조의 위반행위</u>로서 같은 법 제16조 제1항 제1호에 의하여 처벌된다(대법원 2016.5.12, 2013도15616).

① (○) 대법원 2017.4.26, 2017도1405

② (○) 대법원 2017.3.15, 2015도1456

④ (○) 대법원 2017.12.22, 2017도13211

정답 ③

046 ⊘ 유사 ◆◆◇　　　　　　국가9급총론 2017

부작위범에 대한 설명으로 옳지 않은 것은? (다툼이 있으면 판례에 의함)

① 어떤 범죄가 작위와 동시에 부작위에 의하여도 실현될 수 있는 경우, 행위자가 작위에 의하여 타인의 법익을 침해하고 침해 상태를 부작위에 의해 유지하였더라도 작위에 의한 범죄로 봄이 원칙이다.

② 익사직전의 아이에 대한 보증인 지위가 인정되더라도 구조가 불가능한 상황에서는 부작위범이 성립할 수 없다.

③ 부작위범에 있어서 작위의무는 윤리적 의무가 아니라 법적 의무이므로 사회상규 혹은 조리에 의한 작위의무는 발생하지 않는다.

④ 기망행위라는 특정한 행위방법을 요건으로 하는 사기죄의 경우에는 부작위에 의한 기망행위가 작위의 기망행위와 동등한 의미를 가진다고 판단될 때 부작위에 의한 사기죄가 성립된다.

해설 | 출제영역 | 부작위범의 성립요건

③ (×) 부작위범에 있어서 작위의무는 법령, 법률행위, 선행행위로 인한 경우는 물론, 신의성실의 원칙이나 사회상규 혹은 조리상 작위의무가 기대되는 경우에도 인정된다(대법원 2015.11.12, 2015도6809 전원합의체).

① (○) 대법원 2004.6.24, 2002도995

② (○) 부작위범이 성립하기 위해서는 작위의무가 요구되는데, 객관적으로 불가능한 것을 요구하는 작위의무는 성립될 수 없기 때문이다.

④ (○) 부진정부작위범은 그 구성요건표지가 명확하게 기술되어 있지 않으므로 죄형법정주의에 반할 위험이 있다. 이러한 문제점을 해결하기 위한 것이 바로 부진정부작위범의 동치성의 요건이다.

정답 ③

047 ⊘ 유사 ◆◆◇　　　　　　국가9급총론 2019

부작위범에 대한 설명으로 옳은 것만을 모두 고르면? (다툼이 있는 경우 판례에 의함)

> ㄱ. 형법상 부작위는 보호법익의 주체에게 해당 구성요건적 결과발생의 위험이 있는 상황에서 행위자가 구성요건의 실현을 회피하기 위하여 요구되는 행위를 현실적·물리적으로 행할 수 있었음에도 하지 아니하였다고 평가될 수 있어야 한다.
>
> ㄴ. 부작위에 의한 기망은 법률상 고지의무 있는 자가 일정한 사실에 관하여 상대방이 착오에 빠져 있음을 알면서도 이를 고지하지 아니하는 것을 말한다.
>
> ㄷ. 부작위범 사이의 공동정범은 다수의 부작위범에게 공통된 의무가 부여되어 있고 그 의무를 공통으로 이행할 수 있을 때에만 성립한다.
>
> ㄹ. 업무방해죄와 같이 작위를 내용으로 하는 범죄를 부작위에 의하여 범하는 부진정부작위범이 성립하기 위해서는 부작위를 실행행위로서의 작위와 동일시 할 수 있어야 한다.

① ㄱ, ㄴ　　　　② ㄱ, ㄷ, ㄹ
③ ㄴ, ㄷ, ㄹ　　　④ ㄱ, ㄴ, ㄷ, ㄹ

해설 | 출제영역 | 부작위범 일반

ㄱ. (○) 자연적 의미에서의 부작위는 거동성이 있는 작위와 본질적으로 구별되는 무(無)에 지나지 아니하지만, 위 규정에서 말하는 부작위는 법적 기대라는 규범적 가치판단 요소에 의하여 사회적 중요성을 가지는 사람의 행태가 되어 법적 의미에서 작위와 함께 행위의 기본 형태를 이루게 되는 것이므로, 특정한 행위를 하지 아니하는 부작위가 형법적으로 부작위로서의 의미를 가지기 위해서는, 보호법익의 주체에게 해당 구성요건적 결과발생의 위험이 있는 상황에서 행위자가 구성요건의 실현을 회피하기 위하여 요구되는 행위를 현실적·물리적으로 행할 수 있었음에도 하지 아니하였다고 평가될 수 있어야 한다(세월호 사건, 대법원 2015.11.12, 2015도6809 전원합의체).

ㄴ. (○) 대법원 2006.2.23, 2005도8645 등

ㄷ. (○) 대법원 2009.2.12, 2008도9476

ㄹ. (○) 업무방해죄와 같이 작위를 내용으로 하는 범죄를 부작위에 의하여 범하는 부진정부작위범이 성립하기 위해서는 부작위를 실행행위로서의 작위와 동일시할 수 있어야 한다(대법원 2006.4.28, 2003도80). 피고인이 甲과 토지 지상에 창고를 신축하는 데 필요한 형틀공사 계약을 체결한 후 그 공사를 완료하였는데, 甲이 공사대금을 주지 않는다는 이유로 위 토지에 쌓아 둔 건축자재를 치우지 않고 공사현장을 막는 방법으로 위력으로써 甲의 창고 신축 공사 업무를 방해하였다는 내용으로 기소된 경우, 공소사실을 유죄로 인정한 원심판결에는 부작위에 의한 업무방해죄의 성립에 관한 법리오해의 잘못이 있다(대법원 2017.12.22, 2017도13211).

정답 ④

048 ✓ 유사 ◆◆◇ 경찰2차 2022

부작위범에 관한 설명 중 옳지 않은 것은 모두 몇 개인가? (다툼이 있는 경우 판례에 의함)

㉠ 압류된 골프장 시설을 보관하는 회사의 대표이사 甲이 그 압류시설의 사용 및 봉인의 훼손을 방지할 수 있는 적절한 조치 없이 골프장 개장 및 압류시설 작동을 의도적으로 묵인 또는 방치하여 봉인이 훼손되게 한 경우, 甲에게는 부작위에 의한 공무상표시무효죄가 성립한다.

㉡ 국가연구개발사업의 연구책임자 甲이 처음부터 소속 학생 연구원들에게 학생연구비를 개별 지급할 의사 없이 공동관리계좌를 관리하면서 사실상 그 처분권을 가질 의도 하에 이를 숨기고 산학협력단에 연구비를 신청하여 지급받은 경우, 甲의 행위는 산학협력단에 대한 관계에 있어서 기망에 의한 편취행위에 해당한다.

㉢ 위치추적 전자장치의 피부착자 甲이 그 장치의 구성 부분인 휴대용 추적장치를 분실한 후 3일이 경과하도록 보호관찰소에 분실신고를 하지 않고 돌아다닌 경우, 분실을 넘어서서 상당한 기간 동안 휴대용 추적장치가 없는 상태를 방치한 부작위는 「전자장치 부착」 등에 관한 법률 제38조에 따른 전자장치의 효용을 해한 행위에 해당하지 아니한다.

㉣ 甲은 법무사가 아님에도 자신이 법무사로 소개되거나 호칭되는 상황에서 자신이 법무사가 아니라는 사실을 밝히지 않은 채 법무사 행세를 계속하면서 근저당권설정계약서를 작성해 준 경우, 甲에게는 부작위에 의한 법무사법 위반(법무사가 아닌 자에 대한 금지)죄가 성립한다.

㉤ 대출자금으로 빌딩을 경락받았으나 분양이 저조하여 자금조달에 실패한 甲과 乙은 수분양자들과 사이에 대출금으로 충당되는 중도금을 제외한 계약금과 잔금의 지급을 유예하고 1년의 위탁기간 후 재매입하기로 하는 등의 비정상적인 이면약정을 체결하고 점포를 분양하였음에도, 금융기관에 대해서는 그러한 이면약정의 내용을 감춘 채 분양 중도금의 집단적 대출을 교섭하여 중도금 대출 명목으로 금원을 지급받은 경우, 甲과 乙의 행위는 사기죄의 요건으로서의 부작위에 의한 기망에 해당하지 아니한다.

① 1개   ② 2개
③ 3개   ④ 4개

해설 │ 출제영역 │ 부작위범의 성립요건

② ㉢, ㉤ 2개의 설명이 옳지 않다.

㉠ (○) 대법원 2005.7.22, 2005도3034

㉡ (○) 국가연구개발사업의 연구책임자가 처음부터 소속 학생연구원들에 대한 개별 지급의사 없이 공동관리계좌를 관리하면서 <u>사실상 그 처분권을 가질 의도하에 이를 숨기고 산학협력단에 연구</u>

비를 신청하여 이를 지급받았다면 이는 산학협력단에 대한 관계에 있어 <u>기망에 의한 편취행위에 해당한다</u>(대법원 2021.9.9, 2021도8468).

㉢ (×) 위치추적 전자장치의 피부착자인 피고인이 구성 부분인 휴<u>대용 추적장치를 분실한 후 3일이 경과하도록 보호관찰소에 분실신고를 하지 않고 돌아다니는 등</u> 전자장치의 효용을 해하였다고 하여 특정 범죄자에 대한 위치추적 전자장치 부착 등에 관한 법률 위반으로 기소된 경우, 피고인이 휴대용 추적장치의 분실을 넘어서서 상당한 기간 동안 휴대용 추적장치가 없는 상태를 임의로 방치하여 전자장치의 효용이 정상적으로 발휘될 수 없는 상태를 이룬 행위를 <u>전자장치의 효용을 해한 행위로 보고, 위 행위에 고의가 있었음을 전제로 유죄를 인정한다</u>(대법원 2012.8.17, 2012도5862).

[보충] 전자장치 부착법 제38조는 위치추적 전자장치(이하 '전자장치')의 피부착자가 부착기간 중 전자장치를 신체에서 임의로 분리·손상, 전파 방해 또는 수신자료의 변조, 그 밖의 방법으로 그 효용을 해한 행위를 처벌하고 있는데, 그 효용을 해하는 행위는 전자장치를 부착하게 하여 위치를 추적하도록 한 전자장치의 실질적인 효용을 해하는 행위를 말하는 것으로서, 전자장치 자체의 기능을 직접적으로 해하는 행위뿐 아니라 전자장치의 효용이 정상적으로 발휘될 수 없도록 하는 행위도 포함되며, 부작위라고 하더라도 고의적으로 그 효용이 정상적으로 발휘될 수 없도록 한 경우에는 처벌된다고 해석된다(위 판례).

㉣ (○) 대법원 2008.2.28, 2007도9354

㉤ (×) 대출자금으로 빌딩을 경락받았으나 분양이 저조하여 자금조달에 실패한 피고인들이 수분양자들과 사이에 대출금으로 충당되는 중도금을 제외한 계약금과 잔금의 지급을 유예하고 1년의 위탁기간 후 재매입하기로 하는 등의 비정상적인 이면약정을 체결하고 점포를 분양하였음에도, 금융기관에 대해서는 그러한 <u>이면약정의 내용을 감춘 채 분양 중도금의 집단적 대출을 교섭하여 중도금 대출 명목으로 금원을 지급받은 경우</u>, 대출 금융기관에 대하여 비정상적인 이면약정의 내용을 알릴 신의칙상 의무가 있다고 보아 이를 알리지 않은 것은 사기죄의 요건으로서의 <u>부작위에 의한 기망에 해당한다</u>(대법원 2006.2.23, 2005도8645).

정답 ②

049

✓ 이론 ◆◆◆

부작위범에 관한 설명 중 옳은 것(O)과 옳지 않은 것(×)을 올바르게 조합한 것은? (다툼이 있는 경우 판례에 의함)

ㄱ. 부진정부작위범에서의 보증인지위와 보증의무를 구별하는 입장에 의하면, 보증의무가 존재하지 아니하는 것으로 착오한 경우는 법률의 착오로 취급된다.

ㄴ. 임대인이 임대차계약을 체결하면서 임차인에게 임대목적물이 경매진행 중인 사실을 알리지 않은 경우 임차인이 등기부를 확인 또는 열람하는 것이 가능하였다면 임대인에게 사기죄가 성립하지 않는다.

ㄷ. 진정부작위범과 부진정부작위범 모두 작위의무가 법적으로 인정되더라도 작위의무를 이행하는 것이 사실상 불가능한 상황이었다면, 부작위범이 성립할 수 없다.

ㄹ. 부진정부작위범의 요건으로 행위태양의 동가치성을 요구하는 것은 부진정부작위범의 형사처벌을 확장하는 기능을 한다.

ㅁ. 의사가 수술 후 치료를 계속하지 않으면 환자가 사망할 수 있음을 알면서도 보호자의 강력한 요청으로 치료를 중단하고 퇴원을 허용하여 보호자의 방치로 환자가 사망한 경우, 그 의사에게는 부작위에 의한 살인방조죄가 성립한다.

---

① ㄱ(O), ㄴ(×), ㄷ(O), ㄹ(×), ㅁ(×)
② ㄱ(×), ㄴ(O), ㄷ(×), ㄹ(O), ㅁ(×)
③ ㄱ(O), ㄴ(O), ㄷ(×), ㄹ(×), ㅁ(×)
④ ㄱ(×), ㄴ(O), ㄷ(×), ㄹ(×), ㅁ(O)
⑤ ㄱ(O), ㄴ(×), ㄷ(O), ㄹ(O), ㅁ(O)

해설 출제영역 | 범죄의 특수한 출현형태론, 부작위범

ㄱ. (O) 부작위범의 체계적 지위에 관한 이분설에 의하면 보증인의무는 위법성요소로 파악되므로 보증인의무에 대한 착오는 법률의 착오로 취급된다.

ㄴ. (×) 임대인이 임대차계약을 체결하면서 임차인에게 임대목적물이 경매진행중인 사실을 알리지 아니한 경우, 임차인이 등기부를 확인 또는 열람하는 것이 가능하더라도 부작위에 의한 기망에 해당되어 사기죄가 성립한다(대법원 1998.12.8, 98도3263).

ㄷ. (O) 개별적 행위의 가능성은 진정부작위범과 부진정부작위범의 공통의 구성요건요소에 해당한다.

ㄹ. (×) 부진정부작위범의 요건으로 행위태양의 동가치성을 요구할 경우 작위와 동가치적으로 평가되지 않는 부작위에 의해서는 부진정부작위범이 성립하지 않아 부진정부작위범의 형사처벌의 범위는 축소된다.

ㅁ. (×) 보호자가 의학적 권고에도 불구하고 치료를 요하는 환자의 퇴원을 간청하여 담당 전문의와 주치의가 치료중단 및 퇴원을 허용하는 조치를 취함으로써 환자를 사망에 이르게 한 행위에 대하여 보호자, 담당 전문의 및 주치의가 부작위에 의한 살인죄의 공동정범으로 기소된 경우, 담당 전문의와 주치의에게 환자의 사망이라는 결과 발생에 대한 정범의 고의는 인정되나 환자의 사망이

라는 결과나 그에 이르는 사태의 핵심적 경과를 계획적으로 조종하거나 저지·촉진하는 등으로 지배하고 있었다고 보기는 어려워 공동정범의 객관적 요건인 이른바 기능적 행위지배가 흠결되므로 공동정범은 성립하지 않고 작위에 의한 살인방조죄만 성립한다(대법원 2004.6.24, 2002도995).

정답 ①

✓ 이론 ◆◇◇

부작위범에 대한 설명으로 옳은 것은? (다툼이 있는 경우 판례에 의함)

① 부진정부작위범에서 사회상규 혹은 조리상 작위의무가 기대되는 경우 법적인 작위의무는 없다.

② 부진정부작위범은 작위범에 비해 불법의 정도가 경하므로, 형법은 이를 임의적 감경사유로 규정하고 있다.

③ 부진정부작위범에서 부작위가 작위와 같이 평가될 수 있기 위해서는 부작위범에게 결과발생을 방지하여야 할 보증인적 지위가 있어야 한다.

④ 형법상 방조행위는 정범의 실행행위를 용이하게 하는 직·간접의 모든 행위를 가리키는 것으로서 부작위에 의해서는 성립되지 않는다.

해설 출제영역 | 부작위범의 성립요건·처벌

③ (O) 부작위가 작위와 같이 평가될 수 있기 위해서는 부작위 행위자가 결과의 발생을 방지하여야 할 보증인적 지위에 있어야 한다(대법원 2011.3.17, 2007도482 전원합의체).

① (×) 부작위범에 있어서 작위의무는 법령, 법률행위, 선행행위로 인한 경우는 물론, 신의성실의 원칙이나 사회상규 혹은 조리상 작위의무가 기대되는 경우에도 인정된다(대법원 2015.11.12, 2015도6809 전원합의체).

② (×) 진정부작위범의 경우 각칙상 규정에 의하며, 부진정부작위범의 경우에는 작위범의 규정에 의해 동일하게 처벌된다.

④ (×) 대법원 1997.3.14, 96도1639

정답 ③

051 ✓ 유사 ◆◆◇ 　　　군무원9급 2022

부진정부작위범에 대한 설명으로 가장 옳은 것은? (다툼이 있는 경우 판례에 의함)

① 작위의무는 법령, 법률행위, 선행행위로 인한 경우에 인정되며, 신의성실의 원칙이나 사회상규 혹은 조리상 작위의무가 기대되는 경우에는 인정되지 않는다.

② 작위의무가 이행되지 않으면 구성요건적 결과의 발생의 위험이 구체화한 상황에서 이루어진 부작위는 실행의 착수로 볼 수 있다.

③ 살인죄와 같이 단순한 결과범의 경우에는 작위의무위반 외에 작위의무 불이행과 작위의 동가치성이 별도로 요구되지 않는다.

④ 고의는 부작위의 특성상 구성요건적 결과발생에 대한 목적이나 계획적인 범행 의도가 있어야 한다.

해설 | **출제영역 |** 부진정부작위범 특유의 구성요건

② (○) 업무상배임죄는 타인과의 신뢰관계에서 일정한 임무에 따라 사무를 처리할 법적 의무가 있는 자가 그 상황에서 당연히 할 것이 법적으로 요구되는 행위를 하지 않는 부작위에 의해서도 성립할 수 있다. 그러한 부작위를 실행의 착수로 볼 수 있기 위해서는 작위의무가 이행되지 않으면 사무처리의 임무를 부여한 사람이 재산권을 행사할 수 없으리라고 객관적으로 예견되는 등으로 구성요건적 결과 발생의 위험이 구체화한 상황에서 부작위가 이루어져야 한다. 그리고 행위자는 부작위 당시 자신에게 주어진 임무를 위반한다는 점과 그 부작위로 인해 손해가 발생할 위험이 있다는 점을 인식하였어야 한다(대법원 2021.5.27, 2020도15529).

① (×) 부진정부작위범의 작위의무는 법령, 법률행위, 선행행위로 인한 경우는 물론, 신의성실의 원칙이나 사회상규 혹은 조리상 작위의무가 기대되는 경우에도 인정된다(대법원 2015.11.12, 2015도6809 전원합의체).

③ (×) 부진정부작위범의 구성요건요소로서 요구되는 행위정형의 동가치성이라 함은 부작위가 작위라는 행위태양에 의한 구성요건실현과 동가치하다는 것을 말한다. 이러한 행위정형의 동가치성은, 단순한 결과범에서는 필요하지 않고 행태의존적 결과범에서만 필요하다는 것이 통설이다(통설에 의하면 위 지문은 맞음). 다만, 소수설 및 판례에서는 살인죄와 같은 단순한 결과범에서도 행위정형의 동가치성은 그 요건으로서 필요하다는 입장이다.

[판례1] 형법이 금지하고 있는 법익침해의 결과발생을 방지할 법적인 작위의무를 지고 있는 자가 그 의무를 이행함으로써 결과발생을 쉽게 방지할 수 있었음에도 불구하고 그 결과의 발생을 용인하고 이를 방관한 채 그 의무를 이행하지 아니한 경우에, 그 부작위가 작위에 의한 법익침해와 동등한 형법적 가치가 있는 것이어서 그 범죄의 실행행위로 평가될 만한 것이라면, 작위에 의한 실행행위와 동일하게 부작위범으로 처벌할 수 있다고 할 것이다. 따라서 피해자의 숙부로서 익사의 위험에 대처할 보호능력이 없는 나이 어린 피해자를 익사의 위험이 있는 저수지로 데리고 갔던 피고인으로서는 피해자가 물에 빠져 익사할 위험을 방지하고 피해자가 물에 빠지는 경우 그를 구호하여 주어야 할 법적인 작위의무가 있다고 보아야 할 것이고, 피해자가 물에 빠진 후에 피고인이 살해의 범의를 가지고 그를 구조하지 아니한 채 그가 익사하는 것을 용인하고 방관한 행위(부작위)는 피고인이 그를

직접 물에 빠뜨려 익사시키는 행위와 다름없다고 형법상 평가될 만한 살인의 실행행위라고 보는 것이 상당하다(대법원 1992.2.11, 91도2951).

[판례2] 살인죄와 같이 일반적으로 작위를 내용으로 하는 범죄를 부작위에 의하여 범하는 이른바 부진정부작위범의 경우에는 보호법익의 주체가 법익에 대한 침해위협에 대처할 보호능력이 없고, 부작위행위자에게 침해위협으로부터 법익을 보호해 주어야 할 법적 작위의무가 있을 뿐 아니라, 부작위행위자가 그러한 보호적 지위에서 법익침해를 일으키는 사태를 지배하고 있어 작위의무의 이행으로 결과발생을 쉽게 방지할 수 있어야 부작위로 인한 법익침해가 작위에 의한 법익침해와 동등한 형법적 가치가 있는 것으로서 범죄의 실행행위로 평가될 수 있다(대법원 2015.11.12, 2015도6809 전원합의체).

④ (×) 부진정부작위범의 고의는 반드시 구성요건적 결과발생에 대한 목적이나 계획적인 범행 의도가 있어야 하는 것은 아니고 법익침해의 결과발생을 방지할 법적 작위의무를 가지고 있는 사람이 의무를 이행함으로써 결과발생을 쉽게 방지할 수 있었음을 예견하고도 결과발생을 용인하고 이를 방관한 채 의무를 이행하지 아니한다는 인식을 하면 족하며, 이러한 작위의무자의 예견 또는 인식 등은 확정적인 경우는 물론 불확정적인 경우이더라도 미필적 고의로 인정될 수 있다(대법원 2015.11.12, 2015도6809 전원합의체).

정답 ②

052 ✓ 이론 ◆◆◇ 　　　국가7급 2016

부작위범에 대한 설명으로 옳은 것은? (다툼이 있는 경우 판례에 의함)

① 보증인 의무와 보증인 지위를 구별하는 이원설에 따르면, 보증인 의무에 대한 착오는 구성요건적 착오가 되고 보증인 지위에 대한 착오는 금지착오가 된다.

② 도로교통법 제54조와 같이 법령상 특별한 의무가 주어진 경우에는 위법하지 않은 선행행위로부터도 작위의무가 발생한다.

③ 작위의무는 법률에 근거를 둔 법적인 의무이어야 하므로 신의성실의 원칙이나 사회상규 혹은 조리상 작위의무가 기대되는 경우는 포함되지 않는다.

④ 과실에 의한 부진정부작위범의 성립은 불가능하지만 부작위범에 대한 과실에 의한 교사와 방조는 가능하다.

해설 | **출제영역 |** 부진정부작위범의 특유의 구성요건 – 보증인적 지위

② (○) 대법원 2015.10.15, 2015도12451

① (×) 이원설에 의할 때, 보증인 의무에 대한 착오는 금지착오가 되고, 보증인 지위에 대한 착오는 구성요건적 착오가 된다.

③ (×) 작위의무는 법령, 법률행위, 선행행위로 인한 경우는 물론, 신의성실의 원칙이나 사회상규 혹은 조리상 작위의무가 기대되는 경우에도 인정된다(대법원 2015.11.12, 2015도6809 전원합의체).

④ (×) 교사범과 방조범은 고의범이다. 따라서 과실에 의한 교사와 방조는 불가능하다.

정답 ②

부작위범에 관한 설명 중 옳은 것은?(다툼이 있는 경우 판례에 의함)

① 부작위에 의한 교사와 방조 모두 불가능하다.
② 「형법」제319조 제2항의 퇴거불응죄는 부진정부작위범이다.
③ 파업은 그 자체로 부작위가 아니라 작위적 행위이다.
④ 작위의무는 법적 의무로서 사회상규 혹은 조리상 작위의무가 기대되는 경우에는 부정된다.

해설 출제영역 | 부작위범의 일반이론, 성립요건

③ (○) 쟁의행위로서 파업(노동조합 및 노동관계조정법 제2조 제6호)도, 단순히 근로계약에 따른 노무의 제공을 거부하는 부작위에 그치지 아니하고 이를 넘어서 사용자에게 압력을 가하여 근로자의 주장을 관철하고자 집단적으로 노무제공을 중단하는 실력행사이므로, 업무방해죄에서 말하는 위력에 해당하는 요소를 포함하고 있다(대법원 2011.3.17, 2007도482 전원합의체).
[보충] (다만) 근로자는 원칙적으로 헌법상 보장된 기본권으로서 근로조건 향상을 위한 자주적인 단결권·단체교섭권 및 단체행동권을 가지므로(헌법 제33조 제1항), 쟁의행위로서 파업이 언제나 업무방해죄에 해당하는 것으로 볼 것은 아니고, 전후 사정과 경위 등에 비추어 사용자가 예측할 수 없는 시기에 전격적으로 이루어져 사용자의 사업운영에 심대한 혼란 내지 막대한 손해를 초래하는 등으로 사용자의 사업계속에 관한 자유의사가 제압·혼란될 수 있다고 평가할 수 있는 경우에 비로소 집단적 노무제공의 거부가 위력에 해당하여 업무방해죄가 성립한다고 보는 것이 타당하다(위 판례).
① (×) 부작위에 의한 교사는 불가능하다. 그러나 부작위에 의한 방조는 가능하다. 방조자가 '법적 작위의무가 있는 한' 정범의 범행을 방치한 경우에는 방조범이 성립한다는 것이 판례이다. 즉 판례는 은행지점장이 은행에 대한 부하직원의 배임행위를 발견하고도 손해보전조치를 취하지 않고 방치한 경우 업무상 배임죄의 방조범으로 처벌하였다(대법원 1984.11.27, 84도1906).
② (×) 퇴거불응죄는 진정부작위범이다.
④ (×) 형법상 부작위범이 인정되기 위해서는 형법이 금지하고 있는 법익침해의 결과 발생을 방지할 법적인 작위의무를 지고 있는 자가 그 의무를 이행함으로써 결과 발생을 쉽게 방지할 수 있었음에도 불구하고 그 결과의 발생을 용인하고 이를 방관한 채 그 의무를 이행하지 아니한 경우에, 그 부작위가 작위에 의한 법익침해와 동등한 형법적 가치가 있는 것이어서 그 범죄의 실행행위로 평가될 만한 것이라면, 작위에 의한 실행행위와 동일하게 부작위범으로 처벌할 수 있고, 여기서 작위의무는 법적인 의무이어야 하므로 단순한 도덕상 또는 종교상의 의무는 포함되지 않으나 작위의무가 법적인 의무인 한 성문법이건 불문법이건 상관이 없고 또 공법이건 사법이건 불문하므로, 법령, 법률행위, 선행행위로 인한 경우는 물론이고 기타 신의성실의 원칙이나 사회상규 혹은 조리상 작위의무가 기대되는 경우에도 법적인 작위의무는 있다(대법원 1996.9.6, 95도2551).

정답 ③

부작위범에 관한 설명 중 옳은 것은? (다툼이 있는 경우 판례에 의함)

① 교통사고의 결과가 피해자의 구호 및 교통질서의 회복을 위한 조치가 필요한 상황인 이상 「도로교통법」제54조 제1항, 제2항이 규정한 교통사고 발생 시의 구호조치의무 및 신고의무는 교통사고를 발생시킨 당해 차량의 운전자에게 그 사고 발생에 있어서 고의·과실 혹은 유책·위법의 유무에 관계없이 부과된 의무이다.
② 보증인지위와 보증인의무의 체계적 지위를 구별하는 이분설에 따를 때 보증인지위와 보증인의무에 대한 착오는 구성요건적 착오에 해당한다.
③ 부작위범에 대한 교사범은 보증인지위에 있는 자로 한정된다.
④ 부작위범을 도구로 이용한 간접정범은 불가능하다.
⑤ 「민법」상 부부간의 부양의무에 근거한 법률상 보호의무인 작위의무는 법률상 부부의 경우에 한정되므로 사실혼 관계에서는 인정될 여지가 없다.

해설 출제영역 | 부작위범 일반

① (○) 도로교통법 제45조 제2항의 신고의무는 교통사고를 발생시킨 당해 차량의 운전자에게 그 사고발생에 있어서 고의, 과실 혹은 유책 위법의 유무에 관계없이 부과된 의무라고 해석함이 상당하다(대법원 1981.6.23, 80도3320).
② (×) 이분설에 의할 경우 보증인지위에 관한 착오는 구성요건적 착오에 해당하지만, 보증인의무에 대한 착오는 금지착오에 해당한다.
③ (×) 부작위범에 대한 교사범은 작위범이므로 보증인지위를 요하지 않는다.
④ (×) 부작위에 의한 간접정범은 불가능하지만, 부작위범을 도구로 이용하는 것은 얼마든지 가능하므로(예컨대 간호사가 의사에게 잘못된 정보를 제공하여 의사가 환자를 돌보지 않은 경우) 부작위범을 도구로 이용한 간접정범은 가능하다.
⑤ (×) 형법 제271조 제1항에서 말하는 법률상 보호의무 가운데는 민법 제826조 제1항에 근거한 부부간의 부양의무도 포함되며, 나아가 법률상 부부는 아니지만 사실혼 관계에 있는 경우에도 위 민법 규정의 취지 및 유기죄의 보호법익에 비추어 위와 같은 법률상 보호의무의 존재를 긍정하여야 한다(대법원 2008.2.14, 2007도3952).

정답 ①

055 ✅ 이론 ◆◇◇ 경찰간부 2022

부작위범에 대한 설명으로 옳지 않은 것은? (다툼이 있는 경우 판례에 의함)

① 작위의무가 법적으로 인정되는 부진정부작위범이라 하더라도 작위의무를 이행하는 것이 사실상 불가능한 상황이었다면, 부작위범이 성립할 수 없다.

② 하나의 행위가 부작위범인 직무유기죄와 작위범인 허위공문서작성죄 및 허위작성공문서행사죄의 구성요건을 동시에 충족하는 경우, 공소제기권자는 작위범인 허위공문서작성죄 및 허위작성공문서행사죄로 공소를 제기하지 아니하고 부작위범인 직무유기죄로만 공소를 제기할 수 있다.

③ 진정부작위범은 미수 성립이 불가능하여 「형법」에서는 미수범 처벌규정이 존재하지 않는 반면, 부진정부작위범은 미수 성립이 가능하다.

④ 부작위에 의한 살인에 있어서 작위의무를 이행하였다면 사망의 결과가 발생하지 않았을 것이라는 관계가 인정될 경우, 부작위와 사망의 결과 사이에 인과관계가 인정된다.

[해설] 출제영역 | 부작위범의 일반이론, 성립요건

③ (×) 진정부작위범(예: 퇴거불응죄, 집합명령위반죄)도 「형법」에 미수범 처벌규정이 있으며, 부진정부작위범은 대체로 결과범이므로 미수가 인정된다.

① (○) 개별적 행위의 가능성은 진정부작위범과 부진정부작위범의 공통의 구성요건요소이다. 판례도 다음과 같이 부진정부작위범에 있어서 개별적 행위의 가능성이 없는 경우 그 범죄의 성립을 인정하지 않는다. "모텔 방에 투숙하여 담배를 피운 후 재떨이에 담배를 끄게 되었으나 담뱃불이 완전히 꺼졌는지 여부를 확인하지 않은 채 불이 붙기 쉬운 휴지를 재떨이에 버리고 잠을 잔 과실로 담뱃불이 휴지와 침대시트에 옮겨 붙게 함으로써 화재가 발생한 경우, 위 화재가 중대한 과실 있는 선행행위로 발생한 이상 화재를 소화할 법률상 의무는 있다 할 것이나, 화재 발생 사실을 안 상태에서 모텔을 빠져나오면서도 모텔 주인이나 다른 투숙객들에게 이를 알리지 아니하였다는 사정만으로는 화재를 용이하게 소화할 수 있었다고 보기 어렵다는 점에서, 부작위에 의한 현주건조물방화치사상죄의 공소사실에 대해 무죄를 선고한다(대법원 2010.1.14, 2009도12109,2009감도38)."

② (○) 하나의 행위가 부작위범인 직무유기죄와 작위범인 허위공문서작성·행사죄의 구성요건을 동시에 충족하는 경우, 공소제기권자는 재량에 의하여 작위범인 허위공문서작성·행사죄로 공소를 제기하지 않고 부작위범인 직무유기죄로만 공소를 제기할 수 있다(대법원 2008.2.14, 2005도4202).

④ (○) 부작위에 의한 살인죄는 결과범이므로 인과관계가 있어야 기수가 된다. 판례도 다음과 같다. "선박침몰 등과 같은 조난사고로 승객이나 다른 승무원들이 스스로 생명에 대한 위협에 대처할 수 없는 급박한 상황이 발생한 경우에는 선박의 운항을 지배하고 있는 선장이나 갑판 또는 선내에서 구체적인 구조행위를 지배하고 있는 선원들은 적극적인 구호활동을 통해 보호능력이 없는 승객이나 다른 승무원의 사망 결과를 방지하여야 할 작위의무가 있다 할 것이므로, 법익침해의 태양과 정도 등에 따라 요구되는 개별적·구체적인 구호의무를 이행함으로써 사망의 결과를 쉽게 방지할 수 있음에도 그에 이르는 사태의 핵심적 경과를 그대로 방

관하여 사망의 결과를 초래하였다면, 그 부작위는 작위에 의한 살인행위와 동등한 형법적 가치를 가진다고 할 것이고, 이와 같이 작위의무를 이행하였다면 그 결과가 발생하지 않았을 것이라는 관계가 인정될 경우에는 그 작위를 하지 않은 부작위와 사망의 결과 사이에 인과관계가 있는 것으로 보아야 할 것이다(대법원 2015.11.12, 2015도6809 전원합의체)."

정답 ③

056 ✅ 유사 ◆◇◇ 경찰간부 2024

다음 사례에 대한 설명으로 옳지 않은 것은? (다툼이 있는 경우 판례에 의함)

> 선장인 甲은 배가 기울어져 있고 승객 등이 안내방송 등을 믿고 대피하지 않은 채 선내에서 그대로 대기하고 있는 상태에서 배가 더 기울면 밖으로 빠져나오지 못하고 익사할 수 있다는 사실을 알았음에도 승객 등에 대한 구조 조치를 취하지 아니한 채 퇴선하였고, 그 결과 선내에 남아 있던 승객 수백 명이 익사하였다.

① 甲의 부작위가 작위적 방법에 의한 구성요건의 실현과 동등한 형법적 가치가 있는 것으로 평가될 수 없다 하더라도 보증인지위가 인정되면 부작위에 의한 살인죄가 성립할 수 있다.

② 작위의무는 법령, 법률행위, 선행행위로 인한 경우는 물론 신의성실의 원칙이나 사회상규 혹은 조리상 작위의무가 기대되는 경우에도 인정된다.

③ 위 사안에서 甲이 선장이라 하더라도 침몰과 같은 위급상황에서는 승객을 구할 작위의무가 없다고 착오한 경우, 이분설(이원설)에 의하면 금지착오가 된다.

④ 甲에게 살인죄가 성립하기 위해서는 구성요건의 실현을 회피하기 위하여 요구되는 행위를 현실적·물리적으로 행할 수 있었음에도 하지 아니하였다고 평가될 수 있어야 한다.

[해설] 출제영역 | 부진정부작위범

① (×) 부진정부작위범의 구성요건에 해당하려면 부작위행위자에게 보증인적 지위가 있는 것은 물론이고 부작위와 작위와의 행위정형의 동가치성이 인정되어야 한다.

[보충] 행위정형의 동가치성: 통설은 단순한 결과범에서는 불요, 행태관련적 결과범에서만 필요로 보는 입장인데 비하여, 판례는 행태관련적 결과범뿐만 아니라 살인죄와 같은 단순한 결과범에서도 필요하다고 보는 입장이다.

> [판례] 살인죄와 같이 일반적으로 작위를 내용으로 하는 범죄를 부작위에 의하여 범하는 이른바 부진정부작위범의 경우에는 보호법익의 주체가 법익에 대한 침해위협에 대처할 보호능력이 없고, 부작위행위자에게 침해위협으로부터 법익을 보호해 주어야 할 법적 작위의무가 있을 뿐 아니라, 부작위행위자가 그러한 보호적 지위에서 법익침해를 일으키는

사태를 지배하고 있어 작위의무의 이행으로 결과발생을 쉽게 방지할 수 있어야 부작위로 인한 법익침해가 작위에 의한 법익침해와 동등한 형법적 가치가 있는 것으로서 범죄의 실행행위로 평가될 수 있다(대법원 2015.11.12, 2015도6809 전원합의체).

② (○) 대법원 2015.11.12, 2015도6809 전원합의체
③ (○) 작위의무의 체계적 지위에 관한 이원설(통설)은 보증인적 지위에 대한 착오는 구성요건적 착오, 보증인적 의무에 대한 착오는 위법성에 대한 착오(금지착오)로 본다.
④ (○) 진정부작위범이든 부진정부작위범이든 그 공통의 구성요건 요소로서 개별적 행위의 가능성이 요구된다.

[판례] 부작위는 법적 기대라는 규범적 가치판단 요소에 의하여 사회적 중요성을 가지는 사람의 행태가 되어 법적 의미에서 작위와 함께 행위의 기본 형태를 이루게 되므로, 특정한 행위를 하지 아니하는 부작위가 형법적으로 부작위로서의 의미를 가지기 위해서는, 보호법익의 주체에게 해당 구성요건적 결과발생의 위험이 있는 상황에서 행위자가 구성요건의 실현을 회피하기 위하여 요구되는 행위를 현실적·물리적으로 행할 수 있었음에도 하지 아니하였다고 평가될 수 있어야 한다(대법원 2015.11.12, 2015도6809 전원합의체).

정답 ①

1 죄수론의 일반이론

001 ✓ 대표 ◆◆◇ 법원행시 2019

죄수에 관한 다음 설명 중 옳은 것은 모두 몇 개인가?

> ㄱ. 강도가 시간적으로 접착된 상황에서 가족을 이루는 수인에게 폭행·협박을 가하여 집안에 있는 재물을 탈취한 경우 그 재물은 가족의 공동점유 아래 있는 것으로서, 이를 탈취하는 행위는 그 소유자가 누구인지에 불구하고 단일한 강도죄의 죄책을 진다.
>
> ㄴ. 수인의 피해자에 대하여 각별로 기망행위를 하여 각각 재물을 편취한 경우에는 범의가 단일하고 범행방법이 동일하더라도 각 피해자의 피해법익은 독립한 것이므로 이를 포괄일죄로 파악할 수 없고 피해자별로 독립한 사기죄가 성립된다.
>
> ㄷ. 뇌물을 여러 차례에 걸쳐 수수함으로써 그 행위가 여러 개이더라도 그것이 단일하고 계속적 범의에 의하여 이루어지고 동일법익을 침해한 때에는 포괄일죄로 처벌함이 상당하다.
>
> ㄹ. 미성년자의제강간죄 또는 미성년자의제강제추행죄는 행위시마다 1개의 범죄가 성립한다.
>
> ㅁ. 비의료인이 의료기관을 개설하여 운영하는 도중 의료시설과 의료진을 그 동일성을 상실할 정도로 변경하지 않은 채 단지 개설자 명의만을 다른 의료인 등으로 변경한 경우, 의료기관을 새로 개설하였다고 보기 어려우므로 개설자 명의변경 전후로 의료법위반죄의 포괄일죄로 보아야 한다.

① 1개   ② 2개
③ 3개   ④ 4개
⑤ 5개

〔해설〕 출제영역 | 죄수결정의 기준

ㄱ. (○) 대법원 1996.7.30, 96도1285
ㄴ. (○) 대법원 1997.6.27, 97도508; 2000.7.7, 2000도1899 등
ㄷ. (○) 대법원 1985.9.24, 85도1502 등
ㄹ. (○) 대법원 1982.12.14, 82도2442
ㅁ. (×) 의료법은 의료기관을 개설할 수 있는 자격을 엄격하게 제한하고 있고(제33조 제2항), … 의료기관의 개설자는 공법상 법률관계에서 중요한 의미를 지닌다. 또한 의료서비스를 제공받는 일반인도 대체로 의료기관을 선택할 때 의료기관의 개설자가 누구인지를 중요한 판단 기준으로 삼는다. 이러한 사정들을 고려하면, 의료기관의 개설자 명의는 의료기관을 특정하고 동일성을 식별하는 데에 중요한 표지가 되는 것이므로, 비의료인이 의료기관을 개설하여 운영하는 도중 개설자 명의를 다른 의료인 등으로 변경한 경우에는 그 범의가 단일하다거나 범행방법이 종전과 동일하다고 보기 어렵다. 따라서 개설자 명의별로 별개의 범죄가 성립하고 각 죄는 실체적 경합범의 관계에 있다고 보아야 한다(대법원 2018.11.29, 2018도10779).

〔정답〕 ④

002 ✓ 대표 ◆◆◇ 법원9급 2017

죄수(罪數)에 대한 다음 설명 중 가장 옳지 않은 것은? (다툼이 있으면 판례에 의함)

① 동일한 장소에서 동일한 방법으로 시간적으로 접착된 상황에서 권총으로 처와 자식들에게 각기 실탄 1발씩을 순차로 발사하여 살해한 경우 단일하고도 계속된 범의 아래 동종의 범행을 반복하여 행하였으므로 포괄일죄에 해당한다.

② 피해자를 2회 강간하여 상해를 입힌 자가 피해자에게 용서를 구하였으나 피해자가 이에 불응하면서 강간사실을 부모에게 알리겠다고 하자 피해자를 살해하여 범행을 은폐시키기로 마음먹고 목을 졸라 질식 사망케 한 경우 강간치상죄와 살인죄의 경합범이 된다.

③ 형법 제40조의 상상적 경합의 경우 중한 죄가 친고죄로서 고소가 취소되었다 하더라도 경한 죄에 대하여는 아무런 영향을 미치지 않는다.

④ 1개의 기망행위에 의하여 다수의 피해자로부터 각각 재산상 이익을 편취한 경우에는 피해자별로 수개의 사기죄가 성립하고 각 사기죄는 상상적 경합의 관계에 있다.

〔해설〕 출제영역 | 죄수결정의 기준

① (×) 피고인이 단일한 범의로 동일한 장소에서 동일한 방법으로 시간적으로 접착된 상황에서 처와 자식들을 살해하였다고 하더라도 휴대하고 있던 권총에 실탄 6발을 장전하여 처와 자식들의 머리에 각기 1발씩 순차로 발사하여 살해하였다면, 피해자들의 수에 따라 수개의 살인죄를 구성한다(대법원 1991.8.27, 91도1637).
② (○) 대법원 1987.1.20, 86도2360
③ (○) 대법원 1983.4.26, 83도323
④ (○) 대법원 2015.4.23, 2014도16980

〔정답〕 ①

✅ 이론 ◆◆◇

죄수(罪數)결정 기준에 관한 설명으로 가장 적절한 것은? (다툼이 있는 경우 판례에 의함)

① 행위표준설은 죄수의 판단을 위한 기본요소를 행위자의 행위에서 구하여 행위가 하나일 때 하나의 죄를, 행위가 다수일 때 수개의 죄를 인정하는 견해로 판례는 연속범의 경우 이 견해를 취하고 있다.

② 법익표준설은 한 사람의 행위자가 실현시킨 범죄실현의 과정에서 몇 개의 보호법익이 침해 또는 위태롭게 되었는가를 기준으로 죄의 개수를 인정하는 견해로 판례는 강간, 공갈죄의 경우 이 견해를 취하고 있다.

③ 의사표준설은 행위자가 실현하려는 범죄의사의 개수에 따라서 죄의 개수를 결정하려는 견해로 행위자에게 1개의 범죄의사가 있으면 1죄를, 수개의 범죄의사가 있으면 수개의 죄를 각각 인정하게 되며, 판례는 연속범의 경우를 제외하고는 원칙적으로 이 견해를 취하고 있다.

④ 구성요건표준설은 구성요건에 해당하는 횟수를 기준으로 죄수를 결정하는 견해로 죄수의 결정은 법률적인 구성요건충족의 문제로 해석하여 구성요건을 1회 충족하면 일죄이고, 수개의 구성요건에 해당하면 수죄를 인정하게 되며, 판례는 조세포탈범의 죄수는 위반사실의 구성요건 충족 회수를 기준으로 1죄가 성립하는 것이 원칙이라고 하여 이 견해를 따르는 경우도 있다.

해설 출제영역 | 죄수론 – 죄수결정의 기준

④ (○) 특정범죄 가중처벌 등에 관한 법률 제8조 제1항을 적용함에 있어 해당 연도분 부가가치세 중 제1기분 부가가치세 포탈범행과 제2기분 부가가치세 포탈범행이 각각 같은 연도에 기수에 이른 경우, 전부를 포괄하여 하나의 죄로 의율하여야 함에도 이를 실체적 경합범으로 처단한 원심판결은 위법하다(대법원 2007. 2. 15, 2005도9546 전원합의체).

① (×) 연속범에 대하여 판례는 이를 포괄일죄로 보는바 행위표준설을 취하고 있다고 평가할 수 없다(일반적으로 의사표준설을 취하고 있다고 평가된다).
[참고] 뇌물을 여러차례에 걸쳐 수수함으로써 그 행위가 여러개이더라도 그것이 단일하고 계속적 범의에 의하여 이루어지고 동일법익을 침해한 때에는 포괄일죄로 처벌함이 상당하다(대법원 1987. 5. 26, 86도1648).

② (×) (다소 무리하게 출제되었으나, 그 의도를 고려하여 해설함) 강간, 공갈죄의 경우 판례는 일반적으로 행위표준설을 취하고 있다고 평가된다.

③ (×) 판례가 원칙적인 죄수판단기준으로 취하는 견해는 법익표준설이라는 것이 일반적인 평가이다.

정답 ④

✅ 이론 ◆◆◇

(가)와 (나) 사례에 관한 죄수의 기초이론에 따른 설명 중 가장 적절하지 않은 것은?

> (가) 공무원 甲은 직무와 관련하여 乙로부터 매월 1일 100만 원씩 10회에 걸쳐 뇌물을 수수하였다.
> (나) 甲이 A를 살해하기 위하여 A의 음료수에 치사량의 독약을 한 번 넣고 가버린 후 그 음료수를 나누어 마신 A와 그의 비서가 사망하였다.

① 자연적 행위표준설에 따르면 (가)는 수죄, (나)는 일죄가 된다.

② 법익표준설에 따르면 (나)는 전속적 법익인 생명을 침해한 것으로 법익주체마다 1개의 죄가 성립한다.

③ (가)에서 구성요건표준설로는 甲의 10회에 걸친 뇌물수수 행위가 일죄인지, 수죄인지 명확하게 결정할 수 없다는 비판이 있다.

④ 의사표준설에 따르면 (가)의 경우 甲이 10회의 뇌물수수 과정에서 단일한 범의를 가졌는지를 불문하고 일죄가 된다.

해설 출제영역 | 죄수론 – 죄수결정의 기준

④ (×) 의사표준설에 따르면 (가)의 경우 甲이 10회의 뇌물수수과정에서 단일한 범의를 가진 경우에 한하여 연속범으로 보아 포괄일죄가 된다.

① (○) 자연적 의미의 행위의 수에 의하여 죄수를 결정하는 자연적 행위표준설에 따르면, (가)의 경우 여러 번의 행위가 있었으므로 수죄, (나)의 경우 하나의 행위가 있었으므로 일죄이다.

② (○) 법익표준설은 법익의 수를 가지고 죄수를 결정하는 견해이므로, 전속적 법익인 생명을 침해한 경우 그 법익주체마다 1개의 죄가 성립하므로 수죄가 성립한다.
[보충] 이 경우 A에 대해서는 살인기수, 그의 비서에 대해서는 과실치사죄가 되고 전체적으로 상상적 경합에 해당할 수 있다.

③ (○) 구성요건표준설에 대해서는 한 개의 행위로 동일한 구성요건을 수회 충족시킨 경우 일죄인가 수죄인가가 분명하지 않다는 비판이 있다.

정답 ④

2 일죄

005 ✓ 대표 ◆◇◇ 법원행시 2020

다음 중 실체법상 일죄가 아닌 것은? (다툼이 있는 경우 판례에 의하고, 전원합의체 판결의 경우 다수의견에 의함)

① 하나의 사건에 관하여 한 번 선서한 증인이 같은 기일에 여러 가지 사실에 관하여 기억에 반하는 허위의 진술을 한 경우의 위증죄

② 불특정 다수의 피해자들을 상대로 동일한 방식으로 사기분양을 하여 그들로부터 분양대금을 편취한 경우의 사기죄

③ 혈중알콜농도 0.123%의 음주상태로 자동차를 운전하다가 제1차 사고를 내고 그대로 진행하여 제2차 사고를 낸 경우의 도로교통법 위반(음주운전)죄

④ 단일하고 계속된 범의 아래 동일한 뇌물공여자로부터 뇌물을 반복하여 수령하고 그 피해법익이 동일한 경우의 수뢰죄

⑤ 동일한 폭행·협박으로 피해자의 항거가 불능하거나 현저히 곤란한 상태가 계속되는 상태에서 피해자를 수회에 걸쳐 간음하였고, 피고인의 의사 및 범행 시각과 장소로 보아 수회의 간음행위를 하나의 계속된 행위로 볼 수 있는 경우의 강간죄

해설 │ 출제영역 | 죄수론, 포괄일죄 등 죄수론 종합

② (×) 수인의 피해자에 대하여 각별로 기망행위를 하여 각각 재물을 편취한 경우에는 범의가 단일하고 범행방법이 동일하더라도 각 피해자의 피해법익은 독립한 것이므로 이를 포괄 1죄로 파악할 수 없고 피해자별로 독립한 사기죄가 성립된다(대법원 1993. 6.22, 93도743).

① (○) 하나의 사건에 관하여 한 번 선서한 증인이 같은 기일에 여러 가지 사실에 관하여 기억에 반하는 허위의 진술을 한 경우 이는 하나의 범죄의사에 의하여 계속하여 허위의 진술을 한 것으로서 포괄하여 1개의 위증죄를 구성하는 것이고 각 진술마다 수 개의 위증죄를 구성하는 것이 아니다(대법원 2007.3.15, 2006도9463).

③ (○) 음주운전으로 인한 도로교통법 위반죄의 보호법익과 처벌방법을 고려할 때, 혈중알콜농도 0.05% 이상의 음주상태로 동일한 차량을 일정기간 계속하여 운전하다가 1회 음주측정을 받았다면 이러한 음주운전행위는 동일 죄명에 해당하는 연속된 행위로서 단일하고 계속된 범의하에 일정기간 계속하여 행하고 그 피해법익도 동일한 경우이므로 포괄일죄에 해당한다(대법원 2007. 7.26, 2007도4404).

④ (○) 단일하고도 계속된 범의 아래 동종의 범행을 일정기간 반복하여 행하고 그 피해법익도 동일한 경우에는 각 범행을 통틀어 포괄일죄로 볼 것이고, 수뢰죄에 있어서 단일하고도 계속된 범의 아래 동종의 범행을 일정기간 반복하여 행하고 그 피해법익도 동일한 것이라면 돈을 받은 일자가 상당한 기간에 걸쳐 있고, 돈을 받은 일자 사이에 상당한 기간이 끼어 있다 하더라도 각 범행을 통틀어 포괄일죄로 볼 것이다(대법원 2000.1.21, 99도4940).

⑤ (○) 피해자를 위협하여 항거불능케 한 후 1회 간음하고 2백미터쯤 오다가 다시 1회 간음한 경우에 있어 피고인의 의사 및 그 범행시각과 장소로 보아 두 번째의 간음행위는 처음 한 행위의 계속으로 볼 수 있어 이를 단순일죄로 처단한 것은 정당하다(대법원 1970.9.29, 70도1516).

정답 ②

006 ✓ 대표 ◆◆◇ 법원9급 2018

다음 중 법조경합에 해당하여 처벌되지 않는 행위는? (다툼이 있는 경우 판례에 의하고, 전원합의체 판결의 경우 다수의견에 의함)

① 부정한 이익을 얻거나 기업에 손해를 가할 목적으로 그 기업에 유용한 영업비밀이 담겨 있는 타인의 재물을 절취한 후, 그 영업비밀을 사용하는 행위

② 필로폰을 받아 장소를 옮겨 투약한 다음, 남은 필로폰을 숨겨 소지하는 행위

③ 피해자의 택시 운행업무를 방해하기 위하여 이루어진 폭행행위

④ 공동상속인 중 1인이 상속재산인 임야를 보관 중 다른 상속인들로부터 그들 지분을 나눠달라는 요구를 받고도 거부한 다음, 제3자에게 근저당권설정등기를 경료해 준 행위

해설 │ 출제영역 | 일죄 – 법조경합

④ (○) 공동상속인 중 1인이 상속재산인 임야를 보관 중 다른 상속인들로부터 매도 후 분배 또는 소유권이전등기를 요구받고도 그 반환을 거부한 경우 이때 이미 횡령죄가 성립하고, 그 후 그 임야에 관하여 다시 제3자 앞으로 근저당권설정등기를 경료해 준 행위는 불가벌적 사후행위로서 별도의 횡령죄를 구성하지 않는다(대법원 2010.2.25, 2010도93).

① (×) 부정한 이익을 얻거나 기업에 손해를 가할 목적으로 그 기업에 유용한 영업비밀이 담겨 있는 타인의 재물을 절취한 후 그 영업비밀을 사용하는 경우, 영업비밀의 부정사용행위는 새로운 법익의 침해로 보아야 하므로 위와 같은 부정사용행위가 절도범행의 불가벌적 사후행위가 되는 것은 아니다(대법원 2008.9.11, 2008도5364).

② (×) 수수한 메스암페타민을 장소를 이동하여 투약하고서 잔량을 은닉하는 방법으로 소지한 행위는 그 소지의 경위나 태양에 비추어 볼 때 당초의 수수행위에 수반되는 필연적 결과로 볼 수는 없고, 사회통념상 수수행위와는 독립한 별개의 행위를 구성한다고 보아야 한다(대법원 1999.8.20, 99도1744).

③ (×) 업무방해죄와 폭행죄는 구성요건과 보호법익을 달리하고 있고, 업무방해죄의 성립에 일반적·전형적으로 사람에 대한 폭행행위를 수반하는 것은 아니며, 폭행행위가 업무방해죄에 비하여 별도로 고려되지 않을 만큼 경미한 것이라고 할 수도 없으므로, 설령 피해자에 대한 폭행행위가 동일한 피해자에 대한 업무방해죄의 수단이 되었다고 하더라도 그러한 폭행행위가 이른바 '불가벌적 수반행위'에 해당하여 업무방해죄에 대하여 흡수관계에 있다고 볼 수는 없다(대법원 2012.10.11, 2012도1895).

정답 ④

다음 설명 중 불가벌적 사후행위에 해당하지 아니하고 별도의 죄가 성립하는 경우로서 가장 옳은 것은? (다툼이 있으면 판례에 의함)

① 법원을 기망하여 승소판결을 받고 그 확정판결에 의하여 소유권이전등기를 경료한 경우
② 타인을 공갈하여 취득한 임야를 매각한 경우
③ 절취한 자기앞수표를 음식대금으로 교부하고 거스름돈을 환불받은 경우
④ 장물보관의뢰를 받은 자가 그 정을 알면서 이를 보관하고 있다가 임의처분한 경우

해설 | 출제영역 | 불가벌적 사후행위

① (○) 법원을 기망하여 승소판결을 받고 그 확정판결에 의하여 소유권이전등기를 경료한 경우에는 사기죄와 별도로 공정증서원본부실기재죄가 성립하고 양 죄는 실체적 경합범 관계에 있다(대법원 1983.4.26, 83도188).
② (×) 횡령죄는 불법영득의 의사 없이 목적물의 점유를 시작한 경우라야 하고, 타인을 공갈하여 재물을 교부케 한 경우에는 공갈죄를 구성하는 외에 그것을 소비하고 타에 처분하였다 하더라도 횡령죄를 구성하지는 않는다(대법원 1986.2.11, 85도2513).
③ (×) 절취한 자기앞수표를 음식대금으로 교부하고 거스름돈을 환불받은 행위는 절도의 불가벌적 사후처분행위로서 사기죄가 되지 아니한다(대법원 1987.1.20, 86도1728).
④ (×) 절도범인으로부터 장물보관 의뢰를 받은 자가 그 정을 알면서 이를 인도받아 보관하고 있다가 임의 처분하였다 하여도 장물보관죄가 성립하는 때에는 이미 그 소유자의 소유물 추구권을 침해하였으므로 그 후의 횡령행위는 불가벌적 사후행위에 불과하여 별도로 횡령죄가 성립하지 않는다(대법원 2004.4.9, 2003도8219).

정답 ①

죄수에 대한 설명으로 옳은 것은? (다툼이 있는 경우 판례에 의함)

① 공동상속인 중 1인인 甲이 상속재산인 임야를 보관 중 다른 상속인들로부터 매도 후 분배 또는 소유권이전등기를 요구받고도 그 반환을 거부한 경우 횡령죄가 성립하고, 그 후 그 임야에 관하여 다시 제3자 앞으로 근저당권설정등기를 경료해주었다면 별도의 횡령죄를 구성한다.
② 공무원 甲이 직무관련 있는 A에게 제3자와 계약을 체결하도록 요구하여 계약 체결을 하게 한 행위가 제3자뇌물수수죄의 구성요건과 직권남용권리행사방해죄의 구성요건에 모두 해당하는 경우, 甲에게 제3자뇌물수수죄와 직권남용권리행사 방해죄가 각각 성립하고 양 죄는 실체적 경합관계이다.
③ 건물관리인 甲이 건물주로부터 월세임대차계약 체결 업무를 위임받고도 임차인들을 속여 전세임대차계약을 체결하고 그 보증금을 편취한 경우, 甲에게 사기죄와 별도로 업무상 배임죄가 성립하고 양죄는 상상적 경합관계이다.
④ 甲에게 폭행 범행을 반복하여 저지르는 습벽이 있고 이러한 습벽에 의하여 A를 단순폭행하고, 甲의 어머니 B를 존속폭행한 경우, 각 죄별로 상습성을 판단할 것이 아니라 포괄하여 甲에게 상습존속폭행죄만 성립한다.

해설 | 출제영역 | 죄수론, 죄수론 종합

④ (○) 피고인이 상습으로 甲을 폭행하고, 어머니 乙을 존속폭행하였다는 내용으로 기소된 경우, 피고인에게 폭행 범행을 반복하여 저지르는 습벽이 있고 이러한 습벽에 의하여 단순폭행, 존속폭행 범행을 저지른 사실이 인정된다면 단순폭행, 존속폭행의 각 죄별로 상습성을 판단할 것이 아니라 포괄하여 그중 법정형이 가장 중한 상습존속폭행죄만 성립할 여지가 있는데, 이와 달리 보아 일부 공소사실에 대하여 공소기각을 선고한 원심판결에는 형법 제264조, 폭행죄의 상습성, 죄수 등에 관한 법리오해의 잘못이 있다(대법원 2018.4.24, 2017도10956).
[보충] 폭행죄와 존속폭행죄는 반의사불벌죄이나, 상습폭행죄는 반의사불벌죄가 아니다.
① (×) 불가벌적 사후행위이다(대법원 2010.2.25, 2010도10980).
② (×) 상상적 경합관계에 있다(대법원 2017.3.15, 2016도19659).
③ (×) 실체적 경합관계에 있다(대법원 2010.11.11, 2010도10690).

정답 ④

009 ✓ 유사 ◆◆◇   국가7급 2017

**불가벌적 사후행위에 대한 설명으로 옳지 않은 것은?
(다툼이 있는 경우 판례에 의함)**

① 종친회 회장이 위조한 종친회 규약 등을 공탁관에게
   제출하는 방법으로 종친회를 피공탁자로 하여 공탁된
   수용보상금을 출급 받아 편취한 후, 이를 보관하던 중
   종친회의 요구에 대하여 정당한 이유 없이 반환을 거부
   한 행위는 사기범행의 불가벌적 사후행위에 해당한다.

② 채무자가 자신의 부동산에 甲 명의로 허위의 금전채권
   에 기한 담보가등기를 설정하여 강제집행면탈죄가 성
   립된 후, 그 부동산을 乙에게 양도하여 乙 명의로 이루
   어진 가등기양도 및 본등기를 경료한 행위는 강제집행
   면탈범행의 불가벌적 사후행위에 해당한다.

③ 부정한 이익을 얻거나 기업에 손해를 가할 목적으로
   그 기업에 유용한 영업비밀이 담겨 있는 타인의 재물
   을 절취한 후, 그 영업비밀을 부정사용한 행위는 절도
   범행의 불가벌적 사후행위에 해당하지 아니한다.

④ 자동차를 절취한 후, 훔친 자동차의 번호판을 떼어 내
   다른 자동차에 임의로 부착하여 운행한 행위는 자동차
   절도범행의 불가벌적 사후행위에 해당하지 아니한다.

해설 | 출제영역 | 일죄 – 법조경합 – 불가벌적 사후행위

② (×) 채무자가 자신의 부동산에 甲명의로 허위의 금전채권에 기
한 담보가등기를 설정하고 이를 乙에게 양도하여 乙명의의 본등
기를 경료하게 한 경우, 甲명의 담보가등기 설정행위로 강제집행
면탈죄가 성립한다고 하여 그 후 乙명의로 이루어진 가등기 양도
및 본등기 경료행위가 불가벌적 사후행위가 되는 것은 아니다(대
법원 2008.5.8, 2008도198).

① (○) 甲 종친회 회장인 피고인이 위조한 종친회 규약 등을 공탁
관에게 제출하는 방법으로 甲 종친회를 피공탁자로 하여 공탁된
수용보상금을 출급받아 편취하고, 이를 종친회를 위하여 업무상
보관하던 중 반환을 거부하여 횡령하였다는 내용으로 기소된 사
안에서, 피고인이 공탁관을 기망하여 공탁금을 출급받음으로써
甲 종친회를 피해자로 한 사기죄가 성립하고, 그 후 甲 종친회에
대하여 공탁금 반환을 거부한 행위는 새로운 법익의 침해를 수반
하지 않는 불가벌적 사후행위에 해당할 뿐 별도의 횡령죄가 성립
하지 않는다(대법원 2015.9.10, 2015도8592).

③ (○) 부정한 이익을 얻거나 기업에 손해를 가할 목적으로 그 기
업에 유용한 영업비밀이 담겨 있는 타인의 재물을 절취한 후 그
영업비밀을 사용하는 경우, 영업비밀의 부정사용행위는 새로운
법익의 침해로 보아야 하므로 위와 같은 부정사용행위가 절도범
행의 불가벌적 사후행위가 되는 것은 아니다(대법원 2008.9.11,
2008도5364).

④ (○) 자동차를 절취한 후 자동차등록번호판을 떼어내는 행위는
절도범행의 불가벌적 사후행위에 해당하지 않는다(대법원 2007.
9.6, 2007도4739)

정답 ②

010 ✓ 유사 ◆◆◇   국가9급 2016

**죄수에 대한 설명으로 옳지 않은 것은? (다툼이 있으면
판례에 의함)**

① 계속적으로 무면허운전을 할 의사를 가지고 여러 날에
   걸쳐 무면허운전행위를 반복한 경우 도로교통법 위반
   죄의 포괄일죄로 볼 수 없다.

② 피해자를 위협하여 항거불능케 한 후 1회 간음하고 2
   백미터쯤 오다가 다시 1회 간음한 경우 강간죄의 단순
   일죄가 성립한다.

③ 절도범이 체포 면탈의 목적으로 경찰관에게 폭행을 가
   한 경우 준강도죄와 공무집행방해죄의 상상적 경합이
   성립한다.

④ 동일한 기회에 동일한 범죄의 태양으로 수회에 걸친
   예금인출행위로 수인의 피해자에 대해 업무상횡령행
   위를 행한 경우 업무상횡령죄의 포괄일죄가 성립한다.

해설 | 출제영역 | 일죄 – 포괄일죄

④ (×) 수개의 업무상횡령 행위라 하더라도 그 피해법익이 단일하
고 범죄의 태양이 동일하며, 단일 범의의 발현에 기인하는 일련
의 행위라고 인정되는 경우에는 포괄하여 1개의 범죄라고 할 것
이지만, 피해자가 수인인 경우에는 그 피해법익이 단일하다고 할 수
없으므로 포괄일죄의 성립을 인정하기 어렵다(대법원 2011.2.24,
2010도13801).

① (○) 대법원 2002.7.23, 2001도6281

② (○) 대법원 1970.9.29, 70도1516

③ (○) 대법원 1992.7.28, 92도917

정답 ④

다음 설명 중 가장 옳지 않은 것은?

① 절도 범인으로부터 장물보관 의뢰를 받은 자가 그 정을 알면서 이를 인도받아 보관하고 있다가 임의로 처분하였다 하더라도 장물보관죄가 성립하는 때에는 이미 그 소유자의 소유물 추구권을 침해하였으므로 그 후의 횡령행위는 불가벌적 사후행위에 불과하여 별도로 횡령죄가 성립하지 않는다.

② 강도가 재물강취의 뜻을 재물의 부재로 이루지 못한 채 미수에 그쳤으나 그 자리에 항거불능의 상태에 빠진 피해자를 간음할 것을 결의하고 실행에 착수하였으나 역시 미수에 그쳤더라도 반항을 억압하기 위한 폭행으로 피해자에게 상해를 입힌 경우에는 강도강간미수죄와 강도치상죄가 성립하고 이는 1개의 행위가 2개의 죄명에 해당되어 상상적 경합관계이다.

③ 자기가 점유하는 타인의 재물을 영득하기 위해 기망행위를 하였더라도 사기죄는 성립하지 않고 횡령죄만을 구성한다.

④ 상습범이란 상습성이라는 행위자적 속성을 갖추었다고 인정되는 경우에 이를 가중처벌하는 범죄유형을 가리키므로, 상습성이 있는 자가 같은 종류의 죄를 반복하여 저질렀다 하더라도 상습범을 별도의 범죄유형으로 처벌하는 규정이 없는 한 각 죄는 원칙적으로 별개의 범죄로서 경합범으로 처단하여야 한다.

⑤ 건물제공행위와 성매매알선행위의 경우 성매매알선행위는 건물제공행위의 결과에 해당하고 반대로 건물제공행위는 성매매알선행위에 수반되는 수단이라고 볼 수 있다. 따라서 '영업으로 성매매를 알선한 행위'와 '영업으로 성매매에 제공되는 건물을 제공한 행위'는 각각 독립된 가벌적 행위로서 별개의 죄를 구성하는 것이 아니라, 위 각 행위를 통틀어 법정형이 더 무거운 성매매알선행위의 포괄일죄를 구성한다고 보아야 한다.

해설 │ 출제영역 │ 죄수 일반

⑤ (×) 성매매알선행위와 건물제공행위의 경우 비록 처벌규정은 동일하지만, 범행방법 등의 기본적 사실관계가 상이할 뿐 아니라 주체도 다르다고 보아야 한다. 또한 수개의 행위태양이 동일한 법익을 침해하는 일련의 행위로서 각 행위 간 필연적 관련성이 당연히 예상되는 경우에는 포괄일죄의 관계에 있다고 볼 수 있지만, 건물제공행위와 성매매알선행위의 경우 성매매알선행위가 건물제공행위의 필연적 결과라거나 반대로 건물제공행위가 성매매알선행위에 수반되는 필연적 수단이라고도 볼 수 없다. 따라서 '영업으로 성매매를 알선한 행위'와 '영업으로 성매매에 제공되는 건물을 제공하는 행위'는 당해 행위 사이에서 각각 포괄일죄를 구성할 뿐, 서로 독립된 가벌적 행위로서 별개의 죄를 구성한다고 보아야 한다(대법원 2011.5.26, 2010도6090).

① (○) 대법원 1976.11.23, 76도3067; 2004.4.9, 2003도8219
② (○) 대법원 1988.6.28, 88도820
③ (○) 피기망자에 있어 재산적 처분행위가 없으므로 사기죄가 성립하지 않고 횡령죄가 성립한다(대법원 1980.12.9, 80도1177).

④ (○) 대법원 2012.5.10, 2011도12131

정답 ⑤

죄수에 대한 설명으로 옳지 않은 것은? (다툼이 있는 경우 판례에 의함)

① 절도범이 체포를 면탈할 목적으로 자신을 체포하려는 여러 명의 피해자에게 같은 기회에 폭행을 가하여 그 중 1인에게만 상해를 가하였다면 하나의 강도상해죄가 성립한다.

② 절도범으로부터 장물보관 의뢰를 받은 자가 그 정을 알면서 장물을 인도받아 보관하고 있다가 임의 처분한 때에는 장물보관죄가 성립하고 그 후의 횡령행위에 대해서는 횡령죄가 성립하지 않는다.

③ 피해자 명의의 신용카드를 부정사용하여 현금자동인출기에서 현금을 인출하고 이를 취득하였다면 신용카드부정사용죄와 절도죄가 성립하고 양죄는 실체적 경합관계에 있다.

④ 공무원이 직무관련자에게 제3자와 계약을 체결하도록 요구하여 계약을 체결하게 한 행위가 제3자뇌물수수죄와 직권남용권리행사방해죄에 모두 해당하는 경우 양죄는 실체적 경합관계에 있다.

해설 │ 출제영역 │ 죄수론 - 일죄, 수죄

④ (×) 공무원이 직무관련자에게 제3자와 계약을 체결하도록 요구하여 그 계약 체결을 하게 한 행위가 제3자뇌물수수죄의 구성요건과 직권남용권리행사방해죄의 구성요건에 모두 해당하는 경우에는, 제3자뇌물수수죄와 직권남용권리행사방해죄가 각각 성립하되, 이는 사회 관념상 하나의 행위가 수 개의 죄에 해당하는 경우이므로 두 죄는 형법 제40조의 상상적 경합관계에 있게 된다(대법원 2017.3.15, 2016도19659).

① (○) 대법원 1966.12.6, 66도1392
② (○) 대법원 1976.11.23, 76도3067
③ (○) 피고인이 피해자 명의의 신용카드를 부정사용하여 현금자동인출기에서 현금을 인출하고 그 현금을 취득까지 한 행위는 앞서 본 바와 같이 신용카드업법(현 여신전문금융업법) 제25조 제1항의 부정사용죄에 해당할 뿐 아니라 그 현금을 취득함으로써 현금자동인출기 관리자의 의사에 반하여 그의 지배를 배제하고 그 현금을 자기의 지배하에 옮겨 놓는 것이 되므로 별도로 절도죄를 구성한다 할 것이고, 위 양죄의 관계는 그 보호법익이나 행위태양이 전혀 달라 실체적 경합 관계에 있는 것으로 보아야 할 것이다(대법원 1995.7.28, 95도997).

정답 ④

013 ✓유사 ◆◆◇　　　　法院行試 2019

죄수에 관한 다음 설명 중 가장 틀린 것은? (다툼이 있는 경우 판례에 의함)

① 위조통화행사죄와 사기죄는 그 보호법익을 달리 하므로, 위조통화를 행사하여 재물을 불법영득한 때에는 위조통화행사죄와 사기죄의 양 죄가 성립한다.

② 피해자를 1회 강간하여 상처를 입게 한 후 약 1시간 후에 장소를 옮겨 같은 피해자를 다시 1회 강간한 행위는 그 범행시간과 장소를 달리하고 있을 뿐만 아니라 각 별개의 범의에서 이루어진 행위로서 형법 제37조 전단의 실체적 경합범에 해당한다.

③ 피고인이 단일한 범의와 동일한 범행방법으로 수인의 피해자에 대하여 각별로 기망행위를 하여 각각 재물을 편취한 경우 비록 각 피해자의 피해법익이 독립한 것이라 하더라도 이는 포괄하여 1개의 사기죄가 성립한다.

④ 절도범이 甲의 집에 침입하여 그 집의 방안에서 그 소유의 재물을 절취하고 그 무렵 그 집에 세들어 사는 乙의 방에 침입하여 재물을 절취하려다 미수에 그쳤다면 위 두 범죄는 그 범행장소와 물품의 관리자를 달리하고 있어서 별개의 범죄를 구성한다.

[해설] 출제영역 | 일죄, 수죄

③ (×) 사기죄에 있어서 수인의 피해자에 대하여 각 피해자별로 기망행위를 하여 각각 재물을 편취한 경우에 그 범의가 단일하고 범행 방법이 동일하다고 하더라도 포괄1죄가 성립하는 것이 아니라 피해자별로 1개씩의 죄가 성립하는 것으로 보아야 할 것이다(대법원 1996.2.13, 95도2121; 1995.8.22, 95도594; 1997.6.27, 97도508; 2000.2.11, 99도4862; 2000.7.7, 2000도1899).

① (○) 위조통화행사죄와 사기죄는 보호범익을 달리하므로 위조통화를 행사하여 재물을 불법영득한 때에는 위조통화행사죄와 사기죄의 양 죄는 경합범의 관계에 있다(대법원 1979.7.10, 78도840).

② (○) 피고인이 피해자(여, 20세)를 강간할 목적으로 도망가는 피해자를 추격하여 머리채를 잡아끌면서 블럭조각으로 피해자의 머리를 수회 때리고 손으로 목을 조르면서 항거불능케 한 후 그녀를 1회 간음하여 강간하고 이로 인하여 그녀로 하여금 요치 28일 간의 전두부 타박상을 입게 한 후 약 1시간 후에 그녀를 피고인 집 작은방으로 끌고 가 앞서 범행으로 상처를 입고 항거불능 상태인 그녀를 다시 1회 간음하여 강간한 경우, 이를 그 범행 시각과 장소를 각 달리하고 있을 뿐만 아니라 각 별개의 범의에서 이루어진 행위로 보아 형법 제37조 전단의 실체적 경합으로 처단한 조치는 옳다(대법원 1987.5.12, 87도694).

④ (○) 대법원 1989.8.8, 89도664

[정답] ③

014 ✓유사 ◆◇◇　　　　法院9급 2018

포괄일죄에 관한 다음 설명 중 가장 옳지 않은 것은? (다툼이 있는 경우 판례에 의하고, 전원합의체 판결의 경우 다수의견에 의함)

① 같은 심급에서 선서는 한 번 하고 그 최초 한 선서의 효력을 유지시킨 후 증언하였더라도, 변론기일을 달리하여 수차 증인으로 나가 수 개의 허위진술을 하면 각 증인신문기일별로 위증죄의 경합범이 될 뿐 위증죄의 포괄일죄에 해당하지 않는다.

② 음주상태로 자동차를 운전하다가 제1차 사고를 내고 그대로 진행하여 제2차 사고를 낸 경우, 제1차사고 시의 음주운전죄와 제2차사고 시의 음주운전죄는 포괄일죄에 해당한다.

③ 사기죄에 있어서 동일한 피해자에 대하여 수회에 걸쳐 기망행위를 하여 금원을 편취한 경우, 그 범의가 단일하고 범행 방법이 동일하다면 사기죄의 포괄일죄만이 성립한다.

④ 뇌물을 여러 차례에 걸쳐 수수함으로써 그 행위가 여러 개이더라도 그것이 단일하고 계속적 범의에 의하여 이루어지고 동일법익을 침해한 때에는 포괄일죄로 처벌함이 상당하다.

[해설] 출제영역 | 포괄일죄

① (×) 하나의 사건에 관하여 한 번 선서한 증인이 같은 기일에 여러 가지 사실에 관하여 기억에 반하는 허위의 진술을 한 경우 이는 하나의 범죄의사에 의하여 계속하여 허위의 진술을 한 것으로서 포괄하여 1개의 위증죄를 구성하는 것이고 각 진술마다 수 개의 위증죄를 구성하는 것이 아니므로, 당해 위증 사건의 허위진술 일자와 같은 날짜에 한 다른 허위진술로 인한 위증 사건에 관한 판결이 확정되었다면, 비록 종전 사건 공소사실에서 허위의 진술이라고 한 부분과 당해 사건 공소사실에서 허위의 진술이라고 한 부분이 다르다 하여도 종전 사건의 확정판결의 기판력은 당해 사건에도 미치게 되어 당해 위증죄 부분은 면소되어야 한다(대법원 1998.4.14, 97도3340). 나아가 행정소송사건의 같은 심급에서 변론기일을 달리하여 수차 증인으로 나가 수 개의 허위진술을 하더라도 최초 한 선서의 효력을 유지시킨 후 증언한 이상 1개의 위증죄를 구성함에 그친다(대법원 2007.3.15, 2006도9463).

② (○) 음주상태로 자동차를 운전하다가 제1차 사고를 내고 그대로 진행하여 제2차 사고를 낸 후 음주측정을 받아 도로교통법 위반(음주운전)죄로 약식명령을 받아 확정되었는데, 그 후 제1차사고 당시의 음주운전으로 기소된 사안에서 위 공소사실이 약식명령이 확정된 도로교통법 위반(음주운전)죄와 포괄일죄 관계에 있다(대법원 2007.7.26, 2007도4404).

③ (○) 사기죄에 있어서 동일한 피해자에 대하여 수회에 걸쳐 기망행위를 하여 금원을 편취한 경우, 그 범의가 단일하고 범행 방법이 동일하다면 사기죄의 포괄일죄만이 성립한다 할 것이고, 포괄일죄는 그 중간에 별종의 범죄에 대한 확정판결이 끼어 있어도 그 때문에 포괄적 범죄가 둘로 나뉘는 것은 아니라 할 것이고, 또 이 경우에는 그 확정판결 후의 범죄로서 다루어야 한다(대법원 2002.7.12, 2002도2029).

④ (○) 뇌물을 여러 차례에 걸쳐 수수함으로써 그 행위가 여러 개이더라도 그것이 단일하고 계속적 범의에 의하여 이루어지고 동

일법익을 침해한 때에는 포괄일죄로 처벌함이 상당하다(대법원 1999.1.29, 98도3584).

정답 ①

---

015 ✅ 유사 ◆◇◇ 법원9급 2018

다음 설명 중 가장 옳지 않은 것은? (다툼이 있는 경우 판례에 의함)

① 공무원이 골재 채취허가 과정에 협조해 달라는 청탁과 함께 동일인으로부터 20일 사이에 3차례에 걸쳐 다른 장소에서 금품을 받은 경우, 단일 범의에 의하여 행해진 계속된 행위라고 볼 수 있고 피해법익 또한 동일하므로 포괄하여 일죄를 구성한다.

② 건축공무원이 약 4개월 사이에 10회에 걸쳐 동일한 건설회사의 대표이사, 상무이사, 공사현장 소장으로부터 동일 명목으로 뇌물을 받았다면 단일 범의에 의하여 행해진 계속된 행위라고 볼 수 없으므로 수죄의 뇌물수수죄가 성립한다.

③ 등기소 조사계장이 동일 법무사로부터 그가 신청하는 등기신청사건을 신속히 처리하여 달라는 부탁조로 1건당 얼마씩 이른바 급행료를 받은 경우, 단일한 범의의 계속 아래 일정한 기간 동종행위를 같은 장소에서 반복한 것으로 볼 수 있어 일죄이다.

④ 형법 제133조 제2항의 제3자 뇌물취득죄는 제133조 제1항의 증뢰자로부터 교부받은 금품을 수뢰할 사람에게 전달하였는지 여부에 관계없이 제3자가 그 정을 알면서 금품을 교부받음으로써 성립하며, 나아가 제3자가 그 금품을 수뢰할 사람에게 전달하였다 하더라도 별도로 뇌물공여죄가 성립하는 것은 아니다.

해설 출제영역 | 일죄 – 포괄일죄

② (×) 약 4개월 사이에 10회에 걸쳐 동일인으로부터 뇌물을 받은 경우에는 포괄일죄가 성립한다(대법원 1979.8.14, 79도1393).

① (○) 대법원 1983.11.8, 83도711

③ (○) 대법원 1982.10.26, 81도1409

④ (○) 대법원 1997.9.5, 97도1572

정답 ②

---

016 ✅ 대표 ◆◆◇ 경찰1차 2018 유사 변호사 2020 변형

불가벌적 사후행위에 관한 설명 중 옳지 않은 것은? (다툼이 있는 경우 판례에 의함)

① 재산범죄를 저지른 이후에 별도의 재산범죄의 구성요건에 해당하는 사후행위가 있었다면 비록 그 행위가 불가벌적 사후행위로서 처벌의 대상이 되지 않는다 할지라도 그 사후행위로 인하여 취득한 물건은 재산범죄로 인하여 취득한 물건으로서 장물이 될 수 있다.

② 타인의 부동산을 보관 중인 자가 그 부동산에 근저당권설정등기를 마침으로써 횡령행위가 기수에 이른 후 해당 부동산을 매각함으로써 기존의 근저당권과 관계없이 법익침해의 결과를 발생시켰다면, 특별한 사정이 없는 한 불가벌적 사후행위가 아니라 별도의 횡령죄가 성립한다.

③ 부동산에 피해자 명의의 근저당권을 설정하여 줄 의사가 없음에도 피해자를 속이고 근저당권설정을 약정하여 금원을 편취하고 그 약정이 사기 등을 이유로 취소되지 않은 상황에서 다시 그 부동산에 관하여 제3자 명의로 근저당권설정등기를 마친 경우, 사기죄만 성립하고 배임죄는 별도로 성립하지 않는다.

④ 평소 본범과 공동하여 수차 상습으로 절도 등 범행을 함으로써 실질적인 범죄 집단을 이루고 있었던 甲이 본범으로부터 장물을 취득하였다면, 본범이 범한 당해 절도범행에 있어서 정범자(공동정범이나 합동범)가 되지 아니하더라도 甲의 장물취득행위는 불가벌적 사후행위에 해당한다.

⑤ 자동차를 절취한 후 자동차등록번호판을 떼어내는 자동차관리법위반행위는 절도범행의 불가벌적 사후행위에 해당하지 않는다.

해설 출제영역 | 일죄 – 법조경합 – 불가벌적 사후행위

④ (×) 평소 본범과 공동하여 수차 상습으로 절도 등 범행을 자행함으로써 실질적인 범죄 집단을 이루고 있었다 하더라도, 당해 범죄행위의 정범자(공동정범이나 합동범)로 되지 아니한 이상 이를 자기의 범죄라고 할 수 없고 따라서 그 장물의 취득을 불가벌적 사후행위라고 할 수 없다(대법원 1986.9.9, 86도1273).

① (○) 대법원 2004.4.16, 2004도353

② (○) 대법원 2013.2.21, 2010도10500 전원합의체

③ (○) 종래 판례는 사기죄와 배임죄의 실체적 경합으로 보았으나(대법원 2008.3.27, 2007도9328), 대법원 2020.6.18, 2019도14340 전원합의체 판결에 의하여 배임죄는 성립하지 않는 것으로 변경되었다.

[판례] 채무자가 금전채무를 담보하기 위한 저당권설정계약에 따라 채권자에게 그 소유의 부동산에 관하여 저당권을 설정할 의무를 부담하게 되었다고 하더라도, 이를 들어 채무자가 통상의 계약에서 이루어지는 이익대립관계를 넘어서 채권자와의 신임관계에 기초하여 채권자의 사무를 맡아 처리하는 것으로 볼 수 없다. 채무자가 저당권설정계약에 따라 채권자에 대하여 부담하는 저당권을 설정할 의무는 계약에 따라 부담하게 된 채무자 자신의 의무이다. 채무자가 위와 같은 의무를 이행하는 것은 채무자 자

신의 사무에 해당할 뿐이므로, 채무자를 채권자에 대한 관계에서 '타인의 사무를 처리하는 자'라고 할 수 없다. 따라서 채무자가 제3자에게 먼저 담보물에 관한 저당권을 설정하거나 담보물을 양도하는 등으로 담보가치를 감소 또는 상실시켜 채권자의 채권실현에 위험을 초래하더라도 배임죄가 성립한다고 할 수 없다. 위와 같은 법리는, 채무자가 금전채무에 대한 담보로 부동산에 관하여 양도담보설정계약을 체결하고 이에 따라 채권자에게 소유권이전등기를 해 줄 의무가 있음에도 제3자에게 그 부동산을 처분한 경우에도 적용된다. 이와 달리 채무 담보를 위하여 채권자에게 부동산에 관하여 근저당권을 설정해주기로 약정한 채무자가 채권자의 사무를 처리하는 자에 해당함을 전제로 채무자가 담보목적물을 처분한 경우 배임죄가 성립한다고 한 대법원 2008. 3.27, 2007도9328; 2011.11.10, 2011도11224 판결을 비롯한 같은 취지의 대법원 판결들은 이 판결의 견해에 배치되는 범위 내에서 모두 변경하기로 한다(대법원 2020. 6.18, 2019도14340 전원합의체).

[보충] 한편 대법원 2018.5.17, 2017도4027 전원합의체 판결은 부동산 이중매매의 경우 배임죄의 성립을 인정하였다. 위 판결은 부동산이 국민의 경제생활에서 차지하는 비중이 크고, 부동산 매매대금은 통상 계약금, 중도금, 잔금으로 나뉘어 지급되는데, 매수인이 매도인에게 매매대금 중 상당한 부분을 차지하는 계약금과 중도금까지 지급하고도 매도인의 이중매매를 방지할 충분한 수단이 마련되어 있지 않은 거래 현실의 특수성을 고려하여 부동산 이중매매의 경우 배임죄가 성립한다는 종래의 견해를 유지한 것이다. 이러한 점에 비추어 보면, 위 전원합의체 판결의 취지는 이 판결의 다수의견에 반하지 아니함을 밝혀둔다(위 판례).

⑤ (○) 대법원 2007.9.6, 2007도4739

정답 ④

017 ✓ 대표 ◆◆◇

다음 설명 중 가장 옳지 않은 것은? (다툼이 있는 경우 판례에 따르고 전원합의체 판결의 경우 다수의견에 의함)

① 피해자 甲 종중으로부터 토지를 명의신탁 받아 보관 중이던 피고인 乙이 개인 채무 변제에 사용할 돈을 차용하기 위해 위 토지에 근저당권을 설정하였는데, 그 후 피고인 乙, 丙이 공모하여 위 토지를 丁에게 매도한 사안에서, 피고인들의 토지 매도행위는 별도의 횡령죄를 구성한다.

② 甲 주식회사 대표이사인 피고인이 자신의 채권자 乙에게 차용금에 대한 담보로 甲 회사명의 정기예금에 질권을 설정하여 주었고, 그 후 乙이 피고인의 동의하에 정기예금 계좌에 입금되어 있던 甲 회사 자금을 전액 인출하였다면, 위와 같은 예금인출동의행위는 이미 배임행위로써 이루어진 질권 설정행위의 불가벌적 사후행위에 해당한다고 할 수 없으므로, 배임죄와 별도로 횡령죄까지 성립한다.

③ 형법 제41장의 장물에 관한 죄에 있어서의 '장물'이라 함은 재산범죄로 인하여 취득한 물건 그 자체를 말하므로, 재산범죄를 저지른 이후에 별도의 재산범죄의 구성요건에 해당하는 사후행위가 있었다면 비록 그 행위가 불가벌적 사후행위로서 처벌의 대상이 되지 않는다 할지라도 그 사후행위로 인하여 취득한 물건은 재산범죄로 인하여 취득한 물건으로서 장물이 될 수 있다.

④ 배임죄와 횡령죄의 구성요건적 차이에 비추어 보면, 회사에 대한 관계에서 타인의 사무를 처리하는 자가 임무에 위배하여 회사로 하여금 자신의 채무에 관하여 연대보증채무를 부담하게 한 다음, 회사의 금전을 보관하는 자의 지위에서 회사의 이익이 아닌 자신의 채무를 변제하려는 의사로 회사의 자금을 자기의 소유인 경우와 같이 임의로 인출한 후 개인채무의 변제에 사용한 행위는, 연대보증채무 부담으로 인한 배임죄와 다른 새로운 보호법익을 침해하는 것으로서 배임 범행의 불가벌적 사후행위가 되는 것이 아니라 별죄인 횡령죄를 구성한다고 보아야 하며, 횡령행위로 인출한 자금이 선행 임무위배행위로 인하여 회사가 부담하게 된 연대보증채무의 변제에 사용되었다 하더라도 달리 볼 것은 아니다.

⑤ 사람을 살해한 자가 그 사체를 다른 장소로 옮겨 유기하였을 때에는 별도로 사체유기죄가 성립하고, 이와 같은 사체유기를 불가벌적 사후행위로 볼 수는 없다.

해설 **출제영역 | 법조경합 – 불가벌적 사후행위**

② (✕) 甲 주식회사 대표이사인 피고인이 자신의 채권자 乙에게 차용금에 대한 담보로 甲 회사명의 정기예금에 질권을 설정하여 주었는데, 그 후 乙이 피고인의 동의하에 정기예금계좌에 입금되어 있던 甲 회사 자금을 전액 인출하였다고 하여 구 특정경제범죄 가중처벌 등에 관한 법률 위반으로 기소된 사안에서, 위와 같은

예금인출 동의행위는 이미 배임행위로써 이루어진 질권 설정행위의 불가벌적 사후행위에 해당하는데도, 이와 달리 배임죄와 별도로 횡령죄까지 성립한다고 본 원심판결에 법리오해의 위법이 있다(대법원 2012.11.29, 2012도10980).

① (○) 피해자 甲 종중으로부터 종중 소유의 토지를 명의신탁 받아 보관 중이던 피고인 乙이 자신의 개인 채무 변제에 사용할 돈을 차용하기 위해 위 토지에 근저당권을 설정하였는데, 그 후 피고인 乙, 丙이 공모하여 위 토지를 丁에게 매도한 사안에서, 피고인들이 토지를 매도한 행위는 선행 근저당권설정행위 이후에 이루어진 것이어서 불가벌적 사후행위에 해당한다는 취지의 피고인들 주장을 배척하고 위 토지 매도행위가 별도의 횡령죄를 구성한다고 본 원심판단은 정당하다(대법원 2013.2.21, 2010도10500 전원합의체).

[보충] 부동산실명법에 위반한 2자간 명의신탁의 명의수탁자의 임의적 처분행위에 대하여 횡령죄의 성립을 부정하는 판례의 변경이 있었다. "부동산 실권리자명의 등기에 관한 법률을 위반하여 명의신탁자가 그 소유인 부동산의 등기명의를 명의수탁자에게 이전하는 이른바 양자간 명의신탁의 경우, 명의수탁자는 명의신탁자에 대한 관계에서 '타인의 재물을 보관하는 자'의 지위에 있지 않으므로 명의수탁자가 신탁받은 부동산을 임의로 처분하면 명의신탁자에 대한 관계에서 횡령죄가 성립하지 않는다(대법원 2021.2.18, 2016도18761 전원합의체)." 그러나, 부동산실명법 제8조(종중, 배우자 및 종교단체에 대한 특례)에 의하면 종중(宗中)이 보유한 부동산에 관한 물권을 종중(종중과 그 대표자를 같이 표시하여 등기한 경우를 포함한다) 외의 자의 명의로 등기한 것이 조세 포탈, 강제집행의 면탈(免脫) 또는 법령상 제한의 회피를 목적으로 하지 아니하는 경우에는 동법 제4조 등의 적용을 받지 아니한다(또한 배우자 명의로 부동산에 관한 물권을 등기한 경우나 종교단체의 명의로 그 산하 조직이 보유한 부동산에 관한 물권을 등기한 경우도 같음. 동법 제8조 제2호·제3호). 따라서 종중의 부동산을 명의신탁 받은 종중 이외의 자가 이를 임의로 처분한 경우에는 횡령죄의 성립이 가능하다(다수설·판례, 대법원 1985.9.10, 85도86; 1994.9.23, 93도919; 2013.2.21, 2010도10500 전원합의체).

③ (○) 형법 제41장의 장물에 관한 죄에 있어서의 '장물'이라 함은 재산범죄로 인하여 취득한 물건 그 자체를 말하므로, 재산범죄를 저지른 이후에 별도의 재산범죄의 구성요건에 해당하는 사후행위가 있었다면 비록 그 행위가 불가벌적 사후행위로서 처벌의 대상이 되지 않는다 할지라도 그 사후행위로 인하여 취득한 물건은 재산범죄로 인하여 취득한 물건으로서 장물이 될 수 있다(대법원 2004.4.16, 2004도353).

④ (○) 배임죄와 횡령죄의 구성요건적 차이에 비추어 보면, 회사에 대한 관계에서 타인의 사무를 처리하는 자가 임무에 위배하여 회사로 하여금 자신의 채무에 관하여 연대보증채무를 부담하게 한 다음, 회사의 금전을 보관하는 자의 지위에서 회사의 이익이 아닌 자신의 채무를 변제하려는 의사로 회사의 자금을 자기의 소유인 경우와 같이 임의로 인출한 후 개인채무의 변제에 사용한 행위는, 연대보증채무 부담으로 인한 배임죄와 다른 새로운 보호법익을 침해하는 것으로서 배임 범행의 불가벌적 사후행위가 되는 것이 아니라 별죄인 횡령죄를 구성한다고 보아야 하며, 횡령행위로 인출한 자금이 선행 임무위배행위로 인하여 회사가 부담하게 된 연대보증채무의 변제에 사용되었다 하더라도 달리 볼 것은 아니다(대법원 2011.4.14, 2011도277).

⑤ (○) 사람을 살해한 자가 그 사체를 다른 장소로 옮겨 유기하였을 때에는 별도로 사체유기죄가 성립하고, 이와 같은 사체유기를 불가벌적 사후행위로 볼 수는 없다(대법원 1997.7.25, 97도1142).

정답 ②

---

018 ✓ 유사 ◆◆◇

죄수에 대한 설명이다. 아래 ㉠부터 ㉣까지의 설명 중 옳고 그름의 표시(○, ×)가 바르게 된 것은? (다툼이 있는 경우 판례에 의함)

㉠ 보이스피싱 범죄의 범인 甲이 A를 기망하여 A의 돈을 사기이용계좌로 이체받아 인출한 경우 – 사기죄는 성립하나 이체받은 돈의 인출행위는 불가벌적 사후행위로 횡령죄 불성립

㉡ 절도범인으로부터 장물보관의뢰를 받은 甲이 이후에 해당 장물을 임의처분한 경우 – 장물보관죄는 성립하나 장물의 임의처분행위는 불가벌적 사후행위로 횡령죄 불성립

㉢ 컴퓨터로 음란 동영상을 제공한 제1범죄행위로 서버컴퓨터가 압수된 이후 다시 장비를 갖추어 동종의 제2범죄행위를 한 경우 – 제1행위(음란 동영상 제공)에 대한 범죄는 성립하나 제2행위(음란 동영상 제공)는 불가벌적 사후행위로 범죄 불성립

㉣ 열차승차권을 절취한 甲이 그 승차권을 자기의 것인 양 속여 창구직원으로부터 환불받은 경우 – 절도죄는 성립하나 기망하여 환불받은 행위는 불가벌적 사후행위로 사기죄 불성립

① ㉠(○) ㉡(○) ㉢(×) ㉣(○)
② ㉠(×) ㉡(○) ㉢(×) ㉣(×)
③ ㉠(○) ㉡(○) ㉢(×) ㉣(×)
④ ㉠(×) ㉡(×) ㉢(○) ㉣(○)

해설 출제영역 | 일죄 – 법조경합 – 불가벌적 사후행위

① ㉠(○) ㉡(○) ㉢(×) ㉣(○)

㉠ (○) 대법원 2017.5.31, 2017도3894

㉡ (○) 대법원 2004.4.9, 2003도8219

㉢ (×) 컴퓨터로 음란 동영상을 제공한 제1범죄행위로 서버컴퓨터가 압수된 이후 다시 장비를 갖추어 동종의 제2범죄행위를 하고 제2범죄행위로 인하여 약식명령을 받아 확정된 사안에서, 피고인에게 범의의 갱신이 있어 제1범죄행위는 약식명령이 확정된 제2범죄행위와 실체적 경합관계에 있다고 보아야 할 것이다(대법원 2005.9.30, 2005도4051).

㉣ (○) 대법원 1975.8.29, 75도1996

정답 ①

---

019 ✓ 유사 ◆◆◇   경찰간부 2023

포괄일죄에 관한 설명으로 가장 적절하지 않은 것은? (다툼이 있는 경우 다수설과 판례에 의함)

① 연속범은 개별적인 행위가 범죄의 요소인 구성요건에 해당하고 위법·유책해야 하며, 동일한 법익의 침해가 있어야 성립되므로 피해법익의 동일성에 따라 보호법익을 같이 하는 횡령, 배임 등의 행위와 사기의 행위는 포괄일죄를 구성한다.

② 집합범은 다수의 동종의 행위가 동일한 의사에 의하여 반복될 것이 당해 구성요건에서 당연히 예상되는 범죄를 말하며, 집합범의 종류로는 영업범과 상습범이 있다.

③ 접속범은 동일한 법익에 대하여 수개의 구성요건적 행위가 불가분하게 접속하여 행하여지는 범행형태로 같은 기회에 하나의 행위로 여러 개의 영업비밀을 취득하였다면 이는 일죄로 평가된다.

④ 결합범은 개별적으로 독립된 범죄의 구성요건에 해당하는 수개의 행위가 결합하여 일죄를 구성하는 경우로 결합범 자체는 1개의 범죄완성을 위한 수개 행위의 결합이고, 수개 행위의 불법내용을 함께 평가하는 것이므로 포괄일죄가 된다.

해설 │ 출제영역 │ 포괄일죄

① (×) 포괄1죄라 함은 <u>각기 따로 존재하는 수개의 행위가 한 개의 구성요건을 한번 충족하는 경우를 말하므로 구성요건을 달리하고 있는 횡령, 배임 등의 행위와 사기의 행위는 포괄1죄를 구성할 수 없다</u>(대법원 1988.2.9, 87도58).

② (○) 집합범이라 함은 다수의 동종의 행위가 동일한 의사에 의하여 반복되지만 영업성, 직업성 또는 상습성에 의하여 개별 범죄를 하나의 죄로 통일하는 효과가 일어나 일괄하여 일죄로 되는 경우로 (직업범,) 영업범과 상습범이 있다.

③ (○) 접속범이란 동일한 법익에 대하여 수개의 독립적 구성요건에 해당하는 행위가 불가분하게 접속하여 행하여지는 경우를 말하고, <u>같은 기회에 하나의 행위로 여러 개의 영업비밀을 취득한 행위가 그 예이다.</u>

[보충] 이러한 경우에는 기업의 영업비밀 보호와 관련한 재산적 가치라는 비전속적 법익이 그 보호법익이므로 상상적 경합이 아니라 일죄가 되는 것이다.

> [판례] 같은 기회에 하나의 행위로 여러 개의 영업비밀을 취득한 행위는 영업비밀보호법 제18조 제2항 위반죄의 일죄로 평가되어야 한다(대법원 2009.4.9, 2006도9022).

④ (○) 결합범이란 여러 개의 범죄행위가 결합되어 한 개의 구성요건으로 되어 있는 범죄를 말한다.

정답 ①

020 ✓ 유사 ◆◇◇   국가9급/총론 2021

포괄일죄에 대한 설명으로 옳은 것은? (다툼이 있는 경우 판례에 의함)

① 수인의 피해자에 대하여 각 피해자별로 기망행위를 하여 각각 재물을 편취한 경우에도 그 범의가 단일하고 범행방법이 동일한 경우에는 사기죄의 포괄일죄가 성립한다.

② 동일한 저작권자의 여러 개의 저작물에 대한 침해행위가 단일하고 동일한 범의 아래 행하여졌다면 저작권법 위반의 포괄일죄가 성립한다.

③ 폭력행위 등 처벌에 관한 법률 제4조 제1항에서는 그 법에 규정된 범죄행위를 목적으로 하는 단체를 구성하거나 이에 가입하는 행위 또는 구성원으로 활동하는 행위를 처벌하도록 규정하고 있으므로, 범죄단체를 구성하거나 이에 가입한 자가 나아가 구성원으로 활동하는 경우에는 폭력행위 등 처벌에 관한 법률 위반의 포괄일죄가 성립한다.

④ 비의료인이 의료기관을 개설하여 운영하는 도중 개설자 명의를 다른 의료인으로 변경한 경우에는 그 범의가 단일하고 범행 방법이 종전과 동일하므로 의료법 위반의 포괄일죄가 성립한다.

해설 │ 출제영역 │ 포괄일죄

③ (○) 대법원 2015.9.10, 2015도7081

① (×) 사기죄에 있어서 수인의 피해자에 대하여 각 피해자별로 기망행위를 하여 각각 재물을 편취한 경우에 그 범의가 단일하고 범행방법이 동일하다고 하더라도 포괄1죄가 성립하는 것이 아니라 피해자별로 1개씩의 죄가 성립하는 것으로 보아야 한다(대법원 1997.6.27, 97도508).

② (×) 저작재산권 침해행위는 저작권자가 같더라도 저작물별로 침해되는 법익이 다르므로, <u>각각의 저작물에 대한 침해행위는 원칙적으로 각 별개의 죄를 구성한다.</u> 다만 단일하고도 계속된 범의 아래 동일한 저작물에 대한 침해행위가 일정기간 반복하여 행하여진 경우에는 포괄하여 하나의 범죄가 성립한다고 볼 수 있다(대법원 2012.5.10, 2011도12131).

④ (×) 비의료인이 의료기관을 개설하여 운영하는 도중 개설자 명의를 다른 의료인 등으로 변경한 경우에는 그 범의가 단일하다거나 범행방법이 종전과 동일하다고 보기 어렵다. 따라서 <u>개설자 명의별로 별개의 범죄가 성립하고 각 죄는 실체적 경합범의 관계에 있다고 보아야 한다</u>(대법원 2018.11.29, 2018도10779).

정답 ③

021 ✓ 유사 ◆◆◇　　　　　　　　　　국가9급 2024

포괄일죄에 대한 설명으로 옳은 것은?

① 국가정보원 직원이 동일한 사안에 관한 일련의 직무집행 과정에서 단일하고 계속된 범의로 일정 기간 계속하여 저지른 직권남용행위에 대하여는 설령 그 상대방이 수인이라고 하더라도 직권남용권리행사방해죄의 포괄일죄가 성립할 수 있다.

② 행정소송사건의 같은 심급이라도 변론기일을 달리하여 수차 증인으로 나가 수 개의 허위진술을 하였다면, 최초에 한 선서의 효력을 유지시킨 후 증언하였다고 하더라도 수 개의 위증죄가 성립한다.

③ 같은 날 무면허운전 행위를 여러 차례 반복하였다면 그 범의의 단일성 내지 계속성이 인정되지 않거나 범행 방법 등이 동일하지 않은 경우라도 각 무면허운전 행위를 통틀어 포괄일죄로 처단하여야 한다.

④ 포괄일죄로 되는 개개의 범죄행위가 법 개정의 전후에 걸쳐서 행하여진 경우에는 신·구법의 법정형의 경중을 비교하여 행위자에게 유리한 법을 적용하여 포괄일죄로 처단하여야 한다.

해설 | 출제영역 | 포괄일죄

① (○) 직권남용권리행사방해죄는 국가기능의 공정한 행사라는 국가적 법익을 보호하는 데 주된 목적이 있으므로, 공무원이 동일한 사안에 관한 일련의 직무집행 과정에서 단일하고 계속된 범의로 일정 기간 계속하여 저지른 직권남용행위에 대하여는 설령 그 상대방이 여러 명이더라도 포괄일죄가 성립할 수 있다(대법원 2021.9.9, 2021도2030).

② (×) 행정소송사건의 같은 심급에서 변론기일을 달리하여 수차 증인으로 나가 수 개의 허위진술을 하더라도 최초 한 선서의 효력을 유지시킨 후 증언한 이상 1개의 위증죄를 구성함에 그친다(대법원 2007.3.15, 2006도9463).

③ (×) 같은 날 무면허운전 행위를 여러 차례 반복한 경우라도 그 범의의 단일성 내지 계속성이 인정되지 않거나 범행 방법 등이 동일하지 않은 경우 각 무면허운전 범행은 실체적 경합 관계에 있다고 볼 수 있으나, 그와 같은 특별한 사정이 없다면 각 무면허운전 행위는 동일 죄명에 해당하는 수 개의 동종 행위가 동일한 의사에 의하여 반복되거나 접속·연속하여 행하여진 것으로 봄이 상당하고 그로 인한 피해법익도 동일한 이상, 각 무면허운전 행위를 통틀어 포괄일죄로 처단하여야 한다(대법원 2022.10.27, 2022도8806).

④ (×) 포괄일죄로 되는 개개의 범죄행위가 법 개정의 전후에 걸쳐서 행하여진 경우에는 신·구법의 법정형에 대한 경중을 비교하여 볼 필요도 없이 범죄 실행 종료시의 법이라고 할 수 있는 신법을 적용하여 포괄일죄로 처단하여야 한다(대법원 1998.2.24, 97도183).

정답 ①

022 ✓ 유사 ◆◆◇　　　　　　　　　　변호사 2014

인터넷 파일공유 사이트를 운영하는 甲은 사이트를 통해 저작재산권 대상인 디지털 콘텐츠가 불법 유통되고 있음을 알면서도 저작재산권의 침해를 방지할 조치를 취하지 않고 회원들로 하여금 불법 디지털 콘텐츠를 업로드하게 한 후 이를 다운로드하게 하면서 일부 이익을 취득하였다. 甲의 죄책과 관련된 죄수 설명 중 옳지 않은 것을 모두 고른 것은? (다툼이 있는 경우에는 판례에 의함)

ㄱ. 저작재산권 침해행위는 각각의 저작물에 대한 침해행위가 있더라도 저작권자가 같다면 별개의 죄를 구성하지 않는다.

ㄴ. 동일 죄명에 해당하는 수개의 행위 또는 연속된 행위는 범의가 단일하지 않아도 포괄일죄로 처단된다.

ㄷ. 상습범을 별도로 처벌하는 규정이 없다면 수회에 걸쳐 죄를 범한 것이 상습성의 발현에 따른 것이라도 원칙적으로 경합범으로 보아야 한다.

ㄹ. 상습성을 이유로 포괄일죄가 되는 범행의 중간에 동종의 상습범에 대한 확정판결이 있을 때에도 포괄일죄는 확정판결 전후의 죄로 분리되지 않는다.

① ㄱ　　　　　　　　② ㄴ, ㄷ
③ ㄷ, ㄹ　　　　　　④ ㄱ, ㄴ, ㄹ
⑤ ㄱ, ㄴ, ㄷ, ㄹ

해설 | 출제영역 | 죄수론 – 일죄, 수죄

ㄱ. (×) 저작재산권 침해행위는 저작권자가 같더라도 저작물별로 침해되는 법익이 다르므로, 각각의 저작물에 대한 침해행위는 원칙적으로 각 별개의 죄를 구성한다. 다만 단일하고도 계속된 범의 아래 동일한 저작물에 대한 침해행위가 일정기간 반복하여 행하여진 경우에는 포괄하여 하나의 범죄가 성립한다고 볼 수 있다(대법원 2012.5.10, 2011도12131).

ㄴ. (×) 동일 죄명에 해당하는 수개의 행위 또는 연속된 행위를 단일하고 계속된 범의 하에 일정 기간 계속하여 행하고 그 피해법익도 동일한 경우에는 이들 각 행위를 통틀어 포괄일죄로 처단하여야 하지만, 범의의 단일성과 계속성이 인정되지 아니하거나 범행방법 및 장소가 동일하지 않은 경우에는 각 범행은 실체적 경합범에 해당한다(대법원 2006.9.8, 2006도3172).

ㄷ. (○) 상습범이란 어느 기본적 구성요건에 해당하는 행위를 한 자가 범죄행위를 반복하여 저지르는 습벽, 즉 상습성이라는 행위자적 속성을 갖추었다고 인정되는 경우에 이를 가중처벌 사유로 삼고 있는 범죄유형을 가리키므로, 상습성이 있는 자가 같은 종류의 죄를 반복하여 저질렀다 하더라도 상습범을 별도의 범죄유형으로 처벌하는 규정이 없는 한 각 죄는 원칙적으로 별개의 범죄로서 경합범으로 처단할 것이다(대법원 2012.5.10, 2011도12131).

ㄹ. (×) 원래 실체법상 상습사기의 일죄로 포괄될 수 있는 관계에 있는 일련의 사기 범행의 중간에 동종의 죄에 관한 확정판결이 있는 경우에는 그 확정판결에 의하여 원래 일죄로 포괄될 수 있었던 일련의 범행은 그 확정판결의 전후로 분리되고, 이와 같이 분리된 각 사건은 서로 동일성이 있다고 할 수 없어 이중으로 기소되더라도 각 사건에 대하여 각각의 주문을 선고하여야 한다(대법원 2000.2.11, 99도4797).

[보충] 공소제기 된 범죄사실과 추가로 발견된 범죄사실 사이에 그것들과 동일한 습벽에 의하여 저질러진 또 다른 범죄사실에 대

한 유죄의 확정판결이 있는 경우에는 전후 범죄사실의 일죄성은 그에 의하여 분단되어 공소제기 된 범죄사실과 판결이 확정된 범죄사실만이 포괄하여 하나의 상습범을 구성하고, 추가로 발견된 확정판결 후의 범죄 사실은 그것과 경합범 관계에 있는 별개의 상습범이 된다. 따라서 검사는 공소장변경절차에 의하여 이를 공소사실로 추가할 수는 없고 어디까지나 별개의 독립된 범죄로 공소를 제기하여야 한다(위 판례).

정답 ④

---

023 ✓ 이론 ◆◆◇　　　　　　　국가9급총론 2018

포괄일죄에 대한 설명으로 옳지 않은 것은? (다툼이 있는 경우 판례에 의함)

① 포괄일죄로 되는 개개의 범죄행위가 '다른 종류의 죄'의 확정판결의 전후에 걸쳐서 행하여진 경우에는 그 죄는 2죄로 분리되지 않고 확정판결 후인 최종의 범죄행위시에 완성되는 것이다.

② 포괄일죄의 범행 도중에 공동정범으로 범행에 가담한 자는 비록 그가 그 범행에 가담할 때에 이미 이루어진 종전의 범행을 알았다 하더라도 그 가담 이후의 범행에 대하여만 공동정범으로 책임을 진다.

③ 포괄일죄로 된 개개의 범죄행위가 법 개정의 전후에 걸쳐서 행하여진 경우에는 신·구법의 법정형에 대한 경중을 비교하여 경한 법을 적용해야 한다.

④ 포괄일죄에 관한 기존 처벌법규에 대하여 그 표현이나 형량과 관련한 개정을 하는 경우가 아니라 애초에 죄가 되지 아니하던 행위를 구성요건의 신설로 포괄일죄의 처벌대상으로 삼는 경우에는 신설된 포괄일죄 처벌법규가 시행되기 이전의 행위에 대하여는 신설된 법규를 적용하여 처벌할 수 없다.

해설 | 출제영역 | 일죄 – 포괄일죄

③ (×) 포괄일죄로 되는 개개의 범죄행위가 법 개정의 전후에 걸쳐서 행하여진 경우에는 신·구법의 법정형에 대한 경중을 비교하여 볼 필요도 없이 범죄 실행 종료시의 법이라고 할 수 있는 신법을 적용하여 포괄일죄로 처단하여야 한다(대법원 1998.2.24, 97도183).

① (○) 포괄일죄로 되는 개개의 범죄행위가 다른 종류의 죄의 확정판결의 전후에 걸쳐서 행하여진 경우에는 그 죄는 2죄로 분리되지 않고 확정판결 후인 최종의 범죄행위시에 완성되는 것이다(대법원 2003.8.22, 2002도5341).

② (○) 포괄일죄의 범행 도중에 공동정범으로 범행에 가담한 자는 비록 그가 그 범행에 가담할 때에 이미 이루어진 종전의 범행을 알았다 하더라도 그 가담 이후의 범행에 대하여만 공동정범으로 책임을 진다(대법원 1997.6.27, 97도163).

④ (○) 포괄일죄에 관한 기존 처벌법규에 대하여 그 표현이나 형량과 관련한 개정을 하는 경우가 아니라 애초에 죄가 되지 아니하던 행위를 구성요건의 신설로 포괄일죄의 처벌대상으로 삼는 경우에는 신설된 포괄일죄 처벌법규가 시행되기 이전의 행위에 대하여는 신설된 법규를 적용하여 처벌할 수 없다(형법 제1조 제1항)(대법원 2016.1.28, 2015도15669).

정답 ③

---

024 ✓ 유사 ◆◆◆　　　　　　　변호사 2022

X회사에 근무하던 甲은 대표이사 A와 갈등으로 퇴사하게 되자 재직하면서 알게 된 회사 비리를 국세청과 수사기관에 알리겠다며 각각 3차례에 걸쳐 A에게 협박 메일을 발송하였다. 이후 甲은 ○○빌딩 6층에 있는 X회사에 들어갈 생각으로 5층 베란다 테라스의 난간을 잡고 기어올라 6층 창문을 통해 자신이 사용하던 사무실로 들어갔다. 이에 관한 설명 중 옳은 것은? (다툼이 있는 경우 판례에 의함)

① 검사가 甲의 1차 협박 범행을 먼저 기소하고 다시 2, 3차의 협박 범행을 추가로 기소하였는데 이를 병합하여 심리하는 과정에서 전후에 기소된 각각의 범행이 모두 포괄하여 하나의 협박죄를 구성하는 것으로 밝혀진 경우, 법원이 석명절차나 공소장 변경절차를 거치지 아니하고 전후에 기소된 범죄사실 전부에 대하여 실체판단을 하는 것은 위법하다.

② 甲의 1차 협박 범행에 대하여 협박죄의 유죄판결이 확정된 경우 그 확정판결의 사실심판결 선고 전에 저질러진 1차 범행과 포괄일죄의 관계에 있는 2, 3차 협박 범행에 대하여 상습협박죄로 새로이 공소가 제기되었다면, 법원은 면소판결을 선고하여야 한다.

③ 甲의 3차례 협박 범행에 대해 상습성이 인정되고, 그 중 2차 협박 범행에 대하여 상습범으로 유죄판결이 확정된 경우, 확정판결 후에 행해진 3차 협박의 범죄사실은 1차 협박의 범죄사실과 분리되어 별개의 상습협박죄가 된다.

④ 甲이 A에게 발송한 협박 메일이 A의 메일함에 도착하였으나 스팸메일로 분류되어 자동 삭제되었다 하더라도 협박죄는 위험범이므로 해악의 고지가 상대방에게 도달한 이상 협박죄의 기수가 된다.

⑤ 甲이 자신이 사용하던 사무실에 출입한 행위는 사실상 평온을 해하지 않으므로 방실침입죄가 성립하지 않는다.

해설 | 출제영역 | 일죄 – 포괄일죄

③ (○) 원래 실체법상 상습사기의 일죄로 포괄될 수 있는 관계에 있는 일련의 사기 범행의 중간에 동종의 죄에 관한 확정판결이 있는 경우에는 그 확정판결에 의하여 원래 일죄로 포괄될 수 있었던 일련의 범행은 그 확정판결의 전후로 분리되고, 이와 같이 분리된 각 사건은 서로 동일성이 있다고 할 수 없어 이중으로 기소되더라도 각 사건에 대하여 각각의 주문을 선고하여야 한다(대법원 2000.2.11, 99도4797).

① (×) 검사가 수 개의 협박 범행을 먼저 기소하고 다시 별개의 협박 범행을 추가로 기소하였는데 이를 병합하여 심리하는 과정에서 전후에 기소된 각각의 범행이 모두 포괄하여 하나의 협박죄를 구성하는 것으로 밝혀진 경우, … 비록 협박죄의 포괄일죄로 공소장을 변경하는 절차가 없었다거나 추가로 공소장을 제출한 것이 포괄일죄를 구성하는 행위로서 기존의 공소장에 누락된 것을 추가·보충하는 취지의 것이라는 석명절차를 거치지 아니하였다 하더라도, 법원은 전후에 기소된 범죄사실 전부에 대하여 실체판단을 할 수 있고, 추가기소된 부분에 대하여 공소기각판결을 할

필요는 없다(대법원 2007.8.23, 2007도2595).

② (×) 상습범으로서 포괄적 일죄의 관계에 있는 여러 개의 범죄사실 중 일부에 대하여 유죄판결이 확정된 경우에, 그 확정판결의 사실심판결 선고 전에 저질러진 나머지 범죄에 대하여 새로이 공소가 제기되었다면 그 새로운 공소는 확정판결이 있었던 사건과 동일한 사건에 대하여 다시 제기된 데 해당하므로 이에 대하여는 판결로써 면소의 선고를 하여야 하는 것인바(형사소송법 제326조 제1호), 다만 이러한 법리가 적용되기 위해서는 전의 확정판결에서 당해 피고인이 상습범으로 기소되어 처단되었을 것을 필요로 하는 것이고, 상습범 아닌 기본 구성요건의 범죄로 처단되는 데 그친 경우에는, 가사 뒤에 기소된 사건에서 비로소 드러났거나 새로 저질러진 범죄사실과 전의 판결에서 이미 유죄로 확정된 범죄사실 등을 종합하여 비로소 그 모두가 상습범으로서의 포괄적 일죄에 해당하는 것으로 판단된다 하더라도 뒤늦게 앞서의 확정판결을 상습범의 일부에 대한 확정판결이라고 보아 그 기판력이 그 사실심판결 선고 전의 나머지 범죄에 미친다고 보아서는 아니 된다(대법원 2004.9.16, 2001도3206 전원합의체).

④ (×) 협박죄는 사람의 의사결정의 자유를 보호법익으로 하는 위험범이라 봄이 상당하고, 협박죄의 미수범 처벌조항은 해악의 고지가 현실적으로 상대방에게 도달하지 아니한 경우나, 도달은 하였으나 상대방이 이를 지각하지 못하였거나 고지된 해악의 의미를 인식하지 못한 경우 등에 적용될 뿐이다(대법원 2007.9.28, 2007도606 전원합의체). 해당 사안의 경우 甲이 A에게 발송한 협박 메일이 A의 메일함에 도착하였으나 스팸메일로 분류되어 자동 삭제되었으므로, A가 이를 지각하지 못한 경우에 해당하여 협박죄의 미수가 된다.

⑤ (×) 주거침입죄는 사실상의 주거의 평온을 보호법익으로 하는 것이므로 그 거주자 또는 관리자가 건조물 등에 거주 또는 관리할 권한을 가지고 있는가 여부는 범죄의 성립을 좌우하는 것이 아니고, 그 거주자나 관리자와의 관계 등으로 평소 그 건조물에 출입이 허용된 사람이라 하더라도 주거에 들어간 행위가 거주자나 관리자의 명시적 또는 추정적 의사에 반함에도 불구하고 감행된 것이라면 주거침입죄는 성립하며, 출입문을 통한 정상적인 출입이 아닌 경우 특별한 사정이 없는 한 그 침입 방법 자체에 의하여 위와 같은 의사에 반하는 것으로 보아야 한다(대법원 2007.8.23, 2007도2595).

정답 ③

판례가 일죄로 인정한 것만을 모두 고른 것은?

> ㄱ. 타인의 부동산을 보관 중인 자가 그 부동산에 근저당권설정등기를 마침으로써 횡령행위가 기수에 이른 후 해당 부동산을 매각한 경우
> ㄴ. 장물보관 의뢰를 받은 자가 그 정을 알면서 이를 보관하고 있다가 임의로 처분한 경우
> ㄷ. 대마를 절취하여 그 대마를 흡입할 목적으로 소지하는 경우
> ㄹ. 회사의 사무를 처리하는 자가 회사로 하여금 자신의 채무에 관하여 연대보증채무를 부담하게 한 다음 회사의 자금을 보관하는 자의 지위에서 이를 임의로 인출하여 위 회사가 부담하게 된 연대보증채무의 변제에 사용한 경우
> ㅁ. 수 개의 등록상표에 대하여 상표권 침해행위가 각각 등록 상표별로 수 차례 계속하여 이루어진 경우
> ㅂ. 음주상태로 자동차를 운전하다가 제1차 사고를 내고 그대로 진행하여 제2차 사고를 낸 후 음주측정을 받아 도로교통법 위반(음주운전)죄가 된 경우(단, 음주운전죄 외의 다른 범죄 성립은 논외로 함)

① ㄴ, ㅂ
② ㄹ, ㅁ
③ ㄱ, ㄷ, ㄹ
④ ㄱ, ㄹ, ㅂ
⑤ ㄴ, ㅁ, ㅂ

해설 출제영역 | 죄수론 종합

ㄱ. (×) 타인의 부동산을 보관 중인 자가 불법영득의사를 가지고 그 부동산에 근저당권설정등기를 경료함으로써 일단 횡령행위가 기수에 이르렀다 하더라도 그 후 같은 부동산에 별개의 근저당권을 설정하여 새로운 법익침해의 위험을 추가함으로써 법익침해의 위험을 증가시키거나 해당 부동산을 매각함으로써 기존의 근저당권과 관계없이 법익침해의 결과를 발생시켰다면, 이는 당초의 근저당권 실행을 위한 임의경매에 의한 매각 등 그 근저당권으로 인해 당연히 예상될 수 있는 범위를 넘어 새로운 법익침해의 위험을 추가시키거나 법익침해의 결과를 발생시킨 것이므로 특별한 사정이 없는 한 불가벌적 사후행위로 볼 수 없고, 별도로 횡령죄를 구성한다(대법원 2013.2.21, 2010도10500 전원합의체).

ㄴ. (○) 절도 범인으로부터 장물보관 의뢰를 받은 자가 그 정을 알면서 이를 인도받아 보관하고 있다가 임의 처분하였다 하여도 장물보관죄가 성립하는 때에는 이미 그 소유자의 소유물 추구권을 침해하였으므로 그 후의 횡령행위는 불가벌적 사후행위에 불과하여 별도로 횡령죄가 성립하지 않는다(대법원 2004.4.9, 2003도8219).

ㄷ. (×) 대마취급자가 아닌 자가 절취한 대마를 흡입할 목적으로 소지하는 행위는 절도죄의 보호법익과는 다른 새로운 법익을 침해하는 행위이므로 절도죄의 불가벌적 사후행위로서 절도죄에 포괄흡수된다고 할 수 없고 절도죄 외에 별개의 죄를 구성한다고 할 것이며, 절도죄와 무허가대마소지죄는 경합범의 관계에 있다(대법원 1999.4.13, 98도3619).

ㄹ. (×) 배임죄와 횡령죄의 구성요건적 차이에 비추어 보면, 회사에 대한 관계에서 타인의 사무를 처리하는 자가 임무에 위배하여 회사로 하여금 자신의 채무에 관하여 연대보증채무를 부담하게 한 다음, 회사의 금전을 보관하는 자의 지위에서 회사의 이익이 아

닌 자신의 채무를 변제하려는 의사로 회사의 자금을 자기의 소유인 경우와 같이 임의로 인출한 후 개인채무의 변제에 사용한 행위는, 연대보증채무 부담으로 인한 배임죄와 다른 새로운 보호법익을 침해하는 것으로서 배임 범행의 불가벌적 사후행위가 되는 것이 아니라 별죄인 횡령죄를 구성한다고 보아야 하며, 횡령행위로 인출한 자금이 선행 임무위배행위로 인하여 회사가 부담하게 된 연대보증채무의 변제에 사용되었다 하더라도 달리 볼 것은 아니다(대법원 2011.4.14, 2011도2770).
ㅁ. (×) 수 개의 등록상표에 대하여 상표법 제230조의 상표권 침해행위가 계속하여 이루어진 경우에는 등록상표마다 포괄하여 1개의 범죄가 성립한다(수개의 등록상표이므로 전체적으로는 수죄). 그러나 하나의 유사상표 사용행위로 수 개의 등록상표를 동시에 침해하였다면 각각의 상표법 위반죄는 상상적 경합의 관계에 있다(대법원 2020.11.12, 2019도11688).
ㅂ. (○) 음주운전으로 인한 도로교통법 위반죄의 보호법익과 처벌방법을 고려할 때, 혈중알콜농도 0.05% 이상의 음주상태로 동일한 차량을 일정기간 계속하여 운전하다가 1회 음주측정을 받았다면 이러한 음주운전행위는 동일 죄명에 해당하는 연속된 행위로서 단일하고 계속된 범의하에 일정기간 계속하여 행하고 그 피해법익도 동일한 경우이므로 포괄일죄에 해당한다. 음주상태로 자동차를 운전하다가 제1차 사고를 내고 그대로 진행하여 제2차 사고를 낸 후 음주측정을 받아 도로교통법 위반(음주운전)죄로 약식명령을 받아 확정되었는데, 그 후 제1차 사고 당시의 음주운전으로 기소된 경우 위 공소사실은 약식명령이 확정된 도로교통법 위반(음주운전)죄와 포괄일죄 관계에 있다(대법원 2007.7.26, 2007도4404).

정답 ①

3 수죄

026 ✓ 대표 ◆◆◇

법원9급 2020

다음 설명 중 가장 옳지 않은 것은? (다툼이 있는 경우 판례에 의하고, 전원합의체 판결의 경우 다수의견에 의함)

① 동일한 공무를 집행하는 여럿의 공무원에 대하여 폭행, 협박행위를 한 경우에는 공무를 집행하는 공무원의 수에 따라 여럿의 공무집행방해죄가 성립하고, 위와 같은 폭행, 협박행위가 동일한 장소에서 동일한 기회에 이루어진 것으로서 사회관념상 1개의 행위로 평가되는 경우에는 여럿의 공무집행방해죄는 상상적 경합의 관계에 있다.

② 음주로 인한 특정범죄가중처벌 등에 관한 법률 위반(위험운전치사상)죄와 도로교통법 위반(음주운전)죄는 입법취지와 보호법익 및 적용영역을 달리하는 별개의 범죄이므로, 1개의 행위에 관하여 양 죄의 각 구성요건이 모두 구비된 때에는 서로 법조경합의 관계로 볼 것이 아니라 상상적 경합관계로 봄이 상당하다.

③ 공무원인 의사가 공무소의 명의로 허위진단서를 작성한 경우에는 허위공문서작성죄만이 성립하고 허위진단서작성죄는 별도로 성립하지 않는다.

④ 강도가 한 개의 강도 범행을 하는 기회에 수명의 피해자에게 각 폭행을 가하여 각 상해를 입힌 경우에는 각 피해자별로 수개의 강도상해죄가 성립하고 이들은 실체적 경합범의 관계에 있다.

해설 출제영역 | 일죄 및 죄수

② (×) 음주로 인한 특정범죄가중처벌 등에 관한 법률 위반(위험운전치사상)죄와 도로교통법 위반(음주운전)죄는 입법취지와 보호법익 및 적용영역을 달리하는 별개의 범죄이므로, 양죄가 모두 성립하는 경우 두 죄는 실체적 경합관계에 있다(대법원 2008.11.13, 2008도7143).

① (○) 동일한 공무를 집행하는 여럿의 공무원에 대하여 폭행·협박행위를 한 경우에는 공무를 집행하는 공무원의 수에 따라 여럿의 공무집행방해죄가 성립하고, 위와 같은 폭행·협박행위가 동일한 장소에서 동일한 기회에 이루어진 것으로서 사회관념상 1개의 행위로 평가되는 경우에는 여럿의 공무집행방해죄는 상상적 경합의 관계에 있다(대법원 2009.6.25, 2009도3505).

③ (○) 형법이 제225조 내지 제230조에서 공문서에 관한 범죄를 규정하고, 이어 제231조 내지 제236조에서 사문서에 관한 범죄를 규정하고 있는 점 등에 비추어 볼 때 형법 제233조 소정의 허위진단서작성죄의 대상은 공무원이 아닌 의사가 사문서로서 진단서를 작성한 경우에 한정되고, 공무원인 의사가 공무소의 명의로 허위진단서를 작성한 경우에는 허위공문서작성죄만이 성립하고 허위진단서 작성죄는 별도로 성립하지 않는다(대법원 2004.4.9, 2003도7762).

④ (○) 강도가 한 개의 강도범행을 하는 기회에 수명의 피해자에게 각 폭행을 가하여 각 상해를 입힌 경우에는 각 피해자별로 수개의 강도상해죄가 성립하며 이들은 실체적 경합범의 관계에 있다(대법원 1987.5.26, 87도527).

정답 ②

027 ✓ 대표 ◆◆◇

경합범에 관한 다음 설명 중 가장 옳은 것은? (다툼이 있는 경우 판례에 의함)

① 판결이 확정되지 아니한 수개의 죄 또는 벌금 이상의 형에 처한 판결이 확정된 죄와 그 판결확정 전에 범한 죄를 경합범으로 한다.

② 경합범 중 판결을 받지 아니한 죄가 있는 때에는 그 S죄와 판결이 확정된 죄를 동시에 판결할 경우와 형평을 고려하여 그 죄에 대하여 형을 선고한다. 이 경우 그 형을 감경 또는 면제한다.

③ 1개의 행위가 수개의 죄에 해당하는 경우, 각 죄에 정한 형이 사형 또는 무기징역이나 무기금고 이외의 동종의 형인 때에는 가장 중한 죄에 정한 장기 또는 다액에 그 2분의 1까지 가중하되, 각 죄에 정한 형의 장기 또는 다액을 합산한 형기 또는 액수를 초과할 수 없다. 단 과료와 과료, 몰수와 몰수는 병과할 수 있다.

④ 아직 판결을 받지 아니한 죄가 이미 판결이 확정된 죄와 동시에 판결할 수 없었던 경우에는 형법 제37조후단의 경합범 관계가 성립할 수 없다.

[해설] 출제영역 | 실체적 경합의 법적 효과

④ (○) 아직 판결을 받지 아니한 수개의 죄가 판결확정을 전후하여 저질러진 경우 판결 확정 전에 범한 죄를 이미 판결이 확정된 죄와 동시에 판결할 수 없었던 경우라고 하여 마치 확정된 판결이 존재하지 않는 것처럼 그 수개의 죄 사이에 형법 제37조 전단의 경합범 관계가 인정되어 형법 제38조가 적용된다고 볼 수도 없으므로, 판결 확정을 전후한 각각의 범죄에 대하여 별도로 S형을 정하여 선고할 수밖에 없다(대법원 2014.3.27, 2014도469).

① (×) 판결이 확정되지 아니한 수개의 죄 또는 금고 이상의 형에 처한 판결이 확정된 죄와 그 판결확정 전에 범한 죄를 경합범으로 한다(제37조).

② (×) 경합범중 판결을 받지 아니한 죄가 있는 때에는 그 죄와 판결이 확정된 죄를 동시에 판결할 경우와 형평을 고려하여 그 죄에 대하여 형을 선고한다. 이 경우 그 형을 감경 또는 면제할 수 있다(제39조 제1항).

③ (×) 1개의 행위가 수개의 죄에 해당하는 경우에는 가장 중한 죄에 정한 형으로 처벌한다(제40조).
[보충] 2020.12.8. 개정 제40조는 "한 개의 행위가 여러 개의 죄에 해당하는 경우에는 가장 무거운 죄에 대하여 정한 형으로 처벌한다."라고 규정하고 있다.

[정답] ④

028 ✓ 대표 ◆◇◇

죄수에 관한 설명 중 옳지 않은 것은? (다툼이 있는 경우 판례에 의함)

① 공무원이 취급하는 사건에 관하여 청탁 또는 알선을 할 의사와 능력이 없음에도 청탁 또는 알선을 한다고 기망하고 금품을 교부받은 경우에는 사기죄와 변호사법위반죄가 성립하고 두 죄는 실체적 경합 관계에 있다.

② 본인에 대한 배임행위가 본인 이외의 제3자에 대한 사기죄를 구성한다 하더라도 그로 인하여 본인에게 손해가 생긴 때에는 사기죄와 함께 배임죄가 성립하고 두 죄는 실체적 경합 관계에 있다.

③ 강도가 한 개의 강도범행을 하는 기회에 수명의 피해자에게 각 폭행을 가하여 각 상해를 입힌 경우에는 각 피해자별로 수개의 강도상해죄가 성립하며 이들은 실체적 경합 관계에 있다.

④ 상습성이 있는 자가 같은 종류의 죄를 반복하여 저질렀다 하더라도 상습범을 별도의 범죄유형으로 처벌하는 규정이 없는 한 각 죄는 원칙적으로 실체적 경합범으로 처단된다.

⑤ 공무원이 직무관련자에게 제3자와 계약을 체결하도록 요구하여 계약 체결을 하게 한 행위가 제3자뇌물수수죄와 직권남용권리행사방해죄의 구성요건에 모두 해당하는 경우에는 제3자뇌물수수죄와 직권남용권리행사방해죄가 각각 성립하고 두 죄는 상상적 경합 관계에 있다.

[해설] 출제영역 | 죄수론 – 수죄 – 실체적 경합

① (×) 공무원이 취급하는 사건에 관하여 청탁 또는 알선을 할 의사와 능력이 없음에도 청탁 또는 알선을 한다고 기망하고 금품을 교부받은 경우, 사기죄와 변호사법 위반죄가 상상적 경합의 관계에 있다(대법원 2006.1.27, 2005도8704).

② (○) 대법원 2010.11.11, 2010도10690

③ (○) 대법원 1987.5.26, 87도527

④ (○) 대법원 2012.5.10, 2011도12131

⑤ (○) 대법원 2017.3.15, 2016도19659

[정답] ①

029 ✓ 유사 ◆◇◇　　　　국가9급총론 2017

죄수에 대한 설명으로 옳지 않은 것은? (다툼이 있으면 판례에 의함)

① A와 B가 체포하려고 하자 절도범이 체포를 면탈할 목적으로 A의 얼굴을 팔꿈치로 폭행하고, 발로 B의 정강이를 걷어 차 약 2주간 치료가 필요한 상해를 입힌 경우 포괄하여 하나의 강도상해죄만 성립한다.

② 경찰 A와 B가 甲에 대해 접수된 피해신고를 받고 함께 출동하여 신고 처리 및 수사업무를 집행 중이었는데, 甲이 같은 장소에서 욕설을 하면서 A를 폭행하고 곧이어 이를 제지하는 B를 폭행한 경우 하나의 공무집행방해죄만 성립한다.

③ 甲이 집주인 A의 방 안에서 재물을 절취하고 이어 세 들어 사는 B의 방 안에서 재물을 절취한 경우 A에 대한 절도죄와 B에 대한 절도죄의 실체적 경합이다.

④ 甲이 2001.11.23.부터 2002.3.22. 사이에 직계존속을 동일한 폭력습벽의 발현으로 2회 폭행하고 4회 상해를 입힌 경우 하나의 상습존속상해죄가 성립한다.

해설 출제영역 | 죄수론 – 일죄, 수죄

② (×) 동일한 공무를 집행하는 여럿의 공무원에 대하여 폭행·협박 행위를 한 경우에는 공무를 집행하는 공무원의 수에 따라 여럿의 공무집행방해죄가 성립하고, 위와 같은 폭행·협박 행위가 동일한 장소에서 동일한 기회에 이루어진 것으로서 사회관념상 1개의 행위로 평가되는 경우에는 여럿의 공무집행방해죄는 상상적 경합의 관계에 있다(대법원 2009.6.25, 2009도3505).

① (○) 대법원 2001.8.21, 2001도3447

③ (○) 대법원 1989.8.8, 89도664

④ (○) 대법원 2003.2.28, 2002도7335

정답 ②

030 ✓ 유사 ◆◆◇　　　　국가9급/총론 2017

다음 사례에 대한 설명으로 옳은 것은? (다툼이 있으면 판례에 의함)

사례

예비군중대장 甲이 예비군훈련을 받지 않게 해주는 대가로 乙로부터 180,000원을 교부받고 乙이 예비군훈련에 불참하였음에도 불구하고 참석한 것처럼 예비군 중대학급편성부에 '참'이라는 도장을 찍어 허위공문서를 작성하고 이를 예비군 중대 사무실에 비치한 경우, 甲에게는 수뢰후부정처사죄, 허위공문서작성죄, 허위작성공문서행사죄가 성립한다.

① 허위공문서작성죄와 허위작성공문서행사죄는 수뢰후부정처사죄와 각각 실체적 경합관계이다.

② 허위공문서작성죄와 허위작성공문서행사죄는 기능적 관점에서 목적과 수단의 관계에 있으므로 상상적 경합관계이다.

③ 가장 중한 죄인 수뢰후부정처사죄를 경합범 가중하여 처벌해야 한다.

④ 연결효과이론은 위 3가지 죄 모두를 상상적 경합관계로 인정하는 이론이다.

해설 출제영역 | 수죄 – 상상적 경합

④ (○) 연결효과이론은 이중평가를 막기 위하여 연결효과에 의한 상상적 경합을 인정한다.

① (×), ② (×), ③ (×) 허위공문서작성죄와 동행사죄가 수뢰후부정처사죄와 각각 상상적 경합관계에 있을 때에는 허위공문서작성죄와 동행사죄 상호 간은 실체적 경합범관계에 있다고 할지라도 상상적 경합범 관계에 있는 수뢰후부정처사죄와 대비하여 가장 중한 죄에 정한 형으로 처단하면 족하고 따로 경합범 가중을 할 필요가 없다(대법원 1983.7.26, 83도1378).

정답 ④

죄수관계에 대한 설명으로 옳은 것은? (다툼이 있는 경우 판례에 의함)

① 자동차를 절취한 후 자동차등록번호판을 떼어낸 경우, 자동차에 대한 절도죄와 별개로 자동차관리법위반죄는 성립하지 않는다.

② 피해자에 대한 업무방해의 수단으로 피해자를 폭행한 경우, 폭행죄와 업무방해죄가 성립하고 양 죄는 상상적 경합의 관계에 있다.

③ 계속적으로 무면허운전을 할 의사를 가지고 여러 날에 걸쳐 수차례 무면허운전행위를 반복하였다면, 무면허운전으로 인한 도로교통법위반의 포괄일죄가 성립한다.

④ 甲이 종중 소유의 토지를 명의신탁받아 보관하다가 자신의 채무 변제에 사용할 돈을 차용하기 위해 위 토지에 근저당권을 설정하면 횡령죄가 성립하고, 그 후 위 토지를 제3자에게 매도한 행위는 불가벌적 사후행위에 해당한다.

해설 | 출제영역 | 상상적 경합

② (○) 업무방해죄와 폭행죄는 구성요건과 보호법익을 달리하고 있고, 업무방해죄의 성립에 일반적·전형적으로 사람에 대한 폭행행위를 수반하는 것은 아니며, 폭행행위가 업무방해죄에 비하여 별도로 고려되지 않을 만큼 경미한 것이라고 할 수도 없으므로, 설령 피해자에 대한 폭행행위가 동일한 피해자에 대한 업무방해죄의 수단이 되었다고 하더라도 그러한 폭행행위가 이른바 '불가벌적 수반행위'에 해당하여 업무방해죄에 대하여 흡수관계에 있다고 볼 수는 없다(대법원 2012.10.11, 2012도1895).
[보충] (판결이유 중) 피고인들의 공동폭행이라는 1개의 행위가 폭력행위 등 처벌에 관한 법률 위반(공동폭행)죄와 업무방해죄의 구성요건을 충족하는 경우에 해당한다 할 것이어서 양죄는 상상적 경합의 관계에 있다고 보아야 할 것이다.

① (×) 피고인들이 절취한 쏘나타 승용차의 번호판을 떼어낸 후 미리 절취하여 소지하고 있던 포텐샤 승용차의 번호판을 임의로 부착하여 운행한 행위에 대하여, 피고인들의 절취행위를 특정범죄가중처벌 등에 관한 법률 제5조의4 제1항, 형법 제331조 제2항에, 자동차등록번호판을 떼어낸 행위를 자동차관리법 제81조 제1호, 제10조 제2항에, 포텐샤 승용차의 번호판을 쏘나타 승용차에 부착함으로써 부정사용한 행위를 형법 제238조 제1항에, 위와 같이 번호판을 부정사용한 자동차를 운행한 행위를 형법 제238조 제2항, 제1항에 각 의율한 다음 이를 실체적 경합범으로 처리하였는바, 자동차를 절취한 후 자동차등록번호판을 떼어내는 행위는 새로운 법익의 침해로 보아야 하므로 위와 같은 번호판을 떼어내는 행위가 절도범행의 불가벌적 사후행위가 되는 것은 아니어서, 이 점에 관한 상고이유의 주장 역시 받아들일 수 없다(대법원 2007.9.6, 2007도4739).

③ (×) 무면허운전으로 인한 도로교통법위반죄에 있어서는 어느 날에 운전을 시작하여 다음 날까지 동일한 기회에 일련의 과정에서 계속 운전을 한 경우 등 특별한 경우를 제외하고는 사회통념상 운전한 날을 기준으로 운전한 날마다 1개의 운전행위가 있다고 보는 것이 상당하므로 운전한 날마다 무면허운전으로 인한 도로교통법위반의 1죄가 성립한다고 보아야 할 것이고, 비록 계속적으로 무면허운전을 할 의사를 가지고 여러 날에 걸쳐 무면허운전행위를 반복하였다 하더라도 이를 포괄하여 일죄로 볼 수는 없다(대법원 2002.7.23, 2001도6281).

④ (×) 타인의 부동산을 보관 중인 자가 불법영득의사를 가지고 그 부동산에 근저당권설정등기를 경료함으로써 일단 횡령행위가 기수에 이르렀다 하더라도 그 후 같은 부동산에 별개의 근저당권을 설정하여 새로운 법익침해의 위험을 추가함으로써 법익침해의 위험을 증가시키거나 해당 부동산을 매각함으로써 기존의 근저당권과 관계없이 법익침해의 결과를 발생시켰다면, 이는 당초의 근저당권 실행을 위한 임의경매에 의한 매각 등 그 근저당권으로 인해 당연히 예상될 수 있는 범위를 넘어 새로운 법익침해의 위험을 추가시키거나 법익침해의 결과를 발생시킨 것이므로 특별한 사정이 없는 한 불가벌적 사후행위로 볼 수 없고, 별도로 횡령죄를 구성한다(대법원 2013.2.21, 2010도10500 전원합의체).

정답 ②

다음 중 상상적 경합 관계가 아닌 것은? (다툼이 있는 경우 판례에 의하고, 전원합의체 판결의 경우 다수의견에 의함)

① 뇌물을 수수하면서 공여자를 기망한 경우 뇌물수수죄와 사기죄

② 수개의 접근매체를 한 번에 양도한 경우 각 전자금융거래법위반죄

③ 공무원이 취급하는 사건에 관하여 청탁 또는 알선을 할 의사와 능력이 없음에도 청탁 또는 알선을 한다고 기망하여 돈을 받은 경우 사기죄와 변호사법위반죄

④ 허위 또는 과장된 사실을 알리는 등 소비자를 유인하는 방법으로 기망하여 돈을 편취한 경우 사기죄와 방문판매업법 위반죄

해설 | 출제영역 | 상상적 경합, 실체적 경합

④ (×) 방문판매등에관한법률 제45조 제2항 제1호는 "누구든지 다단계판매조직 또는 이와 유사하게 순차적·단계적으로 가입한 가입자로 구성된 다단계조직을 이용하여 상품 또는 용역의 거래없이 금전거래만을 하거나 상품 또는 용역의 거래를 가장하여 사실상 금전거래만을 하는 행위를 하여서는 아니된다."고 규정하고 있어서 그 행위 자체를 사기행위라고 볼 수는 없고, 그러한 금전거래를 통한 형법 제347조 제1항의 사기죄와 방문판매등에관한법률 제45조 제2항 제1호의 위반죄는 법률상 1개의 행위로 평가되는 경우에 해당하지 않으며, 또 각 그 구성요건을 달리하는 별개의 범죄로서, 서로 보호법익을 달리하고 있어 양죄를 상상적 경합관계나 법조경합관계로 볼 것이 아니라 실체적 경합관계로 봄이 상당하다(대법원 2000.7.7, 2000도1899).

① (○) 뇌물을 수수함에 있어서 공여자를 기망한 점이 있다 하여도 뇌물수수죄, 뇌물공여죄의 성립에는 영향이 없고, 이 경우 뇌물을 수수한 공무원에 대하여는 한 개의 행위가 뇌물죄와 사기죄의 각 구성요건에 해당하므로 형법 제40조에 의하여 상상적 경합으로 처단하여야 할 것이다(대법원 2015.10.29, 2015도12838).

② (○) 구 전자금융거래법(2008.12.31. 법률 제9325호로 개정되기 전의 것) 제6조 제3항은 "접근매체는 다른 법률에 특별한 규정이 없는 한 양도·양수하거나 질권을 설정하여서는 아니된다"고 규정하고, 같은 법 제49조 제5항 제1호는 "제6조 제3항의 규정을 위반하여 접근매체를 양도·양수하거나, 질권을 설정한 자"

는 1년 이하의 징역 또는 1천만 원 이하의 벌금에 처한다고 규정하고 있는바, 위 법률 조항에서 규정하는 접근매체 양도죄는 각각의 접근매체마다 1개의 죄가 성립하는 것이고, 다만 위와 같이 <u>수개의 접근매체를 한꺼번에 양도한 행위는 하나의 행위로 수개의 전자금융거래법 위반죄를 범한 경우에 해당하여 각 죄는 상상적 경합관계에 있다</u>(대법원 2010.3.25, 2009도1530).

③ (○) 공무원이 취급하는 사건 또는 사무에 관하여 청탁 또는 알선을 한다는 명목으로 금품·향응 기타 이익을 받거나 받을 것을 약속하고 또 제3자에게 이를 공여하게 하거나 공여하게 할 것을 약속한 때에는 위와 같은 금품을 받거나 받을 것을 약속하는 것으로써 변호사법 제111조 위반죄가 성립되고, 위 금품을 교부받은 자가 실제로 청탁할 생각이 없었다 하더라도 금품을 받은 것이 자기의 이득을 취하기 위한 것이라면 동 죄의 성립에는 영향이 없으므로, <u>만약 피고인이 공무원이 취급하는 사건에 관하여 청탁 또는 알선을 할 의사와 능력이 없음에도 청탁 또는 알선을 한다고 기망하고 이에 속은 피해자로부터 이른바 청탁자금 명목으로 금품을 받았다면 이러한 피고인의 행위는 형법 제347조 제1항의 사기죄와 변호사법 제111조 위반죄에 각 해당하고 위 두 죄는 상상적 경합의 관계에 있는 것이다</u>(대법원 2007.5.10, 2007도2372).

정답 ④

033 ☑ 대표 ◆◆◇   국가7급 2020

상상적 경합에 대한 설명 중 옳은 것만을 모두 고르면? (다툼이 있는 경우 판례에 의함)

ㄱ. 공무원인 의사가 공무소의 명의로 허위진단서를 작성한 경우, 허위공문서작성죄와 허위진단서작성죄가 성립하고 양 죄는 상상적 경합관계에 있다.

ㄴ. 사문서를 위조하고 그 위조된 사문서를 행사한 경우, 사문서위조죄와 위조사문서행사죄가 성립하고 양 죄는 상상적 경합관계에 있다.

ㄷ. 시험을 관리하는 공무원이 돈을 받고 시험문제를 알려준 경우, 공무상비밀누설죄와 수뢰후부정처사죄가 성립하고 양 죄는 상상적 경합관계에 있다.

ㄹ. 경찰관이 압수물을 범죄 혐의의 입증에 사용하도록 하는 등의 적절한 조치를 취하지 아니하고 오히려 피압수자에게 돌려주어 증거를 인멸한 경우, 증거인멸죄와 직무유기죄가 성립하고 양 죄는 상상적 경합관계에 있다.

ㅁ. 배임행위에 사기행위가 수반되어 1개의 행위에 관하여 사기죄와 배임죄의 각 구성요건이 구비된 때에는 양 죄는 상상적 경합관계에 있다.

① ㄷ, ㅁ ② ㄱ, ㄴ, ㄹ
③ ㄱ, ㄷ, ㅁ ④ ㄷ, ㄹ, ㅁ

해설 | 출제영역 | 상상적 경합

ㄱ. (×) 공무원인 의사가 허위의 진단서를 작성한 행위에 대하여 허위공문서작성죄와 허위진단서작성죄의 상상적 경합을 인정한 원심의 판단이 법률 적용을 그르친 잘못이 있다고 할 것이나, 원심

이 이와 실체적 경합범 관계에 있으며 형이 중한 부정처사후수뢰죄에 정한 형에 경합범 가중을 하여 처단형을 정하였으므로, 원심의 죄수 평가의 잘못이 판결 결과에 영향을 미쳤다고 보기 어렵다(대법원 2004.4.9, 2003도7762).

ㄴ. (×) 피고인이 예금통장을 강취하고 예금자 명의의 예금청구서를 위조한 다음 이를 은행원에게 제출행사하여 예금인출금 명목의 금원을 교부받았다면 강도, 사문서위조, 동행사, 사기의 각 범죄가 성립하고 이들은 실체적 경합관계에 있다 할 것이다(대법원 1991.9.10, 91도1722).

ㄷ. (○) 피고인이 그 직무상 지득한 구술시험 문제 중에서 소론 사항을 "병"에게 알린 것은 공무상 비밀의 누설인 동시에 형법 제131조 제1항의 부정한 행위를 한 때에 해당한다(대법원 1970.6.30, 70도562). 즉, 시험 문제를 타인에게 알려준 것은 수뢰후부정처사죄에 있어 '부정한 행위'이므로 양 범죄는 상상적 경합범 관계에 있다.

ㄹ. (×) 경찰서 방범과장이 부하직원으로부터 음반·비디오물 및 게임물에 관한 법률 위반 혐의로 오락실을 단속하여 증거물로 오락기의 변조 기판을 압수하여 사무실에 보관중임을 보고받아 알고 있었음에도 그 직무상의 의무에 따라 위 압수물을 수사계에 인계하고 검찰에 송치하여 범죄 혐의의 입증에 사용하도록 하는 등의 적절한 조치를 취하지 않고, 오히려 부하직원에게 위와 같이 압수한 변조 기판을 돌려주라고 지시하여 오락실 업주에게 이를 돌려준 경우, 작위범인 증거인멸죄만이 성립하고 부작위범인 직무유기(거부)죄는 따로 성립하지 아니한다(대법원 2006.10.19, 2005도3909 전원합의체).

ㅁ. (○) 대법원 2002.7.18, 2002도669 전원합의체

정답 ①

죄수에 관한 설명 중 가장 적절하지 않은 것은? (다툼이 있는 경우 판례에 의함)

① 주거침입강간죄는 사람의 주거 등을 침입한 자가 피해자를 강간한 경우에 성립하는 것으로서 주거침입죄를 범한 후에 사람을 강간하여야 하는 일종의 신분범이고, 선후가 바뀌어 강간죄를 범한 자가 그 피해자의 주거에 침입한 경우에는 강간죄와 주거침입죄의 실체적 경합범이 된다.

② 피해견인 로트와일러가 묶여 있던 자신의 진돗개를 공격하자, 진돗개 주인이 피해견을 쫓아버리기 위해 엔진톱으로 위협하다가 피해견의 등 쪽을 절단하여 죽게 한 행위는 구 동물보호법 위반죄(잔인한 방법으로 죽이는 행위)와 재물손괴죄가 성립하고, 양자는 상상적 경합의 관계에 있다.

③ 「공직선거법」 제18조 제3항(「형법」 제38조에도 불구하고 제1항 제3호에 규정된 죄와 다른 죄의 경합범에 대하여는 이를 분리선고하여야 한다)은 선거범이 아닌 다른 죄가 선거범의 양형에 영향을 미치는 것을 최소화하기 위하여 「형법」 상 경합범 처벌례에 관한 조항의 적용을 배제하고 분리하여 형을 따로 선고하여야 한다는 취지이기에, 선거범과 상상적 경합 관계에 있는 모든 죄는 통틀어 선거범으로 취급하여서는 아니된다.

④ 수 개의 등록상표에 대하여 「상표법」 제230조의 상표권 침해행위가 계속하여 이루어진 경우에는 등록상표마다 포괄하여 1개의 범죄가 성립하나, 하나의 유사상표 사용행위로 수 개의 등록상표를 동시에 침해하였다면 각각의 상표법 위반죄는 상상적 경합의 관계에 있다.

[해설] 출제영역 | 상상적 경합, 실체적 경합

③ (×) 공직선거법 제18조 제3항은 "형법 제38조에도 불구하고 제1항 제3호에 규정된 죄와 다른 죄의 경합범에 대하여는 이를 분리 선고하여야 한다."라고 규정하고 있는바, 그 취지는 선거범이 아닌 다른 죄가 선거범의 양형에 영향을 미치는 것을 최소화하기 위하여 형법상 경합범 처벌례에 관한 조항의 적용을 배제하고 분리하여 형을 따로 선고하여야 한다는 것이다. 그리고 <u>선거범과 상상적 경합관계에 있는 다른 범죄에 대하여는 여전히 형법 제40조에 의하여 그중 가장 중한 죄에 정한 형으로 처벌해야 하고, 그 처벌받는 가장 중한 죄가 선거범인지 여부를 묻지 않고 선거범과 상상적 경합관계에 있는 모든 죄는 통틀어 선거범으로 취급</u>하여야 한다(대법원 2021.7.21, 2018도16587).

① (○) <u>주거침입강제추행죄 및 주거침입강간죄 등은 사람의 주거 등을 침입한 자가 피해자를 간음, 강제추행 등 성폭력을 행사한 경우에 성립하는 것으로서, 주거침입죄를 범한 후에 사람을 강간하는 등의 행위를 하여야 하는 일종의 신분범이고, 선후가 바뀌어 강간죄 등을 범한 자가 그 피해자의 주거에 침입한 경우에는 이에 해당하지 않고 강간죄 등과 주거침입죄 등의 실체적 경합범이 된다</u>(대법원 2021.8.12, 2020도17796).

② (○) 대법원 2016.1.28, 2014도2477

④ (○) 대법원 2020.11.12, 2019도11688

[정답] ③

실체적 경합에 관한 설명 중 옳은 것은? (다툼이 있는 경우 판례에 의함)

① 1심에서 별도로 판결된 수개의 죄가 항소심에서 병합심리된 경우 이들 범죄는 동시적 경합범의 관계에 있지 않다.

② 판결이 확정된 죄와 그 판결확정 전에 범한 죄는 사후적 경합의 관계에 있다.

③ 경합범에서 '확정판결'이란 '선고된 판결'을 말한다.

④ 경합범의 관계에 있는 횡령죄(법정형: 5년 이하의 징역 또는 1,500만 원 이하의 벌금)와 학대죄(법정형: 2년 이하의 징역 또는 500만 원 이하의 벌금)의 처단형은 7년이다.

[해설] 출제영역 | 죄수론 – 수죄 – 실체적경합

④ (○) 제38조 제1항 제2호 참조

> **제38조(경합범과 처벌례)** ① 경합범을 동시에 판결할 때에는 다음 각 호의 구분에 따라 처벌한다.
> 1. 가장 무거운 죄에 대하여 정한 형이 사형, 무기징역, 무기금고인 경우에는 가장 무거운 죄에 대하여 정한 형으로 처벌한다.
> 2. 각 죄에 대하여 정한 형이 사형, 무기징역, 무기금고 외의 같은 종류의 형인 경우에는 가장 무거운 죄에 대하여 정한 형의 장기 또는 다액(多額)에 그 2분의 1까지 가중하되 각 죄에 대하여 정한 형의 장기 또는 다액을 합산한 형기 또는 액수를 초과할 수 없다. 다만, 과료와 과료, 몰수와 몰수는 병과(倂科)할 수 있다.
> 3. 각 죄에 대하여 정한 형이 무기징역, 무기금고 외의 다른 종류의 형인 경우에는 병과한다.

① (×) 두개의 공소사실들이 본조 전단 소정의 경합범관계애 있는 경우 그 사실들에 대하여 병합심리를 하고 한 판결로서 처단하는 이상 본법 제38조 제1항의 소정의 예에 따라 경합가중한 형기범위 내에서 피고인을 단일한 선고형으로 처단하여야 한다(대법원 1972.5.9, 72도597).

② (×) 제37조 참조

> **제37조(경합범)** 판결이 확정되지 아니한 수개의 죄 또는 금고 이상의 형에 처한 판결이 확정된 죄와 그 판결확정전에 범한 죄를 경합범으로 한다.

③ (×) 경합범에서 '확정판결'이란 통상의 불복절차에 의하여 다툴 수 없게 된 판결이다.

[정답] ④

036 ✓ 이론 ◆◇◇

경합범에 대한 설명으로 옳은 것은? (다툼이 있는 경우 판례에 의함)

① 경합범 중 판결을 받지 않은 죄가 있는 때에는 그 죄와 판결이 확정된 죄를 동시에 판결할 경우와 형평을 고려하여 그 죄에 대하여 형을 선고하되 그 형을 면제할 수는 없다.

② 경합범에 의한 판결의 선고를 받은 자가 경합범 중의 어떤 죄에 대하여 사면을 받거나 형의 집행이 면제된 때에는 다른 죄에 대하여 다시 형을 정한다.

③ 「형법」 제37조 전단은 '판결이 확정되지 아니한 수개의 죄'를 경합범으로 규정하고 있으므로, 한 개의 행위가 수개의 죄에 해당하는 경우도 「형법」 제37조 전단의 경합범이 될 수 있다.

④ 「형법」 제37조 후단은 '금고 이상의 형에 처한 판결이 확정된 죄와 그 판결확정 전에 범한 죄'를 경합범으로 규정하고 있으므로, 약식명령이 확정된 죄도 「형법」 제37조 후단의 경합범이 될 수 있다.

해설 출제영역 | 동시적 경합범, 사후적 경합범

② (○) 경합범에 의한 판결의 선고를 받은 자가 경합범 중의 어떤 죄에 대하여 사면 또는 형의 집행이 면제된 때에는 다른 죄에 대하여 다시 형을 정한다(제39조 제3항).

① (×) 경합범 중 판결을 받지 아니한 죄가 있는 때에는 그 죄와 판결이 확정된 죄를 동시에 판결할 경우와 형평을 고려하여 그 죄에 대하여 형을 선고한다. 이 경우 그 형을 감경 또는 면제할 수 있다(제39조 제1항).

③ (×) 한 개의 행위가 수개의 죄에 해당하는 경우는 제40조의 상상적 경합이 되는 것이지, 실체적 경합(지문에서는 동시적 경합범)이 되는 것이 아니다.

④ (×) 약식명령이 확정된 죄라 함은 벌금 이하의 형이 확정된 죄를 말하므로 제37조 후단의 사후적 경합범이 인정되지 않는다.

정답 ②

037 ✓ 대표 ◆◆◆

경합범에 관한 설명 중 옳은 것을 모두 고른 것은? (다툼이 있는 경우 판례에 의함)

> ㄱ. 포괄일죄의 중간에 다른 종류의 범죄에 대하여 금고 이상의 형에 처한 확정판결이 끼어 있는 경우 그 포괄일죄는 확정판결 후의 범죄로 다루어야 하므로 사후적 경합범이 되지 않는다.
>
> ㄴ. 피고인이 A, B, C죄를 순차적으로 범하고 이 중 A죄에 대하여 벌금형에 처한 판결이 확정된 후, 그 판결확정 전에 범한 B죄와 판결확정 후에 범한 C죄가 기소된 경우 법원은 B죄와 C죄를 동시적 경합범으로 처벌할 수 없다.
>
> ㄷ. 「형법」 제37조 후단 경합범의 선고형은 그 죄에 선고될 형과 판결이 확정된 죄의 선고형의 총합이 두 죄에 대하여 「형법」 제38조를 적용하여 산출한 처단형의 범위에서 정하여야 한다.
>
> ㄹ. 금고 이상의 형에 처한 확정판결 전에 범한 A죄와 그 확정판결 후에 범한 B죄에 대하여는 별개의 주문으로 형을 선고해야 한다.

① ㄱ, ㄴ   ② ㄱ, ㄹ
③ ㄴ, ㄷ   ④ ㄱ, ㄷ, ㄹ
⑤ ㄴ, ㄷ, ㄹ

해설 출제영역 | 동시적 경합범, 사후적 경합범

ㄱ. (○) 포괄일죄의 중간에 다른 종류의 범죄에 대하여 금고 이상의 형에 처한 확정판결이 끼어 있는 경우에는 그 포괄일죄는 확정판결 후의 범죄로 다루어야 하므로 포괄일죄와 판결이 확정된 다른 범죄는 사후적 경합범이 되지 않는다(대법원 2001.8.21. 2001도3312).

ㄴ. (×) 형법 중 개정법률에 의해 형법 제37조 후단의 "판결이 확정된 죄"가 "금고 이상의 형에 처한 판결이 확정된 죄"로 개정되었는바, 위 개정법률은 특별한 경과규정을 두고 있지 않으나, 형법 제37조는 경합범의 처벌에 관하여 형을 가중하는 규정으로서 일반적으로는 두 개의 형을 선고하는 것보다는 하나의 형을 선고하는 것이 피고인에게 유리하므로 위 개정법률을 적용하는 것이 오히려 피고인에게 불리하게 되는 등의 특별한 사정이 없는 한 형법 제1조 제2항을 유추 적용하여 위 개정법률 시행 당시 법원에 계속중인 사건 중 위 개정법률 시행 전에 벌금형 및 그보다 가벼운 형에 처한 판결이 확정된 경우에도 적용되는 것으로 보아야 할 것이다. 그런데 이 사건에서 위 개정법률을 적용하는 것이 피고인에게 오히려 불리하게 된다고 볼 만한 사정은 찾아볼 수 없으므로, 피고인에게는 위 개정법률을 적용하여야 할 것이고, 따라서 피고인이 위 벌금형의 확정 전후에 범한 판시 각 죄는 모두 형법 제37조 전단의 경합범 관계에 있으므로 그에 대하여 하나의 형을 선고하여야 할 것이다(대법원 2004.6.25. 2003도7124). 즉, 甲이 A죄와 B죄를 경합범으로 범한 후 A죄에 대해서 벌금형이 확정된 다음 다시 C죄를 범한 경우, A죄와 B죄는 사후적 경합범이 되지 않는다. 결국 A죄에 대한 벌금형이 확정된 전후에 범한 B죄와 C죄는 결국 동시적 경합범으로 취급되고 1개의 가중된 형이 선고되어야 한다.

ㄷ. (×) 형법 제37조 후단 경합범에 대하여 심판하는 법원은 판결이 확정된 죄와 후단 경합범의 죄를 동시에 판결할 경우와 형평을

고려하여 후단 경합범의 처단형의 범위 내에서 후단 경합범의 선고형을 정할 수 있는 것이고, 그 죄와 판결이 확정된 죄에 대한 선고형의 총합이 두 죄에 대하여 형법 제38조를 적용하여 산출한 처단형의 범위 내에 속하도록 후단 경합범에 대한 형을 정하여야 하는 제한을 받는 것은 아니며, 후단 경합범에 대한 형을 감경 또는 면제할 것인지는 원칙적으로 그 죄에 대하여 심판하는 법원이 재량에 따라 판단할 수 있는 것이다(대법원 2008.9.11. 2006도8376).

ㄹ. (○) 금고 이상의 형에 처한 확정판결 전에 범한 A죄와 그 확정판결 후에 범한 B죄는 경합범이 될 수 없으므로, 법원은 A죄와 B죄에 대해 각 별개의 주문으로 판결을 선고해야 한다(대법원 2010.11.25. 2010도10985).

[정답] ②

---

038 ✓유사 ◆◆◆◇ 경찰2차 2021

죄수에 대한 설명으로 가장 적절하지 않은 것은? (다툼이 있는 경우 판례에 의함)

① 형법 제131조 제1항 수뢰후부정처사죄에 있어서 단일하고도 계속된 범의 아래 일정 기간 반복하여 일련의 뇌물수수 행위와 부정한 행위가 행하여졌고 뇌물수수 행위와 부정한 행위 사이에 인과관계가 인정되며 피해법익도 동일한 경우에는 최후의 부정한 행위 이후에 저질러진 뇌물수수 행위도 최후의 부정한 행위 이전의 뇌물수수 행위 및 부정한 행위와 함께 수뢰후부정처사죄의 포괄일죄가 된다.

② 미성년자를 약취한 후 강간 목적으로 가혹한 행위 및 상해를 가하고 나아가 강간 및 살인미수를 범한 경우에는 약취한 미성년자에 대한 상해 등으로 인한 특정범죄가중처벌 등에 관한 법률 위반죄와 미성년자에 대한 강간 및 살인미수행위로 인한 성폭력 범죄의 처벌 등에 관한 특례법 위반죄가 성립하고, 상해의 결과가 피해자에 대한 강간 및 살인미수행위 과정에서 발생한 것이라면 각 죄는 상상적 경합 관계에 있다.

③ 공무원이 직무관련자에게 제3자와 계약을 체결하도록 요구하여 계약을 체결하게 한 행위가 제3자뇌물수수죄와 직권남용권리행사방해죄의 구성요건에 모두 해당하는 경우에 제3자뇌물수수죄와 직권남용권리행사방해죄는 상상적 경합 관계에 있다.

④ 택시운전을 방해하는 과정에서 택시운전사를 폭행한 경우에는 피해자에 대한 폭행행위가 동일한 피해자에 대한 업무방해죄의 수단이 되었다 하더라도 그 폭행행위를 불가벌적 수반행위라 볼 수 없다.

[해설] 출제영역 | 죄수론, 실체적 경합, 포괄일죄

② (×) 미성년자인 피해자를 약취한 후에 강간을 목적으로 피해자에게 가혹한 행위 및 상해를 가하고 나아가 그 피해자에 대한 강간 및 살인미수를 범하였다면, 이에 대하여는 약취한 미성년자에

대한 상해 등으로 인한 특정범죄 가중처벌 등에 관한 법률 위반죄 및 미성년자인 피해자에 대한 강간 및 살인미수행위로 인한 성폭력범죄의 처벌 등에 관한 특례법 위반죄가 각 성립하고, 설령 상해의 결과가 피해자에 대한 강간 및 살인미수행위 과정에서 발생한 것이라 하더라도 위 각 죄는 서로 형법 제37조 전단의 실체적 경합범 관계에 있다(대법원 2014.2.27. 2013도12301).

① (○) 수뢰후부정처사죄를 정한 형법 제131조 제1항은 공무원 또는 중재인이 형법 제129조(수뢰, 사전수뢰) 및 제130조(제3자뇌물제공)의 죄를 범하여 부정한 행위를 하는 것을 구성요건으로 하고 있다. 여기에서 '형법 제129조 및 제130조의 죄를 범하여'란 반드시 뇌물수수 등의 행위가 완료된 이후에 부정한 행위가 이루어져야 함을 의미하는 것은 아니고, 결합범 또는 결과적 가중범 등에서의 기본행위와 마찬가지로 뇌물수수 등의 행위를 하는 중에 부정한 행위를 한 경우도 포함하는 것으로 보아야 한다. 따라서 단일하고도 계속된 범의 아래 일정 기간 반복하여 일련의 뇌물수수 행위와 부정한 행위가 행하여졌고 그 뇌물수수 행위와 부정한 행위 사이에 인과관계가 인정되며 피해법익도 동일하다면, 최후의 부정한 행위 이후에 저질러진 뇌물수수 행위도 최후의 부정한 행위 이전의 뇌물수수 행위 및 부정한 행위와 함께 수뢰후부정처사죄의 포괄일죄로 처벌함이 타당하다(대법원 2021. 2.4. 2020도12103).

③ (○) 대법원 2017.3.15. 2016도19659

④ (○) 업무방해와 폭행을 수죄의 관계(상상적 경합)로 본 판례이다(대법원 2012.10.11. 2012도1895).

[정답] ②

---

039 ✓유사 ◆◆◆◇ 국가7급 2018

죄수에 대한 설명으로 옳지 않은 것은? (다툼이 있는 경우 판례에 의함)

① 공무원 甲이 A를 기망하여 그로부터 뇌물을 수수한 경우 수뢰죄와 사기죄가 모두 성립하고 양 죄는 상상적 경합관계에 있다.

② 경찰공무원이 지명수배 중인 범인을 발견하고도 직무상 의무에 따른 적절한 조치를 취하지 아니하고 오히려 범인을 도피하게 한 경우 범인도피죄와 직무유기죄가 모두 성립하고 양 죄는 실체적 경합관계에 있다.

③ 전기통신금융사기(이른바 보이스피싱 범죄)의 범인이 피해자를 기망하여 피해자의 자금을 사기이용계좌로 송금·이체 받으면 사기죄는 기수에 이르고, 그 후 사기범행에 이용되리라는 사정을 알고서 자신 명의 계좌의 접근매체를 양도함으로써 사기범행을 방조한 종범이 사기이용계좌로 송금된 피해자의 자금을 임의로 인출한 경우 별도의 횡령죄는 성립하지 않는다.

④ 여러 개의 위탁관계에 의하여 보관하던 여러 개의 재물을 1개의 행위에 의하여 횡령한 경우 위탁관계별로 수개의 횡령죄가 성립하고, 그 사이에는 상상적 경합관계에 있다.

[해설] 출제영역 | 죄수론 – 수죄 – 상상적 경합

② (×) 직무위배의 위법상태는 범인도피행위 속에 포함되어 있다

고 보아야 할 것이므로, 이와 같은 경우에는 작위범인 범인도피죄만이 성립하고 부작위범인 직무유기죄는 따로 성립하지 아니한다(대법원 1996.5.10, 96노51; 2006.10.19, 2005노3909 전원합의체 등).

① (○) 대법원 1977.6.7, 77도1069

③ (○) 계좌명의인은 피해자와 사이에 아무런 법률관계 없이 송금·이체된 사기피해금 상당의 돈을 피해자에게 반환하여야 하므로, 피해자를 위하여 사기피해금을 보관하는 지위에 있다고 보아야 하고, 만약 계좌명의인이 그 돈을 영득할 의사로 인출하면 피해자에 대한 횡령죄가 성립한다. 이때 계좌명의인이 사기의 공범이라면 자신이 가담한 범행의 결과 피해금을 보관하게 된 것일 뿐이어서 피해자와 사이에 위탁관계가 없고, 그가 송금·이체된 돈을 인출하더라도 이는 자신이 저지른 사기범행의 실행행위에 지나지 아니하여 새로운 법익을 침해한다고 볼 수 없으므로 사기죄 외에 별도로 횡령죄를 구성하지 않는다. 한편 계좌명의인의 인출행위는 전기통신금융사기의 범인에 대한 관계에서는 횡령죄가 되지 않는다(대법원 2018.7.19, 2017도17494 전원합의체).

④ (○) 대법원 2013.10.31, 2013도10020

[정답] ②

---

040 ✓ 유사 ◆◆◆ 국가7급 2016

죄수에 대한 설명으로 옳지 않은 것은? (다툼이 있는 경우 판례에 의함)

① 수수한 메스암페타민을 장소를 이동하여 투약하고서 잔량을 은닉하는 방법으로 소지한 경우 구 향정신성의약품관리법의 향정신성의약품수수죄 외에 별도로 그 소지죄가 성립한다.

② 1개의 행위에 관하여 사기죄와 업무상배임죄의 각 구성요건이 모두 구비된 경우 양죄는 상상적 경합관계에 있다.

③ 물품을 수입하는 무역업자가 그 물품을 같은 해에 3차례에 걸쳐 수입하면서 그때마다 과세가격 또는 관세율을 허위로 신고하여 관세를 포탈하였다면 포괄하여 1개의 관세포탈죄를 구성한다.

④ 강도범이 체포를 면탈할 목적으로 경찰관에게 폭행을 가한 경우 강도죄와 공무집행방해죄는 실체적 경합관계에 있다.

[해설] 출제영역 | 죄수론 - 수죄 - 상상적 경합, 실체적 경합

③ (×) 대법원 2000.11.10, 99도782

① (○) 대법원 2003.5.30, 2003도1256

② (○) 대법원 2002.7.18, 2002도669 전원합의체

④ (○) 대법원 1992.7.28, 92도917

[정답] ③

---

041 ✓ 유사 ◆◆◆ 경찰간부 2022

죄수에 대한 설명으로 옳은 것은? (다툼이 있는 경우 판례에 의함)

① 징역형만 규정된 A죄와 징역형과 벌금형의 임의적 병과규정이 있는 B죄가 상상적 경합관계에 있는 경우, A죄에 정해진 징역형의 상한이 B죄에 정해진 징역형의 상한보다 높다면 A죄에서 정한 징역형으로 처벌해야 하고 벌금형은 병과할 수 없다.

② 甲이 상습절도죄(A죄)로 X법원으로부터 징역형을 선고받고 확정된 후 동일한 습벽이 있는 별개의 B죄를 저질러 Y법원에서 심리 중이었는데 확정된 A죄에 대한 X법원의 적법한 재심심판절차에서 징역형이 선고되어 확정된 경우, 별개로 기소된 B죄를 심판하는 Y법원은 B죄에 대하여 「형법」 제39조 제1항에 의한 형의 감경 또는 면제를 할 수 없다.

③ 甲이 A를 살해할 목적으로 흉기를 구입하여 A의 집 앞에서 A를 기다렸으나 만나지 못하였고 다음날 A의 맥주잔에 독약으로 오인한 제초제를 몰래 넣었으나 복통만 일으키게 하다가 며칠 뒤 A를 자동차로 치어 사망하게 한 경우, 甲에게는 살인예비 내지 미수죄와 동 기수죄의 경합죄가 성립한다.

④ 운전면허시험에 계속 불합격하였으나 운전을 잘하던 甲이 영업을 하기 위해 자동차를 구입하여 일주일 동안 매일 매일 운전 해오다가 적발된 경우, 甲에게는 포괄하여 도로교통법위반(무면허운전)의 일죄가 성립한다.

[해설] 출제영역 | 사후적 경합범, 상상적 경합범, 포괄일죄

② (○) 유죄의 확정판결을 받은 사람이 그 후 별개의 후행범죄를 저질렀는데 유죄의 확정판결에 대하여 재심이 개시된 경우, 후행범죄가 재심대상판결에 대한 재심판결 확정 전에 범하여졌다 하더라도 아직 판결을 받지 아니한 후행범죄와 재심판결이 확정된 선행범죄 사이에는 형법 제37조 후단에서 정한 경합범 관계(이하 '후단 경합범')가 성립하지 않는다. 재심판결이 후행범지 사건에 대한 판결보다 먼저 확정된 경우에 후행범죄에 대해 재심판결을 근거로 후단 경합범이 성립한다고 하려면 재심심판법원이 후행범죄를 동시에 판결할 수 있었어야 한다. 그러나 아직 판결을 받지 아니한 후행범죄는 재심심판절차에서 재심대상이 된 선행범죄와 함께 심리하여 동시에 판결할 수 없었으므로 후행범죄와 재심판결이 확정된 선행범죄 사이에는 후단 경합범이 성립하지 않고, 동시에 판결할 경우와 형평을 고려하여 그 형을 감경 또는 면제할 수 없다. 재심판결이 후행범죄에 대한 판결보다 먼저 확정되는 경우에는 재심판결을 근거로 형식적으로 후행범죄를 판결확정 전에 범한 범죄로 보아 후단 경합범이 성립한다고 하면, 선행범죄에 대한 재심판결과 후행범죄에 대한 판결 중 어떤 판결이 먼저 확정되느냐는 우연한 사정에 따라 후단 경합범 성립이 좌우되는 형평에 반하는 결과가 발생한다(대법원 2019.6.20, 2018도20698 전원합의체).

① (×) 상상적 경합에서 가장 무거운 죄에 대하여 정한 형으로 처벌한다 함은, 가장 무거운 죄에 정한 형의 범위 내에서 처벌할 수 있다는 것이지 가장 무거운 죄에 정한 형으로만 처벌하여야 한다는 의미는 아니다. 따라서 가장 무거운 죄 아닌 죄에 정한

벌금이나 몰수도 병과할 수 있다(대법원 2008.12.24, 2008도9169 등).
③ (×) 포괄적으로 1개의 살인기수죄가 성립한다(대법원 1965.9.28, 65도695).
④ (×) 무면허운전으로 인한 도로교통법위반죄에 있어서는 어느 날에 운전을 시작하여 다음날까지 동일한 기회에 일련의 과정에서 계속 운전을 한 경우 등 특별한 경우를 제외하고는 사회통념상 운전한 날을 기준으로 운전한 날마다 1개의 운전행위가 있다고 보는 것이 상당하므로 운전한 날마다 무면허운전으로 인한 도로교통법위반의 1죄가 성립한다고 보아야 할 것이고, 비록 계속적으로 무면허운전을 할 의사를 가지고 여러 날에 걸쳐 무면허운전행위를 반복하였다 하더라도 이를 포괄하여 일죄로 볼 수는 없다(대법원 2002.7.23, 2001도6281).

정답 ②

---

042 ✓ 유사 ◆◆◇ 경찰2차 2024

죄수에 관한 설명으로 가장 적절한 것은? (다툼이 있는 경우 판례에 의함)

① 甲이 피해자의 주거에 침입하여 강간하려다 미수에 그치고 동시에 자기의 형사사건의 수사 또는 재판과 관련하여 수사단서를 제공하고 진술한 것에 대한 보복 목적으로 그를 폭행한 경우, 특정범죄 가중처벌 등에 관한 법률위반(보복범죄등)죄 및 성폭력범죄의 처벌 등에 관한 특례법위반(주거침입강간등)죄가 각 성립하고 두 죄가 상상적 경합관계에 있다.

② 절도범인으로부터 장물보관을 의뢰받은 甲이 그 정을 알면서 이를 인도받아 보관하고 있다가 A로부터 금원을 차용하면서 보관 중이던 장물을 담보로 제공한 경우, 장물보관죄와 횡령죄가 각 성립하고 두 죄는 실체적 경합관계에 있다.

③ 甲이 보이스피싱 사기 범죄단체에 가입한 후 사기범죄의 피해자들로부터 돈을 편취하는 등 그 구성원으로서 활동한 경우, 범죄단체 가입행위 또는 범죄단체 구성원으로서 활동하는 행위와 사기행위는 법조경합 중 흡수관계에 있으므로 목적된 범죄인 사기죄만 성립한다.

④ 甲이 2010. 11. 15. X회사 사무실에서 부부인 피해자 A와 B에게 '토지를 매수하여 분필한 후 이를 분양해서 원금 및 수익금을 지급하겠다.'면서 기망한 후 공동재산인 건물을 매도하여 돈을 마련한 피해자들로부터 A의 예금계좌에서 1억 원, B의 예금계좌에서 4억 원을 송금받아 편취한 경우, 각 피해자의 피해법익의 동일성에 대하여 예금계좌에 예치된 금전에 관한 권리 등 민사상 권리 귀속관계 등을 고려하여 판단할 때 이를 포괄일죄로 볼 수 없다.

해설 출제영역 | 죄수론 종합

① (○) 대법원 2012.3.15, 2012도544, 2012전도12

---

② (×) 횡령행위는 불가벌적 사후행위에 불과하여 별도로 횡령죄가 성립하지 않는다(대법원 2004.4.9, 2003도8219).

③ (×) 피고인이 보이스피싱 사기 범죄단체에 가입한 후 사기범죄의 피해자들로부터 돈을 편취하는 등 그 구성원으로서 활동한 경우, 범죄단체 가입행위 또는 범죄단체 구성원으로서 활동하는 행위와 사기행위는 각각 별개의 범죄구성요건을 충족하는 독립된 행위이고 서로 보호법익도 달라 법조경합 관계로 목적된 범죄인 사기죄만 성립하는 것은 아니다(대법원 2017.10.26, 2017도8600).

④ (×) 다수의 피해자에 대하여 각각 기망행위를 하여 각 피해자로부터 재물을 편취한 경우에는 범의가 단일하고 범행방법이 동일하더라도 각 피해자의 피해법익은 독립한 것이므로 이를 포괄일죄로 파악할 수 없고 피해자별로 독립한 사기죄가 성립된다. 다만 피해자들의 피해법익이 동일하다고 볼 수 있는 사정이 있는 경우에는 이들에 대한 사기죄를 포괄하여 일죄로 볼 수 있다(대법원 2023.12.21, 2023도13514).

정답 ①

---

043 ✓ 유사 ◆◆◇ 경찰승진 2023

죄수론에 대한 설명 중 옳지 않은 것을 모두 고른 것은? (다툼이 있는 경우 판례에 의함)

> ㉠ 공무원 甲이 A를 기망하여 그로부터 뇌물을 수수한 경우 수뢰죄와 사기죄는 구성요건을 달리하는 별개의 범죄로서, 서로 보호법익을 달리하고 있으므로 양 죄는 실체적 경합범의 관계에 있다.
>
> ㉡ 甲이 공무원이 취급하는 사건에 관하여 청탁 또는 알선을 할 의사와 능력이 없음에도 청탁 또는 알선을 한다고 A를 기망하여 금품을 교부받은 경우 사기죄와 변호사법위반죄는 상상적 경합범의 관계에 있다.
>
> ㉢ 甲이 A로부터 수수한 메스암페타민을 장소를 이동하여 투약하고서 잔량을 은닉하는 방법으로 소지한 행위는 그 소지의 경위나 태양에 비추어 볼 때 당초의 수수행위에 수반되는 필연적 결과로 볼 수 있으므로 향정신성의약품수수죄만 성립하고 별도로 그 소지죄는 성립하지 않는다.
>
> ㉣ 甲이 음주의 영향으로 정상적인 운전이 곤란한 상태에서 자동차를 운전하여 사람을 상해에 이르게 함과 동시에 다른 사람의 재물을 손괴한 경우 특정범죄가중처벌 등에 관한 법률 위반(위험운전치사상)죄 외에 업무상 과실 재물손괴로 인한 도로교통법 위반죄가 성립하고, 양죄는 실체적 경합관계에 있다.
>
> ㉤ 甲이 음주상태로 자동차를 운전하다가 제1차 사고를 내고 그대로 진행하여 제2차 사고를 낸 경우 제1차 사고 당시의 음주운전으로 인한 도로교통법 위반(음주운전)죄와 제2차 사고 당시의 음주운전으로 인한 도로교통법 위반(음주운전)죄는 포괄일죄의 관계에 있다.

① ㉠㉡㉣　　　　　　② ㉠㉢㉣
③ ㉠㉢㉤　　　　　　④ ㉡㉢㉣㉤

해설 | **출제영역 |** 법조경합, 포괄일죄, 상상적 경합, 실체적 경합

② ㉠㉢㉣

㉠ (×) 뇌물을 수수함에 있어서 공여자를 기망한 점이 있다 하여도 뇌물수수죄, 뇌물공여죄의 성립에는 영향이 없고, 이 경우 뇌물을 수수한 공무원에 대하여는 한 개의 행위가 뇌물죄와 사기죄의 각 구성요건에 해당하므로 형법 제40조에 의하여 상상적 경합으로 처단하여야 할 것이다(대법원 2015.10.29, 2015도12838).

㉡ (○) 공무원이 취급하는 사건에 관하여 청탁 또는 알선을 할 의사와 능력이 없음에도 청탁 또는 알선을 한다고 기망하고 금품을 교부받은 경우, 사기죄와 변호사법 위반죄가 상상적 경합의 관계에 있다(대법원 2006.1.27, 2005도8704).

㉢ (×) 수수한 메스암페타민을 장소를 이동하여 투약하고서 잔량을 은닉하는 방법으로 소지한 행위는 그 소지의 경위나 태양에 비추어 볼 때 당초의 수수행위에 수반되는 필연적 결과로 볼 수는 없고, 사회통념상 수수행위와는 독립한 별개의 행위를 구성한다고 보아야 한다(실체적 경합, 대법원 1999.8.20, 99도1744).

㉣ (×) 음주 또는 약물의 영향으로 정상적인 운전이 곤란한 상태에서 자동차를 운전하여 사람을 상해에 이르게 함과 동시에 다른 사람의 재물을 손괴한 때에는 특정범죄가중처벌 등에 관한 법률위반(위험운전치사상)죄 외에 업무상 과실 재물손괴로 인한 도로교통법 위반죄가 성립하고, 위 두 죄는 1개의 운전행위로 인한 것으로서 상상적 경합관계에 있다(대법원 2010.1.14, 2009도10845).

㉤ (○) 음주상태로 자동차를 운전하다가 제1차 사고를 내고 그대로 진행하여 제2차 사고를 낸 후 음주측정을 받아 도로교통법 위반(음주운전)죄로 약식명령을 받아 확정되었는데, 그 후 제1차 사고 당시의 음주운전으로 기소된 사안에서 위 공소사실이 약식명령이 확정된 도로교통법 위반(음주운전)죄와 포괄일죄 관계에 있다(대법원 2007.7.26, 2007도4404).

정답 ②

---

044 ✓ 유사 ◆◆◇　　　　　　　　　　**경찰승진 2024**

죄수론에 관한 설명으로 옳지 않은 것을 모두 고른 것은? (다툼이 있는 경우 판례에 의함)

> ㉠ 피해자에 대한 폭행행위가 동일한 피해자에 대한 업무방해죄의 수단이 되었다고 하더라도 그러한 폭행행위가 이른바 '불가벌적 수반행위'에 해당하여 업무방해죄에 대하여 흡수관계에 있다고 볼 수는 없다.
>
> ㉡ 「형법」 제37조 후단, 제39조 제1항의 문언과 입법취지 등에 비추어 보면, 아직 판결을 받지 않은 죄가 이미 판결이 확정된 죄와 동시에 판결할 수 없었던 경우라 하더라도 「형법」 제39조 제1항에 따라 동시에 판결할 경우와 형평을 고려하여 형을 선고하거나 그 형을 감경 또는 면제할 수 있다고 해석함이 타당하다.
>
> ㉢ 피해신고를 받고 출동한 두 명의 경찰관에게 욕설을 하면서 순차로 폭행을 하여 경찰관의 정당한 직무집행을 방해한 경우 포괄하여 하나의 공무집행방해죄가 성립한다.
>
> ㉣ 상습사기죄에 있어서의 사기행위의 습벽은 행위자의 사기습벽의 발현으로 인정되는 한, 동종의 수법에 의한 사기범행의 습벽만을 의미하는 것이 아니라 이종의 수법에 의한 사기 범행을 포괄하는 사기의 습벽도 포함한다.

① ㉠㉡　　　　　　　　　② ㉡㉢
③ ㉢㉣　　　　　　　　　④ ㉡㉢㉣

해설 | **출제영역 |** 죄수론 종합

② ㉡㉢

㉠ (○) 업무방해죄와 폭행죄는 구성요건과 보호법익을 달리하고 있고, 업무방해죄의 성립에 일반적·전형적으로 사람에 대한 폭행행위를 수반하는 것은 아니며, 폭행행위가 업무방해죄에 비하여 별도로 고려되지 않을 만큼 경미한 것이라고 할 수도 없으므로, 설령 피해자에 대한 폭행행위가 동일한 피해자에 대한 업무방해죄의 수단이 되었다고 하더라도 그러한 폭행행위가 이른바 '불가벌적 수반행위'에 해당하여 업무방해죄에 대하여 흡수관계에 있다고 볼 수는 없다(대법원 2012.10.11, 2012도1895).

㉡ (×) 형법 제37조 후단, 제39조 제1항의 문언, 입법 취지 등에 비추어 보면, 아직 판결을 받지 않은 죄가 이미 판결이 확정된 죄와 동시에 판결할 수 없었던 경우에는 형법 제39조 제1항에 따라 동시에 판결할 경우와 형평을 고려하여 형을 선고하거나 그 형을 감경 또는 면제할 수 없다고 해석함이 타당하다. 한편 아직 판결을 받지 않은 수 개의 죄가 판결 확정을 전후하여 저질러진 경우 판결 확정 전에 범한 죄를 이미 판결이 확정된 죄와 동시에 판결할 수 없었던 경우라고 하여 마치 확정된 판결이 존재하지 않는 것처럼 그 수 개의 죄 사이에 형법 제37조 전단의 경합범 관계가 성립하여 형법 제38조가 적용된다고 볼 수도 없으므로, 판결 확정을 전후한 각각의 범죄에 대하여 별도로 형을 정하여 선고할 수밖에 없다(대법원 2018.11.29, 2018도14863).

㉢ (×) 범죄 피해 신고를 받고 출동한 두 명의 경찰관에게 욕설을 하면서 차례로 폭행을 하여 신고 처리 및 수사 업무에 관한 정당한 직무집행을 방해한 사안에서, 동일한 장소에서 동일한 기회에

이루어진 폭행 행위는 사회관념상 1개의 행위로 평가하는 것이 상당하다는 이유로, 위 공무집행방해죄는 형법 제40조에 정한 상상적 경합의 관계에 있다(대법원 2009.6.25, 2009도3505).

ⓔ (○) 상습사기죄에 있어서의 상습성이라 함은 반복하여 사기행위를 하는 습벽으로서 행위자의 속성을 말하고, 여기서 말하는 사기행위의 습벽은 행위자의 사기습벽의 발현으로 인정되는 한 동종의 수법에 의한 사기범행의 습벽만을 의미하는 것이 아니라 이종의 수법에 의한 사기범행을 포괄하는 사기의 습벽도 포함하는 것이다(대법원 1999.11.26, 99도3929, 99감도97).

정답 ②

---

045 ✓유사 ◆◆◆ 법원행시 2019

다음 설명 중 가장 옳은 것은?

① 부진정 결과적 가중범에 있어서, 고의로 중한 결과를 발생하게 한 행위를 더 무겁게 처벌하는 규정이 있는 경우에 그 고의범과 결과적가중범은 상상적 경합관계에 있으므로, 직무를 집행하는 공무원에 대하여 위험한 물건을 휴대하여 고의로 상해를 가한 경우 특수공무집행방해치상죄와 특수상해죄(형법 제258조의2)는 상상적 경합관계에 있다.

② 형법 제37조 후단 경합범에 대하여 형법 제39조 제1항에 의하여 형을 감경할 때에 법률상 감경에 관한 형법 제55조 제1항이 적용되지 않으므로 법률상 감경한 형의 하한인 '그 형기의 2분의 1'보다 낮은 형으로도 감경할 수 있다.

③ 특정범죄 가중처벌 등에 관한 법률 제5조의4 제6항에 규정된 상습절도 등 죄를 범한 범인이 그 범행 외에 상습적인 절도의 목적으로 주거침입을 하였다가 절도에 이르지 아니하고 주거침입에 그친 경우에도 그것이 절도 상습성의 발현이라고 보이는 이상 주거침입행위는 다른 상습절도 등 죄에 흡수되어 위 법조에 규정된 상습절도 등의 1죄만을 구성하고 이 상습절도 등 죄와 별개로 주거침입죄를 구성하지 않는다.

④ 형법 제39조 제1항의 규정에 의하여 형법 제37조의 후단 경합범에 대하여 형을 감경 또는 면제할 것인지는 원칙적으로 그 죄에 대하여 심판하는 법원이 재량에 따라 판단할 수 있으므로, 후단 경합범에 해당하는 경우에는 특별히 형평을 고려하여야 할 사정이 존재하지 않는 경우에도 형법 제39조 제1항 후문을 적용하여 형을 감경 또는 면제할 수 있다.

⑤ 피고인의 금지된 야간시위 참가로 인하여 교통이 방해된 경우, 집회 및 시위에 관한 법률위반죄와 일반교통방해죄는 구성요건과 보호법익을 달리하고 집회 및 시위에 관한 법률위반죄의 성립에 교통방해 행위가 일반적, 전형적으로 수반되는 것도 아니므로, 양 죄는 실체적 경합관계에 있다.

해설 출제영역 | 상상적 경합, 실체적 경합

③ (○) 특정범죄 가중처벌 등에 관한 법률 제5조의4 제6항에 규정된 상습절도 등 죄를 범한 범인이 그 범행의 수단으로 주거침입을 한 경우에 주거침입행위는 상습절도 등 죄에 흡수되어 위 조문에 규정된 상습절도 등 죄의 1죄만이 성립하고 별개로 주거침입죄를 구성하지 않으며, 또 위 상습절도 등 죄를 범한 범인이 그 범행 외에 상습적인 절도의 목적으로 주거침입을 하였다가 절도에 이르지 아니하고 주거침입에 그친 경우에도 그것이 절도 상습성의 발현이라고 보이는 이상 주거침입행위는 다른 상습절도 등 죄에 흡수되어 위 조문에 규정된 상습절도 등 죄의 1죄만을 구성하고 상습절도 등 죄와 별개로 주거침입죄를 구성하지 않는다(대법원 2017.7.11, 2017도4044).

① (×) 특수상해죄(형법 제258조의2)는 1년 이상 10년 이하의 징역, 특수공무집행방해치상죄는 3년 이상의 유기징역이므로 고의범에 대하여 더 무겁게 처벌하는 규정이 없는 경우에 해당하여 결과적 가중범만 성립한다(대법원 2008.11.27, 2008도7311).

② (×) 형법 제37조 후단 경합범에 대하여 형법 제39조 제1항에 의하여 형을 감경할 때에도 법률상 감경에 관한 형법 제55조 제1항이 적용되어 유기징역을 감경할 때에는 그 형기의 2분의 1 미만으로는 감경할 수 없다(대법원 2019.4.18, 2017도14609 전원합의체).

④ (×) 형법 제39조 제1항 후문의 '감경' 또는 '면제'는 판결이 확정된 죄의 선고형에 비추어 후단 경합범에 대하여 처단형을 낮추거나 형을 추가로 선고하지 않는 것이 형평을 실현하는 것으로 인정되는 경우에만 적용할 수 있다고 보는 것이 타당하다(대법원 2011.9.29, 2008도9109).

⑤ (×) 상상적 경합관계에 있다(대법원 2011.8.25, 2008도10960).

정답 ③

046 ✓ 이론 ◆◆◇   변호사 2022 변형

형법 제37조 후단 경합범(금고 이상의 형에 처한 판결이 확정된 죄와 그 판결확정 전에 범한 죄)에 관한 설명 중 옳지 않은 것은?(다툼이 있는 경우 판례에 의함)

① 확정판결이 있는 죄에 대하여 일반사면이 있는 경우는 형의 선고의 효력이 상실되지만 그 죄에 대한 확정판결이 있었던 사실 자체는 인정되므로 그 확정판결 이전에 범한 죄와의 관계에서 형법 제37조 후단 경합범이 성립한다.

② 포괄일죄로 되는 개개의 범죄행위가 다른 종류의 죄의 확정판결 전후에 걸쳐서 행하여진 경우에는 그 죄는 2죄로 분리되지 않고 확정판결 후인 최종의 범죄행위시에 완성되므로 형법 제37조 후단 경합범에 해당하지 않는다.

③ 판결을 받지 아니한 수개의 죄가 판결확정을 전후하여 저질러진 경우 판결확정 전에 범한 죄를 이미 판결이 확정된 죄와 동시에 판결할 수 없었던 경우라면, 판결확정을 전후한 각각의 범죄는 형법 제37조 후단 경합범이 아니라 전단 경합범에 해당하여 하나의 형을 선고하여야 한다.

④ 형법 제37조 후단 경합범에 대하여 형법 제39조 제1항에 의하여 형을 감경할 때에도 법률상 감경에 관한 형법 제55조 제1항이 적용되어 유기징역을 감경할 때에는 그 형기의 2분의 1 미만으로는 감경할 수 없다.

> 해설 │ 출제영역 | 사후적 경합범

③ (×) 아직 판결을 받지 아니한 수개의 죄가 판결 확정을 전후하여 저질러진 경우 판결 확정 전에 범한 죄를 이미 판결이 확정된 죄와 동시에 판결할 수 없었던 경우라고 하여 마치 확정된 판결이 존재하지 않는 것처럼 그 수개의 죄 사이에 형법 제37조 전단의 경합범 관계가 인정되어 형법 제38조가 적용된다고 볼 수도 없으므로, 판결 확정을 전후한 각각의 범죄에 대하여 별도로 형을 정하여 선고할 수밖에 없다(대법원 2014.3.27, 2014도469).

① (○) 대법원 1995.12.22, 95도2446
② (○) 대법원 2001.8.21, 2001도3312
④ (○) 대법원 2019.4.18, 2017도14609 전원합의체

> 정답 ③

047 ✓ 유사 ◆◆◇   법원9급 2018

경합범에 관한 다음 설명 중 가장 옳지 않은 것은? (다툼이 있는 경우 판례에 의하고, 전원합의체 판결의 경우 다수의견에 의함)

① 경합범으로 기소되었어도 그중 유죄로 인정된 A죄에 대해서는 상고가 제기되지 않아 확정되고 무죄로 선고된 B죄에 대하여만 상고가 제기되어 파기환송된 경우 환송 후 원심은 B죄를 유죄로 인정하여도 A, B죄를 경합범으로 하여 1개의 형으로 선고할 것이 아니라 B죄에 대하여만 별개의 형을 선고하여야 한다.

② 금고 이상의 형에 처한 판결이 확정된 죄와 그 판결확정 전에 범한 죄는 경합범 관계에 있으므로 판결확정 전에 범한 죄에 대하여는 판결이 확정된 죄를 동시에 판결할 경우와 형평을 고려하여 그 죄에 대한 형을 선고하여야 한다.

③ 징역형만 규정된 A죄와 징역형과 벌금형을 병과할 수 있도록 규정된 B죄가 상상적 경합관계에 있고, A죄에 정해진 징역형의 상한이 B죄에서 정해진 징역형의 상한보다 높다면 A죄에서 정한 징역형으로 처벌하여야 하고 벌금형을 병과할 수는 없다.

④ 상습범과 같은 포괄일죄의 중간에 별종의 범죄에 대한 확정판결이 있어도 그 포괄일죄와 판결이 확정된 죄는 형법 제37조 후단에서 정한 경합범 관계에 있다고 할 수 없다.

> 해설 │ 출제영역 | 상상적·실체적 경합의 법적 효과

③ (×) 상상적 경합관계에 있는 업무상배임죄와 영업비밀 국외누설로 인한 구 부정경쟁방지 및 영업비밀보호에 관한 법률(2007.12.21. 법률 제8767호로 개정되기 전의 것) 위반죄에 대하여 형이 더 무거운 업무상배임죄에 정한 형으로 처벌하기로 하면서, 징역형과 벌금형을 병과할 수 있도록 규정한 위 특별법에 의하여 벌금형을 병과할 수 있다(대법원 2008.12.24, 2008도9169).

① (○) 피고인에 대한 병역법위반죄와 하천법위반죄의 경합범에 대하여 항소심이 전자에 대해서는 유죄, 후자에 대해서는 무죄를 선고하자 검사만이 후자에 대해서 상고하여 상고심이 후자 부분만을 파기환송 하였으면 항소심은 후자에 대해서만 심판해야 한다(대법원 1974.10.8, 74도1301).

② (○) 제37조, 제39조 제1항

④ (○) 포괄일죄는 그 중간에 별종의 범죄에 대한 확정판결이 끼어있어도 그 때문에 포괄적 범죄가 둘로 나뉘는 것은 아니라 할 것이고, 또 이 경우에는 그 확정판결 후의 범죄로서 다루어야 한다(대법원 2002.7.12, 2002도2029).

> 정답 ③

다음 설명 중 옳은 것만을 모두 고르면?

ㄱ. 정보통신망을 통하여 음란한 화상 또는 영상을 배포하고, 도박 사이트를 홍보하였다는 공소사실로 기소되어 유죄로 인정된 경우, 피고인이 범죄행위에 이용한 웹사이트 매각을 통해 취득한 대가는 「형법」 제48조 제1항 제2호, 제2항이 규정한 추징의 대상에 해당한다.

ㄴ. 링크 행위자가 정범이 「저작권법」상 공중송신권을 침해한다는 사실을 충분히 인식하면서 그러한 침해 게시물 등에 연결되는 링크를 인터넷 사이트에 영리적·계속적으로 게시한 경우, 침해 게시물을 공중의 이용에 제공하는 정범의 범죄를 용이하게 하므로 공중송신권 침해의 방조범이 성립한다.

ㄷ. 「공직선거법」 제18조 제3항 전단에 따르면 「공직선거법」 제18조 제1항 제3호에 규정된 죄와 다른 죄의 경합범에 대하여는 이를 분리 선고하여야 한다. 따라서 판결이 확정된 선거범죄와 확정되지 아니한 다른 죄는 동시에 판결할 수 없었던 경우에 해당하므로 「형법」 제39조 제1항에 따라 동시에 판결할 경우와의 형평을 고려하여 형을 선고하거나 그 형을 감경 또는 면제할 수 없다고 해석함이 타당하다.

ㄹ. 위험운전 등 치사상에 대한 처벌을 규정하는 구 「특정범죄 가중처벌 등에 관한 법률」 제5조의11 제1항에서의 '자동차 등'에는 전동킥보드와 같은 개인형 이동장치도 포함되는바, 이후 개정 「도로교통법」이 전동킥보드와 같은 개인형 이동장치에 관한 규정을 신설하면서 이를 '자동차 등'이 아닌 '자전거 등'으로 분류하였다면 이는 「형법」 제1조 제2항의 '범죄 후 법률이 변경되어 그 행위가 범죄를 구성하지 아니하게 된 경우'라고 볼 수 있다.

① ㄱ, ㄴ   ② ㄴ, ㄷ
③ ㄴ, ㄹ   ④ ㄷ, ㄹ

해설 출제영역 | 종합문제

② ㄴ, ㄷ

ㄱ. (×) 피고인이 갑, 을과 공모하여 정보통신망을 통하여 음란한 화상 또는 영상을 배포하고, 도박 사이트를 홍보하였다는 공소사실로 기소되었는데, 원심이 공소사실을 유죄로 인정하면서 피고인이 범죄행위에 이용한 웹사이트 매각을 통해 취득한 대가를 형법 제48조에 따라 추징한 사안에서, 위 웹사이트는 범죄행위에 제공된 무형의 재산에 해당할 뿐 형법 제48조 제1항 제2호에서 정한 '범죄행위로 인하여 생(生)하였거나 이로 인하여 취득한 물건'에 해당하지 않으므로, 피고인이 위 웹사이트 매각을 통해 취득한 대가는 형법 제48조 제1항 제2호, 제2항이 규정한 추징의 대상에 해당하지 않는다(대법원 2021.10.14, 2021도7168).

ㄴ. (○) 저작권 침해물 링크 사이트에서 침해 게시물에 연결되는 링크를 제공하는 경우 등과 같이, 링크 행위자가 정범이 공중송신권을 침해한다는 사실을 충분히 인식하면서 그러한 침해 게시물 등에 연결되는 링크를 인터넷 사이트에 영리적·계속적으로 게시하는 등으로 공중의 구성원이 개별적으로 선택한 시간과 장소에서 침해 게시물에 쉽게 접근할 수 있도록 하는 정도의 링크 행위를 한 경우에는 침해 게시물을 공중의 이용에 제공하는 정범의 범죄를 용이하게 하므로 공중송신권 침해의 방조범이 성립한다(대법원 2021.9.9, 2017도19025 전원합의체).

ㄷ. (○) 공직선거법 제18조 제1항 제3호에서 '선거범'이란 공직선거법 제16장 벌칙에 규정된 죄와 국민투표법 위반의 죄를 범한 자를 말하는데(공직선거법 제18조 제2항), 공직선거법 제18조 제1항 제3호에 규정된 죄와 다른 죄의 경합범에 대하여는 이를 분리 선고하여야 한다(공직선거법 제18조 제3항 전단). 따라서 판결이 확정된 선거범죄와 확정되지 아니한 다른 죄는 동시에 판결할 수 없었던 경우에 해당하므로 형법 제39조 제1항에 따라 동시에 판결할 경우와의 형평을 고려하여 형을 선고하거나 그 형을 감경 또는 면제할 수 없다고 해석함이 타당하다(대법원 2021.10.14, 2021도8719).

ㄹ. (×) 개정 도로교통법의 문언·내용·체계에다가 도로교통법 및 특정범죄가중법의 입법 목적과 보호법익, 전동킥보드와 같은 개인형 이동장치에 대한 특정범죄가중법상의 규율 및 처벌의 필요성 등을 고려해 보면, 구 특정범죄가중법 제5조의11 제1항에서의 '원동기장치자전거'에는 전동킥보드와 같은 개인형 이동장치도 포함된다고 판단되고, 비록 개정 도로교통법이 전동킥보드와 같은 개인형 이동장치에 관한 규정을 신설하면서 이를 "자동차 등"이 아닌 "자전거 등"으로 분류하였다고 하여 이를 형법 제1조 제2항의 '범죄 후 법률이 변경되어 그 행위가 범죄를 구성하지 아니하게 된 경우'라고 볼 수는 없다(대법원 2023.6.29, 2022도13430).

정답 ②

죄수에 관한 설명으로 가장 적절하지 않은 것은? (다툼이 있는 경우 판례에 의함)

① 하나의 사건에 관하여 한 번 선서한 증인이 같은 기일에 여러 가지 사실에 관하여 기억에 반하는 허위의 진술을 한 경우, 1개의 위증죄만이 성립한다.

② 한 개의 행위가 서로 다른 둘 이상의 구성요건을 실현하는 경우에는 상상적 경합이 성립하나, 한 개의 행위가 동일한 구성요건을 2회 이상 실현하는 경우에는 상상적 경합이 성립하지 않는다.

③ 주식회사의 대표이사가 타인을 기망하여 그 회사가 발행하는 신주를 인수하게 한 후 그로부터 납입받은 신주인수대금을 보관하던 중 횡령한 경우, 신주인수대금을 횡령한 행위는 사기죄의 불가벌적 사후행위에 해당하지 않는다.

④ 같은 날 무면허운전행위를 여러 차례 반복한 경우, 그 범의의 단일성 내지 계속성이 인정되지 않거나 범행방법 등이 동일하지 않다면 각 무면허운전범행은 실체적 경합관계에 있다.

해설 출제영역 | 죄수론 종합

② (×) 상상적 경합은 한 개의 행위가 실질적으로 여러 개의 구성요건을 충족하는 경우를 말하는바, 실질적으로 1죄인가 또는 수죄인가는 구성요건적 평가와 보호법익의 측면에서 판단하여야 하며, 이 경우 수개의 구성요건은 이종일 수 있고(이종의 상상적

경합), 동종일 수도 있다(동종의 상상적 경합).

① (O) 하나의 사건에 관하여 한 번 선서한 증인이 같은 기일에 여러 가지 사실에 관하여 기억에 반하는 허위의 공술을 한 경우 이는 하나의 범죄의사에 의하여 계속하여 허위의 공술을 한 것으로서 포괄하여 1개의 위증죄를 구성하는 것이고 각 진술마다 수개의 위증죄를 구성하는 것이 아니다(대법원 1992.11.27, 92도498).

③ (O) 주식회사의 대표이사가 타인을 기망하여 회사가 발행하는 신주를 인수하게 한 다음 그로부터 납입받은 신주인수대금을 보관하던 중 횡령한 행위는 사기죄와는 전혀 다른 새로운 보호법익을 침해하는 행위로서 별죄를 구성한다(대법원 2006.10.27, 2004도6503).

④ (O) 같은 날 무면허운전 행위를 여러 차례 반복한 경우라도 그 범의의 단일성 내지 계속성이 인정되지 않거나 범행 방법 등이 동일하지 않은 경우 각 무면허운전 범행은 실체적 경합 관계에 있다(대법원 2022.10.27, 2022도8806).

정답 ②

---

050 ☑ 유사 ◆◆◇ 변호사 2024

죄수에 관한 설명 중 옳은 것(○)과 옳지 않은 것(×)을 올바르게 조합한 것은? (다툼이 있는 경우 판례에 의함)

ㄱ. 수인의 피해자에 대하여 1개의 기망행위를 통해 각각 재물을 편취한 경우에는 범의가 단일하고 범행방법이 동일하더라도 피해자별로 독립한 사기죄가 성립하고 각 사기죄는 상상적 경합관계에 있다.

ㄴ. 절도범인으로부터 장물보관 의뢰를 받은 자가 그 정을 알면서 이를 인도받아 보관하고 있다가 임의처분한 경우, 이러한 횡령행위는 장물죄의 불가벌적 사후행위에 불과하여 별도의 횡령죄가 성립하지 않는다.

ㄷ. 회사 명의의 합의서를 임의로 작성·교부한 행위에 의해 회사에 재산상 손해를 가하였다면, 사문서위조죄 및 그 행사죄와 업무상 배임죄는 실체적 경합관계에 있다.

ㄹ. 2인 이상의 작성명의인이 연명으로 서명·날인한 문서를 하나의 행위로 위조한 때에는 작성명의인의 수에 해당하는 문서위조죄의 상상적 경합범에 해당한다.

ㅁ. 유죄의 확정판결을 받은 사람이 그 후 별개의 후행범죄를 저질렀는데 유죄의 확정판결에 대하여 재심이 개시된 경우, 후행범죄와 재심판결이 확정된 선행범죄 사이에는 「형법」제37조 후단에서 정한 경합범이 성립한다.

① ㄱ(○), ㄴ(×), ㄷ(×), ㄹ(○), ㅁ(○)
② ㄱ(○), ㄴ(○), ㄷ(○), ㄹ(×), ㅁ(×)
③ ㄱ(○), ㄴ(○), ㄷ(×), ㄹ(○), ㅁ(×)
④ ㄱ(×), ㄴ(○), ㄷ(○), ㄹ(○), ㅁ(○)
⑤ ㄱ(×), ㄴ(×), ㄷ(×), ㄹ(×), ㅁ(○)

해설 출제영역 | 죄수론 종합

③ ㄱ(○), ㄴ(○), ㄷ(×), ㄹ(○), ㅁ(×)

ㄱ. (O) 피고인 등이 피해자들을 유인하여 사기도박으로 도금을 편취한 행위는 사회관념상 1개의 행위로 평가하는 것이 타당하므로, 피해자들에 대한 각 사기죄는 상상적 경합의 관계에 있다(대법원 2011.1.13, 2010도9330).

ㄴ. (O) 절도범인으로부터 장물보관의뢰를 받은 자가 그 정을 알면서 이를 인도받아 보관하고 있다가 임의처분하였다 하여도 장물보관죄가 성립되는 때에는 이미 그 소유자의 소유물추구권을 침해하였으므로 그 후의 횡령행위는 불가벌적 사후행위에 불과하여 별도로 횡령죄가 성립하지 않는다(대법원 1976.11.23, 76도3067).

ㄷ. (×) 회사 명의의 합의서를 임의로 작성·교부한 행위에 대하여 약식명령이 확정된 사문서위조 및 그 행사죄의 범죄사실과 그로 인하여 회사에 재산상 손해를 가하였다는 업무상 배임의 공소사실은 그 객관적 사실관계가 하나의 행위이므로 1개의 행위가 수개의 죄에 해당하는 경우로서 형법 제40조에 정해진 상상적 경합관계에 있다(대법원 2009.4.9, 2008도5634).

ㄹ. (O) 문서에 2인 이상의 작성명의인이 있을 때에는 각 명의자 마다 1개의 문서가 성립되므로 2인 이상의 연명으로 된 문서를 위조한 때에는 작성명의인의 수대로 수개의 문서위조죄가 성립하고 또 그 연명문서를 위조하는 행위는 자연적 관찰이나 사회통념상 하나의 행위라 할 것이어서 위 수개의 문서위조죄는 형법 제40조가 규정하는 상상적 경합범에 해당한다(대법원 1987.7.21, 87도564).

ㅁ. (×) 유죄의 확정판결을 받은 사람이 그 후 별개의 후행범죄를 저질렀는데 유죄의 확정판결에 대하여 재심이 개시된 경우, 후행범죄가 그 재심대상판결에 대한 재심판결 확정 전에 범하여졌다 하더라도 아직 판결을 받지 아니한 후행범죄와 재심판결이 확정된 선행범죄 사이에는 후단 경합범이 성립하지 않는다(대법원 2019.6.20, 2018도20698 전원합의체).

정답 ③

「형법」 제37조 후단의 사후적 경합범에 관한 설명 중 옳지 않은 것은? (다툼이 있는 경우 판례에 의함)

① 2004.1.20. 법률 제7077호로 공포·시행된 「형법」 개정법률에서는 「형법」 제37조 후단의 '판결이 확정된 죄'를 '금고 이상의 형에 처한 판결이 확정된 죄'로 개정하면서 특별한 경과규정을 두지 않았다. 그러나 피고인에게 불리하게 되는 등의 특별한 사정이 없는 한 위 개정법률 시행 당시 법원에 계속중인 사건 중 위 개정법률 시행 전에 벌금형에 처한 판결이 확정된 경우에도 개정법률이 적용되는 것으로 보아야 한다.

② 경합범 중 판결을 받지 아니한 죄가 있는 때에는 그 죄와 판결이 확정된 죄를 동시에 판결할 경우와 형평을 고려하여 그 죄에 대하여 형을 선고한다. 이 경우 그 형을 감경 또는 면제할 수 있다.

③ '판결이 확정된 죄'라 함은 수개의 독립된 죄 중의 어느 죄에 대하여 확정판결이 있었던 사실 그 자체를 의미하나, 일반사면으로 형의 선고의 효력이 상실된 경우에는 '판결이 확정된 죄'에 해당하지 않는다.

④ 피고인이 경합범 관계에 있는 A, B, C, D의 죄를 순차적으로 범하였는데 B와 C 범죄의 중간 시점에 금고이상의 형에 처한 판결이 확정된 경우, 판결 주문은 "피고인을 판시 제1죄(A, B)에 대하여 징역 1년에, 판시 제2죄(C, D)에 대하여 징역 2년에 각 처한다."라는 형식으로 기재된다.

⑤ 위 ④의 경우 피고인만 판시 제1죄에 대하여만 무죄를 주장하며 항소를 하였다면, 판시 제2죄 부분은 항소기간이 지남으로써 확정된다.

[해설] 출제영역 | 수죄 – 경합범 – 사후적 경합범

③ (×) 형법 제37조 후단의 경합범에 있어서 '판결이 확정된 죄'라 함은 수개의 독립된 죄 중의 어느 죄에 대하여 확정판결이 있었던 사실 자체를 의미하고 일반사면으로 형의 선고의 효력이 상실된 여부는 묻지 않는다고 해석할 것이므로, 사면됨으로써 형의 선고의 효력이 상실되었다고 하더라도 확정판결을 받은 죄의 존재가 이에 의하여 소멸되지 않는 이상 형법 제37조 후단의 판결이 확정된 죄에 해당한다(대법원 1996.3.8, 95도2114).

① (○) 대법원 2005.7.14, 2003도1166

② (○) 제39조 제1항 참조.

> **제39조(판결을 받지 아니한 경합범, 수개의 판결과 경합범, 형의 집행과 경합범)** ① 경합범 중 판결을 받지 아니한 죄가 있는 때에는 그 죄와 판결이 확정된 죄를 동시에 판결할 경우와 형평을 고려하여 그 죄에 대하여 형을 선고한다. 이 경우 그 형을 감경 또는 면제할 수 있다.

④ (○) 대법원 2010.11.25, 2010도10985

⑤ (○) 수개의 판결주문으로 수개의 형이 선고된 경우도 일부상소가 허용된다.

[정답] ③

경합관계 등에 관한 다음 설명 중 옳지 않은 것은 모두 몇 개인가?(다툼이 있는 경우 판례에 의하고, 전원합의체 판결의 경우 다수의견에 의함)

> 가. 반복적인 절도 범행 등에 대한 누범가중 처벌규정인 특정범죄 가중처벌 등에 관한 법률 제5조의4 제5항 제1호 중 '세 번 이상 징역형을 받은 사람'은 그 문언대로 형법 제329조 등의 죄로 세 번 이상 징역형을 받은 사실이 인정되는 사람을 의미하나, 전범 중 일부가 나머지 전범과 사이에 형법 제37조 후단 경합범의 관계에 있는 경우 이를 처벌조항에 규정된 처벌받은 형의 수를 산정할 때 제외하여야 한다.
>
> 나. 신용협동조합의 전무인 피고인이 조합의 담당직원을 기망하여 예금인출금 명목으로 금원을 교부받은 행위로 인한 사기죄와 업무상배임죄는 실체적 경합관계가 아닌 상상적 경합관계에 있다.
>
> 다. 유사수신행위 금지규정에 위반한 유사수신행위가 별도로 사기죄의 구성요건도 충족하는 경우 유사수신행위의 규제에 관한 법률 위반죄와 사기죄는 별개의 범죄로 성립하고, 양 죄는 실체적 경합관계에 있다.
>
> 라. 공무원이 취급하는 사건에 관하여 청탁 또는 알선을 할 의사와 능력이 없음에도 청탁 또는 알선을 한다고 기망하고 이에 속은 피해자로부터 로비자금 명목으로 금원을 송금받은 행위는 사기죄와 변호사법 위반죄를 구성하고, 양 죄는 상상적 경합관계에 있다.
>
> 마. 유죄의 확정판결을 받은 사람이 그 후 별개의 후행범죄를 저질렀는데 유죄의 확정판결에 대하여 재심이 개시된 경우, 후행범죄가 재심대상판결에 대한 재심판결 확정 전에 범하여졌다 하더라도 아직 판결을 받지 아니한 후행범죄와 재심판결이 확정된 선행범죄 사이에는 형법 제37조 후단에서 정한 경합범관계가 성립하지 않는다.

① 1개   ② 2개
③ 3개   ④ 4개
⑤ 없음

[해설] 출제영역 | 죄수론 – 일죄, 수죄

가. (×) 특정범죄 가중처벌 등에 관한 법률 제5조의4 제5항 제1호(이하 '처벌조항'이라 한다)의 문언 내용 및 입법 취지, 형법 제37조 후단과 제39조 제1항의 규정은 법원이 형법 제37조 후단 경합범(이하 '후단 경합범')인 판결을 받지 아니한 죄에 대한 판결을 선고할 경우 판결이 확정된 죄와 동시에 판결할 경우와의 형평을 고려하여야 한다는 형의 양정(형법 제51조)에 관한 추가적인 고려사항과 형평에 맞지 않다고 판단되는 경우에는 형의 임의적 감면을 할 수 있음을 제시한 것일 뿐 판결이 확정된 죄에 대한 형의 선고와 그 판결확정 전에 범한 죄에 대한 형의 선고를 하나의 형의 선고와 동일하게 취급하라는 것이 아닌 점 등을 고려하면, 처벌조항 중 '세 번 이상 징역형을 받은 사람'은 그 문언대로 형법 제329조 등의 죄로 세 번 이상 징역형을 받은 사실이 인정

되는 사람으로 해석하면 충분하고, 전범 중 일부가 나머지 전범과 사이에 후단 경합범의 관계에 있다고 하여 이를 처벌조항에 규정된 처벌받은 형의 수를 산정할 때 제외할 것은 아니다(대법원 2020.3.12, 2019도17381).

나. (○) 1개의 행위에 관하여 사기죄와 업무상배임죄의 각 구성요건이 모두 구비된 때에는 양 죄를 법조경합 관계로 볼 것이 아니라 상상적 경합관계로 봄이 상당하다 할 것이고, 나아가 업무상배임죄가 아닌 단순배임죄라고 하여 양 죄의 관계를 달리 보아야 할 이유도 없다(대법원 2002.7.18, 2002도669 전원합의체).

다. (○) 유사수신행위의 규제에 관한 법률 제3조에서 금지하고 있는 유사수신행위 그 자체에는 기망행위가 포함되어 있지 않고, 이러한 위 법률 위반죄와 특정경제범죄 가중처벌 등에 관한 법률 위반(사기)죄는 각 그 구성요건을 달리하는 별개의 범죄로서, 서로 행위의 태양이나 보호법익을 달리하고 있어 양 죄는 상상적 경합관계가 아니라 실체적 경합관계로 봄이 상당할 뿐만 아니라, 그 기본적 사실관계에 있어서도 동일하다고 볼 수 없다(대법원 2008.2.29, 2007도10414).

라. (○) 대법원 2006.1.27, 2005도8704

마. (○) 대법원 2019.6.20, 2018도20698 전원합의체

정답 ①

---

053 ✓ 유사 ◆◇◇ 　　　　해경승진(경위) 2023

다음 설명 중 가장 옳은 것은? (다툼이 있는 경우 판례에 의함)

① 특수상해죄(「형법」 제258조의2)는 흉기를 휴대하거나 2인 이상이 합동하여 상해 또는 존속상해의 죄를 범한 경우를 처벌하는 규정이다.

② 중체포·감금죄(「형법」 제277조)는 사람을 체포 또는 감금하여 생명에 대한 위험을 발생하게 한 경우를 처벌하는 규정으로, 결과적 가중범이자 구체적 위험범이다.

③ 경합범 가중 시 징역과 금고는 동종의 형으로 간주하여 징역형으로 처벌한다.

④ 형의 선고유예를 받은 날로부터 1년을 경과한 때에는 면소된 것으로 간주한다.

해설 출제영역 | 합동범, 경합범, 위험범, 선고유예

③ (○) 제38조 제2항 참조.

> **제38조(경합범과 처벌례)** ① 경합범을 동시에 판결할 때에는 다음 각 호의 구분에 따라 처벌한다.
> 2. 각 죄에 대하여 정한 형이 사형, 무기징역, 무기금고 외의 같은 종류의 형인 경우에는 가장 무거운 죄에 대하여 정한 형의 장기 또는 다액(多額)에 그 2분의 1까지 가중하되 각 죄에 대하여 정한 형의 장기 또는 다액을 합산한 형기 또는 액수를 초과할 수 없다. 다만, 과료와 과료, 몰수와 몰수는 병과(倂科)할 수 있다.
> ② 경합범 가중 시 징역과 금고는 동종의 형으로 간주하여 징역형으로 처벌한다.

① (×) 제258조의2 참조.
[보충] 특수범죄에는 합동범이 포함된 특수범죄와 그렇지 않은 특수범죄가 있다. 특수상해죄는 후자에 속한다.

> **제258조의2(특수상해)** ① 단체 또는 다중의 위력을 보이거나 위험한 물건을 휴대하여 제257조 제1항 또는 제2항의 죄를 범한 때에는 1년 이상 10년 이하의 징역에 처한다.
> ② 단체 또는 다중의 위력을 보이거나 위험한 물건을 휴대하여 제258조의 죄를 범한 때에는 2년 이상 20년 이하의 징역에 처한다.
> ③ 제1항의 미수범은 처벌한다.

② (×) 중체포·중감금죄는 사람을 체포·감금하고 다시 그에게 가혹한 행위를 가함으로써 성립하는 범죄이므로, 체포·감금행위와 가혹행위가 결합된 결합범이다. 따라서 본죄는 결과적 가중범(중상해죄, 중유기죄, 중강요죄, 중손괴죄)이 아니며, 구체적 위험범도 아니다.

> **제277조(중체포, 중감금, 존속중체포, 존속중감금)** ① 사람을 체포 또는 감금하여 가혹한 행위를 가한 자는 7년 이하의 징역에 처한다.

④ (×) 형법 제60조 참조.

> **제60조(선고유예의 효과)** 형의 선고유예를 받은 날로부터 2년을 경과한 때에는 면소된 것으로 간주한다.

정답 ③

054 ☑ 유사 ◆◇◇ 변호사 2024

아래 〈범죄경력〉 중 1개가 있는 甲이 2023. 11. 10. 아래 〈범죄사실〉 중 어느 1개 또는 수 개의 죄로 공소제기되어 그 〈범죄사실〉이 인정될 경우, 다음 설명 중 옳지 않은 것은? (다툼이 있는 경우 판례에 의함)

〈범죄경력〉

Ⓐ 2023. 4. 10. 서울중앙지방법원에서 상습절도죄로 벌금 500만 원을 선고받아 2023. 4. 18. 그 판결이 확정되었다.

Ⓑ 2023. 5. 10. 서울중앙지방법원에서 절도죄로 징역 6월을 선고받아 2023. 5. 18. 그 판결이 확정되었다.

〈범죄사실〉

㉠ 상습으로 2023. 2. 10.경 X 편의점에서 피해자 M 소유의 휴대전화 1대를 가지고 가 이를 절취하였다 [상습절도].

㉡ 2023. 3. 8.경 Y 커피숍에서 피해자 N에게 "수일 내 유명 가상자산 거래소에 상장되는 가상자산이 있는데, 나에게 돈을 투자하면 수백 배 이상의 수익을 얻을 수 있다"라고 거짓말하여 2023. 3. 10.경 1,000만 원을 피해자 N으로부터 교부받아 이를 편취하였다[사기].

㉢ 2023. 6. 10.경 Z 유흥주점에서 피해자 O의 뺨을 수회 때리고 발로 다리를 걸어차 피해자를 폭행하였다[폭행].

---

① Ⓐ범죄경력이 있는 甲이 ㉠죄로 기소된 경우, ㉠범죄사실과 Ⓐ범죄사실과의 사이에 동일한 습벽에 의하여 범행을 저질렀다는 점이 인정된다면, 「형사소송법」 제326조 제1호의 면소판결이 선고되어야 한다.

② Ⓑ범죄경력이 있는 甲이 ㉠죄로 기소된 경우, ㉠범죄사실과 Ⓑ범죄사실과의 사이에 동일한 습벽에 의하여 범행을 저질렀다는 점이 인정되더라도, 「형사소송법」 제326조 제1호의면소판결을 선고할 수 없다.

③ Ⓐ범죄경력이 있는 甲이 ㉡죄로 기소된 경우, 판결이 확정된 Ⓐ죄와 사이에 「형법」 제37조 후단의 경합범 관계에 있다.

④ Ⓑ범죄경력이 있는 甲이 ㉡, ㉢죄로 기소된 경우, ㉡죄는 판결이 확정된 Ⓑ죄와 사이에 「형법」 제37조 후단의 경합범 관계에 있으므로, 법원은 ㉡, ㉢죄에 대해 동시에 판결을 선고할 때 ㉡죄에 관하여 1개, ㉢죄에 관하여 1개의 형을 각각 선고하여야 한다.

⑤ Ⓑ범죄경력이 있는 甲이 ㉡, ㉢죄로 기소된 경우, ㉡죄에 관하여 「형법」 제39조 제1항에 의하여 형을 감경할 때에도 법률상 감경에 관한 「형법」 제55조 제1항이 적용되어 유기징역을 감경할 때에는 그 형기의 2분의 1 미만으로는 감경할 수 없다.

해설 출제영역 | 죄수론 종합

③ (×) 형법 제37조 후단에서 '금고 이상의 형에 처한 판결이 확정된 죄와 그 판결확정 전에 범한 죄'를 경합범으로 규정하고 있으므로, 벌금형을 선고한 판결이나 약식명령이 확정된 죄는 형법 제37조 후단의 경합범이 될 수 없다(대법원 2017.7.11, 2017도7287).

① (○), ② (○) 상습범으로서 포괄적 일죄의 관계에 있는 여러 개의 범죄사실 중 일부에 대하여 유죄판결이 확정된 경우에, 그 확정판결의 사실심판결 선고 전에 저질러진 나머지 범죄에 대하여 새로이 공소가 제기되었다면 그 새로운 공소는 확정판결이 있었던 사건과 동일한 사건에 대하여 다시 제기된 데 해당하므로 이에 대하여는 판결로써 면소의 선고를 하여야 하는 것인바(형사소송법 제326조 제1호), 다만 이러한 법리가 적용되기 위해서는 전의 확정판결에서 당해 피고인이 상습범으로 기소되어 처단되었을 것을 필요로 하는 것이고, 상습범 아닌 기본 구성요건의 범죄로 처단되는 데 그친 경우에는, 가사 뒤에 기소된 사건에서 비로소 드러났거나 새로 저질러진 범죄사실과 전의 판결에서 이미 유죄로 확정된 범죄사실 등을 종합하여 비로소 그 모두가 상습범으로서의 포괄적 일죄에 해당하는 것으로 판단된다 하더라도 뒤늦게 앞서의 확정판결을 상습범의 일부에 대한 확정판결이라고 보아 그 기판력이 그 사실심판결 선고 전의 나머지 범죄에 미친다고 보아서는 아니 된다(대법원 2004.9.16, 2001도3206 전원합의체).

④ (○) 금고 이상의 형에 처한 판결이 확정된 죄(Ⓑ)와 그 판결확정 전에 범한 죄(㉡)는 형법 제37조 후단의 경합범 관계에 있으나, 그 판결확정 후에 범한 죄(㉢)는 위 경합범 관계에 있지 않다. 또한 ㉠과 ㉢은 그 사이에 금고 이상의 형에 처한 판결이 확정되었으므로 형법 제37조 전단의 경합범 관계에 속하지 않는다. 따라서 법원은 ㉡의 죄와 ㉢의 죄에 대하여 동시에 판결을 선고할 때 두 개의 주문으로 각각 따로 형을 선고하여야 한다(대법원 1970.12.22, 70도2271 등).

⑤ (○) 형법 제37조 후단 경합범에 대하여 형법 제39조 제1항에 의하여 형을 감경할 때에도 법률상 감경에 관한 형법 제55조 제1항이 적용되어 유기징역을 감경할 때에는 그 형기의 2분의 1 미만으로는 감경할 수 없다(대법원 2019.4.18, 2017도14609 전원합의체).

정답 ③

memo

백광훈

통합 기출문제집

[형법]

CHAPTER 01 형벌의 의의와 종류

1 서설

001 ✓ 대표 ◆◇◇　　　법원9급 2014

현행 형법상 형벌에 관한 설명 중 가장 옳은 것은?

① 금고는 최장 45년까지 선고할 수 있다.

② 구류 20일의 선고유예는 불가능하다.

③ 자격정지는 최장 20년까지 가능하다.

④ 과료는 1,000원 이상 50,000원 미만의 금전적 형벌을 가하는 재산형이다.

[해설] 출제영역 | 형벌의 종류

② (○) 구류나 과료에 대한 선고유예는 할 수 없다.

① (×) 징역 또는 금고는 무기 또는 유기로 하고 유기는 1개월 이상 30년 이하로 한다. 단, 유기징역 또는 유기금고에 대하여 형을 가중하는 때에는 50년까지로 한다(제42조).

③ (×) 전조에 기재한 자격의 전부 또는 일부에 대한 정지는 1년 이상 15년 이하로 한다(제44조 제1항).

④ (×) 과료는 2천 원 이상 5만 원 미만으로 한다(제47조).

[정답] ②

002 ✓ 대표 ◆◇◇　　　법원행시 2020

형의 종류와 경중에 관한 다음 설명 중 가장 옳지 않은 것은? (다툼이 있는 경우 판례에 의하고, 전원합의체 판결의 경우 다수의견에 의함)

① 징역이 금고보다 무거운 형이나, 유기금고의 장기가 유기징역의 장기를 초과하는 때에는 금고를 중한 것으로 한다.

② 유기징역 또는 유기금고의 판결을 받은 자는 그 형의 집행이 종료하거나 면제될 때까지 공무원이 되는 자격이 정지된다. 다만, 다른 법률에 특별한 규정이 있는 경우에는 그 법률에 따른다.

③ 유기징역은 1개월 이상 30년 이하로 하고, 자격정지는 1개월 이상 15년 이하로 한다.

④ 구류는 1일 이상 30일 미만으로 한다.

⑤ 벌금은 5만 원 이상으로 한다. 다만, 감경하는 경우에는 5만 원 미만으로 할 수 있다.

[해설] 출제영역 | 형벌론, 형의 의의와 종류

③ (×) 징역 또는 금고는 무기 또는 유기로 하고 유기는 1개월 이상 30년 이하로 한다. 단, 유기징역 또는 유기금고에 대하여 형을 가중하는 때에는 50년까지로 한다(제42조). 자격정지는 1년

이상 15년 이하로 한다(제44조 제1항).

① (○) 제50조 제1항

② (○) 제43조 제2항

④ (○) 제46조

⑤ (○) 제45조

[정답] ③

003 ✓ 유사 ◆◆◇　　　법원9급 2020

다음 설명 중 가장 옳은 것은? (다툼이 있는 경우 판례에 의하고, 전원합의체 판결의 경우 다수의견에 의함)

① 형법 제37조 후단의 경합범 관계에 있는 죄에 대하여 형법 제39조 제1항에 의하여 따로 형을 선고하여야 하기 때문에 하나의 판결로 두 개의 자유형을 선고하는 경우 그 두 개의 자유형은 각각 별개의 형이므로 형법 제62조 제1항에 정한 집행유예의 요건에 해당하면 그 각 자유형에 대하여 각각 집행유예를 선고할 수 있는 것이고, 또 그 두 개의 자유형 중 하나의 자유형에 대하여 실형을 선고하면서 다른 자유형에 대하여 집행유예를 선고하는 것도 허용된다.

② '사형, 무기금고, 유기징역, 벌금, 자격상실, 자격정지, 구류, 과료, 몰수'는 형이 무거운 것부터 순서대로 나열한 것이다.

③ 금고 이상의 형을 받아 그 집행을 종료하거나 면제를 받은 후 5년 내에 금고 이상에 해당하는 죄를 범한 자는 누범으로 처벌한다.

④ 몰수는 타형에 부가하여 과한다. 따라서 행위자에게 유죄의 재판을 아니 할 때에는 어떤 경우에도 몰수만을 선고할 수는 없다.

[해설] 출제영역 | 형벌의 종류

① (○) 대법원 2002.2.26, 2000도4637

② (×) 사형 > 무기금고 > 유기징역 > 자격상실 > 자격정지 > 벌금 > 구류 > 과료 > 몰수 순으로 형이 무겁다.

③ (×) 금고 이상의 형을 선고받아 그 집행이 종료되거나 면제된 후 3년 내에 금고 이상에 해당하는 죄를 지은 사람은 누범으로 처벌한다(제35조 제1항).

④ (×) 몰수는 타형에 부가하여 과한다. 단, 행위자에게 유죄의 재판을 아니할 때에도 몰수의 요건이 있는 때에는 몰수만을 선고할 수 있다(제49조).

[정답] ①

004 ✅ 유사 ◆◆◇　　　　　　국가9급/총론 2021

형법상 형(刑)에 대한 설명으로 옳은 것은?

① 판결선고 후 누범인 것이 발각된 때에는 그 선고한 형을 통산하여 다시 형을 정하여야 한다. 단, 선고한 형의 집행을 종료하거나 그 집행이 면제된 후에는 예외로 한다.

② 집행유예의 선고를 받은 자가 유예기간 중 벌금 이상의 형을 선고받아 그 판결이 확정된 때에는 집행유예의 선고는 효력을 잃는다.

③ 가석방의 처분을 받은 자가 감시에 관한 규칙을 위배하거나 보호관찰의 준수사항을 위반한 때에는 가석방처분을 취소한다.

④ 징역 또는 금고의 집행을 종료하거나 집행이 면제된 자가 피해자의 손해를 보상하고 자격정지 이상의 형을 받음이 없이 7년을 경과한 때에는 본인 또는 검사의 신청에 의하여 그 재판의 실효를 선고할 수 있다.

[해설] 출제영역 | 형벌론 종합

④ (○) 재판상 실효를 정한 제81조의 내용이다.

① (×) 판결선고 후 누범인 것이 발각된 때에는 그 선고한 형을 통산하여 다시 형을 정할 수 있다. 단, 선고한 형의 집행을 종료하거나 그 집행이 면제된 후에는 예외로 한다(제36조).

② (×) 집행유예의 선고를 받은 자가 유예기간 중 고의로 범한 죄로 금고 이상의 실형을 선고받아 그 판결이 확정된 때에는 집행유예의 선고는 효력을 잃는다(제63조).

③ (×) 가석방의 처분을 받은 자가 감시에 관한 규칙을 위배하거나, 보호관찰의 준수사항을 위반하고 그 정도가 무거운 때에는 가석방처분을 취소할 수 있다(제75조).

[정답] ④

005 ✅ 유사 ◆◆◇　　　　　　국가9급 2019

다음 설명 중 옳지 않은 것만을 모두 고르면? (다툼이 있는 경우 판례에 의함)

ㄱ. 「형법」상 몰수의 대상은 범죄의 실행행위 자체에 사용한 물건에만 한정되고, 실행행위 착수 전 또는 실행행위 종료 후의 행위에 사용한 물건은 이에 해당하지 않는다.

ㄴ. 하나의 죄에 대하여 징역형과 벌금형을 병과하는 경우 특별한 규정이 없더라도 징역형만을 작량감경하고 벌금형에는 작량감경을 하지 않을 수 있다.

ㄷ. 선고유예는 선고할 형이 1년 이하의 징역이나 금고, 자격정지 또는 벌금의 형인 경우에 한하고 구류형에 대하여는 선고를 유예할 수 없다.

ㄹ. 판결선고 전의 구금일수는 전부 또는 그 일부를 유기징역, 유기금고, 벌금이나 과료에 관한 유치 또는 구류에 산입한다.

① ㄱ, ㄴ　　　　② ㄴ, ㄷ
③ ㄱ, ㄴ, ㄹ　　　④ ㄱ, ㄷ, ㄹ

[해설] 출제영역 | 형벌의 종류

ㄱ. (×) 형법 제48조 제1항 제1호의 "범죄행위에 제공한 물건"이라 함은, 가령 살인행위에 사용한 칼 등 범죄의 실행행위 자체에 사용한 물건에만 한정되는 것이 아니며, 실행행위의 착수 전의 행위 또는 실행행위의 종료 후의 행위에 사용한 물건이더라도 그것이 범죄행위의 수행에 실질적으로 기여하였다고 인정되는 한 위 법조 소정의 제공된 물건에 포함된다고 볼 것이다(대법원 2006. 9.14, 2006도4075).

ㄴ. (×) 대법원 1997.8.26, 96도3466; 2008.7.10, 2008도3258 등

ㄷ. (○) 제59조 제1항 참조.

> **제59조(선고유예의 요건)** ① 1년 이하의 징역이나 금고, 자격정지 또는 벌금의 형을 선고할 경우에 제51조의 사항을 고려하여 뉘우치는 정상이 뚜렷할 때에는 그 형의 선고를 유예할 수 있다. 다만, 자격정지 이상의 형을 받은 전과가 있는 사람에 대해서는 예외로 한다. 〈개정 2020.12.8〉

ㄹ. (×) 제57조 제1항, 헌법재판소 2009.6.25, 2007헌바25 참조.

> **제57조(판결선고전 구금일수의 통산)** ① 판결선고전의 구금일수는 그 전부를 유기징역, 유기금고, 벌금이나 과료에 관한 유치 또는 구류에 산입한다. 〈개정 2014.12.30.〉

[정답] ③

2 사형

3 자유형

4 재산형

006 ✓ 대표 ◆◇◇   국가9급 2018

벌금형에 대한 설명으로 옳지 않은 것은? (다툼 있는 경우 판례에 의함)

① 법정형에 징역형과 벌금형이 선택형으로 규정되어 있는 범죄에서 벌금형을 선택하여 처벌하는 경우에 노역장 유치기간은 법정형에서 정한 징역형의 상한을 초과하여 정할 수 없다.

② 벌금을 선고할 때에는 납입하지 아니하는 경우의 유치기간을 정하여 동시에 선고하여야 한다.

③ 벌금을 납입하지 아니하는 자에 대한 노역장 유치기간은 벌금액수가 아무리 많더라도 3년을 초과할 수 없다.

④ 선고하는 벌금이 5억 원 이상 50억 원 미만인 경우에는 500일 이상의 유치기간을 정하여야 한다.

┌ 해설 ┐ 출제영역 | 재산형 – 벌금형

① (×) 징역형과 벌금형 가운데에서 벌금형을 선택하여 선고하면서 그에 대한 노역장 유치기간을 환산한 결과 징역형의 장기보다 유치기간이 더 길게 되더라도 위법한 것은 아니다(대법원 1971. 3.30, 71도251; 2000.11.24, 2000도3945).

② (○) 제70조 제1항 참조.

> **제70조(노역장 유치)** ① 벌금이나 과료를 선고할 때에는 이를 납입하지 아니하는 경우의 노역장 유치기간을 정하여 동시에 선고하여야 한다. 〈개정 2020.12.8〉

③ (○) 제69조 제2항 참조.

> **제69조(벌금과 과료)** ② 벌금을 납입하지 아니한 자는 1일 이상 3년 이하, 과료를 납입하지 아니한 자는 1일 이상 30일 미만의 기간 노역장에 유치하여 작업에 복무하게 한다.

④ (○) 제70조 제2항 참조.

> **제70조(노역장 유치)** ② 선고하는 벌금이 1억원 이상 5억원 미만인 경우에는 300일 이상, 5억원 이상 50억원 미만인 경우에는 500일 이상, 50억원 이상인 경우에는 1천일 이상의 노역장 유치기간을 정하여야 한다. 〈개정 2020.12.8〉

[정답] ①

---

007 ✓ 대표 ◆◆◇   국가9급/총론 2020

몰수에 대한 설명으로 옳은 것은? (다툼이 있는 경우 판례에 의함)

① 상품을 절취하여 자신의 승용차에 싣고 간 경우, 그 승용차가 단순한 교통수단을 넘어 장물의 운반에 사용한 것이라고 인정된다면 이를 범죄행위에 제공한 물건으로 보아 몰수할 수 있다.

② 몰수나 추징이 공소사실과 관련이 있는 경우 그 공소사실에 관하여 이미 공소시효가 완성된 경우에도 몰수나 추징을 할 수 있다.

③ 피고인의 소유물은 물론 공범자의 소유물도 몰수할 수 있으나, 공범자의 소유물은 공범자가 소추된 경우에 한하여 몰수할 수 있다.

④ 집행을 종료함으로써 효력을 상실한 압수·수색영장에 기하여 다시 압수·수색을 실시하면서 몰수대상물건을 압수한 경우, 압수 자체가 위법하므로 그러한 압수물의 몰수 역시 효력이 없다.

┌ 해설 ┐ 출제영역 | 재산형 – 몰수

① (○) 대법원 2006.9.14, 2006도4075

② (×) 공소사실이 인정되지 않는 경우에 이와 별개의 공소가 제기되지 아니한 범죄사실을 법원이 인정하여 그에 관하여 몰수나 추징을 선고하는 것은 불고불리의 원칙에 위반되어 불가능하며, 몰수나 추징이 공소사실과 관련이 있다 하더라도 그 공소사실에 관하여 이미 공소시효가 완성되어 유죄의 선고를 할 수 없는 경우에는 몰수나 추징도 할 수 없다(대법원 1992.7.28, 92도700).

③ (×) 형법 제48조 제1항의 '범인'에는 공범자도 포함되므로 피고인의 소유물은 물론 공범자의 소유물도 그 공범자의 소추 여부를 불문하고 몰수할 수 있고, 여기에서의 공범자에는 공동정범, 교사범, 방조범에 해당하는 자는 물론 필요적 공범관계에 있는 자도 포함된다(대법원 2006.11.23, 2006도5586).

④ (×) 이미 그 집행을 종료함으로써 효력을 상실한 압수·수색영장에 기하여 다시 압수·수색을 실시하면서 몰수대상물건을 압수한 경우, 압수 자체가 위법하게 됨은 별론으로 하더라도 그것이 위 물건의 몰수의 효력에는 영향을 미칠 수 없다(대법원 2003. 5.30, 2003도705).

[정답] ①

몰수(「형법」 제48조 제1항)에 대한 설명으로 옳지 않은 것은? (다툼이 있는 경우 판례에 의함)

① '범죄행위에 제공하려고 한 물건'은 범인 이외의 자의 소유에 속하지 아니하거나 범죄 후 범인 이외의 자가 정을 알면서 취득한 경우 이를 몰수할 수 있다.

② 범죄행위에 제공된 사행성 게임기가 기판과 본체가 서로 물리적으로 결합하여야만 그 기능을 발휘할 수 있는 기계라도 그 게임기가 당국으로부터 적법하게 등급심사를 받은 것이라면, 본체는 직접 범죄행위에 제공된 것이 아니므로 몰수의 대상이 될 수 없다.

③ 체포될 당시 소지하고 있던 자기앞수표가 장차 실행하려고 한 외국환거래법위반의 범행에 제공하려는 물건이라면, 이는 그 범행과는 별개로 이전에 범해진 외국환거래법위반죄의 '범죄행위에 제공하려고 한 물건'으로는 볼 수 없다.

④ 판결선고 전 검찰에 의하여 압수된 후 피고인에게 환부된 물건에 대하여도 피고인으로부터 몰수할 수 있다.

> 해설 출제영역 | 재산형 – 몰수

② (×) 사행성 게임기는 기판과 본체가 서로 물리적으로 결합되어야만 비로소 그 기능을 발휘할 수 있는 기계로서, 당국으로부터 적법하게 등급심사를 받은 것이라고 하더라도 본체를 포함한 그 전부가 범죄행위에 제공된 물건으로서 몰수의 대상이 된다(대법원 2006.12.8, 2006도6400).

① (○) 범죄행위에 제공하려고 한 물건은 범인 이외의 자의 소유에 속하지 아니하거나 범죄 후 범인 이외의 자가 정을 알면서 취득한 경우 이를 몰수할 수 있고, 한편 법원이나 수사기관은 필요한 때에는 증거물 또는 몰수할 것으로 사료하는 물건을 압수할 수 있으나, 몰수는 반드시 압수되어 있는 물건에 대하여서만 하는 것이 아니므로, 몰수대상물건이 압수되어 있는가 하는 점 및 적법한 절차에 의하여 압수되었는가 하는 점은 몰수의 요건이 아니다(대법원 2003.5.30, 2003도705).

③ (○) 체포될 당시에 미처 송금하지 못하고 소지하고 있던 자기앞수표나 현금은 장차 실행하려고 한 외국환거래법 위반의 범행에 제공하려는 물건일 뿐, 그 이전에 범해진 외국환거래법 위반의 '범죄행위에 제공하려고 한 물건'으로는 볼 수 없으므로 몰수할 수 없다(대법원 2008.2.14, 2007도10034).

④ (○) 몰수는 압수되어 있는 물건에 대해서만 하는것이 아니므로 판결선고 전 검찰에 의하여 압수된 후 피고인에게 환부된 물건에 대하여도 피고인으로 부터 몰수할 수 있다(대법원 1977.5.24, 76도4001).

> 정답 ②

몰수와 추징에 대한 설명으로 옳지 않은 것은? (다툼이 있으면 판례에 의함)

① 甲이 공무원 A에게 승용차 대금 명목으로 1,400만 원을 뇌물로 제공하기로 약속하였다면 甲으로부터 그 뇌물로 제공하기로 약속된 승용차 대금 명목의 금품을 추징해야 한다.

② 甲이 A로 하여금 사기도박에 참여하도록 유인하기 위하여 고액의 수표를 제시해 보였다면 그 수표를 직접적으로 도박자금으로 사용하지 않았더라도 몰수할 수 있다.

③ 수뢰자가 증뢰자로부터 뇌물을 교부받아 그대로 보관하였다가 증뢰자에게 뇌물 그 자체를 반환한 경우에는 증뢰자로부터 몰수 또는 추징한다.

④ 몰수의 취지가 범죄에 의한 이득의 박탈을 그 목적으로 하는 것이고 추징도 이러한 몰수의 취지를 관철하기 위한 것인 경우에는 추징가액의 산정은 재판 선고 시의 가격을 기준으로 하여야 한다.

> 해설 출제영역 | 몰수와 추징

① (×) 형법 제134조는 뇌물에 공할 금품(2020.12.8. 개정: 뇌물로 제공하려고 한 금품)을 필요적으로 몰수하고 이를 몰수하기 불가능한 때에는 그 가액을 추징하도록 규정하고 있는바, 몰수는 특정된 물건에 대한 것이고 추징은 본래 몰수할 수 있었음을 전제로 하는 것임에 비추어 뇌물에 공할 금품이 특정되지 않았던 것은 몰수할 수 없고 그 가액을 추징할 수도 없다(대법원 1996.5.8, 96도221). 이 판례에서 피고인이 원심 공동피고인 1과 공모하여 원심 공동피고인 2에게 승용차대금 명목으로 금 14,000,000원을 뇌물로 제공하기로 약속한 경우 한편 뇌물로 약속된 위 승용차대금 명목의 금품은 특정되지 않아 이를 몰수할 수 없었으므로 그 가액을 추징할 수 없는 것이라 보았다.

② (○) 대법원 2002.9.24, 2002도3589

③ (○) 대법원 1984.2.28, 83도2783

④ (○) 대법원 2008.10.9, 2008도6944

> 정답 ①

010 ✓ 대표 ◆◆◇

몰수·추징에 대한 설명으로 옳지 않은 것은? (다툼이 있는 경우 판례에 의함)

① 징역형의 집행유예와 추징의 선고를 받은 사람에 대하여 징역형의 선고의 효력을 상실케 하는 동시에 복권하는 특별사면이 있는 경우에 추징에 대하여도 형 선고의 효력이 상실된다.

② 범죄행위로 인하여 물건을 취득한 것은 물건 자체이고 이는 몰수되어야 할 것이나, 이미 처분되어 없다면 그 가액 상당을 추징할 것이고, 그 가액에서 이를 취득하기 위한 대가로 지급한 금원을 뺀 나머지를 추징해야 하는 것은 아니다.

③ 수뢰자가 뇌물을 그대로 보관하였다가 증뢰자에게 반환한 때에는 증뢰자로부터 몰수·추징할 것이므로 수뢰자로부터 추징함은 위법하다.

④ 「형법」 제48조 제1항의 범인에 해당하는 공범자는 반드시 유죄의 죄책을 지는 자에 국한된다고 볼 수 없고 공범에 해당하는 행위를 한 자이면 족하다. 따라서 유죄의 죄책을 지지 않는 공범자의 소유물을 몰수할 수 있다.

해설 출제영역 | 몰수와 추징 – 추징

① (×) 특별사면은 해당 형벌의 집행만 면제할 뿐이다. "징역형의 집행유예와 추징의 선고를 받은 사람에 대하여 징역형 선고의 효력을 상실케하는 동시에 복권하는 특별사면이 있은 경우에 추징에 대하여도 형 선고의 효력이 상실된다고 볼 수는 없다(대법원 1996.5.14, 96모14)."

② (○) 범죄수익의 추징에 있어서 범죄수익을 얻기 위해 범인이 지출한 비용은 그것이 범죄수익으로부터 지출되었다고 하더라도 이는 범죄수익을 소비하는 방법에 지나지 않아 추징할 범죄수익에서 공제할 것은 아니다(대법원 2006.6.29, 2005도7146).

③ (○) 수뢰자가 뇌물을 그대로 보관하다가 뇌물 그 자체를 증뢰자에게 반환한 경우 증뢰자로부터 몰수 또는 추징한다(대법원 1978.2.28, 77도4037).

④ (○) 형법 제48조 제1항 '범인 이외의(2020.12.8. 개정: 외의)자의 소유에 속하지 아니할 것'에서 '범인' 속에는 '공범자'도 포함되므로 범인 자신의 소유물은 물론 공범자의 소유물도 그 공범자의 소추 여부를 불문하고 몰수할 수 있다(대법원 1984.5.29, 83도2680).

정답 ①

---

011 ✓ 유사 ◆◆◇

몰수 및 추징에 대한 설명으로 옳지 않은 것은? (다툼이 있는 경우 판례에 의함)

① 행위자에게 유죄의 재판을 하지 아니할 때에도 몰수만을 선고할 수 있으므로 실체판단에 들어가 공소사실을 인정하는 경우가 아닌 면소의 경우에도 원칙적으로 몰수할 수 있다.

② 공범자의 소유물은 그의 소추여부를 불문하고 몰수할 수 있다.

③ 범죄행위로 인하여 주식을 취득하면서 그 대가를 지급하였더라도 그 주식 자체가 몰수되어야 하지만, 주식이 이미 처분되고 없어 그 가액상당을 추징할 때에도 대가로 지급한 금원을 뺀 나머지를 추징하여야 하는 것은 아니다.

④ 몰수대상물건이 압수되어 있는가 하는 점 및 압수가 적법한 절차에 의하여 이루어졌는가 하는 점은 몰수의 요건이 아니다.

해설 출제영역 | 몰수와 추징

① (×) 형법 제49조 단서는 행위자에게 유죄의 재판을 하지 아니할 때에도 몰수의 요건이 있는 때에는 몰수만을 선고할 수 있다고 규정하고 있으나, 우리 법제상 공소의 제기 없이 별도로 몰수만을 선고할 수 있는 제도가 마련되어 있지 아니하므로 실체판단에 들어가 공소사실을 인정하는 경우가 아닌 면소의 경우에는 원칙적으로 몰수도 할 수 없다(대법원 2007.7.26, 2007도4556).

② (○) 대법원 2006.11.23, 2006도5586

③ (○) 대법원 2005.7.15, 2003도4293

④ (○) 대법원 2003.5.30, 2003도705

정답 ①

---

012 ✓ 유사 ◆◇◇

몰수에 관한 다음 설명 중 가장 옳지 않은 것은? (다툼이 있는 경우 판례에 의하고, 전원합의체 판결의 경우 다수의견에 의함)

① 주형을 선고유예 하는 경우에 몰수의 선고유예도 가능하다.

② 행위자에게 유죄의 재판을 아니 할 때에도 몰수의 요건이 있는 때에는 몰수만을 선고할 수 있다.

③ 주형의 선고를 유예하는 경우에 몰수의 요건이 있는 때에는 몰수만을 선고할 수도 있다.

④ 주형의 선고를 유예하지 않으면서 몰수와 추징에 대하여만 선고를 유예할 수도 있다.

해설 출제영역 | 재산형 – 몰수와 추징

④ (×) 주형에 대하여 선고를 유예하는 경우에는 그 부가할 몰수 추징에 대하여도 선고를 유예할 수 있으나, 그 주형에 대하여 선고를 유예하지 아니하면서 이에 부가할 몰수 추징에 대하여서만 선고를 유예할 수는 없다(대법원 1988.6.21, 88도551).

① (○) 주형에 대하여 선고를 유예하는 경우에는 그 부가할 추징에 대하여도 선고를 유예할 수 있으나 그 주형에 대하여 선고를 유예하지 아니하면서 이에 부가할 추징에 대하여서만 선고를 유예할 수는 없다(대법원 1979.4.10, 78도3098).
② (○) 제49조 단서
③ (○) 형의 선고의 유예를 하는 경우에도 몰수의 요건이 있는 때에는 몰수형만의 선고를 할 수 있다(대법원 1973.12.11, 73도1133 전원합의체).

정답 ④

013 ✓ 유사 ◆◆◇ 　　　법원9급 2021

다음 설명 중 가장 옳지 않은 것은? (다툼이 있는 경우 판례에 의함)

① 피고인 이외의 제3자의 소유에 속하는 물건의 경우, 몰수를 선고한 판결의 효력은 원칙적으로 몰수의 원인이 된 사실에 관하여 유죄의 판결을 받은 피고인에 대한 관계에서 그 물건을 소지하지 못하게 하는 데 그치지 않고, 그 사건에서 재판을 받지 아니한 제3자의 소유권에도 영향을 미친다.
② 형법 제37조 후단 경합범에 대하여 형법 제39조 제1항에 의하여 형을 감경할 때에도 법률상 감경에 관한 형법 제55조 제1항이 적용되어 유기징역을 감경할 때에는 그 형기의 2분의 1 미만으로는 감경할 수 없다.
③ 형사소송법 제459조가 "재판은 이 법률에 특별한 규정이 없으면 확정한 후에 집행한다."라고 규정한 취지나 집행유예 제도의 본질 등에 비추어 보면 집행유예를 함에 있어 그 집행유예 기간의 시기(始期)는 집행유예를 선고한 판결 확정일로 하여야 한다.
④ 형법 제51조의 사항과 개전의 정상이 현저한지에 관한 사항은 형의 양정에 관한 법원의 재량사항에 속하므로, 상고심으로서는 형사소송법 제383조 제4호에 의하여 사형·무기 또는 10년 이상의 징역·금고가 선고된 사건에서 형의 양정의 당부에 관한 상고이유를 심판하는 경우가 아닌 이상, 선고유예에 관하여 형법 제51조의 사항과 개전의 정상이 현저한지에 대한 원심판단의 당부를 심판할 수 없다.

해설 출제영역 | 형벌론, 몰수

① (×) 피고인 이외의 제3자의 소유에 속하는 물건에 대하여 몰수를 선고한 판결의 효력은 원칙적으로 몰수의 원인이 된 사실에 관하여 유죄의 판결을 받은 피고인에 대한 관계에서 그 물건을 소지하지 못하게 하는 데 그치고 그 사건에서 재판을 받지 아니한 제3자의 소유권에 어떤 영향을 미치는 것은 아니다(대법원 1999.5.11, 99다12161).
② (○) 대법원 2019.4.18, 2017도14609 전원합의체
③ (○) 대법원 2019.2.28, 2018도13382
④ (○) 대법원 2016.12.27, 2015도14375

정답 ①

014 ✓ 유사 ◆◆◆ 　　　변호사 2019

몰수와 추징에 관한 설명 중 옳지 않은 것은? (다툼이 있는 경우 판례에 의함)

① 배임수·중재죄에서 수재자가 증재자로부터 받은 재물을 그대로 가지고 있다가 증재자에게 반환하였다면 증재자로부터 이를 몰수하거나 그 가액을 추징하여야 한다.
② 공무원이 뇌물을 받음에 있어서 그 취득을 위하여 상대방에게 뇌물의 가액에 상당하는 금원의 일부를 비용의 명목으로 출연한 경우, 그 공무원으로부터 뇌물죄로 얻은 이익을 몰수·추징함에 있어서는 그 뇌물의 가액에서 위와 같은 지출을 공제한 나머지 가액에 상당한 이익만을 몰수·추징해야 하는 것이지 그 받은 뇌물 자체를 몰수해야 하는 것은 아니다.
③ 공무원인 범인이 금품을 무상대여 받음으로써 위법한 재산상 이익을 취득한 경우, 그가 받은 부정한 이익은 그로 인한 금융이익 상당액이라 할 것이므로 추징의 대상이 되는 것은 무상으로 대여 받은 금품 그 자체가 아니라 위 금융이익 상당액이라고 보아야 한다.
④ 특정범죄가중처벌등에관한법률위반(알선수재)죄로 유죄가 선고된 사안에서, 범인이 공무원의 직무에 속한 사항의 알선에 관하여 금품을 받음에 있어 타인의 동의하에 그 타인 명의의 예금계좌로 입금받는 방식을 취하였다고 하더라도 이는 범인이 받은 금품을 관리하는 방법의 하나에 지나지 아니하므로, 그 가액 역시 범인으로부터 추징해야 한다.
⑤ 법원은 피고인의 소유물은 물론 공범자의 소유물도 그 공범자의 소추 여부를 불문하고 몰수할 수 있고, 이 경우 공범자에는 공동정범, 교사범, 방조범에 해당하는 자뿐만 아니라 필요적 공범관계에 있는 자도 포함된다.

해설 출제영역 | 몰수와 추징

② (×) 공무원이 뇌물을 받음에 있어서 그 취득을 위하여 상대방에게 뇌물의 가액에 상당하는 금원의 일부를 비용의 명목으로 출연하거나 그 밖에 경제적 이익을 제공하였다 하더라도, 이는 뇌물을 받는 데 지출한 부수적 비용에 불과하다고 보아야 할 것이지, 이로 인하여 공무원이 받은 뇌물이 그 뇌물의 가액에서 위와 같은 지출액을 공제한 나머지 가액에 상당한 이익에 한정되는 것이라고 볼 수는 없으므로, 그 공무원으로부터 뇌물죄로 얻은 이익을 몰수·추징함에 있어서는 그 받은 뇌물 자체를 몰수하여야 하고, 그 뇌물의 가액에서 위와 같은 지출을 공제한 나머지 가액에 상당한 이익만을 몰수·추징할 것은 아니다(대법원 1999.10.8, 99도1638).

① (○) 배임수재죄와 배임증재죄는 이른바 대향범으로서 형법 제357조 제3항에서 필요적 몰수 또는 추징을 규정한 것은 범행에 제공된 재물과 재산상 이익을 박탈하여 부정한 이익을 보유하지 못하게 하기 위한 것이므로, 형법 제357조 제3항에서 몰수의 대상으로 규정한 '범인이 취득한 제1항의 재물'은 배임수재죄의 범인이 취득한 목적물이자 배임증재죄의 범인이 공여한 목적물을 가리키는 것이지 배임수재죄의 목적물만을 한정하여 가리키는

것이 아니다. 그러므로 수재자가 증재자로부터 받은 재물을 그대로 가지고 있다가 증재자에게 반환하였다면 증재자로부터 이를 몰수하거나 그 가액을 추징하여야 한다(대법원 2017.4.7, 2016 도18104).

③ (○) 금품의 무상대여를 통하여 위법한 재산상 이익을 취득한 경우 범인이 받은 부정한 이익은 그로 인한 금융이익 상당액이라 할 것이므로 추징의 대상이 되는 것은 무상으로 대여 받은 금품 그 자체가 아니라 위 금융이익 상당액이라고 봄이 상당하다(대법원 2014.5.16, 2014도1547).

④ (○) 공무원의 직무에 속한 사항의 알선에 관하여 금품을 받음에 있어 타인의 동의하에 그 타인 명의의 예금계좌로 입금 받는 방식을 취하였다고 하더라도 이는 범인이 받은 금품을 관리하는 방법의 하나에 지나지 아니하므로, 그 가액 역시 범인으로부터 추징하지 않으면 안 된다고 할 것이다(대법원 2006.10.27, 2006 도4659).

⑤ (○) 형법 제48조 제1항의 '범인'에는 공범자도 포함되므로 피고인의 소유물은 물론 공범자의 소유물도 그 공범자의 소추 여부를 불문하고 몰수할 수 있고, 여기에서의 공범자에는 공동정범, 교사범, 방조범에 해당하는 자는 물론 필요적 공범관계에 있는 자도 포함된다(대법원 2006.11.23, 2006도5586).

정답 ②

몰수·추징에 관한 다음 설명 중 가장 옳지 않은 것은?

① 마약류 관리에 관한 법률 제67조의 몰수나 추징을 선고하기 위하여는 몰수나 추징의 요건이 공소가 제기된 범죄사실과 관련되어 있어야 하므로, 법원으로서는 범죄사실에서 인정되지 아니한 사실에 관하여는 몰수나 추징을 선고할 수 없다.

② 배임수재죄에 있어 수재자가 증재자로부터 받은 재물을 그대로 가지고 있다가 증재자에게 반환하였다면 증재자로부터 이를 몰수하거나 그 가액을 추징하여야 한다.

③ 甲주식회사 대표이사인 피고인이 금융기관에 청탁하여 乙주식회사가 대출을 받을 수 있도록 알선행위를 하고 그 대가로 용역대금 명목의 수수료를 甲회사 계좌를 통해 송금 받아 특정경제범죄 가중처벌 등에 관한 법률 위반(알선수재)죄가 인정된 사안에서, 피고인이 甲회사의 대표이사로서 같은 법 제7조에 해당하는 행위를 하고 당해 행위로 인한 대가로 수수료를 받았다면, 수수료에 대한 권리가 甲회사에 귀속된다 하더라도 행위자인 피고인으로부터 수수료로 받은 금품을 몰수 또는 그 가액을 추징할 수 있다.

④ 특정경제범죄 가중처벌 등에 관한 법률 위반(알선수재)죄에 있어서 알선의뢰인이 알선수재자에게 공무원이나 금융기관 임직원의 직무에 속한 사항에 관한 알선의 대가를 형식적으로 체결한 고용계약에 터잡아 급여의 형식으로 지급한 경우에, 원천징수된 근로소득세 등을 포함한 명목상 급여액을 알선수재자로부터 추징하여야 한다.

⑤ 마약류관리에 관한 법률 제67조에 의한 몰수나 추징은 범죄행위로 인한 이득의 박탈을 목적으로 하는 것이 아니라 징벌적 성질의 처분이므로, 그 범행으로 인하여 이득을 취득한 바 없다 하더라도 법원은 그 가액의 추징을 명하여야 하고, 그 추징의 범위에 관하여는 죄를 범한 자가 여러 사람일 때에는 각자에 대하여 그가 취급한 범위 내에서 의약품 가액 전액의 추징을 명하여야 한다.

해설 | 출제영역 | 몰수와 추징

④ (×) 특가법 제3조, 제13조 및 특경법 제7조, 제10조 제2항, 제3항의 내용과 그 입법 취지를 종합하면, 알선의뢰인이 알선수재자에게 공무원이나 금융기관 임직원의 직무에 속한 사항에 관한 알선의 대가를 형식적으로 체결한 고용계약에 터잡아 급여의 형식으로 지급한 경우에, 알선수재자가 수수한 알선수재액은 명목상의 급여액이 아니라 <u>원천징수된 근로소득세 등을 제외하고 알선수재자가 실제 지급받은 금액</u>으로 보아야 하고, 또한 위 금액만을 특가법 제13조 소정의 '제3조의 죄를 범하여 범인이 취득한 해당 재산' 또는 특경법 제10조 제2항 소정의 '제7조의 경우 범인이 받은 금품이나 그 밖의 이익'으로서 몰수·추징하여야 한다(대법원 2012.6.14, 2012도534).

① (○) 마약류 관리에 관한 법률 제67조의 몰수나 추징을 선고하기 위하여는 몰수나 추징의 요건이 공소가 제기된 범죄사실과 관련되어 있어야 하므로, 법원으로서는 범죄사실에서 인정되지 아니한 사실에 관하여는 몰수나 추징을 선고할 수 없다(대법원 2016.12.15, 2016도16170).

② (○) 형법(2016.5.29. 법률 제14178호로 개정되기 전의 것)은 제357조 제1항에서 배임수재죄를, 제2항에서 배임증재죄를 규정하고, 이어 제3항에서 "범인이 취득한 제1항의 재물은 몰수한다. 그 재물을 몰수하기 불능하거나 재산상의 이익을 취득한 때에는 그 가액을 추징한다."라고 규정하고 있다. 배임수재죄와 배임증재죄는 이른바 대향범으로서 위 제3항에서 필요적 몰수 또는 추징을 규정한 것은 범행에 제공된 재물과 재산상 이익을 박탈하여 부정한 이익을 보유하지 못하게 하기 위한 것이므로, 제3항에서 몰수의 대상으로 규정한 '범인이 취득한 제1항의 재물'은 배임수재죄의 범인이 취득한 목적물이자 배임증재죄의 범인이 공여한 목적물을 가리키는 것이지 배임수재죄의 목적물만을 한정하여 가리키는 것이 아니다. 그러므로 수재자가 증재자로부터 받은 재물을 그대로 가지고 있다가 증재자에게 반환하였다면 증재자로부터 이를 몰수하거나 그 가액을 추징하여야 한다(대법원 2017.4.7, 2016도18104).

③ (○) 甲 주식회사 대표이사인 피고인이 금융기관에 청탁하여 乙 주식회사가 대출을 받을 수 있도록 알선행위를 하고 그 대가로 용역대금 명목의 수수료를 甲 회사 계좌를 통해 송금받아 특정경제범죄 가중처벌 등에 관한 법률 위반(알선수재)죄가 인정된 사안에서, 피고인이 甲 회사의 대표이사로서 같은 법 제7조에 해당하는 행위를 하고 당해 행위로 인한 대가로 수수료를 받았다면, 수수료에 대한 권리가 甲 회사에 귀속된다 하더라도 행위자인 피고인으로부터 수수료로 받은 금품을 몰수 또는 그 가액을 추징할 수 있다. 이는 피고인이 개인적으로 실제 사용한 금품이 없더라도 마찬가지이다(대법원 2015.1.15, 2012도7571).

⑤ (○) 마약류관리에 관한 법률 제67조에 의한 몰수나 추징은 범죄행위로 인한 이득의 박탈을 목적으로 하는 것이 아니라 징벌적 성질의 처분이므로, 그 범행으로 인하여 이득을 취득한 바 없다 하더라도 법원은 그 가액의 추징을 명하여야 하고 그 추징의 범위에 관하여는 죄를 범한 자가 여러 사람일 때에는 각자에 대하여 그가 취급한 범위 내에서 의약품 가액 전액의 추징을 명하여야 하며, 또한 향정신성의약품을 타인에게 매도한 경우에 있어 매도의 대가로 받은 대금 등은 같은 법 제67조에 규정된 범죄행위로 인한 수익금으로서 필요적으로 몰수하여야 하고 몰수가 불가능할 때에는 그 가액을 추징하여야 한다(대법원 2001.12.28, 2001도5158 등).

정답 ④

---

016 ☑ 유사 ◆◆◇◇ 변호사 2024

몰수와 추징에 관한 설명 중 옳지 않은 것은? (다툼이 있는 경우 판례에 의함)

① 공소사실이 인정되지 않는 경우에 이와 관련되지 않은 범죄 사실을 법원이 인정하여 몰수·추징을 선고하는 것은 불고불리의 원칙에 위반된다.

② 수뢰자가 자기앞수표를 뇌물로 받아 이를 소비한 후 자기앞수표 상당액을 증뢰자에게 반환하였다 하더라도 뇌물 그 자체를 반환한 것은 아니므로 이를 몰수할 수 없고 수뢰자로부터 그 가액을 추징하여야 한다.

③ 범죄행위의 수행에 실질적으로 기여한 것으로 인정된다고 하더라도, 실행행위의 착수 전 또는 실행행위 종료 후의 행위에 사용되었을 뿐 범죄의 실행행위 자체에 사용되지 않은 물건은 몰수·추징의 대상인 '범죄행위에 제공한 물건'에 포함될 수 없다.

④ 몰수·추징이 공소사실과 관련이 있다 하더라도 그 공소사실에 관하여 이미 공소시효가 완성된 경우에는 몰수·추징을 할 수 없다.

⑤ 甲이 공무원 직무에 속한 사항의 알선에 관하여 1억 원을 받았으나 그 중 3,000만 원을 받은 취지에 따라 청탁과 관련하여 관계 공무원에게 뇌물로 공여한 경우라면, 甲으로부터는 이를 제외한 나머지 7,000만 원만 몰수·추징할 수 있다.

해설 출제영역 | 몰수와 추징

③ (✕) 형법 제48조 제1항 제1호의 "범죄행위에 제공한 물건"은, 가령 살인행위에 사용한 칼 등 범죄의 실행행위 자체에 사용한 물건에만 한정되는 것이 아니며, 실행행위의 착수 전의 행위 또는 실행행위의 종료 후의 행위에 사용한 물건이더라도 그것이 범죄행위의 수행에 실질적으로 기여하였다고 인정되는 한 위 법조 소정의 제공한 물건에 포함된다(대법원 2006.9.14, 2006도4075).

① (○) 형법 제49조 단서는 행위자에게 유죄의 재판을 하지 아니할 때에도 몰수의 요건이 있는 때에는 몰수만을 선고할 수 있다고 규정하고 있으므로 몰수뿐만 아니라 몰수에 갈음하는 추징도 위 규정에 근거하여 선고할 수 있다고 할 것이나 우리 법제상 공소의 제기 없이 별도로 몰수나 추징만을 선고할 수 있는 제도가 마련되어 있지 아니하므로 위 규정에 근거하여 몰수나 추징을 선고하기 위하여서는 몰수나 추징의 요건이 공소가 제기된 공소사실과 관련되어 있어야 하고, 공소사실이 인정되지 않는 경우에 이와 별개의 공소가 제기되지 아니한 범죄사실을 법원이 인정하여 그에 관하여 몰수나 추징을 선고하는 것은 불고불리의 원칙에 위반되어 불가능하다(대법원 1992.7.28, 92도700).

② (○) 수뢰자가 자기앞수표를 뇌물로 받아 이를 소비한 후 자기앞수표 상당액을 증뢰자에게 반환하였다 하더라도 뇌물 그 자체를 반환한 것은 아니므로 이를 몰수할 수 없고 수뢰자로부터 그 가액을 추징하여야 할 것이다(대법원 1999.1.29, 98도3584).

④ (○) 몰수나 추징이 공소사실과 관련이 있다 하더라도 그 공소사실에 관하여 이미 공소시효가 완성되어 유죄의 선고를 할 수 없는 경우에는 몰수나 추징도 할 수 없다(대법원 1992.7.28, 92도700).

⑤ (○) 공무원의 직무에 속한 사항의 알선에 관하여 금품을 받고

그 금품 중의 일부를 받은 취지에 따라 청탁과 관련하여 관계 공무원에게 뇌물로 공여하거나 다른 알선행위자에게 청탁의 명목으로 교부한 경우에는 그 부분의 이익은 실질적으로 범인에게 귀속된 것이 아니어서 이를 제외한 나머지 금품만을 몰수하거나 그 가액을 추징하여야 한다(대법원 1999.6.25, 99도1900).

정답 ③

017 ✓ 유사 ◆◆◇　법원9급 2016

몰수에 관한 다음 설명 중 가장 옳지 않은 것은? (다툼이 있는 경우 판례에 의함)

① 범죄행위에 제공하였거나 제공하려고 한 물건이라 하더라도 적법한 절차에 의하여 압수되어 있지 아니한 물건은 몰수할 수 없다.

② 대형할인매장에서 수회 상품을 절취하여 자신의 승용차에 싣고 간 경우, 그 절취한 물품의 부피가 상당한 크기의 것이어서 대중교통수단을 타고 운반하기에 곤란한 수준이었다면, 위 승용차를 범죄행위에 제공한 물건으로 보아 몰수할 수 있다.

③ 피고인의 소유물은 물론 공범자의 소유물도 그 공범자의 소추 여부를 불문하고 몰수할 수 있다.

④ 행위자에게 유죄의 재판을 아니 할 때에도 몰수의 요건이 있는 때에는 몰수만을 선고할 수 있다.

해설 출제영역 | 재산형 – 몰수

① (×) 범죄행위에 제공하려고 한 물건은 범인 이외의 자의 소유에 속하지 아니하거나 범죄 후 범인 이외의 자가 정을 알면서 취득한 경우 이를 몰수할 수 있고, 한편 법원이나 수사기관은 필요한 때에는 증거물 또는 몰수할 것으로 사료하는 물건을 압수할 수 있으나, 몰수는 반드시 압수되어 있는 물건에 대하여서만 하는 것이 아니므로, 몰수대상물건이 압수되어 있는가 하는 점 및 적법한 절차에 의하여 압수되었는가 하는 점은 몰수의 요건이 아니다(대법원 2003.5.30, 2003도705).

② (○) 대법원 2006.9.14, 2006도4705

③ (○) 대법원 2006.11.23, 2006도5586

④ (○) 제49조

정답 ①

018 ✓ 유사 ◆◇◇　법원9급 2022

형법 제48조 제1항에 따라 몰수할 수 없는 것은? (다툼이 있는 경우 판례에 의하고, 전원합의체 판결의 경우 다수의견에 의함)

① 사기도박에 참여하도록 유인하기 위하여 피해자에게 제시하였으나 직접 도박자금으로 사용되지는 않은 수표

② 이미 범한 외국환거래법위반 혐의로 체포될 당시에 향후 외국환거래법을 위반하여 송금하기 위하여 소지하고 있던 자기앞수표나 현금

③ 甲과 乙이 공모하여 사행행위를 한 경우 甲에 대한 재판에서 사행행위에 제공된 乙소유의 현금

④ 뇌물로 제공한 현금으로 위법한 절차에 의하여 압수된 경우

해설 출제영역 | 재산형 – 몰수

② (×) 체포될 당시에 미처 송금하지 못하고 소지하고 있던 자기앞수표나 현금은 장차 실행하려고 한 외국환거래법 위반의 범행에 제공하려는 물건일 뿐, 그 이전에 범해진 외국환거래법 위반의 '범죄행위에 제공하려고 한 물건'으로는 볼 수 없으므로 몰수할 수 없다(대법원 2008.2.14, 2007도10034).

① (○) 피해자로 하여금 사기도박에 참여하도록 유인하기 위하여 고액의 수표를 제시해 보인 경우, 형법 제48조 소정의 몰수가 임의적 몰수에 불과하여 법관의 자유재량에 맡겨져 있고, 위 수표가 직접적으로 도박자금으로 사용되지 아니하였다 할지라도, 위 수표가 피해자로 하여금 사기도박에 참여하도록 만들기 위한 수단으로 사용된 이상, 이를 몰수할 수 있고, 그렇다고 하여 피고인에게 극히 가혹한 결과가 된다고 볼 수는 없다(대법원 2002.9.24, 2002도3589).

③ (○) 형법 제48조 제1항의 "범인" 속에는 "공범자"도 포함되므로 범인 자신의 소유물은 물론 공범자의 소유물도 그 공범자의 소추 여부를 불문하고 몰수할 수 있다고 할 것이다(대법원 1984.5.29, 83도2680).

④ (○) 범죄행위에 제공하려고 한 물건은 범인 이외의 자의 소유에 속하지 아니하거나 범죄 후 범인 이외의 자가 정을 알면서 취득한 경우 이를 몰수할 수 있고, 한편 법원이나 수사기관은 필요한 때에는 증거물 또는 몰수할 것으로 사료하는 물건을 압수할 수 있으나, 몰수는 반드시 압수되어 있는 물건에 대하여서만 하는 것이 아니므로, 몰수대상물건이 압수되어 있는가 하는 점 및 적법한 절차에 의하여 압수되었는가 하는 점은 몰수의 요건이 아니다(대법원 2003.5.30, 2003도705).

정답 ②

019 ✅ 유사 ◆◇◇　　　　경찰2차 2024

형벌론에 관한 설명으로 가장 적절하지 않은 것은? (다툼이 있는 경우 판례에 의함)

① 과료는 판결확정일로부터 30일 내에 납입하여야 하며, 과료를 납입하지 아니한 자는 1일 이상 30일 미만의 기간 노역장에 유치하여 작업에 복무하게 한다.

② 행위자에게 유죄의 재판을 아니할 때에도 몰수의 요건이 있는 때에는 몰수만을 선고할 수 있지만, 우리 법제상 공소의 제기 없이 별도로 몰수만을 선고할 수 있는 제도는 마련되어 있지 않다.

③ 「마약류 관리에 관한 법률」 제67조에 의한 몰수나 추징은 범죄행위로 인한 이득의 박탈을 목적으로 하는 것이므로, 그 범행으로 인하여 이득을 취득한 바 없다면 법원은 그 가액의 추징을 명할 수 없다.

④ 甲이 수사기관에 자진 출석하여 처음 조사를 받으면서는 돈을 차용하였을 뿐이라며 범죄사실을 부인하다가 제2회 조사를 받으면서 비로소 업무와 관련하여 돈을 수수하였다고 자백한 행위에 대하여 자수감경을 할 수 없다.

해설 | **출제영역 | 벌금형, 몰수와 추징, 형의 양정**

③ (×) 마약류관리에 관한 법률 제67조에 의한 몰수나 추징은 범죄행위로 인한 이득의 박탈을 목적으로 하는 것이 아니라 징벌적 성질의 처분이므로, 그 범행으로 인하여 이득을 취득한 바 없다 하더라도 법원은 그 가액의 추징을 명하여야 하고, 그 추징의 범위에 관하여는 죄를 범한 자가 여러 사람일 때에는 각자에 대하여 그가 취급한 범위 내에서 의약품 가액 전액의 추징을 명하여야 한다(대법원 2010.8.26, 2010도7251).

① (○) 제69조 제1항, 제2항 참조.

> **제69조(벌금과 과료)** ① 벌금과 과료는 판결확정일로부터 30일 내에 납입하여야 한다. 단, 벌금을 선고할 때에는 동시에 그 금액을 완납할 때까지 노역장에 유치할 것을 명할 수 있다.
> ② 벌금을 납입하지 아니한 자는 1일 이상 3년 이하, 과료를 납입하지 아니한 자는 1일 이상 30일 미만의 기간 노역장에 유치하여 작업에 복무하게 한다.

② (○) 형법 제49조 단서는 행위자에게 유죄의 재판을 하지 아니할 때에도 몰수의 요건이 있는 때에는 몰수만을 선고할 수 있다고 규정하고 있으므로 몰수뿐만 아니라 몰수에 갈음하는 추징도 위 규정에 근거하여 선고할 수 있다고 할 것이나 우리 법제상 공소의 제기 없이 별도로 몰수나 추징만을 선고할 수 있는 제도가 마련되어 있지 아니하므로 위 규정에 근거하여 몰수나 추징을 선고하기 위하여서는 몰수나 추징의 요건이 공소가 제기된 공소사실과 관련되어 있어야 하고, 공소사실이 인정되지 않는 경우에 이와 별개의 공소가 제기되지 아니한 범죄사실을 법원이 인정하여 그에 관하여 몰수나 추징을 선고하는 것은 불고불리의 원칙에 위반되어 불가능하며, 몰수나 추징이 공소사실과 관련이 있다 하더라도 그 공소사실에 관하여 이미 공소시효가 완성되어 유죄의 선고를 할 수 없는 경우에는 몰수나 추징도 할 수 없다(대법원 1992.7.28, 92도700).

④ (○) 대법원 2011.12.22, 2011도12041

정답 ③

020 ✅ 유사 ◆◆◇　　　　법원9급 2017

다음 설명 중 가장 옳지 않은 것은? (다툼이 있으면 판례에 의함)

① 피고인이 대형할인매장을 1회 방문하여 범행을 할 때마다 수 개 품목의 수십만 원어치 상품을 절취하여 이를 자신의 승용차에 싣고 간 경우 그 승용차는 형법 제48조 제1항 제1호 소정의 범죄행위에 제공한 물건이므로 몰수할 수 있다.

② 체포될 당시 미처 송금하지 못하고 소지하고 있던 자기앞수표나 현금은 장차 실행하려고 한 외국환거래법 위반의 범행에 제공하려는 물건일 뿐 그 이전에 범해진 외국환거래법 위반의 범죄행위에 제공하려고 한 물건으로 볼 수 없으므로 이를 몰수할 수 없다.

③ 징역 또는 금고는 무기 또는 유기로 하고 유기는 1개월 이상 30년 이하로 한다. 단, 유기징역 또는 유기금고에 대하여 형을 가중하는 때에는 50년까지로 하고 자격의 전부 또는 일부에 대한 자격정지는 1개월 이상 15년 이하로 한다. 그리고 유기징역 또는 유기금고에 자격정지를 병과한 때에는 징역 또는 금고의 집행을 종료하거나 면제된 날로부터 정지기간을 기산한다.

④ 누범 전과는 금고 이상의 형을 받아 그 집행을 종료하거나 면제받은 후 3년 이내에 금고 이상에 해당하는 죄를 범한 경우인데 일반사면 된 전과는 누범가중사유가 되지 아니하나 복권된 전과사실은 누범 가중사유에 해당한다.

해설 | **출제영역 | 자격정지, 몰수 등**

③ (×) 자격의 전부 또는 일부에 대한 정지는 1년 이상 15년 이하로 한다(제44조 제1항).

① (○) 대법원 2006.9.14, 2006도4075

② (○) 대법원 2008.2.14, 2007도10034

④ (○) 일반사면령에 의하여 형의 선고의 효력이 상실된 범죄를 누범가중 사유로 하여 처벌하였음은 위법이다(대법원 1964.3.31, 64도34), 복권은 사면의 경우와 같이 형의 언도의 효력을 상실시키는 것이 아니고, 다만 형의 언도의 효력으로 인하여 상실 또는 정지된 자격을 회복시킴에 지나지 아니하는 것이므로 복권이 있었다고 하더라도 그 전과사실은 누범가중사유에 해당한다(대법원 1981.4.14, 81도543).

정답 ③

형벌에 관한 설명으로 가장 적절한 것은? (다툼이 있는 경우 판례에 의함)

① 「형법」 제48조 제1항의 '범인'에는 공범자도 포함되므로 피고인의 소유물은 물론 공범자의 소유물도 그 공범자의 소추 여부를 불문하고 몰수할 수 있고, 여기에서의 공범자에는 공동정범, 교사범, 방조범에 해당하는 자는 포함되나 필요적 공범관계에 있는 자는 포함되지 않는다.

② 「형법」 제48조 제1항 제1호의 '범죄행위에 제공하려고 한 물건'은 범죄행위에 사용하려고 준비하였으나 실제 사용하지 못한 물건을 의미하며, 어떠한 물건을 '범죄행위에 제공하려고 한 물건'으로서 몰수하기 위해서는 그 물건이 유죄로 인정되는 당해 범죄행위에 제공하려고 한 물건임이 인정되어야 한다.

③ 「형법」은 벌금형의 집행유예는 인정하나, 벌금형의 선고유예는 인정하지 않는다.

④ 수뢰자가 뇌물로 받은 수표를 은행에 예금한 후 그 수표금액에 상당하는 금전을 찾아 증뢰자에게 반환한 경우, 증뢰자로부터 그 가액을 추징하여야 한다.

해설 | 출제영역 | 벌금형, 몰수와 추징

② (○) 형법 제48조 제1항 제1호는 몰수할 수 있는 물건으로서 '범죄행위에 제공하였거나 제공하려고 한 물건'을 규정하고 있는데, 여기서 범죄행위에 제공하려고 한 물건이란 범죄행위에 사용하려고 준비하였으나 실제 사용하지 못한 물건을 의미하는바, 형법상의 몰수가 공소사실에 대하여 형사재판을 받는 피고인에 대한 유죄판결에서 다른 형에 부가하여 선고되는 형인 점에 비추어, 어떠한 물건을 '범죄행위에 제공하려고 한 물건'으로서 몰수하기 위하여는 그 물건이 유죄로 인정되는 당해 범죄행위에 제공하려고 한 물건임이 인정되어야 한다(대법원 2008.2.14, 2007도10034).

① (×) 형법 제48조 제1항의 '범인'에는 공범자도 포함되므로 피고인의 소유물은 물론 공범자의 소유물도 그 공범자의 소추 여부를 불문하고 몰수할 수 있고, 여기에서의 공범자에는 공동정범, 교사범, 방조범에 해당하는 자는 물론 필요적 공범관계에 있는 자도 포함된다(대법원 2006.11.23, 2006도5586).

③ (×) 선고유예를 내릴 수 있는 벌금형의 벌금액수에는 제한이 없다. 집행유예를 내릴 수 있는 벌금형은 500만 원 이하의 벌금이다. 지문에서 벌금형의 선고유예가 인정되지 않는다는 부분이 틀렸다. 제59조 및 제62조 참조.

> **제59조(선고유예의 요건)** ① 1년 이하의 징역이나 금고, 자격정지 또는 벌금의 형을 선고할 경우에 제51조의 사항을 고려하여 뉘우치는 정상이 뚜렷할 때에는 그 형의 선고를 유예할 수 있다. 다만, 자격정지 이상의 형을 받은 전과가 있는 사람에 대해서는 예외로 한다.
> ② 형을 병과할 경우에도 형의 전부 또는 일부에 대하여 선고를 유예할 수 있다.
> **제62조(집행유예의 요건)** ① 3년 이하의 징역이나 금고 또는 500만 원 이하의 벌금의 형을 선고할 경우에 제51조의 사항을 참작하여 그 정상에 참작할 만한 사유가 있는 때에는

> 1년 이상 5년 이하의 기간 형의 집행을 유예할 수 있다. 다만, 금고 이상의 형을 선고한 판결이 확정된 때부터 그 집행을 종료하거나 면제된 후 3년까지의 기간에 범한 죄에 대하여 형을 선고하는 경우에는 그러하지 아니하다.
> ② 형을 병과할 경우에는 그 형의 일부에 대하여 집행을 유예할 수 있다.

④ (×) 뇌물로 받은 수표를 은행에 예금한 경우 그 예금행위는 뇌물의 처분행위에 해당하여 그 후 수뢰자가 그 액면에 상당하는 금전을 찾아서 증뢰자에게 반환하였다 하더라도 이를 뇌물 그 자체의 반환으로 볼 수 없으므로 이러한 경우에는 수뢰자로부터 그 가액을 추징하여야 한다(대법원 1970.4.14, 69도2461).

정답 ②

A 금융컨설팅 주식회사 대표이사 甲은 금융기관에 청탁하여 B 주식회사가 20억 원의 대출을 받을 수 있도록 알선행위를 하고 그 대가로서 컨설팅 용역계약 수수료 명목으로 1억 원을 A 주식회사의 계좌로 송금 받았다. 위 1억 원 중 1,000만 원은 직원급여로 지급되었다. 검사는 甲을 특정경제범죄가중처벌등에관한법률위반(알선수재)죄로 기소하였고 제1심 법원은 甲의 유죄를 인정하고 징역 및 추징을 선고하였다. 이에 甲은 추징액이 잘못되었다고 주장하면서 추징 부분에 대하여만 항소를 제기하였다. 이에 관한 설명 중 옳지 않은 것을 모두 고른 것은? (다툼이 있는 경우 판례에 의함)

> ㄱ. 대출 알선행위의 대가로 받은 수수료에 대한 권리가 A 회사에 귀속되므로 수수료로 받은 금원의 가액을 A 회사로부터 추징하여야 한다.
> ㄴ. 甲이 위 1억 원 중 개인적으로 실제 사용한 금원이 있을 경우 그 금원에 한해 그 가액을 추징할 수 있다.
> ㄷ. 위 사례에서 법원이 선고하여야 할 추징 액수는 직원에게 지급된 급여를 제외한 9,000만 원이다.
> ㄹ. 甲이 추징에 관한 부분만을 불복대상으로 삼아 항소를 제기하였더라도 항소심의 심리 범위는 본안에 관한 판단부분에까지 미친다.

① ㄱ, ㄷ   ② ㄴ, ㄹ
③ ㄱ, ㄴ, ㄷ   ④ ㄱ, ㄷ, ㄹ
⑤ ㄴ, ㄷ, ㄹ

해설 | 출제영역 | 몰수와 추징

ㄱ. (×) ㄴ. (×) 주식회사의 대표이사로서 특정경제범죄 가중처벌 등에 관한 법률 제7조에 해당하는 행위를 하고 당해 행위로 인한 대가로 수수료를 받았다면, 수수료에 대한 권리가 위 회사에 귀속된다 하더라도 행위자인 피고인으로부터 수수료로 받은 금품을 몰수 또는 그 가액을 추징할 수 있으므로, 피고인이 개인적으로 실제 사용한 금품이 없다고 하더라도 마찬가지다(대법원 2015.

1.15, 2012도7571).

ㄷ. (×) 직원에게 지급된 급여를 제외할 수 없다. "그 추징의 범위는 범인이 실제로 취득한 이익에 한정된다고 봄이 상당하고, 다만 범인이 성매매알선 등 행위를 하는 과정에서 지출한 세금 등의 비용은 성매매알선의 대가로 취득한 금품을 소비하거나 자신의 행위를 정당화시키기 위한 방법의 하나에 지나지 않으므로 추징 액에서 이를 공제할 것은 아니다(대법원 2008.6.26, 2008도 1392 등)(대법원 2009.5.14, 2009도2223)."

ㄹ. (○) 피고사건의 주위적 주문과 몰수 또는 추징에 관한 주문은 상호 불가분적 관계에 있어 상소불가분의 원칙이 적용되는 경우에 해당한다. 따라서 피고사건의 재판 가운데 몰수 또는 추징에 관한 부분만을 불복대상으로 삼아 상소가 제기되었다 하더라도, 상소심으로서는 이를 적법한 상소제기로 다루어야 하고, 그 부분에 대한 상소의 효력은 그 부분과 불가분의 관계에 있는 본안에 관한 판단 부분에까지 미쳐 그 전부가 상소심으로 이심된다(대법원 2008.11.20, 2008도5596 전원합의체).

정답 ③

---

023 유사 ◆◆◆   경찰간부 2024

몰수와 추징에 관한 설명으로 옳은 것은? (다툼이 있는 경우 판례에 의함)

> 甲은 모텔 등에서 투숙객을 대상으로 휴대전화로 동영 상을 불법촬영한 후, 음란물 유포 인터넷 사이트를 운영 하는 乙에게 전달하였고, 이에 대해 乙은 甲의 은행계좌 로 범행의 보수를 송금하였다. 乙은 인터넷 사이트 이용 자에게 비트코인(Bitcoin)을 대가로 지급 받는 방식으 로 불법 촬영된 동영상을 서비스하였다. 이후 乙은 위 인터넷 사이트를 丙에게 매각하였다.

① 甲의 휴대전화에 저장된 불법 촬영 동영상은 저장매체에 전자방식이나 자기방식에 의하여 저장된 정보로서 '물건'이라고 할 수 없으므로 몰수할 수 없다.

② 甲이 계좌송금을 통해 취득한 범행의 보수는 「형법」 제48조 제1항 제2호, 제2항이 규정한 추징의 대상에 해당한다.

③ 乙이 음란물 유포 인터넷 사이트를 운영하면서 음란물 유포죄에 의하여 취득한 비트코인(Bitcoin)은 「형법」 뿐만 아니라 「범죄수익은닉의 규제 및 처벌 등에 관한 법률」에 의해서도 몰수할 수 없다.

④ 乙이 음란물 유포 인터넷 사이트 매각을 통해 취득한 대가는 「형법」 제48조 제1항 제2호, 제2항에서 규정 한 추징의 대상에 해당하지 않는다.

해설 출제영역 | 몰수와 추징

④ (○) 웹사이트는 범죄행위에 제공된 무형의 재산에 해당할 뿐 형 법 제48조 제1항 제2호에서 정한 '범죄행위로 인하여 생(生)하였 거나 이로 인하여 취득한 물건'에 해당하지 않으므로, 피고인이 위 웹사이트 매각을 통해 취득한 대가는 형법 제48조 제1항 제2호, 제2항이 규정한 추징의 대상에 해당하지 않는다(대법원 2021.

10.14, 2021도7168).

> [판례] 형법 제48조 제1항은 '범죄행위로 인하여 생(生)하였 거나 이로 인하여 취득한 물건'으로서 범인 이외의 자의 소유 에 속하지 아니하거나 범죄 후 범인 이외의 자가 정을 알면 서 취득한 물건의 전부 또는 일부를 몰수할 수 있다고 규정 하면서(제2호), 제2항에서는 제1항에 기재한 물건을 몰수하 기 불능한 때에는 그 가액을 추징하도록 규정하고 있다. 이 와 같이 형법 제48조는 몰수의 대상을 '물건'으로 한정하고 있다. 이는 범죄행위에 의하여 생긴 재산 및 범죄행위의 보 수로 얻은 재산을 범죄수익으로 몰수할 수 있도록 한 범죄수 익은닉의 규제 및 처벌 등에 관한 법률이나 범죄행위로 취득 한 재산상 이익의 가액을 추징할 수 있도록 한 형법 제357조 등의 규정과는 구별된다. 민법 제98조는 물건에 관하여 '유 체물 및 전기 기타 관리할 수 있는 자연력'을 의미한다고 정 의하는데, 형법이 민법이 정의한 '물건'과 다른 내용으로 '물 건'의 개념을 정의하고 있다고 볼 만한 사정도 존재하지 아니 한다(대법원 2021.10.14, 2021도7168).

① (×) 전자기록(동영상)은 일정한 저장매체에 전자방식이나 자기 방식에 의하여 저장된 기록으로서 저장매체를 매개로 존재하는 물건이므로 형법 제48조 제1항 각호의 사유가 있는 때에는 이를 몰수할 수 있다(범죄행위로 인하여 생긴 물건 ○, 대법원 2017. 10.23, 2017도5905).

> [판례] 피고인은 피해자의 의사에 반하여 압수된 휴대전화기 (증 제2호, 이하 '이 사건 휴대전화기'라고 한다)의 동영상 촬 영기능을 이용하여 피해자에 대한 강간범행 장면을 촬영하 여 저장(이하 '이 사건 동영상'이라고 한다)한 사실을 알 수 있다. 이 사건 휴대전화기는 형법 제48조 제1항 제1호가 정 하는 '범죄행위에 제공된 물건'에, 이 사건 동영상은 이 사건 휴대전화기에 저장된 전자기록으로서 형법 제48조 제1항 제 2호가 정하는 '범죄행위로 인하여 생긴 물건'에 각각 해당하 고, 이러한 경우 이 사건 휴대전화기와 이 사건 동영상의 몰 수 여부는 법원의 재량이므로, 법원이 이 사건 휴대전화기를 몰수하지 않고 이 사건 휴대전화기 중 이 사건 동영상만을 몰수하였다고 하여 이를 위법하다고까지 할 수는 없다(대법 원 2017.10.23, 2017도5905).

② (×) 은행 계좌로 송금 받는 방법으로 범행의 보수를 받는 경우 피고인은 은행에 대한 예금채권을 취득할 뿐이어서 이를 형법 제 48조 제1항 각 호의 '물건'에 해당한다고 보기는 어렵다. 따라서 피고인이 계좌송금을 통해 취득한 범행의 보수는 형법 제48조 제1항 제2호, 제2항이 규정한 추징의 대상에 해당하지 아니한다 (대법원 2023.1.12, 2020도2154).

> [판례] 형법 제48조는 제1항에서 범죄행위로 인하여 생하였 거나 이로 인하여 취득한 물건으로서 범인 이외의 자의 소유 에 속하지 아니하거나 범죄 후 범인 이외의 자가 정을 알면 서 취득한 물건의 전부 또는 일부를 몰수할 수 있다고 규정 하면서(제2호), 제2항에서는 제1항에 기재한 물건을 몰수할 수 없을 때에는 그 가액을 추징하도록 규정하고 있다. 이와 같이 형법 제48조는 몰수의 대상을 '물건'으로 한정하고 있 다. 이는 범죄행위에 의하여 생긴 재산 및 범죄행위의 보수 로 얻은 재산을 범죄수익으로 몰수할 수 있도록 한 「범죄수 익은닉의 규제 및 처벌 등에 관한 법률」이나 범죄행위로 취득 한 재산상 이익의 가액을 추징할 수 있도록 한 형법 제357조 등의 규정과는 구별된다. 민법 제98조는 물건에 관하여 '유 체물 및 전기 기타 관리할 수 있는 자연력'을 의미한다고 정

의하는데, 형법이 민법이 정의한 '물건'과 다른 내용으로 '물건'의 개념을 정의하고 있다고 볼 만한 사정도 존재하지 아니한다(대법원 2008.2.14, 2007도10034 등). … 은행 계좌로 송금 받는 방법으로 범행의 보수를 받는 경우 피고인은 은행에 대한 예금채권을 취득할 뿐이어서 이를 형법 제48조 제1항 각 호의 '물건'에 해당한다고 보기는 어렵다. 따라서 피고인이 계좌송금을 통해 취득한 범행의 보수는 형법 제48조 제1항 제2호, 제2항이 규정한 추징의 대상에 해당하지 아니한다(대법원 2023.1.12, 2020도2154).

③ (×) 비트코인은 재산적 가치가 있는 무형의 재산이라고 보아야 하고, 몰수의 대상인 비트코인이 특정되어 있으므로 범죄수익은닉규제법에 따라 피고인이 취득한 비트코인을 몰수할 수 있다(대법원 2018.5.30, 2018도3619).

> **[판례]** 범죄수익은닉의 규제 및 처벌 등에 관한 법률(이하 '범죄수익은닉규제법')은 "중대범죄에 해당하는 범죄행위에 의하여 생긴 재산 또는 그 범죄행위의 보수로 얻은 재산"을 범죄수익으로 규정하고[제2조 제2호 (가)목], 범죄수익을 몰수할 수 있다고 규정한다(제8조 제1항 제1호). 그리고 범죄수익은닉규제법 시행령은 "은닉재산이란 몰수·추징의 판결이 확정된 자가 은닉한 현금, 예금, 주식, 그 밖에 재산적 가치가 있는 유형·무형의 재산을 말한다."라고 규정하고 있다(제2조 제2항 본문). 따라서 범죄수익은닉규제법에 정한 중대범죄에 해당하는 범죄행위에 의하여 취득한 것으로 재산적 가치가 인정되는 무형재산도 몰수할 수 있다. 피고인이 음란물유포 인터넷사이트를 운영하면서 정보통신망 이용촉진 및 정보보호 등에 관한 법률(이하 '정보통신망법') 위반(음란물유포)죄와 도박개장방조죄에 의하여 비트코인(Bitcoin)을 취득한 경우, 정보통신망법 위반(음란물유포)죄와 도박개장방조죄는 범죄수익은닉규제법에 정한 중대범죄에 해당하며, 비트코인은 경제적인 가치를 디지털로 표상하여 전자적으로 이전, 저장 및 거래가 가능하도록 한, 이른바 '가상화폐'의 일종인 점, 피고인은 위 음란사이트를 운영하면서 사진과 영상을 이용하는 이용자 및 음란사이트에 광고를 원하는 광고주들로부터 비트코인을 대가로 지급받아 재산적 가치가 있는 것으로 취급한 점에 비추어 비트코인은 재산적 가치가 있는 무형의 재산이라고 보아야 하고, 몰수의 대상인 비트코인이 특정되어 있으므로 피고인이 취득한 비트코인을 몰수할 수 있다고 본 원심판단은 정당하다(대법원 2018.5.30, 2018도3619).

정답 ④

건축허가권자 공무원 甲은 실무담당자 乙의 방조 아래, 빌딩건축허가와 관련하여 건축업자 丙으로부터 2,000만 원의 뇌물을 받았다. 이후 甲은 乙에게 2,000만 원 중 200만 원을 사례금으로 주었고, 400만 원은 건축허가에 필요한 비용으로 지출하였으며, 나머지 1,400만 원은 은행에 예금하였다. 丙은 이후 빌딩건축허가가 반려되자 甲에게 공여한 뇌물 전액의 반환을 요구하였다. 甲은 200만 원을 乙에게 사례금으로 주었고, 400만 원을 비용으로 지출하였음을 이유로 예금하여 두었던 1,400만 원을 인출하여 위 돈만을 丙에게 반환하였다. 이에 관한 설명 중 옳은 것은? (다툼이 있는 경우 판례에 의함)

① 甲이 乙에게 교부한 사례금 200만 원을 甲으로부터 추징할 수는 없다.

② 甲이 건축허가와 관련하여 지출한 필요비 400만 원은 甲이 실질적으로 취득하였다고 보기 어려우므로, 甲으로부터 추징할 수 없다.

③ 甲이 丙에게 반환한 1,400만 원을 丙으로부터 추징할 수는 없다.

④ 丙이 뇌물공여죄로 기소되어 유죄판결이 확정된 경우, 甲의 뇌물수수죄에 대한 공소시효는 丙에 대한 위 형사사건이 기소된 때로부터 확정된 때까지 정지된다.

⑤ 乙이 뇌물수수방조죄의 처벌을 회피할 목적으로 미국으로 출국한 경우, 그 도피 기간 동안 공범인 甲의 뇌물수수죄에 대한 공소시효도 정지된다.

해설 출제영역 | 몰수와 추징, 공소시효

③ (○) 뇌물로 받은 돈을 은행에 예금한 경우 그 예금행위는 뇌물의 처분행위에 해당한다 할 것이므로 그후 수뢰자가 같은 액수의 돈을 증뢰자에게 반환하였다 하더라도 이를 뇌물자체의 반환이라고 볼 수 없으므로 이러한 경우에는 수뢰자로부터 그 가액을 추징하여야 한다(대법원 1985.9.10, 85도1350).

① (×) 뇌물을 수수한 자가 공동수수자가 아닌 교사범 또는 종범에게 뇌물 중 일부를 사례금 등의 명목으로 교부하였다면 이는 뇌물을 수수하는 데 따르는 부수적 비용의 지출 또는 뇌물의 소비행위에 지나지 아니하므로, 뇌물수수자에게서 수뢰액 전부를 추징하여야 한다(대법원 2011.11.24, 2011도9585).

② (×) 범죄수익의 추징에 있어서 범죄수익을 얻기 위해 범인이 지출한 비용은 그것이 범죄수익으로부터 지출되었다고 하더라도 이는 범죄수익을 소비하는 방법에 지나지 않아 추징할 범죄수익에서 공제할 것은 아니라 할 것이다(대법원 2007.5.10, 2007도2171).

④ (×) 뇌물공여죄와 뇌물수수죄 사이와 같은 이른바 대향범 관계에 있는 자는 강학상으로는 필요적 공범이라고 불리고 있으나, 서로 대향된 행위의 존재를 필요로 할 뿐 각자 자신의 구성요건을 실현하고 별도의 형벌규정에 따라 처벌되는 것이어서, 2인 이상이 가공하여 공동의 구성요건을 실현하는 공범관계에 있는 자와는 본질적으로 다르며, 대향범 관계에 있는 자 사이에서는 각자 상대방의 범행에 대하여 형법 총칙의 공범규정이 적용되지 아니한다. 이러한 점들에 비추어 보면, 형사소송법 제253조 제2항

에서 말하는 '공범'에는 뇌물공여죄와 뇌물수수죄 사이와 같은 대향범 관계에 있는 자는 포함되지 않는다(대법원 2015.2.12, 2012도4842).

⑤ (×) 형사소송법 제253조 제2항과는 달리 동 제3항에 대해서는 다른 공범자에 대하여 효력이 미친다는 규정이 없다.

> **형사소송법 제253조(시효의 정지와 효력)** ① 시효는 공소의 제기로 진행이 정지되고 공소기각 또는 관할위반의 재판이 확정된 때로부터 진행한다.
>
> ② 공범의 1인에 대한 전항의 시효정지는 다른 공범자에게 대하여 효력이 미치고 당해 사건의 재판이 확정된 때로부터 진행한다.
>
> ③ 범인이 형사처분을 면할 목적으로 국외에 있는 경우 그 기간 동안 공소시효는 정지된다.
>
> ④ 피고인이 형사처분을 면할 목적으로 국외에 있는 경우 그 기간 동안 제249조 제2항에 따른 기간의 진행은 정지된다. 〈신설 2024. 2. 13.〉

정답 ③

5 명예형

1	형의 경중의 기준

2	처단형·선고형의 기준

CHAPTER
03 형의 양정

1	의의

2	단계 ·

3	형의 가중·감경·면제

001 ✓ 대표 ◆◇◇ 　　　　국가9급/총론 2020

형을 임의적으로 감경 또는 면제할 수 있는 경우만을 모두 고르면?

> ㄱ. 자구행위가 그 정도를 초과하였지만 정황에 참작할 사유가 있는 경우
> ㄴ. 실행 수단의 착오로 인하여 결과의 발생이 불가능하지만 위험성이 인정되는 경우
> ㄷ. 직계혈족, 배우자, 동거친족 또는 동거가족의 재물을 절취한 경우
> ㄹ. 피해자의 의사에 반하여 처벌할 수 없는 죄에 있어서 피해자에게 자복(自服)한 경우
> ㅁ. 범인이 자의로 실행에 착수한 행위를 중지하거나 그 행위로 인한 결과의 발생을 방지한 경우

① ㄱ, ㄷ 　　　　　② ㄴ, ㅁ
③ ㄱ, ㄴ, ㄹ 　　　④ ㄴ, ㄹ, ㅁ

해설 출제영역 | 형의 양정 – 형의 감경, 면제

③ 형을 임의적으로 감경 또는 면제할 수 있는 경우에 해당하는 것은 ㄱ, ㄴ, ㄹ이다.
ㄱ. 자구행위가 그 정도를 초과한 경우에는 정황에 따라 그 형을 감경하거나 면제할 수 있다(제23조 제2항). 즉, 임의적 감면사유에

해당한다.
ㄴ. 자구행위가 그 정도를 초과한 경우에는 정황에 따라 그 형을 감경하거나 면제할 수 있다(제23조 제2항). 실행의 수단 또는 대상의 착오로 인하여 결과의 발생이 불가능하더라도 위험성이 있는 때에는 처벌한다. 단, 형을 감경 또는 면제할 수 있다(제27조). 즉, 임의적 감면사유에 해당한다.
ㄷ. 친족상도례에 해당하여 형이 면제된다(제328조, 제344조).

> **제328조(친족 간의 범행과 고소)** ① 직계혈족, 배우자, 동거친족, 동거가족 또는 그 배우자 간의 제323조의 죄는 그 형을 면제한다.
> **제329조(절도)** 타인의 재물을 절취한 자는 6년 이하의 징역 또는 1천만 원 이하의 벌금에 처한다.
> **제344조(친족 간의 범행)** 제328조의 규정은 제329조 내지 제332조의 죄 또는 미수범에 준용한다.

ㄹ. 피해자의 의사에 반하여 처벌할 수 없는 범죄의 경우에는 피해자에게 죄를 자복(自服)하였을 때에도 형을 감경하거나 면제할 수 있다(제52조 제2항). 즉, 임의적 감면사유에 해당한다.
ㅁ. 범인이 실행에 착수한 행위를 자의(自意)로 중지하거나 그 행위로 인한 결과의 발생을 자의로 방지한 경우에는 형을 감경하거나 면제한다(제26조). 즉, 필요적 감면사유에 해당한다.

정답 ③

새로운 구성요건을 창설한 것으로 해석해야 한다. 따라서 이 사건 법률 규정에 정한 형에 다시 형법 제35조의 누범가중한 형기 범위 내에서 처단형을 정하여야 한다(대법원 2020.5.14, 2019도18947).

⑩ (○) 대법원 2014.7.10, 2014도5868

정답 ④

---

002 ✓ 유사 ◆◆◆   경찰2차 2021

형의 가중·감경에 대한 설명으로 옳지 않은 것은 모두 몇 개인가? (다툼이 있는 경우 판례에 의함)

⊙ 임의적 감경사유의 존재가 인정되고 법관이 그에 따라 징역형에 대해 법률상 감경을 하는 경우에는 법정형의 하한만 2분의 1로 감경한다.

ⓒ 경합범에 대하여 「형법」 제38조 제1항 제3호에 의하여 징역형과 벌금형을 병과하는 경우 징역형에만 작량감경을 하고 벌금형에는 작량감경을 하지 아니하는 것은 위법하다.

ⓒ 법정형에 하한이 설정된 형법 제37조 후단 경합범에 대하여 「형법」 제39조 제1항 후문에 따라 형을 감경할 때에는 「형법」 제55조 제1항이 적용되지 아니하여 유기징역의 경우에는 그 형기의 2분의 1 미만으로도 감경할 수 있다.

ⓔ 절도죄로 3차례에 걸쳐 징역형을 선고받고 그 형의 집행을 종료한 후, 누범기간 내에 수회의 절도 범행을 저지른 경우에는 반복적으로 범행을 저지르는 절도 사범에 관한 법정형을 강화한 「특정범죄 가중처벌 등에 관한 법률」(2016.1.6. 법률 제13717호로 개정·시행) 제5조의4 제5항 제1호가 적용되므로 별도로 「형법」 제35조의 누범가중한 형기범위 내에서 처단형을 정할 필요는 없다.

⑩ 반복된 음주운전행위에 대해 「도로교통법」(2011.6.8. 법률 제10790호로 개정) 제148조의2 제1항 제1호를 적용하고 다시 「형법」 제35조에 의한 누범가중을 하는 것은 헌법상 일사부재리나 이중처벌금지에 반하지 아니한다.

① 1개
② 2개
③ 3개
④ 4개

해설 | 출제영역 | 형벌론, 형의 양정, 누범

④ ⊙, ⓒ, ⓒ, ⓔ 모두 옳지 않다.

⊙ (×) 임의적 감경사유의 존재가 인정되고 법관이 그에 따라 징역형에 대해 법률상 감경을 하는 이상 형법 제55조 제1항 제3호에 따라 상한과 하한을 모두 2분의 1로 감경한다(대법원 2021.1.21, 2018도5475 전원합의체).

ⓒ (×) 형법 제38조 제1항 제3호에 의하여 징역형과 벌금형을 병과하는 경우에는 각 형에 대한 범죄의 정상에 차이가 있을 수 있으므로 징역형에만 작량감경을 하고 벌금형에는 작량감경을 하지 아니하였다고 하여 이를 위법하다고 할 수 없다(대법원 2006.3.23, 2006도1076).

ⓒ (×) 형법 제37조 후단 경합범에 대하여 형법 제39조 제1항에 의하여 형을 감경할 때에도 법률상 감경에 관한 형법 제55조 제1항이 적용되어 유기징역을 감경할 때에는 그 형기의 2분의 1 미만으로는 감경할 수 없다(대법원 2019.4.18, 2017도14609 전원합의체).

ⓔ (×) 이 사건 법률 규정은 형법 제35조(누범) 규정과는 별개로 '형법 제329조부터 제331조까지의 죄(미수범 포함)를 범하여 세 번 이상 징역형을 받은 사람이 그 누범 기간 중에 다시 해당 범죄를 저지른 경우에 형법보다 무거운 법정형으로 처벌한다'는 내용의

---

003 ✓ 대표 ◆◇◇   법원9급 2018

다음 중 필요적 감경 또는 면제 사유에 해당하지 않는 것은? (다툼이 있는 경우 판례에 의하고, 전원합의체 판결의 경우 다수 의견에 의함)

① 위증죄를 범한 자가 그 공술한 사건의 재판이 확정되기 전에 자백한 때
② 형법상 추행목적 약취·유인죄를 범한 자가 그 약취유인 된 사람을 안전한 장소로 풀어준 때
③ 현주건조물방화예비죄를 범한 자가 그 목적한 죄의 실행에 이르기 전에 자수한 때
④ 장물취득죄를 범한 자가 본범과 동거친족인 때

해설 | 출제영역 | 형의 양정 – 형의 감경, 면제

② (×) 제295조의2 참조.

> **제295조의2(형의 감경)** 제287조부터 제290조까지, 제292조와 제294조의 죄를 범한 사람이 약취, 유인, 매매 또는 이송된 사람을 안전한 장소로 풀어준 때에는 그 형을 감경할 수 있다.

① (○) 제153조 참조.

> **제153조(자백, 자수)** 전조의 죄를 범한 자가 그 공술한 사건의 재판 또는 징계처분이 확정되기 전에 자백 또는 자수한 때에는 그 형을 감경 또는 면제한다.

③ (○) 제175조 참조.

> **제175조(예비, 음모)** 제164조 제1항, 제165조, 제166조 제1항, 제172조 제1항, 제172조의2 제1항, 제173조 제1항과 제2항의 죄를 범할 목적으로 예비 또는 음모한 자는 5년 이하의 징역에 처한다. 단 그 목적한 죄의 실행에 이르기 전에 자수한 때에는 형을 감경 또는 면제한다.

④ (○) 제365조 참조.

> **제365조(친족 간의 범행)** ① 전3조의 죄를 범한 자와 피해자 간에 제328조 제1항, 제2항의 신분관계가 있는 때에는 동조의 규정을 준용한다.
> ② 전3조의 죄를 범한 자와 본범 간에 제328조 제1항의 신분관계가 있는 때에는 그 형을 감경 또는 면제한다. 단, 신분관계가 없는 공범에 대하여는 예외로 한다.

정답 ②

004 ✓ 유사 ◆◇◇ 〔법원행시 2018〕

자수에 관한 다음 설명 중 가장 옳지 않은 것은? (다툼이 있는 경우 판례에 의함)

① 범죄사실을 부인하거나 죄의 뉘우침이 없는 자수는 그 외형은 자수일지라도 법률상 형의 감경사유가 되는 진정한 자수라고는 할 수 없다.

② 자수서를 소지하고 수사기관에 자발적으로 출석하였으나 자수서를 제출하지 아니하고 범행사실도 부인하였고, 그 이후 구속까지 된 상태에서 자수서를 제출하고 범행사실을 시인한 것을 자수에 해당한다고 볼 수는 없다.

③ 피고인이 검찰에 자진출석하여 자수서를 제출하고 범행을 자백하였으나, 그 후 검찰 수사 및 재판과정에서 범행을 부인한 경우에는 자수라고 볼 수 없다.

④ 수사기관에 뇌물수수의 범죄사실을 자발적으로 신고하였으나 그 수뢰액을 실제보다 적게 신고함으로써 적용법조와 법정형이 달라지게 된 경우에는 자수에 해당하지 않는다.

⑤ 자수시기에 관한 특별한 규정이 없으면 범행발각이나 지명수배 여부와 관계없이 체포 전에만 자수하면 자수에 해당한다.

〔해설〕 출제영역 | 형의 양정 – 자수

③ (×) 자수란 범인이 자발적으로 자신의 범죄사실을 수사기관에 신고하여 그 소추를 구하는 의사표시를 함으로써 성립하는 것으로서, 일단 자수가 성립한 이상 자수의 효력은 확정적으로 발생하고 그 후에 범인이 번복하여 수사기관이나 법정에서 범행을 부인한다고 하더라도 일단 발생한 자수의 효력이 소멸하는 것은 아니라고 할 것이다(대법원 1999.7.9, 99도1695).

① (○) 형법 제52조가 자수를 형의 감경사유로 삼은 첫째 이유는 범인이 죄를 뉘우치고 있다는 데에 있으므로 죄의 뉘우침이 없는 자수는 외형은 자수일지라도 형법 규정이 정한 자수라고 할 수 없다(대법원 1993.6.11, 93도1054).

② (○) 수사기관에의 신고가 자발적이라고 하더라도 그 신고의 내용이 자기의 범행을 명백히 부인하는 등의 내용으로 자기의 범행으로서 범죄성립요건을 갖추지 아니한 사실일 경우에는 자수는 성립하지 않는다(대법원 2004.10.14, 2003도3133).

④ (○) 비록 당시의 신고가 자발적이라고 하더라도 이는 그 신고된 내용에 해당하는 특정범죄 가중처벌 등에 관한 법률 제2조 제1항 제2호, 형법 제129조 위반죄에 비하여 뇌물죄의 보호법익에 대한 침해 또는 침해 위험의 정도 및 그 위법성이 상대적으로 높기 때문에 적용법조와 법정형을 달리하는 이 사건의 범죄성립요건에 관하여 신고한 것이라고 할 수 없으므로 이 사건 죄에 관한 자수가 성립하였다고 할 수 없다(대법원 2004.6.24, 2004도2003).

⑤ (○) 형법 제52조나 국가보안법 제16조 제1호의 "자수"에는 범행이 발각되고 지명수배 된 후의 자진출두도 포함되는 것으로 판례가 해석하고 있으므로 이것이 "자수"라는 단어의 관용적 용례라고 할 것 인바, 공직선거법 제262조의 "자수"를 '범행발각 전에 자수한 경우'로 한정하는 풀이는 "자수"라는 단어가 통상 관용적으로 사용되는 용례에서 갖는 개념 외에 '범행발각 전'이라는 또 다른 개념을 추가하는 것으로서 결국은 '언어의 가능한 의미'

를 넘어 공직선거법 제262조의 "자수"의 범위를 그 문언보다 제한함으로써 공직선거법 제230조 제1항 등의 처벌범위를 실정법 이상으로 확대한 것이 되고, 따라서 이는 단순한 목적론적 축소해석에 그치는 것이 아니라, 형 면제 사유에 대한 제한적 유추를 통하여 처벌범위를 실정법 이상으로 확대한 것으로서 죄형법정주의의 파생원칙인 유추해석금지의 원칙에 위반된다(대법원 1997.3.20, 96도1167 전원합의체).

〔정답〕 ③

005 ✓ 유사 ◆◇◇ 〔법원9급 2016〕

다음 설명 중 옳지 않은 것은? (다툼이 있는 경우 판례에 의함)

① 자수라 함은 범인이 스스로 수사책임이 있는 관서에 자기의 범행을 고하고 그 처분을 구하는 의사표시를 하는 것을 말하므로, 수사기관의 직무상의 질문 또는 조사에 응하여 범죄사실을 진술한 경우는 자수로 평가할 수 있다.

② 법인의 직원 또는 사용인이 위반행위를 하여 양벌규정에 의하여 법인이 처벌받는 경우, 법인에게 자수감경을 적용하기 위하여는 법인의 이사 기타 대표자가 수사책임이 있는 관서에 자수한 경우에 한하고, 그 위반행위를 한 직원 또는 사용인이 자수한 것만으로는 형을 감경할 수 없다.

③ 법률상 감경사유가 있을 때에는 작량감경보다 우선하여야 한다.

④ 자수서를 소지하고 수사기관에 자발적으로 출석하였으나 자수서를 제출하지 아니하고 범행사실도 부인하였다면 자수가 성립하지 아니하고, 그 이후 구속까지 된 상태에서 자수서를 제출하고 범행사실을 시인한 것을 자수에 해당한다고 인정할 수 없다.

〔해설〕 출제영역 | 자수의 효력

① (×) 형법 제52조 제1항에서 말하는 '자수'란 범인이 스스로 수사책임이 있는 관서에 자기의 범행을 자발적으로 신고하고 그 처분을 구하는 의사표시이므로, 수사기관의 직무상의 질문 또는 조사에 응하여 범죄사실을 진술하는 것은 자백일 뿐 자수로는 되지 아니하고, 나아가 자수는 범인이 수사기관에 의사표시를 함으로써 성립하는 것이므로 내심적 의사만으로는 부족하고 외부로 표시되어야 이를 인정할 수 있는 것이다(대법원 2011.12.22, 2011도12041).

② (○) 대법원 1995.7.25, 95도391

③ (○) 제56조

④ (○) 대법원 1993.6.11, 93도1054

〔정답〕 ①

006 ✓ 유사 ◆◇◇ 경찰승진 2024

자수에 관한 설명으로 가장 적절한 것은? (다툼이 있는 경우 판례에 의함)

① 반의사불벌죄를 저지른 자가 피해자에게 죄를 자복하였을 경우와 달리 죄를 지은 후 수사기관에 자수한 경우에는 형을 감경하거나 면제할 수 있다.

② 법률상의 형의 감경사유가 되는 자수를 위하여는 법적으로 요건을 완전히 갖춘 범죄행위라고 적극적으로 인식하고 있을 필요가 있다.

③ 「형법」 제52조 제1항에서 말하는 '자수'란 범행이 발각된 후에 수사기관에 자진 출석하여 범죄사실을 자백한 경우도 포함하나, 그 후에 범인이 번복하여 수사기관이나 법정에서 범행을 부인하는 경우라면 일단 발생한 자수의 효력은 소멸한다.

④ 자수서를 소지하고 수사기관에 출석하였으나 조사를 받으면서 자수서를 제출하지 아니하고 범행사실을 부인하였다면 자수가 성립한다고 볼 수 없고, 그 이후 구속까지 된 상태에서 자수서를 제출하고 제4회 피의자신문 당시 범행사실을 시인한 것은 자수에 해당하지 않는다.

해설 | 출제영역 | 형의 양정 – 자수

④ (○) 자수서를 소지하고 수사기관에 자발적으로 출석하였으나 자수서를 제출하지 아니하고 범행사실도 부인하였다면 자수가 성립하지 아니하고, 그 이후 구속까지 된 상태에서 자수서를 제출하고 범행사실을 시인한 것을 자수에 해당한다고 인정할 수 없다(대법원 2004.10.14, 2003도3133).

① (×) 죄를 지은 후 수사기관에 자수한 경우와 '마찬가지로' 반의사불벌죄를 저지른 자가 피해자에게 죄를 자복하였을 경우에도 형을 감경하거나 면제할 수 있다.

> **제52조(자수, 자복)** ① 죄를 지은 후 수사기관에 자수한 경우에는 형을 감경하거나 면제할 수 있다.
> ② 피해자의 의사에 반하여 처벌할 수 없는 범죄의 경우에는 피해자에게 죄를 자복(自服)하였을 때에도 형을 감경하거나 면제할 수 있다.

② (×) 법률상의 형의 감경사유가 되는 자수를 위하여는, 범인이 자기의 범행으로서 범죄성립요건을 갖춘 객관적 사실을 자발적으로 수사관서에 신고하여 그 처분에 맡기는 것으로 족하고, 더 나아가 법적으로 그 요건을 완전히 갖춘 범죄행위라고 적극적으로 인식하고 있을 필요까지는 없다(대법원 1995.6.30, 94도1017).

③ (×) 형법 제52조 제1항에서 말하는 자수란 범인이 자발적으로 자신의 범죄사실을 수사기관에 신고하여 그 소추를 구하는 의사표시를 함으로써 성립하는 것으로서, 범행이 발각된 후에 수사기관에 자진 출석하여 범죄사실을 자백한 경우도 포함하며, 일단 자수가 성립한 이상 자수의 효력은 확정적으로 발생하고 그 후에 범인이 번복하여 수사기관이나 법정에서 범행을 부인한다고 하여 일단 발생한 자수의 효력이 소멸하는 것은 아니라고 할 것이다(대법원 2004.10.14, 2003도3133).

정답 ④

---

007 ✓ 유사 ◆◆◇ 법원행시 2018

자수에 관한 다음 설명 중 옳지 않은 것은 모두 몇 개인가?

> ㉠ '자수'란 범인이 스스로 수사책임이 있는 관서에 자기의 범행을 자발적으로 신고하고 그 처분을 구하는 의사표시이므로, 수사기관의 직무상의 질문 또는 조사에 응하여 범죄사실을 진술하는 것은 자백일 뿐 자수로는 되지 아니하고, 나아가 자수는 범인이 수사기관에 의사표시를 함으로써 성립하는 것이므로 내심적 의사만으로는 부족하고 외부로 표시되어야 이를 인정할 수 있는 것이다.
>
> ㉡ 피고인들이 검찰에 조사 일정을 문의한 다음 지정된 일시에 검찰에 출두하는 등의 방법으로 자진 출석하여 범행을 사실대로 진술하였다면 자수가 성립되었다고 할 것이고, 그 후 법정에서 범행 사실을 부인한다고 하여 뉘우침이 없는 자수라거나, 이미 발생한 자수의 효력이 없어진다고 볼 수 없다.
>
> ㉢ 자수한 자에 대하여 법원이 임의로 형을 감경할 수 있다고 하여도 피고인의 자수감경 주장에 대하여 판단을 하지 아니하면 위법하다.
>
> ㉣ 어느 죄에 관한 자수의 요건과 효과가 어떠한가 하는 문제는 논리 필연적으로 도출되는 문제로, 그 입법 취지가 자수의 두 가지 측면 즉, 범죄를 스스로 뉘우치고 개전의 정을 표시하는 것으로 보아 비난가능성이 약하다는 점과 자수를 하면 수사를 하는 데 용이할 뿐 아니라 형벌권을 정확하게 행사할 수 있어 죄 없는 자에 대한 처벌을 방지할 수 있다는 점 중 어느 한쪽을 얼마만큼 중시하는지 또는 양자를 모두 동등하게 고려하는지에 따라 입법 정책적으로 결정되는 것은 아니다.
>
> ㉤ 법률상의 형의 감경사유가 되는 자수를 위하여는, 범인이 자기의 범행으로서 범죄성립요건을 갖춘 객관적 사실을 자발적으로 수사관서에 신고하여 그 처분에 맡기고, 법적으로 그 요건을 완전히 갖춘 범죄행위라고 적극적으로 인식하고 있어야 한다.

① 1개 　　　 ② 2개
③ 3개 　　　 ④ 4개
⑤ 5개

해설 | 출제영역 | 형의 양정 – 자수

③ ㉢, ㉣, ㉤ 3개의 지문이 옳지 않다.

㉠ (○) 대법원 2011.12.22, 2011도12041

㉡ (○) 대법원 2005.4.29, 2002도7262

㉢ (×) 피고인이 자수하였다고 하더라도 자수한 사람에 대하여는 법원이 임의로 형을 감경할 수 있을 뿐이어서 원심이 자수감경을 하지 아니하였다거나 자수감경 주장에 대하여 판단을 하지 아니하였다고 하여 이를 위법하다고 할 수 없다(대법원 2011.12.22, 2011도12041).

㉣ (×) 형법이나 국가보안법 등이 자수에 대하여 형을 감면하는 정도를 그 입법 취지에 따라 달리 정하고 자수의 요건인 자수시기에 관하여도 각각 달리 정하고 있는 점으로 미루어 보면, 어느

CHAPTER 03 형의 양정 **299**

PART 03 CHAPTER 03 형의 양정

죄에 관한 자수의 요건과 효과가 어떠한가 하는 문제는 논리 필연적으로 도출되는 문제가 아니라, 그 입법 취지가 자수의 두 가지 측면, 즉 범죄를 스스로 뉘우치고 개전의 정을 표시하는 것으로 보아 비난가능성이 약하다는 점과 자수를 하면 수사를 하는 데 용이할 뿐 아니라 형벌권을 정확하게 행사할 수 있어 죄 없는 자에 대한 처벌을 방지할 수 있다는 점 중 어느 한쪽을 얼마만큼 중시하는지 또는 양자를 모두 동등하게 고려하는지에 따라 입법 정책적으로 결정되는 것이다(대법원 1997.3.20, 96도1167 전원합의체).

ⓜ (×) 법률상의 형의 감경사유가 되는 자수를 위하여는, 범인이 자기의 범행으로서 범죄성립요건을 갖춘 객관적 사실을 자발적으로 수사관서에 신고하여 그 처분에 맡기는 것으로 족하고, 더 나아가 법적으로 그 요건을 완전히 갖춘 범죄행위라고 적극적으로 인식하고 있을 필요까지는 없다(대법원 1995.6.30, 94도1017).

정답 ③

4 형의 양정의 예

008 ✓ 유사 ◆◆◇ 변호사 2016

형의 양정에 관한 설명 중 옳지 않은 것은? (다툼이 있는 경우 판례에 의함)

① 「형법」은 상대적 법정형을 원칙으로 하고, 여적죄에 관해서만 절대적 법정형을 두고 있다.

② 형법총칙은 일반적 가중사유로 경합범 가중, 누범 가중, 특수교사·방조의 세 가지 경우를 인정하고 있다.

③ 형법총칙상 필요적 감경사유에는 심신미약, 농아자, 중지범 등이 있고, 임의적 감경사유에는 과잉방위, 과잉피난, 불능미수, 종범, 자수 또는 자복 등이 있다.

④ 작량감경을 할 때 작량감경사유가 수개 있는 경우에는 거듭 감경할 수 없지만, 법률상 감경을 한 후에 다시 작량감경을 할 수는 있다.

⑤ 범죄의 불법과 책임을 근거지우거나 가중·감경사유가 된 상황은 다시 양형의 자료가 될 수 없는데, 이를 '이중평가의 금지'라고 한다.

해설 출제영역 | 형의 양정 – 형의 감경, 면제

③ (×) 형법이 개정되어 심신미약은 임의적 감경사유이고 종범은 필요적 감경사유이다(제32조 제2항).
[보충] 농아자는 2020.12.8. 개정 제11조에서 "듣거나 말하는 데 모두 장애가 있는 사람"이라고 규정하고 있다.

① (○) 제93조
② (○) 제38조, 제35조 제2항, 제34조 제2항
④ (○) 제55조 제2항, 제56조
⑤ (○)

정답 ③

009 ✓ 유사 ◆◆◇ 변호사 2022

형벌에 관한 설명 중 옳은 것(○)과 옳지 않은 것(×)을 올바르게 조합한 것은? (다툼이 있는 경우 판례에 의함)

ㄱ. 경합범의 처벌에 관한 형법 제38조 제1항 제3호에 의하여 징역형과 벌금형을 병과하는 경우에 징역형에만 작량감경을 하고 벌금형에는 작량감경을 하지 않는 것은 위법하다.

ㄴ. 2020.7.1. 무고죄로 징역 1년에 집행유예 2년을 선고받고 그 판결이 같은 달 9. 확정된 甲이 2021.6.1. 상습도박죄를 범하여 같은 해 11.1. 유죄판결을 선고받는 경우, 법원은 甲에게 상습도박죄에 대한 집행유예는 선고할 수 없다.

ㄷ. 몰수에 관한 형법 제48조 제1항의 '범인'에는 공범자도 포함되므로 피고인의 소유물은 물론 공범자의 소유물도 그 공범자의 소추 여부를 불문하고 몰수할 수 있다.

ㄹ. 사기도박에 참여하도록 유인하기 위하여 고액의 수표를 제시해 보인 경우라도 그 수표가 직접적으로 도박자금으로 사용되지 않았다면 몰수할 수 없다.

ㅁ. 강도상해의 범행에 대하여 자수한 사안에서 법원이 자수감경을 하지 않았거나 자수감경 주장에 대한 판단을 하지 않았다고 해도 위법하다고 할 수 없다.

① ㄱ(○), ㄴ(○), ㄷ(×), ㄹ(×), ㅁ(○)
② ㄱ(×), ㄴ(×), ㄷ(○), ㄹ(○), ㅁ(×)
③ ㄱ(○), ㄴ(○), ㄷ(×), ㄹ(×), ㅁ(×)
④ ㄱ(×), ㄴ(○), ㄷ(○), ㄹ(×), ㅁ(○)
⑤ ㄱ(×), ㄴ(×), ㄷ(○), ㄹ(○), ㅁ(○)

해설 출제영역 | 재산형 – 몰수, 형의 양정, 집행유예

④ ㄱ(×), ㄴ(○), ㄷ(○), ㄹ(×), ㅁ(○)

ㄱ. (×) 형법 제38조 제1항 제3호에 의하여 징역형과 벌금형을 병과하는 경우에는 각 형에 대한 범죄의 정상에 차이가 있을 수 있으므로 징역형에만 작량감경을 하고 벌금형에는 작량감경을 하지 아니하였다고 하여 이를 위법하다고 할 수 없다(대법원 2006.3.23, 2006도1076).

ㄴ. (○) 집행유예기간 중 범한 죄에 대하여 집행유예기간 중 재판을 하는 경우에는 이에 대해 집행유예를 선고할 수는 없다(대법원 2007.7.27, 2007도768).

ㄷ. (○) 대법원 2006.11.23, 2006도5586

ㄹ. (×) 피해자로 하여금 사기도박에 참여하도록 유인하기 위하여 고액의 수표를 제시해 보인 경우, 형법 제48조 소정의 몰수가 임의적 몰수에 불과하여 법관의 자유재량에 맡겨져 있고, 위 수표가 직접적으로 도박자금으로 사용되지 아니하였다 할지라도, 위 수표가 피해자로 하여금 사기도박에 참여하도록 만들기 위한 수단으로 사용된 이상, 이를 몰수할 수 있고, 그렇다고 하여 피고인에게 극히 가혹한 결과가 된다고 볼 수는 없다(대법원 2002.9.24, 2002도3589).

ㅁ. (○) 대법원 2004.6.11, 2004도2018

정답 ④

010 ✅ 유사 ◆◇◇

다음 설명 중 옳지 않은 것은? (다툼이 있는 경우 판례에 의함)

① 대법원 양형위원회의 양형기준은 법관이 합리적인 양형을 정하는 데 참고할 수 있는 구체적이고 객관적인 기준으로서, 법관은 형의 종류를 선택하고 형량을 정함에 있어서 양형기준을 존중하여야 하나, 그렇다고 양형기준이 법적 구속력을 갖는 것은 아니다.

② 형을 가중·감경할 사유가 경합된 때에는 형법 각칙 본조에 의한 가중, 형법 제34조 제2항의 가중, 누범가중, 법률상감경, 경합범가중, 작량감경의 순서에 의한다.

③ 작량감경은 모든 정상을 종합적으로 관찰하여 1회에 한하여 감경할 수 있을 뿐이고 정상 하나하나에 거듭 작량감경을 할 수 있는 것은 아니다.

④ 징역형과 벌금형을 병과하여야 할 경우에 특별한 규정이 없는 한 징역형에만 작량감경을 하고 벌금형에는 작량감경을 하지 않는 것은 위법하다.

⑤ 형법 제57조 제1항에 관한 헌법재판소 2009.6.25. 선고 2007헌바25 사건의 위헌결정에 따라 판결선고 전 미결구금일수 전부가 본형에 산입되게 되었지만, 병과형 또는 수 개의 형이 선고된 경우에는 정확한 형의 집행을 위하여 어느 형에 미결구금일수를 산입하여 집행할 것인지를 판결에서 정하여야 한다.

해설 ┃ **출제영역 ┃** 형의 양정의 예 및 양형

⑤ (×) 헌법재판소는 형법 제57조 제1항 중 '또는 일부'부분은 헌법에 위반된다고 선언하였는바(헌법재판소 2009.6.25. 2007헌바25), 이로써 판결선고 전의 구금일수는 그 전부가 유기징역, 유기금고, 벌금이나 과료에 관한 유치기간 또는 구류에 당연히 산입되어야 하게 되었고, 병과형 또는 수 개의 형으로 선고된 경우 어느 형에 미결구금일수를 산입하여 집행하느냐는 형집행 단계에서 형집행기관이 할 일이며(대법원 1989.11.10. 89도808), 법원이 주문에서 이에 관하여 선고하였더라도 이는 미친가지라고 할 것이다(대법원 2010.9.9. 2010도6924).

① (○) 법원조직법 제81조의2 이하의 규정에 의하여 마련된 대법원 양형위원회의 양형기준은 법관이 합리적인 양형을 정하는 데 참고할 수 있는 구체적이고 객관적인 기준으로 마련된 것이다(같은 법 제81조의6 제1항). 위 양형기준은 법적 구속력을 가지지 아니하고(같은 법 제81조의7 제1항 단서), 단지 위와 같은 취지로 마련되어 그 내용의 타당성에 의하여 일반적인 설득력을 가지는 것으로 예정되어 있으므로 법관의 양형에 있어서 그 존중이 요구되는 것일 뿐이다(대법원 2009.12.10. 2009도11448).

② (○) 제56조 참조.

> **제56조(가중·감경의 순서)** 형을 가중·감경할 사유가 경합하는 경우에는 다음 각 호의 순서에 따른다.
> 1. 각칙 조문에 따른 가중
> 2. 제34조 제2항에 따른 가중
> 3. 누범 가중
> 4. 법률상 감경
> 5. 경합범 가중
> 6. 정상참작감경
> [전문개정 2020.12.8.]

③ (○) 대법원 1964.4.7. 63도410

④ (○) 대법원 1997.8.26. 96도3466; 1976.9.14. 76도2012; 1977.7.26. 77도1827

정답 ⑤

011 ✅ 유사 ◆◇◇

다음 설명 중 가장 옳지 않은 것은? (다툼이 있는 경우 판례에 의함)

① 형을 가중감경할 사유가 경합된 때에는 형법 각칙 본조에 의한 가중 → 형법 제34조 제2항의 가중 → 누범가중 → 경합범 가중 → 법률상감경 → 작량감경의 순서에 의하여야 한다.

② 형을 병과할 경우에도 형법 제59조에 따라 형의 전부 또는 일부에 대하여 그 선고를 유예할 수 있다.

③ 징역 또는 금고의 집행 중에 있는 자가 그 행상이 양호하여 개전의 정이 현저한 때에는 무기에 있어서는 20년, 유기에 있어서는 형기의 3분의 1을 경과한 후 행정처분으로 가석방을 할 수 있다.

④ 징역 또는 금고의 집행을 종료하거나 집행이 면제된 자가 피해자의 손해를 보상하고 자격정지 이상의 형을 받음이 없이 7년을 경과한 때에는 본인 또는 검사의 신청에 의하여 그 재판의 실효를 선고할 수 있다.

해설 ┃ **출제영역 ┃** 형벌론, 형의 양정

① (×) 형법 제56조에 따르면, 형을 가중·감경할 사유가 경합된 때에는 형법 각칙 본조에 의한 가중 → 형법 제34조 제2항의 가중 → 누범가중 → 법률상감경 → 경합범 가중 → 작량감경(2020. 12.8. 개정: 정상참작감경)의 순시에 의하여야 한다.

② (○) 제59조 제2항

③ (○) 제72조 제1항 참조.

　[보충] 2020.12.8. 개정으로 2021.12.9부터 표현이 달라졌다.

> **제72조(가석방의 요건)** ① 징역이나 금고의 집행 중에 있는 사람이 행상(行狀)이 양호하여 뉘우침이 뚜렷한 때에는 무기형은 20년, 유기형은 형기의 3분의 1이 지난 후 행정처분으로 가석방을 할 수 있다.

④ (○) 제81조

정답 ①

다음 설명 중 가장 옳지 않은 것은?

① 유기징역형에 대한 법률상 감경을 하면서 형법 제55조 제1항 제3호에서 정한 것과 같이 장기와 단기를 모두 2분의 1로 감경하는 것이 아닌 장기 또는 단기 중 어느 하나만을 2분의 1로 감경하는 방식이나 2분의 1보다 넓은 범위의 감경을 하는 방식은 위 규정에 의한 법률상 감경이 임의적인 경우에는 허용될 수 있다.

② 심신장애로 인하여 사물을 변별할 능력이나 의사를 결정할 능력이 미약하다고 하더라도, 이미 범행을 예견하고도 자의로 위와 같은 심신장애를 야기한 경우라면 형법 제10조 제3항에 의하여 심신장애로 인한 감경 등을 할 수 없다.

③ 형법 제56조는 형을 가중·감경할 사유가 경합된 경우 가중·감경의 순서를 정하고 있고, 이에 따르면 법률상 감경을 먼저 하고 마지막으로 작량감경을 하게 되어 있으므로, 법률상 감경 사유가 있을 때에는 작량감경보다 우선하여야 한다.

④ 처단형은 선고형의 최종적인 기준이 되므로 그 범위는 법률에 따라서 엄격하게 정하여야 하고, 별도의 명시적인 규정이 없는 이상 형법 제56조에서 열거하고 있는 가중·감경할 사유에 해당하지 않는 다른 성질의 감경사유를 인정할 수는 없다.

해설 | 출제영역 | 형의 양정

① (×) 유기징역형에 대한 법률상 감경을 하면서 형법 제55조 제1항 제3호에서 정한 것과 같이 장기와 단기를 모두 2분의 1로 감경하는 것이 아닌 장기 또는 단기 중 어느 하나만을 2분의 1로 감경하는 방식이나 2분의 1보다 넓은 범위의 감경을 하는 방식 등은 죄형법정주의 원칙상 허용될 수 없다(대법원 2021.1.21, 2018도5475 전원합의체).

② (○) 제10조 제2항, 제3항 참조.

> **제10조(심신장애인)** ② 심신장애로 인하여 전항의 능력이 미약한 자의 행위는 형을 감경할 수 있다.
> ③ 위험의 발생을 예견하고 자의로 심신장애를 야기한 자의 행위에는 전2항의 규정을 적용하지 아니한다.

③ (○) 형법 제56조는 형을 가중, 감경할 사유가 경합된 경우 가중, 감경의 순서를 정하고 있으며 이에 따르면 법률상 감경을 먼저하고 마지막으로 작량감경을 하게 되어 있으므로 법률상 감경사유가 있을 때에는 작량감경보다 우선하여 하여야 할 것이고, 작량감경은 이와 같은 법률상 감경을 다하고도 그 처단형의 범위를 완화하여 그 보다 낮은 형을 선고하고자 할 때에 하는 것이 옳다(대법원 1991.6.11, 91도985).

④ (○) 형법 제55조 제1항은 형벌의 종류에 따라 법률상 감경의 방법을 규정하고 있는데, 형법 제55조 제1항 제3호는 "유기징역 또는 유기금고를 감경할 때에는 그 형기의 2분의 1로 한다."라고 규정하고 있다. 이와 같이 유기징역형을 감경할 경우에는 '단기'나 '장기'의 어느 하나만 2분의 1로 감경하는 것이 아니라 '형기' 즉 법정형의 장기와 단기를 모두 2분의 1로 감경함을 의미한다는 것은 법문상 명확하다. 처단형은 선고형의 최종적인 기준이 되므로 그 범위는 법률에 따라서 엄격하게 정하여야 하고, 별도의 명시

적인 규정이 없는 이상 형법 제56조에서 열거하고 있는 가중·감경할 사유에 해당하지 않는 다른 성질의 감경사유를 인정할 수는 없다(대법원 2021.1.21, 2018도5475 전원합의체).

정답 ①

형의 양정에 관한 다음 설명 중 가장 옳지 않은 것은? (다툼이 있는 경우 판례에 의하고, 전원합의체 판결의 경우 다수의견에 의함)

① 필요적 감경의 경우에는 감경사유의 존재가 인정되면 반드시 형법 제55조 제1항에 따른 법률상 감경을 하여야 함에 반해, 임의적 감경의 경우에는 감경사유의 존재가 인정되더라도 법관이 형법 제55조 제1항에 따른 법률상 감경을 할 수도 있고 하지 않을 수도 있다.

② 형법은 형의 가중·감경할 사유가 경합된 때에 그 적용 순서에 관하여, 각칙 조문에 따른 가중, 제34조 제2항에 따른 가중, 누범 가중, 법률상 감경, 경합범 가중, 정상참작감경 순으로 규정하고 있으므로, 법관이 처단형을 결정하는 과정에서 최종선고형을 머릿속에 그리면서 임의적 감경 여부를 결정하는 것은 법리적·논리적 순서에 부합한다고 볼 수 없다.

③ 유기징역형에 대한 법률상 감경을 하면서 형법 제55조 제1항 제3호에서 정한 것과 같이 장기와 단기를 모두 2분의 1로 감경하는 것이 아닌 장기 또는 단기 중 어느 하나만을 2분의 1로 감경하는 방식이나 2분의 1보다 넓은 범위의 감경을 하는 방식 등은 죄형법정주의 원칙상 허용될 수 없다.

④ 형법이 '형을 감경할 수 있다.'고 규정하고 있는 것은 임의적 감경사유가 인정되더라도 그에 따른 감경이 필요한 경우와 필요하지 않은 경우가 모두 있을 수 있으니 임의적 감경사유로 인한 행위불법이나 결과불법의 축소효과가 미미하거나 행위자의 책임의 경감 정도가 낮은 경우에는 감경하지 않은 무거운 처단형으로 처벌할 수 있도록 한 것이다.

해설 | 출제영역 | 형의 양정

①(○), ②(×), ③(○), ④(○) 법관이 처단형을 결정하는 과정에서 피고인에 대한 양형조건들을 참작하여 최종 선고형을 머릿속에 그리면서 임의적 감경 여부를 결정하는 것이 법리적·논리적으로 잘못이라 할 수도 없다(대법원 2021.1.21, 2018도5475 전원합의체).

정답 ②

5 양형

014 ✓ 이론 ◆◆◆ 국가7급 2019

다음 〈사례〉에서 형의 가중·감경에 대한 〈법원의 판단〉 순서와 〈결론〉의 A, B에 들어갈 처단형의 범위를 바르게 연결한 것은? (단, 강도죄의 법정형은 3년 이상의 유기징역이고, 다른 상황 및 특별법의 적용은 고려하지 않음)

┤ 사례 ├

심신미약자인 甲은 강도죄로 징역 5년의 선고를 받아 복역을 마치고 2017.4.1. 출소한 후, 범죄에 대한 유혹을 떨쳐 버리지 못하고 2019.5.1. 다시 강도죄를 범하였다.

┤ 법원의 판단 ├

ㄱ. 甲이 행위당시에 심신미약의 상태에 있었기 때문에 그 형을 감경한다.

ㄴ. 甲에게 특별히 정상참작할 만한 사유가 없어서 작량감경은 하지 않는다.

ㄷ. 甲에게 누범의 요건이 있으므로 그 형을 가중한다.

┤ 결론 ├

甲에게는 징역 (A) 이상 (B) 이하의 범위 내에서 선고하는 형을 정하여야 한다.

	〈법원의 판단〉	A	B
①	ㄱ-ㄷ-ㄴ	1년 6월	30년
②	ㄱ-ㄷ-ㄴ	3년	30년
③	ㄷ-ㄱ-ㄴ	1년 6월	25년
④	ㄷ-ㄱ-ㄴ	3년	25년

해설 출제영역 | 형의 양정 – 형의 가중, 감경

[판단순서] ㄷ-ㄱ-ㄴ

제56조(가중·감경의 순서) 형을 가중·감경할 사유가 경합하는 경우에는 다음 각 호의 순서에 따른다.
1. 각칙 조문에 따른 가중
2. 제34조 제2항에 따른 가중
3. 누범 가중
4. 법률상 감경
5. 경합범 가중
6. 정상참작감경
[전문개정 2020.12.8.]

[양형] 3년 이상 30년 → 누범가중에 의하여 3년 이상 50년 이하 → 심신미약 감경에 의하여 1년6월 이상 25년 이하

정답 ③

6 판결선고 전 구금일수의 산입과 판결의 공시

015 ✓ 대표 ◆◆◆ 국가7급 2018

판결 선고 전 구금일수에 대한 설명으로 옳은 것(○)과 옳지 않은 것(×)을 바르게 연결한 것은? (다툼이 있는 경우 판례에 의함)

ㄱ. 형의 집행과 구속영장의 집행이 경합하고 있는 경우에는 미결구금을 본형에 통산하여야 한다.

ㄴ. 피고인이 범행 후 미국으로 도주하였다가 「대한민국 정부와 미합중국정부 간의 범죄인인도조약」에 따라 체포된 후 인도절차를 밟기 위해 미국에서 구금되어 있던 기간은 「형법」 제57조에 의하여 본형에 산입될 미결구금일수에 해당하지 않는다.

ㄷ. 판결 선고 당일에 집행유예, 선고유예, 벌금형 등의 선고나 보석, 구속취소 등으로 인하여 그날 중으로 석방된 피고인이 바로 당일에 상소를 제기한 경우에는 그 선고 당일(석방된 당일)의 구금일수 1일은 상소심의 통산의 대상이 된다.

ㄹ. 외국에서 무죄판결을 받고 석방되기까지의 미결구금은 국내의 형벌권 행사와 같이 공소의 목적을 달성하기 위하여 필수불가결하게 이루어진 강제처분으로 볼 수 있으므로 「형법」 제57조에서 규정한 본형에 당연히 산입되는 미결구금과 같다고 볼 수 있다.

ㅁ. 판결 선고 전의 구금일수는 그 전부 또는 일부를 유기징역, 유기금고, 벌금이나 과료에 관한 유치 또는 구류에 산입한다.

	ㄱ	ㄴ	ㄷ	ㄹ	ㅁ
①	×	○	×	×	○
②	×	○	○	×	×
③	○	×	○	×	×
④	○	○	○	○	×

해설 출제영역 | 판결 선고 전 구금일수

ㄱ. (×) 미결구금은 공소의 목적을 달성하기 위하여 어쩔 수 없이 피고인 또는 피의자를 구금하는 강제처분이어서 형의 집행은 아니지만, 자유를 박탈하는 점이 자유형과 유사하기 때문에, 형법 제57조는 인권보호의 관점에서 미결구금일수의 전부 또는 일부를 본형에 산입한다고 규정하고 있는 것이나, 형의 집행과 구속영장의 집행이 경합하고 있는 경우에는 구속 여부와 관계없이 피고인 또는 피의자는 형의 집행에 의하여 구금을 당하고 있는 것이어서, 구속은 관념상은 존재하지만 사실상은 형의 집행에 의한 구금만이 존재하는 것에 불과하므로 즉, 구속에 의하여 자유를 박탈하는 것이 아니므로, 인권보호의 관점에서 이러한 미결구금 기간을 본형에 통산할 필요가 없고, 오히려 이것을 통산한다면 하나의 구금으로써 두 개의 자유형의 집행을 동시에 하는 것과 같게 되는 불합리한 결과가 되어 피고인에게 부당한 이익을 부여하게 되므로, 이러한 경우의 미결구금은 본형에 통산하여서는 아니된다(대법원 2001.10.26, 2001도4583).

ㄴ. (○) 대법원 2005.10.28, 2005도5822

ㄷ. (○) 판결선고 당일은 상소심의 통산의 대상이 된다. 형사소송법 제482조 제1항, 대법원 2006.2.10, 2005도6246 참조.

> **형사소송법 제482조(판결확정 전 구금일수 등의 산입)** ① 판결선고 후 판결확정 전 구금일수(판결선고 당일의 구금일수를 포함한다)는 전부를 본형에 산입한다. 〈개정 2015.7. 31.〉

ㄹ. (×) 외국에서 이루어진 미결구금을 형법 제57조 제1항에서 규정한 '본형에 당연히 산입되는 미결구금'과 같다고 볼 수 없다(대법원 2017.8.24, 2017도5977 전원합의체).

ㅁ. (×) 전부 또는 일부가 아니라 전부를 산입하여야 한다. 제57조 제1항 참조.

> **제57조(판결선고 전 구금일수의 통산)** ① 판결선고전의 구금일수는 그 전부를 유기징역, 유기금고, 벌금이나 과료에 관한 유치 또는 구류에 산입한다. 〈개정 2014.12.30〉
> [2014.12.30. 법률 제12898호에 의하여 2009.6.25. 위헌 결정된 제57조 제1항을 개정함]

정답 ②

CHAPTER 04 누범

1 서설

2 성립요건

001 ✓ 대표 ◆◆◇   국가7급 2016

누범에 대한 설명으로 옳은 것은? (다툼이 있는 경우 판례에 의함)

① 누범이 성립하기 위해서는 누범에 해당하는 전과사실과 새로이 범한 범죄 사이에 일정한 상관관계가 있을 것이 요구된다.

② 다시 금고 이상에 해당하는 죄를 범하였는지 여부는 그 범죄의 실행행위를 하였는지 여부를 기준으로 결정하여야 하므로 3년의 기간 내에 실행의 착수가 있으면 족하고, 그 기간 내에 기수에까지 이르러야 되는 것은 아니다.

③ 포괄일죄의 일부 범행이 누범기간 내에 이루어지고 나머지 범행이 누범기간 경과 후에 이루어진 경우 누범기간 내에 이루어진 범행만이 누범에 해당한다.

④ 법정형에 유기징역형과 벌금형이 선택적으로 되어 있는 경우 벌금형을 선택하여도 누범가중을 할 수 있다.

해설 | 출제영역 | 누범

② (○) 대법원 2006.4.7, 2005도9858 전원합의체

① (×) 형법 제35조가 누범에 해당하는 전과사실과 새로이 범한 범죄 사이에 일정한 상관관계가 있다고 인정되는 경우에 한하여 적용되는 것으로 제한하여 해석하여야 할 아무런 이유나 근거가 없고, 위 규정이 헌법상의 평등원칙 등에 위배되는 것도 아니다(대법원 2008.12.24, 2006도1427).

③ (×) 포괄일죄의 일부 범행이 누범기간 내에 이루어진 이상 나머지 범행이 누범기간 경과 후에 이루어졌더라도 그 범행 전부가 누범에 해당한다고 보아야 한다(대법원 2012.3.29, 2011도14135).

④ (×) 형법 제35조 제1항에 규정된 "금고 이상에 해당하는 죄"라 함은 유기금고형이나 유기징역형으로 처단할 경우에 해당하는 죄를 의미하는 것으로서 법정형 중 벌금형을 선택한 경우에는 누범가중을 할 수 없다(대법원 1982.9.14, 82도1702).

정답 ②

002 ✓ 대표 ◆◇◇   법원9급 2018

누범에 관한 다음 설명 중 가장 옳지 않은 것은? (다툼이 있는 경우 판례에 의하고, 전원합의체 판결의 경우 다수의견에 의함)

① 금고 이상의 형을 받아 그 집행을 종료하거나 면제를 받은 후 3년 내에 금고 이상에 해당하는 죄를 범한 자는 누범으로 처벌한다.

② 금고 이상의 형을 받고 그 형의 집행유예기간 중에 금고 이상에 해당하는 죄를 범하였다면 누범으로 처벌할 수 있다.

③ 포괄일죄의 일부 범행이 누범기간 내에 이루어진 이상 나머지 범행이 누범기간 경과 후에 이루어졌더라도 그 범행 전부가 누범에 해당한다고 보아야 한다.

④ 구성요건상 상습범에 해당하는 경우라도 누범가중을 할 수 있다.

해설 | 출제영역 | 누범의 성립요건

② (×) 누범은 전범의 형 집행종료·면제 후 범한 죄이어야 하므로, 집행유예기간 중 범한 죄는 누범일 수 없다.

① (○) 제35조 제1항 참조.

> **제35조(누범)** ① 금고(禁錮) 이상의 형을 선고받아 그 집행이 종료되거나 면제된 후 3년 내에 금고 이상에 해당하는 죄를 지은 사람은 **누범**(累犯)으로 처벌한다. 〈개정 2020.12.8.〉

③ (○) 포괄일죄의 일부 범행이 누범기간 내에 이루어진 이상 나머지 범행이 누범기간 경과 후에 이루어졌더라도 그 범행 전부가 누범에 해당한다고 보아야 한다(대법원 2012.3.29, 2011도14135).

④ (○) 상습범과 누범은 서로 다른 개념으로서 누범에 해당한다고 하여 반드시 상습범이 되는 것이 아니며, 반대로 상습범에 해당한다고 하여 반드시 누범이 되는 것도 아니다. 또한, 행위자책임에 형벌가중의 본질이 있는 상습범과 행위책임에 형벌가중의 본질이 있는 누범을 단지 평면적으로 비교하여 그 경중을 가릴 수는 없고, 사안에 따라서는 폭력행위 등 처벌에 관한 법률 제3조 제4항에 정한 누범의 책임이 상습범의 경우보다 오히려 더 무거운 경우도 얼마든지 있을 수 있다. 이상과 같은 점을 고려하면, 같은 법 제3조 제4항의 누범에 대하여 같은 법 제3조 제3항의 상습범과 동일한 법정형을 정하였다고 하여 이를 두고 평등원칙에 반하는 위헌적인 규정이라고 할 수는 없다(대법원 2007.8.23, 2007도4913).

정답 ②

누범에 관한 다음 설명 중 가장 옳은 것은? (다툼이 있는 경우판례에 의하고, 전원합의체 판결의 경우 다수의견에 의함. 이하 같음)

① 누범전과인 금고 이상의 형의 선고는 유효하여야 하므로, 일반사면에 의하여 형의 선고의 효력이 상실되거나 특별사면을 받아 형의 집행을 면제받은 때에는 그 범죄는 누범 전과가 될 수 없으나, 복권은 사면의 경우와 같이 형의 언도의 효력을 상실시키는 것은 아니므로 그 전과사실은 누범가중 사유에 해당한다.

② 누범가중에 있어서 후범(後犯)은 전범(前犯)과 같은 죄명이거나 죄질을 같이하는 동종의 범죄일 것을 요하지는 않으나, 후범은 고의범으로 제한하는 것이 타당하다.

③ 누범가중의 사유가 되는 전과사실은 범죄사실이 아니므로 불고불리(不告不理)의 원칙이 적용되지 아니하며, 따라서 전과사실이 공소장에 기재되어 있을 것을 요하지 않으나, 전과사실은 피고인의 자백만으로 인정할 수 없고 이에 대한 보강증거가 있어야 한다.

④ 상해죄 등으로 기소된 피고인이 누범전과인 확정판결에 대해 재심을 청구하여 재심대상판결 전부에 대하여 재심개시결정이 이루어졌고, 상해죄 등 범행 이후 진행된 재심심판절차에서 징역형을 선고한 재심판결이 확정됨으로써 확정판결이 당연히 효력을 상실한 경우, 상해죄 등 범행은 확정판결에 의한 형의 집행이 끝난 후 3년 내에 이루어졌다고 할 수 없다.

⑤ 금고 이상의 형을 받고 그 형의 집행유예기간 중에 금고이상에 해당하는 죄를 범하였다 하더라도 이는 누범가중의 요건을 충족시킨 것은 아니나, 잔형기(殘刑期) 경과전인 가석방기간 중에 다시 죄를 범한 경우에는 형 집행종료 후에 죄를 범한 경우에 해당한다.

해설 | 출제영역 | 누범 – 성립요건

④ (○) 유죄의 확정판결에 대하여 재심개시결정이 확정되어 법원이 그 사건에 대하여 다시 심판을 한 후 재심의 판결을 선고하고 그 재심판결이 확정된 때에는 종전의 확정판결은 당연히 효력을 상실한다(대법원 2017.9.21, 2017도4019).

① (×) 전범에 대한 형의 선고는 유효하여야 누범전과가 되므로 일반사면을 받거나 집행유예기간을 경과한 경우에는 형선고의 효력이 상실되어 누범전과가 될 수 없다. 그러나 특별사면을 받아 형 집행 면제가 된 경우에는 누범전과에 해당하며, 또한 복권은 형선고의 효력을 상실시키는 것이 아니라, 단지 상실·정지된 자격을 회복시킴에 불과하므로 누범전과가 된다.

② (×) 후범은 고의범·과실범을 불문한다.

③ (×) 전과사실은 보강증거를 요하지 않으므로 피고인의 자백만으로도 인정할 수 있다(대법원 1981.6.9, 81도1353).

⑤ (×) 전형의 집행 전·집행중의 범죄는 누범이 될 수 없다. 따라서 집행유예기간 중, 가석방기간 중, 전범의 형의 집행 중 내지 집행정지 중에 다시 죄를 범한 경우는 누범이 아니다.

정답 ④

누범에 대한 설명으로 옳은 것은? (다툼이 있는 경우 판례에 의함)

① 행위책임에 형벌가중의 본질이 있는 상습범과 행위자책임에 형벌가중의 본질이 있는 누범을 단지 평면적으로 비교하여 그 경중을 가릴 수는 없다.

② 포괄일죄의 일부 범행이 누범기간 내에 이루어졌다고 하더라도 나머지 범행이 누범기간 경과 후에 이루어졌다면 선행 범죄만이 누범에 해당한다고 보아야 한다.

③ 누범을 가중 처벌하는 이유는 전범에 대하여 처벌을 받았음에도 다시 범행을 하는 경우에 전범도 후범과 일괄하여 다시 처벌한다는 것이다.

④ 누범가중의 사유가 되는 전과에 적용된 법률조항에 대하여 위헌결정이 있어 재심이 가능하다는 이유만으로 그 전과의 누범가중사유로서의 법률적 효력에 영향이 있다고 할 수는 없다.

해설 | 출제영역 | 누범

④ (○) 누범가중의 사유가 되는 전과에 적용된 법률조항에 대하여 위헌결정이 있어 재심이 가능하다는 이유만으로 그 전과의 법률적 효력에 영향이 있다고 할 수 없으므로, 그 전과에 기하여 누범가중을 한 원심판결에는 헌법과 법률을 위반한 위법이 있다거나 재심사유가 존재한다고 볼 수 없다(대법원 2017.3.22, 2016도9032).

① (×) 상습범은 행위자책임에, 누범은 행위책임에 형벌가중의 본질이 있다(대법원 2007.8.23, 2007도4913 등).

② (×) 포괄일죄의 일부 범행이 누범기간 내에 이루어진 이상 나머지 범행이 누범기간 경과 후에 이루어졌더라도 그 범행 전부가 누범에 해당한다고 보아야 한다(대법원 2012.3.29, 2011도14135).

③ (×) 누범을 가중 처벌하는 이유는 전범에 대한 형벌에 의하여 주어진 기왕의 경고를 무시하고 다시 범죄를 저질렀다는 점에서 비난가능성 및 책임이 높기 때문이지 전범에 대하여 처벌을 받았음에도 다시 범행을 하는 경우에 전범도 후범과 일괄하여 다시 처벌한다는 것은 아니다(따라서 일사부재리의 원칙에 반하지 않는다는 의미임)(대법원 2014.7.10, 2014도5868).

정답 ④

005 ✓ 유사 ◆◆◇ 법원행시 2017

누범에 관한 다음 설명 중 옳은 것은 모두 몇 개인가? (다툼이 있는 경우 판례에 따르고 전원합의체 판결의 경우 다수의견에 의함)

가. 금고 이상의 형을 받고 그 형의 집행유예기간 중에 금고 이상에 해당하는 죄를 범하였다 하더라도 누범에 해당하지 아니한다.

나. 법정형 중 벌금형을 선택한 경우에는 누범가중을 할 수 없다.

다. 상습범 중 일부 행위가 누범기간 내에 이루어지고 나머지 행위가 누범기간 경과 후에 이루어진 경우 행위전부가 누범관계에 있다고 할 수 없다.

라. 다시 금고 이상에 해당하는 죄를 범하였는지 여부는 그 범죄의 실행행위를 하였는지 여부를 기준으로 결정하여야 하므로 3년의 기간 내에 실행의 착수가 있으면 족하고, 그 기간 내에 기수에까지 이르러야 되는 것은 아니다.

마. 형법 제35조가 누범에 해당하는 전과사실과 새로이 범한 범죄 사이에 일정한 상관관계가 있다고 인정되는 경우에 한하여 적용되는 것으로 제한하여 해석하여야 할 아무런 이유나 근거가 없다.

① 1개 ② 2개
③ 3개 ④ 4개
⑤ 5개

해설 | 출제영역 | 누범 - 요건

④ 가, 나, 라, 마. 4개의 지문이 옳다.

가. (○) 금고 이상의 형을 받고 그 형의 집행유예기간 중에 금고 이상에 해당하는 죄를 범하였다고 하더라도 이는 누범가중의 요건을 충족시킨 것이라 할 수 없다(대법원 1965.10.5, 65도676).

나. (○) 형법 제35조 제1항에 규정된 "금고 이상에 해당하는 죄"라 함은 유기금고형이나 유기징역형으로 처단할 경우에 해당하는 죄를 의미하는 것으로서 법정형 중 벌금형을 선택한 경우에는 누범가중을 할 수 없다(대법원 1982.9.14, 82도1702).

다. (✕) 상습범 중 일부 소위가 누범기간 내에 이루어진 이상 나머지 소위가 누범기간 경과 후에 행하여졌더라도 그 행위 전부가 누범관계에 있는 것이다(대법원 1982.5.25, 82도600).

라. (○) 형법 제35조 소정의 누범이 되려면 금고 이상의 형을 받아(개정: 선고받아) 그 집행을 종료하거나 면제를 받은 후(개정: 면제된 후) 3년 내에 다시 금고 이상에 해당하는 죄를 범하여야 하는바, 이 경우 다시 금고 이상에 해당하는 죄를 범하였는지 여부는 그 범죄의 실행행위를 하였는지 여부를 기준으로 결정하여야 하므로 3년의 기간 내에 실행의 착수가 있으면 족하고, 그 기간 내에 기수에까지 이르러야 되는 것은 아니다(대법원 2006.4.7, 2005도9858 전원합의체).

마. (○) 형법 제35조가 누범에 해당하는 전과사실과 새로이 범한 범죄 사이에 일정한 상관관계가 있다고 인정되는 경우에 한하여 적용되는 것으로 제한하여 해석하여야 할 아무런 이유나 근거가 없고, 위 규정이 헌법상의 평등원칙 등에 위배되는 것도 아니다(대법원 2008.12.24, 2006도1427).

정답 ④

006 ✓ 유사 ◆◆◇ 법원9급 2023

다음 설명 중 가장 옳은 것은? (다툼이 있는 경우 판례에 의하고, 전원합의체 판결의 경우 다수의견에 의함)

① 자수가 성립하였다고 하더라도 그 후에 범인이 이를 번복하여 수사기관이나 법정에서 범행을 부인하면 자수의 효력이 소멸하여 형법 제52조 제1항의 자수감경을 할 수 없다.

② 수사기관에의 신고가 자발적인 이상 그 신고의 내용이 자기의 범행을 명백히 부인하는 등의 내용으로 자기의 범행으로서 범죄성립요건을 갖추지 아니한 사실이라고 하더라도 자수는 성립한다.

③ 형법 제35조 소정의 누범이 되려면 금고 이상의 형을 받아 그 집행을 종료하거나 면제를 받은 후 3년 내에 다시 금고 이상에 해당하는 죄를 범하여야 하는데, 이 경우 다시금고 이상에 해당하는 죄를 범하였는지 여부는 그 범죄가 기수에 이르렀는지 여부를 기준으로 결정하여야 하므로, 3년의 기간 내에 기수에 이르러야 누범 가중이 가능하다.

④ 집행유예가 실효되는 등의 사유로 인하여 두 개 이상의 금고형 내지 징역형을 선고받아 각 형을 연이어 집행 받음에 있어 하나의 형의 집행을 마치고 또 다른 형의 집행을 받던 중 먼저 집행된 형의 집행종료일로부터 3년 내에 금고이상에 해당하는 죄를 저지른 경우에, 집행 중인 형에 대한 관계에 있어서는 누범에 해당하지 않지만 앞서 집행을 마친 형에 대한 관계에 있어서는 누범에 해당한다.

해설 | 출제영역 | 자수, 누범

④ (○) 형법 제35조 제1항은 "금고 이상의 형을 받아 그 집행을 종료하거나 면제를 받은 후 3년 내에 금고 이상에 해당하는 죄를 범한 자는 누범으로 처벌한다."라고 규정하고 있다. 따라서 집행유예가 실효되는 등의 사유로 인하여 두 개 이상의 금고형 내지 징역형을 선고받아 각 형을 연이어 집행받음에 있어 하나의 형의 집행을 마치고 또 다른 형의 집행을 받던 중 먼저 집행된 형의 집행종료일로부터 3년 내에 금고 이상에 해당하는 죄를 저지른 경우에, 집행 중인 형에 대한 관계에 있어서는 누범에 해당하지 않지만 앞서 집행을 마친 형에 대한 관계에 있어서는 누범에 해당한다(대법원 2021.9.16, 2021도8764).

① (✕) 형법 제52조 제1항 소정의 자수란 범인이 자발적으로 자신의 범죄사실을 수사기관에 신고하여 그 소추를 구하는 의사표시를 함으로써 성립하는 것으로서, 일단 자수가 성립한 이상 자수의 효력은 확정적으로 발생하고 그 후에 범인이 번복하여 수사기관이나 법정에서 범행을 부인한다고 하더라도 일단 발생한 자수의 효력이 소멸하는 것은 아니라고 할 것이다(대법원 1999.7.9, 99도1695).

② (✕) 수사기관에의 신고가 자발적이라고 하더라도 그 신고의 내용이 자기의 범행을 명백히 부인하는 등의 내용으로 자기의 범행으로서 범죄성립요건을 갖추지 아니한 사실일 경우에는 자수는 성립하지 않고, 수사과정이 아닌 그 후의 재판과정에서 범행을 시인하였다고 하더라도 새롭게 자수가 성립할 여지는 없다고 할 것이다(대법원 1999.9.21, 99도2443).

③ (×) 형법 제35조 소정의 누범이 되려면 금고 이상의 형을 받아 그 집행을 종료하거나 면제를 받은 후 3년 내에 다시 금고 이상에 해당하는 죄를 범하여야 하는바, 이 경우 다시 금고 이상에 해당하는 죄를 범하였는지 여부는 그 범죄의 실행행위를 하였는지 여부를 기준으로 결정하여야 하므로 3년의 기간 내에 실행의 착수가 있으면 족하고, 그 기간 내에 기수에까지 이르러야 되는 것은 아니다(대법원 2006.4.7, 2005도9858).

정답 ④

형벌에 대한 설명으로 옳지 않은 것은? (다툼이 있는 경우 판례에 의함)

① 임의적 감경의 사유가 존재하고 법관이 그에 따라 징역형에 대해 법률상 감경을 하는 이상 「형법」 제55조 제1항 제3호에 따라 상한과 하한을 모두 2분의 1로 감경한다.

② 특수상해죄(「형법」 제258조의2제1항)를 상습으로 범한 자에 대해서는 상습범 가중 규정(「형법」 제264조)에 따라 그 법정형의 단기와 장기를 모두 2분의 1까지 가중한다.

③ 「형법」은 경합범을 동시에 판결할 때, 각 죄에 대하여 정한 형이 사형, 무기징역, 무기금고 외의 같은 종류의 형인 경우에 가중주의를 채택하고 있는데, 과료와 과료는 병과(併科)할 수 있다.

④ 도로교통법위반죄에 대하여 당해 법조가 정하고 있는 징역형과 벌금형 가운데에서 벌금형을 선택한 경우, 피고인이 금고(禁錮) 이상의 형을 선고받아 그 집행이 종료된 후 3년이 경과하기 전이라면 누범가중을 할 수 있다.

해설 형의 양정, 누범

④ (×) 형법 제35조 제1항에 규정된 "금고 이상에 해당하는 죄"라 함은 유기금고형이나 유기징역형으로 처단할 경우에 해당하는 죄를 의미하는 것으로서 법정형 중 벌금형을 선택한 경우에는 누범가중을 할 수 없다(대법원 1982.9.14, 82도1702).

① (○) 대법원 2021.1.21, 2018도5475 전원합의체

② (○) 형법은 제264조에서 상습으로 제258조의2의 죄를 범한 때에는 그 죄에 정한 형의 2분의 1까지 가중한다고 규정하고, 제258조의2 제1항에서 위험한 물건을 휴대하여 상해죄를 범한 때에는 1년 이상 10년 이하의 징역에 처한다고 규정하고 있다. 위와 같은 형법 각 규정의 문언, 형의 장기만을 가중하는 형법 규정에서 그 죄에 정한 형의 장기를 가중한다고 명시하고 있는 점, 형법 제264조에서 상습범을 가중처벌하는 입법 취지 등을 종합하면, 형법 제264조는 상습특수상해죄를 범한 때에 형법 제258조의2 제1항에서 정한 법정형의 단기와 장기를 모두 가중하여 1년 6개월 이상 15년 이하의 징역에 처한다는 의미로 새겨야 한다(대법원 2017.6.29, 2016도18194).

③ (○) 형법 제38조 제1항 제2호

제38조(경합범과 처벌례) ① 경합범을 동시에 판결할 때에

는 다음 각 호의 구분에 따라 처벌한다.

2. 각 죄에 대하여 정한 형이 사형, 무기징역, 무기금고 외의 같은 종류의 형인 경우에는 가장 무거운 죄에 대하여 정한 형의 장기 또는 다액(多額)에 그 2분의 1까지 가중하되 각 죄에 대하여 정한 형의 장기 또는 다액을 합산한 형기 또는 액수를 초과할 수 없다. 다만, 과료와 과료, 몰수와 몰수는 병과(併科)할 수 있다.

정답 ④

---

3 효과

다음 설명 중 옳지 않은 것은 모두 몇 개인가?

가. 누범이 경합범인 경우에는 먼저 경합범 가중을 한 후에 누범가중을 해야 한다.

나. 집행유예의 선고를 받은 후 그 선고의 실효 또는 취소됨이 없이 유예기간을 경과한 경우 그 전과사실은 누범가중의 사유가 되지 않는다.

다. 형면제 판결을 선고받은 전과 및 일반사면 된 전과는 누범전과가 될 수 없으나, 특별사면된 전과 및 복권된 전과는 예외 없이 누범전과에 해당한다.

라. 잔형기 경과 전인 가석방기간 중에 범한 죄에 대하여는 형 집행 종료 후에 죄를 범한 경우에 해당한다고 볼 수 없으므로 누범가중을 할 수 없다.

마. 형법상 누범의 형은 그 죄에 정한 형의 장기의 2배까지 가중하므로, 징역 50년은 초과할 수 있으나 단기는 가중하지 않는다.

① 0개 ② 1개
③ 2개 ④ 3개
⑤ 4개

해설 출제영역 | 누범의 요건 및 효과

④ 가, 다, 마. 3개의 지문이 옳지 않다.

가. (×) 누범가중 후에 경합범 가중해야 한다(제56조).

나. (○) 피고인이 금고 이상의 형을 받아 그 집행을 종료하거나 면제를 받은(개정: 면제된) 후 3년 이내에 금고 이상에 해당하는 죄를 다시 범함을 요하는데 집행유예 선고의 실효 또는 취소됨이 없이 유예기간을 경과한 경우에는 형 선고의 효력이 상실되므로 누범가중의 요건에 해당할 수 없다(제35조).

다. (×) 형 면제 판결은 '금고이상의 형 선고'가 아니고, 일반사면의 효과로 '금고이상의 형 선고가 없어' 누범전과가 되지 않는다. 복권은 누범전과에 해당하나, 특별사면의 경우 원칙적으로 누범전과에 해당하지만 특별한 사정이 있는 경우 '금고 이상의 형 선고'가 없어지므로 누범전과에 해당하지 않게 된다.

사면법 제5조(사면 등의 효과) ① 사면, 감형 및 복권의 효과는 다음 각 호와 같다.

1. 일반사면: 형 선고의 효력이 상실되며, 형을 선고받지 아니한 자에 대하여는 공소권(公訴權)이 상실된다. 다만,

특별한 규정이 있을 때에는 예외로 한다.

2. 특별사면: 형의 집행이 면제된다. 다만, 특별한 사정이 있을 때에는 이후 형 선고의 효력을 상실하게 할 수 있다.

3. 일반(一般)에 대한 감형: 특별한 규정이 없는 경우에는 형을 변경한다.

4. 특정한 자에 대한 감형: 형의 집행을 경감한다. 다만, 특별한 사정이 있을 때에는 형을 변경할 수 있다.

5. 복권: 형 선고의 효력으로 인하여 상실되거나 정지된 자격을 회복한다.

라. (○) 가석방 기간 중이라는 것은 아직 형의 집행이 종료되지 않았다는 의미이므로, 이때 재범을 한 것은 누범에 해당하지 않는다 (제35조 제1항, 제76조 제1항).

> **제35조(누범)** ① 금고(禁錮) 이상의 형을 선고받아 그 집행이 종료되거나 면제된 후 3년 내에 금고 이상에 해당하는 죄를 지은 사람은 누범(累犯)으로 처벌한다. 〈개정 2020.12.8.〉
> **제76조(가석방의 효과)** ① 가석방의 처분을 받은 후 그 처분이 실효 또는 취소되지 아니하고 가석방기간을 경과한 때에는 형의 집행을 종료한 것으로 본다.

마. (×) 가중하는 경우에도 50년을 초과할 수는 없다.

> **제35조(누범)** ② 누범의 형은 그 죄에 대하여 정한 형의 장기(長期)의 2배까지 가중한다. 〈개정 2020.12.8.〉
> **제42조(징역 또는 금고의 기간)** 징역 또는 금고는 무기 또는 유기로 하고 유기는 1개월 이상 30년 이하로 한다. 단, 유기징역 또는 유기금고에 대하여 형을 가중하는 때에는 50년까지로 한다.

정답 ④

4 판결선고 후의 누범발각

1 집행유예

001 ✓ 이론 ◆◇◇ 경찰1차 2019

형벌에 관한 설명 중 옳지 않은 것은?(다툼이 있는 경우 판례에 의함)

① 「형법」 제55조 제1항 제6호에서 벌금을 감경할 때의 다액의 2분의 1이라는 문구는 그 상한과 함께 하한도 2분의 1로 내려가는 것으로 해석하여야 한다.

② 무죄의 판결을 선고하는 경우, 피고인이 무죄판결공시 취지의 선고에 동의하지 아니하거나 피고인의 동의를 받을 수 없는 경우를 제외하고 무죄판결공시의 취지를 선고하여야 한다.

③ 500만 원의 벌금형을 선고할 경우, 금고 이상의 형을 선고한 판결이 확정된 때부터 그 집행을 종료한 후 3년까지의 기간에 범한 죄가 아니고 「형법」 제51조의 사항을 참작하여 그 범죄의 정상에 참작할 만한 사유가 있더라도 그 형의 집행을 유예할 수 없다.

④ 1천만 원의 벌금형을 선고할 경우, 「형법」 제51조의 사항을 참작하여 개전의 정상이 현저하고 자격정지 이상의 형을 받은 전과가 없다면, 그 선고를 유예할 수 있다.

해설 | 출제영역 | 형의 양정, 집행유예, 선고유예

③ (×) 제62조 제1항 참조.

> **제62조(집행유예의 요건)** ① 3년 이하의 징역이나 금고 또는 500만 원 이하의 벌금의 형을 선고할 경우에 제51조의 사항을 참작하여 그 정상에 참작할 만한 사유가 있는 때에는 1년 이상 5년 이하의 기간 형의 집행을 유예할 수 있다. 다만, 금고 이상의 형을 선고한 판결이 확정된 때부터 그 집행을 종료하거나 면제된 후 3년까지의 기간에 범한 죄에 대하여 형을 선고하는 경우에는 그러하지 아니하다.

① (○) 형법 제55조 제1항 제6호의 벌금을 감경할 때의 「다액」의 2분의 1이라는 문구는 「금액」의 2분의 1이라고 해석하여 그 상한과 함께 하한도 2분의 1로 내려가는 것으로 해석하여야 한다(대법원 1978.4.25, 78도246 전원합의체).

② (○) 제58조 제2항 참조.

> **제58조(판결의 공시)** ② 피고사건에 대하여 무죄의 판결을 선고하는 경우에는 무죄판결공시의 취지를 선고하여야 한다. 다만, 무죄판결을 받은 피고인이 무죄판결공시 취지의 선고에 동의하지 아니하거나 피고인의 동의를 받을 수 없는 경우에는 그러하지 아니하다.

④ (○) 제59조 제1항 참조.

> **제59조(선고유예의 요건)** ① 1년 이하의 징역이나 금고, 자

> 격정지 또는 벌금의 형을 선고할 경우에 제51조의 사항을 고려하여 뉘우치는 정상이 뚜렷할 때에는 그 형의 선고를 유예할 수 있다. 다만, 자격정지 이상의 형을 받은 전과가 있는 사람에 대해서는 예외로 한다.

정답 ③

002 ✓ 유사 ◆◆◇ 변호사시험 2023

형벌에 관한 설명 중 옳은 것(○)과 옳지 않은 것(×)을 올바르게 조합한 것은? (다툼이 있는 경우 판례에 의함)

> ㄱ. 「폭력행위 등 처벌에 관한 법률」제2조 제3항은 2회 이상 징역형을 받은 사람에 대해서 누범으로 가중 처벌하도록 하고 있는데, 집행유예의 선고를 받은 후 그 선고가 실효 또는 취소됨이 없이 유예기간을 경과하여 형의 선고가 효력을 잃은 경우는 위 조항의 '징역형을 받은 경우'에 해당하지 않는다.
>
> ㄴ. 형의 집행을 유예하는 경우에는 보호관찰과 사회봉사 또는 수강을 동시에 명할 수는 없다.
>
> ㄷ. 범죄행위에 이용한 웹사이트 매각을 통해 피고인이 취득한 대가는 「형법」 제48조 제2항의 추징 대상이 된다.
>
> ㄹ. 휴대전화로 촬영한 동영상은 일정한 저장매체에 전자방식이나 자기방식에 의하여 저장된 기록으로서 저장매체를 매개로 존재하는 물건이므로 몰수의 사유가 있는 때에는 그 전자기록을 몰수할 수 있다.
>
> ㅁ. 유기징역형에 대한 법률상 감경을 하면서 「형법」 제55조 제1항 제3호에서 정한 것과 같이 장기와 단기를 모두 2분의 1로 감경하는 것이 아닌 장기 또는 단기 중 어느 하나만을 2분의 1로 감경하는 방식이나 2분의 1보다 넓은 범위의 감경을 하는 방식 등은 죄형법정주의 원칙상 허용될 수 없다.

① ㄱ(×), ㄴ(×), ㄷ(○), ㄹ(○), ㅁ(×)
② ㄱ(○), ㄴ(○), ㄷ(○), ㄹ(×), ㅁ(○)
③ ㄱ(○), ㄴ(×), ㄷ(×), ㄹ(○), ㅁ(○)
④ ㄱ(×), ㄴ(○), ㄷ(×), ㄹ(×), ㅁ(○)
⑤ ㄱ(○), ㄴ(×), ㄷ(○), ㄹ(×), ㅁ(○)

해설 | 출제영역 | 몰수와 추징, 집행유예

③ ㄱ(○), ㄴ(×), ㄷ(×), ㄹ(○), ㅁ(○)

ㄱ. (○) 폭력행위 등 처벌에 관한 법률(이하 '폭력행위처벌법'이라 한다) 제2조 제3항은 "이 법(형법 각 해당 조항 및 각 해당 조항

의 상습범, 특수범, 상습특수범, 각 해당 조항의 상습범의 미수범, 특수범의 미수범, 상습특수범의 미수범을 포함한다)을 위반하여 2회 이상 징역형을 받은 사람이 다시 제2항 각 호에 규정된 죄를 범하여 누범으로 처벌할 경우에는 다음 각 호의 구분에 따라 가중처벌한다."라고 규정하고 있다. … 형법 제65조에 따라 형의 선고가 효력을 잃는 경우에도 그 전과는 폭력행위 등 처벌에 관한 법률 제2조 제3항에서 말하는 '징역형을 받은 경우'라고 할 수 없다(대법원 2016.6.23, 2016도5032).

ㄴ. (×) 형법 제62조의2 제1항은 "형의 집행을 유예하는 경우에는 보호관찰을 받을 것을 명하거나 사회봉사 또는 수강을 명할 수 있다."고 규정하고 있는바, 그 문리에 따르면, 보호관찰과 사회봉사는 각각 독립하여 명할 수 있다는 것이지, 반드시 그 양자를 동시에 명할 수 없다는 취지로 해석되지는 아니한다는 점 … 등을 종합하여 볼 때, 형법 제62조에 의하여 집행유예를 선고할 경우에는 같은 법 제62조의2 제1항에 규정된 보호관찰과 사회봉사 또는 수강을 동시에 명할 수 있다고 해석함이 상당하다(대법원 1998.4.24, 98도98).

ㄷ. (×) 피고인이 甲, 乙과 공모하여 정보통신망을 통하여 음란한 화상 또는 영상을 배포하고, 도박 사이트를 홍보하였다는 공소사실로 기소되었는데, 원심이 공소사실을 유죄로 인정하면서 피고인이 범죄행위에 이용한 웹사이트 매각을 통해 취득한 대가를 형법 제48조에 따라 추징한 경우, 위 웹사이트는 범죄행위에 제공된 무형의 재산에 해당할 뿐 형법 제48조 제1항 제2호에서 정한 '범죄행위로 인하여 생하였거나 이로 인하여 취득한 물건'에 해당하지 않으므로, 피고인이 위 웹사이트 매각을 통해 취득한 대가는 형법 제48조 제1항 제2호, 제2항이 규정한 추징의 대상에 해당하지 않는다(대법원 2021.10.14, 2021도7168).

ㄹ. (○) 범죄의 대상이 된 피해자의 인격권을 현저히 침해하는 성격의 전자정보를 담고 있는 불법촬영물은 범죄행위로 인해 생성된 것으로서 몰수의 대상이기도 하므로 임의제출된 휴대전화에서 해당 전자정보를 신속히 압수·수색하여 불법촬영물의 유통 가능성을 적시에 차단함으로써 피해자를 보호할 필요성이 크다(대법원 2021.11.18, 2016도348 전원합의체).

ㅁ. (○) 형법 제55조 제1항은 형벌의 종류에 따라 법률상 감경의 방법을 규정하고 있는데, 형법 제55조 제1항 제3호는 "유기징역 또는 유기금고를 감경할 때에는 그 형기의 2분의 1로 한다."라고 규정하고 있다. 이와 같이 유기징역형을 감경할 경우에는 '단기'나 '장기'의 어느 하나만 2분의 1로 감경하는 것이 아니라 '형기' 즉 법정형의 장기와 단기를 모두 2분의 1로 감경함을 의미한다는 것은 법문상 명확하다. 처단형은 선고형의 최종적인 기준이 되므로 그 범위는 법률에 따라서 엄격하게 정하여야 하고, 별도의 명시적인 규정이 없는 이상 형법 제56조에서 열거하고 있는 가중·감경할 사유에 해당하지 않는 다른 성질의 감경사유를 인정할 수는 없다. 따라서 유기징역형에 대한 법률상 감경을 하면서 형법 제55조 제1항 제3호에서 정한 것과 같이 장기와 단기를 모두 2분의 1로 감경하는 것이 아닌 장기 또는 단기 중 어느 하나만을 2분의 1로 감경하는 방식이나 2분의 1보다 넓은 범위의 감경을 하는 방식 등은 죄형법정주의의 원칙상 허용될 수 없다(대법원 2021.1.21, 2018도5475 전원합의체).

정답 ③

---

003 ✓ 유사 ◆◆◇ 〔법원행시 2018〕

보호관찰 등에 관한 다음 설명 중 옳게 설명한 것은 모두 몇 개인가?

> ㉮ 형의 집행을 유예하면서 사회봉사명령 또는 수강명령을 선고하려면 보호관찰을 받을 것도 함께 명하여야 한다.
> ㉯ 사회봉사명령 또는 수강명령은 집행유예기간이 경과한 후에는 이를 집행할 수 없다.
> ㉰ 보호관찰이나 사회봉사 또는 수강을 명한 집행유예를 받은 자가 준수사항이나 명령을 위반하고 그 정도가 무거운 때에는 집행유예의 선고를 취소할 수 있다.
> ㉱ 선고유예의 조건으로 사회봉사명령 또는 수강명령을 부과할 수는 없다.

① 1개   ② 2개
③ 3개   ④ 4개

해설 출제영역 | 집행유예, 선고유예 – 요건 및 효과

③ ㉯, ㉰, ㉱ 3개가 옳다.

㉮ (×) 보호관찰을 받을 것을 명하여야 하는 것이 아니라 명할 수 있다(제62조의2 제1항).

> 제62조의2(보호관찰, 사회봉사·수강명령) ① 형의 집행을 유예하는 경우에는 보호관찰을 받을 것을 명하거나 사회봉사 또는 수강을 명할 수 있다.

㉯ (○) 사회봉사명령 또는 수강명령은 집행유예기간 내에 이를 집행하므로(제62조의2 제3항), 집행유예 기간이 경과한 후에는 이를 집행할 수 없다.

> 제62조의2(보호관찰, 사회봉사·수강명령) ③ 사회봉사명령 또는 수강명령은 집행유예기간 내에 이를 집행한다.

㉰ (○) 집행유예의 취소에는 필요적 취소(제64조 제1항)와 임의적 취소(제64조 제2항)가 있다. 지문은 임의적 취소에 관한 내용이다.

> 제64조(집행유예의 취소) ① 집행유예의 선고를 받은 후 제62조 단행의 사유가 발각된 때에는 집행유예의 선고를 취소한다.
> ② 제62조의2의 규정에 의하여 보호관찰이나 사회봉사 또는 수강을 명한 집행유예를 받은 자가 준수사항이나 명령을 위반하고 그 정도가 무거운 때에는 집행유예의 선고를 취소할 수 있다.

㉱ (○) 형의 선고를 유예하는 경우 보호관찰을 받을 것을 명할 수는 있으나(제59조의2 제1항), 선고유예의 조건으로 사회봉사명령 또는 수강명령을 부과할 수 있는 규정은 없다.

> 제59조의2(보호관찰) ① 형의 선고를 유예하는 경우에 재범방지를 위하여 지도 및 원호가 필요한 때에는 보호관찰을 받을 것을 명할 수 있다.
> ② 제1항의 규정에 의한 보호관찰의 기간은 1년으로 한다.

정답 ③

집행유예에 대한 설명으로 옳지 않은 것만을 모두 고른 것은? (다툼이 있는 경우 판례에 의함)

> ㄱ. 집행유예를 선고할 경우 법원이 명하는 사회봉사명령으로서 일정한 금전출연은 명할 수 있으나 준법경영을 주제로 하는 강연 또는 기고를 명하는 것은 허용되지 않는다.
> ㄴ. 집행유예의 선고를 받은 자가 유예기간 중 고의로 범한 죄로 금고 이상의 실형을 선고받아 그 판결이 확정된 때에는 집행유예의 선고는 효력을 잃는다.
> ㄷ. 3년 이하의 징역이나 금고의 형을 선고할 경우 집행유예를 선고할 수 있지만, 벌금형을 선고할 경우 집행유예를 선고할 수 없다.
> ㄹ. 집행유예기간이 경과함으로써 형의 선고가 효력을 잃은 후에 집행유예 취소 사유가 발견된 때에는 집행유예를 취소할 수 없다.

① ㄱ, ㄷ
② ㄱ, ㄹ
③ ㄴ, ㄹ
④ ㄱ, ㄴ, ㄷ

해설 | 출제영역 | 집행유예의 요건·사회봉사명령·실효·취소

ㄱ. (×) 형법과 보호관찰 등에 관한 법률의 관계 규정을 종합하면, 사회봉사는 형의 집행을 유예하면서 부가적으로 명하는 것이고 집행유예 되는 형은 자유형에 한정되고 있는 점 등에 비추어, 법원이 형의 집행을 유예하는 경우 명할 수 있는 사회봉사는 자유형의 집행을 대체하기 위한 것으로서 500시간 내에서 시간 단위로 부과될 수 있는 일 또는 근로활동을 의미하는 것으로 해석되므로, 법원이 형법 제62조의2의 규정에 의한 사회봉사명령으로 피고인에게 일정한 금원을 출연하거나 이와 동일시할 수 있는 행위를 명하는 것은 허용될 수 없다(대법원 2008.4.11, 2007도8373).

ㄴ. (○) 집행유예의 선고를 받은 자가 유예기간 중 '고의'로 범한 죄로 금고 이상의 실형을 선고받아 그 판결이 확정된 때에는 집행유예의 선고는 효력을 잃는다(제63조).

ㄷ. (×) 벌금형의 집행유예는 2018.1.7.부터 가능하게 되었다.

> 제62조(집행유예의 요건) ① 3년 이하의 징역이나 금고 또는 500만 원 이하의 벌금의 형을 선고할 경우에 제51조의 사항을 참작하여 그 정상에 참작할 만한 사유가 있는 때에는 1년 이상 5년 이하의 기간 형의 집행을 유예할 수 있다. 다만, 금고 이상의 형을 선고한 판결이 확정된 때부터 그 집행을 종료하거나 면제된 후 3년까지의 기간에 범한 죄에 대하여 형을 선고하는 경우에는 그러하지 아니하다.

ㄹ. (○) 집행유예의 선고를 받은 후 그 선고의 실효 또는 취소됨이 없이 유예기간을 경과한 때에는 형법 제65조가 정하는 바에 따라 형의 선고는 효력을 잃는 것이고, 그와 같이 유예기간이 경과함으로써 형의 선고가 효력을 잃은 후에는 형법 제62조 단서의 사유가 발각되었다고 하더라도 그와 같은 이유로 집행유예를 취소할 수 없고 그대로 유예기간경과의 효과가 발생한다(대법원 1999.1.12, 98모151).

정답 ①

2018.9.1. 혈중알코올농도 0.123% 상태에서 자동차를 운전하였다는 공소사실로 2019.2.1. 불구속 기소된 甲이 변호사 乙을 찾아와 2019.4.3. 상담을 하면서 나눈 다음의 대화 내용 중 옳은 것(○)과 옳지 않은 것(×)을 올바르게 조합한 것은? (다툼이 있는 경우 판례에 의함)

> 甲: 선고기일이 2019.4.17.인데 얼마 남지 않았네요. 어떠한 처벌을 받게 될지 걱정입니다.
> 乙: 전과가 있나요?
> 甲: 2017.5.3. 도로교통법위반(음주운전)죄로 징역 6월, 집행유예 2년의 판결을 선고받아 2017.5.10. 그 판결이 확정된 전과가 하나 있습니다. 제가 이번에 다시 집행유예를 선고받을 수는 없나요?
> 乙: (ㄱ)「형법」제62조 제1항 단서에서 규정한 '금고 이상의 형을 선고한 판결이 확정된 때'에는 실형뿐만 아니라 형의 집행유예를 선고한 판결이 확정된 경우도 포함되므로, 원칙적으로 집행유예를 선고받을 수는 없습니다.
> 甲: 2019.5.10.이 지나서 선고를 받게 되면 집행유예를 받을 수 있나요?
> 乙: (ㄴ) 예. 집행유예 기간 중에 범한 범죄라고 할지라도 집행유예가 실효되거나 취소됨이 없이 그 유예기간이 경과한 경우에는 다시 집행유예의 선고가 가능하므로, 집행유예를 선고 받을 수도 있습니다.
> 甲: 이번에 징역의 실형을 선고받고 2019.5.10. 이전에 그 판결이 확정되면 제가 2017년에 받은 집행유예 판결은 어떻게 되나요?
> 乙: (ㄷ) 집행유예 기간 중 고의로 범한 죄로 금고 이상의 실형을 선고받아 그 판결이 확정되면 집행유예가 실효되므로, 원칙적으로 징역 6월을 더 복역해야 합니다.
> 甲: 2019.5.10.이 지나서 판결을 선고받아도 그런가요?
> 乙: (ㄹ) 아닙니다. 집행유예의 선고를 받고 그 선고가 실효되거나 취소됨이 없이 유예기간을 경과하면 형의 선고는 효력을 잃게 되므로, 2017년에 받았던 집행유예는 실효되지 않습니다.

① ㄱ(○), ㄴ(○), ㄷ(○), ㄹ(○)
② ㄱ(○), ㄴ(○), ㄷ(○), ㄹ(×)
③ ㄱ(○), ㄴ(○), ㄷ(×), ㄹ(×)
④ ㄱ(×), ㄴ(×), ㄷ(○), ㄹ(○)
⑤ ㄱ(×), ㄴ(×), ㄷ(×), ㄹ(×)

해설 | 출제영역 | 집행유예 - 요건, 실효 및 취소

① ㄱ(○), ㄴ(○), ㄷ(○), ㄹ(○)

ㄱ. (○), ㄴ. (○) 대법원 2007.2.08, 2006도6196

ㄷ. (○) 집행유예의 선고를 받은 자가 유예기간 중 고의로 범한 죄로 금고 이상의 실형을 선고받아 그 판결이 확정된 때에는 집행유예의 선고는 효력을 잃는다(제63조).

ㄹ. (○) 집행유예의 선고를 받은 후 그 선고의 실효 또는 취소됨이 없이 유예기간을 경과한 때에는 형의 선고는 효력을 잃는다(제65조).

정답 ①

형의 집행유예에 대한 설명으로 옳지 않은 것은? (다툼이 있는 경우 판례에 의함)

① 집행유예기간 중에 범한 죄에 대하여 공소가 제기된 후 그 재판 도중에 집행유예기간이 경과한 경우에는 그 집행유예기간 중에 범한 죄에 대하여 다시 집행유예를 선고할 수 있다.

② 집행유예를 선고받은 사람이 그 선고가 실효 또는 취소됨이 없이 집행유예기간을 경과하여 형의 선고가 효력을 상실한 경우에는 선고유예 결격사유인 '자격정지 이상의 형을 받은 전과가 있는 자'에 해당한다.

③ 집행유예를 선고하면서 피고인에게 유죄로 인정된 범죄행위를 뉘우치거나 그 범죄행위를 공개하는 취지의 말이나 글을 발표하도록 하는 내용의 사회봉사를 명하는 것은 위법이다.

④ 집행유예 선고의 판결확정 전에 이미 수사단계에서 검사가 집행유예 결격사유가 되는 전과의 존재를 당연히 알 수 있는 객관적 상황이 존재하였음에도 부주의로 알지 못한 경우에는 집행유예의 선고를 취소할 수 있다.

해설 | 출제영역 | 집행유예의 효과

④ (×) 집행유예 선고의 판결확정 전에 이미 수사단계에서 검사가 집행유예 결격사유가 되는 전과의 존재를 당연히 알 수 있는 객관적 상황이 존재하였음에도 부주의로 알지 못한 경우에 해당하므로 집행유예의 선고를 취소할 수 없다(대법원 2001.6.27, 2001모135).

① (○) 집행유예기간 중에 범한 죄에 대하여 형을 선고할 때에, 집행유예의 결격사유를 정하는 현행 형법 제62조 제1항 단서 소정의 요건에 해당하는 경우란, 이미 집행유예가 실효 또는 취소된 경우와 그 선고 시점에 미처 유예기간이 경과하지 아니하여 형 선고의 효력이 실효되지 아니한 채로 남아 있는 경우로 국한되고, 집행유예가 실효 또는 취소됨이 없이 유예기간을 경과한 때에는 위 단서 소정의 요건에 해당하지 않으므로, 집행유예기간 중에 범한 범죄라고 할지라도 집행유예가 실효 또는 취소됨이 없이 그 유예기간이 경과한 경우에는 이에 대해 다시 집행유예의 선고가 가능하다(대법원 2007.7.27, 2007도768).

② (○) 형법 제59조 제1항 단행에서 정한 "자격정지 이상의 형을 받은 전과"라 함은 자격정지 이상의 형을 선고받은 범죄경력 자체를 의미하는 것이고, 그 형의 효력이 상실된 여부는 묻지 않는 것으로 해석함이 상당하다고 할 것이고, 따라서 형의 집행유예를 선고받은 자는 형법 제65조에 의하여 그 선고가 실효 또는 취소됨이 없이 정해진 유예기간을 무사히 경과하여 형의 선고가 효력을 잃게 되었다고 하더라도 형의 선고의 법률적 효과가 없어진다는 것일 뿐, 형의 선고가 있었다는 기왕의 사실 자체까지 없어지는 것은 아니므로, 형법 제59조 제1항 단행에서 정한 선고유예

결격사유인 "자격정지 이상의 형을 받은 전과가 있는 자(개정: 사람)"에 해당한다고 보아야 한다(대법원 2003.12.26, 2003도3768).

③ (○) 법원이 피고인에게 유죄로 인정된 범죄행위를 뉘우치거나 그 범죄행위를 공개하는 취지의 말이나 글을 발표하도록 하는 내용의 사회봉사를 명하고 이를 위반할 경우 형법 제64조 제2항에 의하여 집행유예의 선고를 취소할 수 있도록 함으로써 그 이행을 강제하는 것은, 헌법이 보호하는 피고인의 양심의 자유, 명예 및 인격에 대한 심각하고 중대한 침해에 해당하므로 허용될 수 없고, 또 법원이 명하는 사회봉사의 의미나 내용은 피고인이나 집행 담당 기관이 쉽게 이해할 수 있어 집행 과정에서 그 의미나 내용에 관한 다툼이 발생하지 않을 정도로 특정되어야 하므로, 피고인으로 하여금 자신의 범죄행위와 관련하여 어떤 말이나 글을 공개적으로 발표하라는 사회봉사를 명하는 것은 경우에 따라 피고인의 명예나 인격에 대한 심각하고 중대한 침해를 초래할 수 있고, 그 말이나 글이 어떤 의미나 내용이어야 하는 것인지 쉽게 이해할 수 없어 집행 과정에서 그 의미나 내용에 관한 다툼이 발생할 가능성이 적지 않으며, 유죄로 인정된 범죄행위를 뉘우치거나 그 범죄행위를 공개하는 취지의 말이나 글을 발표하도록 하는 취지의 것으로도 해석될 가능성이 적지 않으므로 이러한 사회봉사명령은 위법하다(대법원 2008.4.11, 2007도8373).

정답 ④

다음 설명 중 가장 옳지 않은 것은?

① 형법 제37조 후단의 경합범 관계에 있는 두 개의 범죄에 대하여 하나의 판결로 두 개의 자유형을 선고하는 경우 그 두 개의 자유형은 각각 별개의 형이므로 형법 제62조 제1항에 정한 집행유예의 요건에 해당하면 그 각 자유형에 대하여 각각 집행유예를 선고할 수 있다. 또 그 두 개의 징역형 중 하나의 징역형에 대하여는 실형을 선고하면서 다른 징역형에 대하여 집행유예를 선고하는 것도 허용된다고 보아야 한다.

② 집행유예기간 중에 범한 범죄라고 할지라도 집행유예가 실효 또는 취소됨이 없이 그 유예기간이 경과한 경우에는 이에 대해 다시 집행유예의 선고가 가능하다.

③ 집행유예기간의 시기는 집행유예를 선고한 판결 확정일로 하여야 하고 법원이 판결 확정일 이후의 시점을 임의로 선택할 수 없다.

④ 법률상 감경사유가 있을 때에는 작량감경보다 나중에 하여야 할 것이고, 작량감경은 이와 같은 법률상 감경을 하기 이전에 그 처단형의 범위를 완화하여 그보다 낮은 형을 선고하고자 할 때에 하는 것이 옳다.

⑤ 형의 집행유예를 선고받은 자는 형법 제65조에 의하여 그 선고가 실효 또는 취소됨이 없이 정해진 유예기간을 무사히 경과하여 형의 선고가 효력을 잃게 되었다고 하더라도 형의 선고의 법률적 효과가 없어진다는 것일 뿐, 형의 선고가 있었다는 기왕의 사실까지 없어지는 것은 아니다. 따라서 형법 제59조 제1항 단서에서 정한 선고유예 결격사유인 "자격정지 이상의 형을 받은 전과가 있는 자(개정: 사람)"에 해당한다고 보아야 한다.

해설 | 출제영역 | 집행유예 일반, 형의 양정+조문

④ (×) 법률상 감경을 한 후에 필요 시 작량감경을 하는 것이다(제56조 제4호와 제6호).

> **제56조(가중·감경의 순서)** 형을 가중·감경할 사유가 경합하는 경우에는 다음 각 호의 순서에 따른다.
> 1. 각칙 조문에 따른 가중
> 2. 제34조 제2항에 따른 가중
> 3. 누범 가중
> 4. 법률상 감경
> 5. 경합범 가중
> 6. 정상참작감경
> [전문개정 2020.12.8.]

① (○) 대법원 2001.10.12, 2001도3579
② (○) 대법원 2007.7.27, 2007도768
③ (○) (지문 ①과 연결되는 경우임) 우리 형법이 집행유예기간의 시기(시기)에 관하여 명문의 규정을 두고 있지는 않지만 형사소송법 제459조가 "재판은 이 법률에 특별한 규정이 없으면 확정한 후에 집행한다."고 규정한 취지나 집행유예 제도의 본질 등에 비추어 보면 집행유예를 함에 있어 그 집행유예기간의 시기는 집

행유예를 선고한 판결 확정일로 하여야 하고 법원이 판결 확정일 이후의 시점을 임의로 선택할 수는 없다 할 것이다(대법원 2002.2.26, 2000도4637).

⑤ (○) 피고인이 집행유예를 선고한 판결에 의하여 징역형을 선고받은 사실이 있다고 하더라도 그 유예기간을 무사히 경과한 이상 이를 선고유예의 결격사유로 삼을 수 없다는 원심의 판단은 형법 제59조 제1항 단행의 해석적용을 그르쳐 판결에 영향을 미친 위법을 저지른 것이다(대법원 2003.12.26, 2003도3768).

정답 ④

다음 설명 중 가장 옳은 것은?

① 우리 형법은 집행유예기간의 시기에 관하여 명문의 규정을 두고 있지 않으므로, 법원이 집행유예기간의 시기로서 판결 확정일 이후의 시점을 선택할 수 있다.

② 집행유예의 선고를 받은 후에 그 선고가 실효 또는 취소됨이 없이 유예기간이 경과한 때에는 형의 선고의 법률적 효과가 없어지므로 선고유예를 할 수 있다.

③ 선고하는 벌금이 1억원 이상 5억원 미만인 경우에는 300일 이상, 5억원 이상 50억원 미만인 경우에는 500일 이상, 50억원 이상인 경우에는 1,000일 이상의 유치기간을 정하여야 한다.

④ 주형을 선고유예하면서 몰수나 추징도 함께 선고유예를 할 수 있고, 주형의 선고를 유예하지 아니하면서 몰수나 추징의 선고만을 유예할 수도 있다.

⑤ 형법은 '벌금을 감경할 때에는 그 다액의 2분의 1로 한다'라고 규정하고 있으므로, 그 의미가 명확한 '다액'을 '금액'으로 해석하여 벌금의 하한까지 감경할 수는 없다.

해설 | 출제영역 | 집행유예, 선고유예

③ (○) 제70조 제2항의 소위 황제노역 방지규정의 내용이다.

> **제70조(노역장 유치)** ② 선고하는 벌금이 1억원 이상 5억원 미만인 경우에는 300일 이상, 5억원 이상 50억원 미만인 경우에는 500일 이상, 50억원 이상인 경우에는 1천일 이상의 노역장 유치기간을 정하여야 한다. 〈개정 2020.12.8〉

① (×) 우리 형법이 집행유예기간의 시기에 관하여 명문의 규정을 두고 있지는 않지만 형사소송법 제459조가 "재판은 이 법률에 특별한 규정이 없으면 확정한 후에 집행한다."고 규정한 취지나 집행유예 제도의 본질 등에 비추어 보면 집행유예를 함에 있어 그 집행유예기간의 시기는 집행유예를 선고한 판결 확정일로 하여야 하고 법원이 판결 확정일 이후의 시점을 임의로 선택할 수는 없다(대법원 2002.2.26, 2000도4637).

② (×) 형법 제59조 제1항은 형의 선고유예에 관하여 "1년 이하의 징역이나 금고, 자격정지 또는 벌금의 형을 선고할 경우에 제51조의 사항을 참작하여 개전의 정상이 현저한 때에는 그 선고를 유예할 수 있다. 단 자격정지 이상의 형을 받은 전과가 있는 자에 대하여는(개정: 사람에 대해서는) 예외로 한다."고 규정하고 있다. 여기서 그 단서에서 정한 "자격정지 이상의 형을 받은 전과"

라 함은 자격정지 이상의 형을 선고받은 범죄경력 자체를 의미하는 것이고, 그 형의 효력이 상실된 여부는 묻지 않는 것으로 해석함이 상당하다. 한편 형의 집행유예를 선고받은 사람이 형법 제65조에 의하여 그 선고가 실효 또는 취소됨이 없이 정해진 유예기간을 무사히 경과하여 형의 선고가 효력을 잃게 되었더라도, 이는 형의 선고의 법적 효과가 없어질 뿐이고 형의 선고가 있었다는 기왕의 사실 자체까지 없어지는 것은 아니므로, 그는 형법 제59조 제1항 단서에서 정한 선고유예 결격사유인 「자격정지 이상의 형을 받은 전과가 있는 자(개정: 사람)」에 해당한다고 보아야 한다(대법원 2008.10.9, 2007도8269 등).

④ (×) 형법 제59조에 의하더라도 몰수는 선고유예의 대상으로 규정되어 있지 아니하고 다만 몰수 또는 이에 갈음하는 추징은 부가형적 성질을 띠고 있어 그 주형에 대하여 선고를 유예하는 경우에는 그 부가할 몰수 추징에 대하여도 선고를 유예할 수 있으나, 그 주형에 대하여 선고를 유예하지 아니하면서 이에 부가할 몰수 추징에 대하여서만 선고를 유예할 수는 없다(대법원 1988. 6.21, 88도551).

⑤ (×) 형법 제55조 제1항 제6호의 벌금을 감경할 때의 「다액」의 2분의 1이라는 문구는 「금액」의 2분의 1이라고 해석하여 그 상한과 함께 하한도 2분의 1로 내려가는 것으로 해석하여야 한다(대법원 1978.4.25, 78도246 전원합의체).

정답 ③

---

009 ✓ 유사 ◆◆◆ [법원행시 2017]

다음 설명 중 옳은 것은 모두 몇 개인가? (다툼이 있는 경우 판례에 의함)

가. 절도죄로 집행유예 판결을 선고받은 A가 그 집행유예기간이 경과한 후 저지른 업무방해죄에 대하여 법원은 선고를 유예하는 판결을 선고할 수 있다.

나. 병역법위반으로 집행유예를 선고받은 B가 그 집행유예기간 중에 다시 병역법위반죄를 저질러 공소가 제기되어 재판 중 집행유예기간이 도과되었다면 법원은 B에 대하여 다시 집행유예를 선고할 수 있다.

다. 상해죄로 집행유예를 신고받은 C가 그 집행유예기간 중에 범한 업무상 과실치사죄에 대하여 법원에서 집행유예기간 중에 금고형의 실형을 선고받아 확정되었다면 C가 상해죄로 선고받은 집행유예 선고는 그 효력을 잃는다.

라. 상해죄를 범한 D에 대하여 법원은 징역 1년 6월을 선고하면서 위 1년 6월의 형 중 일부인 징역 6월만 실형을 선고하고 나머지 징역 1년에 대하여는 집행유예를 선고할 수 없다.

마. 강간죄로 징역 3년을 선고받고 교도소에서 출소한 다음날 또다시 강제추행죄를 범한 D에 대하여 법원은 집행유예를 선고할 수 없다.

① 1개   ② 2개
③ 3개   ④ 4개
⑤ 5개

해설 | 출제영역 | 집행유예 – 요건, 실효 및 취소

③ 나, 라, 마. 3개의 지문이 옳다.

가. (×) 형법 제59조 제1항 단행에서 정한 "자격정지이상의 형을 받은 전과"라 함은 자격정지 이상의 형을 선고받은 범죄경력 자체를 의미하는 것이고, 그 형의 효력이 상실된 여부는 묻지 않는 것으로 해석함이 상당하다고 할 것이고, 따라서 형의 집행유예를 선고받은 자는 형법 제65조에 의하여 그 선고가 실효 또는 취소됨이 없이 정해진 유예기간을 무사히 경과하여 형의 선고가 효력을 잃게 되었다고 하더라도 형의 선고의 법률적 효과가 없어진다는 것일 뿐, 형의 선고가 있었다는 기왕의 사실 자체까지 없어지는 것은 아니므로, 형법 제59조 제1항 단행에서 정한 선고유예결격사유인 "자격정지 이상의 형을 받은 전과가 있는 자(개정: 사람)"에 해당한다고 보아야 한다(대법원 2003.12.26, 2003도3768).

나. (○) 집행유예기간 중에 범한 죄에 대하여 형을 선고할 때에, 집행유예의 결격사유를 정하는 현행 형법 제62조 제1항 단서 소정의 요건에 해당하는 경우란, 이미 집행유예가 실효 또는 취소된 경우와 그 선고 시점에 미처 유예기간이 경과하지 아니하여 형 선고의 효력이 실효되지 아니한 채로 남아 있는 경우로 국한되고, 집행유예가 실효 또는 취소됨이 없이 유예기간을 경과한 때에는 위 단서 소정의 요건에 해당하지 않으므로, 집행유예기간 중에 범한 범죄라고 할지라도 집행유예가 실효 또는 취소됨이 없이 그 유예기간이 경과한 경우에는 이에 대해 다시 집행유예의 선고가 가능하다(대법원 2007.7.27, 2007도768).

다. (×) 제63조 참조.

> **제63조(집행유예의 실효)** 집행유예의 선고를 받은 자가 유예기간 중 고의로 범한 죄로 금고 이상의 실형을 선고받아 그 판결이 확정된 때에는 집행유예의 선고는 효력을 잃는다.

→ 업무상 과실치사죄는 고의로 범한 죄가 아니므로 C가 받은 집행유예선고는 효력을 잃지 않는다.

라. (○) 집행유예의 요건에 관한 형법 제62조 제1항이 '형의 집행을 유예할 수 있다'고만 규정하고 있다고 하더라도, 이는 같은 조 제2항이 그 형의 '일부'에 대하여 집행을 유예할 수 있는 때를 형을 '병과'할 경우로 한정하고 있는 점에 비추어 보면, 소문의 체계적 해석상 하나의 형의 전부에 대한 집행유예에 관한 규정이라 할 것이고, 또한 하나의 자유형에 대한 일부집행유예에 관하여는 그 요건, 효력 및 일부 실형에 대한 집행의 시기와 절차, 방법 등을 입법에 의해 명확하게 할 필요가 있어, 그 인정을 위해서는 별도의 근거 규정이 필요하므로 하 나의 자유형 중 일부에 대해서는 실형을, 나머지에 대해서는 집행유예를 선고하는 것은 허용되지 않는다(대법원 2007.2.22, 2006도8555).

마. (○) 제62조 제1항 참조.

> **제62조(집행유예의 요건)** ① 3년 이하의 징역이나 금고 또는 500만 원 이하의 벌금의 형을 선고할 경우에 제51조의 사항을 참작하여 그 정상에 참작할 만한 사유가 있는 때에는 1년 이상 5년 이하의 기간 형의 집행을 유예할 수 있다. 다만, 금고 이상의 형을 선고한 판결이 확정된 때부터 그 집행을 종료하거나 면제된 후 3년까지의 기간에 범한 죄에 대하여 형을 선고하는 경우에는 그러하지 아니하다.

→ 징역형의 집행을 종료한 직후에 범한 죄이므로 집행유예를 선고할 수 없다.

정답 ③

집행유예와 선고유예에 대한 설명으로 옳은 것은?

① 집행유예의 선고를 받은 자가 유예기간 중 고의 또는 과실로 범한 죄로 금고 이상의 실형을 선고받아 그 판결이 확정된 때에는 집행유예의 선고는 효력을 잃는다.

② 실형을 선고받고 집행종료나 집행면제 후 3년이 지나지 않은 시점에서 범한 죄에 대하여 형을 선고하는 경우뿐만 아니라, 집행유예 기간 중에 범한 죄에 대하여 형을 선고할 때 이미 집행유예가 실효 또는 취소된 경우도 「형법」 제62조 제1항 단서의 집행유예 결격사유에 해당한다.

③ 형의 선고를 유예하는 경우에 재범방지를 위하여 지도 및 원호가 필요한 때에는 보호관찰을 받을 것을 명하여야 하며, 보호관찰을 명한 선고유예를 받은 자가 보호관찰기간 중에 준수사항을 위반하고 그 정도가 무거운 때에는 유예한 형을 선고하여야 한다.

④ 형의 선고유예를 받은 자에 대해 유예기간 중 자격정지 이상의 형에 처한 전과가 발견된 경우 유예한 형을 선고할 수 없다.

해설 **출제영역 |** 집행유예, 선고유예

② (○) 형법 제62조 제1항 단서는 집행유예 결격사유로 '금고 이상의 형을 선고한 판결이 확정된 때부터 그 집행을 종료하거나 면제된 후 3년까지의 기간에 범한 죄에 대하여 형을 선고하는 경우'를 정하고 있다. 이는 실형을 선고받고 집행종료나 집행면제 후 3년이 지나지 않은 시점에서 범한 죄에 대하여 형을 선고하는 경우뿐만 아니라, 집행유예 기간 중에 범한 죄에 대하여 형을 선고할 때 이미 집행유예가 실효 또는 취소된 경우와 그 선고 시점에 집행유예 기간이 지나지 않아 형 선고의 효력이 실효되지 않은 채로 남아 있는 경우도 포함한다(대법원 2019.1.17, 2018도17589).

① (×) 제63조 참조.

> **제63조(집행유예의 실효)** 집행유예의 선고를 받은 자가 유예기간 중 고의로 범한 죄로 금고 이상의 실형을 선고받아 그 판결이 확정된 때에는 집행유예의 선고는 효력을 잃는다.

③ (×) 유예한 형을 선고하여야 하는 것이 아니라 선고할 수 있다(임의적 실효, 제61조 제2항 참조).

> **제59조의2(보호관찰)** ① 형의 선고를 유예하는 경우에 재범방지를 위하여 지도 및 원호가 필요한 때에는 보호관찰을 받을 것을 명할 수 있다.
> ② 제1항의 규정에 의한 보호관찰의 기간은 1년으로 한다.
> **제61조(선고유예의 실효)** ② 제59조의2의 규정에 의하여 보호관찰을 명한 선고유예를 받은 자가 보호관찰기간 중에 준수사항을 위반하고 그 정도가 무거운 때에는 유예한 형을 선고할 수 있다.

④ (×) 유예한 형을 선고한다(필요적 실효, 제61조 제1항 참조).

> **제61조(선고유예의 실효)** ① 형의 선고유예를 받은 자가 유예기간 중 자격정지 이상의 형에 처한 판결이 확정되거나 자격정지 이상의 형에 처한 전과가 발견된 때에는 유예한 형을 선고한다.

정답 ②

「형법」의 규정과 상응하는 것만을 모두 고르면?

> ㄱ. 벌금형의 경우에 선고유예는 물론이고 그 액수에 상관없이 집행유예를 할 수 있다.
> ㄴ. 과료를 납입하지 아니한 자는 1일 이상 30일 미만의 기간 노역장에 유치하여 작업에 복무하게 한다.
> ㄷ. 형을 선고받은 사람에 대해서는 시효가 완성되면 그 집행이 면제된다.
> ㄹ. 가석방 기간 중 고의 또는 과실로 지은 죄로 금고 이상의 형의 선고를 받아 그 판결이 확정된 때에는 가석방 처분은 효력을 잃는다.
> ㅁ. 집행유예의 선고를 받은 후 그 선고의 실효 또는 취소됨이 없이 유예기간을 경과한 때에는 형의 집행을 종료한 것으로 본다.

① ㄱ, ㄹ　　　　　　② ㄴ, ㄷ
③ ㄴ, ㄷ, ㅁ　　　　④ ㄷ, ㄹ, ㅁ

해설 **출제영역 |** 집행유예, 가석방

② ㄴ, ㄷ

ㄱ. (×) 벌금형의 집행유예의 경우 500만 원 이하의 벌금의 형을 선고할 경우에만 할 수 있다(제62조 제1항 본문).

ㄴ. (○) 벌금을 납입하지 아니한 자는 1일 이상 3년 이하, 과료를 납입하지 아니한 자는 1일 이상 30일 미만의 기간 노역장에 유치하여 작업에 복무하게 한다(제69조 제2항).

ㄷ. (○) 형을 선고받은 사람에 대해서는 시효가 완성되면 그 집행이 면제된다(제77조).

ㄹ. (×) 가석방 기간 중 고의로 지은 죄로 금고 이상의 형을 선고받아 그 판결이 확정된 경우에 가석방 처분은 효력을 잃는다(제74조).

ㅁ. (×) 집행유예의 선고를 받은 후 그 선고의 실효 또는 취소됨이 없이 유예기간을 경과한 때에는 형의 선고는 효력을 잃는다(제65조).

정답 ②

2 선고유예

012 ✓ 대표 ◆◆◇ 경찰1차 2018 유사 국가9급 2016

선고유예에 대한 설명으로 옳은 것은? (다툼이 있으면 판례에 의함)

① 피고인이 범죄사실을 자백하지 않고 부인한 경우 선고유예의 요건 중 '개전의 정상이 현저한 때'에 해당하지 않으므로 선고유예를 선고할 수 없다.

② 선고유예의 실효사유인 '형의 선고유예를 받은 자가 자격정지 이상의 형에 처한 전과가 발견된 때'란 형의 선고유예의 판결이 확정된 후에 전과가 발견된 경우를 말한다.

③ 형의 선고를 유예하는 판결을 하는 경우에 그 판결이유에서 선고할 형의 종류와 양을 정할 필요는 없고, 선고유예가 실효되는 경우에 형의 종류와 양을 정하게 된다.

④ 형의 선고유예를 받은 날로부터 1년을 경과한 때에는 면소된 것으로 간주한다.

해설 │ 출제영역 │ 선고유예의 요건

② (○) 형법 제61조 제1항에서 말하는 '형의 선고유예를 받은 자가 자격정지 이상의 형에 처한 전과가 발견된 때'란 형의 선고 유예의 판결이 확정된 후에 비로소 위와 같은 전과가 발견된 경우를 말하고 그 판결확정 전에 이러한 전과가 발견된 경우에는 이를 취소할 수 없다(대법원 2008.2.14, 2007모845).

① (×) 선고유예의 요건 중 '개전의 정상이 현저한 때(2020.12.8. 개정: 뉘우치는 정상이 뚜렷할 때)'라고 함은 반성의 정도를 포함하여 널리 형법 제51조가 규정하는 양형의 조건을 종합적으로 참작하여 볼 때 형을 선고하지 않더라도 피고인이 다시 범행을 저지르지 않으리라는 사정이 현저하게 기대되는 경우를 가리킨다고 해석할 것이고, 이외 달리 여기서의 '개전의 정상이 현저한 때'가 반드시 피고인이 죄를 깊이 뉘우치는 경우만을 뜻하는 것으로 제한하여 해석하거나 피고인이 범죄사실을 자백하지 않고 부인할 경우에는 언제나 선고유예를 할 수 없다고 해석할 것은 아니다(대법원 2003.2.20, 2001도6138 전원합의체).

③ (×) 선고유예 판결에서도 그 판결이유에서는 선고할 형의 종류와 양 즉 선고형을 정해 놓아야 하고 그 선고를 유예하는 형이 벌금형일 경우에는 그 벌금액뿐만 아니라 환형유치처분까지 해 두어야 한다(대법원 1988.1.19, 86도2654).

④ (×) 형의 선고유예를 받은 날로부터 2년을 경과한 때에는 면소된 것으로 간주한다(제60조).

정답 ②

013 ✓ 대표 ◆◇◇ 법원9급 2017

선고유예에 관한 다음 설명 중 가장 옳지 않은 것은? (다툼이 있으면 판례에 의함)

① 1년 이하의 징역이나 금고, 자격정지 또는 벌금의 형을 선고할 경우에 개전의 정상이 현저한 때에는 그 선고를 유예할 수 있다. 단, 자격정지 이상의 형을 받은 전과가 있는 자에 대하여는 예외로 한다. 형을 병과할 경우에도 형의 전부 또는 일부에 대하여 그 선고를 유예할 수 있다.

② 형의 선고를 유예하는 경우 재범방지를 위하여 필요한 때에는 보호관찰을 받을 것을 명할 수 있고 그 기간은 법원이 형법 제51조의 사항을 참작하여 재량으로 정한다.

③ 선고유예 판결에서도 그 판결이유에서는 선고할 형의 종류와 양을 정해 놓아야 한다.

④ 형의 선고유예를 받은 날로부터 2년을 경과한 때에는 면소된 것으로 간주한다.

해설 │ 출제영역 │ 선고유예 – 요건, 효과

② (×) 형의 선고를 유예하는 경우에 재범방지를 위하여 지도 및 원호가 필요한 때에는 보호관찰을 받을 것을 명할 수 있다. 보호관찰의 기간은 1년으로 한다(제59조의2).

① (○) 제59조
[보충] 2020.12.8. 개정: 1년 이하의 징역이나 금고, 자격정지 또는 벌금의 형을 선고할 경우에 제51조의 사항을 고려하여 뉘우치는 정상이 뚜렷할 때에는 그 형의 선고를 유예할 수 있다. 다만, 자격정지 이상의 형을 받은 전과가 있는 사람에 대해서는 예외로 한다.

③ (○) 대법원 1975.4.8, 74도618

④ (○) 제60조

정답 ②

014 ✓ 대표 ◆◆◆

선고유예·집행유예·가석방에 관한 설명 중 가장 적절하지 않은 것은? (다툼이 있는 경우 판례에 의함)

① 집행유예의 선고를 받은 후 그 선고의 실효 또는 취소됨이 없이 유예기간을 경과한 때에는 「형법」 제65조가 정하는 바에 따라 형의 선고는 효력을 잃는 것이고, 그와 같이 유예기간이 경과함으로써 형의 선고가 효력을 잃은 후에는 「형법」 제62조 단행의 사유가 발각되었다고 하더라도 그와 같은 이유로 집행유예를 취소할 수 없고 그대로 유예기간 경과의 효과가 발생한다.

② 1년 이하의 징역이나 금고, 자격정지, 벌금 또는 구류의 형을 선고할 경우에 「형법」 제51조의 사항을 고려하여 뉘우치는 정상이 뚜렷할 때에는 그 형의 선고를 유예할 수 있지만, 자격정지 이상의 형을 받은 전과가 있는 사람에 대해서는 그러하지 아니하다.

③ 「형법」 제62조의2의 규정에 의하여 보호관찰이나 사회봉사 또는 수강을 명한 집행유예를 받은 자가 준수사항이나 명령을 위반한 경우에 그 위반사실이 동시에 범죄행위로 되더라도 그 기소나 재판의 확정 여부 등 형사절차와는 별도로 법원이 「보호관찰 등에 관한 법률」에 의한 검사의 청구에 의하여 「형법」 제64조 제2항에 규정된 집행유예 취소의 요건에 해당하는가를 심리하여 준수 사항이나 명령 위반사실이 인정되고 위반의 정도가 무거운 때에는 집행유예를 취소할 수 있다.

④ 「형법」에 의하면 징역이나 금고의 집행 중에 있는 사람이 행상(行狀)이 양호하여 뉘우침이 뚜렷한 때에는 무기형은 20년, 유기형은 형기의 3분의 1이 지난 후 행정처분으로 가석방을 할 수 있다. 벌금·과료가 병과되어 있는 때에는 그 금액을 완납하여야 하며, 벌금이나 과료에 관한 노역장 유치기간에 산입된 판결선고 전 구금일수는 그에 해당하는 금액이 납입된 것으로 본다.

해설 | 출제영역 | 선고유예, 집행유예, 가석방

② (✕) 구류에 대한 선고유예는 불가하다(제59조 제1항).

> **제59조(선고유예의 요건)** ① 1년 이하의 징역이나 금고, 자격정지 또는 벌금의 형을 선고할 경우에 제51조의 사항을 고려하여 뉘우치는 정상이 뚜렷할 때에는 그 형의 선고를 유예할 수 있다. 다만, 자격정지 이상의 형을 받은 전과가 있는 사람에 대해서는 예외로 한다.

① (○) 집행유예의 선고를 받은 후 그 선고의 실효 또는 취소됨이 없이 유예기간을 경과한 때에는 형법 제65조가 정하는 바에 따라 형의 선고는 효력을 잃는 것이고, 그와 같이 유예기간이 경과함으로써 형의 선고가 효력을 잃은 후에는 형법 제62조 단행의 사유가 발각되었다고 하더라도 그와 같은 이유로 집행유예를 취소할 수 없고 그대로 유예기간경과의 효과가 발생한다(대법원 1999.1.12, 98모151).

③ (○) 형법 제62조의2의 규정에 의하여 보호관찰이나 사회봉사 또는 수강을 명한 집행유예를 받은 자가 준수사항이나 명령을 위반한 경우에 그 위반사실이 동시에 범죄행위로 되더라도 그 기소나 재판의 확정여부 등 형사절차와는 별도로 법원이 보호관찰등에관한법률에 의한 검사의 청구에 의하여 형법 제64조 제2항에 규정된 집행유예 취소의 요건에 해당하는가를 심리하여 준수사항이나 명령 위반사실이 인정되고 위반의 정도가 무거운 때에는 집행유예를 취소할 수 있다(대법원 1999.3.10, 99모33).

④ (○) 제72조 제1항, 제2항, 제73조 제2항 참조.

> **제72조(가석방의 요건)** ① 징역이나 금고의 집행 중에 있는 사람이 행상(行狀)이 양호하여 뉘우침이 뚜렷한 때에는 무기형은 20년, 유기형은 형기의 3분의 1이 지난 후 행정처분으로 가석방을 할 수 있다.
> ② 제1항의 경우에 벌금이나 과료가 병과되어 있는 때에는 그 금액을 완납하여야 한다.
> **제73조(판결선고 전 구금과 가석방)** ① 형기에 산입된 판결선고 전 구금일수는 가석방을 하는 경우 집행한 기간에 산입한다.
> ② 제72조 제2항의 경우에 벌금이나 과료에 관한 노역장 유치기간에 산입된 판결선고 전 구금일수는 그에 해당하는 금액이 납입된 것으로 본다.

정답 ②

CHAPTER 06 형의 시효·소멸·기간

1 형의 시효

001 ✓이론대표 ◆◆◇　　　　　　　　　경찰2차 2022

형벌에 관한 설명 중 가장 적절하지 않은 것은?

① 징역 10년 형을 선고받은 甲은 그 형의 집행이 종료하거나 면제될 때까지 다른 법률에 특별한 규정이 있는 경우를 제외하고는 공무원이 되는 자격, 공법상의 선거권과 피선거권, 법률로 요건을 정한 공법상의 업무에 관한 자격이 정지된다.

② 甲에게 징역 12년 형이 확정된 후 그 집행을 받지 아니하고 15년이 경과했다면, 그 기간 내에 형의 집행을 면할 목적으로 국외에 3년 동안 나가 있던 것이 확인된 경우라도 형의 시효는 완성된다.

③ 법원이 중상해죄(1년 이상 10년 이하의 징역)로 유죄가 인정된 甲에게 형의 가중감경사유 중 「형법」 제10조 제2항(심신미약)과 제35조(누범)만을 적용하여 형을 선고할 경우, 甲에게 선고할 수 있는 형의 최하한은 징역 6월이다.

④ 법원이 피고인 甲에게 30억 원의 벌금을 선고하는 경우, 이를 납입하지 아니하는 것을 대비하여 500일 이상의 노역장 유치기간을 정하여 동시에 선고하여야 한다.

해설ㅣ 출제영역ㅣ 형의 양정, 형의 시효

② (×) 국외도피기간은 형의 시효의 정지사유에 해당한다(제79조 제2항).

> **제79조(시효의 정지)** ① 시효는 형의 집행의 유예나 정지 또는 가석방 기타 집행할 수 없는 기간은 진행되지 아니한다.
> ② 시효는 형이 확정된 후 그 형의 집행을 받지 아니한 사람이 형의 집행을 면할 목적으로 국외에 있는 기간 동안은 진행되지 아니한다.

① (○) 유기징역을 선고받았으므로 형집행종료·형집행면제시까지 공무원이 되는 자격, 공법상의 선거권과 피선거권, 법률로 요건을 정한 공법상의 업무에 관한 자격이 정지된다(자격의 당연정지, 제43조 제2항).

> **제43조(형의 선고와 자격상실, 자격정지)** ① 사형, 무기징역 또는 무기금고의 판결을 받은 자는 다음에 기재한 자격을 상실한다.
> 1. 공무원이 되는 자격
> 2. 공법상의 선거권과 피선거권
> 3. 법률로 요건을 정한 공법상의 업무에 관한 자격
> 4. 법인의 이사, 감사 또는 지배인 기타 법인의 업무에 관한 검사역이나 재산관리인이 되는 자격
> ② 유기징역 또는 유기금고의 판결을 받은 자는 그 형의 집

행이 종료하거나 면제될 때까지 전항 제1호 내지 제3호에 기재된 자격이 정지된다. 다만, 다른 법률에 특별한 규정이 있는 경우에는 그 법률에 따른다.

③ (○) 심신미약은 법률상 감경사유이므로 누범가중을 우선 적용한다(제56조). 누범가중을 하면 그 형의 장기의 2배까지 가중하므로 1년 이상 20년 이하의 징역이 되고(제35조 제2항), 여기에서 심신미약 감경을 하면 형의 단기와 장기를 모두 2분의1로 감경하므로(제55조 제1항 제3호, 대법원 2021.1.21, 2018도5475 전원합의체) 6월 이상 10년 이하의 징역이 처단형이 된다.

> **제56조(가중·감경의 순서)** 형을 가중·감경할 사유가 경합하는 경우에는 다음 각 호의 순서에 따른다.
> 1. 각칙 조문에 따른 가중
> 2. 제34조 제2항에 따른 가중
> 3. 누범 가중
> 4. 법률상 감경
> 5. 경합범 가중
> 6. 정상참작감경
> **제35조(누범)** ① 금고(禁錮) 이상의 형을 선고받아 그 집행이 종료되거나 면제된 후 3년 내에 금고 이상에 해당하는 죄를 지은 사람은 누범(累犯)으로 처벌한다.
> ② 누범의 형은 그 죄에 대하여 정한 형의 장기(長期)의 2배까지 가중한다.
> **제55조(법률상의 감경)** ① 법률상의 감경은 다음과 같다.
> 1. 사형을 감경할 때에는 무기 또는 20년 이상 50년 이하의 징역 또는 금고로 한다.
> 2. 무기징역 또는 무기금고를 감경할 때에는 10년 이상 50년 이하의 징역 또는 금고로 한다.
> 3. 유기징역 또는 유기금고를 감경할 때에는 그 형기의 2분의 1로 한다.
> 4. 자격상실을 감경할 때에는 7년 이상의 자격정지로 한다.
> 5. 자격정지를 감경할 때에는 그 형기의 2분의 1로 한다.
> 6. 벌금을 감경할 때에는 그 다액의 2분의 1로 한다.
> 7. 구류를 감경할 때에는 그 장기의 2분의 1로 한다.
> 8. 과료를 감경할 때에는 그 다액의 2분의 1로 한다.
> ② 법률상 감경할 사유가 수개있는 때에는 거듭 감경할 수 있다.

> **[판례]** 필요적 감경의 경우에는 감경사유의 존재가 인정되면 반드시 형법 제55조 제1항에 따른 법률상 감경을 하여야 함에 반해, 임의적 감경의 경우에는 감경사유의 존재가 인정되더라도 법관이 형법 제55조 제1항에 따른 법률상 감경을 할 수도 있고 하지 않을 수도 있다. 나아가 임의적 감경사유의 존재가 인정되고 법관이 그에 따라 징역형에 대해 법률상 감경을 하는 이상 형법 제55조 제1항 제3호에 따라 상한과 하한을 모두 2분의 1로 감경한다(대법원 2021.1.21, 2018도5475 전원합의체).

④ (○) 5억원 이상 50억원 미만의 벌금의 노역장유치기간은 (1일 이상 3년 이하의 범위 내에서) 최소 500일 이상으로 한다(제70조 제2항).

제69조(벌금과 과료) ① 벌금과 과료는 판결확정일로부터 30일내에 납입하여야 한다. 단, 벌금을 선고할 때에는 동시에 그 금액을 완납할 때까지 노역장에 유치할 것을 명할 수 있다.
② 벌금을 납입하지 아니한 자는 1일 이상 3년 이하, 과료를 납입하지 아니한 자는 1일 이상 30일 미만의 기간 노역장에 유치하여 작업에 복무하게 한다.
제70조(노역장 유치) ① 벌금이나 과료를 선고할 때에는 이를 납입하지 아니하는 경우의 노역장 유치기간을 정하여 동시에 선고하여야 한다.
② 선고하는 벌금이 1억원 이상 5억원 미만인 경우에는 300일 이상, 5억원 이상 50억원 미만인 경우에는 500일 이상, 50억원 이상인 경우에는 1천일 이상의 노역장 유치기간을 정하여야 한다.

정답 ②

2 형의 소멸·실효·복권

002 ✓ 대표 ◆◇◇ 경찰간부 2023

형의 시효·소멸에 관한 설명으로 가장 적절하지 않은 것은? (다툼이 있는 경우 판례에 의함)

① 3년 미만의 징역이나 금고 또는 5년 이상의 자격정지의 형을 선고하는 재판이 확정된 후 그 집행을 받지 아니하고 7년의 기간이 지나면 형의 시효는 완성된다.

② 징역형의 집행유예와 벌금형의 병과를 선고받은 자에 대하여 징역형의 집행유예의 효력을 상실케 하는 특별사면이 있었다면 그 벌금형 역시 선고의 효력이 상실된다.

③ 형의 시효는 형의 집행의 유예나 정지 또는 가석방 기타 집행할 수 없는 기간은 진행되지 아니한다.

④ 형의 시효는 형이 확정된 후 그 형의 집행을 받지 아니한 자가 형의 집행을 면할 목적으로 국외에 있는 기간 동안은 진행되지 아니한다.

해설 출제영역 | 형의 시효, 소멸

② (×) 여러 개의 형이 병과된 사람에 대하여 그 병과형 중 일부의 집행을 면제하거나 그에 대한 형의 선고의 효력을 상실케 하는 특별사면이 있은 경우, 그 특별사면의 효력이 병과된 나머지 형에까지 미치는 것은 아니므로 징역형의 집행유예와 벌금형이 병과된 신청인에 대하여 징역형의 집행유예의 효력을 상실케 하는 내용의 특별사면이 그 벌금형의 선고의 효력까지 상실케 하는 것은 아니다(대법원 1997.10.13, 96모33).

① (○) 제78조 제5호 참조.

제78조(형의 시효의 기간) 시효는 형을 선고하는 재판이 확정된 후 그 집행을 받지 아니하고 다음 각 호의 구분에 따른 기간이 지나면 완성된다.
5. 3년 미만의 징역이나 금고 또는 5년 이상의 자격정지: 7년

[보충] 2023.8.8. 형법 개정에 의하여 사형의 형의 시효는 폐지되었다.

③ (○) 제79조 제1호 참조.

제79조(시효의 정지) ① 시효는 형의 집행의 유예나 정지 또는 가석방 기타 집행할 수 없는 기간은 진행되지 아니한다.

④ (○) 제79조 제2호 참조.

제79조(시효의 정지) ② 시효는 형이 확정된 후 그 형의 집행을 받지 아니한 자가 형의 집행을 면할 목적으로 국외에 있는 기간 동안은 진행되지 아니한다.

정답 ②

3 형의 기간

1 의의

2 형벌과의 관계

3 지도원리

4 종류

5 현행법상 보안처분

001 ✓ 대표 ◆◇◇ 국가9급 2022

보호관찰 등에 대한 설명으로 옳지 않은 것은? (다툼이 있는 경우 판례에 의함)

① 형의 선고를 유예할 때 재범방지를 위하여 지도 및 원호가 필요하다면 보호관찰을 받을 것을 명할 수 있다.

② 형의 집행을 유예하면서 보호관찰과 사회봉사를 함께 명할 수 있다.

③ 형의 집행을 유예하면서 내린 사회봉사명령 또는 수강명령은 집행유예기간 내에 이를 집행한다.

④ 보호관찰을 명한 집행유예를 받은 자가 준수사항을 위반하고 그 정도가 무거운 때에는 집행유예의 선고를 취소하여야 한다.

[해설] 출제영역 | 선고유예, 집행유예, 보호관찰

④ (×) 형법 제62조의2의 규정에 의하여 보호관찰이나 사회봉사 또는 수강을 명한 집행유예를 받은 자가 준수사항이나 명령을 위반하고 그 정도가 무거운 때에는 집행유예의 선고를 취소할 수 있다(임의적 취소, 제64조 제2항).

① (○) 제59조의2

② (○) 제62조의2 제1항

③ (○) 제62조의2 제3항

[정답] ④

002 ✓ 유사 ◆◆◇

현행 치료감호제도에 관한 다음 기술 중 잘못된 것은? (다툼이 있으면 판례에 의함)

① 범행 당시에는 물론 재판시까지도 정신분열병으로 인한 심신미약 상태에 있어 치료감호시설에서의 치료가 필요하고, 적절한 정신과적 치료를 받지 아니하는 경우 다시 강제추행이나 상해 등의 범행을 저지를 (상당한) 개연성(蓋然性)이 높다면 재범의 위험성이 있다고 하지 않을 수 없다.

② 치료감호의 요건에 해당하는가 여부는 범죄 행위시가 아니라 판결 선고시를 기준으로 하여 판단하여야 한다.

③ 검사는 공소제기한 사건의 항소심 변론종결시까지 치료감호의 청구를 할 수 있으며, 공소를 제기함이 없이 치료감호만을 청구할 수는 없다.

④ 치료감호법에서 법원에 대하여 치료감호청구 요구에 관한 의무를 부과하고 있는 것으로 볼 수 없으므로, 상고이유의 주장과 같이 피고인에게 알코올중독의 증세가 있다고 하더라도, 법원이 피고인에 대하여 정신감정 등을 실시하여 검사에게 치료감호청구를 요구하지 않은 것에 어떠한 위법이 있다고 할 수 없다.

[해설] 출제영역 | 현행법상 보안처분 – 치료감호법상 치료감호와 보호관찰

③ (×) 치료감호법 제7조(치료감호의 독립청구) 검사는 다음 각 호의 어느 하나에 해당하는 경우에는 공소를 제기하지 아니하고 치료감호만을 청구할 수 있다. 1. 피의자가 형법 제10조 제1항에 해당하여 벌할 수 없는 경우 2. 고소·고발이 있어야 논할 수 있는 죄에서 그 고소·고발이 없거나 취소된 경우 또는 피해자의 명시적인 의사에 반(反)하여 논할 수 없는 죄에서 피해자가 처벌을 원하지 아니한다는 의사표시를 하거나 처벌을 원한다는 의사표시를 철회한 경우 3. 피의자에 대하여 형사소송법 제247조에 따라 공소를 제기하지 아니하는 결정을 한 경우

① (○) 대법원 2005.9.30, 2005도4208,2005감도16

② (○) 대법원 1996.4.23, 96감도21

④ (○) 알코올중독의 증세가 있는 피고인에 대하여 법원이 정신감정 등을 실시하여 검사에게 치료감호청구를 요구하지 않은 것은 위법하지 않다(대법원 2007.4.26, 2007도2119).

[정답] ③

백광훈

통합 기출문제집

[형법]

형법각론

백광훈

통합 기출문제집

[형법]

PART

01

개인적 법익에 대한 죄

CHAPTER 01 생명과 신체에 대한 죄

1 살인의 죄

001 ✓ 대표 ◆◇◇

국가9급 2016

다음 설명 중 옳은 것은? (다툼이 있으면 판례에 의함)

① 甲이 식당주인 A를 살해할 의사로 농약 1포를 숭늉그릇에 투입하여 식당에 놓아두었는데, 식당주인의 딸 B가 이를 마시고 사망한 경우, 甲은 살인죄가 아닌 과실치사죄가 성립한다.

② 선박침몰 등과 같은 급박한 상황이 발생한 경우에 선박의 운항을 지배하고 있는 선장 甲이 자신에게 요구되는 개별적·구체적인 구호의무를 이행함으로써 사망의 결과를 쉽게 방지할 수 있음에도 이를 방관하여 승객의 사망을 초래한 경우, 甲은 부작위에 의한 살인죄가 성립한다.

③ 甲이 7세, 3세 남짓 된 어린 자식들에게 함께 죽자고 자살을 권유하여 죽음에 이르게 한 경우 甲은 자살교사·방조죄가 성립한다.

④ 군인甲이 하사A를 살해할 목적으로 발사한 총탄에 이를 제지하려고 甲앞으로 뛰어들던 병장B가 맞아 사망한 경우 甲은 A에 대한 살인미수죄와 B에 대한 과실치사죄의 상상적 경합이 된다.

[해설] 출제영역 | 보통살인죄–구성요건 해당성, 가담형태, 구성요건의 착오

② (○) 대법원 2015.11.12, 2015도6809 전원합의체

① (×) 피고인이 사람을 살해할 의사로서 행위를 하였고 그와 같은 행위에 의하여 살해라는 결과가 발생한 이상 피고인의 행위와 살해라는 결과와의 사이에는 인과관계가 있다고 아니할 수 없으므로 A의 장녀B를 살해할 의사는 없었다고 주장함으로써 살인기수 사실을 부인하는 취지의 논지는 이유 없다(대법원 1968.8.23, 68도884).

③ (×) 7세, 3세 남짓 된 어린 자식들에게 함께 죽자고 권유하여 물속으로 따라 들어오게 하여 어린 자식들을 익사하게 한 경우 피고인에게 살인의 범의가 인정된다(대법원 1987.1.20, 86도2395).

④ (×) 사람을 살해할 목적으로 총을 발사한 이상 그것이 목적하지 아니한 다른 사람에게 명중되어 사망의 결과가 발생하였다 하더라도 살의를 조각하지 않는다. 피고인 甲이 하사 A를 살해할 목적으로 발사한 총탄이 이를 제지하려고 甲앞으로 뛰어들던 병장 B에게 명중되어 B가 사망한 경우 B에 대한 살인죄가 성립한다(대법원 1975.4.22, 75도727).

정답 ②

002 ✓ 유사 ◆◇◇

경찰승진 2022 해경승진(경위) 2023 유사

살인의 죄에 대한 설명으로 가장 적절한 것은? (다툼이 있는 경우 판례에 의함)

① 살인예비죄가 성립하기 위하여는 살인죄를 범할 목적이 있으면 족하고, 살인의 준비에 관한 고의까지 있어야 하는 것은 아니다.

② 자살의 의미를 모르는 4세 유아에게 '함께 죽자'고 권유하여 익사하게 하였다면 위계에 의한 살인죄가 성립한다.

③ 혼인 외의 자(子)가 자신의 생모인 것을 알면서 그녀를 살해한 경우에는 존속살해죄가 성립하지 않는다.

④ 위계 또는 위력으로써 자신의 직계존속의 승낙을 받아 그를 살해한 때에는 존속살해죄의 예에 의해 처벌한다.

[해설] 출제영역 | 살인예비죄, 위계에 의한 살인죄, 존속살해죄

④ (○) 전조(제252조)의 경우에 위계 또는 위력으로써 촉탁 또는 승낙하게 하거나 자살을 결의하게 한 때에는 제250조의 예에 의한다(위계 등에 의한 촉탁살인 등, 제253조). 따라서 존속살해죄의 예에 의하여 처벌한다.

① (×) 형법 제255조, 제250조의 살인예비죄가 성립하기 위하여는 형법 제255조에서 명문으로 요구하는 살인죄를 범할 목적 외에도 살인의 준비에 관한 고의가 있어야 하며, 나아가 실행의 착수까지에는 이르지 아니하는 살인죄의 실현을 위한 준비행위가 있어야 한다. 여기서의 준비행위는 물적인 것에 한정되지 아니하며 특별한 정형이 있는 것도 아니지만, 단순히 범행의 의사 또는 계획만으로는 그것이 있다고 할 수 없고 객관적으로 보아서 살인죄의 실현에 실질적으로 기여할 수 있는 외적 행위를 필요로 한다(대법원 2009.10.29, 2009도7150).

② (×) 자살의 의미를 이해할 능력이 없는 아이에게 함께 죽자고 물에 따라 들어오게 하여 익사하게 한 때에는 위계에 의한 살인죄가 아닌 살인죄의 간접정범이 성립한다. "피고인이 7세, 3세 남짓된 어린 자식들에 대하여 함께 죽자고 권유하여 물에 따라 들어오게 하여 결국 익사하게 하였다면 비록 피해자들을 물속에 직접 밀어서 빠뜨리지는 않았다고 하더라도 자살의 의미를 이해할 능력이 없고 피고인의 말이라면 무엇이나 복종하는 어린 자식들을 권유하여 익사하게 한 이상 살인죄의 범의는 있었음이 분명하다(대법원 1987.1.20, 86도2395)."

③ (×) 혼인 외의 출생자와 생모 간에는 생모의 인지나 출생신고를 기다리지 않고 자의 출생으로 당연히 법률상의 친족관계가 생기는 것이다(대법원 1980.9.9, 80도1731). 즉, 혼인 외의 자(子)가 자신의 생모인 것을 알면서 그녀를 살해한 경우에는 존속살해죄가 성립한다.

[보충] 생부는 인지 이후에만 이러하다.

정답 ④

2 상해와 폭행의 죄

003 ✓ 대표 ◆◆◇

상해의 죄에 관한 설명으로 가장 적절하지 않은 것은?
(다툼이 있는 경우 판례에 의함)

① 甲이 강간하려고 A의 반항을 억압하는 과정에서 주먹으로 A의 얼굴과 머리를 몇 차례 때려 A가 코피를 흘리고 콧등이 부은 경우라도, A가 병원치료를 받지 않아도 일상생활에 지장이 없고 또 자연적으로 치료될 수 있는 것이라면, 甲의 행위로 인해 A의 신체의 완전성이 손상되고 생활기능에 장애가 왔다거나 건강상태가 불량하게 변경되었다고 보기 어려워 강간치상죄의 '상해'에 해당하지 않는다.

② 상해죄에서 '상해'는 피해자의 신체의 완전성을 훼손하거나 생리적 기능에 장애를 초래하였는지를 객관적·일률적으로 판단할 것이 아니라 피해자의 신체·정신상의 구체적인 상태나 신체·정신상의 변화와 내용 및 정도를 종합적으로 고려하여 판단하여야 한다.

③ 피고인으로부터 왼쪽 젖가슴을 꽉 움켜잡힘으로 인하여 왼쪽 젖가슴에 약 10일간의 치료를 요하는 좌상을 입고, 심한 압통과 약간의 종창이 있어 그 치료를 위하여 병원에서 주사를 맞고 3일간 투약을 한 경우, 피해자는 위와 같은 상처로 인하여 신체의 건강상태가 불량하게 변경되고 생활기능에 장애가 초래되었다 할 것이어서 이는 강제추행치상죄에 있어서의 '상해'의 개념에 해당한다 할 것이다.

④ 오랜 시간 동안의 협박과 폭행을 이기지 못하고 실신한 피해자가 범인들이 불러온 구급차 안에서야 정신을 차리게 되었다면, 비록 외부적으로 어떤 상처가 발생하지 않았다고 하더라도 생리적 기능에 훼손을 입어 신체에 대한 '상해'가 있었다고 봄이 상당하다.

해설 | 출제영역 | 상해죄 종합

① (×) 피고인이 강간하려고 피해자의 반항을 억압하는 과정에서 주먹으로 피해자의 얼굴과 머리를 몇 차례 때려 피해자가 코피를 흘리고(흘린 코피가 이불에 손바닥 만큼의 넓이로 묻었음) 콧등이 부었다면 비록 병원에서 치료를 받지 않더라도 일상생활에 지장이 없고 또 자연적으로 치료될 수 있는 것이라 하더라도 강간치상죄에 있어서의 상해에 해당한다(대법원 1991.10.22, 91도1832).

② (○) 상해죄의 상해는 피해자의 신체의 완전성을 훼손하거나 생리적 기능에 장애를 초래하는 것을 의미한다. 폭행에 수반된 상처가 극히 경미한 것으로서 굳이 치료할 필요가 없어서 자연적으로 치유되며 일상생활을 하는 데 아무런 지장이 없는 경우에는 상해죄의 상해에 해당하지 않는다고 볼 수 있으나, 이는 폭행이 없어도 일상생활 중 통상 발생할 수 있는 상처와 같은 정도임을 전제로 하는 것이므로 그러한 정도를 넘는 상처가 폭행에 의하여 생긴 경우라면 상해에 해당한다고 보아야 한다. 피해자의 신체의 완전성을 훼손하거나 생리적 기능에 장애를 초래하였는지는 객관적·일률적으로 판단할 것이 아니라 피해자의 연령·성별·체

격 등 신체상·정신상의 구체적 상태 등을 기준으로 판단하여야 한다(대법원 2018.9.13, 2018도4958).

③ (○) 피해자가 강제추행 과정에서 가해자로부터 왼쪽 젖가슴을 꽉 움켜잡힘으로 인하여 왼쪽 젖가슴에 약 10일간의 치료를 요하는 좌상을 입고, 심한 압통과 약간의 종창이 있어 그 치료를 위하여 병원에서 주사를 맞고 3일간 투약을 한 경우, 피해자는 위와 같은 상처로 인하여 신체의 건강상태가 불량하게 변경되고 생활기능에 장애가 초래되었다 할 것이어서 이는 강제추행치상죄에 있어서의 상해의 개념에 해당한다(대법원 2000.2.11, 99도4794).

④ (○) 오랜 시간 동안의 협박과 폭행을 이기지 못하고 실신하여 범인들이 불러온 구급차 안에서야 정신을 차리게 되었다면, 외부적으로 어떤 상처가 발생하지 않았다고 하더라도 생리적 기능에 훼손을 입어 신체에 대한 상해가 있었다(대법원 1996.12.10, 96도2529).

정답 ①

---

004 ✓ 대표 ◆◇◇

상해와 폭행의 죄에 대한 설명으로 가장 적절하지 않은 것은? (다툼이 있는 경우 판례에 의함)

① 태아를 사망에 이르게 하는 행위가 곧바로 임산부에 대한 상해죄를 구성하는 것은 아니다.

② 甲이 길이 140cm, 지름 4cm의 대나무로 A의 머리를 여러 차례 때려 그 대나무가 부러지고, A의 두피에 표재성 손상을 입혀 사건 당일 병원에서 봉합술을 받은 경우, 甲이 사용한 대나무는 특수상해죄에서의 '위험한 물건'에 해당한다.

③ 상해에 관한 동시범 규정은 가해행위를 한 것 자체가 분명하지 않은 사람에게도 적용되므로 상해에 대한 인과관계를 개별적으로 판단할 필요는 없다.

④ 어떤 물건이 구 「폭력행위 등 처벌에 관한 법률」 제3조 제1항에 정한 '위험한 물건'에 해당하는지 여부는 구체적인 사안에서 사회통념에 비추어 그 물건을 사용하면 상대방이나 제3자가 생명 또는 신체에 위험을 느낄 수 있는지 여부에 따라 판단하여야 한다.

해설 | 출제영역 | 상해죄 종합

③ (×) 상해죄에 있어서의 동시범은 두 사람 이상이 가해행위를 하여 상해의 결과를 가져올 경우에 그 상해가 어느 사람의 가해행위로 인한 것인지가 분명치 않다면 가해자 모두를 공동정범으로 본다는 것이므로 가해행위를 한 것 자체가 분명치 않은 사람에 대하여는 동시범으로 다스릴 수 없다(대법원 1984.5.15, 84도488).

① (○) 대법원 2009.7.9, 2009도1025; 2007.6.29, 2005도3832

② (○) 대법원 2017.12.28, 2015도5854

④ (○) 대법원 2009.3.26, 2007도3520

정답 ③

다음 중 가장 적절한 것은? (다툼이 있는 경우 판례에 의함)

① 폭행치사죄와 상해치사죄까지 「형법」 제263조(동시범)를 적용하면 피고인에게 불리한 유추적용이 되므로 동 규정의 적용은 배제되어야 한다.

② 공무집행방해죄에서의 '폭행'은 사람에 대한 유형력의 행사로 족하고 반드시 그 신체에 대한 것임을 요하지 아니하며, 또한 추상적 위험범으로서 구체적으로 직무집행의 방해라는 결과 발생을 요하지도 아니한다.

③ 살인예비죄가 성립하기 위한 '준비행위'는 물적인 것에 한정되지 아니하며 특별한 정형이 있는 것도 아니어서 단순히 범행의 의사 또는 계획만으로도 충분하므로, 객관적으로 보아 살인죄의 실현에 실질적으로 기여할 수 있는 외적 행위를 필요로 하는 것은 아니다.

④ 甲이 상습으로 A를 폭행하고, 자신의 어머니 B를 존속폭행하였다는 내용으로 기소된 사안에서, 甲에게 폭행 범행을 반복하여 저지르는 습벽이 있고 이러한 습벽에 의하여 단순폭행, 존속폭행 범행을 저지른 사실이 인정된다면 단순폭행, 존속폭행의 각 죄별로 상습성을 판단하여야 한다.

해설 | 출제영역 | 살인죄, 폭행죄

② (○) 공무집행방해죄는 직무를 집행하는 공무원에 대하여 폭행 또는 협박한 경우에 성립하는 범죄로서 여기서의 폭행은 사람에 대한 유형력(有形力)의 행사로 족하고 반드시 그 신체에 대한 것임을 요하지 아니하며, 또한 추상적 위험범으로서 구체적으로 직무집행의 방해라는 결과발생을 요하지도 아니한다(대법원 2005. 10.28, 2005도6725).

① (×) 폭행치사죄와 상해치사죄에는 「형법」 제263조(동시범)가 적용된다는 것이 판례의 입장이다(대법원 2000.7.28, 2000도2466; 1985.5.14, 84도2118).

③ (×) 형법 제255조, 제250조의 살인예비죄가 성립하기 위하는 형법 제255조에서 명문으로 요구하는 살인죄를 범할 목적 외에도 살인의 준비에 관한 고의가 있어야 하며, 나아가 실행의 착수까지에는 이르지 아니하는 살인죄의 실현을 위한 준비행위가 있어야 한다. 여기서의 준비행위는 물적인 것에 한정되지 아니하며 특별한 정형이 있는 것도 아니지만, 단순히 범행의 의사 또는 계획만으로는 그것이 있다고 할 수 없고 객관적으로 보아서 살인죄의 실현에 실질적으로 기여할 수 있는 외적 행위를 필요로 한다(대법원 2009.10.29, 2009도7150).

④ (×) 피고인이 상습으로 甲을 폭행하고, 어머니 乙을 존속폭행하였다는 내용으로 기소된 경우, 피고인에게 폭행 범행을 반복하여 저지르는 습벽이 있고 이러한 습벽에 의하여 단순폭행, 존속폭행 범행을 저지른 사실이 인정된다면 단순폭행, 존속폭행의 각 죄별로 상습성을 판단할 것이 아니라 포괄하여 그중 법정형이 가장 중한 상습존속폭행죄만 성립할 여지가 있다(대법원 2018.4.24, 2017도10956).

정답 | ②

폭행의 죄에 관한 설명으로 가장 적절하지 않은 것은? (다툼이 있는 경우 판례에 의함)

① 폭행죄에서 말하는 '폭행'이란 사람의 신체에 대하여 육체적·정신적으로 고통을 주는 유형력을 행사함을 뜻하는 것으로서 반드시 피해자의 신체에 접촉함을 필요로 하는 것은 아니다.

② 폭행죄는 피해자의 명시한 의사에 반하여 공소를 제기할 수 없는 반의사불벌죄로서, 피해자가 사망한 경우, 그 상속인이 피해자를 대신하여 처벌불원의 의사표시를 할 수 없다.

③ 甲이 전화기를 이용하여 전화하면서 고성을 내거나 그 전화대화를 녹음한 후 A에게 듣게 한 경우, 甲이 A의 청각기관을 자극하거나 고통을 느끼게 할 정도의 특수한 방법을 사용하였다는 특별한 사정이 없는 한 신체에 대한 유형력을 행사한 것으로 볼 수 없다.

④ 상대방의 시비를 만류하면서 조용히 얘기나 하자며 그의 팔을 2, 3회 끈 행위는, 사람의 신체에 대한 불법한 공격으로 「형법」 제260조 제1항 소정의 폭행죄에 해당한다.

해설 | 출제영역 | 폭행죄

④ (×) 상대방의 시비를 만류하면서 조용히 얘기나 하자며 그의 팔을 2, 3회 끈 사실만 가지고는 사람의 신체에 대한 불법한 공격이라고 볼 수 없어 형법 제260조 제1항 소정의 폭행죄에 해당한다고 볼 수 없다(대법원 1986.10.14, 86도1796).

① (○) 폭행죄에서 말하는 폭행이란 사람의 신체에 대하여 육체적·정신적으로 고통을 주는 유형력을 행사함을 뜻하는 것으로서 반드시 피해자의 신체에 접촉함을 필요로 하는 것은 아니고, 그 불법성은 행위의 목적과 의도, 행위 당시의 정황, 행위의 태양과 종류, 피해자에게 주는 고통의 유무와 정도 등을 종합하여 판단하여야 한다(대법원 2016.10.27, 2016도9302).

② (○) 폭행죄는 피해자의 명시한 의사에 반하여 공소를 제기할 수 없는 반의사불벌죄로서 처벌불원의 의사표시는 의사능력이 있는 피해자가 단독으로 할 수 있는 것이고, 피해자가 사망한 후 그 상속인이 피해자를 대신하여 처벌불원의 의사표시를 할 수는 없다고 보아야 한다(대법원 2010.5.27, 2010도2680).

③ (○) 피해자의 신체에 공간적으로 근접하여 고성으로 폭언이나 욕설을 하거나 동시에 손발이나 물건을 휘두르거나 던지는 행위는 직접 피해자의 신체에 접촉하지 아니하였다 하더라도 피해자에 대한 불법한 유형력의 행사로서 폭행에 해당될 수 있는 것이지만, 거리상 멀리 떨어져 있는 사람에게 전화기를 이용하여 전화하면서 고성을 내거나 그 전화 대화를 녹음 후 듣게 하는 경우에는 특수한 방법으로 수화자의 청각기관을 자극하여 그 수화자로 하여금 고통스럽게 느끼게 할 정도의 음향을 이용하였다는 등의 특별한 사정이 없는 한 신체에 대한 유형력의 행사를 한 것으로 보기 어렵다(대법원 2003.1.10, 2000도5716).

정답 | ④

007 ✓ 대표　◆◇◇　**경찰1차 2020**　**경찰2차 2018 유사**

폭행죄에 관한 설명으로 가장 적절하지 않은 것은? (다툼이 있는 경우 판례에 의함)

① 폭행죄는 반의사불벌죄로서 개인적 법익에 관한 죄이고 피해자가 사망한 후 그 상속인이 피해자를 대신하여 처벌불원의 의사표시를 할 수 있다.

② 「형법」 제260조에 규정된 폭행죄의 폭행이란 소위 사람의 신체에 대한 유형력의 행사를 가리키며, 그 유형력의 행사는 신체적 고통을 주는 물리력의 작용을 의미하므로 신체의 청각기관을 직접적으로 자극하는 음향도 경우에 따라서는 유형력에 포함될 수 있다.

③ 거리상 멀리 떨어져 있는 사람에게 전화기를 이용하여 전화하면서 고성을 내거나 그 전화 대화를 녹음 후 듣게 하는 경우에 특수한 방법으로 수화자의 청각기관을 자극하여 그 수화자로 하여금 고통을 느끼게 할 정도의 음향을 이용했다면 신체에 대한 유형력의 행사로 볼 수 있다.

④ 피해자에게 근접하여 욕설을 하면서 때릴 듯이 손발이나 물건을 휘두르거나 던지는 행위는 직접 피해자의 신체에 접촉하지 않았다고 하여도 폭행에 해당한다.

해설 출제영역 | 폭행죄

① (×) 폭행죄는 피해자의 명시한 의사에 반하여 공소를 제기할 수 없는 반의사불벌죄로서 처벌불원의 의사표시는 의사능력이 있는 피해자가 단독으로 할 수 있는 것이고, 피해자가 사망한 후 그 상속인이 피해자를 대신하여 처벌불원의 의사표시를 할 수는 없다고 보아야 한다(대법원 2010.5.27, 2010도2680).

② (○) 대법원 2003.1.10, 2000도5716

③ (○) 대법원 2003.1.10, 2000도5716

④ (○) 대법원 1990.2.13, 89도1406

정답 ①

---

008 ✓ 유사　◆◇◇　**경찰1차 2024**

폭행의 죄에 있어서 '위험한 물건'에 해당하는 것은? (다툼이 있는 경우 판례에 의함)

① 국회의원이 한미 자유무역협정 비준동의안의 국회 본회의 심리를 막기 위하여 의장석 앞 발언대 뒤에서 CS 최루분말 비산형 최루탄 1개를 터뜨리고 최루탄 몸체에 남아 있는 최루분말을 국회부의장에게 뿌린 경우, 그 최루탄과 최루분말

② 당구장에서 피해자가 시끄럽게 떠든다는 이유로, 주먹으로 피해자의 얼굴 부위를 1회 때리고 당구대 위에 놓여 있던 당구공으로 피해자의 머리 부위를 툭툭 건드린 경우, 그 당구공

③ 경륜장 사무실에서 술에 취해 소란을 피우면서 소화기를 집어 던졌지만, 특정인을 겨냥하여 던진 것이 아니어서 피해자들이 상해를 입지 않은 경우, 그 소화기

④ 이혼분쟁 과정에서 자신의 아들을 승낙 없이 중형자동차에 태우고 떠나려고 하는 피해자들 일행을 상대로 급하게 추격 또는 제지하는 과정에서 소형자동차로 중형자동차를 충격하였으나, 차량 속도가 빠르지 않았으며 상대방 차량의 손괴 정도나 피해자들이 입은 상해의 정도가 경미한 경우, 그 소형자동차

해설 출제영역 | 폭행죄

① (○) 국회의원인 피고인이 한미 자유무역협정 비준동의안의 국회 본회의 심리를 막기 위하여 의장석 앞 발언대 뒤에서 CS최루분말 비산형 최루탄(제조모델 SY-44) 1개를 터뜨리고 최루탄 몸체에 남아있는 최루분말을 국회부의장 甲에게 뿌려 甲과 국회의원 등을 폭행한 경우, 위 최루탄과 최루분말은 사회통념에 비추어 상대방이나 제3자로 하여금 생명 또는 신체에 위험을 느낄 수 있도록 하기에 충분한 물건으로서 폭력행위 등 처벌에 관한 법률 제3조 제1항의 '위험한 물건'에 해당한다(대법원 2014.6.12, 2014도1894).

② (×) 피고인이 2006. 12. 21. 02:00경 당구장에서 피해자가 시끄럽게 떠든다는 이유로, 주먹으로 피해자의 얼굴 부위를 1회 때리고 그곳 당구대 위에 놓여있던 당구공으로 피해자의 머리 부위를 수회 때려, 피해자에게 치료일수 불상의 입술 부위가 터지고 머리부위가 부어오르는 상해를 가한 경우, 피고인이 피해자의 얼굴을 주먹으로 가격하여 생긴 상처가 주된 상처로 보이고, 당구공으로는 피해자의 머리를 툭툭 건드린 정도에 불과한 것으로 보이는 사실을 인정한 다음, 위와 같은 사정 아래에서는 피고인이 당구공으로 피해자의 머리를 때린 행위로 인하여 사회통념상 피해자나 제3자에게 생명 또는 신체에 위험을 느끼게 하였으리라고 보여지지 아니하므로 위 당구공은 폭력행위 등 처벌에 관한 법률 제3조 제1항의 '위험한 물건'에는 해당하지 아니한다(대법원 2008.1.17, 2007도9624).

③ (×) 경륜장 사무실에서 술에 취해 소란을 피우면서 '소화기'를 집어던졌지만 특정인을 겨냥하여 던진 것이 아닌 점 등을 종합하여, 위 '소화기'는 폭력행위 등 처벌에 관한 법률 제3조 제1항의 '위험한 물건'에 해당하지 않는다(대법원 2010.4.29, 2010도930).

④ (×) 피고인이 이혼분쟁 과정에서 자신의 아들을 승낙 없이 자동차에 태우고 떠나려고 하는 피해자들 일행을 상대로 급하게 추격 또는 제지하는 과정에서 이 사건 자동차를 사용하게 된 점, 이

사건 범행은 소형승용차(라노스)로 중형승용차(쏘나타)를 충격한 것이고, 충격할 당시 두 차량 모두 정차하여 있다가 막 출발하는 상태로서 차량 속도가 빠르지 않았으며 상대방 차량의 손괴 정도가 그다지 심하지 아니한 점, 이 사건 자동차의 충격으로 피해자들이 입은 상해의 정도가 비교적 경미한 점 등의 여러 사정을 종합하면, 피고인의 이 사건 자동차 운행으로 인하여 사회통념상 상대방이나 제3자가 생명 또는 신체에 위험을 느꼈다고 보기 어렵다(대법원 2009.3.26, 2007도3520).

정답 ①

---

009 ✓ 대표 ◆◆◇ 경찰1차 2022

상해와 폭행의 죄에 관한 설명으로 가장 적절하지 않은 것은? (다툼이 있는 경우 판례에 의함)

① 형법은 태아를 임산부 신체의 일부로 보거나, 낙태행위가 임산부의 태아양육, 출산 기능의 침해라는 측면에서 임산부에 대한 상해죄를 구성하는 것으로 보지는 않는다고 해석된다.

② 다방 종업원 숙소에 이르러 종업원들 중 1인이 자신을 만나주지 않는다는 이유로 시정된 탁구장문과 주방문을 부수고 주방으로 들어가 방문을 열어주지 않으면 모두 죽여버린다고 폭언하면서 시정된 방문을 단순히 수회 발로 찬 甲의 행위도 종업원들의 신체에 대한 유형력의 행사로 볼 수 있어 폭행죄에 해당한다.

③ 식당의 운영자인 甲이 식당 밖에서 당겨 열도록 표시되어 있는 출입문을 열고 음식 배달차 밖으로 나가던 중 이웃 가게 손님으로 마침 위 식당 출입문 앞쪽 길가에 서 있던 A의 오른발 뒤꿈치 부위를 위 출입문 모서리 부분으로 충격하여 상해를 입게 한 행위는 업무상 과실치상죄의 성립을 인정할 수 없다.

④ 甲이 상습으로 A를 폭행하고, 어머니 B를 존속폭행하였다는 내용으로 기소된 사안에서, 甲에게 폭행 범행을 반복하여 저지르는 습벽이 있고 이러한 습벽에 의하여 단순폭행, 존속폭행 범행을 저지른 사실이 인정된다면 단순폭행, 존속폭행의 각 죄별로 상습성을 판단할 것이 아니라 포괄하여 그중 법정형이 가장 중한 상습존속폭행죄만 성립할 여지가 있다.

해설 | 출제영역 | 상해죄 종합

② (×) 공소외인이 피고인을 만나주지 않는다는 이유로 시정된 탁구장문과 주방문을 부수고 주방으로 들어가 방문을 열어주지 않으면 모두 죽여버린다고 폭언하면서 시정된 방문을 수회 발로 찬 피고인의 행위는 재물손괴죄 또는 숙소안의 자에게 해악을 고지하여 외포케 하는 단순 협박죄에 해당함은 별론으로 하고, 단순히 방문을 발로 몇번 찼다고 하여 그것이 피해자들의 신체에 대한 유형력의 행사로는 볼 수 없어 폭행죄에 해당한다 할 수 없다(대법원 1984.2.14, 83도3186).

① (○) 대법원 2007.6.29, 2005도3832

③ (○) 식당(분식점)의 운영자인 피고인이 식당 밖에서 당겨 열도록 표시되어 있는 출입문을 열고 음식 배달차 밖으로 나가던 중

이웃 가게 손님으로 마침 위 식당 출입문 앞쪽 길가에 서 있던 피해자의 오른발 뒤꿈치 부위를 위 출입문 모서리 부분으로 충격하여 상해를 입게 한 이 사건 공소사실 기재 행위는, 비록 위 식당의 운영과 관련한 업무상 행위로는 볼 수 있다 하더라도, 달리 위 사고가 위 출입문 자체의 설치 혹은 관리상의 하자에 기인하거나 영업자로서 위 사고 발생과 관련한 별도의 주의의무를 부과할 만한 사정이 존재하지 않는 이상, 피고인이 그 업무상 하여야 할 구체적이고도 직접적인 주의의무를 위반한 때에 해당한다고 보기 어렵고, 오히려 위와 같이 출입문을 여닫는 행위는 음식을 배달하기 위한 경우 이외에도 일상생활에서 얼마든지 자연적으로 행하여 질 수 있는 일이라는 점에서 단순히 일상생활상의 주의의무를 위반한 경우에 불과하다 할 것이므로 업무상 과실치상죄의 성립을 인정할 수 없다(대법원 2009.10.29, 2009도5753).

④ (○) 대법원 2018.4.24, 2017도10956

정답 ②

---

010 ✓ 유사 ◆◆◇ 경찰간부 2024

상해와 폭행의 죄에 관한 설명으로 옳지 않은 것만을 모두 고른 것은? (다툼이 있는 경우 판례에 의함)

가. 甲이 A의 뺨을 1회 때리고 오른손으로 목을 쳐서 A로 하여금 그대로 뒤로 넘어지면서 머리를 땅바닥에 부딪치게 하여 A에게 두부손상을 가하고 그로 인해 A가 병원에서 입원치료를 받다가 합병증으로 사망한 경우, 그러한 甲의 범행으로 인하여 두부손상이 발생하였고 이를 치료하는 과정에서 직접사인이 된 합병증이 유발되었다 하더라도, 합병증의 유발에 A의 기왕의 간경화 등 질환이 영향을 미쳤다면, 甲의 범행과 A의 사망 사이에 인과관계를 인정할 수 없고, 사망의 결과에 대한 예견가능성도 부정된다.

나. 甲이 직계존속인 A를 2회 폭행하고, 4회 상해를 가한 것이 존속에 대한 동일한 폭력습벽의 발현에 의한 것으로 인정되는 경우, 그중 법정형이 더 중한 상습존속상해죄에 나머지 행위들을 포괄시켜 하나의 죄만이 성립한다.

다. 甲이 A를 협박하여 A로 하여금 자상케 한 경우, 甲에게 상해의 결과에 대한 인식이 있고 그 협박의 정도가 A의 의사결정의 자유를 상실케 함에 족한 것인 이상 甲에 대하여 상해죄를 구성한다.

라. 甲이 A의 신체에 공간적으로 근접하여 고성으로 폭언이나 욕설을 하거나 동시에 손발이나 물건을 휘두르거나 던지는 행위는 직접 피해자의 신체에 접촉하지 않았다 하더라도 이는 A에 대한 불법한 유형력의 행사로서 폭행에 해당될 수 있다.

① 가
② 가, 나
③ 가, 나, 다
④ 나, 다, 라

해설 | 출제영역 | 상해죄, 폭행죄 종합

가. (×) 피고인의 행위가 피해자를 사망하게 한 직접적 원인은 아니

었다 하더라도 이로부터 발생된 다른 간접적 원인이 결합되어 사망의 결과를 발생하게 한 경우 그 행위와 사망 사이에는 인과관계가 있다고 할 것이다(상해치사죄, 대법원 1982.12.28, 82도2525; 2012.3.15, 2011도17648).
나. (○) 대법원 2003.2.28, 2002도7335
다. (○) 피고인이 피해자를 협박하여 그로 하여금 자상케 한 경우에 피고인에게 상해의 결과에 대한 인식이 있고 또 그 협박의 정도가 피해자의 의사결정의 자유를 상실케 함에 족한 것인 이상 피고인에 대하여 상해죄를 구성한다(대법원 1970.9.22, 70도1638).
[보충] 원래는 중상해죄의 간접정범이 성립하는 사안이다.
라. (○) 대법원 2003.1.10, 2000도5716

정답 ①

---

011 ✓ 유사 ◆◆◇ 〔경찰승진 2022〕

상해와 폭행의 죄에 대한 설명으로 가장 적절하지 않은 것은? (다툼이 있는 경우 판례에 의함)

① 甲과 乙이 의사연락 없이 우연히 A를 각각 폭행하여 상해의 결과가 발생한 경우, 상해가 甲의 폭행에 의한 것으로 밝혀졌다면 乙을 공동정범의 예에 의하여 처벌할 수는 없다.

② 상해죄 및 폭행죄의 상습범에 관한 형법 제264조에서 말하는 '상습'이란 동 규정에 열거된 상해 내지 폭행행위의 습벽을 말하고, 동 규정에 열거되지 아니한 다른 유형의 범죄까지 고려하여 상습성의 유무를 결정하여서는 안 된다.

③ 甲에게 폭행 범행을 반복하여 저지르는 습벽이 있고 이러한 습벽에 의하여 단순폭행, 존속폭행 범행을 저지른 사실이 인정된다면 그중 법정형이 가장 경한 단순폭행의 상습범만 성립한다.

④ 범행 현장에서 범행에 사용하려는 의도로 위험한 물건을 소지하거나 몸에 지닌 경우, 피해자가 이를 인식하지 못하였거나 실제 범행에 사용하지 아니하더라도 특수폭행죄의 '휴대'에 해당한다.

해설 | 출제영역 | 상해죄 종합

③ (×) 피고인이 상습으로 甲을 폭행하고, 어머니 乙을 존속폭행하였다는 내용으로 기소된 경우, 피고인에게 폭행 범행을 반복하여 저지르는 습벽이 있고 이러한 습벽에 의하여 단순폭행, 존속폭행 범행을 저지른 사실이 인정된다면 단순폭행, 존속폭행의 각 죄별로 상습성을 판단할 것이 아니라 포괄하여 그중 법정형이 가장 중한 상습존속폭행죄만 성립할 여지가 있다(대법원 2018.4.24, 2017도10956).
[보충] 이와 달리 상습폭행과 존속폭행의 2개 행위로 파악하여, 피고인에게 단순폭행의 습벽이 인정된다는 이유로 상습폭행 부분을 유죄로 인정하면서도 존속폭행의 습벽까지는 인정할 증거가 없다는 이유에서 상습존속폭행은 성립할 수 없고 존속폭행만 성립할 수 있다고 전제한 다음, 乙이 제1심판결 선고 전에 처벌을 원하지 않는다는 의사를 밝혔다는 이유로 존속폭행 부분에 대하여 주문에서 공소기각을 선고한 원심판결에는 형법 제264조, 폭행죄의 상습성, 죄수 등에 관한 법리오해의 잘못이 있다(대법원

2018.4.24, 2017도10956).
① (○) 甲과 乙이 각각 A를 폭행한 동시범의 경우로서 A의 상해의 결과가 甲의 폭행에 의한 것으로 인과관계가 판명된 경우이므로 형법 제263조가 적용되지 않아 甲은 폭행치상죄, 乙은 폭행죄가 성립한다. 이 경우 甲과 乙은 공동정범이 아니라 각각 단독정범이다.
② (○) 대법원 2018.4.24, 2017도21663
④ (○) 대법원 2004.6.11, 2004도2018

정답 ③

---

012 ✓ 유사 ◆◇◇ 〔경찰경력채용 2023〕

상해와 폭행의 죄에 관한 설명으로 가장 적절하지 않은 것은? (다툼이 있는 경우 판례에 의함)

① 태아를 사망에 이르게 하는 행위가 임산부 신체의 일부를 훼손하는 것이라거나 태아의 사망으로 인하여 그 태아를 양육, 출산하는 임산부의 생리적 기능이 침해되어 임산부에 대한 상해가 된다고 볼 수는 없다.

② 피해자의 신체에 공간적으로 근접하여 고성으로 폭언을 하면서 손발이나 물건을 휘두르거나 던지는 행위는 직접 피해자의 신체에 접촉하지 않았다 하더라도 피해자에 대한 불법한 유형력의 행사로서 폭행에 해당한다.

③ 「폭력행위 등 처벌에 관한 법률」 제2조 제2항의 '2인 이상이 공동하여'라고 함은 수인이 동일 장소에서 동일 기회에 범행을 한 경우이면 족하고, 수인 상호 간에 범죄에 대한 공동가공의사가 있어야 하는 것은 아니다.

④ 직계존속을 폭행하고, 상해를 가한 것이 존속에 대한 동일한 폭력습벽의 발현에 의한 것으로 인정되는 경우, 그중 법정형이 더 중한 상습존속상해죄에 나머지 행위들을 포괄시켜 하나의 죄만이 성립한다.

해설 | 출제영역 | 폭행죄, 상해죄 종합

③ (×) 폭력행위처벌법 제2조 제2항의 "2인 이상이 공동하여"라고 함은 그 수인 간에 소위 공범관계가 존재하는 것을 요건으로 하는 것이며, 수인이 동일 장소에서 동일 기회에 상호 다른 자의 범행을 인식하고 이를 이용하여 범행을 한 경우임을 요한다(형법상 공동정범보다 강화된 요건, 대법원 1986.6.10, 85도119). 따라서 수인 상호 간에 공동가공의사는 있어야 한다.
[유사] 폭력행위처벌법상 2인 이상의 공동범행이 있다는 것을 전제로 이에 대한 공모공동정범 성립이 가능하다는 사례
폭력행위처벌법 제2조 제2항의 '2인 이상이 공동하여 제1항 각호에 열거된 죄를 범한 때'라고 함은 그 수인 간에 소위 공범관계가 존재하는 것을 요건으로 하고, 수인이 동일 장소에서 동일 기회에 상호 다른 자의 범행을 인식하고 이를 이용하여 범행을 한 경우임을 요하는 것이며(대법원 2000.2.25, 99도4305 등), 또한 여러 사람이 폭력행위 등 처벌에 관한 법률 제2조 제1항에 열거된 죄를 범하기로 공모한 다음 그중 2인 이상이 범행장소에서 범죄를 실행한 경우에는 범행장소에 가지 아니한 자도 같은 법 제2조 제2항에 규정된 죄의 공모공동정범으로 처벌할 수 있다(대법원 1996.12.10, 96도2529; 2007.6.28, 2007도2590 등).
[비교] 공모만 하고 범행가담이 없거나 범행장소에 있지 않았다

면 폭력행위처벌법상 2인 이상의 공동범행은 인정되지 않는다는 사례

폭력행위처벌법 제2조 제2항 제1호의 '2명 이상이 공동하여 폭행의 죄를 범한 때'라고 함은 그 수인 사이에 공범관계가 존재하고, 수인이 동일 장소에서 동일 기회에 상호 다른 자의 범행을 인식하고 이를 이용하여 폭행의 범행을 한 경우임을 요한다(대법원 1986.6.10, 85도119 등). 따라서 폭행 실행범과의 공모사실이 인정되더라도 그와 공동하여 범행에 가담하였거나 범행장소에 있었다고 인정되지 아니하는 경우에는 공동하여 죄를 범한 때에 해당하지 않고(대법원 1990.10.30, 90도2022 등), 여러 사람이 공동하여 범행을 공모하였다면 그중 2인 이상이 범행장소에서 실제 범죄의 실행에 이르렀어야 나머지 공모자에게도 공모공동정범이 성립할 수 있을 뿐이다(대법원 1994.4.12, 94도128; 2023.8.31, 2023도6355).

① (○) 대법원 2007.6.29, 2005도3832
② (○) 피해자에게 근접하여 욕설을 하면서 때릴 듯이 손발이나 물건을 휘두르거나 던지는 행위는 직접 피해자의 신체에 접촉하지 않았다고 하여도 피해자에 대한 불법한 유형력의 행사로서 폭행에 해당하나, 공소사실 중에 때릴 듯이 위세 또는 위력을 보인 구체적인 행위내용이 적시되어 있지 않다면 결국 욕설을 함으로써 위세 또는 위력을 보였다는 취지로 해석할 수밖에 없고 이와 같이 욕설을 한 것 외에 별다른 행위를 한 적이 없다면 이는 유형력의 행사라고 보기 어려울 것이다(대법원 1990.2.13, 89도1406).
④ (○) 대법원 2003.2.28, 2002도7335

정답 ③

甲은 자동차를 운전하고 가다가 A가 바로 앞에서 리어카를 천천히 끌고 가기에 A를 향해 경적을 울렸다. 이에 A가 욕설을 하며 소리를 치자 甲은 화가 나 A에게 겁을 주려고 폭행의 고의로 A를 추월했다가 A 앞에서 급정거하였다. 그런데 뜻하지 않게 A는 이를 피하는 과정에서 넘어져 상해를 입었다. 그 후 甲은 자신의 행위가 발각될 것을 염려하여 과음을 하는 바람에 정상적인 운전을 할 수 없는 상황에 이르게 되었다. 이러한 상태에서 甲은 졸음운전을 하다 신호를 위반하여 행인 B를 치어 전치 2주의 상해를 입힌 후 가로수를 들이 받아 정신을 잃은 상태에서 인근 병원 응급실로 이송되었다. 이에 관한 설명 중 옳지 않은 것은? (다툼이 있는 경우 판례에 의함)

① A에 대한 甲의 죄책은 특수폭행치상죄로서 형법 제258조의2(특수상해)의 예에 의하여 처벌된다.
② 甲은 도로교통법위반(음주운전)죄로 유죄판결이 확정되었는데 그 후 술에 취한 상태에서 B를 차로 치어 상해를 입힌 사실이 밝혀져서 특정범죄 가중처벌 등에 관한 법률위반(위험운전치상)죄로 기소되었다면 이에 대해서는 유죄판결을 선고하여야 한다.
③ 사법경찰관 P는 응급실로 가서 담당의사로 하여금 甲의 혈액을 채취하게 한 후 혈중알콜농도에 관한 감정의뢰회보를 확보하였으나 사후압수영장은 발부받지 못한 경우 감정의뢰회보의 증거능력은 부정된다.
④ 甲이 B를 차로 치어 상해를 입힌 행위는 특정범죄 가중처벌 등에 관한 법률 위반(위험운전치상)죄에 해당하고 교통사고처리특례법위반(치상)죄는 이에 흡수된다.
⑤ 만약 위 사안에서 甲이 음주한 사실이 없다고 가정할 때, B를 차로 치어 상해를 입힌 것과 관련하여 甲이 교통사고처리특례법위반(치상)죄로 기소되었는데 법원의 심리 결과 甲의 신호위반 사실이 인정되지 않고 甲의 차량이 종합보험에 가입된 경우, 甲에게 아무런 주의의무위반이 없더라도 무죄가 아니라 공소기각판결을 선고하여야 한다.

해설 출제영역 | 상해죄 종합

① (×) 형법 개정으로 특수상해죄가 형법 제258조의2로 신설됨에 따라 문언상으로 형법 제262조의 '제257조 내지 제259조의 예에 의한다'는 규정에 형법 제258조의2가 포함되어 특수폭행치상의 경우 특수상해인 형법 제258조의2 제1항의 예에 의하여 처벌하여야 하는 것으로 해석될 여지가 생기게 되었다. 이러한 해석을 따를 경우 특수폭행치상죄의 법정형이 형법 제258조의2 제1항이 정한 '1년 이상 10년 이하의 징역'이 되어 종래와 같이 형법 제257조 제1항의 예에 의하는 것보다 상향되는 결과가 발생하게 된다. 그러나 형벌규정 해석에 관한 법리와 폭력행위 등 처벌에 관한 법률의 개정 경과 및 형법 제258조의2의 신설 경위와 내용, 그 목적, 형법 제262조의 연혁, 문언과 체계 등을 고려할 때, 특수폭행치상의 경우 형법 제258조의2의 신설에도 불구하고 종전

과 같이 형법 제257조 제1항의 예에 의하여 처벌하는 것으로 해석함이 타당하다(대법원 2018.7.24, 2018도3443).
⑤ (×) (원래 출제의 의도는 아래 비교판례 2004도4693을 출제한 것으로 보이지만, 2가지 입장을 보여주는 판례를 구별하기 어렵다고 보아 복수정답으로 확정된 지문이다.) 교통사고처리특례법 제3조 제1항, 제2항 단서, 형법 제268조를 적용하여 공소가 제기된 사건에서, ㉠ 심리 결과 교통사고처리특례법 제3조 제2항 단서에서 정한 사유가 없고 같은 법 제3조 제2항 본문이나 제4조 제1항 본문의 사유로 공소를 제기할 수 없는 경우에 해당하면 공소기각의 판결을 하는 것이 원칙이다. ㉡ 그런데 사건의 실체에 관한 심리가 이미 완료되어 교통사고처리특례법 제3조 제2항 단서에서 정한 사유가 없는 것으로 판명되고 달리 피고인이 같은 법 제3조 제1항의 죄를 범하였다고 인정되지 않는 경우, 설령 같은 법 제3조 제2항 본문이나 제4조 제1항 본문의 사유가 있더라도, 사실심법원이 피고인의 이익을 위하여 교통사고처리특례법 위반의 공소사실에 대하여 무죄의 실체판결을 선고하였다면, 이를 위법이라고 볼 수는 없다고 할 것이다(대법원 2015.5.14, 2012도11431; 2015.5.28, 2013도10958).
[비교판례] 교통사고처리특례법위반으로 공소가 제기된 사안에서 위반사실이 없음이 밝혀지는 한편 공소기각의 사유가 존재하는 경우, 법원이 취하여야 할 조치: 피고인이 신호를 위반하여 차량을 운행함으로써 사람을 상해에 이르게 한 교통사고로서 교통사고처리특례법 제3조 제1항, 제2항 단서 제1호의 사유가 있다고 하여 공소가 제기된 사안에 대하여, 공판절차에서의 심리 결과 피고인이 신호를 위반하여 차량을 운행한 사실이 없다는 점이 밝혀지게 되고, 한편 위 교통사고 당시 피고인이 운행하던 차량은 교통사고처리특례법 제4조 제1항 본문 소정의 자동차종합보험에 가입되어 있었으므로, 결국 교통사고처리특례법 제4조 제1항 본문에 따라 공소를 제기할 수 없음에도 불구하고 이에 위반하여 공소를 제기한 경우에 해당하고, 따라서 위 공소제기는 형사소송법 제327조 제2호 소정의 공소제기 절차가 법률의 규정에 위반하여 무효인 때에 해당하는바, 이러한 경우 법원으로서는 위 교통사고에 대하여 피고인에게 아무런 업무상 주의의무위반이 없다는 점이 증명되었다 하더라도 바로 무죄를 선고할 것이 아니라, 형사소송법 제327조의 규정에 의하여 소송조건의 흠결을 이유로 공소기각의 판결을 선고하여야 한다(대법원 2004.11.26, 2004도4693).
② (○) 음주로 인한 특정범죄가중처벌 등에 관한 법률 위반(위험운전치사상)죄와 도로교통법 위반(음주운전)죄는 입법 취지와 보호법익 및 적용영역을 달리하는 별개의 범죄이므로, 양 죄가 모두 성립하는 경우 두 죄는 실체적 경합관계에 있다(대법원 2008.11.13, 2008도7143). 따라서 도로교통법위반(음주운전)죄의 확정판결의 기판력은 특가법상 위험운전치상죄에 미치지 않는다.
③ (○) 수사기관이 법원으로부터 영장 또는 감정처분허가장을 발부받지 아니하고 피고인의 동의도 없이 피고인의 신체에서 혈액을 채취하고 사후에도 지체 없이 영장을 발부받지 아니한 채 그 혈중알콜농도에 관한 감정을 의뢰하여 획득한 이 사건 감정의뢰회보는 형사소송법상 영장주의 원칙을 위반하여 채취한 혈액에 기초하여 획득한 증거로서 그 절차위반행위가 적법절차의 실질적인 내용을 침해한 것으로 보아야 한다(대법원 2011.7.14, 2010도12604).
④ (○) 음주로 인한 특정범죄가중처벌 등에 관한 법률 위반(위험운전치사상)죄는 그 입법 취지와 문언에 비추어 볼 때, 주취상태의 자동차 운전으로 인한 교통사고가 빈발하고 그로 인한 피해자의 생명·신체에 대한 피해가 중대할 뿐만 아니라, 사고발생 전 상태로의 회복이 불가능하거나 쉽지 않은 점 등의 사정을 고려하여, 형법 제268조에서 규정하고 있는 업무상 과실치사상죄의 특례를 규정하여 가중처벌함으로써 피해자의 생명·신체의 안전이라는 개인적 법익을 보호하기 위한 것이다. 따라서 그 죄가 성립하

는 때에는 차의 운전자가 형법 제268조의 죄를 범한 것을 내용으로 하는 교통사고처리특례법 위반죄는 그 죄에 흡수되어 별죄를 구성하지 아니한다(대법원 2008.12.11, 2008도9182).

정답 ①, ⑤

014 ✓ 유사 ◆◇◇   경찰승진 2020

상해와 폭행의 죄에 대한 설명 중 가장 적절한 것은? (다툼이 있는 경우 판례에 의함)

① 「형법」의 폭행죄, 존속폭행죄, 특수폭행죄는 모두 미수범 처벌 규정이 없으며, 피해자의 명시한 의사에 반하여 공소를 제기할 수 없다.
② 甲과 乙이 독립하여 A를 살해하고자 총을 쏘아 탄환 하나가 A의 다리에 적중하여 A가 상해를 입었는데, 甲과 乙 중 누구의 탄환인지 밝혀지지 않은 경우 甲과 乙에게 「형법」 제263조의 동시범이 성립하지 않는다.
③ 甲은 A와 어머니 B 사이에서 태어난 친생자로 호적부상 등재되어 있으나 사실은 A가 수년간 집을 떠나 있는 사이에 B가 C와 정교관계를 맺어 甲을 출산한 경우 甲이 A에게 상해를 가하면 甲에게 존속상해죄가 성립한다.
④ 甲이 "방문을 열어주지 않으면 죽여버린다."고 방안에 있는 A에게 폭언을 하면서 잠긴 방문을 발로 차는 경우 폭행죄가 성립한다.

해설 | 출제영역 | 폭행죄, 상해죄 종합

② (○) 甲과 乙이 살인의 의사로 총을 쏘았으나 상해를 입히는 데 그쳤다면, 이는 상해죄가 아닌 살인미수죄에 해당한다. 제263조의 적용대상은 상해·폭행치상·상해치사·폭행치사의 죄이므로, 살인죄는 그 적용대상이 아니다.
① (×) 폭행죄와 존속폭행죄는 피해자의 명시한 의사에 반하여 공소를 제기할 수 없으나(반의사불벌죄), 특수폭행죄는 피해자의 명시한 의사에 반하여도 공소를 제기할 수 있다.
③ (×) 친자관계라는 사실은 호적상의 기재 여하에 의하여 좌우되는 것은 아니며 호적상 친권자라고 등재되어 있다 하더라도 사실에 있어서 그렇지 않은 경우에는 법률상 친자관계가 생길 수 없다 할 것인바, 피고인은 호적부상 피해자와 모 사이에 태어난 친생자로 등재되어 있으나 피해자가 집을 떠난 사이 모가 타인과 정교관계를 맺어 피고인을 출산하였다면 피고인과 피해자 사이에는 친자관계가 없으므로 존속상해죄는 성립될 수 없다(대법원 1983.6.28, 83도996).
④ (×) 다방종업원이 자기를 만나주지 않는다는 이유로 시정된 탁구장문과 주방문을 부수고 주방으로 들어가 방문을 열어주지 않으면 모두 죽여버린다고 폭언을 하면서 시정된 방문을 수회 발로 찬 행위는 피해자들의 신체에 대한 유형력의 행사로 볼 수 없어 폭행죄에 해당하지 않는다(대법원 1984.2.14, 83도3186).
[보충] 형법 제260조 제1항에서 말하는 폭행죄에 있어서의 폭행이라 함은 사람의 신체에 대한 위법한 일체의 유형력의 행사를 의미하는 것인바, 원심은 피고인은 판시 일시, 장소의 공소외 1 외 2인의 녹원다방 종업원 숙소에 이르러 여러 종업원들 중 공소외 2가 피고인을 만나주지 않는다는 이유로 시정된 탁구장문과 주방문을 부수고 주방으로 들어가 방문을 열어주지 않으면 모두 죽

여 버린다고 폭언하면서 시정된 방문을 수회 발로 차는 등 폭행을 가한 것이라 하여 이에 대하여 형법 제260조 제1항을 적용하고 있는바, 피고인의 위와 같은 행위는 재물손괴죄 또는 숙소 안의 공소외 3 등에게 해악을 고지하여 외포케 하는 단순협박죄에 해당함은 별론으로 하고, 단순히 방문을 발로 몇 번 찼다고 하여 그것이 피해자들의 신체에 대한 유형력의 행사로는 볼 수 없어 폭행죄에 해당한다 할 수 없을 것임에도 이를 폭행죄로 의율한 원심판결에는 단순폭행죄에 있어서의 폭행의 법리를 오해하여 법률적용을 잘못한 위법이 있다(위 판례).

정답 ②

015 ✅유사 ◆◆◇　　　　　　　경찰1차 2023

살인 및 폭행·상해의 죄에 관한 설명 중 가장 적절하지 않은 것은? (다툼이 있는 경우 판례에 의함)

① 살인예비죄가 성립하기 위하여는 살인죄를 범할 목적 외에도 살인의 준비에 관한 고의가 있어야 한다.

② 자살의 의미를 이해할 능력이 없고 자신의 말은 무엇이나 복종하는 어린 자식을 권유하여 익사하게 하였다면, 물속에 직접 밀어서 빠뜨린 것이 아니더라도 「형법」 제253조의 위계에 의한 살인죄가 성립한다.

③ 시간적 차이가 있는 2인 이상의 독립된 상해행위가 경합하여 사망의 결과가 일어난 경우에 그 원인된 행위가 판명되지 아니한 때에는 공동정범의 예에 의하여야 한다.

④ 단순폭행, 존속폭행의 범행이 동일한 폭행 습벽의 발현에 의한 것으로 인정되어 상습존속폭행죄로 처벌되는 경우 피해자의 명시한 의사에 반하여도 공소를 제기할 수 있다.

해설 출제영역ㅣ살인죄, 폭행죄, 상해죄 종합

② (×) 자살의 의미를 이해할 능력이 없고 자신의 말은 무엇이나 복종하는 어린 자식을 권유하여 익사하게 하였다면, 물속에 직접 밀어서 빠뜨린 것이 아니더라도 「형법」 제250조 제1항의 보통살인죄(의 간접정범)가 성립한다.

> [판례] 피고인이 7세, 3세 남짓된 어린자식들에 대하여 함께 죽자고 권유하여 물속에 따라 들어오게 하여 결국 익사하게 하였다면 비록 피해자들을 물속에 직접 밀어서 빠뜨리지는 않았다고 하더라도 자살의 의미를 이해할 능력이 없고 피고인의 말이라면 무엇이나 복종하는 어린 자식들을 권유하여 익사하게 한 이상 살인죄의 범의는 있었음이 분명하다(대법원 1987.1.20, 86도2395).

① (○) 형법 제255조, 제250조의 살인예비죄가 성립하기 위하여는 형법 제255조에서 명문으로 요구하는 살인죄를 범할 목적 외에도 살인의 준비에 관한 고의가 있어야 하며, 나아가 실행의 착수까지에는 이르지 아니하는 살인죄의 실현을 위한 준비행위가 있어야 한다(대법원 2009.10.29, 2009도7150).

③ (○) 이시의 독립된 상해행위가 경합하여 사망의 결과가 일어난 경우에 그 원인된 행위가 판명되지 아니한 때에는 공동정범의 예에 의하여야 한다(대법원 1981.3.10, 80도3321).

④ (○) 상습존속폭행죄로 처벌되는 경우에는 형법 제260조 제3항

이 적용되지 않으므로, 피해자의 명시한 의사에 반하여도 공소를 제기할 수 있다(대법원 2018.4.24, 2017도10956).

정답 ②

016 ✅유사 ◆◆◇　　　　　　　법원9급 2015

다음 설명 중 가장 옳지 않은 것은?

① 위험한 물건을 '휴대하여'라는 말은 소지뿐만 아니라 널리 이용한다는 뜻도 포함한다.

② 피고인이 폭력행위 당시 위험한 물건인 과도를 호주머니 속에 지니고 있었던 이상 피해자가 과도의 존재를 인식하지 못하였더라도 위험한 물건을 휴대한 경우에 해당한다.

③ 피고인이 청산염 2그램을 협박편지에 동봉 우송하여 피해자에게 도달케 하였다는 것만으로는 위험한 물건의 휴대라고 할 수 없다.

④ 甲, 乙, 丙이 흉기를 휴대하여 타인의 건조물에 침입하기로 공모한 다음, 甲, 乙은 건물로부터 30 내지 50미터 떨어진 차량에서 흉기를 보관한 채 망을 보고, 丙은 흉기를 소지하지 아니하고 건조물에 침입한 경우, 甲, 乙, 丙에 대하여 흉기 기타 위험한 물건을 휴대하여 타인의 주거 등에 침입함으로서 성립하는 폭력행위 등 처벌에 관한 법률 제3조 제1항 소정의 특수주거침입죄가 성립한다.

해설 출제영역ㅣ특수폭행죄의 위험한 물건의 휴대

④ (×) 폭력행위 등 처벌에 관한 법률 제3조 제1항, 제2조 제1항, 형법 제320조 소정의 특수주거침입죄는 흉기 기타 위험한 물건을 휴대하여 타인의 주거나 건조물 등에 침입함으로써 성립하는 범죄이므로, 수인이 흉기를 휴대하여 타인의 건조물에 침입하기로 공모한 후 그중 일부는 밖에서 망을 보고 나머지 일부만이 건조물 안으로 들어갔을 경우에 있어서 특수주거침입죄의 구성요건이 충족되었다고 볼 수 있는지의 여부는 직접 건조물에 들어간 범인을 기준으로 하여 그 범인이 흉기를 휴대하였다고 볼 수 있느냐의 여부에 따라 결정되어야 한다(대법원 1994.10.11, 94도1991).

① (○) 폭력행위 등 처벌에 관한 법률 제3조 제1항에 있어서 '위험한 물건'이라 함은 흉기는 아니라고 하더라도 널리 사람의 생명, 신체에 해를 가하는 데 사용할 수 있는 일체의 물건을 포함한다고 풀이할 것이므로, 본래 살상용·파괴용으로 만들어진 것뿐만 아니라 다른 목적으로 만들어진 칼·가위·유리병·각종공구·자동차 등은 물론 화학약품 또는 사주된 동물 등도 그것이 사람의 생명·신체에 해를 가하는 데 사용되었다면 본조의 '위험한 물건'이라 할 것이며, 한편 이러한 물건을 '휴대하여'라는 말은 소지뿐만 아니라 널리 이용한다는 뜻도 포함하고 있다(대법원 1997.5.30, 97도597).

② (○) 피고인이 이 사건 폭력행위당시 과도를 범행현장에서 호주머니 속에 지니고 있었던 이상 이는 위험한 물건을 휴대한 경우로서 폭력행위 등 처벌에 관한 법률 제3조 제1항 소정의 죄에 해당한다(대법원 1984.4.10, 84도353).

③ (○) 폭력행위 등 처벌에 관한 법률 제3조 제1항 소정의 위험한 물건의 "휴대"라 함은 범행현장에서 범행에 사용할 의도 아래 위

험한 물건을 몸 또는 몸 가까이 소지하는 것을 말하므로 청산염 2그램 정도를 협박편지에 동봉 우송하여 피해자에게 도달케 하였다는 것만으로는 위 법조에서 말하는 위험한 물건의 휴대라고 할 수 없다(대법원 1985.10.8, 85도1851).

정답 ④

3 과실치사상의 죄

017 ☑ 대표 ◆◇◇ 경찰간부 2023

업무상 과실치사상죄에 관한 설명으로 가장 적절하지 않은 것은? (다툼이 있는 경우 판례에 의함)

① 초등학교 6학년생이 수영장 안에 엎어져 있는 것을 수영장 안전요원이 발견하여 인공호흡을 실시한 뒤 의료기관에 후송하였으나 후송도중 사망한 경우, 그 사망의 원인이 구체적으로 밝혀지지 않은 상태에서 수영장 안전요원과 수영장 관리책임자에게 업무상주의의무를 게을리 한 과실이 있다고 볼 수 없다.
② 화물차주 甲이 화물차를 주차하고 적재함에 적재된 토마토상자를 운반하던 중 적재된 상자 일부가 떨어지면서 지나가던 A에게 상해를 입힌 경우, 「교통사고처리특례법」에 정한 '교통사고'에 해당하여 업무상 과실치상죄가 성립한다.
③ 내과의사가 신경과 전문의에 대한 협의진료결과와 환자에 대한 진료경과 등을 신뢰하여 뇌혈관계통 질환의 가능성을 염두에 두지 않고 내과 영역의 진료행위를 계속하다가 환자의 뇌지주막하출혈을 발견하지 못하여 식물상태에 이르게 한 경우, 업무상주의의무위반이 인정되지 않는다.
④ 간호사가 의사의 처방에 의한 정맥주사(Side Injection 방식)를 의사의 입회 없이 간호실습생에게 실시하게 하여 의료사고가 발생한 경우, 그 사고에 대한 의사의 과실은 부정된다.

해설 출제영역 | 업무상 과실치사상죄

② (×) 화물차를 주차하고 적재함에 적재된 토마토 상자를 운반하던 중 적재된 상자 일부가 떨어지면서 지나가던 피해자에게 상해를 입힌 경우, 교통사고처리 특례법에 정한 '교통사고'에 해당하지 않아 (형법 제268조의) 업무상 과실치상죄가 성립한다(대법원 2009.7.9, 2009도2390).
① (○) 파도수영장에서 물놀이하던 초등학교 6학년생이 수영장 안에 엎어져 있는 것을 수영장 안전요원이 발견하여 인공호흡을 실시한 뒤 의료기관에 후송하였으나 후송 도중 사망한 사고에 있어서 그 사망원인이 구체적으로 밝혀지지 아니한 상태에서 수영장 안전요원과 수영장 관리책임자에게 업무상 주의의무를 게을리한 과실이 있고 그 주의의무 위반으로 인하여 피해자가 사망하였다고 인정한 원심판결을 업무상 과실치사죄에 있어서의 과실 및 인과관계에 관한 법리오해 및 심리미진 등의 위법을 이유로 파기한다(대법원 2002.4.9, 2001도6601).
③ (○) 내과의사가 신경과 전문의에 대한 협의진료 결과 피해자의 증세와 관련하여 신경과 영역에서 이상이 없다는 회신을 받았고, 그 회신 전후의 진료 경과에 비추어 그 회신 내용에 의문을 품을

만한 사정이 있다고 보이지 않자 그 회신을 신뢰하여 뇌혈관계통 질환의 가능성을 염두에 두지 않고 내과 영역의 진료 행위를 계속하다가 피해자의 증세가 호전되기에 이르자 퇴원하도록 조치한 경우, 피해자의 지주막하출혈을 발견하지 못한 데 대하여 내과의사의 업무상 과실이 부정된다(대법원 2003.1.10, 2001도3292).
④ (○) 간호사가 의사의 처방에 의한 정맥주사(Side Injection 방식)를 의사의 입회 없이 간호실습생(간호학과 대학생)에게 실시하도록 하여 발생한 의료사고에 대한 의사의 과실을 부정한다(대법원 2003.8.19, 2001도3667).

정답 ②

018 ☑ 유사 ◆◇◇ 경찰대편입 2023

「특정범죄 가중처벌 등에 관한 법률」에 관한 설명으로 옳지 않은 것은? (다툼이 있는 경우 판례에 의함)

① 횡령으로 인한 「특정범죄 가중처벌 등에 관한 법률」 위반(국고 등 손실)죄는 회계 관계 직원이라는 지위에 따라 형법상 횡령죄 또는 업무상횡령죄에 대한 가중처벌을 규정한 것으로서 신분관계로 인한 형의 경중이 있는 경우에 해당한다.
② 「특정범죄 가중처벌 등에 관한 법률」은 '범죄수사의 직무에 종사하는 공무원이 이 법에 규정된 죄를 범한 사람을 인지하고 직무를 유기'하는 것을 처벌의 대상으로 하고 있는바, 이 죄가 성립하기 위해서는 범죄수사의 직무에 종사하는 공무원이 이 법에 규정된 죄를 범한 자임을 명백히 인식하고 그에 대하여 수사를 개시할 수 있을 정도의 단계에 이르러야 한다.
③ 「특정범죄 가중처벌 등에 관한 법률」은 '운행 중인 자동차의 운전자를 폭행하거나 협박한 사람'을 처벌의 대상으로 하고 있는바, 이 죄는 추상적 위험범에 해당한다.
④ 사고 운전자가 「도로교통법」에 따라 피해자를 구호하는 의무를 이행하기 이전에 사고현장을 이탈하였더라도, 사고의 경위와 내용, 피해자의 상해의 부위와 정도, 사고 후의 정황 등을 종합적으로 고려할 때 그러한 조치를 취할 필요가 있었다고 인정되지 않는다면, 「특정범죄 가중처벌 등에 관한 법률」 도주차량 운전자의 가중처벌에 관한 제5조의3 제1항 위반죄로는 처벌할 수 없다.
⑤ 「특정범죄 가중처벌 등에 관한 법률」은 '운행 중인 자동차의 운전자를 폭행하거나 협박한 사람'을 처벌의 대상으로 하고 있는데, 여기에서의 '자동차'에는 도로교통법상 자동차뿐만 아니라 도로교통법상 원동기장치자전거도 포함된다.

해설 출제영역 | 특정범죄 가중처벌 등에 관한 법률 종합

⑤ (×) 특정범죄 가중처벌 등에 관한 법률 제5조의10 제1항은 "운행 중(여객자동차 운수사업법 제2조 제3호에 따른 여객자동차운

송사업을 위하여 사용되는 자동차를 운행하는 중 운전자가 여객의 승차·하차 등을 위하여 일시 정차한 경우를 포함한다)인 자동차의 운전자를 폭행하거나 협박한 사람은 5년 이하의 징역 또는 2천만 원 이하의 벌금에 처한다.", 제2항은 "제1항의 죄를 범하여 사람을 상해에 이르게 한 경우에는 3년 이상의 유기징역에 처하고, 사망에 이르게 한 경우에는 무기 또는 5년 이상의 징역에 처한다."라고 규정하여 운행 중인 자동차의 운전자를 폭행·협박하거나 이로 인하여 상해 또는 사망에 이르게 한 경우를 가중처벌하고 있다. 특정범죄가중법 제5조의10의 문언 형식, 입법 취지 및 보호법익, 특정범죄가중법상 다른 자동차 등 관련 범죄의 가중처벌 규정과의 체계적 해석 등을 종합하면, 특정범죄가중법 제5조의10의 '자동차'는 도로교통법상의 자동차를 의미하고 도로교통법상 원동기장치자전거는 '자동차'에 포함되지 않는다(대법원 2022.4.28, 2022도1013).

① (○) 횡령으로 인한 특정범죄 가중처벌 등에 관한 법률 위반(국고등손실)죄는 회계관계직원이라는 지위에 따라 형법상 횡령죄 또는 업무상횡령죄에 대한 가중처벌을 규정한 것으로서 신분관계로 인한 형의 경중이 있는 것이다(대법원 2020.10.29, 2020도3972).

② (○) 특정범죄 가중처벌 등에 관한 법률상의 특수직무유기죄는 범죄수사의 직무에 종사하는 공무원이 같은 법에 규정된 죄를 범한 사람을 '인지'하고 직무를 유기할 것을 구성요건으로 하고 있으므로, 본죄가 성립하기 위해서는 범죄수사의 직무에 종사하는 공무원이 같은 법에 규정된 죄를 범한 자임을 명백히 인식하고 그에 대하여 수사를 개시할 수 있을 정도의 단계에 이르러야 하고, 단순히 확인되지 않은 제보 등에 의하여 이러한 죄를 범하였을 수도 있다는 의심을 품은 것만으로는 위 법에서 규정하고 있는 '인지'가 있었다고 할 수 없다(대법원 2011.7.28, 2011도1739).

③ (○) 특정범죄 가중처벌 등에 관한 법률 제5조의10 제1항, 제2항은 운행 중인 자동차의 운전자를 폭행하거나 협박하여 운전자나 승객 또는 보행자 등의 안전을 위협하는 행위를 엄중하게 처벌함으로써 교통질서를 확립하고 시민의 안전을 도모하려는 목적에서 특정범죄가중법이 2007. 1. 3. 법률 제8169호로 개정되면서 신설된 것이다. 법 해석의 법리에 따라 법률에 사용된 문언의 통상적인 의미에 기초를 두고 입법 취지와 목적, 보호법익 등을 함께 고려하여 살펴보면, 특정범죄가중법 제5조의10의 죄는 제1항, 제2항 모두 운행 중인 자동차의 운전자를 대상으로 하는 범행이 교통질서와 시민의 안전 등 공공의 안전에 대한 위험을 초래할 수 있다고 보아 이를 가중처벌하는 이른바 추상적 위험범에 해당한다(대법원 2015.3.26, 2014도13345).

④ (○) 사고의 경위와 내용, 피해자의 상해의 부위와 정도, 사고 운전자의 과실 정도, 사고 운전자와 피해자의 나이와 성별, 사고 후의 정황 등을 종합적으로 고려하여 사고 운전자가 실제로 피해자를 구호하는 등 구 도로교통법 제50조 제1항에 의한 조치를 취할 필요가 있었다고 인정되지 아니하는 경우에는 사고 운전자가 피해자를 구호하는 등 구 도로교통법 제50조 제1항에 규정된 의무를 이행하기 이전에 사고현장을 이탈하였더라도 특정범죄 가중처벌 등에 관한 법률 제5조의3 제1항 위반죄로는 처벌할 수 없다(대법원 2007.3.15, 2006도9508).

정답 ⑤

4 낙태의 죄

019 ✓ 대표 ◆◆◇ 변호사 2018

다음 설명 중 옳은 것(○)과 옳지 않은 것(×)을 올바르게 조합한 것은? (다툼이 있는 경우 판례에 의함)

ㄱ. 살인예비죄가 성립하기 위해서는 살인죄의 실현을 위한 준비행위가 있어야 하는데, 여기서 준비행위는 반드시 객관적으로 보아 살인죄의 실현에 실질적으로 기여할 수 있는 외적 행위임을 요하지 아니하고 단순히 범행의 의사 또는 계획만으로 족하다.

ㄴ. 대한민국 국민이 외국에서 살인죄를 범하였다가 외국법원에서 무죄 취지의 재판을 받고 석방된 후 국내에서 다시 기소되었다고 하더라도 이는 일사부재리의 원칙에 반하는 것이 아니며, 외국에서 미결 상태로 구금된 기간에 대하여도 '외국에서 집행된 형의 산입'에 관한 「형법」 제7조가 적용되어야 한다.

ㄷ. 피해자의 재물을 강취한 직후 피해자를 살해할 목적으로 현주건조물에 방화하여 사망에 이르게 한 경우에는 강도살인죄와 현주건조물방화치사죄가 모두 성립하고 두 죄는 상상적 경합의 관계에 있다.

ㄹ. 사람의 시기(始期)는 규칙적인 진통을 동반하면서 분만이 개시된 때를 말하고, 제왕절개 수술의 경우에는 '의학적으로 제왕절개 수술이 가능하였고 규범적으로 수술이 필요하였던 때'를 분만이 개시된 때로 보아야 한다.

ㅁ. 산부인과 의사가 임신한 부녀의 촉탁을 받아 약물에 의한 유도분만의 방법으로 낙태시술을 하였다가 태아가 살아서 미숙아 상태로 출생하자 염화칼륨을 주입하여 사망하게 한 경우에는 살인죄와 업무상촉탁낙태죄의 경합범으로 처벌된다.

① ㄱ(○), ㄴ(×), ㄷ(×), ㄹ(○), ㅁ(○)
② ㄱ(○), ㄴ(○), ㄷ(○), ㄹ(×), ㅁ(×)
③ ㄱ(×), ㄴ(×), ㄷ(×), ㄹ(×), ㅁ(○)
④ ㄱ(×), ㄴ(○), ㄷ(○), ㄹ(○), ㅁ(×)
⑤ ㄱ(×), ㄴ(×), ㄷ(○), ㄹ(×), ㅁ(○)

해설 출제영역 | 살인, 낙태 등 종합

ㄱ. (×) 살인예비죄가 성립하기 위하여는 형법 제255조에서 명문으로 요구하는 살인죄를 범할 목적 외에도 살인의 준비에 관한 고의가 있어야 하며, 나아가 실행의 착수까지는 이르지 아니하는 살인죄의 실현을 위한 준비행위가 있어야 한다. 여기서의 준비행위는 물적인 것에 한정되지 아니하며 특별한 정형이 있는 것도 아니지만, 단순히 범행의 의사 또는 계획만으로는 그것이 있다고 할 수 없고 객관적으로 보아서 살인죄의 실현에 실질적으로 기여할 수 있는 외적 행위를 필요로 한다(대법원 2009.10.29, 2009도7150).

ㄴ. (×) 형사사건으로 외국 법원에 기소되었다가 무죄판결을 받은 사람은, 설령 그가 무죄판결을 받기까지 상당 기간 미결구금되었더라도 이를 유죄판결에 의하여 형이 실제로 집행된 것으로 볼 수는 없으므로, '외국에서 형의 전부 또는 일부가 집행된 사람'에

해당한다고 볼 수 없고, 그 미결구금 기간은 형법 제7조에 의한 산입의 대상이 될 수 없다(대법원 2017.8.24, 2017도5977 전원합의체).

ㄷ. (○) 피고인들이 피해자의 재물을 강취한 후 그들을 살해할 목적으로 현주건조물에 방화하여 사망에 이르게 한 경우, 피고인들의 행위는 강도살인죄와 현주건조물방화치사죄에 모두 해당하고 그 두 죄는 상상적 경합범관계에 있다(대법원 1998.12.8, 98도3416).

ㄹ. (×) 사람의 생명과 신체의 안전을 보호법익으로 하고 있는 형법의 해석으로는 규칙적인 진통을 동반하면서 분만이 개시된 때(소위 진통설 또는 분만개시설)가 사람의 시기(始期)라고 봄이 타당하다. 또한 제왕절개 수술의 경우 '의학적으로 제왕절개 수술이 가능하였고 규범적으로 수술이 필요하였던 시기(時期)'는 판단하는 사람 및 상황에 따라 다를 수 있어, 분만개시 시점 즉, 사람의 시기(始期)도 불명확하게 되므로 이 시점을 분만의 시기(始期)로 볼 수는 없다(대법원 2007.6.29, 2005도3832).

ㅁ. (○) 산부인과 의사인 피고인이 약물에 의한 유도분만의 방법으로 낙태시술을 하였으나 태아가 살아서 미숙아 상태로 출생하자 그 미숙아에게 염화칼륨을 주입하여 사망하게 한 사안에서, 염화칼륨 주입행위를 낙태를 완성하기 위한 행위에 불과한 것으로 볼 수 없고, 살아서 출생한 미숙아가 정상적으로 생존할 확률이 적다고 하더라도 그 상태에 대한 확인이나 최소한의 의료행위도 없이 적극적으로 염화칼륨을 주입하여 미숙아를 사망에 이르게 하였다면 피고인에게는 미숙아를 살해하려는 범의가 인정된다(대법원 2005.4.15, 2003도2780).

정답 ⑤

---

5 유기와 학대의 죄

020 ✅ 대표 ◆◇◇ 국가9급 2020

유기의 죄에 대한 설명으로 옳지 않은 것은? (다툼이 있는 경우 판례에 의함)

① 사실혼 관계에 있는 사람들 사이에서 유기죄가 성립하기 위해서는 단순한 동거 또는 간헐적인 정교관계를 맺고 있다는 사정만으로는 부족하고, 그 당사자 사이에 혼인 의사가 있고 사회관념상 혼인생활의 실체가 존재하여야 한다.

② 수혈이 최선의 치료방법이라는 의사의 권유에도 불구하고 어머니가 종교적 신념을 이유로 사망의 위험이 예견되는 딸에 대한 수혈을 거부함으로써 딸을 사망에 이르게 한 경우 유기치사죄가 성립한다.

③ 유기죄가 성립하기 위해서는 행위자가 요부조자에 대한 보호책임의 발생원인이 된 사실이 존재한다는 것을 인식하고 이에 기한 부조의무를 해태한다는 의식이 있음을 요한다.

④ 자신의 주점에 손님으로 와서 수일 동안 식사는 한 끼도 하지 않은 채 계속하여 술을 마시고 만취한 피해자를 방치하여 저체온증 등으로 사망에 이르게 한 경우 유기치사죄가 성립하지 않는다.

해설 출제영역 | 유기죄의 성립요건, 유기치사죄

④ (×) 피고인은 피해자에게 생명 또는 신체에 대한 위해가 발생하

지 아니하도록 필요한 조치를 강구하여야 할 계약상의 부조의무를 부담하므로 유기치사죄가 인정된다(대법원 2011.11.24, 2011도12302).

① (○) 법률상 부부는 아니지만 사실혼 관계에 있는 경우에도 위 민법 규정의 취지 및 유기죄의 보호법익에 비추어 위와 같은 법률상 보호의무의 존재를 긍정하여야 하지만, 사실혼에 해당하여 법률혼에 준하는 보호를 받기 위하여는 단순한 동거 또는 간헐적인 정교관계를 맺고 있다는 사정만으로는 부족하고, 그 당사자 사이에 주관적으로 혼인의 의사가 있고 객관적으로도 사회관념상 가족질서적인 면에서 부부공동생활을 인정할 만한 혼인생활의 실체가 존재하여야 한다(대법원 2008.2.14, 2007도3952).

② (○) 생모가 사망의 위험이 예견되는 그 딸에 대하여는 수혈이 최선의 치료방법이라는 의사의 권유를 자신의 종교적 신념이나 후유증 발생의 염려만을 이유로 완강하게 거부하고 방해하였다면 이는 결과적으로 요부조자를 위험한 장소에 두고 떠난 경우나 다름이 없다고 할 것이고 그때 사리를 변식할 지능이 없다고 보아야 마땅한 11세 남짓의 환자본인 역시 수혈을 거부하였다고 하더라도 생모의 수혈거부 행위가 위법한 점에 영향을 미치는 것이 아니다(대법원 1980.9.24, 79도1387). 즉, 유기치사죄에 해당한다.

③ (○) 유기죄가 성립하기 위하여는 행위자가 형법 제271조 제1항이 정한 바에 따라 '노유, 질병 기타 사정으로 인하여 부조를 요하는 자를 보호할 만한(개정: 나이가 많거나 어림, 질병, 그 밖의 사정으로 도움이 필요한 사람을) 법률상 또는 계약상 의무 있는 자'에 해당하여야 할 뿐만 아니라, 요부조자에 대한 보호책임의 발생원인이 된 사실이 존재한다는 것을 인식하고, 이에 기한 부조의무를 해태한다는 의식이 있음을 요한다(대법원 2008.2.14, 2007도3952).

정답 ④

---

021 ✅ 대표 ◆◇◇ 경찰승진 2022 유사 국가9급 2021

유기죄와 학대죄에 대한 설명으로 옳은 것만을 모두 고르면? (다툼이 있는 경우 판례에 의함)

ㄱ. 유기죄에서 '계약상 의무'는 계약에 기한 주된 급부의무가 부조를 제공하는 것인 경우에 한정된다.

ㄴ. 술에 만취된 피해자가 경찰지구대로 운반되어 의자 위에 눕혀졌을 때 숨을 가쁘게 쿨쿨 내뿜고 자신의 수족과 의사도 자제할 수 없는 상태에 있음에도 불구하고 경찰관이 3시간여 동안이나 아무런 구호조치를 취하지 아니한 경우 유기죄의 범의를 인정할 수 있다.

ㄷ. 강간치상의 범행을 저지른 자가 그 범행으로 인하여 실신상태에 있는 피해자를 구호하지 아니하고 방치하였더라도 유기죄는 성립하지 않는다.

ㄹ. 학대죄의 '학대'란 육체적으로 고통을 주거나 정신적으로 차별대우를 하는 행위를 가리키는 것으로, 단순히 상대방의 인격에 대한 반인륜적 침해만으로는 부족하지만 유기에 준할 정도에 이를 것은 요하지 않는다.

① ㄱ, ㄷ   ② ㄱ, ㄹ
③ ㄴ, ㄷ   ④ ㄴ, ㄹ

해설 출제영역 | 유기와 학대의 죄

ㄱ. (×) 형법 제271조 제1항은 그 행위의 주체를 "노유, 질병 기타 사정으로 부조를 요하는 자를 보호할 법률상 또는 계약상 의무 있는 자"라고 정하고 있다. 여기서의 '계약상 의무'는 간호사나 보모와 같이 계약에 기한 주된 급부의무가 부조를 제공하는 것인 경우에 반드시 한정되지 아니하며, 계약의 해석상 계약관계의 목적이 달성될 수 있도록 상대방의 신체 또는 생명에 대하여 주의와 배려를 한다는 부수적 의무의 한 내용으로 상대방을 부조하여야 하는 경우를 배제하는 것은 아니라고 할 것이다(대법원 2011. 11.24, 2011도12302).

ㄴ. (○) 대법원 1972.6.27, 72도863

ㄷ. (○) 대법원 1980.6.24, 80도726

ㄹ. (×) 형법 제273조 제1항에서 말하는 '학대'라 함은 육체적으로 고통을 주거나 정신적으로 차별대우를 하는 행위를 가리키고, 이러한 학대행위는 형법의 규정체제상 학대와 유기의 죄가 같은 장에 위치하고 있는 점 등에 비추어 단순히 상대방의 인격에 대한 반인륜적 침해만으로는 부족하고 적어도 유기에 준할 정도에 이르러야 한다(대법원 2000.4.25, 2000도223).

정답 ③

---

022 ✓ 유사 ◆◆◆ [법원행시 2017]

유기죄에 관한 다음 설명 중 가장 옳지 않은 것은? (다툼이 있는 경우 판례에 의함)

① 경찰관은 경찰관직무집행법 등에 의하여 머리를 심하게 다친 상태로 경찰서에 누워 있는 사람을 구조할 법률상 의무가 있기 때문에 유기죄의 주체가 될 수 있다.

② 우연히 길에서 만나 동행하던 사람이 절벽에서 추락한 것을 구조하지 아니하였다고 하여 유기죄가 성립하는 것은 아니다.

③ A가 운전하는 승용차에 동승하고 있던 B가 차량문을 열고 차에서 뛰어내렸음에도 A가 그대로 차량을 진행함으로써 도로상에 정신을 잃고 쓰러져 있던 B가 그 직후 후행차량에 역과되어 사망한 경우 A에게는 도로교통법 상 구호조치의무가 있기 때문에 유기치사죄가 성립할 수 있다.

④ 병원에 입원한 11세의 딸에 대하여 종교적인 이유로 수혈을 거부하여 딸이 사망한 경우 수혈을 거부한 부모에 대하여 유기치사죄가 성립할 수 있다.

⑤ 강간치상의 범행을 저지른 자가 그 범행으로 인하여 실신상태에 있는 피해자를 구호하지 아니하고 방치한 경우 강간치상죄와 유기죄가 성립한다.

해설 출제영역 | 유기의 죄

⑤ (×) 강간치상의 범행을 저지른 자가 그 범행으로 인하여 실신상태에 있는 피해자를 구호하지 아니하고 방치하였다고 하더라도 그 행위는 포괄적으로 단일의 강간치상죄만을 구성한다(대법원 1980.6.24, 80도726).

① (○) 국민의 생명과 신체의 안전을 보호하기 위한 응급의 조치를 강구하여야 할 직무를 가진(경찰관직무집행법 제1조, 제3조) 경

찰관인 피고인으로서는 술에 만취된 피해자가 향토예비군 4명에게 떠매어 운반되어 지서 나무의자 위에 눕혀 놓았을 때 숨이 가쁘게 쿨쿨 내뿜고 자신의 수족과 의사도 자제할 수 없는 상태에 있음에도 불구하고 근 3시간 동안이나 아무런 구호조치를 취하지 아니한 것은 유기죄에 대한 범의를 인정할 수 있다(대법원 1972.6.27, 72도863).

② (○) 현행 형법은 유기죄에 있어서 구법과는 달리 보호법익의 범위를 넓힌 반면에 보호책임 없는 자의 유기죄는 없애고 법률상 또는 계약상의 의무 있는 자만을 유기죄의 주체로 규정하고 있어 명문상 사회상규 상의 보호책임을 관념할 수 없다고 하겠으니 유기죄의 죄책을 인정하려면 보호책임이 있게 된 경위 사정관계 등을 설시하여 구성요건이 요구하는 법률상 또는 계약상 보호의무를 밝혀야 하고 설혹 동행자가 구조를 요하게 되었다 하여도 일정거리를 동행한 사실만으로서는 피고인에게 법률상 계약상의 보호의무가 있다고 할 수 없으니 유기죄의 주체가 될 수 없다(대법원 1977.1.11, 76도3419).

③ (○) 도로교통법 제50조 제1, 2항이 규정한 교통사고발생시의 구호조치의무 및 신고의무는 차의 교통으로 인하여 사람을 사상하거나 물건을 손괴한 때에 운전자 등으로 하여금 교통사고로 인한 사상자를 구호하는 등 필요한 조치를 신속히 취하게 하고, 또 속히 경찰관에게 교통사고의 발생을 알려서 피해자의 구호, 교통질서의 회복 등에 관하여 적절한 조치를 취하게 하기 위한 방법으로 부과된 것이므로 교통사고의 결과가 피해자의 구호 및 교통질서의 회복을 위한 조치가 필요한 상황인 이상 그 의무는 교통사고를 발생시킨 당해 차량의 운전자에게 그 사고발생에 있어서 고의, 과실 혹은 유책, 위법의 유무에 관계없이 부과된 의무라고 해석함이 상당할 것이다(대법원 1990.9.25, 90도978). 판례에 의하면 귀책사유 없어도 교통사고를 발생시킨 차량의 운전자인 A에게 구호조치의무가 인정되기 때문에 유기치사죄가 성립할 수 있다. 하급심 판례에서 같은 취지로 판시한 바 있다. "피고인이 승용차 조수석에 甲을 태우고 고속도로를 주행하다가 甲이 내려달라고 요구하자 감속하여 운행하던 중 甲이 문을 열고 도로로 뛰어내렸음에도 그대로 진행함으로써 도로 상에 정신을 잃고 쓰러져 있던 甲이 그 직후 후행 차량에 역과되어 사망한 사안에서, 피고인의 행위가 사고 후 미조치로 인한 도로교통법 위반죄 및 유기치사죄를 구성한다(서울고등법원 2014.4.22, 2013노2492)."

④ (○) 생모가 사망의 위험이 예견되는 그 딸에 대하여는 수혈이 최선의 치료방법이라는 의사의 권유를 자신의 종교적 신념이나 후유증 발생의 염려만을 이유로 완강하게 거부하고 방해하였다면 이는 결과적으로 요부조자를 위험한 장소에 두고 떠난 경우나 다름이 없다고 할 것이고 그때 사리를 변식할 지능이 없다고 보아야 마땅한 11세 남짓의 환자본인 역시 수혈을 거부하였다고 하더라도 생모의 수혈거부 행위가 위법한 점에 영향을 미치는 것이 아니다(대법원 1980.9.24, 79도1387).

(판결이유 중) … 피고인의 판시 소위가 유기치사죄에 해당한다고 판단한 원심의 조치에 논지가 지적한 바와 같은 심리 미진, 판단유탈 및 유기치사죄에 대한 법리오해, 치료방법을 선택할 수 있는 자유권의 행사인 정당행위에 관한 법리오해와 종교의 자유를 보장한 헌법위반 등의 위법사유가 있다고 할 수 없으므로 …

정답 ⑤

023 ✓ 유사 ◆◆◇ 　　　국가9급 2024

유기죄에 대한 설명으로 옳지 않은 것은?

① 사실혼 관계가 인정되는 경우에도 「민법」 규정의 취지 및 유기죄의 보호법익에 비추어 법률상 보호의무의 존재를 긍정하여야 한다.

② 「형법」 제271조 제3항의 중유기죄는 유기죄를 지어 사람의 생명 또는 신체에 위험을 발생하게 한 경우에 성립한다.

③ 유기죄의 계약상 의무는 계약에 기한 주된 부조의무에 한정되지 아니하며, 계약의 목적달성을 위해 상대방의 생명·신체에 주의와 배려를 한다는 부수의무로서의 민사적 부조의무 또는 보호의무를 배제하는 것은 아니다.

④ 유기치사상죄에서 유기행위와 피해자의 사상이라는 결과 사이에 제3자의 행위가 일부 기여하였다고 할지라도 유기행위로 초래된 위험이 사상이라는 결과로 현실화된 경우라면 상당인과관계를 인정할 수 있다.

해설 | 출제영역 | 유기의 죄

② (×) 생명 또는 신체에 대한 위험이 아니라 생명에 대한 위험이다(제271조 제3항 참조).

> **제271조(유기, 존속유기)** ① 나이가 많거나 어림, 질병 그 밖의 사정으로 도움이 필요한 사람을 법률상 또는 계약상 보호할 의무가 있는 자가 유기한 경우에는 3년 이하의 징역 또는 500만 원 이하의 벌금에 처한다.
> ③ 제1항의 죄를 지어 사람의 생명에 위험을 발생하게 한 경우에는 7년 이하의 징역에 처한다.

① (○) 형법 제271조 제1항에서 말하는 법률상 보호의무 가운데는 민법 제826조 제1항에 근거한 부부간의 부양의무도 포함되며, 나아가 법률상 부부는 아니지만 사실혼 관계에 있는 경우에도 위 민법 규정의 취지 및 유기죄의 보호법익에 비추어 위와 같은 법률상 보호의무의 존재를 긍정하여야 하지만, 사실혼에 해당하여 법률혼에 준하는 보호를 받기 위하여는 단순한 동거 또는 간헐적인 정교관계를 맺고 있다는 사정만으로는 부족하고, 그 당사자 사이에 주관적으로 혼인의 의사가 있고 객관적으로도 사회관념상 가족질서적인 면에서 부부공동생활을 인정할 만한 혼인생활의 실체가 존재하여야 한다(대법원 2008.2.14, 2007도3952).

③ (○) 유기죄에 관한 형법 제271조 제1항은 그 행위의 주체를 "노유, 질병 기타 사정으로 부조를 요하는 자를 보호할 법률상 또는 계약상 의무 있는 자"라고 정하고 있다. 여기서의 '계약상 의무'는 간호사나 보모와 같이 계약에 기한 주된 급부의무가 부조를 제공하는 것인 경우에 반드시 한정되지 아니하며, 계약의 해석상 계약관계의 목적이 달성될 수 있도록 상대방의 신체 또는 생명에 대하여 주의와 배려를 한다는 부수적 의무의 한 내용으로 상대방을 부조하여야 하는 경우를 배제하는 것은 아니라고 할 것이다(대법원 2011.11.24, 2011도12302).

④ (○) 형법 제275조 제1항의 유기치사·치상죄는 결과적 가중범이므로, 위 죄가 성립하려면 유기행위와 사상의 결과 사이에 상당인과관계가 있어야 하며 행위 시에 결과의 발생을 예견할 수 있어야 한다. 다만 유기행위가 피해자의 사상이라는 결과를 발생하게 한 유일하거나 직접적인 원인이 된 경우뿐만 아니라, 그 행위와 결과 사이에 제3자의 행위가 일부 기여하였다고 할지라도

유기행위로 초래된 위험이 그대로 또는 그 일부가 사상이라는 결과로 현실화된 경우라면 상당인과관계를 인정할 수 있다(대법원 2015.11.12, 2015도6809 전원합의체).

> **[판례]** 사고지점의 수온과 조류의 세기, 구조세력의 대기 상태, 선내 이동의 용이성 등 제반 사정에 비추어 피해자 공소외 3을 제외한 나머지 사망 피해자들이 적절하게 대피했더라면 모두 생존할 수 있었고, 생존 피해자들의 정신적·신체적 상해 역시 피고인들(세월호 승무원들)의 유기행위로 인해 피해자들이 스스로 탈출하는 과정에서 발생하였다고 판단되므로 위 피고인들의 유기행위와 피해자 445명의 사망 또는 상해 결과 사이의 인과관계가 인정된다(대법원 2015.11.12, 2015도6809 전원합의체).

정답 ②

024 ✓ 유사 ◆◆◇ 　　　경찰2차 2022

학대의 죄에 관한 설명 중 가장 적절하지 않은 것은? (다툼이 있는 경우 판례에 의함)

① 「아동학대범죄의 처벌 등에 관한 특례법」(2014.1. 28. 제정, 2014.9.29. 시행)은 제34조 제1항(공소시효의 정지와 효력)의 소급적용에 관하여 명시적인 경과규정을 두고 있지 않지만, 동법 시행일 당시 범죄행위가 종료되었으나 아직 공소시효가 완성되지 않은 아동학대범죄에 대해서도 적용된다.

② 「아동복지법」 제71조 제1항에 따라 처벌되는 동법 제17조 제2호 금지행위(아동에게 음란한 행위를 시키거나 이를 매개하는 행위 또는 아동에게 성적 수치심을 주는 성희롱 등의 성적 학대행위)의 처벌대상은 아동의 복지를 보장하는 동법의 취지에 비추어 성인에게만 한정된다.

③ 친아버지가 자신의 아들(만 1세)을 양육하면서 집안 내부에 먹다 남은 음식물 쓰레기, 소주병, 담배꽁초가 방치된 상태로 청소를 하지 않아 악취가 나는 비위생적인 환경에서 제대로 세탁하지 않아 음식물이 묻어있는 옷을 입히고, 목욕을 주기적으로 시키지 않아 몸에서 악취를 풍기게 하는 등의 행위를 한 경우, 생존에 필요한 최소한의 보호를 하였거나 아들에게 애정을 표현했다는 사정이 있더라도 이는 아들에 대한 방임행위에 해당한다.

④ 어린이집 보육교사가 아동(만 4세)이 창틀에 매달리는 등 위험한 행동을 한다는 이유로 그를 안아 바닥에서 약 78cm 높이의 교구장(110cm×29cm×63cm) 위에 올려둔 후 교구장을 1회 흔들고, 아동의 몸을 잡고는 교구장 뒤 창 쪽으로 흔들어 보이는 등 약 40분 동안 앉혀둔 경우, 이는 비록 안전을 위한 조치라 할지라도 아동에 대한 학대행위에 해당한다.

② (×) 누구든지 아동복지법 제17조 제2호에서 정한 금지행위를 한 경우 동법 제71조 제1항에 따라 처벌되는 것이고, 성인이 아니라고 하여 위 금지행위규정 및 처벌규정의 적용에서 배제된다고 할 수는 없다(대법원 2020.10.15, 2020도6422).

① (○) (출제가 구체적이지 않아 아쉬움이 있으나) 아동학대범죄의 공소시효는 피해아동의 성년 도달일부터 진행된다는 규정의 부진정소급효가 인정된다는 내용의 판례가 출제된 것이다(대법원 2021.2.25, 2020도3694).

> **[판례]** 아동학대범죄의 처벌 등에 관한 특례법(2014.1.28. 제정되어 2014.9.29. 시행되었으며, 이하 '아동학대처벌법') 제2조 제4호 (타)목은 아동복지법 제71조 제1항 제2호, 제17조 제3호에서 정한 '아동의 신체에 손상을 주거나 신체의 건강 및 발달을 해치는 신체적 학대행위'를 아동학대범죄의 하나로 정하고 있고, 같은 법 제34조는 '공소시효의 정지와 효력'이라는 제목으로 제1항에서 "아동학대범죄의 공소시효는 형사소송법 제252조에도 불구하고 해당 아동학대범죄의 피해아동이 성년에 달한 날부터 진행한다."라고 정하고, 부칙은 "이 법은 공포 후 8개월이 경과한 날부터 시행한다."라고 정하고 있다. 아동학대처벌법은 신체적 학대행위를 비롯한 아동학대범죄로부터 피해아동을 보호하기 위한 것으로서, 제34조는 아동학대범죄가 피해아동의 성년에 이르기 전에 공소시효가 완성되어 처벌대상에서 벗어나는 것을 방지하고자 그 진행을 정지시킴으로써 피해를 입은 18세 미만 아동(아동학대처벌법 제2조 제1호, 아동복지법 제3조 제1호)을 실질적으로 보호하려는 데 취지가 있다. 아동학대처벌법은 제34조 제1항의 소급적용에 관하여 명시적인 경과규정을 두고 있지는 않다. 그러나 이 규정의 문언과 취지, 아동학대처벌법의 입법 목적, 공소시효를 정지하는 특례조항의 신설·소급에 관한 법리에 비추어 보면, 이 규정은 완성되지 않은 공소시효의 진행을 일정한 요건에서 장래를 향하여 정지시키는 것으로서, 그 시행일인 2014.9.29. 당시 범죄행위가 종료되었으나 아직 공소시효가 완성되지 않은 아동학대범죄에 대해서도 적용된다고 봄이 타당하다(대법원 2021.2.25, 2020도3694).

③ (○) 대법원 2020.9.3, 2020도7625
④ (○) 대법원 2020.3.12, 2017도5769

[정답] ②

CHAPTER 02 자유에 대한 죄

1 협박과 강요의 죄

001 ✓ 대표　◆◇◇　경찰1차 2018　경찰2차 2019 유사

협박의 죄에 대한 설명으로 옳은 것은? (다툼이 있는 경우 판례에 의함)

① 협박죄에서의 고의는 해악을 고지하여 상대방에게 공포심을 일게 할 의사 및 그 해악을 실현시킬 의사를 포함한다.

② 협박죄의 보호법익 및 형법 규정의 체계 등에 비추어 볼 때 법인은 협박행위의 객체가 될 수 없다.

③ 甲정당의 국회 예산안 강행처리에 화가 나서 경찰서에 전화를 걸어 경찰관에게 관할구역 내에 있는 甲정당의 당사를 폭파하겠다고 말한 행위는 공무집행방해죄뿐만 아니라 그 경찰관에 대한 협박죄를 구성한다.

④ 협박이란 그 상대방이 된 사람으로 하여금 공포심을 일게 하기에 충분한 정도의 해악을 고지하는 것으로서, 그 해악이 제3자의 법익을 침해하는 것을 내용으로 하는 때에는 협박죄가 성립될 여지가 없다.

⑤ 해악의 고지가 상대방에게 도달하였다면 상대방이 지각하지 못하거나 고지된 해악의 의미를 인식하지 못한 경우에도 협박죄의 기수를 인정할 수 있다.

해설 출제영역 | 협박의 죄의 구성요건 – 객체

② (○) 협박죄는 사람의 의사결정의 자유를 보호법익으로 하는 범죄로서 형법규정의 체계상 개인적 법익, 특히 사람의 자유에 대한 죄 중 하나로 구성되어 있는바, 위와 같은 협박죄의 보호법익, 형법규정상 체계, 협박의 행위 개념 등에 비추어 볼 때, 협박죄는 자연인만을 그 대상으로 예정하고 있을 뿐 법인은 협박죄의 객체가 될 수 없다(대법원 2010.7.15, 2010도1017).

① (×) 협박죄에 있어서 주관적 구성요건으로서의 고의는 행위자가 그러한 정도의 해악을 고지한다는 것을 인식, 인용하는 것을 그 내용으로 하고 고지한 해악을 실제로 실현할 의도나 욕구는 필요로 하지 아니한다(대법원 1991.5.10, 90도2102).

③ (×) 피고인은 甲정당에 관한 해악을 고지한 것이므로 각 경찰관 개인에 관한 해악을 고지하였다고 할 수 없고, 다른 특별한 사정이 없는 한 일반적으로 甲정당에 대한 해악의 고지가 각 경찰관 개인에게 공포심을 일으킬 만큼 서로 밀접한 관계에 있다고 보기 어려운데도, 이와 달리 피고인의 행위가 각 경찰관에 대한 협박죄를 구성한다고 본 원심판결에 협박죄에 관한 법리오해의 위법이 있다(대법원 2012.8.17, 2011도10451).

④ (×) 형법 제283조에서 정하는 협박죄의 성립에 요구되는 '협박'이라고 함은 일반적으로 그 상대방이 된 사람으로 하여금 공포심을 일으키기에 충분한 정도의 해악을 고지하는 것으로서, 여기서의 '해악'이란 법익을 침해하는 것을 가리키는데, 그 해악이 반드시 피해자 본인이 아니라 그 친족 그 밖의 제3자의 법익을 침해하는 것을 내용으로 하더라도 피해자 본인과 제3자가 밀접한 관

계에 있어서 그 해악의 내용이 피해자 본인에게 공포심을 일으킬 만한 것이라면 협박죄가 성립할 수 있다(대법원 2012.8.17, 2011도10451).

⑤ (×) 협박죄는 사람의 의사결정의 자유를 보호법익으로 하는 위험범이라 봄이 상당하고, 협박죄의 미수범 처벌조항은 해악의 고지가 현실적으로 상대방에게 도달하지 아니한 경우나, 도달은 하였으나 상대방이 이를 지각하지 못하였거나 고지된 해악의 의미를 인식하지 못한 경우 등에 적용될 뿐이다(대법원 2007.9.28, 2007도606 전원합의체).

정답 ②

002 ✓ 대표　◆◇◇　법원9급 2020

다음 설명 중 가장 옳지 않은 것은? (다툼이 있는 경우 판례에 의하고, 전원합의체 판결의 경우 다수의견에 의함)

① 협박죄에서 피해자와 밀접한 관계에 있는 제3자에 대한 해악도 포함되나 이 때 제3자에는 자연인만 해당하고 법인은 포함되지 아니한다.

② 판례에 의하면 협박죄의 기수에 이르기 위하여는 상대방이 현실적으로 공포심을 일으킬 것을 요하지 아니한다.

③ 협박죄가 성립하기 위하여는 적어도 발생 가능한 것으로 생각될 수 있는 정도의 구체적인 해악의 고지가 있어야 하나, 해악의 고지가 있다 하더라도 그것이 사회통념상 용인할 수 있을 정도의 것이라면 협박죄는 성립하지 아니한다.

④ 협박이라고 하기 위해서는 해악의 발생이 직접·간접적으로 행위자에 의하여 좌우될 수 있는 것이어야 한다.

해설 출제영역 | 협박죄 – 구성요건 및 미수와 기수

① (×) 피해자 본인이나 그 친족뿐만 아니라 그 밖의 '제3자'에 대한 법익 침해를 내용으로 하는 해악을 고지하는 것이라고 하더라도 피해자 본인과 제3자가 밀접한 관계에 있어 그 해악의 내용이 피해자 본인에게 공포심을 일으킬 만한 정도의 것이라면 협박죄가 성립할 수 있다. 이때 '제3자'에는 자연인뿐만 아니라 법인도 포함된다 할 것인데, 피해자 본인에게 법인에 대한 법익을 침해하겠다는 내용의 해악을 고지한 것이 피해자 본인에 대하여 공포심을 일으킬 만한 정도가 되는지 여부는 고지된 해악의 구체적 내용 및 그 표현방법, 피해자와 법인의 관계, 법인 내에서의 피해자의 지위와 역할, 해악의 고지에 이르게 된 경위, 당시 법인의 활동 및 경제적 상황 등 여러 사정을 종합하여 판단하여야 한다(대법원 2010.7.15, 2010도1017).

② (○) 대법원 2007.9.28, 2007도606 전원합의체

③ (○) 해악의 고지가 있다 하더라도 그것이 사회의 관습이나 윤리관념 등에 비추어 볼 때에 사회통념상 용인할 수 있을 정도의 것이

라면 협박죄는 성립하지 아니한다(대법원 1998.3.10, 98도70).
④ (○) 해악의 발생이 직·간접으로 행위자에 의해서 좌우될 수 있는 것으로 고지된 경우에 협박이 된다. 그렇지 않은 경우에는 경고로서 불가벌이다.

정답 ①

---

003 ✓ 유사 ◆◇◇ 경찰간부 2024

협박죄에 관한 설명으로 옳은 것은? (다툼이 있는 경우 판례에 의함)

① 甲이 A에게 "앞으로 수박이 없어지면 네 책임으로 한다"라고 말한 것은 해악의 고지에 해당하여 협박죄가 성립하고 그 후 A가 스스로 음독자살하였다면 이는 甲의 협박으로 인한 결과로 볼 수 있다.

② 협박죄가 성립하기 위하여는 적어도 발생 가능한 것으로 생각될 수 있는 정도의 구체적인 해악의 고지가 있어야 한다.

③ 사채업자인 甲이 A에게 채무를 변제하지 않으면 A가 숨기고 싶어하는 과거의 행적과 사채를 쓴 사실 등을 A의 남편과 시댁에 알리겠다는 등의 문자메시지를 발송한 경우, 이는 A에게 공포심을 일으키기에 충분한 것이기는 하나, 이러한 해악의 고지는 사회통념에 비추어 용인할 수 있는 정도의 것으로 볼 수 있어서 정당행위에 해당한다.

④ 甲이 A와 언쟁 중에 "입을 찢어 버릴라"라고 한 말은 甲의 A와의 관계, 甲이 그와 같은 폭언을 하게 된 동기, 그 당시의 주위 사정 등에 비추어 단순한 감정적인 욕설에 불과하다고 볼 수 없고 A에게 해악을 가할 것을 고지한 행위라고 볼 수 있으므로, 협박죄에서의 협박에 해당한다.

해설 출제영역 | 협박죄

② (○) 협박죄에 있어서의 협박이라 함은 사람으로 하여금 공포심을 일으킬 수 있을 정도의 해악을 고지하는 것을 말하고 <u>협박죄가 성립하기 위하여는 적어도 발생 가능한 것으로 생각될 수 있는 정도의 구체적인 해악의 고지가 있어야 하며,</u> 해악의 고지가 있다 하더라도 그것이 사회의 관습이나 윤리관념 등에 비추어 사회통념상 용인될 정도의 것이라면 협박죄는 성립하지 않으나, 이러한 의미의 협박행위 내지 협박의 고의가 있었는지 여부는 행위의 외형뿐 아니라 그러한 행위에 이르게 된 경위, 피해자와의 관계 등 전후 상황을 종합하여 판단해야 할 것이다(대법원 2011. 5.26, 2011도2412).

① (×) <u>"앞으로 수박이 없어지면 네 책임으로 한다"고 말하였다고 하더라도 그것만으로는 구체적으로 어떠한 법익에 어떠한 해악을 가하겠다는 것인지를 알 수 없어 이를 해악의 고지라고 보기 어렵고,</u> 가사 위와 같이 말한 것이 다소간의 해악의 고지에 해당한다고 가정하더라도, 피고인이 전에도 여러 차례 수박을 절취당하여 그 범인을 붙잡기 위해 수박밭을 지키고 있던 중 마침 같은 마을에 거주하며 피고인과 먼 친척간이기도 한 피해자가 피고인의 수박밭에 들어와 두리번거리는 것을 발견하자 피해자가 수박

을 훔치려던 것으로 믿은 나머지 피해자를 훈계하려고 위와 같이 말하였으며 그 과정에서 폭행을 가하거나 달리 유형력을 행사한 바는 없었다면, 가사 피고인이 위와 같이 말한 것으로 인하여 피해자가 어떤 공포심을 느꼈다고 하더라도 피고인이 위와 같은 말을 하게 된 경우, 피고인과 피해자의 나이 및 신분관계 등에 비추어 볼 때 이는 정당한 훈계의 범위를 벗어나는 것이 아니어서 <u>사회상규에 위배되지 아니하므로 위법성이 없다고 봄이 상당하고, 그 후 피해자가 스스로 음독자살하기에 이르렀다 하더라도 이는 피해자가 자신의 결백을 밝히려는 데 그 동기가 있었던 것으로 보일 뿐 그것이 피고인의 협박으로 인한 결과라고 보기도 어려우므로 그와 같은 결과의 발생만을 들어 이를 달리 볼 것은 아니다</u>(대법원 1995.9.29, 94도2187).

③ (×) 사채업자인 피고인은 피해자에게, 채무를 변제하지 않으면 피해자가 숨기고 싶어하는 과거의 행적과 사채를 쓴 사실 등을 <u>남편과 시댁에 알리겠다는 등의 문자메시지를 발송하였다는 것인바, 이는 피해자에게 공포심을 일으키기에 충분하다고 보아야 할 것이고,</u> 그 밖에 피고인이 고지한 해악의 구체적인 내용과 표현방법, 피고인이 피해자에게 위와 같은 해악을 고지하게 된 경위와 동기 등 제반 사정 등을 종합하면, 피고인에게 협박의 고의가 있었음을 충분히 인정할 수 있으며, 피고인이 정당한 절차와 방법을 통해 그 권리를 행사하지 아니하고 피해자에게 위와 같이 해악을 고지한 것이 사회의 관습이나 윤리관념 등 <u>사회통념에 비추어 용인할 수 있는 정도의 것이라고 볼 수는 없다</u>(대법원 2011. 5.26, 2011도2412).

④ (×) 피해자와 언쟁 중 <u>"입을 찢어 버릴라"라고 한 말은 당시의 주위 사정 등에 비추어 단순한 감정적인 욕설에 불과하고 피해자에게 해악을 가할 것을 고지한 행위라고 볼 수 없어 협박에 해당하지 않는다</u>(대법원 1986.7.22. 선고 86도1140).

정답 ②

---

004 ✓ 유사 ◆◇◇ 경찰간부 2023

협박과 강요의 죄에 관한 설명으로 가장 적절한 것은? (다툼이 있는 경우 판례에 의함)

① 甲이 A에게 공포심을 일으키게 하기에 충분한 해악을 고지하였으나, A가 현실적으로 공포심을 일으키지 않았어도, 그 의미를 인식한 이상 甲의 행위는 협박미수죄에 해당한다.

② 강요죄에서의 폭행은 사람에 대한 직접적인 유형력의 행사를 의미하고 사람의 신체에 대한 것이어야 한다.

③ 甲이 A를 폭행하였으나 그의 권리행사를 방해함이 없이 법률상 의무 있는 일을 하게 한 경우에는 강요죄가 성립할 여지가 없다.

④ 공무원 甲이 자신의 직무와 관련한 상대방 A에게 자신을 위하여 재산적 이익을 제공할 것을 요구하고 A는 甲의 지위에 따른 직무에 관하여 어떠한 이익을 기대하며 그에 대한 대가로서 요구에 응하였다면, 비록 甲의 요구 행위를 해악의 고지로 인정될 수 없다 하더라도 강요죄의 성립에는 아무런 지장을 주지 않는다.

해설 출제영역 | 협박죄, 강요죄

③ (○) 강요죄는 폭행 또는 협박으로 사람의 권리행사를 방해하거

나 의무 없는 일을 하게 하는 것을 말하고, 여기에서 '의무 없는 일'이란 법령, 계약 등에 기하여 발생하는 법률상 의무 없는 일을 말하므로, 법률상 의무 있는 일을 하게 한 경우에는 강요죄가 성립할 여지가 없다(대법원 2012.11.29, 2010도1233).

① (×) 협박죄가 성립되려면 고지된 해악의 내용이 행위자와 상대방의 성향, 고지 당시의 주변 상황, 행위자와 상대방 사이의 친숙의 정도 및 지위 등의 상호관계, 제3자에 의한 해악을 고지한 경우에는 그에 포함되거나 암시된 제3자와 행위자 사이의 관계 등 행위 전후의 여러 사정을 종합하여 볼 때에 일반적으로 사람으로 하여금 공포심을 일으키게 하기에 충분한 것이어야 할 것이지만, 상대방이 그에 의하여 현실적으로 공포심을 일으킬 것까지 요구되는 것은 아니며, 그와 같은 정도의 해악을 고지함으로써 상대방이 그 의미를 인식한 이상, 상대방이 현실적으로 공포심을 일으켰는지 여부와 관계없이 그로써 구성요건은 충족되어 협박죄의 기수에 이른다(대법원 2021.3.11, 2020도14990).

② (×) 강요죄는 폭행 또는 협박으로 사람의 권리행사를 방해하거나 의무 없는 일을 하게 하는 범죄이다(형법 제324조 제1항). 여기에서 폭행은 사람에 대한 직접적인 유형력의 행사뿐만 아니라 간접적인 유형력의 행사도 포함하며, 반드시 사람의 신체에 대한 것에 한정되지 않는다(강요죄의 폭행은 광의의 폭행, 대법원 2021.11.25, 2018도1346).

④ (×) 공무원이 자신의 직무와 관련한 상대방에게 공무원 자신 또는 자신이 지정한 제3자를 위하여 재산적 이익 또는 일체의 유·무형의 이익 등을 제공할 것을 요구하고 상대방은 공무원의 지위에 따른 직무에 관하여 어떠한 이익을 기대하며 그에 대한 대가로서 요구에 응하였다면, 다른 사정이 없는 한 공무원의 위 요구 행위를 객관적으로 사람의 의사결정의 자유를 제한하거나 의사실행의 자유를 방해할 정도로 겁을 먹게 할 만한 해악의 고지라고 단정하기는 어렵다. 공무원인 행위자가 상대방에게 어떠한 이익 등의 제공을 요구한 경우 위와 같은 해악의 고지로 인정될 수 없다면 직권남용이나 뇌물 요구 등이 될 수는 있어도 협박을 요건으로 하는 강요죄가 성립하기는 어렵다(대법원 2019.8.29, 2018도13792 전원합의체).

정답 ③

---

2 체포와 감금의 죄

005 ☑ 대표 ◆◆◇ 경찰2차 2018 유사 변호사 2017

감금의 죄에 관한 설명 중 옳은 것을 모두 고른 것은? (다툼이 있는 경우 판례에 의함)

> ㄱ. 정신병자도 감금죄의 객체가 될 수 있다.
> ㄴ. 감금행위가 단순히 강도상해 범행의 수단이 되는 데 그치지 아니하고 강도상해의 범행이 끝난 뒤에도 계속된 경우에는 감금죄와 강도상해죄가 성립하고, 두 죄는 실체적 경합범 관계에 있다.
> ㄷ. 감금행위가 강간죄나 강도죄의 수단이 된 경우에도 감금죄는 강간죄나 강도죄에 흡수되지 아니하고 별도로 성립한다.
> ㄹ. 경찰서 내 대기실로서 일반인과 면회인 및 경찰관이 수시로 출입하는 곳이고 여닫이문만 열면 나갈 수 있도록 된 구조라 하여도 경찰서 밖으로 나가지 못하도록 그 신체의 자유를 제한하는 유·무형의 억압이 있었다면 이는 감금에 해당한다.
> ㅁ. 감금을 하기 위한 수단으로 행사된 단순한 협박행위는 감금죄에 흡수되어 따로 협박죄를 구성하지 않는다.

① ㄱ, ㄴ
② ㄱ, ㄴ, ㄷ, ㄹ
③ ㄱ, ㄷ, ㄹ, ㅁ
④ ㄴ, ㄷ, ㄹ, ㅁ
⑤ ㄱ, ㄴ, ㄷ, ㄹ, ㅁ

해설 출제영역 | 감금죄의 구성요건 – 죄수
ㄱ. (○) 대법원 2002.10.11, 2002도4315
ㄴ. (○) 대법원 2003.1.10, 2002도4380
ㄷ. (○) 대법원 1997.1.21, 96도2715
ㄹ. (○) 대법원 1997.6.13, 97도877
ㅁ. (○) 대법원 1982.6.22, 82도705

정답 ⑤

006 ✓ 유사 ◆◇◇

다음 설명 중 가장 옳지 않은 것은? (다툼이 있는 경우 판례에 의함)

① 미성년자유인죄를 정한 형법 제287조는 대한민국 영역 밖에서 죄를 범한 외국인에게도 적용한다.
② 형법 제287조의 미성년자유인죄를 범한 사람이 유인된 사람을 안전한 장소로 풀어준 때에는 그 형을 반드시 감경한다.
③ 형법 제287조의 미성년자유인죄란 기망 또는 유혹을 수단으로 하여 미성년자를 꾀어 그 하자 있는 의사에 따라 미성년자를 자유로운 생활관계 또는 보호관계로부터 이탈하게 하여 자기 또는 제3자의 사실적 지배하에 옮기는 행위를 말하고, 여기서 사실적 지배라고 함은 미성년자에 대한 물리적·실력적인 지배관계를 의미한다.
④ 형법 제288조 제1항의 추행, 간음, 결혼 목적 유인죄의 객체는 여성에 한정되지 않는다.

해설 | 출제영역 | 자유, 약취·유인 및 인신매매

② (×) 제287조부터 제290조까지, 제292조와 제294조의 죄를 범한 사람이 약취, 유인, 매매 또는 이송된 사람을 안전한 장소로 풀어준 때에는 그 형을 감경할 수 있다(제295조의2). 즉, 임의적 감경사유에 해당한다.
① (○) 제287조부터 제292조까지 및 제294조는 대한민국 영역 밖에서 죄를 범한 외국인에게도 적용한다(제296조의2).
③ (○) 대법원 1998.5.15, 98도690
④ (○) 형법 제288조 제1항의 추행, 간음, 결혼 목적 유인죄의 객체는 '사람'이므로 여성으로 제한되지 않는다.

정답 ②

007 ✓ 유사 ◆◇◇

다음 설명 중 가장 옳지 않은 것은? (다툼이 있는 경우 판례에 의하고, 전원합의체 판결의 경우 다수의견에 의함)

① 사람의 생명과 신체의 안전을 보호법익으로 하고 있는 형법의 해석으로는 규칙적인 진통을 동반하면서 분만이 개시된 때가 사람의 시기라고 봄이 타당하다.
② 태아를 사망에 이르게 하는 행위가 임산부 신체의 일부를 훼손하는 것이라거나 태아의 사망으로 인하여 그 태아를 양육, 출산하는 임산부의 생리적 기능이 침해되어 임산부에 대한 상해가 된다고 볼 수는 없다.
③ 직계존속인 피해자를 폭행하고, 상해를 가한 것이 존속에 대한 동일한 폭력습벽의 발현에 의한 것으로 인정되는 경우, 그중 법정형이 더 중한 상습존속상해죄에 나머지 행위들을 포괄시켜 하나의 죄만이 성립한다.
④ 감금을 하기 위한 수단으로서 행사된 협박행위는 비록 그것이 단순한 협박행위에 불과하다고 할지라도 감금죄와 별도로 협박죄를 구성한다.

해설 | 출제영역 | 낙태와 상해의 구별, 감금과 협박의 죄수

④ (×) 감금을 하기 위한 수단으로서 행사된 단순한 협박행위는 감금죄에 흡수되어 따로 협박죄를 구성하지 아니한다(대법원 1982.6.22, 82도705).
① (○), ② (○) 대법원 2007.6.29, 2005도3832
③ (○) 대법원 2003.2.28, 2002도7335

정답 ④

008 ✓ 대표 ◆◇◇

체포와 감금의 죄에 대한 설명으로 옳은 것은? (다툼이 있는 경우 판례에 의함)

① 강도계획 후에 피해자를 강제로 자신의 승용차에 태우고 가면서 돈을 빼앗고 상해를 가한 뒤에 계속하여 상당한 거리를 진행하여 가다가 교통사고를 일으켜 감금행위가 중단된 경우 감금죄와 강도상해죄의 실체적 경합범이 성립한다.
② 체포죄에서 체포의 수단과 방법은 불문하며, 체포의 고의로 타인의 신체적 활동의 자유를 현실적으로 침해하는 행위를 개시한 때 체포죄의 기수가 된다.
③ 미성년자를 유인한 자가 계속하여 미성년자를 불법하게 감금한 경우 감금죄는 성립하지 않고 미성년자유인죄만 성립한다.
④ 운전자가 피해자를 강제로 승용차에 태운 뒤 운전하여 가자 겁에 질린 피해자가 차에서 뛰어 내리다가 상해를 입은 경우 감금죄와 상해죄의 실체적 경합범이 성립한다.

해설 | 출제영역 | 체포와 감금의 죄, 약취·유인

① (○) 감금행위가 단순히 강도상해 범행의 수단이 되는 데 그치지 아니하고 강도상해의 범행이 끝난 뒤에도 계속된 경우에는 1개의 행위가 감금죄와 강도상해죄에 해당하는 경우라고 볼 수 없고, 이 경우 감금죄와 강도상해죄는 형법 제37조의 경합범 관계에 있다(대법원 2003.1.10, 2002도4380).
② (×) 형법 제276조 제1항의 체포죄에서 말하는 '체포'는 사람의 신체에 대하여 직접적이고 현실적인 구속을 가하여 신체활동의 자유를 박탈하는 행위를 의미하는 것으로서 수단과 방법을 불문한다. 체포죄는 계속범으로서 체포의 행위에 확실히 사람의 신체의 자유를 구속한다고 인정할 수 있을 정도의 시간적 계속이 있어야 하나, <u>체포의 고의로써 타인의 신체적 활동의 자유를 현실적으로 침해하는 행위를 개시한 때</u> 체포죄의 실행에 착수하였다고 볼 것이다(대법원 2018.2.28, 2017도21249).
③ (×) 미성년자를 유인한 자가 계속하여 미성년자를 불법하게 감금하였을 때에는 미성년자유인죄 이외에 감금죄가 별도로 성립한다(대법원 1998.5.26, 98도1036).
④ (×) 감금죄와 상해죄가 아니라, <u>감금치상죄가 인정된다</u>(대법원 2000.5.26, 2000도440).
[보충] 피고인이 1997.4.5. 피해자를 승용차에 강제로 태운 뒤 대전에서 서울까지 운전하여 간 사실과 같은 해 8월 15일 피해자를 역시 강제로 승용차에 태운 뒤 운전하여 가자 겁에 질린 피해자가 차에서 뛰어 내리다가 상해를 입은 사실은 충분히 인정할

수 있으므로, 이를 감금 및 감금치상죄로 인정한 원심의 판단은 정당하다(위 판례의 판결이유).

면 나갈 수 있도록 된 구조라 하여도 경찰서 밖으로 나가지 못하도록 그 신체의 자유를 제한하는 유형, 무형의 억압이 있었다면 이는 감금에 해당한다(대법원 1997.6.13, 97도877).

④ (×) 정신병자도 잠재적 신체활동의 자유를 가지고 있으므로 감금죄의 객체가 될 수 있다(대법원 2002.10.11, 2002도4315).

정답 ②

009 ✓ 유사 ◆◆◇ 경찰간부 2024

체포와 감금의 죄에 관한 설명으로 옳은 것은? (다툼이 있는 경우 판례에 의함)

① 감금죄에 있어서 사람의 행동의 자유의 박탈은 반드시 전면적이어야 하므로 도박빚으로 인하여 특정구역 내부에서 감금된 피해자 자신의 휴대폰을 이용하여 전화통화를 하는 등 일정한 생활의 자유가 허용되어 있는 경우에는 감금죄가 성립하지 않는다.

② 체포의 고의로써 타인의 신체적 활동의 자유를 현실적으로 침해하는 행위를 개시한 때 체포죄의 실행의 착수가 인정된다.

③ 일반인, 면회인, 경찰관이 수시로 출입하는 곳이고 여닫이문만 열면 나갈 수 있는 구조로 된 경찰서 내 대기실에서 피해자에게 경찰서 밖으로 나가지 못하도록 그 신체의 자유를 제한하는 유형·무형의 억압이 있었다고 하더라도, 이는 감금에 해당하지 않는다.

④ 감금죄는 행동의 자유와 의사를 가진 자연인을 대상으로 하므로 정신병자는 감금죄의 객체가 되지 않는다.

해설 출제영역 | 체포와 감금의 죄

② (○) 형법 제276조 제1항의 체포죄에서 말하는 '체포'는 사람의 신체에 대하여 직접적이고 현실적인 구속을 가하여 신체활동의 자유를 박탈하는 행위를 의미하는 것으로서 수단과 방법을 불문한다. 체포죄는 계속범으로서 체포의 행위에 확실히 사람의 신체의 자유를 구속한다고 인정할 수 있을 정도의 시간적 계속이 있어야 하나, 체포의 고의로써 타인의 신체적 활동의 자유를 현실적으로 침해하는 행위를 개시한 때 체포죄의 실행에 착수하였다고 볼 것이다(대법원 2018.2.28, 2017도21249).

① (×) 감금죄는 사람의 행동의 자유를 그 보호법익으로 하여 사람이 특정한 구역에서 나가는 것을 불가능하게 하거나 또는 심히 곤란하게 하는 죄로서 이와 같이 사람이 특정한 구역에서 나가는 것을 불가능하게 하거나 심히 곤란하게 하는 그 장해는 물리적·유형적 장해뿐만 아니라 심리적·무형적 장해에 의하여서도 가능하고 또 감금의 본질은 사람의 행동의 자유를 구속하는 것으로 행동의 자유를 구속하는 그 수단과 방법에는 아무런 제한이 없으므로 그 수단과 방법에는 유형적인 것이거나 무형적인 것이거나를 가리지 아니하며 감금에 있어서의 사람의 행동의 자유의 박탈은 반드시 전면적이어야 할 필요가 없으므로 감금된 특정구역 내부에서 일정한 생활의 자유가 허용되어 있었다고 하더라도 감금죄의 성립에는 아무 소장이 없다(대법원 1984.5.15, 84도655).

③ (×) 감금죄에 있어서의 감금행위는 사람으로 하여금 일정한 장소 밖으로 나가지 못하도록 하여 신체의 자유를 제한하는 행위를 가리키는 것이고, 그 방법은 반드시 물리적, 유형적 장애를 사용하는 경우뿐만 아니라 심리적·무형적 장애에 의하는 경우도 포함되는 것이므로, 설사 그 장소가 경찰서 내 대기실로서 일반인과 면회인 및 경찰관이 수시로 출입하는 곳이고 여닫이 문만 열

---

3 약취, 유인 및 인신매매의 죄

010 ✓ 대표 ◆◆◇ 법원9급 2014

다음 중 형법상 약취와 유인의 죄에 관한 설명으로 가장 옳지 않은 것은? (다툼이 있는 경우 판례에 의함)

① 미성년자를 약취한 자가 그 미성년자를 안전한 장소로 풀어준 때에는 그 형을 감경할 수 있다.

② 국외이송을 위한 약취·유인죄의 경우 예비, 음모한 자도 징역 3년에 처해질 수 있다.

③ 결혼할 목적으로 사람을 약취한 자는 피약취자의 고소가 없더라도 처벌된다.

④ 베트남 국적 여성인 피고인의 남편의 동의 없이 생후 13개월 된 자녀를 베트남의 친정으로 데려간 행위는 실력을 행사하여 자녀를 평온하던 보호·양육 상태로부터 이탈시킨 것으로서 국외이송약취죄 및 피약취자 국외이송죄에 해당한다.

해설 출제영역 | 미성년자약취·유인죄 – 구성요건

④ (×) 피고인이 乙을 데리고 베트남으로 떠난 행위는 어떠한 실력을 행사하여 乙을 평온하던 종전의 보호·양육 상태로부터 이탈시킨 것이라기보다 친권자인 모(母)로서 출생 이후 줄곧 맡아왔던 乙에 대한 보호·양육을 계속 유지한 행위에 해당하여, 이를 폭행, 협박 또는 불법적인 사실상의 힘을 사용하여 乙을 자기 또는 제3자의 지배하에 옮긴 약취행위로 볼 수는 없다(대법원 2013.6.20, 2010도14328 전원합의체).

① (○) 제295조의2(형의 감경) 제287조부터 제290조까지, 제292조와 제294조의 죄를 범한 사람이 약취·유인·매매 또는 이송된 사람을 안전한 장소로 풀어준 때에는 그 형을 감경할 수 있다.

② (○) 제288조(추행 등 목적 약취·유인 등) ③ 국외에 이송할 목적으로 사람을 약취 또는 유인하거나 약취 또는 유인된 사람을 국외에 이송한 사람도 제2항과 동일한 형으로 처벌한다.
제296조(예비·음모) 제287조부터 제289조까지, 제290조 제1항, 제291조 제1항과 제292조 제1항의 죄를 범할 목적으로 예비 또는 음모한 사람은 3년 이하의 징역에 처한다.

③ (○) 2013.4.5. 형법 개정으로 제296조 친고죄 조항이 삭제되어 제288조 제1항 결혼목적 약취·유인죄는 친고죄가 아니다.
[참고] 강간과 추행의 죄와 추행·간음·결혼목적 약취·유인죄는 더 이상 친고죄가 아니다.

정답 ④

011 ✅ 유사 ◆◇◇ 　　　　　　　경찰1차 2023

체포·감금 및 약취·유인의 죄에 관한 설명 중 가장 적절한 것은? (다툼이 있는 경우 판례에 의함)

① 미국인이 프랑스에서 일본인 미성년자를 약취한 경우, 우리 형법을 적용할 수는 없다.

② 체포 행위가 확실히 사람의 신체의 자유를 구속하는 정도로 계속되지 못하고 일시적인 것에 그쳤다고 하여도 체포죄의 미수가 아닌 기수에 이른 것으로 보아야 한다.

③ 미성년자와 부모가 함께 거주하는 주거에 침입하여 부모만을 강제로 퇴거시키고 미성년자와 독자적인 생활관계를 형성하기에 이르렀다면, 비록 장소적 이전이 없었다 할지라도 「형법」 제287조의 미성년자약취죄에 해당한다.

④ 미성년자를 유인한 자가 계속하여 미성년자를 불법하게 감금한 경우, 감금죄만 성립하고 미성년자유인죄는 이에 흡수된다.

해설 출제영역 | 체포·감금죄, 미성년자약취·유인죄

③ (○) 미성년자와 부모가 거주하는 주거에 침입하여 부모만을 강제로 퇴거시키고 독자적인 생활관계를 형성하기에 이르렀다면 비록 장소적 이전이 없었다 할지라도 형법 제287조의 미성년자약취죄에 해당함이 명백하다(대법원 2008.1.17, 2007도8485).

① (✕) 우리 형법은 미성년자약취죄를 포함한 약취·유인, 인신매매의 죄에 대하여 세계주의를 적용하여 외국인의 국외범도 처벌하고 있다.

> 제287조(미성년자의 약취, 유인) 미성년자를 약취 또는 유인한 사람은 10년 이하의 징역에 처한다.
> 제296조의2(세계주의) 제287조부터 제292조까지 및 제294조는 대한민국 영역 밖에서 죄를 범한 외국인에게도 적용한다.

② (✕) 체포죄는 계속범으로서 체포의 행위에 확실히 사람의 신체의 자유를 구속한다고 인정할 수 있을 정도의 시간적 계속이 있어야 기수에 이르고, 신체의 자유에 대한 구속이 그와 같은 정도에 이르지 못하고 일시적인 것으로 그친 경우에는 체포죄의 미수범이 성립할 뿐이다(대법원 2020.3.27, 2016도18713).

④ (✕) 미성년자를 유인한 자가 계속하여 미성년자를 불법하게 감금하였을 때에는 미성년자유인죄 이외에 감금죄가 별도로 성립한다(대법원 1998.5.26, 98도1036).

정답 ③

012 ✅ 유사 ◆◇◇ 　　　　　　　변호사 2014 변형

자유에 관한 죄에 대한 설명 중 옳은 것을 모두 고른 것은? (다툼이 있는 경우에는 판례에 의함)

> ㄱ. 골프시설의 운영자가 골프회원에게 불리하게 내용이 변경된 회칙에 대하여 동의한다는 내용의 등록신청서를 제출하지 않으면 회원으로 대우하지 않겠다고 통지하는 것은 강요죄의 협박에 해당한다.
> ㄴ. 재물을 강취하기 위하여 피해자를 강제로 승용차에 태우고 가다가 주먹으로 때려 반항을 억압한 다음 현금 35만 원 등이 들어 있는 가방을 빼앗은 후 약 15km를 계속하여 진행하여 가다가 교통사고를 일으켜 발각된 경우 감금죄와 강도죄는 실체적 경합 관계이다.
> ㄷ. A 주식회사 대표이사에게 자신의 횡령행위를 문제 삼으면 A 주식회사의 내부비리 등을 금융감독원 등 관계기관에 고발하겠다고 발언하는 경우 대표이사뿐만 아니라 법인에 대하여도 협박죄가 성립한다.
> ㄹ. 미성년자의 어머니가 교통사고로 사망하여 아버지가 미성년자의 양육을 외조부에게 맡겼으나 교통사고 배상금 등으로 분쟁이 발생하자, 학교에서 귀가하는 미성년자를 아버지가 본인의 의사에 반하여 강제로 차에 태우고 데려간 경우 미성년자약취죄가 성립한다.

① ㄴ, ㄹ　　　　　　② ㄱ, ㄴ, ㄹ
③ ㄴ, ㄷ, ㄹ　　　　　④ ㄱ, ㄴ, ㄷ

해설 출제영역 | 협박죄·강요죄·감금죄·미성년자약취죄

ㄱ. (○) 강요죄라 함은 폭행 또는 협박으로 사람의 권리행사를 방해하거나 의무 없는 일을 하게 하는 것을 말하고, 여기에서의 협박은 객관적으로 사람의 의사결정의 자유를 제한하거나 의사실행의 자유를 방해할 정도로 겁을 먹게 할 만한 해악을 고지하는 것을 말한다. 골프시설의 운영자가 골프회원에게 불리하게 변경된 내용의 회칙에 대하여 동의한다는 내용의 등록신청서를 제출하지 아니하면 회원으로 대우하지 아니하겠다고 통지한 것은 강요죄에 해당한다(대법원 2003.9.26, 2003도763).

ㄴ. (○) 감금행위가 단순히 강도상해 범행의 수단이 되는 데 그치지 아니하고 강도상해의 범행이 끝난 뒤에도 계속된 경우에는 1개의 행위가 감금죄와 강도상해죄에 해당하는 경우라고 볼 수 없고, 이 경우 감금죄와 강도상해죄는 형법 제37조의 경합범 관계에 있다(대법원 2003.1.10, 2002도4380).

ㄷ. (✕) 협박죄는 사람의 의사결정의 자유를 보호법익으로 하는 범죄로서 형법규정의 체계상 개인적 법익, 특히 사람의 자유에 대한 죄 중 하나로 구성되어 있는바, 위와 같은 협박죄의 보호법익, 형법규정상 체계, 협박의 행위 개념 등에 비추어 볼 때, 협박죄는 자연인만을 그 대상으로 예정하고 있을 뿐 법인은 협박죄의 객체가 될 수 없다(대법원 2010.7.15, 2010도1017).

ㄹ. (○) 미성년자를 보호감독하는 자라 하더라도 다른 보호감독자의 감호권을 침해하거나 자신의 감호권을 남용하여 미성년자 본인의 이익을 침해하는 경우에는 미성년자 약취·유인죄의 주체가 될 수 있다(대법원 2008.1.31, 2007도8011).

정답 ②

013 ☑ 유사 ◆◇◇   법원9급 2022 변형

형법 제287조 미성년자약취죄에 관한 다음 설명 중 가장 옳지 않은 것은? (다툼이 있는 경우 판례에 의하고, 전원합의체 판결의 경우 다수의견에 의함)

① 미성년자를 보호·감독하는 사람이라고 하더라도 다른 보호감독자의 보호·양육권을 침해하거나 자신의 보호·양육권을 남용하여 미성년자 본인의 이익을 침해하는 때에는 형법 제287조 미성년자약취죄의 주체가 될 수 있다.

② 부모가 이혼하였거나 별거하는 상황에서 미성년의 자녀를 부모의 일방이 평온하게 보호·양육하고 있는데, 상대방 부모가 폭행, 협박 또는 불법적인 사실상의 힘을 행사하여 그 보호·양육 상태를 깨뜨리고 자녀를 탈취하여 자기 또는 제3자의 사실상 지배하에 옮긴 경우, 그와 같은 행위는 특별한 사정이 없는 한 미성년자에 대한 약취죄를 구성한다고 볼 수 있다.

③ 미성년의 자녀를 부모가 함께 동거하면서 보호·양육하여 오던 중 부모의 일방이 상대방 부모나 그 자녀에게 어떠한 폭행, 협박이나 불법적인 사실상의 힘을 행사함이 없이 그 자녀를 데리고 종전의 거소를 벗어나 다른 곳으로 옮겨 자녀에 대한 보호·양육을 계속하였다면, 그 행위가 보호·양육권의 남용에 해당한다는 등 특별한 사정이 없는 한 설령 이에 관하여 법원의 결정이나 상대방 부모의 동의를 얻지 아니하였다고 하더라도 그러한 행위에 대하여 곧바로 형법상 미성년자에 대한 약취죄의 성립을 인정할 수는 없다.

④ 부모가 별거하는 상황에서 비양육친이 면접교섭권을 행사하여 미성년 자녀를 데리고 갔다가 면접교섭 기간이 종료하였음에도 불구하고 자녀를 양육친에게 돌려주지 않은 경우에는 그러한 부작위를 폭행, 협박이나 불법적인 사실상의 힘을 행사한 것으로 볼 수는 없으므로, 미성년자약취죄가 성립할 수 없다.

⑤ 미성년자가 혼자 머무는 주거에 침입하여 그를 감금한 뒤 폭행 또는 협박에 의하여 부모의 출입을 봉쇄하거나, 미성년자와 부모가 거주하는 주거에 침입하여 부모만을 강제로 퇴거시키고 독자적인 생활관계를 형성하기에 이르렀다면 미성년자약취죄에 해당한다.

해설 | 출제영역 | 미성년자약취죄 - 구성요건

④ (×) 피고인과 甲은 각각 한국과 프랑스에서 따로 살며 이혼소송 중인 부부로서 자녀인 피해아동 乙(만 5세)은 프랑스에서 甲과 함께 생활하였는데, 피고인이 乙을 면접교섭하기 위하여 그를 보호·양육하던 甲으로부터 乙을 인계받아 국내로 데려온 후 면접교섭 기간이 종료하였음에도 乙을 데려다주지 아니한 채 甲과 연락을 두절한 후 법원의 유아인도명령 등에도 불응한 경우, ㉠ 피고인은 乙을 향후 계속하여 보호·양육함으로써 기존의 자유로운 생활 및 보호관계로부터 이탈시켜 자신의 사실상 지배하에 두기 위한 목적으로 乙의 반환을 거부한 것으로 보이는 점, ㉡ 乙은

당시 만 5세에 불과한 유아였고 乙이 돌아가야 하는 곳은 외국인 프랑스였으므로, 피고인이 작위의무를 이행하여 을을 데려다주지 않으면 乙 스스로는 자유로운 생활 및 보호관계로부터의 이탈이라는 위협에 대처할 수 있는 능력이 없는 상태였던 점, ㉢ 피고인은 장기간 프랑스 법원의 양육자 지정 결정뿐 아니라 국내 법원의 양육자 지정 및 유아인도 심판, 그 이행명령, 면접교섭 사전처분 등 각종 결정을 지속적으로 위반한 점 등의 여러 사정을 종합하면, 피고인의 행위는 불법적인 사실상의 힘을 수단으로 乙을 그 의사와 복리에 반하여 자유로운 생활 및 보호관계로부터 이탈시켜 자기의 사실상 지배하에 옮긴 적극적 행위와 형법적으로 같은 정도의 행위로 평가할 수 있으므로 형법 제287조 미성년자약취죄의 약취행위에 해당한다(대법원 2021.9.9, 2019도16421).
[보충] 원래 위 판례의 판결이유에도 설시되어 있듯이, "부모의 별거 또는 이혼 상황에서 일방 배우자가 면접교섭권을 행사하기 위하여 자녀를 적법하게 데리고 갔다가 면접교섭 기간이 종료하였음에도 양육친에게 데려다주지 않은 경우 그 사정만으로 항상 미성년자약취죄가 성립한다고 볼 수는 없다. 그러나 위 법리를 토대로 앞서 본 사실관계를 통해 알 수 있는 다음과 같은 사정을 종합해 보면, 이 사건에서 피고인의 행위는 불법적인 사실상의 힘을 수단으로 피해아동을 그 의사와 복리에 반하여 자유로운 생활 및 보호관계로부터 이탈시켜 자기의 사실상 지배하에 옮긴 적극적 행위와 형법적으로 같은 정도의 행위로 평가할 수 있으므로, 형법 제287조 미성년자약취죄의 약취행위에 해당한다고 봄이 타당하다." 따라서 위 출제는 다소 무리가 있어 보인다. 그러나 다른 지문들이 모두 깔끔하게 옳은 지문이므로, 출제의도를 고려하여 이 지문을 틀린 것으로 해설하였다.

① (○) 미성년자를 보호·감독하는 사람이라고 하더라도 다른 보호감독자의 보호·양육권을 침해하거나 자신의 보호·양육권을 남용하여 미성년자 본인의 이익을 침해하는 때에는 미성년자에 대한 약취죄의 주체가 될 수 있다(대법원 2021.9.9, 2019도16421).

② (○) 부모가 이혼하였거나 별거하는 상황에서 미성년의 자녀를 부모의 일방이 평온하게 보호·양육하고 있는데, 상대방 부모가 폭행, 협박 또는 불법적인 사실상의 힘을 행사하여 그 보호·양육 상태를 깨뜨리고 자녀를 자기 또는 제3자의 사실상 지배하에 옮긴 경우 그와 같은 행위는 특별한 사정이 없는 한 미성년자에 대한 약취죄를 구성한다(대법원 2021.9.9, 2019도16421).

③ (○) 미성년의 자녀를 부모가 함께 동거하면서 보호·양육하여 오던 중 부모의 일방이 상대방 부모나 그 자녀에게 어떠한 폭행, 협박이나 불법적인 사실상의 힘을 행사함이 없이 그 자녀를 데리고 종전의 거소를 벗어나 다른 곳으로 옮겨 자녀에 대한 보호·양육을 계속하였다면, 그 행위가 보호·양육권의 남용에 해당한다는 등 특별한 사정이 없는 한 설령 이에 관하여 법원의 결정이나 상대방 부모의 동의를 얻지 아니하였다고 하더라도 그러한 행위에 대하여 곧바로 형법상 미성년자에 대한 약취죄의 성립을 인정할 수는 없다(대법원 2013.6.20, 2010도14328 전원합의체).

⑤ (○) 미성년자가 혼자 머무는 주거에 침입하여 그를 감금한 뒤 폭행 또는 협박에 의하여 부모의 출입을 봉쇄하거나, 미성년자와 부모가 거주하는 주거에 침입하여 부모만을 강제로 퇴거시키고 독자적인 생활관계를 형성하기에 이르렀다면 비록 장소적 이전이 없었다 할지라도 형법 제287조의 미성년자약취죄에 해당함이 명백하지만, 강도 범행을 하는 과정에서 혼자 주거에 머무르고 있는 미성년자를 체포·감금하거나 혹은 미성년자와 그의 부모를 함께 체포·감금, 또는 폭행·협박을 가하는 경우, 나아가 주거지에 침입하여 미성년자의 신체에 위해를 가할 것처럼 협박하여 부모로부터 금품을 강취하는 경우와 같이, 일시적으로 부모와의 보호관계가 사실상 침해·배제되었다 할지라도, 그 의도가 미성년자를 기존의 생활관계 및 보호관계로부터 이탈시키는 데 있었던 것이 아니라 단지 금품 강취를 위하여 반항을 제압하는 데 있었다거나 금품 강취를 위하여 고지한 해악의 대상이 그곳에 거

주하는 미성년자였던 것에 불과하다면, 특별한 사정이 없는 한 미성년자를 약취한다는 범의를 인정하기 곤란할 뿐 아니라, 보통의 경우 시간적 간격이 짧아 그 주거지를 중심으로 영위되었던 기존의 생활관계로부터 완전히 이탈되었다고 평가하기도 곤란하다(대법원 2008.1.17, 2007도8485).

[정답] ④

---

014 ✓ 유사 ◆◇◇ 　　　　　　　　　　군무원9급 2022

미성년자 약취 유인죄의 성립에 관한 설명으로 가장 옳지 않은 것은? (다툼이 있으면 판례에 의함)

① 미성년자의 부모도 본죄의 주체가 될 수 있다.
② 미성년자를 평온하던 종전의 보호·양육 상태로부터 이탈시켰다고 볼 수 없는 행위라도 다른 보호감독자의 보호·양육권을 침해하였다면 미성년자약취죄가 성립한다.
③ 부부가 별거상황에서 면접교섭권을 행사하여 자녀를 적법하게 데리고 갔다가 면접교섭 기간이 종료한 후에도 양육친에게 데려다주지 않았다면 실질적으로 피해아동의 복리를 침해한 때에는 본죄가 성립한다.
④ 미성년자약취·유인죄는 계속범으로서 기수 이후에도 법익침해가 계속되는 한 범행은 종료되지 않는다.

[해설] 출제영역 | 미성년자약취·유인죄 – 구성요건
② (×) 미성년자를 보호·감독하는 사람이라고 하더라도 다른 보호감독자의 보호·양육권을 침해하거나 자신의 보호·양육권을 남용하여 미성년자 본인의 이익을 침해하는 때에는 미성년자에 대한 약취죄의 주체가 될 수 있는데, 그 경우에도 해당 보호감독자에 대하여 약취죄의 성립을 인정할 수 있으려면 그 행위가 위와 같은 의미의 약취에 해당하여야 한다. 그렇지 아니하고 폭행, 협박 또는 불법적인 사실상의 힘을 사용하여 그 미성년자를 평온하던 종전의 보호·양육 상태로부터 이탈시켰다고 볼 수 없는 행위에 대하여까지 다른 보호감독자의 보호·양육권을 침해하였다는 이유로 미성년자에 대한 약취죄의 성립을 긍정하는 것은 형벌법규의 문언 범위를 벗어나는 해석으로서 죄형법정주의의 원칙에 비추어 허용될 수 없다고 할 것이다(대법원 2013.6.20, 2010도14328 전원합의체).
① (○) 미성년자 약취 유인죄의 주체는 제한이 없으므로 부모도 주체가 될 수 있다.
③ (○) 피고인과 甲은 각각 한국과 프랑스에서 따로 살며 이혼소송 중인 부부로서 자녀인 피해아동 乙(만 5세)은 프랑스에서 갑과 함께 생활하였는데, 피고인이 乙을 면접교섭하기 위하여 그를 보호·양육하던 甲으로부터 乙을 인계받아 국내로 데려온 후 면접교섭 기간이 종료하였음에도 乙을 데려다주지 아니한 채 甲과 연락을 두절한 후 법원의 유아인도명령 등에도 불응한 경우, 피고인은 乙을 향후 계속하여 보호·양육함으로써 기존의 자유로운 생활 및 보호관계로부터 이탈시켜 자신의 사실상 지배하에 두기 위한 목적으로 乙의 반환을 거부한 것으로 보이는 점, 乙은 당시 만 5세에 불과한 유아였고 乙이 돌아가야 하는 곳은 외국인 프랑스였으므로, 피고인이 작위의무를 이행하여 乙을 데려다주지 않으면 乙 스스로는 자유로운 생활 및 보호관계로부터의 이탈이라는 위협에 대처할 수 있는 능력이 없는 상태였던 점, 피고인은

장기간 프랑스 법원의 양육자 지정 결정뿐 아니라 국내 법원의 양육자 지정 및 유아인도 심판, 그 이행명령, 면접교섭 사전처분 등 각종 결정을 지속적으로 위반한 점 등의 여러 사정을 종합하면, 피고인의 행위는 불법적인 사실상의 힘을 수단으로 乙을 그 의사와 복리에 반하여 자유로운 생활 및 보호관계로부터 이탈시켜 자기의 사실상 지배하에 옮긴 적극적 행위와 형법적으로 같은 정도의 행위로 평가할 수 있으므로 형법 제287조 미성년자약취죄의 약취행위에 해당한다(대법원 2021.9.9, 2019도16421).
④ (○) 미성년자 약취·유인죄는 계속범이라는 것이 통설이다. 따라서 미성년자약취·유인죄는 기수 이후에도 법익침해가 계속되는 한 범행은 종료되지 않고, 약취·유인 상태가 해제된 때 비로소 종료가 되고 이때부터 공소시효가 기산된다.

[정답] ②

4 　강간과 추행의 죄

015 ✓ 대표 ◆◆◇ 　　　　　　　　　　[국가7급 2021]

강간의 죄에 대한 설명으로 옳은 것은? (다툼이 있는 경우 판례에 의함)

① 「형법」 제305조 제2항(미성년자에 대한 간음·추행)의 피해자 연령은 16세 미만이므로 이에 따라 누구든지 16세 미만의 미성년자를 간음하게 되면 「형법」 제297조 강간죄로 처벌된다.
② 「형법」 제297조(강간), 제297조의2(유사강간), 제298조(강제추행) 및 제305조(미성년자에 대한 간음·추행)의 죄를 범할 목적으로 예비 또는 음모한 사람은 3년 이하의 징역에 처한다.
③ 위계에 의한 간음죄에 있어 피해자가 오인, 착각, 부지에 빠지게 되는 대상은 간음행위 자체일 수도 있고, 간음행위에 이르게 된 동기이거나 간음행위와 결부된 금전적·비금전적 대가와 같은 요소일 수도 있다.
④ 강간죄의 폭행·협박 여부를 판단함에 있어 피해자가 성교 이전에 범행 현장을 벗어날 수 있었다거나 피해자가 사력을 다하여 반항하지 않았다면 가해자의 폭행·협박이 피해자의 항거를 현저히 곤란하게 할 정도에 이르지 않았다고 보아야 한다.

[해설] 출제영역 | 자유, 강간과 추행
③ (○) 행위자가 간음의 목적으로 피해자에게 오인, 착각, 부지를 일으키고 피해자의 그러한 심적 상태를 이용하여 간음의 목적을 달성하였다면 위계와 간음행위 사이의 인과관계를 인정할 수 있고, 따라서 위계에 의한 간음죄가 성립한다. 왜곡된 성적 결정에 기초하여 성행위를 하였다면 왜곡이 발생한 지점이 성행위 그 자체인지 성행위에 이르게 된 동기인지는 성적 자기결정권에 대한 침해가 발생한 것은 마찬가지라는 점에서 핵심적인 부분이라고 하기 어렵다. 피해자가 오인, 착각, 부지에 빠지게 되는 대상은 간음행위 자체일 수도 있고, 간음행위에 이르게 된 동기이거나 간음행위와 결부된 금전적·비금전적 대가와 같은 요소일 수도 있다. 다만 행위자의 위계적 언동이 존재하였다는 사정만으로 위계에 의한 간음죄가 성립하는 것은 아니므로 위계적 언동의 내용 중에 피해자가 성행위를 결심하게 된 중요한 동기를 이룰 만한

사정이 포함되어 있어 피해자의 자발적인 성적 자기결정권의 행사가 없었다고 평가할 수 있어야 한다. 이와 같은 인과관계를 판 난할 때에는 피해자의 연령 및 행위자와의 관계, 범행에 이르게 된 경위, 범행 당시와 전후의 상황 등 여러 사정을 종합적으로 고려하여야 한다(대법원 2020.8.27, 2015도9436 전원합의체).

① (×) 13세 이상 16세 미만의 사람에 대하여 간음 또는 추행을 한 19세 이상의 자는 제297조, 제297조의2, 제298조, 제301조 또는 제301조의2의 예에 의한다(제305조 제2항). 따라서 행위자가 19세 미만의 자이면 본죄에 해당하지 아니한다.

② (×) 강제추행은 예비·음모를 벌하지 아니한다(제305조의3).

④ (×) 피해자가 범행 현장을 벗어날 수 있었다거나 피해자가 사력을 다하여 반항하지 않았다는 사정만으로 가해자의 폭행·협박이 피해자의 항거를 현저히 곤란하게 할 정도에 이르지 않았다고 섣불리 단정하여서는 안 된다(대법원 2018.2.28, 2017도21249).

정답 ③

✅ 대표　◆◆◇　법원9급 2020

다음 중 가장 옳지 않은 것은? (다툼이 있는 경우 판례에 의하고, 전원합의체 판결의 경우 다수의견에 의함)

① 혼인관계가 파탄된 경우뿐만 아니라 혼인관계가 실질적으로 유지되고 있는 법률상의 처도 강간죄의 객체가 된다.

② 강간죄에서의 폭행·협박과 간음 사이에는 인과관계가 있어야 하므로, 폭행·협박이 반드시 간음행위보다 선행되어야 한다.

③ 피고인이 강간할 목적으로 피해자의 집에 침입하였다 하더라도 안방에 들어가 누워 자고 있는 피해자의 가슴과 엉덩이를 만지면서 간음을 기도하였다는 사실만으로는 강간의 수단으로 피해자에게 폭행이나 협박을 개시하였다고 볼 수 없다.

④ 협박과 간음 또는 추행 사이에 시간적 간격이 있더라도 협박에 의하여 간음 또는 추행이 이루어진 것으로 인정될 수 있다면 강간죄 또는 강제추행죄가 성립한다.

해설　출제영역 | 강간죄 - 구성요건

② (×) 강간죄에서의 폭행·협박과 간음 사이에는 인과관계가 있어야 하나, 폭행·협박이 반드시 간음행위보다 선행되어야 하는 것은 아니다(대법원 2017.10.12, 2016도16948).

① (○) 형법은 법률상 처를 강간죄의 객체에서 제외하는 명문의 규정을 두고 있지 않으므로, 문언 해석상으로도 법률상 처가 강간죄의 객체에 포함된다고 새기는 것에 아무런 제한이 없다(대법원 2013.5.16, 2012도14788 전원합의체).

③ (○) 강간죄의 실행의 착수가 있었다고 하려면 강간의 수단으로서 폭행이나 협박을 한 사실이 있어야 할 터인데 피고인이 강간할 목적으로 피해자의 집에 침입하였다 하더라도 안방에 들어가 누워 자고 있는 피해자의 가슴과 엉덩이를 만지면서 간음을 기도하였다는 사실만으로는 강간의 수단으로 피해자에게 폭행이나 협박을 개시하였다고 하기는 어렵다(대법원 1990.5.25, 90도607).

④ (○) 협박과 간음 또는 추행 사이에 시간적 간격이 있더라도 협박에 의하여 간음 또는 추행이 이루어진 것으로 인정될 수 있다면 달리 볼 것은 아니다(대법원 2007.1.25, 2006도5979).

정답 ②

✅ 대표　◆◆◇　경찰간부 2022

강간과 추행의 죄에 대한 설명 중 옳지 않은 것은 모두 몇 개인가? (다툼이 있는 경우 판례에 의함)

> 가. 비록 간음행위를 시작할 때 폭행 또는 협박이 없었다고 하더라도 간음행위와 거의 동시 또는 그 직후에 피해자를 폭행하여 간음한 경우에는 강간죄를 구성한다.
>
> 나. 부부의 혼인관계가 파탄에 이르지 아니하고 실질적으로 유지되고 있다면 설령 부부 중 일방이 반항을 불가능하게 하거나 현저히 곤란하게 할 정도의 폭행이나 협박을 가하여 상대방을 간음한 경우라도 강간죄가 성립하지 아니한다.
>
> 다. 「형법」 제32장 강간과 추행의 죄는 개인의 성적 자유를 침해하는 것을 내용으로 하며, 여기에서 '성적 자유'는 적극적으로 성행위를 할 수 있는 자유뿐만 아니라 소극적으로 원치 않는 성행위를 하지 아니할 자유를 말한다.
>
> 라. 강제추행죄는 폭행행위 자체가 추행행위라고 인정되는 경우도 포함하며, 이 경우의 폭행은 반드시 상대방의 의사를 억압할 정도의 것임을 요하지 아니한다.
>
> 마. 甲이 A가 심신상실 또는 항거불능의 상태에 있다고 인식하고 그러한 상태를 이용하여 간음할 의사로 A를 간음하였으나 A가 실제로는 심신상실 또는 항거불능 상태에 있지 않았던 경우, 甲에게는 준강간죄의 장애미수가 성립한다.

① 2개　　　　　　② 3개
③ 4개　　　　　　④ 5개

해설　출제영역 | 강간과 추행의 죄 종합

② 나, 다, 마. 3개의 설명이 옳지 않다.

가. (○) 강간죄에서의 폭행·협박과 간음 사이에는 인과관계가 있어야 하나, 폭행·협박이 반드시 간음행위보다 선행되어야 하는 것은 아니다(대법원 2017.10.12, 2016도16948).

나. (×) 헌법이 보장하는 혼인과 가족생활의 내용, 가정에서의 성폭력에 대한 인식의 변화, 형법의 체계와 그 개정 경과, 강간죄의 보호법익과 부부의 동거의무의 내용 등에 비추어 보면, 형법 제297조가 정한 강간죄의 객체인 '부녀'에는 법률상 처가 포함되고, 혼인관계가 파탄된 경우뿐만 아니라 혼인관계가 실질적으로 유지되고 있는 경우에도 남편이 반항을 불가능하게 하거나 현저히 곤란하게 할 정도의 폭행이나 협박을 가하여 아내를 간음한 경우에는 강간죄가 성립한다고 보아야 한다(대법원 2013.5.16, 2012도14788 전원합의체).

다. (×) 형법은 제2편 제32장에서 '강간과 추행의 죄'를 규정하고 있는데, 이 장에 규정된 죄는 모두 개인의 성적 자유 또는 성적 자기결정권을 침해하는 것을 내용으로 한다. 여기에서 '성적 자유'는 적극적으로 성행위를 할 수 있는 자유가 아니라 소극적으로 원치 않는 성행위를 하지 않을 자유를 말하고, '성적 자기결정권'은 성행위를 할 것인가 여부, 성행위를 할 때 상대방을 누구로 할 것인가 여부, 성행위의 방법 등을 스스로 결정할 수 있는 권리를 의미한다(대법원 2019.6.13, 2019도3341).

라. (○) 강제추행죄는 폭행행위 자체가 추행행위라고 인정되는 경우도 포함하며, 이 경우의 폭행은 반드시 상대방의 의사를 억압

PART 01　CHAPTER 02 자유에 대한 죄

할 정도의 것이어야 하는 것도 아니다(대법원 2002.4.26, 2001
도2417).

마. (×) 피고인이 피해자가 심신상실 또는 항거불능의 상태에 있다
고 인식하고 그러한 상태를 이용하여 간음할 의사로 피해자를 간
음하였으나 피해자가 실제로는 심신상실 또는 항거불능의 상태
에 있지 않은 경우에는, 실행의 수단 또는 대상의 착오로 인하여
준강간죄에서 규정하고 있는 구성요건적 결과의 발생이 처음부
터 불가능하였고 실제로 그러한 결과가 발생하였다고 할 수 없
다. 피고인이 준강간의 실행에 착수하였으나 범죄가 기수에 이르
지 못하였으므로 준강간죄의 미수범이 성립한다. 피고인이 행위
당시에 인식한 사정을 놓고 일반인이 객관적으로 판단하여 보았
을 때 준강간의 결과가 발생할 위험성이 있었으므로 준강간죄의
불능미수가 성립한다(대법원 2019.3.28, 2018도16002 전원합
의체).

정답 ②

018 ✓ 대표 ◆◇◇   국가9급 2016

강제추행죄가 성립하지 않는 경우는? (다툼이 있으면 판례에 의함)

① 가까이 접근하여 갑자기 뒤에서 껴안는 이른바 '기습추
   행' 행위의 경우
② 유부녀인 피해자에 대하여 혼인외 성관계 사실을 폭
   로하겠다는 등의 내용으로 협박하여 피해자를 추행한
   경우
③ 사람 및 차량의 왕래가 빈번한 도로에서 피해자에게
   욕설을 하면서 단순히 바지를 내리고 자신의 성기를
   피해자에게 보여준 경우
④ 골프장 여종업원들이 거부의사를 밝혔음에도, 골프장
   사장과의 친분관계를 내세워 함께 술을 마시지 않을
   경우 신분상의 불이익을 가할 것처럼 협박하여 이른바
   러브샷의 방법으로 술을 마시게 한 경우

해설 출제영역 | 강제추행죄의 성립

③ (×) 피고인이 자신의 지인과 분쟁이 있던 피해자(女, 48세)를
    따라가서 말을 걸었으나 피해자가 이를 무시하고 사람 및 차량의
    왕래가 빈번한 도로에 주차해 둔 피해자의 차량 쪽으로 걸어가자,
    피해자에게 "내가 오늘 너를 잡아 죽인다"는 내용의 욕설을 하면
    서 직접적인 신체 접촉 없이 바지를 벗어 자신의 성기를 보여 경
    우, 비록 객관적으로 일반인에게 성적 수치심이나 혐오감을 일으
    키게 하는 행위라고 할 수 있을지 몰라도 폭행 또는 협박으로 '추
    행'을 하였다고 볼 수 없다(대법원 2012.7.26, 2011도8805).

① (○) 피고인이 가까이 접근하여 갑자기 뒤에서 껴안는 행위는 일
    반인에게 성적 수치심이나 혐오감을 일으키게 하고 선량한 성적
    도덕관념에 반하는 행위로서 甲의 성적 자유를 침해하는 행위여
    서 그 자체로 이른바 '기습추행' 행위로 볼 수 있으므로, 피고인의
    팔이 甲의 몸에 닿지 않았더라도 양팔을 높이 들어 갑자기 뒤에
    서 껴안으려는 행위는 甲의 의사에 반하는 유형력의 행사로서 폭
    행행위에 해당하며, 그때 '기습추행'에 관한 실행의 착수가 있는
    데, 마침 甲이 뒤돌아보면서 소리치는 바람에 몸을 껴안은 추행
    의 결과에 이르지 못하고 미수에 그쳤으므로, 피고인의 행위는
    아동·청소년에 대한 강제추행미수죄에 해당한다(대법원 2015.

9.10, 2015도6980).
② (○) 대법원 2007.1.25, 2006도5979
④ (○) 대법원 2008.3.13, 2007도10050

정답 ③

019 ✓ 대표 ◆◇◇   국가9급 2020

다음 설명 중 가장 옳지 않은 것은? (다툼이 있으면 판례에 의함)

① 판례는 피고인이 엘리베이터 안에서 피해자를 칼로 위
   협하는 등의 방법으로 꼼짝하지 못하도록 하여 자신의
   실력적인 지배하에 둔 다음 자위행위 모습을 보여준
   행위가 강제추행죄의 추행에 해당한다고 한다.
② 판례는 피고인이 피해자 甲(여, 48세)에게 욕설을 하
   면서 자신의 바지를 벗어 성기를 보여준 것만으로는
   강제추행죄의 성립을 인정하기 어렵다고 한다.
③ 피고인이 밤에 술을 마시고 배회하던 중 버스에서 내
   려 혼자 걸어가는 피해자 성인 여성을 발견하고 마스
   크를 착용한 채 뒤따라가다가 인적이 없고 외진 곳에
   서 가까이 접근하여 껴안으려 하였으나 피해자가 뒤돌
   아보면서 소리치자 그 상태로 몇 초 동안 쳐다보다가
   다시 오던 길로 되돌아갔다면 강제추행미수죄가 성립
   한다.
④ 판례는 피고인이, 알고 지내던 여성인 피해자 甲이 자
   신의 머리채를 잡아 폭행을 가하자 보복의 의미에서
   甲의 입술, 귀 등을 입으로 깨무는 등의 행위를 한 사
   안에서 피고인의 행위가 강제추행죄의 '추행'에 해당하
   지 않는다고 하였다.
⑤ 판례는 혼인 외 성관계 사실을 폭로하겠다는 등의 내
   용으로 유부녀인 피해자를 협박하여 간음, 추행한 사
   안에서 강간죄 및 강제추행죄가 성립한다고 한다.

해설 출제영역 | 강제추행죄의 성립

④ (×) 피고인이, 알고 지내던 여성인 피해자 甲이 자신의 머리채
    를 잡아 폭행을 가하자 보복의 의미에서 甲의 입술, 귀, 유두, 가
    슴 등을 입으로 깨무는 등의 행위를 한 사안에서, 객관적으로 여
    성인 피해자의 입술, 귀, 유두, 가슴을 입으로 깨무는 행위는 일
    반적이고 평균적인 사람으로 하여금 성적 수치심이나 혐오감을
    일으키게 하고 선량한 성적 도덕관념에 반하는 행위로서, 甲의
    성적 자유를 침해하였다고 보는 것이 타당하다는 이유로, 피고인
    의 행위가 강제추행죄의 '추행'에 해당한다(대법원 2013.9.26,
    2013도5856).

① (○) 대법원 2010.2.25, 2009도13716
② (○) 대법원 2012.7.26, 2011도8805
③ (○) 대법원 2015.9.10, 2015도6980
⑤ (○) 대법원 2007.1.25, 2006도5979

정답 ④

020 ✓ 유사 ◆◆◆ 　　　경찰1차 2021

강간과 추행의 죄에 대한 아래 ㉠부터 ㉢까지의 설명 중 옳고 그름의 표시(○, ×)가 모두 바르게 된 것은? (다툼이 있는 경우 판례에 의함)

㉠ 강간과 추행의 죄에서 말하는 '성적 자유'는 적극적으로 성행위를 할 수 있는 자유가 아니라 소극적으로 원치 않는 성행위를 하지 않을 자유를 말하고, '성적 자기결정권'은 성행위를 할 것인가 여부, 성행위를 할 때 그 상대방을 누구로 할 것인가 여부, 성행위의 방법 등을 스스로 결정할 수 있는 권리를 의미한다.

㉡ 강제추행죄는 자수범이라고 볼 수 없으므로 처벌되지 아니하는 타인을 도구로 삼아 피해자를 강제로 추행하는 간접정범의 형태로도 범할 수 있으나, 여기에서의 강제추행에 관한 간접정범의 의사를 실현하는 도구로서의 타인에는 피해자가 포함되지 않는다.

㉢ 위계에 의한 간음죄에서 행위자의 위계적 언동이 존재하였다는 사정만으로 위계에 의한 간음죄가 성립하는 것은 아니고, 위계적 언동의 내용 중에 피해자가 성행위를 결심하게 된 중요한 동기를 이룰 만한 사정이 포함되어 있어 피해자의 자발적인 성적 자기결정권의 행사가 없었다고 평가할 수 있어야 한다.

㉣ '미성년자 또는 심신미약자에 대하여 위계 또는 위력으로써 간음 또는 추행'한 자를 처벌하는 「형법」 제302조는, 미성년자나 심신미약자와 같이 판단능력이나 대처능력이 일반인에 비하여 낮은 사람은 낮은 정도의 유·무형력의 행사에 의해서도 저항을 제대로 하지 못하고 피해를 입을 가능성이 있기 때문에 그 범죄의 성립요건을 강간죄나 강제추행죄보다 완화된 형태로 규정한 것이다.

① ㉠(○) ㉡(×) ㉢(○) ㉣(○)
② ㉠(○) ㉡(×) ㉢(○) ㉣(×)
③ ㉠(○) ㉡(○) ㉢(×) ㉣(○)
④ ㉠(×) ㉡(○) ㉢(×) ㉣(×)

해설 | 출제영역 | 강간과 추행의 죄 종합

㉠ (○) 대법원 2019.6.13, 2019도3341

㉡ (×) 강제추행죄는 사람의 성적 자유 내지 성적 자기결정의 자유를 보호하기 위한 죄로서 정범 자신이 직접 범죄를 실행하여야 성립하는 자수범이라고 볼 수 없으므로, 처벌되지 아니하는 타인을 도구로 삼아 피해자를 강제로 추행하는 간접정범의 형태로도 범할 수 있다. 여기서 강제추행에 관한 간접정범의 의사를 실현하는 도구로서의 타인에는 피해자도 포함될 수 있다고 봄이 타당하므로, 피해자를 도구로 삼아 피해자의 신체를 이용하여 추행행위를 한 경우에도 강제추행죄의 간접정범에 해당할 수 있다(대법원 2018.2.8, 2016도17733).

㉢ (○) 위계에 의한 간음죄에서 '위계'란 행위자의 행위목적을 달성하기 위하여 피해자에게 오인, 착각, 부지를 일으키게 하여 이를 이용하는 것을 말한다. … 행위자가 간음의 목적으로 피해자에게 오인, 착각, 부지를 일으키고 피해자의 그러한 심적 상태를 이용하여 간음의 목적을 달성하였다면 위계와 간음행위 사이의 인과

관계를 인정할 수 있고, 따라서 위계에 의한 간음죄가 성립한다. 왜곡된 성적 결정에 기초하여 성행위를 하였다면 왜곡이 발생한 지점이 성행위 그 자체인지 성행위에 이르게 된 동기인지는 성적 자기결정권에 대한 침해가 발생한 것은 마찬가지라는 점에서 핵심적인 부분이라고 하기 어렵다. 피해자가 오인, 착각, 부지에 빠지게 되는 대상은 간음행위 자체일 수도 있고, 간음행위에 이르게 된 동기이거나 간음행위와 결부된 금전적·비금전적 대가와 같은 요소일 수도 있다. 다만 행위자의 위계적 언동이 존재하였다는 사정만으로 위계에 의한 간음죄가 성립하는 것은 아니므로 위계적 언동의 내용 중에 피해자가 성행위를 결심하게 된 중요한 동기를 이룰 만한 사정이 포함되어 있어 피해자의 자발적인 성적 자기결정권의 행사가 없었다고 평가할 수 있어야 한다. 이와 같은 인과관계를 판단할 때에는 피해자의 연령 및 행위자와의 관계, 범행에 이르게 된 경위, 범행 당시와 전후의 상황 등 여러 사정을 종합적으로 고려하여야 한다(대법원 2020.8.27, 2015도9436 전원합의체).

[보충] 위 2020년 전합 판례가 나오기 전에는 "오인·착각·부지란 간음행위 자체에 대한 오인·착각·부지를 말하는 것이고, 간음행위와 불가분적 관련성이 인정되지 않는 다른 조건에 관한 오인·착각·부지를 가리키는 것은 아니다(대법원 2014.9.4, 2014도84233 등)."라는 입장이었다.

㉣ (○) 대법원 2019.6.13, 2019도3341

정답 ①

021 ☑유사 ◆◆◇ 〔변호사 2018〕

다음 설명 중 옳지 않은 것은? (다툼이 있는 경우 판례에 의함)

① 아동·청소년의 성을 사는 행위를 알선하는 행위를 업으로 하는 사람이 알선의 대상이 아동·청소년임을 인식하면서 알선행위를 하였더라도, 알선행위로 아동·청소년의 성을 사는 행위를 한 사람이 행위의 상대방이 아동·청소년임을 인식하지 못하였다면 아동·청소년의성보호에관한법률위반(알선영업행위등)죄가 성립하지 않는다.

② 감금행위가 단순히 강도상해 범행의 수단이 되는 데 그치지 아니하고 강도상해의 범행이 끝난 뒤에도 계속된 경우에는 감금죄와 강도상해죄의 경합범으로 처벌된다.

③ 미성년자가 혼자 머무는 주거에 침입하여 그를 감금한 뒤 폭행 또는 협박에 의하여 부모의 출입을 봉쇄하고 독자적인 생활관계를 형성하기에 이르렀다면 비록 장소적 이전이 없었다 할지라도 미성년자약취죄가 성립한다.

④ 강간범이 강간행위 후에 강도의 범의를 일으켜 피해자의 재물을 강취한 경우에는 강도강간죄가 아니라 강간죄와 강도죄의 경합범으로 처벌될 수 있을 뿐이나, 강간행위를 종료하기 전에 강도행위를 하고 그 자리에서 강간행위를 계속한 때에는 강도강간죄로 처벌된다.

⑤ 강간범이 범행현장에서 범행에 사용하려는 의도 아래 흉기 등 위험한 물건을 지닌 이상 그 사실을 피해자가 인식하거나 실제로 범행에 사용하지 않은 경우도 「성폭력범죄의 처벌 등에 관한 특례법」 제4조 제1항 소정의 '흉기나 그 밖의 위험한 물건을 지닌 채 강간죄를 범한 자'에 해당한다.

〔해설〕 **출제영역 | 자유에 대한 죄 종합**

① (×) 아동·청소년의 성을 사는 행위를 알선하는 행위를 업으로 하는 사람이 알선의 대상이 아동·청소년임을 인식하면서 알선행위를 하였다면, 알선행위로 아동·청소년의 성을 사는 행위를 한 사람이 행위의 상대방이 아동·청소년임을 인식하고 있었는지는 알선행위를 한 사람의 책임에 영향을 미칠 이유가 없다(대법원 2016.2.18, 2015도15664).

② (○) 감금행위가 단순히 강도상해에 대한 범행의 수단이 되는 데 그치지 아니하고 강도상해의 범행이 끝난 뒤에 계속된 경우에는 1개의 행위가 감금죄와 강도상해죄에 해당하는 경우라고 볼 수 없고 이 경우 감금죄와 강도상해죄는 형법 제37조의 경합범 관계에 있다(대법원 1974.7.26, 2002도4380).

③ (○) 미성년자가 혼자 머무는 주거에 침입하여 그를 감금한 뒤 폭행 또는 협박에 의하여 부모의 출입을 봉쇄하거나, 미성년자와 부모가 거주하는 주거에 침입하여 부모만을 강제로 퇴거시키고 독자적인 생활관계를 형성하기에 이르렀다면 비록 장소적 이전이 없었다 할지라도 형법 제287조의 미성년자약취죄에 해당함이 명백하다(대법원 2008.1.17, 2007도8485).

④ (○) 대법원 2010.12.9, 2010도9630

⑤ (○) (구)성폭력범죄의처벌및피해자보호등에관한법률의 목적과 같은 법 제6조의 규정 취지에 비추어 보면 같은 법 제6조 제1항 소정의 '흉기 기타 위험한 물건을 휴대하여 강간죄를 범한 자'란 범행 현장에서 그 범행에 사용하려는 의도 아래 흉기를 소지하거나 몸에 지니는 경우를 가리키는 것이고, 그 범행과는 전혀 무관하게 우연히 이를 소지하게 된 경우까지를 포함하는 것은 아니라 할 것이나, 범행 현장에서 범행에 사용하려는 의도 아래 흉기 등 위험한 물건을 소지하거나 몸에 지닌 이상 그 사실을 피해자가 인식하거나 실제로 범행에 사용하였을 것까지 요구되는 것은 아니다(대법원 2004.6.11, 2004도2018).

〔정답〕 ①

022 ☑유사 ◆◆◇ 〔법원행시 2019〕

준강간죄에 관한 다음 설명 중 가장 옳지 않은 것은?

① 준강간죄는 사람의 심신상실 또는 항거불능의 상태를 이용하여 간음함으로써 성립하는 범죄로서, 정신적·신체적 사정으로 인하여 성적인 자기방어를 할 수 없는 사람의 성적 자기결정권을 보호법익으로 한다.

② 준강간죄에서의 항거불능의 상태라 함은 강간죄와의 균형상 심신상실 이외의 원인 때문에 심리적 또는 물리적으로 반항이 절대적으로 불가능하거나 현저히 곤란한 경우를 의미한다.

③ 잠을 자고 있는 피해자의 옷을 벗긴 후 자신의 바지를 내린 상태에서 피해자의 음부 등을 만지고 자신의 성기를 피해자의 음부에 삽입하려고 하였으나 피해자가 몸을 뒤척이고 비트는 등 잠에서 깨어 거부하는 듯한 기색을 보이자 더 이상 간음행위에 나아가는 것을 포기한 경우, 준강간죄의 실행에 착수를 인정할 수 있다.

④ 피고인이 피해자가 심신상실 또는 항거불능의 상태에 있다고 인식하고 그러한 상태를 이용하여 간음할 의사로 피해자를 간음하였으나 피해자가 실제로는 심신상실 또는 항거불능의 상태에 있지 않은 경우에는, 실행의 수단 또는 대상의 착오로 인하여 준강간죄에서 규정하고 있는 구성요건적 결과의 발생이 처음부터 불가능하였고 실제로 그러한 결과가 발생하였다고 할 수 없으므로 피고인을 처벌할 수 없다.

⑤ 구 성폭력범죄의 처벌 등에 관한 특례법 제6조의 '신체적인 또는 정신적인 장애로 항거불능인 상태에 있음'은 신체장애 또는 정신장애 그 자체로 항거불능의 상태에 있는 경우뿐 아니라 신체장애 또는 정신장애가 주된 원인이 되어 심리적 또는 물리적으로 반항이 불가능하거나 현저히 곤란한 상태에 이른 경우를 포함한다.

〔해설〕 **출제영역 | 준강간죄 – 구성요건**

④ (×) 형법 제300조는 준강간죄의 미수범을 처벌한다. 또한 형법 제27조는 "실행의 수단 또는 대상의 착오로 인하여 결과의 발생이 불가능하더라도 위험성이 있는 때에는 처벌한다. 단, 형을 감

경 또는 면제할 수 있다."라고 규정하여 불능미수범을 처벌하고 있다. 따라서 피고인이 피해자가 심신상실 또는 항거불능의 상태에 있다고 인식하고 그러한 상태를 이용하여 간음할 의사로 피해자를 간음하였으나 피해자가 실제로는 심신상실 또는 항거불능의 상태에 있지 않은 경우에는, 실행의 수단 또는 대상의 착오로 인하여 준강간죄에서 규정하고 있는 구성요건적 결과의 발생이 처음부터 불가능하였고 실제로 그러한 결과가 발생하였다고 할 수 없다. 피고인이 준강간의 실행에 착수하였으나 범죄가 기수에 이르지 못하였으므로 준강간죄의 미수범이 성립한다. 나아가 피고인이 행위 당시에 인식한 사정을 놓고 일반인이 객관적으로 판단하여 보았을 때 준강간의 결과가 발생할 위험성이 있었으므로 준강간죄의 불능미수가 성립한다(대법원 2019.3.28, 2018도16002 전원합의체).

①, ② (○) 대법원 2000.5.26, 98도3257
③ (○) 대법원 2000.1.14, 99도5187
⑤ (○) 대법원 2007.7.27, 2005도2994; 2012.3.15, 2012도574 등

정답 ④

---

023 ✓ 유사 ◆◆◆ 경찰1차 2022 유사 국가7급 2020

다음 사례에 대한 설명 중 옳은 것만을 모두 고르면?
(다툼이 있는 경우 판례에 의함)

> 甲은 A가 술에 만취하여 항거불능 상태에 있는 것으로 오인하고 누워 있는 A를 간음하였으나 사실은 그러한 상태가 아니었다. 또한 간음 당시 항거를 불가능하게 하거나 현저히 곤란하게 할 정도의 폭행이나 협박도 존재하지 않았다.

> ㄱ. 준강간의 고의는 피해자가 심신상실 또는 항거불능의 상태에 있다는 것과 그러한 상태를 이용하여 간음한다는 구성요건적 결과 발생의 가능성을 인식하고 그러한 위험을 용인하는 내심의 의사를 말한다.
> ㄴ. 甲이 의도한 준강간죄의 기수가 성립될 가능성이 처음부터 없었으므로 준강간의 결과가 발생할 위험성도 인정되지 않는다.
> ㄷ. 甲이 실행에 착수할 당시 A가 실제로는 심신상실 또는 항거불능의 상태에 있지 않았다 하더라도, 그러한 상태에 있다고 인식하고 A를 간음하였으므로 착오와 상관없이 준강간죄의 기수가 성립한다.
> ㄹ. 준강간죄에서 행위의 대상은 '심신상실 또는 항거불능의 상태에 있는 사람'이 아니라 '사람'이고, '심신상실 또는 항거불능의 상태를 이용'하는 것은 구성요건의 특별한 행위양태에 해당한다.
> ㅁ. 甲의 착오는 실행의 수단 또는 대상의 착오에 해당한다.

① ㄱ, ㅁ
② ㄱ, ㄴ, ㅁ
③ ㄱ, ㄹ, ㅁ
④ ㄴ, ㄷ, ㄹ

해설 출제영역 | 준강간, 불능미수

ㄱ. (○) 대법원 2019.3.28, 2018도16002 전원합의체
ㄴ. (×), ㄷ. (×) 피고인이 피해자가 심신상실 또는 항거불능의 상태에 있다고 인식하고 그러한 상태를 이용하여 간음할 의사로 피해자를 간음하였으나 피해자가 실제로는 심신상실 또는 항거불능의 상태에 있지 않은 경우에는, 실행의 수단 또는 대상의 착오로 인하여 준강간죄에서 규정하고 있는 구성요건적 결과의 발생이 처음부터 불가능하였고 실제로 그러한 결과가 발생하였다고 할 수 없다. 피고인이 준강간의 실행에 착수하였으나 범죄가 기수에 이르지 못하였으므로 준강간죄의 미수범이 성립한다. 피고인이 행위 당시에 인식한 사정을 놓고 일반인이 객관적으로 판단하여 보았을 때 준강간의 결과가 발생할 위험성이 있었으므로 준강간죄의 불능미수가 성립한다(대법원 2019.3.28, 2018도16002 전원합의체).
ㄹ. (×) 형법 제299조에서 정한 준강간죄는 사람의 심신상실 또는 항거불능의 상태를 이용하여 간음함으로써 성립하는 범죄로서, 정신적·신체적 사정으로 인하여 성적인 자기방어를 할 수 없는 사람의 성적 자기결정권을 보호법익으로 한다. 심신상실 또는 항거불능의 상태는 피해자인 사람에게 존재하여야 하므로 준강간죄에서 행위의 대상은 '심신상실 또는 항거불능의 상태에 있는 사람'이다. 그리고 구성요건에 해당하는 행위는 그러한 '심신상실 또는 항거불능의 상태를 이용하여 간음'하는 것이다. 심신상실 또는 항거불능의 상태에 있는 사람에 대하여 그 사람의 그러한 상태를 이용하여 간음행위를 하면 구성요건이 충족되어 준강간죄가 기수에 이른다(대법원 2019.3.28, 2018도16002 전원합의체).
ㅁ. (○) 대법원 2019.3.28, 2018도16002

정답 ①

강간과 추행의 죄에 관한 설명으로 가장 적절한 것은? (다툼이 있는 경우 판례에 의함)

① 「형법」 제299조의 준강제추행죄는 정신적·신체적 사정으로 인하여 성적인 자기방어를 할 수 없는 사람의 성적 자기결정권을 보호해주는 것을 보호법익으로 하며, 그 성적 자기결정권은 원치 않는 성적 관계를 거부할 권리라는 소극적 측면을 말한다.

② 범인이 피해자를 촬영하기 위하여 육안 또는 캠코더의 줌기능을 이용하여 피해자가 있는지 여부를 탐색하다가 피해자를 발견하지 못하고 촬영을 포기하였더라도 이는 촬영을 위한 준비행위를 한 것으로 성폭력범죄의 처벌 등에 관한특례법위반(카메라등이용촬영)죄의 실행에 착수한 것이다.

③ 「성폭력범죄의 처벌 등에 관한 특례법」 제14조 제2항에서 유포행위의 한 유형으로 열거하고 있는 '공공연한 전시'란 불특정 또는 다수인이 촬영물 등을 인식할 수 있는 상태에 두는 것을 의미하고, 따라서 촬영물 등의 '공공연한 전시'로 인한 범죄는 불특정 또는 다수인이 전시된 촬영물 등을 실제 인식하지 못하였다면 성립하지 않는다.

④ '강제추행'이란 객관적으로 일반인에게 성적 불쾌감이나 혐오감을 일으키게 하고 선량한 성적 도덕관념에 반하는 행위로서 피해자의 성적 자유를 침해하는 것이므로 강제추행죄의 성립에 필요한 주관적 구성요건으로는 성욕을 자극·흥분·만족시키려는 주관적 동기나 목적이 있어야 한다.

해설 　출제영역 | 강간과 추행의 죄 종합

① (○) 형법 제299조는 '사람의 심신상실 또는 항거불능의 상태를 이용하여 추행을 한 자'를 처벌하도록 규정한다. 이러한 준강제추행죄는 정신적·신체적 사정으로 인하여 성적인 자기방어를 할 수 없는 사람의 성적 자기결정권을 보호해 주는 것을 보호법익으로 하며, 그 성적 자기결정권은 원치 않는 성적 관계를 거부할 권리라는 소극적 측면을 말한다(대법원 2021.2.4. 2018도9781).

② (×) 범인이 피해자를 촬영하기 위하여 육안 또는 캠코더의 줌기능을 이용하여 피해자가 있는지 여부를 탐색하다가 피해자를 발견하지 못하고 촬영을 포기한 경우에는 촬영을 위한 준비행위에 불과하여 성폭력처벌법위반(카메라등이용촬영)죄의 실행에 착수한 것으로 볼 수 없다(대법원 2021.8.12. 2021도7035).

③ (×) 구 성폭력처벌법 제14조 제2항에서 유포 행위의 한 유형으로 열거하고 있는 '공공연한 전시'란 불특정 또는 다수인이 촬영물 등을 인식할 수 있는 상태에 두는 것을 의미하고, 촬영물 등의 '공공연한 전시'로 인한 범죄는 불특정 또는 다수인이 전시된 촬영물 등을 실제 인식하지 못했다고 하더라도 촬영물 등을 위와 같은 상태에 둠으로써 성립한다(대법원 2022.6.9. 2022도1683).

④ (×) 추행이라 함은 객관적으로 일반인에게 성적 수치심이나 혐오감을 일으키게 하고 선량한 성적 도덕관념에 반하는 행위로서 피해자의 성적 자유를 침해하는 것이라고 할 것이고, … 강제추행죄의 성립에 필요한 주관적 구성요건요소는 고의만으로 충분하고, 그 외에 성욕을 자극·흥분·만족시키려는 주관적 동기나 목적까지 있어야 하는 것은 아니다(대법원 2020.12.24. 2020도7981).

정답 ①

추행행위에 관한 다음 설명 중 가장 옳지 않은 것은? (아래 답항에서 A는 남성, B는 여성임) (다툼이 있는 경우 판례에 의하고, 전원합의체 판결의 경우 다수의견에 의함)

① 강제추행죄는 상대방에 대하여 폭행 또는 협박을 가하여 항거를 곤란하게 한 뒤에 추행행위를 하는 경우뿐만 아니라 폭행행위 자체가 추행행위라고 인정되는 이른바 기습추행의 경우도 포함된다. 특히 기습추행의 경우 추행행위와 동시에 저질러지는 폭행행위는 반드시 상대방의 의사를 억압할 정도의 것임을 요하지 않고 상대방의 의사에 반하는 유형력의 행사가 있기만 하면 그 힘의 대소강약을 불문한다.

② 프랜차이즈 회사를 운영하는 A가 그 가맹점에서 근무하는 B를 비롯한 직원들과 회식을 하던 중 B를 자신의 옆자리에 앉힌 후 B에게 귓속말로 '일하는 것 어렵지 않냐. 힘든 것 있으면 말하라'고 하면서 갑자기 B의 볼에 입을 맞추고, 이에 놀란 B가 '하지 마세요'라고 하였음에도, 계속하여 '괜찮다. 힘든 것 있으면 말해라. 무슨 일이든 해결해 줄 수 있다'고 하면서 오른손으로 B의 오른쪽 허벅지를 쓰다듬은 행위는 강제추행에 해당한다.

③ A가 B 등을 협박하여 겁을 먹은 B 등으로 하여금 어쩔 수 없이 나체나 속옷만 입은 상태가 되게 하여 스스로를 촬영하게 하거나, 성기에 이물질을 삽입하거나 자위를 하는 등의 행위를 하게 하였다면, 이러한 행위는 B 등을 도구로 삼아 B 등의 신체를 이용하여 그 성적 자유를 침해한 행위로서, A가 직접 위와 같은 행위들을 하지 않았다거나 B 등의 신체에 대한 직접적인 접촉이 없었다고 하더라도 강제추행의 범죄를 실현한 것으로 평가할 수 있다.

④ 교사 A가 제자인 중학생 B의 얼굴에 자신의 얼굴을 들이밀면서 비비는 행위나 B의 귀를 쓸어 만지는 행위는 B의 성적 자유를 침해할 뿐만 아니라 일반인에게도 성적 수치심이나 혐오감을 일으키게 하는 추행행위에 해당한다.

⑤ A가 자신의 집무실에서 아침 보고를 하는 자신의 비서 B에게 '이쁘다'고 칭찬하며 B의 허리를 손으로 껴안는 방법으로 포옹하고, 같은 날 퇴근 보고를 하는 B에게 '학원에 태워줄까'라고 하면서 양손으로 B를 포옹하였더라도, 성적 수치심이나 혐오감을 일으키게 하는 추행행위에 해당한다고 보기 어렵다.

해설 　출제영역 | 자유, 강간과 추행

⑤ (×) (원심 – 서울남부지법 2019.6.7. 2018노1111 – 은 피해자가 비서로 재직하는 동안 피고인이 피해자에게 여러 차례 포옹 등의 신체접촉을 하였던 것으로 보인다고 인정하면서도, 피고인이 위

공소사실 기재 각 일시, 장소에서 그와 같은 방법으로 피해자를 강제로 추행하였다는 피해자의 진술을 그대로 믿기 어렵다고 보았는데) 원심이 피해자 진술의 신빙성을 배척하여 이 부분 공소사실을 무죄로 판단한 데에는 논리와 경험의 법칙을 위반하여 자유심증주의의 한계를 벗어나거나 피해자 진술의 신빙성 판단에 관한 법리를 오해하여 판결에 영향을 미친 잘못이 있다(성적 수치심이나 혐오감을 일으키게 하는 추행행위에 해당한다고 본 사례, 대법원 2019.9.26, 2019도8583).

① (×) 원래 이 지문은 옳은 지문이었는데, 2023년 9월 전원합의체 판결에 의하여 전단 부분이 틀린 것이 되었다. 즉, 강제추행죄는 상대방에 대하여 폭행 또는 협박을 가하여 추행행위를 하는 경우에는 '폭행 또는 협박'은 상대방의 항거를 곤란하게 할 정도로 강력할 것이 요구되지 아니한다(대법원 2023.9.21, 2018도13877 전원합의체)(따라서 전단 부분이 틀림). 뿐만 아니라 폭행행위 자체가 추행행위라고 인정되는 경우도 포함되며, 이 경우의 폭행은 반드시 상대방의 의사를 억압할 정도의 것이어야 하는 것도 아니다(대법원 2002.4.26, 2001도2417)(후단 부분은 원래부터 틀린 것임).

② (○) 대법원 2020.3.26, 2019도15994

③ (○) 강제추행죄는 사람의 성적 자유 내지 성적 자기결정의 자유를 보호하기 위한 죄로서 정범 자신이 직접 범죄를 실행하여야 성립하는 자수범이라고 볼 수 없으므로, 처벌되지 아니하는 타인을 도구로 삼아 피해자를 강제로 추행하는 간접정범의 형태로도 범할 수 있다. 여기서 강제추행에 관한 간접정범의 의사를 실현하는 도구로서의 타인에는 피해자도 포함될 수 있으므로, 피해자를 도구로 삼아 피해자의 신체를 이용하여 추행행위를 한 경우에도 강제추행죄의 간접정범에 해당할 수 있다(대법원 2018.2.8, 2016도17733).

④ (○) 대법원 2015.11.12, 2012도8767

정답 ①, ⑤

026 ✓ 유사 ◆◆◆ 경찰2차 2021 변형

강간과 추행의 죄에 대한 설명으로 옳은 것을 모두 고른 것은? (다툼이 있는 경우 판례에 의함)

ㄱ 성인 甲은 스마트폰 채팅을 통하여 알게 된 A(14세)에게 자신을 '고등학생 乙'이라고 속여 채팅을 통해 교제하던 중 스토킹하는 여성 때문에 힘들다며 그 여성을 떼어내려면 자신의 선배와 성관계를 하여야 한다는 취지로 A에게 이야기하고, 甲과 헤어지는 것이 두려워 이를 승낙한 A를 마치 자신이 乙의 선배인 것처럼 행세하여 간음한 경우, A가 간음 행위와 불가분적 관련성이 인정되지 않는 다른 조건에 관하여 甲에게 속았던 것이기에 甲은 아동·청소년의 성보호에 관한 법률위반죄(위계등간음)로 처벌되지 아니한다.

ㄴ 피해자가 깊은 잠에 빠져 있거나 술·약물 등에 의해 일시적으로 의식을 잃은 상태 또는 완전히 의식을 잃지는 않았더라도 그와 같은 사유로 정상적인 판단능력과 대응·조절 능력을 행사할 수 없는 상태에 있었다면 이는 준강간죄 또는 준강제추행죄에서의 심신상실 또는 항거불능 상태에 해당한다.

ㄷ 「성폭력범죄의 처벌 등에 관한 특례법」 제10조 제1항에서 정한 '업무, 고용이나 그 밖의 관계로 인하여 자기의 보호, 감독을 받는 사람'에는 직장 안에서 보호 또는 감독을 받거나 사실상 보호 또는 감독을 받는 상황에 있는 사람뿐만 아니라 채용 절차에서 영향력의 범위 안에 있는 사람도 포함된다.

ㄹ 甲이 A를 강간할 목적으로 자고 있는 A의 가슴과 엉덩이를 만지다가 A가 깨어 소리치자 도망간 경우에는 강간의 실행의 착수가 인정되지 않아 甲의 행위는 현행 「형법」상 범죄로 처벌할 수 없다.

① ㄱ, ㄴ 　　　　② ㄴ, ㄷ
③ ㄴ, ㄹ 　　　　④ ㄷ, ㄹ

해설 출제영역 | 자유, 강간과 추행

ㄱ (×) 피고인은 간음의 목적으로 피해자에게 오인, 착각, 부지를 일으키고 피해자의 그러한 심적 상태를 이용하여 피해자를 간음한 것이므로 피고인의 간음행위는 위계에 의한 것이라고 평가할 수 있다(대법원 2020.8.27, 2015도9436 전원합의체).

ㄴ (○) 대법원 2021.2.4, 2018도9781
[보충] 음주 후 준강간 또는 준강제추행을 당하였음을 호소한 피해자의 경우, 범행 당시 알코올이 위의 기억형성의 실패만을 야기한 알코올 블랙아웃 상태였다면 피해자는 기억장애 외에 인지기능이나 의식 상태의 장애에 이르렀다고 인정하기 어렵지만, 이에 비하여 피해자가 술에 취해 수면상태에 빠지는 등 의식을 상실한 패싱아웃 상태였다면 심신상실의 상태에 있었음을 인정할 수 있다. 또한 '준강간죄 또는 준강제추행죄에서의 심신상실·항거불능'의 개념에 비추어, 피해자가 의식상실 상태에 빠져 있지는 않지만 알코올의 영향으로 의사를 형성할 능력이나 성적 자기결정권 침해행위에 맞서려는 저항력이 현저하게 저하된 상태였다면 '항거불능'에 해당하여, 이러한 피해자에 대한 성적 행위 역

시 준강간죄 또는 준강제추행죄를 구성할 수 있다. … 또한 피해사실 전후의 객관적 정황상 피해자가 심신상실 등이 의심될 정도로 비정상적인 상태에 있었음이 밝혀진 경우 혹은 피해자와 피고인의 관계 등에 비추어 피해자가 정상적인 상태하에서라면 피고인과 성적 관계를 맺거나 이에 수동적으로나마 동의하리라고 도저히 기대하기 어려운 사정이 인정되는데도, 피해자의 단편적인 모습만으로 피해자가 단순히 '알코올 블랙아웃'에 해당하여 심신상실 상태에 있지 않았다고 단정하여서는 안 된다(위 판례).

© (○) 대법원 2020.7.9, 2020도5646

② (×) 강간죄의 실행의 착수가 있었다고 하려면 강간의 수단으로서 폭행이나 협박을 한 사실이 있어야 할 터인데 피고인이 강간할 목적으로 피해자의 집에 침입하였다 하더라도 안방에 들어가 누워 자고 있는 피해자의 가슴과 엉덩이를 만지면서 간음을 기도하였다는 사실만으로는 강간의 수단으로 피해자에게 폭행이나 협박을 개시하였다고 하기는 어렵다(대법원 1990.5.25, 90도607)는 판례가 있으나 이는 구 형법에 따른 것이고, 2020.5.19. 신설 형법 제305조의3에 의하여 강간죄 및 준강간죄의 예비·음모로 보아 처벌할 수 있다.

정답 ②

---

027 ✓ 유사 ◆◆◇

다음 설명 중 옳은 것은? (다툼이 있는 경우 판례에 의함)

① 강제추행죄는 정범 자신이 직접 범죄를 실행하여야 성립하는 자수범이지만, 피해자를 도구로 삼아 피해자의 신체를 이용하여 추행행위를 한 경우에도 강제추행죄의 간접정범에 해당할 수 있다.

② 피해자가 심신상실 또는 항거불능의 상태에 있다고 인식하고 그러한 상태를 이용하여 간음할 의사로 피해자를 간음하였으나 피해자가 실제로는 심신상실 또는 항거불능의 상태에 있지 않았던 경우, 준강간죄의 미수범이 성립한다.

③ 계좌명의인이 개설한 예금계좌가 사기 범행에 이용되어 그 계좌에 피해자가 사기피해금을 송금·이체한 경우, 해당 계좌의 명의인은 피해자를 위하여 사기피해금을 보관하는 지위에 있다고 볼 수 없다.

④ 손자가 할아버지 소유 예금통장을 절취하여 이를 현금자동지급기에 넣고 조작하는 방법으로 예금 잔고를 자신의 거래은행 계좌로 이체한 경우, 손자에게 형법상 친족상도례를 적용할 수 있다.

해설 | 출제영역ㅣ 강제추행죄, 준강간죄

② (○) 피고인이 피해자가 심신상실 또는 항거불능의 상태에 있다고 인식하고 그러한 상태를 이용하여 간음할 의사로 피해자를 간음하였으나 피해자가 실제로는 심신상실 또는 항거불능의 상태에 있지 않은 경우에는, 실행의 수단 또는 대상의 착오로 인하여 준강간죄에서 규정하고 있는 구성요건적 결과의 발생이 처음부터 불가능하였고 실제로 그러한 결과가 발생하였다고 할 수 없다. 피고인이 준강간의 실행에 착수하였으나 범죄가 기수에 이르지 못하였으므로 준강간죄의 미수범이 성립한다. 피고인이 행위 당시에 인식한 사정을 놓고 일반인이 객관적으로 판단하여 보았

을 때 준강간의 결과가 발생할 위험성이 있었으므로 준강간죄의 불능미수가 성립한다(대법원 2019.3.28, 2018도16002 전원합의체).

① (×) 강제추행죄는 사람의 성적 자유 내지 성적 자기결정의 자유를 보호하기 위한 죄로서 정범 자신이 직접 범죄를 실행하여야 성립하는 자수범이라고 볼 수 없으므로, 처벌되지 아니하는 타인을 도구로 삼아 피해자를 강제로 추행하는 간접정범의 형태로도 범할 수 있다. 여기서 강제추행에 관한 간접정범의 의사를 실현하는 도구로서의 타인에는 피해자도 포함될 수 있으므로, 피해자를 도구로 삼아 피해자의 신체를 이용하여 추행행위를 한 경우에도 강제추행죄의 간접정범에 해당할 수 있다(대법원 2018.2.8, 2016도17733).

③ (×) 계좌명의인이 개설한 예금계좌가 전기통신금융사기 범행에 이용되어 그 계좌에 피해자가 사기피해금을 송금·이체한 경우에도 마찬가지로 적용된다. 계좌명의인은 피해자와 사이에 아무런 법률관계 없이 송금·이체된 사기피해금 상당의 돈을 피해자에게 반환하여야 하므로, 피해자를 위하여 사기피해금을 보관하는 지위에 있다고 보아야 하고, 만약 계좌명의인이 그 돈을 영득할 의사로 인출하면 피해자에 대한 횡령죄가 성립한다(대법원 2018. 7.19, 2017도17494 전원합의체).

④ (×) 손자가 할아버지 소유 농업협동조합 예금통장을 절취하여 이를 현금자동지급기에 넣고 조작하는 방법으로 예금 잔고를 자신의 거래 은행 계좌로 이체한 경우, 위 농업협동조합이 컴퓨터 등 사용사기 범행 부분의 피해자이므로 친족상도례를 적용할 수 없다(대법원 2007.3.15, 2006도2704).

정답 ②

028 ✓ 유사 ◆◆◇

다음 사례에 관한 설명 중 가장 적절한 것은? (다툼이 있는 경우 판례에 의함)

① 甲은 A(만 10세)를 약취한 후 강간을 목적으로 상해 등을 가하고 나아가 강간 및 살해하고자 하였으나 미수에 그친 경우, 甲에게는 약취한 미성년자에 대한 상해 등으로 인한 특정범죄가중처벌 등에 관한 법률 위반죄와 미성년자에 대한 강간 및 살인미수행위로 인한 성폭력범죄의 처벌 등에 관한 특례법위반죄가 성립하고, 양자는 상해의 결과가 피해자에 대한 강간 및 살인미수행위 과정에서 발생한 것이기에 상상적 경합의 관계에 있다.

② 甲이 상대방에게 성적 수치심을 일으키는 그림 등이 담겨 있는 웹페이지에 대한 인터넷 링크를 A에게 보낸 경우, A가 그 링크를 이용하여 별다른 제한 없이 이에 바로 접할 수 있는 상태가 조성되었는지 여부를 묻지 않고 甲에게는 성폭력범죄의 처벌 등에 관한 특례법 위반(통신매체이용음란)죄가 성립한다.

③ 甲이 용변을 보고 있는 사람을 촬영하기 위해 자신의 휴대전화의 카메라 기능을 켜고 A가 있는 화장실 칸 너머로 휴대전화를 든 손을 넘겼으나, A가 놀라 소리를 질러 실제 촬영은 하지 못한 경우, 甲의 행위는 성폭력범죄의 처벌 등에 관한 특례법위반(카메라등이용촬영)죄의 실행에 착수했다고 볼 수 없다.

④ 군인 甲은 자신의 독신자 숙소에서 군인 A와 서로 키스, 구강성교나 항문성교를 하는 방법으로 추행하고, 군인 乙은 자신의 독신자 숙소에서 동일한 방법으로 甲과 추행한 경우, 이는 독신자 숙소에서 휴일 또는 근무시간 이후에 성인 남성들의 자유로운 의사에 기초한 합의된 행위로 「군형법」제92조의6에서 처벌대상으로 규정한 '항문성교나 그 밖의 추행'에 해당하지 아니한다.

[해설] **출제영역 |** 강간과 추행의 죄 종합

④ (○) 대법원 2022.4.21, 2019도3047 전원합의체

> [판례] 군형법 제92조의6의 문언, 개정 연혁, 보호법익과 헌법 규정을 비롯한 전체 법질서의 변화를 종합적으로 고려하면, 위 규정은 동성인 군인 사이의 항문성교나 그 밖에 이와 유사한 행위가 <u>사적 공간에서 자발적 의사 합치에 따라 이루어지는 등 군이라는 공동사회의 건전한 생활과 군기를 직접적, 구체적으로 침해한 것으로 보기 어려운 경우에는 적용되지 않는다</u>고 봄이 타당하다. 군인인 피고인 甲은 자신의 독신자 숙소에서 군인 乙과 서로 키스, 구강성교나 항문성교를 하는 방법으로 추행하고, 군인인 피고인 丙은 자신의 독신자 숙소에서 동일한 방법으로 피고인 甲과 추행하였다고 하여 군형법 위반으로 기소된 경우, 피고인들과 乙은 모두 남성 군인으로 당시 피고인들의 독신자 숙소에서 휴일 또는 근무시간 이후에 자유로운 의사를 기초로 한 합의에 따라 항문성교나 그 밖의 성행위를 한 점 등에 비추어 피고인들의 행위

는 군형법 제92조의6에서 처벌대상으로 규정한 '항문성교나 그 밖의 추행'에 해당하지 않는다(대법원 2022.4.21, 2019도3047 전원합의체).

① (×) 미성년자인 피해자를 약취한 후에 강간을 목적으로 피해자에게 가혹한 행위 및 상해를 가하고 나아가 그 피해자에 대한 강간 및 살인미수를 범하였다면, 이에 대하여는 <u>약취한 미성년자에 대한 상해 등으로 인한 특정범죄 가중처벌 등에 관한 법률 위반죄 및 미성년자인 피해자에 대한 강간 및 살인미수행위로 인한 성폭력범죄의 처벌 등에 관한 특례법 위반죄가 각 성립하고, 설령 상해의 결과가 피해자에 대한 강간 및 살인미수행위 과정에서 발생한 것이라 하더라도 위 각 죄는 서로 형법 제37조 전단의 실체적 경합범 관계에 있다</u>(대법원 2014.2.27, 2013도12301).

② (×) 행위자의 의사와 그 내용, 웹페이지의 성격과 사용된 링크 기술의 구체적인 방식 등 모든 사정을 종합하여 볼 때 상대방에게 성적 수치심을 일으키는 그림 등이 담겨 있는 웹페이지 등에 대한 인터넷 링크(internet link)를 보내는 행위를 통해 그와 같은 그림 등이 상대방에 의하여 인식될 수 있는 상태에 놓이고 실질에 있어서 이를 직접 전달하는 것과 다를 바 없다고 평가되고, 이에 따라 <u>상대방이 이러한 링크를 이용하여 별다른 제한 없이 성적 수치심을 일으키는 그림 등에 바로 접할 수 있는 상태가 실제로 조성되었다면, 그러한 행위는 전체로 보아 성적 수치심을 일으키는 그림 등을 상대방에게 도달하게 한다는 구성요건을 충족한다</u>(대법원 2017.6.8, 2016도21389).

③ (×) 범인이 카메라 기능이 설치된 휴대전화를 피해자의 치마 밑으로 들이밀거나, 피해자가 용변을 보고 있는 화장실 칸 밑 공간 사이로 집어넣는 등 <u>카메라 등 이용 촬영 범행에 밀접한 행위를 개시한 경우에는 성폭력처벌법 위반(카메라등이용촬영)죄의 실행에 착수하였다고 볼 수 있다</u>(대법원 2021.3.25, 2021도749).

[정답] ④

다음 중 형법상 위계에 의한 간음죄에 대한 설명으로 가장 잘못된 것은? (다툼이 있으면 판례에 의함)

① 위계에 의한 간음죄를 벌하는 것은 결국 미성년자나 심신미약자, 피보호자·피감독자 등의 소극적·적극적 성적 자기결정권을 보호하려는 것이다.

② 아동·청소년이 외관상 성적 결정 또는 동의로 보이는 언동을 하였다 하더라도, 그것이 타인의 기망이나 왜곡된 신뢰관계의 이용에 의한 것이라면, 이를 아동·청소년의 온전한 성적자기결정권의 행사로 보아서는 안 된다.

③ 아동·청소년, 미성년자, 심신미약자, 피보호자·피감독자, 장애인 등의 성적 자기결정 능력은 그 나이, 성장과정, 환경, 지능 내지 정신기능 장애의 정도 등에 따라 개인별로 차이가 있으므로 간음행위와 인과관계가 있는 위계 여부를 판단함에 있어서는 구체적인 범행 상황에 놓인 피해자의 입장과 관점이 충분히 고려되어야 하고, 일반적·평균적 판단능력을 갖춘 성인 또는 충분한 보호와 교육을 받은 또래의 시각에서 인과관계를 쉽사리 부정하여서는 안 된다.

④ 위계에 의한 간음죄에서 행위자가 간음의 목적으로 상대방에게 일으킨 오인, 착각, 부지는 간음행위 자체에 대한 오인, 착각, 부지를 말하는 것이지 간음행위와 불가분적 관련성이 인정되지 않는 다른 조건에 관한 오인, 착각, 부지를 가리키는 것은 아니다.

해설 **출제영역ㅣ위계에 의한 간음죄**

④ (✕) 위계에 의한 간음죄에서 '위계'란 행위자의 행위목적을 달성하기 위하여 피해자에게 오인, 착각, 부지를 일으키게 하여 이를 이용하는 것을 말한다. 이러한 위계의 개념 및 성폭력범행에 특히 취약한 사람을 보호하고 행위자를 강력하게 처벌하려는 입법태도, 피해자의 인지적·심리적·관계적 특성으로 온전한 성적 자기결정권 행사를 기대하기 어려운 사정 등을 종합하면, 행위자가 간음의 목적으로 피해자에게 오인, 착각, 부지를 일으키고 피해자의 그러한 심적 상태를 이용하여 간음의 목적을 달성하였다면 위계와 간음행위 사이의 인과관계를 인정할 수 있고, 따라서 위계에 의한 간음죄가 성립한다(대법원 2020.8.27, 2015도9436 전원합의체).

[참고] **미성년자 등에 대한 위계에 의한 간음죄에 관한 판례의 변경**

원심은, 위계에 의한 간음죄에서 행위자가 간음의 목적으로 상대방에게 일으킨 오인, 착각, 부지는 간음행위 자체에 대한 오인, 착각, 부지를 말하는 것이지 간음행위와 불가분적 관련성이 인정되지 않는 다른 조건에 관한 오인, 착각, 부지를 가리키는 것은 아니라고 보아야 한다는 종전 판례에 따라 이 사건 공소사실을 무죄로 판단하였으나, 대법원은 행위자가 간음의 목적으로 피해자에게 오인, 착각, 부지를 일으키고 피해자의 그러한 심적 상태를 이용하여 간음의 목적을 달성하였다면 위계와 간음행위 사이의 인과관계를 인정할 수 있다고 보아 이와 다른 취지의 종전 판례를 변경하고, 이 사건 공소사실을 무죄로 판단한 원심판결을 파기한 것이다.

① (○) 성적 자기결정권은 스스로 선택한 인생관 등을 바탕으로 사회공동체 안에서 각자가 독자적으로 성적 관념을 확립하고 이에 따라 사생활의 영역에서 자기 스스로 내린 성적 결정에 따라 자기책임 하에 상대방을 선택하고 성관계를 가질 권리로 이해된다. 여기에는 자신이 하고자 하는 성행위를 결정할 권리라는 적극적 측면과 함께 원치 않는 성행위를 거부할 권리라는 소극적 측면이 함께 존재하는데, 위계에 의한 간음죄를 비롯한 강간과 추행의 죄는 소극적 성적 자기결정권을 침해하는 것을 내용으로 한다(대법원 2020.8.27, 2015도9436 전원합의체).

② (○) 아동·청소년이 외관상 성적 결정 또는 동의로 보이는 언동을 하였더라도, 그것이 타인의 기망이나 왜곡된 신뢰관계의 이용에 의한 것이라면, 이를 아동·청소년의 온전한 성적 자기결정권의 행사에 의한 것이라고 평가하기 어렵다(대법원 2020.8.27, 2015도9436 전원합의체).

③ (○) 위계에 의한 간음죄가 보호대상으로 삼는 아동·청소년, 미성년자, 심신미약자, 피보호자·피감독자, 장애인 등의 성적 자기결정 능력은 그 나이, 성장과정, 환경, 지능 내지 정신기능 장애의 정도 등에 따라 개인별로 차이가 있으므로 간음행위와 인과관계가 있는 위계에 해당하는지 여부를 판단할 때에는 구체적인 범행 상황에 놓인 피해자의 입장과 관점이 충분히 고려되어야 하고, 일반적·평균적 판단능력을 갖춘 성인 또는 충분한 보호와 교육을 받은 또래의 시각에서 인과관계를 쉽사리 부정하여서는 안 된다(대법원 2020.8.27, 2015도9436 전원합의체).

정답 ④

030 ☑ 유사 ◆◆◇ 　　　　　　　　　　　　국가9급 2022

강간과 추행의 죄에 대한 설명으로 옳지 않은 것은? (다툼이 있는 경우 판례에 의함)

① 피고인이 아파트 엘리베이터 내에 A(여, 11세)와 단둘이 탄 다음 A를 향하여 성기를 꺼내어 잡고 여러 방향으로 움직이다가 이를 보고 놀란 A 쪽으로 가까이 다가간 경우, 피고인이 A의 신체에 직접적인 접촉을 하지 아니하였고, 엘리베이터가 멈춘 후 A가 위 상황에서 바로 벗어날 수 있었으므로 피고인의 행위는 「성폭력범죄의 처벌 등에 관한 특례법」 제7조 제5항에서 정한 위력에 의한 추행에 해당하지 않는다.

② '미성년자 또는 심신미약자에 대하여 위계 또는 위력으로써 간음 또는 추행'한 자를 처벌하는 「형법」 제302조는, 미성년자나 심신미약자와 같이 판단능력이나 대처능력이 일반인에 비하여 낮은 사람은 낮은 정도의 유·무형력의 행사에 의해서도 저항을 제대로 하지 못하고 피해를 입을 가능성이 있기 때문에 범죄의 성립요건을 강간죄나 강제추행죄보다 완화된 형태로 규정한 것이다.

③ 피해자가 깊은 잠에 빠져 있거나 술·약물 등에 의해 일시적으로 의식을 잃은 상태 또는 완전히 의식을 잃지는 않았더라도 그와 같은 사유로 정상적인 판단능력과 대응·조절능력을 행사할 수 없는 상태에 있었다면 이는 준강간죄 또는 준강제추행죄에서의 심신상실 또는 항거불능 상태에 해당한다.

④ 「성폭력범죄의 처벌 등에 관한 특례법」 제10조 제1항에서 정한 '업무, 고용이나 그 밖의 관계로 인하여 자기의 보호, 감독을 받는 사람'에는 직장 안에서 보호 또는 감독을 받거나 사실상 보호 또는 감독을 받는 상황에 있는 사람뿐만 아니라 채용 절차에서 영향력의 범위 안에 있는 사람도 포함된다.

[해설] 출제영역 | 강간과 추행의 죄 종합

① (×) 피고인이 아파트 엘리베이터 내에 13세 미만인 甲(여, 11세)과 단둘이 탄 다음 甲을 향하여 성기를 꺼내어 잡고 여러 방향으로 움직이다가 이를 보고 놀란 甲 쪽으로 가까이 다가간 행위는 성폭력범죄의 처벌 등에 관한 특례법상 위력에 의한 추행에 해당한다(대법원 2013.1.16, 2011도7164,2011전도124).

② (○) 형법 제302조는 "미성년자 또는 심신미약자에 대하여 위계 또는 위력으로써 간음 또는 추행을 한 자는 5년 이하의 징역에 처한다."라고 규정하고 있다. 형법은 제2편 제32장에서 '강간과 추행의 죄'를 규정하고 있는데, 이 장에 규정된 죄는 모두 개인의 성적 자유 또는 성적 자기결정권을 침해하는 것을 내용으로 한다. 여기에서 '성적 자유'는 적극적으로 성행위를 할 수 있는 자유가 아니라 소극적으로 원치 않는 성행위를 하지 않을 자유를 말하고, '성적 자기결정권'은 성행위를 할 것인가 여부, 성행위를 할 때 상대방을 누구로 할 것인가 여부, 성행위의 방법 등을 스스로 결정할 수 있는 권리를 의미한다. 형법 제32장의 죄의 기본적 구성요건은 강간죄(제297조)나 강제추행죄(제298조)인데, 이 죄는 미성년자나 심신미약자와 같이 판단능력이나 대처능력이 일

반인에 비하여 낮은 사람은 낮은 정도의 유·무형력의 행사에 의해서도 저항을 제대로 하지 못하고 피해를 입을 가능성이 있기 때문에 범죄의 성립요건을 보다 완화된 형태로 규정한 것이다(대법원 2019.6.13, 2019도3341).

③ (○) 준강간죄에서 '심신상실'이란 정신기능의 장애로 인하여 성적 행위에 대한 정상적인 판단능력이 없는 상태를 의미하고, '항거불능'의 상태라 함은 심신상실 이외의 원인으로 심리적 또는 물리적으로 반항이 절대적으로 불가능하거나 현저히 곤란한 경우를 의미한다(대법원 2006.2.23, 2005도9422; 2012.6.28, 2012도2631 등). 이는 준강제추행죄의 경우에도 마찬가지이다. 피해자가 깊은 잠에 빠져 있거나 술·약물 등에 의해 일시적으로 의식을 잃은 상태 또는 완전히 의식을 잃지는 않았더라도 그와 같은 사유로 정상적인 판단능력과 대응·조절능력을 행사할 수 없는 상태에 있었다면 준강간죄 또는 준강제추행죄에서의 심신상실 또는 항거불능 상태에 해당한다(대법원 2021.2.4, 2018도9781).

[보충] 피해사실 전후의 객관적 정황상 피해자가 심신상실 등이 의심될 정도로 비정상적인 상태에 있었음이 밝혀진 경우 혹은 피해자와 피고인의 관계 등에 비추어 피해자가 정상적인 상태하에서라면 피고인과 성적 관계를 맺거나 이에 수동적으로나마 동의하리라고 도저히 기대하기 어려운 사정이 인정되는데도, 피해자의 단편적인 모습만으로 피해자가 단순히 '알코올 블랙아웃'에 해당하여 심신상실 상태에 있지 않았다고 단정하여서는 안된다(위 판례).

④ (○) 편의점 업주인 피고인이 아르바이트 구인 광고를 보고 연락한 甲을 채용을 빌미로 불러내 면접을 한 후 자신의 집으로 유인하여 甲의 성기를 만지고 甲에게 피고인의 성기를 만지게 한 행위는 피고인이 채용 권한을 가지고 있는 지위를 이용하여 甲의 자유의사를 제압하여 甲을 추행하였다고 볼 수 있어 성폭력범죄의 처벌 등에 관한 특례법 위반(업무상위력등에의한추행)죄를 구성한다(대법원 2020.7.9, 2020도5646).

[정답] ①

다음 설명 중 옳은 것을 모두 고른 것은? (다툼이 있는 경우 판례에 의함)

ㄱ. 甲이 새벽에 귀가하는 A(25세, 여)를 발견하고는 강간하기로 마음먹고, A를 따라가 A가 거주하는 아파트 엘리베이터를 같이 탄 뒤 엘리베이터 안에서 주먹으로 A의 얼굴을 수회 때려 반항을 억압한 후 A를 끌고 엘리베이터에서 내린 다음 아파트 계단에서 A를 간음하고 그로 인하여 A에게 상해를 가한 경우, 아파트의 엘리베이터, 공용계단은 특별한 사정이 없는 한 주거침입죄의 객체인 '사람의 주거'에 해당하므로 甲에게는 성폭력범죄의처벌등에관한특례법위반(강간등상해)죄가 성립한다.

ㄴ. 甲이 야간에 A(26세, 여)의 주거에 침입하여 A에게 칼을 들이대고 협박하여 A의 반항을 억압한 상태에서 강간행위를 실행하던 도중 범행현장에 있던 A 소유의 핸드백을 뺏은 다음 그 자리에서 강간행위를 계속한 경우, 甲에게는 성폭력범죄의처벌등에관한특례법위반(특수강간)죄와 특수강도죄가 성립하고 양 죄는 실체적 경합범 관계이다.

ㄷ. 甲이 버스에서 내려 혼자 걸어가는 A(27세, 여)를 발견하고 마스크를 착용한 채 뒤따라가다가 인적이 없고 외진 곳에서 가까이 접근하여 껴안으려고 양 팔을 든 순간, A가 뒤돌아보면서 소리치자 甲이 그 상태로 몇 초 동안 A를 쳐다보다가 다시 오던 길로 되돌아간 경우, 甲에게는 강제추행미수죄가 성립한다.

ㄹ. 사리판단력이 있는 고등학교 1년생으로 종전에 성경험이 있었던 A(16세, 여)에게 甲이 성교의 대가로 돈을 주겠다고 거짓말하여 이에 속은 A와 성교행위를 한 경우, 위계로써 아동·청소년을 간음한 경우에 해당하므로, 甲에게는 「형법」상 미성년자간음죄가 아니라 아동·청소년의성보호에관한법률위반(위계등간음)죄가 성립한다.

ㅁ. 甲이 제작한 영상물이 객관적으로 아동·청소년이 등장하여 성적 행위를 하는 내용을 표현한 영상물에 해당하더라도 대상이 된 아동·청소년의 동의하에 촬영한 것이라면, 甲의 행위는 「아동·청소년의 성보호에 관한 법률」상 '아동·청소년이용음란물'을 제작한 것에 해당하지 아니한다.

① ㄱ, ㄴ
② ㄱ, ㄷ, ㄹ
③ ㄴ, ㄹ
④ ㄴ, ㅁ
⑤ ㄷ, ㄹ, ㅁ

해설 출제영역 | 강간과 추행의 죄

ㄱ. (○) 다가구용 단독주택이나 다세대주택·연립주택·아파트 등 공동주택의 내부에 있는 엘리베이터, 공용 계단과 복도는 특별한 사정이 없는 한 주거침입죄의 객체인 '사람의 주거'에 해당하므로 강간할 목적으로 피해자를 따라 피해자가 거주하는 아파트 내부의 엘리베이터에 탄 다음 그 안에서 폭행을 가하여 반항을 억압

한 후 계단으로 끌고 가 피해자를 강간하고 상해를 입힌 경우, 피고인은 성폭력범죄의 처벌 및 피해자보호 등에 관한 법률 제5조 제1항에 정한 주거침입범의 신분을 가지게 되었으므로, 주거침입을 인정하지 않고 강간상해죄만을 선고한 원심판결은 파기되어야 한다(대법원 2009.9.10, 2009도4335).

ㄴ. (✕) 강도강간죄는 강도라는 신분을 가진 범인이 강간죄를 범하였을 때 성립하는 범죄이고 따라서 강간범이 강간행위 후에 강도의 범의를 일으켜 그 부녀의 재물을 강취하는 경우에는 강도강간죄가 아니라 강도죄와 강간죄의 경합범이 성립될 수 있을 뿐이나, 강간범이 강간행위 종료전 즉 그 실행행위의 계속 중에 강도의 행위를 할 경우에는 이때에 바로 강도의 신분을 취득하는 것이므로 이후에 그 자리에서 강간행위를 계속하는 때에는 강도가 부녀를 강간한 때에 해당하여 형법 제339조 소정의 강도강간죄를 구성한다(대법원 1988.9.9, 88도1240).

ㄷ. (○) 피고인의 팔이 피해자의 몸에 닿지는 않았다 하더라도 양팔을 높이 들어 갑자기 뒤에서 피해자를 껴안으려는 행위는 피해자의 의사에 반하는 유형력의 행사로서 폭행행위에 해당하고, 그때에 이른바 '기습추행'에 관한 실행의 착수가 있다고 볼 수 있다. 그런데 마침 피해자가 뒤돌아보면서 '왜 이러세요?'라고 소리치는 바람에 피해자의 몸을 껴안는 추행의 결과에 이르지 못하고 미수에 그친 것이므로, 피고인의 위와 같은 행위는 아동청소년에 대한 강제추행미수죄에 해당한다고 봄이 타당하다(대법원 2015.9.10, 2015도6980).

ㄹ. (○) 본 판례는 최근 전원합의체 판결에 의하여 변경되었으므로 주의를 요한다.
'위계'라 함은 행위자의 행위목적을 달성하기 위하여 피해자에게 오인, 착각, 부지를 일으키게 하여 이를 이용하는 것을 말한다. 행위자가 간음의 목적으로 피해자에게 오인, 착각, 부지를 일으키고 피해자의 그러한 심적 상태를 이용하여 간음의 목적을 달성하였다면 위계와 간음행위 사이의 인과관계를 인정할 수 있고, 따라서 위계에 의한 간음죄가 성립한다. 왜곡된 성적 결정에 기초하여 성행위를 하였다면 왜곡이 발생한 지점이 성행위 그 자체인지 성행위에 이르게 된 동기인지는 성적 자기결정권에 대한 침해가 발생한 것은 마찬가지라는 점에서 핵심적인 부분이라고 하기 어렵다. 피해자가 오인, 착각, 부지에 빠지게 되는 대상은 간음행위 자체일 수도 있고, 간음행위에 이르게 된 동기이거나 간음행위와 결부된 금전적·비금전적 대가와 같은 요소일 수도 있다(대법원 2020.8.27, 2015도9436 전원합의체).

ㅁ. (✕) 제작한 영상물이 객관적으로 아동·청소년이 등장하여 성적 행위를 하는 내용을 표현한 영상물에 해당하는 한 대상이 된 아동·청소년의 동의하에 촬영한 것이라거나 사적인 소지·보관을 1차적 목적으로 제작한 것이라고 하여 구 아청법 제8조 제1항의 '아동·청소년이용음란물'에 해당하지 아니한다거나 이를 '제작'한 것이 아니라고 할 수 없다(대법원 2015.2.12, 2014도11501).

정답 ②

032 ✓ 유사 ◆◆◇ 경찰승진 2022

강간과 추행의 죄에 대한 설명이다. 아래 ㉠부터 ㉢까지의 설명 중 옳고 그름의 표시(O, ×)가 바르게 된 것은? (다툼이 있는 경우 판례에 의함)

> ㉠ 강제추행죄는 자수범이 아니므로 피해자를 도구로 삼아 추행하는 간접정범의 형태로도 범할 수 있다.
>
> ㉡ 甲이 A가 심신상실 또는 항거불능의 상태에 있다고 인식하고 그러한 상태를 이용하여 간음할 의사로 A를 간음하였으나 A가 실제로는 심신상실 또는 항거불능의 상태에 있지 않은 경우에는 준강간죄의 장애미수가 성립한다.
>
> ㉢ 형법 제302조의 위계에 의한 간음죄에서의 '위계'는 간음행위 그 자체에 대한 오인, 착각, 부지를 의미하고, 간음행위에 이르게 된 동기 내지 간음행위와 결부된 금전적 대가와 같은 요소는 위계의 대상이 될 수 없다.
>
> ㉣ 강제추행죄의 '추행'이란 일반인에게 성적 수치심이나 혐오감을 일으키고 선량한 성적 도덕관념에 반하는 행위인 것으로 족하고, 반드시 그 행위의 상대방인 피해자의 성적 자기결정의 자유를 침해할 필요까지는 없다.

① ㉠(O) ㉡(×) ㉢(×) ㉣(O)
② ㉠(O) ㉡(×) ㉢(×) ㉣(×)
③ ㉠(O) ㉡(×) ㉢(O) ㉣(×)
④ ㉠(×) ㉡(O) ㉢(O) ㉣(O)

해설 출제영역 | 강간과 추행의 죄 종합

㉠ (O) 강제추행죄는 사람의 성적 자유 내지 성적 자기결정의 자유를 보호하기 위한 죄로서 정범 자신이 직접 범죄를 실행하여야 성립하는 자수범이라고 볼 수 없으므로, 처벌되지 아니하는 타인을 도구로 삼아 피해자를 강제로 추행하는 간접정범의 형태로도 범할 수 있다. 여기서 강제추행에 관한 간접정범의 의사를 실현하는 도구로서의 타인에는 피해자도 포함될 수 있으므로, 피해자를 도구로 삼아 피해자의 신체를 이용하여 추행행위를 한 경우에도 강제추행죄의 간접정범에 해당할 수 있다(대법원 2018.2.8, 2016도17733).

㉡ (×) 준강간죄의 불능미수가 성립한다(대법원 2019.3.28, 2018도16002 전원합의체).

㉢ (×) 위계에 의한 간음죄에서 '위계'란 행위자의 행위목적을 달성하기 위하여 피해자에게 오인, 착각, 부지를 일으키게 하여 이를 이용하는 것을 말한다. 이러한 위계의 개념 및 성폭력범죄에 특히 취약한 사람을 보호하고 행위자를 강력하게 처벌하려는 입법태도, 피해자의 인지적·심리적·관계적 특성으로 온전한 성적 자기결정권 행사를 기대하기 어려운 사정 등을 종합하면, 행위자가 간음의 목적으로 피해자에게 오인, 착각, 부지를 일으키고 피해자의 그러한 심적 상태를 이용하여 간음의 목적을 달성하였다면 위계와 간음행위 사이의 인과관계를 인정할 수 있고, 따라서 위계에 의한 간음죄가 성립한다. 왜곡된 성적 결정에 기초하여 성행위를 하였다면 왜곡이 발생한 지점이 성행위 그 자체인지 성행위에 이르게 된 동기인지는 성적 자기결정권에 대한 침해가 발생한 것은 마찬가지라는 점에서 핵심적인 부분이라고 하기 어렵다.

피해자가 오인, 착각, 부지에 빠지게 되는 대상은 간음행위 자체일 수도 있고, 간음행위에 이르게 된 동기이거나 간음행위와 결부된 금전적·비금전적 대가와 같은 요소일 수도 있다(대법원 2020.8.27, 2015도9436 전원합의체).

㉣ (×) '추행'이란 일반인에게 성적 수치심이나 혐오감을 일으키고 선량한 성적 도덕관념에 반하는 행위인 것만으로는 부족하고 그 행위의 상대방인 피해자의 성적 자기결정의 자유를 침해하는 것이어야 한다(대법원 2012.7.26, 2011도8805).

정답 ②

033 ✓ 유사 ◆◆◇ 해경채용2차 2022

다음 중 가장 옳지 않은 것은? (다툼이 있는 경우 판례에 의함)

① 강제추행죄는 사람의 성적 자유 내지 성적 자기결정의 자유를 보호하기 위한 죄로서 정범 자신이 직접 범죄를 실행하여야 성립하는 자수범이므로 처벌되지 아니하는 타인을 도구로 삼아 피해자를 강제로 추행하는 간접정범의 형태로는 범할 수 없다.

② 甲이 술에 취하여 안방에서 잠을 자고 있던 피해자를 발견하고 갑자기 욕정을 일으켜 피해자의 옆에 누워 피해자의 몸을 더듬다가 피해자의 바지를 벗기려는 순간 피해자가 어렴풋이 잠에서 깨어났으나 피해자는 잠결에 자신의 바지를 벗기려는 甲을 자신의 애인으로 착각하여 반항하지 않고 응함에 따라 피해자를 1회 간음한 경우 피해자의 위와 같은 의식상태를 심신상실의 상태에 이르렀다고 보기는 어렵다.

③ 음주 후 준강간 또는 준강제추행을 당하였음을 호소한 피해자의 경우 범행 당시 알코올이 기억형성의 실패만을 야기한 알코올 블랙아웃 상태였다면 피해자는 기억장애 외에 인지기능이나 의식 상태의 장애에 이르렀다고 인정하기 어렵다.

④ 피해자를 위협하여 항거불능케 한 후 1회 간음하고 2백미터쯤 오다가 다시 1회 간음한 경우, 두 번째의 간음행위는 처음 한 행위의 계속으로 볼 수 있으므로 단순일죄가 성립한다.

해설 출제영역 | 강간과 추행의 죄 종합

① (×) 강제추행죄는 사람의 성적 자유 내지 성적 자기결정의 자유를 보호하기 위한 죄로서 정범 자신이 직접 범죄를 실행하여야 성립하는 자수범이라고 볼 수 없으므로, 처벌되지 아니하는 타인을 도구로 삼아 피해자를 강제로 추행하는 간접정범의 형태로도 범할 수 있다(대법원 2018.2.8, 2016도17733).

② (O) 대법원 2000.2.25, 98도4355

③ (O) 음주 후 준강간 또는 준강제추행을 당하였음을 호소한 피해자의 경우, 범행 당시 알코올이 위의 기억형성의 실패만을 야기한 알코올 블랙아웃 상태였다면 피해자는 기억장애 외에 인지기능이나 의식 상태의 장애에 이르렀다고 인정하기 어렵지만, 이에 비하여 피해자가 술에 취해 수면상태에 빠지는 등 의식을 상실한 패싱아웃 상태였다면 심신상실의 상태에 있었음을 인정할 수

있다(대법원 2021.2.4, 2018도9781).

④ (○) 대법원 1970.9.29, 70도1516

정답 ①

---

034 ✓ 유사 ◆◇◇ 경찰1차 2022

강간과 추행의 죄에 관한 설명으로 가장 적절하지 않은 것은? (다툼이 있는 경우 판례에 의함)

① 위계에 의한 간음죄에 해당하는지 여부를 판단할 때에는 구체적인 범행 상황에 놓인 피해자의 입장과 관점이 충분히 고려되어야 하고, 일반적 평균적 판단능력을 갖춘 성인 또는 충분한 보호와 교육을 받은 또래의 시각에서 인과관계를 쉽사리 부정하여서는 안 된다.

② 강제추행죄는 상대방에 대하여 폭행 또는 협박을 가하여 항거를 곤란하게 한 뒤에 추행행위를 하는 경우뿐만 아니라 폭행행위 자체가 추행행위라고 인정되는 경우도 포함되며, 이 경우의 폭행은 반드시 상대방의 의사를 억압할 정도의 것이어야 한다.

③ 강간죄에서의 폭행 협박과 간음 사이에는 인과관계가 있어야 하나, 폭행 협박이 반드시 간음행위보다 선행되어야 하는 것은 아니다.

④ 구 「성폭력범죄의 처벌 등에 관한 특례법」 제11조의 '공중밀집장소에서의 추행'이 기수에 이르기 위하여는 행위자의 행위로 인하여 대상자가 성적 수치심이나 혐오감을 반드시 실제로 느껴야 하는 것은 아니고, 객관적으로 일반인에게 성적 수치심이나 혐오감을 일으키게 할 만한 행위로서 선량한 성적 도덕관념에 반하는 행위를 실행하는 것으로 충분하다.

해설 출제영역 | 강간과 추행의 죄 종합

② (×) 원래 이 지문은 후단 부분만 틀린 것이었는데, 2023년 9월 전원합의체 판결에 의하여 전단 부분도 틀린 것이 되었다. 즉, 강제추행죄는 상대방에 대하여 폭행 또는 협박을 가하여 추행행위를 하는 경우에는 '폭행 또는 협박'은 상대방의 항거를 곤란하게 할 정도로 강력할 것이 요구되지 아니한다(대법원 2023.9.21, 2018도13877 전원합의체)(따라서 전단 부분도 틀림). 뿐만 아니라 폭행행위 자체가 추행행위라고 인정되는 경우도 포함되며, 이 경우의 폭행은 반드시 상대방의 의사를 억압할 정도의 것이어야 하는 것도 아니다(대법원 2002.4.26, 2001도2417)(후단 부분은 원래부터 틀린 것임).

> **[판례]** (폭행·협박 선행형의 강제추행죄에서 '폭행 또는 협박'도 상대방의 항거를 곤란하게 할 정도로 강력할 것이 요구되지 않는다는 판례) 대법원은 강제추행죄의 '폭행 또는 협박'의 의미에 관하여 이를 두 가지 유형으로 나누어, 폭행행위 자체가 곧바로 추행에 해당하는 경우(이른바 기습추행형)에는 상대방의 의사를 억압할 정도의 것임을 요하지 않고 상대방의 의사에 반하는 유형력의 행사가 있는 이상 그 힘의 대소강약을 불문한다고 판시하는 한편(대법원 1983.6.28, 83도399; 2002.4.26, 2001도2417 등), 폭행 또는 협박이

> 추행보다 시간적으로 앞서 그 수단으로 행해진 경우(이른바 폭행·협박 선행형)에는 상대방의 항거를 곤란하게 하는 정도의 폭행 또는 협박이 요구된다고 판시하여 왔다(대법원 2007.1.25, 2006도5979; 2012.7.26, 2011도8805 등, 이하 폭행·협박 선행형 관련 판례 법리를 '종래의 판례 법리'라 한다). 이 사건의 쟁점은 폭행·협박 선행형의 강제추행죄에서 '폭행 또는 협박'의 의미를 위와 같이 제한 해석한 종래의 판례 법리를 유지할 것인지 여부이다. 강제추행죄의 범죄 구성요건과 보호법익, 종래의 판례 법리의 문제점, 성폭력범죄에 대한 사회적 인식, 판례 법리와 재판 실무의 변화에 따라 해석기준을 명확히 할 필요성 등에 비추어 강제추행죄의 '폭행 또는 협박'의 의미는 다시 정의될 필요가 있다. 강제추행죄의 '폭행 또는 협박'은 상대방의 항거를 곤란하게 할 정도로 강력할 것이 요구되지 아니하고, 상대방의 신체에 대하여 불법한 유형력을 행사(폭행)하거나 일반적으로 보아 상대방으로 하여금 공포심을 일으킬 수 있는 정도의 해악을 고지(협박)하는 것이라고 보아야 한다. 이와 달리 강제추행죄의 폭행 또는 협박이 상대방의 항거를 곤란하게 할 정도일 것을 요한다고 본 대법원 2012.7.26, 2011도8805 판결을 비롯하여 같은 취지의 종전 대법원판결은 이 판결의 견해에 배치되는 범위 내에서 모두 변경하기로 한다(대법원 2023.9.21, 2018도13877 전원합의체).

① (○) 위계에 의한 간음죄가 보호대상으로 삼는 아동·청소년, 미성년자, 심신미약자, 피보호자·피감독자, 장애인 등의 성적 자기결정 능력은 그 나이, 성장과정, 환경, 지능 내지 정신기능 장애의 정도 등에 따라 개인별로 차이가 있으므로 간음행위와 인과관계가 있는 위계에 해당하는지 여부를 판단할 때에는 구체적인 범행 상황에 놓인 피해자의 입장과 관점이 충분히 고려되어야 하고, 일반적·평균적 판단능력을 갖춘 성인 또는 충분한 보호와 교육을 받은 또래의 시각에서 인과관계를 쉽사리 부정하여서는 안 된다 (대법원 2020.8.27, 2015도9436 전원합의체).

③ (○) 대법원 2017.10.12, 2016도16948

④ (○) 대법원 2020.6.25, 2015도7102

정답 ②

035 ✓ 유사 ◆◆◇ 〔국가7급 2023〕

성폭력범죄에 대한 설명으로 옳지 않은 것은?

① 골프장 여종업원이 거부의사를 밝혔음에도 골프장 사장과의 친분관계를 내세워 함께 술을 마시지 않으면 신분상의 불이익을 가할 것처럼 협박하여 이른바 '러브샷'의 방법으로 술을 마시게 한 행위는 형법 제298조의 강제추행죄에 해당한다.

② 피고인이 타인의 주거에 침입하여 피해자를 강제추행한 경우, 성폭력 범죄의 처벌 등에 관한 특례법 제3조 제1항에 따라 주거침입강제추행죄로 가중처벌된다.

③ 다른 특별한 사정이 없는 한 강간범이 강간의 범행 후에 특수강도의 범의를 일으켜 그 피해자의 재물을 강취한 경우에는 이를 성폭력범죄의 처벌 등에 관한 특례법 제3조 제2항 소정의 특수강도강간죄로 의율할 수 없다.

④ 甲이 카메라폰(촬영된 피사체의 영상정보가 기계장치 내의 RAM등 주기억장치에 입력되어 임시저장되는 기능 탑재)을 가지고 에스컬레이터에서 A의 치마 속 신체 부위에 대한 동영상 촬영을 시작하여 일정한 시간이 경과하였다면, 설령 촬영 중 경찰관에게 발각되어 저장버튼을 누르지 않고 촬영을 종료하였더라도 성폭력범죄의 처벌 등에 관한 특례법 제14조 제1항 카메라 등이용촬영죄의 기수범이 성립한다.

〔해설〕 출제영역 | 강간과 추행의 죄 종합

② (×) 성폭력처벌법 제3조 제1항의 주거침입강제추행죄 및 주거침입준강제추행죄에 대한 헌법재판소의 위헌결정에 의하여 주거침입강제추행죄는 현재 실효된 상태이므로, 위 경우에는 형법상 주거침입죄와 강제추행죄의 실체적 경합이 될 뿐이다.

> [판례] 성폭력범죄의 처벌 등에 관한 특례법(2020. 5. 19. 법률 제17264호로 개정된 것) 제3조 제1항 중 '형법 제319조 제1항(주거침입)의 죄를 범한 사람이 같은 법 제298조(강제추행), 제299조(준강제추행) 가운데 제298조의 예에 의하는 부분의 죄를 범한 경우에는 무기징역 또는 7년 이상의 징역에 처한다.'는 부분은 헌법에 위반된다(헌법재판소 2023. 2.23, 2021헌가9).
> [이유] 심판대상조항은 법정형의 하한을 '징역 5년'으로 정하였던 2020. 5. 19. 개정 이전의 구 성폭력처벌법 제3조 제1항과 달리 그 하한을 '징역 7년'으로 정함으로써, 주거침입의 기회에 행해진 강제추행 및 준강제추행의 경우에는 다른 법률상 감경사유가 없는 한 법관이 정상참작감경을 하더라도 집행유예를 선고할 수 없도록 하였다. … 위와 같이 법정형의 '하한'을 일률적으로 높게 책정하여 경미한 강제추행 또는 준강제추행의 경우까지 모두 엄하게 처벌하는 것은 책임주의에 반한다.

> **성폭력처벌법(특수강도강간 등)** ① 「형법」 제319조 제1항(주거침입), 제330조(야간주거침입절도), 제331조(특수절도) 또는 제342조(미수범. 다만, 제330조 및 제331조의 미수범으로 한정한다)의 죄를 범한 사람이 같은 법 제297조

(강간), 제297조의2(유사강간), 제298조(강제추행) 및 제299조(준강간, 준강제추행)의 죄를 범한 경우에는 무기징역 또는 7년 이상의 징역에 처한다.

① (○) 골프장 여종업원들이 거부의사를 밝혔음에도, 골프장 사장과의 친분관계를 내세워 함께 술을 마시지 않을 경우 신분상의 불이익을 가할 것처럼 협박하여 이른바 러브샷의 방법으로 술을 마시게 한 경우 강제추행죄를 인정한다(대법원 2008.3.13, 2007도10050).

③ (○) 강간범이 강간행위 후에 강도의 범의를 일으켜 그 부녀의 재물을 강취하는 경우에는 형법상 강도강간죄가 아니라 강간죄와 강도죄의 경합범이 성립될 수 있을 뿐인바, 성폭력범죄의처벌및피해자보호등에관한법률 제5조 제2항은 형법 제334조(특수강도) 등의 죄를 범한 자가 형법 제297조(강간) 등의 죄를 범한 경우에 이를 특수강도강간 등의 죄로 가중하여 처벌하고 있으므로, 다른 특별한 사정이 없는 한 강간범이 강간의 범행 후에 특수강도의 범의를 일으켜 그 부녀의 재물을 강취한 경우에는 이를 성폭력범죄의처벌및피해자보호등에관한법률 제5조 제2항 소정의 특수강도강간으로 의율할 수 없다(대법원 2002.2.8, 2001도6425).

④ (○) 구 성폭력범죄의 처벌 및 피해자보호 등에 관한 법률 제14조의2 제1항에서 정한 '카메라 등 이용 촬영죄'는 카메라 기타 이와 유사한 기능을 갖춘 기계장치 속에 들어 있는 필름이나 저장장치에 피사체에 대한 영상정보가 입력됨으로써 기수에 이른다고 보아야 한다. … 이러한 저장방식을 취하고 있는 카메라 등 기계장치를 이용하여 동영상 촬영이 이루어졌다면 범행은 촬영 후 일정한 시간이 경과하여 영상정보가 기계장치 내 주기억장치 등에 입력됨으로써 기수에 이르는 것이고, 촬영된 영상정보가 전자파일 등의 형태로 영구저장되지 않은 채 사용자에 의해 강제종료되었다고 하여 미수에 그쳤다고 볼 수는 없다(대법원 2011.6. 9, 2010도10677).

〔정답〕 ②

「성폭력범죄의 처벌 등에 관한 특례법」에 대한 설명으로 옳지 않은 것은? (다툼이 있는 경우 판례에 의함)

① 「성폭력범죄의 처벌 등에 관한 특례법」은 신체적·정신적 장애로 항거불능 상태에 있음을 이용하여 사람을 간음한 경우를 처벌하고 있는데, 행위자가 피해자의 항거불능 상태를 인식하지 못한 경우에는 그러한 상태를 '이용'하였다고 볼 수 없다.

② 「성폭력범죄의 처벌 등에 관한 특례법」은 성적 욕망을 유발하거나 만족시킬 목적으로 통신매체를 통하여 성적 수치심이나 혐오감을 일으키는 말 등을 상대방에게 도달하게 하는 것을 처벌하고 있는데, 여기에서의 '성적 수치심'의 유발 여부는 피해자와 같은 성별과 연령대의 일반적이고 평균적인 사람들을 기준으로 하여 판단되어야 한다.

③ 「성폭력범죄의 처벌 등에 관한 특례법」은 정신적인 장애가 있는 사람에 대한 강간·강제추행 등을 처벌하고 있는데, 여기에서 '정신적인 장애가 있는 사람'에는 장애인복지법에 따른 장애인 등록을 하지 않았거나 그 등록 기준을 충족하지 못하는 사람도 해당할 수 있다.

④ 「성폭력범죄의 처벌 등에 관한 특례법」은 신체적인 장애가 있는 사람에 대한 강간·강제추행 등을 처벌하고 있는데, 본죄가 성립하려면 행위자가 범행 당시 피해자에게 신체적인 장애가 있음을 인식하여야 한다.

⑤ 「성폭력범죄의 처벌 등에 관한 특례법」은 업무상 위력 등에 의한 추행을 처벌하고 있는데, 여기에서의 '위력'이란 피해자의 자유의사를 제압하기에 충분한 힘을 말하고, 그 죄가 성립하려면 현실적으로 피해자의 자유의사가 제압되어야 한다.

[해설] **출제영역 |** 성폭력범죄의 처벌 등에 관한 특례법

⑤ (×) 성폭력범죄의처벌등에관한특례법위반(업무상위력등에의한추행)죄에서 위력이라 함은 피해자의 자유의사를 제압하기에 충분한 세력을 말하고, 유형적이든 무형적이든 묻지 않으므로 폭행·협박뿐 아니라 사회적·경제적·정치적인 지위나 권세를 이용하는 것도 가능하며, 위력행위 자체가 추행행위라고 인정되는 경우도 포함되고, 이때의 위력은 현실적으로 피해자의 자유의사가 제압될 것임을 요하는 것은 아니라 할 것이고, 추행이라 함은 객관적으로 일반인에게 성적 수치심이나 혐오감을 일으키게 하고 선량한 성적 도덕관념에 반하는 것이다(대법원 2020.5.14, 2019도9872).

① (○) 대법원 2021.2.25, 2016도4404, 2016전도49

② (○) 대법원 2017.6.8, 2016도21389

③ (○) 성폭력범죄의 처벌 등에 관한 특례법 제6조에서 정하는 '정신적인 장애가 있는 사람'이란 '정신적인 기능이나 손상 등의 문제로 일상생활이나 사회생활에서 상당한 제약을 받는 사람'을 가리킨다. 장애인복지법에 따른 장애인 등록을 하지 않았다거나 그 등록 기준을 충족하지 못하더라도 여기에 해당할 수 있다(대법원 2021.10.28, 2021도9051).

④ (○) 성폭력범죄의 처벌 등에 관한 특례법(이하 '성폭력처벌법'이라고 한다) 제6조는 신체적인 장애가 있는 사람에 대하여 강간의

죄 또는 강제추행의 죄를 범하거나 위계 또는 위력으로써 그러한 사람을 간음한 사람을 처벌하고 있다. 본 죄가 성립하려면 행위자도 범행 당시 피해자에게 이러한 신체적인 장애가 있음을 인식하여야 한다(대법원 2021.2.25, 2016도4404, 2016전도49).

[정답] ⑤

성폭력범죄에 관한 설명으로 가장 적절한 것은? (다툼이 있는 경우 판례에 의함)

① 자신의 웹사이트에 아동·청소년성착취물이 저장된 다른 웹사이트로 연결되는 링크를 게시하여 불특정 또는 다수인이 링크를 이용하여 별다른 제한 없이 아동·청소년성착취물에 바로 접할 수 있는 상태를 실제로 조성한 경우, 「아동·청소년의 성보호에 관한 법률」제11조 제3항에서 정한 아동·청소년성착취물을 배포하거나 공연히 전시한 것으로 평가할 수 있다.

② 지하철 환승에스컬레이터 내에서 카메라폰으로 일정한 시간 동안 피해자의 치마 속 신체 부위를 동영상 촬영하였으나, 경찰관에게 발각되어 저장버튼을 누르지 않고 촬영을 종료한 경우, 구 「성폭력범죄의 처벌 및 피해자보호 등에 관한 법률」상 카메라 등 이용 촬영죄의 미수범이 성립한다.

③ 강제추행죄의 '폭행 또는 협박'의 의미에 있어서 폭행 행위 자체가 곧바로 추행에 해당하는 경우에는 상대방의 의사를 억압할 정도의 것임을 요하지 아니하나, 폭행 또는 협박이 추행보다 시간적으로 앞서 그 수단으로 행해진 경우에는 상대방의 항거를 곤란하게 할 정도에 이르러야 한다.

④ 피해자가 술·약물 등에 의해 완전히 의식을 잃지 않았다면 그와 같은 사유로 정상적인 판단능력과 대응·조절능력을 행사할 수 없는 상태에 있었더라도 준강제추행죄에서의 심신상실 또는 항거불능 상태에 해당한다고 볼 수 없다.

[해설] **출제영역 |** 강간과 추행의 죄 종합

① (○) 자신의 웹사이트에 아동·청소년성착취물이 저장된 다른 웹사이트로 연결되는 링크를 해 놓는 행위자의 의사, 그 행위자가 운영하는 웹사이트의 성격 및 사용된 링크기술의 구체적인 방식, 아동·청소년성착취물이 담겨져 있는 다른 웹사이트의 성격 및 다른 웹사이트 등이 아동·청소년성착취물을 실제로 전시한 방법 등 제반 사정을 종합하여 볼 때, 링크의 게시를 포함한 일련의 행위가 불특정 또는 다수인에게 다른 웹사이트 등을 단순히 소개·연결하는 정도를 넘어 링크를 이용하여 별다른 제한 없이 아동·청소년성착취물에 바로 접할 수 있는 상태를 실제로 조성한다면, 이는 아동·청소년성착취물을 직접 '배포'하거나 '공연히 전시'한 것과 실질적으로 다를 바 없다고 평가할 수 있으므로, 위와 같은 행위는 전체적으로 보아 아동·청소년성착취물을 배포하거나 공연히 전시한다는 구성요건을 충족한다(대법원 2023.10.12,

2023도5757).
② (×) 피고인이 지하철 환승에스컬레이터 내에서 짧은 치마를 입고 있는 피해자의 뒤에 서서 카메라폰으로 성적 수치심을 느낄 수 있는 치마 속 신체 부위를 피해자 의사에 반하여 동영상 촬영하였다고 하여 구 성폭법 위반으로 기소된 경우, 피고인이 휴대폰을 이용하여 동영상 촬영을 시작하여 일정한 시간이 경과하였다면 설령 촬영 중 경찰관에게 발각되어 저장버튼을 누르지 않고 촬영을 종료하였더라도 카메라 등 이용 촬영 범행은 이미 '기수'에 이르렀다고 볼 여지가 매우 크다(대법원 2011.6.9, 2010도10677).
③ (×) 강제추행죄의 '폭행 또는 협박'은 상대방의 항거를 곤란하게 할 정도로 강력할 것이 요구되지 아니하고, 상대방의 신체에 대하여 불법한 유형력을 행사(폭행)하거나 일반적으로 보아 상대방으로 하여금 공포심을 일으킬 수 있는 정도의 해악을 고지(협박)하는 것이라고 보아야 한다(대법원 2023.9.21, 2018도13877 전원합의체).
④ (×) 준강간죄에서 '심신상실'은 정신기능의 장애로 인하여 성적 행위에 대한 정상적인 판단능력이 없는 상태를 의미하고, '항거불능'의 상태는 심신상실 이외의 원인으로 심리적 또는 물리적으로 반항이 절대적으로 불가능하거나 현저히 곤란한 경우를 의미한다. 피해자가 약물 등에 의해 일시적으로 의식을 잃은 상태 또는 완전히 의식을 잃지는 않았더라도 그와 같은 사유로 정상적인 판단능력과 대응·조절능력을 행사할 수 없는 상태에 있었다면 준강간죄에서의 심신상실 또는 항거불능 상태에 해당한다(대법원 2021.2.4, 2018도9781).

정답 ①

---

038 ✓유사 ◆◆◇   경찰2차 2018

다음 사안에서 甲의 형사책임에 대한 설명으로 가장 적절한 것은?(다툼이 있는 경우 판례에 의함)

> 甲은 피해자 A를 강간하려다 미수에 그치고 의도치 않게 동 행위로 인하여 A에게 상해를 입혔다. 甲은 자신의 범행으로 인해 의식을 잃고 쓰러진 A를 구호하지 아니하고 그 자리를 떠났다. A는 의식불명인 상태로 범행현장에 방치되어 있다가 몇 시간 뒤 행인에게 구조되었다.

① 甲의 강간 범행이 미수에 그치고 그로 인해 상해의 결과가 발생하였으므로 甲은 강간치상죄의 미수범으로 처벌된다.
② 甲이 의식불명이 된 피해자 A를 구호하지 아니하고 방치한 행위에 대해서는 별도로 유기죄가 성립한다.
③ 만일 A가 집에 돌아가서 수치심과 절망감에 휩싸여 몇 주 뒤 자살을 하기에 이르렀다면 甲을 강간치사죄로 처벌할 수 있다.
④ 사안을 달리하여, A가 입은 상해가 사람의 반항을 억압할 만한 폭행 또는 협박이 없어도 일상생활 중 발생할 수 있는 것이거나 합의에 따른 성교행위에서도 통상 발생할 수 있는 상해와 같은 정도의 것이라고 가정한다면, 이는 강간치상죄의 상해에 해당되지 아니한다고 할 수 있다.

해설 출제영역 | 자유에 대한 죄 종합

④ (○) ㉠ 강간행위에 수반하여 생긴 상해가 극히 경미한 것으로서 굳이 치료할 필요가 없어서 자연적으로 치유되며 일상생활을 하는 데 아무런 지장이 없는 경우에는 강간치상죄의 상해에 해당되지 아니한다고 할 수 있을 터이나, 그러한 논거는 피해자의 반항을 억압할 만한 폭행 또는 협박이 없어도 일상생활 중 발생할 수 있는 것이거나 합의에 따른 성교행위에서도 통상 발생할 수 있는 상해와 같은 정도임을 전제로 하는 것이므로 ㉡ 그러한 정도를 넘는 상해가 그 폭행 또는 협박에 의하여 생긴 경우라면 상해에 해당된다고 할 것이며, 피해자의 건강상태가 나쁘게 변경되고 생활기능에 장애가 초래된 것인지는 객관적, 일률적으로 판단될 것이 아니라 피해자의 연령, 성별, 체격 등 신체, 정신상의 구체적 상태를 기준으로 판단되어야 한다(대법원 2005.5.26, 2005도1039).
① (×) 기본범죄가 미수에 그쳤으나 중한 결과가 발생한 경우 결과적 가중범의 미수가 성립하지 않는다는 것이 판례이다. "강간이 미수에 그친 경우라도 그 수단이 된 폭행에 의하여 피해자가 상해를 입었으면 강간치상죄가 성립하는 것이며, 미수에 그친 것이 피고인이 자의로 실행에 착수한 행위를 중지한 경우이든 실행에 착수하여 행위를 종료하지 못한 경우이든 가리지 않는다(대법원 1988.11.8, 88도1628)."
② (×) 법률상 또는 계약상 보호의무가 없으므로 유기죄는 성립하지 않는다. "강간치상의 범행을 저지른 자가 그 범행으로 인하여 실신상태에 있는 피해자를 구호하지 아니하고 방치하였다고 하더라도 그 행위는 포괄적으로 단일의 강간치상죄만을 구성한다(대법원 1980.6.24, 80도726)."
③ (×) 강간을 당한 피해자가 집에 돌아가 음독자살하기에 이른 원인이 강간을 당함으로 인하여 생긴 수치심과 장래에 대한 절망감 등에 있었다 하더라도 그 자살행위가 바로 강간행위로 인하여 생긴 당연의 결과라고 볼 수는 없으므로 강간행위와 피해자의 자살행위 사이에 인과관계를 인정할 수는 없다(대법원 1982.11.23, 82도1446).

정답 ④

1 명예에 관한 죄

001 ✓ 대표 ◆◇◇ 국가9급 2017

명예훼손죄에 대한 설명으로 옳지 않은 것은? (다툼이 있으면 판례에 의함)

① 형법 제307조 제2항을 적용하기 위하여 적시된 사실이 허위의 사실인지 여부를 판단하는 경우, 적시된 사실의 내용 전체의 취지를 살펴볼 때 중요한 부분이 객관적 사실과 합치되면 세부에 있어서 진실과 약간 차이가 나거나 다소 과장된 표현이 있다 하더라도 이를 허위의 사실이라고 볼 수 없다.

② 형법 제310조는 '오로지 공공의 이익에 관한 때'라고 적시되어 있으므로 행위자의 행위에 다른 사익적 목적이나 동기가 내포되어 있었다면 행위의 주요한 동기가 공공의 이익을 위한 것이라도 형법 제310조의 적용은 배제된다.

③ 집합적 명사를 쓴 경우에도 시간적·장소적 관련성 속에서 특정인을 가리키는 것이 명백하면, 이를 각자의 명예를 훼손하는 행위라고 볼 수 있다.

④ 형법 제310조의 적용에서 적시된 사실이 공공의 이익에 관한 것이면 진실한 것이라는 증명이 없다 할지라도 행위자가 진실한 것으로 믿었고 또 그렇게 믿을 만한 상당한 이유가 있는 경우에는 위법성이 없다고 보아야 한다.

[해설] 출제영역 | 개인적 법익에 관한 – 명예훼손죄

② (×) 형법 제310조에서 '공공의 이익'에는 널리 국가·사회 기타 일반 다수인의 이익에 관한 것뿐만 아니라 특정한 사회집단이나 그 구성원 전체의 관심과 이익에 관한 것도 포함되는 것으로서, 행위자의 주요한 동기 내지 목적이 공공의 이익을 위한 것이라면 부수적으로 다른 사익적 목적이나 동기가 내포되어 있더라도 형법 제310조의 적용을 배제할 수 없다(대법원 2008.11.13, 2008도6342).
① (○) 대법원 2014.9.4, 2012도13718
③ (○) 대법원 2000.10.10, 99도5407
④ (○) 대법원 2007.12.14, 2006도2074

[정답] ②

002 ✓ 대표 ◆◆◇ 법원9급 2022

명예훼손죄 및 모욕죄에 관한 다음 설명 중 가장 옳지 않은 것은? (다툼이 있는 경우 판례에 의하고, 전원합의체 판결의 경우 다수의견에 의함)

① 공연성의 존부는 발언자와 상대방 또는 피해자 사이의 관계나 지위, 대화를 하게 된 경위와 상황, 사실적시의 내용, 적시의 방법과 장소 등 행위 당시의 객관적 제반 사정에 관하여 심리한 다음, 그로부터 상대방이 불특정 또는 다수인에게 전파할 가능성이 있는지 여부를 검토하여 종합적으로 판단하여야 한다. 발언 이후 실제 전파되었는지 여부는 전파가능성 유무를 판단하는 고려요소가 될 수 있으나, 발언 후 실제 전파 여부라는 우연한 사정은 공연성 인정 여부를 판단함에 있어 소극적 사정으로만 고려되어야 한다.

② 사실적시의 내용이 사회 일반의 일부 이익에만 관련된 사항이라도 다른 일반인과의 공동생활에 관계된 사항이라면 공익성을 지닌다고 할 것이고, 이에 나아가 개인에 관한 사항이더라도 그것이 공공의 이익과 관련되어 있고 사회적인 관심을 획득한 경우라면 직접적으로 국가·사회 일반의 이익이나 특정한 사회집단에 관한 것이 아니라는 이유만으로 형법 제310조의 적용을 배제할 것은 아니다.

③ 어떤 글이 모욕적 표현을 담고 있는 경우에도 그 글이 객관적으로 타당성이 있는 사실을 전제로 하여 그 사실관계나 이를 둘러싼 문제에 관한 자신의 판단과 피해자의 태도 등이 합당한가 하는 데 대한 자신의 의견을 밝히고, 자신의 판단과 의견이 타당함을 강조하는 과정에서 부분적으로 모욕적인 표현이 사용된 것에 불과하다면 사회상규에 위배되지 않는 행위로서 형법 제20조에 의하여 위법성이 조각될 수 있다.

④ 명예훼손죄에서 '사실의 적시'란 가치판단이나 평가를 내용으로 하는 '의견표현'에 대치되는 개념으로서 시간적으로나 공간적으로 구체적인 과거 또는 현재의 사실관계에 관한 보고나 진술을 뜻하고, 표현 내용을 증거로 증명할 수 있는 것을 말한다. 따라서 객관적으로 피해자의 사회적 평가를 저하시키는 사실에 관한 발언이 보도, 소문이나 제3자의 말을 인용하는 방법으로 단정적인 표현이 아닌 전문 또는 추측의 형태로 표현되었다면 표현 전체의 취지로 보아 사실이 존재할 수 있다는 것을 암시하는 방식으로 이루어졌더라도 사실을 적시한 것으로 볼 수 없다.

해설 | 출제영역 | 명예훼손죄, 모욕죄의 구성요건 및 위법성조각사유

④ (×) 객관적으로 피해자의 사회적 평가를 저하시키는 사실에 관한 발언이 보도, 소문이나 제3자의 말을 인용하는 방법으로 단정적인 표현이 아닌 전문 또는 추측의 형태로 표현되었더라도, 표현 전체의 취지로 보아 사실이 존재할 수 있다는 것을 암시하는 방식으로 이루어진 경우에는 사실을 적시한 것으로 보아야 한다(대법원 2021.3.25, 2016도14995).

① (○) 대법원 2020.11.19, 2020도5813 전원합의체

② (○) 대법원 2022.2.11, 2021도10827

③ (○) 대법원 2021.3.25, 2017도17643

정답 ④

한 특정인에 대한 것이라고는 해석되기 힘들고, 집단표시에 의한 비난이 개별구성원에 이르러서는 비난의 정도가 희석되어 구성원 개개인의 사회적 평가에 영향을 미칠 정도에 이르지 아니한 경우에는 구성원 개개인에 대한 모욕이 성립되지 않는다고 봄이 원칙이고, 비난의 정도가 희석되지 않아 구성원 개개인의 사회적 평가를 저하시킬 만한 것으로 평가될 경우에는 예외적으로 구성원 개개인에 대한 모욕이 성립할 수 있다(대법원 2014.3.27, 2011도15631).

정답 ④

---

003 ✓ 대표 ◆◇◇ 법원9급 2019

모욕죄에 관한 다음 설명 중 가장 옳은 것은?

① 종교적 목적을 위한 언론·출판의 자유를 행사하는 과정에서 타 종교의 신앙의 대상을 우스꽝스럽게 묘사하거나 모욕적이고 불쾌하게 느껴지는 표현을 사용하는 것은 예외 없이 모욕죄에 해당한다.

② 강원도 양구군과 양구군수는 국민에 대한 관계에서 명예훼손죄와 모욕죄의 피해자가 될 수 있다.

③ 모욕죄의 피해자는 특정되어야 하는데, 특정한 집단을 표시한 이른바 집단표시에 의한 모욕은 피해자가 특정되었다고 볼 수 있으므로 일반적으로 모욕죄가 성립한다.

④ 어떠한 표현이 상대방의 인격적 가치에 대한 사회적 평가를 저하시킬 만한 것이 아니라면 표현이 다소 무례한 방법으로 표시되었다 하더라도 모욕죄의 구성요건에 해당한다고 볼 수 없는 경우가 있다.

해설 | 출제영역 | 모욕죄 – 구성요건

④ (○) 어떠한 표현이 상대방의 인격적 가치에 대한 사회적 평가를 저하시킬 만한 것이 아니라면 설령 그 표현이 다소 무례한 방법으로 표시되었다 하더라도 이를 두고 모욕죄의 구성요건에 해당한다고 볼 수 없다(대법원 1987.5.12, 87도739; 2015.9.10, 2015도2229 등).

① (×) 종교적 목적을 위한 언론·출판의 자유를 행사하는 과정에서 타 종교의 신앙의 대상을 우스꽝스럽게 묘사하거나 다소 모욕적이고 불쾌하게 느껴지는 표현을 사용하였더라도 그것이 그 종교를 신봉하는 신도들에 대한 증오의 감정을 드러내는 것이거나 그 자체로 폭행·협박 등을 유발할 우려가 있는 정도가 아닌 이상 허용된다고 보아야 한다(대법원 2014.9.4, 2012도13718).

② (×) 국가나 지방자치단체는 기본권의 수범자일 뿐 기본권의 주체가 아니고, 정책결정이나 업무수행과 관련된 사항은 항상 국민의 광범위한 감시와 비판의 대상이 되어야 하며 이러한 감시와 비판은 그에 대한 표현의 자유가 충분히 보장될 때에 비로소 정상적으로 수행될 수 있으므로, 국가나 지방자치단체는 국민에 대한 관계에서 형벌의 수단을 통해 보호되는 외부적 명예의 주체가 될 수는 없고, 따라서 명예훼손죄나 모욕죄의 피해자가 될 수 없다(대법원 2016.12.27, 2014도15290).

③ (×) 이른바 집단표시에 의한 모욕은, 모욕의 내용이 집단에 속

---

004 ✓ 유사 ◆◇◇ 군무원9급 2022

독자가 인터넷 포털 사이트에 게재된 인터넷 신문사 소속 기자의 기사에 대해 "이런 걸 기레기라고 하죠?"라는 댓글을 게시한 사안에 대한 해결로서 옳지 않은 것은? (다툼이 있으면 판례에 의함)

① '기레기'란 기자인 피해자의 사회적 평가를 저하시킬 만한 추상적 판단이나 경멸적 감정을 표현한, 모욕적 표현에 해당한다.

② 자신의 의견을 밝히고 자신의 판단과 의견이 타당함을 강조하기 위해 부분적으로 모욕적 표현이 사용된 것이라면 모욕죄의 구성요건에 해당하지 않는다.

③ '기레기'라는 표현이 기사 및 기자의 행태를 비판하기 위해 폭넓게 사용하는 표현이고 지나치게 악의적이라고 볼 수 없으므로 댓글작성행위는 사회상규에 위배되지 않는 행위로 위법성이 조각된다.

④ 독자들의 의견을 자유롭게 펼칠 수 있도록 '네티즌 댓글'난이 마련되어 있었던 점도 모욕죄 성립을 제한하는 근거가 될 수 있다.

해설 | 출제영역 | 모욕죄 – 구성요건

② (×) 자신의 의견을 밝히고 자신의 판단과 의견이 타당함을 강조하기 위해 부분적으로 모욕적 표현이 사용된 것이라면 모욕죄의 구성요건에는 해당하나 위법성이 조각된다.

① (○) 모욕죄에서 말하는 모욕이란 사실을 적시하지 아니하고 사람의 사회적 평가를 저하시킬 만한 추상적 판단이나 경멸적 감정을 표현하는 것을 의미한다. '기레기'는 '기자'와 '쓰레기'의 합성어로서 자극적인 제목이나 내용 등으로 홍보성 기사를 작성하는 행위 등을 하는 기자들 또는 기자들의 행태를 비하한 용어이므로 기자인 피해자의 사회적 평가를 저하시킬 만한 추상적 판단이나 경멸적 감정을 표현한, 모욕적 표현에 해당하기는 한다.

③ (○) 대법원 2021.3.25, 2017도17643

④ (○) 대법원 2021.3.25, 2017도17643

> **[판례]** 대법원 2021.3.25, 2017도17643
> ① 모욕죄에서 말하는 모욕이란 사실을 적시하지 아니하고 사람의 사회적 평가를 저하시킬 만한 추상적 판단이나 경멸적 감정을 표현하는 것을 의미한다. 피고인이 이 사건 댓글에서 기재한 '기레기'는 '기자'와 '쓰레기'의 합성어로서 자극적인 제목이나 내용 등으로 홍보성 기사를 작성하는 행위 등을 하는 기자들 또는 기자들의 행태를 비

하한 용어이므로 기자인 피해자의 사회적 평가를 저하시킬 만한 추상적 판단이나 경멸적 감정을 표현한, 모욕적 표현에 해당하기는 한다.

③ 그러나 어떤 글이 모욕적 표현을 담고 있는 경우에도 그 글이 객관적으로 타당성이 있는 사실을 전제로 하여 그 사실관계나 이를 둘러싼 문제에 관한 자신의 판단과 피해자의 태도 등이 합당한가 하는 데 대한 자신의 의견을 밝히고, 자신의 판단과 의견이 타당함을 강조하는 과정에서 부분적으로 모욕적인 표현이 사용된 것에 불과하다면 사회상규에 위배되지 않는 행위로서 형법 제20조에 의하여 위법성이 조각될 수 있다(②). 그리고 특정 사안에 대한 의견을 공유하는 인터넷 게시판 등의 공간에서 작성된 단문의 글에 모욕적 표현이 포함되어 있더라도, 그 글이 동조하는 다른 의견들과 연속적·전체적인 측면에서 볼 때, 그 내용이 객관적으로 타당성이 있는 사정에 기초하여 관련 사안에 대한 자신의 판단 내지 피해자의 태도 등이 합당한가 하는 데 대한 자신의 의견을 강조하거나 압축하여 표현한 것이라고 평가할 수 있고, 그 표현도 주로 피해자의 행위에 대한 것으로서 지나치게 악의적이지 않다면, 다른 특별한 사정이 없는 한 그 글을 작성한 행위는 사회상규에 위배되지 않는 행위로서 위법성이 조각된다고 보아야 한다.

④ 독자들은 이 사건 기사의 내용 및 이를 작성·게재한 언론의 태도 등에 대해 자신의 의견을 펼칠 수 있고 '다음' 사이트는 그러한 의견을 자유롭게 펼칠 수 있도록 '네티즌 댓글' 난을 마련하였다. 피고인도 '네티즌 댓글' 난에 이 사건 댓글을 게시하였다. 그렇다면 이러한 의견은 어느 정도 객관적으로 타당성 있는 사정에 기초한 것으로 볼 수 있다.

정답 ②

---

005 ✓ 유사 ◆◆◇　　　　　변호사 2021

명예훼손죄에 관한 설명 중 옳은 것을 모두 고른 것은? (다툼이 있는 경우 판례에 의함)

> ㄱ. 「형법」 제310조 위법성조각사유의 충족 여부는 검사에게 거증책임이 있다.
> ㄴ. 정보통신망을 이용하여 명예훼손성 글을 게재하는 경우에는 게재글이 삭제되지 않는 이상 피해가 지속되므로 삭제 시가 범행종료 시이고 공소시효는 그때부터 기산된다.
> ㄷ. 사실적시명예훼손죄(「형법」 제307조 제1항)의 '사실'은 가치판단이나 평가를 내용으로 하는 '의견'에 대치되는 개념이 아니라 허위사실적시명예훼손죄(「형법」 제307조 제2항)의 '허위의 사실'과 반대되는 '진실한 사실'을 말하는 것이다.
> ㄹ. 정보통신망을 통하여 타인의 명예를 훼손하는 글을 게시하였으나 적시된 사실이 진실이고 공공의 이익에 관한 것이어서 비방의 목적이 인정되지 않는 경우에는 「형법」 제310조가 적용된다.
> ㅁ. 집단표시에 의한 명예훼손의 내용이 개별구성원에 이르러서는 비난의 정도가 희석되어 구성원 개개인의 사회적 평가에 영향을 미칠 정도에 이르지 아니한 때에는 구성원 개개인에 대한 명예훼손죄가 성립하지 않는다.

① ㄱ, ㄴ　　　　　　② ㄷ, ㄹ
③ ㄹ, ㅁ　　　　　　④ ㄴ, ㄷ, ㄹ
⑤ ㄷ, ㄹ, ㅁ

해설 │ 명예와 신용, 명예훼손죄

ㄱ. (×) 공연히 사실을 적시하여 사람의 명예를 훼손한 행위가 형법 제310조의 규정에 따라서 위법성이 조각되어 처벌대상이 되지 않기 위하여는 그것이 진실한 사실로서 오로지 공공의 이익에 관한 때에 해당된다는 점을 행위자가 증명하여야 하는 것이다(대법원 1996.10.25, 95도1473).

ㄴ. (×) 정보통신망을 이용한 명예훼손의 경우에도 게재행위의 종료만으로 범죄행위가 종료하는 것이 아니고 원래 게시물이 삭제되어 정보의 송수신이 불가능해지는 시점을 범죄의 종료시기로 보아서 이때부터 공소시효를 기산하여야 한다는 검사의 주장을 배척하고, 이 경우도 게재행위 즉시 범죄가 성립하고 종료한다고 판단한다(대법원 2007.10.25, 2006도346).

ㄷ. (×) 형법 제307조 제1항, 제2항, 제310조의 체계와 문언 및 내용에 의하면, 제307조 제1항의 '사실'은 제2항의 '허위의 사실'과 반대되는 '진실한 사실'을 말하는 것이 아니라 가치판단이나 평가를 내용으로 하는 '의견'에 대치되는 개념이다(대법원 2017.4.26, 2016도18024).

ㄹ. (○) 비방의 목적이 인정되거나 적시된 사실이 허위의 사실인 경우에는 형법 제310조가 적용될 수 없으나, 비방의 목적이 없고 적시된 사실이 진실한 사실이고 공공의 이익에 관한 것이라면 형법 제310조가 적용될 수 있다. 대법원 2008.11.27, 2007도5312 등 참조.

ㅁ. (○) 대법원 2014.3.27, 2011도15631

정답 ③

006 ✓ 유사 ◆◆◇

명예훼손죄에 대한 설명으로 옳지 않은 것은?

① 객관적으로 피해자의 사회적 평가를 저하시키는 사실에 관한 발언이 보도, 소문이나 제3자의 말을 인용하는 방법으로 단정적인 표현이 아닌 전문 또는 추측의 형태로 표현되었다면, 표현 전체의 취지로 보아 사실이 존재할 수 있다는 것을 암시하는 방식으로 이루어진 경우라도 사실의 적시에 해당하지 않는다.

② 불미스러운 소문의 진위를 확인하고자 질문을 하는 과정에서 타인의 명예를 훼손하는 발언을 한 경우, 그 동기에 비추어 명예훼손의 고의를 인정하기 어렵다.

③ 정부 정책 결정 또는 업무수행과 관련된 사항을 주된 내용으로 하는 공개발언이 공직자 개인에 대한 악의적이거나 심히 경솔한 공격으로서 현저히 상당성을 잃은 것으로 평가되면, 공직자 개인에 대한 명예훼손이 된다.

④ 발언 상대방이 직무상 비밀유지의무가 있는 경우에는 그러한 관계나 신분으로 인하여 비밀의 보장이 상당히 높은 정도로 기대되는 경우로서 공연성이 부정되고, 공연성을 인정하기 위해서는 그러한 관계나 신분에도 불구하고 불특정 또는 다수인에게 전파될 수 있다고 볼 만한 특별한 사정이 존재하여야 한다.

해설 출제영역 | 명예훼손죄 - 구성요건

① (×) 객관적으로 피해자의 사회적 평가를 저하시키는 사실에 관한 보도내용이 소문이나 제3자의 말, 보도를 인용하는 방법으로 단정적인 표현이 아닌 전문 또는 추측한 것을 기사화한 형태로 표현하였지만, 그 표현 전체의 취지로 보아 그 사실이 존재할 수 있다는 것을 암시하는 방식으로 이루어진 경우에는 사실을 적시한 것으로 보아야 한다(대법원 2008.11.27, 2007도5312).

② (○) 명예훼손죄가 성립하기 위해서는 주관적 구성요소로서 타인의 명예를 훼손한다는 고의를 가지고 사람의 사회적 평가를 저하시키는 데 충분한 구체적 사실을 적시하는 행위를 할 것이 요구된다. 따라서 불미스러운 소문의 진위를 확인하고자 질문을 하는 과정에서 타인이 명예를 훼손하는 발언을 하였다면 이러한 경우에는 그 동기에 비추어 명예훼손의 고의를 인정하기 어렵다(대법원 2018.6.15 2018도4200).

③ (○) 정부 또는 국가기관의 정책결정 또는 업무수행과 관련된 사항을 주된 내용으로 하는 발언으로 정책결정이나 업무수행에 관여한 공직자에 대한 사회적 평가가 다소 저하될 수 있더라도, 발언 내용이 공직자 개인에 대한 악의적이거나 심히 경솔한 공격으로서 현저히 상당성을 잃은 것으로 평가되지 않는 한, 그 발언은 여전히 공공의 이익에 관한 것으로서 공직자 개인에 대한 명예훼손이 된다고 할 수 없다(대법원 2021.3.25, 2016도14995).

④ (○) 발언 상대방이 발언자나 피해자의 배우자, 친척, 친구 등 사적으로 친밀한 관계에 있는 경우 또는 직무상 비밀유지의무 또는 이를 처리해야 할 공무원이나 이와 유사한 지위에 있는 경우에는 그러한 관계나 신분으로 비밀의 보장이 상당히 높은 정도로 기대되는 경우로서 공연성이 부정된다. 위와 같이 발언자와 상대방 및 피해자와 상대방이 특수한 관계에 있는 경우 또는 상대방이 직무상 특수한 지위나 신분을 가지고 있는 경우에 공연성을 인정하기 위해서는 그러한 관계나 신분에도 불구하고 불특정 또는 다수인에게 전파될 수 있다고 볼 만한 특별한 사정이 존재하여야

한다(대법원 2021.4.29, 2021도1677).

정답 ①

007 ✓ 유사 ◆◆◇

다음 설명 중 가장 옳은 것은? (다툼이 있는 경우 판례에 의하고, 전원합의체 판결의 경우 다수의견에 의함)

① 국가나 지방자치단체도 명예훼손죄의 피해자가 될 수 있다.

② 기자를 통해 사실을 적시하였다면 기자가 취재를 한 상태에서 아직 기사화하여 보도하지 아니한 경우에도 전파가능성이 있으므로 공연성이 있다.

③ 장래의 일을 적시하는 경우에는 과거 또는 현재의 사실을 기초로 하거나 이에 대한 주장을 포함하는 경우라도 명예훼손죄가 성립할 수 없다.

④ 허위사실 적시에 의한 명예훼손죄에 해당하는 행위에 대하여는 위법성조각에 관한 형법 제310조는 적용될 여지가 없다.

해설 출제영역 | 명예훼손죄의 성립요건

④ (○) 형법 제310조는 형법 제307조 제1항의 행위가 진실한 사실로서 오로지 공공의 이익에 관한 때에는 처벌하지 아니한다고 규정하고 있는바, 형법 제307조 제2항이 정하는 허위사실 적시에 의한 명예훼손죄가 성립하기 위하여는 적시한 사실이 허위이고, 범인이 그와 같은 사실이 허위라고 인식하였어야 하는 것이므로 형법 제307조 제2항에 해당하는 행위에 대하여는 위법성조각에 관한 형법 제310조를 적용할 여지가 없다(대법원 1999.10.22, 99도3213).

① (×) 형법이 명예훼손죄 또는 모욕죄를 처벌함으로써 보호하고자 하는 사람의 가치에 대한 평가인 외부적 명예는 개인적 법익으로서, 국민의 기본권을 보호 내지 실현해야 할 책임과 의무를 지고 있는 공권력의 행사인 국가나 지방자치단체는 기본권의 수범자일 뿐 기본권의 주체가 아니고, 정책결정이나 업무수행과 관련된 사항은 항상 국민의 광범위한 감시와 비판의 대상이 되어야 하며 이러한 감시와 비판은 그에 대한 표현의 자유가 충분히 보장될 때에 비로소 정상적으로 수행될 수 있으므로, 국가나 지방자치단체는 국민에 대한 관계에서 형벌의 수단을 통해 보호되는 외부적 명예의 주체가 될 수는 없고, 따라서 명예훼손죄나 모욕죄의 피해자가 될 수 없다(대법원 2016.12.27, 2014도15290).

② (×) 기자를 통해 사실을 적시하는 경우에는 기사화되어 보도되어야만 적시된 사실이 외부에 공표된다고 보아야 할 것이므로 기자가 취재를 한 상태에서 아직 기사화하여 보도하지 아니한 경우에는 전파가능성이 없다고 할 것이어서 공연성이 없다고 봄이 상당하다(대법원 2000.5.16, 99도5622).

③ (×) 명예훼손죄가 성립하기 위하여는 사실의 적시가 있어야 하는 데, 여기에서 적시의 대상이 되는 사실이란 현실적으로 발생하고 증명할 수 있는 과거 또는 현재의 사실을 말하며, 장래의 일을 적시하더라도 그것이 과거 또는 현재의 사실을 기초로 하거나 이에 대한 주장을 포함하는 경우에는 명예훼손죄가 성립한다고 할 것이다(대법원 2003.5.13, 2002도7420).

정답 ④

명예훼손죄에 관한 다음 설명 중 가장 옳지 않은 것은? (다툼이 있으면 판례에 의함)

① 개인 블로그의 비공개 대화방에서 상대방으로부터 비밀을 지키겠다는 말을 듣고 일대일로 대화한 경우에도 대화 상대방이 대화내용을 불특정 또는 다수에게 전파할 가능성이 있으면 공연성을 인정할 여지가 있다.

② 이혼소송 계속 중인 처가 남편의 친구에게 서신을 보내면서 남편의 명예를 훼손하는 문구가 기재된 서신을 동봉한 경우에는 그것이 전파될 가능성이 없으므로 명예훼손죄에 있어서의 공연성이 없다.

③ 피고인이 경찰관을 상대로 진정한 사건이 혐의인정 되지 않아 내사종결 처리되었음에도 불구하고 공연히 "사건을 조사한 경찰관이 내일부로 검찰청에서 구속영장이 떨어진다."고 말한 것은 명예훼손죄에 있어서의 '사실의 적시'에 해당하지 않는다.

④ 동네 아줌마 및 피해자의 시어머니가 있는 자리에서 피해자에 대하여 "시커멓게 생긴 놈하고 매일 붙어 다닌다. 점방 마치면 여관에 가서 누워 자고 아침에 들어온다."는 말을 한 경우 공연성을 부정하기 어렵다.

해설 | 출제영역 | 명예훼손죄의 성립요건

③ (×) 피고인 甲이 경찰관 A를 상대로 진정한 사건이 혐의 인정되지 않아 내사종결 처리되었음에도 불구하고 공연히 "사건을 조사한 경찰관이 내일부로 검찰청에서 구속영장이 떨어진다."고 말한 것은 현재의 사실을 기초로 하거나 이에 대한 주장을 포함하여 장래의 일을 적시한 것으로 볼 수 있어 명예훼손죄에 있어서의 사실의 적시에 해당한다(대법원 2003.5.13, 2002도7420).

① (○) 대법원 2008.2.14, 2007도8155
② (○) 대법원 2000.2.11, 99도4579
④ (○) 대법원 1983.10.11, 83도2222

정답 ③

다음 설명 중 가장 옳지 않은 것은? (다툼이 있는 경우 판례에 의함)

① 가치중립적 표현을 사용하였다 하여도 사회통념상 그로 인하여 특정인의 사회적 평가가 저하되었다고 판단된다면 명예훼손죄가 성립할 수 있다.

② 장래의 일을 적시하더라도 그것이 과거 또는 현재의 사실을 기초로 하거나 이에 대한 주장을 포함하는 경우에는 명예훼손죄가 성립한다고 할 것이고, 장래의 일을 적시하는 것이 과거 또는 현재의 사실을 기초로 하거나 이에 대한 주장을 포함하는지 여부는 그 적시된 표현 자체는 물론 전체적인 취지나 내용, 적시에 이르게 된 경위 및 전후 상황, 기타 제반 사정을 종합적으로 참작하여 판단하여야 한다.

③ 목사가 예배 중 특정인을 가리켜 '이단 중에 이단이다'라고 설교한 부분이 명예훼손죄에서 말하는 '사실의 적시'에 해당한다.

④ 누구든지 범죄가 있다고 생각하는 때에는 고발할 수 있는 것이므로 어떤 사람이 범죄를 고발하였다는 사실이 주위에 알려졌다고 하여 그 고발사실 자체만으로 고발인의 사회적 가치나 평가가 침해될 가능성이 있다고 볼 수는 없다. 다만, 그 고발의 동기나 경위가 불순하다거나 온당하지 못하다는 등의 사정이 함께 알려진 경우에는 고발인의 명예가 침해될 가능성이 있다.

해설 | 출제영역 | 명예훼손죄 – 구성요건

③ (×) 목사가 예배 중 특정인을 가리켜 "이단 중에 이단이다"라고 설교한 부분이 명예훼손죄에서 말하는 '사실의 적시'에 해당하지 않는다(대법원 2008.10.9, 2007도1220).

① (○) 대법원 2007.10.25, 2007도5077
② (○) 대법원 2003.5.13, 2002도7420
④ (○) 대법원 2009.9.24, 2009도6687

정답 ③

010 ✅ 유사 ◆◇◇ 변호사 2016

명예에 관한 죄에 관한 설명 중 옳지 않은 것을 모두 고른 것은? (다툼이 있는 경우 판례에 의함)

ㄱ. 개인 블로그의 비공개 대화방에서 상대방으로부터 비밀을 지키겠다는 말을 듣고 1:1로 대화하면서 타인의 명예를 훼손하는 발언을 한 경우 상대방이 대화내용을 불특정 또는 다수인에게 전파할 가능성이 있다고 할 수 없다.

ㄴ. 공연히 사실을 적시하여 사람의 명예를 훼손한 행위가 「형법」 제310조에 따라 위법성이 조각되려면 그것이 진실한 사실로서 오로지 공공의 이익에 관한 때에 해당된다는 점을 행위자가 증명하여야 하고, 그 증명을 함에 있어서 전문증거의 증거능력을 제한하는 「형사소송법」 제310조의2가 적용된다.

ㄷ. '여성 아나운서'와 같이 집단 표시에 의한 구성원 개개인에 대한 명예훼손죄는 성립되지 않는 것이 원칙이고 모욕죄의 경우도 마찬가지이다.

ㄹ. 甲이 경찰관 A를 상대로 진정한 직무유기 사건이 혐의가 인정되지 않아 내사종결 처리되었음에도, 甲이 도청에 찾아가 다수인이 듣고 있는 가운데 "내일부로 검찰청에서 A에 대한 구속영장이 떨어진다."라고 소리친 경우, 이는 실현가능성이 없는 장래의 일을 적시한 것에 불과하여 설령 그것이 과거 또는 현재의 사실을 기초로 하더라도 명예훼손죄는 성립되지 않는다.

① ㄱ
② ㄱ, ㄹ
③ ㄴ, ㄷ
④ ㄱ, ㄴ, ㄹ
⑤ ㄴ, ㄷ, ㄹ

[해설] 출제영역 | 명예훼손죄의 객관적 구성요건 – 공연성

ㄱ. (×) 개인 블로그의 비공개 대화방에서 상대방으로부터 비밀을 지키겠다는 말을 듣고 일대일로 대화하였다고 하더라도, 그 사정만으로 대화 상대방이 대화내용을 불특정 또는 다수에게 전파할 가능성이 없다고 할 수 없으므로, 명예훼손죄의 요건인 공연성을 인정할 여지가 있다(대법원 2008.2.14, 2007도8155).

ㄴ. (×) 공연히 사실을 적시하여 사람의 명예를 훼손한 행위가 형법 제310조의 규정에 따라서 위법성이 조각되어 처벌대상이 되지 않기 위하여는 그것이 진실한 사실로서 오로지 공공의 이익에 관한 때에 해당된다는 점을 행위자가 증명하여야 하는 것이나, 그 증명은 유죄의 인정에 있어 요구되는 것과 같이 법관으로 하여금 의심할 여지가 없을 정도의 확신을 가지게 하는 증명력을 가진 엄격한 증거에 의하여야 하는 것은 아니므로, 이때에는 전문증거에 대한 증거능력의 제한을 규정한 형사소송법 제310조의2는 적용될 여지가 없다(대법원 1996.10.25, 95도1473).

ㄷ. (○) 대법원 2014.3.27, 2011도15631

ㄹ. (×) 피고인이 경찰관을 상대로 진정한 사건이 혐의 인정되지 않아 내사종결 처리되었음에도 불구하고 공연히 "사건을 조사한 경찰관이 내일부로 검찰청에서 구속영장이 떨어진다."고 말한 것은 현재의 사실을 기초로 하거나 이에 대한 주장을 포함하여 장래의 일을 적시한 것으로 볼 수 있어 명예훼손죄에 있어서의 사실의 적시에 해당한다(대법원 2003.5.13, 2002도7420).

[정답] ④

011 ✅ 유사 ◆◆◆ 경찰간부 2024

명예에 관한 죄에 관한 설명으로 옳지 않은 것은? (다툼이 있는 경우 판례에 의함)

① 甲이 양육비 지급 판결을 받는 등 양육비 지급의무가 있음에도 이를 지급하지 않고 있는 A, B, C에 대한 제보를 받아 그들의 이름, 얼굴 사진, 거주지, 직장명 등 신상정보를 특정 인터넷 사이트에 공개하는 글을 게시한 경우, 이는 양육비 미지급으로 인한 사회적 문제를 공론화하기 위한 목적이 있었더라도 신상정보의 공개는 이러한 공익적 목적과 직접적인 관련성이 있다고 보기 어려운 점 등을 고려하면 甲에게는 A, B, C를 '비방할 목적'이 인정된다.

② 甲이 A의 집 뒷길에서 자신의 남편 B 및 A의 친척인 C가 듣는 가운데 A에게 '저것이 징역 살다온 전과자다' 등으로 큰 소리로 말한 경우, A와 C 사이의 촌수나 구체적 친밀관계가 밝혀진 바도 없으나 단지 A와 C가 친척관계에 있다는 이유만으로도 전파가능성이 부정되므로 명예훼손죄가 성립될 여지가 없다.

③ 甲이 산후조리원을 이용한 후, 9회에 걸쳐 임신, 육아 등에 관한 인터넷 카페나 자신의 블로그 등에 자신이 직접 겪은 불편사항 등을 후기 형태로 게시한 경우, 이는 실제 이용하면서 느낀 주관적 평가이고 다소 과장되기는 했지만 대체로 객관적 사실에 부합되는 점 등 제반 사정에 비추어 볼 때 산후조리원 정보를 구하는 다른 임산부의 의사결정에 도움을 주는 정보 제공 등 공공의 이익에 관한 것이라고 봄이 타당하고, '비방할 목적'이 있었다고 보기 어렵다.

④ 적시된 사실이 허위의 사실이라고 하더라도 행위자에게 허위성에 대한 인식이 없는 경우에는 「형법」 제307조 제1항의 명예훼손죄가 성립될 수 있다.

[해설] 출제영역 | 명예훼손죄의 성립요건

② (×) B와 A의 처인 丁은 甲과 A가 큰 소리로 다투는 소리를 듣고 각자의 집에서 나오게 되었는데, A와 丁은 '피고인이 전과자라고 크게 소리쳤고, 이를 C 외에도 마을 사람들이 들었다'는 취지로 일관되게 진술한 점, A가 사는 곳은 A, C와 같은 성씨를 가진 집성촌으로 A에게 전과가 있음에도 C는 '甲으로부터 A가 전과자라는 사실을 처음 들었다'고 진술하여 A와 가까운 사이가 아니었던 것으로 보이는 점을 종합하면, A와 C의 친분 정도나 적시된 사실이 A의 공개하기 꺼려지는 개인사에 관한 것으로 주변에 회자될 가능성이 큰 내용이라는 점을 고려할 때 C가 A와 친척관계에 있다는 이유만으로 전파가능성이 부정된다고 볼 수 없고, 오히려 甲은 A와의 싸움 과정에서 단지 A를 모욕 내지 비방하기 위하여 공개된 장소에서 큰 소리로 말하여 다른 마을 사람들이 들을 수 있을 정도였던 것으로 불특정 또는 다수인이 인식할 수 있는 상태였다고 봄이 타당하므로 甲의 위 발언은 공연성이 인정된다(대법원 2020.11.19, 2020도5813 전원합의체).

① (○) 대법원 2024.1.4, 2022도699

③ (○) 피고인 甲이 적시한 사실은 산후조리원에 대한 정보를 구하고자 하는 임산부의 의사결정에 도움이 되는 정보 및 의견 제공

이라는 공공의 이익에 관한 것이라고 봄이 타당하고, 이처럼 피고인의 주요한 동기나 목적이 공공의 이익을 위한 것이라면 부수적으로 산후조리원 이용대금 환불과 같은 다른 사익적 목적이나 동기가 내포되어 있다는 사정만으로 피고인 甲에게 <u>비방할 목적이 있었다고 보기 어렵다</u>(대법원 2012.11.29, 2012도10392).

④ (○) 형법 제307조 제1항, 제2항, 제310조의 체계와 문언 및 내용에 의하면, 제307조 제1항의 '사실'은 제2항의 '허위의 사실'과 반대되는 '진실한 사실'을 말하는 것이 아니라 가치판단이나 평가를 내용으로 하는 '의견'에 대치되는 개념이다. 따라서 제307조 제1항의 명예훼손죄는 적시된 사실이 진실한 사실인 경우이든 허위의 사실인 경우이든 모두 성립될 수 있고, 특히 <u>적시된 사실이 허위의 사실이라고 하더라도 행위자에게 허위성에 대한 인식이 없는 경우에는 제307조 제2항의 명예훼손죄가 아니라 제307조 제1항의 명예훼손죄가 성립될 수 있다</u>(대법원 2017.4.26, 2016도18024).

정답 ②

012 ✓유사 ◆◇◇ 〔법원9급 2018〕

명예훼손죄와 모욕죄에 관한 다음 설명 중 가장 옳지 않은 것은? (다툼이 있는 경우 판례에 의하고, 전원합의체 판결의 경우 다수의견에 의함)

① 국가나 지방자치단체는 국민에 대한 관계에서 형벌의 수단을 통해 보호되는 외부적 명예의 주체가 될 수는 없으므로 명예훼손죄나 모욕죄의 피해자가 될 수 없다.

② 모욕죄는 특정한 사람에 대하여 사회적 평가를 저하시킬 만한 경멸적 감정을 표현함으로써 성립하므로, 인격을 보유하는 단체라고 하더라도 피해자가 될 수 없다.

③ 형법 제309조 제2항 소정의 '사람을 비방할 목적'은 공공의 이익을 위한 것과는 행위자의 주관적 의도의 방향이 서로 상반되는 관계에 있다고 할 것이므로, 적시한 사실이 공공의 이익에 관한 것인 경우에는 특별한 사정이 없는 한 비방할 목적은 부인된다.

④ 명예훼손죄가 성립하기 위하여는 사실의 적시가 있어야 하는데, 여기에서 적시의 대상이 되는 사실이란 현실적으로 발생하고 증명할 수 있는 과거 또는 현재의 사실을 말하며, 장래의 일을 적시하더라도 그것이 과거 또는 현재의 사실을 기초로 하거나 이에 대한 주장을 포함하는 경우에는 명예훼손죄가 성립한다.

해설 출제영역ㅣ명예훼손죄, 모욕죄 - 구성요건

② (×) 모욕죄는 특정한 사람 또는 인격을 보유하는 단체에 대하여 사회적 평가를 저하시킬 만한 경멸적 감정을 표현함으로써 성립한다.

① (○) 형법이 명예훼손죄 또는 모욕죄를 처벌함으로써 보호하고자 하는 사람의 가치에 대한 평가인 외부적 명예는 개인적 법익으로서, 국민의 기본권을 보호 내지 실현해야 할 책임과 의무를 지고 있는 공권력의 행사자인 국가나 지방자치단체는 기본권의 수범자일 뿐 기본권의 주체가 아니고, 정책결정이나 업무수행과 관련된 사항은 항상 국민의 광범위한 감시와 비판의 대상이 되어

야 하며 이러한 감시와 비판은 그에 대한 표현의 자유가 충분히 보장될 때에 비로소 정상적으로 수행될 수 있으므로, 국가나 지방자치단체는 국민에 대한 관계에서 형벌의 수단을 통해 보호되는 외부적 명예의 주체가 될 수는 없고, 따라서 명예훼손죄나 모욕죄의 피해자가 될 수 없다(대법원 2016.12.27, 2014도15290).

③ (○) 형법 제309조 제1항 소정의 출판물에 의한 명예훼손죄는 타인을 비방할 목적으로 신문, 잡지 또는 라디오 기타 출판물에 의하여 사실을 적시하여 타인의 명예를 훼손할 경우에 성립되는 범죄로서, 여기서 '비방할 목적'이란 가해의 의사 내지 목적을 요하는 것으로서 공공의 이익을 위한 것과는 행위자의 주관적 의도의 방향에 있어 서로 상반되는 관계에 있다고 할 것이므로, 적시한 사실이 공공의 이익에 관한 것인 경우에는 특별한 사정이 없는 한 비방할 목적은 부인된다고 봄이 상당하다(대법원 2005.4.29, 2003도2137).

④ (○) 명예훼손죄가 성립하기 위하여는 사실의 적시가 있어야 하는데, 여기에서 적시의 대상이 되는 사실이란 현실적으로 발생하고 증명할 수 있는 과거 또는 현재의 사실을 말하며, 장래의 일을 적시하더라도 그것이 과거 또는 현재의 사실을 기초로 하거나 이에 대한 주장을 포함하는 경우에는 명예훼손죄가 성립한다고 할 것이고, 장래의 일을 적시하는 것이 과거 또는 현재의 사실을 기초로 하거나 이에 대한 주장을 포함하는지 여부는 그 적시된 표현 자체는 물론 전체적인 취지나 내용, 적시에 이르게 된 경위 및 전후 상황, 기타 제반 사정을 종합적으로 참작하여 판단하여야 한다(대법원 2003.5.13, 2002도7420).

정답 ②

013 ✓유사 ◆◇◇ 〔법원9급 2016〕

다음 설명 중 가장 옳지 않은 것은? (다툼이 있는 경우 판례에 의함)

① 형법 제313조에 정한 신용훼손죄에서의 '신용'은 경제적 신용, 즉 사람의 지불능력 또는 지불의사에 대한 사회적 신뢰를 의미한다.

② 공연히 사실을 적시하여 사람의 명예를 훼손한 행위가 형법 제310조의 규정에 따라서 위법성이 조각되어 처벌 대상이 되지 않기 위하여는 그것이 진실한 사실로서 오로지 공공의 이익에 관한 때에 해당된다는 점을 행위자가 증명하여야 한다.

③ 명예훼손죄와 모욕죄의 보호법익은 사람의 가치에 대한 사회적 평가인 이른바 외부적 명예이다.

④ 적시된 사실이 진실과 약간 차이가 나거나 다소 과장된 표현이 있는 경우도 형법 제307조 제2항 소정의 허위사실 적시에 의한 명예훼손죄에서의 '허위의 사실'에 해당한다.

해설 출제영역ㅣ명예훼손죄 - 구성요건 - 사실의 적시

④ (×) 형법 제307조 제2항을 적용하기 위하여 적시된 사실이 허위의 사실인지 여부를 판단함에 있어서는 적시된 사실의 내용 전체의 취지를 살펴볼 때 중요한 부분이 객관적 사실과 합치되는 경우에는 세부에 있어서 진실과 약간 차이가 나거나 다소 과장된 표현이 있다 하더라도 이를 허위의 사실이라고 볼 수는 없다(대법원 2000.2.25, 99도4757).

① (○) 형법 제313조에 정한 신용훼손죄에서의 '신용'은 경제적 신용, 즉 사람의 지불능력 또는 지불의사에 대한 사회적 신뢰를 말하는 것이다(대법원 1969.1.21, 68도1660).

② (○) 공연히 사실을 적시하여 사람의 명예를 훼손한 행위가 형법 제310조의 규정에 따라서 위법성이 조각되어 처벌대상이 되지 않기 위하여는 그것이 진실한 사실로서 오로지 공공의 이익에 관한 때에 해당된다는 점을 행위자가 증명하여야 하는 것이나, 그 증명은 유죄의 인정에 있어 요구되는 것과 같이 법관으로 하여금 의심할 여지가 없을 정도의 확신을 가지게 하는 증명력을 가진 엄격한 증거에 의하여야 하는 것은 아니므로, 이때에는 전문증거에 대한 증거능력의 제한을 규정한 형사소송법 제310조의2는 적용될 여지가 없다(대법원 1996.10.25, 95도1473; 1993. 6.22, 92도3160; 1988.10.11, 85다카29).

③ (○) 명예훼손죄와 모욕죄의 보호법익은 다 같이 사람의 가치에 대한 사회적 평가인 이른바 외부적 명예인 점에서는 차이가 없으나 다만 명예훼손은 사람의 사회적 평가를 저하시킬 만한 구체적 사실의 적시를 하여 명예를 침해함을 요하는 것으로서 구체적 사실이 아닌 단순한 추상적 판단이나 경멸적 감정의 표현으로서 사회적 평가를 저하시키는 모욕죄와 다르다(대법원 1987.5.12, 87도739).

정답 ④

---

014 ✓ 유사 ◆◆◇◇   경찰2차 2021

명예에 관한 죄에 대한 설명으로 옳은 것은 모두 몇 개인가? (다툼이 있는 경우 판례에 의함)

> ㉠ 甲이 명예훼손 사실을 발설한 것이 정말이냐는 A의 질문에 대답하는 과정에서 타인의 명예를 훼손하는 사실을 발설하게 된 경우, 명예훼손의 고의가 인정되지 아니한다.
>
> ㉡ 甲이 집 뒷길에서 자신의 남편과 A의 친척이 듣는 가운데 다른 사람들이 들을 수 있을 정도의 큰 소리로 A에게 "저것이 징역 살다온 전과자다."고 말한 경우, 자신의 남편과 A의 친척에게 말한 것이라 할지라도 명예훼손죄의 구성요건요소인 '공연성'이 인정된다.
>
> ㉢ 사이버대학교 학생 甲이 학과 학생들만 가입할 수 있는 네이버 밴드 게시판에 A의 "총학생회장 출마자격에 관하여 조언을 구한다."는 글에 대한 댓글로 직전 회장 선거에 입후보하였다가 중도 사퇴한 친구 B의 실명을 거론하며, 객관적 사실에 부합하는 "B 학우가 학생회비도 내지 않고 총학생회장 선거에 출마하려 했다가 상대방 후보를 비방하고 이래저래 학과를 분열시키고 개인적인 감정을 표현한 사례가 있다."고 언급한 다음 "그러한 부분은 지양했으면 한다."는 의견을 덧붙인 경우, 甲의 주요한 동기와 목적은 공공의 이익을 위한 것으로서 甲에게 B를 비방할 목적이 있다고 보기 어렵다.
>
> ㉣ 제품의 안정성에 논란이 많은 가운데 인터넷 신문사 소속 기자 A가 인터넷 포탈 사이트의 '핫이슈'난에 제품을 옹호하는 기사를 게재하자 그 기사를 읽은 상당수의 독자들이 '네티즌 댓글'난에 A를 비판하는 댓글을 달고 있는 상황에서 甲이 "이런 걸 기레기라고 하죠?"라는 댓글을 게시한 경우, 이는 모욕적 표현에 해당하나 사회상규에 위배되지 않는 행위로서 형법 제20조에 의하여 위법성이 조각된다.

① 1개   ② 2개
③ 3개   ④ 4개

해설 **출제영역ㅣ** 명예와 신용, 명예훼손과 모욕

④ 모두 옳은 설명이다.

㉠ (○) 대법원 2010.10.28, 2010도2877

㉡ (○) 피고인이 甲의 집 뒷길에서 피고인의 남편 乙 및 甲의 친척인 丙이 듣는 가운데 甲에게 '저것이 징역 살다온 전과자다' 등으로 큰 소리로 말함으로써 공연히 사실을 적시하여 甲의 명예를 훼손하였다는 내용으로 기소된 경우, 丙이 甲과 친척관계에 있다는 이유만으로 전파가능성이 부정된다고 볼 수 없고, 오히려 피고인은 甲과의 싸움 과정에서 단지 甲을 모욕 내지 비방하기 위하여 공개된 장소에서 큰 소리로 말하여 다른 마을 사람들이 들을 수 있을 정도였던 것으로 불특정 또는 다수인이 인식할 수 있는 상태였다고 봄이 타당하므로, 피고인의 위 발언은 공연성이 인정된다(대법원 2020.11.19, 2020도5813 전원합의체).

㉢ (○) 대법원 2020.3.2, 2018도15868

ㄹ (○) 어떤 글이 모욕적 표현을 담고 있는 경우에도 그 글이 객관적으로 타당성이 있는 사실을 전제로 하여 그 사실관계나 이를 둘러싼 문제에 관한 자신의 판단과 피해자의 태도 등이 합당한가 하는 데 대한 자신의 의견을 밝히고, 자신의 판단과 의견이 타당함을 강조하는 과정에서 부분적으로 모욕적인 표현이 사용된 것에 불과하다면 사회상규에 위배되지 않는 행위로서 형법 제20조에 의하여 위법성이 조각될 수 있다. 그리고 특정 사안에 대한 의견을 공유하는 인터넷 게시판 등의 공간에서 작성된 단문의 글에 모욕적 표현이 포함되어 있더라도, 그 글이 동조하는 다른 의견들과 연속적·전체적인 측면에서 볼 때, 그 내용이 객관적으로 타당성이 있는 사정에 기초하여 관련 사안에 대한 자신의 판단 내지 피해자의 태도 등이 합당한가 하는 데 대한 자신의 의견을 강조하거나 압축하여 표현한 것이라고 평가할 수 있고, 그 표현도 주로 피해자의 행위에 대한 것으로서 지나치게 악의적이지 않다면, 다른 특별한 사정이 없는 한 그 글을 작성한 행위는 사회상규에 위배되지 않는 행위로서 위법성이 조각된다고 보아야 한다(대법원 2021.3.25, 2017도17643).

정답 ④

명예훼손죄에 대한 설명으로 옳지 않은 것은? (다툼이 있는 경우 판례에 의함)

① 공연히 사실을 적시하여 사람의 명예를 훼손한 행위가 「형법」 제310조의 위법성조각사유에 해당된다는 점에 대하여는 행위자가 증명하여야 한다.

② 언론매체가 피해자의 명예를 현저하게 훼손할 수 있는 보도내용의 주된 부분이 허위임을 충분히 인식하면서도 이를 보도하였다면, 특별한 사정이 없는 한 거기에는 사람을 비방할 목적이 있다고 볼 것이다.

③ 개인 블로그의 비공개 대화방에서 상대방으로부터 비밀을 지키겠다는 말을 듣고 1:1로 대화하면서 타인의 명예를 훼손하는 발언을 한 경우, 그러한 사정만으로 상대방이 대화내용을 불특정 또는 다수인에게 전파할 가능성이 없다고 할 수 없다.

④ 정보통신망을 이용한 명예훼손의 경우 범죄종료시기는 원래의 게시물이 삭제되어 정보의 송수신이 불가능해지는 시점이다.

해설 출제영역 | 명예훼손죄 일반

④ (×) 서적·신문 등 기존의 매체에 명예훼손적 내용의 글을 게시하는 경우에 그 게시행위로써 명예훼손의 범행은 종료하는 것이며 그 서적이나 신문을 회수하지 않는 동안 범행이 계속된다고 보지는 않는다는 점을 고려해 보면, 정보통신망을 이용한 명예훼손의 경우에, 게시행위 후에도 독자의 접근가능성이 기존의 매체에 비하여 좀 더 높다고 볼 여지가 있다 하더라도 그러한 정도의 차이만으로 정보통신망을 이용한 명예훼손의 경우에 범죄의 종료시기가 달라진다고 볼 수는 없다(대법원 2007.10.25, 2006도346).

① (○) 판례는 거증책임전환규정으로 보는 입장이다(대법원 1996.10.25, 95도1473).

---

② (○) ㉠ 피해자의 명예를 현저하게 훼손할 수 있는 이 사건 적시사실 자체가 허위이고 위 피고인이 위 적시사실의 주요 부분이 허위임을 충분히 인식하였다면, 특별한 사정이 없는 한 거기에는 피해자를 비방할 목적이 있다고 볼 것이고, 이 경우에는 형법 제310조 및 거기에서 파생된 법리에 의하여 위법성이 조각될 여지가 없는 것이므로, 피고인의 행위는 구 정보통신망법 제61조 제2항 소정의 명예훼손죄에 해당한다고 보아야 할 것이다. ㉡ 반면에, 이 사건 적시사실이 진실이거나 위 피고인에게 위 적시사실의 허위성에 대한 인식이 없었다면 구 정보통신망법 제61조 제2항 소정의 명예훼손죄는 물론, 원심이 유죄로 인정한 형법 제307조 제2항 소정의 명예훼손죄도 성립되지 않는 것이며, 나아가 원심이 구 정보통신망법 제61조 제2항 소정의 명예훼손죄에 대하여 이유에서 무죄로 판단하면서 든 여러 사정들을 고려할 때 구 정보통신망법 제61조 제1항의 명예훼손죄의 구성요건요소인 '비방의 목적'이나 형법 제307조 제1항 소정의 명예훼손죄의 위법성 역시 부정된다고 볼 여지가 없지 않다고 할 것이다(대법원 2008.11.27, 2007도5312).

③ (○) 대법원 2008.2.14, 2007도8155

정답 ④

명예에 관한 죄에 대한 설명으로 가장 적절한 것은?(다툼이 있는 경우 판례에 의함)

① 「형법」 제307조 제1항의 명예훼손죄는 적시된 사실이 진실한 사실인 경우이든 허위의 사실인 경우이든 모두 성립될 수 있다.

② 국가나 지방자치단체도 국민에 대한 관계에서는 형벌의 수단을 통해 보호되는 외부적 명예의 주체가 될 수 있고, 따라서 명예훼손죄나 모욕죄의 피해자가 될 수 있다.

③ 일반적으로 범죄의 고의는 확정적 고의뿐만 아니라 결과발생에 대한 인식이 있고 그를 용인하는 미필적 고의도 포함하나, 「형법」 제308조의 사자명예훼손죄의 판단에서는 미필적 고의에 의하여 죄가 성립하지 아니한다.

④ 「형법」 제311조의 모욕죄의 피해자는 특정되어야 하므로 이른바 집단표시에 의한 모욕은 그 비난의 정도가 희석되지 않아 구성원 개개인의 사회적 평가를 저하시킬 만한 것으로 평가될 경우라도 구성원 개개인에 대한 모욕죄를 구성하지 않는다.

해설 출제영역 | 명예훼손죄, 모욕죄의 구성요건

① (○) 제307조 제1항의 명예훼손죄는 적시된 사실이 진실한 사실인 경우이든 허위의 사실인 경우이든 모두 성립될 수 있고, 특히 적시된 사실이 허위의 사실이라고 하더라도 행위자에게 허위성에 대한 인식이 없는 경우에는 제307조 제2항의 명예훼손죄가 아니라 제307조 제1항의 명예훼손죄가 성립될 수 있다(대법원 2017.4.26, 2016도18024).

② (×) 국가나 지방자치단체는 국민에 대한 관계에서 형벌의 수단을 통해 보호되는 외부적 명예의 주체가 될 수는 없고, 따라서 명

예훼손죄나 모욕죄의 <u>피해자가 될 수 없다</u>(대법원 2016.12.27, 2014도15290).

③ (×) 범죄의 고의는 확정적 고의뿐만 아니라 결과 발생에 대한 인식이 있고 그를 용인하는 의사인 이른바 <u>미필적 고의도 포함하므로 허위사실 적시에 의한 명예훼손죄 역시 미필적 고의에 의하여도 성립</u>하고, 위와 같은 법리는 형법 제308조의 사자명예훼손죄의 판단에서도 마찬가지로 적용된다(대법원 2014.3.13, 2013도12430).

④ (×) 이른바 <u>집단표시에 의한 모욕</u>은, 모욕의 내용이 집단에 속한 특정인에 대한 것이라고는 해석되기 힘들고, 집단표시에 의한 비난이 개별구성원에 이르러서는 비난의 정도가 희석되어 구성원 개개인의 사회적 평가에 영향을 미칠 정도에 이르지 아니한 경우에는 구성원 개개인에 대한 모욕이 성립되지 않는다고 봄이 원칙이고, 비난의 정도가 희석되지 않아 구성원 개개인의 사회적 평가를 저하시킬 만한 것으로 평가될 경우에는 예외적으로 구성원 개개인에 대한 모욕이 성립할 수 있다(대법원 2014.3.27, 2011도15631).

정답 ①

---

017 ✓ 유사 ◆◆◇   법원행시 2018

명예훼손죄에 있어서의 '공연성'에 관한 다음 설명 중 옳지 않은 것은 모두 몇 개인가?

㉠ 명예훼손죄에서 '공연성'은 불특정 또는 다수인이 인식할 수 있는 상태를 의미하므로 비록 개별적으로 한 사람에 대하여 사실을 유포하더라도 이로부터 불특정 또는 다수인에게 전파될 가능성이 있다면 공연성의 요건을 충족하지만, 이와 달리 전파될 가능성이 없다면 특정한 한 사람에 대한 사실의 유포는 공연성이 없다.

㉡ 개인 블로그의 비공개 대화방에서 상대방으로부터 비밀을 지키겠다는 말을 듣고 일대일로 대화하였다고 하더라도, 그 사정만으로 대화 상대방이 대화내용을 불특정 또는 다수인에게 전파할 가능성이 없다고 할 수 없으므로, 명예훼손죄의 요건인 공연성을 인정할 여지가 있다.

㉢ 어느 사람에게 귀엣말 등 그 사람만 들을 수 있는 방법으로 그 사람 본인의 사회적 가치 내지 평가를 떨어뜨릴 만한 사실을 이야기하였다면, 위와 같은 이야기가 불특정 또는 다수인에게 전파될 가능성이 있다고 볼 수 없어 명예훼손의 구성요건인 공연성을 충족하지 못하는 것이며, 그 사람이 들은 말을 스스로 다른 사람들에게 전파하였더라도 위와 같은 결론에는 영향이 없다.

㉣ 직업의 특성을 감안할 때 통상 기자에게 사실을 적시할 경우, 기자가 취재를 한 상태에서 아직 기사화하여 보도하지 아니하였더라도 명예훼손죄의 공연성이 있다고 봄이 상당하다.

㉤ 장차 피해자가 피고인을 명예훼손죄로 고소할 수 있도록 그 증거자료를 미리 은밀하게 수집, 확보하기 위하여 피고인의 발언을 유도하였다고 의심되는 사람들에게 한 피해자의 여자 문제 등 사생활에 관한 피고인의 발언은 이들이 수사기관 이외의 다른 사람들에게 피고인의 발언을 전파할 가능성이 있다고 단정하기는 어려울 뿐만 아니라 피고인에게 당시 공연성에 대한 인식이 없었다고 봄이 상당하므로 명예훼손죄의 공연성을 인정할 수 없다.

① 1개 　　　　　　　 ② 2개
③ 3개 　　　　　　　 ④ 4개
⑤ 5개

해설 | **출제영역** | 명예훼손죄의 성립요건 – 공연성

㉠ (○) 명예훼손죄에서 '공연성'은 불특정 또는 다수인이 인식할 수 있는 상태를 의미하므로 비록 개별적으로 한 사람에 대하여 사실을 유포하더라도 이로부터 불특정 또는 다수인에게 전파될 가능성이 있다면 공연성의 요건을 충족하지만, 이와 달리 전파될 가능성이 없다면 특정한 한 사람에 대한 사실의 유포는 공연성이 없다(대법원 2011.9.8, 2010도7497).

ⓒ (○) 개인 블로그의 비공개 대화방에서 상대방으로부터 비밀을 지키겠다는 말을 듣고 일대일로 대화하였다고 하더라도, 그 사정만으로 대화 상대방이 대화내용을 불특정 또는 다수에게 전파할 가능성이 없다고 할 수 없으므로, 명예훼손죄의 요건인 공연성을 인정할 여지가 있다(대법원 2008.2.14, 2007도8155).

ⓒ (○) 명예훼손죄의 구성요건인 공연성은 불특정 또는 다수인이 인식할 수 있는 상태를 말하는 것으로서, 비록 개별적으로 한 사람에 대하여 사실을 적시하더라도 그로부터 불특정 또는 다수인에게 전파될 가능성이 있다면 공연성의 요건을 충족하는 것이나, 어느 사람에게 귀엣말 등 그 사람만 들을 수 있는 방법으로 그 사람 본인의 사회적 가치 내지 평가를 떨어뜨릴 만한 사실을 이야기하였다면, 위와 같은 이야기가 불특정 또는 다수인에게 전파될 가능성이 있다고 볼 수 없어 명예훼손의 구성요건인 공연성을 충족하지 못하는 것이며, 그 사람이 들은 말을 스스로 다른 사람들에게 전파하였더라도 위와 같은 결론에는 영향이 없다(대법원 2005.12.9, 2004도2880).

ⓔ (×) 통상 기자가 아닌 보통 사람에게 사실을 적시할 경우에는 그 자체로서 적시된 사실이 외부에 공표되는 것이므로 그 때부터 곧 전파가능성을 따져 공연성 여부를 판단하여야 할 것이지만, 그와는 달리 기자를 통해 사실을 적시하는 경우에는 기사화되어 보도되어야만 적시된 사실이 외부에 공표된다고 보아야 할 것이므로 기자가 취재를 한 상태에서 아직 기사화하여 보도하지 아니한 경우에는 전파가능성이 없다고 할 것이어서 공연성이 없다고 봄이 상당하다(대법원 2000.5.16, 99도5622).

ⓜ (○) 그녀들이 위 공소외 1의 여자 문제 등 사생활에 관한 피고인의 발언을 수사기관 이외의 다른 사람들에게 전파할 가능성이 있다고 단정하기는 어렵다고 여겨질 뿐만 아니라, 명예훼손죄에 있어서의 공연성은 구성요건 요소이므로 행위자에게 고의의 한 내용으로서 공연성에 대한 인식을 필요로 한다고 할 것인데, 위와 같은 사정 아래에서라면 당시 피고인은 적어도 위와 같은 발언이 위 6명의 여자들 이외의 불특정 또는 다수인에게 전파될 가능성이 있다는 점에 관하여는 인식이 없었던 것으로 봄이 상당하다고 할 것이다(대법원 1996.4.12, 94도3309).

[정답] ①

018 ☑ 유사 ◆◆◇   경찰2차 2024

명예훼손죄에 관한 설명으로 옳은 것을 모두 고른 것은? (다툼이 있는 경우 판례에 의함)

ⓐ 전파가능성이 있다는 이유로 명예훼손죄의 공연성을 인정하는 것은 문언의 통상적 의미를 벗어나 피고인에게 불리한 확장해석으로 죄형법정주의에서 금지하는 유추해석에 해당한다.

ⓑ 사실적시의 내용이 사회 일반의 일부 이익에만 관련된 사항이라도 다른 일반인과 공동생활에 관계된 사항이라면 공익성을 지니고, 나아가 개인에 관한 사항이더라도 공공의 이익과 관련되어 있고 사회적인 관심을 획득하거나 획득할 수 있는 경우라면 직접적으로 국가·사회 일반의 이익이나 특정한 사회집단에 관한 것이 아니라는 이유만으로 「형법」 제310조의 적용을 배제할 것은 아니다.

ⓒ 객관적으로 피해자의 사회적 평가를 저하시키는 사실에 관한 발언이 보도, 소문이나 제3자의 말을 인용하는 방법으로 단정적인 표현이 아닌 전문 또는 추측의 형태로 표현된 경우, 표현 전체의 취지로 보아 사실이 존재할 수 있다는 것을 '암시'하는 방식으로 이루어졌다면 사실을 적시한 것으로 볼 수 없다.

ⓓ 정보통신망 이용촉진 및 정보보호 등에 관한 법률위반(명예훼손)죄의 '비방할 목적'이란 공공의 이익을 위한 것과는 행위자의 주관적 의도의 방향에서 서로 상반되는 관계에 있으므로, 적시한 사실이 공공의 이익에 관한 것인 경우에는 특별한 사정이 없는 한 비방할 목적은 부인된다.

ⓔ 명예훼손죄의 공연성에 관해 확립된 법리로 정착된 이른바 전파가능성 이론은 「정보통신망 이용촉진 및 정보보호 등에 관한 법률」상 정보통신망을 이용한 명예훼손뿐만 아니라 「공직선거법」상 후보자비방죄 등의 공연성 판단에도 동일하게 적용된다.

① ⓐⓒⓓ   ② ⓑⓒⓔ
③ ⓑⓓⓔ   ④ ⓑⓒⓓⓔ

해설 │ 출제영역 │ 명예훼손죄의 성립요건

③ ⓑⓓⓔ

ⓐ (×) 대법원은 명예훼손죄의 공연성에 관하여 개별적으로 소수의 사람에게 사실을 적시하였더라도 그 상대방이 불특정 또는 다수인에게 적시된 사실을 전파할 가능성이 있는 때에는 공연성이 인정된다고 일관되게 판시하여, 이른바 전파가능성 이론은 공연성에 관한 확립된 법리로 정착되었다(대법원 2020.11.19, 2020도5813 전원합의체).

ⓑ (○) 대법원 2020.11.19, 2020도5813 전원합의체

ⓒ (×) 표현 전체의 취지로 보아 명예훼손적 사실이 존재할 수 있다는 것을 암시하는 방식으로 이루어진 경우에도 명예훼손죄의 사실의 적시에 해당한다(대법원 2021.3.25, 2016도14995).

ⓓ (○) 대법원 2024.1.4, 2022도699

ⓔ (○) 대법원은 명예훼손죄의 공연성에 관하여 개별적으로 소수의 사람에게 사실을 적시하였더라도 그 상대방이 불특정 또는 다

수인에게 적시된 사실을 전파할 가능성이 있는 때에는 공연성이 인정된다고 일관되게 판시하여, 이른바 전파가능성 이론은 공연성에 관한 확립된 법리로 정착되었다. … 이러한 법리는 정보통신망법상 정보통신망을 이용한 명예훼손이나 공직선거법상 후보자비방죄 등의 공연성 판단에도 동일하게 적용되어, 적시한 사실이 허위인지 여부나 특별법상 명예훼손 행위인지 여부에 관계없이 명예훼손 범죄의 공연성에 관한 대법원 판례의 기본적 법리로 적용되어 왔다(대법원 2020.11.19, 2020도5813 전원합의체).

정답 ③

---

019 ✅ 유사 ◆◆◇   군무원9급 2022

다음 중 명예훼손죄에 대한 설명으로 가장 잘못된 것은? (다툼이 있으면 판례에 의함)

① 甲이 '야당 대통령후보였던 乙은 일명 부림사건의 변호인으로서 체제전복을 위한 활동을 한 국가보안법 위반 사범들을 변호하면서 그들과 동조하여 그들과 동일하게 체제전복과 헌법적 기본질서를 부정하는 활동인 공산주의 활동 내지 공산주의 운동을 해 왔다'고 주장해도 이는 사실의 적시가 아니며 단지 의견 또는 평가의 표명에 불과하며 표현의 자유에 속한다.

② 甲 회사와 乙의 공유인 특허발명에 대해 특허 심판원의 무효심결이 내려진 후 확정되기 전에 甲 회사의 대표인 피고인이 '丙이 생산·판매한 제품은 위 특허권을 침해한 제품이다'라는 사실을 인터넷을 통하여 적시하고, 丙의 거래처들에 같은 내용의 내용증명을 발송하였다면 허위사실의 인식이 있었다.

③ 징계 업무 담당 직원인 피고인이 피해자에 대한 징계절차 회부 사실이 기재된 문서를 근무현장, 방재실 등의 게시판에 게시함으로써 공연히 피해자의 명예를 훼손하였다면 이를 회사 내부의 원활하고 능률적인 운영의 도모라는 공공의 이익에 관한 것으로 볼 수 없다.

④ 상가건물관리회의 회장이 위 관리회의 결산 보고를 하면서 전 관리회장이 체납관리비 등을 둘러싼 분쟁으로 자신을 폭행하여 유죄 판결을 받은 사실을 알렸다면 위법성이 조각된다.

해설 출제영역 | 명예훼손죄 일반

② (×) 범행 당시 이미 위 특허발명에 대한 무효심결이 있었다는 사유만으로 위 심결이 확정되지도 않은 상태에서 그 무효사유가 있음을 알고 있었다고 단정하기는 어렵고, 더욱이 丙의 제품이 위 특허발명의 특징적 구성을 가지고 있어 특허권을 침해하는 것이라고 판단할 여지가 없지 않은 사정들에 비추어, 위 각 범행일시에 피고인에게 위와 같이 적시된 사실이 허위라는 인식이 있었다고 보기 어렵다(대법원 2010.10.28, 2009도4949).

① (○) 피고인이 '야당 대통령후보였던 甲은 일명 부림사건의 변호인으로서 체제전복을 위한 활동을 한 국가보안법 위반 사범들을 변호하면서 그들과 동조하여 그들과 동일하게 체제전복과 헌법적 기본질서를 부정하는 활동인 공산주의 활동 내지 공산주의 운

동을 해 왔다.'는 취지의 발언을 하여 허위사실 적시 명예훼손으로 기소된 경우, 제반 사정을 종합할 때 피고인의 위 '공산주의자 발언'은 자신의 경험을 통한 甲의 사상 또는 이념에 대한 피고인의 의견 내지 입장표명에 해당하여 이를 甲의 명예를 훼손할 만한 구체적인 사실의 적시라고 보기 어렵고, 나아가 표현의 자유의 한계를 일탈한 위법한 행위라고 볼 수 없다(대법원 2021.9. 16, 2020도12861).

③ (○) 회사에서 징계 업무를 담당하는 직원인 피고인이 피해자에 대한 징계절차 회부 사실이 기재된 문서를 근무현장 방재실, 기계실, 관리사무실의 각 게시판에 게시함으로써 공연히 피해자의 명예를 훼손하였다는 내용으로 기소된 경우, 징계혐의 사실은 징계절차를 거친 다음 확정되는 것이므로 징계절차에 회부되었을 뿐인 단계에서 그 사실을 공개함으로써 피해자의 명예를 훼손하는 경우, 이를 사회적으로 상당한 행위라고 보기는 어려운 점, 피해자에 대한 징계 의결이 있기 전에 징계절차에 회부되었다는 사실이 공개되는 경우 피해자가 입게 되는 피해의 정도는 가볍지 않은 점 등을 종합하면, 피해자에 대한 징계절차 회부 사실을 공지하는 것이 회사 내부의 원활하고 능률적인 운영의 도모라는 공공의 이익에 관한 것으로 볼 수 없다(대법원 2021.8.26, 2021도6416).

④ (○) 특정 상가건물관리회의 회장이 위 관리회의 결산보고를 하면서 전 관리회장이 체납관리비 등을 둘러싼 분쟁으로 자신을 폭행하여 유죄판결을 받은 사실을 알린 사안에서, 진실을 공표한 경우에 해당하여 건물관리회원 전체의 관심과 이익에 관한 것으로서 공공의 이익에 관한 것이라 할 것이고, 이러한 피고인의 행위는 그 주된 동기가 위 업무집행에 대한 회원들 신뢰를 확보하고 단체의 내부 질서를 바로 잡아 회원들의 단합을 도모하고자 하는 공공의 이익을 위한 것으로 볼 수 있는 것으로서 형법 제310조에 의하여 위법성이 조각된다(대법원 2008.11.13, 2008도6342).

정답 ②

020 ✓ 유사 ◆◆◇ 　　　　법원9급 2023

명예훼손죄에 관한 다음 설명 중 가장 옳지 않은 것은?
(다툼이 있는 경우 판례에 의하고, 전원합의체 판결의
경우 다수의견에 의함)

① 작업장의 책임자인 피고인이 甲으로부터 작업장에서 발생한 성추행 사건에 대해 보고받은 사실이 있음에도, 직원 5명이 있는 회의 자리에서 상급자로부터 경과보고를 요구받으면서 과태료 처분에 관한 책임을 추궁받자 이에 대답하는 과정에서 '甲은 성추행 사건에 대해 애초에 보고한 사실이 없다. 그런데도 이를 수사기관 등에 신고하지 않았다고 과태료 처분을 받는 것은 억울하다.'는 취지로 발언한 경우 피고인에게 명예훼손의 고의를 인정하기 어렵다.

② 동장인 피고인이 동 주민자치위원에게 전화를 걸어 '어제 열린 당산제(마을제사) 행사에 남편과 이혼한 甲도 참석을 하여, 이에 대해 행사에 참여한 사람들 사이에 안 좋게 평가하는 말이 많았다.'는 취지로 말하고, 동 주민들과 함께한 저녁식사 모임에서 '甲은 이혼했다는 사람이 왜 당산제에 왔는지 모르겠다.'는 취지로 말한 경우, 피고인의 위 발언은 甲의 사회적 가치나 평가를 침해하는 구체적인 사실의 적시에 해당한다.

③ 회사에서 징계 업무를 담당하는 직원인 피고인이 피해자에 대한 징계절차 회부 사실이 기재된 문서를 근무현장 방재실, 기계실, 관리사무실의 각 게시판에 게시한 경우, 위 행위는 회사 내부의 원활하고 능률적인 운영의 도모라는 공공의 이익에 관한 것으로 볼 수 없다.

④ 피고인이 피해자 집 뒷길에서 피고인의 남편 및 피해자의 친척이 듣는 가운데 피해자에게 '저것이 징역 살다온 전과자다.' 등으로 큰 소리로 말한 경우 공연성이 인정된다.

해설 │ 출제영역 │ 명예훼손죄 일반

② (×) 피고인이 위 발언을 통해 甲에 관하여 적시하고 있는 사실은 '甲이 이혼하였다.'는 사실과 '甲이 당산제에 참여하였다.'는 것으로, 이혼에 대한 부정적인 인식과 평가가 점차 사라지고 있음을 감안하면 피고인이 甲의 이혼 경위나 사유, 혼인관계 파탄의 책임 유무를 언급하지 않고 이혼 사실 자체만을 언급한 것은 甲의 사회적 가치나 평가를 떨어뜨린다고 볼 수 없고, 또한 '甲이 당산제에 참여하였다.'는 것도 그 자체로는 가치중립적인 사실로서 甲의 사회적 가치나 평가를 침해한다고 보기 어려운 점, … 甲의 당산제 참석에 대한 부정적인 가치판단이나 평가를 표현하고 있을 뿐이라고 보아야 하는 점을 종합하면, <u>피고인의 위 발언은 甲의 사회적 가치나 평가를 침해하는 구체적인 사실의 적시에 해당하지 않고 甲의 당산제 참여에 관한 의견표현에 지나지 않는다</u>(대법원 2022.5.13, 2020도15642).

① (○) 위와 같이 회의 자리에서 상급자로부터 책임을 추궁당하며 <u>질문을 받게 되자 이에 대답하는 과정에서 타인의 명예를 훼손하는 듯한 사실을 발설하게 된 것이라면 그 발설 내용과 경위·동기 및 상황 등에 비추어 명예훼손의 고의를 인정하기 어렵고, 또한</u> 질문에 대하여 단순한 확인 취지의 답변을 소극적으로 한 것에 불과하다면 이를 명예훼손에서 말하는 사실의 적시라고 단정할

수도 없다(대법원 2022.4.14, 2021도17744).

③ (○) 징계혐의 사실은 징계절차를 거친 다음 확정되는 것이므로 <u>징계절차에 회부되었을 뿐인 단계에서 그 사실을 공개함으로써 피해자의 명예를 훼손하는 경우, 이를 사회적으로 상당한 행위라고 보기는 어려운 점</u>, 피해자에 대한 징계 의결이 있기 전에 징계절차에 회부되었다는 사실이 공개되는 경우 피해자가 입게 되는 피해의 정도는 가볍지 않은 점 등을 종합하면, 피해자에 대한 징계절차 회부 사실을 공지하는 것이 회사 내부의 원활하고 능률적인 운영의 도모라는 공공의 이익에 관한 것으로 볼 수 없다(대법원 2021.8.26, 2021도6416).

④ (○) 피고인은 甲과의 싸움 과정에서 단지 甲을 모욕 내지 비방하기 위하여 공개된 장소에서 큰 소리로 말하여 다른 마을 사람들이 들을 수 있을 정도였던 것으로 불특정 또는 다수인이 인식할 수 있는 상태였다고 봄이 타당하므로 피고인의 위 발언은 공연성이 인정된다(대법원 2020.11.19, 2020도5813 전원합의체).

정답 ②

021 ✓ 유사 ◆◇◇ 　　　　경찰2차 2022

다음 사례 중 甲에게 모욕죄(또는 상관모욕죄)가 성립하는 것은? (다툼이 있는 경우 판례에 의함)

① 甲이 소속 노동조합 위원장 A를 '어용', '앞잡이' 등으로 지칭하여 표현한 현수막, 피켓 등을 장기간 반복하여 일반인의 왕래가 잦은 도로변 등에 게시한 경우

② 부사관 교육생 甲이 동기들과 함께 사용하는 단체채팅방에서 지도관 A가 목욕탕 청소 담당에게 과실 지적을 많이 한다는 이유로 "도라이 ㅋㅋㅋ 습기가 그렇게 많은데"라는 글을 게시한 경우

③ A주식회사 해고자 신분으로 노동조합 사무장직을 맡아 노조활동을 하는 甲이 노사 관계자 140여 명이 있는 가운데 큰 소리로 자신보다 15세 연장자인 A회사 부사장 B를 향해 "야 ○○아, ○○이 여기 있네, 니 이름이 ○○이잖아, ○○아 나오니까 좋지?" 등으로 여러 차례 B의 이름을 부른 경우

④ 甲이 인터넷 포털 사이트의 'A추진운동본부'에 접속하여 '자칭 타칭 B 하면 떠오르는 키워드!!!'라는 제목의 게시글에 '공황장애 ㅋ'라는 댓글을 게시한 경우

해설 │ 출제영역 │ 모욕죄의 위법성조각사유

① (○) 피고인들이 소속 노동조합 위원장 甲을 '어용', '앞잡이' 등으로 지칭하여 표현한 현수막, 피켓 등을 장기간 반복하여 일반인의 왕래가 잦은 도로변 등에 게시한 경우, '어용'이란 자신의 이익을 위하여 권력자나 권력 기관에 영합하여 줏대 없이 행동하는 것을 낮잡아 이르는 말, '앞잡이'란 남의 사주를 받고 끄나풀 노릇을 하는 사람을 뜻하는 말로서 언제나 위 표현들이 지칭된 상대방에 대한 모욕에 해당한다거나 사회상규에 비추어 허용되지 않는 것은 아니지만, 제반 사정에 비추어 피고인들의 위 행위는 甲에 대한 <u>모욕적 표현으로서 사회상규에 위배되지 않는 행위로 보기 어렵다</u>(대법원 2021.9.9, 2016도88).

② (×) 부사관 교육생이던 피고인이 동기들과 함께 사용하는 단체

채팅방에서 지도관이던 피해자가 목욕탕 청소 담당에게 과실 지적을 많이 한다는 이유로 "도라이 ㅋㅋㅋ 습기가 그렇게 많은데"라는 글을 게시하여 공연히 상관인 피해자를 모욕하였다는 내용으로 기소된 사안에서, '도라이'는 상관인 피해자를 경멸적으로 비난한 것으로 모욕적인 언사라고 볼 수 있으나, 피고인의 위 표현은 동기 교육생들끼리 고충을 토로하고 의견을 교환하는 사이버공간에서 상관인 피해자에 대하여 일부 부적절한 표현을 사용하게 된 것에 불과하고 이로 인하여 군의 조직질서와 정당한 지휘체계가 문란하게 되었다고 보이지 않으므로, 이러한 행위는 사회상규에 위배되지 않는다(대법원 2021.8.19, 2020도14576).

③ (×) 甲 주식회사 해고자 신분으로 노동조합 사무장직을 맡아 노조활동을 하는 피고인이 노사 관계자 140여 명이 있는 가운데 큰 소리로 피고인보다 15세 연장자로서 甲 회사 부사장인 乙을 향해 "야 ○○아, ○○이 여기 있네, 니 이름이 ○○이잖아, ○○아 나오니까 좋지?" 등으로 여러 차례 乙의 이름을 불러 乙을 모욕하였다는 내용으로 기소된 경우, 제반 사정을 종합하면, 피고인의 위 발언은 상대방을 불쾌하게 할 수 있는 무례하고 예의에 벗어난 표현이기는 하지만 객관적으로 乙의 인격적 가치에 대한 사회적 평가를 저하시킬 만한 모욕적 언사에 해당하지 않는다(대법원 2018.11.29, 2017도2661).

④ (×) 피고인이 댓글로 게시한 '공황장애 ㅋ'라는 표현이 상대방을 불쾌하게 할 수 있는 무례한 표현이기는 하나, 상대방의 인격적 가치에 대한 사회적 평가를 저하시킬 만한 표현에 해당한다고 보기는 어렵다(대법원 2018.5.30, 2016도20890).

정답 ①

022 ✓ 유사 ◆◇◇ 경찰1차 2022

명예에 관한 죄에 대한 아래 ㉠부터 ㉤까지의 설명 중 옳고 그름의 표시(○, ×)가 모두 바르게 된 것은? (다툼이 있는 경우 판례에 의함)

㉠ 인터넷 댓글에 의하여 모욕을 당한 피해자의 인터넷 아이디(ID)만을 알 수 있을 뿐 그 밖의 주위사정을 종합해보더라도 그와 같은 인터넷 아이디를 가진 사람이 동 피해자임을 알아차릴 수 없는 경우라면 명예훼손죄 또는 모욕죄가 성립하지 않는다.

㉡ 어떠한 표현이 상대방의 인격적 가치에 대한 사회적 평가를 저하시킬 만한 것이 아니라면 설령 그 표현이 다소 무례한 방법으로 표시되었다 하더라도 이를 두고 모욕죄의 구성요건에 해당한다고 볼 수 없다.

㉢ 모욕죄는 피해자의 외부적 명예를 저하시킬 만한 추상적 판단이나 경멸적 감정을 공연히 표시함으로써 성립하는 것으로, 피해자의 외부적 명예가 현실적으로 침해되거나 적어도 구체적 현실적으로 침해될 위험이 발생하여야 한다.

㉣ 「형법」 제307조 명예훼손죄에 있어서의 사실의 적시는 가치판단이나 평가를 내용으로 하는 의견표현에 대치되는 개념으로서 시간적으로나 공간적으로 구체적인 과거 또는 현재의 사실관계에 관한 보고나 진술을 뜻한다.

㉤ 정보통신망을 이용한 명예훼손의 경우에는 게재행위의 종료만으로 범죄행위가 종료하는 것은 아니고 원래 게시물이 삭제되어 정보의 송 수신이 불가능해지는 시점을 범죄의 종료시기로 보아야 한다.

① ㉠(○) ㉡(×) ㉢(○) ㉣(×) ㉤(○)
② ㉠(○) ㉡(○) ㉢(×) ㉣(○) ㉤(×)
③ ㉠(×) ㉡(×) ㉢(○) ㉣(×) ㉤(×)
④ ㉠(○) ㉡(○) ㉢(×) ㉣(○) ㉤(○)

해설 출제영역 | 명예에 관한 죄 종합

㉠ (○) 인터넷 댓글로서 특정인의 실명을 거론하여 특정인의 명예를 훼손하거나, 또는 실명을 거론하지는 않더라도 그 표현의 내용을 주위사정과 종합하여 볼 때 그 표시가 특정인을 지목하는 것임을 알아차릴 수 있는 경우에는, 그와 같은 악의적 댓글을 단 행위자는 원칙적으로 특정인에 대한 명예훼손 또는 모욕의 죄책을 면하기 어렵다 할 것이다. 하지만 인터넷 댓글에 의하여 모욕을 당한 피해자의 인터넷 아이디(ID)만을 알 수 있을 뿐 그 밖의 주위사정을 종합해보더라도 그와 같은 인터넷 아이디를 가진 사람이 청구인이라고 알아차릴 수 없는 경우에 있어서는 외부적 명예를 보호법익으로 하는 명예훼손죄 또는 모욕죄의 피해자가 청구인으로 특정된 경우로 볼 수 없으므로, 특정인인 청구인에 대한 명예훼손죄 또는 모욕죄가 성립하지 않는다(헌법재판소 2008.6.26, 2007헌마461).

㉡ (○) 대법원 2008.11.29, 2017도2661

㉢ (×) 모욕죄는 피해자의 외부적 명예를 저하시킬 만한 추상적 판단이나 경멸적 감정을 공연히 표시함으로써 성립하므로, 피해자의 외부적 명예가 현실적으로 침해되거나 구체적·현실적으로 침해될 위험이 발생하여야 하는 것이 아니다(추상적 위험범, 대법

원 2016.10.13, 2016도9674).

ⓔ (○) 대법원 2021.3.25, 2016도14995

ⓜ (×) 서적·신문 등 기존의 매체에 명예훼손적 내용의 글을 게시하는 경우에 그 게시행위로써 명예훼손의 범행은 종료하는 것이며 그 서적이나 신문을 회수하지 않는 동안 범행이 계속된다고 보지는 않는다는 점을 고려해 보면, 정보통신망을 이용한 명예훼손의 경우에, 게시행위 후에도 독자의 접근가능성이 기존의 매체에 비하여 좀 더 높다고 볼 여지가 있다 하더라도 그러한 정도의 차이만으로 정보통신망을 이용한 명예훼손의 경우에 범죄의 종료시기가 달라진다고 볼 수는 없다(계속범이 아니라 즉시범, 대법원 2007.10.25, 2006도346).

정답 ②

023 ✓ 유사 ◆◆◇ 경찰2차 2023

명예에 관한 죄에 대한 설명으로 가장 적절하지 않은 것은? (다툼이 있는 경우 판례에 의함)

① 사실적시의 내용이 개인에 관한 사항이더라도 공공의 이익과 관련되어 있고 사회적인 관심을 획득한 경우라면 직접적으로 국가·사회 일반의 이익이나 특정한 사회집단에 관한 것이 아니라는 이유만으로 「형법」 제310조의 적용을 배제할 것은 아니다.

② 명예훼손죄와 모욕죄에서 전파가능성을 이유로 공연성을 인정하는 경우에는 적어도 범죄구성요건의 주관적 요소로서 미필적 고의가 필요하므로, 전파가능성에 대한 인식이 있음은 물론 나아가 위험을 용인하는 내심의 의사가 있어야 한다.

③ 인터넷 등 공간에서 작성된 단문의 글이라고 하더라도, 그 내용이 자신의 의견을 강조하거나 압축하여 표현한 것이라고 평가할 수 있고 표현도 지나치게 모욕적이거나 악의적이지 않다면 「형법」 제20조에 의하여 위법성이 조각될 수 있다.

④ 甲은 자신의 인터넷 채널에 A의 방송 영상을 게시하면서 A의 얼굴에 '개' 얼굴을 합성하는 방법을 사용하였는바, 그 영상의 전체적인 내용을 살펴볼 때 A의 얼굴을 가리는 용도로 동물 그림을 사용하면서 A에 대한 부정적인 감정을 다소 해학적으로 표현하려 한 것에 불과한 경우라도 이러한 행위는 모욕적 표현에 해당한다.

해설 출제영역 | 명예에 관한 죄 종합

④ (×) 피고인이 피해자의 얼굴을 가리는 용도로 동물 그림을 사용하면서 피해자에 대한 부정적인 감정을 다소 해학적으로 표현하려 한 것에 불과하다고 볼 여지도 상당하므로, 해당 영상이 피해자를 불쾌하게 할 수 있는 표현이기는 하지만 객관적으로 피해자의 인격적 가치에 대한 사회적 평가를 저하시킬 만한 모욕적 표현을 한 경우에 해당한다고 단정하기는 어렵다(대법원 2023.2.2, 2022도4719).

① (○) 사실적시의 내용이 사회 일반의 일부 이익에만 관련된 사항이라도 다른 일반인과의 공동생활에 관계된 사항이라면 공익성을 지닌다고 할 것이고, 이에 나아가 개인에 관한 사항이더라도

그것이 공공의 이익과 관련되어 있고 사회적인 관심을 획득한 경우라면 직접적으로 국가·사회 일반의 이익이나 특정한 사회집단에 관한 것이 아니라는 이유만으로 형법 제310조의 적용을 배제할 것은 아니다. 사인이라도 그가 관계하는 사회적 활동의 성질과 사회에 미칠 영향을 헤아려 공공의 이익에 관련되는지 판단하여야 한다(대법원 2022.2.11, 2021도10827).

② (○) 대법원 2022.7.28, 2020도8336

③ (○) 인터넷 등 공간에서 작성된 단문의 글이라고 하더라도, 그 내용이 자신의 의견을 강조하거나 압축하여 표현한 것이라고 평가할 수 있고 표현도 지나치게 모욕적이거나 악의적이지 않다면 마찬가지로 위법성이 조각될 가능성이 크다(대법원 2022.10.27, 2019도14421).

정답 ④

2 신용·업무와 경매에 관한 죄

024 ✓ 대표 ◆◇◇ 법원9급 2018

다음 설명 중 가장 옳지 않은 것은? (다툼이 있는 경우 판례에 의하고, 전원합의체 판결의 경우 다수의견에 의함)

① 위력으로써 공무원의 직무집행을 방해하는 경우 업무방해죄가 성립하지 아니한다.

② 파업에 이르게 된 전후 사정과 경위 등에 비추어, 파업이 전격적으로 이루어져 사용자의 사업운영에 심대한 혼란 내지 막대한 손해를 초래할 위험이 있는 등의 사정으로 사용자의 사업계속에 관한 자유의사가 제압·혼란될 수 있다고 평가할 수 있는 경우 비로소 그러한 집단적 노무제공의 거부도 위력에 해당하여 업무방해죄를 구성한다.

③ 법원의 직무집행정지 가처분결정에 의하여 그 직무집행이 정지된 자가 법원의 결정에 반하여 직무를 수행함으로써 업무를 계속 행하고 있더라도, 그 업무가 반사회성을 띠는 경우라고까지는 할 수 없어, 그 업무 자체가 법의 보호를 받을 가치를 상실하였다고 볼 수 없으므로, 업무방해죄에서 말하는 업무에 해당한다.

④ 임대차계약 종료일 후 1주일 이내에 임차인이 물건을 반출하지 아니할 경우 임대인이 임차인의 물건을 임의로 철거·폐기할 수 있다는 취지로 임대차계약을 체결하였다고 하더라도, 임대인이 임차인 점포의 간판을 철거하고 출입문을 봉쇄하였다면 업무방해죄가 성립한다.

해설 출제영역 | 업무방해죄의 업무·위력

③ (×) 법원의 직무집행정지 가처분결정에 의하여 그 직무집행이 정지된 자가 법원의 결정에 반하여 직무를 수행함으로써 업무를 계속 행하는 경우 그 업무는 국법질서와 재판의 존엄성을 무시하는 것으로서 사실상 평온하게 이루어지는 사회적 활동의 기반이 되는 것이라 할 수 없고, 비록 그 업무가 반사회성을 띠는 경우라고까지는 할 수 없다고 하더라도 법적 보호라는 측면에서는 그와 동등한 평가를 받을 수밖에 없으므로, 그 업무자체는 법의 보호를 받을 가치를 상실하였다고 하지 않을 수 없어 업무방해죄에서 말하는 업무에 해당하지 않는다(대법원 2002.8.23, 2001도5592).

① (○) 공무원이 직무상 수행하는 공무를 방해하는 행위에 대해서

는 업무방해죄로 의율 할 수는 없다(대법원 2009.11.19, 2009 도4166 전원합의체).

② (○) 근로자는 원칙적으로 헌법상 보장된 기본권으로서 근로조 건향상을 위한 자주적인 단결권·단체교섭권 및 단체행동권을 가 지므로(헌법 제33조 제1항), 쟁의행위로서 파업이 언제나 업무방 해죄에 해당하는 것으로 볼 것은 아니고, 전후 사정과 경위 등에 비추어 사용자가 예측할 수 없는 시기에 전격적으로 이루어져 사 용자의 사업운영에 심대한 혼란 내지 막대한 손해를 초래하는 등 으로 사용자의 사업계속에 관한 자유의사가 제압·혼란될 수 있 다고 평가할 수 있는 경우에 비로소 집단적 노무제공의 거부가 위력에 해당하여 업무방해가 성립한다고 보는 것이 타당하다 (대법원 2011.3.17, 2007도482 전원합의체).

④ (○) 강제집행은 국가가 독점하고 있는 사법권의 한 작용을 이루 고 채권자는 국가에 대하여 강제집행권의 발동을 신청할 수 있는 지위에 있을 뿐이므로, <u>법률이 정한 집행기관에 강제집행을 신청 하지 않고 채권자가 임의로 강제집행을 하기로 하는 계약은 사회 질서에 반하는 것으로 민법 제103조에 의하여 무효라고 할 것이 다.</u> 따라서 '본 임대차계약의 종료일 또는 계약해지통보 1주일 이 내에도 임차인이 임차인의 소유물 및 재산을 반출하지 않은 경우 에는 임대인은 임차인의 물건을 임대인 임의대로 철거 폐기처분 할 수 있으며, 임차인은 개인적으로나 법적으로나 하등의 이의를 제기하지 않는다'는 임대차계약 조항은 무효라고 할 것이다(피고 인이 간판업자를 동원하여 피해자가 영업 중인 식당 점포의 간판 을 철거한 등의 행위는 위력을 사용하여 피해자의 업무를 방해한 행위에 해당한다(대법원 2005.3.10, 2004도341).

정답 ③

---

025 ✓ 대표 ◆◇◇ 법원9급 2017

업무방해죄의 보호대상이 되는 업무에 해당하는 것은? (다툼이 있으면 판례에 의함)

① 법원의 직무집행정지 가처분결정에 의하여 그 직무집 행이 정지된 자가 법원의 결정에 반하여 직무를 수행 하는 행위
② 성매매알선 등 행위의 처벌에 관한 법률에서 정하고 있는 성매매알선행위
③ 의료인이나 의료법인이 아닌 자가 의료기관을 개설하 여 운영하는 행위
④ 선착장에 대한 공유수면점용허가를 받지 아니하고 선 박으로 폐석을 운반하는 행위

해설 **출제영역 | 업무방해죄의 업무**

④ (○) 형법상 업무방해죄의 보호대상이 되는 '업무'라 함은 직업 또는 계속적으로 종사하는 사무나 사업을 말하는 것으로서 타인 의 위법한 행위에 의한 침해로부터 보호할 가치가 있는 것이면 되고, 그 업무의 기초가 된 계약 또는 행정행위 등이 반드시 적법 하여야 하는 것은 아니라고 할 것이다(대법원 1991.6.28, 91도 944 판결 참조). 공유수면관리법 제4조에 의하면 공유수면을 점 용하려는 자는 관리청으로부터 점용허가를 받도록 규정되어 있 고, 이 사건에 있어서 위 회사는 관리청으로부터 위 선착장에 대 한 공유수면점용허가를 받지 아니하기는 하였으나, 한편 위 법 제8조, 동 시행령 제5조에 의하면 위 점용허가를 받은 자는 관리 청의 허가를 받아 허가받은 권리를 이전할 수 있도록 규정하고

있고, 기록에 의하면 위 회사는 관리청인 고흥군으로부터 따로 선착장에 대한 점용허가를 받음이 없이 고흥군의 지시에 따라 선 착장점용허가권자인 마을주민 대표들과 임대차계약을 체결하고 (수사기록 9정, 24정, 공판기록 184정) 위 선착장을 이용하여 왔 던 사실을 알 수 있음에 비추어, 위 회사의 폐석운반 업무를 업무 방해죄에 의하여 보호하여야 할 대상이 되지 못하는 업무라고 단 정하기는 어렵다고 할 것이다(대법원 1996.11.12, 96도2214).

① (×) 법원의 결정에 반하여 직무를 수행함으로써 업무를 계속 행 하고 있다면, 비록 그 업무가 반사회성을 띠는 경우라고까지는 할 수 없다고 하더라도 법의 보호를 받을 가치를 상실하였다고 하지 않을 수 없다(대법원 2002.8.23, 2001도5592).
② (×) 성매매알선 등 행위는 형사처벌의 대상이 되는 중대한 범죄 행위일 뿐 아니라 반사회성을 띠는 경우에 해당하므로 이는 업무 방해죄의 보호대상이 되는 업무라고 볼 수 없으므로 폭력조직 간 부인 피고인이 조직원들과 공모하여 성매매업소 앞에 속칭 '병풍' 을 치거나 차량을 주차해 놓는 등 위력으로써 그를 방해하였더라 도 업무방해죄가 성립하지 아니한다(대법원 2011.10.13, 2011도 7081).
③ (×) 의료법인이 아닌 자가 의료기관을 개설하여 운영하는 행위 는 그 위법의 정도가 중하여 사회생활상 도저히 용인될 수 없는 정도로 반사회성을 띠고 있으므로 업무방해죄의 보호대상이 되 는 업무에 해당하지 않는다(대법원 2001.11.30, 2001도2015).

정답 ④

업무방해죄에 관한 설명 중 옳지 않은 것을 모두 고른 것은? (다툼이 있는 경우 판례에 의함)

> ㄱ. 지방공사 사장이 신규직원 채용권한을 행사하는 것은 공사의 기관으로서 공사의 업무를 집행하는 것이므로, 신규직원 채용업무는 위 권한의 귀속주체인 사장 본인에 대한 관계에서도 업무방해죄의 객체인 타인의 업무에 해당한다.
>
> ㄴ. 타인 명의로 허위의 학력과 경력을 기재한 이력서를 작성하고, 그 타인의 고등학교 생활기록부 등 관련서류를 작성·제출하여 응시자의 지능과 경험, 교육 정도 등을 감안하여 적격여부를 판단하는 A회사의 채용시험에 합격하였다면, A회사의 채용업무를 위계에 의하여 방해하였다고 보아야 한다.
>
> ㄷ. 의료인이 아니거나 의료법인이 아닌 자가 의료기관을 개설하여 운영하는 행위는 업무방해죄의 보호대상이 되는 업무에 포함된다.
>
> ㄹ. 법원의 직무집행정지 가처분결정에 의하여 그 직무집행이 정지된 자가 법원의 결정에 반하여 직무를 수행함으로써 업무를 계속하는 경우에 그 업무는 업무방해죄에서 말하는 업무에 해당한다.
>
> ㅁ. 대부업체 직원이 대출금을 회수하기 위하여 소액의 지연이자를 문제 삼아 법적 조치를 거론하면서 소규모 간판업자인 채무자의 휴대전화로 한 달 여에 걸쳐 수백 회에 이르는 전화공세를 한 경우 업무방해죄를 구성한다.

① ㄴ, ㄹ   ② ㄷ, ㄹ
③ ㄱ, ㄷ, ㄹ   ④ ㄱ, ㄷ, ㅁ
⑤ ㄷ, ㄹ, ㅁ

해설 │ 출제영역 │ 업무방해죄의 구성요건

ㄱ. (○) 대법원 2007.12.27, 2005도6404
ㄴ. (○) 대법원 1992.6.9, 91도2221
ㄷ. (×) 의료법인이 아닌 자가 의료기관을 개설하여 운영하는 행위는 그 위법의 정도가 중하여 사회생활상 도저히 용인될 수 없는 정도로 반사회성을 띠고 있으므로 업무방해죄의 보호대상이 되는 '업무'에 해당하지 않는다(대법원 2001.11.30, 2001도2015).
ㄹ. (×) 법원의 직무집행정지 가처분결정에 의하여 그 직무집행이 정지된 자가 법원의 결정에 반하여 직무를 수행함으로써 업무를 계속 행하고 있다면, 비록 그 업무가 반사회성을 띠는 경우라고까지는 할 수 없다고 하더라도 법의 보호를 받을 가치를 상실하였다고 하지 않을 수 없다(대법원 2002.8.23, 2001도5592).
ㅁ. (○) 대법원 2005.5.27, 2004도8447

정답 ②

경매·입찰방해죄에 관한 설명으로 가장 적절하지 않은 것은? (다툼이 있는 경우 판례에 의함)

① 경매·입찰방해죄는 최소한 적법하고 유효한 입찰 절차의 존재가 전제되어야 하지만, 처음부터 입찰절차가 존재하였다 할 수 없는 경우에도 입찰방해죄는 성립할 수 있다.

② 입찰자 일부와 담합이 있고 그에 따른 담합금이 수수되었다 하더라도 입찰시행자의 이익을 해함이 없이 자유로운 경쟁을 한 것과 동일한 결과로 되는 경우에는 입찰의 공정을 해할 위험이 없다.

③ 입찰방해죄는 위계 또는 위력 기타의 방법으로 입찰의 공정을 해하는 경우에 성립하는 위태범으로서, 입찰의 공정을 해할 행위를 하면 그것으로 족하고 현실적으로 입찰의 공정을 해한 결과가 발생할 필요는 없다.

④ 담합행위가 가장경쟁자를 조작하여 실시자의 이익을 해하는 것이 아니라도 실질적으로 단독입찰을 하면서 경쟁입찰인 것처럼 가장하여 그 입찰가격으로 낙찰을 받았다면 입찰방해죄가 성립한다.

해설 │ 출제영역 │ 입찰방해죄

① (×) 입찰방해죄가 성립하려면 최소한 적법하고 유효한 입찰 절차의 존재가 전제되어야 하는 것인데, 이 사건의 경우 처음부터 무슨 재입찰절차가 존재하였다 할 수 없어 결국 입찰방해죄는 성립할 수 없게 된다(대법원 2005.9.9, 2005도3857).
② (○) 대법원 1983.1.18, 81도824
③ (○) 대법원 1994.5.24, 94도600
④ (○) 대법원 2003.9.26, 2002도3924

정답 ①

028 ☑ 유사 ◆◆◇　　　　　　　　법원9급 2014

신용훼손죄에 관한 설명 중 가장 옳지 않은 것은? (다툼이 있는 경우 판례에 의함)

① 형법상 신용훼손죄는 허위사실의 유포 기타 위계로써 사람의 신용을 훼손함으로써 성립하는 범죄이다.

② 피고인의 단순한 의견이나 가치판단을 표시하는 것은 형법상 신용훼손죄에서의 '허위사실의 유포'에 해당하지 않는다.

③ 형법상 신용훼손죄에서의 '신용'은 경제적 신용, 즉 사람의 지불능력 또는 지불의사에 대한 사회적 신뢰를 의미한다.

④ 퀵서비스 운영자인 피고인이 배달 업무를 하면서 손님의 불만이 예상되는 경우에는 평소 경쟁관계에 있는 甲 운영의 퀵서비스 명의로 된 영수증을 작성·교부함으로써 손님들로 하여금 불친절하고 배달을 지연시킨 사업체가 피해자 운영의 퀵서비스인 것처럼 인식하게 한 행위는 형법상 신용훼손죄에 해당한다.

`해설` 출제영역 | 신용훼손죄 - 허위사실의 유포

④ (×) 위 행위가 피해자의 경제적 신용, 즉 지급능력이나 지급의사에 대한 사회적 신뢰를 저해하는 행위에 해당한다고 보기는 어렵다(대법원 2011.5.13, 2009도5549).

① (○) 제313조 참조.

> **제313조(신용훼손)** 허위의 사실을 유포하거나 기타 위계로써 사람의 신용을 훼손한 자는 5년 이하의 징역 또는 1천500만 원 이하의 벌금에 처한다.

② (○) 허위'사실'의 유포가 본죄의 요건이므로 단순한 의견이나 가치판단의 표시는 본죄를 구성하지 않는다. "공소 외 甲이 계주로서 계불입금을 모아서 도망가더라도 책임지고 도외줄 사람이 없다는 취지의 피고인의 말은 피고인의 공소 외 甲에 대한 개인적 의견이나 평가를 진술한 것에 불과하여 이를 허위사실의 유포라고 볼 수 없다(대법원 1983.2.8, 82도2486)."

③ (○) 형법 제313조의 신용훼손죄에서 '신용'은 경제적 신용, 즉 사람의 지급능력 또는 지급의사에 대한 사회적 신뢰를 의미한다(대법원 2011.5.13, 2009도5549).

`정답` ④

029 ☑ 유사 ◆◇◇　　　　　　　　경찰간부 2023

신용과 업무의 죄에 관한 설명으로 가장 적절하지 않은 것은? (다툼이 있는 경우 판례에 의함)

① 컴퓨터등업무방해죄가 성립하기 위해서는 가해행위의 결과 정보처리장치가 그 사용목적에 부합하는 기능을 하지 못하거나 사용목적과 다른 기능을 하는 등 정보처리의 장애가 현실적으로 발생하였을 것을 요한다.

② 학칙에 따라 입학에 관한 업무가 총장 甲의 권한에 속한다고 하더라도 그중 면접업무가 면접위원 A에게 위임되었다면, 그 위임된 업무는 A의 독립된 업무에 속하므로 甲과의 관계에서도 업무방해죄의 객체인 타인의 업무에 해당한다.

③ 甲이 무자격자에 의해 개설된 의료기관에 고용된 의료인 A의 진료업무를 방해한 경우, A의 진료업무가 업무방해죄의 보호대상이 되는 업무에 해당하여 甲을 업무방해죄로 처벌하기 위해서는 의료기관의 개설·운영 형태, 해당 의료기관에서 이루어지는 진료의 내용과 방식, 甲의 행위로 인하여 방해되는 업무의 내용 등 사정을 종합적으로 고려하여 판단해야 한다.

④ 비록 다른 사람이 작성한 논문을 피고인 단독 혹은 공동으로 작성한 논문인 것처럼 학술지에 제출·발표한 논문연구실적을, 부교수 승진심사 서류에 포함하여 제출하였다고 하더라도, 당해 논문을 제외한 다른 논문만으로도 부교수 승진요건을 월등히 충족하고 있었다면 위계에 의한 업무방해죄가 성립하지 않는다.

`해설` 출제영역 | 신용과 업무의 죄

④ (×) 다른 사람이 작성한 논문을 피고인 단독 혹은 공동으로 작성한 논문인 것처럼 학술지에 제출하여 발표한 논문연구실적을 부교수 승진심사 서류에 포함하여 제출한 사안에서, 당해 논문을 제외한 다른 논문만으로도 부교수 승진 요건을 월등히 충족하고 있었다는 등의 사정만으로는 승진심사 업무의 적정성이나 공정성을 해할 위험성이 없었다고 단정할 수 없으므로, 위계에 의한 업무방해죄를 구성한다(대법원 2009.9.10, 2009도4772).

① (○) 형법 제314조 제2항의 컴퓨터 등 장애 업무방해죄에서 '기타 방법'이란 컴퓨터의 정보처리에 장애를 초래하는 가해수단으로서 컴퓨터의 작동에 직접·간접으로 영향을 미치는 일체의 행위를 말하나, 위 죄가 성립하기 위해서는 위와 같은 가해행위의 결과 정보처리장치가 그 사용목적에 부합하는 기능을 하지 못하거나 사용목적과 다른 기능을 하는 등 정보처리의 장애가 현실적으로 발생하였을 것을 요한다(대법원 2010.9.30, 2009도12238).

② (○) △△△대 학칙 등에 따라 △△△대의 입학에 관한 업무가 총장인 피고인 3의 권한에 속한다고 하더라도, 그중 면접업무는 면접위원들에게, 신입생 모집과 사정업무는 교무위원들에게 각 위임되었고, 그 수임자들은 각자의 명의와 책임으로 수임받은 권한을 행사하여야 한다. 따라서 위와 같이 위임된 업무는 면접위원들 및 교무위원들의 독립된 업무에 속하고, 총장인 피고인 3과의 관계에서도 타인의 업무에 해당한다(대법원 2018.5.15, 2017도19499).

③ (○) 무자격자에 의해 개설된 의료기관에 고용된 의료인이 환자를 진료한다고 하여 그 진료행위 또한 당연히 반사회성을 띠는 행위라고 볼 수는 없다. 이때 의료인의 진료업무가 업무방해죄의

보호대상이 되는 업무인지는 의료기관의 개설·운영 형태, 해당 의료기관에서 이루어지는 진료의 내용과 방식, 피고인의 행위로 인하여 방해되는 업무의 내용 등 사정을 종합적으로 고려하여 판단해야 한다(대법원 2023.3.16, 2021도16482).

정답 ④

---

030 ✓ 대표 ◆◆◇ 경찰승진 2022

신용·업무·경매에 관한 죄에 대한 설명으로 적절한 것을 모두 고른 것은? (다툼이 있는 경우 판례에 의함)

⊙ 쟁의행위로서 파업이 언제나 업무방해죄에 해당하는 것으로 볼 것은 아니고, 전후 사정과 경위 등에 비추어 사용자가 예측할 수 없는 시기에 전격적으로 이루어져 사용자의 사업 운영에 심대한 혼란 내지 막대한 손해를 초래하는 등으로 사용자의 사업계속에 관한 자유의사가 제압·혼란될 수 있다고 평가할 수 있는 경우, 집단적 노무제공의 거부는 위력에 해당하여 업무방해죄가 성립한다.

㉡ 공인중개사 甲이 공인중개사가 아닌 A와 동업하여 중개사무소를 운영하다가 동업관계가 종료된 후, 자신의 명의로 등록되어 있는 지위를 이용하여 임의로 폐업신고를 하였다면 위력에 의한 업무방해죄가 성립한다.

㉢ 위계에 의한 업무방해죄에서 '위계'란 상대방에게 오인, 착각 또는 부지를 일으키게 하여 업무수행 자체를 방해하는 것을 말하며, 그로써 업무의 적정성 내지 공정성이 방해된 정도에 그친 데 불과하다면 업무방해죄가 성립하지 않는다.

㉣ 컴퓨터등장애업무방해죄가 성립하기 위해서는 가해행위의 결과 정보처리장치가 그 사용목적에 부합하는 기능을 하지 못하거나 사용목적과 다른 기능을 하는 등 정보처리의 장애가 현실적으로 발생하였을 것을 요한다.

① ㉠, ㉡ ② ㉠, ㉢
③ ㉠, ㉣ ④ ㉡, ㉢, ㉣

해설 출제영역 | 업무방해죄의 구성요건

③ ㉠, ㉣이 옳은 지문이다.

㉠ (○) 대법원 2011.3.17, 2007도482 전원합의체

㉡ (×) 공인중개사인 피고인이 자신의 명의로 등록되어 있으나 실제로는 공인중개사가 아닌 피해자가 주도적으로 운영하는 형식으로 동업하여 중개사무소를 운영하다가 위 동업관계가 피해자의 귀책사유로 종료되고 피고인이 동업관계의 종료로 부동산중개업을 그만두기로 한 경우, 피해자의 중개업은 법에 의하여 금지된 행위로서 형사처벌의 대상이 되는 범죄행위에 해당하는 것으로서 업무방해죄의 보호대상이 되는 업무라고 볼 수 없다(대법원 2007.1.12, 2006도6599).

㉢ (×) 위계에 의한 업무방해죄에서 '위계'란 행위자가 행위목적을 달성하기 위하여 상대방에게 오인, 착각 또는 부지를 일으키게

하여 이를 이용하는 것을 말하고, 업무방해죄의 성립에는 업무방해의 결과가 실제로 발생함을 요하지 않고 업무방해의 결과를 초래할 위험이 발생하면 족하며, 업무수행 자체가 아니라 업무의 적정성 내지 공정성이 방해된 경우에도 업무방해죄가 성립한다(대법원 2013.11.28, 2013도5117).

㉣ (○) 대법원 2004.7.9, 2002도631

정답 ③

---

031 ✓ 유사 ◆◆◇ 변호사 2020

업무방해죄에 관한 설명 중 옳은 것을 모두 고른 것은? (다툼이 있는 경우 판례에 의함)

ㄱ. 업무방해죄는 업무방해의 결과를 초래할 위험이 발생하면 충분하므로 시험출제위원이 문제를 선정하여 시험실시자에게 제출하기 전에 이를 유출하였다면, 그 후 그 문제가 시험실시자에게 제출되지 아니하였더라도 업무방해죄가 성립한다.

ㄴ. 피해자에 대한 폭행행위가 동일한 피해자에 대한 업무방해죄의 수단이 된 경우에는 업무방해죄와는 별도로 폭행죄가 성립하며 두 죄는 상상적 경합 관계에 있다.

ㄷ. 초등학생들이 학교에 등교하여 교실에서 수업을 듣는 것은 업무방해죄의 보호대상이 되는 업무에 해당하지 않으므로, 초등학교 교실 안에서 교사들에게 욕설을 하거나 학생들에게 욕설을 하여 수업을 할 수 없게 하였다고 하더라도 학생들의 업무를 방해하였다고 볼 수 없다.

ㄹ. 신규직원 채용권한을 가지고 있는 지방공사 사장이 신규직원 채용시험 업무담당자에게 지시하여 상호 공모 내지 양해 하에 시험성적조작 등의 부정한 행위를 하였다면 위계에 의한 업무방해죄가 성립한다.

ㅁ. 지방경찰청 민원실에서 민원인이 진정사건의 처리와 관련하여 지방경찰청장과의 면담을 요구하면서 이를 제지하는 경찰관들에게 큰 소리로 욕설을 하고 행패를 부려 경찰관들의 수사 관련 업무를 방해하였더라도 위력에 의한 업무방해죄는 성립하지 아니한다.

① ㄱ, ㄹ ② ㄴ, ㄷ
③ ㄱ, ㄴ, ㄹ ④ ㄱ, ㄷ, ㅁ
⑤ ㄴ, ㄷ, ㅁ

해설 출제영역 | 업무방해죄의 성부, 죄수

ㄱ. (×) 시험의 출제위원이 문제를 선정하여 시험실시자에게 제출하기 전에 이를 유출하였다고 하더라도 이러한 행위 자체는 위계를 사용하여 시험실시자의 업무를 방해하는 행위가 아니라 그 준비단계에 불과한 것이고, 그 후 그와 같이 유출된 문제가 시험실시자에게 제출되지도 아니하였다면 그러한 문제유출로 인하여 시험실시 업무가 방해될 추상적인 위험조차도 있다고 할 수 없으므로 업무방해죄가 성립한다고 할 수 없다(대법원 1999.12.10,

99도3487).

ㄴ. (○) 대법원 2012.10.11, 2012도1895
ㄷ. (○) 대법원 2013.6.14, 2013도3829
ㄹ. (×) 신규직원 채용권한을 가지고 있는 지방공사 사장이 시험업무 담당자들에게 지시하여 상호 공모 내지 양해 하에 시험성적조작 등의 부정한 행위를 한 경우, 법인인 공사에게 신규직원 채용업무와 관련하여 오인·착각 또는 부지를 일으키게 한 것이 아니므로, '위계'에 의한 업무방해죄에 해당하지 않는다(대법원 2007.12.27, 2005도6404).
ㅁ. (○) 대법원 2009.11.19, 2009도4166 전원합의체; 2010.2.25, 2008도9049

정답 ⑤

---

032 ✓유사 ◆◆◇ 국가7급 2017

다음 사례 중 甲에게 업무방해죄가 성립하는 경우(○)와 성립하지 않는 경우(×)를 바르게 표시한 것은? (다툼이 있는 경우 판례에 의함)

ㄱ. 주식회사 대표이사 甲은 주주총회에서 위력을 행사하여 개인 주주들이 발언권과 의결권을 행사하지 못하도록 방해하였다.
ㄴ. 甲은 대표선출에 관한 규정에 위배하여 개최된 유림총회의 회의를 위력으로 진행하지 못하게 하고, 걸려 있는 현수막을 제거하였으며, 회의장에 들어가려는 대의원들을 회의에 참석하지 못하게 하였다. 이로 인해 총회의 무기연기가 선언되었다.
ㄷ. 재건축 조합장이었던 甲은 새로 선출된 재건축 조합장 직무대행자가 법원의 직무집행정지 가처분결정에 의하여 그 직무집행이 정지되었음에도 불구하고 법원의 결정에 반하여 업무를 계속하자 위력을 행사하여 이를 방해하였다.
ㄹ. 사립대학교 대학원생 甲은 석사학위 취득을 목적으로 타인에게 전체 논문의 초안 작성을 의뢰하고, 그에 따라 작성된 논문의 내용에 약간의 수정만을 가하였으면서도 자신이 직접 작성한 것처럼 속이고 지도교수에게 논문을 제출하여 심사를 통과하였다.
ㅁ. 대부업체 직원 甲은 대출금을 회수하기 위하여 소액의 지연이자를 문제 삼아 법적 조치를 거론하면서 소규모 간판업자인 채무자의 휴대전화로 수백 회에 이르는 전화공세를 하였다.

	ㄱ	ㄴ	ㄷ	ㄹ	ㅁ
①	×	○	×	○	○
②	○	×	○	×	○
③	○	○	×	○	×
④	×	○	×	×	○

해설 출제영역 | 업무방해죄의 성부
ㄱ. (×) 주주로서 주주총회에서 의결권 등을 행사하는 것은 형법상

업무방해죄의 보호대상이 되는 '업무'에 해당하지 않는다(대법원 2004.10.28, 2004도1256).
ㄴ. (○) 피고인들이 마이크를 빼앗으며 유림종회의 회의를 진행하지 못하게 하고 피해자를 비방하면서 걸려 있는 현수막을 제거하고 회의장에 들어가려는 대의원들을 회의에 참석하지 못하게 하였다면 위력으로 피해자의 유림총회 개최업무를 방해한 것이라고 보아야 할 것이고, 피해자가 유림대표 선출에 관한 규정에 위배하여 위 회의를 개최하였고, 결국 총회의 무기연기가 선언되었다고 하여도 업무방해죄의 성립에 영향이 없다(대법원 1991.2.12, 90도2501).
ㄷ. (×) 법원의 직무집행정지 가처분결정에 의하여 그 직무집행이 정지된 자가 법원의 결정에 반하여 직무를 수행함으로써 업무를 계속 행하는 경우 그 업무는 국법질서와 재판의 존엄성을 무시하는 것으로서 사실상 평온하게 이루어지는 사회적 활동의 기반이 되는 것이라 할 수 없고, 비록 그 업무가 반사회성을 띠는 경우라고까지는 할 수 없다고 하더라도 법적 보호라는 측면에서는 그와 동등한 평가를 받을 수밖에 없으므로, 그 업무자체는 법의 보호를 받을 가치를 상실하였다고 하지 않을 수 없어 업무방해죄에서 말하는 업무에 해당하지 않는다(대법원 2002.8.23, 2001도5592). [보충] 법원의 직무집행정지 가처분결정에 의하여 조합장 직무대행자의 업무는 업무방해죄에 의한 보호대상이 아니므로 이를 위력으로 방해하여도 업무방해죄가 성립하지 않는다.
ㄹ. (○) 해당 교수의 논문심사업무를 방해한 것이다(대법원 1996.7.30, 94도2708).
ㅁ. (○) 사회통념상 허용한도를 벗어난 채권추심행위로서 채무자의 간판업 업무가 방해되는 결과를 초래할 위험이 있었으므로 업무방해죄를 구성한다(대법원 2005.5.27, 2004도8447).

정답 ①

033 ✓ 유사 ◆◇◇

업무방해죄에 관한 다음 설명 중 가장 옳지 않은 것은? (다툼이 있는 경우 판례에 의하고, 전원합의체 판결의 경우 다수의견에 의함)

① 위계에 의한 업무방해죄에서 '위계'란 행위자가 행위목적을 달성하기 위하여 상대방에게 오인, 착각 또는 부지를 일으키게 하여 이를 이용하는 것을 말한다.

② 컴퓨터 등 정보처리장치에 정보를 입력하는 등의 행위가 그 입력된 정보 등을 바탕으로 업무를 담당하는 사람의 오인, 착각 또는 부지를 일으킬 목적으로 행해진 경우에는 그 행위가 업무를 담당하는 사람을 직접적인 대상으로 이루어진 것이 아니라고 하여 위계가 아니라고 할 수는 없다.

③ 금융기관이 설치·운영하는 자동화기기(ATM)를 통한 무통장·무카드 입금을 하면서 '1인 1일 100만 원' 한도를 준수하는 것처럼 가장하기 위하여 제3자의 이름과 주민등록번호를 자동화기기에 입력한 후 100만 원 이하의 금액으로 나누어 여러 차례 현금을 입금하는 행위는 자동화기기를 설치·운영하는 금융기관 관리자로 하여금 정상적인 입금인 것 같은 오인, 착각을 일으키게 하여 금융기관의 자동화기기를 통한 입금거래 업무를 방해한 것으로서 위계에 의한 업무방해죄가 성립한다.

④ 업무방해죄의 성립에는 업무방해의 결과가 실제로 발생함을 요하지 않고 업무방해의 결과를 초래할 위험이 발생하면 족하며, 업무수행 자체가 아니라 업무의 적정성 내지 공정성이 방해된 경우에도 업무방해죄가 성립한다.

[해설] 출제영역 | 업무방해죄의 구성요건

③ (×) 위계에 의한 업무방해죄에서 '위계'란 행위자가 행위 목적을 달성하기 위하여 상대방에게 오인, 착각 또는 부지를 일으키게 하여 이를 이용하는 것을 말한다. 컴퓨터 등 정보처리장치에 정보를 입력하는 등의 행위도 그 입력된 정보 등을 바탕으로 업무를 담당하는 사람의 오인, 착각 또는 부지를 일으킬 목적으로 행해진 경우에는 여기서 말하는 위계에 해당할 수 있으나, <u>위와 같은 행위로 말미암아 업무과 관련하여 오인, 착각 또는 부지를 일으킨 상대방이 없었던 경우에는 위계가 있었다고 볼 수 없다</u>(대법원 2022.2.11, 2021도12394).

① (○) 대법원 2022.2.11, 2021도12394

② (○) 대법원 2013.11.28, 2013도5117

④ (○) 위계에 의한 업무방해죄에서 '위계'란 행위자가 행위목적을 달성하기 위하여 상대방에게 오인·착각 또는 부지를 일으키게 하여 이를 이용하는 것을 말하고, 업무방해죄의 성립에는 업무방해의 결과가 실제로 발생함을 요하지 않고 업무방해의 결과를 초래할 위험이 발생하면 족하며, <u>업무수행 자체가 아니라 업무의 적정성 내지 공정성이 방해된 경우에도 업무방해죄가 성립한다</u>(대법원 2010.3.25, 2009도8506).

[정답] ③

034 ✓ 유사 ◆◆◇

업무방해죄에 관한 설명으로 가장 적절하지 않은 것은? (다툼이 있는 경우 판례에 의함)

① 의료인이나 의료법인이 아닌 자가 의료기관을 개설하여 운영하는 행위뿐만 아니라 무자격자에 의해 개설된 의료기관에 고용된 의료인이 환자를 진료하는 행위 또한 당연히 반사회성을 띠는 행위이므로 업무방해죄의 보호대상이 되는 업무에 해당하지 않는다.

② 컴퓨터 등 정보처리장치에 정보를 입력하는 등의 행위가 그 입력된 정보 등을 바탕으로 업무를 담당하는 사람의 오인, 착각 또는 부지를 일으킬 목적으로 행해진 경우에는 그 행위가 업무를 담당하는 사람을 직접적인 대상으로 이루어진 것이 아니라고 하여도 위계에 의한 업무방해죄가 성립한다.

③ 「형법」상 업무방해죄에서 말하는 '위력'은 폭력·협박은 물론 사회적·경제적·정치적 지위와 권세에 의한 압박 등도 이에 포함되지만, 적어도 그러한 위력으로 인하여 피해자의 자유의사를 제압하기에 충분하다고 평가될 정도의 세력에는 이르러야 한다.

④ 피해자에 대한 폭행행위가 동일한 피해자에 대한 업무방해죄의 수단이 되었다고 하더라도 그러한 폭행행위는 이른바 '불가벌적 수반행위'에 해당하므로 업무방해죄에 대하여 흡수관계에 있다고 볼 수 없다.

[해설] 출제영역 | 업무방해죄의 구성요건 및 죄수

① (×) 의료인이나 의료법인이 아닌 자가 의료기관을 개설하여 운영하는 행위는 업무방해죄의 보호대상이 되는 업무에 해당하지 않는다. 그러나 <u>무자격자에 의해 개설된 의료기관에 고용된 의료인이 환자를 진료한다고 하여 그 진료행위 또한 당연히 반사회성을 띠는 행위라고 볼 수는 없다</u>. 이때 의료인의 진료 업무가 업무방해죄의 보호대상이 되는 업무인지는 의료기관의 개설·운영 형태, 해당 의료기관에서 이루어지는 진료의 내용과 방식, 피고인의 행위로 인하여 방해되는 업무의 내용 등 사정을 종합적으로 고려하여 판단해야 한다(대법원 2023.3.16, 2021도16482).

② (○) 대법원 2013.11.28, 2013도5117

③ (○) 형법상 업무방해죄에서 말하는 '위력'은 반드시 유형력의 행사에 국한되지 아니하므로 폭력·협박은 물론 사회적·경제적·정치적 지위와 권세에 의한 압박 등도 이에 포함되지만, <u>적어도 그러한 위력으로 인하여 피해자의 자유의사를 제압하기에 충분하다고 평가될 정도의 세력에는 이르러야 한다</u>(대법원 2023.3.30, 2019도7446).

④ (○) 대법원 2012.10.11, 2012도1895

[정답] ①

035 ✓ 유사 ◆◇◇ 경찰간부 2024

업무방해죄에 관한 설명으로 옳지 않은 것은 모두 몇 개인가? (다툼이 있는 경우 판례에 의함)

가. 인터넷 자유게시판에 실제의 객관적인 사실을 게시하는 행위는 설령 그로 인하여 타인의 업무가 방해된다고 하더라도 「형법」 제314조 제1항 소정의 위계에 의한 업무방해죄에 있어서의 '위계'에 해당하지 않는다.

나. 업무방해죄의 성립에는 업무방해의 결과를 초래할 위험이 발생한 것만으로는 족하지 않고, 업무방해의 결과가 실제로 발생함을 요한다.

다. 정당의 국회의원 비례대표 후보자 추천을 위한 당내 경선 과정에서 甲이 선거권자들로부터 인증번호만을 전달받은 뒤 그들의 명의로 甲 자신이 지지하는 특정 후보자에게 전자투표를 한 경우, 이는 당내 경선업무에 참여하거나 관여한 당 관계자들에 대하여 위력으로써 경선업무의 적정성이나 공정성을 방해한 경우에 해당한다.

라. 의료인이나 의료법인이 아닌 자가 의료기관을 개설하여 운영하는 행위는 그 위법의 정도가 중하여 사회생활상 도저히 용인될 수 없는 정도로 반사회성을 띠고 있으므로 업무방해죄의 보호대상이 되는 '업무'에 해당하지 않는다.

① 1개 ② 2개
③ 3개 ④ 4개

해설 | 출제영역 | 업무방해죄의 성격 및 구성요건

② 2개

가. (○) 형법 제314조 제1항 소정의 위계에 의한 업무방해죄에 있어서의 '위계'라 함은 행위자의 행위목적을 달성하기 위하여 상대방에게 오인·착각 또는 부지를 일으키게 하여 이를 이용하는 것을 말하므로, 인터넷 자유게시판 등에 실제의 객관적인 사실을 게시하는 행위는, 설령 그로 인하여 피해자의 업무가 방해된다고 하더라도, 위 법조항 소정의 '위계'에 해당하지 않는다(대법원 2007.6.29, 2006도3839).

나. (×) 업무방해는 추상적 위험범이다(대법원 2020.9.24, 2017도19283 등).

다. (×) 위력이 아니라 위계에 의한 업무방해죄가 성립하는 경우이다.

> [판례] 컴퓨터 등 정보처리장치에 정보를 입력하는 등의 행위가 그 입력된 정보 등을 바탕으로 업무를 담당하는 사람의 오인, 착각 또는 부지를 일으킬 목적으로 행해진 경우에는 그 행위가 업무를 담당하는 사람을 직접적인 대상으로 이루어진 것이 아니라고 하여 위계가 아니라고 할 수는 없다(대법원 2013.11.28, 2013도5117).

라. (○) 대법원 2001.11.30, 2001도2015

정답 ②

036 ✓ 유사 ◆◇◇ 변호사 2022

다음 설명 중 옳은 것을 모두 고른 것은? (다툼이 있는 경우 판례에 의함)

ㄱ. 피해자 본인이나 그 친족뿐만 아니라 그 밖의 제3자에 대한 법익 침해를 내용으로 하는 해악을 고지하는 것이라고 하더라도 피해자 본인과 제3자가 밀접한 관계에 있어 그 해악의 내용이 피해자 본인에게 공포심을 일으킬 만한 정도의 것이라면 협박죄가 성립할 수 있고, 이때 제3자에는 자연인뿐만 아니라 법인도 포함된다.

ㄴ. 4층 건물의 소유자가 그중 2층을 임대하여 임차인이 학원을 운영하던 중 건물 내부 벽면에 설치된 분전반을 통해 3층과 4층으로 가설된 전선이 합선으로 단락되어 화재가 나 학생들에게 상해가 발생한 경우, 건물의 소유자로서 건물을 비정기적으로 수리하거나 건물의 일부분을 임대하였다는 사정만으로는 업무상 과실치상죄의 '업무'로 보기 어렵다.

ㄷ. 주택재건축조합 조합장이 자신에 대한 감사활동을 방해하기 위하여 조합사무실에 있던 다른 직원의 컴퓨터에 비밀번호를 설정하고 조합 업무 담당자의 컴퓨터 하드디스크를 분리·보관하여 조합 업무를 방해한 경우, 형법 제314조 제1항의 업무방해죄에 해당한다.

ㄹ. 강요죄에서 '의무 없는 일'이란 법령, 계약 등에 기하여 발생하는 법률상 의무 없는 일을 말하므로, 폭행 또는 협박으로 법률상 의무 있는 일을 하게 한 경우에는 폭행 또는 협박죄만 성립할 뿐 강요죄는 성립하지 아니한다.

① ㄱ, ㄷ ② ㄴ, ㄹ
③ ㄱ, ㄴ, ㄹ ④ ㄴ, ㄷ, ㄹ
⑤ ㄱ, ㄴ, ㄷ, ㄹ

해설 | 출제영역 | 개인적 법익에 관한 죄 종합

ㄱ. (○) 대법원 2010.7.15, 2010도1017

ㄴ. (○) 대법원 2009.5.28, 2009도1040

ㄷ. (×) 형법 제314조 제1항의 업무방해가 아니라 같은 조 제2항의 컴퓨터 등 장애 업무방해죄에 해당한다(대법원 2012.5.24, 2011도7943).

ㄹ. (○) 대법원 2008.5.15, 2008도1097

정답 ③

신용훼손죄와 입찰방해죄에 관한 다음 설명 중 가장 옳지 않은 것은? (다툼이 있는 경우 판례에 의함)

① 퀵서비스 운영자인 피고인이 배달업무를 하면서, 손님의 불만이 예상되는 경우에는 평소 경쟁관계에 있는 피해자 운영의 퀵서비스 명의로 된 영수증을 작성·교부함으로써 손님들로 하여금 불친절하고 배달을 지연시킨 사업체가 피해자 운영의 퀵서비스인 것처럼 인식하게 하였다면 신용훼손행위에 해당한다.

② 이른바 담합행위가 입찰방해죄로 되기 위하여 반드시 입찰참가자 전원과의 사이에 담합이 이루어져야 하는 것은 아니고, 입찰참가자들 중 일부와의 사이에만 담합이 이루어진 경우라고 하더라도 그것이 입찰의 공정을 해하는 것으로 평가되는 이상 입찰방해죄는 성립한다.

③ 입찰방해죄에서 위력이란 사람의 자유의사를 제압, 혼란케 할 만한 일체의 유형적 또는 무형적 세력을 말하는 것으로서 폭행, 협박은 물론 사회적, 경제적, 정치적 지위와 권세에 의한 압력 등을 포함하는 것이다.

④ 입찰방해죄는 결과의 불공정이 현실적으로 나타나는 것을 요하지 아니한다.

⑤ 공적·사적 경제주체의 임의선택에 따른 계약체결의 과정에 공정한 경쟁을 해하는 행위가 개재되었다 하여도 입찰방해죄로 처벌할 수는 없다.

해설 | 출제영역 | 신용훼손과 입찰방해

① (×) 퀵서비스 운영자인 피고인이 배달업무를 하면서, 손님의 불만이 예상되는 경우에는 평소 경쟁관계에 있는 피해자 운영의 퀵서비스 명의로 된 영수증을 작성·교부함으로써 손님들로 하여금 불친절하고 배달을 지연시킨 사업체가 피해자 운영의 퀵서비스인 것처럼 인식하게 한 사안에서, 퀵서비스의 주된 계약내용이 신속하고 친절한 배달이라 하더라도, <u>그와 같은 사정만으로 위 행위가 피해자의 경제적 신용, 즉 지급능력이나 지급의사에 대한 사회적 신뢰를 저해하는 행위에 해당한다고 보기는 어렵다</u>(대법원 2011.5.13, 2009도5549).

② (○) 가장경쟁자를 조작하거나 입찰의 경쟁에 참가하는 자가 서로 통모하여 그중의 특정한 자를 낙찰자로 하기 위하여 일정한 가격이하 또는 이상으로 입찰하지 않을 것을 협정하거나 입찰을 포기하게 하는 등의 소위 담합행위가 입찰방해죄로 되기 위하여는 반드시 입찰참가자 전원과의 사이에 담합이 이루어져야 하는 것은 아니고, 입찰참가자들 중 일부와의 사이에만 담합이 이루어진 경우라고 하더라도 그것이 입찰의 공정을 해하는 것으로 평가되는 이상 입찰방해죄는 성립한다(대법원 2006.6.9, 2005도8498).

③ (○) 형법 제315조 소정의 입찰방해죄에 있어 '위력'이란 사람의 자유의사를 제압, 혼란케 할 만한 일체의 유형적 또는 무형적 세력을 말하는 것으로서 폭행, 협박은 물론 사회적, 경제적, 정치적 지위와 권세에 의한 압력 등을 포함하는 것이다(대법원 2000. 7.6, 99도4079).

④ (○) 입찰방해죄는 위태범으로서 결과의 불공정이 현실적으로 나타나는 것을 요하는 것이 아니고, 그 행위에는 가격을 결정하는 데 있어서 뿐 아니라, 적법하고 공정한 경쟁방법을 해하는 행

위도 포함된다(대법원 2010.10.14, 2010도4940).

⑤ (○) 형법 제315조의 입찰방해죄는 위계 또는 위력 기타의 방법으로 입찰의 공정을 해하는 경우에 성립하는 위태범으로서, 여기서 '입찰의 공정을 해하는 행위'란 공정한 자유경쟁을 통한 적정한 가격형성에 부당한 영향을 주는 상태를 발생시키는 것으로, 그 행위에는 가격결정뿐 아니라 적법하고 공정한 경쟁방법을 해하는 행위도 포함되지만, 이러한 입찰방해 행위가 있다고 하기 위해서는 그 방해의 대상이 되는 입찰절차가 존재하여야 하므로, 위와 같이 공정한 자유경쟁을 통한 적정한 가격형성을 목적으로 하는 입찰절차가 아니라 공적·사적 경제주체의 임의의 선택에 따른 계약체결의 과정에 공정한 경쟁을 해하는 행위가 개재되었다 하여 입찰방해죄로 처벌할 수는 없다(대법원 2008.5.29, 2007도5037).

정답 ①

CHAPTER 04 사생활의 평온에 대한 죄

1 비밀침해의 죄

001  대표 ◆◆◇ 법원행시 2018

다음 설명 중 가장 옳지 않은 것은?

① 선박건조자재운반용으로 도크에 고정되어 82m 높이에 설치되어 있는 기계장치에 10평가량 규모의 방실 등이 있고 평소 그 운전을 위해 1, 2명의 직원이 근무하고 있었다면, 건조물침입죄의 건조물에 해당한다.

② 회사의 이익을 빼돌린다는 소문을 확인할 목적으로 피해자가 사용하면서 비밀번호를 설정하여 비밀장치를 한 전자기록인 개인용 컴퓨터의 하드디스크를 검색하였다면, 회사의 무형자산이나 거래처를 빼돌리고 있는지 긴급히 확인하고 이에 대처할 필요가 있었다고 하더라도 비밀침해죄가 성립한다.

③ 피고인 소유 건물이 하자 있는 임의경매절차에 의하여 경락되고 그에 기한 인도명령에 의한 집행으로 건물의 점유가 이전되었다면, 자력구제의 수단으로 건물에 들어갔더라도 주거침입죄가 성립한다.

④ 사인(私人)이 현행범을 추적하던 중 범인의 부(父)의 집까지 쫓아 들어가 시비 끝에 부에게 상해를 입게 하였다면, 비록 목적이 정당하다고 하더라도 주거침입죄가 성립할 수 있다.

⑤ 문서 자체에 비밀장치가 되어 있지 않더라도, 외부 포장을 만들어서 그 안의 내용을 알 수 없게 만드는 잠금장치가 있는 용기나 서랍 등에 문서를 보관하였다면 비밀침해죄의 객체가 될 수 있다.

해설 | 출제영역 | 주거침입죄, 비밀침해죄의 성립

② (×) '회사의 직원이 회사의 이익을 빼돌린다'는 소문을 확인할 목적으로, 비밀번호를 설정함으로써 비밀장치를 한 전자기록인 피해자가 사용하던 '개인용 컴퓨터의 하드디스크'를 떼어내어 다른 컴퓨터에 연결한 다음 의심이 드는 단어로 파일을 검색하여 메신저 대화 내용, 이메일 등을 출력한 사안에서, 피해자의 범죄 혐의를 구체적이고 합리적으로 의심할 수 있는 상황에서 피고인이 긴급히 확인하고 대처할 필요가 있었고, 그 열람의 범위를 범죄 혐의와 관련된 범위로 제한하였으며, 피해자가 입사시 회사 소유의 컴퓨터를 무단 사용하지 않고 업무 관련 결과물을 모두 회사에 귀속시키겠다고 약정하였고, 검색 결과 범죄행위를 확인할 수 있는 여러 자료가 발견된 사정 등에 비추어, 피고인의 그러한 행위는 사회통념상 허용될 수 있는 상당성이 있는 행위로서 형법 제20조의 '정당행위'라고 보아야 한다(대법원 2009.12.24, 2007도6243).

① (○) 선박건조자재운반용으로 도크에 고정되어 82m 높이에 설치되어 있으며 약 10평 정도되는 방실 등이 있고 평소 그 운전을 위해 1, 2명의 직원이 근무하며 인가자 이외의 출입이 금지되는

"골리앗크레인"에 출입통제를 위해 출입문이 잠긴 채 간수인이 없었다 하여도 피고인 등 70명 정도의 근로자가 함께 위 "골리앗크레인"에 들어가서 농성을 하였다면, 피고인 등이 다중의 위력을 보여 간수하는 건조물에 침입한 것이라고 보아야 한다(대법원 1991.6.11, 91도753).

③ (○) 원심이 이와 같은 견해에서 가사 이 사건 건물에 대한 경락허가결정이 무효라고 하더라도 이에 기한 인도명령의 집행으로서 이 사건 건물의 점유가 피고인으로부터 주식회사 조흥은행을 거쳐 공소외 김창희에게 이전된 이상 함부로 다시 이 사건 건물에 들어간 피고인의 소위는 주거침입죄에 해당한다(대법원 1987.11.10, 87도1760).

④ (○) 대법원 1965.12.21, 65도899

⑤ (○) 이 사건과 같이 서랍이 2단으로 되어 있어 그중 아랫칸의 윗부분이 막혀 있지 않아 윗칸을 밖으로 빼내면 아랫칸의 내용물을 쉽게 볼 수 있는 구조로 되어 있는 서랍이라고 하더라도, 피해자가 아랫칸에 잠금장치를 하였고 통상적으로 서랍의 윗칸을 빼어 잠금장치 된 아랫칸 내용물을 볼 수 있는 구조라거나 그와 같은 방법으로 볼 수 있다는 것을 예상할 수 없어 객관적으로 그 내용물을 쉽게 볼 수 없도록 외부에 의사를 표시하였다면, 형법 제316조 제1항의 규정 취지에 비추어 아랫칸은 윗칸에 잠금장치가 되어 있는지 여부에 관계없이 그 자체로서 형법 제316조 제1항에 규정하고 있는 비밀장치에 해당한다(대법원 2008.11.27, 2008도9071).

정답 ②

002 ✓ 유사 ◆◇◇ 　　　　　　　　　경찰2차 2023

다음 중 가장 적절한 것은? (다툼이 있는 경우 판례에 의함)

① 甲을 비롯한 직원들의 임금이 체불되고 사무실 임대료를 내지 못할 정도로 재정 상태가 좋지 않는 등 회사의 경영상황이 우려되고 대표이사 겸 최대주주인 A의 경영능력이 의심받던 상황에서, 甲이 동료 직원들과 함께 A를 만나 사임제안서만을 전달한 행위는 협박죄에서의 '협박'에 해당한다.

② 「형법」 제316조 제2항 소정의 전자기록등내용탐지죄의 객체인 '전자기록 등 특수매체기록'이 되기 위해서는 특정인의 의사가 표시되어야 하는바, 인터넷 계정 등에 접속하는 과정에서 입력하는 아이디 및 비밀번호 등 자체는 특정인의 의사를 표시한 것으로 보기 어려워 '전자기록 등 특수매체기록'이라 할 수 없다.

③ 「형법」 제316조 제2항 소정의 전자기록등내용탐지죄는 봉함 기타 비밀장치한 전자기록 등 특수매체기록을 기술적 수단을 이용하여 그 내용을 알아낸 자를 처벌하는 규정인바, 전자기록 등 특수매체기록에 해당하더라도 봉함 기타 비밀장치가 되어 있지 아니한 것은 이를 기술적 수단을 동원해서 알아냈더라도 전자기록등내용탐지죄가 성립하지 않는다.

④ 甲은 연인관계인 A로부터 안방에 TV를 설치하여 달라는 요청을 받고 통상적인 출입방법에 따라 A의 안방에 들어간 후 A가 있는 자리에서 TV를 설치하는 등 달리 A의 사실상 평온상태가 침해되었다고 볼 만한 사정이 없었더라도, 甲의 출입이 실제로는 CCTV 카메라와 동영상 저장장치를 부착한 TV인 사실을 숨기고 이루어졌다면 甲에게는 주거침입죄가 성립한다.

〔해설〕 출제영역 | 개인적 법익에 관한 죄 종합

③ (○) 형법 제316조 제2항 소정의 전자기록등내용탐지죄는 <u>봉함 기타 비밀장치한 전자기록 등 특수매체기록을 기술적 수단을 이용하여 그 내용을 알아낸 자를 처벌하는 규정인바</u>, 전자기록 등 특수매체기록에 해당하더라도 <u>봉함 기타 비밀장치가 되어 있지 아니한 것은 이를 기술적 수단을 동원해서 알아냈더라도 전자기록등내용탐지죄가 성립하지 않는다</u>(대법원 2022.3.31, 2021도8900).

① (×) 피고인들의 '사임제안서' 전달 행위를 협박죄에서의 '협박'으로 볼 수 없고, 설령 '협박'에 해당하더라도 사회통념상 용인할 수 있는 정도이거나 이 사건 회사의 경영 정상화라는 정당한 목적을 위한 상당한 수단에 해당하여 사회상규에 반하지 아니한다(대법원 2022.12.15, 2022도9187).

② (×) 전자기록등내용탐지죄의 보호법익과 그 침해행위의 태양 및 가벌성 등에 비추어 볼 때, 이 사건 <u>아이디 등은 전자방식에 의하여 피해자의 노트북 컴퓨터에 저장된 기록</u>으로서 형법 제316조 제2항의 '<u>전자기록 등 특수매체기록</u>'에 해당한다(대법원 2022.3.31, 2021도8900).

④ (×) 행위자가 <u>거주자의 승낙을 받아 주거에 들어갔으나 범죄 등을 목적으로 한 출입이거나 거주자가 행위자의 실제 출입 목적을 알았더라면 출입을 승낙하지 않았을 것이라는 사정이 인정되는</u>

경우 행위자의 출입행위가 주거침입죄에서 규정하는 침입행위에 해당하려면, 출입하려는 주거 등의 형태와 용도·성질, 외부인에 대한 출입의 통제·관리 방식과 상태, 행위자의 출입 경위와 방법 등을 종합적으로 고려하여 행위자의 출입 당시 객관적·<u>외형적으로 드러난 행위 태양에 비추어 주거의 사실상 평온상태가 침해되었다고 평가되어야 한다</u>. 피고인이 피해자의 안방에 CCTV 카메라와 동영상 저장장치를 부착한 TV인 사실을 숨기고 피해자에게 TV를 설치해주겠다면서 안방까지 들어가 피해자의 주거에 침입하였다는 내용으로 기소된 경우, 피해자의 사실상 평온상태가 침해되었다고 볼 만한 사정이 없으므로 피고인의 출입이 비록 범죄 등의 목적을 숨기고 한 것이라도 주거침입죄가 성립하지 않는다(대법원 2022.4.28, 2022도1717).

〔정답〕 ③

2 　주거침입의 죄

003 ✓ 대표 ◆◇◇ 　　　　　　　　　법원9급 2017

형법상 주거침입죄의 객체에 해당하지 않는 것은? (다툼이 있으면 판례에 의함)

① 가옥의 위요지
② 타워크레인 운전실
③ 다가구용 단독주택 안의 공용 계단
④ 아파트 내부의 엘리베이터

〔해설〕 출제영역 | 주거침입죄의 객체

② (×) 피고인이 침입한 타워크레인은 건설기계의 일종으로서 작업을 위하여 토지에 고정되었을 뿐이고, 위 운전실은 기계를 운전하기 위한 작업 공간 그 자체이지 건조물침입죄의 객체인 건조물에 해당하지 아니한다(건조물침입죄가 성립하지 아니한 다)(대법원 2005.10.7, 2005도5351). 선박건조자재운반용으로 도크에 고정되어 82m 높이에 설치되어 있으며 약 10평 정도 되는 방실 등이 있고 평소 그 운전을 위해 1, 2명의 직원이 근무하며 인가자 이외의 출입이 금지되는 "골리앗크레인"에 출입통제를 위해 출입문이 잠긴 채 간수인이 없었다 하여도 피고인 등 70명 정도의 근로자가 함께 위 "골리앗크레인"에 들어가서 농성을 하였다면, 피고 인 등이 다중의 위력을 보여 간수하는 건조물에 침입한 것이다(대법원 1991.6.11, 91도753).

① (○) 주거침입죄에서 침입행위의 객체인 '건조물'은 주거침입죄가 사실상 주거의 평온을 보호법익으로 하는 점에 비추어 엄격한 의미에서의 건조물 그 자체뿐만이 아니라 그에 부속하는 위 요지를 포함한다고 할 것이나, 여기서 <u>위요지라고 함은 건조물에 인접한 그 주변의 토지로서 외부와의 경계에 담 등이 설치되어 그 토지가 건조물의 이용에 제공되고 또 외부인이 함부로 출입할 수 없다는 점이 객관적으로 명확하게 드러나야 한다</u>. 따라서 건조물의 이용에 기여하는 인접의 부속 토지라고 하더라도 인적 또는 물적 설비 등에 의한 구획 내지 통제가 없어 통상의 보행으로 그 경계를 쉽사리 넘을 수 있는 정도라고 한다면 일반적으로 외부인의 출입이 제한된다는 사정이 객관적으로 명확하게 드러났다고 보기 어려우므로, 이는 다른 특별한 사정이 없는 한 주거침입죄의 객체에 속하지 아니한다고 봄이 상당하다(대법원 2010.4.29, 2009도14643).

③ (○), ④ (○) 주거침입죄에 있어서 주거란 단순히 가옥 자체만을 말하는 것이 아니라 그 정원 등 위요지를 포함한다. 따라서 다가구용 단독주택이나 다세대주택·연립주택·아파트 등 공동

주택 안에서 공용으로 사용하는 엘리베이터, 계단과 복도는 주거로 사용하는 각 가구 또는 세대의 전용 부분에 필수적으로 부속하는 부분으로서 그 거주자들에 의하여 일상생활에서 감시·관리가 예정되어 있고 사실상의 주거의 평온을 보호할 필요성이 있는 부분이므로, 다가구용 단독주택이나 다세대주택·연립주택·아파트 등 공동주택의 내부에 있는 엘리베이터, 공용 계단과 복도는 특별한 사정이 없는 한 주거침입죄의 객체인 '사람의 주거'에 해당하고, 위 장소에 거주자의 명시적, 묵시적 의사에 반하여 침입하는 행위는 주거침입죄를 구성한다(대법원 2009.9.10, 2009도4335).

정답 ②

---

004 ✓ 대표 ◆◆◆   경찰간부 2022

주거침입의 죄에 대한 설명 중 옳은 것만을 모두 고른 것은? (다툼이 있는 경우 판례에 의함)

가. 甲이 A의 부재중에 A의 아내인 B와 혼인 외 성관계를 가질 목적으로 B가 열어준 출입문을 통해서 A와 B가 공동거주하는 아파트에 들어간 경우, 甲이 B의 승낙을 얻어 통상적인 출입방법에 의하여 들어갔다 하더라도 甲의 출입은 부재중인 A의 추정적 의사에 반하므로 주거침입죄가 성립한다.

나. 甲이 일반인의 출입이 허용된 음식점에 영업주의 승낙을 받아 통상적인 출입방법으로 들어갔다면, 설령 甲이 범죄 등의 목적으로 음식점에 출입하였거나 영업주가 甲의 실제 출입 목적을 알았더라면 출입을 승낙하지 않았을 것이라는 사정이 인정되더라도 주거침입죄가 성립하지 아니한다.

다. 甲이 아내 A와의 불화로 인해 A와 공동생활을 영위하던 아파트에서 짐 일부를 챙겨 나온 후 A의 외출 중 자신의 어머니 乙과 함께 그 아파트에 들어가려고 그 안에 있던 처제 B에게 출입문을 열어달라고 요구하였으나 A로부터 열어주지 말라는 말을 들은 B가 체인형 걸쇠를 걸어 잠그며 현관문을 열어주지 않자 甲이 乙과 함께 그 걸쇠를 부수고 아파트에 들어간 경우, 甲과 乙에게는 주거침입죄의 공동정범이 성립한다.

라. 甲이 교제하다 헤어진 A가 거주하는 아파트 109동 305호에 들어가려고 아파트 지하 주차장에서 위 305호가 있는 109동으로 연결된 출입구의 공동출입문에 A나 다른 입주자의 승낙 없이 무단으로 비밀번호를 입력하여 아파트의 공용 부분에 들어가 위 305호 현관문 앞까지 출입한 경우, A와 같은 109동에 거주하는 다른 입주자들의 사실상 주거의 평온상태를 해한 것으로 볼 수 있다면 주거침입죄가 성립한다.

① 가, 나
② 나, 다
③ 나, 라
④ 나, 다, 라

해설 **출제영역 |** 주거침입죄의 구성요건, 공범

③ 나, 라의 설명이 옳다.

가. (×) 피고인이 甲의 부재중에 甲의 처 乙과 혼외 성관계를 가질 목적으로 乙이 열어 준 현관 출입문을 통하여 甲과 乙이 공동으로 거주하는 아파트에 들어간 경우, 피고인이 乙로부터 현실적인 승낙을 받아 통상적인 출입방법에 따라 주거에 들어갔으므로 주거의 사실상 평온상태를 해치는 행위태양으로 주거에 들어간 것이 아니어서 주거에 침입한 것으로 볼 수 없고, 피고인의 주거 출입이 부재중인 甲의 의사에 반하는 것으로 추정되더라도 주거침입죄의 성립 여부에 영향을 미치지 않는다(대법원 2021.9.9, 2020도12630 전원합의체).

나. (○) 일반인의 출입이 허용된 음식점에 영업주의 승낙을 받아 통상적인 출입방법으로 들어갔다면 특별한 사정이 없는 한 주거침입죄에서 규정하는 침입행위에 해당하지 않는다. 설령 행위자가 범죄 등을 목적으로 음식점에 출입하였거나 영업주가 행위자의 실제 출입 목적을 알았더라면 출입을 승낙하지 않았을 것이라는 사정이 인정되더라도 그러한 사정만으로는 출입 당시 객관적·외형적으로 드러난 행위 태양에 비추어 사실상의 평온상태를 해치는 방법으로 음식점에 들어갔다고 평가할 수 없으므로 침입행위에 해당하지 않는다(대법원 2022.3.24, 2017도18272 전원합의체).

다. (×) 피고인 甲은 처 乙과의 불화로 인해 乙과 공동생활을 영위하던 아파트에서 짐 일부를 챙겨 나왔는데, 그 후 자신의 부모인 피고인 丙, 丁과 함께 아파트에 찾아가 출입문을 열 것을 요구하였으나 乙은 외출한 상태로 乙의 동생인 戊가 출입문에 설치된 체인형 걸쇠를 걸어 문을 열어 주지 않자 공동하여 걸쇠를 손괴한 후 아파트에 침입하였다고 하여 폭력행위 등 처벌에 관한 법률 위반(공동주거침입)으로 기소된 경우, 아파트에 대한 공동거주자의 지위를 계속 유지하고 있던 피고인 甲에게 주거침입죄가 성립한다고 볼 수 없고, 피고인 丙, 丁에 대하여도 같은 법 위반(공동주거침입)죄가 성립하지 않는다(대법원 2021.9.9, 2020도6085 전원합의체).

라. (○) 아파트 등 공동주택의 공동현관에 출입하는 경우에도, 그것이 주거로 사용하는 각 세대의 전용 부분에 필수적으로 부속하는 부분으로 거주자와 관리자에게만 부여된 비밀번호를 출입문에 입력하여야만 출입할 수 있거나, 외부인의 출입을 통제·관리하기 위한 취지의 표시나 경비원이 존재하는 등 외형적으로 외부인의 무단출입을 통제·관리하고 있는 사정이 존재하고, 외부인이 이를 인식하고서도 그 출입에 관한 거주자나 관리자의 승낙이 없음은 물론, 거주자와의 관계 기타 출입의 필요 등에 비추어 보더라도 정당한 이유 없이 비밀번호를 임의로 입력하거나 조작하는 등의 방법으로 거주자나 관리자 모르게 공동현관에 출입한 경우와 같이, 그 출입 목적 및 경위, 출입의 태양과 출입한 시간 등을 종합적으로 고려할 때 공동주택 거주자의 사실상 주거의 평온상태를 해치는 행위태양으로 볼 수 있는 경우라면 공동주택 거주자들에 대한 주거침입에 해당할 것이다(대법원 2022.1.27, 2021도15507).

정답 ③

005 ✓ 유사 ◆◇◇

퇴거불응죄에 대한 설명으로 옳지 않은 것은? (다툼이 있는 경우 판례에 의함)

① 형법은 퇴거불응죄의 미수범 처벌 규정을 두고 있다.

② 정당한 퇴거요구를 받고 건물에서 나가면서 가재도구 등을 남겨둔 경우에는 퇴거불응죄를 구성한다.

③ 사용자의 직장폐쇄가 정당한 쟁의행위로 인정되지 아니하는 때에는 적법한 쟁의행위로서 사업장을 점거 중인 근로자들이 직장폐쇄를 단행한 사용자로부터 퇴거요구를 받고 이에 불응한 채 직장점거를 계속하더라도 퇴거불응죄가 성립하지 아니한다.

④ 퇴거불응죄의 법정형은 주거침입죄와 동일하다.

해설 | 출제영역 | 퇴거불응죄 – 구성요건

② (×) 퇴거요구를 받고 이에 응하여 당해 건물에서 퇴거하면서 가재도구 등을 남겨두었다 하더라도 이는 퇴거불응죄를 구성하지 않는다(대법원 2007.11.15, 2007도6990). 주거침입죄에서의 침입이 신체적 침해로서 행위자의 신체가 주거에 들어가야 함을 의미하는 것과 마찬가지로 퇴거불응죄의 퇴거 역시 행위자의 신체가 주거에서 나감을 의미하기 때문이다.

① (○) 퇴거불응죄는 미수범 처벌규정이 존재한다.

③ (○) 적법하게 직장폐쇄를 단행한 사용자로부터 퇴거요구를 받고도 불응한 채 직장점거를 계속한 행위는 퇴거불응죄를 구성한다(대법원 2005.6.9, 2004도7218).

④ (○) 제319조 제2항 전항의 장소에서 퇴거요구를 받고 응하지 아니한 자도 전항(주거침입죄)의 형과 같다.

정답 ②

006 ✓ 유사 ◆◇◇

주거침입죄에 관한 설명으로 가장 적절하지 않은 것은? (다툼이 있는 경우 판례에 의함)

① 건조물의 이용에 기여하는 인접의 부속 토지라고 하더라도 인적 또는 물적 설비 등에 의한 구획 내지 통제가 없어 통상의 보행으로 그 경계를 쉽사리 넘을 수 있는 정도라고 한다면, 이는 다른 특별한 사정이 없는 한 주거침입죄의 객체에 속하지 아니한다.

② 공동거주자 중 주거 내에 현재하는 거주자의 현실적인 승낙을 받아 통상적인 출입방법에 따라 들어갔다면, 설령 그것이 부재 중인 다른 거주자의 의사에 반하는 것으로 추정되더라도 주거침입죄의 보호법익인 사실상 주거의 평온을 깨트렸다고 볼 수 없다.

③ 공동주거의 경우 여러 사람이 하나의 생활공간에서 거주하는 성질에 비추어 공동거주자 각자는 다른 거주자와의 관계로 인하여 주거에서 누리는 사실상 주거의 평온이라는 법익이 일정부분 제약될 수밖에 없고, 공동거주자는 공동주거관계를 형성하면서 이러한 사정을 서로 용인하였다고 보아야 한다.

④ 공동거주자 중 한 사람인 A가 정당한 이유 없이 다른 공동거주자가 공동생활의 장소에 출입하는 것을 금지한 경우, 다른 공동거주자인 甲이 이에 대항하여 공동생활의 장소에 들어갔더라도 주거침입죄는 성립하지 않고, 다만 甲이 그 장소에 출입하기 위하여 출입문의 잠금장치를 손괴하는 등 다소간의 물리력을 행사한 경우에는 주거침입죄가 성립할 수 있다.

해설 | 출제영역 | 주거침입죄의 구성요건

④ (×) 공동거주자 중 한 사람이 법률적인 근거 기타 정당한 이유 없이 다른 공동거주자가 공동생활의 장소에 출입하는 것을 금지한 경우, 다른 공동거주자가 이에 대항하여 공동생활의 장소에 들어갔더라도 이는 사전 양해된 공동주거의 취지 및 특성에 맞추어 공동생활의 장소를 이용하기 위한 방편에 불과할 뿐, 그의 출입을 금지한 공동거주자의 사실상 주거의 평온이라는 법익을 침해하는 행위라고는 볼 수 없으므로 주거침입죄는 성립하지 않는다. 설령 그 공동거주자가 공동생활의 장소에 출입하기 위하여 출입문의 잠금장치를 손괴하는 등 다소간의 물리력을 행사하여 그 출입을 금지한 공동거주자의 사실상 평온상태를 해쳤더라도 그러한 행위 자체를 처벌하는 별도의 규정에 따라 처벌될 수 있음은 별론으로 하고, 주거침입죄가 성립하지 아니함은 마찬가지이다(대법원 2021.9.9, 2020도6085 전원합의체).

[보충] 피고인 甲은 처(妻) 乙과의 불화로 인해 乙과 공동생활을 영위하던 아파트에서 짐 일부를 챙겨 나왔는데, 그 후 자신의 부모인 피고인 丙, 丁과 함께 아파트에 찾아가 출입문을 열 것을 요구하였으나 乙은 외출한 상태로 乙의 동생인 戊가 출입문에 설치된 체인형 걸쇠를 걸어 문을 열어 주지 않자 공동하여 걸쇠를 손괴한 후 아파트에 침입하였다고 하여 폭력행위 등 처벌에 관한 법률 위반(공동주거침입)으로 기소된 사안에서, 아파트에 대한 공동거주자의 지위를 계속 유지하고 있던 피고인 甲에게 주거침입죄가 성립한다고 볼 수 없고, 피고인 丙, 丁에 대하여도 같은 법 위반(공동주거침입)죄가 성립하지 않는다고 한 사례이다.

① (○) 대법원 2010.4.29, 2009도14643
② (○), ③ (○) 외부인이 공동거주자의 일부가 부재중에 주거 내에 현재하는 거주자의 현실적인 승낙을 받아 통상적인 출입방법에 따라 공동주거에 들어간 경우라면 그것이 부재중인 다른 거주자의 추정적 의사에 반하는 경우에도 주거침입죄가 성립하지 않는다고 보아야 한다. 구체적인 이유는 다음과 같다. (가) 주거침입죄의 보호법익은 사적 생활관계에 있어서 사실상 누리고 있는 주거의 평온, 즉 '사실상 주거의 평온'으로서, 주거를 점유할 법적 권한이 없더라도 사실상의 권한이 있는 거주자가 주거에서 누리는 사실적 지배·관리관계가 평온하게 유지되는 상태를 말한다. 외부인이 무단으로 주거에 출입하게 되면 이러한 사실상 주거의 평온이 깨어지는 것이다. 이러한 보호법익은 주거를 점유하는 사실상태를 바탕으로 발생하는 것으로서 사실적 성질을 가진다. 한편 공동주거의 경우에는 여러 사람이 하나의 생활공간에서 거주하는 성질에 비추어 공동거주자 각자는 다른 거주자와의 관계로 인하여 주거에서 누리는 사실상 주거의 평온이라는 법익이 일정 부분 제약될 수밖에 없고, 공동거주자는 공동주거관계를 형성하면서 이러한 사정을 서로 용인하였다고 보아야 한다. 부재중인 일부 공동거주자에 대하여 주거침입죄가 성립하는지를 판단할 때에도 이러한 주거침입죄의 보호법익의 내용과 성질, 공동주거관계의 특성을 고려하여야 한다. 공동거주자 개개인은 각자 사실상 주거의 평온을 누릴 수 있으므로 어느 거주자가 부재중이라고 하더라도 사실상의 평온상태를 해치는 행위태양으로 들어가거나 그 거주자가 독자적으로 사용하는 공간에 들어간 경우에는 그 거주자의 사실상 주거의 평온을 침해하는 결과를 가져올 수 있다. 그러나 공동거주자 중 주거 내에 현재하는 거주자의 현실적인 승낙을 받아 통상적인 출입방법에 따라 들어갔다면, 설령 그것이 부재중인 다른 거주자의 의사에 반하는 것으로 추정된다고 하더라도 주거침입죄의 보호법익인 사실상 주거의 평온을 깨트렸다고 볼 수는 없다. 만일 외부인의 출입에 대하여 공동거주자 중 주거 내에 현재하는 거주자의 승낙을 받아 통상적인 출입방법에 따라 들어갔음에도 불구하고 그것이 부재중인 다른 거주자의 의사에 반하는 것으로 추정된다는 사정만으로 주거침입죄의 성립을 인정하게 되면, 주거침입죄를 의사의 자유를 침해하는 범죄의 일종으로 보는 것이 되어 주거침입죄가 보호하고자 하는 법익의 범위를 넘어서게 되고, '평온의 침해' 내용이 주관화·관념화되며, 출입 당시 현실적으로 존재하지 않는, 부재중인 거주자의 추정적 의사에 따라 주거침입죄의 성립 여부가 좌우되어 범죄 성립 여부가 명확하지 않고 가벌성의 범위가 지나치게 넓어지게 되어 부당한 결과를 가져오게 된다. (나) 주거침입죄의 구성요건적 행위인 침입은 주거침입죄의 보호법익과의 관계에서 해석하여야 한다. 따라서 침입이란 '거주자가 주거에서 누리는 사실상의 평온상태를 해치는 행위태양으로 주거에 들어가는 것'을 의미하고, 침입에 해당하는지 여부는 출입 당시 객관적·외형적으로 드러난 행위태양을 기준으로 판단함이 원칙이다. 사실상의 평온상태를 해치는 행위태양으로 주거에 들어가는 것이라면 대체로 거주자의 의사에 반하는 것이겠지만, 단순히 주거에 들어가는 행위 자체가 거주자의 의사에 반한다는 거주자의 주관적 사정만으로 바로 침입에 해당한다고 볼 수는 없다. 외부인이 공동거주자 중 주거 내에 현재하는 거주자로부터 현실적인 승낙을 받아 통상적인 출입방법에 따라 주거에 들어간 경우라면, 특별한 사정이 없는 한 사실상의 평온상태를 해치는 행위태양으로 주거에 들어간 것이라고 볼 수 없으므로 주거침입죄에서 규정하고 있는 침입행위에 해당하지 않는다(대법원 2021.9.9, 2020도12630 전원합의체).

정답 ④

007 ☑ 유사 ◆◆◆ 경찰대편입 2023

주거침입의 죄에 대한 설명으로 옳은 것만을 모두 고른 것은? (다툼이 있는 경우 판례에 의함)

> ㄱ. 절도의 목적으로 출입문이 열려 있으면 안으로 들어가겠다는 의사 아래 출입문을 당겨보는 행위만으로는 주거침입죄의 실행의 착수가 있었다고 보기 어렵다.
> ㄴ. 외부인이 공동거주자의 일부가 부재 중인 주거 내에 현재하는 거주자의 현실적인 승낙을 받아 통상적인 출입방법에 따라 공동주거에 들어간 경우라면, 그것이 부재 중인 다른 거주자의 추정적 의사에 반하는 경우에도 주거침입죄가 성립하지 않는다.
> ㄷ. 관리자에 의해 출입이 통제되는 건조물에 관리자의 승낙을 받아 통상적인 출입방법으로 들어갔다면, 이러한 승낙의 의사표시에 기망이나 착오 등의 하자가 있더라도 특별한 사정이 없는 한 건조물침입죄가 성립하지 않는다.
> ㄹ. 노동조합원 150여 명이 일반적으로 출입이 허용되어 개방된 시청사를 통상적인 출입방법으로 들어가 1층 로비 바닥에 앉아 구호를 외치면서 소란을 피운 행위는, 시청 건물관리자의 의사에 반한 침입행위로서 건조물침입죄에 해당한다.

① ㄱ, ㄴ ② ㄴ, ㄷ
③ ㄷ, ㄹ ④ ㄱ, ㄷ, ㄹ
⑤ ㄴ, ㄷ, ㄹ

해설 │ 출제영역 │ 주거침입죄의 구성요건

② ㄴ, ㄷ

ㄱ. (×) 주거침입죄의 실행의 착수는 주거자, 관리자, 점유자 등의 의사에 반하여 주거나 관리하는 건조물 등에 들어가는 행위, 즉 구성요건의 일부를 실현하는 행위까지 요구하는 것은 아니고 범죄구성요건의 실현에 이르는 현실적 위험성을 포함하는 행위를 개시하는 것으로 족하므로, 출입문이 열려 있으면 안으로 들어가겠다는 의사 아래 출입문을 당겨보는 행위는 바로 주거의 사실상의 평온을 침해할 객관적인 위험성을 포함하는 행위를 한 것으로 볼 수 있어 그것으로 주거침입의 실행에 착수한 것으로 보아야 한다(대법원 2006.9.14, 2006도2824).

ㄴ. (○) 외부인이 공동거주자의 일부가 부재중에 주거 내에 현재하는 거주자의 현실적인 승낙을 받아 통상적인 출입방법에 따라 공동주거에 들어간 경우라면 그것이 부재중인 다른 거주자의 추정적 의사에 반하는 경우에도 주거침입죄가 성립하지 않는다(대법원 2021.9.9, 2020도12630 전원합의체).

ㄷ. (○) 관리자에 의해 출입이 통제되는 건조물에 관리자의 승낙을 받아 건조물에 통상적인 출입방법으로 들어갔다면, 이러한 승낙의 의사표시에 기망이나 착오 등의 하자가 있더라도 특별한 사정이 없는 한 형법 제319조 제1항에서 정한 건조물침입죄가 성립하지 않는다. 이러한 경우 관리자의 현실적인 승낙이 있었으므로 가정적·추정적 의사는 고려할 필요가 없다(대법원 2022.3.31, 2018도15213).

ㄹ. (×) 피고인들이 공동하여 ○○시청에 이르러 150여 명의 조합원들과 함께 시청 1층 로비로 들어가 바닥에 앉아 구호를 외치며

소란을 피움으로써 시청 건물 관리자의 의사에 반하여 건조물에 침입하였다고 기소된 사안에서, 일반적으로 출입이 허용되어 개방된 시청사 로비에 관리자의 출입 제한이나 제지가 없는 상태에서 통상적인 방법으로 들어간 이상 사실상의 평온상태를 해치는 행위 태양으로 시청 1층 로비에 들어갔다고 볼 수 없으므로 건조물침입죄에서 규정하는 침입행위에 해당하지 않는다고 판시하였다(대법원 2022.6.16, 2021도7087).

정답 ②

---

008 ✅ 유사 ◆◆◆ 경찰간부 2024

주거침입죄에 관한 설명으로 가장 적절하지 않은 것은? (다툼이 있는 경우 판례에 의함)

① 주거침입죄의 실행의 착수는 구성요건의 일부를 실현하는 행위까지 요구하는 것은 아니고 범죄구성요건의 실현에 이르는 현실적 위험성을 포함하는 행위를 개시하는 것으로 족하다.

② 연립주택 아래층에 사는 피해자가 위층 피고인의 집으로 통하는 상수도관의 밸브를 임의로 잠근 후 이를 피고인에게 알리지 않아 하루 동안 수돗물이 나오지 않은 고통을 겪었던 피고인이 상수도관의 밸브를 확인하고 이를 열기 위하여 부득이 피해자의 집에 들어간 것이라면 이는 정당행위에 해당하여 주거침입죄가 성립하지 않는다.

③ 甲이 교제하다 헤어진 A가 거주하는 아파트에 들어가려고 아파트 지하 주차장에서 A나 다른 입주자의 승낙 없이 무단으로 A가 거주하는 101동으로 연결된 출입구의 공동출입문 비밀번호를 입력하여 아파트의 공용부분에 들어가 A의 집 현관문 앞까지 출입한 경우, A와 같은 아파트 101동에 거주하는 다른 입주자들의 사실상 주거의 평온 상태를 해한 것으로 볼 수 있다면 甲에게 주거침입죄가 성립한다.

④ 관리자의 현실적인 승낙을 받아 건조물에 통상적인 출입방법으로 들어간 경우에도 관리자의 가정적·추정적 의사는 고려되어야 하며, 그 승낙의 동기에 착오가 있었던 경우 승낙의 유효성에 영향을 미쳐 건조물침입죄가 성립할 수 있다.

해설 | 출제영역 | 주거침입죄의 구성요건

④ (×) 거주자로부터 현실적인 승낙을 받아 통상적인 출입방법에 따라 주거에 들어간 경우 주거침입죄가 성립하지 않는다. 거주자가 행위자의 진정한 출입 목적을 알았더라면 출입을 승낙하지 않았을 것이라는 이유로 주거침입죄의 성립을 인정해서는 안 된다. … 일반인의 출입이 허용된 음식점에 영업주의 승낙을 받아 통상적인 출입방법으로 들어갔다면 특별한 사정이 없는 한 주거침입죄에서 규정하는 침입행위에 해당하지 않는다. 설령 행위자가 범죄 등을 목적으로 음식점에 출입하였거나 영업주가 행위자의 실제 출입 목적을 알았더라면 출입을 승낙하지 않았을 것이라는 사정이 인정되더라도 그러한 사정만으로는 출입 당시 객관적·외형

적으로 드러난 행위 태양에 비추어 사실상의 평온상태를 해치는 방법으로 음식점에 들어갔다고 평가할 수 없으므로 침입행위에 해당하지 않는다(대법원 2022.3.24, 2017도18272 전원합의체 판결의 다수의견).

[보충] 주거침입죄는 사실상 주거의 평온을 보호법익으로 한다. 주거침입죄의 구성요건적 행위인 침입은 주거침입죄의 보호법익과의 관계에서 해석하여야 하므로, 침입이란 주거의 사실상 평온상태를 해치는 행위 태양으로 주거에 들어가는 것을 의미하고, 침입에 해당하는지는 출입 당시 객관적·외형적으로 드러난 행위 태양을 기준으로 판단함이 원칙이다. 사실상의 평온상태를 해치는 행위 태양으로 주거에 들어가는 것이라면 대체로 거주자의 의사에 반하겠지만, 단순히 주거에 들어가는 행위 자체가 거주자의 의사에 반한다는 주관적 사정만으로는 바로 침입에 해당한다고 볼 수 없다(대법원 2021.9.9, 2020도12630 전원합의체 판결 참조). 거주자의 의사에 반하는지는 사실상의 평온상태를 해치는 행위 태양인지를 평가할 때 고려할 요소 중 하나이지만 주된 평가 요소가 될 수는 없다. 따라서 침입행위에 해당하는지는 거주자의 의사에 반하는지가 아니라 사실상의 평온상태를 해치는 행위 태양인지에 따라 판단되어야 한다(대법원 2022.3.24, 2017도18272 전원합의체 판결의 다수의견).

[참고] 거주자가 출입을 승낙한 사안에서 행위자의 출입 목적 등과 같은 승낙의 동기에 착오가 있다는 이유로 주거침입죄로 처벌해서는 안 된다. 단순히 승낙의 동기에 착오가 있다고 해서 승낙의 유효성에 영향을 미치지 않는다. 거주자가 승낙했는데도 그 동기에 착오가 있는 경우까지 승낙의 유효성을 부정하여 주거침입죄가 성립한다고 인정한다면 주거침입죄로 처벌되는 범위가 지나치게 넓어져 부당한 결과를 가져온다(대법원 2022.3.24, 2017도18272 전원합의체 판결의 다수의견에 대한 별개의견).

① (○) 주거침입죄의 실행의 착수는 주거자, 관리자, 점유자 등의 의사에 반하여 주거나 관리하는 건조물 등에 들어가는 행위 즉, 구성요건의 일부를 실현하는 행위까지 요구하는 것은 아니고, 범죄구성요건의 실현에 이르는 현실적 위험성을 포함하는 행위를 개시하는 것으로 족하다(대법원 2003.10.24, 2003도4417).

② (○) 연립주택 아래층에 사는 피해자가 위층 피고인의 집으로 통하는 상수도관의 밸브를 임의로 잠근 후 이를 피고인에게 알리지 않아 하루 동안 수돗물이 나오지 않은 고통을 겪었던 피고인이 상수도관의 밸브를 확인하고 이를 열기 위하여 부득이 피해자의 집에 들어간 행위가 정당행위에 해당한다(대법원 2004.2.13, 2003도7393).

③ (○) 아파트 등 공동주택의 공동현관에 출입하는 경우에도, 그것이 주거로 사용하는 각 세대의 전용 부분에 필수적으로 부속하는 부분으로 거주자와 관리자에게만 부여된 비밀번호를 출입문에 입력하여야만 출입할 수 있거나, 외부인의 출입을 통제·관리하기 위한 취지의 표시나 경비원이 존재하는 등 외형적으로 외부인의 무단출입을 통제·관리하고 있는 사정이 존재하고, 외부인이 이를 인식하고서도 그 출입에 관한 거주자나 관리자의 승낙이 없음은 물론, 거주자와의 관계 기타 출입의 필요 등에 비추어 보더라도 정당한 이유 없이 비밀번호를 임의로 입력하거나 조작하는 등의 방법으로 거주자나 관리자 모르게 공동현관에 출입한 경우와 같이, 그 출입 목적 및 경위, 출입의 태양과 출입한 시간 등을 종합적으로 고려할 때 공동주택 거주자의 사실상 주거의 평온상태를 해치는 행위태양으로 볼 수 있는 경우라면 공동주택 거주자들에 대한 주거침입에 해당할 것이다(대법원 2022.1.27, 2021도15507).

정답 ④

009 ✓ 유사 ◆◆◇   경찰2차 2024

주거침입죄에 관한 설명으로 가장 적절하지 않은 것은?
(다툼이 있는 경우 판례에 의함)

① 다가구용 단독주택이나 아파트와 같은 공동주택 내부의 엘리베이터, 공용 계단, 복도 등 공용 부분도 주거침입죄의 객체인 '사람의 주거'에 해당한다.

② 주거침입죄의 침입에 해당하는지는 거주자의 의사에 반하는지를 기준으로 판단하는 것이 원칙이며, 출입 당시 객관적·외형적으로 드러난 행위태양은 사실상의 평온상태를 해치는 행위태양인지를 평가할 때 고려할 요소 중 하나이지만 주된 평가 요소가 될 수 없다.

③ 다른 사람의 주택에 무단 침입한 범죄사실로 이미 유죄판결을 받은 사람이 그 판결이 확정된 후에도 퇴거하지 않은 채 계속하여 당해 주택에 거주한 경우, 위 판결 확정 이후의 행위는 별도의 주거침입죄를 구성한다.

④ 행위자 자신이 다른 사람과 공동으로 거주하거나 관리 또는 점유하는 주거 등에 임의로 출입하더라도 주거침입죄를 구성하지 않지만, 다른 사람과 공동으로 주거에 거주하거나 건조물을 관리하던 사람이 공동생활관계에서 이탈하거나 주거 등에 대한 사실상의 지배·관리를 상실한 경우 등 특별한 사정이 있는 경우에 주거침입죄가 성립할 수 있다.

해설 | 출제영역 | 주거침입죄의 구성요건

② (×) 주거침입죄는 사실상 주거의 평온을 보호법익으로 한다. 주거침입죄의 구성요건적 행위인 침입은 주거침입죄의 보호법익과의 관계에서 해석하여야 하므로, 침입이란 주거의 사실상 평온상태를 해치는 행위태양으로 주거에 들어가는 것을 의미하고, 침입에 해당하는지는 출입 당시 객관적·외형적으로 드러난 행위태양을 기준으로 판단함이 원칙이다. 사실상의 평온상태를 해치는 행위태양으로 주거에 들어가는 것이라면 대체로 거주자의 의사에 반하겠지만, 단순히 주거에 들어가는 행위 자체가 거주자의 의사에 반한다는 주관적 사정만으로는 바로 침입에 해당한다고 볼 수 없다. 거주자의 의사에 반하는지는 사실상의 평온상태를 해치는 행위태양인지를 평가할 때 고려할 요소 중 하나이지만 주된 평가 요소가 될 수는 없다(대법원 2022.8.25, 2022도3801).

① (○) 대법원 2022.8.25, 2022도3801

③ (○) 대법원 2008.5.8, 2007도11322

④ (○) 주거침입죄의 객체는 행위자 이외의 사람, 즉 '타인'이 거주하는 주거 등이라고 할 것이므로 행위자 자신이 단독으로 또는 다른 사람과 공동으로 거주하거나 관리 또는 점유하는 주거 등에 임의로 출입하더라도 주거침입죄를 구성하지 않는다. 다만 다른 사람과 공동으로 주거에 거주하거나 건조물을 관리하던 사람이 공동생활관계에서 이탈하거나 주거 등에 대한 사실상의 지배·관리를 상실한 경우 등 특별한 사정이 있는 경우에 주거침입죄가 성립할 수 있을 뿐이다(대법원 2021.9.9, 2020도6085 전원합의체).

정답 ②

010 ✓ 유사 ◆◇◇   경찰3차 2018

주거침입의 죄에 대한 설명으로 가장 적절한 것은? (다툼이 있는 경우 판례에 의함)

① 건물의 소유자라고 주장하는 피고인과 그것을 점유관리하는 피해자 사이에 건물의 소유권에 대한 분쟁이 계속되고 있는 상황이라면 피고인이 피해자의 허락없이 그 건물에 침입하는 행위를 주거침입죄로 처벌할 수 없다.

② 퇴거불응죄는 실행행위의 소극적 성격으로 인해 주거침입죄에 비해 법정형이 경하게 규정되어 있다.

③ 주거침입죄의 실행의 착수가 인정되기 위해서는 주거자의 의사에 반하여 주거나 관리하는 건조물 등에 들어가는 행위까지 요구하는 것은 아니고, 범죄구성요건의 실현에 이르는 현실적 위험성을 포함하는 행위를 개시하는 것으로 족하다.

④ 남편의 일시 부재 중 혼외성관계의 목적 하에 그 처의 승낙만을 얻고 주거에 들어갔다면 사회통념상 남편의 의사에 반하므로 주거침입죄가 성립한다.

해설 | 출제영역 | 주거침입죄 및 퇴거불응죄의 구성요건

③ (○) 주거침입죄의 실행의 착수는 주거자, 관리자, 점유자 등의 의사에 반하여 주거나 관리하는 건조물 등에 들어가는 행위 즉, 구성요건의 일부를 실현하는 행위까지 요구하는 것은 아니고, 범죄구성요건의 실현에 이르는 현실적 위험성을 포함하는 행위를 개시하는 것으로 족하다(대법원 2003.10.24, 2003도4417).

① (×) 건물의 소유자라고 주장하는 피고인과 그것을 점유관리하고 있는 피해자 사이에 건물의 소유권에 대한 분쟁이 계속되고 있는 상황이라면 피고인이 그 건물에 침입하는 것에 대한 피해자의 추정적 승낙이 있었다거나 피고인의 이 사건 범행이 사회상규에 위배되지 않는다고 볼 수 없다(대법원 1989.9.12, 89도889).

② (×) 퇴거불응죄는 진정부작위범이기는 하나 그 법정형은 주거침입죄와 같다.

> **제319조(주거침입, 퇴거불응)** ① 사람의 주거, 관리하는 건조물, 선박이나 항공기 또는 점유하는 방실에 침입한 자는 3년 이하의 징역 또는 500만 원 이하의 벌금에 처한다.
> ② 전항의 장소에서 퇴거요구를 받고 응하지 아니한 자도 전항의 형과 같다.

④ (×) 공동거주자 중 주거 내에 현재하는 거주자의 현실적인 승낙을 받아 통상적인 출입 방법에 따라 들어갔다면, 설령 그것이 부재중인 다른 거주자의 의사에 반하는 것으로 추정된다고 하더라도 주거침입죄의 보호법익인 사실상 주의의 평온을 깨뜨렸다고 볼 수는 없다(대법원 2021.9.9, 2020도12630 전원합의체).

정답 ③

주거(건조물)침입죄에 관한 설명 중 옳은 것은? (다툼이 있는 경우 판례에 의함)

① 침입 대상인 아파트에 사람이 있는지를 확인하기 위해 그 집의 초인종을 누른 행위만으로도 주거침입죄의 실행에 착수한 것으로 보아야 한다.

② 건조물의 이용에 기여하는 인접의 부속 토지에 해당한다면 그 토지가 인적 또는 물적 설비 등에 의하여 구획 또는 통제되지 않아 통상의 보행으로 그 경계를 쉽사리 넘을 수 있는 정도라고 하더라도 건조물침입죄의 객체에 해당한다.

③ 甲이 수개월 전 헤어진 연인인 A를 폭행하기 위하여 A가 사는 오피스텔 공동현관의 출입문에 교제 당시 알게 된 비밀번호를 눌러 들어간 후 엘리베이터를 타고 A의 집 현관문 앞으로 이동해 침입하려다 실패하여 도주한 경우, 알고 있던 공동현관 비밀번호를 입력하여 출입한 이상 공용부분에 대한 주거침입을 인정할 여지는 없다.

④ 수일 전에 피해자를 강간하였던 甲이 대문을 몰래 열고 들어와 담장과 피해자가 거주하던 방 사이의 좁은 통로에서 창문을 통하여 방안을 엿보던 상황이라면 피해자의 주거에 대한 사실상 평온 상태가 침해된 것으로 주거침입죄에 해당한다.

⑤ 甲이 처(妻) A와의 불화로 인해 A와 같이 살던 아파트에서 나온 후 위 아파트에 임의로 출입한 경우 甲이 공동생활관계에서 이탈하거나 위 아파트 주거 등에 대한 사실상의 지배·관리를 상실하였다는 등의 특별한 사정이 있는 경우라 하더라도 주거침입죄가 성립할 여지는 없다.

[해설] 출제영역 | 주거침입죄의 성립요건

④ (○) 이미 수일 전에 2차례에 걸쳐 피해자를 강간하였던 피고인이 대문을 몰래 열고 들어와 담장과 피해자가 거주하던 방 사이의 좁은 통로에서 창문을 통하여 방안을 엿본 경우, 주거침입죄에 해당한다(대법원 2001.4.24, 2001도1092).

① (×) 주거침입죄의 실행의 착수는 주거자, 관리자, 점유자 등의 의사에 반하여 주거나 관리하는 건조물 등에 들어가는 행위, 즉 구성요건의 일부를 실현하는 행위까지 요구하는 것은 아니고 범죄구성요건의 실현에 이르는 현실적 위험성을 포함하는 행위를 개시하는 것으로 족하다고 할 것이나, 침입 대상인 아파트에 사람이 있는지를 확인하기 위해 그 집의 초인종을 누른 행위만으로는 침입의 현실적 위험성을 포함하는 행위를 시작하였다거나, 주거의 사실상의 평온을 침해할 객관적인 위험성을 포함하는 행위를 한 것으로 볼 수 없다 할 것이다(대법원 2008.4.10, 2008도1464).

② (×) 건조물의 이용에 기여하는 인접의 부속 토지라고 하더라도 인적 또는 물적 설비 등에 의한 구획 내지 통제가 없어 통상의 보행으로 그 경계를 쉽사리 넘을 수 있는 정도라고 한다면 일반적으로 외부인의 출입이 제한된다는 사정이 객관적으로 명확하게 드러났다고 보기 어려우므로, 이는 다른 특별한 사정이 없는

한 주거침입죄의 객체에 속하지 아니한다고 봄이 상당하다(대법원 2010.4.29, 2009도14643).

③ (×) 아파트 등 공동주택의 공동현관에 출입하는 경우에도, 그것이 주거로 사용하는 각 세대의 전용 부분에 필수적으로 부속하는 부분으로 거주자와 관리자에게만 부여된 비밀번호를 출입문에 입력하여야만 출입할 수 있거나, 외부인의 출입을 통제·관리하기 위한 취지의 표시나 경비원이 존재하는 등 외형적으로 외부인의 무단출입을 통제·관리하고 있는 사정이 존재하고, 외부인이 이를 인식하고서도 그 출입에 관한 거주자나 관리자의 승낙이 없음은 물론, 거주자와의 관계 기타 출입의 필요 등에 비추어 보더라도 정당한 이유 없이 비밀번호를 임의로 입력하거나 조작하는 등의 방법으로 거주자나 관리자 모르게 공동현관에 출입한 경우와 같이, 그 출입 목적 및 경위, 출입의 태양과 출입한 시간 등을 종합적으로 고려할 때 공동주택 거주자의 사실상 주거의 평온상태를 해치는 행위태양으로 볼 수 있는 경우라면 공동주택 거주자들에 대한 주거침입에 해당할 것이다(대법원 2022.1.27, 2021도15507).

⑤ (×) 주거침입죄의 객체는 행위자 이외의 사람, 즉 '타인'이 거주하는 주거 등이라고 할 것이므로 행위자 자신이 단독으로 또는 다른 사람과 공동으로 거주하거나 관리 또는 점유하는 주거 등에 임의로 출입하더라도 주거침입죄를 구성하지 않는다. 다만 다른 사람과 공동으로 주거에 거주하거나 건조물을 관리하던 사람이 공동생활관계에서 이탈하거나 주거 등에 대한 사실상의 지배·관리를 상실한 경우 등 특별한 사정이 있는 경우에 주거침입죄가 성립할 수 있을 뿐이다(대법원 2021.9.9, 2020도6085 전원합의체).

[정답] ④

CHAPTER 05 재산에 대한 죄

1 재산죄의 일반이론

001 ✓ 이론 ◆◇◇ 경찰2차 2022

재산죄에 관한 설명 중 가장 적절하지 않은 것은? (다툼이 있는 경우 판례에 의함)

① 절도죄, 강도죄, 공갈죄는 탈취죄에 속한다.
② 영득죄는 범죄성립에 불법영득의사를 필요로 하고, 손괴죄는 이를 필요로 하지 않는다.
③ 강도죄, 사기죄, 공갈죄는 재물죄인 동시에 이득죄이다.
④ 영득죄는 침해방법에 따라 탈취죄와 편취죄로 나눌 수 있다.

해설 출제영역 | 재산죄의 일반이론
① (×) 절도죄와 강도죄는 탈취죄이고, 공갈죄는 편취죄이다.
② (○) 손괴죄는 손괴의 고의만 있으면 충분하고 불법영득의사가 필요하지 않다.
③ (○) 재물을 객체로 하는 범죄가 재물죄이고 재물 이외의 재산상이익의 획득을 목적으로 하는 범죄가 이득죄이다. 강도죄, 사기죄, 공갈죄는 재물 또는 재산상의 이익을 그 객체로 하므로 재물죄인 동시에 이익죄이다.
④ (○) 영득죄를 침해방법에 따라 구분하면 탈취죄와 편취죄로 나뉜다.

정답 ①

2 절도의 죄

002 ✓ 대표 ◆◆◇ 변호사 2020

재산죄의 객체에 관한 설명 중 옳은 것은? (다툼이 있는 경우 판례에 의함)

① 회사에서 회사컴퓨터에 저장된 정보를 몰래 자신의 저장장치로 복사한 경우, 컴퓨터에 저장된 정보는 절도죄의 객체인 재물이 될 수 있다.
② 협박으로 금전채무 지불각서 1매를 쓰게 하고 이를 강취한 경우, 사법상 유효하지 못한 위 지불각서는 강도죄의 객체인 재산상 이익이 될 수 없다.
③ 대가를 지급하기로 하고 성관계를 가진 뒤 대금을 지급하지 않은 경우, 성행위의 대가는 사기죄의 객체인 재산상 이익이 될 수 없다.
④ 권한 없이 인터넷뱅킹으로 타인의 예금계좌에서 자신의 예금계좌로 돈을 이체한 후 그중 일부를 인출한 돈은 장물죄의 객체가 된다.
⑤ 민사집행법상 보전처분 단계에서 가압류 채권자의 지위는 원칙적으로 강제집행면탈죄의 객체가 될 수 없다.

해설 출제영역 | 재산죄의 일반이론 – 재물, 재산상 이익
⑤ (○) 대법원 2008.9.11, 2006도8721
① (×) 컴퓨터에 저장되어 있는 '정보' 그 자체는 유체물이라고 볼 수도 없고, 물질성을 가진 동력도 아니므로 재물이 될 수 없다 할 것이다(대법원 2002.7.12, 2002도745).
② (×) 형법 제333조 후단의 강도죄, 이른바 강제이득죄의 요건인 재산상의 이익이란 재물 이외의 재산상의 이익을 말하는 것으로서 적극적 이익(적극적인 재산의 증가)이든 소극적 이익(소극적인 부채의 감소)이든 상관없는 것이고, 강제이득죄는 권리의무관계가 외형상으로라도 불법적으로 변동되는 것을 막고자 함에 있는 것으로서 항거불능이나 반항을 억압할 정도의 폭행 협박을 그 요건으로 하는 강도죄의 성질상 그 권리의무관계의 외형상 변동의 사법상 효력의 유무는 그 범죄의 성립에 영향이 없고, 법률상 정당하게 그 이행을 청구할 수 있는 것이 아니라도 강도죄에 있어서의 재산상의 이익에 해당하는 것이며, 따라서 이와 같은 재산상의 이익은 반드시 사법상 유효한 재산상의 이득만을 의미하는 것이 아니고 외견상 재산상의 이득을 얻을 것이라고 인정할 수 있는 사실관계만 있으면 된다(대법원 1994.2.22, 93도428).
③ (×) 일반적으로 부녀와의 성행위 자체는 경제적으로 평가할 수 없고, 부녀가 상대방으로부터 금품이나 재산상 이익을 받을 것을 약속하고 성행위를 하는 약속 자체는 선량한 풍속 기타 사회질서에 위반한 사항을 내용으로 하는 법률행위로서 무효이나, 사기죄의 객체가 되는 재산상의 이익이 반드시 사법상 보호되는 경제적 이익만을 의미하지 아니하고, 부녀가 금품 등을 받을 것을 전제로 성행위를 하는 경우 그 행위의 대가는 사기죄의 객체인 경제적 이익에 해당하므로, 부녀를 기망하여 성행위 대가의 지급을 면하는 경우 사기죄가 성립한다(대법원 2001.10.23, 2001도2991).
④ (×) 컴퓨터등사용사기죄의 범행으로 예금채권을 취득한 다음

자기의 현금카드를 사용하여 현금자동지급기에서 현금을 인출한 경우, 현금카드 사용권한 있는 자의 정당한 사용에 의한 것으로서 현금자동지급기 관리자의 의사에 반하거나 기망행위 및 그에 따른 처분행위도 없었으므로, 별도로 절도죄나 사기죄의 구성요건에 해당하지 않는다 할 것이고, 그 결과 그 인출된 현금은 재산범죄에 의하여 취득한 재물이 아니므로 장물이 될 수 없다(대법원 2004.4.16, 2004도353).

정답 ⑤

부터 사용하던 냉장고의 전원을 켜 둔 채 그대로 두었다가 약 1개월 후 철거해 가는 바람에 그 기간 동안 전기가 소비된 경우, <u>임차인이 퇴거 후에도 냉장고에 관한 점유·관리를 그대로 보유하고 있었다고 보아야 하므로 냉장고를 통하여 전기를 계속 사용하였다고 하더라도 이는 당초부터 자기의 점유·관리하에 있던 전기를 사용한 것일 뿐 타인의 점유·관리하에 있던 전기가 아니어서 절도죄가 성립하지 않는다</u>(대법원 2008.7.10, 2008도3252).

정답 ④

---

003 ✓ 대표 ◆◆◇ 　　　　　경찰2차 2019

절도죄의 객체에 관한 설명으로 가장 적절한 것은? (다툼이 있는 경우 판례에 의함)

① 고속버스 운전기사가 발견한 버스 내 유실물을 타인이 가져간 경우, 절도죄가 아니라 점유이탈물횡령죄가 성립한다.

② 종전 점유자의 점유가 그의 사망으로 인한 상속에 의하여 당연히 그 상속인에게 이전된다는 「민법」 제193조는 절도죄의 '점유'에도 적용된다.

③ 임차인이 임대계약 종료 후 식당건물에서 퇴거하면서 종전부터 사용하던 냉장고의 전원을 켜 둔 채 그대로 두었다가 약 1개월 후 철거해 가는 바람에 그 기간 동안 전기가 소비된 경우, 타인의 점유·관리 하에 있던 전기이므로 절도죄가 성립한다.

④ 자동차등록명의자가 등록명의는 그대로 두고 자동차의 소유권은 상대방이 보유하도록 하는 약정을 체결한 이후 약정상대방이 점유하던 그 자동차를 임의로 가져간 경우, 자동차 등록명의와 관계없이 약정상대방이 소유자이므로 절도죄가 성립한다.

[해설] 출제영역 | 절도죄의 객체

④ (○) 피고인 甲이 자신의 명의로 등록된 자동차를 사실혼 관계에 있던 A에게 증여하여 A만이 이를 운행·관리하여 오다가 서로 별거하면서 재산분할 내지 위자료 명목으로 A가 소유하기로 하였는데도 甲이 이를 임의로 운전해 간 경우, <u>자동차 등록명의와 관계없이 甲과 A 사이에서는 A를 소유자로 보아야 하므로 절도죄가 성립한다</u>(대법원 2013.2.28, 2012도15303).

① (×) <u>고속버스 운전사는</u> 고속버스의 관수자로서 차내에 있는 승객의 물건을 점유하는 것이 아니고 승객이 잊고 내린 유실물을 교부받을 권능을 가질 뿐이므로 유실물을 <u>현실적으로 발견하지 않는 한</u> 이에 대한 점유를 개시하였다고 할 수 없고, 그 사이에 다른 승객이 유실물을 발견하고 이를 가져갔다면 절도에 해당하지 아니하고 점유이탈물횡령에 해당한다(대법원 1983.3.16, 92도3170). 따라서 위 지문처럼 <u>고속버스 운전기사가 발견한 버스 내 유실물이라면</u> 그의 점유가 인정되므로 이를 타인이 가져간 경우에는 절도죄가 성립한다.

② (×) 종전 점유자의 점유가 그의 사망으로 인한 상속에 의하여 당연히 그 상속인에게 이전된다는 <u>민법 제193조는 절도죄의 요건으로서의 '타인의 점유'와 관련하여서는 적용의 여지가 없다</u>(대법원 2012.4.2, 2010도6334).

③ (×) 임차인이 임대계약 종료 후 식당건물에서 퇴거하면서 종전

004 ✓ 대표 ◆◇◇ 　　　　　국가9급 2018

절도죄에 대한 설명으로 옳지 않은 것은? (다툼이 있는 경우 판례에 의함)

① 직원 甲이 회사 컴퓨터에 저장되어 있는 신제품시스템의 설계도면을 자신의 USB 저장장치에 저장하여 가지고 나온 경우 설계도면에 대한 절도죄가 성립한다.

② 甲이 A 소유의 토지에 권원 없이 식재한 감나무에서 감을 수확한 경우 감에 대한 절도죄가 성립한다.

③ 임차인 甲이 임대계약 종료 후 식당건물에서 퇴거하면서 종전부터 사용하던 냉장고의 전원을 켜 둔 채 그대로 두었다가 약 1개월 후 철거해 가는 바람에 그 기간 동안 전기가 소비되게 한 경우 전기에 대한 절도죄가 성립하지 않는다.

④ 甲이 내리막길에 주차된 자동차를 절취할 목적으로 조수석 문을 열고 시동을 걸려고 차 안의 기기를 만지다가 핸드브레이크를 풀게 되어 시동이 걸리지 않은 상태에서 약 10미터 전진하다가 가로수를 들이받은 경우 자동차에 대한 절도죄의 기수범이 성립하지 않는다.

[해설] 출제영역 | 절도죄의 구성요건 – 재물

① (×) 절도죄의 객체는 관리 가능한 동력을 포함한 '재물'에 한한다 할 것이고, 또 절도죄가 성립하기 위해서는 그 재물의 소유자 기타 점유자의 점유 내지 이용가능성을 배제하고 이를 자신의 점유하에 배타적으로 이전하는 행위가 있어야만 할 것인바, 컴퓨터에 저장되어 있는 '정보' 그 자체는 유체물이라고 볼 수도 없고, 물질성을 가진 동력도 아니므로 재물이 될 수 없다 할 것이며, 또 이를 복사하거나 출력하였다 할지라도 그 정보 자체가 감소하거나 피해자의 점유 및 이용가능성을 감소시키는 것이 아니므로 그 복사나 출력 행위를 가지고 절도죄를 구성한다고 볼 수도 없다.

② (○) 타인의 토지상에 권원 없이 식재한 수목의 소유권은 토지소유자에게 귀속하고 권원에 의하여 식재한 경우에는 그 소유권이 식재한 자에게 있으므로, 권원 없이 식재한 감나무(다년생 작물이므로 토지소유자에게 부합됨)에서 감을 수확한 것은 절도죄에 해당한다(대법원 1998.4.24, 97도3425).

③ (○) 임차인이 퇴거 후에도 냉장고에 관한 점유·관리를 그대로 보유하고 있었다고 보아야 하므로, 냉장고를 통하여 전기를 계속 사용하였다고 하더라도 이는 당초부터 자기의 점유·관리하에 있던 전기를 사용한 것일 뿐 타인의 점유·관리하에 있던 전기가 아니어서 절도죄가 성립하지 않는다(대법원 2008.7.10, 2008도3252).

④ (○) 자동차를 절취할 생각으로 자동차의 조수석문을 열고 들어가 시동을 걸려고 시도하는 등 차 안의 기기를 이것저것 만지다

가 핸드브레이크를 풀게 되었는데 그 장소가 내리막길인 관계로 시동이 걸리지 않은 상태에서 약 10미터 전진하다가 가로수를 들이받는 바람에 멈추게 되었다면 절도의 기수에 해당한다고 볼 수 없을 뿐 아니라 도로교통법 제2조 제19호 소정의 자동차의 운전에 해당하지 아니한다(대법원 1994.9.9, 94도1522).

정답 ①

절도죄에 대한 설명으로 옳은 것은? (다툼이 있으면 판례에 의함)

① 타인의 예금통장을 무단 사용하여 상당액의 예금을 인출한 후 바로 반환한 경우 그 예금통장에 대한 절도죄가 성립한다.

② 타인의 인감도장을 몰래 가지고 가서 차용금증서의 연대보증인란에 찍고 난 후 바로 제자리에 넣어 둔 경우 그 인감도장에 대한 절도죄가 성립한다.

③ 타인의 직불카드를 무단 사용하여 그 타인의 예금계좌에서 자기의 예금계좌로 돈을 이체시킨 후 바로 반환한 경우 그 직불카드에 대한 절도죄가 성립한다.

④ 타인의 신용카드를 무단 사용하여 현금자동지급기에서 현금을 인출한 후 바로 반환한 경우 그 신용카드에 대한 절도죄가 성립한다.

해설 출제영역 ┃ 절도죄의 구성요건

① (○) 타인의 예금통장을 무단사용하여 예금을 인출한 후 바로 예금통장을 반환하였다 하더라도 그 사용으로 인한 경제적 가치의 소모가 무시할 수 있을 정도로 경미한 경우가 아닌 이상, 예금통장 자체가 가지는 예금액 증명기능의 경제적 가치에 대한 불법영득의 의사를 인정할 수 있으므로 절도죄가 성립한다(대법원 2010.5.27, 2009도9008).

② (×) 피고인이 피해자의 도장과 인감도장을 그의 책상 서랍에서 몰래 꺼내어 가서 그것을 차용금증서의 연대보증인란에 찍고 난 후 곧 제자리에 넣어 두었다면, 도장에 대한 불법영득의 의사가 있었다고 인정할 수 없다(대법원 1987.12.8, 87도1959).

③ (×) 직불카드를 사용하여 타인의 예금계좌에서 자기의 예금계좌로 돈을 이체시켰다 하더라도 직불카드 자체가 가지는 경제적 가치가 계좌이체된 금액만큼 소모되었다고 할 수는 없으므로 이를 일시 사용하고 곧 반환한 경우에는 직불카드에 대한 불법영득의 의사는 없다고 보아야 한다(대법원 2006.3.9, 2005도7819).

④ (×) 신용카드를 사용하여 현금자동지급기에서 현금을 인출하였다 하더라도 신용카드 자체가 가지는 경제적 가치가 인출된 예금액만큼 소모되었다고 할 수 없으므로 이를 일시 사용하고 곧 반환한 경우에는 불법영득의 의사가 없다고 보아야 한다(대법원 1999.7.9, 99도857).

정답 ①

절도의 죄에 대한 설명으로 가장 적절한 것은? (다툼이 있는 경우 판례에 의함)

① 甲이 동거 중인 A의 지갑에서 현금을 꺼내 가는 것을 A가 목격하고서도 만류하지 않은 경우에는 위법성이 조각되어 절도죄가 성립하지 않는다.

② 甲과 A의 동업자금으로 구입하여 A가 관리하고 있던 건설기계를 甲이 A의 허락 없이 乙로 하여금 운전하여 가도록 한 행위는 절도죄를 구성하지 않는다.

③ 甲과 乙이 자신들의 A에 대한 물품대금 채권을 다른 채권자들보다 우선적으로 확보할 목적으로 A가 부도를 낸 다음 날 새벽에 A의 승낙을 받지 아니한 채 A의 가구점의 시정장치를 쇠톱으로 절단하고 그곳에 침입하여 A의 가구들을 화물차에 싣고 가 다른 장소에 옮겨 놓은 경우에는 甲과 乙에게 불법영득의사가 인정되지 않아 특수절도죄가 성립하지 않는다.

④ 반드시 영구적으로 보유할 의사가 아니더라도 재물의 소유권 또는 이에 준하는 본권을 침해하는 의사가 있으면 절도죄의 성립에 필요한 불법영득의 의사를 인정할 수 있고, 그것이 물건 자체를 영득할 의사인지 물건의 가치만을 영득할 의사인지는 불문한다.

해설 출제영역 ┃ 절도죄의 구성요건

④ (○) 대법원 2012.4.26, 2010도11771

① (×) A의 만류하지 않은 행위는 구성요건해당성이 조각되는 양해에 해당한다. "피고인이 동거중인 피해자의 지갑에서 현금을 꺼내가는 것을 피해자가 현장에서 목격하고도 만류하지 아니하였다면 피해자가 이를 허용하는 묵시적 의사가 있었다고 봄이 상당하여 이는 절도죄를 구성하지 않는다(대법원 1985.11.26, 85도1487)."

② (×) 공동소유, 타인점유의 관계이므로 타인소유, 타인점유의 재물로서 절도죄의 객체에 해당한다. "피고인이 피고인과 피해자의 동업자금으로 구입하여 피해자가 관리하고 있던 다이야포크레인 1대를 그의 허락 없이 공소외인으로 하여금 운전하여 가도록 한 행위는 절도죄를 구성한다(대법원 1990.9.11, 90도1021)."

③ (×) 채권자들이 채무자인 피해자에 대한 채권을 우선적으로 확보할 목적으로 피해자의 물건을 무단으로 취거한 경우 절도죄의 불법영득의사가 인정된다(대법원 2006.3.24, 2005도8081).

정답 ④

다음 설명 중 옳은 것을 모두 고른 것은? (특별법 위반의 점은 논외로 하고, 다툼이 있는 경우 판례에 의함)

ㄱ. 甲이 자신이 일하는 회사 사무실에서 회사 명의의 예금통장을 몰래 가지고 나와 예금 1,000만 원을 인출한 후 다시 그 통장을 제자리에 갖다 놓은 경우, 甲에게 예금통장에 대한 불법영득의사는 인정되지 않으므로 예금통장에 대한 절도죄는 성립하지 않는다.

ㄴ. PC방 종업원 甲이 손님 A로부터 2만 원의 현금을 인출해 오라는 부탁과 함께 A의 현금카드를 건네받아 현금자동지급기에서 5만 원을 인출한 뒤 2만 원만 A에게 건네주고 나머지는 자신이 가진 경우, 甲의 행위는 현금자동지급기 관리자의 의사에 반해 현금 3만 원에 대한 점유를 침탈한 것이므로 절도죄를 구성한다.

ㄷ. 乙이 권한 없이 인터넷뱅킹으로 타인의 예금계좌에서 자신의 예금계좌로 돈을 이체한 후 그중 일부를 현금으로 인출하여 甲에게 주었는데 甲이 그 정을 알고 받았다면, 甲이 받은 돈은 재물로서 장물에 해당하므로 甲에게는 장물취득죄가 성립한다.

ㄹ. 甲이 A의 명의를 모용하여 카드회사로부터 발급받은 신용카드를 사용하여 현금자동지급기에서 현금대출을 받은 경우, 현금대출을 받은 甲의 행위는 현금자동지급기 관리자의 의사에 반해 그의 지배를 배제한 채 그 현금을 자기의 지배하에 옮겨 놓는 행위이므로 절도죄를 구성한다.

ㅁ. 甲이 A를 협박하여 A 소유의 현금카드를 강취한 다음 이를 이용하여 현금자동지급기에서 현금을 인출한 경우, 甲의 현금인출행위는 현금카드 사용에 관한 A의 승낙에 기한 것이라고 할 수 없어 현금카드에 대한 강도죄와는 별도로 절도죄를 구성한다.

① ㄱ, ㅁ
② ㄷ, ㄹ
③ ㄹ, ㅁ
④ ㄱ, ㄴ, ㄷ
⑤ ㄴ, ㄹ, ㅁ

해설 출제영역 | 절도죄의 성립

ㄱ. (×) 예금통장을 사용하여 예금을 인출하게 되면 그 인출된 예금액에 대하여는 예금통장 자체의 예금액 증명기능이 상실되고 이에 따라 그 상실된 기능에 상응한 경제적 가치도 소모된다. 그렇다면 타인의 예금통장을 무단사용하여 예금을 인출한 후 바로 예금통장을 반환하였다 하더라도 그 사용으로 인한 위와 같은 경제적 가치의 소모가 무시할 수 있을 정도로 경미한 경우가 아닌 이상, 예금통장 자체가 가지는 예금액 증명기능의 경제적 가치에 대한 불법영득의 의사를 인정할 수 있으므로 절도죄가 성립한다(대법원 2010.5.27, 2009도9008).

ㄴ. (×) 예금주인 현금카드 소유자로부터 일정한 금액의 현금을 인출해 오라는 부탁을 받으면서 이와 함께 현금카드를 건네받은 것을 기화로 그 위임을 받은 금액을 초과하여 현금을 인출하는 방법으로 그 차액 상당을 위법하게 이득할 의사로 현금자동지급기

에 그 초과된 금액이 인출되도록 입력하여 그 초과된 금액의 현금을 인출한 경우에는 그 차액 상당액에 관하여 형법 제347조의2(컴퓨터등사용사기)에 규정된 '컴퓨터 등 정보처리장치에 권한 없이 정보를 입력하여 정보처리를 하게 함으로써 재산상의 이익을 취득'하는 행위로서 컴퓨터 등 사용사기죄에 해당된다(대법원 2006.3.24, 2005도3516).

ㄷ. (×) 컴퓨터등사용사기죄의 범행으로 예금채권을 취득한 다음 자기의 현금카드를 사용하여 현금자동지급기에서 현금을 인출한 경우, 현금카드 사용권한 있는 자의 정당한 사용에 의한 것으로서 현금자동지급기 관리자의 의사에 반하거나 기망행위 및 그에 따른 처분행위도 없었으므로, 별도로 절도죄나 사기죄의 구성요건에 해당하지 않는다 할 것이고, 그 결과 그 인출된 현금은 재산범죄에 의하여 취득한 재물이 아니므로 장물이 될 수 없다(대법원 2004.4.16, 2004도353).

ㄹ. (○) 타인의 명의를 모용하여 발급받은 신용카드를 사용하여 현금자동지급기에서 현금대출을 받는 행위는 카드회사에 의하여 미리 포괄적으로 허용된 행위가 아니라, 현금자동지급기의 관리자의 의사에 반하여 그의 지배를 배제한 채 그 현금을 자기의 지배하에 옮겨 놓는 행위로서 절도죄에 해당한다(대법원 2006.7.27, 2006도3126).

ㅁ. (○) 강도죄는 공갈죄와는 달리 피해자의 반항을 억압할 정도로 강력한 정도의 폭행·협박을 수단으로 재물을 탈취하여야 성립하므로, 피해자로부터 현금카드를 강취하였다고 인정되는 경우에는 피해자로부터 현금카드의 사용에 관한 승낙의 의사표시가 있었다고 볼 여지가 없다. 따라서 강취한 현금카드를 사용하여 현금자동지급기에서 예금을 인출한 행위는 피해자의 승낙에 기한 것이라고 할 수 없으므로, 현금자동지급기 관리자의 의사에 반하여 그의 지배를 배제하고 그 현금을 자기의 지배하에 옮겨 놓는 것이 되어서 강도죄와는 별도로 절도죄를 구성한다(대법원 2007.5.10, 2007도1375).

정답 ③

008 ✅ 유사 ◆◆◇ 경찰간부 2022 유사 │ 국가7급 2019

절도죄의 실행의 착수가 인정되지 않는 것만을 모두 고르면? (다툼이 있는 경우 판례에 의함)

> ㄱ. 소(牛)를 흥정하고 있는 피해자의 뒤에 접근하여 들고 있던 가방으로 돈이 들어 있는 피해자의 하의 왼쪽 주머니를 스치면서 지나간 경우
>
> ㄴ. 절취할 재물을 찾으려고 피해자의 집 거실을 통하여 안방으로 들어가 여기저기를 둘러보고는 절취할 재물을 찾지 못하고 재차 거실로 나와서 두리번거리고 있다가 귀가한 피해자와 마주치게 된 경우
>
> ㄷ. 야간에 소지하고 있던 손전등과 박스 포장용 노끈을 이용하여 도로에 주차된 차량의 문을 열고 그 안에 들어 있는 현금 등을 절취할 것을 마음먹고, 승합차량의 문이 잠겨 있는지 확인하기 위해 양손으로 운전석 문의 손잡이를 잡고 열려고 하던 중 경찰관에게 발각된 경우
>
> ㄹ. 노상에 세워 놓은 자동차 안에 있는 물건을 훔칠 생각으로 자동차의 유리창을 통하여 그 내부를 손전등으로 비추어 본 경우
>
> ㅁ. 공사현장 안에 있는 건축자재 등을 훔칠 생각으로 마스크를 착용하고 그 공사현장 안으로 들어간 후 창문을 통하여 동파이프가 보관된 건축 중인 아파트의 지하실 안쪽을 살핀 경우

① ㄱ, ㄴ
② ㄴ, ㄷ
③ ㄱ, ㄹ, ㅁ
④ ㄷ, ㄹ, ㅁ

해설 ┃ 출제영역 ┃ 절도죄의 실행의 착수

ㄱ. (×) 주머니 속에 들은 금원을 절취하기 위한 예비단계의 행위에 불과한 것이고 이로써 실행의 착수에 이른 것이라고는 볼 수 없다(대법원 1986.11.11, 86도1109,86감도143).

ㄴ. (○) 물색행위를 하는 등 재물에 대한 피해자의 사실상의 지배를 침해하는 데 밀접한 행위를 하였던 것으로 보아야 한다(대법원 2003.6.24, 2003도1985, 2003감도26).

ㄷ. (○) 대법원 2009.9.24, 2009도5595

ㄹ. (×) 대법원 1985.4.23, 85도464

ㅁ. (×) 피고인이 아파트 신축공사 현장 안에 있는 건축자재 등을 훔칠 생각으로 공범과 함께 위 공사현장 안으로 들어간 후 창문을 통하여 신축 중인 아파트의 지하실 안쪽을 살핀 행위는 특수절도죄의 실행의 착수에 해당하지 않는다(대법원 2010.4.29, 2009도14554).

정답 ③

009 ✅ 유사 ◆◆◇ 경찰1차 2022 유사 │ 국가7급 2021

다음 사례에 대한 설명으로 옳은 것은? (다툼이 있는 경우 판례에 의함)

> 甲은 어느 날 오후 A가 운영하는 수목원 안으로 들어가 그곳 주차장에 주차한 뒤 인적이 없는 틈을 타서 그곳에 심어져 있는 고가의 수목 1그루를 캤으나 혼자 운반할 수 없어 친구 乙을 불러 함께 수목을 들고 주차장으로 가다가 경비원에게 발각되었다.

① 甲의 절취범행이 완성되기 전에 乙이 이에 가담하였으므로 甲과 乙은 합동하여 수목을 절취하였다고 보아야 한다.

② 수목을 절취하기 위하여 이를 캐낸 시점에 절도죄의 실행의 착수가 있고 수목을 자신의 지배 하로 옮김으로써 기수에 이르므로 甲과 乙은 특수절도미수의 죄책을 진다.

③ 만약 甲이 A의 수목원 안을 돌아다니며 평소 보아 둔 수목을 찾아보았으나 발견하지 못하고 그냥 나온 경우라면 절도죄의 실행의 착수가 인정되지 않는다.

④ 만약 甲과 乙이 주간에 A의 수목원에 승용차를 운전하여 들어갔다가 야간에 함께 수목을 캐어서 승용차에 싣고 나왔다면, 수목을 캐어 나온 점에 대해서 甲과 乙은 특수절도의 죄책을 진다(주거침입죄는 제외).

해설 ┃ 출제영역 ┃ 특수절도 중 합동절도

④ (○) 함께 수목을 캐낸 행위를 하였으므로 2명 이상이 합동하여 타인의 재물을 절취한 특수절도에 해당한다.

① (×) 乙은 甲의 단순절도범행이 이미 기수에 이른 후에 그 장물을 운반한 데 불과하므로, 甲은 단순절도, 乙은 장물운반의 죄책이 인정될 뿐이다.

② (×) 입목을 절취하기 위하여 이를 캐낸 때에는 그 시점에서 이미 소유자의 입목에 대한 점유가 침해되어 범인의 사실적 지배하에 놓이게 됨으로써 범인이 그 점유를 취득하게 되는 것이므로, 이때 절도죄는 기수에 이르렀다고 할 것이고, 이를 운반하거나 반출하는 등의 행위는 필요로 하지 않는다고 할 것이다(대법원 2008.10.23, 2008도6080).

③ (×) 수목원 안을 돌아다니며 수목을 찾는 행위를 하였다면 재물에 대한 물색·접근행위가 있었다는 점에서 절도의 실행에 착수한 것으로 인정된다는 것이 판례가 대체로 취하는 밀접행위설의 입장이다.

정답 ④

010 ✓ 유사 ◆◇◇

다음 중 동력을 재물로 간주하는 규정인 제346조를 준용하는 명문의 규정을 두고 있지 않은 죄는?

① 사기죄　　　　　② 횡령죄
③ 손괴죄　　　　　④ 장물죄

해설 | 출제영역 | 재산죄의 일반이론 – 재물

④ (×) 장물죄(제362조 이하)에는 동력 재물간주규정을 준용하는 규정이 없어, 동력을 재물로 볼 것인가에 대해 유체성설과 관리가능성설의 대립이 있다. 관리가능성설이 다수설의 견해이다.

정답 ④

011 ✓ 유사 ◆◆◇　　　　법원9급 2014 변형

다음 설명 중 가장 옳지 않은 것은? (다툼이 있는 경우 판례에 의함)

> ㉮ 절도죄의 죄수는 원칙적으로 침해된 점유의 개수에 의하여 결정되므로, 동일인의 점유 또는 공동점유 아래 있는 재물을 절취한 경우 비록 그 소유자를 달리하더라도 일죄이다. 예컨대, ㉯ A의 방 안에서 A 소유의 오디오와 A가 B로부터 빌려 사용하고 있는 B 소유의 손목시계를 절취한 경우가 이에 해당한다. 한편, ㉰ 40여 일간에 걸쳐 피해자 C 소유 임야에서 고령토를 계속 절취하는 경우는 범의의 단일성을 인정할 수 있으므로 일죄이지만, ㉱ 절도의 습벽이 있는 자가 그 습벽의 발로로 주간에 절도의 목적으로 타인의 주거에 침입하였으나 절도에 이르지 못한 경우, 그 위법성은 상습절도의 구성요건적 평가에 포함되어 있다고 볼 수 있으므로 주거침입죄가 별도로 성립하지 않는다.

① ㉮　　　　　　　② ㉯
③ ㉰　　　　　　　④ ㉱

해설 | 절도죄 – 구성요건, 죄수

㉱ (×) 상습으로 단순절도를 범한 범인이 상습적인 절도범행의 수단으로 주간(낮)에 주거침입을 한 경우에 주간 주거침입행위의 위법성에 대한 평가가 형법 제332조, 제329조의 구성요건적 평가에 포함되어 있다고 볼 수 없다. 그러므로 형법 제332조에 규정된 상습절도죄를 범한 범인이 범행의 수단으로 주간에 주거침입을 한 경우 주간 주거침입행위는 상습절도죄와 별개로 주거침입죄를 구성한다. 또 형법 제332조에 규정된 상습절도죄를 범한 범인이 그 범행 외에 상습적인 절도의 목적으로 주간에 주거침입을 하였다가 절도에 이르지 아니하고 주거침입에 그친 경우에도 주간 주거침입행위는 상습절도죄와 별개로 주거침입죄를 구성한다(대법원 2015.10.15, 2015도8169).

㉮ (○), ㉯ (○), ㉰ (○) 일정기간에 걸쳐 단일 및 계속적 의사로서 행하여진 고령토채취행위를 포괄일죄로 본 것은 정당하다(대법원 1971.2.23, 70도2612).

정답 ④

012 ✓ 유사 ◆◆◇　　　　법원9급 2016

절도죄에 관한 다음 설명 중 가장 옳지 않은 것은? (다툼이 있는 경우 판례에 의함)

① 피고인이 피해자의 영업점 내에 있는 피해자 소유의 휴대전화를 허락 없이 가지고 나와 이를 이용하여 통화를 하고 문자메시지를 주고받은 다음 약 1~2시간 후 피해자에게 아무런 말을 하지 않고 위 영업점 정문 옆 화분에 놓아두고 간 경우 절도죄가 성립한다.

② 타인의 은행 직불카드를 무단 사용하여 타인의 예금계좌에서 자기의 예금계좌로 돈을 이체시킨 경우 직불카드 자체가 가지는 경제적 가치가 계좌이체된 금액만큼 소모되었다고 할 수 있으므로, 이를 일시 사용하고 곧 반환한 경우라도 직불카드에 대한 불법영득의 의사가 있다고 보아야 한다.

③ 피해자가 결혼식장에서 신부 측 축의금 접수인인 것처럼 행세하는 피고인에게 축의금을 내어놓자 피고인이 위 돈을 가져간 경우 절도죄에 해당한다.

④ 피고인이 피해자의 컴퓨터에 저장된 정보를 출력하여 생성한 문서를 가지고 간 행위를 들어 피해자 소유의 문서를 절취한 것으로 볼 수는 없다.

해설 | 출제영역 | 절도죄 – 구성요건

② (×) 타인의 물건을 점유자의 승낙 없이 무단사용 하는 경우에 있어서 그 사용으로 물건자체가 가지는 경제적 가치가 상당한 정도로 소모되거나 또는 사용 후 본래의 장소가 아닌 다른 곳에 버리거나 곧 반환하지 아니하고 장시간 점유하고 있었다면 그 소유권 또는 본권을 침해할 의사가 있다고 보아 불법영득의 의사를 인정할 수 있을 것이나 그렇지 아니하고 그 사용으로 인한 가치의 소모가 무시할 수 있을 정도로 경미하고 또 사용 후 곧 반환하였다면 그 소유권 또는 본권을 침해할 의사가 있다고 할 수 없어 불법영득의 의사를 인정할 수 없다(대법원 1987.12.8, 87도1959).

① (○) 대법원 2012.7.12, 2012도1132
③ (○) 대법원 1996.10.15, 96도2227
④ (○) 대법원 2002.7.12, 2002도745

정답 ②

013 ✓ 유사 ◆◇◇ 　　　法원9급 2017

다음 설명 중 절도죄의 불법영득의사가 인정되는 경우는? (다툼이 있으면 판례에 의함)

① 피고인이 살해된 피해자의 주머니에서 꺼낸 지갑을 살해도구로 이용한 골프채와 옷 등 다른 증거품들과 함께 자신의 차량에 싣고 가다가 쓰레기 소각장에서 태워버린 경우

② 피고인이 甲의 영업점 내에 있는 甲소유의 휴대전화를 허락 없이 가지고 나와 사용한 다음 약 1~2시간 후 위 영업점 정문 옆 화분에 놓아두고 간 경우

③ 피고인이 내연관계를 회복시켜 볼 목적으로 내연녀의 물건을 가져와 보관한 후 이를 찾으러 오면 그 때 그 물건을 반환하면서 잘 타일러 다시 내연관계를 지속시킬 생각으로 그 물건을 가져온 경우

④ 피해자의 승낙 없이 혼인신고서를 작성하기 위하여 피해자의 도장을 몰래 꺼내어 사용한 후 곧바로 제자리에 갖다 놓은 경우

해설 | 출제영역 | 절도죄 – 불법영득의사

② (○) 피고인 甲은 휴대전화를 자신의 소유물과 같이 이용하다가 본래의 장소와 다른 곳에 유기한 것에 다름 아니므로 불법영득의 의사가 있었다고 할 것이다(대법원 2012.7.12, 2012도1132).

① (×) 피고인이 살해된 피해자의 주머니에서 지갑을 꺼낸 것은 자신의 살인 범행의 증거를 인멸하기 위한 것이어서 불법영득의의사가 있었다고 보기 어렵다(대법원 2000.10.13, 2000도3655).

③ (×) 피고인이 내연관계를 회복시켜 볼 목적으로 내연녀의 물건을 가져와 보관한 후 이를 찾으러 오면 그때 그 물건을 반환하면서 잘 타일러 다시 내연관계를 지속시킬 생각으로 그 물건을 가져온 것이라면 불법영득의 의사가 있다고 할 수 없다(대법원 1992.5.12, 92노280).

④ (×) 원심이, 피고인이 혼인신고서를 작성하기 위하여 피해자의 도장을 피해자의 집 안방 화장대 서랍에서 몰래 꺼내어 사용한 후 곧바로 제자리에 갖다 놓은 사실을 인정한 다음, 피고인에게 위 도장에 대한 불법영득의 의사가 있었다고 인정할 수 없다고 판단한 것은 정당하다(대법원 2000.3.28, 2000두493).

정답 ②

014 ✓ 유사 ◆◇◇ 　　　경찰2차 2022

다음 사례 중 甲의 행위가 동일한 범죄구성요건에 해당하는 것으로만 짝지어진 것은? (다툼이 있는 경우 판례에 의함)

> ㉠ A는 B가 운영하는 피씨방을 이용하고 나오면서 자신의 핸드폰을 두고 왔는데, 그때 B의 피씨방을 이용하고 있던 甲이 A가 두고 간 핸드폰을 발견하고 그것을 가지고 갔다.
> ㉡ 甲은 A로부터 그의 오토바이를 타고 심부름을 다녀와 달라는 부탁을 받고 다녀오던 중, 마음이 변하여 A에게 오토바이를 돌려주지 않고 그대로 타고 가버렸다.
> ㉢ A는 지하철 선반 위에 올려둔 가방을 깜빡 잊고 그대로 지하철에서 내렸고, 이를 본 甲은 A가 가방을 두고 내린 것을 아무도 알아채지 못한 틈을 타 그 가방을 들고 지하철에서 내렸다.
> ㉣ 甲은 자신의 토지를 임차하여 대나무를 식재하고 가꾸어 온 A의 대나무를 그의 의사에 반하여 벌채하여 갔다.
> ㉤ 甲은 A의 토지 위에 권원 없이 식재한 자신의 감나무에 열린 감을 수확해 갔다.

① ㉠㉡㉣ 　　　　　　② ㉡㉢㉤
③ ㉠㉢㉣ 　　　　　　④ ㉠㉣㉤

해설 | 출제영역 | 재산죄 종합

④ ㉠㉣㉤

㉠ [절도죄] 피해자가 피씨방에 두고 간 핸드폰은 피씨방 관리자의 점유하에 있어서 제3자가 이를 취한 행위는 절도죄를 구성한다(대법원 2007.3.15, 2006도9338).

㉡ [횡령죄] 피해자가 그 소유의 오토바이를 타고 심부름을 다녀오라고 하여서 그 오토바이를 타고 가다가 마음이 변하여 이를 반환하지 아니한 채 그대로 타고 가버렸다면 횡령죄를 구성함은 별론으로 하고 적어도 절도죄를 구성하지는 아니한다(대법원 1986.8.19, 86도1093).

㉢ [점유이탈물횡령죄] 승객이 놓고 내린 지하철의 전동차 바닥이나 선반 위에 있던 물건을 가지고 간 경우, 지하철의 승무원은 유실물법상 전동차의 관수자로서 승객이 잊고 내린 유실물을 교부받을 권능을 가질 뿐 전동차 안에 있는 승객의 물건을 점유한다고 할 수 없고, 그 유실물을 현실적으로 발견하지 않는 한 이에 대한 점유를 개시하였다고 할 수도 없으므로, 그 사이에 위와 같은 유실물을 발견하고 가져간 행위는 점유이탈물횡령죄에 해당함은 별론으로 하고 절도죄에 해당하지는 않는다(대법원 1999.11.26, 99도3963).

㉣ [절도죄] 타인의 토지상에 권원없이 식재한 수목의 소유권은 토지소유자에게 귀속하고 권원에 의하여 식재한 경우에는 그 소유권이 식재한 자에게 있다(대법원 1980.9.30, 80도1874).

> [판례] 타인의 토지상에 권원 없이 식재한 수목의 소유권은 토지소유자에게 귀속하고 권원에 의하여 식재한 경우에는 그 소유권이 식재한 자에게 있다할 것인 바. 피해자 A가 공소외 B로부터 가옥을 매수하여 이사한 때에는 이 사건 대밭에 위 B가 심은 10여주의 대나무가 있었는데 그 후 위 A는

대나무 100여주를 동 대밭에 식재하고 20여년간 가꾸어 온 사실을 인정할 수 있으니, 피고인이 벌채하여 간 이 건 대나무 중에는 위 A 소유의 대나무가 포함되어 있다고 할 것이므로 피고인의 이 건 범죄성립에는 소장이 없다(대법원 1980. 9.30, 80도1874).

ⓜ [절도죄] 타인의 토지상에 권원 없이 식재한 수목의 소유권은 토지소유자에게 귀속하고 권원에 의하여 식재한 경우에는 그 소유권이 식재한 자에게 있으므로, 권원 없이 식재한 감나무에서 감을 수확한 것은 절도죄에 해당한다(대법원 1998.4.24, 97도3425).

정답 ④

---

015 ✓ 유사 ◆◇◇   법원9급 2018

친족상도례에 관한 설명 중 가장 옳지 않은 것은? (다툼이 있는 경우 판례에 의하고, 전원합의체 판결의 경우 다수의견에 의함)

① 친족상도례에 관한 규정은 범인과 피해물건의 소유자 및 점유자 모두 사이에 친족관계가 있는 경우에만 적용되는 것이고 절도범인이 피해물건의 소유자나 점유자의 어느 일방과 사이에서만 친족관계가 있는 경우에는 그 적용이 없다.

② 사기죄를 범하는 자가 금원을 편취하기 위한 수단으로 피해자와 혼인신고를 한 것이어서 그 혼인이 무효인 경우라면, 그러한 피해자에 대한 사기죄에서는 친족상도례를 적용할 수 없다.

③ 친족상도례를 적용하기 위하여는 범행 당시에 친족관계에 있어야 하므로, 피고인이 피해자의 재물을 절취한 후, 피고인이 재판상 인지의 확정판결을 받아 피해자와 사이에 친족관계가 발생하였다고 하더라도 친족상도례의 규정이 적용되지 아니한다.

④ 피고인이 위험한 물건을 휴대한 채 친족인 피해자를 공갈하여 재물을 교부받은 경우에도 친족상도례가 적용된다.

해설 | 출제영역 | 친족상도례

③ (×) 형법 제344조, 제328조 제1항 소정의 친족 간의 범행에 관한 규정이 적용되기 위한 친족관계는 원칙적으로 범행 당시에 존재하여야 하는 것이지만, 부가 혼인 외의 출생자를 인지하는 경우에 있어서는 민법 제860조에 의하여 그 자의 출생 시에 소급하여 인지의 효력이 생기는 것이며, 이와 같은 인지의 소급효는 친족상도례에 관한 규정의 적용에도 미친다고 보아야 할 것이므로, 인지가 범행 후에 이루어진 경우라고 하더라도 그 소급효에 따라 형성되는 친족관계를 기초로 하여 친족상도례의 규정이 적용된다(대법원 1997.1.24, 96도1731).
[참고] 2024년 6월 27일 헌법재판소는 친족상도례 중 형면제 조항인 형법 제328조 제1항에 대하여 아래와 같이 헌법불합치결정을 내렸다(개정시한은 2025. 12. 31.이고 개정 전까지 적용중지됨). 따라서 위 결정에 따른 형법개정이 있기 전까지 위 조항과 관련된 문제는 출제되기 어려울 것이며, 종래의 형면제 조항은

친고죄 규정으로 개정될 것으로 예상된다. 본서에서는 향후 형법개정에 대비하여 형법 제328조 제1항 관련 기출지문들을 존치해 두기로 한다.

> [판례] 형법 제328조 제1항은 형사피해자가 법관에게 적절한 형벌권을 행사하여 줄 것을 청구할 수 없도록 하는바, 이는 입법재량을 명백히 일탈하여 현저히 불합리하거나 불공정한 것으로서 형사피해자의 재판절차진술권을 침해한다(헌법재판소 2024.6.27, 2020헌마468 전원합의체).

① (○) 친족상도례에 관한 규정은 범인과 피해물건의 소유자 및 점유자 모두 사이에 친족관계가 있는 경우에만 적용되는 것이고 절도범인이 피해물건의 소유자나 점유자의 어느 일방과 사이에서만 친족관계가 있는 경우에는 그 적용이 없다(대법원 1980.11.11, 80도131).

② (○) 사기죄를 범하는 자가 금원을 편취하기 위한 수단으로 피해자와 혼인신고를 한 것이어서 그 혼인이 무효인 경우라면, 그러한 피해자에 대한 사기죄에서는 친족상도례를 적용할 수 없다고 할 것이다(대법원 2015.12.10, 2014도11533).

④ (○) 형법 제354조, 제328조의 규정에 의하면, 직계혈족, 배우자, 동거친족, 동거가족 또는 그 배우자 간의 공갈죄는 그 형을 면제하여야 하고 그 외의 친족 간에는 고소가 있어야 공소를 제기할 수 있는바, 흉기 기타 위험한 물건을 휴대하고 공갈죄를 범하여 '폭력행위 등 처벌에 관한 법률' 제3조 제1항, 제2조 제1항 제3호에 의하여 가중처벌되는 경우에도 형법상 공갈죄의 성질은 그대로 유지되는 것이고, 특별법인 위 법률에 친족상도례에 관한 형법 제354조, 제328조의 적용을 배제한다는 명시적인 규정이 없으므로, 형법 제354조는 '폭력행위 등 처벌에 관한 법률 제3조 제1항 위반죄'에도 그대로 적용된다(대법원 2010.7.29, 2010도5795).

정답 ③

---

016 ✓ 대표 ◆◆◇   경찰승진 2022 변형

친족상도례에 대한 설명으로 가장 적절하지 않은 것은? (다툼이 있는 경우 판례에 의함)

① 甲이 자신의 친구 A 소유의 재물로 알고 이를 절취하였는데 사실은 따로 거주하고 있는 자신의 숙부 B 소유의 물건이었던 경우에는 B의 고소가 있어야 공소를 제기할 수 있다.

② 甲과 친구 乙이 합동하여 甲의 아버지 A 소유의 물건을 절취한 경우, 甲에게는 친족상도례가 적용되고 乙에게는 친족상도례가 적용되지 않는다.

③ 甲의 숙부 A가 B에게 금원을 교부하면서 C에게 전달해 달라고 부탁하였는데, 甲이 'C에게 전달해 주겠다'며 B로부터 위 금원을 교부받아 임의로 사용하였다면, 甲과 B 사이에 친족관계가 없더라도 친족상도례가 적용된다.

④ 甲의 아버지 A가 손님 B로부터 가공을 의뢰받아 보관하고 있던 다이아몬드를 甲이 절취한 경우, 甲과 B 사이에 친족관계가 없다면 친족상도례가 적용되지 않는다.

해설 │ 출제영역 │ 친족상도례

③ (×) 횡령범인이 위탁자가 소유자를 위해 보관하고 있는 물건을 위탁자로부터 보관받아 이를 횡령한 경우에 형법 제361조에 의하여 준용되는 제328조 제2항의 친족 간의 범행에 관한 조문은 범인과 피해물건의 소유자 및 위탁자 쌍방 사이에 같은 조문에 정한 친족관계가 있는 경우에만 적용되고, 단지 횡령범인과 피해물건의 소유자 간에만 친족관계가 있거나 횡령범인과 피해물건의 위탁자 간에만 친족관계가 있는 경우에는 적용되지 않는다(대법원 2008.7.24, 2008도3438).

① (○) 친족상도례는 상대적 친고죄 즉, 소추조건으로서 고의의 인식대상이 아니므로, 객관적으로 존재하면 친족상도례가 성립한다. 따라서 형법 제328조에 따라 B의 고소가 있어야 공소를 제기할 수 있다.

② (○) 친족상도례는 친족관계가 있는 자에게만 적용되므로 甲은 친족상도례가 적용되지만 乙은 친족상도례가 적용되지 않는다.

④ (○) 친족상도례에 관한 규정은 범인과 피해물건의 소유자 및 점유자 모두 사이에 친족관계가 있는 경우에만 적용되는 것이고 절도범인이 피해물건의 소유자나 점유자의 어느 일방과 사이에서만 친족관계가 있는 경우에는 그 적용이 없다(대법원 1980.11. 11, 80도131).

정답 ③

---

017 ✓유사 ◆◇◇   법원9급 2020 변형

친족상도례에 관한 다음 설명 중 가장 옳지 않은 것은? (다툼이 있는 경우 판례에 의하고, 전원합의체 판결의 경우 다수의견에 의함)

① 배우자의 현금카드를 몰래 가지고 나와 현금자동인출기에서 현금을 인출한 경우 그 형을 면제하여야 한다.

② 법원을 기망하여 甲으로부터 재물을 편취한 경우 甲과 사기죄를 범한 자가 직계혈족 관계에 있을 때에는 그 형을 면제하여야 한다.

③ 형법 제328조 제1항은 "직계혈족, 배우자, 동거친족, 동거가족 또는 그 배우자 간의 제323조의 죄"에 대하여 친족상도례를 규정하고 있는데, 여기서 '그 배우자'는 동거가족의 배우자만을 의미하는 것이 아니라, 직계혈족, 동거친족, 동거가족 모두의 배우자를 의미한다.

④ 父가 혼인 외의 출생자를 인지하는 경우 그 인지가 범행 후에 이루어진 경우라고 하더라도 그 소급효에 따라 형성되는 친족관계를 기초로 하여 위 친족상도례의 규정이 적용된다.

해설 │ 출제영역 │ 친족상도례

① (×) 절취한 현금카드를 사용하여 현금자동인출기에서 현금을 인출하여 취득하는 행위는 현금자동인출기 관리자의 의사에 반하여 그의 지배를 배제하고 그 현금을 자기의 지배하에 옮겨 놓는 것이 되어 절도죄가 성립하고, 여기서의 피해자는 현금자동인출기 관리자라 할 것이다(대법원 2013.7.25, 2013도4390). 즉, 우리 판례는 배우자의 현금카드를 훔쳐 현금을 인출한 절도범죄의 피해자는 배우자가 아닌 현금인출기 관리자이므로 그 형을 면제할 수 없다고 보았다.

---

② (○) 법원을 기망하여 제3자로부터 재물을 편취한 경우에 피기망자인 법원은 피해자가 될 수 없고 재물을 편취당한 제3자가 피해자라고 할 것이므로 피해자인 제3자와 사기죄를 범한 자가 직계혈족의 관계에 있을 때에는 그 범인에 대하여 형법 328조 제1항을 준용한다(대법원 1976.4.13, 75도781).

③ (○) 대법원 2011.5.13, 2011도1765

④ (○) 형법 제344조, 제328조 제1항 소정의 친족 간의 범행에 관한 규정이 적용되기 위한 친족관계는 원칙적으로 범행 당시에 존재하여야 하는 것이지만, 부가 혼인 외의 출생자를 인지하는 경우에 있어서는 민법 제860조에 의하여 그 자의 출생 시에 소급하여 인지의 효력이 생기는 것이며, 이와 같은 인지의 소급효는 친족상도례에 관한 규정의 적용에도 미친다고 보아야 할 것이므로, 인지가 범행 후에 이루어진 경우라고 하더라도 그 소급효에 따라 형성되는 친족관계를 기초로 하여 친족상도례의 규정이 적용된다(대법원 1997.1.24, 96도1731).

정답 ①

---

018 ✓유사 ◆◇◇   변호사 2018 변형

친족상도례에 관한 설명 중 옳지 않은 것은? (다툼이 있는 경우 판례에 의함)

① 「특정경제범죄 가중처벌 등에 관한 법률」에는 친족상도례에 관한 규정을 적용한다는 명시적인 규정이 없으므로 특정경제범죄가중처벌등에관한법률위반(사기)죄에는 친족상도례에 관한 규정이 적용되지 않는다.

② 절도범인이 피해물건의 소유자나 점유자의 어느 일방과의 사이에서만 친족관계가 있는 경우에는 친족상도례에 관한 규정이 적용되지 않는다.

③ 법원을 기망하여 제3자로부터 재물을 편취한 경우 피해자는 법원이 아니라 재물을 편취당한 제3자이므로 제3자와 사기죄를 범한 자가 직계혈족의 관계에 있을 때에는 그 범인에 대하여 형을 면제하여야 한다.

④ A와 B를 기망하여 이들의 합유로 되어 있는 부동산에 대한 매매계약을 체결하고 소유권을 이전받은 다음 잔금을 지급하지 않은 경우, A와는 친족상도례가 적용되는 친족관계가 있으나 B와는 아무런 친족관계가 없다면 친족상도례에 관한 규정이 적용되지 않는다.

⑤ 사돈지간은 「민법」상 친족이 아니므로 백화점 내 점포에 입점시켜 주겠다고 거짓말을 하여 사돈지간인 피해자로부터 입점비 명목으로 돈을 편취하였다면 친족상도례에 관한 규정이 적용되지 않는다.

해설 │ 출제영역 │ 친족상도례

① (×) 형법상 사기죄의 성질은 특정경제범죄가중처벌등에관한법률 제3조 제1항에 의해 가중처벌되는 경우에도 그대로 유지되고, 특별법인 위 법률에 친족상도례에 관한 형법 제354조, 제328조의 적용을 배제한다는 명시적인 규정이 없으므로 형법 제354조는 같은 특별법 제3조 제1항 위반죄에도 그대로 적용된다(대법원 1989.6.13, 89도582).

② (○) 절도죄의 친족상도례 적용요건에 대하여 판례는 소유자·점

유자 관계설이다(대법원 1980.11.11, 80도131). 이는 판례가 절도죄의 보호법익을 소유권뿐만 아니라 점유도 인정하고 있는 데에서 기인한다.

③ (○) 사기죄의 친족상도례는 피해자와의 관계에서만 친족관계가 있으면 되고, 피기망자와의 관계에서까지 친족관계가 있어야 할 필요는 없다. 따라서 소송사기의 경우에도 친족상도례는 적용된다(대법원 1976.4.13, 75도781)."

④ (○) 피고인 등이 공모하여 피해자 甲, 乙 등을 기망하여 甲, 乙 및 丙과 부동산 매매계약을 체결하고 소유권을 이전받은 다음 잔금을 지급하지 않아 같은 금액 상당의 재산상 이익을 편취하였다는 내용으로 기소된 경우, 甲은 피고인의 8촌혈족, 丙은 피고인의 부친이나, 위 부동산이 甲, 乙, 丙의 합유로 등기되어 있어 피고인에게 형법상 친족상도례 규정이 적용되지 않는다(대법원 2015. 6.11, 2015도3160).

⑤ (○) 친족상도례가 적용되는 친족의 범위는 민법의 규정에 의하여야 하는데, 민법 제767조는 배우자, 혈족 및 인척을 친족으로 한다고 규정하고 있고, 민법 제769조는 혈족의 배우자, 배우자의 혈족, 배우자의 혈족의 배우자만을 인척으로 규정하고 있을 뿐, 구 민법(1990.1.13. 법률 제4199호로 개정되기 전의 것) 제769조에서 인척으로 규정하였던 '혈족의 배우자의 혈족'을 인척에 포함시키지 않고 있다. 따라서 사기죄의 피고인과 피해자가 사돈지간이라고 하더라도 이를 민법상 친족으로 볼 수 없다(대법원 2011.4.28, 2011도2170).

정답 ①

---

019 ✓ 유사 ◆◇◇

친족상도례에 관한 설명 중 옳지 않은 것은? (다툼이 있는 경우 판례에 의함)

① 친족상도례는 공갈의 죄 및 장물에 관한 죄에 적용될 수 있지만 강도의 죄 및 손괴의 죄에는 적용되지 않는다.

② 범인이 자신과 사돈지간인 피해자를 속여 재물을 편취한 경우, 사기죄의 범인에 대해 친족상도례를 적용할 수 없다.

③ 사기죄의 범인이 금원을 편취하기 위한 수단으로 피해자와 혼인신고를 한 것이어서 그 혼인이 무효인 경우, 범행 당시 피해자가 범인의 배우자였던 사실은 인정되므로 친족상도례를 적용할 수 있다.

④ 횡령죄와 관련하여 친족상도례는 범인과 피해물건의 소유자 및 위탁자 쌍방 간에 「형법」 제328조 소정의 친족관계가 있는 경우에만 적용되고, 범인과 피해물건의 소유자 간에만 친족관계가 있거나 범인과 위탁자 간에만 친족관계가 있는 경우에는 적용될 수 없다.

⑤ 甲이 乙에게 절도를 교사하고 이에 따라 乙이 자신과 동거하지 않는 삼촌 丙의 신용카드를 절취한 경우, 丙의 고소가 없더라도 甲을 절도교사죄로 처벌할 수 있다.

해설 **출제영역 l** 친족상도례의 적용범위

③ (×) 사기죄를 범하는 자가 금원을 편취하기 위한 수단으로 피해자와 혼인신고를 한 것이어서 그 혼인이 무효인 경우라면, 그러한 피해자에 대한 사기죄에서는 친족상도례를 적용할 수 없다고

할 것이다(대법원 2015.12.10, 2014도11533).

① (○) 형법상 친족상도례는 권리행사방해죄에 규정되어 있고, 절도죄·사기죄·공갈죄·횡령죄·배임죄·장물죄에 대하여 준용된다. 다만 강도죄·손괴죄·점유강취죄·강제집행면탈죄는 제외된다.

② (○) 대법원 2011.4.28, 2011도2170

④ (○) 대법원 2008.7.24, 2008도3438

⑤ (○) 신분관계가 없는 공범에 대하여는 친족상도례를 적용하지 아니한다(제328조 제3항). 따라서 丙의 고소가 없더라도 甲을 절도교사죄로 처벌할 수 있다.

> **제328조(친족간의 범행과 고소)** ① 직계혈족, 배우자, 동거친족, 동거가족 또는 그 배우자간의 제323조의 죄는 그 형을 면제한다.
> ② 제1항이외의 친족간에 제323조의 죄를 범한 때에는 고소가 있어야 공소를 제기할 수 있다.
> ③ 전 2항의 신분관계가 없는 공범에 대하여는 전 이항을 적용하지 아니한다.

정답 ③

---

020 ✓ 유사 ◆◆◇

친족상도례에 관한 다음 설명 중 가장 옳은 것은? (다툼이 있는 경우 판례에 의함)

① 사실혼 관계에 있는 배우자도 친족상도례의 적용을 받는다.

② 절도범인이 피해물건의 소유자와 점유자 모두와 친족관계에 있지 않더라도 친족상도례의 적용을 받는다.

③ 사기죄로 인하여 취득한 재물의 가액이 5억 원 이상일 경우에는 특정경제범죄 가중처벌 등에 관한 법률 제3조에 의하여 가중처벌 되는데, 이 경우 친족상도례에 관한 형법 규정은 적용되지 아니한다.

④ 친족상도례가 적용되기 위해서는 친족관계가 객관적으로 존재하여야 하고, 행위자가 이를 인식하여야만 한다.

⑤ 사기죄 피고인의 딸과 피해자의 아들이 혼인하여 사돈지간이라고 하더라도 이를 민법상 친족으로 볼 수 없으므로 친족상도례를 적용할 수 없다.

해설 **출제영역 l** 친족상도례

⑤ (○) 친족상도례가 적용되는 친족의 범위는 민법의 규정에 의하여야 하는데, 민법 제767조는 배우자, 혈족 및 인척을 친족으로 한다고 규정하고 있고, 민법 제769조는 혈족의 배우자, 배우자의 혈족, 배우자의 혈족의 배우자만을 인척으로 규정하고 있을 뿐, 구 민법(1990.1.13. 법률 제4199호로 개정되기 전의 것)제769조에서 인척으로 규정하였던 '혈족의 배우자의 혈족'을 인척에 포함시키지 않고 있다. 따라서 사기죄의 피고인과 피해자가 사돈지간이라고 하더라도 이를 민법상 친족으로 볼 수 없다(대법원 2011.4.28, 2011도2170).

① (×) 형법 제151조 제2항 및 제155조 제4항은 친족, 호주 또는 동거의 가족이 본인을 위하여 범인도피죄, 증거인멸죄 등을 범한 때에는 처벌하지 아니한다고 규정하고 있는바, 사실혼관계에 있는 자는 민법 소정의 친족이라 할 수 없어 위 조항에서 말하는 친족에 해당하지 않는다(대법원 2003.12.12, 2003도4533).

② (×) 친족상도례에 관한 규정은 범인과 피해물건의 소유자 및 점유자 모두 사이에 친족관계가 있는 경우에만 적용되는 것이고 절도범인이 피해물건의 소유자나 점유자의 어느 일방과 사이에서만 친족관계가 있는 경우에는 그 적용이 없다(대법원 1980.11.11, 80도131).

③ (×) 형법상 사기죄의 성질은 특정경제범죄가중처벌등에관한법률 제3조 제1항에 의해 가중처벌 되는 경우에도 그대로 유지되고, 특별법인 특정경제범죄가중처벌등에관한법률에 친족상도례에 관한 형법 제354조, 제328조의 적용을 배제한다는 명시적인 규정이 없으므로, 형법 제354조는 특정경제범죄가중처벌등에관한법률 제3조 제1항 위반죄에도 그대로 적용된다(대법원 2000. 10.13, 99오1).

④ (×) 친족상도례가 적용되기 위하여 친족관계가 객관적으로 존재하면 족하고 행위자가 이를 인식할 것을 요하지 않는다. 객관적 구성요건요소만 고의의 대상이 되기 때문이다.

정답 ⑤

021 ✓ 유사 ◆◆◇   경찰2차 2019

친족상도례에 관한 설명으로 가장 적절한 것은? (다툼이 있는 경우 판례에 의함)

① 가출 후 오랫동안 연락없이 지내던 甲이 자신의 딸과 결혼한 사위 乙을 기망하여 백화점 입점비 명목으로 돈을 편취한 경우, 친족상도례가 적용되지 않는다.

② 장물죄에 있어서 장물범과 피해자간에 동거친족의 신분관계가 있는 때에는 형이 면제되지만, 장물범과 본범간에 동거친족의 신분관계가 있는 때에는 형을 감경 또는 면제한다.

③ 타인소유의 물건을 자기 아버지의 소유물로 오인하여 절취한 경우, 친족관계에 대한 착오가 인정되고 「형법」상 절도죄의 과실범 처벌규정이 없으므로 불가벌이 된다.

④ 절도피해자인 아버지가 체포된 절도범인이 자신의 혼외자임을 알고 비로소 인지(認知)를 하더라도 친족관계는 원칙적으로 범행 당시에 존재하여야 하기 때문에 친족상도례는 적용되지 않는다.

해설 | 출제영역 | 친족상도례

② (○) 제365조 제1항·제2항 참조.

> **제365조(친족간의 범행)** ① 전3조의 죄를 범한 자와 피해자간에 제328조 제1항, 제2항의 신분관계가 있는 때에는 동조의 규정을 준용한다.
> ② 전3조의 죄를 범한 자와 본범간에 제328조 제1항의 신분관계가 있는 때에는 그 형을 감경 또는 면제한다. 단, 신분관계가 없는 공범에 대하여는 예외로 한다.

① (×) 乙은 甲의 딸(직계혈족)의 배우자이므로 친족상도례가 적용된다. "형법 제354조(친족상도례)에 의하여 준용되는 제328조 제1항에서 "직계혈족, 배우자, 동거친족, 동거가족 또는 그 배우자 간"으로 규정하고 있는바, 여기서 '그 배우자'는 동거가족의 배우자만을 의미하는 것이 아니라, 직계혈족, 동거친족, 동거가족

모두의 배우자를 의미하는 것으로 볼 것이다(대법원 2011.5.13, 2011도1765)." 따라서 甲에게는 사기죄가 성립하나 친족상도례가 적용된다(제328조 제1항, 제354조).

③ (×) 친족관계는 범행당시에 객관적으로 존재하면 족하고 행위자의 인식은 따지지 아니한다. 즉, 친족관계는 객관적 존재 유무에 따라서 친족상도례가 적용되거나 적용되지 않는 것이다. 따라서 타인소유의 물건을 자기 아버지의 소유물로 오인하여 절취한 경우에는 친족상도례가 적용되지 않아 절도죄가 성립하고 그 형으로 처벌을 받는다.

④ (×) 형법 제344조, 제328조 제1항 소정의 친족간의 범행에 관한 규정이 적용되기 위한 ㉠ 친족관계는 원칙적으로 범행 당시에 존재하여야 하는 것이지만, ㉡ 부(父)가 혼인 외의 출생자를 인지하는 경우에 있어서는 민법 제860조에 의하여 그 자(子)의 출생시에 소급하여 인지의 효력이 생기는 것이며, 이와 같은 인지의 소급효는 친족상도례에 관한 규정의 적용에도 미친다고 보아야 할 것이므로, 인지가 범행 후에 이루어진 경우라고 하더라도 그 소급효에 따라 형성되는 친족관계를 기초로 하여 친족상도례의 규정이 적용된다(대법원 1997.1.24, 96도1731).

정답 ②

022 ✓ 유사 ◆◇◇   경찰1차 2018 변형

친족상도례에 대한 설명 중 옳고 그름의 표시(○, ×)가 바르게 된 것은?(다툼이 있는 경우 판례에 의함)

> ㉠ 사돈지간인 자를 기망하여 재물을 편취한 경우에는 친족상도례가 적용된다.
> ㉡ 법원을 기망하여 제3자로부터 재물을 편취한 경우에 피해자인 제3자와 사기죄를 범한 자가 직계혈족 관계에 있을 때에는 그 범인에 대하여 친족상도례가 적용된다.
> ㉢ 횡령범인이 위탁자가 소유자를 위해 보관하고 있는 물건을 위탁자로부터 보관받아 이를 횡령한 경우에 횡령범인이 피해물건의 소유자와는 친족관계가 있으나 피해물건의 위탁자와는 친족관계가 없다면 친족상도례 규정이 적용되지 않는다.
> ㉣ 손자가 할아버지 소유의 농업협동조합 예금통장을 절취하여 이를 현금자동지급기에 넣고 조작하는 방법으로 예금 잔고를 자신의 거래 은행계좌로 이체한 경우에 컴퓨터 등 사용사기죄는 친족간의 범행에 해당하여 친족상도례가 적용된다.

① ㉠(×) ㉡(○) ㉢(○) ㉣(×)
② ㉠(×) ㉡(×) ㉢(○) ㉣(×)
③ ㉠(○) ㉡(×) ㉢(×) ㉣(○)
④ ㉠(×) ㉡(○) ㉢(×) ㉣(×)

해설 | 출제영역 | 친족상도례의 적용범위

① ㉠(×) ㉡(○) ㉢(○) ㉣(×)

㉠ (×) 친족상도례가 적용되는 친족의 범위는 민법의 규정에 의하여야 하는데, 민법 제767조는 배우자, 혈족 및 인척을 친족으로 한다고 규정하고 있고, 민법 제769조는 혈족의 배우자, 배우자

의 혈족, 배우자의 혈족의 배우자만을 인척으로 규정하고 있을 뿐, 구 민법(1990. 1. 13. 법률 제4199호로 개정되기 전의 것) 제769조에서 인척으로 규정하였던 '혈족의 배우자의 혈족'을 인척에 포함시키지 않고 있다. 따라서 사기죄의 피고인과 피해자가 사돈지간이라고 하더라도 이를 민법상 친족으로 볼 수 없다(대법원 2011.4.28, 2011도2170).

ⓒ (○) 사기죄의 보호법익은 재산권이라고 할 것이므로 사기죄에 있어서는 재산상의 권리를 가지는 자가 아니면 피해자가 될 수 없다. 그러므로 법원을 기망하여 제3자로부터 재물을 편취한 경우에 피기망자인 법원은 피해자가 될 수 없고 재물을 편취당한 제3자가 피해자라고 할 것이므로 피해자인 제3자와 사기죄를 범한 자가 직계혈족의 관계에 있을 때에는 그 범인에 대하여는 형법 제354조에 의하여 준용되는 형법 제328조 제1항에 의하여 친족상도례가 적용된다(대법원 2014.9.26, 2014도8076).

ⓒ (○) 횡령범인이 위탁자가 소유자를 위해 보관하고 있는 물건을 위탁자로부터 보관받아 이를 횡령한 경우에 형법 제361조에 의하여 준용되는 제328조 제2항의 친족간의 범행에 관한 조문은 범인과 피해물건의 소유자 및 위탁자 쌍방 사이에 같은 조문에 정한 친족관계가 있는 경우에만 적용되고, 단지 횡령범인과 피해물건의 소유자간에만 친족관계가 있거나 횡령범인과 피해물건의 위탁자간에만 친족관계가 있는 경우에는 적용되지 않는다(대법원 2008.7.24, 2008도3438).

ⓔ (×) 친척 소유 예금통장을 절취한 자가 그 친척 거래 금융기관에 설치된 현금자동지급기에 예금통장을 넣고 조작하는 방법으로 친척 명의 계좌의 예금 잔고를 자신이 거래하는 다른 금융기관에 개설된 자기 계좌로 이체한 경우, 그 범행으로 인한 피해자는 이체된 예금 상당액의 채무를 이중으로 지급해야 할 위험에 처하게 되는 그 친척 거래 금융기관이라 할 것이고, 거래 약관의 면책 조항이나 채권의 준점유자에 대한 법리 적용 등에 의하여 위와 같은 범행으로 인한 피해가 최종적으로는 예금 명의인인 친척에게 전가될 수 있다고 하여, 자금이체 거래의 직접적인 당사자이자 이중지급 위험의 원칙적인 부담자인 거래 금융기관을 위와 같은 컴퓨터 등 사용사기 범행의 피해자에 해당하지 않는다고 볼 수는 없으므로, 위와 같은 경우에는 친족 사이의 범행을 전제로 하는 친족상도례를 적용할 수 없다(대법원 2007.3.15, 2006도2704).

정답 ①

다음 설명 중 가장 옳지 않은 것은? (다툼이 있는 경우 판례에 의함)

① 형법 제328조의 친족상도례에 관한 규정은 형법 제333조의 강도죄, 형법 제366조의 재물손괴죄에 준용되지 않는다.

② 사기죄의 범인이 2020.1.15. 피해자를 상대로 사기 범행을 저질렀고, 그 범인과 피해자가 사돈지간인 경우, 친족상도례가 적용되는 친족에 해당하지 않는다.

③ 甲으로 하여금 甲의 아버지의 시계를 절취하도록 교사한 乙이 甲의 아버지와 아무런 친족관계가 없다면 乙은 甲에게 적용되는 친족상도례의 적용을 받지 않는다.

④ 형법 제151조 제2항은 친족 또는 동거의 가족이 본인을 위하여 범인도피죄를 범한 때에는 처벌하지 아니한다고 규정하고 있는바, 사실혼 관계에 있는 자는 민법 소정의 친족이라 할 수는 없어도 위 조항에서 말하는 친족에는 해당한다.

해설 | 출제영역 | 강도죄, 절도죄

④ (×) 형법 제151조 제2항 및 제155조 제4항은 친족, 호주 또는 동거의 가족이 본인을 위하여 범인도피죄, 증거인멸죄 등을 범한 때에는 처벌하지 아니한다고 규정하고 있는바, 사실혼 관계에 있는 자는 민법 소정의 친족이라 할 수 없어 위 조항에서 말하는 친족에 해당하지 않는다(대법원 2003.12.12, 2003도4533).

① (○) 친족상도례란 친족 사이에 재산범죄(절도, 사기, 횡령, 배임 등)가 일어난 경우에 친족이라는 이유로 형을 면해주는 제도를 말하는데 여기에 강도죄, 손괴죄는 포함되지 않는다.

② (○) 대법원 2011.4.28, 2011도2170

③ (○) 친족상도례는 친족관계가 없는 공범에게는 적용되지 않는다(제328조 제3항).

정답 ④

024 ✓유사 ◆◇◇　　　경찰1차 2022

재산죄에 관한 설명으로 가장 적절하지 않은 것은? (다툼이 있는 경우 판례에 의함)

① 「형법」 제331조(특수절도) 제2항에서 규정한 흉기는 본래 살상용 파괴용으로 만들어진 것이거나 이에 준할 정도의 위험성을 가진 것으로 봄이 상당하다.

② 「형법」 제330조에 규정된 야간주거침입절도죄 및 「형법」 제331조 제1항에 규정된 특수절도(야간손괴침입절도)죄를 제외하고 일반적으로 주거침입은 절도죄의 구성요건이 아니므로 절도범인이 범행수단으로 주거침입을 한 경우에 주거침입행위는 절도죄에 흡수되지 아니하고 별개로 주거침입죄를 구성하여 절도죄와는 상상적 경합의 관계에 있다.

③ 甲이 술집 운영자 A로부터 술값의 지급을 요구받자 A를 유인 폭행하고 도주함으로써 술값의 지급을 면하여 재산상 이익을 취득하였다면, 「형법」 제335조에서 규정하는 준강도죄에는 해당하지 않는다.

④ 횡령죄에서 보관자가 자기 또는 제3자의 이익을 위한 것이 아니라 소유자의 이익을 위하여 이를 처분한 경우에는 특별한 사정이 없는 한 불법영득의 의사를 인정할 수 없다.

해설 │ 출제영역 │ 재산죄 종합

② (×) 형법 제330조에 규정된 야간주거침입절도죄 및 형법 제331조 제1항에 규정된 특수절도(야간손괴침입절도)죄를 제외하고 일반적으로 주거침입은 절도죄의 구성요건이 아니므로 절도범인이 범행수단으로 주거침입을 한 경우에 주거침입행위는 절도죄에 흡수되지 아니하고 별개로 주거침입죄를 구성하여 절도죄와는 실체적 경합의 관계에 서는 것이 원칙이나(대법원 2015. 10.15, 2015도8169).

① (○) 대법원 2012.6.14, 2012도4175

③ (○) 형법 제335조(준강도)는 '절도'가 재물의 탈환을 항거하거나 체포를 면탈하거나 죄적을 인멸할 목적으로 폭행 또는 협박을 가한 때에 준강도가 성립한다고 규정하고 있으므로 준강도죄의 주체는 절도범인이고 절도죄의 객체는 재물이다. 피고인이 피해자에게 지급해야 할 술값의 지급을 면하여 재산상 이익을 취득하고 피해자를 폭행하였다는 것은 그 자체로 절도의 실행에 착수하였다는 내용이 포함되어 있지 않다(대법원 2014.5.16, 2014도2521).

④ (○) 횡령죄에 있어서의 불법영득의 의사는, 타인의 재물을 보관하는 자가 그 위탁취지에 반하여 권한없이 스스로 소유자의 처분행위(반환거부를 포함)를 하려는 의사를 의미하고, 보관자가 소유자의 이익을 위하여 이를 처분하는 경우에는 특단의 사정이 없는 한 불법영득의 의사를 인정 할 수 없다(대법원 1982.3.9, 81도3009).

정답 ②

025 ✓유사 ◆◆◇　　경찰2차 2019 유사　변호사 2020

甲은 밤 10시경 절취의 목적으로 피해자 A가 집에 없는 틈을 타 드라이버로 A의 집 현관문을 부수고 들어가 A의 귀금속을 가지고 나왔다. 다음 설명 중 옳은 것은? (다툼이 있는 경우 판례에 의함)

① 甲에게는 「형법」 제331조 제1항의 특수절도(야간손괴침입절도)죄가 성립한다.

② 만약 위 사례에서 甲이 현관문을 부순 시점에 집으로 돌아오는 A에게 들켜 도망간 경우, 아직 A의 집 안으로 들어가지 않았으므로 실행의 착수가 인정되지 않아 절도범행은 처벌할 수 없다.

③ 만약 乙이 甲에게 절도를 교사하고 甲이 범행 후 훔친 귀금속을 맡아 달라고 부탁하자 乙이 이를 수락하고 귀금속을 교부받아 갖고 있다가 임의로 처분하였다면, 乙에게는 절도교사죄 이외에 장물보관죄 및 횡령죄가 성립한다.

④ 만약 甲이 A의 현금카드를 사용하여 돈을 인출할 목적으로 현금카드를 가지고 나와 현금자동지급기에서 돈을 인출한 후 현금카드를 제자리에 가져다 놓은 경우, 현금카드에 대한 절도죄와 인출한 현금에 대한 절도죄가 성립한다.

⑤ 만약 甲이 A로부터 명의수탁을 받아 자신의 명의로 등록되어 있는 자동차를 A 몰래 가져간 경우, 자동차의 소유권은 등록명의를 기준으로 하므로 절도죄는 성립하지 않는다.

해설 │ 출제영역 │ 특수절도죄 – 야간손괴침입절도죄, 절도죄, 죄수

① (○) 야간에 문이나 담 그 밖의 건조물의 일부를 손괴하고 제330조의 장소에 침입하여 타인의 재물을 절취한 자는 1년 이상 10년 이하의 징역에 처한다(제331조 제1항).

② (×) 야간에 절도의 목적으로 출입문에 장치된 자물통 고리를 절단하고 출입문을 손괴한 뒤 집안으로 침입하려다가 발각된 것이라면 이는 특수절도죄의 실행에 착수한 것이다(대법원 1986.9.9, 86도1273).

③ (×) ㉠ 횡령 교사를 한 후 그 횡령한 물건을 취득한 때에는 횡령교사죄와 장물취득죄의 경합범이 성립된다(대법원 1969.6.24, 69도692). ㉡ 절도 범인으로부터 장물보관 의뢰를 받은 자가 그 정을 알면서 이를 인도받아 보관하고 있다가 임의 처분하였다 하여도 장물보관죄가 성립하는 때에는 이미 그 소유자의 소유물 추구권을 침해하였으므로 그 후의 횡령행위는 불가벌적 사후행위에 불과하여 별도로 횡령죄가 성립하지 않는다(대법원 2004.4.9, 2003도8219).

④ (×) 피해자로부터 지갑을 잠시 건네받아 임의로 지갑에서 현금카드를 꺼내어 현금자동인출기에서 현금을 인출하고 곧바로 피해자에게 현금카드를 반환한 경우, 현금카드에 대한 불법영득의 사가 없다(대법원 1998.11.10, 98도2642). 즉, 현금에 대한 절도죄만 성립한다.

> 피해자 명의의 신용카드를 부정사용하여 현금자동인출기에서 현금을 인출하고 그 현금을 취득까지 한 행위는 신용카드업법 제25조 제1항의 부정사용죄에 해당할 뿐 아니라 그

현금을 취득함으로써 현금자동인출기 관리자의 의사에 반하여 그의 지배를 배제하고 그 현금을 자기의 지배하에 옮겨 놓는 것이 되므로 별도로 절도죄를 구성하고, 위 양 죄의 관계는 그 보호법익이나 행위태양이 전혀 달라 실체적 경합관계에 있는 것으로 보아야 한다(대법원 1995.7.28, 95도997).

⑤ (×) 자동차에 대한 소유권의 득실변경은 등록을 함으로써 그 효력이 생기고 등록이 없는 한 대외적 관계에서는 물론 당사자의 대내적 관계에서도 소유권을 취득할 수 없는 것이 원칙이지만, 당사자 사이에 소유권을 등록명의자 아닌 자가 보유하기로 약정하였다는 등의 특별한 사정이 있는 경우에는 그 내부관계에 있어서는 등록명의자 아닌 자가 소유권을 보유하게 된다고 할 것이다(대법원 2013.2.28, 2012도15303). 따라서 甲에게 절도죄가 성립한다.

정답 ①

---

026 ✓ 유사 ◆◆◆ 　　　　　　국가7급 2017

다음 사례에 대한 설명으로 옳은 것은? (다툼이 있는 경우 판례에 의함)

> (가) 甲은 21:30경 남편 乙이 경비원으로 근무하고 있는 A연구소 외부에 있는 주차장에 승용차를 세워 두고 연구소 정문 안으로 들어가 절취하기 위하여 앞마당에 있던 관상수 한 그루를 캤다. 하지만 甲은 혼자서 운반할 수 없게 되자 乙에게 연락하여 그 곳으로 오게 한 후 乙과 함께 관상수를 운반하다가 미처 연구소 밖으로 나가기 전에 다른 경비원 丙에게 발각되었다. 이에 甲과 乙은 관상수를 그대로 둔 채 승용차로 도주하려고 하였다.
> (나) 이때 乙은 甲을 조수석에 태운 채 승용차를 운전하여 달아나려고 하였는데 丙이 달려와 승용차 앞을 가로막자 승용차의 앞 범퍼로 丙을 치어 전치 4주의 부상을 입힌 후 도주하였다.

① (가)에서 甲은 건조물침입 및 절도미수의 죄책을 진다.
② (가)에서 乙은 특수절도기수의 죄책을 진다.
③ (나)에서 乙은 특수폭행의 죄책을 진다.
④ (나)에서 乙은 특정범죄 가중처벌 등에 관한 법률위반(도주치상)의 죄책을 지지 않는다.

해설 | 출제영역 | 특수절도죄의 성부, 특가법 위반 여부
④ (○) 특정범죄가중법 제5조의3 제1항, 형법 제268조 참조.

> **특정범죄가중법 제5조의3(도주차량 운전자의 가중처벌)** ① 「도로교통법」 제2조에 규정된 자동차·원동기장치자전거의 교통으로 인하여 「형법」 제268조의 죄를 범한 해당 차량의 운전자(이하 "사고운전자"라 한다)가 피해자를 구호(救護)하는 등 「도로교통법」 제54조 제1항에 따른 조치를 하지 아니하고 도주한 경우에는 다음 각 호의 구분에 따라 가중처벌한다.

> **형법 제268조(업무상 과실·중과실 치사상)** 업무상과실 또는 중대한 과실로 사람을 사망이나 상해에 이르게 한 자는 5년 이하의 금고 또는 2천만 원 이하의 벌금에 처한다. 〈개정 2020.12.8〉

① (×), ② (×)
[1] ① 입목을 절취하기 위하여 캐낸 때에 소유자의 입목에 대한 점유가 침해되어 범인의 사실적 지배하에 놓이게 되므로 범인이 그 점유를 취득하고 절도죄는 기수에 이른다. 이를 운반하거나 반출하는 등의 행위는 필요하지 않다(그리고 사례의 경우, 야간주거침입절도에 해당하므로 건조물침입죄는 별도로 성립하지 아니함).
[2] 절도범인이 혼자 ② 입목을 땅에서 완전히 캐낸 후에 비로소 제3자가 가담하여 함께 입목을 운반한 사안에서, 특수절도죄의 성립을 부정한 사례이다(대법원 2008.10.23, 2008도6080).
③ (×) 丙이 전치 4주의 부상을 입었으므로 특수폭행이 아니라 특수상해가 문제된다.

정답 ④

---

027 ✓ 유사 ◆◆◇ 　　　　　　경찰3차 2018

「형법」 제331조의 특수절도죄에 대한 설명으로 가장 적절한 것은? (다툼이 있는 경우 판례에 의함)

① 피고인이 야간에 식당에 침입하여 현금을 절취한 사안에서, 피고인이 피해자들이 운영하는 식당의 창문과 방충망을 창틀에서 분리하였을 뿐 물리적으로 훼손하여 효용을 상실하게 한 것이 아니라면, 「형법」 제331조 제1항의 특수절도죄의 손괴에는 해당한다고 할 수 없다.
② 피고인이 혼자 영산홍 1그루를 땅에서 완전히 캐낸 후에 비로소 제3자를 전화로 불러 함께 해당 입목을 운반하였다면 「형법」 제331조 제2항의 특수절도죄가 성립한다.
③ 「형법」 제331조 제2항의 특수절도죄에서의 합동은 공동정범의 공동과 동일한 의미로 사용되며, 반드시 시간적·장소적 협동을 필요로 하지 않는다.
④ 피고인들이 합동하여 재물을 절취하기 위해 주간에 아파트 출입문 잠금장치를 손괴하다가 발각되어 도주하였다면, 아직 절취할 물건의 물색행위를 시작하기 전이라 하더라도 「형법」 제331조 제2항의 특수절도죄의 실행의 착수를 인정할 수 있다.

해설 | 출제영역 | 특수절도죄의 구성요건
① (○) 대법원 2015.10.29, 2015도7559
② (×) 입목을 절취하기 위하여 캐낸 때에 소유자의 입목에 대한 점유가 침해되어 범인의 사실적 지배하에 놓이게 되므로 범인이 그 점유를 취득하고 절도죄는 기수에 이른다. 이를 운반하거나 반출하는 등의 행위는 필요하지 않다. 절도범인이 혼자 입목을 땅에서 완전히 캐낸 후에 비로소 제3자가 가담하여 함께 입목을

운반한 경우, 특수절도죄의 성립이 부정된다(대법원 2008.10. 23, 2008도6080).

③ (×) 형법 제331조 제2항 후난의 2인 이상이 합동하여 타인의 재물을 절취한 경우의 특수절도죄가 성립하기 위하여는 주관적 요건으로서의 공모와 객관적 요건으로서의 실행행위의 분담이 있어야 하고 그 실행행위에 있어서는 시간적으로나 장소적으로 협동관계에 있음을 요한다(대법원 1996.3.22, 96도313).

④ (×) 2인 이상이 합동하여 야간이 아닌 주간에 절도의 목적으로 타인의 주거에 침입하였다 하여도 아직 절취할 물건의 물색행위를 시작하기 전이라면 특수절도죄의 실행에는 착수한 것으로 볼 수 없는 것이어서 그 미수죄가 성립하지 않는다(대법원 2009. 12.24, 2009도9667).

정답 ①

---

028 ☑ 유사 ◆◆◇ 　　　　경찰1차 2023

다음 사례에 관한 설명 중 가장 적절한 것은? (다툼이 있는 경우 판례에 의함)

> 친구 사이인 甲, 乙, 丙은 사업가 A의 사무실 금고에 거액의 현금이 있다는 정보를 입수한 후, 甲과 乙은 A의 사무실금고에서 현금을 절취하고 丙은 위 사무실로부터 100m 떨어진 곳에서 망을 보기로 모의하였다. 범행 당일 오전 10시경 甲과 乙은 A의 사무실에 들어가 현금을 절취한 후, 망을 보던 丙과 함께 도주하였다. 甲, 乙, 丙은 검거되어 절도혐의로 수사를 받고 공동으로 기소되어 심리가 진행되었는데, 검사는 경찰수사단계에서 작성된 공범 乙의 피의자 신문조서를 甲의 범죄혐의 입증의 증거로 제출하였고 甲은 그 내용을 부인하였다. 한편 丙은 甲의 공소사실에 대해 증인으로 채택되어 선서하고 증언하면서 甲의 범행을 덮어주기 위해 기억에 반하는 허위진술을 하였다. (주거침입죄 및 손괴죄 기타 특별법 위반의 점은 고려하지 않음)

① 甲과 乙에 대해서는 「형법」 제331조 제2항의 합동절도가 성립하지만, 현장에서의 협동관계가 인정되지 않는 丙에 대해서는 「형법」 제329조 단순절도죄가 성립한다.

② 만약 甲과 乙이 A의 사무실 출입문의 시정장치를 손괴하다가 A에게 발각되어 도주하였다면 甲과 乙의 행위에 대해서는 특수절도죄의 미수범이 성립한다.

③ 乙의 피의자신문조서는 乙이 법정에서 그 내용을 인정하면 甲이 내용을 부인하더라도 甲의 공소사실에 대한 증거로 사용할 수 있다.

④ 丙에 대해서는 「형법」 제152조 제1항 위증죄가 성립하지 않는다.

해설 출제영역 | 특수절도죄의 구성요건

④ (○) 공범인 공동피고인은 당해 소송절차에서는 피고인의 지위에 있으므로 (변론이 분리되지 아니하는 한) 다른 공동피고인에

대한 공소사실에 관하여 증인이 될 수 없다(대법원 2008.6.26, 2008도3300). 사례에서 丙에 대해서 변론이 분리되었다는 조건이 제시되지 않았으므로 丙은 승인적격이 없어 형법 제152조 제1항의 위증죄의 주체인 법률에 의하여 선서한 증인이 될 수 없다.

① (×) 甲과 乙, 丙 모두에 대해서 「형법」 제331조 제2항의 합동절도가 성립한다.

> **[판례]** 3인 이상의 범인이 합동절도의 범행을 공모한 후 적어도 2인 이상의 범인이 범행 현장에서 시간적, 장소적으로 협동관계를 이루어 절도의 실행행위를 분담하여 절도 범행을 한 경우에, 그 공모에는 참여하였으나 현장에서 절도의 실행행위를 직접 분담하지 아니한 다른 범인에 대하여도 그가 현장에서 절도 범행을 실행한 위 2인 이상의 범인의 행위를 자기 의사의 수단으로 하여 합동절도의 범행을 하였다고 평가할 수 있는 정범성의 표지를 갖추고 있는 한 공동정범의 일반 이론에 비추어 그 다른 범인에 대하여 합동절도의 공동정범으로 인정할 수 있다. (따라서) 피고인이 甲, 乙과 공모한 후 甲, 乙은 피해자 회사의 사무실 금고에서 현금을 절취하고, 피고인은 위 사무실로부터 약 100m 떨어진 곳에서 망을 보는 방법으로 합동하여 재물을 절취하였다고 하여 주위적으로 기소된 경우, 제반 사정에 비추어 甲, 乙의 합동절도 범행에 대한 공동정범으로서 죄책을 면할 수 없다(대법원 2011.5.13, 2011도2021).

② (×) 사안에서 甲과 乙의 행위가 오전 10시경에 일어났으므로, 야간에 손괴하고 침입하여 절취함으로써 성립하는 형법 제331조 제1항의 특수절도죄가 적용될 여지가 없다.

> **제331조(특수절도)** ① 야간에 문이나 담 그 밖의 건조물의 일부를 손괴하고 제330조의 장소에 침입하여 타인의 재물을 절취한 자는 1년 이상 10년 이하의 징역에 처한다.

③ (×) 乙의 피의자신문조서는 乙이 법정에서 그 내용을 인정하더라도 甲이 내용을 부인하면 甲의 공소사실에 대한 증거로 사용할 수 없다.

> **[판례]** 형사소송법 제312조 제3항은 검사 이외의 수사기관이 작성한 당해 피고인에 대한 피의자신문조서를 유죄의 증거로 하는 경우뿐만 아니라, 검사 이외의 수사기관이 작성한 당해 피고인과 공범관계에 있는 다른 피고인이나 피의자에 대한 피의자신문조서를 당해 피고인에 대한 유죄의 증거로 채택할 경우에도 적용된다. 따라서 당해 피고인과 공범관계에 있는 공동피고인에 대해 검사 이외의 수사기관이 작성한 피의자신문조서는 그 공동피고인의 법정진술에 의하여 성립의 진정이 인정되더라도 당해 피고인이 공판기일에서 그 조서의 내용을 부인하면 증거능력이 부정된다. 그리고 이러한 경우 그 공동피고인이 법정에서 경찰수사 도중 피의자신문조서에 기재된 것과 같은 내용으로 진술하였다는 취지로 증언하였다고 하더라도, 이러한 증언은 원진술자인 공동피고인이 그 자신에 대한 경찰 작성의 피의자신문조서의 진정성립을 인정하는 취지에 불과하여 위 조서와 분리하여 독자적인 증거가치를 인정할 것은 아니므로, 앞서 본 바와 같은 이유로 위 조서의 증거능력이 부정되는 이상 위와 같은 증언 역시 이를 유죄 인정의 증거로 쓸 수 없다(대법원 2009.10. 15, 2009도1889).

정답 ④

029 ✅ 유사 ◆◇◇

준강도죄에 대한 설명으로 가장 적절한 것은? (다툼이 있는 경우 판례에 의함)

① 단순절도범인이 처음에는 흉기를 휴대하지 아니하였으나, 체포를 면탈할 목적으로 폭행 또는 협박을 가할 때에 비로소 흉기를 휴대 사용하게 된 경우에는 단순강도의 준강도가 된다.

② 가방 날치기 수법의 점유탈취 과정에서 재물을 뺏기지 않으려고 바닥에 넘어진 상태로 가방끈을 놓지 않은 채 "내 가방, 사람 살려!!!"라고 소리치며 끌려가는 피해자를 5m 가량 끌고 가면서 무릎에 상해를 입힌 경우는 절도죄와 상해죄의 경합범으로 처벌된다.

③ 절도범이 체포를 면탈할 목적으로 자신을 체포하려는 여러 명의 피해자에게 같은 기회에 폭행을 가하여 그 중 1인에게만 상해를 가한 경우에는 포괄하여 하나의 강도상해죄만 성립한다.

④ 양주를 절취할 목적으로 주점에 들어가 양주를 담고 있던 중 피해자가 들어오는 소리에 이를 두고 도망가려다가 피해자에게 붙잡혀 체포를 면탈하기 위해 폭행을 가한 경우는 준강도죄의 기수범으로 처벌된다.

┌─ 해설 ─ 출제영역ㅣ재산, 준강도
③ (○) 대법원 2001.8.21, 2001도3447
① (×) 절도범인이 처음에는 흉기를 휴대하지 아니하였으나, 체포를 면탈할 목적으로 폭행 또는 협박을 가할 때에 비로소 흉기를 휴대 사용하게 된 경우에는 형법 제334조의 예에 의한 준강도(특수강도의 준강도)가 된다(대법원 1973.11.13, 73도1553 전원합의체).
② (×) 반항을 억압하기 위한 목적으로 가해진 강제력으로서 그 반항을 억압할 정도에 해당하므로 강도치상죄가 성립한다(대법원 2007.12.13, 2007도7601).
④ (×) 피해자에 대한 폭행·협박을 수단으로 하여 재물을 탈취하고자 하였으나 그 목적을 이루지 못한 자가 강도미수죄로 처벌되는 것과 마찬가지로, 절도미수범인이 폭행·협박을 가한 경우에도 강도미수에 준하여 처벌하는 것이 합리적이라 할 것이다(대법원 2004.11.18, 2004도5074 전원합의체).

┌ 정답 ┐ ③

030 ✅ 대표 ◆◆◇

강도의 죄에 대한 설명으로 가장 적절한 것은? (다툼이 있는 경우 판례에 의함)

① 강도죄는 재물죄이며, 재산상의 이익은 강도죄의 객체가 될 수 없다.

② 피고인이 강도하기로 모의를 한 후 남성피해자의 금품을 빼앗고, 그 기회에 이어서 여성피해자를 강간하였다면 강도죄와 강간죄의 경합범이 성립한다.

③ 강도상해죄가 성립하기 위해서는 강도의 수단인 폭행에 의하여 상해를 입힐 것을 요하므로, 피고인의 상해행위는 강도가 기수에 이르기 전에 행하여져야만 한다.

④ 절도미수범이 체포를 면탈할 목적으로 피해자를 폭행한 경우에는 준강도죄의 미수범이 성립한다.

┌─ 해설 ─ 출제영역ㅣ강도죄 종합
④ (○) 대법원 2004.11.18, 2004도5074 전원합의체
① (×) 재물과 재산상의 이익은 모두 강도죄의 객체가 될 수 있다.

┌─────────────────────────────┐
│ **제333조(강도)** 폭행 또는 협박으로 타인의 재물을 강취하거 │
│ 나 기타 재산상의 이익을 취득하거나 제삼자로 하여금 이를 │
│ 취득하게 한 자는 3년 이상의 유기징역에 처한다. │
└─────────────────────────────┘

② (×) 피고인이 강도하기로 모의를 한 후 피해자 甲남으로부터 금품을 빼앗고 이어서 피해자 乙녀를 강간하였다면 강도강간죄를 구성한다(대법원 1991.11.12, 91도2241).
③ (×) 형법 제337조의 강도상해죄는 강도범인이 강도의 기회에 상해행위를 함으로써 성립하므로 강도범행의 실행 중이거나 실행 직후 또는 실행의 범의를 포기한 직후로서 사회통념상 범죄행위가 완료되지 아니하였다고 볼 수 있는 단계에서 상해가 행하여짐을 요건으로 한다. 그러나 반드시 강도범행의 수단으로 한 폭행에 의하여 상해를 입힐 것을 요하는 것은 아니고 상해행위가 강도가 기수에 이르기 전에 행하여져야만 하는 것은 아니므로, 강도범행 이후에도 피해자를 계속 끌고 다니거나 차량에 태우고 함께 이동하는 등으로 강도범행으로 인한 피해자의 심리적 저항 불능 상태가 해소되지 않은 상태에서 강도범인의 상해행위가 있었다면 강취행위와 상해행위 사이에 다소의 시간적·공간적 간격이 있었다는 것만으로는 강도상해죄의 성립에 영향이 없다(대법원 2014.9.26, 2014도9567).

┌ 정답 ┐ ④

031 ✓유사 ◆◆◇ 변호사 2018

다음 설명 중 옳지 않은 것은? (다툼이 있는 경우 판례에 의함)

① 피해자의 신체에 공간적으로 근접하여 손발이나 물건을 휘두르거나 던지는 행위는 직접 피해자의 신체에 접촉하지 아니하였다 하더라도 피해자에 대한 불법한 유형력의 행사로서 폭행죄의 폭행에 해당될 수 있다.

② 강제추행죄는 사람에 대하여 폭행 또는 협박을 가하여 항거를 곤란하게 한 뒤에 추행행위를 하는 경우뿐만 아니라 폭행 자체가 추행행위로 인정되는 경우도 포함한다.

③ 강도범인이 상해행위를 하였다면 강취행위와 상해행위 사이에 다소의 시간적·공간적 간격이 있었다는 것만으로는 강도상해죄의 성립에 영향이 없으나, 상해의 결과는 강도범행의 수단으로 한 폭행에 의하여 발생해야 하므로 상해행위는 강도가 기수에 이르기 전에 행하여져야 한다.

④ 시간적 차이가 있는 독립된 상해행위나 폭행행위가 경합하여 사망의 결과가 일어나고 그 사망의 원인된 행위가 판명되지 않은 경우에는 공동정범의 예에 의하여 처벌된다.

⑤ 평소 건강에 별다른 이상이 없는 피해자에게 성인 권장용량의 2배에 해당하는 졸피뎀 성분의 수면제가 섞인 커피를 마시게 하여 피해자가 정신을 잃고 깊이 잠이 든 사이 피해자를 간음한 경우, 피해자가 4시간 뒤에 깨어나 잠이 든 이후의 상황에 대해서 제대로 기억하지 못하였다면 이는 강간치상죄의 상해에 해당한다.

해설 **출제영역 |** 강도상해죄 등 상해

③ (×) 형법 제337조의 강도상해죄는 강도범인이 강도의 기회에 상해행위를 함으로써 성립하므로 강도범행의 실행 중이거나 실행 직후 또는 실행의 범의를 포기한 직후로서 사회통념상 범죄행위가 완료되지 아니하였다고 볼 수 있는 단계에서 상해가 행하여짐을 요건으로 한다. 그러나 반드시 강도범행의 수단으로 한 폭행에 의하여 상해를 입을 것을 요하는 것은 아니고 <u>상해행위가 강도가 기수에 이르기 전에 행하여져야만 하는 것은 아니므로</u>, 강도범행 이후에도 피해자를 계속 끌고 다니거나 차량에 태우고 함께 이동하는 등으로 강도범행으로 인한 피해자의 심리적 저항불능 상태가 해소되지 않은 상태에서 강도범인의 상해행위가 있었다면 <u>강취행위와 상해행위 사이에 다소의 시간적·공간적 간격이 있었다는 것만으로는 강도상해죄의 성립에 영향이 없다</u>(대법원 2014.9.26, 2014도9567).

① (○) 피해자의 신체에 공간적으로 근접하여 고성으로 폭언이나 욕설을 하거나 동시에 손발이나 물건을 휘두르거나 던지는 행위는 직접 피해자의 신체에 접촉하지 아니하였다 하더라도 피해자에 대한 불법한 유형력의 행사로서 폭행에 해당될 수 있다(대법원 2003.1.10, 2000도5716).

② (×) 원래 이 지문은 옳은 지문이었는데, 2023년 9월 전원합의체 판결에 의하여 전단 부분이 틀린 것이 되었다. 즉, 강제추행죄는 상대방에 대하여 폭행 또는 협박을 가하여 추행행위를 하는 경우에는 '폭행 또는 협박'은 상대방의 항거를 곤란하게 할 정도로 강력할 것이 요구되지 아니한다(대법원 2023.9.21, 2018도13877 전원합의체)(따라서 전단 부분이 틀림). 뿐만 아니라 폭행행위 자체가 추행행위라고 인정되는 경우도 포함되며, 이 경우의 폭행은 반드시 상대방의 의사를 억압할 정도의 것이어야 하는 것도 아니다(대법원 2002.4.26, 2001도2417)(후단 부분은 원래부터 틀린 것임).

④ (○) 시간적 차이가 있는 독립된 상해행위나 폭행행위가 경합하여 사망의 결과가 일어나고 그 사망의 원인된 행위가 판명되지 않은 경우에는 공동정범의 예에 의하여 처벌할 것이다(대법원 2000.7.28, 2000도2466).

⑤ (○) 피고인의 약물 투약으로 정보나 경험을 기억하는 피해자의 생리적 기능에는 일시적으로 장애가 발생하였고, 여기에 피해자의 신체·정신상의 구체적 상태, 사용된 수면제의 종류와 용량, 투약방법, 피해자에게 발생한 의식장애나 기억상실의 정도 등을 종합해볼 때, 피해자는 약물 투약으로 항거가 불가능하거나 현저히 곤란해진 데에서 더 나아가 건강상태가 나쁘게 변경되고 생활기능에 장애가 초래되는 피해를 입었다고 할 것이므로, 이는 강간치상죄나 강제추행치상죄에서 말하는 상해에 해당한다. 이는 피해자가 당시 자연적으로 의식을 회복하거나 특별한 치료를 받지 않았다고 하더라도 달리 볼 것은 아니다(대법원 2017.6.29, 2017도3196).

정답 ②, ③

032 ✓유사 ◆◆◇ 경찰1차 2023

절도 및 강도의 죄에 관한 설명 중 가장 적절한 것은? (다툼이 있는 경우 판례에 의함)

① 주거침입이 주간에 이루어졌더라도 야간에 절취행위를 하였다면 야간주거침입절도죄가 성립한다.

② 절도 습벽의 발현으로 절도, 야간주거침입절도, 특수절도, 자동차등불법사용의 범행을 함께 저지른 경우, 자동차등불법사용의 범행은 상습절도죄에 흡수되지 않고 자동차불법사용죄가 따로 성립한다.

③ 절도범인이 처음에는 흉기를 휴대하지 아니하였으나, 체포를 면탈할 목적으로 폭행 또는 협박을 가할 때에 비로소 흉기를 휴대·사용하게 된 경우에는 「형법」 제334조의 예에 의한 준강도(특수강도의 준강도)가 된다.

④ 강도살인죄의 주체인 '강도'에는 준강도죄의 강도범인이 포함되지 않는다.

해설 **출제영역 |** 개인적 법익에 관한 죄 종합

③ (○) 절도범인이 처음에는 흉기를 휴대하지 아니하였으나, <u>체포를 면탈할 목적으로 폭행 또는 협박을 가할 때에 비로소 흉기를 휴대·사용하게 된 경우에는 형법 제334조의 예에 의한 준강도(특수강도의 준강도)가 된다</u>(대법원 1973.11.13, 73도1553 전원합의체).

① (×) 형법은 제329조에서 절도죄를 규정하고 곧바로 제330조에서 야간주거침입절도죄를 규정하고 있을 뿐, 야간절도죄에 관하여는 처벌규정을 별도로 두고 있지 아니하다. 이러한 형법 제330조의 규정형식과 그 구성요건의 문언에 비추어 보면, 형법은 야간에 이루어지는 주거침입행위의 위험성에 주목하여 그러한 행위를 수반한 절도를 야간주거침입절도죄로 중하게 처벌하고

있는 것으로 보아야 하고, 따라서 주거침입이 주간에 이루어진 경우에는 야간주거침입절도죄가 성립하지 않는다고 해석하는 것이 타당하다(대법원 2011.4.14, 2011도300, 2011감도5).

② (×) 상습절도 등의 범행을 한 자가 추가로 자동차등불법사용의 범행을 한 경우에 그것이 절도 습벽의 발현이라고 보이는 이상 자동차등불법사용의 범행은 상습절도 등의 죄에 흡수되어 1죄만이 성립하고 이와 별개로 자동차등불법사용죄는 성립하지 않는다(대법원 2002.4.26, 2002도429).

④ (×) 강도살인죄(형법 제338조)의 주체인 강도는 준강도죄(형법 제335조)의 강도범인을 포함한다고 할 것이므로 절도가 체포를 면탈할 목적으로 사람을 살해한 때에는 강도살인죄가 성립한다(대법원 1987.9.22, 87도1592).

정답 ③

033 ☑ 유사 ◆◆◇ 국가9급 2019

다음 사례에 대한 설명으로 옳지 않은 것은? (다툼이 있는 경우 판례에 의함)

> 甲과 乙은 주간에 함께 A의 집에 침입하여 도품을 물색하던 중, A에게 발각되어 각자 다른 길로 도주했다. 도주 중 甲은 자신을 추적해 오는 A를 발로 차서 넘어지게 하였다. 한편 乙은 순찰 중에 "도둑이야!"라는 소리를 듣고 범인을 체포하려고 달려온 사복 경찰관을 집주인 A라고 생각하고 체포를 면탈하기 위해 각목을 주워 그의 머리를 내리쳐 전치 8주의 상처를 입혔다.

① 甲과 乙이 A의 집에 침입한 행위는 공동주거침입에 해당한다.

② 甲과 乙이 A의 집에서 도품을 물색한 행위는 합동절도의 실행의 착수에 해당한다.

③ 甲이 자신을 추적해 오는 A를 폭행한 행위는 준강도죄를 구성한다.

④ 乙이 경찰관에게 상해를 가한 행위는 강도상해죄와 특수공무집행방해치상죄를 구성한다.

해설 | 출제영역 | 절도죄와 준강도죄

④ (×) 공무집행방해죄에 있어서의 범의는 상대방이 직무를 집행하는 공무원이라는 사실, 그리고 이에 대하여 폭행 또는 협박을 한다는 사실을 인식하는 것을 그 내용으로 한다(대법원 1995.1.24, 94도1949 등). 따라서 (특수)공무집행방해(치상)죄에는 해당하지 않는다.

① (○) 폭력행위처벌법 제2조 제2항 제1호 등 참조.

> **폭력행위처벌법 제2조(폭행 등)** ② 2명 이상이 공동하여 다음 각 호의 죄를 범한 사람은 「형법」 각 해당 조항에서 정한 형의 2분의 1까지 가중한다. 〈개정 2016.1.6〉
> 1. 「형법」 제260조 제1항(폭행), 제283조 제1항(협박), 제319조(주거침입, 퇴거불응) 또는 제366조(재물손괴 등)의 죄
> **형법 제319조(주거침입, 퇴거불응)** ① 사람의 주거, 관리하는 건조물, 선박이나 항공기 또는 점유하는 방실에 침입한

자는 3년 이하의 징역 또는 500만 원 이하의 벌금에 처한다. 〈개정 1995.12.29〉

② (○) 야간이 아닌 주간에 절도의 목적으로 다른 사람의 주거에 침입하여 절취할 재물의 물색행위를 시작하는 등 그에 대한 사실상의 지배를 침해하는 데에 밀접한 행위를 개시하면 절도죄의 실행에 착수한 것으로 보아야 한다(대법원 2003.6.24, 2003도1985, 2003감도26).

③ (○) 절도가 체포 면탈 목적으로 폭행을 가한 경우에 해당하여 준강도(미수)죄가 성립한다.

정답 ④

034 ☑ 유사 ◆◆◇ 경찰승진 2022

강도의 죄에 대한 설명으로 가장 적절한 것은? (다툼이 있는 경우 판례에 의함)

① 감금행위가 강도죄의 수단이 된 경우에는 강도죄 외에 별도로 감금죄가 성립하고 양 죄는 실체적 경합관계에 있다.

② 절도범이 체포를 면탈할 목적으로 체포하려는 여러 명의 피해자에게 같은 기회에 폭행을 가하여 그중 1인에게만 상해를 가하였다면 피해자 각자에 대한 강도죄 및 1인에 대한 강도상해죄가 성립하고 이들 죄는 상상적 경합관계에 있다.

③ 강도가 실행에 착수하였으나 강도행위를 완료하기 전에 강간을 한 경우에는 강도강간죄가 성립하지 아니한다.

④ 재산상 이익을 취득한 후 체포를 면탈할 목적으로 피해자를 폭행하더라도 준강도죄는 성립할 수 없다.

해설 | 출제영역 | 강도죄, 준강도죄, 특수강도죄의 구성요건, 죄수

④ (○) 형법 제335조는 '절도'가 재물의 탈환을 항거하거나 체포를 면탈하거나 죄적을 인멸한 목적으로 폭행 또는 협박을 가한 때에 준강도가 성립한다고 규정하고 있으므로 준강도죄의 주체는 절도범인이고 절도죄의 객체는 재물이다. 원심이 인정한 범죄사실은 피고인이 피해자에게 지급해야 할 술값의 지급을 면하여 재산상 이익을 취득하고 피해자를 폭행하였다는 것인데, 그 자체로 절도의 실행에 착수하였다는 내용이 포함되어 있지 않고, 기록을 살펴보아도 이를 인정할 만한 사정이 없다(대법원 2014.5.16, 2014도2521).

① (×) 상상적 경합에 해당한다. "감금행위가 단순히 강도상해 범행의 수단이 되는 데 그치지 아니하고(이 경우는 상상적 경합이라는 의미) 강도상해의 범행이 끝난 뒤에도 계속된 경우에는 1개의 행위가 감금죄와 강도상해죄에 해당하는 경우라고 볼 수 없고, 이 경우 감금죄와 강도상해죄는 형법 제37조의 경합범 관계에 있다(대법원 2003.1.10, 2002도4380)."

② (×) 절도범이 체포를 면탈할 목적으로 체포하려는 여러 명의 피해자에게 같은 기회에 폭행을 가하여 그중 1인에게만 상해를 가하였다면 이러한 행위는 포괄하여 하나의 강도상해죄만 성립한다(대법원 2001.8.21, 2001도3447).

③ (×) 형법 제339조의 강도강간죄는 강도범인이 강도의 기회에 강간행위를 한 경우에 성립되는 것으로서 강도가 실행에 착수하

였으나 아직 강도행위를 완료하기 전에 강간을 한 경우도 이에 포함된다(대법원 1984.10.10, 84도18800).

정답 ④

---

035 ✓ 유사 ◆◆◆ 변호사 2019

甲은 18:50경 열려 있는 A의 집 현관문을 통해 집 안으로 들어가 20분 정도 물건을 찾아다니다가, 19:10경 안방 서랍 안에 있는 A의 다이아몬드반지를 발견하고, 바지 주머니에 넣은 후 다시 현관문을 통해 밖으로 나올 때, 마침 귀가하던 A 및 A의 처 B와 마주쳤다. A와 B는 즉시 甲이 도둑임을 알아채고 함께 甲을 막아섰다. 이에 甲은 체포를 면탈하려고 주먹으로 A의 얼굴을 때리고 곧바로 B의 배를 발로 차, A와 B를 쓰러뜨린 후 도주하였다. 그 날 일몰시각은 19:05로 확인되었다. 이에 관한 설명 중 옳은 것은? (다툼이 있는 경우 판례에 의함)

① 甲이 A의 집에 들어가 다이아몬드반지를 훔친 행위는 야간주거침입절도죄에 해당한다.
② 甲의 행위는 A, B에 대한 각각의 준특수강도죄에 해당하고 양 죄는 실체적 경합범 관계이다.
③ 만약 甲이 집안에서 훔칠 물건을 찾고 있던 도중에 귀가한 A, B에게 발각되자, 체포를 면탈할 목적으로 그들을 폭행한 후 빈손으로 도주하였다면, 주거침입죄 및 준강도미수죄가 성립하고 양 죄는 실체적 경합범 관계이다.
④ 만약 甲이 다이아몬드반지를 훔쳐 나오면서 A와 B를 마주치지는 않았지만, 신고를 받고 출동한 경찰관 P가 현관문 앞에서 甲을 현행범으로 체포하려 하자 甲이 이를 면탈하기 위해 주먹으로 P의 얼굴을 때려 넘어뜨리고 도주하였다면, 주거침입죄와 준강도죄 및 공무집행방해죄가 성립하고 그중 준강도죄와 공무집행방해죄는 실체적 경합범 관계이다.
⑤ 만약 甲이 A, B의 아들이라면 친족상도례가 적용되므로, 준강도죄나 준특수강도죄로는 처벌받지 아니한다.

해설 출제영역 | 절도죄, 강도죄의 성립
③ (○) 형법 제335조에서 절도가 재물의 탈환을(2020.12.8. 개정: 에) 항거하거나 체포를 면탈하거나 죄적(개정: 범죄의 흔적)을 인멸할 목적으로 폭행 또는 협박을 가한 때(2020.12.8. 개정: 한 때)에 준강도로서 강도죄의 예에 따라 처벌하는 취지는, 강도죄와 준강도죄의 구성요건인 재물탈취와 폭행·협박 사이에 시간적 순서상 전후의 차이가 있을 뿐 실질적으로 위법성이 같다고 보기 때문인바, 이와 같은 준강도죄의 입법 취지, 강도죄와의 균형 등을 종합적으로 고려해 보면 준강도죄의 기수 여부는 절도행위의 기수 여부를 기준으로 하여 판단하여야 한다(대법원 2004.11.18, 2004도5074 전원합의체).
① (×) 형법은 제329조에서 절도죄를 규정하고 곧바로 제330조에서 야간주거침입절도죄를 규정하고 있을 뿐, 야간절도죄에 관하여는 처벌규정을 별도로 두고 있지 아니하다. 이러한 형법 제

330조의 규정형식과 그 구성요건의 문언에 비추어 보면, 형법은 야간에 이루어지는 주거침입행위의 위험성에 주목하여 그러한 행위를 수반한 절도를 야간주거침입절도죄로 중히 처벌하고 있는 것으로 보아야 하고, 따라서 주거침입이 주간에 이루어진 경우에는 야간주거침입절도죄가 성립하지 않는다고 해석하는 것이 타당하다(대법원 2011.4.14, 2011도300).
② (×) 준특수강도가 아니라 준단순강도에 해당하는 경우이다. 또한 절도가 체포를 면탈할 목적으로 추격하여 온 수인에 대하여 같은 기회에 동시 또는 이시에 폭행 또는 협박을 하였다 하더라도 준강도의 포괄일죄가 성립한다(대법원 1966.12.6, 66도1392).
④ (×) 절도범인이 체포를 면탈할 목적으로 경찰관에게 폭행 협박을 가한 때에는 준강도죄와 공무집행방해죄를 구성하고 양죄는 상상적 경합관계에 있다(대법원 1992.7.28, 92도917).
[보충] 다만, 강도범인이 체포를 면탈할 목적으로 경찰관에게 폭행을 가한 때에는 강도죄와 공무집행방해죄는 실체적 경합관계에 있고 상상적 경합관계에 있는 것이 아니다.
⑤ (×) 강도죄는 친족상도례가 적용되지 않기 때문에 甲은 준강도죄로 처벌받는다.

정답 ③

---

036 ✓ 유사 ◆◆◇ 변호사 2024

다음 사례와 관련된 설명 중 옳은 것은? (다툼이 있는 경우 판례에 의함)

> 甲이 절도의 고의로 이웃집에 담을 넘어 들어갔다가 훔칠 물건을 찾을 새도 없이 때마침 귀가한 A에게 곧바로 발각되었다. A가 甲을 향해 "너, 누구야?"라고 소리치며 붙잡으려 하자, 甲이 도망치기 위해 A를 폭행하였다.

① 위 사례가 주간에 발생했다면, 甲에게 절도미수죄가 성립한다.
② 위 사례가 주간에 발생했고, 甲이 담을 넘어 들어갈 때 범행에 사용할 의도로 칼을 소지하고 있었다고 하더라도, 실제 甲이 A를 폭행할 때 칼을 사용하지 않았다면 특수주거침입죄나 특수폭행죄는 성립하지 않는다.
③ 위 사례가 야간에 발생했다면, 甲에게 준강도기수죄가 성립한다.
④ 위 사례가 야간에 발생했고, 甲이 A를 폭행한 후 곧이어 뒤따라 온 B에게 붙잡히게 되자 도망치기 위해 B에게 상해를 가한 경우, 甲에게는 포괄하여 하나의 강도상해죄가 성립한다.
⑤ 위 사례와는 별도로, 甲이 차량 내부의 물건을 훔치려고 하다가 혹시라도 발각되었을 때 체포를 면탈하는 데 도움이 될 수 있을 것이라는 생각에서 칼을 소지하고 심야에 인적이 드문 길가에 주차된 차량들을 살피던 중 적발된 경우, 甲에게 강도예비죄가 성립한다.

해설 출제영역 | 주거침입죄, 강도죄, 준강도죄
④ (○) 절도범이 체포를 면탈할 목적으로 체포하려는 여러 명의 피

해자에게 같은 기회에 폭행을 가하여 그중 1인에게만 상해를 가하였다면 이러한 행위는 포괄하여 하나의 강도상해죄만 성립한다(대법원 2001.8.21, 2001도3447).

① (×) 재물에 대한 물색·접근·접촉 등의 밀접행위가 없었으므로 절도의 실행착수를 인정할 수 없어 절도미수죄는 성립하지 않는다. 주거침입죄와 폭행죄의 실체적 경합범이 성립한다.

② (×) 甲이 담을 넘어 들어갈 때 범행에 사용할 의도로 칼을 소지하고 있었다면, 실제 甲이 A를 폭행할 때 칼을 사용하지 않았더라도 특수주거침입죄와 특수폭행죄의 실체적 경합범이 성립한다.

③ (×) 위 사례가 야간에 발생하였다면 절도행위가 기수에 이르지 못하고 미수에 그쳤으므로, 甲에게 준강도미수죄가 성립한다.

> **[판례]** 형법 제335조에서 절도가 재물의 탈환을 항거하거나 체포를 면탈하거나 죄적을 인멸할 목적으로 폭행 또는 협박을 가한 때에 준강도로서 강도죄의 예에 따라 처벌하는 취지는, 강도죄와 준강도죄의 구성요건인 재물탈취와 폭행·협박 사이에 시간적 순서상 전후의 차이가 있을 뿐 실질적으로 위법성이 같다고 보기 때문인바, 이와 같은 준강도죄의 입법취지, 강도죄와의 균형 등을 종합적으로 고려해 보면, <u>준강도죄의 기수 여부는 절도행위의 기수 여부를 기준으로 하여 판단하여야 한다</u>(대법원 2004.11.18, 2004도5074 전원합의체).

⑤ (×) 甲에게는 준강도할 목적만 인정되고 강도할 목적은 부정되므로 강도예비죄의 죄책을 인정할 수 없다.

> **[판례]** 강도예비·음모죄가 성립하기 위해서는 예비·음모 행위자에게 미필적으로라도 '강도'를 할 목적이 있음이 인정되어야 하고 그에 이르지 않고 단순히 '준강도할 목적이 있음에 그치는 경우에는 강도예비·음모죄로 처벌할 수 없다. 피고인이 휴대 중이던 등산용 칼을 그 주장하는 바와 같이 뜻하지 않게 절도 범행이 발각되었을 경우 체포를 면탈하는 데 도움이 될 수 있을 것이라는 정도의 생각에서 더 나아가, 타인으로부터 물건을 강취하는 데 사용하겠다는 생각으로 준비하였다고 단정하기는 어렵고, 이와 같이 피고인에게 준강도할 목적이 인정되는 정도에 그치는 이상 피고인에게 강도할 목적이 있었다고 볼 수 없으므로 강도예비죄의 죄책을 인정할 수는 없다 할 것이다(대법원 2006.9.14, 2004도6432).

정답 ④

---

037 ✓ 유사 ◆◆◆

다음 사례에 대한 설명으로 옳지 않은 것은? (다툼이 있는 경우 판례에 의함)

> 甲은 A와 채무 변제기의 유예 여부 등을 놓고 언쟁을 벌이다가 순간적으로 A를 살해하여 채무의 지급을 면하기로 마음먹고, 망치로 A의 뒷머리 부분을 수회 때리는 등의 방법으로 살해하였다. 마침 A의 옷에 지갑이 있는 것을 발견하고, 장차 사체가 발견될 때 A의 신원이 밝혀지는 게 두려워 이를 숨기기 위하여 지갑을 꺼내 A가 타고 온 차량의 사물함에 통째로 넣어두었다. 그로부터 15시간가량 지난 후인 그 다음 날 10:00경 범행현장에 다시 와서 A의 사체를 인근 공사장 창고에 버리고, 지갑 속에 들어 있던 돈을 꺼내어 가서 담뱃값으로 사용하였다.

① 채무면탈 목적으로 A를 살해하는 행위는 채무의 존재가 명백할 뿐만 아니라 채권자의 상속인이 존재하고 그 상속인에게 채권의 존재를 확인할 방법이 확보되어 있다면 강도살인죄가 성립하지 않는다.

② A의 사체가 발견될 때 피해자의 신원이 밝혀지는 게 두려워 이를 숨기기 위하여 지갑을 꺼내 차량의 사물함에 통째로 넣어 두는 행위에 대하여 甲에게 지갑에 대한 불법영득의 의사를 인정하기 어렵다.

③ 지갑 속의 돈을 꺼내어 담뱃값으로 사용한 행위는 살인행위와 시간상 및 거리상 극히 근접하여 사회통념상 범죄행위가 완료되지 아니한 상태에서 이루어진 것이므로 甲에게는 강도살인죄가 성립한다.

④ A의 사체를 공사장 창고에 버리는 행위는 사체유기죄에 해당하며, 사체유기죄는 살인행위 등으로 성립될 범죄와 실체적 경합관계에 있다.

해설 | **출제영역** ❘ 강도살인죄의 성립

③ (×) 피고인이 피해자 소유의 돈과 신용카드에 대하여 불법영득의 의사를 갖게 된 것이 살해 후 상당한 시간이 지난 후로서 살인의 범죄행위가 이미 완료된 후의 일이라면, 살해 후 상당한 시간이 지난 후에 별도의 범의에 터잡아 이루어진 재물 취거행위를 그보다 앞선 살인행위와 합쳐서 강도살인죄로 처단할 수 없다(대법원 2004.6.24, 2004도1098).

① (○) 대법원 2004.6.24, 2004도1098

② (○) 자기의 소유물과 같이 이용·처분하려는 적극적인 이용의사(불법영득의사가)가 인정되지 않는 경우이다.

④ (○) 사람을 살해한 자가 그 사체를 다른 장소로 옮겨 유기하였을 때에는 별도로 사체유기죄가 성립하고, 이와 같은 사체유기를 불가벌적 사후행위로 볼 수는 없다(대법원 1997.7.25, 97도1142).

정답 ③

038 ✓ 유사 ◆◇◇ 경찰대편입 2023

다음의 〈사례〉에 대한 설명으로 옳지 않은 것만을 모두 고른 것은?

┤ 보기 ├

甲, 乙, 丙은 A가 운영하는 핸드폰 대리점에서 최신형 핸드폰을 야간에 절도할 것을 공모하고, 甲은 A가 운영하는 핸드폰 대리점 침입에 필요한 특수열쇠를 미리 준비하는 한편 乙과 丙이 절취한 물건을 가져오면 함께 도주하기 위해 범행 현장에서 100m 떨어진 곳에서 대기하기로 하였다. 乙과 丙은 甲이 미리 준비하여 건네준 특수열쇠를 이용하여 위 대리점 잠금장치를 풀고 침입하여 위 대리점 내 진열장에 있던 최신형 핸드폰 30여 개를 미리 준비한 가방에 담으려는 순간, 대리점 안 작은방에 자고 있던 A가 인기척을 느껴 방문을 열자, 이에 놀란 乙과 丙은 가방을 그대로 둔채 핸드폰 대리점을 나오다가 A의 남편인 B와 마주쳤다. B는 직감적으로 乙과 丙이 절도범인 걸 알고 "도둑이야" 소리치며 乙을 붙잡으려 하자, A는 이 소리를 듣고 B를 돕기 위해서 방에서 뒤쫓아 나왔다. 乙과 丙은 붙잡히지 않으려고 B를 세게 밀쳤고, B는 뒤에 쫓아 나오던 A와 함께 넘어져서 각각 2주간의 치료를 요하는 요추부 타박상 등을 입었다.

ㄱ. 판례의 태도에 따르면, 甲은 합동절도의 범행을 공모한 것은 인정되나, 현장에서 절도의 실행행위를 직접 분담한 것으로 볼 수 없는바, 합동절도의 범행을 하였다고 평가할 수 있는 정범성의 표지를 갖추고 있지 않아, 합동절도의 공동정범이 인정되지 않는다.

ㄴ. 판례의 태도에 따르면, 乙과 丙의 행위에 대해 비록 준강도가 미수에 그쳤다고 하더라도 그로 인하여 B가 상해를 입었다면 강도치상죄가 성립한다.

ㄷ. 판례의 태도에 따르면, 甲은 乙과 丙이 행한 치상의 결과를 예견할 수 없는 때가 아닌 한, 강도치상죄의 공동정범이 된다.

ㄹ. 乙과 丙이 체포를 면탈할 목적으로 행한 행위로 A만 2주 간의 치료를 요하는 상해를 입은 경우, 판례의 태도에 따르면 준강도미수와 강도치상죄의 상상적 경합이 된다.

ㅁ. 진정결과적 가중범의 미수 성립을 인정하는 견해에 의하면, 문리해석상 강도치상죄는 미수범 처벌규정이 존재하므로, 준강도죄가 미수에 그친 乙과 丙의 행위에 대하여는 강도치상 미수죄가 성립한다.

① ㄱ, ㄹ   ② ㄱ, ㅁ
③ ㄴ, ㄷ   ④ ㄱ, ㄷ, ㄹ
⑤ ㄱ, ㄹ, ㅁ

해설 출제영역 | 강도죄 종합

① ㄱ, ㄹ

ㄱ. (✕) 3인 이상의 범인이 합동절도의 범행을 공모한 후 적어도 2인 이상의 범인이 범행 현장에서 시간적, 장소적으로 협동관계를 이루어 절도의 실행행위를 분담하여 절도 범행을 한 경우에는 공동정범의 일반 이론에 비추어 그 공모에는 참여하였으나 현장에서 절도의 실행행위를 직접 분담하지 아니한 다른 범인에 대하여도 그가 현장에서 절도 범행을 실행한 위 2인 이상의 범인의 행위를 자기 의사의 수단으로 하여 합동절도의 범행을 하였다고 평가할 수 있는 정범성의 표지를 갖추고 있다고 보여지는 한 그 다른 범인에 대하여 합동절도의 공동정범의 성립을 부정할 이유가 없다고 할 것이다(대법원 1998.5.21, 98도321 전원합의체).

ㄴ. (○) 특수절도미수가 체포면탈의 목적으로 폭행을 한 것은 준강도미수가 되고, 이 기회에 과실로 상해에 이른 행위는 강도치상죄가 성립한다.

> [판례1] 절도가 절도행위의 기회 계속 중이라고 볼 수 있는 그 실행 중 또는 실행 직후에 체포를 면탈할 목적으로 폭행을 가한 때에는 준강도죄가 성립되고 이로써 상해를 입었을 때는 강도상해죄가 성립된다(대법원 1987.10.26, 87도1662).
> [판례2] 형법 제335조의 조문 가운데 "절도" 운운함은 절도기수범과 절도미수범을 모두 포함하는 것이고, 준강도가 사람을 상해했을 때에는 형법 제337조의 강도상해죄가 성립된다(대법원 1990.2.27, 89도2532).

ㄷ. (○) 특수절도미수의 합동범에 대한 공동정범인 甲도 준강도미수의 폭행에 대한 예견가능성이 있으면 준강도미수의 공동정범이 되고 나아가 상해의 결과에 대한 예견가능성이 있으면 강도치상죄의 공동정범이 성립한다.

> [판례] 피고인과 원심피고인들이 타인의 재물을 절취하기로 공모한 다음 피고인은 망을 보고 원심피고인들이 재물을 절취한 다음 달아나려다가 피해자에게 발각되자 체포를 면탈할 목적으로 피해자를 때려 상해를 입혔다면 피고인도 이를 전연 예견하지 못했다고 볼 수 없어 강도상해죄의 죄책을 면할 수 없다(대법원 1989.12.12, 89도1991).

ㄹ. (✕) 준강도행위로 인하여 상해의 결과에 이른 경우 준강도미수는 별도로 성립하지 않고 강도치상죄의 1죄만 성립한다.

> [판례] 절도범이 체포를 면탈할 목적으로 체포하려는 여러 명의 피해자에게 같은 기회에 폭행을 가하여 그중 1인에게만 상해를 가하였다면 이러한 행위는 포괄하여 하나의 강도상해죄만 성립한다(대법원 2001.8.21, 2001도3447).

ㅁ. (○) 진정결과적 가중범의 미수 성립을 인정하는 견해에 의하면, 진정결과적 가중범의 경우 결과적 가중범의 구성요건상 기본범죄에 기본범죄의 미수범이 포함되는 것으로 명시되어 있거나 그렇게 해석이 가능하고, 그에 더해 결과적 가중범의 미수범 처벌규정이 있는 때 그 미수가 인정되어야 한다고 한다. 강도치상죄는 형법에 미수범 처벌규정을 두고 있으므로(형법 제342조) 결과적 가중범의 미수 긍정설에 의하면 준강도미수가 과실로 상해에 이른 경우에는 강도치상죄의 미수범이 성립된다.

정답 ①

4 사기의 죄

039 ✓ 대표 ◆◇◇ 국가9급 2018

신용카드 범죄에 대한 설명으로 옳지 않은 것은? (다툼이 있는 경우 판례에 의함)

① 절취한 타인의 신용카드를 이용하여 현금자동지급기에서 자신의 예금계좌로 돈을 이체시킨 후 그 예금계좌에서 현금을 인출한 경우 현금에 대한 절도죄는 성립하지 않는다.

② 타인의 명의를 모용하여 발급받은 신용카드를 이용하여 현금자동지급기에서 현금대출을 받은 경우 현금에 대한 절도죄가 성립한다.

③ 타인의 명의를 모용하여 발급받은 신용카드 번호와 그 비밀번호를 이용하여 ARS전화서비스나 인터넷 등을 통하여 신용대출을 받는 방법으로 재산상 이익을 취득하는 경우 컴퓨터 등 사용 사기죄가 성립한다.

④ 신용카드를 절취한 사람이 물품 대금의 결제를 위해 신용카드를 제시하고 카드회사의 승인까지 받았다면 매출전표에 서명한 사실이 없고 도난카드임이 밝혀져 최종적으로 매출취소로 거래가 종결되었다 하더라도 여신전문금융업법의 신용카드부정사용죄의 기수범이 성립한다.

해설 | 출제영역 | 신용카드범죄

④ (×) 피고인이 절취한 신용카드로 대금을 결제하기 위하여 신용카드를 제시하고 카드회사의 승인까지 받았으나 나아가 매출전표에 서명을 한 사실을 인정할 증거는 없고, 카드가 없어진 사실을 알게 된 피해자에 의해 거래가 취소되어 최종적으로 매출취소로 거래가 종결된 사실이 인정된다고 한 다음, 피고인의 행위는 신용카드 부정사용의 미수행위에 불과하다 할 것인데 여신전문금융업법에서 위와 같은 미수행위를 처벌하는 규정을 두고 있지 아니한 이상 피고인을 위 법률위반죄로 처벌할 수 없으므로 무죄이다(대법원 2008.2.14, 2007도8767).

① (○) 절취한 타인의 신용카드를 이용하여 현금지급기에서 계좌이체를 한 행위는 컴퓨터등사용사기죄에서 컴퓨터 등 정보처리장치에 권한 없이 정보를 입력하여 정보처리를 하게 한 행위에 해당함은 별론으로 하고 이를 절취행위라고 볼 수는 없고, 한편 위 계좌이체 후 현금지급기에서 현금을 인출한 행위는 자신의 신용카드나 현금카드를 이용한 것이어서 이러한 현금인출이 현금지급기 관리자의 의사에 반한다고 볼 수 없어 절취행위에 해당하지 않으므로 절도죄를 구성하지 않는다(대법원 2008.6.12, 2008도2440).

② (○) 피고인이 타인의 명의를 모용하여 신용카드를 발급받은 경우, 비록 카드회사가 피고인으로부터 기망을 당한 나머지 피고인에게 피모용자 명의로 발급된 신용카드를 교부하고, 사실상 피고인이 지정한 비밀번호를 입력하여 현금자동지급기에 의한 현금대출(현금서비스)을 받을 수 있도록 하였다 할지라도, 카드회사의 내심의 의사는 물론 표시된 의사도 어디까지나 카드명의인인 피모용자에게 이를 허용하는 데 있을 뿐, 피고인에게 이를 허용한 것은 아니라는 점에서 피고인이 타인의 명의를 모용하여 발급받은 신용카드를 사용하여 현금자동지급기에서 현금대출을 받는 행위는 카드회사에 의하여 미리 포괄적으로 허용된 행위가 아니라, 현금자동지급기의 관리자의 의사에 반하여 그의 지배를 배제한 채 그 현금을 자기의 지배하에 옮겨 놓는 행위로서 절도죄

에 해당한다고 봄이 상당하다(대법원 2002.7.12, 2002도2134).

③ (○) 타인의 명의를 모용하여 발급받은 신용카드의 번호와 그 비밀번호를 이용하여 ARS 전화서비스나 인터넷 등을 통하여 신용대출을 받는 방법으로 재산상 이익을 취득하는 행위 역시 미리 포괄적으로 허용된 행위가 아닌 이상, 컴퓨터 등 정보처리장치에 권한 없이 정보를 입력하여 정보처리를 하게 함으로써 재산상 이익을 취득하는 행위로서 컴퓨터 등 사용사기죄에 해당한다(대법원 2006.7.27, 2006도3126).

정답 ④

040 ✓ 유사 ◆◆◇ 군무원9급 2022

사기의 죄에 관한 설명으로 가장 옳은 것은? (다툼이 있으면 판례에 의함)

① 전기통신금융사기의 경우 사기 이용계좌에 송금된 자금을 인출하는 행위 자체는 사기죄를 구성하지 않는다.

② 절취한 타인의 신용카드로 현금자동지급기에서 현금을 인출한 행위는 컴퓨터등사용사기죄에 해당한다.

③ 미성년자를 기망하여 재물을 편취한 경우에는 사기죄가 아니라 준사기죄가 성립한다.

④ 타인의 휴대전화를 몰래 사용하여 재산상 이익을 취득한 경우는 편의시설부정이용죄에 해당한다.

해설 | 출제영역 | 사기의 죄 종합

① (○) 전기통신금융사기를 목적으로 타인으로 하여금 컴퓨터 등 정보처리장치에 정보 또는 명령을 입력하게 하는 행위(처벌조항 제1호)나 전기통신금융사기를 목적으로 취득한 타인의 정보를 이용하여 컴퓨터 등 정보처리장치에 정보 또는 명령을 입력하는 행위(처벌조항 제2호)에 의한 정보 또는 명령의 입력으로 자금이 사기이용계좌로 송금·이체되면 전기통신금융사기 행위는 종료되고 처벌조항 위반죄는 이미 기수에 이른 것이므로, 그 후에 사기이용계좌에서 현금을 인출하거나 다시 송금하는 행위는 범인들 내부영역에서 그들이 관리하는 계좌를 이용하여 이루어지는 행위이어서, 이를 두고 새로 전기통신금융사기를 목적으로 하는 행위라고 할 수 없다(대법원 2016.2.19, 2015도15101 전원합의체).

② (×) 형법 제347조의2는 컴퓨터등사용사기죄의 객체를 재물이 아닌 재산상의 이익으로만 한정하여 규정하고 있으므로, 절취한 타인의 신용카드로 현금자동지급기에서 현금을 인출하는 행위가 재물에 관한 범죄임이 분명한 이상 이를 위 컴퓨터등사용사기죄로 처벌할 수는 없다고 할 것이고, 입법자의 의도가 이와 달리 이를 위 죄로 처벌하고자 하는 데 있었다거나 유사한 사례와 비교하여 처벌상의 불균형이 발생할 우려가 있다는 이유만으로 그와 달리 볼 수는 없다(대법원 2003.5.13, 2003도1178).

③ (×) 준사기죄는 미성년자의 사리분별력 부족 또는 사람의 심신장애를 이용하여 재물을 교부받거나 재산상 이익을 취득함으로써 성립하는 범죄이다. 따라서 위와 같은 요소가 없는 이상 (사리분별력이 부족하지 않은) 미성년자를 기망하여 재물을 편취한 행위는 준사기죄가 아니라 사기죄를 구성한다(제348조 참조).

> **제348조(준사기)** ① 미성년자의 사리분별력 부족 또는 사람의 심신장애를 이용하여 재물을 교부받거나 재산상 이익을 취득한 자는 10년 이하의 징역 또는 2천만 원 이하의 벌금에 처한다.

④ (×) 편의시설부정이용죄는 부정한 방법으로 대가를 지급하지 아니하고 자동판매기·공중전화 기타 유료자동설비를 이용하여 재물 또는 재산상의 이익을 취득함으로써 성립하는 범죄이다. 유료자동설비라 함은 사용자가 대가를 지불하는 경우에 기계적·전자적 장치가 작동하여 일정한 재화·용역 등의 편의를 제공하는 일체의 기계를 말한다. 다만 가정용 전화기나 개인 소유의 휴대전화기는 여기에 속하지 않는다(제348조의2 참조).

> 제348조의2(편의시설부정이용) 부정한 방법으로 대가를 지급하지 아니하고 자동판매기, 공중전화 기타 유료자동설비를 이용하여 재물 또는 재산상의 이익을 취득한 자는 3년 이하의 징역, 500만 원 이하의 벌금, 구류 또는 과료에 처한다.

정답 ①

---

041 ✓ 유사 ◆◇◇　　　　　　　　국가7급 2016

사기죄에 대한 설명으로 옳지 않은 것은? (다툼이 있는 경우 판례에 의함)

① 사기죄에서 피해자에게 그 대가가 지급된 경우 피해자를 기망하여 그가 보유하고 있는 그 대가를 다시 편취하거나 피해자로부터 그 대가를 위탁받아 보관 중 횡령하였다면, 기존에 성립한 사기죄와는 별도의 새로운 사기죄나 횡령죄가 성립한다.

② 보험금을 지급받을 수 있는 사유가 있다 하더라도 이를 기화로 실제 지급받을 수 있는 보험금보다 다액의 보험금을 편취할 의사로 장기간의 입원 등을 통하여 과다한 보험금을 지급받은 경우에는 지급받은 보험금 전체에 대하여 사기죄가 성립한다.

③ 甲이 점포에 대한 권리금을 지급한 것처럼 허위의 사용내역서를 작성·교부하여 동업자들을 기망하고 출자금 지급을 면제 받으려 하였으나 미수에 그친 경우 동업자들이 甲에 대한 출자의무를 명시적으로 면제하지 않더라도 착오에 빠져 이를 면제해 주는 결과에 이를 수 있기 때문에 이는 부작위에 의한 처분행위에 해당한다.

④ 甲이 乙에게 이중매도한 택지분양권을 순차 매수한 丙·丁에게 이중매도 사실을 숨긴 채 자신의 명의로 형식적인 매매계약서를 작성해 준 경우 甲이 직접 매매대금을 수령하지 않았다면 丙·丁에 대한 사기죄가 성립하지 않는다.

해설 출제영역 | 사기죄 – 부작위에 의한 기망행위

④ (×) 甲이 乙에게 이중매도한 택지분양권을 순차 매수한 丙·丁에게 이중매도 사실을 숨긴 채 자신의 명의로 형식적인 매매계약서를 작성해 준 사안에서, 甲이 직접 매매대금을 수령하지 않았더라도 丙·丁에 대한 사기죄가 성립한다(대법원 2009.1.30, 2008도9985).

① (○) 대법원 2009.10.29, 2009도7052.

② (○) 대법원 2005.9.9, 2005도3518.

③ (○) 대법원 2009.3.26, 2008도6641.

정답 ④

---

042 ✓ 대표 ◆◇◇　　국가9급 2022 유사　변호사 2015

소송사기에 관한 설명 중 옳지 않은 것은? (다툼이 있는 경우 판례에 의함)

① 甲이 소송비용을 편취할 의사로 소송비용의 지급을 구하는 손해배상청구의 소를 제기한 경우 사기죄의 불가벌적 불능범에 해당한다.

② 甲이 사망자 乙 명의의 문서를 위조하여 소장에 첨부한 후, 乙을 상대로 법원에 제소한 경우 사문서위조 및 위조사문서행사죄는 성립하지만 사기죄는 성립하지 않는다.

③ 부동산등기부상 소유자로 등기된 적이 있는 甲이 자신 이후에 소유권이전등기를 경료한 등기명의인들을 상대로 허위의 사실을 주장하면서 그들 명의의 소유권이전등기말소를 구하는 소를 제기하더라도 사기죄의 실행에 착수한 것이 아니다.

④ 甲이 피담보채권인 공사대금채권을 실제와 달리 허위로 크게 부풀려 유치권에 기한 경매신청을 한 경우 사기죄의 실행에 착수한 것이다.

⑤ 甲이 진정한 임차권자가 아니면서 허위의 임대차 계약서를 법원에 제출하여 임차권등기명령을 신청한 경우 사기죄의 실행에 착수한 것이다.

해설 출제영역 | 소송사기죄의 성립

③ (×) 부동산등기부상 소유자로 등기된 적이 있는 자가 자기 이후에 소유권이전등기를 경료한 등기명의인들을 상대로 허위의 사실을 주장하면서 그들 명의의 소유권이전등기의 말소를 구하는 소송을 제기한 경우 그 소송에서 승소한다면 등기명의인들의 등기가 말소됨으로써 그 소송을 제기한 자의 등기명의가 회복되는 것이므로 이는 법원을 기망하여 재물이나 재산상 이익을 편취한 것이라고 할 것이고 따라서 등기명의인들 전부 또는 일부를 상대로 하는 그와 같은 말소등기청구 소송의 제기는 사기의 실행에 착수한 것이라고 보아야 한다(대법원 2003.7.22, 2003도1951).

① (○) 대법원 2005.12.8, 2005도8105

② (○) ㉠ 문서위조죄는 그 명의인이 실재하지 않는 허무인이거나 또는 문서의 작성일자 전에 이미 사망하였다고 하더라도 문서위조죄가 성립한다(대법원 2005.2.24, 2002도18 전원합의체). ㉡ 피고인의 제소가 사망한 자를 상대로 한 것이라면 이와 같은 사망한 자에 대한 판결은 그 내용에 따른 효력이 생기지 아니하여 상속인에게 그 효력이 미치지 아니하고 따라서 사기죄를 구성한다고 할 수 없다(대법원 2002.1.11, 2000도1881).

④ (○) 유치권에 의한 경매를 신청한 유치권자는 일반채권자와 마찬가지로 피담보채권액에 기초하여 배당을 받게 되는 결과 피담보채권인 공사대금 채권을 실제와 달리 허위로 크게 부풀려 유치권에 의한 경매를 신청할 경우 정당한 채권액에 의하여 경매를 신청한 경우보다 더 많은 배당금을 받을 수도 있으므로, 이는 법원을 기망하여 배당이라는 법원의 처분행위에 의하여 재산상 이익을 취득하려는 행위로서, 불능범에 해당한다고 볼 수 없고, 소

송사기죄의 실행의 착수에 해당한다(대법원 2012.11.15, 2012도9603).

⑤ (○) 임차권등기명령의 절차 및 그 집행에 의한 임차권등기의 법적 효력을 고려하면, 다른 특별한 사정이 없는 한, 법원의 임차권등기명령은 피신청인의 재산상의 지위 또는 상태에 영향을 미칠 수 있는 행위로서 피신청인의 처분행위에 갈음하는 내용과 효력이 있다고 보아야 하고, 따라서 이러한 법원의 임차권등기명령을 이용한 소송사기의 경우 피해자인 피신청인이 직접 처분행위를 하였는지 여부는 사기죄의 성부에 아무런 영향을 주지 못한다. 위와 같이 법원의 임차권등기명령을 피해자의 재산적 처분행위에 갈음하는 내용과 효력이 있는 것으로 보고 그 집행에 의한 임차권등기가 마쳐짐으로써 신청인이 재산상 이익을 취득하였다고 보는 이상, 진정한 임차권자가 아니면서 허위의 임대차계약서를 법원에 제출하여 임차권등기명령을 신청하면 그로써 소송사기의 실행행위에 착수한 것으로 보아야 하고, 나아가 그 임차보증금 반환채권에 관하여 현실적으로 청구의 의사표시를 하여야만 사기죄의 실행의 착수가 있다고 볼 것은 아니다(대법원 2012.5.24, 2010도12732).

정답 ③

043 ✓ 유사 ◆◆◇ 변호사 2020

사기죄에 관한 설명 중 옳은 것(○)과 옳지 않은 것(×)을 올바르게 조합한 것은? (다툼이 있는 경우 판례에 의함)

ㄱ. 금원편취를 내용으로 하는 사기죄에서는 기망으로 인한 금원 교부가 있으면 그 자체로 피해자의 재산 침해가 되어 바로 사기죄가 성립하고, 상당한 대가가 지급되었다거나 피해자의 전체 재산상의 손해가 없다 하여도 사기죄의 성립에는 그 영향이 없다.

ㄴ. 피해자에 대한 사기범행을 실현하는 수단으로 타인을 기망하여 그를 피해자로부터 편취한 재물을 전달하는 도구로만 이용한 경우, 편취의 대상인 재물에 관하여 피해자에 대한 사기죄와는 별도로 도구로 이용된 타인에 대한 사기죄가 성립한다.

ㄷ. 부동산의 명의수탁자가 그 부동산을 자신의 소유라고 말하면서 제3자에게 매도하고 소유권이전등기를 마쳐 준 경우, 제3자에 대한 사기죄가 성립한다.

ㄹ. 사기도박으로 금전을 편취하려고 하는 자가 상대방에게 도박에 참가할 것을 권유하는 것만으로는 사기죄의 실행의 착수가 인정되지 않는다.

ㅁ. 피해자를 속여 재물을 교부받으면서 일부 대가를 지급한 경우, 편취액은 대가를 공제한 차액이 아니라 교부받은 재물 전부이다.

① ㄱ(×), ㄴ(○), ㄷ(○), ㄹ(○), ㅁ(×)
② ㄱ(○), ㄴ(×), ㄷ(×), ㄹ(×), ㅁ(○)
③ ㄱ(×), ㄴ(○), ㄷ(×), ㄹ(○), ㅁ(○)
④ ㄱ(○), ㄴ(×), ㄷ(○), ㄹ(×), ㅁ(○)
⑤ ㄱ(○), ㄴ(○), ㄷ(×), ㄹ(○), ㅁ(×)

해설 출제영역ㅣ사기죄의 요건＋죄수

② ㄱ(○), ㄴ(×), ㄷ(×), ㄹ(×), ㅁ(○)

ㄱ. (○), ㅁ. (○) 대법원 1995.3.24, 95도203

ㄴ. (×) 간접정범을 통한 범행에서 피이용자는 간접정범의 의사를 실현하는 수단으로서의 지위를 가질 뿐이므로, 피해자에 대한 사기범행을 실현하는 수단으로서 타인을 기망하여 그를 피해자로부터 편취한 재물이나 재산상 이익을 전달하는 도구로서만 이용한 경우에는 편취의 대상인 재물 또는 재산상 이익에 관하여 피해자에 대한 사기죄가 성립할 뿐 도구로 이용된 타인에 대한 사기죄가 별도로 성립한다고 할 수 없다(대법원 2017.5.31, 2017도3894).

ㄷ. (×) 부동산의 명의수탁자가 부동산을 제3자에게 매도하고 매매를 원인으로 한 소유권이전등기까지 마쳐 준 경우, 명의신탁의 법리상 대외적으로 수탁자에게 그 부동산의 처분권한이 있는 것임이 분명하고, 제3자로서도 자기 명의의 소유권이전등기가 마쳐진 이상 무슨 실질적인 재산상의 손해가 있을 리 없으므로 그 명의신탁 사실과 관련하여 신의칙상 고지의무가 있다거나 기망행위가 있었다고 볼 수도 없어서 그 제3자에 대한 사기죄가 성립될 여지가 없고, 나아가 그 처분 시 매도인(명의수탁자)의 소유라는 말을 하였다고 하더라도 역시 사기죄가 성립하지 않는다(대법원 2007.1.11, 2006도4498).

ㄹ. (×) 사기죄는 편취의 의사로 기망행위를 개시한 때에 실행에 착수한 것으로 보아야 하므로, 사기도박에서도 사기적인 방법으로 도금을 편취하려고 하는 자가 상대방에게 도박에 참가할 것을 권유하는 등 기망행위를 개시한 때에 실행의 착수가 있는 것으로 보아야 한다(대법원 2011.1.13, 2010도9330).

정답 ②

044 ✓ 유사 ◆◇◇ 법원9급 2015

사기죄에 관한 다음 설명 중 가장 옳지 않은 것은?

① 자기에게 유리한 판결을 얻기 위하여 소송상의 주장이 사실과 다름이 객관적으로 명백하거나 증거가 조작되어 있는 점을 인식하지 못하는 제3자를 이용하여 그로 하여금 소송의 당사자가 되게 하고 법원을 기망하여 소송 상대방의 재물 또는 재산상 이익을 취득하려고 하였다면 간접정범의 형태에 의한 소송사기죄가 성립한다.

② 허위의 내용으로 소를 제기하여 법원을 기망한다는 고의가 있는 경우 반드시 허위의 증거를 이용하지 않더라도 당사자의 주장이 법원을 기망하기에 충분한 것이면 사기죄가 성립한다.

③ 사망한 자를 상대로 소를 제기하는 경우 사망한 자에 대한 판결은 그 내용에 따른 효력이 생기지 아니하여 상속인에게 그 효력이 미치지 아니하므로 사기죄가 성립하지 아니한다.

④ 민사소송의 피고는 허위내용의 서류를 작성하여 이를 증거로 제출하거나 위증을 시키는 등의 적극적인 방법으로 법원을 기망하여 착오에 빠지게 하더라도 적극적 소송당사자가 아니므로 사기죄의 주체가 될 수 없다.

해설 출제영역 | 사기죄의 구성요건 − 소송사기

④ (×) 적극적 소송당사자인 원고뿐만 아니라 방어적인 위치에 있는 피고라 하더라도 허위내용의 서류를 작성하여 이를 증거로 제출하거나 위증을 시키는 등의 적극적인 방법으로 법원을 기망하여 착오에 빠지게 한 결과 승소확정판결을 받음으로써 자기의 재산상의 의무이행을 면하게 된 경우에는 그 재산가액상당에 대하여 사기죄가 성립한다(대법원 2004.3.12, 2003도333).

① (○) 자기에게 유리한 판결을 얻기 위하여 소송상의 주장이 사실과 다름이 객관적으로 명백하거나 증거가 조작되어 있다는 정을 인식하지 못하는 제3자를 이용하여 그로 하여금 소송의 당사자가 되게 하고 법원을 기망하여 소송 상대방의 재물 또는 재산상 이익을 취득하려 하였다면 간접정범의 형태에 의한 소송사기죄가 성립하게 된다(대법원 2007.9.6, 2006도3591).

② (○) 소송사기는 법원을 기망하여 제3자의 재물을 편취할 것을 기도하는 것을 내용으로 하는 것으로서, 사기죄로 인정하기 위하여는 제소 당시 그 주장과 같은 권리가 존재하지 않는다는 것만으로는 부족하고, 그 주장의 권리가 존재하지 않는 사실을 잘 알고 있으면서도 허위의 주장과 입증으로 법원을 기망한다는 인식을 요한다. 그러나 허위의 내용으로 소송을 제기하여 법원을 기망한다는 고의가 있는 경우에 법원을 기망하는 것은 반드시 허위의 증거를 이용하지 않더라도 당사자의 주장이 법원을 기망하기에 충분한 것이라면 기망수단이 된다(대법원 2004.6.24, 2002도4151; 2011.9.8, 2011도7262).

③ (○) 피고인의 제소가 사망한 자를 상대로 한 것이라면 그 판결은 그 내용에 따른 효력이 생기지 아니하여 상속인에게 그 효력이 미치지 아니하므로, 사기죄를 구성할 수 없다(대법원 1997.7.8, 97도632).

정답 ④

✓ 유사 ◆◆◇ 법원9급 2014

다음 설명 중 가장 옳지 않은 것은? (다툼이 있는 경우 판례에 의함)

① 소송사기가 성립하기 위하여는 제소 당시에 그 주장과 같은 채권이 존재하지 아니하다는 것만으로는 부족하고 그 주장의 채권이 존재하지 아니한 사실을 잘 알고 있으면서도 허위의 주장과 입증으로써 법원을 기망한다는 인식을 하고 있어야만 하고, 단순히 사실을 잘못 인식하거나 법률적인 평가를 그르침으로 인하여 존재하지 않는 채권을 존재한다고 믿고 제소하는 행위는 사기죄를 구성하지 않는다.

② 피고인이 타인과 공모하여 그 공모자를 상대로 제소하여 의제자백의 판결을 받아 이에 기하여 부동산의 소유권이전등기를 한 경우, 그 부동산의 진정한 소유자가 따로 있는 이상 소송사기가 성립한다.

③ 소송사기에서 말하는 증거의 조작이란 처분문서 등을 거짓으로 만들어 내거나 증인의 허위 증언을 유도하는 등으로 객관적·제3자적 증거를 조작하는 행위를 말한다.

④ 유치권에 의한 경매를 신청한 유치권자는 일반채권자와 마찬가지로 피담보채권액에 기초하여 배당을 받게 되므로 피담보채권인 공사대금 채권을 실제와 달리 허위로 크게 부풀려 유치권에 의한 경매를 신청할 경우 소송사기죄의 실행의 착수에 해당한다.

해설 사기죄의 구성요건 − 소송사기

② (×) 피고인이 공모에 의한 의제자백 판결에 기하여 그 진정한 소유자로부터 소유권을 이전받은 것이 아니므로 소유자로부터 위 부동산을 편취한 것이라고 볼 여지가 없다(대법원 1983.10.25, 83도1566).

① (○) 대법원 1982.9.28, 81도2526

③ (○) 대법원 2004.3.25, 2003도7700

[참고] 다만 소송사기가 성립하기 위해서 반드시 증거의 조작이 필수적 요건은 아니므로, 허위의 주장에 의해서도 소송사기가 성립할 수 있다.

④ (○) 정당한 채권액에 의하여 경매를 신청한 경우보다 더 많은 배당금을 받을 수도 있으므로, 이는 법원을 기망하여 배당이라는 법원의 처분행위에 의하여 재산상 이익을 취득하려는 행위로서, 불능범에 해당한다고 볼 수 없고, 소송사기죄의 실행의 착수에 해당한다(대법원 2012.11.15, 2012도9603).

정답 ②

다음 설명 중 가장 옳은 것은? (다툼이 있으면 판례에 의함)

① 이미 수신이 완료된 전기통신에 관하여 남아 있는 기록이나 내용을 열어보는 등의 행위는 통신비밀보호법에 규정된 통신제한조치 중 '전기통신의 감청'에 원칙적으로 해당한다.

② 형법 제65조에서 '형의 선고가 효력을 잃는다.'는 의미는 형의 실효와 마찬가지로 형의 선고에 의한 법적 효과가 소급하여 소멸한다는 것이다.

③ 대주가 차주의 신용 상태를 인식하고 있어 장래의 변제지체 또는 변제불능에 대한 위험을 예상하고 있었던 경우에는 다른 특별한 사정이 없는 한 차주가 제대로 변제하지 못하였다는 사정만으로 차주에게 편취의 범의가 있었다고 단정할 수 없다.

④ 정비사업조합의 임원이 조합 임원의 지위를 상실하거나 직무수행권을 상실하였다면 조합 임원으로 등기되어 있는 상태에서 실질적으로 조합 임원으로서 직무를 수행해 왔다 하더라도 형법상 뇌물죄의 적용에서 공무원으로 볼 수는 없다.

해설 　출제영역 | 종합

③ (○) 대법원 2016.4.28, 2012도14516

① (×) '전기통신의 감청'은 전기통신이 이루어지고 있는 상황에서 실시간으로 그 전기통신의 내용을 지득·채록하는 경우와 통신의 송·수신을 직접적으로 방해하는 경우를 의미하는 것이지 이미 수신이 완료된 전기통신에 관하여 남아 있는 기록이나 내용을 열어보는 등의 행위는 포함하지 않는다(대법원 2016.10.13, 2016도8137).

② (×) 집행유예의 효과에 관한 형법 제65조에서 '형의 선고가 효력을 잃는다.'는 의미는 형 실효법에 의한 형의 실효와 같이 형의 선고에 의한 법적 효과가 장래에 향하여 소멸한다는 취지이다(대법원 2014.9.4, 2014도7088).

④ (×) 정비사업조합의 임원이 그 정비구역 안에 있는 토지 또는 건축물의 소유권 또는 그 지상권을 상실함으로써 조합임원의 지위를 상실한 경우나 임기가 만료된 정비사업조합의 임원이 관련 규정에 따라 그 후임자가 선임될 때까지 계속하여 그 직무를 수행하다가 후임자가 선임되어 그 직무수행권을 상실한 경우, 그 조합 임원이 그 후에도 조합의 법인 등기부에 임원으로 등기되어 있는 상태에서 계속하여 실질적으로 조합 임원으로서의 직무를 수행하여 왔다면 그 조합 임원은 임원의 지위 상실이나 직무수행권의 상실에도 불구하고 도시정비법 제84조에 따라 형법 제129조 내지 제132조의 적용에 있어서 공무원으로 보아야 한다(대법원 2016.1.14, 2015도15798).

정답 ③

다음 설명 중 가장 옳지 않은 것은? (다툼이 있는 경우 판례에 의함)

① 기망행위에 의하여 조세를 포탈하거나 조세의 환급·공제를 받은 것은 사기죄의 기망행위에 해당한다.

② 비의료인이 개설한 의료기관이 마치 의료법에 의하여 적법하게 개설된 요양기관인 것처럼 국민건강보험공단에 요양급여비용의 지급을 청구하여 지급받은 것은 사기죄의 기망행위에 해당한다.

③ 보험계약자가 보험계약 체결 시 보험금액이 목적물의 가액을 현저하게 초과하는 초과보험 상태를 의도적으로 유발한 후 보험사고가 발생하자 초과보험 사실을 알지 못하는 보험자에게 목적물의 가액을 묵비한 채 보험금을 청구하여 보험금을 교부받은 것은 사기죄의 기망행위에 해당한다.

④ 토지의 매수를 권유하면서 언급한 내용이 객관적 사실에 부합하거나 비록 확정된 것은 아닐지라도 연구용역 보고서와 신문스크랩 등에 기초한 것이라면 사기죄의 기망행위에 해당하지 않는다.

해설 　출제영역 | 사기죄 – 기망행위

① (×) 기망행위에 의하여 조세를 포탈하거나 조세의 환급·공제를 받은 경우에는 조세범처벌법 제9조에서 이러한 행위를 처벌하는 규정을 별도로 두고 있을 뿐만 아니라, 조세를 강제적으로 징수하는 국가 또는 지방자치단체의 직접적인 권력작용을 사기죄의 보호법익인 재산권과 동일하게 평가할 수 없는 것이므로 조세범처벌법 위반죄가 성립함은 별론으로 하고, 형법상 사기죄는 성립하지 않는다(대법원 2008.11.27, 2008도7303).

② (○) 대법원 2015.7.9, 2014도11843

③ (○) 대법원 2015.7.23, 2015도6905

④ (○) 대법원 2007.1.25, 2004도45

정답 ①

048 ✓ 유사 ◆◇◇ 법원9급 2018

소송사기죄에 관한 다음 설명 중 가장 옳은 것은? (다툼이 있는 경우 판례에 의하고, 전원합의체 판결의 경우 다수의견에 의함)

① 유치권에 의한 경매를 신청한 유치권자는 일반채권자와 마찬가지로 피담보채권액에 기초하여 배당을 받을 수는 없으므로, 피담보채권액을 허위로 크게 부풀려 유치권에 의한 경매를 신청하였다고 하더라도 그 자체로는 소송사기죄의 실행의 착수가 있다고 보기 어렵다.

② 자신이 토지의 소유자라고 허위의 주장을 하면서 소유권보존등기 명의자를 상대로 보존등기의 말소를 구하는 소송을 제기하여 보존등기의 말소를 명하는 내용의 확정판결을 받았다면, 아직 자기 앞으로 소유권보존등기를 경료하지 않은 상태라고 하더라도 소송사기죄의 기수에 이르렀다고 할 것이다.

③ 소유권이전등기청구권에 대한 압류는 당해 부동산에 대한 경매의 실시를 위한 사전 단계로서의 의미를 가지는 것에 불과하므로, 허위 채권에 기한 공정증서를 집행권원으로 하여 채무자의 소유권이전등기청구권에 대하여 압류신청을 하였더라도 소송사기의 실행에 착수하였다고 볼 수 없다.

④ 허위채권에 기하여 가압류신청을 한 이상 본안소송을 제기하지 아니하였다고 하더라도 가압류신청을 한 때에 소송사기죄의 실행에 착수하였다고 할 것이다.

해설 **출제영역 | 소송사기의 실행착수**

② (○) 자신이 토지의 소유자라고 허위의 주장을 하면서 소유권보존등기 명의자를 상대로 보존등기의 말소를 구하는 소송을 제기한 경우 그 소송에서 승소확정판결을 받는다면, 이에 터 잡아 언제든지 단독으로 상대방의 소유권보존등기를 말소시킨 후 자기 앞으로의 소유권보존등기를 신청하여 그 등기를 마칠 수 있게 되므로, 이는 그 소유명의를 얻을 수 있는 지위'라는 재산상이익을 취득한 것이고, 그 경우 기수 시기는 위 판결이 확정된 때이다(대법원 2006.4.7, 2005도9858 전원합의체).

① (×) 유치권에 의한 경매를 신청한 유치권자는 일반채권자와 마찬가지로 피담보채권액에 기초하여 배당을 받게 되는 결과 피담보채권인 공사대금 채권을 실제와 달리 허위로 크게 부풀려 유치권에 의한 경매를 신청할 경우 정당한 채권액에 의하여 경매를 신청한 경우보다 더 많은 배당금을 받을 수도 있으므로, 이는 법원을 기망하여 배당이라는 법원의 처분행위에 의하여 재산상 이익을 취득하려는 행위로서, 불능범에 해당한다고 볼 수 없고, 소송사기죄의 실행의 착수에 해당한다(대법원 2012.11.15, 2012도9603).

③ (×) 소유권이전등기청구권에 대한 압류는 당해 부동산에 대한 경매의 실시를 위한 사전 단계로서의 의미를 가지나, 전체로서의 강제집행절차를 위한 일련의 시작행위라고 할 수 있으므로, 허위 채권에 기한 공정증서를 집행권원으로 하여 채무자의 소유권이전등기청구권에 대하여 압류신청을 한 시점에 소송사기의 실행에 착수하였다고 볼 것이다(대법원 2015.2.12, 2014도10086).

④ (×) 가압류는 강제집행의 보전방법에 불과한 것이어서 허위의 채권을 피보전권리로 삼아 가압류를 하였다고 하더라도 그 채권에 관하여 현실적으로 청구의 의사표시를 한 것이라고는 볼 수 없으므로, 본안소송을 제기하지 아니한 채 가압류를 한 것만으로는 사기죄의 실행에 착수하였다고 할 수 없다(대법원 1988.9.13, 88도55).

정답 ②

049 ✓ 유사 ◆◆◇ 변호사시험 2023 변형

소송사기에 관한 설명 중 옳지 않은 것을 모두 고른 것은? (다툼이 있는 경우 판례에 의함)

> ㄱ. 甲이 자신이 토지의 소유자라고 허위 주장을 하면서 소유권보존등기 명의자를 상대로 보존등기의 말소를 구하는 소송을 제기한 경우, 그 소송에서 위 토지가 甲의 소유임을 인정하여 보존등기 말소를 명하는 내용의 승소확정판결을 받는다면 甲에게 소송사기죄가 성립하고, 이 경우 기수시기는 위 판결이 확정된 때이다.
>
> ㄴ. A가 자기의 비용과 노력으로 건물을 신축하여 소유권을 원시취득한 미등기건물의 소유자임에도, A에 대한 채권담보 등을 위하여 건축허가명의만을 가진 甲과 甲에 대한 채권자 乙이 공모하여 乙이 甲을 상대로 위 건물에 관한 강제경매를 신청하여 법원의 경매개시결정이 내려지고, 그에 따라 甲 앞으로 촉탁에 의한 소유권보존등기가 된 경우, 甲과 乙에게는 A에 대한 관계에서 사기죄의 공동정범이 성립한다.
>
> ㄷ. 허위 채권에 기한 공정증서를 집행권원으로 하여 채무자의 소유권이전등기청구권에 대하여 압류신청을 한 것만으로는 소송사기의 실행에 착수하였다고 볼 수 없다.
>
> ㄹ. 甲이 소송상의 주장이 사실과 다름이 객관적으로 명백하거나 증거가 조작되어 있다는 정을 인식하지 못하는 제3자를 이용하여 그로 하여금 소송의 당사자가 되게 하여 법원을 기망하였다면, 甲에게 간접정범의 형태에 의한 소송사기죄가 성립한다.
>
> ㅁ. 甲이 법원을 기망하여 소송상대방인 직계혈족으로부터 재물을 편취하여 사기죄가 성립하는 경우, 甲에게는 친족상도례가 적용된다.

① ㄱ
② ㄱ, ㄴ
③ ㄴ, ㄷ
④ ㄷ, ㄹ
⑤ ㄷ, ㅁ

해설 **출제영역 | 소송사기죄**

③ ㄴ, ㄷ

ㄱ. (○) 피고인 또는 그와 공모한 자가 자신이 토지의 소유자라고 허위의 주장을 하면서 소유권보존등기 명의자를 상대로 보존등기의 말소를 구하는 소송을 제기한 경우 그 소송에서 위 토지가 피고인 또는 그와 공모한 자의 소유임을 인정하여 보존등기 말소를 명하는 내용의 승소확정판결을 받는다면, 이에 터 잡아 언제든지 단독으로 상대방의 소유권보존등기를 말소시킨 후 위 판결

을 부동산등기법 제130조 제2호 소정의 소유권을 증명하는 판결로 하여 자기 앞으로의 소유권보존등기를 신청하여 그 등기를 마칠 수 있게 되므로, 이는 법원을 기망하여 유리한 판결을 얻음으로써 '대상 토지의 소유권에 대한 방해를 제거하고 그 소유명의를 얻을 수 있는 지위'라는 재산상 이익을 취득한 것이고, 그 경우 기수시기는 위 판결이 확정된 때이다(대법원 2006.4.7, 2005도9858 전원합의체).

ㄴ. (×) 자기의 비용과 노력으로 건물을 신축하여 그 소유권을 원시취득한 미등기건물의 소유자가 있고 그에 대한 채권담보 등을 위하여 건축허가명의만을 가진 자가 따로 있는 상황에서, 건축허가명의자에 대한 채권자가 위 명의자와 공모하여 명의자를 상대로 위 건물에 관한 강제경매를 신청하여 법원의 경매개시결정이 내려지고, 그에 따라 위 명의자 앞으로 촉탁에 의한 소유권보존등기가 되고 나아가 그 경매절차에서 건물이 매각되었다고 하더라도, 위와 같은 경매신청행위 등이 진정한 소유자에 대한 관계에서 사기죄가 된다고 볼 수는 없다. 왜냐하면 위 경매절차에서 한 법원의 재판이나 법원의 촉탁에 의한 소유권보존등기의 효력은 그 재판의 당사자도 아닌 위 진정한 소유자에게는 미치지 아니하는 것이어서, 피기망자인 법원의 재판이 피해자의 처분행위에 갈음하는 내용과 효력이 있는 것이라고 보기는 어렵기 때문이다(대법원 2013.11.28, 2013도459).

ㄷ. (×) 강제집행절차를 통한 소송사기는 집행절차의 개시신청을 한 때 또는 진행 중인 집행절차에 배당신청을 한 때에 실행에 착수하였다고 볼 것이다. 민사집행법 제244조에서 규정하는 부동산에 관한 권리이전청구권에 대한 강제집행은 그 자체를 처분하여 대금으로 채권에 만족을 기하는 것이 아니고, 부동산에 관한 권리이전청구권을 압류하여 청구권의 내용을 실현시키고 부동산을 채무자의 책임재산으로 귀속시킨 다음 다시 부동산에 대한 경매를 실시하여 매각대금으로 채권에 만족을 기하는 것이다. 이러한 경우 소유권이전등기청구권에 대한 압류는 당해 부동산에 대한 경매의 실시를 위한 사전 단계로서의 의미를 가지나, 전체로서의 강제집행절차를 위한 일련의 시작행위라고 할 수 있으므로, 허위 채권에 기한 공정증서를 집행권원으로 하여 채무자의 소유권이전등기청구권에 대하여 압류신청을 한 시점에 소송사기의 실행에 착수하였다고 볼 것이다(대법원 2015.2.12, 2014도10086).

ㄹ. (○) 자기에게 유리한 판결을 얻기 위하여 소송상의 주장이 사실과 다름이 객관적으로 명백하거나 증거가 조작되어 있다는 정을 인식하지 못하는 제3자를 이용하여 그로 하여금 소송의 당사자가 되게 하고 법원을 기망하여 소송 상대방의 재물 또는 재산상 이익을 취득하려 하였다면 간접정범의 형태에 의한 소송사기죄가 성립하게 된다(대법원 2007.9.6, 2006도3591).

ㅁ. (○) 사기죄의 보호법익은 재산권이라고 할 것이므로 사기죄에 있어서는 재산상의 권리를 가지는 자가 아니면 피해자가 될 수 없다. 그러므로 법원을 기망하여 제3자로부터 재물을 편취한 경우에 피기망자인 법원은 피해자가 될 수 없고 재물을 편취당한 제3자가 피해자라고 할 것이므로 피해자인 제3자와 사기죄를 범한 자가 직계혈족의 관계에 있을 때에는 그 범인에 대하여는 형법 제354조에 의하여 준용되는 형법 제328조 제1항에 의하여 친족상도례가 적용된다(대법원 2018.1.25, 2016도6757).

정답 ③

---

050 ✓유사 ◆◆◇

사기죄에 관한 설명으로 가장 적절한 것은? (다툼이 있는 경우 판례에 의함)

① 상대방을 기망하여 재물을 교부받으면서 시가 상당의 대금을 지급하였다면, 피해자의 전체 재산상 손해가 발생한 바 없으므로 사기죄가 성립하지 않는다.

② 원인된 법률관계 없이 자신의 예금계좌로 잘못 이체된 돈을 인출한 경우, 은행에 대한 사기죄가 성립한다.

③ 아파트 입주권의 매매계약을 체결하면서 매수인이 입주권 가격에 대해 아무런 문의도 하지 않았다 하더라도 매도인인 부동산중개업자가 그 입주권을 2억 5,000만 원에 확보하여 2억 9,500만 원에 전매한다는 사실을 매수인에게 고지하지 않았다면, 이는 고지의무의 불이행으로서 부작위에 의한 사기죄가 성립한다.

④ 피고인이 부동산을 매수한 일이 없음에도 매수한 것처럼 허위의 사실을 주장하여 해당 부동산에 대한 소유권이전등기를 거친 사람을 상대로 그 이전등기의 말소를 구하는 소송을 제기하여 승소하였더라도, 법원을 기망하여 재물 또는 재산상 이익을 취득한 바가 없기 때문에 사기죄가 성립하지 않는다.

해설 출제영역ㅣ사기죄의 구성요건 및 실행의 착수

④ (○) 피고인 甲이 乙이 부동산을 매수한 일이 없음에도 매수한 것처럼 허위의 사실을 주장하여 부동산에 대한 소유권이전등기를 거친 사람을 상대로 그 이전등기의 원인무효를 내세워 이전등기의 말소를 구하는 소송을 乙 명의로 제기하고 그 소송의 결과 원고로 된 乙이 승소한다고 가정하더라도, 그 피고의 등기가 말소될 뿐이고 이것만으로 피고인이 부동산에 관한 어떠한 권리를 취득하거나 의무를 면하는 것은 아니므로 법원을 기망하여 재물이나 재산상 이익을 편취한 것이라고 보기 어렵고, 따라서 위 소제기 행위를 가리켜 사기의 실행에 착수한 것이라고 할 수 없다(대법원 2009.4.9, 2009도128).

① (×) 판례는 사기죄의 성립에 있어서 재산상 손해의 발생이 필요 없다는 입장이다. "기망으로 인한 재물의 교부가 있으면 비록 상당한 대가가 지급되었다거나 피해자의 전체 재산상에 손해가 없다 하여도 사기죄가 성립한다(대법원 1999.7.9, 99도1040)."

② (×) 송금의뢰인이 수취인의 예금계좌에 계좌이체 등을 한 이후, 수취인이 은행에 대하여 예금반환을 청구함에 따라 은행이 수취인에게 그 예금을 지급하는 행위는 계좌이체금액 상당의 예금계약의 성립 및 그 예금채권 취득에 따른 것으로서 은행이 착오에 빠져 처분행위를 한 것이라고 볼 수 없으므로, 결국 이러한 행위는 은행을 피해자로 한 형법 제347조의 사기죄에 해당하지 않는다고 봄이 상당하다(대법원 2010.5.27, 2010도3498).

③ (×) ① 부동산을 매매함에 있어서 매도인이 매수인에게 매매와 관련된 어떤 구체적인 사정을 고지하지 아니함으로써 장차 매매의 효력이나 매매에 따르는 채무의 이행에 장애를 가져와 매수인이 매매목적물에 대한 권리를 확보하지 못할 위험이 생길 수 있음을 알면서도 매수인에게 그와 같은 사정을 고지하지 아니한 채 매매계약을 체결하고 매매대금을 교부받는 한편, 매수인은 그와 같은 사정을 고지받았더라면 매매계약을 체결하지 아니하거나 매매대금을 지급하지 아니하였을 것임이 경험칙상 명백한 경우에는, 신의성실의 원칙상 매수인에게 미리 그와 같은 사정을 고지할 의무가 매도인에게 있다고 할 것이므로, 매도인이 매수인에

게 그와 같은 사정을 고지하지 아니한 것이 사기죄의 구성요건인 기망에 해당한다고 할 것이지만, ⓛ 매매로 인한 법률관계에 아무런 영향도 미칠 수 없는 것이어서 매수인의 권리의 실현에 장애가 되지 아니하는 사유까지 매도인이 매수인에게 고지할 의무가 있다고는 볼 수 없다(대법원 1991.12.24, 91도2698; 2001. 9.25, 2001도3349; 2012.1.27, 2010도5124).

[참고] 피해자로서는 장지지구 33평형 아파트 입주권을 2억 9,500만 원에 매입하면 시세차익을 볼 수 있다고 판단하여 공소외 1의 입주권이나 공소외 2의 입주권 가격에 대하여 아무런 문의도 하지 않고 이 사건 매매계약을 체결한 이상, 피고인이 공소외 1의 입주권 대신 공소외 2의 입주권으로 변경하여 매매하면서 공소외 2의 장지지구 33평형 아파트 입주권을 2억 5,000만 원에 확보하여 이를 피해자에게 전매한다는 사실을 고지하지 않았다고 하여 피고인이 피해자를 기망하여 피해자로부터 지급받은 입주권 매매대금인 2억 9,500만 원과의 차액 4,500만 원을 편취한 것으로 보기 어렵다(대법원 2012.1.27, 2010도5124).

정답 ④

---

051 ✓ 유사 ◆◆◇ 국가9급 2017

다음 사례에 대한 설명으로 옳지 않은 것은? (다툼이 있으면 판례에 의하며, 특별법 위반은 논외로 함)

┤ 사례 ├

甲의 보이스피싱에 속은 V가 자신의 현금 1,000만 원을 甲이 양도받아 가지고 있던 乙명의의 통장으로 송금하였고 乙이 현금 140만 원을 인출하였는데, 이 통장은 乙이 누군가의 보이스피싱에 사용될 것임을 알면서 자기 명의로 발급받아 현금카드 및 비밀번호와 함께 돈을 받고 판 것이었고, 통장 발급 금융기관에서 SMS 문자서비스로 계좌에 1,000만 원이 입금되었음을 알려주자 乙이 직불카드를 이용하여 甲보다 먼저 인출하였다.

① 甲에게는 사기죄가 성립한다.
② 乙에게는 사기죄의 방조범이 성립한다.
③ 이 사례에서 사기범행으로 취득된 것은 乙의 통장에 입금된 1,000만 원이라는 재산상 이익이다.
④ 乙에게는 장물취득죄가 성립하지 않는다.

해설 출제영역 | 사기죄, 장물취득죄 성부

③ (×) 사기죄의 객체는 타인이 점유하는 '타인의' 재물 또는 재산상의 이익이므로, 피해자와의 관계에서 살펴보아 그것이 피해자 소유의 재물인지 아니면 피해자가 보유하는 재산상의 이익인지에 따라 '재물'이 객체인지 아니면 '재산상의 이익'이 객체인지 구별하여야 하는 것으로서, 이 사건과 같이 피해자가 본범의 기망행위에 속아 현금을 피고인 명의의 은행 예금계좌로 송금하였다면, 이는 재물에 해당하는 현금을 교부하는 방법이 예금계좌로 송금하는 형식으로 이루어진 것에 불과하여, 피해자의 은행에 대한 예금채권은 당초 발생하지 않는다(대법원 2010.12.9, 2010도6256). 사안에서 사기범행으로 취득된 것은 재산상 이익이 아니라 현금인 재물이다.

① (○), ② (○) 대법원 2010.12.9, 2010도6256
④ (○) 피고인 乙이 자신의 예금계좌에서 돈을 인출하였다 하더라

도 이는 예금명의자로서 은행에 예금반환을 청구한 결과일 뿐 본범인 甲으로부터 돈에 대한 점유를 이전받아 사실상 처분권을 획득한 것은 아니므로, 위와 같은 인출행위를 장물'취득'죄로 벌할 수는 없다(대법원 2010.12.9, 2010도6256).

정답 ③

---

052 ✓ 유사 ◆◆◇ 변호사 2015

다음 사례(ㄱ~ㄹ은 연결되는 하나의 사례임)에서 甲, 乙, 丙의 죄책에 관한 설명 중 옳은 것을 모두 고른 것은? (다툼이 있는 경우 판례에 의함)

┤ 사례 ├

ㄱ. A주식회사는 직원 甲을 통해 乙에게 외제 승용차를 할부 판매하였고, 乙이 이를 친구인 丙 명의로 등록하여 운행하던 중 乙이 약정기일에 1억 원의 할부금을 갚지 못하였다. 그로 인하여 甲이 회사에서 책임추궁을 당하자 할부금을 갚지 않으면 乙의 아들에게 상해를 가하겠다는 협박편지를 乙의 아파트 우편함에 넣어 두었으나 경비원이 이를 휴지통에 버린 경우 甲은 협박죄의 미수에 해당한다.

ㄴ. 乙은 甲으로부터 수회 할부금 변제 독촉을 받자 A회사의 내부 비리를 검찰에 고발하겠다는 협박편지를 A회사에게 발송한 경우 乙은 A회사에 대한 협박죄의 미수에 해당한다.

ㄷ. 乙이 약정기일에 할부금을 변제하지 못하면 위 승용차를 회수해도 좋다는 각서 및 매매계약서와 양도증명서를 작성하여 교부한 후 乙이 그 채무를 불이행하자 甲은 취거 당시 乙의 의사에 반하여 위 승용차를 임의로 가져간 경우라도 영득이 적법하므로 절도죄가 성립하지 않는다.

ㄹ. 만일 甲이 위 승용차를 취거해 가기 전에 丙이 명의수탁 받은 위 승용차를 자신의 소유라고 속여 B에게 매도하였다면 B가 사기의 범의로 소유권이전등록을 하였더라도 丙은 B에 대하여 사기죄가 성립한다.

① ㄱ
② ㄴ, ㄷ
③ ㄷ, ㄹ
④ ㄱ, ㄴ, ㄷ
⑤ ㄱ, ㄴ, ㄹ

해설 출제영역 | 사기죄의 성립요건

ㄱ. (○) 협박죄는 사람의 의사결정의 자유를 보호법익으로 하는 위험범이라 봄이 상당하고, 협박죄의 미수범 처벌조항은 해악의 고지가 현실적으로 상대방에게 도달하지 아니한 경우나, 도달은 하였으나 상대방이 이를 지각하지 못하였거나 고지된 해악의 의미를 인식하지 못한 경우 등에 적용될 뿐이다(대법원 2007.9.28, 2007도606 전원합의체).

ㄴ. (×) 협박죄는 사람의 의사결정의 자유를 보호법익으로 하는 범죄로서 형법규정의 체계상 개인적 법익, 특히 사람의 자유에 대한 죄 중 하나로 구성되어 있는바, 위와 같은 협박죄의 보호법익, 형법규정상 체계, 협박의 행위 개념 등에 비추어 볼 때, 협박죄는

자연인만을 그 대상으로 예정하고 있을 뿐 법인은 협박죄의 객체가 될 수 없다(대법원 2010.7.15, 2010도1017).

ㄷ. (×) 형법상 절취란 타인이 점유하고 있는 자기 이외의 자의 소유물을 점유자의 의사에 반하여 그 점유를 배제하고 자기 또는 제3자의 점유로 옮기는 것을 말하는 것으로, 비록 약정에 기한 인도 등의 청구권이 인정된다고 하더라도, 취거 당시에 점유 이전에 관한 점유자의 명시적·묵시적인 동의가 있었던 것으로 인정되지 않는 한, 점유자의 의사에 반하여 점유를 배제하는 행위를 함으로써 절도죄는 성립하는 것이고, 그러한 경우에 특별한 사정이 없는 한 불법영득의 의사가 없었다고 할 수는 없다(대법원 2001.10.26, 2001도4546).

ㄹ. (×) 부동산의 명의수탁자가 부동산을 제3자에게 매도하고 매매를 원인으로 한 소유권이전등기까지 마쳐 준 경우, 명의신탁의 법리상 대외적으로 수탁자에게 그 부동산의 처분권이 있는 것임이 분명하고, 제3자로서도 자기 명의의 소유권이전등기가 마쳐진 이상 무슨 실질적인 재산상의 손해가 있을 리 없으므로 그 명의신탁 사실과 관련하여 신의칙상 고지의무가 있다거나 기망행위가 있었다고 볼 수도 없어서 그 제3자에 대한 사기죄가 성립될 여지가 없고, 나아가 그 처분시 매도인(명의수탁자)의 소유라는 말을 하였다고 하더라도 역시 사기죄가 성립하지 않으며, 이는 자동차의 명의수탁자가 처분한 경우에도 마찬가지이다(대법원 2007.1.11, 2006도4498).

정답 ①

사기죄에 관한 다음 설명 중 가장 옳지 않은 것은? (다툼이 있는 경우 판례에 의함)

① 소극적 행위로서의 부작위에 의한 기망은 법률상 고지의무 있는 자가 일정한 사실에 관하여 상대방이 착오에 빠져 있음을 알면서도 이를 고지하지 아니함을 말하는 것으로, 일반거래의 경험칙상 상대방이 그 사실을 알았더라면 당해 법률행위를 하지 않았을 것이 명백한 경우에는 신의칙에 비추어 그 사실을 고지할 법률상 의무가 인정되는 것이다.

② 공사도급계약 당시 관련 영업 또는 업무를 규제하는 행정 법규나 입찰 참가자격, 계약절차 등에 관한 규정을 위반한 사정이 있는 때에는 그러한 사정만으로 공사도급계약을 체결한 행위가 기망행위에 해당한다고 단정해서는 안 되고, 그 위반으로 말미암아 계약 내용대로 이행되더라도 공사의 완성이 불가능하였다고 평가할 수 있을 만큼 그 위법이 공사의 내용에 본질적인 것인지 여부를 심리·판단하여야 한다.

③ 금원 편취를 내용으로 하는 사기죄에서 그 대가가 일부 지급되거나 담보가 제공된 경우에도 편취액은 피해자로부터 교부된 금원으로부터 그 대가 또는 담보 상당액을 공제한 차액이 아니라 교부받은 금원 전부라고 보아야 한다.

④ 의료인으로서 자격과 면허를 보유한 사람이 의료법에 따라 의료기관을 개설하여 건강보험의 가입자 또는 피부양자에게 국민건강보험법에서 정한 요양급여를 실시하고 국민건강보험공단으로부터 요양급여비용을 지급받았다고 하더라도, 그 의료기관이 다른 의료인의 명의로 개설·운영 되어 의료법 제4조 제2항을 위반하였다면, 국민건강보험공단을 피해자로 하는 사기죄를 구성한다.

해설 출제영역 | 재산, 사기죄

④ (×) 의료인으로서 자격과 면허를 보유한 사람이 의료법에 따라 의료기관을 개설하여 건강보험의 가입자 또는 피부양자에게 국민건강보험법에서 정한 요양급여를 실시하고 국민건강보험공단으로부터 요양급여비용을 지급받았다면, 설령 그 의료기관이 다른 의료인의 명의로 개설·운영되어 의료법 제4조 제2항을 위반하였더라도 그 자체만으로는 국민건강보험법상 요양급여비용을 청구할 수 있는 요양기관에서 제외되지 아니하므로, 달리 요양급여비용을 적법하게 지급받을 수 있는 자격 내지 요건이 흠결되지 않는 한 국민건강보험공단을 피해자로 하는 사기죄를 구성한다고 할 수 없다(대법원 2019.5.30, 2019도1839).

① (○) 대법원 1998.12.8, 98도3263

② (○) 대법원 2019.12.27, 2015도10570

③ (○) 대법원 2017.12.22, 2017도12649

정답 ④

054 ✓ 유사 ◆◆◇

사기죄에 관한 설명 중 가장 적절한 것은? (다툼이 있는 경우 판례에 의함)

① 「민법」 제746조의 불법원인급여에 해당하여 급여자가 수익자에 대한 반환청구권을 행사할 수 없다면, 수익자가 기망을 통하여 급여자로 하여금 불법원인급여에 해당하는 재물을 제공하도록 하였더라도 사기죄를 구성하지 않는다.

② 甲이 A에 대한 사기범행을 실현하는 수단으로서 사기의 고의가 없는 B를 기망하여 그를 A로부터 편취한 재물이나 재산상 이익을 전달하는 도구로서만 이용한 경우, 편취의 대상인 재물 또는 재산상 이익에 관하여 A에 대한 사기죄가 성립할 뿐, 도구로 이용된 B에 대한 사기죄는 별도로 성립하지 않는다.

③ 사기죄가 성립하기 위해서는 적극적 기망행위가 있어야 하므로 부작위에 의한 기망은 있을 수 없다.

④ 사기죄의 '처분행위'라 함은 재산적 처분행위로서 피해자가 자유의사로 직접 재산상 손해를 초래하는 작위에 나아가는 것을 말하므로, 피해자가 기망에 의하여 착오에 빠진 결과 채권의 존재를 알지 못하여 채권을 행사하지 아니한 것에 불과하다면 그와 같은 부작위는 재산의 처분행위에 해당하지 않는다.

[해설] 출제영역 | 사기죄의 성립요건

② (○) 간접정범을 통한 범행에서 피이용자는 간접정범의 의사를 실현하는 수단으로서의 지위를 가질 뿐이므로, 피해자에 대한 사기범행을 실현하는 수단으로서 타인을 기망하여 그를 피해자로부터 편취한 재물이나 재산상 이익을 전달하는 도구로서만 이용한 경우에는 편취의 대상인 재물 또는 재산상 이익에 관하여 피해자에 대한 사기죄가 성립할 뿐 도구로 이용된 타인에 대한 사기죄가 별도로 성립한다고 할 수 없다(대법원 2017.5.31, 2017도3894).

① (×) 민법 제746조의 불법원인급여에 해당하여 급여자가 수익자에 대한 반환청구권을 행사할 수 없다고 하더라도, 수익자가 기망을 통하여 급여자로 하여금 불법원인급여에 해당하는 재물을 제공하도록 하였다면 사기죄가 성립한다고 할 것인바, 피해자로부터 도박자금으로 사용하기 위하여 금원을 차용하였더라도 사기죄의 성립에는 영향이 없다(대법원 2004.5.14, 2004도677).

③ (×) 사기죄의 요건으로서의 기망은 널리 재산상의 거래관계에서 서로 지켜야 할 신의와 성실의 의무를 저버리는 적극적 또는 소극적 행위를 말하는 것으로서, 상대방을 착오에 빠지게 하여 행위자가 희망하는 재산적 처분행위를 하도록 하기 위한 판단의 기초 사실에 관한 것이어야 하고, 그중 소극적 행위로서의 부작위에 의한 기망은 일반거래의 경험칙상 상대방이 그 사실을 알았더라면 당해 법률행위를 하지 아니하였을 것이 명백한 경우에는 신의칙에 비추어 그 사실을 고지할 법률상 의무가 인정된다고 할 것이다(대법원 2021.9.9, 2021도8468).

④ (×) 사기죄는 타인을 기망하여 착오를 일으키게 하고 그로 인한 처분행위를 유발하여 재물·재산상의 이득을 얻음으로써 성립하고, 여기서 처분행위라 함은 재산적 처분행위로서 피해자가 자유의사로 직접 재산상 손해를 초래하는 작위에 나아가거나 또는 부작위에 이른 것을 말하므로, 피해자가 착오에 빠진 결과 채권의

존재를 알지 못하여 채권을 행사하지 아니하였다면 그와 같은 부작위도 재산의 처분행위에 해당한다(대법원 2007.7.12, 2005도9221).

[정답] ②

055 ✓ 대표 ◆◇◇

사기의 죄에 대한 설명으로 가장 적절한 것은? (다툼이 있는 경우 판례에 의함)

① 「민법」 제746조의 불법원인급여에 해당하여 급여자가 수익자에 대한 반환청구권을 행사할 수 없다면, 설령 수익자가 기망을 통하여 급여자로 하여금 불법원인급여에 해당하는 재물을 제공하도록 하였더라도 사기죄는 성립하지 않는다.

② 담당 공무원을 기망하여 납부의무가 있는 농지보전부담금을 면제받아 재산상 이익을 취득하였다면, 부과권자의 직접적인 권력작용을 사기죄의 보호법익인 재산권과 동일하게 평가할 수 있어 사기죄가 성립한다.

③ 의료인으로서 자격과 면허를 보유한 사람이 「의료법」 제4조 제2항을 위반하여 다른 의료인의 명의로 의료기관을 개설·운영함으로써 요양급여비용을 지급받은 경우, 「국민건강보험법」상 요양급여비용을 적법하게 지급받을 수 있는 자격 내지 요건이 흠결되지 않더라도 국민건강보험공단을 피해자로 하는 사기죄를 구성한다.

④ 피해자 법인이나 단체의 대표자 또는 실질적으로 의사결정을 하는 최종결재권자 등 기망의 상대방이 기망행위지와 동일인이거나 기망행위지와 공모하는 등 기망행위를 알고 있었던 경우에는 기망의 상대방에게 기망행위로 인한 착오가 있다고 볼 수 없고, 기망의 상대방이 재물을 교부하는 등의 처분을 했더라도 기망행위와 인과관계가 있다고 보기 어렵다.

[해설] 출제영역 | 사기죄의 성립요건

④ (○) 대법원 2017.9.26, 2017도8449

① (×) 민법 제746조의 불법원인급여에 해당하여 급여자가 수익자에 대한 반환청구권을 행사할 수 없다고 하더라도, 수익자가 기망을 통하여 급여자로 하여금 불법원인급여에 해당하는 재물을 제공하도록 하였다면 사기죄가 성립한다(대법원 2006.11.23, 2006도6795).

② (×) 일반 국민이 담당 공무원을 기망하여 권력작용에 의한 재산권 제한을 면하는 경우에는 부과권자의 직접적인 권력작용을 사기죄의 보호법익인 재산권과 동일하게 평가할 수 없는 것이므로, 행정법규에서 그러한 행위에 대한 처벌규정을 두어 처벌함은 별론으로 하고, 사기죄는 성립할 수 없다(대법원 2019.12.24, 2019도2003).

③ (×) 의료인으로서 자격과 면허를 보유한 사람이 의료법에 따라 의료기관을 개설하여 건강보험의 가입자 또는 피부양자에게 국민건강보험법에서 정한 요양급여를 실시하고 국민건강보험공단으로부터 요양급여비용을 지급받았다면, 설령 그 의료기관이 다른 의료인의 명의로 개설·운영되어 의료법 제4조 제2항을 위반

하였더라도 그 자체만으로는 국민건강보험법상 요양급여비용을 청구할 수 있는 요양기관에서 제외되지 아니하므로, 달리 요양급여비용을 적법하게 지급받을 수 있는 자격 내지 요건이 흠결되지 않는 한 국민건강보험공단을 피해자로 하는 사기죄를 구성한다고 할 수 없다(대법원 2019.5.30, 2019도1839).

정답 ④

056 ✓ 유사 ◆◇◇ 국가7급 2019

사기죄에 대한 설명으로 옳은 것은? (다툼이 있는 경우 판례에 의함)

① 甲이 피해자 A에게 자동차를 매도하겠다고 거짓말하고 자동차를 양도하면서 소유권이전등록에 필요한 일체의 서류를 교부하여 매매대금을 수령한 다음, 자동차에 미리 부착해 놓은 지피에스(GPS)로 위치를 추적하여 자동차를 가져간 경우, 甲에게 사기죄가 성립한다.

② 甲이 A에게 사업자등록 명의를 빌려주면 세금이나 채무는 모두 자신이 변제하겠다고 속여 그로부터 명의를 대여 받아 호텔을 운영한 경우, A가 명의를 대여하였다는 것만으로 사기죄의 처분행위가 있었다고 보기는 어렵다.

③ 甲이 피해자 A로 하여금 A의 예금을 인출하게 하고, 그 인출한 현금을 A의 집에 보관하도록 거짓말을 한 경우, A의 처분행위가 인정되어 甲에게 사기죄가 성립한다.

④ 甲이 토지의 소유자이자 매도인인 피해자 A에게 토지거래허가 등에 필요한 서류라고 속여 근저당권설정계약서 등에 서명·날인하게 하고 인감증명서를 교부받은 다음, 이를 이용하여 A 소유 토지에 甲을 채무자로 한 근저당권을 B에게 설정하여 주고 돈을 차용한 경우, A가 처분행위의 결과를 인식하지 못한 이상 A의 처분의사가 인정되지 않아 甲에게 사기죄가 성립하지 않는다.

해설 | 출제영역 | 사기죄의 성립요건

② (○) 다른 특별한 사정이 없는 한 피해자가 피고인에게 사업자등록 명의를 대여한 행위 자체를 사기죄의 재산적 처분행위로 볼 수는 없다. 뿐만 아니라, 피해자의 명의대여 행위로 인하여 피고인이 이 부분 공소사실 기재와 같은 임대보증금반환채무, 주차부스 구매대금채무, 각종 세금 및 고용·산재보험료채무 등을 면하게 되는 것도 아니라고 할 것이다. 결국 피해자가 피고인에게 사업자등록 명의를 대여하였다는 것만으로 피고인이 채무를 면하는 재산상 이익을 취득하는 피해자의 재산적 처분행위가 있었다고 보기는 어렵다고 할 것이다(대법원 2012.6.28, 2012도4773).

① (×) 피고인이 甲 등에게 자동차를 인도하고 소유권이전등록에 필요한 일체의 서류를 교부함으로써 甲 등이 언제든지 자동차의 소유권이전등록을 마칠 수 있게 된 이상, 피고인이 자동차를 양도한 후 다시 절취할 의사를 가지고 있었더라도 자동차의 소유권을 이전하여 줄 의사가 없었다고 볼 수 없고, 피고인이 자동차를 매도할 당시 곧바로 다시 절취할 의사를 가지고 있으면서도 이를

숨긴 것을 기망이라고 할 수 없어, 결국 피고인이 자동차를 매도할 당시 기망행위가 없었다고 해야 한다(대법원 2016.3.24, 2015도17452).

③ (×) 피해자들로 하여금 현금을 타인에게 교부하거나 처분하는 행위를 하도록 한 것이라고 볼 수 없다(대법원 2017.4.28, 2017도1544).

④ (×) 피기망자가 처분행위의 의미나 내용을 인식하지 못하였더라도, 피기망자의 작위 또는 부작위가 직접 재산상 손해를 초래하는 재산적 처분행위로 평가되고, 이러한 작위 또는 부작위를 피기망자가 인식하고 한 것이라면 처분행위에 상응하는 처분의사는 인정된다. 다시 말하면 피기망자가 자신의 작위 또는 부작위에 따른 결과까지 인식하여야 처분의사를 인정할 수 있는 것은 아니다(소위 서명사취 사건, 대법원 2017.2.16, 2016도13362 전원합의체).

정답 ②

057 ✓ 유사 ◆◇◇ 경찰승진 2022

사기의 죄에 대한 설명으로 가장 적절하지 않은 것은? (다툼이 있는 경우 판례에 의함)

① 침해행정 영역에서 일반 국민이 담당 공무원을 기망하여 권력작용에 의한 재산권 제한을 면하는 경우에는 사기죄가 성립할 수 없다.

② 사기죄의 '재산상의 이익'은 영속적·일시적 이익, 적극적·소극적 이익을 불문하며, 자기의 채권자에 대한 채무이행으로 존재하지 않는 채권을 양도한 경우에도 재산상의 이익을 취득한 것으로 볼 수 있다.

③ 사기죄의 요건으로서의 부작위에 의한 '기망'은 고지의무 있는 자가 일정한 사실에 관하여 상대방이 착오에 빠져 있음을 알면서도 이를 고지하지 않는 것을 말한다.

④ 피해자를 기망하여 착오를 일으키게 하고 피해자가 착오에 빠진 결과 채권의 존재를 알지 못하여 채권을 행사하지 않은 경우, 그와 같은 부작위는 사기죄에 있어서의 재산의 처분행위에 해당한다.

해설 | 출제영역 | 사기죄의 구성요건

② (×) 사기죄는 사람을 기망하여 자기 또는 제3자로 하여금 재물 또는 재산상의 이익을 얻거나 얻게 하는 경우에 성립하는 것인바, 자기의 채권자에 대한 채무이행으로 채권을 양도하였다 하더라도 위 채권이 존재하지 않는다면 이를 양도하였다 하여 권리이전의 효력을 발생할 수 없는 것이고 따라서 채권자에 대한 기존의 채무도 소멸하는 것이 아니므로 채무면탈의 효과도 발생할 수 없어 위 채권의 양도로써 재산상의 이득을 취하였다고는 볼 수 없으므로 사기죄는 성립하지 않는다(대법원 1985.3.12, 85도74).

① (○) 대법원 2019.12.24, 2019도2003
③ (○) 대법원 1998.12.8, 98도3263
④ (○) 대법원 2007.7.12, 2005도9221

정답 ②

058 ✓유사 ◆◆◇　　법원행시 2019 변형

다음 설명 중 옳지 않은 것은 모두 몇 개인가?

> ㄱ. 피고인이 甲에게 사업자등록 명의를 빌려주면 세금
> 이나 채무는 모두 자신이 변제하겠다고 속여 그로부
> 터 명의를 대여 받아 호텔을 운영하면서 甲으로 하
> 여금 호텔에 관한 각종 세금 및 채무 등을 부담하게
> 한 경우, 甲이 명의를 대여함으로써 피고인이 원래
> 부담하였어야 할 각종 채무를 면하는 재산상 이익을
> 취득하는 결과가 필수적으로 수반되었으므로, 위와
> 같은 피고인의 행위는 사기죄에 해당한다.
>
> ㄴ. 사기죄의 피기망자와 피해자가 다를 경우, 피고인
> 이 피해자와의 사이에서만 친족관계가 있으면 친족
> 상도례를 적용받을 수 있다.
>
> ㄷ. 컴퓨터등사용사기죄에서 '부정한 명령의 입력'이란,
> 해당 사무처리시스템에 예정되어 있는 사무처리의
> 목적에 비추어 정당하지 아니한 사무처리를 하게 하
> 는 것까지를 포함한다. 따라서 절취한 휴대전화기
> 를 사용하여 무선인터넷서비스를 제공받은 경우,
> 휴대전화기의 인터넷접속버튼을 누름으로써 사용자
> 에 의한 정보 또는 명령의 입력이 행하여졌다고 보
> 아야 하고, 이로써 이동통신회사에 의하여 입력된
> 정보 또는 명령에 따른 정보처리가 이루어진 것으로
> 볼 수 있으므로, 형법 제347조의2에 의한 컴퓨터등
> 사용사기죄가 성립한다.
>
> ㄹ. 진정한 임차권자가 아님에도 허위의 임대차계약서
> 를 법원에 제출하여 임차권등기명령을 얻었더라도,
> 이것만으로는 신청인이 임차보증금 반환채권 상당
> 액에 관하여 구체적인 재산상 이익을 얻었다고 볼
> 수 없으므로, 소송사기죄가 성립하지 않는다.
>
> ㅁ. 절취한 타인의 신용카드로 현금자동지급기에서 현
> 금을 인출하더라도 이는 절도죄에 해당할 수 있을
> 뿐 컴퓨터등사용사기죄로 처벌할 수는 없다.

① 1개　　　　　　② 2개
③ 3개　　　　　　④ 4개
⑤ 5개

해설 | 출제영역 | 사기죄, 컴퓨터사용사기죄의 성립

ㄱ. (×) 피해자가 피고인에게 사업자등록 명의를 대여하였다는 것
만으로 피고인이 이 부분 공소사실 기재와 같은 채무를 면하는
재산상 이익을 취득하는 피해자의 재산적 처분행위가 있었다고
보기는 어렵다고 할 것이다(대법원 2012.6.28, 2012도4773).

ㄴ. (○) 대법원 2014.9.26, 2014도8076

ㄷ. (×) 휴대전화의 경우 그 사용시마다 사용자가 정당한 사용권자
인지에 관한 정보를 입력하는 절차가 없고, 이동통신회사가 서비
스를 제공하는 과정에서 휴대전화를 통하여 입력된 신호에 대하
여 신원확인절차를 거치지는 않는 점 등에 비추어 보면 휴대전화
의 통화 또는 인터넷접속 버튼을 누르는 경우 기계적 또는 전자
적 작동 과정에 따라 그대로 일정한 서비스가 제공되는 것이므
로, 휴대전화기의 통화버튼이나 인터넷접속버튼을 누르는 것만
으로 사용자에 의한 정보 혹은 명령의 입력이 행하여졌다고 보기

어렵고, 따라서 휴대전화 또는 이동통신회사에 의하여 그 입력된
정보 혹은 명령에 따른 정보처리가 이루어진 것으로 보기도 어렵
다(대법원 2010.9.9, 2008도128).

ㄹ. (×) 형법 제347조에서 말하는 재산상 이익 취득은 그 재산상의
이익을 법률상 유효하게 취득함을 필요로 하지 아니하고 그 이익
취득이 법률상 무효라 하여도 외형상 취득한 것이면 족한 것이다
(대법원 1975.5.27, 75도760 등). … 임차권등기명령의 집행에
의한 임차권등기가 경료되면 임차인은 대항력 및 우선변제권을
취득하고, 임차권등기 이후에는 대항요건을 상실하더라도 이미
취득한 대항력 또는 우선변제권을 상실하지 아니하는 효력이 있
으므로, 장차 피신청인의 이의신청 또는 취소신청에 의한 법원의
재판을 거쳐 그 임차권등기가 말소될 때까지는 신청인은 외형상
으로 우선변제권 있는 임차인으로서 부동산 담보권에 유사한 권
리를 취득하게 된다 할 것이니, 이러한 이익은 재산적 가치가 있
는 구체적 이익으로서 사기죄의 객체인 재산상 이익에 해당한다
고 봄이 상당하다(대법원 2012.5.24, 2010도12732).

ㅁ. (○) 형법 제347조의2는 컴퓨터등사용사기죄의 객체를 재물이
아닌 재산상의 이익으로만 한정하여 규정하고 있으므로, 절취한
타인의 신용카드로 현금자동지급기에서 현금을 인출하는 행위가
재물에 관한 범죄임이 분명한 이상 이를 위 컴퓨터등사용사기죄
로 처벌할 수는 없다고 할 것이고, 입법자의 의도가 이와 달리
이를 위 죄로 처벌하고자 하는 데 있었다거나 유사한 사례와 비
교하여 처벌상의 불균형이 발생할 우려가 있다는 이유만으로 그
와 달리 볼 수는 없다(대법원 2003.5.13, 2003도1178).

정답 ③

059 ✓유사 ◆◆◇　경찰승진 2022 유사　국가9급 2019

다음 사례 중 괄호 안의 범죄가 인정되지 않는 것은? (다툼이 있는 경우 판례에 의함)

① 채권자가 빚 독촉을 하다가 시비 중 멱살을 잡고 대드
는 채무자의 손을 뿌리치고 그를 뒤로 밀어 넘어뜨려
아래로 뒹굴게 하여 그 순간 채무자의 등에 업힌 그의
딸에게 두개골 골절상을 입혀 사망하게 한 경우(폭행
치사죄)

② 피해자 법인이나 단체의 대표자 또는 실질적으로 의사
결정을 하는 최종결재권자 등 기망의 상대방이 기망행
위자와 동일인이거나 기망행위자와 공모하는 등 기망
행위를 알고 있었던 경우(사기죄)

③ 회사직원이 영업비밀 등을 적법하게 반출한 후, 퇴사
시에 그 영업비밀 등을 회사에 반환하거나 폐기할 의
무가 있음에도 경쟁업체에 유출할 목적으로 이를 반환
하거나 폐기하지 아니한 경우(업무상배임죄)

④ 사법경찰관이 내사단계에서 수사의 대상, 방법 등에
관하여 검사가 자신에게 지휘한 내용이 기재된 수사지
휘서를 잠재적 피의자에게 교부하고 이에 관계된 수사
상황을 알려준 경우(공무상비밀누설죄)

해설 | 출제영역 | 공무상비밀누설죄 등

② (×) 피해자 법인이나 단체의 대표자 또는 실질적으로 의사결정
을 하는 최종결재권자 등이 기망행위자와 동일인이거나 기망행
위자와 공모하는 등 기망행위임을 알고 있었던 경우에는 기망행

위로 인한 착오가 있다고 볼 수 없고, 재물 교부 등의 처분행위가 있었다고 하더라도 기망행위와 인과관계가 있다고 보기 어렵다. 이러한 경우에는 사안에 따라 업무상횡령죄 또는 업무상배임죄 등이 성립하는 것은 별론으로 하고 사기죄가 성립한다고 볼 수 없다(대법원 2017.8.29, 2016도18986 등).

[보충] 반면에 피해자 법인이나 단체의 업무를 처리하는 실무자인 일반 직원이나 구성원 등이 기망행위임을 알고 있었다고 하더라도, 피해자 법인이나 단체의 대표자 또는 실질적으로 의사결정을 하는 최종결재권자 등이 기망행위임을 알지 못한 채 착오에 빠져 처분행위에 이른 경우라면, 피해자 법인에 대한 사기죄의 성립에 영향이 없다(대법원 2017.9.26, 2017도8449).

① (○) 어린애를 업은 사람을 밀어 넘어뜨려 그 결과 어린애가 사망하였다면 폭행치사죄가 성립된다(대법원 1972.11.28, 72도2201).

③ (○) 대법원 2008.4.24, 2006도9089 등

④ (○) 검사가 수사의 대상, 방법 등에 관하여 사법경찰관리에게 지휘한 내용을 기재한 수사지휘서는 당시까지 진행된 수사의 내용뿐만 아니라 향후 수사의 진행방향까지 가늠할 수 있게 하는 수사기관의 내부문서이다. 수사기관이 특정 사건에 대하여 내사 또는 수사를 진행하고 있는 상태에서 수사지휘서의 내용이 외부에 알려질 경우 피내사자나 피의자 등이 증거자료를 인멸하거나 수사기관에서 파악하고 있는 내용에 맞추어 증거를 준비하는 등 수사기관의 증거 수집 등 범죄수사 기능에 장애가 생길 위험이 있다. 또한 수사지휘서의 내용이 누설된 경로에 따라서는 사건관계인과의 유착 의혹 등으로 수사의 공정성과 신뢰성이 훼손됨으로써 수사의 궁극적인 목적인 적정한 형벌권 실현에 지장이 생길 우려도 있다. 그러므로 수사지휘서의 기재 내용과 이에 관계된 수사상황은 해당 사건에 대한 종국적인 결정을 하기 전까지는 외부에 누설되어서는 안 될 수사기관 내부의 비밀에 해당한다(대법원 2018.2.13, 2014도11441).

정답 ②

---

060 ✓ 유사 ◆◆◇   법원9급 2018

다음 설명 중 가장 옳은 것은? (다툼이 있는 경우 판례에 의하고, 전원합의체 판결의 경우 다수의견에 의함)

① 이른바 '보이스피싱' 범죄에 사용될 것임을 알고 자기 계좌의 통장을 양도한 다음, 그 계좌에 입금된 '보이스피싱' 피해금원을 인출한 경우 그 피해자에 대한 횡령죄가 성립한다.

② 사기죄에서 말하는 처분행위가 인정되려면 피기망자에게 처분결과에 대한 인식이 있어야 하므로, 토지거래허가에 필요한 서류라고 믿고 근저당권설정등기신청서에 날인한 경우 사기죄에서의 처분행위라고 할 수 없다.

③ 변제능력이 없는데도 돈을 빌려주면 갚겠다고 거짓말하여 차용금을 편취한 사기죄가 성립하면, 그 돈을 빌리면서 담보로 제공한 채권을 추심하여 임의로 소비하였더라도 횡령죄는 별도로 성립할 수 없다.

④ 자기 계좌에 타인이 착오로 송금한 돈을 인출한 경우 은행에 대한 사기죄가 성립한다.

해설 출제영역 | 사기죄의 요건 + 죄수

③ (○) 피고인이 피해자 甲에게서 돈을 빌리면서 담보 명목으로 乙

에 대한 채권을 양도하였는데도 乙에게 채권양도 통지를 하기 전에 이를 추심하여 임의로 소비한 경우, 차용금 편취의 점과 담보로 양도한 채권을 추심하여 임의 소비한 횡령의 점은 양도된 채권의 가치, 채권양도에 관한 피고인의 진정성 등의 사정에 따라 비양립적인 관계라 할 것이어서, 이러한 사정을 심리하여 피고인의 위 일련의 행위가 그중 어느 죄에 해당하는지를 가렸어야 할 것인데도, 사기죄 및 횡령죄를 모두 인정한 원심판단에 법리오해 및 심리미진의 위법이 있다(대법원 2011.5.13, 2011도1442).

① (×) 전기통신금융사기(이른바 보이스피싱 범죄)의 범인이 피해자를 기망하여 피해자의 자금을 사기이용계좌로 송금·이체 받으면 사기죄는 기수에 이르고, 범인이 피해자의 자금을 점유하고 있다고 하여 피해자와의 어떠한 위탁관계나 신뢰관계가 존재한다고 볼 수 없을 뿐만 아니라, 그 후 범인이 사기이용계좌에서 현금을 인출하였더라도 이는 이미 성립한 사기범행이 예정하고 있던 행위에 지나지 아니하여 새로운 법익을 침해한다고 보기도 어려우므로, 위와 같은 인출행위는 사기의 피해자에 대하여 별도의 횡령죄를 구성하지 아니한다. 이러한 법리는 사기범행에 이용되리라는 사정을 알고서 자신 명의의 계좌의 접근매체를 양도함으로써 사기범행을 방조한 종범이 사기이용계좌로 송금된 피해자의 자금을 임의로 인출한 경우에도 마찬가지로 적용된다(대법원 2017.5.31, 2017도3894).

[정리] 단지 계좌명의인인 경우와는 구별 要.

② (×) 사기죄의 본질과 구조, 처분행위와 그 의사적 요소로서 처분의사의 기능과 역할, 기망행위와 착오의 의미 등에 비추어 보면, 비록 피기망자가 처분행위의 의미나 내용을 인식하지 못하였더라도, 피기망자의 작위 또는 부작위가 직접 재산상 손해를 초래하는 재산적 처분행위로 평가되고, 이러한 작위 또는 부작위를 피기망자가 인식하고 한 것이라면 처분행위에 상응하는 처분의사는 인정된다. 다시 말하면 피기망자가 자신의 작위 또는 부작위에 따른 결과까지 인식하여야 처분의사를 인정할 수 있는 것은 아니다(대법원 2017.2.16, 2016도13362 전원합의체).

④ (×) 송금의뢰인이 수취인의 예금계좌에 계좌이체 등을 한 이후, 수취인이 은행에 대하여 예금반환을 청구함에 따라 은행이 수취인에게 그 예금을 지급하는 행위는 계좌이체금액 상당의 예금계약의 성립 및 그 예금채권 취득에 따른 것으로서 은행이 착오에 빠져 처분행위를 한 것이라고 볼 수 없으므로, 결국 이러한 행위는 은행을 피해자로 한 형법 제347조의 사기죄에 해당하지 않는다고 봄이 상당하다(대법원 2010.5.27, 2010도3498).

정답 ③

061 ☑ 유사 ◆◆◇   법원9급 2020

다음 설명 중 가장 옳지 않은 것은? (다툼이 있는 경우 판례에 의하고, 전원합의체 판결의 경우 다수의견에 의함)

① 사람을 기망하여 부동산의 소유권을 이전받거나 제3 자로 하여금 이전받게 함으로써 이를 편취한 경우, 그 부동산에 근저당권설정등기가 경료되어 있거나 압류 또는 가압류 등이 이루어져 있는 때에는 그 부동산의 시가 상당액에서 근저당권의 채권최고액 범위 내에서의 피담보채권액, 압류에 걸린 집행채권액, 가압류에 걸린 청구금액 범위 내에서의 피보전채권액 등을 뺀 실제의 교환가치를 편취금액으로 보아야 한다.

② 임대인이 임대차계약을 체결하면서 임차인에게 임대 목적물이 경매진행 중인 사실을 알리지 않았다면, 설령 임차인이 등기부를 확인 또는 열람하는 것이 가능하였다 하더라도 사기죄가 성립한다.

③ 타인으로부터 금전을 차용함에 있어 그 차용한 금전의 용도나 변제할 자금의 마련방법에 관하여 사실대로 고지하였다면 상대방이 응하지 않았을 경우에 그 용도나 변제자금의 마련방법에 관하여 진실에 반하는 사실을 고지하여 금전을 교부받은 경우에는 사기죄가 성립하는 것이 원칙이나, 다만 차용금채무에 대한 충분한 담보를 제공함으로써 상대방이 대여한 자금의 회수에 실질적으로 지장이 없었다면 교부된 금전의 가액에서 담보가치를 차감한 범위 내에서만 사기죄가 성립한다고 보아야 한다.

④ 소극적 소송당사자인 피고라 하더라도 허위내용의 서류를 작성하여 이를 증거로 제출하거나 위증을 시키는 등의 적극적인 방법으로 법원을 기망하여 착오에 빠지게 한 결과 승소확정판결을 받음으로써 자기의 재산상의 의무이행을 면하게 된 경우에는 그 재산가액 상당에 대하여 사기죄가 성립한다.

> 해설 **출제영역 | 사기죄 – 구성요건**
>
> ③ (×) 타인으로부터 금전을 차용함에 있어서 그 차용한 금전의 용도나 변제할 자금의 마련방법에 관하여 사실대로 고지하였더라면 상대방이 응하지 않았을 경우에 그 용도나 변제자금의 마련방법에 관하여 진실에 반하는 사실을 고지하여 금전을 교부받은 경우에는 사기죄가 성립하고, 이 경우 <u>차용금채무에 대한담보를 제공하였다는 사정만으로는 결론을 달리 할 것은 아니다</u>(대법원 2005.9.15, 2003도5382).
>
> ① (○) 사람을 기망하여 부동산의 소유권을 이전받거나 제3자로 하여금 이전받게 함으로써 이를 편취한 경우에 특정경제범죄 가중처벌 등에 관한 법률 제3조의 적용을 전제로 하여 그 부동산의 가액을 산정함에 있어서는, 그 부동산에 아무런 부담이 없는 때에는 그 부동산의 시가 상당액이 곧 그 가액이라고 볼 것이지만, <u>그 부동산에 근저당권설정등기가 경료되어 있거나 압류 또는 가압류 등이 이루어져 있는 때에는 특별한 사정이 없는 한 아무런 부담이 없는 상태에서의 그 부동산의 시가 상당액에서 근저당권의 채권최고액 범위 내에서의 피담보채권액, 압류에 걸린 집행채권액, 가압류에 걸린 청구금액 범위 내에서의 피보전채권액 등을</u>

뺀 실제의 교환가치를 그 부동산의 가액으로 보아야 한다(대법원 2007.4.19, 2005도7288 전원합의체).

② (○) 임대인이 임대차계약을 체결하면서 임차인에게 임대목적물이 경매진행 중인 사실을 알리지 아니한 경우, 임차인이 등기부를 확인 또는 열람하는 것이 가능하더라도 사기죄가 성립한다고 본 사례(대법원 1998.12.8, 98도3263).

④ (○) 적극적 소송당사자인 원고가 아니라 방어적인 위치에 있는 피고라 하더라도 허위내용의 서류를 작성하여 이를 증거로 제출하거나 위증을 시키는 등의 적극적인 방법으로 법원을 기망하여 착오에 빠지게 한 결과 승소확정판결을 받음으로써 자기의 재산상의 의무이행을 면하게 된 경우에는 그 재산가액 상당에 대하여 사기죄가 성립한다(대법원 1987.9.22, 87도1090).

> 정답 ③

062 ☑ 유사 ◆◆◇   법원9급 2020

다음 설명 중 가장 옳은 것은? (다툼이 있는 경우 판례에 의하고, 전원합의체 판결의 경우 다수의견에 의함)

① 채권자에 대하여 소정기일까지 지급할 의사나 능력이 없음에도 종전 채무의 변제기를 늦출 목적에서 어음을 발행, 교부한 것만으로는 사기죄가 성립하지 아니한다.

② 위조된 약속어음을 진정한 약속어음인 것처럼 속여 기왕의 물품대금채무의 변제를 위하여 채권자에게 교부하였다고 하여도 어음이 결제되지 않는 한 물품대금채무가 소멸되지 아니하므로 사기죄는 성립되지 않는다.

③ 비의료인이 의료법 제33조 제2항을 위반하여 개설한 의료기관이 마치 적법하게 개설된 요양기관인 것처럼 국민건강보험공단에 요양급여비용을 청구하여 국민건강보험공단으로부터 이를 지급받은 행위는 사기죄의 기망행위에 해당하지 아니한다.

④ 피고인이 피해자에게 자동차를 양도하면서 소유권 이전등록에 필요한 서류를 교부하고 자동차를 인도하여 매매대금을 받은 후 자동차에 미리 부착해 놓은 지피에스(GPS)로 위치를 추적하여 자동차를 절취한 경우 절도 외에 매매대금에 대한 사기죄도 성립한다.

> 해설 **출제영역 | 사기죄 – 구성요건**
>
> ② (○) 대법원 1983.4.12, 82도2938
>
> ① (×) 채무자가 채권자에 대하여 소정기일까지 지급할 의사와 능력이 없음에도 종전 채무의 변제기를 늦출 목적으로 어음을 발행 교부한 경우 사기죄가 성립한다(대법원 1983.11.8, 83도1723).
>
> ③ (×) 의료인의 자격이 없는 일반인(비의료인)이 개설한 의료기관이 마치 의료법에 의하여 적법하게 개설된 요양기관인 것처럼 국민건강보험공단에 요양급여비용의 지급을 청구하는 것은 국민건강보험공단으로 하여금 요양급여비용 지급에 관한 의사결정에 착오를 일으키게 하는 것이 되어 사기죄의 기망행위에 해당하고, 이러한 기망행위에 의하여 국민건강보험공단으로부터 요양급여비용을 지급받을 경우에는 사기죄가 성립한다(대법원 2018.4.10, 2017도17699).
>
> ④ (×) 피고인 등이 피해자 甲 등에게 자동차를 매도하겠다고 거짓말하고 자동차를 양도하면서 매매대금을 편취한 다음, 자동차에

미리 부착해 놓은 지피에스(GPS)로 위치를 추적하여 자동차를 절취하였다고 하여 사기 및 특수절도로 기소된 사안에서, 피고인이 甲 등에게 자동차를 인도하고 소유권이전등록에 필요한 일체의 서류를 교부함으로써 甲 등이 언제든지 자동차의 소유권이전등록을 마칠 수 있게 된 이상, 피고인이 자동차를 양도한 후 다시 절취할 의사를 가지고 있었더라도 자동차의 소유권을 이전하여 줄 의사가 없었다고 볼 수 없고, 피고인이 자동차를 매도할 당시 곧바로 다시 절취할 의사를 가지고 있으면서도 이를 숨긴 것을 기망이라고 할 수 없어, 결국 피고인이 자동차를 매도할 당시 기망행위가 없었으므로 피고인에게 사기죄를 인정한 원심판결에 법리오해의 잘못이 있다(대법원 2016.3.24, 2015도17452).

정답 ②

---

063 ✓ 유사 ◆◆◇　　　변호사 2019

실행의 착수에 관한 다음 설명 중 가장 옳지 않은 것은? (다툼이 있는 경우 판례에 의함)

① 밤늦게 피해자를 따라 가면서 기회를 엿보다가 갑자기 양팔을 높이 들어 뒤에서 피해자를 껴안으려고 하였는데, 마침 피해자가 뒤돌아보면서 '왜 이러세요?' 라고 소리치는 바람에 피해자를 껴안지 못한 경우에 도, 강제추행미수죄가 성립한다.

② 피고인이 물건을 훔칠 의도로 야간에 아파트에 베란다 철제난간까지 올라가 유리창문을 열려고 시도하다가 발각된 경우, 야간주거침입절도미수죄가 성립한다.

③ 공사대금 채권을 실제와 달리 허위로 크게 부풀려 유치권에 의한 경매를 신청할 경우, 소송사기죄의 실행의 착수에 해당한다.

④ 허위 내용의 약속어음 공정증서를 집행권원으로 하여 피해자의 제3자에 대한 소유권이전등기청구권에 대하여 압류신청을 한 경우, 민사집행법 제244조에서 규정하는 부동산에 관한 권리이전청구권에 대한 강제집행은 그 자체를 처분하여 대금으로 채권에 만족을 기하는 것이 아니므로, 소송사기의 실행에 착수하였다고 볼 수 없다.

해설 출제영역 | 실행의 착수 – 종합

④ (×) 소유권이전등기청구권에 대한 압류는 당해 부동산에 대한 경매의 실시를 위한 사전 단계로서의 의미를 가지나, 전체로서의 강제집행절차를 위한 일련의 시작행위라고 할 수 있으므로, 허위 채권에 기한 공정증서를 집행권원으로 하여 채무자의 소유권이전등기청구권에 대하여 압류신청을 한 시점에 소송사기의 실행에 착수하였다고 볼 것이다(대법원 2015.2.12, 2014도10086).

① (○) 피고인이 가까이 접근하여 갑자기 뒤에서 껴안는 행위는 일반인에게 성적 수치심이나 혐오감을 일으키게 하고 선량한 성적 도덕관념에 반하는 행위로서 甲의 성적 자유를 침해하는 행위여서 그 자체로 이른바 '기습추행' 행위로 볼 수 있으므로, 피고인의 팔이 甲의 몸에 닿지 않았더라도 양팔을 높이 들어 갑자기 뒤에서 껴안으려는 행위는 甲의 의사에 반하는 유형력의 행사로서 폭행행위에 해당하며, 그때 '기습추행'에 관한 실행의 착수가 있는데, 마침 甲이 뒤돌아보면서 소리치는 바람에 몸을 껴안는 추행

의 결과에 이르지 못하고 미수에 그쳤으므로, 피고인의 행위는 아동·청소년에 대한 강제추행미수죄에 해당한다(대법원 2015. 9.10, 2015도6980).

② (○) 주거침입죄의 실행의 착수는 주거자, 관리자, 점유자 등의 의사에 반하여 주거나 관리하는 건조물 등에 들어가는 행위 즉, 구성요건의 일부를 실현하는 행위까지 요구하는 것은 아니고, 범죄구성요건의 실현에 이르는 현실적 위험성을 포함하는 행위를 개시하는 것으로 족하다. 야간에 아파트에 침입하여 물건을 훔칠 의도하에 아파트의 베란다 철제난간까지 올라가 유리창문을 열려고 시도하였다면 야간주거침입절도죄의 실행에 착수한 것으로 보아야 한다(대법원 2003.10.24, 2003도4417).

③ (○) 유치권에 의한 경매를 신청한 유치권자는 일반채권자와 마찬가지로 피담보채권액에 기초하여 배당을 받게 되는 결과 피담보채권인 공사대금 채권을 실제와 달리 허위로 크게 부풀려 유치권에 의한 경매를 신청할 경우 정당한 채권액에 의하여 경매를 신청한 경우보다 더 많은 배당금을 받을 수도 있으므로, 이는 법원을 기망하여 배당이라는 법원의 처분행위에 의하여 재산상 이익을 취득하려는 행위로서, 불능범에 해당한다고 볼 수 없고, 소송사기죄의 실행의 착수에 해당한다(대법원 2012.11.15, 2012도9603).

정답 ④

甲은 乙 명의의 차용증을 위조한 후 乙 소유 부동산에 대한 가압류신청을 하여 법원으로부터 가압류결정을 받았다. 이에 대하여 乙의 고소로 개시된 수사절차에서, 乙이 미국에 거주하는 A로부터 위 부동산을 1억 원에 매수하였으나 차후 양도소득세를 적게 낼 목적으로 1억 5,000만 원에 매수한 것인 양 신고하여 부동산등기부에 매매가액이 1억 5,000만 원으로 기재되게 하고 소유권이전등기를 마친 사실이 확인되었다. 미국에 있는 A와의 전화통화 내용을 문답형식으로 기재하고 검찰주사만 기명날인한 수사보고서를 검사는 공소제기 후 증거로 제출하였다. 한편, 甲의 범행을 알고 있는 B가 법정에서 허위증언을 하자 검사가 B를 소환하여 추궁 끝에 법정증언을 번복하는 취지의 진술조서를 작성하여 이를 증거로 제출하였다. 이에 관한 설명 중 옳은 것은? (다툼이 있는 경우에는 판례에 의함)

① 甲이 허위 주장을 하거나 허위 증거를 제출하여 가압류결정을 받은 것은 법원의 구체적이고 현실적인 직무집행을 방해한 것이므로 위계에 의한 공무집행방해죄가 성립한다.

② 甲이 본안소송을 제기하지 아니한 채 가압류를 신청한 것만으로는 사기죄의 실행에 착수하였다고 할 수 없다.

③ 乙이 행정기관에 거래가액을 거짓으로 신고하여 신고필증을 받은 뒤 이를 기초로 사실과 다른 내용의 거래가액이 부동산등기부에 등재되도록 한 것은 공전자기록등부실기재죄 및 부실기재공전자기록등행사죄에 해당한다.

④ 위 수사보고서는 A가 외국거주로 인하여 공판기일에 진술할 수 없으므로 수사보고서를 작성한 검찰주사가 특히 신빙할 수 있는 상태 하에서 작성한 것임을 증명하면 증거로 할 수 있다.

⑤ B가 다시 법정에 출석하여 위 진술조서의 진정 성립을 인정하고 甲에게 반대신문의 기회가 부여되었다면 그 진술조서는 증거능력이 있다.

해설 출제영역 | 사기죄의 구성요건 - 착수시기 · 기수시기

② (○) 가압류는 강제집행의 보전방법에 불과한 것이어서 허위의 채권을 피보전권리로 삼아 가압류를 하였다고 하더라도 그 채권에 관하여 현실적으로 청구의 의사표시를 한 것이라고는 볼 수 없으므로, 본안소송을 제기하지 아니한 채 가압류를 한 것만으로는 사기죄의 실행에 착수하였다고 할 수 없다(대법원 1988.9.13, 88도55).

① (×) 법원은 당사자의 허위 주장 및 증거 제출에도 불구하고 진실을 밝혀야 하는 것이 그 직무이므로, 가처분신청 시 당사자가 허위의 주장을 하거나 허위의 증거를 제출하였다 하더라도 그것만으로 법원의 구체적이고 현실적인 어떤 직무집행이 방해되었다고 볼 수 없으므로 이로써 바로 위계에 의한 공무집행방해죄가 성립한다고 볼 수 없다(대법원 2012.4.26, 2011도17125).

③ (×) 부동산등기부에 기재되는 거래가액은 당해 부동산의 권리

의무관계에 중요한 의미를 갖는 사항에 해당한다고 볼 수 없다. 따라서 부동산의 거래당사자가 거래가액을 시장 등에게 거짓으로 신고하여 신고필증을 받은 뒤 이를 기초로 사실과 다른 내용의 거래가액이 부동산등기부에 등재되도록 하였다면, '공인중개사의 업무 및 부동산 거래신고에 관한 법률'에 따른 과태료의 제재를 받게 됨은 별론으로 하고, 형법상의 공전자기록등부실기재죄 및 부실기재공전자기록등행사죄가 성립하지는 아니한다(대법원 2012.4.26, 2011도17125).

④ (×) 검찰주사보 작성의 각 수사보고서는 전문증거로서 형사소송법 제310조의2에 의하여 제311조 내지 제316조에 규정된 것 이외에는 이를 증거로 삼을 수 없는 것인데, 위 각 수사보고서는 제311조, 제312조, 제315조, 제316조의 적용대상이 되지 아니함이 분명하므로, 결국 제313조의 진술을 기재한 서류에 해당하여야만 제314조의 적용 여부가 문제될 것인바, 원진술자의 서명 또는 날인이 없는 위 각 수사보고서는 제313조에 정한 진술을 기재한 서류가 아니어서 제314조에 의한 증거능력의 유무를 따질 필요가 없다고 할 것이다(대법원 1999.2.26, 98도2742).

⑤ (×) 공판준비 또는 공판기일에서 이미 증언을 마친 증인을 검사가 소환한 후 피고인에게 유리한 증언 내용을 추궁하여 이를 일방적으로 번복시키는 방식으로 작성한 진술조서를 유죄의 증거로 삼는 것은 당사자주의·공판중심주의·직접주의를 지향하는 현행 형사소송법의 소송구조에 어긋나는 것일 뿐만 아니라, 헌법 제27조가 보장하는 기본권, 즉 법관의 면전에서 모든 증거자료가 조사·진술되고 이에 대하여 피고인이 공격·방어할 수 있는 기회가 실질적으로 부여되는 재판을 받을 권리를 침해하는 것이므로, 이러한 진술조서는 피고인이 증거로 할 수 있음에 동의하지 아니하는 한 증거능력이 없고, 그 후 원진술자인 종전 증인이 다시 법정에 출석하여 증언을 하면서 그 진술조서의 성립의 진정함을 인정하고 피고인 측에 반대신문의 기회가 부여되었다고 하더라도 그 증언 자체를 유죄의 증거로 할 수 있음은 별론으로 하고 위와 같은 진술조서의 증거능력이 없다는 결론은 달리할 것이 아니다(대법원 2013.8.14, 2012도13665).

정답 ②

다음 중 사기죄에 있어 부작위에 의한 기망행위와 관련하여 법률상 고지의무가 인정되는 것은 모두 몇 개인가? (다툼이 있는 경우 판례에 의함)

> 가. 부동산의 이중매매에 있어서 제2의 매수인에게 제1의 매매계약을 일방적으로 해제할 수 없는 처지에 있다는 사실을 고지할 의무
> 나. 매매목적물에 관하여 매수인에게 이미 제3자의 신청에 의하여 처분금지가처분결정이 된 사실을 고지할 의무
> 다. 임대인이 임대차계약을 체결하면서 임차인에게 임대목적물이 경매진행중인 사실을 고지할 의무
> 라. 매각 토지에 대하여 도시계획이 입안되어 있어 장차 협의 매수되거나 수용될 것이라는 사정을 이를 잘 알지 못하는 매수인에게 고지할 의무

① 없음
② 1개
③ 2개
④ 3개
⑤ 4개

해설 | 출제영역 | 부작위에 의한 기망행위

④ 나, 다, 라의 3개 지문에서 법률상 고지의무가 인정된다.

가. (×) 부동산의 2중매매에 있어서 소론과 같이 매도인이 제1의 매매계약을 일방적으로 해제할 수 없는 처지에 있었다는 사정만으로는, 바로 제2의 매매계약의 효력이나 그 매매계약에 따르는 채무의 이행에 장애를 가져오는 것이라고 볼 수 없음은 물론, 제2의 매수인의 매매목적물에 대한 권리의 실현에 장애가 된다고도 볼 수 없는 것이므로(제2의 매수인의 권리의 실현으로 인하여 제1의 매수인에 대한 관계에서 배임죄가 성립할 것인지의 여부는 별문제로 하고), 매도인이 제2의 매수인에게 그와 같은 사정을 고지하지 아니하였다고 하여 제2의 매수인을 기망한 것이라고 평가할 수는 없을 것이다(대법원 1991.12.24, 91도2698).

나. (○) 부동산의 이중매매에 있어서 매도인이 제1의 매매계약을 일방적으로 해제할 수 없는 처지에 있었다는 사정만으로는, 바로 제2의 매매계약의 효력이나 그 매매계약에 따르는 채무이행, 또는 제2의 매수인의 매매목적물에 대한 권리의 실현에 장애가 된다고도 볼 수 없는 것이므로 매도인이 제2의 매수인에게 그와 같은 사정을 고지하지 아니하였다고 하여 제2의 매수인을 기망한 것이라고 할 수 없다(대법원 1991.12.24, 91도2698).
(판결이유 중) … 부동산의 2중 매매에 있어서 제2의 매수인에게 단순히 제1의 매매사실을 고지하지 아니하였다는 사실만으로는 기망행위를 한 것이라고 할 수 없고, 제2의 매수인에게 당초부터 소유권을 이전하여 줄 의사가 없었음에도 있는 듯이 속이거나, 매매목적물에 관하여 이미 제3자의 신청에 의하여 처분금지가처분결정이 된 경우 등과 같이 그 매매계약을 이행함에 있어서 어떤 법률상의 제한이 있음에도 이를 고지하지 아니하고 매매계약을 체결하는 경우 등에만, 제2의 매수인에 대한 사기죄가 성립된다고 할 것인바 …

다. (○) 임대인이 임대차계약을 체결하면서 임차인에게 임대목적물이 경매진행 중인 사실을 알리지 아니한 경우, 임차인이 등기부를 확인 또는 열람하는 것이 가능하더라도 사기죄가 성립한다(대법원 1998.12.8, 98도3263).

라. (○) 토지에 대하여 도시계획이 입안되어 있어 장차 협의매수되거나 수용될 것이라는 사정을 매수인에게 고지하지 아니한 행위가 부작위에 의한 사기죄를 구성한다(대법원 1993.7.13, 93도14).

정답 ④

다음 설명 중 사기죄의 성립을 인정하기에 가장 어려운 경우는? (다툼이 있으면 판례에 의함)

① 매도인이 자동차에 GPS를 미리 부착해 놓는 방법으로 자동차를 다시 절취할 의사가 있었음에도 이를 숨긴 채 자동차를 매도하고 소유권이전등록에 필요한 서류를 교부하여 매매대금을 받은 경우
② 비의료인이 개설한 의료기관이 의료법에 의하여 적법하게 개설된 요양기관인 것처럼 국민건강보험공단에 요양급여 비용의 지급을 청구하여 지급받은 경우
③ 보험자가 보험금액이 목적물의 가액을 현저히 초과한다는 사정을 알았더라면 같은 조건으로 보험계약을 체결하지 않았고 협정보험가액에 따른 보험금을 그대로 지급하지 않았을 것임에도 보험계약자가 초과보험 사실을 알지 못하는 보험자에게 목적물의 가액을 묵비한 채 보험금을 청구하여 지급받은 경우
④ 회사를 고의로 부도내려고 준비한 사실 등을 숨긴 채 회사 명의로 대한주택보증 주식회사와 임대보증금 보증약정을 체결해 보증서를 발급받은 경우

해설 | 출제영역 | 사기죄 – 구성요건

① (×) 자동차를 인도하고 소유권이전등록에 필요한 일체의 서류를 교부함으로써 피해자인 A, B가 언제든지 소유권이 전 등록을 마칠 수 있게 된 이상, 매도인 甲 등에게 자동차의 소유권을 이전하여 줄 의사가 없었다고 볼 수는 없고 또한 자동차를 매도할 당시 곧바로 다시 절취할 의사를 가지고 있으면서도 이를 숨긴 것을 기망이라고 할 수도 없어 특수절도죄만 성립할 뿐 사기죄는 성립하지 아니한다(대법원 2016.3.24, 2015도17452).

② (○) 비의료인이 개설한 의료기관이 마치 의료법에 의하여 적법하게 개설된 요양기관인 것처럼 국민건강보험공단에 요양급여비용의 지급을 청구하는 것은 국민건강보험공단으로 하여금 요양급여비용 지급에 관한 의사결정에 착오를 일으키게 하는 것으로서 사기죄의 기망행위에 해당하고, 이러한 기망행위에 의하여 국민건강보험공단으로부터 요양급여비용을 지급받을 경우에는 사기죄가 성립한다. 이는 그 의료기관의 개설인인 비의료인이 자신에게 개설 명의를 빌려준 의료인으로 하여금 환자들에게 요양급여를 제공하게 하였다 하여도 마찬가지이다(대법원 2015.7.9, 2014도11843).

③ (○) 보험계약자가 보험계약 체결 시 보험금액이 목적물의 가액을 현저하게 초과하는 초과보험 상태를 의도적으로 유발한 후 보험사고가 발생하자 초과보험 사실을 알지 못하는 보험자에게 목적물의 가액을 묵비한 채 보험금을 청구하여 보험금을 교부받은 경우, 보험자가 보험금액이 목적물의 가액을 현저하게 초과한다는 것을 알았더라면 같은 조건으로 보험계약을 체결하지 않았을 뿐만 아니라 협정보험가액에 따른 보험금을 그대로 지급하지 아니하였을 관계가 인정된다면, 보험계약자가 초과보험 사실을 알지 못하는 보험자에게 목적물의 가액을 묵비한 채 보험금을 청구한 행위는 사기죄의 실행행위로서의 기망행위에 해당한다(대법

원 2015.7.23, 2015도6905).
④ (○) 대한주택보증의 임대보증금 보증서 발급이 피고인 등의 기망행위에 의하여 이루어졌다면, 그로써 곧 사기죄는 성립하는 것이고, 이로 인하여 피고인 등이 취득한 재산상 이익은 대한주택보증이 보증한 임대보증금 상당액이라 할 것이다(대법원 2013.11.28, 2011도7229).

정답 ①

---

067 ✓ 유사 ◆◆◇ 법원9급 2019

사기죄, 횡령죄, 배임죄에 관한 다음 설명 중 가장 옳지 않은 것은?

① 자기가 점유하는 타인의 재물에 대하여는 이를 취득하면서 기망행위를 한다 하여도 사기죄는 성립하지 않고 횡령죄만 성립한다.
② 타인의 사무를 처리하는 자가 그 사무처리상 임무에 위배하여 본인을 기망하고 착오에 빠진 본인으로부터 재물을 교부받은 경우에는 사기죄와 배임죄가 모두 성립하고 양죄는 상상적 경합관계에 있다.
③ 기망의 상대방인 피해자 법인의 대표자가 기망행위자와 동일인인 경우에는 사기죄가 성립한다고 보기 어렵다.
④ 피해자 법인의 업무를 처리하는 실무자인 일반 직원이 기망행위임을 알지 못했다면, 그 대표자가 기망행위임을 알고 있었다고 하더라도 피해자 법인에 대한 사기죄 성립에 영향이 없다.

해설 | 출제영역 | 사기죄 – 기망행위

③ (○), ④ (×) 사기죄의 피해자가 법인이나 단체인 경우에 기망행위로 인한 착오, 인과관계 등이 있었는지 여부는 법인이나 단체의 대표 등 최종 의사결정권자 또는 내부적인 권한 위임 등에 따라 실질적으로 법인의 의사를 결정하고 처분을 할 권한을 가지고 있는 사람을 기준으로 판단하여야 한다. 따라서 ⊙ 피해자 법인이나 단체의 대표자 또는 실질적으로 의사결정을 하는 최종결재권자 등이 기망행위자와 동일인이거나 기망행위자와 공모하는 등 기망행위임을 알고 있었던 경우에는 기망행위로 인한 착오가 있다고 볼 수 없고, 재물 교부 등의 처분행위가 있었다고 하더라도 기망행위와 인과관계가 있다고 보기 어렵다. 이러한 경우에는 사안에 따라 업무상횡령죄 또는 업무상배임죄 등이 성립하는 것은 별론으로 하고 사기죄가 성립한다고 볼 수 없다(대법원 2017.8.29, 2016도18986 등). ⓛ 반면에 피해자 법인이나 단체의 업무를 처리하는 실무자인 일반 직원이나 구성원 등이 기망행위임을 알고 있었다고 하더라도, 피해자 법인이나 단체의 대표자 또는 실질적으로 의사결정을 하는 최종결재권자 등이 기망행위임을 알지 못한 채 착오에 빠져 처분행위에 이른 경우라면, 피해자 법인에 대한 사기죄의 성립에 영향이 없다(대법원 2017.9.26, 2017도8449).
① (○) 대법원 1987.12.22, 87도2168
② (○) 대법원 2002.7.18, 2002도669 전원합의체 등

정답 ④

---

068 ✓ 유사 ◆◆◆ 변호사 2019 변형

2018.7.경 甲과 乙은 공모하여 甲의 장인인 A(甲과 동거하지 아니하고, 乙과는 아무런 신분관계가 없음)에 대한 차용증을 위조한 다음 법원에 A 소유 토지에 대한 부동산가압류를 신청하였고 법원은 위 신청에 대한 부동산가압류명령을 발령하여 부동산등기부와 동일한 공전자기록에 위 토지에 대한 가압류등기가 경료되었다. 이후 甲과 乙은 A에 대하여 대여금청구의 소를 제기하면서 소장에 A의 주소를 허위로 기재하는 방법으로 승소판결을 받았다. A는 위 사실을 뒤늦게 알고, 알게 된 날로부터 1개월 만에 甲과 乙을 사문서위조, 위조사문서행사, 사기, 공전자기록등부실기재 및 부실기재공전자기록등행사로 경찰에 고소하였다. 乙은 수사를 받게 된 것을 알고 집에 보관 중이던 위 차용증 원본을 태워 없앴다. 이에 관한 설명 중 옳은 것을 모두 고른 것은? (특별법 위반의 점은 논외로 하고, 다툼이 있는 경우 판례에 의함)

ㄱ. 甲과 乙이 부동산가압류를 신청하고 이에 따른 명령을 받은 것에 대하여는 사기죄가 성립하고, 이 경우 사기죄는 부동산가압류명령이 발령된 시점에 기수에 이른다.
ㄴ. 위 가압류등기는 甲과 乙의 등기신청이 아니라 법원의 촉탁에 의하여 이루어졌으므로 甲과 乙에게는 공전자기록등부실기재죄 및 부실기재공전자기록등행사죄가 성립하지 아니한다.
ㄷ. 자신의 형사사건에 대한 증거를 인멸한 경우 증거인멸죄가 성립하지 않지만, 乙이 없앤 차용증 원본은 甲에 대한 형사사건의 증거이기도 하므로 乙을 증거인멸죄로 처벌할 수 있다.
ㄹ. 甲이 위 범행 이후 처와 이혼하여 甲과 A 사이에 더 이상 친족관계가 존재하지 않더라도 甲의 사기죄에 대하여 친족상도례가 적용된다.

① ㄱ, ㄴ
② ㄱ, ㄷ
③ ㄴ, ㄷ
④ ㄴ, ㄹ

해설 | 출제영역 | 사기죄의 성립, 친족상도례

ㄱ. (×) 가압류는 강제집행의 보전방법에 불과한 것이어서 허위의 채권을 피보전권리로 삼아 가압류를 하였다고 하더라도 그 채권에 관하여 현실적으로 청구의 의사표시를 한 것이라고는 볼 수 없으므로, 본안소송을 제기하지 아니한 채 가압류를 한 것만으로는 사기죄의 실행에 착수하였다고 할 수 없다(대법원 1988.9.13, 88도55).
ㄴ. (○) 공정증서원본부실기재죄에 있어서의 불실의 기재는 당사자의 허위신고에 의하여 이루어져야 하므로 법원의 촉탁에 의하여 이루어진 경우에는 가령 그 전제절차에 허위적 요소가 있다 하더라도 그것은 법원의 촉탁에 의하여 이루어진 것이지 당사자의 허위신고에 의하여 이루어진 것이 아니므로 공정증서원본부실기재죄를 구성하지 않는다(대법원 1983.12.7, 83도2442).
ㄷ. (×) 증거인멸죄는 타인의 형사사건 또는 징계사건에 관한 증거를 인멸하는 경우에 성립하는 것으로서, 피고인 자신이 직접 형

사처분이나 징계처분을 받게 될 것을 두려워한 나머지 자기의 이익을 위하여 그 증거가 될 자료를 인멸하였다면, 그 행위가 동시에 다른 공범자의 형사사건이나 징계사건에 관한 증거를 인멸한 결과가 된다고 하더라도 이를 증거인멸죄로 다스릴 수 없다(대법원 1995.9.29, 94도2608).

ㄹ. (○) 형법 제344조, 제328조 제1항 소정의 친족간의 범행에 관한 규정이 적용되기 위한 친족관계는 원칙적으로 범행 당시에 존재하여야 한다(대법원 1997.1.24, 96도1731). 따라서 범행 후 친족관계가 소멸해도 친족상도례가 적용된다.

정답 ④

069 ✓ 유사 ◆◆◇ 경찰2차 2023

다음 중 가장 적절한 것은? (다툼이 있는 경우 판례에 의함)

① 甲은 건물의 소유자로, 해당 건물을 매입하기 위한 소요자금을 대납하는 조건으로 해당 건물에서 약 2개월 동안 거주하고 있던 A가 위 금액을 입금하지 않자, A를 내쫓을 목적으로 아들인 乙에게 A가 거주하는 곳의 현관문에 설치된 디지털 도어락의 비밀번호를 변경할 것을 지시하고, 이에 따라 乙이 그 도어락의 비밀번호를 변경하였다면 甲에게는 권리행사방해교사죄가 성립한다.

② 甲이 타인 소유 토지의 이용을 방해할 목적으로 권한 없이 건물을 신축하였다면, 이는 다른 사람의 소유물을 본래의 용법에 따라 무단으로 사용·수익하는 행위로 소유자를 배제한 채 물건의 이용가치를 영득하는 것이고 그 결과 소유자가 물건의 효용을 누리지 못하게 된 것으로 볼 수 있어 이와 같은 甲의 행위는 재물손괴죄에 해당한다.

③ 건물의 임차인인 甲이 임대인 A에 대한 임대차보증금반환채권을 B에게 양도하였는데도 A에게 채권양도 통지를 하지 않고 A로부터 남아 있던 임대차보증금을 반환받아 보관하던 중 개인적인 용도로 사용하였다면 甲에게는 횡령죄가 성립한다.

④ 甲은 PC방에 게임을 하러 온 A로부터 20,000원을 인출해오라는 부탁과 함께 현금카드를 건네받게 되자, 위법하게 이득할 의사로 권한 없이 그 위임받은 금액을 초과한 50,000원을 인출한 후 그중 20,000원만 A에게 건네주고 30,000원을 취득하였다면, 甲의 행위는 그 차액 상당액에 관하여 컴퓨터등사용사기죄에 해당한다.

해설 │ 출제영역 | 재산죄 종합

④ (○) 인출한 현금 총액 중 인출을 위임받은 금액을 넘는 부분의 비율에 상당하는 재산상 이익을 취득한 것으로 볼 수 있으므로 그 차액 상당액에 관하여 컴퓨터등사용사기죄가 성립한다(대법원 2006.3.24, 2005도3516).

① (×) 형법 제323조의 권리행사방해죄는 타인의 점유 또는 권리

의 목적이 된 자기의 물건을 취거, 은닉 또는 손괴하여 타인의 권리행사를 방해함으로써 성립하므로 취거, 은닉 또는 손괴한 물건이 자기의 물건이 아니라면 권리행사방해죄가 성립할 수 없다. 물건의 소유자가 아닌 사람은 형법 제33조 본문에 따라 소유자의 권리행사방해 범행에 가담한 경우에 한하여 그의 공범이 될 수 있을 뿐이다(대법원 2017.5.30, 2017도4578 등). 이 사건 도어락은 피고인 소유의 물건일 뿐 공소외 3 소유의 물건은 아니라는 것이다. … 공소외 3이 자기의 물건이 아닌 이 사건 도어락의 비밀번호를 변경하였다고 하더라도 권리행사방해죄가 성립할 수 없고, 이와 같이 정범인 공소외 3의 권리행사방해죄가 인정되지 않는 이상 교사자인 피고인에 대하여 권리행사방해교사죄도 성립할 수 없다(대법원 2022.9.15, 2022도5827).

② (×) 재물손괴죄(형법 제366조)는 다른 사람의 재물을 손괴 또는 은닉하거나 그 밖의 방법으로 그 효용을 해한 경우에 성립하는 범죄로, 행위자에게 다른 사람의 재물을 자기 소유물처럼 그 경제적 용법에 따라 이용·처분할 의사(불법영득의사)가 없다는 점에서 절도, 강도, 사기, 공갈, 횡령 등 영득죄와 구별된다. 다른 사람의 소유물을 본래의 용법에 따라 무단으로 사용·수익하는 행위는 소유자를 배제한 채 물건의 이용가치를 영득하는 것이고, 그 때문에 소유자가 물건의 효용을 누리지 못하게 되었더라도 효용 자체가 침해된 것이 아니므로 재물손괴죄에 해당하지 않는다(대법원 2022.11.30, 2022도1410).

③ (×) 건물의 임차인인 피고인 甲이 임대인 A에 대한 임대차보증금반환채권을 B에게 양도하였는데도 A에게 채권양도 통지를 하지 않고 A로부터 남아 있던 임대차보증금을 반환받아 보관하던 중 개인적인 용도로 사용하여 이를 횡령하였다는 내용으로 기소된 경우, 임대차보증금으로 받은 금전의 소유권은 피고인에게 귀속하고, 피고인이 B를 위한 보관자 지위가 인정될 수 있는 신임관계에 있다고 볼 수 없어 횡령죄가 성립하지 않는다(대법원 2022.6.23, 2017도3829 전원합의체).

정답 ④

070 ✓ 대표 ◆◆◇ 경찰2차 2018

카드사용 범죄에 대한 설명으로 가장 적절한 것은?(다툼이 있는 경우 판례에 의함)

① 타인명의의 현금카드 겸용 신용카드를 무단으로 이용하여 현금자동지급기에서 예금을 인출한 때에는 여신전문금융업법위반죄와 절도죄가 성립한다.

② 타인명의의 신용카드를 무단으로 이용하여 현금자동지급기에서 단기카드대출로 현금을 인출한 때에는 여신전문금융업법위반죄와 컴퓨터등사용사기죄가 성립한다.

③ 타인명의의 신용카드를 무단으로 이용하여 가맹점에서 물품을 구입한 때에는 여신전문금융업법위반죄와 사문서위조 및 동 행사죄, 사기죄가 성립한다.

④ 타인명의의 현금카드를 무단으로 이용하여 현금자동지급기에서 피해자의 계좌로부터 자신의 계좌로 자금을 이체한 때에는 컴퓨터등사용사기죄가 성립한다.

해설 │ 출제영역 | 신용카드범죄

④ (○) 절취한 타인의 신용카드를 이용하여 현금지급기에서 계좌

이체를 한 행위는 컴퓨터등사용사기죄에서 컴퓨터 등 정보처리 장치에 권한 없이 정보를 입력하여 정보처리를 하게 한 행위에 해당함은 별론으로 하고 이를 절취행위라고 볼 수는 없고, 한편 위 계좌이체 후 현금지급기에서 현금을 인출한 행위는 자신의 신용카드나 현금카드를 이용한 것이어서 이러한 현금인출이 현금지급기 관리자의 의사에 반한다고 볼 수 없어 절취행위에 해당하지 않으므로 절도죄를 구성하지 않는다(대법원 2008.6.12, 2008도2440).

① (×) 여신전문금융업법 제70조 제1항 소정의 부정사용이라 함은 위조·변조 또는 도난·분실된 신용카드나 직불카드를 진정한 카드로서 신용카드나 직불카드의 본래의 용법에 따라 사용하는 경우를 말하는 것이므로, 절취한 직불카드를 온라인 현금자동지급기에 넣고 비밀번호 등을 입력하여 피해자의 예금을 인출한 행위는 여신전문금융업법 제70조 제1항 소정의 부정사용의 개념에 포함될 수 없다(대법원 2003.11.14, 2003도3977).

② (×) 피해자 명의의 신용카드를 부정사용하여 현금자동인출기에서 현금을 인출하고 그 현금을 취득까지 한 행위는 신용카드업법 제25조 제1항의 부정사용죄에 해당할 뿐 아니라 그 현금을 취득함으로써 현금자동인출기 관리자의 의사에 반하여 그의 지배를 배제하고 그 현금을 자기의 지배하에 옮겨 놓는 것이 되므로 별도로 절도죄를 구성하고, 위 양 죄의 관계는 그 보호법익이나 행위태양이 전혀 달라 실체적 경합관계에 있는 것으로 보아야 한다(신용카드부정사용죄와 절도죄의 실체적 경합, 대법원 1995.7.28, 95도997).

③ (×) 신용카드업법 제25조 제1항은 신용카드를 위조·변조하거나 도난·분실 또는 위조·변조된 신용카드를 사용한 자는 7년 이하의 징역 또는 5천만 원 이하의 벌금에 처한다고 규정하고 있는바, 위 부정사용죄의 구성요건적 행위인 신용카드의 사용이라 함은 신용카드의 소지인이 신용카드의 본래 용도인 대금결제를 위하여 가맹점에 신용카드를 제시하고 매출표에 서명하여 이를 교부하는 일련의 행위를 가리키고 단순히 신용카드를 제시하는 행위만을 가리키는 것은 아니라고 할 것이므로, 위 매출표의 서명 및 교부가 별도로 사문서위조 및 동행사의 죄의 구성요건을 충족한다고 하여도 이 사문서위조 및 동행사의 죄는 위 신용카드부정사용죄에 흡수되어 신용카드부정사용죄의 1죄만이 성립하고 별도로 사문서위조 및 동행사의 죄는 성립하지 않는다(대법원 1992.6.9, 92도77).

정답 ④

071 유사 ◆◇◇   국가7급 2016

신용카드범죄에 대한 설명으로 옳은 것은? (다툼이 있는 경우 판례에 의함)

① 분실한 신용카드를 습득한 자가 대금결제를 위하여 가맹점에 신용카드를 제시하고 매출표에 서명하여 이를 교부하는 일련의 행위를 한 경우 신용카드부정사용죄와 사문서위조 및 동행사죄의 상상적 경합이 된다.

② 절취한 타인의 신용카드를 사용하여 여러 가맹점으로부터 물품을 구매한 경우 부정사용행위는 절도범행의 불가벌적 사후행위가 되는 것은 아니므로 절도죄, 신용카드부정사용죄, 사기죄의 실체적 경합이 된다.

③ 절취한 타인의 신용카드를 사용하여 현금자동지급기에서 현금대출을 받은 경우 절도죄와 컴퓨터등사용사기죄의 실체적 경합이 된다.

④ 대금결제의 의사나 능력이 없으면서도 자기의 신용카드로 현금자동지급기에서 현금대출을 받은 경우 사람을 기망한 것이 아니므로 사기죄는 성립하지 않는다.

해설 | 출제영역 | 신용카드범죄, 사기죄

② (○) 대법원 1996.7.12, 96도1181

① (×) 신용카드업법 제25조 제1항은 신용카드를 위조·변조하거나 도난·분실 또는 위조·변조된 신용카드를 사용한 자는 7년 이하의 징역 또는 5천만 원 이하의 벌금에 처한다고 규정하고 있는바, 위 부정사용죄의 구성요건적 행위인 신용카드의 사용이라 함은 신용카드의 소지인이 신용카드의 본래 용도인 대금결제를 위하여 가맹점에 신용카드를 제시하고 매출표에 서명하여 이를 교부하는 일련의 행위를 가리키고 단순히 신용카드를 제시하는 행위만을 가리키는 것은 아니라고 할 것이므로, 위 매출표의 서명 및 교부가 별도로 사문서위조 및 동행사의 죄의 구성요건을 충족한다고 하여도 이 사문서위조 및 동행사의 죄는 위 신용카드부정사용죄에 흡수되어 신용카드부정사용죄의 1죄만이 성립하고 별도로 사문서위조 및 동행사의 죄는 성립하지 않는다(대법원 1992.6.9, 92도77).

③ (×) 우리 형법은 재산범죄의 객체가 재물인지 재산상의 이익인지에 따라 이를 재물죄와 이득죄로 명시하여 규정하고 있는데, 형법 제347조가 일반 사기죄를 재물죄 겸 이득죄로 규정한 것과 달리 형법 제347조의2는 컴퓨터등사용사기죄의 객체를 재물이 아닌 재산상의 이익으로만 한정하여 규정하고 있으므로, 절취한 타인의 신용카드로 현금자동지급기에서 현금을 인출하는 행위가 재물에 관한 범죄임이 분명한 이상 이를 위 컴퓨터등사용사기죄로 처벌할 수는 없다(대법원 2003.5.13, 2003도1178).

④ (×) 이미 과다한 부채의 누적 등으로 신용카드 사용으로 인한 대출금채무를 변제할 의사나 능력이 없는 상황에 처하였음에도 불구하고 신용카드를 사용한 경우, 사기죄에 있어서 기망행위 내지 편취의 범의를 인정할 수 있다(대법원 2005.8.19, 2004도6859).

정답 ②

072 ✓유사 ◆◇◇ 경찰간부 2022 유사 법원9급 2018

카드(신용카드, 직불카드 등) 관련 범죄에 관한 다음 설명 중 가장 옳지 않은 것은? (다툼이 있는 경우 판례에 의함)

① 타인 명의를 모용하여 발급받은 신용카드를 이용하여 현금자동지급기에서 현금을 인출한 행위는 현금자동지급기의 관리자에 대한 절도죄가, ARS 전화서비스 등을 이용하여 신용대출을 받은 행위에 관하여는 카드회사에 대한 사기죄가 각 성립한다.

② 은행이 발급한 직불카드를 사용하여 타인의 예금계좌에서 자기의 예금계좌로 돈을 이체한 후 그 직불카드를 곧 반환한 경우 직불카드에 대한 절도죄는 성립하지 않는다.

③ 정상적으로 발급받은 자기 명의의 신용카드를 사용한 경우라 하더라도 신용카드 사용으로 인한 대출금채무를 변제할 의사나 능력이 없는 상황에서 계속하여 신용카드를 사용하였다면 사기죄가 성립할 수 있다.

④ 예금주인 현금카드 소유자로부터 일정액의 현금을 인출해 오라는 부탁과 함께 현금카드를 건네받았는데 그 위임받은 금액을 초과한 현금을 인출하였다면 컴퓨터 등 사용사기죄가 성립한다.

해설 출제영역 | 신용카드범죄 – 죄수

① (×) 타인의 명의를 모용하여 발급받은 신용카드의 번호와 그 비밀번호를 이용하여 ARS 전화서비스나 인터넷 등 을 통하여 신용대출을 받는 방법으로 재산상 이익을 취득하는 행위 역시 미리 포괄적으로 허용된 행위가 아닌 이상, 컴퓨터 등 정보처리장치에 권한 없이 정보를 입력하여 정보처리를 하게 함으로써 재산상 이익을 취득하는 행위로서 컴퓨터 등 사용사기죄에 해당한다(대법원 2006.7.27, 2006도3126).

② (○) 은행이 발급한 직불카드를 사용하여 타인의 예금계좌에서 자기의 예금계좌로 돈을 이체시켰다 하더라도 직불카드 자체가 가지는 경제적 가치가 계좌이체 된 금액만큼 소모되었다고 할 수는 없으므로, 이를 일시 사용하고 곧 반환한 경우에는 그 직불카드에 대한 불법영득의 의사는 없다고 보아야 한다(대법원 2006.3.9, 2005도7819).

③ (○) 카드회원이 일시적인 자금궁색 등의 이유로 그 채무를 일시적으로 이행하지 못하게 되는 상황이 아니라 이미 과다한 부채의 누적 등으로 신용카드 사용으로 인한 대출금채무를 변제할 의사나 능력이 없는 상황에 처하였음에도 불구하고 신용카드를 사용하였다면, 사기죄에 있어서 기망행위 내지 편취의 범의를 인정할 수 있다 할 것이다(대법원 2005.8.19, 2004도6859).

④ (○) 예금주인 현금카드 소유자로부터 일정한 금액의 현금을 인출해 오라는 부탁을 받으면서 이와 함께 현금카드를 건네받은 것을 기화로 그 위임을 받은 금액을 초과하여 현금을 인출하는 방법으로 그 차액 상당을 위법하게 이득할 의사로 현금자동지급기에 그 초과된 금액이 인출되도록 입력하여 그 초과된 금액의 현금을 인출한 경우에는 그 인출된 현금에 대한 점유를 취득함으로써 이때에 그 인출한 현금 총액 중 인출을 위임받은 금액을 넘는 부분의 비율에 상당하는 재산상 이익을 취득한 것으로 볼 수 있으므로 이러한 행위는 그 차액상당액에 관하여 형법 제347조의2(컴퓨터등 사용사기)에 규정된 '컴퓨터 등 정보처리장치에 권한 없이 정보를 입력하여 정보처리를 하게 함으로써 재산상의 이익

을 취득'하는 행위로서 컴퓨터 등 사용사기죄에 해당된다(대법원 2006.3.24, 2005도3516).

정답 ①

073 ✓유사 ◆◆◇ 경찰1차 2024

신용카드 관련 범죄에 관한 설명으로 가장 적절하지 않은 것은? (다툼이 있는 경우 판례에 의함)

① 정상적으로 발급받은 신용카드를 소지한 카드회원 甲이 일시적인 자금궁색 등의 이유로 그 채무를 일시적으로 이행하지 못하게 되는 상황이 아니라 이미 과다한 부채의 누적 등으로 신용카드 사용으로 인한 대출금채무를 변제할 의사나 능력이 없는 상황에 처하였음에도 불구하고 신용카드를 사용한 경우, 甲에게는 사기죄가 성립한다.

② 甲이 현금카드 소유자 A로부터 강취한 현금카드로 현금자동지급기에서 예금을 인출한 경우, 이는 모두 A의 예금을 강취하고자 하는 甲의 단일하고 계속된 범의 아래에서 이루어진 일련의 행위로서 포괄하여 하나의 강도죄를 구성하므로, 현금 인출행위를 현금카드 강취행위와 분리하여 따로 절도죄로 처벌할 수는 없다.

③ 甲이 현금카드 소유자 A로부터 편취한 현금카드로 현금자동지급기에서 예금을 인출한 경우, A가 예금인출을 승낙한 이상 甲의 현금 인출행위는 절도죄에 해당하지 않는다.

④ 「여신전문금융업법」상 신용카드 부정사용죄와 관련하여, 동법 제70조 제1항 제4호의 '기망하거나 공갈하여 취득한 신용카드나 직불카드'는 '신용카드나 직불카드의 소유자 또는 점유자를 기망하거나 공갈하여 그들의 자유로운 의사에 의하지 않고 점유가 배제되어 그들로부터 사실상 처분권을 취득한 신용카드나 직불카드'라고 해석되어야 한다.

해설 출제영역 | 신용카드 관련 범죄

② (×) 강도죄는 공갈죄와는 달리 피해자의 반항을 억압할 정도로 강력한 정도의 폭행·협박을 수단으로 재물을 탈취하여야 성립하므로, 피해자로부터 현금카드를 강취하였다고 인정되는 경우에는 피해자로부터 현금카드의 사용에 관한 승낙의 의사표시가 있었다고 볼 여지가 없다. 따라서 강취한 현금카드를 사용하여 현금자동지급기에서 예금을 인출한 행위는 피해자의 승낙에 기한 것이라고 할 수 없으므로, 현금자동지급기 관리자의 의사에 반하여 그의 지배를 배제하고 그 현금을 자기의 지배하에 옮겨 놓는 것이 되어서 강도죄와는 별도로 절도죄를 구성한다(대법원 2007.5.10, 2007도1375).

① (○) 이미 과다한 부채의 누적 등으로 신용카드 사용으로 인한 대출금채무를 변제할 의사나 능력이 없는 상황에 처하였음에도 불구하고 신용카드를 사용하였다면 사기죄에 있어서 기망행위 내지 편취의 범의를 인정할 수 있다(대법원 2005.8.19, 2004도6859).

③ (○) 예금주인 현금카드 소유자로부터 그 카드를 편취하여, 비록 하자 있는 의사표시이기는 하지만 현금카드 소유자의 승낙에 의하여 사용권한을 부여받은 이상, … 은행 등 금융기관은 현금카드 소유자의 지급정지 신청이 없는 한 카드 소유자의 의사에 따라 그의 계산으로 적법하게 예금을 지급할 수밖에 없는 것이므로, 피고인이 현금카드의 소유자로부터 현금카드를 사용한 예금인출의 승낙을 받고 현금카드를 교부받은 행위와 이를 사용하여 현금자동지급기에서 예금을 여러 번 인출한 행위들은 모두 현금카드 소유자의 예금을 편취하고자 하는 피고인의 단일하고 계속된 범의 아래에서 이루어진 일련의 행위로서 포괄하여 하나의 사기죄를 구성한다고 볼 것이지, 현금자동지급기에서 카드 소유자의 예금을 인출, 취득한 행위를 현금자동지급기 관리자의 의사에 반하여 그가 점유하고 있는 현금을 절취한 것이라 하여 이를 현금카드 편취행위와 분리하여 따로 절도죄로 처단할 수는 없다(대법원 2005.9.30, 2005도5869).

④ (○) 여신전문금융업법 제70조 제1항 제4호에서는 '강취·횡령하거나, 사람을 기망하거나 공갈하여 취득한 신용카드나 직불카드를 판매하거나 사용한 자'를 처벌하도록 규정하고 있는데, 여기에서 '사용'은 강취·횡령, 기망 또는 공갈로 취득한 신용카드나 직불카드를 진정한 카드로서 본래의 용법에 따라 사용하는 경우를 말한다. 그리고 '기망하거나 공갈하여 취득한 신용카드나 직불카드'는 문언상 '기망이나 공갈을 수단으로 하여 다른 사람으로부터 취득한 신용카드나 직불카드'라는 의미이므로, '신용카드나 직불카드의 소유자 또는 점유자를 기망하거나 공갈하여 그들의 자유로운 의사에 의하지 않고 점유가 배제되어 그들로부터 사실상 처분권을 취득한 신용카드나 직불카드'라고 해석되어야 한다(대법원 2022.12.16, 2022도10629).

정답 ②

---

074 ✓ 유사 ◆◆◇ 경찰경력채용 2023

사기의 죄에 관한 설명으로 가장 적절한 것은? (다툼이 있는 경우 판례에 의함)

① 甲이 토지의 소유자이자 매도인인 A에게 토지거래허가에 필요한 서류라고 속여 근저당권설정계약서에 서명·날인하게 하고 인감증명서를 교부받은 다음, 이를 이용하여 A의 소유 토지에 甲을 채무자로 한 근저당권을 B에게 설정하여 주고 돈을 차용하는 방법으로 재산상 이익을 취득하였다면, A에게 그 소유 토지들에 근저당권 등을 설정하여 줄 의사가 없었다는 점에서 A의 처분행위가 없으므로 사기죄가 성립하지 않는다.

② 타인의 명의를 모용하여 발급받은 신용카드를 이용하여 현금자동지급기에서 현금을 인출한 행위와 ARS 전화서비스 등으로 신용대출을 받은 행위는 포괄적으로 카드회사에 대한 사기죄가 된다.

③ 甲은 A로부터 현금 2만 원을 인출해 오라는 부탁을 받으면서 A 소유의 현금카드를 건네받았는데, 이를 기화로 현금자동인출기에서 인출금액을 5만 원으로 입력하여 인출한 후 2만 원만 A에게 건네주고 나머지 3만 원을 취득한 경우, 甲은 인출한 5만 원 전부에 대하여 컴퓨터등사용사기죄가 성립한다.

④ 상해보험계약 체결 당시에 이미 발생한 교통사고로 생긴 질환으로 입·통원치료를 받고 있었을 뿐 아니라 기왕증으로 인해 향후 추가 입원치료를 받게 될 개연성이 농후함을 인식하고 있었음에도 자신의 과거 병력과 치료이력을 묵비하고 그 보험계약을 체결하였다면, 부작위에 의한 기망행위가 인정된다.

해설 출제영역 | 사기의 죄 종합

④ (○) 상해·질병보험계약을 체결하는 보험계약자가 보험사고 발생의 개연성이 농후함을 인식하였는지는 보험계약 체결 전 기왕에 입은 상해의 부위 및 정도, 기존 질병의 종류와 증상 및 정도, 상해나 질병으로 치료받은 전력 및 시기와 횟수, 보험계약 체결 후 보험사고 발생 시까지의 기간과 더불어 이미 가입되어 있는 보험의 유무 및 종류와 내역, 보험계약 체결의 동기 내지 경과 등을 두루 살펴 판단하여야 한다. … 피고인은 이 사건 보험계약 체결 당시 이미 발생한 교통사고 등으로 생긴 '요추, 경추, 사지' 부분의 질환과 관련하여 입·통원치료를 받고 있었을 뿐 아니라 그러한 기왕증으로 인해 향후 추가 입원치료를 받거나 유사한 상해나 질병으로 보통의 경우보다 입원치료를 더 받게 될 개연성이 농후하다는 사정을 인식하고 있었음에도 자신의 과거 병력과 치료이력을 모두 묵비한 채 이 사건 보험계약을 체결함으로써 피해 회사로부터 보험금을 편취하였다고 판단된다(대법원 2017.4.26, 2017도1405).

① (×) A는 피고인 등의 기망행위로 착오에 빠진 결과 토지거래허가 등에 필요한 서류로 잘못 알고 처분문서인 근저당권설정계약서 등에 서명 또는 날인함으로써 재산상 손해를 초래하는 행위를 하였으므로 A의 행위는 사기죄에서 말하는 처분행위에 해당하고, A가 비록 자신들이 서명 또는 날인하는 문서의 정확한 내용과 문서의 작성행위가 어떤 결과를 초래하는지를 미처 인식하지 못하였더라도 토지거래허가 등에 관한 서류로 알고 그와 다른 근

저당권설정계약에 관한 내용이 기재되어 있는 문서에 스스로 서명 또는 날인함으로써 그 문서에 서명 또는 날인하는 행위에 관한 인식이 있었던 이상 처분의사도 인정된다(대법원 2017.2.16, 2016도13362).

② (×) 타인의 명의를 모용하여 발급받은 신용카드의 번호와 그 비밀번호를 이용하여 ARS 전화서비스나 인터넷 등을 통하여 신용대출을 받는 방법으로 재산상 이익을 취득하는 행위 역시 미리 포괄적으로 허용된 행위가 아닌 이상, 컴퓨터등정보처리장치에 권한 없이 정보를 입력하여 정보처리를 하게 함으로써 재산상 이익을 취득하는 행위로서 <u>컴퓨터등사용사기죄에 해당한다고 할 것이다. 따라서 타인의 명의를 모용하여 발급받은 신용카드를 이용하여 현금자동지급기에서 현금을 인출하거나 ARS 전화서비스나 인터넷 등으로 신용대출을 받는 행위를 기망당한 카드회사가 카드사용을 포괄적으로 허용한 것에 기초한 것으로 파악하여 포괄적으로 카드회사에 대한 사기죄가 된다고 볼 수는 없다</u>(대법원 2006.7.27, 2006도3126).

③ (×) 예금주인 현금카드 소유자로부터 일정한 금액의 현금을 인출해 오라는 부탁을 받으면서 이와 함께 현금카드를 건네받은 것을 기화로 그 위임을 받은 금액을 초과하여 현금을 인출하는 방법으로 그 차액 상당을 위법하게 이득할 의사로 현금자동지급기에 그 초과된 금액이 인출되도록 입력하여 그 초과된 금액의 현금을 인출한 경우에는 그 인출된 현금에 대한 점유를 취득함으로써 이때에 그 인출한 현금 총액 중 <u>인출을 위임받은 금액을 넘는 부분의 비율에 상당하는 재산상 이익을 취득한 것으로 볼 수 있으므로</u> 이러한 행위는 그 차액 상당액에 관하여 형법 제347조의2(컴퓨터등사용사기)에 규정된 '컴퓨터 등 정보처리장치에 권한 없이 정보를 입력하여 정보처리를 하게 함으로써 재산상의 이익을 취득'하는 행위로서 컴퓨터 등 사용사기죄에 해당된다(대법원 2006.3.24, 2005도3516).

정답 ④

---

075 ✓ 유사 ◆◆◆ 변호사 2022

甲은 한밤 중 술에 취한 A로부터 지갑을 절취하고 그 안에 들어 있던 신용카드(현금카드기능겸용)와 신분증을 이용하여, 인근 현금자동지급기에서 ㉠ A의 계좌에서 잔고가 없던 자신의 X은행계좌로 1백만 원을 이체하였다. 다음 날 甲은 ㉡ 자신의 현금카드를 이용하여 X은행계좌에서 1백만 원을 전부 인출하여 ㉢ 이러한 사정을 들은 乙에게 50만 원을 건네주었다. 이후 ㉣ 甲은 인접한 각각의 구두, 시계매장에서 연달아 A의 신용카드를 제시하고 신용카드 단말기에 서명하여 구두와 시계를 각각의 가맹점주에게서 구매하였다. 신용카드 결제내역을 휴대전화 문자로 확인한 A의 즉각적인 신고로 甲은 긴급체포되었고 甲은 체포적부심사를 청구하였다. 이에 관한 설명 중 옳은 것은? (다툼이 있는 경우 판례에 의함)

① ㉠의 행위는 컴퓨터등사용사기죄와 신용카드 부정사용으로 인한 여신전문금융업법위반죄에 해당하며, 양죄는 실체적 경합에 해당한다.

② ㉡의 甲에게는 절도죄가 성립하며, ㉢의 乙에게는 장물취득죄가 성립한다.

③ ㉣의 경우, 두 개의 사기죄는 실체적 경합관계에 있고, 여신전문금융업법위반죄는 포괄일죄이며, 이들 사기죄와 여신전문금융업법위반죄는 실체적 경합관계에 있다.

④ 체포적부심사를 청구한 甲에게 법원은 보증금납입을 조건으로 석방을 명할 수 있다.

⑤ 체포적부심사의 석방결정에 의하여 석방된 甲에게는 다른 중요한 증거를 발견한 경우를 제외하고는 동일한 범죄사실에 관하여 재차 체포하지 못한다.

해설 출제영역 | 재산죄 종합

③ (○) 피고인은 절취한 카드로 가맹점들로부터 물품을 구입하겠다는 단일한 범의를 가지고 그 범의가 계속된 가운데 동종의 범행인 신용카드 부정사용행위를 동일한 방법으로 반복하여 행하였고, 또 위 신용카드의 각 부정사용의 피해법익도 모두 위 신용카드를 사용한 거래의 안전 및 이에 대한 공중의 신뢰인 것으로 동일하므로, 피고인이 동일한 신용카드를 위와 같이 부정사용한 행위는 포괄하여 일죄에 해당하고, 신용카드를 부정사용한 결과가 사기죄의 구성요건에 해당하고 그 각 사기죄가 실체적 경합관계에 해당한다고 하여도 <u>신용카드부정사용죄와 사기죄는 그 보호법익이나 행위의 태양이 전혀 달라 실체적 경합관계에 있으므로 신용카드 부정사용행위를 포괄일죄로 취급하는데 아무런 지장이 없다</u>(대법원 1996.7.12, 96도1181).

① (×) 컴퓨터등사용사기죄는 성립하나, 예금을 '이체'시킨 행위는 신용카드 본래의 용법인 신용기능을 사용하는 행위가 아니므로 신용카드부정사용죄에는 해당하지 않는다.

② (×) <u>위 계좌이체 후 현금지급기에서 현금을 인출한 행위</u>는 자신의 신용카드나 현금카드를 이용한 것이어서 이러한 현금인출이 현금지급기 관리자의 의사에 반한다고 볼 수 없어 절취행위에 해당하지 않으므로 <u>절도죄를 구성하지 않는다</u>(대법원 2008.6.12, 2008도2440). 즉, 甲이 자신의 계좌에서 100만 원을 인출하는 행위는 절도죄에 해당하지 않고 이에 따라 乙에게도 장물취득죄

는 성립하지 않는다.

④ (×) 형사소송법은 수사단계에서의 체포와 구속을 명백히 구별하고 있고 이에 따라 체포와 구속의 적부심사를 규정한 같은 법 제214조의2에서 체포와 구속을 서로 구별되는 개념으로 사용하고 있는바, 같은 조 제4항에 기소 전 보증금 납입을 조건으로 한 석방의 대상자가 '구속된 피의자'라고 명시되어 있고, 같은 법 제214조의3 제2항의 취지를 체포된 피의자에 대하여도 보증금 납입을 조건으로 한 석방이 허용되어야 한다는 근거로 보기는 어렵다 할 것이어서 현행법상 체포된 피의자에 대하여는 보증금 납입을 조건으로 한 석방이 허용되지 않는다(대법원 2008.6.12, 2008도2440).

⑤ (×) 도망한 경우에도 재체포가 가능하다.

> 형사소송법 제214조의3(재체포 및 재구속의 제한) ① 제214조의2제4항에 따른 체포 또는 구속 적부심사결정에 의하여 석방된 피의자가 도망하거나 범죄의 증거를 인멸하는 경우를 제외하고는 동일한 범죄사실로 재차 체포하거나 구속할 수 없다.

[정답] ③

---

076 ✓ 유사 ◆◆◇ 　　　　변호사 2024

甲은 삼촌 A와 따로 살고 있다. 甲은 어느 날 비어 있는 A의 집에 몰래 들어가 A가 보관 중이던 A의 친구 B 소유의 노트북과 A의 통장 및 운전면허증을 절취하였다. 甲은 절취한 통장을 가지고 인근 현금자동지급기로 가서 우연히 알아낸 비밀번호를 이용하여 A의 계좌에서 자신의 계좌로 100만 원을 이체하였다. 甲은 돈을 이체하고 돌아가던 중 불심검문 중인 경찰관의 신분증 제시 요구에 절취한 A의 운전면허증을 제시하였다. 이후 甲은 이체한 돈을 인출하여 그 정을 아는 친구 乙에게 교부하였다. 이에 관한 설명 중 옳은 것(○)과 옳지 않은 것(×)을 올바르게 조합한 것은? (다툼이 있는 경우 판례에 의함)

> ㄱ. 노트북 절취와 관련하여 甲과 점유자인 A 사이에 친족관계가 존재하므로 A의 고소가 없다면 甲은 절도죄로 기소될 수 없다.
> ㄴ. 甲의 컴퓨터등사용사기죄와 관련하여 A 명의 계좌의 금융기관을 피해자에 해당한다고 볼 수 없으므로, 甲이 A의 계좌에서 자신의 계좌로 100만 원을 이체한 행위에 친족상도례가 적용된다.
> ㄷ. 甲으로부터 돈을 받은 乙에게는 장물취득죄가 성립한다.
> ㄹ. 甲이 경찰관의 신분증 제시 요구에 A의 운전면허증을 제시한 것은 운전면허증이 신분의 동일성을 증명하는 기능을 하는 것이 아니기 때문에 공문서부정행사죄에 해당하지 않는다.
> ㅁ. 만약 甲이 이체한 돈을 인출하지 못했다면 컴퓨터등 사용사기죄의 미수에 해당한다.

① ㄱ(○), ㄴ(○), ㄷ(×), ㄹ(×), ㅁ(○)
② ㄱ(×), ㄴ(×), ㄷ(○), ㄹ(×), ㅁ(×)
③ ㄱ(○), ㄴ(○), ㄷ(×), ㄹ(○), ㅁ(×)
④ ㄱ(×), ㄴ(○), ㄷ(×), ㄹ(×), ㅁ(×)
⑤ ㄱ(×), ㄴ(×), ㄷ(×), ㄹ(×), ㅁ(×)

[해설] 출제영역 | 재산죄 종합

⑤ ㄱ(×), ㄴ(×), ㄷ(×), ㄹ(×), ㅁ(×)

ㄱ. (×) 절도죄의 보호법익은 소유권 및 점유권이므로 행위자와 소유자·점유자 사이 모두에 친족관계가 있을 때 친족상도례가 적용되므로, 甲은 점유자인 A와는 친족관계가 존재하지만, 소유자 B와는 친족관계가 없으므로 친족상도례를 적용할 수 없다.

> [판례] 친족상도례에 관한 규정은 범인과 피해물건의 소유자 및 점유자 모두 사이에 친족관계가 있는 경우에만 적용되는 것이고 절도범인이 피해물건의 소유자나 점유자의 어느 일방과 사이에서만 친족관계가 있는 경우에는 그 적용이 없다(대법원 1980.11.11, 80도131).

ㄴ. (×) 甲의 컴퓨터등사용사기죄와 관련하여 A 명의 계좌의 금융기관이 피해자이므로, 甲이 A의 계좌에서 자신의 계좌로 100만 원을 이체한 행위는 친족상도례가 적용되지 않는다.

[판례] 친척 소유 예금통장을 절취한 자가 그 친척 거래 금융
기관에 설치된 현금자동지급기에 예금통장을 넣고 조작하는
방법으로 친척 명의 계좌의 예금 잔고를 자신이 거래하는 다
른 금융기관에 개설된 자기 계좌로 이체한 경우, 그 범행으
로 인한 피해자는 이체된 예금 상당액의 채무를 이중으로 지
급해야 할 위험에 처하게 되는 그 친척 거래 금융기관이라
할 것이고, 거래 약관의 면책 조항이나 채권의 준점유자에
대한 법리 적용 등에 의하여 위와 같은 범행으로 인한 피해
가 최종적으로는 예금 명의인인 친척에게 전가될 수 있다고
하여, 자금이체 거래의 직접적인 당사자이자 이중지급 위험
의 원칙적인 부담자인 거래 금융기관을 위와 같은 컴퓨터 등
사용사기 범행의 피해자에 해당하지 않는다고 볼 수는 없으
므로, 위와 같은 경우에는 친족 사이의 범행을 전제로 하는
친족상도례를 적용할 수 없다(대법원 2007.3.15, 2006도
2704).

ㄷ. (×) 甲은 이체한 돈을 인출하여 그 정을 아는 친구 乙에게 교부
하였지만, 인출한 현금을 장물로 볼 수 없으므로 乙에게는 장물
취득죄가 성립하지 않는다.

[판례] 컴퓨터등사용사기죄의 범행으로 예금채권을 취득한
다음 자기의 현금카드를 사용하여 현금자동지급기에서 현금
을 인출한 경우, 현금카드 사용권이 있는 자의 정당한 사용
에 의한 것으로서 현금자동지급기 관리자의 의사에 반하거
나 기망행위 및 그에 따른 처분행위도 없었으므로, 별도로
절도죄나 사기죄의 구성요건에 해당하지 않는다 할 것이
고, 그 결과 그 인출된 현금은 재산범죄에 의하여 취득한
재물이 아니므로 장물이 될 수 없다(대법원 2004.4.16,
2004도353).

ㄹ. (×) 甲이 경찰관의 신분증 제시 요구에 A의 운전면허증을 제시
한 것은 공문서부정행사죄에 해당한다(대법원 2001.4.19, 2000
도1985 전원합의체).

[판례] 제3자로부터 신분확인을 위하여 신분증명서의 제시
를 요구받고 다른 사람의 운전면허증을 제시한 행위는 그 사
용목적에 따른 행사로서 공문서부정행사죄에 해당한다고 보
는 것이 옳다(대법원 2001.4.19, 2000도1985 전원합의체).

ㅁ. (×) 甲이 이체한 돈을 인출하지 못하였다고 하더라도 컴퓨터 등
사용사기죄의 기수에 해당한다.

[판례] 입금절차를 완료함으로써 장차 그 계좌에서 이를 인
출하여 갈 수 있는 재산상 이익을 취득하였으므로 형법 제
347조의2에서 정하는 컴퓨터 등 사용사기죄는 기수에 이르
렀고, 그 후 그러한 입금이 취소되어 현실적으로 인출되지
못하였다고 하더라도 이미 성립한 컴퓨터 등 사용사기죄에
어떤 영향이 있다고 할 수는 없다(대법원 2006.9.14, 2006
도4127).

정답 ⑤

---

5 공갈의 죄

077 ✓ 대표 ◆◇◇ 법원9급 2017

**다음 설명 중 가장 옳지 않은 것은? (다툼이 있으면 판
례에 의함)**

① 사람을 공갈하여 자신이 아닌 제3자로 하여금 재물의
교부를 받게 하거나 재산상의 이익을 취득하게 한 경
우도 공갈죄가 성립한다.

② 공갈죄에 있어 피공갈자의 하자 있는 의사에 기하여
이루어지는 재물의 교부 자체가 공갈죄에서의 재산상
손해에 해당하므로 반드시 피해자의 전체 재산의 감소
가 요구되는 것도 아니다.

③ 피고인이 예금주인 현금카드 소유자를 협박하여 그 카
드를 갈취한 다음 피해자의 승낙에 의하여 현금카드를
사용할 권한을 부여받아 이를 이용하여 여러 차례 현
금자동지급기에서 예금을 인출한 경우 포괄하여 하나
의 공갈죄를 구성하고 현금지급기에서 피해자의 예금
을 취득한 행위를 따로 절도죄로 처단할 수 없다.

④ 피고인이 정당한 권리 실현의 수단으로 사회통념상 용인
되기 어려운 정도를 넘는 협박을 사용하여 상대방을 외
포케 하여 재물을 교부받은 경우 피고인에게는 불법영득
의사가 없으므로 공갈죄가 아닌 협박죄가 성립한다.

해설 출제영역 | 공갈죄의 구성요건·위법성

④ (×) 정당한 권리가 있다 하더라도 그 권리행사를 빙자하여 사회
통념상 용인되기 어려운 정도를 넘는 협박을 수단으로 상대방을
외포케 하여 재물의 교부 또는 재산상의 이익을 받으려 하였다면
공갈죄가 성립한다(대법원 1996.3.22, 95도2801).

① (○) 제350조
② (○) 대법원 2013.4.11, 2010도13774
③ (○) 대법원 1996.9.20, 95도1728

정답 ④

078 ✓ 유사 ◆◆◇

공갈죄에 관한 다음 설명 중 가장 옳지 않은 것은?

① 피고인이 가출자의 소재를 알고 있음을 기화로 가출자의 가족에 대하여 가출자의 소재를 알려주는 조건으로 보험가입을 요구한 경우 공갈죄에서의 협박에 해당한다.

② 공무원이 직무집행의 의사 없이 또는 직무처리와 대가적 관계 없이 타인을 공갈하여 재물을 교부하게 한 경우에는 공갈죄만이 성립하고, 이러한 경우 재물의 교부자가 공무원의 해악의 고지로 인하여 외포의 결과 금품을 제공한 것이라면 그는 공갈죄의 피해자가 될 것이고 뇌물공여죄는 성립될 수 없다.

③ 주간신문의 발행인 겸 편집자인 피고인이 여러 차례 시정(市政)에 관한 비판기사 및 사설을 보도한 후 시 관계자에게 구두, 공문으로, 또는 신문 지면을 통하여 당시 시로부터 받고 있는 광고의뢰 및 직보배정 수준을 다른 지역신문들의 수준과 같이 높여 줄 것을 요청한 경우 공갈죄의 수단으로서 그 상대방을 협박하였다고 볼 수 없어 공갈죄가 성립하지 않는다.

④ 타인을 공갈하여 재물 또는 재산상의 이익을 취득함에 있어 그 수단으로서 대가가 지급되었을 경우라도 이를 공제하지 아니한 그 전부가 갈취이득액이다.

해설 | **출제영역 | 공갈죄의 구성요건**

① (×) 가출자의 가족에 대하여 가출자의 소재를 알려주는 조건으로 보험가입을 요구한 피고인의 소위는 가출자를 찾으려고 하는 그 가족들의 안타까운 심정을 이용하여 보험가입을 권유 내지 요구하는 언동으로 도의상 비난할 수 있을지언정 그로 인하여 가족들에 새로운 외포심을 일으키게 되거나 외포심이 더하여진다고는 볼 수 없으므로 이를 공갈죄에 있어서의 협박이라고 단정할 수 없다(대법원 1976.4.27, 75도2818).

② (○) 대법원 1994.12.22, 94도2528

③ (○) 대법원 2002.12.10, 2001도7095

④ (○) 사기죄나 공갈죄의 성립에 있어서 재산상 손해는 필요 없다는 것이 대체로 판례의 입장이다.

정답 ①

079 ✓ 유사 ◆◆◇

재산죄에 대한 다음 설명 중 적절한 것만을 모두 고른 것은? (다툼이 있는 경우 판례에 의함)

㉠ 절도죄의 성립에 필요한 '불법영득의 의사'는 그것이 물건 자체를 영득할 의사인지 물건의 가치만을 영득할 의사인지를 불문한다.

㉡ 「형법」 제332조에 규정된 상습절도죄를 범한 범인이 범행의 수단으로 주간에 주거침입을 한 경우, 주거침입행위는 다른 상습절도죄에 흡수되어 1죄만을 구성하고 상습절도죄와 별개로 주거침입죄를 구성하지 않는다.

㉢ 공갈죄의 수단인 협박에 있어서의 해악의 고지가 비록 정당한 권리의 실현 수단으로 사용된 경우라도 그 권리실현의 수단·방법이 사회통념상 허용되는 정도나 범위를 넘는다면 공갈죄의 실행에 착수한 것으로 보아야 한다.

㉣ 당사자 사이에 혼인신고가 있었다면, 그 혼인신고가 단지 다른 목적을 달성하기 위한 방편에 불과한 것으로 그들 사이에 참다운 부부관계의 설정을 바라는 효과의사가 없다 하더라도 친족상도례를 적용할 수 있다.

① ㉠, ㉢   ② ㉠, ㉣

③ ㉡, ㉢   ④ ㉡, ㉣

해설 | **출제영역 | 재산죄 종합**

㉠ (○) 대법원 2014.2.21, 2013도14139

㉡ (×) 형법 제332조에 규정된 상습절도죄를 범한 범인이 범행의 수단으로 주간에 주거침입을 한 경우 주간 주거침입행위는 상습절도죄와 별개로 주거침입죄를 구성한다. 또 형법 제332조에 규정된 상습절도죄를 범한 범인이 그 범행 외에 상습적인 절도의 목적으로 주간에 주거침입을 하였다가 절도에 이르지 아니하고 주거침입에 그친 경우에도 주간 주거침입행위는 상습절도죄와 별개로 주거침입죄를 구성한다(대법원 2015.10.15, 2015도8169).

㉢ (○) 대법원 1995.3.10, 94도2422

㉣ (×) 당사자 사이에 비록 혼인의 계출 자체에 관하여 의사의 합치가 있어 일응 법률상의 부부라는 신분관계를 설정할 의사는 있었다고 인정되는 경우라도 그것이 단지 다른 목적을 달성하기 위한 방편에 불과한 것으로서 그들 간에 참다운 부부관계의 설정을 바라는 효과의사가 없을 때에는 그 혼인은 민법 제815조 제1호의 규정에 따라 그 효력이 없다고 해석하여야 한다(대법원 1996.11.22, 96도2049).

정답 ①

재산죄에 관한 설명으로 가장 적절한 것은? (다툼이 있는 경우 판례에 의함)

① 「형법」 제333조 후단의 강도죄(이른바 강제이득죄)의 요건인 재산상의 이익이란 재물을 포함한 모든 재산상의 이익을 말하는 것으로서 적극적 이익(적극적인 재산의 증가)이든 소극적 이익(소극적인 부채의 감소)이든 묻지 않는다.

② 甲이 상대방으로부터 금품이나 재산상 이익을 받을 것을 약속하고 성행위를 하는 경우 그 행위의 대가는 사기죄의 객체인 경제적 이익에 해당하지 않는다.

③ 甲이 피해자를 폭행·협박하여 매출전표에 허위 서명하게 하고 이를 교부받아 소지한 경우 甲이 신용카드회사에 매출전표를 제출하여도 신용카드회사가 신용카드 가맹점 규약 또는 약관의 규정을 들어 그 금액의 지급을 거절할 수 있으므로 甲은 '재산상 이익'을 취득하였다고 볼 수 없다.

④ 사기로 편취한 재물 또는 재산상의 이익의 가액을 구체적으로 산정할 수 없는 경우에는 편취한 재물 또는 재산상 이익의 가액이 5억 원 이상 또는 50억 원 이상인 것이 범죄구성요건의 일부로 되어 있고 그 가액에 따라 그 죄에 대한 형벌도 가중하는 특정경제범죄 가중처벌 등에 관한 법률위반(사기)죄로 처벌할 수 없다.

해설 | 출제영역 | 재산죄 종합

④ (○) 사기로 인한 특정경제범죄법 위반죄는 편취한 재물이나 재산상 이익의 가액이 5억 원 이상 또는 50억 원 이상인 것이 범죄구성요건의 일부로 되어 있고 가액에 따라 그 죄에 대한 형벌도 가중되어 있으므로, 이를 적용할 때에는 편취한 재물이나 재산상 이익의 가액을 엄격하고 신중하게 산정함으로써 범죄와 형벌 사이에 적정한 균형이 이루어져야 한다는 죄형균형 원칙이나 형벌은 책임에 기초하고 그 책임에 비례하여야 한다는 책임주의 원칙이 훼손되지 않도록 유의하여야 한다. 그리고 그 <u>이익의 가액을 구체적으로 산정할 수 없는 경우에는 재산상 이익의 가액을 기준으로 가중 처벌하는 특정경제범죄법 제3조를 적용할 수 없다</u>(대법원 2024.4.25, 2023도18971).

① (×) 형법 제333조 후단의 강도죄, 이른바 강제이득죄의 요건인 재산상의 이익이란 재물 이외의 재산상의 이익을 말하는 것으로서 <u>적극적 이익(적극적인 재산의 증가)이든 소극적 이익(소극적인 부채의 감소)이든 상관없는 것이다</u>(대법원 1994.2.22, 93도428).

② (×) 대법원 2001.10.23, 2001도2991

③ (×) 피고인들이 폭행·협박으로 피해자로 하여금 매출전표에 서명을 하게 한 다음 이를 교부받아 소지함으로써 이미 외관상 각 매출전표를 제출하여 신용카드회사들로부터 그 금액을 지급받을 수 있는 상태가 되었는바, 피해자가 각 매출전표에 허위 서명한 탓으로 피고인들이 신용카드회사들에게 각 매출전표를 제출하여도 <u>신용카드회사들이 신용카드 가맹점 규약 또는 약관의 규정을 들어 그 금액의 지급을 거절할 가능성이 있다 하더라도</u>, 그로 인하여 피고인들이 각 매출전표 상의 금액을 지급받을 가능성이 완전히 없어져 버린 것이 아니고 외견상 여전히 그 금액을 지급받을 가능성이 있는 상태이므로, 결국 피고인들이 '재산상 이익을 취득하였다고 볼 수 있다(대법원 1997.2.25, 96도3411).

정답 ④

다음 설명 중 옳지 않은 것은? (다툼이 있는 경우 판례에 의함)

① 절도범이 절도현장에서 체포면탈을 목적으로 자신을 체포하려는 A와 B를 같은 기회에 폭행하여 B에게만 상해를 가한 경우에는 포괄하여 하나의 강도상해죄가 성립한다.

② 피해자에게 자동차를 매도하겠다고 거짓말하고 매매대금을 받고 자동차를 양도하면서 자동차에 미리 부착해 놓은 지피에스(GPS)로 위치를 추적하여 자동차를 몰래 가져왔으나, 피해자에게 자동차를 인도하고 소유권이전등록에 필요한 일체의 서류를 교부함으로써 피해자가 언제든지 자동차의 소유권이전등록을 마칠 수 있게 되었다면 절도죄만 성립할 뿐 그와는 별도로 사기죄가 성립하지는 않는다.

③ 피해자에 대한 사기범행을 실현하는 수단으로서 타인을 기망하여 그를 피해자로부터 편취한 재물이나 재산상 이익을 전달하는 도구로만 이용한 경우에는 피해자에 대한 사기죄만 성립할 뿐 도구로 이용된 타인에 대한 사기죄가 별도로 성립하지는 않는다.

④ 상습으로 단순절도죄를 범한 범인이 범행의 수단으로 주간에 주거침입을 한 경우 주거침입행위는 상습절도죄(「형법」 제332조)와 별개로 주거침입죄를 구성한다.

⑤ A가 B의 돈을 절취한 다음 다른 금전과 섞거나 교환하지 않고 쇼핑백에 넣어 자신의 집에 숨겨두었는데 甲이 B의 지시를 받아 乙과 함께 A를 위협하여 쇼핑백에 들어 있던 절취된 돈을 교부받았다면 甲은 폭력행위등처벌에관한법률위반(공동공갈)의 죄책을 진다.

해설 | 출제영역 | 재산죄 종합

⑤ (×) 甲이 乙의 돈을 절취한 다음 다른 금전과 섞거나 교환하지 않고 쇼핑백 등에 넣어 자신의 집에 숨겨두었는데, 피고인이 乙의 지시로 丙과 함께 甲에게 겁을 주어 위 돈을 교부받아 갈취하였다고 하여 폭력행위 등 처벌에 관한 법률 위반(공동공갈)으로 기소된 경우, <u>위 금전을 타인인 甲의 재물이라고 할 수 없어 공갈죄가 성립된다고 볼 수 없다</u>(대법원 2012.8.30, 2012도6157).

① (○) 절도범이 체포를 면탈할 목적으로 체포하려는 여러 명의 피해자에게 같은 기회에 폭행을 가하여 그중 1인에게만 상해를 가하였다면 이러한 행위는 포괄하여 하나의 강도상해죄만 성립한다(대법원 2001.8.21, 2001도3447).

② (○) 피고인이 甲 등에게 자동차를 인도하고 소유권이전등록에 필요한 일체의 서류를 교부함으로써 甲 등이 언제든지 자동차의 소유권이전등록을 마칠 수 있게 된 이상, 피고인이 자동차를 양도한 후 다시 절취할 의사를 가지고 있었더라도 자동차의 소유권을 이전하여 줄 의사가 없었다고 볼 수 없고, 피고인이 자동차를 매도할 당시 곧바로 다시 절취할 의사를 가지고 있으면서도 이를 숨긴 것을 기망이라고 할 수 없어, 결국 피고인이 자동차를 매도할 당시 기망행위가 없었으므로, 피고인에게 사기죄를 인정한 원심판결에 법리오해의 잘못이 있다(대법원 2016.3.24, 2015도17452).

③ (○) 간접정범을 통한 범행에서 피이용자는 간접정범의 의사를 실현하는 수단으로서의 지위를 가질 뿐이므로, 피해자에 대한 사

기범행을 실현하는 수단으로서 타인을 기망하여 그를 피해자로부터 편취한 재물이나 재산상 이익을 전달하는 도구로서만 이용한 경우에는 편취의 대상인 재물 또는 재산상 이익에 관하여 피해자에 대한 사기죄가 성립할 뿐 도구로 이용된 타인에 대한 사기죄가 별도로 성립한다고 할 수 없다(대법원 2017.5.31, 2017도3894).

④ (○) 상습으로 단순절도를 범한 범인이 상습적인 절도범행의 수단으로 주간(낮)에 주거침입을 한 경우에 주간 주거침입행위의 위법성에 대한 평가가 형법 제332조, 제329조의 구성요건적 평가에 포함되어 있다고 볼 수 없다. 그러므로 형법 제332조에 규정된 상습절도죄를 범한 범인이 범행의 수단으로 주간에 주거침입을 한 경우 주간 주거침입행위는 상습절도죄와 별개로 주거침입죄를 구성한다. 또 형법 제332조에 규정된 상습절도죄를 범한 범인이 그 범행 외에 상습적인 절도의 목적으로 주간에 주거침입을 하였다가 절도에 이르지 아니하고 주거침입에 그친 경우에도 주간 주거침입행위는 상습절도죄와 별개로 주거침입죄를 구성한다(대법원 2015.10.15, 2015도8169).

[정답] ⑤

---

082 ✓유사 ◆◆◆ 〔법원9급 2016〕

다음 설명 중 가장 옳지 않은 것은? (다툼이 있는 경우 판례에 의함)

① 부동산에 관한 횡령죄에 있어서 타인의 재물을 보관하는 자의 지위는 부동산에 대한 점유의 여부가 아니라 부동산을 제3자에게 유효하게 처분할 수 있는 지위에 있는지 여부를 기준으로 결정하여야 한다.

② 타인 명의의 등기서류를 위조하여 등기공무원에게 제출함으로써 피고인 명의로 소유권이전등기를 마쳤다고 하여도 등기공무원에게는 위 부동산의 처분권한이 있다고 볼 수 없어 사기죄가 성립하지 않는다.

③ 부동산에 대한 공갈죄는 소유권이전등기에 필요한 서류를 교부 받은 때에 기수로 된다.

④ 피고인이 피해자에게 부동산매도용인감증명 및 등기의무자본인확인서면의 진실한 용도를 속이고 그 서류들을 교부받아 피고인 등 명의로 위 부동산에 관한 소유권이전등기를 경료하였다면 피해자의 처분행위가 있었다고 할 수 없어 사기죄를 구성하지 않는다.

〔해설〕 출제영역 │ 부동산에 관한 범죄 - 종합

③ (×) 부동산에 대한 공갈죄는 그 부동산에 관하여 소유권이전등기를 경료받거나 또는 인도를 받은 때에 기수로 되는 것이고, 소유권이전등기에 필요한 서류를 교부 받은 때에 기수로 되어 그 범행이 완료되는 것은 아니다(대법원 1992.9.14, 92도1506).

① (○) 대법원 2000.4.11, 2000도565
② (○) 대법원 1981.7.28, 81도529
④ (○) 대법원 2001.7.13, 2001도1289

[정답] ③

---

083 ✓유사 ◆◆◇ 〔경찰2차 2018〕

사기와 공갈의 죄에 대한 설명으로 옳지 않은 것을 모두 고른 것은?(다툼이 있는 경우 판례에 의함)

⊙ 타인으로부터 금전을 차용하면서 그 용도를 속였고, 만일 사실대로 용도를 고지하였더라면 상대방이 그에 응하지 않았을 경우에 차용금채무에 대한 상당한 담보를 제공하였다는 사정이 있으면 사기죄가 성립하지 아니한다.

ⓛ 1개의 기망행위에 의하여 다수의 피해자로부터 각각 재물을 편취한 경우에는 피해자별로 수개의 사기죄가 성립하고, 각 죄는 실체적 경합의 관계에 있다.

ⓒ 피해자를 기망하여 재물의 교부를 받고 그 대가를 일부 지급한 경우에는 피해자로부터 교부된 재물의 가치로부터 그 대가를 공제한 차액이 사기죄의 편취액으로 산정된다.

ⓔ 예금주인 현금카드 소유자를 협박하여 카드를 갈취하고, 하자 있는 의사표시이기는 하나 피해자의 승낙에 의하여 현금카드를 사용할 권한을 부여받아 이를 사용하여 현금자동지급기에서 예금을 여러 번 인출한 행위들은 포괄하여 하나의 공갈죄를 구성한다.

ⓜ 다른 공범자가 공갈행위의 실행에 착수한 후 그 범행을 인식하면서 그와 공동의 범의를 가지고 그 후의 공갈행위를 계속하여 재물의 교부나 재산상 이익의 취득에 이른 때에는 공갈죄의 공동정범이 성립한다.

① ⊙ⓛⓒ
② ⊙ⓛⓔ
③ ⊙ⓒⓜ
④ ⓛⓒⓜ

〔해설〕 출제영역 │ 사기죄, 공갈죄

① ⊙ⓛⓒ

⊙ (×) 타인으로부터 금전을 차용함에 있어서 그 <u>차용한 금전의 용도나 변제할 자금의 마련방법에 관하여 사실대로 고지하였더라면 상대방이 응하지 않았을 경우에 그 용도나 변제자금의 마련방법에 관하여 진실에 반하는 사실을 고지하여 금전을 교부받은 경우에는 사기죄가 성립하고</u>, 이 경우 차용금채무에 대한 담보를 제공하였다는 사정만으로는 결론을 달리 할 것은 아니다(대법원 2005.9.15, 2003도5382).

ⓛ (×) 1개의 기망행위에 의하여 여러 피해자로부터 각각 재물을 편취한 경우에는 피해자별로 수개의 사기죄가 성립하고, 그 사이에는 <u>상상적 경합</u>의 관계에 있는 것으로 보아야 한다(대법원 2011.1.13, 2010도9330).

ⓒ (×) 사기죄에서 그 대가가 일부 지급되거나 담보가 제공된 경우에도 편취액은 피해자로부터 교부된 금원으로부터 그 <u>대가 또는 담보 상당액을 공제한 차액이 아니라 교부받은 금원 전부</u>라고 보아야 한다(대법원 2017.12.22, 2017도12649).

ⓔ (○) 피고인이 피해자로부터 현금카드를 사용한 예금인출의 승낙을 받고 현금카드를 교부받은 행위와 이를 사용하여 현금자동지급기에서 예금을 여러 번 인출한 행위들은 모두 피해자의 예금을 갈취하고자 하는 피고인의 단일하고 계속된 범의 아래에서 이루어진 일련의 행위로서 포괄하여 하나의 공갈죄를 구성한다(대법원 1996.9.20, 95도1728).

ⓜ (○) 신문의 부실공사 관련 기사에 대한 해당 건설업체의 반박광고가 있었음에도 재차 부실공사 관련 기사가 나가는 등 그 신문

사 기자들과 그 건설업체 대표이사의 감정이 악화되어 있는 상태에서, 그 신문사 사주 및 광고국장이 보도자제를 요청하는 그 건설업체 대표이사에게 자사 신문에 사과광고를 싣지 않으면 그 건설업체의 신용을 해치는 기사가 계속 게재될 것 같다는 기자들의 분위기를 전달하는 방식으로 사과광고를 게재토록 하면서 과다한 광고료를 받은 행위가 공갈죄의 구성요건에 해당한다. … 2인 이상이 공모하여 범죄에 공동 가공하는 공범관계에 있어서 공모는 법률상 어떤 정형을 요구하는 것이 아니고 공범자 상호간에 직접 또는 간접으로 범죄의 공동실행에 관한 암묵적인 의사연락이 있으면 족한 것으로 비록 전체의 모의과정이 없었다고 하더라도 수인 사이에 의사의 결합이 있으면 공동정범이 성립되는 것이므로, 공범자가 공갈행위의 실행에 착수한 후 그 범행을 인식하면서 그와 공동의 범의를 가지고 그 후의 공갈행위를 계속하여 재물의 교부나 재산상 이익의 취득에 이른 때에는 공갈죄의 공동정범이 성립한다(대법원 1997.2.14, 96도1959).

정답 ①

사기와 공갈의 죄에 관한 설명으로 옳은 것을 모두 고른 것은? (다툼이 있는 경우 판례에 의함)

㉠ 비트코인은 경제적인 가치를 디지털로 표상하여 전자적으로 이전, 저장과 거래가 가능하도록 한 가상자산의 일종으로 사기죄의 객체인 재산상 이익에 해당한다.

㉡ 피해자 A는 드라이버를 구매하기 위해 특정 매장에 방문하였다가 지갑을 떨어뜨렸는데, 10분쯤 후 甲이 같은 매장에서 우산을 구매하고 계산을 마친 뒤, 지갑을 발견하여 습득한 매장 주인 B로부터 "이 지갑이 선생님 지갑이 맞느냐?"라는 질문을 받자 "내 것이 맞다."라고 대답한 후 이를 교부받아 가지고 간 경우, 甲에게 사기죄가 아닌 절도죄가 성립한다.

㉢ 소송사기가 성립하기 위하여는 제소 당시에 그 주장과 같은 채권이 존재하지 아니한다는 것만으로는 부족하고 그 주장의 채권이 존재하지 아니하는 사실을 잘 알면서 허위의 주장과 증명으로써 법원을 기망한다는 인식을 하고 있어야만 한다.

㉣ 재산상 이익의 취득으로 인한 공갈죄가 성립하려면 폭행 또는 협박과 같은 공갈행위로 인하여 피공갈자가 재산상 이익을 공여하는 처분행위가 있어야 하므로, 피공갈자가 외포심을 일으켜 묵인하고 있는 동안에 공갈자가 직접 재산상의 이익을 탈취한 경우에는 공갈죄가 성립할 수 없다.

① ㉠㉢   ② ㉠㉣
③ ㉡㉢   ④ ㉢㉣

해설 | 출제영역 | 사기죄, 공갈죄

① ㉠㉢

㉠ (○) 비트코인은 경제적인 가치를 디지털로 표상하여 전자적으로 이전, 저장과 거래가 가능하도록 한 가상자산의 일종으로 사

기죄의 객체인 재산상 이익에 해당한다(대법원 2021.11.11, 2021도9855).

㉡ (×) 피해자 A는 드라이버를 구매하기 위해 특정 매장에 방문하였다가 지갑을 떨어뜨렸는데, 10분쯤 후 피고인 甲이 같은 매장에서 우산을 구매하고 계산을 마친 뒤, 지갑을 발견하여 습득한 매장 주인 B로부터 "이 지갑이 선생님 지갑이 맞느냐?"라는 질문을 받자 "내 것이 맞다."라고 대답한 후 이를 교부받아 가지고 간 경우, B는 지갑을 습득하여 진정한 소유자에게 돌려주어야 하는 지위에 있으므로 A를 위하여 이를 처분할 수 있는 권능을 갖거나 그 지위에 있었으며, 이러한 처분 권능과 지위에 기초하여 지갑의 소유자라고 주장하는 피고인 甲에게 지갑을 교부하였고 이를 통해 피고인 甲이 지갑을 취득하여 자유로운 처분이 가능한 상태가 되었으므로, B의 행위는 사기죄에서 말하는 처분행위에 해당하고 피고인의 행위를 절취행위로 평가할 수 없다(대법원 2022.12.29, 2022도12494).

㉢ (○) 소송사기가 성립하기 위하여는 제소 당시에 그 주장과 같은 채권이 존재하지 아니하다는 것만으로는 부족하고 그 주장의 채권이 존재하지 아니한 사실을 잘 알고 있으면서도 허위의 주장과 입증으로써 법원을 기망한다는 인식을 하고 있어야만 한다(대법원 2003.5.16, 2003도373).

㉣ (×) 재산상 이익의 취득으로 인한 공갈죄가 성립하려면 폭행 또는 협박과 같은 공갈행위로 인하여 피공갈자가 재산상 이익을 공여하는 처분행위가 있어야 한다. 물론 그러한 처분행위는 반드시 작위에 한하지 아니하고 부작위로도 족하여서, 피공갈자가 외포심을 일으켜 묵인하고 있는 동안에 공갈자가 직접 재산상의 이익을 탈취한 경우에도 공갈죄가 성립할 수 있다(대법원 2012.1.27, 2011도16044).

정답 ①

---

6 횡령의 죄

횡령의 죄에 관한 설명 중 가장 적절한 것은? (다툼이 있는 경우 판례에 의함)

① 횡령죄의 본질에 관한 학설 중 월권행위설에 따르면 본죄가 성립하기 위하여는 불법영득의사가 있어야 한다.

② 횡령죄에 있어서 재물의 보관이란 재물에 대한 사실상 또는 법률상 지배력이 있는 상태를 의미하며, 그것은 반드시 사용대차, 임대차, 위임 등이 계약에 의해 설정될 필요는 없고, 사무관리, 관습, 조리, 신의칙에 의해서도 성립한다.

③ 소유권의 취득에 등록이 필요한 차량에 대한 횡령죄에서는 타인의 재물을 보관하는 사람의 지위는 등록에 의하여 차량을 제3자에게 법률상 유효하게 처분할 수 있는 권능 유무에 따라 결정된다.

④ 횡령죄는 타인의 재물에 관한 소유권 등 본권을 보호법익으로 하는 범죄이므로 본권 침해의 결과가 발생하였을 때 성립하는 이른바 침해범이다.

해설 | 출제영역 | 횡령죄의 구성요건

② (○) 횡령죄에 있어서 재물의 보관이라 함은 재물에 대한 사실상

또는 법률상 지배력이 있는 상태를 의미하고 그 보관이 위탁관계에 기인하여야 할 것임은 물론이나, 그것이 반드시 사용대차·임대차·위임 등의 계약에 의하여 설성되는 것임을 요하지 아니하고, 사무관리·관습·조리·신의칙 등에 의해서도 성립될 수 있다 (대법원 2003.9.23, 2003도3840).

① (×) 월권행위설은 횡령죄의 본질이 위탁의 취지에 반하여 권한을 초월하여 불법처분하는 것에 있다고 보므로, 횡령죄의 성립에 불법영득의사가 필요하지 않다.

③ (×) 소유권의 취득에 등록이 필요한 타인 소유의 차량을 인도받아 보관하고 있는 사람이 이를 사실상 처분하면 횡령죄가 성립하며, 보관 위임자나 보관자가 차량의 등록명의자일 필요는 없다 (대법원 2015.6.25, 2015도1944 전원합의체).

④ (×) 횡령죄는 다른 사람의 재물에 관한 소유권 등 본권을 그 보호법익으로 하고, 본권이 침해될 위험성이 있으면 그 침해의 결과가 발생되지 아니하더라도 성립하는 이른바 위태범이므로, 다른 사람의 재물을 보관하는 사람이 그 사람의 동의 없이 함부로 이를 담보로 제공하는 행위는 불법영득의 의사를 표현하는 횡령행위로서, 사법(사법)상 그 담보제공행위가 무효이거나 그 재물에 대한 소유권이 침해되는 결과가 발생하는지 여부에 관계없이 횡령죄를 구성한다(대법원 2009.2.12, 2008도10971).

정답 ②

회계는 학교회계, 법인회계로 구분되고, 학교회계 중 특히 교비회계에 속하는 수입은 다른 회계에 전출하거나 대여할 수 없는 등 용도가 엄격히 제한됨에도 불구하고, 甲 학교의 교비회계자금을 같은 학교법인에 속하는 乙 학교의 교비회계에 사용한 경우, 횡령죄 소정의 불법영득의사가 있다(대법원 2002.5.10, 2001도1779).

③ (○) 채무자가 채무이행의 담보를 위하여 동산에 관한 양도담보계약을 체결하고 점유개정의 방법으로 여전히 그 동산을 점유하는 경우 그 계약이 채무의 담보를 위하여 양도의 형식을 취하였을 뿐이고 실질은 채무의 담보와 담보권실행의 청산절차를 주된 내용으로 하는 것이라면 별단의 사정이 없는 한 그 동산의 소유권은 여전히 채무자에게 남아 있고, 채권자는 단지 양도담보물권을 취득하는 데 지나지 않으므로 그 동산을 다른 사유에 의하여 보관하게 된 채권자는 타인 소유의 물건을 보관하는 자로서 횡령죄의 주체가 될 수 있다(대법원 1989.4.11, 88도906).

④ (○) 가맹점 계약을 동업계약 관계로는 볼 수 없고, 따라서 가맹점주인 피고인이 판매하여 보관 중인 물품판매 대금은 피고인의 소유라 할 것이어서 피고인이 이를 임의 소비한 행위는 프랜차이즈 계약상의 채무불이행에 지나지 아니하므로, 결국 횡령죄는 성립하지 아니한다(대법원 1998.4.14, 98도292).

정답 ①

---

086 ⊘ 대표 ◆◇◇ 국가9급 2018

(업무상)횡령죄에 대한 설명으로 옳지 않은 것은? (다툼이 있는 경우 판례에 의함)

① 부동산 입찰절차에서 甲, 乙, 丙이 대금을 분담하되 그 중 1인인 甲명의로 낙찰받기로 약정하고 낙찰을 받은 후 甲이 그 부동산을 임의로 처분한 경우 甲에게는 (업무상)횡령죄가 성립한다.

② 학교법인을 운영하는 甲이 A사립학교의 교비회계자금을 같은 학교법인에 속하는 B사립학교의 교비회계에 사용한 경우 甲에게는 (업무상)횡령죄가 성립한다.

③ 甲이 A에게 금전을 대여하면서 A로부터 그 담보로 동산을 교부받아 보관하고 있던 중 담보권의 범위를 벗어나서 그 동산 담보물을 처분한 경우 甲에게는 횡령죄가 성립한다.

④ 프랜차이즈 계약을 맺은 가맹점주 甲이 물품판매대금의 일부를 본사로 송금하지 않고 임의로 소비한 경우 甲에게는 (업무상)횡령죄가 성립하지 않는다.

해설 **출제영역 | 횡령죄의 구성요건 – 타인의 재물을 보관하는 자**

① (×) 부동산 입찰절차에서 수인이 대금을 분담하되 그중 1인 명의로 낙찰받기로 약정하여 그에 따라 낙찰이 이루어진 경우, 그 입찰절차에서 낙찰인의 지위에 서게 되는 사람은 어디까지나 그 명의인이므로 입찰목적부동산의 소유권은 경락대금을 실질적으로 부담한 자가 누구인가와 상관없이 그 명의인이 취득한다 할 것이므로 그 부동산은 횡령죄의 객체인 타인의 재물이라고 볼 수 없어 명의인이 이를 임의로 처분하더라도 횡령죄를 구성하지 않는다(대법원 2000.9.8, 2000도258).

② (○) 사립학교법 제29조 및 같은법 시행령에 의해 학교법인의

---

087 ⊘ 대표 ◆◇◇ 국가7급 2016

다음 설명 중 옳지 않은 것은? (다툼이 있는 경우 판례에 의함)

① 송금인이 송금절차의 착오로 인하여 甲명의의 은행 계좌에 잘못 송금한 돈을 甲이 임의로 인출하여 소비한 경우 송금인과 甲사이에 별다른 거래관계가 없다고 하더라도 甲에게 횡령죄가 성립한다.

② 매도인 甲이 매매잔금을 교부받으면서 매수인 乙이 착오에 빠져 자기앞수표 1장을 추가로 교부하였는데, 甲이 교부받던 중에 그 사정을 알면서도 알리지 않고 그대로 수령한 경우 甲에게 사기죄가 성립한다.

③ 채무자 甲이 차용금을 변제하지 못할 경우 어머니 소유 부동산에 대한 유증상속분을 대물변제하기로 乙과 약정한 후, 막상 부동산을 상속받자 甲이 이를 乙이 아닌 제3자에게 매도한 경우 甲에게 배임죄가 성립하지 않는다.

④ 부동산을 매수한 명의신탁자 甲이 명의수탁자 乙과 맺은 명의신탁약정에 따라 매도인 丙에게서 바로 명의수탁자 乙에게 중간생략의 소유권이전등기를 하였는데 명의수탁자 乙이 신탁받은 부동산을 임의로 처분한 경우 乙에게 횡령죄가 성립한다.

해설 **출제영역 | 배임죄의 성립요건 – 타인사무처리자**

④ (×) 명의수탁자가 명의신탁자의 재물을 보관하는 자라고 할 수 없으므로, 명의수탁자가 신탁받은 부동산을 임의로 처분하여도 명의신탁자에 대한 관계에서 횡령죄가 성립하지 아니한다(대법원 2016.5.19, 2014도6992 전원합의체).

① (○) 대법원 2010.12.9, 2010도891
② (○) 대법원 2004.5.27, 2003도4531
③ (○) 대법원 2014.8.21, 2014도3363 전원합의체

정답 ④

088 대표 ◆◇◇ | 법원9급 2017 · 2022 유사

횡령죄에 관한 다음 설명 중 가장 옳지 않은 것은? (다툼이 있는 경우 판례에 의함)

① 공무원에게 뇌물로 전달하여 달라는 부탁을 받았음에도 뇌물로 전달하지 않고 소비한 경우 횡령죄가 성립하지 않는다.

② 소유권의 취득에 등록이 필요한 차량에 대한 횡령죄에서 타인의 재물을 보관하는 사람의 지위는 차량에 대한 점유 여부가 아니라 등록에 의하여 차량을 제3자에게 법률상 유효하게 처분할 수 있는 권한 유무에 따라 결정되어야 하므로 차량의 등록명의자가 아닌 사람은 타인의 재물을 보관하는 자에 해당하지 않는다.

③ 발행인으로부터 일정한 금액의 범위 내에서 액면을 보충·할인하여 달라는 의뢰를 받고 액면이 백지인 약속어음을 교부받아 보관 중이던 자가 보충권의 한도를 넘어 보충을 한 약속어음을 자신의 채무변제조로 제3자에게 교부하여 임의로 사용하였다고 하더라도 횡령죄가 성립될 수는 없다.

④ 위탁판매인과 위탁자간에 판매대금에서 각종 비용이나 수수료 등을 공제한 이익을 분배하기로 하는 등 그 대금처분에 관하여 특별한 약정이 있는 경우에는 위탁물을 판매하여 이를 소비하거나 인도를 거부하였다 하여 곧바로 횡령죄가 성립한다고는 할 수 없다.

해설 | 출제영역 | 횡령죄 - 구성요건

② (×) 소유권의 취득에 등록이 필요한 타인 소유의 차량을 인도받아 보관하고 있는 사람이 이를 사실상 처분하면 횡령죄가 성립하며, 보관 위임자나 보관자가 차량의 등록명의자일 필요는 없다. 그리고 이와 같은 법리는 지입회사에 소유권이 있는 차량에 대하여 지입회사에서 운행관리권을 위임받은 지입차주가 지입회사의 승낙 없이 보관 중인 차량을 사실상 처분하거나 지입차주에게서 차량보관을 위임받은 사람이 지입차주의 승낙 없이 보관 중인 차량을 사실상 처분한 경우에도 마찬가지로 적용된다(대법원 2015.6.25, 2015도1944 전원합의체).

① (○) 민법 제746조에 불법의 원인으로 인하여 재산을 급여하거나 노무를 제공한 때에는 그 이익의 반환을 청구하지 못한다고 규정한 뜻은 급여를 한 사람은 그 원인행위가 법률상 무효임을 내세워 상대방에게 부당이득반환청구를 할 수 없고, 또 급여한 물건의 소유권이 자기에게 있다고 하여 소유권에 기한 반환청구도 할 수 없어서 결국 급여한 물건의 소유권은 급여를 받은 상대방에게 귀속된다는 것이므로 조합장이 조합으로부터 공무원에게 뇌물로 전달하여 달라고 금원을 교부받은 것은 불법원인으로 인하여 지급 받은 것으로서 이를 뇌물로 전달하지 않고 타에 소비하였다고 해서 타인의 재물을 보관 중 횡령하였다고 볼 수는 없

다(대법원 1988.9.20, 86도628).

③ (○) 발행인으로부터 일정한 금액의 범위 내에서 액면을 보충·할인하여 달라는 의뢰를 받고 액면 백지인 약속어음을 교부받아 보관 중이던 자가 발행인과의 합의에 의하여 정해진 보충권의 한도를 넘어 보충을 한 경우에는 발행인의 서명날인 있는 기존의 약속어음 용지를 이용하여 새로운 별개의 약속어음을 발행한 것에 해당하여 이러한 보충권의 남용행위로 인하여 생겨난 새로운 약속어음에 대하여는 발행인과의 관계에서 보관자의 지위에 있다 할 수 없으므로, 설사 그 약속어음을 자신의 채무변제조로 제3자에게 교부하여 임의로 사용하였다고 하더라도, 발행인으로 하여금 제3자에 대하여 어음상의 채무를 부담하는 손해를 입게 한 데에 대한 배임죄가 성립될 수 있음은 별론으로 하고, 보관자의 지위에 있음을 전제로 횡령죄가 성립할 수는 없다(대법원 1995.1.20, 94도2760).

④ (○) 통상 위탁판매의 경우에 위탁판매인이 위탁물을 매매하고 수령한 금원은 위탁자의 소유에 속하여 위탁판매인이 함부로 이를 소비하거나 인도를 거부하는 때에는 횡령죄가 성립한다고 할 것이나, 위탁판매인과 위탁자간에 판매대금에서 각종 비용이나 수수료 등을 공제한 이익을 분배하기로 하는 등 그 대금처분에 관하여 특별한 약정이 있는 경우에는 이에 관한 정산관계가 밝혀지지 않는 한 위탁물을 판매하여 이를 소비하거나 인도를 거부하였다 하여 곧바로 횡령죄가 성립한다고는 할 수 없다(대법원 1990.3.27, 89도813).

정답 ②

089 유사 ◆◆◇ | 경찰대편입 2023

횡령죄에서의 재물의 보관자와 소유자 사이의 위탁관계에 대한 설명으로 옳지 않은 것은? (다툼이 있는 경우 판례에 의함)

① 위탁관계는 사실상의 관계로 족하고 재물의 보관자가 민사상 계약의 당사자일 필요는 없다.

② 위탁관계는 조리에 의해서도 발생할 수 있다.

③ 위탁관계는 형사법적으로 보호할 만한 가치가 있는 것에 한정된다.

④ 전기통신금융사기의 범인이 피해자를 기망하여 피해자의 돈을 사기이용계좌로 송금 이체받음으로써 피해자의 돈을 보유하게 되면 이에 관하여 피해자와 그 범인 사이에는 신의칙상 위탁관계가 성립된다.

⑤ 위탁관계는 소유자의 직접적인 위탁행위에 기인한 것일 필요는 없다.

해설 | 출제영역 | 횡령죄의 구성요건

④ (×) 전기통신금융사기(이른바 보이스피싱 범죄)의 범인이 피해자를 기망하여 피해자의 자금을 사기이용계좌로 송금·이체받으면 사기죄는 기수에 이르고, 범인이 피해자의 자금을 점유하고 있다고 하여 피해자와의 어떠한 위탁관계나 신임관계가 존재한다고 볼 수 없을 뿐만 아니라, 그 후 범인이 사기이용계좌에서 현금을 인출하였더라도 이는 이미 성립한 사기범행이 예정하고 있던 행위에 지나지 아니하여 새로운 법익을 침해한다고 보기도 어려우므로, 위와 같은 인출행위는 사기의 피해자에 대하여 별도의 횡령죄를 구성하지 아니한다(대법원 2017.5.31, 2017도3894).

① (○) 업무상횡령죄에서 '업무'는 법령, 계약에 의한 것뿐만 아니라 관례를 좇거나 사실상의 것이거나를 묻지 않고 같은 행위를 반복할 지위에 따른 사무를 가리키며, 횡령죄에서 재물 보관에 관한 위탁관계는 사실상의 관계에 있으면 충분하다(대법원 2011. 10.13, 2009도13751).

② (○) 횡령죄에 있어서 재물의 보관이라 함은 재물에 대한 사실상 또는 법률상 지배력이 있는 상태를 의미하고 그 보관이 위탁관계에 기인하여야 할 것임은 물론이나, 그것이 반드시 사용대차·임대차·위임 등의 계약에 의하여 설정되는 것임을 요하지 아니하고, 사무관리·관습·조리·신의칙 등에 의해서도 성립될 수 있다(대법원 2003.9.23, 2003도3840).

③ (○) 횡령죄의 본질이 신임관계에 기초하여 위탁된 타인의 물건을 위법하게 영득하는 데 있음에 비추어 볼 때 위탁신임관계는 횡령죄로 보호할 만한 가치 있는 신임에 의한 것으로 한정함이 타당하다(대법원 2016.5.19, 2014도6992 전원합의체).

⑤ (○) 위탁관계는 신의칙에 의해서도 성립하므로 소유자의 직접적인 위탁행위에 기인할 필요는 없다(착오송금 사례에서 피해자와 별다른 거래관계가 없더라도 '신의칙상 보관관계'를 인정한 판례는 대법원 2010.12.9, 2010도891 등).

정답 ④

---

090 ✔유사 ◆◆◇ 　　　　　법원9급 2016

다음 설명 중 甲의 행위에 대하여 횡령죄가 성립하지 않는 것은? (다툼이 있는 경우 판례에 의함)

① 甲이 자기 명의의 계좌에 착오로 송금된 돈을 다른 계좌로 이체하는 등 임의로 사용하는 행위

② 甲이 乙로부터 환전하여 달라는 부탁과 함께 교부받은 돈을 임의로 자신의 乙에 대한 채권에 상계 충당하는 행위

③ 회사에 대하여 개인적인 채권을 가지고 있는 대표이사 甲이 회사를 위하여 보관하고 있는 회사 소유의 금전으로 자신의 채권의 변제에 충당하는 행위

④ 종중으로부터 토지를 명의신탁 받아 보관 중이던 甲이 개인 채무 변제에 사용할 돈을 차용하기 위해 위 토지에 근저당권을 설정한 후 그 토지를 乙에게 매도한 경우, 甲의 토지 매도 행위

해설 출제영역 | 횡령죄 – 구성요건

③ (✕) 회사에 대하여 개인적인 채권을 가지고 있는 대표이사가 회사를 위하여 보관하고 있는 회사 소유의 금전으로 자신의 채권 변제에 충당하는 행위는 회사와 이사의 이해가 충돌하는 자기거래행위에 해당하지 않는 것이므로, 대표이사가 이사회의 승인 등의 절차 없이 그와 같이 자신의 회사에 대한 채권을 변제하였더라도, 이는 대표이사의 권한 내에서 한 회사 채무의 이행행위로서 유효하고, 따라서 불법영득의 의사가 인정되지 아니하여 횡령죄의 죄책을 물을 수 없다(대법원 2002.7.26, 2001도5459).

① (○) 어떤 예금계좌에 돈이 착오로 잘못 송금되어 입금된 경우에는 그 예금주와 송금인 사이에 신의칙상 보관관계가 성립한다고 할 것이므로, 피고인이 송금 절차의 착오로 인하여 피고인 명의의 은행 계좌에 입금된 돈을 임의로 인출하여 소비한 행위는 횡령죄에 해당한다(대법원 2010.12.9, 2010도891).

② (○) 환전하여 달라는 부탁과 함께 교부받은 돈을 그 목적과 용도에 사용하지 않고 마음대로 피고인의 위탁자에 대한 채권에 상계충당함은, 상계정산하기로 하였다는 특별한 약정이 없는 한, 당초 위탁한 취지에 반하는 것으로서 횡령죄를 구성한다고 볼 것이고 위탁자에 대한 채권의 존재는 횡령죄의 성립에 영향을 미치는 것이 아니며, 또한 상계할 수 있는 반대채권이 있어 그에 상계충당하였다는 것만으로는 용도 내지 목적을 특정하여 위탁한 돈의 반환을 거절할 정당한 사유가 되지 못한다(대법원 1997.9.26, 97도1520).

④ (○) 피해자 甲 종중으로부터 토지를 명의신탁 받아 보관 중이던 피고인 乙이 개인 채무 변제에 사용할 돈을 차용하기 위해 위 토지에 근저당권을 설정하였는데, 그 후 피고인 乙, 丙이 공모하여 위 토지를 丁에게 매도한 행위는 별도의 횡령죄를 구성한다(대법원 2015.6.25, 2015도1944 전원합의체).

정답 ③

---

091 ✔유사 ◆◇◇ 　　　　　국가9급 2018

재산범죄에 대한 설명으로 옳지 않은 것은? (다툼이 있는 경우 판례에 의함)

① 부동산의 계약명의신탁에서 수탁자 甲이 그 부동산을 임의로 처분한 경우 매도인이 명의신탁사실을 몰랐다면 그 소유권이 甲에게 있으므로 甲에게 횡령죄가 성립하지 않는다.

② 중간생략등기형 명의신탁에서 수탁자 甲이 그 부동산을 임의로 처분한 경우 그 소유권은 신탁자에게 있을 수 없으므로 甲에게 횡령죄가 성립하지 않는다.

③ 부동산양도담보권자 甲이 변제기 경과 후에 담보권을 실행하기 위하여 담보목적물을 부당하게 염가로 처분한 경우 甲에게 배임죄가 성립하지 않는다.

④ 종중 토지의 명의신탁에서 수탁자 甲이 그 토지에 근저당권을 설정하여 횡령한 이후 기존의 근저당권과 관계없이 그 토지를 매도한 경우 甲에게 별개의 횡령죄가 성립하지 않는다.

해설 출제영역 | 횡령죄의 구성요건 – 타인의 재물을 보관하는 자

④ (✕) 피고인들이 토지를 매도한 행위는 선행 근저당권설정행위와는 별도로 횡령죄를 구성한다(대법원 2013.2.21, 2010도10500 전원합의체).

① (○) 이른바 계약명의신탁 약정을 맺고 명의수탁자가 당사자가 되어 명의신탁 약정이 있다는 사실을 알고 있는 소유자와 부동산에 관한 매매계약을 체결한 후 매매계약에 따라 부동산의 소유권이전등기를 명의수탁자 명의로 마친 경우에는 부동산 실권리자 명의 등기에 관한 법률 제4조 제2항 본문에 의하여 수탁자 명의의 소유권이전등기는 무효이고 부동산의 소유권은 매도인이 그대로 보유하게 되므로, 명의수탁자는 부동산 취득을 위한 계약의 당사자도 아닌 명의신탁자에 대한 관계에서 횡령죄의 '타인의 재물을 보관하는 자'의 지위에 있다고 볼 수 없어 그 명의수탁자가 제3자에게 그 부동산을 처분하더라도 횡령죄가 성립하지 않는다(대법원 2012.11.29, 2011도7361).

② (○) 명의수탁자의 신탁부동산 임의 처분행위에 대하여 계약명의신탁 사안에서는 아무런 형사적 제재를 부과하지 않으면서도 중간생략등기형 명의신탁 사안에서는 이와 달리 취급하여 계속

횡령죄로 처벌하는 것은 법적 안정성을 해칠 뿐만 아니라, 일반 국민들의 법 감정에도 맞지 않는다. 이러한 사정에 비추어 보아도 중간생략등기형 명의신탁에서 명의수탁자를 횡령죄로 처벌하는 것은 부당하다(대법원 2016.5.19, 2014도6992 전원합의체).
③ (○) 양도담보권자가 변제기 경과 후에 담보권을 실행하기 위하여 담보목적물을 처분하는 행위는 담보계약에 따라 양도담보권자에게 주어진 권능이어서 자기의 사무처리에 속하는 것이지 타인인 채무자, 설정자의 사무처리에 속하는 것이라고 볼 수 없으므로 양도담보권자가 담보권을 실행하기 위하여 담보목적물을 처분함에 있어 싯가에 따른 적절한 처분을 하여야 할 의무는 담보계약상의 민사책임의무이고 그와 같은 형법상의 의무가 있는 것이 아니므로 그에 위반한 경우 배임죄가 성립된다고 볼 수 없다(대법원 1989.10.24, 87도126).

정답 ④

---

092 ✓ 유사 ◆◆◇ 법원행시 2019

다음 설명 중 가장 옳지 않은 것은?

① 채권자가 그 채권의 지급을 담보하기 위하여 채무자로부터 수표를 발행·교부받아 이를 소지한 경우, 그 수표 상의 권리가 채권자에게 유효하게 귀속되므로 채권자는 횡령죄의 주체인 타인의 재물을 보관하는 지위에 있다고 볼 수 없다.
② 법인의 구성원이 업무수행에 있어 관계법령을 위반함으로써 형사재판을 받게 되었다 하더라도 그의 개인적인 변호사비용을 법인자금으로 지급하는 것은 횡령죄에 해당한다.
③ 계약명의신탁의 방식으로 명의수탁자가 당사자가 되어 명의신탁 약정이 있음을 알고 있는 소유자와 부동산에 관한 매매계약을 체결하고 그 명의로 소유권이전등기를 마친 경우, 명의수탁자가 명의신탁자나 매도인에 대한 관계에서 '타인의 재물을 보관하는 자' 또는 '타인의 사무를 처리하는 자'의 지위에 있다고 볼 수 없다.
④ 조합재산은 조합원의 합유에 속하는 것이므로 조합원 중 한 사람이 조합재산의 처분으로 얻은 대금을 임의로 소비하였다면 횡령죄의 죄책을 면할 수 없고, 이러한 법리는 내부적으로는 조합관계에 있지만 대외적으로는 조합관계가 드러나지 않는 이른바 내적 조합의 경우나 익명조합의 경우에도 마찬가지이다.
⑤ 부동산을 공동으로 상속한 자들 중 1인이 부동산을 혼자 점유하다가 다른 공동상속인의 상속지분까지 임의로 처분하더라도 횡령죄는 성립하지 아니한다.

해설 출제영역 | 횡령죄 – 구성요건
④ (×) 익명조합원이 영업을 위하여 출자한 금전을 상대방인 영업자가 개인 용도에 소비하더라도 횡령죄가 성립하지 않는다(대법원 1971.12.28, 71도2032; 1973.1.30, 72도2704; 2011.11.24, 2010도5014).
① (○) 대법원 2000.2.11, 99도4979
② (○) 대법원 2003.5.30, 2002도235
③ (○) 대법원 2012.11.29, 2011도7361

---

⑤ (○) 대법원 2000.4.11, 2000도565; 2006.6.30, 2005도5338

정답 ④

---

093 ✓ 유사 ◆◆◇ 법원9급 2020

횡령죄, 배임죄에 관한 다음 설명 중 가장 옳지 않은 것은?

① 송금의뢰인과 계좌명의인 사이에 송금·이체의 원인이 된 법률관계가 존재하지 않음에도 송금·이체에 의하여 계좌 명의인이 송금·이체된 금액 상당의 예금채권을 취득한 경우 계좌명의인은 그 예금채권 상당의 돈을 송금의뢰인에게 반환하여야 하므로, 계좌명의인은 그와 같이 송금·이체된 돈에 대하여 송금의뢰인을 위하여 보관하는 지위에 있다고 보아야 한다. 따라서 계좌명의인이 그와 같이 송금·이체된 돈을 그대로 보관하지 않고 영득할 의사로 인출하면 횡령죄가 성립한다.
② 부동산의 공유자 중 1인이 다른 공유자의 지분에 대한 처분권능이 없음에도 불구하고 다른 공유자의 지분을 임의로 임대하고 수령한 임차료를 임의로 소비한 경우 횡령죄가 성립한다.
③ 횡령범인이 위탁자가 소유자를 위해 보관하고 있는 물건을 위탁자로부터 보관 받아 이를 횡령한 경우에 친족상도례의 적용은 횡령범인과 피해물건의 소유자 및 위탁자 쌍방 사이에 친족상도례 규정에서 정한 친족관계가 있는 경우에만 적용되고, 단지 횡령범인과 피해물건의 소유자간에만 그러한 친족관계가 있거나 횡령범인과 피해물건의 위탁자 간에만 그러한 친족관계가 있는 경우에는 적용되지 않는다.
④ 부동산 매매계약에서 중도금이 지급되는 등 계약이 본격적으로 이행되는 단계에 이르렀음에도 불구하고 매도인이 매수인에게 계약 내용에 따라 부동산의 소유권을 이전해주기 전에 그 부동산을 제3자에게 처분하고 제3자 앞으로 그 처분에 따른 등기를 마쳐주는 행위를 하는 경우 배임죄가 성립한다.

해설 출제영역 | 횡령죄 – 구성요건
② (×) 부동산에 관한 횡령죄에 있어서 타인의 재물을 보관하는 자의 지위는 동산의 경우와는 달리 부동산에 대한 점유의 여부가 아니라 부동산을 제3자에게 유효하게 처분할 수 있는 권능의 유무에 따라 결정하여야 하므로, 부동산의 공유자 중 1인이 다른 공유자의 지분을 임의로 처분하거나 임대하여도 그에게는 그 처분권능이 없어 횡령죄가 성립하지 아니한다(대법원 2004.5.27, 2003도6988).
① (○) 대법원 2018.7.19, 2017도17494 전원합의체
③ (○) 횡령범인이 위탁자가 소유자를 위해 보관하고 있는 물건을 위탁자로부터 보관 받아 이를 횡령한 경우에 형법 제361조에 의하여 준용되는 제328조 제2항의 친족 간의 범행에 관한 조문은 범인과 피해물건의 소유자 및 위탁자 쌍방 사이에 같은 조문에

정한 친족관계가 있는 경우에만 적용되고, 단지 횡령범인과 피해 물건의 소유자 간에만 친족관계가 있거나 횡령범인과 피해물건 의 위탁자 간에만 친족관계가 있는 경우에는 적용되지 않는다(대 법원 2008.7.24, 2008도3438).

④ (○) 부동산 매매계약에서 계약금만 지급된 단계에서는 어느 당 사자나 계약금을 포기하거나 그 배액을 상환함으로써 자유롭게 계약의 구속력에서 벗어날 수 있다. 그러나 중도금이 지급되는 등 계약이 본격적으로 이행되는 단계에 이른 때에는 계약이 취소 되거나 해제되지 않는 한 매도인은 매수인에게 부동산의 소유권 을 이전해줄 의무에서 벗어날 수 없다. 따라서 이러한 단계에 이 른 때에 매도인은 매수인에 대하여 매수인의 재산보전에 협력하 여 재산적 이익을 보호·관리할 신임관계에 있게 된다. 그때부터 매도인은 배임죄에서 말하는 '타인의 사무를 처리하는 자'에 해당 한다고 보아야 한다. 그러한 지위에 있는 매도인이 매수인에게 계약 내용에 따라 부동산의 소유권을 이전해 주기 전에 그 부동산 을 제3자에게 처분하고 제3자 앞으로 그 처분에 따른 등기를 마 쳐 준 행위는 매수인의 부동산 취득 또는 보전에 지장을 초래하 는 행위이다. 이는 매수인과의 신임관계를 저버리는 행위로서 배 임죄가 성립한다(대법원 2018.5.17, 2017도4027 전원합의체).

정답 ②

② (×) 타인의 재물을 보관하는 자가 자기 또는 제3자의 이익을 위 하여 그 소유자의 이익에 반하여 재물을 처분한 경우에는 ㄱ 새 물에 대한 불법영득의사를 인정할 수 있을 것이나, 그와 달리 그 소유자의 이익을 위하여 재물을 처분한 경우에는 특별한 사정이 없는 한 그 재물에 대하여는 불법영득의사를 인정할 수 없다(대 법원 2016.8.30, 2013도658).

③ (×) 횡령죄에서 재물의 보관은 재물에 대한 사실상 또는 법률상 지배력이 있는 상태를 의미하며, 횡령행위는 불법영득의사를 실 현하는 일체의 행위를 말한다. 따라서 소유권의 취득에 등록이 필요한 타인 소유의 차량을 인도받아 보관하고 있는 사람이 이를 사실 상 처분하면 횡령죄가 성립하며, 보관 위임자나 보관자가 차량의 등록명의자일 필요는 없다. 그리고 이와 같은 법리는 지 입회사에 소유권이 있는 차량에 대하여 지입회사에서 운행관리 권을 위임받은 지입차주가 지입회사의 승낙 없이 보관 중인 차량 을 사실상 처분하거나 지입차주에게서 차량 보관을 위임받은 사 람이 지입차주의 승낙 없이 보관 중인 차량을 사실상 처분한 경 우에도 마찬가지로 적용된다(대법원 2015.6.25, 2015도1944 전원합의체).

정답 ④

---

094 ✓ 유사 ◆◇◇   법원9급 2017

횡령죄에 관한 다음 설명 중 가장 옳은 것은? (다툼이 있으면 판례에 의함)

① 이른바 중간생략등기형 명의신탁에서 명의수탁자가 신탁 받은 부동산을 임의로 처분한 경우 신탁자와의 관계에서 횡령죄가 성립한다.

② 보관자가 소유자의 이익을 위하여 재물을 처분한 경우 에도 특별한 사정이 없는 한 그 재물에 대하여는 불법 영득의사를 인정할 수 있다.

③ 소유권 취득에 등록이 필요한 타인 소유의 차량을 인 도받아 보관하고 있는 사람이 이를 사실상 처분하였다 하더라도 보관 위임자가 차량의 등록명의자가 아닌 이 상 횡령죄는 성립하지 아니한다.

④ 용도가 엄격히 제한된 자금을 위탁받아 집행하면서 제 한된 용도 이외의 목적으로 자금을 사용한 경우 결과 적으로 자금을 위탁한 본인을 위하는 면이 있더라도 사용행위 자체로서 불법영득의 의사를 실현한 것이 되 어 횡령죄가 성립한다.

해설 출제영역 | 횡령죄 – 구성요건

④ (○) 대법원 2014.8.28, 2014도6286

① (×) 명의신탁자가 매수한 부동산에 관하여 명의수탁자와 맺은 명의신탁약정에 따라 매도인으로부터 바로 명의수탁자 명의로 소유권이전등기를 마친 이른바 중간생략등기형 명의신탁을 한 경우, 명의신탁자는 신탁부동산의 소유권을 가지지 아니하고, 명 의신탁자와 명의수탁자 사이에 위탁신임관계를 인정할 수도 없 어 명의수탁자가 명의신탁자의 재물을 보관하는 자라고 할 수 없 으므로 명의수탁자가 신탁 받은 부동산을 임의로 처분하여도 명 의신탁자에 대한 관계에서 횡령죄가 성립하지 아니한다(대법원

---

095 ✓ 유사 ◆◇◇   변호사 2014 변형

횡령죄에 관한 설명 중 옳은 것은? (다툼이 있는 경우에 는 판례에 의함)

① 조합장이 조합으로부터 공무원에게 뇌물로 전달하여 달라고 금원을 교부 받고도, 이를 뇌물로 전달하지 않 고 개인적으로 소비한 경우에 횡령죄가 성립한다.

② 타인이 착오로 피고인 명의의 홍콩H은행 계좌로 잘못 송금한 300만 홍콩달러를 피고인이 임의로 인출하여 사용하였더라도, 피고인과 송금인 사이에 별다른 거래 관계가 없는 경우에는 횡령죄가 성립하지 않는다.

③ 지명채권의 양도인이 채무자에 대한 양도의 통지 전에 채무자로부터 채권을 추심하여 금전을 수령한 경우 그 금전은 양수인의 소유에 속하므로 이를 양도인이 임의 로 소비하면 횡령죄가 성립한다.

④ 임차토지에 동업계약에 기해 식재되어 있는 수목을 관 리·보관하던 동업자 일방이 다른 동업자의 허락을 받 지 않고 함부로 제3자에게 수목을 매도하기로 계약을 체결한 후 계약금을 수령·소비하였으나, 다른 동업자 의 저지로 계약의 추가적인 이행이 진행되지 아니한 경우 횡령죄 미수가 성립한다.

⑤ 주주나 대표이사 또는 그에 준하여 회사 자금의 보관 이나 운용에 관한 사실상의 사무를 처리하는 자가 회 사 소유의 재산을 제3자의 자금 조달을 위하여 담보로 제공하는 등 사적인 용도로 임의 처분하였더라도, 그 처분에 관하여 주주총회나 이사회의 결의가 있었던 경 우에는 횡령죄가 성립하지 않는다.

④ (○) 행위자가 불법영득의사를 표시했더라도 부동산에 관한 공시제도나 거래실정 등의 제반사정에 비춰볼 때 횡령죄에 상응하는 객관적인 구성요소가 아직 실행 또는 충족되지 않았고 소유권 기타 본권 침해에 대한 구체적인 위험이 발생하지도 않았다면, 횡령죄의 미수범이 성립할 뿐 기수범이 성립한다고 보기는 어렵다. 피고인이 보관하던 이 사건 수목을 함부로 제3자에게 매도하는 계약을 체결하고 계약금을 수령·소비하여 이 사건 수목을 횡령하였다는 공소사실에 관하여 횡령미수죄를 인정한 조치는 정당한 것으로 수긍할 수 있고 거기에 상고이유의 주장과 같이 횡령죄의 기수시기에 관한 법리를 오해하는 등의 위법이 있다고 할 수 없다(대법원 2012.8.17, 2011도9113).

① (×) 민법 제746조에 불법의 원인으로 인하여 재산을 급여하거나 노무를 제공한 때에는 그 이익의 반환을 청구하지 못한다고 규정한 뜻은 급여를 한 사람은 그 원인행위가 법률상 무효임을 내세워 상대방에게 부당이득반환청구를 할 수 없고, 또 급여한 물건의 소유권이 자기에게 있다고 하여 소유권에 기한 반환청구도 할 수 없어서 결국 급여한 물건의 소유권은 급여를 받은 상대방에게 귀속된다는 것이므로 조합장이 조합으로부터 공무원에게 뇌물로 전달하여 달라고 금원을 교부받은 것은 불법원인으로 인하여 지급 받은 것으로서 이를 뇌물로 전달하지 않고 타에 소비하였다고 해서 타인의 재물을 보관중 횡령하였다고 볼 수는 없다(대법원 1988.9.20, 86도628).

② (×) 어떤 예금계좌에 돈이 착오로 잘못 송금되어 입금된 경우에는 그 예금주와 송금인 사이에 신의칙상 보관관계가 성립한다고 할 것이므로, 피고인이 송금 절차의 착오로 인하여 피고인 명의의 은행 계좌에 입금된 돈을 임의로 인출하여 소비한 행위는 횡령죄에 해당하고 이는 송금인과 피고인 사이에 별다른 거래관계가 없다고 하더라도 마찬가지이다(대법원 2010.12.9, 2010도891).

③ (×) 채권양도인이 채무자에게 채권양도 통지를 하는 등으로 채권양도의 대항요건을 갖추어 주지 않은 채 채무자로부터 채권을 추심하여 금전을 수령한 경우, 특별한 사정이 없는 한 금전의 소유권은 채권양수인이 아니라 채권양도인에게 귀속하고 채권양도인이 채권양수인을 위하여 양도 채권의 보전에 관한 사무를 처리하는 신임관계가 존재한다고 볼 수 없다. 따라서 채권양도인이 위와 같이 양도한 채권을 추심하여 수령한 금전에 관하여 채권양수인을 위해 보관하는 자의 지위에 있다고 볼 수 없으므로, 채권양도인이 위 금전을 임의로 처분하더라도 횡령죄는 성립하지 않는다(대법원 2022.6.23, 2017도3829 전원합의체).

⑤ (×) 주주나 대표이사 또는 그에 준하여 회사 자금의 보관이나 운용에 관한 사실상의 사무를 처리하는 자가 회사 소유 재산을 제3자의 자금 조달을 위하여 담보로 제공하는 등 사적인 용도로 임의 처분하였다면 그 처분에 관하여 주주총회나 이사회의 결의가 있었는지 여부와는 관계없이 횡령죄의 죄책을 면할 수는 없다(대법원 2011.3.24, 2010도17396).

정답 ④

---

096 ☑ 유사 ◆◇◇

甲에게 횡령죄 또는 업무상횡령죄가 성립하는 경우는? (다툼이 있는 경우 판례에 의함)

① 골프회원권 매매중개업체를 운영하는 甲이 매수의뢰와 함께 입금 받아 다른 회사자금과 함께 보관하던 금원을 일시적으로 다른 회원권의 매입대금 등으로 임의로 소비한 경우

② 법인의 이사를 상대로 한 이사직무집행정지 가처분이 결정되자 법인의 대표자 甲이 위 가처분에 대항하여 항쟁할 필요가 있기 때문에 직무집행정지 가처분 결정을 받은 이사에게 그 사건에 관한 소송비용을 법인 경비로 지급한 경우

③ 채무자 甲이 채권자에게 동산을 양도담보로 제공하고 점유개정의 방법으로 점유하고 있는 상태에서 이것을 제3자에게 처분한 경우

④ 병원에서 의약품 선정·구매 업무를 담당하는 약국장 甲이 병원을 대신하여 제약회사로부터 의약품 제공의 대가로 기부금 명목의 돈을 받아 보관중 임의로 소비한 경우

④ (○) 대법원 2008.10.9, 2007도2511

① (×) 골프회원권 매매중개업체를 운영하는 자가 매수의뢰와 함께 입금받아 보관하던 금원을 일시적으로 다른 회원권의 매입대금 등으로 임의로 소비한 사안에서, 위 매입대금은 그 목적과 용도를 정하여 위탁된 금전으로서 골프회원권 매입시까지 그 소유권이 위탁자에게 유보되어 있으나, 다른 회사자금과 함께 보관된 이상 그 특정성을 인정하기 어렵고, 피고인의 불법영득의사를 추단할 수 없으므로 횡령죄를 구성하지 아니한다(대법원 2008.3.14, 2007도7568).

② (×) 법인의 이사를 상대로 한 이사직무집행정지 가처분이 결정된 경우, 당해 법인의 업무를 수행하는 이사의 직무집행이 정지당함으로써 사실상 법인의 업무수행에 지장을 받게 될 것은 명백하므로, 법인으로서는 그 이사 자격의 부존재가 객관적으로 명백하여 항쟁의 여지가 없는 경우가 아닌 한, 위 가처분에 대항하여 항쟁할 필요가 있다. 이와 같이 필요한 한도 내에서 법인의 대표자가 법인 경비에서 당해 가처분 사건의 피신청인인 이사에게 그 사건에 관한 소송비용을 지급하였다면, 이는 법인의 업무수행을 위하여 필요한 비용을 지급한 것에 해당하고, 법인의 경비를 횡령한 것이라고 볼 수는 없다(대법원 2009.3.12, 2008도10826).

③ (×) [다수의견] 채무자가 금전채무를 담보하기 위하여 그 소유의 동산을 채권자에게 양도담보로 제공함으로써 채권자인 양도담보권자에 대하여 담보물의 담보가치를 유지·보전할 의무 내지 담보물을 타에 처분하거나 멸실, 훼손하는 등으로 담보권 실행에 지장을 초래하는 행위를 하지 않을 의무를 부담하게 되었더라도, 이를 들어 채무자가 통상의 계약에서의 이익대립관계를 넘어서 채권자와의 신임관계에 기초하여 채권자의 사무를 맡아 처리하는 것으로 볼 수 없다. 따라서 채무자를 배임죄의 주체인 '타인의 사무를 처리하는 자'에 해당한다고 할 수 없고, 그가 담보물을 제3자에게 처분하는 등으로 담보가치를 감소 또는 상실시켜 채권자의 담보권 실행이나 이를 통한 채권실현에 위험을 초래하더라도 배임죄가 성립한다고 할 수 없다. 위와 같은 법리는, 채무자가 동산에 관하여 양도담보설정계약을 체결하여 이를 채권자에게 양

도할 의무가 있음에도 제3자에게 처분한 경우에도 적용되고, 주식에 관하여 양도담보설정계약을 체결한 채무자가 제3자에게 해당 주식을 처분한 사안에도 마찬가지로 적용된다(대법원 2020.2.20, 2019도9756 전원합의체).

정답 ④

097 ✓ 유사 ◆◆◇ 변호사 2016

재산죄에 관한 설명 중 옳은 것을 모두 고른 것은? (다툼이 있는 경우 판례에 의함)

ㄱ. 甲은 리스한 승용차를 사채업자 A에게 담보로 제공하였고, 사채업자 A는 甲이 차용금을 변제하지 못하자 승용차를 B에게 매도하였는데, 이후 甲은 위 승용차를 발견하고 이를 본래 소유자였던 리스 회사에 반납하기 위하여 취거한 경우 甲에게 절도죄가 성립한다.

ㄴ. 甲이 보관·관리하고 있던 회사의 비자금이 인출·사용되었음에도 甲이 주장하는 사용처에 비자금이 사용되었다는 점을 인정할 수 있는 자료가 부족하고 오히려 甲이 비자금을 개인적인 용도에 사용하였다는 점에 대한 신빙성 있는 자료가 많은 경우에는 甲이 비자금을 불법영득의 의사로써 횡령한 것이라고 추단할 수 있다.

ㄷ. 甲은 A의 영업점 내에 있는 A 소유의 휴대전화를 허락 없이 가지고 나와 이를 이용하여 통화를 하고 문자 메시지를 주고받은 다음 약 1~2시간 후 A에게 아무런 말도 하지 않고 위 영업점 정문 옆 화분에 놓아두고 간 경우 甲에게 휴대전화에 대한 불법영득의 사가 인정되지 않는다.

ㄹ. A 주식회사 감사인 甲이 회사 경영진과의 불화로 한 달 가까이 결근하다가 회사 감사실에 침입하여 자신이 사용하던 컴퓨터에서 하드디스크를 떼어간 후 4개월 가까이 지난 시점에 반환한 경우 일시 보관하였다고 평가하기 어려워 甲에게 절도죄가 성립한다.

① ㄱ, ㄴ
② ㄱ, ㄹ
③ ㄴ, ㄷ
④ ㄷ, ㄹ
⑤ ㄱ, ㄴ, ㄹ

해설 | 출제영역 | 횡령죄의 주관적 구성요건 – 불법영득의사

ㄱ. (○) 어떠한 물건을 점유자의 의사에 반하여 취거하는 행위가 결과적으로 소유자의 이익으로 된다는 사정 또는 소유자의 추정적 승낙이 있다고 볼 만한 사정이 있다고 하더라도, 다른 특별한 사정이 없는 한 그러한 사유만으로 불법영득의 의사가 없다고 할 수는 없다(대법원 2014.2.21, 2013도14139).

ㄴ. (○) 대법원 2012.8.23, 2011도14045

ㄷ. (×) 피고인이 甲의 영업점 내에 있는 甲 소유의 휴대전화를 허락 없이 가지고 나와 이를 이용하여 통화를 하고 문자메시지를 주고받은 다음 약 1~2시간 후 甲에게 아무런 말을 하지 않고 위

영업점 정문 옆 화분에 놓아두고 감으로써 이를 절취하였다는 내용으로 기소된 사안에서, 피고인이 甲의 휴대전화를 자신의 소유물과 같이 경제적 용법에 따라 이용하다가 본래의 장소와 다른 곳에 유기한 것이므로 피고인에게 불법영득의사가 있었다(대법원 2012.7.12, 2012도1132).

ㄹ. (○) 대법원 2011.8.18, 2010도9570

정답 ⑤

098 ✓ 유사 ◆◇◇ 국가7급 2014

甲의 죄책에 대한 판례의 태도로 옳은 것은?

① 甲은 A로부터 공장을 매수하여 인수하면서 그 공장에 있던 乙 소유의 기계를 함께 인도받아 보관하던 중 은행에 구 「공장저당법」에 따른 근저당을 설정하고 대출받으면서 공장 내의 乙 소유의 기계들도 자기소유인 것처럼 근저당권 목적물 목록에 포함시켰다. (횡령죄 불성립)

② 종중으로부터 토지를 명의신탁받아 보관 중이던 甲이 개인 채무 변제에 사용할 돈을 차용하기 위해 위 토지에 근저당권을 설정하여 횡령죄가 성립한 후 다시 甲이 위 토지를 乙에게 매도하였다. (횡령죄의 불가벌적 사후행위)

③ A회사의 이사인 甲은 계약명의신탁 약정에 따라 명의신탁 약정이 있다는 것을 모르는 소유자(원매도인)와 체결한 분양권 매수계약에 기하여 취득한 아파트에 관하여 신탁자인 A회사의 반환요구를 거절하고 자기명의로 그 소유권이전등기를 경료하였다. (업무상 배임죄 불성립)

④ 사채업자 甲은 대출희망자인 乙로부터 대출을 의뢰받은 다음 乙이 자동차의 실제 구입자가 아니어서 자동차할부금융의 대상이 되지 아니함에도 乙이 실제로 자동차를 할부로 구입하는 것처럼 乙명의의 대출신청서 등 관련 서류를 작성한 후 이를 A할부금융회사에 제출하여 자동차할부금융으로 대출금을 받았다. (사기죄 불성립)

해설 | 출제영역 | 명의신탁과 횡령죄의 성부

③ (○) 부동산의 계약명의신탁에서 원매도인이 명의신탁약정이 있다는 사실을 알지 못하는 경우, 소유권 이전등기에 의한 당해 부동산에 관한 물권변동은 유효하지만 신탁자와 수탁자 사이의 명의신탁약정은 무효이므로, 수탁자는 전 소유자인 매도인뿐만 아니라 신탁자에 대한 관계에서도 유효하게 당해 부동산의 소유권을 취득하므로 명의수탁자인 甲은 배임죄가 성립하지 않는다(대법원 2010.11.11, 2008도7451).

① (×) 공장저당법 관련규정에 의하면 乙소유의 기계에는 저당권 효력이 미치지 않아 이 부분에 대한 저당권설정행위는 무효라고 하더라도, 횡령죄는 이른바 위태범이므로 다른 사람의 재물을 보관하는 사람이 그 사람의 동의 없이 함부로 이를 담보로 제공하는 행위는 불법영득의사를 표현하는 횡령행위로서 사법상 그 담보

제공행위가 무효이거나 그 재물에 대한 소유권이 침해되는 결과가 발생하는지 여부에 관계없이 횡령죄를 구성한다(대법원 2002.11.13, 2002도2219).

② (×) 타인의 부동산을 보관 중인 자가 불법영득의사를 가지고 그 부동산에 근저당권설정등기를 경료함으로써 일단 횡령행위가 기수에 이르렀다 하더라도 그 후 부동산을 매각함으로써 기존의 근저당권과 관계없이 법익침해의 결과를 발생시켰다면 이는 근저당권 실행으로 인해 당연히 예상될 수 있는 범위를 넘어 '새로운 법익침해의 위험'을 추가한 것이므로 불가벌적 사후행위로 볼 수 없고, 별도로 횡령죄를 구성한다(대법원 2013.2.21, 2010도10500 전원합의체).

④ (×) 사채업자로서는 신의성실의 원칙상 사전에 할부금융회사에게 자동차를 구입하여 보유할 의사 없이 자동차할부금융대출의 방법으로 자금을 융통하려는 사정을 고지할 의무가 있다 할 것이고, 그럼에도 불구하고 이를 고지하지 아니한 채 대출의뢰인들 명의로 자동차할부금융을 신청하여 그 대출금을 지급하도록 한 행위는 고지할 사실을 묵비함으로써 거래상대방인 할부금융회사를 기망한 것이 되어 사기죄를 구성한다(대법원 2004.4.9, 2003도7828).

099 ✓ 유사 ◆◆◇   국가9급 2017

점유이탈물횡령죄에 대한 설명으로 옳지 않은 것은? (다툼이 있으면 판례에 의함)

① 점유이탈물횡령죄는 위탁관계에 의한 신뢰배반이 없다는 점에서 횡령죄와 구별된다.

② 타인이 송금절차의 착오로 인해 잘못 송금하여 자신의 계좌에 입금된 돈은 점유이탈물에 해당한다.

③ 착오로 인하여 점유한 물건이나 타인이 놓고 간 물건, 일실한 가축도 점유이탈물에 포함될 수 있다.

④ 여관이나 목욕탕, PC방 등에서는 주인의 배타적 지배가 인정되기 때문에 손님이 잃어버린 물건은 점유이탈물이 되지 않고 주인의 점유가 인정된다.

해설 ┃ 출제영역 ┃ 개인적 법익에 관한 죄 – 점유이탈물횡령죄

② (×) 어떤 예금계좌에 돈이 착오로 잘못 송금되어 입금된 경우에는 그 예금주와 송금인 사이에 신의칙상 보관관계가 성립한다고 할 것이므로, 피고인이 송금 절차의 착오로 인하여 피고인 명의의 은행 계좌에 입금된 돈을 임의로 인출하여 소비한 행위는 횡령죄에 해당하고, 이는 송금인과 피고인 사이에 별다른 거래관계가 없다고 하더라도 마찬가지이다(대법원 2010.12.9, 2010도891).

① (○) 점유이탈물횡령죄는 점유침해가 없다는 점에서 절도죄와 구별되고, 위탁관계가 없다는 점에서 횡령죄와는 본질을 달리하는 독립된 범죄이다.

③ (○), ④ (○) 통설적인 입장으로 옳은 지문이다.

100 ✓ 대표 ◆◆◇   국가7급 2021

횡령죄에 대한 설명으로 옳은 것만을 모두 고르면? (다툼이 있는 경우 판례에 의함)

ㄱ. 지입회사에 소유권이 있는 차량에 대하여 지입회사에서 운행관리권을 위임받은 지입차주가 지입회사의 승낙 없이 보관 중인 차량을 사실상 처분한 경우에는 횡령죄가 성립하지만, 지입차주에게서 차량 보관을 위임받은 사람이 지입차주의 승낙 없이 보관 중인 차량을 사실상 처분한 경우에는 보관을 위임받은 사람을 타인의 재물을 보관한 자로 볼 수 없으므로 횡령죄가 성립하지 않는다.

ㄴ. 「부동산 실권리자명의 등기에 관한 법률」을 위반하여 명의신탁자 甲이 그 소유인 부동산의 등기명의를 명의 수탁자 乙에게 이전하는 이른바 양자간 명의신탁의 경우, 이때 乙이 신탁받은 부동산을 임의로 처분하면 甲에 대한 관계에서 횡령죄가 성립하지 않는다.

ㄷ. 채무자가 기존 금전채무를 담보하기 위하여 다른 금전채권을 채권자에게 양도한 후 제3채무자에게 채권양도 통지를 하지 않은 채 자신이 사용할 의도로 제3채무자로부터 변제를 받아 변제금을 수령한 후 채무자가 이를 임의로 소비한 경우, 횡령죄가 성립하지 않는다.

ㄹ. 채권의 담보를 목적으로 부동산의 소유권이전등기를 마친 양도담보권자인 채권자 甲이 목적물을 점유하다가 임의로 그 변제기일 이전에 제3자에게 근저당권을 경료하여 준 경우, 채무자 소유인 타인의 부동산을 불법영득한 것이므로 횡령죄가 성립한다.

ㅁ. 내적 조합의 조합원 중 한 사람이 조합재산 처분으로 얻은 대금을 임의로 소비한 경우 횡령죄는 성립하지만, 익명조합의 익명조합원이 영업을 위하여 출자한 금전 기타 재산에 대하여 상대편인 영업자가 영업이익금을 임의로 소비한 경우 횡령죄는 성립하지 않는다.

① ㄱ, ㄷ   ② ㄴ, ㄹ
③ ㄴ, ㄷ, ㅁ   ④ ㄴ, ㄹ, ㅁ

해설 ┃ 출제영역 ┃ 재산, 횡령

ㄱ. (×) 소유권의 취득에 등록이 필요한 타인 소유의 차량을 인도받아 보관하고 있는 사람이 이를 사실상 처분하면 횡령죄가 성립하며, 보관 위임자나 보관자가 차량의 등록명의자일 필요는 없다. 그리고 이와 같은 법리는 지입회사에 소유권이 있는 차량에 대하여 지입회사에서 운행관리권을 위임받은 지입차주가 지입회사의 승낙 없이 보관 중인 차량을 사실상 처분하거나 지입차주에게서 차량 보관을 위임받은 사람이 지입차주의 승낙 없이 보관 중인 차량을 사실상 처분한 경우에도 마찬가지로 적용된다(대법원 2015.6.25, 2015도1944 전원합의체).

ㄴ. (○) 명의신탁자와 명의수탁자 사이에 무효인 명의신탁약정 등에 기초하여 존재한다고 주장될 수 있는 사실상의 위탁관계라는 것은 부동산실명법에 반하여 범죄를 구성하는 불법적인 관계에

지나지 아니할 뿐 이를 형법상 보호할 만한 가치 있는 신임에 의한 것이라고 할 수 없다. 명의수탁자가 명의신탁자에 대하여 소유권이전등기말소의무를 부담하게 되나, 위 소유권이전등기는 처음부터 원인무효여서 명의수탁자는 명의신탁자가 소유권에 기한 방해배제청구로 말소를 구하는 것에 대하여 상대방으로서 응할 처지에 있음에 불과하다. 명의수탁자가 제3자와 한 처분행위가 부동산실명법 제4조 제3항에 따라 유효하게 될 가능성이 있다고 하더라도 이는 거래 상대방인 제3자를 보호하기 위하여 명의신탁약정의 무효에 대한 예외를 설정한 취지일 뿐 명의신탁자와 명의수탁자 사이에 위 처분행위를 유효하게 만드는 어떠한 위탁관계가 존재함을 전제한 것이라고는 볼 수 없다. 따라서 말소등기의무의 존재나 명의수탁자에 의한 유효한 처분가능성을 들어 명의수탁자가 명의신탁자에 대한 관계에서 '타인의 재물을 보관하는 자'의 지위에 있다고 볼 수도 없다. 그러므로 부동산실명법을 위반한 양자간 명의신탁의 경우 명의수탁자가 신탁받은 부동산을 임의로 처분하여도 명의신탁자에 대한 관계에서 횡령죄가 성립하지 아니한다. 이러한 법리는 부동산 명의신탁이 부동산실명법 시행 전에 이루어졌고 같은 법이 정한 유예기간 이내에 실명등기를 하지 아니함으로써 그 명의신탁약정 및 이에 따라 행하여진 등기에 의한 물권변동이 무효로 된 후에 처분행위가 이루어진 경우에도 마찬가지로 적용된다. 이와 달리 부동산실명법에 위반한 양자간 명의신탁을 한 경우, 명의수탁자가 명의신탁자에 대한 관계에서 '타인의 재물을 보관하는 자'의 지위에 있다고 보아 명의수탁자가 그 명의로 신탁된 부동산을 임의로 처분하면 명의신탁자에 대한 횡령죄가 성립한다고 판시한다(대법원 1999.10.12, 99도3170; 2000.2.22, 99도5227; 2000.4.25, 99도1906; 2003.12.26, 2003도4893; 2009.8.20, 2008도12009; 2009.11.26, 2009도5547; 2011.1.27, 2010도12944 판결 등은 이 판결에 배치되는 범위에서 이를 변경하기로 한다(대법원 2021.2.18, 2016도18761 전원합의체).

ㄷ. (○) 채무자가 기존 금전채무를 담보하기 위하여 다른 금전채권을 채권자에게 양도하는 경우, 채무자가 채권자에 대하여 부담하는 '담보 목적 채권의 담보가치를 유지·보전할 의무'는 채권 양도담보계약에 따라 부담하게 된 채무의 한 내용에 불과하다. 또한 통상의 채권양도계약은 그 자체가 채권자지위의 이전을 내용으로 하는 주된 계약이고, 그 당사자 사이의 본질적 관계는 양수인이 채권자지위를 온전히 확보하여 채무자로부터 유효하게 채권의 변제를 받는 것이다. 그런데 채권 양도담보계약은 피담보채권의 발생을 위한 계약(예컨대 금전소비대차계약 등)의 종된 계약으로, 채권 양도담보계약에 따라 채무자가 부담하는 위와 같은 의무는 담보목적을 달성하기 위한 것에 불과하고, 그 당사자 사이의 본질적이고 주된 관계는 피담보채권의 실현이다. 이처럼 채권 양도담보계약의 목적이나 본질적 내용을 통상의 채권양도계약과 같이 볼 수는 없다. 따라서 채무자가 채권 양도담보계약에 따라 담보 목적 채권의 담보가치를 유지·보전할 의무는 계약에 따른 자신의 채무에 불과하고, 채권자와 채무자 사이에 채무자가 채권자를 위하여 담보가치의 유지·보전사무를 처리함으로써 채무자의 사무처리를 통해 채권자가 담보 목적을 달성한다는 신임관계가 존재한다고 볼 수 없다. 그러므로 채무자가 제3채무자에게 채권양도 통지를 하지 않은 채 자신이 사용할 의도로 제3채무자로부터 변제를 받아 변제금을 수령한 경우, 이는 단순한 민사상 채무불이행에 해당할 뿐, 채무자가 채권자와의 위탁신임관계에 의하여 채무자를 위해 위 변제금을 보관하는 지위에 있다고 볼 수 없고, 채무자가 이를 임의로 소비하더라도 횡령죄는 성립하지 않는다(대법원 2021.2.25, 2020도12927).
[보충] 채권양도인이 채무자에게 채권양도 통지를 하는 등으로 채권양도의 대항요건을 갖추어 주지 않은 채 채무자로부터 채권을 추심하여 금전을 수령한 경우, 특별한 사정이 없는 한 금전의 소유권은 채권양수인이 아니라 채권양도인에게 귀속하고 채권양

도인이 채권양수인을 위하여 양도 채권의 보전에 관한 사무를 처리하는 신임관계가 존재한다고 볼 수 없다. 따라서 채권양도인이 위와 같이 양도한 채권을 추심하여 수령한 금전에 관하여 채권양수인을 위해 보관하는 자의 지위에 있다고 볼 수 없으므로, 채권양도인이 위 금전을 임의로 처분하더라도 횡령죄는 성립하지 않는다(대법원 2022.6.23, 2017도3829 전원합의체).
[정리] ㉠ (채무변제의 일환으로 채권을 양도한) 채권양도인: 횡령 ×(2017도3329), ㉡ 채무담보를 위해 채권을 양도담보한 채권양도담보의 양도인: 횡령 ×(2020도12927)

ㄹ. (×) 부동산양도담보권자인 채권자에 대해서는 횡령죄가 아니라 배임죄가 성립한다는 것이 판례이다. "채권의 담보를 목적으로 부동산의 소유권이전등기를 마친 채권자는 채무자가 변제기일까지 그 채무를 변제하면 채무자에게 그 소유명의를 환원하여 주기 위하여 그 소유권이전등기를 이행할 의무가 있으므로, 그 변제기일 이전에 그 임무에 위배하여 제3자에게 근저당권을 경료하여 주었다면 변제기일까지 채무자의 채무변제가 없었다고 하더라도 배임죄는 성립되고, 그와 같은 법리는 채무자에게 환매권을 주는 형식을 취하였다고 하여 다를 바가 없다(대법원 1995.5.12, 95도283)."

ㅁ. (○) 대법원 2011.11.24, 2010도5014

정답 ③

---

101 ✓ 대표 ◆◆◇ 국가7급 2021

다음 사례에 대한 설명으로 옳지 않은 것은? (다툼이 있는 경우 판례에 의함)

> 甲이 자신의 명의로 개설된 예금계좌가 보이스피싱 범행에 이용될 것임을 인식하지 못하고 그 접근매체를 보이스피싱 조직원 乙에게 양도한 후 피해자 A가 乙에게 속아 위 계좌로 피해금 1,000만 원을 송금하였다. 이후 甲은 1,000만 원 중 500만 원을 별도의 접근매체를 이용하여 임의로 인출하였다.

① 甲이 자신 명의 계좌에 입금된 사실을 알고 이를 인출한 경우 은행에 대한 사기죄는 성립하지 않는다.
② 甲이 자신 명의 계좌에 입금된 사실을 알고 이를 인출한 경우 보이스피싱 조직원 乙에 대한 횡령죄가 성립한다.
③ 甲은 피해자 A와의 사이에 아무런 법률관계 없이 송금이체된 금원에 대하여 A에게 반환하여야 하므로 A를 위하여 피해금을 보관하는 지위에 있다.
④ 만약 甲이 자신의 예금계좌가 보이스피싱 범행에 이용될 것임을 인식하고 乙과 공모한 것이 인정되면 甲의 출금행위는 사기죄 이외에 별도로 횡령죄가 성립하지 않는다.

해설 출제영역 | 횡령죄의 성립요건
② (×) 계좌명의인과 전기통신금융사기의 범인 사이의 관계는 횡령죄로 보호할 만한 가치가 있는 위탁관계가 아니다. 사기범이 제3자 명의 사기이용계좌로 돈을 송금·이체하게 하는 행위는 그

자체로 범죄행위에 해당한다. 그리고 사기범이 그 계좌를 이용하는 것도 전기통신금융사기 범행의 실행행위에 해당하므로 계좌명의인과 사기범 사이의 관계를 횡령죄로 보호하는 것은 그 범행으로 송금·이체된 돈을 사기범에게 귀속시키는 결과가 되어 옳지 않다(대법원 2018.7.19, 2017도17494 전원합의체).

① (○) 송금의뢰인이 수취인의 예금계좌에 계좌이체 등을 한 이후, 수취인이 은행에 대하여 예금반환을 청구함에 따라 은행이 수취인에게 그 예금을 지급하는 행위는 계좌이체금액 상당의 예금계약의 성립 및 그 예금채권 취득에 따른 것으로서 은행이 착오에 빠져 처분행위를 한 것이라고 볼 수 없으므로, 결국 이러한 행위는 은행을 피해자로 한 형법 제347조의 사기죄에 해당하지 않는다고 봄이 상당하다(대법원 2010.5.27, 2010도3498).

③ (○) 계좌명의인이 송금·이체의 원인이 되는 법률관계가 존재하지 않음에도 계좌이체에 의하여 취득한 예금채권 상당의 돈은 송금의뢰인에게 반환하여야 할 성격의 것이므로, 계좌명의인은 그와 같이 송금·이체된 돈에 대하여 송금의뢰인을 위하여 보관하는 지위에 있다고 보아야 한다. 따라서 계좌명의인이 그와 같이 송금·이체된 돈을 그대로 보관하지 않고 영득할 의사로 인출하면 횡령죄가 성립한다. 이러한 법리는 계좌명의인이 개설한 예금계좌가 전기통신금융사기 범행에 이용되어 그 계좌에 피해자가 사기피해금을 송금·이체한 경우에도 마찬가지로 적용된다. 계좌명의인은 피해자와 사이에 아무런 법률관계 없이 송금·이체된 사기피해금 상당의 돈을 피해자에게 반환하여야 하므로, 피해자를 위하여 사기피해금을 보관하는 지위에 있다고 보아야 하고, 만약 계좌명의인이 그 돈을 영득할 의사로 인출하면 피해자에 대한 횡령죄가 성립한다(대법원 2018.7.19, 2017도17494).

④ (○) 계좌명의인이 사기의 공범이라면 자신이 가담한 범행의 결과 피해금을 보관하게 된 것일 뿐이어서 피해자와 사이에 위탁관계가 없고, 그가 송금·이체된 돈을 인출하더라도 이는 자신이 저지른 사기범행의 실행행위에 지나지 아니하여 새로운 법익을 침해한다고 볼 수 없으므로 사기죄 외에 별도로 횡령죄를 구성하지 않는다(대법원 2018.7.19, 2017도17494).

정답 ②

횡령죄에 대한 설명으로 옳은 것은 모두 몇 개인가? (다툼이 있는 경우 판례에 의함)

> ㉠ 부동산을 공동으로 상속한 자들 중 1인이 부동산을 혼자 점유하다가 다른 공동상속인의 상속지분을 임의로 처분하여도 그에게는 그 처분권능이 없어 횡령죄가 성립하지 아니한다.
>
> ㉡ 전기통신금융사기의 공범인 계좌명의인이 개설한 예금계좌로 피해자가 송금·이체한 사기피해금을 계좌명의인이 영득할 의사로 인출하면 피해자에 대한 횡령죄가 성립한다.
>
> ㉢ 초·중등교육법에 정한 학교발전기금으로 기부한 금액은 관련 법령상 엄격히 제한된 용도 외에 학교운영에 필요한 특정한 공익적 용도로 수수한 것으로 볼 수 있는 예외적 경우가 아닌 한, 학교운영위원회에 귀속되어 법령에서 정한 사용 목적으로만 사용되어야 하고, 정해진 용도 외의 사용행위는 원칙적으로 횡령죄를 구성한다.
>
> ㉣ 익명조합의 경우에는 익명조합원이 영업을 위하여 출자한 금전 기타의 재산은 상대편인 영업자의 재산이 되므로 영업자는 타인의 재물을 보관하는 자의 지위에 있지 않아 영업자가 영업이익금 등을 임의로 소비하였더라도 횡령죄가 성립하지 아니한다.

① 1개　　　　　　② 2개
③ 3개　　　　　　④ 4개

해설　출제영역 | 재산, 횡령

③ 옳은 것은 ㉠, ㉢, ㉣ 3개이다.

㉠ (○) 대법원 2000.4.11, 2000도565

㉡ (×) ⊙ 계좌명의인이 개설한 예금계좌가 전기통신금융사기 범행에 이용되어 그 계좌에 피해자가 사기피해금을 송금·이체한 경우 계좌명의인은 피해자와 사이에 아무런 법률관계 없이 송금·이체된 사기피해금 상당의 돈을 피해자에게 반환하여야 하므로 피해자를 위하여 사기피해금을 보관하는 지위에 있다고 보아야 하고, 만약 계좌명의인이 그 돈을 영득할 의사로 인출하면 피해자에 대한 횡령죄가 성립한다. ⓒ 이때 계좌명의인이 사기의 공범이라면 자신이 가담한 범행의 결과 피해금을 보관하게 된 것일 뿐이어서 피해자와 사이에 위탁관계가 없고, 그가 송금·이체된 돈을 인출하더라도 이는 자신이 저지른 사기범행의 실행행위에 지나지 아니하여 새로운 법익을 침해한다고 볼 수 없으므로 사기죄 외에 별도로 횡령죄를 구성하지 않는다(대법원 2018.7.26, 2017도21715).

㉢ (○) 대법원 2010.7.22, 2007도4713

㉣ (○) 대법원 2011.11.24, 2010도5014

정답 ③

---

103 ✅ 유사 ◆◆◇ 　　　　国家9급 2021

다음 사례에서 (업무상)횡령죄가 성립하는 경우는? (다툼이 있는 경우 판례에 의함)

① 적법한 종중총회의 결의가 없는 상태에서 종중의 회장으로부터 담보 대출을 받아달라는 부탁과 함께 종중 소유의 임야를 이전받은 자가 임야를 담보로 금원을 대출받아 임의로 사용한 경우(종중에 대한 관계에서)
② 법인의 임직원이 법인의 운영에 필요한 자금을 조달하기 위하여 법인의 무자료 거래를 통해 비자금을 조성한 경우(법인에 대한 관계에서)
③ 전기통신금융사기 공범인 계좌명의인이 자신이 개설한 예금계좌에 사기 피해자가 사기 피해금을 송금·이체하자 그 돈을 영득할 의사로 인출한 경우(전기통신금융사기의 범인에 대한 관계에서)
④ 부동산의 공유자 중 1인이 구분소유자 전원의 공유에 속하는 공용부분인 지하주차장 일부를 독점 임대하고 임차료를 수령한 경우(다른 공유자에 대한 관계에서)

[해설] 출제영역 | 횡령죄의 성립요건

① (○) 부동산에 관한 횡령죄에 있어서 타인의 재물을 보관하는 자의 지위는 동산의 경우와는 달리 부동산에 대한 점유의 여부가 아니라 법률상 부동산을 제3자에게 처분할 수 있는 지위에 있는지 여부를 기준으로 판단하여야 한다. 피고인이 종중의 회장으로부터 담보 대출을 받아달라는 부탁과 함께 종중 소유의 임야를 이전받은 다음 임야를 담보로 금원을 대출받아 임의로 사용하고 자신의 개인적인 대출금 채무를 담보하기 위하여 임야에 근저당권을 설정하였다면 비록 피고인이 임야를 이전받는 과정에서 적법한 종중총회의 결의가 없었다고 하더라도 피고인은 임야나 위 대출금에 관하여 사실상 종중의 위탁에 따라 이를 보관하는 지위에 있다고 보아야 할 것이어서 피고인의 위 행위는 종중에 대한 관계에서 횡령죄를 구성한다(대법원 2005.6.24, 2005도2413).
② (×) 업무상횡령죄가 성립하기 위하여는 자기 또는 제3자의 이익을 꾀할 목적으로 업무상 임무에 위배하여 자신이 보관하는 타인의 재물을 자기의 소유인 것 같이 사실상 또는 법률상 처분하는 의사를 의미하는 불법영득의 의사가 있어야 한다. 법인의 운영자 또는 관리자가 법인의 자금을 이용하여 비자금을 조성하였다고 하더라도 그것이 당해 비자금의 소유자인 법인 이외의 제3자가 이를 발견하기 곤란하게 하기 위한 장부상의 분식에 불과하거나 법인의 운영에 필요한 자금을 조달하는 수단으로 인정되는 경우에는 불법영득의 의사를 인정하기 어렵다(대법원 2010.12.9, 2010도11015).
③ (×) ㉠ 계좌명의인이 개설한 예금계좌가 전기통신금융사기 범행에 이용되어 그 계좌에 피해자가 사기피해금을 송금·이체한 경우 계좌명의인은 피해자와 사이에 아무런 법률관계 없이 송금·이체된 사기피해금 상당의 돈을 피해자에게 반환하여야 하므로 피해자를 위하여 사기피해금을 보관하는 지위에 있다고 보아야 하고, 만약 계좌명의인이 그 돈을 영득할 의사로 인출하면 피해자에 대한 횡령죄가 성립한다. ㉡ 이때 계좌명의인이 사기의 공범이라면 자신이 가담한 범행의 결과 피해금을 보관하게 된 것일 뿐이어서 피해자와 사이에 위탁관계가 없고, 그가 송금·이체된 돈을 인출하더라도 이는 자신이 저지른 사기범행의 실행행위에 지나지 아니하여 새로운 법익을 침해한다고 볼 수 없으므로 사기죄 외에 별도로 횡령죄를 구성하지 않는다(대법원 2018.7.26, 2017도21715).

④ (×) 부동산에 관한 횡령죄에 있어서 타인의 재물을 보관하는 자의 지위는 동산의 경우와는 달리 부동산에 대한 점유의 여부가 아니라 부동산을 제3자에게 유효하게 처분할 수 있는 권능의 유무에 따라 결정하여야 하므로, 부동산의 공유자 중 1인이 다른 공유자의 지분을 임의로 처분하거나 임대하여도 그에게는 그 처분권능이 없어 횡령죄가 성립하지 아니한다(대법원 2004.5.27, 2003도6988).

[정답] ①

104 ✅ 유사 ◆◆◇ 　　　　변호사 2017

A는 삼촌 B로부터 임야를 증여받은 후 친구 甲과 맺은 명의신탁약정에 따라 명의신탁 사실을 알고 있는 증여자인 B로부터 명의수탁자인 甲 앞으로 바로 소유권이전등기를 하였다. 그 후 甲은 A의 허락을 받지 않고 위 임야를 C에게 매도하였다. 이에 관한 설명 중 옳은 것을 모두 고른 것은? (다툼이 있는 경우 판례에 의함)

ㄱ. A는 B에게 위 임야에 대한 소유권이전등기청구권을 가진다.
ㄴ. A는 증여계약의 당사자로서 B를 대위하여 위 임야를 이전받아 취득할 수 있는 권리를 가지므로 甲은 A에 대하여 직접 위 임야의 소유권을 이전할 의무를 부담한다.
ㄷ. A와 甲 사이의 명의신탁약정 또는 이에 부수한 위임약정이 무효임에도 불구하고 횡령죄 성립을 위한 사무관리·관습·조리·신의칙에 기초한 위탁신임관계가 인정된다.
ㄹ. 甲이 위 임야를 임의로 처분하여도 A에 대한 관계에서 횡령죄가 성립하지 않는다.

① ㄹ
② ㄱ, ㄹ
③ ㄴ, ㄷ
④ ㄱ, ㄴ, ㄷ
⑤ ㄱ, ㄴ, ㄹ

[해설] 출제영역 | 횡령죄의 구성요건 – 타인의 재물을 보관하는 자
부동산을 증여받은 명의신탁자가 자신의 명의로 소유권이전등기를 하지 아니하고 명의수탁자와 맺은 명의신탁약정에 따라 증여자로부터 바로 명의수탁자에게 중간생략의 소유권이전등기를 마친 경우, 부동산 실권리자명의 등기에 관한 법률(이하 '부동산실명법'이라 한다) 제4조 제2항 본문에 의하여 명의수탁자 명의의 소유권이전등기는 무효이고, 신탁부동산의 소유권은 증여자가 그대로 보유하게 된다. 따라서 명의신탁자로서는 증여자에 대한 소유권이전등기청구권을 가질 뿐[ㄱ (○)] 신탁부동산의 소유권을 가지지 아니하고, 명의수탁자 역시 명의신탁자에 대하여 직접 신탁부동산의 소유권을 이전할 의무를 부담하지는 아니하므로[ㄴ (×)], 신탁부동산의 소유자도 아닌 명의신탁자에 대한 관계에서 명의수탁자가 횡령죄에서 말하는 '타인의 재물을 보관하는 자'의 지위에 있다고 볼 수는 없다. 명의신탁자가 증여계약의 당사자로서 증여자를 대위하여 신탁부동산을 이전받아 취득할 수 있는 권리 기타 법적 가능성을 가지고 있기는 하지만, 명의신탁자가 이러한 권리 등을 보유하였음을 이유로 명의신탁

자를 사실상 또는 실질적 소유권자로 보아 민사상 소유권이론과 달리 횡령죄가 보호하는 신탁부동산의 소유자라고 평가할 수는 없다. 명의수탁자에 대한 관계에서 명의신탁자를 사실상 또는 실질적 소유권자라고 형법적으로 평가하는 것은 부동산실명법이 명의신탁약정을 무효로 하고 있음에도 불구하고 무효인 명의신탁약정에 따른 소유권의 상대적 귀속을 인정하는 것과 다름이 없어서 부동산실명법의 규정과 취지에 명백히 반하여 허용될 수 없다. 그리고 부동산에 관한 소유권과 그 밖의 물권을 실체적 권리관계와 일치하도록 실권리자 명의로 등기하게 함으로써 부동산등기제도를 악용한 투기·탈세·탈법행위 등 반사회적 행위를 방지하고 부동산 거래의 정상화와 부동산 가격의 안정을 도모하여 국민경제의 건전한 발전에 이바지함을 목적으로 하고 있는 부동산실명법의 입법 취지와 아울러, 명의신탁약정에 따른 명의수탁자 명의의 등기를 금지하고 이를 위반한 명의신탁자와 명의수탁자 쌍방을 형사처벌까지 하고 있는 부동산실명법의 명의신탁관계에 대한 규율 내용 및 태도 등에 비추어 볼 때, 명의신탁자와 명의수탁자 사이에 그 위탁신임관계를 근거지우는 계약인 명의신탁약정 또는 이에 부수한 위임약정이 무효임에도 불구하고 횡령죄 성립을 위한 사무관리·관습·조리·신의칙에 기초한 위탁신임관계가 있다고 할 수는 없다[ㄷ (×)]. 또한 명의신탁자와 명의수탁자 사이에 존재한다고 주장될 수 있는 사실상의 위탁관계라는 것도 부동산실명법에 반하여 범죄를 구성하는 불법적인 관계에 지나지 아니할 뿐 이를 형법상 보호할 만한 가치 있는 신임에 의한 것이라고 할 수 없다. 그러므로 명의신탁자가 취득한 부동산에 관하여 부동산실명법을 위반하여 명의수탁자와 맺은 명의신탁약정에 따라 증여자로부터 바로 명의수탁자 명의로 소유권이전등기를 마친 이른바 중간생략등기형 명의신탁을 한 경우, 명의신탁자는 신탁부동산의 소유권을 가지지 아니하고, 명의신탁자와 명의수탁자 사이에 위탁신임관계를 인정할 수도 없다. 따라서 명의수탁자가 명의신탁자의 재물을 보관하는 자라고 할 수 없으므로, 명의수탁자가 신탁받은 부동산을 임의로 처분하여도 명의신탁자에 대한 관계에서 횡령죄가 성립하지 아니한다[ㄹ (○)](대법원 2016.5.19, 2014도6992 전원합의체 참조) (대법원 2016.5.26, 2015도89).

정답 ②

---

105 ✓ 유사 ◆◆◇   변호사 2015 변형

甲은 乙종중의 대표자인데 乙로부터 명의신탁을 받아 관리하던 시가 2억 원 상당의 토지를 명의신탁자 乙의 승낙 없이, 2014.3.2. 丙으로부터 8,000만 원을 빌리면서 채권최고액 1억 원의 근저당권설정등기를 경료하여 주었다. 이에 관한 설명 중 옳지 않은 것은? (다툼이 있는 경우에는 판례에 의함)

① 甲이 乙의 승낙 없이 丙에게 근저당권설정등기를 경료하여 준 행위는 횡령죄의 구성요건에 해당한다.

② 이 건 범행으로 인한 甲의 이득액은 2억 원이다.

③ 만일 甲의 丙에 대한 근저당권 설정행위가 횡령죄를 구성한다고 볼 경우, 甲이 그 후 乙의 승낙 없이 제3자인 丁에게 매도하였다면, 그 행위는 별개의 횡령죄를 구성한다.

④ 만일 甲과 乙이 「부동산 실권리자명의 등기에 관한 법률」에 따라 효력이 부정되는 이른바 계약명의신탁 약정을 맺었고, 그에 따라 甲이, 위 약정 사실을 알고 있는 매도인 戊로부터 위 토지에 대한 소유권이전등기를 경료받은 경우, 그 후 甲이 임의로 위 토지를 처분하였더라도 戊에 대하여 배임죄를 구성하지 않는다.

해설 출제영역 | 일죄 – 법조경합 – 불가벌적 사후행위

② (×) 피고인이 근저당권설정등기를 마치는 방법으로 위 각 부동산을 횡령하여 취득한 구체적인 이득액은 위 각 부동산의 시가 상당액에서 위 범행 전에 설정된 피담보채무액을 공제한 잔액이 아니라 위 각 부동산을 담보로 제공한 피담보채무액 내지 그 채권최고액이라고 보아야 하고, 이 경우 피고인의 이득액은 5억 원 미만이므로 특정경제범죄 가중처벌 등에 관한 법률 제3조 제1항을 적용할 수 없다(대법원 2013.5.9, 2013도2857). 따라서 이 건 범행으로 인한 甲의 이득액은 2억 원이 아니라 8000만 원 내지 1억 원으로 보아야 한다.

① (○) 부동산실명법에 위반한 2자간 명의신탁의 명의수탁자의 임의적 처분행위에 대하여 횡령죄의 성립을 부정하는 판례의 변경이 있었다. "부동산 실권리자명의 등기에 관한 법률을 위반하여 명의신탁자가 그 소유인 부동산의 등기명의를 명의수탁자에게 이전하는 이른바 양자간 명의신탁의 경우, 명의수탁자는 명의신탁자에 대한 관계에서 '타인의 재물을 보관하는 자'의 지위에 있지 않으므로 명의수탁자가 신탁받은 부동산을 임의로 처분하면 명의신탁자에 대한 관계에서 횡령죄가 성립하지 않는다(대법원 2021.2.18, 2016도18761 전원합의체)." 그러나, 부동산실명법 제8조(종중, 배우자 및 종교단체에 대한 특례)에 의하면 종중(宗中)이 보유한 부동산에 관한 물권을 종중(종중과 그 대표자를 같이 표시하여 등기한 경우를 포함한다) 외의 자의 명의로 등기한 것이 조세 포탈, 강제집행의 면탈(免脫) 또는 법령상 제한의 회피를 목적으로 하지 아니하는 경우에는 동법 제4조 등의 적용을 받지 아니한다(또한 배우자 명의로 부동산에 관한 물권을 등기한 경우나 종교단체의 명의로 그 산하 조직이 보유한 부동산에 관한 물권을 등기한 경우도 같음. 동법 제8조 제2호·제3호). 따라서 종중의 부동산을 명의신탁 받은 종중 이외의 자가 이를 임의로 처분한 경우에는 횡령죄의 성립이 가능하다(다수설·판례, 대법원 1985.9.10, 85도86; 1994.9.23, 93도919; 2013.2.21, 2010도10500 전원합의체).

③ (○) 타인의 부동산을 보관 중인 자가 불법영득의사를 가지고 그

부동산에 근저당권설정등기를 경료함으로써 일단 횡령행위가 기수에 이르렀다 하더라도 그 후 해당 부동산을 매각함으로써 기존의 근저당권과 관계없이 법익침해의 결과를 발생시켰다면 이는 당초의 근저당권 실행을 위한 임의경매에 의한 매각 등 그 근저당권으로 인해 당연히 예상될 수 있는 범위를 넘어 새로운 법익침해의 결과를 발생시킨 것이므로 특별한 사정이 없는 한 불가벌적 사후행위로 볼 수 없고 별도로 횡령죄를 구성한다 할 것이다(대법원 2013.2.21, 2010도10500 전원합의체).
④ (○) 대법원 2012.12.13, 2010도10515

정답 ②

106 ✓ 유사 ◆◆◇ 〔법원행시 2019 변형〕

다음 설명 중 옳지 않은 것은 모두 몇 개인가?

ㄱ. 피고인이 가맹점주로서 본사와 맺은 가맹점계약에 따라 영업을 하는 경우 피고인이 판매하여 보관 중인 물품판매 대금은 피고인과 본사에게 합유적으로 귀속된다 할 것이어서 피고인이 이를 임의로 소비한 행위는 횡령죄를 구성한다.

ㄴ. 채무자가 금전채무를 담보하기 위하여 그 소유의 동산을 채권자에게 양도담보로 제공하였음에도 담보물을 제3자에게 처분하는 등으로 담보가치를 감소 또는 상실시켜 채권자의 담보권 실행이나 이를 통한 채권실현에 위험을 초래한 경우, 배임죄가 성립하지 않는다.

ㄷ. 대표이사가 회사를 위하여 보관하고 있는 회사 소유의 금전으로 자신의 회사에 대한 채권의 변제에 충당하는 행위는 회사와 이사의 이해가 충돌하는 자기거래행위에 해당하므로, 대표이사가 이사회의 승인 등의 절차를 거치지 않고 그와 같이 자신의 회사에 대한 채권을 변제한 행위는 대표이사의 권한 내에 속한다고 볼 수 없음이 명백하여 횡령죄를 구성한다.

ㄹ. 채권 양수인이 채권양도의 통지를 하기 전에 채무자로부터 채권을 추심하여 금전을 수령하고서 이를 소비한 경우 양수인을 피해자로 하는 횡령죄가 성립한다.

ㅁ. 주식회사는 주주와 독립된 별개의 권리주체로서 이해가 반드시 일치하는 것은 아니므로, 주주나 대표이사 또는 그에 준하여 회사 자금의 보관이나 운용에 관한 사실상의 사무를 처리하는 자가 회사 소유 재산을 제3자의 자금 조달을 위하여 담보로 제공하는 등 사적인 용도로 임의 처분하였다면 그 처분에 관하여 주주총회나 이사회의 결의가 있었는지 여부와는 관계없이 횡령죄의 죄책을 면할 수 없다.

① 1개 　　　　② 2개
③ 3개 　　　　④ 4개
⑤ 5개

해설 출제영역 | 횡령죄 – 구성요건

③ ㄱ, ㄷ, ㄹ. 3개의 지문이 옳지 않다.

ㄱ. (×) 가맹점 계약을 동업계약 관계로는 볼 수 없고, 따라서 가맹점주인 피고인이 판매하여 보관 중인 물품판매 대금은 피고인의 소유라 할 것이어서 피고인이 이를 임의 소비한 행위는 프랜차이즈 계약상의 채무불이행에 지나지 아니하므로, 결국 횡령죄는 성립하지 아니한다(대법원 1998.4.14, 98도292).

ㄴ. (○) [다수의견] 채무자가 금전채무를 담보하기 위하여 그 소유의 동산을 채권자에게 양도담보로 제공함으로써 채권자인 양도담보권자에 대하여 담보물의 담보가치를 유지·보전할 의무 내지 담보물을 타에 처분하거나 멸실, 훼손하는 등으로 담보권 실행에 지장을 초래하는 행위를 하지 않을 의무를 부담하게 되었더라도, 이를 들어 채무자가 통상의 계약에서의 이익대립관계를 넘어서 채권자와의 신임관계에 기초하여 채권자의 사무를 맡아 처리하는 것으로 볼 수 없다. 따라서 채무자를 배임죄의 주체인 '타인의 사무를 처리하는 자'에 해당한다고 할 수 없고, 그가 담보물을 제3자에게 처분하는 등으로 담보가치를 감소 또는 상실시켜 채권자의 담보권실행이나 이를 통한 채권실현에 위험을 초래하더라도 배임죄가 성립한다고 할 수 없다. 위와 같은 법리는, 채무자가 동산에 관하여 양도담보설정계약을 체결하여 이를 채권자에게 양도할 의무가 있음에도 제3자에게 처분한 경우에도 적용되고, 주식에 관하여 양도담보설정계약을 체결한 채무자가 제3자에게 해당 주식을 처분한 사안에도 마찬가지로 적용된다. 이와 달리 채무담보를 위하여 동산이나 주식을 채권자에게 양도하기로 약정하거나 양도담보로 제공한 채무자가 채권자인 양도담보권자의 사무를 처리하는 자에 해당함을 전제로 채무자가 담보목적물을 처분한 경우 배임죄가 성립한다고 한 대법원 1983.3.8, 82도1829; 1998.11.10, 98도2526; 2007.6.15, 2006도3912; 2010. 2.25, 2009도13187; 2010.11.25, 2010도11293; 2011.12.22, 2010도7923 판결을 비롯한 같은 취지의 대법원판결들은 이 판결의 견해에 배치되는 범위 내에서 모두 변경하기로 한다(대법원 2020.2.20, 2019도9756 전원합의체).

[보충] 甲 주식회사를 운영하는 피고인이 乙 은행으로부터 대출을 받으면서 대출금을 완납할 때까지 甲 회사 소유의 동산인 골재생산기기(크러셔)를 점유개정 방식으로 양도담보로 제공하기로 하는 계약을 체결하였음에도 담보목적물인 동산을 丙 등에게 매각함으로써 乙 은행에 대출금 상당의 손해를 가하였다고 하여 배임의 공소사실로 기소된 사안에서, 위 양도담보계약은 피고인이 운영하는 甲 회사가 乙 은행에 대한 대출금 채무를 담보하기 위하여 동산에 관하여 양도담보를 설정하고, 甲 회사의 채무불이행 시 양도담보권의 실행, 즉 동산을 처분하여 그 매각대금으로 채무의 변제에 충당하거나 채무의 변제에 갈음하여 을 은행이 담보목적물을 취득하기로 하는 내용의 전형적인 양도담보계약으로서, 양도담보계약서 제2조, 제4조 등에는 '담보목적물은 설정자가 채권자의 대리인으로서 점유·사용·보전·관리한다.', '설정자는 선량한 관리자로서의 주의의무를 다하여 점유·사용·보전·관리하여야 한다.' 등과 같이 담보설정자(甲 회사)의 담보목적물의 보전·관리에 관한 내용이 포함되어 있으나, 위와 같은 계약서의 기재 내용만으로 위 양도담보계약이 전형적인 양도담보계약이 아니라거나 양도담보계약과 별도로 乙 은행이 甲 회사에 신임관계에 기초하여 담보목적물의 보관·관리에 관한 사무의 처리를 위탁하는 내용의 특약이 있다고 보기 어려운 점 등을 종합하면, 위 양도담보계약에서 甲 회사와 乙 은행 간 당사자 관계의 전형적·본질적 내용은 대출금 채무의 변제와 이를 위한 담보에 있고, 甲 회사를 통상의 계약에서의 이익대립관계를 넘어서 乙 은행과의 신임관계에 기초하여 乙 은행의 사무를 맡아 처리하는 것으로 볼 수 없는 이상 甲 회사를 운영하는 피고인을 乙 은행에 대한 관계에서 '타인의 사무를 처리하는 자'에 해당한다고 할 수 없다

는 이유로, 이와 달리 피고인이 타인의 사무를 처리하는 자의 지위에 있음을 전제로 공소사실을 유죄로 판단한 원심판결에 배임죄에서 '타인의 사무를 처리하는 자' 등에 관한 법리를 오해한 위법이 있다고 한 사례이다.

ㄷ. (×) 회사에 대하여 개인적인 채권을 가지고 있는 대표이사가 회사를 위하여 보관하고 있는 회사 소유의 금전으로 자신의 채권 변제에 충당하는 행위는 회사와 이사의 이해가 충돌하는 자기거래행위에 해당하지 않는 것이므로, 대표이사가 이사회의 승인 등의 절차 없이 그와 같이 자신의 회사에 대한 채권을 변제하였더라도, 이는 대표이사의 권한 내에서 한 회사 채무의 이행행위로서 유효하고, 따라서 불법영득의 의사가 인정되지 아니하여 횡령죄의 죄책을 물을 수 없다(대법원 2002.7.26, 2001도5459).

ㄹ. (×) 채권양도인이 채무자에게 채권양도 통지를 하는 등으로 채권양도의 대항요건을 갖추어 주지 않은 채 채무자로부터 채권을 추심하여 금전을 수령한 경우, 특별한 사정이 없는 한 금전의 소유권은 채권양수인이 아니라 채권양도인에게 귀속하고 채권양도인이 채권양수인을 위하여 양도 채권의 보전에 관한 사무를 처리하는 신임관계가 존재한다고 볼 수 없다. 따라서 채권양도인이 위와 같이 양도한 채권을 추심하여 수령한 금전에 관하여 채권양수인을 위해 보관하는 자의 지위에 있다고 볼 수 없으므로, 채권양도인이 위 금전을 임의로 처분하더라도 횡령죄는 성립하지 않는다(2022.6.23, 2017도3829 전원합의체).

ㅁ. (○) 대법원 2011.3.24, 2010도17396

정답 ③

업무상 횡령죄의 불법영득의사에 대한 설명으로 옳지 않은 것은? (다툼이 있는 경우 판례에 의함)

① 근로자가 운송회사로부터 일정액의 급여를 받으면서 당일 운송수입금을 전부 운송회사에 납입하고 운송회사는 이를 월 단위로 정산하여 급여의 증감 여부를 결정하기로 하는 약정이 체결된 경우, 근로자가 운송수입금을 회사에 납입하지 않고 임의로 소비하였다면 불법영득의사가 인정된다.

② 회사의 업무추진비가 직무수행경비를 보전해 주는 실비변상적 급여의 성질을 가지고 있고, 정관 등에서 업무와 관련하여 지출하도록 포괄적으로 정하고 그 용도나 목적에 구체적인 제한을 두고 있지 않으며, 이를 사용한 후에도 그 지출에 관한 증빙자료를 요구하고 있지 않다면, 임직원이 이 업무추진비를 업무와 관련하여 합리적인 범위를 넘어 과다하게 지출하였더라도 불법영득의사가 인정되지 아니한다.

③ 자기 또는 제3자의 이익을 꾀할 목적으로 업무상의 임무에 위반하여 보관하고 있는 타인의 재물을 자기의 소유인 것과 같이 사실상 또는 법률상 처분하였다면 사후에 이를 반환하거나 변상, 보전하는 의사가 있었다고 하더라도 불법영득의사가 인정된다.

④ 대학교 산학협력단의 운영자가 산학협력단의 자금을 이용하여 비자금을 조성하였다고 하더라도 그것이 단지 당해 비자금의 소유자인 법인 이외의 제3자가 이를 발견하기 곤란하게 하기 위한 목적으로 장부상의 분식을 한 경우라면 불법영득의사가 인정되지 아니한다.

해설 출제영역 | 업무상 횡령죄의 주관적 구성요건 – 불법영득의사

② (×) 법인이나 단체에서 임직원에게 업무를 수행하는 데에 드는 비용 명목으로 정관 기타의 규정에 의해 지급되는 이른바 판공비 또는 업무추진비가 직무수행에 드는 경비를 보전해 주는 실비변상적 급여의 성질을 가지고 있고, 정관이나 그 지급기준 등에서 업무와 관련하여 지출하도록 포괄적으로 정하고 있을 뿐 그 용도나 목적에 구체적인 제한을 두고 있지 않을 뿐만 아니라, 이를 사용한 후에도 그 지출에 관한 영수증 등 증빙자료를 요구하고 있지 않은 경우에는, 임직원에게 그 사용처나 규모, 업무와 관련된 것인지 여부 등에 대한 판단이 맡겨져 있고, 그러한 판단은 우선적으로 존중되어야 한다. 따라서 임직원이 판공비 등을 불법영득의 의사로 횡령한 것으로 인정하려면 판공비 등이 업무와 관련 없이 개인적인 이익을 위하여 지출되었다거나 또는 업무와 관련되더라도 합리적인 범위를 넘어 지나치게 과다하게 지출되었다는 점이 증명되어야 할 것이고, 단지 판공비 등을 사용한 임직원이 그 행방이나 사용처를 제대로 설명하지 못하거나 사후적으로 그 사용에 관한 증빙자료를 제출하지 못하고 있다고 하여 함부로 불법영득의 의사로 이를 횡령하였다고 추단하여서는 아니 된다(대법원 2010.6.24, 2007도5899).

① (○) 운송회사와 소속 근로자 사이에 근로자가 운송회사로부터 일정액의 급여를 받으면서 당일 운송수입금을 전부 운송회사에 납입하되, 운송회사는 근로자가 납입한 운송수입금을 월 단위로

정산하여 그 운송수입금이 월간 운송수입금 기준액인 사납금을 초과하는 경우에는 그 초과금액에 대하여 운송회사와 근로자에게 일정 비율로 배분하여 정산하고, 사납금에 미달되는 경우에는 그 부족금액에 대하여 근로자의 급여에서 공제하여 정산하기로 하는 약정이 체결되었다면, 근로자가 사납금 초과 수입금을 개인 자신에게 직접 귀속시키는 경우와는 달리, 근로자가 애초 거둔 운송수입금 전액은 운송회사의 관리와 지배 아래 있다고 봄이 상당하므로 근로자가 운송수입금을 임의로 소비하였다면 횡령죄를 구성한다(대법원 2014.4.30, 2013도8799). 횡령죄가 성립하기 위해서는 불법영득의사가 인정되어야 하므로 옳은 지문이다.

③ (○) 주식회사는 주주와 독립된 별개의 권리주체로서 그 이해가 반드시 일치하는 것은 아니므로, 회사 소유 재산을 주주나 대표이사가 제3자의 자금 조달을 위하여 담보로 제공하는 등 사적인 용도로 임의 처분하였다면 그 처분에 관하여 주주총회나 이사회의 결의가 있었는지 여부와는 관계없이 횡령죄의 죄책을 면할 수는 없는 것이고, 횡령죄에 있어서 불법영득의 의사라 함은 자기 또는 제3자의 이익을 꾀할 목적으로 업무상의 임무에 위배하여 보관하는 타인의 재물을 자기의 소유인 경우와 같은 처분을 하는 의사를 말하고 사후에 이를 반환하거나 변상, 보전하는 의사가 있다 하더라도 불법영득의 의사를 인정함에 지장이 없다(대법원 2005.8.19, 2005도3045).

④ (○) 횡령행위의 한 태양으로서의 은닉이란, 타인의 재물의 보관자가 위탁의 본지에 반해 그 재물을 발견하기 곤란한 상태에 두는 것을 말하는 것인바, 피고인이 조성한 비자금이 회사의 장부상 일반자금 속에 은닉되어 있었다 하더라도 이는 당해 비자금의 소유자인 회사 이외의 제3자가 이를 발견하기 곤란하게 하기 위한 장부상의 분식에 불과하여 그것만으로 피고인의 불법영득의 의사를 인정할 수는 없다(대법원 1999.9.17, 99도2889).

[정답] ②

---

108 ✓ 유사 ◆◆◇

경찰1차 2020 · 해경승진(경위) 2023 유사

횡령죄에 관한 설명으로 가장 적절하지 않은 것은? (다툼이 있는 경우 판례에 의함)

① 부동산의 공유자 중 1인이 다른 공유자의 지분을 임의로 처분하거나 임대하여도 그에게는 그 처분권능이 없어 횡령죄가 성립하지 않게 되는데, 구분소유자 전원의 공유에 속하는 공용부분인 지하주차장 일부를 그중 1인이 독점 임대하고 수령한 임차료를 임의로 소비한 경우도 마찬가지다.

② 「국민연금법」 제64조 등의 규정에 의하여 사용자는 매월 임금에서 국민연금 보험료 중 근로자가 부담할 기여금을 원천공제하여 근로자를 위하여 보관하고, 국민연금관리공단에 위 보험료를 납부하여야 할 업무상 임무를 부담하게 되며, 사용자가 이에 위배하여 근로자의 임금에서 원천공제한 기여금을 위 공단에 납부하지 아니하고, 나아가 이를 개인적 용도로 소비하였다면 업무상횡령죄에 해당한다.

③ 보관자의 지위에 있는 공동명의 예금채권자가 피해자 조합원들이 제기한 소송으로 인하여 조합이 입게 되는 손해에 대한 구상금채권의 집행 확보를 위하여 피해자 조합원들에 대하여 예금계좌에 초과로 입금된 개발부담금의 반환을 거부한 경우에는 불법영득의사가 인정되어 횡령죄가 성립한다.

④ 아파트 입주자대표회의 회장이 아파트 특별수선충당금을 구조진단 견적비 및 손해배상청구소송의 변호사 선임료로 사용하였으나, 당시에는 특별수선충당금의 용도외 사용이 관리규약에 의해서만 제한되고 있어 구분소유자들 또는 입주민들로부터 포괄적인 동의를 얻어 특별수선충당금을 위탁의 취지에 부합하는 용도에 사용한 것으로 볼 수 있다면 업무상횡령죄에 해당하지 않는다.

[해설] **출제영역 | 횡령죄의 성부**

③ (×) 피고인들이 피해자 조합원들에 대하여 이 사건 예금계좌에 초과로 입금된 개발부담금의 반환을 거부한 것은 피해자 조합원들이 제기한 소송으로 인하여 조합이 입게 되는 손해에 대한 구상금채권의 집행 확보를 위한 것에 불과하고, 위 개발부담금을 영득하기 위한 것이라고 볼 수 없어 피고인들에 대하여 횡령죄가 성립하지 않는다(대법원 2008.12.11, 2008도8279).

① (○) 대법원 2004.5.27, 2003도6988

② (○) 대법원 2011.2.10, 2010도13284

④ (○) 대법원 2017.2.15, 2013도14777

[정답] ③

109 ✓ 유사 ◆◆◇ 국가7급 2018

甲에게 불법영득의사가 인정되는 것만을 모두 고르면? (다툼이 있는 경우 판례에 의함)

> ㄱ. 甲이 법인의 회계장부에 올리지 않고 법인의 운영자나 관리자가 회계로부터 분리시켜 별도로 관리하는 이른바 비자금을 법인을 위한 목적이 아니라 법인의 자금을 빼내어 착복할 목적으로 조성한 경우
>
> ㄴ. 지방자치단체 조례상 용도가 엄격히 제한된 사회단체보조금을 집행할 직책에 있는 甲이 자기 자신의 이익을 위한 것이 아니고 경비부족을 메우기 위하여 보조금을 전용한 경우
>
> ㄷ. 甲이 A의 영업점 내에 있는 A 소유의 휴대전화를 허락 없이 가지고 나와 사용한 다음 약 1~2시간 후 위 영업점 정문 옆 화분에 놓아두고 간 경우
>
> ㄹ. 甲이 A리스회사에서 타인 명의로 리스하여 운행하던 자동차를 사채업자에게 채무담보목적으로 넘긴 후, 甲이 채무변제를 하지 못하자 사채업자가 그 자동차를 피해자 B에게 매도하였는데, 甲이 그 자동차를 A리스회사에 반납하기 위하여 미리 가지고 있던 보조키를 이용하여 피해자 B 몰래 그 자동차를 임의로 가져가 리스회사에 반납한 경우

① ㄱ, ㄹ ② ㄷ, ㄹ
③ ㄱ, ㄴ, ㄷ ④ ㄱ, ㄴ, ㄷ, ㄹ

해설 출제영역ㅣ업무상 횡령죄의 주관적 구성요건 - 불법영득의사

ㄱ. (○) 대법원 2006.6.27, 2005도2626 등

ㄴ. (○) '장흥군 사회단체보조금 지원에 관한 조례' 등의 규정에 비추어 위 조례상의 보조금은 그 용도가 엄격히 제한된 자금으로 보아야 하고, 위와 같은 보조금을 집행할 직책에 있는 자가 자기 자신의 이익을 위한 것이 아니고 경비부족을 메우기 위하여 보조금을 전용하였더라도, 업무상횡령죄의 '불법영득의사'를 부인할 수 없다(대법원 2010.9.30, 2010도987).

ㄷ. (○) 피고인이 피해자의 휴대전화를 자신의 소유물과 같이 경제적 용법에 따라 이용하다가 본래의 장소와 다른 곳에 유기한 것이므로 피고인에게 불법영득의사가 있었다고 할 것이다(대법원 2012.7.12, 2012도1132).

ㄹ. (○) 피고인이 자기 이외의 자의 소유물인 이 사건 승용차를 점유자인 피해자의 의사에 반하여 그 점유를 배제하고 자기의 점유로 옮긴 이상 그러한 행위가 '절취'에 해당함은 분명하다. 또한 피고인이 이 사건 승용차를 임의로 가져간 것이 소유자인 ○○캐피탈의 의사에 반하는 것이라고는 보기 어렵고 실제로 위 승용차가 ○○캐피탈에 반납된 사정을 감안한다고 하더라도, 그러한 사정만으로는 피고인에게 불법영득의 의사가 없다고 할 수도 없다(대법원 2014.2.21, 2013도14139).

정답 ④

---

110 ✓ 유사 ◆◇◇ 변호사 2024

주관적 범죄성립요건에 관한 설명 중 옳은 것은? (다툼이 있는 경우 판례에 의함)

① 살의를 가지고 피해자를 구타하여 (ⓐ행위) 피해자가 정신을 잃고 축 늘어지자 죽은 것으로 오인하고 증거를 인멸할 목적으로 피해자를 모래에 파묻었는데 (ⓑ행위) 피해자는 ⓑ행위로 사망한 것이 판명된 경우, 사망의 직접 원인은 ⓑ행위이므로 살인미수죄가 성립한다.

② 행위자의 행위가 긴급피난에 해당하기 위해서는 긴급피난상황에 대한 인식만 있으면 족하며, 위난을 피하고자 하는 의사까지 필요한 것은 아니다.

③ 모해의 목적을 가지고 모해의 목적을 가지지 않은 사람을 교사하여 위증하게 한 경우, 공범종속성에 따라 모해위증교사죄가 아니라 위증교사죄가 성립한다.

④ 증인이 착오에 빠져 자신의 기억에 반한다는 인식 없이 객관적 사실에 반하는 내용의 증언을 한 경우에 위증의 범의를 인정할 수 있다.

⑤ 물품대금 청구소송 중인 거래회사로부터 우연히 착오송금을 받은 행위자가 물품대금에 대한 적법한 상계권을 행사한다는 의사로 착오송금된 금원의 반환을 거부한 경우, 횡령죄 요건인 불법영득의사의 성립을 부정할 수 있다.

해설 출제영역ㅣ주관적 범죄성립요건

⑤ (○) 주류업체 甲 주식회사의 사내이사인 피고인이 피해자를 상대로 주류대금 청구소송을 제기한 민사 분쟁 중 피해자가 착오로 피고인이 관리하는 甲 회사 명의 계좌로 금원을 송금하여 피고인이 이를 보관하게 되었는데, 피고인은 피해자로부터 위 금원이 착오송금된 것이라는 사정을 문자메시지를 통해 고지받아 위 금원을 반환해야 할 의무가 있었음에도, 피해자와 상계 정산에 관한 합의 없이 피고인이 주장하는 주류대금 채권액을 임의로 상계 정산한 후 반환을 거부하여 횡령죄로 기소된 경우, 피고인이 피해자의 착오로 甲 회사 명의 계좌로 송금된 금원 중 甲 회사의 피해자에 대한 채권액에 상응하는 부분에 관하여 반환을 거부한 행위는 정당한 상계권의 행사로 볼 여지가 있으므로, 피고인의 반환거부행위가 횡령행위와 같다고 보아 불법영득의사를 인정한 원심판결에는 법리오해의 잘못이 있다(대법원 2022.12.29, 2021도2088).

① (×) 피해자가 피고인들이 살해의 의도로 행한 구타 행위에 의하여 직접 사망한 것이 아니라 죄적을 인멸할 목적으로 행한 매장 행위에 의하여 사망하게 되었다 하더라도 전과정을 개괄적으로 보면 피해자의 살해라는 처음에 예견된 사실이 결국은 실현된 것으로서 피고인은 살인죄의 죄책을 면할 수 없다 할 것이다(대법원 1988.6.28, 88도650).

② (×) 행위자의 행위가 긴급피난에 해당하기 위해서는 긴급피난상황에 대한 인식과 위난을 피하고자 하는 의사가 필요하다. 대법원도 피난의사 있었다고 인정할 수 없는 이상 이건 긴급피난의 성립을 인정할 수 없다는 태도이다(주관적 정당화요소 필요설, 대법원 1980.5.20, 80도306 전원합의체).

③ (×) 피고인이 甲을 모해할 목적으로 乙에게 위증을 교사한 이상, 가사 정범인 乙에게 모해의 목적이 없었다고 하더라도, 형법 제

462 형법각론 PART 01 개인적 법익에 대한 죄

33조 단서의 규정에 의하여 피고인을 모해위증교사죄로 처단할 수 있다(대법원 1994.12.23, 93도1002).

④ (×) 위증죄에서 증인의 증언이 기억에 반하는 허위의 신술인지 여부를 가릴 때에는 그 증언의 단편적인 구절에 구애될 것이 아니라 당해 신문절차에서 한 증언 전체를 일체로 파악하여야 하고, 그 결과 증인이 무엇인가 착오에 빠져 기억에 반한다는 인식 없이 증언하였음이 밝혀진 경우에는 위증의 범의를 인정할 수 없다(대법원 1991.5.10, 89도1748).

정답 ⑤

---

111 ✓유사 ◆◆◇ 경찰1차 2022

재산죄에 관한 설명으로 옳지 않은 것은 모두 몇 개인가? (다툼이 있는 경우 판례에 의함)

> ㉠ 채무자가 채권자에 대하여 소비대차 등으로 인한 채무를 부담하고 이를 담보하기 위하여 장래에 부동산의 소유권을 이전하기로 하는 내용의 대물변제예약에서, 약정의 내용에 좇은 이행을 하여야 할 채무는 특별한 사정이 없는 한 '타인의 사무'에 해당하는 것이 원칙이다.
>
> ㉡ 횡령죄의 본질이 신임관계에 기초하여 위탁된 타인의 물건을 위법하게 영득하는 데 있음에 비추어 볼 때 위탁신임관계는 횡령죄로 보호할 만한 가치 있는 신임에 의한 것으로 한정함이 타당하다.
>
> ㉢ 강제집행절차를 통한 소송사기는 집행절차의 개시신청을 한 때 또는 진행 중인 집행절차에 배당신청을 한 때에 실행에 착수하였다고 볼 것이다.
>
> ㉣ 횡령죄는 타인의 재물에 대한 재산범죄로서 재물의 소유권 등 본권을 보호법익으로 하는 범죄이다. 따라서 횡령죄의 객체가 타인의 재물에 속하는 이상 구체적으로 누구의 소유인지는 횡령죄의 성립 여부에 영향이 없다.
>
> ㉤ 침해행정 영역에서 일반 국민이 담당 공무원을 기망하여 권력작용에 의한 재산권 제한을 면하는 경우에는 부과권자의 직접적인 권력작용을 사기죄의 보호법익인 재산권과 동일하게 평가할 수 없는 것이므로 사기죄는 성립할 수 없다.

① 1개   ② 2개
③ 3개   ④ 4개

해설 | 출제영역 | 재산죄 종합

① ㉠의 1개의 설명이 옳지 않다.

㉠ (×) 채무자가 채권자에 대하여 소비대차 등으로 인한 채무를 부담하고 이를 담보하기 위하여 장래에 부동산의 소유권을 이전하기로 하는 내용의 대물변제예약에서, 약정의 내용에 좇은 이행을 하여야 할 채무는 특별한 사정이 없는 한 '자기의 사무'에 해당하는 것이 원칙이다. … 대물변제예약의 궁극적 목적은 차용금반환 채무의 이행 확보에 있고, 채무자가 대물변제예약에 따라 부동산에 관한 소유권이전등기절차를 이행할 의무는 궁극적 목적을 달

성하기 위해 채무자에게 요구되는 부수적 내용이어서 이를 가지고 배임죄에서 말하는 신임관계에 기초하여 채권자의 재산을 보호 또는 관리하여야 하는 '타인의 사무'에 해당한다고 볼 수는 없다(대법원 2014.8.21, 2014도3363 전원합의체).

㉡ (○) 대법원 2016.5.19, 2014도6992 전원합의체

㉢ (○) 강제집행절차를 통한 소송사기는 집행절차의 개시신청을 한 때 또는 진행 중인 집행절차에 배당신청을 한 때에 실행에 착수하였다고 볼 것이다. 민사집행법 제244조에서 규정하는 부동산에 관한 권리이전청구권에 대한 강제집행은 그 자체를 처분하여 대금으로 채권에 만족을 기하는 것이 아니고, 부동산에 관한 권리이전청구권을 압류하여 청구권의 내용을 실현시키고 부동산을 채무자의 책임재산으로 귀속시킨 다음 다시 부동산에 대한 경매를 실시하여 매각대금으로 채권에 만족을 기하는 것이다. 이러한 경우 소유권이전등기청구권에 대한 압류는 당해 부동산에 대한 경매의 실시를 위한 사전 단계로서의 의미를 가지나, 전체로서의 강제집행절차를 위한 일련의 시작행위라고 할 수 있으므로, 허위 채권에 기한 공정증서를 집행권원으로 하여 채무자의 소유권이전등기청구권에 대하여 압류신청을 한 시점에 소송사기의 실행에 착수하였다고 볼 것이다(대법원 2015.2.12, 2014도10086).

㉣ (○) 횡령죄는 타인의 재물에 대한 재산범죄로서 재물의 소유권 등 본권을 보호법익으로 하는 범죄이다. 따라서 횡령죄의 객체가 타인의 재물에 속하는 이상 구체적으로 누구의 소유인지는 횡령죄의 성립 여부에 영향이 없다. 주식회사는 주주와 독립된 별개의 권리주체로서 그 이해가 반드시 일치하는 것은 아니므로, 주주나 대표이사 또는 그에 준하여 회사 자금의 보관이나 운용에 관한 사실상의 사무를 처리하는 자가 회사 소유의 재산을 사적인 용도로 함부로 처분하였다면 횡령죄가 성립한다. … 피고인들이 공모하여 甲 주식회사 등 피해 회사가 납품하는 물품을 마치 피해 회사의 자회사로서 서류상으로만 존재하는 乙 주식회사 등이 납품하는 것처럼 서류를 꾸며 피해 회사가 지급받아야 할 납품대금을 자회사 명의의 계좌로 지급받아 급여 등의 명목으로 임의로 사용하였다고 하여 특정경제범죄 가중처벌 등에 관한 법률 위반(횡령)으로 기소된 경우, 법인격 부인 또는 남용 법리는 회사가 법인격을 남용했다고 볼 수 있는 예외적인 경우에 회사에 법인격이 있더라도 이를 무시하고 그 뒤에 있는 배후자에게 책임을 추궁하는 것이므로, 피고인들이 피해 회사의 자회사 계좌를 이용하여 피해 회사의 납품대금을 횡령한 사건에서 법인격 부인 여부에 따라 횡령죄의 성립이 좌우되는 것은 아니다(대법원 2019.12.24, 2019도9773).

㉤ (○) 기망행위에 의하여 국가적 또는 공공적 법익을 침해하는 경우라도 그와 동시에 형법상 사기죄의 보호법익인 재산권을 침해하는 것과 동일하게 평가할 수 있는 때에는 행정법규에서 사기죄의 특별관계에 해당하는 처벌규정을 별도로 두고 있지 않는 한 사기죄가 성립할 수 있다. 그런데 중앙행정기관의 장, 지방자치단체의 장 등 법률에 따라 금전적 부담의 부과권한을 부여받은 자(이하 '부과권자')가 재화 또는 용역의 제공과 관계없이 특정 공익사업과 관련하여 권력작용으로 부담금을 부과하는 것은 일반 국민의 재산권을 제한하는 침해행정에 속한다. 이러한 침해행정 영역에서 일반 국민이 담당 공무원을 기망하여 권력작용에 의한 재산권 제한을 면하는 경우에는 부과권자의 직접적인 권력작용을 사기죄의 보호법익인 재산권과 동일하게 평가할 수 없는 것이므로, 행정법규에서 그러한 행위에 대한 처벌규정을 두어 처벌함은 별론으로 하고, 사기죄는 성립할 수 없다(대법원 2019.12.24, 2019도2003).

정답 ①

횡령죄에 관한 설명 중 옳은 것을 모두 고른 것은? (다툼이 있는 경우 판례에 의함)

> ㄱ. 소유권의 취득에 등록이 필요한 차량에 대한 횡령죄에서 타인의 재물을 보관하는 사람의 지위는 일반동산의 경우와 달리 차량에 대한 점유 여부가 아니라 등록에 의하여 차량을 제3자에게 법률상 유효하게 처분할 수 있는 권능 유무에 따라 결정하여야 하므로, 지입회사에 소유권이 있는 차량에 대하여 지입회사에서 운행관리권을 위임받은 지입차주가 지입회사의 승낙 없이 보관 중인 차량을 사실상 처분한 경우 횡령죄가 성립하지 아니한다.
>
> ㄴ. 이른바 중간생략등기형 명의신탁을 한 경우, 명의수탁자가 신탁받은 부동산을 임의로 처분하여도 명의신탁자에 대한 관계에서 횡령죄가 성립하지 아니한다.
>
> ㄷ. 甲이 경영하는 윤락업소에서 종업원 乙이 손님을 상대로 윤락행위를 하고 그 대가로 받은 화대를 甲과 乙이 절반씩 분배하기로 약정한 다음, 그 때부터 乙이 甲의 업소에 찾아온 손님들을 상대로 윤락행위를 하고서 받은 화대를 甲이 보관하던 중 그 절반을 乙에게 반환하지 아니하고 화대 전부를 임의로 소비하였고 甲의 불법성이 乙의 그것보다 현저하게 큰 경우 甲의 행위는 횡령죄를 구성한다.
>
> ㄹ. 「특정경제범죄 가중처벌 등에 관한 법률」 제3조 제1항에 의하면 횡령죄로 취득한 재물의 가액, 즉 이득액이 5억 원 이상인 때에는 가중처벌되는데, 여기서 말하는 '이득액'은 단순일죄의 이득액 혹은 포괄일죄가 성립되는 경우 그 이득액의 합산액, 또는 경합범으로 처벌될 수죄에서 그 이득액을 합산한 금액을 의미한다.

① ㄱ, ㄴ   ② ㄱ, ㄷ
③ ㄴ, ㄷ   ④ ㄴ, ㄹ
⑤ ㄷ, ㄹ

해설 | **출제영역** | 횡령죄의 성립

ㄱ. (×) 소유권의 취득에 등록이 필요한 타인 소유의 차량을 인도받아 보관하고 있는 사람이 이를 사실상 처분하면 횡령죄가 성립하며, 보관 위임자나 보관자가 차량의 등록명의자일 필요는 없다. 그리고 이와 같은 법리는 지입회사에 소유권이 있는 차량에 대하여 지입회사에서 운행관리권을 위임받은 지입차주가 지입회사의 승낙 없이 보관 중인 차량을 사실상 처분하거나 지입차주에게서 차량 보관을 위임받은 사람이 지입차주의 승낙 없이 보관 중인 차량을 사실상 처분한 경우에도 마찬가지로 적용된다(대법원 2015.6.25, 2015도1944 전원합의체).

ㄴ. (○) 명의신탁자가 매수한 부동산에 관하여 부동산실명법을 위반하여 명의수탁자와 맺은 명의신탁약정에 따라 매도인에게서 바로 명의수탁자 명의로 소유권이전등기를 마친 이른바 중간생략등기형 명의신탁을 한 경우, 명의신탁자는 신탁부동산의 소유권을 가지지 아니하고, 명의신탁자와 명의수탁자 사이에 위탁신임관계를 인정할 수도 없다. 따라서 명의수탁자가 명의신탁자의 재물을 보관하는 자라고 할 수 없으므로, 명의수탁자가 신탁받은 부동산을 임의로 처분하여도 명의신탁자에 대한 관계에서 횡령죄가 성립하지 아니한다(대법원 2016.5.19, 2014도6992, 전원합의체).

ㄷ. (○) 포주가 윤락녀와 사이에 윤락녀가 받은 화대를 포주가 보관하였다가 절반씩 분배하기로 약정하고도 보관중인 화대를 임의로 소비한 경우, 포주와 윤락녀의 사회적 지위, 약정에 이르게 된 경위와 약정의 구체적 내용, 급여의 성격 등을 종합해 볼 때 포주의 불법성이 윤락녀의 불법성보다 현저히 크므로 화대의 소유권이 여전히 윤락녀에게 속한다는 이유로 횡령죄를 구성한다(대법원 1999.9.17, 98도2036).

ㄹ. (×) '특정경제범죄 가중처벌 등에 관한 법률' 제3조 제1항에 정한 이득액은 단순일죄의 이득액이나 혹은 포괄일죄가 성립되는 경우의 이득액의 합산액을 의미하는 것이지 경합범으로 처벌될 수죄에 있어서 그 이득액을 합한 금액을 말한다고 볼 수는 없다(대법원 2011.2.24, 2010도13801).

정답 ③

113 ✓유사 ◆◆◇

다음 중 횡령죄 또는 업무상횡령죄에 해당하는 것은 모두 몇 개인가?

ㄱ 전기통신금융사기(이른바 보이스피싱 범죄)의 범인이 피해자를 기망하여 피해자의 자금을 사기이용계좌로 송금·이체 받은 후 사기이용계좌에서 현금을 인출하여 사용한 경우

ㄴ 피고인이 甲으로부터 수표를 현금으로 교환해 주면 대가를 주겠다는 제안을 받고 위 수표가 乙등이 불법 금융다단계 유사수신행위에 의한 사기범행을 통해 취득한 범죄수익이거나 이러한 범죄수익에서 유래한 재산이라는 사실을 잘 알면서도 교부받아 그 일부를 현금으로 교환한 후 아직 교환되지 못한 수표 및 교환된 현금을 임의로 사용한 경우

ㄷ 지입회사에 소유권이 있는 차량에 대하여 지입회사에서 운행관리권을 위임받은 지입차주가 지입회사의 승낙 없이 보관 중인 차량을 사실상 처분한 경우

ㄹ 회사의 대표이사 혹은 그에 준하여 회사 자금의 보관이나 운용에 관한 사실상의 사무를 처리하여 온 자가 회사를 위한 지출 이외의 용도로 거액의 회사 자금을 가지급금 등의 명목으로 인출, 사용함에 있어서 이자나 변제기의 약정이 없음은 물론 이사회 결의 등 적법한 절차를 거치지 아니한 경우

ㅁ 주식회사의 설립업무 또는 증자업무를 담당한 자와 주식인수인이 사전공모하여 주금납입취급은행 이외의 제3자로부터 납입금에 해당하는 금액을 차입하여 주금을 납입하고 납입취급은행으로부터 납입금보관증명서를 교부받아 회사의 설립등기절차 또는 증자등기절차를 마친 직후 이를 인출하여 위 차용금채무의 변제에 사용하는 경우

---

① 1개　　　　② 2개
③ 3개　　　　④ 4개
⑤ 5개

해설 **출제영역 | 횡령죄의 구성요건**

ㄱ (×) 전기통신금융사기(이른바 보이스피싱 범죄)의 범인이 피해자를 기망하여 피해자의 자금을 사기이용계좌로 송금·이체 받으면 사기죄는 기수에 이르고, 범인이 피해자의 자금을 점유하고 있다고 하여 피해자와의 어떠한 위탁관계나 신임관계가 존재한다고 볼 수 없을 뿐만 아니라, 그 후 범인이 사기이용계좌에서 현금을 인출하였더라도 이는 이미 성립한 사기범행이 예정하고 있던 행위에 지나지 아니하여 새로운 법익을 침해한다고 보기도 어려우므로, 위와 같은 인출행위는 사기의 피해자에 대하여 별도의 횡령죄를 구성하지 아니한다. 이러한 법리는 사기범행에 이용되리라는 사정을 알고서 자신 명의 계좌의 접근매체를 양도함으로써 사기범행을 방조한 종범이 사기이용계좌로 송금된 피해자의 자금을 임의로 인출한 경우에도 마찬가지로 적용된다(대법원 2017.5.31, 2017도3894).

ㄴ (×) 피고인이 甲으로부터 범죄수익 등의 은닉범행 등을 위해 교부받은 수표는 불법의 원인으로 급여한 물건에 해당하여 소유권

이 피고인에게 귀속되고, 따라서 피고인이 그중 교환하지 못한 수표와 이미 교환한 현금을 임의로 소비하였더라도 횡령죄가 성립하지 않는다(대법원 2017.4.26, 2016도18035).

ㄷ (○) 횡령죄는 타인의 재물을 보관하는 사람이 재물을 횡령하거나 반환을 거부한 때에 성립한다(형법 제355조 제1항). 횡령죄에서 재물의 보관은 재물에 대한 사실상 또는 법률상 지배력이 있는 상태를 의미하며, 횡령행위는 불법영득의사를 실현하는 일체의 행위를 말한다. 따라서 소유권의 취득에 등록이 필요한 타인 소유의 차량을 인도받아 보관하고 있는 사람이 이를 사실상 처분하면 횡령죄가 성립하며, 보관 위임자나 보관자가 차량의 등록명의자일 필요는 없다. 그리고 이와 같은 법리는 지입회사에 소유권이 있는 차량에 대하여 지입회사에서 운행관리권을 위임받은 지입차주가 지입회사의 승낙 없이 보관 중인 차량을 사실상 처분하거나 지입차주에게서 차량 보관을 위임받은 사람이 지입차주의 승낙 없이 보관 중인 차량을 사실상 처분한 경우에도 마찬가지로 적용된다(대법원 2015.6.25, 2015도1944 전원합의체).

ㄹ (○) 회사의 대표이사 혹은 그에 준하여 회사 자금의 보관이나 운용에 관한 사실상의 사무를 처리하여 온 자가 회사를 위한 지출 이외의 용도로 거액의 회사 자금을 가지급금 등의 명목으로 인출, 사용함에 있어서 이자나 변제기의 약정이 없음은 물론 이사회 결의 등 적법한 절차도 거치지 아니하는 것은 통상 용인될 수 있는 범위를 벗어나 대표이사 등의 지위를 이용하여 회사 자금을 사적인 용도로 임의로 대여, 처분하는 것과 다름없어 횡령죄를 구성한다(대법원 2006.4.27, 2003도135).

ㅁ (×) 주식회사의 설립업무 또는 증자업무를 담당한 사람과 주식인수인이 사전 공모하여 주금납입취급은행 이외의 제3자로부터 납입금에 해당하는 금액을 차입하여 주금을 납입하고 납입취급은행으로부터 납입금보관증명서를 교부받아 회사의 설립등기절차 또는 증자등기절차를 마친 직후 이를 인출하여 위 차용금채무의 변제에 사용하는 경우, 위와 같은 행위는 실질적으로 회사의 자본을 증가시키는 것이 아니고 등기를 위하여 납입을 가장하는 편법에 불과하여 주금의 납입 및 인출의 전 과정에서 회사의 자본금에는 실제 아무런 변동이 없다고 보아야 할 것이므로 그들에게 회사의 돈을 임의로 유용한다는 불법영득의 의사가 있다고 보기 어렵다 할 것이고, 따라서 회사 자본이 실질적으로 증가함을 전제로 한 업무상횡령죄가 성립한다고 할 수 없다(대법원 2004. 6.17, 2003도7645 전원합의체; 2009.6.25, 2008도10096 등).

정답 ②

114 ✓ 유사 ◆◆◆　　　　경찰간부 2022

다음 사례에 대한 설명 중 옳은 것은 모두 몇 개인가?
(다툼이 있는 경우 판례에 의함)

┤ 사례 ├

(1) 甲은 친구 乙이 돈을 벌고 싶으면 통장과 체크카드를 넘겨달라고 하여 乙이 보이스피싱을 한다는 사실을 알면서 자신의 통장과 체크카드를 넘겨주었다. 여분의 체크카드를 가지고 있던 甲은 통장을 확인하던 중 1,300만 원이 입금된 사실을 확인하고 이를 모두 인출하여 임의로 소비하였는데, 이 돈은 乙로부터 기망당한 A가 송금한 것이었다.

(2) 이후 甲은 승용차를 운전하다가 단속 중인 경찰관으로부터 운전면허증 제시를 요구받고 자신의 휴대전화기에 저장된 乙의 운전면허증을 촬영한 이미지 파일을 마치 자신의 운전면허증인 것처럼 제시하였다.

(3) 집으로 돌아온 甲은 홧김에 평소 층간소음으로 다툼이 있던 B의 원룸을 향해 돌을 던져 창문을 깨버렸다. 그런데 마침 B는 주식투자 실패로 자살하려고 번개탄을 피워둔 채 실신해 있다가 창문이 깨지는 바람에 생명을 구하게 되었다.

(4) 밤에 퇴근하던 丙(女)은 모자를 푹 눌러쓰고 뒤따라오던 甲을 수상하게 여기던 중 우연히 이를 본 乙이 甲을 혼내줄 생각으로 丙에게 "甲이 추행범이니 한 대 쳐버려!"라고 부추겼고, 이에 丙은 길을 묻기 위해 갑자기 자신의 앞을 가로막은 甲을 추행범으로 오인하고 자신을 방어할 생각으로 甲을 밀어 넘어뜨렸다.

┤ 설명 ├

가. (1)에서 甲에게는 횡령죄가 성립한다.

나. (2)에서 甲에게는 공문서부정행사죄가 성립한다.

다. (3)에서 甲에게 무죄가 성립한다는 견해에 대해서는 주관적 정당화요소가 있는 경우와 없는 경우 모두 똑같이 취급한다는 비판이 제기된다.

라. (4)에서 엄격책임설에 의할 경우 丙의 오인에 정당한 이유가 있다면 丙은 무죄가 되고, 소극적 구성요건표지이론에 의할 경우 乙에게 교사범이 성립할 여지가 없다.

마. (1)의 사건을 수사하던 사법경찰관 P가 甲과 乙을 긴급체포한 후, 사건이 체포적부심에 계속되어 있던 중 乙의 변호인이 乙의 출석을 보증할만한 보증금을 납입한 경우, 법원은 결정으로 乙의 석방을 명할 수 있다.

① 1개　　　　② 2개
③ 3개　　　　④ 4개

┤ 해설 ├ 출제영역 | 종합

② 다, 라의 2개의 설명이 옳다.

가. (×) 계좌명의인이 사기의 공범이라면 자신이 가담한 범행의 결

과 피해금을 보관하게 된 것일 뿐이어서 피해자와 사이에 위탁관계가 없고, <u>그가 송금·이체된 돈을 인출하더라도 이는 자신이 저지른 사기범행의 실행행위에 지나지 아니하여 새로운 법익을 침해한다고 볼 수 없으므로 사기죄 외에 별도로 횡령죄를 구성하지 않는다</u>(대법원 2018.7.19, 2017도17494 전원합의체).

나. (×) 자동차 등의 운전자가 경찰공무원에게 다른 사람의 운전면허증 자체가 아니라 이를 촬영한 이미지파일을 휴대전화 화면 등을 통하여 보여주는 행위는 운전면허증의 특정된 용법에 따른 행사라고 볼 수 없는 것이어서 그로 인하여 경찰공무원이 그릇된 신용을 형성할 위험이 있다고 할 수 없으므로, 이러한 행위는 결국 <u>공문서부정행사죄를 구성하지 아니한다</u>(대법원 2019.12.12, 2018도2560).

다. (○) 우연방위에 있어서 위법성조각설(주관적 정당화요소 불요설, 순수한 결과반가치론)은 객관적 정당화상황만 있으면 위법성이 조각된다는 입장이다. 따라서 이에 대해서는 주관적 정당화요소가 있는 경우와 없는 경우를 모두 똑같이 취급한다는 비판이 제기된다.

라. (○) 엄격책임설에 의하면 위법성에 관한 착오는 모두 금지착오, 즉 법률의 착오로 규율되므로 그 오인에 정당한 이유가 있다면 책임이 조각되어 무죄가 된다. 한편 소극적 구성요건표지이론에 의하면 丙은 구성요건적 고의가 조각되므로 乙에게 교사범이 성립할 여지가 없다.

마. (×) 보증금납입조건부 피의자석방결정은 체포적부심이 아닌 구속적부심에서만 가능하다는 것이 판례이다. "형사소송법은 수사단계에서의 체포와 구속을 명백히 구별하고 있고 이에 따라 체포와 구속의 적부심사를 규정한 같은 법 제214조의2에서 체포와 구속을 서로 구별되는 개념으로 사용하고 있는바, 같은 조 제4항에 기소 전 보증금 납입을 조건으로 한 석방의 대상자가 '구속된 피의자'라고 명시되어 있고, 같은 법 제214조의3 제2항의 취지를 체포된 피의자에 대하여도 보증금 납입을 조건으로 한 석방이 허용되어야 한다는 근거로 보기는 어렵다 할 것이어서 <u>현행법상 체포된 피의자에 대하여는 보증금 납입을 조건으로 한 석방이 허용되지 않는다</u>(대법원 1997.8.27, 97모21)."

정답 ②

115 ☑ 유사 ◆◆◇　　　　　　　　변호사시험 2023

다음 사실관계에 관한 설명 중 옳지 않은 것을 모두 고른 것은? (다툼이 있는 경우 판례에 의함)

(가) 甲은 2018.5.경 저금리 대출을 해주겠다고 전화로 거짓말을 하여 금원을 편취하는 소위 보이스피싱 범죄단체에 가입한 후 실제로 위와 같이 보이스피싱 범행을 하였다. 乙은 2019.7.경 甲으로부터 적법한 사업운영에 필요하니 은행계좌, 현금카드, 비밀번호를 빌려달라는 부탁을 받고 甲이 이를 보이스피싱 범행에 사용할 것임을 알지 못한 채 乙 명의의 은행계좌 등을 甲에게 건네주었다. A는 甲으로부터 보이스피싱 기망을 당해 乙 명의의 은행계좌에 1,000만 원을 입금하였다. 乙은 1,000만 원이 입금된 사실을 우연히 알게 되자 순간적으로 욕심이 나 이를 임의로 인출하여 사용하였다.

(나) 이에 화가 난 甲은 乙에게 전화하여 "A가 입금한 1,000만 원을 돌려주지 않으면 죽어버린다."라고 말하였는데, 乙은 甲의 이러한 협박 발언을 녹음한 후, 자신의 동생 丙에게 "내 계좌에 모르는 사람으로부터 1,000만 원이 입금되어 있기에 사용했는데, 이를 甲이 나에게 돌려주지 않으면 죽어버린다고 협박했다."라는 내용의 문자메시지를 보냈다. 이후 A와 丙의 신고로 수사가 개시되어 甲이 기소되었고, 검사는 乙이 녹음한 녹음파일 중 甲의 협박 발언 부분 및 문자메시지를 촬영한 사진을 증거로 신청하였다.

ㄱ. (가) 사실관계에서, 甲에게 형법상 범죄단체활동죄와 별개로 사기죄도 성립한다.

ㄴ. (가) 사실관계에서, 乙에게는 횡령죄가 성립하지 않는다.

ㄷ. (나) 사실관계에서, 검사의 입증취지가 甲이 위와 같이 협박한 사실인 경우, 乙이 녹음한 녹음파일 중 甲의 협박 발언 부분은 전문증거이다.

ㄹ. (나) 사실관계에서, 검사의 입증취지가 甲이 위와 같이 협박한 사실인 경우, 문자메시지를 촬영한 사진은 전문증거이다.

① ㄱ, ㄴ　　　　　　② ㄱ, ㄷ
③ ㄴ, ㄷ　　　　　　④ ㄴ, ㄹ
⑤ ㄷ, ㄹ

[해설] **출제영역** | 사기죄, 횡령죄, 범죄단체활동죄

③ ㄴ, ㄷ

ㄱ. (○) 피고인이 보이스피싱 사기 범죄단체에 가입한 후 사기범죄의 피해자들로부터 돈을 편취하는 등 그 구성원으로서 활동하였다는 내용의 공소사실이 유죄로 인정된 사안에서, 범죄단체 가입행위 또는 범죄단체 구성원으로서 활동하는 행위와 사기행위는 각각 별개의 범죄구성요건을 충족하는 독립된 행위이고 서로 보

호법익도 달라 법조경합 관계로 목적된 범죄인 사기죄만 성립하는 것은 아니다(대법원 2017.10.26, 2017도8600).

ㄴ. (×) 계좌명의인은 피해자와 사이에 아무런 법률관계 없이 송금·이체된 사기피해금 상당의 돈을 피해자에게 반환하여야 하므로, 피해자를 위하여 사기피해금을 보관하는 지위에 있다고 보아야 하고, 만약 계좌명의인이 그 돈을 영득할 의사로 인출하면 피해자에 대한 횡령죄가 성립한다(대법원 2018.7.19, 2017도17494 전원합의체).

ㄷ. (×) (나) 사실관계에서, 검사의 입증취지가 甲이 위와 같이 협박한 사실인 경우, 乙이 녹음한 녹음파일 중 甲의 협박 발언 부분은 전문증거가 아니라 원본증거(본래증거)이다.

ㄹ. (○) (나) 사실관계에서, 乙이 자신의 동생 丙에게 보낸 문자메시지의 내용은 乙이 작성한 진술서로서 전문증거에 해당한다. "피해자가 피고인으로부터 당한 공갈 등 피해 내용을 담아 남동생에게 보낸 문자메시지를 촬영한 사진은 형사소송법 제313조에 규정된 '피해자의 진술서'에 준하는 것이다(대법원 2010.11.25, 2010도8735)."

[정답] ③

116 ☑유사 ◆◇◇   변호사 2024

甲은 2023. 2. 12. 보이스피싱범 乙에게 X은행에 자신의 명의로 개설한 예금계좌의 잔고가 없는 예금통장과 위 계좌에 연결된 체크카드 1개, OTP카드 1개를 그것이 사기범죄에 이용된다는 것을 모른 채 100만 원에 매도하였다. 이후 乙은 2023. 2. 13. A에게 전화하여 검사를 사칭하면서 '금융법률 전문가인 甲에게 송금하면 범죄 연관성을 확인 후 돌려주겠다'고 하였고, 이에 속은 A는 2023. 2. 14. 11:20경 위 계좌에 1,000만 원을 송금하였는데, 甲은 같은 날 11:50경 별도로 만들어 소지하고 있던 위 계좌에 연결된 체크카드를 이용하여 그중 300만 원을 임의로 인출하였다. 이에 대해 검사는 甲이 사기피해금 중 300만 원을 임의로 인출함으로써 주위적으로는 乙의 재물을, 예비적으로는 A의 재물을 횡령하였다는 사실로 공소를 제기하였다. 그런데 공소장 1쪽 뒷면에 간인 일부가 되어 있으나, 2쪽 앞면에는 나머지 간인이 되어 있지 않았고, 2쪽 뒷면부터 마지막 장까지 간인이 없었다. 이에 관한 설명 중 옳지 않은 것은? (다툼이 있는 경우 판례에 의함)

① A가 甲 명의의 계좌에 1,000만 원을 입금한 이후부터 甲은 A를 위하여 위 1,000만 원을 보관하는 지위에 있다.

② 甲이 사기피해금 중 300만 원을 임의로 인출한 행위는 乙에 대한 횡령죄에 해당한다.

③ 만약 甲이 乙의 사기범죄의 공범이라면 사기피해금 중 300만 원을 임의로 인출한 행위는, A에 대한 횡령죄에 해당하지 않는다.

④ 공소장에 검사의 간인이 없더라도 공소장의 형식과 내용이 연속된 것으로 일체성이 인정되고 동일한 검사가 작성하였다고 인정되는 한, 그 공소장을 효력이 없는 서류라고 할 수는 없다.

⑤ 甲에 대한 항소심에서 공소사실 모두에 대하여 무죄판결이 선고되고 검사가 이에 대하여 상고를 한 경우, 상고심에서 예비적 공소사실 부분이 파기되어야 한다면 이에 따라 이와 동일체 관계에 있는 주위적 공소사실 부분도 함께 파기될 수밖에 없다.

해설 │ 출제영역 │ 횡령죄, 공소장의 효력, 상고심

② (×) 계좌명의인의 인출행위는 전기통신금융사기의 범인에 대한 관계에서는 횡령죄가 되지 않는다(대법원 2018.7.19, 2017도17494 전원합의체).

① (○) 계좌명의인은 피해자와 사이에 아무런 법률관계 없이 송금·이체된 사기피해금 상당의 돈을 피해자에게 반환하여야 하므로, 피해자를 위하여 사기피해금을 보관하는 지위에 있다(대법원 2018.7.19, 2017도17494 전원합의체).

③ (○) 계좌명의인이 사기의 공범이라면 자신이 가담한 범행의 결과 피해금을 보관하게 된 것일 뿐이어서 피해자와 사이에 위탁관계가 없고, 그가 송금·이체된 돈을 인출하더라도 이는 자신이 저

지른 사기범행의 실행행위에 지나지 아니하여 새로운 법익을 침해한다고 볼 수 없으므로 사기죄 외에 별도로 횡령죄를 구성하지 않는다(대법원 2018.7.19, 2017도17494 전원합의체).

④ (○) '간인'은 서류작성자의 간인으로서 1개의 서류가 여러 장으로 되어 있는 경우 그 서류의 각 장 사이에 겹쳐서 날인하는 것이다. 이는 서류 작성 후 그 서류의 일부가 누락되거나 교체되지 않았다는 사실을 담보하기 위한 것이다. 따라서 공소장에 검사의 간인이 없더라도 그 공소장의 형식과 내용이 연속된 것으로 일체성이 인정되고 동일한 검사가 작성하였다고 인정되는 한 그 공소장을 형사소송법 제57조 제2항에 위반되어 효력이 없는 서류라고 할 수 없다(대법원 2021.12.30, 2019도16259).

⑤ (○) 예비적·택일적 기재에서 공소사실의 일부에 대한 상소제기의 효력은 나머지 공소사실 부분에 대하여도 미치므로 모두 심판의 대상이 되는 것이다(대법원 2006.12.22, 2004도7232).

정답 ②

---

117 ☑유사 ◆◆◇   경찰1차 2018

횡령의 죄에 대한 설명 중 가장 적절하지 않은 것은? (다툼이 있는 경우 판례에 의함)

① 부동산을 공동으로 상속한 자들 중 1인이 상속 부동산을 혼자 점유하던 중 다른 공동상속인의 상속지분을 임의로 처분하여도 횡령죄가 성립하지 아니한다.

② 주상복합상가의 매수인들로부터 우수상인 유치비 명목으로 금원을 납부받아 보관하던 중 그 용도와 무관하게 일반경비로 사용한 경우 횡령죄가 성립한다.

③ 甲주식회사 대표이사인 피고인이 자신의 채권자 乙에게 차용금에 대한 담보로 甲회사 명의 정기예금에 질권을 설정하여 주었는데, 그 후 乙이 차용금과 정기예금의 변제기가 모두 도래한 이후 피고인의 동의하에 정기예금 계좌에 입금되어 있던 甲회사 자금을 전액 인출하였다면 피고인의 행위는 배임죄와 별도로 횡령죄까지 성립한다.

④ 명의신탁자가 매수한 부동산에 관하여 「부동산 실권리자명의 등기에 관한 법률」을 위반하여 명의수탁자와 맺은 명의신탁약정에 따라 매도인에게서 바로 명의수탁자 명의로 소유권이전등기를 마친 이른바 중간생략등기형 명의신탁을 한 경우, 명의수탁자가 신탁받은 부동산을 임의로 처분하여도 명의신탁자에 대한 관계에서 횡령죄가 성립하지 아니한다.

해설 │ 출제영역 │ 횡령죄의 구성요건

③ (×) 민법 제353조에 의하면 질권자는 질권의 목적이 된 채권을 직접 청구할 수 있으므로, 피고인의 예금인출동의행위는 이미 배임행위로써 이루어진 질권설정행위의 사후조치에 불과하여 새로운 법익의 침해를 수반하지 않는 이른바 불가벌적 사후행위에 해당하고, 별도의 횡령죄를 구성하지 않는다(대법원 2012.11.29, 2012도10980).

① (○) 부동산에 관한 횡령죄에 있어서 타인의 재물을 보관하는 자의 지위는 동산의 경우와는 달리 부동산에 대한 점유의 여부가

아니라 부동산을 제3자에게 유효하게 처분할 수 있는 권능의 유무에 따라 결정하여야 하므로, 부동산을 공동으로 상속한 자들 중 1인이 부동산을 혼자 점유하던 중 다른 공동상속인의 상속지분을 임의로 처분하여도 그에게는 그 처분권능이 없어 횡령죄가 성립하지 아니한다(대법원 2000.4.11, 2000도565).

② (○) 횡령죄에 있어서의 불법영득의 의사라 함은 자기 또는 제3자의 이익을 꾀할 목적으로 보관하고 있는 타인의 재물을 자기의 소유인 것과 같이 사실상 또는 법률상 처분하는 의사를 의미하는 것으로, 타인으로부터 용도가 엄격히 제한된 자금을 위탁받아 집행하면서 그 제한된 용도 이외의 목적으로 자금을 사용하는 것은, 그 사용이 개인적인 목적에서 비롯된 경우는 물론 결과적으로 자금을 위탁한 본인을 위하는 면이 있더라도, 그 사용행위 자체로서 불법영득의 의사를 실현한 것이 되어 횡령죄가 성립한다(대법원 2002.8.23, 2002도366).

④ (○) 대법원 2016.5.19, 2014도6992 전원합의체

정답 ③

7 배임의 죄

118 ✓ 대표 ◆◆◇ 국가9급 2019

다음 설명 중 옳지 않은 것은? (다툼이 있는 경우 판례에 의함)

① 부동산 매도인이 매수인으로부터 중도금을 지급받은 후 그 부동산을 제3자에게 이중으로 양도하였다면 배임죄가 성립한다.

② 채권담보를 위한 대물변제예약의 채무자가 대물로 변제하기로 한 부동산을 제3자에게 처분하였더라도 배임죄가 성립하는 것은 아니다.

③ 동산매매계약에서 매도인이 목적물을 매수인에게 인도하지 아니하고 이를 제3자에게 처분하였더라도 배임죄가 성립하는 것은 아니다.

④ 채무자가 채권자 A와 B에게 순차적으로 그 소유의 동산에 대하여 점유개정의 방식으로 이중의 양도담보 설정계약을 체결한 후 그 목적물을 임의로 제3자에게 처분하였다면 A는 물론 B에 대한 관계에서도 배임죄가 성립한다.

해설 출제영역 | 배임죄의 성립

④ (×) 금전채무를 담보하기 위하여 채무자가 그 소유의 동산을 채권자에게 양도하되 점유개정에 의하여 채무자가 이를 계속 점유하기로 한 경우 특별한 사정이 없는 한 동산의 소유권은 신탁적으로 이전됨에 불과하여 채권자와 채무자 사이의 대내적 관계에서 채무자는 의연히 소유권을 보유하나 대외적인 관계에 있어서 채무자는 동산의 소유권을 이미 채권자에게 양도한 무권리자가 되는 것이어서 다시 다른 채권자와 사이에 양도담보 설정계약을 체결하고 점유개정의 방법으로 인도를 하더라도 선의취득이 인정되지 않는 한 나중에 설정계약을 체결한 채권자는 양도담보권을 취득할 수 없는데, 현실의 인도가 아닌 점유개정으로는 선의취득이 인정되지 아니하므로, 결국 뒤의 채권자는 양도담보권을 취득할 수 없고, 따라서 이와 같이 채무자가 그 소유의 동산에 대하여 점유개정의 방식으로 채권자들에게 이중의 양도담보 설

정계약을 체결한 후 양도담보 설정자가 목적물을 임의로 제3자에게 처분하였다면 양도담보권자라 할 수 없는 뒤의 채권자에 대한 관계에서는, 설정자인 채무자가 타인의 사무를 처리하는 자에 해당한다고 할 수 없어 배임죄가 성립하지 않는다고 할 것이다(대법원 2004.6.25, 2004도1751).

① (○) 부동산이중매매에 대하여 판례는 배임죄가 성립한다는 입장을 유지하고 있다(대법원 2018.5.17, 2017도4027 전원합의체 참조).

② (○) 대법원 2014.8.21, 2014도3363 전원합의체

③ (○) 대법원 2011.1.20, 2008도10479 전원합의체

정답 ④

119 ✓ 대표 ◆◇◇ 국가9급 2016 변형

형법상 배임죄가 성립하는 경우는? (다툼이 있으면 판례에 의함)

① 채무자 甲이 채권자에 대하여 소비대차 등으로 인한 채무를 부담하고 이를 담보하기 위하여 장래에 부동산의 소유권을 이전하기로 하는 내용의 대물변제예약을 하였는데 甲이 당해 부동산을 제3자에게 처분한 경우

② 부동산의 매도인으로서 매수인에 대하여 그 앞으로의 소유권 이전등기절차에 협력할 의무 있는 甲이 같은 부동산을 매수인 이외의 제3자에게 이중으로 매도하고 제3자 앞으로 소유권이전청구권 보전을 위한 가등기를 마쳐 준 경우

③ 甲이 부동산에 A명의의 근저당권을 설정하여 줄 의사가 없음에도 A를 속이고 근저당권 설정을 약정하여 금원을 편취한 이후 그 부동산에 관하여 제3자 명의로 근저당권설정등기를 마친 경우

④ 甲이 A에게 전세권설정계약을 맺고 전세금의 중도금을 지급받은 후 당해 부동산에 임의로 제3자에게 근저당권설정등기를 경료해 주어 담보능력상실의 위험이 발생한 경우

해설 출제영역 | 배임죄의 성립

② [성립 ○] 피고인 甲이 피해자 A에게 임야를 매도하고 일부 잔금까지 지급받았음에도, 다시 임야를 乙에게 매도하여 계약금을 지급받고는 乙 앞으로 소유권이전청구권 보전을 위한 가등기를 마쳐 준 경우 배임죄가 성립한다(부동산이중매매, 대법원 2008.7.10, 2008도3766).

① [성립 ×] 대물변제예약의 궁극적 목적은 차용금반환채무의 이행확보에 있고, 채무자가 대물변제예약에 따라 부동산에 관한 소유권이전등기절차를 이행할 의무는 그 궁극적 목적을 달성하기 위해 채무자에게 요구되는 부수적 내용이어서 이를 가지고 배임죄에서 말하는 신임관계에 기초하여 채권자의 재산을 보호 또는 관리하여야 하는 '타인의 사무'에 해당한다고 볼 수는 없다. 그러므로 채권담보를 위한 대물변제예약 사안에서 채무자가 대물로 변제하기로 한 부동산을 제3자에게 처분하였다고 하더라도 배임죄가 성립하는 것은 아니다(대법원 2014.8.21, 2014도3363 전원합의체).

③ [성립 ×], ④ [성립 ×] 채무자가 저당권설정계약에 따라 채권자에 대하여 부담하는 저당권을 설정할 의무는 계약에 따라 부담

하게 된 채무자 자신의 의무이다. 채무자가 위와 같은 의무를 이행하는 것은 채무자 자신의 사무에 해당할 뿐이므로, 채무자를 채권자에 대한 관계에서 '타인의 사무를 처리하는 자'라고 할 수 없다. 따라서 채무자가 제3자에게 먼저 담보물에 관한 저당권을 설정하거나 담보물을 양도하는 등으로 담보가치를 감소 또는 상실시켜 채권자의 채권실현에 위험을 초래하더라도 배임죄가 성립한다고 할 수 없다(대법원 2020.6.18, 2019도14340 전원합의체).
[보충] ④는 "피해자와 주택에 대한 전세권설정계약을 맺고 전세금의 중도금까지 지급받고도 임의로 타에 근저당권설정등기를 경료해 줌으로써 전세금반환채무에 대한 담보능력 상실의 위험이 발생되었다고 보여진다면 위 등기 경료행위는 배임죄를 구성한다(대법원 1993.9.28, 93도2206)."는 판례를 출제한 것으로 보이지만, 이는 위 2019도14340 전원합의체 판결에 의하여 변경된 것으로 이해된다.

정답 ②

---

120 ✓ 대표 ◆◆◇ 〔법원행시 2019 변형〕

다음 설명 중 가장 옳지 않은 것은?

① 배임죄에서의 배임행위는 본인과의 신임관계를 저버리는 일체의 행위를 포함하고 그러한 행위가 법률상 유효한지 여부는 따져볼 필요가 없다.

② 부실대출에 의한 업무상배임죄가 성립하는 경우에는 담보물의 가치를 초과하여 대출한 금액 또는 실제로 회수가 불가능하게 된 금액만을 손해액으로 볼 것이 아니라, 재산상 권리의 실행이 불가능하게 될 염려가 있거나 손해발생의 위험이 있는 대출금 전액을 손해액으로 보아야 한다.

③ 자동차에 대하여 저당권이 설정되는 경우 저당권설정자가 그 저당권의 목적인 자동차를 다른 사람에게 매도하더라도 원칙적으로 배임죄가 성립하지 않는다.

④ 채무의 담보로 근저당권설정등기를 마쳐주어야 할 임무가 있는 상태에서 이를 이행하지 않고 임의로 제3자 앞으로 근저당권설정등기를 마쳐주는 경우, 배임죄에 해당하지 않는다.

⑤ 채무자가 채권자에게 동산(기계)을 양도담보로 제공하고 점유개정의 방법으로 점유하고 있는 상태(이른바 약한 의미의 양도담보)에서 그 기계를 은행에 공장근저당권의 목적으로 제공한 경우, 배임죄가 성립한다.

해설 ┃ 출제영역 ┃ 배임죄 - 구성요건

⑤ (×) 피고인은 피해자 주식회사에게 이 사건 기계들을 차용금채무의 변제에 갈음하여 양도하였는데, 그 후 부산은행으로부터 11억 원 상당을 대출받을 때 위 피해자 주식회사의 동의나 승낙을 받지 않고 위 기계들에 관하여 위 은행에 공장근저당권을 설정하여 주었다. … ㉠ 채무자가 채권자에게 동산을 양도담보로 제공하고 점유개정의 방법으로 점유하고 있는 경우에는 그 동산의 소유권은 여전히 채무자에게 유보되어 있는 것이어서 채무자는 자기의 물건을 보관하고 있는 셈이 되므로, 양도담보의 목적물을 제3자에게 처분하거나 담보로 제공하였다 하더라도 횡령죄를 구성하지 아니한다(대법원 1980.11.11, 80도2097 등). ㉡ 나

아가 양도담보로 제공된 동산에 관하여 공장근저당권이 설정된다고 하더라도 공장저당법에 의한 저당권의 효력이 미칠 수는 없으므로(대법원 2003.1.10, 2002다33663 등), 양도담보권자인 피해자 주식회사에게 담보권의 상실이나 담보가치의 감소 등 손해가 발생할 수도 없으니, 피고인을 배임죄로도 처벌할 수 없다(대법원 2009.2.12, 2008도10971).
[보충] 보다 근본적으로 자기 소유의 동산을 양도담보로 제공한 채무자는 배임죄의 타인의 사무처리자에 해당하지 않는다(대법원 2020.2.20, 2019도9756 전원합의체).

① (○) 배임죄의 그 임무에 위배하는 행위라 함은 처리하는 사무의 내용, 성질 등 구체적 상황에 비추어 법률의 규정, 계약의 내용 혹은 신의칙상 당연히 할 것으로 기대되는 행위를 하지 않거나 당연히 하지 않아야 할 것으로 기대하는 행위를 함으로써 본인과 사이의 신임관계를 저버리는 일체의 행위를 포함하고 그러한 행위가 법률상 유효한가 여부는 따져볼 필요가 없다(대법원 2001.9.28, 99도2639).

② (○) 부실대출에 의한 업무상배임죄가 성립하는 경우에는 담보물의 가치를 초과하여 대출한 금액이나 실제로 회수가 불가능하게 된 금액만을 손해액으로 볼 것은 아니고, 재산상 권리의 실행이 불가능하게 될 염려가 있거나 손해발생의 위험이 있는 대출금 전액을 손해액으로 보아야 할 것이다(대법원 1996.7.12, 95도1043; 2000.3.24, 2000도28 등).

③ (○) 자동차에 대하여 저당권이 설정되는 경우 자동차의 교환가치는 그 저당권에 포섭되고, 저당권설정자가 자동차를 매도하여 그 소유자가 달라지더라도 저당권에는 영향이 없으므로, 특별한 사정이 없는 한 저당권설정자가 단순히 그 저당권의 목적인 자동차를 다른 사람에게 매도한 것만으로는 배임죄가 성립하지 아니한다(대법원 2008.8.21, 2008도3651).

④ (○) 대법원 2020.6.18, 2019도14340 전원합의체

정답 ⑤

121 ⊘ 대표 ◆◆◇

배임수재죄 및 배임증재죄에 관한 설명 중 옳지 않은 것을 모두 고른 것은? (다툼이 있는 경우 판례에 의함)

> ㄱ. 배임수재죄는 타인의 사무를 처리하는 지위를 가진 자가 부정한 청탁을 받아야 하므로, 타인의 사무처리자의 지위를 취득하기 전에 부정한 청탁을 받은 경우에는 배임수재죄로 처벌할 수 없다.
>
> ㄴ. 배임수재죄 및 배임증재죄에서 공여 또는 취득하는 재물 또는 재산상 이익은 반드시 부정한 청탁에 대한 대가 또는 사례일 필요가 없다.
>
> ㄷ. 청탁 내용이 단순히 규정이 허용하는 범위 내에서 최대한 선처를 바란다는 내용에 불과하거나 위탁받은 사무의 적법하고 정상적인 처리범위에 속하는 것이라면 그 청탁의 사례로 금품을 수수하는 것은 배임수재에 해당하지 않는다.
>
> ㄹ. 부정한 청탁을 받고 나서 사후에 재물 또는 재산상 이익을 취득하였다면 재물 또는 재산상 이익이 청탁의 대가이더라도 배임수재죄가 성립하지 아니한다.
>
> ㅁ. 배임수재죄에서 말하는 재산상 이익의 취득이라 함은 현실적인 취득만을 의미하는 것이 아니라 단순한 요구 또는 약속을 한 경우도 포함한다.

① ㄱ, ㄴ   ② ㄴ, ㄹ
③ ㄱ, ㄷ, ㄹ   ④ ㄴ, ㄹ, ㅁ
⑤ ㄴ, ㄷ, ㄹ, ㅁ

해설 │ 출제영역 | 배임수·증재죄

ㄱ. (○) 대법원 2009.5.28, 2009도991; 2010.7.22, 2009도12878
ㄴ. (✕) 형법 제357조 제1항이 규정하는 배임수재죄는 타인의 사무를 처리하는 자가 임무에 관하여 부정한 청탁을 받고 재물 또는 재산상 이익을 취득하는 경우에 성립하는 범죄로서, 재물 또는 이익을 공여하는 사람과 취득하는 사람 사이에 부정한 청탁이 개재되지 않는 한 성립하지 않는다(대법원 2011.8.18, 2010도10290).
ㄷ. (○) 대법원 2011.4.14, 2010도8743
ㄹ. (✕) 부정한 청탁을 받고 나서 사후에 재물 또는 재산상의 이익을 취득하였다고 하더라도 재물 또는 재산상의 이익이 청탁의 대가인 이상 배임수재죄가 성립된다(대법원 2013.11.14, 2011도11174).
ㅁ. (✕) 배임수재죄에서 말하는 '재산상의 이익의 취득'이라 함은 현실적인 취득만을 의미하므로 단순한 요구 또는 약속만을 한 경우에는 이에 포함되지 아니한다(대법원 1999.1.29, 98도4182).

정답 │ ④

122 ⊘ 유사 ◆◆◇

재산죄에 관한 설명 중 옳은 것(○)과 옳지 않은 것(✕)을 올바르게 조합한 것은? (다툼이 있는 경우 판례에 의함)

> ㄱ. 주유소 운영자가 농·어민 등에게 「조세특례제한법」에 정한 면세유를 공급한 것처럼 위조한 유류공급확인서로 정유회사를 기망하여 면세유를 공급받은 경우, 국가 또는 지방자치단체에 대한 사기죄를 구성하지 않는다.
>
> ㄴ. 법인의 대표자 또는 피용자가 법인 명의로 한 채무부담행위가 관련 법령에 위배되어 법률상 효력이 없는 경우에는 그로 인하여 법인에게 어떠한 손해가 발생한다고 할 수 없으므로, 그 행위로 인하여 법인이 「민법」상 사용자책임 또는 법인의 불법행위책임을 부담하는 등의 특별한 사정이 없는 한 그 대표자 또는 피용자의 행위는 배임죄를 구성하지 아니한다.
>
> ㄷ. 절도범이 체포를 면탈할 목적으로 여러 명의 피해자에게 같은 기회에 폭행을 가하여 그중 1인에게만 상해를 가한 경우 포괄하여 하나의 강도상해죄가 성립한다.
>
> ㄹ. 회사의 대표이사가 대표권을 남용하여 회사 명의의 약속어음을 발행하였다면, 비록 상대방이 그 남용의 사실을 알았거나 중대한 과실로 알지 못하여 회사가 상대방에 대하여는 채무를 부담하지 아니한다 하더라도 그 약속어음이 제3자에게 유통되지 아니한다는 특별한 사정이 없는 한 회사에 대하여 업무상배임죄에서의 재산상 실해 발생의 위험이 초래되었다 할 것이다.
>
> ㅁ. 통정허위표시로서 무효인 임대차계약에 기초하여 임차권등기를 미침으로써 외형상 임차인으로서 취득하게 된 권리는 사기죄에서의 재산상 이익에 해당하지 않는다.

① ㄱ(✕), ㄴ(✕), ㄷ(○), ㄹ(○), ㅁ(✕)
② ㄱ(✕), ㄴ(○), ㄷ(✕), ㄹ(✕), ㅁ(○)
③ ㄱ(○), ㄴ(○), ㄷ(✕), ㄹ(✕), ㅁ(✕)
④ ㄱ(○), ㄴ(○), ㄷ(✕), ㄹ(✕), ㅁ(✕)
⑤ ㄱ(✕), ㄴ(✕), ㄷ(✕), ㄹ(✕), ㅁ(○)

해설 │ 출제영역 | 재산죄 종합

ㄱ. (○) 대법원 2008.11.27, 2008도7303
ㄴ. (○) 대법원 2012.2.9, 2010도176
ㄷ. (○) 대법원 2001.8.21, 2001도3447
ㄹ. (✕) 대법원 2017.7.20, 2014도1104 전원합의체
ㅁ. (✕) 사기죄에서 말하는 재산상 이익 취득은 그 재산상의 이익을 법률상 유효하게 취득함을 필요로 하지 아니하고 그 이익 취득이 법률상 무효라 하여도 외형상 취득한 것이면 족한 것이다. 임차권등기의 기초가 되는 임대차계약이 통정허위표시로서 무효라 하더라도 장차 피신청인의 이의신청 또는 취소신청에 의한 법원의 재판을 거쳐 그 임차권등기가 말소될 때까지는 신청인은 외형상으로 우선변제권 있는 임차인으로서 부동산 담보권에 유사한 권리를 취득하게 된다 할 것이니, 이러한 이익은 재산적 가치가

있는 구체적 이익으로서 사기죄의 객체인 재산상 이익에 해당한다(대법원 2012.5.24, 2010도12732).

123 ✅ 대표 ◆◆◆

재산죄에 관한 설명으로 옳지 않은 것은 모두 몇 개인가? (다툼이 있는 경우 판례에 의함)

> ⊙ 회사직원이 퇴사한 후에는 특별한 사정이 없는 한 더 이상 업무상배임죄에서 타인의 사무를 처리하는 자의 지위에 있다고 볼 수 없어, 퇴사한 회사직원이 반환하거나 폐기하지 아니한 영업비밀 등을 경쟁업체에 유출하거나 스스로의 이익을 위하여 이용하더라도 그 유출 내지 이용행위에 대하여는 따로 업무상배임죄를 구성할 여지는 없다.
>
> ⓒ A는 드라이버를 구매하기 위해 특정 매장에 방문하였다가 자신의 지갑을 떨어뜨렸는데, 10분쯤 후 甲이 같은 매장에서 우산을 구매하고 계산을 마친 뒤, 그 지갑을 발견하여 습득한 매장 주인 B로부터 "이 지갑이 선생님 지갑이 맞느냐?"라는 질문을 받자 "내 것이 맞다."라고 대답한 후 이를 교부받아 가지고 갔다면 甲에게는 절도죄가 아니라 사기죄가 성립한다.
>
> ⓒ 업무상 배임죄에 있어 '재산상 이익 취득'과 '재산상 손해 발생'은 대등한 범죄성립요건이고, 따라서 임무위배행위로 인하여 여러 재산상 이익과 손해가 발생하더라도 재산상 이익과 손해 사이에 서로 대응하는 관계에 있는 등 일정한 관련성이 인정되어야 업무상배임죄가 성립한다.
>
> ⓒ 주류회사 이사인 甲은 A를 상대로 주류대금 청구소송을 제기한 민사 분쟁 중에 A의 착오로 위 주류회사 명의 계좌로 송금된 4,700,000원을 보관하게 되었고, 이후 A로부터 해당 금원이 착오 송금된 것이라는 사정을 문자메시지를 통해 고지받았음에도 불구하고, 甲 본인이 주장하는 채권액인 1,108,310원을 임의로 상계 정산하여 반환을 거부하였다면, 설령 나머지 금액을 반환하고 상계권 행사의 의사를 충분히 밝혔다 하더라도 甲에게는 횡령죄가 성립한다.

① 0개 ② 1개
③ 2개 ④ 3개

해설 출제영역 | 재산죄 종합

② 1개

⊙ (○) 업무상배임죄의 주체는 타인의 사무를 처리하는 지위에 있어야 한다. 따라서 ⓐ 회사직원이 재직 중에 영업비밀 또는 영업상 주요한 자산을 경쟁업체에 유출하거나 스스로의 이익을 위하여 이용할 목적으로 무단으로 반출하였다면 타인의 사무를 처리하는 자로서 업무상의 임무에 위배하여 유출 또는 반출한 것이어서 유출 또는 반출 시에 업무상배임죄의 기수가 된다. 또한 ⓑ

회사직원이 영업비밀 등을 적법하게 반출하여 반출행위가 업무상배임죄에 해당하지 않는 경우라도, 퇴사 시에 영업비밀 등을 회사에 반환하거나 폐기할 의무가 있음에도 경쟁업체에 유출하거나 스스로의 이익을 위하여 이용할 목적으로 이를 반환하거나 폐기하지 아니하였다면, 이러한 행위 역시 퇴사 시에 업무상배임죄의 기수가 된다. 그러나 ⓒ 회사직원이 퇴사한 후에는 특별한 사정이 없는 한 퇴사한 회사직원은 더 이상 업무상배임죄에서 타인의 사무를 처리하는 자의 지위에 있다고 볼 수 없고, 위와 같이 반환하거나 폐기하지 아니한 영업비밀 등을 경쟁업체에 유출하거나 스스로의 이익을 위하여 이용하더라도 이는 이미 성립한 업무상배임 행위의 실행행위에 지나지 아니하므로, 그 유출 내지 이용행위가 부정경쟁방지 및 영입비밀보호에 관한 법률 위반(영업비밀누설등)죄에 해당하는지는 별론으로 하더라도, 따로 업무상배임죄를 구성할 여지는 없다(대법원 2017.6.29, 2017도3808).

ⓒ (○) B는 지갑을 습득하여 진정한 소유자에게 돌려주어야 하는 지위에 있으므로 A를 위하여 이를 처분할 수 있는 권능을 갖거나 그 지위에 있었으며, 이러한 처분 권능과 지위에 기초하여 지갑의 소유자라고 주장하는 피고인에게 지갑을 교부하였고 이를 통해 피고인이 지갑을 취득하여 자유로운 처분이 가능한 상태가 되었으므로, B의 행위는 사기죄에서 말하는 처분행위에 해당한다(대법원 2022.12.29, 2022도12494).

ⓒ (○) 업무상배임죄는 본인에게 재산상 손해를 가하는 외에 임무위배행위로 인하여 행위자 스스로 재산상 이익을 취득하거나 제3자로 하여금 재산상 이익을 취득하게 할 것을 요건으로 하므로, 본인에게 손해를 가하였다고 할지라도 행위자 또는 제3자가 재산상 이익을 취득한 사실이 없다면 배임죄가 성립할 수 없다(대법원 2021.11.25, 2016도3452).
[보충] 甲 새마을금고 임원인 피고인이 새마을금고의 여유자금 운용에 관한 규정을 위반하여 금융기관으로부터 원금 손실의 위험이 있는 금융상품을 매입함으로써 甲 금고에 액수 불상의 재산상 손해를 가하고 금융기관에 수수료 상당의 재산상 이익을 취득하게 하였다고 하여 업무상배임으로 기소된 경우, 피고인의 임무위배행위로 인하여 본인인 甲 금고에 발생한 액수 불상의 재산상 손해와 금융기관이 취득한 수수료 상당의 이익 사이에 대응관계가 있는 등 관련성이 있다고 볼 수 없고, 금융기관이 용역 제공의 대가로 정당하게 지급받은 위 수수료가 피고인의 임무위배행위로 인하여 취득한 재산상 이익에 해당한다고 단정하기 어렵다(위 판례).

ⓒ (×) B 주류업체 주식회사의 사내이사인 피고인 甲이 피해자 A를 상대로 주류대금 청구소송을 제기한 민사 분쟁 중 피해자가 착오로 피고인이 관리하는 B 회사 명의 계좌로 금원을 송금하여 피고인이 이를 보관하게 되었는데, 피고인은 피해자로부터 위 금원이 착오송금된 것이라는 사정을 문자메시지를 통해 고지받아 위 금원을 반환해야 할 의무가 있었음에도, 피해자와 상계 정산에 관한 합의 없이 피고인이 주장하는 주류대금 채권액을 임의로 상계 정산한 후 반환을 거부하여 횡령죄로 기소된 경우, 피고인이 피해자의 착오로 B 회사 명의 계좌로 송금된 금원 중 B 회사의 피해자에 대한 채권액에 상응하는 부분에 관하여 반환을 거부한 행위는 정당한 상계권의 행사로 볼 여지가 있다(횡령죄 불성립, 대법원 2022.12.29, 2021도2088).

124 ✓유사 ◆◆◇ 변호사 2024

재산죄에 관한 설명 중 옳지 않은 것을 모두 고른 것은? (다툼이 있는 경우 판례에 의함)

ㄱ. 지입회사에 소유권이 있는 차량에 대하여 지입회사로부터 운행관리권을 위임받은 지입차주 甲이 지입회사의 승낙 없이 보관 중인 차량을 사실상 처분하더라도 법률상 처분권한이 없기 때문에 횡령죄가 성립하지 않는다.

ㄴ. 甲이 피해자 경영의 금은방에서 마치 귀금속을 구입할 것처럼 가장하여 피해자로부터 금목걸이를 건네받은 다음 화장실에 갔다 오겠다는 핑계를 대고 도주한 행위는 절도죄에 해당한다.

ㄷ. 甲이 토지의 소유자이자 매도인 A에게 토지거래허가 등에 필요한 서류라고 속여 근저당권설정계약서 등에 서명·날인하게 하고 인감증명서를 교부받은 다음, 이를 이용하여 A소유 토지에 甲을 채무자로 한 근저당권을 B에게 설정하여 주고 돈을 차용한 경우에도 A의 처분의사가 인정되므로 사기죄에 해당한다.

ㄹ. 甲이 A에게 자신의 자동차를 양도담보로 제공하기로 약정한 후 B에게 임의로 매도하고 B 명의로 이전등록을 해 준 경우, 등록을 요하는 재산인 자동차 등에 관하여 양도담보설정계약을 체결한 채무자는 채권자에 대하여 그의 사무를 처리하는 지위가 인정되어 그 임무에 위배하여 이를 타에 처분하였다면 배임죄가 성립한다.

ㅁ. 甲이 권리자의 착오나 가상자산 운영 시스템의 오류 등으로 법률상 원인관계 없이 자신의 전자지갑에 이체된 가상자산을 반환하지 않고 자신의 또 다른 전자지갑에 이체하였다면 착오송금의 법리가 적용되어 배임죄가 성립한다.

① ㄱ, ㄴ, ㄷ
② ㄱ, ㄴ, ㄹ
③ ㄱ, ㄹ, ㅁ
④ ㄴ, ㄹ, ㅁ
⑤ ㄷ, ㄹ, ㅁ

해설 | 출제영역 | 재산죄 종합

③ ㄱ, ㄹ, ㅁ

ㄱ. (×) 횡령죄는 타인의 재물을 보관하는 사람이 재물을 횡령하거나 반환을 거부한 때에 성립한다(형법 제355조 제1항). 횡령죄에서 재물의 보관은 재물에 대한 사실상 또는 법률상 지배력이 있는 상태를 의미하며, 횡령행위는 불법영득의사를 실현하는 일체의 행위를 말한다. 따라서 소유권의 취득에 등록이 필요한 타인 소유의 차량을 인도받아 보관하고 있는 사람이 이를 사실상 처분하면 횡령죄가 성립하며, 보관 위임자나 보관자가 차량의 등록명의자일 필요는 없다. 그리고 이와 같은 법리는 지입회사에 소유권이 있는 차량에 대하여 지입회사에서 운행관리권을 위임받은 지입차주가 지입회사의 승낙 없이 보관 중인 차량을 사실상 처분하거나 지입차주에게서 차량 보관을 위임받은 사람이 지입차주의 승낙 없이 보관 중인 차량을 사실상 처분한 경우에도 마찬가지로 적용된다(대법원 2015.6.25, 2015도1944 전원합의체).

ㄴ. (○) 피고인이 피해자 경영의 금방에서 마치 귀금속을 구입할 것처럼 가장하여 피해자로부터 순금목걸이 등을 건네받은 다음 화상실에 갔다 오겠다는 핑계를 대고 도주한 것이라면 위 순금목걸이 등은 도주하기 전까지는 아직 피해자의 점유하에 있었다고 할 것이므로 이를 절도죄로 의율 처단한 것은 정당하다(대법원 1994. 8.12, 94도1487).

ㄷ. (○) 피고인 등이 토지의 소유자이자 매도인인 피해자 A 등에게 토지거래허가 등에 필요한 서류라고 속여 근저당권설정계약서 등에 서명·날인하게 하고 인감증명서를 교부받은 다음, 이를 이용하여 A 등의 소유 토지에 피고인을 채무자로 한 근저당권을 B 등에게 설정하여 주고 돈을 차용하는 방법으로 재산상 이익을 취득한 경우, 사기죄의 처분의사는 처분결과를 인식함으로 요하지 아니하므로 A 등의 행위는 사기죄에서 말하는 처분행위에 해당한다(대법원 2017.2.16, 2016도13362 전원합의체).

ㄹ. (×) 자동차 등에 관하여 양도담보설정계약을 체결한 채무자는 채권자에 대하여 그의 사무를 처리하는 지위에 있지 아니하므로, 채무자가 채권자에게 양도담보설정계약에 따른 의무를 다하지 아니하고 이를 타에 처분하였다고 하더라도 배임죄가 성립하지 아니한다(대법원 2022.12.22, 2020도8682).

ㅁ. (×) 원인불명으로 재산상 이익인 가상자산을 이체받은 자가 가상자산을 사용·처분한 경우 이를 형사처벌하는 명문의 규정이 없는 현재의 상황에서 착오송금 시 횡령죄 성립을 긍정한 판례를 유추하여 신의칙을 근거로 피고인을 배임죄로 처벌하는 것은 죄형법정주의에 반한다(대법원 2021.12.16, 2020도9789).

정답 ③

125 ✓유사 ◆◆◆

(가)와 (나) 사례에 관한 설명 중 옳은 것은 모두 몇 개인가? (다툼이 있는 경우 판례에 의함)

> (가) 甲은 A주식회사에 본인 소유 토지를 양도하는 내용의 매매계약을 체결한 후 A주식회사로부터 계약금, 중도금 및 잔금 중 일부를 교부받았으나, 乙에게 이 사건 토지를 매도하고 소유권이전등기를 경료해 주었다. 그런데 그 이전에 甲은 A주식회사로부터 계약금 중 3/4만 지급받은 상태에서 A주식회사 명의로 가등기를 경료해 주어 甲의 행위에도 불구하고 A주식회사가 甲의 아무런 협력 없이도 가등기의 순위보전 효력에 의해 자신 명의로 소유권이전등기를 마칠 수 있는 수단을 마련해 주었다.
>
> (나) 丙은 B에게 본인 소유 임야를 매도하고 일부 잔금까지 지급받았음에도 다시 그 임야를 丁에게 매도하여 계약금을 지급 받은 후, 丁의 명의로 소유권이전청구권 보전을 위한 가등기를 경료해 주었다.

> ㉠ 甲과 丙은 각각 A주식회사와 B와의 관계에서 타인의 사무를 처리하는 자에 해당한다.
> ㉡ 甲과 丙의 행위로 인해 A주식회사와 B에게는 현실적인 손해가 발생하였다.
> ㉢ 丙에게는 배임죄가 성립하지 않는다.
> ㉣ 甲과 丙에게는 배임죄의 미수가 성립한다.

① 1개   ② 2개
③ 3개   ④ 4개

해설 | **출제영역** | 배임죄의 구성요건

① ㉠ 1개의 설명이 옳다. 각 설명을 해설하기에 앞서 위 사례의 근거가 되는 판례는 다음과 같다.

> **[판례]** (가) 부동산 매매계약에서 계약금만 지급된 단계에서는 어느 당사자나 계약금을 포기하거나 그 배액을 상환함으로써 자유롭게 계약의 구속력에서 벗어날 수 있다. 그러나 중도금이 지급되는 등 계약이 본격적으로 이행되는 단계에 이른 때에는 계약이 취소되거나 해제되지 않는 한 매도인은 매수인에게 부동산의 소유권을 이전해 줄 의무에서 벗어날 수 없다. 따라서 이러한 단계에 이른 때에 매도인은 매수인에 대하여 매수인의 재산보전에 협력하여 재산적 이익을 보호·관리할 신임관계에 있게 된다. 그때부터 매도인은 배임죄에서 말하는 '타인의 사무를 처리하는 자'에 해당한다고 보아야 한다. 그러한 지위에 있는 매도인이 매수인에게 계약 내용에 따라 부동산의 소유권을 이전해 주기 전에 그 부동산을 제3자에게 처분하고 제3자 앞으로 그 처분에 따른 등기를 마쳐 준 행위는 매수인의 부동산 취득 또는 보전에 지장을 초래하는 행위이다. 매도인이 매수인에게 순위보전의 효력이 있는 가등기를 마쳐 주었더라도 이는 향후 매수인에게 손해를 회복할 수 있는 방안을 마련하여 준 것일 뿐 그 자체로 물권변동의 효력이 있는 것은 아니어서 (중도금을 지급받은 부동산) 매도인으로서는 소유권을 이전하여 줄 의무에서 벗어날 수 없으므로, 그와 같은 가등기로 인하여 매수인의 재산보전에 협력하여 재산적 이익을 보호·관리할 신임관계의 전형적·본질적 내용이 변경된다고 할 수 없다(대법원 2020.5.14, 2019도16228).
>
> (나) 배임죄에 있어서 재산상 손해를 가한 때라 함은 현실적인 손해를 가한 경우뿐 아니라 재산상 손해발생의 위험을 초래한 경우도 포함하는바, 부동산의 매도인으로서 매수인에 대하여 그 앞으로의 소유권이전등기절차에 협력할 의무 있는 자가 그 임무에 위배하여 같은 부동산을 매수인 이외의 제3자에게 이중으로 매도하고 제3자 앞으로 소유권이전청구권 보전을 위한 가등기를 마쳐 주었다면, 이는 매수인에게 손해발생의 위험을 초래하는 행위로서 배임죄를 구성한다(대법원 1983.6.14, 81도2278; 2006.11.9, 2006도3626 등). 피고인이 그 판시와 같이 피해자에게 이 사건 임야를 매도하고 일부 잔금까지 지급받았음에도, 다시 위 임야를 제3자에게 매도하여 계약금을 지급받고는 그 앞으로 소유권이전청구권 보전을 위한 가등기를 마쳐 준 것은 특정경제범죄 가중처벌 등에 관한 법률 위반(배임)죄의 기수에 이르렀다고 판단된다(대법원 2008.7.10, 2008도3766).

㉠ (○) 甲과 丙은 각각 A주식회사와 B와의 관계에서 타인의 사무를 처리하는 자에 해당한다.

㉡ (×) 甲과 丙의 행위로 인해 A주식회사와 B에게 현실적인 손해가 아니라 손해 발생의 위험성이 발생하였다.

㉢ (×) 丙에게 배임죄가 성립한다.

㉣ (×) 甲과 丙에게 배임죄의 기수가 성립한다.

정답 ①

126 ⊘ 유사 ◆◆◇ 국가9급 2020

재산범죄와 관련한 다음 문장에서 괄호 안 어느 곳에도 들어갈 수 없는 죄명은? (다툼이 있는 경우 판례에 의함)

> ㄱ. 피해자를 살해한 방에서 사망한 피해자 곁에 4시간 30분쯤 있다가 그곳 피해자의 자취방 벽에 걸려 있던 피해자가 소지하는 물건들을 영득의 의사로 가지고 나온 행위는 (   )를 구성한다.
>
> ㄴ. 점원에게 금고 열쇠와 오토바이 열쇠를 맡기고 금고 안의 돈을 배달될 가스대금으로 지급할 것을 지시한 후 외출하자 점원이 금고 안에서 현금을 꺼내 도주한 행위는 (   )를 구성한다.
>
> ㄷ. 다른 사람이 PC방에 두고 간 핸드폰을 PC방 주인 등 관리자가 아닌 제3자가 취거해 간 행위는 (   )를 구성한다.
>
> ㄹ. 계주가 계원들로부터 월불입금을 모두 징수하였음에도 불구하고 정당한 사유 없이 이를 지정된 계원에게 지급하지 아니한 행위는 다른 특별한 사정이 없는 한 (   )를 구성한다.
>
> ㅁ. 자기 명의의 은행 계좌에 착오로 송금된 돈을 다른 계좌로 이체하는 등 임의로 사용한 행위는 (   )를 구성한다.

① 절도죄   ② 횡령죄
③ 점유이탈물횡령죄   ④ 배임죄

해설 | 출제영역 | 재산죄 종합

③ 점유이탈물횡령죄가 괄호 안에 들어갈 수 없는 죄명이다.

ㄱ. 피고인이 피해자를 살해한 방에서 사망한 피해자 곁에 4시간 30분쯤 있나가 그곳 피해사의 자취방 넉에 걸려있면 피해자가 소지하는 원심판시 물건들을 영득의 의사로 가지고 나온 사실이 인정되는바, 이와 같은 경우에 피해자가 생전에 가진 점유는 사망 후에도 여전히 계속되는 것으로 보아 이를 보호함이 법의 목적에 맞는 것이라고 할 것이고, 따라서 피고인의 위 행위는 피해자의 점유를 침탈한 것으로서 <u>절도죄</u>에 해당한다(대법원 1993.9.28, 93도2143).

ㄴ. 피고인은 점원으로서는 평소는 점포 주인인 위 피해자의 점유를 보조하는 자에 지나지 않으나 위 범행 당시는 위 피해자의 위탁을 받아 금고 안의 현금과 오토바이를 사실상 지배하에 두고 보관한 것이라고 보겠으니, 피고인의 위 범행은 자기의 보관하에 있는 타인의 재물을 영득한 것으로서 <u>횡령죄</u>에 해당한다고 보아야 할 것이다(대법원 1982.3.9, 81도3396).

ㄷ. 피씨방에 두고 간 다른 사람의 핸드폰을 취한 행위가 <u>절도죄</u>를 구성한다(대법원 2007.3.15, 2006도9338)

ㄹ. 계주가 계원들로부터 월불입금을 모두 징수하였음에도 불구하고 그 임무에 위배하여 정당한 사유 없이 이를 지정된 계원에게 지급하지 아니하였다면 다른 특별한 사정이 없는 한 그 지정된 계원에 대한 관계에 있어서 <u>배임죄</u>를 구성한다(대법원 1994.3.8, 93도2221).

ㅁ. 피고인이 자신 명의의 계좌에 착오로 송금된 돈을 다른 계좌로 이체하는 등 임의로 사용한 경우 <u>횡령죄</u>가 성립한다(대법원 2005. 10.28, 2005도5975).

정답 ③

127 ⊘ 유사 ◆◆◇ 법원행시 2018

배임의 죄에 관한 다음 설명 중 가장 옳지 않은 것은?

① 부동산 매매계약에서 중도금이 지급되는 등 계약이 본격적으로 이행되는 단계에 이른 때에는 계약이 취소되거나 해제되지 않는 한 매도인은 매수인에게 부동산의 소유권을 이전해 줄 의무에서 벗어날 수 없다. 따라서 이러한 단계에 이른 때에 매도인은 매수인에 대하여 매수인의 재산보전에 협력하여 재산적 이익을 보호·관리할 신임관계에 있게 된다. 그때부터 매도인은 배임죄에서 말하는 '타인의 사무를 처리하는 자'에 해당한다.

② 배임죄의 주체로서 '타인의 사무를 처리하는 자'란 타인과의 대내관계에서 신의성실의 원칙에 비추어 그 사무를 처리할 신임관계가 존재한다고 인정되는 자를 의미하고, 반드시 제3자에 대한 대외관계에서 그 사무에 관한 대리권이 존재할 것을 요하지 않는다.

③ 낙찰계의 계주가 계원들로부터 계불입금을 징수하지 아니하였다면 그러한 상태에서 부담하는 계금지급의무는 단순한 채권관계상의 의무에 불과하여 타인의 사무에 속하지 아니하나, 이는 계주가 계원들과의 약정을 위반하여 계불입금을 징수하지 않은 경우에는 달리 보아야 한다.

④ 업무상배임죄에 있어서 타인의 사무를 처리하는 자란 고유의 권한으로서 그 처리를 하는 자에 한하지 않고 그 자의 보조기관으로서 직접 또는 간접으로 그 처리에 관한 사무를 담당하는 자도 포함한다.

⑤ 서면에 이하지 아니한 증여계약이 행하여진 경우 증여자가 구두의 증여계약에 따라 수증자에 대하여 증여목적물의 소유권을 이전하여 줄 의무를 부담한다고 하더라도 그 증여자는 수증자의 사무를 처리하는 자의 지위에 있다고 할 수 없다.

해설 | 출제영역 | 배임죄 – 주체

③ (×) 낙찰계의 계주가 계원들과의 약정에 따라 부담하는 계금지급의무가 배임죄에서 말하는 '타인의 사무'에 해당하려면 그 관계의 본질적 내용이 단순한 채권관계상의 의무를 넘어서 신임관계에 기초하여 타인의 재산을 보호 내지 관리하는 데 이르러야 하는바, 계주가 계원들로부터 계불입금을 징수하게 되면 그 계불입금은 실질적으로 낙찰계원에 대한 계금지급을 위하여 계주에게 위탁된 금원의 성격을 지니고 따라서 계주는 이를 낙찰·지급받을 계원과의 사이에서 단순한 채권관계를 넘어 신의칙상 그 계금지급을 위하여 위 계불입금을 보호 내지 관리하여야 하는 신임관계에 들어서게 되므로, 이에 기초한 계주의 계금지급의무는 배임죄에서 말하는 타인의 사무에 해당한다. 그러나 계주가 계원들로부터 계불입금을 징수하지 아니하였다면 그러한 상태에서 부담하는 계금지급의무는 위와 같은 신임관계에 이르지 아니한 단순한 채권관계상의 의무에 불과하여 타인의 사무에 속하지 아니하고, 이는 계주가 계원들과의 약정을 위반하여 계불입금을 징수하지 아니한 경우라 하여 달리 볼 수 없다(대법원 2009.8.20, 2009도3143).

① (○) 부동산 매매계약에서 계약금만 지급된 단계에서는 어느 당사자나 계약금을 포기하거나 그 배액을 상환함으로써 자유롭게 계약의 구속력에서 벗어날 수 있다. 그러나 중도금이 지급되는 등 계약이 본격적으로 이행되는 단계에 이른 때에는 계약이 취소되거나 해제되지 않는 한 매도인은 매수인에게 부동산의 소유권을 이전해 줄 의무에서 벗어날 수 없다. 따라서 이러한 단계에 이른 때에 매도인은 매수인에 대하여 매수인의 재산보전에 협력하여 재산적 이익을 보호·관리할 신임관계에 있게 된다. 그때부터 매도인은 배임죄에서 말하는 '타인의 사무를 처리하는 자'에 해당한다고 보아야 한다. 그러한 지위에 있는 매도인이 매수인에게 계약 내용에 따라 부동산의 소유권을 이전해 주기 전에 그 부동산을 제3자에게 처분하고 제3자 앞으로 그 처분에 따른 등기를 마쳐 준 행위는 매수인의 부동산 취득 또는 보전에 지장을 초래하는 행위이다. 이는 매수인과의 신임관계를 저버리는 행위로서 배임죄가 성립한다(대법원 2018.5.17, 2017도4027 전원합의체).

② (○) 배임죄의 주체로서 '타인의 사무를 처리하는 자'란 타인과의 대내관계에 있어서 신의성실의 원칙에 비추어 그 사무를 처리할 신임관계가 존재한다고 인정되는 사람을 말하고, 반드시 제3자에 대한 대외관계에서 그 사무에 관한 대리권이 있어야 하는 것은 아니다(대법원 2007.10.11, 2007도6012 등).

④ (○) 대법원 2006.3.24, 2005도6433 등

⑤ (○) 서면에 의하지 아니한 증여계약이 행하여진 경우 당사자는 그 증여가 이행되기 전까지는 언제든지 이를 해제할 수 있으므로 증여자가 구두의 증여계약에 따라 수증자에 대하여 증여 목적물의 소유권을 이전하여 줄 의무를 부담한다고 하더라도 그 증여자는 수증자의 사무를 처리하는 자의 지위에 있다고 할 수 없다(대법원 2005.12.9, 2005도5962).

정답 ③

---

128 ✓ 유사 ◆◆◇ 　　　　법원9급 2019

배임죄에 있어서 타인의 사무를 처리하는 자와 관련한 다음의 설명 중 가장 옳지 않은 것은? (다툼이 있는 경우 판례에 의함)

① 부동산 매매계약에서 중도금을 지급받은 매도인이 매수인에게 소유권을 이전하기 전에 제3자에게 이를 처분한 경우 배임죄가 성립한다고 보는 중요한 이유는 중도금이 수수되면 당사자가 임의로 계약을 해제할 수 없는 구속력이 발생하기 때문이다.

② 부동산 이중양도에 있어서 매도인이 제2차 매수인으로부터 계약금만을 지급받고 중도금을 수령한 바 없다면, 배임죄의 실행의 착수가 있었다고 볼 수 없다.

③ 채무자가 채권자에 대하여 소비대차 등으로 인한 채무를 부담하고 이를 담보하기 위하여 장래에 부동산의 소유권을 이전하기로 하는 내용의 대물변제예약을 한 후, 채무자가 대물로 변제하기로 한 부동산을 제3자에게 처분한 경우 배임죄가 성립한다.

④ 부동산의 매도인이 매수인으로부터 중도금까지 수령하였으나, 매수인 앞으로 소유권이전등기 등을 마치기 이전에 제3자로부터 금원을 차용하고 그 담보로 근저당권설정등기를 해준 경우 배임죄가 성립한다.

해설 ▌출제영역 ▌배임죄의 주체 – 타인사무처리자

③ (✕) 대물변제예약의 궁극적 목적은 차용금반환채무의 이행 확보에 있고, 채무자가 대물변제예약에 따라 부동산에 관한 소유권이전등기절차를 이행할 의무는 그 궁극적 목적을 달성하기 위해 채무자에게 요구되는 부수적 내용이어서 이를 가지고 배임죄에서 말하는 신임관계에 기초하여 채권자의 재산을 보호 또는 관리하여야 하는 '타인의 사무'에 해당한다고 볼 수는 없다(대법원 2014.8.21, 2014도3363 전원합의체).

① (○) 대법원 2018.5.17, 2017도4027 전원합의체

② (○) 대법원 1983.10.11, 83도2057; 2003.3.25, 2002도7134 등

④ (○) 대법원 1989.10.24, 89도641

정답 ③

---

129 ✓ 유사 ◆◆◇ 　　　　법원9급 2019

업무상배임죄의 주체에 관한 다음 설명 중 가장 옳지 않은 것은?

① 업무상배임죄로 이익을 얻은 수익자 또는 그와 밀접한 관련이 있는 제3자라도 배임행위의 전 과정에 관여하는 등으로 배임행위에 적극 가담하는 경우는 배임의 실행행위자와 공동정범이 성립할 수 있다.

② 업무상배임죄와 배임증재죄는 별개의 범죄로서 배임증재죄를 범한 자라 할지라도 그와 별도로 타인의 사무를 처리하는 지위에 있는 사람과 공범으로서는 업무상배임죄를 범할 수도 있다.

③ 공무원은 업무상배임죄의 주체가 될 수 없다.

④ 업무상배임죄에 있어서 '타인의 사무를 처리하는 자'란 고유의 권한으로서 그 처리를 하는 자에 한하지 아니하고, 그 자의 보조기관으로서 직접 또는 간접으로 그 처리에 관한 사무를 담당하는 자도 포함된다.

해설 ▌출제영역 ▌업무상배임죄의 주체

③ (✕) 공무원이 그 임무에 위배되는 행위로써 제3자로 하여금 재산상의 이익을 취득하게 하여 국가에 손해를 가한 경우에 업무상배임죄가 성립한다(대법원 2008.6.26, 2006도2222).

① (○) 업무상배임죄의 실행으로 인하여 이익을 얻게 되는 수익자 또는 그와 밀접한 관련이 있는 제3자를 배임의 실행행위자와 공동정범으로 인정하기 위해서는 실행행위자의 행위가 피해자인 본인에 대한 배임행위에 해당한다는 것을 알면서도 소극적으로 그 배임행위에 편승하여 이익을 취득한 것만으로는 부족하고, 실행행위자의 배임행위를 교사하거나 또는 배임행위의 전 과정에 관여하는 등으로 배임행위에 적극 가담할 것을 필요로 한다(대법원 1999.7.23, 99도1911 등).

② (○) 대법원 1999.4.27, 99도883

④ (○) 대법원 2004.6.24, 2004도520 등

정답 ③

130 ☑ 유사 ◆◆◇ 　　　법원9급 2018

배임죄에 관한 다음 설명 중 가장 옳지 않은 것은? (다툼이 있는 경우 판례에 의하고, 전원합의체 판결의 경우 다수의견에 의함)

① 담보권자가 변제기 경과 후에 담보권을 실행하기 위하여 담보목적물을 처분함에 있어서 부당하게 염가로 처분하더라도 배임죄로 처벌할 수 없다.

② 업무상 배임죄의 실행으로 인하여 이익을 얻게 되는 거래 상대방인 수익자는 해당 거래행위가 배임행위에 해당한다는 점을 인식하였더라도 그러한 사정만으로는 배임죄의 공범으로 처벌할 수 없다.

③ 회사직원이 영업비밀 등을 적법하게 반출하여 그 반출 행위가 업무상배임죄에 해당하지 않는 경우라도, 퇴사 시에 그 영업비밀 등을 회사에 반환하거나 폐기할 의무가 있음에도 경쟁업체에 유출하거나 스스로의 이익을 위하여 이용할 목적으로 이를 반환하거나 폐기하지 아니하였다면, 퇴사 시에 업무상배임죄의 기수가 된다.

④ 주식회사의 대표이사가 대표권을 남용하는 등 그 임무에 위배하여 회사 명의로 약속어음을 발행하였더라도 상대방이 대표권남용 사실을 알았거나 알 수 있었던 경우라면 그러한 약속어음 발행행위는 회사에 대하여 효력이 없으므로 그 약속어음이 유통되었는지 여부를 불문하고 배임죄의 기수범으로는 처벌할 수 없다.

해설 출제영역 | 배임죄의 구성요건 등

④ (×) 주식회사의 대표이사가 대표권을 남용하는 등 그 임무에 위배하여 약속어음 발행을 한 행위가 배임죄에 해당하는지도 원칙적으로 위에서 살펴본 의무부담행위와 마찬가지로 보아야 한다. 다만 약속어음 발행의 경우 어음법상 발행인은 종전의 소지인에 대한 인적 관계로 인한 항변으로써 소지인에게 대항하지 못하므로(어음법 제17조, 제77조), 어음발행이 무효라 하더라도 그 어음이 실제로 제3자에게 유통되었다면 회사로서는 어음채무를 부담할 위험이 구체적·현실적으로 발생하였다고 보아야 하고, 따라서 그 어음채무가 실제로 이행되기 전이라도 배임죄의 기수범이 된다. 그러나 약속어음 발행이 무효일 뿐만 아니라 그 어음이 유통되지도 않았다면 회사는 어음발행의 상대방에게 어음채무를 부담하지 않기 때문에 특별한 사정이 없는 한 회사에 현실적으로 손해가 발생하였다거나 실해 발생의 위험이 발생하였다고도 볼 수 없으므로, 이때에는 배임죄의 기수범이 아니라 배임미수죄로 처벌하여야 한다(대법원 2017.7.20, 2014도1104 전원합의체).

① (○) 양도담보가 처분정산형의 경우이건 귀속정산형의 경우이건 간에 담보권자가 변제기 경과 후에 담보권을 실행하여 그 환가대금 또는 평가액을 채권원리금과 담보권 실행비용 등의 변제에 충당하고 환가대금 또는 평가액의 나머지가 있어 이를 담보제공자에게 반환할 의무는 담보계약에 따라 부담하는 자신의 정산의무이므로, 그 의무를 이행하는 사무는 곧 자기의 사무처리에 속하는 것이라 할 것이고 이를 부동산매매에 있어서의 매도인의 등기의무와 같이 타인인 채무자의 사무처리에 속하는 것이라고 볼 수는 없어 그 정산의무를 이행하지 아니한 소위는 배임죄를 구성하지 않는다(대법원 1985.11.26, 85도1493 전원합의체).

② (○) 거래상대방의 대항적 행위의 존재를 필요로 하는 유형의 배임죄에서 거래상대방은 기본적으로 배임행위의 실행행위자와 별개의 이해관계를 가지고 반대편에서 독자적으로 거래에 임한다는 점을 고려하면, 업무상배임죄의 실행으로 이익을 얻게 되는 수익자는 배임죄의 공범이라고 볼 수 없는 것이 원칙이고, 실행행위자의 행위가 피해자 본인에 대한 배임행위에 해당한다는 점을 인식한 상태에서 배임의 의도가 전혀 없었던 실행행위자에게 배임행위를 교사하거나 또는 배임행위의 전 과정에 관여하는 등으로 배임행위에 적극 가담한 경우에 한하여 배임의 실행행위자에 대한 공동정범으로 인정할 수 있다(대법원 2016.10.13, 2014도17211).

③ (○) 업무상배임죄의 주체는 타인의 사무를 처리하는 지위에 있어야 한다. 따라서 회사직원이 재직 중에 영업비밀 또는 영업상 주요한 자산을 경쟁업체에 유출하거나 스스로의 이익을 위하여 이용할 목적으로 무단으로 반출하였다면 타인의 사무를 처리하는 자로서 업무상의 임무에 위배하여 유출 또는 반출한 것이어서 유출 또는 반출 시에 업무상배임죄의 기수가 된다. 또한 회사직원이 영업비밀 등을 적법하게 반출하여 반출행위가 업무상배임죄에 해당하지 않는 경우라도, 퇴사 시에 영업비밀 등을 회사에 반환하거나 폐기할 의무가 있음에도 경쟁업체에 유출하거나 스스로의 이익을 위하여 이용할 목적으로 이를 반환하거나 폐기하지 아니하였다면, 이러한 행위 역시 퇴사 시에 업무상배임죄의 기수가 된다(대법원 2017.6.29, 2017도3808).

정답 ④

131 ✓ 대표 ◆◆◇

배임죄에 대한 설명으로 옳지 않은 것은? (다툼이 있는 경우 판례에 의함)

① 회사 대표이사가 제3자의 채무를 담보하기 위하여 회사 명의의 백지약속어음을 제공하는 배임행위를 한 후 이를 회수하는 대신 보다 법적 효력이 더 확실한 채무 보증을 위해 다른 회사가 발행한 새로운 약속어음을 배서·교부하는 등 동일 채무를 위해 기존의 담보방법을 새로운 담보방법으로 교체하는 경우, 새로 제공하는 담보물의 가치와 기존 담보물의 가치를 비교할 필요 없이 회사에 새로운 손해발생의 위험이 발생하였다고 볼 수 있으므로 배임죄가 성립한다.

② 주식회사의 대표이사가 대표권을 남용하는 등 그 임무에 위배하여 약속어음 발행을 하였으나 약속어음 발행이 무효일 뿐만 아니라 그 어음이 유통되지도 않았다면, 회사는 어음발행의 상대방에게 어음채무를 부담하지 않기 때문에 특별한 사정이 없는 한 회사에 현실적으로 손해가 발생하였다거나 실해 발생의 위험이 발생하였다고도 볼 수 없으므로, 이때에는 배임죄의 기수범이 아니라 배임미수죄로 처벌하여야 한다.

③ 부동산 매매계약에서 중도금이 지급되는 등 계약이 본격적으로 이행되는 단계에 이른 때에는 계약이 취소되거나 해제되지 않는 한, 그때부터 매도인은 배임죄에서 말하는 '타인의 사무를 처리하는 자'에 해당한다고 보아야 한다.

④ 1인 회사의 주주가 자신의 개인채무를 담보하기 위하여 회사 소유의 부동산에 대하여 근저당권설정등기를 마쳐 주어 배임죄가 성립한 이후에 그 부동산에 대하여 새로운 담보권을 설정해 주는 행위는 선순위 근저당권의 담보가치를 공제한 나머지 담보가치 상당의 재산상 이익을 침해하는 행위로서 별도의 배임죄가 성립한다.

해설 │ 출제영역 │ 재산, 배임

① (×) 동일 채무를 위해 기존의 담보방법을 새로운 담보방법으로 교체하는 행위를 배임죄로 처단하려면 새로운 담보물의 가치가 기존의 담보물에 비해 더 크다거나 선행 담보제공에 의해 발생한 기존의 손해발생의 위험이 어떤 사유로 소멸하고 그 담보교체로 인해 기존의 손해발생의 위험과는 다른 새로운 손해발생의 위험이 발생하였다고 평가할 수 있는 사정이 있어야 한다(대법원 2008.5.8, 2008도484).

② (○) 대법원 2017.7.20, 2014도1104 전원합의체
③ (○) 대법원 2020.5.14, 2019도16228
④ (○) 대법원 2005.10.28, 2005도4915

정답 ①

132 ✓ 대표 ◆◆◇

배임죄에 관한 다음 설명 중 가장 옳지 않은 것은? (다툼이 있는 경우 판례에 의함)

① 타인의 사무를 처리하는 자가 배임의 범의로, 즉 임무에 위배하는 행위를 한다는 점과 이로 인하여 자기 또는 제3자가 이익을 취득하여 본인에게 손해를 가한다는 점에 대한 인식이나 의사를 가지고 임무에 위배한 행위를 개시한 때 배임죄의 실행에 착수한 것이고, 이러한 행위로 인하여 자기 또는 제3자가 이익을 취득하여 본인에게 손해를 가한 때 기수에 이른다.

② 채무자가 채권담보의 목적으로 점유개정 방식으로 채권자에게 동산을 양도하고 이를 보관하던 중 임의로 제3자에게 처분한 경우 배임죄가 아니라 횡령죄가 성립한다고 보아야 한다.

③ 회사직원이 퇴사 시에 영업비밀 등을 회사에 반환하거나 폐기할 의무가 있음에도 경쟁업체에 유출하거나 스스로의 이익을 위하여 이용할 목적으로 이를 반환하거나 폐기하지 아니하였다면, 이러한 행위 역시 퇴사 시에 업무상배임죄의 기수가 된다.

④ 주권발행 전 주식에 대한 양도계약에서 양도인이 양수인으로 하여금 회사 이외의 제3자에게 대항할 수 있도록 확정일자 있는 증서에 의한 양도통지 또는 승낙을 갖추어 주어야 할 채무를 부담한다 하더라도 이는 자기의 사무라고 보아야 하고, 이를 양수인과의 신임관계에 기초하여 양수인의 사무를 맡아 처리하는 것으로 볼 수 없다.

해설 │ 출제영역 │ 재산, 배임죄

② (×) 배임죄뿐만 아니라 횡령죄도 성립하지 않는다. ㉠ 배임죄가 성립하지 않는 판례는 다음과 같다. "채무자가 금전채무를 담보하기 위하여 그 소유의 동산을 채권자에게 양도담보로 제공함으로써 채권자인 양도담보권자에 대하여 담보물의 담보가치를 유지·보전할 의무 내지 담보물을 타에 처분하거나 멸실, 훼손하는 등으로 담보권 실행에 지장을 초래하는 행위를 하지 않을 의무를 부담하게 되었더라도, 이를 들어 채무자가 통상의 계약에서의 이익대립관계를 넘어서 채권자와의 신임관계에 기초하여 채권자의 사무를 맡아 처리하는 것으로 볼 수 없다. 따라서 채무자를 배임죄의 주체인 '타인의 사무를 처리하는 자'에 해당한다고 할 수 없고, 그가 담보물을 제3자에게 처분하는 등으로 담보가치를 감소 또는 상실시켜 채권자의 담보권 실행이나 이를 통한 채권실현에 위험을 초래하더라도 배임죄가 성립한다고 할 수 없다. 위와 같은 법리는, 채무자가 동산에 관하여 양도담보설정계약을 체결하여 이를 채권자에게 양도할 의무가 있음에도 제3자에게 처분한 경우에도 적용되고, 주식에 관하여 양도담보설정계약을 체결한 채무자가 제3자에게 해당 주식을 처분한 사안에도 마찬가지로 적용된다(대법원 2020.2.20, 2019도9756 전원합의체)." ㉡ 횡령죄가 성립하지 않는다는 판례는 다음과 같다. "채무자가 채권자에게 동산을 양도담보로 제공하고 점유개정의 방법으로 점유하고 있는 경우에는 그 동산의 소유권은 여전히 채무자에게 유보되어 있는 것이어서 채무자는 자기의 물건을 보관하고 있는 셈이 되므로, 양도담보의 목적물을 제3자에게 처분하거나 담보로 제공하였다 하더라도 횡령죄를 구성하지 아니한다(대법원 1980. 11.11, 80도2097; 2009.2.12, 2008도10971 등)."

[보충] 해당 지문은 동 판례의 [별개의견]에 해당한다.

① (○) 대법원 2017.7.20, 2014도1104 전원합의체

③ (○) 대법원 2017.6.29, 2017도3808

④ (○) 주권발행 전 주식의 양도는 양도인과 양수인의 의사표시만으로 효력이 발생한다. 그 주식 양수인은 특별한 사정이 없는 한 양도인의 협력을 받을 필요 없이 단독으로 자신이 주식을 양수한 사실을 증명함으로써 회사에 대하여 명의개서를 청구할 수 있다. 따라서 양도인이 양수인으로 하여금 회사 이외의 제3자에게 대항할 수 있도록 확정일자 있는 증서에 의한 양도통지 또는 승낙을 갖추어 주어야 할 채무를 부담한다 하더라도 이는 자기의 사무라고 보아야 하고, 이를 양수인과의 신임관계에 기초하여 양수인의 사무를 맡아 처리하는 것으로 볼 수 없다. 그러므로 주권발행 전 주식에 대한 양도계약에서의 양도인은 양수인에 대하여 그의 사무를 처리하는 지위에 있지 아니하여, 양도인이 위와 같은 제3자에 대한 대항요건을 갖추어 주지 아니하고 이를 타에 처분하였다 하더라도 형법상 배임죄가 성립하는 것은 아니다(대법원 2020.6.4, 2015도6057).

정답 ②

---

133 ✓ 대표 ◆◆◇ 경찰1차 2021 법원9급 2022 유사

배임의 죄에 대한 설명으로 가장 적절하지 않은 것은? (다툼이 있는 경우 판례에 의함)

① 채무자가 본인 소유의 동산을 채권자에게 「동산·채권 등의 담보에 관한 법률」에 따른 동산담보로 제공한 경우, 채무자가 담보물을 제3자에게 처분하는 등으로 담보가치를 감소 또는 상실시켜 채권자의 담보권 실행이나 이를 통한 채권실현에 위험을 초래하더라도 배임죄는 성립하지 않는다.

② 채무자가 금전채무를 담보하기 위한 저당권설정계약에 따라 채권자에게 본인 소유의 부동산에 관하여 저당권을 설정할 의무를 부담하게 된 경우, 이는 통상의 계약에서 이루어지는 이익대립관계를 넘어서 채권자와의 신임관계에 기초하여 채권자의 사무를 맡아 처리하는 것으로 보아야 하므로 배임죄에서의 '타인의 사무를 처리하는 자'라고 할 수 있다.

③ 서면으로 부동산 증여의 의사를 표시한 증여자가 수증자에게 증여계약에 따라 부동산의 소유권을 이전하지 아니하고 부동산을 제3자에게 처분하여 등기를 하는 행위는 수증자와의 신임관계를 저버리는 행위로서 배임죄가 성립한다.

④ 주식회사의 대표이사가 대표권을 남용하는 등 그 임무에 위배하여 약속어음을 발행하였는데 그 약속어음의 발행이 무효일 뿐만 아니라 유통되지도 않은 경우, 회사는 어음발행의 상대방에게 어음채무를 부담하지 않기 때문에 특별한 사정이 없는 한 배임죄의 기수범이 아니라 배임미수죄로 처벌하여야 한다.

해설 출제영역 | 배임죄의 성립요건

② (×) 채무자가 저당권설정계약에 따라 채권자에 대하여 부담하는 저당권을 설정할 의무는 계약에 따라 부담하게 된 채무자 자신의 의무이다. 채무자가 위와 같은 의무를 이행하는 것은 채무자 자신의 사무에 해당할 뿐이므로, 채무자를 채권자에 대한 관계에서 '타인의 사무를 처리하는 자'라고 할 수 없다(대법원 2020.6.18, 2019도14340 전원합의체).

① (○) 대법원 2020.8.27, 2019도14770 전원합의체

③ (○) 대법원 2018.12.13, 2016도19308

④ (○) 대법원 2017.7.20, 2014도1104 전원합의체

정답 ②

134 ✓ 유사 ◆◆◆ 법원행시 2020

배임죄에 관한 다음 설명 중 옳지 않은 것은 모두 몇 개인가? (다툼이 있는 경우 판례에 의하고, 전원합의체 판결의 경우 다수의견에 의함)

가. 금전채무를 담보하기 위하여 그 소유의 동산을 채권자에게 양도담보로 제공한 채무자는 배임죄의 주체인 '타인의 사무를 처리하는 자'에 해당한다고 할 수 없다.

나. A가 B 새마을금고로부터 특정 토지 위에 건물을 신축하는 데 필요한 공사자금 10억 원을 대출받으면서 이를 담보하기 위하여 C 신탁회사를 수탁자, B 금고를 우선수익자, A를 위탁자 겸 수익자로 한 담보신탁계약 및 자금관리대리사무계약을 체결하였고 계약 내용에 따라 건물이 준공된 후 C 회사에 신탁등기를 이행하여 B 금고의 우선수익권을 보장할 의무가 있었음에도 임의로 D 앞으로 건물의 소유권보존등기를 마쳐준 경우라고 하더라도, A는 통상의 계약에서의 이익대립관계를 넘어서 B 금고와의 신임관계에 기초하여 B 금고의 우선수익권을 보호 또는 관리하는 등 그의 사무를 처리하는 자의 지위에 있다고 보기 어려우므로, A에게는 배임죄가 성립하지 않는다.

다. 부동산 매매계약에서 계약금 외에 중도금이 지급되는 등 계약이 본격적으로 이행되는 단계에 이른 때에는 계약이 취소되거나 해제되지 않는 한 매도인은 매수인에게 부동산의 소유권을 이전해 줄 의무에서 벗어날 수 없으므로, 이러한 단계에 이른 때에 매도인은 매수인에 대하여 매수인의 재산보전에 협력하여 재산적 이익을 보호·관리할 신임관계에 있게 된다. 그때부터 매도인은 배임죄에서 말하는 '타인의 사무를 처리하는 자'에 해당한다고 보아야 한다.

라. 서면으로 부동산 증여의 의사를 표시한 증여자는 계약이 취소되거나 해제되지 않는 한 수증자에게 목적 부동산의 소유권을 이전할 의무에서 벗어날 수 없다. 그러한 증여자는 '타인의 사무를 처리하는 자'에 해당하고, 그가 수증자에게 증여계약에 따라 부동산의 소유권을 이전하지 않고 부동산을 제3자에게 처분하여 등기를 하는 행위는 수증자와의 신임관계를 저버리는 행위로서 배임죄가 성립한다.

마. 채무자가 투자금반환채무의 변제를 위하여 담보로 제공한 임차권 등의 권리를 그대로 유지할 계약상 의무가 있다고 하더라도, 이는 기본적으로 투자금반환채무의 변제의 방법에 관한 것이고, 성실한 이행에 의하여 채권자가 계약상 권리의 만족이라는 이익을 얻는다고 하여도 이를 가지고 통상의 계약에서의 이익대립관계를 넘어서 배임죄에서 말하는 신임관계에 기초하여 채권자의 재산을 보호 또는 관리하여야 하는 '타인의 사무'에 해당한다고 볼 수 없다.

① 1개　　　② 2개
③ 3개　　　④ 4개
⑤ 없음

해설 | 출제영역 | 배임죄의 성립요건

④ 가, 나, 다, 라, 마. 모두 옳은 지문이다.

가. (○) 채무자가 금전채무를 담보하기 위하여 그 소유의 동산을 채권자에게 양도담보로 제공함으로써 채권자인 양도담보권자에 대하여 담보물의 담보가치를 유지·보전할 의무 내지 담보물을 타에 처분하거나 멸실, 훼손하는 등으로 담보권 실행에 지장을 초래하는 행위를 하지 않을 의무를 부담하게 되었더라도, 이를 들어 채무자가 통상의 계약에서의 이익대립관계를 넘어서 채권자와의 신임관계에 기초하여 채권자의 사무를 맡아 처리하는 것으로 볼 수 없다. 따라서 채무자를 배임죄의 주체인 '타인의 사무를 처리하는 자'에 해당한다고 할 수 없고, 그가 담보물을 제3자에게 처분하는 등으로 담보가치를 감소 또는 상실시켜 채권자의 담보권 실행이나 이를 통한 채권실현에 위험을 초래하더라도 배임죄가 성립한다고 할 수 없다(대법원 2020.2.20, 2019도9756 전원합의체).

나. (○) 피고인이 甲 새마을금고로부터 특정 토지 위에 건물을 신축하는 데 필요한 공사자금을 대출받으면서 이를 담보하기 위하여 乙 신탁회사를 수탁자, 甲 금고를 우선수익자, 피고인을 위탁자 겸 수익자로 한 담보신탁계약 및 자금관리대리사무계약을 체결하였고 계약 내용에 따라 건물이 준공된 후 乙 회사에 신탁등기를 이행하여 甲 금고의 우선수익권을 보장할 임무가 있음에도 이에 위배하여 丙 앞으로 건물의 소유권보존등기를 마쳐줌으로써 甲 금고에 재산상 손해를 가하였다고 하여 특정경제범죄 가중처벌 등에 관한 법률 위반(배임)으로 기소된 경우, 피고인은 배임죄에서의 '타인의 사무를 처리하는 자'에 해당하지 않는다(대법원 2020.4.29, 2014도9907).

다. (○) 대법원 2018.10.4, 2016도11337
라. (○) 대법원 2018.12.13, 2016도19308
마. (○) 대법원 2015.3.26, 2015도1301

정답 ⑤

135 ✅ 유사 ◆◆◇

배임의 죄에 관한 설명으로 가장 적절한 것은? (다툼이 있는 경우 판례에 의함)

① 채무자 甲이 자신의 금전채무를 담보하기 위하여 채권자 A와 자신 소유의 자동차에 관한 양도담보설정계약을 체결한 후, A에게 양도담보설정계약에 따른 의무를 다하지 않고 이를 B에게 처분한 경우, 甲에게는 배임죄의 기수범이 성립한다.

② 수분양권 매도인 甲이 수분양권 매매계약에 따라 매수인 A에게 수분양권을 이전할 의무를 이행하지 않고, 수분양권 또는 이에 근거하여 향후 소유권을 취득하게 될 목적물을 미리 B에게 처분한 경우, 특별한 사정이 없는 한 甲에게는 배임죄의 기수범이 성립한다.

③ A주식회사의 대표이사인 甲이 대표권을 남용하는 등 그 임무에 위배하여 A주식회사 명의의 약속어음을 발행하고 그 사정을 모르는 B에게 이를 교부하였으나 아직 어음채무가 실제로 이행되기 전인 경우, 甲에게는 배임죄의 기수범이 성립한다.

④ 甲이 A로부터 18억 원을 차용하면서 담보로 甲소유의 아파트에 A 명의의 4순위 근저당권을 설정해 주기로 약정하였음에도 B에게 채권최고액을 12억 원으로 하는 4순위 근저당권을 설정해 준 경우, 甲에게는 배임죄의 기수범이 성립한다.

[해설] 출제영역 | 배임죄의 성립요건

③ (○) 주식회사의 대표이사가 대표권을 남용하는 등 그 임무에 위배하여 회사 명의로 의무를 부담하는 행위를 하더라도 일단 회사의 행위로서 유효하고, 다만 ㉠ 상대방이 대표이사의 진의를 알았거나 알 수 있었을 때에는 회사에 대하여 무효가 된다. 따라서 상대방이 대표권남용 사실을 알았거나 알 수 있었던 경우 그 의무부담행위는 원칙적으로 회사에 대하여 효력이 없고, 경제적 관점에서 보아도 이러한 사실만으로는 회사에 현실적인 손해가 발생하였다거나 실해 발생의 위험이 초래되었다고 평가하기 어려우므로, 달리 그 의무부담행위로 인하여 실제로 채무의 이행이 이루어졌다거나 회사가 민법상 불법행위책임을 부담하게 되었다는 등의 사정이 없는 이상 배임죄의 기수에 이른 것은 아니다. 그러나 이 경우에도 대표이사로서는 배임의 범의로 임무위배행위를 함으로써 실행에 착수한 것이므로 배임죄의 미수범이 된다. 그리고 ㉡ 상대방이 대표권남용 사실을 알지 못하였다는 등의 사정이 있어 그 의무부담행위가 회사에 대하여 유효한 경우에는 회사의 채무가 발생하고 회사는 그 채무를 이행할 의무를 부담하므로, 이러한 채무의 발생은 그 자체로 현실적인 손해 또는 재산상 실해 발생의 위험이라고 할 것이어서 그 채무가 현실적으로 이행되기 전이라도 배임죄의 기수에 이르렀다고 보아야 한다(대법원 2017.7.20, 2014도1104 전원합의체).

① (×) 양도담보설정계약에 따라 채무자가 부담하는 의무는 담보목적의 달성, 즉 채무불이행 시 담보권 실행을 통한 채권의 실현을 위한 것이므로 담보설정계약의 체결이나 담보권설정 전후를 불문하고 당사자 관계의 전형적·본질적 내용은 여전히 금전채권의 실현 내지 피담보채무를 변제하는 것이다. 따라서 채무자가 위와 같은 급부의무를 이행하는 것은 채무자 자신의 사무에 해당할 뿐이고, 채무자가 통상의 계약에서 이익대립관계를 넘어서 채

권자와 신임관계에 기초하여 채권자의 사무를 맡아 처리한다고 볼 수 없으므로 채무자를 채권자에 대한 관계에서 '타인의 사무를 처리하는 자'라고 할 수 없다(대법원 2022.12.22, 2020도8682).

② (×) 특별한 사정이 없는 한 수분양권 매도인이 수분양권 매매계약에 따라 매수인에게 수분양권을 이전할 의무는 자신의 사무에 해당할 뿐이므로, 매수인에 대한 관계에서 '타인의 사무를 처리하는 자'라고 할 수 없다. 그러므로 수분양권 매도인이 위와 같은 의무를 이행하지 아니하고 수분양권 또는 이에 근거하여 향후 소유권을 취득하게 될 목적물을 미리 제3자에게 처분하였더라도 형법상 배임죄가 성립하는 것은 아니다(대법원 2021.7.8, 2014도12104).

④ (×) 피고인 甲이 A로부터 18억 원을 차용하면서 담보로 피고인 소유의 아파트에 A 명의의 4순위 근저당권을 설정해 주기로 약정하였음에도 제3자에게 채권최고액을 12억 원으로 하는 4순위 근저당권을 설정하여 줌으로써 12억 원 상당의 재산상 이익을 취득하고 A에게 같은 금액 상당의 손해를 가하였다고 하여 특정경제범죄 가중처벌 등에 관한 법률 위반(배임)으로 기소된 경우, 위 근저당권설정계약에서 피고인과 A 사이 당사자 관계의 전형적·본질적 내용은 채무의 변제와 이를 위한 담보에 있고, 피고인을 통상의 계약에서의 이익대립관계를 넘어서 甲과의 신임관계에 기초하여 A의 사무를 맡아 처리하는 것으로 볼 수 없는 이상 A에 대한 관계에서 '타인의 사무를 처리하는 자'에 해당한다고 할 수 없다(대법원 2020.6.18, 2019도14340 전원합의체).

[정답] ③

136 ✅ 유사 ◆◆◇

배임죄에 관한 다음 설명 중 가장 옳지 않은 것은?

① 아파트 수분양권 매도인이 매매계약에 따라 매수인에게 수분양권을 이전할 의무를 부담하는 경우 위와 같은 의무를 이행하지 아니하고 수분양권 또는 이에 근거하여 향후 소유권을 취득하게 될 목적물을 미리 제3자에게 처분하더라도, 매도인은 매수인에 대한 관계에서 '타인의 사무를 처리를 하는 자'라고 할 수 없으므로 형법상 배임죄가 성립하지 않는다.

② 청산회사의 대표청산인이 청산회사에 채권을 신고한 사람이 아닌 다른 자에게 부동산에 관하여 소유권이전등기를 마쳐준 경우 배임죄가 성립한다.

③ 회사의 경영자가 적대적 M&A로부터 경영권을 방어할 목적으로 종업원의 자사주 매입에 회사자금을 지원한 경우 배임죄가 성립한다.

④ 새마을금고 임·직원이 동일인 대출한도를 초과하여 대출함으로써 새마을금고법을 위반하였다고 하더라도, 대출한도제한규정 위반으로 처벌함은 별론으로 하고, 그 사실만으로는 업무상배임죄가 성립하지 않는다.

[해설] 출제영역 | 배임죄의 성립요건

② (×) 청산회사의 대표청산인이 처리하는 채무의 변제, 재산의 환가처분 등 회사의 청산의무는 청산인 자신의 사무 또는 청산회사의 업무에 속하는 것이므로, 청산인은 회사의 채권자들에 대한

관계에 있어 직접 그들의 사무를 처리하는 자가 아니다(대법원 1990.5.25, 90도6).

① (○) 특별한 사정이 없는 한 수분양권 매도인이 수분양권 매매계약에 따라 매수인에게 수분양권을 이전할 의무는 자신의 사무에 해당할 뿐이므로, 매수인에 대한 관계에서 '타인의 사무를 처리하는 자'라고 할 수 없다. 그러므로 수분양권 매도인이 위와 같은 의무를 이행하지 아니하고 수분양권 또는 이에 근거하여 향후 소유권을 취득하게 될 목적물을 미리 제3자에게 처분하였더라도 형법상 배임죄가 성립하는 것은 아니다(대법원 2021.7.8, 2014도12104).

③ (○) 경영자의 자금지원의 주된 목적이 종업원의 재산형성을 통한 복리증진보다는 안정주주를 확보함으로써 경영자의 회사에 대한 경영권을 계속 유지하고자 하는 데 있다면, 그 자금지원은 경영자의 이익을 위하여 회사재산을 사용하는 것이 되어 회사의 이익에 반하므로 회사에 대한 관계에서 임무위배행위가 된다(대법원 1999.6.25, 99도1141).

④ (○) 새마을금고의 동일인 대출한도 제한규정은 새마을금고 자체의 적정한 운영을 위하여 마련된 것이지 대출채무자의 신용도를 평가해서 대출채권의 회수가능성을 직접적으로 고려하여 만들어진 것은 아니므로 동일인 대출한도를 초과하였다는 사실만으로 곧바로 대출채권을 회수하지 못하게 될 위험이 생겼다고 볼 수 없고, … 동일인 대출한도를 초과하여 대출함으로써 구 새마을금고법을 위반하였다고 하더라도, 대출한도 제한규정 위반으로 처벌함은 별론으로 하고, 그 사실만으로 특별한 사정이 없는 한 업무상배임죄가 성립한다고 할 수 없고, 일반적으로 이러한 동일인 대출한도 초과대출이라는 임무위배의 점에 더하여 대출 당시의 대출채무자의 재무상태, 다른 금융기관으로부터의 차입금, 기타 채무를 포함한 전반적인 금융거래상황, 사업현황 및 전망과 대출금의 용도, 소요기간 등에 비추어 볼 때 채무상환능력이 부족하거나 제공된 담보의 경제적 가치가 부실해서 대출채권의 회수에 문제가 있는 것으로 판단되는 경우에 재산상 손해가 발생하였다고 보아 업무상배임죄가 성립한다고 해야 한다(대법원 2008.6.19, 2006도4876 전원합의체).

정답 ②

다음 설명 중 옳지 않은 것을 모두 고른 것은? (다툼이 있는 경우 판례에 의하고, 전원합의체 판결의 경우 다수의견에 의함)

ㄱ. 주권발행 전 주식 양도인은 양수인으로 하여금 회사 이외의 제3자에게 대항할 수 있도록 확정일자 있는 증서에 의한 양도통지 또는 승낙을 갖추어 주어야 할 채무를 부담하므로 이는 타인의 사무라고 보아야 한다. 따라서 주권발행 전 주식에 대한 양도계약에서의 양도인이 위와 같은 제3자에 대한 대항요건을 갖추어 주지 아니하고 이를 타에 처분하였다면 형법상 배임죄가 성립한다.

ㄴ. 문서의 내용 중 권한 없는 자에 의하여 이미 변조된 부분을 다시 권한 없이 변경하였다고 하더라도 사문서변조죄는 성립하지 않는다.

ㄷ. 부동산 매매계약에서 중도금이 지급되는 등 계약이 본격적으로 이행되었더라도, 매도인이 매수인에게 순위보전의 효력이 있는 가등기를 마쳐주었다면 매도인으로서는 소유권을 이전하여 줄 의무에서 벗어날 수 있으므로 배임죄가 성립하지 않는다.

ㄹ. 이익대립관계에 있는 통상의 계약관계에서 채무자의 성실한 급부이행에 의해 상대방이 계약상 권리의 만족 내지 채권의 실현이라는 이익을 얻게 되는 관계에 있다거나, 계약을 이행함에 있어 상대방을 보호하거나 배려할 부수적인 의무가 있다는 것만으로는 채무자를 타인의 사무를 처리하는 자라고 할 수 없다.

ㅁ. 발기인 등이 회사를 설립할 당시 회사를 실제로 운영할 의사 없이 회사를 이용한 범죄 의도나 목적이 있었다거나 회사로서의 인적·물적 조직 등 영업의 실질을 갖추지 않았다는 이유만으로는 부실의 사실을 법인등기부에 기록하게 한 것으로 볼 수 없다.

① ㄱ, ㄷ
② ㄱ, ㄷ, ㅁ
③ ㄱ, ㄴ, ㄷ, ㄹ
④ ㄷ, ㄹ, ㅁ
⑤ ㄱ, ㄴ, ㄷ, ㄹ, ㅁ

해설 출제영역 | 재산, 배임, 문서

ㄱ. (×) 주권발행 전 주식의 양도는 양도인과 양수인의 의사표시만으로 효력이 발생한다. 그 주식 양수인은 특별한 사정이 없는 한 양도인의 협력을 받을 필요 없이 단독으로 자신이 주식을 양수한 사실을 증명함으로써 회사에 대하여 명의개서를 청구할 수 있다. 따라서 양도인이 양수인으로 하여금 회사 이외의 제3자에게 대항할 수 있도록 확정일자 있는 증서에 의한 양도통지 또는 승낙을 갖추어 주어야 할 채무를 부담한다 하더라도 이는 자기의 사무라고 보아야 하고, 이를 양수인과의 신임관계에 기초하여 양수인의 사무를 맡아 처리하는 것으로 볼 수 없다. 그러므로 주권발행 전 주식에 대한 양도계약에서의 양도인은 양수인에 대하여 그의 사무를 처리하는 지위에 있지 아니하여, 양도인이 위와 같은 제3자에 대한 대항요건을 갖추어 주지 아니하고 이를 타에 처분하였다 하더라도 형법상 배임죄가 성립하는 것은 아니다(대법원

2020.6.4, 2015도6057).

ㄴ. (○) 대법원 2020.6.4, 2020도3809

ㄷ. (×) 부동산 매매계약에서 계약금만 지급된 단계에서는 어느 당사자나 계약금을 포기하거나 그 배액을 상환함으로써 자유롭게 계약의 구속력에서 벗어날 수 있다. 그러나 중도금이 지급되는 등 계약이 본격적으로 이행되는 단계에 이른 때에는 계약이 취소되거나 해제되지 않는 한 매도인은 매수인에게 부동산의 소유권을 이전해 줄 의무에서 벗어날 수 없다. 따라서 이러한 단계에 이른 때에 매도인은 매수인에 대하여 매수인의 재산보전에 협력하여 재산적 이익을 보호·관리할 신임관계에 있게 된다. 그때부터 매도인은 배임죄에서 말하는 '타인의 사무를 처리하는 자'에 해당한다고 보아야 한다. 그러한 지위에 있는 매도인이 매수인에게 계약 내용에 따라 부동산의 소유권을 이전해 주기 전에 그 부동산을 제3자에게 처분하고 제3자 앞으로 그 처분에 따른 등기를 마쳐 준 행위는 매수인의 부동산 취득 또는 보전에 지장을 초래하는 행위이다. 이는 매수인과의 신임관계를 저버리는 행위로서 배임죄가 성립한다(대법원 2018.5.17, 2017도4027 전원합의체). 그리고 매도인이 매수인에게 순위보전의 효력이 있는 가등기를 마쳐 주었더라도 이는 향후 매수인에게 손해를 회복할 수 있는 방안을 마련하여 준 것일 뿐 그 자체로 물권변동의 효력이 있는 것은 아니어서 매도인으로서는 소유권을 이전하여 줄 의무에서 벗어날 수 없으므로, 그와 같은 가등기로 인하여 매수인의 재산보전에 협력하여 재산적 이익을 보호·관리할 신임관계의 전형적·본질적 내용이 변경된다고 할 수 없다(대법원 2020.5.14, 2019도16228).

ㄹ. (○) 대법원 2020.6.18, 2019도14340 전원합의체

ㅁ. (○) 공공의 신용, 문서죄 중 공정증서원본불실기재죄(대법원 2020. 2.27, 2019도9293)

정답 ①

138 ✅ 유사 ◆◆◆ 변호사 2021

횡령죄 또는 배임죄에 관한 설명 중 옳은 것을 모두 고른 것은? (다툼이 있는 경우 판례에 의함)

ㄱ. 甲이 A은행으로부터 특정 토지 위에 건물을 신축하는 데 필요한 공사자금을 대출받으면서 이를 담보하기 위하여 B신탁회사를 수탁자, A은행을 우선수익자, 甲을 위탁자 겸 수익자로 하여 '신탁목적이 달성될 때까지 甲이 위 토지 및 건물을 임의로 처분할 수 없고, 준공 후 건물에 대하여 B신탁회사 앞으로 신탁등기를 경료하고 건물 분양수익금을 B신탁회사가 관리하면서 A은행에 대한 甲의 대출금을 변제한다'는 내용의 담보신탁계약 및 자금관리대리사무계약을 체결한 경우, 甲이 위 계약에 따른 A은행의 우선수익권 보장 임무에 위배하여 C 앞으로 위 건물의 소유권보존등기를 마쳐 주었다면 甲에게 A은행에 대한 배임죄가 성립한다.

ㄴ. 甲이 A로부터 1,000만 원 범위 내에서 액면을 보충·할인하여 달라는 의뢰를 받고 A가 발행한 액면 백지인 약속어음을 교부받아 보관하던 중, A와 합의한 보충권의 한도를 넘겨 액면을 2,000만 원으로 보충한 다음 甲의 채무변제조로 B에게 교부하여 임의로 사용한 경우, 甲에게 A에 대한 횡령죄가 성립한다.

ㄷ. 주식회사의 대표이사 甲이 대표권을 남용하는 등 그 임무에 위배하여 회사 명의로 의무를 부담하는 행위를 하더라도 상대방이 대표권남용 사실을 알았거나 알 수 있었던 경우, 그 의무부담행위로 인하여 실제로 채무의 이행이 이루어졌다거나 회사가 민법상 불법행위책임을 부담하게 되었다는 등의 사정이 없는 이상, 甲에게 배임죄의 미수범이 성립한다.

ㄹ. 甲이 A와 특정 토지를 매수하여 전매한 후 전매이익금을 정산하기로 약정하여 A로부터 토지매매와 전매에 관한 사항을 전적으로 위임받아 甲이 자신과 A의 돈을 합하여 토지를 매수하고 甲의 명의로 소유권이전등기를 마친 경우, 甲과 A 사이의 위 약정이 익명조합과 유사한 무명계약에 해당된다면, 甲이 위 토지를 제3자에게 임의로 매도한 후 A에게 전매이익금 반환을 거부한 때에는 甲에게 A에 대한 횡령죄가 성립한다.

① ㄴ ② ㄷ
③ ㄱ, ㄴ ④ ㄴ, ㄷ
⑤ ㄷ, ㄹ

해설 출제영역 | 재산, 횡령과 배임

ㄱ. (×) A은행의 주된 관심은 건물에 대한 신탁등기 이행 여부가 아

닌, 대출금 채권의 회수에 있고, 피고인은 A은행과의 관계에서 향후 건물이 준공되면 B회사와 건물에 대한 담보신탁계약, 자금관리대리사무계약 등을 체결하고 그에 따라 신탁등기절차를 이행하여 A은행에 우선수익권을 보장할 민사상 의무를 부담함에 불과하며, 'A은행의 우선수익권'은 계약당사자인 피고인, A은행, B회사 등이 약정한 바에 따라 각자의 의무를 성실히 이행하면 그 결과로서 보장될 뿐인 점을 종합하면, 결국 피고인은 통상의 계약에서의 이익대립관계를 넘어서 A은행과의 신임관계에 기초하여 A은행의 우선수익권을 보호 또는 관리하는 등 그의 사무를 처리하는 자의 지위에 있다고 보기 어려우므로 배임죄에서의 '타인의 사무를 처리하는 자'에 해당하지 않는다(대법원 2020.4.29, 2014도9907).

ㄴ. (×) 발행인으로부터 일정한 금액의 범위 내에서 액면을 보충·할인하여 달라는 의뢰를 받고 액면 백지인 약속어음을 교부받아 보관 중이던 자가 발행인과의 합의에 의하여 정해진 보충권의 한도를 넘어 보충을 한 경우에는 발행인의 서명날인 있는 기존의 약속어음 용지를 이용하여 새로운 별개의 약속어음을 발행한 것에 해당하여 이러한 보충권의 남용행위로 인하여 생겨난 새로운 약속어음에 대하여는 발행인과의 관계에서 보관자의 지위에 있다 할 수 없으므로, 설사 그 약속어음을 자신의 채무변제조로 제3자에게 교부하여 임의로 사용하였다고 하더라도, 발행인으로 하여금 제3자에 대하여 어음상의 채무를 부담하는 손해를 입게 한 데에 대한 배임죄가 성립될 수 있음은 별론으로 하고, 보관자의 지위에 있음을 전제로 횡령죄가 성립될 수는 없다(대법원 1995.1.20, 94도2760).

ㄷ. (○) 주식회사의 대표이사가 대표권을 남용하는 등 그 임무에 위배하여 회사 명의로 의무를 부담하는 행위를 하더라도 일단 회사의 행위로서 유효하고, 다만 ⓐ 상대방이 대표이사의 진의를 알았거나 알 수 있었을 때에는 회사에 대하여 무효가 된다. 따라서 상대방이 대표권남용 사실을 알았거나 알 수 있었던 경우 그 의무부담행위는 원칙적으로 회사에 대하여 효력이 없고, 경제적 관점에서 보아도 이러한 사실만으로는 회사에 현실적인 손해가 발생하였다거나 실해 발생의 위험이 초래되었다고 평가하기 어려우므로, 달리 그 의무부담행위로 인하여 실제로 채무의 이행이 이루어졌다거나 회사가 민법상 불법행위책임을 부담하게 되었다는 등의 사정이 없는 이상 배임죄의 기수에 이른 것은 아니다. 그러나 이 경우에도 대표이사로서는 배임의 범의로 임무위배행위를 함으로써 실행에 착수한 것이므로 배임죄의 미수범이 된다. 그리고 ⓑ 상대방이 대표권남용 사실을 알지 못하였다는 등의 사정이 있어 그 의무부담행위가 회사에 대하여 유효한 경우에는 회사의 채무가 발생하고 회사는 그 채무를 이행할 의무를 부담하므로, 이러한 채무의 발생은 그 자체로 현실적인 손해 또는 재산상 실해 발생의 위험이라고 할 것이어서 그 채무가 현실적으로 이행되기 전이라도 배임죄의 기수에 이르렀다고 보아야 한다(대법원 2017.7.20, 2014도1104 전원합의체).

ㄹ. (×) 조합 또는 내적 조합과 달리 익명조합의 경우에는 익명조합원이 영업을 위하여 출자한 금전 기타의 재산은 상대편인 영업자의 재산이 되므로 영업자는 타인의 재물을 보관하는 자의 지위에 있지 않고, 따라서 영업자가 영업이익금 등을 임의로 소비하였더라도 횡령죄가 성립할 수는 없다(피고인과 甲의 약정은 익명조합과 유사한 무명계약에 해당한다고 보아 피고인에게 횡령죄 성립을 부정한 사례, 대법원 2011.11.24, 2010도5014).

정답 ②

횡령과 배임의 죄에 대한 설명으로 가장 적절한 것은? (다툼이 있는 경우 판례에 의함)

① 부동산 실권리자명의 등기에 관한 법률을 위반하여 부동산을 소유자로부터 명의신탁받아 소유권이전등기를 경료한 후 명의수탁자가 이를 임의처분하면 명의신탁자에 대한 횡령죄가 성립한다.

② 부동산 매매계약에 있어 매도인이 매수인으로부터 계약금과 중도금을 지급받아 매수인의 재산보전에 협력할 의무를 부담하게 되었더라도, 매도인은 통상의 계약에서의 이익대립관계를 넘어 배임죄에서 말하는 신임관계에 기초한 '타인의 사무를 처리하는 자'의 지위에 있다고 할 수는 없다.

③ 甲이 A에게 자신의 B에 대한 채권을 양도한 후 채권양도 통지를 하기 전에 B로부터 채권을 추심하여 금전을 수령한 경우, 甲은 A를 위하여 해당 금원을 보관하는 지위에 있지 않으므로 이를 임의로 사용하면 횡령죄가 성립하지 않는다.

④ 권리이전에 등기·등록을 요하는 자동차에 대한 매매계약에 있어 매도인은 매수인에 대하여 그의 사무를 처리하는 자의 지위에 있으므로, 매도인이 매수인에게 소유권이전등록을 하지 아니하고 제3자에게 처분하였다면 배임죄가 성립한다.

해설 출제영역 | 횡령죄, 배임죄의 구성요건

③ (○) 채권양도인이 채무자에게 채권양도 통지를 하는 등으로 채권양도의 대항요건을 갖추어 주지 않은 채 채무자로부터 채권을 추심하여 금전을 수령한 경우, 특별한 사정이 없는 한 금전의 소유권은 채권양수인이 아니라 채권양도인에게 귀속하고 채권양도인이 채권양수인을 위하여 양도 채권의 보전에 관한 사무를 처리하는 신임관계가 존재한다고 볼 수 없다. 따라서 채권양도인이 위와 같이 양도한 채권을 추심하여 수령한 금전에 관하여 채권양수인을 위해 보관하는 자의 지위에 있다고 볼 수 없으므로, 채권양도인이 위 금전을 임의로 처분하더라도 횡령죄는 성립하지 않는다(대법원 2022.6.23, 2017도3829 전원합의체).

① (×) 부동산실명법을 위반한 양자간 명의신탁의 경우 명의수탁자가 신탁받은 부동산을 임의로 처분하여도 명의신탁자에 대한 관계에서 횡령죄가 성립하지 아니한다. 이러한 법리는 부동산 명의신탁이 부동산실명법 시행 전에 이루어졌고 같은 법이 정한 유예기간 이내에 실명등기를 하지 아니함으로써 그 명의신탁약정 및 이에 따라 행하여진 등기에 의한 물권변동이 무효로 된 후에 처분행위가 이루어진 경우에도 마찬가지로 적용된다(대법원 2021.2.18, 2016도18761 전원합의체).

② (×) 부동산 매매계약에서 계약금만 지급된 단계에서는 어느 당사자나 계약금을 포기하거나 그 배액을 상환함으로써 자유롭게 계약의 구속력에서 벗어날 수 있다. 그러나 중도금이 지급되는 등 계약이 본격적으로 이행되는 단계에 이른 때에는 계약이 취소되거나 해제되지 않는 한 매도인은 매수인에게 부동산의 소유권을 이전해 줄 의무에서 벗어날 수 없다. 따라서 이러한 단계에 이른 때에 매도인은 매수인에 대하여 매수인의 재산보전에 협력하여 재산적 이익을 보호·관리할 신임관계에 있게 된다. 그때부터 매도인은 배임죄에서 말하는 '타인의 사무를 처리하는 자'에

해당한다고 보아야 한다. 그러한 지위에 있는 매도인이 매수인에게 계약 내용에 따라 부동산의 소유권을 이전해 주기 전에 그 부동산을 제3자에게 처분하고 제3자 앞으로 그 처분에 따른 등기를 마쳐 준 행위는 매수인의 부동산 취득 또는 보전에 지장을 초래하는 행위이다. 이는 매수인과의 신임관계를 저버리는 행위로서 배임죄가 성립한다(대법원 2018.5.17, 2017도4027 전원합의체).

④ (×) 매매와 같이 당사자 일방이 재산권을 상대방에게 이전할 것을 약정하고 상대방이 그 대금을 지급할 것을 약정함으로써 효력이 생기는 계약의 경우(민법 제563조), 쌍방이 그 계약의 내용에 좇은 이행을 하여야 할 채무는 특별한 사정이 없는 한 '자기의 사무'에 해당하는 것이 원칙이다. 동산 매매계약에서의 매도인은 매수인에 대하여 그의 사무를 처리하는 지위에 있지 아니하므로, 매도인이 목적물을 타에 처분하였다 하더라도 형법상 배임죄가 성립하지 아니한다. 위와 같은 법리는 권리이전에 등기·등록을 요하는 동산에 대한 매매계약에서도 동일하게 적용되므로, 자동차 등의 매도인은 매수인에 대하여 그의 사무를 처리하는 지위에 있지 아니하여, 매도인이 매수인에게 소유권이전등록을 하지 아니하고 타에 처분하였다고 하더라도 마찬가지로 배임죄가 성립하지 아니한다(대법원 2020.10.22, 2020도6258 전원합의체).

정답 ③

140 ☑ 유사 ◆◆◆ 경찰간부 2022

횡령과 배임의 죄에 대한 설명 중 옳지 않은 것만을 모두 고른 것은? (다툼이 있는 경우 판례에 의함)

┤ 사례 ├

가. A가 착오로 甲의 통장계좌로 송금한 돈을 甲이 인출하여 임의로 사용한 경우, 甲은 그 송금된 돈을 보관하는 지위에 있다고 볼 수 없으므로 이를 영득할 의사로 인출하는 경우에도 횡령죄에 해당하지 아니한다.

나. 甲이 A에게 1억 원을 빌리면서 그 채무에 대한 담보로 자신의 부동산에 근저당권을 설정해주기로 약정하였음에도, 이후 B에게 자신의 부동산을 매도해버린 경우, 甲에게는 배임죄가 성립하지 아니한다.

다. 채무자 甲이 금전채무를 담보하기 위하여 그 소유의 동산을 채권자 A에게 양도담보로 제공하였음에도 甲이 채무변제 이전에 담보물을 임의로 처분한 경우, 甲에게는 A에 대한 횡령죄가 아니라 배임죄가 성립한다.

라. 매도인 甲이 자기 소유의 부동산을 매수인 A에게 매도하기로 약정하고 A로부터 계약금과 중도금을 지급받는 등 계약이 본격적으로 이행되는 단계에 이르렀음에도 그 부동산에 관한 소유권을 A에게 이전해주기 전에 B에게 처분하면서 소유권이전등기를 경료해 준 경우, 甲에게는 A에 대한 배임죄가 성립한다.

마. 甲이 자신이 알 수 없는 경위로 A의 특정 거래소 가상지갑에 들어있던 가상화폐를 甲 자신의 계좌로 이체받은 후 이를 자신의 다른 계정으로 이체한 경우, 甲에게는 A에 대한 배임죄가 성립하지 아니한다.

① 가, 다 ② 나, 다, 라
③ 나, 라, 마 ④ 가, 다, 마

해설 ┃ 출제영역 ┃ 횡령죄, 배임죄의 구성요건

① 가, 다가 옳지 않은 지문이다.

가. (×) 어떤 예금계좌에 돈이 착오로 잘못 송금되어 입금된 경우에는 그 예금주와 송금인 사이에 신의칙상 보관관계가 성립한다고 할 것이므로, 피고인이 송금 절차의 착오로 인하여 피고인 명의의 은행 계좌에 입금된 돈을 임의로 인출하여 소비한 행위는 횡령죄에 해당한다(대법원 2010.12.9, 2010도891).

나. (○) 채무자가 금전채무를 담보하기 위한 저당권설정계약에 따라 채권자에게 그 소유의 부동산에 관하여 저당권을 설정할 의무를 부담하게 되었다고 하더라도, 이를 들어 채무자가 통상의 계약에서 이루어지는 이익대립관계를 넘어서 채권자와의 신임관계에 기초하여 채권자의 사무를 맡아 처리하는 것으로 볼 수 없다(대법원 2020.6.18, 2019도14340 전원합의체).

다. (×) 채무자가 금전채무를 담보하기 위하여 그 소유의 동산을 채권자에게 양도담보로 제공함으로써 채권자인 양도담보권자에 대하여 담보물의 담보가치를 유지·보전할 의무 내지 담보물을 타에 처분하거나 멸실, 훼손하는 등으로 담보권 실행에 지장을 초래하는 행위를 하지 않을 의무를 부담하게 되었더라도, 이를 들어 채무자가 통상의 계약에서의 이익대립관계를 넘어서 채권자와의 신임관계에 기초하여 채권자의 사무를 맡아 처리하는 것으로 볼 수 없다. 따라서 채무자를 배임죄의 주체인 '타인의 사무를 처리하는 자'에 해당한다고 할 수 없고, 그가 담보물을 제3자에게 처분하는 등으로 담보가치를 감소 또는 상실시켜 채권자의 담보권 실행이나 이를 통한 채권실현에 위험을 초래하더라도 배임죄가 성립한다고 할 수 없다. 위와 같은 법리는, 채무자가 동산에 관하여 양도담보설정계약을 체결하여 이를 채권자에게 양도할 의무가 있음에도 제3자에게 처분한 경우에도 적용되고, 주식에 관하여 양도담보설정계약을 체결한 채무자가 제3자에게 해당 주식을 처분한 사안에도 마찬가지로 적용된다(대법원 2020.2.20, 2019도9756 전원합의체).

라. (○) 대법원 2018.5.17, 2017도4027 전원합의체

마. (○) 가상자산 권리자의 착오나 가상자산 운영 시스템의 오류 등으로 법률상 원인관계 없이 다른 사람의 가상자산 전자지갑에 가상자산이 이체된 경우, 가상자산을 이체받은 자는 가상자산의 권리자 등에 대한 부당이득반환의무를 부담하게 될 수 있다. 그러나 이는 당사자 사이의 민사상 채무에 지나지 않고 이러한 사정만으로 가상자산을 이체받은 사람이 신임관계에 기초하여 가상자산을 보존하거나 관리하는 지위에 있다고 볼 수 없다. 가상자산은 국가에 의해 통제받지 않고 블록체인 등 암호화된 분산원장에 의하여 부여된 경제적인 가치가 디지털로 표상된 정보로서 재산상 이익에 해당한다. 가상자산은 보관되었던 전자지갑의 주소만을 확인할 수 있을 뿐 그 주소를 사용하는 사람의 인적사항을 알 수 없고, 거래 내역이 분산 기록되어 있어 다른 계좌로 보낼 때 당사자 이외의 다른 사람이 참여해야 하는 등 일반적인 자산과는 구별되는 특징이 있다. 이와 같은 가상자산에 대해서는 현재까지 관련 법률에 따라 법정화폐에 준하는 규제가 이루어지지 않는 등 법정화폐와 동일하게 취급되고 있지 않고 그 거래에 위험이 수반되므로, 형법을 적용하면서 법정화폐와 동일하게 보호해야 하는 것은 아니다. 원인불명으로 재산상 이익인 가상자산을 이체받은 자가 가상자산을 사용·처분한 경우 이를 형사처벌하는 명문의 규정이 없는 현재의 상황에서 착오송금 시 횡령죄 성립을 긍정한 판례를 유추하여 신의칙을 근거로 피고인을 배임죄로 처벌하는 것은 죄형법정주의에 반한다. 비트코인이 법률상 원인관계 없이 甲으로부터 피고인 명의의 전자지갑으로 이체되었더라도 피고인이 신임관계에 기초하여 甲의 사무를 맡아 처리하는 것으로 볼 수 없는 이상 甲에 대한 관계에서 '타인의 사무를 처리하는 자'에 해당하지 않는다(대법원 2021.12.16, 2020도9789).

정답 ①

---

141 유사 ◆◆◆ 변호사 2022

횡령과 배임의 죄에 관한 설명 중 옳은 것을 모두 고른 것은? (다툼이 있는 경우 판례에 의함)

ㄱ. 甲이 성명불상자로부터 계좌를 빌려주면 대가를 주겠다는 제안을 받고 자신의 계좌에 연결된 체크카드를 양도하였는데, A가 보이스피싱 사기 범행에 속아 위 계좌로 금원을 송금하여 甲이 보관하던 중 이를 현금으로 인출하여 개인 용도로 사용한 경우, 甲이 사기범행에 이용되리라는 사정을 알지 못한 채 체크카드를 양도한 것이라면 A에 대한 횡령죄가 성립한다.

ㄴ. 타인으로부터 용도가 엄격히 제한된 자금을 위탁받아 집행하면서 그 제한된 용도 이외의 목적으로 자금을 사용한 행위가 개인적인 목적에서 비롯된 것이 아니라 결과적으로 자금을 위탁한 본인을 위하는 면이 있는 경우에는 횡령죄가 성립하지 않는다.

ㄷ. 甲이 乙로부터 18억 원을 차용하면서 담보로 甲 소유의 아파트에 乙 명의의 4순위 근저당권을 설정해주기로 약정하였음에도 제3자에게 채권최고액을 12억 원으로 하는 4순위 근저당권을 설정하여 준 경우 특정경제 범죄가중 처벌 등에 관한 법률위반 (배임)죄가 성립한다.

ㄹ. 부동산 실권리자명의 등기에 관한 법률을 위반하여 명의신탁자가 그 소유인 부동산의 등기명의를 명의수탁자에게 이전하는 이른바 양자간 명의신탁의 경우 명의수탁자가 신탁받은 부동산을 임의로 처분하더라도 횡령죄가 성립하지 않는다.

ㅁ. 타인의 사무를 처리하는 자가 그 직무에 관하여 여러 사람으로부터 각각 부정한 청탁을 받고 수회에 걸쳐 금품을 수수한 경우, 그 청탁이 동종의 것이면 단일하고 계속된 범의 아래 이루어진 범행으로 보아 그 전체를 포괄일죄로 볼 수 있다.

① ㄱ, ㄹ
② ㄴ, ㄷ
③ ㄱ, ㄷ, ㅁ
④ ㄱ, ㄹ, ㅁ
⑤ ㄴ, ㄹ, ㅁ

해설 **출제영역 |** 횡령죄, 배임죄의 구성요건

ㄱ. (○) 사기범행에 이용되리라는 사정을 알지 못한 채 단순히 자신 명의 계좌의 접근매체를 양도하였을 뿐이어서 사기의 공범에 해당하지 않는 경우에는 성명불상자의 사기범행에 속은 피해자가 위 계좌로 송금하여 입금된 돈을 보관하고 있다고 할 수 있어 이를 임의로 인출한 행위는 횡령죄를 구성한다(대법원 2018.7.19, 2017도17494 전원합의체; 2018.8.1, 2018도5255).

ㄴ. (×) 타인으로부터 용도가 엄격히 제한된 자금을 위탁받아 집행하면서 그 제한된 용도 이외의 목적으로 자금을 사용하는 것은, 그 사용이 개인적인 목적에서 비롯된 경우는 물론 결과적으로 자금을 위탁한 본인을 위하는 면이 있더라도, 그 사용행위 자체로서 불법영득의 의사를 실현한 것이 되어 횡령죄가 성립한다고 할 것이다(대법원 1999.7.9, 98도4088).

ㄷ. (×) 부동산이중저당에 대해서는 배임죄가 성립하지 않는다는 것이 판례의 입장이다. "위 근저당권설정계약에서 피고인과 甲 사이 당사자 관계의 전형적·본질적 내용은 채무의 변제와 이를 위한 담보에 있고, 피고인을 통상의 계약에서의 이익대립관계를 넘어서 甲과의 신임관계에 기초하여 甲의 사무를 맡아 처리하는 것으로 볼 수 없는 이상 甲에 대한 관계에서 '타인의 사무를 처리하는 자'에 해당한다고 할 수 없다(대법원 2020.6.18, 2019도14340 전원합의체)."

ㄹ. (○) 대법원 2021.2.18, 2016도18761 전원합의체

ㅁ. (×) 타인의 사무를 처리하는 자가 동일인으로부터 그 직무에 관하여 부정한 청탁을 받고 여러 차례에 걸쳐 금품을 수수한 경우, 그것이 단일하고도 계속된 범의 아래 일정기간 반복하여 이루어진 것이고 그 피해법익도 동일한 때에는 이를 포괄일죄로 보아야 한다. 다만, 여러 사람으로부터 각각 부정한 청탁을 받고 그들로부터 각각 금품을 수수한 경우에는 비록 그 청탁이 동종의 것이라고 하더라도 단일하고 계속된 범의 아래 이루어진 범행으로 보기 어려워 그 전체를 포괄일죄로 볼 수 없다(대법원 2008.12.11, 2008도6987).

정답 ①

---

142 ☑유사 ◆◆◇ 경찰간부 2023

횡령과 배임의 죄에 관한 설명으로 옳은 것은 모두 몇 개인가? (다툼이 있는 경우 판례에 의함)

가. 건물의 임차인 甲이 임대인 A에 대한 임대차 보증금반환채권을 B에게 양도하고, 이를 A에게 통지하지 않고, A로부터 남아있던 임대차보증금을 반환받아 甲이 소비한 경우 횡령죄가 성립하지 않는다.

나. 직무발명에 대한 권리를 사용자 등에게 승계한다는 취지를 징한 약징 또는 근무규정의 직용을 빕는 종업원 등이 직무발명의 완성 사실을 사용자 등에게 통지하지 아니한 채 그에 대한 특허를 받을 수 있는 권리를 제3자에게 이중으로 양도하여 제3자가 특허권 등록까지 마치도록 하는 등으로 발명의 내용이 공개되도록 한 경우, 배임죄가 성립한다.

다. 채무자가 본인 소유의 동산을 채권자에게 「동산·채권 등의 담보에 관한 법률」에 따른 동산담보로 제공한 경우, 채무자가 담보물을 제3자에게 처분하는 등으로 담보가치를 감소 또는 상실시켜 채권자의 담보권 실행이나 이를 통한 채권실현에 위험을 초래하더라도 배임죄는 성립하지 않는다.

라. 甲이 범죄수익 등의 은닉을 위해 乙로부터 교부받은 무기명 양도성예금증서를 현금으로 교환하여 임의로 소비하였다면 횡령죄가 성립한다.

① 1개 ② 2개
③ 3개 ④ 4개

해설 출제영역 | 횡령죄, 배임죄의 구성요건

③ 3개

가. (○) 건물의 임차인인 피고인이 임대인 甲에 대한 임대차보증금

반환채권을 乙에게 양도하였는데도 甲에게 채권양도 통지를 하지 않고 甲으로부터 남아 있던 임대차보증금을 반환받아 보관하던 중 개인적인 용도로 사용하여 이를 횡령하였다는 내용으로 기소된 경우, 임대차보증금으로 받은 금전의 소유권은 피고인에게 귀속하고, 피고인이 乙을 위한 보관자 지위가 인정될 수 있는 신임관계에 있다고 볼 수 없어 횡령죄가 성립하지 않는다(대법원 2022.6.23, 2017도3829 전원합의체).

나. (○) 직무발명에 대한 특허를 받을 수 있는 권리 등을 사용자 등에게 승계한다는 취지를 정한 약정 또는 근무규정의 적용을 받는 종업원 등은 사용자 등이 이를 승계하지 아니하기로 확정되기 전까지는 임의로 위와 같은 승계 약정 또는 근무규정의 구속에서 벗어날 수 없는 상태에 있는 것이어서, 종업원 등이 그 발명의 내용에 관한 비밀을 유지한 채 사용자 등의 특허권 등 권리의 취득에 협력하여야 할 의무는 자기 사무의 처리라는 측면과 아울러 상대방의 재산보전에 협력하는 타인 사무의 처리라는 성격을 동시에 가지게 되므로, 이러한 경우 종업원 등은 배임죄의 주체인 '타인의 사무를 처리하는 자'의 지위에 있다고 할 것이다. 따라서 위와 같은 지위에 있는 종업원 등이 임무를 위반하여 직무발명을 완성하고도 그 사실을 사용자 등에게 알리지 않은 채 그 발명에 대한 특허를 받을 수 있는 권리를 제3자에게 이중으로 양도하여 제3자가 특허권 등록까지 마치도록 하는 등으로 그 발명의 내용이 공개되도록 하였다면, 이는 사용자 등에게 손해를 가하는 행위로서 배임죄를 구성한다(대법원 2012.11.15, 2012도6676).

다. (○) 채무자가 금전채무를 담보하기 위하여 그 소유의 동산을 채권자에게 동산·채권 등의 담보에 관한 법률에 따른 동산담보로 제공함으로써 채권자인 동산담보권자에 대하여 담보물의 담보가치를 유지·보전할 의무 또는 담보물을 타에 처분하거나 멸실, 훼손하는 등으로 담보권 실행에 지장을 초래하는 행위를 하지 않을 의무를 부담하게 되었더라도, 이를 들어 채무자가 통상의 계약에서의 이익대립관계를 넘어서 채권자와의 신임관계에 기초하여 채권자의 사무를 맡아 처리하는 것으로 볼 수 없다. 따라서 이러한 경우 채무자를 배임죄의 주체인 '타인의 사무를 처리하는 자'에 해당한다고 할 수 없고, 그가 담보물을 제3자에게 처분하는 등으로 담보가치를 감소 또는 상실시켜 채권자의 담보권 실행이나 이를 통한 채권실현에 위험을 초래하더라도 배임죄가 성립하지 아니한다(대법원 2020.8.27, 2019도14770 전원합의체).

라. (×) 피고인이, 甲 등이 금융다단계 사기 범행을 통하여 취득한 범죄수익 등인 무기명 양도성예금증서를 乙로부터 건네받아 현금으로 교환한 후 임의로 소비하였다고 하여 특정경제범죄 가중처벌 등에 관한 법률 위반(횡령)으로 기소된 경우, 피고인이 乙로부터 범죄수익 등의 은닉을 위해 교부받은 무기명 양도성예금증서는 불법의 원인으로 급여한 물건에 해당하여 소유권이 피고인에게 귀속되므로, 피고인에 대하여 횡령죄가 성립하지 않는다(대법원 2017.10.26, 2017도9254).

정답 ③

횡령죄와 배임죄에 관한 설명으로 가장 적절하지 않은 것은? (다툼이 있는 경우 판례에 의함)

① 어음의 할인을 위하여 배서양도의 형식으로 약속어음을 교부받은 자가 이를 자신의 채무변제에 충당한 경우, 이는 위탁의 취지에 반하는 것으로 횡령죄가 성립한다.

② 질권설정자가 타인에 대한 채무의 담보로 제3채무자에 대한 채권에 대하여 권리질권을 설정하면서 제3채무자에게 질권설정의 사실을 통지한 때에는, 질권설정자가 질권자의 동의 없이 제3채무자에게서 질권의 목적인 채권의 변제를 받았다 하더라도 배임죄가 성립하지 않는다.

③ 지입회사에 소유권이 있는 차량에 대하여 지입회사에서 운행관리권을 위임받은 지입차주가 지입회사의 승낙 없이 보관 중인 차량을 사실상 처분한 경우에는 횡령죄가 성립하지만, 그 차량의 보관을 지입차주로부터 위임받은 사람이 지입차주의 승낙 없이 보관 중인 차량을 사실상 처분한 경우에는 배임죄가 성립한다.

④ 금전채권을 담보하기 위하여 채무자 소유의 동산에 관하여 양도담보계약을 설정한 경우, 채무자가 이를 점유하던 중 임의로 양도담보된 동산을 처분하면 배임죄가 성립하지 않는다.

해설　**출제영역 ┃ 횡령죄, 배임죄의 구성요건**

③ (×) 지입회사에 소유권이 있는 차량에 대하여 지입회사에서 운행관리권을 위임받은 지입차주가 지입회사의 승낙 없이 보관 중인 차량을 처분하거나 지입차주에게서 차량 보관을 위임받은 사람이 지입차주의 승낙 없이 보관 중인 차량을 처분한 경우, 횡령죄가 성립한다(대법원 2015.6.25, 2015도1944 전원합의체).

① (○) 약속어음을 할인을 위하여 교부받은 수탁자는 위탁의 취지에 따라 보관하는 것에 불과하고 위 약속어음을 교부할 당시에 그 할인의 편의를 위하여 배서양도의 형식을 취하였다 하더라도 다를 바 없다 할 것이므로 배서양도의 형식으로 위탁된 약속어음을 수탁자가 자신의 채무변제에 충당하였다면 이와 같은 수탁자의 행위는 위탁의 취지에 반하는 것으로서 횡령죄를 구성한다(대법원 1983.4.26, 82도3079).

② (○) 질권설정자가 제3채무자에게 질권설정의 사실을 통지하거나 제3채무자가 이를 승낙한 때에는 제3채무자가 질권자의 동의 없이 질권의 목적인 채무를 변제하더라도 이로써 질권자에게 대항할 수 없고, 질권자는 여전히 제3채무자에 대하여 직접 그 채무의 변제를 청구하거나 변제할 금액의 공탁을 청구할 수 있다. 그러므로 이러한 경우 질권설정자가 질권의 목적인 채권의 변제를 받았다고 하여 질권자에 대한 관계에서 타인의 사무를 처리하는 자로서 그 임무에 위배하는 행위를 하여 질권자에게 어떤 손해를 가하거나 손해 발생의 위험을 초래하였다고 할 수 없고, 배임죄가 성립하지도 않는다고 보아야 한다(대법원 2016.4.29, 2015도5665).

④ (○) 채무자가 금전채무를 담보하기 위하여 그 소유의 동산을 채권자에게 양도담보로 제공함으로써 채권자인 양도담보권자에 대하여 담보물의 담보가치를 유지·보전할 의무 내지 담보물을 타에 처분하거나 멸실, 훼손하는 등으로 담보권 실행에 지장을 초래하는 행위를 하지 않을 의무를 부담하게 되었더라도, 이를 들어 채무자가 통상의 계약에서의 이익대립관계를 넘어서 채권자와의 신임관계에 기초하여 채권자의 사무를 맡아 처리하는 것으로 볼 수 없다. 따라서 채무자를 배임죄의 주체인 '타인의 사무를 처리하는 자'에 해당한다고 할 수 없고, 그가 담보물을 제3자에게 처분하는 등으로 담보가치를 감소 또는 상실시켜 채권자의 담보권 실행이나 이를 통한 채권실현에 위험을 초래하더라도 배임죄가 성립한다고 할 수 없다(대법원 2020.2.20, 2019도9756 전원합의체).

정답　③

횡령과 배임의 죄에 대한 설명으로 옳지 않은 것은?

① 타인의 재물을 보관하는 사람이 단순히 반환을 거부한 사실만으로 횡령죄가 성립하는 것은 아니며, 반환거부의 이유 및 주관적인 의사 등을 종합하여 반환거부행위가 횡령행위와 같다고 볼 수 있을 정도이어야만 횡령죄가 성립할 수 있다.

② 저당권설정계약에 따라 채권자에게 저당권설정의무를 부담하는 채무자가 제3자에게 먼저 담보물에 관한 저당권을 설정하거나 담보물을 양도하는 등으로 채권자의 채권실현에 위험을 초래하더라도 배임죄가 성립한다고 할 수 없다.

③ 건물의 임차인이 임대인에 대한 임대차보증금반환채권을 제3자에게 양도하였는데도 임대인에게 채권양도 통지를 하지 않고 임대인으로부터 남아 있던 임대차보증금을 반환받아 보관하던 중 이를 개인적인 용도로 사용하면, 채권을 양수한 제3자를 피해자로 하는 횡령죄가 성립한다.

④ 주식회사의 대표이사가 대표권을 남용하는 등 그 임무에 위배하여 회사 명의로 의무를 부담하는 행위를 하더라도 상대방이 대표권남용 사실을 알았거나 알 수 있었던 경우, 그 의무부담행위로 인하여 실제로 채무의 이행이 이루어졌다거나 회사가 민법상 불법행위책임을 부담하게 되었다는 등의 사정이 없는 이상 배임죄의 기수에 이른 것은 아니다.

해설　**출제영역 ┃ 횡령죄, 배임죄의 구성요건**

③ (×) 건물의 임차인인 피고인이 임대인 甲에 대한 임대차보증금반환채권을 乙에게 양도하였는데도 甲에게 채권양도 통지를 하지 않고 甲으로부터 남아 있던 임대차보증금을 반환받아 보관하던 중 개인적인 용도로 사용한 경우, 임대차보증금으로 받은 금전의 소유권은 피고인에게 귀속하고, 피고인이 乙을 위한 보관자 지위가 인정될 수 있는 신임관계에 있다고 볼 수 없어 횡령죄가 성립하지 않는다(대법원 2022.6.23, 2017도3829 전원합의체).

① (○) 타인의 재물을 보관하는 사람이 단순히 반환을 거부한 사실만으로 횡령죄가 성립하는 것은 아니며, 반환거부의 이유 및 주관적인 의사 등을 종합하여 반환거부행위가 횡령행위와 같다고

볼 수 있을 정도이어야만 횡령죄가 성립할 수 있다(대법원 2014.
4.10, 2013도1717).

② (○) 채무자가 금전채무를 담보하기 위한 저당권설정계약에 따라 채권자에게 그 소유의 부동산에 관하여 저당권을 설정할 의무를 부담하게 되었다고 하더라도, 이를 들어 채무자가 통상의 계약에서 이루어지는 이익대립관계를 넘어서 채권자와의 신임관계에 기초하여 채권자의 사무를 맡아 처리하는 것으로 볼 수 없다. 채무자가 저당권설정계약에 따라 채권자에 대하여 부담하는 저당권을 설정할 의무는 계약에 따라 부담하게 된 채무자 자신의 의무이다. 채무자가 위와 같은 의무를 이행하는 것은 채무자 자신의 사무에 해당할 뿐이므로, 채무자를 채권자에 대한 관계에서 '타인의 사무를 처리하는 자'라고 할 수 없다. 따라서 채무자가 제3자에게 먼저 담보물에 관한 저당권을 설정하거나 담보물을 양도하는 등으로 담보가치를 감소 또는 상실시켜 채권자의 채권실현에 위험을 초래하더라도 배임죄가 성립한다고 할 수 없다(대법원 2020.6.18, 2019도14340 전원합의체).

④ (○) 주식회사의 대표이사가 대표권을 남용하는 등 그 임무에 위배하여 회사 명의로 의무를 부담하는 행위를 하더라도 일단 회사의 행위로서 유효하고, 다만 상대방이 대표이사의 진의를 알았거나 알 수 있었을 때에는 회사에 대하여 무효가 된다. 따라서 상대방이 대표권남용 사실을 알았거나 알 수 있었던 경우 그 의무부담행위는 원칙적으로 회사에 대하여 효력이 없고, 경제적 관점에서 보아도 이러한 사실만으로는 회사에 현실적인 손해가 발생하였다거나 실해 발생의 위험이 초래되었다고 평가하기 어려우므로, 달리 그 의무부담행위로 인하여 실제로 채무의 이행이 이루어졌다거나 회사가 민법상 불법행위책임을 부담하게 되었다는 등의 사정이 없는 이상 배임죄의 기수에 이른 것은 아니다. 그러나 이 경우에도 대표이사로서는 배임의 범의로 임무위배행위를 함으로써 실행에 착수한 것이므로 배임죄의 미수범이 된다(대법원 2017.7.20, 2014도1104 전원합의체).

정답 ③

145 ✓ 유사 ◆◆◇ 변호사 2016

재산죄에 관한 설명 중 옳은 것을 모두 고른 것은? (다툼이 있는 경우 판례에 의함)

ㄱ. 회사가 타인의 사무를 처리하는 일을 영업으로 영위하는 경우, 회사의 대표이사는 내부기관으로서 당해 회사가 그 타인에 대하여 부담하고 있는 의무내용대로 사무를 처리할 임무가 있더라도 그 임무는 회사에 대하여 부담하는 임무이지 직접 타인에 대하여 지고 있는 임무는 아니므로, 대표이사가 그 임무에 위배하였다고 하더라도 그 타인에 대한 배임죄가 성립한다고 할 수 없다.

ㄴ. 전자복권구매시스템에서 은행환불명령을 입력하여 가상계좌 잔액이 1,000원 이하로 되었을 때 복권구매명령을 입력하면 가상계좌로 복권 구매요청금과 동일한 액수의 가상현금이 입금되는 프로그램 오류를 이용하였을 뿐 허위의 정보를 입력한 경우가 아닌 때에도 부정한 명령의 입력에 해당하여 컴퓨터등사용사기죄가 성립할 수 있다.

ㄷ. 강도 범행 이후 피해자의 심리적 저항불능 상태가 해소되지 않은 상태에서 피해자를 계속 끌고 다니거나 차량에 태우고 함께 이동하는 등 강취행위와 상해행위 사이에 다소의 시간적·공간적 간격이 있는 상태에서 강도 범인의 상해행위가 있었다면 강도상해죄가 성립한다.

ㄹ. 비의료인이 개설한 의료기관이 마치 의료법에 의하여 적법하게 개설된 요양기관인 것처럼 국민건강보험공단에 요양급여비용의 지급을 청구하여 요양급여비용을 지급받더라도, 의료기관의 개설인인 비의료인이 개설 명의를 빌려준 의료인으로 하여금 환자들에게 진단, 치료 등 요양급여를 실제로 제공하게 하였다면 사기죄가 성립하지 않는다.

ㅁ. 타인의 사망을 보험사고로 하는 생명보험계약을 체결함에 있어 제3자가 피보험자인 것처럼 가장하여 체결하는 등으로 그 유효요건이 갖추어지지 못한 경우에도 보험사고의 우연성과 같은 보험의 본질을 해칠 정도라고 볼 수 있는 특별한 사정이 없는 한, 하자 있는 보험계약을 체결한 행위만으로는 보험금을 편취하려는 의사에 의한 기망행위의 실행에 착수한 것으로 볼 수 없다.

① ㄱ, ㄷ   ② ㄴ, ㄷ
③ ㄷ, ㄹ   ④ ㄱ, ㄹ, ㅁ
⑤ ㄴ, ㄷ, ㅁ

해설 **출제영역 | 배임죄의 성립요건 – 타인사무관리자**

ㄱ. (×) 타인의 사무를 처리할 의무의 주체가 법인인 경우 그 법인의 대표기관이 배임죄의 주체가 될 수 있는지에 대하여 판례는 긍정설을 취하였다. "형법 제355조 제2항의 배임죄에 있어서 타인의 사무를 처리할 의무의 주체가 법인이 되는 경우라도 법인은 다만 사법상의 의무주체가 될 뿐 범죄능력이 없는 것이며 그 타

인의 사무는 법인을 대표하는 자연인인 대표기관의 의사결정에 따른 대표행위에 의하여 실현될 수밖에 없어 그 대표기관은 마땅히 법인이 타인에 대하여 부담하고 있는 의무내용 대로 사무를 처리할 임무가 있다 할 것이므로 법인이 처리할 의무를 지는 타인의 사무에 관하여는 법인이 배임죄의 주체가 될 수 없고 <u>그 법인을 대표하여 사무를 처리하는 자연인인 대표기관이 바로 타인의 사무를 처리하는 자 즉 배임죄의 주체가 된다</u>(대법원 1984.10.10, 82도2595 전원합의체)."

[참고 1] 위 ㄱ.의 지문은 위 전원합의체 판례의 <u>소수의견</u>에 해당한다. "법인은 사법상의 의무주체가 될 뿐 범죄능력이 없다고 하나 바로 이 사법상의 의무주체가 배임죄의 주체가 되는 것이므로 이것을 떠나서 배임죄는 성립할 수 없다할 것이고 법인의 대표기관은 법인이 타인에 대하여 부담하고 있는 의무내용대로 사무를 처리할 임무가 있다는 그 임무는 법인에 대하여 부담하는 임무이지 법인의 대표기관이 직접 타인에 대하여 지고 있는 임무는 아니므로 그 임무에 위배하였다 하여 이를 타인에 대한 배임죄가 성립한다고 할 수 없다."

[참고 2] 회사에 대한 배임죄가 성립한다는 판례도 있다. "회사가 타인의 사무를 처리하는 일을 영업으로 영위하고 있는 경우, 회사의 대표이사가 그 타인의 사무를 처리하면서 업무상 임무에 위배되는 행위를 함으로써 재산상 이익을 취득하거나 제3자로 하여금 이를 취득하게 하고 그로 인하여 회사로 하여금 그 타인에 대한 손해배상책임 등 채무를 부담하게 한 때에는 회사에 손해를 가하거나 재산상 실해 발생의 위험을 초래한 것으로 볼 수 있으므로, 이러한 행위는 회사에 대한 관계에서 업무상배임죄를 구성한다(대법원 2014.2.21, 2011도8870)."

[정리] 회사가 타인의 사무를 처리하는 일을 영업으로 영위하는 경우, 그 회사의 대표이사가 임무에 위배하는 행위를 하였다면 회사에 대한 배임죄도 성립할 수 있고 그 타인에 대한 배임죄도 성립할 수 있다.

ㄴ. (○) 대법원 2013.11.14, 2011도4440
ㄷ. (○) 대법원 2014.9.26, 2014도9567
ㄹ. (×) 국민건강보험법 제42조 제1항 제1호는 요양급여를 실시할 수 있는 요양기관 중 하나인 의료기관을 '의료법에 따라 개설된 의료기관'으로 한정하고 있다. 따라서 의료법 제33조 제2항을 위반하여 적법하게 개설되지 아니한 의료기관에서 환자를 진료하는 등의 요양급여를 실시하였다면 해당 의료기관은 국민건강보험법상 요양급여비용을 청구할 수 있는 요양기관에 해당되지 아니하므로 요양급여비용을 적법하게 지급받을 자격이 없다. 따라서 비의료인이 개설한 의료기관이 마치 의료법에 의하여 적법하게 개설된 요양기관인 것처럼 국민건강보험공단에 요양급여비용의 지급을 청구하는 것은 국민건강보험공단으로 하여금 요양급여비용 지급에 관한 의사결정에 착오를 일으키게 하는 것으로서 사기죄의 기망행위에 해당하고, 이러한 기망행위에 의하여 국민건강보험공단에서 요양급여비용을 지급받을 경우에는 사기죄가 성립한다(대법원 2015.7.9, 2014도11843).
ㅁ. (○) 대법원 2013.11.14, 2013도7494

[정답] ⑤

다음 중 배임죄의 성립 여부에 관한 설명으로서 가장 옳지 않은 것은? (다툼이 있는 경우 판례에 의함)

① 공무에 관하여도 배임죄는 성립할 수 있고, 그 경우 주체는 공무원에 한정되는 것은 아니다.

② 甲이 대표이사로 있는 A상가 주식회사가 A회사에 건축자금이 모자라게 되자 甲이 A회사의 명의로 乙 등에게 이미 분양된 상가를 丙 등에게 이중분양하여 대금을 받은 후 건축 완료와 동시에 丙 등에게 등기이전을 해 준 경우, 그 대표기관과 법인은 동시에 타인의 사무를 처리하는 자, 즉 배임죄의 주체가 된다.

③ 건물의 소유자가 제1매수인과 매매계약을 체결하고 그 대금 전액을 지급받았는데, 매수인이 아직 등기이전을 하고 있지 않아서 더 좋은 조건을 제시하는 선의의 제2매수인에게 매도하여 등기이전까지 해 준 경우에는 횡령죄가 아닌 배임죄가 성립한다.

④ 내연의 처에게 불륜관계를 지속하는 대가로 빌딩이전등기를 경료해 주기로 한 후 이를 이행하지 아니한 경우라도 배임죄가 성립하는 것은 아니다.

해설 ┃ 출제영역 ┃ 배임죄의 성립요건

② (×) 형법 제355조 제2항의 배임죄에 있어서 타인의 사무를 처리할 의무의 주체가 법인이 되는 경우라도 법인은 다만 사법상의 의무주체가 될 뿐 범죄능력이 없는 것이며 그 타인의 사무는 법인을 대표하는 자연인인 대표기관의 의사결정에 따른 대표행위에 의하여 실현될 수 밖에 없어 그 대표기관은 마땅히 법인이 타인에 대하여 부담하고 있는 의무내용대로 사무를 처리할 임무가 있다 할 것이므로 <u>법인이 처리할 의무를 지는 타인의 사무에 관하여는 법인이 배임죄의 주체가 될 수 없고 그 법인을 대표하여 사무를 처리하는 자연인인 대표기관이 바로 타인의 사무를 처리하는 자 즉 배임죄의 주체가 된다</u>(대법원 1984.10.10, 82도2595 전원합의체).

① (○) 공무원이 그 임무에 위배되는 행위로써 제3자로 하여금 재산상의 이익을 취득하게 하여 국가에 손해를 가한 경우에 업무상배임죄가 성립하는데(대법원 2013.9.27, 2013도6835). 배임죄의 주체가 되는 신분이란 '타인의 재산상 사무를 처리하는 자'이지 '공무원'으로 제한되어 있는 것은 아니므로 공무원 아닌 자도 배임죄의 주체가 될 수 있다.

③ (○) 대법원 2018.5.17, 2017도4027 전원합의체

④ (○) 내연의 처와의 불륜관계를 지속하는 대가로서 부동산에 관한 소유권이전등기를 경료해 주기로 약정한 경우, 위 부동산 증여계약은 선량한 풍속과 사회질서에 반하는 것으로 무효이어서 위 증여로 인한 소유권이전등기의무가 인정되지 아니하는 이상 동인이 타인의 사무를 처리하는 자에 해당한다고 볼 수 없어 비록 <u>위 등기의무를 이행하지 않는다 하더라도 배임죄를 구성하지 않는다</u>(대법원 1986.9.9, 86도1382).

[정답] ②

147 ✓ 유사 ◆◆◇ 　　경찰1차 2020

배임죄에 관한 설명으로 가장 적절하지 않은 것은? (다툼이 있는 경우 판례에 의함)

① 피고인이 인쇄기를 甲에게 양도하기로 하고 계약금 및 중도금을 수령하였음에도 이를 자신의 채권자 乙에게 기존 채무변제에 갈음하여 양도한 경우 배임죄가 성립하지 않는다.

② 피고인이 그 소유의 에어컨을 피해자에게 양도담보로 제공하고 점유개정의 방법으로 점유하고 있다가 다시 이를 제3자에게 양도담보로 제공하고 역시 점유개정의 방법으로 점유를 계속한 경우 배임죄를 구성하지 않는다.

③ 동산에 대하여 점유개정의 방법으로 이중 양도담보를 설정한 경우 처음의 양도담보권자에게 이중으로 양도담보 제공을 하지 않기로 특약하였다면 배임죄를 구성한다.

④ 채무자가 그 소유의 동산에 대하여 점유개정의 방식으로 채권자들에게 이중의 양도담보 설정계약을 체결한 후 양도담보 설정자가 목적물을 임의로 제3자에게 처분하였다면 뒤의 채권자에 대한 관계에서 배임죄가 성립하지 않는다.

[해설] 출제영역 | 배임죄 – 동산의 이중양도담보

③ (×) 동산에 대하여 점유개정의 방법으로 이중양도담보를 설정한 경우 뒤의 양도담보권자는 처음의 양도담보권자에 대하여 배타적으로 자기의 담보권을 주장할 수 없으므로 이중으로 양도담보제공이 된 것만으로는 가사담보권 설정자가 처음의 양도담보권자에게 이중으로 양도담보제공을 하지 않기로 특약하였더라도 그에게 담보권의 상실이나 담보가치의 감소 등 손해가 발생한다고 볼 수 없으므로 배임죄를 구성하지 않는다(대법원 1989.4.11, 88도1586).

① (○) 대법원 2011.1.20, 2008도10479 전원합의체
② (○) 대법원 1990.2.13, 89도1931
④ (○) 대법원 2004.6.25, 2004도1751

[보충] 최근 전원합의체 판결로 '처음의 양도담보권자에 대한 관계'에서도 배임죄가 성립하지 않는다.

[참고] 채무자가 금전채무를 담보하기 위하여 그 소유의 동산을 채권자에게 양도담보로 제공함으로써 채권자인 양도담보권자에 대하여 담보물의 담보가치를 유지·보전할 의무 내지 담보물을 타에 처분하거나 멸실, 훼손하는 등으로 담보권 실행에 지장을 초래하는 행위를 하지 않을 의무를 부담하게 되었더라도, 이를 들어 채무자가 통상의 계약에서의 이익대립관계를 넘어서 채권자와의 신임관계에 기초하여 채권자의 사무를 맡아 처리하는 것으로 볼 수 없다. 따라서 채무자를 배임죄의 주체인 '타인의 사무를 처리하는 자'에 해당한다고 할 수 없고, 그가 담보물을 제3자에게 처분하는 등으로 담보가치를 감소 또는 상실시켜 채권자의 담보권 실행이나 이를 통한 채권실현에 위험을 초래하더라도 배임죄가 성립한다고 할 수 없다(대법원 2020.2.20, 2019도9756 전원합의체).

[정답] ③

148 ✓ 유사 ◆◆◇ 　　변호사 2014

다음 사례들 중 甲과 丙의 죄책에 관한 설명으로 옳지 않은 것을 모두 고른 것은? (다음 사례의 기재 내용 중 '배임죄'는 '업무상배임죄'로 대신할 수 있고, 다툼이 있는 경우에는 판례에 의함)

ㄱ. 배임죄에서 '재산상 손해를 가한 때'에는 '재산상 손해발생의 위험을 초래한 경우'도 포함되는 것이므로, 법인의 대표이사 甲이 회사의 이익이 아닌 자기 또는 제3자의 이익을 도모할 목적으로 권한을 남용하여 회사 명의의 금전소비대차 공정증서를 작성하여 법인 명의의 채무를 부담한 경우에는 상대방이 대표이사의 진의를 알았거나 알 수 있었다고 할지라도 배임죄가 성립한다.

ㄴ. 甲이 乙로부터 임야를 매수하면서 계약금을 지급하는 즉시 甲 앞으로 소유권을 이전받되 위 임야를 담보로 대출을 받아 잔금을 지급하기로 약정하고, 甲이 계약금을 지급한 후 임야에 대한 소유권을 이전받고 이를 담보로 제공하여 자금을 융통하였음에도 乙에게 잔금을 지급하지 않았다고 하더라도 배임죄가 성립하지 않는다.

ㄷ. 부동산 소유자인 甲이 乙과 부동산 매매계약을 체결하고 계약금과 중도금을 모두 수령하였는데, 이러한 사실을 모두 알고 있는 丙이 甲에게 부동산의 가격을 더 높게 지불할 테니 자신에게 위 부동산을 매각해 달라는 요청을 하자 위 부동산을 丙에게 이중으로 매도하고 소유권이전등기를 경료해 준 경우, 甲에게는 배임죄가 성립하고 丙에게는 장물취득죄가 성립한다.

ㄹ. 아파트 입주자대표회의 회장인 甲이 공공요금의 납부를 위한 지출결의서에 날인을 거부함으로써 아파트 입주자들에게 그에 대한 통상의 연체료를 부담시켰다면, 위 행위로 인하여 아파트 입주민에게 연체료 금액만큼 손해를 가하고 연체료를 받은 공공기관은 그 금액만큼 이익을 취득한 것이므로 배임죄가 성립한다.

ㅁ. A 주식회사를 인수하는 甲이 일단 금융기관으로부터 인수자금을 대출받아 회사를 인수한 다음, A 주식회사에 아무런 반대급부를 제공하지 않고 그 회사의 자산을 위 인수자금 대출금의 담보로 제공하도록 하였다면, 甲에게는 배임죄가 성립한다.

① ㄱ, ㄷ
② ㄴ, ㄹ
③ ㄱ, ㄷ, ㄹ
④ ㄴ, ㄷ, ㅁ
⑤ ㄷ, ㄹ, ㅁ

[해설] 출제영역 | 배임죄의 객관적 구성요건 – 손해를 가한 때

ㄱ. (×) 배임죄에서 '재산상 손해를 가한 때'에는 현실적인 손해를 가한 경우뿐만 아니라 재산상 실해발생의 위험을 초래한 경우도 포함되나, 그러한 손해발생의 위험조차 초래되지 아니한 경우에는 배임죄가 성립하지 아니한다. 이에 따라 법인의 대표자가 법

인 명의로 한 채무부담행위가 법률상 효력이 없는 경우에는 특별한 사정이 없는 한 그로 인하여 법인에 어떠한 손해가 발생하거나 발생할 위험이 있다고 할 수 없으므로 그 대표자의 행위는 배임죄를 구성하지 아니하며, 주식회사의 대표이사 등이 회사의 이익을 위해서가 아니라 자기 또는 제3자의 이익을 도모할 목적으로 대표권을 행사한 경우에 상대방이 대표이사 등의 진의를 알았거나 알 수 있었을 때에는 그 행위는 회사에 대하여 무효가 되므로 위와 같이 보아야 한다(대법원 2012.5.24, 2012도2142).

ㄴ. (○) 일정한 신임관계의 고의적 외면에 대한 형사적 징벌을 핵심으로 하는 배임의 관점에서 보면, 부동산매매에서 매수인이 대금을 지급하는 것에 대하여 매도인이 계약상 권리의 만족이라는 이익이 있다고 하여도 대금의 지급은 어디까지나 매수인의 법적 의무로서 행하여지는 것이고, 그 사무의 처리에 관하여 통상의 계약에서의 이익대립관계를 넘는 신임관계가 당사자 사이에 발생한다고 할 수 없다. 따라서 그 대금의 지급은 당사자 사이의 신임관계에 기하여 매수인에게 위탁된 매도인의 사무가 아니라 애초부터 매수인 자신의 사무라고 할 것이다(대법원 2011.4.28, 2011도3247).

[보충] 부동산매매에서 미리 소유권을 이전받은 매수인이 목적물을 담보로 제공하는 방법으로 매매대금을 마련하여 매도인에게 제공하기로 약정한 경우, 위 매수인에게 있어서 그 대금의 지급은 당사자 사이의 신임관계에 기하여 매수인에게 위탁된 매도인의 사무가 아니라 애초부터 매수인 자신의 사무라고 할 것이어서(위 판례) (업무상)배임죄의 주체인 '타인의 사무를 처리하는 자'에 해당하지 않는다.

ㄷ. (×) 형법상 장물죄의 객체인 장물이라 함은 재산권상의 침해를 가져 올 위법행위로 인하여 영득한 물건으로, 이중매매된 부동산의 경우에는 위 부동산소유자가 배임행위로 인하여 영득한 것은 재산상의 이익이고 위 배임범죄에 제공된 대지는 범죄로 인하여 영득한 것 자체는 아니므로 그 취득자 또는 전득자에게 대하여 배임죄의 가공여부를 논함은 별문제로 하고 장물취득죄로 처단할 수 없다(대법원 1975.12.9, 74도2804). 배임행위에 제공된 물건은 재산범죄로 인하여 '영득'한 재물이 아니라 제공된 제물에 불과하다.

ㄹ. (×) 입주자대표회의 회장이 지출결의서에 날인을 거부함으로써 아파트 입주자들에게 그 연체료를 부담시킨 사안에서, 열 사용요금 납부 연체로 인하여 발생한 연체료는 금전채무 불이행으로 인한 손해배상에 해당하므로, 공급업체가 연체료를 지급받았다는 사실만으로 공급업체가 그에 해당하는 재산상의 이익을 취득하게 된 것으로 단정하기 어렵고, 나아가 공급업체가 열 사용요금 연체로 인하여 실제로는 아무런 손해를 입지 않았거나 연체료 액수보다 적은 손해를 입었다는 등의 특별한 사정이 인정되는 경우에 한하여 비로소 연체료 내지 연체료 금액에서 실제 손해액을 공제한 차액에 해당하는 재산상의 이익을 취득한 것으로 볼 수 있을 뿐이라는 이유로, 공급업체가 연체료 상당의 재산상 이익을 취득한 것으로 보아 업무상 배임죄의 성립을 인정한 원심판결을 파기하였다(대법원 2009.6.25, 2008도3792).

ㅁ. (○) 기업인수에 필요한 자금을 마련하기 위하여 인수자가 금융기관으로부터 대출을 받고 나중에 피인수회사의 자산을 담보로 제공하는 방식, 이른바 LBO(Leveraged Buyout) 방식을 사용하는 경우, 피인수회사로서는 주채무가 변제되지 아니할 경우에는 담보로 제공되는 자산을 잃게 되는 위험을 부담하게 되는 것이므로, 인수자가 피인수회사의 위와 같은 담보제공으로 인한 위험부담에 상응하는 대가를 지급하는 등의 반대급부를 제공하는 경우에 한하여 허용될 수 있다 할 것이다. 만일 인수자가 피인수회사에 아무런 반대급부를 제공하지 않고 임의로 피인수회사의 재산을 담보로 제공하게 하였다면, 인수자 또는 제3자에게 담보가치에 상응한 재산상 이익을 취득하게 하고 피인수회사에게 그 재산상 손해를 가하였다고 봄이 상당하다. 이는 인수자가 자신이

인수한 주식, 채권 등이 임의로 처분되지 못하도록 피인수회사 또는 금융기관에 담보로 제공함으로써 피담보채무에 대한 별도의 담보를 제공한 경우라고 하더라도 마찬가지이다(대법원 2008.2.28, 2007도5987).

정답 ③

149 ✓유사 ◆◆◇ 변호사 2018

배임죄에 관한 설명 중 옳은 것을 모두 고른 것은? (다툼이 있는 경우 판례에 의함)

> ㄱ. 타인 소유의 특허권을 명의신탁받아 관리하는 업무를 수행해 오다가 제3자로부터 특허권을 이전해 달라는 제의를 받고 대금을 지급받고는 그 타인의 승낙도 받지 않은 채 제3자 앞으로 특허권을 이전등록한 경우에는 업무상배임죄가 성립한다.
> ㄴ. 회사 직원이 영업비밀을 적법하게 반출하여 그 반출행위가 업무상배임죄에 해당하지 않는 경우라도, 퇴사 시에 회사에 반환해야 할 의무가 있는 영업비밀을 회사에 반환하지 아니하였다면 업무상배임죄가 성립한다.
> ㄷ. 거래상대방의 대향적 행위의 존재를 필요로 하는 유형의 배임죄에서 배임죄의 실행으로 이익을 얻게 되는 수익자는 배임죄의 공범이 되는 것이 원칙이다.
> ㄹ. 배임행위가 본인 이외의 제3자에 대한 사기죄를 구성한다 하더라도 그로 인하여 본인에게 손해가 생긴 때에는 사기죄와 함께 배임죄가 성립하고, 두 죄는 상상적 경합의 관계에 있다.
> ㅁ. 동산매매계약에서 매도인은 매수인에 대하여 그의 사무를 처리하는 지위에 있지 아니하므로, 매도인이 목적물을 매수인에게 인도하지 아니하고 이를 타에 처분하였다 하더라도 배임죄가 성립하지 아니한다.

① ㄱ, ㄴ, ㄷ
② ㄱ, ㄴ, ㅁ
③ ㄱ, ㄷ, ㄹ
④ ㄴ, ㄹ, ㅁ
⑤ ㄷ, ㄹ, ㅁ

해설 | 출제영역 | 배임죄의 성립 여부

ㄱ. (○) 피고인 2가 이 사건 특허권이 피고인 1의 소유가 아니라는 사정을 알 수 있었던 상황에서 피고인 1에게 특허권을 이전하라고 제의하였다고 하더라도, 배임행위의 실행행위자인 피고인 1과는 별개의 이해관계를 가지고 대향적 지위에서 독자적으로 거래하면서 자신의 이익을 위하여 이 사건 특허권을 이전받은 것으로 보이고, 원심이 든 사정만으로 피고인 2가 배임의 의사가 없었던 피고인 1에게 배임의 결의를 하게 하여 교사하였다거나 배임행위의 전 과정에 관여하는 등 배임행위에 적극 가담하였다고 단정하기 어렵다(대법원 2016.10.13, 2014도17211).

ㄴ. (○) 회사직원이 영업비밀이나 영업상 주요한 자산인 자료를 적법하게 반출하여 그 반출행위가 업무상배임죄에 해당하지 않는 경우라도 퇴사 시에 그 영업비밀 등을 회사에 반환하거나 폐기할 의무가 있음에도 경쟁업체에 유출하거나 스스로의 이익을 위하

여 이용할 목적으로 이를 반환하거나 폐기하지 아니하였다면, 이러한 행위는 업무상배임죄에 해당한다(대법원 2008.4.24, 2006도9089).

ㄷ. (×) 거래상대방의 대향적 행위의 존재를 필요로 하는 유형의 배임죄에서 거래상대방은 기본적으로 배임행위의 실행행위자와 별개의 이해관계를 가지고 반대편에서 독자적으로 거래에 임한다는 점을 고려하면, 업무상 배임죄의 실행으로 인하여 이익을 얻게 되는 수익자는 배임죄의 공범이라고 볼 수 없는 것이 원칙이고, 실행행위자의 행위가 피해자 본인에 대한 배임행위에 해당한다는 점을 인식한 상태에서 배임의 의도가 전혀 없었던 실행행위자에게 배임행위를 교사하거나 또는 배임행위의 전 과정에 관여하는 등으로 배임행위에 적극 가담한 경우에 한하여 배임의 실행행위자에 대한 공동정범으로 인정할 수 있다(대법원 2016.10.13, 2014도17211).

ㄹ. (×) 본인에 대한 배임행위가 본인 이외의 제3자에 대한 사기죄를 구성한다 하더라도 그로 인하여 본인에게 손해가 생긴 때에는 사기죄와 함께 배임죄가 성립한다(대법원 1987.4.28, 83도1568 참조). 각 죄는 서로 구성요건 및 그 행위의 태양과 보호법익을 달리하고 있어 상상적 경합범의 관계가 아니라 실체적 경합범의 관계에 있다(대법원 2010.11.11, 2010도10690).

ㅁ. (○) 동산매매계약에서의 매도인은 매수인에 대하여 그의 사무를 처리하는 지위에 있지 아니하므로, 매도인이 목적물을 매수인에게 인도하지 아니하고 이를 타에 처분하였다 하더라도 형법상 배임죄가 성립하는 것은 아니다(대법원 2011.1.20, 2008도10479 전원합의체).

정답 ②

150 ✓ 유사 ◆◆◇

배임의 죄에 대한 설명 중 옳고 그름의 표시(○, ×)가 바르게 된 것은?(다툼이 있는 경우 판례에 의함)

⊙ 자기소유의 동산에 대해 매수인과 매매계약을 체결한 매도인이 중도금까지 지급받은 상태에서 그 목적물을 제3자에 대한 자기의 채무변제에 갈음하여 그 제3자에게 양도해 버린 경우에는 기존 매수인에 대한 배임죄가 성립한다.

ⓒ 금융기관의 임직원이 보통예금계좌에 입금된 예금주의 예금을 무단으로 인출한 경우에 그 임직원은 예금주와의 사이에서 그의 재산관리에 관한 사무를 처리하는 자의 지위에 있다고 할 것이므로, 그러한 예금 인출행위는 예금주에 대한 관계에서 업무상배임죄를 구성한다.

ⓒ 피고인이 자신의 모(母) 명의를 빌려 자동차를 매수하면서 피해자 甲주식회사에서 필요한 자금을 대출받고 자동차에 저당권을 설정하였는데, 저당권자인 甲회사의 동의 없이 이를 성명불상의 제3자에게 양도담보로 제공하였다면 피고인의 행위는 적어도 미필적으로나마 甲회사의 자동차에 대한 추급권 행사가 불가능하게 될 수 있음을 알면서도 그 담보가치를 실질적으로 상실시키는 것으로서 배임죄가 성립되는 특별한 사정이 있는 경우에 해당한다.

ⓒ 배임죄에 있어서 타인의 사무를 처리하는 자라 함은 양자간의 신임관계에 기초를 둔 타인의 재산보호 내지 관리의무가 있음을 그 본질적 내용으로 하는 것이므로, 배임죄의 성립에 있어 행위자가 대외관계에서 타인의 재산을 처분할 적법한 대리권이 있음을 요하지 아니한다.

① ⊙(×) ⓒ(○) ⓒ(○) ⓒ(×)
② ⊙(×) ⓒ(×) ⓒ(○) ⓒ(○)
③ ⊙(○) ⓒ(○) ⓒ(×) ⓒ(×)
④ ⊙(×) ⓒ(×) ⓒ(×) ⓒ(○)

해설 출제영역 | 배임죄의 구성요건

④ ⊙(×) ⓒ(×) ⓒ(×) ⓒ(○)

⊙ (×) 매매의 목적물이 동산일 경우, 매도인은 매수인에게 계약에 정한 바에 따라 그 목적물인 동산을 인도함으로써 계약의 이행을 완료하게 되고 그때 매수인은 매매목적물에 대한 권리를 취득하게 되는 것이므로, 매도인에게 자기의 사무인 동산인도채무 외에 별도로 매수인의 재산의 보호 내지 관리 행위에 협력할 의무가 있다고 할 수 없다. 동산매매계약에서의 매도인은 매수인에 대하여 그의 사무를 처리하는 지위에 있지 아니하므로, 매도인이 목적물을 매수인에게 인도하지 아니하고 이를 타에 처분하였다 하더라도 형법상 배임죄가 성립하는 것은 아니다(대법원 2011.1.20, 2008도10479 전원합의체).

ⓒ (×) 이른바 보통예금은 은행 등 법률이 정하는 금융기관을 수치인으로 하는 금전의 소비임치 계약으로서, 그 예금계좌에 입금된 금전의 소유권은 금융기관에 이전되고, 예금주는 그 예금계좌를 통한 예금반환채권을 취득하는 것이므로, 금융기관의 임직원은

예금주로부터 예금계좌를 통한 적법한 예금반환 청구가 있으면 이에 응할 의무가 있을 뿐 예금주와의 사이에서 그의 재산관리에 관한 사무를 처리하는 자의 지위에 있다고 할 수 없다. 임의로 예금주의 예금계좌에서 5,000만 원을 인출한 금융기관의 임직원에게 업무상배임죄가 성립하지 않는다(대법원 2008.4.24, 2008도1408).

ⓒ (×) 채무자가 금전채무를 담보하기 위하여 '자동차 등 특정동산 저당법' 등에 따라 그 소유의 동산에 관하여 채권자에게 저당권을 설정해 주기로 약정하거나 저당권을 설정한 경우, 채권자에 대한 관계에서 배임죄의 주체인 '타인의 사무를 처리하는 자'에 해당하지 않는다(대법원 2020.10.22, 2020도6258 전원합의체).

[보충] 원래는 배임죄가 성립한다는 것이 과거의 판례이었으나(대법원 2012.9.13, 2010도11665), 위 2020도6258 전원합의체 판결에 의하여 배임죄가 성립하지 않는 것으로 변경되었다.

> [판례] 금전채권채무 관계에서 채권자가 채무자의 급부이행에 대한 신뢰를 바탕으로 금전을 대여하고 채무자의 성실한 급부이행에 의해 채권의 만족이라는 이익을 얻게 된다 하더라도, 채권자가 채무자에 대한 신임을 기초로 그의 재산을 보호 또는 관리하는 임무를 부여하였다고 할 수 없고, 금전채무의 이행은 어디까지나 채무자가 자신의 급부의무의 이행으로서 행하는 것이므로 이를 두고 채권자의 사무를 맡아 처리하는 것으로 볼 수 없다. 따라서 채무자를 채권자에 대한 관계에서 '타인의 사무를 처리하는 자'에 해당한다고 할 수 없다. 채무자가 금전채무를 담보하기 위하여 「자동차 등 특정동산 저당법」 등에 따라 그 소유의 동산에 관하여 채권자에게 저당권을 설정해 주기로 약정하거나 저당권을 설정한 경우에도 마찬가지이다. 채무자가 저당권설정계약에 따라 부담하는 의무, 즉 동산을 담보로 제공할 의무, 담보물의 담보가치를 유지·보전하거나 담보물을 손상, 감소 또는 멸실시키지 않을 소극적 의무, 담보권 실행 시 채권자나 그가 지정하는 자에게 담보물을 현실로 인도할 의무와 같이 채권자의 담보권 실행에 협조할 의무 등은 모두 저당권설정계약에 따라 부담하게 된 채무자 자신의 급부의무이다. 또한 저당권설정계약은 피담보채권의 발생을 위한 계약에 종된 계약으로, 피담보채무가 소멸하면 저당권설정계약상의 권리의무도 소멸하게 된다. 저당권설정계약에 따라 채무자가 부담하는 의무는 담보목적의 달성, 즉 채무불이행 시 담보권 실행을 통한 채권의 실현을 위한 것이므로 저당권설정계약의 체결이나 저당권 설정 전후를 불문하고 당사자 관계의 전형적·본질적 내용은 여전히 금전채권의 실현 내지 피담보채무의 변제에 있다(대법원 2020.8.27, 2019도14770 전원합의체 등). 따라서 채무자가 위와 같은 급부의무를 이행하는 것은 채무자 자신의 사무에 해당할 뿐이고, 채무자가 통상의 계약에서의 이익대립관계를 넘어서 채권자와의 신임관계에 기초하여 채권자의 사무를 맡아 처리한다고 볼 수 없으므로 채무자를 채권자에 대한 관계에서 배임죄의 주체인 '타인의 사무를 처리하는 자'에 해당한다고 할 수 없다. 그러므로 채무자가 담보물을 제3자에게 처분하는 등으로 담보가치를 감소 또는 상실시켜 채권자의 담보권 실행이나 이를 통한 채권실현에 위험을 초래하더라도 배임죄가 성립하지 아니한다. 위와 같은 법리는, 금전채무를 담보하기 위하여 「공장 및 광업재단 저당법」에 따라 저당권이 설정된 동산을 채무자가 제3자에게 임의로 처분한 사안에도 마찬가지로 적용된다(대법원 2020.10.22, 2020도6258 전원합의체).

ⓔ (○) 대법원 1999.9.17, 97도3219

정답 ④

---

151 ✓ 유사 ◆◆◇   변호사 2019 변형

배임죄에 관한 설명 중 옳지 않은 것을 모두 고른 것은? (다툼이 있는 경우 판례에 의함)

> ㄱ. 주식회사의 대표이사가 대표권을 남용하여 약속어음을 발행한 경우, 그 발행 상대방이 대표권 남용사실을 알았거나 알 수 있었던 때에 해당하여 약속어음 발행이 무효일 뿐 아니라, 실제 그 어음이 유통되지도 않았다면 회사에 현실적으로 손해가 발생하였다거나 실해 발생의 위험이 발생하였다고 볼 수 없으므로 배임죄의 기수, 미수 어느 것도 성립할 수 없다.
>
> ㄴ. 금융기관이 금원을 대출함에 있어 대출금 중 선이자를 공제한 나머지만 교부하거나 약속어음을 할인함에 있어 만기까지의 선이자를 공제한 경우, 배임행위로 인하여 금융기관이 입는 손해는 선이자를 공제한 금액이 아니라 선이자로 공제한 금원을 포함한 대출금 전액이거나 약속어음 액면금 상당액으로 보아야 한다.
>
> ㄷ. 배임죄에 있어 재산상 손해의 유무에 대한 판단과 관련하여, 법률적 판단에 의해 당해 배임행위가 무효인 경우에는, 경제적 관점에서 파악하여 본인에게 현실적인 손해를 가하였거나 재산상 실해 발생의 위험을 초래한 경우라도 재산상의 손해를 가한 때에 해당할 수 없다.
>
> ㄹ. 업무상배임죄의 실행으로 인하여 이익을 얻게 되는 수익자 또는 그와 밀접한 관련이 있는 제3자를 배임의 실행행위자와 공동정범으로 인정하기 위해서는, 위 수익자 또는 제3자가 실행행위자의 행위가 피해자 본인에 대한 배임행위에 해당한다는 것을 알면서도 소극적으로 그 배임행위에 편승하여 이익을 취득한 것만으로 충분하다.
>
> ㅁ. 부동산에 근저당권을 설정하여 줄 의사가 없음에도 피해자를 속이고 근저당권 설정을 약정하여 금원을 편취한 다음, 근저당권 설정약정이 유효함에도 그 부동산에 제3자 명의로 근저당권설정등기를 마친 경우, 사기죄만 성립하고 배임죄는 성립하지 않는다.

① ㄱ, ㄴ, ㄷ
② ㄱ, ㄷ, ㄹ
③ ㄱ, ㄹ, ㅁ
④ ㄴ, ㄷ, ㅁ
⑤ ㄴ, ㄹ, ㅁ

해설 | 출제영역 | 배임죄의 성립

ㄱ. (×) 상대방이 대표이사의 진의를 알았거나 알 수 있었을 때에는 회사에 대하여 무효가 된다. 따라서 상대방이 대표권남용 사실을 알았거나 알 수 있었던 경우 그 의무부담행위는 원칙적으로 회사에 대하여 효력이 없고, 경제적 관점에서 보아도 이러한 사실만으로는 회사에 현실적인 손해가 발생하였다거나 실해 발생의 위험이 초래되었다고 평가하기 어려우므로, 배임죄의 기수에 이른 것은 아니다. 그러나 이 경우에도 대표이사로서는 배임의 범의로 임무위배행위를 함으로써 실행에 착수한 것이므로 배임죄의 미

수범이 된다(대법원 2017.7.20, 2014도1104 전원합의체).

ㄴ. (○) 업무상배임죄에 있어서 본인에게 손해를 가하다 함은 총체적으로 보아 본인의 재산상태에 손해를 가하는 경우를 말하고, 위와 같은 손해에는 장차 취득할 것이 기대되는 이익을 얻지 못하는 경우도 포함된다 할 것인바, 금융기관이 금원을 대출함에 있어 대출금 중 선이자를 공제한 나머지만 교부하거나 약속어음을 할인함에 있어 만기까지의 선이자를 공제한 경우 배임행위로 인하여 금융기관이 입는 손해는 선이자를 공제한 금액이 아니라 선이자로 공제한 금원을 포함한 대출금 전액이나 약속어음 액면금 상당액으로 보아야 한다(대법원 2003.10.10, 2003도3516).

ㄷ. (×) 재산상 손해의 유무에 대한 판단은 본인의 전 재산 상태와의 관계에서 법률적 판단에 의하지 아니하고 경제적 관점에서 파악하여야 하며, 따라서 법률적 판단에 의하여 당해 배임행위가 무효라 하더라도 경제적 관점에서 파악하여 배임행위로 인하여 본인에게 현실적인 손해를 가하였거나 재산상 실해발생의 위험을 초래한 경우에는 재산상의 손해를 가한 때에 해당되어 배임죄를 구성한다(대법원 1995.12.22, 94도3013).

ㄹ. (×) 업무상배임죄의 실행으로 인하여 이익을 얻게 되는 수익자 또는 그와 밀접한 관련이 있는 제3자를 배임의 실행행위자와 공동정범으로 인정하기 위해서는 실행행위자의 행위가 피해자인 본인에 대한 배임행위에 해당한다는 것을 알면서도 소극적으로 그 배임행위에 편승하여 이익을 취득한 것만으로는 부족하고, 실행행위자의 배임행위를 교사하거나 또는 배임행위의 전 과정에 관여하는 등으로 배임행위에 적극 가담할 것을 필요로 한다(대법원 1999.7.23, 99도1911).

ㅁ. (○) 사기죄는 성립하나, 대법원 2020.6.18, 2019도14340 전원합의체 판례에 의하여 배임죄는 성립하지 않는다.

정답 ②

152 ✓ 유사 ◆◆◇ 　　법원행시 2018

다음 설명 중 옳지 않은 것은 모두 몇 개인가?

가. 배임행위가 법률상 무효이기 때문에 본인의 재산 상태가 사실상으로도 악화된 바가 없다면 현실적인 손해가 없음은 물론이고 실해가 발생할 위험도 없는 것이므로 본인에게 재산상의 손해를 가한 것이라고 볼 수 없다.

나. 조합장이 조합으로부터 공무원에게 뇌물로 전달하여 달라고 금원을 교부받고도, 이를 뇌물로 전달하지 않고 개인적으로 소비한 경우에는 횡령죄가 성립한다.

다. 회사의 대표이사가 대표권을 남용하여 회사 명의의 약속어음을 발행한 사실을 상대방이 알았거나 알 수 있었을 때에 해당하여 약속어음 발행이 무효가 되고 그 어음이 실제로 유통되지도 않았다면, 특별한 사정이 없는 한 배임미수죄가 성립한다.

라. 학교법인 이사장이, 학교법인이 설치·운영하는 대학 산학협력단이 용도를 특정하여 교부받은 보조금 중 3억 원을 대학 교비계좌로 송금하여 교직원 급여 등으로 사용하였다면, 업무상횡령죄가 성립한다.

마. 피해자의 대출업무 담당자가 서류를 위조하여 피해자의 근저당권설정등기를 말소하였더라도 피해자 명의의 근저당권의 효력에는 영향이 없고 피해자가 불법행위책임을 부담할 여지도 없으므로, 피해자에게 재산상 손해가 발생하였다고 볼 수 없다.

① 0개　　　　② 1개
③ 2개　　　　④ 3개
⑤ 4개

해설 출제영역 | 횡령죄, 배임죄의 성립요건

가. (○) 대법원 2012.2.23, 2011도15857

나. (×) 민법 제746조에 불법의 원인으로 인하여 재산을 급여하거나 노무를 제공한 때에는 그 이익의 반환을 청구하지 못한다고 규정한 뜻은 급여를 한 사람은 그 원인행위가 법률상 무효임을 내세워 상대방에게 부당이득반환청구를 할 수 없고, 또 급여한 물건의 소유권이 자기에게 있다고 하여 소유권에 기한 반환청구도 할 수 없어서 결국 급여한 물건의 소유권은 급여를 받은 상대방에게 귀속된다는 것이므로 조합장이 조합으로부터 공무원에게 뇌물로 전달하여 달라고 금원을 교부받은 것은 불법원인으로 인하여 지급 받은 것으로서 이를 뇌물로 전달하지 않고 타에 소비하였다고 해서 타인의 재물을 보관 중 횡령하였다고 볼 수는 없다(대법원 1988.9.20, 86도628).

다. (○) 주식회사의 대표이사가 대표권을 남용하는 등 그 임무에 위배하여 약속어음 발행을 한 행위가 배임죄에 해당하는지도 원칙적으로 위에서 살펴본 의무부담행위와 마찬가지로 보아야 한다. 다만 약속어음 발행의 경우 어음법상 발행인은 종전의 소지인에 대한 인적 관계로 인한 항변으로써 소지인에게 대항하지 못하므로(어음법 제17조, 제77조), 어음발행이 무효라 하더라도 그 어음이 실제로 제3자에게 유통되었다면 회사로서는 어음채무를 부담할 위험이 구체적·현실적으로 발생하였다고 보아야 하고, 따라서 그 어음채무가 실제로 이행되기 전이라도 배임죄의 기수범이 된다. 그러나 약속어음 발행이 무효일 뿐만 아니라 그 어음이 유통되지도 않았다면 회사는 어음발행의 상대방에게 어음채무를 부담하지 않기 때문에 특별한 사정이 없는 한 회사에 현실적으로 손해가 발생하였다거나 실해 발생의 위험이 발생하였다고도 볼 수 없으므로, 이때에는 배임죄의 기수범이 아니라 배임미수죄로 처벌하여야 한다(대법원 2017.7.20, 2014도1104 전원합의체).

라. (○) 대법원 2011.10.13, 2009도13751

마. (×) 피해자 조합의 대출업무 등을 담당하던 피고인이 위임장과 해지증서를 위조하여 피해자 조합의 근저당권설정등기를 말소한 것이라면, 그 등기 말소로 피해자 조합은 당장 위 근저당권을 피담보채권과 함께 처분한다거나 피담보채권 회수를 위한 경매 신청을 할 수 없는 등 자산으로서의 근저당권을 운용·처분하지 못해 사실상 담보를 상실한 것과 다를 바 없는 손해가 발생하였다고 할 것이고, 피해자 조합이 위 말소된 근저당권설정등기의 회복등기를 구할 수 있다고 하여 달리 볼 것은 아니다(대법원 2014.6.12, 2014도2578).

정답 ③

---

153 ☑ 유사 ◆◆◇

업무상 배임죄에 대한 설명으로 옳지 않은 것은? (다툼이 있는 경우 판례에 의함)

① 업무상 배임죄에 있어서 타인의 사무를 처리하는 자란 고유의 권한으로서 그 처리를 하는 자에 한하지 않고 그 자의 보조기관으로서 직접 또는 간접으로 그 처리에 관한 사무를 담당하는 자도 포함한다.

② 회사직원이 퇴사 시에 그 영업비밀 등을 회사에 반환하거나 폐기할 의무가 있음에도 경쟁업체에 유출하거나 스스로의 이익을 위하여 이용할 목적으로 이를 반환하거나 폐기하지 아니한 경우 업무상 배임죄가 성립한다.

③ 금융기관의 임직원은 예금주와의 사이에서 그의 재산관리에 관한 사무를 처리하는 자의 지위에 있으므로 임직원이 임의로 예금주의 예금계좌에서 돈을 인출한 경우 업무상 배임죄가 성립한다.

④ 업무상 배임죄에 있어서 재산상 손해가 발생하였다고 평가될 수 있는 재산상 실해 발생의 위험이라 함은 본인에게 손해가 발생할 막연한 위험이 있는 것만으로는 부족하고 경제적인 관점에서 보아 본인에게 손해가 발생한 것과 같은 정도로 구체적인 위험이 있는 경우를 말한다.

해설 출제영역 | 업무상 배임죄의 성립

③ (×) 이른바 보통예금은 은행 등 법률이 정하는 금융기관을 수치인으로 하는 금전의 소비임치 계약으로서, 그 예금계좌에 입금된 금전의 소유권은 금융기관에 이전되고, 예금주는 그 예금계좌를 통한 예금반환채권을 취득하는 것이므로, 금융기관의 임직원은 예금주로부터 예금계좌를 통한 적법한 예금반환 청구가 있으면 이에 응할 의무가 있을 뿐 예금주와의 사이에서 그의 재산관리에 관한 사무를 처리하는 자의 지위에 있다고 할 수 없다(대법원 2008.4.24, 2008도1408).

---

① (○) 대법원 2004.6.24, 2004도520 등

② (○) 대법원 2017.6.29, 2017도3808

④ (○) 배임죄의 법익보호의 정도에 관해서 판례는 구체적 위험범설을 따른다(대법원 2017.10.12, 2017도6151).

정답 ③

---

154 ☑ 유사 ◆◇◇

다음 중 판례가 배임행위의 성립을 인정한 경우는 모두 몇 개인가?

가. 계가 정상적으로 운영되고 있음에도 계주가 그동안 성실하게 계불입금을 지급하여 온 계원에게 계가 깨졌다고 거짓말을 하여 그 계원이 계에 참석하여 계금을 탈 수 있는 기회를 박탈하여 손해를 가한 경우

나. 주식회사의 경영을 책임지는 이사가 임무에 위배하여 주주 또는 회사채권자에게 손해가 될 행위를 하였으나 주주총회 결의가 있었던 경우

다. 서면으로 부동산 증여의 의사를 표시한 증여자가 수증자에게 증여계약에 따라 부동산의 소유권을 이전하지 않고 부동산을 제3자에게 처분하여 등기를 마친 경우

라. 다방을 임차하면서 임차기간 동안 영업허가 명의를 임차인 명의로 변경하고 임대차 종료 시 임대인에게 명의반환을 하기로 약정하고도 임대차 종료 후 임차인이 명의반환을 거부하는 경우

① 1개   ② 2개
③ 3개   ④ 4개

해설 출제영역 | 배임죄의 구성요건

④ 가, 나, 다, 라. 모두 배임행위의 성립이 인정된다.

가. (○) 계주가 계원들로부터 월불입금을 모두 징수하였음에도 불구하고 그 임무에 위배하여 정당한 사유 없이 이를 지정된 계원에게 지급하지 아니하였다면 다른 특별한 사정이 없는 한 그 지정된 계원에 대한 관계에 있어서 배임죄를 구성한다. 계는 계원과 계주 간의 계약관계를 기초로 성립하여 유지되는 것이고, 계원과 계주의 권리의무는 상호 교환적인 것으로서 어느 한 쪽이 기본적인 약정을 성실하게 이행하여 왔다면 다른 한 쪽도 그에 대응하는 자신의 의무를 성실하게 이행할 임무가 있다. 계가 정상적으로 운영되고 있음에도 불구하고 계주가 그동안 성실하게 계불입금을 지급하여 온 계원에게 계가 깨졌다는 등의 거짓말을 하여 그 계원이 계에 참석하여 낙찰받아 계금을 탈 수 있는 기회를 박탈하여 손해를 가하였다면 계주의 위와 같은 임무위배는 그 계원에 대한 관계에 있어서 배임죄를 구성한다(대법원 1995.9.29, 95도1176).

나. (○) 회사의 대표이사는 이사회 또는 주주총회의 결의가 있더라도 그 결의내용이 회사 채권자를 해하는 불법한 목적이 있는 경우에는 이에 맹종할 것이 아니라 회사를 위하여 성실한 직무수행을 할 의무가 있으므로 대표이사가 임무에 배임하는 행위를 함으로써 주주 또는 회사 채권자에게 손해가 될 행위를 하였다면 그 회사의 이사회 또는 주주총회의 결의가 있었다고 하여 그 배임행

위가 정당화될 수는 없다(대법원 2005.10.28, 2005도4915).

다. (○) 부동산 매매계약에서 중도금이 지급되는 등 계약이 본격적으로 이행되는 단계에 이른 때에는 계약이 취소되거나 해제되지 않는 한 매도인은 매수인에게 부동산의 소유권을 이전할 의무에서 벗어날 수 없다. 이러한 단계에 이른 때에 매도인은 매수인에게 매수인의 재산보전에 협력하여 재산적 이익을 보호·관리할 신임관계에 있게 되고, 그때부터 배임죄에서 말하는 '타인의 사무를 처리하는 자'에 해당한다고 보아야 한다. 그러한 지위에 있는 매도인이 매수인에게 계약 내용에 따라 부동산의 소유권을 이전해 주기 전에 부동산을 제3자에게 처분하여 등기를 하는 행위는 매수인의 부동산 취득이나 보전에 지장을 초래하는 행위로서 배임죄가 성립한다. 이러한 법리는 서면에 의한 부동산 증여계약에도 마찬가지로 적용된다. 서면으로 부동산 증여의 의사를 표시한 증여자는 계약이 취소되거나 해제되지 않는 한 수증자에게 목적부동산의 소유권을 이전할 의무에서 벗어날 수 없다. 그러한 증여자는 '타인의 사무를 처리하는 자'에 해당하고, 그가 수증자에게 증여계약에 따라 부동산의 소유권을 이전하지 않고 부동산을 제3자에게 처분하여 등기를 하는 행위는 수증자와의 신임관계를 저버리는 행위로서 배임죄가 성립한다(대법원 2018.12.13, 2016도19308).

라. (○) 다방영업허가에 따르는 재산적 이익의 실질적 귀속자인 甲이 피고인에게 다방시설을 포함한 운영권 일체를 임대함에 있어서 임대기간 동안은 다방영업허가 명의를 피고인 명의로 변경하고, 그 임대기간이 종료될 때에는 다시 甲 또는 甲이 지정하는 제3자 앞으로 명의를 변경하기로 약정하였다면, 피고인은 임대기간이 종료되면 위 약정대로 그 허가 명의를 변경할 수 있도록 협력할 의무가 있고, 이 의무이행은 피고인 자신의 사무인 동시에 甲의 사무라고 할 것인데, 피고인이 위 명의환원 약정을 부인하고 자신이 명실상부한 영업허가 명의자라고 주장하면서 영업장소를 이전하고 다방의 상호를 변경하고 甲의 명의변경 요구를 거부하는 소위는 배임죄에 해당한다(대법원 1981.8.20, 80도1176).

정답 ④

PART 01 CHAPTER 05 재산에 대한 죄

155 ✓ 유사 ◆◆◇ 법원9급 2020

다음 설명 중 가장 옳지 않은 것은? (다툼이 있는 경우 판례에 의하고, 전원합의체 판결의 경우 다수의견에 의함)

① 주식회사의 대표이사가 대표권을 남용하는 등 그 임무에 위배하여 약속어음을 발행한 경우, 설령 그 어음발행이 무효라 하더라도 그 어음이 실제로 제3자에게 유통되었다면 회사로서는 어음채무를 부담할 위험이 구체적으로 발생하였으므로 배임죄의 기수범이 된다. 그러나 그 어음이 아직 유통되지 않았다면 배임죄의 기수범이 아니라 배임미수죄가 된다.

② 채무자가 채무이행의 담보를 위하여 동산에 관한 양도담보계약을 체결하고 점유개정의 방법으로 여전히 그 동산을 점유하는 경우 그 동산을 다른 사유에 의하여 보관하게 된 채권자는 타인 소유의 물건을 보관하는 자로서 횡령죄의 주체가 된다.

③ 양도담보가 처분정산형이든 귀속정산형이든 담보권자가 청산금을 담보제공자에게 반환할 의무는 담보계약에 따라 부담하는 자신의 정산의무이므로 그 의무를 이행하는 사무는 타인인 채무자의 사무처리에 속한다고 볼 수 없다. 따라서 그 정산의무를 이행하지 아니한 행위는 배임죄를 구성하지 않는다.

④ 장물인 정을 모르고 장물을 보관하였다가 나중에 장물인 정을 알게 된 경우, 그 정을 알면서도 계속하여 보관하는 것은 장물보관죄에 해당하고, 이는 설령 해당 장물을 점유할 권한을 갖는 경우에도 마찬가지이다.

해설 출제영역 | 배임죄, 횡령죄, 장물죄 - 구성요건

④ (×) 장물인 정을 모르고 장물을 보관하였다가 그 후에 장물인 정을 알게 된 경우 그 정을 알고서도 이를 계속하여 보관하는 행위는 장물죄를 구성하는 것이나 이 경우에도 점유할 권한이 있는 때에는 이를 계속하여 보관하더라도 장물보관죄가 성립하지 않는다(대법원 1986.1.21, 85도2472).

① (○) 어음발행이 무효라 하더라도 그 어음이 실제로 제3자에게 유통되었다면 회사로서는 어음채무를 부담할 위험이 구체적·현실적으로 발생하였다고 보아야 하고, 따라서 그 어음채무가 실제로 이행되기 전이라도 배임죄의 기수범이 된다. 그러나 약속어음 발행이 무효일 뿐만 아니라 그 어음이 유통되지도 않았다면 회사는 어음발행의 상대방에게 어음채무를 부담하지 않기 때문에 특별한 사정이 없는 한 회사에 현실적으로 손해가 발생하였다거나 실해 발생의 위험이 발생하였다고도 볼 수 없으므로, 이때에는 배임죄의 기수범이 아니라 배임미수죄로 처벌하여야 한다(대법원 2017.7.20, 2014도1104 전원합의체).

② (○) 채무자가 채무이행의 담보를 위하여 동산에 관한 양도담보계약을 체결하고 점유개정의 방법으로 여전히 그 동산을 점유하는 경우 그 계약이 채무의 담보를 위하여 양도의 형식을 취하였을 뿐이고 실질은 채무의 담보와 담보권실행의 청산절차를 주된 내용으로 하는 것이라면 별단의 사정이 없는 한 그 동산의 소유권은 여전히 채무자에게 남아 있고, 채권자는 단지 양도담보물권을 취득하는 데 지나지 않으므로 그 동산을 다른 사유에 의하여 보관하게 된 채권자는 타인 소유의 물건을 보관하는 자로서 횡령죄의 주체가 될 수 있다(대법원 1989.4.11, 88도906).

③ (○) 양도담보가 처분정산형의 경우이건 귀속정산형의 경우이건 간에 담보권자가 변제기 경과 후에 담보권을 실행하여 그 환가대금 또는 평가액을 채권원리금과 담보권 실행비용 등의 변제에 충당하고 환가대금 또는 평가액의 나머지가 있어 이를 담보제공자에게 반환할 의무는 담보계약에 따라 부담하는 자신의 정산의무이므로 그 의무를 이행하는 사무는 곧 자기의 사무처리에 속하는 것이라 할 것이고 이를 부동산매매에 있어서의 매도인의 등기의무와 같이 타인인 채무자의 사무처리에 속하는 것이라고 볼 수는 없어 그 정산의무를 이행하지 아니한 소위는 배임죄를 구성하지 않는다(대법원 1985.11.26, 85도1493 전원합의체).

정답 ④

156 ✓ 유사 ◆◆◇ 경찰1차 2023

배임의 죄에 관한 설명 중 가장 적절하지 않은 것은? (다툼이 있는 경우 판례에 의함)

① 채무자가 금전채무를 담보하기 위해 주식에 관하여 양도담보설정계약을 체결한 후 변제일 전에 제3자에게 해당 주식을 처분하더라도 배임죄는 성립하지 않는다.

② 권리이전에 등록을 요하는 자동차에 대한 매매계약에서 매도인은 매수인의 사무를 처리하는 자의 지위에 있지 않으므로, 매도인이 매수인에게 소유권이전등록을 하지 아니하고 그 자동차를 제3자에게 처분하였다고 하더라도 배임죄는 성립하지 않는다.

③ 배임수재죄의 주체로서 '타인의 사무를 처리하는 자'라 함은 타인과의 대내관계에 있어서 신의성실의 원칙에 비추어 그 사무를 처리할 신임관계가 존재한다고 인정되는 자를 의미하고, 반드시 제3자에 대한 대외관계에서 그 사무에 관한 권한이 존재할 것을 요하지는 않는다.

④ 서면으로 부동산 증여의 의사를 표시한 증여자가 증여계약을 취소하거나 해제할 수 없음에도 불구하고 증여계약에 따라 수증자에게 부동산의 소유권을 이전하지 않고 부동산을 제3자에게 처분하여 등기를 한 경우, 증여자의 소유권이전등기의무는 증여자 자신의 사무일 뿐 타인의 사무에 해당하지 않으므로 배임죄가 성립하지 않는다.

해설 출제영역 | 배임의 죄 종합

④ (×) 서면으로 부동산 증여의 의사를 표시한 증여자는 계약이 취소되거나 해제되지 않는 한 수증자에게 목적부동산의 소유권을 이전할 의무에서 벗어날 수 없다. 그러한 증여자는 '타인의 사무를 처리하는 자'에 해당하고, 그가 <u>수증자에게 증여계약에 따라 부동산의 소유권을 이전하지 않고 부동산을 제3자에게 처분하여 등기를 하는 행위는 수증자와의 신임관계를 저버리는 행위로서 배임죄가 성립한다</u>(대법원 2018.12.13, 2016도19308).

① (○) 채무자가 금전채무를 담보하기 위하여 그 소유의 동산을 채권자에게 양도담보로 제공함으로써 채권자인 양도담보권자에 대하여 담보물의 담보가치를 유지·보전할 의무 내지 담보물을 타에 처분하거나 멸실, 훼손하는 등으로 담보권 실행에 지장을 초

래하는 행위를 하지 않을 의무를 부담하게 되었더라도, 이를 들어 채무자가 통상의 계약에서의 이익대립관계를 넘어서 채권자와의 신임관계에 기초하여 채권자의 사무를 맡아 처리하는 것으로 볼 수 없다. 따라서 채무자를 배임죄의 주체인 '타인의 사무를 처리하는 자'에 해당한다고 할 수 없고, 그가 담보물을 제3자에게 처분하는 등으로 담보가치를 감소 또는 상실시켜 채권자의 담보권 실행이나 이를 통한 채권실현에 위험을 초래하더라도 배임죄가 성립한다고 할 수 없다. 위와 같은 법리는, 채무자가 동산에 관하여 양도담보설정계약을 체결하여 이를 채권자에게 양도할 의무가 있음에도 제3자에게 처분한 경우에도 적용되고, <u>주식에 관하여 양도담보설정계약을 체결한 채무자가 제3자에게 해당 주식을 처분한 사안에도 마찬가지로 적용된다</u>(대법원 2020.2.20, 2019도9756 전원합의체).

② (○) <u>동산 매매계약에서의 매도인은 매수인에 대하여 그의 사무를 처리하는 지위에 있지 아니하므로</u>, 매도인이 목적물을 타에 처분하였다 하더라도 형법상 배임죄가 성립하지 아니한다. 위와 같은 법리는 권리이전에 등기·등록을 요하는 동산에 대한 매매계약에서도 동일하게 적용되므로, 자동차 등의 매도인은 매수인에 대하여 그의 사무를 처리하는 지위에 있지 아니하여, 매도인이 매수인에게 소유권이전등록을 하지 아니하고 타에 처분하였다고 하더라도 마찬가지로 배임죄가 성립하지 아니한다(대법원 2020.10.22, 2020도6258 전원합의체).

③ (○) 형법 제357조 제1항에서 정한 배임수재죄의 주체인 '타인의 사무를 처리하는 자'란 타인과의 대내관계에서 신의성실의 원칙에 비추어 사무를 처리할 신임관계가 존재한다고 인정되는 자를 의미하고, <u>반드시 제3자에 대한 대외관계에서 그 사무에 관한 권한이 존재할 것을 요하지 않는다</u>(대법원 2011.2.24, 2010도11784).

정답 ④

157 ✓ 유사 ◆◆◇ 군무원9급 2022

금전채무 담보를 위한 저당권설정을 약정한 후 이와 별개로 먼저 제3자에게 근저당권을 설정해준 사안의 해결에 관한 설명으로 옳지 않은 것은? (다툼이 있으면 판례에 의함)

① 부동산의 매도인이 계약금, 중도금을 수령한 후 이중매매에 대해서도 이중저당의 경우와 마찬가지로 배임죄의 성립이 부정된다.

② 채무자가 제3자에 대한 저당권설정으로 담보가치를 감소 또는 상실시켜 채권자의 채권 실현에 위험을 초래하더라도 배임죄가 성립하지 않는다.

③ 채무자가 부동산에 관하여 양도담보설정계약을 체결하여 채권자에게 소유권이전등기를 해 줄 의무가 있음에도 제3자에게 그 부동산을 처분한 경우에도 배임죄는 성립하지 않는다.

④ 채권자에 대한 저당권설정의무로 인해 채권자와의 신임관계에 기초해 채권자의 사무를 처리하는 것으로 볼 수 없다.

해설 출제영역 | 배임죄의 성립요건

① (×) 부동산 매매계약에서 계약금만 지급된 단계에서는 어느 당

사자나 계약금을 포기하거나 그 배액을 상환함으로써 자유롭게 계약의 구속력에서 벗어날 수 있다. 그러나 중도금이 지급되는 등 계약이 본격적으로 이행되는 단계에 이른 때에는 계약이 취소되거나 해제되지 않는 한 매도인은 매수인에게 부동산의 소유권을 이전해 줄 의무에서 벗어날 수 없다. 따라서 이러한 단계에 이른 때에 매도인은 매수인에 대하여 매수인의 재산보전에 협력하여 재산적 이익을 보호·관리할 신임관계에 있게 된다. 그때부터 매도인은 배임죄에서 말하는 '타인의 사무를 처리하는 자'에 해당한다고 보아야 한다. 그러한 지위에 있는 매도인이 매수인에게 계약 내용에 따라 부동산의 소유권을 이전해 주기 전에 그 부동산을 제3자에게 처분하고 제3자 앞으로 그 처분에 따른 등기를 마쳐 준 행위는 매수인의 부동산 취득 또는 보전에 지장을 초래하는 행위이다. 이는 매수인과의 신임관계를 저버리는 행위로서 배임죄가 성립한다(대법원 2018.5.17, 2017도4027 전원합의체).

② (○) 채무자가 위와 같은 급부의무를 이행하는 것은 채무자 자신의 사무에 해당할 뿐이고, 채무자가 통상의 계약에서의 이익대립관계를 넘어서 채권자와의 신임관계에 기초하여 채권자의 사무를 맡아 처리한다고 볼 수 없으므로 채무자를 채권자에 대한 관계에서 배임죄의 주체인 '타인의 사무를 처리하는 자'에 해당한다고 할 수 없다. 그러므로 채무자가 담보물을 제3자에게 처분하는 등으로 담보가치를 감소 또는 상실시켜 채권자의 담보권 실행이나 이를 통한 채권실현에 위험을 초래하더라도 배임죄가 성립하지 아니한다(대법원 2020.6.18, 2019도14340 전원합의체; 2020.11.26, 2020도10862).

③④ (○) 채무자가 금전채무를 담보하기 위한 저당권설정계약에 따라 채권자에게 그 소유의 부동산에 관하여 저당권을 설정할 의무를 부담하게 되었다고 하더라도, 이를 들어 채무자가 통상의 계약에서 이루어지는 이익대립관계를 넘어서 채권자와의 신임관계에 기초하여 채권자의 사무를 맡아 처리하는 것으로 볼 수 없다. 채무자가 저당권설정계약에 따라 채권자에 대하여 부담하는 저당권을 설정할 의무는 계약에 따라 부담하게 된 채무자 자신의 의무이다. 채무자가 위와 같은 의무를 이행하는 것은 채무자 자신의 사무에 해당할 뿐이므로, 채무자를 채권자에 대한 관계에서 '타인의 사무를 처리하는 사'라고 할 수 없다. 따라서 채무자가 제3자에게 먼저 담보물에 관한 저당권을 설정하거나 담보물을 양도하는 등으로 담보가치를 감소 또는 상실시켜 채권자의 채권실현에 위험을 초래하더라도 배임죄가 성립한다고 할 수 없다. 채무자가 금전채무에 대한 담보로 부동산에 관하여 양도담보설정계약을 체결하고 이에 따라 채권자에게 소유권이전등기를 해 줄 의무가 있음에도 제3자에게 그 부동산을 처분한 경우에도 적용된다(대법원 2020.7.9, 2015도3820).

정답 ①

158 ✔ 유사 ◆◆◆　　　　　　변호사 2017

A건설회사에 근무하는 甲과 乙은 영업비밀을 경쟁업체에 유출하여 판매하기 위해 다른 사원들이 모두 퇴근한 자정 무렵 경비원 몰래 A회사 건물 안으로 진입하여, 乙이 사무실 출입문 밖에서 망을 보고 있는 사이 甲은 사무실 안으로 들어가 컴퓨터에 저장되어 있는 설계도면 파일을 열어 프린터를 이용하여 출력해 나왔다. 그 후 甲과 乙은 설계도면 출력물의 구매자를 물색하다가 경쟁체인 B건설회사 사장 丙에게 접근하여 1억 원을 주면 출력물을 넘겨주겠다고 제안하였으나 丙이 5,000만 원만 주겠다고 하여 출력물을 넘겨주는 대가로 5,000만 원을 받고 그에게 출력물을 넘겨주었다. 이에 관한 설명 중 옳은 것을 모두 고른 것은? (다툼이 있는 경우 판례에 의함)

> ㄱ. 甲과 乙이 A회사 건물 안으로 들어간 행위는 「폭력행위 등 처벌에 관한 법률」상의 공동주거침입에 해당한다.
> ㄴ. 甲과 乙의 행위는 설계도면 파일을 2인 이상이 합동하여 절취한 경우에 해당한다.
> ㄷ. 甲과 乙이 설계도면을 출력하여 회사 밖으로 무단 반출한 것만으로 업무상배임죄의 기수에 해당한다.
> ㄹ. 甲과 乙이 설계도면 출력물을 넘겨주는 대가로 5,000만 원을 받은 행위는 배임수재죄에 해당한다.
> ㅁ. 甲과 乙에게 5,000만 원을 주고 설계도면 출력물을 취득한 丙의 행위는 배임증재죄에 해당한다.

① ㄱ, ㄷ
② ㄹ, ㅁ
③ ㄱ, ㄴ, ㄷ
④ ㄴ, ㄹ, ㅁ
⑤ ㄱ, ㄷ, ㄹ, ㅁ

해설 출제영역 | 배임수증재죄의 성부 등

① ㄱ, ㄷ

ㄱ. (○) 대법원 1986.6.10, 85도119

ㄴ. (×) 컴퓨터에 저장되어 있는 '정보' 그 자체는 유체물이라고 볼 수도 없고 물질성을 가진 동력도 아니므로 재물이 될 수 없다 할 것이며 또 이를 복사하거나 출력하였다 할지라도 그 정보 자체가 감소하거나 피해자의 점유 및 이용가능성을 감소시키는 것이 아니므로 그 복사나 출력 행위를 가지고 절도죄를 구성한다고 볼 수도 없다(대법원 2002.7.12, 2002도745).

ㄷ. (○) 대법원 2003.10.30, 2003도4382

ㄹ. (×) 배임수재죄는 타인의 사무를 처리하는 자가 그 임무에 관하여 부정한 청탁을 받고 재물 또는 재산상의 이익을 취득하거나 제3자로 하여금 이를 취득하게 한 때에는 5년 이하의 징역 또는 1천만 원 이하의 벌금에 처하는 죄이다(제357조 제1항). 甲·乙은 업무상 배임죄의 기수에 이른 자들로서 배임수재죄의 주체인 타인의 사무를 처리하는 자가 아니라고 해야 한다.

ㅁ. (×) 기술한 바와 같이 타인의 사무를 처리하는 자에게 재물 또는 이익을 공여한 경우에 해당되지 않아 제357조 제2항의 배임증재죄도 성립할 수 없다.

정답 ①

배임수재죄, 배임증재죄에 관한 다음 설명 중 가장 옳지 않은 것은? (다툼이 있는 경우 판례에 의함)

① 거래상대방의 대향적 행위의 존재를 필요로 하는 유형의 배임죄에서 거래상대방이 양수대금 등 거래에 따른 계약상 의무를 이행하고 배임행위의 실행행위자가 이를 이행 받은 것을 두고 부정한 청탁에 대한 대가로 수수하였다고 쉽게 단정하여서는 아니 된다.

② 배임수재죄와 배임증재죄는 필요적 공범의 관계에 있으므로, 증재자가 자신에게 정당한 업무에 속하는 청탁을 하여 배임증재죄에 해당하지 아니하면, 수재자도 배임수재죄에 해당하지 아니한다.

③ 수재자가 증재자로부터 받은 재물을 그대로 가지고 있다가 증재자에게 반환하였다면 증재자로부터 이를 몰수하거나 그 가액을 추징하여야 한다.

④ 임무위배행위나 본인에게 손해를 가하는 행위는 배임수재죄의 구성요건이 아니다.

⑤ 배임수재죄의 주체인 타인의 사무를 처리하는 자라 함은 타인과의 대내관계에 있어서 신의성실의 원칙에 비추어 그 사무를 처리할 신임관계가 존재한다고 인정되는 자를 의미하고, 반드시 제3자에 대한 대외관계에서 그 사무에 관한 권한이 존재할 것을 요하지 않는다.

해설 | **출제영역 | 배임수증재죄의 성립요건**

② (×) 형법 제357조 제1항의 배임수재와 같은 조 제2항의 배임증재죄는 통상 필요적 공범의 관계에 있기는 하나, 이것은 반드시 수재자와 증재자가 같이 처벌받아야 하는 것을 의미하는 것은 아니고, 증재자에게는 정당한 업무에 속하는 청탁이라도 수재자에게는 부정한 청탁이 될 수도 있다(대법원 2011.10.27, 2010도7624).

① (○) 거래상대방의 대향적 행위의 존재를 필요로 하는 유형의 배임죄에서 거래상대방이 양수대금 등 거래에 따른 계약상 의무를 이행하고 배임행위의 실행행위자가 이를 이행 받은 것을 두고 부정한 청탁에 대한 대가로 수수하였다고 쉽게 단정하여서는 아니 된다(대법원 2016.10.13, 2014도17211).

③ (○) 수재자가 증재자로부터 받은 재물을 그대로 가지고 있다가 증재자에게 반환하였다면 증재자로부터 이를 몰수하거나 그 가액을 추징하여야 한다(대법원 2017.4.7, 2016도18104).

④ (○) 배임수재죄는 타인의 사무를 처리하는 자가 그 임무에 관하여 부정한 청탁을 받고 재물 등을 취득함으로써 성립하는 것이고, 어떠한 임무위배행위나 본인에게 손해를 가할 것을 요건으로 하는 것은 아니다(대법원 2011.2.24, 2010도11784).

⑤ (○) 배임수재죄의 주체로서 타인의 사무를 처리하는 자라 함은 타인과의 대내관계에 있어서 신의성실의 원칙에 비추어 그 사무를 처리할 신임관계가 존재한다고 인정되는 자를 의미하고, 반드시 제3자에 대한 대외관계에서 그 사무에 관한 권한이 존재할 것을 요하지 않으며, 또 그 사무가 포괄적 위탁사무일 것을 요하는 것도 아니고, 사무처리의 근거, 즉 신임관계의 발생근거는 법령의 규정, 법률행위, 관습 또는 사무 관리에 의하여도 발생할 수 있다(대법원 2003.2.26, 2002도6834).

정답 ②

다음 사례 중 배임수재죄에 해당하는 것은 모두 몇 개인가?

ㄱ 백화점 및 면세점의 입점업체 선정 업무를 총괄하는 피고인이 입점업체들로부터 추가 입점이나 매장이동 등 입점 관련 편의를 제공해 달라는 청탁을 받고 그 대가로 매장 수익금 등을 지급받는 방법으로 돈을 수수한 경우

ㄴ 甲주식회사를 사실상 관리하는 乙이 甲회사가 사업용 부지로 매수한 토지에 관하여 처분금지가처분등기를 마쳐두었는데, 위 토지를 매수하려는 丙에게서 가처분을 취하해 달라는 취지의 청탁을 받고 돈을 수수한 경우

ㄷ 시·도 화물자동차 운송사업협회 대표자인 피고인들이 甲으로부터 전국화물자동차운송사업연합회 회장 선거에서 자신을 지지해달라는 취지의 청탁을 받고 돈을 수수한 경우

ㄹ 조합 이사장이 조합이 주관하는 도자기 축제의 대행기획사를 선정하는 과정에서 최종 기획사로 선정된 회사로부터 조합운영비 지급을 약속받고 위 축제가 끝난 후 조합운영비 명목으로 현금 3,000만 원을 교부받아 조합운영비로 사용한 경우

ㅁ 회원제 골프장의 예약업무 담당자가 부킹대행업자의 청탁에 따라 회원에게 제공해야 하는 주말 부킹권을 부킹대행업자에게 판매하고 그 대금 명목의 금품을 받은 경우

① 1개　　　② 2개
③ 3개　　　④ 4개
⑤ 5개

해설 | **출제영역 | 배임수재죄 – 부정한 청탁**

④ ㄱ, ㄴ, ㄷ, ㅁ 4개의 지문이 배임수재죄에 해당한다.

ㄱ (○) 피고인이 입점업체 대표 甲으로부터 부정한 청탁을 받고 그 대가로 자신이 받아온 수익금을 딸에게 주도록 甲에게 지시하였다면 이는 피고인 자신이 수익금을 취득한 것과 같다고 평가하여야 하고, 피고인이 입점업체인 乙 주식회사 대표이사 丙으로부터 부정한 청탁을 받고 그 대가를 피고인이 아들 명의로 설립하여 자신이 지배하는 丁 주식회사 계좌로 돈을 입금하도록 한 이상 사회통념상 피고인이 직접 받은 것과 동일하게 보아야 한다(대법원 2017.12.7, 2017도12129).

ㄴ (○) 甲 주식회사를 사실상 관리하는 乙이 甲 회사가 사업용 부지로 매수한 토지에 관하여 처분금지가처분등기를 마쳐두었는데, 위 토지를 매수하려는 丙에게서 가처분을 취하해 달라는 취지의 청탁을 받고 돈을 수수하였다는 내용으로 기소된 경우, 乙이 받은 돈은 부정한 청탁의 대가임이 분명하고 乙에게 부정한 청탁에 대한 인식이 없었다고 볼 수 없어 배임수재죄가 성립한다(대법원 2011.10.27, 2010도7624).

ㄷ (○) 연합회 총회에서 각 지역협회 대표자가 총회의 구성원이 되어 회장 선출에 관한 선거권 내지 의결권을 행사하는 것은 연합회 회원인 각 지역협회의 업무집행기관으로서 그 권한을 행사하는 것에 불과하므로, 이러한 대표자의 권한행사는 자기의 사무를 처리하는 것이 아니라 타인인 지역협회의 사무를 처리하는 것으

로 보아야 한다(대법원 2011.8.25, 2009도5618).

ⓔ (×) 피고인은 개인적인 이익을 위해서가 아니라 조합의 이사장으로서 위 제1심 공동피고인 3으로부터 조합운영비 지원금 명목으로 금 3,000만 원을 받아 조합의 운영경비로 사용하도록 한 것이어서 이를 '타인의 사무를 처리하는 자가 그 임무에 위배하여 부정한 청탁을 받고 재물 또는 재산상 이익을 취득'한 경우에 해당한다고는 할 수 없다고 할 것이다(대법원 2008.4.24, 2006도1202).

ⓜ (○) 이 사건 주말 부킹권을 특정 부킹대행업체에 판매하여 달라는 부탁은 코리아골프&아트빌리지 그룹 및 계열사들인 뉴경기관광, 기흥관광개발의 사무인 골프장 예약업무에 관한 부정한 청탁에 해당하고, 그 판매대금 명목으로 교부된 금품은 위와 같은 부정한 청탁의 대가라고 판단된다(대법원 2008.12.11, 2008도6987).

정답 ④

161 ✓ 유사 ◆○○ 법원9급 2016

배임수재죄와 배임증재죄에 관한 다음 설명 중 가장 옳지 않은 것은? (다툼이 있는 경우 판례에 의함)

① 배임수재죄의 구성요건 중 '부정한 청탁'이란 반드시 업무상 배임의 내용이 되는 정도에 이를 것을 필요는 없고, 사회상규 또는 신의성실의 원칙에 반하는 것을 내용으로 하면 족하다.

② 배임수재죄는 임무에 관하여 부정한 청탁을 받고 재물 또는 재산상 이익을 취득하면 성립되고, 어떠한 임무위배행위를 하거나 본인에게 손해를 가하는 것을 요건으로 하지 아니한다.

③ 배임수재죄와 배임증재죄는 필요적 공범의 관계에 있으므로, 배임증재죄는 성립하지 않으면서 배임수재죄만이 성립할 수는 없다.

④ 학교법인의 이사장 또는 사립학교경영자가 학교법인 운영권을 양도하고 양수인으로부터 양수인 측을 학교법인의 임원으로 선임해 주는 대가로 양도대금을 받기로 하는 내용의 청탁을 받았다 하더라도, 특별한 사정이 없는 한 그 청탁을 배임수재죄의 구성요건인 '부정한 청탁'에 해당한다고 할 수 없다.

해설 출제영역 | 배임수증재죄 – 부정한 청탁

③ (×) 형법 제357조 제1항의 배임수재죄와 같은 조 제2항의 배임증재죄는 통상 필요적 공범의 관계에 있기는 하나, 이것은 반드시 수재자와 증재자가 같이 처벌받아야 하는 것을 의미하는 것은 아니고, 증재자에게는 정당한 업무에 속하는 청탁이라도 수재자에게는 부정한 청탁이 될 수도 있다(대법원 2011.10.27, 2010도7624).

① (○) 대법원 2008.12.11, 2008도6987

② (○) 대법원 2013.11.14, 2011도11174

④ (○) 대법원 2014.1.23, 2013도11735

정답 ③

8 장물의 죄

162 ✓ 대표 ◆◆◇ 경찰1차 2019 유사 국가7급 2020

장물죄에 대한 설명 중 옳은 것만을 모두 고르면? (다툼이 있는 경우 판례에 의함)

> ㄱ. 절도 범인으로부터 장물보관 의뢰를 받은 자가 그 정을 알면서 이를 인도받아 보관하고 있다가 임의로 처분한 경우, 장물보관죄와 횡령죄가 성립하고 양자는 상상적 경합관계에 있다.
>
> ㄴ. 甲이 권한 없이 인터넷뱅킹으로 타인의 예금계좌에서 자신의 예금계좌로 돈을 이체한 후 그중 일부를 인출하여 그 정을 아는 乙에게 교부한 경우, 乙에게는 장물취득죄가 성립한다.
>
> ㄷ. 장물인 현금을 금융기관에 예금의 형태로 보관하였다가 이를 반환받기 위하여 동일한 액수의 현금을 인출한 경우 장물로서의 성질은 그대로 유지된다.
>
> ㄹ. 본범 이외의 자가 본범이 절취한 차량이라는 정을 알면서 본범이 강도행위를 하려 함에 있어 차량을 운전해 달라는 부탁을 받고 그 차량을 운전해 준 경우, 강도예비죄 외에 장물운반죄가 따로 성립한다.
>
> ㅁ. 장물죄를 범한 자가 본범과 직계혈족 관계에 있는 경우, 본범의 피해자의 고소가 있어야 공소를 제기할 수 있다.

① ㄱ, ㄴ   ② ㄱ, ㄷ

③ ㄷ, ㄹ   ④ ㄷ, ㄹ, ㅁ

해설 출제영역 | 장물죄

ㄱ. (×) 절도 범인으로부터 장물보관 의뢰를 받은 자가 그 정을 알면서 이를 인도받아 보관하고 있다가 임의 처분하였다 하여도 장물보관죄가 성립하는 때에는 이미 그 소유자의 소유물 추구권을 침해하였으므로 그 후의 횡령행위는 불가벌적 사후행위에 불과하여 별도로 횡령죄가 성립하지 않는다(대법원 2004.4.9, 2003도8219).

ㄴ. (×) 甲에게는 컴퓨터등사용사기죄(이득죄)만 성립하고 자신의 예금계좌에서 돈을 인출한 행위는 절도죄에 해당하지 않으므로, 乙에게는 장물취득죄가 성립하지 않는다(대법원 2004.4.16, 2004도353).

ㄷ. (○) 장물인 현금을 금융기관에 예금의 형태로 보관하였다가 이를 반환받기 위하여 동일한 액수의 현금을 인출한 경우에 예금계약의 성질상 인출된 현금은 당초의 현금과 물리적인 동일성은 상실되었지만 액수에 의하여 표시되는 금전적 가치에는 아무런 변동이 없으므로 장물로서의 성질은 그대로 유지된다고 봄이 상당하다(대법원 2000.3.10, 98도2579).

ㄹ. (○) 본범자와 공동하여 장물을 운반한 경우에 본범자는 장물죄에 해당하지 않으나 그 외의 자의 행위는 장물운반죄를 구성하므로, 피고인이 본범이 절취한 차량이라는 정을 알면서도 본범 등으로부터 그들이 위 차량을 이용하여 강도를 하려 함에 있어 차량을 운전해 달라는 부탁을 받고 위 차량을 운전해 준 경우, 피고인은 강도예비와 아울러 장물운반의 고의를 가지고 위와 같은 행위를 하였다고 봄이 상당하다(대법원 1999.3.26, 98도3030).

ㅁ. (×) 장물죄를 범한 자가 본범과 직계혈족 관계에 있는 경우, 그

형을 감경하거나 면제한다(제365조 제2항).

정답 ③

매매를 중개함으로써 장물알선죄가 성립한다(대법원 2009.4.23, 2009도1203).

정답 ③

163 ✓ 대표 ◆◆◇

법원9급 2018 | 해경승진(경위) 2023 유사

장물죄에 관한 다음 설명 중 가장 옳지 않은 것은? (다툼이 있는 경우 판례에 의하고, 전원합의체 판결의 경우 다수의견에 의함)

① 절도 범인으로부터 장물보관 의뢰를 받은 자가 그 정을 알면서 이를 인도받아 보관하고 있다가 임의 처분하였다 하여도 장물보관죄 외에 별도로 횡령죄가 성립하지 않는다.

② 甲이 권한 없이 인터넷뱅킹을 이용하여 타인 명의의 예금계좌로부터 자신의 예금계좌로 금원을 이체한 후 자신의 현금카드를 사용하여 현금자동지급기에서 현금을 인출한 경우, 그 인출된 현금은 장물이 될 수 없으므로 乙이 이를 취득하더라도 장물취득죄가 성립할 수 없다.

③ 甲이 회사를 위하여 업무상 보관하고 있던 자금을 乙에게 주식매각 대금조로 교부한 경우 위 자금은 횡령행위에 제공된 물건 자체이므로 장물이라고 볼 수 없어 乙에 대하여는 장물취득죄가 성립할 수 없다.

④ 장물임을 알면서 장물을 매매하는 계약을 중개하였다면 실제 매매계약이 성립하지 않거나 점유가 현실적으로 이전되지 아니한 경우라도 장물알선죄가 성립한다.

해설 | 출제영역 | 장물과 장물죄

③ (×) 甲이 회사 자금으로 乙에게 주식매각 대금조로 금원을 지급한 경우, 그 금원은 단순히 횡령행위에 제공된 물건이 아니라 횡령행위에 의하여 영득된 장물에 해당한다고 할 것이고, 나아가 설령 甲이 乙에게 금원을 교부한 행위 자체가 횡령행위라고 하더라도 이러한 경우 甲의 업무상횡령죄가 기수에 달하는 것과 동시에 그 금원은 장물이 된다(대법원 2004.12.9, 2004도5904).

① (○) 절도 범인으로부터 장물보관 의뢰를 받은 자가 그 정을 알면서 이를 인도받아 보관하고 있다가 임의 처분하였다 하여도 장물보관죄가 성립하는 때에는 이미 그 소유자의 소유물 추구권을 침해하였으므로 그 후의 횡령행위는 불가벌적 사후행위에 불과하여 별도로 횡령죄가 성립하지 않는다(대법원 2004.4.9, 2003도8219).

② (○) 甲이 권한 없이 인터넷뱅킹으로 타인의 예금계좌에서 자신의 예금계좌로 돈을 이체한 후 그중 일부를 인출하여 그 정을 아는 乙에게 교부한 경우, 甲이 컴퓨터 등 사용사기죄에 의하여 취득한 예금채권은 재물이 아니라 재산상 이익이므로, 그가 자신의 예금계좌에서 돈을 인출하였더라도 장물을 금융기관에 예치하였다가 인출한 것으로 볼 수 없다(대법원 2004.4.16, 2004도353). 즉, 乙의 장물취득죄는 부정된다.

④ (○) 장물인 귀금속의 매도를 부탁받은 피고인이 그 귀금속이 장물임을 알면서도 매매를 중개하고 매수인에게 이를 전달하려다가 매수인을 만나기도 전에 체포되었다 하더라도, 위 귀금속의

164 ✓ 유사 ◆◆◇

경찰승진 2022 유사 | 법원행시 2017

장물죄에 관한 다음 설명 중 가장 옳지 않은 것은? (다툼이 있는 경우 판례에 의함)

① A가 권한 없이 인터넷뱅킹으로 타인의 예금계좌에서 자신의 예금계좌로 돈을 이체하는 방법으로 컴퓨터 등 사용사기죄의 범행을 저지른 다음 자신의 현금카드를 사용하여 현금자동지급기에서 현금을 인출하여 그 정을 아는 B에게 교부한 경우, B에게 장물취득죄가 성립하지 아니한다.

② 장물인 정을 모르고 보관하였다가 그 후에 장물인 정을 알고서도 계속하여 보관하는 행위는 장물취득죄가 아닌 장물보관죄를 구성하고, 이 경우에도 점유할 권한이 있는 때에는 이를 계속하여 보관하더라도 장물보관죄가 성립한다고 할 수 없다.

③ 사기 범행에 이용되리라는 사정을 알고서도 자신(C)의 명의로 은행 예금계좌를 개설하여 A에게 양도함으로써 A가 B를 속여 B로 하여금 현금을 위 계좌로 송금하게 한 사기 범행을 방조한 C가 위 계좌로 송금된 돈 중 일부를 인출한 행위는 장물취득죄에 해당한다.

④ 절도 범인으로부터 장물보관 의뢰를 받은 자가 그 정을 알면서 이를 인도받아 보관하고 있다가 임의 처분하였다 하여도 장물보관죄만 성립하고, 횡령죄는 성립하지 않는다.

⑤ 장물인 자기앞수표를 금융기관에 예치하였다가 현금으로 인출하여도 장물성을 상실하지는 않는다.

해설 | 출제영역 | 장물취득의 의미 등

③ (×) 사기 범행에 이용되리라는 사정을 알고서도 자신의 명의로 은행 예금계좌를 개설하여 甲에게 이를 양도함으로써 甲이 乙을 속여 乙로 하여금 현금을 위 계좌로 송금하게 한 사기 범행을 방조한 피고인이 위 계좌로 송금된 돈 중 일부를 인출하여 甲이 편취한 장물을 취득하였다는 공소사실에 대하여, 위 '장물취득' 부분을 무죄로 선고한 원심판단을 정당하다(대법원 2010.12.9, 2010도6256).

① (○) 甲이 권한 없이 인터넷뱅킹으로 타인의 예금계좌에서 자신의 예금계좌로 돈을 이체한 후 그중 일부를 인출하여 그 정을 아는 乙에게 교부한 경우, 甲이 컴퓨터 등 사용사기죄에 의하여 취득한 예금채권은 재물이 아니라 재산상 이익이므로, 그가 자신의 예금계좌에서 돈을 인출하였더라도 장물을 금융기관에 예치하였다가 인출한 것으로 볼 수 없다(대법원 2004.4.16, 2004도353). 즉, 乙의 장물취득죄는 부정된다.

② (○) 장물인 정을 모르고 장물을 보관하였다가 그 후에 장물인 정을 알게 된 경우 그 정을 알고서도 이를 계속하여 보관하는 행위는 장물죄를 구성하는 것이나 이 경우에도 점유할 권한이 있는

때에는 이를 계속하여 보관하더라도 장물보관죄가 성립하지 않는다(대법원 1986.1.21, 85도2472).
④ (○) 절도 범인으로부터 장물보관 의뢰를 받은 자가 그 정을 알면서 이를 인도받아 보관하고 있다가 임의 처분하였다 하여도 장물보관죄가 성립하는 때에는 이미 그 소유자의 소유물 추구권을 침해하였으므로 그 후의 횡령행위는 불가벌적 사후행위에 불과하여 별도로 횡령죄가 성립하지 않는다(대법원 2004.4.9, 2003도8219).
⑤ (○) 장물인 현금과 자기앞수표를 금융기관에 예치하였다가 현금으로 인출한 경우, 인출한 현금은 장물성이 인정된다(대법원 2004.4.16, 2004도353).

정답 ③

---

165 ✓ 유사 ◆◆◇ 변호사 2016

다음 설명 중 옳은 것은? (다툼이 있는 경우 판례에 의함)

① 甲이 포털사이트 운영회사의 통계집계시스템 서버에 허위의 클릭정보를 전송하여 검색순위결정과정에서 위와 같이 전송된 허위의 클릭정보가 실제로 통계에 반영됨으로써 정보처리에 장애가 발생하더라도 그로 인하여 실제로 검색순위에 변동을 초래하지 않았다면 甲에게 컴퓨터등장애업무방해죄가 성립하지 않는다.

② 甲이 乙로부터 A건설 컨소시엄이 제출한 설계도면에 경쟁업체보다 유리한 점수를 주어 A건설 컨소시엄이 낙찰 받을 수 있도록 해달라는 취지의 청탁을 받고 금품을 취득한 이후에 실제로 건설사업의 평가위원으로 위촉되었다면 甲에게 배임수재죄가 성립한다.

③ 甲이 A와의 합의하에 A 소유의 예당저수지 사금채취 광업권을 명의신탁받아 보관하던 중, A로부터 위 광업권을 반환하라는 요구를 받고도 자신은 A로부터 위 광업권을 금 5,000만 원에 매수한 것이라 주장하면서 그 반환요구를 거부한 경우 횡령죄가 성립한다.

④ 甲이 권한 없이 A회사의 아이디와 패스워드를 입력하여 인터넷뱅킹에 접속한 다음에 A회사의 예금계좌로부터 자신의 예금계좌로 합계 2억 원을 이체한 후, 자신의 현금카드를 사용하여 현금자동지급기에서 6,000만 원을 인출하여 그 정을 아는 乙에게 교부하였다면 甲에게는 컴퓨터등사용사기죄, 乙에게는 장물취득죄가 성립한다.

⑤ 甲이 A회사와 "판매대금은 매일 본사에 송금하여야 하고 본사의 계좌로 입금된 매출 총이익의 30~33%는 본사에게 귀속하고, 나머지는 가맹점에 귀속한다."라는 내용의 가맹점계약을 체결하고 편의점을 운영하다가 물품판매 대금을 본사로 송금하지 아니하고 임의로 소비한 경우 횡령죄가 성립하지 않는다.

해설 출제영역 ┃ 장물취득죄의 객관적 구성요건
⑤ (○) 가맹점주인 피고인이 판매하여 보관 중인 물품판매 대금은

피고인의 소유라 할 것이어서 피고인이 이를 임의 소비한 행위는 프랜차이즈 계약상의 채무불이행에 지나지 아니하므로, 결국 횡령죄는 성립하지 아니한다(대법원 1998.4.14, 98도292).
① (×) 형법 제314조 제2항의 '컴퓨터 등 장애 업무방해죄가 성립하기 위해서는 가해행위 결과 정보처리장치가 그 사용목적에 부합하는 기능을 하지 못하거나 사용목적과 다른 기능을 하는 등 정보처리에 장애가 현실적으로 발생하였을 것을 요하나, 정보처리에 장애를 발생하게 하여 업무방해의 결과를 초래할 위험이 발생한 이상, 나아가 업무방해의 결과가 실제로 발생하지 않더라도 위 죄가 성립한다(대법원 2009.4.9, 2008도11978).
② (×) 배임수재죄는 타인의 사무를 처리하는 지위를 가진 자가 부정한 청탁을 받아야 성립하고, 타인의 사무처리자의 지위를 취득하기 전에 부정한 청탁을 받은 경우에 배임수재죄로는 처벌할 수 없다고 보는 것이 죄형법정주의의 원칙에 부합한다고 할 것이다. 피고인이 A로부터 경쟁 업체보다 동부건설 컨소시엄이 제출한 설계도면에 유리한 점수를 주어 동부건설 컨소시엄이 낙찰을 받을 수 있도록 해 달라는 취지의 부정한 청탁을 받은 이후에 시에서 발주한 도시형폐기물종합처리시설 건설사업의 기본설계 적격심의 및 평가위원으로 위촉된 사실을 인정할 수 있을 뿐 청탁을 받을 당시에 이 사건 건설사업에 관한 사무를 처리하는 지위에 있었다고 인정되지 아니하는 이상 피고인을 배임수재죄로 처벌할 수는 없다(대법원 2010.7.22, 2009도12878).
③ (×) 사금채취광업권은 재물인 광물을 취득할 수 있는 권리에 불과하지 재물 그 자체는 아니므로 횡령죄의 객체가 된다고 할 수 없고, 광업법 제12조가 광업권을 물권으로 하고 광업법에서 따로 정한 경우를 제외하고는 부동산에 관한 민법 기타 법령의 규정을 준용하도록 규정하고 있다 하여 광업권이 부동산과 마찬가지로 횡령죄의 객체가 된다고 할 수는 없다(대법원 1994.3.8, 93도2272).
④ (×) 컴퓨터등사용사기죄의 범행으로 예금채권을 취득한 다음 자기의 현금카드를 사용하여 현금자동지급기에서 현금을 인출한 경우, 현금카드 사용권한 있는 자의 정당한 사용에 의한 것으로서 현금자동지급기 관리자의 의사에 반하거나 기망행위 및 그에 따른 처분행위도 없었으므로, 별도로 절도죄나 사기죄의 구성요건에 해당하지 않는다 할 것이고, 그 결과 그 인출된 현금은 재산범죄에 의하여 취득한 재물이 아니므로 장물이 될 수 없다(대법원 2004.4.16, 2004도353).

정답 ⑤

166 ✓ 유사 ◆◆◇

재산죄에 관한 설명 중 가장 적절한 것은? (다툼이 있는 경우 판례에 의함)

① 甲과 乙이 공동으로 생강밭을 경작하여 그 이익을 분배하기로 약정하고 생강 농사를 시작하였으나, 곧바로 동업 관계에 불화가 생겨 乙이 묵시적으로 동업 탈퇴의 의사표시를 한 채 생강밭에 나오지 않자, 그때부터 甲이 혼자 생강밭을 경작하고 수확하여 생강을 반출한 경우, 甲의 행위는 절도죄를 구성한다.

② 절도죄의 성립에 필요한 불법영득의 의사는 물건의 가치만을 영득할 의사만으로는 부족하고, 재물의 소유권 또는 이에 준하는 본권을 영구적으로 보유할 의사를 필요로 한다.

③ 횡령범인이 위탁자가 소유자를 위해 보관하고 있는 물건을 위탁자로부터 보관받아 이를 횡령한 경우, 범인과 피해물건의 소유자 사이에 친족관계가 있으면 범인과 위탁자 사이에 친족관계가 없더라도 친족상도례가 적용된다.

④ 재산범죄를 저지른 이후에 별도의 재산범죄의 구성요건에 해당하는 사후행위가 있었다면 비록 그 행위가 불가벌적 사후행위로서 처벌의 대상이 되지 않는다 할지라도 그 사후행위로 인하여 취득한 물건은 재산범죄로 인하여 취득한 물건으로서 장물이 될 수 있다.

[해설] **출제영역 | 재산죄 종합**

④ (○) 형법 제41장의 장물에 관한 죄에 있어서의 '장물'이라 함은 재산범죄로 인하여 취득한 물건 그 자체를 말하므로, 재산범죄를 저지른 이후에 별도의 재산범죄의 구성요건에 해당하는 사후행위가 있었다면 비록 그 행위가 불가벌적 사후행위로서 처벌의 대상이 되지 않는다 할지라도 그 사후행위로 인하여 취득한 물건은 재산범죄로 인하여 취득한 물건으로서 장물이 될 수 있다(대법원 2004.4.16, 2004도353).

① (×) 두 사람으로 된 동업관계 즉, 조합관계에 있어 그 중 1인이 탈퇴하면 조합관계는 해산됨이 없이 종료되어 청산이 뒤따르지 아니하며 조합원의 합유에 속한 조합재산은 남은 조합원의 단독소유에 속하고, 탈퇴자와 남은 자 사이에 탈퇴로 인한 계산을 하여야 한다. 두 사람으로 된 생강농사 동업관계에 불화가 생겨 그 중 1인이 나오지 않자, 남은 동업인이 혼자 생강 밭을 경작하여 생강을 반출한 행위가 절도죄를 구성하지 않는다(대법원 2009. 2.12, 2008도11804).

② (×) 절도죄의 성립에 필요한 불법영득의 의사는 영구적으로 그 물건의 경제적 이익을 보유할 의사가 필요치 아니하여도 소유권 또는 이에 준하는 본권을 침해하는 의사 즉 목적물의 물질을 영득할 의사나 물질의 가치만을 영득할 의사이어도 영득의 의사가 있다 할 것이다(대법원 1973.2.26, 73도51).
[보충] 불법영득의사의 객체는 물체 또는 가치(고유한 기능가치)이다(결합설).

③ (×) 횡령범인이 위탁자가 소유자를 위하여 보관하고 있는 물건을 위탁자로부터 보관받아 이를 횡령한 경우에 형법 제361조에 의하여 준용되는 제328조 제2항의 친족간의 범행에 관한 조문은 범인과 피해물건의 소유자 및 위탁자 쌍방 사이에 같은 조문에 정한 친족관계가 있는 경우에만 적용되고, 단지 횡령범인과 피해

물건의 소유자간에만 친족관계가 있거나 횡령범인과 피해물건의 위탁자간에만 친족관계가 있는 경우에는 적용되지 않는다(대법원 2008.7.24, 2008도3438).

[정답] ④

167 ✓ 유사 ◆◆◇

다음 사례에 대한 설명으로 옳은 것만을 모두 고르면?

> 甲은 ㉠ 권한 없이 A회사의 아이디와 패스워드를 입력하여 인터넷뱅킹에 접속한 다음 A회사의 예금계좌로부터 자신의 예금계좌로 합계 180,500,000원을 이체하는 내용의 정보를 입력하여 자신의 예금액을 증액시켰고, ㉡ 이후 자신의 해당 계좌에 연결된 자신의 현금카드를 사용하여 현금자동지급기에서 현금을 인출하였다.

> ㄱ. 甲의 ㉠행위는 컴퓨터등사용사기죄를 구성한다.
> ㄴ. 甲의 ㉡행위는 현금카드 사용권한 있는 자의 정당한 사용에 의한 것으로서 현금자동지급기 관리자의 의사에 반하거나 기망행위 및 그에 따른 처분행위가 없었으므로 별도로 절도죄나 사기죄의 구성요건에 해당하지 않는다.
> ㄷ. 甲이 ㉡행위로 인출한 현금은 ㉠행위로 취득한 예금채권에 기초한 것으로서 당초의 현금과 물리적인 동일성은 상실되었지만 액수에 의하여 표시되는 금전적 가치에는 아무런 변동이 없으므로 장물로서의 성질이 그대로 유지된다.
> ㄹ. 甲이 ㉡행위로 돈을 인출하였다면 장물을 금융기관에 예치하였다가 인출한 것으로 볼 수 있어 장물취득죄가 성립한다.

① ㄱ, ㄴ   ② ㄱ, ㄹ
③ ㄱ, ㄴ, ㄷ   ④ ㄴ, ㄷ, ㄹ

[해설] **출제영역 | 재산죄 종합**

① ㄱ, ㄴ

ㄱ. (○) 권한 없이 A회사의 아이디와 패스워드를 입력하여 인터넷뱅킹에 접속한 다음 A회사의 예금계좌로부터 자신의 예금계좌로 합계 180,500,000원을 이체하는 내용의 정보를 입력하여 자신의 예금액을 증액시킨 행위는 컴퓨터사용사기죄를 구성한다(대법원 2004.4.16, 2004도353).

ㄴ. (○) 컴퓨터등사용사기죄의 범행으로 예금채권을 취득한 다음 자기의 현금카드를 사용하여 현금자동지급기에서 현금을 인출한 경우, 현금카드 사용권한 있는 자의 정당한 사용에 의한 것으로서 현금자동지급기 관리자의 의사에 반하거나 기망행위 및 그에 따른 처분행위도 없었으므로, 별도로 절도죄나 사기죄의 구성요건에 해당하지 않는다(대법원 2004.4.16, 2004도353).

ㄷ. (×) 컴퓨터등사용사기죄의 범행으로 예금채권을 취득한 다음 자기의 현금카드를 사용하여 현금자동지급기에서 현금을 인출한 경우, 현금카드 사용권한 있는 자의 정당한 사용에 의한 것으로서 현금자동지급기 관리자의 의사에 반하거나 기망행위 및 그에

따른 처분행위도 없었으므로, 별도로 절도죄나 사기죄의 구성요건에 해당하지 않는다 할 것이고, 그 결과 그 인출된 현금은 재산범죄에 의하여 취득한 재물이 아니므로 장물이 될 수 없다(대법원 2004.4.16, 2004도353).

ㄹ. (×) 甲이 권한 없이 인터넷뱅킹으로 타인의 예금계좌에서 자신의 예금계좌로 돈을 이체한 후 그중 일부를 인출하여 그 정을 아는 乙에게 교부한 경우, 甲이 컴퓨터등사용사기죄에 의하여 취득한 예금채권은 재물이 아니라 재산상 이익이므로, 그가 자신의 예금계좌에서 돈을 인출하였더라도 장물을 금융기관에 예치하였다가 인출한 것으로 볼 수 없으므로 乙에게는 장물취득죄가 성립하지 아니한다(대법원 2004.4.16, 2004도353).

정답 ①

---

168 ☑ 유사 ◆◆◇   변호사시험 2023

다음 사실관계에 관한 설명 중 옳지 않은 것을 모두 고른 것은? (다툼이 있는 경우 판례에 의함)

○ 甲과 乙은 소위 날치기 범행을 공모한 후 함께 차를 타고 범행 대상을 물색하던 중, 은행에서 나와 거리를 걷고 있는 A를 발견하였다. 甲은 하차 후 A의 뒤에서 접근하여 A 소유의 자기앞수표(액면금 1억 원) 총 5매가 들어있는 손가방의 끈을 갑자기 잡아당겼는데, A는 빼앗기지 않으려고 버티다가 바닥에 넘어진 상태로 약 5미터 가량을 끌려가다 힘이 빠져 손가방을 놓쳤다. 甲은 이를 틈타 A의 손가방을 들고, 현장에서 대기하고 있던 乙이 운전하는 차를 타고 도망갔다.

○ 그 뒤 甲은 본인 명의의 계좌를 새로 개설하여 위 자기앞수표 총 5매를 모두 입금하였다가, 며칠 뒤 다시 5억 원 전액을 현금으로 인출한 후, 甲과 따로 실고 있는 사촌 형 丙에게 위 사실관계를 모두 말해 주면서 위 현금 5억 원을 당분간 보관해 달라고 부탁하였다. 이에 동의한 丙은 그 돈을 건네받아 보관하던 중, A의 신고로 수사가 개시되었고 甲, 乙, 丙이 함께 기소되어 공동피고인으로 재판이 계속 중이다.

ㄱ. 甲에게 특수강도죄가 성립한다.
ㄴ. 甲에게 「특정경제범죄 가중처벌 등에 관한 법률」 제3조를 적용하여 가중처벌할 수 있다.
ㄷ. 丙에게 장물보관죄가 성립하지 않는다.
ㄹ. 만약 丙에게 장물보관죄가 성립한다면, 丙에 대한 장물보관죄에 대하여는 甲과 丙 사이의 친족관계를 이유로 그 형을 감경 또는 면제하여야 한다.
ㅁ. 甲의 손가방 탈취 범행의 유죄 입증과 관련하여, 자백 취지의 乙에 대한 사법경찰관 작성 피의자신문조서에 대하여 甲이 법정에서 내용부인하더라도, 「형사소송법」 제314조에 의해서 증거능력을 인정할 수 있다.
ㅂ. 甲의 손가방 탈취 범행의 유죄 입증과 관련하여, 甲

과 丙은 서로의 범죄사실에 관하여는 증인의 지위에 있으므로 증인선서 없이 한 丙의 법정진술은 甲의 증거동의가 없는 한 증거능력이 없다.

① ㄱ, ㄴ, ㄹ   ② ㄴ, ㄷ, ㅁ
③ ㄷ, ㄹ, ㅁ   ④ ㄴ, ㄷ, ㄹ, ㅁ
⑤ ㄷ, ㄹ, ㅁ, ㅂ

해설 | 출제영역 | 재산죄 종합

ㄱ. (○) 甲은 乙과 합동하여 강도죄를 범하였으므로 형법 제334조 제2항의 특수강도죄가 성립한다.

> [판례] 날치기 수법의 점유탈취 과정에서 이를 알아채고 재물을 뺏기지 않으려는 상대방의 반항에 부딪혔음에도 계속하여 피해자를 끌고 가면서 억지로 재물을 빼앗은 행위는 피해자의 반항을 억압한 후 재물을 강취한 것으로서 강도에 해당한다(대법원 2007.12.13, 2007도7601).

> 제334조(특수강도) ① 야간에 사람의 주거, 관리하는 건조물, 선박이나 항공기 또는 점유하는 방실에 침입하여 제333조의 죄를 범한 자는 무기 또는 5년 이상의 징역에 처한다.
> ② 흉기를 휴대하거나 2인 이상이 합동하여 전조의 죄를 범한 자도 전항의 형과 같다.

ㄴ. (×) 특정경제범죄 가중처벌 등에 관한 법률에서는 사기, 공갈, 횡령, 배임의 죄의 이득액이 5억원 이상일 때 가중처벌하는 규정을 두고 있고(특정경제범죄 가중처벌 등에 관한 법률 제3조), 절도와 강도의 죄를 가중처벌하는 규정을 두고 있지는 않다.

> **특정경제범죄 가중처벌 등에 관한 법률 제3조(특정재산범죄의 가중처벌)** ① 「형법」 제347조(사기), 제347조의2(컴퓨터등 사용사기), 제350조(공갈), 제350조의2(특수공갈), 제351조(제347조, 제347조의2, 제350조 및 제350조의2의 상습범만 해당한다), 제355조(횡령·배임) 또는 제356조(업무상의 횡령과 배임)의 죄를 범한 사람은 그 범죄행위로 인하여 취득하거나 제3자로 하여금 취득하게 한 재물 또는 재산상 이익의 가액(이하 이 조에서 "이득액"이라 한다)이 5억 원 이상일 때에는 다음 각 호의 구분에 따라 가중처벌한다.
> 1. 이득액이 50억원 이상일 때: 무기 또는 5년 이상의 징역
> 2. 이득액이 5억원 이상 50억원 미만일 때: 3년 이상의 유기징역
> ② 제1항의 경우 이득액 이하에 상당하는 벌금을 병과(倂科)할 수 있다.

ㄷ. (×) 장물인 현금을 금융기관에 예금의 형태로 보관하였다가 이를 반환받기 위하여 동일한 액수의 현금을 인출한 경우에 예금계약의 성질상 인출된 현금은 당초의 현금과 물리적인 동일성은 상실되었지만 액수에 의하여 표시되는 금전적 가치에는 아무런 변동이 없으므로 장물로서의 성질은 그대로 유지된다고 봄이 상당하고, 자기앞수표도 그 액면금을 즉시 지급받을 수 있는 등 현금에 대신하는 기능을 가지고 거래상 현금과 동일하게 취급되고 있는 점에서 금전의 경우와 동일하게 보아야 한다(대법원 2000.3.10, 98도2579).

ㄹ. (×) 형법 제365조 제2항은 장물범(丙)과 본범(甲) 간에 형법 제328조 제1항의 신분관계(직계혈족, 배우자, 동거친족, 동거가족 또는 그 배우자)가 있는 때 적용되는 조항이다. 그런데 丙은 甲과 따로 살고 있는 사촌형에 불과하므로 동 조항은 적용될 수 없다.

제365조(친족간의 범행) ① 전3조의 죄를 범한 자와 피해자 간에 제328조 제1항, 제2항의 신분관계가 있는 때에는 동조의 규정을 준용한다.

② 전3조의 죄를 범한 자와 본범간에 제328조 제1항의 신분관계가 있는 때에는 그 형을 감경 또는 면제한다. 단, 신분관계가 없는 공범에 대하여는 예외로 한다.

ㅁ. (×) 형사소송법 제312조 제3항이 적용되므로 제314조는 적용되지 아니한다.

> **[판례]** 형사소송법 제312조 제3항은 검사 이외의 수사기관이 작성한 해당 피고인에 대한 피의자신문조서를 유죄의 증거로 하는 경우뿐만 아니라 검사 이외의 수사기관이 작성한 해당 피고인과 공범관계에 있는 다른 피고인이나 피의자에 대한 피의자신문조서를 해당 피고인에 대한 유죄의 증거로 채택할 경우에도 적용된다. 따라서 해당 피고인과 공범관계가 있는 다른 피의자에 대하여 검사 이외의 수사기관이 작성한 피의자신문조서는 그 피의자의 법정진술에 의하여 성립의 진정이 인정되는 등 형사소송법 제312조 제4항의 요건을 갖춘 경우라도 해당 피고인이 공판기일에서 그 조서의 내용을 부인한 이상 이를 유죄 인정의 증거로 사용할 수 없고, 그 당연한 결과로 위 피의자신문조서에 대하여는 사망 등 사유로 인하여 법정에서 진술할 수 없는 때에 예외적으로 증거능력을 인정하는 규정인 형사소송법 제314조가 적용되지 아니한다(대법원 2020.6.11, 2016도9367).

ㅂ. (○) 피고인과 별개의 범죄사실로 기소되어 병합심리중인 공동피고인은 피고인의 범죄사실에 관하여는 증인의 지위에 있다 할 것이므로 선서 없이 한 공동피고인의 법정진술이나 피고인이 증거로 함에 동의한 바 없는 공동피고인에 대한 피의자 신문조서는 피고인의 공소 범죄사실을 인정하는 증거로 할 수 없다(대법원 1982.9.14, 82도1000).

정답 ④

---

9 손괴의 죄

169 ✓ 대표   ◆◇◇   국가9급 2020

손괴의 죄에 대한 설명으로 옳지 않은 것은? (다툼이 있는 경우 판례에 의함)

① 재건축사업으로 철거예정이고 그 입주자들이 모두 이사하여 아무도 거주하지 않은 채 비어 있는 아파트라도 재산적 이용가치 내지 효용이 있는 경우에는 재물손괴죄의 재물에 포함된다.

② 자동문을 자동으로 작동하지 않고 수동으로만 개폐가 가능하게 하여 자동잠금장치로서 역할을 할 수 없도록 한 경우에도 재물손괴죄가 성립한다.

③ 홍보를 위해 1층 로비에 설치해 둔 홍보용 배너와 거치대를 훼손 없이 그 장소에서 제거하여 컨테이너로 된 창고로 옮겨 놓아 사용할 수 없게 한 행위는 재물의 효용을 해하는 행위에 해당한다.

④ 해고노동자 등이 복직을 요구하는 집회를 개최하던 중 래커스프레이를 이용하여 회사 건물 외벽과 1층 벽면 등에 낙서한 행위와 계란 30여 개를 건물에 투척한 행위는 모두 건물의 효용을 해한 것으로 볼 수 있다.

해설 출제영역 | 재물손괴죄의 객관적 구성요건

④ (×) 해고노동자 등이 복직을 요구하는 집회를 개최하던 중 래커스프레이를 이용하여 회사 건물 외벽과 1층 벽면 등에 낙서한 행위는 건물의 효용을 해한 것으로 볼 수 있으나, 이와 별도로 계란 30여 개를 건물에 투척한 행위는 건물의 효용을 해하는 정도의 것에 해당하지 않는다(대법원 2007.6.28, 2007도2590).

① (○) 재건축사업으로 철거예정이고 그 입주자들이 모두 이사하여 아무도 거주하지 않은 채 비어 있는 아파트라 하더라도, 그 객관적 성상이 본래 사용목적인 주거용으로 쓰일 수 없는 상태라거나 재물로서의 이용가치나 효용이 없는 물건이라고도 할 수 없어 재물손괴죄의 객체가 된다(대법원 2007.9.20, 2007도5207).

② (○) 대법원 2016.11.25, 2016도9219

③ (○) 갑이 홍보를 위해 광고판(홍보용 배너와 거치대)을 1층 로비에 설치해 두었는데, 피고인이 을에게 지시하여 을이 위 광고판을 그 장소에서 제거하여 컨테이너로 된 창고로 옮겨 놓아 갑이 사용할 수 없도록 한 경우, 비록 물질적인 형태의 변경이나 멸실, 감손을 초래하지 않은 채 그대로 옮겼더라도 위 광고판은 본래적 역할을 할 수 없는 상태로 되었으므로 피고인의 행위는 재물손괴죄에서의 재물의 효용을 해하는 행위에 해당한다(대법원 2018.7.24, 2017도18807).

정답 ④

170 ✓유사 ◆◆◇ 〔법원행시 2018〕

다음 사례 중 재물손괴죄 또는 재물은닉죄에 해당하는 것은 모두 몇 개인가?

⊙ 경락받은 농수산물 저온저장 공장건물 중 공냉식 저온창고를 수냉식으로 개조함에 있어 그 공장에 시설된 피해자 소유의 자재에 관하여 피해자에게 철거를 최고하는 등 적법한 조치를 취함이 없이 이를 일방적으로 철거하게 한 경우

⊙ 재건축사업으로 철거예정이고 그 입주자들이 모두 이사하여 아무도 거주하지 않은 채 비어있는 아파트를 포클레인 등을 이용하여 무단으로 철거한 경우

⊙ 해고노동자 등이 복직을 요구하는 집회를 개최하던 중 회사 건물 외벽과 1층 벽면 등에 계란 30여 개를 투척한 경우

⊙ 타인 소유의 광고용 간판을 백색페인트로 도색하여 광고문안을 지워버린 경우

⊙ 甲소유였다가 약정에 따라 乙명의로 이전되었으나 권리관계에 다툼이 생긴 토지상에서 甲이 버스공용터미널을 운영하고 있는데, 乙이 甲의 영업을 방해하기 위하여 철조망을 설치하려 하자 甲이 위 철조망을 가까운 곳에 마땅한 장소가 없어 터미널로부터 약 200 내지 300m 가량 떨어진 甲소유의 다른 토지 위에 옮겨 놓은 경우

① 1개 ② 2개 ③ 3개
④ 4개 ⑤ 5개

〔해설〕 **출제영역 | 재물손괴죄의 객관적 구성요건**

⊙ (○) 피고인이 경락받은 농수산물 저온저장 공장건물 중 공냉식 저온창고를 수냉식으로 개조함에 있어 그 공장에 시설된 피해자 소유의 자재에 관하여 피해자에게 철거를 최고하는 등 적법한 조치를 취함이 없이 이를 일방적으로 철거하게 하여 손괴하였다면 이는 재물손괴의 범의가 없었다고 할 수 없고 이것이 사회상규상 당연히 허용되는 것이라고 할 수도 없다(대법원 1990.5.22, 90도700).

⊙ (○) 재건축사업으로 철거가 예정되어 있었고 그 입주자들이 모두 이사하여 아무도 거주하지 않은 채 비어 있는 아파트라 하더라도, 그 아파트 자체의 객관적 성상이 본래 사용목적인 주거용으로 사용될 수 없는 상태가 아니었고, 더욱이 그 소유자들이 재건축조합으로의 신탁등기 및 인도를 거부하는 방법으로 계속 그 소유권을 행사하고 있는 상황이었다면 위와 같은 사정만으로는 위 아파트가 재물로서의 이용가치나 효용이 없는 물건으로 되었다고 할 수 없으므로, 위 아파트는 재물손괴죄의 객체가 된다고 할 것이다(대법원 2007.9.20, 2007도5207).

⊙ (×) 해고노동자 등이 복직을 요구하는 집회를 개최하던 중 래커 스프레이를 이용하여 회사 건물 외벽과 1층 벽면 등에 낙서한 행위는 건물의 효용을 해한 것으로 볼 수 있으나, 이와 별도로 계란 30여 개를 건물에 투척한 행위는 건물의 효용을 해하는 정도의 것에 해당하지 않는다(대법원 2007.6.28, 2007도2590).

⊙ (○) 대법원 1991.10.22, 91도2090

⊙ (×) 甲 소유였다가 약정에 따라 乙 명의로 이전되었으나 권리관계에 다툼이 생긴 토지상에서 甲이 버스공용터미널을 운영하고 있는 데 乙이 甲의 영업을 방해하기 위하여 철조망을 설치하려

하자 甲이 위 철조망을 가까운 곳에 마땅한 장소가 없어 터미널로부터 약 200 내지 300미터 가량 떨어진 甲 소유의 다른 토지 위에 옮겨 놓았다면 甲의 행위에는 재물의 소재를 물명하게 함으로써 그 발견을 곤란 또는 불가능하게 하여 그 효능을 해하게 하는 재물은닉의 범의가 있다고 할 수 없다(대법원 1990.9.25, 90도1591).

〔정답〕 ③

171 ✓유사 ◆◇◇ 〔법원9급 2022〕

재물손괴죄에 관한 다음 설명 중 가장 옳지 않은 것은? (다툼이 있는 경우 판례에 의하고, 전원합의체 판결의 경우 다수의견에 의함)

① 형법 제366조는 "타인의 재물, 문서 또는 전자기록 등 특수매체기록을 손괴 또는 은닉 기타 방법으로 그 효용을 해한 자는 3년 이하의 징역 또는 700만 원 이하의 벌금에 처한다."라고 규정하고 있다. 여기에서 '기타 방법'이란 형법 제366조의 규정 내용 및 형벌법규의 엄격해석 원칙 등에 비추어 손괴 또는 은닉에 준하는 정도의 유형력을 행사하여 재물 등의 효용을 해하는 행위를 의미하고, '재물의 효용을 해한다'고 함은 사실상으로나 감정상으로 그 재물을 본래의 사용목적에 제공할 수 없게 하는 상태로 만드는 것을 말하며, 일시적으로 그 재물을 이용할 수 없거나 구체적 역할을 할 수 없는 상태로 만드는 것도 포함한다.

② 피고인이 피해자가 홍보를 위해 설치한 광고판을 그 장소에서 제거하여 컨테이너로 된 창고로 옮겨 놓았다면 비록 물질적인 형태의 변경이나 멸실, 감손을 초래하지 않은 채 그대로 옮겼더라도 그 광고판은 본래적 역할을 할 수 없는 상태로 되었다고 보아야 하므로 재물손괴죄가 성립한다.

③ 피고인이 피해 차량의 앞뒤에 쉽게 제서하기 어려운 철근콘크리트 구조물 등을 바짝 붙여 놓아 차량을 운행할 수 없게 하였더라도 피해 차량 자체에 물리적 훼손이나 기능적 효용의 멸실 내지 감소가 발생하지 않았으므로 재물 본래의 효용을 해한 것이라고 볼 수 없다.

④ 자동문설치공사를 한 피고인이 대금을 지급받지 못하자 자동문의 자동작동중지 예약기능을 이용하여 자동문이 자동으로 여닫히지 않도록 설정하여 수동으로만 개폐가 가능하도록 한 경우 재물손괴죄가 성립한다.

〔해설〕 **출제영역 | 손괴죄의 구성요건**

③ (×) 피고인이 피해 차량의 앞뒤에 쉽게 제거하기 어려운 철근콘크리트 구조물 등을 바짝 붙여 놓은 행위는 피해 차량에 대한 유형력의 행사로 보기에 충분하다. 비록 피고인의 행위로 피해 차량 자체에 물리적 훼손이나 기능적 효용의 멸실 내지 감소가 발생하지 않았다고 하더라도, 피해자가 피고인이 놓아 둔 위 구조물로 인하여 피해 차량을 운행할 수 없게 됨으로써 일시적으로

본래의 사용목적에 이용할 수 없게 된 이상, 차량 본래의 효용을 해한 경우에 해당한다(대법원 2021.5.7, 2019도13764).
① (O) 대법원 2021.5.7, 2019도13764
② (O) 대법원 2018.7.24, 2017도18807
④ (O) 재물손괴죄는 타인의 재물, 문서 또는 전자기록 등 특수매체기록을 손괴 또는 은닉 기타 방법으로 그 효용을 해한 경우에 성립한다(제366조). 여기에서 손괴 또는 은닉 기타 방법으로 그 효용을 해하는 경우에는 물질적인 파괴행위로 물건 등을 본래의 목적에 사용할 수 없는 상태로 만드는 경우뿐만 아니라 일시적으로 물건 등의 구체적 역할을 할 수 없는 상태로 만들어 효용을 떨어뜨리는 경우도 포함된다. 따라서 자동문을 자동으로 작동하지 않고 수동으로만 개폐가 가능하게 하여 자동잠금장치로서 역할을 할 수 없도록 한 경우에도 재물손괴죄가 성립한다(대법원 2016.11.25, 2016도9219).

정답 ③

172 ✓유사 ◆◆◇ 경찰승진 2022 유사 법원행시 2017

다음 설명 중 가장 옳지 않은 것은? (다툼이 있는 경우 판례에 의함)

① 피고인 등이 피해자 甲 등에게 자동차를 매도하겠다고 거짓말하고 자동차를 양도하면서 매매대금을 편취한 다음, 자동차에 미리 부착해 놓은 지피에스(GPS)로 위치를 추적하여 자동차를 절취하였다고 하더라도, 피고인이 甲 등에게 자동차를 인도하고 소유권이전등록에 필요한 일체의 서류를 교부함으로써 甲 등이 언제든지 자동차의 소유권이전등록을 마칠 수 있게 된 이상, 피고인이 자동차를 양도한 후 다시 절취할 의사를 가지고 있었더라도 자동차의 소유권을 이전하여 줄 의사가 없었다고 볼 수 없고, 피고인이 자동차를 매도할 당시 곧바로 다시 절취할 의사를 가지고 있으면서도 이를 숨긴 것을 기망이라고 할 수 없어, 특수절도 외에 사기죄까지 성립한다고 할 수 없다.

② 어떠한 행위가 정당방위로 인정되려면 그 행위가 자기 또는 타인의 법익에 대한 현재의 부당한 침해를 방어하기 위한 것으로서 상당성이 있어야 하므로, 위법하지 않은 정당한 침해에 대한 정당방위는 인정되지 않는다.

③ 등기신청은 단순한 '신고'가 아니라 신청에 따른 등기관의 심사 및 처분을 예정하고 있으므로, 등기신청인이 제출한 허위의 소명자료 등에 대하여 등기관이 나름대로 충분히 심사를 하였음에도 이를 발견하지 못하여 등기가 마쳐지게 되었다면 위계에 의한 공무집행방해죄가 성립할 수 있다. 등기관이 등기신청에 대하여 부동산등기법상 등기신청에 필요한 서면이 제출되었는지 및 제출된 서면이 형식적으로 진정한 것인지를 심사할 권한은 갖고 있으나 등기신청이 실체법상의 권리관계와 일치하는지를 심사할 실질적인 심사권한은 없다고 하여 달리 보아야 하는 것은 아니다.

④ 소유자의 의사에 따라 어느 장소에 게시 중인 문서를 소유자의 의사에 반하여 떼어내는 것과 같이 소유자의 의사에 따라 형성된 종래의 이용 상태를 변경시켜 종래의 상태에 따른 이용을 일시적으로 불가능하게 하는 경우에도 문서손괴죄가 성립할 수 있다. 어느 문서에 대한 종래의 사용상태가 문서 소유자의 의사에 반하여 또는 문서 소유자의 의사와 무관하게 이루어진 경우에 단순히 종래의 사용 상태를 제거하거나 변경시키는 것에 불과하고 손괴, 은닉하는 등으로 새로이 문서 소유자의 문서 사용에 지장을 초래하지 않는 경우라고 하여 달리 보아야 하는 것은 아니다.

⑤ 전환사채의 발행업무를 담당하는 사람과 전환사채 인수인이 사전 공모하여 제3자에게서 전환사채 인수대금에 해당하는 금액을 차용하여 전환사채 인수대금을 납입하고 전환사채 발행절차를 마친 직후 인출하여 차용금채무의 변제에 사용하는 등 실질적으로 전환사채 인수대금이 납입되지 않았음에도 전환사채를 발행한 경우에, 특별한 사정이 없는 한 전환사채의 발행업무를 담당하는 사람은 회사에 대하여 전환사채 인수대금이 모두 납입되어 실질적으로 회사에 귀속되도록 조치할 업무상의 임무를 위반하여, 전환사채 인수인이 인수대금을 납입하지 않고서도 전환사채를 취득하게 하여 인수대금 상당의 이득을 얻게 하고, 회사가 사채상환의무를 부담하면서도 그에 상응하여 취득하여야 할 인수대금 상당의 금전을 취득하지 못하게 하여 같은 금액 상당의 손해를 입게 하였으므로, 업무상배임죄의 죄책을 진다. 그리고 그 후 전환사채의 인수인이 전환사채를 처분하여 대금 중 일부를 회사에 입금하였거나 또는 사채로 보유하는 이익과 주식으로 전환할 경우의 이익을 비교하여 전환권을 행사함으로써 전환사채를 주식으로 전환하였더라도, 이러한 사후적인 사정은 이미 성립된 업무상배임죄에 영향을 주지 못한다.

해설 출제영역 | 재물손괴죄의 의미 등

④ (×) 소유자의 의사에 따라 어느 장소에 게시 중인 문서를 소유자의 의사에 반하여 떼어내는 것과 같이 소유자의 의사에 따라 형성된 종래의 이용 상태를 변경시켜 종래의 상태에 따른 이용을 일시적으로 불가능하게 하는 경우에도 문서손괴죄가 성립할 수 있다. 그러나 문서손괴죄는 문서의 소유자가 문서를 소유하면서 사용하는 것을 보호하려는 것이므로, 어느 문서에 대한 종래의 사용상태가 문서 소유자의 의사에 반하여 또는 문서 소유자의 의사와 무관하게 이루어진 경우에 단순히 종래의 사용 상태를 제거하거나 변경시키는 것에 불과하고 손괴, 은닉하는 등으로 새로이 문서 소유자의 문서 사용에 지장을 초래하지 않는 경우에는 문서의 효용, 즉 문서 소유자의 문서에 대한 사용가치를 일시적으로도 해하였다고 할 수 없어서 문서손괴죄가 성립하지 아니한다(대법원 2015.11.27, 2014도13083).

① (O) 피고인 등이 피해자 甲 등에게 자동차를 매도하겠다고 거짓말하고 자동차를 양도하면서 매매대금을 편취한 다음, 자동차에 미리 부착해 놓은 지피에스(GPS)로 위치를 추적하여 자동차를 절취하였다고 하여 사기 및 특수절도로 기소된 사안에서, 피고인

이 甲 등에게 자동차를 인도하고 소유권이전등록에 필요한 일체의 서류를 교부함으로써 甲 등이 언제든지 자동차의 소유권이전 등록을 마칠 수 있게 된 이상, 피고인이 자동차를 양도한 후 다시 절취할 의사를 가지고 있었더라도 자동차의 소유권을 이전하여 줄 의사가 없었다고 볼 수 없고, 피고인이 자동차를 매도할 당시 곧바로 다시 절취할 의사를 가지고 있으면서도 이를 숨긴 것을 기망이라고 할 수 없어, 결국 피고인이 자동차를 매도할 당시 기망행위가 없었으므로, 피고인에게 사기죄를 인정한 원심판결에 법리오해의 잘못이 있다(대법원 2016.3.24, 2015도17452).

② (○) 어떠한 행위가 정당방위로 인정되려면 그 행위가 자기 또는 타인의 법익에 대한 현재의 부당한 침해를 방어하기 위한 것으로서 상당성이 있어야 하므로, 위법하지 않은 정당한 침해에 대한 정당방위는 인정되지 않는다(대법원 2017.3.15, 2013도2168).

③ (○) 등기신청은 단순한 '신고'가 아니라 신청에 따른 등기관의 심사 및 처분을 예정하고 있으므로, 등기신청인이 제출한 허위의 소명자료 등에 대하여 등기관이 나름대로 충분히 심사를 하였음에도 이를 발견하지 못하여 등기가 마쳐지게 되었다면 위계에 의한 공무집행방해죄가 성립할 수 있다. 등기관이 등기신청에 대하여 부동산등기법상 등기신청에 필요한 서면이 제출되었는지 및 제출된 서면이 형식적으로 진정한 것인지를 심사할 권한은 갖고 있으나 등기신청이 실체법상의 권리관계와 일치하는지를 심사할 실질적인 심사권한은 없다고 하여 달리 보아야 하는 것은 아니다(대법원 2016.1.28, 2015도17297).

⑤ (○) 전환사채의 발행업무를 담당하는 사람과 전환사채 인수인이 사전 공모하여 제3자에게서 전환사채 인수대금에 해당하는 금액을 차용하여 전환사채 인수대금을 납입하고 전환사채 발행절차를 마친 직후 인출하여 차용금채무의 변제에 사용하는 등 실질적으로 전환사채 인수대금이 납입되지 않았음에도 전환사채를 발행한 경우에, 전환사채의 발행이 주식 발행의 목적을 달성하기 위한 수단으로 이루어졌고 실제로 목적대로 곧 전환권이 행사되어 주식이 발행됨에 따라 실질적으로 신주인수대금의 납입을 가장하는 편법에 불과하다고 평가될 수 있는 등의 특별한 사정이 없는 한, 전환사채의 발행업무를 담당하는 사람은 회사에 대하여 전환사채 인수대금이 모두 납입되어 실질적으로 회사에 귀속되도록 조치할 업무상의 임무를 위반하여, 전환사채 인수인이 인수대금을 납입하지 않고서도 전환사채를 취득하게 하여 인수대금 상당의 이득을 얻게 하고, 회사가 사채상환의무를 부담하면서도 그에 상응하여 취득하여야 할 인수대금 상당의 금전을 취득하지 못하게 하여 같은 금액상당의 손해를 입게 하였으므로, 업무상배임죄가 성립한다. 그리고 그 후 전환사채의 인수인이 전환사채를 처분하여 대금 중 일부를 회사에 입금하였거나 또는 사채로 보유하는 이익과 주식으로 전환할 경우의 이익을 비교하여 전환권을 행사함으로써 전환사채를 주식으로 전환하였더라도, 이러한 사후적인 사정은 이미 성립된 업무상배임죄에 영향을 주지 못한다(대법원 2015.12.10, 2012도235).

정답 ④

✅ 유사 ◆◆◇   변호사 2024

甲은 乙 소유 토지 위에 있는 X건물을 소유하고 있었는데 乙이 제기한 건물철거소송에서 패소하여 X건물이 철거되자 위 토지 위에 Y건물을 신축하였다. 乙은 Y건물 벽면에 계란 30여 개를 던져 甲이 Y건물에 남은 계란의 흔적을 지우는 데 약 50만 원의 청소비가 들게 하였다. 甲은 乙의 위와 같은 행위에 대항하여 Y건물 인근에 주차된 乙의 차량 앞에 철근콘크리트 구조물을, 뒤에 굴삭기 크러셔를 바짝 붙여 놓아 乙이 약 17시간 동안 위 차량을 운행할 수 없게 하였다. 한편, 乙은 화가 나 甲 소유의 굴삭기 크러셔에 빨간색 페인트를 이용하여 "불법건축물 소유자는 물러가라."라는 낙서를 하였고, 이 범죄사실에 대하여 벌금 100만 원의 약식명령이 발령되었다. 이에 관한 설명 중 옳지 않은 것을 모두 고른 것은? (다툼이 있는 경우 판례에 의함)

> ㄱ. 甲이 Y건물을 무단으로 신축한 행위는 乙 소유 토지의 효용 자체를 침해한 것으로 재물손괴죄에 해당한다.
> ㄴ. 乙이 Y건물 벽면에 계란 30여 개를 던진 행위는 그 건물의 효용을 해한 것으로 재물손괴죄에 해당한다.
> ㄷ. 甲이 17시간 동안 乙의 차량을 운행할 수 없게 한 행위는 차량 본래의 효용을 해한 것으로 재물손괴죄에 해당한다.
> ㄹ. 乙이 위 약식명령에 불복하여 변호인 선임 없이 정식재판을 청구한 후 연속으로 2회 불출정한 경우, 법원은 乙의 출정 없이 증거조사를 할 수 있고, 이 경우에는 「형사소송법」 제318조 제2항에 따라 乙의 증거동의가 간주된다.
> ㅁ. 乙이 위 ㄹ.항과 같이 정식재판에서 증거동의가 간주되고 증거조사가 완료된 후 벌금 100만 원이 선고되자 항소하였고, 乙이 항소심에 출석하여 증거동의를 철회 또는 취소한다는 의사표시를 한 경우, 제1심에서의 증거동의 간주는 乙의 진의와 관계없이 이루어진 것이므로 증거동의의 효력은 상실된다.

① ㄱ, ㄴ   ② ㄱ, ㅁ
③ ㄱ, ㄴ, ㅁ   ④ ㄴ, ㄷ, ㅁ
⑤ ㄱ, ㄴ, ㄷ, ㄹ

해설 출제영역 | 재물손괴죄, 증거동의

③ ㄱ, ㄴ, ㅁ

ㄱ. (×) 다른 사람의 소유물을 본래의 용법에 따라 무단으로 사용·수익하는 행위는 소유자를 배제한 채 물건의 이용가치를 영득하는 것이고, 그 때문에 소유자가 물건의 효용을 누리지 못하게 되었더라도 효용 자체가 침해된 것이 아니므로 재물손괴죄에 해당하지 않는다(대법원 2022.11.30, 2022도1410).

ㄴ. (×) 계란 30여 개를 건물에 투척한 행위는 건물의 효용을 해하는 정도의 것에 해당하지 않는다(대법원 2007.6.28, 2007도2590).

CHAPTER 05 재산에 대한 죄

CHAPTER 05 재산에 대한 죄 **509**

ㄷ. (○) 甲이 평소 자신이 굴삭기를 주차하던 장소에 乙의 차량이 주차되어 있는 것을 발견하고 乙의 차량 앞에 철근콘크리트 구조물을, 뒤에 굴삭기 크러셔를 바짝 붙여 놓아 甲이 17~18시간 동안 차량을 운행할 수 없게 된 경우, 차량 앞뒤에 쉽게 제거하기 어려운 구조물 등을 붙여 놓은 행위는 차량에 대한 유형력 행사로 보기에 충분하고, 차량 자체에 물리적 훼손이나 기능적 효용의 멸실 내지 감소가 발생하지 않았더라도 甲이 위 구조물로 인해 차량을 운행할 수 없게 됨으로써 일시적으로 본래의 사용목적에 이용할 수 없게 된 이상 차량 본래의 효용을 해한 경우로 재물손괴죄가 성립한다(대법원 2021.5.7, 2019도13764).

ㄹ. (○) 약식명령에 불복하여 정식재판을 청구한 피고인이 정식재판절차에서 2회 불출정하여 법원이 피고인의 출정 없이 증거조사를 하는 경우에 위 법 제318조 제2항에 따른 피고인의 증거동의가 있는 것으로 간주된다(대법원 2010.7.15, 2007도5776).

ㅁ. (×) 약식명령에 불복하여 정식재판을 청구한 피고인이 정식재판절차의 제1심에서 2회 불출정하여 형사소송법 제318조 제2항에 따른 증거동의가 간주된 후 증거조사를 완료한 이상, 간주의 대상인 증거동의는 증거조사가 완료되기 전까지 철회 또는 취소할 수 있으나 일단 증거조사를 완료한 뒤에는 취소 또는 철회가 인정되지 아니하는 점, 증거동의 간주가 피고인의 진의와는 관계 없이 이루어지는 점 등에 비추어, 비록 피고인이 항소심에 출석하여 공소사실을 부인하면서 간주된 증거동의를 철회 또는 취소한다는 의사표시를 하더라도 그로 인하여 적법하게 부여된 증거능력이 상실되는 것이 아니다(대법원 2010.7.15, 2007도5776).

정답 ③

10 권리행사를 방해하는 죄

174 ✓ 대표 ◆◆◇ 법원9급 2020

권리행사방해죄에 관한 다음 설명 중 가장 옳은 것은?
(다툼이 있는 경우 판례에 의하고, 전원합의체 판결의 경우 다수의 견에 의함)

① 물건의 소유자가 아닌 사람은, 권리행사방해죄의 주체가 될 수 없을 뿐만 아니라, 물건 소유자의 권리행사방해 범행에 가담한 경우 그의 공범도 될 수 없다.

② 권리행사방해죄에 있어서의 타인의 점유는 정당한 원인에 기하여 그 물건을 점유하는 권리 있는 점유를 의미하는 것으로, 무효인 경매절차에서 경매목적물을 경락받아 이를 점유하고 있는 낙찰자는 권리행사방해죄에 있어서의 타인의 물건을 점유하고 있는 자에 해당하지 않는다.

③ 중간생략등기형 명의신탁 또는 계약명의신탁의 방식으로 자신의 처에게 등기명의를 신탁하여 놓은 점포에 자물쇠를 채워 점포의 임차인을 출입하지 못하게 한 경우, 그 점포는 권리행사방해죄의 객체인 자기의 물건에 해당하지 않는다.

④ 권리행사방해죄의 구성요건 중 타인의 '권리'에는 물건에 대하여 점유를 수반하지 아니하는 채권은 포함되지 않는다.

해설 출제영역 | 권리행사방해죄의 성립요건

③ (○) 대법원 2005.9.9, 2005도626

① (×) 형법 제323조의 권리행사방해죄는 타인의 점유 또는 권리의 목적이 된 자기의 물건을 취거, 은닉 또는 손괴하여 타인의 권리행사를 방해함으로써 성립하므로 그 취거, 은닉 또는 손괴한 물건이 자기의 물건이 아니라면 권리행사방해죄가 성립할 수 없다. 물건의 소유자가 아닌 사람은 형법 제33조 본문에 따라 소유자의 권리행사방해 범행에 가담한 경우에 한하여 그의 공범이 될 수 있을 뿐이다(대법원 2017.5.30, 2017도4578).

② (×) 쌍무계약이 무효로 되어 각 당사자가 서로 취득한 것을 반환하여야 할 경우, 어느 일방의 당사자에게만 먼저 그 반환의무의 이행이 강제된다면 공평과 신의칙에 위배되는 결과가 되므로 각 당사자의 반환의무는 동시이행 관계에 있다고 보아 민법 제536조를 준용함이 옳다고 해석되고, 이러한 법리는 경매절차가 무효로 된 경우에도 마찬가지라고 할 것이므로, 무효인 경매절차에서 경매목적물을 경락받아 이를 점유하고 있는 낙찰자의 점유는 적법한 점유로서 그 점유자는 권리행사방해죄에 있어서의 타인의 물건을 점유하고 있는 자라고 할 것이다(대법원 2003.11.28, 2003도4257).

④ (×) 권리행사방해죄의 구성요건 중 타인의 '권리'란 반드시 제한물권만을 의미하는 것이 아니라 물건에 대하여 점유를 수반하지 아니하는 채권도 이에 포함된다(대법원 1991.4.26, 90도1958).

정답 ③

175 ✓ 유사 ◆◆◇ 군무원9급 2022

다음 중 권리행사방해죄가 성립하는 경우는? (다툼이 있으면 판례에 의함)

① 피해자인 낙찰자가 비록 무효인 경매절차에 의하여 경매목적물을 경락받아 이를 점유하고 있던 중 건물의 소유자인 피고인이 낙찰자의 점포의 시건장치된 문을 손괴하고 제3자에게 임대해 주었다.
② 피고인이 지입차주인 바 지입제로 운행하던 택시를 지입회사의 요구로 회사 차고지에 입고하였다가 회사의 승낙을 받지 않고 무단으로 가져가 버렸다.
③ 피고인이 피해자에게 담보로 제공한 차량을 피해자의 승낙 없이 미리 소지하고 있던 위 차량의 보조키를 이용하여 가지고 가버렸는데, 자동차등록원부에는 자동차딜러 명의로 되어 있었다.
④ 중간생략등기형 명의신탁 또는 계약명의신탁의 방식으로 자신의 처에게 등기명의를 신탁해 놓은 점포에 자물쇠를 채워 점포의 임차인을 출입하지 못하게 하였다.

해설 출제영역 I 권리행사방해죄의 성립요건

① (○) 피해자는 무효인 경매절차에서 위 건물을 낙찰받고 그 일부를 점유하게 되었으므로 위 건물을 점유할 권원은 없다고 할지라도 적어도 피고인에 대한 동시이행의 항변권을 가지고 있어서 위 건물 중 피해자의 점유부분을 적법하게 점유하고 있었다고 할 것이고, 따라서 피해자는 권리행사방해죄에 있어서의 타인의 물건을 점유하고 있는 자에 해당된다고 할 것이다. 그러므로 원심이 피고인에 대한 권리행사방해의 범죄사실을 유죄로 인정한 결론은 정당하다(대법원 2003.11.28, 2003도4257).
② (×) 피고인이 택시를 회사에 지입하여 운행하였다고 하더라도, 피고인이 회사와 사이에 위 택시의 소유권을 피고인이 보유하기로 약정하였다는 등의 특별한 사정이 없는 한, 위 택시는 그 등록명의자인 회사의 소유이고 피고인의 소유는 아니라고 할 것이므로 회사의 요구로 위 택시를 회사 차고지에 입고하였다가 회사의 승낙을 받지 않고 이를 가져간 피고인의 행위는 권리행사방해죄에 해당하지 않는다(대법원 2003.5.30, 2000도5767).
③ (×) 피고인이 피해자에게 담보로 제공한 차량이 그 자동차등록원부에 타인 명의로 등록되어 있는 이상 그 차량은 피고인의 소유는 아니므로, 피고인이 피해자의 승낙 없이 미리 소지하고 있던 위 차량의 보조키를 이용하여 이를 운전하여 간 행위는 권리행사방해죄를 구성하지 않는다(대법원 2005.11.10, 2005도6604).
④ (×) 피고인이 이른바 중간생략등기형 명의신탁 또는 계약명의신탁의 방식으로 자신의 처에게 등기명의를 신탁하여 놓은 점포에 자물쇠를 채워 점포의 임차인을 출입하지 못하게 한 경우, 그 점포는 권리행사방해죄의 객체인 자기의 물건에 해당하지 않는다(대법원 2005.9.9, 2005도626).

정답 ①

176 ✓ 대표 ◆◆◇ 법원9급 2018

다음 설명 중 가장 옳은 것은? (다툼이 있는 경우 판례에 의하고, 전원합의체 판결의 경우 다수의견에 의함)

① 휴업급여를 받을 권리는 압류금지채권이나 이를 계좌로 수령하면 더는 압류금지의 효력이 미치지 않아 강제집행의 객체가 되므로, 휴업급여를 기존의 압류된 예금계좌에서 압류되지 않은 다른 계좌로 바꾸어 수령하면 강제집행면탈죄가 성립한다.
② 근저당권의 목적물인 기계에 대하여 경매개시결정이 내려진 후 이를 원래 있던 곳에서 가지고 나가 숨겨 두면, 강제집행을 면할 목적으로 재산을 은닉한 것이므로 강제집행면탈죄가 성립한다.
③ '보전처분 단계에서의 가압류채권자의 지위'는 강제집행면탈죄의 객체가 될 수 없다.
④ 특허권이나 실용신안권은 민사집행법에 의한 강제집행이 불가능하므로 강제집행면탈죄의 객체가 될 수 없다.

해설 출제영역 I 강제집행면탈죄 – 구성요건

③ (○) 강제집행면탈죄의 객체는 채무자의 재산 중에서 채권자가 민사집행법상 강제집행 또는 보전처분의 대상으로 삼을 수 있는 것만을 의미하므로, '보전처분 단계에서의 가압류채권자의 지위' 자체는 원칙적으로 민사집행법상 강제집행 또는 보전처분의 대상이 될 수 없어 강제집행면탈죄의 객체에 해당한다고 볼 수 없고, 이는 가압류채무자가 가압류해방금을 공탁한 경우에도 마찬가지이다(대법원 2008.9.11, 2006도8721).
① (×) 압류금지채권의 목적물이 채무자의 예금계좌에 입금된 경우에는 그 예금채권에 대하여 더 이상 압류금지의 효력이 미치지 아니하므로 그 예금은 압류금지채권에 해당하지 않지만, 압류금지채권의 목적물이 채무자의 예금계좌에 입금되기 전까지는 여전히 강제집행 또는 보전처분의 대상이 될 수 없으므로, 압류금지채권의 목적물을 수령하는 데 사용하던 기존 예금계좌가 채권자에 의해 압류된 채무자가 압류되지 않은 다른 예금계좌를 통하여 그 목적물을 수령하더라도 강제집행이 임박한 채권자의 권리를 침해할 위험이 있는 행위라고 볼 수 없어 강제집행면탈죄가 성립하지 않는다(대법원 2017.8.18, 2017도6229).
② (×) 대법원 1998.9.8, 98도1949(참고만 할 것)
④ (×) 강제집행면탈죄에 있어서 재산에는 동산·부동산뿐만 아니라 재산적 가치가 있어 민사소송법에 의한 강제집행 또는 보전처분이 가능한 특허 내지 실용신안 등을 받을 수 있는 권리도 포함된다(대법원 2001.11.27, 2001도4759).

정답 ③

177 ✓ 유사 ◆◆◇

다음 설명 중 가장 옳지 않은 것은? (다툼이 있는 경우 판례에 의하고, 전원합의체 판결의 경우 다수의견에 의함)

① 강제집행면탈죄는 강제집행을 당할 구체적인 위험이 있는 상태에서 재산을 은닉, 손괴, 허위양도 또는 허위의 채무를 부담함으로써 채권자를 해하는 결과가 야기되어야 한다. 따라서 채무자가 그 소유의 부동산을 허위로 양도하였더라도 그 부동산의 시가액보다 그 부동산에 의하여 담보된 채무액이 더 많아 실질적으로 담보가치가 없었다면 그 허위양도로 인해 채권자를 해할 위험이 없다고 보아야 한다.

② 이미 타인에 의하여 위조된 약속어음의 기재사항을 권한 없이 변경하더라도 유가증권변조죄는 성립하지 않는다.

③ 타인이 위조한 액면과 지급기일이 백지로 된 약속어음을 구입하여 행사의 목적으로 백지인 액면란에 금액을 기입하여 그 위조어음을 완성하였다면, 백지어음 형태의 위조 행위와는 별개로 유가증권위조죄가 성립한다.

④ 위조유가증권행사죄에서의 유가증권이라 함은 위조된 유가증권의 원본을 말하는 것이지 전자복사기 등을 사용하여 기계적으로 복사한 사본은 이에 해당하지 않는다.

해설 출제영역 | 유가증권위조 · 변조죄 – 구성요건

① (×) 강제집행면탈죄는 이른바 위태범으로서 강제집행을 당할 구체적인 위험이 있는 상태에서 재산을 은닉, 손괴, 허위양도 또는 허위의 채무를 부담하면 바로 성립하는 것이고, 반드시 채권자를 해하는 결과가 야기되거나 이로 인하여 행위자가 어떤 이득을 취하여야 범죄가 성립하는 것은 아니며, 허위양도 한 부동산의 시가액 보다 그 부동산에 의하여 담보된 채무액이 더 많다고 하여 그 허위양도로 인하여 채권자를 해할 위험이 없다고 할 수 없다(대법원 1999.2.12, 98도2474).

② (○) 유가증권변조죄에 있어서 변조라 함은 진정으로 성립된 유가증권의 내용에 권한 없는 자가 그 유가증권의 동일성을 해하지 않는 한도에서 변경을 가하는 것을 말하므로, 이미 타인에 의하여 위조된 약속어음의 기재사항을 권한 없이 변경하였다고 하더라도 유가증권변조죄는 성립하지 아니한다(대법원 2006.1.26, 2005도4764).

③ (○) 타인이 위조한 액면과 지급기일이 백지로 된 약속어음을 구입하여 행사의 목적으로 백지인 액면란에 금액을 기입하여 그 위조어음을 완성하는 행위는 백지어음 형태의 위조행위와는 별개의 유가증권위조죄를 구성한다(대법원 1982.6.22, 82도677).

④ (○) 대법원 1998.2.13, 97도2922

정답 ①

178 ✓ 유사 ◆◆◇

강제집행면탈죄에 관한 다음 설명 중 판례의 태도와 일치하지 않는 것은?

① 강제집행면탈죄는 채권자의 권리보호를 주된 보호법익으로 하므로, 채권의 존재가 인정되지 않을 때에는 강제집행면탈죄는 성립하지 않는다.

② 채무자가 제3자 명의로 되어 있던 사업자등록을 또 다른 제3자 명의로 변경하였다면 사업장 내 유체동산에 관한 소유관계를 종전보다 더 불명하게 하여 채권자에게 손해를 입게 할 위험성을 야기한 것이라 봄이 상당하다.

③ 채권자들에 의한 복수의 강제집행이 예상되는 경우 재산을 은닉 또는 허위양도 함으로써 채권자들을 해하였다면 채권자별로 각각 강제집행면탈죄가 성립하고, 상호 상상적 경합범의 관계에 있다.

④ 형법 제327조의 강제집행면탈죄는 채권자가 본안 또는 보전소송을 제기하거나 제기할 태세를 보이고 있는 상태에서 주관적으로 강제집행을 면탈하려는 목적으로 재산을 은닉, 손괴, 허위양도하거나 허위의 채무를 부담하여 채권자를 해할 위험이 있으면 성립하는 것이고, 반드시 채권자를 해하는 결과가 야기되거나 행위자가 어떤 이득을 취하여야 범죄가 성립하는 것은 아니다.

해설 출제영역 | 강제집행면탈죄 – 구성요건

② (×) 채무자가 제3자 명의로 되어 있던 사업자등록을 또 다른 제3자 명의로 변경하였다는 사정만으로는 그 변경이채권자의 입장에서 볼 때 사업장 내 유체동산에 관한 소유관계를 종전보다 더 불명하게 하여 채권자에게 손해를 입게 할 위험성을 야기한다고 단정할 수 없다(대법원 2014.6.12, 2012도2732).

① (○) 대법원 2012.8.30, 2011도2252

③ (○) 대법원 2011.12.8, 2010도4129

④ (○) 대법원 2012.6.28, 2012도3999

정답 ②

179 ⊘ 유사 ◆◆◇ 변호사 2017 변형

甲의 죄책에 관한 설명 중 옳지 않은 것은? (다툼이 있는 경우 판례에 의함)

① 甲이 피해자 A의 케이티전화카드(한국통신의 후불식 통신카드)를 절취하여 전화통화에 이용하였으나 A가 통신요금을 납부할 책임을 부담한다면 편의시설부정이용죄는 성립하지 않는다.

② 甲이 장물인 귀금속의 매도를 부탁받은 후 그 귀금속이 장물임을 알면서도 그 매매를 중개하고 매수인에게 이를 전달하기 위해 매수인을 만나러 가는 도중에 체포되었더라도 장물알선죄는 성립한다.

③ 차량의 실소유자인 甲은 자동차등록원부에 제3자인 B의 명의로 등록되어 있는 그 차량을 A에게 자신의 채무에 대한 담보로 제공하였는데, 甲이 A와 사이가 나빠지자 A의 승낙을 받지 않고 미리 소지하고 있던 위 차량의 보조키를 이용하여 위 차량을 운전하여 가져가 버린 경우, 권리행사방해죄는 성립하지 않는다.

④ 甲은 장기간 세금 납부를 하지 않고 도망 다니던 중 처로부터 체납처분 관련 서류가 집으로 배달되었다는 연락을 받자 이를 면탈할 목적으로 자신의 소유 아파트를 친구에게 허위양도한 경우, 강제집행면탈죄가 성립한다.

[해설] 출제영역ㅣ 강제집행면탈죄 등 종합

④ (×) 강제집행면탈죄가 적용되는 강제집행은 민사집행법의 적용대상인 강제집행 또는 가압류·가처분 등의 집행을 가리키는 것이므로 국세징수법에 의한 체납처분을 면탈할 목적으로 재산을 은닉하는 등의 행위는 위 죄의 규율대상에 포함되지 않는다(대법원 2012.4.26, 2010도5693).

① (○) 대법원 2001.9.25, 2001도3625

② (○) 대법원 2009.4.23, 2009도1203

③ (○) 대법원 2005.11.10, 2005도6604

[정답] ④

180 ⊘ 유사 ◆◇◇ 변호사 2016

강제집행면탈죄에 관한 설명 중 옳은 것은? (다툼이 있는 경우 판례에 의함)

① 이른바 계약명의신탁의 방식으로 명의수탁자가 당사자가 되어 소유자와 부동산에 관한 매매계약을 체결하고 그 명의로 소유권이전등기를 마친 경우, 채무인인 명의신탁자에게 강제집행면탈죄가 성립될 여지는 없다.

② 甲과 乙이 공모하여 甲의 채권자를 해하기 위하여 허위의 채무를 부담하는 내용의 공정증서를 작성하고 그 공정증서에 기하여 법원으로부터 채권압류 및 추심명령을 받은 뒤 배당을 받았다면, 적어도 채권자를 해하는 결과가 야기된 시점은 배당일이므로 그때부터 강제집행면탈죄의 공소시효가 진행한다.

③ 甲이 자신을 상대로 사실혼관계 부당파기로 인한 손해배상 청구소송을 제기한 A에 대한 채무를 면탈하기 위하여 A와 함께 거주하던 甲 명의 아파트를 담보로 10억 원을 대출받아 그중 8억 원을 타인 명의의 계좌로 입금하였다면, 비록 甲이 A의 甲에 대한 위자료 등 채권액을 훨씬 상회하는 다른 재산이 있다고 하더라도 강제집행면탈죄가 성립한다.

④ 채권자 A가 甲에 대한 연체차임채권을 확보하기 위하여 甲이 임차하여 운영하는 주유소의 신용카드 매출채권을 가압류하자, 甲이 강제집행을 면탈할 목적으로 그 즉시 타인 명의의 신용카드 결제 단말기를 빌려와 수개월 동안 주유대금 결제에 사용하는 수법으로 주유소의 신용카드 매출채권을 은닉한 경우, 비록 甲이 위 가압류 이전부터 A에 대하여 연체차임을 상회하는 보증금반환채권을 보유하고 있음을 근거로 은닉행위 이후 상계의 의사표시를 함으로써 A의 연체차임채권이 모두 소멸되었다고 하더라도 강제집행면탈죄가 성립한다.

⑤ 채무자인 甲이 채권자 A의 가압류집행을 면탈할 목적으로 제3채무자 B에 대한 채권을 C에게 허위양도한 경우, 가압류결정정본이 B에게 송달된 날짜와 甲이 C에게 채권을 양도한 날짜가 동일하다면 시간상 채권양도가 가압류결정정본 송달보다 먼저 이루어졌더라도 강제집행면탈죄가 성립하지 않는다.

[해설] 출제영역ㅣ 강제집행면탈죄의 성립요건

① (○) 대법원 2009.5.14, 2007도2168

② (×) 허위의 채무를 부담하는 내용의 채무변제계약 공정증서를 작성한 후 이에 기하여 채권압류 및 추심명령을 받은 때에, 강제집행면탈죄가 성립함과 동시에 그 범죄행위가 종료되어 공소시효가 진행한다(대법원 2009.5.28, 2009도875).

③ (×) 채무자의 재산은닉 등 행위 시를 기준으로 채무자에게 채권자의 집행을 확보하기에 충분한 다른 재산이 있었다면 채권자를 해하였거나 해할 우려가 있다고 쉽사리 단정할 것이 아니다. 피고인의 재산은닉 행위 당시 甲의 재산분할청구권은 존재하였다

고 보기 어렵고, 가사사건 제1심판결에 근거하여 위자료 4,000만 원의 채권이 존재한다는 사실이 증명되었다고 볼 여지가 있었을 뿐이므로, 피고인에게 위자료채권액을 훨씬 상회하는 다른 재산이 있었던 이상 강제집행면탈죄는 성립하지 않는다고 보아야 한다(대법원 2011.9.8, 2011도5165).

④ (×) 형법 제327조의 강제집행면탈죄는 채권자의 권리보호를 주된 보호법익으로 하므로 강제집행의 기본이 되는 채권자의 권리, 즉 채권의 존재는 강제집행면탈죄의 성립요건이다. 따라서 채권의 존재가 인정되지 않을 때에는 강제집행면탈죄는 성립하지 않는다. 따라서 상계로 인하여 소멸한 것으로 보게 되는 채권에 관하여는 상계의 효력이 발생하는 시점 이후에는 채권의 존재가 인정되지 않으므로 강제집행면탈죄가 성립하지 않는다(대법원 2012.8.30, 2011도2252).

⑤ (×) 채무자인 피고인이 채권자 甲의 가압류집행을 면탈할 목적으로 제3채무자 乙에 대한 채권을 丙에게 허위양도하였다고 하여 강제집행면탈로 기소된 사안에서, 가압류결정 정본이 제3채무자에게 송달된 날짜와 피고인이 채권을 양도한 날짜가 동일하므로 가압류결정 정본이 乙에게 송달되기 전에 채권을 허위로 양도하였다면 강제집행면탈죄가 성립한다(대법원 2012.6.28, 2012도3999).

정답 ①

유사 ◆◆◆ 법원행시 2020

권리행사방해에 관한 다음 설명 중 옳지 않은 것은 모두 몇 개인가? (다툼이 있는 경우 판례에 의하고, 전원합의체 판결의 경우 다수의견에 의함)

가. 형법 제323조의 권리행사방해죄는 타인의 점유 또는 권리의 목적이 된 자기의 물건 또는 전자기록 등 특수매체기록을 취거, 은닉 또는 손괴하여 타인의 권리행사를 방해함으로써 성립한다. 여기서 '은닉'이란 타인의 점유 또는 권리의 목적이 된 자기 물건 등의 소재를 발견하기 불가능하게 하거나 또는 현저히 곤란한 상태에 두는 것을 말하고, 그로 인하여 권리행사가 방해될 우려가 있는 상태에 이르면 권리행사방해죄가 성립하고 현실로 권리행사가 방해되었을 것까지 필요로 하는 것은 아니다.

나. A가 처음부터 자동차대여사업자등록만 하고 실제로 영업할 의사가 없이 렌트카 회사인 B 주식회사를 설립한 다음 C 주식회사 등의 명의로 저당권등록이 되어 있는 다수의 차량들을 사들여 B 회사 소유의 영업용 차량으로 등록하였다. 이후 A는 지입차주들로 하여금 차량을 관리·처분하도록 하여 C 회사 등의 임의경매가 차량 소재파악 불가 등의 사유로 취소되도록 하고, 결국 자동차대여사업자등록 취소처분을 받아 차량등록을 직권말소시켜 저당권 등도 소멸되게 하였다. A에게는 C 회사 등에 대한 권리행사방해죄가 성립한다.

다. A가 차량을 구입하면서 B로부터 차량 매수대금을 차용하고 담보로 차량에 B 명의 저당권을 설정해 주었다. A는 그 후 대부업자 C로부터 돈을 차용하면서 차량을 C에게 담보로 제공하여 이른바 '대포차'로 유통되게 하였다. A에게는 B에 대한 권리행사방해죄가 성립한다.

라. A는 강제경매를 통하여 아들인 B 명의로 오피스텔 건물 501호를 매수하였는데, 위 501호에 대해서는 C가 유치권을 행사하고 있었다. A는 열쇠수리공을 불러 501호의 잠금장치를 변경하여 C가 더 이상 유치권 행사를 할 수 없도록 점유를 침탈하였다. A에게는 C에 대한 권리행사방해죄가 성립한다.

마. A 렌트카 회사의 공동대표이사 중 1인인 B가 회사 보유 차량을 자신의 개인적인 채무담보 명목으로 C에게 넘겨주었다. 다른 공동대표이사인 D가 C에게 차량반환을 요구하였으나 C가 담보제공 약정을 이유로 반환을 거절하자, D는 위 차량을 C 몰래 회수하였다. 회수 당시 위 차량에 대해서는 아직 A 회사 명의로 신규등록은 마쳐지지 않았으나 임시운행 허가번호판이 부착된 상태였다. D에게는 C에 대한 권리행사방해죄가 성립한다.

① 1개 ② 2개
③ 3개 ④ 4개
⑤ 없음

해설 출제영역 | 재산, 권리행사방해

② 옳지 않은 지문은 라, 마 2개이다.

가. (○) 대법원 2017.5.17, 2017도2230

나. (○) 피고인들이 공모하여 렌트카 회사인 甲 주식회사를 설립한 다음 乙 주식회사 등의 명의로 저당권등록이 되어 있는 다수의 차량들을 사들여 甲 회사 소유의 영업용 차량으로 등록한 후 자동차대여사업자등록 취소처분을 받아 차량등록을 직권말소시켜 저당권 등이 소멸하게 함으로써 乙 회사 등의 저당권의 목적인 차량들을 은닉하는 방법으로 권리행사를 방해하였다는 내용으로 기소된 사안에서, 피고인들은 처음부터 자동차대여사업자에 대한 등록취소 및 자동차등록 직권말소절차의 허점을 이용하여 권리행사를 방해할 목적으로 범행을 모의한 다음 렌트카 사업자등록만 하였을 뿐 실제로는 영업을 하지 아니함에도 차량 구입자들 또는 지입차주들로 하여금 차량을 관리·처분하도록 함으로써 차량들의 소재를 파악할 수 없게 하였고, 나아가 자동차대여사업자 등록이 취소되어 차량들에 대한 저당권등록마저 직권말소되도록 하였으므로, 이러한 행위는 그 자체로 저당권자인 乙 회사 등으로 하여금 자동차등록원부에 기초하여 저당권의 목적이 된 자동차의 소재를 파악하는 것을 현저하게 곤란하게 하거나 불가능하게 하는 행위에 해당함에도, 이와 달리 피고인들이 차량들을 은닉하였다고 단정할 수 없다는 이유로 무죄로 판단한 원심판결에 권리행사방해죄에 관한 법리오해의 잘못이 있다(대법원 2017.5.17, 2017도2230)

다. (○) 대법원 2016.11.10, 2016도13734

라. (×) 피고인은 아들인 공소외 1 명의로 강제경매를 통하여 이 사건 건물 501호를 매수하였다는 것인데, 부동산경매절차에서 부동산을 매수하려는 사람이 다른 사람과의 명의신탁약정 아래 그 사람의 명의로 매각허가결정을 받아 자신의 부담으로 매수대금을 완납한 때에는 경매목적 부동산의 소유권은 매수대금의 부담 여부와는 관계없이 그 명의인이 취득하게 되는 것이므로, 피고인이 위 건물 501호에 대한 공소외 2 주식회사의 점유를 침탈하였다고 하더라도 피고인의 물건에 대한 타인의 권리행사를 방해한 것으로 볼 수는 없다(대법원 2019.12.27, 2019도14623).

마. (×) 다만, 자동차소유권의 득실변경은 등록을 하여야 그 효력이 생기고, 권리행사방해죄의 객체는 자기의 소유물에 한한다. 기록에 의하면, 이 사건 승용차는 렌트카(주)가 구입하여 보유 중이나 이 사건 공소사실 기재 일시까지도 아직 위 회사나 피고인 명의로 신규등록 절차를 마치지 않은 미등록 상태였던 사실을 알 수 있다. 따라서 이 사건 승용차는 이 사건 공소사실 기재 범행 당시 렌트카(주) 혹은 피고인의 소유물이라고 할 수 없이 이를 전제로 하는 권리행사방해죄는 성립되지 아니한다(대법원 2006.3.23, 2005도4455).

정답 ②

---

182 ✓ 유사 ◆◆◇ 경찰2차 2021

권리행사를 방해하는 죄에 대한 설명 중 가장 적절하지 않은 것은? (다툼이 있는 경우 판례에 의함)

① 무효인 경매절차에서 경매목적물을 경락받아 이를 점유하고 있는 낙찰자의 점유는 적법한 점유로서 그 점유자는 권리행사방해죄에 있어서 타인의 물건을 점유하고 있는 자라고 보아야 한다.

② 주식회사의 대표이사가 그의 지위에 기하여 그 직무집행 행위로서 타인이 점유하는 회사의 물건을 취거한 경우에 그 행위는 회사의 대표기관으로서의 행위라고 평가되므로, 그 회사의 물건은 권리행사방해죄에 있어서의 '자기의 물건'이라고 보아야 한다.

③ 개설자격이 없는 자가 의료기관을 개설하여 「의료법」을 위반한 병원의 요양급여비용채권은 해당 의료기관의 채권자가 이를 대상으로 하여 강제집행 또는 보전처분의 방법으로 채권의 만족을 얻을 수 있으므로, 강제집행면탈죄의 객체가 된다.

④ 명의신탁자와 명의수탁자가 계약명의신탁약정을 맺고 명의수탁자가 당사자가 되어 소유자와 부동산에 관한 매매계약을 체결한 후 그 매매계약에 따라 당해 부동산의 소유권이전등기를 명의수탁자 명의로 마친 경우, 명의신탁자는 그 매매계약에 의해서 당해 부동산의 소유권을 취득하지 못하게 되어, 결국 그 부동산은 명의신탁자에 대한 강제집행이나 보전처분의 대상이 될 수 없다.

해설 출제영역 | 재산, 권리행사방해

③ (×) 의료법에 의하여 적법하게 개설되지 아니한 의료기관에서 요양급여가 행하여졌다면 해당 의료기관은 국민건강보험법상 요양급여비용을 청구할 수 있는 요양기관에 해당되지 아니하여 해당 요양급여비용 전부를 청구할 수 없고, 해당 의료기관의 채권자로서도 위 요양급여비용 채권을 대상으로 하여 강제집행 또는 보전처분의 방법으로 채권의 만족을 얻을 수 없는 것이므로, 결국 위와 같은 채권은 강제집행면탈죄의 객체가 되지 아니한다(대법원 2017.4.26, 2016도19982).

① (○) 대법원 2003.11.28, 2003도4257
② (○) 대법원 1992.1.21, 91도1170
④ (○) 대법원 2009.5.14, 2007도2168

정답 ③

183 ☑유사 ◆◆◇   법원행시 2017

형법 제323조의 권리행사방해죄에 관한 다음 설명 중 가장 옳지 않은 것은? (다툼이 있는 경우 판례에 의함)

① 취거, 은닉 또는 손괴한 물건이 자기 소유의 물건이 아니라면 권리행사방해죄가 성립할 여지가 없다.

② 무효인 부동산경매절차에서 목적부동산을 매수하여 점유하고 있는 사람은 권리행사방해죄에서 타인의 물건을 점유하고 있는 자이다.

③ 본권을 갖지 아니하는 절도범인의 점유는 권리행사방해죄에 있어서 타인의 점유에 해당하지 아니한다.

④ 물건에 대하여 점유를 수반하지 아니하는 채권은 권리행사방해죄의 구성요건 중 타인의 권리에 포함되지 아니한다.

⑤ 권리행사방해죄에서 은닉이란 타인의 점유 또는 권리의 목적이 된 자기 물건 등의 소재를 발견하기 불가능하게 하거나 또는 현저히 곤란한 상태에 두는 것을 말하고, 그로 인하여 권리행사가 방해될 우려가 있는 상태에 이르면 권리행사방해죄가 성립하며 현실로 권리행사가 방해되었을 것까지 필요로 하는 것은 아니다.

해설 **출제영역** I 권리행사방해죄의 요건

④ (×) 권리행사방해죄의 구성요건 중 타인의 '권리'란 반드시 제한 물권만을 의미하는 것이 아니라 물건에 대하여 점유를 수반하지 아니하는 채권도 이에 포함된다(대법원 1991.4.26, 90도1958).

① (○) 형법 제323조의 권리행사방해죄는 타인의 점유 또는 권리의 목적이 된 자기의 물건을 취거, 은닉 또는 손괴하여 타인의 권리행사를 방해함으로써 성립하는 것이므로 그 취거, 은닉 또는 손괴한 물건이 자기의 물건이 아니라면 권리행사방해죄가 성립할 여지가 없다(대법원 2003.5.30, 2000도5767).

② (○) 형법 제323조의 권리행사방해죄에 있어서의 타인의 점유라 함은 권원으로 인한 점유 즉 정당한 원인에 기하여 그 물건을 점유하는 권리 있는 점유를 의미하는 것으로서 본권을 갖지 아니한 절도범인의 점유는 여기에 해당하지 아니하나, 반드시 본권에 의한 점유만에 한하지 아니하고 동시이행항변권 등에 기한 점유와 같은 적법한 점유도 여기에 해당한다고 할 것이고, 한편, 쌍무계약이 무효로 되어 각 당사자가 서로 취득한 것을 반환하여야 할 경우, 어느 일방의 당사자에게만 먼저 그 반환의무의 이행이 강제된다면 공평과 신의칙에 위배되는 결과가 되므로 각 당사자의 반환의무는 동시이행 관계에 있다고 보아 민법 제536조를 준용함이 옳다고 해석되고, 이러한 법리는 경매절차가 무효로 된 경우에도 마찬가지라고 할 것이므로, 무효인 경매절차에서 경매목적물을 경락받아 이를 점유하고 있는 낙찰자의 점유는 적법한 점유로서 그 점유자는 권리행사방해죄에 있어서의 타인의 물건을 점유하고 있는 자라고 할 것이다(대법원 2003.11.28, 2003도4257).

③ (○) 권리행사방해죄에 있어서의 타인의 점유라 함은 권원으로 인한 점유 즉 정당한 원인에 기하여 그 물건을 점유하는 권리 있는 자의 점유를 의미하는 것으로서 본권을 갖지 아니하는 절도범인의 점유는 여기에 해당하지 않는다(대법원 1994.11.11, 94도343).

⑤ (○) 형법 제323조의 권리행사방해죄는 타인의 점유 또는 권리의 목적이 된 자기의 물건 또는 전자기록 등 특수매체기록을 취거, 은닉 또는 손괴하여 타인의 권리행사를 방해함으로써 성립한

다. 여기서 '은닉'이란 타인의 점유 또는 권리의 목적이 된 자기 물건 등의 소재를 발견하기 불가능하게 하거나 또는 현저히 곤란한 상태에 두는 것을 말하고, 그로 인하여 권리행사가 방해될 우려가 있는 상태에 이르면 권리행사방해죄가 성립하고 현실로 권리행사가 방해되었을 것까지 필요로 하는 것은 아니다(대법원 2017.5.17, 2017도2230).

정답 ④

184 ☑유사 ◆◆◇

재산에 대한 죄에 관한 설명으로 옳지 않은 것을 모두 고른 것은? (다툼이 있는 경우 판례에 의함)

> ㉠ 날치기와 같이 강력적으로 재물을 절취하는 행위는 때로는 피해자를 전도시키거나 부상케 하는 경우가 있고, 그와 같은 결과가 피해자의 반항억압을 목적으로 함이 없이 점유탈취의 과정에서 우연히 가해진 경우라도 이는 강도치상죄로 의율함이 타당하다.
>
> ㉡ 甲이 술집 운영자 A로부터 술값의 지급을 요구받자 A를 유인·폭행하고 도주함으로써 술값의 지급을 면하여 재산상 이익을 취득한 경우에는 「형법」 제335조의 준강도죄가 성립한다.
>
> ㉢ 「형법」 제370조(경계침범)에서 말하는 경계는 반드시 법률상의 정당한 경계를 말하는 것이 아니고 비록 법률상의 정당한 경계에 부합되지 아니하는 경계라고 하더라도 이해관계인들의 명시적 또는 묵시적 합의에 의하여 정하여진 것이면 이는 이 법조에서 말하는 경계라고 할 것이다.
>
> ㉣ 甲이 A에 대한 채무를 담보하기 위하여 자기 소유의 건물과 기계·기구를 A의 근저당권의 목적물로 제공한 경우에 甲이 담보유지의무를 위반하여 A의 근저당권의 목적이 된 건물을 철거 및 멸실등기하고, 기계·기구를 양도한 행위만으로는 물건을 손괴 또는 은닉하여 A의 권리행사를 방해한 행위로서 권리행사방해죄가 성립한다고 볼 수 없다.
>
> ㉤ 사업비용을 대납하는 것을 조건으로 甲 소유의 건물 5층에 임시로 거주하고 있는 A가 그 비용을 입금하지 않자 甲이 A의 가족을 내쫓을 목적으로 5층 현관문에 설치된, 甲소유의 디지털 도어락의 비밀번호를 변경할 것을 乙(甲의 아들)에게 지시하여 도어락의 비밀번호를 乙이 변경한 경우에 乙에게는 권리행사방해죄가 성립할 수 없고, 甲의 권리행사방해교사죄도 성립할 수 없다.

① ㉠㉡㉣   ② ㉠㉡㉤

③ ㉠㉢㉣   ④ ㉢㉣㉤

해설 **출제영역** I 재산죄 종합

① ㉠㉡㉣

㉠ (×) 날치기 과정에서 피해자에 대한 상해의 결과가 피해자의 반

항억압을 목적으로 함이 없이 점유탈취의 과정에서 우연히 가해진 경우에는 준강도가 성립하지 않고 절도(와 과실치상)에 불과하다. 준강도가 성립하지 않으므로 강도치상죄도 성립하지 않는다.

> **[판례]** 소위 '날치기'와 같이 강제력을 사용하여 재물을 절취하는 행위가 때로는 피해자를 넘어뜨리거나 상해를 입게 하는 경우가 있고, 그러한 결과가 피해자의 반항 억압을 목적으로 함이 없이 점유탈취의 과정에서 우연히 가해진 경우라면 이는 강도가 아니라 절도에 불과하지만, 그 강제력의 행사가 사회통념상 객관적으로 상대방의 반항을 억압하거나 항거 불능케 할 정도의 것이라면 이는 강도죄의 폭행에 해당한다. 그러므로 날치기 수법의 점유탈취 과정에서 이를 알아채고 재물을 뺏기지 않으려는 상대방의 반항에 부딪혔음에도 계속하여 피해자를 끌고 가면서 억지로 재물을 빼앗은 행위는 피해자의 반항을 억압한 후 재물을 강취한 것으로서 강도에 해당한다(대법원 2007.12.13, 2007도7601).

ⓛ (×) 절도의 실행에 착수한 내용이 없으므로 준강도죄가 성립하지 않는다(대법원 2014.5.16, 2014도2521).

ⓒ (○) 대법원 1999.4.9, 99도480

ⓔ (×) 형법 제323조의 권리행사방해죄의 '은닉'이란 타인의 점유 또는 권리의 목적이 된 자기 물건 등의 소재를 발견하기 불가능하게 하거나 또는 현저히 곤란한 상태에 두는 것을 말하고, 그로 인하여 권리행사가 방해될 우려가 있는 상태에 이르면 권리행사방해죄가 성립하고 현실로 권리행사가 방해되었을 것까지 필요로 하는 것은 아니다(권리행사방해죄 ○, 대법원 2021.1.14, 2020도14735).

ⓜ (○) 乙이 자기의 물건이 아닌 이 사건 도어락의 비밀번호를 변경하였다고 하더라도 권리행사방해죄가 성립할 수 없고, 이와 같이 정범인 乙의 권리행사방해죄가 인정되지 않는 이상 교사자인 甲에 대하여 권리행사방해교사죄도 성립할 수 없다(대법원 2022.9.15, 2022도5827).

[정답] ①

---

185 ☑ 유사 ◆◆◇ 　법원9급 2017

다음 설명 중 가장 옳지 않은 것은? (다툼이 있으면 판례에 의함)

① 렌터카 회사의 공동대표이사 1인으로부터 개인적인 채무담보 명목으로 넘겨받은 회사보유 차량에 대한 점유도 권리행사방해죄의 보호대상인 점유에 해당한다.

② 회사의 전직 대표이사가 회사가 타인에게 담보로 제공한 회사 소유의 물건을 타에 매도한 경우 권리행사방해죄를 구성하지 않는다.

③ 공장근저당권이 설정된 선반기계 등을 이중담보로 제공하기 위하여 이를 다른 장소로 옮긴 경우에도 권리행사방해죄가 성립한다.

④ 채권자에 대한 채무변제로 자기 소유의 건물을 대물변제하기로 하였으나 이를 이행하지 아니하여 채권자가 강제집행을 하려 하자 이를 면하기 위하여 또 다른 채권자와 위 건물에 대하여 대물변제계약을 체결한 경우 강제집행면탈죄가 성립된다.

해설 | 출제영역 | 강제집행면탈죄 – 구성요건

④ (×) 강제집행면탈죄에 있어서의 허위양도라 함은 진실한 양도가 아님에도 불구하고 표면상 진실한 양도인 것처럼 가장하여 재산의 명의를 변경하는 것을 말하므로 진실한 양도라면 그것이 강제집행을 면탈할 목적으로 된 것으로서 채권자를 해할 우려가 있는 행위라고 할지라도 강제집행면탈죄의 구성요건인 허위양도에 해당하지 않는다. 원심 확정사실에 의하면 피고인 1은 피고인 2에 대하여 실제로 도합 10,000,000원의 차용금 채무를 부담하고 있어서 이에 대한 담보로 피고인 1 소유의 미등기 부동산인 이 사건 건물에 대하여 대물변제계약을 체결하였다는 것이고, 위와 같은 대물변제계약이 진의에 의하지 아니한 허위표시행위라고 볼 증거가 없다는 것인바, 기록에 의하여 원심이 거친 증거취사 과정을 살펴보면 위와 같은 원심판단에 수긍이 가고 채증법칙 위반의 허물이 없으므로 피고인들 사이의 위 양도행위는 강제집행면탈죄의 허위양도에 해당하지 아니한다고 할 것이며, 소론과 같이 피고인 1이 위 건물에 대하여 이미 피해자 조인호와 사이에 대물변제계약을 체결하였음에도 불구하고 그 집행을 면탈할 목적으로 2중으로 피고인 2와 사이에 위와 같은 대물변제계약을 체결하였다고 하여도 후자의 대물변제계약이 진의에 의한 것이라고 인정되는 이상 이를 허위양도라고 볼 수 없음은 분명하다(대법원 1983.9.27, 83도1869).

① (○) 렌터카 회사의 공동대표이사 중 1인이 회사 보유 차량을 자신의 개인적인 채무담보 명목으로 피해자에게 넘겨주었는데 다른 공동대표이사인 피고인이 위 차량을 몰래 회수하도록 한 경우, 위 피해자의 점유는 권리행사방해죄의 보호대상인 점유에 해당한다(대법원 2006.3.23, 2005도4455).

② (○) 회사의 전직 대표이사인 피고인이 회사가 타인에게 담보로 제공한 회사 소유의 물건을 타에 매도한 경우, 위 물건 등은 피고인 소유가 아니라고 하여 무죄의 선고를 한 원심조치는 정당하다(대법원 1985.5.28, 85도494).

③ (○) 피고인이 공장근저당권이 설정된 선반기계 등을 이중담보로 제공하기 위하여 이를 다른 장소로 옮긴 경우, 이는 공장저당권의 행사가 방해가 될 우려가 있는 행위로서 권리행사방해죄에 해당한다(대법원 1994.9.27, 94도1439).

[정답] ④

186 ✓ 유사 ◆◆◇

甲은 乙에게 3억 원의 금전채무를 지고 있다. 변제기가 지났는데도 甲이 위 채무를 변제하지 못하자 乙은 甲에게 2주 내로 돈을 갚지 않으면 민사소송을 제기하겠다는 취지의 내용증명우편을 발송하였고, 이를 받은 甲은 유일한 재산인 자기 명의의 아파트를 丙에게 매도하였다. 그러나 사실 甲은 丙과 통모하여 실제 매매대금을 주고받은 사실 없이 丙의 명의로 소유권이전등기만 마쳤다. 이에 관한 설명 중 옳은 것을 모두 고른 것은? (다툼이 있는 경우 판례에 의함)

> ㄱ. 강제집행면탈죄는 채권자가 민사소송을 제기하거나 가압류, 가처분의 신청을 할 기세를 보이고 있는 상태인 경우에도 성립하므로, 위 사례에서 甲은 강제집행면탈의 죄책을 진다.
> ㄴ. 만약 丙이 위와 같은 사정을 전혀 모르는 상태에서 甲에게 정당한 매매대금을 지급하고 아파트를 매수한 경우라면 甲에게 강제집행을 면탈할 의도가 있었다고 하더라도 강제집행면탈죄가 성립하지 아니한다.
> ㄷ. 만약 甲이 강제집행을 면할 목적으로 丙에게 허위채무를 부담하고 아파트에 근저당권설정등기를 마쳐 주었다면 강제집행면탈죄가 성립하지 않는다.
> ㄹ. 만약 위 사례에서 甲이 丙에게 아파트를 양도한 시점에 甲에게 乙의 집행을 확보하기에 충분한 다른 재산이 있다고 하더라도 강제집행면탈죄가 성립한다.

① ㄱ, ㄴ
② ㄴ, ㄷ
③ ㄱ, ㄴ, ㄷ
④ ㄱ, ㄷ, ㄹ
⑤ ㄱ, ㄴ, ㄷ, ㄹ

해설 | 출제영역 | 강제집행면탈죄의 성립요건

ㄱ. (○) 강제집행면탈죄는 강제집행을 당할 구체적인 위험이 있는 상태에서 재산을 은닉, 손괴, 허위양도 또는 허위의 채무를 부담하여 채권자를 해할 때 성립된다 할 것이고 여기서 집행을 당할 구체적인 위험이 있는 상태란 채권자가 이행청구의 소 또는 그 보전을 위한 가압류, 가처분신청을 제기하거나 제기할 기세를 보인 경우를 말한다(대법원 1986.10.28, 86도1553).

ㄴ. (○) 진의에 의하여 재산을 양도하였다면 설령 그것이 강제집행을 면탈할 목적으로 이루어진 것으로서 채권자의 불이익을 초래하는 결과가 되었다고 하더라도 강제집행면탈죄의 허위양도 또는 은닉에는 해당하지 아니하는 것이다(대법원 2007.11.30, 2006도7329).

ㄷ. (×) 피고인이 강제집행을 면할 목적으로 허위채무를 부담하고 근저당권설정등기를 경료하여 줌으로써 채권자를 해하였다고 인정된다면 설혹 피고인이 그 근저당권이 설정된 부동산외에 약간의 다른 재산이 있더라도 강제집행면탈죄가 성립된다(대법원 1990.3.23, 89도2506).

ㄹ. (×) 채권이 존재하는 경우에도 채무자의 재산은닉 등 행위 시를 기준으로 채무자에게 채권자의 집행을 확보하기에 충분한 다른 재산이 있었다면 채권자를 해하였거나 해할 우려가 있다고 쉽사리 단정할 것이 아니다(대법원 2011.9.8, 2011도5165).

정답 ①

---

187 ✓ 유사 ◆◆◆

손괴 및 권리행사방해의 죄에 관한 설명 중 가장 적절하지 않은 것은? (다툼이 있는 경우 판례에 의함)

① 소유자의 의사에 따라 어느 장소에 게시 중인 문서를 소유자의 의사에 반하여 떼어내는 것과 같이 소유자의 의사에 따라 형성된 종래의 이용상태를 변경시켜 종래의 상태에 따른 이용을 일시적으로 불가능하게 하는 경우에도 문서손괴죄가 성립할 수 있다.

② 다른 사람의 소유물을 본래의 용법에 따라 무단으로 사용·수익하는 행위는 소유자를 배제한 채 물건의 이용가치를 영득하는 것이고, 그 때문에 소유자가 물건의 효용을 누리지 못하게 되었다면 그 효용 자체가 침해된 것으로 볼 수 있어 재물손괴죄를 구성한다.

③ 물건의 소유자가 아닌 甲은 「형법」 제33조 본문에 따라 권리행사방해 범행에 가담한 경우에 한하여 권리행사방해죄의 공범이 될 수 있을 뿐이며, 甲과 함께 권리행사방해죄의 공동정범으로 기소된 물건의 소유자 乙에게 고의가 없어 범죄가 성립하지 않는다면 甲에게 공동정범이 성립할 여지가 없다.

④ 가압류 후에 목적물의 소유권을 취득한 제3취득자가 다른 사람에 대한 허위의 채무에 기하여 근저당권설정등기를 경료하더라도 강제집행면탈죄를 구성하지 않는다.

해설 | 출제영역 | 손괴 및 권리행사방해의 죄 종합

② (×) 다른 사람의 소유물을 본래의 용법에 따라 무단으로 사용·수익하는 행위는 소유자를 배제한 채 물건의 이용가치를 영득하는 것이고, 그 때문에 소유자가 물건의 효용을 누리지 못하게 되었더라도 효용 자체가 침해된 것이 아니므로 재물손괴죄에 해당하지 않는다(대법원 2022.11.30, 2022도1410).

> **[판례]** 재물손괴죄(형법 제366조)는 다른 사람의 재물을 손괴 또는 은닉하거나 그 밖의 방법으로 그 효용을 해한 경우에 성립하는 범죄로, 행위자에게 다른 사람의 재물을 자기 소유물처럼 그 경제적 용법에 따라 이용·처분할 의사(불법영득의사)가 없다는 점에서 절도, 강도, 사기, 공갈, 횡령 등 영득죄와 구별된다. 다른 사람의 소유물을 본래의 용법에 따라 무단으로 사용·수익하는 행위는 소유자를 배제한 채 물건의 이용가치를 영득하는 것이고, 그 때문에 소유자가 물건의 효용을 누리지 못하게 되었더라도 효용 자체가 침해된 것이 아니므로 재물손괴죄에 해당하지 않는다. 피고인이 타인 소유 토지에 권원 없이 건물을 신축함으로써 그 토지의 효용을 해하였다는 사실로 기소된 경우, 피고인의 행위는 이미 대지화된 토지에 건물을 새로 지어 부지로서 사용·수익함으로써 그 소유자로 하여금 효용을 누리지 못하게 한 것일 뿐 토지의 효용을 해하지 않았으므로, 재물손괴죄가 성립하지 않는다(대법원 2022.1.30, 2022도1410).

① (○) 소유자의 의사에 따라 어느 장소에 게시 중인 문서를 소유자의 의사에 반하여 떼어내는 것과 같이 소유자의 의사에 따라 형성된 종래의 이용상태를 변경시켜 종래의 상태에 따른 이용을 일시적으로 불가능하게 하는 경우에도 문서손괴죄가 성립할 수

있다(대법원 2015.11.27, 2014도13083).

③ (○) 형법 제323조의 권리행사방해죄는 타인의 점유 또는 권리의 목적이 된 자기의 물건을 취거, 은닉 또는 손괴하여 타인의 권리행사를 방해함으로써 성립하므로 그 취거, 은닉 또는 손괴한 물건이 자기의 물건이 아니라면 권리행사방해죄가 성립할 수 없다. 물건의 소유자가 아닌 사람은 형법 제33조 본문에 따라 소유자의 권리행사방해 범행에 가담한 경우에 한하여 그의 공범이 될 수 있을 뿐이다. 그러나 권리행사방해죄의 공범으로 기소된 물건의 소유자에게 고의가 없는 등으로 범죄가 성립하지 않는다면 공동정범이 성립할 여지가 없다(대법원 2017.5.30, 2017도4578).

> [유사] 공소외 3이 자기의 물건이 아닌 이 사건 도어락의 비밀번호를 변경하였다고 하더라도 권리행사방해죄가 성립할 수 없고, 이와 같이 정범인 공소외 3의 권리행사방해죄가 인정되지 않는 이상 교사자인 피고인에 대하여 권리행사방해교사죄도 성립할 수 없다(대법원 2022.9.15, 2022도5827).

④ (○) 가압류에는 처분금지적 효력이 있으므로 가압류 후에 목적물의 소유권을 취득한 제3취득자 또는 그 제3취득자에 대한 채권자는 그 소유권 또는 채권으로써 가압류권자에게 대항할 수 없다. 따라서 가압류 후에 목적물의 소유권을 취득한 제3취득자가 다른 사람에 대한 허위의 채무에 기하여 근저당권설정등기 등을 경료하더라도 이로써 가압류채권자의 법률상 지위에 어떤 영향을 미치지 않으므로, 강제집행면탈죄에 해당하지 아니한다(대법원 2008.5.29, 2008도2476).

정답 ②

188 ✓ 유사 ◆◆◆ 국가7급 2019

재산범죄에 대한 설명으로 옳은 것(○)과 옳지 않은 것(×)을 바르게 연결한 것은? (다툼이 있는 경우 판례에 의함)

> ㄱ. 甲이 자신의 명의로 개설된 예금계좌가 보이스피싱 범행에 이용될 것임을 인식하지 못하고 그 접근매체를 보이스피싱 조직원 乙에게 양도한 후, 사기피해자 A가 乙에게 속아 甲의 계좌로 송금하였는데, 甲이 송금된 피해금의 일부를 별도로 마련된 접근매체를 이용하여 임의로 인출하였다면, 甲에게 사기방조죄는 성립하지 않지만 乙에 대한 횡령죄는 성립한다.
>
> ㄴ. 甲이 사실혼 관계에 있는 乙 명의로 자동차를 구입하여 피해자 A에게 근저당권을 설정한 후 그 자동차를 성명불상자에게 대포차로 매각한 경우, 乙에게 고의가 없어 권리행사방해죄가 성립하지 않더라도 甲에게는 권리행사방해죄가 성립한다.
>
> ㄷ. 예금계좌가 압류된 근로자 甲은 장차 지급받게 될 급여가 기존의 압류된 예금계좌로 입금될 경우 그 급여를 사용할 수 없게 되기에, 새로운 예금계좌를 개설하여 그 새로운 예금계좌로 급여를 지급받았다면, 甲에게는 강제집행면탈죄가 성립한다.
>
> ㄹ. 지입차주인 乙이 지입회사 A와 지입계약을 체결한 후 운행관리권을 위임받아 보관하다가 甲에게 차량의 보관을 위임하였는데, 甲이 지입차량을 乙의 허락 없이 임의처분한 경우 甲에게는 횡령죄가 성립하지 않는다.

	ㄱ	ㄴ	ㄷ	ㄹ
①	○	×	○	○
②	○	○	×	×
③	×	○	○	×
④	×	×	×	×

해설 | 출제영역 | 재산죄 일반

ㄱ. (×) 乙이 아니라 A에 대한 횡령죄가 성립하므로 틀린 지문이다. "ⓐ 계좌명의인이 그와 같이 송금·이체된 돈을 그대로 보관하지 않고 영득할 의사로 인출하면 횡령죄가 성립한다. 이러한 법리는 계좌명의인이 개설한 예금계좌가 전기통신금융사기 범행에 이용되어 그 계좌에 피해자가 사기피해금을 송금·이체한 경우에도 마찬가지로 적용된다. 계좌명의인은 피해자와 사이에 아무런 법률관계 없이 송금·이체된 사기피해금 상당의 돈을 피해자에게 반환하여야 하므로, 피해자를 위하여 사기피해금을 보관하는 지위에 있다고 보아야 하고, 만약 계좌명의인이 그 돈을 영득할 의사로 인출하면 피해자에 대한 횡령죄가 성립한다. ⓑ 이때 계좌명의인이 사기의 공범이라면 자신이 가담한 범행의 결과 피해금을 보관하게 된 것일 뿐이어서 피해자와 사이에 위탁관계가 없고, 그가 송금·이체된 돈을 인출하더라도 이는 자신이 저지른 사기범행의 실행행위에 지나지 아니하여 새로운 법익을 침해한다고 볼 수 없으므로 사기죄 외에 별도로 횡령죄를 구성하지 않는다. ⓒ 한편 계좌명의인의 인출행위는 전기통신금융사기의 범인에 대한 관계에서는 횡령죄가 되지 않는다(대법원 2018.7.19,

2017도17494 전원합의체).

ㄴ. (×) 제3자인 A에 대한 관계에서 자동차의 소유권은 등록명의인인 乙의 소유에 해당하는데, 소유자인 乙이 고의가 없다면 권리행사방해죄에 해당하지 않으므로 甲도 같은 죄의 공범이 될 수 없다. "형법 제323조의 권리행사방해죄는 그 취거, 은닉 또는 손괴한 물건이 자기의 물건이 아니라면 권리행사방해죄가 성립할 수 없고, 물건의 소유자가 아닌 사람은 형법 제33조 본문에 따라 소유자의 권리행사방해 범행에 가담한 경우에 한하여 그의 공범이 될 수 있을 뿐이다. 그러나 권리행사방해죄의 공범으로 기소된 물건의 소유자에게 고의가 없는 등으로 범죄가 성립하지 않는다면 공동정범이 성립할 여지가 없다(대법원 2017.5.30, 2017도4578)."

ㄷ. (×) (압류금지채권을 전제하고 출제한 지문으로 보이나, 보다 명확한 출제가 필요하다) "압류금지채권의 목적물이 채무자의 예금계좌에 입금된 경우에는 그 예금채권에 대하여 더 이상 압류금지의 효력이 미치지 아니하므로 그 예금은 압류금지채권에 해당하지 않지만, 압류금지채권의 목적물이 채무자의 예금계좌에 입금되기 전까지는 여전히 강제집행 또는 보전처분의 대상이 될 수 없으므로, 압류금지채권의 목적물을 수령하는 데 사용하던 기존 예금계좌가 채권자에 의해 압류된 채무자가 압류되지 않은 다른 예금계좌를 통하여 그 목적물을 수령하더라도 강제집행이 임박한 채권자의 권리를 침해할 위험이 있는 행위라고 볼 수 없어 강제집행면탈죄가 성립하지 않는다(대법원 2017.8.18, 2017도6229)."

ㄹ. (×) 자동차의 보관자가 되기 위하여 자동차의 등록명의인이어야 하는 것은 아니고 실제 점유하고 있으면 된다는 판례이다. "소유권의 취득에 등록이 필요한 타인 소유의 차량을 인도받아 보관하고 있는 사람이 이를 사실상 처분하면 횡령죄가 성립하며, 보관 위임자나 보관자가 차량의 등록명의자일 필요는 없다. 그리고 이와 같은 법리는 지입회사에 소유권이 있는 차량에 대하여 지입회사에서 운행관리권을 위임받은 지입차주가 지입회사의 승낙 없이 보관 중인 차량을 사실상 처분하거나 지입차주에게서 차량 보관을 위임받은 사람이 지입차주의 승낙 없이 보관 중인 차량을 사실상 처분한 경우에도 마찬가지로 적용된다(대법원 2015.6.25, 2015도1944 전원합의체)."

정답 ④

---

189 ✓ 유사 ◆◆◇   변호사 2022

재산죄에 관한 설명 중 옳은 것을 모두 고른 것은? (다툼이 있는 경우 판례에 의함)

> ㄱ. 압류금지채권의 목적물이 채무자의 예금계좌에 입금되기 전까지는 강제집행 또는 보전처분의 대상이 될 수 없는 것이므로, 압류금지채권의 목적물을 수령하는 데 사용하던 기존 예금계좌가 채권자에 의해 압류된 채무자가 압류되지 않은 다른 예금계좌를 통하여 그 목적물을 수령한 경우 강제집행이 임박한 채권자의 권리를 침해할 위험이 있는 행위라고 볼 수 없어 강제집행면탈죄가 성립하지 않는다.
>
> ㄴ. 재건축사업으로 철거가 예정되어 있었고 그 입주자들이 모두 이사하여 아무도 거주하지 않는 아파트라 하더라도, 그 아파트 자체의 객관적 성상이 본래 사용목적인 주거용으로 사용될 수 없는 상태가 아니었고 그 소유자들이 재건축조합으로의 신탁등기 및 인도를 거부하는 상황이었다면, 위 아파트는 재물손괴죄의 객체가 된다.
>
> ㄷ. 권리행사방해죄에 있어서의 타인의 점유라 함은 정당한 권원에 기하여 그 물건을 점유하는 것을 의미하는 것이므로, 무효인 경매절차에서 경매목적물을 경락받아 이를 점유하고 있는 낙찰자의 경우 권리행사방해죄에 있어서의 타인의 물건을 점유하고 있는 자라고 할 수 없다.
>
> ㄹ. 甲이 A의 영업점 내에 있는 A 소유의 휴대전화를 허락 없이 가지고 나와 이를 이용하여 통화를 하고 문자메시지를 주고받은 다음 약 1~2시간 후 A에게 아무런 말을 하지 않고 위 영업점 정문 옆 화분에 놓아두고 간 경우, 甲의 사용으로 인하여 물건 자체가 가지는 경제적 가치가 상당한 정도로 소모된 것은 아니므로 甲에게 불법영득의 의사가 있다고 할 수 없다.
>
> ㅁ. 강도예비·음모죄가 성립하기 위해서는 예비·음모 행위자에게 강도를 할 목적이 있음이 인정되어야 하고 단순히 준강도할 목적이 있음에 그치는 경우에는 강도예비·음모죄로 처벌할 수 없다.

① ㄱ, ㄷ   ② ㄴ, ㅁ
③ ㄱ, ㄴ, ㅁ   ④ ㄱ, ㄹ, ㅁ
⑤ ㄴ, ㄷ, ㄹ

해설 출제영역 | 재산죄 종합

③ ㄱ, ㄴ, ㅁ

ㄱ. (○) 대법원 2017.8.18, 2017도6229

ㄴ. (○) 대법원 2010.2.25, 2009도8473

ㄷ. (×) 형법 제323조의 권리행사방해죄에 있어서의 타인의 점유라 함은 권원으로 인한 점유 즉 정당한 원인에 기하여 그 물건을 점유하는 권리있는 점유를 의미하는 것으로서 본권을 갖지 아니한 절도범인의 점유는 여기에 해당하지 아니하나, 반드시 본권에 의한 점유만에 한하지 아니하고 동시이행항변권 등에 기한 점유와 같은 적법한 점유도 여기에 해당한다고 할 것이고, 한편, 쌍무

계약이 무효로 되어 각 당사자가 서로 취득한 것을 반환하여야 할 경우, 어느 일방의 당사자에게만 먼저 그 반환의무의 이행이 강제된다면 공평과 신의칙에 위배되는 결과가 되므로 각 당사자의 반환의무는 동시이행 관계에 있다고 보아 민법 제536조를 준용함이 옳다고 해석되고, 이러한 법리는 경매절차가 무효로 된 경우에도 마찬가지라고 할 것이므로, 무효인 경매절차에서 경매목적물을 경락받아 이를 점유하고 있는 낙찰자의 점유는 적법한 점유로서 그 점유자는 권리행사방해죄에 있어서의 타인의 물건을 점유하고 있는 자라고 할 것이다(대법원 2003.11.28, 2003도4257).

ㄹ. (×) 피고인이 甲의 휴대전화를 자신의 소유물과 같이 경제적 용법에 따라 이용하다가 본래의 장소와 다른 곳에 유기한 것이므로 피고인에게 불법영득의사가 있었다고 할 것이다(대법원 2012.7.12, 2012도1132).

ㅁ. (○) 대법원 2006.9.14, 2004도6432

정답 ③

---

190 ✓ 유사 ◆◆◆ 국가7급 2018

강제집행면탈죄에 대한 설명으로 옳은 것(○)과 옳지 않은 것(×)을 바르게 연결한 것은? (다툼이 있는 경우 판례에 의함)

ㄱ. 사업장의 유체동산에 대한 강제집행을 면탈할 목적으로 사업자 등록의 사업자 명의를 변경함이 없이 사업장에서 사용하는 금전등록기의 사업자 이름만을 변경한 경우 강제집행면탈죄에 있어서 재산의 '은닉'에 해당한다.

ㄴ. 「민사집행법」 제3편의 적용 대상인 '담보권 실행 등을 위한 경매'를 면탈할 목적으로 재산을 은닉하는 등의 행위뿐만 아니라 「국세징수법」에 의한 체납처분을 면탈할 목적으로 재산을 은닉하는 등의 행위도 강제집행면탈죄의 규율대상에 포함되지 않는다.

ㄷ. 피고인이 회사의 어음 채권자들의 가압류 등을 피할 목적으로 회사의 예금계좌에 입금된 회사 자금을 인출하여 제3자 명의의 다른 계좌로 송금하였으나, 부도처분 방지 차원에서 회사의 어음 채권자들과의 합의하에 채권금액 중 일부만 변제하고 나머지에 대하여는 새로운 어음을 발행하는 등 이른바 어음 되막기 용도의 자금 조성을 위한 경우에 피고인의 강제집행면탈 행위는 정당행위에 해당한다고 볼 수 있다.

ㄹ. 상계로 인하여 소멸한 것으로 보게 되는 채권에 관하여는 상계의 효력이 발생하는 시점 이후에는 채권의 존재가 인정되지 않으므로 강제집행면탈죄가 성립하지 않는다.

ㅁ. 강제집행면탈죄에 있어서 진의에 의하여 재산을 양도하였다면 설령 그것이 강제집행을 면탈할 목적으로 이루어진 것으로 채권자의 불이익을 초래하는 결과가 되었다고 하더라도 강제집행면탈죄의 허위양도 또는 은닉에는 해당하지 아니한다.

	ㄱ	ㄴ	ㄷ	ㄹ	ㅁ
①	○	○	×	○	○
②	○	○	○	×	×
③	○	×	○	○	○
④	×	×	×	○	×

해설 출제영역 | 강제집행면탈죄의 성립요건

ㄱ. (○) 대법원 2003.10.9, 2003도3387

ㄴ. (○) 대법원 2012.4.26, 2010도5693

ㄷ. (×) 피고인이 회사의 어음 채권자들의 가압류 등을 피하기 위하여 회사의 예금계좌에 입금된 회사 자금을 인출하여 제3자 명의의 다른 계좌로 송금한 이상, 설령 상고이유의 주장과 같이 피고인이 부도처분 방지 차원에서 회사의 어음 채권자들과의 합의하에 채권금액 중 일부만 변제하고 나머지에 대하여는 새로운 어음을 발행하는 등 이른바 어음 되막기 용도의 자금 조성을 위하여 위와 같은 행위를 하였다고 하더라도, 이러한 사정만으로는 피고인의 강제집행면탈 행위가 정당행위에 해당한다고 볼 수 없다(대

법원 2005.10.13, 2005도4522).

ㄹ. (○) 상계의 의사표시가 있는 경우에는 각 채무는 상계할 수 있는 때에 소급하여 대등액에 관하여 소멸한 것으로 보게 된다. 따라서 상계로 인하여 소멸한 것으로 보게 되는 채권에 관하여는 상계의 효력이 발생하는 시점 이후에는 채권의 존재가 인정되지 않으므로 강제집행면탈죄가 성립하지 않는다(대법원 2012.8.30, 2011도2252).

ㅁ. (○) 대법원 2000.9.8, 2000도1447

[정답] ①

191 ✓ 유사 ◆◇◇

죄수에 관한 다음 설명 중 가장 옳지 않은 것은?

① 여러 사람의 권리의 목적이 된 자기의 물건을 취거, 은닉 또는 손괴함으로써 그 여러 사람의 권리행사를 방해하였다면 권리자별로 각각 권리행사방해죄가 성립하고 각 죄는 서로 상상적 경합범의 관계에 있다.

② 사기의 수단으로 발행한 수표가 지급거절된 경우, 구성요건적 행위에 부분적 동일성이 있거나 목적, 수단 관계에 있다고 하더라도 행위의 태양과 보호법익이 다르므로 부정수표단속법위반죄와 사기죄는 실체적 경합범의 관계에 있다.

③ 사기도박에 있어 1개의 기망행위에 의하여 여러 피해자로부터 각각 재물을 편취한 경우에는 피해자별로 수개의 사기죄가 성립하고, 그 사이에는 상상적 경합의 관계에 있다.

④ 채권자들에 의한 복수의 강제집행이 예상되는 경우 재산을 은닉 또는 허위양도함으로써 채권자들을 해하였다면 채권자별로 각각 강제집행면탈죄가 성립하는 것이 아니라 포괄하여 1개의 강제집행면탈죄가 성립한다.

[해설] **출제영역 | 죄수론 종합**

④ (×) 채권자들에 의한 복수의 강제집행이 예상되는 경우 재산을 은닉 또는 허위양도함으로써 채권자들을 해하였다면 채권자별로 각각 강제집행면탈죄가 성립하고, 상호 상상적 경합범의 관계에 있다(대법원 2011.12.8, 2010도4129).

① (○) 대법원 2022.5.12, 2021도16876

② (○) 대법원 2004.6.25, 2004도1751

③ (○) 대법원 2011.1.13, 2010도9330

[정답] ④

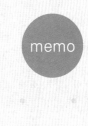
memo

백광훈

통합 기출문제집

[형법]

02

사회적 법익에 대한 죄

1 공안을 해하는 죄

001 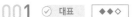 법원9급 2021

다음 설명 중 가장 옳지 않은 것은? (다툼이 있는 경우 판례에 의함)

① 형법 제114조에서 정한 '범죄를 목적으로 하는 집단'이란 특정 다수인이 사형, 무기 또는 장기 4년 이상의 징역에 해당하는 범죄를 수행한다는 공동목적 아래 구성원들이 정해진 역할분담에 따라 행동함으로써 범죄를 반복적으로 실행할 수 있는 조직체계를 갖춘 계속적인 결합체를 의미하므로, 위 '범죄를 목적으로 하는 집단'의 경우 '범죄단체'에서 요구되는 '최소한의 통솔체계'를 갖출 필요가 있다.

② 다중이 집합하여 손괴의 행위를 한 자는 형법 제115조의 소요죄로 처벌된다.

③ 폭행, 협박의 행위를 할 목적으로 다중이 집합하여 그를 단속할 권한이 있는 공무원으로부터 2회의 해산명령만을 받은 경우에는 해산하지 아니하더라도 형법 제116조의 다중불해산죄로 처벌되지 않는다.

④ 공무원의 자격을 사칭하여 그 직권을 행사한 자는 형법 제118조의 공무원자격사칭죄로 처벌되지만, 형법상 그 미수범 처벌규정을 두고 있지는 않다.

해설 **출제영역ㅣ** 공공의 안전과 평온, 공안을 해하는 죄

① (×) 형법 제114조에서 정한 '범죄를 목적으로 하는 집단'이란 특정 다수인이 사형, 무기 또는 장기 4년 이상의 범죄를 수행한다는 공동목적 아래 구성원들이 정해진 역할분담에 따라 행동함으로써 범죄를 반복적으로 실행할 수 있는 조직체계를 갖춘 계속적인 결합체를 의미한다. '범죄단체'에서 요구되는 '최소한의 통솔체계'를 갖출 필요는 없지만, 범죄의 계획과 실행을 용이하게 할 정도의 조직적 구조를 갖추어야 한다(대법원 2020.8.20, 2019도16263).

② (○) 다중이 집합하여 폭행, 협박 또는 손괴의 행위를 한 자는 1년 이상 10년 이하의 징역이나 금고 또는 1천 500만 원 이하의 벌금에 처한다(제115조).

③ (○) 폭행, 협박 또는 손괴의 행위를 할 목적으로 다중이 집합하여 그를 단속할 권한이 있는 공무원으로부터 3회 이상의 해산명령을 받고 해산하지 아니한 자는 2년 이하의 징역이나 금고 또는 300만 원 이하의 벌금에 처한다(제116조). 즉, 2회의 해산명령만을 받은 경우에는 해산하지 아니하더라도 다중불해산죄로 처벌되지 않는다.

④ (○) 공무원자격사칭죄는 미수범 처벌규정이 없다.

정답 ①

002 ✓ 대표 ◆◇◇

다음 설명 중 옳지 않은 것은? (다툼이 있는 경우 판례에 의함)

① 「형법」 제114조(범죄단체 등의 조직)에서 정한 '범죄를 목적으로 하는 집단'이란 특정 다수인이 일정한 범죄를 수행한다는 공동목적 아래 구성한 계속적인 결합체로서 그것을 주도하거나 내부의 질서를 유지하는 최소한의 통솔체계를 갖춘 것을 의미한다.

② 노상에서 전봇대 주변에 놓인 재활용품과 쓰레기 등 무주물에 불을 놓아 태워버린 경우 그 무주물은 「형법」 제167조 제2항에 정한 '자기 소유의 물건'에 준하는 것으로 보아야 하므로 자기소유일반물건방화죄가 성립한다.

③ 현주건조물방화죄의 주된 보호법익은 공공의 안전이고, 부차적인 보호법익은 개인의 재산권이다.

④ 甲이 국가정보원 직원임을 사칭하면서 위임받은 채권추심을 한 경우 「형법」상 공무원자격사칭죄가 성립하지 아니한다.

해설 **출제영역ㅣ** 공안을 해하는 죄, 방화와 실화의 죄, 공무원의 직무에 관한 죄

① (×) 형법 제114조에서 정한 '범죄를 목적으로 하는 집단'이란 특정 다수인이 사형, 무기 또는 장기 4년 이상의 범죄를 수행한다는 공동목적 아래 구성원들이 정해진 역할분담에 따라 행동함으로써 범죄를 반복적으로 실행할 수 있는 조직체계를 갖춘 계속적인 결합체를 의미한다. '범죄단체'에서 요구되는 '최소한의 통솔체계'를 갖출 필요는 없지만, 범죄의 계획과 실행을 용이하게 할 정도의 조직적 구조를 갖추어야 한다(대법원 2020.8.20, 2019도16263).

② (○) 노상에서 전봇대 주변에 놓인 재활용품과 쓰레기 등에 불을 놓아 소훼한 사안에서, 그 재활용품과 쓰레기 등은 '무주물'로서 형법 제167조 제2항에 정한 '자기 소유의 물건'에 준하는 것으로 보아야 하므로, 여기에 불을 붙인 후 불상의 가연물을 집어넣어 그 화염을 키움으로써 전선을 비롯한 주변의 가연물에 손상을 입히거나 바람에 의하여 다른 곳으로 불이 옮아붙을 수 있는 공공의 위험을 발생하게 하였다면, 일반물건방화죄가 성립한다(대법원 2009.10.15, 2009도7421).

③ (○) 형법 제164조 전단의 현주건조물에의 방화죄는 공중의 생명, 신체, 재산 등에 대한 위험을 예방하기 위하여 공공의 안전을 그 제1차적인 보호법익으로 하고 제2차적으로는 개인의 재산권을 보호하는 것이라고 할 것이다(대법원 1983.1.18, 82도2341).

④ (○) 공무원자격사칭죄가 성립하려면 어떤 직권을 행사할 수 있는 권한을 가진 공무원임을 사칭하고 그 직권을 행사한 사실이 있어야 하는바, 피고인들 이 그들이 위임받은 채권을 용이하게 추심하는 방편으로 합동수사반원임을 사칭하고 협박한 사실이 있다고 하여도 위 채권의 추심행위는 개인적인 업무이지 합동수사반의 수사업무의 범위에는 속하지 아니하므로 이를 공무원자

격사칭죄로 처벌할 수 없다(대법원 1981.9.8, 81도1955).

정답 ①

---

003 ✓ 유사   ◆◆◇   법원행시 2020

형법에 관한 다음 설명 중 가장 옳지 않은 것은? (다툼이 있는 경우 판례에 의하고, 전원합의체 판결의 경우 다수의견에 의함)

① 형법은 범죄를 목적으로 하는 단체 또는 집단을 조직하거나 이에 가입 또는 그 구성원으로 활동한 사람은 그 목적한 죄에 정한 형으로 처벌하고, 다만 형을 감경할 수 있다는 조항을 두고 있다.

② 인신매매 범죄에 대한 형법 규정은 대한민국 영역 밖에서 죄를 범한 외국인에게도 적용하는 규정을 두고 있다.

③ 3년 이하의 징역이나 금고 또는 500만 원 이하의 벌금형을 선고할 경우에만 1년 이상 5년 이하의 기간 형의 집행을 유예할 수 있다.

④ 가석방의 기간은 무기형에 있어서는 10년으로 하고, 유기형에 있어서는 남은 형기로 하되, 그 기간은 10년을 초과할 수 없다.

⑤ 형법은 공무원이 직권을 이용하여 제7장 공무원의 직무에 관한 죄 이외의 죄를 범한 때에는 그 죄에 정한 형의 2분의 1까지 가중하도록 하는 규정을 두고 있다.

해설 출제영역 | 공공의 안전, 범죄단체조직

① (×) 사형, 무기 또는 장기 4년 이상의 징역에 해당하는 범죄를 목적으로 하는 단체 또는 집단을 조직하거나 이에 가입 또는 그 구성원으로 활동한 사람은 그 목적한 죄에 정한 형으로 처벌한다. 다만, 형을 감경할 수 있다(제114조). 즉, 모든 범죄가 아닌 '사형, 무기 또는 장기 4년 이상의 징역에 해당하는 범죄'를 목적으로 하는 단체나 집단의 경우 에 적용되는 조항이다.

② (○) 제289조, 제296조의2

③ (○) 제62조 제1항

④ (○) 제73조의2 제1항

⑤ (○) 공무원이 직권을 이용하여 본장 이외의 죄를 범한 때에는 그 죄에 정한 형의 2분의 1까지 가중한다. 단, 공무원의 신분에 의하여 특별히 형이 규정된 때에는 예외로 한다(제135조).

정답 ①

---

004 ✓ 유사   ◆◆◇   경찰1차 2020

범죄단체 등 조직죄에 관한 설명으로 가장 적절하지 않은 것은? (다툼이 있는 경우 판례에 의함)

① 범죄단체 등 조직죄는 사형, 무기 또는 장기 4년 이상의 징역에 해당하는 범죄를 범할 목적이 있어야 한다.

② 「형법」 제114조 소정의 범죄를 목적으로 하는 단체라 함은 특정 다수인이 일정한 범죄를 수행한다는 공동목적 아래 이루어진 계속적인 결합체로서 그 단체를 주도하는 최소한의 통솔체제를 갖추고 있음을 요한다.

③ 피고인들이 총책을 중심으로 간부급 조직원들과 상담원들, 현금인출책 등으로 구성된 보이스피싱 사기 조직을 구성하고 이에 가담하여 조직원으로 활동한 경우는 「형법」상의 범죄단체에 해당한다.

④ 범죄단체 가입행위 또는 범죄단체 구성원으로서 활동하는 행위와 사기행위는 포괄일죄의 관계에 있다.

해설 출제영역 | 범죄단체조직죄

④ (×) 피고인이 보이스피싱 사기 범죄단체에 가입한 후 사기범죄의 피해자들로부터 돈을 편취하는 등 그 구성원으로서 활동하였다는 내용의 공소사실이 유죄로 인정된 경우, 범죄단체 가입행위 또는 범죄단체 구성원으로서 활동하는 행위와 사기행위는 각각 별개의 범죄구성요건을 충족하는 독립된 행위이고 서로 보호법익도 달라 법조경합 관계로 목적된 범죄인 사기죄만 성립하는 것은 아니다(대법원 2017.10.26, 2017도8600).

① (○) 사형, 무기 또는 장기 4년 이상의 징역에 해당하는 범죄를 목적으로 하는 단체 또는 집단을 조직하거나 이에 가입 또는 그 구성원으로 활동한 사람은 그 목적한 죄에 정한 형으로 처벌한다. 다만, 형을 감경할 수 있다(제114조).

② (○) 대법원 1985.10.8, 85도1515

③ (○) 대법원 2017.10.26, 2017도8600

정답 ④

005 ✓ 유사 ◆◇◇

범죄단체 등 조직죄에 대한 설명 중 가장 적절하지 않은 것은? (다툼이 있는 경우 판례에 의함)

① 사형, 무기 또는 장기 4년 이상의 징역에 해당하는 범죄를 목적으로 하는 단체 또는 집단을 조직하거나 이에 가입 또는 그 구성원으로 활동한 사람은 그 목적한 죄에 정한 형으로만 처벌하고, 그 형을 감경할 수 없다.

② 피고인들이 소매치기를 범할 목적으로 그 실행행위를 분담하기로 약정한 경우에「형법」제114조에서 정한 '범죄를 목적으로 하는 단체'로 인정되기 위해서는 계속적인 결합체로서 그 단체를 주도하거나 내부의 질서를 유지하는 최소한의 통솔체계를 갖추어야 한다.

③「형법」제114조에서 정한 '범죄를 목적으로 하는 집단'으로 인정되기 위해서는 최소한의 통솔체계를 갖출 필요는 없으나, 범죄의 계획과 실행을 용이하게 할 정도의 조직적 구조를 갖추어야 한다.

④ 사기범죄를 목적으로 구성된 다수인의 계속적인 결합체로서 총책을 중심으로 간부급 조직원들과 상담원들, 현금인출책 등으로 구성되어 내부의 위계질서가 유지되고 조직원의 역할 분담이 이루어지는 최소한의 통솔체계를 갖추고 있는 보이스피싱 사기조직은「형법」상 범죄단체에 해당한다.

해설 | **출제영역** | 범죄단체조직죄

① (×) 범죄단체조직등죄는 <u>임의적 감경사유</u>에 해당한다(형법 제114조 단서).

> **제114조(범죄단체 등의 조직)** 사형, 무기 또는 장기 4년 이상의 징역에 해당하는 범죄를 목적으로 하는 단체 또는 집단을 조직하거나 이에 가입 또는 그 구성원으로 활동한 사람은 그 목적한 죄에 정한 형으로 처벌한다. 다만, 형을 감경할 수 있다.

② (○) 형법 제114조에서 정한 '범죄를 목적으로 하는 단체'란 특정 다수인이 일정한 범죄를 수행한다는 공동목적 아래 구성한 계속적인 결합체로서 그 <u>단체를 주도하거나 내부의 질서를 유지하는 최소한의 통솔체계를 갖춘 것</u>을 의미한다(대법원 2020.8.20, 2019도11731).

③ (○) 형법 제114조에서 정한 '범죄를 목적으로 하는 집단'이란 사형, 무기 또는 장기 4년 이상의 범죄를 수행한다는 공동목적 아래 구성원들이 정해진 역할분담에 따라 행동함으로써 범죄를 반복적으로 실행할 수 있는 조직체계를 갖춘 다수인의 계속적인 결합체를 의미한다. '범죄집단'이 되려면 '범죄단체'에서 요구되는 <u>'최소한의 통솔체계'를 갖춘 데에는 이르지 않더라도 적어도 범죄의 계획과 실행을 용이하게 할 정도의 조직적 구조는 갖추어야한다</u>(대법원 2020.8.20, 2019도11731).

④ (○) 위 보이스피싱 조직은 보이스피싱이라는 <u>사기범죄를 목적으로 구성된 다수인의 계속적인 결합체로서 총책을 중심으로 간부급 조직원들과 상담원들, 현금인출책 등으로 구성되어 내부의 위계질서가 유지되고 조직원의 역할 분담이 이루어지는 최소한의 통솔체계를 갖춘 형법상의 범죄단체에 해당하고,</u> 보이스피싱 조직의 업무를 수행한 피고인들에게 범죄단체 가입 및 활동에 대한 고의가 인정되며, 피고인들의 보이스피싱 조직에 의한 사기범죄 행위가

범죄단체 활동에 해당한다(대법원 2017.10.26, 2017도8600). [보충] 피고인이 보이스피싱 사기 범죄단체에 가입한 후 사기범죄의 피해자들로부터 돈을 편취하는 등 그 구성원으로서 활동하였다는 내용의 공소사실이 유죄로 인정된 경우, <u>범죄단체 가입행위 또는 범죄단체 구성원으로서 활동하는 행위와 사기행위는 각각 별개의 범죄구성요건을 충족하는 독립된 행위이고 서로 보호법익도 달라 법조경합 관계로 목적된 범죄인 사기죄만 성립하는 것은 아니다</u>(위 판례).

정답 ①

---

2 폭발물에 관한 죄

3 방화와 실화의 죄

006 ✓ 유사 ◆◆◇

방화의 죄에 관한 설명 중 가장 적절한 것은? (다툼이 있는 경우 판례에 의함)

① 공용건조물방화죄를 범할 목적으로 예비·음모한 후 목적한 죄의 실행에 이른 후에 수사기관에 자수한 경우 형을 감경하거나 면제할 수 있다.

② 주거로 사용하지 않고 사람이 현존하지도 않는 타인 소유의 자동차를 불태웠으나 공공의 위험이 발생하지 않았다면 방화죄를 구성하지 않는다.

③ 甲이 A의 재물을 강취한 후 A를 살해할 의사로 현주건조물에 방화하여 A가 사망한 경우, 甲의 행위는 강도살인죄와 현주건조물방화치사죄에 모두 해당하고 그 두 죄는 실체적 경합범 관계에 있다.

④ 甲이 A를 살해할 의사로 A가 혼자 있는 건조물에 방화하였으나 A가 사망하지 않은 경우 현존건조물방화치사미수죄를 구성한다.

해설 | **출제영역** | 방화죄

① (○) 공용건조물방화 예비·음모죄를 범한 죄가 그 목적한 죄의 <u>실행에 이른 후라는 것은 최소한 공용건조물방화 미수죄에 해당</u>하므로 이때 수사기관에 <u>자수한 경우에는 보통의 자수에 불과하므로 형법 제52조 제1항에 의하여 형을 감경하거나 면제할 수 있</u>다(임의적 감면).
[비교] 공용건조물방화죄를 범할 목적으로 예비·음모한 자가 그 목적한 죄의 실행에 이르기 전에 자수한 때에는 예비죄의 자수에 해당하여 형법 제175조에 의하여 형을 감경 또는 면제한다(필요적 감면).

> **제175조(예비, 음모)** 제164조 제1항, 제165조, 제166조 제1항, 제172조 제1항, 제172조의2 제1항, 제173조 제1항과 제2항의 죄를 범할 목적으로 예비 또는 음모한 자는 5년 이하의 징역에 처한다. 단 그 목적한 죄의 실행에 이르기 전에 자수한 때에는 형을 감경 또는 면제한다.
> **제165조(공용건조물 등 방화)** 불을 놓아 공용(公用)으로 사용하거나 공익을 위해 사용하는 건조물, 기차, 전차, 자동차, 선박, 항공기 또는 지하채굴시설을 불태운 자는 무기 또는 3년 이상의 징역에 처한다.

② (×) 주거로 사용하지 않고 사람이 현존하지도 않는다는 것은 형법 제164조의 현주건조물 등에 해당하지 않는다는 것으로서, 제166조 제1항의 타인소유 일반건조물 등 방화죄의 객체로 규정된 '일반자동차'에 해당됨을 말한다. 타인소유 일반건조물 방화죄는 공공의 위험이 발생하지 않아도 성립하는 추상적 위험범이다(cf. 자기소유 일반건조물 방화죄는 구체적 위험범). 따라서 방화죄를 구성한다.

> 제164조(현주건조물 등 방화) ① 불을 놓아 사람이 주거로 사용하거나 사람이 현존하는 건조물, 기차, 전차, 자동차, 선박, 항공기 또는 지하채굴시설을 불태운 자는 무기 또는 3년 이상의 징역에 처한다.
> 제166조(일반건조물 등 방화) ① 불을 놓아 제164조와 제165조에 기재한 외의 건조물, 기차, 전차, 자동차, 선박, 항공기 또는 지하채굴시설을 불태운 자는 2년 이상의 유기징역에 처한다.

③ (×) 甲이 A의 재물을 강취한 후 A를 살해할 의사로 현주건조물에 방화하여 A가 사망한 경우, 甲의 행위는 강도살인죄와 현주건조물방화치사죄에 모두 해당하고 그 두 죄는 상상적 경합범 관계에 있다(대법원 1998.12.8, 98도3416).

④ (×) 현존건조물방화치사상죄는 미수범 처벌규정을 두고 있지 않다(제174조 참조). 甲이 A를 살해할 의사로 A가 혼자 있는 건조물에 방화하였으나 A가 사망하지 않은 경우 현존건조물방화죄와 살인미수죄의 상상적 경합범을 구성한다.

정답 ①

---

007 ☑ 유사 ◆◇◇ 해경채용 2차 2022

다음 중 방화와 실화의 죄에 대한 설명으로 가장 옳지 않은 것은? (다툼이 있는 경우 판례에 의함)

① 현주건조물방화예비죄를 저지른 사람이 그 목적한 죄의 실행에 이르기 전에 자수한 때에는 형을 감경 또는 면제한다.

② 지붕과 문짝, 창문이 없고 담장과 일부 벽체가 붕괴된 철거 대상 건물로서 사실상 기거·취침에 사용할 수 없는 상태의 폐가에 쓰레기를 모아 놓고 태워 폐가의 벽을 일부 그을리게 한 경우에는 일반물건방화죄의 미수범으로 처벌된다.

③ 현주건조물방화치사죄는 사망의 결과발생에 대한 과실이 있는 경우뿐만 아니라 고의가 있는 경우를 포함한다.

④ 불을 놓아 무주물을 불태워 공공의 위험을 발생하게 한 경우에는 '무주물'을 '자기 소유의 물건'에 준하는 것으로 보아 「형법」 제167조 제2항(자기소유일반물건방화죄)을 적용하여야 한다.

해설

② (×) 이 사건 폐가는 지붕과 문짝, 창문이 없고 담장과 일부 벽체가 붕괴된 철거 대상 건물로서 사실상 기거·취침에 사용할 수 없는 상태의 것이므로 형법 제166조의 건조물이 아닌 형법 제167조의 물건에 해당하고, 피고인이 이 사건 폐가의 내부와 외부에 쓰레기를 모아놓고 태워 그 불길이 이 사건 폐가 주변 수목 4~5그루를 태우고 폐가의 벽을 일부 그을리게 하는 정도만으로는 방화죄의 기수에 이르렀다고 보기 어려우며, 일반물건방화죄에 관하여는 미수범의 처벌 규정이 없다(무죄, 대법원 2013.12.12, 2013도3950).

① (○) 제175조 참조.

> 제164조(현주건조물 등 방화) ① 불을 놓아 사람이 주거로 사용하거나 사람이 현존하는 건조물, 기차, 전차, 자동차, 선박, 항공기 또는 지하채굴시설을 불태운 자는 무기 또는 3년 이상의 징역에 처한다.
> ② 제1항의 죄를 지어 사람을 상해에 이르게 한 경우에는 무기 또는 5년 이상의 징역에 처한다. 사망에 이르게 한 경우에는 사형, 무기 또는 7년 이상의 징역에 처한다.
> 제175조(예비, 음모) 제164조 제1항, 제165조, 제166조 제1항, 제172조 제1항, 제172조의2 제1항, 제173조 제1항과 제2항의 죄를 범할 목적으로 예비 또는 음모한 자는 5년 이하의 징역에 처한다. 단 그 목적한 죄의 실행에 이르기 전에 자수한 때에는 형을 감경 또는 면제한다.

③ (○) 형법 제164조 후단이 규정하는 현주건조물방화치사상죄는 그 전단이 규정하는 죄에 대한 일종의 가중처벌 규정으로서 과실이 있는 경우뿐만 아니라, 고의가 있는 경우에도 포함된다고 볼 것이므로 사람을 살해할 목적으로 현주건조물에 방화하여 사망에 이르게 한 경우에는 현주건조물방화치사죄로 의율하여야 하고 이와 더불어 살인죄와의 상상적경합범으로 의율할 것은 아니며, 다만 존속살인죄와 현주건조물방화치사죄는 상상적경합범 관계에 있으므로, 법정형이 중한 존속살인죄로 의율함이 타당하다(대법원 1996.4.26, 96도485; 1983.1.18, 82도2341).

④ (○) 노상에서 전봇대 주변에 놓인 재활용품과 쓰레기 등에 불을 놓아 소훼한 경우, 그 재활용품과 쓰레기 등은 '무주물'로서 형법 제167조 제2항에 정한 '자기 소유의 물건'에 준하는 것으로 보아야 하므로, 여기에 불을 붙인 후 불상의 가연물을 집어넣어 그 화염을 키움으로써 전선을 비롯한 주변의 가연물에 손상을 입히거나 바람에 의하여 다른 곳으로 불이 옮아붙을 수 있는 공공의 위험을 발생하게 하였다면, 일반물건방화죄가 성립한다(대법원 2009.10.15, 2009도7421).

정답 ②

다음 설명 중 옳지 않은 것은? (다툼이 있는 경우 판례에 의함)

① 부작위에 의한 현주건조물방화치사죄가 성립하기 위하여는, 부작위자에게 법률상의 소화의무가 인정되는 외에 소화의 가능성 및 용이성이 있어야 한다.

② 자기가 점유하는 타인의 재물을 그 타인을 기망하여 횡령한 경우, 횡령죄만 성립한다.

③ 전자충격기를 사용하여 피해자에게 강간을 시도하다가 미수에 그치고 약 2주간의 치료를 요하는 상해에 이르게 한 경우, 「성폭력범죄의 처벌 등에 관한 특례법」상의 특수강간치상죄가 성립한다.

④ 교통방해치사상죄가 성립하려면 교통방해행위가 피해자의 사상이라는 결과를 발생하게 한 유일하거나 직접적인 원인이 될 필요가 없고, 그 행위와 결과 사이에 피해자나 제3자의 과실 등 다른 사실이 개재된 경우라도 그와 같은 사실이 통상 예견될 수 있는 것이라면 상당인과관계를 인정할 수 있다.

⑤ 피해자의 재물을 강취한 후 그를 살해할 목적으로 현주건조물에 방화하여 사망에 이르게 한 경우, 강도살인죄는 현주건조물방화치사죄에 대하여 특별관계에 있다.

해설 │ 출제영역 | 현주건조물방화치사 등

⑤ (×) 피고인들이 피해자들의 재물을 강취한 후 그들을 살해할 목적으로 현주건조물에 방화하여 사망에 이르게 한 경우, 피고인들의 행위는 강도살인죄와 현주건조물방화치사죄에 모두 해당하고 두 죄는 상상적 경합범관계에 있다(대법원 1998.12.8, 98도3416).

① (○) 대법원 2010.1.14, 2009도12109

② (○) 대법원 1980.12.9, 80도1177

③ (○) 대법원 2008.4.24, 2007도10058

④ (○) 대법원 2014.7.24, 2014도6206

정답 │ ⑤

방화와 실화의 죄에 대한 설명으로 가장 적절하지 않은 것은? (다툼이 있는 경우 판례에 의함)

① 현주건조물방화예비죄를 저지른 사람이 그 목적한 죄의 실행에 이르기 전에 자수한 때에는 형을 감경 또는 면제한다.

② 현주건조물방화치사죄는 사망의 결과발생에 대한 과실이 있는 경우뿐만 아니라 고의가 있는 경우를 포함한다.

③ 불을 놓아 무주물을 불태워 공공의 위험을 발생하게 한 경우에는 '무주물'을 '자기 소유의 물건'에 준하는 것으로 보아 형법 제167조 제2항(자기소유일반물건방화죄)을 적용하여야 한다.

④ 지붕과 문짝, 창문이 없고 담장과 일부 벽체가 붕괴된 철거대상 건물로서 사실상 기거·취침에 사용할 수 없는 상태의 폐가에 쓰레기를 모아놓고 태워 폐가의 벽을 일부 그을리게 한 경우에는 일반물건방화죄의 미수범으로 처벌된다.

해설 │ 출제영역 | 방화죄

④ (×) 이 사건 폐가는 지붕과 문짝, 창문이 없고 담장과 일부 벽체가 붕괴된 철거 대상 건물로서 사실상 기거·취침에 사용할 수 없는 상태의 것이므로 형법 제166조의 건조물이 아닌 형법 제167조의 물건에 해당하고, 피고인이 이 사건 폐가의 내부와 외부에 쓰레기를 모아놓고 태워 그 불길이 이 사건 폐가 주변 수목 4~5그루를 태우고 폐가의 벽을 일부 그을리게 하는 정도만으로는 방화죄의 기수에 이르렀다고 보기 어려우며, 일반물건방화죄에 관하여는 미수범의 처벌 규정이 없으므로 피고인의 행위는 무죄이다(대법원 2013.12.12, 2013도3950).

① (○) 제175조 참조

② (○) 대법원 1996.4.26, 96도485

③ (○) 대법원 2009.10.15, 2009도7421

정답 │ ④

010 ✓ 유사 ◆◆◇ 해경승진(경위) 2023

다음 중 방화죄에 대한 설명으로 가장 옳지 않은 것은? (다툼이 있는 경우 판례에 의함)

① 과실로 인하여 타인의 소유에 속하는 일반물건을 소훼하여 공공의 위험을 발생하게 한 때에는 실화죄가 성립한다.

② 투숙객 甲의 중대한 과실로 인해 모텔에 화재가 발생하여 다른 투숙객들이 사상(死傷)에 이른 경우, 甲이 화재발생을 알고 있는 상태에서 모텔을 나오면서 모텔 주인이나 다른 투숙객에게 이를 알리지 아니하였다는 사정만으로는 부작위에 의한 현주건조물방화치사상죄가 성립하지 않는다.

③ 타인의 주택을 방화하기 위하여 방에 옷가지 등을 모아 놓고 불을 붙인 천 조각을 던져서 그 불길이 방안을 태우면서 천장에까지 옮겨 붙게 하였다면, 설령 그 불이 완전연소에 이르지 못하고 도중에 진화되었다고 하더라도 현주건조물방화죄의 기수가 된다.

④ 노상의 전봇대 주변에 놓인 재활용품과 쓰레기는 무주물이므로, 이에 불을 놓아 공공의 위험을 발생하게 하면 타인소유 일반물건방화죄(「형법」제167조 제1항)가 성립한다.

[해설] 출제영역 | 방화죄

④ (×) 노상에서 전봇대 주변에 놓인 재활용품과 쓰레기 등에 불을 놓아 소훼한 사안에서, 그 재활용품과 쓰레기 등은 '무주물'로서 형법 제167조 제2항에 정한 '자기 소유의 물건'에 준하는 것으로 보아야 하므로, 여기에 불을 붙인 후 불상의 가연물을 집어넣어 그 화염을 키움으로써 전선을 비롯한 주변의 가연물에 손상을 입히거나 바람에 의하여 다른 곳으로 불이 옮아붙을 수 있는 공공의 위험을 발생하게 하였다면, 자기소유 일반물건방화죄가 성립한다(대법원 2009.10.15, 2009도7421).

① (○) 형법 제170조 제2항에서 말하는 "자기의 소유에 속하는 제166조 또는 제167조에 기재한 물건"이라 함은 '자기의 소유에 속하는 제166조에 기재한 물건 또는 자기의 소유에 속하든, 타인의 소유에 속하든 불문하고 제167조에 기재한 물건'을 의미하는 것이라고 해석하여야 할 것이며, … 이렇게 해석한다고 하더라도 그것이 법규정의 가능한 의미를 벗어나 법형성이나 법창조행위에 이른 것이라고는 할 수 없어 죄형법정주의의 원칙상 금지되는 유추해석이나 확장해석에 해당한다고 볼 수는 없을 것이다(대법원 1994.12.20, 94모32 전원합의체).

> **제170조(실화)** ① 과실로 제164조 또는 제165조에 기재한 물건 또는 타인 소유인 제166조에 기재한 물건을 불태운 자는 1천500만 원 이하의 벌금에 처한다.
> ② 과실로 자기 소유인 제166조의 물건 또는 제167조에 기재한 물건을 불태워 공공의 위험을 발생하게 한 자도 제1항의 형에 처한다.

② (○) 모텔 방에 투숙하여 담배를 피운 후 재떨이에 담배를 끄게 되었으나 담뱃불이 완전히 꺼졌는지 여부를 확인하지 않은 채 불이 붙기 쉬운 휴지를 재떨이에 버리고 잠을 잔 과실로 담뱃불이 휴지와 침대시트에 옮겨 붙게 함으로써 화재가 발생한 사안에서, 위 화재가 중대한 과실 있는 선행행위로 발생한 이상 화재를 소화할 법률상 의무는 있다 할 것이나, 화재 발생 사실을 안 상태에

서 모텔을 빠져나오면서도 모텔 주인이나 다른 투숙객들에게 이를 알리지 아니하였다는 사정만으로는 화재를 용이하게 소화할 수 있었다고 보기 어렵다(부작위에 의한 현주건조물방회치사상죄는 불성립, 대법원 2010.1.14, 2009도12109).

③ (○) 피해자의 사체 위에 옷가지 등을 올려놓고 불을 붙인 천조각을 던져서 그 불길이 방안을 태우면서 천장에까지 옮겨 붙었다면 도중에 진화되었다고 하더라도 일단 천장에 옮겨 붙은 때에 이미 현주건조물방화죄의 기수에 이른 것이다(대법원 2007.3.16, 2006도9164).

[정답] ④

011 ✓ 대표 ◆◆◇ 국가7급 2017 국가9급 2022 유사

방화의 죄에 대한 설명으로 옳지 않은 것은? (다툼이 있는 경우 판례에 의함)

① 노상에서 전봇대 주변에 놓인 재활용품과 쓰레기 등을 발견하고 자신의 라이터를 이용하여 불을 붙인 후, 가연물을 집어넣어 그 화염을 키움으로써 전선을 비롯한 주변의 가연물에 손상을 입히거나 바람에 의하여 다른 곳으로 불이 옮아 붙을 수 있는 공공의 위험을 발생하게 하였다면 「형법」제167조 제1항의 타인소유 일반물건방화죄가 성립한다.

② 공무집행을 방해하는 집단행위의 과정에서 일부 집단원이 고의로 현주건조물에 방화행위를 하여 공무원에게 사상의 결과를 초래한 경우, 그 방화행위 자체에 공모가담하지 않은 다른 집단원은 현주건조물방화치사상죄로 의율할 수 없다.

③ 방화범이 불을 놓은 집에서 빠져나오려는 피해자를 막아 소사케 하였다면 현주건조물방화죄와 살인죄의 실체적 경합범이 성립한다.

④ 모텔 방에 투숙한 자가 과실로 담뱃불이 휴지와 침대시트에 옮겨 붙게 함으로써 화재를 발생하게 한 후, 화재 발생 사실을 안 상태에서 모텔을 빠져나오면서 모텔 주인이나 다른 투숙객들에게 이를 알리지 아니하여 사상에 이르게 하였더라도 그 사정만으로는 부작위에 의한 현주건조물방화치사상죄가 성립하지 아니한다.

[해설] 출제영역 | 방화의 죄 성부

① (×) 노상에서 전봇대 주변에 놓인 재활용품과 쓰레기 등에 불을 놓아 소훼한 사안에서, 그 재활용품과 쓰레기 등은 '무주물'로서 형법 제167조 제2항에 정한 '자기 소유의 물건'에 준하는 것으로 보아야 하므로, 여기에 불을 붙인 후 불상의 가연물을 집어넣어 그 화염을 키움으로써 전선을 비롯한 주변의 가연물에 손상을 입히거나 바람에 의하여 다른 곳으로 불이 옮아붙을 수 있는 공공의 위험을 발생하게 하였다면, 자기소유 일반물건방화죄가 성립한다(대법원 2009.10.15, 2009도7421).

② (○) 부진정결과적가중범인 특수공무방해치사상죄에 있어서 공무집행을 방해하는 집단행위의 과정에서 일부 집단원이 고의로 방화행위를 하여 사상의 결과를 초래한 경우에 다른 집단원이 그 방화행위로 인한 사상의 결과를 예견할 수 있는 상황이었다면 특

수공무방해치사상의 죄책을 면할 수 없으나 그 방화행위 자체에 공모가담한 바 없는 이상 방화치사상죄로 의율할 수는 없다(대법원 1990.6.26, 90도765).

③ (○) 형법 제164조 전단의 현주건조물에의 방화죄는 공중의 생명, 신체, 재산 등에 대한 위험을 예방하기 위하여 공공의 안전을 그 제1차적인 보호법익으로 하고 제2차적으로는 개인의 재산권을 보호하는 것이라고 할 것이나, 여기서 공공에 대한 위험은 구체적으로 그 결과가 발생됨을 요하지 아니하는 것이고 이미 현주건조물에의 점화가 독립연소의 정도에 이르면 동 죄는 기수에 이르러 완료되는 것인 한편, 살인죄는 일신전속적인 개인적 법익을 보호하는 범죄이므로, 이 사건에서와 같이 불을 놓은 집에서 빠져 나오려는 피해자들을 막아 소사케 한 행위는 1개의 행위가 수개의 죄명에 해당하는 경우라고 볼 수 없고, 위 방화행위와 살인행위는 법률상 별개의 범의에 의하여 별개의 법익을 해하는 별개의 행위라고 할 것이니, 현주건조물방화죄와 살인죄는 실체적 경합관계에 있다(대법원 1983.1.18, 82도2341).

④ (○) 모텔 방에 투숙하여 담배를 피운 후 재떨이에 담배를 끄게 되었으나 담뱃불이 완전히 꺼졌는지 여부를 확인하지 않은 채 불이 붙기 쉬운 휴지를 재떨이에 버리고 잠을 잔 과실로 담뱃불이 휴지와 침대시트에 옮겨 붙게 함으로써 화재가 발생한 사안에서, 위 화재가 중대한 과실 있는 선행행위로 발생한 이상 화재를 소화할 법률상 의무는 있다 할 것이나, 화재 발생 사실을 안 상태에서 모텔을 빠져나오면서도 모텔 주인이나 다른 투숙객들에게 이를 알리지 아니하였다는 사정만으로는 화재를 용이하게 소화할 수 있었다고 보기 어렵다는 이유로, 부작위에 의한 현주건조물방화치사상죄의 공소사실에 대해 무죄를 선고하였다(대법원 2010. 1.14, 2009도12109).

정답 ①

4 일수와 수리에 관한 죄

012 ✓유사 ◆◆◇ 국가9급 2016

다음 설명 중 옳은 것만을 모두 고른 것은? (다툼이 있으면 판례에 의함)

> ㉠ 농촌주택에서 배출되는 생활하수의 배수관(소형 PVC관)을 토사로 막아 하수가 내려가지 못하게 한 경우 수리방해죄가 성립한다.
> ㉡ 단순히 자신의 신용력을 증명하기 위하여 타인에게 보일 목적으로 통화를 위조한 경우 통화위조죄는 성립하지 않는다.
> ㉢ 기재사항이 누락되어 사법상 무효인 유가증권을 행사할 목적으로 위조하여 일반인으로 하여금 유효한 주권으로 오신시킬 정도의 외관을 갖춘 경우 유가증권위조죄가 성립한다.
> ㉣ 타인에 의하여 이미 위조된 약속어음의 기재사항을 권한 없이 변경한 경우 유가증권변조죄가 성립한다.

① ㉠, ㉢
② ㉡, ㉢
③ ㉠, ㉡, ㉣
④ ㉡, ㉢, ㉣

해설 | 출제영역 | 수리방해죄의 성립

㉠ (×) 원천(源泉) 내지 자원으로서의 물의 이용이 아니라 하수나

폐수 등 이용이 끝난 물을 배수로를 통하여 내려 보내는 것은 수리방해죄에서 수리(水利)에 해당한다고 할 수 없고, 그러한 배수 또는 하수처리를 방해하는 행위는, 특히 그 배수가 수리용의 인수(引水)와 밀접하게 연결되어 있어서 그 배수의 방해가 직접 인수에까지 지장을 초래한다는 등의 특수한 경우가 아닌 한 수리방해죄의 대상이 될 수 없다. 피고인이 피해자들의 집(농촌주택)에서 배출되는 생활하수의 배수관(소형 PVC관)을 토사로 막아 하수가 내려가지 못하게 한 경우라도 수리방해죄는 성립하지 아니한다(대법원 2001.6.26, 2001도404).

㉡ (○) 대법원 2012.3.29, 2011도7704

㉢ (○) 대법원 1974.12.24, 74도294

㉣ (×) 이미 타인에 의하여 위조된 약속어음의 기재사항을 권한 없이 변경하였다고 하더라도 유가증권변조죄는 성립하지 아니한다. 그리고 약속어음의 액면금액을 권한 없이 변경하는 것은 유가증권변조에 해당할 뿐 유가증권위조는 아니므로, 약속어음의 액면금액을 권한 없이 변경하는 행위가 당초의 위조와는 별개의 새로운 유가증권위조로 된다고 할 수도 없다(대법원 2006.1.26, 2005도4764).

정답 ②

5 교통방해의 죄

013 ✓유사 ◆◇◇ 국가9급 2020

방해의 죄에 대한 설명으로 옳지 않은 것은? (다툼이 있는 경우 판례에 의함)

① 일반교통방해죄는 교통이 불가능하거나 현저히 곤란한 상태가 발생하면 바로 기수가 되고 교통방해의 결과가 현실적으로 발생해야 하는 것은 아니다.

② 목장 소유자가 그 운영을 위해 목장용지 내에 임도를 개설하고 차량 출입을 통제하면서 인근 주민들의 일부 통행을 부수적으로 묵인한 경우, 그 임도는 일반교통방해죄의 객체인 '육로'에 해당한다.

③ 공항 여객터미널 버스정류장 앞 도로 중 공항리무진 버스 외의 다른 차의 주차가 금지된 구역에서 밴 차량을 40분간 불법주차하고 호객행위를 한 것만으로는 일반교통방해죄에 해당하지 아니한다.

④ 업무상 과실로 교량을 손괴하여 자동차의 교통을 방해하고 그 결과 승객이 탑승한 자동차를 교량에서 추락시킨 경우에는 업무상 과실일반교통방해죄와 업무상 과실자동차추락죄가 성립하고, 양 죄는 상상적 경합관계에 있다.

해설 | 출제영역 | 일반교통방해죄의 성립요건, 죄수

② (×) 목장 소유자가 목장운영을 위해 목장용지 내에 임도를 개설하고 차량 출입을 통제하면서 인근 주민들의 일부 통행을 부수적으로 묵인한 경우, 위 임도는 공공성을 지닌 장소가 아니어서 일반교통방해죄의 '육로'에 해당하지 않는다(대법원 2007.10.11, 2005도5573).

① (○) 일반교통방해죄는 이른바 추상적 위험범으로서 교통이 불가능하거나 또는 현저히 곤란한 상태가 발생하면 바로 기수가 되고 교통방해의 결과가 현실적으로 발생하여야 하는 것은 아니다

(대법원 2018.1.24. 2017도11408).

③ (○) 공항 여객터미널 버스정류장 앞 도로 중 공항리무진 버스 외의 다른 차의 주차가 금지된 구역에서 밴 차량을 40분간 불법 주차하고 호객행위를 한 것은, 다른 차량들의 통행을 불가능하거나 현저히 곤란하게 한 것으로 볼 수 없어 형법 제185조의 일반 교통방해죄를 구성하지 않는다(대법원 2009.7.9. 2009도4266).

④ (○) 업무상 과실로 인하여 교량을 손괴하여 자동차의 교통을 방해하고 그 결과 자동차를 추락시킨 경우에는 구 형법 제189조 제2항, 제185조 소정의 업무상 과실일반교통방해죄와 같은 법 제189조 제2항, 제187조 소정의 업무상 과실자동차추락죄가 성립하고, 위 각 죄는 형법 제40조 소정의 상상적 경합관계에 있다(대법원 1997.11.28. 97도1740).

정답 ②

---

014 ☑ 유사 ◆◆◇ 법원9급 2016

일반교통방해죄에 관한 다음 설명 중 판례의 태도와 일치하지 않는 것은? (다툼이 있는 경우 판례에 의함)

① 일반교통방해죄는 교통이 불가능하거나 또는 현저히 곤란한 상태가 발생하더라도 교통방해의 결과가 현실적으로 발생하지 않은 경우에는 일반교통방해미수죄가 성립한다.

② 일반교통방해죄는 일반 공중의 교통의 안전을 그 보호법익으로 하는 범죄로서 여기서의 '육로'라 함은 사실상 일반 공중의 왕래에 공용되는 육상의 통로를 널리 일컫는 것으로서 그 부지의 소유관계나 통행권리관계 또는 통행인의 많고 적음 등을 가리지 않는다.

③ 집회 또는 시위가 당초 신고된 범위를 현저히 일탈하거나 교통질서 유지를 위한 조선을 중대하게 위반하여 도로 교통을 방해함으로써 통행을 불가능하게 하거나 현저하게 곤란하게 하는 경우에는 일반교통방해죄가 성립한다.

④ 피고인이 고속도로 2차로를 따라 자동차를 운전하다가 1차로를 진행하던 甲의 차량 앞에 급하게 끼어든 후 곧바로 정차하여, 甲의 차량 및 이를 뒤따르던 차량 두 대는 연이어 급제동하여 정차하였으나 그 뒤를 따라오던 乙의 차량이 앞의 차량들을 연쇄적으로 추돌케 하여 乙을 사망에 이르게 하고 나머지 차량 운전자 등 피해자들에게 상해를 입힌 경우 일반교통방해치사상죄가 성립한다.

해설 출제영역 | 일반교통방해죄 – 구성요건

① (×) 일반교통방해죄는 이른바 추상적 위험범으로서 교통이 불가능하거나 또는 현저히 곤란한 상태가 발생하면 바로 기수가 되고 교통방해의 결과가 현실적으로 발생하여야 하는 것은 아니다(대법원 2005.10.28. 2004도7545).

② (○) 대법원 2005.10.28. 2004도7545

③ (○) 대법원 2008.11.13. 2006도755

④ (○) 대법원 2014.7.24. 2014도6206

정답 ①

---

015 ☑ 대표 ◆◆◇ 법원행시 2019

교통방해의 죄에 관한 다음 설명 중 가장 옳은 것은?

① 집회 및 시위에 관한 법률에 따른 신고 없이 이루어진 집회에 참석한 참가자들이 차로 위를 행진하는 등으로 도로 교통을 방해함으로써 통행을 불가능하게 하거나 현저하게 곤란하게 하는 경우에 일반교통방해죄가 성립하고, 이때 실제로 참가자가 교통방해를 유발하는 직접적인 행위를 하였는지 여부, 참가자의 참가 경위나 관여 정도 등을 불문하고 공모공동정범의 죄책을 물을 수 있다.

② 교통방해를 유발한 집회에 참가한 경우 참가 당시 이미 다른 참가자들에 의해 교통의 흐름이 차단된 상태였다고 하더라도 교통방해를 유발한 다른 참가자들과 암묵적·순차적으로 공모하여 교통방해의 위법상태를 지속시켰다고 평가할 수 있다면 일반교통방해죄가 성립한다.

③ 공로에 출입할 수 있는 다른 도로가 있는 상태에서 토지 소유자로부터 일시적인 사용승낙을 받아 통행하거나 토지 소유자가 개인적으로 사용하면서 부수적으로 타인의 통행을 묵인한 장소도 일반교통방해죄의 객체인 육로에 해당한다.

④ 교통방해치사상죄가 성립하려면 교통방해 행위와 사상의 결과 사이에 상당인과관계가 있어야 하고 행위 시에 결과의 발생을 예견할 수 있어야 하는데, 그 행위와 결과 사이에 피해자나 제3자의 과실 등 다른 사실이 개재된 경우에는 그와 같은 사실이 통상 예견될 수 있는 경우라고 하더라도 상당인과관계를 인정할 수 없다.

⑤ 형법 제187조의 선박파괴죄에서 정한 파괴란 본죄가 공공위험죄인 본질에 비추어 불특정 다수인의 생명·신체에 위험을 생기게 할 정도의 손괴임을 요한다.

해설 출제영역 | 일반교통방해죄의 성립

② (○) 일반교통방해죄에서 교통방해 행위는 계속범의 성질을 가지는 것이어서 교통방해의 상태가 계속되는 한 가벌적인 위법상태는 계속 존재한다. 따라서 신고 범위를 현저히 벗어나거나 집회 및 시위에 관한 법률 제12조에 따른 조건을 중대하게 위반함으로써 교통방해를 유발한 집회에 참가한 경우, 참가 당시 이미 다른 참가자들에 의해 교통의 흐름이 차단된 상태였더라도 교통방해를 유발한 다른 참가자들과 암묵적·순차적으로 공모하여 교통방해의 위법상태를 지속시켰다고 평가할 수 있다면 일반교통방해죄가 성립한다(대법원 2018.1.24. 2017도11408).

① (×) 집회 및 시위에 관한 법률에 따른 신고 없이 이루어진 집회에 참석한 참가자들이 차로 위를 행진하는 등으로 도로 교통을 방해함으로써 통행을 불가능하게 하거나 현저하게 곤란하게 하는 경우에 일반교통방해죄가 성립한다. 그러나 이 경우에도 참가자 모두에게 당연히 일반교통방해죄가 성립하는 것은 아니고, 실제로 참가자가 집회·시위에 가담하여 교통방해를 유발하는 직접적인 행위를 하였거나, 참가자의 참가 경위나 관여 정도 등에 비추어 참가자에게 공모공동정범의 죄책을 물을 수 있는 경우라야 일반교통방해죄가 성립한다(대법원 2018.5.11. 2017도9146).

③ (×) 대법원 2017.4.7, 2016도12563

④ (×) 교통방해 행위가 피해자의 사상이라는 결과를 발생하게 한 유일하거나 직접적인 원인이 된 경우만이 아니라, 그 행위와 결과 사이에 피해자나 제3자의 과실 등 다른 사실이 개재된 때에도 그와 같은 사실이 통상 예견될 수 있는 것이라면 상당인과관계를 인정할 수 있다(대법원 2014.7.24, 2014도6206).

⑤ (×) 형법 제187조에서 정한 '파괴'란 다른 구성요건 행위인 전복, 매몰, 추락 등과 같은 수준으로 인정할 수 있을 만큼 교통기관으로서의 기능·용법의 전부나 일부를 불가능하게 할 정도의 파손을 의미하고 그 정도에 이르지 아니하는 단순한 손괴는 포함되지 않는다(대법원 1970.10.23, 70도1611; 1983.9.27, 82도671 등).

정답 ②

CHAPTER 02 공공의 신용에 대한 죄

1 통화에 관한 죄

2 유가증권, 우표와 인지에 관한 죄

001 ☑ 유사 ◆◆◇ 　　　　　법원행시 2019

다음 설명 중 가장 옳지 않은 것은?

① 피고인이 피해자의 재물을 강취한 후 피해자를 살해할 목적으로 현주건조물에 방화하여 사망에 이르게 한 경우 피고인의 위 행위는 강도살인죄와 현주건조물방화치사죄에 모두 해당하고 그 두 죄는 상상적 경합범관계에 있다.

② 방화죄는 화력이 매개물을 떠나 스스로 연소할 수 있는 상태에 이르렀을 때에 기수가 되고 반드시 목적물의 중요부분이 소실하여 그 본래의 효용을 상실한 때라야만 기수가 되는 것은 아니다.

③ 유가증권을 교부받은 자가 비록 권한이 없더라도 그 유가증권의 동일성을 해하지 않는 한도에서 진실에 합치되도록 유가증권에 변경을 가하는 것과 이미 타인에 의하여 위조된 유가증권의 기재사항을 변경하는 것은 유가증권변조죄에 해당하지 않는다.

④ 甲이 위조된 통화를 상점 주인 乙에게 제시하여 이를 믿은 乙로부터 물품을 구입하였다면 이러한 甲의 행위는 위조통화행사죄와 별도로 사기죄를 구성한다.

⑤ 채무자 甲이 채권자 乙의 가압류집행을 면탈할 목적으로 제3채무자 丙에 대한 채권을 丁에게 허위양도 한 경우, 가압류결정 정본이 丙에게 송달된 날짜와 甲이 채권을 丁에게 양도한 날짜가 동일하고 시간상 채권양도가 가압류결정 정본이 丙에게 송달되기 전에 이루어졌다면 강제집행면탈죄가 성립한다.

[해설] 출제영역 | 유가증권변조죄 등 종합

③ (×) 이미 타인에 의하여 위조된 약속어음의 기재사항을 권한 없이 변경하였다고 하더라도 유가증권변조죄는 성립하지 아니한다(대법원 2006.1.26, 2005도4764 등). 다만, 유가증권변조죄에 있어서 변조라 함은 진정으로 성립된 유가증권의 내용에 권한 없는 자가 그 유가증권의 동일성을 해하지 않는 한도에서 변경을 가하는 것을 말하므로, 설사 진실에 합치하도록 변경한 것이라 하더라도 권한 없이 변경한 경우에는 변조로 되는 것이다(대법원 1984.11.27, 84도1862).

① (○) 대법원 1998.12.8, 98도3416

② (○) 방화죄의 기수시기에 관하여 판례는 독립연소설을 취한다(대법원 1970.3.24, 70도330; 1983.1.18, 82도2341).

④ (○) 법익표준설에 의한 판례이다(대법원 1979.7.10, 79도840).

⑤ (○) 채무자인 피고인이 채권자 甲의 가압류집행을 면탈할 목적

으로 제3채무자 乙에 대한 채권을 丙에게 허위양도하였다고 하여 강제집행면탈로 기소된 경우, 가압류결정 정본이 제3채무자에게 송달된 날짜와 피고인이 채권을 양도한 날짜가 동일하므로 가압류결정 정본이 을에게 송달되기 전에 채권을 허위로 양도하였다면 강제집행면탈죄가 성립하는데도, 가압류결정 정본 송달과 채권양도 행위의 선후에 대해 심리·판단하지 아니한 채 무죄를 선고한 원심판결에는 법리오해 등의 위법이 있다(대법원 2012. 6.28, 2012도3999).

[정답] ③

002 ☑ 유사 ◆◆◇ 　　　　　국가7급 2017

스키장에서 아르바이트생으로 근무하는 甲은 매표소의 직원들이 자리를 비운 틈을 타 매표소 안으로 들어가 발매기를 임의 조작하여 회원용 리프트탑승권 수십 매를 부정 발급한 후, 그 사실을 모두 알고 있는 친구 乙에게 액면금액의 절반을 받고 매도하였다. 甲과 乙의 죄책에 대한 설명으로 옳지 않은 것은? (다툼이 있는 경우 판례에 의함)

① 甲이 리프트탑승권을 발급한 행위는 유가증권위조죄에 해당한다.

② 甲이 위조된 사실을 알고 있는 乙에게 리프트탑승권이 유통될 것임을 인식하면서 매도한 것이라면 위조유가증권행사죄에 해당한다.

③ 甲이 리프트탑승권을 취득한 행위는 절도죄에 해당한다.

④ 甲으로부터 리프트탑승권을 매수한 乙에게는 위조유가증권행사죄의 공동정범이 성립한다.

[해설] 출제영역 | 유자증권위조죄 및 동행사죄, 절도죄

① (○), ② (○), ③ (○), ④ (×) 리프트탑승권 발매기를 전산조작하여 위조한 탑승권을 발매기에서 뜯어 간 행위는 탑승권 위조행위와 위조탑승권 절취행위가 결합된 것이라는 이유로, 위조탑승권의 장물성을 인정하였다(대법원 1998. 11.24, 98도2967). (판결이유 중) … 이 사건 회원용 리프트탑승권은 그와 같은 의미에서 유가증권의 일종이고 … 발매할 권한 없이 발매기를 임의 조작함으로써 ① 리프트탑승권을 부정 발급한 행위가 유가증권인 리프트탑승권을 위조하는 행위에 해당함 … 그와 같이 발매기에서 나오는 위조된 탑승권은 제1심 공동피고인이 이를 뜯어가기 전까지는 쌍방울개발의 소유 및 점유하에 있다고 보아야 할 것이므로 … ③ 위조되어 나오는 리프트탑승권을 절취하는 행위가 결합된 것이고 … ② 위조된 리프트탑승권을 판매하는 행위는 일면으로는 위조된 리프트탑승권을 행사하는 행위임 … 위 위조된 리프트탑승권을 ④ 위와 같은 방법으로 취득하였다는 정을 피고인이 알면서 이를 제1심 공동피고인으로부터 매수하였다면 … 위조된 유가증권인 리프트탑승권에 대한 장물취득죄를 구성

CHAPTER 02 공공의 신용에 대한 죄 **535**

한다고 할 것이므로 …

[보충] 乙은 리프트탑승권 위조사실을 알고 있었을 뿐, 甲과 공모관계가 인정되지 않으므로 위조유가증권행사죄의 공동정범이 될 수 없다.

정답 ④

---

003 ✓ 유사 ◆◇◇ 법원행시 2017

다음 설명 중 가장 옳지 않은 것은? (다툼이 있는 경우 판례에 의함)

① 유가증권위조죄에 있어 모용되는 명의인은 반드시 실재할 필요가 없으므로 허무인 명의로 유가증권을 작성한 경우에도 유가증권위조죄가 성립할 수 있다.

② 백지어음에 대하여 취득자가 발행자와의 합의에 의하여 정하여진 보충권의 한도를 넘어 보충권을 남용하여 행사한 경우에는 유가증권위조죄가 성립한다.

③ 명의인을 기망하여 문서를 작성케 하는 경우는 서명·날인이 정당히 성립된 경우에도 기망자는 명의인을 이용하여 서명·날인자의 의사에 반하는 문서를 작성케 하는 것이므로 사문서위조죄가 성립한다.

④ 은행을 통하여 지급이 이루어지는 약속어음의 발행인이 그 발행을 위하여 은행에 신고된 것이 아닌 발행인의 다른 인장을 날인하였더라도 허위유가증권작성죄는 성립하지 아니한다.

⑤ 위조유가증권행사죄는 위조사문서행사죄와 달리 위조유가증권임을 알고 있는 자에게 교부하였더라도 위조유가증권행사죄가 성립하므로, 위조유가증권의 교부자와 피교부자가 유가증권위조를 공모한 공범관계에 있다고 하여도 위조유가증권행사죄는 성립한다.

해설 | 출제영역 | 유가증권위조·변조죄 – 구성요건

⑤ (×) 위조유가증권행사죄의 처벌목적은 유가증권의 유통질서를 보호하는 데 있는 만큼 단순히 문서의 신용성을 보호하고자 하는 위조공·사문서행사죄의 경우와는 달리 교부자가 진정 또는 진실한 유가증권인 것처럼 위조유가증권을 행사하였을 때뿐만 아니라 위조유가증권임을 알고 있는 자에게 교부하였더라도 피교부자가 이를 유통시킬 것임을 인식하고 교부하였다면, 그 교부행위 그 자체가 유가증권의 유통질서를 해할 우려가 있어 처벌의 이유와 필요성이 충분히 있으므로 위조유가증권행사죄가 성립한다고 보아야 할 것이지만, 위조유가증권의 교부자와 피교부자가 서로 유가증권위조를 공모하였거나 위조유가증권을 타에 행사하여 그 이익을 나누어 가질 것을 공모한 공범의 관계에 있다면, 그들 사이의 위조유가증권 교부행위는 그들 이외의 자에게 행사함으로써 범죄를 실현하기 위한 전단계의 행위에 불과한 것으로서 위조유가증권은 아직 범인들의 수중에 있다고 볼 것이지 행사되었다고 볼 수는 없다(대법원 2010.12.9, 2010도12553).

① (○) 허무인명의의 유가증권이라 할지라도 적어도 그것이 행사할 목적으로 작성되었고 외형상 일반인으로 하여금 진정하게 작성된 유가증권이라고 오신케 할 수 있을 정도라면 그 위조죄가 성립된다고 해석함이 상당하다(대법원 1971.7.27, 71도905).

② (○) 백지어음에 대하여 취득자가 발행자와의 합의에 의하여 정하여진 보충권의 한도를 넘어 보충을 한 경우에는 발행인의 서명날인 있는 기존의 약속 어음용지를 이용하여 새로운 약속어음을 발행하는 것에 해당하므로 위와 같은 보충권의 남용행위는 유가증권 위조죄를 구성하는 것이나, 그 보충권의 한도자체가 처음부터 일정한 금액 등으로 특정되어 있지 아니하고 그 행사방법에 대하여도 특별한 정함이 없어서 다툼이 있는 경우에는 결과적으로 보충권의 행사가 그 범위를 일탈하게 되었다 하더라도 그 점만 가지고 바로 백지보충권의 남용 또는 그에 대한 범의가 있다고 단정할 수는 없다 할 것이고 그 보충권 일탈의 정도, 보충권 행사의 원인 및 경위 등에 관한 심리를 통하여 신중히 이를 인정하여야 한다(대법원 1989.12.12, 89도1264).

③ (○) 명의인을 기망하여 문서를 작성케 하는 경우는 서명, 날인이 정당히 성립된 경우에도 기망자는 명의인을 이용하여 서명 날인자의 의사에 반하는 문서를 작성케 하는 것이므로 사문서위조죄가 성립한다(대법원 2000.6.13, 2000도778).

④ (○) 은행을 통하여 지급이 이루어지는 약속어음의 발행인이 그 발행을 위하여 은행에 신고된 것이 아닌 발행인의 다른 인장을 날인하였다 하더라도 그것이 발행인의 인장인 이상 그 어음의 효력에는 아무런 영향이 없으므로 허위유가증권작성죄가 성립하지 아니 한다(대법원 2000.5.30, 2000도883).

정답 ⑤

---

004 ✓ 유사 ◆◇◇ 경찰승진 2023

공공신용에 관한 죄에 대한 설명 중 가장 적절하지 않은 것은? (다툼이 있는 경우 판례에 의함)

① 통화의 변조는 권한 없이 진정한 통화에 가공하여 그 진실한 가치를 변경시키는 행위를 말하며, 진정한 통화를 그 재료로 삼는다.

② 자신의 신용력을 증명하기 위하여 타인에게 보일 목적으로 통화를 위조한 경우에는 행사할 목적을 인정할 수 없다.

③ 유가증권이란 증권상에 표시된 재산상의 권리의 행사와 처분에 그 증권의 점유를 필요로 하는 것을 총칭하고, 반드시 유통성을 가져야 한다.

④ 위조유가증권의 교부자와 피교부자가 서로 유가증권위조를 공모한 경우 그들 간의 위조유가증권교부행위는 위조유가증권행사죄에 해당하지 않는다.

해설 | 출제영역 | 공공신용에 관한 죄 종합

③ (×) 형법 제214조의 유가증권이란 증권상에 표시된 재산상의 권리의 행사와 처분에 그 증권의 점유를 필요로 하는 것을 총칭하는 것이므로 그것이 유통성을 반드시 가질 필요는 없는 것이나 재산권이 증권에 화체된다는 것과, 그 권리의 행사처분에 증권의 점유를 필요로 한다는 두가지 요소를 갖추어야 하는 것이고, 위 두 가지 요소 중 어느 하나를 갖추지 못한 경우에는 형법 제214조에서 말하는 유가증권이라 할 수 없다(대법원 1984.11.27, 84도1862).

① (○) 진정한 통화에 대한 가공행위로 인하여 기존 통화의 명목가치나 실질가치가 변경되었다거나 객관적으로 보아 일반인으로 하여금 기존 통화와 다른 진정한 화폐로 오신하게 할 정도의 새

로운 물건을 만들어 낸 것으로 볼 수 없다면 통화가 변조되었다고 볼 수 없다(대법원 2004.3.26, 2003도5640).
② (○) 형법 제207조에서 정한 '행사할 목적'이란 유가증권위조의 경우와 달리 위조·변조한 통화를 진정한 통화로서 유통에 놓겠다는 목적을 말하므로, 자신의 신용력을 증명하기 위하여 타인에게 보일 목적으로 통화를 위조한 경우에는 행사할 목적이 있다고 할 수 없다(대법원 2012.3.29, 2011도7704).
④ (○) 위조유가증권의 교부자와 피교부자가 서로 유가증권위조를 공모하였거나 위조유가증권을 타에 행사하여 그 이익을 나누어 가질 것을 공모한 공범의 관계에 있다면, 그들 사이의 위조유가증권 교부행위는 그들 이외의 자에게 행사함으로써 범죄를 실현하기 위한 전단계의 행위에 불과한 것으로서 위조유가증권은 아직 범인들의 수중에 있다고 볼 것이지 행사되었다고 볼 수는 없다(대법원 2010.12.9, 2010도12553).

정답 ③

005 ✓ 유사 ◆◇◇ 경찰1차 2023

통화 및 유가증권의 죄에 관한 설명 중 가장 적절한 것은? (다툼이 있는 경우 판례에 의함)

① 위조통화를 행사하여 재물을 취득한 경우 위조통화행사죄와 사기죄가 성립하고 양죄는 상상적 경합관계에 있다.
② 위조유가증권행사죄에 있어서의 유가증권에는 원본뿐만 아니라 사본도 포함된다.
③ 통화위조죄에서의 '행사할 목적'이란 위조한 통화를 진정한 통화로서 유통에 놓겠다는 목적을 말하므로, 자신의 신용력을 증명하기 위하여 타인에게 보일 목적으로 통화를 위조한 경우에는 행사할 목적이 있다고 할 수 없다.
④ 유가증권의 내용 중 권한 없는 자에 의하여 이미 변조된 부분을 다시 권한 없이 변경한 경우 유가증권변조죄를 구성한다.

해설 출제영역 | 통화 및 유가증권의 죄 종합

③ (○) 형법 제207조에서 정한 '행사할 목적'이란 유가증권위조의 경우와 달리 위조·변조한 통화를 진정한 통화로서 유통에 놓겠다는 목적을 말하므로, 자신의 신용력을 증명하기 위하여 타인에게 보일 목적으로 통화를 위조한 경우에는 행사할 목적이 있다고 할 수 없다(대법원 2012.3.29, 2011도7704).
① (×) 위조통화를 행사하여 재물을 취득한 경우 위조통화행사죄와 사기죄의 실체적 경합이 성립한다.

> **[판례]** 통화위조죄에 관한 규정은 공공의 거래상의 신용 및 안전을 보호하는 공공적인 법익을 보호함을 목적으로 하고 있고 사기죄는 개인의 재산법익에 대한 죄이어서 양죄는 그 보호법익을 달리하고 있으므로 위조통화를 행사하여 재물을 불법영득한 때에는 위조통화행사죄와 사기죄의 양죄가 성립되는 것으로 보아야 할 것이다(대법원 1979.7.10, 79도840).

② (×) 위조유가증권행사죄에 있어서의 유가증권이라 함은 위조된 유가증권의 원본을 말하는 것이지 전자복사기 등을 사용하여 기계적으로 복사한 사본은 이에 해당하지 않는다(대법원 2010.5.

13, 2008도10678).
④ (×) 유가증권변조죄에 있어서 변조라 함은 진정으로 성립된 유가증권의 내용에 권한 없는 자가 그 유가증권의 동일성을 해하지 않는 한도에서 변경을 가하는 것을 말하므로, 이미 타인에 의하여 위조된 약속어음의 기재사항을 권한 없이 변경하였다고 하더라도 유가증권변조죄는 성립하지 아니한다(대법원 2006.1.26, 2005도4764).

정답 ③

다음 중 甲에게 괄호 안의 범죄가 성립되지 않는 경우는 모두 몇 개인가? (다툼이 있는 경우 판례에 의함)

> ㉠ 甲이 인터넷을 통해 등기사항전부증명서를 열람·출력한 후, 행사할 목적으로 그 증명서 하단의 열람일시 부분을 수정테이프로 지우고 복사해 둔 경우 (공문서변조죄)
>
> ㉡ 甲과 乙은 乙이 甲으로부터 1,000만 원을 차용하는 것처럼 가장하여 乙의 연인 A로 하여금 이를 변제하도록 협박하기로 공모한 후, A를 보증인으로 하는 차용증을 작성하는 자리에서 甲이 위조된 100만 원권 자기앞수표 10장이 들어 있는 봉투를 乙에게 교부하면서 그 자기앞수표 자체를 봉투에서 꺼내거나 그 자기앞수표의 위조 사실을 모르는 A에게 보여주지 않은 경우 (위조유가증권행사죄)
>
> ㉢ 甲이 1995년에 미국에서 진정하게 발행된 미화 1달러권 지폐와 2달러권 지폐를 화폐수집가들이 수집하는 희귀화폐인 것처럼 만들어 행사할 목적으로 발행연도 '1995'를 빨간색으로 '1928'로 고치고, 발행번호와 미국 재무부를 상징하는 문양 및 재무부장관의 사인 부분을 지운 후 빨간색으로 다시 가공한 경우 (외국통용외국통화변조죄)
>
> ㉣ 甲은 A종중의 적법한 대표자가 아님에도 A종중 소유의 토지가 소유권보존등기가 되어 있지 않은 점을 이용하여, 자신이 A종중의 대표자인 것처럼 종중규약과 회의록을 허위로 작성한 후 이를 근거로 그 토지에 대하여 A종중을 소유자로, 甲을 A종중의 대표자로 소유권보존등기를 경료하여, 부동산등기부상 자신을 A종중의 대표자로 등재되도록 한 경우 (공정증서원본불실기재죄)
>
> ㉤ 사법경찰관 甲은 검사로부터 '교통사고 피해자들로부터 사고경위에 대해 구체적 진술을 청취하여 운전자의 도주 여부에 대해 재수사할 것'을 요청받고는, 행사할 목적으로 재수사 결과서를 작성하면서 피해자들로부터 실제 진술을 청취하지 않고도 그 재수사 결과서의 '재수사 결과'란에 자신의 독자적인 의견이나 추측에 불과한 것을 마치 피해자들로부터 직접 들은 진술인 것처럼 기재한 경우 (허위공문서작성죄)

① 1개   ② 2개

③ 3개   ④ 4개

해설 | **출제영역** | 공공의 신용에 대한 죄 종합

② 2개

㉠ (○) 등기사항전부증명서의 열람 일시는 등기부상 권리관계의 기준 일시를 나타내는 역할을 하는 것으로서 권리관계나 사실관계의 증명에서 중요한 부분에 해당하는 점 등을 … 종합하면, 피고인이 등기사항전부증명서의 열람 일시를 삭제하여 복사한 행위는 등기사항전부증명서가 나타내는 권리·사실관계와 다른 새로운 증명력을 가진 문서를 만든 것에 해당하고 그로 인하여 공적 신용을 해할 위험성도 발생하였다(대법원 2021.2.25, 2018도19043).

㉡ (×) 위조유가증권행사죄의 처벌목적은 유가증권의 유통질서를 보호하는 데 있는 만큼 단순히 문서의 신용성을 보호하고자 하는 위조공·사문서행사죄의 경우와는 달리 교부자가 진정 또는 진실한 유가증권인 것처럼 위조유가증권을 행사하였을 때뿐만 아니라 ⓐ 위조유가증권임을 알고 있는 자에게 교부하였더라도 피교부자가 이를 유통시킬 것임을 인식하고 교부하였다면, 그 교부행위 그 자체가 유가증권의 유통질서를 해할 우려가 있어 처벌의 이유와 필요성이 충분히 있으므로 위조유가증권행사죄가 성립한다고 보아야 할 것이지만, ⓑ 위조유가증권의 교부자와 피교부자가 서로 유가증권위조를 공모하였거나 위조유가증권을 타에 행사하여 그 이익을 나누어 가질 것을 공모한 공범의 관계에 있다면, 그들 사이의 위조유가증권 교부행위는 그들 이외의 자에게 행사함으로써 범죄를 실현하기 위한 전단계의 행위에 불과한 것으로서 위조유가증권은 아직 범인들의 수중에 있다고 볼 것이지 행사되었다고 볼 수는 없다(대법원 2010.12.9, 2010도12553).

㉢ (×) 위와 같은 정도의 가공행위만으로는 기존 통화의 명목가치나 실질가치가 변경되었다거나 객관적으로 보아 일반인으로 하여금 기존 통화와 다른 진정한 화폐로 오신하게 할 정도의 새로운 물건을 만들어 낸 것으로 보기는 어렵다(대법원 2004.3.26, 2003도5640).

㉣ (○) 종중 대표자의 기재는 당해 부동산의 처분권한과 관련된 중요한 부분의 기재로서 이에 대한 공공의 신용을 보호할 필요가 있으므로 이를 허위로 등재한 경우에는 공정증서원본불실기재죄의 대상이 되는 불실의 기재에 해당한다(대법원 2006.1.13, 2005도4790).

㉤ (○) 사법경찰관인 피고인이 검사로부터 '교통사고 피해자들로부터 사고 경위에 대해 구체적인 진술을 청취하여 운전자 甲의 도주 여부에 대해 재수사할 것'을 요청받고, 재수사 결과서의 '재수사 결과'란에 피해자들로부터 진술을 청취하지 않았음에도 진술을 듣고 그 진술내용을 적은 것처럼 기재함으로써 허위공문서를 작성하였다는 내용으로 기소된 경우, 재수사 결과서의 작성 경위나 구성형태에 비추어 재수사 결과란의 기재는 피고인이 재수사 요청 취지에 따라 피해자들로부터 구체적인 진술을 듣고 진술내용을 적었음을 의미하는데 피고인은 피해자들로부터 진술을 청취하지 않았고, 특히 피고인은 피해자들이 진술한 바 없는 내용으로 자신의 독자적인 의견이나 추측에 불과한 것을 마치 피해자들로부터 직접 들은 진술인 것처럼 기재하였으므로, 피해자들 진술로 기재된 내용 중 일부가 결과적으로 사실과 부합하는지, 재수사 요청을 받은 사법경찰관이 검사에 의하여 지목된 참고인이나 피의자 등에 대한 재조사 여부와 재조사 방식 등에 대해 재량을 가지는지 등과 무관하게 피고인의 행위는 허위공문서작성죄를 구성한다(대법원 2023.3.30, 2022도6886).

정답 ②

3 문서에 관한 죄

007 ✓ 대표 ◆◆◇ [경찰간부 2022 유사] [국가7급 2021]

문서에 관한 죄에 대한 설명으로 옳은 것은? (다툼이 있는 경우 판례에 의함)

① 甲이 위조·변조한 공문서의 컴퓨터 이미지 파일을 A에게 이메일로 송부하여 프린터로 출력하게 한 경우, A가 그 위조된 사실을 알지 못하였다면 甲에게는 위조·변조공문서행사죄가 성립하지 않는다.

② A 은행의 지배인으로 등기되어 있는 甲은 지급보증의 성질이 있는 A 은행 명의로 된 대출채권양수도약정서와 사용인감계를 작성하였는데, A 은행의 내부규정은 지급보증 등의 의사결정권한을 상위 결재권자에게 부여하고 있었다면, 사문서위조죄에 해당한다.

③ 휴대전화 신규 가입신청서를 위조한 후 이를 스캔한 이미지 파일을 제3자에게 이메일로 전송하여 컴퓨터 화면으로 보게 한 경우, 이미지 파일 자체는 문서에 해당하지 않으므로 위조 사문서행사죄가 성립하지 않는다.

④ 형법 제231조(사문서 위조·변조)의 경우 유형위조만을 처벌하므로 형법 제232조의2(사전자기록위작·변작)에서의 '위작'은 유형위조만을 의미하는 것으로 해석하여야 하며, 이에 무형위조도 포함한다고 해석하는 것은 문언의 의미를 확장하여 처벌범위를 지나치게 넓히는 것으로 죄형법정주의에 반한다.

[해설] 출제영역 | 공공의 신용, 문서

② (○) 원래 주식회사의 지배인은 회사의 영업에 관하여 재판상 또는 재판 외의 모든 행위를 할 권한이 있으므로, 지배인이 직접 주식회사 명의 문서를 작성하는 행위는 위조나 자격모용사문서작성에 해당하지 않는 것이 원칙이고, 이는 문서의 내용이 진실에 반하는 허위이거나 권한을 남용하여 자기 또는 제3자의 이익을 도모할 목적으로 작성된 경우에도 마찬가지이다. 그러나 회사 내부규정 등에 의하여 각 지배인이 회사를 대리할 수 있는 행위의 종류, 내용, 상대방 등을 한정하여 권한을 제한한 경우에 제한된 권한 범위를 벗어나서 회사 명의의 문서를 작성하였다면, 이는 자기 권한 범위 내에서 권한 행사의 절차와 방식 등을 어긴 경우와 달리 문서위조죄에 해당한다(대법원 2012.9.27, 2012도7467).

① (×) 위조·변조공문서행사죄를 구성한다(대법원 2012.2.23, 2011도14441).

③ (×) 이미지 파일 자체는 문서에 관한 죄의 '문서'에 해당하지 않으나, 이를 전송하여 컴퓨터 화면상으로 보게 한 행위는 이미 위조한 가입신청서를 행사한 것에 해당하므로 위조사문서행사죄가 성립한다(대법원 2008.10.23, 2008도5200).

④ (×) 시스템을 설치·운영하는 주체와의 관계에서 전자기록의 생성에 관여할 권한이 없는 사람이 전자기록을 작출하거나 전자기록의 생성에 필요한 단위정보의 입력을 하는 경우는 물론 시스템의 설치·운영 주체로부터 각자의 직무 범위에서 개개의 단위정보의 입력 권한을 부여받은 사람이 그 권한을 남용하여 허위의 정보를 입력함으로써 시스템 설치·운영 주체의 의사에 반하는 전자기록을 생성하는 경우도 형법 제227조의2의 공전자기록등위작죄에서 말하는 전자기록의 '위작'에 포함되고, 위 법리는 형법 제232조의2의 사전자기록등위작죄에서 행위의 태양으로 규정한 '위작'에 대해서도 마찬가지로 적용된다(대법원 2020.8.27, 2019도11294 전원합의체).

[정답] ②

008 ✓ 대표 ◆◇◇ [경찰3차 2018]

사문서위조죄에 대한 설명으로 가장 적절한 것은? (다툼이 있는 경우 판례에 의함)

① 피고인이 이사들의 참석 및 의결권 행사에 관한 권한을 위임받았다 하더라도 그 이사들이 이사회에 불참했음에도 마치 참석하여 의결권을 행사한 것처럼 이사회 회의록을 작성하였다면 사문서위조죄가 성립한다.

② 피고인이 대량의 사건을 수임하기 위하여 소속변호사회에서 발급받은 진정한 경유증표 원본을 컬러복사하여 법원에 제출하였더라도, 복사기 등을 사용하여 기계적인 방법에 의하여 원본을 복사한 문서인 복사문서는 문서죄의 객체에 해당하지 않으므로 사문서위조죄가 성립하지 않는다.

③ 피고인이 명의인인 회사대표이사로부터 문서작성권한의 위임을 받았다면, 그 위임받은 권한을 초월하여 사문서를 작성하였다 하더라도 사문서위조죄는 성립하지 않는다.

④ 피고인이 문서명의인인 문중원들을 기망하여 정기문중총회 회의록을 작성하였다면, 비록 문중원들의 서명, 날인이 정당하게 성립된 경우라 하더라도 사문서위조죄가 성립한다.

[해설] 출제영역 | 사문서위조죄 구성요건

④ (○) 명의인을 기망하여 문서를 작성케 하는 경우는 서명, 날인이 정당히 성립된 경우에도 기망자는 명의인을 이용하여 서명 날인자의 의사에 반하는 문서를 작성케 하는 것이므로 사문서위조죄가 성립한다(대법원 2000.6.13, 2000도778).

① (×) 이사회를 개최함에 있어 공소외 이사들이 그 참석 및 의결권의 행사에 관한 권한을 피고인에게 위임하였다면 그 이사들이 실제로 이사회에 참석하지도 않았는데 마치 참석하여 의결권을 행사한 것처럼 피고인이 이사회 회의록에 기재하였다 하더라도 이는 이른바 사문서의 무형위조에 해당할 따름이어서 처벌대상이 되지 아니한다(대법원 1985.10.22, 85도1732).

② (×) 문서위조 및 동행사죄의 보호법익은 문서에 대한 공공의 신용이므로 '문서가 원본인지 여부가 중요한 거래에서 문서의 사본을 진정한 원본인 것처럼 행사할 목적으로 다른 조작을 가함이 없이 문서의 원본을 그대로 컬러복사기로 복사한 후 복사한 문서의 사본을 원본인 것처럼 행사한 행위는 사문서위조죄 및 동행사죄에 해당한다. … 변호사회가 발급한 경유증표는 증표가 첨부된 변호사선임서 등이 변호사회를 경유하였고 소정의 경유회비를 납부하였음을 확인하는 문서이므로 법원, 수사기관 또는 공공기관에 이를 제출할 때에는 원본을 제출하여야 하고 사본으로 원본에 갈음할 수 없으며, 각 고소위임장에 함께 복사되어 있는 변호사회 명의의 경유증표는 원본이 첨부된 고소위임장을 그대로 컬

러 복사한 것으로서 일반적으로 문서가 갖추어야 할 형식을 모두 구비하고 있고, 이를 주의 깊게 관찰하지 아니하면 그것이 원본이 아닌 복사본임을 알아차리기 어려울 정도이므로 일반인이 명의자의 진정한 사문서로 오신하기에 충분한 정도의 형식과 외관을 갖추었다(사문서위조 및 위조사문서행사죄, 대법원 2016.7. 14, 2016도2081).

③ (×) 사문서위조죄는 작성권한 없는 자가 타인의 명의를 모용하여 문서를 작성함으로써 성립하는 것인바, 타인으로부터 그 명의의 문서 작성을 위임받은 경우에도 위임된 권한을 초월하여 내용을 기재함으로써 명의자의 의사에 반하는 사문서를 작성하는 것은 작성권한을 일탈한 것으로서 사문서위조죄에 해당한다(대법원 2006.9.28, 2006도1545).

정답 ④

---

009 ✓ 대표 ◆◇◇ 법원9급 2021

다음 설명 중 가장 옳지 않은 것은? (다툼이 있는 경우 판례에 의함)

① 법인이 설치·운영하는 전산망 시스템에 제공되어 정보의 생성·처리·저장·출력이 이루어지는 전자기록 등 특수매체기록은 그 법인의 임직원과의 관계에서 '타인'의 전자기록 등 특수매체기록에 해당한다.

② 시스템의 설치·운영 주체로부터 각자의 직무 범위에서 개개의 단위 정보의 입력 권한을 부여받은 사람이 그 권한을 남용하여 허위의 정보를 입력함으로써 시스템 설치·운영 주체의 의사에 반하는 전자기록을 생성하는 경우에는 사전자기록등위작죄에서 말하는 전자기록의 '위작'에 포함되지 않는다.

③ 공문서의 작성권한 없는 사람이 허위공문서를 기안하여 작성권자의 결재를 받지 않고 공문서를 완성한 경우, 공문서위조죄가 성립한다.

④ 자동차 등의 운전자가 경찰공무원에게 다른 사람의 운전면허증 자체가 아니라 이를 촬영한 이미지파일을 휴대전화 화면 등을 통하여 보여주는 행위는 공문서부정행사죄를 구성하지 아니한다.

해설 **출제영역 │ 공공의 신용, 문서에 대한 죄**

② (×) 형법 제227조의2의 공전자기록등위작죄는 사무처리를 그르치게 할 목적으로 공무원 또는 공무소의 전자기록 등 특수매체기록을 위작 또는 변작한 경우에 성립한다. 대법원은, 형법 제227조의2에서 위작의 객체로 규정한 전자기록은 그 자체로는 물적 실체를 가진 것이 아니어서 별도의 표시·출력장치를 통하지 아니하고는 보거나 읽을 수 없고, 그 생성 과정에 여러 사람의 의사나 행위가 개재됨은 물론 추가 입력한 정보가 프로그램에 의하여 자동으로 기존의 정보와 결합하여 새로운 전자기록을 작출하는 경우도 적지 않으며, 그 이용 과정을 보아도 그 자체로서 객관적·고정적 의미를 가지면서 독립적으로 쓰이는 것이 아니라 개인 또는 법인이 전자적 방식에 의한 정보의 생성·처리·저장·출력을 목적으로 구축하여 설치·운영하는 시스템에서 쓰임으로써 예정된 증명적 기능을 수행하는 것이므로, 위와 같은 시스템을 설치·운영하는 주체와의 관계에서 전자기록의 생성에 관여할

권한이 없는 사람이 전자기록을 작출하거나 전자기록의 생성에 필요한 단위정보의 입력을 하는 경우는 물론 시스템의 설치·운영 주체로부터 각자의 직무 범위에서 개개의 단위정보의 입력 권한을 부여받은 사람이 그 권한을 남용하여 허위의 정보를 입력함으로써 시스템 설치·운영 주체의 의사에 반하는 전자기록을 생성하는 경우도 형법 제227조의2에서 말하는 전자기록의 '위작'에 포함된다고 판시하였다. 위 법리는 형법 제232조의2의 사전자기록등위작죄에서 행위의 태양으로 규정한 '위작'에 대해서도 마찬가지로 적용된다(대법원 2020.8.27, 2019도11294 전원합의체).

① (○) 법인이 컴퓨터 등 정보처리장치를 이용하여 전자적 방식에 의한 정보의 생성·처리·저장·출력을 목적으로 전산망 시스템을 구축하여 설치·운영하는 경우 위 시스템을 설치·운영하는 주체는 법인이고, 법인의 임직원은 법인으로부터 정보의 생성·처리·저장·출력의 권한을 위임받아 그 업무를 실행하는 사람에 불과하다. 따라서 법인이 설치·운영하는 전산망 시스템에 제공되어 정보의 생성·처리·저장·출력이 이루어지는 전자기록 등 특수매체기록은 그 법인의 임직원과의 관계에서 '타인'의 전자기록 등 특수매체기록에 해당한다(대법원 2020.8.27, 2019도11294 전원합의체).

③ (○) 대법원 2017.5.17, 2016도13912

④ (○) 자동차 등의 운전자가 운전 중에 도로교통법 제92조 제2항에 따라 경찰공무원으로부터 운전면허증의 제시를 요구받은 경우 운전면허증의 특정된 용법에 따른 행사는 도로교통법 관계 법령에 따라 발급된 운전면허증 자체를 제시하는 것이라고 보아야 한다. 이 경우 자동차 등의 운전자가 경찰공무원에게 다른 사람의 운전면허증 자체가 아니라 이를 촬영한 이미지파일을 휴대전화 화면 등을 통하여 보여주는 행위는 운전면허증의 특정된 용법에 따른 행사라고 볼 수 없는 것이어서 그로 인하여 경찰공무원이 그릇된 신용을 형성할 위험이 있다고 할 수 없으므로, 이러한 행위는 결국 공문서부정행사죄를 구성하지 아니한다(대법원 2019.12.12, 2018도2560).

정답 ②

010 ✓ 대표 ◆◇◇ 변호사 2017

사문서 위·변조죄에 관한 설명 중 옳은 것은? (다툼이 있는 경우 판례에 의함)

① 사문서를 변조할 당시 그 명의인의 명시적·묵시적 승낙이 없었더라도 변조된 문서가 그 명의인에게 유리하여 결과적으로 그 의사에 합치되는 때에는 사문서변조죄를 구성하지 않는다.

② 사문서에 2인 이상의 작성명의인이 있는 때에는 그 명의자 가운데 1인이 나머지 명의자와 합의 없이 행사할 목적으로 그 문서의 내용을 변경하더라도 사문서변조죄를 구성하지 않는다.

③ 주식회사의 지배인이 자신을 그 회사의 대표이사로 표시하여 연대보증채무를 부담하는 취지의 회사 명의의 차용증을 작성한 경우에 그 문서에 허위의 내용이 포함되어 있더라도 사문서위조죄를 구성하지 않는다.

④ 사문서의 작성명의자의 인장이 압날되지 않고 주민등록번호가 기재되지 않았다면 일반인이 그 작성명의자에 의해 작성된 사문서라고 믿을만한 정도의 형식과 외관을 갖추었더라도 사문서위조죄의 객체가 되지 않는다.

⑤ 직접적인 법률관계에 단지 간접적으로 연관된 의사표시 내지 권리·의무의 변동에 사실상으로 영향을 줄 수 있는 의사표시를 내용으로 하는 문서는 사문서위조죄의 객체가 되지 않는다.

[해설] **출제영역 | 사문서위조·변조죄의 성립 여부**

③ (○)

[1] 원래 주식회사의 지배인은 회사의 영업에 관하여 재판상 또는 재판 외의 모든 행위를 할 권한이 있으므로, 지배인이 직접 주식회사 명의 문서를 작성하는 행위는 위조나 자격모용 사문서작성에 해당하지 않는 것이 원칙이고, 이는 그 문서의 내용이 진실에 반하는 허위이거나 권한을 남용하여 자기 또는 제3자가 이익을 도모할 목적으로 작성된 경우에도 마찬가지이다.

[2] 주식회사의 지배인이 자신을 그 회사의 대표이사로 표시하여 연대보증채무를 부담하는 취지의 회사 명의 차용증을 작성·교부한 경우, 그 문서에 일부 허위 내용이 포함되거나 위 연대보증행위가 회사의 이익에 반하는 것이더라도 사문서위조 및 위조사문서행사에 해당하지 않는다(대법원 2010.5. 13, 2010도1040).

① (×) 사문서변조에 있어서 그 변조 당시 명의인의 명시적, 묵시적 승낙없이 한 것이면 변조된 문서가 명의인에게 유리하여 결과적으로 그 의사에 합치한다 하더라도 사문서변조죄의 구성요건을 충족한다(대법원 1985.1.22, 84도2422).

② (×) 부동산 매매계약서와 같이 문서에 2인 이상의 작성명의인이 있는 때에는 각 명의자마다 1개의 문서가 성립되는 것으로 볼 것이고 피고인이 그 명의자의 한사람이라 하더라도 타 명의자와 합의없이 그 문서의 내용을 변경하였을 때에는 사문서변조죄가 성립된다(대법원 1977.7.12, 77도1736).

④ (×) 사문서의 작성명의자의 인장이 압날되지 아니하고 주민등록번호가 기재되지 않았더라도, 일반인으로 하여금 그 작성 명의자가 진정하게 작성한 사문서로 믿기에 충분할 정도의 형식과 외

관을 갖추었으면 사문서위조 및 동행사죄의 객체가 되는 사문서라고 보아야 한다(대법원 1989.8.8, 88도2209).

⑤ (×) 거래상 중요한 사실을 증명하는 문서는, 법률관계의 발생·존속·변경·소멸의 전후과정을 증명하는 것이 주된 취지인 문서뿐만 아니라 직접적인 법률관계에 단지 간접적으로만 연관된 의사표시 내지 권리·의무의 변동에 사실상으로만 영향을 줄 수 있는 의사표시를 내용으로 하는 문서도 포함될 수 있다(대법원 2012.5.9, 2010도2690).

[정답] ③

011 ✓ 유사 ◆◇◇ 경찰1차 2022

문서에 관한 죄에 대한 설명으로 가장 적절한 것은? (다툼이 있는 경우 판례에 의함)

① 형법은 사문서의 경우 무형위조만을 처벌하면서 예외적으로 유형위조를 처벌하는 태도를 취하고 있다.

② 공무원이 의사가 공무소의 명의로 허위의 진단서를 작성한 경우 허위공문서작성죄와 허위진단서작성죄가 성립하고 두 죄는 상상적 경합관계에 있다.

③ 공문서와 달리 사문서에 있어서는 권한 있는 사람의 허위작성을 예외적으로만 처벌하는 형법의 태도를 고려할 때, 「형법」제232조의2에서 정하는 사전자기록 등위작죄에서의 '위작'에 시스템의 설치·운영 주체로부터 각자의 직무 범위에서 개개의 단위정보의 입력 권한을 부여받은 사람이 그 권한을 남용하여 허위의 정보를 입력함으로써 시스템 설치 운영 주체의 의사에 반하는 전자기록을 생성하는 경우는 포함되지 않는다고 보아야 한다.

④ A회사의 대표이사 甲이 B회사의 대표이사 乙로부터 포괄적 위임을 받아 두 회사의 대표이사 업무를 처리하면서 두 회사 명의로 허위 내용의 영수증과 세금계산서를 작성한 사안에서, B회사 명의 부분은 乙의 개별적·구체적 위임 또는 승낙 없는 행위로서 사문서위조 및 위조사문서행사죄가 성립하지만, A회사 명의 부분은 이미 퇴직한 종전의 대표이사를 승낙 없이 대표이사로 표시하였더라도 이에 해당하지 않는다.

[해설] **출제영역 | 문서에 관한 죄 종합**

④ (○) 원래 주식회사의 적법한 대표이사는 회사의 영업에 관하여 재판상 또는 재판외의 모든 행위를 할 권한이 있으므로, 대표이사가 직접 주식회사 명의 문서를 작성하는 행위는 자격모용사문서작성 또는 위조에 해당하지 않는 것이 원칙이다. 이는 그 문서의 내용이 진실에 반하는 허위이거나 대표권을 남용하여 자기 또는 제3자의 이익을 도모할 목적으로 작성된 경우에도 그러하다(이상 A회사의 명의 사용 부분). 주식회사의 적법한 대표이사라 하더라도 그 권한을 포괄적으로 위임하여 다른 사람으로 하여금 대표이사의 업무를 처리하게 하는 것은 허용되지 않는다. 따라서 대표이사로부터 포괄적으로 권한 행사를 위임받은 사람이 주식회사 명의로 문서를 작성하는 행위는 원칙적으로 권한 없는 사람

의 문서 작성행위로서 자격모용사문서작성 또는 위조에 해당하고, 대표이사로부터 개별적·구체적으로 주식회사 명의의 문서 작성에 관하여 위임 또는 승낙을 받은 경우에만 예외적으로 적법하게 주식회사 명의로 문서를 작성할 수 있다(이상 B회사의 명의 사용 부분). 따라서 A회사의 대표이사 甲이 B회사의 대표이사 乙로부터 포괄적 위임을 받아 두 회사의 대표이사 업무를 처리하면서 두 회사 명의로 허위 내용의 영수증과 세금계산서를 작성한 경우, B회사 명의 부분은 乙의 개별적·구체적 위임 또는 승낙 없는 행위로서 사문서위조 및 위조사문서행사죄가 성립하지만, A회사 명의 부분은 이미 퇴직한 종전의 대표이사를 승낙 없이 대표이사로 표시하였더라도 이에 해당하지 않는다(대법원 2008. 11.27, 2006도2016).

① (×) 형법은 사문서의 경우 유형위조(제231조)만을 처벌하면서 예외적으로 무형위조(제233조)를 처벌하고 있는 반면, 공문서의 경우에는 유형위조(제225조)뿐만 아니라 별도의 처벌규정을 두어 무형위조(제227조)를 함께 처벌하고 있다(대법원 2020.8. 27, 2019도11294 전원합의체).
[보충] 형법은 문서죄에 대하여 형식주의를 원칙으로, 실질주의를 예외로 하고 있다.

② (×) 형법이 제225조 내지 제230조에서 공문서에 관한 범죄를 규정하고, 이어 제231조 내지 제236조에서 사문서에 관한 범죄를 규정하고 있는 점 등에 비추어 볼 때 형법 제233조 소정의 허위진단서작성죄의 대상은 공무원이 아닌 의사가 사문서로서 진단서를 작성한 경우에 한정되고, 공무원인 의사가 공무소의 명의로 허위진단서를 작성한 경우에는 허위공문서작성죄만이 성립하고 허위진단서작성죄는 별도로 성립하지 않는다(대법원 2004. 4.9, 2003도7762).

③ (×) 시스템의 설치·운영 주체로부터 각자의 직무 범위에서 개개의 단위정보의 입력 권한을 부여받은 사람이 그 권한을 남용하여 허위의 정보를 입력함으로써 시스템 설치·운영 주체의 의사에 반하는 전자기록을 생성하는 경우도 형법 제227조의2에서 말하는 전자기록의 '위작'에 포함된다. 위 법리는 형법 제232조의2의 사전자기록등위작죄에서 행위의 태양으로 규정한 '위작'에 대해서도 마찬가지로 적용된다(대법원 2020.8.27, 2019도11294 전원합의체).
[보충] 공전자기록위작죄와 마찬가지로 사전자기록위작죄의 경우에도 작성권한 있는 자의 허위작성행위가 포함된다.

정답 ④

---

012 ✓ 유사 ◆◆◇ 경찰2차 2024

문서죄에 관한 설명으로 가장 적절한 것은? (다툼이 있는 경우 판례에 의함)

① 인터넷을 통하여 열람·출력한 등기사항전부증명서 하단의 열람 일시 부분을 단순히 수정 테이프로 지우고 복사해 두었다가 이를 타인에게 교부한 행위는 등기사항전부증명서가 나타내는 권리·사실관계와 다른 새로운 증명력을 가진 문서를 만든 것으로 볼 수 없으므로 공문서변조 및 변조공문서행사죄를 구성하지 않는다.

② 유효기간이 경과한 홍콩 교통국장 명의의 국제운전면허증에 첨부된 사진을 바꾸어 붙여 이를 행사하는 경우 그 상대방이 유효기간을 쉽게 알 수 없도록 되어 있거나 진정하게 작성된 것으로서 명의자로부터 국제운전면허를 받은 것으로 오신하기에 충분한 정도의 형식과 외관을 갖추고 있다면 사문서위조죄에 해당한다.

③ 사문서의 작성명의인이 이미 사망한 자인 경우에는 그 문서의 작성일자가 명의인의 생존 중의 일자로 된 경우가 아니면 사문서위조죄나 그 행사죄를 구성하지 않는 것이며, 이는 자격모용사문서작성죄나 그 행사죄에 있어서도 마찬가지이다.

④ 「형법」 제238조의 공기호는 해당 부호를 공무원 또는 공무소가 사용하는 것만으로 족하므로 온라인 구매사이트에서 검찰 업무표장의 이미지가 들어간 주차표지판 등을 주문하여 자신의 승용차에 부착하고 다닌 경우에는 해당 부호를 공무원 또는 공무소가 사용하는 것이 분명한 이상 그 부호를 통하여 증명을 하는 사항이 구체적으로 특정되어 있지 않더라도 공기호위조 및 위조공기호행사죄에 해당한다.

해설 출제영역 | 문서에 관한 죄 종합

② (○) 피고인이 위조하였다는 국제운전면허증이 그 유효기간을 경과하여 본래의 용법에 따라 사용할 수는 없게 되었다고 하더라도, 이를 행사하는 경우 그 상대방이 유효기간을 쉽게 알 수 없도록 되어 있거나 위 문서 자체가 진정하게 작성된 것으로서 피고인이 명의자로부터 국제운전면허를 받은 것으로 오신하기에 충분한 정도의 형식과 외관을 갖추고 있다면 피고인의 행위는 문서위조죄에 해당한다(사문서위조죄 ○, 대법원 1998.4.10, 98도164, 98감도12).

① (×) 등기사항전부증명서의 열람 일시를 삭제하여 복사한 행위는 등기사항전부증명서가 나타내는 권리·사실관계와 다른 새로운 증명력을 가진 문서를 만든 것에 해당하고 그로 인하여 공공적 신용을 해할 위험성도 발생한 것이므로 공문서변조에 해당한다(대법원 2021.2.25, 2018도19043).

③ (×) 문서위조죄는 문서의 진정에 대한 공공의 신용을 그 보호법익으로 하는 것이므로 행사할 목적으로 작성된 문서가 일반인으로 하여금 당해 명의인의 권한 내에서 작성된 문서라고 믿게 할 수 있는 정도의 형식과 외관을 갖추고 있으면 문서위조죄가 성립하는 것이고, 위와 같은 요건을 구비한 이상 그 명의인이 실재하지 않는 허무인이거나 또는 문서의 작성일자 전에 이미 사망하였다고 하더라도 그러한 문서 역시 공공의 신용을 해할 위험성이 있으므로 문서위조죄가 성립한다고 봄이 상당하며, 이는 공문서

뿐만 아니라 사문서의 경우에도 마찬가지라고 보아야 한다(대법원 2005.2.24, 2002도18 전원합의체).
④ (×) 형법상 인장에 관한 죄에서 인장은 사람의 동일성을 표시하기 위하여 사용하는 일정한 상형을 의미하고, 기호는 물건에 압날하여 사람의 인격상 동일성 이외의 일정한 사항을 증명하는 부호를 의미한다. 그리고 형법 제238조의 공기호는 해당 부호를 공무원 또는 공무소가 사용하는 것만으로는 부족하고, 그 부호를 통하여 증명을 하는 사항이 구체적으로 특정되어 있고 해당 사항은 그 부호에 의하여 증명이 이루어질 것이 요구된다(공기호위조죄 ×, 대법원 2024.1.4, 2023도11313).

[정답] ②

---

013 ⊘ 유사 ◆◆◆ 변호사시험 2023

문서의 죄에 관한 설명 중 옳지 않은 것은? (다툼이 있는 경우 판례에 의함)

① 사진을 바꾸어 붙이는 방법으로 위조한, 외국 공무원이 발행한 국제운전면허증이 유효기간을 경과하여 본래의 용법에 따라 사용할 수 없더라도, 면허증 행사 시 상대방이 유효기간을 쉽게 알 수 없는 등의 사정으로 발급 권한 있는 자로부터 국제운전면허를 받은 것으로 오신하기에 충분한 정도의 형식과 외관을 갖추고 있다면, 문서위조죄의 위조문서에 해당한다.

② 변조 당시 명의인의 명시적, 묵시적 승낙이 없었다면 변조된 문서가 명의인에게 유리하여 결과적으로 그 의사에 합치한다 하더라도 사문서변조죄의 구성요건을 충족한다.

③ 사법인(私法人)이 구축한 전산망 시스템의 설치·운영 주체로부터 각자의 직무 범위에서 개개의 단위정보의 입력 권한을 부여받은 사람이 그 권한을 남용하여 허위의 정보를 입력함으로써 시스템 설치·운영 주체의 의사에 반하는 전자기록을 생성한 경우, 이는 사전자기록등위작죄에서 말하는 전자기록의 '위작'에 포함되지 않는다.

④ 권한 없이 행사할 목적으로 전세계약서 원본을 스캐너로 복사하여 컴퓨터 화면에 띄운 후 그 보증금액란을 포토숍 프로그램을 이용하여 공란으로 만든 다음 이를 프린터로 출력하여 그 공란에 볼펜으로 보증금액을 사실과 달리 기재하여 그 정을 모르는 자에게 교부하였다면, 사문서변조죄 및 변조사문서행사죄가 성립한다.

⑤ 사문서위조죄나 공정증서원본불실기재죄가 성립한 후, 사후에 피해자의 동의 또는 추인 등의 사정으로 문서에 기재된 대로 효과의 승인을 받거나 등기가 실체적 권리관계에 부합하게 되었다 하더라도 이미 성립한 위 범죄에는 아무런 영향이 없다.

[해설] 출제영역 | 문서에 관한 죄 종합
③ (×) 시스템을 설치·운영하는 주체와의 관계에서 전자기록의 생성에 관여할 권한이 없는 사람이 전자기록을 작출하거나 전자기록의 생성에 필요한 단위정보의 입력을 하는 경우는 물론 시스템의 설치·운영 주체로부터 각자의 직무 범위에서 개개의 단위징보의 입력 권한을 부여받은 사람이 그 권한을 남용하여 허위의 정보를 입력함으로써 시스템 설치·운영 주체의 의사에 반하는 전자기록을 생성하는 경우도 형법 제227조의2에서 말하는 전자기록의 '위작'에 포함된다고 판시하였다. 위 법리는 형법 제232조의2의 사전자기록등위작죄에서 행위의 태양으로 규정한 '위작'에 대해서도 마찬가지로 적용된다(대법원 2020.8.27, 2019도11294 전원합의체).

① (○) 문서위조죄는 문서의 진정에 대한 공공의 신용을 그 보호법익으로 하는 것이므로, 피고인이 위조하였다는 국제운전면허증이 그 유효기간을 경과하여 본래의 용법에 따라 사용할 수는 없게 되었다고 하더라도, 이를 행사하는 경우 그 상대방이 유효기간을 쉽게 알 수 없도록 되어 있거나 위 문서 자체가 진정하게 작성된 것으로서 피고인이 명의자로부터 국제운전면허를 받은 것으로 오신하기에 충분한 정도의 형식과 외관을 갖추고 있다면 피고인의 행위는 문서위조죄에 해당한다(대법원 1998.4.10, 98도164, 98감도12).

② (○) 사문서변조에 있어서 그 변조 당시 명의인의 명시적, 묵시적 승낙없이 한 것이면 변조된 문서가 명의인에게 유리하여 결과적으로 그 의사에 합치한다 하더라도 사문서변조죄의 구성요건을 충족한다(대법원 1985.1.22, 84도2422).

④ (○) "피고인이 사무실전세계약서 원본을 스캐너로 복사하여 컴퓨터 화면에 띄운 후 그 보증금액란을 공란으로 만든 다음 이를 프린터로 출력하여 검정색 볼펜으로 보증금액을 '삼천만 원(30,000,000원)'으로 변조하고, 이와 같이 변조된 사무실전세계약서를 팩스로 송부하여 행사하였다."는 것이므로, 이 부분 공소사실에서 적시된 범죄사실은 '컴퓨터 모니터 화면상의 이미지'를 변조하고 이를 행사한 행위가 아니라 '프린터로 출력된 문서'인 사무실전세계약서를 변조하고 이를 행사한 행위임을 알 수 있다(대법원 2011.11.10, 2011도10468).

⑤ (○) 사문서위조나 공정증서원본 불실기재가 성립한 후, 사후에 피해자의 동의 또는 추인 등의 사정으로 문서에 기재된 대로 효과의 승인을 받거나, 등기가 실체적 권리관계에 부합하게 되었다 하더라도, 이미 성립한 범죄에는 아무런 영향이 없다(대법원 1999.5.14, 99도202).

[정답] ③

문서에 관한 죄에 대한 설명으로 옳은 것은? (다툼이 있으면 판례에 의함)

① 甲이 지방세 수납업무를 일부 대행하는 A은행의 세금수납영수증의 금액을 고치고 이를 관계서류에 첨부한 경우 공문서변조 및 동행사죄가 성립한다.

② 甲이 외국에서 발행되고 유효기간이 경과한 국제운전면허증에 붙어있던 A의 사진을 떼어내고 그 자리에 자신의 사진을 붙인 후 이를 소지하고 우리나라 도로에서 운전을 한 경우 공문서위조 및 동행사죄가 성립한다.

③ 甲이 경력증명서 양식에 실재하지 않는 A한의원의 이름을 적고 임의로 만든 A한의원의 직인을 날인하여 작성한 경우 마치 명의인의 권한 내에서 작성된 문서라고 믿게 할 만한 형식과 외관의 경력증명서를 작성하였다면 사문서위조죄가 성립한다.

④ A주식회사의 대표이사 甲은 실질적 운영자인 1인 주주 B의 구체적인 위임이나 승낙 없이 이미 퇴임한 전 대표이사 C를 대표이사로 표시하여 A회사 명의의 문서를 작성한 경우 사문서위조죄가 성립한다.

해설 │ 출제영역 │ 문서에 관한 죄의 성립

③ (○) 피고인이 중국 현지에서 교부받은 임상경력증명서의 양식에 응시생의 이름과 생년월일 및 학습기간 등을 기재한 다음 의원 상급자(원장) 및 한의원 이름을 생각나는대로 임의로 기재하고 당해 한의원 명의의 직인을 임의로 새겨 날인한 경우, 각 임상경력증명서의 명의인인 한의원이 실재하지 않는다고 하더라도 <u>임상경력증명서들은 일반인으로 하여금 당해 명의인의 권한 내에서 작성된 문서라고 믿게 할 수 있는 정도의 형식과 외관을 갖추고 있다면 사문서위조 및 동행사죄가 성립한다</u>(대법원 2005. 2.24, 2002도18 전원합의체).

① (×) 지방세의 수납업무를 일부 관장하는 시중은행의 직원이나 은행이 공무원 또는 공무소가 되는 것은 아니고 세금수납영수증도 공문서에 해당하지 아니한다(대법원 1996.3.26, 95도3073).

② (×) 甲이 국제운전면허증에 붙어있던 A의 사진을 떼어내고 그 자리에 자신의 사진을 붙인 후 이를 소지하고 운전을 한 경우, 공문서위조 및 동행사죄가 아니라 사문서위조(및 동행사죄)가 성립한다(대법원 1998.4.10, 98도164).

④ (×) 주식회사의 적법한 대표이사는 회사의 영업에 관하여 재판상 또는 재판외의 모든 행위를 할 권한이 있으므로 대표이사가 직접 주식회사 명의 문서를 작성하는 행위는 자격모용사문서작성 또는 위조에 해당하지 않는 것이 원칙이다. 이는 그 문서의 내용이 진실에 반하는 허위이거나 대표권을 남용하여 자기 또는 제3자의 이익을 도모할 목적으로 작성된 경우에도 마찬가지이다. 그리고 대표이사가 권한을 행사하는 과정에서 단순히 1인 주주의 위임 또는 승낙을 받지 않았다고 하여 그 대표권 행사가 권한을 넘어서는 행위가 되는 것은 아니다. A회사의 적법한 대표이사로 선임된 피고인 甲이 'A회사 대표이사 C'로 표시하여 회사 명의의 문서를 작성한 행위는, 비록 C가 이미 퇴임한 전 대표이사이거나 문서 내용 중 일부가 진실에 반하는 허위라고 하더라도 그리고 회사의 운영을 실질적으로 장악·통제하고 있던 1인 주주인 B의 구체적인 위임 또는 승낙을 받지 않았다고 하더라도 위조행위에 해당하지 않는다(대법원 2008.11.27, 2006도9194).

정답 ③

문서에 관한 죄에 대한 설명으로 가장 적절하지 않은 것은? (다툼이 있는 경우 판례에 의함)

① 허위공문서작성죄의 객체가 되는 문서는 문서상 작성명의인이 명시된 경우뿐 아니라 작성명의인이 명시되어 있지 않더라도 문서의 형식, 내용 등 문서 자체에 의하여 누가 작성하였는지를 추지할 수 있을 정도의 것이면 된다.

② 실제의 본명 대신 가명이나 위명을 사용하여 사문서를 작성한 경우, 그 문서의 작성명의인과 실제 작성자의 인격이 상이할 때에는 위조죄가 성립할 수 있다.

③ 가정법원의 서기관이 이혼의사확인서등본을 작성한 후 그 뒤에 이혼신고서를 첨부하고 직인을 간인하여 교부한 경우, 당사자가 이를 떼어내고 다른 내용의 이혼신고서를 붙여 관련 행정관서에 제출하였다면 공문서변조 및 변조공문서행사죄가 성립한다.

④ 사립학교 법인 이사가 이사회 회의록에 서명 대신 서명거부사유를 기재하고 그에 대한 서명을 한 경우, 이사회 회의록의 작성권한자인 이사장이라 하더라도 임의로 이를 삭제하면 특별한 사정이 없는 한 사문서변조에 해당한다.

해설 │ 출제영역 │ 문서죄의 성립요건

③ (×) 가정법원의 서기관 등이 이혼의사확인서등본을 작성한 뒤 이를 이혼의사확인신청 당사자 쌍방에게 교부하면서 이혼신고서를 확인서등본 뒤에 첨부하여 그 직인을 간인하였다고 하더라도, 그러한 사정만으로 <u>이혼신고서가 공문서인 이혼의사확인서등본의 일부가 되었다고 볼 수 없다.</u> 따라서 당사자가 이혼의사확인서등본과 간인으로 연결된 이혼신고서를 떼어내고 원래 이혼신고서의 내용과는 다른 이혼신고서를 작성하여 이혼의사확인서등본과 함께 호적관서에 제출하였다고 하더라도, <u>공문서인 이혼의사확인서등본을 변조하였다거나 변조된 이혼의사확인서등본을 행사하였다고 할 수 없다</u>(대법원 2009.1.30, 2006도7777).

① (○) 대법원 2019.3.14, 2018도18646

② (○) 대법원 2010.11.11, 2010도1835

④ (○) 대법원 2018.9.13, 2016도20954

정답 ③

016 ✓ 유사 ◆◇◇　　　　　경찰간부 2017

문서에 관한 죄에 관한 설명으로 가장 옳지 않은 것은? (다툼이 있는 경우에는 판례에 의함)

① 복사문서가 문서위조죄에 있어서의 문서가 될 수 있는지에 대하여 판례가 문서성을 인정하던 것을 「형법」 제237조의2의 입법을 통하여 복사문서의 문서성을 명문화하였다.

② 자신의 이름과 나이를 속이는 용도로 사용할 목적으로 주민등록증의 이름·주민등록번호란에 글자를 오려붙인 후 이를 컴퓨터 스캔 장치를 이용하여 이미지 파일로 만들어 컴퓨터 모니터 화면에 이미지가 나타나도록 하는 한편 타인에게 그 이미지가 저장되어 있는 파일을 이메일로 전송한 행위는 공문서위조 및 위조공문서행사죄를 구성하지 않는다.

③ 甲이 운영하는 A회사 사무실에서 행사할 목적으로 권한 없이 임대인 乙과 甲이 작성한 사무실전세계약서 원본을 스캐너로 복사하여 컴퓨터 화면에 띄운 후 포토샵을 이용하여 보증금액 "일천만원, 10,000,000원"을 지워 보증금액을 공란으로 만든 후 그 자리에서 사무실전세계약서를 프린터로 출력하고, 검정색 볼펜으로 보증금액 공란에 "삼천만원, 30,000,000원"으로 기재하여 丙에게 출력한 사무실전세계약서를 팩스로 송부한 것에 불과하다면 변조사문서행사죄가 성립하지 아니한다.

④ 중국산 가짜 담배를 밀수입하여 판매하면서 그 담뱃갑을 위조한 경우 담뱃갑은 문서 등 위조의 대상인 도화에 해당한다.

> 해설 ┃ 출제영역 ┃ 문서에 관한 죄

③ (×) 이 부분 공소사실에서 적시된 범죄사실은 '컴퓨터 모니터 화면상의 이미지'를 변조하고 이를 행사한 행위가 아니라 '프린터로 출력된 문서'인 사무실전세계약서를 변조하고 이를 행사한 행위이므로, 변조사문서행사죄가 성립한다(대법원 2011.11.10, 2011도10468).

① (○) 1995년 개정형법은 전자복사기, 모사전송기(팩시밀리), 기타 이와 유사한 기기를 사용하여 복사한 문서 또는 도화의 사본도 문서 또는 도화로 규정함으로써(제237조의2) 복사문서의 문서성을 명문화하였다.

② (○) 컴퓨터 모니터 화면에 나타나는 이미지는 형법상 문서에 관한 죄의 문서에 해당하지 않으므로 공문서위조 및 위조공문서행사죄를 구성하지 않는다(대법원 2007.11.29, 2007도7480).

④ (○) 담뱃갑의 표면에 그 담배의 제조회사와 담배의 종류를 구별·확인할 수 있는 특유의 도안이 표시되어 있는 경우에는 일반적으로 그 담뱃갑의 도안을 기초로 특정 제조회사가 제조한 특정한 종류의 담배인지 여부를 판단하게 된다는 점에 비추어서도 그 담뱃갑은 적어도 그 담뱃갑 안에 들어 있는 담배가 특정 제조회사가 제조한 특정한 종류의 담배라는 사실을 증명하는 기능을 하고 있으므로, 그러한 담뱃갑은 문서 등 위조의 대상인 도화에 해당한다(대법원 2010.7.29, 2010도2705).

> 정답 ③

017 ✓ 유사 ◆◆◇　　　　　법원9급 2020

문서에 관한 죄, 인장에 관한 죄에 대한 다음 설명 중 가장 옳은 것은? (다툼이 있는 경우 판례에 의함)

① 형법 제239조 제1항에 규정된 사인(私印)위조죄를 범한 사람에 대하여 벌금형으로 처벌할 수 있다.

② 허위공문서작성죄의 객체가 되는 문서는 문서상 작성명의인이 명시된 경우여야 하므로, 작성명의인이 명시되어 있지 않은 문서는 허위공문서작성죄의 객체가 될 수 없다.

③ 위조사문서행사죄에 있어서의 행사는 위조된 사문서를 진정한 것으로 사용함으로써 사문서에 대한 공공의 신용을 해칠 우려가 있는 행위를 말하므로, 위조된 사문서의 작성명의인은 행사의 상대방이 절대로 될 수 없고, 사문서가 위조된 것임을 이미 알고 있는 공범자 등에게 행사하는 경우에도 위조사문서행사죄가 성립될 수 없다.

④ 휴대전화 신규 가입신청서를 위조한 후 이를 스캔한 이미지 파일을 제3자에게 이메일로 전송한 경우, 그 이미지 파일을 전송하여 컴퓨터 화면상으로 보게 한 행위는 이미 위조한 가입신청서를 행사한 것에 해당하므로 위조사문서행사죄가 성립한다.

> 해설 ┃ 출제영역 ┃ 문서 위조 및 동 행사죄 - 구성요건

④ (○) 휴대전화 신규 가입신청서를 위조한 후 이를 스캔한 이미지 파일을 제3자에게 이메일로 전송한 사안에서, 이미지 파일 자체는 문서에 관한 죄의 '문서'에 해당하지 않으나, 이를 전송하여 컴퓨터 화면상으로 보게 한 행위는 이미 위조한 가입신청서를 행사한 것에 해당하므로 위조사문서행사죄가 성립한다(대법원 2008.10.23, 2008도5200).

① (×) 제239조 제1항에 따르면 사인(私印)위조죄를 범한 사람에 대하여는 3년 이하의 징역에 처한다. 즉, 사인 등의 위조죄를 범한 사람에 대하여 벌금형으로 처벌할 수 없다.

② (×) 허위공문서작성죄에 있어서의 객체가 되는 문서는 문서상 작성명의인이 명시된 경우뿐 아니라 작성명의인이 명시되어 있지 아니하더라도 문서의 형식, 내용 등 그 문서 자체에 의하여 누가 작성하였는지를 추지할 수 있을 정도의 것이면 된다(대법원 1995.11.10, 95도2088).

③ (×) 위조문서행사죄에 있어서의 행사는 위조된 문서를 진정한 것으로 사용함으로써 문서에 대한 공공의 신용을 해칠 우려가 있는 행위를 말하므로, 행사의 상대방에는 아무런 제한이 없고 위조된 문서의 작성 명의인이라고 하여 행사의 상대방이 될 수 없는 것은 아니다(대법원 2005.1.28, 2004도4663).

> 정답 ④

018 ✓ 유사 ◆◇◇ 　　　　法院9급 2018

문서위조의 죄에 관한 다음 설명 중 가장 옳지 않은 것은? (다툼이 있는 경우 판례에 의하고, 전원합의체 판결의 경우 다수 의견에 의함)

① 명의자의 명시적인 승낙이나 동의가 없다는 것을 알고 있었더라도 명의자가 문서작성 사실을 알았다면 승낙하였을 것이라고 기대하거나 예측한 경우에는 문서위조죄가 성립하지 않는다.

② 연대보증인이 될 것을 허락한 자의 인감도장과 인감증명서를 교부받아 그를 차주로 하는 차용금 증서를 작성한 경우에는 위조죄가 성립하지 않는다.

③ 다른 조작을 가함이 없이 문서의 원본을 그대로 컬러복사기로 복사한 후 복사한 문서의 사본을 원본인 것처럼 행사한 행위도 사문서위조죄 및 동행사죄에 해당할 수 있다.

④ 공무원 아닌 자가 관공서에 허위 내용의 증명원을 제출하여 그 내용이 허위인 정을 모르는 담당공무원으로부터 그 증명원 내용과 같은 증명서를 발급받은 경우에는 공문서위조죄의 간접정범이 성립하지 않는다.

해설 출제영역 | 문서위조의 요건 등

① (×) 사문서의 위·변조죄는 작성권한 없는 자가 타인 명의를 모용하여 문서를 작성하는 것을 말하므로 사문서를 작성·수정할 때 명의자의 명시적이거나 묵시적인 승낙이 있었다면 사문서의 위·변조죄에 해당하지 않고, 한편 행위 당시 명의자의 현실적인 승낙은 없었지만 행위 당시의 모든 객관적 사정을 종합하여 명의자가 행위 당시 그 사실을 알았다면 당연히 승낙했을 것이라고 추정되는 경우 역시 사문서의 위·변조죄가 성립하지 않는다고 할 것이나, 명의자의 명시적인 승낙이나 동의가 없다는 것을 알고 있으면서도 명의자가 문서작성 사실을 알았다면 승낙하였을 것이라고 기대하거나 예측한 것만으로는 그 승낙이 추정된다고 단정할 수 없다(대법원 2011.9.29, 2010도14587).

② (○) 피해자들이 일정한도액에 관한 연대보증인이 될 것을 허락하고 이에 필요한 문서를 작성하는데 쓰일 인감도장과 인감증명서(대출보증용)를 채무자에게 건네준 취지는 채권자에 대해 동액상당의 채무를 부담하겠다는 내용의 문서를 작성하도록 허락한 것으로 보아야 할 것이므로 비록 차용금증서에 동 피해자들을 연대보증인으로 하지 않고 직접 차주로 하였을 지라도 그 문서는 정당한 권한에 기하여 그 권한의 범위 안에서 적법하게 작성된 것으로 보아야 한다(대법원 1984.10.10, 84도1566).

③ (○) 문서위조 및 동행사죄의 보호법익은 문서에 대한 공공의 신용이므로 '문서가 원본인지 여부'가 중요한 거래에서 문서의 사본을 진정한 원본인 것처럼 행사할 목적으로 다른 조작을 가함이 없이 문서의 원본을 그대로 컬러복사기로 복사한 후 복사한 문서의 사본을 원본인 것처럼 행사한 행위는 사문서위조죄 및 동행사죄에 해당한다(대법원 2016.7.14, 2016도2081).

④ (○) 어느 문서의 작성권한을 갖는 공무원이 그 문서의 기재 사항을 인식하고 그 문서를 작성할 의사로써 이에 서명·날인하였다면, 설령 그 서명·날인이 타인의 기망으로 착오에 빠진 결과 그 문서의 기재사항이 진실에 반함을 알지 못한 데 기인한다고 하여도, 그 문서의 성립은 진정하며 여기에 하등 작성명의를 모용한 사실이 있다고 할 수는 없으므로, 공무원 아닌 자가 관공서에 허위 내용의 증명원을 제출하여 그 내용이 허위인 정을 모르

는 담당공무원으로부터 그 증명원 내용과 같은 증명서를 발급받은 경우 공문서위조죄의 간접정범으로 의율할 수는 없다(대법원 2001.3.9, 2000도938).

정답 ①

019 ✓ 유사 ◆◆◇ 　　　　國家7급 2016

문서에 관한 죄에 대한 설명으로 옳은 것만을 모두 고른 것은? (다툼이 있는 경우 판례에 의함)

> ㄱ. 형법 제237조의2에 따라 전자복사기, 모사전송기기타 이와 유사한 기기를 사용하여 복사한 문서의 사본도 문서원본과 동일한 의미를 가지는 문서로서 이를 다시 복사한 문서의 재사본도 문서위조죄 및 동행사죄의 객체인 문서에 해당한다.
>
> ㄴ. 공무원 아닌 자가 관공서에 허위 내용의 증명원을 제출하여 그 내용이 허위인 정을 모르는 담당공무원으로부터 그 증명원 내용과 같은 증명서를 발급받은 경우 공문서위조죄의 간접정범이 성립한다.
>
> ㄷ. 식당의 주·부식 구입 업무를 담당하는 공무원이 주·부식구입요구서의 과장결재란에 권한 없이 자신의 서명을 한 경우 공문서위조죄는 성립하지 않는다.
>
> ㄹ. 법원이 이혼의사확인서등본 뒤에 이혼신고서를 첨부하고 간인하여 교부하였는데 당사자가 이를 떼어내고 다른 내용의 이혼신고서를 붙여 호적관서에 제출한 경우 공문서변조죄 및 동 행사죄는 성립하지 않는다.

① ㄱ, ㄷ　　　　　② ㄴ, ㄹ
③ ㄱ, ㄴ, ㄷ　　　　④ ㄱ, ㄷ, ㄹ

해설 출제영역 | 문서에 관한 죄의 성립

ㄱ. (○) 대법원 2004.10.28, 2004도5183

ㄴ. (×) 어느 문서의 작성권한을 갖는 공무원이 그 문서의 기재 사항을 인식하고 그 문서를 작성할 의사로써 이에 서명날인하였다면, 설령 그 서명날인이 타인의 기망으로 착오에 빠진 결과 그 문서의 기재사항이 진실에 반함을 알지 못한 데 기인한다고 하여도, 그 문서의 성립은 진정하며 여기에 하등 작성명의를 모용한 사실이 있다고 할 수는 없으므로, 공무원 아닌 자가 관공서에 허위 내용의 증명원을 제출하여 그 내용이 허위인 정을 모르는 담당공무원으로부터 그 증명원 내용과 같은 증명서를 발급받은 경우 공문서위조죄의 간접정범으로 의율할 수는 없다(대법원 2001.3.9, 2000도938).

ㄷ. (○) 자격모용공문서작성죄가 성립한다(대법원 2008.1.17, 2007도6987).

ㄹ. (○) 이혼신고서는 공문서가 아니라 사문서이므로 사문서변조죄 및 동행사죄가 성립한다(대법원 2009.1.30, 2006도7777).

정답 ④

020 ✓ 대표 ◆◆◇　　　　　　　　　변호사 2016

甲의 죄책에 관한 설명 중 옳은 것(○)과 옳지 않은 것(×)을 올바르게 조합한 것은? (다툼이 있는 경우 판례에 의함)

> ㄱ. 甲이 사문서를 작성함에 있어 문서 작성권한을 위임받았고 위임받은 권한의 범위 내에서 이를 남용하여 문서를 작성하였다면, 사문서위조죄가 성립하지 않는다.
>
> ㄴ. 甲이 위조한 전문건설업등록증의 컴퓨터 이미지 파일을 그 위조사실을 모르는 乙에게 이메일로 송부하여 프린터로 출력하게 하였다면, 甲에게 위조공문서행사죄가 성립하지 않는다.
>
> ㄷ. 복사한 문서의 사본도 문서원본과 동일한 의미를 가지는 문서로서 이를 다시 복사한 문서의 재사본도 문서위조죄의 객체인 문서에 해당한다.
>
> ㄹ. 문서의 작성 권한이 없는 甲이 문서에 타인의 서명을 기재한 경우, 일단 서명 등이 완성되었더라도 문서가 완성되지 않았다면 甲에게 서명 등의 위조죄는 성립하지 않는다.
>
> ㅁ. 甲이 다른 서류에 찍혀 있던 乙의 직인을 칼로 오려내어 풀로 붙인 후 이를 복사하여 수상후보자추천서와 경력증명서 각 1통을 만들고 이를 수상자를 선정하는 협회에 발송한 경우, 동 서류 2통을 주의 깊게 관찰하지 아니하면 그 외관에 비정상적인 부분이 있음을 알아차리기가 어렵다면, 甲에게 사문서위조죄 및 위조사문서행사죄가 성립한다.

① ㄱ(×), ㄴ(○), ㄷ(×), ㄹ(○), ㅁ(×)
② ㄱ(×), ㄴ(×), ㄷ(○), ㄹ(○), ㅁ(○)
③ ㄱ(○), ㄴ(×), ㄷ(×), ㄹ(○), ㅁ(×)
④ ㄱ(×), ㄴ(×), ㄷ(○), ㄹ(×), ㅁ(○)
⑤ ㄱ(○), ㄴ(○), ㄷ(×), ㄹ(×), ㅁ(×)

해설 출제영역 | 문서에 관한 죄의 성립

ㄱ. (○) 대법원 2012.6.28, 2010도690

ㄴ. (×) 위조문서행사죄에 있어서 행사는 위조된 문서를 진정한 것으로 사용함으로써 문서에 대한 공공의 신용을 해칠 우려가 있는 행위를 말하므로 그 행사의 상대방에는 아무런 제한이 없고, 다만 문서가 위조된 것임을 이미 알고 있는 공범자 등에게 행사하는 경우에는 위조문서행사죄가 성립할 수 없으나, 간접정범을 통한 위조문서행사범행에 있어 도구로 이용된 자라고 하더라고 문서가 위조된 것임을 알지 못하는 자에게 행사한 경우에는 위조문서행사죄가 성립한다(대법원 2012.2.23, 2011도14441).

ㄷ. (○) 대법원 2000.9.5, 2000도2855

ㄹ. (×) 어떤 문서에 권한 없는 자가 타인의 서명을 기재하는 경우에는 그 문서가 완성되기 전이라도 일반인으로서는 그 문서에 기재된 타인의 서명을 그 명의인의 진정한 서명으로 오신할 수도 있으므로, 일단 서명이 완성된 이상 문서가 완성되지 아니한 경우에도 서명의 위조죄는 성립할 수 있는 것이다(대법원 2005.12.23, 2005도4478).

ㅁ. (○) 사문서위조죄는 그 명의자가 진정으로 작성한 문서로 볼 수 있을 정도의 형식과 외관을 갖추어 일반인이 명의자의 진정한 사

문서로 오신하기에 충분한 정도이면 성립한다(대법원 2011.2.10, 2010도8361).

정답 ④

021 ✓ 유사 ◆◆◇　　　　　　　　　국가9급 2021

각 사례에서 甲의 죄책으로 옳은 것만을 모두 고르면? (다툼이 있는 경우 판례에 의함)

> ㄱ. 골동품상 甲이 주의의무를 게을리하여 절도품인 줄 모르고 절도범이 매각해 달라고 부탁한 고려청자를 보관하던 중 친구로부터 금원을 차용하면서 이를 담보로 제공하였다. – 업무상 과실장물보관죄와 횡령죄
>
> ㄴ. 甲은 피해자가 사망한 다음 날 마치 피해자가 작성한 것처럼 피해자 명의의 예금청구서 1통을 위조하고, 이를 은행에 제출하였다. – 사문서위조죄와 동행사죄(사기죄는 제외)
>
> ㄷ. 甲은 피해자에 대하여 채권이 있다는 이유로 권리행사를 빙자하여 사회통념상 용인되기 어려운 정도를 넘는 협박을 수단으로 피해자를 외포케 하여 채권을 변제받았다. – 협박죄와 공갈죄
>
> ㄹ. 甲은 타인에게 폭행을 행사하여 그의 업무를 방해하였다. – 폭행죄와 업무방해죄

① ㄱ, ㄷ　　　　　　② ㄴ, ㄹ
③ ㄱ, ㄴ, ㄹ　　　　④ ㄴ, ㄷ, ㄹ

해설 출제영역 | 법조경합

ㄱ. (×) 절도범인으로부터 장물보관의뢰를 받은 자가 그 점을 알면서 이를 인도받아 보관하고 있다가 임의처분하였다 하여노 상불보관죄가 성립되는 때에는 이미 그 소유자의 소유물구구권을 침해하였으므로 그 후의 횡령행위는 불가벌적 사후행위에 불과하여 별도로 횡령죄가 성립하지 않는다(대법원 1976.11.23, 76도3067).

ㄴ. (○) 문서위조죄는 문서의 신성에 대한 공공의 신용을 그 보호법익으로 하는 것이므로 행사할 목적으로 작성된 문서가 일반인으로 하여금 당해 명의인의 권한 내에서 작성된 문서라고 믿게 할 수 있는 정도의 형식과 외관을 갖추고 있으면 문서위조죄가 성립하는 것이고, 위와 같은 요건을 구비한 이상 그 명의인이 실재하지 않는 허무인이거나 또는 문서의 작성일자 전에 이미 사망하였다고 하더라도 그러한 문서 역시 공공의 신용을 해할 위험성이 있으므로 문서위조죄가 성립한다고 봄이 상당하며, 이는 공문서뿐만 아니라 사문서의 경우에도 마찬가지라고 보아야 한다(대법원 2005.2.24, 2002도18 전원합의체).

ㄷ. (×) 정당한 권리가 있다 하더라도 그 권리행사를 빙자하여 사회통념상 용인되기 어려운 정도를 넘는 협박을 수단으로 상대방을 외포케 하여 재물의 교부 또는 재산상의 이익을 받으려 하였다면 공갈죄가 성립한다(대법원 1996.3.22, 95도2801). 즉, 공갈죄만 성립하고 협박죄는 별도로 성립하지 않는다.

ㄹ. (○) 업무방해죄와 폭행죄는 구성요건과 보호법익을 달리하고 있고, 업무방해죄의 성립에 일반적·전형적으로 사람에 대한 폭행행위를 수반하는 것은 아니며, 폭행행위가 업무방해죄에 비하여 별도로 고려되지 않을 만큼 경미한 것이라고 할 수도 없으

로, 설령 피해자에 대한 폭행행위가 동일한 피해자에 대한 업무
방해죄의 수단이 되었다고 하더라도 그러한 폭행행위가 이른바
'불가벌적 수반행위'에 해당하여 업무방해죄에 대하여 흡수관계
에 있다고 볼 수는 없다(상상적 경합, 대법원 2012.10.11, 2012
도1895).
[보충] 이에 비해 업무방해와 재물손괴의 관계에 대해서는 "공동
재물손괴의 범행이 업무방해의 과정에서 이루어졌다고 해도 양
죄의 피해자 및 행위의 태양이 다르므로 양 죄가 실체적 경합범
의 관계에 있다고 본 사례(대법원 2007.5.11, 2006도9478)"도
있다(또한 상상적 경합으로 본 판례도 있으나, 이는 참고).
[정리] 업무방해와 폭행, 업무방해와 손괴 모두 수죄 → 업/폭/
상, 업/손/실

정답 ②

---

022 ✔ 유사 ◆◆◇   경찰2차 2021

문서에 관한 죄에 대한 설명으로 가장 적절하지 않은 것
은? (다툼이 있는 경우 판례에 의함)

① 甲이 콘도미니엄 입주민들의 모임인 A시설운영위원회
의 대표로 선출된 후 A위원회가 대표성을 갖춘 단체라
는 외양을 작출할 목적으로, 행정용 봉투에 A위원회의
한자와 한글 직인을 날인한 다음 자신의 인감증명서
중앙에 있는 '용도'란 부분에 이를 오려 붙이는 방법으
로 인감증명서 1매를 작성하고, 이를 휴대전화로 촬영
한 사진 파일을 입주민들이 참여하는 메신저 단체대화
방에 게재한 경우에는 공문서위조 및 동행사죄가 성립
하지 아니한다.

② 변호사 甲이 대량의 저작권법 위반 형사고소 사건을
수임하여 피고소인 30명을 각각 형사고소하기 위하여
20건 또는 10건의 고소장을 개별적으로 수사관서에
제출하면서 하나의 고소위임장에만 소속 변호사회에
서 발급받은 진정한 경유증표 원본을 첨부한 후 이를
일체로 하여 컬러복사기로 20장 또는 10장의 고소위
임장을 각 복사한 다음 고소위임장과 일체로 복사한
경유증표를 고소장에 첨부하여 접수한 경우에는 사문
서위조 및 동행사죄가 성립한다.

③ 법무사 甲이 위임인 A가 문서명의자로부터 문서작성
권한을 위임받지 않았음을 알면서도 「법무사법」 제25
조에 따른 확인 절차를 거치지 아니하고 권리의무에
중대한 영향을 미칠 수 있는 문서를 작성한 경우에는
사문서위조죄가 성립한다.

④ 공무원 아닌 甲이 관공서에 허위 내용의 증명원을 제
출하여 그 내용이 허위인 정을 모르는 담당공무원 A로
부터 그 증명원 내용과 같은 증명서를 발급받은 경우
에는 공문서위조죄의 간접정범으로 처벌된다.

해설 출제영역 | 공공의 신용, 문서

④ (×) 어느 문서의 작성권한을 갖는 공무원이 그 문서의 기재 사

항을 인식하고 그 문서를 작성할 의사로써 이에 서명날인하였다
면, 설령 그 서명날인이 타인의 기망으로 착오에 빠진 결과 그
문서의 기재사항이 진실에 반함을 알지 못한 데 기인한다고 하여
도, 그 문서의 성립은 진정하며 여기에 하등 작성명의를 모용한
사실이 있다고 할 수는 없으므로, 공무원 아닌 자가 관공서에 허
위 내용의 증명원을 제출하여 그 내용이 허위인 정을 모르는 담
당공무원으로부터 그 증명원 내용과 같은 증명서를 발급받은 경
우 공문서위조죄의 간접정범으로 의율할 수는 없다(대법원 2001.
3.9, 2000도938).

① (○) 일반인으로 하여금 공무원 또는 공무소의 권한 내에서 작성
된 문서라고 믿을 수 있는 형식과 외관을 구비한 문서를 작성하
면 공문서위조죄가 성립하지만, 평균 수준의 사리분별력을 갖는
사람이 조금만 주의를 기울여 살펴보면 공무원 또는 공무소의 권
한 내에서 작성된 것이 아님을 쉽게 알아볼 수 있을 정도로 공문
서로서의 형식과 외관을 갖추지 못한 경우에는 공문서위조죄가
성립하지 않는다(대법원 2020.12.24, 2019도8443).
[보충] 피고인이 만든 문서의 용도란은 인감증명서의 다른 부분
과 재질과 색깔이 다른 종이가 붙어 있음이 눈에 띄고, 글자색과
활자체도 다르며, 인감증명서의 피고인 인감은 검정색인 반면 피
고인이 용도란에 날인한 한자 직인과 한글 직인은 모두 붉은색이
어서 평균 수준의 사리분별력을 갖는 사람이 조금만 주의를 기울
여 살펴보면 피고인이 만든 문서는 공무원 또는 공무소가 甲 위
원회를 등록된 단체라거나 피고인이 위 단체의 대표임을 증명하
기 위해 작성한 문서가 아님을 쉽게 알아볼 수 있는 점 등을 종합
하면, 피고인이 만든 문서는 공문서로서의 외관과 형식을 갖추었
다고 인정하기 어렵고, 공문서위조죄가 성립한다고 보기 어렵다.
그렇다면 이를 사진촬영한 파일을 단체대화방에 게재한 행위도
위조공문서행사죄에 해당할 수 없다(위 판례).

② (○) 대법원 2016.7.14, 2016도2081

③ (○) 대법원 2008.4.10, 2007도9987

정답 ④

023 ✓ 유사 ◆◆◇   국가7급 2022

문서에 관한 죄에 대한 설명으로 옳지 않은 것은? (다툼이 있는 경우 판례에 의함)

① 컴퓨터 모니터 화면상의 이미지로 생성된 국립대학교 교무처장 명의의 졸업증명서 파일은 「형법」상 문서에 관한 죄에서의 '문서'에 해당하지 않는다.

② 소속 공무소 식당의 주·부식 구입 업무를 담당하는 공무원이 그 공무소와의 계약에 의하여 주·부식의 구입·검수 업무 등을 담당하는 비공무원인 영양사의 명의를 위조하여 검수결과보고서를 작성하였더라도 공문서위조죄가 성립하지 않는다.

③ 부동산 매수인(乙)이 매도인(甲)과 부동산계약서 2통을 작성하고 그중 1통을 가지고 있는 기회를 이용하여 행사할 목적으로 그 부동산계약서의 좌단 난외에 '전기 부동산에 대한 제삼자에 대여한 전세계약은 乙이 승계하고 전세금반환의무를 부하기로 함'이라고 권한 없이 가필(加筆)하고 그 밑에 자신의 인장을 날인하였다면 사문서위조죄가 성립한다.

④ 세금계산서상의 공급받는 자는 그 문서 내용의 일부에 불과할 뿐이므로 임의적 기재사항인 '공급받는 자'란에 임의로 다른 사람을 기재하였더라도 그 사람에 대한 관계에서 사문서위조죄가 성립하지 않는다.

해설 ┃ 출제영역 ┃ 문서에 관한 죄 종합

③ (✕) 사문서위조죄가 아니라 사문서변조죄가 성립한다.

> [판례] 부동산 매매계약서와 같이 문서에 2인 이상의 작성명의인이 있는 때에는 각 명의자마다 1개의 문서가 성립되는 것으로 볼 것이고 문서에 2인 이상의 작성명의인이 있는 때에 그 명의자의 한 사람이 타 명의자와 합의 없이 행사할 목적으로 그 문서의 내용을 변경하였을 때는 사문서변조죄가 성립된다(대법원 1977.7.12, 77도1736).

① (○) 대법원 2010.7.15, 2010도6068

② (○) 형법 제225조의 공문서변조나 위조죄의 객체인 공문서는 공무원 또는 공무소가 그 직무에 관하여 작성하는 문서이고, 그 행위주체가 공무원과 공무소가 아닌 경우에는 형법 또는 기타 특별법에 의하여 공무원 등으로 의제되는 경우를 제외하고는 계약 등에 의하여 공무와 관련되는 업무를 일부 대행하는 경우가 있다 하더라도 공무원 또는 공무소가 될 수는 없다(대법원 1996.3. 26, 95도3073). 식당의 주·부식 구입 업무를 담당하는 공무원이 계약 등에 의하여 공무소의 주·부식 구입·검수 업무 등을 담당하는 조리장·영양사 등의 명의를 위조하여 검수결과보고서를 작성한 경우, 공문서위조죄는 성립하지 않는다(대법원 2008.1.17, 2007도6987).

④ (○) 대법원 2007.3.15, 2007도169

정답 ③

024 ✓ 유사 ◆◆◇   법원9급 2016

문서에 관한 죄에 대한 다음 설명 중 가장 옳은 것은? (다툼이 있는 경우 판례에 의함)

① 주취운전자 적발보고서 및 주취운전자 정황진술보고서의 각 운전자란에 타인의 서명을 한 다음 이를 경찰관에게 제출하였다면 허위공문서작성죄의 간접정범이 성립한다.

② 제3자로부터 신분확인을 위하여 신분증명서의 제시를 요구받고 다른 사람의 운전면허증을 제시한 행위는 운전면허증의 사용목적에 따른 행사라고 할 수 없으므로, 공문서부정행사죄가 성립하지 아니한다.

③ 타인의 주민등록증사본의 사진란에 피고인의 사진을 붙여 복사하여 행사하였다면, 공문서위조죄 및 동행사죄가 성립한다.

④ 기왕에 습득한 타인의 주민등록증을 자신의 가족의 것이라고 제시하면서 그 주민등록증상의 명의로 이동전화 가입신청을 한 경우 공문서부정행사죄가 성립한다.

해설 ┃ 출제영역 ┃ 문서에 관한 죄

③ (○) 형법 제237조의2에 따라 전자복사기, 모사전송기 기타 이와 유사한 기기를 사용하여 복사한 문서의 사본도 문서원본과 동일한 의미를 가지는 문서로서 이를 다시 복사한 문서의 재사본도 문서위조죄 및 동 행사죄의 객체인 문서에 해당한다 할 것이고, 진정한 문서의 사본을 전자복사기를 이용하여 복사하면서 일부 조작을 가하여 그 사본 내용과 전혀 다르게 만드는 행위는 공공의 신용을 해할 우려가 있는 별개의 문서사본을 창출하는 행위로서 문서위조행위에 해당한다(대법원 2000.9.5, 2000도2855).

① (✕) 주취운전자 적발보고서 및 주취운전자 정황진술보고서의 각 운전자란에 타인의 서명을 한 다음 이를 경찰관에게 제출한 것은 사문서위조 및 동행사죄에 해당한다(대법원 2004.12.23, 2004도6483).

② (✕) 운전면허증은 운전면허를 받은 사람이 운전면허시험에 합격하여 자동차의 운전이 허락된 사람임을 증명하는 공문서로서, 운전면허증에 표시된 사람이 운전면허시험에 합격한 사람이라는 '자격증명'과 이를 지니고 있으면서 내보이는 사람이 바로 그 사람이라는 '동일인 증명'의 기능을 동시에 기지고 있다. 운전면허증의 앞면에는 운전면허를 받은 사람의 성명·주민등록번호·주소가 기재되고 사진이 첨부되며 뒷면에는 기재사항의 변경내용이 기재될 뿐만 아니라, 정기적으로 반드시 갱신교부 되도록 하고 있어, 운전면허증은 운전면허를 받은 사람의 동일성 및 신분을 증명하기에 충분하고 그 기재 내용의 진실성도 담보되어 있다. 그럼에도 불구하고 운전면허증을 제시한 행위에 있어 동일인 증명의 측면은 도외시하고, 그 사용목적이 자격증명으로만 한정되어 있다고 해석하는 것은 합리성이 없다. 인감증명법상 인감신고인 본인 확인, 공직선거및선거부정방지법상 선거인 본인 확인, 부동산등기법상 등기의무자 본인 확인 등 여러 법령에 의한 신분확인절차에서도 운전면허증은 신분증명서의 하나로 인정되고 있다. 또한 주민등록법 자체도 주민등록증이 원칙적인 신분증명서이지만, 주민등록증을 제시하지 아니한 사람에 대하여 신원을 증명하는 증표나 기타 방법에 의하여 신분을 확인하도록 규정하는 등으로 다른 문서의 신분증명서로서의 기능을 예상하고 있다. 한편 우리 사회에서 운전면허증을 발급받을 수 있는 연령의 사람들 중 절반 이상이 운전면허증을 가지고 있고, 특히 경제활동에 종사하는 사람들의 경우에는 그 비율이 훨씬 더 이를 앞지르고 있

으며, 금융기관과의 거래에 있어서도 운전면허증에 의한 실명확인이 인정되고 있는 등 현실적으로 운전면허증은 주민등록증과 대등한 신분증명서로 널리 사용되고 있다. 따라서, 제3자로부터 신분확인을 위하여 신분증명서의 제시를 요구받고 다른 사람의 운전면허증을 제시한 행위는 그 사용목적에 따른 행사로서 공문서부정행사죄에 해당한다고 보는 것이 옳다(대법원 2001.4.19, 2000도1985 전원합의체).

④ (×) 피고인이 기왕에 습득한 타인의 주민등록증을 피고인 가족의 것이라고 제시하면서 그 주민등록증상의 명의 또는 가명으로 이동전화 가입신청을 한 경우, 타인의 주민등록증을 본래의 사용용도인 신분확인용으로 사용한 것이라고 볼 수 없어 공문서부정행사죄가 성립하지 않는다(대법원 2003.2.26, 2002도4935).

정답 ③

---

025 ✓ 유사 ◆◆◇ 법원9급 2017

문서에 관한 죄에 대한 다음 설명 중 가장 옳지 않은 것은? (다툼이 있으면 판례에 의함)

① 사문서위조죄는 명의자가 진정으로 작성한 문서로 볼 수 있을 정도의 형식과 외관을 갖추어 일반인이 명의자의 진정한 사문서로 오신하기에 충분한 정도이면 성립한다.

② 사문서위조죄는 명의자가 진정으로 작성한 문서가 아님을 전제로 하므로 '문서가 원본인지 여부'가 중요한 거래에서 문서의 사본을 진정한 원본인 것처럼 행사하였다 하더라도 다른 조작을 가함이 없이 문서의 원본을 그대로 컬러복사기로 복사한 경우 사문서위조죄 및 동행사죄는 성립하지 아니한다.

③ 문서에 2인 이상의 작성명의인이 있는 때에 그 명의자 중 한 명이 타명의자와 합의 없이 행사할 목적으로 그 문서의 내용을 변경하였을 때는 사문서변조죄가 성립된다.

④ 소유자의 의사에 따라 특정 장소에 게시 중인 문서를 소유자의 의사에 반하여 떼어내는 경우에도 문서손괴죄가 성립할 수 있다.

해설 출제영역 | 문서위조의 요건 등

② (×) 변호사인 피고인이 대량의 저작권법 위반 형사고소 사건을 수임하여 피고소인 30명을 각 형사고소하기 위하여 20건 또는 10건의 고소장을 개별적으로 수사관서에 제출하면서 각 하나의 고소위임장에만 소속 변호사회에서 발급받은 진정한 경유증표 원본을 첨부한 후 이를 일체로 하여 컬러복사기로 20장 또는 10장의 고소위임장을 각 복사한 다음 고소위임장과 일체로 복사한 경유증표를 고소장에 첨부하여 접수한 사안에서, 변호사회가 발급한 경유증표는 증표가 첨부된 변호사선임서 등이 변호사회를 경유하였고 소정의 경유회비를 납부하였음을 확인하는 문서이므로 법원, 수사기관 또는 공공기관에 이를 제출할 때에는 원본을 제출하여야 하고 사본으로 원본에 갈음할 수 없으며, 각 고소위임장에 함께 복사되어 있는 변호사회 명의의 경유증표는 원본이 첨부된 고소위임장을 그대로 컬러 복사한 것으로서 일반적으로 문서가 갖추어야 할 형식을 모두 구비하고 있고, 이를 주의 깊게

관찰하지 아니하면 그것이 원본이 아닌 복사본임을 알아차리기 어려울 정도이므로 일반인이 명의자의 진정한 사문서로 오신하기에 충분한 정도의 형식과 외관을 갖추었다는 이유로, 피고인의 행위가 사문서위조죄 및 동행사죄에 해당한다(대법원 2016.7.14, 2016도2081).

① (○) 대법원 2016.7.14, 2016도2081
③ (○) 대법원 1977.7.12, 77도1736
④ (○) 대법원 2015.11.27, 2014도13083

정답 ②

---

026 ✓ 유사 ◆◆◇ 변호사 2018

「형법」상 문서에 관한 죄에 관한 설명 중 옳은 것은? (다툼이 있는 경우 판례에 의함)

① 공무원인 의사가 공무소의 명의로 허위진단서를 작성한 경우에는 허위공문서작성죄와 허위진단서작성죄가 성립하고 두 죄는 상상적 경합 관계에 있다.

② 컴퓨터 스캔 작업을 통하여 만들어낸 공인중개사 자격증의 이미지 파일은 전자기록장치에 전자적 형태로서 고정되어 있어 계속성을 인정할 수 있으므로 「형법」상 문서에 관한 죄에 있어서의 문서로 보아야 한다.

③ 매수인으로부터 토지매매계약체결에 관하여 포괄적 권한을 위임받은 자가 실제 매수가격보다 높은 가격을 매매대금으로 기재하여 매수인 명의의 매매계약서를 작성하였다 하더라도 그것은 작성권한 있는 자가 허위내용의 문서를 작성한 것에 불과하여 사문서위조죄가 성립할 수 없다.

④ 일정 한도액에 관하여 연대보증인이 될 것을 허락한 甲으로부터 그에 필요한 문서를 작성하는 데 쓰일 인감도장과 인감증명서를 교부받아 甲을 직접 차주로 하는 동액 상당의 차용금 증서를 작성한 경우에는 본래의 정당한 권한 범위를 벗어난 것이므로 사문서위조죄가 성립한다.

⑤ 사문서의 경우에는 그 명의인이 실재하지 않는 허무인이거나 문서의 작성일자 전에 이미 사망하였다 하더라도 문서위조죄가 성립하나, 공문서의 경우에는 문서위조죄가 성립하기 위하여 명의인이 실재함을 필요로 한다.

해설 출제영역 | 문서죄 종합

③ (○) 매수인으로부터 매도인과의 토지매매계약체결에 관하여 포괄적 권한을 위임받은 자는 위임자 명의로 토지매매계약서를 작성할 적법한 권한이 있다 할 것이므로 매수인으로부터 그 권한을 위임받은 피고인이 실제 매수가격보다 높은 가격을 매매대금으로 기재하여 매수인 명의의 매매계약서를 작성하였다 하여도 그것은 작성권한 있는 자가 허위내용의 문서를 작성한 것일 뿐 사문서위조죄가 성립될 수는 없다(대법원 1984.7.10, 84도1146).

① (×) 허위진단서작성죄의 대상은 공무원이 아닌 의사가 사문서로서 진단서를 작성한 경우에 한정되고, 공무원인 의사가 공무소의 명의로 허위진단서를 작성한 경우에는 허위공문서작성죄만

성립하고 허위진단서작성죄는 별도로 성립하지 않는다(대법원 2004.4.9, 2003도7762).

② (×) 컴퓨터 스캔 및 이미지 편집 프로그램을 이용하여 만들어낸 공인중개사 자격증의 이미지 파일은 계속성이 없으므로 형법상 문서에 해당하지 않는다(대법원 2008.4.10, 2008도1013).

④ (×) 피해자들이 일정한도액에 관한 연대보증인이 될 것을 허락하고 이에 필요한 문서를 작성하는데 쓰일 인감도장과 인감증명서(대출보증용)를 채무자에게 건네준 취지는 채권자에 대해 동액 상당의 채무를 부담하겠다는 내용의 문서를 작성하도록 허락한 것으로 보아야 할 것이므로 비록 차용금증서에 동 피해자들을 연대보증인으로 하지 않고 직접 차주로 하였을 지라도 그 문서는 정당한 권한에 기하여 그 권한의 범위 안에서 적법하게 작성된 것으로 보아야 한다(대법원 1984.10.10, 84도1566).

⑤ (×) 문서위조죄는 문서의 진정에 대한 공공의 신용을 그 보호법익으로 하는 것이므로 행사할 목적으로 작성된 문서가 일반인으로 하여금 당해 명의인의 권한 내에서 작성된 문서라고 믿게 할 수 있는 정도의 형식과 외관을 갖추고 있으면 문서위조죄가 성립하는 것이고, 위와 같은 요건을 구비한 이상 그 명의인이 실재하지 않는 허무인이거나 또는 문서의 작성일자 전에 이미 사망하였다고 하더라도 그러한 문서 역시 공공의 신용을 해할 위험성이 있으므로 문서위조죄가 성립한다고 봄이 상당하며, 이는 공문서뿐만 아니라 사문서의 경우에도 마찬가지라고 보아야 한다(대법원 2005.2.24, 2002도18 전원합의체).

정답 ③

---

027 ☑ 유사 ◆◆◇ 변호사 2020

문서죄에 관한 설명 중 옳은 것은? (다툼이 있는 경우 판례에 의함)

① 어떤 선박이 사고를 낸 것처럼 허위로 사고신고를 하면서 그 선박의 선박국적증서와 선박검사증서를 함께 제출한 경우에는 공문서부정행사죄가 성립한다.

② 간접정범을 통한 위조공문서행사범행에 있어 도구로 이용된 자라고 하더라도 그 공문서가 위조된 것임을 알지 못하는 자에게 행시한 경우에는 위조공문서행사죄가 성립한다.

③ 불실의 사실이 기재된 공정증서의 정본을 그 정을 모르는 법원 직원에게 교부한 경우에는 부실기재공정증서원본행사죄가 성립한다.

④ 자신의 이름과 나이를 속이는 용도로 사용할 목적으로 주민등록증의 이름·주민등록번호란에 글자를 오려 붙인 후 이를 컴퓨터 스캔 장치를 이용하여 이미지 파일로 만들어 컴퓨터 모니터로 출력하는 한편 타인에게 이메일로 전송한 경우에는 공문서위조 및 위조공문서행사죄가 성립한다.

⑤ 실질적인 채권채무관계 없이 작성명의인과의 합의로 작성한 차용증을 그 작성명의인의 의사에 의하지 아니하고 차용증상의 채권이 실제로 존재하는 것처럼 그 지급을 구하는 민사소송을 제기하면서 법원에 제출한 경우에는 사문서부정행사죄가 성립한다.

해설 출제영역 | 문서죄 – 행사·부정행사죄

② (○) 간접정범을 통한 위조문서행사범행에 있어 도구로 이용된 자라고 하더라도 문서가 위조된 것임을 알지 못하는 자에게 행사한 경우에는 위조문서행사죄가 성립한다(대법원 2012.2.23, 2011도14441).

① (×) 어떤 선박이 사고를 낸 것처럼 허위로 사고신고를 하면서 그 선박의 선박국적증서와 선박검사증서를 함께 제출하였다고 하더라도, 선박국적증서와 선박검사증서는 위 선박의 국적과 항행할 수 있는 자격을 증명하기 위한 용도로 사용된 것일 뿐 그 본래의 용도를 벗어나 행사된 것으로 보기는 어려우므로, 이와 같은 행위는 공문서부정행사죄에 해당하지 않는다(대법원 2009.2.26, 2008도10851).

③ (×) '공정증서원본'에는 공정증서의 정본이 포함된다고 볼 수 없으므로 불실의 사실이 기재된 공정증서의 정본을 그 정을 모르는 법원 직원에게 교부한 행위는 형법 제229조의 부실기재공정증서원본행사죄에 해당하지 아니한다(대법원 2002.3.26, 2001도6503).

④ (×) 자신의 이름과 나이를 속이는 용도로 사용할 목적으로 주민등록증의 이름·주민등록번호란에 글자를 오려붙인 후 이를 컴퓨터 스캔 장치를 이용하여 이미지 파일로 만들어 컴퓨터 모니터로 출력하는 한편 타인에게 이메일로 전송한 경우, 컴퓨터 모니터 화면에 나타나는 이미지는 형법상 문서에 관한 죄의 문서에 해당하지 않으므로 공문서위조 및 위조공문서행사죄를 구성하지 않는다(대법원 2007.11.29, 2007도7480).

⑤ (×) 실질적인 채권채무관계 없이 당사자 간의 합의로 작성한 '차용증 및 이행각서'는 그 작성명의인들이 자유의사로 작성한 문서로 그 사용권한자가 특정되어 있다고 할 수 없고 또 그 용도도 다양하므로, 설령 피고인이 그 작성명의인들의 의사에 의하지 아니하고 위 '차용증 및 이행각서'상의 채권이 실제로 존재하는 것처럼 그 지급을 구하는 민사소송을 제기하면서 소지하고 있던 위 '차용증 및 이행각서'를 법원에 제출하였다고 하더라도 그것이 사문서부정행사죄에 해당하지 않는다(대법원 2007.3.30, 2007도629).

정답 ②

甲은 주간에 A의 집에 침입하여 숨어 있다가 A 소유의 금반지 1개를 훔치고, A 명의로 된 자동차운전면허증을 발견하여 휴대전화의 카메라 기능을 이용하여 이를 촬영하였다. 다음 날 甲은 친구 乙에게 위 금반지를 건네며 "내가 훔쳐온 것인데 대신 팔아 달라."라고 부탁하고, 乙은 이를 수락하였다. 그 후 甲은 음주운전으로 적발되자 휴대전화에 저장된 A의 자동차운전면허증 이미지 파일을 경찰관에게 제시하였다. 한편 乙은 금반지를 丙에게 매도하기로 하고 약속장소에서 丙을 기다리던 중 경찰관에게 체포되었다. 이에 관한 설명 중 옳지 않은 것을 모두 고른 것은? (다툼이 있는 경우 판례에 의함)

> ㄱ. 甲이 금반지를 훔친 것이 야간이었다면 甲에게는 야간주거침입절도죄가 성립한다.
> ㄴ. 甲이 A의 자동차운전면허증 이미지 파일을 경찰관에게 제시한 행위는 운전면허증의 특정된 용법에 따른 행사라고 볼 수 없어 공문서부정행사죄가 성립하지 않는다.
> ㄷ. 乙은 실제로 매수인인 丙을 만나기도 전에 경찰관에게 체포되어 丙에게 금반지의 점유가 이전되지 못하였으므로 장물알선죄가 성립하지 않는다.
> ㄹ. 甲이 A의 동거하지 않는 친동생인 경우, 甲이 금반지를 훔친 행위에 대해서는 그 형을 면제한다.

① ㄱ, ㄷ
② ㄱ, ㄹ
③ ㄴ, ㄷ
④ ㄴ, ㄹ
⑤ ㄱ, ㄷ, ㄹ

해설 | 출제영역 | 종합

⑤ ㄱ, ㄷ, ㄹ

ㄱ. (×) 형법은 제329조에서 절도죄를 규정하고 곧바로 제330조에서 야간주거침입절도죄를 규정하고 있을 뿐, 야간절도죄에 관하여는 처벌규정을 별도로 두고 있지 아니하다. 이러한 형법 제330조의 규정형식과 그 구성요건의 문언에 비추어 보면, 형법은 야간에 이루어지는 주거침입행위의 위험성에 주목하여 그러한 행위를 수반한 절도를 야간주거침입절도로 중하게 처벌하고 있는 것으로 보아야 하고, 따라서 주거침입이 주간에 이루어진 경우에는 야간주거침입절도죄가 성립하지 않는다고 해석하는 것이 타당하다(대법원 2011.4.14, 2011도300,2011감도5).

ㄴ. (○) 대법원 2019.12.12, 2018도2560

ㄷ. (×) 장물인 귀금속의 매도를 부탁받은 피고인이 그 귀금속이 장물임을 알면서도 매매를 중개하고 매수인에게 이를 전달하려다가 매수인을 만나기도 전에 체포되었다 하더라도, 위 귀금속의 매매를 중개함으로써 장물알선죄가 성립한다(대법원 2009.4.23, 2009도1203).

ㄹ. (×) 직계혈족, 배우자, 동거친족, 동거가족 또는 그 배우자 간의 제323조의 죄는 그 형을 면제하고(제328조 제1항), 그 외의 친족 간에 제323조의 죄를 범한 때에는 고소가 있어야 공소를 제기할 수 있다(동 제2항). 甲이 A의 동거하지 않는 친동생인 경우, 형법 제328조 제2항이 적용된다.

정답 ⑤

甲에게 허위공문서작성죄가 성립하지 않는 경우는? (다툼이 있는 경우 판례에 의함)

① 준공검사관 공무원 甲이 정산설계서에 의하여 준공검사를 하지 않고도 준공검사를 하였다고 준공검사조서에 기재하였지만, 준공검사조서의 내용이 객관적으로 정산설계서 초안이나 그 후에 작성된 정산설계서 원본의 내용과 일치한 경우

② 건축담당 공무원 甲이 건축허가신청서를 접수·처리함에 있어 건축법상의 요건을 갖추지 못하고 설계된 사실을 알면서도 기안서인 건축허가통보서를 작성하여 건축허가서의 작성명의인인 군수의 결재를 받아 건축허가서를 작성한 경우

③ 공무원 甲이 폐기물처리사업계획이 관계 법령의 규정에 적합하지 않음을 알았음에도 불구하고 적합하다는 내용의 통보서를 작성한 경우

④ 공무원 甲이 A의 부탁을 받아 A가 세대주임에도 불구하고 A의 동거가족 B를 세대주인 것처럼 된 주민등록표를 작성한 경우

해설 | 출제영역 | 허위공문서작성죄의 성립 여부

② (×) 건축 담당 공무원이 건축허가신청서를 접수·처리함에 있어 건축법상의 요건을 갖추지 못하고 설계된 사실을 알면서도 기안서인 건축허가통보서를 작성하여 건축허가서의 작성명의인인 군수의 결재를 받아 건축허가서를 작성한 경우, 건축허가서는 그 작성명의인인 군수가 건축허가신청에 대하여 이를 관계 법령에 따라 허가한다는 내용에 불과하고 위 건축허가신청서와 그 첨부서류에 기재된 내용(건축물의 건축계획)이 건축법의 규정에 적합하다는 사실을 확인하거나 증명하는 것은 아니라 할 것이므로 군수가 위 건축허가통보서에 결재하여 위 건축허가신청을 허가하였다면 위 건축허가서에 표현된 허가의 의사표시 내용 자체에 어떠한 허위가 있다고 볼 수는 없다 할 것이어서, 건축허가서를 작성한 행위를 허위공문서작성죄로 처벌할 수는 없다(대법원 2000.6.27, 2000도1858).

① (○) 준공검사조서를 작성함에 있어서 정산설계서를 확인하고 준공검사를 한 것이 아님에도 마치 한 것처럼 준공검사용지에 "정산설계서에 의하여 준공검사"를 하였다는 내용을 기입하였다면 허위공문서작성의 범의가 있었음이 명백하여 그것만으로 곧 허위공문서작성죄가 성립하고 위 준공검사조서의 내용이 객관적으로 정산설계서 초안이나 그 후에 작성된 정산설계서 원본의 내용과 일치한다거나 공사현장의 준공상태에 부합한다 하더라도 그 성립에 아무런 영향을 미치지 못한다(대법원 1983.12.27, 82도3063).

③ (○) 폐기물관리법 제26조 제2항에 의한 폐기물처리사업계획 적합 통보서는 단순히 폐기물처리사업을 관계 법령에 따라 허가한다는 내용이 아니라, 폐기물처리업을 하려는 자가 폐기물관리법 제26조 제1항에 따라 제출한 폐기물처리사업계획이 폐기물관리법 및 관계 법령의 규정에 적합하다는 사실을 확인하거나 증명하는 것이라 할 것이므로, 그 폐기물처리사업계획이 관계 법령의 규정에 적합하지 아니함을 알면서 적합하다는 내용으로 통보서를 작성한 것이라면 그 통보서는 허위의 공문서라고 보지 아니할 수 없다(대법원 2003.2.11, 2002도4293).

④ (○) 지방공무원인 피고인이 갑으로부터 부탁을 받고 1989.4.15.

까지는 갑이 세대주이고 처인 을은 동거가족에 불과하였음에도 불구하고 마치 1988.3.26.부터 을이 세대주인 것처럼 된 세대별 주민등록표 1장을 작성하여 동사무소의 주민등록표 보관함에 비치한 행위는 허위공문서작성 및 동행사죄에 해당한다(대법원 1990.10.16, 90도1199).

정답 ②

---

030 ✓유사 ◆◇◇ 법원9급 2022

허위공문서작성죄에 관한 다음 설명 중 가장 옳지 않은 것은? (다툼이 있는 경우 판례에 의하고, 전원합의체 판결의 경우 다수의견에 의함)

① 피의자신문조서 말미에 작성자의 서명, 날인이 없으나, 첫머리에 작성 사법경찰리와 참여 사법경찰리의 직위와 성명을 적어 넣은 것이 있다면 그 문서 자체에 의하여 작성자를 추지할 수 있으므로, 그러한 피의자신문조서는 허위공문서작성죄의 객체가 되는 공문서로 볼 수 있다.

② 공무원이 아닌 피고인이 건축물조사 및 가옥대장 정리업무를 담당하는 공무원을 교사하여 무허가 건물을 허가받은 건축물인 것처럼 가옥대장 등에 등재케 하여 허위공문서 등을 작성케 한 사실이 인정된다면, 허위공문서작성죄의 교사범으로 처벌할 수 있다.

③ 등기공무원이 소유권이전등기와 근저당권설정등기의 신청이 동시에 이루어지고 그와 함께 등본의 교부신청이 있었음에도 고의로 일부를 누락하여 소유권이전등기만 기입하고 근저당권 설정등기는 기입하지 않은 채 등기부등본을 발급한 경우 본죄가 성립한다.

④ 공무원인 甲이 문서작성자에게 전화로 문의하여 원본과 상이 없다는 사실을 확인하였고, 실제 그 사본이 원본과 다른 점이 없다면, 실제 원본과 대조함이 없이 공무원 甲이 그 직무에 관하여 사문서 사본에 "원본대조필 토목기사 甲"이라 기재하고 甲의 도장을 날인한 행위만으로는 허위공문서작성죄가 성립한다고 단정할 수 없다.

해설 출제영역 | 허위공문서작성죄의 구성요건, 공범

④ (×) 공무원인 피고인이 그 직무에 관하여 이 건 문제로 된 사문서 사본에 "원본대조필 토목기사 피고인"이라 기재하고 도장을 날인하였다면 그 기재 자체가 공문서로 되고, 이 경우 피고인이 실제로 원본과 대조함이 없이 "원본대조필"이라고 기재한 이상 그것만으로 곧 허위공문서작성죄가 성립하는 것이고, 피고인이 위 문서작성자에게 전화로 원본과 상이없다는 사실을 확인하였다거나 객관적으로 그 사본이 원본과 다른 점이 없다고 하더라도 위 죄가 성립한다(대법원 1981.9.22, 80도3180).

① (○) 공소외 D, E, F에 대한 각 피의자신문조서는 각 그 조서 말미에 작성자의 서명, 날인이 없으나, 위 각 피의자신문조서 첫머리에 작성 사법경찰리와 참여 사법경찰리의 직위와 성명을 적어 넣은 것이 있어 그 문서 자체에 의하여 작성자를 추지할 수 있다. 따라서 위 각 피의자신문조서는 허위공문서작성죄의 객체

가 되는 공문서로 볼 수 있다(대법원 1995.11.10, 95도2088).

② (○) 피고인이 건축물조사 및 가옥대장 정리업무를 담당하는 지방행정서기를 교사하여 무허가 건물을 허가받은 건축물인 것처럼 가옥대장 등에 등재케하여 허위공문서 등을 작성케 한 사실이 인정된다면, 허위공문서작성죄의 교사범으로 처벌한 것은 정당하다(대법원 1983.12.13, 83도1458).

③ (○) 소유권이전등기와 근저당권설정등기의 신청이 동시에 이루어지고 그와 함께 등본의 교부신청이 있는 경우에는, 등기공무원은 소유권이전등기와 근저당권설정등기 모두에 관하여 등기부에의 기입을 마치고 그에 따른 등기부등본을 교부하여야 함에도 불구하고, 등기공무원이 소유권이전등기만 기입하고 근저당권설정등기는 기입하지 아니한 채 등기부등본을 발급하였다면 비록 그 등기부등본의 기재가 등기부의 기재와 일치한다 하더라도, 그 등기부등본은 이미 접수된 신청서에 따라 기입하여야 할 사항 중 일부를 고의로 누락한 채 작성되어 내용이 진실하지 아니한 것으로서 허위공문서에 해당한다(대법원 1996.10.15, 96도1669).

정답 ④

---

031 ✓유사 ◆◇◇ 법원9급 2018

다음 중 허위공문서작성죄가 성립하지 않은 것은? (다툼이 있는 경우 판례에 의하고, 전원합의체 판결의 경우 다수의견에 의함)

① 건물이 건축법상의 요건을 갖추지 못하고 설계된 사실을 알면서도 건축허가서를 작성한 경우

② 가옥대장에 무허가건물을 허가받은 건물로 기재한 경우

③ 원본과 대조하지 않고 '원본대조필'을 날인한 경우

④ 인감증명서를 발행하면서 대리인의 신청에 의한 것을 본인의 신청에 의한 것으로 기재한 경우

해설 출제영역 | 허위공문서작성죄

① (×) 건축 담당 공무원이 건축허가신청서를 접수·처리함에 있어 건축법상의 요건을 갖추지 못하고 설계된 사실을 알면서도 기안서인 건축허가통보서를 작성하여 건축허가서의 작성명의인인 군수의 결재를 받아 건축허가서를 작성한 경우, 건축허가서는 그 작성명의인인 군수가 건축허가신청에 대하여 이를 관계 법령에 따라 허가한다는 내용에 불과하고 위 건축허가신청서와 그 첨부서류에 기재된 내용(건축물의 건축계획)이 건축법의 규정에 적합하다는 사실을 확인하거나 증명하는 것은 아니라 할 것이므로 군수가 위 건축허가통보서에 결재하여 위 건축허가신청을 허가하였다면 위 건축허가서에 표현된 허가의 의사표시 내용 자체에 어떠한 허위가 있다고 볼 수는 없다 할 것이어서, 이러한 건축허가에 그 요건을 구비하지 못한 잘못이 있고 이에 담당 공무원의 위법행위가 개입되었다 하더라도 그 위법행위에 대한 책임을 추궁하는 것은 별론으로 하고 위 건축허가서를 작성한 행위를 허위공문서작성죄로 처벌할 수는 없다(대법원 2000.6.27, 2000도1858).

② (○) 무허가 건물에 대하여 '무허'라는 표시를 하지 아니하고 유허가 건물인 것 같이 교합인을 찍어서 가옥대장 1매를 작성하였다면 이는 허위공문서작성죄가 성립된다(대법원 1973.3.13, 72도2366).

③ (○) 공무원인 피고인이 그 직무에 관하여 이 건 문제로 된 사문서사본에 "원본대조필 토목기사 피고인"이라 기재하고 도장을 날인하였다면 그 기재 자체가 공문서로 되고, 이 경우 피고인이 실제로 원본과 대조함이 없이 "원본대조필"이라고 기재한 이상 그

것만으로 곧 허위공문서작성죄가 성립하는 것이고, 피고인이 위 문서작성자에게 전화로 원본과 상이 없다는 사실을 확인하였다거나 객관적으로 그 사본이 원본과 다른 점이 없다고 하더라도 위 죄가 성립한다(대법원 1981.9.22, 80도3180).

④ (○) 공문서허위작성죄에 있어서 허위라 함은 표시된 내용과 진실이 부합하지 아니하여 그 문서에 대한 공공의 신용을 위태롭게 하는 경우를 말하고 인감증명서는 각종의 법률행위에 있어서 본인인 여부 및 본인의 진정한 의사인 여부를 확인게 하는데 일반적으로 사용되는 만큼 그 인감증명서가 본인 또는 대리인 중 누구의 신청에 의하여 발행된 문서이냐 하는 점 역시 그 증명력을 담보함에 필요한 사항이라 할 것이므로 인감증명서를 발행함에 있어 인감증명서의 인적사항과 인감 및 그 용도를 일치하게 기재하였어도 대리인에 의한 것을 본인의 신청에 의한 것으로 기재하였다면 그 사항에 관하여는 허위기재한 것으로 보아야 할 것이다 (대법원 1985.6.25, 85도758).

정답 ①

---

032 ✓ 유사 ◆◇◇   국가7급 2023

다음은 행위와 성립 가능한 범죄를 짝지어 놓은 것이다. 바르게 연결한 것을 모두 고르면?

> ㄱ. 지붕과 문짝, 창문이 없고 담장과 일부 벽체가 붕괴된 철거 대상 건물로서 사실상 기거·취침에 사용할 수 없는 상태의 폐가에 불을 놓아 소실케 함으로써 공공의 위험을 발생하게 한 경우 - 일반건조물방화죄
> ㄴ. 공공기관 민원실에서 민원인들이 위력에 해당하는 소란을 피워 공무원들의 업무를 방해한 경우 - 업무방해죄
> ㄷ. 남편이 부인과의 불화로 공동생활을 영위하던 아파트에서 짐 일부를 챙겨 나왔는데, 그 후 남편이 아파트에 찾아갔으나 정당한 이유 없이 출입이 금지되자 물리력을 행사하여 주거에 들어간 경우 - 주거침입죄
> ㄹ. 공무원인 의사가 공무소의 명의로 허위진단서를 작성한 경우 - 허위공문서작성죄

① ㄹ   ② ㄱ, ㄴ
③ ㄱ, ㄹ   ④ ㄴ, ㄷ

해설 | 출제영역 | 종합문제

① ㄹ

ㄱ. (×) 형법상 방화죄의 객체인 건조물은 토지에 정착되고 벽 또는 기둥과 지붕 또는 천장으로 구성되어 사람이 내부에 기거하거나 출입할 수 있는 공작물을 말하고, 반드시 사람의 주거용이어야 하는 것은 아니라도 사람이 사실상 기거·취침에 사용할 수 있는 정도는 되어야 한다. 이 사건 폐가는 지붕과 문짝, 창문이 없고 담장과 일부 벽체가 붕괴된 철거 대상 건물로서 사실상 기거·취침에 사용할 수 없는 상태의 것이므로 형법 제166조의 건조물이 아닌 형법 제167조의 물건에 해당하고, 피고인이 이 사건 폐가의 내부와 외부에 쓰레기를 모아놓고 태워 그 불길이 이 사건 폐가 주변 수목 4~5그루를 태우고 폐가의 벽을 일부 그을리게 하는 정도만으로는 방화죄의 기수에 이르렀다고 보기 어려우며, 일반

물건방화죄에 관하여는 미수범의 처벌 규정이 없으므로 무죄이다(대법원 2013.12.12, 2013도3950).

ㄴ. (×) 공무원이 직무상 수행하는 공무를 방해하는 행위에 대해서는 업무방해죄로 의율할 수는 없다고 해석함이 상당하다(대법원 2009.11.19, 2009도4166 전원합의체).

ㄷ. (×) 피고인 甲은 처(妻) 乙과의 불화로 인해 乙과 공동생활을 영위하던 아파트에서 짐 일부를 챙겨 나왔는데, 그 후 자신의 부모인 피고인 丙, 丁과 함께 아파트에 찾아가 출입문을 열 것을 요구하였으나 乙은 외출한 상태로 乙의 동생인 戊가 출입문에 설치된 체인형 걸쇠를 걸어 문을 열어 주지 않자 공동하여 걸쇠를 손괴한 후 아파트에 침입하였다고 하여 폭력행위 등 처벌에 관한 법률 위반(공동주거침입)으로 기소된 경우, 아파트에 대한 공동거주자의 지위를 계속 유지하고 있던 피고인 甲에게 주거침입죄가 성립한다고 볼 수 없다(대법원 2021.9.9, 2020도6085 전원합의체).

ㄹ. (○) 공무원인 의사가 공무소의 명의로 허위진단서를 작성한 경우에는 허위공문서작성죄만이 성립하고 허위진단서작성죄는 별도로 성립하지 않는다(대법원 2004.4.9, 2003도7762).

정답 ①

---

033 ✓ 대표 ◆◇◇   국가9급 2020

문서의 죄에 대한 설명으로 옳지 않은 것은? (다툼이 있는 경우 판례에 의함)

① 위조의 요건을 구비한 이상 그 명의인이 허무인이거나 문서의 작성일자 전에 이미 사망하였다고 하더라도 문서위조죄가 성립하며, 이는 공문서뿐만 아니라 사문서의 경우에도 마찬가지이다.

② 문서 작성권한의 위임이 있는 경우라고 하더라도 그 위임을 받은 자가 위임받은 권한을 초월하여 문서를 작성한 경우 사문서위조죄가 성립한다.

③ 타인의 대표자 또는 대리자가 그 대표 또는 대리명의로 문서를 작성할 권한을 가지는 경우, 그 지위를 남용하여 자기 또는 제3자의 이익을 도모할 목적으로 문서를 작성하였다 하더라도 자격모용사문서작성죄는 성립하지 아니한다.

④ 불실의 사실이 기재된 공정증서의 정본을 그 정을 모르는 법원 직원에게 교부한 행위는 부실기재공정증서원본행사죄에 해당한다.

해설 | 출제영역 | 문서에 관한 죄의 성립

④ (×) 형법 제229조, 제228조 제1항의 규정과 형벌법규는 문언에 따라 엄격하게 해석하여야 하고 피고인에게 불리한 방향으로 지나치게 확장해석하거나 유추해석하여서는 아니되는 원칙에 비추어 볼 때, 위 각 조항에서 규정한 '공정증서 원본(原本)'에는 공정증서의 정본(定本)이 포함된다고 볼 수 없으므로 불실의 사실이 기재된 공정증서의 정본을 그 정을 모르는 법원 직원에게 교부한 행위는 형법 제229조의 부실기재공정증서원본행사죄에 해당하지 아니한다(대법원 2002.3.26, 2001도6503).

① (○) 문서위조죄는 문서의 진정에 대한 공공의 신용을 그 보호법익으로 하는 것이므로 행사할 목적으로 작성된 문서가 일반인으로 하여금 당해 명의인의 권한 내에서 작성된 문서라고 믿게 할

수 있는 정도의 형식과 외관을 갖추고 있으면 문서위조죄가 성립하는 것이고, 위와 같은 요건을 구비한 이상 그 명의이이 실재하지 않는 허무인이거나 또는 문서의 작성일자 전에 이미 사망하였다고 하더라도 그러한 문서 역시 공공의 신용을 해할 위험성이 있으므로 문서위조죄가 성립한다고 봄이 상당하며, 이는 공문서뿐만 아니라 사문서의 경우에도 마찬가지라고 보아야 한다(대법원 2005.2.24, 2002도18 전원합의체).

② (○) 대법원 2006.9.28, 2006도1545

③ (○) 대법원 2007.10.11, 2007도5838

정답 ④

---

034 ✓ 유사 ◆◆◇

다음 중 형법 제228조의 공정증서원본등부실기재죄의 객체인 '공정증서 원본 또는 이와 동일한 전자기록 등 특수매체기록', '면허증', '허가증', '등록증', '여권'에 해당하는 것은 모두 몇 개인가?

⑦ 토지대장
⑭ 상업등기부
⑮ 공증인이 인증한 사서증서
⑯ 사업자등록증

① 1개   ② 2개
③ 3개   ④ 4개

해설 | 출제영역 | 공정증서원본 등의 부실기재죄 – 객체

① ⑭ 상업등기부만 해당한다.

⑦ (×) 형법 제228조에서 말하는 공정증서란 권리의무에 관한 공정증서만을 가리키는 것이고 사실증명에 관한 것은 이에 포함되지 아니하므로 권리의무에 변동을 주는 효력이 없는 토지대장은 위에서 말하는 공정증서에 해당하지 아니한다(대법원 1988.5.24, 87도2696).

⑭ (○) 공정증서원본부실기재죄는 공무원에 대하여 허위신고를 하여 공정증서원본에 진실에 반하는 사실을 기재하게 함으로써 성립하는 것이므로, 유상증자 등기의 신청 시 발행주식 총수 및 자본의 총액이 증가한 사실이 허위임을 알면서 증자등기를 신청하여 상업등기부원본에 그 기재를 하게 한 경우, 등기신청서류로 제출된 주금납금보관증명서가 위조된 것임을 몰랐다고 하더라도 공정증서원본부실기재죄가 성립한다(대법원 2006.10.26, 2006도5147).

⑮ (×) 양도인이 허위의 채권에 관하여 그 정을 모르는 양수인과 실제로 채권양도의 법률행위를 한 이상 공증인에게 그러한 채권양도의 법률행위에 관한 공정증서를 작성하게 하였다고 하더라도 그 공정증서가 증명하는 사항에 관하여는 부실의 사실을 기재하게 하였다고 볼 것은 아니고, 따라서 공정증서원본부실기재죄가 성립한다고 볼 수 없다(대법원 2004.1.27, 2001도5414).

⑯ (×) 사업자등록증은 단순한 사업사실의 등록을 증명하는 증서에 불과하고 그에 의하여 사업을 할 수 있는 자격이나 요건을 갖추었음을 인정하는 것은 아니라고 할 것이어서 형법 제228조 제1항에 정한 '등록증'에 해당하지 않는다(대법원 2005.7.15, 2003도6934).

정답 ①

---

035 ✓ 유사 ◆◆◇

공정증서원본부실기재죄(또는 공전자기록등부실기재죄)에 관한 다음 설명 중 가장 옳지 않은 것은? (다툼이 있는 경우 판례에 의함)

① 부동산의 거래당사자가 거래가액을 시장 등에게 거짓으로 신고하여 신고필증을 받은 뒤 이를 기초로 사실과 다른 내용의 거래가액이 부동산등기부에 등재되도록 한 경우, 공전자기록등부실기재죄가 성립하지 않는다.

② 발행인과 수취인이 통모하여 진정한 어음채무 부담이나 어음채권 취득에 관한 의사 없이 단지 발행인의 채권자에게서 채권 추심이나 강제집행을 받는 것을 회피하기 위하여 약속어음을 발행한 후, 공증인에게는 마치 진정한 어음발행행위가 있는 것처럼 허위로 신고하여 어음공정증서원본을 작성하게 한 경우, 공정증서원본부실기재죄가 성립한다.

③ 토지거래 허가구역 안의 토지에 관하여 실제로는 매매계약을 체결하고서도 처음부터 토지거래허가를 잠탈하려는 목적으로 등기원인을 '증여'로 하여 소유권이전등기를 경료한 경우, 공전자기록등부실기재죄가 성립한다.

④ 유상증자 등기의 신청 시 발행주식 총수 및 자본의 총액이 증가한 사실이 허위임을 알면서 증자등기를 신청하여 상업등기부원본에 그 기재를 하게 한 경우, 공전자기록등부실기재죄가 성립한다.

⑤ 부동산에 관한 종중 명의의 등기에 있어서 허위의 종중 대표자 기재는 공전자기록등부실기재죄의 대상이 되는 '불실의 기재'에 해당하지 않는다.

해설 | 출제영역 | 공정증서원본부실기재죄 – 구성요건

⑤ (×) 부동산에 관한 종중 명의의 등기에 있어서 허위의 종중 대표자 기재는 공정증서원본부실기재죄의 대상이 되는 불실의 기재에 해당한다(대법원 2006.1.13, 2005도4790).

① (○) 부동산의 거래당사자가 거래가액을 시장 등에게 거짓으로 신고하여 신고필증을 받은 뒤 이를 기초로 사실과 다른 내용의 거래가액이 부동산등기부에 등재되도록 하였다면, '공인중개사의 업무 및 부동산 거래신고에 관한 법률'에 따른 과태료의 제재를 받게 됨은 별론으로 하고, 형법상의 공전자기록등부실기재죄 및 부실기재공전자기록등행사죄가 성립하지는 아니한다(대법원 2013.1.24, 2012도12363).

② (○) 발행인과 수취인이 통모하여 진정한 어음채무 부담이나 어음채권 취득에 관한 의사 없이 단지 발행인의 채권자에게서 채권 추심이나 강제집행을 받는 것을 회피하기 위하여 형식적으로만 약속어음의 발행을 가장한 경우 이러한 어음발행행위는 통정허위표시로서 무효이므로, 이와 같이 발행인과 수취인 사이에 통정허위표시로서 무효인 어음발행행위를 공증인에게는 마치 진정한 어음발행행위가 있는 것처럼 허위로 신고함으로써 공증인으로 하여금 어음발행행위에 대하여 집행력 있는 어음공정증서원본을 작성케 하고 이를 비치하게 하였다면, 이러한 행위는 공정증서원본부실기재및 부실기재공정증서원본행사죄에 해당한다고 보아야 한다(대법원 2012.4.26, 2009도5786).

③ (○) 토지거래 허가구역 안의 토지에 관하여 실제로는 매매계약을

체결하고서도 처음부터 토지거래허가를 잠탈하려는 목적으로 등기원인을 '증여로 하여 소유권이전등기를 경료한 경우, 공정증서원본부실기재죄에 해당한다(대법원 2007.11.30, 2005도9922).

④ (O) 공정증서원본부실기재죄는 공무원에 대하여 허위신고를 하여공정증서원본에 진실에 반하는 사실을 기재하게 함으로써 성립하는 것이므로, 유상증자 등기의 신청 시 발행주식 총수 및 자본의 총액이 증가한 사실이 허위임을 알면서 증자등기를 신청하여 상업등기부원본에 그 기재를 하게 한 경우, 등기신청서류로 제출된 주금납입금보관증명서가 위조된 것임을 몰랐다고 하더라도 공정증서원본부실기재죄가 성립한다(대법원 2006.10.26, 2006도5147).

036 ✓ 유사 ◆◆◇

공정증서원본부실기재죄에 관한 설명으로 가장 적절한 것은? (다툼이 있는 경우 판례에 의함)

① 허위의 소유권이전등기를 경료한 자가 그 부동산에 관하여 자신의 채권자와의 합의로 근저당권설정등기를 경료한 경우 공정증서원본부실기재죄 및 동행사죄가 성립한다.

② 종중 소유의 토지를 자신의 개인 소유로 신고하여 토지대장에 올린 경우 공정증서원본부실기재죄가 성립한다.

③ 법원에 허위 내용의 조정신청서를 제출하여 판사로 하여금 조정조서에 부실의 사실을 기재하게 한 경우 공정증서원본부실기재죄가 성립한다.

④ 어떤 부동산에 관하여 피상속인에게 실체상의 권리가 없었음에도 불구하고 재산상속인이 상속을 원인으로 한 소유권이전등기를 경료한 경우 공정증서원본부실기재죄가 성립한다.

해설 | 출제영역 | 공정증서원본부실기재죄의 성립요건

① (O) 근저당권은 근저당물의 소유자가 아니면 설정할 수 없으므로 타인의 부동산을 자기 또는 제3자의 소유라고 허위의 사실을 신고하여 소유권이전등기를 경료한 후 나아가 그 부동산이 자기 또는 당해 제3자의 소유인 것처럼 가장하여 그 부동산에 관하여 자기 또는 당해 제3자 명의로 채권자와의 사이에 근저당권설정등기를 경료한 경우에는 공정증서원본불실기재 및 동행사죄가 성립한다(대법원 1997.7.25, 97도605).

② (×) 형법 제228조에서 말하는 공정증서란 권리의무에 관한 공정증서만을 가리키는 것이고 사실증명에 관한 것은 이에 포함되지 아니하므로 권리의무에 변동을 주는 효력이 없는 토지대장은 위에서 말하는 공정증서에 해당하지 아니한다(대법원 1988.5.24, 87도2696).

③ (×) 법원에 허위 내용의 조정신청서를 제출하여 판사로 하여금 조정조서에 불실의 사실을 기재하게 한 경우, 위 조정조서는 공정증서원본에 해당하지 아니한다(대법원 2010.6.10, 2010도3232).

④ (×) 재산상속인은 피상속인의 사망으로 인하여 상속개시된 때로부터 피상속인의 재산에 관한 포괄적 권리의무를 승계하게 되

므로 어떤 부동산에 관하여 피상속인에게 실체상의 권리가 없었다 하더라도 재산상속인이 상속을 원인으로 한 소유권이전등기를 경료한 경우에는 그 등기는 당시의 등기부상의 권리관계를 나타내는 것에 불과하므로 그와 같은 등기절차를 밟았다 하여 공정증서원본불실기재나 동행사죄가 성립할 수 없다(대법원 1987.4.14, 85도2661).

037 ✓ 유사 ◆◆◇

외국에 거주하는 위장결혼 알선 브로커인 한국인 甲은, 국내에 거주하는 노숙자 乙에게 100만 원을 송금해 주기로 하고 진정한 혼인의사가 없는 乙로 하여금 외국인 여성 A와의 혼인 신고서를 작성하여 ○○구청 공무원 B에게 제출하도록 하였다. B는 가족관계등록부와 동일한 공전자기록에 乙과 A가 혼인한 것으로 입력하여 등록하였다. 한편 100만 원의 입금을 기다리던 乙은 전혀 모르는 사람인 C의 이름으로 100만 원이 착오 입금되었으나, 이를 알면서도 인출하여 사용해 버렸다. 이에 관한 설명 중 옳지 않은 것은? (다툼이 있는 경우 판례에 의함)

① 乙에게는 공전자기록등부실기재죄 및 동행사죄가 성립한다.

② 외국에 거주하는 甲도 우리 「형법」의 적용 대상이 된다.

③ 만약 乙이 허위의 정을 모르는 B로 하여금 乙과 A가 부부로 기재된 가족관계증명서를 발급하게 하였더라도 乙에게는 허위공문서작성죄의 간접정범이 성립하지 않는다.

④ 乙은 계좌에 착오로 입금된 금전을 반환해야 하는 타인의 사무처리자이므로, 이를 인출하여 사용한 행위는 배임죄를 구성한다.

⑤ 乙에 대한 사법경찰관 작성의 피의자신문조서는 乙이 진정성립을 인정하였더라도 甲이 공판기일에 내용을 부인하면 甲에 대하여 증거능력이 부정된다.

해설 | 출제영역 | 문서에 관한 죄의 성립

④ (×) 어떤 예금계좌에 돈이 착오로 잘못 송금되어 입금된 경우에는 그 예금주와 송금인 사이에 신의칙상 보관관계가 성립한다고 할 것이므로, 피고인이 송금 절차의 착오로 인하여 피고인 명의의 은행 계좌에 입금된 돈을 임의로 인출하여 소비한 행위는 횡령죄에 해당하고, 이는 송금인과 피고인 사이에 별다른 거래관계가 없다고 하더라도 마찬가지이다(대법원 2010.12.9, 2010도891).

① (O) 피고인들이 중국 국적의 조선족 여자들과 참다운 부부관계를 설정할 의사 없이 단지 그들의 국내 취업을 위한 입국을 가능하게 할 목적으로 형식상 혼인하기로 한 것이라면, 피고인들이 중국에서 중국의 방식에 따라 혼인식을 거행하였다고 하더라도 우리나라의 법에 비추어 그 효력이 없는 혼인의 신고를 한 이상 피고인들의 행위는 공정증서원본불실기재 및 동행사죄(사안에서는 공전자기록등부실기재죄 및 동행사죄)의 죄책을 면할 수 없다(대법원 1996.11.22, 96도2049).

② (○) 속인주의가 적용된다(제3조).

③ (○) 공무원이 아닌 자는 형법 제228조의 경우를 제외하고는 허위공문서작성죄의 간접정범으로 처벌할 수 없다(대법원 2006. 5.11, 2006도1663).

⑤ (○) 형사소송법 제312조 제2항(현행 형사소송법 제312조 제3항)은 검사 이외의 수사기관이 작성한 당해 피고인에 대한 피의자신문조서를 유죄의 증거로 하는 경우뿐만 아니라 검사 이외의 수사기관이 작성한 당해 피고인과 공범관계에 있는 다른 피고인이나 피의자에 대한 피의자신문조서를 당해 피고인에 대한 유죄의 증거로 채택할 경우에도 적용되는바, 당해 피고인과 공범관계가 있는 다른 피의자에 대한 검사 이외의 수사기관 작성의 피의자신문조서는 그 피의자의 법정진술에 의하여 그 성립의 진정이 인정되더라도 당해 피고인이 공판기일에서 그 조서의 내용을 부인하면 증거능력이 부정된다(대법원 2004.7.15, 2003도7185 전원합의체).

정답 ④

038 ✓ 유사 ◆◆◇ 경찰승진 2022 유사 국가7급 2018

다음 설명 중 옳지 않은 것은? (다툼이 있는 경우 판례에 의함)

① 공정증서원본에 기재된 사항이나 그 원인된 법률행위가 객관적으로 존재하고 다만 거기에 취소사유인 하자가 있는 경우 취소되기 전후를 불문하고 공정증서원본에 기재된 이상 그 기재는 공정증서원본의 부실기재에 해당한다.

② 공무원이 아닌 자는 「형법」제228조의 경우를 제외하고는 허위공문서작성죄의 간접정범으로 처벌할 수 없으나, 공무원이 아닌 자가 공무원과 공동하여 허위공문서작성죄를 범한 때에는 공무원이 아닌 자도 「형법」제33조, 제30조에 의하여 허위공문서작성죄의 공동정범이 성립한다.

③ 공문서작성을 보조하는 공무원 甲이 작성권자 A의 결재를 거치지 않고 임의로 작성권자 명의의 허위내용의 공문서를 작성한 경우 甲에게는 허위공문서작성죄가 아니라 공문서위조죄가 성립하지만, 甲이 공문서의 내용이 허위인 정을 모르는 작성권자 A의 결재를 받아 공문서를 완성했다면 甲에게는 공문서위조죄가 아니라 허위공문서작성죄의 간접정범이 성립한다.

④ 부동산 거래당사자가 거래가액을 시장 등에게 거짓으로 신고하여 받은 신고필증을 기초로 사실과 다른 내용의 거래가액이 부동산등기부에 등재되도록 한 경우 공전자기록등부실기재죄 및 부실기재공전자기록등행사죄가 성립하지 않는다.

해설 출제영역 I 문서에 관한 죄의 성립

① (×) 공정증서원본부실기재죄는 공무원에 대하여 허위신고를 함으로써 공정증서원본에 불실의 사실을 기재하게 하는 경우에 성립하는바, 공정증서원본에 기재된 사항이 부존재하거나 외관상 존재한다고 하더라도 무효에 해당하는 하자가 있다면 그 기재는

부실기재에 해당하는 것이나, 기재된 사항이나 그 원인된 법률행위가 객관적으로 존재하고 다만 거기에 취소사유인 하자가 있을 뿐인 경우 취소되기 전에 공정증서원본에 기재된 이상 그 기재는 공정증서원본의 부실기재에 해당하지는 않는다(대법원 1993.9.10, 93도698; 1996.6.11, 96도233; 1997.1.24, 95도448 등).

② (○) 대법원 2006.5.11, 2006도1663
③ (○) 대법원 2017.5.17, 2016도13912
④ (○) 대법원 2013.1.24, 2012도12363

정답 ①

039 ✓ 대표 ◆◇◇ 경찰2차 2022 유사 변호사 2014

다음 중 공문서부정행사죄가 성립하는 것을 모두 고른 것은? (다툼이 있는 경우에는 판례에 의함)

ㄱ. 신분을 확인하려는 경찰관에게 자신의 인적 사항을 속이기 위하여 미리 소지하고 있던 타인의 운전면허증을 제시하는 경우

ㄴ. 타인의 주민등록표등본을 그와 아무런 관련이 없는 사람이 마치 자신의 것인 것처럼 행사한 경우

ㄷ. 허위로 선박 사고신고를 하면서 그 선박의 국적증명서와 선박검사증서를 함께 제출한 경우

ㄹ. 기왕에 습득한 타인의 주민등록증을 자신의 가족의 것이라고 제시하면서 그 주민등록증상의 명의로 이동전화 가입신청을 한 경우

① ㄱ
② ㄱ, ㄴ
③ ㄱ, ㄹ
④ ㄷ, ㄹ
⑤ ㄱ, ㄴ, ㄷ

해설 출제영역 I 공문서부정행사죄의 성립

ㄱ. (○) 운전면허증은 운전면허를 받은 사람이 운전면허시험에 합격하여 자동차의 운전이 허락된 사람임을 증명하는 공문서로서, 운전면허증에 표시된 사람이 운전면허시험에 합격한 사람이라는 '자격증명'과 이를 지니고 있으면서 내보이는 사람이 바로 그 사람이라는 '동일인증명'의 기능을 동시에 가지고 있다. 운전면허증의 앞면에는 운전면허를 받은 사람의 성명·주민등록번호·주소가 기재되고 사진이 첨부되며 뒷면에는 기재사항의 변경내용이 기재될 뿐만 아니라, 정기적으로 반드시 갱신교부되도록 하고 있어, 운전면허증은 운전면허를 받은 사람의 동일성 및 신분을 증명하기에 충분하고 그 기재 내용의 진실성도 담보되어 있다(대법원 2001.4.19, 2000도1985 전원합의체). 즉, 판례가 운전면허증의 자격증명기능 외에도 동일인증명기능을 인정함으로써 공문서부정행사죄가 인정된다.

ㄴ. (×) 주민등록표등본은 시장·군수 또는 구청장이 주민의 성명, 주소, 성별, 생년월일, 세대주와의 관계 등 주민등록법 소정의 주민등록사항이 기재된 개인별·세대별 주민등록표의 기재 내용 그대로를 인증하여 사본·교부하는 문서로서 그 사용권한자가 특정되어 있다고 할 수 없고, 또 용도도 다양하며, 반드시 본인이나 세대원만이 사용할 수 있는 것이 아니므로, 타인의 주민등록표등본을 그와 아무런 관련 없는 사람이 마치 자신의 것인 것처럼 행사하였다고 하더라도 공문서부정행사죄가 성립되지 아니한다(대법원 1999.5.14, 99도206).

ㄷ. (×) 위 각 문서는 당해 선박이 한국선박임을 증명하고, 법률상 항행할 수 있는 자격이 있음을 증명하기 위하여 선박소유자에게 교부되어 사용되는 것이다. 따라서 어떤 선박이 사고를 낸 것처럼 허위로 사고신고를 하면서 그 선박의 선박국적증서와 선박검사증서를 함께 제출하였다고 하더라도, 선박국적증서와 선박검사증서는 위 선박의 국적과 항행할 수 있는 자격을 증명하기 위한 용도로 사용된 것일 뿐 그 본래의 용도를 벗어나 행사된 것으로 보기는 어려우므로, 이와 같은 행위는 공문서부정행사죄에 해당하지 않는다(대법원 2009.2.26, 2008도10851).

ㄹ. (×) 피고인이 기왕에 습득한 타인의 주민등록증을 피고인 가족의 것이라고 제시하면서 그 주민등록증상의 명의 또는 가명으로 이동전화 가입신청을 한 경우, 타인의 주민등록증을 본래의 사용용도인 신분확인용으로 사용한 것이라고 볼 수 없어 공문서부정행사죄가 성립하지 않는다(대법원 2003.2.26, 2002도4935).

[정답] ①

---

040 ✓ 유사 ◆◆◇ 　　　　　　　　　 변호사 2024

甲은 장애인인 모친 A와 거주하며 적법하게 장애인사용자동차표지(보호자용)를 발급받아 사용하던 중, A와 주소지가 달라져 '장애인전용주차구역 주차표지가 있는 장애인사용자동차표지'가 실효되었음에도 이를 자신의 승용차에 그대로 비치한 채 아파트 주차장 내 장애인전용주차구역이 아닌 장소에 승용차를 주차하였다가 적발되었다. 이에 관한 설명 중 옳지 않은 것을 모두 고른 것은? (다툼이 있는 경우 판례에 의함)

> ㄱ. 공문서부정행사죄는 구체적 위험범이므로, 본죄에 관한 범행의 주체, 객체 및 태양은 되도록 엄격하게 해석하여 처벌범위를 합리적인 범위 내로 제한하여야 한다.
>
> ㄴ. 甲이 장애인전용주차구역에 승용차를 주차하지 않았다고 하더라도 사용권한이 없는 장애인사용자동차표지를 승용차에 비치하여 마치 장애인이 사용하는 자동차인 것처럼 외부적으로 표시하였으므로 장애인사용자동차표지를 부정행사한 경우에 해당한다.
>
> ㄷ. 만약 판사 R이 甲에게 공문서부정행사죄로 약식명령을 발령하였고, 이를 송달받은 A가 甲을 위하여 법원에 甲의 이름만 기재하고 기명날인 또는 서명이 없는 정식재판청구서를 제출하였음에도 법원공무원이 보정을 구하지 않은 채 이를 접수하였다면, 법원은 위 정식재판청구에 대하여 기각결정을 할 수 없다.
>
> ㄹ. 아파트입주민 B가 甲에 대한 정식재판에 증인으로 소환받고도 출산을 앞두고 있다는 이유로 출석하지 아니한 경우, 甲이 증거로 함에 부동의한 B에 대한 사법경찰관 작성 진술조서는 「형사소송법」 제314조에 의하여 증거능력이 인정될 수 없다.
>
> ㅁ. 만약 약식명령을 발부한 판사 R이 甲에 대한 정식재판 절차의 항소심 제2차 공판까지 관여하였다가 제3차 공판에서 경질되어 그 판결에 관여하지 아니한 경우, 전심재판에 관여한 법관이 불복이 신청된 당해 사건의 재판에 관여하였다고 할 수 없다.

① ㄱ, ㄴ, ㄷ　　　　　　② ㄱ, ㄴ, ㄹ
③ ㄱ, ㄷ, ㅁ　　　　　　④ ㄴ, ㄷ, ㄹ
⑤ ㄴ, ㄹ, ㅁ

[해설] 출제영역 | 공문서부정행사죄, 약식명령

ㄱ. (×) 형법 제230조의 공문서부정행사죄는 공문서의 사용에 대한 공공의 신용을 보호법익으로 하는 범죄로서 <u>추상적 위험범</u>이다. 형법 제230조는 본죄의 구성요건으로 단지 '공무원 또는 공무소의 문서 또는 도화를 부정행사한 자'라고만 규정하고 있어, 자칫 처벌범위가 지나치게 확대될 염려가 있으므로 <u>본죄에 관한 범행의 주체, 객체 및 태양을 되도록 엄격하게 해석하여 처벌범위를 합리적인 범위 내로 제한</u>하여야 한다(대법원 2022.9.29, 2021도14514).

ㄴ. (×) 장애인사용자동차표지를 사용할 권한이 없는 사람이 장애인전용주차구역에 주차하는 등 장애인사용자동차에 대한 지원을

받을 것으로 합리적으로 기대되는 상황이 아니라면 단순히 이를 자동차에 비치하였더라도 장애인사용자동차표지를 본래의 용도에 따라 사용했다고 볼 수 없어 공문서부정행사죄가 성립하지 않는다(대법원 2022.9.29, 2021도14514).

ㄷ. (×) 약식명령에 대한 정식재판의 청구는 서면으로 제출하여야 하고(형사소송법 제453조 제2항), 공무원 아닌 사람이 작성하는 서류에는 연월일을 기재하고 기명날인 또는 서명하여야 하고, 인장이 없으면 지장으로 한다(형사소송법 제59조). 따라서 정식재판청구서에 청구인의 기명날인 또는 서명이 없다면 법령상의 방식을 위반한 것으로서 그 청구를 결정으로 기각하여야 한다. 이는 정식재판의 청구를 접수하는 법원공무원이 청구인의 기명날인이나 서명이 없음에도 불구하고 이에 대한 보정을 구하지 아니하고 적법한 청구가 있는 것으로 오인하여 청구서를 접수한 경우에도 마찬가지이다. 그러나 법원공무원의 위와 같은 잘못으로 인하여 적법한 정식재판청구가 제기된 것으로 신뢰한 피고인이 그 정식재판청구기간을 넘기게 되었다면, 이때 피고인은 자기가 '책임질 수 없는 사유'로 청구기간 내에 정식재판을 청구하지 못한 때에 해당하여 정식재판청구권의 회복을 구할 수 있다(대법원 2023.2.13, 2022모1872).

ㄹ. (○) 공판기일에 증인으로 소환받고도 출산을 앞두고 있다는 이유로 출석하지 아니한 것은 특별한 사정이 없는 한 사망, 질병, 외국거주 기타 사유로 인하여 진술을 할 수 없는 때에 해당한다고 할 수 없어 형사소송법 제314조에 의한 증거능력이 있다고 할 수 없다(대법원 1999.4.23, 99도915).

ㅁ. (○) 약식명령을 발부한 법관이 그 정식재판 절차의 항소심판결에 관여함은 형사소송법 제17조 제7호, 제18조 제1항 제1호 소정의 법관이 사건에 관하여 전심재판 또는 그 기초되는 조사심리에 관여한 때에 해당하여 제척, 기피의 원인이 되나, 제척 또는 기피되는 재판은 불복이 신청된 당해 사건의 판결절차를 말하는 것이므로 약식명령을 발부한 법관이 그 정식재판 절차의 항소심 공판에 관여한 바 있어도 후에 경질되어 그 판결에는 관여하지 아니한 경우는 전심재판에 관여한 법관이 불복이 신청된 당해 사건의 재판에 관여하였다고 할 수 없다(대법원 1985.4.23, 85도281).

정답 ①

041 유사 ◆◆◆ 해경채용 2차 2022 유사 변호사 2021

甲은 야산에서 한 달 전 사망한 A의 지갑을 주웠는데, 그 지갑 속에는 B은행이 발행한 10만 원권 자기앞수표 10장과 A의 운전면허증이 들어 있었다. 甲은 위 자기앞수표 10장을 유흥비로 사용하였다. 甲은 A의 운전면허증을 재발급받아 자신이 사용하기로 마음먹고, 운전면허시험장에 가서 운전면허증 재발급신청서에 자신의 사진을 붙이되 A의 이름과 인적사항을 기재하여 운전면허증 재발급 신청을 하였고, 이에 속은 담당공무원으로부터 甲의 사진이 부착된 A의 이름으로 된 운전면허증을 발급받았다. 그 후 甲은 운전 중 검문경찰관으로부터 신분증제시 요구를 받고 A의 이름으로 된 운전면허증을 제시하였다. 甲의 죄책에 관한 설명 중 옳지 않은 것을 모두 고른 것은? (다툼이 있는 경우 판례에 의함)

ㄱ. 甲이 자기앞수표를 사용한 행위는 불가벌적 사후행위에 해당한다.

ㄴ. 甲이 권한 없이 A 명의의 운전면허증 재발급신청서를 작성하였으므로 사문서위조죄가 성립한다.

ㄷ. 甲이 그 정을 모르는 담당공무원을 이용하여 운전면허증을 재발급받았으므로 공문서위조죄의 간접정범이 성립한다.

ㄹ. 甲이 검문경찰관에게 제시한 A 명의의 운전면허증은 진정하게 성립된 문서가 아니기 때문에 공문서부정행사죄는 성립하지 않는다.

ㅁ. 甲이 공무원에 대하여 허위신고를 하여 자동차운전면허대장에 부실의 사실을 기재하게 하였다면, 공정증서원본부실기재죄(「형법」 제228조 제1항)가 성립한다.

① ㄱ, ㄴ
② ㄱ, ㅁ
③ ㄷ, ㄹ
④ ㄴ, ㄷ, ㅁ
⑤ ㄷ, ㄹ, ㅁ

해설 출제영역 | 불가벌적 사후행위, 공공의 신용, 문서죄

ㄱ. (○), ㄴ. (○) 당연히 맞는 지문이다.

ㄷ. (×), ㄹ. (×) 둘 다 틀린 지문이다. 이 지문들은 모두 대법원 1982.9.28, 82도1297 판결을 고려하여 출제된 것으로 보인다. 원래 위 판결은 "피고인이 호적이 없어 주민등록증을 발급받지 못하고 있다가 원심공동피고인 과 공동하여 6.25사변 중 행방불명된 원심공동피고인의 형 공소외인의 명의로 주민등록증을 발급 받고자 그 정을 모르는 주민등록 담당공무원에게 자신이 공소외인인 양 허위의 신고를 하여 착오를 일으킨 위 공무원으로부터 피고인의 사진이 부착되고 피고인의 지문이 찍힌 공소외인 명의의 주민등록증을 발급받은 사실을 인정하면서도, 피고인이 위 허위의 주민등록증을 소지하고 있다가 1981.12.1 검문경찰관에게 제시한 행위"에 대하여 공문서부정행사죄의 성부가 문제된 사건이다. 이때 피고인의 죄책으로는 공문서위조죄(간접정범)가 성립하지 않기 때문에 공문서부정행사죄의 죄책만이 문제된 것인데, 이러한 피고인의 행위가 공문서위조죄를 구성하지 않음은 다음의 판례에도 근거한다.

ㄷ. (×) 공무원 아닌 자가 관공서에 허위 내용의 증명원을 제출하여

그 내용이 허위인 정을 모르는 담당공무원으로부터 그 증명원 내용과 같은 증명서를 발급받은 경우 공문서위조죄의 간접정범으로 의율할 수는 없다(대법원 2001.3.9, 2000도938). 또한 ㄹ.의 지문에 대해서는 (82도1297 판결의 원심은 위 ㄹ.의 지문과 같은 논리로써 공문서부정행사죄의 성립을 부정하였으나) 대법원은 공문서부정행사죄의 성립을 인정한 바 있다.

ㄹ. (×) 공문서부정행사죄는 그 사용권한자와 용도가 특정되어 작성된 공문서 또는 공도화를 사용권한 없는 자가 그 사용권한 있는 것처럼 가장하여 부정한 목적으로 행사한 때 또는 형식상 그 사용권한이 있는 자라도 그 정당한 용법에 반하여 부정하게 행사한 때에 성립한다고 해석할 것인바, 피고인이 공소외(갑)인 양 허위신고하여 피고인의 사진과 지문이 찍힌 공소외(갑)명의의 주민등록증을 발급받은 이상 주민등록증의 발행목적상 피고인에게 위 주민등록증에 부착된 사진의 인물이 공소외(갑)의 신원 상황을 가진 사람이라는 허위사실을 증명하는 용도로 이를 사용할 수 있는 권한이 없다는 사실을 인식하고 있었다고도 할 것이므로 이를 검문경찰관에게 제시하여 이러한 허위사실을 증명하는 용도로 사용한 것은 공문서부정행사죄를 구성한다(대법원 1982.9.28, 82도1297).

ㅁ. (×) 자동차운전면허증 재교부신청서의 사진란에 본인의 사진이 아닌 다른 사람의 사진을 붙여 제출함으로써 담당공무원으로 하여금 자동차운전면허대장에 부실의 사실을 기재하여 이를 비치하게 한 경우, 자동차운전면허대장은 운전면허 행정사무집행의 편의를 위하여 범죄자, 교통사고유발자의 인적사항·면허번호 등을 기재하거나 운전면허증의 교부 및 재교부 등에 관한 사항을 기재하는 것에 불과하며, 그에 대한 기재를 통해 당해 운전면허 취득자에게 어떠한 권리의무를 부여하거나 변동 또는 상실시키는 효력을 발생하게 하는 것으로 볼 수는 없고, 따라서 자동차운전면허대장은 사실증명에 관한 것에 불과하므로 형법 제228조 제1항에서 말하는 공정증서원본이라고 볼 수 없다(대법원 2010.6.10, 2010도1125).

정답 ⑤

문서에 관한 죄에 대한 설명 중 옳고 그름의 표시(○, ×)가 바르게 된 것은?(다툼이 있는 경우 판례에 의함)

> ㉠ 타인 명의의 문서를 위조하여 행사하였다고 하더라도 그 명의인이 실재하지 않는 허무인이거나 또는 문서의 작성일자 전에 이미 사망한 경우에는 사문서위조죄 및 동행사죄가 성립하지 않는다.
>
> ㉡ 법원이 이혼의사확인서등본 뒤에 이혼신고서를 첨부하고 간인하여 교부하였는데 당사자가 이혼의사확인서등본과 간인으로 연결된 이혼신고서를 떼어내고 원래 이혼신고서의 내용과는 다른 이혼신고서를 작성하여 이혼의사확인서등본과 함께 호적관서에 제출한 경우, 공문서변조 및 변조공문서행사죄가 성립하지 않는다.
>
> ㉢ 다른 공무원 등이 작성권자의 결재를 받지 않고 직인 등을 보관하는 담당자를 기망하여 작성권자의 직인을 날인하도록 하여 공문서를 완성한 때에는 공문서위조죄가 성립한다.
>
> ㉣ 주식회사의 지배인이 자신을 그 회사의 대표이사로 표시하여 연대보증채무를 부담하는 취지의 회사 명의의 차용증을 작성·교부한 경우, 그 문서에 일부 허위 내용이 포함되거나 위 연대보증행위가 회사의 이익에 반하는 것이더라도 사문서위조 및 위조사문서행사에 해당하지 않는다.

① ㉠(○) ㉡(○) ㉢(○) ㉣(○)
② ㉠(○) ㉡(×) ㉢(○) ㉣(×)
③ ㉠(×) ㉡(○) ㉢(×) ㉣(○)
④ ㉠(×) ㉡(○) ㉢(○) ㉣(○)

해설 출제영역 | 문서에 관한 죄 종합

④ ㉠(×) ㉡(○) ㉢(○) ㉣(○)

㉠ (×) 문서위조죄는 문서의 진정에 대한 공공의 신용을 그 보호법익으로 하는 것이므로 행사할 목적으로 작성된 문서가 일반인으로 하여금 당해 명의인의 권한 내에서 작성된 문서라고 믿게 할 수 있는 정도의 형식과 외관을 갖추고 있으면 문서위조죄가 성립하는 것이고, 위와 같은 요건을 구비한 이상 그 명의인이 실재하지 않는 허무인이거나 또는 문서의 작성일자 전에 이미 사망하였다고 하더라도 그러한 문서 역시 공공의 신용을 해할 위험성이 있으므로 문서위조죄가 성립한다고 봄이 상당하며, 이는 공문서뿐만 아니라 사문서의 경우에도 마찬가지라고 보아야 한다(대법원 2005.2.24, 2002도18 전원합의체).

㉡ (○) 가정법원의 서기관 등이 이혼의사확인서등본을 작성한 뒤 이를 이혼의사확인신청 당사자 쌍방에게 교부하면서 이혼신고서를 확인서등본 뒤에 첨부하여 그 직인을 간인하였다고 하더라도, 그러한 사정만으로 이혼신고서가 공문서인 이혼의사확인서등본의 일부가 되었다고 볼 수 없다. 따라서 당사자가 이혼의사확인서등본과 간인으로 연결된 이혼신고서를 떼어내고 원래 이혼신고서의 내용과는 다른 이혼신고서를 작성하여 이혼의사확인서등본과 함께 호적관서에 제출하였다고 하더라도, 공문서인 이혼의사확인서등본을 변조하였다거나 변조된 이혼의사확인서등본을 행사하였다고 할 수 없다(대법원 2009.1.30, 2006도7777).

ⓒ (○) 작성권자의 직인 등을 보관하는 담당자는 일반적으로 작성권자의 결재가 있는 때에 한하여 부관 중인 직인 등을 날인할 수 있을 뿐이다. 이러한 경우 다른 공무원 등이 작성권자의 결재를 받지 않고 직인 등을 보관하는 담당자를 기망하여 작성권자의 직인을 날인하도록 하여 공문서를 완성한 때에도 공문서위조죄가 성립한다(대법원 2017.5.17, 2016도13912).

ⓓ (○) 대법원 2010.5.13, 2010도1040

정답 ④

---

043 ✓ 유사 ◆◆◇   경찰1차 2023

문서의 죄에 관한 설명 중 옳은 것을 모두 고른 것은?
(다툼이 있는 경우 판례에 의함)

> ㉠ 주식회사의 대표이사로부터 포괄적인 권한 행사를 위임받은 사람은 주식회사 명의의 문서 작성에 관하여 개별적·구체적으로 위임 또는 승낙을 받지 않더라도 주식회사 명의로 문서를 작성할 수 있으므로, 이를 두고 자격모용사문서작성 또는 위조에 해당하는 것으로 볼 수는 없다.
>
> ㉡ 위조사문서의 행사는 상대방으로 하여금 위조된 문서를 인식할 수 있는 상태에 둠으로써 기수가 되고 상대방이 실제로 그 내용을 인식하여야 하는 것은 아니므로, 위조된 문서를 우송한 경우에는 그 문서가 상대방에게 도달한 때에 기수가 되고 상대방이 실제로 그 문서를 보아야 하는 것은 아니다.
>
> ㉢ 공문서의 작성권한이 있는 A의 직무를 보좌하는 공무원 甲이 비공무원 乙과 공모하여 행사할 목적으로 허위의 내용이 기재된 문서 초안을 그 정을 모르는 A에게 제출하여 결재하도록 하는 방법으로 허위의 공문서를 작성하게 한 경우, 甲은 허위공문서작성죄의 간접정범이 될 수 있지만 공무원의 신분이 없는 乙은 간접정범의 공범이 될 수 없다.
>
> ㉣ 주식회사의 발기인 등이 법령에 정한 회사실립의 요건과 절차에 따라 회사설립등기를 함으로써 회사가 성립하였다고 볼 수 있는 경우, 회사를 설립할 당시 회사를 실제로 운영할 의사 없이 회사를 이용한 범죄 의도나 목적이 있었다는 이유만으로는 공정증서원본 불실기재죄에서 말하는 불실의 사실을 법인등기부에 기록하게 한 것으로 볼 수 없다.

① ㉠㉡   ② ㉠㉢
③ ㉡㉣   ④ ㉢㉣

해설 출제영역 | 문서에 관한 죄 종합

③ ㉡㉣

㉠ (×) 주식회사의 적법한 대표이사라 하더라도 그 권한을 포괄적으로 위임하여 다른 사람으로 하여금 대표이사의 업무를 처리하게 하는 것은 허용되지 않는다. 따라서 대표이사로부터 포괄적으로 권한 행사를 위임받은 사람이 주식회사 명의로 문서를 작성하는 행위는 원칙적으로 권한 없는 사람의 문서 작성행위로서 자격모용사문서작성 또는 위조에 해당하고, 대표이사로부터 개별적·구체적으로 주식회사 명의의 문서 작성에 관하여 위임 또는 승낙을 받은 경우에만 예외적으로 적법하게 주식회사 명의로 문서를 작성할 수 있다(대법원 2008.11.27, 2006도2016).

㉡ (○) 위조사문서의 행사는 상대방으로 하여금 위조된 문서를 인식할 수 있는 상태에 둠으로써 기수가 되고 상대방이 실제로 그 내용을 인식하여야 하는 것은 아니므로, 위조된 문서를 우송한 경우에는 그 문서가 상대방에게 도달한 때에 기수가 되고 상대방이 실제로 그 문서를 보아야 하는 것은 아니다(대법원 2005.1.28, 2004도4663).

㉢ (×) 공문서의 작성권한이 있는 공무원의 직무를 보좌하는 자가 그 직위를 이용하여 행사할 목적으로 허위의 내용이 기재된 문서 초안을 그 정을 모르는 상사에게 제출하여 결재하도록 하는 등의 방법으로 작성권한이 있는 공무원으로 하여금 허위의 공문서를 작성하게 한 경우에는 간접정범이 성립되고 이와 공모한 자 역시 그 간접정범의 공범으로서의 죄책을 면할 수 없는 것이고, 여기서 말하는 공범은 반드시 공무원의 신분이 있는 자로 한정되는 것은 아니라고 할 것이다(대법원 1992.1.17, 91도2837).

㉣ (○) 주식회사의 발기인 등이 상법 등 법령에 정한 회사설립의 요건과 절차에 따라 회사설립등기를 함으로써 회사가 성립하였다고 볼 수 있는 경우 회사설립등기와 그 기재 내용은 특별한 사정이 없는 한 공정증서본 불실기재죄나 공전자기록 등 불실기재죄에서 말하는 불실의 사실에 해당하지 않는다. 발기인 등이 회사를 설립할 당시 회사를 실제로 운영할 의사 없이 회사를 이용한 범죄 의도나 목적이 있었다거나, 회사로서의 인적·물적 조직 등 영업의 실질을 갖추지 않았다는 이유만으로는 불실의 사실을 법인등기부에 기록하게 한 것으로 볼 수 없다(대법원 2020.2.27, 2019도9293).

정답 ③

044 ✓ 유사 ◆◆◇ 경찰2차 2023

문서에 관한 죄에 대한 설명으로 가장 적절하지 않은 것은?(다툼이 있는 경우 판례에 의함)

① 「형법」제228조 제1항 공전자 기록 등 불실기재죄의 구성요건인 '불실의 사실기재'는 당사자의 허위신고에 의하여 이루어져야하므로, 법원의 촉탁에 의하여 등기를 마친 경우에는 그 전제절차에 허위적 요소가 있더라도 위 죄가 성립하지 않는다.

② 작성자가 '행사할 목적'으로 타인의 자격을 모용하여 문서를 작성하였다 하더라도, 문서행사의 상대방이 자격모용사실을 알았다거나, 작성자가 그 문서에 모용한 자격과 무관한 직인을 날인하였다는 등의 사정이 있었다면 자격모용에 의한 사문서작성죄의 범의와 행사의 목적은 인정되지 않는다.

③ 명의인을 기망하여 문서를 작성케 하는 경우에는, 서명·날인이 정당히 성립된 경우라도 기망자는 명의인을 이용하여 서명날인자의 의사에 반하는 문서를 작성케 하는 것이므로 사문서위조죄가 성립한다.

④ 사용권한자와 용도가 특정되어 있는 공문서를 사용권한 없는 자가 사용한 경우에도 그 공문서 본래의 용도에 따른 사용이 아닌 경우에는 공문서부정행사죄가 성립하지 않는다.

해설 | 출제영역 | 문서에 관한 죄 종합

② (×) 자격모용사문서작성죄에서의 '행사할 목적'이라 함은 그 문서가 정당한 권한에 기하여 작성된 것처럼 다른 사람으로 하여금 오신하도록 하게 할 목적을 말한다고 할 것이므로 사문서를 작성하는 자가 주식회사의 대표로서의 자격을 모용하여 문서를 작성한다는 것을 인식, 용인하면서 그 문서를 진정한 문서로서 어떤 효용에 쓸 목적으로 사문서를 작성하였다면, 자격모용에 의한 사문서작성죄의 행사의 목적과 고의를 인정할 수 있다. 작성자가 '행사할 목적'으로 자격을 모용하여 문서를 작성한 이상 문서행사의 상대방이 자격모용 사실을 알았다거나, 작성자가 그 문서에 모용한 자격과 무관한 직인을 날인하였다는 등의 사정이 있다고 하여 달리 볼 것은 아니다(대법원 2022.6.30, 2021도17712).

① (○) 공정증서원본불실기재죄에 있어서의 불실의 기재는 당사자의 허위신고에 의하여 이루어져야 하므로 법원의 촉탁에 의하여 이루어진 경우에는 가령 그 전제절차에 허위적 요소가 있다 하더라도 그것은 법원의 촉탁에 의하여 이루어진 것이지 당사자의 허위신고에 의하여 이루어진 것이 아니므로 공정증서원본불실기재죄를 구성하지 않는다(대법원 1983.12.27, 83도2442).

③ (○) 명의인을 기망하여 문서를 작성케 하는 경우는 서명, 날인이 정당히 성립된 경우에도 기망자는 명의인을 이용하여 서명 날인자의 의사에 반하는 문서를 작성케 하는 것이므로 사문서위조죄가 성립한다(대법원 2000.6.13, 2000도778).

④ (○) 사용권한자와 용도가 특정되어 있는 공문서를 사용권한 없는 자가 사용한 경우에도 그 공문서 본래의 용도에 따른 사용이 아닌 경우에는 형법 제230조의 공문서부정행사죄가 성립되지 아니한다(대법원 2003.2.26, 2002도4935; 2022.9.29, 2021도14514).

[보충 1] 피고인이 기왕에 습득한 타인의 주민등록증을 피고인 가족의 것이라고 제시하면서 그 주민등록증상의 명의 또는 가명으로 이동전화 가입신청을 한 경우, 타인의 주민등록증을 본래의 사용용도인 신분확인용으로 사용한 것이라고 볼 수 없어 공문서부정행사죄가 성립하지 않는다(대법원 2003.2.26, 2002도4935).

[보충 2] 장애인사용자동차표지를 사용할 권한이 없는 사람이 장애인전용주차구역에 주차하는 등 장애인사용자동차에 대한 지원을 받을 것으로 합리적으로 기대되는 상황이 아닌 경우, 단순히 이를 자동차에 비치하였더라도 장애인사용자동차표지를 본래의 용도에 따라 사용했다고 볼 수 없어 공문서부정행사죄가 성립하지 아니한다(대법원 2022.9.29, 2021도14514).

정답 ②

---

045 ✓ 유사 ◆◆◇ 경찰1차 2022

공공의 신용에 대한 죄에 관한 설명으로 가장 적절하지 않은 것은? (다툼이 있는 경우 판례에 의함)

① 사용권한자와 용도가 특정되어 있는 공문서를 사용권한 없는 자가 사용한 경우 그 공문서 본래의 용도에 따른 사용이 아니라 하더라도 「형법」제230조의 공문서부정행사죄가 성립된다.

② 문서가 위조된 것임을 이미 알고 있는 공범자 등에게 행사하는 경우에는 위조문서행사죄가 성립할 수 없으나, 간접정범을 통한 위조문서행사범행에 있어 도구로 이용된 자라고 하더라도 문서가 위조된 것임을 알지 못하는 자에게 행사한 경우에는 위조문서행사죄가 성립한다.

③ 인터넷을 통하여 열람 출력한 등기사항전부증명서 하단의 열람 일시 부분을 수정 테이프로 지우고 복사한 행위는 공문서변조에 해당한다.

④ 위조된 외국의 화폐, 지폐 또는 은행권이 강제통용력을 가지지 않고, 그 화폐 등이 국내에서 사실상 거래 대가의 지급수단이 되고 있지 않는 경우에는 그 화폐 등을 행사하더라도 위조통화행사죄를 구성하지 않는다고 할 것이므로, 「형법」제234조에서 정한 위조사문서행사죄 또는 위조사도화행사죄로 의율할 수 있다.

해설 | 출제영역 | 문서에 관한 죄 종합

① (×) 사용권한자와 용도가 특정되어 있는 공문서를 사용권한 없는 자가 사용한 경우에도 그 공문서 본래의 용도에 따른 사용이 아닌 경우에는 형법 제230조의 공문서부정행사죄가 성립되지 아니한다. 피고인이 기왕에 습득한 타인의 주민등록증을 피고인 가족의 것이라고 제시하면서 그 주민등록증상의 명의 또는 가명으로 이동전화 가입신청을 한 경우, 타인의 주민등록증을 본래의 사용용도인 신분확인용으로 사용한 것이라고 볼 수 없어 공문서부정행사죄가 성립하지 않는다(대법원 2003.2.26, 2002도4935).

② (○) 대법원 2012.2.23, 2011도14441

[보충] 피고인이 위조·변조한 공문서의 이미지 파일을 甲 등에게 이메일로 송부하여 프린터로 출력하게 함으로써 '행사'하였다는 내용으로 기소되었는데, 甲 등은 출력 당시 위 파일이 위조된 것

임을 알지 못한 경우, 피고인의 행위는 위조·변조공문서행사죄를 구성한다는 사례이다.

③ (○) 피고인이 인터넷을 통하여 열람·출력한 등기사항전부증명서 하단의 열람 일시 부분을 수정 테이프로 지우고 복사해 두었다가 이를 타인에게 교부하여 공문서변조 및 변조공문서행사로 기소된 경우, 피고인이 등기사항전부증명서의 열람 일시를 삭제하여 복사한 행위는 등기사항전부증명서가 나타내는 권리·사실관계와 다른 새로운 증명력을 가진 문서를 만든 것에 해당하고 그로 인하여 공공적 신용을 해할 위험성도 발생하였다고 해야 한다(대법원 2021.2.25, 2018도19043).

④ (○) 형법상 통화에 관한 죄는 문서에 관한 죄에 대하여 특별관계에 있으므로 통화에 관한 죄가 성립하는 때에는 문서에 관한 죄는 별도로 성립하지 않는다. 그러나 위조된 외국의 화폐, 지폐 또는 은행권이 강제통용력을 가지지 않는 경우에는 형법 제207조 제3항에서 정한 '외국에서 통용하는 외국의 화폐 등'에 해당하지 않고, 나아가 그 화폐 등이 국내에서 사실상 거래 대가의 지급수단이 되고 있지 않는 경우에는 형법 제207조 제2항에서 정한 '내국에서 유통하는 외국의 화폐 등'에도 해당하지 않으므로, 그 화폐 등을 행사하더라도 형법 제207조 제4항에서 정한 위조통화행사죄를 구성하지 않는다고 할 것이고, 따라서 이러한 경우에는 형법 제234조에서 정한 위조사문서행사죄 또는 위조사도화행사죄로 의율할 수 있다고 보아야 한다(대법원 2013.12.12, 2012도2249).

정답 ①

---

046 ✓ 유사 ◆◇◇ 　　　　　　　　　경찰승진 2022

공공의 신용에 관한 죄에 대한 설명으로 가장 적절한 것은? (다툼이 있는 경우 판례에 의함)

① 컴퓨터 모니터에 나타나는 이미지는 문서에 해당하지 않으므로, 전세계약서 원본을 스캔하여 컴퓨터 화면에 띄운 후 그 보증금액란을 공란으로 만든 다음 이를 프린터로 출력하여 보증금액을 변조하고 변조된 전세계약서를 팩스로 송부하였더라도 사문서변조 및 동 행사죄는 성립하지 않는다.

② 위조통화를 행사하여 재물을 불법영득한 때에는 위조통화행사죄와 사기죄가 성립하고 양죄는 상상적 경합관계에 있다.

③ 허위진단서작성죄에 있어서 허위의 기재는 사실에 관한 것이건 판단에 관한 것이건 불문하나, 본죄는 원래 허위의 증명을 금지하려는 것이므로 그 내용이 허위라는 주관적 인식이 필요함은 물론 실질상 진실에 반하는 기재일 것이 필요하다.

④ 행사할 목적으로 허무인 명의의 유가증권을 작성한 경우, 외형상 일반인으로 하여금 진정하게 작성된 유가증권이라고 오신하게 할 수 있을 정도라고 하더라도, 유가증권위조죄는 성립하지 않는다.

해설 출제영역 | 공공의 신용에 관한 죄 종합

③ (○) 형법 제233조의 허위진단서작성죄에 있어서 진단서라 함

은 의사가 진찰의 결과에 관한 판단을 표시하여 사람의 건강상태를 증명하기 위하여 작성하는 문서를 말하는 것이므로, 비록 그 문서의 명칭이 소견서로 되어 있더라도 그 내용이 의사가 진찰한 결과 알게 된 병명이나 상처의 부위, 정도 또는 치료기간 등의 건강상태를 증명하기 위하여 작성된 것이라면 위 진단서에 해당되는 것이다. 허위진단서작성죄에 있어서 허위의 기재는 사실에 관한 것이건 판단에 관한 것이건 불문하는 것이나, 본죄는 원래 허위의 증명을 금지하려는 것이므로 그 내용이 허위라는 의사의 주관적 인식이 필요함은 물론, 실질상 진실에 반하는 기재일 것이 필요하다(대법원 1990.3.27, 89도2083).

① (✕) 이 사건 제1사문서변조 및 행사의 점에 관한 공소사실은 "피고인이 사무실전세계약서 원본을 스캐너로 복사하여 컴퓨터 화면에 띄운 후 그 보증금액란을 공란으로 만든 다음 이를 프린터로 출력하여 검정색 볼펜으로 보증금액을 '삼천만 원(30,000,000원)'으로 변조하고, 이와 같이 변조된 사무실전세계약서를 팩스로 송부하여 행사하였다."는 것이므로, 이 부분 공소사실에서 적시된 범죄사실은 '컴퓨터 모니터 화면상의 이미지'를 변조하고 이를 행사한 행위가 아니라 '프린터로 출력된 문서'인 사무실전세계약서를 변조하고 이를 행사한 행위임을 알 수 있다(대법원 2011.11.10, 2011도10468). 즉, 사문서변조 및 동 행사죄가 성립한다.

② (✕) 통화위조죄에 관한 규정은 공공의 거래상의 신용 및 안전을 보호하는 공공적인 법익을 보호함을 목적으로 하고 있고, 사기죄는 개인의 재산법익에 대한 죄이어서 양죄는 그 보호법익을 달리하고 있으므로 위조통화를 행사하여 재물을 불법영득한 때에는 위조통화행사죄와 사기죄의 양죄가 성립된다(대법원 1979.7.10, 79도840). 즉, 양죄는 실체적 경합관계에 있다.

④ (✕) 허무인명의의 유가증권이라 할지라도 적어도 그것이 행사할 목적으로 작성되었고 외형상 일반인으로 하여금 진정하게 작성된 유가증권이라고 오신케 할 수 있을 정도라면 그 위조죄가 성립된다고 해석함이 상당하다(대법원 1971.7.27, 71도905).

정답 ③

4 　인장에 관한 죄

047 ✓ 유사 ◆◇◇

인장에 관한 죄에 대한 다음 기술 중 틀린 것은? (다툼이 있으면 통설·다수설·판례에 의함)

① 인장을 조각하여 명의인의 승낙을 얻은 후에 사용하려 하였으나 승낙을 얻지 못하게 되자 조각한 인장을 사용하지 않고 명의인에게 돌려준 경우에는 인장위조죄의 행사의 목적이 인정되지 않는다.

② 인장위조죄와 위조인장행사죄는 모두 행사의 목적을 요하는 목적범이다.

③ 인장의 부정사용이라 함은 권한 없는 자가 사용하는 것뿐만 아니라 권한 있는 자가 그 권한을 남용하여 부당하게 사용하는 것도 포함된다.

④ 위조한 인과(印顆) 자체를 교부하는 것은 위조인장행사죄를 구성하지 않고, 위조한 인과를 날인하여 일반인이 열람할 수 있는 상태에 두는 행위가 있으면 동죄를 구성한다.

해설 출제영역 | 인장위조죄 – 구성요건

② (×) 인장위조죄는 목적범이나, 위조인장행사죄는 다른 위조물
　　 행사죄들과 마찬가지로 목적범이 아니다.

① (○) 대법원 1992.10.27, 92도1578

③ (○)

④ (○) 대법원 1984.2.28, 84도90

정답 ②

CHAPTER 03 공중의 건강에 대한 죄

1 먹는 물에 관한 죄

001 ✓ 유사 ◆◇◇

먹는 물에 관한 죄에 대한 설명 중 틀린 것은?

① 일상생활에서 먹는 물로 사용되는 물은 기술적 구성요건요소로서, 이러한 물에 오물이나 건강을 해하는 물건을 넣으면 먹는 물 유해물혼입죄가 아닌 먹는 물 사용방해죄에 해당한다.

② 위의 먹는 물에 독물을 넣은 경우에는 먹는 물 유해물혼입죄가 성립한다.

③ 먹는 물 유해물혼입죄와 수돗물 유해물혼입죄의 경우에는 결과적 가중범을 처벌하고 있다.

④ 임의로 가설한 수도라고 하여도 현실적으로 공중생활에 필요한 먹는 물을 공급하는 수도인 이상 수도불통죄의 객체가 된다.

해설 출제영역 | 음용수에 관한 죄 - 구성요건

① (×), ② (○) 제192조 제1항의 먹는 물 사용방해죄가 일상생활에서 먹는 물로 사용되는 물에 오물을 넣어 사용하지 못하게 한 것임에 비해, 동 제2항의 먹는 물 유해물혼입죄는 독물이나 그 밖에 건강을 해하는 물질을 넣는 행위태양을 규정하고 있다. 따라서 건강을 해하는 물건을 넣으면 제2항의 먹는 물 유해물혼입죄가 성립한다.

③ (○) 제194조의 먹는 물 혼독치사상죄 참조.

④ (○) 제195조의 공중이 먹는 물을 공급하는 수도 그 밖의 시설에 대하여는 대법원 1957.2.1, 4289형상317 참조.

정답 ①

2 아편에 관한 죄

1 성풍속에 관한 죄

001 ✓ 대표 ◆◆◇ 법원행시 2018

다음 설명 중 가장 옳지 않은 것은?

① 음화제조 내지 판매죄의 고의는 음화에 해당하는 그림이 존재한다는 것과 이를 제조나 판매하고 있다는 것을 인식하고 있으면 되고, 그 이상 더 나아가 그 그림이 음란한 것인가 아닌가를 인식할 필요는 없다.

② 음란한 부호 등이 전시된 웹페이지에 대하여 링크행위를 하여 불특정 다수인이 별다른 제한 없이 음란한 부호 등에 바로 접할 수 있는 상태가 실제 조성되었다면 음란한 부호 등의 전시행위로 인한 구 전기통신기본법 위반죄의 방조범이 성립한다.

③ 공연음란죄에서 공연성은 불특정 또는 다수인이 음란행위를 인식할 수 있는 가능성만 있으면 충분하고, 현실적으로 불특정 또는 다수인이 음란행위를 인식할 필요는 없다.

④ 음행의 상습이 없는 남자를 영리의 목적으로 매개하여 간음하게 한 경우에도 음행매개죄가 성립할 수 있다.

⑤ 문학성 내지 예술성과 음란성은 차원을 달리하는 관념이므로 어느 문학작품이나 예술작품에 문학성 내지 예술성이 있다고 하여 그 작품의 음란성이 당연히 부정될 수 없고, 다만 그 음란성이 완화되어 결국은 형법이 처벌대상으로 삼을 수 없게 되는 경우가 있을 수 있다.

해설 **출제영역 |** 음화등제조·판매죄, 공연음란죄, 음행매개죄

② (×) 음란부호전시죄의 정범에 해당한다. "링크를 포함한 일련의 행위 및 범의가 다른 웹사이트 등을 단순히 소개·연결할 뿐이거나 또는 다른 웹사이트 운영자의 실행행위를 방조하는 정도를 넘어, 이미 음란한 부호 등이 불특정·다수인에 의하여 인식될 수 있는 상태에 놓여 있는 다른 웹사이트를 링크의 수법으로 사실상 지배·이용함으로써 그 실질에 있어서 <u>음란한 부호 등을 직접 전시하는 것과 다를 바 없다</u>고 평가되고, 이에 따라 불특정·다수인이 이러한 링크를 이용하여 별다른 제한 없이 음란한 부호 등에 바로 접할 수 있는 상태가 실제 조성되었다면, 그러한 행위는 전체로 보아 <u>음란한 부호 등을 공연히 전시한다는 구성요건을 충족</u>한다고 봄이 상당하며, 이러한 해석은 죄형법정주의에 반하는 것이 아니라, 오히려 링크기술의 활용과 효과를 극대화하는 초고속정보통신망 제도를 전제로 하여 신설된 구 전기통신기본법 제48조의2(현행 정보통신망이용촉진및정보보호등에관한법률 제65조 제1항 제2호 참조) 규정의 입법 취지에 부합하는 것이라고 보아야 한다(대법원 2003.7.8, 2001도1335)."

[보충] 위와 같은 링크를 포함한 피고인 1의 일련의 행위 및 범의는 다른 웹사이트 등을 소개·연결할 뿐이거나 또는 다른 웹사이트 운영자의 실행행위를 방조하는 정도를 넘어, 음란한 부호 등

이 공연히 전시되어 있는 다른 웹사이트를 링크의 수법으로 사실상 지배·이용함으로써 그 실질에 있어서 <u>음란한 부호 등을 직접 전시하는 것과 다를 바 없다</u>고 평가되고 … 전체로 보아 음란한 부호 등을 공연히 전시한다는 구성요건을 충족한다고 보아야 한다(위 판례).

① (○) 침대위에 비스듬이 위를 보고 누워있는 본건 천연색 여자나체화 카드 사진이 비록 명화집에 실려있는 그림이라 하여도 이것을 예술, 문학, 교육 등 공공의 이익을 위해서 이용하는 것이 아니고, 성냥갑 속에 넣어서 판매할 목적으로 그 카드 사진을 복사 제조하거나 시중에 판매하였다고 하면 이는 그 명화를 모독하여 음화화 시켰다 할 것이므로, 이러한 견지에서 이를 음화라고 본 원심판단은 정당하고, 피고인들은 본건 그림의 음란성을 인식하지 못하였다 하여도 그 음란성의 유무는 그 그림 자체로서 <u>객관적으로 판단해야 할 것이고, 그 제조자나 판매자의 주관적인 의사에 따라 좌우되는 것은 아니라 할 것이며, 그 음화의 제조 내지 판매죄의 범의 성립에 있어서도 그러한 그림이 존재한다는 것과 이를 제조나 판매하고 있다는 것을 인식하고 있으면 되고, 그 이상 더 나가서 그 그림이 음란한 것인가 아닌가를 인식할 필요는 없다</u> 할 것이다(대법원 1970.10.30, 70도1879).

③ (○) 공연성은 불특정 또는 다수인이 인식할 수 있는 가능성이 있으면 충분하다.

④ (○) 2012.12.18. 개정에 의하여 음행매개죄의 객체가 종래 부녀에서 '사람'으로 변경되었다.

> **제242조(음행매개)** 영리의 목적으로 사람을 매개하여 간음하게 한 자는 3년 이하의 징역 또는 1천500만 원 이하의 벌금에 처한다

⑤ (○) 형법 제243조 및 제244조에서 말하는 '음란'이라 함은 정상적인 성적 수치심과 선량한 성적 도의관념을 현저히 침해하기에 적합한 것을 가리킨다 할 것이고, 이를 판단함에 있어서는 그 시대의 건전한 사회통념에 따라 객관적으로 판단하되 그 사회의 평균인의 입장에서 문서 전체를 대상으로 하여 규범적으로 평가하여야 할 것이며, 문학성 내지 예술성과 음란성은 차원을 달리하는 관념이므로 어느 문학작품이나 예술작품에 문학성 내지 예술성이 있다고 하여 그 작품의 음란성이 당연히 부정되는 것은 아니라 할 것이고, 다만 그 작품의 문학적·예술적 가치, 주제와 성적 표현의 관련성 정도 등에 따라서는 그 음란성이 완화되어 결국은 형법이 처벌대상으로 삼을 수 없게 되는 경우가 있을 수 있을 뿐이다(대법원 2000.10.27, 98도679).

정답 ②

2 도박과 복표에 관한 죄

002 ✓ 대표 ◆◇◇ 경찰2차 2022 유사 국가9급 2014 변형

도박죄에 대한 설명으로 옳은 것만을 모두 고르면? (다툼이 있는 경우 판례에 의함)

ㄱ. 사기도박의 실행에 착수한 후에 사기도박을 숨기기 위하여 얼마간 정상적인 도박을 한 경우, 사기죄만이 성립하고 도박죄는 따로 성립하지 않는다.

ㄴ. 도박에 참여한 수인의 피해자로부터 사기도박으로 도금을 편취한 경우 피해자들에 대한 각 사기죄는 실체적 경합의 관계에 있다.

ㄷ. 도박은 '재물을 걸고 우연에 의하여 재물의 득실을 결정하는 것'을 의미하는 바, 당사자의 능력이 승패의 결과에 영향을 미친다면 다소간 우연성의 영향을 받는다고 하여도 도박죄는 성립하지 않는다.

ㄹ. 유료낚시터에서 입장료 명목으로 요금을 받은 후 낚인 물고기에 부착된 시상번호에 따라 경품을 지급한 경우 도박개장죄가 성립한다.

① ㄱ, ㄴ
② ㄱ, ㄷ
③ ㄴ, ㄷ
④ ㄱ, ㄹ

해설 | 출제영역 | 도박의 죄 – 사기도박

ㄱ. (○) 사기도박에 필요한 준비를 갖추고 그러한 의도로 피해자들에게 도박에 참가하도록 권유한 때 또는 늦어도 그 정을 알지 못하는 피해자들이 도박에 참가한 때에는 이미 사기죄의 실행에 착수하였다고 할 것이므로, 피고인 등이 그 후에 사기도박을 숨기기 위하여 얼마간 정상적인 도박을 하였더라도 이는 사기죄의 실행행위에 포함되는 것이어서 피고인에 대하여는 피해자들에 대한 사기죄만이 성립하고 도박죄는 따로 성립하지 아니한다(대법원 2011.1.13, 2010도9330).

ㄴ. (×) 사기도박은 죄수를 판단함에 있어 피해자의 수를 기준으로 판단하기 때문에 수죄인 것은 맞으나, 피고인 등이 피해자들을 유인하여 사기도박을 하여 도금을 편취한 행위는 사회관념상 1개의 행위로 평가함이 상당하므로, 피해자들에 대한 각 사기죄는 상상적 경합의 관계에 있다고 보아야 할 것이다(대법원 2011.1.13, 2010도9330).

ㄷ. (×) 골프·당구·장기 등과 같은 경기는 당사자의 능력이 승패의 결과에 영향을 미친다고 하더라도 다소라도 우연성의 사정에 의하여 영향을 받게 된다는 점에서 도박죄에 해당될 수 있다. 따라서 일시오락의 정도에 불과하지 않은 '내기 골프'는 도박에 해당한다고 보아야 한다(대법원 2008.10.23, 2006도736).

ㄹ. (○) 형법 제247조의 도박개장죄는 영리의 목적으로 스스로 주재자가 되어 그 지배하에 도박장소를 개설함으로써 성립하는 것으로서, '영리의 목적'이란 도박개장의 대가로 불법한 재산상의 이익을 얻으려는 의사를 의미한다. 입장료의 액수, 경품의 종류 및 가액, 경품이 제공되는 방법 등의 여러 사정에 비추어 볼 때, 손님들이 내는 입장료는 이 사건 낚시터에 입장하기 위한 대가로서의 성격과 경품을 타기 위해 미리 거는 금품으로서의 성격을 아울러 지니고 있다고 볼 수 있고, 피고인이 손님들에게 경품을 제공하기로 한 것은 '재물을 거는 행위'로 볼 수 있다(대법원 2009.2.26, 2008도10582).

정답 ④

---

003 ✓ 유사 ◆◆◇ 법원행시 2018

다음 설명 중 옳은 것은 모두 몇 개인가?

가. 가맹점을 모집하여 인터넷 도박게임이 가능하도록 시설 등을 설치하고 도박게임 프로그램을 가동하던 중 문제가 발생하여 더 이상의 영업으로 나아가지 못하였다면 도박개장죄가 기수에 이르렀다고 볼 수 없다.

나. 도박자금을 빌려주고 변제받지 못하자 '자동차구입 대금을 빌려주었으나 변제하지 않고 자동차도 구입하지 않았다'라고 고소하였다면 금전의 용도에 대하여 허위신고한 것에 불과하여 무고죄가 성립하지 않는다.

다. 광고복권을 광고주들에게 발행하여 광고주들로 하여금 제품판매 시 판촉 등의 목적으로 무료로 배부하게 하였다면, 광고주들에게 영업 판촉, 광고효과를 가져오고 소비자들은 낙첨에 따른 아무런 손실을 입지 않으므로, 이를 복표에 해당한다고 볼 수 없다.

라. 인터넷 고스톱게임 사이트를 유료화하는 과정에서 사이트를 홍보하기 위해 고스톱대회를 개최하면서 참가비를 받고 입상자들에게 상금을 지급하였는데, 개최결과 이득을 보지 못하고 오히려 손해를 보았다면 도박개장죄에 해당하지 않는다.

마. 무허가 카지노영업을 하여 관광진흥법위반죄를 저지를 경우 관광진흥법위반죄의 법정형이 도박개장죄보다 높은 점, 규제대상과 취지 등을 고려하면, 관광진흥법위반죄만 성립하고 도박개장죄는 별도로 성립하지 않는다.

① 0개
② 1개
③ 2개
④ 3개
⑤ 4개

해설 | 출제영역 | 도박죄 – 구성요건

① 모두 옳지 않다.

가. (×) 형법 제247조의 도박개장죄는 영리의 목적으로 도박을 개장하면 기수에 이르고, 현실로 도박이 행하여졌음은 묻지 않는 바, 영리의 목적으로 속칭 포커나 바둑이, 고스톱 등의 인터넷 도박게임 사이트를 개설하여 운영하는 경우, 현실적으로 게임이용자들로부터 돈을 받고 게임머니를 제공하고 게임이용자들이 위 도박게임사이트에 접속하여 도박을 하여, 위 게임으로 획득한 게임머니를 현금으로 환전해 주는 방법 등으로 게임이용자들과 게임회사 사이에 있어서 재물이 오고갈 수 있는 상태에 있으면 게임이용자가 위 도박게임 사이트에 접속하여 실제 게임을 하였는지 여부와 관계없이 도박개장죄의 기수에 이른다고 할 것이다(대법원 2009.12.10, 2008도5282).

나. (×) 피고인이 공소외1에게 도박자금으로 대여하였음에도 불구하고 단순히 그 대여금의 용도를 묵비한 것을 넘어서 실제와는 다른 장소에서 공소 외 1에게 사고 처리비용조로 금전을 대여하였고 공소외1이 그 다음날 바로 변제하겠다고 약속하였다는 내용으로 고소하여 그 대여한 금전의 용도에 대하여 허위로 진술한 것은, 수사기관이 피고인의 고소내용을 근거로 피고소인의 범행방법을 특정하여 수사권을 발동하고, 이를 기초로 하여 당해 행

위에 있어 사기죄의 기망행위와 편취범의를 조사하여 형사처분을 할 것인지와 어떠한 내용의 형사처분을 할 것인지를 결정하는 데에 직접적인 영향을 줄 정도에 이르는 내용에 관하여 허위의 사실을 고소한 것이므로, 피고인의 신고내용에 포함된 허위의 사실이 독립하여 형사처분 등의 대상이 되지 아니하고, 단지 신고사실의 정황을 과장하는 데 불과하거나 허위의 일부 사실의 존부가 전체적으로 보아 범죄사실의 성립 여부에 직접 영향을 줄 정도에 이르지 아니한다고 할 수는 없는 것이고, 또한 피고인은 고소 당시에 고소사실이 객관적으로 허위인 사정을 알고 있었으므로 무고의 범의도 인정된다(대법원 2004.1.16, 2003도7178).

다. (×) 이른바 '광고복권'은 통상의 경우 이를 홍보 및 판촉의 수단으로 사용하는 사업자들이 당첨되지 않은 참가자들의 손실을 대신 부담하여 주는 것일 뿐, 그 자체로는 추첨 등의 우연한 방법에 의하여 일부 당첨자에게 재산상의 이익을 주고 다른 참가자에게 손실을 주는 복표로서의 성질을 갖추고 있다고 보아 형법 제248조 소정의 복표에 해당한다(대법원 2003.12.26, 2003도5433).

라. (×) 형법 제247조의 도박개장죄는 영리의 목적으로 스스로 주재자가 되어 그 지배하에 도박장소를 개설함으로써 성립하는 것으로서 도박죄와는 별개의 독립된 범죄이고, '도박'이라 함은 참여한 당사자가 재물을 걸고 우연한 승부에 의하여 재물의 득실을 다투는 것을 의미하며, '영리의 목적'이란 도박개장의 대가로 불법한 재산상의 이익을 얻으려는 의사를 의미하는 것으로, 반드시 도박개장의 직접적 대가가 아니라 도박개장을 통하여 간접적으로 얻게 될 이익을 위한 경우에도 영리의 목적이 인정되고, 또한 현실적으로 그 이익을 얻었을 것을 요하지는 않는다고 할 것이다(대법원 2002.4.12, 2001도5802).

마. (×) 무허가 카지노영업으로 인한 관광진흥법위반죄와 도박개장죄는 상상적 경합범 관계에 있다(대법원 2008.6.26, 2008도3189).

정답 ①

---

004 유사 ◆◆◆ 법원행시 2017

우리 형법에 대한 다음 설명 중 옳은 것은 모두 몇 개인가?

> 가. 간통죄, 혼인빙자간음죄, 국가모독죄 등은 현재 폐지되어 없다.
> 나. 추행·간음 목적의 약취·유인·수수·은닉죄 및 강간죄 등 성범죄에 관하여 과거 고소가 있어야 공소를 제기할 수 있도록 한 규정은 현재 삭제되어 없다.
> 다. 우리 형법은 인류에 대한 공통적인 범죄인 약취, 유인과 인신매매죄의 규정이 대한민국 영역 밖에서 죄를 범한 외국인에게도 적용될 수 있도록 세계주의 규정을 도입하였다.
> 라. 형법은 피고사건에 대하여 무죄의 판결을 선고하는 경우에는 의무적으로 무죄판결공시의 취지를 선고하도록 하고 있다. 다만 무죄판결을 받은 피고인이 무죄판결공시 취지의 선고에 동의하지 아니 하거나 피고인의 동의를 받을 수 없는 경우에는 예외이다.
> 마. 형법은 도박죄의 객체에 "재물"뿐만 아니라 "재산상 이익"도 포함됨을 명확하게 하기 위하여 도박죄의 구성요건 중 "재물로써" 부분을 삭제하고, 도박하는 장소뿐만 아니라 인터넷 상에서 도박하는 공간을 개설한 경우도 처벌할 수 있도록 '도박을 하는 장소나 공간을 개설한 사람'으로 도박개장죄의 주체를 명확히 하는 것으로 개정되었다.

① 5개 ② 4개 ③ 3개
④ 2개 ⑤ 1개

해설 출제영역 | 최근의 형법개정

가. (○) 간통죄는 2016.1.6, 혼인빙자간음죄는 2012.12.18, 국가모독죄는 1988.12.31.에 각 삭제되었다.

나. (○) 2012.12.18. 개정으로 추행·간음 목적의 약취·유인·수수·은닉죄 및 강간죄 등 성범죄에 관하여 고소가 있어야 공소를 제기할 수 있도록 한 규정을 삭제하였다(제296조 및 제306조).

다. (○) 제296조의2(세계주의) 제287조부터 제292조까지 및 제294조는 대한민국 영역 밖에서 죄를 범한 외국인에게도 적용한다.

[참고] 제287조(미성년자의 약취, 유인), 제288조(추행 등 목적 약취, 유인 등), 제289조(인신매매), 제290조(약취, 유인, 매매, 이송 등 상해·치상), 제291조(약취, 유인, 매매, 이송 등 살인·치사), 제292조(약취, 유인, 매매, 이송된 사람의 수수·은닉 등), 제294조(미수범)

라. (○) 제58조 제2항 참조.

> **제58조(판결의 공시)** ② 피고사건에 대하여 무죄의 판결을 선고하는 경우에는 무죄판결공시의 취지를 선고하여야 한다. 다만, 무죄판결을 받은 피고인이 무죄판결공시 취지의 선고에 동의하지 아니하거나 피고인의 동의를 받을 수 없는 경우에는 그러하지 아니하다.

마. (○) 제246조 제1항, 제247조 참조.

> **제246조(도박, 상습도박)** ① 도박을 한 사람은 1천 만 원 이하의 벌금에 처한다. 다만, 일시오락 정도에 불과한 경우에는 예외로 한다.

제247조(도박장소 등 개설) 영리의 목적으로 도박을 하는 장소나 공간을 개설한 사람은 5년 이하의 징역 뜨는 3천 만 원 이하의 벌금에 처한다.

(2013.4.5. 개정이유 중) … 도박죄의 객체에 "재물"뿐만 아니라 "재산상 이익"도 포함됨을 명확하게 하기 위하여 도박죄의 구성요건 중 "재물로써" 부분을 삭제하고, 도박하는 장소뿐만 아니라 도박하는 공간을 개설한 경우도 처벌할 수 있도록 규정을 명확화하는 한편, 도박장소의 개설과 복표발매죄가 「국제연합국제조직범죄방지협약」의 대상범죄가 될 수 있도록 법정형을 "3년 이하의 징역 또는 2천 만 원 이하의 벌금"에서 "5년 이하의 징역 또는 3천 만 원 이하의 벌금"으로 상향하고, 그 밖에 복표발매중개 및 복표취득죄도 물가 인상률 등을 고려하여 법정형을 현실화함.

정답 ①

3 신앙에 관한 죄

005 ✓ 유사 ◆◆◇ 경찰2차 2018

다음 설명 중 옳고 그름의 표시(O, X)가 바르게 된 것은? (다툼이 있는 경우 판례에 의함)

ㄱ 범행을 은폐할 목적으로 피해자의 시신을 화장하였더라도 일반 화장절차에 따라 장제의 의례를 갖추었다면 사체유기죄가 성립하지 아니한다.

ㄴ 법률, 계약 또는 조리상 사체에 대한 장제 또는 감호의 의무가 없는 자도 장소적 이전을 함이 없이 소극적으로 단순히 사체를 방치함으로써 사체유기죄를 범할 수 있다.

ㄷ 살인 등의 목적으로 사람을 살해한 자가 살해의 목적을 수행할 때 사후 사체의 발견을 심히 곤란하게 하려는 의도로 인적이 드문 장소로 피해자를 유인하여 그곳에서 살해하고 사체를 그대로 두고 도주한 경우에는 살인죄 외에 별도로 사체은닉죄가 성립한다.

ㄹ 질병으로 의사의 치료를 받아 오다가 약효가 없어 사망하여 그 사인이 명백한 자라도 그 사체에 대한 검시를 방해하는 것은 변사체검시방해죄를 구성한다.

① ㄱ(O) ㄴ(O) ㄷ(X) ㄹ(X)
② ㄱ(O) ㄴ(X) ㄷ(X) ㄹ(X)
③ ㄱ(X) ㄴ(X) ㄷ(O) ㄹ(O)
④ ㄱ(O) ㄴ(X) ㄷ(X) ㄹ(O)

해설 출제영역 | 사체은닉죄, 변사체검시방해죄

② ㄱ(O) ㄴ(X) ㄷ(X) ㄹ(X)

ㄱ (O) 사체유기죄는 사자에 대한 사회풍습으로서의 종교적 감정을 그 보호법익으로 하는 것인데 피고인들이 일반화장절차에 따라 피해자의 시신을 위와 같이 화장하여 일반 장제의 의례를 갖추었다면 비록 그것이 자신들의 범행을 은폐할 목적이었다고 하더라도 사자에 대한 종교적 감정을 침해한 것이라고 보기 어렵다(대법원 1998.3.10, 98도51).

ㄴ (X) 사체유기죄는 법률, 계약 또는 조리상 사체를 장제 또는 감

호할 의무가 있는 자가 이를 방치하거나 그 의무없는 자가 그 장소적 이전을 하면서 종교적, 사회적 풍습에 따른 의례에 의하지 아니하고 이를 방기함을 요한다고 할 것이다(대법원 1986.6.24, 86도891).

ㄷ (X) 형법 제161조의 사체은닉이라 함은 사체의 발견을 불가능 또는 심히 곤란하게 하는 것을 구성요건으로 하고 있으나 살인, 강도살인등의 목적으로 사람을 살해한 자가 그 살해의 목적을 수행함에 있어 사후 사체의 발견이 불가능 또는 심히 곤란하게 하려는 의사로 인적이 드문 장소로 피해자를 유인하거나 실신한 피해자를 끌고 가서 그곳에서 살해하고 사체를 그대로 둔 채 도주한 경우에는 비록 결과적으로 사체의 발견이 현저하게 곤란을 받게 되는 사정이 있다 하더라도 별도로 사체은닉죄가 성립되지 아니한다(대법원 1986.6.24, 86도891).

ㄹ (X) 형법 제163조의 변사자라 함은 부자연한 사망으로서 그 사인이 분명하지 않은 자를 의미하고 그 사인이 명백한 경우는 변사자라 할 수 없으므로, 범죄로 인하여 사망한 것이 명백한 자의 사체는 같은 법조 소정의 변사체검시방해죄의 객체가 될 수 없다(대법원 2003.6.27, 2003도1331).

정답 ②

백광훈

통합 기출문제집

[형법]

PART

03

국가적 법익에 대한 죄

1 내란의 죄

001 ✓ 대표 ◆◆◇

내란음모죄, 내란선동죄에 관한 다음 설명 중 가장 옳지 않은 것은? (다툼이 있으면 판례에 의함)

① 내란음모죄에 해당하는 합의를 인정하기 위하여는 객관적으로 내란범죄의 실행을 위한 합의라는 것이 명백히 인정될 뿐만 아니라 그 합의에 실질적인 위험성이 인정되어야 한다.

② 내란을 실행시킬 목표가 있더라도 특정한 정치적 사상을 옹호·교사하는 것만으로는 내란선동이 될 수 없고 피선동자에게 내란 결의를 유발하거나 증대시킬 위험성이 인정되어야만 내란선동으로 볼 수 있다.

③ 내란선동에 있어서는 시기와 장소, 대상과 방식 등 내란실행행위의 주요 내용이 선동 단계에서 구체적으로 제시되어야 할 것은 아니나 선동에 따라 피선동자가 내란의 실행행위로 나아갈 개연성은 인정되어야 한다.

④ 내란음모를 인정하기 위하여 개별 범죄행위에 관한 세부적 합의가 있을 필요는 없으나, 공격의 대상과 목표가 설정되어 있고 그 밖의 실행계획에 있어서 주요사항의 윤곽을 공통적으로 인식할 정도의 합의가 있어야 한다.

해설 출제영역 | 내란음모·선동의 요건

③ (×) 선동행위는 선동자에 의하여 일방적으로 행해지고, 그 이후 선동에 따른 범죄의 결의 여부 및 그 내용은 선동자의 지배 영역을 벗어나 피선동자에 의하여 결정될 수 있으며, <u>내란선동을 처벌하는 근거가 선동행위 자체의 위험성과 불법성에 있다는 점 등을 전제하면, 내란선동에 있어 시기와 장소, 대상과 방식, 역할분담 등 내란 실행행위의 주요 내용이 선동 단계에서 구체적으로 제시되어야 하는 것은 아니고, 또 선동에 따라 피선동자가 내란의 실행행위로 나아갈 개연성이 있다고 인정되어야만 내란선동의 위험성이 있는 것으로 볼 수도 없다</u>(대법원 2015.1.22, 2014도10978 전원합의체).

① (○), ② (○), ④ (○) 대법원 2015.1.22, 2014도10978 전원합의체.

정답 ③

002 ✓ 유사 ◆◆◆

내란의 죄에 관한 다음 설명 중 가장 옳지 않은 것은? (다툼이 있으면 판례에 의함)

① 내란의 실행과정에서 폭동행위에 수반하여 개별적으로 발생한 살인행위는 내란행위의 한 구성요소를 이루는 것이므로 내란행위에 흡수되어 내란목적살인의 별죄를 구성하지 아니하나, 특정인 또는 일정한 범위내의 한정된 집단에 대한 살해가 내란의 와중에 폭동에 수반하여 일어난 것이 아니라 그것 자체가 의도적으로 실행된 경우에는 이러한 살인행위는 내란에 흡수될 수 없고 내란목적살인의 별죄를 구성한다.

② 내란죄는 국토를 참절하거나 국헌을 문란할 목적으로 폭동한 행위로서, 다수인이 결합하여 위와 같은 목적으로 한 지방의 평온을 해할 정도의 폭행·협박행위를 하면 기수가 되고, 그 목적의 달성 여부는 이와 무관한 것으로 해석되므로, 다수인이 한 지방의 평온을 해할 정도의 폭동을 하였을 때 이미 내란의 구성요건은 완전히 충족된다고 할 것이어서 상태범으로 봄이 상당하다.

③ 범죄는 어느 행위로 인하여 처벌되지 아니하는 자를 이용하여서도 이를 실행할 수 있으므로 내란죄의 경우에도 국헌문란의 목적을 가진 자가 그러한 목적이 없는 자를 이용하여 이를 실행할 수도 있다.

④ 내란선동죄는 내란이 실행되는 것을 목표로 선동함으로써 성립하는 독립한 범죄이고, 선동으로 말미암아 피선동자들에게 반드시 범죄의 결의가 발생할 것을 요건으로 하며, 선동에 따라 피선동자가 내란으로 나아갈 실질적 위험성이 인정되는 경우에 한하여 범죄가 성립한다.

⑤ 내란음모가 성립하였다고 하기 위해서는 개별 범죄행위에 관한 세부적인 합의가 있을 필요는 없으나, 공격의 대상과 목표가 설정되어 있고 그 밖의 실행계획에 있어서 주요 사항의 윤곽을 공통적으로 인식할 정도의 합의가 있어야 한다.

해설 출제영역 | 내란의 죄

④ (×) 내란선동죄는 내란이 실행되는 것을 목표로 선동함으로써 성립하는 독립한 범죄이고, 선동으로 말미암아 피선동자들에게 반드시 범죄의 결의가 발생할 것을 요건으로 하지 않는다(대법원 2015.1.22, 2014도10978 전원합의체).

① (○), ② (○), ③ (○) 대법원 1997.4.17, 96도3376 전원합의체

⑤ (○) 대법원 2015.1.22, 2014도10978 전원합의체

정답 ④

2 외환의 죄

3 국기에 관한 죄

4 국교에 관한 죄

003 ☑ 유사 ◆◇◇   법원행시 2018

다음 설명 중 옳지 않은 것은 모두 몇 개인가?

가. 국기모독죄는 대한민국을 모욕할 목적을 필요로 하는 목적범이다.

나. 외국사절의 숙소 앞에서 시위를 벌이다가 숙소에서 나오던 외국사절을 태운 승용차를 발견하고 5m가 되지 않는 거리에서 승용차를 향하여 계란을 던져 운전석 유리 부분과 본네트 부분에 맞혔다고 하더라도, 외국사절폭행죄에 해당하지 않는다.

다. 외국 언론에 이미 보도된 바 있는 우리나라의 외교 정책이나 활동에 관련된 사항들에 관하여 정부가 이른바 보도지침의 형식으로 국내언론기관의 보도여부 등을 통제하고 있다는 사실을 알리는 것은, 외교상의 기밀을 누설한 경우에 해당하지 않는다.

라. 제3자로부터 북한의 지령을 전달받고 그로부터 금품 등을 수수하고 그에게 이미 지득한 남한의 정세 등에 관한 문건을 전달하여 북한에 제공하였다면, 형법 제98조 제1항에 정한 적국을 위하여 간첩하는 행위에 해당한다.

마. 내란이나 내란목적살인을 예비, 음모, 선동, 선전한 자가 내란이나 내란목적살인에 이르기 전에 자수한 때에는 그 형을 감경 또는 면제한다.

① 0개   ② 1개
③ 2개   ④ 3개
⑤ 4개

해설 ▶ 출제영역 | 국가의 존립과 권위에 대한 죄

④ 나, 라, 마. 3개의 지문이 옳지 않다.

가. (○) 제105조 참조.

> **제105조(국기, 국장의 모독)** 대한민국을 모욕할 목적으로 국기 또는 국장을 손상, 제거 또는 오욕한 자는 5년 이하의 징역이나 금고, 10년 이하의 자격정지 또는 700만 원 이하의 벌금에 처한다.

나. (×) 형법 제108조 제1항에서 말하는 외국사절에 대한 폭행죄에 있어서의 폭행이라 함은 외국사절의 신체에 대한 위법한 일체의 유형력의 행사를 의미한다. 또 여기서의 유형력의 행사는 외국사절의 신체에 대하여 가해지면 충분하며 반드시 신체에 직접적으로 접촉할 필요는 없다(대법원 2003.7.11, 2003도1800).

다. (○) 외국에 널리 알려진 사항 그 자체가 외교상의 기밀이 되는 것은 아니고 다만 그러한 사항의 존재나 진위 여부에 대한 대한민국정부의 공식적인 입장이나 견해가 외교상의 기밀이 될 수 있을 뿐이라고 할 것인데, 기록에 의하면 피고인들은 외교상의 기밀에 해당된다고 기소된 사항 등에 대하여 정부가 국내 언론사에 이른바 "보도지침"을 보내 보도의 자제나 금지를 요청하는 형식으로 언론을 통제하고 있다는 사실을 공개한 것으로 인정될 뿐이고, 나아가 피고인들이 공개한 내용만으로는 위와 같이 보도의 자제나 금지가 요청된 사항에 대한 대한민국 정부의 공식적인 입장이나 견해는 물론 그 사항 자체의 존부나 진위조차 이를 알거나 확인할 수 없으므로, 피고인들의 위 행위가 외교상의 기밀을 알리거나 확인함으로써 이를 누설한 경우에 해당한다고 볼 수도 없다(대법원 1995.12.5, 94도2379).

라. (×) 피고인의 행위는 공동피고인 1로부터 북한의 지령을 전달받고 대화를 나누었으며 그로부터 금품 등을 수수하고 그에게 진보당 관련 문건 등을 교부하였다는 것일 뿐이므로, 결국 진보당의 중앙위원장인 피고인이 이미 지득하고 있던 진보당 관련 문건 등을 보고·누설한 행위에 불과하다고 할 것인바, 이러한 행위는 그 사실 자체로서 형법 제98조 제1항에 규정된 간첩행위, 즉 우리나라의 기밀을 탐지·수집하는 간첩행위라고 보기 어렵다(대법원 2011.1.20, 2008재도11 전원합의체).

마. (×) 선동 또는 선전의 경우는 필요적 감면규정이 적용되지 아니한다.

> **제90조(예비, 음모, 선동, 선전)** ① 제87조 또는 제88조의 죄를 범할 목적으로 예비 또는 음모한 자는 3년 이상의 유기징역이나 유기금고에 처한다. 단, 그 목적한 죄의 실행에 이르기 전에 자수한 때에는 그 형을 감경 또는 면제한다.
> ② 제87조 또는 제88조의 죄를 범할 것을 선동 또는 선전한 자도 전항의 형과 같다.

정답 ④

1 공무원의 직무에 관한 죄

001 ✅ 대표 ◆◆◇

법원9급 2021

직권남용죄에 관한 다음 설명 중 가장 옳지 않은 것은?
(다툼이 있는 경우 판례에 의함)

① 어떠한 직무가 공무원의 일반적 직무권한에 속하는 사항이라고 하기 위해서는 그에 관한 법령상 근거가 필요하다. 법령상 근거는 반드시 명문의 규정만을 요구하는 것이 아니라 명문의 규정이 없더라도 법령과 제도를 종합적, 실질적으로 살펴보아 그것이 해당 공무원의 직무권한에 속한다고 해석되고, 이것이 남용된 경우 상대방으로 하여금 사실상 의무 없는 일을 하게 하거나 권리를 방해하기에 충분한 것이라고 인정되는 경우에는 직권남용죄에서 말하는 일반적 직무권한에 포함된다.

② 공무원이 한 행위가 직권남용에 해당한다고 하여 그러한 이유만으로 상대방이 한 일이 '의무 없는 일'에 해당한다고 인정할 수는 없다.

③ 직권남용 행위의 상대방이 일반 사인인 경우 특별한 사정이 없는 한 '의무 없는 일'에 해당하는지는 직권을 남용하였는지와 별도로 그에게 그러한 일을 할 법령상 의무가 있는지를 살펴 개별적으로 판단하여야 한다.

④ 남용에 해당하는가를 판단하는 기준은 구체적인 공무원의 직무행위가 본래 법령에서 그 직권을 부여한 목적에 따라 이루어졌는지, 직무행위가 행해진 상황에서 볼 때 필요성·상당성이 있는 행위인지, 직권행사가 허용되는 법령상의 요건을 충족했는지 등을 종합하여 판단하여야 한다.

해설 | 출제영역 | 공무원의 직무, 직권남용죄

③ (×) 직권남용 행위의 ㉠ 상대방이 일반 사인인 경우 특별한 사정이 없는 한 직권에 대응하여 따라야 할 의무가 없으므로 그에게 어떠한 행위를 하게 하였다면 '의무 없는 일을 하게 한 때'에 해당할 수 있다. 그러나 ㉡ 상대방이 공무원이거나 법령에 따라 일정한 공적 임무를 부여받고 있는 공공기관 등의 임직원인 경우에는 법령에 따라 임무를 수행하는 지위에 있으므로 그가 직권에 대응하여 어떠한 일을 한 것이 의무 없는 일인지 여부는 관계 법령 등의 내용에 따라 개별적으로 판단하여야 한다(대법원 2020. 1.30, 2018도2236 전원합의체).

① (○), ② (○), ④ (○) 대법원 2020.1.30, 2018도2236 전원합의체; 2020.2.13, 2019도5186

정답 ③

002 ✅ 대표 ◆◇◇

경찰2차 2022

공무원의 직무에 관한 죄의 설명 중 가장 적절하지 않은 것은? (다툼이 있는 경우 판례에 의함)

① 지방자치단체의 장이 미리 승진후보자명부상 후보자들 중에서 승진대상자를 실질적으로 결정한 다음, 그 내용을 인사위원회 간사, 서기 등을 통해 인사위원회 위원들에게 '승진대상자 추천'이라는 명목으로 제시하여 인사위원회로 하여금 자신이 특정한 후보자들을 승진대상자로 의결하도록 유도하는 행위는 직권남용권리행사방해죄의 구성요건인 '직권의 남용' 및 '의무 없는 일을 하게 한 경우'로 볼 수 있다.

② 공무원이 직무상 알게 된 비밀을 그 직무와의 관련성 혹은 필요성에 기하여 해당 직무의 집행과 관련 있는 다른 공무원에게 직무집행의 일환으로 전달한 경우, 국가기능에 위험이 발생하리라고 볼 만한 특별한 사정이 인정되지 않는 한, 그 행위는 비밀의 누설에 해당하지 아니한다.

③ 직무집행의 의사로 자신의 직무를 수행한 경우에는 그 직무집행의 내용이 위법한 것으로 평가된다는 점만으로 직무유기죄의 성립을 인정할 것은 아니고, 공무원이 태만·분망 또는 착각 등으로 인하여 직무를 성실히 수행하지 아니한 경우나 형식적으로 또는 소홀히 직무를 수행한 탓으로 적절한 직무수행에 이르지 못한 것에 불과한 경우에도 직무유기죄는 성립하지 아니한다.

④ 경찰관들이 현행범으로 체포한 도박혐의자들에게 현행범인체포서 대신에 임의동행동의서를 작성하게 하고, 그나마 제대로 조사도 하지 않은 채 석방하였으며, 압수한 일부 도박자금에 관하여 압수조서 및 목록도 작성하지 않은 채 반환하고, 일부 도박혐의자의 명의도용 사실과 도박 관련 범죄로 수회 처벌받은 전력을 확인하고서도 아무런 추가조사도 없이 석방한 경우, 그 경찰관들에게는 직무유기죄가 성립한다.

해설 | 출제영역 | 직권남용죄, 공무상 비밀누설죄, 직무유기죄

① (×) 지방자치단체의 장이 승진후보자명부 방식에 의한 5급 공무원 승진임용 절차에서 인사위원회의 사전심의·의결 결과를 참고하여 승진후보자명부상 후보자들에 대하여 승진임용 여부를 심사하고서 최종적으로 승진대상자를 결정하는 것이 아니라, 미리 승진후보자명부상 후보자들 중에서 승진대상자를 실질적으로 결정한 다음 그 내용을 인사위원회 간사, 서기 등을 통해 인사위원회 위원들에게 '승진대상자 추천'이라는 명목으로 제시하여 인사위원회로 하여금 자신이 특정한 후보자들을 승진대상자로 의결하도록 유도하는 행위는 인사위원회 사전심의 제도의 취지에

부합하지 않다는 점에서 바람직하지 않다고 볼 수 있지만, 그것만으로는 직권남용권리행사방해죄의 구성요건인 '직권의 남용' 및 '의무 없는 일을 하게 한 경우'로 볼 수 없다(대법원 2020. 12.10, 2019도17879).

② (○) 대법원 2021.11.25, 2021도2486

③ (○) 형법 제122조에서 정하는 직무유기죄에서 '직무를 유기한 때'란 공무원이 법령, 내규 등에 의한 추상적 성실의무를 태만히 하는 일체의 경우에 성립하는 것이 아니라 직장의 무단이탈, 직무의 의식적인 포기 등과 같이 국가의 기능을 저해하고 국민에게 피해를 야기시킬 가능성이 있는 경우를 가리킨다. 그리하여 일단 직무집행의 의사로 자신의 직무를 수행한 경우에는 직무집행의 내용이 위법한 것으로 평가된다는 점만으로 직무유기죄의 성립을 인정할 것은 아니고, 공무원이 태만·분망 또는 착각 등으로 인하여 직무를 성실히 수행하지 아니한 경우나 형식적으로 또는 소홀히 직무를 수행한 탓으로 적절한 직무수행에 이르지 못한 것에 불과한 경우에도 직무유기죄는 성립하지 아니한다(대법원 2014.4.10, 2013도229).

④ (○) 대법원 2010.6.24, 2008도11226

정답 ①

---

003 ✓ 대표 ◆◆◇ 변호사 2020

직권남용권리행사방해죄에 관한 설명 중 옳지 않은 것은? (다툼이 있는 경우 판례에 의함)

① 직권남용권리행사방해죄에서 '권리'는 법률에 명기된 권리에 한하지 않고 법령상 보호되어야 할 이익이면 족하고 공법상 권리인지 사법상 권리인지를 묻지 않으며, '의무'는 법률상 의무를 가리키고 단순한 심리적 의무감 또는 도덕적 의무는 이에 해당하지 아니한다.

② 어떠한 직무가 공무원이 일반적 권한에 속하는 사항이라고 하기 위해서는 그에 관한 법령상의 근거가 필요하고, 법령상 명문의 근거가 없는 경우에는 직권남용권리행사방해죄가 성립하지 아니한다.

③ 공무원이 자신의 직무권한에 속하는 사항에 관하여 실무 담당자로 하여금 그 직무집행을 보조하는 사실행위를 하도록 하더라도 이는 공무원 자신의 직무집행으로 귀결될 뿐이므로 원칙적으로 직권남용권리행사방해죄에서 말하는 의무 없는 일을 하게 한 때에 해당한다고 할 수 없다.

④ 공무원의 행위가 권리행사를 방해함으로 인한 직권남용권리행사방해죄와 의무 없는 일을 하게 함으로 인한 직권남용권리행사방해죄 두 가지 행위태양에 모두 해당하는 것으로 기소된 경우, 권리행사를 방해함으로 인한 직권남용권리행사방해죄만 성립하고 의무 없는 일을 하게 함으로 인한 직권남용권리행사방해죄는 따로 성립하지 아니한다.

⑤ 공무원의 직권남용행위가 있었다 할지라도 현실적으로 권리행사의 방해라는 결과가 발생하지 아니하였다면 직권남용권리행사방해죄의 기수를 인정할 수 없다.

해설 | 출제영역 | 직권남용권리행사방해죄

② (×) 어떠한 직무가 공무원의 일반적 권한에 속하는 사항이라고 하기 위해서는 그에 관한 법령상의 근거가 필요하다. 다만 법령상의 근거는 반드시 명문의 근거만을 의미하는 것은 아니고, 명문이 없는 경우라도 법·제도를 종합적, 실질적으로 관찰해서 그것이 해당 공무원의 직무권한에 속한다고 해석되고 그것이 남용된 경우 상대방으로 하여금 의무 없는 일을 행하게 하거나 상대방의 권리를 방해하기에 충분한 것이라고 인정되는 경우에는 직권남용죄에서 말하는 일반적 권한에 포함된다(대법원 2019.3.14, 2018도18646).

① (○) 대법원 2010.1.28, 2008도7312; 2009.1.30, 2008도6950

③ (○) 대법원 2019.3.14, 2018도18646

④ (○) 대법원 2010.1.28, 2008도7312

⑤ (○) 대법원 2006.2.9, 2003도4599

정답 ②

---

004 ✓ 유사 ◆◆◇ 국가9급 2021

「형법」상 범죄의 구성요건에 대한 설명으로 옳은 것은?

① 외교상기밀누설죄(제113조 제1항), 공무상비밀누설죄(제127조) 및 업무상비밀누설죄(제317조 제1항)는 신분범이다.

② 수뢰죄(제129조 제1항), 증뢰죄(제133조 제1항) 및 알선수뢰죄(제132조)는 뇌물을 약속한 때에도 성립한다.

③ 직권남용죄(제123조), 불법체포·감금죄(제124조) 및 폭행·가혹행위죄(제125조)의 행위주체는 같다.

④ 사전수뢰죄(제129조 제2항)와 사후수뢰죄(제131조 제3항)는 범죄의 성립에 '부정한 청탁'을 요구한다.

해설 | 출제영역 | 공무원의 직무범죄

② (○) 수뢰죄와 알선수뢰죄의 행위태양은 수수, 요구, 약속이요, 증뢰죄의 행위태양은 약속, 공여, 공여의 의사표시이다.

① (×) 외교상기밀누설죄는 누구든지 범할 수 있는 일반범이므로, 신분범이 아니다.

③ (×) 직권남용죄의 주체는 공무원, 불법체포·감금죄와 폭행·가혹행위죄의 주체는 재판, 검찰, 경찰 기타 인신구속에 관한 직무를 행하는 자 또는 이를 보조하는 자이다.

④ (×) 사전수뢰죄와 사후수뢰죄는 부정한 청탁이 아니라 '청탁'을 받는 것을 구성요건으로 한다.
[보충] '부정한 청탁' 요건은 제3자 뇌물제공죄(제130조)와 배임수재죄(제357조 제1항)의 구성요건에서 요구된다.

정답 ②

공무원의 직무에 관한 죄에 대한 다음 설명 중 가장 옳지 않은 것은? (다툼이 있는 경우 판례에 의하고, 전원합의체 판결의 경우 다수의견에 의함)

① 형법 제123조의 직권남용죄에 있어서 직권남용이란 공무원이 그 일반적 직무권한에 속하는 사항에 관하여 직권의 행사에 가탁하여 실질적, 구체적으로 위법·부당한 행위를 하는 경우를 의미하고, 위 죄에 해당하려면 현실적으로 다른 사람이 의무 없는 일을 하였거나 다른 사람의 구체적인 권리행사가 방해되는 결과가 발생하여야 하며, 또한 그 결과의 발생은 직권남용 행위로 인한 것이어야 한다.

② 형법 제128조의 선거방해죄의 주체는 검찰, 경찰 또는 군의 직에 있는 공무원이다.

③ 경찰관이 압수물을 범죄 혐의의 입증에 사용하도록 하는 등의 적절한 조치를 취하지 아니하고 피압수자에게 돌려주어 증거인멸죄를 범한 경우에 별도로 부작위범인 직무유기죄가 성립한다.

④ 뇌물을 수수함에 있어서 공여자를 기망한 점이 있다 하여도 뇌물수수죄, 뇌물공여죄의 성립에는 영향이 없다.

해설 | 출제영역 | 공무원의 직무에 관한 죄 – 구성요건

③ (×) 경찰서 방범과장이 부하직원으로부터 음반·비디오물 및 게임물에 관한 법률 위반 혐의로 오락실을 단속하여 증거물로 오락기의 변조 기판을 압수하여 사무실에 보관 중임을 보고받아 알고 있었음에도 그 직무상의 의무에 따라 위 압수물을 수사계에 인계하고 검찰에 송치하여 범죄 혐의의 입증에 사용하도록 하는 등의 적절한 조치를 취하지 않고, 오히려 부하직원에게 위와 같이 압수한 변조 기판을 돌려주라고 지시하여 오락실 업주에게 이를 돌려준 경우, 작위범인 증거인멸죄만이 성립하고 부작위범인 직무유기(거부)죄는 따로 성립하지 아니한다(대법원 2006.10.19, 2005도3909 전원합의체).

① (○) 대법원 2005.4.15, 2002도3453

② (○) 검찰, 경찰 또는 군의 직에 있는 공무원이 법령에 의한 선거에 관하여 선거인, 입후보자 또는 입후보자 되려는 자에게 협박을 가하거나 기타 방법으로 선거의 자유를 방해한 때에는 10년 이하의 징역과 5년 이상의 자격정지에 처한다(제128조).

④ (○) 대법원 1985.2.8, 84도2625

정답 ③

직무유기죄에 관한 다음 설명 중 가장 옳지 않은 것은? (다툼이 있는 경우 판례에 의하고, 전원합의체 판결의 경우 다수의견에 의함)

① 경찰관이 압수물을 범죄 혐의의 입증에 사용하도록 하는 등의 조치를 취하지 않고 피압수자에게 돌려준 경우 증거인멸죄와 직무유기죄가 모두 성립하고, 양 죄는 상상적 경합관계에 있다.

② 경찰관이 불법체류자의 신병을 출입국관리사무소에 인계하지 않고 훈방하면서 이들의 인적사항조차 기재해 두지 아니하였다면 직무유기죄가 성립한다.

③ 일단 직무집행의 의사로 자신의 직무를 수행하였다면 그 직무집행의 내용이 위법하다 하더라도 직무유기죄는 성립하지 않는다.

④ 농지사무를 담당한 군 직원이 농지불법전용 사실을 알고도 아무런 조치를 취하지 않다가 해당 농지의 농지전용허가를 내주기 위해 불법농지전용사실은 일체 기재하지 않은 허위의 출장복명서 및 심사의견서를 작성한 경우 허위공문서작성죄, 동행사죄와 직무유기죄가 별도 성립하고, 각 죄는 실체적 경합관계에 있다.

해설 | 출제영역 | 직무유기의 요건·죄수

① (×) 경찰서 방범과장이 부하직원으로부터 음반·비디오물 및 게임물에 관한 법률 위반 혐의로 오락실을 단속하여 증거물로 오락기의 변조 기판을 압수하여 사무실에 보관중임을 보고받아 알고 있었음에도 그 직무상의 의무에 따라 위 압수물을 수사계에 인계하고 검찰에 송치하여 범죄 혐의의 입증에 사용하도록 하는 등의 적절한 조치를 취하지 않고, 오히려 부하직원에게 위와 같이 압수한 변조 기판을 돌려주라고 지시하여 오락실 업주에게 이를 돌려준 경우, 작위범인 증거인멸죄만이 성립하고 부작위범인 직무유기(거부)죄는 따로 성립하지 아니한다(대법원 2006.10.19, 2005도3909).

② (○) 경찰관이 불법체류자의 신병을 출입국관리사무소에 인계하지 않고 훈방하면서 이들의 인적사항조차 기재해 두지 아니하였다면 직무유기죄가 성립한다(대법원 2008.2.14, 2005도4202).

③ (○) 직무집행의 의사로 자신의 직무를 수행한 경우에는 직무집행의 내용이 위법한 것으로 평가된다는 점만으로 직무유기죄의 성립을 인정할 것은 아니고, 공무원이 태만·분망 또는 착각 등으로 인하여 직무를 성실히 수행하지 아니한 경우나 형식적으로 또는 소홀히 직무를 수행한 탓으로 적절한 직무수행에 이르지 못한 것에 불과한 경우에도 직무유기죄는 성립하지 아니한다(대법원 2014.4.10, 2013도229).

④ (○) 공무원이 어떠한 위법사실을 발견하고도 직무상 의무에 따른 적절한 조치를 취하지 아니하고 위법사실을 적극적으로 은폐할 목적으로 허위공문서를 작성·행사한 경우에는 직무위배의 위법 상태는 허위공문서작성 당시부터 그 속에 포함되는 것으로 작위범인 허위공문서작성, 동행사죄만이 성립하고 부작위범인 직무유기죄는 따로 성립하지 아니하나, 위 복명서 및 심사의견서를 허위작성한 것이 농지일시전용허가를 신청하자 이를 허가하여 주기 위하여 한 것이라면 직접적으로 농지불법전용 사실을 은폐하기 위하여 한 것은 아니므로 위 허위공문서작성, 동행사죄와 직무유기죄는 실체적 경합범의 관계에 있다(대법원 1993.12.24, 92도3334).

정답 ①

007 ☑ 유사 ◆◆◇ 경찰승진 2022 유사 법원9급 2016

직무유기죄에 관한 다음 설명 중 가장 옳지 않은 것은? (다툼이 있는 경우 판례에 의함)

① 직무유기죄에서 '직무를 유기한 때'란 공무원이 법령, 내규 등에 의한 추상적 성실의무를 태만히 하는 일체의 경우에 성립하는 것이 아니라 직장의 무단이탈, 직무의 의식적인 포기 등과 같이 국가의 기능을 저해하고 국민에게 피해를 야기시킬 가능성이 있는 경우를 가리킨다.

② 직무유기죄는 그 직무를 수행하여야 하는 작위의무의 존재와 그에 대한 위반을 전제로 하고 있는바, 그 작위의무를 수행하지 아니함으로써 즉시 성립하고 그와 동시에 완성되는 즉시범이므로 그 범죄성립과 동시에 공소시효가 진행한다.

③ 병가중인 공무원의 경우 구체적인 작위의무 내지 국가기능의 저해에 대한 구체적인 위험성이 있다고 할 수 없어 직무유기죄의 주체로 될 수는 없다.

④ 공무원이 어떠한 위법사실을 발견하고도 직무상 의무에 따른 적절한 조치를 취하지 아니하고 위법사실을 적극적으로 은폐할 목적으로 허위공문서를 작성, 행사한 경우에는 직무위배의 위법상태는 허위공문서작성 당시부터 그 속에 포함되는 것으로 작위범인 허위공문서작성, 동행사죄만이 성립하고 부작위범인 직무유기죄는 따로 성립하지 아니한다.

해설 출제영역 | 직무유기죄

② (×) 직무유기죄는 그 직무를 수행하여야 하는 작위의무의 존재와 그에 대한 위반을 전제로 하고 있는바, 그 작위의무를 수행하지 아니함으로써 구성요건에 해당하는 사실이 있었고 그 후에도 계속하여 그 작위의무를 수행하지 아니하는 위법한 부작위상태가 계속되는 한 가벌적 위법상태는 계속 존재하고 있다고 할 것이며 형법 제122조 후단은 이를 전체적으로 보아 1죄로 처벌하는 취지로 해석되므로 이를 즉시범이라고 할 수 없다(대법원 1997. 8.29, 97도675).

① (○) 대법원 2014.4.10, 2013도229

③ (○) 직무유기죄는 구체적으로 그 직무를 수행하여야 할 작위의무가 있는데도 불구하고 이러한 직무를 버린다는 인식하에 그 작위의무를 수행하지 아니함으로써 성립하는 것이고, 또 그 직무를 유기한 때라 함은 공무원이 법령, 내규 등에 의한 추상적인 충근의무를 태만히 하는 일체의 경우를 이르는 것이 아니고, 직장의 무단이탈, 직무의 의식적인 포기 등과 같이 그것이 국가의 기능을 저해하며 국민에게 피해를 야기시킬 가능성이 있는 경우를 말하는 것이므로, 병가중인 자의 경우 구체적인 작위의무 내지 국가기능의 저해에 대한 구체적인 위험성이 있다고 할 수 없어 직무유기죄의 주체로 될 수는 없다(대법원 1997.4.22, 95도748).

④ (○) 대법원 1999.12.24, 99도2240

정답 ②

008 ☑ 유사 ◆◆◇ 법원행시 2020

직권남용권리행사방해죄에 관한 다음 설명 중 옳지 않은 것은 모두 몇 개인가? (다툼이 있는 경우 판례에 의함)

가. 공무원이 한 행위가 직권남용에 해당한다고 하여 그러한 이유만으로 상대방이 한 일이 '의무 없는 일'에 해당한다고 인정할 수는 없다. '의무 없는 일'에 해당하는지는 직권을 남용하였는지와 별도로 상대방이 그러한 일을 할 법령상 의무가 있는지를 살펴 개별적으로 판단하여야 한다. 직권남용 행위의 상대방이 일반 사인인 경우 특별한 사정이 없는 한 직권에 대응하여 따라야 할 의무가 없으므로 그에게 어떠한 행위를 하게 하였다면 '의무 없는 일을 하게 한 때'에 해당할 수 있다.

나. '직권남용'이란 공무원이 일반적 직무권한에 속하는 사항에 관하여 그 권한을 위법·부당하게 행사하는 것을 뜻한다. 어떠한 직무가 공무원의 일반적 직무권한에 속하는 사항이라고 하기 위해서는 그에 관한 법령상 근거가 필요하고, 명문의 규정 없이 법령과 제도를 종합적, 실질적으로 살펴보아 그것이 해당 공무원의 직무권한에 속한다고 해석된다는 이유만으로 직권남용죄에서 말하는 일반적 직무권한에 포함된다고 보아서는 아니 된다.

다. 직권남용권리행사방해죄는 공무원에게 직권이 존재하는 것을 전제로 하는 범죄이고, 직권은 국가의 권력 작용에 의해 부여되거나 박탈되는 것이므로, 공무원이 공직에서 퇴임하면 해당 직무에서 벗어나고 그 퇴임이 대외적으로도 공표된다. 공무원인 피고인이 퇴임한 이후에는 위와 같은 직권이 존재하지 않으므로, 퇴임 후의 범행에 관하여는 공범으로서 책임을 지지 않는다고 보아야 하고, 퇴임 후에도 실질적 영향력을 행사하는 등으로 퇴임 전 공모한 범행에 관한 기능적 행위지배가 계속되었다고 인정할 만한 사정이 있다고 달리 볼 것은 아니다.

라. 공무원인 행위자가 상대방에게 어떠한 이익 등의 제공을 요구한 경우 발생 가능한 것으로 생각할 수 있는 정도의 구체적인 해악의 고지로 인정될 수 없다면 직권남용이나 뇌물요구 등이 될 수는 있어도 협박을 요건으로 하는 강요죄가 성립하기는 어렵다.

마. 직권남용권리행사방해죄는 단순히 공무원이 직권을 남용하는 행위를 하였다는 것만으로 곧바로 성립하는 것이 아니다. 직권을 남용하여 현실적으로 다른 사람이 법령상 의무 없는 일을 하게 하였거나 다른 사람의 구체적인 권리행사를 방해하는 결과가 발생하여야 하고, 그 결과의 발생은 직권남용 행위로 인한 것이어야 한다.

① 1개　　　　　② 2개
③ 3개　　　　　④ 4개
⑤ 없음

해설 출제영역 | 국가의 기능, 직권남용

② 옳지 않은 지문은 나, 다. 2개이다.

가. (○) 대법원 2020.2.13, 2019도5186

나. (×) '직권남용'이란 공무원이 일반적 직무권한에 속하는 사항에 관하여 그 권한을 위법·부당하게 행사하는 것을 뜻한다. 어떠한 직무가 공무원의 일반적 직무권한에 속하는 사항이라고 하기 위해서는 그에 관한 법령상 근거가 필요하다. 법령상 근거는 반드시 명문의 규정만을 요구하는 것이 아니라 명문의 규정이 없더라도 법령과 제도를 종합적, 실질적으로 살펴보아 그것이 해당 공무원의 직무권한에 속한다고 해석되고, 이것이 남용된 경우 상대방으로 하여금 사실상 의무 없는 일을 하게 하거나 권리를 방해하기에 충분한 것이라고 인정되는 경우에는 직권남용죄에서 말하는 일반적 직무권한에 포함된다(대법원 2020.2.13, 2019도5186).

다. (×) 직권남용권리행사방해죄는 공무원에게 직권이 존재하는 것을 전제로 하는 범죄이고, 직권은 국가의 권력 작용에 의해 부여되거나 박탈되는 것이므로, 공무원이 공직에서 퇴임하면 해당 직무에서 벗어나고 그 퇴임이 대외적으로도 공표된다. 공무원인 피고인이 퇴임한 이후에는 위와 같은 직권이 존재하지 않으므로, 퇴임 후에도 실질적 영향력을 행사하는 등으로 퇴임 전 공모한 범행에 관한 기능적 행위지배가 계속되었다고 인정할 만한 특별한 사정이 없는 한, 퇴임 후의 범행에 관하여는 공범으로서 책임을 지지 않는다고 보아야 한다(대법원 2020.2.13, 2019도5186).

라. (○) 대법원 2019.8.29, 2018도13792 전원합의체

마. (○) 대법원 2020.1.30, 2018도2236 전원합의체

정답 ②

---

009 ☑ 대표 ◆◆◆ 국가7급 2023

형법 제123조 직권남용죄에 대한 설명으로 옳지 않은 것은?

① 직권남용죄가 성립하기 위해서는 현실적으로 다른 사람이 의무 없는 일을 하였거나 다른 사람의 구체적인 권리행사가 방해되는 결과가 발생하여야 하며, 또한 그 결과의 발생은 직권남용 행위로 인한 것이어야 한다.

② 직권남용은 공무원이 그의 일반적 권한에 속하는 사항에 관하여 그것을 불법하게 행사하는 것, 즉 형식적·외형적으로는 직무집행으로 보이나 실질적으로는 정당한 권한 외의 행위를 하는 경우를 의미한다.

③ 직권남용죄에 있어 의무 없는 일에 해당하는지는 직권을 남용하였는지와 별도로 상대방이 그러한 일을 할 법령상 의무가 있는지를 살펴 개별적으로 판단하여야 한다.

④ 직무집행의 기준과 절차가 법령에 구체적으로 명시되어 있고 실무 담당자에게도 직무집행의 기준을 적용하고 절차에 관여할 고유한 권한과 역할이 부여되어 있다면 공무원이 실무 담당자로 하여금 그러한 기준과 절차를 위반하여 직무집행을 보조하게 한 경우에는 '의무 없는 일을 하게 한 때'에 해당한다고 할 수 없으나, 공무원이 자신의 직무권한에 속하는 사항에 관하여 실무 담당자로 하여금 그 직무집행을 보조하는 사실행위를 하도록 하였다면 원칙적으로 '의무 없는 일을 하게 한 때'에 해당한다.

해설 출제영역 | 직권남용권리행사방해죄

④ (×) 공무원이 자신의 직무권한에 속하는 사항에 관하여 실무담당자로 하여금 그 직무집행을 보조하는 사실행위를 하도록 하더라도 이는 공무원 자신의 직무집행으로 귀결될 뿐이므로 원칙적으로 의무 없는 일을 하게 한 때에 해당한다고 할 수 없다. 그러나 직무집행의 기준과 절차가 법령에 구체적으로 명시되어 있고 실무 담당자에게도 직무집행의 기준을 적용하고 절차에 관여할 고유한 권한과 역할이 부여되어 있다면 실무 담당자로 하여금 그러한 기준과 절차를 위반하여 직무집행을 보조하게 한 경우에는 '의무 없는 일을 하게 한 때'에 해당한다(대법원 2021.9.9, 2021도2030).

① (○) 직권남용권리행사방해죄는 단순히 공무원이 직권을 남용하는 행위를 하였다는 것만으로 곧바로 성립하는 것이 아니다. 직권을 남용하여 현실적으로 다른 사람이 법령상 의무 없는 일을 하게 하였거나 다른 사람의 구체적인 권리행사를 방해하는 결과가 발생하여야 하고, 그 결과의 발생은 직권남용 행위로 인한 것이어야 한다(대법원 2022.4.14, 2017도19635).

② (○) 직권남용죄의 "직권남용"이란 공무원이 그의 일반적 권한에 속하는 사항에 관하여 그것을 불법하게 행사하는 것, 즉 형식적, 외형적으로는 직무집행으로 보이나 그 실질은 정당한 권한 이외의 행위를 하는 경우를 의미하고, 따라서 직권남용은 공무원이 그의 일반적 권한에 속하지 않는 행위를 하는 경우인 지위를 이용한 불법행위와는 구별되며, 또 직권남용죄에서 말하는 "의무"란 법률상 의무를 가리키고, 단순한 심리적 의무감 또는 도덕적 의무는 이에 해당하지 아니한다(대법원 1991.12.27, 90도2800).

③ (○) 공무원이 한 행위가 직권남용에 해당한다고 하여 그러한 이

유만으로 상대방이 한 일이 '의무 없는 일'에 해당한다고 인정할 수는 없다. '의무 없는 일'에 해당하는지는 직권을 남용하였는지와 별도로 상대방이 그러한 일을 할 법령상 의무가 있는지를 살펴 개별적으로 판단하여야 한다(대법원 2020.2.13, 2019도5186).

---

010 ☑유사 ◆◆◇　　　　　　　　　경찰1차 2021

다음의 ㉠부터 ㉣까지의 설명 중 옳고 그름의 표시 (○, ×)가 모두 바르게 된 것은? (다툼이 있는 경우 판례에 의함)

> ㉠ 직권남용 행위의 상대방이 공무원이거나 법령에 따라 일정한 공적 임무를 부여받고 있는 공공기관 등의 임직원인 경우에는 법령에 따라 임무를 수행하는 지위에 있으므로 그가 직권에 대응하여 어떠한 일을 한 것이 의무 없는 일인지 여부는 관계 법령 등의 내용에 따라 개별적으로 판단하여야 한다.
>
> ㉡ 공무원이 자신의 직무와 관련된 상대방에게 공무원 자신 또는 자신이 지정한 제3자를 위하여 재산적 이익 등의 제공을 요구하고 상대방은 어떠한 이익을 기대하며 그에 대한 대가로 요구에 응하였다면, 다른 사정이 없는 한 협박을 요건으로 하는 강요죄가 성립하지 않는다.
>
> ㉢ 공무원이 자신의 직무권한에 속하는 사항에 관하여 실무 담당자로 하여금 그 직무집행을 보조하는 사실행위를 하도록 하였다면, 이는 원칙적으로 직권남용권리행사방해죄에서 말하는 '의무 없는 일을 하게 한 때'에 해당한다.
>
> ㉣ 학대죄는 자기의 보호 또는 감독을 받는 사람에게 육체적으로 고통을 주거나 정신적으로 차별대우를 하는 행위가 있음과 동시에 범죄가 완성되는 상태범 또는 즉시범이다.

① ㉠(○) ㉡(○) ㉢(×) ㉣(○)
② ㉠(○) ㉡(×) ㉢(×) ㉣(×)
③ ㉠(×) ㉡(○) ㉢(○) ㉣(○)
④ ㉠(○) ㉡(○) ㉢(×) ㉣(×)

해설 | 출제영역 | 직권남용, 강요, 학대

㉠ (○) 직권남용 행위의 상대방이 일반 사인인 경우 특별한 사정이 없는 한 직권에 대응하여 따라야 할 의무가 없으므로 그에게 어떠한 행위를 하게 하였다면 '의무 없는 일을 하게 한 때'에 해당할 수 있다. 그러나 상대방이 공무원이거나 법령에 따라 일정한 공적 임무를 부여받고 있는 공공기관 등의 임직원인 경우에는 법령에 따라 임무를 수행하는 지위에 있으므로 그가 직권에 대응하여 어떠한 일을 한 것이 의무 없는 일인지 여부는 관계 법령 등의 내용에 따라 개별적으로 판단하여야 한다(대법원 2020.1.30, 2018도2236 전원합의체).

㉡ (○) 행위자가 직무상 또는 사실상 상대방에게 영향을 줄 수 있는 직업이나 지위에 있고 직업이나 지위에 기초하여 상대방에게

어떠한 요구를 하였더라도 곧바로 그 요구 행위를 위와 같은 해악의 고지라고 단정하여서는 안 된다. 특히 공무원이 자신의 직무와 관련한 상대방에게 공무원 자신 또는 사인이 시정한 제3자를 위하여 재산적 이익 또는 일체의 유·무형의 이익 등을 제공할 것을 요구하고 상대방은 공무원의 지위에 따른 직무에 관하여 어떠한 이익을 기대하며 그에 대한 대가로서 요구에 응하였다면, 다른 사정이 없는 한 공무원의 위 요구 행위를 객관적으로 사람의 의사결정의 자유를 제한하거나 의사실행의 자유를 방해할 정도로 겁을 먹게 할 만한 해악의 고지라고 단정하기는 어렵다(대법원 2019.8.29, 2018도13792 전원합의체).

㉢ (×) 공무원이 자신의 직무권한에 속하는 사항에 관하여 실무 담당자로 하여금 그 직무집행을 보조하는 사실행위를 하도록 하더라도 이는 공무원 자신의 직무집행으로 귀결될 뿐이므로 원칙적으로 직권남용권리행사방해죄에서 말하는 '의무 없는 일을 하게 한 때'에 해당한다고 할 수 없다(대법원 2011.2.10, 2010도13766).

㉣ (○) 대법원 1986.7.8, 84도2922

---

011 ☑유사 ◆◆◆　　　　　　　　　경찰2차 2023

공무원의 직무에 관한 죄에 대한 설명으로 가장 적절하지 않은 것은? (다툼이 있는 경우 판례에 의함)

① 공무원이 태만이나 착각 등으로 인하여 직무를 성실히 수행하지 않은 경우 또는 직무를 소홀하게 수행하였기 때문에 성실한 직무수행을 못한 데 지나지 않는 경우에는 직무유기죄가 성립하지 않는다.

② 경찰공무원이 지명수배 중인 범인을 발견하고도 직무상 의무에 따른 적절한 조치를 취하지 아니하고 오히려 범인을 도피하게 하는 행위를 하였다면, 범인도피죄만 성립하고 직무유기죄는 따로 성립하지 않는다.

③ 공무상비밀누설죄는 공무원 또는 공무원이었던 자가 법령에 의한 직무상 비밀을 누설하는 것을 구성요건으로 하고 있는바, 여기서 '법령에 의한 직무상 비밀'이란 법령에 의하여 비밀로 규정되었거나 비밀로 분류 명시된 사항에 한정된다.

④ 통고처분이나 고발을 할 권한이 없는 세무공무원이 그 권한자에게 범칙사건 조사 결과에 따른 통고처분이나 고발조치를 건의하는 등의 조치를 취하지 않았다고 하더라도, 구체적 사정에 비추어 그것이 직무를 성실히 수행하지 못한 것이라고 할 수 있을지언정 그 직무를 의식적으로 방임 내지 포기하였다고 볼 수 없다.

해설 | 출제영역 | 공무원의 직무에 관한 죄

③ (×) 형법 제127조는 공무원 또는 공무원이었던 자가 법령에 의한 직무상 비밀을 누설하는 것을 구성요건으로 하고 있는바, 여기서 법령에 의한 직무상 비밀이란 반드시 법령에 의하여 비밀로 규정되었거나 비밀로 분류 명시된 사항에 한하지 아니하고, 정치, 군사, 외교, 경제, 사회적 필요에 따라 비밀로 된 사항은 물론 정부나 공무소 또는 국민이 객관적, 일반적인 입장에서 외부에 알려지지 않는 것에 상당한 이익이 있는 사항도 포함하나, 실질적으로 그것을 비밀로서 보호할 가치가 있다고 인정할 수 있는

것이어야 하고, 한편 공무상비밀누설죄는 기밀 그 자체를 보호하는 것이 아니라 공무원의 비밀엄수의무의 침해에 의하여 위험하게 되는 이익, 즉 비밀의 누설에 의하여 위험받는 국가의 기능을 보호하기 위한 것이다(대법원 2007.6.14, 2004도5561).

① (○) 대법원 1994.2.8, 93도3568
② (○) 경찰공무원이 지명수배 중인 범인을 발견하고도 직무상 의무에 따른 적절한 조치를 취하지 아니하고 오히려 범인을 도피하게 하는 행위를 하였다면, 그 직무위배의 위법상태는 범인도피행위 속에 포함되어 있다고 보아야 할 것이므로, 이와 같은 경우에는 작위범인 범인도피죄만이 성립하고 부작위범인 직무유기죄는 따로 성립하지 아니한다(대법원 2017.3.15, 2015도1456).
④ (○) 통고처분이나 고발을 할 권한이 없는 세무공무원이 그 권한자에게 범칙사건 조사 결과에 따른 통고처분이나 고발조치를 건의하는 등의 조치를 취하지 않았다고 하더라도, 구체적 사정에 비추어 그것이 직무를 성실히 수행하지 못한 것이라고 할 수 있을지언정 그 직무를 의식적으로 방임 내지 포기하였다고 볼 수 없다(대법원 1997.4.11, 96도2753).

정답 ③

---

012 ✓ 유사 ◆◆◆ 국가9급 2017

다음 설명 중 옳은 것만을 모두 고른 것은? (다툼이 있으면 판례에 의함)

ㄱ 외교상기밀누설죄는 공무원 또는 공무원이었던 자가 직무와 관련하여 알게 된 외교상 기밀을 누설한 때에 성립하는 신분범이다.
ㄴ 직무유기죄에서 '직무를 유기한 때'란 공무원이 법령, 내규 등에 의한 추상적 충근의무를 태만히 하는 일체의 경우를 의미한다.
ㄷ 인신구속에 관한 직무를 보조하는 자가 피해자를 구속하기 위하여 진술조서 등을 허위로 작성한 후 검사와 영장전담판사를 기망하여 구속영장을 발부받아 피해자를 구금한 경우 직권남용감금죄가 성립한다.
ㄹ 공무상비밀누설죄의 보호법익은 비밀 그 자체가 아니라 비밀의 누설에 의하여 위협받는 국가의 기능이다.

① ㄱ, ㄴ   ② ㄱ, ㄷ
③ ㄴ, ㄷ   ④ ㄷ, ㄹ

해설 출제영역 | 국가적 법익에 관한 죄 – 외교상기밀누설죄, 직무유기죄, 직권남용감금죄, 공무상비밀누설죄
ㄱ (×) 외교상기밀누설죄는 주체의 제한 없이 외교상의 기밀을 누설하는 경우에 성립하는 비신분범이다(제113조 제1항).
ㄴ (×) 직무유기죄는 공무원이 법령·내규 등에 의한 추상적 충근의무를 태만히 하는 일체의 경우에 성립하는 것이 아니라, 직장의 무단이탈이나 직무의 의식적인 포기 등과 같이 국가의 기능을 저해하고 국민에게 피해를 야기시킬 구체적 위험성이 있고 불법과 책임비난의 정도가 높은 법익침해의 경우에 한하여 성립한다(대법원 2012.8.30, 2010도13694).
ㄷ (○) 대법원 2006.5.25, 2003도3945
ㄹ (○) 대법원 2012.3.15, 2010도14734

정답 ④

---

013 ✓ 유사 ◆◆◆ 해경승진(경위) 2023

다음 〈보기〉 중 옳은 것을 모두 고른 것은? (다툼이 있는 경우 판례에 의함)

보기

ㄱ 직무유기죄에서 '직무를 유기한 때'란 공무원이 법령, 내규 등에 의한 추상적 성실의무를 태만히 하는 일체의 경우에 성립하는 것이 아니라 직장의 무단이탈, 직무의 의식적인 포기 등과 같이 국가의 기능을 저해하고 국민에게 피해를 야기시킬 가능성이 있는 경우를 가리킨다.
ㄴ 직권남용권리행사방해죄에서 공무원이 직무와는 상관없이 단순히 개인적인 친분에 근거하여 문화예술 활동에 대한 지원을 권유하거나 협조를 의뢰한 경우에는 직권남용에 해당하지 않는다.
ㄷ 직무유기교사죄는 피교사자인 공무원이 수인이라고 하더라도 1개의 직무유기교사죄만 성립한다.
ㄹ 직권남용권리행사방해죄에서 말하는 '권리'는 법률에 명기된 권리에 한하지 않고 법령상 보호되어야 할 이익이면 족하고, 그것이 공법상의 권리인지 사법상의 권리인지를 묻지 않는다.
ㅁ 뇌물을 받는 주체가 아닌 자가 수고비로 받은 부분이나 뇌물을 받기 위하여 형식적으로 체결된 용역계약에 따른 비용으로 사용된 부분은 뇌물의 가액과 추징액에서 공제할 항목에 해당한다.

① ㄱ, ㄴ, ㄷ   ② ㄱ, ㄴ, ㄹ
③ ㄱ, ㄴ, ㄷ, ㄹ   ④ ㄱ, ㄴ, ㄹ, ㅁ

해설 출제영역 | 공무원의 직무에 관한 죄
ㄱ (○) 대법원 2014.4.10, 2013도229.
ㄴ (○) '직권남용'이란 공무원이 그 일반적 직무권한에 속하는 사항에 관하여 직권의 행사에 가탁하여 실질적, 구체적으로 위법·부당한 행위를 하는 경우를 의미하고, 공무원이 직무와는 상관없이 단순히 개인적인 친분에 근거하여 문화예술 활동에 대한 지원을 권유하거나 협조를 의뢰한 것에 불과한 경우까지 직권남용에 해당한다고 할 수는 없다(대법원 2009.1.30, 2008도6950).
ㄷ (×) 직무유기교사죄는 피교사자인 공무원별로 1개의 죄가 성립되는 것이다(대법원 1997.8.22, 95도984).
ㄹ (○) 직권남용죄에서 권리행사를 방해한다 함은 법령상 행사할 수 있는 권리의 정당한 행사를 방해하는 것을 말하므로, 이에 해당하려면 구체화된 권리의 현실적인 행사가 방해된 경우라야 하고, 여기서 말하는 '권리'는 법률에 명기된 권리에 한하지 않고 법령상 보호되어야 할 이익이면 족한 것으로서, 공법상의 권리인지 사법상의 권리인지를 묻지 않는다(대법원 2022.4.28, 2021도11012).
ㅁ (×) 공무원이 뇌물을 받음에 있어서 그 취득을 위하여 상대방에게 뇌물의 가액에 상당하는 금원의 일부를 비용의 명목으로 출연하거나 그 밖에 경제적 이익을 제공하였다 하더라도, 이는 뇌물을 받는 데 지출한 부수적 비용에 불과하다고 보아야 할 것이지, 이로 인하여 공무원이 받은 뇌물이 그 뇌물의 가액에서 위와 같은 지출액을 공제한 나머지 가액에 상당하는 이익에 한정되는 것이라고 볼 수는 없으므로, 그 공무원으로부터 뇌물죄로 얻은 이익을 몰수·추징함에 있어서는 그 받은 뇌물 자체를 몰수하여야 하

고, 그 뇌물의 가액에서 위와 같은 지출을 공제한 나머지 가액에 상당한 이익만을 몰수·추징할 것은 아니다(대법원 1999.10.8, 99도1638).

정답 ②

---

014 ✓ 대표 ◆◇◇ 국가9급 2017

뇌물죄에 대한 설명으로 옳지 않은 것은? (다툼이 있으면 판례에 의함)

① 뇌물죄에서 말하는 '직무'에는 법령에 정하여진 직무뿐만 아니라 그와 관련 있는 직무, 과거에 담당하였거나 장래에 담당할 직무 외에 사무분장에 따라 현실적으로 담당하지 않는 직무라도 법령상 일반적인 직무권한에 속하는 직무 등 공무원이 그 직위에 따라 공무로 담당할 일체의 직무를 포함한다.

② 뇌물죄는 직무집행의 공정성과 이에 대한 사회의 신뢰 및 직무행위의 불가매수성을 그 보호법익으로 하고 있고, 직무에 관한 청탁이나 부정한 행위를 필요로 하는 것은 아니기 때문에 수수된 금품의 뇌물성을 인정하는 데 특별한 청탁이 있어야만 하는 것은 아니다.

③ 뇌물죄에서 뇌물의 내용인 이익이라 함은 금전, 물품 기타의 재산적 이익뿐만 아니라 사람의 수요, 욕망을 충족시키기에 족한 일체의 유형, 무형의 이익을 포함한다고 해석되고, 투기적 사업에 참여할 기회를 얻는 것도 이에 해당한다.

④ 뇌물수수죄와 뇌물공여죄는 필요적 공범관계에 있으므로 뇌물공여죄가 성립하기 위해서는 상내방 측에서 뇌물수수죄가 성립되어야 한다.

해설) 출제영역 | 국가적 법익에 관한 죄 – 뇌물죄

④ (×) 뇌물공여죄가 성립하기 위하여는 뇌물을 공여하는 행위와 상대방 측에서 금전적으로 가치가 있는 그 물품 등을 받아들이는 행위가 필요할 뿐 반드시 상대방 측에서 뇌물수수죄가 성립하여야 하는 것은 아니다(대법원 2013.11.28, 2013도9003).

① (○) 대법원 2013.11.28, 2013도9003
② (○) 대법원 2014.10.15, 2014도8113
③ (○) 대법원 2002.11.26, 2002도3539

정답 ④

---

015 ✓ 대표 ◆◇◇ 법원행시 2019

뇌물죄에 관한 다음 설명 중 가장 옳지 않은 것은?

① 공무원이 장래에 담당할 직무에 대한 대가로 이익을 수수한 경우에도 뇌물수수죄가 성립할 수 있지만, 그 이익을 수수할 당시 장래에 담당할 직무에 속하는 사항이 그 수수한 이익과 관련된 것임을 확인할 수 없을 정도로 막연하고 추상적이거나, 장차 그 수수한 이익과 관련지을 만한 직무권한을 행사할지 여부 자체를 알 수 없다면, 그 이익이 장래에 담당할 직무에 관하여 수수되었다거나 그 대가로 수수되었다고 단정하기 어렵다.

② 정치자금의 명목으로 금품을 주고받았고 정치자금법에 정한 절차를 밟았다고 할지라도, 정치인의 정치활동 전반에 대한 지원의 성격을 갖는 것이 아니라 공무원인 정치인의 특정한 구체적 직무행위와 관련하여 금품 제공자에게 유리한 행위를 기대하거나 또는 그에 대한 사례로서 금품을 제공함으로써 정치인인 공무원의 직무행위에 대한 대가로서의 실체를 가진다면 뇌물성이 인정된다.

③ 피고인이 먼저 뇌물을 요구하여 증뢰자가 제공하는 돈을 받았다고 하더라도 수령한 액수가 당초 예상한 것보다 너무 많은 액수여서 후에 이를 전부 반환한 경우에는, 받은 돈 전부에 대한 영득의 의사가 인정되지 않으므로 뇌물을 수수하였다고 할 수 없다.

④ 뇌물을 수수한 자가 공동수수자가 아닌 교사범 또는 종범에게 뇌물 중의 일부를 사례금 등의 명목으로 교부하였다면 이는 뇌물을 수수하는 데에 따르는 부수적 비용의 지출 또는 뇌물의 소비행위에 지나지 아니하므로, 뇌물수수자로부터 그 수뢰액 전부를 추징하여야 한다.

⑤ 공무원이 직무관련자에게 제3자와 계약을 체결하도록 요구하여 계약 체결을 하게 한 행위가 제3자뇌물수수죄의 구성요건과 직권남용권리행사방해죄의 구성요건에 모두 해당하는 경우에는, 제3자뇌물수수죄와 직권남용권리행사방해죄가 각각 성립하되, 이는 사회관념상 하나의 행위가 수 개의 죄에 해당하는 경우이므로 두 죄는 형법 제40조의 상상적 경합관계에 있다.

해설) 출제영역 | 뇌물죄 일반

③ (×) 피고인이 먼저 뇌물을 요구하여 증뢰자가 제공하는 돈을 받았다면 피고인에게는 받은 돈 전부에 대한 영득의 의사가 인정된다고 하지 않을 수 없고, 이처럼 영득의 의사로 뇌물을 수령한 이상 그 액수가 피고인이 예상한 것보다 너무 많은 액수여서 후에 이를 반환하였다고 하더라도 뇌물죄의 성립에는 영향이 없다(대법원 2007.3.29, 2006도9182).

① (○) 대법원 2017.12.22, 2017도12346
② (○) 대법원 2017.3.22, 2016도21536
④ (○) 대법원 2011.11.24, 2011도9585

⑤ (○) 대법원 2017.3.15, 2016도19659

정답 ③

016 ✓ 유사 ◆◆◇ 경찰1차 2018 유사 경찰2차 2021

공무원의 직무에 관한 죄에 대한 설명으로 가장 적절하지 않은 것은? (다툼이 있는 경우 판례에 의함)

① (구)해양수산부 해운정책과 소속 공무원이 해운회사의 대표이사에게 중국의 선박운항 허가 담당부서가 관장하는 중국 국적선사의 선박에 대한 운항허가를 받을 수 있도록 노력해 달라는 부탁을 받고 돈을 받은 경우에는 직무관련성이 없어 뇌물수수죄가 성립하지 아니한다.

② 국회의원이 대한치과의사협회로부터 요청받은 자료를 제공하고 그 대가로서 후원금 명목으로 금원 1,000만 원을 교부받은 경우에는 직무관련성이 있어 뇌물수수죄가 성립한다.

③ 공무원이 어촌계장에게 선물을 받을 명단을 보내 자신의 이름으로 새우젓을 택배로 발송하게 하고, 그 대금을 지급하지 않는 방법으로 직무에 관하여 뇌물을 받은 경우에는 공여자와 수뢰자 사이에 직접 금품이 수수되지 않았더라도 뇌물공여죄 및 뇌물수수죄가 성립한다.

④ 공무원이 직무의 대상이 되는 사람으로부터 사교적 의례의 형식을 빌려 금품을 주고받은 것이 개인적인 친분관계가 있어서 교분상의 필요에 의한 것이라고 명백하게 인정할 수 있는 경우라도 직무관련성이 있어 뇌물공여죄 및 뇌물수수죄가 성립한다.

해설 출제영역 | 국가의 기능, 뇌물죄

④ (×) 사회상규에 비추어 의례상의 대가에 불과하거나 개인적인 친분관계가 있어 교분상의 필요에 의한 것이라고 명백하게 인정할 수 있다면 뇌물에 해당하지 않는다.

> [판례 1] "피고인의 아들들의 결혼식장에서 공소외인 들이 축의금으로 낸 것을 사후에 전달받은 것일 뿐만 아니라 피고인이 동 공소외인들과는 개인적으로도 친분관계를 맺어온 사이였다면 비록 동 공소외인들이 피고인의 직무와 관련이 있는 사업을 경영하는 사람들이었다 하더라도 그 사정만으로 위 금원이 축의금을 빙자하여 뇌물로 수수된 것이라고 단정할 수 없다(대법원 1982. 9.14, 81도2774)."
>
> [판례 2] "공무원이 그 직무의 대상이 되는 사람으로부터 금품 기타 이익을 받은 때에는 그것이 그 사람이 종전에 공무원으로부터 접대 또는 수수받은 것을 갚는 것으로서 사회상규에 비추어 볼 때에 의례상의 대가에 불과한 것이라고 여겨지거나, 개인적인 친분관계가 있어서 교분상의 필요에 의한 것이라고 명백하게 인정할 수 있는 경우 등 특별한 사정이 없는 한 직무와의 관련성이 없는 것으로 볼 수 없고, 공무원의 직무와 관련하여 금품을 수수하였다면 비록 사교적 의례

> 의 형식을 빌어 금품을 주고 받았다 하더라도 그 수수한 금품은 뇌물이 된다(대법원 2000.1.21, 99도4940)."

① (○) 대법원 2011.5.26, 2009도2453
② (○) 대법원 2009.5.14, 2008도8852
③ (○) 대법원 2020.9.24, 2017도12389

정답 ④

017 ✓ 유사 ◆◇◇ 국가7급 2016

다음 설명 중 옳지 않은 것은? (다툼이 있는 경우 판례에 의함)

① 경찰관이 순찰 중 방치된 오토바이를 발견하고 오토바이 상회 운영자에게 연락하여 오토바이를 수거해 가도록 하고 그 대가로 금 20만 원을 받은 경우 작위범인 수뢰죄만 성립하고 부작위범인 직무유기죄는 성립하지 않는다.

② 뇌물을 받은 일자가 상당한 기간에 걸쳐 있고 돈을 받은 일자 사이에 상당한 기간이 끼어 있더라도 단일하고 계속된 범의 아래 일정기간 반복하여 행하고 그 피해법익도 동일한 것이라면 수뢰죄의 포괄일죄가 된다.

③ 공무원이 뇌물로 투기적 사업에 참여할 기회를 제공받은 경우 뇌물수수죄의 기수 시기는 투기적 사업에 참여하는 행위가 종료된 때로 보아야 한다.

④ 공무원으로 재직하던 중 직무와 관련하여 뇌물을 수수하였으나 나중에 임용결격자임이 밝혀져 당초의 임용행위가 무효인 경우에도 뇌물수수죄가 성립한다.

해설 출제영역 | 뇌물수수죄의 구성요건

① (×) '직무유기죄도 성립한다'(대법원 2002.5.17, 2001도6170).
② (○) 대법원 2000.1.21, 99도4940
③ (○) 대법원 2002.5.10, 2000도2251
④ (○) 대법원 2014.3.27, 2013도11357

정답 ①

018 ✓ 유사 ◆◆◇ 변호사 2018

뇌물죄에 관한 설명 중 옳은 것(○)과 옳지 않은 것(×)을 올바르게 조합한 것은? (다툼이 있는 경우 판례에 의함)

ㄱ. 수수된 금품의 뇌물성을 인정하기 위하여는 그 금품이 개개의 직무행위와 대가적 관계에 있음이 증명되어야 한다.

ㄴ. 임용될 당시 「지방공무원법」상 임용결격자임에도 공무원으로 임용되어 계속 근무하던 중 직무에 관하여 뇌물을 수수한 경우, 임용행위의 무효에도 불구하고 뇌물수수죄의 성립을 인정할 수 있다.

ㄷ. 뇌물공여죄가 성립하기 위하여는 반드시 상대방 측에서 뇌물수수죄가 성립하여야 하는 것은 아니다.

ㄹ. 뇌물을 수수한 자가 공동수수자가 아닌 교사범 또는 종범에게 뇌물 중 일부를 사례금 등의 명목으로 교부한 경우, 실제 수익은 뇌물에서 사례금을 공제한 금액이므로, 전체 뇌물 액수에서 사례금 상당액을 공제한 금액을 뇌물수수자에게서 몰수·추징하여야 한다.

ㅁ. 공무원이 직접 뇌물을 받지 않고 증뢰자로 하여금 자신이 채무를 부담하고 있었던 제3자에게 뇌물을 공여하게 함으로써 자신의 지출을 면하였다면 「형법」 제130조의 제3자뇌물제공죄가 성립한다.

① ㄱ(○), ㄴ(×), ㄷ(×), ㄹ(×), ㅁ(○)
② ㄱ(○), ㄴ(×), ㄷ(×), ㄹ(○), ㅁ(○)
③ ㄱ(×), ㄴ(×), ㄷ(○), ㄹ(○), ㅁ(×)
④ ㄱ(×), ㄴ(○), ㄷ(×), ㄹ(×), ㅁ(○)
⑤ ㄱ(×), ㄴ(○), ㄷ(○), ㄹ(×), ㅁ(×)

해설 | 출제영역 | 뇌물의 개념 및 뇌물죄

⑤ ㄱ(×), ㄴ(○), ㄷ(○), ㄹ(×), ㅁ(×)

ㄱ. (×) 뇌물은 직무에 관하여 수수된 것으로 족하고 개개의 직무행위와 대가적 관계에 있을 필요는 없으며, 그 직무행위가 특정된 것일 필요도 없다(대법원 1997.4.17, 96도3378).

ㄴ. (○) 법령에 기한 임명권자에 의하여 임용되어 공무에 종사하여 온 사람이 나중에 그가 임용결격자이었음이 밝혀져 당초의 임용행위가 무효라고 하더라도, 그가 임용행위라는 외관을 갖추어 실제로 공무를 수행한 이상 공무 수행의 공정과 그에 대한 사회의 신뢰 및 직무행위의 불가매수성은 여전히 보호되어야 한다. 따라서 이러한 사람은 형법 제129조에서 규정한 공무원으로 봄이 타당하고, 그가 그 직무에 관하여 뇌물을 수수한 때에는 수뢰죄로 처벌할 수 있다(대법원 2014.3.27, 2013도11357).

ㄷ. (○) 뇌물공여죄가 성립하기 위하여는 뇌물을 공여하는 행위와 상대방 측에서 금전적으로 가치가 있는 그 물품 등을 받아들이는 행위가 필요할 뿐 반드시 상대방 측에서 뇌물수수죄가 성립하여야 함을 뜻하는 것은 아니다(대법원 2006.2.24, 2005도4737).

ㄹ. (×) 뇌물을 수수한 자가 공동수수자가 아닌 교사범 또는 종범에게 뇌물 중 일부를 사례금 등의 명목으로 교부하였다면 이는 뇌물을 수수하는 데 따르는 부수적 비용의 지출 또는 뇌물의 소비행위에 지나지 아니하므로, 뇌물수수자에게서 수뢰액 전부를 추징하여야 한다(대법원 2011.11.24, 2011도9585).

ㅁ. (×) 평소 공무원이 그 다른 사람의 생활비 등을 부담하고 있었

다거나 혹은 그 다른 사람에 대하여 채무를 부담하고 있었다는 등의 사정이 있어서 그 다른 사람이 뇌물을 받음으로써 공무원은 그만큼 지출을 면하게 되는 경우 등 사회통념상 그 다른 사람이 뇌물을 받은 것을 공무원이 직접 받은 것과 같이 평가할 수 있는 관계가 있는 경우에는 형법 제130조의 제3자 뇌물제공죄가 아니라, 형법 제129조 제1항의 뇌물수수죄가 성립한다(대법원 2004. 3.26, 2003도8077).

정답 ⑤

019 ✓ 유사 ◆◇◇ 법원9급 2018

뇌물죄에 관한 다음 설명 중 가장 옳지 않은 것은? (다툼이 있는 경우 판례에 의하고, 전원합의체 판결의 경우 다수의견에 의함)

① 공무원이 직접 뇌물을 받지 않고 증뢰자로 하여금 다른 사람에게 뇌물을 공여하도록 한 경우에는 그 다른 사람이 공무원의 사자 또는 대리인으로서 뇌물을 받은 경우 등과 같이 사회통념상 그 다른 사람이 뇌물을 받은 것을 공무원이 직접 받은 것과 같이 평가할 수 있는 관계가 있는 경우에는 형법 제129조 제1항의 뇌물수수죄가 성립한다.

② 뇌물의 내용인 이익은 금전, 물품 기타의 재산적 이익에 한하고 뇌물약속죄에 있어서 뇌물의 목적물인 이익은 약속 당시에 현존하여야 하므로 공무원이 오랫동안 처분을 하지 못하고 있던 부동산을 개발이 예상되는 다른 토지와 교환계약을 체결한 것만으로는 뇌물약속죄가 성립한다고 할 수 없다.

③ 타인을 기망하여 그로부터 뇌물을 수수한 경우라도 뇌물수수죄, 뇌물공여죄가 성립할 수 있고, 이 경우 뇌물을 수수한 공무원에 대하여는 뇌물죄와 사기죄의 상상적 경합범이 성립한다.

④ 뇌물을 공여한 사람과 뇌물을 수수한 사람 사이에서는 상대방의 범행에 대하여 총칙상 공범관계가 성립되지 않는다.

해설 | 출제영역 | 뇌물의 개념 및 뇌물죄

② (×) 뇌물의 내용인 이익이라 함은 금전, 물품 기타의 재산적 이익뿐만 아니라 사람의 수요 욕망을 충족시키기에 족한 일체의 유형·무형의 이익을 포함한다. 뇌물약속죄에 있어서 뇌물의 목적물인 이익은 약속 당시에 현존할 필요는 없고 약속 당시에 예기할 수 있는 것이라도 무방하며, 뇌물의 목적물이 이익인 경우에는 그 가액이 확정되어 있지 않아도 뇌물약속죄가 성립하는 데는 영향이 없다(대법원 2001.9.18, 2000도5438).

① (○) 형법 제129조 제1항의 뇌물수수죄는 공무원이 직무에 관하여 뇌물을 수수한 때에 적용되는 것으로서, 이와 별도로 형법 제130조에서 공무원이 직무에 관하여 부정한 청탁을 받고 제3자에게 뇌물을 공여하게 한 때에는 제3자 뇌물제공죄로 처벌하도록 규정하고 있는 점에 비추어 보면, 공무원이 직접 뇌물을 받지 않고 증뢰자로 하여금 다른 사람에게 뇌물을 공여하도록 한 경우에

는 다른 사람이 공무원의 사자(使者) 또는 대리인으로서 뇌물을 받은 경우 등과 같이 사회통념상 다른 사람이 뇌물을 받은 것을 공무원이 직접 받은 것과 같이 평가할 수 있는 관계가 있는 경우에 한하여 형법 제129조 제1항의 뇌물수수죄가 성립한다(대법원 2016.6.23, 2016도3540).

③ (○) 뇌물을 수수함에 있어서 공여자를 기망한 점이 있다 하여도 뇌물수수죄, 뇌물공여죄의 성립에는 영향이 없고(대법원 1985. 2.8, 84도2625), 이 경우 뇌물을 수수한 공무원에 대하여는 한 개의 행위가 뇌물죄와 사기죄의 각 구성요건에 해당하므로 형법 제40조에 의하여 상상적 경합으로 처단하여야 할 것이다(대법원 2015.10.29, 2015도12838).

④ (○) 뇌물공여죄와 뇌물수수죄 사이와 같은 이른바 대향범 관계에 있는 자는 강학상으로는 필요적 공범이라고 불리고 있으나, 서로 대향된 행위의 존재를 필요로 할 뿐 각자 자신의 구성요건을 실현하고 별도의 형벌규정에 따라 처벌되는 것이어서, 2인 이상이 가공하여 공동의 구성요건을 실현하는 공범관계에 있는 자와는 본질적으로 다르며, 대향범 관계에 있는 자 사이에서는 각자 상대방의 범행에 대하여 형법 총칙의 공범규정이 적용되지 아니한다(대법원 2015.2.12, 2012도4842).

정답 ②

---

020 ☑ 유사 ◆◆◇ 법원9급 2024

뇌물죄에 관한 다음 설명 중 가장 옳지 않은 것은?

① 뇌물죄에서 뇌물의 내용인 이익은 금전, 물품 기타의 재산적 이익뿐만 아니라 사람의 수요 욕망을 충족시키기에 족한 일체의 유형·무형의 이익을 포함하므로, 장기간 처분하지 못하던 재산을 처분함으로써 생기는 무형의 이익 역시 뇌물의 내용인 이익에 해당된다.

② 공무원이 아닌 사람과 공무원이 공모하여 금품을 수수한 경우에도 각 수수자가 수수한 금품별로 직무 관련성 유무를 달리 볼 수 있다면, 각 금품마다 직무와의 관련성을 따져 뇌물성을 인정하는 것이 책임주의 원칙에 부합한다.

③ 수뢰자가 뇌물을 그대로 보관하다가 증뢰자에게 반환한 경우, 몰수·추징은 수뢰자로부터 하여야 한다.

④ 뇌물죄는 직무집행의 공정과 이에 대한 사회의 신뢰에 기초하여 직무행위의 불가매수성을 보호법익으로 하고 있고, 직무에 관한 청탁이나 부정한 행위를 필요로 하지 않으므로 뇌물성을 인정하는 데 특별히 의무위반 행위나 청탁의 유무 등을 고려할 필요가 없고, 금품수수 시기와 직무집행 행위의 전후를 가릴 필요도 없다.

해설 | 출제영역 | 뇌물죄의 성립요건

③ (×) 수뢰자가 뇌물을 그대로 보관하였다가 증뢰자에게 반환한 때에는 증뢰자로부터 몰수·추징할 것이므로 수뢰자로부터 추징함은 위법하다(대법원 1984.2.28, 83도2783).

① (○) 뇌물죄에서 뇌물의 내용인 이익은 금전, 물품 기타의 재산적 이익뿐만 아니라 사람의 수요 욕망을 충족시키기에 족한 일체의 유형·무형의 이익을 포함하므로, 장기간 처분하지 못하던 재산을 처분함으로써 생기는 무형의 이익 역시 뇌물의 내용인 이익

에 해당된다(대법원 2023.6.15, 2023도1985).

② (○) 금품의 수수가 수회에 걸쳐 이루어졌고 각 수수 행위별로 직무 관련성 유무를 달리 볼 여지가 있는 경우에는 그 행위마다 직무와의 관련성 여부를 가릴 필요가 있다. 그리고 공무원이 아닌 사람과 공무원이 공모하여 금품을 수수한 경우에도 각 수수자가 수수한 금품별로 직무 관련성 유무를 달리 볼 수 있다면, 각 금품마다 직무와의 관련성을 따져 뇌물성을 인정하는 것이 책임주의 원칙에 부합한다(대법원 2024.3.12, 2023도17394).

④ (○) 대법원 2017.12.22, 2017도12346

정답 ③

---

021 ☑ 유사 ◆◆◇ 경찰2차 2023

뇌물죄에 관한 설명으로 옳지 않은 것을 모두 고른 것은? (다툼이 있는 경우 판례에 의함)

㉠ 법령에 의한 임용권을 가지는 자에 의하여 임용되어 상당히 오랜 기간 동안 공무에 종사하여 온 사람이 나중에 그가 임용 결격자이었음이 밝혀져 당초의 임용행위가 무효라고 하더라도 「형법」 제129조에서 규정한 공무원으로 봄이 타당하고, 그가 그 직무에 관하여 뇌물을 수수한 때에는 수뢰죄로 처벌할 수 있다.

㉡ 타인을 기망하여 뇌물을 수수한 경우 뇌물을 수수한 공무원에게는 뇌물죄와 사기죄가 성립하고 양 죄는 실체적 경합 관계에 있다.

㉢ 공무원이 직무집행을 빙자하여 타인의 재물을 갈취한 경우 뇌물공여죄가 성립하지 않는다.

㉣ 알선수뢰죄에서 '공무원이 그 지위를 이용하여'라 함은 친구, 친족관계 등 사적인 관계를 이용하는 경우뿐만 아니라 다른 공무원이 취급하는 사무처리에 법률상이거나 사실상으로 영향을 줄 수 있는 관계에 있는 공무원이 그 지위를 이용하는 경우도 포함한다.

① ㉠㉡   ② ㉡㉢
③ ㉡㉣   ④ ㉢㉣

해설 | 출제영역 | 뇌물죄 일반

③ ㉡㉣

㉠ (○) 법령에 기한 임명권자에 의하여 임용되어 공무에 종사하여 온 사람이 나중에 그가 임용결격자이었음이 밝혀져 당초의 임용행위가 무효라고 하더라도, 그가 임용행위라는 외관을 갖추어 실제로 공무를 수행한 이상 공무 수행의 공정과 그에 대한 사회의 신뢰 및 직무행위의 불가매수성은 여전히 보호되어야 한다. 따라서 이러한 사람은 형법 제129조에서 규정한 공무원으로 봄이 타당하고, 그가 그 직무에 관하여 뇌물을 수수한 때에는 수뢰죄로 처벌할 수 있다(대법원 2014.3.27, 2013도11357).

㉡ (×) 뇌물을 수수함에 있어서 공여자를 기망한 점이 있다 하여도 뇌물수수죄, 뇌물공여죄의 성립에는 영향이 없고, 이 경우 뇌물을 수수한 공무원에 대하여는 한 개의 행위가 뇌물죄와 사기죄의 각 구성요건에 해당하므로 형법 제40조에 의하여 상상적 경합으로 처단하여야 할 것이다(대법원 2015.10.29, 2015도12838).

㉢ (○) 공무원이 직무집행에 빙자하여 타인을 공갈하여 재물을 교

부케 한 경우에는 공갈죄만이 성립한다(대법원 1969.7.22, 65도1166).

② (×) 알선수뢰죄는 공무원이 그 시위를 이용하여 나른 공무원의 직무에 속한 사항의 알선에 관하여 뇌물을 수수, 요구 또는 약속하는 것을 그 성립요건으로 하고 있고, 여기서 '공무원이 그 지위를 이용하여'라 함은 친구, 친족관계 등 사적인 관계를 이용하는 경우에는 이에 해당한다고 할 수 없으나, 다른 공무원이 취급하는 사무의 처리에 법률상이거나 사실상으로 영향을 줄 수 있는 관계에 있는 공무원이 그 지위를 이용하는 경우에는 이에 해당하고, 그 사이에 상하관계, 협동관계, 감독권한 등의 특수한 관계가 있음을 요하지 않는다(대법원 2001.10.12, 99도5294).

정답 ③

---

022 ✓ 유사 ◆◆◇ 법원9급 2017

뇌물죄 등에 관한 다음 설명 중 가장 옳지 않은 것은? (다툼이 있으면 판례에 의함)

① 배임수재자가 배임증재자로부터 무상으로 물건을 빌려 사용하던 중 공무원이 된 경우 그 사실을 알게 된 배임증재자가 배임수재자에게 앞으로 물건은 공무원의 직무에 관하여 빌려주는 것이라고 하면서 뇌물공여의 뜻을 밝히고 물건을 계속하여 배임수재자가 사용할 수 있게 한 경우는 특별한 사정이 없는 한 뇌물공여죄에 해당하지 않는다.

② 뇌물의 목적물이 이익인 경우 그 가액이 확정되어 있지 않아도 뇌물약속죄가 성립하는 데에는 영향이 없다.

③ 뇌물약속죄의 구성요건인 뇌물의 '약속'은 양 당사자의 뇌물수수의 합의를 말하고 여기에서 '합의'란 그 방법에 아무런 제한이 없고 명시적이어야 하는 것은 아니며 뇌물을 주고받겠다는 양 당사자의 의사표시가 확정적으로 합치되어야 하는 것도 아니다.

④ 뇌물죄에서 뇌물의 내용인 이익이라 함은 금전, 물품 기타의 새산적 이익뿐만 아니라 사람의 수요·욕망을 충족시키기에 족한 일체의 유형·무형의 이익을 포함하며 성적 욕구의 충족도 이에 포함될 수 있다.

해설 출제영역 | 뇌물약속의 의미 등

③ (×) 뇌물약속죄에 있어서 뇌물의 '약속'은 양 당사자 사이의 뇌물수수의 합의를 말하고, 여기에서 '합의'란 그 방법에 아무런 제한이 없고 명시적일 필요도 없지만, 장래 공무원의 직무와 관련하여 뇌물을 주고받겠다는 양 당사자의 의사표시가 확정적으로 합치하여야 한다(대법원 2012.11.15, 2012도9417).

① (○) 대법원 2015.10.15, 2015도6232
② (○) 대법원 2001.9.18, 2000도5438
④ (○) 대법원 2014.1.29, 2013도13937

정답 ③

---

023 ✓ 유사 ◆◇◇ 법원9급 2022

뇌물죄에 관한 다음 설명 중 가장 옳지 않은 것은? (다툼이 있는 경우 판례에 의하고, 전원합의체 판결의 경우 다수의견에 의함)

① 뇌물죄에서 뇌물의 내용인 이익이라 함은 금전, 물품 기타의 재산적 이익뿐만 아니라 사람의 수요 욕망을 충족시키기에 족한 일체의 유형, 무형의 이익을 포함한다고 해석되고, 투기적 사업에 참여할 기회를 얻는 것도 이에 해당한다.

② 공무원이 뇌물로 투기적 사업에 참여할 기회를 제공받은 경우, 뇌물수수죄는 공무원이 투기적 사업에 참여하면 기수가 되고, 해당 사업 참여행위가 종료되었는지 여부는 범죄성립과는 관련이 없다.

③ 단일하고도 계속된 범의 아래 일정 기간 반복하여 일련의 뇌물수수 행위와 부정한 행위가 행하여졌고 그 뇌물수수 행위와 부정한 행위 사이에 인과관계가 인정되며 피해법익도 동일하다면, 수뢰후부정처사죄의 포괄일죄가 성립한다.

④ 임용결격자라는 사실이 사후적으로 밝혀져 임용행위가 무효로 된 경우라 하더라도, 그가 임용행위라는 외관을 갖추어 실제로 공무를 수행한 이상 이러한 사람은 형법 제129조에서 규정한 공무원으로 봄이 타당하고, 그가 그 직무에 관하여 뇌물을 수수한 때에는 수뢰죄로 처벌할 수 있다.

해설 출제영역 | 뇌물죄의 구성요건 및 죄수

② (×) 공무원이 뇌물로 투기적 사업에 참여할 기회를 제공받은 경우, 뇌물수수죄의 기수 시기는 투기적 사업에 참여하는 행위가 종료된 때로 보아야 하며, 그 행위가 종료된 후 경제사정의 변동 등으로 인하여 당초의 예상과는 달리 그 사업 참여로 인한 아무런 이득을 얻지 못한 경우라도 뇌물수수죄의 성립에는 아무런 영향이 없다(대법원 2002.5.10, 2000도2251).

① (○) 대법원 2002.11.26, 2002도3539
③ (○) 단일하고도 계속된 범의 아래 일정 기간 반복하여 일련의 뇌물수수 행위와 부정한 행위가 행하여졌고 그 뇌물수수 행위와 부정한 행위 사이에 인과관계가 인정되며 피해법익도 동일하다면, 최후의 부정한 행위 이후에 저질러진 뇌물수수 행위도 최후의 부정한 행위 이전의 뇌물수수 행위 및 부정한 행위와 함께 수뢰후부정처사죄의 포괄일죄로 처벌함이 타당하다(대법원 2021.2.4, 2020도12103).
④ (○) 대법원 2014.3.27, 2013도11357

정답 ②

뇌물죄에 관한 설명으로 가장 적절하지 않은 것은? (다툼이 있는 경우 판례에 의함)

① 공무원이 아닌 사람('비공무원')과 공무원이 공모하여 금품을 수수한 경우에 각 수수자가 수수한 금품별로 직무 관련성 유무가 다르더라도, 각 금품마다 직무와의 관련성을 따질 것이 아니라 그 수수한 금품 전부가 불가분적으로 직무행위에 대한 대가로서의 성질을 가지므로 「형법」 제129조 제1항에서 정한 뇌물수수죄의 공동정범이 성립한다.

② 비공무원이 공무원과 공동가공의 의사와 이를 기초로 한 기능적 행위지배를 통하여 공무원의 직무에 관하여 뇌물을 수수하는 범죄를 실행하였다면 공무원이 직접 뇌물을 받은 것과 동일하게 평가할 수 있으므로 공무원과 비공무원에게 「형법」 제129조 제1항에서 정한 뇌물수수죄의 공동정범이 성립한다.

③ 공무원인 수뢰자가 먼저 뇌물을 요구하여 증뢰자가 제공하는 돈을 받았다면, 그 액수가 수뢰자의 예상보다 너무 많아서 후에 이를 반환하였다고 하더라도 「형법」 제129조 제1항에서 정한 뇌물수수죄의 성립에는 영향이 없다.

④ 금품이나 이익 전부에 관하여 「형법」 제129조 제1항에서 정한 뇌물수수죄의 공동정범이 성립한 이후에 뇌물이 실제로 공동정범인 공무원 또는 비공무원 중 누구에게 귀속되었는지는 이미 성립한 뇌물수수죄에 영향을 미치지 않는다.

[해설] 출제영역 | 뇌물죄의 성립요건

① (×) 뇌물죄에서의 수뢰액은 그 많고 적음에 따라 범죄구성요건이 되므로 엄격한 증명의 대상이 된다. 이때 ⊙ 공무원이 수수한 금품에 직무행위에 대한 대가로서의 성질과 직무 외의 행위에 대한 대가로서의 성질이 불가분적으로 결합되어 있는 경우에는 그 수수한 금품 전부가 불가분적으로 직무행위에 대한 대가로서의 성질을 가진다. 다만 ⓒ 그 금품의 수수가 수회에 걸쳐 이루어졌고 각 수수 행위별로 직무 관련성 유무를 달리 볼 여지가 있는 경우에는 그 행위마다 직무와의 관련성 여부를 가릴 필요가 있다. 그리고 공무원이 아닌 사람과 공무원이 공모하여 금품을 수수한 경우에도 각 수수자가 수수한 금품별로 직무 관련성 유무를 달리 볼 수 있다면, 각 금품마다 직무와의 관련성을 따져 뇌물성을 인정하는 것이 책임주의 원칙에 부합한다(대법원 2024.3.12. 2023도17394).

② (○) 대법원 2019.8.29. 2018도13792 전원합의체

③ (○) 뇌물을 수수한다는 것은 영득의 의사로 금품을 수수하는 것을 말하므로, 뇌물인지 모르고 이를 수수하였다가 뇌물임을 알고 즉시 반환하거나, 증뢰자가 일방적으로 뇌물을 두고 가므로 후일 기회를 보아 반환할 의사로 어쩔 수 없이 일시 보관하다가 반환하는 등 그 영득의 의사가 없었다고 인정되는 경우라면 뇌물을 수수하였다고 할 수 없겠지만, 피고인이 먼저 뇌물을 요구하여 증뢰자가 제공하는 돈을 받았다면 피고인에게는 받은 돈 전부에 대한 영득의 의사가 인정된다고 하지 않을 수 없고, 이처럼 영득의 의사로 뇌물을 수령한 이상 그 액수가 피고인이 예상한 것보다 너무 많은 액수여서 후에 이를 반환하였다고 하더라도 뇌물죄의 성립에는 영향이 없다(대법원 2007.3.29. 2006도9182).

④ (○) 금품이나 이익 전부에 관하여 뇌물수수죄의 공동정범이 성립한 이후에 뇌물이 실제로 공동정범인 공무원 또는 비공무원 중 누구에게 귀속되었는지는 이미 성립한 뇌물수수죄에 영향을 미치지 않는다. 공무원과 비공무원이 사전에 뇌물을 비공무원에게 귀속시키기로 모의하였거나 뇌물의 성질상 비공무원이 사용하거나 소비할 것이라고 하더라도 이러한 사정은 뇌물수수죄의 공동정범이 성립한 이후 뇌물의 처리에 관한 것에 불과하므로 뇌물수수죄가 성립하는 데 영향이 없다(대법원 2019.8.29. 2018도2738 전원합의체).

[정답] ①

025 ✅ 유사 ◆◆◇ 　　　　　법원행시 2020

다음 설명 중 옳지 않은 것은 모두 몇 개인가? (다툼이 있는 경우 판례에 의하고, 전원합의체 판결의 경우 다수의견에 의함)

가. 임명권자에 의하여 임용되어 공무에 종사하여 온 사람이 나중에 임용결격자이었음이 밝혀져 당초의 임용행위가 무효인 경우에는 형법 제129조 뇌물죄에서 규정한 '공무원'에 해당하지 않으므로 그가 직무에 관하여 뇌물을 수수하였다고 하더라도 수뢰죄로 처벌할 수 없다.

나. 형법은 제130조에서 제129조 제1항 뇌물수수죄와는 별도로 공무원이 그 직무에 관하여 뇌물공여자로 하여금 제3자에게 뇌물을 공여하게 한 경우에는 부정한 청탁을 받고 그와 같은 행위를 한 때에 뇌물수수죄와 법정형이 동일한 제3자뇌물수수죄로 처벌하고 있다. 제3자뇌물수수죄에서 뇌물을 받는 제3자가 뇌물임을 인식할 것을 요건으로 하지 않는다.

다. 금품이나 이익 전부에 관하여 뇌물수수죄의 공동정범이 성립한 이후에 뇌물이 실제로 공동정범인 공무원 또는 비공무원 중 누구에게 귀속되었는지는 이미 성립한 뇌물수수죄에 영향을 미치지 않는다. 공무원과 비공무원이 사전에 뇌물을 비공무원에게 귀속시키기로 모의하였거나 뇌물의 성질상 비공무원이 사용하거나 소비할 것이라고 하더라도 이러한 사정은 뇌물수수죄의 공동정범이 성립한 이후 뇌물의 처리에 관한 것에 불과하므로 뇌물수수죄가 성립하는 데 영향이 없다.

라. 뇌물수수자가 뇌물공여자에 대한 내부관계에서 물건에 대한 실질적인 사용·처분권한을 취득하였으나 뇌물수수 사실을 은닉하거나 뇌물공여자가 계속 그 물건에 대한 비용 등을 부담하기 위하여 소유권 이전의 형식적 요건을 유보하는 경우에는 뇌물수수자와 뇌물공여자 사이에서는 소유권을 이전받은 경우와 다르지 않으므로 그 물건을 뇌물로 수수하고 공여하였다고 보아야 한다. 뇌물수수자가 교부받은 물건을 뇌물공여자에게 반환할 것이 아니므로 뇌물수수자에게 영득의 의사도 인정되고, 뇌물공여자가 교부한 물건을 뇌물수수자로부터 반환받을 것이 아니므로 뇌물공여자에게 고의도 인정된다.

마. 횡령 범행으로 취득한 돈을 공범자끼리 수수한 행위가 공동정범들 사이의 범행에 의하여 취득한 돈을 공모에 따라 내부적으로 분배한 것에 지나지 않는다면 별도로 그 돈의 수수행위에 관하여 뇌물죄가 성립하는 것은 아니다. 그와 같이 수수한 돈의 성격을 뇌물로 볼 것인지 횡령금의 분배로 볼 것인지 여부는 돈을 공여하고 수수한 당사자들의 의사, 수수된 돈의 액수, 횡령 범행과 수수행위의 시간적 간격, 수수한 돈이 횡령한 그 돈인지 여부, 수수한 장소와 방법 등

을 종합적으로 고려하여 객관적으로 평가하여 판단하여야 한다.

① 1개　　　　　② 2개
③ 3개　　　　　④ 4개
⑤ 5개

해설　출제영역 | 국가의 기능, 뇌물죄

① 옳지 않은 지문은 가. 1개이다.

가. (×) 형법이 뇌물죄에 관하여 규정하고 있는 것은 공무원의 직무집행의 공정과 그에 대한 사회의 신뢰 및 직무행위의 불가매수성을 보호하기 위한 것이다. 법령에 기한 임명권자에 의하여 임용되어 공무에 종사하여 온 사람이 나중에 그가 임용결격자이었음이 밝혀져 당초의 임용행위가 무효라고 하더라도, <u>그가 임용행위라는 외관을 갖추어 실제로 공무를 수행한 이상 공무 수행의 공정과 그에 대한 사회의 신뢰 및 직무행위의 불가매수성은 여전히 보호되어야 한다. 따라서 이러한 사람은 형법 제129조에서 규정한 공무원으로 봄이 타당하고, 그가 그 직무에 관하여 뇌물을 수수한 때에는 수뢰죄로 처벌할 수 있다</u>(대법원 2014.3.27, 2013도11357).

나. (○) 다. (○), 라. (○) 대법원 2019.8.29, 2018도2738 전원합의체

마. (○) 대법원 2019.11.28, 2019도11766

정답　①

026 ✅ 유사 ◆◆◇ 　　　　　국가9급 2018

뇌물죄에 대한 설명으로 옳지 않은 것은? (다툼이 있는 경우 판례에 의함)

① 임명권자에 의하여 임용되어 공무에 종사하여 온 甲이 나중에 임용결격자이었음이 밝혀져 당초의 임용행위가 무효라고 하더라도 그가 공무원으로 계속 근무하면서 직무에 관하여 뇌물을 수수한 경우 수뢰죄로 처벌할 수 있다.

② 알선수뢰죄에서 '공무원이 그 지위를 이용하여'라 함은 친구 등 사적 관계를 이용하는 경우뿐만 아니라 다른 공무원이 취급하는 사무처리에 법률상이거나 사실상으로 영향을 줄 수 있는 관계에 있는 공무원이 그 지위를 이용하는 경우도 포함한다.

③ 공무원 甲이 A주식회사로부터 뇌물을 받은 후 A회사에 유리하게 관계 법령을 해석하여 감액처분을 하였는데, 과세대상에 관한 규정이 명확하지 않고 그에 관한 확립된 선례도 없어 甲의 처분이 위법하지 않은 경우 甲에게 수뢰후부정처사죄가 성립하지 않는다.

④ A가 오로지 공무원 甲을 함정에 빠뜨릴 의사로 직무와 관련되었다는 형식을 빌려 甲에게 금품을 공여한 경우 甲이 그 금품을 직무와 관련하여 수수한다는 의사를 가지고 받아들이면 수뢰죄가 성립한다.

[해설] 출제영역 | 뇌물수수죄의 객관적 구성요건 – 행위주체

② (×) 알선수뢰죄는 공무원이 그 지위를 이용하여 다른 공무원의 직무에 속한 사항의 알선에 관하여 뇌물을 수수, 요구 또는 약속하는 것을 그 성립요건으로 하고 있고, 여기서 '공무원이 그 지위를 이용하여'라 함은 친구, 친족관계 등 사적인 관계를 이용하는 경우에는 이에 해당한다고 할 수 없으나, 다른 공무원이 취급하는 사무의 처리에 법률상이거나 사실상으로 영향을 줄 수 있는 관계에 있는 공무원이 그 지위를 이용하는 경우에는 이에 해당하고, 그 사이에 상하관계, 협동관계, 감독권한 등의 특수한 관계가 있음을 요하지 않는다고 할 것이고, '다른 공무원의 직무에 속한 사항의 알선행위'는 그 공무원의 직무에 속하는 사항에 관한 것이면 되는 것이지 그것이 반드시 부정행위라거나 그 직무에 관하여 결재권한이나 최종 결정권한을 갖고 있어야 하는 것이 아니다 (대법원 2006.4.27, 2006도735).

① (○) 법령에 기한 임명권자에 의하여 임용되어 공무에 종사하여 온 사람이 나중에 그가 임용결격이었음이 밝혀져 당초의 임용행위가 무효라고 하더라도, 그가 임용행위라는 외관을 갖추어 실제로 공무를 수행한 이상 공무 수행의 공정과 그에 대한 사회의 신뢰 및 직무행위의 불가매수성은 여전히 보호되어야 한다. 따라서 이러한 사람은 형법 제129조에서 규정한 공무원으로 봄이 상당하고, 그가 그 직무에 관하여 뇌물을 수수한 때에는 수뢰죄로 처벌할 수 있다(대법원 2014.3.27, 2013도11357).

③ (○) 과세 대상에 관한 규정이 명확하지 않고 그에 관한 확립된 선례도 없었던 경우, 공무원이 주식회사로부터 뇌물을 받은 후 관계 법령에 대한 충분한 연구, 검토 없이 위 회사에 유리한 쪽으로 법령을 해석하여 감액처분하였더라도 위 감액처분이 위법하지 않으면 그 공무원이 수뢰 후 '부정한 행위'를 한 것으로서 수뢰후 부정처사죄를 범하였다고 볼 수는 없다(대법원 1995.12.12, 95도2320).

④ (○) 피고인의 뇌물수수가 공여자들의 함정교사에 의한 것이기는 하나, 뇌물공여자들에게 피고인을 함정에 빠뜨릴 의사만 있었고 뇌물공여의 의사가 전혀 없었다고 보기 어려울 뿐 아니라, 뇌물공여자들의 함정교사라는 사정은 피고인의 책임을 면하게 하는 사유가 될 수 없다(대법원 2008.3.13, 2007도10804).

[정답] ②

---

027 ✓ 유사 ◆◆◆　　　국가7급 2017

A국립고등학교 졸업생 甲은 이 학교 직원으로 있는 乙에게 현금 1,000만 원을 주면서, 교장 丙에게 뇌물로 전해 주고 허위의 성적증명서를 만들어 달라고 부탁하였다. 그러나 乙은 교장 도장을 도용하여 甲의 성적증명서를 위조한 후, 甲에게 전해 주고 그 돈은 자기가 소비하였다. 甲과 乙의 죄책에 대한 설명으로 옳은 것은? (다툼이 있는 경우 판례에 의함)

① 甲은 乙로 하여금 丙에게 뇌물을 전달하도록 하였으므로 「형법」 제133조 제1항의 뇌물공여죄가 성립한다.

② 乙에게 알선수뢰죄는 성립하지 않으나, 乙은 丙에게 주는 뇌물이라는 정을 알고 甲으로부터 현금을 교부받았으므로 「형법」 제133조 제2항의 증뢰물전달죄가 성립한다.

③ 乙이 권한 없이 성적증명서를 작성한 것이므로 甲과 乙에게는 공문서위조죄 및 동행사죄의 공동정범이 성립한다.

④ 乙은 丙에게 전해 주기로 하고 甲으로부터 받은 현금을 임의로 소비하였으므로 횡령죄가 성립한다.

[해설] 출제영역 | 뇌물교부죄, 증뢰물전달죄, 공문서위조 및 동행사죄, 횡령죄의 성부

② (○) 1000만 원은 丙에게 줄 것으로 교부받은 것이므로, 乙이 직접 수수한 뇌물은 없어 알선수뢰는 성립하지 않는다. 丙에게 주는 뇌물이라는 정을 알고 甲으로부터 현금을 교부받았으므로, 형법 제133조 제2항의 증뢰물전달죄가 성립한다.

① (×) 제129조 제1항, 제133조 참조.

> **제129조(수뢰, 사전수뢰)** ① 공무원 또는 중재인이 그 직무에 관하여 뇌물을 수수, 요구 또는 약속한 때에는 5년 이하의 징역 또는 10년 이하의 자격정지에 처한다.
> **제133조(뇌물공여 등)** ① 제129조부터 제132조까지에 기재한 뇌물을 약속, 공여 또는 공여의 의사를 표시한 자는 5년 이하의 징역 또는 2천만 원 이하의 벌금에 처한다.
> ② 제1항의 행위에 제공할 목적으로 제3자에게 금품을 교부한 자 또는 그 사정을 알면서 금품을 교부받은 제3자도 제1항의 형에 처한다.

→ 뇌물수수행위가 없으므로, 뇌물공여죄도 성립하지 않는다. 또한 甲은 제133조 제2항의 제3자뇌물교부죄가 성립한다.

③ (×) 甲이 乙에게 허위의 성적증명서 작성을 부탁하였으므로, 갑에게는 허위공문서작성죄의 교사범이 성립한다. 乙은 권한 없이 성적증명서를 작성한 경우이므로, 공모관계가 인정되지 않아 공문서위조죄가 성립한다. 또한, 위조된 해당 공문서를 공범인 甲에게 전해 준 것이므로, '동행사' 부분은 성립하지 않는다.

④ (×) 민법 제746조에 불법의 원인으로 인하여 재산을 급여하거나 노무를 제공한 때에는 그 이익의 반환을 청구하지 못한다고 규정한 뜻은 급여를 한 사람은 그 원인행위가 법률상 무효임을 내세워 상대방에게 부당이득반환청구를 할 수 없고, 또 급여한 물건의 소유권이 자기에게 있다고 하여 소유권에 기한 반환청구도 할 수 없어서 결국 급여한 물건의 소유권은 급여를 받은 상대

방에게 귀속되는 것이므로, 甲이 乙로부터 제3자에 대한 뇌물공여 또는 배임증재의 목적으로 전달하여 달라고 교부받은 금전은 불법원인급여물에 해당하여 그 소유권은 甲에게 귀속되는 것으로서 甲이 위 금전을 제3자에게 전달하지 않고 임의로 소비하였다고 하더라도 횡령죄가 성립하지 않는다(대법원 1999.6.11, 99도275).

정답 ②

028 ✓ 유사 ◆◆◇ 국가7급 2017

뇌물죄에 대한 설명으로 옳지 않은 것은? (다툼이 있는 경우 판례에 의함)

① 뇌물을 수수한 공무원이 뇌물을 받는 데에 필요한 경비를 지출한 경우 그 경비는 뇌물수수의 부수적 비용이므로 뇌물의 가액과 추징액에서 공제할 항목에 해당된다.

② 뇌물수수의 공범자들 사이에 직무와 관련하여 금품이나 이익을 수수하기로 하는 명시적 또는 암묵적 공모관계가 성립하고 그 공모 내용에 따라 공범자 중 1인이 금품이나 이익을 수수하였다면, 사전에 특정 금액 이하로만 받기로 약정하였다든가 수수한 금액이 공모 과정에서 도저히 예상할 수 없는 고액이라는 등과 같은 특별한 사정이 없는 한, 공모자 전원에게 그 수수한 금품이나 이익 전부에 관하여 뇌물수수죄의 공모공동정범이 성립한다.

③ 뇌물약속죄는 직무와 관련하여 장래에 뇌물을 주고받겠다는 양 당사자의 의사표시가 확정적으로 합치하면 성립하고, 뇌물의 목적물이 이익인 경우에는 그 가액이 확정되어 있지 않더라도 문제되지 아니한다.

④ 제3자뇌물제공죄에 있어서 묵시적 의사표시에 의한 부정한 청탁이 있다고 하려면 청탁의 대상이 되는 직무집행의 내용과 제3자에게 제공되는 이익이 그 직무집행에 대한 대가라는 점에 대하여 공무원과 이익 제공자 사이에 공통의 인식이나 양해가 있어야 한다.

해설 출제영역 | 뇌물의 죄 – 몰수 및 추징

① (×) 공무원이 뇌물을 받음에 있어서 그 취득을 위하여 상대방에게 뇌물의 가액에 상당하는 금원의 일부를 비용의 명목으로 출연하거나 그 밖에 경제적 이익을 제공하였다 하더라도, 이는 뇌물을 받는 데 지출한 부수적 비용에 불과하다고 보아야 할 것이지, 이로 인하여 공무원이 받은 뇌물이 그 뇌물의 가액에서 위와 같은 지출액을 공제한 나머지 가액에 상당한 이익에 한정되는 것이라고 볼 수는 없으므로, 그 공무원으로부터 뇌물죄로 얻은 이익을 몰수·추징함에 있어서는 그 받은 뇌물 자체를 몰수하여야 하고, 그 뇌물의 가액에서 위와 같은 지출을 공제한 나머지 가액에 상당한 이익만을 몰수·추징할 것은 아니다(대법원 1999.10.8, 99도1638).

② (○) 구 특정범죄 가중처벌 등에 관한 법률(2010.3.31. 법률 제10210호로 개정되기 전의 것) 제3조와 특정경제범죄 가중처벌

등에 관한 법률 제7조 알선수재 및 구 변호사법(2000.1.28. 법률 제6207호로 전부 개정되기 전의 것) 제90조 제2호 법률사건에 관한 화해·청탁 알선 등의 공모공동정범에서, 공범자들 사이에 그 알선 등과 관련하여 금품이나 이익을 수수하기로 명시적 또는 암묵적인 공모관계가 성립하고 그 공모 내용에 따라 공범자 중 1인이 금품이나 이익을 수수하였다면, 사전에 특정 금액 이하로만 받기로 약정하였다든가 수수한 금액이 공모 과정에서 도저히 예상할 수 없는 고액이라는 등과 같은 특별한 사정이 없는 한, 그 수수한 금품이나 이익 전부에 관하여 위 각 죄의 공모공동정범이 성립하는 것이며, 수수할 금품이나 이익의 규모나 정도 등에 대하여 사전에 서로 의사의 연락이 있거나 수수한 금품 등의 구체적 금액을 공범자가 알아야 공모공동정범이 성립하는 것은 아니고, 이와 같은 법리는 특정경제범죄 가중처벌 등에 관한 법률 제5조가 정한 수재의 공모공동정범에서도 마찬가지로 적용된다(대법원 2010.10.14, 2010도387).

③ (○) 뇌물약속죄에서 뇌물의 약속의 성립 시기 및 뇌물의 목적물인 이익의 가액은 확정되어 있지 않아도 된다(대법원 2016.6.23, 2016도3753)
(판결이유 중) … 뇌물약속죄에서 뇌물의 약속은 직무와 관련하여 장래에 뇌물을 주고받겠다는 양 당사자의 의사표시가 확정적으로 합치하면 성립하고 … 뇌물의 목적물이 이익인 경우에 그 가액이 확정되어 있지 않아도 뇌물약속죄가 성립하는 데에는 영향이 없다 …

④ (○) 형법 제130조의 제3자뇌물제공죄는 공무원이 직무에 관하여 부정한 청탁을 받고 제3자에게 뇌물을 제공하게 하면 성립하는 죄로서, 이때 '부정한 청탁'이란 의뢰한 직무집행 자체가 위법·부당한 경우뿐 아니라 의뢰한 직무집행 자체는 위법하거나 부당하지 않더라도 당해 직무집행을 어떤 대가관계와 연결시켜 이에 관한 대가의 교부를 내용으로 하는 청탁이면 되고 반드시 명시적 의사표시에 의해서 뿐 아니라 묵시적 의사표시에 의해서도 가능하지만, 묵시적 의사표시에 의한 부정한 청탁이 있다고 하기 위하여는 청탁의 대상이 되는 직무집행의 내용과 제3자에게 제공되는 금품이 그 직무집행에 대한 대가라는 점에 대하여 당사자 사이에 공통의 인식이나 양해가 있어야 한다(대법원 2011.4.14, 2010도12313).

정답 ①

뇌물죄에 대한 설명으로 가장 적절하지 않은 것은? (다툼이 있는 경우 판례에 의함)

① 공무원과 공동정범 관계에 있는 비공무원이 뇌물을 받은 경우, 비공무원은 제3자뇌물수수죄에서 말하는 제3자가 될 수 없다.

② 공무원들이 공모하여 특별사업비를 횡령하고 이를 공범자끼리 수수한 행위가 공동정범들 사이의 범행에 의하여 취득한 돈을 내부적으로 분배한 것에 지나지 않는다면 별도로 그 돈의 수수행위에 관하여 뇌물죄가 성립하는 것은 아니다.

③ 공무원 甲이 A에게 2,000만 원을 뇌물로 요구하였으나 A가 이를 즉각 거부한 경우에는 요구한 금품이 특정되었으므로, 甲으로부터 2,000만 원을 몰수하여야 한다.

④ 공무원이 뇌물을 수수함에 있어 공여자를 기망한 경우에도 뇌물수수죄 및 뇌물공여죄의 성립에는 영향이 없다.

해설 출제영역 | 뇌물죄의 구성요건 및 몰수·추징

③ (×) 형법 제134조는 뇌물에 공할 금품을 필요적으로 몰수하고 이를 몰수하기 불가능한 때에는 그 가액을 추징하도록 규정하고 있는바, 몰수는 특정된 물건에 대한 것이고 추징은 본래 몰수할 수 있었음을 전제로 하는 것임에 비추어 뇌물에 공할 금품이 특정되지 않았던 것은 몰수할 수 없고 그 가액을 추징할 수도 없다. 피고인이 공소외 1, 공소외 2에게 돈을 빌려달라고 요구하였으나 공소외 1, 공소외 2가 이를 즉각 거부하여 공소외 1, 공소외 2가 피고인에게 뇌물로 제공한 금품이 특정되지 않아 이를 몰수할 수 없으므로 그 가액을 추징할 수도 없다(대법원 2015.10.29, 2015도12838).

① (○) 대법원 2019.8.29, 2018도13792 전원합의체

② (○) 대법원 2019.11.28, 2019도11766

④ (○) 대법원 1985.2.8, 84도2625

정답 ③

국가의 기능과 관련한 죄에 대한 설명으로 옳은 것은? (다툼이 있는 경우 판례에 의함)

① 甲이 자기 자신을 무고하기로 제3자와 공모하고 이에 따라 무고행위에 가담한 경우, 甲에게 무고죄의 공동정범이 성립한다.

② 甲이 허위로 신고한 사실이 무고행위 당시에는 형사처분의 대상이 될 수 있었으나, 이후 그러한 사실이 형사범죄가 되지 않는 것으로 판례가 변경된 경우, 甲에게 무고죄가 성립하지 않는다.

③ 甲이 자신에 대한 형사처분이나 징계처분을 피하기 위하여 증거를 인멸한 것이 동시에 다른 공범자의 증거를 인멸한 결과가 된 경우, 甲에게 증거인멸죄가 성립한다.

④ 공무원인 甲이 직무관련자에게 제3자와 계약을 체결하도록 요구하여 계약 체결을 하게 한 행위가 제3자뇌물수수죄의 구성요건과 직권남용권리행사방해죄의 구성요건에 모두 해당하는 경우, 제3자뇌물수수죄와 직권남용권리행사방해죄는 상상적 경합의 관계에 있다.

해설 출제영역 | 무고죄와 증거인멸죄의 성립

④ (○) 제3자뇌물수수죄와 직권남용권리행사방해죄가 각각 성립하되, 이는 사회 관념상 하나의 행위가 수 개의 죄에 해당하는 경우이므로 두 죄는 형법 제40조의 상상적 경합관계에 있게 된다(대법원 2017.3.15, 2016도19659).

① (×) 자기 자신을 무고하기로 제3자와 공모하고 이에 따라 무고행위에 가담하였더라도 이는 자기 자신에게는 무고죄의 구성요건에 해당하지 않아 범죄가 성립할 수 없는 행위를 실현하고자 한 것에 지나지 않아 무고죄의 공동정범으로 처벌할 수 없다(대법원 2017.4.26, 2013도12592).

② (×) 허위로 신고한 사실이 무고행위 당시 형사처분의 대상이 될 수 있었던 경우에는 국가의 형사사법권의 적정한 행사를 그르치게 할 위험과 부당하게 처벌받지 않을 개인의 법적 안정성이 침해될 위험이 이미 발생하였으므로 무고죄는 기수에 이르고, 이후 그러한 사실이 형사범죄가 되지 않는 것으로 판례가 변경되었더라도 특별한 사정이 없는 한 이미 성립한 무고죄에는 영향을 미치지 않는다(대법원 2017.5.30, 2015도15398).

③ (×) 증거인멸죄는 타인의 형사사건 또는 징계사건에 관한 증거를 인멸하는 경우에 성립하는 것으로서, 피고인 자신이 직접 형사처분이나 징계처분을 받게 될 것을 두려워한 나머지 자기의 이익을 위하여 그 증거가 될 자료를 인멸하였다면, 그 행위가 동시에 다른 공범자의 형사사건이나 징계사건에 관한 증거를 인멸한 결과가 된다고 하더라도 이를 증거인멸죄로 다스릴 수 없다(대법원 1995.9.29, 94도2608).

정답 ④

031 ✓ 유사 ◆◆◇ 경찰3차 2018 유사 변호사 2014 변형

공정거래위원회 소속 공무원 甲은 乙로부터 불공정거래행위 신고나 관련 처리업무를 할 경우 잘 봐 달라는 취지로 건네주는 액면금 100만 원짜리 자기앞수표 3장을 교부받았다. 검사 丙은 이 사실을 수사한 후 甲을 뇌물수수죄로 기소하였다. 丙은 이 사건 공소제기 후 공판절차가 진행 중 수소법원이 아닌 영장전담 판사 A로부터 압수수색영장을 발부받아 그 집행을 통하여 확보한 위 자기앞수표 사본 3장과 이를 기초로 작성한 수사보고서를 증거로 제출하였다. 한편, 甲은 공판관여 참여주사 丁에게 형량을 감경하여 달라는 청탁과 함께 현금 100만 원을 교부하였다. 이에 관한 설명 중 옳지 않은 것은? (다툼이 있는 경우에는 판례에 의함)

① 뇌물죄에서 말하는 '직무'에는 법령에 정하여진 직무뿐만 아니라 그와 관련 있는 직무, 과거에 담당하였거나 장래에 담당할 직무도 포함될 수 있다.

② 甲으로부터 현금 100만 원을 수령한 법원주사 丁에게 뇌물수수죄가 성립한다.

③ 甲이 유죄로 인정되면, 甲이 乙로부터 받은 자기앞수표를 소비한 후 현금 300만 원을 乙에게 반환한 경우에 甲으로부터 그 가액을 추징해야 한다.

④ 甲이 유죄로 인정되면, 甲이 乙로부터 받은 자기앞수표를 그대로 보관하고 있다가 乙에게 반환한 경우에 乙로부터 몰수 또는 추징을 해야 한다.

해설 | 출제영역 | 직무관련성, 뇌물의 필요적 몰수와 추징

② (×) 법원의 참여주사가 공판에 참여하여 양형에 관한 사항의 심리내용을 공판조서에 기재한다고 하더라도 이를 가지고 형사사건의 양형이 참여주사의 직무와 밀접한 관계가 있는 사무라고는 할 수 없으므로 참여주사가 형량을 감경케 하여 달라는 청탁과 함께 금품을 수수하였다고 하더라도 뇌물수수죄의 주체가 될 수 없다(대법원 1980.10.14, 80도1373).

① (○) 뇌물죄에서 말하는 '직무'에는 법령에 정하여진 직무뿐만 아니라 그와 관련 있는 직무, 과거에 담당하였거나 장래에 담당할 직무 외에 사무분장에 따라 현실적으로 담당하지 않는 직무라도 법령상일반적인 직무권한에 속하는 직무 등 공무원이 그 직위에 따라 공무로 담당할 일체의 직무를 포함한다(대법원 1999.11.9, 99도2530).

③ (○) 수뢰자가 자기앞수표를 뇌물로 받아 이를 소비한 후 자기앞수표 상당액을 증뢰자에게 반환하였다 하더라도 뇌물 그 자체를 반환한 것은 아니므로 이를 몰수할 수 없고 수뢰자로부터 그 가액을 추징하여야 할 것이다(대법원 1999.1.29, 98도3584).

④ (○) 수뢰자가 뇌물을 그대로 보관하였다가 증뢰자에게 반환한 때에는 증뢰자로 부터 몰수·추징할 것이므로 수뢰자로부터 추징함은 위법하다(대법원 1984.2.28, 83도2783).

정답 ②

032 ✓ 유사 ◆◆◇ 법원9급 2020

다음 설명 중 가장 옳지 않은 것은? (다툼이 있는 경우 판례에 의하고, 전원합의체 판결의 경우 다수의견에 의함)

① 공무원이 수수·요구 또는 약속한 금품에 그 직무행위에 대한 대가로서의 성질과 직무 외의 행위에 대한 사례로서의 성질이 불가분적으로 결합되어 있는 경우에는, 그 수수·요구 또는 약속한 금품 전부가 불가분적으로 직무행위에 대한 대가로서의 성질을 가진다.

② 공무원이 장래에 담당할 직무에 대한 대가로 이익을 수수한 경우에도 뇌물수수죄가 성립할 수 있지만, 그 이익을 수수할 당시 장래에 담당할 직무에 속하는 사항이 그 수수한 이익과 관련된 것임을 확인할 수 없을 정도로 막연하고 추상적이거나, 장차 그 수수한 이익과 관련 지을 만한 직무권한을 행사할지 자체를 알 수 없다면, 그 이익이 장래에 담당할 직무에 관하여 수수되었다거나 그 대가로 수수되었다고 단정하기 어렵다.

③ 임명권자에 의하여 임용되어 공무에 종사하여 온 사람이 나중에 임용결격자이었음이 밝혀져 당초의 임용행위가 무효인 경우 형법 제129조의 수뢰죄에서 규정한 공무원에 해당하지 아니한다.

④ 뇌물약속죄에서 뇌물의 약속은 직무와 관련하여 장래에 뇌물을 주고받겠다는 양 당사자의 의사표시가 확정적으로 합치하면 성립하고, 뇌물의 가액이 얼마인지는 문제되지 아니하며, 또한 뇌물의 목적물이 이익인 경우에 그 가액이 확정되어 있지 않아도 뇌물약속죄가 성립하는 데에는 영향이 없다.

해설 | 출제영역 | 뇌물죄

③ (×) 형법이 뇌물죄에 관하여 규정하고 있는 것은 공무원의 직무집행의 공정과 그에 대한 사회의 신뢰 및 직무행위의 불가매수성을 보호하기 위한 것이다. 법령에 기한 임명권자에 의하여 임용되어 공무에 종사하여 온 사람이 나중에 그가 임용결격자이었음이 밝혀져 당초의 임용행위가 무효라고 하더라도, 그가 임용행위라는 외관을 갖추어 실제로 공무를 수행한 이상 공무 수행의 공정과 그에 대한 사회의 신뢰 및 직무행위의 불가매수성은 여전히 보호되어야 한다. 따라서 이러한 사람은 형법 제129조에서 규정한 공무원으로 봄이 타당하고, 그가 그 직무에 관하여 뇌물을 수수한 때에는 수뢰죄로 처벌할 수 있다(대법원 2014.3.27, 2013도11357).

① (○) 대법원 2012.1.12, 2011도12642

② (○) 형법 제129조 제1항의 뇌물수수죄가 성립하려면 공무원이 그 직무에 관하여 뇌물을 수수하여야 한다. 따라서 공무원이 이익을 수수한 행위가 공무원의 직무와 관련이 없다면 뇌물수수죄는 성립하지 않는다. 공무원이 장래에 담당할 직무에 대한 대가로 이익을 수수한 경우에도 뇌물수수죄가 성립할 수 있지만, 그 이익을 수수할 당시 장래에 담당할 직무에 속하는 사항이 그 수수한 이익과 관련된 것임을 확인할 수 없을 정도로 막연하고 추상적이거나, 장차 그 수수한 이익과 관련 지을 만한 직무권한을 행사할지 자체를 알 수 없다면, 그 이익이 장래에 담당할 직무에 관하여 수수되었다거나 그 대가로 수수되었다고 단정하기 어렵다(대법원 2017.12.22, 2017도12346).

④ (○) 뇌물약속죄에서 뇌물의 약속은 직무와 관련하여 장래에 뇌

물을 주고받겠다는 양 당사자의 의사표시가 확정적으로 합치하면 성립하고, 뇌물의 가액이 얼마인지는 문제되지 아니한다. 또한 뇌물의 목적물이 이익인 경우에 그 가액이 확정되어 있지 않아도 뇌물약속죄가 성립하는 데에는 영향이 없다(대법원 2016. 6.23, 2016도3753).

정답 ③

을 말하므로, 뇌물인지 모르고 이를 수수하였다가 뇌물임을 알고 즉시 반환하거나, 증뢰자가 일방적으로 뇌물을 두고 가므로 후일 기회를 보아 반환할 의사로 어쩔 수 없이 일시 보관하다가 반환하는 등 그 영득의 의사가 없었다고 인정되는 경우라면 뇌물을 수수하였다고 할 수 없다(대법원 2013.11.28, 2013도9003).

정답 ③

---

033 ✓ 유사 ◆◆◇　　　　법원9급 2016

뇌물죄에 관한 다음 설명 중 가장 옳지 않은 것은?

① 공무원이 직무 관련 금품을 수수하였는데, 추후 당초의 공무원 임용행위가 무효로 밝혀진 경우 뇌물죄가 성립한다.

② 도시 및 주거환경정비법상 정비사업조합의 임원은 뇌물죄의 적용에서 '공무원'으로 의제되는데, 조합임원이 지위를 상실하였으나 등기되어 있는 상태에서 실질적으로 임원으로서의 직무를 수행하던 중 직무 관련 금품을 수수한 경우 뇌물죄가 성립한다.

③ 알선뇌물수수죄가 성립하기 위하여는 뇌물을 수수할 당시 상대방에게 알선에 의하여 해결을 도모하여야할 현안이 어느 정도라도 존재하여야 한다.

④ 증뢰자가 일방적으로 뇌물을 두고 가 후일 반환할 의사로 어쩔 수 없이 일시 보관하다가 반환한 경우는 뇌물수수죄가 성립하지 않는다.

해설 **출제영역 | 뇌물죄 – 구성요건**

③ (×) 알선뇌물요구죄가 성립하기 위하여는 뇌물을 요구할 당시 반드시 상대방에게 알선에 의하여 해결을 도모하여야 할 현안이 존재하여야 할 필요는 없다(대법원 2009.7.23, 2009도3924).

① (○) 법령에 기한 임명권자에 의하여 임용되어 공무에 종사하여 온 사람이 나중에 그가 임용결격자이었음이 밝혀져 당초의 임용행위가 무효라고 하더라도, 그가 임용행위라는 외관을 갖추어 실제로 공무를 수행한 이상 공무 수행의 공정과 그에 대한 사회의 신뢰 및 직무행위의 불가매수성은 여전히 보호되어야 한다. 따라서 이러한 사람은 형법 제129조에서 규정한 공무원으로 봄이 상당하고, 그가 그 직무에 관하여 뇌물을 수수한 때에는 수뢰죄로 처벌할 수 있다(대법원 2014.3.27, 2013도11357).

② (○) 도시 및 주거환경정비법(이하 '도시정비법'이라고 한다) 제84조의 문언과 취지, 형법상 뇌물죄의 보호법익 등을 고려하면, 정비사업조합의 임원이 정비구역 안에 있는 토지 또는 건축물의 소유권 또는 지상권을 상실함으로써 조합 임원의 지위를 상실한 경우나 임기가 만료된 정비사업조합의 임원이 관련 규정에 따라 후임자가 선임될 때까지 계속하여 직무를 수행하다가 후임자가 선임되어 직무수행권을 상실한 경우, 그 조합 임원이 그 후에도 조합의 법인 등기부에 임원으로 등기되어 있는 상태에서 계속하여 실질적으로 조합 임원으로서의 직무를 수행하여 왔다면 직무수행의 공정과 그에 대한 사회의 신뢰 및 직무행위의 불가매수성은 여전히 보호되어야 한다. 따라서 그 조합 임원은 임원의 지위 상실이나 직무수행권의 상실에도 불구하고 도시정비법 제84조에 따라 형법 제129조 내지 제132조의 적용에서 공무원으로 보아야 한다(대법원 2016.1.14, 2015도15798).

④ (○) 뇌물을 수수한다는 것은 영득의 의사로 금품을 수수하는 것

---

034 ✓ 유사 ◆◆◇　　　　법원행시 2017

다음 설명 중 가장 옳지 않은 것은? (다툼이 있는 경우 판례에 의함)

① 자동차를 뇌물로 받은 경우 자동차등록원부에 그 소유자로 등록되지 않았다고 하더라도 자동차의 사실상 소유자로서 자동차에 대한 실질적인 사용 및 처분권한이 있다면 자동차 자체를 뇌물로 취득하였다고 보아야 한다.

② 알선뇌물수수죄에서 '그 지위를 이용하여'라 함은 친구, 친족관계 등 사적인 관계를 이용하는 경우에는 이에 해당한다고 할 수 없으나, 다른 공무원이 취급하는 사무의 처리에 법률상이거나 사실상으로 영향을 줄 수 있는 관계에 있는 공무원이 그 지위를 이용하는 경우에는 이에 해당하고, 그 사이에 상하관계, 협동관계, 감독권한 등의 특수한 관계가 있음을 요하지 않는다.

③ 알선뇌물요구죄가 성립하기 위하여는 뇌물을 요구할 당시 반드시 상대방에게 알선에 의하여 해결을 도모하여야 할 현안이 존재하여야 할 필요는 없다.

④ 알선뇌물요구죄는 반드시 알선상대방인 다른 공무원이나 그 직무의 내용이 구체적으로 특정될 필요가 없으므로, 상대방으로 하여금 뇌물을 요구하는 자에게 잘 보이면 그로부터 어떤 도움을 받을 수 있다거나 손해를 입을 염려가 없다는 정도의 막연한 기대감을 갖게 하며 뇌물을 요구하였다면 알선뇌물요구죄가 성립한다.

⑤ 공무원이 그 지위를 이용하여 다른 공무원의 정당한 직무에 속한 사항의 알선에 관하여 뇌물을 약속한 경우에도 알선뇌물약속죄가 성립한다.

해설 **출제영역 | 알선수뢰의 요건 등**

③ (○), ④ (×) 형법 제132조에서 말하는 '다른 공무원의 직무에 속한 사항의 알선에 관하여 뇌물을 요구한다.'고 함은, 다른 공무원의 직무에 속한 사항을 알선한다는 명목으로 뇌물을 요구하는 행위로서 반드시 알선의 상대방인 다른 공무원이나 그 직무의 내용이 구체적으로 특정될 필요까지는 없지만, 알선뇌물요구죄가 성립하려면 알선할 사항이 다른 공무원의 직무에 속하는 사항으로서 뇌물요구의 명목이 그 사항의 알선에 관련된 것임이 어느 정도 구체적으로 나타나야 한다. 단지 ④ 상대방으로 하여금 뇌물을 요구하는 자에게 잘 보이면 그로부터 어떤 도움을 받을 수 있다거나 손해를 입을 염려가 없다는 정도의 막연한 기대감을 갖게 하는 정도에 불과하고, 뇌물을 요구하는 자 역시 상대방이 그러한 기대감을 가질 것이라고 짐작하면서 뇌물을 요구하였다는

정도의 사정만으로는 알선뇌물요구죄가 성립한다고 볼 수 없다. 한편, 여기서 말하는 알선행위는 장래의 것이라도 무방하므로, ③ 알선뇌물요구죄가 성립하기 위하여는 뇌물을 요구할 당시 반드시 상대방에게 알선에 의하여 해결을 도모하여야 할 현안이 존재하여야 할 필요는 없다(대법원 2009.7.23, 2009도3924).

① (○) 자동차를 뇌물로 제공한 경우 자동차등록원부에 뇌물수수자가 그 소유자로 등록되지 않았다고 하더라도 자동차의 사실상 소유자로서 자동차에 대한 실질적인 사용 및 처분권한이 있다면 자동차 자체를 뇌물로 취득한 것으로 보아야 한다(대법원 2006.4.27, 2006도735).

② (○), ⑤ (○) ② 알선수뢰죄는 공무원이 그 지위를 이용하여 다른 공무원의 직무에 속한 사항의 알선에 관하여 뇌물을 수수, 요구 또는 약속하는 것을 그 성립요건으로 하고 있고, 여기서 '공무원이 그 지위를 이용하여'라 함은 친구, 친족관계 등 사적인 관계를 이용하는 경우에는 이에 해당한다고 할 수 없으나, 다른 공무원이 취급하는 사무의 처리에 법률상이거나 사실상으로 영향을 줄 수 있는 관계에 있는 공무원이 그 지위를 이용하는 경우에는 이에 해당하고, 그 사이에 상하관계, 협동관계, 감독권한 등의 특수한 관계가 있음을 요하지 않는다고 할 것이고, ⑤ '다른 공무원의 직무에 속한 사항의 알선행위'는 그 공무원의 직무에 속하는 사항에 관한 것이면 되는 것이지 그것이 반드시 부정행위라거나 그 직무에 관하여 결재권한이나 최종 결정권한을 갖고 있어야 하는 것이 아니다(대법원 2006.4.27, 2006도735).

정답 ④

---

035 ☑ 이론 ◆◆◇

뇌물죄에 대한 설명으로 가장 적절한 것은?(다툼이 있는 경우 판례에 의함)

① 공무원이 직무와 관련하여 금품을 수수하였더라도 특별한 정탁이 없이 사교석 의례의 형식을 갖추어 금품을 주고 받았다면 「형법」 제129조 제1항의 뇌물수수죄가 성립하지 않는다.

② 공무원이 직접 금품을 받지 않고 증뢰자로 하여금 다른 사람에게 금품을 공여하도록 한 경우라도 그가 직무에 관하여 부정한 청탁을 받은 사정이 없다면 이를 「형법」 제130조의 제3자뇌물제공죄로 처벌하지 못한다.

③ 공무원이 그 지위를 이용하여 다른 공무원의 직무에 관한 사항의 알선에 관하여 금품을 수수한 경우에는 그가 특별한 청탁을 받고 그 같은 행위를 한 사정이 없는 이상 이를 「형법」 제132조의 알선수뢰죄로 처벌하지 못한다.

④ 공무원에게 뇌물로 공여하기 위한 목적이라는 사정을 알면서 증뢰자로부터 금품을 교부받은 자는 그가 실제로 그 금품을 공무원에게 전달하지 않고 있는 이상 「형법」상 아무런 처벌을 받지 않는다.

해설 출제영역 | 뇌물죄의 구성요건

② (○) 형법 제130조의 제3자뇌물공여죄에서 '부정한 청탁'을 요

건으로 하는 취지는 처벌의 범위가 불명확해지지 않도록 하기 위한 것으로서, 이러한 '부정한 청탁'은 명시적인 의사표시에 의한 것은 물론 묵시적인 의사표시에 의한 것도 가능하다(대법원 2009.1.30, 2008도6950).

① (×) 공무원이 그 직무의 대상이 되는 사람으로부터 금품 기타 이익을 받은 때에는, 사회상규에 비추어 의례상의 대가에 불과하거나 개인적 친분관계가 있어 교분상의 필요에 의한 것이라고 인정되는 등의 특별한 사정이 없는 한 직무와 관련이 없다고 볼 수 없으며, 공무원이 직무와 관련하여 금품을 수수하였다면 비록 사교적 의례의 형식을 빌려 금품을 주고받았다 하더라도 그 수수한 금품은 뇌물이 된다(대법원 2008.11.27, 2006도8779).

③ (×) 제132조의 알선수뢰죄가 성립하기 위하여 청탁이나 부정한 청탁이 필요한 것은 아니다.

> **제132조(알선수뢰)** 공무원이 그 지위를 이용하여 다른 공무원의 직무에 속한 사항의 알선에 관하여 뇌물을 수수, 요구 또는 약속한 때에는 3년 이하의 징역 또는 7년 이하의 자격정지에 처한다.

④ (×) 제3자가 교부받은 금품을 수뢰할 사람에게 전달하지 아니하였다고 하여도 형법 제133조 제2항 후문에서 정한 죄의 성립에는 영향이 없다(증뢰물전달 내지 제3자뇌물취득, 대법원 1985.1.22, 84도1033).

> **제133조(뇌물공여 등)** ① 제129조부터 제132조까지에 기재한 뇌물을 약속, 공여 또는 공여의 의사를 표시한 자는 5년 이하의 징역 또는 2천만 원 이하의 벌금에 처한다.
> ② 제1항의 행위에 제공할 목적으로 제3자에게 금품을 교부한 자 또는 그 사정을 알면서 금품을 교부받은 제3자도 제1항의 형에 처한다.

정답 ②

다음 설명 중 가장 옳지 않은 것은? (다툼이 있는 경우 판례에 의함)

① 지방자치단체를 당사자로 하는 계약의 이행완료에 관한 검사는 지방자치단체의 장 또는 계약담당자의 직무권한에 속하는 사항으로서 이를 전문기관에 위임하여 수행하게 한다고 하여 그 직무 소관이 달라지는 것은 아니고 다만 이때에는 전문기관으로부터 검사결과를 문서로 통보받아 확인하는 방법으로 그 직무를 집행하게 되는 것이므로, 지방자치단체의 장 또는 계약담당 자가 그 검사를 위임받아 수행한 전문기관으로부터 검사결과를 검사조서로 작성·보고받고 이를 확인하여 승인하는 의미로 검사조서에 결재하였다면 그와 같이 결재된 검사조서는 공무원이 그 직무권한 내에서 작성한 문서로서 허위공문서작성죄의 객체인 공문서에 해당한다.

② 형법(2016.5.29.법률 제14178호로 개정되기 전의 것)은 제357조 제1항에서 배임수재죄를, 제2항에서 배임증재죄를 규정하고, 이어 제3항에서 "범인이 취득한 제1항의 재물은 몰수한다. 그 재물을 몰수하기 불능하거나 재산상의 이익을 취득한 때에는 그 가액을 추징한다."라고 규정하고 있다. 위 제3항에서 몰수의 대상으로 규정한 '범인이 취득한 제1항의 재물'은 배임수재죄의 범인이 취득한 목적물이자 배임증재죄의 범인이 공여한 목적물을 가리키는 것이지 배임수재죄의 목적물만을 한정하여 가리키는 것이 아니다.

③ 공무원이 뇌물을 받는 데에 필요한 경비를 지출한 경우 그 경비는 뇌물수수의 부수적 비용에 불과하여 뇌물의 가액과 추징액에서 공제할 항목에 해당하지 않는다. 뇌물을 받는 주체가 아닌 자가 수고비로 받은 부분이나 뇌물을 받기 위하여 형식적으로 체결된 용역계약에 따른 비용으로 사용된 부분은 뇌물수수의 부수적 비용에 지나지 않는다. 뇌물을 받는다는 것은 영득의 의사로 금품을 받는 것을 말하므로, 뇌물인지 모르고 받았다가 뇌물임을 알고 즉시 반환하거나 또는 증뢰자가 일방적으로 뇌물을 두고 가므로 나중에 기회를 보아 반환할 의사로 어쩔 수 없이 일시 보관하다가 반환하는 등 영득의 의사가 없었다고 인정되는 경우라면 뇌물을 받았다고 할 수 없다. 그러나 피고인이 먼저 뇌물을 요구하여 증뢰자로부터 돈을 받았다면 피고인에게는 받은 돈 전부에 대한 영득의 의사가 인정된다.

④ 제3자뇌물수수죄에서 제3자란 행위자와 공동정범, 교사자, 방조자 이외의 사람을 말한다. 그러므로 공무원 또는 중재인이 부정한 청탁을 받고 제3자에게 뇌물을 제공하게 하고 제3자가 그러한 공무원 또는 중재인의 범죄행위를 알면서 방조한 경우라 하더라도 별도의 처벌규정이 없는 한 제3자뇌물수수방조죄로 처벌할 수는 없다.

⑤ 공무원이 직무관련자에게 제3자와 계약을 체결하도록 요구하여 계약 체결을 하게 한 행위가 제3자뇌물수수죄의 구성요건과 직권남용권리행사방해죄의 구성요건에 모두 해당하는 경우에는, 제3자뇌물수수죄와 직권남용권리행사방해죄가 각각 성립하되, 이는 사회 관념상 하나의 행위가 수 개의 죄에 해당하는 경우이므로 두 죄는 형법 제40조의 상상적 경합관계에 있다.

해설 │ 출제영역 | 제3자뇌물수수방조 등

④ (✕) 제3자뇌물수수죄에서 제3자란 행위자와 공동정범 이외의 사람을 말하고, 교사자나 방조자도 포함될 수 있다. 그러므로 공무원 또는 중재인이 부정한 청탁을 받아 제3자에게 뇌물을 제공하게 하고, 제3자가 그러한 공무원 또는 중재인의 범죄행위를 알면서 방조한 경우에는, 그에 대한 별도의 처벌규정이 없더라도 방조범에 관한 형법총칙의 규정이 적용되어 제3자뇌물수수방조죄가 인정될 수 있다.

① (○) 지방자치단체를 당사자로 하는 계약의 이행완료에 관한 검사는 지방자치단체의 장 또는 계약담당자의 직무권한에 속하는 사항으로서 이를 전문기관에 위임하여 수행하게 한다고 하여 그 직무소관이 달라지는 것은 아니고 다만 이때에는 전문기관으로부터 검사결과를 문서로 통보받아 확인하는 방법으로 그 직무를 집행하게 되는 것이므로, 지방자치단체의 장 또는 계약담당자가 그 검사를 위임받아 수행한 전문기관으로부터 검사결과를 검사조서로 작성·보고받고 이를 확인하여 승인하는 의미로 검사조서에 결재하였다면 그와 같이 결재된 검사조서는 공무원이 그 직무권한 내에서 작성한 문서로서 허위공문서작성죄의 객체인 공문서에 해당한다(대법원 2010.4.29, 2010도875).

② (○) 형법(2016.5.29.법률 제14178호로 개정되기 전의 것)은 제357조 제1항에서 배임수재죄를, 제2항에서 배임증재죄를 규정하고, 이어 제3항에서 "범인이 취득한 제1항의 재물은 몰수한다. 그 재물을 몰수하기 불능하거나 재산상 이익을 취득한 때에는 그 가액을 추징한다."라고 규정하고 있다. 배임수재죄와 배임증재죄는 이른바 대향범으로서 위 제3항에서 필요적 몰수 또는 추징을 규정한 것은 범행에 제공된 재물과 재산상 이익을 박탈하여 부정한 이익을 보유하지 못하게 하기 위한 것이므로, 제3항에서 몰수의 대상으로 규정한 '범인이 취득한 제1항의 재물'은 배임수재죄의 범인이 취득한 목적물이자 배임증재죄의 범인이 공여한 목적물을 가리키는 것이지 배임수재죄의 목적물만을 한정하여 가리키는 것이 아니다(대법원 2017.4.7, 2016도18104).

③ (○) 공무원이 뇌물을 받는 데에 필요한 경비를 지출한 경우 그 경비는 뇌물수수의 부수적 비용에 불과하여 뇌물의 가액과 추징액에서 공제할 항목에 해당하지 않는다. 뇌물을 받는 주체가 아닌 자가 수고비로 받은 부분이나 뇌물을 받기 위하여 형식적으로 체결된 용역계약에 따른 비용으로 사용된 부분은 뇌물수수의 부수적 비용에 지나지 않는다. 뇌물을 받는다는 것은 영득의 의사로 금품을 받는 것을 말하므로, 뇌물인지 모르고 받았다가 뇌물임을 알고 즉시 반환하거나 또는 증뢰자가 일방적으로 뇌물을 두고 가므로 나중에 기회를 보아 반환할 의사로 어쩔 수 없이 일시 보관하다가 반환하는 등 영득의 의사가 없었다고 인정되는 경우라면 뇌물을 받았다고 할 수 없다. 그러나 피고인이 먼저 뇌물을 요구하여 증뢰자로부터 돈을 받았다면 피고인에게는 받은 돈 전부에 대한 영득의 의사가 인정된다(대법원 2017.3.22, 2016도21536).

⑤ (○) 공무원이 직무관련자에게 제3자와 계약을 체결하도록 요구하여 계약 체결을 하게 한 행위가 제3자뇌물수수죄의 구성요건과 직권남용권리행사방해죄의 구성요건에 모두 해당하는 경우에는, 제3자뇌물수수죄와 직권남용권리행사방해죄가 각각 성립하되, 이는 사회관념상 하나의 행위가 수 개의 죄에 해당하는 경우

이므로 두 죄는 형법 제40조의 상상적 경합관계에 있다(대법원 2017.3.15, 2016도19659).

[정답] ④

---

037 ☑ 유사 ◆◆◇ 변호사 2022

뇌물죄에 관한 설명 중 옳지 않은 것은? (다툼이 있는 경우 판례에 의함)

① 제3자뇌물수수죄에서 제3자란 행위자와 공동정범 및 교사자와 방조자 이외의 사람을 말한다.

② 공무원이 아닌 사람이 공무원과 공동가공의 의사와 이를 기초로 한 기능적 행위지배를 통하여 공무원의 직무에 관하여 뇌물을 수수하는 범죄를 실행하였다면 공무원이 직접 뇌물을 받은 것과 동일하게 평가할 수 있으므로 공무원과 비공무원에게 형법 제129조 제1항에서 정한 뇌물수수죄의 공동정범이 성립한다.

③ 단지 상대방으로 하여금 뇌물을 수수하는 자에게 잘 보이면 어떤 도움을 받을 수 있다거나 손해를 입을 염려가 없다는 정도의 막연한 기대감을 갖게 하는 정도에 불과하고, 뇌물을 수수하는 자 역시 상대방이 그러한 기대감을 가질 것이라고 짐작하면서 수수하였다는 사정만으로는 알선뇌물수수죄가 성립하지 않는다.

④ 공무원 또는 중재인이 부정한 청탁을 받고 제3자에게 뇌물을 제공하게 하고 제3자가 그러한 공무원 또는 중재인의 범죄행위를 알면서 방조한 경우에는 그에 대한 별도의 처벌규정이 없더라도 방조범에 관한 형법총칙의 규정이 적용되어 제3자뇌물수수방조죄가 인정될 수 있다.

⑤ 공무원이 뇌물을 받는 데에 필요한 경비를 지출한 경우 그 경비는 뇌물수수의 부수적 비용에 불과하여 뇌물의 가액과 추징액에서 공제할 항목에 해당하지 않는다.

[해설] 출제영역 | 뇌물죄의 구성요건

① (×) 제3자뇌물수수죄에서 제3자란 행위자와 공동정범 이외의 사람을 말하고, 교사자나 방조자는 제3자가 될 수 있다(대법원 2017.3.15, 2016도19659).

② (○) 대법원 2019.8.29, 2018도2738 전원합의체

③ (○) 대법원 2017.12.22, 2017도12346

④ (○) 대법원 2017.3.15, 2016도19659

⑤ (○) 대법원 2017.3.22, 2016도21536

[정답] ①

---

038 ☑ 유사 ◆◆◇ 변호사 2024

뇌물죄에 관한 설명 중 옳지 않은 것을 모두 고른 것은? (다툼이 있는 경우 판례에 의함)

ㄱ. 뇌물죄에서 뇌물의 내용인 이익이라 함은 금전, 물품 기타의 재산적 이익뿐만 아니라 사람의 수요·욕망을 충족시키기에 족한 일체의 유형·무형의 이익을 포함하므로, 제공된 것이 성적 욕구의 충족이라고 하여 달리 볼 것이 아니다.

ㄴ. 제3자뇌물수수죄의 제3자란 행위자와 공동정범자 이외의 사람을 말하는 것이므로, 공무원이 자신이 실질적으로 장악하고 있는 A회사 명의의 계좌로 뇌물을 받은 경우 제3자뇌물수수죄가 성립한다.

ㄷ. 뇌물을 수수함에 있어서 공여자를 기망한 경우 뇌물을 수수한 공무원에 대하여는 뇌물죄와 사기죄가 성립하는바 보호법익을 달리하는 양 죄는 실체적 경합범으로 처단하여야 한다.

ㄹ. 뇌물에 공할 금품에 대한 몰수는 특정된 물건에 대한 것이고 「형법」 제134조 단서는 이를 몰수할 수 없을 경우에는 그 가액을 추징하도록 규정하고 있는바, 뇌물에 공할 금품이 특정되지 않은 경우에는 그 가액을 추징하여야 한다.

ㅁ. 甲이 공무원 A에게 뇌물공여의 의사표시를 하였다가 거절된 후 상당한 기간이 지난 뒤에 다시 A에게 별개의 행위로 평가될 수 있는 다른 명목으로 뇌물을 제공하여 A가 이를 수수한 경우, 甲의 전자의 뇌물공여의사표시죄는 후자의 뇌물공여죄에 흡수된다.

① ㄱ, ㄹ, ㅁ ② ㄴ, ㄷ, ㄹ
③ ㄴ, ㄴ, ㅁ ④ ㄴ, ㄹ, ㅁ
⑤ ㄴ, ㄷ, ㄹ, ㅁ

[해설] 출제영역 | 뇌물죄 성립요건

ㄱ. (○) 뇌물죄에서 뇌물의 내용인 이익이라 함은 금전, 물품 기타의 재산적 이익뿐만 아니라 사람의 수요·욕망을 충족시키기에 족한 일체의 유형·무형의 이익을 포함하며, 제공된 것이 성적 욕구의 충족이라고 하여 달리 볼 것이 아니다(대법원 2014.1.29, 2013도13937).

ㄴ. (×) 공무원이 실질적인 경영자로 있는 회사가 청탁 명목의 금원을 회사 명의의 예금계좌로 송금받은 경우에 사회통념상 위 공무원이 직접 받은 것과 같이 평가할 수 있어 뇌물수수죄가 성립한다(대법원 2004.3.26, 2003도8077).

ㄷ. (×) 뇌물을 수수함에 있어서 공여자를 기망한 점이 있다 하여도 뇌물수수죄, 뇌물공여죄의 성립에는 영향이 없고(대법원 1985.2.8, 84도2625), 이 경우 뇌물을 수수한 공무원에 대하여는 한 개의 행위가 뇌물죄와 사기죄의 각 구성요건에 해당하므로 형법 제40조에 의하여 상상적 경합으로 처단하여야 할 것이다(대법원 1977.6.7, 77도1069).

ㄹ. (×) 형법 제134조는 뇌물에 공할 금품을 필요적으로 몰수하고 이를 몰수하기 불가능한 때에는 그 가액을 추징하도록 규정하고 있는바, 몰수는 특정된 물건에 대한 것이고 추징은 본래 몰수할 수 있음을 전제로 하는 것임에 비추어 뇌물에 공할 금품이 특정되지 않았던 것은 몰수할 수 없고 그 가액을 추징할 수도 없다

(대법원 1996.5.8, 96도221).

ㅁ. (×) 뇌물공여의사표시와 그 후의 뇌물공여행위가 별도의 범의에 기한 것으로 인정되는 경우에는 흡수관계가 아닌 실체적 경합의 관계가 성립하게 될 것이다.

> **[판례]** 피고인이 공소외 5 등과 공모하여 공동피고인 1에게 뇌물공여의 의사를 표시한 다음 그에 따라 그 뇌물을 공여한 것이 아니라 총인처리시설 설계평가와 관련하여 높은 점수를 달라는 취지로 뇌물을 공여하려다가 거절당하고는 그로부터 수개월이 지난 후에 처음과는 다른 명목으로 뇌물을 공여한 것으로 평가함이 상당하므로, 위 피고인 1에 대한 2011. 4. 중순경 5,000만 원의 뇌물공여의사표시는 2011. 8.경 500만 원의 뇌물공여에 흡수되지 않는다(대법원 2013.11. 28, 2013도9003).

정답 ⑤

2 공무방해에 관한 죄

039 ☑ 대표 ◆◆◇   해경승진(경위) 2023

다음 중 공무집행방해죄에 대한 설명으로 가장 옳지 않은 것은? (다툼이 있는 경우 판례에 의함)

① 경찰관이 도로를 순찰하던 중 벌금 미납으로 수배된 피고인과 조우(遭遇)하여 형집행장을 소지하지 아니한 채 급속을 요하여 그에게 형집행사유와 더불어 형집행장이 발부되어 있는 사실을 고지하고 벌금 미납으로 인한 노역장 유치의 집행을 위해 구인하려 하였는데, 피고인이 이에 저항하여 그 경찰관을 폭행한 경우 공무집행방해죄가 성립한다.

② 「형법」상 공무집행방해죄는 직무를 집행하는 공무원에 대하여 폭행 또는 협박한 경우에 성립하는 범죄로서, 여기서의 폭행은 사람에 대한 유형력의 행사로 족하고 반드시 신체에 대한 것임을 요하지 아니하며, 또한 추상적 위험범으로서 구체적으로 직무집행의 방해라는 결과발생을 요하지도 아니한다.

③ 피고인이 같은 장소에서 함께 출동한 경찰관들 중 먼저 경찰관 A를 폭행하고 곧이어 이를 제지하는 경찰관 B를 폭행한 경우, 위와 같이 동일한 장소에서 동일한 기회에 이루어진 폭행 행위는 사회관념상 1개의 행위로 평가하는 것이 상당하므로 A와 B에 대한 공무집행방해죄는 포괄일죄의 관계에 있다.

④ 피고인이 지구대 내에서 약 1시간 이상 경찰관에게 큰 소리로 욕을 하고 의자에 드러눕거나 다른 사람들에게 시비를 걸고, 경찰관들이 피고인을 내보낸 뒤 문을 잠그자 다시 들어오기 위해 출입문을 계속해서 두드리는 등 소란을 피운 경우 공무원에 대한 간접적인 유형력의 행사로 볼 수 있어 공무집행방해죄가 성립할 수 있다.

해설 출제영역 | 공무방해에 관한 죄

③ (×) 동일한 공무를 집행하는 여럿의 공무원에 대하여 폭행·협

박 행위를 한 경우에는 공무를 집행하는 공무원의 수에 따라 여럿의 공무집행방해죄가 성립하고, 위와 같은 폭행·협박 행위가 동일한 장소에서 동일한 기회에 이루어진 것으로서 사회관념상 1개의 행위로 평가되는 경우에는 여럿의 공무집행방해죄는 상상적 경합의 관계에 있다(대법원 2009.6.25, 2009도3505).

① (○) 사법경찰관리가 벌금형을 받은 사람을 그에 따르는 노역장 유치의 집행을 위하여 구인하려면 검사로부터 발부받은 형집행장을 그 상대방에게 제시하여야 하지만(형사소송법 제85조 제1항 참조), 형집행장을 소지하지 아니한 경우에 급속을 요하는 때에는 그 상대방에 대하여 형집행 사유와 형집행장이 발부되었음을 고하고 집행할 수 있다(형사소송법 제85조 제3항 참조). 그리고 형집행장의 제시 없이 구인할 수 있는 '급속을 요하는 때'라고 함은 애초 사법경찰관리가 적법하게 발부된 형집행장을 소지할 여유가 없이 형집행의 상대방을 조우한 경우 등을 가리키는 것이다(적법한 공무집행에 해당하므로 공무집행방해죄 성립, 대법원 2017.9.26, 2017도9458).

② (○) 형법 제136조에서 정한 공무집행방해죄는 직무를 집행하는 공무원에 대하여 폭행 또는 협박한 경우에 성립하는 범죄로서 여기서의 폭행은 사람에 대한 유형력의 행사로 족하고 반드시 그 신체에 대한 것임을 요하지 아니하며, 또한 추상적 위험범으로서 구체적으로 직무집행의 방해라는 결과발생을 요하지도 아니한다(대법원 2018.3.29, 2017도21537).

④ (○) 피고인이 지구대 내에서 약 1시간 40분 동안 큰 소리로 경찰관을 모욕하는 말을 하고, 그곳 의자에 드러눕거나 다른 사람들에게 시비를 걸고 그 과정에서 경찰관들이 피고인을 내보낸 뒤 문을 잠그자 다시 들어오기 위해 출입문을 계속해서 두드리거나 잡아당기는 등 소란을 피운 경우, 피고인이 밤늦은 시각에 술에 취해 위와 같이 한참 동안 소란을 피운 행위는 그 정도에 따라 공무원에 대한 간접적인 유형력의 행사로서 형법 제136조에서 규정한 '폭행'에 해당할 여지가 있다(대법원 2013.12.26, 2013도11050).

정답 ③

040 ✔유사 ◆◆◇　　　경찰간부 2022

공무집행방해죄에 대한 설명으로 옳은 것은? (다툼이 있는 경우 판례에 의함)

① 공무집행방해죄의 폭행은 사람에 대한 유형력의 행사이고 이는 반드시 신체에 대한 것임을 요하며, 본죄에서 '직무를 집행하는'이란 공무원이 직무수행에 직접 필요한 행위를 현실적으로 행하고 있는 때만을 가리킨다.

② 음주운전 신고를 받고 출동한 경찰관 P가 시동이 걸린 차량 운전석에 앉아있던 만취한 甲을 발견하고 음주측정을 위하여 하차를 요구하자 甲이 운전하지 않았다고 다투었고, 이에 P가 차량 블랙박스 확인을 위해 경찰서로 임의동행할 것을 요구하자, 甲이 차량에서 내리자마자 도주하여 P가 이미 착수한 음주측정 직무를 계속하기 위하여 甲을 10미터 정도 추격하여 도주를 제지한 것은 정당한 직무집행에 해당한다.

③ 위계에 의한 공무집행방해죄에서 '공무원의 직무집행'이란 법령의 위임에 따른 공무원의 적법한 직무집행으로서 공권력을 내용으로 하는 권력적 작용에 한정하므로, 사경제주체로서의 활동을 비롯한 비권력적 작용은 포함하지 아니한다.

④ 위력으로써 공무원이 직무상 수행하는 공무를 방해하는 행위에 대해서는 「형법」 제314조의 업무방해죄로 처단할 수 있다.

해설 출제영역 | 공무방해에 관한 죄의 구성요건

② (○) 음주운전 신고를 받고 출동한 경찰관이 만취한 상태로 시동이 걸린 차량 운전석에 앉아있는 피고인을 발견하고 음주측정을 위해 하차를 요구함으로써 도로교통법 제44주 제2항이 정한 음주측정에 관한 직무에 착수하였다고 할 것이고, 피고인이 차량을 운전하지 않았다고 다투자 경찰관이 지구대로 가서 차량 블랙박스를 확인하자고 한 것은 음주측정에 관한 직무 중 '운전' 여부 확인을 위한 임의동행 요구에 해당하고, 피고인이 차량에서 내리자마자 도주한 것을 임의동행 요구에 대한 거부로 보더라도, 경찰관이 음주측정에 관한 직무를 계속하기 위하여 피고인을 추격하여 도주를 제지한 것은 앞서 본 바와 같이 도로교통법상 음주측정에 관한 일련의 직무집행 과정에서 이루어진 행위로써 정당한 직무집행에 해당한다(대법원 2020.8.20, 2020도7193).

① (×) 형법 제136조에서 정한 공무집행방해죄는 직무를 집행하는 공무원에 대하여 폭행 또는 협박한 경우에 성립하는 범죄로서 여기서의 폭행은 사람에 대한 유형력의 행사로 족하고 반드시 그 신체에 대한 것임을 요하지 아니하며, 또한 추상적 위험범으로서 구체적으로 직무집행의 방해라는 결과발생을 요하지도 아니한다. 한편 공무집행방해죄에서 '직무를 집행하는'이란 공무원이 직무수행에 직접 필요한 행위를 현실적으로 행하고 있는 때만을 가리키는 것이 아니라 공무원이 직무수행을 위하여 근무 중인 상태에 있는 때를 포괄하고, 직무의 성질에 따라서는 직무수행의 과정을 개별적으로 분리하여 부분적으로 각각의 개시와 종료를 논하는 것이 부적절하고 여러 종류의 행위를 포괄하여 일련의 직무수행으로 파악함이 상당한 경우가 있다(대법원 2018.3.29, 2017도21537).
[보충] 공무집행방해죄의 폭행은 광의의 폭행으로서 사람에 대한 직접적·간접적인 유형력의 행사를 말한다.

③ (×) 위계에 의한 공무집행방해죄는 행위목적을 이루기 위하여 상대방에게 오인, 착각, 부지를 일으키게 하여 이를 이용함으로써 법령에 의하여 위임된 공무원의 적법한 직무에 관하여 그릇된 행위나 처분을 하게 하는 경우에 성립하고, 여기에서 공무원의 직무집행이란 법령의 위임에 따른 공무원의 적법한 직무집행인 이상 공권력의 행사를 내용으로 하는 권력적 작용뿐만 아니라 사경제주체로서의 활동을 비롯한 비권력적 작용도 포함되는 것으로 봄이 상당하다(대법원 2003.12.26, 2001도6349).
[보충] 감척어선 입찰, 지방자치단체의 공사입찰 등이 이에 포함된다.

④ (×) 형법이 업무방해죄와는 별도로 공무집행방해죄를 규정하고 있는 것은 사적 업무와 공무를 구별하여 공무에 관해서는 공무원에 대한 폭행, 협박 또는 위계의 방법으로 그 집행을 방해하는 경우에 한하여 처벌하겠다는 취지라고 보아야 한다. 따라서 공무원이 직무상 수행하는 공무를 방해하는 행위에 대해서는 업무방해죄로 의율할 수는 없다고 해석함이 상당하다(대법원 2009.11.19, 2009도4166 전원합의체).

정답 ②

041 ✓ 유사 ◆◆◇

공무집행방해죄에 관한 설명으로 가장 적절하지 않은 것은? (다툼이 있는 경우 판례에 의함)

① 공무집행방해죄는 공무원의 적법한 공무집행을 전제로 하는데, 추상적인 권한에 속하는 공무원의 어떠한 공무집행이 적법한지 여부는 행위 당시의 구체적 상황에 기하여 객관적 합리적으로 판단하여야 하고 사후적으로 순수한 객관적 기준에서 판단할 것은 아니다.

② 행정청에 대한 일방적 통고로 효과가 완성되는 '신고'의 경우에는 신고인이 신고서에 허위사실을 기재하거나 허위의 소명 자료를 제출하였더라도, 그것만으로는 담당 공무원의 구체적이고 현실적인 직무집행이 방해받았다고 볼 수 없어 특별한 사정이 없는 한 허위 신고가 위계에 의한 공무집행방해죄를 구성한다고 볼 수 없다.

③ 피고인들이 불법적인 농성을 계속하다가 관할 구청이 행정대집행으로 농성 장소에 있던 물건을 치웠음에도 피고인들이 이에 대한 항의의 일환으로 집회를 개최하려고 하자, 또다시 같은 장소를 점거하고 물건을 다시 비치하는 것을 막기 위해 출동하여 농성장소를 미리 둘러싼 경찰관들이 농성 장소 진입을 소극적으로 제지하는 과정에서 피고인들이 경찰관들을 밀치는 등 유형력을 행사한 행위는 공무집행방해죄를 구성한다.

④ 시청 청사 내 주민생활복지과 사무실에서 소란을 피우던 甲을 소속 공무원 A가 제지하며 밖으로 데리고 나가려 하자 甲이 A를 폭행한 경우, 민원 상담을 시도한 순간부터 민원 상담 시도를 종료한 순간까지만 소속 공무원의 직무 범위인 민원 업무에 해당하는 것이므로 甲을 사무실에서 퇴거시키는 등의 후속 조치는 직무 범위에 포함되지 않는다고 할 것이므로 공무집행방해죄를 구성하지 않는다.

해설 | **출제영역** | 공무집행방해죄의 구성요건

④ (×) 시청 청사 내 주민생활복지과 사무실에 술에 취한 상태로 찾아가 소란을 피우던 甲을 소속 공무원 A가 제지하며 밖으로 데리고 나가려 하자, 甲이 A의 멱살을 잡고 수회 흔든 다음 휴대전화를 휘둘러 甲의 뺨을 때림으로써 시청 공무원들의 주민생활복지에 대한 통합조사 및 민원 업무에 관한 정당한 직무집행을 방해하였다는 공소사실로 기소된 경우, 시청 주민생활복지과 소속 공무원이 주민생활복지과 사무실에 방문한 피고인에게 민원 내용을 물어보며 민원 상담을 시도한 행위, 피고인의 욕설과 소란으로 정상적인 민원 상담이 이루어지지 않고 다른 민원 업무 처리에 장애가 발생하는 상황이 지속되자 피고인을 사무실 밖으로 데리고 나간 행위는 민원 안내 업무와 관련된 일련의 직무수행으로 포괄하여 파악함이 타당한 점, 행위 당시의 구체적 상황에 기초를 두고 객관적·합리적으로 판단해 보면, 담당 공무원이 피고인을 사무실 밖으로 데리고 나가는 과정에서 피고인의 팔을 잡는 등 다소의 물리력을 행사했더라도, 이는 피고인의 불법행위를 사회적 상당성이 있는 방법으로 저지한 것에 불과하므로 위법하다고 볼 수 없는 점, 소란을 피우는 민원인을 제지하거나 사무

실 밖으로 데리고 나가는 행위도 민원 담당 공무원의 직무에 수반되는 행위로 파악함이 타당하고 직무권한의 범위를 벗어난 행위라고 볼 것은 아닌 점 등을 종합하면, 피고인의 행위는 시청 소속 공무원들의 적법한 직무집행을 방해한 행위에 해당한다(대법원 2022.3.17, 2021도13883).

① (○) 공무집행방해죄는 공무원의 적법한 공무집행이 전제로 된다 할 것이고, 그 공무집행이 적법하기 위하여는 그 행위가 당해 공무원의 추상적 직무 권한에 속할 뿐 아니라 구체적으로도 그 권한 내에 있어야 하며 또한 직무행위로서의 중요한 방식을 갖추어야 한다고 할 것이며, 추상적인 권한에 속하는 공무원의 어떠한 공무집행이 적법한지 여부는 행위 당시의 구체적 상황에 기하여 객관적 합리적으로 판단하여야 하고 사후적으로 순수한 객관적 기준에서 판단할 것은 아니라고 할 것이다(대법원 1991.5.10, 91도453).

② (○) 신고는 사인이 행정청에 대하여 일정한 사실 또는 관념을 통지함으로써 공법상 법률효과가 발생하는 행위로서 원칙적으로 행정청에 대한 일방적 통고로 그 효과가 완성될 뿐 이에 대응하여 신고내용에 따라 법률효과를 부여하는 행정청의 행위나 처분을 예정하고 있지 아니하므로, 신고인이 허위사실을 신고서에 기재하거나 허위의 소명자료를 첨부하여 제출하였다고 하더라도 관계 법령에 별도의 처벌규정이 있어 이를 적용하는 것은 별론으로 하고, 일반적으로 위와 같은 허위 신고가 형법상 위계에 의한 공무집행방해죄를 구성한다고 볼 수 없다(대법원 2011.8.25, 2010도7033).

③ (○) 경찰 병력이 행정대집행 직후 대책위가 또다시 같은 장소를 점거하고 물건을 다시 비치하는 것을 막기 위해 농성 장소를 미리 둘러싼 뒤 대책위가 같은 장소에서 기자회견 명목의 집회를 개최하려는 것을 불허하면서 소극적으로 제지한 것은 구 경찰관직무집행법 제6조 제1항의 범죄행위 예방을 위한 경찰 행정상 즉시강제로서 적법한 공무집행에 해당하고, 피고인 등 대책위 관계자들이 이와 같이 직무집행 중인 경찰 병력을 밀치는 등 유형력을 행사한 행위는 공무집행방해죄에 해당한다(대법원 2021.10. 14, 2018도2993).

정답 ④

042 ✓ 유사 ◆◆◇

공무집행방해죄에 관한 다음 설명 중 가장 옳지 않은 것은? (다툼이 있으면 판례에 의함)

① 공무집행방해죄에서 '직무를 집행하는'이란 공무원이 직무수행에 직접 필요한 행위를 현실적으로 행하고 있는 때에 한정된다.

② 기자회견을 명목으로 불법집회를 하기 위해 농성장소에 진입하려는 관계자들이 경찰관을 밀치는 등 공무집행을 방해하였을 때, 집회를 불허하면서 점거와 집회 개최를 소극적으로 제지한 것은 적법한 공무집행에 해당한다.

③ 피의자 등이 적극적으로 허위의 증거를 조작하여 제출하고 그 증거 조작의 결과 수사기관이 그 진위에 관하여 나름대로 충실한 수사를 하더라도 제출된 증거가 허위임을 발견하지 못할 정도에 이르렀다면 위계공무집행방해죄가 성립한다.

④ 방송국프로듀서와 촬영감독이 구치소에 수용 중인 사람을 취재하기 위해 구치소장의 허가 없이 접견내용을 촬영·녹음할 목적으로 명함지갑 모양으로 제작된 녹음·녹화장비를 몰래 소지하고 구치소에 들어갔다 하더라도 위계에 의한 공무집행방해죄에 해당하지 않는다.

해설 | **출제영역** | 공무방해에 관한 죄

① (×) 형법 제136조 제1항에 규정된 <u>공무집행방해죄에서 '직무를 집행하는'이라 함은 공무원이 직무수행에 직접 필요한 행위를 현실적으로 행하고 있는 때만을 가리키는 것이 아니라 공무원이 직무수행을 위하여 근무중인 상태에 있는 때를 포괄하고, 직무의 성질에 따라서는 그 직무수행의 과정을 개별적으로 분리하여 부분적으로 각각의 개시와 종료를 논하는 것이 부적절하고 여러 종류의 행위를 포괄하여 일련의 직무수행으로 파악함이 상당한 경우가 있으며, 나아가 현실적으로 구체적인 업무를 처리하고 있지는 않다 하더라도 자기 자리에 앉아 있는 것만으로도 업무의 집행으로 볼 수 있을 때에는 역시 직무집행 중에 있는 것으로 보아야 하고, 직무 자체의 성질이 부단히 대기하고 있을 것을 필요로 하는 것일 때에는 대기 자체를 곧 직무행위로 보아야 할 경우도 있다</u>(대법원 2002.4.12, 2000도3485).

② (○) 피고인을 포함한 '甲 주식회사 희생자 추모와 해고자 복직을 위한 범국민대책위원회' 측 사람들이 덕수궁 대한문 앞 화단 주변을 불법적으로 점거한 뒤 천막·분향소 등을 설치하고 농성을 계속하다가 관할 구청이 행정대집행으로 농성 장소에 있던 적치물들을 철거하였음에도 이에 대한 항의의 일환으로 같은 장소에서 기자회견 명목의 집회를 개최하려고 하자, <u>출동한 경찰 병력이 농성 장소를 둘러싼 채 진입을 제지하는 과정에서 피고인 등이 경찰관들을 밀치는 등으로 공무집행을 방해하였다는 내용으로 기소된 경우, 경찰 병력이 농성 장소를 사전에 둘러싼 뒤 기자회견 명목의 집회 개최를 불허하면서 소극적으로 제지만 한 것은 구 경찰관 직무집행법 제6조 제1항의 범죄행위 예방을 위한 경찰 행정상 즉시강제로서 적법한 공무집행에 해당한다</u>(대법원 2021.9.30, 2014도17900).

③ (○) 수사기관이 범죄사건을 수사함에 있어서는 피의자 등의 진술 여하에 불구하고 피의자를 확정하고 그 피의사실을 인정할 만

한 객관적인 모든 증거를 수집·조사할 권한과 의무가 있다. 한편 피의자는 진술거부권 및 자기에게 유리한 진술을 할 권리와 유리한 증거를 제출할 권리를 가질 뿐이고, 수사기관에 대하여 진실만을 진술하여야 할 의무가 있는 것은 아니다. 따라서 피의자 등이 수사기관에 대하여 허위사실을 진술하거나 피의사실 인정에 필요한 증거를 감추고 허위의 증거를 제출하였더라도, 수사기관이 충분한 수사를 하지 않은 채 이와 같은 허위의 진술과 증거만으로 증거의 수집·조사를 마쳤다면, 이는 수사기관의 불충분한 수사에 의한 것으로서 피의자 등의 위계에 의하여 수사가 방해되었다고 볼 수 없어 위계에 의한 공무집행방해죄가 성립된다고 할 수 없다. 그러나 <u>피의자 등이 적극적으로 허위의 증거를 조작하여 제출하고 그 증거 조작의 결과 수사기관이 그 진위에 관하여 나름대로 충실한 수사를 하더라도 제출된 증거가 허위임을 발견하지 못할 정도에 이르렀다면, 이는 위계에 의하여 수사기관의 수사행위를 적극적으로 방해한 것으로서 위계공무집행방해죄가 성립된다</u>(대법원 2019.3.14, 2018도18646).

④ (○) <u>시사프로그램의 프로듀서와 촬영감독이 구치소장의 허가 없이 구치소에 수용 중인 사람을 취재하기 위하여 접견허가를 받은 다음 명함지갑 형태의 녹음·녹화장비를 소지한 채 접견실에 들어가 수용자를 취재한 경우, 녹음·녹화 등을 할 수 있는 전자 장비가 교정시설의 안전 또는 질서를 해칠 우려가 있는 금지물품에 해당하여 반입을 금지할 필요가 있다면 교도관은 교정시설 등의 출입자와 반출·반입 물품을 검사·단속해야 할 일반적인 직무상 권한과 의무가 있다. 수용자가 아닌 사람이 위와 같은 금지물품을 교정시설 내로 반입하였다면 교도관의 검사·단속을 피하여 단순히 금지규정을 위반하는 행위를 한 것일 뿐 이로써 위계에 의한 공무집행방해죄가 성립한다고 할 수는 없다</u>(대법원 2022.3.31, 2018도15213).

정답 ①

---

043 ✓ 유사 ◆◆◆

甲이 주점에서 술에 취하여 옆 자리 손님을 폭행하였는데, 이를 신고 받은 경찰관 A와 B가 출동하였다. 甲은 경찰관 A와 B에게 욕설을 하며 경찰관 A의 얼굴을 주먹으로 때리고, 곧이어 이를 제지하는 B의 다리를 걷어차 폭행하였다. 위 사안과 관련한 다음 설명 중 가장 옳은 것은?

① 위 사안에서 甲의 폭행으로 경찰관 A가 상해를 입었다면, 공무집행방해치상죄가 성립한다.

② 공무집행방해죄에 있어서 '직무를 집행하는'이라 함은 공무원이 직무수행에 직접 필요한 행위를 현실적으로 행하고 있는 때만을 가리키므로, 출동만 한 상태의 경찰관 A, B에 대하여는 공무집행방해죄가 성립하지 않는다.

③ 공무집행방해죄는 국가적 법익에 관한 죄이나, 위 사안과 같이 甲이 같은 목적으로 출동한 경찰관 A, B를 폭행한 경우에, 두 개의 공무집행방해죄가 성립한다.

④ 위 사안과 같은 경우, 동일한 장소에서 동일한 기회에 폭행이 이루어졌으나, 두 명의 공무원에 대한 폭행은 실체적 경합관계이다.

③ (○), ④ (×) 범죄 피해 신고를 받고 출동한 두 명의 경찰관에게 욕설을 하면서 차례로 폭행을 하여 신고 처리 및 수사업무에 관한 정당한 직무집행을 방해한 경우, 동일한 장소에서 동일한 기회에 이루어진 폭행 행위는 사회관념상 1개의 행위로 평가하는 것이 상당하므로, 위 공무집행방해죄는 형법 제40조에 정한 상상적 경합의 관계에 있다고 해야 한다(대법원 2009.6.25, 2009도3505).

① (×) 형법상 특수공무방해치상죄는 있으나, 공무집행방해치상죄는 없다. 이 경우에는 공무집행방해죄와 폭행치상죄의 상상적 경합이 성립한다.

② (×) 형법 제136조 제1항의 공무집행방해죄에 있어서 '직무를 집행하는'이라 함은 공무원이 직무수행에 직접 필요한 행위를 현실적으로 행하고 있는 때만을 가리키는 것이 아니라 공무원이 직무수행을 위하여 근무 중인 상태에 있는 때를 포괄한다. 직무의 성질에 따라서는 그 직무수행의 과정을 개별적으로 분리하여 부분적으로 각각의 개시와 종료를 논하는 것이 부적절하거나, 여러 종류의 행위를 포괄하여 일련의 직무수행으로 파악함이 상당한 경우도 있다(대법원 2009.1.15, 2008도9919).

정답 ③

044 ✓ 대표 ◆◇◇ 경찰1차 2018 유사 법원9급 2018

공무집행에 관한 다음 설명 중 가장 옳지 않은 것은? (다툼이 있는 경우 판례에 의하고, 전원합의체 판결의 경우 다수의견에 의함)

① 폭행·협박·위계가 아닌 방법으로 공무원이 직무상 수행하는 공무를 방해한 경우에는 공무집행방해죄는 물론 업무방해죄로도 처벌할 수 없다.

② 음주운전을 하다가 교통사고를 야기한 후 그 형사처벌을 면하기 위하여 타인의 혈액을 자신의 혈액인 것처럼 교통사고 조사 경찰관에게 제출하여 감정하도록 한 행위에 대하여 위계에 의한 공무집행방해죄가 성립한다.

③ 민사소송을 제기하면서 피고의 주소를 허위로 기재하여 법원공무원으로 하여금 변론기일소환장 등을 허위주소로 송달하게 하더라도 위계에 의한 공무집행방해죄가 성립하지 않는다.

④ 과속단속카메라에 촬영되더라도 불빛을 반사시켜 차량 번호판이 식별되지 않도록 하는 기능이 있는 제품('파워매직세이퍼')을 차량 번호판에 뿌린 상태로 차량을 운행하여 교통단속 경찰공무원의 업무를 방해한 행위는 위계에 의한 공무집행방해죄를 구성한다.

해설 출제영역 | 공무방해 및 위계공무방해

④ (×) 과속단속카메라에 촬영되더라도 불빛을 반사시켜 차량 번호판이 식별되지 않도록 하는 기능이 있는 제품('파워매직세이퍼')을 차량 번호판에 뿌린 상태로 차량을 운행한 행위만으로는, 교통단속 경찰공무원이 충실히 직무를 수행하더라도 통상적인 업무처리과정 하에서 사실상 적발이 어려운 위계를 사용하여 그 업무집행을 하지 못하게 한 것으로 보기 어렵다(대법원 2010.4.15,

2007도8024).

① (○) 업무방해죄와 공무집행방해죄는 그 보호법익과 보호대상이 상이할 뿐만 아니라 업무방해죄의 행위유형에 비하여 공무집행방해죄의 행위유형은 보다 제한되어 있다. 즉 공무집행방해죄는 폭행, 협박에 이른 경우를 구성요건으로 삼고 있을 뿐 이에 이르지 아니하는 위력 등에 의한 경우는 그 구성요건의 대상으로 삼고 있지 않다. 또한, 형법은 공무집행방해죄 외에도 여러 가지 유형의 공무방해행위를 처벌하는 규정을 개별적·구체적으로 마련하여 두고 있으므로, 이러한 처벌조항 이외에 공무의 집행을 업무방해죄에 의하여 보호받도록 하여야 할 현실적 필요가 적다는 측면도 있다. 그러므로 형법이 업무방해죄와는 별도로 공무집행방해죄를 규정하고 있는 것은 사적 업무와 공무를 구별하여 공무에 관해서는 공무원에 대한 폭행, 협박 또는 위계의 방법으로 그 집행을 방해하는 경우에 한하여 처벌하겠다는 취지라고 보아야 한다. 따라서 공무원이 직무상 수행하는 공무를 방해하는 행위에 대해서는 업무방해죄로 의율할 수는 없다고 해석함이 상당하다(대법원 2009.11.19, 2009도4166 전원합의체).

② (○) 음주운전을 하다가 교통사고를 야기한 후 그 형사처벌을 면하기 위하여 타인의 혈액을 자신의 혈액인 것처럼 교통사고 조사 경찰관에게 제출하여 감정하도록 한 행위는, 단순히 피의자가 수사기관에 대하여 허위사실을 진술하거나 자신에게 불리한 증거를 은닉하는 데 그친 것이 아니라 수사기관의 착오를 이용하여 적극적으로 피의사실에 관한 증거를 조작한 것으로서 위계에 의한 공무집행방해죄가 성립한다(대법원 2003.7.25, 2003도1609).

③ (○) 민사소송을 제기함에 있어 피고의 주소를 허위로 기재하여 법원공무원으로 하여금 변론기일소환장 등을 허위주소로 송달케 하였다는 사실만으로는 위계공무집행방해죄가 성립한다고 볼 수는 없다(대법원 1996.10.11, 96도312).

정답 ④

045 ✓ 대표 ◆◆◇ 법원행시 2017

다음 중 위계에 의한 공무집행방해죄가 성립하는 것은 모두 몇 개인가? (다툼이 있는 경우 판례에 의함)

가. 법원에 가처분신청을 하면서 허위의 증거를 제출한 경우

나. 음주운전을 하다가 교통사고를 야기한 후 그 형사처벌을 면하기 위하여 타인의 혈액을 자신의 혈액인 것처럼 교통사고 조사 경찰관에게 제출하여 감정하도록 한 경우

다. 교도관과 재소자가 상호 공모하여 재소자가 교도관으로부터 담배를 교부받아 이를 흡연한 경우

라. 변호사가 접견을 핑계로 수용자를 위하여 휴대전화와 증권거래용 단말기를 구치소 내로 몰래 반입하여 이용하게 한 경우

마. A가 마치 B인 것처럼 시험감독자를 속이고 운전면허시험에 대리로 응시한 경우

① 1개   ② 2개
③ 3개   ④ 4개
⑤ 5개

해설 출제영역 | 위계에 의한 공무방해

③ 나, 라, 마.

가. [성립 ✕] 법원은 당사자의 허위 주장 및 증거 제출에도 불구하고 진실을 밝혀야 하는 것이 그 직무이므로, 가처분신청 시 당사자가 허위의 주장을 하거나 허위의 증거를 제출하였다 하더라도 그것만으로 법원의 구체적이고 현실적인 어떤 직무집행이 방해되었다고 볼 수 없으므로 이로써 바로 위계에 의한 공무집행방해죄가 성립한다고 볼 수 없다(대법원 2012.4.26, 2011도17125).

나. [성립 ○] 음주운전을 하다가 교통사고를 야기한 후 그 형사처벌을 면하기 위하여 타인의 혈액을 자신의 혈액인 것처럼 교통사고 조사 경찰관에게 제출하여 감정하도록 한 경우, 위계에 의한 공무집행방해죄가 성립한다(대법원 2003.7.25, 2003도1609).

다. [성립 ✕] 교도관과 재소자가 상호 공모하여 재소자가 교도관으로부터 담배를 교부받아 이를 흡연한 행위 및 휴대폰을 교부받아 외부와 통화한 행위 등이 위계에 의한 공무집행방해죄에 해당하지 않는다(대법원 2003.11.13, 2001도7045).

라. [성립 ○] 변호사가 접견을 핑계로 수용자를 위하여 휴대전화와 증권거래용 단말기를 구치소 내로 몰래 반입하여 이용하게 한 행위가 위계에 의한 공무집행방해죄에 해당한다(대법원 2005.8.25, 2005도1731).

마. [성립 ○] 피고인이 마치 그의 형인 양 시험감독자를 속이고 원동기장치 자전거운전면허시험에 대리로 응시하였다면 피고인의 소위는 위계에 의한 공무집행방해죄가 성립한다(대법원 1986.9.9, 86도1245).

정답 ③

---

046 ✓ 유사 ◆◇◇ 법원9급 2017

공무집행방해죄에 관한 다음 설명 중 가장 옳지 않은 것은? (다툼이 있으면 판례에 의함)

① 위계에 의한 공무집행방해죄는 상대방의 오인, 착각, 부지를 일으키고 이를 이용하는 위계에 의해 상대방이 그릇된 행위나 처분을 하게 함으로써 성립한다.

② 행정청에 대한 일방적 통고로 효과가 완성되는 '신고'의 경우 신고인이 신고서에 허위사실을 기재하였다 하더라도 그것만으로는 담당 공무원의 구체적이고 현실적인 직무집행이 방해받았다고 볼 수 없어 위계에 의한 공무집행방해죄는 성립하지 않는다.

③ 등기관은 등기신청이 실체법상의 권리관계와 일치하는지를 심사할 권한이 없으므로 등기관이 등기신청인이 제출한 허위의 소명자료에 대해 충분히 심사를 하였으나 이를 발견하지 못한 채 등기가 마쳐졌다 하더라도 위계에 기한 공무집행방해죄는 성립하지 않는다.

④ 외국 주재 한국영사관에 허위의 소명자료를 제출하여 비자를 신청하였는데 업무담당자가 사실을 충분히 확인하지 아니한 채 신청인 제출의 허위의 소명자료를 가볍게 믿고 비자를 발급하였다면 위계에 의한 공무집행 방해죄는 성립하지 않는다.

해설 출제영역 | 위계에 의한 공무방해

③ (✕) 등기신청은 단순한 '신고'가 아니라 그 신청에 따른 등기관

의 심사 및 처분을 예정하고 있는 것이므로, 등기신청인이 제출한 허위의 소명자료 등에 대하여 등기관이 나름대로 충분히 심사를 하였음에도 이를 발견하지 못하여 그 등기가 마쳐지게 되었다면 위계에 의한 공무집행방해죄가 성립할 수 있다. 등기관이 등기신청에 대하여 부동산등기법상 그 등기신청에 필요한 서면이 제출되었는지 여부 및 제출된 서면이 형식적으로 진정한 것인지 여부를 심사할 권한은 갖고 있으나 그 등기신청이 실체법상의 권리관계와 일치하는지 여부를 심사할 실질적인 심사권한은 없다고 하여 달리 보아야 하는 것은 아니다(대법원 2016.1.28, 2015도17297).

① (○) 대법원 2016.1.28, 2015도17297
② (○) 대법원 2011.9.8, 2010도7034
④ (○) 대법원 2011.4.28, 2010도14696

정답 ③

047 ✓ 유사 ◆◆◇ 법원행시 2017

다음 중 공무집행방해죄가 성립하지 않는 것을 모두 고른 것은? (다툼이 있는 경우 판례에 의함)

> 가. 피고인이 차량을 일단 정차한 다음 경찰관의 운전면허증 제시요구에 불응하고 다시 출발하는 과정에서 경찰관이 잡고 있던 운전석 쪽의 열린 유리창윗부분을 놓지 않은 채 어느 정도 진행하다가 차량속도가 빨라지자 더 이상 따라가지 못하고 손을 놓아버린 경우
>
> 나. 현행범인으로서의 요건을 갖추고 있었다고 인정되지 않는 상황에서 경찰관들이 동행을 거부하는 자를 체포하거나 강제로 연행하려고 하자 피고인이 강제연행을 거부하는 자를 도와 경찰관들에 대하여 폭행을 하는 등의 방법으로 그 연행을 방해한 경우
>
> 다. 경찰관이 벌금형에 따르는 노역장 유치의 집행을 위하여 형집행장을 소지하지 아니한 채 피고인을 구인할 목적으로 그의 주거지를 방문하여 임의 동행의 형식으로 데리고 가다가, 피고인이 동행을 거부하며 다른 곳으로 가려는 것을 제지하면서 체포·구인하려고 하자 피고인이 이를 거부하면서 경찰관을 폭행한 경우
>
> 라. 검문 중이던 경찰관들이 자전거를 이용한 날치기 사건 범인과 흡사한 인상착의의 피고인이 자전거를 타고 다가오는 것을 발견하고 정지를 요구하였으나 멈추지 않아 앞을 가로막고 검문에 협조해 달라고 하였음에도 불응하고 그대로 전진하자, 따라가서 재차 앞을 막고 검문에 응하라고 요구하였는데, 이에 피고인이 경찰관들의 멱살을 잡아 밀치는 등 항의하면서 폭행한 경우
>
> 마. 폭력행위 등 전과 12범인 피고인이 자신이 운영하는 술집에서 떠들며 놀다가 주민의 신고를 받고 출동한 경찰로부터 조용히 하라는 주의를 받은 것에 앙심을 품고 새벽 4시에 파출소에 뒤쫓아가 "우리 집에 무슨 감정이 있느냐, 이 순사새끼들 죽고 싶으냐?"는 등의 폭언을 한 경우

① 가, 라.
② 가, 나. 다.
③ 가, 나, 라.
④ 나, 다.
⑤ 나, 다, 마

해설 | **출제영역 |** 공무집행방해죄의 구성요건

② 가, 나. 다.의 지문이 공무집행방해죄가 성립하지 않는다.

가. [성립 ×] 차량을 일단 정차한 다음 경찰관의 운전면허증 제시요구에 불응하고 다시 출발하는 과정에서 경찰관이 잡고 있던 운전석 쪽의 열린 유리창 윗부분을 놓지 않은 채 어느 정도 진행하다가 차량속도가 빨라지자 더 이상 따라가지 못하고 손을 놓아버렸다면 이러한 사실만으로는 피고인의 행위가 공무집행방해죄에 있어서의 폭행에 해당한다고 할 수 없다(대법원 1996.4.26, 96도281).

나. [성립 ×] 현행범인으로서의 요건을 갖추고 있었다고 인정되지

않는 상황에 서 경찰관들이 동행을 거부하는 자를 체포하거나 강제로 연행하려 고 하였다면, 이는 적법한 공무집행이라고 볼 수 없으므로 강제연행을 거부하는 자를 도와 경찰관들에 대하여 폭행을 하는 등의 방법으로 그 연행을 방해하였다고 하더라도, 공무집행방해죄는 성립되지 않는다(대법원 1991.9.24, 91도1314).

다. [성립 ×] 경찰관이 벌금형에 따르는 노역장 유치의 집행을 위하여 형집행장을 소지하지 아니한 채 피고인을 구인할 목적으로 그의 주거지를 방문하여 임의동행의 형식으로 데리고 가다가, 피고인이 동행을 거부하며 다른 곳으로 가려는 것을 제지하면서 체포·구인하려고 하자 피고인이 이를 거부하면서 경찰관을 폭행한 사안에서, 위와 같이 피고인을 체포·구인하려고 한 것은 노역장 유치의 집행에 관한 법 규정에 반하는 것으로서 적법한 공무집행행위라고 할 수 없으며, 또한 그 경우에 형집행장의 제시 없이 구인할 수 있는 '급속을 요하는 경우'(형사소송법 제85조 제3항)에 해당한다고 할 수 없고, 이는 피고인이 벌금미납자로 지명수배 되었다고 하더라도 달리 볼 것이 아니다(대법원 2010.10.14, 2010도8591).

라. [성립 ○] 검문 중이던 경찰관들이, 자전거를 이용한 날치기 사건 범인과 흡사한 인상착의의 피고인이 자전거를 타고 다가오는 것을 발견하고 정지를 요구하였으나 멈추지 않아, 앞을 가로막고 소속과 성명을 고지한 후 검문에 협조해 달라는 취지로 말하였음에도 불응하고 그대로 전진하자, 따라가서 재차 앞을 막고 검문에 응하라고 요구하였는데, 이에 피고인이 경찰관들의 멱살을 잡아 밀치거나 욕설을 하는 등 항의하여 공무집행방해 등으로 기소된 사안에서, 범행의 경중, 범행과의 관련성, 상황의 긴박성, 혐의의 정도, 질문의 필요성 등에 비추어 경찰관들은 목적 달성에 필요한 최소한의 범위 내에서 사회통념상 용인될 수 있는 상당한 방법을 통하여 경찰관직무집행법 제3조 제1항에 규정된 자에 대해 의심되는 사항을 질문하기 위하여 정지시킨 것으로 보아야 하는데도, 이와 달리 경찰관들의 불심검문이 위법하다고 보아 피고인에게 무죄를 선고한 원심판결에 불심검문의 내용과 한계에 관한 법리오해의 위법이 있다(대법원 2012.9.13, 2010도6203).

마. [성립 ○] 파출소에서 경찰관들에게 폭언을 한 것이 공무집행방해죄에 있어서의 협박에 해당한다고 본 사례. 폭력행위 등 전과 12범인 피고인이 그 경영의 술집에서 떠들며 놀다가 주민의 신고를 받고 출동한 경찰로부터 조용히 하라는 주의를 받은 것뿐인데 그 후 새벽 4시의 이른 시각에 파출소에까지 뒤쫓아가서 "우리 집에 무슨 감정이 있느냐, 이 순사새끼들 죽고 싶으냐?"는 등의 폭언을 하였다면, 이는 단순한 불만의 표시나 감정적인 욕설에 그친다고 볼 수 없고, 경찰이 계속하여 단속하는 경우에 생명, 신체에 어떤 위해가 가해지리라는 것을 통보함으로써 공포심을 품게 하려는데 그 목적이 있었다고 할 것이고, 또 이는 객관적으로 보아 상대방으로 하여금 공포심을 느끼게 하기에 족하다고 할 것이다(대법원 1989.12.26, 89도1204).

정답 ②

048 ✓ 유사 ◆◆◇   법원9급 2015

공무방해에 관한 죄에 관한 다음 설명 중 가장 옳지 않은 것은?

① 노동조합관계자들과 사용자측 사이의 다툼을 수습하려 하였으나 노동조합측이 지시에 따르지 않자 경비실 밖으로 나와 회사의 노사분규 동향을 파악하거나 파악하기 위해 대기 또는 준비 중이던 근로감독관을 폭행한 행위는 공무집행방해죄를 구성한다.

② 공무집행방해죄는 공무원의 적법한 공무집행이 전제로 된다 할 것이고, 그 공무집행이 적법하기 위하여는 그 행위가 당해 공무원의 추상적 직무 권한에 속할 뿐 아니라 구체적으로도 그 권한 내에 있어야 한다.

③ 행정관청이 사실을 충분히 확인하지 아니한 채 출원자가 제출한 허위의 출원사유나 허위의 소명자료를 가볍게 믿고 인가 또는 허가를 하였다면, 이는 행정관청의 불충분한 심사에 기인한 것으로서 출원자의 위계에 의한 것이었다고 할 수 없어 위계에 의한 공무집행방해죄를 구성하지 않는다.

④ 직무를 집행하는 공무원에 대하여 위험한 물건을 휴대하여 고의로 상해를 가한 경우에는 특수공무집행방해치상죄뿐만 아니라, 이와 별도로 폭력행위 등 처벌에 관한 법률 위반(집단·흉기 등 상해)죄를 구성한다.

해설 | 출제영역 | 특수공무집행방해치상죄 및 죄수관계

④ (×) 직무를 집행하는 공무원에 대하여 위험한 물건을 휴대하여 고의로 상해를 가한 경우에는 특수공무집행방해치상죄만 성립할 뿐, 이와는 별도로 폭력행위 등 처벌에 관한 법률 위반(집단·흉기 등 상해)죄를 구성하지 않는다(대법원 2008.11.27, 2008도7311).

① (○) 노동조합관계자들과 사용자측 사이의 다툼을 수습하려 하였으나 노동조합측이 지시에 따르지 않자 경비실 밖으로 나와 회사의 노사분규 동향을 파악하거나 파악하기 위해 대기 또는 준비 중이던 근로감독관을 폭행한 행위는 공무집행방해죄를 구성한다(대법원 2002.4.12, 200도3485).

② (○) 형법 제136조의 공무집행방해죄는 공무원의 직무집행이 적법한 경우에 한하여 성립하고, 그 공무집행이 적법하려면 그 행위가 당해 공무원의 추상적 직무권한에 속할 뿐 아니라 구체적으로도 그 권한 내에 있어야 하며, 또한 직무행위의 중요한 방식을 갖추어야 한다(대법원 2008.10.9, 2008도3641).

③ (○) 행정관청이 출원에 의한 인허가처분을 할 때에는 그 출원사유가 사실과 부합하지 아니하는 경우가 있음을 전제로 하여 인허가할 것인지 여부를 심사·결정하는 것이므로, 행정관청이 그러한 사실을 충분히 확인하지 아니한 채 출원자가 제출한 허위의 출원사유나 허위의 소명자료를 가볍게 믿고 인가 또는 허가를 하였다면 이는 행정관청의 불충분한 심사에 기인한 것이어서 출원자의 위계가 결과 발생의 주된 원인이라 할 수 없으므로, 위계에 의한 공무집행방해죄를 구성하지 않는다(대법원 2010.10.28, 2008도9590).

정답 ④

049 ✓ 유사 ◆◆◇   경찰간부 2023

공무방해에 관한 죄에 설명으로 가장 적절하지 않은 것은? (다툼이 있는 경우 판례에 의함)

① 국민권익위원회 운영지원과 소속 기간제근로자로서 청사 안전관리 및 민원인 안내 등의 사무를 담당한 A의 공무집행을 甲이 방해한 경우, A는 법령의 근거에 기하여 국가 등의 사무에 종사하는 「형법」상 공무원으로 보기 어려워, 甲을 공무집행방해죄로 처벌할 수 없다.

② 법령에서 일정한 행위를 금지하면서 이를 위반하는 행위에 대한 벌칙을 정하고 공무원 A로 하여금 그 금지규정의 위반여부를 감시·단속하도록 한 경우, A의 감시·단속을 단순히 피하여 금지규정을 위반한 甲의 행위는 위계에 의한 공무집행방해죄에 해당한다.

③ 甲의 집이 소란스럽다는 주민들의 112신고를 받고 출동한 경찰관 A가 甲에게 인터폰으로 문을 열어달라고 하였으나 욕설을 하고 문을 열어주지 않아, A가 甲을 만나기 위해 전기차단기를 내리자 화가 난 甲이 식칼을 들고 나와 욕설을 하면서 A를 향해 찌를 듯이 협박한 경우, 특수공무집행방해죄에 해당한다.

④ 도심광장에 무단설치된 천막에 대해 「행정대집행법」이 정한 계고 및 대집행영장에 의한 통지절차를 거치지 아니하고 행하는 공무원 A의 철거대집행에 대항하여, 甲이 A에게 폭행·협박을 가한 행위는 특수공무집행방해죄에 해당하지 않는다.

해설 | 출제영역 | 공무방해에 관한 죄

② (×) 법령에서 일정한 행위를 금지하면서 이를 위반하는 행위에 대한 벌칙을 징하고 공무원으로 하여금 금지규정의 위반 여부를 감시·단속하도록 한 경우 ⊙ 공무원에게는 금지규정 위반행위의 유무를 감시하여 확인하고 단속할 권한과 의무가 있으므로 구체적이고 현실적으로 감시·단속 업무를 수행하는 공무원에 대하여 위계를 사용하여 업무집행을 못하게 하였다면 위계에 의한 공무집행방해죄가 성립하지만, ⓒ 단순히 공무원의 감시·단속을 피하여 금지규정을 위반한 것에 지나지 않는다면 그에 대하여 벌칙을 적용하는 것은 별론으로 하고 그 행위가 위계에 의한 공무집행방해죄에 해당한다고 할 수 없다(대법원 2022.4.28, 2020도8030).

① (○) 피고인이, 국민권익위원회 운영지원과 소속 기간제근로자로서 청사 안전관리 및 민원인 안내 등의 사무를 담당한 甲의 공무집행을 방해하였다는 내용으로 기소된 경우, 甲은 국민권익위원회 위원장과 계약기간 1년의 근로계약을 체결한 점 … 등 제반 사정에 비추어 甲은 법령의 근거에 기하여 국가 등의 사무에 종사하는 형법상 공무원이라고 보기 어렵다(대법원 2015.5.29, 2015도3430).

③ (○) 피고인은 평소 집에서 심한 고성과 욕설, 시끄러운 음악 소리 등으로 이웃 주민들로부터 수회에 걸쳐 112신고가 있어 왔던 사람인데, 피고인의 집이 소란스럽다는 112신고를 받고 출동한 경찰관 甲, 乙이 인터폰으로 문을 열어달라고 하였으나 욕설을 하였고, 경찰관들이 피고인을 만나기 위해 전기차단기를 내리자 화가 나 식칼(전체 길이 약 37cm, 칼날 길이 약 24cm)을 들고 나와 욕설을 하면서 경찰관들을 향해 찌를 듯이 협박함으로써 甲, 乙의 112신고 업무 처리에 관한 직무집행을 방해하였다고 하

여 특수공무집행방해로 기소된 경우, 피고인이 자정에 가까운 한밤중에 음악을 크게 켜놓거나 소리를 지른 것은 경범죄 처벌법 제3조 제1항 제21호에서 금지하는 인근소란행위에 해당하고, 그로 인하여 인근 주민들이 잠을 이루지 못하게 될 수 있으며, 甲과 乙이 112신고를 받고 출동하여 눈앞에서 벌어지고 있는 범죄행위를 막고 주민들의 피해를 예방하기 위해 피고인을 만나려 하였으나 피고인은 문조차 열어주지 않고 소란행위를 멈추지 않았던 상황이라면 피고인의 행위를 제지하고 수사하는 것은 경찰관의 직무상 권한이자 의무라고 볼 수 있으므로, 위와 같은 상황에서 甲과 乙이 피고인의 집으로 통하는 전기를 일시적으로 차단한 것은 피고인을 집 밖으로 나오도록 유도한 것으로서, 피고인의 범죄행위를 진압·예방하고 수사하기 위해 필요하고도 적절한 조치로 보이고, 경찰관 직무집행법 제1조의 목적에 맞게 제2조의 직무 범위 내에서 제6조에서 정한 즉시강제의 요건을 충족한 적법한 직무집행으로 볼 여지가 있다(대법원 2018.12.13, 2016도19417).
[보충] 경찰관 직무집행법 제6조는 "경찰관은 범죄행위가 목전에 행하여지려고 하고 있다고 인정될 때에는 이를 예방하기 위하여 관계인에게 필요한 경고를 하고, 그 행위로 인하여 사람의 생명·신체에 위해를 끼치거나 재산에 중대한 손해를 끼칠 우려가 있어 긴급한 경우에는 그 행위를 제지할 수 있다."라고 정하고 있다. 위 조항 중 경찰관의 제지에 관한 부분은 범죄 예방을 위한 경찰 행정상 즉시강제, 즉 눈앞의 급박한 경찰상 장해를 제거할 필요가 있고 의무를 명할 시간적 여유가 없거나 의무를 명하는 방법으로는 그 목적을 달성하기 어려운 상황에서 의무불이행을 전제로 하지 않고 경찰이 직접 실력을 행사하여 경찰상 필요한 상태를 실현하는 권력적 사실행위에 관한 근거조항이다. 경찰관 직무집행법 제6조에 따른 경찰관의 제지 조치가 적법한 직무집행으로 평가되기 위해서는, 형사처벌의 대상이 되는 행위가 눈앞에서 막 이루어지려고 하는 것이 객관적으로 인정될 수 있는 상황이고, 그 행위를 당장 제지하지 않으면 곧 인명·신체에 위해를 미치거나 재산에 중대한 손해를 끼칠 우려가 있는 상황이어서, 직접 제지하는 방법 외에는 위와 같은 결과를 막을 수 없는 절박한 사태이어야 한다. 다만 경찰관의 제지 조치가 적법한지는 제지 조치 당시의 구체적 상황을 기초로 판단하여야 하고 사후적으로 순수한 객관적 기준에서 판단할 것은 아니다(위 판례).
④ (O) 도심광장으로서 '서울특별시 서울광장의 사용 및 관리에 관한 조례'에 의하여 관리되고 있는 '서울광장'에서, 서울시청 및 중구청 공무원들이 행정대집행법이 정한 계고 및 대집행영장에 의한 통지절차를 거치지 아니한 채 위 광장에 무단설치된 천막의 철거대집행에 착수하였고, 이에 피고인들을 비롯한 '광우병위험 미국산 쇠고기 전면 수입을 반대하는 국민대책회의' 소속 단체 회원들이 몸싸움을 하거나 천막을 붙잡고 이를 방해한 경우, 위 서울광장은 비록 공부상 지목이 도로로 되어 있으나 도로법 제65조 제1항 소정의 행정대집행의 특례규정이 적용되는 도로법상 도로라고 할 수 없으므로 위 철거대집행은 구체적 직무집행에 관한 법률상 요건과 방식을 갖추지 못한 것으로서 적법성이 결여되었고 따라서 피고인들이 위 공무원들에 대항하여 폭행·협박을 가하였더라도 특수공무집행방해죄는 성립되지 않는다(대법원 2010.11.11, 2009도11523).

정답 ②

050 ☑ 유사 ◆◆◇ 〔법원9급 2016〕

다음 설명 중 위계에 의한 공무집행방해죄가 성립하지 않는 경우는? (다툼이 있는 경우 판례에 의함)

① 불법체류를 이유로 강제출국 당한 중국 동포가 중국에서 이름과 생년월일을 변경한 호구부를 발급받아 중국 주재 대한민국 총영사관에 제출하여 입국사증을 받은 다음, 다시 입국하여 외국인등록증을 발급받고 귀화허가신청서까지 제출한 경우
② 음주운전을 하다가 교통사고를 야기한 후 그 형사처벌을 면하기 위하여 타인의 혈액을 자신의 혈액인 것처럼 교통사고 조사 경찰관에게 제출하여 감정하도록 한 경우
③ 당사자가 법원에 가처분신청을 하면서 허위의 주장을 하거나 허위의 증거를 제출한 경우
④ 병역법상의 지정업체에서 산업기능요원으로 근무할 의사가 없음에도 해당 지정업체의 장과 공모하여 허위 내용의 편입신청서를 제출하여 관할관청으로부터 산업기능요원 편입을 승인받고, 관할관청의 실태조사를 회피하기 위하여 허위서류를 작성·제출하는 등의 방법으로 파견근무를 신청하여 관할관청으로부터 파견근무를 받은 경우

해설 출제영역 | 위계에 의한 공무집행방해죄 – 성립여부
③ (×) 법원은 당사자의 허위 주장 및 증거 제출에도 불구하고 진실을 밝혀야 하는 것이 그 직무이므로, 가처분신청 시 당사자가 허위의 주장을 하거나 허위의 증거를 제출하였다 하더라도 그것만으로 법원의 구체적이고 현실적인 어떤 직무집행이 방해되었다고 볼 수 없으므로 이로써 바로 위계에 의한 공무집행방해죄가 성립한다고 볼 수 없다(대법원 2012.4.26, 2011도17125).
① (O) 대법원 2011.4.28, 2010도14696
② (O) 대법원 2003.7.25, 2003도1609
④ (O) 대법원 2009.3.12, 2008도1321

정답 ③

051 ✓ 유사 ◆◇◇ 경찰1차 2024

공무방해에 대한 죄에 관한 설명으로 가장 적절한 것은? (다툼이 있는 경우 판례에 의함)

① 위계로써 구체적인 공무집행을 저지하거나 현실적으로 곤란하게 하는 데까지 이르지 아니하였다 하더라도 위계에 의한 공무집행방해죄가 성립한다.

② 공무원 甲이 출원인이 어업허가를 받을 수 없는 자라는 사실을 알면서도 그 직무상의 의무에 따른 적절한 조치를 취하지 않고 오히려 부하직원으로 하여금 어업허가 처리기안문을 작성하게 한 다음 甲 스스로 중간결재를 하는 등 위계로써 결재권자의 최종결재를 받은 경우, 甲에게는 작위범인 위계에 의한 공무집행방해죄만이 성립하고 부작위범인 직무유기죄는 따로 성립하지 아니한다.

③ 甲과 A가 주차문제로 언쟁을 벌이던 중 112 신고를 받고 출동한 경찰관 P가 A를 때리려는 甲을 제지하자, 甲이 자신만 제지를 당한 데 화가 나서 손으로 P의 가슴을 밀치고 계속 욕설을 하면서 자신을 현행범으로 체포하며 순찰차 뒷자석에 태우려는 P의 정강이 부분을 수차례 걷어차는 등 폭행한 경우, 이는 공무집행방해죄의 '폭행'에 해당하지 않는다.

④ 「형법」 제136조의 공무집행방해죄는 침해범으로서 현실적으로 직무집행이 방해되어야 기수에 이른다.

해설 | 출제영역 | 공무방해에 관한 죄

② (○) 직무위배의 위법상태가 위계에 의한 공무집행방해행위 속에 포함되어 있는 것이라고 보아야 할 것이므로, 이와 같은 경우에는 작위범인 위계에 의한 공무집행방해죄만이 성립하고 부작위범인 직무유기죄는 따로 성립하지 아니한다(대법원 1997.2.28, 96도2825).

① (×) 위계에 의한 공무집행방해죄의 기수에 도달하기 위해서는 (공무집행방해죄와는 달리) 공무집행 방해의 결과가 발생할 것을 요한다는 것이 소수설·판례이다(결과필요설, 다수설은 결과불요설).

> [판례] 위계에 의한 공무집행방해죄에서 위계란 행위자의 행위목적을 이루기 위하여 상대방에게 오인, 착각, 부지를 일으키게 하여 그 오인, 착각, 부지를 이용하는 것을 말하는 것으로 상대방이 이에 따라 그릇된 행위나 처분을 하여야만 이 죄가 성립하는 것이고, 만약 범죄행위가 구체적인 공무집행을 저지하거나 현실적으로 곤란하게 하는 데까지는 이르지 아니하고 미수에 그친 경우에는 위계에 의한 공무집행방해죄로 처벌할 수 없다(대법원 2021.4.29, 2018도18582).

③ (×) 공무집행방해죄에서 '직무를 집행하는'이란 공무원이 직무수행에 직접 필요한 행위를 현실적으로 행하고 있는 때만을 가리키는 것이 아니라 공무원이 직무수행을 위하여 근무 중인 상태에 있는 때를 포괄하고, 직무의 성질에 따라서는 직무수행의 과정을 개별적으로 분리하여 부분적으로 각각의 개시와 종료를 논하는 것이 부적절하고 여러 종류의 행위를 포괄하여 일련의 직무수행으로 파악함이 상당한 경우가 있다. … 甲에게는 공무집행방해죄가 성립한다(대법원 2018.3.29, 2017도21537).

④ (×) 형법 제136조에서 정한 공무집행방해죄는 직무를 집행하는 공무원에 대하여 폭행 또는 협박한 경우에 성립하는 범죄로서 여기서의 폭행은 사람에 대한 유형력의 행사로 족하고 반드시 그 신체에 대한 것임을 요하지 아니하며, 또한 추상적 위험범으로서 구체적으로 직무집행의 방해라는 결과발생을 요하지도 아니한다(대법원 2018.3.29, 2017도21537).

정답 ②

052 ✓ 유사 ◆◆◇ 경찰2차 2021

공무집행방해에 관한 죄에 대한 설명으로 가장 적절하지 않은 것은? (다툼이 있는 경우 판례에 의함)

① 甲은 평소 집에서 심한 고성과 욕설 등으로 이웃 주민들로부터 수회에 걸쳐 112신고가 있어 왔던 사람으로, 한밤중에 甲의 집이 소란스러워 잠을 이룰 수 없다는 112신고를 받고 출동한 경찰관들이 인터폰으로 문을 열어달라고 하였으나 욕설을 하며 소란행위를 계속하였다. 이에 경찰관들이 甲을 만나기 위해 일시적으로 전기차단기를 내리자 식칼을 들고 나와 욕설을 하며 경찰관들을 향해 찌를 듯이 협박하였더라도 경찰관들의 단전 조치를 적법한 공무집행으로 볼 수 없어 甲에게는 특수공무집행방해죄가 성립하지 아니한다.

② 국립대학교의 전임교원 공채심사위원인 학과장 甲이 지원자 A의 부탁을 받고 이미 논문접수가 마감된 학회지에 A의 논문이 게재되도록 돕고, 그 후 연구실적심사의 기준을 강화하자고 제안한 경우에는 설사 甲의 행위가 결과적으로는 A에게 유리한 결과가 되었다 하더라도 위계공무집행방해죄가 성립하지 아니한다.

③ 음주운전 신고를 받고 출동한 경찰관 A는 만취한 상태로 시동이 걸린 차량 운전석에 앉아있는 甲을 발견하고 음주측정을 위해 하차를 요구하였고, 甲이 차량을 운전하지 않았다고 다투자 지구대로 가서 차량 블랙박스를 확인하자고 하였다. 이에 甲이 명시적인 거부 의사표시 없이 도주하자, A가 甲을 10m 정도 추격하여 앞을 막고 제지하는 과정에서 甲이 A를 폭행하였다면 공무집행방해죄가 성립한다.

④ 甲이 허위의 매매계약서 및 영수증을 소명자료로 첨부하여 가처분 신청을 하여 법원으로부터 유체동산에 대한 가처분결정을 받은 경우에는 甲의 행위만으로 법원의 구체적이고 현실적인 어떤 직무집행이 방해되었다고 볼 수 없으므로 위계공무집행방해죄가 성립하지 아니한다.

해설 | 출제영역 | 국가의 기능, 공무집행방해

① (×) 대법원 2018.12.13, 2016도19417
② (○) 대법원 2009.4.23, 2007도1554
③ (○) 대법원 2020.8.20, 2020도7193

④ (○) 법원은 당사자의 허위 주장 및 증거 제출에도 불구하고 진실을 밝혀야 하는 것이 그 직무이므로, 가처분신청 시 당사자가 허위의 주장을 하거나 허위의 증거를 제출하였다 하더라도 그것만으로 법원의 구체적이고 현실적인 어떤 직무집행이 방해되었다고 볼 수 없으므로 이로써 바로 위계에 의한 공무집행방해죄가 성립한다고 볼 수 없다(대법원 2012.4.26, 2011도17125).

정답 ①

053 ✓ 유사 ◆◇◇ 국가7급 2017

공무방해의 죄에 대한 설명으로 옳지 않은 것은? (다툼이 있는 경우 판례에 의함)

① 민원인이 경찰청 민원실에서 욕설을 하고 소란을 피우는 등 위력으로 공무원의 직무집행을 방해한 경우, 공무집행방해죄는 물론 업무방해죄도 성립하지 아니한다.

② 법원에 가처분신청 시 당사자가 허위주장을 하거나 허위증거를 제출한 경우, 위계에 의한 공무집행방해죄가 성립하지 아니한다.

③ 등기신청인이 제출한 허위의 소명자료 등에 대하여 등기관이 나름대로 충분히 심사를 하였음에도 이를 발견하지 못하여 등기가 마쳐진 경우, 등기관에게 등기신청이 실체법상의 권리관계와 일치하는지를 심사할 실질적인 권한이 없다면 위계에 의한 공무집행방해죄가 성립하지 아니한다.

④ 운전자가 과속단속카메라에 촬영되더라도 불빛을 반사시켜 차량 번호판이 식별되지 않도록 하는 기능이 있는 제품을 차량 번호판에 뿌린 상태로 차량을 운행한 경우, 위계에 의한 공무집행방해죄가 성립하지 아니한다.

해설 출제영역 l 위계에 의한 공무집행방해죄의 성립

③ (×) 등기신청은 단순한 '신고'가 아니라 신청에 따른 등기관의 심사 및 처분을 예정하고 있으므로, 등기신청인이 제출한 허위의 소명자료 등에 대하여 등기관이 나름대로 충분히 심사를 하였음에도 이를 발견하지 못하여 등기가 마쳐지게 되었다면 위계에 의한 공무집행방해죄가 성립할 수 있다. 등기관이 등기신청에 대하여 부동산등기법상 등기신청에 필요한 서면이 제출되었는지 및 제출된 서면이 형식적으로 진정한 것인지를 심사할 권한은 갖고 있으나 등기신청이 실체법상의 권리관계와 일치하는지를 심사할 실질적인 심사권한은 없다고 하여 달리 보아야 하는 것은 아니다 (대법원 2016.1.28, 2015도17297).

① (○) 제136조 제1항 참조.

> **136조(공무집행방해)** ① 직무를 집행하는 공무원에 대하여 폭행 또는 협박한 자는 5년 이하의 징역 또는 1천만 원 이하의 벌금에 처한다. 〈개정 1995.12.29.〉

지방경찰청 민원실에서 민원인들이 진정사건의 처리와 관련하여 지방경찰청장과의 면담 등을 요구하면서 이를 제지하는 경찰관들에게 큰소리로 욕설을 하고 행패를 부린 행위에 대하여, 경찰관들의 수사 관련 업무를 방해한 것이라는 이유로 업무방해죄의 성립을 인정한 원심판결에, 업무방해죄의 성립범위에 관한 법리

를 오해한 위법이 있다(대법원 2009.11.19, 2009도4166 전원합의체).

[보충] 폭행 또는 협박의 정도에 이르지 않는 위력으로는 공무집행방해죄가 성립하지 않으며, 판례는 업무방해죄 보호대상에 공무는 포함되지 않는다는 이유로 업무방해죄의 성립 역시 부정했다.

② (○) 법원은 당사자의 허위 주장 및 증거 제출에도 불구하고 진실을 밝혀야 하는 것이 그 직무이므로, 가처분신청 시 당사자가 허위의 주장을 하거나 허위의 증거를 제출하였다 하더라도 그것만으로 법원의 구체적이고 현실적인 어떤 직무집행이 방해되었다고 볼 수 없으므로 이로써 바로 위계에 의한 공무집행방해죄가 성립한다고 볼 수 없다(대법원 2012.4.26, 2011도17125).

④ (○) 과속단속카메라에 촬영되더라도 불빛을 반사시켜 차량 번호판이 식별되지 않도록 하는 기능이 있는 제품('파워매직세이퍼')을 차량 번호판에 뿌린 상태로 차량을 운행한 행위만으로는, 교통단속 경찰공무원이 충실히 직무를 수행하더라도 통상적인 업무처리과정 하에서 사실상 적발이 어려운 위계를 사용하여 그 업무집행을 하지 못하게 한 것으로 보기 어렵다(대법원 2010.4.15, 2007도8024).

정답 ③

054 ✓ 유사 ◆◇◇ 경찰승진 2022

공무방해에 관한 죄에 대한 설명으로 가장 적절하지 않은 것은? (다툼이 있는 경우 판례에 의함)

① 위계공무집행방해죄의 직무집행이란 법령의 위임에 따른 공무원의 권력적 작용을 의미하며, 사경제주체로서의 활동을 비롯한 비권력적 작용은 이에 포함되지 않는다.

② 경찰관 A가 도로를 순찰하던 중 벌금 미납으로 지명수배된 甲과 조우하게 되어 형집행장 발부 사실은 고지하지 않은 채 노역장 유치의 집행을 위하여 甲을 구인하려 하자, 甲이 이에 저항하여 A의 가슴을 양손으로 수차례 밀친 경우에는 공무집행방해죄가 성립하지 않는다.

③ 피의자 등이 적극적으로 허위의 증거를 조작하여 제출하고 그 증거 조작의 결과 수사기관이 그 진위에 관하여 나름대로 충실한 수사를 하더라도 제출된 증거가 허위임을 발견하지 못할 정도에 이르렀다면 위계공무집행방해죄가 성립한다.

④ 위계가 공무원의 구체적인 직무집행을 저지하거나 현실적으로 곤란하게 하는 데까지는 이르지 않은 경우에는 위계공무집행방해죄로 처벌되지 아니한다.

해설 출제영역 l 공무방해에 관한 죄의 구성요건

① (×) 위계에 의한 공무집행방해죄는 행위목적을 이루기 위하여 상대방에게 오인, 착각, 부지를 일으키게 하여 이를 이용함으로써 법령에 의하여 위임된 공무원의 적법한 직무에 관하여 그릇된 행위나 처분을 하게 하는 경우에 성립하고, 여기에서 공무원의 직무집행이란 법령의 위임에 따른 공무원의 적법한 직무집행인 이상 공권력의 행사를 내용으로 하는 권력적 작용뿐만 아니라 사경제주체로서의 활동을 비롯한 비권력적 작용도 포함되는 것으

로 봄이 상당하다(대법원 2003.12.26, 2001도6349).
② (○) 대법원 2017.9.26, 2017도9458
③ (○) 대법원 2003.7.25, 2003도1609
④ (○) 대법원 2009.4.23, 2007도1554

정답 ①

055 ☑유사 ◆◆◇ 경찰2차 2018

다음 설명 중 옳은 것을 모두 고른 것은? (다툼이 있는 경우 판례에 의함)

> ㉠ 경찰관이 도로를 순찰하던 중 벌금 미납으로 수배된 피고인과 조우(遭遇)하여 형집행장을 소지하지 아니한 채 급속을 요하여 그에게 형집행 사유와 더불어 형집행장이 발부되어 있는 사실을 고지하고 벌금 미납으로 인한 노역장 유치의 집행을 위해 구인하려 하였는데, 피고인이 이에 저항하여 그 경찰관을 폭행한 경우 공무집행방해죄가 성립한다.
> ㉡ 「형법」상 공무집행방해죄는 직무를 집행하는 공무원에 대하여 폭행 또는 협박한 경우에 성립하는 범죄로서 여기서의 폭행은 반드시 신체에 대한 것임을 요하지 아니하며, 또한 구체적 위험범으로서 구체적으로 직무집행의 방해라는 결과발생을 필요로 한다.
> ㉢ 피고인이 지구대 내에서 약 1시간 이상 경찰관에게 큰소리로 욕을 하고 의자에 드러눕거나 다른 사람들에게 시비를 걸고, 경찰관들이 피고인을 내보낸 뒤 문을 잠그자 다시 들어오기 위해 출입문을 계속해서 두드리는 등 소란을 피운 경우, 공무원에 대한 간접적인 유형력의 행사로 볼 수 있어 공무집행방해죄가 성립할 수 있다.
> ㉣ 피고인이 같은 장소에서 함께 출동한 경찰관들 중 먼저 경찰관 A를 폭행하고 곧이어 이를 제지하는 경찰관 B를 폭행한 경우, 위와 같이 동일한 장소에서 동일한 기회에 이루어지는 폭행행위는 사회관념상 1개의 행위로 평가하는 것이 상당하므로 A와 B에 대한 공무집행방해죄는 포괄일죄의 관계에 있다.

① ㉠㉡   ② ㉠㉢
③ ㉡㉢   ④ ㉢㉣

해설 출제영역 | 공무방해에 관한 죄의 구성요건 및 죄수

② ㉠㉢
㉠ (○) 대법원 2013.9.12, 2012도2349
㉡ (×) 형법 제136조에서 정한 공무집행방해죄는 직무를 집행하는 공무원에 대하여 폭행 또는 협박한 경우에 성립하는 범죄로서 여기서의 폭행은 사람에 대한 유형력의 행사로 족하고 반드시 그 신체에 대한 것임을 요하지 아니하며, 또한 추상적 위험범으로서 구체적으로 직무집행의 방해라는 결과발생을 요하지도 아니한다(대법원 2018.3.29, 2017도21537).
㉢ (○) 피고인이 지구대 내에서 약 1시간 40분 동안 큰 소리로 경찰관을 모욕하는 말을 하고, 그곳 의자에 드러눕거나 다른 사람

들에게 시비를 걸고 그 과정에서 경찰관들이 피고인을 내보낸 뒤 문을 잠그자 다시 들어오기 위해 출입문을 계속해서 두드리거나 잡아당기는 등 소란을 피운 사안에서, 피고인이 밤늦은 시각에 술에 취해 위와 같이 한참 동안 소란을 피운 행위는 그 정도에 따라 공무원에 대한 간접적인 유형력의 행사로서 형법 제136조에서 규정한 '폭행'에 해당할 여지가 있다(대법원 2013.12.26, 2013도11050).
㉣ (×) 동일한 공무를 집행하는 여럿의 공무원에 대하여 폭행·협박 행위를 한 경우에는 공무를 집행하는 공무원의 수에 따라 여럿의 공무집행방해죄가 성립하고, 위와 같은 폭행·협박 행위가 동일한 장소에서 동일한 기회에 이루어진 것으로서 사회관념상 1개의 행위로 평가되는 경우에는 여럿의 공무집행방해죄는 상상적 경합의 관계에 있다(대법원 2009.6.25, 2009도3505).

정답 ②

056 ☑유사 ◆◆◇ 경찰1차 2023

공무방해의 죄에 관한 설명 중 가장 적절하지 않은 것은? (다툼이 있는 경우 판례에 의함)

① 「형법」 제136조에서 정한 공무집행방해죄는 직무를 집행하는 공무원에 대하여 폭행 또는 협박한 경우에 성립하는 범죄로서, 구체적으로 직무집행의 방해라는 결과가 발생할 것을 요하지는 않는다.
② 공용서류등무효죄의 '공무소에서 사용하는 서류 기타 전자기록'에는 공문서로서의 효력이 생기기 이전의 서류, 정식의 접수 및 결재 절차를 거치지 않은 문서, 결재 상신 과정에서 반려된 문서도 포함된다.
③ 타인의 소변을 마치 자신의 소변인 것처럼 수사기관에 건네주어 필로폰 음성반응이 나오게 한 경우, 수사기관의 착오를 이용하여 적극적으로 피의사실에 관한 증거를 조작한 것이므로 위계에 의한 공무집행방해죄를 구성한다.
④ 공무상표시무효죄는 공무원이 그 직무에 관하여 실시한 봉인 또는 압류 기타 강제처분의 표시를 적극적으로 손상·은닉하거나 기타 방법으로 그 효용을 해하는 것을 요건으로 하므로, 부작위에 의한 방법으로는 공무상표시무효죄를 범할 수 없다.

해설 출제영역 | 공무방해에 관한 죄

④ (×) 판례는 부작위에 의한 공무상표시무효죄의 성립을 인정한다.

> [판례] 압류시설의 보관자 지위에 있는 공소외 회사로서는 위 압류시설을 선량한 관리자로서 보관할 주의의무가 있다 할 것이고, 그 대표이사로서 위 압류시설이 위치한 골프장의 개장 및 운영 전반에 걸친 포괄적 권한과 의무를 지닌 피고인으로서는 위와 같은 회사의 대외적 의무사항이 준수될 수 있도록 적절한 조치를 취할 위임계약 혹은 조리상의 작위의무가 존재한다고 보아야 할 것인데, 이러한 작위의무의 내용 중에 불특정의 고객 등 제3자에 의한 위 봉인의 훼손행위를 방지할 일반적 안전조치를 취할 의무까지 있다고 할 수는 없겠지만, 적어도 위 압류, 봉인에 의하여 사용이 금지된 골프

장 시설물에 대하여 위 시설물의 사용 및 그 당연한 귀결로서 봉인의 훼손을 초래하게 될 골프장의 개장 및 그에 따른 압류시설 작동을 제한하거나 그 사용 및 훼손을 방지할 수 있는 적절한 조치를 취할 의무는 존재한다고 보아야 할 것이고, 그럼에도 피고인이 그러한 조치 없이 위 개장 및 압류시설 작동을 의도적으로 묵인 내지 방치함으로써 예견된 결과를 유발한 경우에는 부작위에 의한 공무상표시무효죄의 성립을 인정할 수 있다고 보아야 할 것이다(대법원 2005.7. 22, 2005도3034).

① (○) 형법 제136조에서 정한 공무집행방해죄는 직무를 집행하는 공무원에 대하여 폭행 또는 협박한 경우에 성립하는 범죄로서 여기서의 폭행은 사람에 대한 유형력의 행사로 족하고 반드시 그 신체에 대한 것임을 요하지 아니하며, 또한 추상적 위험범으로서 구체적으로 직무집행의 방해라는 결과발생을 요하지도 아니한다(대법원 2018.3.29, 2017도21537).

② (○) 형법 제141조 제1항은 공무소에서 사용하는 서류 기타 물건 또는 전자기록 등 특수매체기록을 손상 또는 은닉하거나 기타 방법으로 그 효용을 해한 자를 처벌하도록 규정하고 있다. '공무소에서 사용하는 서류 기타 전자기록'에는 공문서로서의 효력이 생기기 이전의 서류라거나, 정식의 접수 및 결재 절차를 거치지 않은 문서, 결재 상신 과정에서 반려된 문서 등을 포함하는 것으로, 미완성의 문서라고 하더라도 본죄의 성립에는 영향이 없다(대법원 2020.12.10, 2015도19296).

③ (○) 타인의 소변을 마치 자신의 소변인 것처럼 수사기관에 건네주어 필로폰 음성반응이 나오게 한 경우, 수사기관의 착오를 이용하여 적극적으로 피의사실에 관한 증거를 조작한 것이므로 위계에 의한 공무집행방해죄가 성립한다(대법원 2007.10.11, 2007도6101).

정답 ④

---

057 ✅ 유사 ◆◆◇

공무상표시무효죄에 관한 다음 설명 중 가장 옳지 않은 것은? (다툼이 있는 경우 판례에 의함)

① 甲은 자신의 실용신안권을 침해한 乙에 대하여 침해제품의 생산을 금지하고 보관중인 침해제품의 점유를 풀고, 집행관은 이를 보관하며 그 명령의 취지를 공시하도록 하는 내용의 가처분결정을 받았고, 이에 따라 집행관이 위 부작위명령을 고시하였을 뿐 乙이 보관중인 침해제품을 자신의 점유로 옮기는 등 구체적인 집행행위를 하지 아니한 경우, 乙이 위 부작위명령을 위반한 것만으로 공무상 표시의 효용을 해하는 행위에 해당하지 아니한다.

② 공무원이 그 직무에 관하여 실시한 봉인 등의 표시가 유효함에도 법률상 효력이 없다고 믿은 경우 그와 같이 믿은 데에 정당한 이유가 없는 이상 그와 같이 믿었다는 사정만으로는 공무상표시무효죄의 죄책을 면할 수 없다.

③ 출입금지가처분은 그 성질상 가처분채권자의 의사에 반하여 건조물 등에 출입하는 것을 금지하는 것이므로 비록 가처분결정에 그러한 취지가 명시되어 있지 않다고 하더라도 가처분채권자의 승낙을 얻어 그 건조물 등에 출입하는 경우에는 출입금지가처분 표시의 효용을 해한 것이라고 할 수 없다.

④ 공무원이 그 직권을 남용하여 위법하게 실시한 봉인 또는 압류 기타 강제처분의 표시임이 명백하여 법률상 당연무효 또는 부존재라고 볼 수 있는 경우에는 그 봉인 등의 표시는 공무상표시무효죄의 객체가 되지 아니하여 이를 손상 또는 은닉하거나 기타 방법으로 그 효용을 해한다 하더라도 공무상표시무효죄가 성립하지 아니한다 할 것이지만, 공무원이 실시한 봉인 등의 표시에 절차상 또는 실체상의 하자가 있다고 하더라도 객관적·일반적으로 그것이 공무원이 그 직무에 관하여 실시한 봉인 등으로 인정할 수 있는 상태에 있다면 적법한 절차에 의하여 취소되지 아니하는 한 공무상표시무효죄의 객체로 된다.

⑤ 온천수사용금지가처분결정이 있기 전부터 온천이용허가권자인 가처분채무자로부터 이를 양수하고 임대차계약의 형식을 빌려 온천수를 이용하여 온 사람이 위 금지명령을 위반하여 계속 온천수를 사용한 경우, 그 사람의 위반행위는 공무상표시무효죄를 구성한다.

해설 | 출제영역 | 공무상표시무효죄의 구성요건

⑤ (×) 온천수 사용금지 가처분결정이 있기 전부터 온천이용허가권자인 가처분 채무자로부터 이를 양수하고 임대차계약의 형식을 빌려 온천수를 이용하여 온 제3자가 위 금지명령을 위반하여 계속 온천수를 사용한 행위가 공무상표시무효죄를 구성하지 않는다(대법원 2007.11.16, 2007도5539).

① (○) 형법 제140조 제1항의 공무상표시무효죄는 공무원이 그 직무에 관하여 봉인, 동산의 압류, 부동산의 점유 등과 같은 구체적인 강제처분을 실시하였다는 표시를 손상 또는 은닉하거나 기타 방법으로 그 효용을 해함으로써 성립하는 범죄이다. 따라서 집행관이 법원으로부터 피신청인에 대하여 부작위를 명하는 가처분이 발령되었음을 고시하는 데 그치고 나아가 봉인 또는 물건을 자기의 점유로 옮기는 등의 구체적인 집행행위를 하지 아니하였다면, 단순히 피신청인이 위 가처분의 부작위명령을 위반하였다는 것만으로는 공무상 표시의 효용을 해하는 행위에 해당하지 않는다(대법원 2008.12.24, 2006도1819).

② (○) 공무원이 그 직무에 관하여 실시한 봉인 등의 표시를 손상 또는 은닉 기타의 방법으로 그 효용을 해함에 있어서 그 봉인 등의 표시가 법률상 효력이 없다고 믿은 것은 법규의 해석을 잘못하여 행위의 위법성을 인식하지 못한 것이라고 할 것이므로 그와 같이 믿은 데에 정당한 이유가 없는 이상, 그와 같이 믿었다는 사정만으로는 공무상표시무효죄의 죄책을 면할 수 없다고 할 것이다(대법원 2000.4.21, 99도5563).

③ (○) 출입금지가처분은 그 성질상 가처분 채권자의 의사에 반하여 건조물 등에 출입하는 것을 금지하는 것이므로 비록 가처분결정이 나 그 결정의 집행으로서 집행관이 실시한 고시에 그러한 취지가 명시되어 있지 않다고 하더라도 가처분 채권자의 승낙을 얻어 그 건조물 등에 출입하는 경우에는 출입금지가처분 표시의 효용을 해한 것이라고 할 수 없다(대법원 2006.10.13, 2006도4740).

④ (○) 공무원이 그 직권을 남용하여 위법하게 실시한 봉인 또는 압류 기타 강제처분의 표시임이 명백하여 법률상 당연무효 또는 부존재라고 볼 수 있는 경우에는 그 봉인 등의 표시는 공무상표시무효죄의 객체가 되지 아니하여 이를 손상 또는 은닉하거나 기타 방법으로 그 효용을 해한다 하더라도 공무상표시무효죄가 성립하지 아니한다 할 것이지만 공무원이 실시한 봉인 등의 표시에 절차상 또는 실체상의 하자가 있다고 하더라도 객관적·일반적으로 그것이 공무원이 그 직무에 관하여 실시한 봉인 등으로 인정할 수 있는 상태에 있다면 적법한 절차에 의하여 취소되지 아니하는 한 공무상표시무효죄의 객체로 된다(대법원 2001.1.16, 2000도1757).

정답 ⑤

058 ✓ 유사 ◆◇◇ 변호사 2024 변형

甲과 A는 동거하지 않는 형제 사이인데 A가 실종되었다. 甲은 2023. 1.경 법원이 선임한 A의 부재자 재산관리인으로서 A 앞으로 공탁된 수용보상금 7억 원을 수령하였다. 그 후 법원은 2023. 3.경 A의 부재자 재산관리인을 甲에서 B로 개임하였다. 그럼에도 甲은 B에게 공탁금의 존재를 알려주지도 않고 인계하지도 않았다. 2023. 5.경 위 사실을 알게 된 B가 2023. 6.경 법원으로부터 고소권 행사에 관하여 허가를 받고 나서 바로 甲을 위 사실에 관하여 특정경제범죄가중처벌등에관한법률위반(배임)죄로 수사기관에 고소하였다. 이에 관한 설명 중 옳지 않은 것을 모두 고른 것은? (다툼이 있는 경우 판례에 의함)

ㄱ. 甲, B, 甲의 누나 C가 모여서 같이 대화를 나누던 중, B는 증거수집 목적으로 자신의 휴대전화 녹음 기능을 사용하여 위 3명의 대화를 녹음하였는데, 이러한 녹음 행위는 「통신비밀보호법」 제16조 제1항에 해당하며 위법하다.

ㄴ. B는 A의 부재자 재산관리인으로서 그 관리대상인 A의 재산에 대한 범죄행위에 관하여 법원으로부터 고소권 행사에 관한 허가를 얻었으므로 A의 법정대리인으로서 적법한 고소권자에 해당한다.

ㄷ. 사법경찰관 P가 특정경제범죄가중처벌등에관한법률위반(배임)죄로 甲에 대한 체포영장을 발부받은 후 집 앞 주차장에 차량을 주차하고 있는 甲을 발견하고 위 체포영장에 기하여 체포하면서 甲의 차량을 수색한 것은 「형사소송법」 제216조 제1항 제2호에 따라 적법하다.

ㄹ. 甲이 위 ㄷ.항과 같은 체포 과정에서 자신의 차량으로 사법경찰관 P를 충격하여 상해를 가했다면, 甲에게 특수공무집행방해치상죄 및 특수상해죄가 성립하고, 양 죄는 상상적 경합 관계이다.

① ㄱ, ㄴ, ㄹ ② ㄱ, ㄷ, ㄹ
③ ㄱ, ㄹ ④ ㄴ, ㄷ
⑤ ㄷ, ㄹ

해설 출제영역 | 임의수사, 고소, 강제수사, 공무집행방해죄

③ ㄱ, ㄹ

ㄱ. (×) 전기통신의 감청은 제3자가 전기통신의 당사자인 송신인과 수신인의 동의를 받지 아니하고 전기통신 내용을 녹음하는 등의 행위를 하는 것만을 말한다고 해석함이 타당하므로, 전기통신에 해당하는 전화통화 당사자의 일방이 상대방 모르게 통화 내용을 녹음하는 것은 여기의 감청에 해당하지 않는다(대법원 2021.8.26, 2021다236999).

ㄴ. (○) 법원이 선임한 부재자 재산관리인이 그 관리대상인 부재자의 재산에 대한 범죄행위에 관하여 법원으로부터 고소권 행사에 관한 허가를 얻은 경우 부재자 재산관리인은 형사소송법 제225조 제1항에서 정한 법정대리인으로서 적법한 고소권자에 해당한다(대법원 2022.5.26, 2021도2488).

ㄷ. (○) 형사소송법 제216조 제1항 제2호 참조.

> **형사소송법 제216조(영장에 의하지 아니한 강제처분)** ① 검사 또는 사법경찰관은 제200조의2·제200조의3·제201조 또는 제212조의 규정에 의하여 피의자를 체포 또는 구속하는 경우에 필요한 때에는 영장없이 다음 처분을 할 수 있다.
> 2. 체포현장에서의 압수, 수색, 검증

ㄹ. (×) 직무를 집행하는 공무원에 대하여 위험한 물건을 휴대하고 고의로 상해를 가한 경우에는 특수공무집행방해치상죄만 성립할 뿐, 이와는 별도로 폭력행위 등 처벌에 관한 법률 위반(집단·흉기 등 상해)죄를 구성한다고 볼 수 없다(대법원 2008.11.27, 2008도7311).

정답 ③

3 도주와 범인은닉의 죄

059 ⊘ 대표 ◆◇◇ 경찰승진 2022 유사 국가7급 2021

범인은닉·도피죄에 대한 설명으로 옳지 않은 것은? (다툼이 있는 경우 판례에 의함)

① 甲이 피해자를 폭행한 자의 인적 사항을 묻는 경찰관의 질문에 답하면서, 범인의 이름 대신 단순히 허무인의 이름을 진술하고 구체적인 인적 사항에 대하여는 모른다고 진술하는 데 그쳤을 뿐이라면 범인도피죄가 성립하지 않는다.

② 甲이 실제 업주를 숨기고 자신이 대신하여 처벌받기로 하는 이른바 '바지사장'의 역할을 맡기로 하는 등 수사기관을 착오에 빠뜨리기로 하고, 범행경위에 대해 적극적으로 허위로 진술하거나 허위 자료를 제시하는 행위를 하는 경우 범인도피죄가 성립한다.

③ 甲이 자신을 위하여 배우자로 하여금 허위의 자백을 하게 하여 범인도피죄를 범하게 하는 경우, 배우자는 형법 제151조 제2항에 의하여 처벌을 받지 아니하는 친족에 해당하므로, 甲은 친족 간의 특례규정에 의하여 처벌되지 않는 행위를 방조한 것이므로 범인도피방조죄가 성립하지 않는다.

④ 참고인 甲이 수사기관에서 진술을 함에 있어 단순히 범인으로 체포된 사람과 자신이 목격한 범인이 동일함에도 불구하고 동일한 사람이 아니라고 허위진술을 한 정도의 것만으로는 甲의 그 허위진술로 말미암아 증거가 불충분하게 되어 범인을 석방하게 되는 결과가 되었다 하더라도 범인도피죄가 성립하지 않는다.

해설 출제영역 | 국가의 기능, 범인도피

③ (×) '성립한다'(대법원 2006.12.7, 2005도3707).

① (○) 대법원 2008.6.26, 2008도1059

② (○) 게임산업진흥에 관한 법률 위반, 도박개장 등의 혐의로 수사기관에서 조사받는 피의자가 사실은 게임장·오락실·피씨방 등의 실제 업주가 아니라 그 종업원임에도 불구하고 자신이 실제 업주라고 허위로 진술하였다고 하더라도, 그 자체만으로 범인도

피죄를 구성하는 것은 아니다. 다만, 그 피의자가 실제 업주로부터 금전적 이익 등을 제공받기로 하고 단속이 되면 실제 업주를 숨기고 자신이 대신하여 처벌받기로 하는 역할(이른바 '바지사장')을 맡기로 하는 등 수사기관을 착오에 빠뜨리기로 하고, 단순히 실제 업주라고 진술하는 것에서 나아가 <u>게임장 등의 운영 경위, 자금 출처, 게임기 등의 구입 경위, 점포의 임대차계약 체결 경위 등에 관해서까지 적극적으로 허위로 진술하거나 허위 자료를 제시하여 그 결과 수사기관이 실제 업주를 발견 또는 체포하는 것이 곤란 내지 불가능하게 될 정도에까지 이른 것으로 평가되는 경우 등에는 범인도피죄를 구성할 수 있다</u>(대법원 2010.1.28, 2009도10709).

④ (○) 대법원 1987.10.5, 85도897

정답 ③

060 ⊘ 대표 ◆◇◇ 법원9급 2018

범인도피죄에 관한 다음 설명 중 가장 옳지 않은 것은? (다툼이 있는 경우 판례에 의하고, 전원합의체 판결의 경우 다수의견에 의함)

① 범인 스스로 도피하는 행위는 처벌되지 않으므로 범인이 도피를 위하여 타인에게 도움을 요청하였고 실제 그 타인이 범인도피에 도움을 주었다 하더라도 타인에게 도움을 요청한 행위가 통상적 도피행위의 범주에 속하는 한 범인도피교사죄는 성립하지 않는다.

② 공범자의 범인도피행위의 도중에 그 범행을 인식하면서 그와 공동의 범의를 가지고 기왕의 범인도피상태를 이용하여 스스로 범인도피행위를 계속한 경우에는 범인도피죄의 공동정범이 성립한다.

③ 피의자가 사실은 게임장·오락실·피씨방 등의 실제 업주가 아니라 그 종업원임에도 불구하고 자신이 실제 업주라고 허위로 진술하였다고 하더라도 그 자체만으로 범인도피죄를 구성하는 것은 아니다.

④ 신원보증인이 수사기관에 대하여 피의자의 신분, 직업, 주거 등을 보증하고 향후 수사기관이나 법원의 출석요구에 사실상 협조하겠다는 의사를 표시한 신원보증서에 피의자의 인적 사항을 허위로 기재하여 제출한 행위는 범인도피죄를 구성한다.

해설 출제영역 | 범인은닉·도피의 구성요건

④ (×) 수사절차에서 작성되는 <u>신원보증서는 체포된 피의자 석방의 필수적인 요건이거나 어떠한 법적 효력이 있는 것은 아니고, 다만 피의사건이 비교적 경미한 경우 피의자와 일정한 관계에 있는 신원보증인이 수사기관에 대하여 피의자의 신분, 직업, 주거 등을 보증하고 향후 수사기관이나 법원의 출석요구에 사실상 협조하겠다는 의사를 표시하는 것으로서 피의자나 신원보증인에게 심리적인 부담을 줌으로써 수사기관이나 재판정에의 출석 또는 형 집행 등 형사사법절차상의 편의를 도모하는 것에 불과하여 보증인에게 법적으로 진실한 서류를 작성·제출할 의무가 부과된 것은 아니므로, 신원보증서를 작성하여 수사기관에 제출하는 보증인이 피의자의 인적 사항을 허위로 기재하였다고 하더라도, 그</u>

로써 적극적으로 수사기관을 기망한 결과 피의자를 석방하게 하였다는 등 특별한 사정이 없는 한, 그 행위만으로 범인도피죄가 성립되지 않는다(대법원 2003.2.14, 2002도5374).

① (○) 범인 스스로 도피하는 행위는 처벌되지 아니하므로, 범인이 도피를 위하여 타인에게 도움을 요청하는 행위 역시 도피행위의 범주에 속하는 한 처벌되지 아니하며, 범인의 요청에 응하여 범인을 도운 타인의 행위가 범인도피죄에 해당한다고 하더라도 마찬가지이다. 다만 범인이 타인으로 하여금 허위의 자백을 하게 하는 등으로 범인도피죄를 범하게 하는 경우와 같이 그것이 방어권의 남용으로 볼 수 있을 때에는 범인도피교사죄에 해당할 수 있다. 이 경우 방어권의 남용이라고 볼 수 있는지 여부는, 범인을 도피하게 하는 것이라고 지목된 행위의 태양과 내용, 범인과 행위자의 관계, 행위 당시의 구체적인 상황, 형사사법의 작용에 영향을 미칠 수 있는 위험성의 정도 등을 종합하여 판단하여야 한다(대법원 2014.4.10, 2013도12079).

② (○) 범인도피죄는 범인을 도피하게 함으로써 기수에 이르지만, 범인도 피행위가 계속되는 동안에는 범죄행위도 계속되고 행위가 끝날 때 비로소 범죄행위가 종료된다. 따라서 공범자의 범인도피행위 도중에 그 범행을 인식하면서 그와 공동의 범의를 가지고 기왕의 범인도피상태를 이용하여 스스로 범인도피행위를 계속한 경우에는 범인도피죄의 공동정범이 성립하고, 이는 공범자의 범행을 방조한 종범의 경우도 마찬가지이다(대법원 2012.8.30, 2012도6027).

③ (○) 게임산업진흥에 관한 법률 위반, 도박개장 등의 혐의로 수사기관에서 조사받는 피의자가 사실은 게임장·오락실·피씨방 등의 실제 업주가 아니라 그 종업원임에도 불구하고 자신이 실제 업주라고 허위로 진술하였다고 하더라도, 그 자체만으로 범인도피죄를 구성하는 것은 아니다. 다만, 그 피의자가 실제 업주로부터 금전적 이익 등을 제공받기로 하고 단속이 되면 실제 업주를 숨기고 자신이 대신하여 처벌받기로 하는 역할(이른바 '바지사장')을 맡기로 하는 등 수사기관을 착오에 빠뜨리기로 하고, 단순히 실제 업주라고 진술하는 것에서 나아가 게임장 등의 운영 경위, 자금 출처, 게임기 등의 구입 경위, 점포의 임대차계약 체결 경위 등에 관해서까지 적극적으로 허위로 진술하거나 허위 자료를 제시하여 그 결과 수사기관이 실제 업주를 발견 또는 체포하는 것이 곤란 내지 불가능하게 될 정도에까지 이른 것으로 평가되는 경우 등에는 범인도피죄를 구성할 수 있다(대법원 2010.1.28, 2009도10709).

정답 ④

---

061 ✓ 대표 ◆◇◇

범인도피죄에 대한 설명으로 옳은 것은?

① 범인도피죄의 '도피하게 하는 행위'란 은닉을 포함하여 범인에 대한 수사, 재판, 형의 집행 등 형사사법의 작용을 곤란하게 하거나 불가능하게 하는 일체의 행위를 말한다.

② 범인이 자신을 위하여 타인으로 하여금 허위의 자백을 하게 하여 범인도피죄를 범하게 하는 행위는 방어권의 남용으로 범인도피교사죄에 해당하지만, 그 타인이 형법 제151조 제2항에 의하여 처벌을 받지 아니하는 친족 또는 동거 가족에 해당한다면 범인도피교사죄에 해당하지 않는다.

③ 甲이 참고인조사절차에서 자기의 범행을 구성하는 사실관계에 관하여 허위로 진술함으로써 공범 乙을 도피하게 하는 결과가 된다고 하더라도 범인도피죄로 처벌할 수 없으며, 이때 乙이 甲에게 이러한 행위를 교사하였더라도 乙에게는 범인도피교사죄가 성립하지 않는다.

④ 참고인이 수사기관에서 범인에 관하여 조사를 받으면서 그가 알고 있는 사실을 묵비하거나 허위로 진술한 경우, 그것이 적극적으로 수사기관을 기만하여 착오에 빠지게 함으로써 범인의 발견 또는 체포를 곤란 내지 불가능하게 할 정도의 것이라 하더라도 그 참고인에게는 범인도피죄가 성립하지 않는다.

해설 | 출제영역 | 범인도피죄

③ (○) 대법원 2010.2.11, 2009도12164

① (×) 형법 제151조의 범인도피죄에서 '도피하게 하는 행위'는 은닉 이외의 방법으로 범인에 대한 수사, 재판 및 형의 집행 등 형사사법의 작용을 곤란 또는 불가능하게 하는 일체의 행위를 말하는 것으로서 그 수단과 방법에는 어떠한 제한이 없다(대법원 2008.12.24, 2007도11137).

② (×) 범인이 자신을 위하여 타인으로 하여금 허위의 자백을 하게 하여 범인도피죄를 범하게 하는 행위는 방어권의 남용으로 범인도피교사죄에 해당하는바, 이 경우 그 타인이 형법 제151조 제2항에 의하여 처벌을 받지 아니하는 친족 또는 동거 가족에 해당한다 하여 달리 볼 것은 아니다(대법원 2006.12.7, 2005도3707).

④ (×) 원래 수사기관은 범죄사건을 수사함에 있어서 피의자나 참고인의 진술 여하에 불구하고 피의자를 확정하고 그 피의사실을 인정할 만한 객관적인 제반 증거를 수집·조사하여야 할 권리와 의무가 있는 것이므로, 참고인이 수사기관에서 범인에 관하여 조사를 받으면서 그가 알고 있는 사실을 묵비하거나 허위로 진술하였다고 하더라도, 그것이 적극적으로 수사기관을 기만하여 착오에 빠지게 함으로써 범인의 발견 또는 체포를 곤란 내지 불가능하게 할 정도의 것이 아니라면 범인도피죄를 구성하지 않는다(대법원 2003.2.14, 2002도5374).

정답 ③

062 ✓ 유사 ◆◆◇ 법원9급 2016

범인은닉죄와 범인도피죄에 관한 다음 설명 중 가장 옳지 않은 것은? (다툼이 있는 경우 판례에 의함)

① 범인 아닌 자가 수사기관에서 범인임을 자처하고 허위사실을 진술하여 진범의 체포와 발견에 지장을 초래하게 한 행위는 범인은닉죄 또는 범인도피죄에 해당한다.

② 참고인이 수사기관에서 범인에 관하여 조사를 받으면서 그가 알고 있는 사실을 묵비하거나 허위로 진술하였다고 하더라도, 그것이 적극적으로 수사기관을 기만하여 착오에 빠지게 함으로써 범인의 발견 또는 체포를 곤란 내지 불가능하게 할 정도가 아닌 한 범인도피죄를 구성하지 않고, 이러한 법리는 피의자가 수사기관에서 공범에 관하여 묵비하거나 허위로 진술한 경우에도 그대로 적용된다.

③ 범인도피죄는 범인을 도피하게 함으로써 기수에 이르지만, 범인도피행위가 계속되는 동안에는 범죄행위도 계속되고 행위가 끝날 때 비로소 범죄행위가 종료되므로, 공범자의 범인도피행위 도중에 그 범행을 인식하면서 그와 공동의 범의를 가지고 기왕의 범인도피 상태를 이용하여 스스로 범인도피행위를 계속한 경우에는 범인도피죄의 공동정범이 성립한다.

④ 범인이 자신을 위하여 타인으로 하여금 허위의 자백을 하게 하여 범인도피죄를 범하게 하는 행위는 방어권의 남용으로 범인도피교사죄에 해당하나, 이 경우 그 타인이 형법 제151조 제2항에 의하여 처벌을 받지 아니하는 친족 또는 동거의 가족에 해당하는 경우에는 범인도피교사죄에 해당하지 않는다.

[해설] 출제영역 | 범인도피죄 – 교사죄, 공동정범

④ (×) 범인이 자신을 위하여 타인으로 하여금 허위의 자백을 하게 하여 범인도피죄를 범하게 하는 행위는 방어권의 남용으로 범인도피교사죄에 해당하는바, 이 경우 그 타인이 형법 제151조 제2항에 의하여 처벌을 받지 아니하는 친족, 호주 또는 동거 가족에 해당한다 하여 달리 볼 것은 아니다(대법원 2008.11.13, 2008도7647).

① (○) 대법원 1996.6.14, 96도1016
② (○) 대법원 2008.12.24, 2007도11137
③ (○) 대법원 2012.8.30, 2012도6027

[정답] ④

063 ✓ 유사 ◆◆◆ 변호사 2022

술에 만취해 운전을 하던 甲은 교통사고를 낸 후 조수석에 타고 있던 친동생 乙에게 乙 자신이 운전하였다고 경찰에 말해 달라 부탁하였고, 乙은 甲의 부탁대로 자신이 운전하다 사고를 냈다고 진술하였다. 이에 관한 설명 중 옳은 것을 모두 고른 것은? (다툼이 있는 경우 판례에 의함)

> ㄱ. 乙은 범인도피죄를 범하였으나 범인의 친족이어서 처벌되지 않는다.
> ㄴ. 乙을 시켜 경찰에 허위진술을 하도록 한 甲의 행위는 타인의 행위를 이용하여 자신의 범죄를 실현하고, 새로운 범인을 창출하였다는 교사범의 전형적인 불법이 실현되었다고 볼 수 없으므로 범인도피교사죄가 성립하지 않는다.
> ㄷ. 甲의 부탁대로 乙이 경찰에 허위진술을 한 행위는 위계공무집행방해죄가 성립한다.
> ㄹ. 만약 사법경찰관이 甲에 대하여 현장검증을 실시하여 적법하게 검증조서를 작성하였고, 이 검증조서에는 甲이 乙에게 "네가 운전하였다고 말해라."라는 진술기재부분과 범행을 재연하는 사진이 첨부되어 있는데 甲이 법정에서 검증조서에 대해서만 증거로 함에 동의하고 진술기재부분과 재연사진에 대해서는 그 성립의 진정 및 내용을 부인하였다면, 검증조서에 기재된 진술기재부분과 재연사진을 제외한 검증조서의 나머지 부분에 대해서만 증거능력이 인정된다.

① ㄱ, ㄷ　　　　　　② ㄱ, ㄹ
③ ㄱ, ㄴ, ㄷ　　　　④ ㄱ, ㄴ, ㄹ
⑤ ㄴ, ㄷ, ㄹ

[해설] 출제영역 | 국가의 기능에 대한 죄 종합

② ㄱ, ㄹ

ㄱ. (○) 乙이 甲의 부탁대로 자신이 운전하다 사고를 냈다고 진술한 것은 甲에 대한 범인도피행위에 해당하고, 甲과 乙은 친족관계이므로 친동생 乙은 적법행위의 기대가능성이 없어 책임이 조각된다(범인은닉·도피죄의 친족간 특례, 제151조 제2항).

ㄴ. (×) 무면허 운전으로 사고를 낸 사람이 동생을 경찰서에 대신 출두시켜 피의자로 조사받도록 한 행위는 범인도피교사죄를 구성한다(대법원 2006.12.7, 2005도3707).

ㄷ. (×) 형사 피의자와 수사기관이 대립적 위치에서 서로 공격방어를 할 수 있는 취지의 형사소송법의 규정과 법률에 의한 선서를 한 증인이 허위로 진술을 한 경우에 한하여 위증죄가 성립된다는 형법의 규정 취지에 비추어 수사기관이 범죄사건을 수사함에 있어서는 피의자나 피의자로 자처하는 자 또는 참고인의 진술여하에 불구하고 피의자를 확정하고 그 피의사실을 인정할 만한 객관적인 제반증거를 수집 조사하여야 할 권리와 의무가 있는 것이라고 할 것이므로 피의자나 참고인이 아닌 자가 자발적이고 계획적으로 피의자를 가장하여 수사기관에 대하여 허위사실을 진술하였다 하여 바로 이를 위계에 의한 공무집행방해죄가 성립된다고 할 수 없다(대법원 1977.2.8, 76도3685).

ㄹ. (○) 대법원 1998.3.13, 98도159

[정답] ②

064 ✅유사 ◆◆◇ 　　　　　　　법원행시 2020

다음 설명 중 가장 옳지 않은 것은? (다툼이 있는 경우 판례에 의하고, 전원합의체 판결의 경우 다수의견에 의함)

① 부동산 등기신청은 단순한 '신고'가 아니라 신청에 따른 등기관의 심사 및 처분을 예정하고 있으므로, 등기신청인이 제출한 허위의 소명자료 등에 대하여 등기관이 나름대로 충분히 심사를 하였음에도 이를 발견하지 못하여 등기가 마쳐지게 되었다면 위계에 의한 공무집행방해죄가 성립할 수 있다.

② 집행관이 유체동산을 가압류하면서 이를 채무자에게 보관하도록 한 경우 그 가압류의 효력은 압류된 물건의 처분행위를 금지하는 효력이 있으므로, 채무자가 가압류된 유체동산을 제3자에게 양도하고 그 점유를 이전한 경우, 이는 가압류집행이 금지하는 처분행위로서, 특별한 사정이 없는 한 가압류표시 자체의 효력을 사실상 감쇄 또는 멸각시키는 행위에 해당한다. 이는 채무자와 양수인이 가압류된 유체동산을 원래 있던 장소에 그대로 두었더라도 마찬가지이다.

③ 공범 중 1인이 그 범행에 관한 수사절차에서 참고인 또는 피의자로 조사받으면서 자기의 범행을 구성하는 사실관계에 관하여 허위로 진술하고 허위 자료를 제출하는 것은 자신의 범행에 대한 방어권 행사의 범위를 벗어난 것으로 볼 수 없다. 그러나 이러한 행위가 다른 공범을 도피하게 하는 결과가 된다면 범인도피죄로 처벌할 수 있다.

④ 수사지휘서의 기재 내용과 이에 관계된 수사상황은 해당 사건에 대한 종국적인 결정을 하기 전까지는 외부에 누설되어서는 안 될 수사기관 내부의 비밀에 해당한다.

⑤ 형법 제152조 제1항과 같은 조 제2항은 위증을 한 범인이 형사사건의 피고인 등을 '모해할 목적'을 가지고 있었는가 아니면 그러한 목적이 없었는가 하는 범인의 특수한 상태의 차이에 따라 범인에게 과할 형의 경중을 구별하고 있으므로, 이는 형법 제33조 단서 소정의 "신분관계로 인하여 형의 경중이 있는 경우"에 해당한다.

〔해설〕 출제영역 | 국가의 기능, 범인도피 등 국가의 기능 종합

③ (×) 범인도피죄는 타인을 도피하게 하는 경우에 성립할 수 있는데, 여기에서 타인에는 공범도 포함되나 범인 스스로 도피하는 행위는 처벌되지 않는다. 또한 공범 중 1인이 그 범행에 관한 수사절차에서 <u>참고인 또는 피의자로 조사받으면서 자기의 범행을 구성하는 사실관계에 관하여 허위로 진술하고 허위 자료를 제출</u>하는 것은 자신의 범행에 대한 방어권 행사의 범위를 벗어난 것으로 볼 수 없다. 이러한 행위가 다른 공범을 도피하게 하는 결과가 된다고 하더라도 <u>범인도피죄로 처벌할 수 없다</u>(대법원 2018. 8.1, 2015도20396).

① (○) 대법원 2016.1.28, 2015도17297
② (○) 대법원 2018.7.11, 2015도5403
④ (○) 대법원 2018.2.13, 2014도11441
⑤ (○) 대법원 1994.12.23, 93도1002

〔정답〕 ③

065 ✅유사 ◆◇◇ 　　　　　　　경찰1차 2022

국가의 기능에 대한 죄에 관한 설명으로 가장 적절하지 않은 것은? (다툼이 있는 경우 판례에 의함)

① 범인도피죄는 타인을 도피하게 하는 경우에 성립할 수 있고 여기에서 타인에는 공범도 포함되므로, 공범 중 1인이 그 범행에 관한 수사절차에서 참고인 또는 피의자로 조사받으면서 자기의 범행을 구성하는 사실관계에 관하여 허위로 진술하고 허위 자료를 제출하는 행위가 다른 공범을 도피하게 하는 결과가 되는 경우 범인도피죄가 성립할 수 있다.

② 피의자 등이 적극적으로 허위의 증거를 조작하여 제출하고 그 증거 조작의 결과 수사기관이 그 진위에 관하여 나름대로 충실한 수사를 하더라도 제출된 증거가 허위임을 발견하지 못할 정도에 이르렀다면, 이는 위계에 의하여 수사기관의 수사행위를 적극적으로 방해한 것으로서 위계공무집행방해죄가 성립된다.

③ 사실의 증명을 위해 작성된 문서가 그 사실에 관한 내용이나 작성명의 등에 아무런 허위가 없다면 증거위조죄에서의 '증거 위조'에 해당한다고 볼 수 없는 것이고, 설령 사실증명에 관한 문서가 형사사건 또는 징계사건에서 허위의 주장에 관한 증거로 제출되어 그 주장을 뒷받침하게 되더라도 마찬가지이다.

④ 경찰공무원이 지명수배 중인 범인을 발견하고도 직무상 의무에 따른 적절한 조치를 취하지 아니하고 오히려 범인을 도피하게 하는 행위를 한 경우, 범인도피죄만이 성립하고 직무유기죄는 따로 성립하지 아니한다.

〔해설〕 출제영역 | 국가의 기능에 대한 죄 종합

① (×) 범인도피죄는 타인을 도피하게 하는 경우에 성립할 수 있는데, 여기에서 타인에는 공범도 포함되나 <u>범인 스스로 도피하는 행위는 처벌되지 않는다</u>. 또한 공범 중 1인이 그 범행에 관한 수사절차에서 참고인 또는 피의자로 조사받으면서 <u>자기의 범행을 구성하는 사실관계에 관하여 허위로 진술하고 허위 자료를 제출</u>하는 것은 자신의 범행에 대한 방어권 행사의 범위를 벗어난 것으로 볼 수 없다. 이러한 행위가 <u>다른 공범을 도피하게 하는 결과가 된다고 하더라도 범인도피죄로 처벌할 수 없다</u>(대법원 2018. 8.1, 2015도20396).

② (○) 대법원 2019.3.14, 2018도18646
③ (○) 형법상 증거위조죄는 국가의 사법기능, 그중에서도 형사재판 및 징계심판 기능을 그 보호법익으로 한다. 그러나 사법절차를 담당하는 관련자들의 직무 집행이나 정당한 법집행을 방해하는 일체의 행위를 처벌대상으로 하는 미국의 사법방해죄와 달리, 형법 제155조 제1항은 증거를 멸실, 은닉, 위조, 변조하거나 위조 또는 변조한 증거를 사용하는 행위만을 처벌대상으로 하고 있을 뿐이다. <u>증거위조죄에서의 '위조'의 개념이 문서위조죄에서의 그</u>

것과 다르게 해석될 수 있다고 하더라도 그 내용이나 작성명의, 작성일자에 아무런 허위가 없는 증거를 위조되었다고 할 수 없다. 한편 그 자체에는 아무런 허위가 없는 증거라도 허위의 주장과 결합되어 허위의 사실을 일부 뒷받침하게 되는 경우가 있다. 그리고 그와 같은 목적으로 원래는 다른 사실을 증명하는 증거가 작성되도록 하는 경우도 있다. 그런데 허위 사실을 뒷받침하는 데 사용되었다는 이유만으로 내용과 작성명의에 아무런 허위가 없는 증거를 증거위조에 해당한다고 보는 것은 법률 문언이 가진 통상적인 의미를 넘어 부당하게 처벌범위를 확대하는 것이어서 허용되지 않는다. 본조가 규정한 '증거의 위조'란 '증거방법의 위조'를 의미하므로, 위조에 해당하는지 여부는 증거방법 자체를 기준으로 하여야 하고 그것을 통해 증명하려는 사실이 허위인지 진실인지 여부에 따라 위조 여부가 결정되어서는 안 된다. 제출된 증거방법의 증거가치를 평가하고 이를 기초로 사실관계를 확정할 권한과 의무는 법원에 있기 때문이다. 따라서 피고인이 제출한 이 사건 입금확인증이 해당 금원을 공소외 2 회사 측에 모두 반환하였다는 허위의 주장 사실을 증명하기 위해 만들어진 것이라 하더라도 그 자체에 허위가 없는 이상 이를 허위의 주장과 관련지어 '허위의 증거'에 해당한다고 볼 수는 없다. … 물론 증거 자체에는 아무런 허위가 없으나 그 증거가 허위 주장과 결합하여 허위 사실을 증명하게 되는 경우가 있고, 이러한 행위는 국가의 형벌권 행사에 중대한 지장을 초래할 수 있는 행위로서 비난받아 마땅하다는 점은 부인하기 어렵다. 그러나 위와 같은 행위를 처벌하는 구성요건을 신설하는 것은 별론으로 하고, 형법 제155조 제1항이 규정한 '증거위조'의 의미를 확장해석하는 방법으로 그 목적을 달성하는 것은 죄형법정주의 원칙상 허용되지 아니한다 (대법원 2021.1.28, 2020도2642).

[보충] 원심이 인정한 사실관계를 앞서 본 법리에 비추어 살펴보면, 비록 피고인이 공소외 4 명의 ㅁㅁ은행 계좌에서 공소외 2 회사 명의 △△은행 계좌에 금원을 송금하고 다시 되돌려 받는 행위를 반복한 후 그중 송금자료만을 발급받아 이를 3억 5,000만 원을 변제하였다는 허위 주장과 함께 법원에 제출한 행위는 형법상 증거위조죄의 보호법익인 사법기능을 저해할 위험성이 있다. 그러나 앞서 본 법리에 비추어 보면, 피고인이 제출한 입금확인증 등은 금융기관이 금융거래에 관한 사실을 증명하기 위해 작성한 문서로서 그 내용이나 작성명의 등에 아무런 허위가 없는 이상 이를 증거의 '위조'에 해당한다고 볼 수 없고, 나아가 '위조한 증거를 사용'한 행위에 해당한다고 볼 수도 없다.

④ (○) 대법원 2006.10.19, 2005도3909

정답 ①

066 ✅ 유사 ◆◆◇ 국가7급 2018

다음 설명 중 옳지 않은 것은? (다툼이 있는 경우 판례에 의함)

① 甲은 「도로교통법」 위반으로 체포된 범인 乙이 타인의 성명을 모용한다는 정을 알면서도 甲이 乙의 신원보증인으로서 신원보증서에 자신의 인적 사항을 허위로 기재하여 제출한 경우 범인도피죄가 성립한다.

② 甲이 자기 자신을 무고하기로 乙과 공모하고 이에 따라 乙의 무고행위에 가담한 경우 甲은 무고죄의 공동정범으로 처벌될 수 없지만, 甲의 교사·방조 하에 乙이 甲에 대한 허위의 사실을 신고한 경우 甲은 무고죄의 교사·방조범으로 처벌된다.

③ 甲이 자기와 동거하여 사실혼관계에 있는 乙이 교통사고를 내자 사건 당일 그 증거물인 사고차량을 치워 수리하고, 乙을 외국으로 도피하게 한 경우 甲은 「형법」 제151조(범인은닉과 친족간의 특례)에 의하여 처벌받지 않는 친족에 해당하지 않는다.

④ 허위로 신고한 사실이 무고행위 당시 형사처분의 대상이 될 수 있었다면 무고죄는 기수에 이르고, 이후 그 사실이 형사범죄가 되지 않는 것으로 판례가 변경되었다고 하더라도 특별한 사정이 없는 한 이미 성립한 무고죄에는 영향을 미치지 않는다.

해설 **출제영역 | 범인도피죄, 무고죄 성립**

① (×) 신원보증서를 작성하여 수사기관에 제출하는 보증인이 피의자의 인적 사항을 허위로 기재하였다고 하더라도, 그로써 적극적으로 수사기관을 기망한 결과 피의자를 석방하게 하였다는 등 특별한 사정이 없는 한, 그 행위만으로 범인도피죄가 성립되지 않는다(대법원 2003.2.14, 2002도5374).

② (○) 대법원 2017.4.26, 2013도12592; 2008.10.23, 2008도4852

③ (○) 형법 제151조 제2항 및 제155조 제4항은 친족, 호주 또는 동거의 가족이 본인을 위하여 범인도피죄, 증거인멸죄 등을 범한 때에는 처벌하지 아니한다고 규정하고 있는바, 사실혼관계에 있는 자는 민법 소정의 친족이라 할 수 없어 위 조항에서 말하는 친족에 해당하지 않는다(대법원 2003.12.12, 2003도4533).

④ (○) 대법원 2017.5.30, 2015도15398

정답 ①

067 ✓ 유사 ◆◆◇ 　国家7급 2014

甲과 乙이 공모하여 A를 폭행한 상황을 목격한 甲의 사촌동생인 丙이 경찰에 참고인으로 출석하게 되자, 甲은 丙에게 허위진술을 해 달라고 부탁하였다. 丙은 경찰에서 실제로 폭행을 저지른 사람은 甲이 아니라 丁이라고 진술하였는데 丁은 실존하지 않는 허무인이었다. 이후 경찰에 자진출석한 乙도 공범은 甲이 아니라 丁이라고 진술하였다. 이 사례에 대한 설명으로 옳은 것만을 모두 고른 것은? (다툼이 있는 경우 판례에 의함)

> ㄱ. 甲에게 범인도피죄의 교사범을 인정하지 않는 견해는 자기비호권의 한계를 일탈하였다는 점을 근거로 한다.
> ㄴ. 甲의 가벌성을 인정하는 견해에 의하면 丙이 기대가능성이 없어 범인도피죄로 처벌받지 않더라도, 제한적 종속형식에 의해 甲은 범인도피죄의 교사범으로 처벌받는다.
> ㄷ. 乙에게 (범인도피죄는 성립하지만) 위계에 의한 공무집행방해죄는 성립하지 않는다.
> ㄹ. 丙이 허무인을 진범으로 진술한 것은 위계에 의한 공무집행방해죄에 해당한다.

① ㄱ, ㄷ
② ㄱ, ㄹ
③ ㄴ, ㄷ
④ ㄴ, ㄹ

해설 출제영역 | 범인도피죄와 공범관계

ㄱ. (×) 甲에게 범인도피죄의 교사범을 인정하는 견해(판례)는 교사행위가 자기비호권의 한계를 일탈하였다는 점을 근거로 하고, 범인도피 교사범을 인정하지 않는 견해(다수설)는 교사행위가 자기비호권의 연장에 불과하다는 점을 근거로 한다.

ㄴ. (○) 제한적 종속형식은 정범의 행위가 구성요건에 해당하고 위법하기만 하면 유책하지 않은 경우에도 공범이 성립한다는 종속형식이다. 丙이 기대가능성이 없이 책임이 조각되어 범인도피죄로 처벌받지 않더라도(제151조 제2항의 친족간 특례), 구성요건해당성과 위법성은 인정되기 때문에 제한적 종속형식에 의할 때 공범의 성립은 가능하다. 따라서 甲은 범인도피죄의 교사범으로 처벌할 수 있다.

ㄷ. (○) 우선 乙에게 범인도피죄가 성립할 수 있다는 것은 다음의 판례에 근거한다. "공동정범 중 1인이 다른 공동정범을 은닉·도피시킨 행위는 범인 자신 이외의 타인에 대한 행위이므로 범인은닉·도피죄가 성립한다(대법원 1958.1.14, 4290형상393)." (다만, 피의자가 수사기관에서 공범에 관하여 묵비하거나 허위로 진술한 경우에도 그것이 적극적 기만이 아니라면 범인은닉·도피에 해당되지 않는다는 판례 - 대법원 2008.12.24, 2007도11137 - 도 있다는 점에서 乙에게도 범인도피죄가 성립하지 않는다고 보는 것이 타당할 것이다. 따라서 이 문제의 출제에는 다소 오류가 있다고 본다) 다음, 위계에 의한 공무집행방해죄가 성립하지 않는다는 것은 피의자 등이 수사기관에 대하여 허위진술을 하거나 허위의 증거를 제출하였다 하더라도 -적극적 허위증거 조작에 의해 수사기관이 충분한 수사를 하더라도 허위임을 발견할 수 없는 경우가 아닌 한- 수사기관이 충분한 수사를 하지 않은 채 이와 같은 허위의 진술과 증거만으로 잘못된 결론을 내렸다면 이는 위계에 의한 공무집행방해죄를 구성할 수 없다는 판례(대법원 1977.2.22, 76도368 등)에 근거한다.

ㄹ. (×) 수사기관에 대하여 참고인이 허위진술을 한 것만으로는 위계에 의한 공무집행방해죄가 성립된다고 할 수 없다(대법원 1971.3.9, 71도186).

정답 ③

068 ✓ 유사 ◆◇◇ 　변호사 2024

연예인 甲은 2023. 3. 9. 08:00경 고속도로에서 자동차종합보험에 가입되어 있는 자신의 승용차를 운전하여 가던 중 도로 좌측 노면 턱을 들이받는 바람에 그 충격으로 자신에게 전치 6주의 상해를, 조수석에 타고 있던 사실혼 관계인 乙에게 전치 8주의 상해를 각 입게 하였다. 甲, 乙은 사고 직후 승용차에서 내렸으나 바로 의식을 잃었고, 그 상태로 병원에 이송되었다. 乙은 의식이 깨자 甲의 연예인 활동에 지장이 생길 것을 우려하여 경찰관 P에게 자신이 위 승용차를 운전하다가 교통사고를 발생하게 하였다는 허위 사실을 진술하였다. 이에 관한 설명으로 옳은 것은? (다툼이 있는 경우 판례에 의함)

① P가 운전석 근처에서 발견되어 병원으로 이송된 乙의 음주운전 여부를 수사하려 하였으나 乙의 의식이 깨지 않자 간호사 A로부터 A가 치료 목적으로 乙로부터 채취한 혈액 중 일부를 임의제출 받아 영장 없이 압수한 경우, 그 압수절차는 적법절차에 위반된다.

② 乙이 도로교통법위반(음주운전)죄 및 교통사고처리특례법위반(치상)죄로 기소되었고, 제1회 공판기일에 乙 및 乙의 변호인은 혈액감정의뢰회보에 대하여 증거부동의를 하였는데, 제3회 공판기일에 乙이 출석하지 아니한 상태에서 乙의 변호인이 이를 증거로 하는 데 동의하였다면 위 증거동의는 효력이 있다.

③ 乙이 교통사고처리특례법위반(치상)죄로 유죄확정판결을 받은 이후 甲과 헤어지게 되자, 자신이 숨겨두고 있던 위 교통사고 당시 甲이 운전하는 모습을 찍은 휴대전화 사진을 증거로 제출하면서 재심을 청구한 경우, 「형사소송법」 제420조 제5호의 '무죄를 인정할 명백한 증거가 새로 발견된 때'에 해당한다.

④ 위 승용차가 자동차종합보험에 가입되어 있어 甲을 교통사고처리특례법위반(치상)죄로 공소제기할 수 없다고 하더라도, 乙이 甲을 도피시킨 행위는 범인도피죄에 해당할 수 있다.

⑤ 乙이 P에게 허위 사실을 진술한 행위가 범인도피죄에 해당하더라도 그 범행 당시 乙은 甲과 사실혼 관계에 있었으므로 처벌되지 아니한다.

해설 출제영역 | 강제수사, 증거동의, 범인도피죄

④ (○) 범인에 대하여 적용 가능한 죄가 도로교통법위반죄로부터 교통사고처리특례법위반죄를 거쳐 상해죄에 이르기까지 다양하

고, 그 죄들은 모두 벌금 이상의 형을 정하고 있으며 범인에게 적용될 수 있는 죄가 교통사고처리특례법위반죄에 한정된다고 하더라도 자동차종합보험 가입사실만으로 범인의 행위가 형사소추 또는 처벌을 받을 가능성이 없는 경우에 해당한다고 단정할 수 없을 뿐 아니라, 피고인이 수사기관에 적극적으로 범인임을 자처하고 허위사실을 진술함으로써 실제 범인을 도피하게 하였다는 점이 인정되므로 범인도피죄가 성립한다(대법원 2000.11. 24, 2000도4078).

① (×) 의료인이 진료 목적으로 채혈한 환자의 혈액을 수사기관에 임의로 제출하였다면 그 혈액의 증거사용에 대하여도 환자의 사생활의 비밀 기타 인격적 법익이 침해되는 등의 특별한 사정이 없는 한 반드시 그 환자의 동의를 받아야 하는 것이 아니고, 따라서 경찰관이 간호사로부터 진료 목적으로 이미 채혈되어 있던 피고인의 혈액 중 일부를 주취운전 여부에 대한 감정을 목적으로 임의로 제출 받아 이를 압수한 경우, 당시 간호사가 위 혈액의 소지자 겸 보관자인 병원 또는 담당의사를 대리하여 혈액을 경찰관에게 임의로 제출할 수 있는 권한이 없었다고 볼 특별한 사정이 없는 이상, 그 압수절차가 피고인 또는 피고인의 가족의 동의 및 영장 없이 행하여졌다고 하더라도 이에 적법절차를 위반한 위법이 있다고 할 수 없다(대법원 1999.9.3, 98도968).

② (×) 형사소송법 제318조에 규정된 증거동의의 주체는 소송 주체인 검사와 피고인이고, 변호인은 피고인을 대리하여 증거동의에 관한 의견을 낼 수 있을 뿐이므로 피고인의 명시한 의사에 반하여 증거로 함에 동의할 수는 없다. 따라서 피고인이 출석한 공판기일에서 증거로 함에 부동의한다는 의견이 진술된 경우에는 그 후 피고인이 출석하지 아니한 공판기일에 변호인만이 출석하여 종전 의견을 번복하여 증거로 함에 동의하였다 하더라도 이는 특별한 사정이 없는 한 효력이 없다고 보아야 한다(대법원 2013.3.28, 2013도3).

③ (×) 피고인이 재심을 청구한 경우 재심대상이 되는 확정판결의 소송절차 중에 그러한 증거를 제출하지 못한 데 고의 또는 과실이 있는 경우에는 그 증거는 위 조항에서의 '증거가 새로 발견된 때'에서 제외된다고 해석함이 상당하다(대법원 2009.7.16, 2005모472 전원합의체).

⑤ (×) 형법 제151조 제2항 및 제155조 제4항은 친족 또는 동거의 가족이 본인을 위하여 범인도피죄, 증거인멸죄 등을 범한 때에는 처벌하지 아니한다고 규정하고 있는바, 사실혼관계에 있는 자는 민법 소정의 친족이라 할 수 없어 위 조항에서 말하는 친족에 해당하지 않는다(대법원 2003.12.12, 2003도4533).

정답 ④

069 ✓ 대표 ◆◆◇   국가7급 2017

위증죄에 대한 설명으로 옳은 것만을 모두 고른 것은? (다툼이 있는 경우 판례에 의함)

> ㄱ. 민사소송의 당사자는 증인능력이 없으므로 당해 사건의 증인으로 출석하여 선서하고 증언하였다고 하더라도 위증죄의 주체가 될 수 없다.
>
> ㄴ. 민사소송절차에서 증인이 선서 후 증인진술서에 기재된 구체적인 내용에 관하여 진술함이 없이 단지 그 증인진술서에 기재된 내용이 사실대로라는 취지의 진술만을 한 경우, 그것이 증인진술서에 기재된 내용 중 특정사항을 구체적으로 진술한 것과 같이 볼 수 있는 등의 특별한 사정이 없는 한 기재된 내용에 일부 허위가 있다고 하더라도 위증죄가 성립하지 아니한다.
>
> ㄷ. 증인이 증인신문절차에서 허위의 진술을 하고 그대로 증인신문절차가 종료된 후, 별도의 증인 신청 및 채택 절차를 거쳐 그 증인이 다시 신문을 받는 과정에서 종전 증인신문절차에서의 진술을 철회·시정하더라도 종전 증인신문절차에서 행한 위증죄의 성립에는 영향이 없다.
>
> ㄹ. 증인이 소송사건의 같은 심급에서 변론기일을 달리하여 수차 증인으로 나가 수 개의 허위진술을 하였더라도 최초에 한 선서의 효력을 유지시킨 후 증언하였다면 1개의 위증죄가 성립한다.

① ㄴ, ㄷ
② ㄱ, ㄴ, ㄹ
③ ㄱ, ㄷ, ㄹ
④ ㄱ, ㄴ, ㄷ, ㄹ

해설 **출제영역 |** 위증죄의 성립, 죄수

ㄱ. (○) 민사소송의 당사자는 증인능력이 없으므로 증인으로 선서하고 증언하였다고 하더라도 위증죄의 주체가 될 수 없고, 이러한 법리는 민사소송에서의 당사자인 법인의 대표자의 경우에도 마찬가지로 적용된다(대법원 1998.3.10, 97도1168).

ㄴ. (○) 증인이 법정에서 선서 후 증인진술서에 기재된 내용이 사실대로라는 취지의 진술만을 한 경우, 그 증인진술서에 기재된 구체적인 내용을 기억하여 반복 진술한 것으로 보아 그 허위 기재 부분에 관하여 위증죄로 처벌할 수는 없다(대법원 2010.5.13, 2007도1397)

(판결이유 중) … 증인이 법정에서 선서 후 … 증인진술서에 기재된 내용이 사실대로라는 취지의 진술만을 한 경우에는 그것이 증인진술서에 기재된 내용 중 특정 사항을 구체적으로 진술한 것과 같이 볼 수 있는 등의 특별한 사정이 없는 한 … 기재된 내용에 허위가 있다 하더라도 … 위증죄로 처벌할 수는 없다.

ㄷ. (○) 증인의 증언은 그 전부를 일체로 관찰·판단하는 것이므로 선서한 증인이 일단 기억에 반하는 허위의 진술을 하였더라도 그 신문이 끝나기 전에 그 진술을 철회·시정한 경우 위증이 되지 아니한다고 할 것이나, 증인이 1회 또는 수회의 기일에 걸쳐 이루어진 1개의 증인신문절차에서 허위의 진술을 하고 그 진술이 철회·시정된 바 없이 그대로 증인신문절차가 종료된 경우 그로써 위증죄는 기수에 달하고, 그 후 별도의 증인 신청 및 채택 절차를 거

쳐 그 증인이 다시 신문을 받는 과정에서 종전 신문절차에서의 진술을 철회·시정한다 하더라도 그러한 사정은 형법 제153조가 정한 형의 감면사유에 해당할 수 있을 뿐, 이미 종결된 종전 증인신문절차에서 행한 위증죄의 성립에 어떤 영향을 주는 것은 아니다(대법원 2010.9.30, 2010도7525).

ㄹ. (○) 같은 심급에서 변론기일을 달리하여 수차 증인으로 나가 수개의 허위진술을 하더라도 최초 한 선서의 효력을 유지시킨 후 증언한 이상 1개의 위증죄를 구성함에 그친다(대법원 2007.3.15, 2006도9463).

정답 ④

---

070 ✓ 대표 ◆◆◇ 경찰3차 2018 유사 법원9급 2020

위증죄에 관한 다음 설명 중 가장 옳은 것은? (다툼이 있는 경우 판례에 의하고, 전원합의체 판결의 경우 다수의견에 의함)

① 위증죄는 그 진술이 판결에 영향을 미쳤는지 여부나 지엽적인 사항인지 여부와 무관하게 성립하나, 경험한 사실에 대한 법률적 평가인 경우에는 위증죄가 성립하지 않는다.

② 위증죄에서의 허위의 진술이란 증인이 자신의 기억에 반하는 사실을 진술하는 것을 말하나, 그 내용이 객관적 사실과 부합하는 경우에는 위증죄가 성립하지 않는다.

③ 증인의 증언은 그 전부를 일체로 관찰·판단하는 것이므로, 증인이 증인신문절차에서 허위의 진술을 하고 그 진술이 철회·시정된 바 없이 그대로 증인신문절차가 종료된 후, 별도의 증인 신청 및 채택 절차를 거쳐 그 증인이 다시 신문을 받는 과정에서 종전 신문절차에서의 진술을 철회·시정한 경우에는 위증죄가 성립되지 않는다.

④ 피고인이 자기의 형사사건에 관하여 타인을 교사하여 위증죄를 범하게 하는 것은 형사소송에 있어서의 방어권을 인정하는 취지상 처벌의 대상이 되지 않는다.

해설 출제영역 | 위증죄 – 구성요건

① (○) 위증죄는 법률에 의하여 선서한 증인이 허위의 공술을 한 때에 성립하는 것으로서, 그 공술의 내용이 당해 사건의 요증사실에 관한 것인지의 여부나 판결에 영향을 미친 것인지의 여부는 위증죄의 성립과 아무런 관계가 없으나(대법원 1990.2.23, 89도1212), 증인의 진술이 경험한 사실에 대한 법률적 평가이거나 단순한 의견에 지나지 아니하는 경우에는 위증죄에서 말하는 허위의 공술이라고 할 수 없다(대법원 1996.2.9, 95도1797).

② (×) 위증죄에 있어서의 허위의 공술이란 증인이 자기의 기억에 반하는 사실을 진술하는 것을 말하는 것으로서 그 내용이 객관적 사실과 부합한다고 하여도 위증죄의 성립에 장애가 되지 않는다(대법원 1989.1.17, 88도580).

③ (×) 증인의 증언은 그 전부를 일체로 관찰·판단하는 것이므로 선서한 증인이 일단 기억에 반하는 허위의 진술을 하였더라도 그 신문이 끝나기 전에 그 진술을 철회·시정한 경우 위증이 되지 아니한다고 할 것이나, 증인이 1회 또는 수회의 기일에 걸쳐 이루어

진 1개의 증인신문절차에서 허위의 진술을 하고 그 진술이 철회·시정된 바 없이 그대로 증인신문절차가 종료된 경우 그로써 위증죄는 기수에 달하고, ㄱ 후 별도의 증인 신청 및 채택 절차를 거쳐 그 증인이 다시 신문을 받는 과정에서 종전 신문절차에서의 진술을 철회·시정한다 하더라도 그러한 사정은 형법 제153조가 정한 형의 감면사유에 해당할 수 있을 뿐, 이미 종결된 종전 증인신문절차에서 행한 위증죄의 성립에 어떤 영향을 주는 것은 아니다(대법원 2010.9.30, 2010도7525).

④ (×) 피고인이 자기의 형사사건에 관하여 허위의 진술을 하는 행위는 피고인의 형사소송에 있어서의 방어권을 인정하는 취지에서 처벌의 대상이 되지 않으나, 법률에 의하여 선서한 증인이 타인의 형사사건에 관하여 위증을 하면 형법 제152조 제1항의 위증죄가 성립되므로 자기의 형사사건에 관하여 타인을 교사하여 위증죄를 범하게 하는 것은 이러한 방어권을 남용하는 것이라고 할 것이어서 교사범의 죄책을 부담케 함이 상당하다(대법원 2004.1.27, 2003도5114).

정답 ①

071 ✓ 대표 ◆◆◇

위증과 증거인멸의 죄에 관한 다음 설명 중 가장 옳은 것은?

① 증인신문절차에서 법률에 규정된 증인 보호를 위한 규정이 지켜진 것으로 인정되지 않은 경우에는 증인이 허위의 진술을 하였다고 하더라도 위증죄의 구성요건인 "법률에 의하여 선서한 증인"에 해당하지 아니한다고 보아 이를 위증죄로 처벌할 수 없는 것이 원칙이고, 당해 사건에서 증인 보호에 사실상 장애가 초래되었다고 볼 수 없는 경우에도 마찬가지이다.

② 하나의 소송사건에서 동일한 선서 하에 이루어진 법원의 감정명령에 따라 감정인이 동일한 감정명령사항에 대하여 수차례에 걸쳐 허위의 감정보고서를 제출하는 경우에는 각 감정보고서 제출행위시마다 각기 허위감정죄가 성립한다 할 것이나, 이는 단일한 범의 하에 계속하여 허위의 감정을 한 것으로서 포괄하여 1개의 허위감정죄를 구성하는 것이다.

③ 참고인이 수사기관에서 허위의 진술을 하는 것은 증거위조에 해당하지 않으나, 참고인이 허위의 사실확인서나 진술서를 작성하여 수사기관 등에 제출하거나 또는 제3자에게 교부하여 제3자가 이를 제출한 것은 증거위조죄를 구성한다.

④ 형법 제155조 제1항의 증거위조죄에서 위조란 문서에 관한 죄에 있어서의 위조 개념과 같으므로 증거가 문서의 형식을 갖는 경우 증거위조에 있어서의 증거에 해당하는지 여부는 그 작성권한의 유무나 내용의 진실성에 따라 달라질 수 있다.

⑤ 형의 필요적 감면사유인 형법 제153조의 자백이란 그가 공술한 사건을 다루는 법원에 대한 고백이나 그 사건을 다루는 재판부에 증인으로 다시 출두하여 전에 그가 한 증언이 진실과 상위된 것이었음을 고백하는 것을 뜻하나, 위증 사건의 피고인 또는 피의자로서 법원이나 수사기관에서의 신문에 의한 고백은 위 자백의 개념에 포함되지 않는다.

해설 | 출제영역 | 위증죄, 증거인멸죄

② (○) 대법원 2000.11.28, 2000도1089

① (×) 증인이 침묵하지 아니하고 진술한 것이 자신의 진정한 의사에 의한 것인지 여부를 기준으로 위증죄의 성립 여부를 판단하여야 한다. 그러므로 <u>증언거부사유가 있음에도 증인이 증언거부권을 고지 받지 못함으로 인하여 그 증언거부권을 행사하는 데 사실상 장애가 초래되었다고 볼 수 있는 경우에는 위증죄의 성립을 부정하여야 한다</u>(대법원 2010.1.21, 2008도942 전원합의체).

③ (×) 참고인이 수사기관에서 허위의 진술을 하는 것과 차이가 없으므로, 증거위조죄를 구성하지 않는다(대법원 2011.7.28, 2010도2244).

④ (×) 증거위조죄의 '위조'란 문서에 관한 죄에 있어서의 위조 개념과는 달리 새로운 증거의 창조를 의미하는 것이므로 존재하지 아니한 증거를 이전부터 존재하고 있는 것처럼 작출하는 행위도 증거위조에 해당하며, 증거가 문서의 형식을 갖는 경우 증거위조

죄에 있어서의 증거에 해당하는지 여부가 그 작성권한의 유무나 내용의 진실성에 좌우되는 것은 아니다(대법원 2007.6.28, 2002도3600).

⑤ (×) 형법 제153조의 '자백'과 관련하여, 그가 신고한 사건을 다루는 기관에 대한 고백이나 그 사건을 다루는 재판부에 증인으로 다시 출석하여 전에 그가 한 신고가 허위의 사실이었음을 고백하는 것은 물론 자기 사건의 피고인 또는 피의자로서 법원이나 수사기관에서의 신문에 의한 고백 또한 자백의 개념에 포함된다(대법원 2018.8.1, 2018도7293).

정답 ②

072 ✓ 유사 ◆◆◇

위증죄에 관한 다음 설명 중 판례의 태도와 일치하지 않는 것은?

① 선서한 증인이 기억에 반하는 허위의 진술을 하였더라도 그 진술을 철회·시정하면 위증이 되지 아니하므로, 증인이 증인신문절차에서 허위의 진술을 하고 증인신문절차가 종료된 후, 다시 신문을 받는 과정에서 종전 신문절차에서의 진술을 철회·시정하면 위증죄가 성립하지 아니한다.

② 민사소송에서의 당사자인 법인의 대표자가 선서하고 증언하였더라도 위증죄가 성립하지 아니한다.

③ 자기의 형사사건에 관하여 타인을 교사하여 위증죄를 범하게 하는 것은 방어권을 남용하는 것으로 위증교사죄가 성립한다.

④ 하나의 사건에 관하여 한 번 선서한 증인이 같은 기일에 여러 가지 사실에 관하여 기억에 반하는 허위의 진술을 한 경우 이는 하나의 범죄의사에 의하여 계속하여 허위의 진술을 한 것으로서 포괄하여 1개의 위증죄를 구성한다.

해설 | 출제영역 | 위증죄 - 구성요건, 죄수

① (×) 증인이 1회 또는 수회의 기일에 걸쳐 이루어진 1개의 증인신문절차에서 허위의 진술을 하고 그 진술이 철회·시정된 바 없이 그대로 증인신문절차가 종료된 경우 그로써 위증죄는 기수에 달하고, 그 후 별도의 증인 신청 및 채택 절차를 거쳐 그 증인이 다시 신문을 받는 과정에서 종전 신문절차에서의 진술을 철회·시정한다 하더라도 그러한 사정은 형법 제153조가 정한 형의 감면사유에 해당할 수 있을 뿐, 이미 종결된 종전 증인신문절차에서 행한 위증죄의 성립에 어떤 영향을 주는 것은 아니다(대법원 2010.9.30, 2010도7525).

② (○) 민사소송의 당사자는 증인능력이 없으므로 증인으로 선서하고 증언하였다고 하더라도 위증죄의 주체가 될 수 없고, 이러한 법리는 민사소송에서의 당사자인 법인의 대표자의 경우에도 마찬가지로 적용된다(대법원 1998.3.10, 97도1168).

③ (○) 대법원 2004.1.27, 2003도5114

④ (○) 대법원 1998.4.14, 97도3340

정답 ①

073 ✓ 대표 ◆◆◇

다음 위증죄에 관한 설명 중 가장 옳지 않은 것은? (다툼이 있는 경우 판례에 의함)

① 심문절차로 진행되는 가처분 신청사건에서는 증인으로 선서를 하고 허위 진술을 하였다 하더라도 위증죄로 처벌받지 않는다.

② 선서한 증인이 기억에 반하는 허위의 진술을 하면 그 신문이 끝나기 전에 그 진술을 철회 시정하더라도 위증죄의 성립에 지장이 없다.

③ 증언내용이 요증사실이 아니고 지엽적인 사항에 관한 것이어서 판결결과에 영향을 미치지 아니한 경우에도 위증죄가 성립한다.

④ 증인이 기억에 반하는 진술을 한 경우 그 내용이 객관적 사실과 부합한다 하더라도 위증죄가 성립한다.

> **해설** 출제영역 | 위증죄 – 구성요건

② (×) 증인의 증언은 그 전부를 일체로 관찰 판단하는 것이므로 선서한 증인이 일단 기억에 반하는 허위의 진술을 하였더라도 그 신문이 끝나기 전에 그 진술을 철회 시정한 경우 위증이 되지 아니한다(대법원 1993.12.7, 93도2510).

① (○) 심문절차로 진행되는 가처분 신청사건에서 증인으로 출석하여 선서를 하고 진술함에 있어서 허위의 공술을 하였다고 하더라도 그 선서는 법률상 근거가 없어 무효라고 할 것이므로 위증죄는 성립하지 않는다(대법원 2003.7.25, 2003도180).

③ (○) 그 증언이 당해 사건의 요증사항인 여부 및 재판의 결과에 영향을 미친 여부는 위증죄의 성립에 아무런 관계가 없다(대법원 1988.5.24, 88도350).

④ (○) 위증죄에 있어서의 위증은 법률에 의하여 적법하게 선서한 증인이 자신의 기억에 반하는 사실을 진술함으로써 성립되고 설사 그 증언이 객관적 사실과 합치한다고 하더라도 기억에 반하는 진술을 한 때에는 위증죄의 성립에 영향이 없다(대법원 1988.5.24, 88도350; 1989.1.17, 88도580).

> **정답** ②

074 ✓ 유사 ◆◆◇

甲은 처 乙과 부부싸움을 하다가 화가 나서 폭행의 고의로 乙의 가슴을 세게 밀쳤고, 乙은 그 충격으로 사망하고 말았다. 이후 甲은 자신의 집이 화재보험에 들어 있다는 사실을 인지하고, 범행을 은폐하기 위하여 탁자에 불을 붙인 후 밖으로 나와 버렸고 집은 전소되었다. 그 후 甲은 경찰에 자신이 집을 비운 사이에 불이 나서 乙이 사망하였다고 신고하고 보험회사에 보험금지급청구서를 제출하였다. 甲의 형사책임에 대한 설명으로 옳지 않은 것은? (다툼이 있는 경우 판례에 의함)

① 처 乙에 대해서는 폭행치사죄, 집에 대해서는 방화죄가 성립한다.

② 만약 살인의 고의로 처 乙을 실신케 한 후 집에 방화하여 소사케 하였다면 현주건조물방화치사죄만 성립한다.

③ 보험금 지급청구와 관련하여, 허위의 보험금지급청구서 작성행위는 사문서의 무형위조에 해당하여 처벌할 수 없으나, 보험회사에 그 보험금지급청구서를 제출한 행위는 사기미수죄가 성립한다.

④ 범행을 은폐하기 위하여 탁자에 불을 붙인 후 밖으로 나왔으므로 증거인멸죄가 성립한다.

> **해설** 출제영역 | 방화죄, 사기죄, 증거인멸죄의 성립

④ (×) 증거인멸죄는 타인의 형사사건 또는 징계사건에 관한 증거를 인멸하는 경우에 성립한다(제155조 제1항).

① (○) 폭행의 고의를 인정할 수 있으므로 처 乙에 대해서는 폭행치사죄가 성립하고, 집에 대해서는 현주건조물방화죄가 성립한다.

② (○) 대법원 1983.1.18, 82도2341

③ (○) 사문서의 허위작성행위는 처벌되지 않는다. 또한 보험사기는 보험금지급청구행위가 있는 때에 실행의 착수가 인정된다.

> **정답** ④

075 ✓유사 ◆◇◇ 변호사 2024

공무원 甲은 자신의 처 乙의 건축법위반 사실을 은폐할 목적으로 정산설계서를 확인하지 않았음에도 불구하고 "정산설계서에 의하여 준공검사를 하였다."라는 내용을 공문서인 준공검사조서에 기재하였다. 甲이 위 행위에 대하여 기소되고 乙이 증인으로 신청되자, 甲은 乙에게 위증을 교사하였으며, 이에 乙은 허위 증언을 하였다. 이에 관한 설명 중 옳은 것은? (다툼이 있는 경우 판례에 의함)

① 甲에게는 허위공문서작성죄 외에 직무유기죄도 성립하고, 양자는 상상적 경합관계에 해당한다.

② 甲이 작성한 준공검사조서의 내용이 객관적으로 공사현장의 준공 상태와 부합하는 경우, 甲에게 허위공문서작성죄는 성립하지 않는다.

③ 甲이 乙에게 위증을 교사한 행위는 자기의 형사사건에 관하여 허위의 진술을 하는 행위와 마찬가지로 甲의 방어권 행사에 속하는 것이므로, 甲을 위증교사죄로 처벌할 수 없다.

④ 만약 乙에 대한 증인신문 당시 검사의 주신문에 대하여 乙이 적의 또는 반감을 보이지 않았음에도 검사가 유도신문을 한 경우, 甲이 그 다음 공판기일에 위 증인신문조서에 대해 '변경할 점과 이의할 점이 없다'고 진술하였다면 유도신문에 의하여 이루어진 주신문의 하자가 치유된다.

⑤ 만약 乙의 허위 증언에 대해 위증죄가 성립하는 경우, 甲에 대한 형사재판이 확정된 이후라도 乙이 위증 사실을 자수한 때에는 그 형을 감경 또는 면제한다.

해설 출제영역 | 국가적 법익에 대한 죄 종합

④ (○) 검사가 제1심 증인신문 과정에서 증인 甲 등에게 주신문을 하면서 형사소송규칙상 허용되지 않는 유도신문을 하였다고 볼 여지가 있었는데, 그 다음 공판기일에 재판장이 증인신문 결과 등을 각 공판조서(증인신문조서)에 의하여 고지하였음에도 피고인과 변호인이 '변경할 점과 이의할 점이 없다'고 진술한 사안에서, 피고인이 책문권 포기 의사를 명시함으로써 유도신문에 의하여 이루어진 주신문의 하자가 치유되었다(대법원 2012.7.26, 2012도2937).

① (×) 공무원이 어떠한 위법사실을 발견하고도 직무상 의무에 따른 적절한 조치를 취하지 아니하고 위법사실을 적극적으로 은폐할 목적으로 허위공문서를 작성, 행사한 경우에는 직무위배의 위법상태는 허위공문서작성 당시부터 그 속에 포함되는 것으로 작위범인 허위공문서작성, 동행사죄만이 성립하고 부작위범인 직무유기죄는 따로 성립하지 아니한다(대법원 1999.12.24, 99도2240).

② (×) 준공검사조서를 작성함에 있어서 정산설계서를 확인하고 준공검사를 한 것이 아님에도 마치 한 것처럼 준공검사용지에 "정산설계서에 의하여 준공검사"를 하였다는 내용을 기입하였다면 허위공문서작성의 범의가 있었음이 명백하여 그것만으로 곧 허위공문서작성죄가 성립하고 위 준공검사조서의 내용이 객관적으로 정산설계서 초안이나 그후에 작성된 정산설계서 원본의 내용과 일치한다거나 공사현장의 준공상태에 부합한다 하더라도

그 성립에 아무런 영향을 미치지 못한다(대법원 1983.12.27, 82도3063).

③ (×) 피고인이 자기의 형사사건에 관하여 허위의 진술을 하는 행위는 피고인의 형사소송에 있어서의 방어권을 인정하는 취지에서 처벌의 대상이 되지 않으나, 법률에 의하여 선서한 증인이 타인의 형사사건에 관하여 위증을 하면 형법 제152조 제1항의 위증죄가 성립되므로 자기의 형사사건에 관하여 타인을 교사하여 위증죄를 범하게 하는 것은 이러한 방어권을 남용하는 것이라고 할 것이어서 교사범의 죄책을 부담케 함이 상당하다(대법원 2004.1.27, 2003도5114).

⑤ (×) 재판 확정 후에는 필요적 감면의 특례가 적용되지 않는다. 제152조, 153조 참조.

> **제152조(위증, 모해위증)** ① 법률에 의하여 선서한 증인이 허위의 진술을 한 때에는 5년 이하의 징역 또는 1천만 원 이하의 벌금에 처한다. 〈개정 1995. 12. 29.〉
> ② 형사사건 또는 징계사건에 관하여 피고인, 피의자 또는 징계혐의자를 모해할 목적으로 전항의 죄를 범한 때에는 10년 이하의 징역에 처한다.
> **제153조(자백, 자수)** 전조의 죄를 범한 자가 그 공술한 사건의 재판 또는 징계처분이 확정되기 전에 자백 또는 자수한 때에는 그 형을 감경 또는 면제한다.

정답 ④

076 ✓ 유사 ◆◆◇

X회사 대표이사 A는 X회사의 자금 3억 원을 횡령한 혐의로 구속·기소되었다. A의 변호인 甲은 구치소에서 의뢰인 A를 접견하면서 선처를 받기 위해서는 횡령금을 모두 X회사에 반환한 것으로 해야 하는데, 반환할 돈이 없으니 A의 지인 乙의 도움을 받아서 X회사 명의의 은행계좌로 돈을 입금한 후 이를 돌려받는 이른바 '돌려막기 방법'을 사용하자고 했다. 며칠 후 甲은 乙을 만나 이러한 방법을 설명하고 乙을 안심시키기 위해 민·형사상 아무런 문제가 되지 않는다는 내용의 법률의견서를 작성해 주었다. 이러한 甲과 乙의 모의에 따라 乙은 5차례에 걸쳐 X회사에 돈을 입금한 후 은행으로부터 받은 입금확인증 5장(반환금 합계 3억 원)을 甲에게 전달했다. 甲은 A의 제1심 재판부에 이를 제출하면서 횡령금 전액을 X회사에 반환하였으니 선처를 해달라는 취지의 변론요지서를 제출하였고, 보석허가신청도 하였다. 이에 대해 제1심 재판부는 A에 대해 보석허가결정을 하였다. 이에 관한 설명 중 옳지 않은 것은? (다툼이 있는 경우 판례에 의함)

① 증거위조죄에서 말하는 '증거'에는 범죄 또는 징계사유의 성립 여부에 관한 것뿐만 아니라 형 또는 징계의 경중에 관계있는 정상을 인정하는 데 도움이 될 자료까지 포함되므로, 위 사례의 입금확인증은 증거위조죄의 객체인 '증거'에 해당한다.

② 증거위조죄 성립 여부와 관련하여 증거위조죄가 규정한 '증거의 위조'란 '증거방법의 위조'를 의미하는 것이 아니므로, 위조에 해당하는지 여부는 증거방법 자체를 기준으로 하여야 하는 것이 아니라 그것을 통해 증명하려는 사실이 허위인지 진실인지 여부에 따라 결정되어야 한다.

③ 甲과 乙에게 증거위조죄 및 위조증거사용죄가 성립하지 않는다.

④ 甲이 乙에게 작성해 준 법률의견서는 「형사소송법」 제313조 제1항에 규정된 '피고인 아닌 자가 작성한 진술서나 그 진술을 기재한 서류'에 해당한다.

⑤ 만일 제1심 재판부가 위와 같은 '돌려막기 방법' 등의 사정이 밝혀져 A에게 보석취소결정을 내리자 甲이 보통항고를 제기한 경우에 이러한 보통항고에는 재판의 집행을 정지하는 효력이 없다.

해설 증거위조죄, 전문증거, 항고

② (×) 형법 제155조 제1항이 규정한 '증거의 위조'란 '증거방법의 위조'를 의미하므로, 위조에 해당하는지 여부는 증거방법 자체를 기준으로 하여야 하고 그것을 통해 증명하려는 사실이 허위인지 진실인지 여부에 따라 위조 여부가 결정되어서는 안 된다. 제출된 증거방법의 증거가치를 평가하고 이를 기초로 사실관계를 확정할 권한과 의무는 법원에 있기 때문이다(대법원 2021.1.28, 2020도2642).

[보충] (따라서) 피고인이 제출한 이 사건 입금확인증이 해당 금원을 공소외 2 회사 측에 모두 반환하였다는 허위의 주장 사실을 증명하기 위해 만들어진 것이라 하더라도 그 자체에 허위가 없는 이상 이를 허위의 주장과 관련지어 '허위의 증거'에 해당한다고 볼 수는 없다.

① (○) 형법 제155조 제1항의 증거위조죄에서 말하는 '증거'란 타인의 형사사건 또는 징계사건에 관하여 수사기관이나 법원 또는 징계기관이 국가의 형벌권 또는 징계권의 유무를 확인하는 데 관계있다고 인정되는 일체의 자료를 뜻한다. 따라서 범죄 또는 징계사유의 성립 여부에 관한 것뿐만 아니라 형 또는 징계의 경중에 관계있는 정상을 인정하는 데 도움이 될 자료까지도 본조가 규정한 증거에 포함된다(대법원 2021.1.28, 2020도2642).
[보충] 양형자료에 관한 증거도 당연히 증거에 해당한다.

③ (○) 형법 제155조 제1항은 타인의 형사사건 또는 징계사건에 관한 증거를 인멸, 은닉, 위조 또는 변조하거나 위조 또는 변조한 증거를 사용한 자를 처벌하고 있고, 여기서의 '위조'란 문서에 관한 죄의 위조 개념과는 달리 새로운 증거의 창조를 의미한다. 그러나 사실의 증명을 위해 작성된 문서가 그 사실에 관한 내용이나 작성명의 등에 아무런 허위가 없다면 '증거위조'에 해당한다고 볼 수 없다. 설령 사실증명에 관한 문서가 형사사건 또는 징계사건에서 허위의 주장에 관한 증거로 제출되어 그 주장을 뒷받침하게 되더라도 마찬가지이다. 피고인이 제출한 입금확인증 등은 금융기관이 금융거래에 관한 사실을 증명하기 위해 작성한 문서로서 그 내용이나 작성명의 등에 아무런 허위가 없는 이상 이를 증거의 '위조'에 해당한다고 볼 수 없고, 나아가 '위조한 증거를 사용'한 행위에 해당한다고 볼 수도 없다(대법원 2021.1.28, 2020도2642).

④ (○) 변호사가 작성해준 법률의견서는 수사과정 외에서 피고인 아닌 자가 작성한 진술서나 그 진술을 기재한 서류에 해당하므로 형사소송법 제313조 제1항(및 제2항)이 적용된다.

> [판례] 변호사가 법률자문 과정에 작성하여 甲 회사 측에 전송한 전자문서를 출력한 '법률의견서'에 대하여 피고인들이 증거로 함에 동의하지 아니하고, 변호사가 원심 공판기일에 증인으로 출석하였으나 증언할 내용이 甲 회사로부터 업무상 위탁을 받은 관계로 알게 된 타인의 비밀에 관한 것임을 소명한 후 증언을 거부한 경우, 위 법률의견서는 압수된 디지털 저장매체로부터 출력한 문건으로서 실질에 있어서 형사소송법 제313조 제1항에 규정된 '피고인 아닌 자가 작성한 진술서나 그 진술을 기재한 서류'에 해당한다(대법원 2012.5.17, 2009도6788 전원합의체).

⑤ (○) 제1심 법원이 한 보석취소결정에 대하여 불복이 있으면 보통항고를 할 수 있고(형사소송법 제102조 제2항, 제402조, 제403조 제2항), 보통항고에는 재판의 집행을 정지하는 효력이 없다(형사소송법 제409조).

정답 ②

077 ✓ 유사 ◆◇◇ 국가9급 2017

증거위조죄에 대한 설명으로 옳지 않은 것은? (다툼이 있으면 판례에 의함)

① 피의자에 대한 모해목적의 증거위조죄에서 '피의자'에는 수사 개시 이전의 단계에서 장차 형사입건될 가능성이 있는 대상자도 포함된다.

② 선서무능력자로서 범죄현장을 목격하지 않은 사람으로 하여금 형사법정에서 범죄현장을 목격한 양 허위의 증언을 하도록 하는 것은 증거위조죄를 구성하지 않는다.

③ 참고인이 타인의 형사사건 등에 관하여 제3자와 대화를 하면서 허위로 진술하고 위와 같은 허위 진술이 담긴 대화 내용을 녹음한 녹음파일 또는 이를 녹취한 녹취록을 만들어 수사기관에 제출하는 것은 증거위조죄를 구성한다.

④ 타인의 형사사건과 관련하여 수사기관이나 법원에 제출하거나 현출되게 할 의도로 법률행위 당시에는 존재하지 아니하였던 처분문서를 사후에 그 작성일을 소급하여 작성하는 것은 증거위조죄를 구성한다.

> 해설 | 출제영역 | 국가적 법익에 관한 죄 – 증거위조죄

① (✕) 형법 제155조 제3항의 모해증거위조죄에서 말하는 '피의자'라고 하기 위해서는 수사기관에 의하여 범죄의 인지 등으로 수사가 개시되어 있을 것을 필요로 하고, 그 이전의 단계에서는 장차 형사입건될 가능성이 크다고 하더라도 그러한 사정만으로 '피의자'에 해당한다고 볼 수는 없다(대법원 2010.6.24, 2008도12127).

② (○) 대법원 1998.2.10, 97도2961

③ (○) 대법원 2013.12.26, 2013도8085

④ (○) 대법원 2007.6.28, 2002도3600

> 정답 ①

078 ✓ 유사 ◆◆◇ 변호사 2019

위증죄에 관한 설명 중 옳지 않은 것은? (다툼이 있는 경우 판례에 의함)

① 위증죄와 모해위증죄의 관계에서 '모해할 목적'을 가지고 있었는가 아니면 그러한 목적이 없었는가 하는 범인의 특수한 상태는 「형법」 제33조 단서 소정의 '신분관계(개정: 신분)'에 해당된다.

② 甲이 자신의 강도상해 범행을 일관되게 부인하였으나 유죄판결이 확정된 후, 별건으로 기소된 공범의 형사사건에서 자신의 강도상해 범행사실을 부인하는 위증을 한 경우, 甲에게 위증죄가 성립한다.

③ 하나의 사건에 관하여 한 번 선서한 증인 甲이 같은 기일에 여러 가지 사실에 관하여 기억에 반하는 허위의 진술을 하는 경우에는 포괄하여 1개의 위증죄를 구성한다.

④ 甲이 자기의 형사사건에서 허위의 진술을 하는 경우 위증죄로 처벌되지 않으나, 자기의 형사사건에 관하여 타인을 교사하여 위증죄를 범하게 하는 경우에는 위증교사범의 죄책을 부담한다.

⑤ 甲이 제9회 공판기일에 증인으로 출석하여 선서한 후 기억에 반하는 허위 진술한 것을 철회·시정한 바 없이 증인신문절차가 그대로 종료되었지만, 그 후 다시 증인으로 신청된 甲이 위 사건의 제21회 공판기일에 다시 출석하여 선서한 후 종전의 제9회 기일에서 한 진술이 허위 진술임을 시인하고 이를 철회하는 취지의 진술을 하였다면 甲에게 위증죄가 성립하지 않는다.

> 해설 | 출제영역 | 위증죄의 성립

⑤ (✕) 증인이 1회 또는 수회의 기일에 걸쳐 이루어진 1개의 증인신문절차에서 허위의 진술을 하고 그 진술이 철회·시정된 바 없이 그대로 증인신문절차가 종료된 경우 그로써 위증죄는 기수에 달하고, 그 후 별도의 증인 신청 및 채택 절차를 거쳐 그 증인이 다시 신문을 받는 과정에서 종전 신문절차에서의 진술을 철회·시정한다 하더라도 그러한 사정은 형법 제153조가 정한 형의 감면사유에 해당할 수 있을 뿐, 이미 종결된 종전 증인신문절차에서 행한 위증죄의 성립에 어떤 영향을 주는 것은 아니다(대법원 2010.9.30, 2010도7525).

① (○) 형법 제152조 제1항과 제2항은 위증을 한 범인이 형사사건의 피고인 등을 '모해할 목적'을 가지고 있었는가 아니면 그러한 목적이 없었는가 하는 범인의 특수한 상태의 차이에 따라 범인에게 과할 형의 경중을 구별하고 있으므로, 이는 바로 형법 제33조 단서 소정의 "신분관계로 인하여 형의 경중이 있는 경우(2020.12.8. 개정: 신분 때문에 형의 경중이 달라지는 경우)"에 해당한다고 봄이 상당하다(대법원 1994.12.23, 93도1002).

② (○) 피고인에게 사실대로 진술할 기대가능성이 있으므로 위증죄가 성립한다(대법원 2008.10.23, 2005도10101).

③ (○) 대법원 1990.2.23, 89도1212

④ (○) 자기의 형사사건에 관하여 타인을 교사하여 위증죄를 범하게 하는 것은 이러한 방어권을 남용하는 것이라고 할 것이어서 교사범의 죄책을 부담케 함이 상당하다(대법원 2004.1.27, 2003도5114).

> 정답 ⑤

079 ✓ 유사 ◆◆◆ 　변호사 2015

공무원인 甲은 화물자동차운송회사의 대표인 乙의 교사를 받고 허위의 사실을 기재한 화물자동차 운송사업변경(증차)허가신청 검토보고서를 작성하여 그 사정을 모르는 최종 결재자인 담당과장의 결재를 받았다. 위 운송회사의 경리직원인 丙은 사법경찰관 A로부터 甲과 乙에 대한 위 피의사건의 참고인으로 조사를 받게 되자 그 사건에 관하여 허위내용의 사실확인서(증거 1)를 작성하여 A에게 제출하고 참고인 진술을 할 당시 위 확인서에 기재된 내용과 같이 허위진술을 하였고, A는 丙에 대한 진술조서를 작성하였다. 검사 P는 丙을 참고인으로 조사하면서 진술조서를 작성하고 그 전 과정을 영상녹화 하였다. 그 후 丙은 이 사건에 관하여 제3자와 대화를 하면서 서로 허위로 진술하고 그 진술을 녹음하여 녹음파일(증거 2)을 만들어 검사에게 제출하였다. 검사는 甲과 乙을 기소하였다. 이에 관한 설명 중 옳은 것은? (다툼이 있는 경우에는 판례에 의함)

① 甲에게는 허위공문서작성죄의 간접정범이 성립하지만, 乙에게는 허위공문서작성죄의 간접정범의 교사범이 성립하지 않는다.

② 丙에게는 증거 1에 대한 증거위조죄가 성립하지 않지만, 증거 2에 대한 증거위조죄가 성립한다.

③ 제1심에서 유죄를 선고받은 乙이 항소심 재판 중 사망한 경우 법원은 乙에 대하여 형면제판결을 하여야 한다.

④ 「형사소송법」에서 A와 P가 작성한, 丙에 대한 참고인 진술조서의 증거능력 인정요건은 동일하지 않다.

⑤ P가 丙의 진술을 녹화한 영상녹화물은 甲에 대한 공소사실을 직접 증명할 수 있는 독립적인 증거로 사용할 수 있다.

해설 ┃ 출제영역 ┃ 허위공문서작성죄의 간접정범, 증거위조

② (○) 타인의 형사사건 등에 관한 증거를 위조한다 함은 증거 자체를 위조함을 말하는 것이고, 참고인이 수사기관에서 허위의 진술을 하는 것은 여기에 포함되지 않는다(대법원 2011.7.28, 2010도2244 등). 그러나 참고인이 타인의 형사사건 등에 관하여 제3자와 대화를 하면서 허위로 진술하고 위와 같은 허위진술이 담긴 대화 내용을 녹음한 녹음파일 또는 이를 녹취한 녹취록은 참고인의 허위진술 자체 또는 참고인 작성의 허위 사실확인서 등과는 달리 그 진술내용만이 증거자료로 되는 것이 아니고 녹음 당시의 현장음향 및 제3자의 진술 등이 포함되어 있어 그 일체가 증거자료가 된다고 할 것이므로, 이는 증거위조죄에서 말하는 '증거'에 해당한다. 또한 위와 같이 참고인의 허위 진술이 담긴 대화 내용을 녹음한 녹음파일 또는 이를 녹취한 녹취록을 만들어 내는 행위는 무엇보다도 그 녹음의 자연스러움을 뒷받침하는 현장성이 강하여 단순한 허위진술 또는 허위의 사실확인서 등에 비하여 수사기관 등을 그 증거가치를 판단함에 있어 오도할 위험성을 현저히 증대시킨다고 할 것이므로, 이러한 행위는 허위의 증거를 새로이 작출하는 행위로서 증거위조죄에서 말하는 '위조'에도 해당한다고 봄이 상당하다. 따라서 참고인이 타인의 형사사건 등에 관하여 제3자와 대화를 하면서 허위로 진술하고 위와 같은 허위 진술이 담긴

대화 내용을 녹음한 녹음파일 또는 이를 녹취한 녹취록을 만들어 수사기관 등에 제출하는 것은, 참고인이 타인의 형사사건 등에 관하여 수사기관에 허위의 진술을 하거나 이와 다를 바 없는 것으로서 허위의 사실확인서나 진술서를 작성하여 수사기관 등에 제출하는 것과는 달리, 증거위조죄를 구성한다(대법원 2013.12.26, 2013도8085). 결국 丙에게는 증거 1에 대한 증거위조죄가 성립하지 않지만, 증거 2에 대한 증거위조죄는 성립한다.

① (×) 허위공문서작성의 주체는 직무상 그 문서를 작성할 권한이 있는 공무원에 한하고 작성권자를 보조하는 직무에 종사하는 공무원은 허위공문서작성죄의 주체가 되지 못한다. 다만 공문서의 작성권한이 있는 공무원의 직무를 보좌하는 사람이 그 직위를 이용하여 행사할 목적으로 허위의 내용이 기재된 문서 초안을 그 정을 모르는 상사에게 제출하여 결재하도록 하는 등의 방법으로 작성권한이 있는 공무원으로 하여금 허위의 공문서를 작성하게 한 경우에는 허위공문서작성죄의 간접정범이 성립한다(대법원 2011.5.13, 2011도1415). 따라서 甲에게는 허위공문서작성죄의 간접정범이 성립한다. 한편, 공문서의 작성권한이 있는 공무원의 직무를 보좌하는 자가 그 직위를 이용하여 행사할 목적으로 허위의 내용이 기재된 문서 초안을 그 정을 모르는 상사에게 제출하여 결재하도록 하는 등의 방법으로 작성권한이 있는 공무원으로 하여금 허위의 공문서를 작성하게 한 경우에는 간접정범이 성립되고 이와 공모한 자 역시 그 간접정범의 공범으로서의 죄책을 면할 수 없는 것이고, 여기서 말하는 공범은 반드시 공무원의 신분이 있는 자로 한정되는 것은 아니라고 할 것이다(대법원 1992.1.17, 91도2837). 따라서 乙에게는 허위공문서작성죄의 간접정범의 교사범이 성립한다.

③ (×) 공소기각결정을 하여야 한다(형사소송법 제328조 제1항 제2호).

④ (×) 사법경찰관(A)와 검사(P)가 작성한 丙에 대한 참고인 진술조서의 증거능력 인정요건은 동일하다(형사소송법 제312조 제4항).

> **형사소송법 제312조(검사 또는 사법경찰관의 조서 등)** ④
> 검사 또는 사법경찰관이 피고인이 아닌 자의 진술을 기재한 조서는 적법한 절차와 방식에 따라 작성된 것으로서 그 조서가 검사 또는 사법경찰관 앞에서 진술한 내용과 동일하게 기재되어 있음이 원진술자의 공판준비 또는 공판기일에서의 진술이나 영상녹화물 또는 그 밖의 객관적인 방법에 의하여 증명되고, 피고인 또는 변호인이 공판준비 또는 공판기일에 그 기재내용에 관하여 원진술자를 신문할 수 있었던 때에는 증거로 할 수 있다. 다만, 그 조서에 기재된 진술이 특히 신빙할 수 있는 상태하에서 행하여졌음이 증명된 때에 한한다.

⑤ (×) 2007.6.1. 법률 제8496호로 개정되기 전의 형사소송법에는 없던 수사기관에 의한 피의자 아닌 자(이하 '참고인'이라 한다) 진술의 영상녹화를 새로 정하면서 그 용도를 참고인에 대한 진술조서의 실질적 진정성립을 증명하거나 참고인의 기억을 환기시키기 위한 것으로 한정하고 있는 현행 형사소송법의 규정 내용을 영상물에 수록된 성범죄 피해자의 진술에 대하여 독립적인 증거능력을 인정하고 있는 성폭력범죄의 처벌 등에 관한 특례법 제30조 제6항 또는 아동·청소년의 성보호에 관한 법률 제26조 제6항의 규정과 대비하여 보면, 수사기관이 참고인을 조사하는 과정에서 형사소송법 제221조 제1항에 따라 작성한 영상녹화물은, 다른 법률에서 달리 규정하고 있는 등의 특별한 사정이 없는 한, 공소사실을 직접 증명할 수 있는 독립적인 증거로 사용될 수는 없다고 해석함이 타당하다(대법원 2014.7.10, 2012도5041). 따라서 검사(P)가 참고인(丙)의 진술을 녹화한 영상녹화물은, 甲에 대한 공소사실을 직접 증명할 수 있는 독립적인 증거로 사용할 수 없다.

정답 ②

080 ✓ 대표 ◆◇◇ 국가7급 2021

무고죄에 대한 설명으로 옳지 않은 것은? (다툼이 있는 경우 판례에 의함)

① 신고한 사실이 객관적 진실에 반하는 허위사실이라는 요건은 적극적 증명이 있어야 하고, 신고사실의 진실성을 인정할 수 없다는 소극적 증명만으로 무고죄의 성립을 인정할 수 없다.

② 타인 명의의 고소장을 대리하여 작성하고 제출하는 형식으로 고소가 이루어진 경우, 그 명의자는 고소의 의사가 없이 이름만 빌려준 것에 불과하고 명의자를 대리한 자가 실제 고소의 의사를 가지고 고소행위를 주도한 경우라 하더라도 그 명의자를 무고죄의 주체로 보아야 한다.

③ 범행일시를 특정하지 않은 고소장을 제출한 후 고소보충진술 시에 범죄사실의 공소시효가 아직 완성되지 않은 것으로 허위 진술한 다음, 그 이후 검찰이나 제1심 법정에서 다시 범죄의 공소시효가 완성된 것으로 정정 진술하였더라도 고소보충진술 시에 무고죄가 성립하였다고 보아야 한다.

④ 고소를 당한 甲이 자신의 결백을 주장하기 위하여 고소인에 대하여 '고소당한 죄의 혐의가 없는 것으로 인정된다면 고소인이 자신을 무고한 것에 해당하므로 고소인을 처벌해 달라'는 내용의 고소장을 제출하였는데 甲이 고소당한 범죄가 유죄로 인정되는 경우, 甲에게 무고죄가 성립한다.

[해설] 출제영역 | 국가의 기능, 무고

② (×) 명의자를 대리한 자가 신고자가 되어 무고죄의 주체로 인정된다(대법원 2006.7.13, 2005도7588).

① (○) 대법원 2019.7.11, 2018도2614

③ (○) 대법원 2008.3.27, 2007도11153

④ (○) 무고죄의 허위신고에 있어서 다른 사람이 그로 인하여 형사처분 또는 징계처분을 받게 될 것이라는 인식이 있으면 족하므로, 고소당한 범죄가 유죄로 인정되는 경우에, 고소를 당한 사람이 고소인에 대하여 '고소당한 죄의 혐의가 없는 것으로 인정된다면 고소인이 자신을 무고한 것에 해당하므로 고소인을 처벌해 달라'는 내용의 고소장을 제출하였다면 설사 그것이 자신의 결백을 주장하기 위한 것이라고 하더라도 방어권의 행사를 벗어난 것으로서 고소인을 무고한다는 범의를 인정할 수 있다(대법원 2007.3.15, 2006도9453).

[정답] ②

081 ✓ 대표 ◆◆◇ 법원9급 2017

다음 설명 중 가장 옳지 않은 것은? (다툼이 있으면 판례에 의함)

① 고소인이 甲에게 대여하였다가 이미 변제받은 금원에 관하여 甲이 수개월간 변제치 않고 있었던 점을 들어 위 금원을 착복하였다고 고소장에 기재한 경우 그것이 甲으로부터 아직 변제받지 못한 금원에 관한 고소내용의 정황을 과장한 것이라면 특별의 사정이 없는 한 무고죄가 성립하지 않는다.

② 피고인이 '피고소인 甲이 2010.1.1. 피고인과의 사이에 피고인이 10년간 甲소유의 임야에 자생하는 송이를 채취하고 甲에게 그 대가를 지급하기로 하는 계약을 체결하였는데, 甲이 이후 乙에게 위 임야에 자생하는 송이 채취권을 이중으로 넘겨주어 피고인으로 하여금 손해를 입게 하였다'는 고소장을 제출하였는데, 피고인이 2010.1.1. 피고소인 甲과 위 내용과 같은 계약을 체결한 사실이 없는 것으로 드러난 경우 피고인의 위 고소행위는 무고죄에 해당한다.

③ 무고죄에서 허위사실의 신고방식은 구두에 의하건 서면에 의하건 관계가 없다.

④ 피무고자의 승낙을 받아 허위사실을 기재한 고소장을 제출한 경우 무고죄가 성립될 수 있다.

[해설] 출제영역 | 무고죄 - 구성요건

② (×) "피고소인이 송이의 채취권을 이중으로 양도하여 손해를 입었으니 엄벌하여 달라"는 내용의 고소사실이 횡령죄나 배임죄 기타 형사범죄를 구성하지 않는 내용의 신고에 불과하여 그 신고 내용이 허위라고 하더라도 무고죄가 성립할 수 없다(대법원 2007.4.13, 2006도558). 송이채취권과 같은 '채권'의 이중양도는 죄가 되지 않기 때문에 무고죄가 성립하지 아니한다.

① (○) 대법원 1987.6.9, 87도1029

③ (○) 대법원 2014.12.24, 2012도4531

④ (○) 대법원 2005.9.30, 2005도2712

[정답] ②

082 ⊘ 대표 ◆◇◇ 〔국가7급 2016〕

위증죄와 무고죄에 대한 설명으로 옳지 않은 것은? (다툼이 있는 경우 판례에 의함)

① 공범인 공동피고인이라도 소송절차가 분리되어 피고인의 지위에서 벗어나게 되면 다른 공동피고인에 대한 공소사실에 관하여 위증죄의 주체가 될 수 있다.

② 모해할 목적을 가진 甲이 이러한 목적이 없는 乙을 교사하여 위증을 하게 한 경우 乙은 단순위증죄가 성립하며, 공범의 일반원칙에 따라 甲은 단순위증죄의 교사범이 성립한다.

③ 선서한 증인 甲이 일단 기억에 반하는 허위의 진술을 하였더라도 그 신문이 끝나기 전에 그 진술을 철회·시정한 경우 위증죄는 성립하지 않지만, 乙이 최초에 작성한 허위내용의 고소장을 경찰관에게 제출한 후에 그 고소장을 되돌려 받았다 하더라도 무고죄는 성립한다.

④ "피고소인이 송이의 채권권을 이중으로 양도하여 손해를 입었으니 엄벌하여 달라"는 내용의 고소사실이 횡령죄나 배임죄 기타 형사범죄를 구성하지 않는 내용의 신고인 경우 그 신고 내용이 허위라고 하더라도 무고죄는 성립하지 않는다.

〔해설〕 **출제영역 | 위증죄, 무고죄의 성립**

② (×) 피고인이 갑을 모해할 목적으로 을에게 위증을 교사한 이상, 가사 정범인 을에게 모해의 목적이 없었다고 하더라도, 형법 제33조 단서의 규정에 의하여 피고인을 모해위증교사죄로 처단할 수 있다(대법원 1994.12.23, 93도1002).

① (○) 대법원 2012.2.13, 2010도10028

③ (○) 대법원 2008.4.24, 2008도1053; 1985.2.8, 84도2215

④ (○) 대법원 2007.4.13, 2006도558

〔정답〕 ②

083 ⊘ 유사 ◆◆◆ 〔경찰간부 2023〕

위증과 무고의 죄에 관한 설명으로 가장 적절하지 않은 것은? (다툼이 있는 경우 판례에 의함)

① 무고죄의 범의는 반드시 확정적 고의일 필요가 없고 미필적 고의로도 충분하다. 이에 신고자가 허위라고 확신한 사실을 신고한 경우와 달리 진실하다는 확신 없는 사실을 신고한 경우에는 무고죄의 범의를 인정할 수 없다.

② 모해위증죄에 있어서 '모해할 목적'은 허위의 진술을 함으로써 피고인에게 불리하게 될 것이라는 인식이 있으면 충분하고, 그 결과의 발생까지 희망할 필요는 없다.

③ 증인신문절차에서 법률에 규정된 증인 보호를 위한 규정이 지켜진 것으로 인정되지 않은 경우라도, 당해 사건에서 증인 보호에 사실상 장애가 초래되었다고 볼 수 없는 경우에까지 예외없이 위증죄의 성립이 부정되는 것은 아니다.

④ 성폭행 등의 피해를 입었다는 신고사실에 관하여 불기소처분 내지 무죄판결이 내려졌다고 하여, 그 자체를 무고를 하였다는 적극적인 근거로 삼아 신고내용을 허위라고 단정하여서는 아니 된다.

〔해설〕 **출제영역 | 위증과 무고의 죄**

① (×) 무고죄의 범의는 반드시 확정적 고의일 필요가 없고 미필적 고의로도 충분하므로, 신고자가 허위라고 확신한 사실을 신고한 경우뿐만 아니라 진실하다는 확신 없는 사실을 신고하는 경우에도 그 범의를 인정할 수 있다(대법원 2022.6.30, 2022도3413).

② (○) 모해의 목적은 허위의 진술을 함으로써 피고인에게 불리하게 될 것이라는 인식이 있으면 충분하고 그 결과의 발생까지 희망할 필요는 없다(대법원 2007.12.27, 2006도3575).

③ (○) 증인신문절차에서 법률에 규정된 증인 보호를 위한 규정이 지켜진 것으로 인정되지 않은 경우에는 증인이 허위의 진술을 하였다고 하더라도 위증죄의 구성요건인 "법률에 의하여 선서한 증인"에 해당하지 아니한다고 보아 이를 위증죄로 처벌할 수 없는 것이 원칙이다. 다만, 법률에 규정된 증인 보호 절차라 하더라도 개별 보호절차 규정들의 내용과 취지가 같지 아니하고, 당해 신문 과정에서 지키지 못한 절차 규정과 그 경위 및 위반의 정도 등 제반 사정이 개별 사건마다 각기 상이하므로, 이러한 사정을 전체적·종합적으로 고려하여 볼 때, 당해 사건에서 증인 보호에 사실상 장애가 초래되었다고 볼 수 없는 경우에까지 예외 없이 위증죄의 성립을 부정할 것은 아니라고 할 것이다(대법원 2010.1.21, 2008도942 전원합의체).

④ (○) 성폭행 등의 피해를 입었다는 신고사실에 관하여 불기소처분 내지 무죄판결이 내려졌다고 하여, 그 자체를 무고를 하였다는 적극적인 근거로 삼아 신고내용을 허위라고 단정하여서는 아니된다(대법원 2019.7.11, 2018도2614).

〔정답〕 ①

무고죄에 관한 설명 중 옳지 않은 것은? (다툼이 있는 경우 판례에 의함)

① 타인으로 하여금 형사처분을 받게 할 목적으로 공무소에 대하여 허위의 사실을 신고하였다고 하더라도, 그 사실이 친고죄로 그에 대한 고소기간이 경과하여 공소를 제기할 수 없음이 그 신고내용 자체에 의하여 분명한 때에는 무고죄가 성립하지 아니한다.

② 신고한 사실이 객관적 진실에 반하는 허위사실이라는 요건은 적극적 증명이 있는 경우뿐만 아니라 신고사실의 진실성을 인정할 수 없다는 소극적 증명이 있어도 충족된다.

③ 甲이 A를 사기죄로 고소하였는데, 수사 결과 甲의 무고 혐의가 밝혀져 甲은 무고죄로 공소제기되고 A는 불기소결정되었다. 甲은 제1심에서 혐의를 부인하였으나 유죄가 선고되자 제1심의 유죄판결에 대하여 양형부당을 이유로 항소하면서 항소심 제1회 공판기일에서 양형부당의 항소 취지와 무고 사실을 모두 인정한다는 취지가 기재된 항소이유서를 진술하였다면, 甲은 「형법」 제157조(자백·자수)에 따른 형의 필요적 감면 조치를 받아야 한다.

④ 甲은 '채권담보를 위해 채무자인 A와 A 소유 부동산에 대해 대물변제예약을 체결하였는데 A가 이를 다른 사람에게 매도하였다'는 내용으로 허위 고소하였다. 甲의 고소 이후 대법원이 위와 같은 경우 배임죄가 성립하지 않는다고 판례를 변경하였어도, 甲의 행위는 무고죄의 기수에 해당한다.

⑤ 甲이 사립대학교 교수 A로 하여금 징계처분을 받게 할 목적으로 국민권익위원회에서 운영하는 범정부 국민포털인 국민신문고에 민원을 제기한 경우, 甲에게는 무고죄가 성립하지 않는다.

[해설] 출제영역 | 국가의 기능, 무고죄

② (×) 무고죄는 타인으로 하여금 형사처분이나 징계처분을 받게 할 목적으로 신고한 사실이 객관적 진실에 반하는 허위사실인 경우에 성립되는 범죄이므로 신고한 사실이 객관적 진실에 반하는 허위사실이라는 요건은 적극적 증명이 있어야 하며 신고사실의 진실성을 인정할 수 없다는 소극적 증명만으로 곧 그 신고사실이 객관적 진실에 반하는 허위의 사실이라 단정하여 무고죄의 성립을 인정할 수는 없다(대법원 1984.1.24, 83도1401).

① (○) 대법원 2018.7.11, 2018도1818

③ (○) 형법 제157조, 제153조는 무고죄를 범한 자가 그 신고한 사건의 재판 또는 징계처분이 확정되기 전에 자백 또는 자수한 때에는 그 형을 감경 또는 면제한다고 하여 이러한 재판확정 전의 자백을 필요적 감경 또는 면제사유로 정하고 있다. 위와 같은 자백의 절차에 관해서는 아무런 법령상의 제한이 없으므로 그가 신고한 사건을 다루는 기관에 대한 고백이나 그 사건을 다루는 재판부에 증인으로 다시 출석하여 전에 그가 한 신고가 허위의 사실이었음을 고백하는 것은 물론 무고 사건의 피고인 또는 피의자로서 법원이나 수사기관에서의 신문에 의한 고백 또한 자백의 개념에 포함된다. 형법 제153조에서 정한 '재판이 확정되기 전에

는 피고인의 고소사건 수사 결과 피고인의 무고 혐의가 밝혀져 피고인에 대한 공소가 제기되고 피고소인에 대해서는 불기소결정이 내려져 재판절차가 개시되지 않은 경우도 포함된다(대법원 2018.8.1, 2018도7293).

④ (○) 타인에게 형사처분을 받게 할 목적으로 '허위의 사실'을 신고한 행위가 무고죄를 구성하기 위해서는 신고된 사실 자체가 형사처분의 대상이 될 수 있어야 하므로, 가령 허위의 사실을 신고하였더라도 ⊙ 신고 당시 그 사실 자체가 형사범죄를 구성하지 않으면 무고죄는 성립하지 않는다. 그러나 ⓒ 허위로 신고한 사실이 무고행위 당시 형사처분의 대상이 될 수 있었던 경우에는 국가의 형사사법권의 적정한 행사를 그르치게 할 위험과 부당하게 처벌받지 않을 개인의 법적 안정성이 침해될 위험이 이미 발생하였으므로 무고죄는 기수에 이르고, 이후 그러한 사실이 형사범죄가 되지 않는 것으로 판례가 변경되었더라도 특별한 사정이 없는 한 이미 성립한 무고죄에는 영향을 미치지 않는다(대법원 2017.5.30, 2015도15398).

⑤ (○) 대법원 2014.7.24, 2014도6377

[정답] ②

위증죄 및 무고죄에 대한 설명으로 옳지 않은 것은? (다툼이 있는 경우 판례에 의함)

① 증인이 착오에 빠져 기억에 반한다는 인식 없이 증언하였음이 밝혀진 경우에는 위증의 범의를 인정할 수 없다.

② 자기 자신을 무고하기로 제3자와 공모하고 이에 따라 무고행위에 가담하였다면 무고죄의 공동정범으로 처벌할 수 있다.

③ 자기 자신을 형사처분받게 할 목적으로 허위의 사실을 신고하더라도 무고죄의 구성요건에 해당하지 않아 무고죄가 성립하지 않는다.

④ 증언거부사유가 있음에도 증인이 증언거부권을 고지받지 못함으로 인하여 그 증언거부권을 행사하는 데 사실상 장애가 초래되었다고 볼 수 있는 경우에는 위증죄가 성립하지 않는다.

[해설] 출제영역 | 위증, 무고

② (×) 자기 자신을 무고하기로 제3자와 공모하고 이에 따라 무고행위에 가담하였더라도 이는 자기 자신에게는 무고죄의 구성요건에 해당하지 않아 범죄가 성립할 수 없는 행위를 실현하고자 한 것에 지나지 않아 무고죄의 공동정범으로 처벌할 수 없다(대법원 2017.4.26, 2013도12592).

① (○) 대법원 1991.5.10, 89도1748

③ (○) 자기 자신으로 하여금 형사처분 또는 징계처분을 받게 할 목적으로 허위의 사실을 신고하는 행위, 즉 자기 자신을 무고하는 행위는 무고죄의 구성요건에 해당하지 않아 무고죄가 성립하지 않는다(대법원 2017.4.26, 2013도12592).

④ (○) 대법원 2010.1.21, 2008도942 전원합의체

[정답] ②

086 ⊘ 유사 ◆◆◇ 〔경찰2차 2024〕

위증 및 무고의 죄에 관한 설명으로 옳은 것을 모두 고른 것은? (다툼이 있는 경우 판례에 의함)

ⓐ 헌법 제12조 제2항에 정한 불이익 진술의 강요금지 원칙을 구체화한 자기부죄거부특권에 관한 것이거나 기타 증언거부사유가 있음에도 증인이 증언거부권을 고지받지 못함으로 인하여 그 증언거부권을 행사하는 데 사실상 장애가 초래되었다고 볼 수 있는 경우에는 위증죄의 성립을 부정하여야 할 것이다.

ⓑ 무고죄에 있어서 '허위의 사실'이라 함은 그 신고된 사실로 인하여 상대방이 형사처분이나 징계처분 등을 받게 될 위험이 있는 것이어야 하고, 독립하여 형사처분 등의 대상이 되지 아니하고 단지 신고사실의 정황을 과장하는 데 불과하거나 전체적으로 보아 범죄사실의 성립 여부에 직접 영향을 줄 정도에 이르지 아니하는 내용에 관계되는 것이라면 무고죄가 성립하지 아니한다.

ⓒ 「형법」 제153조 소정의 위증죄를 범한 자가 자백, 자수를 한 경우의 형의 감면규정은 재판 확정 전의 자백을 형의 필요적 감경 또는 면제사유로 한다는 것이며, 또 위 자백의 절차에 관하여는 공술한 사건을 다루는 기관에 대한 자발적인 고백은 포함되나, 위증사건의 피고인 또는 피의자로서 법원이나 수사기관의 신문에 의한 고백은 위 자백의 개념에 포함되지 않는다.

ⓓ 고소인이 고소장을 접수하더라도 수사기관의 고소인 출석요구에 응하지 않음으로써 그 단계에서 수사중지를 의도하고 있었고, 더 나아가 피고소인들에 대한 출석요구와 피의자신문 등의 수사권까지 발동될 것은 의욕하지 않았다고 하더라도 고소장을 수사기관에 제출한 이상 무고죄는 성립한다.

---

① ㉠ㄴ
② ㉠ㄴㄹ
③ ㉠ㄷㄹ
④ ㄴㄷㄹ

해설 | 출제영역 | 위증 및 무고의 죄

② ㉠ㄴㄹ

ⓐ (○) 대법원 2013.5.23, 2013도3284

ⓑ (○) <u>무고죄에 있어서 허위의 사실이라 함은 그 신고된 사실로 인하여 상대방이 형사처분이나 징계처분 등을 받게 될 위험이 있는 것이어야 하고,</u> 비록 신고내용에 일부 객관적 진실에 반하는 내용이 포함되었다고 하더라도 그것이 <u>독립하여 형사처분 등의 대상이 되지 아니하고 단지 신고사실의 정황을 과장하는 데 불과하거나</u> 허위의 일부 사실의 존부가 전체적으로 보아 범죄사실의 성립 여부에 직접 영향을 줄 정도에 이르지 아니하는 내용에 관계되는 것이라면 무고죄가 성립하지 아니한다(대법원 1996.5. 31, 96도771).

ⓒ (×) 형법 제153조 소정의 위증죄를 범한 자가 자백, 자수를 한 경우의 형의 감면규정은 재판 확정전의 자백을 형의 필요적 감경 또는 면제사유로 한다는 것이며, 또 위 자백의 절차에 관하여는 아무런 제한이 없으므로 그가 공술한 사건을 다루는 기관에 대한

자발적인 고백은 물론, 위증사건의 피고인 또는 피의자로서 법원이나 수사기관의 심문에 의한 고백도 위 자백의 개념에 포함된다 (대법원 1973.11.27, 73도1639).

ⓓ (○) 무고죄에 있어서 <u>형사처분 또는 징계처분을 받게 할 목적은</u> 허위신고를 함에 있어서 다른 사람이 그로 인하여 형사 또는 징계처분을 받게 될 것이라는 인식이 있으면 족하고 그 결과발생을 희망하는 것까지를 요하는 것은 아니므로 고소인이 고소장을 수사기관에 제출한 이상 그러한 인식은 있었다고 보아야 한다. 이러한 법리에 비추어 보면, 위 피고인의 주장과 같이 실제 고소를 한 공소외 2가 <u>고소장을 접수하더라도 수사기관의 고소인 출석요구에 응하지 않음으로써 그 단계에서 수사가 중지되고 고소가 각하될 것으로 의도하고 있었고, 더 나아가 피고소인들에 대한 출석요구와 피의자신문 등의 수사권까지 발동될 것은 의욕하지 않았다고 하더라도</u> 피고인들이 위 공소외 2와 공모하여 공소외 2로 하여금 그러한 허위 사실이 기재된 고소장을 수사기관에 제출하도록 한 이상 피고인들에게는 그 피고소인들이 그로 인하여 형사처분을 받게 될 수도 있다는 점에 대한 인식이 있었다고 보아야 하고, 또 그 <u>고소장 접수 당시에 이미 국가의 형사사법권의 적정한 행사가 저해될 위험도 발생하였다고 보아야 한다</u>(대법원 2006.8.25, 2006도3631).

정답 ②

087 ✓ 유사 ◆◆◇   변호사 2020

무고죄에 관한 설명 중 옳지 않은 것을 모두 고른 것은?
(다툼이 있는 경우 판례에 의함)

> ㄱ. 甲의 교사·방조 하에 乙이 甲에 대한 허위의 사실
>   을 신고한 경우, 乙의 행위는 무고죄를 구성하고 乙
>   을 교사·방조한 甲도 무고죄의 교사·방조범으로
>   처벌된다.
> ㄴ. 甲이 자기 자신을 무고하기로 乙과 공모하고 이에
>   따라 무고행위에 가담한 경우, 甲과 乙은 무고죄의
>   공동정범으로 처벌된다.
> ㄷ. 타인으로 하여금 형사처분을 받게 할 목적으로 공무
>   소에 대하여 허위의 사실을 신고하였다고 하더라도
>   그 사실이 친고죄로서 그에 대한 고소기간이 경과하
>   여 공소를 제기할 수 없음이 그 신고내용 자체에 의
>   하여 분명한 경우에는 무고죄가 성립하지 아니한다.
> ㄹ. 타인으로 하여금 형사처분을 받게 할 목적으로 공무
>   소에 대하여 허위의 사실을 고소하면서 객관적으로
>   그 고소사실에 대한 공소시효가 완성되었음에도 마
>   치 공소시효가 완성되지 아니한 것처럼 고소하였다
>   면 형사소추의 실익이 없어 무고죄가 성립하지 아니
>   한다.
> ㅁ. 타인으로 하여금 형사처분을 받게 할 목적으로 공무
>   소 또는 공무원에 대하여 허위로 신고한 사실이 무
>   고행위 당시 형사처분의 대상이 될 수 있었던 경우
>   에는 무고죄가 기수에 이르고, 이후 그 사실이 형사
>   범죄가 되지 않는 것으로 판례가 변경되었더라도 특
>   별한 사정이 없는 한 이미 성립한 무고죄에는 영향
>   을 미치지 않는다.

① ㄴ, ㄹ   ② ㄷ, ㅁ
③ ㄱ, ㄴ, ㅁ   ④ ㄱ, ㄷ, ㄹ
⑤ ㄴ, ㄹ, ㅁ

해설 | 출제영역 | 무고죄의 성립요건

ㄱ. (○) 대법원 2008.10.23, 2008도4852
ㄴ. (×) 자기 자신을 무고하기로 제3자와 공모하고 이에 따라 무고
   행위에 가담하였더라도 이는 자기 자신에게는 무고죄의 구성요
   건에 해당하지 않아 범죄가 성립할 수 없는 행위를 실현하고자
   한 것에 지나지 않아 무고죄의 공동정범으로 처벌할 수 없다(대
   법원 2017.4.26, 2013도12592).
ㄷ. (○) 대법원 1998.4.14, 98도150
ㄹ. (×) 객관적으로 고소사실에 대한 공소시효가 완성되었더라도
   고소를 제기하면서 마치 공소시효가 완성되지 아니한 것처럼 고
   소한 경우에는 국가기관의 직무를 그르칠 염려가 있으므로 무고
   죄를 구성한다(대법원 1995.12.5, 95도1908).
ㅁ. (○) 대법원 2017.5.30, 2015도15398

정답 ①

---

088 ✓ 유사 ◆◆◇   경찰승진 2024

무고죄에 관한 설명으로 옳지 않은 것을 모두 고른 것
은? (다툼이 있는 경우 판례에 의함)

> ㉠ 무고죄에 있어 타인은 자연인은 물론 법인도 포함하
>   므로 특정되지 않은 이름을 알 수 없는 사람(성명불
>   상자)에 대한 무고죄는 성립한다.
> ㉡ 성폭행 등의 피해를 입었다는 신고사실에 관하여 불
>   기소처분 내지 무죄판결이 내려졌다고 하여, 그 자체
>   를 무고를 하였다는 적극적인 근거로 삼아 신고내용
>   을 허위라고 단정하여서는 아니 된다.
> ㉢ 신고자가 알고 있는 객관적인 사실관계에 의하더라
>   도 신고 사실이 허위라거나 또는 허위일 가능성이 있
>   다는 인식을 하지 못하였다면 무고의 고의를 부정할
>   수 있다.
> ㉣ 공동피고인 중 1인이 타범죄로 조사를 받는 과정에
>   서 사법경찰관의 신문에 따라 다른 공동피고인의 범
>   죄사실을 진술한 경우에 위 진술내용이 허위라면 이
>   는 무고에 해당한다.

① ㉠㉢   ② ㉠㉣
③ ㉡㉢   ④ ㉢㉣

해설 | 출제영역 | 무고죄의 성립요건

② ㉠㉣
㉠ (×) 특정되지 않은 성명불상자에 대한 무고죄는 성립하지 않
   는다. 공무원에게 무익한 수고를 끼치는 일은 있어도 심판 자체
   를 그르치게 할 염려가 없으며 피무고자를 해할 수도 없기 때문
   이다(대법원 2022.9.29, 2020도11754).
㉡ (○) 성폭행 등의 피해를 입었다는 신고사실에 관하여 불기소처
   분 내지 무죄판결이 내려졌다고 하여, 그 자체를 무고를 하였다
   는 적극적인 근거로 삼아 신고내용을 허위라고 단정하여서는 아
   니 됨은 물론, 개별적, 구체적인 사건에서 피해자임을 주장하는
   자가 처하였던 특별한 사정을 충분히 고려하지 아니한 채 진정한
   피해자라면 마땅히 이렇게 하였을 것이라는 기준을 내세워 성폭
   행 등의 피해를 입었다는 점 및 신고에 이르게 된 경위 등에 관한
   변소를 쉽게 배척하여서는 아니 된다(대법원 2019.7.11, 2018도
   2614).
㉢ (○) 신고자가 알고 있는 객관적인 사실관계에 의하더라도 신고
   사실이 허위라거나 또는 허위일 가능성이 있다는 인식을 하지 못
   하였다면 무고의 고의를 부정할 수 있다(대법원 2022.6.30,
   2022도3413).
㉣ (×) 무고죄는 당국의 추문을 받음이 없이 자진하여 타인으로 하
   여금 형사처분 등을 받게 할 목적으로 공무소 또는 공무원에 대
   하여 허위의 사실을 신고한 경우에 성립되는 것이므로 공동피고
   인 중 1인이 타범죄로 조사를 받는 과정에서 사법경찰관 및 검사
   의 심문에 따라 다른 공동피고인의 범죄사실을 진술한 경우라면
   가사 위 진술내용이 허위라 하더라도 이를 무고라고는 할 수 없다
   (대법원 1985.7.26, 85모14).

정답 ②

089 ✓ 유사 ◆◆◇ 법원9급 2016

무고죄에 관한 다음 설명 중 가장 옳은 것은? (다툼이 있는 경우 판례에 의함)

① 무고죄에서 형사처분 또는 징계처분을 받게 할 목적은 허위신고를 함에 있어서 다른 사람이 그로 인하여 형사 또는 징계처분을 받게 될 것이라는 인식이 있으면 족하고 그 결과발생을 희망하는 것까지를 요하는 것은 아니다.

② 타인으로 하여금 형사처분을 받게 할 목적으로 허위의 사실을 신고한 이상, 그 사실 자체가 형사범죄로 구성되지 아니하더라도 무고죄가 성립한다.

③ 피고인 자신이 상대방의 범행에 공범으로 가담하였음에도 자신의 가담사실을 숨기고 상대방만을 고소한 경우에는 무고죄가 성립한다.

④ 무고죄에서의 허위사실 적시는 수사관서 또는 감독관서에 대하여 수사권 또는 징계권의 발동을 촉구하는 정도로 부족하고 범죄구성요건 사실이나 징계요건 사실을 구체적으로 명시하여야 한다.

해설 출제영역 | 무고죄 – 구성요건

① (○) 대법원 1991.5.10, 90도2601

② (×) 타인에게 형사처분을 받게 할 목적으로 허위의 사실을 신고한 행위가 무고죄를 구성하기 위하여는 신고된 사실 자체가 형사처분의 원인이 될 수 있어야 할 것이어서, 가령 허위의 사실을 신고하였다 하더라도 그 사실 자체가 형사범죄로 구성되지 아니한다면 무고죄는 성립하지 아니한다(대법원 2013.9.26, 2013도6862).

③ (×) 피고인 자신이 상대방의 범행에 공범으로 가담하였음에도 자신의 가담사실을 숨기고 상대방만을 고소한 경우, 피고인의 고소내용이 상대방의 범행 부분에 관한 한 진실에 부합하므로 이를 허위의 사실로 볼 수 없고, 상대방의 범행에 피고인이 공범으로 가담한 사실을 숨겼다고 하여도 그것이 상대방에 대한 관계에서 독립하여 형사처분 등의 대상이 되지 아니할뿐더러 전체적으로 보아 상대방의 범죄사실의 성립 여부에 직접 영향을 줄 정도에 이르지 아니하는 내용에 관계되는 것이므로 무고죄가 성립하지 않는다(대법원 2008.8.21, 2008도3754).

④ (×) 무고죄에 있어서 허위사실의 적시는 수사관서 또는 감독관서에 대하여 수사권 또는 징계권의 발동을 촉구하는 정도의 것이라면 충분하고 그 사실이 해당될 죄명 등 법률적 평가까지 명시하여야 하는 것은 아니다(대법원 1987.3.24, 87도231).

정답 ①

---

090 ✓ 유사 ◆◇◇ 법원9급 2019

무고죄에 관한 다음 설명 중 가장 옳지 않은 것은?

① 타인으로 하여금 형사처분 또는 징계처분을 받게 할 목적으로 공무소 또는 공무원에 대하여 허위의 사실을 신고함으로써 성립한다.

② 허위의 사실을 신고하여야 하므로 신고 당시 그 사실 자체가 형사범죄를 구성하지 않으면 무고죄는 성립하지 않는다.

③ 무고죄를 범한 자가 그 신고한 사건의 재판 또는 징계처분이 확정되기 전에 자백 또는 자수한 때에는 그 형을 감경 또는 면제할 수 있다.

④ 상대방의 범행에 공범으로 가담한 사람이 자신의 가담사실을 숨기고 상대방을 고소한 경우에는 무고죄가 성립하지 않는다.

해설 출제영역 | 무고죄 – 구성요건

③ (×) 제153조, 제157조 참조.

> **제153조(자백, 자수)** 전조의 죄를 범한 자가 그 공술한 사건의 재판 또는 징계처분이 확정되기 전에 자백 또는 자수한 때에는 그 형을 감경 또는 면제한다.
> **제157조(자백·자수)** 제153조는 전조에 준용한다.

① (○) 제156조 참조.

② (○) 타인에게 형사처분을 받게 할 목적으로 '허위의 사실'을 신고한 행위가 무고죄를 구성하기 위하여는 신고된 사실 자체가 형사처분의 원인이 될 수 있어야 할 것이어서, 가령 허위의 사실을 신고하였다 하더라도 그 사실 자체가 형사범죄로 구성되지 아니한다면 무고죄는 성립하지 아니한다(대법원 2007.4.13, 2006도558).

④ (○) 피고인 자신이 상대방의 범행에 공범으로 가담하였음에도 자신의 가담사실을 숨기고 상대방만을 고소한 경우, 피고인의 고소내용이 상대방의 범행 부분에 관한 한 진실에 부합하므로 이를 허위의 사실로 볼 수 없고, 상대방의 범행에 피고인이 공범으로 가담한 사실을 숨겼다고 하여도 그것이 상대방에 대한 관계에서 독립하여 형사처분 등의 대상이 되지 아니할뿐더러 전체적으로 보아 상대방의 범죄사실의 성립 여부에 직접 영향을 줄 정도에 이르지 아니하는 내용에 관계되는 것이므로 무고죄가 성립하지 않는다(대법원 2008.8.21, 2008도3754).

정답 ③

091 ✓ 유사 ◆◆◇　　　법원9급 2021

무고죄에 관한 다음 설명 중 가장 옳지 않은 것은? (다툼이 있는 경우 판례에 의함)

① 성폭행 등의 피해를 입었다는 신고사실에 관하여 불기소처분 내지 무죄판결이 내려졌다고 하여, 그 자체를 무고를 하였다는 적극적인 근거로 삼아 신고내용을 허위라고 단정하여서는 아니 된다.

② 개별적, 구체적인 사건에서 성폭행 등의 피해자임을 주장하는 자가 처하였던 특별한 사정을 충분히 고려하지 아니한 채 진정한 피해자라면 마땅히 이렇게 하였을 것이라는 기준을 내세워 성폭행 등의 피해를 입었다는 점 및 신고에 이르게 된 경위 등에 관한 변소를 쉽게 배척하여서는 아니 된다.

③ 타인으로 하여금 형사처분을 받게 할 목적으로 공무소에 대하여 허위의 사실을 신고하였다면, 그 사실이 친고죄로서 그에 대한 고소기간이 경과하여 공소를 제기할 수 없음이 그 신고내용 자체에 의하여 분명한 경우에도 당해 국가기관의 직무를 그르치게 할 위험이 없다고 할 수 없으므로 무고죄가 성립한다.

④ 무고죄에서 신고한 사실이 객관적 진실에 반하는 허위사실이라는 요건은 적극적 증명이 있어야 하고, 신고사실의 진실성을 인정할 수 없다는 소극적 증명만으로 곧 그 신고사실이 객관적 진실에 반하는 허위의 사실이라 단정하여 무고죄의 성립을 인정할 수는 없다.

[해설] 출제영역 | 국가의 기능에 대한 죄, 무고죄

③ (×) 타인으로 하여금 형사처분을 받게 할 목적으로 공무소에 대하여 허위의 사실을 신고하였다고 하더라도, 그 사실이 친고죄로서 그에 대한 고소기간이 경과하여 공소를 제기할 수 없음이 그 신고내용 자체에 의하여 분명한 때에는 당해 국가기관의 직무를 그르치게 할 위험이 없으므로 이러한 경우에는 무고죄는 성립하지 아니한다(대법원 1998.4.14, 98도150).

① (○), ② (○) 성폭행이나 성희롱 사건의 피해자가 피해사실을 알리고 문제를 삼는 과정에서 오히려 피해자가 부정적인 여론이나 불이익한 처우 및 신분 노출의 피해 등을 입기도 하여 온 점 등에 비추어 보면, 성폭행 피해자의 대처 양상은 피해자의 성정이나 가해자와의 관계 및 구체적인 상황에 따라 다르게 나타날 수밖에 없다. 따라서 개별적, 구체적인 사건에서 성폭행 등의 피해자가 처하여 있는 특별한 사정을 충분히 고려하지 않은 채 피해자 진술의 증명력을 가볍게 배척하는 것은 정의와 형평의 이념에 입각하여 논리와 경험의 법칙에 따른 증거판단이라고 볼 수 없다. 위와 같은 법리는, 피해자임을 주장하는 자가 성폭행 등의 피해를 입었다고 신고한 사실에 대하여 증거불충분 등을 이유로 불기소처분되거나 무죄판결이 선고된 경우 반대로 이러한 신고내용이 객관적 사실에 반하여 무고죄가 성립하는지 여부를 판단할 때에도 마찬가지로 고려되어야 한다. 따라서 성폭행 등의 피해를 입었다는 신고사실에 관하여 불기소처분 내지 무죄판결이 내려졌다고 하여, 그 자체를 무고를 하였다는 적극적인 근거로 삼아 신고내용을 허위라고 단정하여서는 아니 됨은 물론, 개별적, 구체적인 사건에서 피해자임을 주장하는 자가 처하였던 특별한 사정을 충분히 고려하지 아니한 채 진정한 피해자라면 마땅히 이렇게 하였을 것이라는 기준을 내세워 성폭행 등의 피해를 입었

다는 점 및 신고에 이르게 된 경위 등에 관한 변소를 쉽게 배척하여서는 아니 된다(대법원 2019.7.11, 2018도2614).

④ (○) 대법원 1984.1.24, 83도1401

정답 ③

092 ✓ 유사 ◆◆◆　　경찰1차 2022 유사　변호사 2015

甲은 도박현장에서, 100억대 자산을 가진 건실한 사업가 乙에게 도박자금으로 1,200만 원을 빌려주었다가 乙의 부도로 인하여 빌려준 돈을 돌려받지 못하게 되자, 위 돈을 돌려받을 목적으로 乙을 사기죄로 고소하면서, 위 돈을 도박자금으로 빌려주었다는 사실을 감추고, 乙이 "사고가 나서 급히 필요하니 1,200만 원을 빌려주면, 내일 아침에 카드로 현금서비스를 받아 갚아주겠다."고 거짓말하여 이에 속아 乙에게 돈을 빌려주었다고 금전 대여 경위를 허위로 기재한 고소장을 경찰관에게 제출하였다. 이에 관한 설명 중 옳지 않은 것은? (다툼이 있는 경우 판례에 의함)

① 甲의 고소는 수사기관이 사기죄의 기망행위와 편취범의를 조사하여 형사처분을 할 것인지 여부를 결정하는 데 직접적인 영향을 줄 정도에 이르는 내용에 관하여 허위의 사실을 고소한 것이므로 무고죄의 허위의 사실 신고에 해당한다.

② 甲이 고소한 사건의 재판이 확정되기 전에 자백 또는 자수했다면 형을 감경 또는 면제한다.

③ 甲의 무고사건에서 甲의 고소장에 대한 증거조사는 낭독 또는 내용의 고지 방법으로 하여야 하고, 제시가 필요한 것은 아니다.

④ 만일 甲의 고소장이 허위라면 이를 경찰관에게 제출하였다가 반환받았더라도, 경찰관에게 제출하였을 때 이미 무고죄의 기수에 이른다.

⑤ 만일 甲이 위 고소장에 乙에 대한 다른 사기피해 사실도 포함시켜 고소한 경우, 그중 일부 사실은 진실이나 다른 사실은 허위인 때에는 그 허위사실 부분만이 독립하여 무고죄를 구성한다.

[해설] 출제영역 | 구성요건 및 자백·자수의 특례

③ (×) 형사소송법 제292조, 제292조의2 제1항, 형사소송규칙 제134조의6의 취지에 비추어 보면, 본래 증거물이지만 증거서류의 성질도 가지고 있는 이른바 '증거물인 서면'을 조사하기 위해서는 증거서류의 조사방식인 낭독·내용고지 또는 열람의 절차와 증거물의 조사방식인 제시의 절차가 함께 이루어져야 하므로, 원칙적으로 증거신청인으로 하여금 그 서면을 제시하면서 낭독하게 하거나 이에 갈음하여 그 내용을 고지 또는 열람하도록 하여야 한다(대법원 2013.7.26, 2013도2511).

① (○) 피고인이 1999.6.경 도박현장에서 공소외1에게 도박자금으로 120만 원을 빌려주었다가 이를 돌려받지 못하게 되자(그중 100만 원을 수표로 받았으나, 그 수표가 사고수표임이 밝혀져 결

국 변제받지 못하였다), 2001.6.27. 위 금원을 도박자금으로 빌려주었다는 사실을 감추고 단순한 대여금인 것처럼 하여 공소외 1이 120만 원을 빌려간 후 변제하지 아니하고 있으니 처벌하여 달라는 취지로 고소한 경우 … 무고죄의 허위신고에 해당한다(대법원 2004.1.16, 2003도7178).

② (○) 무고죄를 범한 자가 그 신고한 사건의 재판 또는 징계처분이 확정되기 전에 자백 또는 자수한 때에는 그 형을 감경 또는 면제한다(제157조, 제153조).

④ (○) 피고인이 최초에 작성한 허위내용의 고소장을 경찰관에게 제출하였을 때 이미 허위사실의 신고가 수사기관에 도달되어 무고죄의 기수에 이른 것이라 할 것이므로 그 후에 그 고소장을 되돌려 받았다 하더라도 이는 무고죄의 성립에 아무런 영향이 없다(대법원 1985.2.8, 84도2215).

⑤ (○) 1통의 고발장에 의하여 수개의 혐의사실을 들어 고발한 경우, 그중 일부 사실이 진실이라 하더라도 다른 사실이 허위이면 그 허위사실 부분은 독립하여 무고죄를 구성한다(대법원 2007.3.29, 2006도8638).

정답 ③

---

093 ⊘ 유사 ◆◆◆

다음 사례에 대한 설명으로 옳지 않은 것은? (다툼이 있는 경우 판례에 의함)

> 사법경찰관 P는 甲과 乙이 무고를 공모했다는 범죄사실을 인지하고 이 사건에 대하여 수사한 결과, "甲은 조직폭력배의 추적을 피해 교도소에 숨어 있기로 마음먹고 친구 乙을 찾아가 도와 달라고 부탁하였고, 이에 乙이 甲을 사문서위조로 허위 고소하기로 둘이서 공모하였다. 다음 날 乙은 경찰서에 가서 甲이 자신의 명의를 임의로 사용하여 도급계약서를 위조하였으니 이를 처벌해 달라는 취지의 허위 고소장을 작성·제출하였다."는 사실을 규명하였다. P는 乙의 컴퓨터에서 甲과 乙의 무고 사건에 관한 전자정보를 적법하게 탐색하다가 우연하게 乙이 A를 강간하는 장면이 촬영된 동영상 파일을 발견하였다. 甲과 乙은 무고의 공소사실로 기소되어 제1심에서 공동피고인으로 재판을 받고 있다.

① P가 규명한 수사 결과에 의하면, 甲과 乙은 무고죄의 공동정범의 죄책을 진다.

② P가 위 동영상 파일을 우연하게 발견한 경우에는 더 이상의 추가 탐색을 중단하고 강간사건에 대한 압수·수색영장을 발부받아야 위 동영상 파일을 적법하게 압수·수색할 수 있다.

③ 乙은 소송절차가 분리되면 甲에 대한 공소사실에 대하여 증인이 될 수 있다.

④ 乙이 수사기관의 조사과정에서 무고 사실을 자백한 경우는 물론이고 제1심 공판에서 증인으로 신문을 받으면서 무고를 고백한 경우에도 乙에게는 형의 필요적 감면이 인정된다.

해설 출제영역 | 무고죄의 구성요건 및 자백·자수의 특례 등

① (×) 형법 제156조에서 정한 무고죄는 타인으로 하여금 형사처분 또는 징계처분을 받게 할 목적으로 허위의 사실을 신고하는 것을 구성요건으로 하는 범죄이다. 자기 자신으로 하여금 형사처분 또는 징계처분을 받게 할 목적으로 허위의 사실을 신고하는 행위, 즉 자기 자신을 무고하는 행위는 무고죄의 구성요건에 해당하지 않아 무고죄가 성립하지 않는다. 따라서 <u>자기 자신을 무고하기로 제3자와 공모하고 이에 따라 무고행위에 가담하였더라도 이는 자기 자신에게는 무고죄의 구성요건에 해당하지 않아 범죄가 성립할 수 없는 행위를 실현하고자 한 것에 지나지 않아 무고죄의 공동정범으로 처벌할 수 없다</u>(대법원 2017.4.26, 2013도12592).

② (○) 전자정보에 대한 압수·수색이 종료되기 전에 혐의사실과 관련된 전자정보를 적법하게 탐색하는 과정에서 별도의 범죄혐의와 관련된 전자정보를 우연히 발견한 경우라면, 수사기관은 더 이상의 추가 탐색을 중단하고 법원에서 별도의 범죄혐의에 대한 압수·수색영장을 발부받은 경우에 한하여 그러한 정보에 대하여도 적법하게 압수·수색을 할 수 있다(대법원 2015.7.16, 2011모1839 전원합의체).

③ (○) 공범인 공동피고인은 당해 소송절차에서는 피고인의 지위에 있으므로 다른 공동피고인에 대한 공소사실에 관하여 증인이

될 수 없으나, 소송절차가 분리되어 피고인의 지위에서 벗어나게 되면 다른 공동피고인에 대한 공소사실에 관하여 증인이 될 수 있다(대법원 2008.6.26, 2008도3300).

④ (○) 형법 제157조, 제153조에 의하면 형법 제156조의 무고죄를 범한 자가 <u>그 신고한 사건의 재판 또는 징계처분이 확정되기 전에 자백 또는 자수를 한 때에는</u> 그 형을 감경 또는 면제한다고 규정하고 있으므로, 이러한 재판확정 전의 자백은 형의 필요적 감경 또는 면제사유에 해당한다. 그리고 이와 같은 자백의 절차에 관하여는 아무런 법령상의 제한이 없으므로 신고한 사건을 다루는 기관에 대한 고백이나 이를 다루는 재판부에 증인으로 다시 출석하여 전에 한 신고가 허위의 사실이었음을 고백하는 것은 물론 <u>무고 사건의 피고인 또는 피의자로서 법원이나 수사기관에서의 신문에 의한 고백 또한 이러한 자백의 개념에 포함된다</u>(대법원 2015.8.13, 2015도8181).

정답 ①

백광훈

통합 기출문제집

[형법]

부록
판례색인

판례색인

memo